甘肃年鉴

2016 GANSU YEARBOOK

甘 肃 省 人 民 政 府　主管
甘肃省地方史志办公室　主办

中国文史出版社

图书在版编目（C I P）数据

甘肃年鉴. 2016 / 甘肃省地方史志办公室编. -- 北京 : 中国文史出版社, 2016.11
ISBN 978-7-5034-8600-5

Ⅰ. ①甘… Ⅱ. ①甘… Ⅲ. ①甘肃－2016－年鉴 Ⅳ. ①Z524.2

中国版本图书馆 CIP 数据核字(2016)第 274814 号

责任编辑： 金硕

出版发行：**中国文史出版社**
网　　址：www.chinawenshi.net
社　　址：北京市西城区太平桥大街 23 号　邮编：100811
电　　话：010－66173572　66168268　66192736（发行部）
传　　真：010－66192703
设计制版：兰州大雅文化艺术有限公司（0931－4679978）
印　　刷：上海雅昌艺术印刷有限公司
经　　销：全国新华书店
开　　本：787×1092　1/16
印　　张：46.5　字数：1710 千字
版　　次：2016 年 11 月北京第 1 版
印　　次：2016 年 11 月第 1 次印刷
定　　价：420.00 元

《甘肃年鉴》编辑委员会

甘肃政区图

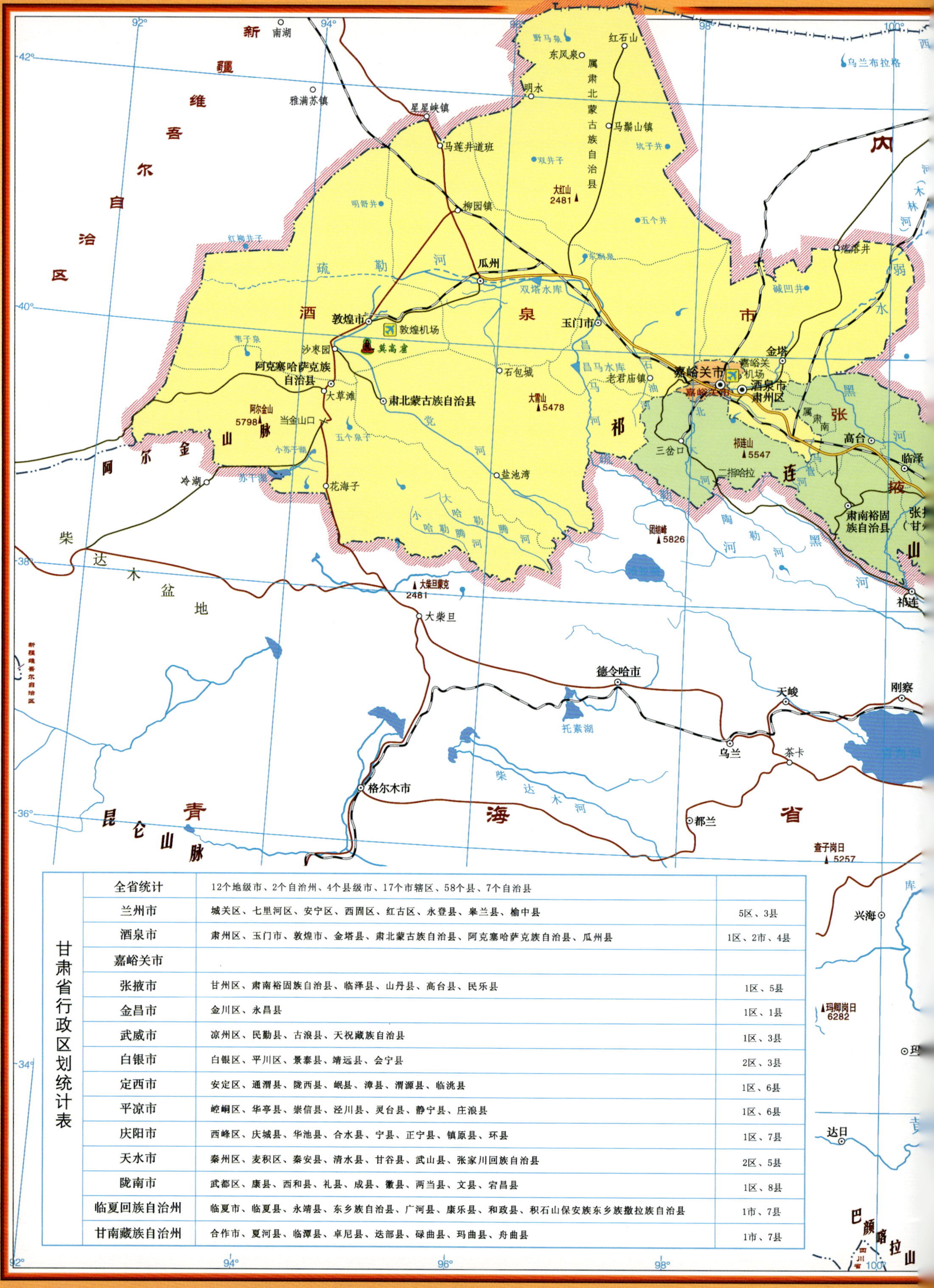

甘肃省行政区划统计表		
全省统计	12个地级市、2个自治州、4个县级市、17个市辖区、58个县、7个自治县	
兰州市	城关区、七里河区、安宁区、西固区、红古区、永登县、皋兰县、榆中县	5区、3县
酒泉市	肃州区、玉门市、敦煌市、金塔县、肃北蒙古族自治县、阿克塞哈萨克族自治县、瓜州县	1区、2市、4县
嘉峪关市		
张掖市	甘州区、肃南裕固族自治县、临泽县、山丹县、高台县、民乐县	1区、5县
金昌市	金川区、永昌县	1区、1县
武威市	凉州区、民勤县、古浪县、天祝藏族自治县	1区、3县
白银市	白银区、平川区、景泰县、靖远县、会宁县	2区、3县
定西市	安定区、通渭县、陇西县、岷县、漳县、渭源县、临洮县	1区、6县
平凉市	崆峒区、华亭县、崇信县、泾川县、灵台县、静宁县、庄浪县	1区、6县
庆阳市	西峰区、庆城县、华池县、合水县、宁县、正宁县、镇原县、环县	1区、7县
天水市	秦州区、麦积区、秦安县、清水县、甘谷县、武山县、张家川回族自治县	2区、5县
陇南市	武都区、康县、西和县、礼县、成县、徽县、两当县、文县、宕昌县	1区、8县
临夏回族自治州	临夏市、临夏县、永靖县、东乡族自治县、广河县、康乐县、和政县、积石山保安族东乡族撒拉族自治县	1市、7县
甘南藏族自治州	合作市、夏河县、临潭县、卓尼县、迭部县、碌曲县、玛曲县、舟曲县	1市、7县

比例尺 1：4 250 000 0 42.5 85 127.5 170 212.5千米

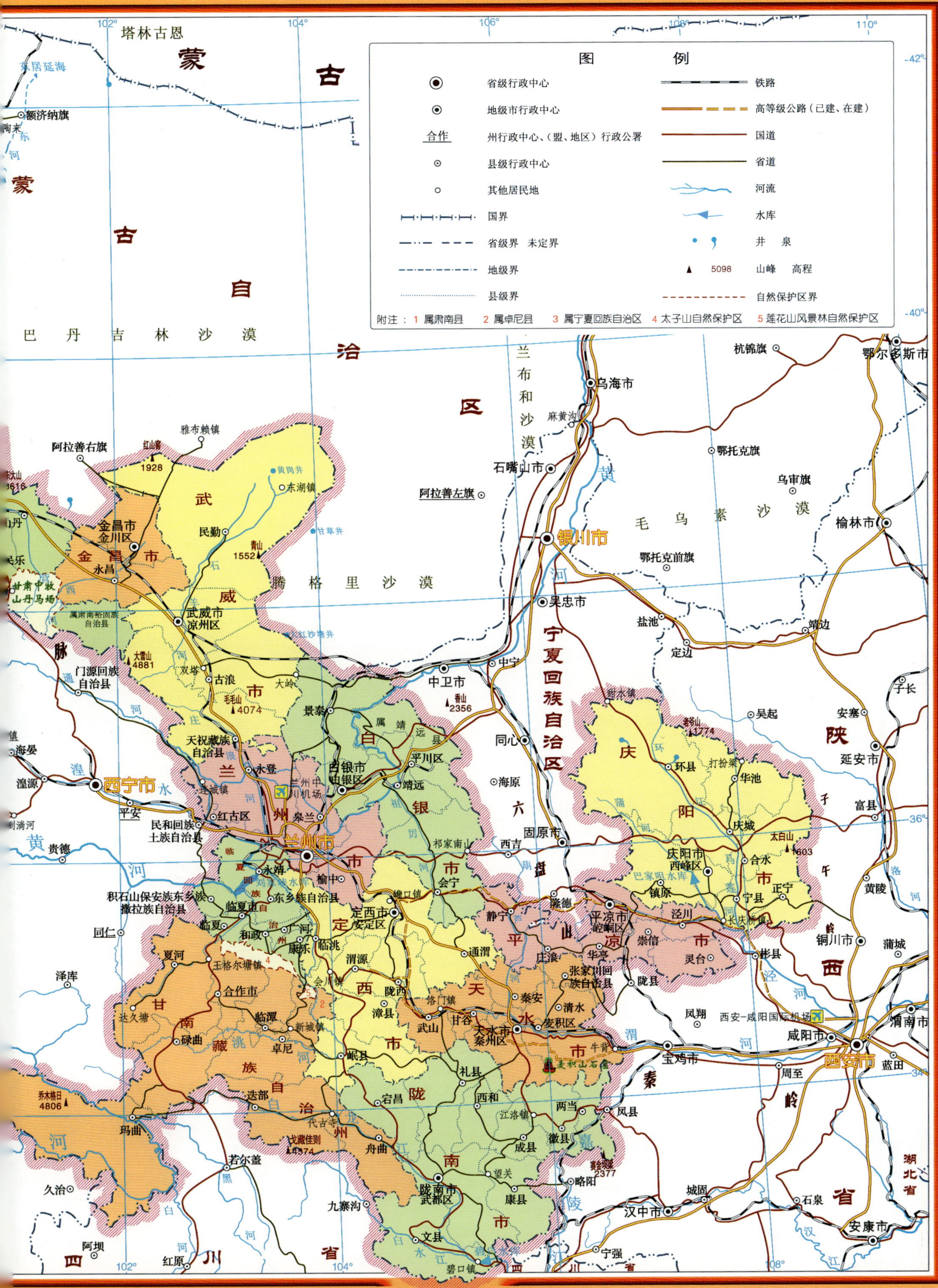

图 例
省级行政中心
地级市行政中心
合作 州行政中心、(盟、地区)行政公署
县级行政中心
其他居民地
国界
省级界 未定界
地级界
县级界
铁路
高等级公路(已建、在建)
国道
省道
河流
水库
井 泉
5098 山峰 高程
自然保护区界
附注:1 属肃南县 2 属卓尼县 3 属宁夏回族自治区 4 太子山自然保护区 5 莲花山风景林自然保护区
102° 104° 106° 108° 110°
42° 40° 36° 34°
塔林古恩
蒙 古
蒙 古 自 治 区
东居延海
额济纳旗
巴 丹 吉 林 沙 漠
兰布和沙漠
乌海市
麻黄沟
石嘴山市
阿拉善左旗
银川市
吴忠市
杭锦旗
鄂尔多斯市
鄂托克旗
乌审旗
毛 乌 素 沙 漠
榆林市
鄂托克前旗
盐池
定边
靖边
雅布赖镇
阿拉善右旗
红山窖 1928
武威市
民勤
东湖镇
金昌市 金川区
永昌
青山 1552
腾 格 里 沙 漠
甘肃中牧山丹马场
肃南南裕固族自治县
武威市 凉州区
大雪山 4881
门源回族自治县
双塔
古浪
大岭
毛山 4074
中宁
中卫市
香山 2356
宁夏回族自治区
景泰
白银市
平川区
靖远
同心
海原
甘水镇
吴起
子长
安塞
陕
延安市
庆阳市
环县
打扮梁
华池
富县
庆城
太白山 1603
合水
西峰区
黄陵
正宁
宁县
镇原
泾川
长庆桥镇
铜川市
蒲城
崇信
灵台
彬县
天祝藏族自治县
兰州市
永登
兰州中川机场
皋兰
红古区
西宁市
平安
海晏
湟源
民和回族土族自治县
贵德
黄河
永靖
榆中
会宁
祁家南山
西吉
固原市
六盘山
积石山保安族东乡族撒拉族自治县
东乡族自治县
临夏市
临夏
和政
广河
康乐
临洮
定西市 安定区
同仁
泽库
夏河
王格尔塘镇
合作市
渭源
陇西
通渭
静宁
隆德
平凉市 崆峒区
庄浪
华亭
张家川回族自治县
陇县
秦安
清水
甘南藏族自治州
碌曲
临潭
卓尼
新城镇
漳县
武山
甘谷
天水市 秦州区
麦积区
牛背
麦积山石窟
宝鸡市
凤翔
西安-咸阳国际机场
咸阳市
西安市
渭南市
蓝田
周至
秦岭
岷县
礼县
西和
两当
凤县
宕昌
陇南市
迭部
玛曲
代古寺
舟曲
达久塘
乔木格日 4806
若尔盖
戈藏佳则 4374
江洛镇
徽县
成县
紫金岭 2377
略阳
汉中市
城固
石泉
安康市
湖北省
陕西省
九寨沟
武都区
康县
望关
文县
碧口镇
宁强
久治
阿坝
红原
四川省

甘肃地势图

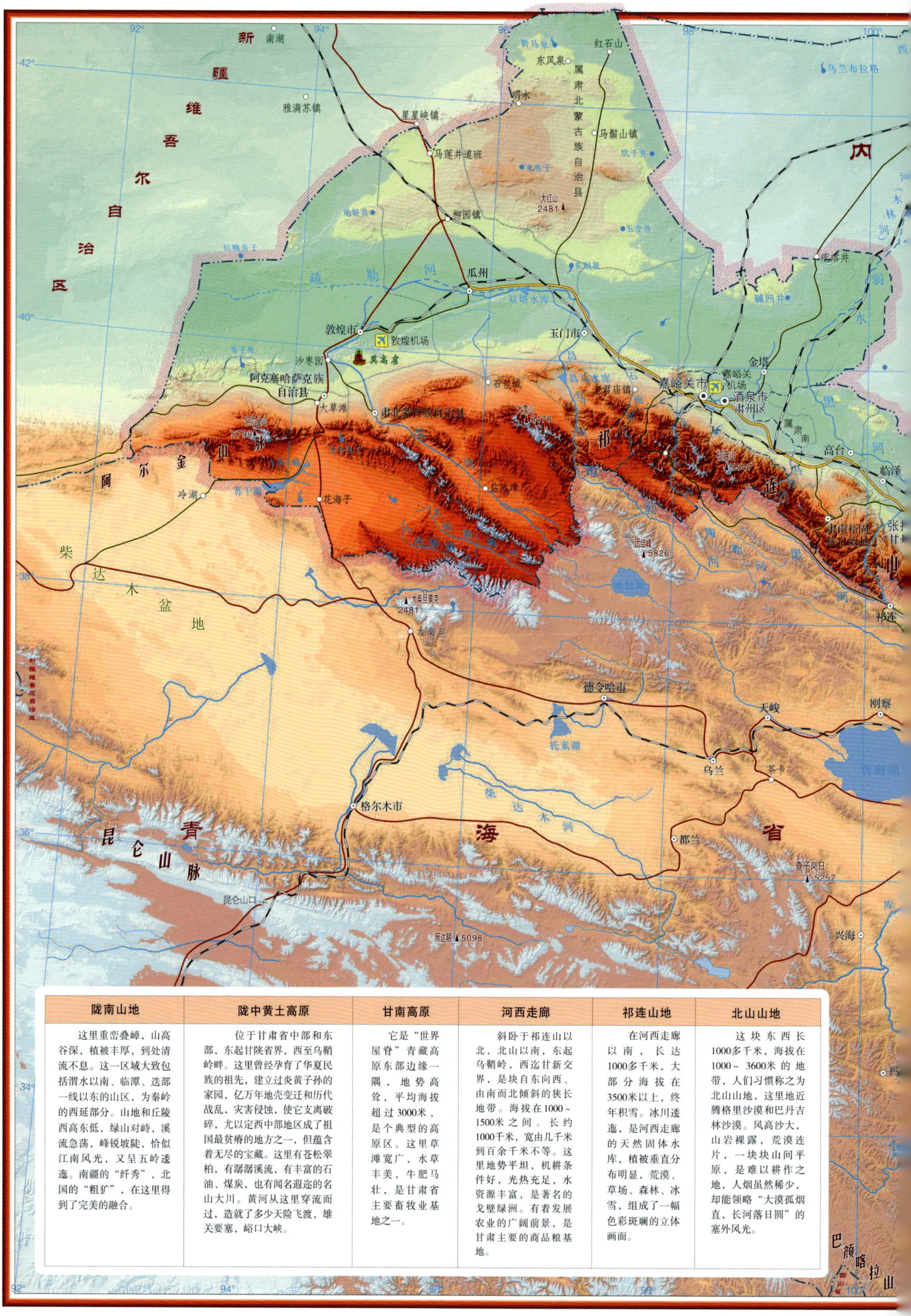

陇南山地	陇中黄土高原	甘南高原	河西走廊	祁连山地	北山山地
这里重峦叠嶂，山高谷深，植被丰厚，到处清流不息。这一区域大致包括渭水以南、临潭、迭部一线以东的山区，为秦岭的西延部分。山地和丘陵西高东低，绿山对峙，溪流急荡，峰锐坡陡，恰似江南风光，又呈五岭逶迤。南疆的“纤秀”，北国的“粗犷”，在这里得到了完美的融合。	位于甘肃省中部和东部，东起甘陕省界，西至乌鞘岭畔。这里曾经孕育了华夏民族的祖先，建立过炎黄子孙的家园，亿万年地壳变迁和历代战乱，灾害侵蚀，使它支离破碎，尤以定西中部地区成了祖国最贫瘠的地方之一，但蕴含着无尽的宝藏。这里有苍松翠柏，有潺潺溪流，有丰富的石油、煤炭，也有闻名遐迩的名山大川。黄河从这里穿流而过，造就了多少天险飞渡，雄关要塞，峪口大峡。	它是“世界屋脊”青藏高原东部边缘一隅，地势高耸，平均海拔超过3000米，是个典型的高原区。这里草滩宽广，水草丰美，牛肥马壮，是甘肃省主要畜牧业基地之一。	斜卧于祁连山以北，北山以南，东起乌鞘岭，西迄甘新交界，是块自东向西、由南而北倾斜的狭长地带。海拔在1000～1500米之间。长约1000千米，宽由几千米到百余千米不等。这里地势平坦，机耕条件好，光热充足，水资源丰富，是著名的戈壁绿洲。有着发展农业的广阔前景，是甘肃主要的商品粮基地。	在河西走廊以南，长达1000多千米，大部分海拔在3500米以上，终年积雪。冰川逶迤，是河西走廊的天然固体水库，植被垂直分布明显，荒漠、草场、森林、冰雪，组成了一幅色彩斑斓的立体画面。	这块东西长1000多千米，海拔在1000～3600米的地带，人们习惯称之为北山山地，这里地近腾格里沙漠和巴丹吉林沙漠。风高沙大，山岩裸露，荒漠连片，一块块山间平原，是难以耕作之地，人烟虽然稀少，却能领略“大漠孤烟直，长河落日圆”的塞外风光。

比例尺　1：4 250 000　0　42.5　85　127.5　170　212.5千米

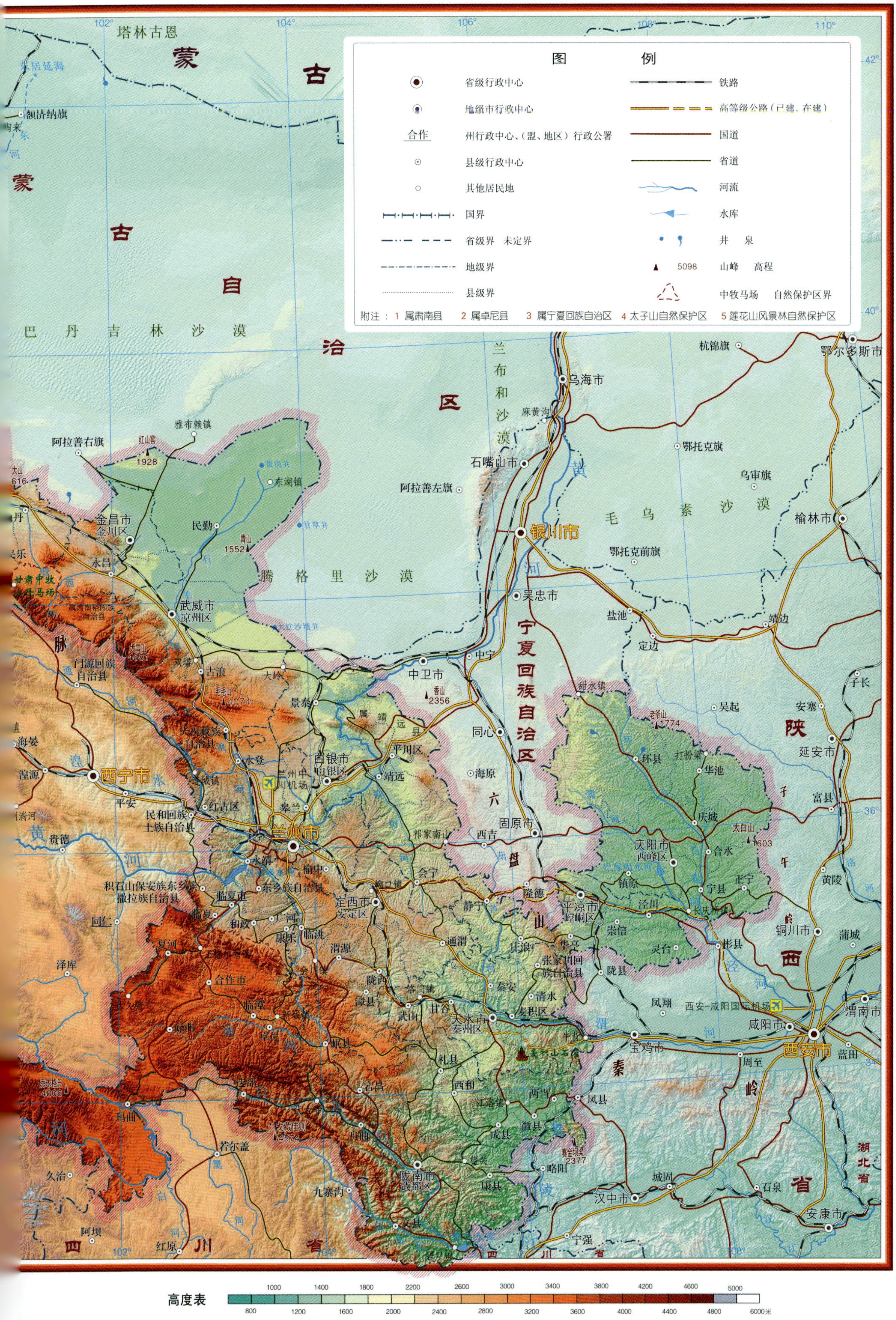

图 例
省级行政中心
地级市行政中心
合作 州行政中心、（盟、地区）行政公署
县级行政中心
其他居民地
国界
省级界 未定界
地级界
县级界
铁路
高等级公路（已建、在建）
国道
省道
河流
水库
井 泉
5098 山峰 高程
中牧马场 自然保护区界
附注：1 属肃南县 2 属卓尼县 3 属宁夏回族自治区 4 太子山自然保护区 5 莲花山风景林自然保护区
蒙 古
蒙 古 自 治 区
巴 丹 吉 林 沙 漠
腾 格 里 沙 漠
毛 乌 素 沙 漠
兰 布 和 沙 漠
宁夏回族自治区
陕 西 省
四 川 省
湖北省
塔林古恩
额济纳旗
阿拉善右旗
雅布赖镇
阿拉善左旗
金昌市 金川区
民勤
永昌
武威市 凉州区
古浪
景泰
白银市 白银区
兰州市
西宁市
乌海市
石嘴山市
银川市
吴忠市
中卫市
中宁
同心
海原
固原市
西吉
隆德
平凉市 崆峒区
庆阳市 西峰区
环县
华池
庆城
合水
宁县
正宁
镇原
泾川
灵台
崇信
华亭
庄浪
静宁
会宁
定西市 安定区
通渭
陇西
渭源
临洮
临夏
和政
康乐
广河
东乡族自治县
永靖
积石山保安族东乡族撒拉族自治县
合作市
夏河
碌曲
临潭
卓尼
迭部
舟曲
岷县
漳县
武山
甘谷
天水市 秦州区
麦积区
秦安
清水
张家川回族自治县
礼县
西和
成县
徽县
两当
康县
陇南市 武都区
文县
宕昌
玛曲
若尔盖
九寨沟
宝鸡市
凤翔
凤县
咸阳市
西安市
西安-咸阳国际机场
渭南市
铜川市
延安市
富县
黄陵
彬县
周至
汉中市
城固
略阳
宁强
石泉
安康市
榆林市
靖边
定边
盐池
吴起
安塞
子长
鄂尔多斯市
杭锦旗
鄂托克旗
鄂托克前旗
乌审旗
平安
民和回族土族自治县
红古区
贵德
同仁
泽库
海晏
湟源
高度表
800 1000 1200 1400 1600 1800 2000 2200 2400 2600 2800 3000 3200 3400 3600 3800 4000 4200 4400 4600 4800 5000 6000米

2016 年 1 月 16 日，省委书记、省人大常委会主任王三运在甘肃省第十二届人民代表大会第四次会议上主持并宣布大会开幕

2016 年 1 月 16 日，省长刘伟平在甘肃省第十二届人民代表大会第四次会议上作政府工作报告

2016年1月15日，省政协主席冯健身在政协甘肃省十一届四次会议上作常委会工作报告

2016年1月18日，省人大常委会副主任罗笑虎在甘肃省第十二届人民代表大会第四次会议上作人大常委会工作报告

编辑说明

一、《甘肃年鉴》是甘肃省人民政府主管、甘肃省地方史志办公室主办的系统记述全省自然、社会、经济、政治、文化等各方面情况的大型年度资料性文献。

二、《甘肃年鉴》的编辑坚持以马克思列宁主义、毛泽东思想、邓小平理论、“三个代表”重要思想、科学发展观和习近平系列重要讲话精神为指导，紧紧围绕省委、省政府中心工作，突出时代特点和地方特色，全面、客观、真实、系统地记述全省各地、各部门、各行业基本情况，反映全省改革发展进程，为推进全面小康社会建设、构建社会主义和谐社会、促进甘肃经济社会又好又快发展和海内外各界了解甘肃、研究甘肃提供基本资料和历史借鉴。

三、《甘肃年鉴》（2016）采用分类编辑法。内文分为类目、分目、子目、条目四个结构层次，以条目为表现基本形式。全书条目的标题统一用黑体加【】表示。

四、《甘肃年鉴》（2016）记述2015年度的甘肃省情。设特载、专记、大事记、省情概览、政治、军事政法、经济、经济管理与监督、国土管理城乡建设与环境保护、社会事业、社会服务与管理、市（州）县（市、区）概况、 国民经济和社会发展统计资料、年度人物与先进单位和附录15个类目。

五、《甘肃年鉴》（2016）所载内容和数据，由省上各部门、单位、社会团体、行业组织、企事业单位和市县政府提供。全省国民经济和社会发展统计资料由省统计局提供，甘肃政区图和甘肃地势图由省测绘地理信息局提供。

六、《甘肃年鉴》（2016）附电子版（光盘），插装于封三。

七、《甘肃年鉴》的编辑出版得到全省各级党政领导的热情关心和社会各界的大力支持，在此谨表示衷心的感谢。

八、由于编者水平有限，缺漏错讹之处在所难免，敬请广大读者指正。

目　录

MAIN CONTENTS

特　载

专　记

大事记

省情概览

政　治

中国共产党甘肃省委员会

中国共产党甘肃省纪律检查委员会

民主党派与工商联

社会团体

军事 政法

军 事

政 法

经 济

农 业

交通运输和旅游业

通信 邮政

经济管理与监督

经济管理

国土管理 城乡建设与环境保护

国土管理

住房城乡建设

环境保护

社会事业

教　育

科学技术与社会科学

文化 卫生 人口与计划生育 体育

新闻出版 广播影视

社会服务与管理

民 政

人力资源管理与社会保障

民族 宗教

市(州)县(市、区)概况

国民经济和社会发展统计资料

年度人物与先进单位

年度人物

先进单位

附　录

重要文件辑存

甘肃省人民政府机构设置表

在省委十二届十四次全委会议上关于省委常委会工作的报告

中共甘肃省委书记 王三运

（2015年11月23日）

同志们：

现在，我受省委常委会委托，向全委会作工作报告。

今年以来，面对国内外错综复杂的形势和全省艰巨繁重的改革发展稳定任务，省委常委会团结带领全省各级党组织和广大干部群众，以邓小平理论、“三个代表”重要思想、科学发展观为指导，全面贯彻落实党的十八大和十八届三中、四中、五中全会精神，深入学习贯彻习近平总书记系列重要讲话精神，按照省十二次党代会决策部署和2015年省委常委会工作要点，坚持把牢“一条红线”、贯彻“四个全面”、抓好“五个最大”的思路，把握稳中求进工作总基调，在转变方式调整结构中化解经济下行压力，在精准发力脱贫攻坚中加快全面小康进程，在深化改革扩大开放中增强发展动力活力，在抓住关键强化示范中加强法治甘肃建设，在严实结合标本兼治中推进全面从严治党，统筹抓好“五位一体”和党的建设各项任务落实，全省呈现出经济平稳发展、改革有序推进、开放不断扩大、民生持续改善、党风政风好转、民族关系和睦、社会和谐稳定的良好局面。

一年来，我们坚持总揽全局、协调各方，在推进各项工作的同时，重点抓了“五件大事”。

第一，紧扣“四个全面”拓展完善工作思路。省委常委会认为，习总书记提出的“四个全面”战略布局，鲜明确立了党和国家各项工作的战略方向、重点领域、主攻目标，更加清晰地描绘了国家富强、民族复兴的新蓝图新路径，开辟了党治国理政的新境界，丰富和发展了中国特色社会主义理论体系。深入推进“四个全面”战略布局在我省的全面展开和落实，不仅关系到中央决策部署的有效贯彻，而且关系到我省如期实现与全国一道全面建成小康社会奋斗目标和长远健康可持续发展。我们及时召开省委常委会、理论中心组学习会，举办省市主要领导干部专题研讨班，深刻学习领会把握“四个全面”战略布局蕴含的重要思想、科学方法、丰富内涵和部署要求，结合甘肃省情，进一步拓展和完善省委总体工作思路，提出全省工作要把牢“一条红线”，就是将深入学习贯彻习总书记系列重要讲话精神贯穿于全省“五位一体”和党的建设的各个方面；贯彻“四个全面”，就是坚持以全面建成小康社会、全面深化改革、全面依法治国、全面从严治党的战略布局来统一思想、统揽全局、推动工作；抓好“五个最大”，就是围绕“四个全面”的展开和落实，突出抓好全面建成小康社会这个最大任务、全面深化改革这个最大动力、全面依法治国这个最大环境、全面从严治党这个最大政绩、服务和融入“一带一路”建设这个最大机遇，加快建设幸福美好新甘肃。一年来的实践证明，这一总体工作思路，符合中央精神，符合甘肃实际，符合群众愿望。

第二，紧扣全面建成小康谋深抓实精准扶贫。认真贯彻习总书记扶贫开发重要战略思想和视察我省时重要讲话精神，深入谋划、扎实推进精准扶贫精准脱贫，是今年省委集中主要精力、持续聚力推进的一项重点工作。省委、省政府和主要负责同志从自己做起，带头把精力和心思聚焦到扶贫攻坚大决战上，一级抓好一级，层层传导压力，在全省树立鲜明的工作导向、发出强烈的攻坚信号。

*一是深化思想认识推进精准扶贫。*深入学习领会习总书记在陕甘宁革命老区脱贫致富座谈会和在贵州召开的部分省区市党委主要负责同志座谈会上的重要讲话精神，再次组织省级四大班子领导同志到贫困地区开展为期3个月的扶贫大调研，对精准扶贫再思考、再谋划、再发力；先后召开9次省委常委会、2次省委财经领导小组会和7次省委改革领导小组会，研究扶贫开发相关问题；同时召开党外人士和“两代表一委员”座谈会，听取意见建议。省委提出把全面小康作为全局工作的重中之重、把扶贫攻坚作为全面小康的重中之重、把精准扶贫作为扶贫攻坚的重中之重，这一要求深入人心、催人奋进，全省脱贫攻坚决战决胜的氛围日益浓厚，各级各界投入扶贫的热情日益高涨，干部群众致力扶贫的干劲日益迸发。

*二是完善思路举措推进精准扶贫。*省委在实施“双联”行动和“1236”扶贫攻坚行动的基础上，着眼解决扶贫政策碎片化、工作措施漫灌化、驻村力量分散化的问题，围绕促进扶贫对象、目标、内容、方式、考评、保障“六个精准”，谋划并出台实施了“1+17”精准扶贫方案，打出了一套精准扶贫精准脱贫的组合拳。如在脱贫时间上，立足本届任期自加压力，从今年起每年再脱贫100万人，到2017年减贫300万人，啃下大头和硬骨头。在夯实基础上，抓好建档立卡工作，建立了全省精准扶贫大数据管理平台，对识别出的6220个贫困村、101万贫困户、417万贫困人口，实施实名制管理和动态调整，做到有进有出、应扶尽扶。在产业富民上，针对群众反映最强烈的发展资金缺、贷款难问题，实施一期总规模400亿元的精准扶贫专项贷款工程，为贫困户提供5万元以下、3年以内、免抵押、免担保、财政全额贴息的小额信贷支持，已累计为23.5万贫困户发放126.31亿元贷款，同时整合整村推进等方面资金、实行更加精准的投入方式，按照省市县三级每村投入50万元的标准，加快贫困村互助资金协会建设，年内可实现对全省贫困村和藏区有贫困人口行政村的全覆盖。在教育扶贫上，着眼从根本上阻断贫困的代际传递，重点抓义务教育向两头延伸，一手抓学前教育覆盖，省级拿出7.28亿元支持贫困村幼儿园建设，已开工建设938所、投入使用151所，同时按照每生每学年1000元标准，免除贫困家庭幼儿保教费；一手抓强化高中教育，为16.49万名高中生发放助学金3.3亿元，同时免除12.27万名中职生学费2.4亿元。在驻村帮扶上，在原有派驻扶贫工作队基础上，从县以上单位整合双联干部、到村任职挂职干部和大学生村官、乡镇包村干部等力量，聚焦6220个贫困村重组驻村工作队，由县以上单位选派的干部担任工作队长。同时，选派1099名得力干部到贫困村担任党支部第一书记，提高攻坚力量和一线指挥的战斗力，确保扶贫政策措施精准“滴灌”到村户。据不完全统计，近3个月来，驻村工作队协调建设项目17353项，落实资金38.9亿元，解决急难事23998件。在激励约束上，建立正向激励和惩戒约束机制，对脱贫“摘帽”成绩突出的市县乡领导干部予以重用，接任者原则上从原班子中选拔，对减贫成效不明显的进行组织调整或问责。今年，对2014年扶贫开发业绩突出的8名县委书记予以提拔重用、10名县长转任县委书记，对考核“一般”的3个县6名党政主要领导进行了组织调整，起到了良好的激励和警示作用。

*三是强化落地见效推进精准扶贫。*注重加强对中央和省委政策措施的推动落实，8月至11月，省委分层次分类型召开了双联助推、驻村工作队落实、基层党组织保障等8个现场会，研究解决问题，交流经验做法，推动工作落实，扶贫攻坚效果日益显现。贫困地区基本条件进一步改善，已完成农村危房改造16.04万户，解决167.2万人的饮水安全问题，新建近1万公里的农村通畅公路，年底行政村通畅率将达到80%，动力电覆盖率达到87.52%。贫困群众收入水平进一步提高，全年可减贫100万人以上。

第三，紧扣提升治理能力推进全面依法治省。省委常委会认为，今年是全面依法治国的开局之年，必须盯紧抓实这一最大环境，为改革发展稳定提供坚强的法治保障。我们深入学习贯彻党的十八届四中全会精神，坚持把法治作为推进治理体系和治理能力现代化的重要依托，统一思想、深化认识，抓住关键、聚焦发力，加快推进全面依法治省进程。一是加强示范引领。按照习总书记“法治首先要治官、治权”的要求，坚持把领导干部作为全面依法治省的“关键少数”，建立各级党委（党组）中心组学习宪法法律制度，推行领导干部任前法律知识考试制度，把法治建设成效纳入领导班子和领导干部政绩考核体系，促使各级领导干部自觉尊法学法守法用法，带动了全社会厉行法治。二是健全体制机制。制定出台我省贯彻中央决定的《意见》和《实施规划（2015—2020）》，把198项重要任务和举措细化分解到每一年度与责任单位；将甘肃省依法治省工作领导小组更改为中共甘肃省委全面推进依法治省领导小组，加强领导力量，提升机构规格，强化政策保障，推动法治甘肃建设任务落实。三是抓实重点任务。针对改革发展稳定和党建等领域存在的突出法治问题，大力推进科学立法、严格执法、公正司法、全民守法。围绕完善法律体系，立改废了一批地方性法律规章，开展了2013—2017年立法规划调整工作，省十二届人大常委会立法项目由原来的69项调整为66项；围绕建设法治政府，深入推进依法行政工作，特别是建立省和市州政府法律专家咨询委员会制度，共召开研讨会议48次，咨询相关事务95件。四是营造浓厚氛围。坚持把法治宣传教育作为基础性工程，引导全社会牢固树立宪法和法律权威，增强法治观念、培养法治意识、弘扬法治精神，特别是抓住“六五”普法检查验收的重要契机，组织13个由省级领导带队的工作组，赴14个市州、甘肃矿区和28个省直部门进行普法检查验收，对加强普法宣传教育、加快依法治省进程，产生了积极的推动作用。

第四，紧扣忠诚干净担当开展三严三实教育。我们认真贯彻中央部署要求，聚焦对党忠诚、个人干净、敢于担当，高起点谋划、高标准要求、高质量推进，确保“三严三实”专题教育健康有序开展。一是突出领导带头。省委常委会精心研究制定专题教育《实施方案》和《专题学习研讨方案》，坚持以上率下、示范带动的基本方法，紧紧围绕严以修身、严以律己、严以用权三个专题，聚焦严守党的政治纪律和政治规矩等重点内容，组织开展了4次专题研讨，每次研讨采取集体观看专题片、听专题辅导讲座、学习中央有关精神等方式，在每位常委同志都认真学习和准备的基础上，确定几名常委同志作重点发言，其他同志作书面发言，主要领导和其他常委同志都紧密联系实际，着力在专题研讨的质量上下功夫，带头亲自撰写发言稿，带头交流思想认识，带头征求意见建议，带头加强党性修养，发挥了带动全省专题教育深入开展的表率作用。二是狠抓整改落实。结合群众路线教育实践活动整改落实工作和“三严三实”专题学习研讨，深入查摆领导班子和个人存在的“不严不实”问题，建立问题、责任和整改清单，实行挂账销号、推动即知即改。针对群众反映强烈、基层意见较大的问题，集中在全省开展领导干部“为官不为”、党政机关“庸懒散软”、基层组织“三多”问题和信访积案化解4个整治行动。省直部门单位和市州党委共查摆出“不严不实”问题1731个、整改完成514个，班子成员梳理查找出“不严不实”问题6406个、整改完成1860个。三是推动建章立制。着眼于建立和完善作风建设的长效机制，采取查漏补缺、上下联动等方式，进一步加大建章立制工作力度，专题教育启动以来，各地各单位新制定各类制度484项。四是助推中心工作。坚持两手抓两促进，把专题教育着力点放到协调推进“四个全面”战略布局上，把“三严三实”要求贯穿于改革发展稳定的各方面，努力以专题教育的实际成效推动经济社会发展，用经济社会发展的成果检验专题教育的成效。

第五，紧扣“十三五”发展筹备好本次全委会。省委常委会认为，“十三五”时期是甘肃全面建成小康社会的决胜阶段。编制好“十三五”规划建议、谋划好“十三五”时期发展，直接决定着我们能否迎来一个更长时期的持续健康发展，决定着我们能否补齐发展短板、如期全面建成小康社会，决定着我们能否顺利完成中央赋予的重要责任和使命。从去年底开始，省委组织专门力量，着手规划建议的前期准备，集中开展调查研究和文件起草工作。5月26日，省委常委会审议通过了全省“十三五”规划基本思路。在省委十二届十三次全委会上，提出了规划编制的基本要求、总体思路、主要目标、发展方向和着力重点，之后又召开民主党派、工商联、无党派人士专题调研协商座谈会，听取意见建议。十八届五中全会一结束，省委就召开省级党员领导干部和省委常委扩大会议，对贯彻落实工作作出具体部署，明确要求要学深吃透全会精神，深刻认识面临形势，集思广益谋划未来。特别强调，要围绕推进“四个全面”战略布局，将中央明确的“创新、协调、绿色、开放、共享”的发展理念贯穿于“十三五”发展的全过程，同时结合实际进一步加强对“十三五”时期全省发展重大问题、重大任务、重大举措的研究和谋划，把未来的发展蓝图描绘好。文件起草组按照中央《建议》精神和省委要求，进一步修改完善省委“十三五”规划《建议》，经省委财经领导小组研究讨论修改后，印发各有关方面广泛征求意见建议，在充分吸纳各方面意见建议后，提交省委常委会进行了专题讨论，经过认真修改，形成了提交这次全委会审议的《中共甘肃省委关于制定国民经济和社会发展第十三个五年规划的建议》。

一年来，常委会抢抓机遇、有效作为，攻坚克难、锐意进取，统筹推进各项事业发展。主要做了以下工作。

一、着眼落地见效纵深推进改革

坚持一手抓重大改革的谋划推进，一手抓改革举措的有效落实，推动改革呈现出聚焦重点、加快突破的良好态势。

*一是坚持正确方向抓改革。*先后召开7次省委全面深化改革领导小组会议，及时传达学习中央全面深化改革领导小组会议和习总书记重要讲话精神，积极承接落实中央改革部署，确保改革不偏向、不走样。今年确定了283项改革事项，目前已制定62项改革方案、启动24项改革试点；147项改革方案、28项改革试点、99项落实类改革举措都能顺利完成年度任务。

*二是坚持问题导向抓改革。*围绕推进“五位一体”和党的建设，突出重点、解决难点、形成创新点，着力抓好切口小、影响大、见效快的改革事项，推动改革呈现出不少特色和亮点。如在深化精准扶贫改革上，出台了省级资金整合使用《管理办法（试行）》，按照国家资金渠道不乱、用途不变和省级资金应整尽整、统筹安排的原则，对省级部门管理的投向类同、目标接近、可用于扶贫开发的涉农资金归集整合、合理匹配，省级财政整合各类资金440亿元，直接下达到县，提高了资金使用效率；加大财政资金投入力度，省级和片区县按当年地方财政收入增量的20%、市级按10%、插花县按15%的标准增列财政扶贫资金，市县财政共安排专项扶贫资金14.7亿元，比2014年增长102%；探索资产收益扶贫模式，鼓励贫困户以各类扶贫资金和银行贷款入股专业合作社、龙头企业，按股分红、负盈不负亏。在深化经济体制改革上，在加大简政放权、推进政府职能转变和加快投融资体制、商事制度等改革的同时，出台深化预算管理制度改革、进一步促进非公经济发展的《意见》，制定深化国资监管体制改革的50项配套制度和25户省属企业“一企一策”改革总体实施方案；积极推进多层次市场体系建设，加快企业上市步伐，全省拟上市企业达10家，“新三板”挂牌企业达14家；农村土地确权工作在全国9个整省推进试点省中进展靠前，基本完成农村宅基地和集体建设用地使用

权确权登记发证工作，已确权登记宅基地482万宗。在深化党建制度改革上，针对领导干部“下”“出”难的问题，出台了推进领导干部能上能下《实施细则（试行）》，建立了工作责任、情况研判、调整处置、教育管理、督查反馈和责任追究等长效保障机制，进一步营造了能者上、庸者下、劣者汰的良好用人导向和从政环境。我省有些改革举措得到中央有关方面的充分肯定，中央改革办《改革情况交流》专期刊发了我省打出“1+17”精准扶贫组合拳、陇南发展电子商务、建立干部能上能下机制、发挥中医药优势探索特色医改、基层卫生计生融合发展等5方面的经验，综合刊发了我省案件查办、公共文化服务体系、分级诊疗等14个方面的改革举措。

三是坚持为民取向抓改革。扭住广大群众最有获得感的领域、最期盼解决的问题，大胆探索、锐意突破，努力让人民群众更多享受到改革发展的成果。围绕更好保障民生，深化社会领域改革。出台全面推开公立医院综合改革《实施方案》，全省69个县（不含市辖区）的133家县级公立医院均已实施综合改革；城乡居民大病保险制度覆盖所有参保人群，住院费用报销比例提高13.75个百分点，达到60.62%；调整机关事业单位工作人员和离退休人员基本工资标准，全面推行机关事业单位工作人员养老保险制度改革。围绕促进公平正义，深化司法体制改革。制定完善司法人员分类管理制度、健全司法人员职业保障制度等4项改革《试点方案》；制定全面深化公安改革的“1+4+10”一揽子工作方案，出台了办理刑事案件、出入境证件、驾驶人自助预约考试等“五个网上公开告知”制度；制定领导干部干预司法、插手具体案件和司法机关内部人员过问案件的记录、通报和责任追究办法；有序推进律师制度改革，印发保障律师执业权利建立良性互动工作机制的《意见》。围绕实现普惠共享，深化文化体制改革。推进传统媒体与新兴媒体融合发展，省广电总台、甘肃网络广播电视台、《读者》杂志、甘肃广电网络等媒体出台了一系列与互联网融合发展的改革举措；省直文化事业单位分类改革持续深入，现代公共文化服务体系加快构建，农家书屋、广播电视、农村电影放映、文化信息资源共享工程、县级城市数字影院建设实现全覆盖，广电网络实现省市县三级贯通，金昌、张掖、白银创建国家级公共文化服务示范区。

四是坚持破题指向抓改革。认真落实中央部署的改革事项和我省改革的台账目标，总体上取得了明显成效，有的正在健康有序地推进。工作中，注重调动各方面参与改革、推动改革的积极性，尊重和发挥地方、基层和群众的首创精神，鼓励广大干部既当改革促进派又当改革实干家，主动作为、积极探索、大胆实践。省委制定关于加强县（市、区）全面深化改革工作的《若干意见》，鼓励基层抓住本级能主导的事情，通过深化改革破解发展难题。目前，已在农村抵押贷款、电子商务扶贫、政务电子监察等方面探索出了一些好做法。

二、立足平稳增长推动转型升级

积极适应经济发展进入新常态的新趋势新变化，切实加强对经济工作的领导，坚持以提质增效升级为中心，精准发力稳增长，保持定力调结构，持续用力转方式，努力推动经济持续健康发展。

一是把握新常态有效引领。坚持把认识新常态、适应新常态、引领新常态作为当前和今后一个时期经济工作的大逻辑，自觉以新常态的理念、思维、举措谋划和推动经济发展，努力提升领导经济工作的科学化、法治化水平和专业化能力。我们着眼完成年度任务，紧盯重要时间节点谋举措，扭住关键环节破难题，理性看待增速换挡之“形”，牢牢把握转型升级之“势”，抓住用好动力转换之“机”，有效应对下行压力之“危”，特别是针对一季度一些指标跌出预期和二季度发展动力依然不足的严峻形势，分别召开固定资产投资推进工作会、国有企业和产业投资等专题座谈会，明确提出要抓好“六个一批”重大项目促投资，并及时出台强化创新创业、改革开放、精准扶贫和促进房地产业健康发展、支持先进高载能和战略性新兴产业发展、鼓励社会投资等一系列政策举措，推动全省经济平稳较快发展。主要表现在：保持了在合理区间运行的势头，前三季度全省生产总值增长8%，比全国高出1.1个百分点，与年度目标保持一致；居民消费价格同比上涨1.6%，低于年度控制目标1.4个百分点；城镇登记失业率为2.1%，新增就业385万人，完成年度目标的96.3%。保持了结构持续优化的势头，三次产业比例调整为15.6∶41∶43.4，三产比重同比提高了4个百分点；非公工业增加值占规上工业总量的比重达22%，同比提高0.6个百分点；工业能源消费量同比下降1.8%，节能减排任务有望顺利完成。保持了提质增效发展的势头，一般公共预算收入增长9.14%，比上半年提高0.12个百分点；城乡居民收入增速高于生产总值增速，分别达9.4%和11.4%，均排名全国第3位，特别是农村居民收入增幅持续高于城镇居民收入增幅。

二是加快转方式增添动力。坚持在优化产业结构中培育新的增长点，在扶优汰劣中提升核心竞争力，在创新创业中增强发展新动能，促进经济发展由规模速度型向质量效益型加快转变。推动产业结构调整，增强供给支撑力。着力稳定一产，省级财政投入涉农资金490多亿元，支持发展特色优势产业，提升农业综合生产能力，前三季度全省农业增加值同比增长5.6%、比上半年提高0.5个百分点，一产投资同比增长36.4%、比上半年提高近7个百分点，预计全年粮食产量达1180万吨、增长1.9%，连续12年实现丰收。着力提升二产，坚持改造传统产业和培育新兴产业并举，淘汰落后产能、重塑竞争优势、加快结构升级。战略性新兴产业发展势头强劲，完成增加值同比增长11.9%，占全省生产总值的11.7%，比上半年提高0.2个百分点；新增企业增长速度较快，332户新增规上企业完成增加值同比增长1.9倍，对工业增速的贡献率达27.6%，反映出新的增长点正在

不断孕育成长。着力拓展三产，适应产业结构由工业主导型向服务主导型转变的趋势，大力发展现代金融、文化旅游、快速物流等新兴服务业，三产增加值同比增长9%、比上半年提高0.8个百分点，占生产总值的比重达43.4%、比二产高出2.4个百分点，特别是金融服务业保持良好发展态势，存贷款余额同比分别增长15%和23%；文化旅游产业融合发展成效明显，重点景区游客爆发式增长，全省游客人数和旅游综合收入增幅均超过25%；电子商务快速发展，前10月全省电子商务交易额达1350亿元，同比增长37.8%，超过去年全年总额150亿元。发挥“三驾马车”作用，增强需求牵引力。着眼提升投资的关键作用，积极对接国家“7+4”项目工程包和“6+3+1”消费工程包，深入推进“3341”项目建设工程，大力实施“6873”交通突破和“6363”水利保障行动，梳理了“六个一批”重大项目，明确责任单位、责任领导和时间节点任务，争取落实中央补助资金1940亿元、比去年全年增加132亿元，发行政府债券430亿元，兰州轨道交通2号线等4个重大项目入选财政部PPP示范项目。全省固定资产投资同比增长9.8%，比上半年提高4.2个百分点。着眼增强消费的基础作用，积极促进城乡居民增收，着力稳定餐饮、住房、汽车等传统支柱消费，拓展健康养老、体育休闲等新的消费热点，全社会消费品零售总额同比增长8.7%，比上半年提高1个百分点。着眼拓展出口的支撑作用，大力推进外贸工作，出口形势好于进口，尤其是特色农产品出口同比增长24%，是一个突出亮点，外向型经济的竞争力在不断提高。实施创新驱动战略，增强发展源动力。出台推进创新驱动发展战略的《实施意见》，积极打造大众创业、万众创新新引擎，有效激发了市场主体创造活力和重点区域创新潜能，涌现出了一批新技术、新产业、新业态、新模式。兰州新区获批建设国家可持续发展实验区，兰州高新区、白银高新区成为国家首批科技服务业区域试点，张掖市成为全国15个小微企业创业创新基地示范城市之一。召开了6次兰白科技创新改革试验区领导小组会议，加强顶层谋划设计，制定了《发展规划》和《技术创新驱动基金使用办法》，设立了20亿元的技术创新驱动基金，密切了与上海张江自主创新示范区的合作，已争取和建设各类科技项目1301个，实施北大众志“中国芯”等重大高新技术产业项目42个。

三是打造黄金段扩大开放。“一带一路”战略的提出和实施，不仅使甘肃从偏远和内陆省份变成了向西开放的前沿阵地，而且为我省的后发和比较优势搭建了聚合发挥的开放平台，更为叠加的政策和市场机遇提供了充分释放的战略引擎。我们认真贯彻国家“一带一路”建设《战略规划》，围绕打造丝绸之路经济带甘肃黄金段，扎实推进“13685”总体规划和《实施方案》落实，不断提升向西开放的层次和水平。一方面，推进互联互通，增强通达力。兰州、武威、天水“三大陆港”和兰州中川、嘉峪关、敦煌“三大空港”建设全面推进，兰州新区综合保税区封关运营，“天马号”“兰州号”“嘉峪关号”国际货运班列逐步常态化，新开通兰州—圣彼得堡等7条国际航线，累计开行中亚班列27列、中欧班列1列。另一方面，扩大经贸合作，提升竞争力。坚持“引进来”和“走出去”相结合，成功举办第21届兰洽会和丝绸之路合作发展高端论坛，首次设立主宾国并邀请白俄罗斯担任，与丝路沿线国家签订经贸合同17个、签约金额22.35亿美元，是上届的2倍多，全省招商引资到位资金5696.5亿元、同比增长24%；举办“2015甘肃‘一带一路’国际产能合作洽谈会”与“中国（甘肃）国际新能源博览会”，中白工业园甘肃聚馨麦芽生产基地已开工建设，我省在哈萨克斯坦阿拉木图投资建设的甘肃特色农产品集散中心项目已经竣工，白银公司与哈萨克斯坦矿业集团合作建设的30万吨铜冶炼项目列入两国产能合作目录。再一方面，强化交流推介，提高影响力。丝绸之路（敦煌）国际文化博览会已获党中央、国务院批准，成为我省落实“一带一路”战略的国家级重要平台；47所“一带一路”沿线国家和地区高校成立“战略联盟”，《丝路花雨》《大梦敦煌》《敦煌韵》等优秀舞剧在沿线国家成功商演，纪录片《河西走廊》荣获“金熊猫”奖；深入推进与“一带一路”沿线国家缔结国际友好城市工作，目前友城总数已达51对；主动争取外国高访团访问我省，白俄罗斯副总理加里宁率团到我省参加第21届兰洽会，巴布亚新几内亚总督迈克尔·奥吉奥一行到我省访问；积极开展与“一带一路”沿线国家（地区）的友好交往和文化宣传活动，提高了我省的对外影响力和知名度。

*四是着力建平台强化支撑。*我们坚持把经济、文化、生态三大战略平台建设作为联动经济各环节的重要载体，作为实现更高质量、更可持续发展的重要抓手，统筹兼顾、协同推进，不断增强发展后劲。在推进经济战略平台方面，前三季度兰州新区完成固定资产投资284.65亿元、增长17.47%，完成地区生产总值76.68亿元、增长18.21%，增速均高于全省7个百分点以上；循环经济示范区建设有序推进，年底可基本完成《总体规划》中确定的主要任务，初步建成国家循环经济示范区。在推进文化战略平台方面，抓好文物保护，颁布《甘肃非物质文化遗产条例》，大力实施文化遗产“历史再现”工程，目前甘肃世界文化遗产点达7处，与北京并列全国第二；在全省1.6万个行政村中已有1万多个建成了以“公共文化服务中心”为主要内容的“乡村舞台”，总投资超过23亿元；新建51家农村“文化集市”，带动2万多农户从事文化产业；深圳文博会、第四届国际文化产业大会暨第八届省文博会签约文化项目共计197个、签约额840亿元，长城影视集团与兰州、敦煌、武威、省广电总台签署了项目总投资达100亿元的合作协议。文化产业实现增加值101亿元，同比增长15.2%。在推进生态战略平台方面，制定出台加快推进生态文明

建设《实施方案》，落实中央和省级建设资金50亿元，天保工程、三北五期等重点林业工程建设有序开展；引洮供水二期和黄河甘肃段防洪治理工程获批建设，敦煌水资源合理利用与生态保护项目稳步推进，兰州水源地工程启动实施；建立健全环境保护目标考核、挂牌督办、执法监督、"一票否决"、信息公开等制度，坚持敢抓敢管、严抓严管，加大生态环境破坏责任追究力度，严肃查处并通报了武威荣华公司环境污染等违法事件，起到了良好的警示教育作用；加快建立重点生态功能区转移支付、林业生态红线、生态效益补偿和水资源管理等相关体制机制，国家生态安全屏障综合试验区建设深入推进。

三、注重和谐稳定加强社会建设

坚持以保障民生和创新治理为抓手，统筹推进人民生活改善、意识形态引领、平安甘肃建设等重点工作，进一步巩固和保持了和谐稳定社会局面。

*一是突出抓民生改善促和谐稳定。*倾力办好为民实事，下达10项27件实事资金413.1亿元，完成年初预算的109.8%，其中提高新农合政府补助标准、实施食品安全放心工程等16件已全部完成，公租房建设、农村危房改造等9件按计划推进。大力扩大城乡就业，实施更加积极的就业政策，新发放创业担保贷款41亿元，可提前超额完成全年城镇新增就业目标任务；共输转城乡富余劳动力523.3万人、完成年度任务的104.7%，其中就近转移就业324.4万人、完成年度任务的124.7%，创劳务收入7922亿元、同比增长75%。加快发展社会事业，全省财政民生支出1680.2亿元、增长18.7%，占总支出的80.5%、比去年提高3.2个百分点。教育方面，持续优化城乡教育资源配置，进一步推进各级各类教育合理布局，出台《乡村教师支持计划2015—2020年实施方案》，全省义务教育均衡发展县（市、区）达到29个，兰州新区职教园区开工建设；医疗卫生方面，全民医保体系不断健全，全省新农合参合率达到98.3%，在全国率先实现"一卡通"以户为单位全覆盖；社会保障方面，提高了城乡低保补助、企业退休人员养老金、失业保险金、工伤人员伤残津贴标准，农村一、二类低保对象年补助标准均超过2800元，实现了政策性脱贫，5项社会保险综合参保率达96.1%，社会保障整体水平稳步提高。

*二是突出抓意识形态促和谐稳定。*坚持两手抓、清醒抓、直面抓、持续抓，牢牢把握好意识形态领域的领导权、管理权和话语权。一方面，强化正面舆论引领。不断深化中国特色社会主义和中国梦宣传教育，大力开展习总书记系列重要讲话、"四个全面"战略布局、"三严三实"专题教育等重大主题宣传，全方位、高密度推进"1+17"精准扶贫行动、丝绸之路经济带甘肃黄金段建设等省委、省政府重大决策部署的宣传活动；下好先手棋、打好主动仗，加强网络宣传、建设和管理，强化网上网下舆论引导和管控，培育形成健康向上的网络舆论生态。另一方面，广泛弘扬核心价值。加强核心价值观理论阐释和宣传普及，把"24字"要求融入到市民公约、乡规民约、学生守则、行业规章之中，推动核心价值观落细落实落小；深入推进思想道德建设，大力开展陇人骄子、甘肃好人、最美人物、道德模范等评选活动，实施大学生思想政治教育"百千万"工程和未成年人思想道德建设"金种子"工程；广泛开展群众性精神文明创建活动，引导全社会革除陈俗陋习、树立新风正气。

*三是突出抓平安建设促和谐稳定。*坚持运用法治思维和法治方式解决矛盾问题，最大限度增加和谐因素，努力建设平安甘肃。深入推进社会治安综合治理，强化各级党委政府保一方平安的主体责任，明确提出管行业必须管平安、抓业务必须抓稳定；召开省国家安全工作领导小组会议，贯彻落实总体国家安全观，依法防范、制止、打击危害国家安全和利益的违法犯罪活动，推动形成维护国家安全和社会安定的强大合力；建立健全立体化治安防控体系，全面推行网格化管理，完成6个市州32个县市区的462个乡镇（街道）建设任务；重点打击各类严重影响群众安全感的违法犯罪活动，8类主要刑事案件同比下降5.85%。扎实开展矛盾纠纷化解，组织开展社会稳定风险评估示范县（市、区）创建活动，采取多种方式综合治理进京非正常上访问题，约请省律师协会作为第三方参与化解，共调处各类民间纠纷24万多件、调解成功率98%以上；排查影响社会稳定的重大矛盾和积案835件，化解681件、化解率81.5%。切实筑牢安全生产防线，坚持党政同责、一岗双责，靠实安全生产责任，实现全省安全监管机构和责任体系"五级五覆盖"，建立和落实安全生产责任约谈追责制度，对376个责任单位、495名责任人采取了约谈、诫勉、党纪政纪处分等追责措施，各类安全事故同比减少8.1%，死亡人数减少18%。同时，积极推进军民融合式发展，扎实开展双拥共建活动，不断巩固和保持军政军民团结的良好局面。

四、把牢正确方向发展民主政治

坚持党的领导、人民当家作主、依法治国有机统一，大力促进社会主义民主政治新发展。

*一是支持省人大及其常委会依法履职。*加强对人大工作领导，省委常委会7次研究人大议题，召开省委人大工作会议，制定关于加强和改进人大工作的《意见》，强调要进一步增强坚持人民代表大会制度自信，健全完善党委领导人大工作制度，支持和保证人大及其常委会依法行使职权，充分发挥各级人大代表的主体作用。健全人大主导立法体制，制定修改了消费者权益保护、社会救助、农村饮用水管理等4个条例，初审了老年人权益保障条例、会计管理条例等6件法规。加强法律实施情况和"一府两院"工作监督，扎实开展专题调研和专题询问，强化对精准扶贫工作的视察和监督，推动人大工作与时俱进。

*二是推进协商民主建设制度化规范化。*贯彻落实中央加强社会主义协商民主建设的《意见》，研究制定我省推进落实的具体措施。强化政党协商，召开少数民族干部队伍建设、精准扶贫

脱贫、"十三五"规划制定等重大工作专题调研协商座谈会。以加强立法协商为重点，起草了省人大常委会联系人大代表、人大代表联系选民办法等3项制度。推进政协协商，审定省政协年度协商计划，召开"两个共同"示范区建设、国有企业改革、高等学校科技创新成果转化等8次月协商座谈会，省委常委参加会议，面对面听取委员意见建议；出台《政协建议案和调研视察报告办理办法》，为协商成果转化提供了制度保障。

三是着力巩固最广泛的爱国统一战线。召开省委统战工作会议，出台进一步加强新形势下统一战线工作的《意见》，成立省委统一战线工作领导小组，加强对统战工作的协调指导。召开省委民族工作会议，出台加强民族工作的《意见》，推动落实民族地区差别化扶持政策，促进各民族交往交流交融。召开省委藏区工作会议，贯彻落实中央第六次西藏工作座谈会精神，出台进一步推进全省藏区经济社会发展和长治久安的《实施意见》及8个配套方案；制定出台支持临夏州加快建设小康社会进程的实施方案，促进民族地区加快全面建成小康社会。认真贯彻党的宗教工作基本方针，发挥宗教界人士和信教群众在促进经济社会发展中的积极作用。

四是积极推动群团工作的创新和发展。召开全省群团工作会议，出台落实中央加强和改进党的群团工作《意见》的《实施意见》，强调坚持党对群团工作的统一领导，坚持群团组织政治性、先进性、群众性的本质属性，坚持服务群众的工作生命线，重点解决"机关化、行政化、贵族化、娱乐化"等现象，指导工青妇等群众团体认真贯彻中央精神和省委要求，政治上增强使命感、一心一意跟党走，作用上增强认同感、发挥优势聚人心，服务上增强存在感、为民务实接地气，行动上增强担当感、紧盯大局有作为，工作上增强时代感、与时俱进求创新，不断提升群团工作科学化水平。

五、聚焦从严从实加强党的建设

认真贯彻落实习总书记"把抓好党建作为最大政绩"的重要指示精神，坚持真管真严、敢管敢严、长管长严，切实把全面从严治党的各项任务落到实处。

一是在狠抓理论武装中加强思想建设。一方面，把深入学习贯彻习总书记系列重要讲话精神作为"一条红线"，坚持从省委常委会抓起，从领导干部抓起，举行省委理论中心组学习10次、举办"富民兴陇"系列讲座9次；大力推进市县、省属国有企业和事业单位领导班子思想政治建设，加强干部理论学习培训工作，深化中国特色社会主义、中国道路、中国梦学习教育，引导广大干部加深对"四个全面"战略布局的理解，进一步坚定道路自信、理论自信、制度自信。另一方面，教育和引导党员干部认真对照习总书记"七个有之"告诫和"五个必须"要求，联系严重违纪违法反面典型事例，举一反三、检身正己，严守党的政治纪律和政治规矩，永葆政治品格、恪守从政底线，补强精神之"钙"、铸牢思想之魂。

二是在夯实基层基础中提升服务能力。靠实基层党建工作责任，深入贯彻全国农村基层党建工作座谈会精神，强调抓好基层党建是各级党委的政治责任，党委书记是抓基层党建的第一责任人，对14个市州领导班子和22个省属事业单位抓基层组织建设工作进行考评，促使基层党建由"软任务"变成了"硬指标"。创新基层党建工作机制，制定加强基层服务型党组织建设、加强乡镇干部队伍建设的《实施意见》等文件，进一步健全完善基层党建工作制度体系。整顿软弱涣散基层组织，根据"六有"目标，全面了解村党组织工作运行现状，排查出3416个软弱涣散基层党组织，采取一支部一对策等方式，使99.6%的党组织得到整顿提升。加强基层党员队伍建设，严格落实中央关于发展党员总量调控的要求，重点发展工人、农牧民、高级知识分子、少数民族和妇女中的优秀青年，确保党员队伍结构不断优化、党组织服务能力不断增强。

三是在从严监督管理中建强干部队伍。完善制度体系，认真贯彻落实新修订的《干部任用条例》，按照好干部标准选人用人，制定《2015—2018年党政领导班子建设实施意见》《加强和改进优秀年轻干部培养选拔工作的实施意见》《关于在干部选拔任用工作中进一步树立注重基层导向的通知》等政策文件；制定《加快人才工作创新发展的意见任务分工方案》，支持引进和挂职的金融科技等方面人才有效发挥作用，为加强领导班子和干部队伍建设构建了系统完备的制度规范。强化监督管理，制定实施《省管干部谈话办法》，对谈话目的、基本原则、谈话类别等内容作出细致规定，今年以来省委主要负责同志谈话约谈干部101人次，省纪委主要负责同志谈话约谈干部108人次，省级领导同志共谈话约谈干部795人次；建立健全干部经常性提醒教育制度，通过诫勉谈话、函询和干部监督专项函件等形式，对发现的苗头性、倾向性问题及时提醒教育，使干部时刻感到管理就在身边、监督无处不在，各级纪检监察机关开展诫勉谈话527人次、函询596人次；实行干部选拔任用全程纪实、专项检查和责任追究制度，对14个市州、兰州新区和123家省属单位开展选人用人工作"一报告两评议"；按规定完成了43名中管干部2014年度个人事项报告工作，组织开展了1926名省管干部和27878名县处级干部2014年度个人事项报告工作。整治突出问题，研究制定加强"裸官"管理的意见，对甄别出的3名"裸官"进行处理；实行消化超配干部"月报季审"制度，每半年对各市州消化超配干部情况进行通报。

四是在着力严督实查中推动工作落实。扎实开展"工作落实年"活动，成立省委"工作落实年"领导小组和办公室，坚持省委常委带头抓、省级领导示范抓、四大班子履责抓、省市县乡全力抓，大力推动习总书记系列重要讲话精神、中央重大决策部署和省委常委会2015年工作要点的贯彻落实。在抓好中央重大决策部署督查落实上，按照中办关于习总书记甘肃考察二次回访

调研意见和国务院督查组的反馈意见，围绕抓扶贫惠民生、扩投资稳增长、抓改革增活力、调结构促升级，认真制定整改落实方案，强化跟踪督查落实，做到事事有回应、件件有着落，确保中央重大决策部署在我省的贯彻落实。在抓好全省重大工作任务督查落实上，围绕抓项目建设、增强经济发展主动力，省级领导带队14个观摩团对应14个市州，深入县市区观摩点评项目建设情况，指出存在的不足和努力方向，促进重点项目早开工、早落地、早见效，前三季度省列82个重大项目完成投资670.4亿元，占全年投资的60.3%；围绕落实“1+17”精准扶贫方案，8月至9月省级四大班子领导干部率队深入各地开展调研督查，省委还组织11个督查组，对全省精准扶贫精准脱贫工作开展专项督查和明察暗访。同时，对今年以来省委省政府出台的稳增长、促改革、调结构、惠民生、防风险等方面的政策措施，开展专项督查，及时发现和解决问题，推动各项目标任务的落实。

五是在大力正风肃纪中净化政治生态。把纪律挺在前面，加强党纪党规教育，组织开展《廉洁自律准则》《纪律处分条例》学习宣传教育；注重以案警示明纪，及时向党员领导干部通报徐才厚、周永康、令计划、郭伯雄等严重违纪违法情况及教训；充分运用监督执纪的“四种形态”，切实把纪律立起来、严起来、执行到位。今年以来，共立案审查省管干部30人，已结案、给予纪律处分20人，其中对违纪情节较轻的15人作了纪律处分，将严重违纪涉嫌犯罪的5人移送司法机关，体现了“纪在法前”的要求。深入落实主体责任，进一步健全责任分解、对下约谈、督查检查、履责报告、年度考核等机制，制定《甘肃省党风廉政建设主体责任落实情况报告办法》，自上而下强化压力传导，推动“3783”主体责任体系向基层延伸；紧盯“关键少数”传导压力，推进“三述”制度向市、县和企事业单位延伸，目前市、县和省直部门已全面推开“三述”工作，已有27名省管干部进行了“三述”；强化“两个责任”落实不力问题的倒查追究，前三季度共问责追究144起、226名党员领导干部，起到了有力的警示和震慑作用。持续深化作风建设，大力开展争创思想道德、优质服务、为民富民、改革创业、清廉实干先锋引领行动；认真落实中央“八项规定”和省委“双十条”规定，紧盯重要时间节点，严肃查纠“四风”问题，对“零查处”的11个县（区）纪委书记进行了约谈，前10月共查处违反八项规定精神问题627起、处理939人，其中给予党纪政纪处分506人。保持反腐高压态势，创新巡视方式，完善巡视工作机制，着力构建巡视巡察监督体系，坚持常规巡视与专项巡视同步开展，省委8个巡视组对6个市州、36个县市区、13家省属国有企业和事业单位开展了巡视，发现并反馈了“四个着力”方面存在的突出问题，移送问题线索607件，已立案148件、初核44件、谈话函询70人、组织处理9人；推动巡视链条向基层延伸，部署14个市州和25个省直部门开展党风廉政建设巡察工作，突出问题导向，对市县直部门单位、乡镇街道以及省直部门直属机构、下属单位进行巡察监督，及时发现和查纠了一批“四风”问题和侵害群众利益的问题；坚持有腐必惩、有贪必肃，依纪依法严惩腐败分子，前10月全省纪检监察机关接受信访举报35518件次、增长84.98%，立案2851件、增长48.1%，结案2557件、增长46.95%，给予党纪政纪处分3309人、增长26.97%，涉嫌犯罪移送司法机关99人。

在看到成绩的同时，我们也清醒地认识到，常委会工作中也存在一些问题和不足，主要表现在：从经济发展看，面对经济发展新旧动力转换、下行压力较大的特殊形势，适应和引领新常态、促进提质增效升级的能力还需要进一步提升。从脱贫攻坚看，扶贫开发任务艰巨繁重，落实好“1+17”精准扶贫方案的管用办法还需要进一步强化。从深化改革看，随着改革向纵深推进，协调利益、攻坚克难的工作力度还需要进一步加大。从依法治省看，“关键少数”的法治素养、重视程度还有待进一步提高；部分社会成员学法尊法守法用法意识不强，一些国家工作人员依法办事观念不强、能力不足、知法犯法现象依然存在，法治建设体制机制还需要进一步完善。从党风廉政建设看，主体责任的传导和落实不够平衡，一些地方和部门特别是基层党组织落实主体责任的措施不过硬、力度不够大、群众不满意，还需要进一步下力气解决；一些党员干部为官不为、慵懒散慢的不良风气没有完全根除，还需要进一步整治，等等。对这些问题，我们将高度重视，在今后的工作中切实加以改进。

希望同志们对省委常委会工作提出意见和建议，帮助我们把工作做得更好。

省人大常务委员会工作报告

2016年1月18日在省第十二届人民代表大会第四次会议上

省人大常委会副主任 罗笑虎

各位代表：

我受省人大常委会委托，向大会报告工作，请予审议。

2015年的主要工作

过去一年，在省委的坚强领导下，省人大常委会紧紧围绕协调推进“四个全面”战略布局，坚持党的领导、人民当家作主和依法治国有机统一，认真贯彻落实省十二届人大三次会议决议，进一步完善工作思路和举措，突出着力重点，服务全省大局，依法履行职权，各项工作都取得了新进展新成效。一年来，共制定、修改、批准地方性法规和民族自治地方单行条例15件，听取审议专项工作报告21项，检查了3部法律法规的实施情况，作出决定决议6项，开展专题调研7项，任免国家机关工作人员130人次。

一、紧扣全省发展大局，重点工作落实取得显著成效

常委会把贯彻落实中央和省委重大决策部署作为依法履职的重中之重，突出抓了5件大事。

（一）着眼全面建成小康社会，积极助推精准扶贫精准脱贫。精准扶贫精准脱贫是全省的“一号工程”、重大任务。常委会紧扣省委“1+17”精准扶贫方案实施，综合运用专题调研、听取专项汇报、开展专题询问等方式，寓支持于监督之中，切实加大监督力度。分别由6名副主任带队，先后深入6个市州、32个乡镇、45个贫困村和19个省直部门开展调研，适时听取审议了省政府开展精准扶贫精准脱贫情况的工作报告，并召开联组会议，就安全饮水、危房改造、教育卫生、电商扶贫等问题，向省政府和省直有关部门提出询问，分管副省长及省政府相关部门负责人到场应询，为省委决策部署的落实发挥了重要推动作用。

（二）着眼适应经济发展新常态，深入开展“十三五”规划编制调研。深入贯彻党的十八届五中全会和省委十二届十四次全委扩大会议精神，谋划制定好我省“十三五”规划，事关全面建成小康社会目标的如期实现。常委会围绕代表大会审查批准“十三五”规划纲要这一法定职责，采取点面结合和上下联动的方式，深入各地就全省“十二五”规划实施和“十三五”规划编制情况进行调研，深入分析了新常态下全省经济社会发展中存在的深层次矛盾和问题，并就做好“十三五”规划编制工作提出具体建议，既为省委决策和省政府编制“十三五”规划纲要提供了参考依据，也为本次大会审查批准规划纲要作了充分准备。

（三）着眼解决突出问题，切实抓好省委人大工作会议的调研筹备和精神落实。召开省委人大工作会议是推动全省人大工作与时俱进的迫切需要，也是各级人大组织和人大工作者的热切期盼。去年，常委会在省委的领导下，把筹备省委人大工作会议摆上重要日程，按照王三运书记的指示要求，组成多个调研组，深入省内外考察调研，在找准问题症结、破解工作难点的基础上，提出了具有针对性和操作性的一系列对策建议，为省委决策发挥了参谋作用。省委出台的《关于加强和改进人大工作的意见》，为全省各级人大在新形势下开展工作指明了方向、提供了遵循。围绕抓好会议精神的贯彻落实，常委会及时发出通知，组织各种形式的辅导讲座和学习研讨，将《意见》中有关的政策措施纳入民主法制领域改革任务，并在定西市开展贯彻落实试点工作，力争推出在全省可借鉴的经验。目前，全省已有12个市（州）和部分县（市、区）按照省委的部署，先后召开党委人大工作会议，出台具体的贯彻落实意见，制约基层人大工作的一些突出问题得到较好解决，各级人大建设得到明显加强。

（四）着眼全面深化改革，认真落实民主法制领域改革任务。坚持把深化民主法制领域改革作为加强和改进人大工作的重大机遇，积极落实省委部署的改革任务，在充分调研和广泛征求意见的基础上，完成了地方性法规草案起草规定、立法计划编制办法、立法项目论证办法、“一府两院”听取征求人大代表意见办法等12项年度改革任务。另有6项改革任务已开展前期调研论证，为今年顺利完成创造了条件。

（五）着眼建设法治甘肃，努力推进

设区市立法和宪法宣誓等工作。深入贯彻落实党的十八届四中全会精神，紧紧围绕法治甘肃建设，适时作出了《关于酒泉等十三个市、自治州人民代表大会及其常务委员会开始制定地方性法规的决定》，并指导市州在机构设置、队伍建设、保障机制等方面做好地方立法准备工作。根据新修订的立法法等法律规定和工作实际，修正了《甘肃省各级人民代表大会常务委员会规范性文件备案审查规定》，增加了主动审查、规范审查程序、明确审查机构等方面的内容，进一步严格了规范性文件备案审查制度。根据全国人大常委会的决定，审议通过了《甘肃省组织实施宪法宣誓制度办法》，对宪法宣誓的组织实施作出规定，并从今年元月份起付诸实施。组织开展国家宪法日系列宣传活动，进一步树立了宪法法律权威和法治观念。

二、加强重点领域立法，地方立法质量不断提高

常委会围绕全省经济社会发展的重点，加强组织协调，发挥主导作用，加大创制性立法，在突出特色上下功夫、在有效管用上做文章，立法质量进一步得到提升。

（一）充分发挥立法主导作用。一是注重在立法规划环节发挥主导作用。在广泛深入调研和征求各方面意见的基础上，对2013—2017年立法规划进行了调整，进一步增强了立法项目的地方性和针对性。二是注重在法规草案起草环节发挥主导作用。国家新修订的预算法，增加了控制政府权力、规范政府预算管理、加强人大对全口径预决算审查监督的内容，常委会及时将这些改革措施体现到修订的《甘肃省预算审批监督条例》中。在2014年对我省地震重点监视防御区防震减灾和非物质文化遗产保护开展专题调研的基础上，起草并审议通过了《加强地震重点监视防御区防震减灾工作的决定》和《甘肃省非物质文化遗产条例》。三是注重在法规草案审议环节发挥主导作用。在审议《〈甘肃省价格管理条例〉（修正草案）》时，除认真审议政府提交的修改意见外，还对原法规中价格管理不合理的内容提出修改意见，作出了《关于修改〈甘肃省价格管理条例〉的决定》。

（二）加强经济生态科技文化领域立法。去年，常委会把这方面的立法作为突出重点来抓，取得了重大进展。审议通过的《甘肃省农村饮用水供水管理条例》，为促进精准扶贫和农村经济社会发展及农民群众身体健康提供了法制保障。审议通过的《甘肃省会计管理条例》，从加强会计管理、规范经济行为、维护经济秩序的实际出发，对我省实施国家会计法进行了细化和补充。同时，还对《敦煌历史文化名城保护条例（草案）》进行了二审，对《甘肃省节约能源条例（草案）》、《甘肃省促进科技成果转化条例（修订草案）》、《甘肃省兰白科技创新改革试验区条例（草案）》、《甘肃民勤连古城国家级自然保护区管理条例（草案）》进行了一审。审查批准了《兰州市科技进步条例》、《甘南藏族自治州非物质文化遗产保护条例》、《肃北蒙古族自治县草原条例》和《东乡族自治县林木管护条例》。

（三）突出社会民生领域立法。审议通过的《甘肃省社会救助条例》，规范了社会救助的对象范围、救助方式、申请审批程序，明确了救助工作的监督管理和法律责任。审议通过的《甘肃省老年人权益保障条例》，对进一步保障老年人合法权益作出具体规定。修订的《甘肃省消费者权益保护条例》，规范了政府部门职责和社会监督内容，加大了违法行为的处罚力度。

三、注重改进方式方法，监督实效进一步增强

常委会围绕全省改革发展的主要任务，突出重点领域、加强专题调研，紧盯关键环节、加大监督力度。

（一）围绕预算执行和经济运行强化监督。面对经济下行压力加大的形势，常委会紧紧抓住计划预算执行，听取审议了计划、预算和审计等方面的8个专项报告，审查批准了2014年省级财政决算、2015年第一批、第二批政府债券安排计划和省级财政预算调整方案、政府债务限额分配计划和省级财政预算调整方案，并就经济发展新常态下做好产业发展、项目建设等提出建议。在听取审议审计报告时，针对“屡审屡犯”的问题，要求相关部门高度重视整改落实，进一步深化改革措施，完善制度规定，规范预算管理，切实从源头上加以解决。经过督促整改，审计报告中反映的52类问题，已整改到位和正在整改落实的45类、占86.54%。

（二）围绕农村金融创新和国有企业改革强化监督。针对当前农村金融创新中存在的困难和问题，听取审议了省政府的专项报告，提出了落实农村金融政策、完善配套措施、加快信用体系建设等工作建议。围绕深化经济体制改革，听取审议了省政府关于省属国有企业改革和国有资产监督管理情况的报告，有针对性地从落实指导意见、资源重组整合、实施创新战略、基地产能建设等方面提出建议。

（三）围绕公正司法和法律援助强化监督。在对全省司法公开情况进行专题调研的基础上，听取审议了省法院、省检察院推进司法公开情况的报告，针对工作中存在的突出问题，提出了规范内容、创新形式、拓展公开的广度和深度等建议。特别是针对基层和边远地区、民族地区司法信息化建设滞后的问题，明确提出加大资金投入、强化技能培训的要求。在听取审议省政府关于法律援助工作情况的报告时，针对援助力量、经费保障、基础建设等方面存在的问题提出了意见建议。

（四）围绕推进依法行政和法律实施强化监督。针对群众关注的依法行政和规范执法问题，分别听取审议了省政府2014年依法行政和公安机关执法规范化建设情况的报告，就加强和改进依法行政、强化行政执法规范化建设等方面的内容，提出具体的意见建议。采取省市县三级人大联动和先暗察、后明访、再听报告的方式，对水污染防

治法、森林法、清真食品管理条例等法律法规实施情况进行检查。首次采用媒体与部门面对面的方式，开展“陇原环保世纪行”和“农产品质量安全监督陇上行”活动，研讨解决节能减排和农产品安全方面的问题。围绕天水陇南生态安全屏障保护和建设，组织力量开展专题调研。依法对204件规范性文件进行备案审查，对存在问题的内容条款进行了处理。

四、创新服务保障机制，代表作用得到有效发挥

常委会充分尊重代表主体地位，强化工作平台和履职能力建设，健全完善服务保障机制，不断加强和改进代表工作。

（一）努力提高代表建议办理质量。完善代表建议办理和督办机制，对重点建议办理工作开展视察，对教育厅、林业厅的办理工作进行满意度测评，办理质量不断提高。截至7月底，省十二届人大三次会议代表提出的623件建议已按规定期限全部办理答复完毕，由常委会领导和专门委员会重点督办的15件代表建议已全部办结，较好地解决了一批代表关注、群众关心的问题。已经解决和正在解决的建议539件、占86.5%，比上年提高6.2%。积极组织在甘全国人大代表向全国人代会提出议案3件、建议131件，其中，兰石化搬迁改造、国家中医药产业发展综合试验区、三大区域综合治理等3件建议，被列为全国人大常委会重点督办建议，省人大常委会加强联系衔接和沟通汇报，办理工作取得了积极进展。

（二）深化拓展双联“人大代表在行动”活动。着眼建立健全代表履职平台和长效机制，积极推进双联“人大代表在行动”与精准扶贫相融合、与代表依法履职相促进，先后召开全省深化拓展双联“人大代表在行动”座谈会和省市县三级视频推进会，提出具体的实施意见和落实办法，并由常委会领导带队，深入基层，跟踪调研，狠抓落实。各级人大代表积极参与“双联”行动，走访贫困群众，宣传法规政策，为民帮办实事，既推动了全省脱贫攻坚的深入开展，也密切了代表与群众的联系，提高了代表的履职能力。

（三）加强阵地建设保障代表依法履职。按照有阵地、有制度、有计划、有记录、有学习资料的标准，指导帮助各地建成“人大代表之家”2528个、“人大代表工作室（站）”2317个，在全省各乡镇、街道实现了全覆盖。加强代表培训工作，举办两期省人大代表培训班，培训代表265名。完善代表列席会议和参加活动制度，全年共组织300多人次省级和在甘全国人大代表列席常委会会议，参加执法检查、调研和其他重要活动。

（四）认真谋划县乡人大换届选举。根据全国人大常委会办公厅和省委的安排部署，对县乡人大换届选举工作提前谋划，组成专题调研组，深入市州和部分县区、乡镇，总结上一届换届选举工作经验，深刻汲取四川南充拉票贿选案和湖南衡阳破坏选举案教训，就如何做好换届选举、优化代表结构、严肃换届纪律等问题进行深入研究，提出了工作建议。

五、切实加强自身建设，履职能力和水平明显提升

常委会认真落实中央和省委有关加强和改进人大工作的要求，全面加强思想、作风、制度、效能建设，不断推动人大工作创新发展。

（一）保持政治定力。通过常委会党组中心组学习、专题讲座、履职培训等多种形式，及时学习贯彻习近平总书记系列重要讲话精神和中央、省委重大决策部署，严格落实廉洁自律准则和党风廉政建设主体责任，不断增强政治定力，严守政治纪律和政治规矩。坚持并落实常委会党组向省委请示报告制度，及时向省委请示报告重要事项，自觉把党的领导贯穿于依法履职全过程，切实在思想上政治上行动上与中央和省委保持高度一致。

（二）加强工作指导。坚持把加强基层调研、推动人大建设作为一项重要任务，以贯彻落实中央关于加强县乡人大工作和建设的文件精神为契机，加大理论业务培训力度，加强与基层人大的联系，加大工作指导和支持力度，积极推广以“自身建设标准化、履职行为规范化、代表活动经常化”为主要内容的“平凉经验”，有效解决了乡镇人大职能虚置弱化的问题，得到了全国人大常委会领导的充分肯定，并在全国人大加强县乡人大工作和建设座谈会上作了经验交流。

（三）持续转变作风。严格执行中央和省委的各项规定要求，扎实开展“三严三实”专题教育、“工作落实年”、“为官不为”专项整治、效能风暴行动、素质能力提升等活动，狠抓“四风”问题整改落实。完善常委会议事规则，建立常委会主任办公会议制度，健全会议请假、岗位责任、限时办结、督查通报、责任追究等制度，积极开展集体学习、业务培训、能力锻炼等实践活动，切实以制度提效能、以制度促落实，机关的服务保障水平和质量有了明显提升。

（四）强化新闻宣传。重视舆论宣传，加强对常委会重大活动、特色亮点工作和基层人大工作的宣传报道。对我省的县乡人大工作和建设，全国人大常委会办公厅组织中央各大主流媒体到甘肃各地进行系列采访，中央电视台新闻联播、新闻直播间、东方时空等栏目和中央人民广播电台、新华社、《人民日报》、《法制日报》、《中国人大》杂志及中央各大网站，都作了大篇幅、大版面、大容量、多时段的专题报道，社会反响良好。平凉市崆峒区安国镇人大主席李竹奎当选2015年度全国法治人物。省上主要新闻媒体和省人大常委会主办的报刊网站也加大了人大工作的宣传力度。

各位代表！过去的一年，省人大常委会工作取得的成绩，是省委正确领导的结果，是常委会全体组成人员和人大代表共同努力的结果，是“一府两院”和社会各界大力支持的结果。在此，我代表省人大常委会表示衷心的感谢！

在肯定成绩的同时，我们也深切地感到，常委会工作与新形势新任务的要求相比，与广大人民群众的期盼相比，还有一定差距。主要是：制定的一些法规与上位法内容重复较多，针对性和操作性需要增强；监督机制不够完善，监督方式有待改进；决定重大事项的制度化、程序化有待进一步完善；代表履职的服务保障工作有待提高，常委会组成人员的履职能力和机关干部的工作能力还需要提升。对此，我们将在今后的工作中采取有效措施，切实加以改进。

2016年的主要任务

今年，是实施"十三五"规划和全面建成小康社会决胜阶段的开局之年，改革发展的任务重大而艰巨。省人大常委会工作的指导思想是：高举中国特色社会主义伟大旗帜，深入贯彻党的十八大和十八届三中、四中、五中全会精神，以马克思列宁主义、毛泽东思想、邓小平理论、"三个代表"重要思想、科学发展观为指导，深入学习贯彻习近平总书记系列重要讲话精神，坚持"四个全面"战略布局，树立创新、协调、绿色、开放、共享的发展理念，认真落实省委十二届十四次全委会议和省委人大工作会议精神，大力实施脱贫攻坚工程，切实履行各项法定职权，进一步加强地方立法、监督调研、决定重大事项、代表工作和自身建设，坚定信心、凝聚力量、开拓创新、增强实效，为建设幸福美好新甘肃、全面建成小康社会而奋斗。围绕这一指导思想，我们将重点做好以下工作：

一、聚焦大事要事，狠抓工作任务落实

按照中央和省委的决策部署，充分发挥地方国家权力机关作用，强化调研和监督，确保"十三五"规划顺利实施。深入贯彻中央加强县乡人大工作和建设的文件及省委人大工作会议精神，加强人大制度建设，积极推广平凉、陇南等地的经验做法，精心指导定西市开展试点工作，按照省委要求做好督查调研，适时举办贯彻落实座谈会，确保中央和省委的精神要求落到实处。认真完成省委确定的民主法制领域改革任务，抓好省委加强和改进人大工作《意见》中有关改革举措的落实。开展宪法宣传教育，做好宪法宣誓工作。落实中央和省委有关要求，修订我省实施选举法、代表法办法，认真做好县乡人大换届选举指导工作。

二、突出地方特色，着力提高立法质量

按照"十三五"时期治理体系和治理能力现代化取得重大进展，各领域基础性制度体系基本形成，各方面制度更加成熟更加定型的目标，完善立法体制机制，深入推进科学立法、民主立法，不断提高立法质量。落实省委法治甘肃建设意见要求，加强地方立法机构和能力建设，做好对市州立法工作的指导和法规审批工作。充分发挥人大立法主导作用，适应改革发展需求，加强重点领域立法，制定修订扶贫开发、安全生产、节约能源、地质环境保护等15件法规，做好农村垃圾管理等5件预备法规项目的立法准备工作。健全专委会、工作部门组织起草重要法规草案机制，推动督促有关方面按照立法规划、计划及时组织起草法规草案，确保如期提请审议。

三、推进依法治理，有效行使监督职权

按照省委适应、引领和推动"八个转变"的要求，紧扣全省中心工作和重点任务，综合运用法定监督方式，推动省委重大决策部署的贯彻落实。加强对"一府两院"专项工作的监督，听取审议计划预算执行、"6873"交通突破行动、公共安全管理、城市规划和建设、司法体制改革等情况的专项工作报告。围绕全省经济社会发展大局、重大民生工作和群众关注的热点问题，组织开展专题询问，切实增强监督实效。继续开展"陇原环保世纪行"和"农产品质量安全监督陇上行"活动。对农村能源条例等法规的实施情况进行检查监督。对全省创新驱动发展、贫困地区富民产业培育、生态安全屏障保护建设等工作开展专题调研。进一步加强规范性文件备案审查工作，切实提高审查质量和效果。

四、健全制度机制，规范完善重大事项决定

按照省委人大工作会议精神，深化依法行使重大事项决定权的认识，强化人大常委会决定重大事项职能，进一步规范常委会讨论决定重大事项的内容和工作程序，及时对计划、财政和"七五"普法等重大事项进行审议，依法作出决定决议。根据省委有关文件规定的范围和要求，加强与政府的联系沟通，认真落实重大事项年度清单制度，并对确定的内容进行调研论证，适时列入常委会会议议程进行审议，保障和推动科学民主依法决策。

五、强化服务保障，认真做好代表工作

深化拓展双联"人大代表在行动"活动，更好地发挥代表在脱贫攻坚中的作用。强化"人大代表之家"建设，推动基层人大代表活动和工作经常化、制度化，探索搭建代表闭会期间开展活动的平台载体，使代表更好履行职责。加大代表履职专题培训，进一步提升代表履职能力。扎实做好常委会组成人员联系代表、代表联系群众工作，探索建立代表反映人民群众意见和诉求的处理反馈机制。提高在甘全国人大代表提出议案建议的服务保障水平，配合全国人大常委会做好重点建议跟踪督办。坚持常委会领导、各专委会及工作部门督办重点建议制度，适时召开代表建议办理工作经验交流会。

六、提升履职能力，推动人大工作完善发展

坚持把思想政治建设放在首位，牢固树立责任意识、大局意识、法治意识和创新意识，自觉把党的领导、人民当家作主和依法治国有机统一到依法履职的全过程。加强纪律和作风建设，严格落实中央八项规定和省委"双十条"规定，持续反对"四风"，巩固党的群众路线教育实践活动和"三严三实"专题教育成果，认真落实党风廉政建设主体责任。加强常委会组成人员和机关干部业务培训，不断提升履职能力和服务水平。加强与市州和基层人大的联系，创新全省人大上下联动开展工作的方式和内容，指导和帮助解决基层人大工作中遇到的困难和问题。

各位代表！

今年改革发展的任务十分繁重。做好今年的各项工作，意义重大，影响深远。让我们紧密团结在以习近平同志为总书记的党中央周围，在省委的坚强领导下，以只争朝夕的精神、决战决胜的信心、创新务实的举措，加快法治甘肃建设步伐，为实现"十三五"时期全省经济社会发展良好开局而努力奋斗！

政府工作报告

2016 年 1 月 16 日在甘肃省第十二届人民代表大会第四次会议上

省　长　刘伟平

各位代表：

现在，我代表省人民政府，向大会作政府工作报告，请予审议，并请政协委员和列席人员提出意见。

"十二五"工作回顾

"十二五"是我省发展进程中极不平凡的五年。面对国内外形势的深刻变化和繁重的改革发展稳定任务，在党中央国务院的坚强领导下，省委省政府团结带领全省各族人民，以邓小平理论、"三个代表"重要思想和科学发展观为指导，全面贯彻党的十八大和十八届三中、四中、五中全会精神，深入学习贯彻习近平总书记系列重要讲话和视察甘肃时的重要指示精神，协调推进"五位一体"总体布局和"四个全面"战略布局，按照省第十二次党代会的决策部署，牢牢把握建设幸福美好新甘肃这一重大使命，始终坚持八个发展取向，积极开展十大重点行动，深入实施"3341"项目工程、联村联户为民富民行动、"1236"扶贫攻坚行动和"1+17"精准扶贫精准脱贫的意见及政策措施、"13685"丝绸之路经济带甘肃段发展战略，主动适应经济发展新常态，有效应对各种风险和挑战，全面完成"十二五"规划各项约束性指标，基本实现预期性目标，经济社会发展取得重大成就。

这五年，我们始终坚持发展第一要务，实施创新驱动发展战略，把转方式调结构放在更加重要位置，不断提高发展质量和效益，综合经济实力大幅提升。全省生产总值连续跨越两个千亿元台阶，预计年均增长10.5%，达到6790亿元。三次产业结构由2010年的14.5∶46.8∶38.7调整到14.4∶36.8∶48.8，实现由"二三一"向"三二一"的转变。粮食生产实现"十二连丰"，总产量稳定在1000万吨以上。城镇化率达到43%，比2010年提高6.9个百分点。万人发明专利拥有量达到1.59件，是2010年的3.53倍；技术合同交易额达到1303亿元，是2010年的302倍；科技进步贡献率由2010年的42.5%提高到50.3%，科技进步综合指数从全国的25位提升到19位。战略性新兴产业占生产总值的比重达到12.1%。以文化旅游为龙头的第三产业发展迅速，旅游综合收入达到975亿元，是2010年的4.1倍。兰州新区生产总值达到125亿元，是2012年国家批复建区时的2.23倍。非公经济占生产总值的比重由2010年的38.2%提高到45.8%。一般公共预算收入达到743.9亿元，比2010年增长110.4%；一般公共预算支出达到2964.6亿元，比2010年增长101.9%。城乡居民人均收入分别达到23000元和6900元，年均增长11.4%和13.2%。

这五年，我们始终坚持把扶贫攻坚作为最大任务，增加投入，加大力度，贫困地区面貌发生巨大变化。五年来，投入财政专项扶贫资金243.8亿元，是"十一五"的3.05倍；金融机构对贫困地区贷款余额3310亿元，是"十一五"末的3.29倍。建制村道路通畅率由40%提高到82%。政策性融资担保机构在58个贫困县实现全覆盖，金融服务网点在贫困乡镇实现全覆盖。农村自来水普及率由51%提高到80%。贫困村动力电覆盖率达到94%。农村贫困户危房改造102.8万户，完成易地扶贫搬迁12.72万户63.48万人。建成贫困村卫生室5600个。一、二类低保对象保障水平超过现行贫困线标准，实现政策性脱贫。出台支持革命老区、民族地区加快发展的特殊政策，统筹整合省级涉农扶贫资金增加革命老区扶贫投入，省级财政对民族地区州县均衡转移性支付补助系数高于其他地区平均水平3个百分点以上。扶贫对象人均收入年均增长14.8%，高于全省农民人均收入增幅2个百分点；贫困人口减少到317万人，贫困发生率由40.5%下降到15%。

这五年，我们始终抓住政策叠加机遇，保持固定资产投资较快增长，加快了基础设施建设，支撑发展的条件明显改善。充分发挥国家确定的兰州新区、华夏文明传承创新区、生态安全屏障综合试验区等政策性战略平台作用，全省固定资产投资年均增长23.9%，累计完成投资3.2万亿元。公路网总里程14.01万公里，比2010年增加2.12万公里，实现省际主要通道和市州所在地通高速公路、县城通二级以上公路、所有乡镇和82%的建制村通沥青（水泥）路。新增铁路运营里程1334公里，总运营里程达到4245公里，兰新高铁等铁路开通运营，兰州至中川城际铁路建成投运。通航机场达到8个，年客运量突破900万人次，其中中川机场客运量超过800万人次。全省人民期盼半个多世纪的引洮供水一期工程建成通水、二期工程开工建设。电力装机容量达到4643万千瓦，煤炭生产能力达到6700万吨，建成酒泉千万千瓦级风电基地，全省风光电装机容量分别达到1252万千瓦和610万千瓦，居全国第2位和第1位。华夏文明传承创新区招商引资到位资金596亿元，建成兰州创意文化产业园等一批国家级文化产业示范基地，文化产业增加值年均增长25.9%；农家书屋、广播电视、农村电影放映、文化信息资源共享工程、县级城市数字影院建设实现全覆盖；建成符合国家标准的各级各类博物馆385个；建成集宣传教育、科教普及、文体娱乐等为一体的村综合性文化服务中心（乡村舞台）11559个，占全省行政村的72%。农村4M宽带覆盖率达到65%，行政村通宽带率达到80%以上。

这五年，我们始终坚持问题导向，以经济体制改革为重点，着力破解制约发展的体制机制性障碍，发展活力不断增强。完成新一轮地方政府机构改革。省政府先后11批取消、调整和下放行政审批事项1042项，削减幅度达到90%以上，全部取消非行政许可审批事项。省市县三级政府部门权力清单、责任清单、财政专项资金管理清单全部上网公布。整合建立省市两级公共资源交易平台，工程建设、政府采购、土地和矿业权出让、国有产权交易、医药和医用耗材集中采购等全部进场交易。加强政府性债务管理，新增政府债务全部纳入预算实行限额管理。落实"营改增"试点政策，涉及的服务业领域减税面达97%以上。实行注册资本认缴登记制和企业年报公示制，推行"三证合一"、"一照一码"登记制度，市场主体和注册资金分别增长99.92%和344.4%。省属监管企业集团层面完成公司制改革，5户省属企业的分类改革试点顺利推进，其他省属企业"一企一策"改革全面推开。创新投融资机制，新设立产业投资基金11亿元和产业引导基金4亿元，省级两批推出220个政府和社会资本合作项目，签约项目70个、总投资1795亿元。新设立甘肃银行、兰州农商银行，金融机构存款余额1.63万亿元，贷款余额1.37万亿元，存贷比由64%提高到84.2%。新增读者出版传媒股份有限公司、兰州庄园牧场股份有限公司等6家上市公司，完成直接融资2773亿元，比"十一五"增长4.83倍。兰白科技创新改革试验区获科技部批复并启动建设，新设立20亿元技术创新驱动基金。农村集体土地所有权、集体建设用地使用权、农村宅基地使用权确权登记颁证工作基本结束，农村土地承包经营权确权登记颁证全面推开，土地流转率达到23.5%。完成集体林权制度主体改革任务。完成整合不动产统一登记机构和职责改革任务。划定林地和森林、湿地、沙区植被、物种等4条林业生态红线。机关事业单位养老保险制度、工资制度和公务用车制度等改革顺利实施。省直文化事业单位转企改制基本完成。县级公立医院综合改革全面开展，分级诊疗和医师多点执业，以及中医药工作和健康促进模式改革全面推进。就业、教育等民生事业领域的改革稳步推进。

这五年，我们始终坚持开放带动，推进丝绸之路经济带甘肃段建设，着力开拓国内外市场，以开放促发展取得新进展。加大招商引资力度，引进世界500强企业35家、中国500强企业63家、民营500强企业74家，招商引资实际到位资金21332.65亿元，是"十一五"的3倍以上。制定并实施丝绸之路经济带甘肃段建设总体方案，出台参与丝绸之路经济带和21世纪海上丝绸之路实施方案，丝绸之路（敦煌）国际文化博览会获国家批复。"天马号"、"兰州号"国际货运班列实现常态化运营，兰州中川机场和敦煌机场对外开放，结束了没有国际航空口岸的历史。开通兰州至迪拜、圣彼得堡、香港等16条国际和地区航线，武威保税物流中心和兰州新区综合保税区相继封关运营，实现海关特殊监管区零的突破。兰州海关实现与丝绸之路经济带沿线省区海关区域通关一体化。"兰洽会"设置丝绸之路国际展区并建立主宾国参展机制，与丝绸之路沿线国家的国际产能合作项目达到34项。连续5年成功举办敦煌行·丝绸之路国际旅游节，举办"亚州合作对话丝绸之路务实合作论坛"和"中国—中亚合作对话会"。在乌克兰等国成立岐黄中医学院和中医中心。成立"丝绸之路"旅游推广联盟。《丝路花雨》、《大梦敦煌》等优秀剧目在丝绸之路沿线国家成功商业演出。与丝绸之路沿线国家缔结友好省州和城市11对，开展人文交流互访500多次，1184名中西亚国家学生来甘留学。

这五年，我们始终坚持绿色发展，以循环经济发展和生态环境保护建设为重点，坚持资源循环利用，可持续发展能力不断提升。基本完成国家循环经济示范区建设任务，建设7大循环经济基地，构建16条循环经济产业链，实施35个省级以上园区循环化改造，培育循环经济示范企业110户。累计淘汰落后产能1327万吨，减少能源消费量838万吨，工业固废综合利用率达到75%。城市生活污水和垃圾无害化处理率分别达到85%和63%，14个市州政府所在城市空气质量优良天数率平均为80%，兰州市荣获联合国应对气候变化巴黎大会"今日变革进步奖"。主要污染物排放完成国家下达的控制指标，单位生产总值能耗和化学需氧量、二氧化硫、氨氮排放量提前一年完成国家下达的任务，圆满完成国家下达的黄标车和老旧车淘汰任务。争取国家生态建设投资

72.5亿元，提前完成石羊河流域重点治理项目，甘南黄河重要水源补给生态功能区生态保护与建设、敦煌水资源合理利用与生态保护等重大生态工程积极推进，张掖黑河湿地列入国际重要湿地名录。实施天然林保护二期、三北防护林等工程，完成造林面积1305万亩，新一轮退耕还林185万亩，治理水土流失面积1万平方公里，森林覆盖率提高到11.86%。在1752个行政村实施综合整治项目，创建国家级生态乡镇71个、省级生态乡镇397个、生态村462个。

这五年，我们始终坚持保障和改善民生，大力实施十大惠民工程，加快发展各项社会事业，人民群众的获得感显著提升。坚持每年都办成一批惠民实事，财政用于民生的投入占财政支出的77%以上。累计新增城镇就业196.7万人，城镇登记失业率控制在4%以内。建立城乡居民养老保险制度并实现全覆盖，退休职工养老金、新农合补助、城镇居民医保、城市低保、农村低保、五保户供养标准分别比2010年提高51.6%、217%、217%、86.3%、186.4%、157.1%。城乡居民大病保险全面实施。率先在全国实施困难残疾人生活补贴与重度残疾人护理补贴制度。累计为2万多名孤儿发放基本生活费6.02亿元。新建保障性住房和实施棚户区改造81.87万套，发放低收入家庭住房租赁补贴13.66亿元，解决近70万户低收入家庭住房困难问题。教育事业全面发展，学前教育三年毛入园率由39.68%提高到75%，九年义务教育巩固率达到93%，高中阶段毛入学率达到92%，高等教育毛入学率达到32%。农村义务教育营养改善计划惠及学生884.1万人次，家庭经济困难学生资助体系惠及454万名学生，中等职业教育在全国率先实现全部免除学费。公共卫生服务、城乡医疗服务、药品安全供应体系基本建立。计划生育基本国策全面落实，近千万人次计生群众共得到50亿元奖励扶助和关怀救助。在全国率先完成省市县三级食品药品监管体制改革。博物馆、公共图书馆、美术馆、文化馆（站）免费开放。其他社会事业健康发展。舟曲泥石流、岷县“5·10”特大冰雹山洪泥石流、东乡县城滑坡等灾后恢复重建任务全面完成，岷漳地震灾后恢复重建任务基本完成。落实主体责任制，安全生产形势总体稳定。加强灾害预警和应急调查，健全专兼结合的应急救援队伍，防灾减灾能力显著提升。完善立体化社会治安防控体系，平安甘肃建设深入推进。全面贯彻落实党的民族政策和宗教工作方针，深入开展“两个共同”示范区建设，民族地区经济社会发展取得新成绩。

2015年，我们认真落实党中央国务院的一系列政策措施，按照省委的部署，积极适应经济发展新常态，克服外部需求收缩、经济下行压力持续加大等不利因素，全力以赴推动全省经济社会持续健康发展，基本完成了省十二届人大三次会议确定的主要目标任务。预计生产总值增长8.1%，固定资产投资增长11.2%，社会消费品零售总额增长9%，一般公共预算收入增长10.6%，城镇居民人均可支配收入增长9%，农民人均可支配收入增长11%，城镇登记失业率控制在3%以内，居民消费价格总水平涨幅1.6%，单位生产总值能耗和主要污染物排放完成国家下达的控制指标。在经济下行压力不断加大的情况下，取得这些成果实属不易，为加快推进全面建成小康社会进程奠定了更加扎实的基础。

各位代表！过去五年，是我省经济总量提升最快、城乡面貌变化最大、人民群众得到实惠最多的时期之一。这些来之不易的成绩，是党中央、国务院关心支持的结果，是省委科学决策和坚强领导的结果，是全省各族人民艰苦奋斗的结果，是省人大、省政协和社会各界支持监督的结果。我代表省人民政府，向全省各行各业的建设者，向各民主党派、工商联、无党派人士和人民团体，向驻甘人民解放军、武警部队官兵和中央驻甘单位，向所有关心支持甘肃发展的海内外人士，表示衷心的感谢！

各位代表！回顾过去五年的工作，我们深切地感到，要实现甘肃经济社会平稳健康发展，必须与以习近平同志为总书记的党中央保持高度一致，紧密结合省情实际创造性地开展工作；必须用足用好国家扶持政策，把政策机遇转化为现实发展能力；必须坚持科学发展，不断提高发展质量和效益；必须不断深化改革扩大开放，努力增强发展动力和活力；必须以人民群众的期盼为奋斗目标，让人民群众共享改革发展成果。

回顾过去五年的工作，我们也清醒地认识到，面对我省经济速度换挡、结构优化、方式转变、动力转换的态势，我们在认识适应引领经济发展新常态、推动经济社会持续健康发展上还存在一些突出矛盾和问题。一是经济欠发达仍然是基本省情，发展动力不足、不平衡的问题突出，加快发展的任务依然艰巨；二是产业和产品结构不尽合理，非公经济比重低，科技创新能力不强，加快供给侧改革、转方式调结构的任务依然艰巨；三是基础设施建设滞后，生态环境约束趋紧，实现可持续发展的任务依然艰巨；四是城乡居民特别是农民收入低，公共服务水平不高，脱贫攻坚和保障改善民生的任务依然艰巨；五是经济的外向度低，新型城镇化发展的差距大，创新创业内生动力不足，创新型人才缺乏，改革开放和创新发展的任务依然艰巨；六是政府效能、依法行政的能力有待提高，加强法治建设、提高履职能力、优化发展环境的任务依然艰巨。我们将进一步增强使命感、责任感和紧迫感，坚持问题导向，以更加科学的谋划、更加有效的措施、更加扎实的工作，努力把政府各项工作做得更好，不辜负全省人民的期望和重托。

“十三五”经济社会发展的主要目标任务

“十三五”时期是我省全面建成小康社会的决胜阶段，是深化改革、扩大开放的重要阶段，是经济社会发展转型升级的关键阶段。为确保到2020年与全国一道全面建成小康社会，我们紧扣“四个全面”战略布局和“五位一体”总体布局，认真贯彻创新、协调、绿色、开放、共享的发展理念，根据《中共甘肃省委关于制定国民经济和社会发展第十三个五年规划的建议》，紧密结合我省实际，在广泛征求意见、集中各方面智慧、充分论证的基础上，编制了《甘肃省国民经济和社会发展第十三个五年规划纲要（草案）》，分析了“十三五”时期的发展基础和发展环境，提出了经济社会发展的指导思想、主要目标、重大支撑、重大工程及保障措施。今后五年主要目标任务的基本考虑是：

一、经济增长预期目标。确定“十三五”时期经济增长年均7.5%的预期，总体考虑是，实现这一预期目标，可确保2020年国内生产总值比2010年翻一番、超过万亿元，人均GDP达到5700美元左右，逐步缩小与全国的经济发展差距、促进经济发展再上新台阶、实现比较充分的就业。从支撑条件看，“十二五”期间我省经济年均增长10.5%，2015年在经济下行压力持续加大的情况下实现了8%的增速；“十二五”期间的投资效应将在“十三五”时期得到释放，会形成新的经济增长点；加之“十二五”期间我省打造的经济、文化、生态三大政策性战略平台，仍然是国家支持的重点；同时，随着国家“一带一路”、新一轮西部大开发、脱贫攻坚战略的深入实施，新型城镇化的进程进一步加快，我省将有一大批基础设施、产业、民生等项目落地，对经济增长将发挥重要的拉动作用。综合考虑，我省“十三五”时期经济年均增速保持在7.5%是可行的。

二、城乡居民收入目标。确定“十三五”时期城乡居民人均可支配收入年均分别增长7%和9%的预期。从必要性考虑，一是符合居民收入增长与经济增长同步的要求。二是目前我省城乡居民收入水平处在全国后位，要缩小与全国平均水平的差距，城乡居民收入增速高于全国平均水平1—2个百分点是必要的。三是居民收入是体现小康质量的重要指标，只有保持较高的增长速度，才能顺应人民群众对幸福美好生活的期盼，让人民群众有更多的获得感。从可能性考虑，我省“十二五”期间城乡居民可支配收入保持了两位数增长，“十三五”时期，随着脱贫攻坚力度的加大和共享发展理念的落实，以及社会保障体系的不断完善，将有利于促进城乡居民收入较快增长。基于以上考虑，“十三五”时期实现城乡居民人均可支配收入7%和9%的增长预期，不仅是必要的，也是可能的。

三、脱贫攻坚目标。农村贫困人口脱贫是“十三五”时期的“一号”工程，到2020年实现现行标准下农村贫困人口脱贫、贫困县全部摘帽、解决区域性整体贫困，是全面建成小康社会最艰巨的任务。2015年末我省有贫困人口317万。在工作部署上，“十三五”前两年争取每年脱贫100万人以上，后三年抓好巩固提高和冲刺扫尾工作，稳定实现农村贫困人口不愁吃、不愁穿，义务教育、基本医疗和住房安全有保障。只要我们坚持城乡统筹协调发展，落实好省委省政府出台的“1236”扶贫攻坚行动和“1+17”精准扶贫精准脱贫意见及政策措施，运用扶贫大数据管理平台，因村因户因人精准施策，促进脱贫攻坚与“联村联户、为民富民”融合联动，是可以实现脱贫攻坚目标的。

四、基础设施建设。为破解基础设施整体滞后这一制约我省发展的重大瓶颈，“十三五”时期将继续全面实施“6873”交通突破行动、“6363”水利保障行动。这不仅是促投资、稳增长的需要，也是支撑产业发展、增强发展后劲和改善生产生活条件的需要。加快基础设施建设，关键是解决好资金来源问题。“十二五”期间，我省投融资体制改革取得积极进展，全面加强与全国性金融机构的战略合作，特别是在基础设施建设领域建立项目资本金制度，建立健全政府和社会资本合作机制，推动直接融资，为解决基础设施建设投融资问题拓宽了渠道。“十三五”时期，国家将加大对中西部地区交通、水利、信息等基础设施建设投入力度，只要我们抓住政策机遇、调动好市场主体的积极性，就一定能够更好地改善全省基础设施条件。

五、创新驱动发展。实施创新驱动发展战略，发挥科技创新在全面创新中的引领作用。提出到2020年科技对经济增长的贡献率达到55%、战略性新兴产业增加值占地区生产总值的比重达到16%，分别比“十二五”末提升5个百分点和4个百分点的预期目标，既是在资源环境约束趋紧情况下保持经济中高速增长的现实需要，也是推进经济转型升级、持续提升发展质量效益的必然选择。我省高校和科研单位相对较多，具备一定的科技资源和人才优势。“十二五”期间，我省科技进步贡献率提高了7.8个百分点，战略性新兴产业增加值占地区生产总值比重提高了5.5个百分点。随着一系列科技创新政策的落地实施，兰白科技创新改革试验区建设步伐加快，兰州科技大市场的建成运行，上海张江、北京大学、中国科技大学技术转移甘肃中心的建立，以企业为主体的科技创新机制不断完善，科技支撑引领经济社会发展能力会持续增强。只要我们把发展的基点放在创新上，继续发挥科技创新的引领作用，不断提升政府服务创新能力，强化企业创新主体地位和主导作用，推进人才发展的体制机制改革和政策创新，培养集聚一批科技创新人才、企业家人才、金融人才和高技能人才，推动大众创业、万众创新，实现上述预期目标是有把握的。

六、统筹协调发展。区域发展不平衡、城乡发展不协调是我省长期存在的突出问题。“十三五”时期我们将坚持区域和城乡统筹，在推动协调发展中拓展发展空间、增强发展后劲，不断提升发展的整体性。推进区域协调发展，关键是按照要素自由流动、主体功能约束有效、基本公共服务均等、资源环境可承载的要求，创新区域合作体制机制，推动兰州新区和大兰州经济区率先突破发展，加快河西走廊经济区组团联盟发展，促进陇东南经济区整合协同发展，加快关中–天水经济区建设，扶持贫困地区、民族地区和革命老区加快发展，逐步缩小区域发展差距。推进城乡协调发展，关键是统筹推进工业化、信息化、农业现代化与新型城镇化深度融合，把促进有能力在城镇就业和生活的常住人口有序实现市民化作为首要任务，推动教育、卫生、文化、养老等公共资源配置向农村延伸，建立城乡基础设施、公共服务设施互联互通和共建共享机制，形成以工促农、以城带乡、工农互惠、城乡一体融合发展新格局，常住人口城镇化率达到50%以上。

七、生态保护与环境建设。提出“十三五”时期单位地区生产总值能耗、主要污染物排放总量和单位地区生产总值二氧化碳排放量控制在国家下达的指标内，到2020年森林覆盖率达到12.58%、森林蓄积量达到2.62亿立方米以上的目标，不仅是实现可持续发展的需要，也是我省在保障国家生态安全方面的重大责任。对我省来说，建设国家生态安全屏障综合试验区，可以争取到包括生态补偿等在内的一系列政策支持；国家批准的甘南黄河重要水源补给生态功能区生态保护与建设、敦煌水资源合理利用与生态保护及祁连山、“两江一水”、渭河源区生态保护与综合治理等规划的实施，有望获批建设一批生态工程项目；国家继续实施天然林保护、退耕还林、三北防护林等林业重点工程，有利于我省自然生态系统的修复。同时，最严格环境保护制度的实行，政府、企业、公众共治的环境治理体系的构建，全社会环境意识和公众参与度的提高，都为加强生态环境保护和建设提供了保障。只要我们坚持绿色发展的理念，加大生态环境保护与建设力度，就能够实现生态文明建设的各项目标。

八、文化产业发展。到2020年文化产业增加值占全省地区生产总值的比重达到5%，这是不断满足人民群众日益增长的精神文化需求的需要，也是培育新的经济增长点的重要举措。我省是中华民族重要文化资源宝库，具有悠久厚重的历史文化资源和丰富多彩的自然人文资源。2013年华夏文明传承创新区获批建设以来，建成了1个国家级文化产业示范园、9个国家级文化产业示范基地、3个省级文化产业示范园、25个省级文化产业示范基地，组建了一批骨干企业，文化产业呈现出良好的发展势头。只要我们发挥好华夏文明传承创新区平台的作用，加快实施“1313”工程，就能够把文化产业培育成为我省的支柱产业。

九、开放带动发展。构建我国向西开放的重要门户和次区域合作战略基地，是国家赋予我省的战略任务。始终不渝地坚持开放发展，是抢抓“一带一路”重大战略机遇、拓展发展空间的现实需要和必然选择。近年来，我们围绕丝绸之路经济带甘肃段建设，大力实施“13685”战略，在互联互通、国际产能合作、开放平台建设、经贸技术交流、人文交流合作等方面取得显著成效。“十三五”时期，我们将通过优化开放型经济发展环境、发挥兰州新区等平台作用、举办好丝绸之路（敦煌）国际文化博览会、提升对外航空和铁路口岸的功能、加强企业“走出去”步伐、推进多层次多领域的合作交流等一系列措施，推动我省开放型经济发展迈上新的台阶。

十、基本公共服务。到2020年城镇新增就业140万人以上、平均受教育年限达到9.2年、人均预期寿命提高到74岁，这几项指标都与人民群众的幸福感直接相关。从就业看，“十三五”时期安排新增城镇就业140万人以上，高于“十二五”期间130万人的预期目标，既考虑了经济下行给就业带来的巨大压力，又考虑了随着城镇化建设步伐加快，新产业、新业态、新的经济增长点会产生新的就业需求，同时也考虑了就业对提高居民收入的支撑作用。从教育看，“十三五”时期将继续落实教育优先发展战略，提高学前教育入园率、巩固义务教育成果、提升高中阶段和高等教育毛入学率，以及加大职业教育、继续教育、终身教育的力度，实现人均受教育年限92年的预期目标是有保证的。从社会保障看，提出“十三五”时期每千人拥有医疗卫生机构床位数达到5.5张，每千人拥有卫生技术人员数达到6.1人，基本养老保险参保率达到97%，养老服务设施覆盖所有城市社区、90%以上乡镇和60%以上农村社区，每千名老年人拥有养老机构床位数达到35张，特别是改善农村公共卫生服务和基本医疗条件，提高人民的健康素养水平。同时，我们将通过实现文化服务体系全覆盖，不断丰富人民群众的精神文化生活。通过建立严格的责任体系和监管体系，加强食品药品安全、生产安全、生态环境安全和社会安全各项工作，不断提高公众对公共安全的满意度。

《甘肃省国民经济和社会发展第十三个五年规划纲要（草案）》经大会审议通过后，省政府将组织有关部门以《纲要》为依据，编制若干专项规划，具体分解和落实《纲要》提出的各项任务。

2016年主要任务

今年是实施“十三五”规划的开局之年，也是全面建成小康社会决胜阶段的开局之年，做好今年经济社会发展工作意义重大。今年政府工作的总体思路是：全面贯彻党的十八大和十八届三中、四中、五中全会及中央经济工作会议精神，以邓小平理论、“三个代表”重要思想、科学发展观为指导，深入贯彻落实习近平总书记系列重要讲话和视察甘肃时的重要指示精神，按照省委的部署，协调推进“五位一体”总体布局和“四个全面”战略布局，牢固树立创新、协调、绿色、开放、共享的发展理念，适应、把握和引领经济发展新常态，坚持稳中求进工作总基调，坚持稳增长、促改革、调结构、惠民生、防风险，坚持以提高经济发展质量和效益为中心，坚持安全发展，突出去产能、去库存、去杠杆、降成本、补短板，聚焦精准脱贫、结构性改革，加快新型城镇化进程，推动经济持续健康发展，着力保持合理增长，着力培育发展动能，着力全面深化改革，着力强化开放支撑，着力加强风险防控，着力保障人民生活，推动我省生产力水平整体改善和社会事业发展水平整体提升，努力实现“十三五”时期经济社会发展的良好开局。

经济社会发展主要预期目标是：生产总值增长7.5%，固定资产投资增长10%，社会消费品零售总额增长9%，一般公共预算收入增长8%，城乡居民人均可支配收入分别增长8%和10%，实现农村贫困人口脱贫100万人以上，科技对经济增长的贡献率提高1个百分点，战略性新兴产业占生产总值的比重提高1个百分点，单位生产总值能耗和主要污染物排放完成国家下达的控制指标。

为实现上述目标，在继续用好国家适度扩大总需求政策的同时，必须紧紧抓住影响全省经济社会发展的关键点，对接用好中央确定的宏观政策要稳、产业政策要准、微观政策要活、改革政策要实、社会政策要托底的五大政策支柱，着力抓好六个方面的重点工作。

一、全力打好脱贫攻坚战

认真贯彻中央扶贫开发工作会议精神，完善落实"1+17"精准扶贫精准脱贫意见和政策措施，以增加农民收入为核心，着力在补齐全面建成小康社会突出短板上下功夫。

*加大扶贫投入力度。*整合省级涉农资金568亿元，切块到县统筹用于脱贫攻坚。省级和58个贫困县按当年一般公共预算收入增量的20%以上、市级按10%以上、17个插花县按15%以上增列专项扶贫预算。继续实施产业"精准扶贫专项贷款"工程，为贫困户提供5万元以内3年以下银行免抵押免担保小额信贷支持，由省级财政按基准利率全额贴息。鼓励各类金融机构在贫困村增设便民服务网点。实现村级互助资金对建档立卡贫困村和有贫困人口的非贫困村全覆盖。政策性农业保险优先在贫困村试点推广，对贫困户保险保费予以补助。继续加大对革命老区和民族地区的投入倾斜力度。加强扶贫资金监管，发挥扶贫资金效益。

*实施易地扶贫搬迁。*完善易地扶贫搬迁规划，把扶贫搬迁同新型城镇化、新农村建设结合起来，新的安置区在县城、乡镇、中心村、旅游区、产业园区等有创业就业机会的区域布局，并按照社区的标准规划建设，健全完善基础设施和公共服务功能，做到有商场、有学校、有卫生室、有文化体育场所。加快富民产业培育，切实做到搬得出、稳得住、能致富。全年实施建档立卡贫困户易地搬迁4万户18万人。

*改善生产生活条件。*继续实施建制村通畅工程，建成通村公路1.5万公里，基本实现建制村通沥青（水泥）路。解决26万户118万人饮水安全不稳定问题，贫困地区自来水入户率达到85%。加快农网升级改造，实现贫困村全部通动力电。继续推进光伏扶贫试点。改造贫困户危房14万户。加快贫困乡村宽带网络建设。

*培育壮大富民产业。*因地制宜扶持发展特色优势产业，加强农产品品牌建设。在50个贫困村开展旅游扶贫试点。实施精准扶贫电商支持计划。建立新型经营主体、龙头企业、致富能人与贫困户利益联结机制，支持贫困户以土地承包经营权、生产工具等资源资产参股，或财政扶贫资金、社会帮扶资金等折股量化投入专业合作社和龙头企业，获得稳定的分红收益。加强职业技能培训，促进劳务输转。

*提升公共服务水平。*落实教育扶贫各项政策措施，在58个贫困县1500人以上的贫困村和17个插花县有实际需求的行政村建设幼儿园，完成"全面改薄"项目3500个。继续实施面向贫困地区、革命老区、民族地区、精准扶贫户和农村学生的专项招生计划。实现贫困村标准化卫生室全覆盖，提高符合条件的贫困村村医定额补助标准，选派9000名省市县医院医生到基层医疗机构多点执业。加大乡村医生培训力度。扩大重特大疾病医疗救助病种，将贫困人口全部纳入重特大疾病救助范围，降低贫困人口大病保险起付线，提高大病保险报销比例。贫困村综合性文化服务中心覆盖率达到90%。

二、加大结构调整力度

*贯彻创新发展理念，*加快推进供给侧结构性改革，在转方式、调结构上取得突破，不断提升发展质量和效益。

*加快现代农业发展。*加强农业综合生产能力建设，建设高标准农田186万亩，发展高效节水灌溉面积100万亩以上，粮食总产量稳定在1000万吨以上。加大农业结构调整力度，推进粮经饲统筹、农林牧结合、种养加一体、农村一二三产业融合发展。积极推广良种良法，提高甘南等牧区畜牧良种化水平，提升名优特农产品供给质量和效益。有效整合涉农科技资源，加大先进实用技术推广力度。积极培育新型农业经营主体，鼓励和引导各类企业参与农村特色优势产业开发，壮大农业产业化龙头企业，农产品加工转化率提高到51.5%。

*培育壮大战略性新兴产业。*深入实施创新驱动发展战略，加快兰白科技创新改革试验区建设，发挥好国家级科技企业孵化器、生产力促进中心的示范带动作用；依托张江技术转移中心等载体，加快科技成果转化，打造一批标志性、引领性科技示范项目和示范企业。继续打好战略性新兴产业总体攻坚战，通过政府资金参股投资，加大对中高端产业、产品和技术研发的扶持力度，支持战略性新兴骨干企业加快发展。落实"中国制造2025"甘肃行动纲要和"互联网+"行动计划，推进质量强省与标准化建设，实施制造业创新中心建设工程，加快重点行业和优势企业智能化改造，成立甘肃大数据公司，组建大数据研究院，推动北大"中国芯"、中核甘肃核技术产业园、兰石集团高端装备智能制造产业园、中车集团电动公交大巴生产线、稀土公司轻稀土高纯化技术改造、陇神戎发年产200亿粒（片）现代中药生产基地、民海生物30万升牛血清产业化等重点项目建设。加快构建新能源产业体系，促进风光电等新能源就地消纳。引导创新要素进入新材料、生物制药及中藏药、先进装备制造、节能环保等产业，催生一批富有活力的创新型中小企业。力争战略性新兴产业增加值增长12%以上。

*推进传统优势产业改造升级。*制定去产能实施方案，因企制宜推动产能过剩行业产业重组，对不符合国家能耗、环保、质量、安全等标准和长期亏损的产能过剩行业企业，支持其技改或实行并转重组；对持续亏损三年以上且不符合结构调整方向的企业，采取资产重组、产权转让、关闭破产等方式予以

“出清”，清理处置“僵尸企业”。以市场需求为导向，推进信息技术在传统优势产业领域的应用，启动实施新一轮重大技术改造升级工程，支持企业技术升级和设备更新，推动产业链延伸和产品结构优化。研究制定有针对性地降成本政策措施，促进企业内部降低运营成本，清理规范各类中介服务，降低各类企业制度性交易成本，正税清费，扩大直接融资比重，减轻企业融资成本和财务负担。

大力发展现代服务业。借助举办丝绸之路（敦煌）国际文化博览会契机，加大文化和旅游的深度融合，把文化旅游产业作为各级政府抓现代服务业的首位工程，努力实现文化产业增加值增长25%，旅游综合收入增长22%。着力加强科学规划，加大政策、金融扶持力度，提高招商引资市场化运作程度，加快培育文化产业龙头企业、产业园区、品牌产品、人才队伍。加大基层文化集市建设力度，大力促进县域文化产业发展。抓好大景区基础设施配套建设，大力支持乡村旅游，推动河西、陇东南和沿黄市州三个片区旅游联动发展。加快建设兰州中川航空物流园、兰州（东川）国际港务区、中欧货运班列编组枢纽和物流集散中心，抓好国家公益性大型农产品批发市场试点，加快大型商品交易市场建设，支持大型“物联网”企业在甘落户。推进宽带网络建设，落实网络提速降费政策，支持“互联网+服务业”的经营模式，推动面向生产、生活和管理的信息消费快速健康增长。大力发展电子商务，积极推广苏宁云商本地发展模式，扶持具有甘肃地方特色、服务地方经济社会发展的电商品牌，引导商贸流通企业线上线下融合发展，力争电子商务交易规模增长30%以上。实施养老和健康服务产业行动计划，推动养老服务与医疗、健身、家政、保险等互动发展，抓好兰州全国养老服务业综合改革等试点，推进服务业转型升级和模式创新。

大力促进创业创新。全面落实大众创业万众创新的系列政策措施，以及对创业创新企业的税收优惠和财政补贴等扶持政策，营造宽松的创业创新政策环境。组织实施创业创新平台、创业创新示范园、科技创新园建设及农村创业富民和信息惠民新业态培育发展等5大工程，打造大众创业、万众创新载体。鼓励大中型企业建立专业化孵化器，带动产业链上的小微企业抱团发展，实现企业集聚发展格局。推进张掖市全国小微企业创业创新基地示范城市、兰州市城关区省级“双创”示范区建设。

支持非公经济加快发展。认真落实促进非公经济发展的各项政策措施，营造有利于非公经济发展的政策、法治和市场环境。鼓励非公经济进入能源资源开发、社会事业、现代服务业、战略性新兴产业、文化旅游和全民健身产业等领域，参与基础设施、市政公用设施建设和运营。支持非公经济参与扶贫项目建设。实施普惠化扶持政策，完善贷款、担保和风险投资体系，拓宽非公经济融资渠道。开展面向科技型企业的专项服务行动，为其提供设计、信息、试验、检测、新技术推广、技术转让等服务。继续推进“民企陇上行”等大型招商活动，吸引非公有制企业入甘兴业，引导非公有制企业开展国际合作。力争非公经济占生产总值的比重提高1.2个百分点。

推进重大基础设施项目建设。继续实施“3341”项目工程、“6873”交通突破行动、“6363”水利保障行动，积极争取国家资金建立省级专项基金，吸引更多社会资本投入。建成高速公路及一级公路600公里、二级公路2000公里、农村公路2.1万公里。力争建成干武二线、兰州铁路综合货场项目，争取新开工建设兰州至张掖三四线、中卫至兰州客运专线等铁路项目，加快环县至褚家湾、庆阳至平凉铁路前期工作并争取早日开工建设。完成陇南成州民用机场建设、敦煌机场改扩建，加快兰州中川国际机场三期扩建工程、平凉军民合用机场前期工作。加快引洮供水二期、黄河甘肃段防洪、兰州市水源地等工程建设，新开工建设民勤红崖山水库加高扩建等项目。加快实施陇东能源基地开发规划，推进正宁电厂、马福川煤矿建设。推进宽带网络升级改造和宽带进村工程。尽力补齐基础设施建设短板。

三、加快改革开放步伐

按照中央和省委的统一部署，认真落实各项改革举措，加大向西开放力度，激发市场活力和发展动力。

加快转变政府职能。持续推进简政放权、放管结合、优化服务工作，建立行政审批中介服务收费目录清单管理制度。完善“三张清单一张网”，加快推进“网上行权”，规范行政行为。继续推进商事制度改革，加快建设企业信用信息共享平台，加强事中事后监管。落实中央关于价格改革的系列部署，推进政府定价项目清单化和公开透明。推进行政综合执法体制改革，重点在与群众生产生活密切相关、执法频率高、多头执法问题突出、专业技术要求适宜、与城市管理密切相关且需要集中行使行政处罚权的领域推行综合执法。完善政府购买服务制度和服务平台机制，扩大政府购买公共服务范围。创新行业协会商会管理体制和管理方式，实现行业协会商会与行政机关脱钩。

加快农村综合改革。建立和完善有利于脱贫攻坚的体制机制。基本完成农村土地承包经营权确权登记颁证工作，推进农村土地经营权规范有序流转，加强对工商资本租赁农地监管和风险防范。启动农村产权交易市场建设试点，稳步推进陇西县农村集体经营性建设用地入市改革试点。开展农村土地承包经营权和农民住房财产权抵押贷款试点。加快国有林场改革。推进农垦改革和供销社综合改革，促进农工商融合发展，增强服务农业和农村发展的能力。

深化投资体制改革。发挥财政资金撬动功能，带动更多社会资本参与投资。对社会资本投资的经营收费不足以弥补投资成本的公共服务项目给予资金支持；推进政府和社会资本合作，通过共同发起设立、入股参与各类投资基金和产业基金，放大财政资金杠杆效应和引导作用。积极引进创业投资基金、产业投资基金和私募股权投资基金，鼓励上市公司、大型企业、融资平台公司设立各类投资基金。完善投资监管方式，建立健全投资项目在线审批监管平台、项目统一代码制度、部门间监管联动机制和投资项目信息在线备案制度。深化公共资源交易体制机制改革。加快投资中介机构市场化改革，搭建良好的投资项目服务平台。

深化国有企业改革。贯彻落实中央深化国有企业改革的指导意见和我省的实施意见，围绕去过剩产能加大国有企业重组。完善困难企业下岗分流人员安置政策，做好化解过剩产能过程中的职工安置工作。继续推进5户省属企业分类改革试点和其他省属企业“一企一策”改革。加快省属企业公司制、股份制改革和省直部门管理企业改制脱钩。制定省属企业规范董事会实施方案及配套制度。探索职业经理人市场化选聘管理办法。深化企业内部薪酬分配制度改革，开展企业员工持股改革试点。

推进财税金融改革。开展财政政策、制度、支出结构绩效评价试点。积极推进“营改增”改革试点，落实各项税收优惠政策。进一步减轻中小微企业负担。引进中国进出口银行等国内外大型金融机构在我省设立分支机构。加快地方金融机构改革发展，支持组建民营银行、保险公司等地方金融机构。做好省内企业上市培育工作，实施甘肃“新三板”和战略新兴板百家工程，加快发展多层次资本市场，完善省股权交易中心功能，支持企业发行债券，扩大直接融资规模。

扩大对内对外开放。认真落实我省参与丝绸之路经济带和21世纪海上丝绸之路实施方案。举全省之力，努力将首届丝绸之路（敦煌）国际文化博览会办成国家层面最有影响力的一流文化盛会，使其成为拉动我省现代服务业加速发展的新引擎。推进兰州、武威铁路口岸对外开放，加快嘉峪关机场口岸开放，争取马鬃山口岸早日复关。争取获准兰州中川国际机场开展口岸签证业务。提升兰州新区综合保税区运营服务水平，推动武威保税物流中心升格为综合保税区，争取我省申报的自由贸易区试点早日获批。加强与丝绸之路沿线国家产业对接，推动装备制造、工程承包、轻工建材、民族用品、清真食品、农业科技、医药卫生等领域企业走出去开展合作。深化人文交流，加强友城建设。办好第二十二届兰洽会、第六届敦煌行·丝绸之路国际旅游节、国际新能源博览会等节会，扩大宽领域多层次合作交流。积极承接产业转移，加大产业链招商力度，力争招商引资到位资金增长10%以上。

四、统筹做好城市工作和新型城镇化

认真贯彻中央城市工作会议精神，加大城市工作力度，推进以人为核心的新型城镇化。

发挥规划引领作用。统筹空间、规模、产业三大结构，完善全省新型城镇化规划和城镇体系规划，指导市州做好城市总体规划和基础设施专项规划。加强与国家有关部门的衔接，争取将兰州和天水纳入国家城市群名单，争取更多的城市进入国家支持发展的范围。总结推广“多规合一”国家和省级试点经验，完善规划编制技术标准体系，在17个县市开展“多规合一”编制工作，有效衔接经济社会发展、城乡建设、土地利用和生态环境保护等规划。依据法定规划推进城市建设，严格执行规划确定的强制性内容，坚持“一张蓝图干到底”，提高规划的权威性和约束力。推进金昌市、敦煌市、高台县、陇西县国家新型城镇化综合试点和临洮县、肃州区国家中小城市综合改革试点工作，完成17个县30个建制镇省级新型城镇化试点任务。

提升城市建设水平。以科学规划为指导、创造良好宜居环境为中心目标，推进新型城镇化建设，把投入重点放在基础设施、公共服务、生态环境等公益性和基础性领域。创新城市基础设施投资、建设模式，用足用好国家棚户区改造、城市地下综合管廊、污水垃圾处理、海绵城市、智慧城市等政策，完善城市道路、公共交通、通信电力、供水排污、供气供热、垃圾处理、停车库场等城市基础设施建设。结合人防工程开发和利用地下空间。放开城市市政设施投资建设运营市场，吸引社会资本直接投资建设。推进国家确定的白银市城市地下综合管廊建设试点。

推进农业转移人口市民化。指导市州构建现代工业、现代服务业、文化旅游等各具特色的城镇产业体系，加快推进产城融合，提高产业支撑能力，为农业转移人口创造就业条件。加快落实户籍制度改革方案，全面实行居住证制度，鼓励有能力在城镇稳定就业和生活的农业转移人口举家进城落户。统筹推进教育、就业、社保、医疗、住房等领域配套改革，努力实现基本公共服务对城镇常住人口全覆盖。对接国家房地产去库存政策，制定我省实施方案，棚户区改造货币化补偿安置率提高到50%以上。制定落户城市农民工纳入住房公积金保障范围的政策。

提升城市管理能力。深化城市管理体制改革，明确城市管理部门的管理范围、权力清单和主体责任，实现城市分级分层管理和重心下移。运用大数据促进城市服务管理，推广兰州市三维数字社会服务管理和嘉峪关市、定西市城市管理综合执法经验，强化城市违章建筑的处罚和拆除，为群众提供精细的城市管理和良好的公共服务。加快兰州等7个“智慧城市”建设试点，推进城市管理现代化和智能化。加强交通、环境等重点领域安全监管和城市流动人口管理，提高市政公共用品和服务供给能力。推进政府、社会、市民同心同向行动，实现共建共管共享。

五、大力保障和改善民生

加大公共财政用于民生的支出力度，着力补齐民生改善和社会事业发展的短板，提高人民群众的获得感。

加强就业和社会保障。落实更加积极的创业就业政策，完善创业就业服务体系，深入实施大学生就业促进计划和创业引领计划，帮助失业人员和就业困难人员实现就业。应届高校毕业生就业率达到85%以上，新增城镇就业40万人，输转城乡劳动力500万人。推进全民参保登记试点，稳步扩大社会保障覆盖面，提高各项社保标准。提高农村低保标准，把所有符合条件的贫困家庭纳入低保范围。实现社会保险“五险合一”信息系统和城乡居民养老保险“一卡通”全覆盖。全面落实临时救助制度，继续做好救急难工作。巩固完善机关事业单位养老保险制度改革。全面完成岷漳地震灾后重建任务。

精心实施惠民工程。坚持普惠性、保基本、均等化、可持续方向，围绕解决群众最关心最直接最现实的利益问题，全力办好十件为民实事：(1)扶持1万名普通高校毕业生到企业、基层一线就业；(2)提高城市低保标准10%；(3)提高农村一、二类低保标准，实现与扶贫脱贫线“两线合一”；(4)提高农村五保供养省级补助标准15%；(5)实现城乡孤儿基本生活补助统一标准；(6)新建、回购、长期租赁公租房4.62万套；(7)对58个集中连片贫困县和17个插花型贫困县乡村中小学、幼儿园教师发放生活补助；(8)对全省学前教育幼儿免保教费；(9)对建档立卡贫困家庭普通高中学生免学杂费和书本费；(10)对建档立卡贫困家庭省内高职院校学生免学杂费和书本费。

统筹社会事业发展。以提高教育质量和促进教育公平为目标，继续实施第二期学前教育三年行动计划，大力促进城乡义务教育均衡发展，推进普通高中教育特色发展，加强高等教育对应用型人才的培养，推进继续教育和特殊教育，支持民族地区提高双语教育水平，加快建设兰州新区职教园区，将其建成国家职业教育助推城镇化改革的试验区。推进健康甘肃建设。深化公立医院综合改革，实施分级诊疗、医师多点执业和县级医院重点专科、薄弱学科建设及区域医学中心建设。深入推进健康促进模式改革，着力强化疾病预防控制。全面实施居民健康卡工作，启动省级区域卫生信息平台建设。整合城乡居民医疗保险制度，完善城乡居民大病保险制度，改革医保支付方式，推进异地就医结算。完善基层医疗卫生机构运行机制和激励机制，稳定和优化乡村医生队伍。争取获批建设国家中医药产业发展综合试验区。落实一对夫妇生育两个孩子政策。持续推进华夏文明传承创新区建设，大力发展以公共文化服务体系建设为核心的文化事业。积极推进张掖、白银国家公共文化服务体系示范区建设，探索总结可复制可推广的经验做法。继续推进乡村舞台建设，加快农村和社区体育健身工程进度。大力发展以居家为基础、社区为依托、机构为补充的养老服务业。积极促进慈善事业和残疾人康复工作。继续推进“双拥”共建，加强国防动员和后备力量建设，促进军民融合深度发展。落实党的民族政策和宗教工作基本方针，深入开展民族团结进步创建活动，引导宗教与社会主义社会相适应，促进民族团结、宗教和顺。支持工会、共青团、妇联、科协、残联等群团组织工作。加强广播电视、新闻出版、外事、侨务、港澳台、测绘、参事、文史、地方志、红十字会、档案等工作。

加强生态保护和环境治理。推进祁连山生态补偿示范区建设，探索建立生态补偿机制。推进国家生态文明先行示范区建设，在甘南探索生态环境损害赔偿责任追究制度，在定西探索自然资源资产产权制度和用途管制制度、领导干部自然资源资产离任审计制度、水权交易和污染第三方治理制度。建立用能权、用水权、排污权、碳排放权初始分配制度。推进兰州市排污权交易试点。推进国家生态安全屏障综合试验区建设，争取国家支持实施祁连山、渭河源、两江一水等生态保护和综合治理规划，协调推进退耕还林、天然林保护、三北防护林等重点生态工程，加快沙化土地封禁保护和黄土高原生态治理、固沟保塬综合治理，完成营造林300万亩以上，治理水土流失面积2000平方公里。深入实施大气污染防治计划和水污染防治工作方案，推广兰州等城市治理大气污染的成功经验。加强水源地保护、重点流域水污染治理、地下水污染防治和农业废弃物资源化利用，强化农村面源污染治理、土壤环境保护和综合治理、重点防控区域重金属污染防控。实施危险化学品和化工企业生产、仓储安全搬迁工程。实行能源和水资源消耗、建设用地等总量和强度“双控”行动，实施节能减排重点工程，强化节能监察，推进兰州市节能减排财政政策综合示范城市建设，巩固提升循环经济示范区建设成果，完成国家下达的节能减排年度目标任务。

六、加强各类风险防控

牢固树立安全发展观念，并贯彻到经济社会发展的方方面面，着力提高风险防控能力，营造生产安全、生活安稳、社会安定的公共安全环境。

加强和创新社会治理。坚持系统治理、依法治理、综合治理、源头治理，推进政府治理和社会自我调节、居民自治良性互动。坚持维权与维稳相统一，注重源头预防和末端治理相结合，引导群众依法行使权利、表达诉求、解决纠纷。落实重大事项社会稳定风险评估制度，完善社会矛盾排查预警和调处化解综合机制，有效预防和化解社会矛盾。

加强金融风险防范。落实国家去杠杆政策并制定实施方案，完善信息共享和风险协同处置机制。开展金融风险专项整治，规范各类融资行为。严查带有高杠杆属性的金融衍生品，打击非法集资和信用违约行为，坚决守住不发生区域性金融风险的底线。

强化公共安全管理。完善落实安全生产责任和管理制度，推进安全生产监管信息化和应急救援能力建设，加大安全生产监管执法力度，提高监管的专业化水平，及时排查整治安全隐患，确保安全生产形势稳定好转，坚决遏制重特大事故。用最严谨的标准、最严格的监管、最严厉的处罚、最严肃的问责，全面加强食品、药品、农产品监管，推行网格化痕迹化监管，确保人民群众舌尖上的安全。加强生态环境执法监管和环境隐患排查治理，对各类生态环境违法违规行为实行零容忍，严肃问责追责。完善综合防灾减灾体系，提高灾害

预防和应急救助能力。深入推进平安甘肃建设，不断提升人民群众安全感。

各位代表！

全面完成今年的各项目标和任务，对各级政府提出了新的更高的要求。我们将切实加强政府自身建设，自觉践行“三严三实”要求，认真履职尽责，对人民负责，受人民监督，让人民满意。

*一是坚持理论武装，在建设学习型政府上见实效。*深刻领会党中央关于治国理政的新理念、新思想、新战略，深入学习习近平总书记系列重要讲话精神，学以立德，不断增强贯彻落实党的路线方针政策的自觉性和坚定性。把学习作为一种工作责任和精神追求，进一步健全完善政府系统公务员学法用法制度，提高政府系统公务员法治素养和依法行政能力。围绕解决实际问题加强公务员教育培训，重点学习经济、文化、科技、金融、城市治理等各方面的知识，学以致用，切实解决“知识恐慌”、“本领恐慌”的问题，提升做好各项工作的能力。

*二是坚持解放思想，在建设创新型政府上见实效。*围绕实现与全国一道全面建成小康社会的目标，把中央的政策吃透、本省的矛盾问题搞清、各项工作举措做实，增强推动创新、协调、绿色、开放、共享发展的能力和自觉性，不断总结稳增长、促改革、调结构、惠民生、防风险的实践经验，使各项工作更好地体现科学性、针对性和创造性。

*三是坚持依法行政，在建设法治型政府上见实效。*落实中央《法治政府建设实施纲要(2015—2020年)》，严格按照法定权限和程序履行职责，切实做到法定职责必须为、法无授权不可为。严格执行重大行政决策制度，加强和改进政府立法，深化行政执法体制改革，把政府活动全面纳入法治化轨道。把政务公开作为建设法治政府的一项重要制度，创新公开方式，扩大政务公开参与，注重公开实效，把政务公开贯穿政务运行全过程。自觉接受人大的法律监督、工作监督和政协的民主监督，认真听取民主党派、工商联、无党派人士和人民团体的意见建议，及时办理人大代表建议和政协委员提案，提高政府的执行力和公信力。

*四是坚持勤政廉政，在建设廉洁型政府上见实效。*认真贯彻《中国共产党廉洁自律准则》和《中国共产党纪律处分条例》，严格落实中央八项规定和省委“双十条”规定，坚决反对形式主义、官僚主义、享乐主义、奢靡之风，切实改进作风。全面落实省委党风廉政建设“3783”主体责任体系，加强对权力运行的制约和监督，强化行政监察和审计监督工作，坚决纠正损害群众利益的不正之风，严肃查处“四风”和腐败问题，树立清正廉洁的良好形象。

*五是坚持求真务实，在建设责任型政府上见实效。*把督促检查贯穿于政府工作的全过程，完善常态化督查工作机制，注意督查实效。整治重布置、轻落实，有令不行、有禁不止，推诿扯皮、敷衍塞责等问题，树立言必行、行必果和定了就干、干就干成、干就干好的施政新风，确保各项工作高标准推进和高质量完成。

*六是坚持履职为民，在建设服务型政府上见实效。*始终把人民的期盼作为奋斗目标，树立群众观点、坚持群众路线，关心群众疾苦、倾听群众呼声、了解群众意愿，使政府做出的工作部署、出台的政策措施更加符合人民群众的意愿，把更多的公共资源向民生倾斜，更好地为基层、为企业、为群众服务，认真解决群众关切的利益问题，真心实意为群众办实事、做好事、解难事，让人民群众共享改革发展的成果，过上更加幸福美好的生活!

各位代表！

实现“十三五”经济社会发展的宏伟蓝图，建设幸福美好新甘肃，责任重大、使命光荣。让我们紧密团结在以习近平同志为总书记的党中央周围，在省委的坚强领导下，团结和带领全省各族人民，解放思想、攻坚克难、开拓创新，努力实现“十三五”的良好开局，为与全国一道全面建成小康社会而努力奋斗！

省政协常委会工作报告

2016年1月15日在政协甘肃省第十一届委员会第四次会议上

省政协主席　冯健身

各位委员：

我代表政协甘肃省第十一届委员会常务委员会，向大会报告工作，请予审议。

一、2015年工作回顾

2015年，是我省奋力推进“四个全面”战略，各项工作取得显著成就的一年。一年来，在中共甘肃省委的坚强领导下，省政协深入贯彻中共十八大和十八届三中、四中、五中全会精神，深入贯彻习近平总书记系列重要讲话精神和中共甘肃省委决策部署，高举爱国主义、社会主义旗帜，坚持团结和民主两大主题，聚焦全省中心工作履行职能，推进政协协商民主，强化能力作风建设，全年工作谋划实、举措实、有重点、有亮点，为加快全面建成小康社会、建设幸福美好新甘肃作出了新贡献。

（一）加强思想理论建设，坚持正确政治方向

加强思想理论建设是人民政协坚定正确政治方向的重要保证。常委会按照中共甘肃省委的要求，把深入学习习近平总书记系列重要讲话精神作为主线，把巩固共同思想政治基础作为主要目标，切实做到“四个突出”。突出强化理论武装。召开党组会议、主席会议、常委会议，深入学习中共十八届三中、四中、五中全会和习近平总书记系列重要讲话精神；主席会议成员带头赴双联县区宣讲中共十八届五中全会精神；举办省政协委员学习培训班和全省政协干部培训班，集中学习“四个全面”战略布局，深入把握习近平总书记治国理政新思想新要求，不断强化道路自信、理论自信、制度自信。突出围绕省委中心工作。学习贯彻省委十二届十三次、十四次全委会议、全省双联行动大会和全省精准扶贫精准脱贫工作会议精神，准确把握省委省政府决策部署和工作重点，动员广大委员为全面建成小康社会、全面深化改革、全面依法治国、全面从严治党献计出力。突出联系政协实际。深入学习《中共中央关于加强社会主义协商民主建设的意见》和全国政协实施意见，准确把握中共中央和全国政协关于政协工作的指示要求，激发委员履职热情，提升咨政建言水平。突出改进工作作风。专题学习十八届中央纪委五次全会和十二届省纪委四次全会精神，围绕“三严三实”专题，深入学习党章、廉洁自律准则和纪律处分条例，邀请省纪委领导作专题辅导报告，引导政协委员和机关干部树牢履职为民思想、遵纪守法意识、干事创业观念，以求真务实的作风和开拓创新的精神履职尽责、贡献力量。

（二）围绕新常态下全省改革发展重要问题议政建言，促进经济社会持续健康发展

常委会按照中共甘肃省委的要求，紧扣编制“十三五”规划这一事关未来五年全省发展的重大问题，紧盯政府职能转变等事关全面深化改革的突出问题，发挥人才智力优势，深入开展调查研究，积极主动建言献策。全年开展25项调研视察活动，省委省政府领导对建议案和调研视察报告作出29次批示。

围绕我省“十三五”规划编制工作开展重点调研。主席会议成员带领调研组分赴8个市州，重点围绕精准扶贫、现代物流业发展、社会养老、生态保护与建设进行深入调研。召开常委会议进行专题研究，向省委省政府报送了《关于制定我省“十三五”规划有关问题的建议案》。省政府主要领导作出批示，有关部门充分吸纳所提意见建议。

围绕简政放权及清理规范行政事业性收费有关问题开展重点视察。针对简政放权整体协同性不够、审批运行机制还需改进、事中事后监管制度和责任机制亟需建立、社会中介机构亟待加强规范等问题，深入8个市州开展视察，召开常委会议认真研究分析，深入协商讨论，向省委省政府报送了《关于简政放权及清理规范行政事业性收费有关问题的视察报告》，省政府主要领导作出批示，对报告提出的建议组织有关部门逐个研究完善整改措施，促进政府职能转变取得好成效。

认真完成省委交办的调研督查任务。为进一步加快华夏文明传承创新区建设，按照中共甘肃省委要求，省政协成立传承弘扬中华伏羲文化研究组，开展省内外调研，召开专题座谈会，邀请委员和专家学者专题研究讨论，提出了从国家文化战略高度传承弘扬中华伏羲文化，打造中华伏羲文化研发传承基地、全球华人寻根祭祖圣地、中华伏

羲文化旅游胜地、中华伏羲文化宣传教育基地等建议。王三运书记听取了调研情况汇报，认为政协研究成果很有价值，对传承弘扬伏羲文化、加快华夏文明传承创新区建设有重大推动作用，对于增进全球华人对中华民族认同感和归属感、建设全球华人共有精神家园具有十分重要而深远的意义，并要求有关部门对政协建议认真研究采纳。省政协主席会议成员积极参与全省"3341"重大项目观摩活动，就新常态下抓好项目建设提出了必须树立新理念、必须超前谋划、必须建立新机制等建议。落实省委主要领导批示精神，围绕智库建设进行专题研究，就我省智库建设运行机制、选题规划等向省委提出专项建议。

深入开展专项调研视察。各专委会分别就我省循环经济示范区建设、新能源产业发展、凹凸棒矿物新材料研发及应用、中川机场三期工程建设、美丽乡村建设顶层设计、实施马铃薯主粮化战略、白银亮睛工程进展、世界文化遗产保护和利用、构建和谐劳动关系等深入开展调研视察，提出意见建议。其中，公立医院改革中中医药特色优势发挥、民办高等教育发展、农牧区包虫病防治等调研报告，省委省政府领导作出批示。协助全国政协就促进风电光伏产业健康发展、资源枯竭型城市转型、促进家政服务业发展、促进敦煌文化旅游发展、《道路交通安全法》实施情况、农产品质量安全、发挥中华优秀传统文化在培育和践行社会主义核心价值观中的作用、"一带一路"建设涉及的民族宗教工作、推动依法管理宗教事务、藏区精准扶贫工作、民族地区全面建成小康社会进展等课题开展调研视察，反映我省突出困难和问题，努力争取国家支持。

（三）紧扣全省工作大局，全力助推精准扶贫精准脱贫

常委会按照中共甘肃省委的要求，把助推精准扶贫精准脱贫作为履行职能的"一号工程"，集中各级政协力量，发挥广大委员作用，为打赢脱贫攻坚战倾注真心真情、作出积极努力。

积极争取国家加大对我省脱贫攻坚支持力度。为了加快解决制约我省脱贫攻坚工作的重点难点问题，全国政协十二届三次会议期间，住甘全国政协委员积极呼吁国家切实加大对西部地区的支持力度，牵头促成的中共界别第一份集体提案，被确定为全国政协重点提案，转交国家相关部门予以办理。《人民政协报》以《全面小康不能让一个人掉队——中共组委员集体提案建言西部发展》为题做了专门报道。在六盘山片区陕甘宁青四省区政协主席联席会议上，全面介绍我省"1+17"精准扶贫工作部署，联名向全国政协提交了《六盘山片区全面建成小康社会现状分析及对策建议》，俞正声主席将此建议批转国家发改委研究落实。国家发改委和国家林业局认真落实办理，进展良好。

紧盯精准扶贫精准脱贫建言献策。按照中共甘肃省委的要求，省政协主席会议成员参与全省精准扶贫精准脱贫督查调研，就进一步落实全省精准扶贫精准脱贫工作会议精神和"1+17"精准扶贫工作方案，向省委省政府提出建议。召开精准扶贫月协商座谈会，围绕如何落实好"1+17"精准扶贫工作方案，就宣传扶贫政策、金融对接产业、整合资源平台等深入开展协商讨论，王三运书记到会听取委员建议，充分肯定月协商座谈会已成为政协开展协商民主实践的响亮品牌；以精准扶贫为主题进行协商，切合省委意图、符合群众期盼；委员提出的意见建议有道理、有深度，要求有关部门加强研究、认真吸纳，迅速把协商成果体现到决策中。省委书记参加政协月协商座谈会、面对面听取委员意见，在全国开创了先河。

积极推动双联行动与精准扶贫深度融合。以开展"能力提升年"活动为主线，着力做到"四个坚持"。坚持领导带头、破解发展难题。主席会议成员带头贯彻中共甘肃省委要求，发挥牵头协调作用，召开双联协调推进会，从群众最迫切最现实的住房差、行路难、产业少、资金缺、发展慢等难题入手，调动各方资源，竭尽全力帮联。省政协联系的51个贫困村富民产业已初具规模。坚持委员助推、发挥整体优势。在省政协常委会议上审议通过《关于全面贯彻落实全省精准扶贫精准脱贫工作会议精神的决议》和《关于增强履职实效助推精准扶贫的意见》，号召全省各级政协组织和广大政协委员积极投身精准扶贫主战场。开展"政协委员话扶贫"活动，引导全省各级政协委员通过提案、反映社情民意和帮办实事多种形式，为深入推进精准扶贫精准脱贫献计出力。深入推进"委员助推双联行动"，广大政协委员深入贫困乡村开展规划咨询、产业扶持、融资担保、技能培训等活动，委员参与率达到92.4%。坚持搭建平台、突出示范引领。召开双联与精准扶贫"互学互看"现场会，组织市州政协、省政协联系的18个县区政协及联系村代表，分别到灵台县、成县和麦积区，观摩学习富民产业培育、农村电子商务和农民专业合作社发展等方面经验，加强示范带动，增强发展信心。坚持驻村帮扶、强化工作力量。落实中共甘肃省委要求，选派28名优秀干部担任驻村工作队队长和村党支部第一书记，严格落实双联干部轮流驻村工作制度，加强实地督查考核，工作成效初步显现。

（四）充分发挥专门协商机构重要作用，全面推进人民政协协商民主建设

常委会认真贯彻中共中央和中共甘肃省委关于加强社会主义协商民主建设的新部署新要求，充分发挥人民政协协商民主形式多样、智力密集、传统深厚的优势，不断创新协商载体、增加协商密度、提高协商实效，形成以全体会议为龙头、以专题议政协商会为重点、以月协商座谈会为常态的协商议政格局。按照中共甘肃省委总体工作部署，认真制定并实施省政协年度协商工作计划，提高人民政协协商民主水平。着力推动月协商座谈会在实践中完善提高。注重协商前深入开展调研，尤其是月协商座谈会前，探索开展网络协商实践，通过政协网站广泛征求社会各界对协商议题的意见建议，创新了协商方式，赢得了社会好评；在协商中营造多向沟通环境，委员踊跃发言，党政部门积极回

应；认真整理协商成果，快捷报送委员建议。全年先后就推进“两个共同”示范区建设、依法维护残疾人权益、非物质文化遗产保护传承、深化国企改革、推动高等院校科技创新成果转化、推进重化工业转型升级、民族地区畜牧业发展、推进精准扶贫、丝绸之路文化旅游融合发展、学前教育发展等举办月协商座谈会，向省委省政府报送10个专项建议。经过不断探索，月协商座谈会以其内容丰富、氛围民主、讨论深入、成果丰硕，成为省政协协商民主经常性平台和重要品牌。广泛开展对口协商。各专委会应党政部门邀请，组织界别委员、专家学者，就甘肃省《节约用水条例》《养老服务条例》等法规，以及我省深化教育考试招生制度改革、支持藏区教育发展、完善公立医院药品集中采购工作、保险业参与平安建设等方案意见，召开座谈会协商建言，许多建议被吸收采纳。深入开展政协协商民主理论研究。协助全国政协在我省召开以“加强社会主义协商民主建设与人民政协”为主题的中国人民政协理论研讨会，对《中共甘肃省委贯彻落实〈中共中央关于加强社会主义协商民主建设的意见〉的实施意见》等文件起草提出建议，利用网络平台召开省政协理论研讨会，就推进人民政协协商民主进行研讨，为政协协商民主发展提供了理论支撑和制度保障。

(五)注重履职实效，着力强化经常性工作

常委会按照中共甘肃省委的要求，着眼提高政协工作科学化水平，以改革创新精神做好经常性工作。坚持以协商民主理念总揽提案工作全局，着力提高提案质量，严格提案标准，加大审查力度；全面落实提案督办制度，加强集体提案、党派提案、重点提案协商工作，增强办理实效；举办全省政协提案工作经验交流暨培训会，提高提案工作水平。注重运用社情民意信息反映民意、集中民智、建言献策，充分发挥履职“直通车”作用，努力打造政协信息品牌。全年共收集社情民意信息172篇，编发《甘肃政协信息》78期，其中3篇被全国政协专报中央领导参阅；省委省政府领导对18篇信息作出26次批示。坚持党组成员联系党外代表人士制度，支持各民主党派、工商联、无党派人士在政协全体会议、常委会议、月协商座谈会上发表意见，邀请他们参加政协重要调研视察和考察活动，为他们参政议政创造条件。致力促进民族地区发展、民族团结、宗教和睦，就散杂居地区民族乡经济发展、加快我省民族地区畜牧业发展等开展调研协商，提出意见建议；走访省级宗教团体，看望民族宗教界代表人士，听取意见、了解民意，加强联系、增进友谊；组织部分民族宗教界委员赴外省学习考察，了解改革发展成就，激发履职尽责热情；召开市州政协和自治县政协民族宗教工作交流研讨会，增强履职自觉，推动工作落实。认真做好文史资料工作，完成《西部大开发在甘肃》《决战贫困》《陇原抗战烽火》等专题史料征编出版工作，筹建省政协文史馆，充分发挥存史资政、团结育人作用。

(六)加强作风建设，切实提高履职能力

常委会深入贯彻习近平总书记作风建设永远在路上的指示要求，坚持把作风建设作为加强自身建设的主要抓手，切实提高履职尽责的能力和水平。深入开展“三严三实”专题教育。注重以上率下、发挥引领作用，党组书记带头讲党课，党组其他成员在政协机关和分管部门讲党课；党组成员和部门负责同志带头学习研讨，带头查摆“不严不实”问题，有效推动专题教育深入开展。注重聚焦主题、深入开展专题研讨，围绕严以修身、严以用权、严以律己专题，开展7次学习研讨会，交流心得、提高认识，坚定了理想信念，增强了纪律意识和规矩意识，明确了履职尽责、干事创业的努力方向。注重问题导向、召开专题民主生活会，党组成员认真查摆“不严不实”问题，深入开展批评和自我批评。注重突出政协特点、针对查找出的问题，提出了坚持强化理论武装、提高思想理论水平取得新进步，坚持求真务实、推进履行职责取得新进展，坚持抓常抓长抓细、加强作风建设取得新成效，坚持严明党的纪律、强化政治自觉取得新提高，坚持全面落实责任、推动党风廉政建设取得新成绩的努力方向。深入推进党风廉政建设。贯彻中共甘肃省委党风廉政建设“3783”主体责任体系要求，签订党风廉政建设责任书，建立和落实重点任务工作台账，实现了党风廉政建设主体责任全覆盖。认真贯彻中央守纪律、讲规矩的要求，全面落实中央八项规定和省委“双十条”规定精神，严格控制“三公经费”支出，制定和落实机关部门领导班子报告工作、机关处室报告工作、外出活动报告、重要事项报告、会议请假、机关管理等6项制度，推动机关作风持续改善。深入开展“工作落实年”活动。把开展活动与效能风暴、先锋引领、两好两促等行动有机结合、统筹推进，提高了工作实效；建立活动总台账，对全年47项重点工作靠实部门责任，实行目标管理，逐项督查销号，有力推动任务落实。

一年来，各市州县区政协紧紧围绕“四个全面”战略布局，紧扣当地中心工作，在全面深化改革、推进精准扶贫行动、实施“一带一路”战略、打造华夏文明传承创新区、推进双联行动、开展协商民主实践等方面，深入调查研究，积极议政建言，做了大量富有成效的工作，为加快我省全面建成小康社会进程作出了积极贡献。广大政协委员主动履职尽责，反映社情民意，积极协商议政，展现了较高的参政议政水平和良好的履职风采。

各位委员，过去一年我们取得的成绩，是中共中央高度重视人民政协工作的结果，是全国政协正确指导的结果，是中共甘肃省委坚强领导的结果，是省政府大力支持的结果，是社会各界热情帮助、人民政协各参加单位、各级组织和广大委员团结协作、共同奋斗的结果。在这里，我代表省政协常委会表示衷心的感谢！

我们也清醒地看到，政协工作还存在一些不足。主要是：一些专题调研不够深入，调查研究工作还需进一步改进；有的协商议政活动实效性不强，建言献策的质量还需进一步提升；民主监督职能发挥不充分，在丰富内容、拓展方式上还需进一步实践；部分政协机关干部的进取精神仍然有待增强，作风建设的力度还需进一步加大等。这些问题，我们要在今后工作中采取措施努力改进。

二、2016年工作部署

2016年，是全面建成小康社会决胜阶段的开局之年，也是推进结构性改革的攻坚之年。常委会工作的总体要求是：高举中国特色社会主义伟大旗帜，全面贯彻落实中共十八大和十八届三中、四中、五中全会精神，坚持以马列主义、毛泽东思想、邓小平理论、"三个代表"重要思想、科学发展观为指导，深入贯彻落实习近平总书记系列重要讲话精神，坚持"四个全面"战略布局，牢固树立创新、协调、绿色、开放、共享的发展理念，适应、把握和引领经济发展新常态，聚焦推进供给侧结构性改革，认真贯彻落实省委十二届十四次全委会议精神，紧紧围绕我省"十三五"经济社会发展目标任务履行职能，做到服务脱贫攻坚有新成绩，推进协商民主有新进展，汇聚智慧力量有新作为，提升履职能力有新举措，为实现"十三五"良好开局、全面建成小康社会作出积极贡献。

（一）深入学习贯彻习近平总书记系列重要讲话精神和中央、省委重大决策部署。按照中共甘肃省委"要深入学习中国特色社会主义理论体系，进一步增进对中国特色社会主义的政治认同和思想认同"的要求，把加强理论学习作为首要政治任务，组织开展主题鲜明、形式多样、务实有效的学习活动。要坚持以高度的政治自觉深入学习习近平总书记系列重要讲话精神，深刻把握重要讲话包含的治国理政新思想、新观点、新论断、新要求，始终坚持中国共产党的领导，始终做到同以习近平同志为总书记的中共中央保持政治同心、思想同向、行动同步，始终坚持正确的政治方向。要深入学习贯彻中共十八届五中全会、中央经济工作会议和省委十二届十四次全会精神，准确把握"十三五"时期我国发展的指导思想、基本原则、目标要求、重大举措以及创新、协调、绿色、开放、共享"五大发展理念"，准确把握未来五年我省"八个转变"的战略判断、"八个并重"的发展取向、"六大支撑"的重要举措和"十个方面"的主要任务，准确把握今年中央和省委关于推进供给侧结构性改革的重大部署和去产能、去库存、去杠杆、降成本、补短板"五大任务"，努力找准政协围绕中心、服务大局的着力点，切实做到围绕推动"十三五"改革发展议大事，着眼全面建成小康社会建诤言。要深入学习贯彻习近平总书记和王三运书记在庆祝人民政协成立65周年大会上的重要讲话精神，学习贯彻中央《关于加强社会主义协商民主建设的意见》《关于加强人民政协协商民主建设的实施意见》和《中共甘肃省委贯彻落实〈中共中央关于加强社会主义协商民主建设的意见〉的实施意见》，深刻理解党对人民政协事业发展提出的新论断、新要求，准确把握开展人民政协协商民主的内容、形式和要求，不断增强推进人民政协协商民主的责任感和使命感。

（二）围绕事关全面建成小康社会的重要问题建言献策。按照中共甘肃省委"要紧紧围绕全面建成小康社会这个大局，多谋发展之计，多献务实之策"的要求，针对民营经济发展不足、脱贫攻坚任务繁重等事关我省全面建成小康社会的重要问题，深入调研视察，努力形成一批高质量的成果，供省委省政府决策参考。要围绕企业发展面临的困难和对策开展重点调研。着重就优化营商环境、培育市场主体、推进转型升级、提升企业素质、增强创新能力、提高开放水平等问题，统筹省市县三级政协力量，深入开展调查研究，召开常委会议专题协商讨论，向省委省政府提出建议案。要围绕省委精准扶贫精准脱贫"1+17"工作方案贯彻落实情况开展重点视察。围绕完善瞄准机制、强化基础设施、壮大富民产业、改革扶贫方法、融合双联行动、创新投入方式、强化金融支持、统筹社会帮扶等重点任务的实施情况，特别是"853"精准脱贫管理办法的全面落实，组织委员深入开展视察，在常委会议上充分协商讨论，形成视察报告，为推进"一号工程"、打赢脱贫攻坚战作出贡献。要围绕推进供给侧结构性改革开展专题调研视察。全省各级政协组织和广大委员要贯彻落实中共甘肃省委大调研活动的部署要求，着眼提高发展的质量效益，重点就化解产能过剩、降低企业成本、消化房地产库存、防范化解金融风险等事关我省供给侧结构性改革的重要问题，开展专题调研视察，积极献计出力。

（三）紧扣民生持续改善主动作为。按照中共甘肃省委"要深入了解民情、广泛集中民智、努力改善民生，使人民群众共享改革发展成果"的要求，努力在关注民情、反映民意、服务扶贫、助推双联上积极主动作为。要深入推进双联行动。全面贯彻全省扶贫开发工作会议精神，推进精准扶贫与双联行动深度融合，重点开展"五项活动"。开展"访贫入户全覆盖"活动，主席会议成员分期分批深入联系村每个贫困户进行走访指导，对致贫原因、脱贫计划、脱贫措施、致富思路，进行再分析、再制定、再理清，推动脱贫攻坚任务精准落实到村到户。继续开展"能力提升年"活动，深入联系村开展农业实用技术培训，提升农民致富能力；组织机关干部、驻村工作队队长，开展精准扶贫集中培训，提升干部帮扶能力。开展"互帮互促"活动，按照种植、养殖、农村电商、农产品加工等类别，组织联系村农民开展观摩学习、经验介绍等活动，让致富能人相互启发、相互帮助、共同促进。开展联系村发展规划"回头看"活动，对照我省"十三五"规划纲要和"1+17"精准扶贫工作方案、"853"精准脱贫管理办法，对联系村发展规划进行"回头看"，使发展规划更加科学、更加紧贴贫困村实际。深入开展"政协委员话扶贫"活动，动员和组织全省广大委员围绕脱贫攻坚、改善民生提出意见建议，报省委省政府及相关部门决策参考。要围绕重大民生问题履职建言。紧密结合省委省政府改善民生的工作部署，引导全省各级政协组织和广大政协委员紧扣促进教育公平和就业创业、提高城乡居民收入和稳定物价、完善社会保障体系、深化医疗卫生体制改革等关系人民群众切身利益的问题，通过提案、反映社情民意信息等方式，提出意见建议，推动有关民生问题的解决。充分利用参加全国政协会议、邀请全国政协来甘调研视察、办好陕甘宁青四省区政协主席联席会议等各种平台，反映我省脱贫攻坚面临的突出困难和问题，积极争取国家更大支持。

(四)深入开展人民政协协商民主实践。按照中共甘肃省委“要充分发挥人民政协作为专门协商机构重要作用”的要求，准确把握人民政协协商民主的性质定位，切实把协商民主精神贯穿于履行职能全过程和各个方面。要加强人民政协协商民主制度机制建设。根据《中共中央办公厅关于加强人民政协协商民主建设的实施意见》《中共甘肃省委贯彻落实〈中共中央关于加强社会主义协商民主建设的意见〉的实施意见》，制定省政协配套实施办法，进一步明确政协协商内容、协商形式、协商程序、成果运用以及加强与党政工作衔接等，推动政协协商民主更加规范有序地开展。制定《省政协月协商座谈会办法》，完善月协商座谈会制度。围绕新能源产业可持续发展、传承弘扬中华伏羲文化、绿色生态有机农业发展、促进保安服务业发展、世界文化遗产保护和利用、民族地区公共文化服务体系建设、充分发挥友城工作在我省丝绸之路经济带建设中的独特作用等问题，在深入调研的基础上，召开月协商座谈会协商建言。要进一步完善网络议政的协商形式。积极推进“智慧政协”建设，制定省政协网络议政意见，各类协商活动除涉密议题外，提前通过政协门户网站向社会公开征集意见。坚持协商于民、协商为民，探索开展“网络议政”实践，拓展社会各界有序参与政协协商的渠道，更好地反映群众诉求，使党政决策更加符合群众愿望。要把加强民主监督作为推进协商民主的重要方面。以专委会为依托，以会议、调研、视察、提案、信息、大会发言为载体，围绕中共中央和中共甘肃省委关于依法治国、依法治省各项部署，就重要法规条例贯彻落实情况，司法、执法等领域群众反映强烈的问题，开展具有监督性的履职活动，如实反映情况，提出建设性意见。要认真总结基层政协协商民主实践经验。就平凉市、临夏市、凉州区、镇原县开展基层政协协商民主实践情况进行调研，总结试点做法和经验，研究分析问题，提出意见建议，指导和推动全省各级政协组织深入开展协商民主实践。

(五)着力加强自身建设。按照中共甘肃省委“要主动适应新形势新任务的变化，不断加强政协自身建设”的要求，巩固“三严三实”专题教育成果，扎实推进自身建设，努力提升履职能力和水平。要进一步加强作风建设。认真贯彻习近平总书记在十八届中央纪委六次全会上的重要讲话精神，全面落实中共甘肃省委党风廉政建设“3783”主体责任体系的部署要求，持之以恒落实中央八项规定和省委“双十条”规定精神，持之以恒纠正“四风”，保持坚强政治定力，强化监督执纪问责，始终保持机关风清气正、廉洁自律的良好形象。全省各级政协组织中的中共党员要切实增强政治意识、看齐意识、责任意识和纪律意识，把“三严三实”的要求转化为做好工作的内在动力，在坚决贯彻落实党的方针政策和决策部署、弘扬和传播正能量、维护社会和谐稳定上作出表率。引导广大政协委员增强委员意识、珍惜委员荣誉、履行委员职责、维护委员形象，弘扬求真务实、敢于担当精神，切实承担起政协委员的光荣使命和崇高责任。要进一步提升履职能力。提高调查研究能力，全面落实省政协《关于进一步加强调查研究工作的意见》，坚持问题导向，深入了解情况，汇集各界智慧，努力使提出的建议言之有物、言之有据、言之有理。提高联系群众能力，践行“人民政协为人民”理念，坚持从群众中来，到群众中去，体察民情，反映民意，畅通各界群众的利益诉求表达渠道，帮助党委、政府做好上情下达、下情上达和解疑释惑的工作。提高合作共事能力，发扬求同存异、体谅包容的优良传统，贯彻民主协商、平等议事的工作原则，积极开展政协专委会与民主党派联合调研，加大党派提案与大会发言工作力度，增进思想共识，加强合作共事。认真学习贯彻党的民族宗教政策，鼓励少数民族界、宗教界委员加强同少数民族群众和信教群众联系，积极引导宗教与社会主义社会相适应。

今年，中共甘肃省委将召开省委政协工作会议，这是中共甘肃省委加强对政协工作领导和支持的重要举措。全省各级政协组织和广大政协委员，一定要以高度的政治责任感和使命感，切实贯彻落实好会议精神，努力开创我省政协工作新局面。

各位委员、同志们，我省“十三五”发展的宏伟蓝图已经绘就。新起点新希望鼓舞人心，新目标新任务催人奋进。让我们更加紧密地团结在以习近平同志为总书记的中共中央周围，在中共甘肃省委的坚强领导下，解放思想、锐意进取，坚定信心、扎实工作，努力为建设幸福美好新甘肃、与全国一道全面建成小康社会作出新的更大贡献！

在全省农村工作会议上的讲话

中共甘肃省委副书记　欧阳坚

（2015 年 1 月 15 日）

同志们：

今天上午，伟平省长作了重要讲话，充分肯定了全省"三农"工作取得的成绩，深刻分析了新常态下我省农业农村发展面临的新形势，对"三农"工作作出了全面部署，提出了明确要求，为做好今年"三农"工作提供了重要遵循。我们要认真学习、深入领会、全面贯彻。会上，8个省直部门、市、区的负责同志作了发言，大家围绕伟平省长的讲话进行了认真讨论交流，对拟下发的省委1号文件讨论稿提出了修改意见，这对做好今年工作很有帮助、很有启发。

下面，结合大家的发言和讨论，我就贯彻落实中央农村工作会议、省委十二届九次全委（扩大）会议暨全省经济工作会议精神和三运书记有关批示、伟平省长的重要讲话，强调三点意见。

一、准确认识把握农业农村发展新形势新特征

当前，经济发展进入新常态，我省"三农"工作也进入新阶段，好势头与新机遇同在、补短板与新要求并存。综合起来分析，可以说，面临"四大制约"的严峻挑战，具有"四个增长"的重要机遇。

从挑战看：一是农产品价格接近峰值、农业成本不断攀升对增收的"双重挤压"日益凸显；二是长期拼资源、拼投入的粗放式增长使生态环境和资源条件两项"刚性约束"越来越紧；三是农业面临的自然和市场"双重风险"等不确定因素影响持续显现；四是基础设施薄弱、农业补贴水平接近极限"一低一高"的瓶颈制约更加突出。这"四大制约"警示我们，传统的农业生产方式已难以为继，必须下功夫予以破解。

从机遇看：一是经济进入新常态，国家夯基础、补短板、惠民生，财政、金融和社会对"三农"的投入将持续增长；二是随着消费水平的提高，人们对优质安全农产品的需求将持续增长；三是城镇化的快速推进和服务业这个转移就业"容纳器"的快速发展，将使农民务工创业收入持续增长；四是随着市场机制决定作用在农业领域的发挥、传统生产方式效益低下的问题日益显现，倒逼农业经营主体自觉转方式调结构的积极性持续增长。这"四个增长"为全面深化农村改革、加快现代农业发展创造了重要条件，提供了重要动力。

总体上看，在新常态下，农业农村发展面临的机遇前所未有，挑战也前所未有，潜力压力并存，机遇大于挑战。我省农业农村仍将保持持续较快发展的势头，但靠天吃饭、农业生产经营方式落后、农村基础设施薄弱、农民收入在全国排位靠后"四个没有根本改变"，是我们必须长期面对的基本农情。因此，我们必须始终把"三农"摆在重中之重的战略地位，把思想和行动统一到中央和省委省政府的部署要求上来，增强责任感紧迫感，坚定信心、迎接挑战，适应新常态、抢抓新机遇，奋力推动农业农村实现新的更大发展。

二、努力完成今年"三农"工作重点任务

今年"三农"工作的目标任务和重点举措，会议讨论的1号文件作了全面部署，三运书记、伟平省长提出了明确要求。概括起来，就是要紧紧围绕农民增收这一中心任务，着力在转方式、调结构、夯基础、促改革、惠民生上做文章。这里，我重点强调五个方面。

（一）*在转变发展方式上实现新突破*。习总书记指出，要突破农业发展面临的重要瓶颈，出路只有一个，就是坚定不移加快转变农业发展方式。当前，我省已进入发展现代农业的新阶段，农业处于转变发展方式的关键时期。这就要求各级领导干部首先要转观念、换脑筋，摆脱老套路，用新思路、新举措推动农村经济转型升级。一要坚持从生产导向向消费导向转变，新常态下，我国消费由模仿型排浪式向个性化多样化转变，对安全优质农产品的需求日益增加。要面向市场需求，发挥我省农业生产的独特优势，加强农产品质量和食品安全监管，大力发展绿色农业、特色农业，打响绿色、环保、安全、诚信的甘肃农业品牌。二要坚持创新驱动，关键要加大资金整合和投入力度，健全农业科研成果使用、处置、收益和基层推广服务激励机制，加快成果转化利用，使科技成果在陇原大地开花结果，让农业科研人员有名有利，形成充分激发创新创造活力的环境。三要坚持可持续发展理

念，大力推广节肥、节药、节水和清洁生产等技术，把过量使用的农业投入品减下来；实施新一轮退耕还林还草工程和草场保护等措施，把超过农业资源环境承载能力的生产退出来；加强秸秆、畜禽粪便资源化循环利用，建立农田残膜回收的补贴激励机制，把农业废弃物转化为可再利用的资源；实施耕地质量保护和提升行动，加强高标准农田建设，大力倡导使用农家肥，把地力下降的土壤改良好；加强水土流失、沙化盐碱化、地下水超采、土壤重金属污染等治理，使受损的生态环境逐步得到修复；建立更加严格的耕地、水资源等保护制度，把农业发展的根基和命脉坚决保住。四要坚持培养新型农民，提高农业实用技术和务工技能培训的针对性、实效性和覆盖面，打响"陇原妹"等劳务输转品牌，实施培育农村能人计划，引领农业发展方式转变。比如，省妇联、省扶贫办依托北京的培训机构，在北京根据用工需求，有针对性地培训输转"陇原妹"，每年培训都在2000多人，培训一人、输转一人，提高了培训质量，形成了品牌效应。

（二）在调整优化结构上实现新突破。在全省已经基本解决吃饭问题、"三农"工作基本面发生变化的大前提下，要把主要精力放在提质增效上，大力调整产品、产业和区域结构。重点抓好四个方面：一是着力稳定粮食生产。在稳定粮播面积的基础上，主要依靠科技创新提高单产、提高综合生产能力，充分挖掘增产潜力，确保粮食稳定在1100万吨以上。二是着力培育新的增长点。重点要在做大做强现代畜牧业、推动陇药产业转型升级、做精做优现代林果业上下功夫。扩大现代畜牧业全产业链试点，争创国家中医药产业发展综合试验区，加强矮化密植、标准园创建等林果业关键技术推广，推行专业化、规模化、标准化、集约化经营。推进农牧结合，大力发展饲草产业，唱好"林草戏"，打好"果蔬牌"，构建粮经饲三元结构。比如，静宁县数十年持之以恒发展苹果产业，不变主攻重点，建成100多万亩果品基地，不断延长果品产业链，去年农民人均林果收入3790元，成为脱贫致富的强大支柱。三是着力推进农村三次产业融合互动。打造一批知名度高、市场份额大、带动力强的产业化龙头加工企业。加快仓储、冷链物流、对接直销等流通体系建设，完善农产品骨干流通网络，大力发展电商网购等新业态，尽快启动实施省里和阿里巴巴集团签定的战略协议中有关农产品销售方面的合作，形成一二三产业联动发展的全产业链。比如，去年陇南市敏锐抓住电子商务发展机遇，加强相关知识培训，支持全市开办网店5923家，新办和加盟网购平台26个，实现农产品网上销售7.88亿元，带动1.6万人就业。"陇南模式"电子商务实现了农产品点对点销售、个性化供货、产品质量可追溯，减少了流通中间环节，农民和消费者双方收益，使分散的小生产与千变万化的大市场对接起来，打通了特色产品销售渠道，为农民增收致富打开了一扇大门。四是着力加快农业向西开放步伐。鼓励有实力的农业企业走出去，重点瞄准中西亚国家，开展种养基地建设、农业技术服务、仓储物流，积极推动特色农产品和农机装备出口，不断提高农业开放度。去年，我省农产品成为中亚和中东市场颇受青睐的"稀罕物"，出口数量明显增加，高原夏菜出口增幅达20%以上、出口货物3.97亿美元。

（三）在夯实基础上实现新突破。要坚持不懈地抓好三个方面。一是持续抓好重大项目建设。抓住国家加大基础设施建设力度特别是向西部倾斜的机遇，建设、谋划一批农业农村大项目，争取更多的项目列入国家规划，力求水利、生态、交通等基础设施建设实现新突破，打牢农村持续发展的基础。二是持续抓好民生工程建设。加大农田水利、造林绿化、乡村道路、信息工程、安全饮水、动力电保障、清洁能源、危房改造、防震减灾等项目建设力度，不断改善农民群众生存发展的基本条件。三是持续抓好农村人居环境改善。继续选择一批基础设施、公共服务条件较好的村作为试点，以垃圾污水处理、厕所改造、人畜分离、脏乱差治理和村庄绿化为重点，有计划有步骤地开展环境整治，总结推广成功经验，发挥好示范引领作用，让更多的村庄美起来、靓起来。

（四）在改革创新上实现新突破。适应新常态、迎接新挑战，关键在于深化改革。关于农村改革，要重点抓好以下工作：一是稳步推进农村土地制度改革，这是推进当前农村各项改革的聚焦点。土地确权登记是流转土地、发展适度规模经营的前提。可以说，没有确权登记，就难以流转土地；没有土地的流转，就难以发展规模经营；没有规模经营，现代农业建设就失去了基本条件。要抓紧在全省推开土地承包经营权确权登记颁证工作，探索土地承包经营权、宅基地使用权、集体资产收益分配权、农村集体经营性建设用地出让、租赁、入股、抵押贷款的途径办法。要明确的是，在流转中不能搞"非粮化"，禁止耕地"非农化"。比如，民乐县以土地整理推动土地流转，以土地流转促进专业化、规模化、集约化经营，流转耕地面积37万亩，占全县承包地面积的45.2%。民乐县制定支持流转的政策，把土地流转与产业结构调整结合起来，把经过整理新增加的土地以股权形式分给农民，让农民既有规模经营收入，又有股权分红收入，调动了农民群众和各方流转土地的积极性。这个经验做法值得推广。二是加快构建农业新型经营体系，这是农村改革的重要目标。要着力实施"十百千万"工程，扶持一批产业化龙头企业，建设一批现代农业示范基地，培育一批示范性家庭农场和农民专业合作社，使家庭经营、集体经营、合作经营、企业经营多种经营形式共同发展。三是推进水价综合改革，这是我省农村改革亮点所在。李克强总理明确提出，资源型缺水、地下水严重超采区域水价水权制度改革要先行一步，哪个地方改革走得快，水利建设投资就向那个地方倾斜。我省水价水权制度改革已经取得一定进展，积累了一些经验，要抓住国家在我省开展水权水价改革试点的契机，深入推进这项改革，在更大面上取得新成效。四是着力加快新型城镇化建设步伐，这是深化改革的重要着力点。新型城镇化与农业现代化是手拉手的关系。发展新型城镇化关键是打开农民进城的通道。这既是一个认识问题，也是一个态度问题、感情问题，只要怀着对农民群众的深厚感情，让农民进城的办法措施就会多起来。当前，重点是深入推进户籍制度改革，降低门槛，简化程序，优先让进城定居的农民工落户，分类解决农业转移人口落户、同等待遇问题，破除体制机制障碍，为更多农村劳动力进入城镇提供便利、创造条件。在我省推进新型城镇化过程中，农业转移人口市民化既是重中之重，又是难中之难。我省每年有近500万农村转移人口处于"半城市化"状态。据测算，这些人口市民化的个人成本和公共成本大约为9.2万元，农业人口的市民化进程艰难、成本巨大，需要从改革中找出路、想办法。

（五）在改善民生上实现新突破。习总书记强调，小康不小康，关键看老乡，关键在贫困的老乡能不能脱贫。因此，在改善民生上，要重点抓两个方面。第一个方面，要狠抓农民增收。早上，伟平省长的讲话对农民增收作了详尽的阐述。我要强调的是，要继续把增加家庭经营性收入作为重头来抓，把富民增收产业做大做强，同时要开发农业的休闲观光等多种功能，推进以农兴业；要把转移就业作为最大的增长点来抓，大力提高农民务工创业增收技能；要充分激活增加财产性收入的源泉，盘活土地、林权、宅基地、农机具、农业设施等资产，通过流转、抵押、出租、入股等使农民获得更多财产性收入；要进一步挖掘增加转移性收入的潜力，关键要把强农惠农政策真正落实到农户身上。第二个方面，要狠抓扶贫攻坚。习总书记强调，必须时不我待地抓好扶贫开发工作，决不能让困难地区和困难群众掉队。抓好扶贫攻坚是我省最大的民生工程，也是一项严肃的政治任务。三运书记指出，我省扶贫开发具有系统性、精准性、治本性的特征，提出了"三个深度融合"的明确要求，伟平省长在讲话中作了全面安排。我只重点讲两个问题。一是集中在"六大突破"上聚焦发力。要紧盯"1236"目标任务，不变口号、不换频道，久久为功、不断突破。要用好国开行基础设施建设等政策性贷款，逐村逐户解决好水电路房的欠账问题；坚持一村一策、一户一案，既帮助每个村把富民产业选准、做强，也要帮助每个农户建立一个稳定增收项目；把依托城镇化、工业园区和农业项目建设实行集中安置与分散"插花"安置结合起来，整合资源，加强扶持，完成好15.4万人易地扶贫搬迁任务；坚持用足用活现有贷款项目与创新扶贫贷款产品并举，分类施策，确保最优惠的贷款发放给最贫困的农户；把填补空白与提升服务水平结合起来，加快农村基本公共服务均等化，编制兜住贫困人口基本生活安全网；推行订单、定向和就地培训，使每个贫困群众都能掌握至少一门致富技能，增强自我发展能力。二是集中在精准扶贫上聚焦发力。精准扶贫是扶贫开发新阶段的新要求。要用系统性的思路和举措解决我省贫困问题，重点要把精准识别对象、精确配置资源、精细管理目标、精准考核责任，抓细、抓实、抓具体，对建档立卡贫困人口进行再核实，建立由户到村到乡到县逆向考核制度。双联行动和"五位一体"社会帮扶都要体现精准要求，使各种资源、力量向贫困村倾斜、向贫困户聚焦，不断提高帮扶工作的针对性和实效性。

三、全力抓好"三农"重点工作落实

习总书记强调，"如果不沉下心来抓落实，再好的目标，再好的蓝图，也只是镜中花、水中月"。今年是省委确定的"工作落实年"，各级都要重心下移、力量下沉，狠抓落实、善抓落实。

一要在指导协调上下功夫。各地各部门要高度重视"三农"工作，主要领导要亲自研究部署重点问题，对重点工作要逐领域、逐项研究，把工作责任细化实化，今年2月以前精准具体地分解落实到市县、部门、岗位和人头；要完善各级财政"三农"投入稳定增长机制，确保"三农"投入只增不减；要统筹整合农业及扶贫资金，改革使用方式，加强资金监管，确保用好每一分钱。

二要在督促检查上下功夫。要健全完善目标责任制和责任追究制，全面推行"马上就办"，工作一旦安排、督查就配套跟进，用强有力的督查促进工作落实。更加注重调查研究，善于总结推广基层改革发展新探索、新经验、新典型，及时广泛宣传。今年，要更多以专题现场会的形式，对农村改革、现代农业、扶贫开发等方面的重点工作进行推动。

三要在考核评估上下功夫。由省委农工办、省扶贫办牵头，尽快按省委一号文件进行责任分解，制定任务书、时间表，实行挂牌销号制度，每项工作都要有考评奖惩的措施办法。对工作落实情况要形成条目明晰、内容具体的成绩单，考核情况要分出优、良、中、差。考核结果进入省委组织部干部年度业绩之中，对落实力度大、效果好的要公开表彰、培养重用，对落而不实的要批评惩戒、甚至调整岗位。

四要在基层保障上下功夫。政策生根、任务落地，关键靠基层组织。要按照三运书记提出的"班子强起来、书记强起来、队伍强起来"的要求，大力整顿软弱涣散基层党组织，着力提高基层干部队伍素质。要把双联驻村工作队和扶贫工作队力量统筹整合起来，充分发挥大学生村官和到村任职的年轻干部作用，建立不走的帮扶队伍。双联单位和双联干部要积极促进政策落实、协助加强资金项目监管、推进党务政务村务公开。要加强农村法治和道德建设，进一步开展"法律服务直通车"活动，修改完善村规民约，不断丰富群众精神文化生活，促进农村和谐稳定。

同志们，做好今年"三农"工作意义重大、任务艰巨。希望大家勇于接受挑战、敢于担当负责，改革创新、锐意进取，确保完成预定的目标任务，为全省经济社会平稳健康发展做出更大贡献！

（供稿：张　毅）

大布局助推大发展　旅游综合实力明显增强

——甘肃省旅游业“十二五”发展综述

甘肃省是中华民族和华夏文明的重要发祥地，是中华民族重要的文化资源宝库，丝绸之路旅游线的黄金路段，丝绸之路文化与黄河文化的交汇地，中国旅游标志铜奔马的故乡，陕甘边区的重要组成部分和红军长征的主要途经地、会师地，多民族融合区。甘肃地域广阔，地貌类型齐全；历史悠久，文化灿烂；民族众多，风情浓郁。与其它省区相比，甘肃旅游资源类型多样，种类齐全，品位较高，地域特色明显；自然风光、古代文化遗迹、当代民俗风情，种类繁多，独具特色，被誉为丝绸之路旅游的黄金路段。石窟寺庙、长城关隘、塔碑楼阁、古城遗址，让人产生不尽的遐想；黄土高坡、大漠戈壁、冰川雪山，以及裕固、回、藏等少数民族风情，更使人流连忘返。旅游资源富集度位居全国前五，充分利用资源优势和旅游区位优势，经过多年的精心培育，甘肃省“丝绸之路”旅游产品在国内外客源市场上已享有较高声誉，被称为“永不衰落的黄金线路”。世界文化遗产敦煌莫高窟、丝绸之路、长城享誉全球，国家5A级旅游景区嘉峪关关城、平凉崆峒山、天水麦积山、敦煌鸣沙山月牙泉在国内外有一定知名度，张掖七彩丹霞、夏河拉卜楞寺、永靖黄河三峡、兰州百里黄河风情线、景泰石林、武威雷台、宕昌官鹅沟等旅游景区在国内有一定影响力。甘肃现代文明和经济建设颇具成就，成为重要的新兴旅游资源。如刘家峡水电站、酒泉航天基地、河西走廊光伏、风电工程、引大入秦水利工程等每年都吸引大批海内外游客。此外，还有许多地方适合开展兴趣旅游、体育旅游和探险旅游，如嘉峪关是世界三大最佳滑翔基地之一，河西走廊是理想的汽车和摩托车拉力赛场地等。

“十二五”期间，省委省政府把旅游业摆在全省经济社会发展的重要位置，实施旅游强省战略，将旅游发展规划纳入全省国民经济和社会发展重点专项规划，召开高规格的全省旅游发展大会，出台促进旅游业改革发展及旅游投资和消费等一系列重大政策举措。增加旅游产业发展专项资金，推动文化旅游产业融合发展，着力实施“321”产业战略，优化全省旅游空间大布局，着力加强互联互通、不断完善旅游交通网络，着力打造旅游核心产品、规划建设品牌景区线路，着力构建现代旅游服务体系、提升旅游业发展综合竞争力。全省旅游业积极抢抓机遇、真抓实干逐年落实，取得显著成绩。

一、编制完善规划体系，优化全省旅游发展大布局

“十二五”期间，甘肃作为华夏文明传承创新区和丝绸之路经济带的战略重点区域，前所未有重视文化自然遗产保护与旅游发展关系协调，将保护优先，合理利用作为旅游产业发展的基本原则，规划先行成为产业发展的新起点和工作绩效考评的准则。全省在《甘肃省旅游业发展规划（2006-2020年）》基础上，编制了《甘肃省乡村旅游发展规划（2011-2020年）》、《敦煌国际文化旅游名城建设发展规划纲要》、《甘肃丝绸之路经济带建设大景区总体规划纲要》、《甘肃省河西五市旅游联动发展总体方案》、《甘肃·陇东南国家中医药养生保健旅游创新区建设总体规划》，十四个市州新编或修编了各自旅游业发展规划和相关专项规划，4A级及以上景区均有景区发展总体规划，形成了支撑产业发展的较为完善的规划体系。

《甘肃省“十二五”旅游业发展规划（2011-2015年）》为全省旅游业发展制定了宏伟蓝图和大空间战略。规划提出全省旅游业发展的总体目标：“十二五”期间，全省旅游经济增长速度高于全国

平均水平。2015年，旅游客源规模达到1亿人次，年均增长18%；旅游总收入达到600亿元，年均增长20%；旅游总收入占地区生产总值的8%，成为国民经济的支柱产业。全省5A级景区达到5个以上，4A级景区达到60个以上，百万人景区达到6个以上。全省星级饭店达到550家以上，其中五星级饭店26家以上，四星级饭店80家以上，三星级饭店250家以上。建立自驾车营地5—8家，快捷酒店、青年旅馆、汽车旅馆、农民旅馆、乡村民宿等旅游住宿企业和机构5000家以上。全省旅行社达到450家左右，其中出境组团社15家以上，赴台游组团社5家左右。组建10家左右旅游运输企业，高档旅游车达到1000辆以上，开通主要城市到达旅游景区的客运专线。旅游商品不断丰富，旅游购物收入达150亿元左右，占旅游总收入的比重达25%左右。旅游就业容量进一步增加，每年新增直接就业人数2万人以上。

“十二五”期间，以建设全国知名大景区为核心，进一步加强政策引导，加大旅游资金投入，支持旅游景区基础设施建设工程、旅游饭店建设工程、旅游宣传促销系统工程等六大工程建设，力争全社会对旅游业的投资总额达到1200亿元，确保各项目标实现。

规划了以“中心带动，两翼齐飞、组团发展、整体推进”为发展战略，实施“321”旅游空间格局（见表1）。

天水休闲度假圈：以天水为中心，着力开发成县鸡峰山-西狭颂旅游景区、徽县三滩、康县阳坝等周边森林生态、温泉疗养、始祖文化、轩辕文化、民俗文化等旅游资源。

平凉崆峒山休闲度假圈：整合泾川大云寺-王母宫、庄浪云崖寺、灵台荆山森林公园等周边旅游资源，逐步打造“大崆峒”景区。

另外，根据全国旅游发展形势和甘肃省情，2014年12月20日甘肃省委省政府颁布的《甘肃丝绸之路经济带旅游大景区建设总体规划纲要》提出：到2020年，建成20个年接待游客300万人次以上的大景区和50个旅游名城名镇，培育50个年营业收入过亿元的综合性旅游骨干企业；形成精品丝路线、黄河风情线、华夏寻根线、民族风情线、中医药养生线、红色旅游线等6条主题品牌线路，打响“精品丝路、绚丽甘肃”旅游品牌“。

表1　“321”战略旅游空间布局

“3”	丝绸之路旅游线	以祁连山腹地旅游线开发为重点，努力打造丝绸之路河西环线。
	华夏文明黄河旅游线	深度开发崆峒山道教文化、周祖农耕文化、黄土高原民俗风情等旅游资源，重点建设兰州黄河风情线、景泰黄河石林、泾川大云寺－王母宫、庄浪云崖寺、平凉崆峒山、庆城周祖陵、农耕文化产业园等旅游景区。
	大香格里拉旅游线	重点建设和政古动物化石博物馆、松鸣岩、夏河拉卜楞寺、尕海－则岔石林景区、碌曲郎木寺等景区，加大陇南与天水、九寨沟等相关旅游景区的联动，建设大香格里拉甘肃境内的旅游大环线。
“2”	甘南－陇南－定西－白银－平凉－庆阳及兰州－武威－张掖	重点建设环县山城堡战役遗址、红军西路军古浪战役遗址等7个国家红色旅游二期项目。
“1”	天水－陇南先秦与三国文化旅游	重点建设礼县大堡子山秦文化公园、祁山堡、西和“空城计”、秦安街亭古战场、甘谷姜维墓等旅游景区。

表2　“十二五”期间甘肃省旅游业发展数据统计表

年份	2011 年	2012 年	2013 年	2014 年	2015 年
旅游人数（万人次）	5835.60	7834.46	10078.20	12660.20	15600.00
年旅游人数增长率	35.96%	34.25%	28.60%	25.60%	24.00%
旅游综合收入（亿元）	333.70	469.65	618.90	779.60	975.00
年旅游综合收入增长率	40.68%	41.22%	31.77%	26.00%	25.00%
全年社会总产值(亿元）	5020.00	5650.20	6268.00	6835.27	7381.80
旅游综合收入相当于全省 GDP 比重	6.65%	8.31%	9.87%	11.41%	13.1%

二、超额完成规划任务，全面提升产业地位和综合实力

“十二五”期间，全面超额完成规划发展目标，开创了崭新局面，全省旅游接待人数52046.5万人次，比“十一五”增长266.4%，年均增长29.5%；实现旅游综合收入3180.5亿元，比“十一五”增长316.6%，年均增长32.7%。旅游人数和综合收入在2010年基础上实现了“五年翻两番”，增速连年位居全国前列。全省共实施旅游项目1252个，总投资2966.5亿元，实际完成投资1159.23亿元，较“十一五”增加1.96倍。“十二五”期间，争取到国家各类旅游专项资金78.38亿元，安排省级财政旅游发展资金5亿元。2015年，全省旅游接待人数1.56亿人次，增长24%；实现旅游综合收入975亿元，增长25%，分别是2010年的3.7倍、4.1倍；旅游直接就业50万人，增长16%；完成旅游投资409.4亿元，增长23.3%。2012年以来，旅游综合收入相当于全省GDP的比重超过8%（见表2）。旅游业已成为全省新的经济增长点和消

表3 2015年各市州国内旅游接待情况一览表

项目市州	国内旅游人数		国内旅游收入		国内旅游人数构成		
	总量/万人次	增幅	总量/亿元	增幅	过夜游/万人次	一日游/万人次	其中：乡村游/万人次
总计	15633	24.07%	974.5	25.00%	5883	9750	4302
兰州	3714.27	22.50%	290.65	25.13%	1328.69	2385.57	633.28
嘉峪关	546.88	27.08%	35.89	29.81%	210.20	336.68	92.89
金昌	283.16	24.55%	14.49	25.07%	83.36	199.79	75.61
白银	719.58	22.17%	40.90	24.18%	267.28	452.30	183.54
天水	2074.22	24.60%	119.21	25.50%	708.04	1366.21	567.80
武威	786.02	24.57%	39.88	25.47%	307.96	478.05	126.65
张掖	1048.61	24.64%	60.50	27.24%	332.52	716.08	523.50
平凉	1332.17	22.23%	70.29	25.52%	516.45	815.75	285.97
酒泉	1728.28	25.02%	151.50	26.91%	822.72	905.56	249.91
庆阳	551.86	22.80%	25.72	24.20%	195.73	356.12	280.05
定西	439.73	22.15%	18.89	24.07%	186.50	253.20	177.00
陇南	941.70	22.90%	44.73	25.04%	420.90	520.80	486.80
临夏	885.39	22.20%	38.55	25.53%	248.51	636.89	510.83
甘南	581.02	24.26%	25.78	25.55%	253.26	327.76	108.05

表4 2015年全省民航机场旅客吞吐量情况一览表

机场	2015年（万人次）	比上年增减%	全省占比
合计	917.03	22.73%	100%
兰州/中川	800	21.42%	86.30%
敦煌	41.04	25.94%	4.43%
嘉峪关	35.49	12.85%	3.83%
庆阳	22.9	51.75%	2.47%
金昌/金川	10.6244	48.81%	1.15%
张掖/甘州	8.3821	50.99%	0.90%
天水/麦积山	6.32	164.16%	0.68%
甘南/夏河	2.2693	0.71%	0.24%

数据来源：相关市（州）旅游局。

费热点。

2015年，全省14个市州接待国内游客人数和国内旅游收入依次为：兰州3714万人次、290.65亿元；天水2074万人次、119.21亿元；酒泉1728.3万人次、151.5亿元；平凉1332.2万人次、70.3亿元；张掖1048.6万人次、60.5亿元；陇南941.7万人次、44.73亿元；临夏885.4万人次、38.55亿元；武威786万人次、39.9亿元；白银720万人次、40.9亿元；甘南581万人次、25.8亿元；庆阳551.9万人次、25.7亿元；嘉峪关547万人次、35.9亿元；定西440万人次、18.9亿元；金昌283万人次、14.5亿元（见表3）。

2015年，全省14个市州均完成了旅游收入目标任务，其中嘉峪关市旅游收入增长位居第一位，为29.8%；张掖、酒泉达到26%以上，甘南、临夏、平凉、天水达到25.5%以上，武威、兰州、金昌、陇南达到25%以上，庆阳、白银、定西达到24%以上。

我省国内旅游接待人数前五位的地区依旧依次为兰州、天水、酒泉、平凉和张掖，共接待游客9882.9万人次，占全省旅游接待人数和收入的63.2%；旅游综合收入前五位的地区依旧依次为兰州、酒泉、天水、平凉和张掖，共实现旅游收入692.4亿元，占全省旅游总收入的71%。五市接待国内人数和收入在全省的占比与2014年基本持平，五市在全省旅游产业发展中依旧发挥龙头带动作用。

三、加强基础设施建设，夯实产业发展基础

全省"十二五"期间，积极实施"3341"项目工程、"1236"扶贫攻坚和"6873"交通突破行动等重大战略部署，统筹交通体系中干线和"毛细血管"建设。5年新增高速公路通车里程1607公里，比"十一五"期约翻一番，全省高速公路通车总里程达到3600公里，全省14个市州政府驻地以高速公路贯通，53个县城通高速公路，省际出口通道运输能力显著增强。交通主干线、城市主干道、高速路口与景区连接道路的衔接也得到明显改善，景区的通达性和可进入性明显提升。2014年底，随着兰新高铁的开通，甘肃省境内长达798公里，使甘肃一举迈入“高铁时代”。甘肃省在建或即将开工的铁路建设工程有兰渝铁路、宝兰客专、干武线增建二线、敦煌至格尔木铁路、天平铁路、兰州铁路综合货场、兰州至合作铁路等7个项目。“十二五”期间，航空运输业得到空前发展。扩建了兰州、敦煌机场，新建夏河机场甘肃机场，建成的兰州至中川城际铁路和兰州机场综合交通枢纽，实现了公路、铁路、民航无缝换乘。兰州中川国际机场已开通国际和地区航线15条，共有29家国内外航空公司投入运营，架起丝绸之路经济带空中桥梁。截至2015年底，全省8个机场旅客吞吐量达到917.03万人次，同比增长22.73%。甘肃各机场的旅客吞吐量连续4年实现“百万级”增长（见表4）。

2015年，全省实施厕所革命，改新建厕所693座（见表5），超额完成了年度建设任务。我省酒泉、张掖、天水三市荣获全国“旅游厕所革命”先进市，金昌市被评为“2015中国旅游厕所革命先锋”。全省“十二五”期间，建成9个自驾游营地。新建、改建旅游厕所4224座。

表5　全省2015年新建、改建旅游厕所一览表

市州等	2015年新建厕所			2015年改建厕所		
	座数（座）	面积（平方米）	厕位（个）	座数（座）	面积（平方米）	厕位（个）
兰　州	36	1860	361	14	658	135
嘉峪关	8	425.62	72	16	2290	283
金　昌	10	1350	156	14	1113	162
酒　泉	43	3900	667	4	480	76
张　掖	72	8961.7	1341	30	1909.68	351
武　威	16	1487	232	8	772.5	94
白　银	21	1126	161	5	331	66
天　水	55	5424	898	17	1106	234
平　凉	9	870.3	123	25	2151.6	321
庆　阳	6	664	80	3	270	38
定　西	39	2782	667	7	660	177
陇　南	32	3583	552	1	110	16
临　夏	27	2209	281	9	624	93
甘　南	44	1700	318	2	260	191
省交通厅	0			8		
省林业厅	0			50		
省水利厅	0			15		
省文物局	0			7		
省农垦						
集团公司	0			10		
中石油甘肃销售公司	0			20		
合计	418	36343	5909	265	12735.8	2237

四、配置完善接待能力（产业要素），增强旅游发展实力

全省积极采取有效措施，加大了接待和服务设施配套，旅游服务要素不断完善。“十二五”期间，通过兼并重组等措施，大力推动旅行社企业向质量效益型发展，旅行社规模逐步壮大，服务网络覆盖城市商业区、社区。全省旅行社批零体系和网络化经营格局初步形成，竞争力明显提升。港中旅、康辉、招商等国内品牌旅行社通过股份制改造，在我省连锁落户。培育年营业额亿元以上的旅行社3家。全省旅行社总数达到523家，兰州市241家，嘉峪关市14家，金昌市9家，白银市8家，天水市22家，酒泉市85家，张掖市28家，武威市21家，定西市16家，陇南市5家，平凉市30家，庆阳市25家，临夏州13家，甘南州6家，其中出境组团社50家，赴台游组团社4家。旅行社发展规模和品质适应了全省旅游产业发展需要。

“十二五”期间，全省发展星级饭店382家，其中五星级饭店3家，四星级饭店72家，三星级饭店199家，二星101家，一星7家。其中兰州市52家，嘉峪关市20家，金昌市9家，天水市34家，白银市12家，武威市22家，张掖市34家，酒泉市63家，平凉市24家，庆阳市13家，定西市25家，临夏州14家，甘南州36家，陇南市24家。全省星级饭店客房数大38156间，床位数68804张。绿色旅游饭店79家，其中金叶3家，银叶76家。截至2015年，全省快捷酒店、青年旅馆、汽车旅馆、农民旅馆、乡村民宿等非标准化住宿单位达7796家，客房数206508间，床位数达376395张，满足了我省旅游产业快速发展的需要。

五、积极开发旅游商品，扩大旅游经济收益

“十二五”期间，制定出台了扶持旅游商品企业的支持政策，开展了优秀旅

表6 2015年全省接待国内游客分类情况一览表

项目		接待人数（万人次）	比重	国内旅游收入（亿元）	比重
总量（含乡村游）		15632.88	100%	974.47	100%
过夜游游客		5882.81	37.6%	514.34	52.8%
一日游游客	总数	9750.07	62.4%	460.13	47.2%
	其中：乡村游	4301.88	27.5%	62.86	6.45%

表7 2015年全省国内外游客旅游花费构成一览表

项目	国内旅游		入境过夜旅游	
构成	100%	同比增减情况	100%	同比增减情况
住 宿	21.22%	5.82%	14.93%	0.73%
餐 饮	17.44%	−1.44%	8.08%	−0.62%
长途交通	19.62%	−5.71%	37.78%	1.18%
游 览	11.56%	−0.78%	8.71%	−1.89%
购 物	14.71%	1.33%	15.87%	−1.03%
娱 乐	6.65%	0.28%	4.6%	2.9%
市内交通及通讯	4.57%	−0.33%	4.62%	1.42%
其 它	4.23%	0.83%	5.41%	−2.69%

表8 全省省级以上物质形态旅游资源分类统计表

类 别	世界级	国家级	省级
合 计		854	
文化遗产	7		
文物保护单位		131	467
自然保护区		20	36
森林公园		22	70
湿地公园		7	1
水利风景区		25	8
地质公园	1	9	26
风景名胜区		3	21

游商品评选活动，指导旅游商品企业开展企业标准化认证和“创品牌”工作，进一步扩大了旅游商品经营和销售的范围，旅游商品研发和市场开发取得了长足进步。全省初步形成了洮砚系列、庆阳香包系列、“梦里敦煌”系列、“兰州玫瑰”系列、太平鼓工艺品系列、天水麻制品系列、马踏飞燕系列、乞巧民俗系列、甘南唐卡系列、保安腰刀系列、彩陶复制品系列等一批在全国具有一定知名度的旅游商品。刻葫芦、夜光杯、木雕、漆器、铜艺、砖雕等工艺美术品，虫草、百合、苁蓉、锁阳等保健品，当归、党参、红芪、黄芪、枸杞等中药材产品，以及菊粉、红枣、籽瓜露、苹果醋等植物饮品，受到广大旅游者的喜爱。截至2015年底，我省共有旅游商品生产企业227家。兰州创意文化产业园、兰州市塞纳河丝绸之路文化艺术旅游商品研发基地、陇萃堂购物旅游景区及研发基地，张掖市玉水苑旅游景区及展览中心，庆阳市民俗文化产业园、临夏州华寺街民族用品饰品一条街，酒泉市夜光杯文化旅游博览园、敦煌画家村文化产业园，天水市汉唐陶艺研发基地和鸳鸯玉旅游纪念品生产基地等一批旅游商品研发基地初见规模，生产经营效益日益凸显。2009年、2012年、2014年、2015年我省举办了4届旅游商品大赛，14个市州共推荐选送了千余件旅游商品，创新设计出了如雕塑、金属、石材、木质、陶瓷、丝织、刺绣、香包、花画、剪纸、蜡染、雕刻、玩具等在内的各种旅游工艺品，极大地丰富了我省旅游商品品种。“十二五”期间，我省组织文化旅游商品企业积极参加中国国际旅游商品博览会，共获得了3个金奖、5个银奖、13个铜奖。敦煌壁画丝巾获得“中国十强旅游商品”称号，肃南裕固族风情挂件、陇南白马昼系列、敦煌九色鹿系列产品被评为“中国百佳旅游商品”。在首届“中国特色旅游商品”评选活动中，我省选送的宗迹壁画、“敦煌故事”牌之家居生活系列、“大漠行”牌甘谷麻鞋获得金奖，白马昼系列、“红缨帽”牌裕固族风情系列饰品、积石山仿古彩陶、敦煌神韵冰箱贴、大漠风雨雕石艺画获得银奖。

六、创新宣传促销模式，拓展旅游市场规模

“十二五”期间，全省紧紧围绕“精品丝路、绚丽甘肃”品牌形象确定市场发展重点工作任务，整合宣传资金，突出营销重点，加强区域合作，制定奖励办法和优惠措施，旅游市场得到较大拓展。连续成功举办了五届敦煌行·丝绸之路国际旅游节，品牌化和国际化程度不断提高，交流合作成效日益显现，累计有140多个国家和地区、11个国际旅游组织和4500名海外嘉宾参会，仅节会期间签约各类旅游项目750个、金额达3700多亿元。发起成立了丝绸之路旅游推广联盟，甘肃旅游品牌形象和国际影响力显著提升。在中央电视台、广东卫视、北京站、上海站等多家媒体、交通站点投放了系列广告；在《读者》杂志、《中国旅游报》、香港《文汇报》等10多家媒体投放了旅游宣传专栏广告；在央视和FACEBOOK等30多个国内外主流媒体持续开展宣传推介，发布专版、专栏、专题片200多个；邀请国内外主流媒体和旅行商近2700人次来甘肃采风踩线；组织相关市州政府、景区和旅行社人员赴9个国家和地区及国内24个城市开展“甘肃旅游”系列宣传推介活动。以12301旅游服务热线平台建设为基础，初步建成旅游信息化的“三网

表9　　全省A级旅游景区基本情况一览表

市州	总数	5A	4A	3A	2A	1A
全省	231	4	81	67	77	2
兰州	24		6	7	11	
嘉峪关	7	1	4	1		1
金昌	6		3	2	1	
酒泉	26	1	8	12	4	1
张掖	26		15	7	4	
武威	18		6	4	8	
白银	4		2	2		
天水	32	1	7	3	21	
平凉	15	1	6	7	1	
庆阳	13		3	4	6	
定西	14		2	4	8	
陇南	16		9	4	3	
甘南	18		6	5	7	
临夏	12		4	5	3	

表10　　全省专业旅游村、农家乐发展情况

市州	专业旅游村						农家乐					
年度	2011	2012	2013	2014	2015	总计	2011	2012	2013	2014	2015	总计
全省	120	121	114	92	67	514	2445	2300	2232	2138	1633	10748
兰州	20	12	12	7	2	53	346	330	330	323	500	1829
嘉峪关	4	3	2	2	0	11	40	40	20	18	5	123
金昌	3	3	3	2	2	13	150	160	90	86	80	566
白银	7	7	6	3	7	30	132	137	140	137	100	646
天水	13	15	11	8	3	50	170	270	210	202	50	902
武威	8	6	6	8	7	35	220	124	140	132	195	811
张掖	13	6	9	10	3	41	246	176	156	145	38	761
平凉	11	6	10	9	7	43	158	116	190	182	100	746
酒泉	6	7	8	8	3	32	270	128	151	143	25	717
庆阳	7	10	9	8	7	41	110	90	182	174	110	666
定西	9	20	11	7	7	54	185	242	152	145	100	824
陇南	8	10	11	8	7	44	190	190	200	192	100	872
临夏	5	10	6	6	5	32	51	147	150	144	150	642
甘南	6	6	10	6	7	35	177	150	121	115	80	843

表11 甘肃省国家级示范单位一览表

国家级示范区名称	获得市州和单位（年份）
旅游业改革创新先行区	酒泉敦煌市（2015）
全域旅游示范区	1、甘南州 (2016) 2、兰州市城关区 (2016) 3、酒泉市敦煌市 (2016) 4、张掖市肃南县 (2016) 5、天水市武山县 (2016)
生态旅游示范区	1、甘南州当周草原（2013） 2、兰州市兴隆山（2013） 3、平凉市崆峒山生态文化旅游区（2014） 4、酒泉市鸣沙山月牙泉景区（2015） 5、甘南州黄河首曲生态旅游区（2015）
中国研学旅游目的地	酒泉敦煌市（2016）
全国研学旅游示范基地	酒泉市中国酒泉卫星发射中心（2016）
全国休闲农业与乡村旅游示范县	1、麦积区（2010） 2、敦煌市（2011） 3、金塔县（2012） 4、永靖县（2013） 5、两当县（2014） 6、和政县（2015）
全国休闲农业与乡村旅游示范点	1、敦煌市阳光镇龙勒村（2010）2、庆阳市西峰区西峰区黄土地生态农业专业合作社（2010） 3、临夏州官滩沟生态旅游经济开发有限公司（2011） 4、酒泉市肃州区生态农业观光园（2011） 5、庆城县农耕文化产业园（2012） 6、临洮县八里镇王家大庄农家乐（2012） 7、白银市白银区四龙镇民乐村（2013） 8、秦安县南苑高新农业科技示范区（2013） 9、西峰区小崆峒庆阳农耕民俗文化村（2013） 10、兰州市皋兰县古梨园（2014） 11、平凉市崆峒区崆峒镇（2014） 12、白银市景泰县条山农庄（2014） 13、金塔县航天神舟休闲生态园（2015） 14、华池县南梁红色旅游小镇（2015） 15、景泰县红砂岘农业生态园（2015） 16、定西市金源水保生态观光农业示范园（2015） 17、武威市凉州区清泉农业大唐葡萄园（2015）

一库”，为各新闻媒体和网民转载、报道、查询甘肃旅游信息提供了重要渠道和来源。出台引客入甘奖补优惠政策，加大冬春季旅游市场开发，在新加坡等境外重点客源市场设立了营销代理中心，有力促进了旅游市场持续升温，呈现出全国各地游客云集甘肃，旅游消费持续增长的态势（见表6、7）。

七、发展旅游新兴业态，拓宽产业辐射带动功能

“十二五”期间，全省文化旅游、红色旅游、乡村旅游、休闲旅游、绿色生态旅游、民族民俗旅游和宗教文化旅游资源得到渐次开发，旅游和文化、科技融合发展势头明显，旅游产品体系不断丰富完善。旅游与科技融合带来旅游新体验。2014年，敦煌莫高窟数字展示中心正式运营，高科技手段的运用为游客带来了不同以往的参观感受；2015年嘉峪关市方特欢乐世界开园，作为全球领先的第四代大型高科技主题公园，开园6个月共接待游客89.8万人次，旅游收入达1.67亿元，使嘉峪关市2015年旅游接待人数和旅游综合收入增幅均居全省第一。《敦煌盛典》等一批驻场旅游演艺成为常态，文化旅游节会活动精彩纷呈。兰州马拉松、玄奘之路戈壁挑战赛等体育品牌赛事成为“流动的景点”，建成滑雪场13个。截至2015年，全省依托各级各类文化自然遗产、非物质文化遗产、风景名胜区、自然保护区、地质公园、森林公园、湿地公园等优质资源建设A级旅游景区达到231家（见表8、9），其中5A级旅游景区4家，4A级旅游景区81家，3A级旅游景区67家。2014年省委、省政府颁布实施《甘肃丝绸之路经济带建设大景区总体规划纲要》，围绕旅游“吃、住、行、游、购、娱”六要素，以知名景区为重点，加快推进全省丝绸之路大景区建设。大景区将景区及周边乡镇和民族社区涵盖的旅游文化资源、旅游产业要素、配套基础设施和服务功能等进行有机组合，通过精品带动，景区聚集、客源共享，推动旅游与相关产业融合发展，培育旅游新业态，延伸旅游产业链条，增强旅游产品核心竞争力，加快了甘肃全省旅游产业转型升级。2013年国务院批准建设甘肃省国家中医药养生保健旅游创新区，将庆阳、平凉、天水、定西、陇南五市纳入创新区统一规划建设，中医药养生保健旅游产品正在蓬勃兴起。乡村旅游五年累计减贫37万人。截至2015年，全省建成旅游专业村514个，农家乐10748户（见表10），带动农民直接就业11.34万人，乡村旅游消费收入超过58亿元，乡村旅游对全省农村居民人均纯收入直接贡献达到450元左右，占全省农村居民人均纯收入的7%；全省有17万人通过发展乡村旅游实现脱贫，旅游成为脱贫攻坚的生力军。

八、完善法律监管体系，全面提升服务质量

“十二五”期间，全省旅游法治建

设取得了长足发展。2011年9月29日，《甘肃省旅游条例》由省第十一届人大常委会第二十三次会议修订通过，并于2012年1月1日起正式施行至今，成为全省旅游业发展和旅游强省建设进程中重要保障，也是全省旅游法制化、规范化、标准化建设的重要依据。制定《甘肃省旅游局法制宣传教育第六个五年规划（2011—2015）》，指导和协调全省旅游系统的“六五”普法工作。全省深入贯彻落实《旅游法》，根据《旅游法》要求，强化市县政府在旅游改革发展战略研究、政策制定、规划编制、市场监管、公共服务、形象推广等方面的职能。不断加大简政放权工作力度，合并、下放行政审批项目。加快推进省、市旅游协会和行业中介组织改革发展，建立健全导游行业组织，发挥行业自律作用。按照省政府“三张清单一张网”工作方案要求，根据法律法规规章和省政府对省旅游局的职责规定，结合工作实际，完成部门权责清单编制。制定实施了旅游联席会议、联合检查、例行检查、督察督办等工作规则，建立省级旅游综合监管机制，大力整治旅游市场秩序，创建1个国家级旅游改革先行试验区，嘉峪关、敦煌等4个国家级标准化示范单位等一大批国家级示范区（见表11）。制定实施了《甘肃省旅游行业诚信建设管理办法》、“旅游团队管理系统”、“导游人员管理和旅行社统计调查系统”，旅游市场秩序有力得到了规范。建立健全了旅游安全预警提示制度和旅游安全监管体系。全省文明旅游宣传教育不断加强，旅游行业诚信体系建设深入推进，旅游行业队伍和游客文明素质不断提升。

九、不断强化区域合作，提升产业集聚发展能力

“十二五”期间全省旅游业发展逐渐突出产业集聚理念，不断深化区域合作。2014年围绕区域优势资源整合开发

表 12　　甘肃省旅游院校情况一览表

类别	院校名称	专业	备注
博士研究生类	兰州大学	人文地理（旅游规划方向）	
	西北师范大学	人文地理（区域旅游方向）	
硕士研究生类	兰州大学	旅游管理（学术型）	2002年开始招生
	西北师范大学	旅游管理（学术型）	学术型研究生2002年招生；其中MTA和中职硕士是全省唯一的培养院校
		旅游管理（MTA专业型）	
		旅游管理（中职硕士）	
	兰州财经大学	旅游管理（学术型硕士）	2012年开始招生
普通本科类	西北师范大学	旅游管理、旅游英语、旅游日语、旅游文化、酒店管理、航空服务与管理	设有专业旅游学院，成立于2000年10月，是全省成立最早、规模最大的专业旅游学院。航空服务与管理专业2012年招生，属艺术类专业。
	兰州大学	旅游管理	管理学院下的本科专业
	兰州财经大学	旅游管理	工商管理学院下的旅游管理系
	西北民族大学	旅游管理	管理学院下的旅游管理专业
	兰州理工大学	旅游管理	经济管理学院下的旅游管理专业，2011年停止招生
	兰州城市学院	旅游管理	2008年成立城市经济与旅游文化学院，下设旅游管理系
	河西学院	旅游管理	设有专业旅游系
	兰州文理学院	旅游管理、酒店管理、景区开发与管理、旅游管理（英语方向）	2010年成立专业旅游学院
	甘肃民族师范学院	旅游管理	历史文化系下的旅游管理专业

续表

<table>
<tr><th>类别</th><th>院校名称</th><th>专业</th><th>备注</th></tr>
<tr><td rowspan="4">独立学院类</td><td>西北师范大学知行学院</td><td>旅游英语</td><td></td></tr>
<tr><td>兰州商学院陇桥学院</td><td>旅游管理</td><td></td></tr>
<tr><td>兰州财经大学长青学院</td><td>旅游管理</td><td></td></tr>
<tr><td>兰州交通大学博文学院</td><td>旅游英语</td><td></td></tr>
<tr><td>民办高校</td><td>兰州外语职业学院</td><td>旅游管理、酒店管理</td><td></td></tr>
<tr><td rowspan="5">高职高专类</td><td>兰州职业技术学院</td><td>酒店管理</td><td></td></tr>
<tr><td>甘肃工业职业技术学院</td><td>旅游管理、旅游英语、酒店管理</td><td>2010 年成立专业旅游学院</td></tr>
<tr><td>甘肃林业职业技术学院</td><td>旅游服务与管理</td><td></td></tr>
<tr><td>酒泉职业技术学院</td><td>旅游管理、导游服务与管理、酒店服务与管理、旅游英语</td><td></td></tr>
<tr><td>武威职业学院</td><td>旅游服务与管理</td><td></td></tr>
<tr><td rowspan="14">中职中专类</td><td>兰州市旅游学校</td><td>酒店服务与管理、导游与旅行社管理</td><td rowspan="14">说明：表中所列学校为各市州县有代表性的一些学校。其中，兰州旅游职业学校、敦煌艺术旅游中专是全省旅游中职中专学校的龙头。</td></tr>
<tr><td>敦煌艺术旅游中专</td><td>旅游服务与管理、旅游英语、导游服务与管理</td></tr>
<tr><td>甘肃省财政学校</td><td>酒店服务与管理</td></tr>
<tr><td>甘肃省财贸学校</td><td>旅游服务与管理</td></tr>
<tr><td>庆阳理工中等专业学校</td><td>酒店服务与管理、旅游服务与管理</td></tr>
<tr><td>兰州理工学校</td><td>旅游服务与管理</td></tr>
<tr><td>兰州女子中专</td><td>导游服务</td></tr>
<tr><td>甘肃省商业学校</td><td>酒店管理</td></tr>
<tr><td>兰州市商业学校</td><td>旅游服务与管理、饭店服务与管理</td></tr>
<tr><td>平凉工业中等专业学校</td><td>旅游外语、旅游服务与管</td></tr>
<tr><td>天水农业学校</td><td>酒店服务与管理</td></tr>
<tr><td>天水市职业技术学校</td><td>旅游服务与管理</td></tr>
<tr><td>高台县职业中专</td><td>旅游服务与管理</td></tr>
<tr><td rowspan="2">成人
教育类</td><td>西北师范大学</td><td>旅游管理（自考、成人本科）</td><td></td></tr>
<tr><td>河西学院</td><td>旅游管理（成人本科）</td><td></td></tr>
</table>

的思路，省委省政府发布实施《甘肃省河西五市旅游联动发展总体方案》、《甘肃省陇东南中医药养生保健旅游创新区规划纲要》。2015年，全省先后成立河西五市旅游联盟和陇东南五市旅游联盟，并按照省委书记王三运在天水、陇南考察调研时提出的建设“华夏祖脉旅游圈”指示要求，启动陇东南华夏祖脉旅游圈建设工作，推出祖脉旅游圈及中医药养生保健旅游精品线路，同步启动《甘肃省“沿黄四市（州）”旅游业联动发展规划》，全面推动甘肃省河西走廊、黄河沿线以及陇东南等三大区域的联动发展和一体化品牌运营，增强旅游区域竞争力，提升全省旅游产业集聚发展能力。以陇东南国家中医药养生保健旅游创新区为契机，区域内打破行政区划限制，按照资源优势进行主题整合，建设医食养生、针灸保健养生等健康旅游品牌基地，开发岐黄中医、康复疗养、温泉度假等系列保健养生旅游产品。全省现有52个景区(点)为游客提供养生保健产品，整体带动20多个县区发展中医药健康旅游产业。

十、着力开发人力资源，形成良好产业支撑

“十二五”期间，全省利用旅游行政管理的职业教育培训和院校的学历教育培训两大平台和阵地，培养了大批旅游管理应用人才，有力支撑了全省旅游产业大发展。省旅游金利用网络平台开展导游资格考前培训、导游岗前培训、导游年审培训及出境旅游领队培训工作，累计培训从业人员3.1万余人次；组织实施旅游行业岗位培训及专题培训班，共开展各类旅游行业培训班70多期，培训各类旅游管理人才5000余人；累计送教上门50多次，培训旅游管理人员及从业人员3000余人次；加大对民族地区的培训支持力度，累计赠送教材263套，免费培训963人次。截至2015年底，全省共有导游人员12458人，其中初级11955人，中级436人，高级66人，特级1人。2015年协调有关方面选拔312名大学生到基层旅游事业单位工作，充实基层旅游单位。

2015年底，全省开设旅游专业的院校（包括完全的旅游院校和开设有旅游系或旅游专业的院校）共计32所（见表12），其中高等院校19所，中等职业学校13所。甘肃省旅游院校在校学生6791人，高等院校在校生5341人，中等职业学院在校生1450人。招收旅游资源开发与规划方向博士研究生的有兰州大学、西北师范大学，招收旅游管理专业硕士研究生的有兰州大学、西北师范大学和兰州财经大学三所院校，其中，西北师范大学旅游学院招收专业型旅游管理专业硕士研究生（MTA），是全国56所招生的院校之一，为全省旅游业升级转型奠定了人才基础和发展支撑。

“十二五”期间，甘肃省旅游业围绕丝绸之路经济带建设、华夏文明传承创新区建设、扶贫攻坚等重大战略，攻坚克难，勇于担当，在推动全省经济转型、扩大甘肃影响、加强人文交流、促进富民增收等方面起了重要的作用。

（供稿：高亚芳　张　萌）

一月

1日　2015年甘肃新年音乐会在甘肃大剧院上演。

△　甘肃省公安部门实施一批便民措施和办法，包括刑事案件、治安案件以及身份证、出入境证件办理情况可从网上查看；驾驶人考试在网上自助预约；集体户口管理等九项便民措施。

4日　省委常委会召开会议，传达学习习近平总书记有关重要讲话精神和中央农村工作会议、全国组织部长会议精神，研究部署全省农业农村和组织等工作。

△　省委书记王三运、省长刘伟平会见国家统计局党组书记、局长马建堂一行。

6日　甘肃省首个在全国范围内获奖的手机游戏作品《丝路风影》获得金辰奖的优秀手机游戏Demo二等奖、优秀指导教师奖和企业贡献奖等三个奖项。

7日　省委全面深化改革领导小组召开第六次会议。省委书记、省人大常委会主任、省委全面深化改革领导小组组长王三运在会上强调，要认真学习贯彻习近平总书记系列重要讲话精神，深入落实党的十八届三中、四中全会和中央经济工作会议、中央全面深化改革领导小组会议决策部署，紧密结合省情实际，精而深抓工作谋划，准而狠抓难题攻坚，疾而稳抓实践探索，紧而实抓任务落地，专而广抓职能发挥，严而韧抓责任担当，集中全省上下的力量共同开创全面深化改革崭新局面。

8日　省委外事工作领导小组召开会议。传达学习中央外事工作会议精神，研究部署当前和今后一个时期内全省外事工作。

△　省委督查工作领导小组召开第三次会议。省委副书记欧阳坚在会上强调，要围绕全省中心工作，抓重点抓难点抓关键，强化责任意识，主动担当作为，以强有力的督查确保中央和省委的各项决策部署落地生根。

△　2015年度全省重特大疾病医疗救助定点医疗机构签字仪式在省民政厅举行，省人民医院等18所医院被确定为省级26种重特大疾病医疗救助定点医疗机构，实施医疗救助一站式即时结算服务。

9日　省政府召开第67次常务会议。决定取消调整和下放行政审批项目等事项132项；审议《关于进一步推进节能减排环境保护和淘汰落后产能工作的意见》《关于改进加强省级财政科研项目和资金管理的实施意见》《甘肃省专利奖励办法》和《甘肃省民用机场净空和民用航空电磁环境保护规定》。

△　在2014年度国家科学技术奖励大会上，甘肃省9项科技成果获得奖励。其中《干旱内陆河流域生态恢复的水调控机理关键技术及应用》等7项科技成果获国家科学技术进步奖，《青藏高原冰芯高分辨率气候环境记录研究》等2项科技成果获国家自然科学奖。

12–14日　省长刘伟平主持召开座谈会，分别听取了农业口和社会事业口专家学者、企业负责人、企业界代表、基层代表对《政府工作报告（征求意见稿）》的意见和建议。

13日　省扶贫攻坚行动协调推进领导小组召开第五次全体会议。

13–14日　省军区党委九届四次全体（扩大）会议召开。会议传达学习中央军委和兰州军区党委扩大会议精神，总结去年工作，签订《党风廉政承诺书》，表彰先进集体和个人，安排部署当年工作任务。

15日　全省农村工作会议在兰州召开。会议深入贯彻落实习近平总书记关于"三农"发展的系列重要指示和李克强总理、汪洋副总理在中央农村工作会议上的重要讲话精神，以及省委十二届九次全委（扩大）会议暨全省经济工作会议精神，全面总结去年全省"三农"工作，深刻分析了农业农村发展面临的形势任务，安排部署了今年和今后一个时期的"三农"工作。

16日　省委常委会召开会议，传达学习十八届中央纪委五次全会和全国宣传部长会议精神，研究部署全省党风廉政建设和反腐败斗争、宣传思想、民族等工作。

△　省政府召开第68次常务会议。研究讨论《政府工作报告（审议稿）》；

审议并原则通过《关于促进内贸流通健康发展的实施意见》《关于促进国家级经济技术开发区转型升级创新发展的实施意见》《贯彻国务院关于加快发展体育产业促进体育消费若干意见的实施意见》和《甘肃省气象灾害风险评估管理办法》。

19-23日　省委书记、省人大常委会主任王三运带领省委第一考核组，对省委宣传部领导班子、兰州市委市政府领导班子、省国土资源厅领导班子、省高级人民法院领导班子及班子成员2014年度履行岗位职责和党风廉政建设情况进行考核，并参加省国土资源厅民主生活会。

△　根据省委统一部署，欧阳坚带领省委第三考核组，先后对省扶贫办、省农牧厅、定西市委市政府、省人民检察院领导班子及班子成员2014年度履行岗位职责和党风廉政建设情况进行考核。

20日　上午，中意联合电推进实验室在中国航天科技集团公司五院510所揭牌，这是我国首个航天领域电推进专业技术的联合实验室。该实验室由510所与意大利奥塔公司联合成立，双方将致力于将实验室打造成世界一流集测试、应用研究和产品研发为一体的国际级联合研发机构。

20-22日　省长刘伟平带领省委第二考核组，对省审计厅领导班子、省财政厅领导班子、省交通运输厅领导班子、临夏回族自治州领导班子及班子成员2014年度履行岗位职责和党风廉政建设情况进行了考核，全程参与并指导省审计厅领导班子民主生活会。

22日　省长刘伟平到临夏州东乡族自治县布楞沟村，实地察看群众生产生活改善情况。

23日　兰州至日本大阪的低成本国际航线开通。该航线由春秋航空股份有限公司承运，采用180座的空客A320机型，每周七班，天天执飞。这也是兰州机场开通的第一条低成本日本航线。

24日　省委常委会召开会议，传达学习中央政法工作会议精神，研究提出甘肃省贯彻落实意见，并就进一步做好司法、纪检等工作作出了安排部署。

△ 全省民族工作会议暨第七次全省民族团结进步表彰大会召开。

25日　全省科学技术奖励大会在兰州召开。省委书记、省人大常委会主任王三运出席会议，并向获得2014年度甘肃省科技功臣奖的王栋颁奖。省长刘伟平出席会议并讲话。

△省安委会2015年第一次全体会议暨全省安全生产工作会议召开。省委书记、省人大常委会主任王三运出席会议并讲话。省长刘伟平主持会议并安排部署全省安全生产工作。

26日　全省基层党建工作会暨市州党委书记述职评议大会召开。省委书记、省人大常委会主任王三运出席会议并讲话。省长刘伟平等领导出席会议。中组部组织二局副局长张金豹出席会议并做点评讲话。

△　省委书记王三运、省长刘伟平在兰州会见酒泉卫星发射中心政委夏晓鹏一行。省委副书记欧阳坚及酒泉卫星发射中心副司令员左凯、副政委兼政治部主任廖志安、参谋长邹利鹏参加会见。

27日　省委常委会民主生活会整改方案召开通报会议。会议通报省委常委会2014年度民主生活会整改方案以及常委个人整改措施。省委书记王三运主持会议并通报情况。

27-31日　政协甘肃省十一届三次举行会议。会议通过政协甘肃省第十一届委员会第三次会议政治决议；通过政协甘肃省十一届三次会议关于常务委员会工作报告的决议；通过政协甘肃省第十一届委员会提案委员会关于政协甘肃省十一届三次会议提案审查情况的报告。会议选举刘天民、李平、张应银同志为政协甘肃省第十一届委员会常务委员。

28日　省委书记王三运会见国家新闻出版广电总局党组成员，中央人民广播电台分党组书记、台长王求率领的"行进中国、精彩故事"专题采访组一行。

28日至2月1日　甘肃省第十二届人民代表大会第三次会议在兰州举行。大会通过关于甘肃省人民政府工作报告的决议；通过关于甘肃省2014年国民经济和社会发展计划执行情况及2015年国民经济和社会发展计划的决议；通过关于2014年全省财政预算执行情况和2015年全省及省级财政预算的决议；通过关于甘肃省人民代表大会常务委员会工作报告的决议；通过关于甘肃省高级人民法院工作报告的决议；通过关于甘肃省人民检察院工作报告的决议；通过甘肃省第十二届人民代表大会第三次会议关于罢免陆武成的第十二届全国人民代表大会代表职务的决议，报全国人民代表大会常务委员会备案、公告；通过甘肃省第十二届人民代表大会第三次会议关于罢免陆武成的甘肃省第十二届人民代表大会常务委员会副主任职务的决定。会议选举罗笑虎为甘肃省第十二届人民代表大会常务委员会副主任；选举陈田贵、陈建华、赵春为甘肃省第十二届人民代表大会常务委员会委员。

29日　政协甘肃省十一届三次会议举行专题协商议政会，就"推进协商民主"建言献策。省委书记王三运到会听取省政协委员的意见建议并与大家进行深入座谈交流。

△　中国人民政治协商会议甘肃省第十一届委员会第三次会议圆满完成各项议程，胜利闭幕。

是月　经专家实地考察评估，国家中医药管理局确定甘肃省皇甫谧文化园、岐伯文化园为全国中医药文化宣传教育基地。皇甫谧文化园位于甘肃省平凉市灵台县独店镇张鳌坡村，岐伯文化园位于甘肃省庆阳市庆城县。

是月　甘肃省本土电影《腊月的春》荣膺第六届澳门国际电影节"金莲花优秀影片大奖"。《腊月的春》出品方为甘肃艺方水土影视发展有限公司。

是月　兰州市安宁警方侦破公安部目标"2014-636"特大贩毒案。这起案件是兰州市自"百城禁毒会战"专项行动开展以来破获的最大一起毒品案件。警方先后抓获犯罪嫌疑人7名、缴获海洛因28.616公斤，切断了一条从云南至兰州的贩毒通道。

是月　由总政宣传部主办、解放军电视宣传中心承办的2014“践行社会主义核心价值观、争做新一代革命军人”新闻人物评选结果揭晓，兰州军区兰州总医院专家组原名誉组长、中国工程院院士葛宝丰当选本年度十大新闻人物之一。葛宝丰是兰州军区兰州总医院骨科专业奠基人、西北地区骨科医学开拓者。

是月　兰州国际马拉松赛荣获中国田径协会“金牌赛事”。

是月　世界一流养殖业项目落户甘肃——正大集团与甘肃省共创新农村现代化农业新模式探析。嘉峪关正大新农村现代农业合作示范项目已建成投产，成为全省“3341”工程中农业类规模最大、投资最多的项目，创新出“政府+银行+正大+农民专业合作社”四位一体的新型组织运营模式。

是月　国务院公布第四批国家级非物质文化遗产代表性项目名录，定西市剪纸、通渭影子腔、岷县青苗会入选。

是月　由甘肃读者动漫科技有限公司和敦煌智慧旅游有限责任公司联合策划、开发的以丝绸之路沿线遗址、著名景区为游戏场景的手机跑酷游戏《丝路风影》获得金辰奖的优秀手机游戏Demo二等奖、优秀指导教师奖和企业贡献奖等三个奖项。

二月

1日　甘肃省第十二届人民代表大会三次会议圆满完成各项议程，胜利闭幕。

2日　全省宣传思想工作召开会议。

3日　全省外事工作会议召开。

4日　省政协十一届十八次主席会议召开。会议传达王三运同志和刘伟平同志在省政协十一届三次会议专题协商议政会上的讲话精神；听取省政协各部门2015年工作打算，特别是落实党风廉政建设、“一岗双责”及开展双联工作等方面的安排。

△　全省先锋引领行动推进会议召开。省委秘书长李建华宣读《先锋引领行动2015年工作要点》。

△　共青团甘肃省十二届四次全委（扩大）会议召开。

5日　省委联村联户为民富民行动协调推进领导小组第十二次会议召开，传达省委书记王三运、省长刘伟平近期对双联行动的重要批示，研究安排当年双联工作。

△　省妇联十三届三次执委(扩大)会议召开。

8日　省委常委会召开会议，传达学习习近平总书记在省部级主要领导干部学习贯彻十八届四中全会精神全面推进依法治国专题研讨班上的重要讲话精神，以及第二十三次全国高校党的建设工作会议和全国统战部长会议精神，研究部署全省具体贯彻落实工作。

△　中国共产党甘肃省第十二届纪律检查委员会第四次全体会议召开。省委书记、省人大常委会主任王三运出席会议并讲话。强调，要严明纪律，深化改革，落实责任，惩贪治腐，戮力同心，开创全面从严治党的新局面。省委副书记、省长刘伟平，省政协主席冯健身等出席会议。省纪委书记张晓兰主持会议，并代表省纪委常委会作了题为《认真贯彻全面从严治党要求，深入推进党风廉政建设和反腐败斗争》的工作报告。

△　第35届亚洲自行车锦标赛中，上届亚锦赛金牌得主、甘肃省名将罗晓玲再次骑出“亚洲速度”，在亚锦赛女子全能赛蝉联冠军。

9日　省政府第三次廉政工作会议召开。省长刘伟平出席会议并讲话。

10日　2015年全省联村联户为民富民行动大会召开。会议总结三年来的工作成绩，表彰奖励先进单位和个人，安排部署全省“双联”工作。

△　省委全面深化改革领导小组第七次会议召开。省委书记、省人大常委会主任、省委全面深化改革领导小组组长王三运出席会议并讲话。省长刘伟平传达中央全面深化改革领导小组第九次会议精神。

△　省委书记、省人大常委会主任王三运，省长刘伟平，省政协主席冯健身亲切会见“工行杯”感动甘肃·2014’十大陇人骄子和提名奖获得者。获得本届十大陇人骄子的分别是才让旺杰、刘兴贵、郭大权、李平、魏玉川、曹锐、骆牧渊、李杰、裴正学、柴生芳。“工行杯”感动甘肃·2014’十大陇人骄子由省委宣传部、省广电总台联合主办。

11日　省政府召开第70次常务会议。会议分析1月份全省经济运行情况；审议《关于贯彻落实国务院创新重点领域投融资机制鼓励社会投资指导意见的实施意见》、2015年全省经济社会发展主要指标和重点工作任务分解意见；研究贯彻落实全国审计工作会议暨“双先”表彰大会精神的措施；审议2015年度审计工作计划。

11—12日　省委书记、省人大常委会主任王三运到庆阳、平凉两市，走访慰问老红军、老党员、劳动模范、低保户和企业困难职工。

△　省委副书记、省长刘伟平到张掖、金昌两市，代表省委省政府走访慰问老党员、劳动模范和困难群众。

△　省政协主席冯健身到兰州、武威两市，走访慰问困难企业，武警官兵，看望困难群众、老党员、劳动模范和道德模范。

13日　省级老同志迎春茶话会举行。省委书记、省人大常委会主任王三运出席茶话会并致辞。

△　省政府召开第八次全体会议。省长刘伟平强调，要突出“稳”的实效，保持“进”的势头，齐心协力抓好全年各项目标任务的落实。

△　省总工会十一届八次全委(扩大)会议召开。

15日　全省统一战线迎春团拜会、春节专家团拜会分别在兰州举行。省委书记、省人大常委会主任王三运出席团拜会并致辞。

△　省委书记、省人大常委会主任王三运，省长刘伟平，省政协主席冯健身率领省市慰问团，走访慰问兰州军区、兰州军区空军、甘肃省军区、二炮

56基地和武警甘肃省总队，向驻甘部队全体指战员和武警官兵送去新春的美好祝福，对他们为甘肃改革发展稳定作出的重大贡献表示感谢。

16日　2015年甘肃省党政军春节团拜会举行。

△　省委常委会召开会议。传达学习2015年中央第一轮专项巡视工作动员部署会和中央对台工作会议精神，研究部署全省具体贯彻落实措施及春节值班等工作。

17日　兰白科技创新改革试验区工作推进领导小组第一次会议召开。审议《兰白科技创新改革试验区建设总体方案工作任务分解表》《兰白科技创新改革试验区技术创新驱动基金使用办法》和《关于加快推进兰白科技创新改革试验区立法的建议》；决定实施兰白科技创新改革试验区建设"3510"（三大计划、五大工程和十大改革）行动，推进兰白科技创新改革试验区建设。

△　省长刘伟平到省高速公路交通调度指挥总中心和兰州市五泉菜市场，检查春运交通安全工作和节前市场供应情况。

18日　省委书记、省人大常委会主任王三运先后来到兰州市红山热力中心、省电力公司调度控制中心，看望慰问坚守岗位的干部职工，向他们致以新春的美好祝福。

△　省委书记王三运专程看望慰问一线执勤民警、环卫工人、消防官兵，向仍奋战在工作岗位上的干部群众致以节日的亲切问候和美好祝愿。

25日　省委常委会召开会议，研究部署春节假期后有关工作。

△　省委书记、省人大常委会主任王三运先后来到省委办公厅、省委政策研究室、省委农村工作办公室、省交通厅、省水利厅、省扶贫办，看望干部职工，调研指导工作，并召开扶贫工作座谈会。

26日　全省金融工作会议召开。会议分析研究当前全省面临的金融形势，安排部署下一阶段重点工作任务，并对2014年度省长金融奖获奖单位进行了表彰。省委书记、省人大常委会主任王三运，省长刘伟平，省政协主席冯健身等出席会议，并为2014年度省长金融奖获奖单位颁奖。

△　省委理论学习中心组举行专题学习会，邀请清华大学公共管理学院院长薛澜教授，就全面实施创新驱动发展战略作专题辅导报告。

27日　省委书记、省人大常委会主任王三运到甘南州和临夏州，看望慰问宗教界代表人士，并与他们亲切座谈交流。到东乡县高山乡布楞沟村，看望慰问当地村民，了解察看村容村貌变化，村民生产生活改善等情况，实地调研指导工作。

△　省政府召开第71次常务会议。传达李克强总理在国务院第81次常务会议上的讲话精神，研究贯彻落实措施；安排部署贯彻落实省委常委会2015年工作要点和"工作落实年"意见事宜；审议《丝绸之路经济带甘肃段交通突破行动实施方案》、《关于促进云计算创新发展培育信息产业新业态的实施方案》、《甘肃省生态保护与建设规划（2014—2020年）》和《甘肃省农村集体财务管理办法》。

△　兰州新区规划建设协调推进领导小组召开会议，审议兰州新区修编后的总体规划，省长刘伟平主持会议并对兰州新区规划建设重点工作作出安排。

28日　省长刘伟平到渭源县元古堆村调研扶贫开发工作。

是月　全省公路客运首次实现异地联网售票，全省24个一级汽车客运站，19个二级汽车客运站实现联网售票功能，覆盖全省14个市州中心城区和17个县区。

是月　省财政厅会同省民政厅制定《甘肃省社会办养老服务机构一次性建设补贴资金管理办法》，采取以奖代补方式，对建成通过验收且依法登记投入运营的社会办养老机构，根据实有床位数给予一次性建设补贴，支持社会办养老服务机构快速发展。

是月　甘肃省启动历史上最大的一次科技投入。由省级和兰州市、白银市及兰州新区整合财政资金20亿元，设立兰白科技创新改革试验区技术创新驱动基金。

三月

2日　省委书记、省人大常委会主任王三运，省长刘伟平在北京会见国家发改委副主任、国家能源局局长努尔·白克力。

3日　由甘肃省委宣传部和中央电视台科教频道联合出品、北京伯璟文化传播有限公司承制的纪录片《河西走廊》每天21时在央视科教频道播出。《河西走廊》共12集，包括《使者》《通道》《驿站》《根脉》《造像》《丝路》《敦煌》《会盟》《苍生》《宝藏》。

△　省委副书记、省长刘伟平在北京与中国铁路总公司党组书记、总经理盛光祖举行会谈，双方就加快甘肃省铁路建设达成多项共识。

△　农历正月十三，甘南藏族自治州合作寺院、夏河拉卜楞寺和碌曲郎木寺分别举行"正月祈愿大法会"晒佛法会活动。甘南藏区的"正月祈愿大法会"源于宗喀巴大师于1409年在拉萨举办的祈愿大法会，活动从每年的正月初三下午至正月十七结束，历时十五天。

4日　省长刘伟平在北京与国家电网公司董事、总经理舒印彪举行会谈，双方就加快甘肃省河西和陇东两个能源基地电力外送、推进电网建设达成共识。

△　"3·5"学雷锋青年志愿服务活动启动暨首批"甘肃省青年志愿者服务基地"授牌仪式在兰州西客站举行。

5日　全国人大代表、全国人大常委会副委员长王胜俊和甘肃代表团一起审议政府工作报告。全国人大代表、省委书记、省人大常委会主任王三运，全国人大代表、省委副书记、省长刘伟平参加审议并发言。

6日　全国人大代表、省委书记、省人大常委会主任王三运在北京接受《经济日报》记者的采访。

△　甘肃省纪念"三八"国际劳

动妇女节105周年暨“引领妇女全面发展·建设幸福美好甘肃”报告会举行。

7日　十二届全国人大三次会议甘肃代表团举行全团会议审查计划报告和预算报告。全国人大代表王三运、刘伟平参加审查。文化部部长雒树刚及发改委、能源局、财政部等国家部委有关负责同志听取审查。

△　甘肃代表团举行“媒体开放日”，来自86家中外媒体的记者聚焦甘肃。全国人大代表、省委书记、省人大常委会主任王三运和全国人大代表、省委副书记、省长刘伟平就扶贫开发、稳增长调结构、文化产业发展、兰州自来水出现异味等问题现场回答媒体记者的提问。

△　甘肃省31位全国政协委员共向大会提交参与界别小组提案、联名提案、个人提案172件。提案内容涉及统战政协、财税金融、经济发展、社会管理、城乡建设等14个类别。

9日　全国人大代表、省委书记、省人大常委会主任王三运应邀走进人民网“强国论坛”直播间，就落实“四个全面”战略布局、深入推进扶贫攻坚、打造“丝绸之路经济带”黄金段等问题，与广大网友进行广泛深入交流。

△　全国人大代表、省长刘伟平在全国两会期间接受《光明日报》采访时指出，欠发达地区要靠科技创新推动转型升级。

10日　中共中央政治局常委、全国人大常委会委员长张德江参加甘肃代表团审议，听取王三运、刘伟平、嘉木样·洛桑久美·图丹却吉尼玛等代表的发言。张德江强调，要切实做好保障和改善民生工作，多谋民生之利，多解民生之忧，让老百姓过上美好生活。

△　十二届全国人大三次会议甘肃代表团举行全团会议和小组会议，审议《立法法修正案(草案)》。全国人大代表、省委书记、省人大常委会主任王三运，全国人大代表、省委副书记、省长刘伟平审议并分别发言。

△　全国人大代表、省长刘伟平在全国两会期间接受了《经济日报》记者的采访。强调，要着力打造敦煌文化品牌，加快推进敦煌国际文化旅游名城建设。

12日　十二届全国人大三次会议甘肃代表团召开全团会议，审议关于修改立法法的决定草案，审议最高人民法院工作报告和最高人民检察院工作报告。全国人大代表、全国人大常委会副委员长王胜俊，全国人大代表王三运、刘伟平、陆浩等参加审议。

△　十二届全国人大三次会议期间，甘肃代表团全体代表围绕事关经济社会转型跨越发展的大事要事和人民群众普遍关心关注的热点难点问题积极建言献策，共提出议案3件、建议131件。

15日　藏汉“双语”法律培训系列教材出版座谈会在北京召开。最高人民法院院长周强，全国政协副主席、国家民族事务委员会主任王正伟，省委书记、省人大常委会主任王三运出席座谈会并分别讲话。

16日　省政府召开第72次常务会议，分析研究1—2月份全省经济运行情况；审议通过《甘肃省省道网规划》《甘肃文化遗产“历史再现”工程实施方案》；研究设立临夏职业教育学院、表彰2014年度全省非公有制经济发展先进市州和先进单位等事宜。

17日　省长刘伟平与韩国LG商事董事长宋致浩会谈。

18日　省委召开常委扩大会议，传达学习全国“两会”精神，安排部署全省贯彻落实意见。省委书记、省人大常委会主任王三运主持会议并讲话。省委副书记、省长刘伟平传达全国“两会”精神。省政协主席冯健身等领导出席会议。

△　省委全面深化改革领导小组召开第八次会议。省委书记、省人大常委会主任、省委全面深化改革领导小组组长王三运出席会议并讲话。

19日　省循环经济示范区建设协调推进领导小组扩大会议召开。省委书记、省人大常委会主任王三运出席会议并讲话。省长刘伟平就进一步加快循环经济示范区建设进行具体部署。省政协主席、省循环经济示范区建设协调推进领导小组组长冯健身主持会议并书面通报循环经济示范区建设进展情况。

△　全省文化金融工作会议召开，兰州银行、甘肃银行等金融机构与全省49家文化企业签约34个重点项目，贷款额度共计28.1亿元，授信额度共计301.5亿元。会议期间，甘肃银行文化支行正式揭牌。

20日　省委常委会召开会议，传达学习习近平总书记在陕甘宁革命老区脱贫致富座谈会上的重要讲话精神和《中共中央关于徐才厚严重违纪违法案及其教训的通报》，研究部署全省贯彻落实的具体意见。

20—21日　省委财经领导小组召开第一次会议。省委书记、省人大常委会主任、省委财经领导小组组长王三运出席会议并讲话。

△　省政府召开党组(扩大)会议，省委副书记、省政府党组书记、省长刘伟平主持会议并邀请全国人大常委会法制工作委员会行政法室副主任童卫东作《宪法》《行政诉讼法》专题辅导报告。

22日　省长刘伟平会见新西兰克赖斯特彻奇市市长莉安·戴尔济埃一行，并举行中国甘肃省—新西兰克赖斯特彻奇市结好30周年招待会。

24日　省委书记、省人大常委会主任王三运到西北师范大学调研。

△　省长刘伟平在兰州会见中咨公司副总经理黄峰一行，双方就酒泉—湖南±800千伏特高压直流输电工程评估工作交换意见。

25日　省长刘伟平调研西客站枢纽建设及周边环境整治情况、兰州至中川铁路项目建设情况。

26日　省委书记、省人大常委会主任王三运，省长刘伟平，省政协主席冯健身会见全省离退休干部先进集体、先进个人和先进工作者代表。

△　甘肃省首个为“三农”提供金融服务的APP上线。省农行也成为国内第一家发布互联网金融服务“三农”手机版平台的国有商业银行。

△　甘肃省首台盾构机“黄河一

号”在甘肃建投集团装备制造公司正式下线。该产品填补了西北地区空白。

26—28日　中央政治局委员、国务院副总理汪洋在省委书记王三运、省长刘伟平陪同下到积石山保安族东乡族撒拉族自治县、临夏县、广河县、临洮县调研扶贫开发工作。汪洋强调，扶贫开发是我们第一个百年奋斗目标的重点工作，是最艰巨的任务，要按照党中央、国务院的决策部署，不断增强使命感和紧迫感，紧紧围绕精准扶贫、精准脱贫，探索脱贫致富新路径，坚决打好扶贫攻坚战，决不能让困难地区和困难群众在全面建成小康社会进程中掉队。

27日　省委副书记欧阳坚到省卫计委就深化医疗卫生体制改革进行专题调研。

△　《甘肃省非物质文化遗产条例》由甘肃省第十二届人大常委会第十五次会议通过，6月1日起正式实施。

29—30日　省委书记、省人大常委会主任王三运到定西市专题调研扶贫开发工作。

30日　省政府召开第73次常务会议。研究决定提高企业退休人员基本养老金等5项社会保险待遇和全省最低工资标准；研究主要污染物总量减排工作；审议《贯彻落实国务院关于建立健全粮食安全省长责任制若干意见的实施意见》和《关于进一步加强新时期爱国卫生工作的实施意见》。

30—31日　省委书记王三运到平凉调研精准扶贫工作。他强调，全省各级党委政府要深入贯彻习近平总书记视察甘肃时的重要指示精神，切实把主要精力放到扶贫攻坚这个当前的最大任务上，按照精准扶贫、精准脱贫要求，着力抓好领导精力、财力支出、项目布局、基础设施、工作作风、排忧解难、改革举措、力量组织、用人导向、工作落实等“十大要件”，奋力加快贫困地区脱贫致富奔小康进程。

31日　出自敦煌藏经洞的“敦煌星图”入选中国科学院自然科学史研究所公布的85项“中国古代重要科技发明创造”榜单。“敦煌星图”是敦煌经卷的一部分，又称《敦煌星图甲本》，约绘制于唐中宗时期(705—710)，1900年出土于敦煌藏经洞。是目前已知最早的、标示几乎所有中国地域可见星座的星图，也是迄今发现的第一张用不同颜色的点来区别星表所列星的星图。

是月　兰州高新区21家企业获得2014年度国家创新基金项目立项拨款，共获国家无偿资助1324万元，项目涉及生物、制药、仪器等多个领域。

是月　历史文化丛书《会宁小说》《会宁散文》《会宁诗歌》《会宁民歌》《会宁民风民俗》《会宁文物》《会宁民间故事》《西征纪略》由兰州大学出版社出版发行。

是月　国务院批复同意甘肃敦煌机场对外开放，敦煌机场成为继兰州中川机场后甘肃省的第二个国际航空口岸。

是月　“天地图·甘肃”被国家测绘地理信息局评为五星级省级节点。此外，甘南、陇南、武威、张掖、平凉五个市级节点市县首次接入国家网。

是月　教育部公布的《2014年度普通高等学校本科专业备案或审批结果》中，甘肃省兰州理工大学等15所高校新增本科专业32个，并于当年开始招生。

四月

1日　省长刘伟平会见人社部副部长杨志明一行。

△　全省联村联户为民富民行动现场会在成县召开会议。会议总结交流转作风、促发展的经验做法，安排部署双联工作。

1—2日　省委书记、省人大常委会主任王三运到庆阳市，深入到乡村农户、涉农企业调研考察扶贫攻坚工作。

3月31日至4月2日　省长刘伟平率队到会宁县、安定区、麦积区深入贫困户，采取问卷调查方式开展扶贫调研工作。

2日　省委书记、省人大常委会主任王三运在庆阳主持召开六盘山片区扶贫攻坚座谈会。

△　省政协主席冯健身到天水市麦积区、甘谷县调研精准扶贫工作。

△　全省交通扶贫攻坚农村公路建设现场会在礼县召开。

3日　省政府召开第74次常务会议，研究贯彻落实国务院第84次常务会议精神的措施；审议并原则同意《甘肃省人民政府重大行政决策程序暂行规定》，2014年度省政府目标管理责任考核结果，2015年省级预算内基建投资建议计划和省政府2015年立法工作计划。

4日　14时20分许，临夏州康乐县鸣鹿乡17名群众乘坐一辆农用三轮车在虎关乡吴坪村亥姆寺山上发生翻车事故，造成重大交通事故，造成7人当场死亡、5人在转送医院救治途中死亡、4人重伤、1人轻伤。

7日　全省“6873交通突破行动动员大会召开。省委书记、省人大常委会主任王三运出席会议并讲话，强调，要抢抓“一带一路”重大机遇，全面提速交通基础设施建设。

8日　省委书记、省人大常委会主任王三运会见新华社副社长兼常务副总编辑、党组成员周树春。

9日　党政军领导在兰州与省市党政机关、企事业单位干部职工，部队官兵及预备役人员共同参加义务植树活动。

△　省政府与中国外运长航集团有限公司签署战略合作框架协议。省委副书记、省长刘伟平出席签约仪式，并会见中国外运长航集团董事长、党委书记赵沪湘。

7—10日　全国人大常委会副委员长陈竺率执法检查组到甘肃，就贯彻实施《中华人民共和国职业教育法》情况进行检查。

△　国际马铃薯研究中心(CIP)与甘肃渭源县科技合作协议签字和启动仪式在北京举行。这是该中心在亚太地区建设的首家工作站。

8—12日　省市党政主要领导干部研讨班在兰州举行。省委书记、省人大常委会主任王三运，省委副书记、省长刘伟平出席开班仪式并发表重要讲话。9位省领导分别作专题辅导报告。

10日 “一元增绿·甘小青在行动”——陇原青年微公益·2015植绿护绿行动启动。

13日 省委常委会召开会议，研究部署省属国有企业负责人薪酬制度改革、省级党政机关地(厅)级及以下干部职工住房清理等工作。省委书记王三运主持会议。

15日 定西市临洮县发生4.5级地震。

14—16日 省委书记、省人大常委会主任王三运到甘南藏族自治州合作市、碌曲县、玛曲县、迭部县调研扶贫攻坚工作。

16—17日 省委书记、省人大常委会主任王三运到陇南市文县、成县调研扶贫攻坚工作。

17日 省政协机关召开全体干部大会，学习传达省市主要领导干部研讨班精神，并对省政协贯彻落实工作进行部署。省政协主席冯健身主持会议。

19日 省长刘伟平专门到三家全省战略性新兴产业骨干企业进行调研指导，强调要引导和支持企业发挥好创新主体作用，切实落实好各项扶持和激励政策，强化知识产权保护，激发企业坚持以市场为导向、加强科技创新的积极性，推动实现企业发展梦、科技人员致富梦和建设幸福美好新甘肃的“甘肃梦”。

20日 省政府召开第九次全体会议，专题分析研判一季度经济社会发展情况，安排部署做好二季度工作。

△ 省政府召开第75次常务会议，审议并原则通过《甘肃省投资类企业管理暂行办法》；审议并原则同意《关于加快培育外贸竞争新优势的实施意见》《加快省属企业“走出去”推进国际产能合作的实施方案》《兰州新区“飞地经济”产业园建设总体方案》和甘肃政务服务网建设运行管理暂行办法、权责清单管理暂行办法、权责清单统一编码规范、省级财政专项资金清单上网发布管理暂行办法、扶贫清单上网发布管理暂行办法等5项制度办法。

21日 省委全面深化改革领导小组召开第九次会议。省委书记、省人大常委会主任、省委全面深化改革领导小组组长王三运出席会议并讲话。

△ 甘肃省建设国家中医药产业发展综合试验区总体方案研讨论证会在北京举行。全国人大常委会副委员长、中华医学会会长、中国科学院院士陈竺出席研讨论证会并发言。全国人大教科文卫委员会副主任委员吴恒，国家卫计委副主任、国家中医药管理局局长王国强出席会议并发言。

22日 省委书记、省人大常委会主任王三运到酒泉市阿克塞哈萨克族自治县、肃北蒙古族自治县考察工作，看望慰问各族干部群众，就促进经济社会发展、改善各族群众生活等进行深入调查研究。

22—24日 省长刘伟平到岷县、漳县调研灾后重建工作。

23—24日 省委书记、省人大常委会主任王三运到酒泉、张掖两市，就插花型贫困地区如何推进精准扶贫、精准脱贫，与基层干部群众一起探究贫困根源、谋划致富出路。

△ 省委副书记、省长刘伟平到临洮县地震灾区调研，代表省委、省政府看望慰问受灾群众，指导抗震救灾工作。

27日 省委常委会召开会议，传达学习中央“三严三实”专题教育工作座谈会精神，研究部署全省开展“三严三实”专题教育等工作。

△ 省政府召开第76次常务会议，审议并原则同意《甘肃省省属企业负责人履职待遇、业务支出管理办法》《关于免费办理农用三轮车摩托车牌证的通知》；听取2015年中国政府“友谊奖”候选人推荐情况的汇报；研究设立甘肃省产业引导股权投资基金事宜。

27—29日 中共中央书记处书记、全国政协副主席杜青林到甘肃省专题调研藏区扶贫攻坚工作。全国政协委员、国务院扶贫办原主任范小建一同调研。省委书记、省人大常委会主任王三运主持汇报会。省长刘伟平，省政协主席冯健身在汇报会上发言。

28日 省委书记王三运会见长城影视文化企业集团董事长赵锐勇一行。

28—29日 最高人民检察院检察长曹建明到甘肃省检察机关调研督导规范司法行为专项整治工作，看望司法办案一线检察人员。

30日 甘肃省庆祝“五一”国际劳动节暨表彰省劳动模范和先进工作者大会举行，全省各行各业有382名劳动模范和先进工作者受到表彰。省委书记、省人大常委会主任王三运出席大会并讲话，省长刘伟平主持大会。

是月 在2015年全国女子拳击锦标赛中，甘肃省选手鄂奈严夺得48公斤级金牌。

五月

4日 省质量发展领导小组召开会议。审议全省《贯彻实施质量发展纲要2015年行动计划》，研究部署当年全省质量发展的重点任务。省长、省质量发展领导小组组长刘伟平主持会议并讲话。

5日 省委常委会召开会议，讨论审议《丝绸之路(敦煌)国际文化博览会总体方案》，研究部署在全省党政机关开展“学好法、用好权，促公正、促清廉”专项行动等工作。

△ 省委举办“三严三实”专题教育党课，正式启动全省县处级以上领导干部“三严三实”专题教育。省委书记、省人大常委会主任王三运以讲党课的形式为有关领导干部作辅导报告。省委副书记、省长刘伟平主持专题教育党课。

6—7日 革命老区脱贫致富工作会议在庆阳召开。省委书记、省人大常委会主任王三运，省长刘伟平出席会议并分别讲话。

7日 省国家循环经济示范区建设协调推进领导小组组长会议召开。省政协主席、省国家循环经济示范区建设协调推进领导小组组长冯健身主持会议并讲话。

8日 省政府召开第78次常务会

议,决定取消调整和下放行政审批事项88项;审议《甘肃省检验检测认证机构整合指导意见》及试点方案。

11日 省委召开常委扩大会议,传达学习了《中共中央、国务院关于加快推进生态文明建设的意见》,研究部署全省贯彻落实的具体措施和办法。省委书记、省人大常委会主任王三运主持会议并讲话。

△ 省政协第26次党组会议召开。省政协党组书记、主席冯健身主持会议,并传达学习省委"三严三实"专题教育党课和革命老区脱贫致富工作会议精神,审议《省政协党组关于在机关处级以上领导干部中开展"三严三实"专题教育实施方案》。

13—14日 省委财经领导小组召开第二次会议。会议讨论《中共甘肃省委 甘肃省人民政府关于扎实推进精准扶贫工作的指导意见》及12个精准扶贫专项方案,审议《甘肃省实施"精准扶贫专项贷款"工程及调整涉农贷款贴息政策的意见》。省委书记、省委财经领导小组组长王三运出席会议并讲话。

15日 省政府召开第79次常务会议,研究贯彻落实国务院推进简政放权、放管结合、职能转变工作电视电话会议精神的措施;听取1—4月全省经济运行情况汇报,研究调控措施;审议《关于加强传染病防治人员安全防护的实施意见》。

18日 省长刘伟平到甘肃建投装备制造有限公司调研。强调,要强化"四种意识"(发展意识、市场意识、竞争意识、创新意识),深化改革创新,不断增强稳增长、调结构的动力源。

△ 第十六届全国检察理论研究年会召开。最高人民检察院副检察长李如林出席会议并讲话。

19日 省政协党组书记、主席冯健身在省政协机关"三严三实"专题教育党课上作辅导报告。

20日 省委党建领导小组召开全体会议,研究讨论有关文件,安排部署党建工作。省委书记、省人大常委会主任、省委党建领导小组组长王三运出席会议并讲话。

20—21日 省长刘伟平在省政府主持召开座谈会,分别听取部分县区负责同志关于精准扶贫、精准脱贫的意见和部分基层人大代表意见建议。

21日 2015甘肃"一带一路"国际产能合作洽谈会举行。欧阳坚出席开幕式并致辞。吉尔吉斯斯坦卫生部常务副部长苏优姆巴耶娃·帕依萨出席开幕式,中国银行副行长高迎欣在开幕式上致辞。

22日 省委常委会召开会议,传达学习习近平总书记在中央政治局分析研究当前经济形势和经济工作时的重要讲话,研究分析全省经济形势,安排部署下一步经济工作。

△ 省委副书记、省政府党组书记、省长刘伟平主持召开省政府党组(扩大)会议,邀请国务院参事室特约研究员、国家安监总局原党组成员、总工程师黄毅作新《安全生产法》专题辅导报告。

△ 省政府召开第80次常务会议,审议《关于促进房地产业持续稳定健康发展的意见》《贯彻落实〈国务院办公厅关于创新投资管理方式建立协同监管机制的若干意见〉的工作方案》《关于实行"三证合一"登记制度的实施意见》;研究提高农村低保一、二类对象补助水平事宜。

26日 省委常委会召开会议,传达学习中央统战工作会议精神,研究部署全省统战及"十三五"规划编制等工作。

27日 省委书记、省人大常委会主任王三运,省长刘伟平在兰州分别会见深圳华强集团总裁、华强文化科技有限公司董事长李明,深圳华强集团执行总裁、华强文化科技有限公司总裁刘道强,并进行会谈。

△ 省长刘伟平出席全省促进房地产业持续稳定健康发展电视电话会议并讲话。

△ 省长刘伟平在省政府政务大厅检查简政放权工作落实情况。

28日 省委召开党外人士座谈会,就制定《中共甘肃省委甘肃省人民政府关于扎实推进精准扶贫工作的意见》及精准扶贫专项方案,征求省级各民主党派、省工商联、无党派代表人士和专家学者的意见建议。

29日 省政府召开第81次常务会议,审议《关于进一步动员社会各方面力量参与扶贫开发的实施意见》《深入实施甘肃省知识产权战略行动计划(2015-2020年)》和《2015年甘肃知识产权战略实施推进计划》《关于重大科研基础设施和大型科研仪器向社会开放共享的实施意见》《关于加快发展商业健康保险的实施意见》《清理规范行政审批中介服务工作实施方案》。

△ 省委书记、省人大常委会主任王三运,省长刘伟平分别到兰州市东郊学校、兰州市七里河小学,亲切看望小朋友们,并向全省广大少年儿童致以节日的问候,向全省广大教师和少儿工作者表示崇高的敬意。

是月 甘肃远程医疗会诊中心经过8年时间的发展壮大,建成了全国规模最大的远程医疗会诊网络,覆盖全省范围内省市县乡村五级1478家医疗机构,在国内率先实现与村卫生室"直通"。

是月 全省第四次大熊猫调查结果显示,省内共有野生大熊猫132只,与第三次大熊猫调查相比增加了15只,增长了12.8%。

六月

1日 国务院第七督查组就甘肃省落实国务院重大政策措施情况开展督促检查。督查组听取省委、省政府有关工作情况汇报。国务院第七督查组副组长、国家发改委副主任连维良及督查组成员出席汇报会。

3日 国务院第七督查组召开专题会议,向省委、省政府反馈督查情况。国务院第七督查组组长、财政部部长楼继伟反馈督查情况,省委书记、省人大常委会主任王三运出席会议,省长刘伟平作表态发言,国务院第七督查组副组长、国家发展改革委副主任连维良出席会议。

△ 甘肃省第一条跨大区、大容量、特高压电力外送通道——酒泉至湖南±800千伏特高压直流输电工程，在瓜州县正式开工建设。

5日 省委常委会召开会议，审议并原则通过《中共甘肃省委甘肃省人民政府关于扎实推进精准扶贫工作的意见》及17个专项方案；研究部署全省精准扶贫工作。

△ 省政府召开第82次常务会议，传达国务院第七督查组督查交换意见，研究贯彻落实的措施；审议《关于加快建设法治政府打造法治政务环境的意见》《甘肃省废弃电器电子产品回收处理管理办法(草案)》《关于进一步加强乡村医生队伍建设的实施方案》；研究调整排污费征收标准等相关事宜。

8日 十届全国人大常委会副委员长、中国关工委主任顾秀莲到甘肃考察关心下一代工作。

△ 省长刘伟平约谈1—4月发生较大生产安全事故和存在重大安全隐患责任单位的主要负责人。

9—10日 全省精准脱贫工作会议召开。省委书记、省人大常委会主任王三运，省长刘伟平，国务院扶贫开发领导小组副组长、国务院扶贫办主任刘永富出席会议并分别讲话。

11日 兰州商学院正式更名为兰州财经大学、甘肃中医学院更名为甘肃中医药大学、平凉医学高等专科学校升格为甘肃医学院。省委书记、省人大常委会主任王三运出席大会并为三所高校揭牌，省长刘伟平讲话。

△ 省政协十一届二十次主席召开会议。审议提交省政协十一届十次常委会议的有关文件；学习传达全省精准扶贫精准脱贫工作会议精神，并对省政协学习贯彻工作进行研究讨论。

12日 省委常委会扩大会议召开。会议传达学习中共中央关于周永康违法犯罪案及其教训的通报；研究部署全省反腐倡廉意识形态农村基层党建等工作。

△ 省政府召开第83次常务会议，分析研究1—5月全省经济运行形势；审议省政府部门权责清单、《关于加快应急产业发展的实施意见》、《关于进一步做好为农民工服务工作的实施意见》；审定临夏州康乐县"4·4"重大道路交通事故调查处理意见。

15日 省委书记、省人大常委会主任王三运，省长刘伟平，省政协主席冯健身在嘉峪关分别会见前来出席第五届敦煌行·丝绸之路国际旅游节的国家旅游局局长李金早及外国嘉宾。

16日 第五届敦煌行·丝绸之路国际旅游节在嘉峪关市举行。

△ 嘉峪关市政府、深圳华强集团和甘肃省广电网络股份有限公司合作建设的嘉峪关丝绸之路文化博览园项目在嘉峪关签约。省领导王三运、刘伟平、冯健身等出席签约仪式。

17日 省委、省政府分别召开国有企业和产业投资座谈会，听取部分企业生产经营和投资情况汇报，了解当前存在的困难和问题，研究排难脱困、转型升级、平稳发展的措施办法。

18—19日 省长刘伟平到甘南州调研并主持召开省长办公会议。

19日 截至18时，省政府38个部门的3723项行政权力事项、20259项责任事项，25574项追责情形已全部在甘肃政务服务网上线发布，占权责事项信息总数的100%。省级财政专项资金管理清单信息共计103条已全部上线发布，扶贫清单信息共计6312条已全部上线发布。

21日 省委、省政府在天水举行公祭伏羲大典迎宾会，欢迎出席2015(乙未)年公祭中华人文始祖伏羲大典的海内外嘉宾。

22日 2015(乙未)年公祭中华人文始祖太昊伏羲大典在天水市举行。同时，在台湾台北市中影八德大楼进行共祭活动。

△ 省委书记、省人大常委会主任王三运在天水调研。

23日 全省电商扶贫工作现场推进会在成县召开。

24日 宁夏回族自治区党政代表团到甘肃省进行考察。两省区在兰州召开合作交流座谈会，就进一步加强合作交换意见，并签署《宁夏回族自治区人民政府甘肃省人民政府合作框架协议》。

25日 省十二届人大常委会第十七次会议召开。会议表决通过关于接受王玺玉辞去甘肃省人民政府副省长职务的请求的决定；决定任命杨子兴为甘肃省人民政府副省长。

26日 省政府召开第84次常务会议，审议并原则同意《甘肃省2015年深化经济体制改革重点工作意见》《甘肃省"6363"水利保障行动方案》《甘肃省调整机关工作人员基本工资标准实施意见》《甘肃省调整事业单位工作人员基本工资标准实施意见》《甘肃省增加机关事业单位离退休人员离退休费实施意见》《甘肃省乡镇机关事业单位工作人员乡镇工作补贴实施办法》、《甘肃省县以下机关建立公务员职务与职级并行制度实施意见》；研究第二十一届兰洽会筹备工作。

△ 下午，政协甘肃省十一届十次常委会议审议通过省政协《关于制定我省"十三五"规划有关问题的建议案》、《关于全面贯彻认真落实全省精准扶贫精准脱贫工作会议精神的决议》。

△ 省长刘伟平带领省促进战略性新兴产业发展部门协调会议成员，分四次逐户实地调研兰州、白银两市的13家全省战略性新兴产业第二批骨干企业，并通过视频连线和邀请座谈方式听取其他9家骨干企业的发展情况汇报。

30日 省政协召开月协商座谈会。省级民主党派、省公航旅集团等5户省属国企改革试点企业、金川公司负责人和部分省政协委员、专家学者，围绕"我省国有企业改革问题"进行协商建言。省政协主席冯健身出席会议并讲话。

△ 甘肃省直属机关举行纪念建党94周年主题演讲会，"践行'三严三实'争做陇原先锋"。

是月 泾川西王母宫成为甘肃省首家海峡两岸交流基地。这是中共中央台办、国务院台办新增设6家海峡两岸交流基地之一。

七月

1日　省委常委会召开会议，传达学习全国优秀县委书记表彰会议、省区市贯彻落实《干部任用条例》和推进“三严三实”专题教育工作座谈会精神，研究部署全省贯彻落实意见和第二十一届兰洽会筹备等工作。

△　甘肃省首次发布诚信“红黑榜”。省高级人民法院、省工信委、省地税局、省质监局、省国税局等部门集中通报了一批“红黑榜”企业名单。

2日　省政府与北京大学签署合作框架协议，共同打造“中国芯”高新技术产业示范基地。

△　中核甘肃核技术产业园建设启动仪式举行。

3日　省政府召开第85次常务会议，学习中央全面深化改革领导小组第十四次会议精神，研究贯彻落实会议审议通过的《环境保护督察方案(试行)》和《生态环境监测网络建设方案》的措施。审议通过《关于改进口岸工作支持外贸发展的实施意见》《关于进一步促进全省展览业改革发展的实施意见》《关于大力发展电子商务加快培育经济新动力的实施意见》和关于促进非公经济发展的政策措施。

3—4日　张掖市普降小到中雨，局地出现暴雨天气，引发山洪、泥石流灾害，造成肃南县城及肃南、高台两县的5个乡镇38个村1565户群众受灾。王三运、刘伟平分别批示要求做好救灾防灾和群众避险转移工作。

△　六盘山片区陕甘青宁四省(区)政协主席联席会议第一次会议在宁夏回族自治区银川市、固原市召开。

2—5日　全国政协副主席、中央统战部副部长、国家民委主任王正伟带领国家民委调研组到甘肃省调研，调研组召开甘肃省民族工作汇报座谈会。

5日　省委书记、省人大常委会主任王三运，省长刘伟平，省政协主席冯健身分别会见前来甘肃省出席第21届兰州投资贸易洽谈会暨丝绸之路合作发展高端论坛的白俄罗斯副总理加里宁·阿纳托利·尼克拉耶维奇率领的白俄罗斯政府代表团和侨商、陇商代表。

△　兰州至阿拉木图的中亚国际货运班列“兰州号”从兰州首发。

6日　“民企陇上行·全国百家商会百强民企进甘肃”餐叙会举行。

7日　第21届兰洽会暨丝绸之路合作发展高端论坛开幕。

△　甘肃省与白俄罗斯共和国签署合作备忘录，双方就争取在年内开通兰州至明斯克国际航线达成了一致意见。白俄罗斯共和国副总理加里宁·阿纳托利·尼克拉耶维奇，省委书记、省人大常委会主任王三运，省长刘伟平出席签字仪式。

△　第21届兰洽会举行重点项目签约仪式。

7—9日　广西壮族自治区党政代表团到甘肃省进行考察。两省区在兰州召开经济社会发展交流座谈会，就进一步加强合作交换意见。代表团先后到我省临夏、定西、兰州市进行考察，并就加强双方合作进行深入交流。

9日　经省政府授权，省财政厅通过财政部国债发行招投标系统，面向中国建设银行等14家政府债券承销团成员，在北京成功发行2015年第一批甘肃省政府一般债券200亿元。这是甘肃省首批自发自还的政府债券

10日　省政府召开第86次常务会议，审议并原则通过《关于进一步做好新形势下就业创业工作的实施意见》《甘肃省行政规范性文件管理办法(修订草案)》和《甘肃省落实林业生态红线方案》。

△　18时30分许，在天水市秦州区境内发生一起交通事故。一辆大型货车行驶至秦州区秦岭乡至杨家寺乡路段时，与一辆三轮摩托车相撞，造成三轮摩托车上4人当场死亡，3人送医院抢救无效后死亡，1人受伤。

13日　省委举行庆祝我国穆斯林同胞的传统佳节—尔德节餐叙会。

△　兰白科技创新改革试验区工作推进领导小组第四次会议在兰州召开。省长刘伟平主持会议并讲话。

14日　省委全面深化改革领导小组第十次会议召开。

15日　省委常委会召开会议，传达学习习近平总书记在中央党的群团工作会议、部分省区市扶贫攻坚与“十三五”时期经济社会发展座谈会上的重要讲话精神，以及王岐山同志在部分省区党委书记、纪委书记座谈会上的讲话精神，研究部署全省群团、精准扶贫及从严治党等工作。

△　为期一个月的第五届敦煌行·丝绸之路国际旅游节期间，甘肃省实现旅游综合收入113亿元，接待游客1872万人次，同比分别增长25.4%和24.9%。

16日　全省精神文明建设工作命名表彰大会召开。

△　甘肃省精准扶贫专项贷款工程启动。

17日　兰白科技创新改革试验区工作推进领导小组第五次会议召开。

△　省政府省长召开第87次常务会议，分析研究上半年全省经济运行形势，听取全省“7+4”重大工程包情况汇报，审议《关于支持服务业加快发展的若干意见》和《甘肃省深化教育考试招生制度改革实施方案》。

19日　省委书记、省人大常委会主任王三运会见来甘考察的中华海外联谊会海外理事、名誉理事及部分海外知名人士。

20日　由国家文物局和甘肃省人民政府联合举办的大堡子山（甘肃礼县城东13公里处的永兴乡、永坪乡境内），流失文物移交仪式在甘肃省博物馆隆重举行。在中法两国的通力合作下，32件大堡子山遗址流失金饰片在时隔20多年后终于回归故土并永久安家省博。随后，为纪念法藏大堡子山流失金器文物回归而举行的“秦韵——大堡子山流失文物回归特展”也正式开展。

△　兰州大学继续教育学院施工工地发生天然气泄漏爆燃事故，事故造成31人受伤。王三运、刘伟平批示要求及时做好伤者救治工作，并依法依规

处理相关责任单位。

20—24日 全省项目观摩活动进行，省领导分14组分赴14市州，对全省项目建设进行集中观摩。

24日 省政府召开第十次全体会议。会议分析上半年全省经济社会发展情况，安排部署了下半年工作，确保全面完成全年各项预期目标任务。

△ 省政府召开第88次常务会议，审议并原则同意《关于加快高速宽带网络建设推进网络提速降费的实施意见》《甘肃省定价目录》《关于加快构建现代公共文化服务体系的实施意见》《甘肃省基本公共文化服务实施标准》《甘肃省加快构建现代公共文化服务体系百项重点任务推进计划》。

28日 全省项目观摩活动总结会召开。省委书记、省人大常委会主任王三运主持会议并讲话。省长刘伟平对全省项目工作作出具体部署。14个项目观摩组负责同志对各市州项目建设情况作点评。

△ 白银平川中银富登村镇银行正式开业，这是落户甘肃省的首家中外合资村镇银行。中银富登村镇银行由中国银行和新加坡淡马锡旗下的富登金融控股公司发起设立，致力于“专注县域、扎根社区、专业服务、支农支小”，为县域中小企业、微型企业、工薪阶层和农业客户提供金融服务。当前，中银富登村镇银行已在全国10多个省市成立57家村镇银行和33家支行。

29日 庆“八一”军地座谈会举行。省委书记、省人大常委会主任王三运，兰州军区政委刘雷分别讲话。

30日 省委理论学习中心组举行报告会，邀请中国民用航空局局长、党组书记李家祥，就更好地发挥民航业在经济社会发展中的战略作用作专题报告。省委书记、省人大常委会主任王三运主持学习会并讲话。

31日 省委常委会召开会议，传达学习习近平总书记在会见全国禁毒工作先进集体代表和先进个人时的重要讲话精神，研究提出甘肃省贯彻落实意见，安排部署经济社会发展、司法体制改革等工作。省委书记王三运主持会议。

△ 省政府举办《行政诉讼法》辅导报告会，邀请省高级人民法院行政审判庭庭长秦卫民作《主动适应行政诉讼新要求全面迈向法治政府建设新常态》的报告。

△ 由省人大常委会审议通过的《甘肃省社会救助条例》，是甘肃省首部、也是全国省级层面第二家出台的全面统筹规范各类社会救助制度的地方性法规，10月1日起正式施行。

△ 武警部队在京举行第十八届“中国武警十大忠诚卫士”颁奖典礼，甘肃森林总队张掖支队甘州大队大队长马赵飞，被授予“忠诚卫士”荣誉称号。

八月

7月30日至8月2日 受国务院办公厅委托，国家行政学院党委书记、副院长陈宝生来甘开展“简政放权、放管结合、优化服务”第三方评估调研。省委副书记、省长刘伟平等陪同调研。

3日 省政府与国家国防科技工业局共建兰州理工大学合作签约暨高分专项甘肃中心揭牌仪式举行。省委书记、省人大常委会主任王三运，省长刘伟平，工信部副部长、国家国防科技工业局局长许达哲等出席签约仪式并共同为高分辨率对地观测系统甘肃数据与应用中心揭牌。

△ 由中共甘肃省委宣传部、甘肃省社科联主办、甘肃省古籍文献整理编译中心承办的首届全国金石文献数字化学术研讨会暨《中国金石总录》一期成果评介会在甘肃国际会议中心召开。《中国金石总录》是首次对全国地下出土和地上遗存金石文献进行全面调查、系统整理、全拓全文数字化的一项创新性基础资源整合工程。由甘肃省古籍文献整理编译中心牵头，国内数十家教学、科研和典藏单位参与，历时四年完成的一项重大学术成果。该项目于2011年1月立项，至2014年11月完成总体平台设计和一期数据整理，2015年6月正式出版。

△ 省安委会2015年第三次全体(扩大)会议召开。会议总结上半年工作，安排下半年任务，确保顺利实现全年安全生产目标任务。

△ 全省加强耕地保护和规范农村土地流转工作电视电话会议在兰州召开。

4日 全省非公有制经济发展推进工作视频会议召开。

3—5日 水利部党组书记、部长陈雷来甘调研指导水利工作。省委副书记、省长刘伟平陪同调研。

5日 省委书记、省人大常委会主任王三运在兰州会见中国建设银行行长王祖继。

6日 引洮供水一期工程正式运行暨二期工程开工建设动员大会在陇西县举行。省委书记、省人大常委会主任王三运宣布引洮供水二期工程开工建设。水利部部长陈雷，省长刘伟平分别讲话。

7日 省委理论中心组举行学习暨“三严三实”第二次研讨会。

△ 省政府召开第89次常务会议。审议并原则通过甘肃省今年第4批取消、调整和下放行政审批事项，《关于贯彻落实〈中共中央国务院关于深化体制机制改革加快实施创新驱动发展战略的若干意见〉的实施意见》《关于改进加强省级财政科研项目和资金管理办法》《甘肃省加快科技服务业发展实施方案》《关于加快大数据、云平台建设促进信息产业发展的实施方案》《关于促进慈善事业健康发展的实施意见》；2014年度甘肃省特级教师人选。

△ 甘肃省红色纪念馆网站开通仪式举行。

8日 省委常委会召开会议，研究部署全省藏区“十三五”规划编制、支持临夏回族自治州加快发展等工作。省委书记王三运主持会议。

△ 省委书记、省人大常委会主任王三运，省长刘伟平分别会见诺基亚通信大中华区总裁王建亚、中国中车股份公司总裁奚国华。

6—9日　全国政协常委、全国政协民族和宗教委员会主任朱维群率全国政协调研组到甘就“丝绸之路经济带建设所涉及的民族和宗教问题”开展专题调研。省政协主席冯健身陪同调研。

10日　省政府党组“三严三实”专题教育第二次专题学习研讨会举行。

△　国家发展改革委对《甘肃省平凉市灵台矿区总体规划》进行了批复。这是继陇东地区甜水堡、沙井子、宁正矿区总体规划获批后，国家批复甘肃省开发建设的又一大型矿区。

11日　白银市靖远县北湾镇的岷县漳县6.6级地震灾后重建省内异地安置区建设项目基本完成。省长刘伟平到安置区实地调研，并参加搬迁入住仪式，为安置群众代表颁发住房钥匙和户口本。

10—13日　全国人大常委会副委员长、民建中央主席陈昌智带领调研组，赴金昌、张掖、兰州、平凉、庆阳等地，调研甘肃省精准扶贫工作。

12—13日　省委十二届十三次全委（扩大）会议召开。会议原则通过《甘肃省推进领导干部能上能下实施细则（试行）》；审议通过《中国共产党甘肃省第十二届委员会第十三次全体会议决议》。会议递补杨志强、苏君为省委委员。省委书记王三运受省委常委会委托，向全委会报告上半年的工作，并在会议结束时讲话。

13日　2015年度第一批党政主要领导述纪述廉述作风大会召开。10位市州和省直部门主要负责同志在会上作“三述”报告。

△　共青团关爱留守儿童行动启动暨2015年关爱留守儿童·阳光夏令营开营仪式举行。

14日　省政府召开党组会议，研究贯彻落实省委十二届十三次全委（扩大）会议精神的具体措施。

△　省政府召开第90次常务会议。会议分析研究1-7月全省经济运行情况；审议并原则通过《关于加快城镇棚户区和城乡危房改造及配套基础设施建设的实施意见》《关于引导农村产权流转交易市场健康发展的实施意见》。

17日　上午，甘肃省首届政府和社会资本合作（PPP）项目签约暨推介会在兰州举行，当天共有40个项目达成PPP合作协议并集中签约，总投资1394亿元。

18日　省长刘伟平到甘南州卓尼县尼巴村和江车村调研指导工作，看望慰问群众。

△　省政协召开十一届二十四次主席会议，讨论《关于加强人民政协协商民主建设的实施意见（稿）》。

18—19日　省委书记、省人大常委会主任王三运到陇南市两当县督查调研双联和精准扶贫精准脱贫工作。

19—20日　省长刘伟平带队到临夏回族自治州督查调研精准扶贫精准脱贫和双联工作。

△　省政协主席冯健身到白银市白银区、靖远县，就落实全省精准扶贫精准脱贫工作会议精神和“1+17”精准扶贫方案情况开展督查调研。

19—21日　省委书记、省人大常委会主任王三运到天水市秦安、张家川、清水和麦积等四县区的贫困村、贫困户督查调研精准扶贫工作。

21日　省委书记、省人大常委会主任、省军区党委第一书记王三运到天水市麦积区考察省军区民兵常备应急分队建设情况。

△　省长刘伟平在兰州通过视频方式，督促、检查、调度市州政府权责清单制度建设工作。

22日　省委书记、省人大常委会主任王三运到新增双联联系村武山县马力镇民武村调研双联扶贫工作。

24日　全省农村土地承包经营权确权登记颁证工作推进会议召开。

25日　省旅游局正式聘请香港凤凰卫视主播田桐、北京行知探索文化传播有限公司副总裁曹霞和欧洲真实国际旅行社总经理龙思波（Casper）为甘肃省旅游形象推广大使。成为展示甘肃省旅游品牌形象的“活名片”。

26日　全省美丽乡村建设暨城乡融合发展现场推进会在金昌市召开。

28日　省委常委会召开会议，传达学习习近平总书记有关重要讲话精神和中央第六次西藏工作座谈会精神，学习《中国共产党巡视工作条例》，研究提出甘肃省贯彻落实意见，安排部署经济、藏区及巡视等工作。省委书记王三运主持会议。

29日　省政协双联与精准扶贫“互看互学”现场会在天水市麦积区召开。省政协主席冯健身主持。

31日　中共甘肃省委人大工作会议召开。省委书记、省人大常委会主任王三运出席会议并讲话。省领导刘伟平、冯健身等出席会议。省人大常委会党组书记、副主任罗笑虎受省委委托作关于《中共甘肃省委关于加强和改进人大工作的意见》的说明。

是月　由中国关心下一代工作委员会主办的“魅力新星放飞梦想”CCTV第七届全国青少年才艺大赛，甘肃省华亭县西郊小学一年级五班的杨淑廉同学在全国总决赛中获奖。

是月　由甘肃省科学院磁性器件研究所研制的世界首座球床模块式高温气冷堆核电站示范工程燃料装卸与贮存系统输送转换设备项目启动使用。

九月

1日　省委全面深化改革领导小组第十一次会议召开。省委书记、省人大常委会主任、省委全面深化改革领导小组组长王三运出席会议并讲话。省委副书记、省长刘伟平传达中央全面深化改革领导小组第十五次会议精神。会议审议有关事宜，研究部署下一步全面深化改革工作。

2日　省政府召开第92次常务会议。会议研究贯彻落实党中央、国务院关于上半年经济形势和做好下半年经济工作有关文件的措施；确定支持农民工等人员返乡创业的政策；审议《贯彻落实国务院关于兰州市城市总体规划批复的意见》和《关于淘汰9万吨/年及以下小煤矿的实施方案》；研究加强与白俄罗斯经贸交流合作事宜。

5日 省委书记王三运、省长刘伟平在兰州会见巴布亚新几内亚总督迈克尔·奥吉奥及其夫人埃丝米·奥吉奥一行。

6日 甘肃省纪念中国人民抗日战争暨世界反法西斯战争胜利70周年座谈会举行。

7日 中组部"一带一路"建设高层次专家甘肃咨询服务活动在兰州启动。

△ 省政府召开第93次常务会议。会议决定推广随机抽查机制，规范事中事后监管，营造公平市场环境；确定全省乡村教师支持行动计划；调整油气输送管道和安全监管职责分工；审议《甘肃省城镇风貌规划编制导则》和《实施甘肃省城镇风貌规划的通知》。

8日 庆祝第31个教师节暨优秀教师代表座谈会召开。

△ 省长刘伟平在兰州会见中信集团副董事长、总经理王炯一行。

△ 由中国教育报社联合各地教育部门展开的2015年"党和人民满意的好老师"推选展示活动在北京举行，西北师范大学教授莫尊理获"党和人民满意的好老师"荣誉称号，成为甘肃省唯一获此殊荣的老师。

8—9日 中国人民政协理论研究会第二届理事会第二次常务理事会暨2015年度人民政协理论研讨会召开。全国政协副主席兼秘书长、中国人民政协理论研究会会长张庆黎，省委书记、省人大常委会主任王三运出席会议并分别讲话。省政协主席冯健身出席会议并发言。

9日 省长刘伟平率甘肃省政府代表团前往与甘肃省结为友好邦州的印度马哈拉施特拉邦、瑞士索罗图恩州、白俄罗斯格罗德诺州进行为期10天的访问。

10日 省委常委会召开会议，传达学习中央纪委《转发〈中共河南省委关于新乡市委原书记李庆贵落实党风廉政建设主体责任和新乡市纪委落实监督责任不到位问题的通报〉的通报》；研究部署深入推进全省党风廉政建设和反腐败斗争工作。

△ 第八届甘肃农业博览会在甘肃国际会展中心举行。此次展会，吸引了200多家国内知名农业服务企业，以及西北五省区数百家农业经营单位、客商的参与。甘肃农业博览会是甘、青、宁地区规格最高、规模最大的农业盛会。此次展会以"促进交流，扩大流通，服务'三农'"为主题。

14日 纪念抗战胜利暨世界反法西斯战争胜利70周年演出季暨新版大型现代陇剧《石龙湾》在兰州上演。

15日 甘肃省交通运输厅与中交投资基金管理有限公司在兰州市宁卧庄宾馆共同签署甘肃交通投资基金合作协议，标志着"甘肃交通投资基金(有限合伙)"正式落地。该基金是全国首支由央企与地方政府合作设立的交通投资基金。

15—16日 省长刘伟平率甘肃省政府代表团抵达白俄罗斯明斯克，专程拜会白俄罗斯副总理加里宁，转达省委书记、省人大常委会主任王三运对加里宁副总理的问候，感谢他对推动甘肃与白俄罗斯全面合作给予的关心和支持，就推进双方深入开展务实合作进行会谈。

16日 省委书记王三运在兰州会见了中国农业银行党委副书记、副董事长、行长张云一行。

△ 省委理论中心组学习暨"三严三实"第三次研讨会举行。

△ 省委副书记欧阳坚在兰州会见由摩尔多瓦、格鲁吉亚、白俄罗斯、乌克兰、俄罗斯、塔吉克斯坦、吉尔吉斯斯坦等七国媒体组成的亚欧主流媒体考察团一行。

△ 省委、省政府、省军区联合召开省军区部队工程建设项目和房地产资源管理专项整治军地联席会议，就军地联合推进专项整治工作进行安排部署。

16—17日 省长刘伟平与白俄罗斯贸易部长切卡诺夫、文化部长斯威特诺夫会谈，专程访问格罗德诺州，会见中国驻白俄罗斯大使崔启明。

18日 国务院扶贫开发领导小组在定西召开"三西"扶贫开发现场会。省委书记、省人大常委会主任王三运在会上介绍了"三西"建设以来甘肃省扶贫开发工作情况。

△ 甘肃聚馨农业科技集团白俄罗斯麦芽生产基地在白俄罗斯明斯克的中白工业园奠基，成为习近平主席与白俄罗斯总统卢卡申科共同奠基的中白工业园首家落户的工业企业。白俄罗斯副总理加里宁，刘伟平出席奠基仪式并致辞。

17—19日 中共中央政治局委员、国务院副总理汪洋在甘肃调研扶贫工作，并在定西出席"三西"扶贫开发现场会。调研期间，省委书记、省人大常委会主任王三运等陪同调研。

19日 在第四届亚太地质公园网络研讨会上，敦煌地质公园入选联合国教科文组织世界地质公园网络名录，被授予"中国敦煌世界地质公园"称号，成为甘肃省首家、全国第32家世界地质公园。敦煌地质公园由雅丹景区、鸣沙山月牙泉景区、自然景观游览区和文化遗址游览区组成，主要有地貌遗迹、构造地质遗迹、沉积构造遗迹、地层遗迹和水体景观等遗迹，公园总面积2067.2平方公里。

21日 "2015'一带一路'媒体合作论坛"在北京举行。省委书记、省人大常委会主任王三运出席论坛并致辞。

△ 省政府召开第94次常务会议。会议分析研究1—8月份全省经济运行情况；研究贯彻落实国务院长城保护工作座谈会精神的措施。

△ 省长刘伟平到金川集团股份有限公司调研。

△ 省政府与富士康科技集团签署战略合作意向书，双方将建立长期稳定的战略合作关系。省长刘伟平出席签约仪式并会见富士康科技集团副总裁陈振国。

21—22日 全国农村公路现场会在庆阳市举行。交通运输部部长杨传堂出席会议并讲话。

22日 武警甘肃总队在兰州召开宣布命令大会，武警部队副司令员牛志忠宣读国务院、中央军委命令。根据命令，武警甘肃总队司令员尤寒波任武警森林指挥部副司令员，武警森林指挥部副司令员魏凤桐任武警甘肃总队司令员，武警甘肃总队政治部主任刘奇任武警北京指挥学院政治委员，武警广西总队政治部副主任黄汉京任武警甘肃总队政治部主任。省委书记、省人大常委会主任王三运出席会议并讲话。

△ 第二十一次金川科技攻关大会在金昌召开。第十届全国人大常委会副委员长、中国关心下一代工作委员会主任顾秀莲，省长刘伟平，国务院参事、中国有色金属工业协会会长陈全训，中国科协副主席、中国工程院院士黄伯云等出席了开幕大会。

23—24日 省委书记、省人大常委会主任王三运到会宁县、通渭县调研督查精准扶贫工作。

24日 省委书记、省人大常委会主任王三运专程到定西市，就"六五"普法工作进行检查验收。

△ 省政府党组中心组举行专题学习会，邀请中共中央党史研究室原副主任、中共党史学会常务副会长李忠杰作"切实推进全面从严治党战略"专题辅导。省委副书记、省政府党组书记、省长刘伟平主持会议并讲话。

25日 省委常委会在兰州召开会议，传达学习习近平总书记在中央政治局第二十六次集体学习时的重要讲话精神，以及《中共中央关于四川南充拉票贿选案查处情况及其教训警示的通报》，进一步研究部署"三严三实"专题教育、党风廉政建设等工作。

△ 省政府召开第95次常务会议。会议审议通过了《甘肃省全面推开县级公立医院综合改革实施方案》、《甘肃省农业信贷担保体系建设实施方案》；审议《甘肃省公务用车制度改革总体方案》《甘肃省省级机关公务用车制度改革实施方案》和其他事项。传达学习9月23日国务院常务会议关于核查问责的有关要求及9月18日审计署加强稳增长等政策措施落实跟踪审计工作会议精神，研究贯彻落实措施。

△ 上午，政协甘肃省十一届十一次常委会议审议通过省政协《关于简政放权及清理规范行政事业性收费有关问题的视察报告》、《关于增强履职实效助推精准扶贫的意见》。

29日 省委常委会召开会议，传达学习纪检监察干部监督工作座谈会和业务培训班精神；研究部署全省加强纪检监察干部监督、公务用车制度改革、"一带一路"建设等工作。

△ 省委召开省级各民主党派、工商联和无党派代表人士专题调研协商座谈会，征求"十三五"规划制定的意见建议。省委书记、省人大常委会主任王三运主持会议并讲话。

30日 省城各界在兰州市烈士陵园举行公祭活动，深切缅怀为民族独立、人民解放和国家富强、人民幸福英勇献身的烈士。省领导王三运、刘伟平、冯健身，驻甘人民解放军和武警部队领导张福基、屠金仕，抗战老兵及省城各界代表一起出席公祭仪式。

△ 兰州至中川机场铁路正式开通运营。兰州至中川机场铁路是国家"十二五"规划的重点工程，线路全长60.516公里，为国家I级双线铁路，设计时速160公里/小时。单程运行时间50分钟。是中国西部第一个集民航、铁路、公路三位一体、实现无缝换乘的综合交通枢纽。

△ 全省先锋引领行动表彰大会在兰州举行，隆重表彰2015年度"陇原先锋号""陇原先锋岗"。

是月 由中央电视台和光明日报社共同主办的2015全国"寻找最美教师"大型公益活动，酒钢职工培训中心（甘肃钢铁职业技术学院）教师吕杰在2015全国"寻找最美教师"大型公益活动中被评为"最美教师"，是此次活动中甘肃省唯一获此殊荣的教师。

十月

9日 省长刘伟平到兰州市城关区专题调研大众创业万众创新实施工作。

△ 甘肃省纪念红军长征落脚陕甘革命根据地80周年学术研讨会在庆阳举行。

10日 省政府召开第96次常务会议。会议审议并原则通过《关于落实环保部、国家林业局约谈祁连山国家级自然保护区有关问题的整治方案》《促进陕甘宁革命老区振兴规划项目政策加快落实的实施方案》和《中国制造2025甘肃行动纲要》。

12日 省政府印发《甘肃省机关事业单位工作人员养老保险制度改革实施办法》。本办法适用于本省行政区域内按照公务员法管理的单位、参照公务员法管理的机关(单位)、事业单位及其编制内的工作人员。对于编制管理不规范的单位，要先按照机关事业单位编制管理有关规定进行清理规范，待明确工作人员身份后再纳入相应的养老保险制度。

13日 省委、省政府在敦煌举行丝绸之路(敦煌)国际文化博览会准备工作会议、第四届国际文化产业大会暨第八届甘肃省文博会欢迎会。省委书记、省人大常委会主任王三运，省长刘伟平，文化部副部长、国家文物局局长励小捷等出席欢迎会。

△ 省委书记、省人大常委会主任王三运，省长刘伟平在敦煌市会见前来参加丝绸之路(敦煌)国际文化博览会准备工作会议、第四届国际文化产业大会暨第八届甘肃省文博会的文化部副部长、国家文物局局长励小捷，国家新闻出版广电总局副局长童刚等国家部委领导和嘉宾。

14日 第四届国际文化产业大会暨第八届甘肃省文博会在敦煌开幕。省委书记、省人大常委会主任王三运出席开幕式并宣布大会开幕。省长刘伟平，欧洲委员会美弟奇合作框架秘书长阿尔弗雷德·龙基在开幕式上致辞。文化部副部长、国家文物局局长励小捷，国家新闻出版广电总局副局长童刚等国家部委领导出席开幕式。

10—15日 全国人大常委会委员、全国人大农业与农村委员会主任委员陈建国带领调研组一行到甘肃，就当年全国人大农业与农村委员会负责重点督办的“关于启动实施甘肃省三大区域综合治理规划的建议”进行调研。

16日 省委书记王三运、省长刘伟平会见由海峡两岸关系协会会长陈德铭率领的“一带一路”台商西部行经贸考察团一行。

△ 省长办公会议召开，专题分析研究前三季度全省经济运行情况。

19日 省十二届人大常委会召开第50次主任会议，研究讨论《甘肃省组织实施宪法宣誓制度办法（草案）》。

20日 省长刘伟平专题调研东川铁路国际物流中心项目建设情况，并现场召开省长办公会，协调解决影响项目建设的突出问题。

21日 省委全面深化改革领导小组第十二次会议召开。省委书记、省人大常委会主任、省委全面深化改革领导小组组长王三运出席会议并讲话。省委副书记、省长刘伟平传达中央全面深化改革领导小组会议精神。

△ 甘肃武威沙漠生态产业扶贫项目在兰州签约，“全球治沙领导者”企业亿利资源集团将投资150亿元，在武威市实施生态修复造林绿化、沙漠生态光伏发电、微煤雾化供热供汽等项目。省委书记、省人大常委会主任王三运，省长刘伟平，中纪委驻国家林业局纪检组组长陈述贤等出席签约仪式。

22日 省委常委会在兰州召开会议，传达学习习近平总书记、李克强总理等中央领导同志在《国家民委关于加快全国民族自治州全面建成小康社会步伐的报告》上的重要批示精神，传达学习全国社会治安防控体系建设工作会议精神，研究全省贯彻落实的措施办法。

△ 省委书记、省人大常委会主任王三运，省长刘伟平在兰州会见了中央编办主任张纪南一行。

△ 兰白科技创新改革试验区领导小组第六次会议召开。科技部、上海张江高新区管委会有关负责人出席会议。

23日 甘肃省国家安全工作领导小组会议召开。

△ 省政府召开第97次常务会议。会议审议《关于加快转变农业发展方式的实施方案》《甘肃省交易场所监督管理办法(试行)》和《关于深化高等学校创新创业教育改革的实施方案》。

24日 省长刘伟平会见由国家质检总局副局长陈钢带领的国务院质量工作考核组一行。

30日 省长刘伟平到临夏州广河县开展双联工作、检查精准扶贫精准脱贫政策落实情况。

31日 省委召开省级党员领导干部会议，传达学习党的十八届五中全会精神。省委书记、省人大常委会主任王三运主持会议，传达习近平总书记代表中央政治局所作的工作报告和在全会第二次全体会议上的重要讲话，并就全省贯彻落实工作进行安排部署。省委副书记、省长刘伟平传达《中共中央关于制定国民经济和社会发展第十三个五年规划的建议》主要精神和习总书记就《建议(讨论稿)》向全会所作的说明。

是月 省农业科学院畜草与绿色农业研究所选育出国内首个藜麦品种“陇藜1号”，通过相关科技和农业部门的认定。藜麦是一种古老而优质的粮食作物，原产南美高海拔山区，已有几千年的种植历史，在国际营养学界，被列为“全球十大健康营养食品”。

是月 甘肃省依托金川集团股份有限公司建设的“镍钴资源综合利用国家重点实验室”和依托天水电气传动研究所有限责任公司建设的“大型电气传动系统与装备技术国家重点实验室”获批立项，这是甘肃省首次获批的两家企业国家重点实验室。

是月 甘肃省测绘地理信息应用成果和地图展览开通上线。

十一月

2日 省政府与中国建筑股份有限公司签署合作协议，双方共同发起设立总规模1000亿元的甘肃丝路交通发展基金。省委书记、省人大常委会主任王三运，省委副书记、省长刘伟平，中国建筑股份有限公司党组书记、董事长官庆，中国建筑股份有限公司党组成员、副总裁刘锦章出席签约仪式。刘伟平、官庆代表双方签署合作协议。

△ 省政府召开第98次常务会议。会议审议通过《关于运用大数据加强对市场主体服务和监管的实施方案》《关于完善公立医院药品集中采购工作的实施意见》；研究利用国外贷款助推全省经济社会发展事宜。

3—4日 国家发展改革委副主任、国家能源局局长努尔·白克力带队来甘调研。

4日 省委召开常委扩大会议。会议传达学习党的十八届五中全会精神。省委书记、省人大常委会主任王三运主持会议并讲话。

5日 省委常委会召开会议，传达学习中央有关文件和会议精神，研究提出全省贯彻落实意见，安排部署巡视、干部培养选拔、社会组织党建、关心下一代等工作。

△ 省政府与中国中车集团公司签署战略合作框架协议，双方将在推进服务型制造业、原材料产业链延伸、铁路建设、总部经济、新能源推广应用、精准扶贫及信息化建设等方面展开深入合作。省委书记、省人大常委会主任王三运，省长刘伟平，中车集团公司、中车股份有限公司董事长崔殿国，中车股份有限公司总裁奚国华出席签约仪式。刘伟平、奚国华代表双方签署合作协议。

9日 全省精准扶贫现场观摩活动开幕。省委书记王三运、省长刘伟平、省委副书记欧阳坚率团在定西观摩基层党组织保障精准扶贫工作。

10日 省委书记、省人大常委会主任王三运，省长刘伟平率团到天水、陇南观摩驻村帮扶工作队落实精准扶贫工作。

△ 经第十三届中国国际农产品

交易会组委会的严格评选，甘肃省摘得四个金奖两个优质品牌。甘肃皇家玫瑰花冠茶、庆阳陇宝牌有机苹果、白银熙瑞菊粉、茗芝黑木耳等4个优质农产品荣获本届中国国际农产品交易会金奖，庆阳恒丰源苹果农民专业合作社、天水市秦州区罗玉大樱桃农民专业合作社入选全国百家合作社百个优质农产品品牌。

11日　全省精准扶贫现场推进会在两当县召开。

12日　中央宣讲团党的十八届五中全会精神报告会举行。省委书记、省人大常委会主任王三运主持会议并讲话，中央宣讲团成员、国土资源部党组书记、部长、国家土地总督察姜大明作专题报告。

△　国土资源部党组书记、部长、国家土地总督察姜大明一行到兰州新区，调研未利用土地开发利用工作；听取甘肃省国土资源工作汇报。省委常委、副省长李荣灿代表省政府汇报相关工作。

12—13日　省委党的群团工作会议召开。省委书记、省人大常委会主任王三运出席会议并讲话。

13日　省政府领导班子"三严三实"专题教育第四次学习研讨会举行。省委副书记、省政府党组书记、省长刘伟平主持会议并讲话。会议审议通过了《甘肃省人民政府领导班子"三严三实"专题教育整改任务分解落实方案》。

16日　省委常委会召开会议，传达学习《中共中央关于繁荣发展社会主义文艺的意见》和繁荣发展社会主义文艺推进会精神，研究部署全省贯彻落实意见及丝绸之路(敦煌)国际文化博览会筹备工作。

△　省政府召开第99次常务会议。会议分析1—10月全省经济运行情况；研究2015年全省政府债务限额分配意见。

17日　省委常委会在兰州召开会议，传达学习了俞正声同志在西藏自治区党委和政府工作汇报会上的重要讲话精神，研究部署全省"十三五"时期经济社会发展及藏区、统战等工作。省委书记王三运主持会议。

18日　省政府党组中心组（扩大）学习报告会举行。邀请国务院国资委改革办副局长尹义省围绕中共中央国务院《关于深化国有企业改革的指导意见》作专题辅导报告。

20日　省委统战工作会议召开。

21日　省委藏区工作会议召开。

23—24日　省委十二届十四次全委会议召开。会议审议通过《中共甘肃省委关于制定国民经济和社会发展第十三个五年规划的建议》《中国共产党甘肃省第十二届委员会第十四次全体会议决议》。省委书记王三运受省委常委会委托向全委会报告今年以来的工作，就《建议(讨论稿)》向全委会作说明，并在会议结束时讲话。

25日　省委召开2015年度第二批党政主要领导述纪述廉述作风大会，5位市（州）长和5位省直部门主要负责人作"三述"报告，接受与会两委委员及参会同志的监督和测评。

△　省政府召开第100次常务会议。会议审议通过《关于深入推进"互联网+"行动的实施方案》《关于大力推进大众创业万众创新的实施方案》《关于推进国内贸易流通现代化建设法治化营商环境的实施意见》；审议2016年预算安排建议。

28日　纪念红军西路军古浪战役79周年暨古浪战役纪念馆开馆仪式在古浪县举行。国防大学政委、空军上将刘亚洲出席仪式并为纪念馆揭牌。

29日　丝绸之路(敦煌)国际文化博览会组织委员会第一次会议在北京召开。会议审议通过组委会组成机构及人员名单、工作规程和活动方案，启动各项筹备工作。省委书记、省人大常委会主任王三运讲话，中宣部副部长、文化部部长雒树刚主持会议。中宣部副部长崔玉英宣读刘奇葆同志批示。中国贸促会会长姜增伟宣读全国清理和规范庆典研讨会活动工作领导小组《关于同意举办首届丝绸之路(敦煌)国际文化博览会的通知》。中宣部副部长、国家新闻出版广电总局局长蔡赴朝作文博会组委会、执委会组成人员建议名单的说明。省长刘伟平作首届文博会总体方案、"高峰会议"方案和"丝绸之路文化年展"方案的说明。国家旅游局局长李金早作文博会《工作规程》的说明。陕西省副省长冯新柱代表丝绸之路沿线省区市发言。省政协主席冯健身等出席会议。

30日　省委常委扩大会议召开。会议传达贯彻中央扶贫开发工作会议精神。

△　省委举行理论中心组学习暨"三严三实"第五次研讨会。会议围绕解决"怎么用权"这个问题，重点讨论如何自觉遵守宪法法律和党的纪律。

是月　甘肃在新西兰挂牌成立岐黄中医学院，将致力于中医药在新西兰的传播推广、教育培训、临床医疗等工作。这是甘肃中医药界在海外合作成立的第七所中医学院。甘肃还在俄罗斯友谊大学、法国里昂、马达加斯加建立岐黄中医学院。此外，甘肃在马达加斯加、吉尔吉斯斯坦、摩尔多瓦三个国家建立了中医中心。

十二月

3日　全省富民产业提升农户收入现场推进会在静宁县召开。

2—3日　省长刘伟平到武威市调研，并宣讲党的十八届五中全会精神。调研期间，刘伟平分别主持召开两个座谈会，听取武威市经济社会发展和甜高粱产业发展汇报。

4日　全国交通扶贫工作会议在兰州召开。

△　六盘山片区扶贫攻坚部省协调推进会在兰州举行。交通运输部党组书记、部长杨传堂出席会议并讲话。甘肃省委副书记欧阳坚致辞。宁夏、陕西、青海、甘肃分别介绍了本省区六盘山片区扶贫攻坚工作。国家发展改革委、教育部、国土部、住建部、水利部、国家旅游局等部(委、局)有关负责同志介绍了本部门支持片区扶贫攻坚的政

策举措，并对四省区有关需求作出回应。国务院扶贫办有关负责人讲话。

5日　交通运输部党组书记、部长杨传堂到兰州机场综合交通枢纽调研。

6—9日　全国妇联党组书记、副主席、书记处第一书记宋秀岩带领全国妇联调研组来甘到定点帮扶的定西市漳县和陇南市西和县，调研指导脱贫攻坚工作，对进一步做好定点帮扶工作进行对接。全国妇联副主席、书记处书记崔郁，欧阳坚陪同调研并参加座谈会。

7日　省长刘伟平到岷县、漳县调研岷漳地震灾后恢复重建工作，并宣讲党的十八届五中全会精神。

8日　上午，甘肃省在哈萨克斯坦投资建设的“甘肃省特色农产品阿拉木图集散中心”项目正式竣工开业。该项目甘肃省投资470万美元，哈方以2公顷土地折价入股，拥有24600吨保鲜库及1090平方米展示展销厅，共有10间恒温库(0℃至5℃)，每间库容为2400立方米，另有2个面积分别为400平方米和690平方米展厅，主要用于甘肃省出口中亚农产品及农机具的展示销售。项目集农产品储存与销售为一体，于当年5月开工建设。

8—9日　省长刘伟平到定西市，先后调研漳县殪虎桥乡铁沟村村道建设、漳陇农村饮水工程水厂运行情况，渭源县甘肃中亚高原饮料有限公司饮用水生产、田家河乡元古堆村特色产业发展、第三中学教学设施建设、上湾乡侯家寺村易地搬迁集中安置工作情况。

10日　省长刘伟平到敦煌市检查指导丝绸之路(敦煌)国际文化博览会重点建设项目工作。

△　读者出版传媒股份有限公司经过六年的精心准备，在上海证券交易所成功挂牌上市，实现甘肃省文化企业上市零的突破。这是西北地区首家在国内主板上市的出版传媒类企业，也是A股中唯一拥有著名期刊品牌的概念股。上市当日，即以44.01%的涨幅达到新股上市44%的涨幅上限涨停。

2—11日　经中央批准，应巴基斯坦穆斯林联盟(谢里夫派)、越南共产党、马来西亚马来民族统一机构的邀请，中央委员、省委书记、省人大常委会主任王三运率中共代表团对三国进行友好访问。

11日　省政府召开第102次常务会议，分析研究1-11月全省经济运行情况；对2016年全省经济社会发展主要预期指标进行研究；审议通过《甘肃省水污染防治工作方案》、《关于促进旅游投资和消费的实施意见》；决定取消39项行政审批事项。

15日　省政府党组中心组(扩大)学习报告会召开，邀请国家行政学院汪玉凯教授作《大数据背景下的公共治理模式变革》专题辅导报告，集体学习大数据和互联网的有关知识，助推简政放权和政府职能转变。

16日　省委常委会召开会议，传达学习全国党校工作会议精神，研究部署了全省贯彻落实的具体意见。

△　省委全面深化改革领导小组第十三次会议召开。

17日　纪念甘肃省关工委成立25周年暨全省关心下一代工作表彰大会举行。中国关心下一代工作委员会主任顾秀莲出席会议并讲话。

18日　省政府与国家发展改革委在北京签署合作协议，双方商定建立协同机制，共同推动甘肃国际产能和装备制造合作。省委书记、省人大常委会主任王三运出席签约仪式。国家发展改革委党组书记、主任徐绍史，省委副书记、省长刘伟平代表双方签署协议。

23日　省委召开常委扩大会议，传达学习中央经济工作会议和城市工作会议精神，研究部署全省贯彻落实工作。

△　银川至西安铁路(甘肃段)开工建设议式在庆阳举行。

△　靖远羊羔肉通过国家质检总局专家技术审查，成为靖远县继“靖远枸杞”“小口大枣”“靖远黑瓜子”后的第四个国家地理标志保护产品。截至2014年底，全县羊只饲养量达到132万只，年产值达4.3亿元。

27—28日　省委经济工作暨扶贫开发工作会议召开。省委书记、省人大常委会主任王三运出席会议并讲话。省委副书记、省长刘伟平对明年经济工作和今后一个时期的城市工作与扶贫开发工作进行具体部署，并作总结讲话，对岁末年初的工作作了安排部署。

28日　丝绸之路(敦煌)国际文化博览会筹备工作动员大会召开。

29日　由省对外贸易协会主办，甘肃省驻伊朗和哈萨克斯坦商务代表处协办的首届“一带一路”沿线国家进口商品展在甘肃国际会展中心举办。此次展会邀请了哈萨克斯坦、伊朗、泰国、马来西亚、越南、俄罗斯等“一带一路”沿线20多个国家和地区的近120家参展商参加，带来了44个类别2000多种参展商品，这些进口商品涉及手工艺品、食品、水果、化妆品、珠宝首饰、木制品、旅游产品等“一带一路”沿线国家特色商品。

29—30日　省委常委会专题民主生活会召开。省委书记王三运主持会议。中央纪委、中央组织部专门委派有关同志到会指导。

30日　省委常委会召开会议，传达学习中央农村工作会议精神，研究提出全省贯彻落实意见，安排部署“三农”等工作。

31日　省长刘伟平在兰州市检查元旦节日期间食品、药品、社会治安、消防、城市交通管理等安全保障工作，看望慰问值守公安民警、武警官兵、消防官兵等。

△　上午10时，由中铁十六局施工建设的兰州轨道交通1号线一期工程迎门滩至马滩区间右线隧道顺利掘进至黄河南岸河堤，成为我国首条成功穿越黄河的城市盾构地铁隧道。迎门滩至马滩区间隧道位于兰州市安宁区银滩黄河大桥南北两侧，于2014年11月1日开始施工。右线隧道长约1906米，左线隧道长约1908米，分别由我国自主研发生产的“金城5号”“金城6号”泥水盾构机进行施工。该区间选择在银滩黄河大桥上游约30米至50米位置下穿黄河，两线隧道下穿黄河的长度均为404米，距河床底部15米至22米。

△　截至12月31日，兰州中川国际机场年旅客吞吐量顺利突破800万人次大关，当年旅客吞吐量增幅21.4%，增速居全国省会机场之首，成为继西安、乌鲁木齐之后西北地区第三个年旅客吞吐量突破800万人次的省会机场。实现了甘肃民航史上具有里程碑意义的重大跨越。

是月　中国科学院公布2015年新增选院士名单，兰州大学副校长陈发虎位列其中。陈发虎，生于1962年12月，陕西丹凤人。1984年毕业于兰州大学自然地理学专业，获得学士学位，此后先后获得硕士、博士学位，1995年至1997年在英国利物浦大学地理系攻读博士后。现任兰州大学副校长、西部环境教育部重点实验室主任。

（稿件来源：中国·甘肃·甘肃政务网、《甘肃日报》、《甘肃工作》编辑部等）

历史人文

地理位置

甘肃古属雍州，今省会兰州。地处黄河上游黄土高原青藏高原交会地带，位于中国的地理中心，北纬32° 31′-42° 57′、东经92° 13′-108° 46′。

甘肃东接陕西，南控巴蜀青海，西倚新疆，北扼内蒙古、宁夏，并与蒙古人民共和国接壤，是古丝绸之路的锁匙之地和黄金路段，东西蜿蜒1600多千米，纵横42.58万平方千米，占全国总面积的4.72%。

早期文明

甘肃是中华民族灿烂文化的重要发祥地。大量考古文物证明，远在一二十万年前的旧石器时代，我们的先民就在这块地方生息、繁衍，利用简陋的石器顽强地同大自然作斗争。上世纪以来，先后在镇原县姜家湾、寺沟口、黑土梁，庆阳巨家塬，环县楼房子和刘家岔处，发现了旧石器时代中、晚期的石器、骨器、动物化石和早期人类用火的遗迹。属于新石器时代的文化遗迹，已发现的有1000多处，其中著名的有受仰韶文化影响而发展起来的以洮河、大夏河和湟水中下游为中心，处于母系氏族公社阶段的马家窑文化、齐家文化；还有晚于齐家文化，出现铜器，已经进入原始社会末期或奴隶社会早期的辛店、寺洼和卡鼓文化。古代传说中的炎帝（号神农氏）、黄帝（又号轩辕氏）部族也兴起于西北。

省境东部秦安县大地湾距今7800-4500年的新石器早期文化遗址，出土文物8000余件，其中一处距今7000年前的地画、5000年前的混凝土和一座建筑面积达450平方米的原始社会会堂式宏伟建筑遗迹，系国内首次发现。这里发现的罕见的三足钵、三足罐珍品，比仰韶文化半坡类型要早1000多年，为了解中国文明的起源和发展过程提供了可贵的实例。大地湾遗址的发现，为研究史前史特别是研究古代建筑、文字起源和人类生活提供了极其重要的依据资料。

建置沿革

甘肃一名始于11世纪，取甘州（今张掖）、肃州（今酒泉）二地的首字而成。由于西夏在其境分置12监军司，甘肃为其一，元代设甘肃省，简称甘；又因省境大部分在陇山以西，而唐代曾在此设置过陇右道，故又简称为陇。

先秦时期的地理专著《禹贡》，按方位将全国分为九州，甘肃省境大部属雍、梁二州，旧称“雍梁之地”。秦始皇统一中国后，分全国为36郡，省境东南地区为北地郡和陇西郡，河西为匈奴牧地，汉代在省境置凉州刺史部，至元封五年（前106年）省境先后改置武都、陇西、金城、天水、安定、北地、武威、张掖、酒泉、敦煌等10郡。三国时境内分属魏蜀之地。晋末天下大乱，甘肃境内先后出现前凉、后凉、西凉、南凉、北凉、五凉和仇池、宕昌、西秦等地方政权。唐代改郡为道，省境分属关内道、陇右道和山南道，共辖22州。宋时，境内分属宋、西夏、金所有。元代始设甘肃行中书省，辖黄河以西七路二州，黄河以东地区为陕西省奉元路，经甘南、临夏及岷、宕等地属脱思麻路，由宣政院直属。明代，省境属陕西布政使司、陕西行都指挥使司。清代康熙初于巩昌（今陇西）设陕西右布政司，后改甘肃布政司，后迁至兰州，甘肃始复为省，辖今甘肃、临夏、新疆、青海部分地区。清光绪十年（1884年）分置新疆省。辛亥革命后，1912年省境又划分为宁夏（原朔方）、西宁（原海东）、兰山、泾原（原陇东）、渭川（原陇南）、甘凉（原河西）、安肃（原边关）七道。1927年废道，1928年又分设青海和宁夏两省区。第二次国内革命战争时期，省境陇东地区属陕甘宁边区的陇东和关中两分区。1949年8月26日成立甘肃行政公署。1950年1月8日成立甘肃省人民政府，甘肃省名相沿至今。

风物名胜

甘肃海拔大多在1000米以上，四周为群山峻岭所环抱。北有六盘山、合黎山和龙首山；东为岷山、秦岭和子午岭；西接阿尔金山和祁连山；南壤青泥岭。境内地势起伏、山岭连绵、江河奔流，地形地貌复杂。这里有直插云天的皑皑雪峰，一望无垠的辽阔草原莽莽漠漠的戈壁瀚海，郁郁葱葱的茂密森林，神奇碧绿的湖泊佳泉，有江南风韵的自然风光，也有西北特有的名花瑞果。

河西走廊是甘肃著名的粮仓，也是昔日铁马金戈的古战场和古丝绸之路的主要通道。敦煌莫高窟闻名于世，肃南裕固族、肃北蒙古族、阿克塞哈萨克族、天祝藏区等民族风情独具特色，古酒泉传奇、嘉峪关传说、玉门关和古阳关、桥湾人皮鼓、民间筵悦、骆驼队等奇风异俗熠熠生辉。

甘肃东南部的天水市和陇南地区，是历史悠久、山川锦绣、物产丰富、气候宜人、民俗奇特的天然膏沃之地，有小江南之称。唐玄奘在天水的传说，使佛公娇、万紫山、渗金寺等地成为民俗旅游的主要景点。

与天水、陇南相邻的甘南、临夏两自治州是藏、回、东乡、保安、撒拉等少数民族的集聚地，有独具一格的民情和风俗，境内的拉卜楞寺，不但有着精美绝伦的建筑，而且每年7次规模较大的法会和众多的节庆，使拉卜楞寺的宗教民俗活动空前丰富多彩。古朴典雅的临复清真寺，是穆斯林民众们的聚礼之地，这里的宗教民俗活动，独特隆重，令人叹为观止。

甘肃东部的庆阳、平凉地区，是著名的革命老区，以南梁为中心的陕甘边革命根据地，是第二次国内革命战争后期“硕果仅存”的根据地，为长征中的党中央和中央红军提供了落脚点，是八路军三大主力开赴抗日前线的出发点。境内除有众多的革命遗迹外，黄帝登临、广成子修炼得道的道家圣地崆峒山，西王母设宴招待周穆王的王母宫山以及公刘庙、菩萨山等庙会，都成为民间文化的传播阵地和民间经济的交易场所。特别是唢呐、剪纸、社火、戏曲等民俗文化尤具魅力。

闻名世界的敦煌莫高窟是全国重

敦煌莫高窟

莫高窟壁画

点文物保护单位，俗称千佛洞，是中国四大石窟之一。被誉为20世纪最有价值的文化发现，坐落在河西走廊西端的敦煌，以精美的壁画和塑像闻名于世。它始建于十六国的前秦时期，历经十六国、北朝、隋、唐、五代、西夏、元等历代的兴建，形成巨大的规模，现有洞窟735个，壁画4.5万平方米、泥质彩塑2415尊，是世界上现存规模最大、内容最丰富的佛教艺术圣地。近代以来又发现了藏经洞，内有5万多件古代文物，由此衍生专门研究藏经洞典籍和敦煌艺术的学科 — 敦煌学。1961年，莫高窟被公布为第一批全国重点文物保护单位之一，1987年被列为世界文化遗产，世界遗产委员会认为，莫高窟是地处丝绸之路的一个战略要点。它不仅是东西方贸易的中转站，同时也是宗教、文化和知识的交汇处。莫高窟的492个小石窟和洞穴庙宇，以其雕像和壁画闻名于世，展示了延续千年的佛教艺术。

麦积山石窟被称为“东方雕塑馆”，地处天水市东南方50千米的北道区麦积山乡南侧，是西秦岭山脉小陇山中的一座孤峰。麦积山风景名胜区总面积215平方千米，包括麦积山、仙人崖、石门、曲溪四大景区和街亭古镇，为中国四大石窟之一。麦积山为典型的丹霞地貌，因形如农家麦垛而得名，山崖拔地而起，高80米，山势险峻，周围绿树成林，环境清幽。西汉末年，麦积山已成为天水名将隗嚣的避暑宫。这里松桧阴森，横云飞渡，烟雾团绕，碧水长流，“其青云之半，峭壁之间，镌石成佛，石龛千室”，荟萃着后秦、西秦、北魏、西魏、北周、隋、唐、五代、宋、元、明、清等十多个朝代的塑像7200余尊，壁画1300多平方米，分布在194个洞窟里，与敦煌莫高窟、大同云冈石窟、洛阳龙门石窟并称四大石窟。敦煌侧重于绚丽的壁画，云冈、龙门著名于壮丽的石刻，而麦积山则以精美的塑像闻名于世。中国雕塑家刘开渠曾赞美：麦积山是“我国历代的一个大雕塑馆”。1982年，麦积山以甘肃麦积山风景名胜区的名义，被国务院批准列入第一批国家级风景名胜区名单。

天下第一雄关 — 嘉峪关，是举世闻名的万里长城西端险要关隘，也是长城保存最完整的一座雄关。关城建于明洪武五年（1372年），距今已历600余年，总占地约3.35万平方米。嘉峪关城雄居祁连山与黑山之间，地势险要，扼守咽喉。关城由外城、内城、瓮城、罗城、城壕等部分组成，三重城郭，多道防线，形成重城并守之势，构成了一个壁垒森严的军事防御工程。并与五里一燧、十里一墩、三十里一堡、百里一城共同构成坚固的古代防御体系。嘉峪关内城周长640米，面积2.5万平方米。城头垛口林立，砖垛墙高1.7米。东西城垣开门，门上有明正德元年（1506年）修建的东西二楼：东为“光化楼”，西为“柔远楼”，均系单檐歇山顶、周有回廊的三层木结构建筑，总高17米。东、西门外均有土筑瓮城回护，瓮城与内城同制辟门向南，门上各有一座阁楼。西瓮城外罗城凸出，中辟门向西，为关城正门，门额刻“嘉峪关”三个大字。明弘治八年（1495年）于罗城上修建嘉峪关楼，与东、西二楼形制相同，同处一条中轴线上。清同治末年左宗棠驻节肃州时，曾修整关墙和关楼，并亲笔题“天下第一雄关”的匾额，高悬关楼。南北两端城头各有一座箭楼，为警戒哨所。关城四隅各有一座角楼，南、北墙居中各有一座敌楼，城内有游击将军府、宫井。关城城墙四周有瞭望孔、灯槽、射击孔等防御设施。罗城两端连接南、北、东三面土筑围墙，形成外城，周长1263米。外城广场有文昌阁、戏楼、关帝庙、墩台等，外城又与南北延伸的长城连接。登上城头，南望祁连山，雪峰如玉，绵亘千里；北有黑山，石壁嶙峋，如铸铜色。两山对峙，关踞其间，形势险要，素有“河西第一隘口”“边陲锁钥”之称。1961年嘉峪关被国家公布为第一批全国重点文物保护单位，1987年嘉峪关作为万里长城的杰出代表被联合国教科文组织列入《世界遗产名录》，2007年嘉峪关文物景区被正式评定为首批国家5A级旅游景区。

黄帝问道圣地—崆峒山，位于甘肃省平凉市城西12千米处，东瞰西安，西接兰州，南邻宝鸡，北抵银川，是古丝绸之路西出关中之要塞。景区面积84平方公里，主峰海拔2123米，集奇险灵秀的自然景观和古朴精湛的人文景观于一身，具有极高的观赏、文化和科考价值。自古就有“西来第一山”“西镇奇观”“崆峒山色天下秀”之美誉。崆峒山属六盘山支脉，是天然的动植物王国，有各类植物1000多种，动物300余种，森林覆盖率在90%以上。其间峰峦雄峙，危崖耸立，似鬼斧神工；林海浩瀚，烟笼雾锁，如缥缈仙境；高峡平湖，水天一色，有漓江神韵。既富北方山势之雄伟，又兼南方景色之秀丽。秦汉时期，崆峒山开始有了人文景观。经历代陆续兴建，亭台楼阁，宝刹梵宫，庙宇殿堂，古塔鸣钟，遍布诸峰。明清时期，人们把山上名胜景观称为“崆峒十二景”：香峰斗连、仙桥虹跨、笄头叠翠、月石含珠、春融蜡烛、玉喷琉璃，鹤洞元云、凤山彩雾、广成丹穴、元武针崖、天门铁柱、中台宝塔。近年来，新修了法轮寺、卧观平凉、观音堂、通天桥、飞升宫、王母宫、问道宫等景点三十五处，基本恢复了历来所称的“九宫八台十二院”中四十二处建筑群。古往今来，崆峒山吸引了众多的风流才俊。被中华民族尊为人文始祖的轩辕黄帝亲自登临崆峒山，向智者广成子请教治国之道和养生之术，黄帝问道这一千古盛事在《庄子·在宥》和《史记》等典籍中均有记载；秦皇、汉武因“慕黄帝事”“好神仙”而效法黄帝西登崆峒；司马迁、王符、杜甫、白居易、赵时春、林则徐、谭嗣同等文人墨客也留下了大量的诗词、华章、碑碣、铭文。崆峒武术与少林、武当、峨嵋、昆仑等武术流派驰名华夏。1994年1月，崆峒山被国务院批准为国家重点风景名胜区；2001年1月，被国家旅游局批准为中国首批AAAA级旅游区；2007年5月8日，平凉市崆峒山风景名胜区经国家旅游局正式批准为国家5A级旅游景区；2002年10月顺利通过ISO9001、ISO14001质量、环境管理体系国际认证；2003年7月26日，崆峒山又登上了国家名片，这套由崆峒山最具代表性的景观—隍城、弹筝峡、塔院和雷声峰组成的《崆峒山》特种邮票是我省继敦煌莫高窟、麦积山石窟和嘉峪关城楼后国家邮政局发行的第四套地方题材的特种邮票；2004年3月晋升为国家地质公园。2005年8月9日，太统—崆峒山经国务院批准列为国家级自然保护区。

甘肃全省的石窟文化旅游有：莫高窟、炳灵寺石窟、安西榆林窟、庆阳北石窟寺、泾川南石窟寺、泾川王母宫石窟、肃南马蹄寺石窟群、东千佛洞、西千佛洞、拉稍寺石窟、大象山石窟、金塔寺石窟、麦积山石窟、天梯山石窟（东晋）、武山水帘洞石窟群、云崖寺石窟。

甘肃全省的古建筑旅游有：白塔、嘉峪关城楼、秦安泰山庙、夏河拉卜楞寺、天水伏羲庙、镇远楼、张掖大佛寺、张掖木塔寺、贡唐宝塔、海藏寺、武威罗什寺塔、米拉日巴佛楼阁、武威文庙、宝塔、崇信龙泉寺、兰州黄河铁桥、陇西威远楼、李家龙宫遗址·陇西堂、鲁土司衙门、渭源灞陵桥、保昌楼、白马塔、成县杜甫草堂、文峰塔、汉长城、天水仙人崖、东宫馆、玉泉观、崇信龙泉寺、礼县祁山堡、酒泉钟鼓楼、临夏红园、南郭寺、秦安兴国寺、雷音寺。

甘肃省历史文化遗址众多，全省文化遗址类有：秦安大地湾遗址、永靖恐龙足印化石群、敦煌河仓城、锁阳城故址、阳关故址、甘南夏河八角城、马家窑遗址、沙州故城遗址、居延遗址、悬泉置遗址、悬壁长城、万里长城第一墩、战国秦长城遗址、黑山岩画、罕古城、永昌骊怀古城、成县西峡颂。

历史名人

伏羲：人文始祖，三皇之首。

女娲：中华上古之神，人首蛇身，为伏羲之妹，风姓。

轩辕黄帝：中国远古时期部落联盟首领。

嫘祖：传为西陵氏之女，是传说中的北方部落首领黄帝轩辕氏的元妃。她发明了养蚕，为“嫘祖始蚕”。

秦非子：秦国的先祖非子生活于公元前900年左右，居西垂宫（后称犬丘，今天水市秦城区西南边），是秦的开国君主，他因擅长养马，替周王室主持牧马，马群得到了大量繁殖，为周王朝立下了汗马功劳。

秦襄公（？—公元前766年）嬴姓，名开。先秦时期男子称氏不称姓，虽为嬴姓，却不叫嬴开。是秦国列为诸侯的第一代君主，大秦真正的开国之君。

秦始皇（公元前259年—公元前210年），名政，甘肃陇西人，中国历史上第一个皇帝。13岁即位，在位35年，建都咸阳。公元前221年，历十年之久征灭六国后，建立了大一统秦国。其推行车同轨、书同文、实行郡县制等一系列措施，确立了历代大一统王朝的统一范本，是当之无愧的“千古一帝”。

李广（？—公元前119年），汉族，陇西成纪（今甘肃静宁）人，西汉名将。

李陵（？—公元前74年），字少卿，汉族，陇西成纪（今甘肃天水）人。西汉将领，李广之孙。

甘延寿，字君况，西汉名将，北地郁郅人，即今甘肃庆城县人。与副校尉陈汤共同诛灭了匈奴的郅支单于，被封为义成侯。

赵充国（公元前137年—公元前52年），字翁孙，汉族，原为陇西上邽（今甘肃省天水市）人，后移居湟中（今青海西宁地区），西汉著名将领。

段会宗（公元前83年—公元前9年），字子松，天水上邦（今甘肃天水）人。西汉著名外交家。在西域各族人民中享有很高威望。

隗嚣（？—公元33年），字季孟，天水成纪（今甘肃秦安）人。西汉末割据一方的军阀势力。出身陇右大族，青年时代在州郡为官，以知书通经而闻名陇上。

董卓（？—公元192年），字仲颖，陇西临洮（今甘肃省岷县）人。东汉末年少帝、献帝时权臣，西凉军阀。

张绣（？—公元207年），武威祖厉（今甘肃靖远）人。张济的从子。东汉末年割据宛城的军阀，汉末群雄之一。

贾诩（公元147年—公元223年），字文和，武威姑臧（今甘肃武威）人。三国时期魏国著名谋士。官至太尉，谥曰肃侯。

庞德（？—公元219年），字令明，东汉末年雍州南安郡狟道县（今甘肃省定西市陇西县东南）人。曹操部下重要将领。

姜维（公元202年—公元264年），字伯约，天水冀（今甘肃甘谷东南）人。三国时期蜀汉著名军事家、军事统帅。

李益（公元746年—公元829年），唐代诗人，字君虞，陕西姑臧（今甘肃武威）人，后迁河南郑州。大历四年（公元769年）进士，初任郑县尉，久不得升迁，建中四年（公元783年）登书判拔萃科。因仕途失意，后弃官在燕赵一带漫游。

金銮（公元1506年？—公元1595年？），明代散曲家。字在衡，号白屿。陇西（今属甘肃）人。正德嘉靖年间随父侨寓南京。工诗，钱谦益说他“诗不操秦声，风流宛转，得江左清华之致”（《列朝诗集》）。所作散曲，名重一时。

张澍（公元1776年—公元1847年），字百沦，清代著名学者，凉州府武威县（今武威市）人。一生著述颇丰。清代著名学者张之洞《书目答问》将其列入经学家、史学家和金石学家。

刘尔炘（公元1865年—公元1931年），近代著名学者。字又宽，号果斋、五泉山人。甘肃兰州人。光绪乙丑科进士，授翰林院庶吉士、编修，应聘为五泉书院讲席。

环境资源

地形地貌

甘肃省大部分位于中国地势二级阶梯上，地貌复杂多样，山地、高原、平川、河谷、沙漠、戈壁交错分布。地处中国东部湿润森林草原向西部干旱荒漠草原与高寒荒漠草甸草原的过渡带，亦为华北、华中、西北与青藏的交错毗邻区，以及东部农业区与西部游牧畜牧区的过渡带，自然条件复杂多样，具有明显的过渡性。地势自西南向东北倾斜，地形狭长，东西长1655千米，南北宽530千米，大致可分为各具特色的六大区域：

祁连山

甘南藏族自治州玛曲草原

陇南山地　大致包括渭水以南、临潭、迭部一线以东的山区，为秦岭的西延部分。山地和丘陵西高东低，绿山对峙，溪流急荡，峰锐坡陡。

陇中黄土高原　位于甘肃省中部和东部，东起甘陕省界，西至乌鞘岭。黄河穿流而过，曾经孕育华夏民族的祖先，有闻名遐迩的名山大川，有丰富的矿藏，有刘家峡、盐锅峡、八盘峡三大水库。

甘南高原　甘南高原是“世界屋脊”—青藏高原东部边缘一隅，地势高耸，平均海拔超过3000米，是典型的高原区。这里草滩宽广，水草丰美，牛肥马壮，是甘肃省主要畜牧业基地之一。

河西走廊　位于祁连山以北，北山以南，东起乌鞘岭，西至甘新交界，是块自东向西、由南而北倾斜的狭长地带。海拔在1000-1500米，长1000余千米，宽由几千米到百余千米不等。河西走廊地势平坦，机耕条件好，光热充足，水资源丰富，是著名的戈壁绿洲，农业发展前景广阔，是甘肃主要的商品粮基地。

祁连山地　祁连山地在河西走廊以南，长1000多千米，大部分海拔在3500米以上，终年积雪，冰川逶迤，是河西走廊的天然固体水库，荒漠、草场、森林、冰雪，植被垂直分布明显。

河西走廊以北地带　东西长1000多千米、海拔1000-3600米，习惯称之为北山山地。地近腾格里沙漠和巴丹吉林沙漠，风疾沙多，山岩裸露，荒漠连片，难以耕作。

甘肃是个多山的省份，最主要的山脉有祁连山、乌鞘岭、六盘山，以及阿尔金山、马鬃山、合黎山、龙首山、西倾山、子午岭山等。多数山脉属西北—东南走向。省内的森林资源多集中在这些山区，大多数河流也都从这些山脉形成各自分流的源头。

气 候

甘肃省地处黄土、青藏和蒙古三大高原交汇地带。境内地形复杂，山脉纵横交错，海拔相差悬殊，高山、盆地、平川、沙漠和戈壁等兼而有之，是山地型高原地貌。从东南到西北包括了北亚热带湿润区到高寒区、干旱区的各种气候类型。

甘肃省气候干燥，气温日较差大，光照充足，太阳辐射强。年平均气温在0℃-14℃，由东南向西北降低；河西走廊年平均气温为4℃-9℃，祁连山区0℃-6℃，陇中和陇东分别为5℃-9℃和7℃-10℃，甘南1℃-7℃，陇南9℃-15℃。年均降水量300毫米左右，降水各地差异很大，在42至760毫米之间，自东南向西北减少，降水各季分配不匀，主要集中在6—9月。甘肃省光照充足，光能资源丰富，年日照时数为1700-3300h，自东南向西北增多。河西走廊年日照时数为2800-3300h，是日照最多的地区；陇南为1800-2300h，是日照最少的地区；陇中、陇东和甘南为2100-2700h。

自然资源

土地资源　全省总土地面积45.44万平方千米（据国务院勘界结果为42.58万平方千米），居全国第7位，折合6.8亿亩。其中，农用地为3.81亿亩，建设用地0.14亿亩，未利用地2.87亿亩，人均占有土地26.31亩，人均占有耕地2.71亩，比全国人均占有量高出一倍多。山地多，平地少，全省山地和丘陵占总土地面积的78.2%。全省土地利用率为56.93%，尚未利用的土地有28681.4万亩，占全省总土地面积的42.05%，包括沙漠、戈壁、高寒石山、裸岩、低洼盐碱、沼泽等，占土地总面积的60.11%。甘肃农业经济中种植业居突出地位，主要种植小麦、玉米、马铃薯、糜子、胡麻、油菜籽、甜菜、棉花、大麻、烟叶、当归、党参等，此外还有各种蔬菜瓜果种植栽培，形成了种类繁多、布局合理的种植体系，很多产品已成为甘肃省的名优特产，如河西甜菜（含糖率居全国第二位）、敦煌长绒棉、山丹油菜籽、兰州水烟、黑瓜籽、天水花牛苹果、秦安蜜桃、岷县当归、纹党、潞党等。畜牧业是仅次于种植业的农业经济部门，畜禽品种齐全，大家畜有马、牛、驴、骡、骆驼，小畜禽有猪、羊、鸡、兔等，有28个优良畜禽品种，其中河曲马、山丹马、岷县黑裘皮羊、合作猪、静宁鸡、甘肃双峰驼等是闻名中国的优良畜种。随着多种经济的发展，利用2万余公顷宜养鱼水面发展了渔业生产，共养殖100多个鱼种，其中虹鳟鱼、细鳞鲑、大鲵、甲鱼、黄河鲤鱼、鸽子鱼、石花鱼为名优特水产品。

森林资源　各种林地资源面积396.65万公顷，有白龙江、洮河、祁连山脉、大夏河等地的成片原始森林，森林中的野生植物达4000余种，其中有连香树、水青树、杜仲、透骨草、五福花等珍贵植物；野生动物中列入国家稀有珍贵动物的达54个种或亚种，如大熊猫、金丝猴、羚牛、野马、野骆驼、野驴、野牦牛、白唇鹿等。各类草地资源面积1575.29万公顷，占土地资源总面积的34.67%，其中天然草地1564.83万公顷，占草地总面积的99.34%，是中国主要的牧业基地之一。依靠省境森林资源和宜林土地资源积极发展林业生产，形成了以用材林、防护林、特用林、经济林、薪炭林为结构，以冷杉、云杉、油松、华山松、栎类林、杨桦林等为优势种的林业生产体系，活立木总蓄积量1.74亿立方米。工业是甘肃国民经济的主导产业，利用丰富的优势资源，重点发展基础工业，形成以重工业为主，轻重工业协调配合，包括煤炭、石油、电力、冶金、机械、化学工业、建材、森林、食品、纺织、造纸等十几个部门在内的生产体系，已成为中国有色金属、电力、石油化工、石油机械制造和建筑材料的重要基地。

甘肃省陇南市文县白水江大熊猫自然保护区位于中国甘肃省南部的文县、武都县，1963年建立，面积9.1万公顷。主要保护对象是大熊猫、珙桐等多种珍稀濒危野生动植物及其赖以生存的自然生态环境和生物多样性。世界生物圈保护区。中国以保护大熊猫为主的三个重点保护区之一，甘肃省唯一具有北亚热带生物资源的自然景观区。

陇南市文县白水江大熊猫自然保护区

陇南市文县白水江大熊猫自然保护区内大熊猫

矿产资源　甘肃是矿产资源比较丰富的省份之一，矿业开发已成为甘肃的重要经济支柱。境内成矿地质条件优越，矿产资源较为丰富。截至2006年年底已发现各类矿产173种（含亚矿种），占全国已发现矿种数的74%。甘肃省查明矿产资源的矿种数有97种，其中：能源矿产7种、金属矿产35种、非金属矿产53种、水气矿产2种。列入《甘肃省矿产资源储量表》的固体矿产地891处（含共伴生矿产），其中，大型矿床77个、中型202个、小型612个。据全国主要矿产资源储量通报（2005），在查明矿产资源储量的矿种中，甘肃省列全国第一位的矿产有10种，前五位的有25种，前十位的有49种。亚洲最大的金矿 — 甘肃阳山金矿的发现，是我国近年来探矿业的一个壮举。据悉，阳山金矿累计探获黄金资源量308吨，是亚洲最大类卡林型金矿。据估算，阳山金矿已探明的黄金资源量

潜在经济价值达500亿。能源矿产中，煤、石油、油页岩、天然气、地热水均有储量，仅煤炭就包括了无烟煤、一般用煤、焦煤、褐煤等几大类；黑色金属有铁、锰、钒、铬等及冶金辅助原料矿产熔剂灰岩、熔剂白云岩等14种，大部分已探明储量，铬铁矿、钒矿、菱镁矿及铸型用黏土等储量在中国居前5位；有色金属矿产包括了有色金属、贵金属、稀有金属和分散元素矿产共28种已探明了储量，其中铜、镍、钴、铅、锌、锑、铂族、硒和碲等矿产是甘肃的优势矿产；此外尚有硫、磷、蛇纹岩、芒硝等非金属化工原料矿产9种和石棉、白云母、石膏、石灰岩等非金属建材原料矿产14种。

水利资源　甘肃省水资源主要分属黄河、长江、内陆河3个流域、9个水系。黄河流域有洮河、湟河、黄河干流（包括大夏河、庄浪河、祖厉河及其他直接入黄河干流的小支流）、渭河、泾河等5个水系；长江流域有嘉陵江水系；内陆河流域有石羊河、黑河、疏勒河（含苏干湖水系）3个水系。全省自产地表水资源量286.2亿立方米，纯地下水8.7亿立方米，自产水资源总量约294.9亿立方米，人均1150立方米。全省河流年总径流量415.8亿立方米，其中1亿立方米以上的河流有78条。黄河流域除黄河干流纵贯省境中部外，支流就有36条。该流域面积大，水利条件优越，但流域内绝大部分地区为黄土覆盖，植被稀疏，水土流失严重，河流含沙量大。长江水系包括省境东南部嘉陵江上源支流的白龙江和西汉水，水源充足，年内变化稳定，冬季不封冻，河道坡降大，且多峡谷，蕴藏有丰富的水能资源。全省理论水能蕴藏量1724.15万千瓦，居全国第10位，可能利用开发容量1068.89万千瓦，年发电量492.98亿千瓦小时。

甘肃省查明资源储量全国排位表

位次	矿产名称	矿产数合计
1	镍矿、钴矿、铂矿、钯矿、铱矿、钌矿、铑矿、硒矿、铸型钻土、凹凸棒石黏土、锥面用蛇较岩	12
2	铬矿、水泥配料利用黄土	2
3	金矿、锌矿、铬矿、红柱石、普通黄石、透辉石、岩棉用玄武岩、水泥配料用红土	8
4	钨矿、铍矿（绿柱石）、冶金用石英岩、重品石、石棉	5
5	铅矿、锑矿	2
6	银矿、镉矿、砷、芒硝、铝钼矿、石榴子石、玻璃用白云岩、水泥配料用	10
7	锑矿、钡矿、菱镁矿、汞矿、哪矾石、宝石、螺石、钾盐	8
8	石油、铜矿、佗矿、玻璃用石英岩	4
9	油页岩、泥炭、化肥用蛇纹岩	3
10	锗矿、叶蜡石、高岭土、水泥用大理岩	4
11	镁矿	1
12	铌矿、镓矿、石墨（品质）	3
13	煤炭、锡矿、锰矿、烙锂非灰岩、制碱用灰岩、玻璃用砂、冶金用脉石英	7
14	铁矿、方解石	2
15	玻璃用咏石英	1
16	天然气、镁矿、冶金用白云岩	3
17	锂矿、石膏、膨润土、饰面用大理岩	4

甘肃河流皆发源于西南山原，呈放射状向西北、东及东南分流，大致以冷龙岭、乌鞘岭至景泰长岭山一线为界，西北部属内流区，东南部属外流区。内流区主要有哈尔腾河、疏勒河、黑河及石羊河四水系，均源山祁连山，除前者外，其余三水系均切穿河西走廊南山，流至走廊平地，形成广阔的冲积扇与洪积戈壁滩及其前缘绿洲与盐碱滩。外流区河流分属黄河和长江两大水系。横贯陇中的黄河，由积石峡至黑山峡（省境内长420千米）间，形成一束一放的十大峡谷与九个盆地。峡谷如刘家峡、盐锅峡均为优良坝址；盆地则为重要城镇之所在，如兰州、靖远等。华家岭以南的渭河及陇山以东的泾河两水系，均东流至陕西，汇入黄河。北秦岭为渭河和西汉水的分水岭，也是黄河和长江两大水系的分水岭。全省年径流总量为617.1亿立方米。 但地面水地区分布不均，省境黄河流域占全省径流总量62.4%，长江流域占20.3%，而占全省土地面积61.6%的内陆流域仅占17.3%。且季节变化较大，一般6–9月为洪水期，约占年总水量60%，冬春旱季为枯水期，小河多断流。本省河流年输沙总量达6.51亿吨，90%集中于陇中黄土区，水土流失严重。 全省年径流量在1亿立方米以上的河流共有30多条，为本省主要的水利资源，现已发展灌溉地86.3万多公顷，约占全省耕地面积的24.3%。地下水较丰富，仅主要农牧区即有静储量1.4万亿余立方米，动储量年有68亿多立方米。

风能太阳能资源　甘肃是全国风能资源丰富的省区之一，全省风能资源理论储量为2.37亿千瓦，风能总储量居全国第五位。其中风能资源丰富区、可利用和季节可利用区的面积为17.66万平方公里，占全省总面积的39%，主要集中在河西走廊和省内部分山口地区。年平均风功率密度在150瓦/平方米及以上的区域占全省总面积的4%，风能资源储量为3395万千瓦，风能资源技术可开发量为2667万千瓦。由于特定的地理和气候条件，甘肃的太阳能资源十分丰富，年太阳辐射量约在4800-6400兆焦/平方米，年日照时数在1700-3300小时。其中，河西走廊和甘南高原是省内太阳能最丰富地区，年太阳总辐射量分别为5800-6400兆焦/平方米和5800-6200兆焦/平方米，年日照时达3000-3300小时。甘肃还是全国太阳能技术研发、推广和应用最早的省份之一，有着多年的科技积累，我国太阳能领域的许多开拓性工作都是从甘肃开始的。光伏发电应用在全国最早起步，被动式太阳能建筑技术居全国领先水平。联合国工业发展组织国际太阳能技术促进转让中心落户兰州，为发展太阳能技术集聚更多的信息、人才、技术资源。

区划人口

行政区划

甘肃省现设兰州市、嘉峪关市、金昌市、白银市、天水市、武威市、张掖市、酒泉市、平凉市、庆阳市、定西市、陇南市、临夏回族自治州、甘南藏族自治州。

兰州市　辖五区三县：城关区、七里河区、西固区、安宁区、红古区、榆中县、皋兰县、永登县。

嘉峪关市　不辖区、县，市直管六街道、三镇：五一街道、新华街道、前进街道、胜利街道、建设街道、镜铁山矿区街道、峪泉镇、文殊镇、新城镇。

金昌市　辖一区一县：金川区、永昌县。

白银市　辖二区三县：白银区、平川区、会宁县、靖远县、景泰县。

天水市　辖二区五县：秦州区、麦积区、清水县、秦安县、甘谷县、武山县、张家川回族自治县。

武威市　辖一区三县：凉州区、古浪县、民勤县、天祝藏族自治县。

张掖市　辖一区五县：甘州区、山丹县、民乐县、临泽县、高台县、肃南裕固族自治县。

酒泉市　辖一区二市四县：肃州区、玉门市、敦煌市、金塔县、瓜州县、肃北蒙古族自治县、阿克塞哈萨克族自治县。

平凉市　辖一区六县：崆峒区、泾川县、灵台县、崇信县、华亭县、庄浪县、静宁县。

庆阳市　辖一区七县：西峰区、正宁县、华池县、合水县、宁县、庆城县、镇原县、环县。

定西市　辖一区六县：安定区、通渭县、陇西县、漳县、渭源县、岷县、临洮县。

陇南市　辖一区八县：武都区、成县、两当县、徽县、西和县、礼县、康县、文县、宕昌县。

临夏回族自治州　辖一市七县：临夏市、临夏县、康乐县、广河县、永靖县、和政县、东乡族自治县、积石山保安族东乡族撒拉族自治县。

甘南藏族自治州　辖一市七县：合作市、舟曲县、卓尼县、临潭县、迭部县、夏河县、碌曲县、玛曲县。

全省合计有：12个地级市；2个自治州；4个县级市；58个县；7个自治县；17个市辖区。

人　口

2015年末，全省常住人口为2599.55万人，比上年末增加8.77万人。其中城镇人口1122.75万人，占常住人口的43.19%，比重比上年末提高1.51个百分点；乡村人口1476.80万人，占常住人口的56.81%。按年龄分，0-14岁人口440.87万人，占常住人口的16.96%，比重比上年末下降0.05个百分点；15-64岁人口1936.12万人，占常住人口的74.48%，比重提高0.04个百分点；65周岁及以上人口222.56万人，占常住人口的8.56%，比重提高0.01个百分点。按性别分，男性人口1326.81万人，占常住人口的51.04%；女性人口1272.74万人，占常住人口的48.96%。

全年出生人口32.12万人，人口出生率为12.36‰，比上年上升0.15个千分点；死亡人口15.98万人，人口死亡率为6.15‰，上升0.04个千分点。全年净增人口8.77万人，人口自然增长率为6.21‰，上升0.11个千分点。

民族宗教

民　族

甘肃是一个多民族的省份。2010年数据显示，全省现有54个少数民族，少数民族总人口2410498人，占全省总人口的9.43%。同2000年第五次全国人口普查相比，各少数民族人口的比重上升0.74个百分点。世居甘肃的少数民族有回、藏、东乡、土、裕固、保安、蒙古、撒拉、哈萨克、满族等16个少数民族。其中，东乡族、裕固族、保安族为甘肃的独有民族。省内现有甘南、临夏两个民族自治州，有天祝、肃南、肃北、阿克塞、东乡、积石山、张家川7个民族自治县，有39个民族乡，民族自治地方土地面积17.9万平方千米，占全省面积的39.8%。

从分布情况来看，回族主要聚居在临夏回族自治州和张家川回族自治县，散居在兰州、平凉、定西等地市；藏族主要聚居在甘南藏族自治州和河西走廊祁连山的东、中段地区；东乡、保安、撒拉族主要分布在临夏回族自治州境内；裕固、蒙古、哈萨克族主要分布在河西走廊祁连山的中、西段地区。全省86个县、市、区中，除少数民族聚居的21个县、市外，其余65个县、市、区中均有散居的少数民族。

宗　教

伊斯兰教、佛教、道教、基督教、天主教在甘肃都有信众和活动场所。

伊斯兰教　全省有穆斯林160万多人，宗教活动场所3731处。有“四大教派”（格的目、伊赫瓦尼、西道堂和色来非耶）、“四大门宦”（哲赫忍耶、虎夫耶、库布忍耶和尕德忍耶）的分别。其中伊赫瓦尼、西道堂、色来耶和哲赫忍耶等教派和门宦的传始人均在甘肃。

佛教　可统计信徒80万人，其中藏传佛教45万人，汉传佛教35万多人。宗教活动场所682处。甘南的拉卜楞寺是藏传佛教黄教的六大宗主寺院之一。

道教　可统计信徒21万多人，宗教活动场所212处。平凉崆峒山较著名。

基督教　可统计信徒6万人，宗教活动场所304处。系由15个教派联合而成：中华基督教会、内地会、宣道会、神召会、福音会、协同会、基督复临安息日会、基督徒聚会处、浸信会、真耶稣教会等。

天主教　可统计信徒3万多人，宗教活动场所80多处。

甘肃省独有的少数民族：裕固族

甘肃省独有的少数民族：保安族

甘肃省独有的少数民族：东乡族

国民经济

综　合

2015年，全省实现生产总值6790.32亿元，比上年增长8.1%。其中，第一产业增加值954.54亿元，增长5.4%；第二产业增加值2494.77亿元，增长7.4%；第三产业增加值3341.01亿元，增长9.7%，其中批发和零售贸易业增加值508.00亿元，增长2.3%，住宿和餐饮业增加值196.37亿元，增长7.4%，金融业增加值443.12亿元，增长21.5%，房地产业增加值244.82亿元，增长5.6%。第一产业增加值占生产总值的比重为14.06%，第二产业增加值比重为36.74%，第三产业增加值比重为49.20%。按常住人口计算，人均生产总值26165元，比上年增长7.7%。文化产业实现增加值157.09 亿元，比上年增长18.19%，占生产总值的比重为2.3%。战略性新兴产业实现增加值821.6亿元，比上年增长11.9%，占生产总值的比重为12.1%。

2015年末，全省共有城乡就业人员1535.69万人，其中城镇就业人员567.46万人。全年城镇新增就业人员43.7万人，比上年增长0.46%。年末城镇登记失业率为2.14%，比上年末下降0.05个百分点。

全年居民消费价格总水平比上年上涨1.6%，其中城市上涨1.4%，农村上涨1.8%。全省商品零售价格比上年上涨1.0%。

全年工业生产者出厂价格比上年下降13.0%，工业生产者购进价格下降13.0%，固定资产投资价格下降2.3%，农产品生产价格下降1.5%。农业生产资料价格下降1.4%。

农　业

2015年，全省粮食总产量1171.1万吨，比上年增产1.07%。其中夏粮产量321.7万吨，增产3.74%；秋粮产量849.4万吨，增产0.10%。

全省粮食作物种植面积284.96万公顷，比上年增加0.72万公顷；棉花种植面积2.57万公顷，减少1.24万公顷；油料种植面积32.02万公顷，减少0.88万公顷；蔬菜种植面积52.72万公顷，增加2.03万公顷，其中设施蔬菜种植面积10.40万公顷，增加0.57万公顷；中药材种植面积26.87万公顷，增加1.29万公顷。糖料种植面积029万公顷，减少021万公顷。果园面积45.87万公顷，增加0.18万公顷。

年末，全省大牲畜存栏68085万头，比上年末下降0.77%；牛存栏517.53万头，下降0.86%；羊存栏2096.73万只，下降1.07%；猪存栏666.06万头，下降3.16%。年末大牲畜出栏213.43万头，比上年末增长3.97%；牛出栏192.75万头，增长4.12%；羊出栏1339.29万只，增长9.57%；猪出栏747.26万头，下降3.64%。全年肉类总产量100.55万吨，增长0.82%；全年水产品产量1.49万吨，

2015年甘肃省居民消费价格比上年涨跌幅度（%）

指　标	全　省	城　市	农　村
居民消费价格	1.6	1.4	1.8
食品	1.7	1.3	2.3
#粮食	1.5	1.7	1.3
肉禽及其制品	3.0	3.4	2.3
油脂	−1.3	−0.7	−2.3
鲜蛋	−8.6	−9.9	−5.0
鲜菜	6.6	5.0	10.7
干鲜瓜果	−3.4	−3.9	−2.3
烟酒	3.1	2.9	3.3
衣着	3.1	2.5	4.1
家庭设备用品及服务	1.6	1.5	1.9
医疗保健及个人用品	1.6	1.7	1.6
交通和通信	−1.4	−1.1	−2.0
娱乐教育文化用品及服务	0.6	0.3	1.1
居住	1.9	2.6	0.8

2015年甘肃省生产价格比上年涨跌幅度

单位：%

指标	比上年上涨
工业生产者出厂价格	−13.0
生产资料	−14.4
#采掘	−30.7
原料	−12.4
加工	−11.9
生活资料	0.2
#食品	0.2
衣着	−9.5
一般日用品	0.2
耐用消费品	−0.1
主要行业	
#煤炭开采和洗选业	−10.0
石油和天然气开采业	−47.8
石油加工、冶炼及核燃料加工业	−21.0
化学原料及化学制品制造业	−5.8
黑色金属冶炼及压延加工业	−19.7
有色金属冶炼及压延加工业	−10.8
工业生产者购进价格	−13.0
固定资产投资价格	−2.3
农产品生产价格	−1.5
农业生产资料价格	−1.4

增长4.20%。

主要经济作物中，蔬菜产量1823.14万吨，增产6.92%，其中设施蔬菜产量540.55万吨，增产5.28%；园林水果产量461.80万吨，增产8.60%；中草药材产量108.20万吨，增产8.89%；烟叶产量1.22万吨，增产23.23%。

全年农业机械总动力2684.95万千瓦，比上年增长5.5%。农村用电量54.04亿千瓦小时，增长5.4%。农用化肥施用量（折纯）97.92万吨，增长0.3%。新增有效灌溉面积2.11万公顷。综合治理水土流失面积7.7万平方公里。

工业与建筑业

2015年，全省完成全部工业增加值1778.1亿元，比上年增长7.0%。规模以上工业企业完成工业增加值1662.0亿元，增长6.8%。高技术产业完成工业增加值59.5亿元，比上年增长14.5%，占全省规模以上工业增加值的3.6%。非公有制企业完成工业增加值378.8亿元，比上年增长4.0%，占全省规模以上工业增加值的22.8%。

规模以上工业增加值中，国有及国有控股企业完成工业增加值1216.1亿元，比上年增长7.8%。集体企业完成工业增加值13.1亿元，下降13.9%；股份制企业完成工业增加值1142.5亿元，下降3.1%；外商及港澳台投资企业完成工业增加值28.4亿元，下降8.6%。轻工业完成增加值319.8亿元，比上年增长6.2%；重工业完成增加值1342.2亿元，增长7.0%。

石化、有色、食品、电力、冶金、机械和煤炭等重点支柱行业完成工业增加值1447.1亿元，比上年增长7.4%，占规模以上工业的87.1%。

2015年，全省建筑业实现增加值730.88亿元，比上年增长9.1%。

固定资产投资与房地产开发

2015年，全省完成固定资产投资8626.60亿元，比上年增长11.17%。按三次产业分，第一产业投资534.89亿元，增长30.75%；第二产业投资3434.90亿元，下降2.74%，其中工业投资2301.46亿元，下降13.67%；第三产业投资4656.81亿元，增长21.94%。

全年完成项目投资7858.53亿元，增长11.66%。其中制造业投资1232.45亿元，下降9.31%；建筑业投资1133.44亿元，增长30.95%；交通运输、仓储和邮政业投资814.89亿元，增长3.48%；电力、热力、燃气及水的生产和供应业投资762.72亿元，下降15.78%；水利、环境和公共设施管理业投资762.60亿元，增长25.40%。

2015年甘肃省主要农产品产量情况

单位：万吨、%

产品名称	产　量	比上年增长
粮食	1171.1	1.07
#夏粮	321.70	3.74
秋粮	849.43	0.10
#小麦	281.00	3.46
玉米	577.15	2.24
薯类	225.29	−5.30
油料	71.57	−1.17
#油菜籽	33.97	−1.62
棉花	4.25	−34.31
甜菜	16.05	−41.47
烟叶	1.22	23.23
#烤烟	1.04	33.33
中草药材	108.20	8.89
园林水果	461.80	8.60
蔬菜	1823.14	6.92
#设施蔬菜	540.55	5.28
肉类	100.55	0.82
#猪肉	52.76	−3.62
牛肉	20.14	4.14
羊肉	21.16	9.58
禽肉	4.39	5.53
牛奶	59.87	10.42
绵羊毛	3.22	0.94
鲜蛋	11.69	5.32
水产品	1.49	4.20

2015年甘肃省主要工业产品产量情况

产品名称	单　位	产　量	比上年增长（%）
原煤	万吨	4399.6	−7.4
天然原油	万吨	820.1	6.2
天然气	万立方米	12108.0	−6.7
原油加工量	万吨	1424.3	−1.5
发电量	亿千瓦小时	1242.2	0.1
#火力发电量	亿千瓦小时	718.7	−1.7
水力发电量	亿千瓦小时	336.0	−5.3
风力发电量	亿千瓦小时	126.7	10.4
铁矿石原矿	万吨	1596.2	−18.7
卷烟	万箱	103.0	3.0
电石	万吨	112.8	−24.8
水泥	万吨	4764.3	−3.3
生铁	万吨	690.5	−23.2
粗钢	万吨	852.1	−20.7
钢材	万吨	847.8	−23.5
十种有色金属	万吨	381.4	9.7
#铜	万吨	92.5	3.6
铅	万吨	2.8	19.2
锌	万吨	40.4	47.6
镍	万吨	15.3	3.3
铝	万吨	230.4	7.7
汽车	辆	24354	248.0

2015年甘肃省重点支柱行业主要经济指标

单位：亿元、%

支柱行业	工业增加值		利润总额
	绝对数	比上年增长	
全省	1662.0	6.8	−72.3
石化工业	506.6	8.1	8.5
有色工业	224.0	12.5	−51.2
电力工业	221.3	−3.8	−5.7
冶金工业	73.7	−8.9	−109.9
机械工业	96.4	12.5	10.8
食品工业	242.4	10.1	32.0
煤炭工业	82.8	−6.2	−11.3

2015年，全省完成房地产开发投资768.06亿元，比上年增长6.46%，其中住宅投资526.56亿元，增长6.08%；房屋施工面积8586.18万平方米，增长12.09%，其中住宅施工面积6087.70万平方米，增长7.85%；房屋新开工面积2312.66万平方米，增长12.79%，其中住宅新开工面积1547.13万平方米，增长4.05%；房屋竣工面积962.24万平方米，增长18.32%，其中住宅竣工面积765.12万平方米，增长17.34%；商品房销售面积1434.96万平方米，增长8.26%，其中住宅销售面积1307.48万平方米，增长7.82%。

交通、邮电与旅游

2015年，全省交通运输、仓储和邮政业实现增加值274.65亿元，比上年下降0.3%。年末，全省新建铁路投产里程306.60千米，增建铁路复线投产里程53.70千米。公路里程14.01万千米，其中等级公路12.04万千米，高速公路0.35万千米。新建二级以上公路715.91千米，其中新建高速公路300.00千米。各种运输方式完成货物周转量2226.01亿吨千米，比上年下降6.73%；旅客周转量641.10亿人千米，增长4.23%。

按2010年价格计算，2015年，全省完成邮电业务总量363.61亿元，比上年增长31.02%。其中电信业务总量347.29亿元，增长31.54%；邮政业务总量16.32亿元，增长20.83%。邮政业全年完成邮政函件业务1582.4万件，包裹业务67.55万件，快递业务量3541.43万件，快递业务收入7.25亿元。年末局用电话交换机总容量达到278.1万门，比上年下降22.86%；移动电话交换机容量2997.0万户，增长14.44%。年末固定电话用户325.99万户，比上年减少15.31万户。其中，城市261.85万户，增加1.49万户；农村64.14万户，减少16.8万户。年末移动电话用户2108.1万户，增加49.48万户，其中3G移动电话用户553.96万户。固定电话普及率12.6部/百人，减少0.6部/百人；移动电话普及率81.4部/百人，增加1.7部/百人。年末

2015年甘肃省分行业项目投资及其增长速度

单位：亿元、%

行　业	投资额	比上年增长
农林牧渔业	534.89	30.75
采矿业	306.29	−23.70
制造业	1232.45	−9.31
电力、热力、燃气及水的生产和供应业	762.72	−15.78
建筑业	1133.44	30.95
批发和零售业	472.14	67.12
交通运输、仓储和邮政业	814.89	3.48
住宿和餐饮业	170.01	61.43
信息传输、计算机服务和软件业	72.21	33.47
金融业	13.29	−20.18
房地产业	428.66	13.47
租赁和商务服务业	126.58	63.21
科学研究、技术服务和地质勘查业	58.45	−17.48
水利、环境和公共设施管理业	762.60	25.40
居民服务和其他服务业	154.48	90.08
教育	205.27	91.51
卫生、社会保障和社会福利业	102.24	47.63
文化、体育和娱乐业	203.85	42.76
公共管理和社会组织	304.08	−3.97

2015年甘肃省主要运输方式完成货物、旅客运输量及其增长速度

指　标	单　位	绝对数	比上年增长（%）
货运量	亿吨	5.83	5.75
铁路	亿吨	0.59	−7.97
公路	亿吨	5.23	7.54
货物周转量	亿吨千米	2226.01	−6.73
铁路	亿吨千米	1313.62	−13.81
公路	亿吨千米	912.14	5.77
航空	亿吨千米	0.20	21.24
客运量	亿人次	4.15	6.12
铁路	亿人次	0.31	18.00
公路	亿人次	3.72	4.85
航空	亿人次	0.11	22.44
旅客周转量	亿人千米	641.10	4.23
铁路	亿人千米	370.74	0.87
公路	亿人千米	248.75	8.10
航空	亿人千米	21.45	24.29

2015年甘肃省对主要国家和地区进出口总值及其增长速度

单位：亿元、%

国家和地区	出口值		进口值	
	绝对数	比上年增长	绝对数	比上年增长
美国	39.4	−28.4	5.3	−47.7
中国香港	19.2	−17.5	4.6	−40
日本	4.2	31.4	28.5	−23.9
欧洲联盟	72.9	−10.8	22.1	−3.4
东南亚国家联盟	31.2	−23.4	5.9	146.5
韩国	40.1	180.3	2.4	4.1

固定互联网宽带接入用户数达245.34万户，增长14.7%；互联网宽带接入端口611万个，增长30%。

2015年，全省接待国内游客15632.9万人次，比上年增长23.5%；国内旅游收入974.5亿元，增长25.0%。接待境外旅游人数5.5万人次，增长11.81%。其中接待外国游客3.2万人次，增长9.5%；接待港澳台同胞2.3万人次，增长15.12%。全年国际旅游外汇收入1418.1万美元，增长39.4%。

商贸流通

2015年，全省实现社会消费品零售总额2907.2亿元，比上年增长9.0%。按销售单位所在地统计，城镇实现社会消费品零售总额2316.8亿元，增长8.1%，其中城区实现1709.1亿元，增长7.7%；乡村实现社会消费品零售总额590.4亿元，增长12.3%。按消费形态分，商品零售额2447.2亿元，增长8.6%;餐饮收入460.0亿元，增长10.9%。

全年批发业实现商品销售额4778.6亿元，比上年增长3.1%；零售业实现商品销售额2789.1亿元，增长10.0%;住宿业实现营业额94.0亿元，增长14.4%；餐饮业实现营业额542.6亿元，增长17.2%。全年限额以上企业实现商品零售额1128.5亿元，比上年增长5.0%。其中，石油及制品类零售额335.9亿元，下降16.9%；汽车类零售额271.6亿元，增长4.6%。

贸易与外资利用

2015年，全省外贸进出口总值为497.7亿元，比上年下降5.4%。其中出口总值为362.1亿元，增长11.2%；进口总值为135.6亿元，下降32.3%。一般贸易出口336.9亿元，增长11.2%，一般贸易进口69.2亿元，下降42.1%；加工贸易出口17.6亿元，下降16.0%，加工贸易进口60.5亿元，下降12.8%。

2015年，全省非金融领域外商直接投资合同项目22个，外商直接投资实际使用金额1.1亿美元，比上年增长10%。对外承包工程合同金额8.49亿美元，增长192%；对外承包工程完成营业额2.92亿美元，下降14%。

财政、金融、证券与保险

2015年，全省完成一般公共预算收入为743.90亿元，比上年增长10.59%，其中税收收入529.73亿元，增长8.05%；非税收入214.18亿元，增长17.41%。从主体税种看，国内增值税89.75亿元，增长1.52%；营业税207.15亿元，增长6.24%；企业所得税59.18亿元，增长28.66%；个人所得税18.94亿元，增长19.78%。一般公共预算支出2964.63亿元，增长16.65%。

年末，全省金融机构本外币各项存款余额16299.50亿元，比上年末增长16.55%。金融机构本外币各项贷款余额13728.89亿元，增长23.93%。年末全省共有境内上市公司27家，比上年末增加1家。年末股票总市值2846.62亿元，比上年末增长5.48%。发行、配售股票筹集资金108.73亿元，比上年增长160.37%。公开发行创业板股票2只。全年原保险保费收入256.89亿元，比上年增长23.24%；赔付额92.75亿元，比上年增长9.87%。

社会发展

科学与教育

2015年，全省省部级以上科技成果819项，其中基础理论成果138项，应用技术成果655项，软科学成果26项。全年获得奖励149项，比上年下降0.7%。专利申请受理14584件，比上年增长21.3%；授权专利6912件，增长35.6%；授予发明专利权1238件，增长52.5%。全年共签订技术合同4721项，增长40.2%；技术合同成交金额130.31亿元，增长13.1%。

全省学龄儿童入学率99.83%，比上年提高0.03个百分点。研究生教育招生1.01万人，普通高等教育招生12.62万人，中等职业教育招生9.54万人，普通高中招生19.94万人，初中学校招生29.08万人，普通小学招生31.30万人，特殊教育招生0.18万人。幼儿园在园幼儿70.11万人。

文化、体育与医疗卫生

2015年末，全省共有文化馆103个，公共图书馆103个，博物馆150个，艺术表演团体70个（不含民间职业剧团）。广播综合人口覆盖率98.01%，比上年提高0.12个百分点。电视综合人口覆盖率98.47%，比上年提高0.12个百分

2015年甘肃省金融机构本外币各项存贷款余额

单位：亿元、%

指　标	年末数	比上年末增长
金融机构本外币各项存款余额	16299.50	16.55
#境内存款	16297.66	16.55
#住户存款	7804.53	13.10
活期存款	3120.90	15.50
定期及其他存款	4683.63	11.56
非金融企业存款	5288.88	22.05
活期存款	3024.93	19.37
定期及其他存款	2263.95	25.83
广义政府存款	2874.35	8.08
财政性存款	228.00	-25.71
机关团体存款	2646.35	12.49
金融机构本外币各项贷款余额	13728.89	23.93
#境内贷款	13649.02	23.81
#住户贷款	3551.09	22.43
短期贷款	1374.61	15.96
中长期贷款	2176.48	26.91
非金融企业及机关团体贷款	10097.93	24.34
短期贷款	3287.73	20.52
中长期贷款	5890.12	24.28

2015年甘肃省保险业务情况

单位：亿元、%

指　标	绝对数	比上年末增长
原保险保费收入	256.89	23.24
财产险收入	90.30	12.88
人身险收入	166.59	29.70
寿险收入	132.74	24.71
健康险收入	25.96	65.79
意外伤害险收入	7.89	24.41
赔付支出	92.75	9.87
财产险赔款	45.68	17.37
人身险赔付	47.07	3.45
寿险赔付	33.06	-14.74
健康险赔付	11.67	134.63
意外伤害险赔付	2.34	33.89

点。有线电视用户233.58万户，有线数字电视用户191.78万户。省级报纸出版4.88亿份，期刊出版1.06亿册，图书出版5925万册（张）。全年获得各类奖牌106枚，比上年减少5枚。

年末，全省共有卫生机构27602个，其中医院、卫生院1792个，妇幼保健院（所、站）99个，专科疾病防治院（所、站）7个，社区卫生服务中心（站）609个。医疗卫生机构拥有床位数13.83万张，其中医院、卫生院拥有床位11.85万张。卫生技术人员12.95万人，其中执业医师和执业助理医师4.97万人，注册护士4.78万人。疾病预防控制中心（防疫站）102个，疾病预防控制中心（防疫站）卫生技术人员3598人。卫生监督所（中心）93个，卫生监督所(中心)卫生技术人员1424人。乡镇卫生院1351个，乡镇卫生院卫生技术人员253万人。

人民生活与社会保障

2015年，全省城镇居民人均可支配收入23767元，比上年增长9.0%；城镇居民人均消费支出17451元，增长9.5%；农村居民人均可支配收入6936元，增长10.5%；农村居民人均消费支出6830元，增长11.1%。

年末，全省参加城镇职工基本养老保险人数为306.2万人，比上年末增长2.46%，其中在职人员197.0万人，增长1.62%，离退休人员109.2万人，增长4.01%。参加城乡居民基本养老保险人数1236万人，下降0.33%。参加城镇职工基本医疗保险人数为307.9万人，增长1.75%，其中在职人员208.1万人，增长0.84%，离退休人员99.8万人，增长3.70%。参加失业保险人数为162.8万人，增长0.22%；参加工伤保险人数为182.6万人，增长4.26%；参加生育保险人数为154.1万人，增长7.24%；86个县（市、区）开展了新型农村合作医疗工作，年末参加新型农村合作医疗农民人数为1909.3万人，参合率为98.3%。全年新型农村合作医疗基金支出总额为81.06亿元，累计受益4270.58万人次。全年农村医疗救助215.64万人次。民政部门资助农村合作医疗的人数为164.22万人。城镇居民得到政府最低生活保障人数为77.34万人，农村居民得到政府最低生活保障人数为337.32万人。全年各项社会保险基金总收入444.56亿元，各项社会保险基金总支出414.32亿元，年末领取失业保险金人数为2.4万人。全年销售社会福利彩票45.32亿元，筹集社会福利资金12.6亿元，直接接受社会募捐211.72万元。

安全生产与自然灾害

2015年，全省生产安全事故死亡1520人，亿元生产总值生产安全事故死亡人数为0.22人。全年发生道路交通事故3063起，造成1396人死亡、3553人受伤，直接经济损失0.12亿元。

年末，全省有地震台站（点）413个，有人值守的地震监测台站21个，无人值守的地震监测台站（点）392个。区域测震台网中心1个。全年发生四级以上地震2次，地震造成直接经济损失555.1万元。全年平均气温8.9℃，较常年偏高0.8℃。平均降水量364毫米，较常年偏少9%。全省气象雷达观测站7个，卫星云图接受站点9个。

全年农作物受灾面积66.44万公顷，比上年下降4.44%，其中成灾面积41.66万公顷，增长6.96%。

（供稿：王文生）

2015年甘肃省各类教育招生和在校生情况

单位：万人

指　标	招生数	在校生数	毕业生数
研究生教育	1.01	2.96	0.92
普通高等教育	12.62	45.05	12.40
中等职业教育	9.54	27.18	11.13
普通高中	19.94	62.93	22.44
初中学校	29.08	90.92	33.23
普通小学	31.30	180.24	30.01

2015年居民家庭人均收支情况

单位：元、%

指　标	城　镇		农　村	
	绝对数	比上年增长	绝对数	比上年增长
可支配收入	23767	9.0	6936	10.5
工资性收入	15189	8.5	1975	12.5
经营净收入	1805	8.1	3025	9.5
财产净收入	2295	8.8	128	14.0
转移净收入	4478	11.3	1808	9.8
生活消费支出	17451	9.5	6830	11.1
食品烟酒	5346	7.7	2244	4.6
衣着	1759	6.3	466	13.4
居住	3540	0.1	1221	13.1
生活用品及服务	1125	3.2	445	16.1
交通通信	1850	13.6	812	11.1
教育文化娱乐	2045	24.4	854	13.3
医疗保健	1391	32.7	670	22.6
其他商品和服务	395	5.4	118	20.9

中国共产党甘肃省委员会

重要决定

【推进农业现代化】《中共甘肃省委甘肃省人民政府关于进一步深化农村改革加快推进农业现代化的意见》(甘发〔2015〕1号，2015年1月23日）

【部署省委常委会2015年工作】《中共甘肃省委关于印发〈中共甘肃省委常委会2015年工作要点〉的通知》(甘发〔2015〕2号，2015年2月9日）

【加强新形势下民族工作】《中共甘肃省委甘肃省人民政府关于进一步做好新形势下民族工作的意见》(甘发〔2015〕4号，2015年2月8日）

【安排部署“工作落实年”】《中共甘肃省委关于抓好“工作落实年”的意见》(甘发〔2015〕5号，2015年2月9日)

【加快推进革命老区脱贫致富奔小康】《中共甘肃省委甘肃省人民政府关于进一步支持革命老区脱贫致富奔小康的意见》(甘发〔2015〕6号，2015年5月17日）

【扎实推进精准扶贫工作】《中共甘肃省委甘肃省人民政府关于扎实推进精准扶贫工作的意见》(甘发〔2015〕9号，2015年6月8日)

【加快实施创新驱动发展战略】《中共甘肃省委甘肃省人民政府贯彻落实〈中共中央国务院关于深化体制机制改革加快实施创新驱动发展战略若干意见〉的实施意见》(甘发〔2015〕11号，2015年8月28日）

【加快推进生态文明建设】《中共甘肃省委甘肃省人民政府关于印发〈甘肃省加快推进生态文明建设实施方案〉的通知》(甘发〔2015〕12号，2015年9月8日）

【加强和改进人才工作】《中共甘肃省委关于加强和改进人才工作的意见》(甘发〔2015〕13号，2015年9月14日）

【加强和改进党的群团工作】《中共甘肃省委关于加强和改进党的群团工作的实施意见》(甘发〔2015〕16号，2015年10月23日）

【加强农村基层党建工作】《中共甘肃省委关于全面加强农村基层党建工作的意见》(甘发〔2015〕17号，2015年11月8日）

【加强党内法规工作】《中共甘肃省委关于加强党内法规工作的意见》(甘发〔2015〕18号，2015年11月19日）

【加强新形势下统一战线工作】《中共甘肃省委关于进一步加强新形势下统一战线工作的意见》(甘发〔2015〕20号，2015年11月30日）

【加快构建和谐劳动关系】《中共甘肃省委甘肃省人民政府关于构建和谐劳动关系的实施意见》(甘发〔2015〕22号，2015年12月14日）

重要会议

【全省农村工作会议】1月15日在兰州召开。会议全面总结2014年全省“三农”工作，深刻分析农业农村发展面临的形势任务，安排部署2015年和今后一个时期的“三农”工作。会议讨论《中共甘肃省委甘肃省人民政府关于进一步深化农村改革加快推进农业现代化的意见(讨论稿)》，通报2014年全省改善农村人居环境工作考核情况。会议要求，认真学习领会、全面贯彻落实会议精神，坚持消费导向和可持续发展理念，着力在转变发展方式、调整优化结构、夯实基础、改革创新、改善民生上实现新突破。要重心下移、力量下沉，制定任务书、时间表，完善目标责任制和责任追究制，在指导协调、督促检查、考核评估、基层保障等四个方面下功夫，确保“三农”重点工作任务全面落实。

【中共甘肃省第十二届十一次全委(扩大)会议】1月27日在兰州召开。会议开展2014年省委、省政府领导班子和领导干部年度考核测评，对省委选人用人工作进行“一报告两评议”。

【省委常委会专题民主生活会情况通报会】1月27日在兰州召开。会议介绍省委常委班子整改方案和个人整改措施的具体情况。会议指出，制定整改方案和措施只是第一步，实践和落实的任务还非常繁重，要坚持以强烈的政治意识、细化的措施办法、有效的机制制约、统筹的工作方法抓好整改落实。

【2015年全省联村联户为民富民行动大会】2月10日在兰州召开。会议总结“双联”行动三年来的工作成绩，表彰奖励先进单位和个人，安排部署2015年工作任务。会议强调，要认真贯彻省委、省政府决策部署，紧扣“重在联、贵在为、深在制”的要领去拓展，围绕落实“六大任务”、打造“三大工程”的目标去深化，更加聚焦打好扶贫开发攻坚战，全力推进“双联”行动再掀新高潮、再上新台阶，努力为全面建成小康社会、加快建设幸福美好新甘肃提供不竭动力。

【省委常委（扩大）会议】3月18日在兰州召开。会议传达学习全国“两会”精神，安排部署甘肃省贯彻落实意见。会议强调，全省上下要把学习贯彻习近平总书记重要讲话和全国“两会”精神，作为当前和今后一个时期的重要政治任务，紧密结合省情实际，全面抓好贯彻落实。要充分认识重大意义，在深刻把握发展成就中提振信心，在深刻把握复杂形势中激发动力，在深刻把握责任使命中攻坚克难，真正把思想和行动统一到全国“两会”精神上来，以加倍的努力向着既定目标不断前进。

【省市党政主要领导干部研讨班】4月8—12日在兰州召开。会议重点围绕适应经济发展新常态、全面建成小康社会、全面深化改革、全面推进依法治国、全面从严治党等方面进行学习研讨。会议强调，要把牢学习贯彻习总书记系列重要讲话精神“一条红线”，扭住全面建成小康社会、全面深化改革、全面依法治国、全面从严治党“四个全面”，抓好最大任务、最大动力、最大重器、最大政绩、最大机遇“五个最大”，完善工作思路、谋划工作举措、落实工作责任，奋力开创建设幸福美好新甘肃崭新局面。

【全省精准扶贫精准脱贫工作会议】6月9—10日在兰州召开。省委、省政府与相关市（州）、省直有关部门签订精准扶贫精准脱贫责任书，部分市（州）和省直部门主要负责人作大会发言。会议强调，要认真学习贯彻习近平总书记系列重要讲话精神和扶贫开发重要战略思想，深入贯彻落实省委、省政府决策部署和“1+17”精准扶贫方案，紧扣对象、目标、内容、方式、考评、保障“六个精准”，凝心聚力、聚焦发力、准确用力，最大限度挖掘、整合、运用好各方面的资源和力量，坚决打赢精准扶贫、精准脱贫的攻坚战、整体战和大决战，奋力谱写全面建成小康社会、建设幸福美好新甘肃的崭新篇章。

【全省项目观摩活动总结会议】7月28日在兰州召开。14个项目观摩组负责同志对各市（州）项目建设情况作点评。会议强调，要认真学习贯彻习近平总书记系列重要讲话精神，保持战略定力、增强发展自信，着眼有效应对当前经济下行压力和实现全面小康奋斗目标，坚定不移实施和推进“3341”项目建设工程，不断开创稳增长、调结构、防风险、惠民生综合平衡、协调互促的良好局面。

【中共甘肃省第十二届十三次全委（扩大）会议】8月12—13日在兰州召开。会议深入学习贯彻党的十八大和十八届三中、四中全会精神，认真学习贯彻习近平总书记系列重要讲话精神，全面总结上半年省委常委会工作，安排部署下半年全省工作，原则通过《甘肃省推进领导干部能上能下实施细则（试行）》，审议通过《中国共产党甘肃省第十二届委员会第十三次全体会议决议》。会议递补杨志强、苏君为省委委员。

【2015年度第一批党政主要领导述纪述廉述作风大会】8月13日在兰州召开。部分市（州）和省直部门党政主要负责同志作“三述”报告。会议强调，要深化思想认识，严格工作要求，发挥好“三述”教育、警示和促进作用，推动全省党风廉政建设不断取得新成效，大力营造风清气正的良好环境。

【中共甘肃省委人大工作会议】8月31日在兰州召开。有关地区党委负责同志作交流发言。会议强调，要深入贯彻习近平总书记系列重要讲话精神，紧紧围绕保障“四个全面”战略布局落地生根，从行动上强化使命担当，从思想上强化制度自信，从措施上强化履职实效，从保障上强化党的领导，不断推动全省人大工作创新发展。

【全省党委秘书长会议】9月16日在兰州召开。会议认真学习贯彻习近平总书记系列重要讲话精神和中央决策部署，对狠抓中央八项规定和省委双十条规定的落地生根、持续推动“3783”党风廉政建设主体责任体系的全面落实和进一步营造“四个全面”战略布局的浓厚氛围等工作进行有重点的再安排、再部署。会议强调，要深入学习贯彻习近平总书记系列重要讲话精神，始终围绕中心、服务大局，敢于担当、真抓实干，切实发挥职能作用抓落实，确保中央政令畅通，确保省委决策部署落到实处。

【省委常委（扩大）会议】11月4日在兰州召开。会议传达贯彻党的十八届五中全会精神。会议强调，学习贯彻党的十八届五中全会精神，是全省当前和今后一个时期的首要政治任务，也是一项长期的战略任务。各级各方面要深刻认识十八届五中全会的重大意义，结合实际学习好、宣传好、贯彻好全会精神，切实把全会精神转化为解放思想、开拓进取的持久动力，转化为推动转型发展、富民兴陇大业的战略举措，转化为建设幸福美好新甘肃、全面建成小康社会的实际行动。

【中共甘肃省第十二届十四次全委会议】11月23—24日在兰州召开。会议深入贯彻落实党的十八大和十八届三中、四中、五中全会精神，认真学习贯彻习近平总书记系列重要讲话精神，全面总结2015年以来省委常委会的工作，审议通过《中共甘肃省委关于制定国民经济和社会发展第十三个五年规划的建议》，审议通过《中国共产党甘肃省第十二届委员会第十四次全体会议决议》。

【2015年度第二批党政主要负责人述纪述廉述作风大会】11月25日在兰州召开。部分市（州）和省直部门党政主要负责同志作“三述”报告。会议强调，要紧盯“关键少数”，把“三述”摆上践行“三严三实”要求、实现“纪”在“法”前、落实“3783”主体责任体系的高度，

从严征求意见，从严审核报告，从严整改落实，拓展教育警示作用、延伸覆盖范围与成果转化应用，真正把“述”的功能和作用发挥出来，努力推动全省党风廉政建设不断取得新成效。

【省委常委（扩大）会议】11月30日在兰州召开。会议传达贯彻中央扶贫开发工作会议精神。会议强调，全省各级各方面要把学习贯彻中央扶贫开发工作会议精神特别是习近平总书记重要讲话精神，作为当前和今后一个时期最大的政治任务抓紧抓好，切实把思想和行动统一到中央的决策部署上来，切实把会议精神转化为攻坚克难的强大动力，转化为脱贫攻坚的务实举措，转化为致富奔小康的实际行动。

【省委经济工作暨扶贫开发工作会议】12月27—28日在兰州召开。会议全面总结2015年经济工作、城市工作和扶贫开发工作，深入分析新常态下全省发展面临的新形势新任务，系统部署2016年全省经济工作和今后一个时期城市建设发展与脱贫攻坚各项任务，强调各级各方面要认真学习贯彻习近平总书记和李克强总理在中央经济工作会议、城市工作会议和扶贫开发工作会议上的重要讲话精神，切实把思想和行动统一到中央的部署和要求上来，提振干事创业精气神，打好“十三五”开局战，保持经济社会发展好势头，不断把建设幸福美好新甘肃、全面建成小康社会宏伟事业推向前进。

重要活动

【张德江参加甘肃代表团审议】3月10日，中共中央政治局常委、全国人大常委会委员长张德江参加十二届全国人大三次会议甘肃代表团审议。在听取王三运、刘伟平、嘉木样·洛桑久美·图丹却吉尼玛等代表发言后，张德江说，要把增进人民福祉作为最大责任，切实做好保障和改善民生工作，多谋民生之利，多解民生之忧，让老百姓过上美好生活。要正确处理好改革发展与民生改善的关系，用改革的思路促进科学发展，让发展的成果惠及人民群众，让经济社会发展更具动力和活力。要着眼于老百姓的实际困难和迫切需要，突出重点，抓住关键，多做雪中送炭的实事，健全基本养老和社会救助体系，守住保障基本生活这条民生底线。要打好扶贫攻坚战，抓好教育扶贫，发展特色经济，织密织牢贫困人口基本生活安全网，确保贫困地区人民群众同全国人民一道进入全面小康社会。甘肃要抓住“一带一路”战略机遇，扩大对外对内开放，实现更大发展。

【杜青林在甘肃调研】4月27—29日，中共中央书记处书记、全国政协副主席杜青林在甘肃调研。他强调，要准确理解和贯彻落实习近平总书记关于精准扶贫的新思想新要求，找准藏区扶贫工作的难点和症结，分类施策、精准发力，确保精准扶贫的目标到位、措施到位、责任到位，以“三严三实”作风合力推进“四个全面”战略布局落实，奋力探索出藏区群众实现全面小康的新路子。省委书记、省人大常委会主任王三运主持汇报会。省委副书记、省长刘伟平，省政协主席冯健身在汇报会上发言。省委副书记欧阳坚陪同调研，并代表省委、省政府汇报甘肃省藏区精准扶贫工作。省委常委、省委秘书长李建华，副省长王玺玉出席汇报会。

【曹建明在甘肃省检察机关调研督导规范司法行为专项整治工作】4月28—29日，最高人民检察院检察长曹建明在甘肃省检察机关调研督导规范司法行为专项整治工作，看望司法办案一线检察人员。他强调，规范司法行为是保证公正司法、提高司法公信力的基本要求。各级检察机关要认真学习领会习近平总书记等中央领导同志关于规范司法行为的重要指示，深刻认识开展专项整治工作的重大意义，坚持以自身问题为导向，坚持以人民满意为标准，动真碰硬从严从实解决自身司法不规范顽疾，真正让人民群众在每一个司法案件中感受到公平正义。调研期间，曹建明与省委书记、省人大常委会主任王三运，省委副书记、省长刘伟平，省委常委、省委政法委书记泽巴足，省委常委、省委秘书长李建华，副省长、省公安厅厅长马世忠，省高级人民法院院长梁明远等进行工作会谈。

【国务院第七督查组就甘肃省落实国务院重大政策措施情况开展督促检查】6月1—4日，国务院第七督查组就甘肃省落实国务院重大政策措施情况开展为期四天的督促检查。6月1日，督查组听取省委、省政府有关工作情况汇报。省委书记、省人大常委会主任王三运主持汇报会。省委副书记、省长刘伟平汇报情况。省领导欧阳坚、咸辉、李建华、郝远、李荣灿、王玺玉、夏红民、马世忠及张生桢出席会议。

【第五届敦煌行·丝绸之路国际旅游节开幕】6月16日上午，由国家旅游局、甘肃省人民政府共同主办的第五届敦煌行·丝绸之路国际旅游节在古丝绸之路重镇嘉峪关市拉开帷幕。省委书记、省人大常委会主任王三运宣布旅游节开幕。省委副书记、省长刘伟平，国家旅游局局长李金早，本届旅游节主宾国匈牙利经济与交通部国务秘书朱迪特·刚多斯，世界旅游组织执行主席佐尔坦·索莫吉，亚太旅游协会前主席斯科特·斯伯努分别致辞。主宾国匈牙利推介匈牙利丰富的旅游资源。来自美国、法国、德国、英国、加拿大、日本、新加坡、意大利、瑞士、泰国等20多个国家和地区的旅行商代表，匈牙利、伊朗、巴基斯坦等15个国家的旅游商品参展商，全国百强旅行社代表参加开幕式。

【2015年公祭伏羲大典在天水举行】6月22日，以“同根同祖、中华共祭”为主题的2015（乙未）年公祭中华人文始祖伏羲大典在天水伏羲庙隆重举行，台湾台北市同步进行公祭活动。全国政协副主席马飚，省委书记、省人大常委会主任王三运，中国国民党荣誉副主席蒋孝严，省委副书记、省长刘伟平，省政协主席冯健身，省委副书记欧阳坚，与海内外中华儿女、四海宾朋共同出席公祭大典。

【宁夏党政代表团来甘肃考察】6月

24日，宁夏回族自治区党政代表团抵达甘肃进行考察。两省（区）在兰州召开合作交流座谈会，就进一步加强合作交换意见，并签署《宁夏回族自治区人民政府甘肃省人民政府合作框架协议》。甘肃省委书记、省人大常委会主任王三运，宁夏回族自治区党委书记、自治区人大常委会主任李建华分别讲话。甘肃省委副书记、省长刘伟平，宁夏回族自治区党委副书记、自治区政府主席刘慧分别介绍两省（区）经济社会发展情况。

【卢展工来甘调研】6月28日至7月1日，以全国政协副主席卢展工为组长、全国政协科教文卫体委员会副主任胡振民为副组长的全国政协调研组来甘肃，就"发挥中华优秀传统文化在培育和践行社会主义核心价值观中的作用"开展专题调研。6月28日，调研组在兰州召开汇报座谈会。省委书记、省人大常委会主任王三运出席会议并陪同调研，省委副书记、省长刘伟平出席会议，省政协主席冯健身主持会议并陪同调研。

【王正伟来甘调研】7月2—5日，全国政协副主席、中央统战部副部长、国家民委主任王正伟带领国家民委调研组专程来甘肃，就中央民族工作会议精神贯彻落实情况和民族地区全面建成小康社会进展情况开展专题调研。7月3日，调研组在兰州召开甘肃省民族工作汇报座谈会。省委书记、省人大常委会主任王三运主持汇报会，省委副书记、省长刘伟平汇报全省民族工作情况。

【王三运刘伟平冯健身会见白俄罗斯政府代表团】由白俄罗斯副总理加里宁·阿纳托利·尼克拉耶维奇率领的白俄罗斯政府代表团，出席第21届兰州投资贸易洽谈会暨丝绸之路合作发展高端论坛。省委书记、省人大常委会主任王三运，省委副书记、省长刘伟平，省政协主席冯健身7月5日在兰州会见白俄罗斯政府代表团一行。王三运代表省委、省政府和全省各族人民对加里宁副总理和代表团各位成员表示热烈欢迎。

【第二十一届兰洽会暨丝绸之路合作发展高端论坛举办】7月7日，第二十一届中国兰州投资贸易洽谈会暨丝绸之路合作发展高端论坛在兰州隆重开幕。全国政协副主席马培华出席开幕式并宣布兰洽会开幕。兰洽会主宾国白俄罗斯共和国副总理加里宁·阿纳托利·尼克拉耶维奇出席开幕式。省委书记、省人大常委会主任王三运，商务部国际贸易谈判副代表张向晨致辞。省委副书记、省长刘伟平主持兰洽会开幕式暨丝绸之路合作发展高端论坛。省政协主席冯健身出席。加里宁·阿纳托利·尼克拉耶维奇，中国国际经济交流中心常务副理事长张晓强，吉尔吉斯斯坦共和国农业和农垦部部长爱达拉利耶夫，国务院发展研究中心副主任隆国强，联合国工业发展组织执行干事塞莱斯廷·蒙戈，就深化拓展合作、携手共建"一带一路"、促进互利共赢等主题先后发表演讲。土库曼斯坦等46个国家的驻华使节、国际友人和工商界代表以及联合国工业发展组织代表，国家相关部委、有关省（市、区)及港澳台地区负责人，国内外企业界人士出席兰洽会开幕式暨高端论坛。本届兰洽会以"开放、开发、合作、发展"为宗旨，以"共建'一带一路'、推进互利共赢"为主题，由商务部、国家工商总局、国务院台办、全国工商联、中国侨联、中国贸促会和甘肃省人民政府主办，邀请白俄罗斯共和国为主宾国，举办高端论坛、智库论坛、世界陇商大会等多个主题活动以及徽商、浙商、台商、民企"陇上行"等系列商贸活动。

【广西党政代表团来甘肃考察】7月7日，广西壮族自治区党政代表团抵达甘肃进行考察。两省（区）在兰州召开经济社会发展交流座谈会，就进一步加强合作交换意见。座谈会上，甘肃省委书记、省人大常委会主任王三运，广西壮族自治区党委书记、自治区人大常委会主任彭清华分别讲话。甘肃省委副书记、省长刘伟平，广西壮族自治区党委副书记、自治区政府主席陈武分别介绍两省（区）经济社会发展情况。

【兰洽会白俄罗斯馆开馆】7月7日，第二十一届中国兰州投资贸易洽谈会主宾国白俄罗斯共和国在兰州举行白俄罗斯馆开馆仪式。全国政协副主席马培华，白俄罗斯共和国副总理加里宁·阿纳托利·尼克拉耶维奇共同按下启动球，为白俄罗斯馆开馆。

【甘肃省与白俄罗斯签署合作备忘录】7月7日，甘肃省与白俄罗斯共和国在兰州签署合作备忘录，双方就争取在年内开通兰州至明斯克国际航线达成一致意见。白俄罗斯共和国副总理加里宁·阿纳托利·尼克拉耶维奇，省委书记、省人大常委会主任王三运，省委副书记、省长刘伟平出席签字仪式。

【中华海外联谊会海外理事、名誉理事及海外知名人士来甘考察】7月19日，省委书记、省人大常委会主任王三运在兰州会见来甘考察的中华海外联谊会海外理事、名誉理事及海外知名人士。王三运代表省委、省政府对考察团一行表示欢迎。他说，中华海外联谊会影响力大、美誉度高，成员都是爱国楷模、精英翘楚。联谊会发挥自身优势，倾力支持国内经济发展、巩固壮大爱国统一战线、维护海外侨胞合法权益、促进大陆与海内外各界交流交往，取得非常显著的成绩。联谊会十分关注甘肃发展，在抗灾救灾、扶贫济困、改善教育医疗条件等方面给予很大帮助，全省人民深受感动、铭记在心。

【大堡子山流失文物移交仪式在兰举行】7月20日，由国家文物局和甘肃省政府联合举办的大堡子山流失文物移交仪式暨秦韵——大堡子山流失文物回归特展在省博物馆举行，流失海外20多年的32件春秋时期文物正式回归故土并永久落户省博物馆。省委书记、省人大常委会主任王三运，文化部副部长、国家文物局局长励小捷，法国驻华大使顾山致辞。省委副书记、省长刘伟平代表省政府接收回归文物。

【王三运刘伟平会见巴布亚新几内亚总督奥吉奥】9月5日，省委书记、省人大常委会主任王三运在兰州会见巴布亚新几内亚总督迈克尔·奥吉奥及其夫人埃丝米·奥吉奥一行。

【汪洋在甘肃调研扶贫工作并出席“三西”扶贫开发现场会】9月17—19日，国务院副总理汪洋在甘肃调研扶贫工作并出席“三西”扶贫开发现场会。他强调，当前我国扶贫开发进入攻坚阶段，要认真贯彻落实党中央、国务院关于扶贫工作的决策部署，充分发挥政治优势和制度优势，深化精准扶贫、精准脱贫，不断推进改革创新，激发贫困地区和贫困群众发展的内生动力，坚定不移地将扶贫开发推向深入。

【王三运刘伟平会见陈德铭】省委书记、省人大常委会主任王三运，省委副书记、省长刘伟平10月16日在兰州会见由海峡两岸关系协会会长陈德铭率领的中央台办、海协会、全国台企联和台商企业家组成的“一带一路”台商西部行经贸考察团一行。

【丝绸之路(敦煌)国际文化博览会组织委员会第一次会议召开】丝绸之路(敦煌)国际文化博览会组织委员会第一次会议11月29日在北京人民大会堂召开。会议审议通过组委会组成机构及人员名单、工作规程和活动方案，启动各项筹备工作。中央政治局委员、书记处书记、中宣部部长刘奇葆作出批示，他强调，举办丝绸之路(敦煌)国际文化博览会，打造有国际影响的文化交流平台，对于促进不同文明交流互鉴、增进沿线国家合作互信，具有十分重要的意义。要认真学习贯彻习近平总书记系列重要讲话精神，紧紧围绕“一带一路”战略，精心做好规划设计，切实加强统筹协调，有力有序推进各项筹备工作，努力把敦煌国际文化博览会办成世界一流的文化盛会。省委书记、省人大常委会主任王三运讲话，中宣部副部长、文化部部长雒树刚主持会议。

【王三运率中共代表团赴巴基斯坦、越南和马来西亚访问】经中央批准，应巴基斯坦穆斯林联盟(谢里夫派)、越南共产党、马来西亚马来民族统一机构的邀请，中央委员、省委书记、省人大常委会主任王三运率中共代表团，于12月2—11日对三国进行友好访问。

重要决策

【传达学习习近平总书记重要讲话精神 研究部署农业农村和组织等工作】省委常委会1月4日召开会议，传达学习习近平总书记有关重要讲话精神和中央农村工作会议、全国组织部长会议精神，研究部署全省农业农村和组织等工作。省委书记王三运主持会议。会议传达学习习总书记关于改革发展稳定和党的建设方面的重要讲话精神。会议指出，党的十八大以来，习总书记发表一系列重要讲话，深刻阐释党和国家发展的一系列重大理论和现实问题，提出一系列治国理政、兴党为民的新思想新观点新论断，为坚持和发展中国特色社会主义注入新的内涵，丰富了马克思主义的理论宝库，是指引我们前行的思想灯塔和行动指南。全省上下要把学习贯彻习总书记系列重要讲话作为重大政治任务抓紧抓好，认认真真学、原原本本学、反反复复学，努力掌握核心要义、吃透精神实质，做到内化于心、外化于行。特别是要深刻把握习总书记重要讲话对我们谋划工作的重大指导意义，进一步把重要讲话精神体现到改革发展稳定和党的建设的方方面面，切实用以武装头脑、指导实践、推动工作。会议指出，中央农村工作会议是继中央经济工作会议之后中央召开的一次重要会议。会议作出的决策部署针对性和指导性都很强，对我们适应经济发展新常态、进一步推动农业农村发展具有重大的现实意义。全省各级各部门要认真学习贯彻会议精神，准确把握好势头与新机遇并存、补短板与新要求并存的农业农村工作形势，进一步增强工作的针对性和实效性，不断推动我省农业农村发展迈上新台阶。一要抓换脑，充分认识新常态下农业农村发展的新特征，转变思想观念和发展理念，进一步找准农业农村工作的着力重点，积极培育新产业、新业态、新模式，打造农村经济发展的新增长点。二要抓稳粮，把稳定粮食产量作为重要任务，创新机制、完善政策，加快改善农业生产条件，加大农业科技集成创新和推广力度，大力发展农业产业化，积极发展多种形式适度规模经营，提升粮食综合生产能力，确保全省粮食供需基本平衡。三要抓增收，坚持新型城镇化和农业现代化“两手”发力，支持农村富余劳动力转移就业，引导农民优化种植结构、发展特色畜牧养殖，扶持龙头企业做大做强，延长农业产业链条，多渠道促进农民增收。四要抓扶贫，深入实施“1236”扶贫攻坚行动和联村联户为民富民行动，把区域开发与精准扶贫结合起来，统筹推进产业扶贫、科技扶贫、智力扶贫、社会扶贫各项工作，进一步改善贫困地区生存发展条件，增强贫困群众自我发展能力，力争使更多贫困人口实现稳定脱贫。会议指出，全国组织部长会议作出一系列重大部署，集中体现了严的要求、高的标准、实的目标、细的办法，是我们加强和改进党的建设、做好新形势下组织工作的重要遵循。全省各级党委和组织部门要深入学习贯彻会议精神，牢牢把握全面从严治党这个主线，紧扣全面建成小康社会、全面深化改革、全面推进依法治省的大局，认真履行管党治党责任，突出抓好思想理论建设、从严管理监督干部、持续深入改进作风、强化基层基础工作、完善党内法规制度等重点任务，不断提升全省党的建设和组织工作水平，为各项事业发展提供强有力的政治、组织和作风保证。会议传达学习《2014—2018年全国党政领导班子建设规划纲要》，安排部署全省贯彻落实工作；审定《甘肃省人民政府关于深化预算管理制度改革的实施意见》。

【传达学习十八届中央纪委五次全会精神 研究部署党风廉政建设和反腐败等工作】省委常委会1月16日召开会议，传达学习十八届中央纪委五次全会和全国宣传部长会议精神，研究部署全省党风廉政建设和反腐败斗争、宣传思想、民族等工作。省委书记王三运主持会议。会议指出，十八届中央纪委五次全会，是在全党深入贯彻党的十八大和十八届三中、四中全会精神，奋力推进全面建成小康社会、全面深化改革、全面依法治国、全面从严治党的新形势下，召开的一次十分重要的会议。习总书记所作的重要讲话，旗帜鲜明、立场坚定，激浊扬清、振聋发聩，展示了全面从严治党的坚强意志，体现了迎难而上的强烈担当，彰显了对党和人民事业高度负责的政治品格。讲话思想深刻、内涵丰富，以案说法、很接地气，摆事实催人警醒，谈危害发人深省，讲道理鞭辟入里，提要求语重心长，反映出党中央和习总书记一以贯之的务实作风和精神，寄托着党中央和习总书记对各级党员干部的殷殷期望和重托，为我们进一步做好工作指明了努力方向、提供了重要遵循。全省各级要把学习贯彻中央纪委五次全会特别是习总书记重要讲话精神作为重大政治任务来抓，结合贯彻落实省委十二届八次、九次全委会的部署安排，结合"3783"主体责任体系的实施落地，进一步深化认识、凝心聚力，开拓创新、扎实工作，不断把党风廉政建设和反腐败斗争引向深入。会议强调，学习贯彻习总书记重要讲话精神、抓好全省党风廉政建设和反腐败工作，要紧密联系"三个实际"。一要紧密联系思想实际，清醒认识到现阶段面临的反腐败斗争形势依然严峻复杂，时刻紧绷反腐败这根弦，坚决做到重视程度要加强、不能松劲，主体责任要加强、不能观望，措施力度要加强、不能减弱。二要紧密联系工作实际，重点是用好责任体系，把构建和实施"3783"主体责任体系作为总抓手，做好细化实化工作；用好巡视利剑，坚持常规巡视和专项巡视相结合，多开展"点穴式"、"巡查式"、"回访式"巡视，发挥巡视工作"尖兵"作用；用好监督机制，认真对照习总书记重要讲话精神审视和检验主体责任履行情况，增强党风廉政建设考核的针对性和实效性。三要紧密联系当前实际，保持反腐高压态势，既减少腐败存量又遏制腐败增量，坚决刹住腐败蔓延势头；抓好整改任务落实，通过公开曝光、点名通报等方式，让各级各部门警醒起来、行动起来；深化体制机制改革，堵塞制度漏洞、破解机制障碍，有效预防和解决腐败问题。会议强调，学习贯彻习总书记重要讲话精神、抓好全省党风廉政建设和反腐败工作，具体工作中要着重把握好八个方面。一要充分肯定成绩，进一步增强信心。去年以来全省各级严肃查处一批腐败分子，党风政风明显好转，赢得了干部群众支持，增强了全省上下持续推进党风廉政建设的决心和信心。二要清醒认识形势，进一步加大力度。深刻认识腐败行为的极大危害性，正确判断当前反腐败斗争形势，坚决把反腐败斗争进行到底。三要明确具体要求，进一步盯紧抓实。聚焦推进"四个全面"、落实"两个责任"，找准切入点和着力点，研究细化工作思路、措施办法和责任要求。四要抓好作风建设，进一步拓展成果。紧盯教育实践活动查摆的问题和新发现的作风问题，完善办法、体现成效，坚决反对和纠正"四风"。五要彰显反腐魄力，进一步遏制腐败。坚持无禁区、无特区、无盲区，以"零容忍"的态度惩治腐败。六要严守纪律规矩，进一步端正党风。时刻对照"7个有之"和"5个决不允许"躬身自省、规范言行，敬畏纪律、敬畏规矩。七要强化责任担当，进一步示范引领。把主体责任扛起来、严起来、实起来、细起来，带动形成上下联动落实责任的工作格局。八要全面深化改革，进一步完善制度。坚持以改革思路推进工作、以问题导向牵引改革，做好"破"和"立"两篇文章，健全完善制度机制，从源头上解决问题。会议指出，全国宣传部长会议全面总结一年来党的宣传思想工作，科学分析研判当前宣传思想工作面临的形势，深入扎实部署当前和今后一个时期的工作。全省各级要认真学习贯彻会议精神，坚持围绕中心、服务大局，切实做好宣传思想工作，努力为全省改革发展稳定营造良好舆论环境。一要持续深入抓好习总书记系列重要讲话精神的学习贯彻，努力在组织引导和典型宣传上下功夫，让广大党员干部进一步掌握重要讲话精神实质和核心要义。二要持续深入抓好服务全局的各项工作，努力在深度和生动上下功夫，结合全省改革发展实践，挖掘典型、总结亮点、扩大宣传，提升甘肃影响力和美誉度。三要持续深入推进社会主义核心价值观学习教育实践，努力在立体和鲜活上下功夫，通过有效载体和措施，推动社会主义核心价值观深入人心，不断凝聚强大正能量。四要持续深入抓好文艺创作，努力在特色和聚焦上下功夫，突出甘肃独特风貌和历史文化，创作更多无愧于时代、无愧于人民的精品力作。五要持续深入提升文化软实力，努力在挖掘和开放上下功夫，讲好甘肃故事，传播甘肃声音，树立甘肃形象，为扩大开放提供有力支撑。六要持续深入抓好意识形态工作，努力在阵地和方向上下功夫，牢牢把握意识形态工作领导权和主动权，做到守土有责、守土负责、守土尽责。七要持续深入抓好文化体制改革，努力在谋划和落地上下功夫，创新体制机制，搞好文化事业、搞活文化产业，放大社会效益和经济效益。会议审议省委、省政府《关于进一步做好新形势下民族工作的意见》。

【传达学习中央政法工作会议精神研究部署政法司法纪检工作】省委常委会1月24日召开会议，传达学习中央政法工作会议精神，研究提出贯彻落实意见，并就进一步做好司法、纪检等工作作出安排部署。省委书记王三运主持会议。会议指出，中央政法工作会议是在全面推进依法治国迈入新征程的形势下召开的一次重要会议。习近平总书记关于政法工作的重要批示，鲜明提出加强政法工作的着力重点，对各级党委履行政治责任和领导责任作出明确要求，为我们进一步做好工作指明了努力方向、提供了重要遵循。全省各级党委、政府特别是政法系统要认真学习领会习总书记重要批示和中央政法工作会议精神，联系实际抓好贯彻落实。一要高站位认识，把握好政法工作对维护大局和谐稳定、促进社会公平正义、保障人民安居乐业的重大意义，切实增强政治意识、大局意识和责任意识，坚决有效地加强组织领导，确保刀把子牢牢掌握在党和人民手中。二要贴实际贯彻，立足社会发育程度较低、各种矛盾相互交织以及多民族多宗教的特殊省情，按照中央政法工作会议作出的决策部署，抓紧研究谋划更具针对性、操作性和实效性的措施办法，有效防范各类安全和稳定风险，坚决打击各类影响安全和稳定的犯罪行为，全力推进平安甘肃、法治甘肃建设，增强人民群众的安全感和幸福感。三要抓重点突破，夯实重点区域的工作基础，完善敏感节点的防控措施，强化特殊任务的保障条件，加快难点问题的改革步伐，提升干部队伍的职业能力，进一步为经济社会发展创造良好环境。会议审议省高级人民法院和省人民检察院向省人大十二届三次会议所作的工作报告。会议指出，去年以来，省“两院”认真贯彻落实党的十八届三中、四中全会精神和中央有关决策部署，紧紧围绕全省改革发展稳定大局，积极履行肩负的重要职责，充分发挥保驾护航作用。新形势下，司法机关任务更重，人民群众要求更高。全省各级法院和检察机关要持之以恒抓好学习教育，督促和引导干警认真学习中央有关精神，深入学习习总书记系列重要讲话精神，切实强化理论武装和责任担当，奋发有为、扎实有效干好工作；持之以恒抓好深化改革，围绕提高司法公信力这个核心目的，坚持问题导向和民意取向，找准突破口和着力点，谋划改革举措，推进改革实践，提升工作水平，让司法真正成为维护社会公平正义的最后一道防线；持之以恒抓好队伍建设，既重视能力素质培养，又重视干事环境营造，坚决承担党风廉政建设主体责任，认真落实“3783”主体责任体系，铲除歪风邪气，弘扬新风正气，努力打造一支高素质的司法队伍。会议审议省纪委十二届四次全会工作报告。会议指出，过去一年，省纪委聚焦监督执纪问责职能，不断完善工作举措、加大办案力度、强化责任担当，在惩治和预防腐败方面取得明显成效，以实际行动落实了党中央、中纪委和省委的决策部署。会议对进一步加强纪检监察工作提出六点要求：一要突出纪律规矩，加强党的政治纪律和政治规矩教育，引导党员干部提升政治素养、夯实思想基础，自觉用党纪党规约束和规范言行，始终做到政治信仰不变、政治立场不移、政治方向不偏。二要突出主体责任，重点是要抓典型，发挥正面典型的激励作用、负面典型的警示作用，引导各级党组织主动落实主体责任；抓分解，对各级细化责任、完善举措提出详细要求，确保省委部署落到实处；抓督查，采取多种形式了解掌握情况，监督各级履行主体责任；抓报告，建立健全报告制度和机制，明确具体的形式、内容和时间，不断强化落实主体责任的硬约束。三要突出震慑威慑，用好巡视利剑，畅通举报渠道，及时掌握违纪违法线索；重视案件查办，严厉惩处腐败行为，始终保持高压态势；严肃责任追究，切实执行责任倒查机制，对出现重大腐败问题的部门和领导干部坚决问责。四要突出“四风”整改，把推动作风建设作为重要履职内容，严格约束各级各部门落实整改方案，坚决防止“四风”问题回潮反弹。五要突出警示教育，重视以案说法、以案施教，引导广大党员干部特别是领导干部汲取教训、引以为戒，更加敬畏誓言、敬畏组织、敬畏党纪，珍惜自己、珍惜家庭、珍惜名节，自觉绷紧廉洁自律这根弦。六要突出自身建设，紧盯中心任务调整优化机构设置，着眼工作需要配齐配强纪检干部，进一步为履行职责奠定坚实基础，不断把全省党风廉政建设和反腐败斗争推向深入。

【传达学习习总书记重要讲话精神研究部署依法治国高校党建和统战工作】省委常委会2月8日召开会议，传达学习习近平总书记在省部级主要领导干部学习贯彻十八届四中全会精神全面推进依法治国专题研讨班上的重要讲话精神，以及第二十三次全国高校党的建设工作会议和全国统战部长会议精神，研究部署全省具体贯彻落实工作。省委书记王三运主持会议。会议指出，习总书记的重要讲话从领导干部是全面推进依法治国的关键、做尊法学法守法用法的模范、正确认识党和法的关系等三个方面进行系统论述，抓住全面推进依法治国的要害问题，廓清了一些认识上的误区，对广大党员领导干部进行了深刻的实践性和警示性教育。讲话高屋建瓴、思想深邃，透视历史、以古鉴今，放眼世界、旁征博引，具有很强的理论性、思想性、政治性、指导性和针对性，为我们发挥领导干部示范带头作用、加快推进法治建设进程指明了努力方向。全省上下要牢固树立政治意识、大局意识和责任意识，认真学习领会习总书记重要讲话精神，结合实际贯彻落实好重要讲话精神。会议强调，各级领导干部在推进依法治国方面肩负着重要责任。我们要抓住领导干部这个关键，教育引导各级领导干部在思想上进一步重视起来、在行动上进一步严格起来、在根本问题上进一步明确起来，争做尊法学法守法用法的模范，影响和带动各级各部门共同推进法治建设。具体工作中，要牢牢把握“九个紧密结合”：一是“关键少数”与关口门槛紧密结合。既要抓住领导干部这个“关键少数”，发挥模范带头作用，又要重视对其他干部的法治教育，从踏入公务员队伍门槛起就要抓法治素养的提升。二是依法治国与深化改革紧密结合。正确认识两者之间彼此关联、相互支撑的关系，以法治规范改革，以改革促进法治，做到相辅相成、相得益彰。三是法治精神与法治实践紧密结合。一手抓好法规制度的完善和贯彻，一手抓好法治理念的培育和养成，强化外部约束和内生动力，使法治成为领导干部的共同追求和自觉行动。四是严守党规和遵守国法紧密结合。充分认识到遵守国家法律法规是对公民的底线要求、遵守党内法规制度是对党员的底线要求，带头遵守法律、执行法律，以更严格的标准贯彻党规党纪。五是示范引领与推动基层紧密结合。在当好示范、强化引领的同时，积极推动地方、部门和分管领域法治建设，有效承担“双重责任”。六是法治思维与法治能力紧密结合。既要重视法治思维、法治观念的塑造，遇事主动依法推进；也要重视法治能力、法治本领的锻造，始终做到在法治之下、而不是在法治之外、更不是在法治之上想问题、作决策、办事情。七是依法施治与道德教化紧密结合。法律是成文的道德，道德是内心的法律，两者都是治理国家和社会的重要手段。必须两手都要抓、两手都要用，打好“组合拳”，把法律和道德两种力量、自律和他律两种约束统一起来，使法治和德治共同发力。八是政治定力与法定权力紧密结合。准确把握党和法的关系、政治和法治的关系，坚定不移加强和体现党的领导，严格按照法定权限履职尽责、推进工作，在这个问题上绝不能有任何的含糊。九是衡量标准与素质培养紧密结合。一方面要重视法治素养标准的研究和完善，准确评价党员干部特别是领导干部的法治素养和水平。另一方面要重视干部队伍法治素养的培训和提高，解决好认识问题、知识问题和胆识问题，引导党员干部打牢根基、扣好第一粒扣子，抓住根本、认清党和法的关系，依靠根据、严格依法靠法办事，努力推动法治甘肃建设不断取得新成效。会议强调，习总书记就高校党建工作作出的重要指示，明确提出了做好高校党建工作的基本原则和着力重点，是推进新形势下高校党建工作的思想指南和行动纲领。要深入学习贯彻习总书记重要指示和全国高校党建工作会议精神，切实加强对高校党建工作的领导和指导，把党要管党、从严治党落到实处，为高校事业发展提供坚强组织保证。一要把牢方向，坚持党的教育方针，坚持社会主义办学方向，加强和改进思想政治工作，提升政治理论和政治信念教育实效，努力培养更多中国特色社会主义建设者和接班人。二要守好阵地，坚持马克思主义指导地位不动摇，把“三个自信”贯穿到日常教育和学科建设中，牢牢把握高校意识形态工作领导权。三要敢于担责，坚持和完善党委领导下的校长负责制，不断改善和完善高校体制机制，增强驾驭能力，体现担当精神，切实履行好高校党组织的政治责任。四要从严管党，坚决落实党风廉政建设“两个责任”，排查管控好高校存在的廉政风险点，加强高校师德师风建设，从严教育、监督和约束干部，严厉查处腐败问题，着力营造风清气正的良好环境。五要加强管理，将校园安全管理和课堂教学管理摆在重要位置，不断强化相关的具体办法和把关机制，确保高校校园安全有序。六要系统推进，按照中央的有关决策部署，结合全省教育事业发展和高校工作实际，进一步制定全面系统的贯彻落实意见，着力推动全省高校工作健康发展。会议强调，全国统战部长会议就加强新形势下统战工作作出全面部署、提出明确要求，对进一步做好统战工作具有重要指导意义。全省各级党委特别是统战部门要认真学习领会习总书记关于统战工作的新思想新观点新论断，深入学习贯彻全国统战部长会议精神，切实把思想和行动统一到中央的重大方针决策上来。要把牢统战工作的正确方向，始终坚持党的领导，引导统一战线广大成员始终与我们党同心同德。要积极推进协商民主，充分发挥统一战线作用，主动服务改革发展稳定大局，不断加强凝心、献计、出力等工作。要立足省情特点，把统战工作同民族工作、宗教工作更好地结合起来，同深化扶贫攻坚、保障改善民生、密切党群干群关系等工作有机结合起来，齐心协力推进各项事业发展。

【传达学习中央有关会议精神 研究部署贯彻落实工作】省委常委会2月16日召开会议，传达学习2015年中央第一轮专项巡视工作动员部署会和中央对台工作会议精神，研究部署甘肃省具体贯彻落实措施及春节值班等工作。省委书记王三运主持会议。会议指出，中央第一轮专项巡视工作动员部署会明确了新形势下巡视工作的方针、目标和任务，鲜明提出让巡视利剑高悬、震慑常在的工作要求，再一次发出党要管党、从严治党的强烈信号，为我们深入开展巡视工作、扎实推进党风廉政建设和反腐败斗争指明努力方向，必须认真领会、坚决贯彻。一要抓好传达学习、深化思想认识，深入学习习近平总书记系列重要讲话精神和关于巡视工作的重要指示精神，准确把握中央专项巡视工作动员部署会提出的重要判断和要求，清醒认识当前依然严峻复杂的反腐败斗争形势，切实增强做好巡视工作的思想自觉和行动自觉，以思想认识的高度、实际工作的力度保障巡视利剑和尖兵作用的发挥。二要把牢着力重点、不断拓展成果，盯住重点人员、重点事项、重点问题，聚焦十八大以来没有巡视过的地方和单位、问题反映比较多的地方和单位，通过常规巡视、专项巡视特别是点穴式、巡查式、回访式巡视等多种方式，着力发现重大问题和腐败线索，该跟进的抓紧跟进、该移交的及时移交，不设禁区、不留死角，做到事事有回音、件件有着落，以巡视工作的实际成效推动反腐败斗争。三要锻造巡视队伍、提高工作能力，既要重视力量的保障，更要重视素质的提升，统筹用好选人用人、教育培训、实践锻炼等多个渠道，配齐建强巡视队伍，确保有人干事、能干成事。同时，要进一步加强巡视队伍思想政治和纪律作风建设，着力打造一支忠诚、干净、担当的干部队伍，为推进全面从严治党提供有力保障和支撑。会议指出，对台工作意义重大，事关党和国家工作大局，事关甘肃开放开发进程。要认真贯彻落实中央对台工作的大政方针，准确把握当前面临的工作形势，从战略高度谋划和推进对台工作，坚决服从服务于中央对台工作大局。要立足省情实际，发挥独特优势，深入推进经贸、旅游、文化、教育等各个领域的务实合作，不断提升陇台两地之间的交流层次和实效，既助推幸福美好新甘肃建设，也为推动两岸关系和平发展作出新的更大贡献。会议对做好春节期间有关工作作出安排部署，强调各级各部门要认真贯彻落实中央和省委、省政府有关通知要求，全力做好节日期间值班值守、安全生产和人员密集场所安全管理等工作，确保人民群众过上一个欢乐、安全、祥和的春节。一是思想认识要再提高，站在保障人民群众生命财产安全、维护全省改革发展稳定大局的高度，充分认识做好节日期间各项工作的重要性，进一步增强政治意识、大局意识和责任意识，始终紧绷安全稳定这根弦，坚决克服麻痹大意思想，真正把工作时时放在心上、牢牢扛在肩上、紧紧抓在手上。二是安排部署要再细化，对照中央和省委、省政府提出的要求，结合地方和部门实际，抓住隐患点和风险点，制定切实可行的应急方案，对既定的部署再梳理、再细化、再完善，特别是主要负责同志要亲自研究、亲自部署、亲自督促，统筹考虑每一个环节和细节，确保做到领导到位、管理到位、服务到位、保障到位。三是值守责任要再靠实，层层落实值班值守责任，严格执行领导在岗带班、24小时专人值班和信息报送制度，及时处置突发事件和紧急工作，绝不能因人因私误事，对擅离职守、贻误工作的人员必须严肃追责。四是监管措施要再强化，深入开展事故隐患排查治理，切实加强重点行业专项整治，制定务实管用的管控和防范措施，坚决防止重特大安全生产事故和公共安全事件的发生。五是纪律规定要再严明，采取思想教育、案例警示、通报曝光等方式，督促和约束各级干部严格执行中央八项规定和省委"双十条"规定，持续深入反对和纠正"四风"，过一个廉洁干净、风清气正的春节，带动良好社会风气的形成。会议研究审定《关于引导农村土地经营权有序流转发展农业适度规模经营的实施意见》。

【传达学习全国两会精神 安排部署贯彻落实意见】省委3月18日召开常委扩大会议，传达学习全国"两会"精神，安排部署全省贯彻落实意见。省委书记、省人大常委会主任王三运主持会议并讲话。省委副书记、省长刘伟平传达全国"两会"精神。王三运指出，全国"两会"是在全面建成小康社会的攻坚之年、全面深化改革的关键之年、全面推进依法治国的开局之年、全面从严治党的强化之年召开的一次十分重要的会议。会议期间，习近平总书记到部分代表团参加审议，广泛听取意见，同人大代表、政协委员共商国是，发表一系列重要讲话，为我们进一步做好改革发展稳定各项工作指明前进方向。全省上下要把学习贯彻习近平总书记重要讲话和全国"两会"精神，作为当前和今后一个时期的重要政治任务，紧密结合省情实际，全面抓好贯彻落实。要充分认识重大意义，在深刻把握发展成就中提振信心，在深刻把握复杂形势中激发动力，在深刻把握责任使命中攻坚克难，真正把思想和行动统一到全国"两会"精神上来，以加倍的努力向着既定目标不断前进。王三运强调，要准确把握精神实质。把中央要求落实好，切实把思想和行动统一到中央重大决策部署上来，统一到中央领导同志对甘肃工作的重要指示上来。把大会文件领会透，认真研读全国"两会"文件，真正做到理解透彻、融会贯通，做到学以致用、知行合一。把各方智慧聚起来，主动学习借鉴，积极消化吸收，真正转化为推动我省转型发展的思路举措。把"两会"精神宣传好，深入解读重大理论和实践问题，深入回答干部群众关心的热点难点问题，更加坚定推进"四个全面"战略布局的信心和决心。王三运强调，要聚焦重点贯彻落实。紧紧扭住"四个全面"战略布局，紧密结合甘肃实际展开和落实，紧密结合开展"工作落实年"活动，举全省之力谋小康之业、扬改革之帆、行法治之道、筑执政之基。一要在全面小康建设上打好攻坚战，立足欠发达的省情实际，以战略平台支撑转型升级，深入推进"3341"项目工程和"三大平台"建设，尽快培育一批新的产业增长点和经济增长极；以创新驱动加快方式转变，推动经济发展从规模速度型粗放增长向质量效益型集约增长转变，经济结构从增量扩能为主向调整存量、做优增量并举深度调整；以扩大开放激发发展活力，抢抓国家"一带一路"建设这个最大历史机遇，全面实施"13685"战略规划，深入推进丝绸之路经济带黄金段建设；以扶贫攻坚拉长小康短板，推进"1236"扶贫攻坚行动和"双联"行动深度融合，在扶贫对象、内容、目标、措施、投入、考评等方面力求实现精准，切实把扶贫开发工作往深里谋、往实处做。二要在全面深化改革上奏好交响乐，以落地生根为目标，以解决问题为导向，以人民满意为标准，按照中央的部署要求，一项一项地抓好落实，以此带动各个方面、各个行业、各个领域改革全面铺开、整体推进。三要在全面依法治国上下好先手棋，深入贯彻十八届四中全会《决定》和省委十二届九次全委会议部署，围绕科学立法、严格执法、公正司法、全民守法，从顶层设计、治理体系、参与主体、目标任务等各个方面进一步细化实化思路举措，切实把依法治省各项任务落到实处。四要在全面从严治党上出好组合拳，从坚定理想信念、完善体制机制、提升作风能力、推进反腐倡廉等方面入手，不断提升党的建设科学化水平，一方面从大处着眼、从小处着手、从难处着力，全面落实党要管党的责任。另一方面拓展广度、增加密度、加大力度、挖掘深度，建立健全从严治党的制度，推动"3783"主体责任体系覆盖各个领域、各个环节、各个层次，努力为协调推进"四个全面"战略布局提供坚强的政治保证。

【传达学习习总书记重要讲话精神 研究部署贯彻落实意见】省委常委会3月20召开会议，传达学习习近平总书记在陕甘宁革命老区脱贫致富座谈会上的重要讲话精神和《中共中央关于徐才厚严重违纪违法案及其教训的通报》，研究部署全省贯彻落实的具体意见。省委书记王三运主持会议。会议指出，习总书记在陕甘宁革命老区脱贫致富座谈会上的重要讲话语重心长、情真意切，思想深邃、内涵丰富，鲜明提出市县需要高度重视的"如何适应经济发展新常态、抓好县域经济发展，如何打好扶贫开发攻坚战、加快改善老区百姓生活，如何在全面深化改革中积极作为、运用法治思维和法治方式推动工作，如何继承和发扬老区光荣传统、切实加强和改进党的建设”等四个重大问题，并对推动革命老区发展、加快脱贫致富进程，作出系统而精准的战略部署和要求，具有很强的战略性、针对性和指导性，既是对深化新一轮扶贫开发、全面建成小康社会的再动员再部署再推动，也是指引我们进一步做好全省各项工作特别是抓好革命老区扶贫工作的重要遵循和行动指南。会议强调，全省各级党委、政府要认真学习贯彻习总书记重要讲话精神，进一步凝神聚力，把扶贫开发作为重大政治任务，将革命老区脱贫致富摆在全省扶贫大局重中之重的位置，以强烈使命感和紧迫感、以务实作风和创新精神，深入谋划、扎实抓好扶贫开发工作。要始终坚持精准扶贫的思路和要求，从贫困地区、革命老区发展实际出发，找准贯彻落实的结合点和着力点，切实抓好扶贫思路的完善、扶贫政策的倾斜、扶贫力量的聚焦、扶贫责任的落地，努力提高这些地区经济社会发展水平，让人民群众有更多的获得感、认同感和幸福感，真正把习总书记的亲切关怀转化为推进工作的强大动力，把中央给予的特殊支持转化为扶贫开发的实际成效，为加快建设幸福美好新甘肃、全面建成小康社会奠定更加坚实的基础。会议指出，徐才厚的所作所为严重违纪违法，完全背离党的性质和宗旨，给党和军队的事业、给人民利益造成极大影响和损害。中央对徐才厚案的处理决定完全符合党和人民的利益，深得全党全军全国各族人民的拥护和支持。中央《通报》提出的工作要求，充分表明以习近平同志为总书记的党中央从严管党、从严治党的坚强意志，充分体现我们党反腐败无禁区、零容忍的坚定态度，充分展现我们党自我净化、自我革新的政治勇气，必将对严明党的纪律、加强作风建设、深化反腐倡廉起到重要的指导和推动作用。全省各级党组织和全体党员特别是党员领导干部，一定要从徐才厚严重违纪违法案中汲取教训，进一步坚定理想信念、坚决践行对党忠诚，筑牢思想防线、坚决杜绝蚁穴之祸，秉持表里如一、坚决做到言行一致，端正用人导向、坚决惩治利益输送，落实主体责任、坚决遏制腐败蔓延，严格管好亲属、坚决防止擅权干政，以严格的标准和措施抓好反腐倡廉、拒腐防变，旗帜鲜明地同腐败行为作斗争，努力营造良好的政治生态。会议讨论审议《丝绸之路经济带甘肃段“6873”交通突破行动实施方案》。会议指出，深入实施交通突破行动、着力破解发展瓶颈制约，加快打造丝绸之路经济带黄金段，是稳增长、调结构、惠民生的现实需要，是抓机遇、挖潜力、增后劲的重要抓手，是推改革、促开放、奔小康的战略选择。各级党委、政府和有关部门要高度重视抓好以交通为重点的基础设施建设，以推进丝绸之路经济带黄金段建设为牵引，结合服务国家战略、扩大向西开放，结合深化扶贫攻坚、实现全面小康，结合培育新增长点、助推转型升级，多措并举落实方案确定的重点工作，齐心协力实施方案提出的重大项目，不断提升交通等基础设施建设对经济社会发展的支撑能力和作用。

【研究部署开展“三严三实”专题教育等工作】省委常委会4月27日召开会议，传达学习中央“三严三实”专题教育工作座谈会精神，研究部署全省开展“三严三实”专题教育等工作。省委书记王三运主持会议。会议讨论审议《中共甘肃省委关于在县处级以上领导干部中开展“三严三实”专题教育的实施方案》。会议指出，习近平总书记提出的严以修身、严以用权、严以律己，谋事要实、创业要实、做人要实“三严三实”要求，鲜明确立了党员干部特别是领导干部的修身之本、为政之道、成事之要，极大丰富和发展了党的建设理论，为加强新形势下党的建设提供了重要遵循。在县处级以上领导干部中开展“三严三实”专题教育，是党的群众路线教育实践活动的延展深化，是持续深入推进党的思想政治建设和作风建设的重要举措，是严肃党内政治生活、严明党的政治纪律和政治规矩的重要抓手，对于增强党的创造力凝聚力战斗力、推进“四个全面”战略布局落地具有十分重要的意义。全省各级要牢固树立作风建设永远在路上的意识，坚持把开展“三严三实”专题教育作为重大政治任务来抓，准确把握中央要求，在思想上高度重视、在部署上深入谋划、在行动上严格到位，以饱满热情、务实举措抓好各项工作。会议强调，各级党委要认真学习贯彻习总书记系列重要讲话精神，着力增强政治意识、大局意识和纪律意识，切实把专题教育摆在重要位置，结合“四个全面”战略布局的实施、教育实践活动成果的巩固、“工作落实年”活动的开展，周密安排部署、强化责任落实，重视典型引路、重视以点带面、重视教育效果、重视解决问题，努力将“三严三实”专题教育抓紧抓实、抓出成效。重点要把握好鲜明的主题，紧扣学习“三严三实”、践行“三严三实”，聚焦对党忠诚、个人干净、敢于担当，推动理想信念进一步坚定、党性原则进一步强化、行为准则进一步规范；要把握好鲜明的特点，坚持问题导向，增强问题意识，把发现问题、分析问题、解决问题贯穿专题教育的全过程，在“不严不实”方面有什么问题就解决什么问题，什么问题突出就重点解决什么问题；要把握好鲜明的信号，认识到专题教育不分批次、不划阶段、不设环节，不是一次活动，切实把专题教育融入到经常性学习教育之中，引导党员干部不断增强践行“三严三实”要求的思想和行动自觉，做到心中有党不忘恩、心中有民不忘本、心中有责不懈怠、心中有戒不妄为，确保专题教育达到预期目的，进一步为全省各项事业发展提供强有力的政治、组织和作风保证。会议审议《中共甘肃省委甘肃省人民政府关于进一步支持革命老区加快全面建成小康社会进程的若干意见》。

【讨论丝绸之路（敦煌）国际文化博览会总体方案 研究开展“学好法用好权促公正促清廉”专项行动】省委常委会5月5日召开会议，讨论审议《丝绸之路（敦煌）国际文化博览会总体方案》，研究部署在全省党政机关开展“学好法、用好权，促公正、促清廉”专项行动等工作。省委书记王三运主持会议。会议研究讨论举办丝绸之路（敦煌）国际文化博览会相关工作。会议强调，要认真学习贯彻习近平总书记系列重要讲话精神特别是关于“一带一路”建设的战略思想，牢固树立全局观、大局观，准确把握“一带一路”建设战略规划部署，按照体现国际视野、突出敦煌特色、聚焦文化主题的要求，进一步明确丝绸之路（敦煌）国际文化博览会的功能定位，高起点、高站位制定总体规划，确保把博览会打造成丝绸之路国际文化交流合作的重要平台、中华文化走出去的重要窗口、丝绸之路经济带建设的重要支撑。要主动作为、超前谋划、及早着手，扎实做好软硬件建设、环境营造、资源调查等工作，为举办博览会奠定基础。要积极同国家有关部委汇报衔接，加强同有关兄弟省份的沟通交流，努力寻求更多指导、帮助和支持，凝聚各方面力量办好博览会。要加大宣传推介力度，有针对性地做好丝路沿线国家和地区的工作，增强博览会的参与性、广泛性和带动性。会议听取省检察院党组关于拟在全省党政机关开展“学好法、用好权，促公平、促清廉”专项行动有关情况的汇报。会议指出，开展专项行动是贯彻党的十八届四中全会和习近平总书记系列重要讲话精神的务实抓手，是落实最高人民检察院有关部署的实际举措，对进一步推进党风廉政建设具有重要作用。要把开展专项行动同开展“三严三实”专题教育、抓好“工作落实年”活动、强化党风廉政建设主体责任紧密结合起来，牢牢抓住领导干部这个“关键少数”，以推动尊法学法守法用法为重点，大力开展法治宣传教育，不断弘扬社会主义法治精神，引导和督促广大党员干部提高法治意识、法治思维和法治能力，增强依法决策、依法从政、依法办事的自觉性和主动性，以党员干部的示范带动加快法治甘肃建设进程。

【传达学习中央加快推进生态文明建设意见 研究部署贯彻落实的措施和办法】省委5月11日召开常委扩大会议，传达学习《中共中央、国务院关于加快推进生态文明建设的意见》，研究部署全省贯彻落实的具体措施和办法。省委书记、省人大常委会主任王三运主持会议并讲话。王三运指出，生态文明建设是中国特色社会主义事业的重要内容，关系人民福祉，关乎民族未来，事关“两个一百年”奋斗目标和中华民族伟大复兴中国梦的实现，也是各级领导干部必须承担起的重大历史责任。党中央、国务院高度重视生态文明建设，先后出台一系列重大决策部署，推动生态文明建设取得重大进展和积极成效。中共中央、国务院公布《关于加快推进生态文明建设的意见》，是继党的十八大和十八届三中、四中全会对生态文明建设作出顶层设计后，中央对生态文明建设的再次全面部署。《意见》赋予生态文明建设新的内涵，具有很强的战略性、综合性、系统性和可操作性，是当前和今后一个时期推动生态文明建设的纲领性文件。王三运强调，作为国家生态安全屏障综合试验区，甘肃在生态文明建设中具有重要战略地位，承担着特殊的职责使命。各级各部门要以高度的政治敏锐性、行动自觉性、措施有效性、工作持续性，结合协调推进“四个全面”战略布局，围绕建设国家生态安全屏障综合试验区，强化生态意识，突出综合措施，体现责任主体，严格执法监督，创新体制机制，加强组织领导，切实把《意见》学习好、贯彻好、落实好。要深刻领会精神实质，准确把握蕴含其中的新理念、新制度、新举措，特别是要找准与我省推进生态文明建设的结合点，挖掘政策潜能，进一步明确工作方向和着力重点。要抓紧制定实施方案，对照《意见》提出的要求，尽快制定出台具有甘肃自身特色、体现生态屏障要求的实施方案，抓住薄弱环节和制度障碍，推动重点领域、关键环节制度建设和创新，建立符合甘肃实际、系统完整的生态文明制度体系。要加大生态建设力度，坚持把节约优先、保护优先、自然恢复为主作为基本方针，把绿色发展、循环发展、低碳发展作为基本途径，深入推进国家生态安全屏障综合试验区建设，探索生态文明建设的有效模式，形成可复制、可推广的经验成果。特别是要深刻汲取武威荣华公司环境污染违法事件的教训，以解决损害群众权益的突出环境问题为重点，进一步加强重点地区、重点流域、重点行业环境大检查、大整治力度，进一步防范环境风险，增强可持续发展能力。要切实抓好贯彻落实，把《意见》的贯彻落实与“三严三实”专题教育和“工作落实年”活动结合起来，把学习传达、贯彻落实情况作为“工作落实年”的重要内容，采取专项督查、定期督查等方式，推动各项目标任务按计划推进，确保中央和省委决策部署落实到位。

【传达学习习总书记重要讲话精神 研究部署下一步全省经济工作】省委常委会5月22日召开会议，传达学习习近平总书记在中央政治局分析研究当前经济形势和经济工作时的重要讲话，研究分析全省经济形势，安排部署下一步经济工作。省委书记王三运主持会议。会议指出，习总书记的重要讲话，深刻分析一季度经济形势，明确了下一步经济工作的政策导向和着力重点，对各级干部增强能力、改进作风、强化担当，做好新形势下的经济工作提出具体要求，是我们做好经济工作的重要遵循。要科学研判经济形势，坚定发展信心和决心。当前，全省经济发展呈现出总体平稳、成绩不小，基础脆弱、隐患不小，机遇叠加、潜力不小的主要特征，区间指标表现良好，经济结构积极变化，居民收入较快增长，节能减排成效明显，金融支撑持续强化，同时也暴露出即期增速放缓、“三驾马车”乏力、后劲动力减弱、工业生产困难等问题，经济下行压力较大，整体经济形势契合新常态下增速换挡、结构优化、动力转换的基本趋势。要坚持"两点论"和"重点论"的统一，既看到风险和挑战，进一步增强危机感和紧迫感，又看到亮点和走势，扬长避短、因势利导，保持定力、主动作为，促进经济提质增效升级和持续健康发展。会议强调，要围绕完成全年目标，切实抓实重点工作。立足经济新常态，牢牢把握稳中求进工作总基调，坚持以提质增效升级为中心，统筹兼顾、综合施策，抓住关键环节、抓准重点任务、抓实具体措施，有效化解经济下行压力，千方百计确保完成全年目标任务。一是力促经济运行处于合理区间，把稳增长放在突出位置，把保就业切实抓紧抓好，重视做好物价调控工作。二是力促固定资产投资稳定增长，下大功夫实施"3341"项目工程，精准增加有效投资，选准选好投资项目，优化项目审批流程，着力强化投资拉动效应。三是力促经济结构不断优化升级，在着力增加有效投资的基础上下功夫扩大消费、促进出口，在稳一产、提二产、拓三产中推进产业转型升级，在坚持城乡一体化发展中优化城乡结构。四是力促改革创新增添动力活力，继续下好简政放权、放管结合这一"先手棋"，深入落实中央整体推进财税、金融、投融资体制改革的各项举措，积极探索推进国资国企改革，同时大力实施创新驱动战略，提高全要素生产率和核心竞争力。五是力促城乡居民收入持续增加，落实城镇居民增收的各项政策措施，大力实施全民创业行动，为城镇居民增收拓展更加广阔的空间；千方百计促进农村居民收入持续增长，确保实现全年农民增收目标。六是力促精准扶贫措施落实到位，深入贯彻省委、省政府决策部署，增加贫困地区交通、水利、教育、医疗等方面的有效供给，带动企业生产、社会就业、居民收入，尽快发挥扶贫攻坚对经济社会发展的拉动效应。七是力促生态文明建设扎实推进，积极谋划争取一批具体实在的政策和项目，持之以恒抓好节能减排工作，强化环境保护意识和责任，以国家生态安全屏障综合试验区建设的实际成效，促进生态文明建设和可持续发展。会议强调，要着眼应对严峻考验，强化领导责任和担当。各级领导干部要端正认识促发展，正确看待当前发展的新常态，不能在思想上被误导，不能在认识上有误区，不能在工作上去误事，争当忠诚、干净、担当的好干部；要提升能力促发展，特别要学习掌握习总书记强调的认识发展趋势和准确分析经济形势、营造良好市场环境、发现和使用经济人才、保护产权和知识产权、维护社会公平正义等方面的新本领，提升领导和驾驭经济工作的专业化水平；要强化作风促发展，结合"三严三实"专题教育和"工作落实年"活动的开展，深入基层和企业，进行调研摸底，分析存在困难，拿出破解招数，有针对性地解决矛盾问题，以作风的持续改进促进经济社会持续健康发展。会议听取2014年度党风廉政建设考核情况、省管领导班子和领导干部2014年度政绩考核工作及考核等次汇报。

【传达学习中央统战工作会议精神研究统战和"十三五"规划编制工作】省委常委会5月26日召开会议，传达学习中央统战工作会议精神，研究部署全省统战及"十三五"规划编制等工作。省委书记王三运主持会议。会议指出，中央统战工作会议是我们党在协调推进"四个全面"战略布局、奋力实现"两个一百年"目标的关键阶段，召开的一次具有里程碑意义的重要会议。习近平总书记在会上发表的重要讲话，从党和国家事业发展的全局出发，深刻分析当前统战工作面临的形势和任务，科学回答新形势下需要不需要统一战线、需要什么样的统一战线以及怎样巩固和发展统一战线等重大问题，为扎实推进各领域统战工作提供了根本遵循，是指导统一战线事业发展的纲领性文献。全省各级各部门要深刻认识做好新形势下统战工作的重大意义，切实把思想和行动统一到习总书记重要讲话精神上来，结合中央统战工作会议决策部署和《中国共产党统一战线工作条例（试行）》的贯彻落实，准确把握统一战线的法宝地位、做好统战工作的重要原则、当前统战工作的着力重点，努力用党的最新统战理论成果武装头脑、指导实践、推动工作。要正确认识统一战线工作涉及的重要问题，正确处理一致性和多样性的关系，全面做好民主党派、无党派人士、民族界、宗教界、新的社会阶层、港澳台和海外等各方面的统战工作，为事业发展提供强大持久广泛的力量支持。要紧紧围绕全面建成小康社会这一重大任务和历史使命，最充分地凝聚共识、凝聚人心、凝聚智慧，团结一切可以团结的力量，调动一切可以调动的积极因素，全力以赴打好扶贫开发攻坚战，不断加快脱贫致富奔小康的步伐。要锤炼做好新时期统战工作的本领，进一步加强思想教育和业务培训，既解决不重视统战工作的问题，又解决不会做统战工作的问题，使广大统战干部真正成为善于处理各种复杂敏感问题、健康有序推进统战工作的行家里手，努力开创全省统战工作的新局面。会议审议甘肃省国民经济和社会发展"十三五"规划基本思路，听取"十三五"规划编制工作进展情况汇报。会议指出，"十三五"时期是全面建成小康社会的决战期、全面深化改革的攻坚期、全面依法治国的关键期，做好经济社会发展各项工作意义重大。编制全省"十三五"规划，要深入贯彻中央有关决策部署和习总书记视察甘肃时的重要指示精神，深刻研判国际国内发展大势，准确分析全省发展的历史方位和阶段特征，科学确定努力方向和工作重点。要积极适应经济发展新常态，抢抓和落实丝绸之路经济带建设等重大机遇，有效破解发展中的深层次矛盾和重要课题，既要保持稳定增长又要加快结构调整，既要补齐发展短板又要推动转型升级，既要抓好精准扶贫又要促进整体发展，既要做强传统产业又要培育新兴产业，努力实现速度与质量、基础与结构、改造与提升、扶贫与小康的协同共进。要切实加强

"十三五"规划编制基础工作，在提出并完善基本思路的同时，深入开展调查研究，广泛征求各方意见，集思广益、汇涓成流，进一步明确发展方向、目标任务、重大战略和推进举措，为全省经济社会实现平稳健康可持续发展提供有力指导和支撑。会议审定《关于武威荣华工贸有限公司环境违法事件调查处理意见》。会议强调，这一事件是因荣华公司法制观念淡薄、环保主体责任缺失，环保部门监管不力、执法不严，地方政府重视程度不够、抓落实不到位导致的环境违法事件，社会影响恶劣，必须依纪依法按程序予以处理。全省各级各方面要认真汲取事件教训，举一反三、引以为戒，严格落实省委、省政府关于加强生态环境保护的部署要求，从思想、作风、措施和体制机制上抓好改进提高，以对人民群众、对子孙后代高度负责的态度，坚决有力地防治污染、优化生态，为全省经济社会发展和群众生产生活创造良好环境。

【进一步研究部署精准扶贫工作】省委常委会6月5日召开会议，审议讨论并原则通过《中共甘肃省委甘肃省人民政府关于扎实推进精准扶贫工作的意见》及17个专项方案，进一步研究部署全省精准扶贫工作。省委书记王三运主持会议。会议强调，深化扶贫攻坚、推进精准扶贫精准脱贫是甘肃面临的最大任务，不仅事关稳增长、调结构、促改革、防风险、惠民生的实际成效，也直接影响全面建成小康社会、建设幸福美好新甘肃的实际进程。各有关方面要认真对照习总书记系列重要讲话特别是在陕甘宁革命老区脱贫致富座谈会上的重要讲话精神，在前几轮调查研究、谋划论证的基础上，突出精准性的要求，突出组合拳的特色，突出配套化的措施，进一步提高政策文件的系统性、针对性和操作性，细化实化精准扶贫的任务书、作战图和时间表，为全省打赢扶贫攻坚战提供科学指导。会议强调，要始终把牢精准扶贫、精准脱贫的主攻方向，全面落实党中央、国务院有关部署和要求，围绕对象、目标、内容、方式、考评、保障"六个精准"，坚持城乡一体化与精准扶贫相融合、区域开发与到村到户扶持相结合，依托"1236"扶贫攻坚行动和联村联户为民富民行动的拓展实施，以更加明确的目标、更加有力的措施、更加有效的行动，推动扶贫政策向特困片带聚集、扶贫资金向贫困村贫困户聚焦、帮扶力量向贫困对象聚合，不断加快贫困地区脱贫致富奔小康步伐，切实增强贫困群众的获得感和幸福感。

【传达学习中央有关会议精神 研究部署贯彻落实工作】省委常委会7月1日召开会议，传达学习全国优秀县委书记表彰会议、省区市贯彻落实《干部任用条例》和推进"三严三实"专题教育工作座谈会精神，研究部署贯彻落实意见和第二十一届兰洽会筹备等工作。省委书记王三运主持会议。会议指出，在全国优秀县委书记表彰会议上，习近平总书记充分肯定县委书记的重要作用和重要贡献，要求广大县委书记做"政治的明白人、发展的开路人、群众的贴心人、班子的带头人"，对发挥优秀县委书记引领作用、建设高素质干部队伍提出殷切期望。我们要认真学习领会习总书记重要讲话精神，结合甘肃实际抓好贯彻落实。要充分认识到，县一级在我们党的组织结构和国家政权结构中处在承上启下的关键环节，县委书记是工作一线的"指挥官"、承上启下的"结合点"、选拔干部的"关键群"，是党的执政骨干队伍的重要力量，必须把选准配强用好县委书记作为一项重要工作来抓。当前，要尽快研究制定出台精准选拔、有效监督、积极支持县委书记的办法，突出能力、素质、廉政等标准和要求，有效解决培养选拔、动态监督等问题，爱护激励县委书记这个群体，管理监督好县委书记这支队伍，真正让广大县委书记想干事、敢干事、干成事、不出事。会议强调，《干部任用条例》是做好新形势下干部选拔任用工作的基本遵循，是着力选拔党和人民需要的好干部、培养造就高素质干部队伍的制度保证。我们要以高度的政治责任感和使命感，从严从实解决贯彻落实中的重点难点问题，真正把条例精神落到实处。要制定细化操作办法，从正在推进的工作中总结、梳理和查找存在的差距不足，结合实际规范细化动议考察等环节，形成务实管用、更加有效、易于操作的办法；要制定监督检查措施，抓好自查、普查和抽查工作，明确责任追究和惩罚措施，保证条例得到不折不扣的贯彻落实；要开展经验交流活动，学习、借鉴、交流干部任用中的经验做法，不断提升干部选拔任用工作水平。会议强调，开展"三严三实"专题教育是今年党的建设的重要任务。各级各部门要重质量要求，按照总体部署，坚持问题导向，着力解决不严不实的问题，确保学习研讨不虚不空、不走过场；要重培育典型，着力发现典型、打造亮点、总结经验，在各领域各行业树起旗帜、立起标杆，形成见贤思齐、对标赶超、争当一流的浓厚氛围；要重实际效果，贯彻从严从实要求，既巩固和扩大从严治党成果，又有效解决党的建设面临的新问题，特别是要紧密联系正在做的各项工作，切实体现既严又实的要求。会议强调，第二十一届兰洽会规格高、参会人员层次高、活动内容丰富，意义十分重大，必须认真筹备、精心组织。要热情高效服务，各级各有关方面要以饱满的热情和积极的姿态，热情接待来自各方的宾客，沟通协调、互相配合，竭诚提供优质高效的服务，营造良好的交流合作氛围。要务求实际效果，坚持实事求是、求真务实的原则，进一步将签约项目、投资总额、合同把关等工作做实做细，为提高项目合同签约率和履约率打下良好基础。要注意做好兰洽会新闻宣传和氛围营造，持续抓好会前预热宣传、会中活动宣传、会后成效宣传，不断提升兰洽会的国内国际影响力。要加强安全保卫，过细制定安保工作方案和应急预案，对活动期间社会治安整治、消防监督、交通管理、安全警卫、信访接待等工作作出周密部署，全过程、全天候抓好重要部位、重要节点和重要人员的安保工作，确保兰洽会圆满成功。

【传达学习习近平总书记重要讲话精神 研究部署群团扶贫及从严治党等工作】省委常委会7月15日召开会议，传达学习习近平总书记在中央党的群团工作会议、部分省（区、市）扶贫攻坚与“十三五”时期经济社会发展座谈会上的重要讲话精神，以及王岐山同志在部分省（区）党委书记、纪委书记座谈会上的讲话精神，研究部署甘肃省群团、精准扶贫及从严治党等工作。省委书记王三运主持会议。会议传达学习习总书记在中央党的群团工作会议上的重要讲话精神。会议指出，习总书记重要讲话精辟阐述了做好群团工作的重大意义、方向目标和基本要求，深刻阐明群团工作的一系列重要理论和实践问题，突出坚定正确的方向、正视问题的导向、“三严三实”的取向，站位高远、思想深邃、要求明确，战略性、思想性、实践性非常强，具有纲举目张、正本清源的重大作用，是指导新形势下党的群团工作的纲领性文件。全省各级党委、政府和群团组织要认真学习领会讲话精神，吃透内涵、摸透问题、议透措施，结合实际抓好贯彻落实。要在政治上保持清醒，坚持走中国特色社会主义群团发展道路，听党话不能含糊，跟党走不能偏离，接地气不能表浅，起作用不能无力。要在工作上保持活力，积极探索群团工作规律，按照各自章程开展工作，展示引领示范的政治立场、贴近中心的工作导向、深入群众的务实风格、凝聚人心的实际作为，更好地服务和助推全面建成小康社会、建设幸福美好新甘肃宏伟事业。要在作风上保持正气，重视和加强群团干部队伍理想信念的锻造、道德品行的养成、清廉自律的坚守，引导群团干部爱岗敬业、踏实奉献，克服行政化、机关化、贵族化、娱乐化“四化”现象，解决形式主义、官僚主义、享乐主义、奢靡之风等“四风”问题，防止权力关、金钱关、美色关“三关”失守，切实提高群团组织的凝聚力、号召力和战斗力。各级党委要把握规律、强化责任，加强和改进对群团工作的领导，把牢方向、找准问题、盯住重点、谋实措施，不断提升全省群团工作科学化水平。会议传达学习习总书记在部分省（区、市）扶贫攻坚与“十三五”时期经济社会发展座谈会上的重要讲话精神，以及俞正声、汪洋、杜青林等中央领导同志对甘肃省精准扶贫工作的批示精神。会议指出，习总书记的重要讲话从全局和战略高度，阐释谋划“十三五”经济社会发展的重大意义和基本要求，论述加快扶贫开发的重要性和紧迫性，提出“四个切实”的努力方向和着力重点，为我们抓好扶贫攻坚提供了思想和行动指南。各级要认真学习领会讲话精神，认清扶贫开发是大势所需、小康所系、责任所在，切实增强推动精准扶贫、深化扶贫攻坚的使命感、责任感和紧迫感。要聚焦“六个精准”的总体要求，紧盯“1+17”方案的落地实施，按照抓实抓细抓深的工作标准，深化拓展“双联”行动和“1236”扶贫攻坚行动，强化大数据支撑，加强落实情况督查，兑现既定奖惩政策，推广成功经验做法，集中各级各方面的力量，坚决打好打赢扶贫开发的攻坚战和大决战。会议传达学习王岐山同志在部分省（区）党委书记、纪委书记座谈会上的讲话精神。会议指出，王岐山同志的讲话历史感和时代感、理论性和实践性都很强，释放许多重要的信息和信号，为我们抓好党风廉政建设特别是纪律建设提供了基本遵循。各级要深刻领会精神实质，重视抓制度建设、抓大多数、抓早抓小，真正把“党纪严于国法”的要求落到实处。要深入抓好纪律建设，围绕“把纪律挺在前面”这一重大课题，加强研究、探索和实践，把思想上的弦绷起来，把行为上的线立起来，把工作上的网建起来，把风纪上的扣紧起来，把律己上的德树起来，让纪律真正成为第一道防线。要深度落实主体责任，深入实施“3783”主体责任体系，冲着纪律去、伸到基层去、对准问题去、盯住治本去，着力抓好定规立制、教育引导、执纪问责等工作，不断巩固、拓展和深化党风廉政建设，努力取得全面从严治党的新成效。会议传达学习2015年中央第二轮巡视工作动员部署会精神。会议要求，全省各级党委、纪委及省委巡视机构要认真学习习总书记关于巡视工作的系列重要指示精神，结合实际抓好中央部署的贯彻落实，不断提高甘肃巡视工作水平。要深化拓展巡视工作，抓好横向延伸，在开展对市（州）和省直部门巡视的同时，进一步强化对国有企业、高等院校等领域的巡视；抓好纵向深入，推动巡视工作覆盖到所有乡（镇）和县级部门，有效遏制群众身边的腐败问题。要转化运用巡视成果，反馈情况要直指问题，整改落实要公开透明，重点事项要抓住不放，充分发挥巡视的震慑、遏制和治本作用。要培养锻造巡视队伍，充实干事力量，提升干部素质，加强监督管理，保障巡视工作的顺利开展和实际成效。会议审议通过《甘肃省“6363”水利保障行动方案》，研究讨论“丝绸之路（敦煌）国际文化博览会”筹备工作。

【传达学习习近平总书记重要讲话精神 研究部署经济禁毒司法体制改革工作】省委常委会7月31日召开会议，传达学习习近平总书记在会见全国禁毒工作先进集体代表和先进个人时的重要讲话精神，研究提出贯彻落实意见，安排部署经济社会发展、司法体制改革等工作。省委书记王三运主持会议。会议指出，习总书记的重要讲话站位高远、思想深邃，语重心长、句句千钧，充分体现了对国家、对民族、对历史高度负责的政治担当，充分彰显了锲而不舍、常抓不懈、不获全胜决不收兵的坚定信心，为我们抓好禁毒工作提供了行动指南和强大动力。各级各方面要认真学习贯彻习总书记讲话精神，站位苦难历史维度、民族复兴高度，深刻认识毒品的巨大危害性和禁毒的极端重要性，始终把禁毒工作作为功在当代、利在千秋的大事来抓，作为事关国家富强和民族兴旺、事关家庭幸福和百姓安康的要事来抓。重点要解决党政重视的问题，把禁毒摆在全局工作的重要位置，加强组织领导和协调部署，牢牢掌握禁毒斗争的主动权；解决措施落地的问题，明确具体责任，加强督促检查，推广先进经验，确保禁毒措施见到实效；解决工作条件的问题，充实禁毒力量，开展专业培训，完善硬件设施，进一步夯实禁毒工作基础；解决社会动员的问题，以青少年群体为重点开展好预防教育，提高全民识毒、防毒、拒毒意识，全力以赴打赢禁毒人民战争。会议总结分析上半年全省经济社会发展情况，研究部署下半年有关工作。会议指出，今年以来，面对经济下行压力持续加大的严峻形势，全省上下认真贯彻落实中央一系列决策部署，主动适应经济发展新常态，积极作为、综合施策，推动全省经济社会发展呈现出增长稳、就业稳、农业稳、收入稳、价格稳“五稳”，招商引资项目资金到位情况好、经济结构趋好、工业企业效益转好、能源消耗水平继续向好、贷款增速和直接融资好“五好”，融入国家“一带一路”战略工作得到加强、民生保障得到加强“两加强”的良好局面。各级各部门要认真总结既有的管用做法和经验，准确把握全省经济的发展趋势和特点，保持战略定力，增强发展信心，进一步抓好面临机遇的转化、新增长点的培育、突出问题的解决，确保完成既定的年度目标任务。一要持续劲头势头，紧盯稳增长、调结构的双重任务，完善政策措施，加大工作力度，强化责任担当，着力抓好职能转变、土地供应、环境保护、统计跟踪等重点工作，不断推动经济发展实现积极变化。二要狠抓创新创业，把创新创业作为重要动力，深入实施创新驱动发展战略，全面推动理念、思维、科技、管理、机制创新，全力支持社会成员开展创业活动，进一步形成“大众创业、万众创新”的浓厚氛围。三要深化改革开放。在改革方面，要坚持正确方向、坚决落实中央部署要求，坚持问题导向、盯紧体制机制障碍，坚持为民取向、聚焦人民群众利益关切，坚持破题指向、有效解决面临的瓶颈和羁绊，确保全省全面深化改革的进程、质量和效果；在开放方面，要依托“13685”发展战略，加快打造“丝绸之路经济带”黄金段，有效拓展同丝路沿线国家和地区的交流合作，努力锻造向西开放的新优势和新亮点。四要突出精准扶贫，紧盯“1+17”精准扶贫方案的落地生根，抓好细化实化、贯彻实施、调研指导、督促检查等工作，提高精准扶贫、精准脱贫的能力和水平，进一步加快贫困地区脱贫致富步伐。五要编好发展规划，着眼实现全面建成小康社会奋斗目标，把握“一带一路”、创新驱动、项目拉动“三个战略”，坚持转变发展方式、调整经济结构“两个取向”，对接精准扶贫、精准脱贫“两个计划”，科学编制“十三五”规划，为推动全省经济社会发展提供有力指导和遵循。会议传达学习全国司法体制改革试点工作推进会精神。会议强调，各级和有关方面要认真学习贯彻推进会精神，充分认识司法体制改革的重大意义，切实把思想和行动统一到中央决策部署上来，进一步增强改革信心、凝聚改革共识、形成改革合力。一要坚持改不偏向，坚定不移按照中央指明的方向、明确的框架推进司法体制改革，扎实有序抓好完善司法责任制、完善司法人员分类管理制度、健全司法人员职业保障制度、推动省以下地方法院、检察院人财物统一管理等改革任务。二要坚持改不动摇，把牢司法体制改革的关键点，严格执行员额比例、实施程序、具体标准等各项要求，绝不允许有任何走形变样。三要坚持改不粗放，学习借鉴其他地区的好经验好做法，精心、精准、精细制定改革方案，更好地体现中央精神和甘肃实际，确保改革方案有效发挥作用。四要坚持改不宜迟，积极不冒进、求稳不等待，主动作为、加快节奏，改革措施要谋得更深一些，改革步子要走得更快一些，力争司法体制改革尽快取得实质性进展，努力为全省各项事业发展创造良好的法治环境。

【研究部署甘肃藏区“十三五”规划编制和支持临夏发展等工作】省委常委会8月8日召开会议，研究部署甘肃省藏区“十三五”规划编制、支持临夏回族自治州加快发展等工作。省委书记王三运主持会议。会议审议通过《甘肃藏区国民经济和社会发展“十三五”规划编制思路和工作方案》《关于贯彻落实国家发展改革委国家民委支持临夏回族自治州加快建设小康社会进程若干意见的实施方案》和《推进领导干部能上能下若干规定（试行）》实施细则等。

【传达学习习总书记有关重要讲话精神 研究部署经济藏区及巡视等工作】省委常委会8月28日召开会议，传达学习习近平总书记有关重要讲话精神和中央第六次西藏工作座谈会精神，学习《中国共产党巡视工作条例》，研究提出贯彻落实意见，安排部署经济、藏区及巡视等工作。省委书记王三运主持会议。会议传达学习习总书记在中央政治局常委会议、中央政治局会议上关于经济形势的重要讲话精神。会议强调，要结合省情实际，深入学习贯彻习总书记重要讲话精神，切实把思想统一到中央关于经济形势的重大判断上来，把行动统一到中央关于经济工作的部署要求上来，采取务实管用举措，抓好中央精神和省委决策部署的贯彻落实，统筹做好稳增长、促改革、调结构、防风险和惠民生各项工作，攻坚克难、奋力冲刺，促进经济运行在合理区间，确保经济持续健康发展和社会大局和谐稳定。会议传达学习中央第六次西藏工作座谈会精神。会议指出，座谈会是以习近平同志为总书记的党中央召开的第一次西藏工作座谈会，意义重大、影响深远，必将在党的藏区工作乃至民族工作史上留下浓墨重彩的一笔。特别是习总书记的重要讲话，站在全局和战略的高度，系统阐述当前和今后一个时期藏区工作的方略和原则、理论和政策、重点和措施等重大问题，思想的纵深性、结论的科学性、政策的实践性、措施的精准性都非常突出，是指导我们进一步做好藏区工作的纲领性文件。各级各方面要紧密结合藏区实际，认真学习、切实贯彻好习总书记重要讲话精神，不断把甘肃藏区工作推向前进。会议强调，贯彻落实中央第六次西藏工作座谈会精神，要把握好统一思想认识这个关键，坚持用习总书记重要讲话精神武装头脑、统揽全局，在形势任务怎么看待、指导思想怎么理解、治藏方略怎么贯彻、着眼点着力点怎么强化、反分裂斗争方针政策怎么落实、全面小康内涵怎么吃透等“六大问题”上下功夫，深刻领会习总书记提出的一系列战略思想、重大论断和具体要求，始终在思想上政治上行动上同以习近平同志为总书记的党中央保持高度一致。要把握好贯彻重大任务这个核心，聚焦实现全面小康目标，深入实施精准扶贫战略，科学编制“十三五”发展规划，有效化解面临瓶颈制约，积极回应藏区群众关切，推动经济社会持续健康发展；聚焦开展反分裂斗争，切实抓好政策宣传、寺庙管理、人心凝聚、社会管控、民族团结等工作，为藏区实现长治久安打下更坚实的基础。要把握好落实重点工作这个要害，按照中央决策部署，根据省情特点和藏区实际，完善工作思路，采取得力措施，构建联动格局，确保会议精神宣传、社会大局稳定、全面小康建设、基层基础夯实、生态环境优化以及党的领导的加强和改进等“六项工作”落地生根，全力以赴承担好促进藏区长足发展和长治久安的政治责任。有关方面要围绕召开甘肃省藏区工作座谈会，把当前和长远、局部和整体有机结合起来，上下联动、左右互动，抓紧做好调查研究、文件起草、会议筹备等工作，细化和实化提升藏区工作水平的各项政策措施，激发和调动全省各级各方面特别是藏区干部群众推动藏区发展、维护藏区稳定的积极性和创造性，齐心协力开创藏区工作新局面。会议学习《中国共产党巡视工作条例》，传达中央学习贯彻《工作条例》电视电话会议精神。会议指出，新《工作条例》的颁布实施是党心之所向、实践之所唤、形势之所需、任务之所系，很必要、很重要、很及时，为我们提供了全面从严治党的制度利器。我们要把条例作为开展巡视的基本依据，结合实际抓好贯彻落实，进一步推进巡视工作具体化、程序化、制度化，不断提升巡视工作水平。要重视抓好学习宣传，深入领会和解读条例的精神和原则，理解和把握条例的部署和要求，确保条例成为巡视工作的基本遵循和规范。要重视抓好贯彻落实，突出结合实际的导向、强大震慑的持续、实践探索的推进，认真组织实施《工作条例》，着眼形势任务的发展变化，健全组织领导机制，及时研究巡视工作中的重大问题和重要事项，科学安排巡视任务、积极创新巡视方式，努力发挥好巡视在反腐败斗争中的利剑和尖兵作用。要重视抓好深化拓展，在自觉接受中央巡视监督、有效强化省内巡视监督的基础上，以发现问题、形成震慑为目的，结合把纪律挺在前面的要求，推动巡视工作向基层延伸，探索符合省情实际、具有甘肃特点的巡视工作模式，构建横向到边、纵向到底、全覆盖式的巡视监督格局，切实解决发生在群众身边的腐败和作风问题。会议审议《关于贯彻落实加快推进生态文明建设意见的实施方案》。

【传达学习中央纪委有关通报精神研究部署党风廉政建设工作】省委常委会9月10日召开会议，传达学习中央纪委《转发〈中共河南省委关于新乡市委原书记李庆贵落实党风廉政建设主体责任和新乡市纪委落实监督责任不到位问题的通报〉的通报》，研究部署深入推进甘肃省党风廉政建设和反腐败斗争工作。省委书记王三运主持会议。会议指出，中央纪委专门转发《通报》，充分表明中央和中央纪委深入推进党风廉政建设和反腐败斗争的决心始终坚定不移，充分表明中央和中央纪委对各级党委、纪委严格落实“两个责任”的要求始终坚定不移，充分表明中央和中央纪委加强党风廉政建设领域责任追究的态度始终坚定不移，对我们全面履行主体责任、进一步加强党风廉政建设和反腐败斗争，既是很大的教育、有力的提醒，也是重要的指导、有效的督促。各级要认真汲取这一典型案例的警示和教育意义，深刻认识到政治上不清醒必然出大事、思想上不坚定必然埋隐患、行动上不坚决必然酿祸端、责任上不担当必然受惩处，扎实深入地履行好党风廉政建设主体责任和监督责任。会议强调，学习贯彻中央纪委《通报》精神，要运用典型案例抓好全省上下的学习教育，督促和要求各级党委（党组）、纪委特别是相关负责同志，深入学习习近平总书记系列重要讲话精神和王岐山同志有关指示要求，准确把握中央和中央纪委关于加强党风廉政建设、履行“两个责任”的决策部署，以中央纪委通报的典型案例为镜鉴，进一步绷紧履行主体责任、监督责任这根弦，增强抓班子、带队伍、管干部的自觉性、针对性和实效性，不断把党风廉政建设和反腐败斗争引向深入。要运用典型案例抓好“两个责任”的深入落实，对照中央和中央纪委有关精神，结合省委“3783”主体责任体系的深入实施，聚焦党委主体责任、纪委监督责任的落地生根，教育引导各级领导干部特别是主要负责同志谨记党员身份和岗位职责，把抓党建、抓廉政、抓反腐作为“责任田”和“分内事”，直面矛盾、正视问题，对症用药、综合施策，敢摘刺、敢动真，不当“隐形人”“局外人”“老好人”，坚决同一切不良作风和腐败行为作斗争，切实解决好抓工作不主动、不碰硬、不见效的问题。要运用典型案例抓好责任追究的严肃兑现，把严格责任追究作为贯彻落实党风廉政建设责任制的最后一道防线，作为督促各级党委、纪委把责任落到实处的“撒手锏”，加强对“一岗双责”“一案双查”等方面的研究、剖析和落实，结合党员干部违法犯罪案件的查办，严肃查处一些履行主体责任、监督责任不力的典型案件，有效发挥反面典型的警示和教育作用，真正让有责必问、问责必严的导向和信号在全省上下树立起来、释放出来，不断形成落实管党治党要求的强大合力。

【传达学习习近平总书记有关重要讲话精神 进一步研究部署“三严三实”专题教育等工作】省委常委会9月25日

召开会议，传达学习习近平总书记在中央政治局第二十六次集体学习时的重要讲话精神，以及《中共中央关于四川南充拉票贿选案查处情况及其教训警示的通报》，进一步研究部署"三严三实"专题教育、党风廉政建设等工作。省委书记王三运主持会议。会议指出，中央政治局专门就践行"三严三实"进行集体学习，充分说明中央对确保专题教育效果的高度重视，对发挥领导干部示范带头作用的高度重视，对落实全面从严治党要求、深入推进党风廉政建设的高度重视。习总书记发表的重要讲话站位高远、思想深刻，是对各级领导干部的警示教育和殷切期望，也是对深入推进"三严三实"专题教育的重要指示和具体要求。全省各级党组织要把学习贯彻习总书记重要讲话精神作为一项重大政治任务，精心组织学习，认真抓好落实，切实把思想和行动统一到重要讲话精神上来。会议强调，贯彻落实习总书记重要讲话精神，深入抓好"三严三实"专题教育，要突出八个方面的导向和工作。一是重质量，要求要严格。牢牢扭住质量不放松，细化实化具体标准，引导和约束各级在学习研讨中求深求效、在查找问题中求准求实、在整改落实中求快求好，绝不能放任自流、想怎么搞就怎么搞。二是重覆盖，主体要扩大。采取多种教育形式，拓展专题教育范围，让每一个党员和干部都接受教育，用"三严三实"武装头脑、指导实践、推动工作；结合弘扬社会主义核心价值观，教育引导全体社会成员坚守和践行既严又实的品德，在全社会形成严和实的良好风尚。三是重细节，重点要强化。按照落细落小的要求，紧扣抓好学习、开展研讨、查摆问题以及开好专题民主生活会等重点工作，把相关规定和办法制定得具体一点、灵活一点、细致一点，有针对性地部署和推动。四是重典型，教育要鲜活。既注重挖掘宣传先进典型，又注重整理剖析反面典型，让党员干部从先进典型中汲取正能量，从反面典型中受警醒、知敬畏。五是重持续，制度要健全。把提升经常性教育水平摆在重要位置，不断完善教育警示、党内生活、监督检查、考核评议以及突出问题纠正、执纪监督问责等制度和机制，让党员干部在遵规守纪上认真起来、严肃起来，让弘扬"三严三实"作风常态化、长效化。六是重表率，领导要示范。督促各级领导干部把"三严三实"作为天天要面对的要求，时时铭记、事事坚持、处处上心，重视立根固本、挺起精神脊梁，重视落细落小、注重细节小事，重视修枝剪叶、自觉改造提升，重视从谏如流、自觉接受监督，影响和带动广大党员干部形成良好作风、树立良好形象。七是重实践，成果要用好。把"三严三实"专题教育放到"四个全面"战略布局中来推进，同做好当前改革发展稳定各项工作结合起来，同完成本地区本部门本单位重点工作结合起来，特别是要同抓好"1＋17"精准扶贫方案落地、加快全面建成小康社会进程结合起来，力求专题教育接地气、促工作、见成效。八是重责任，履职要到位。党委要对专题教育的安排部署、组织协调负责，对专题教育的深入开展、扎实推进负责，对专题教育的实践成果、实际成效负责；党委主要负责同志既要带头参加教育、接受教育，又要站在一线、靠前指挥，始终把责任扛在肩上，不当"甩手掌柜"，确保中央关于开展专题教育的部署和要求落到实处。会议指出，中央关于彻查严处四川南充拉票贿选案的决策部署完全正确，充分体现我们党全面从严治党、全面依法治国的坚强决心，彰显我们党对腐败现象和选人用人不正之风"零容忍"的坚定态度，显示我们党维护党纪国法权威和尊严的坚韧意志。全省各级党组织和党员领导干部要认真学习贯彻中央《通报》精神，以四川南充拉票贿选案为反面教材，认真对照反思，深刻汲取教训，自觉强化警示，始终把党的纪律和政治规矩挺在前面，把理想信念和党性原则放在心里，把主体责任和监督责任扛在肩上，把遏制腐败和刷新吏治抓在手中，坚决同违反党的纪律和规矩的行为作斗争，切实加强领导班子和干部队伍建设，努力营造积极向上、干事创业、风清气正的良好政治生态。

【研究部署加强纪检监察干部监督等工作】省委常委会9月29日召开会议，传达学习纪检监察干部监督工作座谈会和业务培训班精神，研究部署全省加强纪检监察干部监督、公务用车制度改革、"一带一路"建设等工作。省委书记王三运主持会议。会议指出，党的十八大以来，中央纪委高度重视纪检监察干部自身建设，以改革的精神强化系统内部监督，以制度的约束保证系统内部监督，以更严的要求抓好系统内部监督，为我们做好纪检监察干部监督工作提供了遵循。全省各级纪检监察机关要认真学习贯彻纪检监察干部监督工作座谈会和业务培训班特别是王岐山同志重要讲话精神，站在党要管党、从严治党的高度深刻领会做好纪检监察干部监督工作的重要性，坚持"打铁还需自身硬"的思维和理念，进一步严格教育纪检监察干部，引导干部强化法纪法规观念，做到学习在前、表率在前、担当在前，努力打造一支忠诚廉洁干净的纪检监察干部队伍。会议讨论审议《甘肃省公务用车制度改革总体方案》《甘肃省省级机关公务用车制度改革实施方案》《甘肃省参与建设丝绸之路经济带和21世纪海上丝绸之路的实施方案》和《中共甘肃省委关于加强和改进党的群团工作的实施意见》。

【传达学习习近平总书记重要批示精神 研究部署社会治安防控体系建设等工作】省委常委会10月22日召开会议，传达学习习近平总书记、李克强总理等中央领导同志在《国家民委关于加快全国民族自治州全面建成小康社会步伐的报告》上的重要批示精神，传达学习全国社会治安防控体系建设工作会议精神，研究贯彻落实的措施办法。省委书记王三运主持会议。会议指出，全国社会治安防控体系建设工作会议，是中央根据当前我们国家公共安全面临的新形势新任务而召开的一次重要会议，非常及时、非常关键。特别是习近平总书记的重要批示，对做好新形势下公共安全工作提出明确要求，为建设平安中国进一步指明了方向，要认真学习领会、坚决贯彻落实，把思想和行动统一到习近平总书记重要批示和中央部署要求上来。会议强调，结合甘肃实际，深入贯彻习近平总书记系列重要讲话和关于公共安全重要批示精神，认真落实全国社会治安防控体系建设工作会议部署要求，进一步加强社会治安防控体系建设，关键是要解决好问题导向、重点取向和落实指向“三个问题”。坚持问题导向，就是要找准公共安全存在的风险点、面临的突出问题，从已经发生或虽然没有发生但可能发生问题的地方入手，逐一排查政治、经济、社会、生态等领域的问题隐患，明确着力重点，增强工作针对性。把握重点取向，就是要提高认识、强化责任、创新机制、形成合力，各级各方面要深刻认识维护公共安全的极端重要性，真正从思想上重视起来，切实增强风险意识；要细化明确责任，各级党委政府、相关部门及企业，要把领导责任、监管责任和主体责任担起来，做到守土有责、失职追责，确保责任落实到位；要破除体制机制障碍、创新思路方法理念，为维护公共安全提供有力制度保障，全面提升维护公共安全的能力水平，促进社会治理现代化；要调动方方面面、上上下下的力量，统筹各种资源、力量、手段，共同构筑起维护公共安全的天罗地网。明确落实指向，就是要真抓实干、敢抓善干、常抓合干，努力构建精准性、常态化、合力化的公共安全防控体系，确保中央有关部署要求落地生根、抓实见效，努力建设平安甘肃。

【传达学习党的十八届五中全会精神 进一步研究部署贯彻落实措施】省委11月4日召开常委扩大会议，传达学习党的十八届五中全会精神。省委书记、省人大常委会主任王三运主持会议并讲话。会议传达学习习近平总书记代表中央政治局所作的工作报告、就《建议（讨论稿）》向全会作的说明、在第二次全体会议上的重要讲话和全会审议通过的《建议》主要精神。王三运指出，十八届五中全会是在全面建成小康社会进入决胜阶段召开的一次重要会议，讨论的议题、取得的成果、产生的影响、带来的机遇非常重大。习总书记发表的重要讲话和全会讨论通过的《建议》，明确提出“十三五”发展的指导思想、基本原则、目标要求、重大理念和具体举措，科学描绘未来五年国家经济社会发展蓝图，为全党全国上下提供了重要的理论指导和行动指南，必将引领全国各族人民不断开创实现“两个一百年”奋斗目标和中华民族伟大复兴中国梦的崭新篇章。王三运强调，要学深吃透会议精神。重点是坚持在研读原文、领会精髓中学习全会精神，突出认真读原文，突出领导作表率，突出党员全覆盖，原原本本学习习总书记重要讲话和全会文件，准确把握“十三五”时期发展的指导思想、基本理念和重大部署，切实用以武装头脑、指导实践。坚持在深刻解读、全面阐释中宣传全会精神，把全会精神摆在舆论宣传的优先位置，解答好重大理论和实践问题，回答好干部群众关心的热点和重点问题，迅速掀起学习宣传五中全会精神的热潮。坚持在统一思想、把握重点中贯彻全会精神，准确理解中央关于全面小康建设的战略目标和部署，切实把全部工作的着眼点放到全面建成小康社会上，把全部举措的着力点放到破解精准脱贫难题上，把全部努力的落脚点放到增进人民群众福祉上，奋力加快全面建成小康社会进程。王三运强调，要深刻认识面临形势。认真分析研判我省全面小康建设的总体形势和任务，为科学谋划“十三五”发展提供依据。一要把握好成就的显著性和任务的紧迫性。认真总结“十二五”发展的重大成就，宣传反映总体情况和特色亮点，以好成绩好势头好前景坚定全省上下实现全面小康的决心和信心；清醒认识存在的发展差距，切实看到摆在面前的困难和压力，奋发努力做好各项工作。二要把握好小康的普遍性和自身的特殊性。既要把如期实现全面小康作为对人民立下的“军令状”，扭住这一目标矢志奋斗，也要认清自身实际和条件，正视现实、有的放矢、重点突破，有针对性地提高人民群众的获得感和幸福感。三要把握好机遇的叠加性和挑战的严峻性。深刻认识重要战略机遇期内涵的变化，进一步找准抢抓机遇、利用机遇、转化机遇的方向和重点，放大机遇的综合效益和转型效应。同时，要看到前进道路并不平坦，诸多矛盾交织，诸多风险显现，诸多挑战当道，扎实准备、防患未然。王三运强调，要集思广益谋划未来。加强“十三五”时期全省发展重大问题、重大任务、重大举措的深入研究和谋划论证，结合实际描绘发展蓝图。要研究谋划好发展趋势问题，看到发展速度从高速增长向中高速度转变、要素投入向创新驱动转变、发展区位从偏远内陆向开放前沿转变、发展机遇由多重叠加向加速释放转变、发展资源由存量优势向经济优势转变、发展条件由基础薄弱向不断完善转变、发展层次由传统经济向新兴产业转变、发展形象由落后状态向后发优势转变等趋势和特征，做到因时顺势、趋利避害，确保经济社会发展沿着正确轨道前行。要研究谋划好发展目标问题，统筹考虑省情的特殊性，抓住全面小康在甘肃的生动实践，重点围绕经济转型升级、居民收入增长、对外开放格局、产业发展体系、新型城镇化、社会文明程度、生态文明建设、制度保障能力等，研究提出“十三五”时期经济社会发展的具体目标和要求。要研究谋划好发展任务问题，围绕“四个全面”战略布局，贯彻“创新、协调、绿色、开放、共享”发展理念，统筹考虑和全面体现精准扶贫、创新驱动、向西开放、城乡统筹、生态保护、改善民生、深化改革、从严治党等重点工作。王三运强调，要扭住小康精准发力。一要把稳增长和转方式结合起来发力。既要把牢发展第一要务，稳步推进保持增长、提高实力、增加收入的各项工作，更要坚持以提高发展质量和效益为中心，把实施创新驱动发展战略摆上重要位置，努力实现更高质量、更有效率、更加公平、更可持续的发展。二要把重全面和补短板结合起来发力。一方面全省“一盘棋”加快小康进程,整体提升全面小康实现程度。另一方面盯住贫困地区这个短板和重点,深入推进精准扶贫、精准脱贫,对症下药,靶向治疗,提高扶贫开发的成效和水平,确保全面小康是人民群众满意、社会各界认可的全面小康。三要把促改革和扩开放结合起来发力。全面细致梳理“十三五”时期重点改革事项,把握轻重缓急,适时予以推进,加快形成引领经济发展新常态的体制机制和发展方式。同时,坚持以打造丝绸之路经济带黄金段为统揽,以办好丝绸之路(敦煌)国际文化博览会等节会为依托,以节点城市和经济园区、开放园区为载体,不断深化对外合作交流,大力发展开放型经济。王三运强调,要加强领导提升能力。进一步加强和改善党对经济工作的领导,为发展航船定好向、掌好舵。要强化科学民主的决策力,完善党委研究经济社会发展战略、定期分析经济形势、研究重大方针政策的工作机制,推动党领导经济社会发展制度化、规范化、程序化。要强化辩证统筹的思维力,把政治思维、全局思维、市场思维、民生思维贯穿到工作的方方面面,统筹各种因素作出符合实际的战略决策和部署。要强化与时俱进的学习力,自觉学习经济知识,加强调研思考和实践历练,努力做懂经济、懂市场、懂管理的新型领导干部。要强化攻坚克难的执行力,健全一抓到底、狠抓落实的工作机制,弘扬定了就干、干就干好的工作作风,确保中央和省委部署落地生根。王三运强调,要锻造队伍振奋精神。推进事业发展,必须要有一支想干事、敢干事、能干成事的党员干部队伍。一要始终忠诚。教育引导党员干部筑牢坚定信念,严格遵守党章,坚决践行誓言,始终在思想上政治上行动上同以习近平同志为总书记的党中央保持高度一致。二要严明纪律。牢固树立纪律和规矩意识,认真落实《中国共产党廉洁自律准则》和《中国共产党纪律处分条例》,做到心有所畏、言有所戒、行有所止。三要锤炼作风。深入开展“三严三实”专题教育,持之以恒落实中央八项规定精神,教育干部表里如一做人、公道正派做人、襟怀坦荡做人、脚踏实地做人。四要清正廉洁。统筹推进纪律执行、教育警示、制度建设等工作,着力形成不敢腐、不能腐、不想腐的氛围,努力为经济社会持续健康发展提供坚强有力的政治、组织和作风保证。

【传达学习中央有关文件和会议精神 研究部署繁荣社会主义文艺等工作】省委常委会11月16日召开会议,传达学习《中共中央关于繁荣发展社会主义文艺的意见》和繁荣发展社会主义文艺推进会精神,研究部署贯彻落实意见及丝绸之路(敦煌)国际文化博览会筹备工作。省委书记王三运主持会议。会议指出,在“十二五”收官、“十三五”即将开局之际,中央召开繁荣发展社会主义文艺推进会,总结“十二五”文艺发展成绩,并对今后工作作出安排部署、提出明确要求,意义十分重大。各级各有关部门要进一步学习领会习近平总书记在文艺工作座谈会上的重要讲话精神,认真学习贯彻中央《意见》和推进会精神,深刻把握指导思想、核心要义特别是方向性问题,抓紧制定贯彻落实的实施意见和具体措施,加快推进甘肃省文艺事业繁荣发展。一要结合省情实际,同谋划部署“十三五”发展紧密联系起来,深入开展调查研究,广泛听取意见,全面掌握全省文艺事业发展现状,确保实施意见的指导性、操作性和实践性。二要体现甘肃特色,聚焦和发挥历史底蕴深厚、文化种类多样、战略平台凸显等叠加优势,引导广大文艺工作者深入挖掘和用好陇原大地的独特文化资源,努力创作更多反映甘肃精神风貌、紧跟时代发展步伐的文艺精品,不断满足人民群众的精神文化需求。三要突出问题导向,采取得力措施,扎实推进文艺政策完善、文艺队伍培养、文化市场管理、基层文化阵地建设等工作,着力营造有利于文艺繁荣发展的良好环境。四要加强党的领导,认真贯彻党的文艺方针政策,善于从思想上、政治上谋划和推进文艺工作,有效引导文艺动态和文艺思潮,确保文艺始终沿着正确方向前进。会议强调,举办丝绸之路(敦煌)国际文化博览会,既是我们服务国家战略所要承担的政治责任,也是甘肃提升国际影响力、加快对外开放步伐的重大机遇。各级各方面要把办好博览会作为一件大事来抓,高度重视、认真谋划、精心准备,抓好分工协作、形成整体合力,抓好方案优化、确保精致务实,抓好任务落实、倒排工期推进,抓好程序规范、依法依规筹备,举全省之力将博览会打造成丝绸之路国际文化交流合作的重要平台、中华文化走出去的重要窗口、丝绸之路经济带建设的重要支撑。

【研究部署“十三五”发展及藏区和统战工作】省委常委会11月17日召开会议,传达学习俞正声同志在西藏自治区党委和政府工作汇报会上的重要讲话精神,研究部署甘肃“十三五”时期经济社会发展及藏区、统战等工作。省委书记王三运主持会议。会议决定,11月23—24日召开中国共产党甘肃省第十二届委员会第十四次全体会议,主要议程是省委常委会向全委会报告工作,研究部署“十三五”时期全省经济社会发展。会议指出,俞正声同志在西藏自治区党委和政府工作汇报会上的重要讲话,着眼全局、站位高远,思想深邃、论述精辟,就实现藏区长足发展和长治久安提出一系列部署要求,为我们进一步做好藏区工作指明了方向和路径。有关方面要结合贯彻落实中央第六次西藏工作座谈会精神,深入学习领会俞正声同志重要讲话精神,准确把握中央关于做好藏区工作的重大判断、总体要求和战略部署,切实认清甘肃藏区工作的新形势新任务新目标,聚焦经济发展、脱贫攻坚、民生改善、生态保护、夯实基础、民族团结、社会稳定等,强化举措,有效作为,把各项工作做细一点、做深一步、做实一层,努力开创甘肃藏区事业发展崭新局面。会议讨论审议《中共甘肃省委关于制定国民经济和社会发展第十三个五年规划的建议》《中共甘肃省委甘肃省人民政府关于进一步推进全省藏区经济社会发展和长治久安的实施意见》及相关配套方案、《中共甘肃省委关于进一步加强新形势下统一战线工作的意见》。

【传达学习中央扶贫开发工作会议精神】省委11月30日召开常委扩大会议，传达贯彻中央扶贫开发工作会议精神。省委书记、省人大常委会主任王三运主持会议并讲话。会议传达习近平总书记、李克强总理、汪洋副总理在中央扶贫开发工作会议上的重要讲话精神。王三运指出，中央扶贫开发工作会议，是党的十八届五中全会后召开的第一个中央工作会议，意义重大，影响深远，必将在我国扶贫开发史上起到里程碑式的重要作用。习总书记的重要讲话，站在战略和全局的高度，深刻阐明打赢脱贫攻坚战的重要性和艰巨性，深入分析打赢脱贫攻坚战面临的矛盾和问题，系统阐述坚持精准扶贫精准脱贫、提高脱贫攻坚成效的重大问题和路径举措，明确提出加强脱贫攻坚组织领导的具体要求，是指导当前和今后一个时期打赢脱贫攻坚战的纲领性文件，为我们加快推进脱贫攻坚、全面建成小康社会，指明了努力方向，提供了行动指南。李克强总理的重要讲话，具体部署推进脱贫攻坚的主要任务和重要举措。汪洋副总理的重要讲话，对各地贯彻落实中央部署提出具体要求。各级各方面要结合实际，认真学习领会，抓好贯彻落实。王三运强调，要在心中强化“一号”意识。习总书记指出，“脱贫攻坚任务重的地区党委政府要把脱贫攻坚作为‘十三五’期间头等大事和第一民生工程来抓”。甘肃贫困面大、贫困程度深、脱贫难度大，必须把脱贫攻坚作为“一号”工程，始终坚持三个“重中之重”的判断和定位，立下愚公移山志，咬定青山不放松，强化工作保障、加大工作力度，团结和动员各方面的力量攻坚拔寨、向贫困发起总攻，坚决打赢脱贫攻坚大决战。王三运强调，要着力抓好“十件大事”。一要抓学习培训，各级各方面要制定学习方案、细化学习措施、开展学习培训，特别要抓好职能部门、扶贫一线党员干部和村党支部第一书记的培训，切实把思想武装起来，把队伍武装起来。二要抓政策衔接，各级各有关方面要对中央出台的政策利好和倾斜措施，深谋细研、认真对接、积极争取、抓好落地。三要抓脱贫规划，按照中央和省委《“十三五”规划建议》部署要求，坚持从实际出发，尽快研究制定脱贫攻坚专项规划。四要抓精准识别，实行“853”精准脱贫管理办法，做到脱贫对象分布识别认定、家庭状况掌握、致贫原因分析、扶持计划措施、台账进度记录、享受政策宣传、进出信息录入、动态变化捕捉等“八个准”，每个贫困村都要制定贫困对象分布图、任务进度分解图、致贫原因反映图、计划措施细则图、年度进出动态图等“五张图”，每个贫困户都要有脱贫计划进度账、脱贫措施办法账、脱贫帮扶责任账等“三本账”，通过严、细、深、实的工作，真正把军令状细化为作战图，把作战图转化为战果图。五要抓内生动力，千方百计调动贫困群众的积极性，引导和鼓励贫困群众立足于自身奋斗来改变贫困落后的面貌。六要抓考核评价，对照脱贫摘帽标准，健全完善考核体系，细化实化考核办法，配强配齐考核力量，发挥好考核指挥棒作用。七要抓典型引路，通过组织开展学习观摩活动，用群众身边的脱贫典型来鼓励引导群众，增强脱贫攻坚的信心决心，积极探索脱贫攻坚的新路子。八要抓力量加强，强化省、市、县三级脱贫攻坚领导机构和力量建设，层层签订脱贫攻坚责任书，领导干部带头抓，确保脱贫攻坚各项任务落到实处。九要抓政策落实，尽快梳理对接中央脱贫攻坚政策，丰富拓展甘肃省“1+17”精准扶贫方案，确保各项政策措施落地生根、抓实见效。十要抓氛围营造，抓好宣传阐释，把面临形势讲清、把基本方略讲明、把政策机遇讲透，让会议精神家喻户晓、深入人心；大力宣传中央扶贫工作的政策利好和甘肃脱贫攻坚工作取得的成就，鼓舞士气斗志，凝聚正能量，推动形成脱贫攻坚强大合力。省委常委扩大会议后，省委常委会随即召开会议，听取审议省委组织部关于全省“三严三实”专题民主生活会工作方案。

【传达学习全国党校工作会议精神研究部署贯彻落实具体意见】省委常委会12月16日召开会议，传达学习全国党校工作会议精神，研究部署贯彻落实的具体意见。省委书记王三运主持会议。会议强调，全国党校工作会议是党中央召开的一次十分重要的会议。习近平总书记的重要讲话，从加强党的建设、更好实现党的执政使命的战略高度，深刻阐述事关党校长远发展的一系列重大问题，是指导我们做好新形势下党校工作的重要遵循。全省各级各部门要认真贯彻落实全国党校工作会议精神，进一步增强做好党校工作的使命感、责任感和紧迫感。一要吃透会议精神。深入学习领会习总书记重要讲话精神，深刻认识党校工作的根本原则、办好党校的主要任务，把党校姓党作为立校办学之本，高扬党的旗帜，增强看齐意识，强化理论教育，聚焦中心工作，加强智库建设，自觉在思想上政治上行动上同以习近平同志为总书记的党中央保持高度一致。二要坚持问题导向。把党校工作纳入党的建设总体部署，抓好执政骨干培训，强化薄弱环节，研究解决思想认识、工作推进、作风状态、队伍建设、硬件设施等方面存在的问题，努力为做好党校工作营造良好环境。各级党委主要负责同志要经常过问党校工作，建立健全到党校调研指导、与学员交流座谈等制度，帮助党校解决实际困难，加强和改进党校工作。要立足甘肃实际，抓好落细落实各项措施办法，保证各级党校更好地开展工作。三要提升办校水平。用党校姓党统领教学科研管理工作，聚焦党委的中心任务和决策部署开展教学、科研和办学活动，充分发挥重要智库的作用。要把质量立校作为党校工作的重要抓手，不断强化队伍建设，抓好素质能力提升，着力培养一批政治强、业务精、作风好的知名教师，培养锻造一批马克思主义理论大家，一批忠诚于马克思主义、在学科领域有影响力的知名专家。要坚持严以治校、严以治教、严以治学，努力把党校打造成为作风建设的标杆和表率，打造成出思想、出成果、出人才的重要阵地，不断推动党校工作创新发展。会议研究2016年财政预算安排有关情况。会议要求，要集中财力办大事，聚焦保障主目标，积极利用新渠道，统筹兼顾保运转，从严控制一般性支出，全力保障重点支出。加大财政资金统筹使用力度，优化支出结构，盘活存量、用好增量，着力促进经济社会持续健康发展。

【传达学习中央经济工作会议和城市工作会议精神】省委12月23日召开常委扩大会议，传达学习中央经济工作会议和城市工作会议精神，研究部署贯彻落实工作。省委书记、省人大常委会主任王三运主持会议，传达习近平总书记在中央经济工作会议和城市工作会议上的重要讲话，并就贯彻落实工作作出安排部署。省委副书记、省长刘伟平传达李克强总理在中央经济工作会议和城市工作会议上的重要讲话。会议指出，中央经济工作会议是在圆满收官“十二五”、布局开启“十三五”的特殊时间节点召开的一次重要会议。习近平总书记的重要讲话，深刻分析国际国内经济形势，全面总结今年和“十二五”时期我国发展的巨大成就，精辟阐述经济发展新常态的内涵要义，明确提出明年经济工作的总体要求、主要目标、重点任务和必须坚持的重大原则，思想深邃、视野开阔，论述精辟、重点突出，具有很强的战略性、指导性和实践性，为我们做好明年和今后一个时期的经济工作、推动经济社会持续健康发展，提供了重要的理论指导和行动指南。李克强总理的重要讲话，科学评估今年的经济工作，系统阐述明年的主要预期目标和政策取向，周密部署经济社会发展的具体工作，是我们推动经济社会发展的重要遵循。城市工作会议是1978年以来中央召开的第一次以城市为主题的专门会议。习近平总书记和李克强总理的重要讲话，既有历史的传承性也有实践的创新性，既有强烈的问题意识也有前瞻的发展意识，对于我们尊重城市发展规律，把握城市发展方向，解决城市发展问题，发挥好城市的功能作用，探索符合实际的城市发展道路，具有重大的现实意义和深远的历史意义。全省各级各方面要把学习贯彻中央经济工作会议和城市工作会议精神作为重大政治任务来抓，切实把思想统一到重要讲话精神上来，把行动凝聚到中央决策部署上来，更加自觉坚定地推动全省经济和城市工作迈入正确轨道、取得更大成绩。会议强调，要把精神实质深刻领会好。做好全省经济和城市工作，首要的一条就是领会好中央的重大判断、部署和要求。要深刻领会中央作出的形势判断，把握大势，看清趋势，既坚定信心、乘势而上，巩固和发展各项工作的好势头，又未雨绸缪、防微虑远，盯住工作的底线和软肋，牢牢把握发展的主动权。要深刻领会中央提出的总体要求，始终把牢提高质量和效益这个经济发展的中心，把牢建设和谐宜居、富有活力、各具特色现代化城市这个城市工作的目标，找准经济发展的障碍和制约，谋划城市发展的办法和措施，真正把中央明确的总体要求和基本思路贯穿到工作的方方面面。要深刻领会中央部署的主要任务，梳理好经济和城市工作的“纲”和“目”，搞清楚实践的突破口和着力点，研究提出务实管用的思路和举措，确保中央精神在甘肃得到不折不扣贯彻落实。会议强调，要把重大导向准确把握好。准确把握经济发展的新特征，清醒看到认识、适应、引领新常态是当前和今后一个时期我国经济发展的大逻辑，每个地区、每个部门都要切实遵循好贯彻好这一逻辑和要求，谁都不能置身事外，更不能逆向而为。准确把握政策框架的新取向，理解吃透国家政策的牵引点和导向性，高度重视推动供给侧结构性改革，着力解决有效供给不能适应需求总量和结构变化的问题，加快实现由低水平供需平衡向高水平供需平衡的跃升。准确把握改革开放的新部署，认真学习和对接中央作出的改革决策，从实际出发探索和实施一些务实管用的特色改革，进一步引导改革向纵深推进；积极顺应国家加快“一带一路”建设的趋势，加快打造丝绸之路经济带黄金段，释放黄金段的吸附效应和带动效应。准确把握加强领导的新要求，坚定不移坚持中国特色社会主义政治经济学，与时俱进推动党领导经济工作的观念、体制和方式方法创新，确保全省上下抓经济工作的思想、步调和行动高度一致。准确把握城市发展的新思路，对照中央提出的城市工作思路和部署，结合全省实际明确推动城市发展的要求、步骤和措施，提升城市规划、建设和管理水平，走出一条符合甘肃实际的城市发展路子。会议强调，要把明年工作认真谋划好。一要深入研判全省面临的经济环境，分析好宏观环境带来的“利”和“弊”、“机”和“险”，把握好自身发展的历史方位和阶段性特征，有针对性地作出安排部署，提高工作的实效性，掌握发展的主动权。二要科学确定明年发展的目标任务，既要重视体现积极性，立足实际制定能够鼓舞人心、提振士气、稳定预期的发展目标，也要重视体现平衡性，统筹稳增长和调结构之间、需求侧和供给侧之间、促发展和惠民生之间、增动力和防风险之间的平衡协调，着力实现更有质量、更有效率、更加公平、更可持续的发展。三要精心思考工作推进的思路举措，聚焦推动结构性改革、保持持续健康发展，在政策体系、深化改革、科技创新、基础设施、向西开放、脱贫攻坚、改善民生以及放大城市功能作用等方面，一一研究提出有针对性和操作性的具体部署，下功夫抓好重大决策和任务的落地生根，不断把建设幸福美好新甘肃、全面建成小康社会宏伟事业推向前进。省委各部门、省政府组成部门主要负责同志参加会议。

【传达学习中央农村工作会议精神

研究部署“三农”等工作】 省委常委会12月30日召开会议，传达学习中央农村工作会议精神，研究提出贯彻落实意见，安排部署“三农”等工作。省委书记王三运主持会议。会议强调，中央农村工作会议是在全面建成小康社会进入决胜阶段、“十三五”发展开局之际召开的重要会议。习近平总书记的重要指示、李克强总理的批示，精辟阐述事关“三农”长远发展的重大问题，科学部署做好“三农”工作的主要任务和着力重点，为我们进一步指明努力方向。全省各级要认真学习贯彻习近平总书记重要指示和李克强总理批示精神，把贯彻落实中央农村工作会议精神同贯彻落实中央经济工作会议精神紧密结合起来，按照省委经济工作暨扶贫开发工作会议部署要求，进一步增强责任感和紧迫感，从省情实际出发谋划好明年和“十三五”时期的“三农”工作，努力让农业农村成为大有可为的广阔天地。会议强调，要把牢重要地位，深刻认识到重农固本是安民之基，把握好“三农”工作的战略性和基础性作用，任何时候都不能忽视和放松“三农”工作。要落实发展理念，把创新、协调、绿色、开放、共享的发展理念贯穿到“三农”工作的方方面面，加快转变农业发展方式，积极推进农业现代化。要突出工作重点，盯紧脱贫攻坚“一号工程”，强化“一号意识”，完善具体措施，深入扎实抓好“1＋17”精准扶贫方案的落地生根，坚决打赢脱贫攻坚战，补齐农村这块全面小康的短板。要全面深化改革，坚持问题导向，抓住关键环节，按照促农增收要求和市场消费需求，着力加强农业供给侧结构性改革，不断提升农业供给体系质量和效率。要夯实发展基础，加快农村水利、交通等基础设施建设，有效破解瓶颈制约，为“三农”可持续发展提供支撑。要加强党的领导，始终把“三农”工作摆到重中之重位置，重视研究“三农”发展新形势新问题，提升党领导“三农”工作的能力和水平，加大涉农资金投入和整合力度，不断开创农业农村工作新局面。会议研究2016年全省经济社会发展主要预期指标，部署2015年度党风廉政建设考核以及政绩考核和工作落实年考核等工作。

办公厅工作

【思想武装】 聚焦锻造绝对忠诚的政治品格，用党的最新理论成果武装头脑，在学习上求深化、在载体上求创新、在实践中求突破，始终与以习近平同志为总书记的党中央在思想上政治上行动上保持高度一致。服务领导学，注重及时科学有效。紧贴省委领导学习需求，在计划拟定、主题设置、资料整理上超前考虑、周全服务。按照《中共甘肃省委常委会集体学习习近平总书记系列重要讲话制度》，拟定学习方案，创新学习方法，学到深处、学到精髓；多次邀请理论专家，在省委理论中心组学习会议上分领域、分专题进行辅导解读；配发《习近平用典》《习近平总书记在文艺工作座谈会上的重要讲话学习读本》等学习资料，通过服务好省委常委会学习来引领和促进全省面上对习近平总书记系列重要讲话精神的精读深悟和全面贯彻。扭住重点学，增强政治看齐意识。把习近平总书记系列重要讲话精神作为指引方向的灯塔和武装思想的指南，读原著、学原文、悟原理，把对关于“四个全面”战略布局论述逐领域的专项学习和系统学习结合起来，在理解和把握精神实质上狠下功夫，以理论的清醒保证思想根基的牢固、实践行动的自觉、能力素质的提升。把学习党的十八大和十八届三中、四中、五中全会精神作为重大政治任务，及时学、反复学、系统学，进一步统一思想，增强政治看齐意识，加深对以习近平同志为总书记的党中央执政理念、思路和风格的认识，增强保持高度一致的思想自觉、政治自觉和行动自觉。以上率下学，营造比学赶超氛围。先学一步、深学一层，特别是中央的重大战略思想、重大理论观点、重大工作部署一经发布，厅班子第一时间组织传达学习，同步对全厅干部的学习进行部署、提出要求，提升干部的综合素质和内在修养。注重实效学，提升学用结合水平。把方式创新贯穿学习全过程，激发全厅干部职工学习热情，提升学习实效。坚持集体学习与个人自学相结合，围绕政治理论、纪律规定、业务工作等方面开展集中学习8次。在工作中加强学习、在学习中促进工作，着力深化学习效果。坚持集中授课与互动交流相结合，选派干部参加各类培训100多人次，组织领导、专家授课5次，举办处长大讲堂7次，结合本职工作讲认识、谈思考、谋未来，增强对理论和政策的把握能力；利用理论中心组学习和“三严三实”专题教育学习研讨，组织班子成员交流发言，全厅副厅级干部和厅属各处室、各单位负责同志参加研讨，相互启发、共同提高。坚持学习中办做法与学习外省经验相结合，对标学习中办业务和作风，靶向改进自身不足；组织干部到山东、山西、河南等省学习办文、办会、办事的有效做法，为进一步改进提升工作提供借鉴。

【“三严三实”专题教育】 紧紧扭住“三严三实”专题教育四个关键动作，以严实作风抓理论教育、抓行为规范、抓问题整改、抓能力提升，推动专题教育实现“三个见实效”的目标要求。在思想引领中筑牢严实根基。突出厅领导班子党章党规意识教育，扎实开展讲党课和以坚定理想信念、落实“五个必须”要求、严格遵守党章和党内法规、为民用权为民执政、依法用权秉公用权为主题的5次专题研讨，每次都观看专题教育片、学习中央有关精神、厅领导班子成员作交流发言，聚焦中央要求和党规党纪进行深入的思想互动，传导压力，凝聚共识，拧紧思想的“总开关”，在思想引领中找到“三严三实”的时代价值、标准遵循和实践要求，做到认识上一致、思想上统一、政治上同心、情感上认同、行动上同步。在问题整改中践行严实要求。围绕在遵守政治纪律和政治规矩方面有没有口无遮拦等“4个有没有”、在履职尽责方面是不是精细到位等“4个是不是”、在工作作风方面是否存在标准不高等“3个是否存在”，集中开展“443”自查活动，梳理不严不实的问题。边查边改，从严整改，以制度形式固定整改举措，尤其是围绕规范省委常委会议题报送和省委重大会议服务、加强党内法规、统筹做好督促检查等方面制定修订一批制度，促进服务工作的规范化、制度化。厅领导班子和班子成员结合专题民主生活会查摆出3个方面具体问题和征求到102条意见建议，有针对性地制定整改方案，以严实的整改举措体现过硬作风。在联系群众中彰显为民情怀。厅务会议专题安排部署脱贫攻坚工作，对工作推进过程中遇到的困难和问题及时研究解决，全面落实联系村、联系户脱贫攻坚任务，为联系村联系户办实事、解难题。组织实施民生产业项目239项，贫困村生产生活条件明显改善，办公厅联系的24个贫困村中，第一批帮扶的9个村全部整体脱贫，第二批帮扶的6个村3个整体脱贫，办公厅获得2015年全省“双联”行动先进组长单位“组织奖”。

【督促检查】统筹协调推进重点任务，整合力量形成联动机制，创新方法提高工作实效，总结经验强化典型引领，推进省委重大决策部署和重点任务落地见效。突出重点抓落实。把学习贯彻习近平总书记系列重要讲话精神作为“抓思想落实”的先导，统筹安排省委常委学习时间、学习内容和学习方式，确保省委率先学习领会、率先贯彻落实；对各级各部门学习宣传贯彻习近平总书记系列重要讲话精神进行再安排、再部署，并加强督促检查，不断把学习贯彻引向深入。把严格贯彻执行中央八项规定精神和省委“双十条”规定作为“抓作风落实”的重点，紧盯重要领域、重要节点以及作风问题的新动向，持续发力、驰而不息地纠“四风”、转作风。严格安排省委领导活动，控制文件简报，规范公务接待，全省性会议数量、省委发文数量和公务接待经费在前几年大幅下降的基础上，2015年再分别下降8%、12%和21.4%。继续实行月报告、季督查、半年通报、全年总结工作制度，对省委主要领导在基层调研期间执行中央八项规定精神情况随行督查，元旦、春节、国庆、中秋等重要节点开展随机抽查和专项督查，对发现的典型问题进行通报跟踪整改，促进党风政风持续好转。把贯彻落实省委重大决策部署作为“抓行动落实”的体现，跟进落实《省委常委会2015年工作要点》确定的具体任务，协调推进省委“工作落实年”活动开展，从省直部门抽调46名人员组成专门工作队伍，建立工作落实年工作制度和运行机制，把力量向推动中央和省委重大决策部署聚焦，分四大类1046项建立省委工作落实年重点任务总台帐，逐项明确责任领导、责任单位和完成时限，挂图作战、对帐销号，推动各项任务的全面完成。创新方法抓落实。发挥省委工作落实年领导小组办公室职能，统筹各类督查资源，组织开展省委、省政府重大项目观摩活动，协调省级领导带队督查，从省人大、省政协专委会聘请10名省委督查专员开展重点督查，统筹省直部门结合职能开展专项督查，全年组织督查活动36次，传导抓落实的责任和压力，有力推进重点工作落实。发挥通报和报告在抓落实中的作用，每季度通报一次各级各部门抓落实工作情况，及时向省委报告省委领导批示办理情况，对各地各部门落实省委十二届十三次全委扩大会议精神、全省党委秘书长会议精神和主要领导干部外出请假报告、节日期间值班值守等事项及时跟进通报，增强各地各部门抓落实的自觉性和主动性。注重典型引领推动，通过《甘肃工作》《甘肃工作交流》《学习秘书》等刊物反映各地各部门的特色做法和落实举措，协调宣传部门通过新闻媒体宣传抓落实的做法成效，以正面示范引领促进工作，营造比学赶超、争先落实的良好氛围。注重实效抓落实。发挥督查促进落实的作用，对重点领域、关键环节、要害部位、盲点地带开展多频次、深层次督查，以“钉钉子”精神推动决策落地、工作落实。其中，聚焦脱贫攻坚，先后组织建档立卡随机抽查、“1+17”政策落实情况重点督查，特别是组成7个专项督查组深入14个市（州）86个县（市、区）（100个市县）和100个省直部门开展“双百”督查，有力推动扶贫措施的落实。聚焦转方式调结构，深入14市(州)30多家省属企业，督促推进相关行业部门和企业把中央和省委重大决策部署落到

2015年3月30日-31日，省委书记王三运（前排右二）在平凉市调研精准扶贫工作

实处；聚焦主体责任落实，跟进掌握省委“3783”主体责任部署要求和省管领导谈话办法等制度落实情况，向省委专题报告并提出建议，提高抓落实的工作成效。充分发挥批示办理在抓落实中的作用，扭住省委领导批示和网民留言办理两个重点，跟进落实、跟踪问效，推动解决一大批群众关心的热点难点问题，全年办理省委领导批示1114件、网民留言2174件，办公厅网民留言办理工作连续5年被人民网评为先进。充分发挥第三方监督作用，引入第三方评估机制，在70个省直部门和14个市（州）开展抓落实满意度测评；从“两代表一委员”中选聘38名监督评议员，引导其积极参与监督、反映民意，更好地发挥查实情、补短板、促落实的作用。

【服务保障】更加注重做好综合协调。发挥省委办公厅牵头抓总作用，紧盯省委决策的重大事项、重要活动、重点工作，调动各方力量推动工作落实。聚焦保障省委重大活动，对省委全年重要工作、服务事项实行计划管理，早谋划、早介入、早安排，把工作质量建立在细节控制上，为省委重大决策部署贯彻落实提供优质快捷高效服务，2015年科学编排《省委领导一周活动安排表》52期、《重要事项预告》65期，累计协调完成中央领导和国家部委、企业、金融单位来甘调研检查公务接待260批次，服务省委领导出席重大活动20余次，保证省委领导公务活动顺利进行。聚焦各级各部门协调联动，加强各处室、各单位之间的沟通衔接，互通有无、补台补位、整体联动，对省委关注的脱贫攻坚等重大事项和省级领导干部车辆配备管理等事项协调各方共同推进，确保工作顺利进行。聚焦省委关心、群众关切的具体问题，落细落小抓协调，针对处理好“尼江”矛盾、关心农村留守儿童、武威荣华公司环境污染、高速公路沿线广告牌设置等具体问题，多次召开专题调度会，传达指示要求，商讨推进举措，促进相关问题的有效解决。针对处理好“尼江”问题，多次召开调度会分解落实责任，协调有关方面认真落实帮扶措施，2015年底帮扶“尼江”两村发展的项目开工54项，完成投资1.34亿元。更加注重当好参谋助手。提出管用、实用、好用的对策建议，在出谋划策上狠下功夫。突出发挥调研参谋作用，协调省委领导做好重大课题的调研，2015年保障省委书记王三运赴12个市（州）50多个县（区）调研31次67天，保障省委副书记欧阳坚调研45次64天，保障省委秘书长李建华调研33次70天，在服务大局和省委中心工作中体现应有作用；采取联合调研、单独调研和委托调研等方式，就扶贫开发、藏医药发展、电子商务发展、敦煌文物保护等重大问题开展调研，形成一批质量较高的调研报告。突出发挥信息服务作用，围绕全面深入反馈全省工作亮点，向中办报送全省改革发展稳定的做法和成效，精准扶贫、引洮工程建设等稿件被中办《工作情况交流》单期刊发，扶贫工作得到中央领导充分肯定；发挥信息“耳目”作用，第一时间向省委报告重大紧急事件，及时跟进反馈各地各部门落实省委决策部署情况，定期反映全省经济社会发展动态，让省委领导及时掌握各地各部门工作情况；不断强化决策咨询职能，引导各级各部门和专家学者积极向省委建言，服务省委决策。突出发挥文稿咨政作用，坚持中央精神与省情实际高度契合、领导要求与推动工作紧密关联、立足当前与着眼长远有机结合，文稿的思想性、政策性和指导性明显提高。精心起草服务省委领导的各类讲话和参阅材料，代省委起草《中共甘肃省委关于抓好“工作落实年”的意见》《中共甘肃省委关于加强党内法规工作的意见》《中共甘肃省委关于加强和改进群团工作的意见》《中共甘肃省委常委会开展“三严三实”专题教育的实施方案》《中共甘肃省委 甘肃省人民政府关于扎实推进精准扶贫工作的意见》《中共甘肃省委2015年学习安排意见》等多篇文稿和规范性文件，及时传达省委部署要求，对全省工作的推进起到积极的指导作用。更加注重搞好运转保障。聚焦提高服务的精细化水平，统筹谋划、靠实责任、加强对接，切实保障省委各项工作顺利开展。强化值班值守，严格落实全天值守和全程响应要求，加强与中办值班部门的对接，强化对各地各部门值班工作的督促检查，有效确保政令畅通，省委办公厅值班工作得到中办值班室和国务院值班室的充分肯定。强化办文保障，召开全省党内法规工作暨培训会议，对把好文件的政治关、政策关、法规关、运行关作出全面系统的安排，有效推动提高全省党委办公部门办文规范化水

2015年10月22日，省委副书记欧阳坚（右三）在武威市调研防沙治沙工作

平，为推进全省党内法规建设奠定坚实基础。强化会议服务，对省委常委会议题进行严格的前置把关，对全省性会议严格审核，圆满完成省委常委会和省委全委扩大会议、省市党政主要领导干部研讨班等59个会议的会务保障工作。强化文电运转，对密码通讯设施进行改造升级，精细做好电报收发工作，实现连续26年安全保密无故障；加强机要交通业务练兵，联合青海省委办公厅组织兰州至西宁汽车长途押运演练，严格落实文件交换工作制度，机要交通实现连续22年无业务事故差错。强化安全保卫，坚持人防技防物防相结合，在省委机关大门和一号楼安装智能门禁识别系统，将机关监控与武警中队监控并网，开展消防应急演练，定期检查维修消防设施，确保省委机关安全。强化后勤保障等工作，持续提高行政服务、房产管理等后勤保障工作和老干部服务工作精细化、规范化水平，科学编制年度预决算，严格办公用品采购，认真做好办公用房运行维护，有序推进公车改革、全厅干部住房清理等工作，加强机关物业管理，为干部职工提供良好的工作环境。做好宁卧庄宾馆、省委印刷厂经营性服务工作，办公厅服务保障水平稳步提升。

【履行党风廉政主体责任】细化靠实责任。落实省委构建“3783”党风廉政建设主体责任体系的要求，把党风廉政建设与业务工作同谋划、同部署、同落实，抓具体、抓深入、抓细节，形成横向到边、纵向到底，一级抓一级、层层抓落实的工作格局。按照《省委办公厅关于厅机关落实党风廉政建设主体责任的实施意见》，分解细化责任，进一步明确厅务会议的集体领导责任、主要领导的第一责任、班子成员的分管责任、机关党委的协调推进责任和党总支、支部的具体落实责任。厅领导班子成员和各党总支、支部书记按照“一岗双责”要求，把党风廉政建设作为责任田、份内事，主动担责、齐抓共管、严格落实。强化压力传导。厅主要领导同班子成员和各处室负责同志逐个谈心谈话，对新提拔的干部进行任职廉政谈话，集体约谈各党总支、支部书记，督促制定具体措施，解决具体问题，逐级传导压力。厅领导班子与各党总支、支部书记签订党风廉政建设责任书，党支部与党员签订廉洁自律承诺书，把党风廉政建设的任务落实到每个党员身上。厅领导班子成员督促分管处室严格按要求如实报告个人事项。安排10名现职岗位任职2年以上干部开展“三述”活动，通过讲认识、谈问题、说打算，进一步深化对规矩纪律意识的思想认识，形成遵规守纪的政治自觉。夯实基层基础。召开厅直属机关委员会第五次党员代表大会，对党建工作进行安排部署，选举产生新一届办公厅直属机关委员会党委委员和纪委委员。对部分总支和支部班子进行改选，基层党组织履行主体责任的意识和能力进一步增强。结合群众路线教育实践活动后续问题整改，排查廉政风险隐患30多个，并从建立和完善重点岗位廉政风险评估制度、二级财务管理制度、重点岗位职责权力清单制度入手，推动党风廉政建设要求向具体岗位和具体工作落实。将执纪监督关口前移，从干部档案资料、个人事项报告、出入境审批等方面细化要求、从严管理。规范党内组织生活，厅领导班子成员主动参加所在支部组织生活会，谈心谈话、传导压力，增强全厅党员干部的纪律意识和规矩意识。

【队伍建设】狠抓班子自身建设。厅领导班子坚持民主集中制原则，严格执行集体领导与个人分工负责相结合制度与请示报告制度，班子成员之间开展经常性谈心交流，形成民主和谐、团结务实的工作氛围；健全完善班子议事规则和决策程序，凡“三重一大”事项，坚持在充分沟通协商基础上提交厅务会集体讨论决定；落实党内政治生活各项规定，持续用好批评与自我批评这一武器，班子成员以普通党员身份参加所在支部民主生活会成常态，班子向心力、凝聚力、战斗力进一步增强。推动作风持续好转。把持续改进机关作风放到突出位置，用严实的作风树形象、强队伍、促工作。发扬团队合作精神，相互提醒、相互补台、相互帮助，在急难险重任务面前经受考验。激发干部工作活力。营造能干事、想干事、干成事创业氛围，从政治、工作、生活中关心、培养、爱护干部，消除影响干事创业的消极因素，激发干部潜能，引导干部全身心投入工作。以人为本，体现人文关怀，厅班子成员、各处室负责人经常和干部职工交心谈心，征求意见建议；组织开展健康向上的文体活动，增强干部职工的归属感和凝聚力；竭尽所能地为干部职工提供加班餐和集体宿舍、协调各方解决年轻干部住房等实际困难；发动全厅党员为2名患病同志捐款18万元。坚持“有为者有位、吃苦者吃香、优秀者优先”的原则，把品德好、能力强、作风实、政治佳的优秀干部选拔上来，以更加明确的用人导向激励干部，2015年，按程序向省委推荐13名地级干部；调整交流和提拔10名正处级领导干部；对试用期满的10名副处长进行考察和任职；推荐和配备3名省级领导机要秘书；为10名科级干部晋升职务，为4名试用期满干部确认职务。

中国共产党甘肃省委员会及办公厅领导班子成员名录

书　记　王三运

副书记　刘伟平　欧阳坚（白族）

常　委　罗笑虎　连　辑

吴德刚　泽巴足（藏族）

咸　辉（女，回族）

张晓兰（女）　虞海燕

李建华　傅传玉

冉万祥　李荣灿　王玺玉

秘书长　李建华

副秘书长　陈田贵　李德新　张国斌

刘玉生　杨元忠　李　富

赵国强　戴炳隆　刘天明

唐兴和

办公厅

主　任　陈田贵（5月止）

李德新（5月任）

副主任　陈舜祥　李小宝

　　　　吴文俭　潘胜强

纪检组长　杨关义

（供稿：张红波）

组织工作

【服务工作大局】深入学习贯彻习近平总书记系列重要讲话精神。部务会带头学，组织开展18次专题学习和座谈讨论，学习领会习近平总书记系列重要讲话精神特别是关于组织工作的重要指示精神，围绕贯彻好干部五条标准、从严管理干部、加强基层党建以及人才工作，分析研究，提出落实措施；学习中央和省委重大决策部署，统一思想认识，明确目标任务，提出措施办法，推动组织工作始终与中央和省委重大决策部署同心同向、同步发力、同频共振。领导干部系统学，把学习习近平总书记系列重要讲话精神作为各级党校、行政学院培训的核心内容，统筹抓好全省集中培训工作。组工干部深入学，对组织系统学习贯彻习近平总书记系列重要讲话精神作出安排部署，组织组工干部采取集体学习、交流研讨、对照自查等形式，领会精神实质，把握精髓要义。全力服务脱贫攻坚和“双联”行动。充实基层一线领导力量，落实“1+17”精准扶贫方案，从省直单位选派58名副厅级、正处长级干部到贫困县挂任县委副书记，选派74名科技人才到贫困县挂职开展科技帮扶，截至2015年，先后选派3333名优秀年轻干部、3445名大学生村官到建档立卡贫困村任职。发挥考核评价激励导向作用，制定印发《全省贫困县党政领导班子和领导干部经济社会发展实绩考核办法》，构建正向激励、惩戒约束、责任追究机制；结合贫困县经济社会发展实际，研究制定《考核实施细则》，引导广大干部把精力投入到脱贫攻坚主战场。做好服务保障工作，围绕脱贫攻坚举办省级培训班38期，培训基层党员干部4486人；实施农村实用人才培养开发行动，筛选42个实训基地予以重点支持；印发《关于在干部选拔任用工作中进一步树立注重基层导向的通知》，推动落实干部逢提必下与脱贫攻坚深度融合。动员组织系统带头服务脱贫攻坚，召开全省组织系统深化“双联”行动与服务精准扶贫交流推进会，对组织部门发挥职能作用服务脱贫攻坚作出部署；选派1名处级干部到贫困县挂职副书记、6名机关干部到建档立卡贫困村挂任第一书记和驻村帮扶工作队队长，着力抓好“双联”点精准脱贫工作。坚持正确方向扎实推进党建制度改革。做好谋划部署，研究制定党建制度改革专项小组2015年《工作要点》和《工作台账》，细化列出42项改革举措，明确牵头单位、配合部门、完成时限，确定改革任务书、路线图、时间表；召开党建制度改革专项小组会议，部署推动党建制度改革。加大制度完善和体制机制创新力度，研究制定《党政领导干部选拔任用工作监督检查办法》《县（市、区）委书记监督管理办法》《党政领导干部生态环境损害责任追究办法实施细则》《全面加强农村基层党建工作的意见》《关于在深化国有企业改革中坚持党的领导加强党的建设的若干意见》等政策文件，从顶层设计上谋划推进党建制度改革。强化督查抓好任务落实，坚持定期督查与重点抽查相结合，5次对十八届三中全会以来中央和省委出台的有关党的建设和组织工作的重点制度落实情况、改革任务推进情况进行督促检查，发现解决问题，推动各项改革稳步有序推进。以钉钉子精神抓好工作落实年各项任务。抓好部机关工作任务落实，研究制定《工作落实年实施方案》，建立全员覆盖的决策部署、组织实施工作机构，梳理建成《重点任务台账》，对153项重点任务逐一靠实责任；坚持月督查、季梳理，建立抓落实任务清单，开展集中督查4次。统筹推进组织系统抓落实，盯住组织工作重点任务，2次深入各地各单位对重点岗位交流、干部选拔任用、推进能上能下、消化超职数配备干部、基层党建等工作进行督查调研，分析查找问题，及时反馈情况，提出加强和改进工作的建议，推动重点任务落实。做好工作落实年考核奖惩工作，印发《省委工作落实年考核奖惩工作方案》，明确考核对象和重点，细化考核程序和方法，提出考核结果运用措施，为做好全省工作落实年考核打下基础。

【“三严三实”专题教育】做好谋划部署和组织指导工作。成立组织部“三严三实”专题教育工作协调小组，全力做好组织协调、指导联络、督查落实和舆论宣传等工作；研究制定工作方案，对专题党课、专题学习研讨、专题民主生活会和组织生活会、整改落实和立规执纪等关键环节，确定具体的方法步骤、时间安排和推进措施；指导抓好专题教育关键环节的工作，就做好专题研讨、联系反面典型开展讨论、专项整治等工作提出指导性意见，每个关键动作、每个重点任务有具体推进措施，保证专题教育的指向性和实效性。把握关键节点加强督促检查。抓住专题党课、学习研讨、召开专题民主生活会等重点环节聚焦发力，把从严督查贯彻全过程；严把学习研讨关，认真审核省管领导班子的学习研讨方案和“一把手”发言材料；部务会成员分别参加10个市(州)和10个省直单位的专题教育学习研讨，指导解决存在的问题；6次分片分领域召开座谈会，分类指导，有针对性地列席50多家部门和单位的学习研讨会议，做好跟踪指导，提高教育质量；对省委常委、党员副省长参加指导专题民主生活会做好协调服务，对有关领导参加指导专题民主生活会作出安排。坚持问题导向提升教育成效。围绕解决“不严不实”问题抓学习、抓研讨、抓教育，通过建立问题清单、责任清单和整改清单，实行挂账销号推动即知即改，省直部门单位、省属企事业单位和市、县两级党委查摆出问题3916个，整改3728个，班子成员梳理查找问题15048个，整改14600个；深入开展领导干部“为官不为”、党政机关“庸懒散软”、基层组织“三多”问题和信访积案化解整治4个方面的集中整治活动，解决一批干部不作为乱作为等损害群众利益问题。

【领导班子和干部队伍建设】做好领导班子日常调整配备工作。定期对领导班子整体结构、运行情况、工作需要和领导干部履职情况、工作状态、能力特点等进行分析评价，为省委决策提供依据；研究起草《甘肃省省级领导班子换届调研报告》《甘肃省2016年市县领导班子换届分析研判报告》，为领导班子换届提早做好准备。严谨细致组织好干部推荐考察工作，进一步规范工作程序，干部动议前征求省纪委、省检察院意见，做好干部任前档案和个人有关事项报告核查工作，防止干部带病提拔、带病上岗。精心做好调整配备，选好配强“一把手”，改善结构，加大交流力度，及时对领导班子进行调整补充，2015年提请省委常委会任免干部20批、607人次，部务会讨论由部务会任免的干部18批、350人次，在新闻媒体发布干部任前公示17份、公示268人。强化领导班子和领导干部宏观管理。健全完善政策制度，制定《2015—2018年党政领导班子建设实施意见》，对未来几年领导班子和领导干部队伍建设作出长远谋划；出台《省管副厅级单位班子副职任免程序》，明确省管副厅级单位班子副职任免程序；制定《省管干部谈话办法》，规范谈心谈话工作，2015年省委组织部领导班子成员与干部谈话684人次，主要领导与干部谈话473人次。制定印发《推进领导干部能上能下实施细则（试行）》，明确“下”的情形、程序和方式，建立健全保障机制，在中组部举办的全国推进领导干部能上能下专题培训班上作重点交流发言，《中央改革情况交流》第155期对甘肃省推进能上能下工作作专题介绍，省委书记王三运作出批示给予充分肯定；《实施细则》印发以来，全省通过问责、考核、不胜任调整等方式累计调整下来干部255名，其中地厅级1名、县处级108名、乡科级146名。改进年度政绩考核，制定强化党建政绩、法治成效考核方案，提高考核权重，细化考核内容，把党建和法治考核由“软任务”变成“硬指标”，完成2014年度省管领导班子、省管领导干部和县（区）党政正职考核，会同省扶贫办对75个贫困县扶贫攻坚业绩进行考核评价。加强公务员队伍建设，组织开展全省公务员“四级联考”、从优秀村干部中考录乡（镇）公务员、基层政法机关定向招考等工作，招录公务员1417名；核定乡（镇）机关科级非领导职务职数，在县以下机关推行公务员职务与职级并行制度；首次开展省直机关公开遴选公务员工作，遴选工作人员86名；做好司法体制改革试点工作，制定司法警察警员、法官、检察官职务套改方案和法检人员分类管理试点方案。抓好年轻干部培养工作，召开遴选年轻干部和县、乡基层一线选调生座谈会，研究出台《加强和改进优秀年轻干部培养选拔工作的实施意见》，对未来5—10年全省年轻干部培养选拔工作作出规划；会同有关部门召开工作部署会并制定做好年轻女干部、少数民族干部和党外年轻干部培养选拔工作的3个《通知》，对抓好精准培养、精准锻炼、精准使用提出要求。掌握储备一批优秀年轻干部，深入14个市(州)、86个县(区）和140多个省直部门单位开展专项调研，通过谈话听取意见、查阅资料、多渠道了解人选，摸清全省各级各类机关、企事业单位优秀年轻干部人数、结构、分布等情况；选调271名优秀大学毕业生（含清华大学、北京大学等高校定向选调生8人）、选聘998名大学生村官到基层工作。立足实践培养年轻干部，选调1099名优秀年轻干部到精准扶贫一线挂职任职，选派20名干部到中央国家机关和辽宁省挂职锻炼，选派16名县处级女干部、党外干部和少数民族干部到天津市、福建省挂职锻炼，引导干部在实践中经受锻炼、增长才干。

【干部管理监督】贯彻省委“3783”主体责任体系要求，把履行党风廉政建设主体责任融入组织工作全过程。完善落实主体责任机制。研究制定《省委组织部贯彻〈省委关于落实党风廉政建设主体责任的意见〉的实施办法》，明确部务会、部长、部班子成员在组织系统党风廉政建设和整治用人上不正之风工作中承担的责任，强化部务会的集体领导责任、组织部长的第一责任和部班子其他成员职责范围内的领导责任；督促各级组织部门认真履行主体责任，落实从严管理各项要求。强化选人用人监督检查。抓好日常监督检查，继续落实《省管干部选拔任用工作纪实办法》，实行干部选拔任用全程纪实、专项检查和责任追究制度，先后对14个市（州）、兰州新区和123家省直单位开展2014年度选人用人工作“一报告两评议”，对26名县（区）委书记履行干部选拔任用工作职责开展离任检查；运用巡视成果开展重点督查，对省委巡视机构移交的选人用人等方面的问题，及时约谈相关单位主要负责人，提出整改要求，限期进行整改，2015年约谈干部15人，谈话提醒12人；规范信访举报加大查处力度，制定《选人用人问题查核工作办法》，规范举报受理查核工作，加大查核查处力度，对查核属实干部作出严肃处理。全面落实各项监督制度。严格执行个人有关事项报告制度，组织开展省管干部和县处级干部报告2014年个人有关事项，委托有关单位随机抽取3168名干部进行查询核实；落实中组部“凡提必核”要求，对省委拟酝酿提拔或转任重要岗位领导干部个人事项进行重点抽查核实，组织指导全省组织人事部门对拟酝酿提拔或转任重要岗位的县处级领导干部个人事项进行重点抽查核实。深入开展各类专项治理，加大超职数配备干部清理力度，消化超职数配备干部；集中开展违规办理和持有因私证件专项治理，收缴各类因私证件，对违规办理、违规出境的进行处理；研究制定加强“裸官”管理的意见，按照干部管理权限对甄别出的“裸官”进行处理。落实从严管理干部档案有关要求，组织开展干部档案集中审核，完成省管干部档案审核和组织认定，指导各地完成37.96万名干部档案的专项审核；印发《省管干部档案任前审核细则》，对拟任省管干部档案进行任前审核；对涉嫌造假的干部暂缓选任程序；加大干部档案造假核实力度，对省管干部档案专项审核中出现的问题进行实地调查。

【基层党建】贯彻落实全国农村基层党建工作座谈会精神，以创建基层服务型党组织为主题，发挥基层党组织推动发展、服务群众、凝聚人心、促进和谐的作用。狠抓党建工作责任制落实。召开全省基层党建工作会暨市（州）党委书记述职评议大会，加强对县、乡党委书记述职评议考核的指导，完成14个市（州）、86个县（区）、42个市（州）直部门和1228个乡(镇)、133个街道、472个县直部门党组织书记述职评议考核工作；梳理查摆问题656个，提出整改措施1581条，建立工作台账，盯住推动落实，靠实市、县、乡党委书记抓基层党建责任；采取一季一督查、分片召开座谈观摩会等形式，由部务会成员带队，对整改情况进行督查、观摩交流，确保党委书记抓党建工作措施落到实处；安排部署2015年度市、县、乡党委书记抓基层党建述职评议考核工作。着力加强基层党组织建设。建强推进脱贫攻坚的战斗堡垒，在陇西县召开现场推进会，贯彻全国农村基层党建工作座谈会精神，交流农村基层党建工作典型经验和先进事迹，安排部署农村基层党建工作；加大在农民合作社、农业企业、农业社会化服务组织中建立党组织的力度，全省建立农业专业协会党组织2183个，农民专业合作社党组织1671个。推进基层党建工作机制创新，制定加强全省基层服务型党组织建设、全省乡（镇）干部队伍建设的《实施意见》和进一步加强基层党建工作的《意见》等；继续构建城市社区党组织服务群众新机制，深化拓展“民情流水线”工程，探索推行街道大工委制、社区大党委制和社区网络化管理模式，全省85个街道实行大工委制，369个社区实行大党委制，覆盖率分别达到64.7%、29.1%，建立118个商务楼宇党组织，994个社区实行网络化管理，覆盖率84%。做好组织指导工作，扎实做好党组清理规范工作，配合省委办公厅研究制定贯彻《中国共产党党组工作条例（试行）》实施细则；组织指导11家单位召开党代会，批复成立、理顺关系、批准更名党组织11家。持续整顿农村软弱涣散基层党组织，建立整顿软弱涣散基层党组织长效机制，根据“六有”目标，按农村和社区10%、其他领域5%的比例倒排确定软弱涣散基层党组织；采取“一支部一对策”的办法，通过党员领导干部包点、选派第一书记配强班子、建立完善制度机制、改善党组织办公场所、兴办为民实事增强党组织凝聚力等办法进行有效整顿，全省99%的后进党组织得到整顿转化，实现晋位升级；协调省财政加大扶持力度，不断提高村干部待遇报酬，调动村干部工作积极性。推进先锋引领工作，制定《省先锋引领行动协调推进领导小组2015年工作要点》，开展“党员责任岗、示范岗、先锋岗”“三岗联创”活动，推动先锋引领行动深入开展；召开全省先锋引领行动推进会，表彰20个“陇原先锋号”和20个“陇原先锋岗”。进一步加强党员队伍建设。重点发展工人、农牧民、高级知识分子群体、少数民族和妇女中的优秀青年，确保党员队伍结构不断优化，全年发展党员4.1万名；加大民族地区发展党员工作倾斜力度，对民族地区和民族院校给予适当照顾，及时把旗帜鲜明、态度坚决、表现突出的少数民族农牧民吸收入党，全年发展少数民族党员3776名；启动实施全省基层党组织书记轮训工作，举办省级示范培训班13期培训1100人，指导市、县两级培训17605人；改造升级远程教育平台，抓好农村党员冬训和日常教育管理。

【藏区基层组织建设】部务会多次研究藏区基层组织建设，主要领导先后十多次深入藏区调研指导工作，抓好基层党组织建设。贯彻中央藏区工作会议精神，研究制定《藏区党的建设制度改革实施方案》，会同省人社厅研究制定藏区领导班子培养选拔、双语干部培训、提高工资福利待遇、促进毕业生就业、鼓励引导干部到藏区工作等5个方面政策文件，提出贯彻落实会议精神的具体措施。加强甘南州领导班子建设，把贯彻落实中央和省委决策部署、维护稳定、增进民族团结的成效作为考核评价领导班子的重要内容，注重改善领导班子结构，增强整体功能；提拔担任副地级、正地级领导干部6人，平职转任重要岗位6人，选派12名县处级藏族干部到福建、辽宁挂职锻炼。抓好藏区基层组织建设任务落实，召开会议专题研究藏区基层组织建设，分解任务、明确责任，并派出调研指导组深入藏区督促落实；健全藏区党员干部联系服务群众制度，在乡（镇）推广“五包双承诺”和“三联四问五制”工作法；协调西北民族大学举办“藏汉”双语培训班1期培训40人，指导甘南州举办双语培训班9期培训840人。开展医疗人才“组团式”援藏工作，研究制定《关于加强甘肃藏区医疗卫生人才队伍建设的意见》和《关于加强藏区医疗卫生人才队伍建设工作规划（2016—2018年）》，组建由52名省级专家组成的10支医疗卫生工作队，赴藏区10个州、县医院开展为期1年的帮扶支援，帮助藏区培养医疗卫生人才，解决藏区干部群众疾病诊疗预防等实际困难，推动全省藏区精准扶贫。

【人才工作】抓好金融等重点领域人才服务工作。做好引进金融和科技人才挂职服务工作，筹备召开引进金融科技人才座谈会，听取意见建议，协调解决困难问题，研究提出改进措施，支持金融科技人才在甘肃更好地发挥作用；召开法制人才队伍建设协调会，全面总结全省法治人才评价经验，分析存在的突出问题，研究提出加强全省法制人才队伍建设的工作计划。加大人才项目扶持力度，继续实施“陇原青年创新人才扶持计划”，择优遴选88名有发展潜力的青年学术技术骨干和12个人才团队开展科研攻关，启动实施“陇原之光”人才培养工作，从58个贫困县企事业单位遴选106名青年技术人才，到中央驻甘和省内科研机构、高等院校进行为期一年的进修深造；实施“乡镇干部农技推广提升计划”，依托6个省级农村实用人才教育培训基地，举办各类专题培训班51期，培训乡（镇）干部、致富带头人4200人；关爱贫困妇女健康，会同省妇联举办农村“两癌”贫困妇女创业技能和康复能力培训班2期，督促指导各市（州）举办“两癌”妇女培训班39期，培训“两癌”贫困妇女2122人，有效提升她们生产生活、脱贫致富的信心和技能，对在“两癌”妇女救助工作中作出贡献的10个单位和19名个人进行表彰。开展好高层次人才联系服务。组织举办中组部“一带一路”建设高层次专家甘肃咨询服务活动，协调组织34位专家分赴4家省直单位、7个市以及兰州新区开展技术指导、专题讲座、对接洽谈等咨询服务；组织开展春节前走访慰问专家活动，联系协调省级领导看望慰问省“两院”院士和科技功臣，转达中央和省委对高层次人才的关怀和重视。

【自身建设】贯彻“三严三实”要求，坚持从严治部、从严要求、从严管理，努力打造讲政治、重公道、业务精、作风好的模范部门。组织开展全省组织系统践行“三严三实”、联系群众转作风、公道正派树形象主题实践活动，指导各级组织部门召开专题研讨活动210多次，各市（州）、县（区）组织部门负责同志撰写践行心得体会和理论文章300余篇，在甘肃组工网选登活动信息简报、心得体会、理论文章及各类信息260余条，引导组工干部树立讲政治、重公道、业务精、作风好的良好形象；严格落实党组织生活制度，组织召开专题民主生活会和组织生活会，以整风精神查摆问题、剖析根源、开展批评，以钉钉子精神狠抓整改落实；定期研究部署阶段性工作，召开从严从实改进组织工作研讨会，查找不严不实问题，研究抓好下一步工作的措施办法；分期分批选派部机关基层工作经历不足一年的10名干部到贫困县、“双联”点驻村任职及到企事业单位挂职锻炼。强化组工干部队伍管理，开展组织部门自身建设调研，召开18个专题座谈会听取各层面意见，座谈或个别访谈707人，发放调查问卷403份，对451名市、县党委组织部班子成员基本情况作统计分析，起草《加强和改进地方党委组织部长队伍建设问题研究报告》，印发《关于加强和改进市县党委组织部长队伍建设的通知》，对市、县党委组织部长选配管理提出要求；成立部机关干部队伍建设工作领导小组，召开部机关干部队伍建设工作会议，研究制定《加强部机关干部队伍建设的意见》；组织力量对部机关副处级干部档案和个人有关事项报告进行集中审核；组建机关青年干部学习小组，加强年轻干部理论学习；举办全省市县组织部门业务骨干培训班、市县党委组织部长培训班、组织工作业务培训班，对全省市、县党委组织部长、副部长、业务骨干、省直各单位组织人事部门主要负责人561人进行专题培训。改进组工干部作风，结合“三严三实”专题教育，严格执行中央八项规定、省委双十条规定和省委组织部密切联系群众改进工作作风《六条规定》要求，引导组工干部立足本职岗位加强党性修养，改进工作作风；扎实推进部机关“双联”行动，组织机关干部8批130多人次到环县、舟曲“双联”点开展技术服务、基层党建工作指导、送温暖献爱心等活动，履行环县“双联”组长单位职责，召开2次推进会和多次座谈会部署推动工作，做好省直和中央在甘单位“双联”及驻村帮扶工作考核检查；厉行勤俭节约，精简合并会议，部机关“三公”经费总体呈下降态势。

省委组织部领导班子成员名录

部　长　吴德刚

副部长　杨子兴　陈建华　万鹏举

贾廷权　陈卫中　王世华

胡秉俊　马晓晴

部务委员　刘永杰

（供稿：刘　晖）

宣传工作

【思想理论建设】举办省、市党政主要领导干部研讨班，推进省委中心组学习制度化、常态化建设，采取专家辅导、重点发言、交流讨论等方式方法组织开展学习。省委中心组全年组织集体学习12次，举办“富民兴陇”系列讲座12次，邀请省级领导和知名专家、学者举行辅导报告9次，参与学习的领导干部2400多人次。抓好《习近平谈治国理政》《习近平总书记系列重要讲话读本》《改革热点面对面》等理论读物的学习使用，广泛开展面向基层的主题宣讲活动。在组织好中央宣讲团在甘肃省宣讲工作的同时，制定宣讲方案，组建省委宣讲团，编写宣讲提纲，培训宣讲骨干，省、市、县、乡四级联动，深入全省乡（镇）、社区、企业、高校开展宣讲活动3500多场次，听众达41万人次。协调组织45位省级领导干部带头赴86个县（市、区）和“双联”点，面对面宣讲全会精神。组织开展“理想信念月月谈”活动，组织社科理论界专家联合攻关，形成一批有分量、有价值的理论成果，在中央“三报一刊”发表理论文章5篇，在《甘肃日报》发表10篇，在省内重点党报党刊开设理论专版，连续刊发学习体会文章、评论、访谈。积极推动理论工作“四大平台”建设，推荐兰州大学马克思主义学院列为全国重点马克思主义学院，获中宣部重点资助，加强6个省级社科重大研究基地建设，加快科研成果产出和转化工作。组织国家社科基金项目申报和管理工作，获准立项92项，资助金额2085万元。组织第十四届甘肃省哲学社会科学优秀成果评奖工作，评选出308项获奖项目。贯彻中央《关于加强中国特色新型智库建设的意见》，赴有关市（州）、高校开展专题调研，制定《关于加强甘肃特色新型智库建设的实施意见》（讨论稿）。落实中办印发的《党委（党组）意识形态工作责任制实施办法》，深入部分市（州）、省直部门和高校调研，制定《甘肃省党委（党组）意识形态工作责任制实施细则》（讨论稿）。切实加强对社会思潮动态动向和舆情信息的分析研判，有针对性地开展重大思想理论问题的辨析引导，有力有效地帮助广大党员干部明辨是非曲直。加强和改进高校意识形态工作，组建调研组，在省内12所本科院校开展高校意识形态阵地管理现状及对策研究专题调研活动。深入开展“扫黄打非·清源、固边、秋风、净网、护苗”五大专项行动，推进查堵反制境外反动出版物活动，及时清查“荔枝FM”及《达赖新经》等12批政治性有害出版物，集中销毁非法出版物77万余册（张），全年查缴各类非法和违禁出版物36.6万件，取缔非法网站2个，查处各类案件150起，保障出版物市场秩序稳定。

【舆论引导】紧贴省委、省政府重大决策部署，适时召开新闻通气会、座谈会，策划重要选题，全方位、高密度地对丝绸之路经济带甘肃段建设、“3341”项目工程、“1236”扶贫攻坚行动、国家生态安全屏障综合试验区建设、“双联”行动、兰州新区建设、国家循环经济示范区建设、华夏文明传承创新区建设及省委“工作落实年”等重大决策部署进行深度宣传。扎实开展精准扶贫精准脱贫宣传，围绕中央和省委决策部署，围绕“1+17”实施方案的贯彻落实，统筹协调中央、香港主要新闻媒体和省属各级各类媒体，推出大量有广度、有深度、有温度的新闻稿件，为全省精准扶贫精准脱贫工作营造良好舆论氛围。中央各主要新闻媒体刊播反映全省脱贫攻坚行动的专题稿件380多篇（幅）。《人民日报》刊发报道24篇（幅），其中头版头条1篇、头版3篇。新华社刊发报道120多篇，其中《甘肃定西“强女人”的土豆情缘》一稿，得到中央政治局常委、中央书记处书记刘云山批示。围绕舆情关注和社会关切，加强经济形势的宣传，组织省内各媒体主动设置议题，全面解读省“两会”精神、全省经济工作会议精神、全省农村工作会议精神，宣传省委、省政府转方式、调结构、稳增长、促民生的举措和成效，展示全省经济发展、民族团结、社会和谐、宗教和顺的大好形势和喜人局面。聚焦涌现出的先进典型和先进做法，有计划、有重点地宣传引洮工程、老区脱贫致富、陇南电商发展等工作，宣传天水预备役旅炮兵团团长郭双录、好军嫂姜致莲等先进典型。针对收入分配、就业就学、楼市股市、卫生医疗、社会保障等民生热点，组织媒体深入解读党委、政府的各项政策，及时报道各地各部门采取的措施，增强群众信心、稳定社会心理。围绕“3·14”“6·4”等重大敏感期和地震应急工作，下好先手棋，打好主动仗，先后制定下发《藏区依法治理专项行动和维稳突发事件舆论引导应急预案》《敏感期舆论应对工作方案》，规范新闻应急工作流程、启动舆论应对工作应急值班、加强分析研判，确保全省整体舆情平稳。在兰州市自来水异味、武威荣华公司环境违法、中核酒泉工业园负面舆论、陇南市锑污染等事件的应对中，准确研判舆情态势，及时澄清谣言传言，网上网下适时、适度、适量开展舆论引导，有效配合事件的处置，发挥了安定人心、稳定社会的积极作用。

【对外宣传】服务大局，拓宽渠道，多措并举，不断提高对外新闻宣传水平。建立媒体双周恳谈会制度，加强与中央和香港媒体的联系，推出一批有分量、有影响的宣传报道，《人民日报》刊播甘肃省报道360篇、新华社136571篇、《光明日报》85篇、《经济日报》280篇、中央电视台220条、中新社刊发宣传甘肃新闻稿件2240篇、境外报刊电视采用800余篇。在《中国日报》《香港文汇报》《大公报》《香港商报》等中央对外和境外媒体刊发专版45期，其中甘肃省精准扶贫专题报道6期。天水市发挥“名人+品牌”优势，创新对外宣传方式，形成外宣工作新亮点。组织中央主要对外媒体“进企业、话改革、看变化”甘肃行、“第二届范长江行动——港澳传媒学子甘肃行”等重点采访活动，邀请境外传媒机构制作《永恒中国·魅力甘肃》等一批高水平电视专题片。接待中央对外和境外媒体记者350余批、1400多人次，刊发稿件11000多篇，完成拍摄电视专题片40多集。加强外宣品制作与对外文化交流，制作完成《甘肃非物质文化遗产口袋本》和《青泥岭》等重点外宣图书和纪录片。在英国伦敦和奥地利维也纳举办文化交流活动，在凤凰卫视欧洲台举办《今日中国·绚丽甘肃》首播仪式，社会反响强烈。

【社会主义核心价值观建设】继续实施24字“人知人晓”工程，通过公益广告、媒体宣传、社会宣传、文艺演出、道德讲堂等载体和阵地，宣传“24字”内容及其价值内涵。启动实施“人信人守”工程，召开全省社会主义核心价值观务虚会和理论研讨会，制定《全省社会主义核心价值观“人信人守”工程载体创新运用一百招》。继续在全社会开展“做文明有礼的甘肃人”主题实践活动，加大“讲文明树新风”公益广告刊播力度，开展“梦娃”系列动画视频推广播出工作。组织开展“第五届全国道德模范”选树活动，迭部县尼傲乡原妇联主任冷木荣获第五届全国孝老爱亲道德模范称号。组织开展“我推荐我评议”身边好人活动，推出“甘肃好人”550个，25名甘肃好人荣登“中国好人榜”。继续开展最美人物、甘肃好人、陇人骄子、道德模范等评选表彰活动。发挥省志愿者服务联合会的作用，常态化组织开展“凡人善举 情暖陇原”、省直机关万名党员志愿服务等活动。与中国社会福利基金会新雷锋基金管委会、中华雷锋文化促进会签署战略合作协议，打造甘肃学雷锋示范基地，命名表彰甘肃省第一批学雷锋示范单位和学雷锋标兵，举办座谈会和图片展，推动学雷锋活动常态化。做好柴生芳重大典型宣传，编印《此木生芳——柴生芳宣传实录》，完成电影《柴生芳》拍摄工作。抓好全年300部“中国梦·凡人善举天天看”微纪录电影拍摄推广工作。实施未成年人思想道德建设“金种子”工程，面向未成年人组织开展“陇原美德少年”评选表彰、“我的中国梦”“网上祭英烈”等主题活动。金昌市荣获“全国文明城市”荣誉称号，实现甘肃省创建全国文明城市零的突破。扎实推进文明程度指数测评工作。持续深化文明单位创建活动，协调各地各部门继续推进文明餐桌、“文明交通行动计划”，组织开展“陇原最美驾驶员”选树活动，10名驾驶员荣获“陇原最美驾驶员”称号，10名驾驶员荣获“陇原最美驾驶员”提名奖。开展“五星级文明户”创评活动，全省累计1.1万名基层农户入选“五星级文明户”，农村道德信贷工程实现市、县两级农村信用社全覆盖，为基层农村深入开展文明村镇创建奠定基础。持续推进诚信建设制度化，建立健全诚信“红黑榜”发布制度，完善失信企业和个人惩戒联动机制。发布“红名单”企业478家、曝光并惩戒“黑名单”企业284家，公布64条惩戒措施。提高全省人民思想道德和科学文化素质，持续推进“书香陇原”品牌建设，丰富优秀出版产品供给，加强优秀读物推荐引导，600余万人次参与全民阅读活动。

【网络舆论生态建设】以十八届五中全会精神和精准扶贫为重点，做好重大主题网上宣传工作，全年推送稿件3万多篇，形成网上正面舆论强势。指导组织“2015百家网络媒体丝路行”“问道崆峒·走进平凉”等特色网络宣传活动，积累了全媒体宣传报道的成功经验。进一步壮大政务新媒体舆论阵地，建立起覆盖市、县、乡各单位各部门的政务微博微信体系，“陇南发布”微信公众平台被国家网信办授予“全国政务微信优秀公众账号”。做大做强地方重点新闻网站，中国甘肃网、每日甘肃网的移动传播指数位列全国地方移动传播力榜TOP40。加强自主策划，巧创“小陇”品牌，“小陇带你和三运书记一起下乡”网络时政报道引领网络宣传新风尚。开展“精彩陇原·甘肃故事”系列网络宣传活动10余个，开设专题专栏100多个。特别是通过互动式宣传，开展“精准扶贫 共奔小康”大型网络宣传活动，微博话题阅读量超过1.2亿。加强网军队伍建设，组建行业网评员队伍，组织全省网络文化传播骨干培训班。制定《网络评论工作实施细则》《网络评论跟帖考核奖励办法》，实施网评工作定期通报和考核奖励制度。围绕中央和省上重大网评任务，组织刊发原创评论文章近2000篇，动员网评员8000多人次，跟帖5万余条。指导省内网站建立优化各具特色的评论频道、专题、专栏，中国甘肃网《飞天评论》《陇风》、新华网甘肃频道《陇上睿评》与“陇湃”“陇风”等网评微信平台，形成官方民间相得益彰、相互补充的网络评论格局。建立网络管理信息数据库，开展互联网新闻信息服务许可审批，完成新闻网站年审年检工作。加强网络安全管理和防范工作，组织开展全省网络安全技术防护培训，协调处理涉甘肃省党政机关网站网络安全事件64次。签订《平安网络创建工作目标责任书》，“平安网络”创建工作步入规范。开展藏区新媒体发展情况调研，有效推动互联网统战工作。持续净化网络环境，依法关闭违法违规网站、帐号9个，查删有害信息1790余条。开展“净网2015”等各类专项行动17个，网络空间得到持续净化。网上“扫黄打非”工作成绩突出，被中央网信办评为“2015年度专项行动扫黄打非先进集体”。制定《关于构建全省网络应急管控体系的实施意见》《甘肃省互联网应急响应规范》，建设全省应急指挥统一沟通平台、全省网信专网视频会议系统，建立和完善应急管理案例数据库。完成重大突发事件、重大纪念活动和敏感期网上舆情管控任务，监看举报负面有害信息500条，多次受到中央网信办嘉奖。加强日常舆情信息监看工作，及时稳妥处置有关负面、不良信息800余条。及时牵头处置10余起涉甘网上重大突发舆情，处理不良信息近千条，确保网上舆论态势平稳可控。

【文化“祖业”体系建设】深入推进全省优秀传统文化保护传承体系建设，“历史再现”工程完成顶层设计，召开2次工作推进会，印发相关指导性文件和工作制度，并组织督查组深入各地督查推进。建成文化系统及行业博物馆、遗址类博物馆、民办博物馆和“乡村记忆”博物馆385个，占全国现有博物馆总数的8.5%，有效提升历史文化遗产展示利用水平。颁布《甘肃省非物质文化遗产条例》，使非遗保护步入法制化轨道。进一步开展全省文化资源普查及分类分级评估第三阶段工作，报送文化资源23万余条，启动编辑《甘肃省文化资源普查名录》。实施第四批省级非遗代表性传承人推荐评审工作，公布陈多祝等167名传承人为甘肃省第四批省级非物质文化遗产代表性传承人。嘉峪关关城保护、拉卜楞寺、郎木寺等重点文物保护工程进展顺利，敦煌雅丹世界地质公园积极申报雅丹世界自然遗产。下发《关于支持革命老区加快旅游业发展的意见》，支持红色南梁、崆峒山、大云寺、会宁红军会师旧址等精品特色景区建设。策划出版《藏族民间口传文化汇典》第一辑（共60册），最大程度地保护藏族原生态文化。

【文化事业体系建设】出台《甘肃省加强基层宣传思想文化工作实施意见》《关于加快构建现代公共文化服务体系的实施意见》等政策措施，促进全省公共文化服务标准化、均等化建设。投入资金6.92亿元，完成1974个贫困村文化场所建设任务和155个乡（镇）综合文化站建设达标任务，实现58个贫困县流动图书车配送、518个乡（镇）综合文化站公共电子阅览室全覆盖。以“乡村舞台”为抓手，继续开展基层综合性文化服务中心建设试点工作，召开5次推进会，整合国家财政文化经费、撬动地方财政、吸引社会资本26.39亿元，完成11559个行政村的“乡村舞台”建设任务。实施农村电影固定放映点建设工程，累计建设数量104个，放映农村公益电影196692场次，观众1701.27万人次。“乡村舞台”和“文化集市”创新做法入选中宣部“加强基层工作年”典型案例。张掖市打造“快乐老乡”活动品牌，为基层宣传思想文化工作发挥积极的示范带动作用。“十个一”文化品牌建设稳步推进，大型纪录片《河西走廊》在央视播出，反响热烈。《河西走廊》译制项目得到中宣部支持，即将列入国家"丝绸之路影视桥"工程。《河西走廊》图书被列入国家"丝路书香"重大项目工程。甘肃省出版的《河西走廊沙尘源区生态环境治理》一书荣获第五届中华优秀出版物图书奖，实现甘肃省在这一领域奖项的重大突破。强力推进戏剧大省建设，新创首演剧目27个，话剧《天下第一桥》、歌剧《貂蝉》、秦剧《大秦文公》《大河情》等剧目向"五个一"工程奖冲刺。甘肃省歌剧院歌剧《貂蝉》剧组荣获"第25届上海白玉兰戏剧表演艺术奖集体奖"，甘肃省陇剧院优秀演员窦凤霞荣获第27届中国戏剧梅花奖。启动实施全省地方戏曲剧种普查工作。组织全省百姓文化广场惠民演出活动30场，开展"纪念中国人民抗日战争暨世界反法西斯战争胜利70周年"演出季和"2015舞台精品惠百姓"演出年活动，遴选22部近五年来全省戏剧艺术创作精品剧目，举办"推进戏剧大省建设剧目展演"。各级国有文艺院团深入基层和农村演出1.5万余场，观众1600万人次。

【文化产业体系建设】分析产业发展动态，查找问题，召开3次敦煌国际文化旅游名城建设调度会、3次全省文化产业调度会和项目观摩活动。文化集市建设取得初步成效，新建文化集市固定经营场点42个，设立文化集市生产基地60个，实现销售收入3.8亿元，带动4.8万多户农民从事文化产品加工。完成81个文化产业发展改革专项资金项目资助工作，资助金额3750万元。做好第十一届深圳文博会、东盟博览会文化展、海南文博会、山西文博会等重大展会的参会参展工作，成功举办第四届国际文化产业大会暨第八届省文博会，签约文化旅游、智慧城市等多个领域197个项目，签约总金额840.52亿元。深入推进文化与旅游产业深度融合，旅游业呈现出持续快速增长的良好态势，接待游客1.56亿人次，实现旅游收入975亿元，同比增长24%、25%。省旅游产业发展领导小组组织专家对第一批12个大景区修建性详规进行评审。全省以大景区为主的旅游项目899个，总投资3105.47亿元，同比增长35.3%；实际完成投资409.41亿元，同比增长23.3%。有效地拉动旅游投资和消费，旅游景区整体品质得到提升，建成A级旅游景区231家，其中5A级4家，4A级81家。加快推动文化金融融合发展，出台《关于深入推进文化金融合作的实施意见》，文化企业与金融机构签约34个重点项目，贷款额度28.1亿元，授信额度301.5亿元。推动投资近231亿元的丝绸之路文化遗产博览城等一批重大文化项目落地。组建甘肃省文化产权交易中心。根据各市（州)委宣传部报送数据，2015年全省预计将实现文化产业增加值183.46亿元，同比增速39.19%，占全省GDP比重的2.71%，资产总额达663.36亿元。招商引资项目签约合同金额1774.7亿元，完成全年任务的147.9%；到位资金383.34亿元，完成全年任务的127.8%。在建项目772个，完成投资544.61亿元，其中2015年度新开工项目406个，完成投资151.51亿元。根据统计部门预估数字，2015年文化产业产值约156.83亿元，增速18%。推动甘肃演艺集团深化改革，研究解决改革遗留问题，加大政府购买力度。积极推动甘肃日报社、省广电总台、读者出版集团、省广电网络公司、中国甘肃网等5家单位制定推动传统媒体与新兴媒体融合发展工作方案，协调推动省广电总台制定甘肃长城西部电影集团组建方案。读者股份12月10日正式在上交所上市，全面完成上市工作。省广电网络股份公司上市培育、飞天传媒股份公司股份制改造工作进展顺利。推动全省新闻媒体采编与经营分开。6家省直文化企业和省广电总台总资产139.41亿元。

【丝绸之路（敦煌）国际文化博览会筹备工作】文博会2014年12月2日列入国家"一带一路"战略规划后，省委、省政府主要领导高度重视，多次作出批示指示，省委、省政府分管领导积极组织力量，着手完善文博会总体方案。召开专题会议9次，研究修改文博会方案，安排部署相关工作。8月17日，省委、省政府正式给党中央、国务院报送举办首届敦煌文博会请示。省委、省政府分管领导多次赴京汇报协调，省直有关部门与国家对口部委积极对接。11月13日，经党中央、国务院批准，国清领导小组正式印发《通知》，同意2016年8月在敦煌市举办首届文博会，由甘肃省政府、文化部、国家新闻出版广电总局、国家旅游局、中国贸促会共同主办。中央政治局委员、书记处书记、中宣部部长刘奇葆对文博会作出重要批示和指示。召开文博会准备工作会议、组委会第一次会议、筹备工作领导小组会议、筹备工作动员大会等各项各类会议30余次，制定并审议通过首届文博会总体方案和"高峰会议""丝绸之路文化年展"两个分方案、工作规程以及组委会组成人员名单，成立筹备工作领导小组，全面启动首届文博会筹备工作。确定30多项具体工作任务，逐项明确牵头领导、责任单位和完成时限。按照工程化、项目化、时限化要求，加紧制定首届文博会整体筹备工作流程表，明确时间节点、任务量、责任单位、责任人等，倒排工期、挂图作战。健全完善领导体制和工作机制，成立省文化博览局，建立请示报告、决策协调、联席会议、督查落实等工作机制，为顺利推进筹备工作提供组织保证和制度保证。成立沿线省（区、市）工作小组，确定省直12个厅（局），一对一联系服务12个沿线省(区、市)。制定新闻宣传整体方案，统筹中央媒体、国际媒体、新媒体，从国家层面和国际视角展开文博会宣传工作。向社会广泛征集文博会LOGO和宣传口号，组织力量制作专题宣传片、建立专门网站，在敦煌规划建设专门的新闻中心。

【干部队伍作风建设】立足"从严治党"新常态，严格按规定、按制度办事，把一批优秀干部选配到领导岗位。执行干部档案任前审核制度，严把干部任前个人有关事项抽查核实制度，杜绝干部"带病提拔"。落实习近平总书记在中央纪委第五次全会讲话精神，做好文艺家协会清理规范兼职和换届工作。按照《甘肃省文联所属12个文艺家协会换届工作方案》，指导各协会产生新一届领导机构，组织完成换届工作。贯彻中央和省委关于人才工作的文件精神，坚持科学人才观，健全人才培养机制，严格人才选拔标准，把优秀人才集聚到党的宣传思想文化工作中来。审核申报推荐全国文化名家暨“四个一批”人才人选、第八批省优秀专家人选、国家百千万人才人选、省领军人才人选71名。实施干部能力素质提升工程，加大干部培训力度、创新形式和载体，举办各类专题培训和讲座，培训宣传文化系统干部395人次。组织学习贯彻《中国共产党廉洁自律准则》和《中国共产党纪律处分条例》，落实监督责任，维护党章和其他党内法规。紧盯节假日等重要时间节点，组织开展“九个严禁、九个严查”等专项行动，加强对归口监督单位违反中央八项规定精神问题的检查监督，严防“四风”问题反弹回潮。积极推进宣传文化单位领导班子落实党风廉政建设主体责任，通过集体约谈、个别约谈、集中约谈指出问题，传导压力，督促各单位切实承担责任，抓好党风廉政建设各项工作。进一步细化完善内容，明确职责，靠实任务，逐步建立完善落实党风廉政建设“两个责任”制度体系。根据“三转”精神，成立机关纪委，承担党风廉政建设日常工作。狠抓各项惠民政策落实，尽心尽力帮办实事，不断推动“双联”行动与精准扶贫深度融合，在“双联”点实施各类项目14个，协调各类资金505万元。通过领导干部讲专题党课、专题学习研讨、专题民主生活会和组织生活会、问题整改落实和立规执纪等各项内容，扎实推进“三严三实”专题教育活动。抓好效能风暴行动“五大攻坚战”，重点抓好优化政务环境、改进工作作风、落实重大责任等三个方面12项重点任务，加强纪律建设，严明党的政治纪律和政治规矩，严格落实中央八项规定和省委“双十条”规定，依纪依法纠正“四风”。以“双联”行动、“1236”扶贫攻坚行动等为载体，以基层服务型党组织建设为抓手，深入开展思想道德、优质服务、为民富民、改革创业、清廉实干“五项争创”活动，改进工作作风，发挥党员干部的先锋模范和示范引领作用。

省委宣传部领导班子成员名录

部　长　连　辑

副部长　张建昌　邵　明

　　　　苏　君（女）　孙　伟

　　　　管钰年　高志凌　彭鸿嘉

纪检组长　赵　莉（女）

（供稿：张　娜）

统战工作

【贯彻落实习近平总书记系列重要讲话精神】省委统战部始终把把握政治方向、做好政治引领放在首要位置，贯彻落实习近平总书记系列重要讲话精神，把着力重点放在“五个抓好”上：抓好机关干部学习，督促各支部开展以“转作风、强素质、树形象”为主要内容的主题日活动；抓好各民主党派学习，召开工作协调会，支持各民主党派深化坚持和发展中国特色社会主义学习实践活动；抓好非公经济代表人士学习，召开教育实践活动视频会议，开展“诚信企业”活动，推进非公有制经济人士理想信念教育实践活动；抓好无党派人士学习，举办第13期无党派人士培训班，召开省知联会常务理事会议，支持无党派人士深化坚持和发展中国特色社会主义学习实践活动；抓好省级统战系统单位学习。

【贯彻落实中央、省委重大决策部署】抓好中央统战工作会议精神的贯彻落实。分成7个小组在全省范围内开展中央统战工作会议精神宣讲活动。省委召开省委统战工作会议，成立由省委主要领导担任组长的统战工作领导小组。举办市、县两级统战部长学习研讨班，结合全省实际提出“站位观全局、大事守底线、任务重落实、深度抓调研、诚心交朋友、综合提能力、工作显特色”的总体工作思路。全年举办31期培训班次，培训各领域代表人士和各地统战干部1660多人。将统一战线政策纳入各级党校和行政学院主体班次重要教学内容。抓好中央第六次西藏工作座谈会精神的贯彻落实。学习宣传中央第六次西藏工作座谈会精神，召开省委藏区工作会议，制定出台《关于进一步推进全省藏区经济社会发展和

2015年11月20日，省委统战工作会议在兰州召开，省委书记王三运、省委副书记欧阳坚出席会议并讲话

长治久安的实施意见》，以及领导干部培养选拔使用、藏汉双语干部培训、加强社会稳定、支持教育事业发展、促进大中专毕业生就业、提高藏区机关事业单位职工工资福利待遇、组团支持藏区医疗卫生工作等9个配套文件。总结卓尼县尼巴、江车两村纠纷化解经验，指导藏区做好矛盾纠纷排查化解工作，指导甘南州和夏河县举办加洋加措大师时轮灌顶法会。做好境外藏胞回国审批、接待、管理工作。2015年协调省内10个市对口支援藏区工作，下达对口支援藏区资金1.53亿元。抓好《中国共产党统一战线工作条例》的贯彻落实，制定《关于进一步加强新形势下统一战线工作的意见》。

【贯彻落实《中共甘肃省委常委会2015年工作要点》】充分发挥人大代表、政协委员、民主党派、工商联、无党派人士和专家学者的智库作用。省委先后召开精准扶贫精准脱贫、“十三五”规划建议、经济工作等3次专题协商会，党外人士提出许多高质量的意见建议，有的被吸收采纳、转化为具体政策措施，党外人士的积极性得到调动。协助省委制定《〈关于加强社会主义协商民主建设的意见〉的实施意见》，研究制定加强政党协商的实施办法，明确协商的内容、形式、程序和保障机制，推进协商民主广泛多层制度化发展。

【支持民主党派加强自身建设】利用国庆、纪念中国人民抗日战争暨世界反法西斯战争胜利70周年、党派成立纪念日等重大节点，支持省级各民主党派举办书画展览、主题征文、演讲比赛、知识竞赛、制作专题片、编辑史料。组织无党派人士赴会宁、南梁等地接受革命传统教育。民主党派2015年开展重点调研10余项。其中，九三学社省委将黄土高原固沟保塬项目纳入国家“十三五”规划和统筹推进祁连山贫困地区扶贫开发；九三学社参与完成的长江上游水利水电工程对生态环境的影响等建议，得到中央领导同志批示。组织各民主党派开展全省少数民族干部队伍现状调研，召开专题调研协商座谈会。

【民族工作】召开全省民族工作会议，制定《关于进一步做好新形势下民族工作的意见》。会同省民委对各市（州）和43个省直部门贯彻落实中央和全省民族工作会议、文件精神情况进行督查。会同省委组织部、省民委对全省特别是各市（州）少数民族干部队伍建设情况进行专题调研，形成《关于加强我省少数民族干部队伍建设调研总报告》《关于加强少数民族干部培养选拔工作的意见(建议稿)》。

【“两个共同”示范区建设】会同省财政厅完善《甘肃省“两个共同”示范区建设专项资金管理办法》，对示范项目建设和资金管理使用情况进行实地督查，明确全省“两个共同”示范区建设专项资金主要用于支持民族乡（镇）的发展、解决自治州和自治县以及全省涉及民族宗教因素的各类突出问题，下达2015年度示范区建设专项资金8700万元。制定《关于组织大中专学校、科研院所和医疗卫生机构对口支援民族乡镇工作方案》，组织108家单位对口支援36个民族乡（镇），通过开展专业人才培养、特色技能培训、实用技术推广等工作，推动民族乡（镇）加快发展。在《甘肃日报》和省电视台开设专栏，挖掘推广经验做法，营造示范区建设的良好氛围。在全省民族工作会议暨第七次全省民族团结进步表彰大会上，对100个全省民族团结进步模范集体和200名模范个人进行表彰。召开宣传月活动视频动员会，指导各地各部门创新载体方式，抓好宣传月期间“民族团结大宣讲”“示范单位创建”“法制宣传教育”活动。制定《甘肃省全面开展民族团结进步创建活动规划纲要(2015–2020)》。会同省民委、省公安厅等部门下发通知，对禁止针对少数民族群众的歧视性做法进行部署，切实保障少数民族群众合法权益。

【宗教工作】制定出台《甘肃省伊斯兰教教职人员培养办法》和《省委统战部联系民族宗教专家学者工作制度》，不断推动宗教工作制度化程序化规范化。召开2015年甘宁两省（区）宗教工作联席会议，深化对跨区宗教活动的协作共管。建立网络宗教事务管理机制。支持宗教团体加强自身建设。召开省佛协、省道协、省伊协、省基督教“两会”换届会议，圆满完成省级宗教团体换届工作。针对敏感节点民族宗教领域可能出现影响社会稳定的问题，及时指导各地妥善处置影响较大的矛盾问题和群体事件，维护宗教领域的和谐稳定。

【非公有制经济工作】促进非公有制经济健康发展和非公有制经济人士健康成长。开展“民企陇上行”专项活动，2015年签约项目1707个，合同资金4754亿元，到位资金1091亿元。制定甘肃省“千企帮千村”精准扶贫行动方案，计划用三到五年时间，动员全省工商联1000个以上会员企业参与，帮助1000个以上贫困村脱贫。依托国内知名大学和甘肃高校的优势资源，举办非公有制经济代表人士高级培训班和甘肃省商会负责人培训班，为非公有制经济代表人士和商会负责人讲授国际国内形势、国内宏观经济形势及其发展趋势、社会热点问题分析、企业管理等方面的实务知识。

【新阶层和党外知识分子统战工作】完善联席会议制度，加强高校、科研单位、国有企业统战工作。在兰州、陇南开展网络人士统战工作试点，制定《关于加强律师行业统战工作的实施意见》，积极探索新媒体人士统战工作，探索推进统战工作向新的社会阶层延伸。探索建立“联系有个性、有影响的党外知识分子工作制度”。举办全省首期网络人士培训班。加强党外人士队伍建设，部分市、县建立党外代表人士实践锻炼基地。

【调查研究】对全省基督教、天主教领域有关情况进行调研，联合相关部门就甘肃省非公经济发展中的融资难等问题开展调研，开展律师行业统战工作调研，形成一批专题调研报告。

【“双联”行动】发挥组长单位作用，根据合作市、通渭县、永昌县8个“双联”联系村的具体实际，下功夫把扶贫对象摸清、把贫困底数摸清、把贫困状况摸清、把贫困原因摸清，采取有力措施，不断强化联村联户目标任务的推进和落实。推进“双联”与扶贫攻坚深度融合，选派3名处级干部和1名科级干部分别担任贫困村帮扶工作队队长，13名优秀党外干部担任贫困村驻村帮扶工作队队长。举办藏区“村两委”负责人培训班，对甘南8个县（市）的50名“村两委”负责人进行集中培训，组织“村两委”负责人赴山东青岛、蓬莱观摩1个“全国十大最美乡村”、2个新农村建设示范村。推动“双联”行动与精准扶贫深度融合。联系中华海外联谊会海联卫生室项目资金100万元，成功申报通渭县贫困村建设20所“海联卫生室”项目。协调落实“两个共同”项目资金160万元。协调省国土资源厅对通渭县榜罗镇张坪村土地治理专门立项，项目资金900万元。协调省发改委立项扶持合作市那吾乡绍玛村亮化工程、巷道硬化、产业发展项目，落实资金260多万元。为4个驻村帮扶工作队安排1万元的工作经费，用于走访慰问特困户及突发变故的农户。积极协调，将部联系的8个贫困村全部纳入“千企帮千村”精准扶贫对口帮扶计划，均和相关企业签订帮扶结对协议。对绍玛村的发展做出论证和规划，计划多方争取投入3000余万元用于基础设施建设、产业扶持、项目带动等，力争将绍玛村打造成甘南州生态文明示范村建设的样板。

【“三严三实”专题教育】注重党员干部的作风养成。紧跟中央、省委统一部署，积极谋划组织，结合统战工作实际制定具体实施方案。部领导班子成员带头结合各自分管工作，有针对性地作专题党课辅导报告。部理论中心组和各支部分别围绕“严以修身”“严于律己”“严于用权”专题，进行学习研讨。围绕“三严三实”召开部领导班子专题民主生活会，进行党性分析，开展批评与自我批评，增强看齐意识和政治担当精神，使党员干部特别是党员领导干部在思想、作风、党性上进行一次洗礼。

省委统战工作部领导班子成员名录

部长　冉万祥（4月止）
　　　王玺玉（7月任）
副部长　卢鸿志（藏族）
　　　沙拜次力（藏族）
　　　丁军年　陈元龙（东乡族）
　　　张文学　赵少智
　　　郭清祥（回族）

省藏区工作领导小组办公室

主　任　杨自才（藏族）
副主任　苟天宏　秦　禾
纪检组长　萧懿群

（供稿：吴昱辰）

政法工作

【国家安全与社会稳定】开展反分裂反恐怖反渗透斗争，维护国家安全和社会政治稳定。始终把维护国家安全和社会政治稳定作为政法工作的首要任务，树立底线思维，坚持下先手棋、打主动仗。全力维护藏区稳定。省委常委、政法委书记泽巴足在重要敏感节点亲自深入一线检查指导，有关部门和藏区党委、政府及基层组织通力协作，有针对性地强化工作措施，形成上下联动的整体合力。深化对重点地区、重点寺庙、重点人员的排查管控，集中开展冬春严打、打盗反赌、缉枪治爆、打击涉藏反宣勾联等专项整治行动，加强汽油、管制刀具等危险物品治理。贯彻中央第六次西藏工作座谈会和省委藏区工作会议精神，制定维护藏区稳定实施方案，坚持问题导向，从基层抓起，着力开展依法治理、源头治理、专项治理、综合治理、主动治理“五项治理”系统工程，实现被动应对到主动治理的转变，把农牧民思想引导到保稳定、谋发展、奔小康上来。严密防范“敌对势力渗透破坏”。全面落实情报信息搜集、线索核查处置、重点部位防控等措施，密切关注重点人员动向，严密掌握参与串联、煽动和炒作社会热点敏感问题情况，加强分析研判，及时防范预警。严防严打暴力恐怖活动。以全国全省“两会”、“9·3”阅兵、十八届五中全会等重要节会为重点，采取多种手段强化重点管控，严密防范。深入开展严厉打击暴力恐怖活动专项行动，加强新疆籍人员服务管理，全面搜集侦办各类涉疆涉恐案件线索，完善各项基础性工作。加强对兰州国际马拉松赛、兰洽会、丝绸之路国际旅游节等重大活动的安保工作，保证活动顺利进行。

【平安甘肃建设】全方位推进平安建设，促进社会治安大局持续平稳。把深化平安甘肃建设作为协调推进“四个全面”战略布局、建设幸福美好新甘肃

2015年11月26日，省委常委、省委政法委书记泽巴足（左二）在兰州市城关区虚拟养老院调研

的重要基础和保障工程来抓，坚持问题导向，不断推进理念、方法和机制创新，下大气力解决人民群众反映强烈、影响社会和谐稳定的突出问题。完善立体化社会治安防控体系建设，组织开展集中调研活动,提请省委办公厅、省政府办公厅印发《关于加强社会治安防控体系建设的意见》和《关于在全省基层推行网格化服务管理的指导意见》，协调有关部门出台《关于加快推进保安服务业发展的意见》《关于加强邮件、快件寄递安全管理工作的意见》《关于加强物流安全管理工作的意见》《关于加强公交安保工作的意见》和《关于保险业参与平安建设的意见》等文件，以及《甘肃省危爆物品管理重点地区认定标准及督办办法》《甘肃省境外电视网络接收设备专项整治工作考评实施细则（试行）》《甘肃省社会治安重点地区认定标准》《甘肃省创建无传销城市考评认定办法》及《考评认定办法实施细则》《社会治安问题相对突出市（州）、县（市、区）认定办法》等5项制度，完成462个乡镇（街道）平安与便民服务综合信息平台建设，夯实基层社会治理的基础。在全省组织开展为期半年的危爆物品寄递物流清理整顿和矛盾纠纷排查化解专项行动，有效维护十八届五中全会期间社会治安大局持续稳定，提升维护公共安全的能力水平，有针对性地开展打击“盗抢骗”等严打整治斗争，加强对严重精神障碍患者、不良行为青少年、刑满释放人员、社区服刑人员、吸毒人员等特殊人群的服务管理，有效提高动态化、信息化条件下驾驭治安局势的能力。落实工作责任制，对平安县（市、区）实行动态管理，命名表彰11个平安县（市、区），保留确认33个平安县（市、区）。加大责任查究力度，针对各地的隐患性、苗头性问题，督促改进、落实措施，对出现突出问题的部分县（区）给予“黄牌警告”，限期半年整改。

【矛盾纠纷预防化解】发挥社会稳定风险评估的源头预防作用。把稳评工作纳入党政领导班子和领导干部绩效考核及综治维稳目标管理责任书，进一步明确评估主体、主管部门、维稳部门责任。部署开展“社会稳定风险评估示范创建”活动，突出关键环节，完善制度机制，着力推动措施精细化、操作规范化、管理信息化。指导督促各地制定创建活动方案，建立环节严密、内容全面、导向明确的示范创建责任体系。按照“三有四规范”要求，筛选确定37个工作基础较好的县（市、区）和有关单位开展示范创建，解决评什么、怎么评、如何用等问题，建立职责明确、覆盖全省、上下联动、动态运行的工作机制。成立由34个领域83人组成的省级专家库，出台管理办法。在《甘肃法制报》和“甘肃平安网”开设专栏，推广典型做法，营造良好的舆论氛围。年内，全省评估各类重大事项5324件，其中准予实施5255件，暂缓实施27件，不予实施42件。走访群众20余万人次，征求意见20126条，消除重大不稳定隐患442起。强化重大社会矛盾的动态管理。关注经济下行压力对社会稳定的影响，加强对新常态下矛盾纠纷特点规律的研究，正确处理好维稳和维权的关系，着力运用法治思维和法治方式化解矛盾，维护群众合法权益。在全省部署开展为期4个月的“突出社会矛盾和信访问题集中排查活动”，突出重点、找准症结、加大协调、创新方法，防止重大涉稳问题发生。坚持和发展“枫桥经验”，发挥基层组织作用，运用民主协商和法治方式，完善调解、仲裁、行政复议和复议、诉讼等多元化纠纷解决机制，提高防范化解实效。对排查出的问题分类建立台账，实行清单管理，采取领导包案、挂牌督办、集中交办，年内排查影响社会稳定的重大矛盾和积案835件，化解681件，化解率81.5%，妥善处理60多件重大涉稳问题。加大应急处置工作力度。督促指导各地、各有关部门进一步健全完善应急处置联合指挥机制、应急力量和应急预案建设，提升应急处突能力水平。按照“适应实战、服务实战”工作要求和“建机制、强队伍、抓预案、搞演练”的工作思路，加强应急处置联合指挥机制建设，加强对各级和各有关部门主要领导的培训，明确指挥职责权限及应急处置机制启动程序，靠实职责任务。加强对应急预案的动态管理，适时分析预测各类突发事件和群体性事件的类型、性质和等级，及时修订完善各级总预案、部门分预案和各专项工作预案，形成简明完备、符合实战、相互对接、整体联动的应急预案体系。巩固发展专业应急队伍，在14个市（州）和86个县（市、区）全部建立固定人数的专业应急处突防暴队伍。各地结合反恐维稳形式，开展跨地区、跨部门和多警种、多科目的应急拉动演练，有效提高应对处置重大群体性事件和突发事件的能力水平。在临夏州举办全省应急处突综合演练观摩会，成功拉动全州8个县（市）的维稳应急专业处置队伍共同联合演练，中央维稳办编发工作通报，在全国通报经验做法。落实“见事敏感、防范在先、预警预防”和“三个慎用”要求，认真回应和解决群众反映的问题，妥善处置年内发生的702起群体性事件。

【司法体制改革】深入推进司法体制改革，不断提高执法司法公信力。坚持把司法体制改革放在突出位置来抓，深入学习调研，加强统筹谋划，狠抓工作落实。细化梳理出全年48项重点改革任务，实行清单管理。四项改革试点方案获中央批准后，同步制定13个配套实施方案，明确牵头单位、工作程序和时限要求。中央关于领导干部干预司法活动和司法机关内部人员过问案件的记录和责任追究“两个规定”下发后，省委政法委出台《领导干部干预司法活动、插手具体案件处理的通报办法（试行）》，省法院、省检察院分别出台实施细则，形成防止干预司法的“一揽子”文件，进一步构筑起保证司法机关依法独立办案的“防火墙”和“高压线”，防止干预司法的制度防线初步形成。全面推进公安改革，形成全省公安改革“1+4+10”总体方案。推进派出所警务运行机制、公安交警管理体制改革，探索实施人民警察招录机制改革，激发公安工作活力。立案登记制改革初显成效，通过统一立案流程、强化诉讼引导服务、开展远程视频预约立案等方式，全面规范和提升案件受理工作。自5月1日立案登记制改革实施以来，全省当场立案登记率超过95%，立案数与上年同期相比大幅上升，人民群众反映强烈的“立案难”问题得到有效缓解。律师制度改革有序开展，出台《关于保障律师执业权利建立良性互动工作机制的意见》，建立律师违法执业投诉查处制度，健全律师和律师事务所执业注销、清算、终止等工作流程标准，推动落实不良执业信息公开制度。部署开展律师职业道德建设年活动，建立不良执业信息曝光台和上下联动的投诉查处机制，律师行业作风进一步改进。持续推进涉法涉诉信访改革，建立横向到边、纵向到底的涉法涉诉信访信息平台，研究制定《关于依法导入涉法涉诉信访事项的指导意见》，指导省法院、省检察院、省公安厅、省司法厅和省信访局出台实施细则，形成“1+5”一揽子制度规定。着眼规范处理，加强内外部监督，建立健全诉前调解机制，严密组织案件评查，制定印发《关于建立律师参与化解和代理涉法涉诉信访案件制度的意见》。着眼畅通出口，深入开展法制宣传教育，严格贯彻落实案件终结的制度规定，督导各级政法单位协调信访局做好涉法涉诉信访群众的教育帮扶工作，依法打击违法信访。联合省审计厅对2012—2014年国家司法救助资金管理使用情况进行专项审计，做好司法救助工作。加大解决执行难问题力度，办结最高人民法院交办的执行信访案件。

【执法监督】指导各级党委政法委、政法单位依法依规开展工作，确保执法司法行为规范运行。广泛开展案件评查。全年评查各类案件21万多件，同比增长14.7%，依法依纪对108人追究办案责任，确立“谁产生问题，谁负责解决，谁承担责任，谁受到追究”的工作导向。有效实施执法检查。深入推进防范冤假错案、轻刑快办试点改革、解决执行难、特赦以及减刑、假释、暂予监外执行规范化工作。并以政法干警执法作风建设为重点，督促指导各级政法委组织开展执法检查，对发现的问题专题研判，严肃整改，依纪依法严肃追究问题干警责任，并在全省范围内定期通报。2015年，对213名干警给予组织处理和党纪、政纪处分，对24人追究刑事责任。抓好重点案件督办工作。严格依据法律政策规定，制定专人对10起重点案件严格督办，跟踪到底，产生良好法律效果和社会效果。

【防范处理邪教工作】围绕实现“新气象、新局面、大进展”的工作目标，坚持改革创新、问题导向、系统治理、依法治理。防控打击各类邪教违法犯罪。依法处置“法轮功”诬告滥诉活动，严厉打击各类邪教违法犯罪，严厉惩处从事违法犯罪活动的邪教分子。不断加强各项防控工作，有效防止邪教对社会和谐稳定造成不良影响。规范推进教育转化工作。严格落实工作责任，开展帮教转化工作，帮助一批邪教痴迷人员脱离邪教组织，回归正常社会生活。深入开展反邪教警示宣传教育。邀请中科院院士欧阳自远来甘肃做反邪教专题讲座，引导《甘肃法制报》、甘肃卫视、《读者》杂志等媒体和刊物创造性地开展反邪教宣传，反邪教宣传的覆盖面和社会影响进一步扩大。夯实基层基础工作。扎实推进无邪教示范创建工程，培育形成一批规范化程度较高、具有样板示范作用的示范典型。深入推动反邪教工作纳入乡（镇）、村（社区）等基层组织工作体系，健全落实相关制度，提高基层反邪教工作的规范化水平，筑牢基层反邪教的第一道防线。加强反邪教队伍建设。以“树立法治理念，提升业务素质”为核心，开展不同层次、多种形式的反邪教业务培训，提高队伍整体素质。

【司法保障与法律服务】加大对经济犯罪的打击力度。针对非法集资多发势头，出台防范和处置非法集资工作操作流程、投资类公司管理办法等制度，组织开展专项打击整治，强化风险排查和预警，妥善处置因非法集资引发的不稳定问题。公安机关破获非法集资犯罪案件97起，挽回经济损失34亿多元。加大对金融诈骗、传销等其他涉众型经济犯罪的打击力度，加强民商事和知识产权案件审判和执行力度，为经济发展营造良好的法治环境。促进司法为民便民工作。推进互联网与司法便民深度融合，省法院和17个中级法院全部建成网络诉讼服务平台和12368诉讼服务热线，有效方便群众诉访。改进户籍、交管、消防、出入境、立案、信访等窗口单位的执法办案和服务管理工作，出台一批便民利民措施。拨付国家司法救助资金5719万元，对12301个有特殊困难的案件当事人进行救助。大力破解“执行难”问题，开展打击拒执犯罪、集中清理涉民生和党政机关案件等专项行动，将160名失信被执行人纳入诚信“红黑榜”黑名单，对369名涉嫌拒执犯罪的被执行人移送司法机关处理。深入推进“双联”法律服务直通车活动和“保民生、促三农”工作，在全省党政机关开展“学好法、用好权，促公正、促清廉”专项行动。

【法治建设】学习习近平总书记关于法治建设的重要论述，贯彻落实中央四中全会《决定》和省委《意见》，采取加强领导、谋划设计、统筹协调、督导检查等一系列措施和办法，法治甘肃建设和依法治省进程明显加快。加强党对依法治省工作的领导。7月，省委成立省委全面推进依法治省工作领导小组，省委书记王三运担任组长，办公室调整到省委政法委，泽巴足担任主任。各市（州）进行机构调整，充实工作力量。地方立法步伐加快。省人大常委会制定、修订地方性法规4件，通过一审的法规6件，立法制定、修订项目调整面达65%。制定并组织实施《甘肃省组织实施宪法宣誓制度办法》。依法行政扎实推进。深化行政审批改革，省、市、县“三张清单一张网”初步建成。建立政府法律专家咨询委员会制度，全年征询95件意见。开展依法行政中期督查，推进试点市（州）综合行政执法，市级下移执法权1461项，整合到县（区）

执法事项525项。集中抽查省直部门6300多卷处罚案卷和许可案卷。组织执法人员综合法律知识考试，合格率达87.8%。司法公正有力彰显。深化司法体制改革，完善司法管理体制和司法权力运行机制。加强执法司法规范化建设，保障人民群众参与司法，加强人权司法保护和对司法活动的监督，维护社会公平正义。法治宣传教育成效显著。组织开展全省“六五”普法检查验收，省委书记王三运等亲自带队，产生良好的示范带动作用。实施“法治文化一地一品工程”，建设法治公园、广场和长廊1818个。组织“百名法学家百场报告会”86场次，创新开展“双联法律直通车”“两好两促”等活动。

【政法队伍建设】深入学习习近平总书记系列重要讲话和十八届四中、五中全会精神。举办全省政法领导干部全面推进依法治省专题研讨班和县（市、区）党委政法委书记培训班，各级政法机关广泛举办培训班、研讨会，深入领会和贯彻中央、省委对法治建设、政法工作的新部署、新要求，加强调研，深入研究，提出加强政法队伍建设的总体思路、工作措施，政法干警的思想政治素质和履职能力进一步提升。全省政法各系统以提高专业化、职业化、正规化水平为方向，坚持从时代条件和执法需要出发，突出群众工作、舆论引导、突发事件处置、科技信息应用等重点领域，健全完善政法干警教育培训体系，组织开展一系列教育培训和实战演练，有效提升政法队伍的职业道德素养和专业能力。加大双语人才培养力度，定期选派干警参加各类双语培训班，双语人才培训工作逐步常态化、规范化。发挥牵头单位组织协调作用，完成42名基层政法干警招录工作。组织开展2015年度“双千计划”，选配4名政法机关干部到高校挂职任教、4名法学专家骨干教师到省级政法机关挂职交流。扎实开展“三严三实”专题教育，组织学习《中国共产党廉洁自律准则》和《中国共产党纪律处分条例》，落实党风廉政建设“两个责任”。加强对政法队伍的日常管理，严肃查处一批干警违法违纪案件。

省委政法委领导班子成员名录

书　记　泽巴足（藏族）
副书记　马世忠　侯效岐
　　　　马湘贤（回族）
　　　　楚才元　牛纪南

（供稿：省委政法委办公室）

政策研究

【干部队伍素质提高】学习贯彻习总书记系列重要讲话精神，夯实理论根基，全面提升思想政治素质。创新学习方式。个人自学与集体研讨相结合、外出考察与参加培训相结合、理论学习与专题调研相结合，健全双月集体学习、处室每周例行学习、党支部“两会一课”等制度，组织集中学习15次，推动干部学习向系统化、规范化、制度化转变。建立各处室文稿交流学习制度，建立文件资料传阅交流制度，确保全室干部第一时间了解重大方针政策和全省工作动态。丰富学习内容。把学习领会习总书记系列重要讲话精神同学习党的十八届三中、四中、五中全会精神和中央一系列方针政策结合起来，把学习省委十二届十二次、十四次全委会精神同学习省委一系列重大决策部署结合起来，准确把握新常态的特点和趋势、新常态下甘肃发展的特征和规律、新常态下经济转型升级的措施和办法，举一反三、融会贯通。鼓励和督促全室干部根据工作需要，广泛阅读和学习经济、政治、文化、金融、历史、法律、科技等各方面的新知识，更新知识结构，提升思维能力。务求学习效果。坚持理论联系实际，把习总书记提出的一系列治国理政的新思想、新观点、新论断和新要求，运用到起草的各类文稿中，运用到调查研究中，运用到强化干部党性锻炼、培养优良作风、提升能力素质中。全室干部参谋能力和服务能力明显提升。

【服务全局水平提升】开展调查研究。围绕精准扶贫精准脱贫、“十三五”规划建议、丝绸之路经济带甘肃黄金段建设、华夏文明传承创新区建设、创新驱动发展战略、生态文明建设、经济转型升级、农村土地流转、林权制度改革、城乡一体化发展、法治甘肃建设、老区发展、社会综合治理、干部作风建设等重大问题，开展一系列有针对性、前瞻性和预判性的调查研究，形成30多篇质量较高的调研报告，调研成果大多转化为省委重要文件和体现在省委领导讲话中，为省委指导全省工作提供决策参考，为省委作出把牢“一条红线”、贯彻“四个全面”、抓好“五个最大”总体思路和“1+17”精准扶贫精准脱贫、省国民经济和社会发展“十三五”规划建议、实施创新驱动发展等方面，贡献智慧和力量。全年组织20多批次业务骨干在省内调研和赴发达省份考察学习，提高服务省委决策的能力和水平。做好文稿起草。坚持高标准、严要求，起草的领导讲话、理论文章和相关文件，保持在一定的水准上。全年起草各类文稿840多篇500多万字，审核省委重大会议和省委领导同志活动新闻稿340多篇。在文稿起草中，学深悟透中央决策部署、省委战略布局、领导关注重点，把握政治性、指导性和实践性，确保中央精神不折不扣贯彻落实，确保为省委指导全省各项工作提供科学参考，确保省委决策更科学、更接地气、更易落地。坚持高标准、高效率、高质量，对文稿高度负责，不单要过语言文字关，更要过政治关、政策关和领导意图关。领导班子成员身先士卒，从谋篇布局到观点归纳，从论据使用到文字提炼，反复斟酌、精雕细琢，形成领导负责、处室为主、分工协作的工作机制和各抒己见、集思广益、达成共识的写作格局。服务深化改革。发挥秘书处、协调处、社会处等专职处室和经济、政治、文化、社会、党建等相关处室的职能，形成整体密切配合、机构高效运转的工作格局。按时对账盘点。对照省委2015年《工作要点》和《工作台账》，对7个领域280项重点改革任务，采取函询督促、跟踪指导、随机抽查、重点检查、对账盘点等方式，各专项小组、各市（州）按时报送改革进展情况，督促按期完成年度改革任务。严格审核把关。制定领导小组会议、专题会议、改革办主任会议3类《会议规程》，筹办9次领导小组会议、2次专题会议、10次改革办主任会议以及30多次其他会议。制定《改革方案制定规程》，编制《改革方案审议计划》，建立议题材料审核制度，与各专项小组密切协作，对提交领导小组会议审议的43个改革文件严格把关，提高改革方案质量。跟踪督察督办。对领导小组审议通过的65个改革方案，逐项跟踪，督促印发实施，已印发60个。办理省委领导批示件45份。根据省委"工作落实年"的安排，与省委督查室共同对62个省直牵头部门和各市（州）的280项改革任务进行全面督察，对部分市、县进行重点督察。配合中央督察组对甘肃省贯彻落实《县以下机关建立公务员职务与职级并行制度的意见》情况进行督察。谋划推动改革。牵头起草《关于加强县（市、区）全面深化改革工作的若干意见》，突出县（市、区）承接落实中央和省委部署的改革任务，明确县（市、区）重点改革事项，使甘肃省成为全国第一个专门针对县（市、区）改革工作作出具体部署的省份。协调有关部门抓紧落实省委领导安排布置的重大改革任务，指导制定扶贫资金整合使用管理办法、完善科技创新政策、生态文明体制改革总体方案实施意见等重要文件。对报送省委改革办审核的改革方案，认真研究，提出具体修改意见，全年审核各类改革方案80多项。搞好信息服务。在继续编好《调查与研究》《甘肃数据》的基础上，拓宽信息来源，在"快、准、深、精"上下功夫，为省委、省委领导和全室干部提供高质量的信息服务。精心编辑《信息参考》《动态辑要》《专呈》《决策资讯》等信息刊物，注重搜集整理具有前瞻性的理论文章及外省（区、市）好经验好做法，全年编制各类信息刊物100余期；督促指导各地各部门及时报送最新改革动态，报送改革案例和动态信息1152篇，编发《改革动态》150期。加大信息交流和宣传力度。中央改革办《改革情况交流》有6期专期刊发、15期综合刊发甘肃省改革典型。

【干事创业环境营造】加强内部管理和队伍建设，为履职尽责提供有效保障。严明党的纪律。落实党的组织纪律以及党内组织生活请示报告和个人事项报告等制度，重要事项按规定向省委报告，个人有关事项如实向组织报告。把党的政治纪律和政治规矩视为不能突破的底线、不能触碰的红线，高度重视政治方向的把握、政治立场的坚定、政治行为的规范。加强制度建设。坚持用制度管人管事，修订和建立室务会议议事规则、干部谈话制度、理论中心组学习制度、加强调查研究工作的意见、干部人事财务管理制度、会议文件办理规程等30项规章制度并将19项制度印制成册，人手一份。增进班子团结。贯彻执行民主集中制，重大事项、重要问题在统一思想基础上集体研究决定，发挥每个班子成员作用。建立班子成员之间、分管领导与分管处室、处室内部之间经常谈心、交流沟通制度，相互尊重、相互支持，吃苦不言苦、补气不泄气、带头不滑头、补台不拆台。注重干部队伍建设。多渠道选拔年轻干部，从市、县和乡（镇）机关遴选7名年纪轻、学历高、素质好的优秀年轻干部。坚持德才兼备、以德为先的用人标准，严格按照组织程序选拔使用干部。改进处级干部选任方式，通过酝酿拿岗、挂牌明岗、自愿选岗、干部荐岗、组织察岗、到任定岗等系列程序，确保干部任用工作公正公平和公开透明，确保人岗相宜、选准配好干部；让年轻干部到基层一线经风雨、见世面，选派3名年轻干部到"双联"村挂职锻炼。完善财经办工作机制。制定领导小组、财经办工作规则、细则、规程和相关制度，做好财经一处、财经二处干部选拔和配备工作，建立健全事项报告、联席会议等工作流程，召开3次财经领导小组会议、2次财经办工作会议，促进省委财经办工作正常运转。深化作风建设。教育引导党员干部对照"严以修身、严以用权、严以律己，谋事要实、创业要实、做人要实"的要求，聚焦对党忠诚、个人干净、敢于担当，在结合实际、突出特色、务求实效上下功夫，把专题教育同拓展群众路线教育实践活动成果相结合，同深入落实党风廉政建设主体责任相结合，同发挥参谋助手作用相结合，把"三严三实"要求融入到学习、工作和日常生活中。贯彻落实省委、省政府精准扶贫、"双联"行动等部署，为所联系的清水县山门村投资120万元修建便民桥，投资80多万元完成山门、白河两村的自来水入户工程，整体搬迁不宜人居的8户贫困户，建设两村老年日间活动照料中心，开展送文化、送医下乡活动，山门村实现整体脱贫，白河村人均纯收入由2012年的2505元增加到2015年的5542元。

【廉政主体责任落实】开展"三明三有三重"专项活动，即明要求、明法纪、明规矩，有力量、有制度、有督查，重抓早、重抓小、重抓常，构建主要领导负总责、分管领导抓处室、处室负责人抓到人，一级抓一级、层层抓落实的党风廉政建设主体责任体系。强化组织领导抓落实。把党风廉政建设纳入重要议事日程，充实完善党风廉政建设和反腐败工作领导小组，定期召开室务会专题研究部署党风廉政建设工作，研究制定党风廉政建设工作规划、计划、要点和整改措施，强化领导干部自觉落实党风廉政建设的责任意识，从组织领导上保证主体责任和监督责任的落实。明确职责任务抓落实。制定党风廉政建设"两个责任"实施方案，明确室务会、机关党委、机关纪委、机关各处室党风廉政建设的目标责任。明确室领导班子成员分工和职责，确保党风廉政建设的任务落实到每个班子成员，落实到机关党委、机关纪委，落实到每个党支部和党员干部，确保全室党风廉政建设工作有力有序开展。发挥示范作用抓落实。班子成员恪守党的政治纪律、组织纪律、廉洁纪律、群众纪律、生活纪律，贯彻执行《廉洁自律准则》和《纪律处分条例》，贯彻执行中央“八项规定”和省委“双十条”规定，严于律己、率先垂范，坚持自重、自警、自省、自励，注重慎小、慎独、慎始、慎微，为干部带好头、做表率。加强督促检查抓落实。定期不定期对机关各支部开展督促检查，重点检查领导干部主体责任的落实，梳理可能出现问题的部门和岗位，有针对性地进行整改和查漏补缺，发现问题苗头，认真开展约谈、诫勉谈话等。

省委政策研究室领导班子成员名录

主　任　李德新

副主任　唐兴和　刘正平

　　　　郭耀庭　苟保平

省委改革办专职副主任　王永和

（供稿：雷　婧）

农村工作

【“双联”行动】“双联”行动突出与精准扶贫相互融合导向，突出优化力量结构布局重点，突出促进群众脱贫致富任务，在脱贫攻坚主战场全面落实“六大任务”，精心打造“三大工程”。全年为群众帮办实事好事5.5万件，解决急事难事12.4万件，协调落实贷款481.6亿元，自筹资金10.5亿元，帮助化解各类矛盾纠纷9.5万件，培训农民275万人次；减少贫困人口100万人，贫困发生率由19.8%下降到15%。创新完善思路，聚焦精准扶贫。落实省委书记王三运提出的“三个重中之重”要求和“‘双联’行动助推精准脱贫、驻村帮扶工作队落实精准脱贫、基层组织保障精准脱贫”的思路和举措，围绕“六个精准”和“四个融合联动”部署，“双联”行动的目标任务向精准扶贫聚焦、工作力量向精准扶贫聚合、政策措施向精准扶贫聚集、各项工作向精准扶贫聚力。优化调整“双联”力量结构布局。建立单位联村、干部联户动态调整机制，对全省“双联”单位联系村和干部联系户进行摸排，把原由乡（镇）联系的613个建档立卡贫困村调整为由省、市两级单位联系，把“双联”干部原联系户已脱贫的，调整新增联系建档立卡的贫困户，把“双联”帮扶对象聚焦到建档立卡的贫困村、贫困人口上，实现全省建档立卡贫困村都由县以上单位联系、都派驻村帮扶工作队、101万户建档立卡贫困户都有干部联系三个“全覆盖”，提高联村联户的精准度。组建选派驻村帮扶工作队。完成驻村帮扶工作队组建整合工作，为全省6220个建档立卡贫困村选派驻村帮扶工作队员27815名，平均每村4.5名，构建起有效落实精准扶贫的工作“管道”，实现从“大水漫灌”式扶贫到“精准滴灌”式扶贫的转变。通过加强政策培训、运行管理、指导督促，工作队充分发挥精准脱贫指导员、项目实施协调员、政策法规宣传员、贫困群众服务员、资金使用监督员的作用，落实精准识别、精准脱贫“853”管理办法，对接落实“1+17”精准扶贫政策，推进各项帮扶任务的落实，使“双联”帮扶更加精准。帮助协调各类项目17353个，落实资金38.9亿元，解决急事难事23998件，化解矛盾176096件，开展劳务培训407737人次，总结脱贫致富典型4672个。推动“双联”行动与精准扶贫深度融合，靶向任务更加精准聚焦。把精准脱贫作为“双联”行动的核心任务，实现任务、对象、资源、培训融合联动，制定和落实精准脱贫到村到户“任务书、时间表、施工图”。突出瞄准对象、精准联系，精准确定帮扶对象；突出补齐短板、精准帮扶，精准确定帮扶内容；突出加快增收、精准脱贫，完善精准帮扶措施，走出一条具有甘肃特色的精准扶贫精准脱贫路子。抓实抓细抓早，推动各项部署落地生根。现场推动抓落实，组织召开全省联村联户为民富民行动现场会、全省“双联”行动法律服务直通车活动现场会和全省精准扶贫现场推进会。加强培训抓落实，举办全省藏区“双联”干部培训班，省直组长单位领导和各级“双联”办主任培训班，全省驻村工作队长、师资骨干培训班。典型示范抓落实，宣传推广“双联”行动典型经验做法，开展“双联”先进单位和个人评选，省级表彰“双联”单位典型363个、先进个人703个。与相关部门共同举办《百姓·大拜年》“在‘双联’行动助推精准扶贫中建功立业”劳模事迹巡回宣讲、“著名作家‘双联’行动精准扶贫主题创作甘肃乡村行”“甘肃省百名摄影家聚焦‘双联’行动精准扶贫”活动。督查考核抓落实，分别对“四个融合联动”工作落实、贫困村调整帮扶力量、驻村帮扶工作队工作运行等情况进行专项督查；组织开展全省“双联”行动和贫困村驻村帮扶工作队年度考核工作。健全完善工作机制，以“不脱贫不脱钩，不小康不罢休”为总目标，健全完善已有的工作制度，根据工作推进需要建立新的制度，形成上下联动、协调一致的工作合力；健全组织领导机制，制定在“双联”行动中实行省级领导联市（州）包县（区）抓扶贫攻坚工作制度的《通知》，下发全省“双联”行动省直组长单位《工作制度》和落实县（市、区）委责任主体的《实施办法》；健全完善“双联”干部轮流驻村工作机制，制定落实“双联”干部轮流驻村时间累积作为基层工作经历的《实施办法》，在宁县、舟曲等11个县开展“两项行动”融合联动示范县创建工作，完善“双联”行动与扶贫攻坚行动深度融合制度机制。

【“三农”工作】发挥省委“三农”工作“综合参谋部”职能，主动适应新常态，抢抓发展新机遇，强化决策服务、调查研究、深化改革、协调指导，推动“三农”工作为全省稳增长、调结构、促改革、惠民生做出贡献。全年粮食总产1171.1万吨，同比增长1.07%；农村居民人均收入6900元，农民人均可支配收入增长11%；实现农业增加值1100亿元，同比增长5.3%；减少贫困人口100万人，全面完成“三农”工作目标任务。站位全省大局强化决策服务。从破解制约发展的核心问题入手，先后起草《关于进一步深化农村改革加快推进农业现代化的意见》《关于做好农村特殊困难群体关爱救助工作的意见》等省委、省政府和"两办"文件4个，省级领导在全省农村工作会议、涉农工作联席会议和省市党政主要领导干部研讨班上的讲话材料7个，牵头起草深入推进农村社区建设试点工作的实施意见等8个文件，完成全省"三农"工作情况通报、农业农村经济形势分析等综合材料30多个。立足中心工作推进深度调研。先后完成中央部门委托的精准扶贫、农业保险、农村合作金融和农村改革发展等专题调研4项，完成省委领导交办的一号文件贯彻落实、农垦发展、布病防控、农村社区建设等8项专题调研，向省委、省政府呈报调研报告12篇，为决策提供第一手资料。着眼增强活力深化农村改革。坚持把深化改革作为"三农"工作的统揽，抓好省农办牵头负责的具体改革事项，制定2015年城乡发展一体化体制机制改革工作要点，建立工作台账实行备案销号，向省委改革办、省经济体制和生态文明体制改革领导小组报送材料建议40多份，省农办承办落实的2项改革事项全面完成。抓好涉农改革整体协调工作，建立涉农改革事项进展情况月报制度，强化对改革事项的跟踪协调和促进落实，省委确定的33项涉农改革事项全面完成。从整体上、全局上对农村改革进行谋划研究，起草完成并提请省委出台《深化农村改革综合性实施意见》，对未来5年全省深化农村改革进行全面部署和系统安排。围绕上下贯通加强协调指导。加强与中央农办的衔接，全年报送全省贯彻中央一号文件精神、农业农村改革发展形势等综合材料以及精准扶贫、现代农业发展等专项材料11篇。加强和省直部门的配合，与省委办公厅等部门筹备召开农村工作会议、涉农工作联席会议等省委会议，对省直部门贯彻落实省委一号文件情况进行2次全面督查，与农口部门开展联合调研4次，有效推动省委、省政府重大决策部署落地生根。加强对基层工作的指导，重视挖掘基层在"三农"工作特别是精准扶贫、富民产业发展等方面的典型经验，协调主流媒体进行宣传报道，使基层推动工作有可跟可学的模式和样板。

【"美丽乡村"建设】全年建成150个省级"千村美丽"示范村、432个市县级美丽乡村示范村和1733个"万村整洁"村，全面完成年度计划建设任务，全省农村人居环境加快改善。强化统筹协调，推进工作的合力不断加强。结合新情况新特点新要求，对改善农村人居环境工作全面安排，加强工作指导，积极推动组织实施。在金昌市召开全省美丽乡村建设暨城乡融合发展现场会，总结交流先进经验和有效做法，整体工作的协调推动力度明显加大。突出示范引领，加强示范村规划编制指导。领导小组办公室安排各市、县（区）分不同类型和层次，修订、完善和编制村庄规划，采取多规合一、同类复制、完善提升、打捆审批等方式，编实编细规划，有效提升规划的科学性和指导性，在美丽乡村建设规划中注重体现当地人文特点、注重保留传统特色、注重体现自有特质。全年编制完成582个省、市、县三级美丽乡村示范村1733个"万村整洁"村规划。加大资金项目整合，形成改善农村人居环境多元投入机制。将农村人居环境改善与"双联"行动、精准扶贫精准脱贫紧密结合，有效整合易地搬迁、灾后重建、危房改造、土地整理等项目，形成财政引导、项目整合、社会帮扶、群众参与的多元化投入体系。150个"千村美丽"示范村投入资金约30.8亿元，其中整合投入资金19.9亿元，村民自筹资金7.4亿元，每个"千村美丽"示范村各类资金投入1200万元以上；432个市、县两级美丽乡村示范村和1733个"万村整洁"村各类投入资金分别达到32.5亿元和35.4亿元。着力解决突出问题，农村基础设施和人居环境显著改善。开展以通村道路、安全饮水、危房改造为重点的基础设施建设。加快教育、卫生、文化、体育等公共服务向农村延伸，农民群众的整体生活水平明显提升。以农村环境整洁为突破口，实施"三清三改"工程，开展室内外、村庄院落环境整治，推进人畜科学分离，开展垃圾污水收集处理，集中治理畜禽乱跑、柴草乱放、废旧农膜乱堆、尾菜乱弃和乱搭乱建等问题，农村"脏乱差"问题得到有效治理。

【革命老区开发建设】贯彻习近平总书记在陕甘宁革命老区工作座谈会上的讲话精神，落实省委、省政府加快革命老区发展工作会议精神，围绕实现革命老区"率先脱贫、率先小康"的目标，强化领导、加大投入、分类施策、精准发力，协调推动革命老区脱贫致富奔小康工作。建立健全推动工作的组织落实体系。省委、省政府成立省加快革命老区脱贫致富协调推进领导小组，办公室设在省农办。省农办研究制定《领导小组工作规则》《领导小组办公室及各成员单位工作职责》，建立省直部门和老区两市一县联席会议制度和协调推进工作运行机制，靠实省直成员单位和老区市、县工作责任，为加强统筹协调、解决重大问题、推动工作落实提供有效的机制保障。组织召开省领导小组第一次会议，组织实施对革命老区相关市、县年度工作考核，增强协调推进能力，加大督查考评力度，打开工作新局面。协调落实各项倾斜政策，支持革命老区加快发展。按照省委、省政府《关于进一步支持革命老区脱贫致富奔小康的意见》和30条具体分解任务，落实各项财税倾斜和金融支持政策，加大对老区开发建设和精准扶贫的资金投入力度。全年协调下达两市一县转移支付资金1.51亿元，协调落实增值税地方留成25%的部分全部留给老区市、县的支持政策。推进老区两市一县发放精准扶贫专项贷款34.4亿元，惠及贫困户5.2万户。稳步推进革命老区培育富民产业加快增收步伐。抓住加快革命老区发展的政策机遇，支持老区加强以中低产田改造为重点的农业基础设施建设，全面推广应用全膜双垄沟播技术，加大特色产业扶持力度，创新生产经营组织，发展特色农产品生产和精深加工；支持加快陇东能源基地建设；重点建设华池南梁、会宁会师旧址等国家级重点红色旅游景区，培育壮大老区文化旅游产业；加大生态环境保护力度，实现经济发展与生态环境保护相统一。加快推进革命老区基础设施和社会事业发展。把改善老区农村基本生产生活条件作为工作重点，全年建成老区建制村通沥青（水泥）路4864公里，农村道路通畅率91%；实施农村危房改造7.4万户，补助资金8.9亿元，分别占全省计划的33.9%和34.5%；协调优先安排落实老区安全饮水和电网升级改造工程；加快落实老区学前教育、义务教育、职业教育等公共教育资源配置等倾斜支持政策。

省委农村工作办公室领导班子成员名录

主　任　周兴福

副主任　王剑英　闫敬明

　　　　李隆基　朱宝莹

（供稿：张　鹏）

编制工作

【政府职能转变与机构改革】制定《甘肃省人民政府2015年推进简政放权放管结合转变政府职能工作方案》《甘肃省政府推进职能转变协调小组工作规则（试行）》。协调各有关部门统筹推进行政审批、投资审批、职业资格、收费管理、商事制度、科技文卫体等领域改革，为大众创业、万众创新营造良好环境。

【行政审批制度改革】在全面、有序承接国务院下放行政审批事项的基础上，报请省政府先后五批取消调整和下放涉及企业投资、生产经营许可及资质资格认定等审批事项397项。全面清理和取消非行政许可审批事项。截至年底，省级政府部门保留行政审批374项。推行权力清单制度，省、市、县三级政府部门全部向社会公布权责清单，并同步完成省级依法承担行政职能的事业单位权责清单建设工作，其中省政府38个部门确认公布行政权力3723项、责任事项20259项、追责情形25574项。会同省发改委制定印发《关于合理划分投资项目管理权限做好协同放权工作的意见》，协调省国土、环保、建设、水利、安监、文物等部门同步下放项目审批、核准、备案等权限。会同省发改委、省交通运输厅制定印发《关于调整全省重点公路建设项目前期工作审批权限的通知》，对国道、高速公路建设方面有关项目审批权限作了调整。督促各地各部门对保留的行政审批事项编制权力运行流程图，并同步在甘肃政务服务网进行加载。推进“两集中、两到位”，督促各部门将行政审批事项进驻省政府政务大厅，实行集中统一办理。

【事业单位改革】严格按照分类标准和“三个不突破”原则，先后两批对省直404个事业单位的分类结果进行批复，占应分单位总数的70%。组织召开省直事业单位“三定”工作培训会，安排已批复划入公益一类、公益二类的事业单位，开展“三定”规定拟定工作。对拟划入行政类、生产经营类的事业单位，加强政策研究，稳步推进改革。会同有关部门进一步修改完善8个配套政策。修订《甘肃省事业单位登记管理若干规定》，出台《关于进一步深化全省事业单位法人治理结构建设试点工作的意见》，拟定《关于全省各类事业单位统一登记管理的意见》《甘肃省事业单位章程管理办法》。启动甘肃省党政群机关、各类事业单位统一社会信用代码工作。全面推行事业单位年度报告公示制度，完成年度报告公示779家，占应报告公示单位总数的85%。会同省质监局研究制定《甘肃省检验检测认证机构整合指导意见》和庆阳市产品质量检验检测中心、甘肃省特种设备检验研究集团、甘肃省建材研究设计院3个试点单位整合方案。研究分析试点中出现的矛盾和问题，对涉及的机构编制事项及时调整。

【重点领域体制改革】按照党的十八届三中全会关于纪检派驻机构全覆盖的改革精神，印发《关于新设和调整省纪委7家派驻机构和编制的通知》，在省委工作部门新设3家派驻机构，调整4家派驻机构。对14个市(州)纪委内设机构和职责进行调整，进一步理顺纪检工作体制。对省直部门和市、县所属执法机构和执法队伍开展清理规范。指导嘉峪关、定西2市推进综合执法改革试点，指导嘉峪关市稳步推进统一市场监管改革试点，探索路子，积累经验。研究拟订《全省推进综合行政执法体制改革工作方案》《关于全面推进综合行政执法体制改革的意见》。在组建省级不动产统一登记机构的基础上，会同省国土资源厅制定下发《关于市县不动产登记职责整合的实施意见》，明确市、县两级不动产登记机构的职责、规格和人员编制。配合省委政法委制定《甘肃省司法体制改革试点方案》。配合省委组织部草拟《省以下地方法院检察院人员统一管理试点方案》。做好改革试点涉及的机构编制工作。

【机构编制管理】印发《甘肃省控编减编工作方案》，向各市(州)编委分解下达控编减编目标任务，对全省控编减编工作作全面安排，靠实工作责任。进一步拓展实名制系统功能，启动电子编制管理证系统建设工作。持续抓好网上域名管理，开展域名注册和网站挂标工作，拓展全省机构编制网站群功能，加强舆情监控、舆论引导和信息宣传。贯彻落实省委、省政府“1+17”精准扶贫工作方案，制定印发《甘肃省公办幼儿园编制标准（试行）》，为贫困地区公办幼儿园教师配备提供遵循。根据中央关于支持职业教育发展的意见，制定印发《甘肃省中等职业技术学校机构编制标准（试行）》。以实名制数据为依据，服务全省公务员招录、省直部门财政预算编制、全省养老保险制度改革、全省公车制度改革等多项重点工作，提供全面准确的数据支撑。

【服务保障】按照中央关于加强网络安全和信息化、建设网络安全强国的战略部署，调整组建省委网信办。适应新时期人大工作需要，对省人大常委会内设机构进行调整，提出市、县、乡三级人大机构设置和编制配备意见。先后调整省委党的建设、依法治省、文化旅游、财经、金融、审计、公安等领域的管理体制，相应划转职能、机构和人员编制。适应"一带一路"战略向西开放的深入实施，组建丝绸之路（敦煌）国际文化博览会博览局、兰州新区综合保税区管委会、兰州新区职教园区管理委员会、省创新办公室工作机构，调剂增加人员编制。调整省工信委、省卫计委所属10所职业院校的管理体制。制定印发甘肃省教育考试院、甘肃中医药大学、甘肃机电职业技术学院主要职责、内设机构和人员编制规定。起草《关于创新高等院校和公立医院人员编制管理方式的意见》。配合省教育厅对总装备部第二十试验训练基地子女学校和幼儿园移交地方管理，核定相关人员编制。完成甘肃稀土公司等8个企事业单位原公安机构移交人员的编制核定工作。批复成立中国民主建国会平凉市委员会、中国民主促进会平凉市委员会。

【机构编制监督检查】强化机构编制法治意识，拟订《甘肃省机构编制审计暂行办法》，配合省审计厅对兰州市及其所辖5个县(区)党政主要领导干部开展机构编制审计。研究起草《关于甘肃省党政机关及事业单位开展绩效管理的意见》。会同有关部门对市、县两级控编减编工作进行专项督查。协调省委巡视办，在全国率先将控编减编和清理超职数配备干部情况纳入巡视监督范围，提升机构编制督查工作的有效性。

【专题学习教育】按照省委关于开展"三严三实"专题教育的部署安排，办主要负责人带头讲党课，教育引导全体干部深刻理解"三严三实"的本真内涵，准确把握"三严三实"的实践要求。扎实开展学习研讨，先后组织6次专题学习研讨会，围绕"三严三实"主题，深入查找"不严不实"问题，深刻剖析问题根源，提出整改落实措施。坚持问题导向，边学边改，边查边改，集中开展领导干部"为官不为"和机关"庸懒散软"问题专项整治。

【党风廉政建设】按照省委关于构建"3783"主体责任体系的部署要求，办领导班子和班子成员落实党风廉政建设主体责任和分管责任，年内组织召开落实党风廉政建设主体责任集体约谈会2次、"三述"大会1次，组织开展、参加有关部门《中国共产党廉洁自律准则》《中国共产党纪律处分条例》学习会3次，教育全体党员干部严守纪律底线和红线，严格遵守党的政治纪律、组织纪律、廉洁纪律、群众纪律、工作纪律、生活纪律，坚定加强党风廉政建设的信心和决心，增强履行党风廉政建设主体责任的使命感和紧迫感。

【干部队伍建设】贯彻落实新修订的《党政领导干部选拔任用工作条例》，制定省编办《干部选拔任用工作规程》《干部选拔任用工作纪实细则》，提高选人用人工作规范化科学化水平。严格按照干部选拔任用工作程序，做好干部任免工作，对符合条件的同志进行轮岗交流，激发干部队伍活力，提升机关工作效率。参加省直机关统一公开遴选公务员工作，补充新鲜血液，优化干部结构。加强干部培训，组织多名干部赴省委党校、甘肃行政学院学习，创造有利条件，鼓励和支持优秀年轻干部挂职锻炼和学习深造。

【"双联"行动】贯彻落实全省"双联"行动大会精神和全省精准扶贫精准脱贫工作会议精神，履行组长单位职责，组织召开"双联"行动临洮县工作推进会，对省、市、县、乡联系单位"双联"工作开展两轮全面督查，推动重点任务落实。围绕"五年脱贫、八年小康"奋斗目标，按照"抓住关键、深化拓展"的工作思路，以改善基础条件为重点，为"双联"村协调落实村小学教学楼附属工程建设、道路油化硬化、易地扶贫搬迁、水土保持综合治理、环境卫生连片整治、沿街文化长廊建设等一批强基础、管长远的建设项目，增强发展后劲。

【机关文化建设】坚持以党建带工建、团建，充分发挥群团组织的桥梁纽带作用，在"双联"点临洮县井儿沟村开展"在奉献中展现青春风采"主题活动、"双联杯"篮球拔河比赛活动。组织全体干部职工开展预防职务犯罪警示教育活动，组织年轻干部开展"三严三实"暨"两好两促"主题演讲活动，在全省机构编制系统开展"中国梦·陇原情"书画摄影展活动，营造积极向上的机关文化氛围，增强党员干部职工的凝聚力向心力。省编办在连续6年保持省级文明单位的基础上，2015年被中央文明委授予"全国文明单位"，被省委、省政府评为"双联"行动"优秀组织奖""民心奖"单位，多名同志受到有关部门的表彰奖励。

省机构编制委员会办公室
领导班子成员名录

主　任　赵含栋
副主任　高建国　王久武
　　　　张参荣　马　骥
督查专员　赵　温

（供稿：刘　尊）

省直机关党的工作

【学习贯彻习近平总书记系列重要讲话精神】坚持把学习贯彻习近平总书记系列重要讲话精神作为机关党建的重大政治任务，把"四个全面"战略布局的学习分为4个专题，每季度举办1次专题辅导、组织1次讨论交流，先后有49名厅级干部、790多名处级干部、2100多名党员干部参加。对67个部门党组（党委）中心组学习习近平总书记系列重要讲话情况进行抽查，发现问题、当面反馈。与新华社甘肃分社联合举办"手机党课"，以党章党规党纪、系列讲话和省委部署为主要内容，每月向2.8万多名党员发送8条信息。

【党风廉政建设主体责任】深入省直49个部门党组(党委)和基层党支部开展落实党风廉政建设主体责任情况调研督查，发现问题，传导压力。围绕行政审批、资金使用、项目管理等10个方面廉政风险区间，选择省法院、省发改委、省财政厅等部门的11个处（室）党支部开展防控试点，从制度层面研究完善规范权力运行、防止廉政风险的办法措施。召开省直部门党组（党委）落实主体责任座谈会，传达

2015年，省直机关工委调研引大入秦管理局机关党建工作

贯彻省委书记王三运重要批示精神，分析存在问题，交流试点经验，有力推动"3783"主体责任落实。以学党章学准则学条例为主要内容，举办省直机关基层党组织书记履行全面从严治党主体责任轮训班，先后培训1139名处长、党支部书记，240多名部门机关党委专职副书记、机关纪委书记和市、县两级工委书记。省直机关纪工委执纪监督得到明显加强，全年审理、批准处级党员干部党纪处分31起，对28名党员干部给予党纪处分，每季度通报一次处级党员干部的违纪案件，不断强化警示震慑作用。每季度与省纪委联合举办1期"廉政教育大讲堂"，对第二批360多名重点岗位处长开展廉政教育。

【精准扶贫结对共建】围绕"双联"行动和精准扶贫，发动和组织省直机关3500多个基层党组织同贫困村党组织开展结对共建工作，探索机关党员干部服务群众、促进发展的有效途径和方式。按照省委精准扶贫的部署要求，深入26个部门开展专题调研，总结"双联"行动开展三年来机关农村党组织结对共建做法和经验，召开工作推进会，对涌现出的150个先进党组织和171名优秀党员进行通报表彰，并围绕"六个精准"对结对共建工作作出新的部署。向省直机关制定下发《关于加强省直机关基层党组织与贫困村党组织双联行动结对共建工作的意见》，对结对共建工作提出明确要求。参与省委重大决策部署督查工作，组织4个督查组，对121个省直部门和单位贯彻落实全省精准扶贫工作会议精神和"1+17"精准扶贫方案落实情况开展专项督查，对推动省委决策部署落实起到促进作用。

【效能风暴行动】以解决"不作为、慢作为"问题为突破口，下发《关于聚焦精准扶贫和项目建设深化效能风暴行动的通知》，对119个省直部门、6个市（州）效能风暴行动进行重点督查，以效能风暴行动推进机关转作风提效能。先后组织35个省直部门主要负责同志作客甘肃广播电台"阳光在线"节目，现场回答和受理基层群众反映的问题2644个（件），督促相关部门办结2504个（件），办结率94.7%。运用网上评议、服务对象评议、民评代表评议等方式，开展机关作风和政风行风评议活动，12万多人参与网上评议70个省直部门、18个公共服务行业的作风、政风、行风，满意度平均达到66%，较上年提高6.1个百分点。

【机关党内政治生活】贯彻省委《关于〈中国共产党和国家机关基层组织工作条例〉的实施办法》，有效推动"三会一课"、民主生活会、组织生活会、民主评议党员等组织生活制度的落实。把严格和规范机关党组织换届工作作为贯彻党章、加强对全体党员党的意识教育的契机，省直25个部门机关党委完成换届选举，调整配备专职副书记34名，年龄结构得到优化。按照"支部建在处室"的要求，新调整设置省直机关党支部440多个，推动支部书记履行"一岗双责"。全面开展机关党组织书记抓党建述职评议工作，连续两年组织20个部门机关党委书记向省直机关工委进行大会述职、党支部书记向部门机关党委述职，以述职评议推动各级党组织书记抓机关党建责任的落实。

省直机关工委领导班子成员名录

书　记　李建华

副书记　张建荣　李燕青（女，回族）

　　　　周天佑　周见明

纪工委书记　马　庆

（供稿：康　斌　马晓丽）

信访工作

【概况】2015年，全省信访工作推进各项改革措施落实，信访形势保持"四下降一好转"（信访总量、来省上访量、来省集体上访量和进京非正常上访量下降，信访秩序明显好转）的良好态势。全年信访总量112096件（人次），同比下降15.8%。省信访局受理群众来信来访12202件（人次），同比下降25.9%，其中来信4325件，同比下降27.5%；来访1674批、7877人次，同比分别下降47.3%、25%；来访中集体访281批、5892人次，同比分别下降29.8%、6.8%。发生进京非正常上访1832人次，同比下降5%。

【阳光信访】大力推进"网上信访"。全省信访信息系统建成启用，与国家信访信息系统实现互联互通，92个省直部门、1182个市直部门、8182个县直部门和乡（镇）、街道接入系统并投入使用，实现信访形式、工作过程、工作范围在网上的"三个全覆盖"。召开全省信访工作制度改革暨网上信访工作交流推进会，推动网上信访向纵深发展。深入6个市（州）、12个县（区）、9个乡镇（街道）开展信访信息录入专项督查，推动各级信访部门信息系统的深度应用。实行群众满意度评价。在网上信访信息系统中设置群众满意度评价栏目，按照“受理—办理—监督—评议”工作流程，对初次登记受理的信访事项，开展群众满意度评价工作，规范办理程序，倒逼改进工作，提高信访事项的办理质量和效率。加大信息公开力度。印发《甘肃省信访新闻发布制度》，首次组织召开全省信访工作制度改革进行展情况新闻发布会，首次举办媒体开放日活动。利用省信访局门户网站、《甘肃信访》杂志、微博微信公众号等途径开展全方位、立体化宣传。在网上公布15件重点信访事项的督查结果，接受社会监督，以业务公开促进工作规范。加强数据分析应用。收集梳理“信、访、网、电”数据，分析初信初访、重信重访、初转重等相关数据的变化及其原因，加强对信访事项中普遍性、苗头性、倾向性问题的综合研判。

【责任信访】靠实领导责任，强化示范引领。省委书记王三运、省长刘伟平每月阅批群众来信，提出工作要求，推动解决重大信访问题。省信访联席会议3位召集人多次听取信访工作汇报，安排部署相关工作。省委、省政府其他领导亲自批办《信访要情呈报》，接待来访群众，协调化解疑难复杂信访问题。各级领导干部落实“五访一包”制度，市、县、乡三级领导干部全年接访群众30319人次，包案化解疑难复杂案件和信访积案14715件，化解率85.8%。细化落实责任，形成工作合力。省委、省政府及时对省信访联席会议进行更名和成员调整，职能定位聚焦“指导信访工作制度改革和信访法治化建设”，领导力量进一步充实，综合协调、组织推动、督导落实的制度优势进一步凸显。召开全省信访局长会议，围绕改革目标细化分解任务。召开省信访工作联席会议全体（扩大）会议，省委常委、省政法委书记泽巴足，副省长马世忠分别讲话，各级各部门工作责任进一步明确，形成推进改革的整体合力。严格考评责任，加大问责力度。修订完善《全省信访工作目标管理责任书》和《考核办法》，加大信访事项及时受理率、按期办结率、群众满意率等项目的考核权重，树立正确的考核导向。加大通报问责力度，每月向信访问题突出的地方和部门党政主要领导同志通报工作情况，每季度召开一次全省信访形势通报会。会同省综治办下发《关于进一步加大进京非正常上访问题治理工作力度的通知》，17个地方和部门因非正常上访问题突出被点对点通报。压实属地责任，抓好初信初访。加大初信初访办理力度，强化首办责任，推动各级有权处理部门按照规定的程序和时限要求，在第一时间、第一地点妥善处理信访事项。全年省信访局收到和接待的群众来信来访涉及6422件信访事项，除按《信访条例》不予受理2241件外，初信初访1489件，办结率90%以上。重信重访比重由2013年的37.8%降至23.2%。严抓部门责任，实行联合接访。全省100%的市(州)、84%的县（市、区）建成启用联合接访大厅，组织重点部门进驻大厅实行联合接访，形成信访部门综合协调、接访单位动态管理、工作流程完整规范、服务群众便捷高效的运行机制。落实督办责任，推动积案化解。集中开展化解信访积案专项行动，加强对重点地区、重点领域、重点问题的常态化跟踪问效。2015年，省信访联席办和省信访局交办信访积案203件，实地督办117件，办结率90%以上。组织6个工作组深入全省14个市（州）、33个县（市、区），对43件信访积案办理情况进行集中督导检查，通过分类指导和剖析案例等方式，现场化解一批疑难复杂积案。会同省人社厅成立督导组，对5个市开展劳动保障类信访突出问题综合整治活动情况进行专项督导检查，全省信访总量中劳动保障类问题占比下降明显。

【法治信访】强化基础业务规范。下发《关于加强信访基础业务规范化建设的通知》，召开全省加强基础业务规范化建设推进会，健全和完善符合信息化要求的办信、接访、网上投诉、督查督办等业务规则。举办信访基础业务专题培训班7期、培训学员1000余人，举办全省信访干部业务知识和能力测试，各级信访干部依法按政策办事的能力和水平得到提升。厘清法定受理途径。会同省政府法制办制定《甘肃省分类处理信访投诉请求的主要法定途径及相关法律依据》，指导省政府各职能部门梳理明确处理信访投诉请求的主要法定途径及相关法律依据，制定印发本部门法定途径清单，使通过法定途径分类处理信访投诉请求有据可依、有章可循。制定涉法涉诉来信来访事项分流处理办法，推进涉法涉诉信访工作改革，维护司法权威。推行依法逐级走访。贯彻落实国家信访局引导来访人依法逐级走访办法和甘肃省实施细则，加大宣传引导培训工作力度，督促有权处理部门在规定时限内向上访人反馈办理结果，实现来访事项在应有层级内的有效解决。2015年群众来省走访批次、人次同比分别下降47.3%、25%，越级走访数量明显下降。综合整治进京非正常上访。加大对进京非正常上访的综合整治力度，强化综治、维稳、信访、公安协作配合的协调联动机制，进京非正常上访量在2014年下降54.4%的基础上2015年又下降5%。做好全国“两会”、十八届五中全会、抗战胜利70周年纪念活动等敏感节点的信访工作，省驻京工作组接领劝返群众进京非正常上访615人次，没有发生影响社会稳定的信访问题。切实维护正常上访秩序。强化信访、公安、保卫、警卫、保安“五位一体”的处置来省集体上访快速反应和联动机制，全年发生围堵省委、省政府门口上访2843人次，其中5人以上的聚集围堵104批、2179人次，1145人次经劝返引导至省人民来访接待大厅，其余1698人次被依法强制带离至省分流协调中心，未发生长时间堵门、堵路事件。

【自身建设】加强思想建设。通过

集中学习研讨、组织生活、宣讲辅导等方式，学习党的基本理论、基本路线、基本纲领、基本经验、基本要求，学习党的十八届三中、四中、五全会和习近平总书记系列重要讲话精神，增强中国特色社会主义道路自信、理论自信、制度自信，以理论上的清醒保证政治上的坚定。加强作风建设。扎实开展“三严三实”专题教育，着力解决为官不为、廉而不勤等“新四风”，引导全局干部把“三严三实”作为修身之本、为政之道、成事之要，树立信访干部忠诚、干净、担当的新形象。把精准扶贫和“双联”行动作为锤炼干部作风的重要阵地，机关干部进村入户接地气、连民心、办实事，增强“老百姓的事比天大”的群众观，“老百姓利益无小事”的服务观，“老百姓满意是最佳标准”的政绩观。加强廉政建设。着力构建和全面实施“3783”主体责任体系，研究制定《中共甘肃省信访局党组关于落实党风廉政建设主体责任的实施办法》和省信访局工作人员廉洁自律“十不准”，层层签订《党风廉政建设责任书》，形成推进党风廉政建设和反腐败斗争的整体合力。开展廉政文化教育，制定反腐倡廉学习教育计划，通过领导干部上党课、专家讲座、集体学习、观看电教片等多种形式，增强全局党员干部拒腐防变的免疫力。

省信访局领导班子成员名录

局　长　戴炳隆

副局长　秦仰贤　薛生家　张惠武

督查专员　吴学勤　王宗良　史虎平

（供稿：丁　玥）

保密工作

【三大管理】开展定密专项治理，指导14个市（州）完成密级确定、变更和解除工作。庆阳市保密局借助各类检查，上门督查定密管理情况，解决定密不准的突出问题。按照国家保密局部署，对相关单位的涉密网络保密管理和自查情况进行重点检查，纠正部分单位网络定位不准、人员保密意识淡化、规章制度流于形式、技术防护措施缺失等问题。定西市在网络信息发布上，坚持“谁公开、谁审查”和“先审查、后公开”的原则，确保发布的信息不涉及国家秘密。举办全省涉密人员管理工作培训班，邀请国家保密局指导管理司副司长张予西为全省14个市（州）、86个县（区）、178个省直单位的310名涉密人员授课，从涉密人员分类确定、上岗审查、在岗保密管理、离岗离职保密管理等四方面进行讲解，为做好涉密人员管理打下良好基础。庆阳市在涉密人员管理上，坚持把好“入口关”“教育关”和“保障关”，既保证涉密人员质量，又保障涉密人员权益。

【依法行政】组织开展军工保密资格审查认证，全年审查、复查20家军工企业。开展国家秘密载体印制资质单位审查和管理，天水印刷厂通过甲级资质现场审查，向国家保密局上报备案2家乙级资质单位。严把审核关口，组织2014年度保密数据报送，2014年度保密工作统计填报单位8000余家。全年受理、完成密级鉴定7起，查处各类失泄密和严重违规案件6起，结案4起。督促有关单位对涉嫌泄密事件进行实地调查处理，对直接责任人和负有领导责任人员依法依规进行严肃处理。

【技术防护】对机关单位的涉密计算机安装保密技术专用防护系统500余套。发挥原有技术监管平台的作用，切实加大技术防护力度，全年发现并阻断计算机和涉密优盘接入互联网30余起，有效防范工作计算机连接互联网和介质交叉等造成的失泄密问题。举办涉密信息系统集成资质审批工作培训班，启动审批工作，截至年底，完成20家公司第一次申报的240余份资料的初审和现场审查工作。

【保密检查】组织开展省委机关、国有企业、国家统一考试、涉密测绘成果、机关单位保密自查自评等五项保密检查，针对不同类别、内容的检查，分别下发检查通知，提出检查目的要求。在各市（州）、各单位自查基础上，组织抽查重点单位36家（省委机关13家、国有企业7家、国家统一考试13家、涉密测绘成果3家）。对省委统战部、省检察院、省测绘局基础地理信息中心、省测绘局地图院、省测绘工程院、省测绘产品质量检测站等6个单位和嘉峪关市、酒泉市、张掖市等地的涉密网络保密管理情况进行重点检查，检查机密级网络5个、秘密级网络6个、涉密广域网接入点10个。张掖市保密局加强信息终端检查，保密管理关口前移，有效杜绝涉密计算机违规外联问题。按照“摸清底数、查找隐患、找准办法”的要求，结合保密检查、督查等工作，对重点区域保密工作、保密机构队伍情况进行深入细致调查摸底，找准泄密隐患和管理漏洞，研究提出建立军地保密需求信息共享平台，开展重要军事设施周边安全保密环境检查和专项治理等有针对性的改进措施，推动保密管理，促进保密工作理论创新、制度创新。

【会议保障】保障省委重要会议86余次，其中绝密级会议10次，机密级会议15次，秘密级会议30次，普通会议31次。

【文件销毁】采取电话预约、主动与各单位联系、上门收取文件等方式，降低销毁成本，提高工作效率。全年累计出车1000多台次，行程35000公里，为170多家驻兰州党政军机关单位服务，回收运输纸质国家秘密载体180多吨，磁介质国家秘密载体20多吨，完成年度国家秘密载体销毁工作任务。筹备省局销毁中心项目建设。

【宣传教育】采取有效措施加强领导干部和涉密人员保密教育培训，强化领导干部和涉密人员的保密意识。省委保密办与兰州市保密局在兰州电视台举办一期保密法法规电视知识竞赛。金昌市保密局组织各县（区）、各市直部门干部职工开展保密法律法规知识竞赛活动，提高各级领导干部和涉密人员保守国家秘密的自觉性。以保密法制宣传月活动为载体，开展保密法律法规知识竞赛，全省14个市（州）、111个省直单位、军工企业、高等院校、企事业单位133725人参加活动。依托四川大学保密学院师资力量，举办全省保密干部业务培训班，聘请四川省保密局保密专家和川大保密学院教授从国际国内形势对保密工作带来的影响、定密工作、保密管理、保密法实施条例、网络信息安全与技术演示等五个方面进行系统培训，提高保密意识，加大防范水平。结合《公务员法》的施行，从制定教学计划、改进教学方式、规范教学内容、组织实施教学、加强保密教育师资队伍建设等方面入手，研究和改进新形势下党校、行政学院进行保密法制教育的方式方法，保密教育列入全省各级党校、行政学院主体班次的教学计划，计划、教员、课时、内容"四落实"。发挥网络、手机短信、电子平台、微信等媒体的优势，创新保密法制宣传手段。省保密局继续抓手机保密提醒工作，每月向省级领导秘书、省直各部门厅级领导和专兼职保密干部和各市（州）、县（区）主要领导干部发送保密提醒短信。

【"三严三实"专题教育】突出抓好习近平总书记系列重要讲话精神的集中学习，开展10次中心组理论学习、3次专题理论辅导，围绕"三严三实"三个专题进行6次研讨交流。对照"三严三实"要求，坚持以问题为导向，深入开展"六查六看"和"三对照三检查"活动，即查修身严不严，看是否做到加强党性修养，坚定理想信念；查用权严不严，看是否做到坚持用权为民；查律己严不严，看是否做到遵守党纪国法，为政清廉；查谋事实不实，看是否做到从实际出发谋划事业和工作；查创业实不实，看是否做到脚踏实地、真抓实干、敢于担当；查做人实不实，看是否做到对党、对组织、对人民、对同志忠诚老实，做老实人、说老实话、干老实事。对照"对党忠诚"要求，检查自己的思想灵魂、政治定力，在大是大非面前的实际表现；对照"个人干净"要求，检查自己的廉洁意识、律己差距，在明确底线、分清界限、固守红线方面的实际表现；对照"敢于担当"要求，检查自己的责任意识、担当精神，在履职尽责方面的实际表现；对照党的群众路线教育实践活动整改任务清单，检查是否整改到位，有无反弹情况。坚持边查边改、即知即改的原则，处级以上党员干部对群众路线教育实践活动明确的整改事项进行回头看，重点围绕领导干部作风和工作方面存在的突出问题，着力整治"庸、懒、散"、责任意识不强、学习劲头不足、创业意识欠缺、主动担当不足、集体荣誉感缺乏等违背"三严三实"的问题；班子成员发挥带头示范作用，注重把专题教育同保密工作结合起来，同"精准扶贫""双联"行动结合起来，把"三严三实"激发出来的进取精神转化为做好工作的强大动力，做到"两手抓，两促进"，专题教育不走过场，不搞形式。

省委保密办（省国家保密局）
领导班子成员名录

主任（局长） 李　富

副主任（副局长） 张云戟　张　炜

（供稿：王　萍）

精神文明建设

【社会主义核心价值观培育与践行】以核心价值观宣传阐释和教育引导为重点，坚持把核心价值观要求融入精神文明建设各方面和全过程。通过线上线下、户内户外集中宣传，全年在报刊杂志、广播电视、网络平台等媒体登载刊发核心价值观视频图片、新闻消息、原创评论等62500余篇，组织拍摄的核心价值观题材影片《耳蜗》荣获电影百合奖优秀故事片一等奖。持续深化教育实践，引导各行各业广泛开展涵养社会主义核心价值观的主题活动，引导党员干部、公众人物、先进模范、青少年等重点人群率先示范、积极践行。

【"讲文明树新风"公益广告征集评选】持续加大"讲文明树新风"公益广告宣传刊播力度，在主要媒体、公共场所投放、张贴、悬挂"讲文明树新风"公益广告130余万张，刊播报刊类公益广告162版、广播类公益广告26000余分钟、视频类公益广告17646分钟，形成全方位、立体化、多层次的公益广告宣传态势。组织开展甘肃省"讲文明树新风"公益广告招标征集活动，20幅平面类、10件影视类、10件广播类、10组网络类"讲文明树新风"公益广告优秀作品获奖，获奖作品纳入甘肃省"讲文明树新风"公益广告作品库。

【道德模范和甘肃好人评选】组织开展"第五届全国道德模范"选树活动，甘南州迭部县尼傲乡原妇联主任冷木荣获第五届全国孝老爱亲道德模范称号，9人荣获第五届全国道德模范提名奖称号。组织举办"道德模范走进兰州新区"道德讲堂集中示范活动，现场发放1000余份绘有"24字"核心价值观和"做文明有礼的甘肃人"内容的宣传画精美年历。组织开展以送爱心、送健康、送信息为主要内容的"为道德模范送礼包"春节慰问活动，省领导在春节前夕为全省道德模范送去"大礼包"和慰问金。拍摄制作30部反映道德模范先进事迹的"中国梦·凡人善举"微记录电影，各类媒体集中进行展播。组织开展"我推荐我评议"身边好人活动，推出"甘肃好人"550名、"中国好人"27名。

【"做文明有礼的甘肃人"主题活动】持续推动文明旅游、文明餐桌、文明交通三大行动。制定出台《甘肃省关于加强文明旅游工作的实施意见》，推动成立文明旅游工作领导小组，组织开展"百日文明旅游宣传"和旅游服务行业"双倡双劝"等文明旅游主题活动。协调各地各部门深入推进文明餐桌行动，广泛开展限量点菜、剩菜剩饭打包服务，在醒目位置设置文明用餐提示牌，大力推广文明餐桌规范服务用语。会同省公安厅等职能部门，组织开展"文明爱心车队""文明雷锋车队""陇原最美驾驶员"选树活动，10名驾驶员荣获"陇原最美驾驶员"称号，20名驾驶员荣获"陇原最美驾驶员"提名奖。

【精神文明创建活动】以文明城市创建为龙头，持续深化拓展群众性精神文明创建活动。在第四届全国精神文明建设先进单位评选活动中，金昌市成功进入全国文明城市行列，实现甘肃省创建全国文明城市工作零的重大突破。兰州市、嘉峪关市、庆阳市、白银市入选新一轮全国文明城市提名城市，敦煌市、清水县、静宁县入选全国县级文明城市提名城市，永登县苦水镇等30个村镇入选全国文明村镇，兰州石化职业技术学院等46个单位入选全国文明单位。组织召开全省精神文明建设工作命名表彰大会，起草制定《关于深入推进社会主义核心价值观建设的实施方案》等8个具体实施方案。通过实地暗访方式，先后对静宁、清水及42个县（市、区）文明程度进行随机抽测。围绕美丽乡村建设，大力推进文明村镇“八个一”工程建设，“五星级文明户道德信贷工程”在市、县两级农村信用社基本实现延伸覆盖。

【志愿服务制度化建设】持续推动志愿服务制度化任务分工的落实，指导各地各部门推进志愿服务制度化建设。以关爱他人、关爱社会、关爱自然为主题，广泛开展“学习雷锋、提升自己、奉献他人”志愿服务活动，在全社会大力弘扬“奉献、友爱、互助、进步”的志愿服务精神。发动全省各级党组织、各级各类文明单位成立党员志愿者队伍，广泛开展帮困解难、清洁环境、“双联”扶贫等学雷锋志愿服务活动。会同省直机关工委等部门发动12000多名在职党员志愿者，到社区结对帮扶困难群体。向全国推出一批最美志愿者、最佳志愿服务项目、最佳志愿服务组织和最美志愿服务社区。

【诚信建设制度化】健全完善“共筑诚信·德润陇原”甘肃省诚信“红黑榜”发布平台，会同有关部门，举办2期“共筑诚信·德润陇原”甘肃省诚信“红黑榜”新闻发布会，褒扬“红名单”企业112家，联合惩戒“黑名单”企业120家，营造守信光荣、失信可耻的浓厚社会氛围。《人民日报》、新华社、《工人日报》等国内外主流媒体密集报道，发表评论等2360多篇；中国文明网、人民网、央视网以及网易、搜狐、新浪等130多家重点门户网站纷纷报道，2300万网友跟帖转发。甘肃省诚信“红黑榜”新闻发布制度的创新做法，被中宣部列为重大典型，组织中央电视台《焦点访谈》栏目制作播出一期正面专题节目。

【未成年人思想道德建设】以未成年人思想道德建设“金种子”工程为平台，组织13000多所中小学校开展“金种子”美德少年评选上榜活动，评选表彰首届“陇原美德少年”。组织全省广大未成年人积极参与“网上祭英烈”网络签名寄语、“童心向党”歌咏演唱、优秀童谣征集评选、“向国旗敬礼”等活动，让青少年从中受到熏陶和教育。协调争取中央专项彩票公益金在全省新建乡村学校少年宫135所。会同省教育厅等部门，对已建成的乡村学校少年宫进行专项督查，确保所有乡村学校少年宫运转正常、活动经常。

省精神文明建设指导委员会办公室
领导班子成员名录

主　任　苏　君（女，3月止）
　　　　高志凌（5月任）
副主任　仇颖琦（女）　郭锦诗
　　　　高巨珍　王　琦

（供稿：李文龙）

老干部工作

【学习贯彻表彰大会精神】把学习宣传、贯彻落实全国离退休干部“双先”表彰大会和全省离退休干部“三先”表彰大会精神作为全省老干部工作的主线，营造全社会尊重关心老干部、重视支持老干部工作的浓厚氛围，为各级各部门开展老干部工作创建良好环境。组织老同志学习会议精神，领会中央和省委对老干部工作特殊地位的论述。通过事迹宣讲、座谈交流等形式，利用党报党刊、门户网站，学习宣传离退休干部的崇高精神和先进事迹。各地各部门以学习宣传贯彻全国、全省离退休干部表彰大会精神为契机，主动向党委（党组）汇报老干部工作情况，争取党政领导对老干部工作的重视支持，着力解决老干部工作中的实际困难，进一步深化规律性认识，创新理念思路、完善制度机制，推动老干部工作科学发展。

【离退休干部两项建设】把从严治党要求贯彻落实到离退休干部思想政治建设和党组织建设的全过程和各方面。严格落实“两项建设”主体责任，强化党建工作考核，以严格的考核推动党建责任落到实处。坚持思想建党和制度治党同向发力、同时发力，组织离退休干部学习党的十八大和十八届三中、四中、五中全会精神，学习习近平总书记系列重要讲话精神，引导老干部“离岗不离党、退休不褪色”。举办全省离退休干部先进事迹报告会、全省离退休干部党支部书记培训班，组织先进典型介绍事迹、专家教授进行专题辅导，引导老同志增强角色意识和政治担当，切实把爱党、忧党、兴党、护党的情怀落实到实际行动中来。加强制度建设，建立健全党内关怀帮扶机制，落实离退休干部党支部组织生活、理论学习、收缴党费和流动党员教育管理等制度规定，使老同志始终处于党组织的服务管理之中。创新思想政治工作方式方法，用好传统教育阵地，发挥新型网络平台作用。创新老干部党组织设置形式、党组织活动方式，加强离退休干部基层服务型党组织建设，探索老年社团党建工作新途径和新办法，拓展离退休党员发挥作用的领域和空间，提升离退休干部“两项建设”工作的整体水平。

【增添正能量活动】按照中组部关于在离退休干部中开展以“展示阳光心态、体验美好生活、畅谈发展变化”为主题的为党和人民事业增添正能量活动的要求，精心设计载体平台，研究制定《关于组织全省离退休干部在国内主要媒体网站开展为党的事业增添正能量活动方案》，成立“网上正能量活动”领导小组。建立并开通“甘肃离退休干部之家”网络互动平台，开设热点话题、在线调查、党史党建、文史天地、传记人生、诗词歌赋、养生保健、社团协会、社区服务九大版块，设计主题突出、特色鲜明的网络宣传和网络互动活动。建立和培养800余名老干部网宣员、协助员队伍，通过发表时政论点、记载人生体悟、撰写回忆文章等形式，鲜明有力地把党和政府的声音传播好、把社会进步的主流展示好、把人民群众的心声反映好。在全省老同志中开展“晒幸福、谈发展、聚能量”主题征文活动，凝聚前行和奋进的正能量。依托“甘肃离退休干部之家”网络互动平台和《甘肃老干部工作》刊物，在全省离退休干部中开展“我看从严治党”“‘三严三实’专题教育之我见”专题研讨活动，激发老同志爱党忧党兴党护党的政治品格和革命情怀，为推进党的作风建设作出贡献。举办纪念抗战胜利70周年全省老干部诗歌朗诵会，展现老干部传承抗战精神、再写人生辉煌的政治热情和时代风貌。在全省少数民族离退休干部中开展“我看十八大以来的变化”调研活动，先后在2个州和19个县(市)的244名少数民族离退休干部中深入调研，激励少数民族老同志发挥优势、各展所长，为维护民族团结、社会和谐、宗教和顺的良好局面做出贡献。

【生活待遇落实】健全和完善离休干部“三个机制”，加大财政支持力度，保证离休干部“两费”按时足额发放。按照中组部文件要求，对1945年9月2日前参加革命工作的正、副厅级离休干部，在全省14个市（州）、100多个行政和企事业单位摸底、核查，报经审批，34名离休干部提高享受副省长级医疗待遇，195名离休干部提高享受按副省长级标准报销医药费。全省共有53名离休干部提高享受副省长级医疗待遇，353名离休干部提高享受按副省长级医疗标准报销医药费。探索建立医药费的统筹标准与离休干部就医需求、与经济社会发展水平相适应的增长机制，落实省属兰外困难企业离休干部医药费、省属困难企业离休干部公用经费、特需经费和遗属生活困难补助费1038万元，市（州）困难企业离休干部医药费补助金1043万元；落实参加兰州市医药费单独统筹255名离休干部医药费财政补助资金1000万元，财政代缴统筹金210万元。对省建投集团、省长城电工集团、省医药集团、省农垦集团和白银公司五家省属困难企业离休干部医药费财政补助资金及企业配套资金落实情况、公用经费特需经费财政补助资金的使用情况、无固定收入遗属生活困难补助资金的保障情况进行专项调研，督促解决相关问题。对安置在全国23个省（区、市）的155名离休干部进行走访慰问，发放慰问金30多万元。做好对特困离休干部及遗属的帮扶工作，对6户省属困难企业的96名离休干部及遗属逐一慰问，发放慰问金10多万元；对109名省直单位红军时期离休干部及部分省级干部遗孀给予生活困难补助，发放资金10多万元。

【活动学习阵地建设】各地各部门加大投入力度、优化整合资源，各级老干部活动学习阵地规模不断扩大、条件明显改善、功能逐步增强，为老干部“教学乐为”创造良好条件。兰州市一年内完成市老年大学的可研、立项及维修改造工作。城关区投资1250万元，在雁滩公园新建3200平方米的老年大学和活动中心。部分市（州）、县（区）和省直单位对老干部活动学习场所不同程度地进行新建、改建和扩建。各级老年大学加强师资队伍建设，拓展教学内容、开设特色课程，加大教学研讨、提升办学水平。各地各部门将老年大学、老干部活动中心和社区作为文化养老的载体，不断改进学习活动方式、创新学习活动内容，丰富老干部精神文化生活。召开全省老年大学老干部活动中心发展暨文化健康养老工作现场会，提升新形势下老干部工作的科学化水平。

【调研信息宣传工作】将“推动老干部工作转型发展、科学发展问题研究”“推进老干部文化养老问题研究”“加强和改进离退休干部党组织建设问题研究”“改进和创新离退休干部服务管理工作研究”作为重点调研课题，组织相关市（州）和省直部门共同开展专题调研。加快推进老干部部门网络信息化建设，对“甘肃老干部工作网”进行改版升级；印发《全省老干部工作网络信息化建设发展规划（2015—2017年）》，加强“甘肃离退休干部之家”网络互动平台建设；印发《关于建立老干部网络宣传员队伍的通知》，发展老干部网络宣传员近800人；制定《全省老干部网络宣传工作考核奖励办法》，推进网宣工作的制度化建设。全方位、广领域、多角度反映重点亮点工作，编辑《老干部工作情况专报》12期，编印《甘肃老干部工作》6期，下载信息5000余条，修改上传“甘肃老干部工作网”信息400余条。在《中组部老干部工作情况交流》刊登信息4篇，在《中国老年报》刊登稿件6篇，在《甘肃日报》刊登稿件16篇，在《甘肃组工网》上传信息33条、有关省（市）老干部之家网站转载信息15条。

【“双联”行动】根据两个联系村的特点与实际情况，调整工作思路，认真安排部署“双联”工作。把发展产业作为促进农民增产增收的主要举措，在静宁县八里镇靳坪村大力发展苹果和旱作农业两大产业，加强果树种植、果园管理的技术指导和培训，苹果产业逐步形成规模。协调省林业厅，将靳坪村列入提质增效产业园示范点项目建设计划。筹资为254户苹果种植户免费发放苹果树专用肥790袋，新栽植2000亩，成为提高村民收入的主渠道。用好国家惠农补贴政策，动员鼓励农户大力推广旱作农业，全村种植双垄沟播覆膜玉米3500亩，在果园内套种洋芋2000亩，土地利用率和村民增收大幅提高。在榆中县中连川乡高窑沟村，加大扶持养羊工作力度，为92户联系户发放互助资金37万元；争取肉羊养殖项目20万元资金，购买羊种293只分发给养殖户；实施村社道路建设项目，高窑沟和石圈子两社道路硬化项目得到省公路局批准，投入资金245万元。对接省、市、县有关部门，争取项目资金，帮助两村补齐发展短板、破解发展瓶颈。两村投入727万余元，促进两村基础设施的改善，增强群众脱贫致富的能力。着力解决群众生产生活中的特殊困难。

在靳坪村，对特困户、身患重大疾病和遭遇意外事故的村民、贫困家庭学生、留守儿童和空巢老人投入资金34万元。在高窑沟村，对在校学生、长期有病人员，投入帮扶资金5万多元。在高窑沟村投入资金342.74万元，联系户人均纯收入9170元，比上一年增长20%。在靳坪村投入资金102万元，联系户人均纯收入比上一年增长25%。

【自身建设】面对经济发展新常态、从严治党新常态、作风建设新常态，在观念上适应、认识上到位、能力上提高、方法上改进，把建设模范部门、打造过硬队伍，作为做好老干部工作的重要组织保证。组织局系统党员干部，认真学习习近平总书记关于“三严三实”的重要论述，围绕“严以修身”“严以律己”“严以用权”三个主题深入研讨，系统把握“三严三实”蕴含的价值准则、标准遵循和实践要求。坚持两手抓、两不误、两促进，将“三严三实”专题教育与做好老干部工作有机结合起来，通过讲党课、班子成员带头研讨、党员干部参与研讨、撰写心得体会、征求意见建议、召开班子民主生活会和党组织生活会等多种形式，有力促进教育成果向工作实践转化。通过举办“道德讲堂”、开展“两好两促”专项行动、深化“三德”教育、党员志愿者活动，广大党员干部的思想境界和道德情操进一步提升、大局意识和服务意识进一步增强、实际能力和工作水平进一步提高。

省委老干部工作局领导班子成员名录

局　长　万鹏举

副局长　张少辉　吴　萍（女）

　　　　宁晓芸（女）　徐维德

巡视员　廖光秋（女）

（供稿：贾世玮）

关心下一代工作

【纪念省关工委成立25周年暨表彰大会】召开纪念省关工委成立25周年暨全省关心下一代工作表彰大会，对省关工委成立25年来，特别是近5年来的工作进行回顾总结，对未来5年工作作出安排部署，对全省关心下一代工作80个先进集体和170名先进个人进行表彰；举办全省关心下一代工作理论研讨，交流各级关工委投身改革实践的新认识、新理念、新思路和新的实践成果与理论成果；通过专家授课、辅导讲座、座谈讨论等形式重点对市、县部分关工委干部进行培训，为做好工作奠定思想基础。立足甘肃多民族省份的实际，在临夏州召开全省少数民族地区关心下一代工作座谈会，探索进一步做好民族地区关心下一代工作的思路和举措，并就关工委如何融入大局，发挥优势，更好地服务全省精准扶贫精准脱贫工作进行部署安排。

【三个抓手】深化“双千工程”。将工程纳入“全省示范培训项目计划”，连续3年关爱帮扶1000名孤残儿童、培训1000名农村贫困青年，先后投入580万元用于农村青年培训工作，并争取省农信社投入50万元用于家庭贫困学生救助。推进“五好”基层关工委创建。随着创建活动的持续化、常态化，进一步促进基层关工委工作的规范化、科学化，基层基础进一步夯实，为关心下一代事业长远发展奠定基础。发挥品牌的示范引领作用。组织部长兼主任、“双学双争”两个做法被中国关工委命名为全国关心下一代工作品牌，选树命名20个甘肃省关心下一代工作品牌。通过各级关工委的挖掘、培育、选树，在全省关工系统构建起梯队化、层级化品牌创建格局，形成“学习品牌、争创品牌”的良好氛围。

【六项活动】开展“爱学习、爱劳动、爱祖国”主题教育活动，选树100名“三爱”标兵；开展“五老”向青少年讲“中国故事”活动，选树100名“故事佬”；联合团省委、省教育厅等部门连续5年开展大中专学生暑期“三下乡”社会实践活动；联合省教育厅、省文明办、省关心下一代基金会举办中小学生“三爱”作文大赛，收到参赛作品7000余件，评选表彰一、二、三等奖和优秀组织奖；与省教育厅、省文促会联合举办“甘肃省第二届国学道德经典诵读大赛”，1000多所学校的50多万名学生参加初赛，500多所学校、500多个优秀节目和35000多名学生参加复赛，20个代表队6月在兰州决赛；与省文化厅等单位举办第二届“黄河娃娃闹大年”少儿春节联欢晚会。

【六件实事】联合中国下一代教育基金会，开展“中华魂捐书助学献爱心”活动；协调做好第一批一年期北方汽修“圆梦班”50名学员的学习和毕业分配工作；完成123所“朝阳卫生室”的承接和建设工作，培训130多名医务人员；巩固和发挥已建481所“春苗营养厨房”作用，完成对380所厨房管理员的培训，分三组对全省项目运行情况进行督查；协调资金20多万元，为武都区一小学修建操场；省关心下一代基金会募集资金50万元，编辑印刷、出版发行《少年儿童成长教育读本》2000多套，根据捐资者要求全部进行捐赠。在完成6件实事基础上，投入20万元为兰州儿童福利院制作家俱；争取资金30万元，帮助11名家庭特困学生完成小学至高中学业；组织13名小学生参加中日韩夏令营活动；在2011年争取深圳共进电子有限公司支持为礼县石桥镇捐建古泉同维希望小学基础上，协调该公司每年投入5万元资金、5万元物品，并派2名人员到学校支教；与局机关一道在静宁县八里镇靳坪村举行“双联”帮扶捐赠仪式，向镇中心小学、靳坪村村委会及村小捐赠价值11.68万元的体育器材、教学用具和生活用品；联系安利甘肃分公司出资11万元，为扶贫点榆中县中连川小学冠名成立“春苗足球队”，在第五届“未来之星杯”全国少儿足球邀请赛中获得U11年龄组第4名。

【基层基础建设】贯彻落实省委、省政府两办《关于进一步加强和改进新时期关心下一代工作的意见》精神，强化领导、编制、经费和制度“四个保障”的硬性指标。12月，省委、省政府两办再次印发《关于进一步做好全省关心下一代工作的通知》，对做好关心下一代工作进行强调和重申，理顺职责关系，凝聚工作力量，增添发展后劲。在班子建设上，县级以上关工委大部分建立由在职党委常委、组织部长兼任关工委主任，离退休老领导担任常务副主任，组织、宣传、工青妇等相关部门领导兼任副主任或委员的“三结合”领导班子。在人员编制上，大部分关工委办公室从机构编制、人员配备、办公条件等方面基本到位，一些农村乡（镇）、城市社区、大中小学校和群众团体、企事业单位成立相应的组织机构，实现有机构办事、有人干事、有条件办事的目标。在经费保障上，各地根据实际情况，把关工委工作经费列入同级财政预算，许多地方随着经济发展和财政增长逐年增加，有力地推动工作顺利开展。在制度建设上，各级关工委结合实际建立“五老十大员”等工作、学习、考核制度，关工委工作迈向健康科学稳步发展的轨道。到年底，全省关工委组织增加到近4万个，“五老”队伍17万多人，建立报告团、关爱团、法制教育团等1.89万个，“十大员”近2.6万名。

【宣传工作】调整由省委宣传部副部长任组长的全省关心下一代宣传工作领导小组，由关工委、新闻出版、广播电视、甘肃日报社等多家单位参与，制定《关于进一步加强全省关心下一代宣传工作的意见》。构建起一刊、两报、一网站的“121”宣传平台。整理编印《2011—2015甘肃关心下一代工作图志》《2011—2015甘肃省关工委项目建设视觉手册》《全省关心下一代工作实践经验汇编》《理论研讨文集》《老少共画中国梦优秀作品集》5本书；联合甘肃电视台深入各地采访，摄制反映五年来关心下一代工作的《关爱之路》专题片，在甘肃卫视和文化频道分别进行播放；《甘肃日报》两次报道省关工委工作。在全国关心下一代宣传工作电视电话会议上做经验介绍，受到顾秀莲主任的充分肯定。在全国关心下一代宣传工作视频会上，省关工委作经验介绍。

【自身建设】以“三严三实”教育为契机，通过学习、检查和整改，干部队伍素质不断提升。各级关工委专（兼）职干部自觉投身“双联”行动和扶贫攻坚工作，为群众济危解困，为青少年谋福利，主动当好党委、政府关爱农村青少年的“连心桥”。省关工委先后筹措资金捐建6个“爱心书屋”、1个塑胶操场；帮助11名家庭特困学生完成小学至高中学业；选送13名小学生赴日本参加中日韩夏令营活动；协调资金5.1万元为联系户修建3间砖瓦房。省关心下一代基金会投入150余万元，为贫困地区学生赠送保暖内衣、为儿童福利院制作家俱、印发《少年儿童成长教育读本》，全省建立关心下一代基金会和助学协会17个，为精准扶贫精准脱贫助力添瓦。省关工委被评为全国实施“春苗营养计划”项目先进单位。

省关心下一代工作委员会
领导班子成员名录

主　任　李虎林

副主任　陈绮玲（女）　杜大仕

　　　　吴　萍（女）

（供稿：黄军省）

老年大学工作

【“三严三实”专题教育】按照中央、省委以及省委老干部局关于开展“三严三实”专题教育的安排部署，从抓好政治理论和业务知识学习入手，采取个人自学、集中学习、交流研讨、专题培训等方式，深入学习党的十八大和十八届三中、四中、五中全会精神，学习习近平总书记系列重要讲话精神和《党章》《准则》《条例》，从学校存在的问题和干部职工不严不实的问题入手，强化领导干部主体责任，有针对性地开展“三严三实”教育，通过整改，着力提升管理服务水平。

【教育教学】组织老师自编教材20多册，特色教材有《文学讲义》《外国文学史讲义》和《历史讲义》等。调研完成《发挥老年大学文化养老的主阵地作用》和《加强老年大学基层试点工作，推动老年教育向城市社区发展》等课题研究，为推动教育教学工作提供理论支撑。学制设置灵活多样，书法、绘画专业四年结业，文学、历史等专业三年结业，声乐、舞蹈专业两年结业，解决老学员毕不了业、新学员入不了学的问题。在课程设置上，主要开设传统文化课、文艺特色课等，并体现教学的层次性，满足学员不同的学习需求。在老年教育机制方面，搭建全省老年大学工作联席会议制度这个平台，为全省老年教育事业发展提供制度保障。办学规模逐步扩大，发展到9个专业（历史、文学、外国文学史、书法、绘画、舞蹈、声乐、钢琴、电子琴）60个班级，注册学员4600多人次，学员比创办初期增加50多倍。全年完成教学1800课时。在费家营社区开办教学点，开设4个专业7个班级，300多名老同志就近参加学习活动。经省委老干部局同意，成立“甘肃省老年大学农科院分校”。不定期开展第二、三课堂活动，展现第一课堂教学成果。学校合唱团、舞蹈队、书画协会等积极开展各种活动。贯彻落实全省老年大学工作联席会议制度，学校主办的校刊《甘肃省老年大学学刊》改刊为《甘肃老年大学学刊》，成为全省老年大学学刊，开设政策宣传、理论研究、经验交流、学员风采、工作动态等栏目。

【管理服务】从建章立制入手，提高管理服务水平。制度建设，制订、完善校领导职责、党支部职责、处室工作职责等21项职责和会议制度、学习制度、管理制度等16项规章制度，教育教学不断规范。教师队伍建设，走访兰州大学、西北师大等高等院校，初步建立教师人才库，并与21位老师签订《事业单位非全日制劳动用工合同》。学校在原课时费标准的基础上，实行绩效工资制，分优秀、良好、称职三个等次（30元、25元、20元/课时），对教师进行考核，有效调动教师的工作积极性。投资7万多元更换28台电子琴，改善教学条件。学员队伍建设，在60个班级成立班委会，让富有经验的老年学员担任班委会成员，按照《班长职责》和《班委会职责》开展工作，成为团结学员的核心。为提升老年学员自我教育、自我管理、自我服务的能力和水平，在学员中成立临时党支部，在60个班级成立临时党小组，加强学员思想政治工作。管理队伍建设，制定工作人员任务分工表，明确职责，靠实责任，改进服务方式，教学管理服务水平不断提升。

【“双联”帮扶】克服帮教矛盾，积极开展“双联”工作。帮扶榆中县中连川乡高窑沟村和静宁县八里镇靳坪村的16户贫困户，在危房改造、种养产业、道路建设、水窖建设、贫困大学生资助等方面给予资金和工作支持，使帮扶村的产业规模逐步形成，群众收入明显增加。

省老年大学领导班子成员名录

副校长　张志祥

（供稿：董建鹏）

党史研究

【“双联”行动】积极参与省委联村联户、扶贫攻坚重大行动，围绕中心，服务大局，联系天水市麦积区东山村、李家渠村和岷县郝家沟村，充分发挥党史部门的自身优势，取得显著的成效。组织专家、学者对红军在岷县的历史进行深入挖掘和研究，建议有关部门将岷县列入申报革命老区县名单；筹措资金3万元，为岷县郝家沟村修建便民桥一座；筹集资金4000元，资助天水市麦积区李家渠村、岷县郝家沟村5名贫困大学生，解决1户特困户吃水问题；捐赠电脑10台，为贫困村建成电子商务平台，为帮扶村小学建立电教室，拓宽村民农副产品销售渠道，丰富村小学教学内容。

【纪念活动】积极参与纪念抗战胜利70周年系列活动。在甘肃省纪念中国人民抗日战争暨世界反法西斯战争胜利70周年座谈会上，省委党史研究室副主任李荣珍作《甘肃在抗战中的历史地位和重要贡献》的大会发言；编撰出版《欢庆抗战胜利的日子——甘肃纪念抗日战争胜利70周年专辑》《甘肃抗战》2本书籍；与新华网甘肃分网联合举办《勿忘历史，振兴中华—甘肃省纪念中国人民抗日战争胜利70周年》大型网络图片展，并在新华网首页刊载；与《兰州晨报》联合推出“纪念抗日战争胜利70周年大型系列报道”及《纪念抗日战争胜利70周年特刊》；为中央有关部门组织的《根据地的共产党人》课题提供53个人物传记；参与6集电视片《记忆—红军老战士抗战老兵访谈录》的拍摄制作，在甘肃文化影视频道播出。举办“纪念红军长征落脚陕甘革命根据地80周年学术研讨会”。中央党史研究室副主任高永中和甘肃省委副书记欧阳坚出席会议并分别作《红军长征落脚陕甘革命根据地的历史意义和现实启示》和《陕甘革命根据地的重大历史贡献及硕果永存的时代价值》的讲话。陕西、宁夏、河南、江西等14个省（区、市）及省内党史专家、学者参加会议。会议在研究红军长征落脚点选择、红军长征落脚陕甘革命根据地的重要意义和历史贡献等方面形成一些新观点，对深化陕甘革命根据地研究有较强的指导意义。联合举办“纪念俄界会议召开80周年研讨会”。社会各界专家学者、党政领导和少数民族干部代表200余人参加研讨会。研讨会收到100余篇论文。省委党史研究室副主任李荣珍在会上作题为《俄界会议是党和红军北上抗日新的里程碑》的发言。研讨会就一些重大问题达成共识，取得重要成果，拓宽和加深了俄界会议研究的广度与深度。联合举办“发扬红军长征精神实现中华民族伟大复兴”座谈会。中共党史学会毛泽东思想研究会会长、中央党史研究室原副主任石仲泉出席座谈会并作主题报告。会议深入研讨长征精神的深刻内涵和时代价值。

【宣传教育】努力拓展舆论阵地，加大党史宣传力度。先后命名胡廷珍烈士纪念馆、王孝锡烈士纪念馆、兰州战役纪念馆、河西解放纪念馆、中国梯田化模范县纪念馆、火焰山国家矿山公园博物馆等8个甘肃省中共党史教育基地，全省党史教育基地达到36个；编辑印发《甘肃党史工作》7期、《甘肃党史工作信息》33期，加强对基层工作的指导力度。加强新闻报道，扩大党史工作影响。组织全省党史宣传教育干部培训班，进一步提高宣传报道水平。在《甘肃日报》《百年潮》《甘肃工作》《党的建设》等报刊杂志发表文章24篇；在网络新闻媒体刊载党史信息、新闻报道等800余篇、图片150余幅、视频10余部；在“中国共产党历史网”刊稿154篇。重视新兴媒体，增强育人实效，升级改版“甘肃党史网”站，开通网上“红色纪念馆”网站，开办甘肃党史微信公众号，发布党史信息136条。开展“六进”活动，加大党史宣讲力度。深入党政机关、大专院校、农村乡镇、国有企业、街道社区和部队军营，以《中国人民抗日战争胜利的伟大意义》《红军长征在甘肃》《勿忘国耻勤奋学习振兴中华》《红军长征在甘肃的群众工作与“三严三实”教育》《继承和弘扬革命传统在实现中国梦的生动实践中放飞青春梦想》为主题的党史宣讲活动10多场次，特邀中央党史研究室副主任高永中为省直机关干部作纪念抗战胜利70周年专题报告。

【编撰与出版】组织编撰《中国共产党甘肃历史（第二卷）》《刘冰与甘肃》《中国共产党甘肃历史知识简明读本（二）》《慕生忠纪念文集》等书籍；编撰出版《欢庆抗战胜利的日子—甘肃纪念抗日战争胜利70周年专辑》《甘肃抗战》等6部书籍；编辑出版《邓宝珊—纪念邓宝珊诞辰120周年》画册、《党史研究与思考》《党史研究与党史宣传讲义》《甘肃省党史资料选编》（1-4辑）等6本书籍；编印《党和国家领导人与甘肃（上、下卷）》等3本党史资政专题。

【课题研究】完成中央党史研究室《改革开放实录》丛书第一部中甘肃省三个专题的修改任务，并完成第二部中《全膜双垄沟播技术在甘肃的推广》《改革开放以来庆阳老区的建设与发展》《以“两个共同”示范建设为统揽建设幸福美好新临夏》3个专题编写工作。完成省社科立项课题《邓宝珊与陕甘宁边区》工作，编撰出版《邓宝珊与陕甘宁边区关系研究》书籍。组织撰写《邓小平关心甘肃建设》《〈论共产党员的修养〉是坚定共产党员理想信念的营养剂》《探寻红军长征落脚点的最终抉择》《抗战时期甘肃在西北国际交通线上的重要作用》《红25军对党中央和北上红军的策应作用探析》《任弼时在三大主力红军会师中的历史作用》《以历史事件中的结构关系为视角考量"一张报纸"与红军长征落脚点之间的关系》等11篇文章，入选中央党史研究室和各省举办的学术研讨会，并在论文集上发表。

【征集与审核】落实中央党史研究室"三山一地"座谈会议精神，编辑《陕甘革命根据地口述史资料丛书（一、二）》书稿；征集《陕甘革命根据地的重要会议研究》《陕甘革命根据地重要战役战斗》等专题资料；抢救拍摄图片1000余幅，录音录像10余盒。审读《中国共产党庆阳历史（二卷）》《中国共产党武威历史（二卷）》《中国共产党高台历史简明读本（1937—1978）》《中国共产党陇南历史（一卷）》《永恒的荣光——甘肃抗战老兵口述实录》等10本党史书籍；审读《大会师》《大漠枪声》《刘志丹》《走进陕甘边根据地——南梁》《邓宝珊将军》《腊子口曙光》等6部影视剧本；审看省音像出版社《走进陕甘根据地》三集影视片。完成安西县纪念馆布展大纲、甘肃省党史纪念馆网上陈列馆73份展纲、吴焕先烈士纪念馆布展大纲的评审工作。

【队伍建设】注重对年轻干部传帮带，增强干部事业心、责任感；树立干部"以党史研究立室""以科研立身"意识；提拔任用干部2人，进一步优化干部队伍结构。举办全省党史干部业务培训班3期，参训人数150余人次；选派党史干部参加上海浦东干部学院、井冈山干部学院、延安干部学院、省委党校等培训班31人次，进一步提高干部能力素质。选举产生新一届室机关党委、第一届室机关纪委。新一届机关党委和机关纪委以"省委工作落实年""效能风暴"行动、"两好两促"活动为载体，落实党委的主体责任和纪委的监督责任，巩固和延伸群众路线教育实践活动的成果，把党的纪律挺在前面，坚持经常抓和抓经常，在党员干部中树立纪律意识和规矩意识，促进室机关党的思想建设、组织建设、作风建设、反腐倡廉建设、制度建设的全面发展。

省委党史研究室领导班子成员名录

主　任　杨元忠

副主任　李荣珍（女，回族）

（供稿：苏　英）

台湾事务

【陇台交流】全年陇台双向交流400项4073人次，其中赴台交流278项1679人次。先后有1名副省级干部、62名厅级干部率团赴台开展交流活动。青年交流深入推进。全年邀请400名台湾青年大学生来甘开展交流活动。组织实施"中华儿女文史体验营暨台湾学子丝路文化之旅"活动。协调指导省台联、兰州大学、西北师范大学、河西学院，组织开展"台湾青年大学生夏令营""第十一届感受西部—海峡两岸学子牵手丝绸之路行""绚丽甘肃·民族风情—海峡两岸大学生文化体验营""台湾昆大学子丝路古韵体验行"等交流活动。积极争取增加兰州大学、西北师范大学、西北民族大学等高校接收台湾交换生的学科和专业，扩大陇台两地高校交换生的数量。2015年，全省600名大学生到台湾高校研修学习，岛内约50名大学生来甘肃就读。基层民众交流进一步深化。组织实施"台湾中南部社团菁英丝路文化之旅"和"台湾公务人员协会拜祭伏羲"活动，省台联举办"台湾原住民头目长老参访"活动，天水市开展两岸共祭伏羲活动，白银市举办"绿水青山·大爱家园—台湾慈济大学环保体验营"活动，平凉市举办"海峡两岸西王母故里民俗文化交流"活动，并联合台湾举办"第六届海峡两岸西王母文化研讨会"。"泾川西王母宫两岸交流基地"获得国台办批准并挂牌。全年天水寻根祭祖、来平凉泾川拜祭西王母、来敦煌开展文化参访的台湾基层民众达5000人次。政党和上层交流持续开展。邀请中国国民党荣誉副主席蒋孝严来甘参加公祭伏羲大典活动。组织实施"台湾多党联盟拜祭伏羲甘肃行"活动，台湾亲民党、新党等7个政党60多名菁英人士在天水、平凉、兰州等地参访。海基会董事长林中森应邀率团来甘参访，考察甘肃省"一带一路"建设情况，到读者出版集团和敦煌进行文化交流。

【陇台经贸合作】全省各级对台系统和各有关方面利用各种节会契机，借助丝绸之路经济带建设平台，大力开展对台招商引资和陇台经贸合作，服务地方经济社会发展。全年签约台商投资项目11个，签约协议资金36.8　亿元，实际到位资金7.5亿元，新增台资项目4个；39个经贸团组310多人次赴台开展经贸交流，34个台湾经贸团组近400人次来甘开展投资考察。会同海协会举办"一带一路"台商西部行甘肃考察活动。台商一行先后赴定西首阳中药材市场、兰州新区、白银国家高新区进行考察。省委书记王三运、省长刘伟平会见并宴请考察团一行，省委常委、副省长李荣灿，省委常委、省委统战部部长王玺玉全程出席考察调研。台商对甘肃省中草药种植加工、对农产品制种，对风能、太阳能等新能源，以及区域物流、有色金属等行业及城市基础设施建设项目表现出浓厚兴趣和投资合作意愿。开展对台招商引资工作。利用"兰洽会""公祭伏羲大典""西王母民俗文化交流活动"等节会平台，邀请台商到当地开展投资考察。第二十一届"兰洽会"期间，组织"台商陇上行—农业专项考察活动"，3个团组71名台商分别到兰州、张掖、临夏、甘南、平凉、陇南开展专项考察活动，达成11项投资意向。在公祭伏羲大典和西王母文化交流期间达成8个合作协议，签约项目7个，协议资金24.8亿元。甘肃省广播电视网络产业园科技有限公司与富士康鸿富锦精密电子（烟台）有限公司广电网络产业园合作项目在兰州新区落户；成功引进天水上亿广场台湾士林不夜城项目，合同总投资10亿元。2015年陇台贸易总额2.1亿美元，比上年增长24.88%。兰州市被批准为赴台旅游自由行城市，兰州和台北每周飞行航班

4个班次，全年两地实飞航班399架次，陇台两地人员往来51220人次。

【台胞台商投资权益保护】落实《甘肃省台湾同胞权益保障联席会议制度》和《甘肃省台湾同胞投诉协调处理办法》，积极为台胞台商和台资企业排忧解难。开展台资企业用工、养老金缴存情况调研，进行台湾青年创业就业情况调查，结合应对选举开展重点台资企业走访活动。牵头召开联席会议，通报情况、解决问题、化解矛盾。认真办理投诉案件，为办理投诉的台胞台商提供热情服务，投诉件件有回音、事事有结果，尽最大努力维护台胞台商的合法权益。全年受理各类涉台投诉案件24件，办结17件，结案率76%。其中，国台办转办案件8件，办结4件，结案率50%。与上年相比，受案总量增加8件，增幅38%。

【对台宣传与涉台教育】多种举措宣传“两岸一家亲”理念和丝绸之路经济带甘肃黄金段建设情况。全年各类报刊、电视、网络等媒体刊登、播出有关甘肃省对台工作的文章、动态、信息300余篇（条），其中中国台湾网、《台湾工作通讯》等先后转载近50条。中央电视台四套先后两次报道公祭伏羲大典和西王母民俗文化交流活动。举办“两岸媒体一带一路（甘肃）联合采访”和“两岸情心连心—兰州黄河文化台湾行”等交流活动。现代京剧《温世仁》在北京成功汇报演出后，又在《CCTV空中剧院》栏目播出，在海峡两岸引起热烈反响。泾川县组织编排的现代歌舞剧《女神西王母》演出成功，陇台两地各界人士2000人观看演出，并制作节目的视频光盘赠送给台湾人士，进一步弘扬西王母文化。加强涉台教育工作，省、市、县各级台办累计举办台海形势报告会100余场次，编印《甘肃对台工作》6期。

【涉台事务】规范赴台人员管理。研究制定甘肃省赴台审批管理办法，严把赴台审批关口，确保赴台审批和交流有序开展。加强赴台交流团组和赴台旅游人员行前教育，加强赴台旅游工作的指导，有效预防和管理涉台突发事件。吸收台胞捐赠。全年累计吸收台胞捐赠10029万元。温世仁先生创建的黄羊川国际会议中心无偿捐赠给古浪县政府，总资产8039万元。台湾慈济基金会实施靖远县五合乡二期移民迁村工程，捐资840万元，完成300套移民房屋建设并分配入住。慈济基金会开展扶贫慰问活动，为靖远县三个乡（镇）300多户1500名困难群众发放冬令物资65万元。累计吸收“珍珠班”项目、各类奖学金及助学金等捐资助学资金500余万元。台胞台属服务联谊进一步加强。采取多种形式加强与台胞台属的联系，为台胞台属做好服务。加强对台胞台属的走访慰问，开展丰富多采的联谊活动，及时办理台胞台属来信来访，协调帮助台胞台属解决工作生活中的困难和问题。全年协调处理24起台商投诉案件，办理12起台胞台属信访案件，积极稳妥化解矛盾纠纷，维护台商台胞的合法权益。

【“三严三实”专题教育】认真组织“三严三实”专题教育活动，坚持每周集中学习制度，推动干部职工学理论、学业务，加强党员干部思想政治建设，促进干部职工提高认识，改进作风，增强责任，廉洁从政。加强干部培训，先后选派30余名对台干部参加国台办组织的各类培训，举办市、县对台干部培训班，全省100名基层对台干部参加学习培训。加强对基层台办的业务指导，对市(州)实行目标责任管理办法，在办机关处室实行目标责任制，进行目标责任考核，推动全省对台工作不断向前发展。

【联村联户工作】坚持统筹安排，“双联”工作与对台工作同时研究、同时安排、同时实施、同时检查、同时总结。强化调查研究,2015年先后安排5批次干部驻村开展调研工作。驻村干部先后到300余户群众家中进行走访，对群众生产生活、种植养殖、外出务工和收入支出等情况进行摸底调查。宣讲强农富农政策，重点向联系村党员干部宣讲“1+17”精准扶贫政策，并围绕群众关心的问题进行交流、讨论和解读。全年筹措协调落实资金140万元。其中，筹措资金32万元，为广河县红星村9个社安装82盏太阳能路灯，筹措资金5万元购买化肥28吨，筹资2万元硬化村部院落。筹措资金12万元为渭源县路园镇东湾村修建一座600平方米的文化广场。会同路园镇政府协调香港爱心人士捐助资金20万元为两个社接通自来水。春节前夕和开斋节期间，协调台湾慈济基金会对红星村困难群众进行慰问，发放1.8万元慰问金和3万元衣物。对两个村考上大学的6名困难大学生进行救助，发放1.8万元困难补助。引导台商参与精准扶贫。协调台商团组以联系村为重点，到联系村所在县、镇开展投资考察。全年有5个经贸团组100多名台商到联系村所在地开展考察，多名台商对中药材、牛羊养殖表示投资意向。

省委台湾工作办公室领导班子成员名录

主　任　赵少智

副主任　孙志中　崔鹏冲

（供稿：潘麒安）

党校工作

【学习贯彻全国党校工作会议精神】省委召开常委会，传达学习全国党校工作会议精神，专题研究党校工作。省委书记王三运2015年先后对做好省党校工作做出3次批示，听取党校工作汇报2次，要求党校工作“要让学员真正学有所获，就是在坚定理想信念和加强党性修养上有真效果”。省委副书记、校长欧阳坚先后8次到党校讲课、召开座谈会和检查指导工作，指导校委领导班子民主生活会。11位省委常委在省委党校讲话、作报告18场次。省委党校及时组织不同层次和范围的学习传达和座谈讨论，全校上下“党校姓党”的政治自觉进一步增强，“主业主课”的主体责任进一步明确，“从严治校”的担当精神进一步强化。

【“三严三实”专题教育】校委会多次召开专题会议，研究制定“三严三实”实施方案，成立以校委主要负责人为组长的领导小组。校长欧阳坚带头讲“三严三实”专题党课；校委主要负责人紧扣“三严三实”要求，结合实际，联系党员干部思想和工作作风现状，为党员干部上3次专题党课；校委成员分别为分管部门党员干部上专题党课；全校副处级、副教授以上党员领导干部集体学习研讨6次。

【干部教育培训】全年举办各类培训班291个班次，培训轮训各级各类干部21439人。举办主体班次17类27个，培训学员1337人。协助举办省市党政主要领导干部研讨班，386名副省级和正厅级以上领导干部参加。办好全省领导干部"富民兴陇"系列讲座，邀请汪玉凯、欧阳自远、迟福林、刘伟等著名专家、学者和领导干部作专题讲座12讲，近20万人次参加讲座，与省委组织部、省国资委、省直机关工委、甘肃银行等50余家党政机关企事业单位联合，举办计划外培训班次264个，培训学员20102人。

【教学工作】抓好理论教育。把省委提出的"把牢一条红线""贯穿四个全面""推进五个最大"贯穿落实到主体班次教学当中，设置"习近平总书记系列重要讲话精神教学模块""四个全面教学模块"等重大方针政策和创新理论的教学模块。针对省委"工作落实年"活动的要求，开设"基于'工作落实年'活动要求的执行能力提升"等教学专题；针对精准扶贫精准脱贫，开设"甘肃省'1+17'精准扶贫战略解读"等教学专题；针对"双联"行动，开设"双联行动与扶贫攻坚深度融合"等专题；针对"3341"项目工程、"1236"扶贫攻坚行动、"一带一路"建设、"3783"主体责任体系等，开设相应的教学专题。与甘肃省高级人民法院合作，在甘肃舟曲法官学院设立省委党校领导干部法治教育培训基地。抓好党性教育。增设"习近平党性修养观""当代中国共产党人的理想人格""坚定理想信念，补好精神之'钙'"等专题，党性教育课程占总学时的30%以上。在全国2015年度党性教育精品课程评选活动中，常务副校长范鹏的"当代中国共产党人的理想人格"党性教育课程入选为全国党性教育精品课程。组织主体班次学员到兰州监狱开展警示教育，赴井冈山、会宁、南梁等革命根据地开展革命传统教育和党的优良作风教育。抓教学制度建设和教师素质能力的提升。制定《教师素质能力提升和教学方法培训方案》《"精品课"培育工程实施方案》《全面深化教学改革重要举措分工和进度安排》等4项制度；完成《关于全面深化教学改革的若干意见》《学科建设规划纲要》《教学事故责任追究制度》《"教学新秀"评选奖励办法》等32项制度的初步起草工作。投入教学改革资金160多万元，推进教学改革工作，为全面深化党校教育教学改革奠定基础。

【科研和智库建设】强力推进智库建设。初步形成"153"的智库工作思路，即成立一个智库工作站，下设专家、专门、专题、专业、专供五类工作室，形成《研究报告》《智库建言》《党建红皮书》为代表的三类成果出口。与中国（海南）改革发展研究院联合签署智库战略合作协议；与西北师范大学、省社会科学院、省社会主义学院组建安宁智库联盟"3+1"学术合作机制；与《甘肃日报》合作，开设"智库建言"专版，先后以"精准扶贫""建言甘肃十三五""建言办好丝绸之路（敦煌）国际文化博览会"为主题刊发3期专刊，刊登20位知名专家的文章。联合兰州大学、西北师范大学、省统计局、甘肃行政学院、省社会主义学院等校院著名专家、学者，搭建为省委、省政府咨政建言服务的数字化平台；与省社会科学院签署"双进入、双提高"战略合作协议；编辑出版两批共25册《省委党校学者文库》。开展理论宣讲。当好思想领域的快速反应部队和理论精锐部队"两支部队"，深入学科最前沿和实践第一线，鼓励和支持教师走出校门，开展习近平总书记系列重要讲话，党的十八届三中、四中、五中全会精神和省委重大决策部署的宣讲活动。省党校18名学者被聘为省委讲师团首批宣讲成员，在全省开展200多场专题讲座；组织专家、学者在甘肃电视台、《甘肃日报》等新闻媒体解读中央、省委方针政策。省委讲师团《工作简报》以《省委党校多措并举开展主题宣讲活动》为题，专题报道介绍党校开展理论宣讲活动的情况；党校一报六刊刊登一系列研究宣传省委重大战略决策部署和校委工作思路的文章。深化理论研究和应用对策研究。坚持以问题为导向，以服务经济社会发展为主要目的，组织实施申报各类科研项目，获准立项112项，其中国家社科基金项目4项，省社科规划项目4项，全国党校系统调研项目1项，省科技厅软科学项目1项，全省党校系统重点调研项目48项，其他项目

2015年11月3日，由省委党校等单位联合召开的学习五中全会精神更好引导社会舆论—媒体智库工作对接座谈会在省委党校召开

54项；结项各类科研项目59项，其中国家级科研项目3项，省级科研项目3项，全省党校系统重点调研课题48项，省委领导交办的项目5项。发表论文225篇，其中国家级20篇，省级205篇；出版著作17部，其中国家级3部，省级14部。获得各项科研奖励47项，其中获省第十四次哲学社会科学优秀成果奖11项（二等奖2项，三等奖9项）。根据学校科研奖励制度，发放奖金123.4万元。开展学术交流活动。举办"一带一路"建设学术报告会、"四个全面"战略布局专家论坛、甘肃优秀传统文化及其当代价值高端论坛、西北地区党校科研协作会暨丝绸之路经济带协同发展专家论坛、甘肃"精准扶贫"理论与实践学术论坛、全省"学习贯彻中央扶贫工作会议精神，推进双联与精准扶贫深度融合"理论研讨会、党风廉政建设制度创新专家论坛等16次理论研讨会。组织教师外出参加学术活动33人次。

【队伍建设】全年晋升正高级专业技术职务8人、副高级3人。经省人社厅批准，组建党校行政学院社会主义学院系统高级职称评委会。完成新一轮岗位聘任工作。推荐第八批甘肃省优秀专家人选1人；推荐并入选"陇原青年创新人才"1人，甘肃省乡村干部培训学院兼职教师5人，省社会科学院特聘研究员10人。委托培养博士研究生4人，选派4人分别到中国社会科学院、广河县委、卓尼县乡（镇）挂职锻炼。选派67名教师分别到中宣部、教育部、中央党校等学习深造，组织40名干部参加全省"四个全面"网络培训班；邀请中央党校、国家行政学院等院校13位专家，围绕政治纪律、政治规矩和教学内容、教学方法等对全体教师进行系统培训。完成各类人员基本工资改革和养老保险并轨工作；调整教师校内课时费标准，规范离退休人员的生活补贴标准。增设调整部分内设机构。平级交流处级干部3人，调整充实科级干部26人。对年度考核优秀的18名参公人员进行嘉奖，对连续三年考核优秀的2名参公人员记"三等功"。李春芳荣获"2015感动甘肃十大陇人骄子"称号。

【信息化建设】启动"智慧校园"建设工程，建成覆盖教学楼、办公楼和学员楼等11栋建筑物，1144个信号接入点的校园无线网工程；完成"富民兴陇""三严三实"等五个专题图片库建设工作；建成"教师素质能力提升与教学方法培训"视频资源专题库；开通"中共甘肃省委党校""陇上策"和"甘肃理论学刊"3个微信公众平台；在办公楼和教学楼安装LED电子屏幕，为全校职工更换高清机顶盒；制作"富民兴陇"、精品课程、外情报告等教学视频课件158部；向中央党校报送远程教学资源片17部，其中获优秀专题片奖1部，获优秀教学资源片奖3部，省党校获优秀教学资源组织奖。

【图书馆工作】完成同方知网学术期刊及博硕论文全文数据库、超星在线电子读书、中国宏观经济网等7大信息网数字资源的续订及更新升级工作，新增数据90.98万条；完成《甘肃省委党校文库》《甘肃省情和地方志数据库》《甘肃地方党史和组织史数据库》《西路军研究数据库》等数据交换和建设任务。

【后勤保障】完成"老幼乐园""健身广场"校园道路维修和1—8号职工家属楼、办公楼外墙粉刷保温等工程；完成校园道路指示牌、楼牌和树木标识牌的挂牌工程；完成西家属院平房、原印刷厂、木工房等老旧建筑6万平方米的拆迁和环境整治工程；分配调整腾空房30余套；编辑出版具有党校特色的《摇篮绿影——中共甘肃省委党校校园树木鉴赏》。加强后勤管理，从细从小提高服务水平，完成各类会议、培训和驻校单位近5万人次的服务、管理、保障工作。完成参公事业单位公务用车改革、学校"双回路"供电建设工程等。为20年以上聘用员工购买城镇职工社会保险，组织管理人员和技术骨干到发达地区观摩学习。

【机关党建】学习贯彻党的十八届五中全会、习近平总书记系列重要讲话和省委十二届十三次、十四次全委扩大会议精神，组织校委理论中心组集中学习14次。组织开展"守纪律、讲规矩"主题教育活动，结合"三严三实"和党校教学的政治要求，把严守党的政治纪律和政治规矩贯穿到教育教学活动始终。扎实推进党风廉政建设工作，制定《校管干部谈话办法》《关于规范党员领导干部操办婚丧喜庆事宜暂行规定》《校务委员会关于落实党风廉政建设主体责任的实施意见》等规章制度，用制度管人、用制度管事常态化。

【工会工作】举办2015年全校运动会、全省党校系统"纪念世界反法西斯战争胜利70周年"书画展、"双联"行动暨"美丽扎古录"摄影展、艺术进校园——迎新春文艺晚会等活动。组织参加教科文卫工会"书香三八——阳光女性，幸福中国"读书征文活动等，获二等奖1名。推荐全省"三八"红旗手人选1名。

【业务指导】组织召开全省党校系统常务副校长座谈会2次，征求对《关于加强和改进新形势下党校工作的意见》和《党校工作条例》的意见建议，与省委组织部联合召开全省干部教育培训暨党校工作调研座谈会，传达全国党校工作会议精神，安排部署全省党校工作会议调研工作。欧阳坚全程出席其中2次会议，为全省党校系统科学发展把握方向。校领导深入14个市（州）和部分县（市、区）党校调研，加大对市、县党校的业务指导。省党校行政学院社会主义学院系统高级职称评审委员会对全省党校行政学院社会主义学院系统92名教师高中级职务任职资格进行评审。

【老干部工作】按照工作水平不能降低、服务质量不能降低、严格要求标准不能降低的"三个不能降低"的要求，对老同志始终保持敬重之心、关怀之情、尊老之风、务实之举；校领导带队，为3名抗战离休老同志颁发抗战纪念奖章和奖金；走访慰问生活困难、身患重病和易地安置的老同志，开展30余次形式多样的文体活动。

省委党校领导班子成员名录

校　长　欧阳坚（白族）

副校长　范　鹏　吴定军　寇明军
冯　湖　杨　忠　李润强
（供稿：刘永平）

中国共产党甘肃省纪律检查委员会

纪律检查

【党的纪律建设】紧跟中央部署要求。省委举办"省市党政主要领导干部研讨班"，学习研讨习近平总书记关于严明党的纪律和规矩的重要论述。省委理论中心组4次集体观看王岐山书记"三严三实"专题党课、在中央纪委派驻出纪检组长研讨班上的讲话和《作风建设永远在路上》等专题片，学习中央纪委加强派驻机构建设培训班、纪检监察干部监督工作座谈会精神；传达学习中央关于四川南充拉票贿选案、部分省市县党委书记违纪违法、中央纪委转发河南省委关于新乡市落实"两个责任"不力问题等《通报》精神，要求党员领导干部始终把严守纪律和规矩放在首位。省纪委将中央纪委"学思践悟"系列文章汇编成册印发各级领导干部学习，为全省49个单位的10万多名党员干部开展廉政辅导，将中央关于纪律审查的新要求在甘肃廉政网上以图表方式直观解读，引导党员干部深化对全面从严治党、严明党的纪律内涵的认识，增强贯彻执行的自觉性和坚定性。

强化党章党规党纪教育。省委、省纪委率先学习《中国共产党廉洁自律准则》和《中国共产党纪律处分条例》，并下发通知，部署学习贯彻工作。省纪委主要领导深入基层开展宣讲，班子成员到联系市（州）和部门作辅导报告30余场，20余万名干部接受教育；以视频会议的形式对全省3000多名纪检监察干部进行专题辅导；组织媒体对两项法规进行全方位深层次解读报道，让党纪党规入耳入脑入心。各级各部门通过中心组学习、辅导报告、知识测试等形式，深入学习贯彻两项法规。举办廉政教育大讲堂、专题培训、学习研讨、廉政谈话、任前法规考试等，强化党员干部党章党规党纪意识。

维护纪律的权威性和严肃性。改变惯性思维，突出执纪特色，在线索处置、纪律审查和巡视工作中体现"把纪律挺在前面"的要求，实现工作理念和方式从"查违法"向"盯违纪"转变，从管极少数向管大多数转变。省纪委结合巡视监督和纪律审查，查处欺骗组织、对抗组织等违反党的纪律和规矩的行为，对省发改委1名干部档案造假问题进行查纠，追究省发改委原党组书记等3名厅级领导干部的责任。改进案件审理和通报工作，用纪律语言描述违纪行为，将对抗组织调查、不如实报告个人有关事项等违纪行为在定性量纪中予以体现。在全省开展处分决定执行情况和诫勉谈话落实情况专项检查、案件处理建议跟踪检查，确保处分决定落实到位。

【"两个责任"落实】强化压力传导。健全责任分解、对下约谈、督查检查、履责报告、年度考核等机制，推进主体责任向基层落实。省委对14个市（州）、42个省直部门责任制落实情况进行检查考核，担任考核组组长的省委常委、党员副省长全程参加，并通过集体约谈被考核单位班子成员、单独约谈一把手的方式，反馈考核结果，指出存在问题，提出整改要求。特别是针对责任递减问题，明确提出横向上强化向班子成员传导、纵向上强化向下级领导干部传导的任务要求。省委制定《甘肃省党风廉政建设主体责任落实情况报告办法》，进一步靠实责任。省纪委落实班子成员联系市（州）和派驻机构制度，定期调研督导，开展约谈谈话，传导压力。分8期对1300名省直机关党支部书记、直属单位党委书记履行主体责任进行集中培训，对省直部门下属400个基层党组织落实主体责任情况进行调研督查，促进责任链条向下传导。有重点地组织开展调研、监督检查、通报曝光、召开座谈会，推动主体责任在市县、国有企业、大专院校落实。

紧盯"关键少数"。把"一把手"作为关键中的关键来抓，督促其认真履行第一责任，发挥示范带头作用。深入开展党政主要领导述纪述廉述作风工作，从严征求意见，从严审核报告，从严监督评议，从严整改落实。2015年先后两次召开"三述"大会，20名市（州）和省直部门主要负责同志进行"三述"，接受监督和测评。省委印发《关于全面推行述纪述廉述作风制度的通知》，将"三述"制度向县（区）和企事业单位以及省直各部门所属单位和内设机构拓展延伸，实现全覆盖。省委制定《甘肃省省管干部谈话办法》，省委书记王三运谈话约谈100多人次；省长刘伟平对发生腐败问题、环保指标未达标、发生安全生产事故的部门和市（州）政府主要领导进行约谈；省委常委、省纪委书记张晓兰约谈省管领导干部172人，到9个市（州）、29个县（区）开展调研、督查和宣讲，加大压力传导力度；省纪委监察厅班子其他成员同下级党政主要负责人开展谈话260多人次。

坚持"一案双查"。省委对主体责任和监督责任落实不到位、发生严重"四风"和腐败问题的2个市（州）、8个省直部门党风廉政建设考核直接评定为"一般"等次，取消班子及领导干部政绩考核评优资格，并通报批评。省纪委在查处违纪案件的同时，倒查追究"两个责任"落实不力问题，对省社保局1名处级干部为其子大办婚宴问题，严肃追究省人社厅党组书记、社保局局长的主体责任，以及派驻纪检组长、副地级纪检监察专员的监督责任。2015年，各级党委（党组）、纪委（纪检组）对落实"两个责任"不力的党员领导干部问责269起432人。

【作风建设】紧盯突出问题防止反弹。拓宽监督渠道，加强宣传教育，划定纪律红线，紧盯重点场所、重点部位、重点问题，加大监督检查力度，保持高压态势。元旦、春节期间，省纪委组织5个检查组，对13个市（州）、38个县

（区）进行明察暗访，发现问题线索1035条。中秋、国庆之际，在全省开展为期一个月的“九个严禁、九个严查”专项活动，对14个市（州）和部分省直部门进行专项检查。对全省党政机关、国有企事业单位2014年在国税、地税部门开具发票进行“大起底”，收集消费金额3000元以上的发票记录近80万条，通过大数据分析查找问题线索。省纪委对上半年“零查处”的11个县（区）进行通报，约谈市（州）纪委分管领导和县（区）纪委书记，开展专项督导，靠实监督责任。

严肃查纠强化震慑效应。对发现的线索分别采取直办、督办、转办方式逐一深入调查，对重要问题线索，建立工作台账，实行挂牌督办、销号管理。省纪委直接核查195个、督办475个、转办132个，处理196人，其中党政纪处分54人。2015年，全省查处违反八项规定问题824起，处理1244人，给予党政纪处分685人，同比增长90%、71%、122%。制定《甘肃省纪检监察机关通报曝光责任追究典型问题办法》，省纪委23次曝光162起典型问题；市（州)和省直部门319次通报605起典型问题。对庆阳市副市长、环县县长违反中央八项规定精神问题进行通报。

突出重点着力查处群众身边的“四风”和腐败问题。制定《查处发生在群众身边的“四风”和腐败问题专项工作要点》，两次召开工作推进会，要求市、县集中主要精力，紧盯精准扶贫、土地征收流转、“三资”管理、惠农补贴、低保救济资金管理使用等7个方面的突出问题和6个方面的不正之风，加大查处力度。省纪委对6个市12个县（区）和24个乡（镇）纪委进行督导，对涉及乡（科）级以下党员干部的5120件“四风”和腐败问题线索进行梳理，分两批对188件重点问题线索移交督办，首批89件全部查结，给予党政纪处分70人，组织处理18人，移送司法机关5人。

严格行政问责推动依法行政。直接查处或督办一批不履行或不正确履行职责、造成重大损失或严重后果的违纪案件，追究176名直接责任者和领导责任者的责任。对庆阳市规划局简政放权落实不到位问题，追究4名责任人的责任；对国务院民生领域跟踪审计和专项督查发现的4个问题进行调查问责，追究10个责任单位和相关责任人的责任；严肃查处武威荣华工贸有限公司违法向沙漠腹地排污问题，追究14名责任人的责任；参与康乐“4·4”重大道路交通事故、中石油庆阳石化公司装置泄露引起火灾事故、西和陇星锑业公司尾矿库尾砂泄漏重大突发环境事件的调查处理工作。

【纪律审查】严肃惩治腐败。立案审查省管领导干部41名（其中地厅级39人，县处级2人），比上年增长2.9倍，严肃查处酒钢集团原董事长冯杰、兰州新区管委会原副主任万里、白银市政协原主席郭德清等一批有重要影响的腐败案件，并及时公开通报。2015年，全省纪检监察机关受理信访举报45918件（次），同比增长92.2%，其中属于纪检监察业务范围的23079件（次），同比增长7.85%；处置反映问题线索11648件；立案3945件，同比增长47.6%；结案3755件，增长47.9%；给予党纪政纪处分4814人（地厅级干部31人，县处级干部193人），增长33.3%；涉嫌犯罪移送司法机关122人。落实《关于在查办党员和国家工作人员涉嫌违纪违法犯罪案件中加强协作配合的实施细则》，司法机关作出刑事处罚后交纪检监察机关处理634人。开展追逃追赃工作，7名涉嫌腐败案件外逃犯罪嫌疑人纳入“猎狐行动”缉捕对象，劝返归案1人，“天网”行动缉捕1人。

坚持用纪律管住大多数。运用警示教育、诫勉谈话、组织处理、纪律处分方式开展执纪工作，抓早抓小经常化、制度化，用纪律和规矩管住大多数。全年谈话函询1106人、诫勉谈话779人，分别比上年增长125.7%、58%。纪检监察机关办结案件中，单纯违纪未移送司法机关的案件占总数的96.9%，受处分人员中给予撤销党内职务以下轻处分的占处分总数的68.7%。省纪委对有问题反映的177名领导干部进行函询，对13名省管干部进行诫勉谈话，结案的33名省管干部中受到纪律轻处分的24人，占72.7%，受到纪律重处分的9人，占27.3%（其中涉嫌犯罪移送司法机关5人）。

严明审查纪律。加强请示报告，凡涉及省管干部和重要问题线索及时向中央纪委和省委报告，纪律审查进展情况严格按程序及时向省委“五人小组”报告；及时向省委常委和分管省级领导通报审查省管干部情况。制定《省纪委机关重要问题线索管理暂行办法》，对639件重要问题线索进行排查，严格按照五类处置方式进行处置，并对遗留的384件暂存件集中清理。严格涉案款物管理，强化审查程序的监督检查，确保纪律审查的绝对安全。

发挥纪律审查的警示作用。召开全省领导干部警示教育大会，剖析违纪违法典型案件，省、市、县、乡四级领导干部集中接受警示教育。向省直各部门党员干部配发中央纪委《领导干部违纪违法典型案例警示教育录》，筛选2014年以来全省查处的腐败案例，编辑完成《反腐败警示录》（第二辑）。建立案情通报警示制度，案件查结后及时向发案单位通报案情，召开干部大会宣布处分决定，责成发案单位举一反三、汲取教训，抓源治本、堵塞漏洞。开展“陇原清风”廉政文化巡演、微电影电视公益广告评选、传统家规家训挖掘征集等活动，正面引导，弘扬优良传统，充分发挥道德的感化作用。

【纪律检查体制改革】推进市、县纪委内设机构调整。市（州）纪委内设机构调整工作上半年全面完成，市（州）纪委普遍增设纪检监察室，监督执纪的力量进一步加强。对县级纪委内设机构设置、人员编制、干部配备情况进行深入摸底和分析研判，制定全省县级纪委内设机构调整工作指导方案。通过建立办案协作区、交叉办案、提级办案以及设立乡（镇）片区纪工委等措施，推动乡（镇）纪委聚焦纪律审查主业主责。2015年，全省乡（镇）纪委处置反映问题线索1831件、立案836件、党纪政纪处分1062人，分别比上年增长174.1%、100.5%、99.6%。

加强派驻机构统一管理。省委制定《关于加强省纪委派驻机构建设的实施意见》和《关于在省级机关新设和调整7家派驻机构的工作方案》，采取“综合派驻”和“单独派驻”形式，新设省纪委派驻省委办公厅、省委组织部、省委统战部3家派驻机构，对驻省委宣传部、省政府办公厅、省人大机关、省政协机关4家派驻机构进行改革调整，负责监督43家省直部门单位。开展新设和调整6家派驻纪检组人员选配工作，派驻省委宣传部纪检组完成人员选配。加强对市（州）纪委派驻机构改革工作的指导，与省委组织部、省编办联合印发《关于加强市（州）纪委派驻机构有关问题的通知》，稳步推进市（州）纪委派驻机构全覆盖工作。

强化对下级纪检机关的领导。制定市（州）纪委书记副书记、省纪委派驻纪检组组长（纪工委书记）副组长（纪工委副书记）、省委管理领导班子的国有企业纪委书记副书记、省管高等院校纪委书记副书记4个《提名考察办法》。省纪委、省委组织部联合印发《市（州）纪委常委、监察局副局长任免职办理工作程序》。以省纪委为主会同省委组织部提名考察39名纪检监察领导干部。对市（州）纪委制定的提名考察办法逐一审核，14个市（州）全部制定相应办法。

构建巡视巡察监督体系。充实力量，创新方式，完善机制，推进巡视全覆盖。省委常委会先后4次、省委“五人小组”7次召开会议，听取巡视情况汇报，研究重大问题，作出具体部署。在已有5个巡视组的基础上，新成立3个巡视组，开展3轮常规巡视和4轮专项巡视，对71个地方和单位进行巡视，数量比上年增长51%。发现“四个着力”方面的问题674个、领导干部问题线索1139条，向纪检监察机关和组织部门移送275件，其中立案148件、初核90件、谈话函询88人、组织处理17人。围绕“四个着力”、紧扣“六大纪律”，在市、县和省直部门开展党风廉政建设巡察工作，推动监督链条向基层延伸。各市（州）和省直各部门基本上完成第一轮巡察，发现和查纠一批群众身边的“四风”和腐败问题。

【自身建设】加强机关基层党建工作。按规定程序召开代表大会，完成机关党委、机关纪委以及机关工会、机关青委会换届工作，明确机关党建工作重点。深入开展“三严三实”专题教育，省委常委、省纪委书记张晓兰带头给全省纪检监察干部讲党课，班子成员带头开展学习研讨，查找不足，改进提高。强化党支部书记党建工作第一责任人的职责，落实“三会一课”制度，党员领导干部以普通党员身份参加支部组织生活，沟通交流思想，开展批评与自我批评，支部政治生活经常化、制度化。

巩固深化“三转”。巩固清理议事协调机构成果，对不符合“三转”要求的相关会议和工作一律不参与，对个别纪检组长参加与业务工作无关的议事协调机构问题，向所在部门发函批评整改，下发《关于严肃纪律认真落实“三转”要求的通知》，要求各级各部门对参与的议事协调机构和工作事项进行再清理再精简，对与业务工作无关的坚决退出。对省直派驻机构全体干部进行专题辅导培训，通过加强对基层调研督导、以视频会议系统举办全省纪检监察干部讲坛、抽调市县纪检监察干部参与重大案件审查、加大干部培训力度等形式和途径，督促各级纪检监察干部学思践悟，转变惯性思维，提升监督执纪问责能力。依托中央纪委“一学院两中心”全年举办118个班次，培训1212人，培训人数比上年增长一倍。换届以来对市（州）、县（市、区）纪委书记培训覆盖率达100%，对市、县两级纪委班子成员培训覆盖率达93%。

从严选任纪检干部。对市（州）和省直派驻机构领导班子和干部队伍建设情况进行专题调研，对不适合从事纪检工作的3名领导干部进行调整，将表现突出的8名市（州）纪委副书记和派驻纪检组副组长纳入进一步使用范围。严格市（州）纪委书记和派驻纪检组长年度考核，对履行监督职责不到位的3名市（州）纪委书记、纪检组长实行评优资格“一票否决”。将政治坚定、坚持原则、敢于监督、善于监督的优秀干部选配到纪检岗位。全年选配市（州）、省直派驻机构和省管高等院校、省委管理领导班子国有企业纪委班子成员54人，对市（州）党委重点推荐的1名纪委副书记人选予以否决，对3名因“三项审核”发现问题的建议人选取消提名资格。

严格干部监督管理。召开省、市、县三级纪检监察机关视频会议，下发《关于加强纪检监察干部监督工作的通知》，印发《纪律审查工作“十不准”》，对从严监督管理干部队伍提出明确要求。制定《甘肃省纪检监察干部信访举报处理办法（试行）》，建立重要岗位领导干部基本信息库。对纪检监察干部违纪违法问题零容忍、严查处、不护短。2015年，各级纪检监察机关立案查处纪检监察干部52人，给予党政纪处理36人，组织处理16人。省纪委受理反映纪检监察系统的信访举报268件，直接初核13件，立案调查6件，给予党纪处分3人，函询12人、提醒谈话7人、诫勉谈话5人。

省纪律检查委员会领导班子成员名录

书　记　张晓兰（女）
副书记　杨志宏　王建太
　　　　王栋玉　张怀仁
常　委　李苏芬（女）　姜　毅
　　　　张云生　牛彦之　张　斌
　　　　王立泰　方　亮
秘书长　张云生

省监察厅领导班子成员名录

厅　长　王建太
副厅长　牛彦之　王立泰
　　　　张晓弟　王建强　周连宝

省预防腐败局领导班子成员名录

局　长　张怀仁
副局长　方　亮　徐宏伟

（供稿：魏雯静）

甘肃省人大常委会

重要会议

【甘肃省第十二届人民代表大会第三次会议】1月28日至2月1日，甘肃省第十二届人民代表大会第三次会议在兰州召开。会议听取和审议省长刘伟平作的甘肃省人民政府工作报告、省人大常委会副主任孙效东作的甘肃省人大常委会工作报告、省高级人民法院院长梁明远作的甘肃省高级人民法院工作报告和省人民检察院检察长路志强作的甘肃省人民检察院工作报告；审议甘肃省2014年国民经济和社会发展计划执行情况及2015年国民经济和社会发展计划草案的报告、甘肃省2014年财政预算执行情况和2015年全省及省级财政预算草案的报告。表决通过甘肃省第十二届人民代表大会第三次会议关于甘肃省人民政府工作报告的决议、关于甘肃省2014年国民经济和社会发展计划执行情况及2015年国民经济和社会发展计划的决议、关于甘肃省2014年财政预算执行情况和2015年省级预算的决议、关于甘肃省人大常委会工作报告的决议、关于甘肃省高级人民法院工作报告的决议、关于甘肃省人民检察院工作报告的决议。表决通过甘肃省第十二届人民代表大会第三次会议关于罢免陆武成的第十二届全国人民代表大会代表职务的决议（报全国人民代表大会常务委员会备案、公告）、关于罢免陆武成的甘肃省第十二届人民代表大会常务委员会副主任职务的决定。审议通过《甘肃省第十二届人民代表大会第三次会议选举办法》，选举罗笑虎为甘肃省第十二届人民代表大会常务委员会副主任，陈田贵、陈建华、赵春为甘肃省第十二届人民代表大会常务委员会委员。

会议期间，代表们履行宪法和法律赋予的职责，以主人翁精神，着眼新形势新任务，主动适应新常态，围绕“五位一体”建设和改革发展稳定中的重大问题，以及人民群众普遍关心关注的热点难点问题，积极建言献策，提出建议615件，其中以代表团名义提出87件，代表个人或联名提出528件。代表们的建议，在大会闭会后通过专题交办会分别交有关承办单位在法定时限内办结答复代表，并向省人大常委会报告办理情况。

【甘肃省人大常委会会议】甘肃省第十二届人民代表大会常务委员会第十四次会议　1月24日在兰州召开。省人大常委会副主任嘉木样·洛桑久美·图丹却吉尼玛、孙效东、周多明、李慧、马青林，秘书长张绪胜及委员共49人出席会议。省政府副省长夏红民，省高级人民法院、省人民检察院负责人，省人大各专门委员会组成人员，省人大常委会各工作部门负责人列席会议。会议听取省人大常委会秘书长关于甘肃省第十二届人民代表大会第三次会议筹备工作情况的报告；审议通过省人大常委会2015年工作要点；审议省人大常委会工作报告（稿），提交省十二届人大三次会议审议；审议通过甘肃省第十二届人民代表大会第三次会议列席范围；审议甘肃省第十二届人民代表大会第三次会议议程、日程（草案），甘肃省第十二届人民代表大会第三次会议主席团和秘书长名单（草案）、主席团常务主席名单（草案）、主席团执行主席分组名单（草案）、大会副秘书长名单（草案）；审议通过甘肃省第十二届人民代表大会常务委员会代表资格审查委员会关于个别代表变动情况和补选代表的代表资格审查报告及公告；作出甘肃省人民代表大会常务委员会关于调整甘肃省第十二届人民代表大会第三次会议召开时间的决定。

会议任命陈田贵为甘肃省人民代表大会常务委员会副秘书长，赵春为甘肃省第十二届人民代表大会民族侨务委员会副主任委员，林玉霞为甘肃省人民代表大会常务委员会研究室副主任，王肃元为甘肃省人民代表大会常务委员会法制工作委员会副主任，杨国爱为甘肃省人民代表大会常务委员会民族侨务办公室副主任，赵小明为甘肃省人民代表大会常务委员会财经预算工作委员会副主任，刘斌为甘肃省人民代表大会常务委员会农业与农村办公室副主任，王蒂为甘肃省人民代表大会常务委员会教育科学文化卫生办公室副主任，杨成有为甘肃省人民代表大会常务委员会环境资源保护办公室副主任；免去田鸿章的甘肃省人民代表大会常务委员会教育科学文化卫生办公室副主任职务。会议通过省高级人民法院和省人民检察院提请的有关人事任免事项。

甘肃省第十二届人民代表大会常务委员会第十五次会议　3月26—27日在兰州召开。省人大常委会副主任罗笑虎、嘉木样·洛桑久美·图丹却吉尼玛、孙效东、李慧、马青林，秘书长张绪胜及委员共54人出席会议。省政府副省长李荣灿、省高级人民法院院长梁明远、省人民检察院检察长路志强、省人大各专门委员会组成人员、部分省十二届人大代表、省人大常委会各工作部门负责人、省政府有关部门负责人、各市（州）人大常委会负责人、部分省人大常委会立法顾问和立法联系点负责人列席会议。部分由各民主党派和群众团体推派的公民旁听全体会议。会议传达学习十二届全国人大三次会议精神；听取和审议省人民政府关于2014年依法行政工作报告；审议通过《甘肃省非物质文化遗产条例》《甘肃省人民代表大会常务委员会关于加强地震重点监视防御区防震减灾工作的决定》、甘肃省第十二届人民代表大会常务委员会代表资格审查委员会关于个别代表变动情况和补选代表的代表资格审查报告及公告。决定免去赵春的甘肃省发展和改革委员会主任职务。会议通过省高级人民法院和省人民检察院提请的有关人事任免事项。

甘肃省第十二届人民代表大会常务委员会第十六次会议　5月27—29日在兰州召开。省人大常委会副主任罗笑虎、嘉木样·洛桑久美·图丹却吉尼玛、孙效东、马青林，秘书长张绪胜及委员共54人出席会议。省政府副省长、省公安厅厅长马世忠，省高级人民法院院长梁明远，省人民检察院检察长路志强，省人大各专门委员会组成人员，部分省十二届人大代表，省人大常委会各工作部门负责人，省政府有关部门负责人，各市（州）人大常委会负责人，部分省人大常委会立法顾问和立法联系点负责人列席会议。部分由各民主党派和群众团体推派的公民旁听全体会议。会议审议通过甘肃省人民代表大会常务委员会关于批准《甘肃省肃北蒙古族自治县草原条例（修订）》的决定、关于批准《甘肃省东乡族自治县林木管护条例》的决定；审议《甘肃省社会救助条例（草案）》《甘肃省消费者权益保护条例（修订草案）》和《甘肃省兰白科技创新改革试验区条例（草案）》。听取和审议省政府关于公安机关执法规范化建设工作情况的报告，审议省人大常委会调研组关于公安机关执法规范化建设工作情况的调研报告（书面）；听取和审议省人民政府关于甘肃省2015年第一批政府债券安排计划和省级财政预算调整方案的报告，审议省人大财政经济委员会关于甘肃省2015年第一批政府债券安排计划和省级财政预算调整方案的审查报告（书面），通过甘肃省人民代表大会常务委员会关于批准2015年第一批政府债券安排计划和省级财政预算调整方案的决议。会议决定免去李平的甘肃省工业和信息化委员会主任职务；决定任命周强为甘肃省发展和改革委员会主任，汪海洲为甘肃省工业和信息化委员会主任。会议通过省高级人民法院和省人民检察院提请的有关人事任免事项。

甘肃省第十二届人民代表大会常务委员会第十七次会议 6月25日在兰州召开。省人大常委会副主任罗笑虎、孙效东、李慧、马青林，秘书长张绪胜及委员共51人出席会议。省政府副省长黄强、省人大各专门委员会驻会委员、省人大常委会各工作部门负责人列席会议。会议通过省人大常委会关于接受王玺玉辞去省政府副省长职务的请求的决定，决定任命杨子兴为省政府副省长。

甘肃省第十二届人民代表大会常务委员会第十八次会议 7月27—31日在兰州召开。省人大常委会副主任罗笑虎、嘉木样·洛桑久美·图丹却吉尼玛、孙效东、周多明、李慧、马青林，秘书长张绪胜及委员共53人出席会议。省委常委、常务副省长咸辉，副省长夏红民，省高级人民法院院长梁明远，省人民检察院检察长路志强，省人大各专委会组成人员，省人大常委会各工作部门负责人，省政府有关部门负责人，各市（州）和相关市、县人大常委会负责人，部分省人大常委会立法顾问和立法联系点负责人列席会议。会议特别邀请5名在甘全国人大代表和20多名省十二届人大代表列席。省上各民主党派和群众团体推派的公民旁听全体会议。会议审议通过《甘肃省社会救助条例》《甘肃省消费者权益保护条例》（修订），通过甘肃省人民代表大会常务委员会关于批准《甘肃省甘南藏族自治州非物质文化遗产保护条例》的决定；审议《敦煌历史文化名城保护条例（草案）》《甘肃省农村饮用水供水管理条例（草案）》和《甘肃民勤连古城国家级自然保护区管理条例（草案）》。会议听取和审议省政府关于甘肃省2015年上半年国民经济和社会发展计划执行情况的报告、省政府关于2014年省级财政决算草案和2015年上半年全省财政预算执行情况的报告、省政府关于2014年度省级预算执行和其他财政收支的审计工作报告；审议省政府关于2014年全省政府非税收入收支管理情况的报告（书面）、省人大财政经济委员会关于2014年省级财政决算草案的审查结果报告（书面）；通过《甘肃省人民代表大会常务委员会关于批准2014年省级财政决算的决议》。会议听取和审议省政府关于全省农村金融创新情况的报告，审议省人大常委会专题调研组关于全省农村金融创新情况的调研报告（书面）；听取和审议省人大常委会执法检查组关于检查《中华人民共和国水污染防治法》贯彻实施情况的报告；听取和审议省高级人民法院关于推进司法公开工作情况的报告、省人民检察院关于推进司法公开工作情况的报告，审议省人大常委会调研组关于全省人民法院、人民检察院推进司法公开工作情况的调研报告（书面）。审议通过甘肃省第十二届人民代表大会常务委员会代表资格审查委员会关于个别代表的代表资格的报告及公告。通过甘肃省人民代表大会常务委员会关于接受哈全玉辞去甘肃省第十二届人民代表大会常务委员会委员职务的请求的决定、关于接受杨志宏辞去甘肃省第十二届人民代表大会常务委员会委员职务的请求的决定、关于罢免冯杰的第十二届全国人民代表大会代表职务的决议；任命宁金辉为甘肃省人民代表大会常务委员会代表工作委员会副主任，免去哈全玉的甘肃省第十二届人民代表大会农业与农村委员会副主任委员职务，免去杨志宏的甘肃省第十二届人民代表大会法制委员会委员职务。·会议通过省高级人民法院和省人民检察院提请的有关人事任免事项。

甘肃省第十二届人民代表大会常务委员会第十九次会议 9月21—25日在兰州举行。省人大常委会副主任罗笑虎、嘉木样·洛桑久美·图丹却吉尼玛、孙效东、周多明、李慧、马青林，秘书长张绪胜及委员共51人出席会议。省政府副省长杨子兴，省高级人民法院院长梁明远，省人民检察院检察长路志强，省人大各专委会组成人员，部分省十二届人大代表，省人大常委会各工作部门负责人，省政府有关部门负责人，各市（州）和相关市、县人大常委会负责人，部分省人大常委会立法顾问和立法联系点负责人列席会议。省上各民主党派和群众团体推派的公民旁听全体会议。会议审议通过《甘肃省农村饮用水供水管理条例》、甘肃省人民代表大会常务委员会关于批准《兰州市科学技术进步条例》的决定；审议《甘肃省老年人权益保障条例（草案）》《甘肃省预算审批监督条例（修订草案）》《甘肃省会计管理条例（草案）》。听取和审议省人民政府关于甘肃省2015年第二批政府债券安排计划和省级财政预算调整方案的报告，审议甘肃省第十二届人民代表大会财政经济委员会关于甘肃省2015年第二批政府债券安排计划和省级财政预算调整方案的审查报告，通过甘肃省人民代表大会常务委员会关于批准2015年第二批政府债券安排计划和省级财政预算调整方案的决议。听取和审议省人大常委会执法检查组关于检查《甘肃省清真食品管理条例》实施情况的报告、关于检查《中华人民共和国森林法》和《甘肃省实施〈中华人民共和国森林法〉办法》贯彻实施情况的报告，听取和审议省人民政府关于开展法律援助工作情况报告，审议省人大常委会调研组关于全省法律援助工作情况的调研报告。听取和审议甘肃省人民政府关于省十二届人大三次会议代表建议办理情况的报告，省教育厅、省林业厅关于省十二届人大代表建议办理情况的报告，审议甘肃省高级人民法院关于省十二届人大三次会议期间代表建议办理情况的报告、甘肃省人民检察院关于省十二届人大三次会议代表建议办理情况的报告。会议任命祁永安为甘肃省人大常委会环境资源保护办公室副主任。会议通过省高级人民法院和省人民检察院提请的有关人事任免事项。

甘肃省第十二届人民代表大会常务委员会第二十次会议　11月23—27日在兰州举行，省人大常委会副主任罗笑虎、嘉木样·洛桑久美·图丹却吉尼玛、孙效东、周多明、马青林，秘书长张绪胜及委员共51人出席会议。省政府副省长郝远、杨子兴，省高级人民法院院长梁明远，省人民检察院检察长路志强，省人大各专委会组成人员，部分在甘十二届全国人大代表、省十二届人大代表，省人大常委会各工作部门负责人，省政府有关部门负责人，各市（州）人大常委会负责人，部分省人大常委会立法顾问和立法联系点负责人列席会议。省上各民主党派和群众团体推派的公民旁听全体会议。会议审议通过《甘肃省老年人权益保障条例》《甘肃省预算审批监督条例》（修订）《甘肃省会计管理条例》《甘肃省组织实施宪法宣誓制度办法》、甘肃省人民代表大会常务委员会关于修改《甘肃省价格管理条例》的决定、关于修改《甘肃省各级人民代表大会常务委员会规范性文件备案审查规定》的决定；审议《甘肃省节约能源条例（草案）》《甘肃省促进科技成果转化条例（修订草案）》。听取和审议省人民政府关于甘肃省2015年政府债务限额分配计划和省级财政预算调整方案的报告、关于2014年度省级预算执行审计决定落实情况的报告，作出甘肃省人民代表大会常务委员会关于批准甘肃省2015年政府债务限额分配计划和省级财政预算调整方案的决议。听取和审议省政府关于全省精准扶贫精准脱贫工作情况的报告，审议省人大常委会调研组关于全省开展精准扶贫精准脱贫情况的调研报告，并在分组审议的基础上，召开联组审议询问会议，对精准扶贫精准脱贫情况进行审议和询问；听取和审议省人民政府关于省属国有企业改革和国有资产监督管理情况的报告，审议省人大常委会调研组关于省属监管企业国有资产经营管理情况的调研报告；审议省人大常委会调研组关于天水市陇南市生态安全屏障保护建设情况的调研报告。审议通过甘肃省人民代表大会常务委员会关于召开甘肃省第十二届人民代表大会第四次会议的决定、关于酒泉等十三个市（自治州）人民代表大会及其常务委员会开始制定地方性法规的决定，审议甘肃省第十二届人大常委会主任会议关于省十二届人大三次会议代表建议办理情况的报告，审议通过甘肃省第十二届人民代表大会常务委员会代表资格审查委员会关于个别代表的代表资格的报告及公告。会议任命任建国为甘肃省高级人民法院副院长。会议通过省高级人民法院和省人民检察院提请的其他有关人事任免事项。

常委会工作

【重点工作落实】常委会把贯彻落实中央和省委重大决策部署作为依法履职的重中之重，突出抓5件大事。着眼全面建成小康社会，助推精准扶贫精准脱贫。常委会紧扣省委“1+17”精准扶贫方案实施，综合运用专题调研、听取专项汇报、开展专题询问等方式，寓支持于监督之中，切实加大监督力度。分别由6名副主任带队，深入6个市（州）、32个乡（镇）、45个贫困村和19个省直部门开展调研，适时听取审议省政府开展精准扶贫精准脱贫情况的工作报告，并召开联组会议，就安全饮水、危房改造、教育卫生、电商扶贫等问题，向省政府和省直有关部门提出询问，分管副省长及省政府相关部门负责人到场应询，为省委决策部署的落实发挥重要推动作用。着眼适应经济发展新常态，深入开展“十三五”规划编制调研。常委会围绕代表大会审查批准“十三五”规划纲要这一法定职责，采取点面结合和上下联动的方式，深入各地就全省“十二五”规划实施和“十三五”规划编制情况进行调研，深入分析新常态下全省经济社会发展中存在的深层次矛盾和问题，并就做好“十三五”规划编制工作提出具体建议。着眼解决突出问题，切实抓好省委人大工作会议的调研筹备和精神落实。常委会把筹备省委人大工作会议摆上重要日程，组成多个调研组，深入省内外考察调研，在找准问题症结、破解工作难点的基础上，提出具有针对性和操作性的一系列对策建议，为省委决策发挥参谋作用。省委出台的《关于加强和改进人大工作的意见》，为人大在新形势下开展工作指明了方向。围绕抓好会议精神的贯彻落实，常委会及时发出通知，组织各种形式的辅导讲座和学习研讨，将《意见》中有关的政策措施纳入民主法制领域改革任务，并在定西市开展贯彻落实试点工作，推出在全省可借鉴的经验。12个市（州）和部分县（市、区）按照省委的部署，先后召开党委人大工作会议，出台具体的贯彻落实意见，制约基层人大工作的一些突出问题得到解决，各级人大建设得到加强。着眼全面深化改革，落实民主法制领域改革任务。坚持把深化民主法制领域改革作为加强和改进人大工作的重大机遇，积极落实省委部署的改革任务，完成地方性法规草案起草规定、立法计划编制办法、立法项目论证办法、“一府两院”听取征求人大代表意见办法等12项年度改革任务。另有6项改革任务开展前期调研论证，为2016年顺利完成创造条件。着眼建设法治甘肃，努力推进设区市立法和宪法宣誓等工作。贯彻落实党的十八届四中全会精神，紧紧围绕法治甘肃建设，作出《关于酒泉等十三个市、自治州人民代表大会及其常务委员会开始制定地方性法规的决定》，指导市（州）在机构设置、队伍建设、保障机制等方面做好地方立法准备工作。根据新修订的立法法等法律规定和工作实际，修正《甘肃省各级人民代表大会常务委员会规范性文件备案审查规定》，增加主动审查、规范审查程序、明确审查机构等方面的内容，严格规范性文件备案审查制度。审议通过《甘肃省组织实施宪法宣誓制度办法》，从2016年元月份起付诸实施。组织开展国家宪法日系列宣传活动，树立宪法法律权威和法治观念。

【地方立法】常委会围绕全省经济社会发展的重点，加强组织协调，发挥主导作用，加大创制性立法，在突出特色上下功夫、在有效管用上做文章，立法质量进一步提升。发挥立法主导作用。对2013—2017年立法规划进行调整，增强立法项目的地方性和针对性；国家新修订的预算法，增加控制政府权力、规范政府预算管理、加强人大对全口径预决算审查监督的内容，常委会将这些改革措施体现到修订的《甘肃省预算审批监督条例》中，起草并审议通过《加强地震重点监视防御区防震减灾工作的决定》和《甘肃省非物质文化遗产条例》；对《甘肃省价格管理条例（修正草案）》中价格管理不合理的内容提出修改意见，作出《关于修改〈甘肃省价格管理条例〉的决定》。加强经济生态科技文化领域立法。审议通过的《甘肃省农村饮用水供水管理条例》，为促进精准扶贫和农村经济社会发展及农民群众身体健康提供法制保障。审议通过的《甘肃省会计管理条例》，从加强会计管理、规范经济行为、维护经济秩序的实际出发，对全省实施国家会计法进行细化和补充。对《敦煌历史文化名城保护条例（草案）》进行二审，对《甘肃省节约能源条例（草案）》《甘肃省促进科技成果转化条例（修订草案）》《甘肃省兰白科技创新改革试验区条例（草案）》《甘肃民勤连古城国家级自然保护区管理条例（草案）》进行一审。审查批准《兰州市科技进步条例》《甘南藏族自治州非物质文化遗产保护条例》《肃北蒙古族自治县草原条例》和《东乡族自治县林木管护条例》。突出社会民生领域立法。审议通过《甘肃省社会救助条例》《甘肃省老年人权益保障条例》，修订《甘肃省消费者权益保护条例》。

【监督工作】围绕预算执行和经济运行强化监督。常委会抓住计划预算执行，听取审议计划、预算和审计等方面8个专项报告，审查批准2014年省级财政决算，2015年第一批、第二批政府债券安排计划和省级财政预算调整方案，政府债务限额分配计划和省级财政预算调整方案，并就经济发展新常态下做好产业发展、项目建设等提出建议。在听取审议审计报告时，针对“屡审屡犯”问题，要求相关部门高度重视整改落实，深化改革措施，完善制度规定，规范预算管理。经过督促整改，审计报告中反映的52类问题，整改到位和正在整改落实的45类，占86.54%。围绕农村金融创新和国有企业改革强化监督。针对农村金融创新中存在的困难和问题，听取审议省政府的专项报告，提出落实农村金融政策、完善配套措施、加快信用体系建设等工作建议。围绕深化经济体制改革，听取审议省政府关于省属国有企业改革和国有资产监督管理情况的报告，从落实指导意见、资源重组整合、实施创新战略、基地产能建设等方面提出建议。围绕公正司法和法律援助强化监督。听取审议省法院、省检察院推进司法公开情况的报告，提出规范内容、创新形式、拓展公开的广度和深度等建议。针对基层和边远地区、民族地区司法信息化建设滞后的问题，提出加大资金投入、强化技能培训的要求。在听取审议省政府关于法律援助工作情况的报告时，针对援助力量、经费保障、基础建设等方面存在的问题提出意见建议。围绕推进依法行政和法律实施强化监督。针对群众关注的依法行政和规范执法问题，听取审议省政府2014年依法行政和公安机关执法规范化建设情况的报告，就加强和改进依法行政、强化行政执法规范化建设等方面的内容，提出意见建议。采取省、市、县三级人大联动和先暗察、后明访、再听报告的方式，对水污染防治法、森林法、清真食品管理条例等法律法规实施情况进行检查。首次采用媒体与部门面对面的方式，开展“陇原环保世纪行”和“农产品质量安全监督陇上行”活动，研讨解决节能减排和农产品安全方面的问题。围绕天水、陇南生态安全屏障保护和建设，开展专题调研。对204件规范性文件进行备案审查，对存在问题的内容条款进行处理。

【代表工作】提高代表建议办理质量。完善代表建议办理和督办机制，对重点建议办理工作开展视察，对省教育厅、省林业厅的办理工作进行满意度测评。截至7月底，省十二届人大三次会议代表提出的623件建议按规定期限全部办理答复完毕，由常委会领导和专门委员会重点督办的15件代表建议全部办结。解决和正在解决的建议539件，占86.5%，比上年提高6.2%。组织在甘全国人大代表向全国人代会提出议案3件、建议131件，其中，兰石化搬迁改造、国家中医药产业发展综合试验区、三大区域综合治理等3件建议，被列为全国人大常委会重点督办建议，省人大常委会加强联系衔接和沟通汇报，办理工作取得积极进展。深化拓展双联“人大代表在行动”活动。着眼建立健全代表履职平台和长效机制，推进双联“人大代表在行动”与精准扶贫相融合、与代表依法履职相促进，召开全省深化拓展双联“人大代表在行动”座谈会和省、市、县三级视频推进会，提出具体实施意见和落实办法，并由常委会领导带队，深入基层，跟踪调研，狠抓落实。各级人大代表积极参与“双联”行动，走访贫困群众，宣传法规政策，为民帮办实事，推动全省脱贫攻坚的深入开展。加强阵地建设，保障代表依法履职。按照有阵地、有制度、有计划、有记录、有学习资料的标准，指导帮助各地建成“人大代表之家”2528个、“人大代表工作室（站）”2317个，在全省各乡（镇）、街道实现全覆盖。加强代表培训工作，举办两期省人大代表培训班，培训代表265人。完善代表列席会议和参加活动制度，全年组织300多人次省级和在甘全国人大代表列席常委会会议，参加执法检查、调研和其他活动。认真谋划县、乡人大换届选举。对县、乡人大换届选举工作提前谋划，组成专题调研组，深入市（州）和部分县（区）、乡（镇），就做好换届选举、优化代表结构、严肃换届纪律等问题深入研究，提出工作建议。

【决定重大事项】常委会认真履行重大事项决定权，全年作出决定决议6项。

【人事任免】常委会依法履行人事任免权，全年任免国家机关工作人员130人次。

【自身建设】全面加强思想、作风、制度、效能建设，不断推动人大工作创新发展。保持政治定力。通过常委会党组中心组学习、专题讲座、履职培训等多种形式，学习贯彻习近平总书记系列重要讲话精神和中央、省委重大决策部署，严格落实廉洁自律准则和党风廉政建设主体责任，不断增强政治定力，严守政治纪律和政治规矩。坚持并落实常委会党组向省委请示报告制度，把党的领导贯穿于依法履职全过程，在思想上政治上行动上与中央和省委保持高度一致。加强工作指导。把加强基层调研、推动人大建设作为一项重要任务，以贯彻落实中央关于加强县、乡人大工作和建设的文件精神为契机，加大理论业务培训力度，加强与基层人大的联系，加大工作指导和支持力度，推广以“自身建设标准化、履职行为规范化、代表活动经常化”为主要内容的“平凉经验”，有效解决乡（镇）人大职能虚置弱化问题，在全国人大加强县、乡人大工作和建设座谈会上作经验交流。持续转变作风。扎实开展“三严三实”专题教育、“工作落实年”、“为官不为”专项整治、效能风暴行动、素质能力提升等活动，狠抓“四风”问题整改落实。完善常委会议事规则，建立常委会主任办公会议制度，健全会议请假、岗位责任、限时办结、督查通报、责任追究等制度，开展集体学习、业务培训、能力锻炼等实践活动，以制度提效能、以制度促落实。强化新闻宣传。加强对常委会重大活动、特色亮点工作和基层人大工作的宣传报道。全国人大常委会办公厅组织中央各大主流媒体到甘肃各地对县、乡人大工作和建设进行系列采访，中央电视台新闻联播、新闻直播间、东方时空等栏目和中央人民广播电台、新华社、《人民日报》《法制日报》《中国人大》杂志及中央各大网站作专题报道。平凉市崆峒区安国镇人大主席李竹奎当选2015年度全国法治人物。

省人大常委会领导班子成员名录

主　任　王三运

副主任　罗笑虎　嘉木样·洛桑久美·图丹却吉尼玛（藏族）　孙效东　周多明　李　慧（女）　马青林（回族）

秘书长　张绪胜

副秘书长　陈田贵　马　森　明连成　苏秦川　董永芳（女）

省人大各专门委员会领导成员名录

法制委员会

主任委员　田宝忠

副主任委员　马发明（女，回族）　王　渊　姚振华

民族侨务委员会

主任委员　张天理

副主任委员　赵　春　贡保甲（藏族）　陈　琳　马少青（保安族）

内务司法委员会

主任委员　刘宝珍

副主任委员　王禄维　韩克茵（女）

财政经济委员会

主任委员　郑玉生

副主任委员　何振中　张性忠

农业与农村委员会

主任委员　武文斌

副主任委员　范志斌　哈全玉　尚勋武

教育科学文化卫生委员会

主任委员　庞　波

副主任委员　李宝堂　白继忠　刘　基

环境资源保护委员会

主任委员　王　义

副主任委员　张力学　武敬东

省人大常委会各工作部门领导成员名录

办公厅

主　任　马　森

副主任　李　平　刘来宁　余　超（蒙古族）　黄维民

研究室

主　任　邹通祥

副主任　林玉霞

代表工作委员会

主　任　李　峰

副主任　宁金辉　李世红　吴东坡　穆忠勤

法制工作委员会

主　任　马发明（女）

副主任　王肃元　杨丽萍（女）　许　华　曹云山

财经预算工作委员会

主　任　何振中

副主任　赵小明　马洪滨　梁虎堂

民族侨务办公室

主　任　贡保甲（藏族）

副主任　卓俊才（藏族）　杨国爱　尹福山　尚宏梅

内务司法办公室

主　任　王禄维

副主任　张　清　程世强　王　兰（女）

农业与农村办公室

主　任　范志斌

副主任　刘　斌　李高协　汪振江

教育科学文化卫生办公室

主　任　李宝堂

副主任　王　蒂　马建华
　　　　郝宗维　刘士华

环境资源保护办公室

主　任　张力学

副主任　叶小平　杨成有　祁永安
　　　　薛毓萍（女）　李占魁（回族）

（供稿：邵建斌）

甘肃省人民政府

重要会议

【省政府全体会议】2月13日，省委副书记、省长刘伟平主持召开省政府第八次全体会议，对抓好全省经济工作会议和《政府工作报告》确定的各项目标任务的落实进行再安排、再部署。他强调，要牢牢把握经济发展新常态，在省委的坚强领导下，进一步坚定信心、增强韧劲，齐心协力、奋进克难，勇于担当、积极作为，突出“稳”和“进”的重点，全力推进法治政府建设，抓好各项目标任务的落实，努力交出一份让人民群众满意的答卷。

刘伟平指出，完成今年各项目标任务，挑战与机遇并存，要准确把握稳中求进面临的严峻形势和难得机遇，增强推动工作落实的紧迫感和责任感，加强对经济运行形势的研判分析，用足用好新常态下面临的新机遇，围绕省第十二届九次全委(扩大)会议暨全省经济工作会议和《政府工作报告》确定的目标任务，自觉在推动全省经济平稳健康发展和社会和谐稳定的大局下去谋划、去思考、去行动，及时研究新举措、放大新优势、形成新亮点，进而适应新常态、引领新常态，为完成全年目标任务创造先机、赢得主动。刘伟平强调，省政府班子各成员要结合分管领域指导各地各部门，把准着力点、聚焦发力，突出“稳”和“进”的重点，着力推动各项工作起好步。在“稳”的重点上，一要突出经济稳定增长。用政策激发农民和企业持续加大调整农业内部结构力度的积极性，指导各地引导农村土地经营权有序流转，继续保持农业生产为全省经济发展做贡献的好势头。加快传统支柱产业产品结构调整和落实循环经济发展任务，继续保持工业经济开局平稳的好势头。着力在培育服务业产业竞争优势上下功夫，力争开拓省外市场，继续保持三产增长好势头。二要突出投资稳定增长。着力抓好一些对全省当前稳增长和长远调结构有深远影响的重大项目的建设进度和新建项目的谋划工作，着力提高固定资产投资的边际收益，着力抓好招商引资项目的落地和资金到位工作，努力保持固定资产投资增速在20%以上。三要突出就业稳定增长。重视发挥好服务业吸纳就业的能力，突出做好高校毕业生就业工作，确保全年应届高校毕业生就业率达到85%以上。四要突出各种风险的稳定可控。做好地方政府债务的管理和风险化解，及时防范一些具有苗头性的潜在金融风险，严厉打击违法募集资金行为。在“进”的重点上，一要深入推进重点领域改革，继续加大简政放权力度，务实推进国资国企改革，深化财政投资体制改革，着力激发市场活力和发展内生动力。二要深入推进结构调整，着力提高发展的质量和效益。在促进传统产业转型升级的同时，全力打好战略性新兴产业发展总体攻坚战，集中科技、资金、人才、政策资源，支持战略性新兴产业骨干企业做强做大，培育产业集群发展新优势，形成更多支撑经济平稳健康发展的新增长点。三要深入推进扶贫开发，着力提高扶贫工作的精准化水平。四要深入推进民生社会事业发展，加快民生实事落实进度，着力提高人民群众的生活水平。刘伟平强调，要认真贯彻落实中央关于全面推进依法治国若干重大问题的决定和省委实施意见，更加自觉地用法治眼光和法治思维审视发展改革问题，用法治方式和法治办法破解发展改革难题，用法治的制度机制规范行政行为、营造发展环境，全力推进法治政府建设，努力实现依法管理经济社会发展各项事务。要牢牢抓住领导干部表率带头这个“关键少数”，提高各级领导干部自觉运用法治方式和法治手段管理组织经济社会发展的能力和依法行政水平。要进一步健全完善政府规章制定程序和工作机制，做好现有法规规章的清理工作，完善重大行政决策法定程序，切实加强法治制度机制建设。要加快建设“三张清单一张网”，进一步明确政府权力、部门职责，落实责任主体、完善监管制度、规范权力运行，着力消除权力设租寻租空间。要建立健全分事行权、分岗设权、分级授权的规章制度，严格实行定期轮岗制度，科学设置权力运行流程，扩大审计范围和覆盖面，进一步强化对行政权力的制约和监督。要加强执法队伍能力建设。刘伟平要求，要按照“工作落实年”的具体部署，针对已经明确的经济社会发展各项目标任务，强化协调服务，强化抓实抓细，强化督查考评，确保各项工作落到实处、各项目标圆满实现。刘伟平还对春节前及节日期间需要抓好的几项工作进行安排部署，要求调节好市场供应，组织好春运，加强安全生产监管，做好食品药品安全等公共卫生事件防范应对，安排好困难群众生活，加强节日期间的应急值守工作，确保过一个欢乐、祥和的春节。

4月21日，省委副书记、省长刘伟平主持召开省政府第九次全体会议，分析研判一季度经济社会发展情况，安排部署二季度工作。刘伟平强调，要坚定科学发展的信心，准确研判和认识当前经济运行中的突出问题，坚持改革创新，坚持用足用好有利发展的条件和积极因素，主动作为，狠抓落实，确保上半年时间过半目标任务过半，主动适应经济发展新常态，奋力使经济运行保持在合理区间。

会议指出，今年以来，面对宏观经济环境复杂严峻、市场需求不足的巨大下行压力，在省委的坚强领导下，省政府紧密结合我省实际，认真落实党中央、国务院关于稳增长、促改革、调结构、惠民生、防风险的各项部署，牢牢把握稳中求进工作总基调，主动适应经济发展新常态，始终坚持问题导向，逐月分析经济社会发展情况，及时采取针对性措施，明确责任狠抓落实，一季度全省经济增速达到7.8%，一般公共预算收入同比增长12.3%，经济运行总体处于预期区间。就业保持稳定，全省新增城镇就业14.9万人，超额完成时间节点任务；城乡居民收入增速好于预期、高于全国平均水平，分别达到10.6%和12.4%，经济运行总体处于预期区间。但经济运行中也出现了固定资产投资增速大幅下滑、工业企业由盈转亏、工业用电量增幅逐月回落和铁路货运量降幅扩大等近年来少有的苗头性问题，各地各部门必须高度重视，切实处理好把握发展机遇与解决当前经济运行突出问题的关系，处理好保持经济稳定增长与推进经济结构调整的关系，处理好实现上半年预期目标任务与实现全年预期目标任务的关系，立足当前、着眼长远，坚定信心、把握机遇，紧紧抓住国家宏观政策支持西部地区加大基础设施建设、加大支持扶贫攻坚和推进老区发展，将我省定位为面向中亚、西亚国家的通道、商贸物流枢纽、重要产业和人文交流基地的“三大有利条件”，围绕经济、文化、生态三大政策性战略平台的要素聚集作用仍在持续发挥、全面深化改革的一系列举措正在落地生效、创新驱动发展正在成为推动经济增长新的动力源的“三大积极因素”，形成攻坚克难的共识，自觉运用经济政策的杠杆，有针对性地采取务实管用措施，集中精力做好各项工作，着力推动全省经济实现遵循规律的科学发展。

会议强调，各地各部门要深入贯彻党的十八大、十八届三中、四中全会精神，认真落实中央“四个全面”战略布局，深入学习贯彻习近平总书记系列重要讲话精神、特别是视察我省时提出的“八个着力”的重要指示，按照省委、省政府的决策部署，坚持把稳增长与转方式调结构紧密结合，着力改革攻坚、着力突出创新驱动发展战略、着力提升政策机遇运用水平、着力加强民生保障，千方百计保持经济社会平稳健康发展势头。一要下功夫更深入更扎实地推进重点领域改革，不断激发市场活力，用改革破难题、激活力、增动力。二要下功夫推进精准扶贫、精准脱贫，分类实施扶贫政策，加快项目建设进度，细化实化扶贫开发实绩考核办法，开拓全省扶贫工作新局面。三要下功夫推动结构调整取得实效，着力推进农业结构调整，全力打好战略性新兴产业总体攻坚战，建成国家循环经济示范区，大力发展现代服务业，力求有发展质量和效益的增长发挥出更大的支撑作用，尽力保持一产多做贡献、二产稳定增长、三产加速提升的协调发展格局。四要下功夫狠抓“3341”项目工程的落实，加大资金争取力度，稳步推进项目建设，力求上半年固定资产投资实现预期增长目标。五要下功夫扎实有效地做好民生保障工作，积极推进民生实事的落实，巩固一季度新增就业的良好势头，推出更多的创业就业岗位，促进城乡居民增收，增强人民群众对全面建成小康社会的信心。六要下功夫实施创新驱动发展战略，加快建设兰白科技创新改革试验区，将科技势能转换为发展动能，努力实现增长动力转换。七要下功夫扩大向西开放，搭建好丝绸之路（敦煌）博览会等平台，支持企业面向丝绸之路沿线国家开展产业对接，抓好设施建设和向西开放企业招商引资工作，以开拓外部市场促进转方式调结构。八要下功夫编制好“十三五”规划，为全面建成小康社会奠定工作基础。会议要求，要结合中央“三严三实”专题教育和省委“工作落实年”活动，切实转变工作作风，树立担当意识，靠实工作责任，制定务实举措，抓好精准督查和科学考核，推动各项工作落实，为确保上半年“双过半”目标实现、社会和谐稳定、“十二五”圆满收官作出新的贡献。

7月24日，省委副书记、省长刘伟平主持召开省政府第十次全体会议，分析上半年全省经济社会发展情况，安排部署下半年工作，确保全面完成全年各项预期目标任务。会议指出，今年以来，面对经济下行压力持续加大的严峻形势，在省委的坚强领导下，全省上下认真贯彻党的十八大、十八届三中、四中全会和习近平总书记系列重要讲话精神特别是视察我省时提出的“八个着力”的重要指示，认真落实“四个全面”战略布局，主动适应经济发展新常态，按照省第十二次党代会的部署和全省经济工作会议、《政府工作报告》确定的目标任务，省政府每月对经济形势进行研究分析，加强调研、吃透情况，明确责任、攻坚克难，综合施策、加强督查，在注重发展质量和效益的前提下稳增长，突出补齐全面建成小康社会的“短板”，强化运行监测调度和政策落实，全力促进全省经济社会平稳健康发展。上半年全省经济社会发展保持在预期目标区间，主要表现为“五稳、五好”。五稳：一是增长稳。生产总值同比增长8%，高于一季度0.2个百分点。二是就业稳。新增城镇就业29.6万人，完成全年目标任务的73.98%。城镇登记失业率2.08%，比去年同期下降0.2个百分点，低于4%的控制目标，应届高校毕业生签约率52.25%，比去年同期提高16.9个百分点。三是农业稳。上半年农业增加值同比增长5.1%，夏粮产量比上年增加12.7万吨，为今年粮食稳增长奠定良好基础。四是收入稳。城镇居民可支配收入同比增长9.3%，农村居民人均可支配收入同比增长11.6%，大口径财政收入同比增长13.35%，一般公共预算收入同比增长9.02%。五是价格稳。居民消费价格总水平同比上涨1.5%，涨幅与一季度持平。五好：一是招商引资项目资金到位情况好。上半年，全省招商引资到位资金3111.1亿元，同比增长16.1%。二是经济结构趋好。三产增加值同比增长8.2%，增速比一季度提高0.5个百分点，占生产总值比重达到503%，超过一产、二产的总和；战略性新兴产业增加值同比增长11.8%，占GDP的比重由去年年底的10.2%提高到11.5%；全省新增市场主体数量和注册资金分别同比增长17.24%、28.3%。三是工业企业效益转好。全省规模以上工业企业利润由1—4月亏损3.5亿元转为1—5月盈利3.1亿元，其中5月份全省规模以上工业企业实现利润6.6亿元，比4月份增加4.6亿元。四是能源消耗水平继续向好。上半年，单位GDP能耗同比下降7.2%，降幅比去年同期扩大2.9个百分点；可再生能源占能源生产总量的27.8%，比去年同期提高1.3个百分点。五是贷款增速、直接融资好。6月末，全省各项贷款余额同比增长26.98%，上半年新增贷款1567亿元，创同期历史最高。实现直接融资211.51亿元，全省新增主板和新三板上市公司8家。上半年全省经济不仅实现了预期增长，而且保持了就业稳定、城乡居民收入增长、发展质量和效益不断提升的增长，在近年来少有的下行压力下，能交出这样的半年"考卷"，必将提振各方面稳增长的信心，为我们完成好全年经济社会发展目标任务、实现"十二五"圆满收官目标奠定较好基础。

会议强调，做好下半年经济社会发展工作，关乎全年目标任务的完成，也关乎"十二五"顺利收官。下半年稳增长，有全省经济发展长期向好的基本面支撑，有一系列国家重大战略的支撑，有政策平台效应逐步显现的支撑，也有经济结构调整优化的前进态势支撑，还有全面深化改革、创新体制机制的动力支撑。我们务必要坚定信心，以改革促发展，以开放促开发，多从内因着眼、着手、着力，全力以赴完成今年经济社会发展各项目标。在贯彻国家重大战略方面，各地各部门要创造性地把我省发展融入国家重大战略，充分发挥国家战略对我省经济社会发展的支撑作用。要贯彻好国家"一带一路"战略，深入实施好省委省政府确定的丝绸之路经济带甘肃段建设"13685"工程，下功夫在互联互通、经贸交流、产业合作、平台建设等方面继续加大与丝绸之路沿线国家和地区的合作交流，谋划实施一批见实效的新项目，努力形成向西开放的竞争新优势。要贯彻好创新驱动发展战略，以科技创新为核心，以实体经济为主体，切实增强科技进步对经济增长的贡献度，逐步实现经济增长由要素、投资驱动转变为创新驱动。要落实好习近平总书记提出的"脱贫快、奔小康"战略目标，切实抓好"1+17"精准扶贫配套政策措施的细化和执行工作，上下形成合力，共同打赢这场扶贫攻坚的大决战，确保完成今年减贫100万人的任务。在用足用好政策平台方面，各地各部门要研究政策、消化政策，找准政策与推动经济社会发展的结合点，最大限度释放政策效应和政策红利。要继续用足用好我省争取国家批复的三大政策性平台，把三大政策性战略平台作为统筹当前稳增长和长远可持续的有效载体，聚集促进转型升级的投资、技术、人才等各种生产要素，提高市场配置资源的效率，加快转型升级的速度。要用足用好国家支持西部地区加快发展的政策措施，积极对接，争取国家在支持西部地区铁路、公路、水利等基础设施建设中对我省给予更多倾斜。要用足用好国家定向调控的政策机遇，专心研究、加紧谋划，力争有一批规模大、效益好的项目纳入国家"7+4"重大项目工程包，获得更多国家支持。在推动重点工作方面，各地各部门要紧盯目标、补齐短板，奋力推动经济社会平稳健康发展。一要千方百计把投资增速拉回到预期区间。二要进一步推进经济结构调整，下功夫提升发展的可持续性。三要继续深入推进重点领域改革，增强市场主体的信心和活力。四要做好民生改善工作，着力提高人民群众的获得感和幸福感。五要加强生态环境建设和保护。六要扎实做好"十二五"规划执行的扫尾工作，科学编制"十三五"规划。省政府班子各成员和各部门主要负责同志要带头发扬钉钉子精神，以严的作风、实的举措，抓好各项部署的落实，把中央"三严三实"专题教育和省委"工作落实年"活动的成果体现在推动经济社会发展工作成效上，确保全年目标圆满完成，为全省人民到2020年与全国人民一道进入小康社会打下坚实基础。

【省政府常务会议】1月9日，省长刘伟平主持召开第67次省政府常务会议。审议《关于进一步推进节能减排环境保护和淘汰落后产能工作的意见》；审议《关于改进加强省级财政科研项目和资金管理的实施意见》；审议《甘肃省专利奖励试行办法》；审定2014年度甘肃省科学技术奖获奖名单；研究取消调整和下放行政审批项目等事宜；审议《甘肃省民用机场净空和民用航空电磁环境保护规定》；审定第七次全省民族团结进步表彰大会拟表彰模范集体、模范个人名单。

1月16日，省长刘伟平主持召开第68次省政府常务会议。讨论2015年《政府工作报告（审议稿）》；审议《关于促进内贸流通健康发展的实施意见》；审议《关于促进国家级经济技术开发区转型升级创新发展的实施意见》；审议《关于贯彻国务院加快发展体育产业促进体育消费若干意见的实施意见》；审议《甘肃省气象灾害风险评估管理办法》；研究省公航旅集团所持海口美兰国际机场有限责任公司股权与甘肃机场集团公司股权置换事宜；研究调整兰州三毛纺织（集团）有限责任公司管理体制相关事宜。

1月23日，省长刘伟平主持召开第69次省政府常务会议。讨论对国务院《政府工作报告（征求意见稿）》的意见建议；听取关于2014年全省主要经济指标快报评估数的通报；审议《关于2014年国民经济和社会发展计划执行情况及2015年国民经济和社会发展计划草案的报告（审议稿）》；审议《关于2014年全省财政预算执行情况和2015年全省及省级财政预算草案的报告（审议稿）》；研究人事任免事宜。

2月11日，省长刘伟平主持召开第70次省政府常务会议。听取1月份全省经济运行情况汇报；审议《关于引导农村土地经营权有序流转发展农业适度规模经营的实施意见》；审议《关于贯彻落实国务院创新重点领域投融资机制鼓励社会投资指导意见的实施意见》和《关于开展政府和社会资本合作的实施意见》；审定2015年全省经济社会发展主要指标和重点工作任务分解意见；审定2014年度省政府质量奖评奖意见；研究贯彻落实全国审计工作会议暨“双先”表彰大会精神的措施，审定2015年审计工作计划；审定2014年度省长金融奖评奖意见；研究给予包贵森同志行政降级处分事宜；研究人事任免事宜。

2月27日，省长刘伟平主持召开第71次省政府常务会议。研究贯彻落实李克强总理在国务院第81次常务会议上的重要讲话精神的措施；研究贯彻落实省委常委会2015年工作要点和《中共甘肃省委关于抓好“工作落实年”的意见》的措施；审议《甘肃省贯彻落实国家“一带一路”战略规划实施方案》；审议《关于促进云计算创新发展培育信息产业新业态的实施方案》；审议《丝绸之路经济带甘肃段交通突破行动实施方案》；审议《甘肃省生态保护与建设规划（2014—2020年）》；审议《甘肃省农村集体财务管理办法》；研究人事任免事宜。

3月16日，省长刘伟平主持召开第72次省政府常务会议。传达全国“两会”期间张德江委员长在甘肃代表团参加审议时的重要讲话精神，通报省委、省政府主要领导拜会国家有关部委主要领导、衔接协调甘肃有关建设项目的情况；听取1—2月份全省经济运行情况汇报；审议《甘肃文化遗产“历史再现”工程实施方案》；审议《甘肃省省道网规划（2013—2030年）》；研究设置临夏现代职业学院事宜；审议《甘肃省消费者权益保护条例（修订草案）》；研究表彰2014年度全省非公经济发展先进市（州）和先进单位相关事宜。

3月30日，省长刘伟平主持召开第73次省政府常务会议。审议《关于进一步加强新时期爱国卫生工作的实施意见》；审议《2014年度主要污染物总量减排工作自查报告》和《2015年主要污染物减排计划》；审议《甘肃省深化省属国有企业负责人薪酬制度改革实施方案》；研究清理规范评比达标表彰项目事宜；研究调整全省企业退休人员基本养老金等5项社会保险待遇和提高最低工资标准事宜；审议《贯彻〈国务院关于建立健全粮食安全省长责任制的若干意见〉》；研究人事任免事宜。

4月3日，省长刘伟平主持召开第74次省政府常务会议。研究贯彻落实国务院第84次常务会议精神的措施；审议《甘肃省人民政府重大行政决策程序暂行规定》；听取2014年度省政府目标管理责任考核情况汇报；审议《关于改进加强省级财政科研项目和资金管理的实施意见》和《加快科技服务业发展的实施方案》；审议2015年省级预算内基建投资建议计划；审议《甘肃省人民政府2015年立法工作计划》。

4月20日，省长刘伟平主持召开第75次省政府常务会议。审议《关于加快省属企业“走出去”推进国际产能合作的实施方案》；审议《甘肃省文化产权交易中心股份有限公司组建方案》；审议《关于加快培育外贸竞争新优势的实施意见》；审议《甘肃政务服务网建设运行管理暂行办法》《甘肃省权责清单管理暂行办法》《甘肃省权责清单统一编码规范》《甘肃省省级财政专项资金管理清单上网发布暂行办法》《甘肃省扶贫清单上网发布管理暂行办法》等工作制度；审议《兰州新区“飞地经济”产业园建设总体方案》；审议《甘肃省投资类企业管理暂行办法》；研究2015年第一批地方政府债券额度分配意见；研究调整全省失业保险费率有关事宜；研究人事任免事宜。

4月27日，省长刘伟平主持召开第76次省政府常务会议。审议《甘肃省省属企业负责人履职待遇、业务支出管理办法》；审议《关于免费办理农用三轮车摩托车牌证的通知》；研究2015年中国政府“友谊奖”候选人推荐意见；研究设立甘肃省产业引导股权投资基金事宜；研究人事任免事宜。

4月30日，省长刘伟平主持召开第77次省政府常务会议。研究人事任免事宜。

5月8日，省长刘伟平主持召开第78次省政府常务会议。审议《甘肃省国民经济和社会发展“十三五”规划基本思路》；审议《甘肃省检验检测认证机构整合指导意见》及试点方案；研究取消调整和下放行政审批项目等事项相关事宜；审议《甘肃省社会救助条例（草案）》；研究给予万里行政开除处分事宜；研究人事任免事宜。

5月15日，省长刘伟平主持召开第79次省政府常务会议。安排部署贯彻落实国务院推进简政放权、放管结合、职能转变工作电视电话会议精神相关工作；听取1—4月份全省经济运行情况汇报，研究调控措施；审议《关于加强传染病防治人员安全防护的实施意见》；审议《甘肃省兰白科技创新改革试验区条例（草案）》；研究武威荣华工贸有限公司环境违法事件调查处理意见；研究人事任免事宜。

5月22日，省长刘伟平主持召开第80次省政府常务会议。审议《贯彻落实国务院办公厅创新投资管理方式建立协同监管机制若干意见的工作方案》；审议《关于实行“三证合一”登记制度的实施意见》；审议《甘肃省新一轮退耕还林还草工程总体方案（2014—2020年）》；研究提高农村低保一、二类对象补助水平事宜；审议《关于促进房地产业持续稳定健康发展的意见》；安排部署稳增长、促改革、调结构、惠民生重大政策落实情况督查工作。

5月31日，省长刘伟平主持召开第81次省政府常务会议。研究讨论省政府贯彻落实国务院重大政策措施情况的自查报告和汇报材料；审议《关于动员和鼓励社会各方面力量参与扶贫开发的实施意见》；审议《深入实施甘肃省知识产权战略行动计划（2015—2020年）》和《2015年甘肃省知识产权战略实施推进计划》；审议《关于重大科研基础设施和大型科研仪器向社会开放共享的实施意见》；审议《关于加快发展商业健康保险的实施意见》；审议《清理规范行政审批中介服务工作实施方案》；研究关于武威荣华工贸有限公司环境违法事件责任追究案处理意见和给予卢旺存行政开除处分事宜；研究人事任免事宜。

6月5日，省长刘伟平主持召开第82次省政府常务会议。研究落实国务院第七督查组反馈意见的措施；审议《2015（乙未）年公祭中华人文始祖伏羲大典总体方案》；审议《关于加快建设法治政府打造法治政务环境的意见》；研究调整全省排污费征收标准相关事宜；审议《甘肃省废弃电器电子产品回收处理管理办法》；审议《关于进一步加强乡村医生队伍建设的实施方案》；研究人事任免事宜。

6月12日，省长刘伟平主持召开第83次省政府常务会议。听取1—5月份全省经济运行情况汇报；审议《关于加快应急产业发展的实施意见》；审议《关于进一步做好为农民工服务工作的实施意见》；听取建立省政府部门权责清单有关情况的汇报；审议《甘肃省清理规范驻外办事机构实施方案》；审定临夏州康乐县“4·4”重大道路交通事故调查处理意见；研究2015年均衡性和民族地区转移支付增量资金分配意见；审议《2015年全省项目观摩活动建议方案》。

6月26日，省长刘伟平主持召开第84次省政府常务会议。审议《关于2015年深化经济体制改革重点工作意见》；听取关于兰洽会筹备工作情况和白俄罗斯共和国副总理加里宁一行访问甘肃接待工作准备情况的汇报；审议《甘肃省水利保障行动方案》；审议《甘肃省农村饮用水供水管理条例（草案）》；审议《甘肃民勤连古城国家级自然保护区管理条例（草案）》；审议《甘肃省调整机关工作人员基本工资标准实施意见》《甘肃省调整事业单位工作人员基本工资标准实施意见》《甘肃省增加机关事业单位离退休人员离退休费实施意见》《甘肃省县以下机关建立公务员职务与职级并行制度实施意见》《甘肃省乡镇机关事业单位工作人员乡镇工作补贴实施办法》；研究人事任免事宜。

7月3日，省长刘伟平主持召开第85次省政府常务会议。研究加强环保督察和生态环境监测网络建设措施；审议《甘肃省藏区国民经济和社会发展“十三五”规划编制思路和工作方案》；审议《关于改进口岸工作支持外贸发展的实施意见》；审议《关于进一步促进全省展览业发展的实施意见》；审议《关于大力发展电子商务加快培育经济新动力的实施意见》；审议《关于进一步促进非公经济发展的意见》；审议《甘肃省价格管理条例修正案（草案）》和《甘肃省价格监督检查试行办法修正案》。

7月10日，省长刘伟平主持召开第86次省政府常务会议。审议《关于贯彻落实国家发展改革委国家民委支持临夏回族自治州加快建设小康社会进程若干意见的实施方案》；审议《关于进一步做好新形势下就业创业工作的实施意见》；审议《甘肃省落实林业生态红线方案》；审议《甘肃省城镇体系规划（2013—2030）》；审议《甘肃省会计管理条例（草案）》；审议《甘肃省行政规范性文件管理办法》；审议2015年第二批置换债券额度分配意见。

7月17日，省长刘伟平主持召开第87次省政府常务会议。分析研究上半年全省经济运行情况；听取关于全省“7+4”重大工程包有关情况汇报；审议《关于支持服务业加快发展的若干意见》；审议《关于加快推进残疾人小康进程的实施意见》；审议《关于构建和谐劳动关系的实施意见》；审议《甘肃省深化教育考试招生制度改革实施方案》；审议《关于2014年度省级预算执行和其他财政收支的审计工作报告》。

7月24日，省长刘伟平主持召开第88次省政府常务会议。审议《关于加快高速宽带网络建设推进网络提速降费的实施意见》；审议《甘肃省定价目录》；审议《关于加快构建现代公共文化服务体系的实施意见》《甘肃省基本公共文化服务实施标准》和《甘肃省加快构建现代公共文化服务体系百项重点任务推进计划》；审议省政府与国家发展改革委《关于建立推进甘肃省国际产能和装备制造合作部省协同机制框架协议》；审议第二批置换债券额度分配调整意见。

8月7日，省长刘伟平主持召开第89次省政府常务会议。审议《关于贯彻落实〈中共中央国务院关于深化体制机制改革加快实施创新驱动发展战略的若干意见〉的实施意见》及《关于改进加强省级财政科研项目和资金管理办法》《甘肃省加快科技服务业发展实施方案》；审议《关于加快大数据、云平台建设促进信息产业发展的实施方案》；审议《关于促进慈善事业健康发展的实施意见》；研究取消、调整和下放行政审批事项事宜；审定2014年甘肃省特级教师评选意见；研究调整2015年全省企业军转干部生活困难补助标准及建立解困标准正常调整机制事宜。

8月14日，省长刘伟平主持召开第90次省政府常务会议。听取1—7月全省经济运行情况汇报；审议《关于加快城镇棚户区和城乡危房改造及配套基础设施建设的实施意见》；审议《关于贯彻落实加快推进生态文明建设意见的实施方案》；审议《关于引导农村产权流转交易市场健康发展的实施意见》；研究人事任免事宜。

8月16日，省长刘伟平主持召开第91次省政府常务会议。安排部署全省安全生产工作；研究对庆阳市规划局违规收取规划设计费和省生态环境监测监督管理局违规发放津补贴问题的处理意见。

9月2日，省长刘伟平主持召开第92次省政府常务会议。研究贯彻落实中发21号文件精神的措施；审议《金川科技股改上市引入战略性新兴产业基金投资入股方案》；审议《关于支持农民工等人员返乡创业的实施意见》；审议《贯彻落实国务院关于兰州市城市总体规划批复的意见》；听取甘肃省与白俄罗斯经贸合作交流事项落实情况的汇报；审定2015年甘肃省外国专家敦煌奖评选意见；审议《关于淘汰9万吨/年及以下小煤矿的实施方案》；研究人事任免事宜。

9月7日，省长刘伟平主持召开第93次省政府常务会议。研究调整油气输送管道保护和安全监管职责分工事宜；审议《甘肃省推广随机抽查规范事中事后监管实施方案》；审议《甘肃省乡村教师支持行动计划（2015—2020年）》；审议《甘肃省城镇风貌规划编制导则》和《甘肃省城镇风貌规划指南》；研究2015年第二批新增债券及第三批置换债券额度分配意见；审议《甘肃省机关事业单位工作人员养老保险制度改革实施办法》；研究人事任免事宜。

9月21日，省长刘伟平主持召开第94次省政府常务会议。听取1—8月全省经济运行情况汇报；审议《甘肃长城西部电影集团有限责任公司组建方案》；研究贯彻落实国务院长城保护工作座谈会精神的措施；审议《甘肃省节约能源条例（草案）》。

9月25日，省长刘伟平主持召开第95次省政府常务会议。听取关于审计署加强稳增长等政策措施落实跟踪审计工作会议精神的汇报；审议《甘肃省农业信贷担保体系建设实施方案》；审议《甘肃省公务用车制度改革总体方案》和《甘肃省省级机关公务用车制度改革实施方案》；审议《甘肃省全面推开县级公立医院综合改革实施方案》；研究融资性担保机构和非融资性担保机构监管职责分工事宜；研究2015年生态功能区转移支付和县级基本财力保障机制奖补增量资金分配意见；通报刘伟平省长出访印度马哈拉施特拉邦政府、瑞士索洛图恩州政府和白俄罗斯格罗德诺州政府有关情况；研究人事任免事宜。

10月10日，省长刘伟平主持召开第96次省政府常务会议。审议《关于落实环保部、国家林业局约谈祁连山国家级自然保护区有关问题的整治方案》；安排部署民生领域政策落实情况专项督查工作；审议《促进陕甘宁革命老区振兴规划项目政策加快落实的实施方案》；审议《中国制造2025甘肃行动纲要》；审议《关于加强城乡社区协商的实施意见》；研究对酒钢集团原董事长、党委副书记冯杰严重违纪违法案的处理意见。

10月23日，省长刘伟平主持召开第97次省政府常务会议。审议《关于加快转变农业发展方式的实施方案》；审议《关于深化高等学校创新创业教育改革的实施方案（试行）》；审议《甘肃省交易场所监督管理办法（试行）》；研究人事任免事宜。

11月2日，省长刘伟平主持召开第98次省政府常务会议。审议《关于运用大数据加强对市场主体服务和监管的实施方案》；审议《〈甘肃省国民经济和社会发展第十二个五年规划纲要〉实施情况总结评估报告》；听取关于利用国外贷款助推全省经济社会发展有关情况的汇报；审议《甘肃省科协所属协会有序承接政府转移职能试点工作实施方案》；审议《关于完善公立医院药品集中采购工作的实施意见》；研究人事任免事宜。

11月16日，省长刘伟平主持召开第99次省政府常务会议。听取1—10月全省经济运行情况汇报；审议《甘肃祁连山国家级自然保护区管理条例（修正案草案）》；审议《甘肃省促进科技成果转化条例（修订草案）》；研究申报2015年外国政府贷款备选项目有关事宜；研究2015年全省政府债务限额分配意见；研究人事任免事宜。

11月25日，省长刘伟平主持召开第100次省政府常务会议。审议2016年财政预算安排建议；审议《关于深入推进"互联网+"行动的实施方案》；审议《关于大力推进大众创业万众创新的实施方案》；审议《关于推进国内贸易流通现代化建设法治化营商环境的实施意见》；安排部署"十三五"规划编制工作；研究人事任免事宜。

12月2日，省长刘伟平主持召开第101次省政府常务会议。听取关于引进北京北大众志微系统科技有限责任公司拥有自主知识产权的国产中央处理器产业化项目、重组兰州三毛实业股份有限公司有关情况的汇报。

12月11日，省长刘伟平主持召开第102次省政府常务会议。听取1—11月全省经济运行情况汇报；研究2016年全省经济社会发展主要预期指标建议；审议《甘肃省水污染防治工作方案》；审议《关于促进旅游投资和消费的实施意见》；研究取消行政审批项目等事项的意见；研究成立甘肃警察学院事宜；研究解除卢小亨、董光国同志行政警告处分事宜；研究人事任免事宜。

12月31日，省长刘伟平主持召开第103次省政府常务会议。研究给予宋史刚、马秉虎行政开除处分事宜；研究人事任免事宜。

办公厅工作

【思想政治建设】坚持把理论学习贯彻始终。把理论武装作为思想政治建设的基础工作来抓，认真组织学习党的十八大、十八届三中、四中、五中全会精神和习近平总书记系列重要讲话精神，学习中央和省委、省政府重大决策部署，积极参加省委、省政府党组理论中心组、省市党政主要领导干部研讨班学习研讨，厅党组组织14次党组中心组学习、8次专家辅导讲座，力求在武装头脑、指导实践、推动工作上见实效，自觉在思想上政治上行动上同以习近平为总书记的党中央保持高度一致，紧密结合工作实际，开展厅党组、联系单位处室专题党课，全面启动"三严三实"专题教育，并按严以修身、严以律己、严以用权3个专题依次开展5次集中研讨。自觉对照习近平总书记提出的"七个有之""五个必须"的要求，用好"两种教材""两面镜子"，认真剖析、反躬自省，深化对"三严三实"内涵的认识，增强贯彻落实党的路线方针政策和省委、省政府重大决策部署的理论自觉和行动自觉。坚持把查改问题贯穿始终，召开民主生活会前，广泛征求市（州）和省直部门及办公厅各单位、处室意见，并反馈班子成员，对照认领，把自己摆进去、把职责摆进去、把思想和实际工作摆进去，深入查找班子和个人"不严不实"的问题，班子主要负责人和班子成员、班子成员之间开展谈心谈话，交流思想、形成共识。专题民主生活会上，班子成员聚焦对党忠诚、干净干事、敢于担当，突出政治纪律和政治规矩，认真对照检查、剖析原因，开展批评与自我批评，触及灵魂，达到团结—批评—团结的预期效果。坚持边查边改、立改立行，研究制定整改清单和整改措施，明确责任人、责任单位和落实时限，专题教育取得实效。坚持把创先争优贯彻始终。把"三严三实"专题教育与开展先锋引领行动"五项争创"活动结合起来，引导基层党组织和全体党员争创思想道德先锋、优质服务先锋、为民富民先锋、改革创业先锋、清廉实干先锋，打牢办公厅党的建设基础。2015年，办公厅6名党员干部被推荐为省直机关工委表彰奖励的人选，8个基层党组织、82名党员干部被评为办公厅优秀基层党组织和优秀共产党员。

【政府工作参谋】加强调查研究。围绕省委、省政府重大决策部署，紧盯影响改革发展稳定的战略性、前瞻性、全局性问题，从选择调研课题、拟定调研提纲、组织调研力量、整理调研成果等方面，协助省政府领导同志先后200余次深入市（州）、生产一线，调查研究精准扶贫精准脱贫、重大项目建设、国企改革、非公企业发展、战略性新兴产业、文化旅游体育卫生等相关产业整合发展、大众创业万众创新、铁路建设、灾后重建等方面的情况,并主动梳理分析、提出意见建议，为省政府领导科学决策提供参考依据。强化以文辅政。主动学习、研究、消化中央和省委、省政府的政策措施，有针对性地掌握履行岗位职责必备的知识，特别是针对适应经济发展新常态、重点领域改革、破解深层次体制机制障碍、打赢脱贫攻坚战等全局性问题，围绕推进落实“四个全面”的战略思想和党中央、国务院稳增长、促改革、调结构、惠民生、防风险一系列政策措施，在起草领导讲话、重要文件中，坚持把政策导向与群众期盼、宏观指导与具体执行结合起来，力求文稿内容既充分体现中央决策精神和省委部署要求，又紧密结合省情实际、具体可操作。全年起草、审核领导讲话、文件、公函、电报等1000余件。注重信息反馈。聚焦发展的重点、改革的难点、民生的热点、领导和社会关注的焦点以及兄弟省（市、区）的亮点，坚持专题约稿、信息调研、信息会商、信息评估等做法，建立办公厅内部处室政务信息联动机制，不断拓展信息收集渠道，加大报送反馈力度，为国务院和省政府领导了解情况、科学决策、指导工作提供参考。完善应急管理机制，加强对突发事件的研判分析，编报《甘肃省值班信息》404期、编报气象和地质灾害预警信息77期，协助省政府领导有效处置康乐县农用车翻车事故、武威荣华环境污染事件、西和县陇星锑业公司溢流井砂漏事故等重大突发事件。加强网上涉甘舆情及中央媒体报道甘肃省信息的监测，按照省政府领导要求，及时回应、积极表态、快速协调处理，正确引导社会舆论，有效疏通民意，维护社会和谐稳定。

【协调服务】加强协调服务。围绕承办的16次省政府党组会、36次省政府常务会、57次省长办公会及100余次省政府专题会议，对拟提请研究的重大议题，加强与市（州）、部门之间的衔接沟通，广泛征求各方面的意见，为省政府决策提供基础性服务。在重大事项决策上，围绕公文办理抓协调，对内容涉及多个部门职权或部门间有分歧的，及时进行衔接，取得一致意见后再提交有关会议研究决策。围绕第五届敦煌行·丝绸之路国际旅游节、公祭伏羲大典、第二十一届兰洽会等大型节会的举办，协调有关方面做好组织、筹备、保障工作，收到节俭务实、提质高效的效果。创新服务方式。顺应“互联网+政务服务”发展潮流，按照省政府部署，完成甘肃政务服务网第一阶段任务，省、市、县三级政府工作部门权责清单、财政专项资金管理清单、扶贫清单分别于6月、8月和10月上线发布，比国务院要求公布权责清单时限分别提前6个月、16个月和14个月。甘肃政务服务网被国办列为“互联网+政务服务”试点省份。着力推进“两集中、两到位”改革和网上审批平台建设，省直部门316项面向企业和公众的行政许可事项全部进驻省政府政务大厅，实行一个窗口服务、一站式审批。省政府政务大厅建成网上审批平台并投入运行，日均办件量176件，按时办结率96.86%。深化政府信息公开工作，围绕省政府重大决策部署发布政策解读信息527条，紧盯公众关注的热点、焦点问题发布回应关切信息369条，办结答复人民网网民留言760件，办公厅网民留言办理被人民网评为优秀单位。完成第一次全省政府系统网站普查工作，国办组织的抽查中，甘肃省政府网站抽查合格率达88.97%。强化支撑保障。省政府系统电子公文传输暨会议通知报名和公文智能管理系统建成运行，实现省政府办公厅与各市（州）、省政府各部门间非涉密公文、非涉密会议通知报名的无纸化传输。文电运转、机要交通、保密管理、档案管理、机关后勤、接待联络、安全保卫等工作有效衔接、平稳有序，全链条服务、全天候保障，为机关工作运行营造良好环境。充分发挥驻外办事处“窗口”作用，在促进甘肃与兄弟省（市、区）之间政务联络、经济文化交流等方面做出积极努力。

【政府工作督办】围绕重大决策部署抓落实。以“工作落实年”活动为契机，召开全省政府秘书长和办公厅（室）主任会议、5次党组会议，对抓落实工作作专题研究部署、安排。围绕省十二届九次全委会议暨全省经济工作会议、省委常委会2015年工作要点、省政府工作报告、省政府第三次廉政工作会议和省政府第八次全体会议等重要会议文件确定的目标任务，先后制定印发分解落实2015年全省经济社会发展主要指标和重点工作任务的通知以及法治政府建设、创新驱动战略、战略性新兴产业发展、民生改善等9个重点任务落实方案，对53类362项目标任务列出详细的责任清单，明确责任领导、责任处室、时间进度和措施要求，并建立月督促、季反映、年中督办、年底总结考评的工作调度机制，一个一个跟踪问效，一件一件盯紧落实。围绕重点工作进展抓落实。会同有关部门就招商引资、房地产业、新型服务业、外贸、非公经济、固定资产投资等重点工作、重大项目下发政策性文件118件，并开展督查督办；向国务院及国家有关部委报送关于争取政策、资金、项目支持的文件73件；围绕“3341”项目工程、“6873”交通突破行动、“6363”水利保障行动、一带一路“13685”发展战略等重大决策部署，会同省发展改革委等部门和各市（州）政府提出有利于弥补短板、转型升级、改善民生的“六个一批”项目。围绕转变政府职能、投融资体制改革等政府系统承担的改革任务，牵头或会同有关部门提出措施方案171项。创新方式方法抓落实。下发关于进一步规范公文运转程序提高公文效率的通知，就国务院、国务院办公厅各类政策文件贯彻意见（方案）和省政府常务会议审议通过文件提出限时办结要求，建立台账，跟踪督办，落实销号。建立省政府领导批示件转办督办回告制度，每半月进行跟踪督办，及时向省政府领导报告。围绕全省战略性新兴产业发展、循环经济、城镇化建设、兰白科技创新区建设、兰州西客站建设、兰州新区综合保税区建设等重点工作开展综合性督查和专项督查30多次，推动工作任务的落实。对10项27件为民办实事项目落实情况全程跟踪督办，每月、每季度通报进展情况，并随机开展抽查督查，确保年终兑现。配合国务院开展全国第二次大督查，协调有关部门分3批对督查发现的问题进行核查问责。协调有关部门和市（州）办结全国和省“两会”建议提案1336件，解决一批群众期盼、代表关注的热点难点问题。突出“双联”任务抓落实。履行“双联”组长单位和联村小组职责，在逐项抓好年度“双联”任务的基础上，重点推动“双联”工作与精准扶贫、精准脱贫的深度融合。机关党员干部全年累计进村入户900余次、4000余天，引进和协调落实产业发展项目资金约1.4亿元，协调落实精准扶贫专项贷款、“双联”惠农贷款、妇女小额贷款等累计约6000余万元。办公厅联系的15个村2015年农民人均纯收入平均达到5800元，同比增长近20%。

【干部队伍建设】抓教育，提升干部素质。加强干部教育培训，为党员干部购置配发《习近平谈治国理政》等学习辅导资料，组织党员干部参加全面从严治党主体责任专题轮训班、“四个全面”网络培训和依法行政及循环经济网络培训，组织开展中央和省委、省政府政策理论、法律法规、保密法规知识考试。选派11名党员干部到“双联”村担任党支部第一书记或驻村帮扶工作队长，通过多岗位或到基层锻炼提升干部履职能力。抓监管，强化约束激励。严格落实领导干部外出报告、考勤和休假制度，强化纪律约束。加强人事档案管理，对办公厅262名干部档案进行核查。进一步细化干部考核工作的程序、评价要素、考核方式，强化考核结果在干部选拔任用考察过程中的运用，增强干部考核工作的民主性和科学性。抓规范，完善选任机制。严格执行《党政领导干部选拔任用条例》，强化党组在选人用人中的领导和把关作用，坚持“信念坚定、为民服务、勤政务实、敢于担当、清正廉洁”的好干部标准，严格按照干部选拔任用程序，对办公厅系统部分空缺的处科级职位进行调整补充。2015年11名优秀干部被省委提拔使用，调整补充处级干部31人，提拔使用科级干部14人，轮岗交流处科级干部12人。

【党风廉政建设】加强廉洁从政教育。在“三严三实”专题教育中，围绕“严格遵守党章和党内法规”主题深入学习研讨，并组织基层党组织开展“学党章、学党史、学先进”主题党日活动，强化党性意识和党员意识。先后10次在党组中心组会议上，传达学习中央纪委五次全会、省政府第三次廉政工作会议、省纪委四次全会等重要会议以及中央和省委、省政府领导有关党风廉政建设的讲话、指示精神，并通过配发《中国纪检监察》《中国纪检监察报》《学思践悟》《中国共产党廉洁自律准则》卡片等学习资料，编辑发送手机廉政短信，组织党员干部参加“党风廉政教育大讲堂”、观看党风廉政警示教育片等方式丰富学习内容、深化廉政教育效果。《中国共产党廉洁自律准则》《中国共产党纪律处分条例》颁布后，结合学习王岐山同志署名文章《坚持高标准守住底线推进全面从严治党制度创新》和中央、省委通报的领导干部违纪违法案例分析，组织办公厅班子成员、各支部（总支）书记开展《准则》和《条例》主题宣讲活动，教育引导党员干部自觉践行“四个必须”“八条规范”和“六大纪律”，努力做“讲党性、重品行、守纪律”的表率。严格遵守党纪党规。班子成员带头严格遵守党的政治纪律和政治规矩，同以习近平同志为总书记的党中央保持高度一致，在贯彻落实中央和省委各项决策部署上不打折扣、不做选择、不搞变通，确保政令的畅通。严格执行党的民主集中制原则，“三重一大”事项均提交党组会议集体研究决定。严格执行请示报告制度，年内21名省管干部、126名处级干部报告个人有关事项。着力推动反腐倡廉。党组会议先后13次研究部署党风廉政建设工作的议题，班子成员对反腐倡廉工作作出批示182次，对反腐倡廉工作进行安排部署和监督检查152次。制定并实施建立健全惩治和预防腐败体系2014—2017年工作方案，层层签订落实党风廉政建设责任书；制定处级党员领导干部述纪述廉述作风实施办法和方案，有重点、分批次地组织9名处级干部向办公厅党组述纪述廉述作风；建立省政府办公厅党组管理干部谈话制度，党组成员对各处室、厅属各单位和省政府驻外办事处主要负责同志普遍开展一次责任传导类谈话，并对2015年以来任职交流的178名处级及以下干部进行集体廉政谈话和任职谈话，层层传导压力责任。认真执行干部任前廉政考试制度，组织178名新任职或轮岗交流处、科级干部参加廉政考试。对省政府驻外办事处前两年两轮巡察发现问题的整改情况进行“回头看”。根据信访、巡查、重大事项报告中反映的问题，通过谈话函询、诫勉谈话、约谈提醒的方式约谈15人，暂缓选拔任用4人。持续加强作风建设。把持之以恒抓好中央八项规定和省委“双十条”规定精神的落实作为党风廉政建设的重要抓手，全年会议数量与2014年基本持平，甘政发、甘政办发文件数量同比减少15.4%。改进和加强省政府驻外办事机构管理，将原有的12个省政府驻外办事处精简撤并为5个，进一步理顺管理体制和职能；积极推进公务用车改革，封存上交61辆参改车辆；规范公务活动，严格执行公务接待费、差旅费、培训费、会议费等资金管理办法，“三公经费”支出同比下降约22.5%左右。

省政府及办公厅领导班子成员名录

省　长　刘伟平

副省长　咸　辉（女，回族）

郝　远　李荣灿

黄　强　夏红民

马世忠　杨子兴

秘书长　张生桢

副秘书长　常正国　俞建宁　张正锋

白文晖　武志斌　张军利

姜安鹏　郭春旺　姜云兵

办公厅

主　任　常正国

副主任　高家顺　滕继国

党组成员　马自学

纪检组长　高　冰

（供稿：栗　亮）

政府法制工作

【统筹法制工作】年初制订政府法制工作要点，细化分解76项重点工作，明确任务目标、责任领导、责任处室、责任人。组织召开全省政府法制工作座谈会议，总结2014年政府法制工作，深入分析面临的新形势，结合省委“工作落实年”的部署要求，统筹谋划，以推出“六项举措”为抓手，聚焦着力重点精准发力，确保各项重点工作落地生根。

【依法行政】组织召开2015年省依法行政工作领导小组会议，讨论审议工作报告和年度要点。向省十二届人大常委会第十五次会议报告2014年依法行政工作，并提请省政府分别向国务院和省委书面报告。严格按照目标责任书确定的考核标准，对14个市（州）、32个省政府部门、中央在甘单位推进依法行政工作情况进行考核，通报考核结果。组织3期全省政府系统领导干部法制讲座，举办2015年度法治政府建设干部综合素质与业务能力提升高级培训班。组织起草并发布《甘肃省人民政府关于加快建设法治政府打造法治政务环境的意见》。拓展法制宣传交流平台，在《甘肃日报》“法治政府建设”专栏组织编发12期，3.6万字。在甘肃政府法制信息网加载信息244条，审核信息5484条。

【立法工作】从全省实际和现实需要出发，科学制定2015年立法计划。对申请列入年度的立法项目，开展立项论证，避免立法过程中“部门利益化”倾向，维护法律公平、公正。加强重点领域立法，首次主导并创设性地草拟制定《甘肃省投资类企业管理暂行办法》《兰白科技创新改革试验区条例（草案）》。完成6件地方性法规的调研论证、征求意见和审查修改工作，提请省政府常务会议审议通过，并提交省人大审议。依法审查修改9件政府规章，提请省政府审议出台4件。办理国务院法制办、国家部委、省人大常委会及省直各部门征求意见稿102件。组织召开全省政府立法工作座谈会暨业务培训会，总结立法经验，部署工作，邀请专家作立法理论及技术讲座。

【行政执法体制改革】在反复征求意见、多次论证修改的基础上，起草《关于全面推进综合行政执法体制改革的意见》。积极推进嘉峪关、定西市级综合执法试点工作，加强研究沟通，撰写工作方案，报省政府批复同意。报请省政府批复同意4个县（区）在城市管理领域开展相对集中行政处罚权工作。部署开展全省行政执法案卷评查工作，会同省财政厅开展全省罚缴分离收支两条线执行情况专项检查。针对行政许可、行政处罚、行政检查等12种执法行为编写《行政执法工作实务》。加强执法监督，遴选确定50名省政府特邀行政执法监督员。办理行政执法问题请示和执法投诉17件。审核41个部门的权责清单，配合省审改办对1194项行政审批事项提出法律审核意见。严格行政执法资格管理，在省政府法制信息网录入公开7774条全省行政执法主体资格信息，接受公众和社会监督。

【规范性文件管理】开展备案审查，收到报送备案的规章4件、规范性文件89件。对6件存在违法违规问题的规范性文件进行纠正。向国务院法制办报备省政府规章7件，报备合格率100%。加强年度核查通报，草拟2014年规章规范性文件备案审查情况的通报，提请省政府对上年度省级政府规章规范性文件备案审查工作情况进行通报，公布上年度报备的规范性文件目录、备案审查结果。适应法治建设新形势新要求，修订《甘肃省行政规范性文件管理办法》，并提请省政府常务会议审议通过。

【行政复议】畅通行政复议渠道，注重运用和解、调解等方式化解争议。接待群众80余人次，收到行政复议申请21件，其中受理16件，不予受理1件，做其他处理4件。经审理，驳回复议申请5件，撤销2件，终止1件，未审结8件。代理省政府为被告的行政诉讼案件7起，1件由法院判决驳回诉讼请求。指导已开展行政复议委员会试点的张掖市、酒泉市、平凉市进一步完善工作规则，合理确定相对集中行政复议审理权范围，严格按照规定程序运行。拟定关于加强行政复议和行政应诉工作的意见、关于进一步加强仲裁工作的意见。督促指导拟组建仲裁机构的市，开展调查研究，制定实施方案，加快申报进度。对嘉峪关仲裁委员会换届工作方案进行审核，报请国务院法制办复核同意后，复函督促嘉峪关仲裁委做好换届工作。

【涉法事务办理】履行政府法制机构参谋助手和法律顾问职责，慎重妥善办理政府涉法事务，确保行政行为合法有效，办理各类涉法事务168件，办结率100%。推行政府法律专家咨询委员会制度，开展对市（州）政府法律专家咨询制度建立情况的摸底调查和工作指导。建成省政府法律专家人才库，通过省政府法制信息网向社会公示。完善维护省政府法律专家人才数据库相关信息，加强省政府法律专家人才库的管理和维护。

省政府法制办公室领导班子成员名录

主　任　白文晖

副主任　马占元（东乡族）

曾施霖　龙章月

纪检组长　李　晔

（供稿：冯　怡）

外事侨务 港澳事务

【党管外事】省委高度重视外事工作，省委书记王三运、省长刘伟平等，就贯彻落实中央对外工作战略部署和上级业务主管部委的工作要求，以及加强全省外事规范管理、服务发展大局等方面多次作出重要批示，提出工作要求，对重要涉外工作亲自部署、亲自参与、亲自督办。1月和4月，省委书记王三运、省委副书记欧阳坚分别主持召开省委外事工作领导小组会议，传达贯彻中央外事工作会议精神和习近平总书记等中央领导同志关于发挥地方党委外事工作领导小组作用的重要批示，研究贯彻落实意见，并以省委办公厅名义向全省印发《中共甘肃省委外事工作领导小组2015年工作要点》，确定22项年度重点工作任务。推动建立市（州）党委外事工作领导小组和健全市（州）外事机构，省委办公厅印发《中共甘肃省委办公厅关于进一步加强市（州）党委对外事工作集中统一领导的通知》，为全面提升基层外事工作质量和水平奠定基础。

【配合外交】5月，习近平主席访问白俄罗斯期间，甘肃省与白俄罗斯签署5个重点合作协议和投资项目。同月，在印度总理莫迪访华期间，中印两国总理共同见证敦煌市与印度奥兰加巴德市签署缔结友好城市关系协议书。7月，应甘肃省邀请，白俄罗斯副总理加里宁率团访问甘肃，参加"第二十一届中国·兰州投资贸易洽谈会"主宾国系列活动，中共中央政治局常委、国务院副总理张高丽在北京会见加里宁。9月，圆满完成巴布亚新几内亚总督迈克尔·奥吉奥一行来华出席"纪念中国人民抗日战争暨世界反法西斯战争胜利70周年阅兵式"后延伸访问甘肃的接待任务。9月和12月，省委书记王三运、省长刘伟平分别率团对巴基斯坦、越南、马来西亚和印度、白俄罗斯、瑞士进行友好访问，受到相关国家领导人和地方政府主要官员的热情接待，并在经贸、文化、教育、科技、旅游等领域

甘肃省国际友好城市一览表（省级）

	友好城市名称	国家	结好日期
1	秋田县 Akita Prefecture	日本 Japan	1982.08.05
2	克赖斯特彻奇市 Christchurch City	新西兰 New Zealand	1984.04.22
3	俄克拉荷马州 Oklahoma State	美国 U.S.A	1985.06.12
4	绍莫吉州 Somogy County	匈牙利 Hungary	1997.04.21
5	吉萨省 Giza Governorate	埃及 Egypt	2004.07.21
6	阿尔巴县 Alba County	罗马尼亚 Romania	2004.09.01
7	库斯塔奈州 Kostanai Region	哈萨克斯坦 Kazakhstan	2004.09.15
8	西马绍纳兰省 Mashonaland West Province	津巴布韦 Zimbabwe	2004.10.22
9	科雷兹省 Correze Province	法国 France	2005.01.20
10	奥希金斯将军解放者大区 Region of Libertador General Bernardo O' Higgins	智利 Chile	2005.04.04
11	戈亚斯州 Goias State	巴西 Brazil	2005.04.08
12	科阿韦拉州 Coahuila State	墨西哥 Mexico	2005.04.15
13	纳瓦拉自治区 Navarra Autonomous Region	西班牙 Spain	2005.08.16
14	塔马塔夫省 Toamasina Province	马达加斯加 Madagascar	2005.12.09
15	斯来果郡 Sligo County	爱尔兰 Ireland	2006.04.13
16	佛罗里达省 Florida Province	乌拉圭 Uruguay	2006.04.20
17	奥尔金省 Holguin Province	古巴 Cuba	2006.04.26
18	法夫大区 Fife Council	英国 U.K.	2006.10.11
19	奔萨州 Penza State	俄罗斯 Russia	2007.06.26
20	格罗德诺州 Grodno State	白俄罗斯 Belarus	2007.07.08
21	奥希科托省 Oshikoto Region	纳米比亚 Namibia	2009.05.22
22	索罗图恩州 Canton Solothurn	瑞士 Swiss	2010.04.02
23	库姆省 Qom Province	伊朗 Iran	2014.11.12
24	奥什州 Oshi State	吉尔吉斯斯坦 Kyrgyzstan	2013.06.19
25	基希讷乌 Chisinau	摩尔多瓦 Moldova	协议待签

达成多个合作协议、项目和共识，有力配合国家总体外交、推动“一带一路”建设，有效宣传推介甘肃、促进甘肃省对外交流与合作。

【服务发展】为有序推进丝绸之路经济带甘肃黄金段建设，研究制定《甘肃省落实“一带一路”建设战略规划涉外工作方案》。先后与国务院侨办、香港特区政府投资推广署共同举办“‘一带一路’侨商项目对接会”和“‘善用香港优势、开拓海外市场’投资推介说明会”，为甘肃省企业开展对外合作搭建重要平台。积极争取将马鬃山口岸复关列入“中蒙边境口岸及其管理制度协定执行情况第五轮司局级会晤”议程进行研究，系二十多年来两国外交高层首次正式磋商甘肃省口岸复关问题。圆满完成“第二十一届中国·兰州投资贸易洽谈会”“第五届敦煌行·丝绸之路国际旅游节”“2015年公祭中华人文始祖伏羲大典”“第四届国际文化产业大会暨第八届甘肃省文博会”和“丝绸之路（敦煌）国际文化博览会准备工作会议”等大型节会的外事服务保障。省财政、交通、商务、文化、卫生、教育、科技、国资等部门，围绕加快丝绸之路经济带甘肃黄金段建设，积极推动实施世行贫困片区产业扶贫试点示范项目，新开兰州至新加坡、迪拜、第比利斯、圣彼得堡等4条国际航线，在哈萨克斯坦、吉尔吉斯斯坦、土耳其、印尼新设4个商务代表处，组织文艺院团赴尼泊尔、孟加拉、斯里兰卡、韩国等国家执行文化交流任务，在俄罗斯、法国、摩尔多瓦、新西兰新建4所岐黄中医学院，成功举办“首届丝绸之路国际大学生创新创业大赛”“2015甘肃‘一带一路’国际产能合作洽谈会”等，服务甘肃省对外开放和经济社会发展。

【对外交往】促成酒泉市与韩国全罗南道高兴郡、敦煌市与印度奥兰加巴德市和瑞典奥摩尔市、永昌县与意大利博拉市缔结友好城市关系，甘肃省友城总数达52对，其中省级25对，市(县)级27对。为深化友城关系，先后与新西兰克赖斯特彻奇市、瑞士索洛图恩州、美

甘肃省国际友好城市一览表（市、县级）

	友好城市名称	国家	结好日期
1	兰州市与秋田市 Lanzhou and Akita City	日本 Japan	1982.08.05
2	兰州市与阿什哈巴德市 Lanzhou and Ashkhabad City	土库曼斯坦 Turkmenistan	1992.05.01
3	兰州市与阿尔伯克基市 Lanzhou and Albuquerque City	美国 U.S.A	1996.04.18
4	兰州市与杨市 Lanzhou and Young Shire	澳大利亚 Australia	1997.08.17
5	兰州市与奔萨市 Lanzhou and Penza City	俄罗斯 Russia	1998.09.20
6	兰州市与努瓦克肖特市 Lanzhou and Nouakchott City	毛利塔尼亚 Mauritania	2000.09.25
7	兰州市与乔利市 Lanzhou and Chorley City	英国 U.K	2000.09.27
8	白银市与奇姆肯特市 Baiyin and Chimkent City	哈萨克斯坦 Kazakhstan	1994.08.16
9	白银市与庞卡市 Baiyin and Ponca City	美国 U.S.A	2004.11.11
10	敦煌市与臼杵市 Dunhuang and Usuki City	日本 Japan	1994.09.27
11	敦煌市与镰仓市 Dunhuang and Kamakura City	日本 Japan	1998.09.28
12	武威市凉州区与鹿角市 Wuwei and Kazuno City	日本 Japan	2000.11.06
13	敦煌市与日光市 Dunhuang and Nikko City	日本 Japan	2007.01.14
14	敦煌市与南海郡 Duanhuang and Namhae City	韩国 South Korea	2007.01.20
15	兰州市与莱茨克瓦斯市 Lanzhou and Leskovac City	塞尔维亚 Serbia	2007.07.16
16	兰州市与阿尔贝省 Lanzhou and Albay Province	菲律宾 Philippines	2007.08.18
17	金昌市与邵尼市 Jinchang and Shawnee City	美国 U.S.A	2008.10.30
18	兰州市与楚梅布市 Lanzhou and Tsumeb City	纳米比亚 Namibia	2009.05.22
19	山丹县与塞尔温区 Shandan and Selwyn District	新西兰 New Zealand	2009.11.26
20	兰州市与罗马尼亚阿尔巴尤利市 Lanzhou and Alba Iulia City	罗马尼亚 Romania	2013.12.2
21	临夏州与吉兰丹州 Linxia and Kelandan State	马来西亚 Malaysia	2013.10.10
22	庆阳市与卡布拉罗市 Qingyang and Caprarola	意大利 Italy	2014.09.03
23	临夏州与库姆省库姆市 Linxia and Qom City	伊朗 Iran	2014.12.08
24	敦煌市与奥兰加巴德市 Dunhuang and Aurangabad city	印度 India	2015.05.15

续表

	友好城市名称	国家	结好日期
25	酒泉与全罗南道高兴郡 Jiuquan and Goheung County	韩国 Korea	2015.09.07
26	金昌市永昌县与博拉市 Yongchang and Bora	意大利 Italy	2015.10.13
27	敦煌市和奥摩尔市 Dunhuang and Amal	瑞典 Sweden	瑞典 Sweden

国俄克拉荷马州政府共同举行结好纪念活动，签署进一步加强交流合作协议书。创新办班模式，成功举办“第十期甘肃省国际交流员研习班”，来自21个国家的29名政府官员、智库学者和企业精英参加研习。组团参加“中美友好城市大会”“中印地方合作论坛”“中国—东南亚民间高端对话会”“第二届中非地方政府合作论坛”等国际会议和论坛。兰州大学、西北师范大学等省内17所高校与国内外知名高校共同发起成立“一带一路”高校战略联盟，以联盟交往促进人文交流合作。各市（州）着眼推进本地对外开放和经济社会发展，不断拓宽对外交往渠道。兰州市与吉尔吉斯奥什市、韩国浦项市、阿尔巴尼亚马拉卡特拉市、哈萨克斯坦曼格斯套州签署友好交流合作协议，陇南市和敦煌市分别与白俄罗斯格罗德诺市、意大利威尼斯市签署建立友好城市关系意向书。天水市、临夏州分别举办“中阿共建丝绸之路经济带天水合作交流暨阿拉伯国家驻华使节天水行活动”“2015临夏国际清真食品民族用品博览会”，影响和成效不断扩大。

【外事管理】围绕构建“大外事”格局，加强对全省各地各部门各单位涉外工作的统筹协调和资源整合，强化重要涉外事项的请示、报告和报备，外事归口管理进一步加强。严格执行中央有关规定，科学统筹因公出国（境）管理工作，先后制定出台《甘肃省关于从严规范管理跨地区跨部门因公临时出国团组的实施意见》《甘肃省因公临时出国审批程序》等多项管理规章和制度，编印《甘肃省因公临时出国（境）须知》。全年审批办理各类因公出国（境）团组532批1847人次，出访成效明显提升。建立并落实外宾来访团组部门、单位对口接待和省级领导会见外宾团组成果跟踪协调机制，全省接待外宾来访团组500余批4000多人次，接待工作的针对性、实效性明显增强。坚持服务与管理并举，先后邀请外国驻京记者团、日本外务省记者团、海外华文媒体负责人参访团、亚欧主流媒体采访团、日本新泻“一带一路”专题媒体采访团等来甘参观采访，为宣传推介甘肃发挥了积极作用。

【侨务港澳】贯彻落实省委书记王三运、省长刘伟平会见国务院侨办主任裘援平时达成的五点共识，着力推动侨务工作创新发展。配合省高访团组出访，成功举办马来西亚侨领侨商座谈会。完成第三届“中亚东干族华侨华人子女汉语国际教育专业本科学历班”50名学生的招生入学工作。承办“2015中华文化大乐园——华盛顿营”和“2015海外华裔青少年寻根之旅夏令营——甘肃营”活动。指导庆阳市、天水市、陇南市分别实施“侨爱工程——送温暖医疗队”和“归侨侨眷及其子女再就业培训班”项目。在兰州市、张掖市、白银市创建3个“全国社区侨务工作明星（示范）社区”。受理华人华侨、归侨侨眷来信来访62件（次），办结59件（次）。进一步加强陇港、陇澳交流合作，建立在甘港澳企业数据库和定期联系机制，服务的针对性和质量明显增强。利用侨务、港澳渠道和资源，助力甘肃省精准扶贫工作。先后筹措资金130万元，帮助武山县龙台乡贾山村实施人饮工程、教学设备援助、医务室设备购置及义诊等项目，并为积石山县柳沟乡杨山村募集水源项目资金100万元。

【自身建设】结合外事工作实际，不断健全完善党风廉政建设制度体系，先后制定《廉政约谈实施办法》《处级干部述纪述廉述作风实施办法》和《外事工作纪律》等多项制度，从源头上堵塞工作漏洞；严格落实党风廉政建设主体责任和“一岗双责”要求，层层签订《党风廉政建设责任书》，狠抓各项规定落实，确保党员干部廉洁从政。在机关深入开展“三严三实”专题教育，党员干部的思想素质明显提升。着眼甘肃省向西开放和丝绸之路经济带甘肃黄金段建设需要，与省商务厅联合举办第二期“甘肃省商务俄语短期培训班”，省直部门和省属企业的65名学员参加为期2个月的培训，并从两期参训人员中筛选10名优秀学员赴俄罗斯进行为期两周的延伸培训。与国家外文局教育培训中心在兰州举办“全省外事英语高级翻译培训班”，部分市（州）、省直部门、高等院校的118名学员参加培训。各地各部门各单位结合各自外事干部队伍建设实际，采取在职培训、挂职锻炼、院校深造、出国研修等多种形式，为干部成长成才创造条件、搭建平台。

省政府外事办公室领导班子成员名录

主　任　王代喜

副主任　樊向勤　张宝军

唐晓玲（女）　朱继君

省友协专职副会长　刘小林

（供稿：魏琨铭）

调查研究

【理论武装】扎实开展“三严三实”专题教育，认真学习习近平总书记系列重要讲话精神，精心组织开展党课教育、专题研讨和谈心谈话活动，采取发放书面征求意见表、召开座谈会、与干部谈心谈话、听取“双联”点意见建议等形式，认真查摆问题，深入剖析梳理，彻底加以解决，强化从严从实的行为规范，将“三严三实”内化于心、外化于形，努力推动形成积极向上、干事创业、风清气正的政治生态。紧密结合甘肃改革发展实际，围绕稳增长、促改革、调结构、惠民生、防风险等重大问题，每月开展一次集中学习研讨活动，15人次做专题发言，促进业务人员理论素养和业务水平不断提升。

【课题调研】紧扣省委、省政府工作大局，围绕深化改革、保障和改善民生、丝绸之路经济带、精准扶贫精准脱贫等重要课题及“十三五”发展战略前瞻性研究，坚持问题导向，深入分析问题形成机制，提出分析深刻、见地深厚、切实可行的问题解决对策建议。针对区域经济发展战略问题，完成《关于加快我省开发区发展的几点建议》《关于我省开发园区延伸产业链加强配套产业发展的思考》《把兰州新区综合保税区打造成对外开放先行区的建议》《推进国家生态安全屏障综合试验区建设的几点建议》等调研报告；针对产业开发培育新的经济增长极问题，完成《加快培育新增长点促进经济转型发展——对全省培育新增长点的调研报告》《我省科技企业创业孵化器发展建议》《农垦现代农业的示范作用》《关于推进马铃薯主粮化问题的调研报告》等调研报告；针对经济运行中出现的问题，完成《关于银行业金融机构支持地方经济发展的调研报告》《甘肃经济运行指标体系研究》《关于推进简政放权放管结合职能转变工作调研情况的报告》《规模以下服务业企业发展现状及问题调研报告》《居民消费新趋势新特征研究及预测分析》《我省推进PPP模式情况的调研报告》《保障性住房建设情况调研》等调研报告；针对社会管理中出现的问题，完成《甘肃人才发展政策机制研究报告》《关于金昌市全面放开户籍限制推进农民就地城镇化调研情况的汇报》《关于进一步深化省属科研院所改革的调研报告》《永登县人民医院综合改革试点情况调查》等调研报告，其中《甘肃人才发展政策机制研究报告》获得2015年中国发展研究奖三等奖；针对扶贫开发中出现的问题，完成《立足实际科学推进易地扶贫搬迁——基于陇南部分县（区）实施易地扶贫搬迁的思考》《对5县（区）9村贫困群众致贫原因分析和建议》《关于张掖市精准扶贫精准脱贫督查报告》《关于对庆阳市恳请省委省政府帮助解决的19个重大问题调研情况的汇报》等调研报告，调研成果得到省委、省政府主要领导和分管领导的重要批示，部分成果转化为省委、省政府的决策。

【文稿起草】起草省十二届人大三次会议和省十二届人大四次会议上的《政府工作报告》；起草《在全省民族工作会议暨第七次全省民族团结进步表彰大会上的讲话》《在全省精准扶贫精准脱贫工作会议上的讲话》《在全省项目观摩活动总结会上的讲话》《在藏区工作座谈会上的讲话》《在全省经济工作暨扶贫开发工作会议上的讲话》《在全省革命老区脱贫致富工作会议上的讲话》《在全省农村工作会议上的讲话》等省政府主要领导讲话稿；起草《甘肃省委甘肃省人民政府关于进一步支持革命老区加快全面建成小康社会进程的若干意见》《甘肃省人民政府重大行政决策专家咨询论证办法》《关于加快丝绸之路经济带甘肃段建设推进企业走出去开展国际产能合作的意见》等政策性意见。

【专项工作】按照领导小组安排，组织召开3次领导小组会议，专题研究规划修订、规划执行、产业培育、体制理顺等十个方面制约新区和“飞地经济”园区建设的问题，提出合理可行的解决方案；聚焦精准扶贫精准脱贫，积极开展“双联”行动，加大协调力度，积极协助“双联”村到相关厅局争取项目，多方协调争取资金60万元，着力解决“双联”村缺项目缺资金的实际困难和发展困境；认真开展全省16个观察点的常规调查和专项调查数据全部实行网上录入、审核和上报，顺利通过全国农村固定观察点办公室的审核；负责筹备召开省政府建立决策咨询专家库工作安排会议，负责推荐省政府重大行政决策专家库专家名单285名，遴选并提出专家库首批智库单位和十个领域专家121名。

省政府研究室领导班子成员名录

主　任　张军利

副主任　张永年　蒋江川　王华存

（供稿：赵锁成）

参事工作

【调查研究】参政议政工作紧贴省委、省政府中心工作。主动征求省委、省政府领导对2015年参事调研课题的意见，得到省委常委、宣传部长连辑，省委常委、统战部长冉万祥，副省长王玺玉、郝远等交办的丝绸之路（敦煌）国际文化博览会、加强中国特色新型智库建设、社会组织和基层开展协商民主问题、深入实施精准扶贫、省属科研院所的体制机制改革、推进企业领导人员队伍建设7项课题的研究题目。根据省委、省政府领导和相关部门的建议，组织省政府参事认真分析、深入研究、精心组织调查研究，提交完成7个调研报告和参事建议，得到省委、省政府领导批示和相关部门的反馈。

【建言献策】全年撰写上报报告30份。其中调研报告15份，调查评估报告3份，参事个人建议12份。《全省精准扶贫情况调研报告》《关于“双联”惠农贷款项目实施情况的调查评估的报告》《关于康县美丽乡村建设的调研报告》《龙头企业也能精准扶持贫困户》《关于金融助推精准扶贫的一大创新的报告》《关于对甘肃特色新型智库建设建议的报告》《关于文化产业趋“热”中要注意防“冷”的报告》《关于中医药在甘肃经济社会发展中地位作用问题的调研报告》《我省实施特定突发公共安全事件公众责任综合保险的建议》《关于推广水泥厂协同处置垃圾建议的报告》《关于全省农业保险情况的调查与建议》《关于建议我省引进太阳能光热发电技术的报告》《关于我省应急避难场所建设的建议》《关于设立甘肃丝绸之路博物馆建议的报告》《关于在东乡建立中医药助老长寿示范基地建议的报告》等15份报告得到省委、省政府领导37人次的批示。

2015 年 5 月，省政府参事调研组在广河县调研精准扶贫工作

【"三严三实"专题教育】根据省委《关于在县处级以上领导干部中开展"三严三实"专题教育活动》的要求，室党组认真安排部署，在机关党员干部中开展"三严三实"专题教育。党组中心组和机关党支部深入学习习近平总书记系列重要讲话精神，学习党章和党的纪律规定，学习焦裕禄、杨善洲、沈浩等先进典型事迹，从违纪违法案件中汲取教训。在个人自学基础上，重点分3个专题开展学习研讨，安排每两个月1个专题。专题一：严以修身，加强党性修养，坚定理想信念，把牢思想和行动的"总开关"。专题二：严以律己，严守党的政治纪律和政治规矩，自觉做政治上的"明白人"。专题三：严以用权，真抓实干，实实在在谋事创业做人，树立忠诚、干净、担当的新形象。召开"三严三实"专题民主生活会和组织生活会。县处级党员领导干部对照党章等党内规章制度、党的纪律，对照正反两方面典型，联系个人思想、工作、生活和作风实际，深入查摆"不严不实"问题，进行党性分析，严肃认真开展批评和自我批评。

【"双联"行动】在省参事室"双联"点天水市麦积区琥珀乡高方村，联系贫困户31户。在新增天水市麦积区渭南镇霍卢村精准扶贫村，选派一名科级干部担任村第一书记和工作队队员。协调资金70多万元，实施高方村村委会和文化广场建设，建成投入使用。配置价值3万元的10套体育健身器材，安装到村文化广场。落实高方村农村道路建设项目资金134万元，改善高方村内道路硬化问题。对新增的精准扶贫霍卢村，室领导带队进行对接，共商精准扶贫计划。计划对霍卢村实施完善村庄及村内巷道硬化、防洪、修建村委会、广场等7个项目。争取落实排洪沟治理工程资金30万元，村文化广场建设资金协调落实资金50万元，均开工建设。协调"一事一议"专项资金104万元。同时争取整村推进专项资金和新建村卫生室项目等。春节前赴高方村开展"双联"慰问活动，赠送价值2.8万元的慰问金和大米等慰问品。

【对外交流与合作】应台北市文化教育交流发展协会邀请，省政府参事一行12人，赴台湾进行为期7天的文化经贸交流考察活动，加强人文交流，传承传统文化，搭建文化经贸交流平台，促进陇台共同发展。省参事室全年接待国务院参事、兄弟省（市、区）参事室调研组15批（次）。通过考察调研，相互学习、相互交流，积极探讨新时期参事工作的好经验、好做法，促进全省参事工作的发展。选派2名参事参加国务院参事室在上海举办的第六期全国政府参事研修班。组织参事参加"上海第九届参事国是论坛"。

省政府参事室领导班子成员名录

主　任　李志荣

副主任　刘文亮

（供稿：刘卫平）

政协甘肃省委员会

重要会议

【全体委员会议】十一届三次会议1月27— 31日在兰州举行。会议应到委员590名，实到委员542名。会议听取并审议省政协主席冯健身代表省政协常务委员会所作的工作报告、省政协副主席黄选平代表省政协常务委员会所作的提案工作情况报告；审议通过政协第十一届甘肃省委员会第三次会议政治决议、政协第十一届甘肃省委员会第三次会议关于省政协常务委员会工作报告的决议、政协第十一届甘肃省委员会第三次会议提案委员会关于提案审查情况的报告。会议期间，委员们列席第十二届甘肃省人民代表大会第三次会议，听取并讨论省政府工作报告及其他重要报告，并通过大会发言、专题协商议政会、小组讨论和提交提案等方式，围绕全省经济、政治、文化、社会、生态文明建设中的重大问题和群众普遍关心的热点难点问题，积极协商议政、建言献策。大会收到提案817件，立案781件，占提案总数的95.6%。收到委员发言材料103篇，杨立勋、张耀南等31名委员分别就发挥政协立法协商作用构建依法治省新常态、加快推进丝绸之路经济带甘肃黄金段建设作大会和专题协商议政会口头发言。省委书记、省人大常委会主任王三运，省委副书记、省长刘伟平分别参加"推进协商民主"和"推进依法治省"专题协商议政会，与委员们深入交流。王三运强调，要认真学习贯彻习近平总书记关于加强社会主义协商民主建设的重大战略思想，进一步把好方向、健全制度、广开言路、协商为民，积极推进协商民主广泛多层制度化发展，为加快全面建成小康社会、建设幸福美好新甘肃凝聚智慧和力量。刘伟平希望各位委员继续发挥优势，积极建言献策，共同为推动依法治省作出贡献。省政协主席冯健身主持闭幕会议并发表讲话，要求全省各级政协组织和广大委员，自觉把思想和行动统一到中央和省委的决策部署上来，坚持发展这个硬道理不动摇，服务发展这个第一要务不懈怠，紧扣政府工作报告提出的各项目标任务，深入调查研究，积极议政建言，为促进全省经济持续平稳健康发展献计出力。

【常务委员会会议】第8次会议 1月25日在兰州召开。99名常委会组成人员出席会议。会议审议通过关于召开政协第十一届甘肃省委员会第三次会议的决定、政协第十一届甘肃省委员会常务委员会工作报告及报告人、政协第十一届甘肃省委员会常务委员会关于十一届二次会议以来提案工作情况的报告及报告人和有关人事事项；听取副省长王玺玉关于省政府对省政协2014年提案、建议案、调研视察报告和社情民意信息批示与办理情况的通报，省委办公厅关于2014年党委部门办理政协提案情况的书面通报。省政协主席冯健身主持开幕会并在闭幕会上发表讲话，副主席刘立军主持闭幕会。

第9次会议 1月30日在兰州召开。102名常委会组成人员出席会议。会议审议通过政协第十一届甘肃省委员会第三次会议补选常务委员候选人名单（草案）、政协第十一届甘肃省委员会第三次会议政治决议(草案)、政协第十一届甘肃省委员会第三次会议关于常务委员会工作报告的决议(草案)以及政协第十一届甘肃省委员会提案委员会关于甘肃省政协十一届三次会议提案审查情况的报告(草案)。省政协主席冯健身主持会议。省委常委、省委统战部部长冉万祥到会作有关人事事项的说明。

第10次会议 6月25—26日在兰州召开。92名常委会组成人员出席会议。会议审议通过省政协《关于制定我省"十三五"规划有关问题的建议案》《关于全面贯彻认真落实全省精准扶贫精准脱贫工作会议精神的决议》和有关人事事项。省政协主席冯健身主持开幕会并在会议结束时发表讲话。省委常委、常务副省长咸辉通报全省1—5月经济社会发展情况，省政协副主席张世珍就省政协《关于制定我省"十三五"规划有关问题的建议案》起草情况作说明。常委们围绕全省精准扶贫和制定"十三五"规划的会议主题议政建言。会议收到发言材料37篇，梁笑玉、卢有治等12位常委和有关调研组代表分别就完善精准扶贫评价机制提高扶贫资金使用效应、甘肃省"十三五"规划应确定生态立省战略等作大会发言。省委副书记欧阳坚应邀参加会议。省政协副主席刘立军主持闭幕会。

第11次会议 9月24—25日在兰州召开。75名常委会组成人员出席会议。会议审议通过省政协《关于简政放权及清理规范行政事业性收费有关问题的视察报告》《关于增强履职实效助推精准扶贫的意见》和其他事项。省政协主席冯健身主持开幕会并在会议结束时发表讲话。省政协副主席张景辉就省政协《关于简政放权及清理规范行政事业性收费有关问题的视察报告》起草情况作说明。常委们围绕推动简政放权及清理规范行政事业性收费会议主题，提出许多富有建设性的意见建议。会议收到发言材料31篇，刘芳芹、南明法等12位常委和有关调研组代表分别就加强统筹协调、稳步深化简政放权工作，进一步优化审批程序促进非公经济健康发展作大会发言。省委副书记欧阳坚，省委常委、省委统战部部长王玺玉，副省长杨子兴应邀参加会议。省政协副主席刘立军主持闭幕会议。

第12次会议 11月27日在兰州召开。94名常委会组成人员出席会议。会议学习传达中共十八届五中全会精神、全国政协十二届十三次常委会议精神、省委十二届十四次全委会议精神；审议通过有关人事事项和其他事项。省政协主席冯健身主持开幕会并在会议结束时发表讲话。省委常委、常务副省长咸辉代表省政府介绍全省国民经济和社会发展第十三个五年规划编制情况；省政协副主席刘立军传达中共十八届五中全会精神；省政协副主席德哇仓传达全国政协十二届十三次常委会议精神；省政协副主席张津梁传达省委十二届十四次全委会议精神。

重要活动

【全省"十三五"规划编制工作调研】 4月至5月，省政协主席会议成员带领4个调研组，围绕习近平总书记提出的转变经济发展方式、调整优化产业结构、加强生态文明建设、保障和改善民生等"十三五"时期需努力突破的着力重点，分别深入有关省直部门、市州县区、企业进行调研。经省政协十一届十次常委会议审议，形成《关于制定我省"十三五"规划有关问题的建议案》。建议案从现代物流业发展、加快推进全省社会养老服务业、生态建设和环境保护3个方面，提出加快兰州新区综合保税区和甘肃国际陆港建设及优化、完善辐射城乡的物流通道网络建设等28条具体意见建议，报送省委、省政府供决策参考。

【简政放权及清理规范行政事业性收费视察】 7月至8月，省政协主席会议成员带领4个视察组，分别深入兰州、白银、张掖、酒泉、平凉、庆阳、天水、定西8个市的基层单位、服务窗口、企业等，就简政放权及行政事业性收费清理情况进行视察。针对视察中发现的简政放权整体协同性不够、审批运行机制还需改进、事中事后监管制度和责任机制亟需建立、社会中介机构亟待加强规范等问题，召开常委会议研究分析，深入协商讨论，提出简政放权要统筹规划、协调推进；审批权限下放要坚持权责对等、能力配套；加快完善行政审批长效机制等8条意见建议。形成省政协《关于简政放权及清理规范行政事业性收费有关问题的视察报告》报送省委、省政府。省政府主要领导作出批示，对报告提出的建议组织有关部门逐个研究完善整改措施，促进政府职能转变取得好成效。

【月协商座谈会】先后就推进“两个共同”示范区建设、依法维护残疾人权益、非物质文化遗产保护传承、深化国企改革、推动高等院校科技创新成果转化、推进重化工业转型升级、民族地区畜牧业发展、推进精准扶贫、丝绸之路文化旅游融合发展、学前教育发展等组织召开月协商座谈会，向省委、省政府报送10个专项建议，得到省委、省政府的高度重视。

【精准扶贫精准脱贫】争取国家对甘肃省脱贫攻坚支持力度。全国政协十二届三次会议期间，驻甘全国政协委员呼吁国家加大对西部地区的支持力度，牵头促成的中共界别第一份集体提案，被确定为全国政协重点提案，转交国家相关部门办理。在六盘山片区陕甘宁青四省（区）政协主席联席会议上，全面介绍“1+17”精准扶贫工作部署，联名向全国政协提交《六盘山片区全面建成小康社会现状分析及对策建议》，全国政协主席俞正声将此建议批转国家发改委研究落实。紧盯精准扶贫精准脱贫建言献策。召开精准扶贫月协商座谈会，围绕落实好“1+17”精准扶贫工作方案，就宣传扶贫政策、金融对接产业、整合资源平台等开展协商讨论。推动“双联”行动与精准扶贫深度融合。以开展“能力提升年”活动为主线，做到“四个坚持”。坚持领导带头、破解发展难题。主席会议成员带头贯彻中共甘肃省委要求，发挥牵头协调作用，召开“双联”协调推进会。省政协联系的51个贫困村富民产业初具规模。坚持委员助推、发挥整体优势。出台《关于全面贯彻落实全省精准扶贫精准脱贫工作会议精神的决议》和《关于增强履职实效助推精准扶贫的意见》，动员组织广大政协委员投身精准扶贫主战场。开展“政协委员话扶贫”活动和“委员助推双联行动”，委员参与率92.8%。坚持搭建平台、突出示范引领。召开“双联”与精准扶贫“互学互看”现场会。坚持驻村帮扶、强化工作力量。选派28名优秀干部担任驻村工作队队长和村党支部第一书记，落实“双联”干部轮流驻村工作制度，加强实地督查考核。

【“三严三实”专题教育】领导带头讲党课，召开专题教育党课报告会，省政协党组书记、主席冯健身率先垂范，为机关全体党员干部作专题党课辅导，党组其他成员为分管部门党员干部作专题党课辅导；开展专题学习研讨，围绕3个教育专题，开展7次学习研讨会；召开专题民主生活会，围绕查摆出的11个“不严不实”问题，开展批评和自我批评；开展主题系列活动，举办“践行‘三严三实’争做陇原先锋”主题演讲赛、“迎国庆展新貌树新风”专题书画摄影展、“三严三实”主题征文、离退休老领导老同志老党员庆祝建党94周年主题党日活动等专题教育系列活动；开展“为官不为”“庸懒散慢”“两好两促”等专项整治行动。

【举办省政协委员学习培训班和全省政协干部培训班】4月21—22日，省政协委员学习培训班在兰州举办。省政协主席冯健身参加学习。培训班邀请省政协委员、省委党校常务副校长范鹏，兰州大学法学院院长刘志坚，中国人民大学经济安全与创新战略中心主任、中央电视台财经频道评论员马光远分别作题为《建设社会主义协商民主，完善社会主义民主政治》《洞悉法治理性，科学推进依法治国》《经济大变局与全民创业时代——2015年中国宏观经济分析及政策应对》的专题辅导讲座。驻甘全国政协委员、省政协委员和省政协机关干部参加学习。省政协办公厅和省委组织部联合举办“全省政协领导干部培训班”，分两期对106名市（州）、县（区）政协领导和省政协机关厅级、处级干部进行培训。

【全国政协副主席卢展工来甘调研】6月28日至7月1日，全国政协副主席卢展工一行来甘，就“发挥中华优秀传统文化在培育和践行社会主义核心价值观中的作用”开展专题调研。省委书记、省人大常委会主任王三运，省委副书记、省长刘伟平，省政协主席冯健身，省领导虞海燕、夏红民、栗震亚及省政协秘书长石晶分别陪同调研或参加汇报座谈会。卢展工一行先后到兰州市大雁滩社区文化活动中心、金城关文化博览园、七里河小学、八路军驻兰办事处纪念馆、敦煌市博物馆、敦煌莫高窟等地，就甘肃省文化遗产保护传承、社区公共文化服务体系建设、优秀传统文化传承教育等情况进行实地考察调研。

【全国政协副主席王正伟来甘调研】7月2—5日，全国政协副主席、中央统战部副部长、国家民委主任王正伟带领国家民委调研组来甘，就中央民族工作会议精神贯彻落实情况和民族地区全面建成小康社会进展情况开展专题调研。省委书记、省人大常委会主任王三运主持汇报会，省委副书记、省长刘伟平汇报全省民族工作情况。省领导欧阳坚、咸辉、李建华、王玺玉、马青林、刘立军及省政府秘书长张生桢分别陪同调研或参加汇报座谈会。

【承办中国人民政协理论研究会第二届理事会第二次常务理事会暨2015年度人民政协理论研讨会】会议9月8—9日在兰州召开。全国政协副主席兼秘书长、中国人民政协理论研究会会长张庆黎出席会议并讲话。省委书记、省人大常委会主任王三运出席会议并讲话。省政协主席冯健身出席会议并发言。全国政协文史和学习委员会驻会副主任、中国人民政协理论研究会副会长兼秘书长陈惠丰主持会议。中国人民政协理论研究会副会长、中国人民政协理论研究会常务理事、部分理事和专家学者出席会议。会议通报中国人民政协理论研究会换届以来的工作，审议有关人事事项，并以“加强社会主义协商民主建设与人民政协”为主题进行深入交流研讨。

专门委员会工作

【提案工作】全年收到提案848件，审查立案811件并全部办理完毕。加大省委、省政府领导阅批督办、主席会议成员协商督办、有关部门现场督办和政协各部门协商督办力度，提高提案工作实效。组织召开省政协推进“两个共同”示范区建设提案办理协商座谈会，形成《关于推进“两个共同”示范区建设的建议》报送省委、省政府。在临夏州召开全省政协提案工作经验交流暨培训会。就“省供销社目前存在的问题”进行调研，形成《关于重视和发挥供销系统为农服务优势的建议》报送省委、省政府，省长刘伟平作出批示。联合科教文卫体委员会对陇桥学院、博文学院等民办高校进行调研，形成并上报《关于加快我省民办高等教育发展的建议》，省长刘伟平、副省长郝远作出批示。配合全国政协就“甘肃省陇南精准扶贫工作”和“黄河中上游生态环境保护”进行调研。

【社会和法制】参与省政协“十三五”规划编制调研和“简政放权及行政事业性收费清理情况”视察活动。就“依法维护残疾人权益问题”组织召开月协商座谈会，形成报告上报省委、省政府，副省长夏红民作出批示。赴兰州、天水等地就“构建和谐劳动关系”进行调研，形成报告上报省委、省政府。赴甘肃省机场建设集团就“兰州中川机场三期工程建设中相关问题”进行调研。积极开展立法协商，组织委员对《2013—2014年度全省法院行政案件司法审查报告》《关于确定我省掩饰隐瞒犯罪所得、犯罪所得收益罪数额标准的征求意见函》等法律法规提出修改意见和建议。对《甘肃省节约用水条例》和《甘肃省养老服务条例》等立法计划提出意见建议。协助全国政协社会和法制委员会在甘开展《道路交通安全法》专题调研活动。认真督办《关于进一步加强我省农村道路交通安全》等6件重点提案。报送《关于加强我省地方立法工作的若干建议》等社情民意信息8篇。

【文史资料和学习】组织开展关于中华伏羲文化的专题调研，向省委、省政府报送《中华伏羲文化传承弘扬报告》。就“非物质文化遗产传承保护”组织召开月协商座谈会，形成《省政协非物质文化遗产保护传承协商座谈会意见和建议》上报省委、省政府，副省长夏红民作出批示。组织开展“政协委员进高校活动”。出版《陇原抗战烽火》献礼抗战胜利70周年。完成《西部大开发在甘肃》（上、下卷）和《决战贫困》（上、下卷）编纂出版工作，展示甘肃省在西部大开发和扶贫攻坚进程中取得的辉煌成就。完成《保安族百年实录》《西北戏剧经典唱段》（1—5册）的出版工作及《东乡族百年实录》《裕固族百年实录》初稿编纂工作。编辑《学习参考资料》6期。

【经济调研与建议】参与省政协“十三五”规划编制调研和“简政放权及行政事业性收费清理情况”视察活动。组织召开省政协全省经济运行座谈会，向省委、省政府报送《省政协关于解决当前全省经济运行中有关问题的建议》。筹办省政协“我省国有企业改革问题”月协商座谈会，形成《关于对我省深化国有企业改革的建议》上报省委、省政府，省长刘伟平、副省长黄强作出批示。提出《关于进一步加强职业经理人制度建设的提案》《关于完善对国有企业领导人员的考核办法的提案》等集体提案，报送社情民意信息7篇。配合全国政协经济委进行“优化新能源布局，促进风电光伏产业健康发展”专题调研，形成调研报告报送省委、省政府，省长刘伟平、常务副省长咸辉作出批示。就“民勤县新能源产业发展”进行专题调研，形成《关于民勤县新能源产业发展的调研报告》。

【人口资源环境】参与省政协“十三五”规划编制调研活动，形成《关于生态文明建设“十三五”规划制定的意见建议》，提交省政协十一届常委会议审议。深入华电、陇星等企业就新能源企业发展面临的困难和问题进行调研，提出意见建议，报送有关部门决策参考。组织省政协委员和有关专家就美丽乡村顶层设计问题进行视察和座谈讨论。就省政府制定的《甘肃省石油勘探开发生态环境保护条例（修订送审稿）》提出修改建议。组织召开“新常态下甘肃重化工业转型升级”月协商座谈会，形成《省政协关于新常态下甘肃重化工业转型升级面临的主要问题及建议》报省委、省政府，省长刘伟平、副省长黄强作出批示。配合全国政协开展“资源枯竭城市转型发展”调研工作。完成辽宁、重庆、四川、湖南政协来甘调研的相关工作。

【科教文卫体】参与省政协“简政放权及行政事业性收费清理情况”视察活动。就“我省高校科技创新成果转化的难点与对策研究”“我省学前教育发展情况”召开月协商座谈会，分别形成建议案上报省委、省政府。赴甘南、临夏就农牧区包虫病防治情况进行专题调研，形成《我省农牧区包虫病防治情况的调研报告》上报省委、省政府，副省长夏红民作出批示。组织开展体育场馆建设情况调研，形成《关于我省体育场馆建设情况的调研报告》。深入定西、平凉就“公立医院改革中中医药特色优势发挥情况”进行专题调研，形成《关于我省公立医院改革中中医药特色优势发挥情况的调研报告》，省长刘伟平、副省长夏红民作出批示。赴白银市就“亮睛点工程进展情况”进行调研，形成《关于白银市亮睛点工程进展情况的报告》，省政协主席冯健身作出批示，并转报白银市委、市政府。赴敦煌市和瓜州县就世界文化遗产保护和利用情况进行调研。

【民族和宗教】深入临夏、甘南就加快民族地区畜牧业发展进行调研，并组织召开省政协“关于加快推进我省民族地区畜牧业发展”月协商座谈会，形成《关于加快推进我省民族地区畜牧业发展的建议》报省委、省政府，省长刘伟平、副省长杨子兴作出批示。就散杂居地区民族乡经济发展进行调研，向省委、省政府报送《关于我省散杂居地区民族乡经济发展情况的调研报告》。组织召开市（州）政协和民族自治县政协民族宗教工作交流研讨会。配合全国政协调研组，分别就全省《宗教事务条例》贯彻落实情况和“一带一路”建设涉及的民族宗教工作进行调研。走访看望少数民族和宗教界代表人士，听取他们对贯彻党的民族宗教政策和政协民族宗教工作的意见建议。开展以体察民情、助推“双联”等为主要内容的委员界别活动。在甘南州碌曲县西仓乡唐龙多村参与维稳工作。

【港澳台侨和外事】会同有关单位深入省内28个基层站点和云南、黑龙江等省就“我省丝绸之路经济带建设中的文化与旅游融合发展问题”进行调研，组织召开月协商座谈会。密切联系省政协港澳委员，及时向委员通报甘肃省经济社会发展情况。组织发动省政协港澳委员参与“委员助推双联行动”，为联系点硬化道路、重建小学捐款捐物；在香港委员周伯展的争取和倡导下，香港友人钱焕棠伉俪在临洮县捐建扶贫眼科中心。发动组织省政协委员、澳门镜平学校校长黎世祺及师生捐款46120元人民币，支持民勤县荒漠化治理，增进港澳委员与贫困地区群众之间的交流和了解。协调港澳委员投资项目落地投产，支持甘肃省经济社会发展。组织省政协港澳委员及企业家开展“港澳委员省情考察”活动。

【农业和农村工作】参与省政协“十三五”规划编制调研和“简政放权及行政事业性收费清理情况”视察活动。深入六盘山特困片区，就“六盘山片区全面建成小康社会短板和对策建议”进行调研，形成《关于甘肃省六盘山片区全面建成小康社会情况的报告》，在四省（区）政协主席联席会议上印发。赴武威、张掖两市的4个县（区），对农产品质量安全进行调研，形成建议报送省委、省政府。组织召开“精准扶贫月协商座谈会”，形成《关于扎实落实“1+17”精准扶贫工作方案的建议》，报省委、省政府决策参考。组织相关专家，深入河西、定西就“我省马铃薯主粮化问题”进行调研，形成《对我省积极实施马铃薯主粮化战略的建议》报省委、省政府。组织召开“全省农业和农村经济形势座谈会”，形成《关于当前我省农业和农村经济发展的建议》《关于新常态下发展绿色农业的建议》报送相关部门。

政协甘肃省委员会领导班子成员名录

主　席　冯健身
副主席　德哇仓（藏族）　刘立军
　　张津梁　黄选平（回族）
　　栗震亚　张世珍
　　张景辉　李沛文
　　马文云（东乡族）
秘书长　石　晶
副秘书长　张海亚　赵祥明
　　王忠民　钟进良（女）
　　薛陇平　陈　强　杜尊贤

省政协工作部门领导成员名录

办公厅
主　任　王忠民
副主任　张效林

研究室
主　任　张永贤
副主任　张晓军

委员工作委员会
主　任　白星伟
副主任　蔡保成　张　纯

省政协专门委员会领导成员名录

提案委员会
主　任　孙　杰
副主任　石玉亭　左灿湘　赵志德
　　周　生　武来银　卢效东
　　马秉虎　邓少军　刘玉云
　　韩慧群

社会和法制委员会
主　任　盛世高
副主任　张兴照　张兴中　南明法
　　王　俊　刘如厚　杨成堂
　　董晓强　徐亚荣（女）
　　曹晓琴（女）　张卫东
　　沈兴国

文史资料和学习委员会
主　任　张余胜
副主任　陈炳璋　祁振仓　李志强
　　史振业　金庆礼　孟　臻
　　陈　彪　李　虎
　　张蕊兰（女）　王汝锋
　　李效龙　张正雄　樊东虎

经济委员会
主　任　马艾武
副主任　卢有治　程　剑
　　梁传密　王龑明　王志贵
　　李政华　胡秀龙（女）
　　孙晓文　姚世宏
　　刘芳芹（女）　赵一红

人口资源环境委员会
主　任　李　平
副主任　张家渔　马湘贤　王廷德
　　徐文善　陈　汉　侯云生
　　王晓明　张文礼　田生荣
　　侯文彬　王联群
　　卢有治　李玉平

科教文卫体委员会
主　任　杜孟嘉
副主任　周天佑　李维平　王兴隆
　　李卫国　杜松奇　潘　峰
　　王泉清　刘建平　马成洋
　　张怡静（女）

民族和宗教委员会
主　任　邢永安
副主任　周永革　沙仲才
　　丹智草（女）　戴　耿
　　崔新生　马秀萍（女）
　　冯玉祥　卫孺勤
　　王辉宙　张　麟

港澳台侨和外事委员会
主　任　黄周会
副主任　李玉梅（女）　张　翀
　　王仲勤　于树清
　　喜文华　焦　清
　　纪新民　王辉宙
　　罗继存　梁俊琦

农业和农村工作委员会
主　任　高清和
副主任　路泽生　张正谦
　　何水清　周秀山
　　杨俊杰　马保平
　　钱加绪　窦新生
　　薛宗林　赵正祥
　　赵鲁平（女）　付怀明

（供稿：秦跟平　尚　星）

民主党派与工商联

中国国民党革命委员会甘肃省委员会

【政治协商】民革省委会领导班子成员在中共甘肃省委重点调研协商会上，分别围绕少数民族干部队伍建设、扶贫资金使用、产业集群发展等发言；在省政府工作报告征求意见座谈会上，就推进依法治省、发展现代农业、推进文化传承创新、完善社会治理等方面提出建议；在省政协常委会、专题协商议政会及月协商座谈会上，就强化党委政府主体责任、推进政协协商民主实践，整合优化审批流程、创建高效服务环境发言。

【调查研究】按照省委统战部确定的3个重点协商课题，分别赴甘南、临夏、天水、定西、张掖、酒泉、嘉峪关开展调研。组成"生态文明体系建设"和"法官员额制度改革"调研组，赴白银、兰州新区、甘南、临夏开展调研。邀请民革中央副主席郑建邦赴酒泉两个少数民族自治县，就民族地区经济社会发展开展调研，形成打造向西开放丝绸之路战略新通道、精准确定艰苦边远地区机关事业单位津贴类别等建议案。邀请民革中央副主席何丕洁就全省荒漠化治理和生物治沙技术应用开展调研。围绕数字社区建设、农民专业合作组织发展、农产品品牌建设等问题，民革各市级委员会开展联合调研，形成调研报告。

【提案工作】向省政协十一届三次会议提交集体提案15件，大会发言2篇。在"两个共同"示范区建设月协商座谈会上，《关于推动甘川青三省藏区结合部国家级生态旅游示范区建设的提案》被选为代表性提案进行专题协商办理。主委郭层城向全国政协会议提交的《关于在"一带一路"大背景下推进"两区域三通道"战略的提案》得到统一战线服务"一带一路"网络媒体丝路行采访团的关注。民革省委会提交的《关于加强城乡社区建设的提案》和杨利亚、杨肃昌、包锐、孙红中、白玉等6位党员提交的个人提案被评为省政协优秀提案。在民革中央开展的省级组织参政议政优秀成果表彰活动中，民革省委会报送的《关于促进腾格里沙漠南缘风沙源综合治理的提案》《开拓三个通道，实现战略西进，重振丝绸之路》分获二、三等奖。

【社情民意】向民革中央、省委统战部和省政协报送社情民意26篇，《发挥政协立法协商作用,构建依法治国新常态》《关于推进燃油升级防治大气污染的建议》等被省政协采纳。民革党员董治平向省政府参事室提交的《关于我省应急避难场所建设的建议》，得到时任副省长王玺玉批示。民革省委会被评为"省政协反映社情民意工作先进集体";孙晓钢、杨肃昌、赵鲁平、袁斌才、杜擂升、魏娜等6位民革党员被评为"省政协反映社情民意工作先进个人"。

2015年10月14日，民革中央副主席郑建邦（前排中）一行与民革甘肃省委会共同就民族地区经济社会发展问题在酒泉市调研

【组织建设】全年发展新党员2批138人，发展速率4.42%，净增率4.49%。全省共有党员3229人，市、区委员会17个，各级组织166个。推荐20人参加民革中央和省委统战部在中央社会主义学院举办的专题研讨班、骨干成员培训班，推荐1人参加省委党校中青班，推荐6人参加省委党校从政履职培训班，安排5人旁听省人大常委会和省人代会。举办全省新党员培训班和后备干部培训班，150人参加学习。民革白银、定西市委会完成届中调整工作。

【思想宣传】组建抢救性采集民革前辈史料视频拍摄工作小组，历时半年，采集包括黄埔老人、抗战老兵、民革老领导在内的12位民革前辈的影像资料。在民革前辈史料采集工作评选中，民革省委会被民革中央评为先进单位。举办纪念中国人民抗日战争胜利70周年座谈会和征文活动，出版纪念专辑。制作纪录片《民革老人的点滴回忆》进行展演。兰州邓家花园、天水邓宝珊将军纪念馆被民革中央列为民革党史教育基地。主委郭层城撰写的《唱响参政议政好声音，共谱多党合作事业新篇章》《战火硝烟散尽，抗战精神永存》等署名文章相继在《团结报》发表。民革省委会宣传处、兰州市直属七支部被评为"民革全国宣传思想理论工作先进集体"，党员张层林、张欣、何津春被评为"民革全国宣传思想理论工作先进个人"。对《团结报》甘肃记者站进行改组，聘请民革党员徐晋林担任站长。

【台情研究】邀请民革中央副主席郑建邦就"关于当前台湾形势和对台工作"作专题辅导报告。邀请省台办负责人在新党员培训班上作台海形势报告。民革省委会祖统委员会上报的《关于加快甘肃海峡两岸交流基地建设的提案》作为集体提案提交省政协十一届三次会议，助推泾川县西王母宫成为全省首个国台办批复的海峡两岸交流基地。特邀撰稿人云立新撰写的《加强对台湾选举中各方竞选主张和博弈策略研究》在《台湾研究》发表。编发《宝岛瞭望》2

期，宣传大陆对台政策、两岸时政要闻及省委会对台工作。

【祖统联谊】组织祖统委员、在兰台胞台属、《台湾研究》特邀撰稿人开展新春联谊。与民革兰州市委会联合召开中秋茶话会。与甘肃中华职业教育社组织党员赴台参访交流，拜会台湾中华擎天协会、台湾职工教育和职业培训协会、甘肃同乡会，重点考察台湾现代农业和职业教育，与台湾社团组织和基层民众互动交流，加深了解、建立友谊。台湾胜利国际集团公司董事长王国进专程拜访民革省委会，就加强陇台两地经贸、文化发展等方面进行交流。

【"双联"行动】全年组织机关干部进村入户11次，选派2名干部分别任驻村帮扶工作队队长、村第一书记。助推帮扶点积石山县肖红坪村易地搬迁项目正式启动实施，项目占地8700平方米，投资近3000万元，并为该村新建的文化健身广场申请配置健身器材，给村幼儿园捐赠价值4万元的教学设备。民革省委会被中共积石山县委、县政府授予"民心奖"。民革党员俞贵勤、陈飞、顾克伟被省政协评为"全省助推双联行动先进政协委员"，民革党员王廷祥被省人大评为"全省各级人大代表联村联户行动先进个人"。

【社会服务】承办"民族魂——纪念中国人民抗日战争暨世界反法西斯战争胜利70周年美术作品展"兰州巡展，民革中央副主席何丕洁出席巡展活动开幕式。组织部分书画家赴宁夏采风，并开展送书画下乡活动。组织开展法治教育进社区活动。联系大爱清尘基金联合会，以平凉、白银为试点开展"寻救中国尘肺病农民兄弟大行动"。甘肃画院举办纪念中国人民抗日战争胜利70周年书画展。

中国国民党革命委员会甘肃省委员会领导班子成员名录

主　委　郭层城

副主委　蒲志强　杨利亚　陈　强
　　　　孙晓钢　梁笑玉　杨立勋

（供稿：董小平）

中国民主同盟甘肃省委员会

【重点调研】将"煤化工产业转型发展"作为2015年重点调研，依托专门委员会基础力量，邀请政府相关部门负责人和科研院所专家，历时3个月，赴华亭煤业、靖远煤业和窑街煤电等能源化工企业进行实地调研，先期形成《我省煤炭行业亟待扶持走出困境》的建议，省委书记王三运、省长刘伟平和副省长黄强先后作出批示，要求国资委、工信委研究落实。着眼于全国煤化工产业战略升级大背景，从如何在做实产业发展规划、推进产业集中区建设、开发核心竞争力、实现绿色可持续发展等方面发挥作用，通过反复论证，凝练成《关于推动西北地区煤化工产业发展》的建议，上报民盟中央，调研成果在推动供给侧改革、大型国企并转解困等方案中得到采纳。

【政治协商】结合调研就《省委省政府关于扎实推进精准扶贫工作的意见》及配套方案提出意见建议，其中增加生态环保扶持以支持扶贫工作的单项建议得到省委主要领导的重视采纳，并形成"1+17"精准扶贫方案中的单项支持配套方案。盟省委班子成员多次参加省委、省政府、省政协召开的恳谈会、协商会，就"十三五规划"编制、政府工作报告、2016年经济工作、党外干部少数民族干部培养、推进贫困地区基本公共服务均等化、新常态下的教育均衡发展等问题提出建议，得到省委、省政府的重视和采纳。

【提案工作】在省政协十一届三次会议上，围绕城乡统筹发展、医疗卫生事业改革、生态环境保护等专题向大会提交书面发言3件、提案20件。《关于将敦煌升格为地级市的建议》和《先行先试，加快建立生态补偿机制》的大会发言被《西部商报》《兰州晨报》、甘肃卫视等媒体特别关注和广泛宣传。《关于加强银行信贷支持，推进我省非公经济发展的提案》和《关于提高支农惠农政策落实质量的提案》被政府部门采纳。《关于加快培育我省新型农业经营主体的提案》《关于加强我省历史文化名镇名村保护建设的提案》《关于建立完善甘肃省矿产资源开发生态补偿机制的提案》被列为主席督办提案。

【论坛研讨】甘肃、福建两省盟组织联合兰州新区管委会，共同举办以"创新驱动·产业对接"为主题的第二届"一带一路"文化与产业发展研讨会，形成一系列学术成果。甘肃省福建商会和兰州新区在会议期间进行产业对接、跨区域合作，签订投资20亿元建设物流产业园的框架合作意向。积极谋划组织参加民盟中央举办的教育论坛、经济论坛和北方生态论坛，提交的《西北经济欠发达地区民办幼儿园教师队伍建设现状调查研究》获优秀论文奖；《丝绸之路经济带战略视角下甘肃外向型经济的发展》和《风沙危害生态修复与沙产业》被选为大会发言。

【社情民意】修订《民盟甘肃省委社情民意信息工作办法》，加强信息员队伍建设，建立畅通的信息网络，注重挖掘信息亮点，力求真实、重视质量、突出特色、注重时效。全年向全国政协、民盟中央、省政协、省委统战部上报信息80余篇。其中，《关于支持甘肃加快建立生态补偿机制的建议》获得省长刘伟平批示，要求省发改委研究处理；《知己知彼，远谋近施，全面提升我省向西开放服务能力》建议得到省委副书记欧阳坚批示，要求外办研究落实。

【联村联户】坚持把精准扶贫与"双联"行动深度融合，着力打好"两张牌"：打摸底牌，精准制订发展规划和帮扶计划。组织机关干部深入农户，发放爱心联系卡，建立对口帮扶关系，摸清真实情况，制订发展规划和帮扶计划因村因户施策。打项目牌，破解村庄建设投资少的问题。针对古浪县古浪镇联泉村和十八里铺乡赵家庄村建设项目少，村庄建设严重滞后的问题，协调衔接项目资金133万元，其中脱毒马铃薯原种繁育基地建设项目73万元，牛羊养殖基地建设项目30万元，文化活动室、日间照料中心基础设施建设30万元。通过牵线搭桥、引进合作，协调景电管理局立项赵家庄水利提灌工程，联系民盟上海市委捐赠30台电脑。

【教育帮扶】发挥民盟主界别优势，助推教育均衡发展，以“请进来、送出去”的形式，邀请江苏名师教学团、北京新东方科技教育集团赴天祝县和榆中县开展教师培训工作，培训贫困地区农村教师650人；选送31名贫困地区骨干教师赴青岛市、常州市学习培训；联合山东、贵州盟省委在青岛举办“民盟农村教育烛光行动——2015年青岛国开第一中学‘烛光行动’培训教师暑期班”，培训贫困地区教师51名。实施“素质教育提升工程”，在平凉市崆峒区、甘谷县、华亭县、古浪县和永登县开展专题讲座，3000多名教师聆听报告。

【医疗扶贫】把促进贫困地区医疗卫生事业发展作为改善民生的重点工作，联系民盟中央，协调增爱公益基金会在古浪县开展“民盟增爱义诊西部行”活动，免费为800名患者提供诊疗服务，为乡村一级卫生所捐赠50万元的医疗检测设备，对300名医疗人员进行技能培训。组织盟内医疗专家在白银市平川区复兴乡开展“送温暖、献爱心”活动，开展免费义诊500多人，培训医务人员100多人，发放8000多元药品。

【社会帮教】响应民盟中央打造“黄丝带”帮扶计划品牌的号召，联合甘肃省劳教局、兰州市司法局开展“6·26国际禁毒日”主题帮教活动，通过法律讲座、心理咨询等多种形式帮助服刑人员1200余人，向劳教人员赠送8000余元的生活用品。

【主题教育】把民盟优良传统教育作为坚持和发展中国特色社会主义学习实践活动的重点，在新中国成立66周年、抗日战争胜利70周年、费孝通先生逝世10周年之际，开展形式多样的纪念活动，重温多党合作中民盟的光荣历史；筹建甘肃盟史馆，推动民盟传统教育基地建设，宣传民盟前辈的家国情怀、道德风范和人格魅力，引导广大盟员做传承民盟精神的组织者、参与者和实践者。

【新闻宣传】加大对盟省委重大活动、履职亮点的宣传力度。2015年在中央和省级媒体刊发有关甘肃民盟的报道和署名文章330篇。《甘肃盟讯》坚持宣传热心盟务工作且本职工作业绩突出的代表性盟员。甘肃民盟网站全面改版，做好专题策划，适时开设“纪念抗日战争暨世界反法西斯战争胜利70周年”“学习中央统战工作会议精神”等专栏，发布消息1709条，图片3000余张，点击量达91280人次，用履职成果鼓舞盟员。发挥微信、QQ群、短信平台、微博等新媒体的作用，提高盟务工作信息化、网络化水平。

2015年10月，第二届“一带一路”文化与产业研讨会与会人员考察兰州新区综合保税区

【理论研究】围绕发挥政党协商的独特作用、政党协商民主的实践与创新、加强履职能力建设等课题深入研讨，完成60多篇具有较高价值的理论研究成果，编印4期《理论动态》。《社会主义协商民主存在的问题及原因分析》获民盟中央理论研究成果二等奖，《新时期政党协商保障机制建设问题研究》中标民盟中央2015年度理论研究课题，并形成较高理论研究成果。

【队伍建设】科学制定《2015年组织发展计划》和《2015年度发展指标》，明确组织建设工作的总体思路、建设目标和具体内容。在发展规划和年度目标的引领下，各级盟组织兼顾发展质量和数量，注重优化年龄和界别结构，下大力气发展一批热爱民盟事业、符合民盟特点、学历层次较高、民盟工作亟需的代表性人士和新社会阶层的优秀人才。全年发展新盟员361人，新盟员平均年龄36.7岁，平均发展率4.6%，平均净增率3.63%，盟员结构呈现出高层次、年轻化的趋势。全省盟员总数达到8117人。完善后备干部队伍人才库，做好省、市级组织后备干部推荐和协商工作，一批德才兼备、年富力强、热心盟务的优秀盟员进入各级领导集体后备队伍，为搞好政治交接、更好履行参政党职能打实基础。赴嘉峪关、酒泉、张掖、金昌四地，围绕组织发展、班子构成等，征求意见、沟通协商，为换届工作顺利完成打基础。做好干部培训工作，先后选派7批21名盟员参加中央和省级各类培训研修班学习，在辽宁社会主义学院举办2期“全省专职干部培训班”，举办2期骨干盟员、新盟员培训班，形成多层次的干部培训模式。贯彻落实《民盟中央关于进一步加强基层组织建设的意见》，坚持领导干部联系基层工作制度。班子成员走访甘肃中医药大学委员会、兰州财经大学委员会、兰州文理学院支部等盟组织所在单位党委及其统战部门，参加各级基层组织生活会，带动基层组织活动的开展。30个基层组织分别被盟中央和盟省委授予“基层组织建设先进基层组织”称号。

中国民主同盟甘肃省委员会
领导班子成员名录

主任委员　张世珍
副主任委员　周　鹰　阎奋民
　　王建林　褚衍东
　　郭玉芬（女）　魏其奎
　　刘　刚　雷自强
秘书长　周洁民

（供稿：汪新弟）

中国民主建国会甘肃省委员会

【参政议政】2015年，民建省委会向省政协十一届三次全委会议提交集体提案10件、大会发言1篇。内容涉及精准扶贫、文化产业集群发展、甘肃省战略性新兴产业核心竞争力提升等方面，受到办案单位好评。在省政协常委会和月协商会上，省委会围绕政党协商、精准扶贫、民营企业发展等问题作3次发言。民建省委会主委向全国政协十二届三次会议提交的《关于尽快核准建设酒泉至湖南±800千伏特高压直流输电工程的建议》受到国家能源局的好评，表示“将督促电网公司加快工程建设进度，确保按期投产”。各级组织利用政协全委会议、常委会议、协商会议等平台，提交的提案和大会发言，有的被评为主席督办提案，有的被评为重点提案，有的得到当地主要负责人批示，有的在争取国家政策、资金支持等方面发挥积极作用。

【专题调研】民建各级组织聚焦全省经济社会发展中的热点、难点、关键点，围绕甘肃省积极适应经济发展新常态、全面深化改革、推进法制甘肃和华夏文明传承示范区建设、促进丝绸之路甘肃段发展、加快贫困地区扶贫攻坚步伐等重大问题确定重点调研课题，开展调查研究，形成《关于加强我省散杂区少数民族干部队伍建设的调研报告》《关于提高扶贫资金使用效率与推进贫困地区基本公共服务均等化的调研报告》《关于制定我省“十三五”规划的建议》等一批针对性和操作性较强的调研报告。省委会全年分别向会中央、省委统战部报送调研报告13篇。

【民主监督】民建省委会就中共甘肃省委常委会、省政协党组、省委统战部领导班子及其成员落实“三严三实”要求情况提出意见。省委会负责人参加省委、省政府召开的意见征求会和省人大联组审议询问会，就甘肃省精准扶贫、旅游业发展、环境保护等工作中存在的问题提出询问和建议。担任各级人大代表、政协委员和特邀职务的会员，积极参加执法检查、委员视察、效能风暴民主评议等活动，在促进依法行政、改进工作作风等方面作出贡献。

2015年12月14日，民建甘肃省委在兰州举办纪念中国民主建国会成立70周年座谈会

【社情民意信息】举办全省社情民意信息员培训班，奖励2012年以来37篇优秀社情民意信息稿件，并邀请民建中央、省政协和省委统战部有关同志对信息员进行系统的培训。省委会报送会中央社情民意信息稿件6篇，报送省政协7篇，其中1篇被会中央采用，2篇被省政协采用，1篇得到副省长郝远批示。

【联村联户为民富民】民建省委会负责人多次带领机关干部深入联系点，走访农户，与当地干部座谈、交流，共商扶贫脱贫之策。春节前慰问和政县张家沟村30个贫困户，并送去慰问金。在中华思源工程扶贫基金会支持下，向和政县医院捐助救护车1辆。在借款20万元基础上，动员会员企业家向张家沟村互助社提供借款10万元。开展助学助残活动，为和政县三十里铺镇贫困残障学生捐赠助学金3万元。各级组织开展送医疗卫生、文化艺术下乡活动，举办农业实用技术、法律知识讲座，春节送温暖及捐款捐物等活动。2人被评为全省政协“委员助推双联行动”先进政协委员，1人获得全省政协“委员助推双联行动”先进政协工作者和省直机关工委与贫困村党组织结对共建优秀共产党员称号。

【民建中央丝绸之路文化论坛】在会中央和省委统战部、省委宣传部的支持下，民建省委会承办民建中央丝绸之路文化论坛。省委常委、统战部部长王玺玉出席开幕式并致辞。会中央副主席周汉民，省委常委、宣传部部长连辑和会中央文化委员会委员及特邀嘉宾作演讲。省内外文化艺术界知名人士共同探讨文化发展规律，谋划文化建设良策，为丝绸之路文化发展和甘肃省文化建设提出宝贵意见建议。论坛期间，开展送文化下乡活动，民建中央文化委员会部分委员与甘肃省书画名家举行笔会，进行交流。

【“思源·救护中国行”活动】配合中华思源工程扶贫基金会在甘肃省开展“思源·救护中国行”等公益活动，为甘肃省贫困地区医院捐赠救护车16辆（累计61辆)，举办“思源·教育移民班”2个（累计7个），帮助100名贫困家庭小学毕业生进入初中学习。为临洮县太石镇建水塔1座，帮助当地群众解决安全饮水问题。

【思想建设】深入开展坚持和发展中国特色社会主义学习实践活动。省委会负责人参加省委统战部召开的学习实践活动推进会并发言。省委会常委会议专题学习十八届四中、五中全会精神和习近平总书记同党外人士共迎新春时的重要讲话，学习全国政协十二届三次会议、民建十届三中全会精神和陈昌智主席在成思危同志追思会上的讲话，举办学习十八届五中全会精神辅导讲座。推荐会员14人次参加中共中央统战部、民建中央、中央社会主义学院、中共甘肃省委统战部等单位举办的以学习十八届四中、五中全会，中央统战工作会议和习近平总书记系列重要讲话为主要内容的座谈会、报告会、研讨会等。围绕“四个全面”战略布局、中央统战工作会议精神、习近平总书记外交思想等主题开展培训，150多名会员参加学习。各级组织通过组织会员参观爱国主义教育基地、开展“同心”书画摄影作品展、缅怀民建杰出领导人成思危等活动，增强广大会员接受中国共产党领导的自觉性和坚定性。省委会召开纪念中国民主建国会成立70周年座谈会，总结民建发展基本经验。

【组织建设】加强领导班子建设。坚持领导班子成员联系地方组织和基层组织制度。坚持谈心会制度，省委会领导班子成员直言不讳开展批评和自我批评，并提出整改措施。妥善解决平凉市委会机构编制问题。积极推进基层组织工作。省委会举办市级组织贯彻民建全国基层组织研讨会精神经验交流会，总结经验，剖析问题。在民建中央纪念中国民主建国会成立70周年大会上，甘肃省4个基层组织被授予“全国先进基层组织”称号。进一步发挥专委会作用。各专委会在参与省委会重点课题调研、动员会员企业家参与社会公益事业、参与民建中央丝绸之路文化论坛承办工作、支持和推动全省会组织妇女工作等方面发挥重要作用，为推动会的整体工作作出积极贡献。抓好骨干队伍建设和会员培训工作。省委会举办3期以年轻干部、骨干会员为主体的培训班。建立全省年轻干部后备人才库，完善后备干部队伍建设工作机制。做好会员发展工作。截至上半年，全省会员2820人。其中，经济界会员1985人，占会员总数的70.4%；担任各种经济实体正副董事长、总经理、厂长等高级管理人员477人，占会员总数的16.9%；担任政府及司法机关处级以上领导职务的43人，占会员总数的1.5%。在会中央纪念中国民主建国会成立70周年大会上，甘肃省10名会员被授予“全国优秀会员”称号。5名会龄60年以上老会员、14名在会机关工作20年以上的在职职工获得会中央颁发的纪念证书。1名会员荣获民政部颁发的全国英烈讲解员网络电视大赛优秀奖。加强会内监督工作。围绕各级领导班子、基层组织和会员在遵守会章、多党合作政治准则等方面的工作进行监督。省委会监督委员会对全国先进集体和优秀会员产生、部分组织届中调整等工作进行监督。向全省各地方组织转发会中央《关于严肃换届纪律保证换届风清气正的通知》，对地方组织换届工作提出要求。省委会监督委员会主任、副主任参加省委会领导班子谈心会，对班子改进工作提出意见建议。

【机关建设】民建省委会机关协调省委统战部、省发改委、嘉峪关市委等单位，接待台北市教育会访问团。完成养老保险基础数据采集、公车改革、软件正版化相关工作。机关干部职工加强与所联系支部的交流与沟通，促进省直支部工作。严格按照中央“八项规定”和省委“双十条”规定开展工作，促进机关作风转变。

中国民主建国会甘肃省委员会
领导班子成员名录

主任委员　宁崇瑞

副主任委员　曹成章　陈兴鹏　刘永辉
刘晓瑚　杨贵言
杨小燕（女）

（供稿：张　政）

中国民主促进会甘肃省委员会

【履职建言】2015年，民进甘肃省委员会完成调研5次，承担省上3项重大调研任务，呈报51篇建言材料。其中，向中共甘肃省委报送征求意见3篇，提交省委召开的民主党派工商联无党派人士专题调研协商座谈会发言3篇；提交省政协月协商座谈会发言8篇，报送省政协常委会专题发言3篇，提交政协甘肃省十一届三次会议集体提案12件,大会发言、联组会议发言各3篇；提交“民进中央围绕‘一带一路’战略实施专题研讨会”“2015·中国教师发展论坛”发言各1件。报送民进中央各类信息5篇，有1单篇被全国政协采用，报送专题建议9件。部分意见建议得到有关领导和部门重视采纳，在省委召开的政党协商座谈会上，关于将生态文明建设和旅游文化产业发展相结合，将旅游文化产业作为“十三五”主导产业着力培育的建议，有关内容拟纳入全省“十三五”规划；《创新农村金融，助力小康建设的建议》提出农村金融立法、制定出台管长久的政策和监管制度、组建国家扶贫开发银行或扩展国家开发银行和国家农业发展银行职能促进扶贫开发等系列建议，被省委副书记、省长刘伟平批示；《关于将生态建设与精准扶贫工作紧密结合的建议》在省委召开的关于精准扶贫征求意见会上得到采纳，体现在省委、省政府1+17方案中；提交省政协常委会的《关于加强精准扶贫工作的建议》中提出补齐基础建设短板，完善精准扶贫措施和相关政策规定，鼓励农村金融创新和转变人力资源开发模式等建议，省政协主席冯健身作出批示；在省委统战部召开的民主党派专题调研协商座谈会上，《关于加大我省少数民族干部选拔任用工作力度的建议》被采纳到省委组织部下发的《关于做好少数民族干部培养选拔工作的意见》中;《关于建设丝绸之路经济带畜牧业核心产区的提案》《关于推进土地流转和确权颁证工作促进农村新型经营主体健康发展的提案》,被省农牧厅采纳。参与完成的由民进中央提交全国政协十二届三次会议的《关于规范节水灌溉产业发展的提案》《关于依托新丝绸之路经济带建设,建设国家粮食进口和畜产品战略区的提案》分别被评为民进中央2015年度参政议政成果二、三等奖。

【专题调研】全国政协副主席、民进中央常务副主席罗富和,民进中央副主席朱永新率调研组赴敦煌市、阿克塞县调研荒漠地区生态文明建设、沙产业发展和引哈济党工程进展情况。省委会就调研情况致信省委书记王三运和省长刘伟平,提出加快引哈济党工程报批工作的三条建议,刘伟平就建议落实作出批示。

【社会服务】继续推进“同心品牌”建设。开展“手拉手”助学活动。省委会联系引进民进湖州市委会慈善冠名基金14.6万元,为张掖花寨乡中心学校更新多媒体教室;白银市委会与湖州市委会、惠山区委会联系,争取到捐资20万元;酒泉市委会与无锡市委会联系,争取捐资11万元改善当地中小学办学条件;省委会及白银、酒泉市委会选派37名中小学教师到北京、无锡、惠山等地培训。开展“童心同行——先心病普查”大型义诊活动。邀请兰大一院心外科专家,分赴白银、酒泉两市对2500名师生进行义诊,确诊7名先心病患儿,为急需手术治疗的2名患儿申请爱佑慈善基金,资助其合作医疗和重大疾病未报销款项。开展“微公益”活动。组织全省民进会员为贵州省金沙县捐赠图书22000余册,完成民进中央分配任务的130%;联系民进北京市委会、“我的微梦想”办公室等组织,收到捐书8万余册,在临夏、甘南地区的45所小学建立“我的微梦想”图书馆,在和政县、临潭县举行挂牌仪式;与外语教学与研究出版社联系,为庆阳市近5000名学生捐赠复习资料帮助备战高考。“阳光育才计划”助学活动资助和政县2名贫困学生。民进酒泉市委会与无锡市委会缔结友好市委会,建立“阳光育才教育基金”,创酒泉统战系统知名品牌;两地民进组织牵线两地统战部结成友好统战部,开启两地统战系统全面合作、优势互补良好局面。做好企业家联谊会各项工作。推荐甘肃民进企业家联谊会4名成员参加民进中央企业家培训班;组织企业家赴广西参加民进企业家参与“一带一路”建设研讨会暨2015年民进企业家联谊会联席会议;组织企业家在甘南、临夏开展旅游文化资源和投资贸易考察活动,赴定西市考察中药材育苗脱毒马铃薯育苗项目。

2015年7月,省民进调研组在兰州文化创意产业园区调研

社会服务工作主题年成绩可喜。省委会主要负责人应邀参加在京召开的民进社会服务工作研讨会,并作《社会服务工作对中国特色社会主义参政党自身建设的价值》的专题发言。民进全国社会服务工作会议表彰兰州、金昌、定西市委会,天水市启升中学支部,兰州大学委员会第五支部,省委会直属综合二支部6个组织为“民进社会服务工作先进集体”;6位会员荣获“民进社会服务工作先进个人”称号;省委会“双联”行动获“民进社会服务工作优秀成果”称号。

【联村联户】帮助临潭县拉布村组建中药材种植和育苗合作社,促进临潭县中药材产业上规模上水平;组织拉布村药材合作社成员,赴定西考察中药材育苗和脱毒马铃薯种植、育苗技术,与该市农科院达成初步合作意向,推进富民产业发展;争取帮扶资金160万元,改造村道;争取爱心捐助,投资4万余元建起村篮球场和文化广场,投资14万元为拉布小学建起新图书室和多媒体教室。赴拉布村开展春节慰问,捐赠电脑等物品,为27户村民送去慰问品。开展“迎新春、送春联——书画家进村”活动,邀请民进书画家为村民书写春联400多幅。选派机关干部担任“双联”驻村帮扶工作队队长,长期驻村开展工作。

【思想宣传】制定《民进甘肃省委会2015年学习实践活动安排》,把深入学习贯彻中共十八大,十八届三中、四中、五中全会精神,习近平总书记系列重要讲话精神和中央统战工作会议精神,作为学习实践活动的核心内容。组织在兰的省直基层组织负责人和机关干部听取民进中央副主席王佐书《谈学习贯彻中央统战工作会议精神和〈中国共产党统一战线工作条例(试行)〉的体会》的视频讲座。确定临夏市委会、陇东学院支部、兰州市西固区总支和酒泉市干部支部为省委会学习实践活动联系点。省委会领导班子成员以“走基层、访会员”的形式,以“做一名合格的民进会员”为主题,组织座谈“党大、法大”“宪政”“一党制和多党制”等热点难点问题,指导推动地方和基层学习实践活动取得实效。依托《甘肃日报》《民主协商报》《凝聚》和甘肃统一战线网站等平台，加大对重大活动、履职亮点、基层组织、优秀会员的宣传力度，扩大民进的社会影响。甘肃民进网站完成中英文域名注册和党政机关网站挂标事项，全年上传稿件210余篇、照片100余张。主委尚勋武的《以金融创新促进现代农业发展》被《人民政协报》全文刊登，《人民日报》摘要刊登，人民网等多家媒体转载。组织参加民进2015年参政党理论研究课题招标活动。上报民进中央理论文章4篇、会史文章2篇、"民进优良传统的时代价值与继承"理论征文9篇。

【民进成立70周年系列会庆活动】举行民进成立70周年庆祝大会和书画摄影作品展；编辑上报民进中央"庆祝民进成立70周年"历史图册和展板资料，征集10幅优秀书画作品参加"庆祝民进成立70周年书画作品展"，开展"民进70年情缘"、口述会史资料征稿。8名会员获得"民进全国先进个人"称号，兰州市委会等12个组织荣获"民进全国先进集体"称号

【组织建设】省委会办班培训基层组织负责人和会员130多名；围绕《民进中央关于进一步加强组织建设的意见》，班子成员与参加省委会举办的新形势下基层组织建设工作座谈会的近130名基层组织负责人、骨干会员和部分新会员互动交流；在省直各支部80多名会员参加的组织活动会上邀请获得"创先争优"全国先进的基层组织负责人介绍经验，组织会员文艺联欢，激发基层组织活力。推荐30多名会员参加中央统战部、民进中央、省委统战部、甘肃社会主义学院的培训班。成立民进省妇幼保健院支部，推动解决成立民进平凉市委会的机构编制问题，在陇南市发展新会员为成立民进组织创造条件。全省共有地方组织18个，基层组织185个，新增基层支部10个、小组5个；全省会员3364人，新增会员168人。完善监委会工作职责、程序，加强制度落实力度，重点全程监督机关处级干部选任、招录公务员、机关年终考核。推行常委、委员履职报告制度。

中国民主促进会甘肃省委员会
领导班子成员名录

主　委　尚勋武
副主委　唐援朝（女）　李凤民　张祥生
　　　　马天义　马　刚　杨晓波
秘书长　温　艳（女）

（供稿：冯建设）

中国农工民主党甘肃省委员会

【调查研究】围绕"一带一路"战略实施，联合农工党陕西省委会开展"丝绸之路经济带沿线省区协作联动发展研究"专题调研，联合西北五省农工党省委会向农工党中央报送《丝绸之路经济带沿线省区协作联动发展调研报告》。报送的《我省丝绸之路经济带建设中文化与旅游融合发展的思考与建议》《我省非物质文化遗产传承与保护问题》调研报告，得到省委、省政府有关领导的肯定。围绕开展"双联"行动精准扶贫工作，完成的《关于加强甘肃少数民族干部选拔、任用、培养的建议》和《关于甘肃省提高扶贫资金使用效率，推进贫困地区基本公共服务均等化问题的建议》等，得到省委主要领导的肯定。围绕医药卫生体制改革中的关键环节和重点领域深入调研，完成《甘肃省养老服务业现状的调研》。配合农工党中央妇女工作委员会，完成《甘南少数民族地区妇幼保健工作的调研》。与农工党哈尔滨市委会联合在甘肃开展养老事业发展状况调研。联合农工党广东肇庆市委会完成对甘肃医学专科学校的调研。组织省直属基层委完成《关于甘肃省中医事业发展问题的调研》，为建设"健康甘肃"建言献策。省委会参加由农工党中央组织的"水资源利用与水污染防治"重点调研课题，完成《关于甘肃省水资源污染防治与综合利用的调研》，并组织卫计委支部开展《兰州城市用水现状的调研》，为建设"美丽甘肃"建言献策。

【政协提案】在省政协会议上，省委会提交集体提案22件，其中《关于促进我省对外经贸工作的提案》《关于甘肃省通道经济发展的提案》《关于加强兰州市体育场馆建设的提案》和《关于强化城镇居民饮水安全防控能力建设的提案》被确定为报省委、省政府领导批阅的重点提案，《关于强化城镇居民饮水安全防控能力建设的提案》被列为省政协主席督办的重点提案。杨兰副主委代表省委会在大会上作题为《关于加快推进丝绸之路经济带甘肃黄金段建设的建议》的发言。

【参政议政】省委会负责人参加中共甘肃省委、省政府及有关部门举办的专题协商会、座谈会，先后就《甘肃省委贯彻中国共产党统一战线工作条例意见》制定、"十三五"规划、政府工作报告、"双联"行动等重大问题提出的意见建议，得到中共甘肃省委、省政府的高度重视。其中对《中共甘肃省委、省政府关于扎实开展推进精准扶贫工作的意见》及14个配套文件、《关于制定我省十三五规划的几点建议》等提出的意见建议，得到中共甘肃省委主要领导的肯定，部分建议得到采纳。各地方组织和基层组织负责人参加中共地方党委和政府召开的协商会与座谈会，提出很多有价值的意见建议，为地方经济社会发展作出贡献。在省政协举办的专题月协商会上，农工党党员就"推进协商民主广泛多层发展""进一步推进我省'两个共同'示范区建设""依法维护残疾人权益""非物质文化遗产保护传承""我省企业改革问题""依法行政及行政事业性收费清理情况""关于甘肃省提高扶贫资金使用效率推进贫困地区基本公共服务均等化问题""我省丝绸之路经济带建设中文化与旅游融合发展"等做专题发言。全年向农工党中央及省政协编报社情民意信息30多期，其中《关于"一路一带"建设的建议》等3条信息被农工党中央《信息专报》采用上报全国政协及中央有关部门，受到广泛关注。

【民主监督】省委会积极探索将参政议政、社会服务与民主监督紧密结合，通过政协提案、信息报送等多种方

2015年，省政协副主席、农工党省委会主委栗震亚（前排右二）在酒泉调研世界非物质文化遗产保护和利用工作

式履行民主监督职能，促进政府及相关部门决策的科学化、民主化。担任各级特邀（约）检察员、监察员、督导员等的党员，通过参加执法检查监督、行风政风评议等活动，为加强廉政建设，推进依法行政发挥积极作用，2人被中共甘肃省委办公厅选聘为全省工作落实年监督评议员，1人被聘为甘肃省检察院特邀检察员。

【社会服务】开展“中国环境与健康周”“国际科学与和平周”品牌活动。邀请省人民医院、兰大一院、兰大二院的农工党医疗专家，赴白银、定西、临夏、甘南临潭等地开展义务医疗服务和健康咨询活动。经省委会牵线搭桥，省人民医院与临潭县第一人民医院签署“单位帮扶协议”，确定临潭县第一人民医院为省人民医院协作医院和省远程会诊中心临潭县分中心。省人民医院专家和临潭县第一人民医院、临潭县中医院对应科室人员签订“一帮一”专业指导学习协议。

【“双联”行动】为“双联”点临潭县店子乡业仁村2017年实现整村脱贫、2020年奔小康、建设美丽乡村尽心出力。通过村容村貌整治、道路硬化等项目的实施，改变人居环境；投资建设村民文化广场，村委会旧貌换新颜。组织兰大一院、兰大二院、省人民医院专家多次深入店子乡卫生院和业仁村，开展送医、送药、送设备、送健康特色社会服务活动。为患病村民义务诊治、开展健康心理咨询。联系民建甘肃省委会，争取到民建中华思源工程扶贫基金会“思源救护中国行”项目，为临潭县中医院捐赠价值10万元的救护车1辆。

【思想建设】学习贯彻中共十八届五中全会、中央统战工作会议精神，贯穿坚持和发展中国特色社会主义学习实践活动，突出实现中华民族伟大复兴的中国梦主题，进一步增强道路自信、理论自信和制度自信。开展学习实践主题活动，坚定理想信念。在全省范围内开展纪念建党85周年问卷知识竞赛，收到答题卡800余份。组队参加农工党中央以“学精神增素质、学党章增党性、学党史增责任”为主题的知识竞赛郑州分赛区活动。利用党务网站，开通甘肃省委会官方微信平台，设立学习实践活动专栏，强化宣传报道，营造活动氛围。省委会获得农工党中央“党务微信平台先进工作单位”荣誉称号。加强党史教育，弘扬优良传统。省委会将“农工党一千会址”布展和修缮建设缴纳特殊党费，作为缅怀先烈、继承和发扬农工党优良传统的教育活动在全省开展，共交纳特殊党费10万余元。组织党员观看《中国农工民主党》《中国农工民主党与福建事变》《铁血丹心——邓演达》《邓演达：忠勇之士 革命先驱》等专题片。召开建党85周年座谈会。农工党甘肃书画院与天水市委会联合在天水举办“纪念抗战胜利70周年暨纪念农工党成立85周年”书画展，夯实多党合作的共同思想政治基础。

【组织建设】落实民主集中制原则，加强领导班子建设，完善议事规则和决策程序。召开全省落实“人才强党战略”工作研讨会，邀请农工党中央秘书长兼组织部长曲凤宏作《实施人才强党战略，全面推进组织建设》专题讲座。年中两次常委会增加学习研讨内容，分别就“双联行动精准扶贫”和“服务一带一路战略”开展专题研讨。推动落实省级领导班子谈心会制度，开展工作述职与民主评议。不断推进地方和基层组织建设，推动定西市委员会筹备成立工作；白银市委会完成届中调整，为换届工作做好准备。协调推进全省各地方及基层组织通过建章立制、改善条件、创新活动等形式，增强基层组织活力和凝聚力。深入开展组织建设专题研讨，并针对领导班子建设、组织发展和换届工作等问题与中共地方党委、统战部加强沟通，协调解决相关问题。加强后备干部队伍建设和党员培训。把发展高层次人才作为组织发展重点，吸收一批包括实职干部、专家学者等在内的高层次代表人士。主动争取成立定西市筹备委员会。推荐32名党员参加农工党中央、省委统战部举办的各类培训班。做好自主培训，举办3期培训班，培训人数153人。邀请农工中央研究室副主任石光做《贯彻落实“四个全面”助推医药改革》的专题讲座。落实《条例》对党外代表人士队伍建设的要求，推荐符合条件的党员到政府部门挂职，推荐党员担任实职和政府部门特约人员，鼓励符合条件的党员参加社会公开选拔和本单位竞争上岗，省委会副主委李晓霞在中石油挂职；甘肃行政学院支部吕文广在天祝县挂职担任副县长；兰州市委会副主委王波被任命为兰州新区教育科技文化局局长。稳妥推进党内监督工作，讨论通过《农工党甘肃省监督委员会党内监督条例》及《农工党甘肃省监督委员会工作规则(草案)》，选举产生农工党甘肃省第六届监督委员会，推进省级领导班子述职和民主评议制度建设。

中国农工民主党甘肃省委员会
领导班子成员名录

主任委员　栗震亚
副主任委员　张　明　郭天康
郭顺林　杨　兰（女）
李晓霞（女）　张有成
秘书长　马岱钧

（供稿：马　臻）

九三学社甘肃省委员会

【精准调研】2015年，九三学社甘肃省委员会针对事关经济社会长远发展的全局性问题和民生问题深入开展调查研究。围绕“固沟保塬，建设黄土高原生态文明示范区”课题，联合九三学社中央、庆阳市委市政府开展调研，形成的《关于黄土高原“固沟保塬”综合治理的建议》，通过直通车形式上报中共中央，国务院总理李克强、副总理汪洋作出批示，项目拟列入国家“十三五”规划，从江河治理资金中拿出160亿元开展“固沟保塬”综合治理。与社中央联合开展祁连山区扶贫开发调研，报告获得副总理汪洋批示。参加社中央“长江中上游水利水电工程对长江流域生态环境影响”专题调研，报告得到国务院总理李克强、副总理张高丽的批示。先后赴甘南州、临夏州、白银市、定西市开展调研,完成的《关于我省少数民族干部培养与使用的调研报告》及《关于我省“十三五”规划建议的调研报告》，在省委统战部召开的调研协商座谈会上作交流发言，相关建议得到采纳。在省委精准扶贫征求意见协商会上，提出《大力实施易地扶贫搬迁项目，整合资金精准扶贫》建议。

【政治协商】向省政协十一届三次会议提交集体提案23件。其中，《进一步深化全省文化体制改革，推动华夏文明传承创新区建设》被作为大会口头发言；《发挥界别协商作用，推进社会主义协商民主》和《完善司法权力运行机制，推进严格司法》分别在“协商民主”“依法治省”两个专题议政会上发言。《建立完善生态补偿机制》《借势丝绸之路经济带建设，提升全省产业发展能力》被作为大会书面发言。《关于黄河首曲生态系统修复与重建的建议》被中共甘肃省委办公厅《舆情信息涉甘要情》采纳。在省政协召开的以少数民族地区医疗卫生服务、“两个共同”示范区建设、依法维护残疾人权益等为主题的月协商座谈会上，九三学社委员代表社省委作10次大会发言。

【信息工作】报送中央统战部信息10篇，采用6篇；上报社中央信息15篇，采用3篇；《新常态下做好我省就业工作的意见建议》得到省委常委、副省长咸辉的批示，要求有关部门抓好落实。

【联村联户】经社省委争取，社中央连续两年在甘肃省实施多党合作社会主义新农村建设项目。2015年又投入资金15万元，在社省委“双联”联系点甘南州卓尼县藏巴哇乡建立农民技能培训中心和阅览室，配备电脑、投影仪、书柜、桌椅等硬件设施，捐赠图书2000多册。开展联系户春节慰问，帮助农牧民春耕备耕生产，送去化肥两吨和其他春耕物资。组织乡村干部40多人赴冶力关考察生态文明村建设，组织藏巴哇乡党政干部前往青海互助县，考察树莓种植产业。举办两场专题讲座，提高乡、村两级干部素质。组织专家在县妇幼保健站和藏巴哇乡上扎村开展送医送药义诊活动，为群众送去价值4000多元的药品，发放健康工具包100个、宣传资料400多份。社省委机关选派1名处级干部任工作队长，1名科级干部挂职村党支部第一书记。

【品牌服务】邀请西北农林科技大学樱桃种植专家到专家工作站——天水果树所指导工作，搭建社内专家异地工作交流平台，对当地农技人员进行培训，为开展社会服务跨省合作积极探索新路子。嘉峪关市、金昌市专家工作站相继挂牌成立，全省专家工作站上升为4个。在兰州新区舟曲中学、兰化四中开展2次“科普进学堂”活动，举办科普讲座，听众1000多人。

【思想建设】社省委将坚持和发展中国特色社会主义学习实践活动不断引向深入，把学习实践活动与学习中共十八届五中全会精神、中央统战工

2015年，九三学社中央、社省委、庆阳市委市政府联合调研“固沟保塬”项目

作会议精神和习近平总书记系列讲话精神相结合，与学习省委、省政府会议精神相结合，与学习统战理论及社章社史相结合，落脚在四个着力点上：以领导干部为着力点，发挥引领作用；以搭建平台为着力点，发挥聚集作用；以创新载体为着力点，发挥感召作用；以提高履职能力为着力点，发挥转化作用。努力把活动成效反映在提高参政议政能力和水平上，体现在聚焦精准扶贫、“十三五规划”重大课题的调研上，展现在关注民生、跟踪热点、主动协商作为的行动上来。

【庆祝学社创建70周年】召开庆祝九三学社创建70周年大会，回顾九三学社创建70年及其在甘肃走过的光荣历程，总结九三学社不断发展壮大的宝贵经验。社中央副主席印红出席大会并代表社中央致辞。作为社庆献礼，首次拍摄播出专题片《我们同行》，举办“同心颂歌”大型文艺汇演以及“美丽甘肃”优秀书画摄影作品展，体现广大社员积极作为、昂扬向上的精神风貌，表达建设美好家园、追求中国梦的理想和信心。

【组织建设】全年发展新社员138人，发展率4%。新社员中高级职称30人，占发展人数的22%。截至年底，全省有8个市级委员会，5个县（区）级委员会，112个基层组织，社员总数3576人，其中高教、科技、医卫、农林等主体界别2653人，占74%，财经、法律、文化艺术、新闻出版、政府部门以及新社会阶层等界别923人，占26%。高级职称1660人，占46 %。其中，社中央常委1人，委员4人，中央监督委员会委员1人，社中央科普工作委员会委员1人；地、厅级领导干部8人，县、处级政府实职干部17人；全国政协委员1人，各级人大代表、政协委员290人；高校校级领导2人，国有大中型企业领导1人，科研人员2人。社中央常务副主席、监督委员会主任邵鸿率社中央巡视督导组在甘肃开展巡视督导工作，分别在兰州、金昌和武威三地召开社省委领导班子（扩大）座谈会、各市级委员会领导班子成员、基层组织负责人、社员代表座谈会，与中共甘肃省委统战部负责人进行工作沟通。根据邵鸿讲话精神，社省委研究整改措施并上报社中央。根据《九三学社章程》，选举成立九三学社甘肃省第七届委员会监督委员会。制定下发《关于加强市委会、省直属基层组织换届工作的意见》，指导5个基层组织完成换届，2个市级委员会进行领导班子届中调整。

【培训工作】在甘肃社会主义学院举办新社员入社学习教育培训班，对2012年换届以来入社的190名新社员分两批进行专题培训。推荐1人参加中央统战部举办的民主党派政治制度研究班，5人和36名省直属基层组织负责人分别参加在中央社会主义学院举办的协商民主研讨班、陇黔骨干社员培训班。选派11名市级委员会专干参加省委统战部与甘肃社会主义学院联合举办的全省民主党派机关专干业务能力暨法律法规专题培训班、社中央第一期机关专职干部培训班。选派3名基层组织负责人参加社中央举办的社员骨干培训班。6名新阶层人士参加省委统战部培训班。

【作风建设】持之以恒抓干部学习，不断提升机关干部的政治思想和理论水平。加强机关服务设施建设。争取到社中央机关能力建设试点项目，天水、金昌和白银等3个市级委员会成为第一批项目实施单位，每个市委会落实资金5万元，用以开展机关文化、制度和能力建设。加强服务意识，提高服务水平。认真落实“八项规定”，严格执行各项财务制度，提升资金的使用效率。精心筹备全委会、常委会、社庆、“三八”节和“重阳”节等重要活动，保障各项活动顺利开展。承办九三学社中央“全国公文写作培训班”。申请王选关怀基金，资助甘肃省患病社员3万元。

九三学社甘肃省委员会领导班子成员名录

主　委　刘晓梅　（女，蒙古族）
副主委　屈建军　陈兴冲　戈银生
　　　　张耀南　王志平　张鸣实
秘书长　万代红（女）

（供稿：雷若微）

甘肃省工商业联合会

【思想政治工作】各级工商联以守法诚信为重点深入开展理想信念教育实践活动，引导非公有制经济人士牢固树立守法诚信意识，不断提高诚信立业、依法治企、守法经营、创新发展的能力和水平，自觉践行社会主义核心价值观，政治上自信、发展上自强、守法上自觉，主动投身于“四个全面”战略布局，为全省经济社会的持续健康发展凝聚正能量。针对部分企业在生产经营中出现的能源消耗高、生态破坏、环境污染等问题，省工商联以“坚定理想信念、遵守法律法规、落实环保责任”为主题，向非公有制经济人士发出守法诚信经营、增强环保意识的倡议，兰州众邦电线电缆集团有限公司等13户会员企业被评为甘肃省第一批诚信企业。通过守法诚信教育，引导非公有制经济人士尊法学法守法用法，积极参与全面依法治国实践，促使他们牢固树立法治意识和法治思维，遵守法律，重信守诺，自觉成为社会主义法治的忠实崇尚者、自觉遵守者、坚定捍卫者。按照省委精准扶贫精准脱贫的工作部署，省工商联制定《关于鼓励民营企业参与精准扶贫的实施意见》，14位知名民营企业家向非公经济人士发出参与精准扶贫的倡议，广大商会和民企积极响应。组织开展以红色教育、访贫问苦、灾后重建、项目对接为内容的理想教育实践活动，组织26名中青年企业家、10家省工商联直属商会赴岷县、宕昌县、舟曲县实地考察灾后重建情况，接受革命传统教育，积极投身精准扶贫。非公企业家为礼县捐款249万元，建设安居房83户；天庆集团向定西市50名家庭困难大学生提供60万元资助。酒泉市通过“光彩惠民行”活动，实施光彩项目10个，投资1000万元。定西、天水的非公企业通过“农户贷款、带资入股、就业分红”的模式带动贫困户脱贫致富。

【经济服务】2015年，甘肃非公经济发展明显提质增速，全省新增市场主体23万户，同比增长16.3%，非公经济完成增加值占经济比重达到45.8%，实现税收占全省地方税收的60%以上。与省商务厅联合出台《进一步加快实施“走出去”战略意见》，鼓励企业去境外资源合作开发、境外投资办厂、境外加工贸易、境外承包工程业务和境外上市等多渠道拓展海外市场。积极承担APEC商务旅行卡的审核和推荐工作，为民营企业“走出去”提供点对点服务。带领企业家赴美国、新西兰、澳大利亚等国家进行商贸交流考察。邀请美中国际商会、美国龙门资本等外企商会来甘考察，深化合作发展。与海峡两岸传统文化交流基金会建立总规模200亿的“一带一路文化和教育产业基金”，面向非公企业发展提供金融支持。围绕3341项目工程和全力打好精准脱贫攻坚战，持续开展“民企陇上行”和商会对口帮扶贫困县活动。在以“百强企业、百家商会进甘肃”为主要内容的“民企陇上行”活动中，签约项目1707个，合同资金4754亿元，到位资金1091亿元。其中，全国工商联商会及甘肃省商会、执委企业家对口帮扶21个贫困县完成签约项目196个项目，合同资金406亿元，到位资金79亿元，超额完成省委制定的目标任务。为激发民间投资活力，组织民营企业参加“政府和社会资本合作项目”培训会和两批政府与社会资本合作(PPP)项目推介会，鼓励民营企业通过PPP等多种模式参与重大项目建设。与省检察院联合下发《关于在服务非公有制经济发展中加强协作配合的规定》，建立“一个平台、三项制度”，即搭建检察服务室平台，建立联席会议制度、信息交流通报制度、建立完善调研制度。与省非公经济领导小组共同设立非公经济发展维权投诉举报平台，为维护非公经济市场主体的合法权益提供保障。制定《省级领导联系商会制度》，形成党委、政府与商会联系沟通机制，畅通政企沟通渠道。36位省级领导与53家省级商会建立联系。兰州市整合会员企业法律服务资源，建立工商联法律服务中心，为会员企业提供法律服务。

【调查研究】开展民营企业“走出去”专题调研，总结民营企业走出去的方式和途径，从政策环境、金融支持、风险防范、外事服务、企业自身素质等方面分析影响民营企业“走出去”的突出问题，形成对策建议向党委、政府报告。针对房地产市场疲软、房地产投资增幅大幅度下滑的形势，省工商联提出的《关于加快我省城市棚户区改造的提案》得到省长刘伟平的高度重视，主要建议被吸收到省政府出台的促进房地产业持续稳定健康发展25条的政策措施中。为破解非公经济发展中贷款难、贷款贵的问题，省委统战部牵头，由省工商联、省发改委、省工信委、银行和专家学者组成调研组，在全省范围内开展非公有制经济发展中融资难问题的专题调研，重点围绕扶持非公有制发展的金融政策落实、财税导向作用和扶持资金使用等内容进行深度调研，调研报告在中央统战部获得调研三等奖。为解决非公企业融资难题，省工商联主动作为，与中国银行甘肃省分行签订金融合作框架协议，由省中行两年内向民企提供80亿元的综合授信额度。

【组织建设】开展《关于加强县级工商联建设的实施意见》贯彻落实情况督查工作，组织26家县级工商联主席、党组书记赴京参加培训，修订完善《甘肃省“五好”县级工商联建设示范点考评办法》，确认兰州市城关区、敦煌市等11家县级工商联为“五好”县级工商联，全省“五好”县级工商联达到24家，“五好”覆盖率28.9%。贯彻落实中央群团工作会议精神，在会员发展中调结构、重质量方面下功夫，为换届工作做好人才储备。截至年底，各级工商联发展会员83223个，其中企业会员26891个，团体会员2087个，个人会员54245个。坚持中国特色商会组织发展方向，商会建设进一步加强，对商会的指导、引导和服务工作明显增强。推动市、县工商联成立商会服务工作机构，金昌、平凉等5个市（州）成立商会工作机构，白银区、靖远县等23个县（市、区）出台商会服务配套办法。张掖市开展“五好”基层商会建设年活动，庆阳市指导7个市级行业商会建立法律维权服务部。

【机关建设】省工商联新一届党组班子严格落实党风廉政建设主体责任，强化党组的主体责任和机关纪委的监督责任。建立定期研究解决重大问题、有效防控廉政风险、协调推动重点任务的长效机制。推动成立机关党委和机关纪委，以机关党委为抓手，成立6个部室党支部，把主体责任向部室、支部延伸，增强部室负责人、党支部书记履行“一岗双责”的意识和能力，确保“一岗双责”落到实处。扎实开展“三严三实”专题教育活动，领导班子查找出工作中存在的“不严不实”问题，剖析问题根源，建立问题台帐和整改措施。机关处以下干部轮岗交流，配齐中层领导职数，优化机关部室干部结构。落实中央“八项规定”和省委“双十条”规定，着力解决“四风”问题，营造风清气正的机关环境。

甘肃省工商业联合会领导班子成员名录

主 席 郝 远
党组书记 赵少智
党组副书记 杨 芳（女，藏族）
副主席 姬书平 李 放 肖建胜
李海珊 刘建民 韩 庆
敏文祥（回族） 王 栋
李 雄 宋艾芳（女） 丁小福
马志良 苏如春 张建友
马 忠（回族） 房 忠
朱全祖
巡视员 张 勇
秘书长 肖建胜

（供稿：崔明瑞）

社会团体

甘肃省总工会

【理论学习】省总工会党组坚持把学习贯彻习近平总书记系列重要讲话精神作为工会思想理论建设的根本，通过党组中心组示范、召开专题会议、下发学习通知、举办培训班等方式，学习贯彻党的十八大和十八届三中、四中、五中全会精神，学习贯彻习近平总书记关于工人阶级和工会工作的重要论述特别是在庆“五一”暨全国劳模表彰大会和中央党的群团工作会议上的重要讲话精神。学习中央、省委党的群团工作会议精神，准确把握中央、省委对工会工作提出的新要求，找准工会贯彻落实的切入点和着力点，研究制定贯彻落实的有效措施。各级工会组织广大工会干部系统深入学习，面向基层和职工广泛宣传习近平总书记系列重要讲话精神和中央、省委决策部署，引导职工群众树立共同理想，坚定实现中国梦、建设幸福美好新甘肃的信心和决心。

【精准扶贫】响应省委“一号工程”，发挥职能优势，助推“1+17”精准扶贫精准脱贫方案落地生根。省总工会从帮扶资金中挤出600多万元，重点支持58个国家级贫困县开展农民工培训；各地工会采取多种方式，开展10个大项、30个工种、近万人参加的职业技能培训。在陇西、武山举办“中国梦·双联情”劳模事迹报告会，联合开展“弘扬劳模精神，鼓励勤劳致富，在‘双联’精准扶贫中建功立业”劳模事迹宣讲活动11场次。投入资金建成武山县咀儿村村民综合服务中心，资助46名困难农户子女上大学，对患病困难农户给予大病救助，并开展巡回义诊、送医下乡活动。履行组长单位职责，督促和指导陇西县“双联”工作深入发展。省总工会被省委、省政府授予全省“双联”行动“民心奖”。各级工会按照党委要求，把工会干部派到“双联”村，把工会组织建在“双联”村，把资金项目送到“双联”村，为“双联”村办实事、谋发展。

【职工素质提升】围绕促进区域发展、重点工程建设和非公企业发展，指导和督促基层广泛开展多层次、多主题、多形式的劳动竞赛，全省参赛单位8206个、职工93万人。深入实施职工素质提升活动，以培训普及技术，以比赛带动晋级，举办各级各类技能比赛382项，参赛人数近50万人，比赛工种项目、参赛人数均创历史新高。通过技能大赛，有2万余名职工晋升技术等级，150人获得甘肃省技术能手，1132人获得甘肃省技术标兵称号。举办技能培训班2500余期，培训职工近20万人次。开展技能演展示活动250场次，观摩人数5万多人次。省总成功举办20项省级一类大赛，评选表彰全省职工优秀技术创新成果290项。

【劳模推介宣传】推荐评选56名全国劳动模范、382名甘肃省劳动模范和先进工作者，配合省委、省政府召开五年一度的全省劳模表彰大会。制作图文并茂的劳模展板，在多地展出，近10万人次参观。结合节庆，在主流媒体上集中宣传报道劳模的先进事迹。劳模宣讲“中国梦·劳动美”活动遍及陇原，各地工会组织劳模进企业、进学校、进社区举办报告会86场（次）。各级工会认真做好劳模的推荐、评选和节庆宣传工作，举办不同形式、不同规模的“五一”庆祝和主题宣传活动。做好劳模的管理服务工作，指导创建劳模创新工作室282个，评选命名25个全省示范性劳模创新工作室；为甘肃省全国劳模发放帮扶资金500万元，为省级劳模发放生活困难补助1050万元，组织310名劳模参加疗休养。

【依法维权】落实省政府《关于进一步加强工资集体协商工作的意见》，督促企业签订和落实劳动合同、集体合同，重点推进工资集体协商。加强指导员队伍建设，培育和创建工资集体协商示范单位，实施“春季要约行动”，全省签订工资专项合同的企业达到已建会企业总数的86.02%，覆盖职工81.74%。加强对企事业单位民主管理工作的现场指导，组织职工代表培训，推进职代会、厂务公开制度规范化建设，开展“公开解难题、民主促发展”主题活动，职工的参与权、知情权和监督权得到较好维护。与省人社厅等部门召开联席会议，在进一步规范职业危害合同告知工作、畅通职业病患者民政救助渠道、推动解决农民工欠薪等问题上形成共识；联合对全省职工健康档案建立、安全卫生专项合同签订等情况进行重点督查。各地方、产业（系统）和各类企业工会参加安全生产检查7.15万次，查找事故隐患和职业危害4.36万件，整改事故隐患和职业危害3.97万件。与安监、卫计委等部门召开视频会，研究部署职业卫生监管工作。与省安监局联合下发《通知》，指导各级工会和各类企业深入开展“安康杯”竞赛，3105家企事业单位、4.95万个班组、92.8万名职工参加。与有关部门联合举办“女职工维权行动月”活动，开展女职工特殊权益知识普及、法律法规咨询、法律援助等工作，推动《女职工劳动保护特别规定》的落实。总结“六五”普法工作，向2万多名职工赠送“应知应会”法律知识手机报80多期140万余条。

【农民工工作】贯彻《关于做好服务农民工工作的意见》，成立省总工会农民工工作领导小组及办公室，加强对全省农民工工作的组织领导和具体指导。以工业园区、物流快递业、餐饮服务业等为重点，创新形式，开展“建会集中行动”，广泛吸收农民工入会，全省农民工会员达103.8万人。实施“就业援助行动”，鼓励和支持农民工创业就业。配合政府有关部门开展工资清欠工作，为5.64万名农民工追讨拖欠工资2.16亿元。

【帮扶救助】全省建立困难职工电子档案23万余份，市（州）、县（区）全部建立困难职工帮扶中心，建立企业和乡镇（街道）、社区帮扶工作站点1047个。面向困难职工特别是大企业困难职工，加大资金投入，广泛开展生活救助、就业援助、医疗救助、法律援助等工作，积极开展“春送岗位、夏送清凉、金秋助学、冬送温暖”活动。全省举行专场招聘会228次，提供免费就业服务137810人次，成功介绍21978人就业；省总举行专门启动仪式，带动各级工会普遍开展“送清凉”活动；筹集资金1692.2万元，资助困难职工子女上大学16096人次；“两节”送温暖筹资1.21亿元，慰问困难企业1750户、困难职工和劳模家庭16.8万户。

【基层工会建设】狠抓基层工会建设“落实年”各项工作，开展攻坚活动，创新工会组织形式，加强区域性行业性工会联合会、联合基层工会组建，全省基层工会36626个，涵盖单位83685个，会员363.35万人，其中农民工会员103.85万人，比上年增长20%。开展建会建家、会员评家和“争创模范职工之家、争做职工信赖娘家人”活动，4个单位获得全国工会开展会员评议职工之家工作先进单位称号，100个单位被评为全国模范职工之家、职工小家，29名个人被评为优秀工会工作者。推进职工精神文化活动的开展，建成各级“职工书屋”示范点279个。

【亮点工作】推荐金川公司贵金属冶炼厂高级技师完成的“银阳极泥中金铂钯高效提取技术”，荣获国家科技进步（工人农民技术创新组）奖。选拔、组队参加第五届全国职工职业技能大赛，2名选手分获计算机程序设计、动漫制作第10、第16名。组队参加“中国梦·劳动美”全国职工法律知识竞赛，荣获银奖。组队参加全国职工健排舞大赛，获得决赛2个单项一等奖。

【专题调研】由省总领导班子成员带队，组成8个调研组分赴14个市（州）、38个县（区）、乡镇（街道、社区）工会，9个省级产业（系统）工会，67家国企、非公企业工会开展深入调研，了解全省工会贯彻中央党的群团工作会议精神情况，以及工作中存在的主要问题、困难和亮点、经验。召开各类座谈会54个，900多人参加。收到基层意见建议50多条，发现和梳理“四化”“三服务”等方面的突出问题和困难21个，向省委提出加强和改进的意见建议19条，为省委召开党的群团工作会议提供基本素材和决策依据。

【社会宣传】协调省委外宣办召开新闻发布会，宣介省“五一”表彰大会及全省职工职业技能素质提升活动总结表彰会情况，宣传工会重点工作。在《甘肃日报》和甘肃卫视新闻频道开办《劳动者风采》专栏，配合庆“三八”及女职工维权宣传月活动，报道“全国五一巾帼标兵”、平凉市环卫工人赵灵英的先进事迹；配合庆“五一”及“时代领跑者”劳模精神宣传月活动，对刘天绪等9位劳模的先进事迹进行宣传报道；对省总开展“三严三实”学习教育活动、金秋助学困难援助活动、非公企业建会和农民工入会等进行了宣传报道。全年开办两个专栏40期，让劳模精神走上前台。

2015年7月30日，省人大常委会副主任、省总工会主席李慧（右二）在兰州西客站施工现场开展“夏送清凉”活动

【党风廉政建设】开展“三严三实”专题教育，党组成员带头示范，党员干部全员参与，抓好集中学习、党课辅导、专题研讨、问题查摆和整改落实等关键环节，推动专题教育实现“三个见实效”的目标要求。落实“3783”党风廉政建设责任体系，切实履行党组主体责任和纪检监督责任，加强对执行党的政治纪律和组织纪律的监督检查，严格执行中央八项规定、省委“双十条”规定，带动各级工会加强党风廉政建设和反腐败工作。

【省总工会十一届八次全委（扩大）会议】2月13日，省总工会十一届八次全委（扩大）会议在兰州召开，省委副书记欧阳坚、省人大常委会副主任李慧等出席会议。会议选举李慧为省总工会主席，刘为民为省总工会常务副主席。刘为民代表十一届委员会作题为《适应新常态，汇聚正能量，团结动员广大职工为全面建成小康社会、全面深化改革、全面依法治省充分发挥主力军作用》的工作报告。欧阳坚在讲话中强调，深入学习习近平总书记系列重要讲话精神，努力用中央最新理论来武装头脑；强化“两个服务”，组织动员广大职工积极投身“四个全面”伟大实践；夯实基层基础，努力提升工作水平。

【庆祝五一国际劳动节暨表彰大会】全省庆祝五一国际劳动节暨表彰劳动模范和先进工作者大会4月30日在兰州举行。省委书记、省人大常委会主任王三运，省委副书记、省长刘伟平，省政协主席冯健身，省委副书记欧阳坚，省委常委、组织部长吴德刚，省委常委、政法委书记泽巴足，省委常委、常务副省长咸辉，省委常委、省纪委书记张晓兰，省委常委、秘书长李建华，省人大常委会副主任、省总工会主席李慧，副省长夏红民，省政协副主席李沛文以及省委、省人大、省政府、省政协有关负责人参加会议。会前，王三运、刘伟平、冯健身、欧阳坚等接见荣获甘肃省劳动模范和先进工作者的代表。甘肃省劳动模范、金川集团公司二矿区操作工周维亮代表全体获奖劳模和先进工作者宣读倡议书。会议对蒋浩伟等273名甘肃省劳动模范、赵建华等109名甘肃省先进工作者颁发奖章和荣誉证书。王三运发表讲话，希望广大劳动者和劳动模范，以坚忍不拔的精神，投身全面小康社会建设；以舍我其谁的担当，融入全面深化改革实践；以尊法守法的自觉，推进法治甘肃建设进程；以共产党人的本色，充分发挥先锋模范作用。

【劳模事迹宣讲活动】10月20日，由省委"双联"办、省总工会联合，以"弘扬劳模精神、深化双联行动、建功精准扶贫"为主题，邀请部分全国和省级劳模组成事迹报告团，在全省开展的劳模事迹宣讲活动在榆中县启动。全国劳模、秦安县绿康林果科技示范中心主任靳志强，省级劳模、通渭县襄南乡东坪村农民孙爱红等4位在扶贫攻坚行动中带领群众脱贫致富的农村致富带头人，讲述扎根农村、服务"三农"的动人故事。

【全省职业卫生监管工作视频会议】10月22日，省总工会、省安监局、省卫计委、省人社厅联合召开全省职业卫生监管工作视频会议。会议要求，各级工会从维护职工安全健康权益的高度，充分认识推进职业卫生监管工作的重要意义，深刻理解保障职工生命安全和健康权益的新要求，努力在维护和发展职工安全健康权益中展现新作为、取得新成效。主动配合，形成职业卫生监管工作合力；加大监管力度，督促用人单位落实主体责任；发挥工会优势，突出参与职业卫生工作的群众特点；健全制度机制，提高参与职业卫生工作的能力水平。

【学习贯彻群团工作会议精神理论研讨会】全省工会学习贯彻中央和省委党的群团工作会议精神理论研讨会11月26—27日在兰州召开。研讨会围绕学习贯彻党的十八届五中全会、省委十二届十四次全委会、中央和省委党的群团工作会议精神，就坚持党的领导、坚持中国特色社会主义工会发展道路、坚持在服务全省工作大局中切实发挥作用等问题，进行深入研讨。研讨会讨论了省总工会《关于贯彻落实〈中共甘肃省委关于加强和改进新形势下党的群团工作的实施意见〉的实施方案》，邀请专家作党的十八届五中全会、省委十二届十四次全委会、中央和省委党的群团工作会议精神以及"十三五"规划的辅导讲座。

省总工会领导班子成员名录

主　席　李　慧（女）
党组书记　刘为民
副主席　刘为民　马　方　张其定
　　　　包俊宗　王勇智
纪检组长　孙旺生
经审会主任　吴俏燕（女）

（供稿：冯继波）

共青团甘肃省委员会

【群团工作会议贯彻落实】狠抓学习宣传，凝聚思想共识。传达学习中央、省委党的群团工作会议精神，安排部署全省团组织学习贯彻工作。召开年中工作交流会研讨学习，参加全国省级团委班子成员主题读书班系统学习，举办市、县团委班子成员主题读书班集中学习。结合大宣传大调研活动，把群团工作会议精神带到基层一线，运用新媒体手段，借助"青年之声"、微博微信、网络论坛、QQ群等平台对会议精神进行深度解读和传播。开展研讨会、党课、团课、队会等主题学习活动17300余场次，覆盖影响青少年700多万人次。把脉基层基础，深入调查研究。组织省、市团的领导机关干部深入基层、走进青年，宣讲会议精神，开展主题宣讲150余场，访谈普通青年2220名、基层团干部1480名，协调解决实际困难120件，结对1274个。研究形成《关于进一步加强和改进共青团和青年工作的实施意见》。聚焦"四化"问题，从严查摆整改。坚持问题导向，结合"三严三实"专题教育，开展"团干部如何健康成长"大讨论活动，梳理青年意见清单，查找"四化"问题在共青团的具体表现。深入查摆，主动认领，深刻剖析，积极开展批评与自我批评，制定整改措施，即知即改、从严整改。坚持立行立改，积极改革探索。从工作方式入手，建立团干部常态化下沉基层制度。从工作格局着眼，推动共青团工作网络化转型，线上启动建设甘肃"青年之声"互动社交平台，打造"甘小青"网络名片，线下加强青少年综合服务平台实体化阵地建设，推动线上线下有机融合。从组织设置突破，在部分县（区）、乡镇（街道）团委探索"一名专职副书记、一名专职团干和若干名兼职团干部或青年志愿者"组织运行模式。从青联构成切入，优化各界别占比，调整委员会结构和委员职业构成，提高扶贫攻坚等一线人员、技能人才比例，吸纳新媒体从业者、社会工作者等新青年群体和新社会组织中的优秀青年。从评先选优改进，从基层一线挖掘选树先进典型，突出人选的广泛性和代表性。从队伍建设抓起，拓宽来源，先后两次对全省青年干部情况进行调研摸底；面向全省公开遴选工作人员；加大团干部双向挂职力度；从严管理，强化制度保障，持续改进作风，打造过硬干部队伍。

【思想政治引领与价值引领】组织团员青年深入学习习近平总书记系列重要讲话精神。各级团组织开展报告宣讲、座谈交流、主题团日等学习活动。开展学习总书记系列重要讲话精神"四进四信"活动1.6万场次，实现青年学生全覆盖，教育引导青年增强道路自信、理论自信、制度自信。推进青年马克思主义者培养工程，培训高校专职团干部、学生骨干和青年教师近2万人。依托甘肃共青团官方微博和"甘肃青年"微信平台，围绕"学习习近平总书记系列重要讲话精神""三严三实""点赞四个全面""学习党的十八大和十八届四中、五中全会精神"等主题，编创发布微博微信，与青少年网民互动，引领青少年听党话、跟党走。以"中国梦·陇原情——学子返乡"活动为载体，突出实践育人，把"中国梦"落细落小落实。扩大宣传，组织开展"学子返乡"主题教育实践活动811场次，参与人数16万人次。制作第3期"学子返乡"公益宣传片，点播量110万次。完善政策，联合下发《关于实施大学生返乡创业行动的通知》，整合资金440.3万元，重点支持9个市（州）集中实施"学子返乡"创业项目。实践体验，组建暑期大学生文化科技卫生"三下乡"社会实践国家级重点团队22支，组建"学子返乡"省级重点服务团队70支，组织10余万学生参加支农支教支医和乡情实践体验活动。搭建桥梁，协调用人单位赴高校开展专项招聘活动，举办“学子返乡”校园招聘会156场次，提供就业岗位7854个。开展培训，新建创业导师团队75个，聘请创业导师293人，开展创业培训9157人。建设平台，在36所高校建立大学生创业基地，在28所高校建立大学生创业基金；成立返乡创业基地156家，吸引返乡创业青年4074人，引导青年开办企业1028家。突出学校共青团的源头性基础性战略性地位，引导青少年积极培育和践行社会主义核心价值观。强化主题宣传教育，抓住抗日战争胜利70周年等重大契机和“五四”“六一”等时间节点，开展“我的中国梦”“我是共产主义接班人”“青少年严实品德教育”等主题教育活动7200余场次；组织开展“清明祭英烈·献花敬忠魂”网络祭奠活动，覆盖和影响团员青年1220万人次，引导青少年认识历史、明确责任、坚定信念；组织开展“社会主义核心价值观主题宣传月”“优秀传统文化在我身边”“我是向上向善好队员”等主题团队日等活动200万场次，引导青少年从小立志向、有梦想、爱学习、爱劳动、爱祖国。分层分类引领，面向大中专学生，帮助树立正确的世界观、人生观、价值观，举办中学生“与人生对话”主题教育活动，实现全省中学全覆盖；举办中职生“彩虹人生——奋斗的青春最美丽”系列分享活动1190余场次，覆盖54.3万人次；举办大学生“与信仰对话”报告活动220余场次，覆盖46万人次。面向少年儿童，引导他们记住要求、心有榜样、从小做起、接受帮助，组织开展“红领巾相约中国梦”“读童谣，讲故事，争当美德小达人”等活动3.8万余场次，参与少先队员290万人次。榜样示范带动，选树青少年身边榜样，开展“五四奖章”“优秀团员”“优秀少先队员”评选表彰和“向上向善”好青年等系列评选活动。依托“甘肃青年”微信平台，推出“甘青达人秀”专栏，宣传优秀青年典型。加强民族团结教育，深入甘南藏区调研，形成《甘南藏区青少年调研报告》；加强青少年民族团结教育，覆盖青少年48万人次；推进“青少年民族团结交流计划”，促成中小学生手拉手结对14000个。发挥红色资源优势，开展党史、国史、团史和国情省情教育。组织开展第七届中韩暑期青少年国际文化交流等活动，拓展青少年的国际视野。建设“网上共青团”，强化网络宣传和舆论斗争。壮大工作队伍，强化引导力，建成110名的网评员队伍，重在生产优质内容；强化战斗力，建成近3万人的网宣员队伍，重在成建制、有组织地开展统一行动，营造舆论引导声势；强化辐射力，建成近30万人的青年网络文明志愿者队伍，重在自觉响应、积极配合；强化支撑力，培训网络宣传引导工作骨干14720名，组建一支由50多名骨干成员组成的全省隐蔽战线网络宣传员队伍，承担省国家安全厅和省网信办交办的特殊工作任务。推进“青年之声”互动社交平台建设，全省建成“青年之声”平台58个，成立创业就业、心理维权、婚恋交友等13个专家服务联盟，入驻各类服务专家406名，开展服务活动23场次，覆盖青年20多万人次。强化网络引导，依托微网站，改造升级“甘肃青年”微信公众平台，推出微信公众号影响力排行榜。打造“甘小青”工作新名片，设计推出“土豆娃娃”系列“甘小青”动漫形象，策划开展“甘小青·八倡议”“甘小青带您漫读精准扶贫”等系列网络主题活动。策划实施系列网上话题推广宣传活动，推出《在共产主义理想指引下砥砺前行》《纪念先烈·报效祖国》等原创网评文章17篇。“为雷锋精神点赞”微话题一天内阅读量突破141万。针对少数人在网上亵渎邱少云烈士、质疑共产主义信仰等错误言论，及时发现舆情，鲜明亮剑发声，澄清模糊认识，驳斥错误言论，清朗网络空间。

【围绕中心服务大局】聚焦脱贫攻坚主战场，带领青年建功立业。把脱贫攻坚作为共青团围绕中心、服务大局的主战场，以“精准扶贫·青年在行动”为统揽，组织动员团员青年在精准扶贫精准脱贫实践中展现作为。“一村一电”工程成效显著。召开全省“精准扶贫·青年在行动”暨共青团“一村一电”工程现场推进会，组织观摩学习；下发推进方案，建立“一村一电”工作目标责任制，明确“下发一个文件、成立一个协会、建立一支导师队伍、配备一名金融干部、成立一个培训基地、建立一个服务站、争创一个电商创业平台”等“七个一”工作任务，加大督导考核，强力推进落实。各级团组织成立电商导师队伍85支，建立见习基地250个，培训电商青年3.13万名，引导青年开办网店3.775万个，从业青年15.23万人，带动就业28.3万人，交易额1150亿元，零售额210亿元。“五个双联”向深拓展。整合团属资源，发动社会力量，扎实有效推进。培养农村青年致富带头人3558名；发放“双联”贷款2.73亿元，带动就业20782人；组织专家学者和乡土人才赴“双联”村开展培训780余场次，培训农村青年6.9万余人；开展“暖冬行动”281场次，捐赠衣物及其他生活物资价值1436.3万元；建成“双联”书屋289个，为“双联”村学校捐赠价值2947万元的图书和文具，向11833名贫困学生发放助学金2380万元。累计协调帮扶项目244个，项目金额5082.6万元，办实事好事727件。团省委1个“双联”村整体脱贫。志愿扶贫有序推进。下发《关于深入推进“精准扶贫·青年在行动”的实施意见》，动员青年扶贫志愿者深入扶贫济困一线，开展惠农政策普及、种养殖技术培训、电商扶持、金融支持、项目援建、送医送药、捐资助学和关爱活动，帮助贫困地区农村青年提升技能、增收致富，为农村留守儿童等困难青少年群体送去关爱和温暖。举行全省青年志愿者助力脱贫攻坚推进仪式，成立首批15支精准扶贫青年志愿者服务队，联系云校（北京）科技有限公司、中国光华科技基金会、甘肃国芳百货集团公司等企业和组织，向全省贫困地区中小学和青少年捐赠价值3150万元的教学设备、学习资料和爱心“温暖包”。藏区扶贫深入实施。协调对接团天津市委对口援建项目136个，资金1768.5万元。推进兰州、天水等10个市级团委对口支援9个藏区市、县团委工作，筹措援藏项目资金304.67万元。开展“情暖藏乡·暖冬行动”等活动，向藏区捐赠价值937.5万元爱心“温暖包”、图书和教学设备。瞄准转型升级主方向，推动青年创新创业创优。推动青年创新。强化创新教育，开展以“创业创新、汇聚发展新动能”为主题的“大众创业万众创新双创周”活动，培养青少年的创新意识和创新习惯；强化品牌牵动，举办首届甘肃青年APP大赛，联合举办“邮储银行杯”第二届“创青春”甘肃青年创新创业大赛，组织开展“挑战杯”“丝路杯”等学术科技、文化艺术类大赛，引导青少年爱科学、勇创新。促进青年创业。加强创业园建设，创建青年创业园和科技创业园142家，其中“全国青年创业示范园区”2家、“省级青年创业示范园区”5家。加强培育孵化，依托青年创业园，吸引和服务入驻园区企业3984家，累计孵化青年创业型企业902家，在孵青年创业型企业2838家。加大就业扶持，培训青年10804人，帮助应届毕业大学生上岗见习3193人。加强金融服务，争取团中央专项经费300万元，支持青年创业就业；实施城市青年小额贷款项目719个，发放贷款5500万元；联合省银监局选派58名优秀青年金融干部到58个贫困县团委挂职，建立乡（镇)创业金融服务站92个，发放农村青年创业小额贷款5360万元。激励青年创优。开展技能比武，举办第十届“振兴杯”全省青年职业技能大赛，为青年技能人才成长搭建平台；深化品牌创建，推进青年文明号、青年岗位能手、青年安全示范岗等品牌工作，动员广大青年立足岗位争创一流。投身生态建设第一线，发动青年植树护绿。以保护母亲河行动为牵动，引导青少年积极参与国家生态安全屏障综合试验区建设。加强生态文明理念宣传，开展环保宣传、实践体验、卫生整治等活动4590场次，参与青少年27万余人次。组织开展“一元增绿·甘小青在行动”微公益活动，4.7万人参与，募集捐款19.6万元。开展“情系母亲河·绿播风情线”树木认养、“同植希望树·共圆绿色梦”赴兰州新区大型公益活动等2000多次，参与人数12.7万人次。深入推进“11151”工程，组建“青年绿色志愿者”队伍311支，发动团员青年植树267.36万株，建设青年林233片，美化身边路231条。联合兰州银行开展“共建美好家园——回收废旧电池”大型公益活动，回收废旧电池210万枚。

【青少年权益维护】重点服务困难青少年群体。针对农村留守儿童，实施共青团关爱农村留守儿童行动，开展夏令营、体验营等关爱活动，建立“七彩小屋”关爱阵地32个、“亲情聊天室”27个、“心理咨询室”108个、“心语小屋”65个、图书室496个，发动社会力量，向留守儿童集中的农村中小学校捐赠课桌600张、足球800个、书包1万个、图书315万册。针对新生代农民工，深化关爱农民工子女行动，结对农民工子女61.85万人。针对残疾青少年，开展“阳光助残”行动，结对帮扶8.63万人。针对贫困学生，开展捐资助学，资助学生3814人，发放资助金694万元；募集希望工程项目款物2083万元，建设希望小学7所，完成第一所“共青团品牌希望小学”主体工程建设。切实维护青少年合法权益。联合省公检法等部门对青少年涉罪、犯罪、重新犯罪等情况进行调研，形成《全省未成年人犯罪现状分析报告》。推进“虚拟专门学校”建设。团省委2014年提出，针对有不良和严重不良行为青少年的教育矫治，成立“虚拟专门学校”，采取“分散办学、集中办班、双重学籍、人性化管理”的运行模式，对有不良和严重不良行为青少年进行建档立卡，配备专门力量，对于处在义务教育阶段在读的学生，在继续留在原学校接受正常国民教育的同时进行教育矫治，实行双重学籍和人性化管理；对于不在读的有不良或严重不良行为青少年，依托现有的职业院校进行集中办班。两年来，在张掖等7个市（州）试点，取得良好成效。高台县有274名有不良和严重不良行为青少年，建立“虚拟专门学校”后，转化效果显著，转化率提高67%。推开“1+1+X”结对帮教模式，累计招募志愿者7730人，建立帮教队伍504个，覆盖有不良行为或严重不良行为青少年3968人。抓好青少年社会事务，加强青少年事务社工队伍建设。联合下发《关于加强甘肃省青少年事务社会工作专业人才队伍建设的意见》《甘肃省青少年事务社会工作专业人才队伍建设工作计划》，建成560人的青少年事务社工队伍和492人的维权专家服务团队。加强对青年社会组织的联系、引导和服务。新联系青年社会组织170个，联系总数1067个；吸引、协同413家青年社会组织开展户外交友、扶贫济困等公益活动，服务青少年3.9万人次；发挥枢纽作用，为青年社会组织提供专业培训30场次，培训5191人次；建成市、县两级青年社会组织服务平台67个，吸引青年社会组织470个。推动青年志愿奉献。壮大服务力量，积极推动团员成为注册志愿者，实名注册志愿者51万人、志愿团体2312个。建立服务阵地，授牌成立首批16个省级青年志愿者服务基地，组建32支直属服务队。各级团组织建立志愿者服务站（中心）611个、服务基地720个。培育社会团队，倡导成立“甘肃公益救灾联盟”，成员机构80家。开展专项服务，新录取西部计划志愿者304名，招募133名研究生从事支教服务，选派212名高校毕业生赴新疆、西藏、宁夏开展西部计划专项服务。擦亮服务品牌，发动青年参与“3·5”学雷锋、“暖冬行动”春运志愿服务等活动，上岗服务6000余人，总服务时长10万小时；选拔4348名青年志愿者圆满完成兰洽会、兰州国际马拉松赛等大型赛会服务工作；组团参加第二届中国青年志愿服务项目大赛，获金奖1个、银奖8个、铜奖15个。

【团队组织建设】健全团队组织体系。推动《关于进一步加强少年儿童和少先队工作的意见》有效落实，加强基层少年儿童和少先队工作。实施中学中职共青团“强基固本”工程，抓好团队衔接、团员意识教育和活动设计。实施高校共青团“活力提升”工程，抓好新媒体工作，推动团学工作网络化转型。探索加强联系高校青年教师的有效途径，成立青年教师团工委19个、教师工作委员会12个。深化非公企业团建，新建团组织436个。推进农村合作组织团建工作，建立县域团工委86个、农村合作社团组织2265个。依托“一村一电”工程，建成电商协会团支部157个。推进城乡区域化团建。下发《加强全省基层服务型团组织建设的实施意见》。坚持组织共建、资源共享、阵地共用、工作联动，推进城市街道区域化团建，建立区域青年工作共建委员会116个、工作阵地171个；推行驻地团组织、团干部到街道“双报到”制度，组织开展各类活动900余场次。以“百县千乡”分类示范创建为抓手，开展基层团组织规范整顿，建立乡（镇）直属团组织26693个，覆盖35岁以下青年85.7万人。建设实体化服务阵地。出台《甘肃共青团2015—2017年青少年综合服务平台建设规划》。整合资源，采取新建、转型、开放等方式，建成青少年综合服务平台332个，其中10个平台获得团中央100万元经费支持。制定建设运营方案，争取到团中央100万元经费支持，将两当、南梁全国青少年教育基地打造成集青少年革命传统教育、留守儿童关爱和团干部教育培训“三位一体”特色基地。争取到团中央补助经费150万元，加强省青年宫兰山营地、张家川青少年综合社会实践基地建设。

【团干部队伍建设】强化作风建设。加强教育转作风，开展“三严三实”专题教育和“团干部如何健康成长”大讨论活动，查摆“不严不实”和“四化”方面的问题，推动整改落实、专项整治和建章立制，形成全面从严治团新常态。下沉基层接地气，选派首批11名团省委机关干部下沉到4个市（州）的11个县（区），脱开机关工作，到基层驻点4个月，开展调查研究、发掘典型经验、结对帮扶青年。健全制度强效力，出台《领导干部任前廉政谈话制度》和《干部谈话办法》，完善工作考核指标和细则，加大督导检查，严格工作考核。强化培养锻炼。加强学习培训，举办各级各类培训班392期，培训团干部3.5万人次；组织参加团中央各类调训45期，培训295人次；组织省、市团委副处级以上干部和县级团委班子成员231人参加“四个全面”在线专题学习。突出实践锻炼，聚焦精准扶贫，选派团省委机关20批115人次、全省团系统1023人次驻村帮扶。强化干部管理。抓来源储备，对全省青年干部情况进行调研和摸底统计，为拓宽团干部选拔渠道和加强跟踪培养奠定基础，为加强各级党政领导班子和干部队伍建设储备青年人才。抓输转配备，启动机关和下属单位处级干部转岗工作，优化队伍结构。抓干部协管，协助市（州）党委做好同级团委换届工作，督促各市（州）团委加强团干部协管，推动县(区)团干部配齐配强，加强对乡（镇）、街道团干部在岗率的统计督导，避免“空壳”现象。抓改革管理，甘肃青少年新媒体中心进入实质运行阶段，省团校、省青年宫等事业单位改革顺利推进，历史遗留问题妥善解决。

共青团甘肃省委员会领导班子成员名录

书　记　陶军锋

副书记　赵立香　蒋小丽（女）

　　　　董安宁

纪检组长　李先锋

（供稿：常守强）

甘肃省妇女联合会

【贯彻落实群团工作会议精神】通过召开执委座谈会、举办理论中心组专题学习会及中层干部研讨会，深入学习中央和省委党的群团工作会议精神特别是习近平总书记重要讲话精神，领会妇联工作政治性先进性群众性的丰富内涵和精神实质，用党的群团工作的最新理念统一思想、部署工作、推动落实。组成7个调研工作组，深入28个县（区）47个乡镇（街道）84个村（社区），对妇联组织和妇联工作中存在的“机关化、行政化、贵族化、娱乐化”问题进行调查研究。设计网络调查问卷，在“中国甘肃网”上开展网上调查，了解妇女群众所思所想、所需所盼，掌握“第一手资料”。系统梳理妇联改革任务，从明晰工作内容、改进工作方式、完善组织制度、深化机关改革、强化工作保障等5个方面入手，研究形成省妇联贯彻中央和省委关于加强和改进党的群团工作意见的《实施方案》，为推进妇联自身改革、加强和改进妇联组织和妇联工作奠定良好基础。

【陇原妹输转】全年培训输转贫困妇女47464名，完成任务的237.3%，其中建档立卡贫困妇女22978名，占47.8%，人均年增收7062元。省内创建巾帼家政示范基地30个，在北京、上海、天津等地创建劳务输出示范基地20个，吸纳14206名建档立卡贫困妇女从事家政服务等工作，人均年增收7000–8000元，其中向北京富平家政输送陇原妹2000名，人均年收入3万元以上。举办实施“陇原妹走出去”精准扶贫行动座谈会和陇原妹培训就业座谈会，在兰州开展集中输出活动，扩大妇女劳务输出工作社会影响。与省扶贫办联合在北京举办基层妇干和劳务经纪人培训班，扶持相关中介组织和经纪人做大做强，力促输出工作持续发展。

【妇女手工编织】培训陇原巧手12.59万人，其中建档立卡贫困妇女7.28万人，占57.8%，人均年增收1671元。建立陇原巧手联盟并在国家工商总局注册，凝聚企业、产业协会、商户、个体经营户246个，培树产品经纪人280人，创建示范基地50个，吸纳带动3.89万建档立卡贫困妇女就业，人均年增收2287元。组织基层妇干和陇原巧手带头人赴贵州、北京、天津、江苏等地学习考察。创建陇原巧手一条街、陇原巧手馆、陇原巧手苑和湖南凤凰古城陇原巧手示范基地，在文化集市、机场和旅游特产商场特别是省内外大型展会上推介展销陇原巧手产品。兰洽会上，对接签约陇原巧手项目72个，总金额3.19亿元。

【妇女小额担保贷款】全年发放贷款11.82亿元，扶持19773名妇女创业增收。对贫困妇女的倾斜扶持力度进一步加大，建档立卡贫困妇女贷款2.76亿元，受益5350人，占23.4%。2009年以来，7年累计发放贷款316.54亿元，扶持妇女70.5万人，落实中央财政贴息46.38亿元，到期贷款还款率保持在99.5%左右。与兰州大学共同开展妇女小额担保贷款工作综合效益评估，形成《评估调研报告》。

【妇女儿童扶贫项目】争取中国儿基会支持，全省消贫行动项目县由14个扩大到19个，受益婴幼儿增加到12.8万人，项目资金976万元。发放“春蕾计划”助学金138万元，救助中小学生2530人。实施恒爱行动项目，动员爱心妈妈编织爱心毛衣，为新疆儿童送去1100件。全国妇联部署的现代农业科技示范基地、三八林建设基地、新型职业女农民培训、母亲水窖等工作有效推进，妇女种植养殖、“双联”村互助金、小水工程、妇女产业发展等妇女扶贫项目顺利实施。

【“两癌”培训救助】省级举办“两癌”贫困妇女创业技能和康复能力培训班2期，培训“两癌”贫困妇女110人，市（州）相应培训2134人，通过实用技能、健康讲座、心理疏导、义诊和发放康复手册，帮助“两癌”妇女掌握创业技能、增强康复信心，目标任务全面完成。落实全国妇联、中国妇基会“贫困母亲两癌救助专项基金”504万元，救助妇女504人。联合相关部门下发《关于在58个贫困县17个插花县开展妇女“两癌”普查救助工作的通知》，将服务内容拓展为预防干预、免费普查、诊疗救助、康复培训4个方面，召开全省农村“两癌”贫困妇女创业技能和康复能力培训工作总结表彰会议，深化对贫困妇女的健康关怀。

【“双联”行动】制定《省妇联双联行动精准扶贫工作方案》，细化帮扶措施，明确脱贫时序。全会65名干部与124户贫困户精准对接，坚持每月深入联系村帮扶，开展支部结对共建。争取项目和资金共1327万元，用于改善联系村基础设施和公共服务条件，培育扶持种养加产业。举办手工编织技术培训班21期，培训妇女496人次，经纪人3名，帮助2个村建立手工编织作坊。截至年底，3个村实现脱贫。

【寻找“最美家庭”活动】采取有力措施，坚持集中联动寻找、抓住节点寻找、因地制宜寻找相结合，落实在全省各地“设立一个光荣榜、营造两大声势、拓宽三个领域、开展四评活动、紧扣五个环节、抓住六大节点、征集七类素材”的部署安排，力促活动宣传到位、扎根基层。全年共有10.3万人次直接参与“晒、议、讲、展、秀”活动，晒出家庭幸福照片6万幅，征集好家风家训1万多条，举办最美家庭故事会近1万场次，开展道德讲堂、座谈演讲、征文摄影比赛、文艺展演等3726场次，层层推选产生各级“最美家庭”49378户。

【家庭教育】在全省建立家庭教育示范点14个，示范带动各级妇联结合实际，开展家教知识进万家活动270场次，培训家长8万余人次。争取全国妇联和中华女子学院支持，举办家庭教育服务专题培训班。开展家庭教育工作情况调研，重点对各地中小学、幼儿园家长学校机构和制度建设、作用发挥情况进行督促检查，促进家庭教育工作深入开展。

【爱心妈妈关爱留守儿童活动】动员全省6.9万名妇联干部、村妇代会主任、志愿者做爱心妈妈，与14.8万农村留守儿童结对、认亲。开展“爱心妈妈”一周一次电话、一月一次家访、一季度一次关爱活动、一年一次联谊的“四个一”活动，为留守儿童提供学习、生活、心理等方面帮助。建立农村留守儿童专项档案，健全基本情况月排查和工作情况通报制度，进一步掌握农村留守儿童、代管人及父母外出等情况。在留守儿童之家组织开展各项活动，丰富留守儿童文体生活，向全省1568所留守流动儿童之家赠送《少年文摘报》。编印《儿童安全保护手册》，宣传安全知识。

【法律服务】开展“建设法治甘肃·巾帼在行动——法治教育陇原行”活动，以“法官讲堂”、案例分享等形式，在58个贫困县、17个插花县开展以案释法活动，让群众最直观地参与“司法审理”，接受法治教育。开展“双联”法律服务直通车活动，为农村留守妇女儿童提供法律服务。邀请律师、法律志愿者在村（社区）“妇女之家”开展以案释法、模拟法庭、法制讲座等普法宣传活动，约10万名群众参与。截至年底，县以上妇联接待受理群众信访、12338热线咨询投诉5240件次。与兰州大学联合开展专项调研，形成《〈甘肃省性别平等促进条例〉立法研究报告》。参与农村土地承包经营权确权登记颁证政策宣传、矛盾排查工作，深入11个县27个村开展督查调研，推动农村妇女实现“证上有名、名下有权”。

【法援项目实施】实施“多部门合作预防和应对家庭暴力”二期项目，在项目县对相关工作人员进行培训，初步建立集防范、报警、验伤、处警、庇救为一体的工作机制。在省高级人民法院成立妇女维权合议庭和未成年人维权合议庭，落实“中国妇女法律援助行动”项目，受理法律援助申请63件，为受援人挽回经济损失247万元。加大重大侵权案件的关注和推动解决力度，成功处理兰州市高新区管委会公开选调工作人员性别歧视等一批侵权案件。武山李某强奸猥亵女童案入选全国依法维护妇女儿童权益十大案例。

【妇联上网工程】开通“甘肃妇女”官方微博、微信平台，对“甘肃妇女网”进行全面改版扩容，增加互动和服务功能。指导各地妇联建设微信平台，开展线上互动及服务。全省妇联系统网站、微博和微信公众号全年访问量115万人次，成为宣传教育、引导服务妇女群众的重要阵地。省妇联荣获2015年度全国政务头条号“特别贡献奖”。

【基层组织建设】出台《省妇联关于“党建带妇建”加强服务型基层妇联组织建设的意见》，重点加强乡（镇）、街道妇联组织建设，推动村、社区妇联组织与“两委”同步换届。探索灵活多样的基层妇联组织设置形式，努力将手臂延伸到各领域特别是女性新兴群体。下发《关于推进升级版“妇女之家”建设的通知》，全年打造升级版“妇女之家”40处。加快妇联工作阵地建设步伐，省及兰州市妇女儿童活动中心投入运营。

【妇联干部培训】落实党组中心组理论学习制度，组织干部参加学习交流会及理论培训班，积极推进学习型党组织建设。扎实开展“三严三实”专题教育，领导班子成员带头讲党课，邀请专家作专题辅导。在举办县（市、区）妇联主席培训班的基础上，支持各级妇联层层开展建档立卡村妇代会主任精准扶贫培训和妇联干部依法履职能力培训，全年培训村妇代会主任6220人、妇联干部1.89万人次。常态化组织干部到贫困村驻村蹲点，动员妇联干部做妇女群众的“贴心人”。

【女性人才成长】联合省委组织部出台《关于进一步做好培养选拔年轻女干部工作的通知》，召开培养选拔女干部工作座谈会，分培养使用方向、分专业、分类别设立管理台账，建立分年龄段的全省女干部库和女性人才库。与省委组织部共同选派12名县（区、市）妇联主席赴北京、上海、福建挂职锻炼。

甘肃省妇女联合会领导班子成员名录

主　席　韩克茵（女，4月止）
　　　　苏　君（女，4月任）
副主席　康娅红（女）　王灵英（女）
　　　　张新兰（女）　董晓玲（女）
纪检组长　胡　兰（女）

（供稿：赵　芳）

甘肃省残疾人联合会

【推进小康进程】省政府印发《关于加快推进残疾人小康进程的实施意见》，被国务院残工委转发全国。完成全省残疾人基本服务状况和需求专项调查，完成全省60万持证残疾人和未持证残疾儿童、24.58万疑似残疾人、1.7万个村社区信息的实名制调查。协调将“建档立卡残疾人当年脱贫率不低于25%”，纳入全省精准扶贫贫困县考核指标体系；与扶贫部门联合将16.3万农村贫困残疾人录入全省精准扶贫建档立卡管理系统。投入近5000万元残疾人就业保障金，实施“教育就业扶贫”工程。和政、礼县在国际减贫与发展高层论坛残疾人精准扶贫分论坛上介绍经验。

【民生项目】多渠道争取中央和省级残疾人事业资金9.5亿元，同比增长86.4%。将康复服务“百千万”工程与重度残疾人护理补贴列入省委、省政府为民办实事计划，将贫困残疾人生活补贴列入政府制度化安排，各级财政投入资金3.25亿元，规范建设100所社区康复站点，分类培训1000名康复技术骨干，为1.36万名残疾人提供个性化康复服务，为22.12万残疾人发放护理补贴和生活补贴。甘肃省成为西部首个同时建立“两补”制度并提标扩面、城乡同标的省份。争取财政部下达中央专项彩票公益金4亿元，扶持省残疾人综合服务基地、17个市县级残疾人康复托养机构建设；争取中国残联为74个县配备残疾人流动服务车及车载设备；争取中央投资1.04亿元，用于11个市（县）康复、托养中心建设及40多个服务机构设备更新。

【托底保障】推动把25万贫困残疾人纳入低保，城市普遍上浮20%标准，农村纳入一类施保。城乡残疾人养老保险参保率96%，重度残疾人养老保险最低标准政府代缴率100%。推动将18项基本医疗康复项目纳入城镇居民、农村新型合作医疗诊疗药品目录及基本医疗、城乡大病保险范围，落实政策内残疾职工住院报销不低于90%、残疾居民住院报销不低于80%政策，全省城乡残疾人基本医疗保险参保率96%以上。

【公共服务】实施彩票公益金残疾儿童抢救性康复项目、七彩梦行动计划等，为7.2万多残疾人提供康复项目救助，22.4万残疾人就近得到康复服务。兰州新区省听力语言康复中心、托养公寓1号楼将于2016年投入使用，省残疾人辅助器具资源中心、托养公寓2号楼和动力中心完成主体工程。多方实施扶残助学项目，基本实现各阶段残疾学生助学全覆盖。协助299名残疾人考生被全国高校录取。组织残疾人招聘会54场，开展各类培训330多期，受训2万多人次，新增按比例就业1030名。就业保障金比上年增加16.7%。甘肃省在第五届全国残疾人职业技能竞赛中取得团体总分第七名，3名选手被人社部授予“全国技术能手”称号，2名选手被省人社厅授予“甘肃省技术能手”称号。推动落实省政协依法维护残疾人权益月协商活动提出的18条意见。连续第四年开展残疾人法规政策落实年活动。

【宣传文体活动】开展全省残疾人书画摄影巡展活动；开展2013—2014年度全省残疾人事业好新闻评选，71篇（条）稿件获奖。举办第三届全省特教学校艺术汇演，组织参加第七届全国特教学校艺术汇演，15个节目全部获奖。

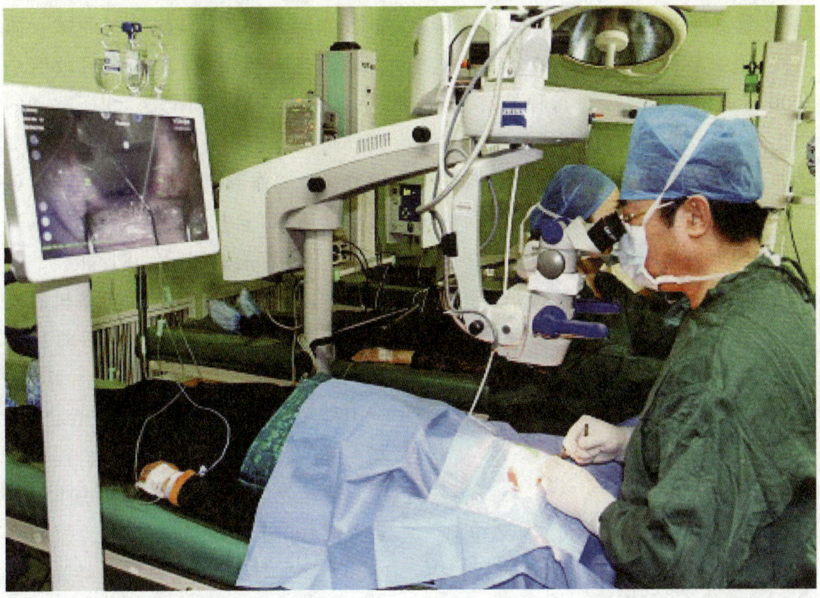

2015年11月27日，省康复医院眼科专家为贫困白内障患者实施复明手术

制定出台获奖残疾人运动员教练员与健全人同类比赛同等标准奖励政策。组团参加全国第九届残运会暨第六届特奥会，甘肃省在国际国内比赛中取得18金32银37铜的优异成绩，6名残疾人运动员、教练员被省政府记一等功，省残联等12家单位和15名同志受到国家体育总局和中国残联表彰。

【组织建设】甘肃省获2013—2015年度全国残疾人组织建设“强基育人”综合评估第一名。与省委组织部联合举办全省首期加快残疾人事业发展培训班。推动所有市（州）和91%的县（市、区）残联班子配备残疾人干部；落实乡（镇）、街道残联理事长副科级待遇315人。甘肃省全民志愿助残试点工作经验被全国会议推广。

甘肃省残疾人联合会领导班子成员名录

理事长　华文哲

副理事长　蒋录基　杨润泉

　　　　　张秀丽（女）

纪检组长　吴小萍（女）

党组成员　张恩和

（供稿：党永贵）

甘肃省科学技术协会

【服务经济社会发展】探索创新，助力精准扶贫。联合省扶贫办组织实施“科技致富带头人精准培训”扶贫开发项目，组织186名专家，对40个贫困村5000名适龄劳动力，进行种植养殖、测土配方施肥、农机使用维修等技术培训，培养懂技术、善经营、会管理的科技致富带头人46人，帮助每个村培育1项农业特色产业，建立1个科普服务站，培养1名电子商务服务员，组建1个农村专业技术协会。与中国邮政储蓄银行甘肃分行签订合作协议，面向基层农技协及其会员、专业合作社、涉农企业提供低息贷款，探索“科技+金融”助力精准扶贫新路子。邮储银行与基层农技协及其会员、涉农企业达成贷款意向5.6亿元，发放贷款1.3亿元。争取实施中国科协、财政部“基层科普行动计划”项目72个，落实奖补资金1285万元；组织实施省级“基层科普行动计划”项目40个，投入奖补资金200万元。项目直接受益农民1.4万户，户均年增收2400元。在夏河县科才乡新组建养殖专业合作社5个，补助60万元修建养殖暖棚30座，联系的2个贫困村实现整体脱贫。多措并举，探索助力区域经济创新发展模式。指导庆阳市完成中国科协“创新驱动助力工程”示范城市申报工作。在企业成立院士专家工作站3个，在高新技术园区、开发区成立院士专家服务中心2个，帮助企业柔性引进中科院院士邓子新、兰大教授李发弟及其科研团队进站工作。注重自身改革，拓宽工作职能领域。启动学会承接政府转移职能试点，会同省深改办起草《甘肃省科协所属学会有序承接政府转移职能试点工作实施方案》，提出推进试点工作总体要求、主要原则、工作内容、制度和流程以及保障措施等。组织完成“双创”第三方评估，向中国科协和省政府提交评估报告。

【《科学素质纲要》实施及科普工作】制定下发2015年全省公民科学素质行动工作要点，在白银市召开全省《纲要》实施暨科普工作观摩推进会，对省政府与市（州）签订的目标责任书落实情况进行集中督查。各地对科普工作的投入明显增加，科协组织的综合协调职能进一步发挥，基本形成政府主导、科协牵头、部门配合、上下联动的工作格局。组织各级科协现有科普资源和科技工作者，参与全国科普日、科技活动周和“科技、文化、卫生”三下乡，举办科普展览展示、讲座报告、咨询义诊、科普大篷车互动体验、机器人表演等群众性科普宣传教育活动2300多场次，受众达300多万人次。其中，全国科普日期间举办各类科普活动210场次，受益群众3万人；“流动科技馆巡展”活动先后到18个县（区）展出，参观人数100万人次；8所高校1.7万余名在校大学生参加“大学生暑期科普扶贫社会实践”活动，深入50多个县（区）贫困村开展科普宣讲、技术指导和培训等；在全国率先开展的“科普进寺院”活动，先后进入临夏、甘南的15座寺院，对4.2万名教职人员及信教群众进行科普宣传;全省49辆科普大篷车常年面向基层群众开展科普宣传活动，总行程65万公里，覆盖82个县（区）。邀请中国科学院院士欧阳自远来甘肃作“反邪教警示教育”科普报告和“富民兴陇讲座”，2万余名领导干部通过视频系统聆听报告。以“体验·创新·成长”为主题，举办第三十届青少年科技创新大赛，全省30万中小学生参与各层次、各项目竞赛活动，产生422项优秀作品参加全国比赛，获得各类奖项66项。以“快乐成长”为主题，举办有205支队伍、711名学生参加的机器人竞赛，产生19支队伍，78名优秀选手参加全国机器人竞赛，取得1金2银16铜的好成绩。组织全省百余所中小学校，开展以“变废为宝·从我做起”为内容的青少年科学调查体验系列活动。组织320名在校高中生，在兰州大学举办全国青少年高校科学营甘肃分营活动。

【学术交流】以“协同创新与驱动发展”为主题举办学术年会，中国工程院院士侯立安、夏佳文分别作主旨报告。800多名专家学者和高校师生，围绕“农业科技与扶贫攻坚”“科技创新与文化产业发展”“兰白科技创新改革试验区创新生态建设”和“新时期学会改革”主题，开展学术交流。举办第四届“兰州生命科学论坛”，中国工程院院士郝希山作主旨报告。组织开展《制约甘肃创新发展体制机制研究》和《学会承接政府转移职能状况专题调查》软课题研究，有针对性地提出对策建议，为省委、省政府决策提供科学依据。各级科协围绕转型发展、创新创业等举办论坛、沙龙等学术交流活动360余场次，形成一批高质量的专家建议。

【服务科技工作者】组织开展中国工程院院士候选人提名推荐工作。推荐中国青年科技奖候选人6名、中国青年女科学家奖候选人2名。推荐全国优秀基层科技工作者候选人3名，获奖1名。

编印《全国院士名录》和《全国高层次专家名录》，收录4013名高端科技人才信息。邀请中国科学院院士杨乐、中国工程院院士刘人怀在天水市政府机关、天水师范学院和天水一中作"中国梦·科技梦"报告。邀请中国科学院院士薛其坤为大专院校、科研院所研究生新生作科学道德与学风建设宣讲报告。征集高校、科研院所1849项科研成果向企业推介。在100家企业实施科技信息服务项目。面向中小微企业和基层一线科技工作者，以知识产权保护利用、TRIZ理论（发明问题解决理论）为主题，举办培训班5期，培训科技工作者近千人次。

2015年9月11日，"全国科普日"甘肃主会场活动暨"中国流动科技馆"凉州区巡展启动仪式在武威市雷台汉文化博物馆举行，副省长、省科协主席夏红民（中）参观青少年科技作品

【自身建设】科普基础条件改善，甘肃科技馆项目土建工程基本完工，展品展项设计和布展施工招标工作基本完成；协调发改、财政、建设、审计等部门，完成项目概算调整，落实后续建设资金2.8亿元；在调研论证的基础上，制订运营管理方案。科普信息化水平提高，组织完成《食品药品安全》和《防震减灾》科普动漫视频的制作；开发研制电子科普语音平台系统，用以奖代补的形式配发基层科普组织；开通"甘肃科普""甘肃科协信息"微信公众号。学会能力提升。对97个省级学会进行等级评价，评定A级学会20个，B级学会35个，向C级以下学会提出整改建议。采取以评促建、以奖代补的形式，对开展学术活动、科普活动、创办期刊等成绩突出的学会和市（州）进行表彰奖励。持续推进科协基层组织建设，与省教育厅、省国资委联合，分别出台关于加强高等院校和国有企业科协组织建设的意见。加强机关作风建设。贯彻落实中央和省委党的群团工作会议精神和关于开展"三严三实"专题教育的部署要求，在科协系统部署开展大学习、大调研、大讨论。两次派出7个工作组，深入14个市（州）50多个县（区），就落实党的群团工作会议精神和"三严三实"要求、推动重点任务落实开展调研，征求基层科协和科技工作者意见建议150余条。按照省委关于"工作落实年"的要求，建立2015年重点工作任务台账。驻会班子履行党风廉政建设主体责任，落实中央八项规定和省委双十条规定，防止"四风"问题反弹。

【市县科协及其基层组织】截至年底，全省有省辖市科协14个、县级科协86个、街道（社区）科协312个、乡（镇）科协1529个、农技协3621个。14个市（州）、60个县（区）成立反邪教协会，2个自治州和8个少数民族县成立科普工作队。市、县级科协全年举办科普宣讲活动7800次，开展实用技术培训9360场次，受众人数逾400万人次。市、县科协围绕精准扶贫，举办适用技术培训班1800多场次，培训农民9.6万人次，培养科技致富带头人2000余名。兰州、嘉峪关等市（州）设立本级"基层科普行动计划"配套项目。市、县科普场馆建设顺利进展，酒泉市、高台县、天祝县科技馆土建工程完工，临夏州科技馆在建设中，甘南州等将科技馆项目列入"十三五"规划。争取到中国流动科技馆展教品5套、"农村中学科技馆"项目4个、科普大篷车16辆。在600多个行政村落实以"科普宣传栏、科普服务站、科普展教品"为主要内容的"六个一"工作任务。兰州、天水、张掖、庆阳、金昌等市（州)科协利用手机短信、微博微信、智能公交、楼宇电视、电子书屋等传媒手段，搭建信息化科普宣传平台。庆阳市科协围绕"高校国企产学研一体化"建设，征集学术论文125篇，形成专家建议书3篇；天水市科协依托科技专家顾问团，累计向当地党和政府上报决策建议293期。甘肃农业大学、天水师院、河西学院等6所高校，兰州高新技术开发区和13家规模以上企业成立科协组织。定西市一区六县科协实现单设。乡镇（街道）科协组织和村（社区）科普小组恢复重建比例上升。嘉峪关市30多个社区全部建立科协组织和反邪教协会。截至年底，全省有省级学会97个、市(州)级学会651个、县级学会1528个、企事业科协173个。年内市(州)、县（区）学会举办学术交流活动120余场次、学术讲座200余场次。省电机工程学会、省项目管理协会等学会围绕转型发展、创新创业、学会建设等方面举办论坛、沙龙等学术交流活动40余场次。省心理咨询师学会实施少数民族流动儿童城市融入与专业支持示范项目，在兰州市少数民族聚居区设立流动儿童联合服务站5个，开展心理辅导25次、社区融合活动5次，为100名流动儿童提供物质、心理和社工服务，帮助850名流动儿童融入社会；实施“386199”群体帮扶工程项目，为540名农村留守妇女、留守儿童和空巢老人提供物质帮扶、精神慰藉等服务。

【陇药产业中小微企业能力提升培训】由省科协主办，西北师范大学新农村发展研究院、省特色农产品产业联盟、省女科技工作者协会承办的甘肃陇药产业中小微企业能力提升培训班暨第四届甘肃省女科技工作者“企业行”活动在西北师范大学举行。培训针对陇药引种与科学布局、陇药规范化生产与贮藏加工、陇药提纯与产业链延伸、中药饮片生产加工的法规符合性、甘肃省道地中药材种植关键技术等陇药产业发展的瓶颈问题，集中开展课堂学习。

【科普语音信息综合终端平台】省科协组织开发第三代科普语音信息综合终端平台，率先在省科协确定的40个精准扶贫致富带头人培训点配备，并以“以奖代补”的形式向全省“乡村舞台”建设试点村推广，方便基层群众查询科普知识信息，丰富科普工作手段。

【中国科协专家赴庆阳洽谈对接创新驱动助力工程】8个国家级学会及3个省级学会28名专家学者，分四个考察调研组，分赴镇原、正宁、环县及西峰等地13家企业，就事关企业转型升级、环境保护、新产品研发、提质增效等方面的18项技术需求，进行实地考察调研，现场开出“提高羊绒出绒率和羊绒长度”“污泥去污循环利用”“养鸡场污染防治”“油井固井低密度水泥预研”等14张技术“处方”。并与企业就提供长期技术支持，实施TPP合作等内容，进行对接洽谈。中华中医药学会与甘肃步天医药公司达成“丹参酮提取，丹参、大黄提质增量，深加工后的药效保持”框架性技术合作协议。中国硅酸盐学会、中国环境科学学会、中国纺织工程学会、中国材料研究学会分别与九连山水泥有限责任公司、镇原县甘肃中盛农牧发展有限公司、镇原解语花山羊绒制品有限责任公司、环县自来水公司、庆阳凯迪塑业有限公司、甘肃省西峰制药有限公司达成6项意向性合作协议。

【精准扶贫科普医疗藏区行】11月2—6日，“省科协精准扶贫科普医疗藏区行”活动在夏河县达麦乡、甘加乡、牙利吉办事处、桑科乡、博拉乡5个乡（镇）相继展开。活动期间，捐赠科普语音平台6台、脑思维教具40件、壁挂科技馆12件、藏汉双语科普图书2000册，省科技教育促进会、省科教文化促进会、省腐蚀与防护学会为学生捐赠600个书包，所捐物资价值30万元左右。兰州市城关区团结新村小学与夏河县牙利吉寄宿制小学举办“手拉手结对子”活动，并捐赠1900册图书。

【省科普教育基地联盟】11月25日，省科普教育基地联盟成立暨2015年学术会议在西北师范大学心理学院召开，全省12个全国科普教育基地、31个省科普教育基地负责人及科普教育基地学术论文作者70多人，共议科普教育基地联盟发展等问题。有关科研院所、大专院校、中小学校、主题公园、重点实验室和企事业单位创设一批质量高、服务好的基地。

省科学技术协会领导班子成员名录

主　席　夏红民

党组书记　杨新科

副主席　杨新科　陈富荣

陈炳东　李克平　张　炯（女）

（供稿：李晓伟）

甘肃省文学艺术界联合会

【大型活动】3月5—6日，“第一届中国（陇南文县）白马人民俗文化旅游节”在文县举办。全国各地的民俗和历史文化专家300余人参加活动。节会以“白马情·中国梦”为主题，包括民俗文化考察体验、第二届中国白马人民俗文化研讨会、电子商务发展研讨暨文化旅游项目推介会等内容。3月12日，省文联召开省文联五届二次全委会。会议增补省文联第五届全委会委员，表彰2014年度全省基层文联特色工作先进集体，颁发第五届甘肃黄河文学奖。3月27日，第四届甘肃省摄影奔马奖暨“中国梦·我的梦”甘肃省第十九届摄影艺术展开幕及颁奖仪式在甘肃省画院举行。4月9—10日，中国书法家协会、省文联主办中国书法公益大讲堂（甘肃—青海）。甘、青两省创作骨干400余人听课，由中国书协副主席言恭达和中国书协培训中心教授李松主讲。言恭达做《当代中国书法文化的哲学思辨与艺术创作》的讲座。4月12日，由省杂技家协会主办、省魔术联盟承办的魔术巡回讲座兰州站在兰州举办。4月17日，由省文联、省文学院和省八骏文艺人才研究会创办，敦煌文艺出版社出版的甘肃国家级华夏文明传承创新人才领军媒体《文艺人才》丛书第一卷正式出版发行并在兰州举行首发式。4月29日，省文联在甘肃大剧院召开戴氏兄弟发明新型中提琴研讨会。新型中提琴发明者戴忠基、戴忠础等出席研讨会。6月16日，省文联文艺志愿服务团成立暨“到人民中去”系列活动启动仪式在临洮县举行。省委宣传部副部长、省文联主席邵明宣读《关于成立甘肃省文联文艺志愿服务团的决定》。6月26日，由中国美术家协会、省委宣传部主办，省美术家协会和定西市委、市政府承办的“美丽新丝路翰墨定西行”全国中国画油画作品展在定西市开幕，展出的260件中国画和油画优秀作品是从全国近5000件作品中遴选出来的。7月21日，省文联召开全省文联系统学习中央群团工作精神座谈会，对全省文联系统学习贯彻、宣传落实中央群团会议精神特别是习近平总书记重要讲话精神做出全面部署。省文联党组制定《甘肃省文联学习贯彻中央群团工作会议精神的方案》。8月6—10日，由中国作家协会党组成员、书记处书记白庚胜带队、著名作家宗仁发、陈应松、刘建东、马金莲、铁流、王妹英、马萧萧、郑彦英、冯秋子等为队员的中国作协“丝路文学之旅”采访团走进甘肃，深入兰州、武威、张掖、嘉峪关、敦煌等地，采访酒钢等企业，了解甘肃人文历史和发展成就。8月8—13日，中国曲艺家协会甘肃“联村联户，为民富民”精准扶贫采风创作乡村行活动在甘肃举行。活动以习近平总书记系列重要讲话为指导，围绕“一带一路”国家发展战略布局，把握以人民为中心的创作导向和“深入生活，扎根人民”的文艺方针，反映甘肃“联村联户，为民富民”精准扶贫工作成果，繁荣曲艺创作、丰富人民群众文化生活，创作反映甘肃扶贫工作成果的优秀曲艺作品。采风创作团由中国曲协副主席郭刚带队，来自北京、上海、天津、广东、内蒙古、河南、江苏、四川、甘肃的近30位曲艺名家赴张掖、瓜州、玉门进行创作采风。9月13日，由中国文学艺术基金会资助，中国电视艺术家协会、省电视艺术家协会举办的“影视小屋”授牌仪式在甘南州合作藏族中学举行。中国文联副主席、中视协主席赵化勇，中视协分党组书记、驻会副主席兼秘书长张显等出席授牌仪式。央视综艺频道主持人周宇主持活动。央视少儿频道节目主持人金豆为同学们上艺术课，鼓励同学们勇敢地追求自己的艺术梦想。9月20日至10月30日，第二届“朝圣敦煌”全国美术作品展在敦煌市展出。第二届“朝圣敦煌”全国美术作品展由中国美术家协会、省委宣传部、省文联主办，敦煌市政府、省美术家协会、未来四方集团承办。展会收到来自全国各地的作品近8000件，涵盖国画、油画、水彩粉画、版画等画种。参展作品275件。

【协会换届】省文联所属的省作家协会、省戏剧家协会、省电影家协会、省音乐家协会、省美术家协会、省曲艺家协会、省舞蹈家协会、省民间文艺家协会、省摄影家协会、省书法家协会、省杂技家协会、省电视艺术家协会等12个文艺家协会分别召开会员代表大会，听取和审议上一届协会理事会工作报告，修改协会《章程》，选出新一届理事会和主席团。

【创作研究与评奖交流】1月20日，省美术家协会版画艺术委员会年会在白银市举行，省美术家协会版画创作基地在白银挂牌成立。3月12日，由省文联、省作家协会主办的第五届甘肃黄河文学奖评选揭晓。参评作品体裁、门类包括小说、诗歌(含散文诗)、散文、报告文学(含纪实文学、传记文学)、儿童文学、科普文学、理论批评等。4月1—3日，中国民协、河南省文联、开封市政府等单位在开封市清明上河园联合主办“全国皮影展演暨第十二届中国民间文艺山花奖·民间绝技绝艺”评奖活动，由甘肃省民协组织推荐的环县道情皮影节目《盗仙草》获展演活动金奖。5月20日，第27届中国戏剧梅花奖在广州大剧院举行颁奖盛典，甘肃省戏剧家协会推荐的省话剧院演员朱衡荣获二度梅、省陇剧院演员窦凤霞获一度梅。5月15日，由省文联、上海辞书出版社主办，省文艺评论家协会、省作家协会、省戏剧家协会、景泰大罗湾铜矿、白银鑫昊公司联合承办的《秦腔大辞典》首发式在兰州举行。6月27日，由省文联主办，省文艺理论研究室、省文联组联处承办的省文联系统文艺期刊审读结果揭晓，32家文艺期刊获奖。8月18日，以“中国乞巧·对话世界”为主题的“第七届乞巧女儿节保护传承论坛”在北京举办。论坛由中国文联指导，中国民协、省委宣传部、省文化厅、省旅游局、省外事办、省文联、省妇联、省民协、陇南市委市政府主办，西和县县委、县政府，礼县县委、县政府，中嘉鑫胜（北京）文化传媒有限公司承办。省委常委、宣传部部长连辑主持开幕式，全国政协原副主席、中科院院士王志珍，中国文联党组成员、书记处书记陈建文，中国民协党组成员、副秘书长吕军，联合国教科文组织、妇女署、儿童基金会官员及17个国家和地区的驻华使节和国内知名民俗专家130人参加活动。论坛形成《驻华使节眼中的中国乞巧非物质文化遗产保护·大使宣言》《中国乞巧文化与世界非物质文化遗产·北京宣言》《中国乞巧文化与妇女发展·北京宣言》三个纲领性宣言。8月20日，由中国作家协会和甘肃省委宣传部主办的第三届中国少数民族当代文学论坛“丝路文学语境下的多民族文学审美——2015·中国少数民族当代文学论坛”在兰州举行。中国文联副主席、中国作协少数民族委员会主任丹增，中国作协党组成员、书记处书记白庚胜，省委常委、宣传部部长连辑等出席会议。12个民族的50余位作家、评论家、学者，从丝路文学遗产、现实与愿景，丝路文学的精神重建、文化空间、民族审美，丝路文学与中国文学，多民族文学在丝路文学中的作用、地位以及创新、发展等角度展开深入探讨。9月26日，由省委宣传部、中国作家协会创研部、《文艺报》《文学报》、省文联主办，省文学院、省八骏文艺人才研究会承办的第二届甘肃诗歌八骏作品研讨会暨中国著名诗人河西走廊精准扶贫文化采风出发仪式在兰州举行。中国作协党组成员、书记处书记、副主席吉狄马加和省委常委、宣传部部长连辑出席会议并讲话。10月25日，省文联联合甘肃健行者徒步运动推广中心、兰州光达数码影像等公益组织、爱心企业在临洮县八里铺镇沿川小学举行健行者图书室捐赠仪式暨“视觉中国带你看上海”摄影展，同时举行“甘肃省文联文艺志愿者服务基地暨临洮县青少年美育基地”授牌仪式。8月6—18日，由省委宣传部、省文联、省文化厅、白银市政府主办，由省戏剧家协会、白银市文化广播新闻影视出版局、会宁县政府承办的第四届甘肃戏剧红梅奖大赛在会宁县和兰州市举行。大赛以“丝路梅香、圣地华章”为主题，囊括秦腔、陇剧、话剧、京剧、歌剧、眉户等近20个剧种，参赛院团29个，参演演员1100人，参评演员及大戏主创人员400余人。12月12—18日，第三届“中国·西北音乐节——绚丽甘肃音乐会”在兰州举行。中国音乐家协会主席叶小纲，中国音乐家协会分党组书记、副主席、秘书长韩新安，省委宣传部常务副部长张建昌，甘肃、宁夏、青海、新疆等省（区）文联负责人出席开幕式。西北五省（区）举办7台音乐会。12月7—9日，中国书法家协会第七次全国代表大会在北京开幕，选举出新一届中国书法家协会领导机构，甘肃省著名书法家翟万益当选书协副主席，林涛、尚墨、安文丽、陈扶军当选理事。12月24—26日，中国民间文艺家协会、省委宣传部、省文联主办，省民间文艺家协会承办“首届中国丝绸之路民间剪纸艺术精品展”。12月28日，省委宣传部、省委双联办、省文联主办甘肃省第三届“联村联户、为民富民”美术书法摄影剪纸作品展。

【“双联”行动与精准扶贫】省文联立足自身特点，发挥桥梁纽带作用，凝聚爱心、动员力量，探索出一条彰显文艺力量、促进精准扶贫精准脱贫的新途径。组织著名书法家为临洮县八里铺镇高庙村、陇南市武都区琵琶镇张坝村农户义务撰写“中堂”作品1100余幅，实现“家家有中堂”目标，制作楹联810幅，送至定西、陇南、金昌等农户家中，为农户拍摄全家福320幅，并冲印装裱送到农户家中。举办高山戏及民间小戏全国性学术研讨展演活动，开展“新农村少儿舞蹈美育工程”“深入基层、扎根人民”文艺活动，省文联文艺志愿服务团组织文艺志愿“进农村、进社区、进车间、进学校、进军营”为内容的文化“五进”活动；邀请全国知名文艺家并号召全省广大文艺工作者以“双联”和精准扶贫精准脱贫为题材，创作陇剧《洮水谣》、电影《此木生芳》，出版《心灵的乡村》《春天，我们出发》等以“双联”为载体的乡土文学读本。邀请中国作协党组成员、副主席何建明，鲁迅文学院副院长邱华栋，作家李迪等6位知名作家与省内中青年作家赴河西进行采风创作，对甘肃扶贫工作进行深度采写，在《人民文学》刊发，同时出版《国家温暖》报告文学集。邀请中国曲协副主席郭刚、马小平，国家一级演员杨子春、张保和等到玉门、瓜州等地开展甘肃“双联”行动和精准扶贫精准脱贫乡村行采风创作活动，与中国曲协合作，创作一台“双联”精准扶贫精准脱贫主题曲艺晚会。组织“西风烈·绚丽甘肃”采风活动，邀请姚明、肖白等10名全国著名音乐家赴基层“双联”点进行采风创作，向全国征集歌曲，在《歌曲》《词刊》《中国音乐专刊》等国家核心音乐类刊物刊登。与新华社《摄影世界》杂志社联合策划，组织摄影艺术家分赴全省各地农村听民意、访民情，筛选近300张摄影作品并配以文字说明结集出版《小康梦想 —— 甘肃“精准扶贫”纪事》，在全国出版发行。

省文学艺术界联合会领导班子成员名录

主　席　邵　明

党组书记　周丽宁（女）

副主席　周丽宁（女）　张永基

苏孝林　翟万益　王登渤

（供稿：石小军）

甘肃省归国华侨联合会

【侨联工作创新发展】2015年，省侨联主动适应经济社会发展新常态，围绕丝绸之路经济带甘肃黄金段建设的战略部署和“四个全面”战略布局，着力拓展海外工作和新侨工作，持续深化省政府与中国侨联的战略合作，邀请省领导出席在河北廊坊举办的中国 — 中东欧国家地方省州长联合会第一次工作会议，并与河北省侨联签订合作协议结为友好侨联；推动侨界科技成果转化利用，选派省内侨商企业天然玫瑰生物科技有限公司和伎乐天文化传播有限公司参展北京第十八届科博会；组织开展“迎重阳”老归侨联谊活动和“迎新春”侨界慰问茶话会，团结凝聚广大归侨侨眷和海外侨胞为全省全面建成小康社会做贡献。

【中国侨联副主席李卓彬率团出席公祭伏羲大典】6月22日，以“同根同祖、中华共祭”为主题的2015(乙未)年公祭中华人文始祖太昊伏羲大典在天水隆重举行。中国侨联作为公祭大典主办单位之一，李卓彬副主席率团，组织来自美国、英国、荷兰、匈牙利、香港等国家和地区的30余名海外侨领、侨商出席大典。省委书记、省人大常委会主任王三运，省委副书记、省长刘伟平，省政协主席冯健身会见李卓彬。

【中国侨联顾问王永乐率团出席第二十一届兰洽会】7月7日，第二十一届兰洽会暨丝绸之路合作发展高端论坛在兰州开幕。中国侨联作为主办单位、中国侨商会作为协办单位，全国政协常委、中国侨联顾问王永乐率来自美国、加拿大等国家以及广东、上海、内蒙古、北京等省（市、区）的30余名侨商代表出席兰洽会暨丝绸之路合作发展高端论坛开幕式。期间，省侨联在兰州举办省侨商会与广东国际华商会友好商会暨侨商企业合作签约仪式，并赴临夏开展“中国侨商会侨领侨商临夏行”活动。

【中国侨联法顾委来甘调研】8月3—8日，中国侨联法顾委主任张耕，中国侨联法顾委秘书长、权益保障部部长张岩，中国侨联法顾委委员张巍等6人来甘肃省调研。省委书记、省人大常委会主任王三运，省委副书记、省长刘伟平，省委常委、省委统战部部长王玺玉等分别会见张耕一行。调研组围绕中共中央《关于加强和改进党的群团工作的意见》《关于加强和改进新形势下侨联工作的意见》的贯彻落实以及新侨投资创业发展和权益保障等情况，分别在兰州市、酒泉市、阿克塞哈萨克族自治县召开座谈会，并走访新侨企业兰州百源基因技术有限公司和汇源投资有限公司，听取侨界群众的意见建议。并慰问张掖市甘州区平山湖乡蒙古归侨。

【精准扶贫精准脱贫】发挥侨联资源优势，选派得力干部到临夏县马集镇多木寺村任村支部第一书记，在摸清底数、建档立卡的基础上，结合村民需求，制定切实可行的帮扶计划，进一步发展生产、增加村民收入。动员侨界社会力量捐资百余万元，为多木寺村实施村级巷道硬化、大蒜试验田种植、农技知识培训、幼儿教育等扶贫帮困项目。元旦春节期间，省侨联开展“送温暖、献爱心”活动，为各市（州)发放慰问金，并分赴临夏、武威、张掖、酒泉、金昌实地慰问困难归侨侨眷和特困户。2015年，省侨联被中国侨联评为维权工作先进集体。

【贯彻落实中央和省委决策部署】省

2015年6月22日，中国侨联副主席李卓彬（前排左一）出席天水公祭伏羲大典

委制定《关于加强和改进新形势下侨联工作的实施意见》和《关于加强和改进党的群团工作的实施意见》，充实加强省侨联领导班子。省侨联多次深入重点地区和侨企、大专院校、科研院所进行实地考察和调研。各地侨联结合本地侨情实际，制定出台一系列贯彻落实意见和具体举措。平凉市、兰州市先后出台贯彻实施意见，明确侨联职能定位，完善党委领导侨联工作体制机制，提出促进侨联工作创新发展的新措施；嘉峪关、庆阳等地理顺工作体制，增加领导职数；武威市侨联配齐配强班子成员，顺利完成换届。

【贯彻群团工作实施意见】举办全省侨联干部学习贯彻省委《关于加强和改进党的群团工作的实施意见》培训班。培训班传达学习省委十二届十四次全委会议精神，围绕服务"一带一路"发展战略、协调推进"四个全面"战略布局、参与精准扶贫等重大课题，邀请复旦大学、省委党校专家学者授课。各市（州）分管侨联工作的负责人、侨联主要负责人及工作人员，各大专院校、科研院所、企业分管侨联工作的负责人及侨联主要负责人，省侨联机关干部近80人参加培训。

【"三严三实"专题教育】省侨联领导班子发挥引领作用，带头讲党课，带头学习研讨，带头查摆"不严不实"问题，带头改进提高。注重制度建设，坚持把纪律和规矩挺在前面，不断健全议事规则，完善机关各项规章制度。通过"三严三实"专题教育，强化"四种意识"，做到"四个坚持"：强化政治意识，学习贯彻党的十八大和十八届三中、四中、五中全会精神，学习贯彻习近平总书记系列讲话精神，坚持正确政治方向；强化大局意识，把为甘肃省"十三五"发展献计出力作为履行职能的主线，坚持把中央和省委的重大决策部署落到实处；强化创新意识，坚持以"严"的要求和"实"的作风有序推进侨联组织和侨联工作自我革新，推动各项工作取得实效；强化自律意识，自觉遵守《党章》和《廉洁自律准则》《纪律处分条例》，督促引导广大党员干部认真践行"三严三实"要求，坚持营造风清气正的良好氛围，使侨联组织成为归侨侨眷和海外侨胞之家，侨联干部成为归侨侨眷和海外侨胞之友。

省归国华侨联合会领导班子成员名录

党组书记　张文学

主　席　樊向勤

副主席　闫鹏勋　马文丕（回族）

　　　　何元庆　陈立观

　　　　董化琪（女，回族）

秘书长　芦小燕（女，满族）

（供稿：李晓霞）

甘肃省社会科学界联合会

【履行主体责任】学习贯彻习近平总书记系列重要讲话精神，学习贯彻中央群团工作会议精神，学习领会《廉洁自律准则》《党的纪律处分条例》，认真开展"三严三实"学习教育，全面落实党风廉政建设主体责任，严格执行中央八项规定和省委双十条规定，始终把政治纪律和政治规矩挺在前面，注重理论联系实际，切实增强言行一致、知行统一的坚定性和自觉性，提升责任担当意识，推动各项工作开展。

【"双联"与精准扶贫】帮助联系贫困村新建果园700亩，指导种植药材500亩，建成120平方米卫生室（两个村），转输劳动力400人，协调落实通村道路硬化资金40万元，完成硬化道路6.5公里，单位自筹10万元，为两个村解决村委阵地办公设备和工程余额。选派4名干部入村挂任第一书记、担任帮扶工作队长，完成两个村190户884人的建档立卡工作，截至年底，一个村整体脱贫，一个村贫困面由上年37%下降为21%。

【社科成果评奖】全省第十四次社科优秀成果评奖活动从4月启动，经过初评、复评、终评三个阶段至12月底结束，从受理的1845项申报参评成果中，评出拟获奖成果308项，客观反映出近三年来全省哲学社会科学研究的整体水平，体现为甘肃省经济社会文化生态建设提供智力支持的显著特点。

【社科普及】组织各市（州）社科联开展以"适应经济新常态、破解发展新问题"为主题的科普周活动，举办10场专题讲座，接受普及人数近4万人次。提高《社科参阅》办刊质量，突出学术性、前瞻性、权威性和可读性原则，选择省委、省政府及市（州）党委、政府高度关注的"从严治党""一路一带""崛起的亚投行""新型智库建设""依法治国"等专题，以服务决策、服务中心、服务社会为目的，致力于为决策提供依据，全年编发10期近5000册。与省图书馆合办《周末名家》讲坛，解答干部群众关注的热点、难点问题，全年举办讲座50期，听众近万人。开展社科普及评优表彰活动，推选出的5名社科普及专家、5名先进工作者、5项优秀科普作品和2个优秀人文社科普及基地，在全国第十七次社科普及工作经验交流会上受到表彰奖励。

【社团工作】履行社科类社会团体的业务主管职责，按照中央加强社团组织党建和管理创新的新要求，举办2期社团组织工作骨干培训班，在承担业务主管职责的42个社团中全部建立党组织。批准新成立2个社团组织，指导5个社团完成换届。引导社团组织开展应用型学术活动，致力于学术活动与服务经济社会的有效衔接。

【学术交流与协作】召开市（州)社科联和部分社团工作座谈会，学习贯彻中央群团工作会议精神，为全省出台群团工作指导性文件提出意见建议。全年编辑出版《社科纵横》杂志12期，编发文章400多篇，研究现实问题的文章超过60%，巩固并形成以副高职称以上作者为主的作者群。

省社会科学界联合会领导班子成员名录

主　席　励小捷
副主席　苗德新　白守双
　　　　高新才　范　鹏　王嘉毅
　　　　郑炳林　傅德印　李玉基
　　　　刘进军　房向阳

（供稿：崔建伟）

军 事

甘肃省军区

【重要会议】1月8日～9日，省军区党委九届四次全体（扩大）会议在兰州召开。2月13日，省军区党委召开电视电话会议，对“学习践行强军目标，做新一代革命军人”主题教育活动和“三严三实”专题教育整顿作出安排部署。7月18日，省军区党委在兰州召开九届五次全体（扩大）会议。

【天预旅接受军区战备演练考核】5月6日～17日，天预旅和所属炮兵团首长机关带部分实兵，以边境地区机动支援作战为课题，历经11昼夜，接受兰州军区不打招呼、随机导调方式下的技能、体能、实弹射击考核和战备等级转换、快速动员、远程机动、战斗组织准备、战斗实施、综合实弹检验6个阶段的全要素、全过程检验性演练。全程安全顺利，得到军区考核组充分肯定，考核成绩名列前茅。

【“金城-15A”使命课题检验性演习】2015年，结合保障天预旅参加军区“兰字-2015B”战备演练，采取实情引导、平行互动、实兵实装、昼夜实施的方法，同步组织天水、定西、兰州、白银、平凉5个军分区（警备区），带23个人武部，进行战备等级转换、局部国防动员、保障交通线畅通、持续国防动员、拥军优抚支前、国防动员和解除等级战备7个内容的演练，对部队途经甘肃境内的16个大型高速路口和交通枢纽、13处特大型隧道（桥梁）、7处高速路服务区和3个部队宿营区，实地展开保交护路、警戒防护、拥军支前、补充保障、抢救抢修等行动，检验战备计划，探索战时背景下启动国防动员机制、民兵支援保障行动的方法路子，活动电报得兰州到军区司令员刘粤军批示。

【扎实开展干部工作大检查】2015年，省军区把干部工作大检查作为贯穿全年工作的重点，持续深入推进大检查工作往深里走、往实里做，彻底清理选人用人上的沉疴积弊，较好地清理纠治一些突出问题。对照167种问题情形，认真查阅2004年以来的干部工作方案、请示、命令等12000余份，汇总各类表格2万多页，装订资料220本。通过全面普查、重点核查、督导检查连续三个波次，共清理清查出39类具体问题，涉及干部859人（次），基本摸清摸准了情况，掌握底数。依据《干部工作大检查发现的违规违纪问题情形认定处理办法》《关于干部档案审核清理有关问题的处理办法》等规定，积极稳妥、严肃审慎地研究处理问题，对23名相关责任人给予纪律处分、批评教育或诫勉谈话处理。

【干部选拔任用】2015年，按照德才兼备、注重实绩、群众公认的原则选人用人，严格落实纪委审计廉政审查制度，先后提请省军区和政治部党委会研究干部任免、晋升军衔、调整专业技术等级11批298人，其中师职19名，团职131名，营以下148名（专业技术干部），上下反映比较好。严格标准条件选拔后备干部，组织省军区党委委员推选军师职后备干部，各师旅级单位研究推荐团职后备干部，经审查把关，提请省军区党委常委研究，共确定2名副军职、11名正师职、20名副师职、59名正团职、85名副团职后备干部。对各师旅级单位上报的76名营以下干部进行任前审核，有效控制超高配、基层干部职务晋升比例过快问题。认真抓好专业技术干部资格评审工作，11月下旬，集中两天时间，采取个人述职、抽题答辩、打分表决的方法，严密组织全区24名专业技术干部进行资格评审，经过评委评定，20名干部取得相应专业技术资格，进一步规范了专业技术干部任职资格程序和标准条件。

【干部转业复员工作】2015年，在充分摸底征求意见的基础上，结合省军区干部队伍实际，区分不同单位、不同类别干部，科学分解下达计划。在具体对象的确定上，以团职干部为重点，着重清理超编无法纳编的副团职及达超龄营职干部，共安排111名干部转业，解决了多年积累的副团职干部超编多、正营职干部达超龄多的问题，进一步改善和优化了干部队伍结构。

【军校和国防生招生】2015年，军队（武警）院校和国防生签约院校共在甘肃省招生781名。针对近年来报考军校和国防生热度减退、招生任务完成难的实际，通过省内报纸、广播、网络、微信等媒体，广泛宣传军校招生政策，为每名考生发放招生简章。6月23日～28日，对报考军校和国防生的2600余名考生集中进行面试、体检和心理检测。同时，专门开通招生工作咨询投诉电话，邀请纪检处、卫生办人员全程参与军检工作，在网上公布体检结论，对有异议的考生专门进行复检，做到招生工作全程透明，得到广大考生和家长的认可。

【后勤战备工作】2015年，组织全区后勤战备计划编修工作，对全区战备计划进行评审，明确2类21种战备计划，进一步规范了相关要素。按照全军《后勤战备工作条例》和军区《战备工作规定》，进一步规范机关本级战备值班，明确值班首长、值班处长、值班干部人员和职责；规定军分区后勤实行周报告制度，预备役师旅实行日报告制度。完善后勤战备库室建设，调整配齐各类物资器材；对全区师旅级单位后勤战备物资储备建设提出具体标准，并组织年底达标验收；协调兰州军区联勤部卫生部为全区团以上部队按战备标准配齐共计113万余元的卫勤战备物资。完成对后勤轻便指挥所后勤装备（电源车、宿营车、物资器材车）建设调研、方案论证、配套建设和装备验收，投入5.8万元购置了后勤配套物资，组织开展人装结合训练。指导酒泉军分区按照三级公路标准承建2.45千米边防军用公路建设，邀请军地专家进行交工验收；甘南军分区加油站300立方米改建扩容工程建设，按标准、时限完成扩容任务，并邀请军区油监处专家组织了交工验收，已投入使用。

省军区领导班子成员名录

司令员　刘万龙

政　委　傅传玉

副司令员　魏泽刚

副政委　倪永盛

参谋长　王　琦

政治部主任　张应银

后勤部部长　楚万明

（供稿：王友成　杨留记　常福元　汪　强　王　莹）

武警甘肃省总队

【概述】2015年，武警甘肃总队紧紧围绕强军目标，把学习贯彻习主席系列重要讲话作为重大政治任务，坚持党委中心组学习制度，举办理论集训，抓好主题教育，组织“新一代革命军人样子”大讨论，注重红色文化熏陶，开展纪念抗战胜利70周年系列活动，官兵的灵魂、本事、血性、品德不断升级，涌现出武警部队“标兵教练员”强彦侠、“维稳先进个人”郑家松，省“五四”青年标兵毋望、“陇人骄子”梁培锋等先进典型。

扎实推进实战化训练，制定“八落实”《细则》，组织卫士演习、勤训轮换、特战比武、战训法集训，狠抓首长机关、预提士官、特勤班排和新兵教育训练，进行首长机关网上想定作业、反恐力量网上拉动检验，部队备战打仗能力不断提高。认真落实总部执勤工作“四个会议”精神，强力推动AB门和“五防一体化”建设，开展执勤安全“三项活动”，总队与5个目标单位召开联席会议研究解决实际困难，狠抓执勤隐患治理，全面规范勤务运行，连续14年实现执勤无事故。全力打好三场维稳战役，圆满完成重要目标警戒、社会面巡逻防控、环疆环兰设卡、甘南藏区维稳、重大活动安保等任务，有力维护了甘肃社会大局稳定。

深化学用《纲要》，规范基层秩序，各级按纲抓建能力有新提高。督导支队常委每月蹲点住队、基层干部严格落实“双五一”，常态开展考察帮建、岗位练兵、“三帮一带”、季度过中队等活动，后进面逐年缩小，部队基础更加牢靠。抓好基层风气专项整治，积极推进暖心工程，做好随军家属就业、特困官兵救济、福利补助发放等工作，有效激发了干事创业内在动力。

开展“学法规、守法规、用法规”活动，用好周末学法、案例警示、法律服务等载体，引导官兵学法尊法守法用法。强化依法从严管理，细化在外人员、手机、治酒、私家车等管理措施，从严落实总部“八严”要求、“六个严禁”，确保部队令行禁止。广泛开展“百日安全竞赛”，扎实抓好12个方面安全重难点问题整治，以“614325”为抓手加强预防工作，部队总体安全稳定，连续4年实现无执勤事故、无行政事故、无刑事案件、无职务犯罪、无自杀问题。

修订后勤保障方案，健全训强“一组五队”，开展“一专多能”考核，优化战备物资储备，建立警地联保体制，应急保障能力有新增强。制定工程建设、物资采购、办公用品等《管理办法》，规范军人保障卡应用、伙食标准化管理，严格经济责任审计，后勤管理效益不断提高。统好财物投向投量，优先保障部队执勤训练和人才、装备、信息化建设，新建总队医院甘南卫生队、5个支队公寓房，完成144个基层单位节能改灶，有力保障了中心、服务了基层。

扎实开展“三严三实”教育整顿，大力推进“8个专项清理整治”，严密组织专题民主生活会，常委带头讲党课，坚决肃清郭徐案件恶劣影响。强力推动转退干部移交、部分支队指挥中心和信息化建设遗留的欠账欠款偿还，取得明显成效。加大党风党纪检查督导，认真落实“10个必须、46个决不允许”，开展案例警示，编发廉政短信，组织明查暗访，调查问题线索，形成了从严从紧抓作风正风气的良好氛围。

【执勤安全工作现场会】6月23日至25日，总队在临夏支队召开执勤安全工作会议。总队首长、机关相关处长和执勤支队支队长、参谋长、作训股长、部分中队长共87人参加。会议组织观摩了“三员一兵一组一班”勤务组织与实施、AB门防脱逃勤务作业、执勤情况处置三个演示课目和“两看”目标“四防一体化”及AB门建设、两警联合执勤、落实“八联”机制等内容，观看了“湖北会议”录像片和总队执勤事故、案件和哨兵自杀问题警示录像片，规范了执勤分队“五个基本”建设、应急班编携配装、干部依图讲解方案、执勤要图标绘和执勤相关资料等，组织了执勤业务辅导授课。会议的召开，为全省“两看”目标AB门建设改造和武警监门哨执勤提供了样板经验，为总队执勤改革和执勤安全奠定了基础。

【总队特勤分队比武竞赛】5月11日至14日，总队特勤分队干部骨干比武竞赛在兰州举行。在前期分三个片区特勤分队干部骨干比武竞赛的基础上，选拔出兰州、定西、白银支队等单位70名特战队员，进行了团体、狙击、突击三个项目13个课目的比武竞赛。经过激烈角逐，第一支队，兰州、甘南支队分获团体成绩前3名，3名狙击专业个人、5名突击专业个人等37名队员获得“特战尖兵”称号。总队司党委常委现场观摩，并为获胜单位和个人颁奖。

【“双争四优”评比活动】深入贯彻落实全军古田政工会和武警部队推进会精神，进一步加强政治机关和政治干部队伍建设，总队开展了以“争创先进政治机关、争当优秀政治干部”和“优质工作、优质服务、优质建议、优质公文”为主要内容的评比活动。总队政治部机关各处及机关和直属队全体干部、16个支队级单位政治处（部）纳入评比范围。“双争”分为季度评比和年终总评两个部分，按照民主推荐、综合遴选、会议研究和组织公示的步骤实施；“四优”每季度评比1次，按照个人自评、处室推荐、会议审定的步骤实施。通过评比活动，有效激发了政治机关和政治干部活力动力，立起了政治工作的威信和政治机关、政治干部的好样子。

【抢险救援】2月17日，兰州支队出动35名兵力，完成国家广播电影电视总局二九一台周边山区因村民上坟引发的山火灭火抢险任务。7月4日至7月5日，张掖支队出动80名兵力，完成张掖市肃南县因突发暴雨引发山洪、泥石流抢险救灾任务，共转移群众70余人，清淤20方，加固堤坝80米，疏通河道10米。7月21日，第一支队出动30名兵力，完成兰州市榆中县定远镇咬家河村重大交通事故抢险救援任务。8月22日，兰州出动10名兵力，完成中核504厂落水群众救援任务，成功解救1名男子。10月17日，第一支队出动50名兵力、3台车辆，完成兰州市榆中县麻家寺村麦草区突发大火灭火抢险任务。

【“双联”行动】总队积极参与省委“联村联户、为民富民”行动。在搞好调研论证的基础上，确定帮扶项目，共投入25.2万元帮助解决陇南市西和县洛峪镇黎湾村、甘南州玛曲县尼玛镇秀玛村太阳能路灯、“三无人员”定居房建设。总队司令员魏凤桐、政委邹建雄专门深入联系点，宣讲党的十八届五中全会精神，看望慰问贫困户、赠送科普实用技术图书。适时派出医疗、文艺分队为村民巡诊送药、慰问演出、看望孤寡老人和留守儿童，受到人民群众高度赞誉。

武警甘肃总队领导班子成员名录

司令员　魏凤桐

第一政委　马世忠

政　委　邹建雄

副司令员　薄云祥　冯志恒　成金旺

副政委　肖　俊（6月止）

赵振鸿（6月任）

参谋长　刘志强

政治部主任　刘　奇（9月止）

黄汉京（9月任）

后勤部部长　刘枝勇

（供稿：蒋世平　邹拴社）

人民防空

【组织指挥建设】加快指挥平台建设，各重点城市人防办在狠抓市级人防地面应急指挥中心建设和升级改造的基础上，进一步加大对所属县、区人防地面应急指挥中心建设的指导力度，河西片人防地面应急指挥中心即将全面建成并投入使用，河东片人防地面应急指挥中心正在抓紧建设。深入开展人防训练演练，省人防办依托省军区教导队开展人防机动指挥所合成演练，结合“9·18”警报试鸣在兰州市举行了全省人防系统战备拉动演练，依据《人民防空训练与考核大纲》，积极探索人防部门跨区域协同指挥和应急支援的有效方法，省人防信息保障中心与陕西人防信息保障中心开展“甘陕—2015联合拉动演练”。全省各重点城市人防办依据防空袭预案开展市带县、区人防办的防空袭室内演练，不断提高各级指挥员的组织指挥能力。

【信息化建设】各重点城市人防办严格按照省人防办的部署安排，进一步加强人防信息化传输网络建设，积极开通与省人防办和所属县、区人防地面应急指挥中心的视频、音频、数据传输网以及短波通信网。省人防办依托国家人防网管中心举办了一期全省人防信息化建设与应用培训班，培训专业技术人员55人，有效地改善了全省人防信息化人才匮乏的现状。省人防北斗卫星导航定位系统、4G通信系统等正在建设。各重点城市人防办进一步加大防空防灾电声警报器、便携式电声警报器和手摇警报器的增设及统控力度，全省警报音响覆盖率平均达到96%，鸣响率达到100%。2015年，全省共制定近ｘｘ个重要经济目标防护方案和城市早期人口疏散方案。

【人防工程建设】认真贯彻落实省委“3341”项目工程建设要求，用项目建设为人防事业融入经济社会发展体系搭建平台，2015年，全省各重点城市人防办进一步加大人防自建工程项目建设力度，嘉峪关市、武威市和西峰区人防自建工程项目已投入使用，张掖市、武威市、天水市和张掖市山丹县人防自建工程和陇南市成县平战结合人防工程项目完成主体建设。狠抓人防与城市建设相结合规划制订工作，全省22个市、县人防办完成了人防专项规划编制任务，12个县、区人防办完成规划初稿，省人防办启动编制省域人防体系规划。2015年，全省共新审批人防自建项目12项，招商引资工程项目6项，人防结建费收取和审批防空地下室面积均实现大幅增长。

【平战结合】省人防办制定下发《甘肃省人防专用设备生产安装管理暂行办法》，对全省防护设备定点生产企业进行质量监督检查，规范人防防护设备管理。认真抓好直属企业改制脱钩工作，完成省人防工程公司法人的更换，督促协调解决了历史遗留问题，正在进行财务审计和资产移交。各重点城市人防办认真抓好人防工程的平战结合，积极发挥人防战备效益、社会效益和经济效益。2015年，全省共完成人防工程挂牌管理1768项，共计2746个，新增平战结合工程利用面积26.5万平方米，向社会提供就业岗位8000多个。

【法规宣传】省人防办代省委、省政府、省军区起草了《关于深入推进人民防空改革发展若干问题的意见（初稿）》，代省政府办公厅、省军区司令部起草了《关于进一步加强县级人防工作的意见（初稿）》，全省各级人防部门将人防行政审批纳入政务大厅，方便了群众，提高了办事效率。加大行政执法力度，全面推进人防依法行政工作。全省在226个社区建立人防工作站，省人防办投资近80万元购买了中国首部人防科教影片《居安思危·备战人防》的播放权，向各市州配发光碟及读本2000套，协助中央电视台完成《新中国人防纪实拍摄任务》，举办庆祝新中国人民防空成立65周年书画摄影展，并在兰州、天水、庆阳、张掖、武威等城市进行巡展，全省共征集作品418幅，经过认真评审，有161幅作品获奖。

【机关建设】全省人防系统进一步加强机关"准军事化建设"，规范办公秩序，优化办公环境，落实战备要求。省人防办狠抓政治理论学习，邀请省委党校教授就党的十八届五中全会精神和"五大发展理念"进行专题辅导，邀请兰州大学教授就"四个全面"战略布局进行专题解读，邀请柴生芳事迹报告团作专题事迹报告会。严格执行中央八项规定和省委"双十条"规定，落实党风廉政建设主体责任和"一岗双责"，确保了党风廉政建设落到实处。健全人防组织机构，完成甘肃人防信息保障中心更名，成立了省人防办质量监督检验站，增设法规宣传处和省人防综合基地管理中心。临夏州、甘南州和兰州新区、永靖县成立人防机构。

【精准扶贫】认真贯彻省委关于精准扶贫、精准脱贫的决策部署，制定2015年双联工作计划，与庆阳市委、市政府联合召开宁县省、市、县、乡四级双联单位精准扶贫精准脱贫协调推进会。积极开展送温暖、送健康活动，春节之际，走访慰问贫困户30户，每户赠送价值300元春节慰问品，现场赠送春联600多幅。针对联系村慢性病多发的问题，协调省第二人民医院5位专家到联系村开展"送医送药送健康"活动，为600多名患病群众义诊，现场免费送药近2万元。向联系村小学生捐赠180套爱心书包和学习用品。协调省城乡规划设计院编制了庙花村村庄建设规划。加大与省直有关部门的协调力度，截止2015年年底，共协调项目资金1300万元，落实到位资金1100万元，投资160万元修建的宫刘村村部文化广场，全民健身器材已安装到位。

省人防办领导班子成员名录

主　任　周应军

副主任　窦永毅　张广洲

纪检组长　马少相（回族）

（供稿：史永康）

政　法

公　安

【维护社会稳定】全面加强反恐防暴和应急处突工作。深入开展严厉打击暴恐活动专项行动，加大区域反恐警务协作，全力推进反恐怖综合应用信息系统建设，进一步增强了对涉恐涉暴活动的精确打击水平。制定防范恐怖袭击预案，开展跨区域、多科目的实警实装演练103次，参与人员9617人次，切实强化了公安机关应对突发事件的攻防能力。深挖打击法轮功等邪教组织违法犯罪活动。重点围绕法轮功、门徒会、全能神等邪教组织，深入开展专项调查和深挖打击工作，侦破了一批邪教及有害气功案件，打掉了一批地下组织团伙，捣毁了一批地下活动窝点，查缴了一批非法宣传品及其作案工具。依法查处非政府组织和宗教领域非法活动，全面查清了省内境外非政府组织及其项目开展情况，查处"达洼"非法宣教活动和"方城总会"、"家庭教会"等基督教非法传教活动，依法打击非法制贩宗教出版物活动。有效净化网络环境，组织开展打击整治网络政治谣言专项行动，切实加强对重点网站、博客论坛的监控、过滤和封堵，依法打击处置传播政治谣言的违法人员。密切掌握网上舆情动态，积极协调删除有害信息，及时处置各类网上舆情。

【打击刑事犯罪】严厉打击突出违法犯罪活动。狠抓侦查破案工作，破获刑事案件34420起，刑事案件破获数同比上升10.2%，其中现行命案破案率达97.95%。坚持抓"大"不放"小"，集中打击"盗抢骗"犯罪专项行动，破获"两抢一盗"、电信诈骗等侵财类案件16154起，同比上升20.2%。深化打黑除恶、打拐追逃等专项行动，打掉庆阳"豆氏兄弟"等黑恶势力团伙160个，抓获涉黑涉恶成员1474名，解救被拐卖妇女儿童218人，追逃7363人。加大突出经济犯罪活动打击力度，开展了非法集资问题专项整治、打击地下钱庄等专项行动，破获经济案件1932起，挽回经济损失4.6亿余元。保持严打毒品犯罪的高压态势，开展"百城禁毒会战"、"网络扫毒"等专项行动，破获毒品案件2600余起，其中侦破甘肃省建国以来最大一起贩运合成毒品案件，缴获冰毒232千克。

【社会治安管理】集中整治社会治安突出问题。先后开展打击涉黄涉赌、食药打假"利剑行动"、护校安园等专项行动，查处涉黄涉赌案件4547起；破获制售伪劣食品、药品案件204起；查处涉校及侵害师生案件135起，整治校园周边治安隐患413处、乱点638处，设立校园警务室11229个、护学岗2179个。集中开展了民爆物品寄递物流清理整顿和矛盾纠纷排查化解专项行动，排查摸底物流寄递企业1734家。

【公共安全管理】针对农村农用车失控漏管问题，省政府办公厅下发《关于免费办理农用三轮车摩托车牌证的通知》，将免费办理农村三轮车摩托车牌证作为为民办实事的精准扶贫项目，全年集中为农用三轮车、摩托车免费办理牌证205.35万辆，占全省机动车总数的35.02%；核发农用三轮车、摩托车驾驶证112.49万本。大力实施公路安全生命防护工程，排查安全隐患路段11.5万处

5.7万千米，投资4.07亿元对317处安全隐患路段进行了治理。深入推进“四位一体”安全畅通机制建设，全方位严查、严管、严控高速公路、国（省）道、农村道路和城区道路，集中开展危化品运输车辆集中整治、违法“大清零”、“打非治违”等专项整治行动，全省道路交通事故死亡人数、受伤人数、直接财产损失数分别比上年下降2.45%、0.75%、4.38%，其中较大和重大道路交通事故起数和死亡人数分别比上年下降11.1%和20.8%。开展一系列消防安全专项整治活动，集中对劳动密集型企业、易燃易爆危险品场所和养老院、幼儿园等“六类”场所进行全面排查整治，全省扑救火灾数、抢救疏散被困人员数、挽损数分别比上年下降9.3%、36.3%、30.9%。

2015年3月3日，副省长马世忠（前排右三）在甘南州调研指导维稳安保工作

紧紧围绕“两节”、“两会”等重要节会和伏羲大典、兰洽会、兰州国际马拉松赛、环青海湖国际自行车赛（兰州段）等重大活动，部署开展了安全隐患大排查大整治专项行动，及时防范、化解了一批影响社会安定的各类突出问题和风险隐患，确保各项重大活动安全顺利举行。切实改进警卫工作，圆满完成中央领导来甘调研等警卫任务22批次。

【公安改革】科学设计全省公安改革的总体规划，省委、省政府出台了《关于全面深化全省公安改革的意见》，重点围绕维护国家安全工作机制、社会治安治理机制、公安行政管理体制等6个方面确定了50项改革举措，为推动甘肃公安工作转型升级、实现新的跨越奠定了坚实的基础。

大力推进行政管理改革。制定《甘肃省公安厅关于认真贯彻落实省政府户籍制度改革实施意见的通知》，对调整户口迁移政策、建立新型户籍制度、规范登记行为、细化户口迁移手续等作出具体要求，全省有11个市（州）出台具体实施意见。继续加大调整和下放公安行政审批事项力度，全面梳理公安机关行政权力清单和责任清单，确定省公安厅机关行政权力101项，其中清理保留54项，批准下放47项。全面推进派出所设置、编制、警力、经费保障、装备和业务技术用房“六个到位”，全省269个新建派出所中，198个派出所已建成并正式开展工作；公开选拔招录9490名人民警察，全部充实到基层派出所，使派出所警力达到县级公安机关总警力的60%以上，有效缓解了基层警力严重不足的状况，有力推动了全省公安基层基础工作的发展。

深入推进公安交警管理体制改革。14个市（州）和甘肃矿区公安局交警支队所属交警大队及宁和、高崖、董志3个高速交警大队人员编制、经费装备全部划转移交属地县（市、区）公安局，“责、权、利”相统一的交通安全管理机制基本建成。全省所有乡镇成立了道路交通安全管理站，97.5%的行政村成立道路交通安全管理室，在乡村交通隘口、危险路段设立交通安全检查劝导站7158个，配备乡镇交通管理员、行政村交通协管员和劝导员5.6万余名，基本形成“主体在县、管理在乡、延伸到村”的农村道路交通安全管理机制。

探索实施人民警察招录机制改革。与省教育厅、人社厅、公务员局联合制定下发《关于为全省市县公安机关定向培养公安警犬技术专门人才有关问题的通知》，为全省市县公安机关分三年每年定向招录200名警犬技术专业学生，在甘肃警察职业学院培养，95%的毕业生定向分配到市、县公安局从事警犬技术工作，2015年200名定向招录任务已完成。加大公安专业技术人才招录力度，共招录公安专业技术人才59名，定向招录少数民族语言、国保等特殊专业人才15名，进一步优化了队伍结构。

【基础信息化建设】制定《甘肃省公安厅大数据警务云平台建设方案》，健全完善情报平台和全省警用地理信息系统的应用功能，实现网格化管理和视频、卡口、旅店、网吧等相关信息数据在地图上展示应用。加大科技手段建设应用，增加了指纹、DNA信息库基础数据，同时应用指纹信息系统、DNA技术和警犬破获了一批刑事案件。

【警务实战化建设】基本建成省级“联合指挥+合成研判”为一体的实战型指挥中心，建立“情指融合、情勤对接”的情报指挥一体化运作机制，实现所有警务勤务要素一体化、可视化调度和社会治安动态实时关联分析，做到对警情快速反应、有效处置。新征建设用地2000亩，对大专层次的甘肃警察职业学院进行改扩建，依托省警院建设反恐怖训练基地、禁毒基地、警犬基地、技侦训练基地、网侦训练基地和刑事技术鉴定中心等“五基地一中心”，全力打造“双师型”队伍，推动“厅校一体化”发展，使省警院成为甘肃公安警力补充的主渠道和民警实战培训的主阵地。

【执法规范化建设】持续抓好规范执法五项制度的落实见效，进一步提升公安民警执法规范化水平。全面推进看守所“五化建设”和拘留所“三项重点工作”，94%的看守所和91.3%的拘留所已达到国家标准。集中开展执法突出问题专项治理，排查执法办案场所安全隐患2675个，已整改1802个；发现并整改违规立案案件155起、应当立案而未立案案件1095起，有效维护了群众的合法权益，进一步提升了公安机关的执法公信力。

【队伍正规化建设】深入开展“三严三实”专题教育，教育引导广大党员干部民警把专题教育融入经常性学习教育之中，以学促知、以知促行，进一步增强了队伍的纪律意识和规矩意识。组织开展大学习、大培训、大练兵、大比武活动，举办轮训轮值和武器警械训练班52期，参加民警6000人次；全面完成与江苏、黑龙江、湖南公安机关为期三年的素质强警交流合作，组织业务骨干赴外省交流考察、跟班学习累计4626人次，队伍的业务素质和专业化水平显著提高。

省公安厅领导班子成员名录

厅　长　马世忠

常务副厅长　白瑞庆

副厅长　朱守科　李晓林　王　林
　　　　谢治国　周功华

厅党委委员　李宗锋　刘玉山

纪委书记　李韵东

政治部主任　李晓卫

（供稿：任志成）

消　防

【火灾及损失】2015年全省共发生火灾5469起，死亡13人，受伤6人，已核直接财产损失4906.84万元，过火面积25.49万平方米，受灾户数1286户，受灾人数334人。

火灾起数和财产损失，兰州市发生火灾1396起，已核直接财产损失545.73万元；酒泉市848起，已核损失322.15万元；武威市722起，已核损失76.67万元；白银市593起，已核损失83.16万元；天水市382起，已核损失394.54万元；陇南市354起，已核损失235.55万元；张掖市352起，已核损失370.03万元；金昌市270起，已核损失408.93万元；临夏回族自治州237起，已核损失448.58万元；庆阳市97起，已核损失152.21万元；甘南藏族自治州87起，已核损失1394.02万元；定西市61起，已核损失223.78万元；平凉市47起，已核损失182.86万元；嘉峪关市23起，已核损失68.64万元。

发生火灾的区域以农村(村、寨、屯等)火灾居首位，发生2395起，已核直接财产损失2440.43万元；其他主要为：城市市区1912起，已核损失697.75万元；县城城区584起，已核损失877.02万元；集镇镇区302起，已核损失341.97万元。

起火场所以城乡居民住宅、宿舍火灾居首位，其中住宅火灾发生1232起，已核直接经济损失760.28万元；宿舍295起，已核损失115.83万元。其他主要为：农副业场所660起，已核损失249.46万元；垃圾及废弃物630起，已核损失51.11万元；交通工具379起，已核损失995.44万元；餐饮场所156起，已核损失80.46万元；商业场所145起，已核损失552.56万元。

发生火灾的原因以生活用火不慎引起的火灾居首位，发生1324起，已核直接财产损失1506.58万元。其他主要为：电气726起，已核损失733.49万元；玩火(含燃放烟花爆竹) 466起，已核损失55.45万元；吸烟210起，已核损失116.93万元；生产作业类126起，已核损失172.24万元。

起火物以山林野外（露天）的火灾居首位，共发生1133起，已核直接财产损失240.06万元；其他主要为：家俱、设备及竹、木等制品火灾704起，轻工业品、纺织品火灾394起，建筑构件、材料火灾332起，易燃、易爆物品火灾276起。

2015年全省公安消防部队共接警出动7938次，出动车辆13267辆（次），出动警力83581人（次），抢救被困人员2135人，疏散被困人员8561人，已核抢救财产价值15357.63万元。其中，参加火灾扑救5465起，出动5639次，出动警力63020人（次）、出动车辆10074台（次）；参加灾害事故抢险救援1659起，出动1713次，出动警力15566人（次）、出动车辆2434台（次）；参加反恐排爆1起，出动1次，出动警力12人（次）、出动车辆2台（次）；参加公务执勤99起，出动99次，出动警力857人（次）、出动车辆122台（次）；参加社会救助360起，出动361次，出动警力2748人（次）、出动车辆423台（次）；参加其他出动124起，出动125次，出动警力1378人（次）、出动车辆212台（次）。

【落实消防责任】2015年，继续强化党委领导责任、落实政府监管责任。全省各级党政主要领导听取消防工作汇报、带队检查消防工作380余次，组织召开消防专题会议230余次。省消委会建立“隐患报告、媒体曝光、挂牌督办、责任追究”4项机制，向住建、教育、民政、卫生等部门抄告火灾隐患300余处，推动消防工作责任由事后追究向事前、事中监督转变。省公安、发改、财政、住建等六部门联合出台《关于加强城镇公共消防设施和基层消防组织建设的实施意见》，积极推进消防公共服务均等化。推动行业部门严格依法落实监管责任，省消委会28个成员单位逐一制定行业系统消防排查整治方案，积极开展隐患自查整改、交叉互查和消防安全标准化管理，消防安全责任制进一步落实。

【消防安全环境建设】2015年省政府8次专题部署推进劳动密集型企业、夏季消防检查、易燃易爆危险品场所、冬春火灾防控等消防安全专项整治。特别在夏季消防检查和冬春火灾防控专项行动中，全省86个县区党政分管领导带队交叉互查，省直部门组成23个检查组，分片整治行业领域火灾隐患；省公安厅党委制定“双十一”措施，派出15个督导组跟踪落实，1189个派出所、94个消防大队实名制排查；消防总队、支队两级党委分片包干、责任捆绑，签订责任书和领受任务书，狠抓火灾隐患整治，夏季消防检查综合成绩被公安部评定为“优秀”。层层部署，提前介入，采取驻会巡防、跟踪服务等措施圆满完成抗战胜利70周年、西藏自治区成立50周年庆祝活动及兰州国际马拉松赛、公祭伏羲大典和“两节”、“两会”等40余项重大节会赛事消防安保任务，社会面火灾形势持续稳定。

【“勤务实战化”落实年】将2015年确定为“勤务实战化”落实年，持续优化调度指挥机制、完善执勤训练体系，一体化勤务模式有效建立。制定执行《灭火救援行动10+7硬性规定》《典型灾害事故处置行动要则》等制度规范，总队编写的《槽车事故处置图册》被公安部消防局向全国推广。举办石油化工、建筑消防设施、地震救援等培训班5期，开展跨区域联合演练9次，组织跨区域应急通信演练18次，完成503名灭火救援岗位士兵职业技能鉴定。推广运行“初战信息掌中宝”，为全省执勤中队统一配备4G单兵图传系统。新建市政消火栓4287个，并引入“二维码”进行“身份认证”，实现市政消火栓“标识化+智能化”管理。建立重大危险源动态数据库，对全省4500余家重点单位逐一开展实地演练，修订完善17类灾害事故类型预案。强化灭火救援社会联勤、联训、联动机制建设，专题召开石油化工等火灾形势研判、评估、对策座谈会，充实灭火救援专家组。科学完成“7·26”庆阳石化公司爆燃事故处置、“10·21”兰州地铁建筑工地火灾扑救等急难险重任务。

【政治工作】紧盯部队体制改革，通过“理论大讲堂”、“一句话课堂”、“精品一课”展评、“革命军人样子”大讨论等活动，扎实开展主题教育和党史国史军史教育，引导官兵坚定理想信念，筑牢忠诚警魂。把学习贯彻全军和公安现役部队政治工作会议精神作为全年重大政治任务，高质量完成全省1120名正团职以下干部专题轮训。坚决贯彻习主席和中央军委决策，扎实开展干部工作大检查，纠正违规问题66项，投入70余万元建成数字化干部档案室，对全省团以下干部档案全部实行集中规范管理。持续深化“模范基层党组织”创建和“陇原消防党旗红”活动，积极营造创先争优的浓厚氛围，全省8个单位被评为全国、

2015年2月18日，省委书记王三运（中）看望慰问消防官兵并察看部队执勤备战情况

省级“文明单位”，5个单位、8名个人被省委省政府、省军区表彰为拥政爱民先进单位和先进个人。

【队伍建设】大力加强总队、支队两级班子规范化建设，严格执行军队好干部“五条标准”，不断规范干部选拔任用程序，树立正确的选人用人导向，提拔调整70名团职领导干部，配齐配强了支队级领导班子。坚持依法从严治警，强化条令法规学习落实，结合形势任务7次召开部队管理教育暨安全形势分析会，科学掌控部队管理教育工作。深化制度规范的“废、改、立”，强化依法办事、依法治队、按纲抓建意识，切实形成了党委依法决策、机关依法指导、部队依法行动、官兵依法履职的良好局面。深入开展“五无·三争·一创”和“双严”行动，全面构建“人防+技防”管控体系，实现了部队动态监控、跟踪查控和信息管控，部队高度稳定、集中统一。

【廉政建设】坚持把廉政建设作为重要工作来抓，坚持正面教育引导，用反面典型警示官兵，引导官兵始终做到“忠诚、干净、担当”。狠抓中央八项规定和公安部消防局党委《关于进一步加强新形势下公安消防部队党风廉政建设的若干意见》的贯彻落实，始终把纪律和规矩挺在前面，先后给7名干部实施纪律处分，对21名干部进行诫勉谈话，全年信访举报核查率100%。持续深化消防执法腐败问题专项整治，纠正消防执法问题472处，清退钱物3.66万元。始终强化对权力运行的监督，坚持先审后离、先审后提原则，对20名正团职领导干部和29名副团职领导干部全部进行了经济责任审计。

【综合保障】多方协调争取，全省消防经费预算总量达到3.22亿元，全年共争取消防经费4.24亿元，人均基本支出达4.48万元。2015年建设的43个消防队站，28个已达到入驻条件，1个培训基地、1个战勤保障大队、4个公寓房项目完成建设任务.自筹经费1500万元启动总队训练基地综合模拟训练设施建设，投入5000余万元集中采购消防车44辆、器材装备179个品种1.13万件（套）、储备泡沫灭火剂655吨，购置救生器材19类600余件（套）。补助经费9000余万元，积极推进“七项”为基层办实事项目，持续加大从优待警力度。召开推进政府专职消防队建设管理专题会议，新建县级政府专职消防队2个、乡镇专职消防队23个，新增专职消防员397人，兰州新区特勤中队投入执勤，全省县级消防力量“空白点”彻底消除。

【消防宣传】狠抓消防宣传“7+1”活动，落实党政领导责任，建立消防宣传联席会议制度，省委网信办、省公安、教

2015年7月26日，庆阳石化泄漏爆燃救援现场

育、民政等九厅局联合印发《消防宣传教育“7+1”工作指导意见》；落实主流媒体公众导向责任，41家主流媒体开设专版专栏，14个市级政府门户网站开设消防频道，曝光隐患单位71家，播放消防安全提示38万余条（次），甘肃消防微信、微博关注人数达120余万人；落实企业单位自我宣教责任，开展常态化宣传培训，组织逃生演练；落实行业部门宣传责任，将消防知识和法律法规纳入员工培训、义务教育、国民教育体系，省教育厅将消防知识技能纳入全省254所学校、16.4万名新生军训必训内容。大力开展“119”消防宣传周、“消防安全校园行”等大型主题宣传活动，利用户外视频、楼宇电视等媒介播放安全提示30余万次，建立移动信息平台232个，发送手机短信17.7万余条。新建消防科普教育基地40个，累计培训“五类”人员3.3万余人，全民消防安全意识显著提升。

省公安消防总队领导班子成员名录

总队长　赵音强

政　委　张存义

副总队长　巩永义　孙文科　张卫功

副政委　罗　源

参谋长　杜超仁

政治部主任　柳国柱

后勤部部长　杨孝宁

防火部部长　申立新

（供　稿：李鹏博）

交通管理

【概况】2015年，全省机动车同比增长67%达到586万辆，驾驶人增长37%达到525万人。全年交通事故死亡人数下降2.5%，万车死亡率由4.89下降至2.56，生产经营性事故死亡人数比国家控制指标少49人。高速公路事故死亡人数下降16%，较大事故下降33%，百千米死亡率降至6.6。

【农村交通安全管理】加快推进“主体在县、管理在乡、延伸到村”的农村道路交通安全管理机制建设，设立乡镇交管站1228个、行政村交管室15653个、检查劝导站7163个，配备交管员5.6万余名。把免费办理牌证作为省政府精准扶贫项目，全年办理农用三轮车、摩托车挂牌205万辆，核发驾驶证112万本，使百万农户受益达3亿多元，实现了安全和社会效益的双赢。开展农村交通安全集中整治和严查农用三轮车、摩托车无牌无证严重违法专项行动，查处无牌无证等交通违法34万余起，拘留1185人。

【事故预防】狠抓违法“大清零”等专项行动，全年查处交通违法684万起，同比上升21%，其中查处酒驾等11种严重违法217万余起，同比增长46%。对200多名驾驶人依法实行终生禁驾并向社会公布，每季度曝光100多名交通违法大户。侦破交通肇事逃逸案件224起，侦破率达95%。狠抓五类重点车辆源头管理，强制注销5536辆，对338辆“营转非”大客车建立户籍化档案，1427辆液体危险货物罐车全部加装紧急切断阀，五类重点车辆检验率、报废率均达到98%以上。淘汰报废黄标老旧汽车7.7万余辆，超额4.1万辆。实施公路安全生命防护工程，排查隐患路段11.5万余处5.7万千米，协调投资4亿多元治理隐患路段317处。狠抓督办问责，省道路交通安全委员会会同省安全生产委员会对32起较大以上事故全部挂牌督办，督促各地追究责任73人、责任单位57家。狠抓重点时段勤务管理，着力推行新型常态化、实战化的交警勤务运行新机制，有力地保障了端午、十一、春运等重点时期和恶劣天气下的道路交通安全畅通。

【服务民生】全力实施省公安厅服务民生五大行动和便民措施，全省372条小街巷和非主次干道实现单向通行和路侧停车，建成道路微循环42组；4384所学校门前设置隔离设施和减速带9万多米；驾驶人考试自助预约比例达到99%，成功预约102万人次。着力打造“互联网+交管服务”综合服务平台，机动车异地检验、交通事故快处快赔、交通违法异地处理等一大批便民措施惠及广大群众。开展缉查布控系统应用，联网卡口791处。建设车辆登记监管系统，构建外省籍“两客一危”车辆入省围栏，严防发生输入性交通事故。依托交警微信微博平台推送交通诱导和宣传教育信息2.3万余条，阅读量达到7300多万人次。省委宣传部、省公安厅等6个厅局评选表彰30名“陇原好司机”，在社会上起到了安全文明驾驶的示范引领作用。

【队伍建设】深入开展突出问题专项整治，核查整改各类警情和案件2426起。厘清并向社会公布交管部门67项权力责任清单。完成公安交警体制改革，形成了“责权利”相统一的交通安全管理体制。深入开展“三严三实”、“秉公执法人民公安为人民”和整治“慵懒散浮拖”等专题教育活动。组织随岗培训、集中培训等业务培训班8批次，培训民警2000多人次。加强典型选树，5个集体和1名个人荣获省委省政府和公安部表彰奖励。深入推进双联行动，协调相关部门投资250万元，建设6千米村道、4座桥梁和1条河堤，协助建设1个驾驶人考试场；自筹经费30万元，帮建4处消防设施，11亩玫瑰种植，培训驾驶人23名，厅交管局被省公安厅评为双联先进单位。

省公安厅交通警察总队领导班子成员名录

总队长　党　尕（藏族）

政　委　刘琪基

副总队长　刘继发　钟　山　吴建忠　贾中平

纪委书记　王　敏

（供稿：魏　明）

检　察

【惩治职务犯罪】2015年共查办各类职务犯罪案件761件1241人，其中贪污贿赂案件605件936人，渎职侵权案件156件305人；涉案金额百万元以上的大案83件，千万元以上的6件；厅级以上干部8人，县处级干部93人；挽回经济损失3.8亿余元。严查侵害群众利益的职务犯罪，查办教育、就业、医疗、食药安全等领域职务犯罪616人。严查行贿犯罪145人，其中行贿金额超过100万元的38人。严查行政执法、司法人员贪赃枉法、徇私舞弊等职务犯罪226人，有力惩治了一批公器私用、公权滥用的害群之马。

【预防职务犯罪】认真落实《甘肃省预防职务犯罪工作条例》，提请省委全面深化改革领导小组审议通过《甘肃省检察机关预防职务犯罪约谈办法》，开展预防约谈584人次；向各级党委提交预防职务犯罪年度报告112份。部署开展国土、交通、扶贫等系统预防专题调查，帮助完善制度59项。受理行贿犯罪档案查询16.3万余次。制作《民生为天》、《春风化雨润陇原》等16部微电影和专题片开展法治宣传教育，预防工作社会影响力持续扩大。

【打击刑事犯罪】以人民群众平安需求为导向，认真履行批捕、起诉职责。依法批捕各类刑事犯罪嫌疑人13013人，起诉22733人。其中，批捕严重暴力、涉黑涉毒等影响群众安全感的犯罪嫌疑人7203人，起诉13753人；批捕集资诈骗、制售假冒伪劣产品等破坏市场经济秩序的犯罪嫌疑人805人，起诉1202人；批捕侵犯妇女儿童和农民工、残疾人、老年人等特殊群体权益的犯罪嫌疑人459人，起诉520人。加强对涉罪未成年人的特殊司法保护，出台讯问程序规则，完善社会调查、附条件不起诉等制度；为避免交叉感染，下功夫协调解决了混合关押问题；推动建立观护教育基地17个，依托社会力量，对不批捕、不起诉的757名涉罪未成年人进行跟踪帮教，最大限度予以教育、感化和挽救。

【侦查监督】充分发挥检察机关在侦查初期的把关、监督和引导作用，重点监督纠正有案不立、有罪不究、违法立案等问题。共依法监督侦查机关立案205件、撤案362件，纠正漏捕317人、漏诉268人，书面纠正侦查活动违法421件次。科学分析甘肃社会治安形势，深入贯彻宽严相济方针，认真落实少捕慎捕慎诉政策，尽可能地防范冤假错案，减少社会对立和负面影响，对犯罪嫌疑人主观恶意不明显、罪行轻微、社会危害不大、被害人愿意达成和解的轻伤害、交通肇事等轻微刑事案件依法不批捕1106人、不起诉437人。针对人民群众强烈关注的问题，部署开展了破坏环境资源和危害食品药品安全犯罪专项立案监督活动，监督行政执法机关移送案件105件，立案55件，追究刑事责任40人。

【审判监督】积极适应以审判为中心的诉讼制度改革，全面贯彻证据裁判规则，坚持罪刑法定、疑罪从无，有利于和谐稳定、案结事了，有利于节约司法资源等法治理念，加强对审判活动的监督。本着对法律和当事人负责的态度，依法提出刑事抗诉104件、民事行政抗诉70件，抗诉数量逐年下降，法院的采纳率稳步上升，彰显了审判和抗诉质量双提升，取得了较好的法律和社会效果。

【刑事执行监督】依法监督纠正减刑、假释、暂予监外执行不当188人，重新收监66人，监督纠正社区服刑人员脱管、漏管292人。认真开展捕后羁押必要性审查，460人被释放或变更强制措施。为进一步强化执行监督，按改革要求，将全省检察机关监所检察部门统一更名为刑事执行检察局，实现了工作职责、工作方式、工作理念的重大转变。

【法治甘肃建设】按照省委决定，与省直机关工委密切配合，在全省党政机关深入开展了“学好法、用好权，促公正、促清廉”专项行动。组织全省党政机关40万干部按照“八个一”的要求，开展了扎实有效的学法用法活动。活动中，检察机关给党员干部发送了10余万份法治教材及音像资料，组织干部参观警示教育基地1719场次，各班子成员也纷纷登上讲台作法治报告，受众达30余万人，使执法用权者普遍受到了一次系统的法治教育；为了严肃纪律，还集中查处了146名不收敛、不收手，顶风违法犯罪的党政机关干部。通过教育活动的深入开展，党政干部的法律意识明显增强，党政机关的法治氛围更加浓厚，全省已有453家党政机关申报“预防职务犯罪先进单位”，200人被推荐为“尊法学法守法用法模范”。

【服务“三农”】为了促进精准扶贫的深入开展，保证扶贫资金的安全使用，2015年继续开展“保民生、促三农”专项行动，充分发挥涉农部门、乡镇及村社的检察派出机构作用，做到扶贫资金流转到哪里，检察监督就跟进到哪里。积极构建公开内容向检察官“三报备”制度，使扶贫资金的使用情况可知、可监、可控、可防、可查，以公开倒逼公正，确保扶贫资金正确使用。专项行动中，共提出预防建议163件，帮助整章建制174项，提供法律咨询和司法帮助738次，调处涉农矛盾纠纷207件。这项工作的深入开展使基层法律监督的力度进一步加大，资金管理使用更加规范，基层干部遵纪守法意识普遍增强，涉农职务犯罪大幅减少，2015年涉农职务犯罪举报信较上年减少47%，立案人数下降50.8%。

【服务经济建设】连续三年深入开展检察官“联系企业、联系项目，促进廉洁、促进发展”专项行动。2015年全省检察机关共联系服务建设项目432个，涉及建设资金3821.6亿元，为企业项目提供法律咨询1194次，帮助整章建制338项，督促有关部门及时为企业办理审批事项112次。同时，依法查处了涉企职务犯罪案件74件91人，办理涉企刑事案件152件193人，协助解决矛盾纠纷139件。为支持非公经济的发展，出台《关于服务非公有制经济发展的意见》，挂牌成立驻甘肃省工商业联合会检察服务室，召开非公经济企业家座谈会，把70家商会联系的18200个非公经济组织纳入服务范围，为企业家维权撑腰壮胆，为企业合法经营保驾护航，支持非公经济健康发展。此举在全国属首创，受到工商界人士高度称赞。

【双联行动和精准扶贫】认真履行组长单位牵头职责，帮助包联县破解发展难题，共协调项目53个、列入规划和落实资金67.6亿元。着眼产业发展、农民增收，探索实行“小康互助组”发展模式，使每个贫困户脱贫致富都有了保障；成立“双联互助组”，使每个双联干部都能充分发挥作用。积极帮助联系户破解发展思路、项目、资金、技术、销路等难题，联系村农民2015年人均纯收入增加到5606元，增幅达15%；建档立卡贫困户脱贫面达90%。结合新农村建设，积极开展“双联主题月”活动，水电路等基础设施建设全面完成，村级文化广场、卫生室、商贸服务社和金融网点等公共服务设施实现全覆盖。

【规范司法行为专项整治】在全省检察机关认真开展了工作。深入查摆问题，坚持问题导向，敞开大门征求各方意见，汇总梳理出89类司法行为不规范的突出问题。将违规查封扣押涉案财物，过问、干预办案，不严格遵守办案期限等12个方面的问题纳入整治范围，整改问题8000余个。健全规范制度，省检察院清理废止过期制度63项，修订完善48项，新建35项，使每项检察权的运行都有了制度的遵循和规范。

【接受外部监督】切实加强与人大代表、政协委员的联系，完善办理人大代表建议、批评、意见及转交案件工作规定，针对省人大代表对检察工作的意见建议，分类制定238条措施，逐条研究落实并集中反馈，办理人大代表、政协委员转交案件112件。开展专题“检察开放日”活动，全省检察机关共邀请代表、委员视察工作356人次。接受社会监督，全面推进检务公开，向社会公开重要案件信息和法律文书8961篇、提供案件程序性信息查询29538件，保障了案件当事人的知情权、监督权。接受舆论监督，积极推进新媒体平台建设，全省三级检察院官方微博、新闻客户端、微信公众平台全部开通，省检察院官方腾讯微博和今日头条客户端分别入围全国检察机关微博20强和客户端20强，获“全国检察机关新媒体优秀奖”。

【司法体制改革】稳步推进四项改革试点准备工作。认真落实中央、省委关于深化的部署，围绕完善司法责任制等四项改革，制定《甘肃省检察机关司法体制改革试点工作实施方案》，确定6个院启动试点准备工作。制定检察人员分类管理、办案质量终身负责等22项配套方案。**深入推进涉法涉诉信访改革。**认真落实诉访分离要求，畅通信访渠道，建立网上受理、内部协作息诉新机制，采取远程视频接访、信访窗口提早延时接访等措施，妥善处理涉法涉诉信访1468件。着力构建“三个穷尽”工作机制，引导各类信访有序导入、依法办理、终结退出，化解涉检信访历史积案17件。制定律师参与化解、代理涉法涉诉信访案件的意见，推动形成多元化解工作格局。加强释法说理、情绪疏导，通过检调对接、公开听证、反馈答复等方式，息诉罢访刑事申诉134件、发放司法救助金277.9万元。全省各级检察院缠访闹访案件明显减少。**积极推进人民监督员制度改革。**积极改革人民监督员选任方式。扩大监督员数量，面向社会公开选任人民监督员50名。拓展监督范围，将查办职务犯罪案件中“阻碍律师或其他诉讼参与人依法行使诉讼权利”等四种情形纳入人民监督员监督范围，共监督评议案件31件31人。完善监督程序，通过随机抽选监督员、全面提供案件材料、认真处理评议意见等程序，增强监督刚性。**着力推进检察机关提起公益诉讼改革试点。**按照“五个必须”要求，研究制定《甘肃省检察机关提起公益诉讼试点方案》，确定8个地区开展试点。加强与省高级人民法院等相关单位的协调沟通，确保试点工作积极稳步推进。配合改革试点，部署开展行政违法行为检察监督专项活动，依法监督纠正155件。

【检察队伍建设】健全检察业务专家带头办理重大案件、培养业务骨干等制度，建立各类检察人才库10个，选拔培养各类业务骨干381人。分层次开展集中轮训、专题培训、岗位练兵和业务竞赛，共培训干警6600人次。举办藏汉“双语”培训班3期。与北京大学、复旦大学、国家检察官学院建立长期合作机制，318名高级检察官参加研修学习。大力推进创先争优，全省检察机关38个集体和15名个人获得省部级以上表彰奖励。认真开展“工作落实年”活动，确定41项重点工作任务，建立责任清单，定期督查通报，提升执行力。严格落实党风廉政建设“两个责任”，采取逐级签订责任书和承诺书、定期“三述”、廉政约谈等措施，强化执纪问责。加大巡视督察力度，对3个市级院进行了巡视，对79个市、县检察院开展了检务督察。严格落实检令检纪，以“零容忍”的态度查处违纪违法的6名检察干警，确保检察队伍清正廉洁、作风过硬。

省人民检察院领导班子成员名录

检察长　路志强

副检察长　高继明　徐维忠　李保岗

　　　　　王　幸　李东亮

反贪局局长　孙兆麟

政治部主任　张学军

（供稿：金　石　陶　星）

审　判

【概况】2015年，全省法院共受理案件277478件，审（执）结246037件，同比分别上升28.86%和21.1%，收、结案数创历年新高，法定审限内结案率为99.22%。其中，省法院受理案件3751件，审（执）结3595件，同比分别上升12.71%和20.44%，法定审限内结案率为99.31%。

【刑事审判】严惩严重刑事犯罪，审结严重危害社会治安犯罪案件5170件，其中判处杀人、抢劫、绑架及黑社会性质组织犯罪、毒品犯罪罪犯3445人；制定职务犯罪大要案审理指导规则，审结贪污贿赂等犯罪案件483件、765人，依法公开审理了中共青海省委原常委、西宁市委原书记毛小兵受贿、挪用公款等一批职务犯罪案件，推动反腐败斗争深入开展；落实全国人大常委会关于特赦部分服刑罪犯的决定，依法特赦了一批符合条件的罪犯。严格死刑案件证明标准，报请最高人民法院复核的死刑案件核准率连续4年保持100%。

【民商事审判】重视民生权益保障，审结婚姻家庭、劳动争议、社会保险、追索劳动报酬等民生案件59400件；落实国家宏观政策，审结房地产、建设工程施工合同、物权纠纷案件10477件；加大妇女儿童权益保护力度，积极推进家事审判体制改革，开展反家暴试点；积极防范金融风险，审结金融借款、民间借贷、商业保险、投资融资等案件28559件；促进企业转型升级，审结公司股权转让、企业破产重整等案件277件；规范市场交易秩序，审结买卖合同案件13277件；着力激发创新动力、创造潜力、创业活力，审结知识产权纠纷案件206件。全年全省法院共审结民事、商事、知识产权案件158358件，标的201.32亿元。

【行政审判】妥善化解群体性诉讼案件，依法审结了原告人数多、社会影响大的蔡明锡等1102人诉省、市、区三级政府系列行政案件，促使双方当事人最终达成和解协议，推动了城市拆迁改造，最大限度地维护了群众合法权益；引导行政机关依法参与诉讼，行政机关负责人出庭率达到33%，同比上升19.6个百分点；通过发布典型案例、召开新闻通气会、录制访谈节目、应邀授课辅导等形式，加大行政诉讼法宣传力度，应邀培训行政执法人员2.5万人；坚持发布《行政审判白皮书》，提出司法建议，促进行政执法水平不断提升。全年全省法院共审结行政诉讼案件2567件，受理非诉行政执行案件1924件，裁定准予执行1260件。

【执行工作】加强整体部署，开展“执行能力提升年”、“集中打击拒执犯罪、反规避执行、干预执行、消极执行”等系列活动，集中清理涉民生、涉党政机关、涉金融债权未结案件1744件，到位金额3.6亿元，涉党政机关执行案件连续3年在全国率先执结，最高人民法院挂网交办的执行信访案件化解率连续4年为100%；加强执行指挥中心建设，充分发挥“点对点”、“总对总”网络查控平台功能，查询被执行人财产信息90.96万次；加强执行联动，召开省第六次执行工作联席会议，与20个执行联动单位签署《联合信用惩戒实施办法》，部署开展“执行风暴专项行动”；加大惩戒力度，发布失信被执行人信息12560条，将160名失信被执行人纳入甘肃诚信“黑榜”名单公开警示，限制出入境98人次，罚款345件次，司法拘留1536人；加强与公安、检察机关的配合，打击拒执犯罪行为，对483名涉嫌犯罪的被执行人移送立案侦查，判处刑罚62人，强化执行威慑。全年全省法院共执结执行案件49379件，到位金额75.71亿元。

【提升司法公信】**不断加强公正司法。**坚持有错必纠，对443件符合再审条件的案件决定提起再审，对150件确有错误的案件依法改判或发回重审；与检察、公安、司法行政机关召开防范冤假错案工作座谈会，进一步规范刑事案件办理，推进刑事诉讼制度改革；坚持以管理促公正，组织开展审判管理集中整治活动，审判管理更加严格科学，主要做法被最高人民法院转发全国。**不断强化人权保障。**受理国家赔偿案件96件，同比上升84.62%，审结84件，决定赔偿142.23万元，审结了二审改判无罪、有较大社会影响的陈琴琴、任明芳申请国家赔偿等案件；整合刑事、信访、执行救助工作，成立国家司法救助项目工作组，制定《司法救助实施办法》，发放救助资金325.7万元。**不断创新便民模式。**大力实施“互联网+”行动计划，努力打造网络法院、智能法院、阳光法院，省法院与17个中级法院建成网络诉讼服务平台和12368诉讼服务热线，开通电话、网络在线、短信等多项服务；建成了97个集诉调对接、立案登记、诉讼服务、信访接待为一体的标准化诉讼服务中心；制定《关于进一步加强人民法庭工作的实施意见》，形成以中心法庭为主、社区法庭和巡回审判点为辅的法庭布局，推行车载流动法庭巡回审判，方便群众诉讼。**不断深化司法公开。**建立司法公开网及网站集

2015年7月14日，由最高法院组织邀请的19名全国人大代表视察甘肃法院工作

2015年10月13日，省法院党组书记、院长梁明远（右一）在永靖县开展精准扶贫精准脱贫工作督查调研

群，加大案件审判流程、裁判文书、执行信息公开力度，全省法院上网公开裁判文书122668份，在中西部19个高院排名第9位；推行庭审互联网直播，新闻发布月度例会、“公众开放日”等制度，开通官方微博、新闻客户端等全方位媒体平台，进一步健全开放、动态、透明、便民的阳光司法机制。

【司法改革】**聚焦破解立案难，全面推行立案登记制度**。坚持有案必立、有诉必理，从2015年5月1日起，对一审民事、行政、刑事自诉和申请强制执行、国家赔偿案件，由以往的审查立案变为登记立案，当场立案登记率为95%，有效解决群众反映的立案难问题。**聚焦解决行政案件审理难，开展行政案件跨行政区划集中管辖试点**。经最高人民法院和省委全面深化改革领导小组同意，兰州铁路运输法院作为全国9个试点法院之一，从2015年12月1日起，对原由兰州、白银、定西3市21个县区法院管辖的行政诉讼案件，实行跨行政区划集中管辖；在全省中、基层法院实行行政案件异地管辖，推动建立与行政区划适当分离的司法管辖制度。**聚焦落实司法责任制，在人民法庭推行法官办案责任制**。推行院、庭长办案制度，强化执法办案职能。明确人民法庭简易程序、普通程序案件责任承担，赋予独任法官、合议庭成员、审判长签署法律文书的权力，实现“让审理者裁判，由裁判者负责”。**聚焦少数民族群众民族语言权利保障，深化双语法官培养培训改革**。积极协调将双语法律人才培养纳入本科学历教育，建立全省法院双语法律人才库，并加强省际合作培训、长期培养力度；省法官学院甘南分院充分发挥民族法律人才培养、民族法学研究、法律文化交流阵地作用，开展了为期8个月的全封闭式藏汉双语基础班、骨干班培训，受训的全省140名少数民族政法干警达到了熟练运用藏汉双语办案的水平；省委政法委、省委党校在省法官学院甘南分院分别设立了全省政法干警培训基地、全省领导干部法治教育基地；省法院和民族出版社在北京举办《宪法教程》等10部藏汉双语教材出版发行座谈会，该套教材的出版填补了我国双语法律教材空白。**聚焦依法独立公正行使审判权，建立干预司法记录追责制度**。制定领导干部、法院内部人员干预司法活动、插手过问具体案件的记录、通报和责任追究实施细则，明确违法干预案件处理的具体情形，建立如实记录、全程留痕、责任追究等制度，架起防止内外部干扰、依法独立公正行使审判权的制度“红线”。**聚焦扩大司法民主，深化人民陪审员制度改革**。召开全省法院人民陪审员工作会议，推进、落实人民陪审员制度，保障人民群众对司法工作的知情权、参与权、表达权和监督权。人民陪审员参与审理案件29000件，参审率为76.14%，调解结案的85.1%，服判息诉率达92.2%。**聚焦推进司法体制改革，积极做好试点前期工作**。研究制定《甘肃法院系统司法体制改革试点方案》及配套子方案，明确改革任务和推进步骤，同时指定天水、张掖中院及4个县区法院开展先期试点，为全省司法体制改革全面推开奠定基础。

【队伍建设】2015年，全省法院有105个集体、112名干警受到省部级以上表彰奖励，涌现出了全国模范法院漳县人民法院和全国先进工作者、感动甘肃·十大陇人骄子才让旺杰，全国模范法官魏素梅等一批先进集体和个人。**加强班子建设**。以严格党内生活、严守党的纪律、坚决反对“四风”和落实“三严三实”要求为重点，健全党组议事决策制度，加强班子思想、组织、作风和廉政建设，不断增强班子的战斗力、凝聚力和号召力，充分发挥班子的领导核心作用。省法院班子连续7年被省委考核为优秀。**加强能力建设**。选派780名干警参加了国家法官学院、中欧环境治理项目等培训；创新培训模式，大力开展网络学习、在线教育，有7451名干警参加了行政诉讼法等网络培训班；组织开展优秀论文、调研报告评选和案件质量、裁判文书评查，举办“法官讲堂”、“学术沙龙”，不断提高干警理论水平和实践能力，有9篇学术论文、调研报告在全国获奖。**加强作风建设**。扎实开展“三严三实”专题教育，班子成员带头讲授党课、学习研讨、剖析整改，队伍作风形象有了明显改进；崇尚实干、狠抓落实，深入开展“工作落实年”活动，对重点工作建立落实台帐，坚持月跟进、季督查，适时通报，形成整体联动、层层推进的落实机制。**加强廉政建设**。紧扣“3783”主体责任体系，制定落实党风廉政建设主体责任和监督责任清单，部署开展廉洁司法集中教育、“两好两促”专项行动，制定《干警谈话办法》，开展廉政建设逐级约谈、新提拔干部廉政谈话、廉政考试、廉政风险防控试点、述纪述廉述作风活动和纪律作风民主测评，加大“两个责任”问责力度，层层传导责任压力。

【“双联”行动和精准扶贫】坚持把

打赢脱贫攻坚战作为"一号工程"，全力落实省委精准扶贫政策。选派9名干部担任驻村帮扶工作队队长，先后组织410名干警驻村帮扶6150天；协调争取项目11个、资金1986万元，完成道路硬化127公里，自来水入户1686户，维修新建村级办公场所5个、村民活动广场8400平方米，改造危房300户，组织技能培训5400人次，输转劳务1.04万人、实现劳务收入9635万元，捐赠款物价值128万元，省法院联系的贫困户减贫64%，3个村实现整体脱贫；扶持发展百合主导产业，建立千亩优质百合示范基地，开设百合销售网店；指导开展低保听证评议和农村土地承包经营权登记颁证工作；发挥组长单位牵头协调作用，适时召开协调推进会，9个省直帮扶单位为永靖县落实项目42个，资金5395万元。

省高级人民法院领导班子成员名录

院　长　梁明远（藏族）

副院长　李琪林　张　萍（女、回族）
　　　　王　军　马　驰　袁治云
　　　　任建国　唐　斌

纪检组组长　陈天雄

执行局局长　张　翔

政治部主任　赵立新

（供稿：席小鸿　黄祥忠　任莉莉）

司法行政

【监所管理】全面强化监所管理，开展为期三个月的违禁品、违规品专项清查活动和"严明纪律、严格履职"专项教育活动。与安监、消防、食药等专业部门合作，开展监管安全、生产安全、消防安全、食品卫生等专项隐患排查整治活动，确保监管场所持续安全稳定。不断健全场所安全稳定防控、排查、应急处置、责任追究和研判机制，经常性开展场所安全稳定形势研判和应急演练，狠抓安全隐患整改，消除了安全隐患，全省监狱系统连续5年实现无罪犯脱逃、无狱内重大案件、无重特大安全生产事故、无重大疫情"四无"目标，戒毒系统连续6年实现无强制隔离戒毒人员脱逃、无非正常死亡、无重大安全生产事故、无所内发案、无所内吸毒、无重大疫情"六无"目标。

【人民调解】积极拓展调解领域，发展医疗纠纷、道路交通、婚姻家庭、征地拆迁、劳资纠纷等专业性、行业性人民调解组织，及时有效解决了各领域、各行业的大量矛盾纠纷。全年各级调解组织共调处矛盾纠纷23.36万件，为全省社会稳定作出了积极贡献。

【法治甘肃建设】按照省委改革办要求，牵头编制了《省委十二届九次全委会重要改革举措实施规划（2015–2020年）》。加强法治宣传教育工作，印发了《进一步加强法治宣传教育的意见》《进一步加强行政执法队伍学法用法守法的意见》等一系列法治宣传教育工作制度。创新普法形式，开展了"学习宪法、尊法守法"主题法治宣传教育活动，利用春节、"3·15"消费者权益保护日等时间节点，积极开展宪法法律宣传。开展"普法陇原行"活动，运用电视报纸、网络微信等媒体全方位、不间断宣传"六五"普法取得的成果，有力提升了法治宣传教育实效。强化普法宣传监督检查，由省委书记王三运等14名省级领导带队，省直有关部门负责人参加，组成13个工作组，对各市州、甘肃矿区和28个省直单位"六五"普法进行检查验收，有力推动了全省普法工作深入开展，为法治甘肃建设奠定了坚实基础。

【法律援助】省政府把为困难弱势群体法律援助案件案均补贴1500元列为2015年为民办实事项目（惠民工程），省司法厅高度重视，对援助范围、受理程序、审查时限等做出明确规定，并把法律援助工作列入年度重点工作目标责任，强力推动法律援助机构、编制、人员和经费"四个到位"。各级司法行政部门建立健全覆盖城乡的法律援助机构网络，全省共建立法律援助机构103个，设立法律援助工作站点2095个，特别是在部队建立法律援助工作站96个，省外建立农民工法律援助工作站11个。大力推动法律服务中心和法律援助管理信息化建设，建成了以法律援助为龙头的法律服务中心94个。依托市县法律服务中心，设立法律援助便民服务窗口，将法律援助工作站及联系点向街道社区和乡镇农村延伸。全年全省共受理各类法律援助案件39317件，完成项目任务的112.3%。省级配套资金1217万元，市县配套资金1112.67万元，全部落实到位。

【公共法律服务体系建设】着力解决无律师县及律师资源分布不均问题，鼓励规模大人数多的律师事务所在律师资源不足县设立分所，引导律师资源由城市向县区、乡镇下沉。大力开展司法鉴定工作，依托县级中心医院、以法医临床为主推进县域司法鉴定工作发展。充分发

2015年9月24日至25日，省委书记、省人大常委会主任王三运（前排左三）带队检查验收"六五"普法工作

2015年2月4日，省司法厅在兰州新区开展“送法下乡”活动

挥律师、公证、司法鉴定、基层法律服务等职能优势，全力服务全省经济社会发展。完善律师执业权利保障和违规违纪惩戒机制，建立律师违法执业投诉查处制度，为律师执业营造了良好的外部环境。2015年，全省律师累计代理案件5.55万件，公证机构累计办理各类公证业务12.09万件，司法鉴定机构累计办理案件1.85万件，基层法律服务累计办案4.39万件。积极服务法治政府建设，从省级层面带头做起，健全完善法律顾问体系。2015年底，全省律师担任政府及其部门法律顾问数2017家，律师担任企业和社会组织法律顾问数3016个，为政府依法办事、科学决策提供了专业法律咨询服务。

【双联法律服务直通车活动】2015年5月8日，省委书记、省人大常委会主任王三运对双联法律服务直通车活动作出重要批示。全省各级司法行政机关认真贯彻省委书记王三运重要批示精神，不断创新活动形式，确保活动取得实效。在白银市召开法律服务直通车活动现场会，组织开展为进城务工人员、农村留守儿童提供法律服务专项活动，就务工注意事项、权益保障等做了专题讲座。设立“直通车”活动工作室，张贴律师联系方式和服务内容，根据群众需求，及时到村到户，点对点提供法律咨询和法律帮助。截止2015年底，全省14个市州302家律师事务所2360名律师和1300多名法官、检察官、警官、法律工作者与8790个贫困村建立结对服务关系，实现了全省所有贫困村的全覆盖。通过直通车活动，全年开展法治宣传2622场次，化解矛盾纠纷5693件，开展咨询19402次，办理法律援助案件2256件。

【“三严三实”专题教育活动】通过专题党课、6次集中学习研讨深入查摆司法厅党委“不严不实”4个方面的“集体病”和22个方面的“个体病”。在专题民主生活会中，通过谈心谈话、广泛征求意见，梳理出“三严三实”方面的问题80多条，都按照即知即改、边学边改、边查边改要求，及时提出整改措施，明确了整改责任人、整改时限，逐一推动落实，有效解决了系统广大干警特别是领导干部存在的“四风”问题，形成了从严从实氛围。在“三严三实”专题教育中，涌现出张树俭等先进典型，省委政法委书记泽巴足、副省长马世忠相继作出向张树俭同志学习的重要批示，为司法行政树立了一面旗帜，有力提升了广大干警的自豪感荣誉感。严格执行中央八项、省委“双十条”规定，细化指标、落实责任，严格控制一般性费用支出和公务接待费用支出。2015年，司法厅机关“三公”经费支出81.68万元，同比下降12%，其中公务接待支出3.34万元，同比下降24.26%，“三公”经费预算实现零增长、公车购置零支出，切实改进了作风。

【党风廉政建设】认真落实2014年党风廉政建设考核情况反馈意见的整改方案，对全系统党风廉政建设主体责任落实情况进行自查、督导、调研，制定了司法行政机关内部人员过问案件记录和责任追究试行办法、领导干部干预司法行政机关案件记录试行办法，推进了司法行政机关依法办案和廉洁从政。在省直部门率先召开全系统党建工作会议，分析研判形势，全面部署任务，落实抓党建是最大的政治、最大的主业、最大的政绩的要求。组织开展“九个严禁、九个严查”和“学好法、用好权、促公正、促廉洁”专项行动，分级分类查摆问题，建立刑罚执行、强制隔离戒毒、法律服务、行政审批方面“问题清单”15项47条。建立述纪述廉述作风述党建“四述”制度，召开“四述”报告会，有效落实了党风廉政建设主体责任。

【基层基础和标准化信息化建设】加大监狱基础建设力度，实施白银、酒泉监狱改扩建和出监教育监狱建设项目，甘肃省未成年管教所和高戒备监狱建设项目前期工作进展顺利。加大戒毒系统基础建设力度，完成省一所、二所、女所、兰州市戒毒所有关改造项目。扎实推进信息化建设，与甘肃移动公司合作，实施贯通省市县乡四级的“智慧司法”信息化项目工程，已完成系统设备安装、综合布线、软件调试和人员培训。加大标准化建设力度，按照于法周延、于事简便的原则，注重实体规范和保障规范的结合和配套，先后修订了涉及司法行政各条线各类业务100余项制度规范，精选83项制度汇编成了《甘肃省司法行政工作制度汇编》，逐步构建了一套内容科学、配套完备、有效管用的司法行政制度体系。

省司法厅领导班子成员名录

厅　长　杨景海
副厅长　钟智录　马晓峰（回族）
　　　　牛兴全　钟建龙　于晓军
纪委书记　韩世峰
政治部主任　郝党民

（供稿：贾　鑫）

工 业

省工信委

【中国制造2025甘肃行动】编制发布中国制造2025甘肃行动纲要，成立以省政府主要领导任组长、分管领导任副组长的中国制造2025甘肃行动纲要协调推进领导小组，确定各项任务加快推进。会同相关部门编制16个专项行动计划和10个专项实施方案，制定发布3个。谋划500个总投资2400多亿元的制造业重点项目，推动新能源汽车、信息技术等领域一批重点项目建设，争取国家专项建设基金9.17亿元，支持5个重大项目建设。围绕重点领域梳理出545个技术创新项目，争取国家批复2户国家级技术创新示范企业，培育10户省级技术创新示范企业和20家省级企业技术中心。推荐省机械科学研究院成为全省首家国家级工业设计中心。

【工业运行】强化运行监测和要素保障，加强对重点地区、行业和企业的运行调度，解决企业存在困难和问题。降低要素成本，促成出台直购电、财政及电价补贴、丰枯电价、新能源直接交易及置换等工业扶持政策，落实各项电改措施，全年电解铝和符合条件的铁合金、电石、高新技术及战略性新兴产业实际用电价格每度平均下降0.11元和2–9分，开行“兰州号”“天马号”和酒钢钢材专列等直达中亚货运班列，协调铁路部门利用铁路运价下浮政策减收企业运费2亿元以上。扩大工业有效投资拉动作用，172个工业项目实现达产达标。开拓省内市场，督促项目建设单位和企业开展互保共建和互为市场工作，推动省内煤电企业实施互保。新增工业增加值70亿元，拉动工业增长2.2个百分点。

【新增长点培育】出台公共安全应急产业发展实施意见和方案，谋划培育应急领域新兴优势产业，引导推动应急装备制造产业加快发展和扩大应用。与九次方大数据公司在设立大数据公司、大数据交易中心、大数据研究院及互联网+产业发展基金、建设大数据及互联网产业创新创业基地、社会征信大数据体系等方面开展合作，培育和带动大数据产业发展。天水华天多芯片多叠层先进集成电路技术研发及产业化等重点项目建成投产，北大“中国芯”项目启动建设，省内通航产业初具规模，举办首届“创新杯”工业设计大赛。推进省政府与中国中车集团的战略合作，双方在西北高端服务基地、服务型制造业、产业链延伸、新能源汽车推广应用等多方面展开实质性合作。2015年，战略性新兴产业增加值在生产总值中的占比达12.1%，高于全国平均水平2个百分点，对经济增长的贡献率达到17.4%。

【传统产业转型升级】出台中国制造2025甘肃行动传统优势产业提质增

2015年9月15日，副省长黄强（前排左二）在航天510所调研

效升级专项实施方案，组织实施1087个重点工业技术改造项目，完成投资600亿元，占全年计划的66%。引导有色、冶金、石化、建材和食品等传统优势产业转型升级，全省全年续建、新建承接产业转移项目1200项，累计引进资金到位额1100亿元，累计引进资金到位率55%。争取国家专项资金和基金11.2亿元，下达省级专项资金5.6亿元，支持一批产业升级改造、工业强基工程、产业链延伸、两化融合等重大项目建设。制定甘肃省两化融合评估诊断和对标引导工作方案，组织600户企业开展两化融合评估，酒钢等6户企业被列为工信部第二批两化融合管理体系贯标试点。向国家上报甘肃省未经国家核准在建项目产能置换方案，核实完善水泥行业及白银（中瑞）电解铝在建项目产能置换方案。推进以企业为主体的创新体系建设，组织实施技术创新项目560项，研发新技术新产品200多项，组建新能源应用等3个研究院和高端石油钻采装备等4个产业技术创新联盟。

【工业循环经济】围绕"甘肃省循环经济总体规划"及与省政府签订的工业循环经济目标任务责任书，探索工业循环经济发展的新机制、新途径，金昌有色金属新材料等五大工业循环经济基地建设全面推进，培育110户示范企业和15个典型模式，工业用水重复利用率达到89%，工业固体废物综合利用率达到75%以上，完成2015年及"十二五"工业循环经济目标任务。

【军民融合产业】以中核甘肃核技术产业园为重点的一批军民结合项目开工建设，军民融合公共服务能力得到加强。与多个军工集团合作项目取得实质性进展，长城电工、兰石集团等多家企业进入中国船舶制造领域取得积极进展。"民参军"渠道拓宽，一批企业进入重点民口配套单位名录和全军武器装备采购信息网。推动中国电子科技集团、兰石集团和省公航旅集团达成合作，在兰州新区建设1条房车制造生产线。

【信息化建设】出台促进云计算创新发展培育信息产业新业态的实施方案、加快高速宽带网络建设推进网络提速降费的实施意见和加快大数据、云平台建设促进信息产业发展的实施方案，制定丝绸之路黄金段智能物流骨干网建设规划。争取在甘肃设立国家级互联网交换中心，兰州北科维拓三维数字社会服务管理系统、甘肃万维电子政务系统。省内最大的云计算中心甘肃广电网络阿里飞天云平台上线运营，西北中小企业云服务平台接入企业超过2.3万家、用户超过80万户。争取5个市（州）被国家列为电信普遍服务补偿机制试点，兰州和张掖被工信部确定为2015年度"宽带中国"示范城市。

【中小企业发展】全省中小企业公共服务平台网络全面建成并投入运营，组织开展各类服务活动1020场次，为49151户中小微型企业提供服务。认定24个省级中小企业公共服务示范平台，累计达108个。推荐张掖市入选国家首批小微企业创新创业示范城市，推荐国家认定4个国家级小微企业创业创新基地。认定"专精特新"中小企业45户，累计达91户。安排4000万元注入融资担保机构，为1.7万户中小微企业提供担保200亿元。对180户有条件在"新三板"上市的中小企业开展培育和辅导，已上市20户。

【精准扶贫】配合实施精准扶贫电商支持计划，三大运营商和铁塔公司制定出贫困乡村网络建设方案。出台《陕甘宁革命老区集中连片特殊困难地区扶贫攻坚四项工程推进计划》《支持庆阳革命老区加快工业和信息化发展实施方案》和《加快推进革命老区信息基础设施建设实施方案》，支持革命老区发展。突出产业扶贫，安排4270万元陇药产业发展资金扶持贫困地区中草药深加工项目、当归全产业链开发项目。对"双联"责任县卓尼县的工业加大投入，做好项目谋划和产业扶贫。

【行政体制改革】除国家明确由省级政府负责和跨市(州)核准事项外，一律下放市(州)核准。保留的16项非涉密行政许可项目全部进驻政务大厅办理，实现网上审批。清理取消行政审批事项3项（含2个子项）。出台《甘肃省工业结构调整负面清单及能效指南》，实现由事前管理向事中事后监管的转变。出台《关于进一步优化企业兼并重组市场环境的实施意见》，提出21条政策措施。对省级专项切块下达，由各地决定项目支持额度，负责把好产业政策关，监督资金使用效率。

省工信委领导班子成员名单

主　任　李　平（5月止）
　　　　王海洲（5月任、12月止）
副主任　陈春民　胡宗杰
　　　　张富奎　高东生
　　　　王海峰　郝文杰
纪检组长　周继尧　马天民

（供稿：张双武）

钢铁工业

【生产经营】全省生产生铁690.52万吨，同比下降26.33%；粗钢852.1万吨，同比下降23.55%；钢材847.77万吨，同比下降26.8%；铁合金85.65万吨，同比下降21.63%；炭素制品154.08万吨，同比下降22.42%。榆钢、兰鑫钢铁、兴元钢铁全面停产，宏电铁合金、腾达西铁部分停产。全行业实现营业收入1189.72亿元，同比下降29.80%；完成工业增加值73.66亿元，产销率98.58%；利税总额负91亿元，其中利润亏损109.86亿元。价格持续下跌是全行业亏损的直接原因。钢材价格同比下降超过28%，遭遇史上最大跌幅，其中螺纹钢下跌61.2%。全行业出口8.64亿元，同比增长222%；固定资产投资完成47.66亿元，同比下降18.77%；全员劳动生产率17.54万元/人·年。到2015年末，全行业规模以上企业112家，资产总额1368亿元，从业人员5.59万人。

【改革与管理】酒钢集团先后出台多项改革措施，包括清理"三外"业务，下放经营管理权限，修订薪酬绩效考核制度，主动压减负现金流产线产量、发展非钢非铝产业等，亏损额自8月以后逐步减少，初步遏制亏损程度加深。金昌铁业公司坚持责权利相统一原则，组建东大山铁矿、炼铁厂、运检公司、供销公司、金利和现代农业科技公司和镒康科技铸业公司，通过内部机构整合提高生产经营效率。方大炭素公司以提质降耗、降本增效为落脚点，对预算管理方案深化、优化，全年赢利1.14亿元，同比增长3%。

【节能减排】酒钢集团加强合同能源项目管理，推进节能新技术的推广应用，2015年吨钢综合能耗597.51公斤，较上年下降2%。腾达西铁集团在实现硅微粉、硅渣、余热综合回收利用的基础上，兰炭粉末、硅铁粉、硅石粉、硅铁冶炼弃渣等固体废弃物回收利用迈开新的步伐。金铁公司加强企业内部能量的梯级利用和资源的综合循环利用，积极融入区域经济大循环，开始从污染大户向清洁生产型企业过渡。

【科技进步】2015年，酒钢集团投入科技经费13.65亿元，进行低成本高强钢筋、热轧黑皮钢等项目生产技术研究，为企业创造直接经济效益157亿元。文县万利铁合金公司通过近5年的反复试验，已掌握生产低铝硅钙钡和超低碳硅铁的生产特点，获得国家知识产权局颁发的发明专利证书。方大炭素公司重点研发核电用炭/石墨材料、新一代高炉炭砖材料、大规格超高功率石墨电极、中粗结构石墨、锂电高端石墨负极材料、石墨烯、超级电容器用活性炭等新材料，向高端炭素新能源材料领域迈进。公司3个实用新型专利和2个发明专利获得授权，1项科研项目获甘肃省科技进步三等奖。

【项目建设】酒钢集团组织实施不锈钢分公司新建罩式退火炉、动力厂三制氧冷却系统改造、榆钢产品结构优化改造等基建技改项目。金铁公司对生产系统进行技术改造，用充填采矿法取代空场法，矿石回采率由50%增长至80%以上。方大炭素公司投资2.4亿元，组织实施振动成型机、四组内串石墨化炉改造、电极接头加工线等项目。文县万利铁合金公司投入技改资金3318万元，对8000kVA电炉的烟罩、除尘器风机电机、水浴除尘，单相变压器、短网进行扩容改造，降低能源消耗，减少环境污染。

【产品结构调整】酒钢集团加强市场调研，开发适销对路产品，新开发出汽车结构用热轧高强钢带、耐热不锈钢产品等12类产品。集团启动不锈钢分公司新建罩式退火炉项目和榆钢产品结构优化改造项目。腾达西铁集团全年生产低铝、低碳硅铁6149吨。金铁公司把精品锅具项目做为延伸产业链的突破口，力争2016年5月份精品锅具项目投产。

黄金工业

【黄金生产】2015年，全省实际产金29.112吨，比上年减少2.208吨，下降7.05%。其中省内地方中小企业产金14.894吨，较上年减少0.043吨，同比减少0.29%；金川集团有限公司减产1.924吨，同比减少18.86%；白银有色集团股份有限责任公司减产0.057吨，同比减少8.89%。甘南州5家主要产金企业产金6.051吨，其中合作早子沟金矿、甘肃玛曲格萨尔黄金实业股份有限公司产金4.101吨，占甘南州产金量的67.78%。陇南市6家主要产金企业产金3.958吨，陇南紫金矿业有限公司产金3.707吨，占陇南市产金量的93.66%。酒泉市6家主要产金企业产金2.049吨，其中肃北县霍勒扎德盖北东矿业有限公司、肃北县金鹰黄金有限责任公司产金1.853吨，占酒泉市产金量的90.43%。定西市主要产金企业甘肃招金贵金属冶炼有限公司产金2.835吨。金川集团有限公司和白银有色集团股份有限责任公司产金14.219吨。

【金矿资源勘探开发】2015年金矿企业投入金矿资源勘查资金有限，以保持重要矿区地勘为主。天水李子园—两当太阳寺一带、崖湾—大桥一带、夏河—合作一带等区域的金矿地质勘查工作，提高金矿资源储量级别。岷县三角地金矿、舟曲县金香拉金矿、合作依地南金矿、夏河干滩金矿、成县小沟里金矿和西和三羊坝一带等矿区的金矿资源勘查工作持续开展。

有色工业

【有色金属产量】2015年，全省十种有色金属产量393.74万吨，同比增长9.1%，位列全国第3。其中，铜93.31万吨，同比增长3.65%，位列全国第4；铝240.74万吨，同比增长6.98%，位列全国第4；电解镍16.49万吨，同比增长2.25%，位列全国第1；铅2.82万吨，同比增长19.22%；锌40.38万吨，同比增长47.64%；单一稀土金属1060吨，同比增长143.12%；黄金29.11吨，白银64140吨。有色金属加工材109.96万吨，其中铜材26.82万吨，铝材83.09万吨。

【主要经济指标】全行业完成工业增加值223.96亿元，同比增长12.5%。出口交货值完成30亿元，同比增长5.09%。实现营业收入3239.37亿元，同比增长6.5%。亏损51.19亿元，较上年增亏52.27亿元。亏损面加大，亏损程度加深，企业经营艰难。产品价格持续下跌是造成全行业生产经营困难的直接原因，有色产品价格遭遇历史最大跌幅，镍价同比下跌38.54%，铜价下跌19.29%，铝价下跌14.2%，铝价跌破25年最低值。价格下跌深层次的原因是结构问题，在甘肃突出表现为产业链条短，精深加工比例低，产品缺乏市场竞争力，企业经营综合成本高，企业社会负担重等问题。

【降本增效】各企业理智应对市场，理智经营发展，采取多种措施削减成本。中铝兰州分公司按照承包经营、授权管理方式，进行内部市场化改革，积极推进降本增效、创收增效、减员增效。嘉峪关索通公司倡导修旧利废和小改小革，全年累计实施小改小革项目92项。宝徽公司坚持技术攻关和精细化管理，锰粉单耗下降37%，合金锌粉单耗下降9.52%，节约成本275万元。中铝西北铝加工分公司开展应收账款、库存产品的专项审计，组建清欠办公室，加大对应收账款的催收，处理库存428吨，清库存降成本取得实效。

【节能减排】新环保法的实施，加大了企业环保压力和成本，各企业更加注重节能减排与低成本技术的研究与应用，通过节能环保技术推动循环经济发展。金川公司固废利用率达到75.15%，工业水重复利用率达到93.6%，通过引入国内先进企业不断完善循环经济产业链，建立稳定的废弃物循环利用网络，推动当地工业生态化和区域循环经济发展。白银公司140万吨铜冶炼渣选循环经济项目达产达标，循环经济和资源综合利用达到新的水平。甘肃稀土公司组织建设年产5000吨氟化氢氨回收工程，实现稀土尾气的延伸治理和氢氟酸的综合利用，形成循环经济产业链条。

【科技进步】面对严峻的市场形势和现实生存压力，各企业坚持（没有放松）技术改造和科研经费投入力度，多项行业科技成果获得国家、省级奖项。白银公司组织实施白银炉提高氧浓度的攻关实验，取得白银炉生产近40年以来的重大工艺突破。金川公司"有色金属熔池熔炼过程强化与搅拌效果评价关键技术及应用（发明）""羰基镍粉产品工艺研发及产业化""镍铜冶炼烟气制酸系统节能降耗技术研究与应用"等获得中国有色金属工业协会一等奖，"电解法处理黑铜渣的工艺"获得中国循环经济专利一等奖。

【产品结构调整】各企业开发新产品和调整产品结构更注重产品的附加值和产品的盈利性。金川公司电子级活性氧化铜粉项目和辐照交联电缆项目建成投产，高附加值产品比重进一步提升。西北铝加工分公司把高端铝合金材料作为精深加工的主攻方向，重点生产石油防喷管、集流管、LNG型材等深加工产品，高附加值产品管材和工业型材为企业盈利做出重要贡献。

【体制机制改革】白银公司设立白银有色集团动力公司、白银有色红鹭物资公司、红鹭资源综合利用科技公司，建立统一的专业化服务平台，有效整合集团公司资源、技术和人才优势，实现工程管理、技术服务的公司化和市场化运作。中铝兰州分公司进行内部改革，成立兰州连铝物流公司、连铝陇兴宾馆、兰州中铝工业服务公司，实行独立核算，自负盈亏。甘肃稀土公司积极参与国家稀土行业整合重组，完成北方稀土对股份公司的增资扩股，同时进一步完善现代企业制度，积极推进股份公司上市。

省冶金有色工业协会领导班子名单

协会副会长、党委委员　陈士发

（供稿：杨　勇）

轻纺工业

【经济运行】2015年，全省轻工业规模以上工业企业累计完成工业总产值1292.56亿元，同比下降1.84%，其中，系统内轻工业完成944.59亿元，同比下降4.6%，烟草行业完成164.76亿元，同比增长6.60%，医药行业完成141.93亿元，同比增长17.85%，纺织工业完成41.28亿元，同比下降19.91%；累计完成工业增加值383.12亿元，同比增长0.9%，其中，系统内轻工业完成198.30亿元，同比下降4.39%，烟草工业完成129.73亿元，同比增长6.61%，医药行业完成42.42亿元，同比增长17.31%，纺织工业完成12.67亿元，同比下降12.09%；累计完成销售产值1186.28亿元，同比下降2.48%，产销率为91.8%。

【经济运行特点】1—12月份，全省轻工业累计完成工业增加值383.12亿元，同比增长0.9%，其中，增长较快的行业有：本册印刷行业增长63.21%，医药行业增长17.31%，纺织服装、服饰业增长9.97%，塑料制品业增长9.83%，文教、工美、体育和娱乐用品制造业增长9.24%。

烟草、农副食品等五大子行业完成工业增加值占全行业总量的83.7%，从完成工业增加值总量看，排在前五位的子行业有：烟草行业完成129.73亿元，农副食品加工业完成87.44亿元，酒、饮料行业完成44.65亿元，医药行业完成42.42亿元，塑料制品业完成成16.44亿元，上述五个行业累计完成320.68亿元，占全省轻工业增加值的83.7%。

全省轻工业股份合作制企业和集体企业工业增加值增长较快。在全省轻工业中，股份合作制企业工业增加值同比增长7.0%，集体企业增长7.3%，国有企业同比增长0.5%。

轻工业主要产品产量有升有降。在统计的经工业主要产品中，增长较快的有：速冻食品增长413.8%，皮革服装增长336.4%，蛋白饮料增长180.3%，精制食用植物油增长158.9%，糖果增长117.9%。下降幅度较大的产品有：初级形态塑料下降92.0%，天然毛皮服装下降70.2%，灯具及照明装置下降61.1%，焙烤松脆食品下降51.5%，葡萄酒下降45.4%。

轻工业出口同比下降3.06%，全省轻工业累计出口12.73亿元，同比下降3.06%。其中，纺织服装、服饰业出口9868万元，同比增长65.03%，食品制造业出口2.40亿元，同比增长22.34%，酒饮料行业出口4.18亿元，同比增长21.94%。出口下降的行业有：纺织业出口3344万元，同比下降31.97%，农副食品加工业出口4.07亿元，同比下降29.53%，医药制造业出口7278万元，同比下降15.49%。

【经济效益】截至2015年底，全省轻工业累计实现主营业务收入953.31亿元，同比下降7.7%，其中，系统内轻工业完成655.15亿元，同比下降11.17%，烟草行业完成161.15亿元，同比增长4.54%，医药行业完成105.24亿元，同比增长5.70%，纺织行业完成31.77亿元，同比下降24.22%。

全省轻工业实现利税同比增长7.82%。2015年，全省轻工业实现利税206.19亿元，同比增长7.82%，实现利润68.77亿元，同比增长14.2%。其中，烟草行业实现利润13.48亿元，同比下降17.16%，医药行业实现利润20.03亿元，同比增长20.13%，纺织工业实现利润3302万元，同比下降45.56%。

2015年，全省轻工业有167户企业亏损，比上年同期增加21户，累计亏损

9.65亿元，同比增亏2.24亿元，其中，以农副食品加工为主的食品工业有企业456户，亏损企业109户，比上年同期增加14户，累计亏损4.76亿元，同比增亏6133万元，医药制造业有16户企业亏损，累计亏损7202万元，同比增亏5100万元，纺织行业有5户企业亏损，累计亏损8844万元，同比增亏4648万元。

1—12月份甘肃省轻工业增加值增速（%）示意图

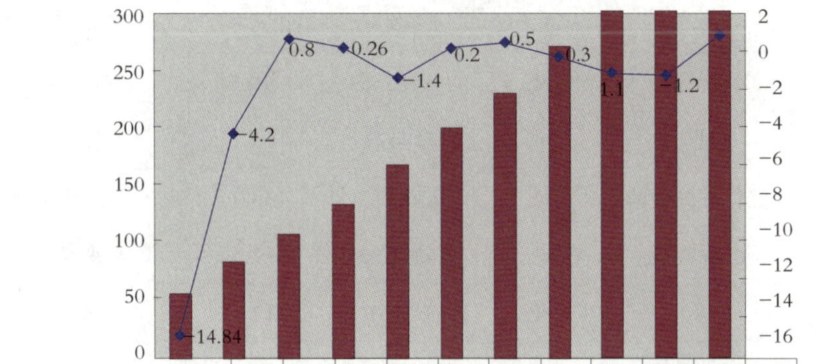

	1−2月	1−3月	1−4月	1−5月	1−6月	1−7月	1−8月	1−9月	1−10月	1−11月	1−12月
工业增加值（亿元）	57.8	85.4	109.89	134.78	169.82	201.41	232.58	272.16	304.95	341.2	383.12
增速（%）	−14.84	−4.2	0.8	0.26	−1.4	0.2	0.5	−0.3	−1.1	−1.2	0.9

1−12月份食品、烟草、医药、纺织行业工业增加值完成情况

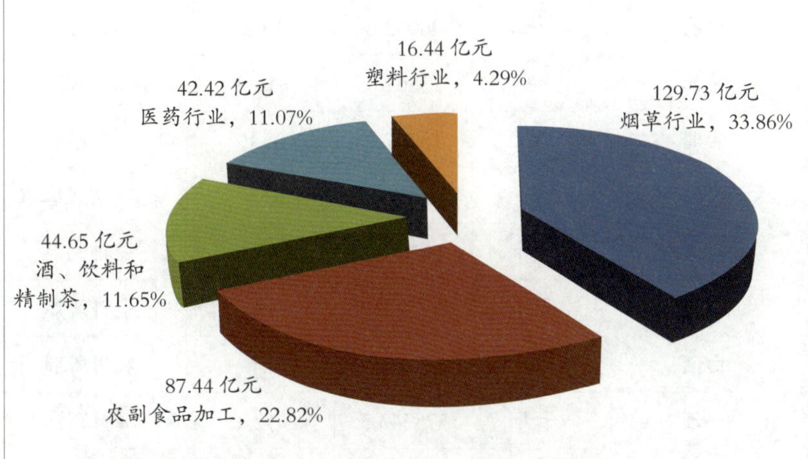

【各项改革】2015年，兰州呢绒厂270名职工和离退休人员得到安置。召开专题会议讨论研究会直单位的改制脱钩工作。省工艺美术公司逐步理顺与原属企业之间的各种关系。省轻工物资公司寻找新的利润增长点，盘活固定资产，开店建房，拓宽经营领域等措施，扭转多年的困难境况。省服装公司对服装厂进行改革。省纺研所对现有存量资产进行整合重组，以期彻底解决多年的困难瓶颈。省皮塑公司保障和改善职工利益。省轻工院建设完成“甘肃省中小企业服务平台”，主办的“96871众创空间”被认定为省级众创空间。主办“兰州科技大市场分市场”，服务全省中小企业，“科技服务入园行动”、“科技服务入藏行动”和“食品发酵、开然产物萃取”等实验室已取得研究成果。建立国际联合实验室“中马（马来西亚）清真食品国家联合实验室”。省皮塑所调研甘南州、临夏州牛、羊皮资源状况。“白银中试基地科研检测条件建设”项目在省科技厅立项。省服装研究所完善“甘肃服装科技公共服务平台”，利用“甘肃服装网”创收的经济效益反哺公共科技服务平台建设。

【行业工作】按月、季度、半年和全年对我省轻纺工业经济运行进行分析，对倾向性、苗头性问题及时预测预警。每月定期参加由省工信委组织的经济运行分析会议，通报和分析甘肃省轻纺工业的经济运行情况。对全省轻纺工业重点企业的生产统计年报数据进行审核、汇总。

加强对网站和内刊的更新和管理。对甘肃轻纺网站进行改版升级，截止12月底，共登载、更新信息3万余条，新设专栏10个，网站累计点击率超过40万次。衔接组织平凉、定西两市的工信委、工业园区和企业共20余人参加“甘沪两地轻工产业合作对接座谈会”和参观上海先进企业活动。签署合作协议。对金昌居佳乳品公司等六家企业进行认证并公示或年检。参加工信部食品企业诚信审核员换证培训。推进全省食品工业企业诚信管理体系平台建设，全年发布各类诚信动态信息3000余条；编写了《甘肃省消费品工业第十三个五年发展规划》（草案）。

【协会工作】近20个协会围绕以“服务政府、服务社会、服务行业”为工作主线，开展专业培训和技术咨询服务活动。组织项目评审、申报、工作及参与行业技术标准的制定，组织开展国内外各种展会、培训，省包装技术协会组织企业相互交流学习。省酿酒协会主办汉武御西部酒业发展论坛暨白酒、葡萄酒产品品酒交流会议。省纺织协会组织行业评选先进集体和个人并向人社部、中纺联推荐。省眼镜行业协会组织甘肃省首届眼镜验光员、定配工职工职业技能竞赛。省五金协会指导企业开发新产品。省乳品协会指导全省乳制品企业全面开展食品工业企业建立诚信管理体系培训及评价工作。省家具协会组织会员探寻协会、企业、银行合作新模式。省家协木地板专业委员会评选出“2015年度甘肃省地板行业知名品牌”。省轻工协会罐头分会开展罐头企业经济技术指标统计工作。省室内装饰协会推进绿色环保装修。省服装协会组织多次服装设计大赛。申报救助城市贫困妇女就业试点项目。

2015年全省轻工业主要行业增加值、工业总产值完成情况

产品名称	计量单位	本年实际	同比增长%	产品名称	计量单位	本年实际	同比增长%
小麦粉	吨	1193625.3	−19.3	羽绒服	万件	/	/
原盐	吨	171847.0	0.6	轻革	平方米	3958203.0	−19.4
精制食用植物油	吨	169220.7	158.9	皮革服装	万件	9.6	336.4
鲜、冷藏肉	吨	142420.3	−5.2	毛皮服装	万件	2.8	−70.2
糖果	吨	9855.0	117.9	家具	件	62562.0	−47.3
配混合饲料	吨	1605778.8	8.3	木质家具	件	62562.0	−47.3
食品添加剂	吨	398.1	29.1	纸浆	吨	/	/
乳制品	吨	328444.6	−3.1	机制纸及纸板	吨	45908.0	−25.8
液体乳	吨	310100.3	−2.5	卫生用纸原纸	吨	45908.0	5.6
罐头	吨	46082.6	18.2	箱板纸	吨	/	/
酱油	吨	13861.0	−12.4	纸制品	吨	395331.0	1.0
食醋	吨	13297.0	35.8	纸箱	吨	315901.3	2.9
味精	吨	2861.0	57.9	玻璃包装容器	吨	78355.0	26.0
发酵酒精	千升	13580.0	−26.6	塑料制品	吨	387031.8	31.7
饮料酒	千升	661495.7	−14.7	塑料薄膜	吨	92847.0	8.0
白酒	千升	42469.0	2.1	农用薄膜	吨	91992.5	8.9
啤酒	千升	578343.5	−12.3	铸铁件	吨	2032.0	−41.8
黄酒	千升	610.0	−2.4	钢丝	吨	4676.4	−45.4
葡萄酒	千升	40071.2	−45.4	园艺机具	台	/	/
软饮料	吨	2406615.5	4.6	纱	吨	15840.0	−17.2
碳酸饮料	吨	221761.3	6.2	布	吨	/	/
果汁及蔬菜汁饮料	吨	1007585.5	13.3	印染布	万米	/	/
蛋白饮料	吨	7514.0	180.3	灯具及照明装置	套	15416.0	−61.0
瓶（罐）装饮用水	吨	917517.6	4.3	合成纤维聚合物	吨	/	/
卷烟	亿支	5150000.0	3.0	服装	万件	992.0	16.7
中成药	吨	17654.2	14.7	梭织服装	万件	707.7	17.5
绒线	吨	894.1	38.6	针织服装	万件	284.3	14.6
毛机织物	万米	475.0	−10.0	化学纤维用浆粕	吨	21505.0	−40.0
速冻食品	万吨	9624.0	413.8	成品糖	万吨	32437.9	−25.6
焙烤松脆食品	万吨	24303.0	−51.5	初级形态塑料	万吨	10863.0	−92.0

省工艺美术协会选举产生第三届理事会。开展第四届“甘肃省工艺美术大师”评选工作，评出省级大师96名。编撰《中国工艺美术全集．甘肃卷》。

【“双联”工作】帮助乡政府做好“两会”期间藏区维稳工作；改善村委会办公条件；督促落实古路坪村村民广场的扩建和修缮工作；为新增的联系村委派专职帮扶队长；聘请省内著名的工艺美术大师举办洮砚雕刻技艺培训班；帮助剩余劳动力进行劳务输出；成立省洮砚分会，扩大洮砚影响；发动机关干部帮助农户销售砚台；争取达德利医药集团在洮砚乡种植中药材；争取打造洮砚雕刻、销售商贸一条街。

省轻工业联合会领导班子成员名录

副会长　陈启民

（供稿：黎江桥）

煤炭工业

【概况】2015年初全省共有各类矿井178处，年内整合关闭矿井5处，截至2015年底全省共有各类矿井173处。按隶属关系划分：中央在甘煤矿企业16处，占9.25%；原国有重点煤矿12处，占6.94%；地方国有煤矿35处，占20.23%；乡镇煤矿110处，占63.58%。按矿井性质划分：生产矿井91处，生产能力5048万吨/年，其中中央在甘煤矿企业11处，生产能力2320万吨/年；原国有重点煤矿10处，生产能力1318万吨/年；地方煤矿70处，生产能力1410万吨/年。按井型划分：年生产能力大于等于120万吨的大型矿井23处，生产能力5530万吨；年生产能力大于30万吨小于120万吨的中型矿井18处，生产能力1080万吨；年生产能力小于等于30万吨的小型矿井132处，生产能力1629万吨。按瓦斯等级划分：突出矿井4处，其中煤与瓦斯突出矿井1处，煤与二氧化碳突出矿井3处；高瓦斯矿井7处，其中按煤与二氧化碳突出管理1处；瓦斯矿井162处，其中按高瓦斯管理矿井1处。

【煤矿技术改造】新建矿井16对，设计生产能力1931万吨/年，其中中央在甘煤矿企业5处，设计生产能力1280万吨/年；地方国有煤矿5处，设计生产能力540万吨/年；乡镇煤矿6处，设计生产能力111万吨/年。

扩建矿井62处，设计生产能力1044万吨/年，其中原国有重点煤矿1处，设计生产能力300万吨/年；地方国有煤矿3处，设计生产能力75万吨/年（机械化改造1处，设计生产能力15万吨；其它扩建矿井2处，设计生产能力60万吨）；乡镇煤矿58处，设计生产能力669万吨/年（资源整合矿井45处，设计生产能力459万吨/年；兼并重组4处，设计生产能力81万吨、年；机械化改造7处，设计生产能力105万吨/年；其它扩建矿井2处，设计生产能力24万吨/年）。

改建矿井4对，设计生产能力216万吨/年，其中国有重点煤矿1对，设计生产能力180万吨/年；乡镇煤矿3对，设计生产能力36万吨/年。

【煤炭生产】2015年全省共生产原煤4399.63万吨，同比减少353.35万吨，下降7.43%。其中中央在甘煤矿1900.78万吨，同比减少2.64万吨，下降0.14%，占43.2%；原国有重点煤矿1833.13万吨，同比增加7.06万吨，增长0.39%，占41.67%；市县国有煤矿165.62万吨，同比减少344.23万吨，下降67.52%，占3.76%；乡镇煤矿500.1万吨，同比减少13.54万吨，下降2.64%，占11.37%。

【煤矿事故】2015年，全省共发生煤矿死亡事故14起、19人（其中基本建设2起、2人），与上年同期13起、13人相比增加1起、6人，分别上升7.69%和46.15%。事故死亡人数、百万吨死亡率以及较大及以上事故起数均控制在国务院安委会下达的降幅指标以内，煤矿安全生产形势总体平稳。

【煤矿安全监察】2015年，认真贯彻落实国家安全监管总局、国家煤矿安监局和省委、省政府关于煤矿安全和党风廉政建设的一系列部署，强化监察执法，深入开展精细化监察年落实活动。抽调40名监察骨干参与隐患排查治理督查工作。牵头组织3个包片检查组并抽调人员参加其余2个组，对10个产煤市州、30个产煤县区和47处煤矿企业开展了安全大检查。认真落实国务院安委会第13督查组反馈意见，及时对6处手续不齐全建设项目果断下达立即停止建设的监察指令。组织完成了总局和省政府领导与煤矿矿长谈心对话活动，对126处煤矿矿长进行谈心对话。组织开展了“十三五”立法工作和贯彻落实新《安全生产法》专题调研，分别在白银市平川区和华亭煤业集团公司举办了新《安全生产法》解读报告会和“第14个安全生产月”宣传教育咨询日活动。认真落实全国煤矿水害防治现场会、冲击地压及复杂动力灾害防治工作研讨会、瓦斯防治工作座谈会和煤矿安全专题视频会议精神，牵头组织隐蔽性致灾因素普查摸底和专题调研，与省发改委、省安监局联合召开了全省煤矿瓦斯防治工作座谈会，完成全省矿山救护队达标检查和国家矿山应急救援靖远队建设的验收工作。按照省政府要求，组织对全省9万吨以下小煤矿进行调查摸底，为省政府出台小煤矿整顿关闭政策提供了建设性意见。与省安监局、发改委等部门共同印发推进小煤矿机械化改造的实施意见，简化审批手续，将机械化改造和职业病防护设施设计合并审查，提高许可效率。

【遏制事故反弹】针对一季度停产维修矿井事故多发的态势，对停产维修矿井和事故矿井开展督查监察，共实施突击暗查98矿次，事故多发态势得到遏制。针对国有大矿零星事故多发态势，以人员密集的生产环节和作业场所为必查部位，加强监察，对11处安全管理较差、安全风险较大的矿井重点监察，责令停产整顿

【落实政府监管和企业安全生产主体责任】以防范遏制较大及以上事故为目标，着力推动地方政府监管责任和企业安全主体责任落实。组织对市县政府进行了3次检查指导，对列入全国重点县的3县的煤矿安全监管工作进行重点监督检查，向各产煤市州、县区发送

监察建议书和意见书64份。全年共监察矿井178处、696矿次，覆盖率100%，监察计划完成率113.3%。下达安全监察执法文书1526份，查处一般事故隐患1309项、重大事故隐患5项，实施行政处罚190次，责令停产整顿生产经营单位18个，实施行政罚款1150.5万元，收缴罚款883.5万元。

【开展精细化监察责任落实年活动】认真总结近年来抓主抓重工作思路和“精细化监察年”活动有益经验，组织开展“精细化监察责任落实年”活动，兰州分局对重点监控矿井全面开展精细化监察，彻查矿井各系统存在的问题和隐患，对问题比较突出的海石湾煤矿和大水头煤矿进行严厉处罚。陇东分局严格执法，日常监察罚款及收缴率明显提高，事故起数较上年同期下降28.6%。认真做好执法监督，省煤矿安全监察局每季度、各分局每月开展执法监督工作并通报情况，推动了精细化责任落实。下半年以来，认真总结“十二五”以来“抓主抓重抓薄弱环节、实施精细化监察”总思路取得的成效，结合新要求和工作实践，提出“精准监察”的理念，从监察执法计划的精准制定和严格执行上入手，从日常监察的精准执法和自由裁量权的精准把握上着力，促进精细化监察提档升级，为下一步强化煤矿监察执法工作奠定了基础。

【责任追究】依法依规查处14起事故，结案率100%；严肃事故责任追究，给予行政处罚104人、行政处分55人、党纪处分12人，移送追究刑事责任7人。特别是按上限处罚永昌县鑫盛隆煤业公司瞒报事故，3人被移交司法机关、10人受到党纪政纪处分。落实国家煤矿安全监察总局安全警示教育视频会议精神，坚持用事故教训推动工作。兰州分局在事故煤矿现场宣读事故调查处理决定，增强事故调查处理的威慑力。陇东分局督促煤矿在班前会、专题会播放3D事故动画，强化事故警示效果。

甘肃煤矿安全监察局领导班子成员名录

局　长　张家渔

副局长　王晓明　祁　炜　程国珍

党组成员、巡视员　张　琛

纪检组长　刘　誉

（供稿：赵　鹏）

部分国有企业

中国石油兰州石化公司

【主要技术经济指标】全年加工原油967万吨，生产汽煤柴油688万吨、乙烯64万吨、合成树脂108万吨、合成橡胶13万吨、炼油催化剂5万吨，实现营业收入526亿元，上交税费172亿元，剔除国储库原油跌价损失、利息支出和运行成本23亿元，完成集团公司下达预算指标，同比减亏26亿元。

【安全环保】学习宣贯新“两法”，组织全员普法考试和知识竞赛，签订HSE目标责任书和全员安全合同，形成安全生产责任体系；开展“建标准、强责任、抓演练、控风险”安全主题活动，分级开展上万次应急演练；推进“整治低老坏、根治常见病”活动，排查整改各类问题1.9万个；推进安全环保隐患治理，理顺隐患管理机制，整治完成57项各类隐患，13项环保升级改造取得突破；强化四级全覆盖安全监督，通过装置重点监督、项目驻点监督、区域日常监督、关键要害部位专项监督、承包商全面监督，排查纠正各类问题1800余项；全面规范固废和危废管理，首次全面编制完成危化品和固废名录；开展安全标准化与HSE体系标准的对标工作，通过甘肃省安全标准化建设二级企业达标验收；加大事故追责问责，21名人员受到纪律处分和责任追究；推进“321”清洁生产工程，构建环保管理十大体系，在主要生产单位设立环保科、成立环保专职检查监督队伍，环保管控切实升级升位，污染减排目标全面完成。

【生产经营】加强工艺管控和精心操作，实行标准化巡检，严格执行工艺纪律、操作纪律和劳动纪律，装置平稳率达99.95%，居集团公司炼化企业第二，装置波动同比减少14次，降幅达48%；强化每周产运销衔接统筹协调，严格生产计划执行，完成产量“靶心”任务，加大与上下游业务沟通，实现低库存下产销平衡，计划执行率排炼化板块第一；紧盯能耗、物耗、损耗“三降”和收率、比率、合格率“三升”，调整优化生产方案，落实“三化保一化”举措，严格生产运行考核，持续开展“红旗炉”竞赛，炼油、大小乙烯综合能耗持续下降，炼油业务7项指标全面实现股份公司达标要求；强化设备保障，推进机电仪操控专业联动管控，加大设备难题攻关和隐患治理，全面落实特种设备检验检测，实施关键设备的双电源保障，持续改进仪表联锁管理，损工时数下降55%；计量表自动采集率同比提高30个百分点。炼化原料互供达到251万吨；增产国Ⅳ柴油达292万吨，增效达8亿元，97#以上汽油、航煤同比增幅分别达20%和30%，甲乙酮等小品种同比大幅增加；生产计划执行率达99.36%、产销率达100.6%；积极开展“百项措施、千条建议、万人参与”的挖潜增效活动，保障催化油浆减少出厂、油浆销售价格管理、统销产品推价、各类库存降低、燃料天然气减少用量等重点项目实施落地，累计挖潜增效24亿元。

【项目建设】科学研究论证和编制“十三五”规划，按节点有序完成4项专题研究、5项职能规划和7个专项规划；重点项目建设顺利推进，获得180万吨/年汽油加氢装置和300万吨/年柴油加氢装置国Ⅴ质量升级改造及配套项目、两套催化烟气脱硝项目基础设计、南方催化剂项目可行性研究批复，完成40万吨/年润滑油加氢异构脱蜡、200万吨/年催化原料预处理、5万吨/年丁烯氧化脱氢制丁二烯等项目可行性研究，1.5万吨/年硫磺回收装置环保升级达标改造、水厂自流沟地下水及土壤修复项目有序推进。

【科技创效】落实科技创新创效举措，炼油、化工拳头产品生产24个。首次开发高透明二元聚丙烯、高端密封件专用丁腈橡胶、多产低碳烯烃催化剂、石油苯-545等9个新产品；推进实施科研项目，负责和参与集团公司聚烯烃重大科技专项7项，炼油催化剂研制开发与工业应用等4个项目通过集团公司验收，获得专利授权6项，获得集团公司科技进步一、二、三等奖4项、技术发明奖1项；加强信息化技术应用，在常减压装置建成国内炼化行业首个高标准数字化车间，在550万吨/年常减压和碳四抽提装置投用先进控制技术，完成开发制度“五化”、矿区综合收费系统、计量信息管理平台、MES2.0等一批信息化项目，实现76个应用系统的云平台运行。

【企业管理】制定管理标准165项、工作标准3257项、管理机制237项；深化制度“五化”，启动49项规章制度“五化”建设项目，检维修结算等28个项目实现上线运行和自动考核化；加强基层调研和统筹衔接，召开三基工作推进大会；严格“四不两直”检查、专业专项检查和领导干部24小时值班值守；规范和强化公开招标，实现采招分离，经营风险管控措施更加精细，组织公开招标谈判685项，招标率达77%，降低采购成本；开展规章制度合法合规评价、业务流程全面测试、五项清理整顿、审计及专项合规性检查，制定《合规管理实施细则》，修订完善《法律风险岗位防控指引》，制（修）订管理制度33项。

【深化改革】全面落实9个领域工作重点，积极探索推进21项重点改革任务。推广“系统化、区域化”操作，优化操作服务岗位设置，核减操作服务岗位定员501人，在条件成熟的单位实施管理和专业技术岗位定岗定编，核减定员253人，矿区机关优化缩减3个处室、减少定员编制100人，妥善分流安置关停装置人员33人，清理在册不在岗人员109人，减少业务外包用工173人；探索独立经营单位经营机制改革，全面落实“一厂一策”的绩效考核办法，扩大经营自主权，做到利润指标与工资总额100%挂钩；推进矿区社会化市场化成熟业务改革试点，幼教社会化合作办园、通勤客运、医疗卫生等改革方案完成可行性论证。清理外部车辆2000余辆，出售地下车位2087个；不断完善集体和改制企业经营管理体制，形成《关于部分改制企业破产清算或解散清算相关问题的处理意见》。

【民生工程】加快推进住房建设和旧街区改造，盛福小区建成交付使用，文化小区801#、802#住宅楼主体封顶，文化街区二期、幸福小区二期、3#街区和清水街棚户区等项目完成前期土地使用、设计及相关手续的办理。综合调度指挥中心项目建设正在加紧推进，建成集水、电、气、暖、电视的矿区综合费用系统，实现集中管理，顺利完成7个小区1400余户供暖管网改造，建成投用2个、编制设计9个老年日间照料中心。

【党建和思想政治工作】扎实开展“三严三实”专题教育，公司领导班子成员及副处级以上党员领导干部读原著、学原文、悟原理，分层讲授专题党课358场次。加强领导班子建设，严格干部管理，对6个单位领导班子和8名处级领导人员进行诫勉谈话，对5名干部进行组织处理；落实党风廉政建设主体责任和监督责任，深入学习宣贯《中国共产党廉洁自律准则》和《中国共产党纪律处分条例》，开展新提任干部廉政教育和警示谈话，严肃查处各类违纪违规行为，对6名处、科级干部进行党纪政纪处分和通报批评，对2家单位典型案例进行通报；组织开展“弘扬光荣传统、重塑良好形象”大讨论活动，深入开展形势目标责任任务教育，选树公司劳模、“十大杰出青年”、最美一线员工等各类先进典型。

【精准扶贫】认真落实甘肃省委省政府精准扶贫要求，在新增2个联系村的情况下，投资1624万元实施道路桥梁、水利灌溉、社区服务等基础设施建设项目，改善帮扶村生产生活条件；安排驻村工作组长期驻村，适时开展“文化双联”活动。坚持阳光助学助教，向13个县区39所学校的890多名贫困学生发放“扶贫助困·共享阳光”奖学金，累计发放超过1300万元，新建和改扩建中小学校18所。

兰州兰石集团有限公司

【生产经营】2015年累计实现总产值85.5亿元，增长35.6%；实现营业收入合计100.8亿元，合并83亿元，增长28.1%；完成各类项目投资32.36亿元；完成产品技术创新投入2.6亿元，增长30%；实现利润6.22亿元，增长10.22%；全员产值劳动生产率100.14万元，同比增长22.5%；企业总资产由188亿元增加到234.6亿元，增长24.79%；净资产由61.3亿元增长到80.5亿元，增长31.3%。

【项目建设】兰州新区：高端装备产业园和兰驼农用装备生产基地的绿化、道路、体育场等各项配套设施建设、信息化建设、工程竣工验收和工程决算全面完成；兰石·新区家园绿化、供暖改造全面完成，商铺全面开业；兰石·睿智名居全面竣工。

兰州城区：完成兰石总部基地的规划设计方案，保留原一分厂厂房作为工业历史博物馆，为兰州留下共和国工业发展的历史印记；兰石老厂区棚户区改造项目总计94557 平方米的拆迁安置前期工作全面完成；兰石·豪布斯卡项目共完成土方挖运135万方，开工总面积达110万平方米。

青岛核电项目完成投资2.2亿元，建设重型厂房2.8万平方米；新疆哈密煤化工基地项目完成投资2.6亿元，建设厂房及倒班宿舍、食堂等共计5.1万平方米；内蒙京能移动工厂项目投入2200万元，为业主代建厂房6600平方米。

【技术创新】新增省级工程技术中心和实验室4个；全力推进官产学研用高度结合创新体系建设，与高校共建研究院（中心）5个，新建官产学研用产业技术创新联盟1个，与中科院、清华大学、机械科学总院、西安交通大学、兰州大学、兰州理工大学等国内10多个科研院所建立了共创技术合作机制；300MN多缸薄板成型液压机组和核电用板式换热器等7个项目获得4650万元政府科技政策资金支持，15000米浮式海洋平台钻井包研发项目获国家5000万元基金支持；获得省级科技奖5项，兰州市科技一、二、三等奖5项；具有自主知识产权的国内首台300MN多缸薄板成型液压机组在第十七届中国国际高新技术成果交易会上荣获优秀产品奖；集团技术创新项目立项131项，完成105项（其中重大和重点项目65项）；全年申报专利108项，同比增长48%。

【深化改革】制定完成《兰石集团深化改革促进发展实施方案》，并获得省国资委批复，细化分解14项改革任务，通过一年的实施改革任务目标全部完成；全力打造ERP、PDM、CAPP、MES、DNC、OA等信息化管理系统，全面提高信息化水平；投资1000余万元购置410套三维设计软件，兰石全面步入采用三维数字化设计的崭新阶段；全面开展成本费用控制，持续推进降本增效，全年实现成本费用降低2.2亿元；顺利完成重装公司定向增发、装备公司股改，募集资金13.8亿元。

兰州兰石集团有限公司领导班子成员名录

党委书记、董事长　杨建忠

总经理　张金明

副总经理　徐建华　王安祥　冯西平　李文玉　冯宝忠

党委副书记、纪委书记、工会主席　白凤刚

财务总监　李冬晖

总工程师　陈建玉

（供稿：蒋志强）

金川集团股份有限公司

【经营业绩】2015年，生产有色金属及加工材124.7万吨，化工产品366.1万吨。实现营业收入2204亿元，“十二五”期间资产总额由878亿元增加到1374亿元。位列2015年中国企业500强第79位、中国制造业企业500强第27位、中国100大跨国公司第32位。

【资源资本】2015年，甘肃省在参与“一带一路”建设相关实施方案中提出，依托金川集团公司广西防城港分公司建设甘肃省海上丝绸之路出口基地。金川集团启动子公司兰州金川新材料科技股份有限公司的新三板挂牌工作，金川科技现已完成新三版挂牌申报。

【项目建设】2015年，公司新立项和结转项目共169项，竣工50项，完成投资29.8亿元。推进30万吨/年铜材深加工、刚果（金）金森达铜矿选矿、墨西哥巴霍拉齐铜矿等一批境内外项目。广西金川铜镍项目成功实现全系统达产达标。

【科技创新】2015年，金川“镍钴资源综合利用国家重点实验室”获国家科技部批准建设。“十二五”期间，金川共获得国家科技进步奖2项、省部级科技进步奖49项，获得授权专利865项，制修订国际标准4项、国家标准29项，群众性技术创新成果2396项，先进操作法316项，征集采纳合理化建议4402项。

【环境保护】金川集团视环境保护为可持续发展的内在要求，绿色开发、清洁生产。2015年，金川环境质量改善，市区大气环境二氧化硫平均浓度45ug/m3，优良天数301天，达到历史最好水平。

金川集团股份有限公司领导班子成员名录

董事长　杨志强

总经理　王永前

监事会主席　许多丰

副总经理　包国忠　李尚勇　武　浚　姚维信　张三林　陈得信　周　民　刘玉强　严　明

总会计师　孙洪元

工会主席　胡耀琼

纪委书记　鲍京跃

（供稿：吕　娜）

白银有色集团股份有限公司

【生产经营】2015年完成铜铅锌有色金属总产量40.92万吨，黄金5.9吨，白银148吨，硫酸88万吨，实现工业总产值276．96亿元，全年上缴税金10.5亿元。

【项目建设】2015年完成固定资产投资15.2亿元。12个重点项目完成竣工验收。8个在建重点项目中，锌冶炼资源综合利用项目土建工程已基本完成，全面进入设备安装阶段；小铁山矿八中段以下深部开拓工程主井掘支、斜坡道延伸等工程进入收尾阶段；深部铜矿二期四中段以下采矿工程技术改造项目维简工程已完成85%；厂坝铅锌矿300万吨扩能工程斜井等主系统正在实施。“四方联动”白银矿区找矿项目完成实物工作量钻探约10万米，新增铜铅锌金属量43万吨，金资源量15.6吨。

【资本运营】对接上市，母公司层面，进一步规范董事会、监事会和治理委员会工作制度。分子公司层面，建立分公司治理委员会，规范子公司董事会、监事会。建立董监事和委员人才库，健全董监事和委员培养、选派管理和激励约束制度。法人治理结构进一步健全完善。

【技术创新】2015年申请专利88项，其中发明专利46项；授权专利102项，其中发明专利30项。申报各级各类科技奖30余项。实施技术经济增量项目72项，实现增量效益9127万元。研发选矿半自磨衬板进展顺利，钛包铜、铜包铝复合材料已投产，成功开发低烟无卤阻燃辐照交联电缆、卢瑟夫电缆。白银公司下属子公司长通公司入选“甘肃省战略性新兴产业第二批骨干企业”。

【安全环保】安全管理上，通过靠实责任、强化检查消除隐患、严格落实《安全生产法》、健全事故隐患排查治理体系，实现安全生产“零死亡”目标，8家分子公司通过国家二级安全生产标准化工厂的考评。环保管理上，废气、废水达标排放，工业废水基本实现“零排放”，固体废物实现规范化处理和贮存，环境污染事故为零。9家分子公司被列入省环保厅2015年度创建环境标准化暨环境信用评价“一考双评”，并被评为环境标准化B级、环境信用评价良好。

【海外拓展】白银公司抢抓“一带一路”战略机遇，在中亚地区与哈萨克斯坦矿业集团在哈萨克斯坦合作建设30万吨铜粗炼项目，被列入中哈产能合作与投资重点项目，2015年底完成概念性研究。南美地区秘鲁尾矿综合开发项目

2015年2月12日，白银有色集团股份有限公司党委书记、董事长、总经理廖明与哈萨克斯坦矿业集团首席执行官奥列格·诺瓦丘克签署30万吨铜冶炼项目合作备忘录，副省长黄强（后排右六）、哈萨克斯坦投资发展部副部长艾伯特·拉乌（后排左六）出席签约仪式

6月22日启动主体工程施工，正在实施土建工程。在秘鲁设立投资贸易公司，介入当地矿业，输出公司的优势技术和产品，2015年中国100大跨国公司白银公司排名第74位。

【新兴产业】循环经济方面，白银公司组建成立资源综合利用公司，通过技术攻关对物料中的稀散有价元素"吃干榨尽"，盘活存量渣类资源，2015年资源综合利用和循环经济实现产值19亿元，新增效益5000万元。物流业方面，投资1.03亿元建设的甘肃省内最大的综合型物流园一期项目建成投运。金融贸易投资方面，在境外开展了金田债券项目，南非隆明公司、斯班一公司、班罗公司收入流项目，实施低成本融资，获取长期稳定收益，拓展矿业投资合作新模式。对外合作上，引进外资成立白银一致长通超微线材有限公司，实现双方市场、品牌、管理、产能互补。

【民生保障】持续开展困难群体帮扶救助工作，全年投入资金277万元。双联助推精准扶贫工作成效持续显现，全年投入资金352.71万元，实施帮扶项目26个，帮办事实74件，白银公司所联系的25个村中有13个村实现脱贫。

白银有色集团股份有限公司

领导班子成员名录

董事长　廖　明

副董事长　张锦林（4月任）

总经理　雷思维

副总经理　许多丰　刘燕明　张家国　杜　明　席　斌　马惠智　王普公　孙　茏

监事会主席　孙洪元

纪委书记　郑志旺

财务总监　吴贵毅

（供稿：刘威良）

甘肃稀土新材料股份有限公司

【项目建设】2015年，共计投资2.89亿元，实施技改开发项目31项。202车间钬镥萃取线扩能改造、北方矿整合一体化和部分轻稀土高纯化项目等扩能升级、整合完善项目顺利试车投入运行；稀土冶炼尾气废酸回收二期工程改造、稀土焙烧尾气综合治理工程优化完善项目、试剂车间氯化铵废水深度处理项目、201车间废水回用项目等环保治理项目顺利完工；35t/h锅炉除尘系统改造项目、烧成窑尾气余热利用项目、218车间全自动辊道窑项目等节能减排项目成果显著；三基色节能灯生产线、204车间氟化氢铵等新产品生产项目效益明显。

【科研开发】2015年，公司积极推动科技创新战略，公司科技创新领导小组和由各单位技术骨干组成的技术组，共完成LED氮化物红粉工艺研究等科研开发项目39项，开发氮化锶、钴3无镨钕贮氢合金粉等新产品11项。申报重点项目12项，其中国家级项目5项，省市重点项目各1项。申报发明专利2项，获得授权专利1项。高亮度低光衰稀土三基色荧光粉产业化技术研究项目分获甘肃省冶金有色协会科技进步一等奖和2015年度白银市科技进步二等奖。公司获2015年度白银市科技创新市长奖。

【企业管理】2015年，公司通过组织开展"细分工序"、"开源节流、增收节支、提质降耗、挖潜增效"等一系列专题活动，以"溯源管理，源流管理"为方式，以"人机料法环"五要素为抓手，以降低生产成本为目标，进一步健全完善公司内控制度体系建设，精简和优化管理流程，强化考核目标责任制。全年总REO收率稳步提升，采购成本大幅下降，能源综合利用率提高。2015年，公司被白银市授予"质量诚信企业"荣誉称号。

【企业改革】按照国资国企改革会议精神，公司深入推进改革改制。积极参与北方稀土集团的整合重组，2015年12月，完成北方稀土对股份公司的增资扩股，实现双方通过以资本为纽带的战略重组。同时，根据上市有关要求，优化梳理公司组织机构和管理流程，进一步完善现代企业制度，规范"三会"运行程序。

【党建工作】2015年，全公司党员干部中组织开展以"严以修身、严以用权、严于律己、谋事要实、创业要实、做人要实"为主要内容的"三严三实"专题教育活动。细化党风廉政建设目标责任，与全公司35个基层单位签订《廉政承诺书》，加大对供销、招投标管理等关键岗位、重点人员的党风廉政考核力度，加强权力运行监督。

甘肃稀土新材料股份有限公司

领导班子成员名录

董事长、总经理　杨文浩

党委书记　薛怀义

常务副总经理　张尚虎
副总经理　白立忠　王志实　李治德
党委副书记、纪委书记　邓家恂
工会主席　邓家恂
财务总监　瞿业栋
总经理助理　魏其东　韩满璇

（供稿：李家昌）

西北永新集团有限公司

【生产经营】2015年，实现工业总产值71092万元，同比略有增长；完成工业增加值23529万元，同比增长14%；营业收入119704万元，同比增长1. 3%；利润总额5331万元，同比增长22.89%；上缴税费6815万元，同比增长12%。

【技术创新】加强科技交流合作，与兰州大学、中科院兰州分院等院校确立了战略合作关系；全年新立研发项目26项，申报专利12件，9件专利获得授权，其中2项专利分别获评甘肃省专利一、二等奖；荣获甘肃省科技进步二等奖2项，兰州市科技进步一等奖、二等奖各1项，甘肃省优秀新产品新技术3项；《风沙寒旱区风电设施保护涂层及涂装设计》作品荣获2015兰州工业设计创新大赛三等奖、甘肃省优秀奖。

【项目建设】全年共完成固定资产投资26620万元。"陇神戎发年产200亿粒现代中药生产线扩能改造项目（一期）"土建、安装及装饰装修工程全部完成。永新管业年产4.5万吨项目完成装修、安装收尾整改工作，进行后续验收相关工作；引进了PVC管材合作项目，具备生产能力。经济适用房项目建成投入使用，商贸物流园区二期开发完成前期拆迁安置，推进商业开发。科研培训大楼项目建设完成。永新涂料年产1万吨粉末涂料项目完成了环保验收。完成集团NC6系统，对集团HR、OA系统及永新涂料、永新管业ERP系统运行进行维护和开发等工作。

【改革改制】深化集团改革，完善集团管控体系，防范经营风险，不断优化、规范法人治理结构。在省国资系统率先进行了外部董事占多数的董事会建设试点。修订完善《公司章程》和《董事会议事规则》等9项相关配套制度。完善集团监事会，根据外派监事会换届要求，健全与外派监事会沟通交流制度及工作机制。深化子公司改革，陇神戎发完善内控体系建设，IPO上市工作按程序实施推进。结合永新管业实际情况，分设成立天虹物产管理公司。永新管业制定股改预案和《整体改制为股份公司并在全国中小企业股份转让系统挂牌方案》，后续将引进战略合作伙伴，进行股份制改造，并在全国中小企业股份转让系统挂牌。

【"双联"行动】干部进村入户全年323人次，全年累计投入资金45.76万元，推进千亩育苗、双联综合服务楼、村文化广场建设等项目帮扶。

西北永新集团有限公司
领导班子成员名录
董事长、总经理　康海军
党委书记、工会主席　付淑丽（女，2月止）
　　秦文辉（9月任）
总经理　罗志河
副总经理　张京保　文立新　盛永宁
　　王克俭
纪委书记　成炳彦
财务总监　郭虎成
总工程师　李华明

（供稿：杨春雷　陈秋猛）

窑街煤电集团有限公司

【生产经营】2015年，生产原煤748.14万吨，同比增长3.33%，创历史最好水平；完成工业总产值52亿元，同比上升2.16%；营业收入23.99亿元，实现税费3.39亿元。

【安全管理】坚持安全红线、底线、生命线理念，实现无火区矿井目标。落实安全"六个三"工程；开展矿井隐蔽致灾因素普查治理、隐患大排查、安全隐患百日攻坚、锚网支护技术攻关会战、安全大检查等行动；开展安全隐患排查治理季、职工素质提升季、安全生产标准化动态达标季、安全攻坚季和"两爱两线两不两提高"主题系列活动。全年较大及以上人身事故，控制在上级下达指标以内，为近18年来最好水平。三矿、金河煤矿被国家安全生产监督管理总局、国家煤矿安监局确定为2015年度一级安全质量标准化煤矿，天祝煤业公司、长山子煤矿被甘肃省安全生产监督管理局确定为2015年度二级安全质量标准化煤矿。

【生产管理】全年全公司有4个综采队原煤产量突破100万吨。开展煤炭资源、煤系共伴生资源和工业废弃物综合利用，打造资源综合利用循环经济发展窑街煤电模式。全年完成发电量6.44亿千瓦时，同比增长9.87%；生产铁合金3.93万吨，同比增长19.67%；生产页岩油 3.67万吨、水泥3226万吨。推进非煤产业优势资源整合，培育发展铁路、公路大物流产业，实现物流运量360万吨，创造效益67.45万元；农林、商贸产业板块实行分灶吃饭、自主经营、自负盈亏，全年非煤产业完成产值30.8亿元，同比增长3.5%；循环经济、非煤产业产值比重占全公司经济总量的59.2%。

【经营管理】通过市场"倒逼"，强化经营管理，出台减亏控亏、效益浮动工资考核发放、各层管理人员降薪、挖潜增效等制度和办法。狠抓"一厂一策"减亏方案、增产增销、减人提效、货款清收、成本管控、节能降耗等措施落实，推进减亏控亏，原煤单位成本同比下降28.61元，全年降本增效1.71亿元。

【项目建设】开展在建、拟建项目清整，压缩投资2.39亿元；与安徽皖能集团签订2×350MW低热值发电项目战略合作协议；完成宝蓝新型墙体发泡陶瓷保温板项目建设，实现试生产8000立方米；按照BT模式建设的油页岩炼油二期工程进展顺利，完成85%的投资计划；完成海石湾燃煤锅炉改造、海石湾上广场变电所改造、窑街净水厂项目建设等投资8.86亿元；完成海石湾塑胶厂7.714亩土地的处置，盘活资产771.4万元。跟踪落实国家级矿产资源综合利用示范基地、瓦斯治理示范矿井、"双百工程"骨干企业、矿山地质环境恢复治理、资源枯竭城市转型、独立工矿区搬迁改造、燃煤锅炉改造等重点项目的政策对接，全年争取到位各类政策性补助资金1.45亿元。

【技术创新】加大科技攻关力度，与科研院所和高校开展产学研联合攻关6项，重点开展《深井高应力近距离油页岩与厚煤层联合开采窄矿柱巷道围岩控制关键技术研究》。全年实施新技术推广项目24项，其中“主轨主提升绞车人机界面的开发设计及应用”等2项技术创新成果获甘肃省职工技术创新二、三等奖，医疗卫生类《炉甘石洗剂配制方法的改进与研究》等3项成果鉴定达到国内领先水平，3项达到国内先进水平；完成公司生产调度通讯系统升级改造、远程视频会议系统，提升信息化管理程度。

窑街煤电集团有限公司
领导班子成员名录

董事长、党委副书记　温克珩
党委书记、副董事长　田靖安
总经理　张炳忠
常务副总经理、总工程师　王更雨
党委副书记、纪委书记　穆家成
副总经理　杨云峰　许继宗　谢晓锋
　　　　　张增胜　徐茂辉
财务总监　袁得梅

甘肃省电力投资集团有限责任公司

【生产经营】全年取得市场电量11.12亿千瓦时。开展省内首例风火发电权置换交易，交易电量1823万千瓦时。参与兰铝和酒钢电量交易竞价,竞得替代交易电量1.72亿千瓦时。金昌公司带工业热负荷增发电量11.46亿千万时，张掖公司争取防冻电量1.67亿千瓦时，机组热电联产改造工程投运。火电企业度电煤耗降低6.38%，标煤单价同比下降49.16元/吨，降低成本9093万元。资本管理公司实现利润3007万元；陇能酒店毛利率16.6%；云天酒店毛利率25.9%；会展中心承接展会56场，业绩在全国58家同规模展馆中排名第五；大剧院组织演出123场，营业收入同比增长7%。

【产融结合】全年融资125亿元，同比增加11亿元。注册中票40亿元、公司债券10亿元。与国开行建立战略合作关系，争取到400亿元铁路开发资金支持。完善公司资金池，资金归集率由52.4%提高至88.8%。收购香港弘世国际有限公司，以此为投资平台在厦门自贸区注册成立厦门陇能融资租赁有限公司，填补全省融资租赁业务空白。与兰州新区投资公司共同组建甘肃陇能兰新互联网金融信息服务公司。陇金汇平台正式上线运行；集团财务公司获国家银监会核准筹建；控股的首支新材料产业基金开始运作；投资的读者传媒在上交所成功上市，股权升值50%以上。上市公司信息披露工作连续两年获最高评级“A”级，为全省主板中唯一连续获此荣誉的上市公司。

【项目建设】高崖子滩两个光伏发电项目并网发电，增加装机5.9万千瓦，神树水电站首部枢纽完工，橙子沟水电站、花园水电站、安北第六风电场开展收尾工程及专项验收；武威热电联产项目开工建设；房地产7#商务综合楼主体完工，2#、3#组团交付使用；兰州至中川等5条铁路全线或部分开通运营，兰渝等7个项目进展顺利，银西铁路开工建设，完成投资43.5亿元。常乐电厂规划方案上报待批；平山湖49.5兆瓦风电项目通过核准；《宁正矿区总体规划（修编）》获批；黄河大河家二级水电站获得“路条”；瓜州县光伏扶贫项目进展顺利；黑山峡项目“973”科研论证圆满结题。落实双联项目帮扶资金385万元。全年共组织招标52次，未发生违规违法事件。

【集团化管控】开展全面风险管理，构建覆盖重大决策、项目投资、工程建设等全过程、全系统的内部控制体系。加强风险诊断评估，建立金融业务三级风险评审和分级授权制度。完善集团资金集中管理体系，开展银企直连合作。规范财务审批、报销流程，加强票据真伪鉴定，形成各类开支结算闭环管理。整改省委巡视、审计检查、税务检查中发现的问题，建立健全各类制度32项。加强安全管理，投入2000多万元进行安全技术改造，组织信息安全、监控系统防护等专题培训，开展安全月活动，全年未发生人身伤害事故、20万元以上经济损失的设备事故、负主要责任的交通事故和环境污染事故，安全生产态势平稳。实施人才强企战略，完善集团本部与各公司之间、不同业务板块之间干部交流任用机制，选拔任用中级管理人员8人，交流任职5人，面向社会选聘管理人员21人，招聘大学毕业生74人；46人通过了中级职称评审，162人取得初级职称。修订完善《集团公司工资总额管理办法》，建立了房地产、会展、酒店等业务的挂钩指标体系。

甘肃省电力投资集团有限责任公司
领导班子成员名录

董事长、党委书记　李宁平
总经理　李　辉
副总经理　刘晓黎　王兆坤　张云祥
　　　　　王明寿　杨魁砚　陈小琳
　　　　　蒋晓立
工会主席　王明寿

甘肃省烟草专卖局（公司）

【卷烟经营】2015年，全省烟草商业系统销售卷烟88.71万箱；实现税利47.48亿元，同比增长25.27%。推进市场化取向改革，制定相关配套制度，搭建完成省级卷烟营销平台，客户订单满足率达到89.7%，同比提升64个百分点。推进现代终端建设，全省建成现代终端2.11万户，占零售客户总数的19%。组织编写《“135”工作法应用规范》，搭建工作法软件平台。

【卷烟打假】集中开展以打击非法流通为重点的“冬季会战”和“陇剑4号”、“陇剑5号”专项行动。全年查处卷烟违法案件7566起，查获违法卷烟3879万支，其中查获假烟案件192起，查获假烟72.22万支，查破具有网络性质假烟案件7起，全年拘留33人，判刑17人。其中，天水市烟草局侦办的

"9.17"利用自媒体销售假烟案，查实涉案金额200余万元，刑拘4人，批捕2人。兰州市城关区烟草局与浙江苍南县烟草局联合查破的岳某非法生产、销售假冒烟丝案，被公安部列为督办案件。

【法治建设】建立健全行政执法主体资格管理制度和重大执法行为法制审核制度，加强决策风险评估和合法性审查，完善重大决策终身责任追究制度和责任倒查机制。

【烟叶产销】2015年种植烟叶4万亩，同比增加0.67万亩；签订烟叶收购合同3412份；户均种烟面积11.7亩，百亩以上集中连片面积1.14万亩，占总面积的28.6%。新型烟叶生产主体培育初具规模，全省50亩以上家庭农场23个、20-50亩职业烟农401个，家庭农场和职业烟农种植面积2.18万亩，占总面积的55%，种植专业户、职业烟农、家庭农场和烟农合作社种烟比例77.2%。全省建成育苗工场6个，供苗能力1.25万亩，专业化育苗达到80%，机耕、起垄环节机械化率达到95.5%。全年收购烟叶0.53万吨（10.68万担），完成收购计划的86%。上中等烟叶比例88%，收购均价22.43元/千克，同比增长19.63%，烟农户均收入3.75万元。

【企业管理】发挥综合管理体系管控作用，突出目标引领，完善目标体系，分解质量目标，开展目标评审。对加强季度对标指标分析调控，强化指标追根溯源，解决管理短板和薄弱环节。修订完善创新管理办法及配套制度。推进信息化建设，全年共实施信息化项目36个。

【"三严三实"专题教育】扎实开展"三严三实"专题教育。采取集中学习、个人自学、视频教育、先进事迹、案例警示等方式，加强日常学习教育。累计组织集中学习109次，处级以上干部带头讲党课86场次，举办专家讲座39场次，观看视频128场次。深入开展三个专题交流研讨。累计开展集中研讨50次，参加人员743人次，交流处级以上干部研讨文章420篇。以践行"三严三实"为主题，组织召开专题民主生活会，层层召开组织生活会，广泛听取意见建议，查摆梳理"不严不实"突出问题和具体表现。扎实开展"八项规定"贯彻落实情况集中检查。

【精准扶贫】2015年，投入资金2203万元，认真开展村道硬化、饮水安全、危房改造、农电保障、生态环境建设、村容村貌整治、特色旱作农业、特色养殖业、优质果蔬业、教育扶贫、文化扶贫等项目建设。

（供稿：毕䆆栋）

靖远煤业集团有限责任公司

【生产经营】2015年，完成煤炭产量1085万吨、销量1076万吨，尿素综合产量72.5万吨、销量50.5万吨；完成工业总产值80亿元、营业收入54亿元、利润6000万元。

【安全管理】严格落实一号文件确定的32项保障措施，突出"全员安全行为规范"主线，完善《安全质量标准化管理制度及考核奖罚办法》，狠抓瓦斯管理、矿压防范、水害治理、化工生产重点，强化零星岗位、机电运输、小窑防治、电力生产管理，开展百日安全、安全大整顿等活动，完善煤矿井下安全避险"六大系统"，依托国家矿山应急救援靖远队，开展专项应急预案演练和现场应急处置方案模拟演练，原煤生产发生死亡事故1起，死亡1人，百万吨死亡率为0.092。魏家地矿、大水头矿、红会四矿、宝积山矿、王家山矿二号井、四号井被国家安全监管总局、国家煤矿安监局确定为2014年度达到煤矿一级安全质量标准化标准。

【生产管理】督促落实矿井生产布局调整、技术改造及生产接续等工作，特别是王家山矿二、四、五号井合并集中生产改造工程全面完成，"一井三区、一区一面"的生产格局基本形成。红会矿区和宝积山矿煤掘面采用"整体耦合让均压锚网支护技术"支护巷道4100米，煤巷锚网支护率达到97%，并发挥KJ-21锚杆应力连续在线监测系统功效；大水头矿、红会一矿各投入1台EBZ-160型大功率综掘机及其配套的综合机械化快速掘进作业线，煤巷综掘机械化程度达到89%。各生产矿配备物探CT、瞬变电磁仪、全方位探测仪和矿用多频无线电波透视仪等物探仪器。

【经营管理】严格对内部成本消耗单元的薪酬挂钩考核，强力推进精细化管理，对直接生产环节的材料消耗实行定额管理。全年煤炭成本控制在预算以内，同比降低22.8%。对地面各经费单位有保有压，可控性管理费用在年初预算的基础上降低10%；落实电力消耗避峰填谷措施，提高设备利用效率，降低电耗，控制电力成本；清退各种计划外用工，控制人工成本。物资供应管理部门通过强化出入库管理、精细管理、代储代销、积压处置、顶抹串换等措施，全年处理长期呆滞物资610万元，代储代销3100万元，共计招标25次，节约资金3986.3万元，购进物资设备价格在2014年的基础上降低10%。

【产品营销】开展市场调研，收集市场信息，研究用户需求，及时调整营销策略，优化煤炭、化工产品结构。成立八个办事处，对各重点用户实行责任到人，派驻19名客服经理，实行包户、包任务、驻守服务，抢占市场份额，并及时启动全员销售工作，共计签订合同量达180万吨，实现销量102万吨，全年完成煤炭总发运量1120万吨。除尿素外，销售甲醇、液氨等产品10.72万吨。

【项目建设】魏家地矿300万吨改扩建项目通过竣工验收，净增生产能力100万吨/年；王家山矿一号井90万吨改扩建项目所需的储量核实报告、资源开发利用方案、环境影响评价等支持性文件已上报省发改委待核准；白银2×350MW热电联产项目建设全面完成，两台机组成功并网发电，发电6亿度；刘化（集团）公司25万吨硝基复合肥项目建成投产。靖远矿区低热值煤发电项目已列入《甘肃省低热值煤发电中长期规划》，项目初可研报告已完成评审，省发改委已批复同意开展项目前期工作；陇南热电联产项目与陇南市人民政府签订合作框架协议；硝基复合肥暨尿素原料路线转型升级综合利用项目相关资料已上报省政府国资委。

【深化改革】根据中共中央国务院《关于深化国有企业改革的指导意见》和中共中央办公厅《关于在深化国有企业改革中坚持党的领导加强党的建设的若干意见》，修订完善《靖远煤业集团有限责任公司深化改革实施方案》。完善企业法人治理结构，健全企业内设监事会，建立健全各项规章制度，完成《内部管理控制手册》，修订完善《公司章程》《股东大会议事规则》《董事会议事规则》《监事会议事规则》《总经理工作细则》等制度。加强对上市公司的协调联系，规范上市公司运行体制机制，编制《靖远煤电公司内部控制手册》。制定《"三项制度"改革方案》《企业法制工作三年规划(2015～2017年)实施方案》《合同管理制度》《生活后勤和小区物业化管理方案》，整合重组医疗机构，成立康复医院，企业办社会职能移交工作取得实质性进展，医院和幼儿园移交工作顺利推进。同时，按照国资国企改革要求，积极筹备组建国有资本运营公司，拟定组建预案。

【慰问帮扶】继续落实为职工群众兴办八件实事，全年投入资金1.64亿元，不断更新或增加井下设备、设施，提高矿井安全保障水平，"两节"期间，共筹集资金398.95万元救助慰问特困和困难职工家庭1224户、工亡等各类家庭4309户、慰问省部级以上劳动模范41人、住院工伤病职工209人；公司副处级以上领导干部个人出资17.06万元，结对帮扶190户困难职工家庭；副科级以上干部个人出资14.49万元，结对帮扶412户困难职工家庭；2638名职工自愿为突发重大疾病职工和家庭捐款31.07万元，资助27人，向省总工会为15名生活困难的省部级劳模申领补助金12.16万元；"金秋助学"活动为163名考取各类院校的大学生和就读中小学的困难职工子女发放助（奖）学金12.5万元，积极配合地方民政部门做好低保工作，为627户低保家庭领取保障金总额308.07万元。

靖远煤业集团有限责任公司
领导班子成员名录

董事长、党委副书记　梁习明
党委书记、纪委书记　杨先春
总经理　李俊明
监事会主席　张相成
副总经理　汉宁明　宋永强　陈　虎
　　　　　高宏杰　马忠元　张世俊
工会主席　杨先春
总工程师　高小明
财务总监　刘永翀

（供稿：石道斌　丁法义）

华亭煤业集团有限责任公司

【主要经济指标】工业总产值50.93亿元，同比下降28.02%。煤炭产量1862.22万吨，同比增加9.17万吨；煤炭销量1731.28万吨，同比减少122.39万吨。甲醇产量43万吨，同比减少12.64万吨；甲醇销量43.62万吨，同比减少10.95万吨。营业总收入46.51亿元，同比减少24.42亿元。其中：煤炭收入38.57亿元，甲醇收入6.30亿元，非煤及其他外部收入1.64亿元。上缴税金8.75亿元，同比减少4.25亿元。资产总额133.82亿元，同比减少2.55亿元；资产负债率47.68%，比年初增长0.21个百分点。

【安全管理】创新安全管理模式，加大安全投入，推进安全文化宣贯，加强矿压防治、煤化工、机电运输、"一通三防"等安全管理重点工作，开展"矿井治本攻坚战"、零星工程安全管理提升、机电运输安全专项整治、安全隐患大排查大整治和百日攻坚专项行动等一系列安全生产活动。推行安全风险预控、安全隐患闭环管理，9对生产矿井实现"零死亡"。马蹄沟煤矿荣获"全国安全文化建设标杆企业"荣誉称号。

【生产组织】加强生产调度组织管理，科学安排矿井采掘接续和轮流检修，全年完成巷道掘进总进尺40161米，完成12个工作面回撤和13个工作面安装，确保矿井正常采掘和生产接续；进一步优化和改进生产工艺、劳动组织和储量管理，原煤生产工效比计划提高3.50%，采区回采率达到75.58%；多措并举狠抓煤质管理，商品煤低位发热量比计划提高315大卡/千克。

【煤炭销售】向环保要求较高的川渝、天水、陇南等地延伸销售半径，逐步扩大湖南、湖北、江西区域的市场份额。全年开发新用户49家，新增煤炭销量90万吨，完成铁路发运量1027.90万吨。健全规范煤炭定价机制，最大限度遏制价格下滑趋势。

【经营管理】开展"创一流管理提升年"活动，修订完善工程和物资采购招投标管理制度，全年公开实施工程招

华亭煤矿工业广场

60 万吨甲醇制 20 万吨聚丙烯项目建设现场

标22次、物资采购招标30次；开展“会计质量提升年”活动，全面规范了财务会计工作；优化人力资源配置和收入分配制度；加强合同管理和法律事务工作，避免或挽回经济损失539万元；全面推行和应用OA办公系统、视频会议系统。从设计源头、材料管控、能源消耗、项目审查、工程造价、财务费用、物资采购等企业管理全过程、全方位挖潜增收、降本增效，最大限度降低生产投入和非生产性支出，煤炭主业实现盈利1.30亿元，非煤产业完成工业总产值11.65亿元。

【项目建设】全年完成投资22.13亿元，其中基建工程14.56亿元，维简工程1.06亿元，安全工程4.74亿元，更新改造工程1.74亿元。20万吨聚丙烯项目全面进入设备安装阶段；赤城煤矿项目完成井巷进尺2603.60米，三条井筒全部到底。受托管理的核桃峪煤矿项目地面永久供电系统、副立井永久提升系统、矿井永久压风系统等全面形成。基本完成宁正矿区铁路专运线项目前期工作，完成大柳煤矿项目竣工验收以及煤制甲醇公司环保工程竣工验收工作。编制完成“十三五”规划。

【队伍建设】全年先后选树表彰“双文明”竞赛、安全生产、处级班子和处级管理人员年度考核、“百千万”人才工程等先进单位28个次、先进集体212个次、先进个人1106人次，3名同志荣获2015年度“甘肃省劳动模范”荣誉称号。组织开展第二届“感动华煤·十大道德模范人物”和第八届“十佳青年”评选表彰活动。开展精神文明“十创建”和文明标兵创建活动。陈家沟煤矿、华亭煤矿、新柏煤矿公司3个单位通过省级文明单位复查验收。

【综治维稳】开展以“防火、防盗、防邪教、防毒品、防人身伤害”为内容的宣传教育活动，开展系列平安创建活动。组织开展庆祝“八一”建军节、走访慰问困难复转军人和现役军人家属等“双拥”活动。积极引导统战对象着眼企业改革发展，组织开展“爱、做、献”活动，年内通过省委统战部调研督导组的检查考核。全面加强矛盾纠纷排查化解和领导干部接访下访，维护企业和谐稳定，认真落实“双联”和援藏等工作。

华亭煤业集团有限责任公司
领导班子成员名录

董事长　朱同印
总经理　马宝彦
副总经理　卢　焘　胡延斌　王晓明
　　　　　仇安东　王　昀
　　　　　上官科峰　李　晖
　　　　　李碧珠
党委副书记、纪委书记　缪　璞
财务总监　巨　强
工会主席　孟选印

（供稿：张永涛）

甘肃省建设投资（控股）集团总公司

【概况】2015年面对复杂多变的国内外经济环境的巨大压力，统筹国际国内两个市场、两种资源，主动融合国家战略，积极协调区域发展，创新国际化商业运营模式，不断提升资本运作及投融资规模和能力，实践运用产融结合、产城融合发展模式，以立足甘肃、辐射全国、布局全球的思路推进全面整体发展，主要经济指标再创新高，全年完成经济总量440亿元，资产总额达到353亿元，年直接拉动就业20万余人，连续四年荣获“中国企业500强”，跃升至329位，代表国际经济板块的中甘国际公司连续两年荣获ENR全球最大250家国际承包商，名列第194位，完成2015年指标任务。

【经济结构】优化集团经济结构，打造包括建安、房地产、工业装备制造、海外国际、投融资和科技研发在内的“六大经济板块”，产业领域延伸至建筑安装、基础设施投资建设、房地产开发、项目投融资、机械装备制造、钢结构住宅产业、专用汽车制造、新能源产业、商贸物流、资产经营以及科研设计等。突出发挥在建安领域专业化经营历史久、市场化运营早、一体化程度高的优势，为国内外客户实施各种高大难精建筑项目的综合服务，省科技馆、兰州规划馆、兰州高新区科技孵化大厦以及省内首栋民用超高层兰州煤矿设计研究院保障性住房项目等重点项目和标志性项目相继推进，巩固建安业务的基础地位；房地产开发坚持专业化、品牌化、规模化的发展策略，为社会提供更多高品质产品，形成居住地产、保障性住房、商务地产、城市综合开发四大业务线，逐步探索实践“大地产模式”，丝路金街以商业化促项目、聚人气的张掖

"滨河小镇"，呈现中式大雅庭院之风的天水"上尚宅"，引领区域中央商务区的天水"总部经济城"等大型地产项目持续推进，兰州大滩等地块正在规划打造；投融资持续拉动经济增长，驱动企业转型发展，全年各类融资84.8亿元，集团总授信额258亿元；海外业务联合内外部优势资源，举全集团之力"走出去"发展，海外国际完成经济总量30.6亿元，与上年同比增长9%；工业经济首次迈入十亿元大关，完成经济总量125亿元，与上年同比增长39.3%，工业产业集群、产能集聚，工业经济总体质提效增、运营稳健。全集团经济结构显著优化，优势产能进一步加强，新兴产能进一步壮大，传统产能进一步升级。

【市场布局】省内，全面介入各市（州）的城市建设和社会发展，经营网络渗透至省内各地；省外，以打造"第二基地"为目标，按照"大片区分管、分区域对接"的市场开拓模式，进驻国内七大区域，在天津自贸试验区成立甘肃建投天津公司，积极布局京津冀，开拓华东、华北市场，在北京经济总部基地成立甘肃建投、中甘国际北京公司，跟进国家建设规划、区域发展方案等相关建设项目，打造外经示范窗口；在国外，依托加纳集团、津巴布韦集团，持续拓展非洲市场，以投资建设中白工业园为契机进驻以白俄罗斯为代表的中东欧国家，以投资建设柬埔寨"金银湾"国际旅游度假中心为基础进入以柬埔寨为代表的"澜湄合作"国家，以推进装备制造与国际产能合作、与国际标准接轨为切点进入以英国为代表的欧洲国家。

【发展模式】强化战略合作发展模式，开创"共建共融"模式，将甘肃建投的产业经济与省内14个市（州）的区域经济相互协调，与兰州、武威、天水市政府新签战略性意向合约251亿元，合作范围包括地下综合管廊建设、城市道路建设、城市棚户区改造等城市基础设施和社会公共项目；突出发挥产融结合模式优势，拓展与银行金融机构合作关系，运用BT、BOT、EPC等投融资模式，参与省、市重大项目，进一步提升资本运营能力；推进产学研用结合的"四位一体"发展模式，瞄准产业发展趋势，与西安建筑科技大学开展企校合作，率先成立"西北住宅产业化设计研发中心"和"西北钢结构设计研发中心"。

【创新成效】2015年获"鲁班奖"1项，"飞天金奖"1项，"飞天奖"23项，专利20项，甘肃省专利奖1项，省直部门科技立项15项，省科技厅科技成果鉴定5项。以高新技术为引领，以装备制造为支撑，大力培育和发展新兴产业，重点依托彭家坪装备制造产业园、新区工业产业园、武威新能源装备制造产业园、加纳特马工业园和工程治沙试验示范基地"四园区一基地"发展创新经济，构建起重机械、工程机械、隧道掘进机械、风电设备、沙漠治理设备、专用汽车及钢结构七大新兴产业体系50余种装备及产品，历时五年成功研发的"黄河一号"隧道掘进机正式下线，填补西北空白；首创全国乃至全球机械化治沙，重大发明、集成创新的多功能立体固沙机正式投产，在武威地区开展沙漠治理作业2000亩，全力推动形成一套完整的、可推广和复制的固沙、治沙、沙产业运行的机械研发、生产链的治沙"甘肃模式"；利用20万吨钢结构产能优势，推进住宅产业化发展，率先在兰州新区试点甘肃省第一幢钢结构住宅楼，在临夏奥体中心完成高难度钢结构工程；投资建设的专用汽车生产线，正式获得国家工信部准入，研发完成"6.5T压缩式垃圾车""车载泵""LED广告宣传车""高空作业车"等系列专用车产品，并完成样车试制工作。

【社会责任】2015年，完成岷县灾后重建工作，在积石山、通渭等地落实"双联"行动，改善联系村基础设施、开展特殊困难救助、培育扶持富农产业，激活当地脱贫致富的活力。在落实"精准脱贫"行动中，创新举措，与临洮县建立"精准扶贫"长效战略合作机制支持县域经济发展，通过劳动力培训、人才交流、精准扶贫示范点建设、工业园建设等产业扶贫的精准举措，创造国企扶贫新机制。

甘肃省建设投资（控股）集团总公司领导班子成员名录

董事长、总经理、党委副书记　苏海明
党委书记、副董事长　宋忠庆
党委副书记、纪委书记　张育谦
工会主席　尹克云
副总经理　张志明　王世新　边海河　苏跃华　杨　渺　李锁林　孟康荣
总工程师　冯力强
财务总监　李世林

（供稿：杨亚斌）

中国铝业兰州分公司

【概况】2015年，资产总值68.71亿元共有400kA大型预焙电解槽288台，200kA预焙电解槽228台，装机容量3×300MW的自备机组，年产铝锭43万吨、铝合金产品15万吨、炭素制品23万吨的综合生产能力。

【生产经营】2015年，累计生产铝产品40.3万吨，同比提高1.45%；生产炭素制品21.49万吨，同比提高0.88%；发电量48.01亿千瓦/时，同比降低12.17%。全年销售铝产品40.74万吨，实现销售收入41.86亿元，同比下降8.6%。完成工业总产值802794万元，上缴税金12928.93万元。

【管理改革】以"主辅剥离、辅业改制"模式，完成福利区企业职工家属区"三供一业"剥离移交，减少费用支出。通过市场化改革，实现机修、客运、货运和工艺车运输业务完全市场化。

【节能减排】加强节能目标管理，层层落实责任，应用新式阳极钢棒结构和磁流体稳定技术，开展合同能源管理、以点检定修等工作，完成节能206432吨标煤的年计划。加强环保投入和环保设备维护保养，环保设备的完好率100%，正常运转率达到95%，保证污染物达标排放，未发生环境污染事故。开展自备电厂#2、#3机组脱硫增容高造改造，确保达到国家和地方环保部门的要求。实施外排水管理工程，改直排冷却水系统为循环冷却水系统，增加应急水池，改造综合管网，实现雨污分离，增加中水使用，实现污水零排放。

【项目建设】自备电厂脱硫除尘增容改造项目建设投资23659万元，于2015年8月19日全部完成。其中:#1机组脱硫除尘增容改造项目2014年12月30日建成投运；#2机组脱硫除尘增容改造项目2015年6月12日建成投运；#3机组脱硫除尘增容改造项目2015年8月19日建成投运。该项目主要对自备电厂3台机组脱硫系统和除尘系统实施增容改造，并实施烟囱内筒防腐、引增合一、增设湿式静电除尘器和高压静电除尘器改造，达到限制排放标准SO2≦50mg/Nm3、粉尘≦20mg/Nm3。项目实施后自备电厂烟尘排放浓度及二氧化硫排放浓度达到《火电厂大气污染物排放标准》(GB13223-2011)。炭素焙烧二作业区烟气净化系统改造项目建设投资1926万元,于2015年11月8日开工建设。该项目主要新增全蒸发冷却塔、干式电捕焦油器、石灰石-石膏湿法脱硫脱氟系统及水处理系统。项目实施后炭素焙烧二作业区SO2、HF排放量达到《铝工业污染物排放标准》(GB 25465-2010)大气污染物重点地区排放限值。外排水管理工程项目建设投资896万元，于2015年9月9日开工建设。该工程主要是建设外排水系统，改直排冷却水系统为循环冷却水系统，增加应急水池，改造综合管网，实现雨污分离，增加中水使用，实现污水零排放。

【技术创新】2015年2月至5月，电解槽新型稳流保温节能技术项目完成4台稳流技术试验槽筑炉、焙烧启动和相关测试工作。截至2015年底，200kA试验槽吨铝直流电耗12415 千瓦时，较200kA系列吨铝节电200千瓦时。400kA系列（双钢棒技术槽）吨铝直流电耗12940 千瓦时，较400kA系列吨铝节电450千瓦时。5月完成控制型智能打壳技术推广应用项目阶段性总结报告，粘连和堵料现象有所减少，效应系数变化不明显。“优质预焙阳极生产综合技术研究应用”技术创新成果通过省工会实地验收，并荣获全省职工优秀技术创新成果三等奖。

中国铝业兰州分公司领导班子成员名录

总经理、党委书记　卢东亮
副总经理　肖伟峰　张得教　范天元
党委副书记、纪委书记　杨永亮
财务总监　丁　波
工会主席　卢东亮
总经理助理　徐文胜

（供稿：陈　诚）

农　业

农业经济综述

【粮食生产】全省粮食总产达到1171.1万吨，较上年增长1.1%，其中：小麦产量达到275.5万吨、玉米产量达到565.6万吨、马铃薯产量折粮达到239.5万吨，小杂粮等其他粮食作物产量90.5万吨。

【畜牧业】预计全省牛、羊、猪、禽饲养量分别达到742.1万头、3604.1万只、1492万头和8010万只，分别较上年增长4.9%、7.9%、2.0%和6.1%；肉蛋奶总量达到180.3万吨，较上年增长5.6%；畜牧业增加值达到200.7亿元，较上年增长10.2%。

【农业机械化】农机总动力达到2685万千瓦，增长5.5%；耕种收综合机械化水平达到48.4%。农机经营服务总收入达到107.5亿元，增长5.8%；纯收入达到40.8亿元，增长6.8%。

【农产品保障】粮食、肉蛋奶、水产品分别比2010年增长22.2%、32.9%和19.5%。值得肯定的是，在粮播面积增长1.8%的基础上，依靠科技进步取得粮食总产增长两成的好成绩，产量连续5年稳定在1000万吨以上，人均占有粮食达到452公斤，比2010年全省人均占有水平提高了77公斤，主要农产品安全保障水平较大幅提升。

【特色优势产业发展】推进农业结构调整，粮经饲比例由70：27：3调整为65：32：3，夏秋比例由38：62调整为32：68，特色优势产业规模扩大，面积占到全省农作物播种面积50.1%，较2010年增长10.4%。玉米制种面积达到149万亩，马铃薯面积达到1023万亩，中药材栽培面积达到388万亩，水果面积达到780万亩，蔬菜面积达到812万亩；草牧业产业，人工种草面积达到2410万亩，牛、羊存栏分别居全国第10位和第4位，规模化养殖比重达到50%以上，是全国重要优质牛羊肉生产基地。

【农业物质装备】农业节水灌溉面积由280.3万亩增加到1014万亩，日光温室和塑料大棚面积达到191万亩，标准果园面积达到200多万亩，规模养殖场（合作社、小区）达到9315个，兴建围栏草场2560万亩，超载过牧现象得到遏制；农机总动力由1977.6万千瓦增加到2685万千瓦。

【农业产业化经营】“十百千万”工程，重点扶持15家农业产业化龙头企业；创建省级以上现代农业示范园区104个；创建332个特色优势产业示范基地，完成1000个特色优势产业示范基地的年度建设任务；家庭农场5053个；农民专业合作社5.7万家，入社农户120多万户。全省农业产业化龙头企业2783个，其中：国家级龙头企业27个，省级龙头企业405个，分别增加了7个和172个；龙头企业销售收入达到800亿元，农产品加工率达到50.5%。

【现代农业】全膜双垄沟播技术实施面积达到1526.7万亩,主要农作物良种覆盖率达到95%以上，牛、羊、猪、鸡良种化程度分别达到76%、76%、88%、95%，育成高海拔高山寒旱草原生态区高山美利奴羊新品种；五年累计完成农民科技培训406.3万人（次），累计培育职业农民41.4万人，引进推广新品种新技术800项（次）；农业科技进步贡献率达到55.2%。

【农产品质量安全监管】制定地方标准600多项；产地准出与市场准入有效衔接机制基本建立，全省农产品质量安全检测合格率稳定保持在98%以上；

开展农业投入品等专项整治和动物防疫和动物卫生监督工作，年内没有发生过重大农产品质量安全事件。

【可持续发展农业】实施耕地质量保护与提升行动，农业高效节水技术实施面积达到1014万亩，测土配方施肥技术实施面积达到5245万亩，保护性耕作技术实施面积达到301万亩；推进农业面源污染防治工作，废旧农膜回收利用率达78%以上，尾菜资源化处理利用率达31%以上。草原生态保护工作开展，落实草原生态补奖政策，划定基本草原2.67亿亩，草原承包2.4亿亩，改良草原面积3225万亩，落实草原围栏面积1.14亿亩，人工种草面积2410万亩。

【农业农村改革】启动并推进农村土地确权登记颁证工作，在35个县整县推进土地确权登记颁证工作，全省流转耕地达到1136.3万亩，流转率达23.5%；启动全国农村改革试验区试点工作，在金川区开展了农村土地承包经营权流转管理试点工作，在甘谷县开展了供销合作社综合改革试点工作，在陇西县开展了农村集体资产股份权能改革试点工作，在甘州区开展了国家现代农业示范区改革与建设试点工作。

【农村居民收入】实行草食畜牧业和设施蔬菜产业发展贴息贷款，省级财政贴息11.2亿元，社会资本投入近300亿元。农村居民人均收入由3424.7元增加到6900元，年均增长13.2%。

省农牧厅领导班子成员名录

厅　长　康国玺

副厅长　刘志民　韩临广　阎奋民

姜　良　妥建福（东乡族）

杨祁峰

纪检组长　尹昌城

（供稿：王　勤）

林　业

【生态建设】落实中央林业建设资金51.62亿元，较2014年增加7.7%；完成营造林393.2万亩、森林抚育138.3万亩，义务植树9785.4万株，实施沙化土地封禁面积224.55万亩。

【产业发展】以经济林果、种苗花卉、森林旅游等为重点的林业产业提速增效，新增特色经济林果82.5万亩，提质增效和低产林改造124.8万亩。

【项目资金】落实中央林业建设资金51.62亿元，较去年增加7.7%。加强林业项目库建设，全省累计上报基本建设类投资项目264个，申报入库森林防火、林下经济、油用牡丹等12类财政补助项目702个，下达资金3980万元。

【天保工程】制定《2015年天保办重点工作和责任分解落实一揽子计划》和《甘肃省天保工程二期公共管护项目任务投资分配管理办法》、《甘肃省天保工程二期国有中幼林抚育任务及资金分配管理办法》、《甘肃省天然林资源保护工程公益林建设计划管理办法》三部管理办法，管理责任明确，措施到位。

【三北工程】全年完成工程建设任务5.13万公顷，争取中央投资1.39亿元。全省10个黄土高原综合治理林业示范县，完成建设任务1.2万公顷，占工程总任务的23.26%。庆城县、镇原县、泾川县、麦积区、康乐县、关山林管局、华家岭林业站等7个县（区、单位）被列为国家退化林分改造试点县，下达改造任务0.93万公顷，到位项目资金0.28亿元。

【退耕还林】完成2014年国家下达甘肃省退耕还林工程计划任务71万亩；国家发改委、财政部、国家林业局、农业部、国土资源部下达甘肃省2015年新一轮退耕还林还草任务130万亩，其中还林120万亩、还草10万亩；完成《甘肃省新一轮退耕还林还草总体方案（2014—2020年）》，于5月22日省政府第80次常务会议审议通过，上报国家相关部委；根据《退耕还林条例》、《新一轮退耕还林还草总体方案》以及有关技术规定，制定了《甘肃省新一轮退耕还林作业设计规范》，从外业调查、内业设计、设计审批等方面对全省新一轮退耕还林作业设计进行规范，指导各地在新一轮退耕还林作业设计过程中规范操作。

【经济林果业】全年新增特色经济林果5.5万公顷，完成特色经济林果提质增产和低产林改造8.32万公顷，全省经济林总面积140.2万公顷，总产量1050万吨，总产值247亿元。组织编制《甘肃省林果产业发展规划》（2016～2020年），促进生产要素向优势产区集中。争取省级林果产业发展扶持资金6900万元，重点扶持61个贫困县（区）和17个优势县区级单位开展林果示范基地建设。

【林业改革】制定下发《关于用林业贷款财政贴息资金对林权抵押贷款贴息的通知》，全省已累计办理林权抵押贷款55.44亿元，其中2015年新增22.4亿元；修改完善《甘肃省集体林权流转管理暂行办法》；全省累计流转林权381.34万亩，实现流转金额5.71亿元；出台《甘肃省家庭林场认定登记管理办法》；泾川县被确定为全国22个集体林业综合改革试验示范区之一，康县被确定为省级集体林业综合改革试验示范区，临泽、敦煌、会宁3县区评为国家级林下经济示范基地；已完成庆阳市国有林场改革试点并通过国家验收；同省编办组成联合调研组赴白龙江林业管理局、小陇山林业实验局进行调研，研究制定《甘肃省国有林场改革实施方案》，省委全面深化改革领导小组第14次会议审议通过，由省政府上报国家审批。

【资源保护体系建设】查处非法猎捕、收购、运输野生动物及制品27起，收缴、处置野生动物697只；严格执行野生动物疫源疫病监测月报制度、24小时应急值班制度、巡护监测制度、疫情报告制度。鸟类高致病性禽流感等重要疫病高发时期，加大巡查密度和力度。为全省64个国家级、省级、县级监测站配发了野外监测、信息传输、野外防护、消毒等设备；印制防控知识手册；制作监测站挂牌，规范监测站名称；放归普氏野马五年以来，成功野外繁殖16匹幼马，现存种群数量达到40匹（净增12匹）；放归野外的野骆驼数量达到8峰（净增4峰）；完成安南坝、盐池湾、敦煌西湖、祁连山等8个国家级自然保护区及有关地区的外业调查工作；落实中央预算内资金1714万元，开展了太子山、兴隆山国家级自然保护区基础项目建设；甘肃多儿省级自然保护区和甘肃裕河省级自然保护区通过国家级自然保护区终审；划定了林地和森林、湿地、沙区植被、物种四条林业生态红线，查处林政案件2792起，查处率99.93%；组织对全省林业系统自然保护区开发建设项目进行清理整顿；下发了元旦、清明、五一等重点时段《关于切实做好森林防火工作的通知》，开展“森林防火宣传月”和“森林防火宣传周”宣传活动，重点火险期对全省各地森林防火工作进行全方位督查。

【义务植树】全省义务植树适龄公民1569万人，实际参加义务植树达1432万人（次），尽责率91%，完成义务植树9163万株，人均植树6.4株，新建义务植树基地370个；全省城市建成区绿化覆盖率达30.81%，绿地率达27.6%，人均公园绿地面积达12.79平方米；县城绿化覆盖率达16.63%，绿地率达13.49%，人均公园绿地面积达6.92平方米。

【防沙治沙】全省24个沙区县共完成造林24.23万亩，其中：治沙造林10.63万亩，封沙育林（草）13.6万亩；国家级防沙治沙示范区共完成治沙造林1.44万亩；实施省级防沙治沙项目31个，治沙造林2.367万亩；建设国家沙化土地封禁保护区12个，封禁面积268.65万亩，申报批复国家沙漠公园5个。

【廉政建设】贯彻执行中央八项规定和省委“双十条”规定精神，全系统“三公”经费开支继续压减，较2014年降幅3.5%。制定《省林业厅党风廉政建设巡察工作实施办法》，组织完成对4个厅直单位的首轮巡察工作。

【精准扶贫】成立精准扶贫工作领导小组，制定《甘肃省林业厅关于加快推进林业精准扶贫的实施意见》。会同农牧、环保、国土、农办等部门，制定《精准扶贫生态环境支持计划实施方案》作为全省“1+17”精准扶贫工作方案之一，并建立协调联络机制，分解细化重点工作，确保各项任务落到实处。积极同发改、财政等部门衔接，在资金和项目上对贫困地区予以倾斜，58个片区县林业投资达36.27亿元，贫困县完成造林216万亩，封山育林62万亩，新增经济林果65.5万亩，完成低产果园改造112万亩，新建林下经济示范点66个，新增育苗16.9万亩。坚持精准扶贫与双联行动融合推进，严格落实双联驻村帮扶制度，选派工作队长组建帮扶队伍，进村入户开展帮扶工作。联户干部累计入户3415人次；宣传政策515次，发放宣传资料6235份；开展科技培训103次，参加群众7679人次；收集民情民意173条，调处矛盾纠纷52起，帮办实事99件。认真组织30个双联村实施荒山造林、经济林新植补造、道路绿化、苗木培育等富民项目。

省林业厅领导班子成员名录

厅　长　石卫东

党组副书记　火统元

副厅长　段昌盛　张　平　樊　辉　张肃斌

省森林公安局局长　张鹿鸣

省绿化委员会办公室副主任　陈浩文　郭　平（女）

省森林防火指挥部专职副指挥　刘锡良

（供稿：魏玲婧）

水利水务

【水利水务发展】2015年，共落实各类水利项目投资计划154亿元，较2014年增长35%，完成投资131亿元；解决180.56万农村人口和26.08万学校师生的饮水不安全问题，农村自来水普及率达到80%，完成高效节水灌溉面积7.33万公顷，新修梯田8.48万公顷，治理水土流失面积2057平方千米，新增农村水电装机容量11.57万千瓦。研究起草《甘肃省“6363”水利保障行动方案》，经省委常委会议审议后省政府印发实施，计划自2015年起用6年时间实现水利在建规模3000亿元，构建“6大体系”，实现供水安全、防洪安全、水生态安全“3大目标”。

【水政】开展行政职权清理工作，梳理出82项行政权力及责任清单；进简政放权，行政许可事项减少1项；彻新修订的《甘肃省水土保持条例》和《甘肃省河道管理条例》；查处水事案件1207件。《甘肃省农村饮用水供水管理条例》于2016年1月1日起施行。

【水资源管理】2015年全省总供水量118.6043亿立方米，其中地表水工程供水88.5377亿立方米，占74.6%；地下水工程供水27.6972亿立方米，占23.4%；其他水源供水2.3694亿立方米，占2.0%。全省总用水量118.6043亿立方米，其中生产用水109.4469亿立方米（第一产业用水95.0792亿立方米，第二产业用水11.6205亿立方米，第三产业用水2.7472亿立方米），占92.3%；生活用水5.2911亿立方米，占4.4%；生态环境用水3.7897亿立方米，占3.3%；覆盖全省的用水总量、用水效率、水功能区限制纳污“三条红线”控制指标体系全面建立；万元工业增加值用水量为63m^3，万元GDP用水量为175m^3，重要江河湖泊水功能区水质达标率达到73.2%。

【水利规划】完成“十二五”规划总结评估、“十三五”规划思路报告编制、重点项目筛选、面上项目梳理上报等工作；研究制定《甘肃省水利发展“十三五”规划》和防洪减灾、病险水闸除险加固、农村饮水安全巩固提升等15个专项规划。编制完成甘肃省中央预算内固定资产水利投资和江河湖库水系综合整治财政专项资金三年滚动规划并上报水利部；配合黄河水利委员会、长江水利委员会和水规总院，完成甘肃省重大水利工程项目的筛选、审核工作；结合“6363”水利保障行动，完成全省面上水利项目的梳理和上报工作。

【水利基本建设】重点水利工程　引洮一期工程建成投入运行，为甘肃中部地区123万群众解决了用水问题。列入国家172项节水供水重大水利工程范围的引洮供水二期、黄河甘肃段防洪工程开工建设。靖远双永供水和古浪黄花滩水利骨干工程已通水运行，开始发挥效益。会宁北部供水、引洮入渭、引洮济合、积石山引水、天水市城区供水等区域性水资源配置工程按计划加快推进。

重点流域治理　石羊河流域重点治

理项目提前5年实现远期规划目标，民勤蔡旗断面平均年下泄水量保持在2.5亿m^3以上，青土湖形成了22km^2的季节性水面，地下水位埋深小于3m的旱区湿地面积达到106km^2。

病险水库（水闸）除险加固 列入国家和省级规划的4座中型、20座小（1）型、50座重点小（2）型和56座一般小（2）型病险水库除险加固项目全部完工。新出险的疏勒河双塔水库已开工建设，高台县小海子中型水库已完成初设批复，12座小（1）水库已全部开工建设，完工11座。列入全国规划的37座大中型病险水闸已全部批复，安排实施项目35个，主体工程基本完成。

中小河流、江河主要支流治理 加快推进41个中小河流治理项目和15个江河主要支流治理项目，年度建设任务全面完成，治理河长695km，修建堤防751km，保障沿河居民和农田防洪安全。

抗旱防汛专项项目 完成2013至2015年度山洪灾害调查评价、非工程措施补充完善、重点山洪沟道治理及2014至2015年度130处抗旱引调提工程建设任务，13个洪水风险图编制项目和国家防汛抗旱指挥系统二期工程甘肃项目建设进展顺利。

【抗旱防汛】全年天时总体平稳，水旱灾害损失较轻，全省旱情主要发生在冬季和夏秋季两个时段，造成40.4万人饮水困难，农作物受旱面积89.35万hm^2。汛期全省共出现8次局地强降水过程，造成33.64万人受灾,农作物受灾面积2.72万hm^2。年初，印发抗旱防汛工作安排意见和工作要点，向社会公示了48座大中型水库、38段重点河段和5座重点防洪城市的安全责任人，提早安排部署抗旱防汛工作。干旱高峰期，实行旱情信息动态管理，采取“四级联报”和周报制的方法，加强旱情分析预测；及时派出工作组赴旱区指导检查抗旱减灾工作，各级投入大量人力物力保人饮、保灌溉，累计解决了29.14万人的临时饮水困难，完成春灌38.53万hm^2、夏灌98.67万hm^2、秋灌62.37万hm^2、冬灌86万hm^2，全膜双垄沟播面积101.58万hm^2，挽回粮食损失21.79万吨。汛期，全面落实抗旱防汛责任制，坚持24小时值班值守，突出强化预测、预报、预警、预防、预案“五预”能力，发送预警短信0.5万条，减淹耕地0.21万hm^2。

【农田水利】落实省政府批转的《关于深化农业节水建设工作的意见》，确立了高效节水工程建设与水权、水价、节水量、土地规模经营、农业产业布局、农田节水措施、农村合作组织及小型水利工程产权制度改革相结合的工作思路。坚持先建机制、后建工程，建立以建促管、以管促建、建管结合的高效节水建设管理新机制，加快推进河西走廊高效节水灌溉、陇中东南部特色农业产业高效节水灌溉“两个示范区”建设，累计发展高效节水灌溉面积7.33万hm^2，年新增节水能力4亿m^3，实现农业节水和农民增收的双赢。完成4处重点中型灌区节水改造、11个大型泵站更新改造、7个牧区和5个规模化节水示范项目，“五小水利”工程建设进度加快。

【水土保持】依托国家水土保持重点建设工程、国家水土保持农业综合开发项目和中央预算内水土保持重点工程建设，整合其他部门生态建设任务，完成水土流失综合治理面积2057km^2，水土流失治理程度达到27.38%。组织47个重点县区开展标准化梯田建设，完成建设任务6.69万hm^2。

【城乡供水】省政府将饮水安全列为“1+17”精准扶贫头号方案，省水利厅瞄准2015年解决180万人、2017年前解决建档立卡的1107个贫困村118万人的饮水安全问题两大攻坚目标，扎实推进精准扶贫饮水安全支持计划的落实。共投入资金19.9亿元，建成集中供水工程1101处，场窖式供水工程2万余处，区域水质检测中心88处，解决180.56万（规划内126.58万人，藏区规划外新增13.49万人，省内自筹资金解决规划外40.49万人）农村人口和26.08万学校师生的饮水安全问题，农村自来水普及率达到80%，群众生产生活条件得到明显改善。

【农村水电】完成40座农村水电增效扩容改造项目验收工作。安排实施的6个水电新农村电气化建设项目、5个小水电代燃料项目基本建成，全省新增农村水电装机容量11.57万KW。

【工程管理】出台《关于加强全省水利工程建设管理的指导意见》、《关于加强全省水利工程建设项目招标投标行政监督工作的意见》、《关于加强中小型水利工程建设管理防范廉政风险的实施意见》，严格项目建设法人责任制、招投标制、监理制、合同制“四制”管理，切实规范全省水利工程建设管理工作。派出4轮57路工作组蹲点驻守14个市（州）和2个厅属单位，开展水利建设项目督查工作，有力促进水利工程建设进度和质量安全管理。制定印发《甘肃省水利建设示范创建活动方案》，围绕水土保持综合治理、农村饮水安全工程建设运行管理、农业高效节水灌溉等10个主题20个示范点开展示范创建活动，充分发挥点上经验的示范引领作用，推进水利建设管理水平整体提升。建立水利施工、监理和物资供应企业信用信息红黑名单制度和市场主体不良记录发布制度，维护良好的水利建设市场秩序。

【水利改革】坚持以投融资改革添活力、以水权改革奠基础、以水价改革增动力、以水管改革促激力和“项目搭台、改革唱戏”的改革思路，推进各项措施落实，各项试点任务圆满完成。

投融资改革。省水投公司于2014年3月底组建后，充分发挥改革示范引领作用，在多渠道筹措水利建设资金、创新水利建管体制机制、推动水务一体化发展等方面迈出关键步伐、取得显著成效，成为水利改革发展的先行者和助推器。2015年8月，省水利厅与省农发行签署了2000亿元的战略框架合作协议；同年10月，联合省发改委、财政厅下发了《关于创新投融资机制加快水利工程建设的实施意见》。

水权改革。加快落实最严格的水资源管理制度，以用水总量刚性约束指标，倒逼开展水权改革。疏勒河流域全国水权制度改革试点稳步推进，水资源确权发证、开展了疏勒河灌区农业用水实行超定额累进加价改革工作。

水价改革。国家确定的凉州、民勤、民乐、高台、白银5县区全国农业水价综合改革试点工作全面完成，5县区农业水价在原水价基础上平均提高50%以上，其中高台、民乐提高1倍，达成本水价。选择安排金塔、甘州、永昌、榆中、靖远5县开展省级农业水价综合改革。遵照国务院办公厅2号文件，起草《关于推进农业水价综合改革的实施方案》，上报省政府。

水管改革。全省建管站、质安站、抗旱服务队覆盖到县，基层水利站覆盖到乡。18.8万个小型水利工程明晰了产权，占到总数的98%。凉州、白银、武都3个全国农田水利产权制度改革和创新运行管护机制试点工作稳步推进，陇南市小型水利工程产权制度改革全面推开。

国企改革。贯彻落实省委省政府关于推进国企改革的决策部署，成立领导小组，制定厅属企业深化改革的指导意见和一企一策工作方案。坚持分类推进，理顺政企关系，增强企业活力，改革任务基本完成。

【水利科技】加大水利科技项目申报实施力度，20个项目列入水利部、省科技计划；编制下达2015年度全省水利科研项目计划，开展水利科技项目年度检查、科普调查、科研成果评审奖励等工作，9个项目获得省科技进步奖、22个项目获得水利科技进步。制定《甘肃省水利技术推广与服务专项资金使用管理办法》，编制完成《“十三五”水利科技发展规划》。

【“三严三实”专题教育】按照中央和省委的统一部署，组织厅系统295名县处级以上党员领导干部扎实开展“三严三实”专题教育，紧密结合水利工作实际，专题研究拟定了实施方案，举办3个专题6次研讨会，广泛征求意见，深入查摆问题，召开高质量专题民主生活会，细化制定了40条整改措施，立说立行、即知即改，用实际行动践行严实要求。认真学习贯彻《廉洁自律准则》和《纪律处分条例》，集中举办10场次主题宣讲大会，做到党员全覆盖，切实强化“四个必须”、“八个规范”、“六大纪律”的刚性要求。举办甘肃省乡镇水利站（所）长培训班，培训人员80余名。组织厅系统263名处级干部和处以下公务员完成了贯彻落实“四个全面”、“坚持依法行政，提升公共管理能力”、“发展循环经济理论与实践”远程网络培训。

甘肃省水利厅领导班子成员名录

厅　长　魏宝君

副厅长　杨成有　李　均

　　　　栾维功　何春三　陈德兴

纪检组长　王金城

（供稿：李国荣）

甘肃省引大入秦工程管理局

【供水管理】全年完成引水量2.07亿立方米，农业及生态灌溉面积101.14万亩次，实现水费收入4288万元，较去年增长22.06%。

【项目建设】投资2.75亿元的兰州新区供水项目引大渠道除险加固工程完成了阶段性建设任务。全年共完成建设投资12167万元，占年度计划9793万元的124%，累计完成建设投资24877万元，占项目总投资27480万元的91%，主体工程建设任务基本完成。引大管理局兰州新区供水调度中心和生活基地建设加快推进。主体工程项目建设任务基本完成，进入工程扫尾阶段。经省政府授权，4月由省发改委、省水利厅共同主持，正式通过引大工程国家竣工验收，标志着引大入秦工程39年的建设历程划上了一个圆满的句号。

【综合经营】2015年，招商引资由社会力量开发的渠首莱子沟电站，顺利完成引水工程上段渠道扩容加高、机组调试工作，实现并网试运行发电的目标任务。多种经营收益和水能开发收入上缴财政返还，用于工程岁修养护及除险加固，确保工程安全运行，改善养护经费不足的问题。

省引大入秦工程管理局领导班子成员名录

局　长　李　均

副局长　周瑾成　罗星光

　　　　刘旭宾　杨荃熙　陈继军

纪委书记　谢德彪

（供稿：康　伟）

甘肃省景泰川电力提灌管理局

【灌溉管理】2015年，自3月9日上水至12月3日，历时255天，完成提水量5.70亿立方米，完成水费收入1.718亿元，完成灌溉面积108万亩。灌区提水动力单耗1.7674千瓦时/立方米，完成“十二五”规划目标提水动力单耗下降2%的目标任务。

【项目建设】2015年争取项目资金7875万元。全年完成景电一期大型灌区续建配套与节水改造（原规划）项目、景

引大入秦总干一泵站出水压力管道

电二期灌区大靖河、马家磨河防洪工程项目、景电一期灌区高效节水灌溉示范项目、石羊河流域重点治理景电二期灌区节水改造支渠工程项目、古浪黄花滩开发项目景电二期北干渠北一支渠改扩建工程项目、灌区调蓄水池建设等项目。

【综合经营】充分发挥经营性资产创收功能，积极挖掘增收潜力，多渠道增加经营收入，做到资产保值、增值，2015年综合经营处超额完成了年初制定的创收目标。积极推进综合经营管理改革，制定新的综合经营管理办法，如期落实局党委制定的将局属各经济实体、经营项目、经营性资产全部移交龙泰公司统一经营管理的改制目标，促进经营绩效的提升。

【向民勤调水工作】2015年计划调水0.92亿立方米，完成1.029亿万立方米，完成年计划的111.85%，突破1亿立方米大关。

【安全生产】开展安全生产专项治理、"安全生产月"、隐患排查治理等专项活动，对部分汛期存在不安全因素的渠道进行加高加固处理。

【"双联"行动】自筹帮扶3个县8个联系村的专项资金73.5万元，为361户贫困户撰写2016年春联1444副，配备电脑、打印机各1台，拉运冬季取暖用煤5吨，捐助各类图书400余册，募捐衣物1000余件，发放防电信诈骗、动物防疫、文物保护等传单500多份。

甘肃省景泰川电力提灌管理局
领导班子成员名录

局　长　赵建林
纪委书记　汪发义
副局长　李怀清　杨万勤　贾广钰
　　　　卢逢春　李甲林

（供稿：李　英）

扶贫开发

【扶贫标准】全省75个县（市、区）有扶贫开发任务，58个国家级片区贫困县和17个"插花型"贫困县中，80%的贫困村和66%的贫困人口集中在六盘山片区、秦巴山片区和藏区三大片区。按国家最新贫困标准（农民人均纯收入低于2300元以下为贫困人口），2014年底全省贫困人口417.2万，贫困发生率20.1%。截至2015年底，全省贫困人口减少到288.5万，贫困发生率13.9%，58个片区县农民人均可支配收入达到5782元，比上年增长13.2%，高于全省农民人均可支配收入增幅2.7个百分点。

【扶贫资金】2015年，省财政扶贫资金投入75.91亿元，其中：中央财政扶贫资金49.87亿元(含发展资金34.39亿元，"三西"专项资金2亿元，易地扶贫搬迁资金8.9亿元，以工代赈资金2.47亿元，少数民族发展资金1.64亿元，国有贫困农场资金0.09亿元，国有贫困林场资金0.18亿元，"两州"专项资金0.2亿元）；中央彩票公益金0.1亿元；省级财政专项扶贫资金12.02亿元；市、县两级配套财政扶贫资金13.92亿元。资金的主要投向（不含易地扶贫搬迁资金8.9亿元）：产业扶贫，投入资金24.16亿元，其中中央资金18.78亿元,省级以下资金5.38亿元；基础设施建设，投入资金31.74亿元，其中中央资金17.19亿元，省级以下资金14.55亿元；各类培训、金融扶贫等其他投入4.71亿元，其中中央资金197亿元,省级以下资金2.74亿元。

【设施建设】2015年，全省交通扶贫投入80.81亿元（含地方自筹），完成建制村通畅工程11025公里；农村人口安全饮水的各类资金达到19.99亿元，解决了180万农村人口饮水安全问题，自来水普及率达80%；全省贫困村农网改造升级工程总投资23.72亿元，动力电覆盖率达到94%；中央财政下达补助资金16.42亿元，改造贫困地区21.8万户危房，其中85.8%的资金投向全省58个片区县。

【整村推进】2015年，全省实施整村推进1010个，投入各类扶贫资金43.71亿元；部门整合资金24.39亿元；基础设施及公共服务总投资27.18亿元；产业总投资10.89亿元。

【产业扶贫】全省整合农牧业发展资金9.35亿元，完成全膜双垄沟播面积1526万亩，马铃薯种植面积稳定在1000万亩以上，玉米种植面积达到1200万亩左右。贫困县完成造林216万亩，封山育林62万亩，新增经济林果65.5万亩，完成低产果园改造112万亩,新建林下经济示范点66个，新增育苗16.9万亩。

【金融扶贫】启动实施总规模达400亿元的精准扶贫专项贷款工程，由各级政府和金融机构按7:3比例建立贫困户贷款风险补偿基金。全年新建贫困村互助资金协会（社）4645个，全省6220个贫困村和藏区有贫困人口的行政村实现了互助资金协会全覆盖。

【易地扶贫搬迁】全省完成易地扶贫搬迁建设任务3.5万户17.1万人，涉及57个县（市、区），832个安置点。项目总投资49.39亿元，其中争取中央预算内投资8.9亿元，中央财政扶贫资金2.96亿元，省级财政配套资金1.78亿元。

【以工代赈】全省投入以工代赈资金3.20亿元，新建、改建乡村公路909公里，桥梁55座1300延米，修建河堤38.35公里，衬砌渠道110.7公里，新增、改善有效灌溉面积3.42万亩。

【"1+17"精准扶贫政策】2015年6月，召开全省精准扶贫精准脱贫工作会议，对脱贫攻坚行动作出全面系统的安排部署。制定出台《关于扎实推进精准扶贫工作的意见》和饮水安全、通村道路、危房改造、教育发展、医疗卫生等17个专项支持计划，紧盯贫困群众上学、看病、住房等致贫返贫突出问题，因村施策、因户施法，有力的支撑和保证全省2015年脱贫任务完成。

【雨露计划】2015年，全省贫困地区完成雨露计划（"两后生"）职业教育11.55万人，补助标准1500元/人，补助金额1.73亿元；完成劳动力转移培训2.21万人，补助标准600-1500元/人，补助金额0.17亿元；完成农村实用技能培训4.5万人，补助标准200-580元/人，补助金额0.11亿元；完成创业致富带头人培训555人，补助标准省内200-2000元/人，省外8000-10000元/人，补助金额0.04亿元。

【扶贫试点】全省75个贫困县的225

个村开展电商扶贫试点，累计培训10万人（次），陇南市被国务院扶贫办确定为全国电商扶贫试点市；确定临洮、瓜州、古浪等12个光伏扶贫试点县，下达25万千瓦的光伏扶贫指标，安排项目资金3840万元；选择37个有旅游资源、基础较好的贫困村开展旅游扶贫试点；选择在西和、秦州、清水3县区开展杂交构树扶贫试点工作，总规模360亩，其中在西和县种植造纸用杂交构树200亩，在秦州区、清水县种植饲料用杂交构树各80亩。

【建档立卡精准管理】全省开展精准核实贫困人口、完善建档立卡工作，核实完善852万贫困人口信息数据，平稳退出2014年度140万脱贫人口，精准识别出2015年计划脱贫人口，并实行实名制管理。

【扶贫考核】制定《全省贫困县党政领导班子和领导干部经济社会发展实绩考核办法》和《全省贫困县党政领导班子和党政正职经济社会发展实绩考核实施方案》。在省委经济工作暨扶贫开发工作会议上，8名省级领导、13个市州党委政府主要负责同志、22个省直相关部门主要负责人，向省委省政府签订脱贫攻坚责任书，各市州与县（市、区）党政主要负责同志签订责任书。

【定点扶贫】组织开展“10·17”扶贫日系列活动，各级“双联”单位帮扶和捐助资金15.93亿元。33个中央、国家机关和单位，共有295名（其中部级26名）干部到定点扶贫县调研考察，选派干部43名常年蹲点挂职帮扶，担任村第一书记12名；定点扶贫单位为贫困县直接投入（含无偿和有偿）资金1.47亿元。

【东西部扶贫协作】十二五期间，津甘、厦甘东西扶贫协作工作顺利开展。天津市政府5年来累计投入帮扶资金3.94亿元，其中：甘南州及天祝县2.16亿元，全省其他市州1.52亿元；两省市区县结对帮扶投入资金0.22亿元。厦门市与临夏州开展东西扶贫协作工作，累计援助资金1.08亿元，其中基础设施投资0.25亿元、产业开发0.14亿元、文化教育投入0.68亿元、卫生医疗投入0.02亿元。

省扶贫办领导班子成员名录

主　任　任燕顺

副主任　王　军　张　森　李世英
　　　　李隆基　王海明　王俊民

（供稿：王立盛）

金融业

金融管理

中国人民银行兰州中心支行

【贷款与融资】截至2015年12月底，全省各项贷款余额达到137万亿元，同比增长23.93%，增速高于全国10.53个百分点，位居全国第二。全年共发放支农再贷款265.68亿元、支小再贷款35.75亿元，办理再贴现127.53亿元，三项累计同比多投放77.5亿元。扎实开展“金融扶贫攻坚行动”，督促金融机构对建档立卡的46万贫困户发放精准扶贫贷款228.1亿元，58个贫困县各项贷款余额达3312.3亿元，增长28.11%，全年新增723.31亿元。督促金融机构加大对战略性新兴产业、保障性住房、“三农”“小微”企业等重点领域的支持力度，全省战略性新兴产业贷款余额691.5亿元，增长44.21%；保障性住房开发贷款余额345.2亿元，增长87.7%；涉农贷款余额5275.35亿元，增长27.37%；小微企业贷款余额2923.79亿元，增长21.55%。全省通过交易商协会累计发行债券418亿元，增长7.46%。全省跨境人民币收付393.77亿元，增长26.14%。

【金融管理与风险防控】修订金融机构重大事项报告制度，接收重大事项报告915项，指导105家新设金融机构开业，受理加入人民银行金融管理与服务体系申请548项。完了63家金融机构的年度综合评价，对30家金融机构开展了专项执法检查，对5家银行业金融机构开展综合执法检查，给予行政处罚113.66万元。金融消费权益保护信息管理系统全面上线运行，全年共受理金融消费者咨询1600余件，受理投诉213件，办结率100%。对73家金融机构反洗钱工作进行了考核评估，联合有关部门开展打击利用离岸公司和地下钱庄转移赃款专项行动，调查洗钱案件29起，协助破获案件3起，调查可疑账户969户，涉及可疑交易资金300多亿元。

成立存款保险制度领导小组，加强全省银行业机构流动性监测和舆情监测。举办全省人民银行系统和法人存款类金融机构“存款保险条例”培训班，组织全省人民银行顺利完成全省106家法人存款类金融机构投保手续办理和保费核定交纳工作。组织3家地方法人金融机构开展流动性风险防范演练。调查甘肃省涉及昆明泛亚有色金属交易所风险情况，配合省政府进行非法集资风险排查，遏制非法集资蔓延势头。完成《甘肃省金融稳定报告（2015）》及《甘肃省区域金融风险测度及空间分异研究》重点课题。修订《甘肃省金融机构重大事项报告制度》，全年共接收全省重大事项报告915项。开展全省农村商业银行改制后风险防控调查，对全省70家“三农金融事业部”的日常监测及涉农贷款情况进行专项督查，甘肃省“三农金融事业部”达标率在全国前期19个试点省份中排名第5。

【金融消费权益保护】2015年，开展专项行动共报送情况报告和统计表11份。共破案2件，立案1件，受理1件。制定2015年度执法检查计划，全省共抽调191名执法人员，开展综合执法检查和专项执法检查，对128名业务骨干进行培训。召开金融消费权益保护工作座谈会，形成内外协调的工作局面。完成金融消费权益保护信息管理系统在全辖银行业金融机构全面上线运行工作，畅通人民银行与金融机构处理投诉纠纷的流转渠道，推进中国人民银行“12363”金融消费权益保护咨询投诉电话运行工作，开展金融消费权益保护专项检查。

【贷款贴现与债券发行】2015年，全省人民银行累计发放再贷款、再贴现428.96亿元，其中累计发放支农再贷款265.68亿元，同比增加42.21亿元；累计发放支小再贷款35.75亿元，同比增加

20.75亿元；累计办理再贴现127.53亿元，同比增加14.51亿元。改进支农支小金融服务，促进全省“三农”、小微企业发展。对农业银行甘肃省分行37家考核达标县级三农金融事业部执行比农业银行低2个百分点的优惠存款准备金率。对考核达标的县域法人金融机构执行比同类金融机构正常标准低1个百分点的存款准备金率。对相关金融机构对执法检查中发现的问题进行整改，对欠缴法定存款准备金的金融机构依法进行处罚，对金融机构流动性情况进行监测指导。甘肃银行等6家金融机构被自律机制吸收为基础成员，成为同业存单发行主体，累计发行同业存单126.9亿元。利率报备二期系统测试工作，对金融机构报备数据真实性进行核查，确保系统正式上线运行。全省非金融企业通过交易商协会注册，累计发行债券386亿元。掌握甘肃省地方政府债券发行、债务置换工作和甘肃省政府融资平台海外发行债券相关情况。

【外汇管理】对辖内10家“购付汇重点企业”、规模较大的44家“出口不收汇”企业开展核查，对16家“出口不收汇”情况严重、拒不配合外汇管理的企业按规定进行处理，其中将9家企业注销名录、4家企业降级、3家企业移送检查；对境外投资登记、资金汇出、直接外债还本付息等45笔业务进行非现场核查，运用“主题监测”非现场监管方法，共监测数据22000笔，及时向银行发布异常纠改信息230条，累计发现异常交易线索37件，涉及287人，金额共计1195.61万美元。向总局争取到1.72亿美元短期外债余额指标，较2014年增长72%，分别为金川集团、酒钢宏兴、白银公司、天水华天分配1000万美元、4000万美元、2500万美元、700万美元。依据《甘肃省金融机构金融服务与管理指引》，审批办理了14家金融机构加入外汇账户管理系统、个人结售汇系统。制定《国家外汇管理局甘肃省分局关于外汇管理支持兰州新区综合保税区建设的指导意见》。在《兰州新区综合保税区经常项目外汇管理实施细则》和《甘肃省分局综合保税区经常项目外汇管理风险防范操作规程》的基础上探索新型监管模式，提高外汇服务。

【国际收支】按季度开展进出口企业问卷调查、贸易信贷抽样调查和境外上市企业市值调查工。以《甘肃外汇收支统计季报》、《甘肃省跨境收付统计数据》和《甘肃省银行结售汇统计数据》等报告为平台，与商务、海关和税务进行统计数据定期互换，凝聚发展合力。完成对各银行贯彻执行外汇管理政策规定情况考核。对各银行从内控责任、内控措施、内控保障、内控自评、内控监督等方面进行评估。通过建立大额人民币利润汇出分析方法，发现某企业人民币利润汇出时存在的涉嫌违规线索，并对首次跨境人民币相关违规企业实施行政处罚。开展银行外汇业务专项检查工作，打击利用离岸公司和地下钱庄转移赃款专项行动。全省新增人民币与外汇远期和期权业务的银行分支机构30家。出台甘肃跨国公司外汇资金集中运营管理操作规程，降低汇率风险，节约资金成本。

【征信管理】截至2015年底，全省累计建立农户信用档案427.54万户，评定信用农户361.98万户，对建立信用档案的345.57万农户累计发放贷款1408.18亿元，余额647.55亿元；全省累计补充完善小微企业信用信息6.3万户，对6.67万户企业授信，5.56万户小微企业获得银行融资，累计融资额达3196.86亿元。

起草《甘肃省社会信用体系建设“十三五”规划》、《甘肃省2015年社会信用体系建设重点工作任务》。完成平台研发工作并投入试运行，已征集到30余家单位近320万条信用信息。40余家共建单位和10个兄弟省市的信用网站接入“信用甘肃”网。制定两类机构信用评级工作实施方案，全年全省两类机构评级业务总量73笔，比2014年增加54笔，增长2.8倍。

联合省发改委、教育厅、团省委制定《关于加强全省诚信文化教育工作的意见》，组织开展宣传活动。推进小微机构接入征信系统。

征信系统已收录甘肃省借款企业11.48万户，自然人1636.4万人，共采集各类非银行信息25.68万条，个人住房公积金缴存信息入库账户365.34万个。全省累计查询企业征信系统19.60万次，查询个人征信系统424.26万次，其中人民银行直接受理本人查询23.7万次，全年未发生征信投诉和诉讼案件。全省累计审核金融机构和企业常用户130个，全年累计登记业务9368笔，查询15319笔。辖内机构在平台累计注册2226个用户，成交业务337笔，金额为215.65亿元。

【货币发行与反假货币】2015年，全省发行基金投放量比上年同期增加了2.76%。安排部署2015年版第五套人民币100纸币发行工作。调拨摆布发行基金，2015年版第五套人民币100纸币平稳有序发行。完成2015年贺岁普通纪念币、中国人民抗日战争暨世界反法西斯战争胜利70周年普通纪念币、中国航天普通纪念币、纪念钞的发行工作。

2015年4月、10月，组织对全省12个市、州中心支库和32个县（区）支库开展货币金银业务全面检查，检查面分别达到100%和90%。开展全省发行库安全管理突击检查。对全省各级货币金银工作人员进行闭卷考试。为2个县支库配备了除湿机，4个中心支库更换了臭氧灭菌系统，22个发行库更换了门禁系统。

全省全年组织对建设银行、甘肃银行等47个营业网点开展了人民币收付业务检查，检查率达到7%，规范金融机构的现金收付行为。按季度组织对全省已批准的7家经营、装帧流通人民币企业进行了全面检查。组织全省各金融机构制定全额清分工作推进计划。

组织对建设银行、招商银行、甘肃银行、浙商银行等金融机构500家营业网点的反假货币工作进行现场检查，跟踪2015年版第五套人民币100元纸币发行后质量工作。开展反假货币宣传工作。

【国库组织与管理】截至2015年底，全省共有国库机构113个，其中省分库1个、市（州）中心支库14个、县（市、区）支库97个（人民银行经理县（市、区）支库81个，商业银行代理中心支库

1个、县（市、区）支库15个）、乡镇金库1个（人民银行经理）。甘肃省全辖共有国库人员557人，其中：人民银行国库人员491人，商业银行及信用社代理国库业务的人员66人。

全省各级国库共办理预算资金收支存退及更正业务1016.53万笔、金额9154.57亿元；办理各级预算收入1386.66亿元，地方预算支出3080.39亿元，同比分别增长12.4%、16.6%。各级国库通过TIPS办理电子缴库业务178.62万笔、金额744.86亿元，占税收收入比重达到63.9%。兰州市和金昌市分别于12月9日、12月18日成功上线运行市级国库集中支付电子化管理系统。

全省共完成库存资金异动常规监测461次、重点监测210次。制定下发《甘肃省国库统计分析检查方案》。举办全省国库统计分析电视电话培训班。全年共有39篇调研在省部级以上刊物发表。

全省共组织发行凭证式国债4期5.41亿元，储蓄国债（电子式）10期5.81亿元；兑付国债本息款项合计3548.08万元。按季通报业务考核，对兰州市无记名国债常年兑付点兰州银行进行现场辅导。

全年各级国库共发现和纠正不合规业务3375笔、金额37.56亿元。组织全辖各级国库开展“两个加强、两个遏制”专项检查，对5个市（州）中心支库和兰州市辖区4个县（区）支库进行实地业务检查，对全省16家商业银行代理支库进行现场检查，对建设银行、招商银行、中信银行、甘肃银行等4家银行93个机构的国库经收业务、集中支付业务、国债管理业务开展综合执法检查，对违规的被查机构给予经济处罚5.8万元。

全省改征增值税累计入库25.92亿元，同比增长12.0%。截止12月底，全省共有省级2060个、市县级13000个预算单位纳入国库集中支付改革，各级国库通过集中支付办理库款支拨业务162.25万笔、金额1790.63亿元。开展金融机构财政专户摸底调研工作。

制定《全省人民银行经理国库30年主题宣传活动方案》指导宣传活动。举办全省国库系统演讲比赛，召开全省国库工作座谈会，制作“发展中的国库”主题电子书，开展“国库在我身边”主题征文活动，建成“甘肃国库历史资料库”，编辑出版《甘肃金融》（专刊），开展全省“央行经理国库30周年”宣传周活动，全方位、多途径的宣传国库知识。

【支付与清算】2015年，兰州城市处理中心共处理支付业务5221万笔，金额33.65万亿元，同比分别增长39.81%、6.22%。其中：大额支付系统处理业务1473万笔，金额33.2万亿元；小额支付系统处理业务3380万笔，金额3630亿元；全国支票影像交换系统处理业务422笔，金额7261万元；电子商业汇票系统处理业务9340笔，金额626亿元；网上支付跨行清算系统处理业务368万笔，金额317.5亿元。10月8日，人民币跨境支付系统（CIPS）上线运行。

完成农业发展银行甘肃省分行账户归并工作；甘肃银行、兰州银行综合前置子系统推广上线；完成客户端应用软件的安装，用户业务权限设置和业务验证工作。制定《甘肃省ACS运管中心考核办法》；指导甘肃银行接入电子商业汇票系统和境内外币支付系统；根据清算总中心《关于做好支付系统长春等6个城市处理中心计算资源建设项目实施工作的通知》，协助总行开展兰州城市处理中心计算资源建设。开展对甘肃银行及其14个市州42个网点的综合执法检查，认真受理“12363”咨询投诉，办结率达到100%。完成187家新增参与者加入电子商业汇票系统的权限设置工作。举办“2015年全省支付系统业务培训班”。

截至2015年底，全省农村地区累计设立助农取款服务点2.05万个；布放ATM机8521台、POS机133803台，较年初分别增长43.3%、81.2%；累计发放银行卡5583.60万张，同比增长39.4%；电话银行、手机银行和网上银行的用户数量分别达到547.04 万户、1553.21 万户和1222.96万户。

组织对15家银行机构的216个营业网点进行现场核实，召开2015年全省银行票据案件及风险防范分析会，利用“5·15”大型宣传活动，开展以“打击经济犯罪，识假防骗，共创平安”为主题的集中宣传咨询。

【电子结算】截至2015年末，兰州市参加同城票据交换的单位达676家，全年清分票据114万笔，金额3446亿元，日均清分清算各类票据5221笔，日均金额15.18亿元。加大对商业银行票据从业人员的培训力度，规范办理票据业务。建立票据交换联系协调反馈机制，开设兰州辖区票据交换热线电话。创新业务准入管理，维护票据交换秩序，全年电子结算中心审核准入直接交换单位61家，实地验收交换网点20余次。深化速递业务管理，确保安全生产运行，2015年，结算中心共出动速递车辆12000余台\次，变更速递线路19次，累计行驶路程达30万公里，未发生车辆安全事故。细化中转站管理，提升票据速递效率，全年兰州辖区共设置了42个票据交换中转站，年内对各中转站检查辅导14次，对2个中转站进行了主动调整。开展票据交换系统技术维护，及时更新票据清分系统账户库和病毒库，加强对机房环境和业务系统运行的监控。组织开展2015年度“票据交换系统”突发事件应急处置模拟演练，演练日共处理提出票据1476笔，票据金额达2.03亿元，经验证准确率达100%。

中国人民银行兰州中心支行
领导班子成员名录

行　长　姜再勇

副行长　陶君道　张立民　李文瑞
　　　　马常青

纪委书记　陈文武

工会主任　白克荣

（供稿：马云飞）

银行业监督管理

【服务实体经济】强化监管引领，制定《关于进一步提高银行业服务全省实体经济质效的指导意见》等多项指导意见，着力引导银行业金融机构盘活存量、用好增量，提高资源配置效率，全年新增信贷资金2652亿元、理财资金448亿元、信托资金802亿元，有效支持了经济社会平稳较快发展。围绕丝绸之路经济带甘肃段建设、“3341”项目工程等重大战略实施，着力强化对战略新兴产业、交通基础设施、省内企业“走出去”等领域的信贷支持，重点项目信贷余额1126.66亿元、同比增长70.41%。改善小微金融服务，紧盯“三个不低于”目标，建立“银税”合作机制，创新贷款还款方式，小微企业贷款余额达3937.1亿元，同比增长22.7%。加大“三农”支持力度，探索“三权”抵押贷款，推广小额信用贷款，开展“双联”贷款，引导信贷资金向“三农”领域倾斜，涉农贷款余额5272.6亿元，同比增长27.3%。

【风险管理】加强对风险的分析研判，建立“月度非现场分析专题会”制度，认真研究银行业面临的主要问题和潜在风险，制定有针对性的防控措施，提高了风险防控的前瞻性和有效性。强化对大客户的风险管控，指导省银行业协会制定《甘肃省银行业银团贷款实施办法》，实施授信总额联合管理，加强大客户监测预警，实现监管信息共享，集中度风险得到有效管控。深入开展“两个加强、两个遏制”专项检查，加大对违规经营行为、违法犯罪的打击力度，对违规行为进行了处罚，发挥了监管震慑作用，增强了银行业金融机构依法合规经营的意识。积极化解不良贷款，强化对产能过剩行业、地方融资平台、房地产等重点领域风险的防控，通过清收、核销、市场化处置等多种手段及时消化存量不良，全辖银行业风险总体可控。

【推进改革转型】积极推进组建农村商业银行，全年共有16家农村商业银行相继开业，支农服务能力进一步增强。加强法人机构公司治理，完善议事制度和议事规则，制定合理经营目标，改变过度依赖规模扩张的粗放经营模式，走特色化、差异化发展之路。丰富资本补充工具，2家城商行发行合格的二级资本债券，充实了资本实力。进一步健全银行体系，引导大中型银行优化服务网点布局、提高辐射能力，完善非银行金融机构服务体系，甘肃电投财务公司、兰州银行租赁公司申建均已通过会审。

【普惠金融建设】对银行业金融机构网点在全省行政村布局情况开展调研，彻底摸清了底数，为全面推进普惠金融、切实补齐短板打下了坚实的基础。在不具备设立标准网点的偏远地区，通过设立便民金融服务点、推广移动金融等方式，综合化推进基础金融服务“村村通”工程。截至2015年末，全省银行业金融机构共设立标准化网点、离行式自助网点、便民服务点等各类物理网点24087个，在服务人民群众“最后一公里”方面取得了积极进展。与人民银行、财政厅等单位联合下发《关于扎实推进精准扶贫专项贷款工程的通知》，通过项目对接、创新模式等多项措施，全年共投放精准扶贫贷款228.2亿元，惠及农户45.95万户。

【提升监管水平】制定《甘肃银监局党委关于贯彻落实全面推进依法治国若干重大问题的决定的指导意见》，全面修订行政许可、行政应诉、行政复议等实施办法，对于法无据的事项和程序进行了清理。认真贯彻“审办分离、查处分离”的改革精神，制定权力清单、责任清单、约束清单，规范信息公开，完善信访投诉，及时回应消费者重大关切，确保了权力在阳光下运行。推行行政许可集中受理和清单式管理，绘制行政许可事项流程图，实施限时移送转办、规定时限办结，监管服务效率进一步提高。制定《甘肃银监局监管意见整改跟踪台账管理办法》，对监管发现问题建立“双线并行”跟踪台账，为落实“整改见实效”提供了可操作的制度保障。

【消费者权益保护】制定消费者权益保护实施意见、信访处理流程，建立内外联动机制，全年受理并直接或督促银行业金融机构办结信访投诉800余件，消费者满意率98%以上。成立了甘肃银行业消费者权益保护监管指导委员会，搭建银监局和银行业金融机构沟通交流平台，全面跟踪银行业消费者权益保护工作动态。研究制定了《2015年甘肃银行业消费者金融知识宣传教育工作规划》，明确了教育宣传工作的工作宗旨、工作原则和工作框架。组织开展以提高公众维护自身资金和信息安全的意识和能力为宣传重点的“金融知识进万家”宣传教育活动，全辖有3233个银行网点21600名银行员工参与了教育宣传活动，共举办户外宣传1467次，共接受客户咨询11.6万人次，共发放宣传材料185.3万份，被媒体报道109次。组织力量编制完成《银行业消费者权益保护制度汇编》，该汇编汇集了涉及自然人消费者的信用卡、银行理财、代理保险等13类104部现行的规章制度，为依法开展消费者权益保护工作奠定了基础。

中国银行业监督管理委员会甘肃监管局领导班子成员名录

局　长　冷云竹

副局长　贾锐　柳楼　刘爱平

纪委书记　董友周

（供稿：郑延平）

保险监督管理

【保险市场】2015年，全省保险业保持平稳快速发展势头，保险业累计实现原保险保费收入256.89亿元，同比增长23.24%，增速同比提高7.54个百分比，保费增速全国排名第12位，较上年同期上升8位。总体实现平稳较快增长。其中，产险公司保费收入97.31亿元，同比增长13.93%；人身险公司保费收入159.58亿元，同比增长29.71%。全省累计发生赔款支出92.75亿元，同比增长9.87%。其中，产险公司赔款支出51.96亿元，同比增长26.83%；人身险公司赔款及给付支出40.79亿元，同比下降6.13%。全省保险市场主体24家，其中产险公司12家，寿险公司12家；保险专业中介公司33家。

【风险防范】以防范化解风险为底线，加强监管强化查处力度。不断强化风险防范，防范满期给付风险，通过抓基层机构、重点机构、银邮兼业机构，使风险集中领域隐患排查不留死角。建立日常监测预警机制、风险防范常态化机制、风险应急处置教育培训机制，提升各级机构风险防范意识和风险处置能力。落实客户信息真实性管理规定、银保新规精神、人身险业务基本服务标准，健全销售管理流程，规范日常经营行为，从源头上防范化解满期给付和退保风险。防范外部风险传递，妥善处理瓜州营销员非法集资案和嘉峪关大友公司企业年金纠纷等突发事件，主动配合相关部门，及时控制事态蔓延，提前化解可能产生的群体性事件风险。制定案件风险排查工作指引，开展保险机构案件风险排查督导和案件问责整改情况清理的现场抽查，先后针对非法集资风险防范开展7次专项排查、清理工作，成立非法集资风险防范和处置工作领导小组，加强对行业风险防范工作的协调指导和督促检查，提交？风险防范的有效性。充分发挥保险统计功能服务和风险监测功能，加强与政府有关部门数据共享。

【市场监督】全力做好保监会各类专项检查。研究制订各类专项检查工作方案和巡视督导方案，分阶段加强指挥协调。“两加两遏”检查中开展一次突击调研，两轮督导，两轮抽查，实现省级保险机构和专业中介机构全覆盖。对两家公司开展“亮剑行动”专项检查。围绕客户信息真实性、规范银保业务销售行为、促进团险、规范赠险等监管新规，对人身保险市场业务合规性和重大业务风险开展专项检查，对大病保险业务开展“回头看”检查。对中华联合农业保险开展现场检查。严查重处违法违规行为。制定《甘肃保监局现场检查依法行政实务手册》和《甘肃保监局行政处罚工作手册》，修订行政处罚裁量标准。全年累计派出检查组49个，检查机构49家，处罚案件21件，依法处罚保险机构19家次，处罚责任人20人次。吊销保险业务许可证6家次，机构警告1家次，撤销任职资格1人，警告19人次，撤销资格证书4人次。

【服务经济发展】推动省政府及有关部门将扶贫农业保险、农村地区交强险、医责险、环责险、食责险等5个险种纳入有关地方考核体系中，实现保险渗透度方面的重要突破。向省财政协调争取专项资金400万元，支持在永昌、秦安2县首次开办蔬菜价格保险、苹果种植综合保险。争取省级财政首次补贴450万元支持兰州、平凉2市开展农房保险试点，定西首次开展农房地震保险。向保监会提议并承办第一次全国藏区农险发展联席会议，推动藏区农业保险继续走在全国前列。主动沟通省地税局暂缓征收新型保险产品红利个人所得税。协调省政府出台《甘肃省关于加快发展商业健康保险的实施意见》，在兰州市推动商业健康保险个人所得税税收优惠政策试点。协调将商业保险参与养老服务业的有关政策纳入地方纲领文件。借力省政府加强农村交通安全契机，推进农村“五小”车辆交强险承保工作，构建全省87个县、1357个乡镇交警部门和保险机构“1+1”全面对接服务机制，截至12月底，交强险承保摩托车、拖拉机30.67万台，保费收入0.59亿元，为下一步保险深度参与保障农村道路交通安全管理探索路子。

从贫困地区农业保险、扶贫小额贷款保证保险、贫困群众人身意外伤害保险3个层面将保险扶贫纳入到省委、省政府精准扶贫“1+17”政策框架，将农业保险对贫困户的覆盖比例纳入县（区）党政干部考核体系。在“应保尽保”基础上，2016年？起将贫困人口大病保险起付线由5000元降至3000元，贫困人口大病保险报销比例提高3个百分点。在秦安县创新开展农村“两保一孤”困难群体保险试点，形成新农合基本医保、城乡居民大病保险、医疗救助之外的有益补充。陇西县开展畜草产业贷款保证保险，通过“政银保”三方合作为贷款户增信，累计为300余户农户融资贷款近1亿元。农村小额人身保险为66.76万低收入农民提供448.25亿元的风险保障，累计支付保险赔款0.25亿元。落实甘肃省委“联村联户、为民富民”行动，筹措资金，帮助扶贫村解决饮水困难，修缮办公用房，投保农房保险，资助贫困学生上学，解决困难户生活难题。

制定《甘肃保险业引资入甘工作考评标准》，搭建沟通联系平台，量化考评引资工作。建立项目储备库，召开项目投资对接座谈会，实现保险资金投资上下联动、部门联动。2015年，引进保险资金投资39.85亿元。平安、人保集团分别和省政府签订战略合作协议。累计投资170.36亿元。

开展农村保险服务体系建设，在56个行政村中设立便民保险服务点，成立驻村工作室13个，派驻驻村代表188人，辐射周边村镇123个，农户数35.58万户，协助当地村民办理各类保险业务7400余人次，理赔金额828.27万元。

中国保险监督管理委员会甘肃监管局领导班子名录

局　长　焦清平

副局长　潘　波　井正萌

（供稿：田逸君）

证券监督管理

【行政许可审核及备案】推进行政审批制度改革，按照授权开展行政审批和备案审核，完善审核制度、规范审核流程和提升审核效率，推动监管重心后移。当年办理完成行政许可审批事项6件，备案事项162件。开展审批事项取消后衔接工作。梳理行政许可审核及备案目录，针对被取消的行政审批事项，调整相关公示材料内容。做好各类备案报告事项清理规范，明确审批事项取消后监管工作关注重点和备案工作流程。

【服务实体经济】持续推动多层次股权市场建设。深化与地方政府相关部门合作，抓住新股发行改革机遇，及时向企业传递政策动向，引导辖区特色优势企业上市发展。当年辖区2家公司IPO上市，1家公司在港交所上市，1家公司通过证监会发审委审核；新增辅导备案企业3家，拟上市公司10家。推动符合条件的公司在全国中小企业股份转让系统（即“新三板”）挂牌。当年辖区新增14家“新三板”公司，挂牌公司达到17家。研究建立区域股权市场运行动态分析和跟踪监测机制，引导和规范区域股权市场健康发展，满足中小微企业多元化投融资需求。甘肃股权交易中心挂牌企业451家，纯托管企业417家。在持续强化基金机构风险监管的基础上，引导私募基金规范发展。辖区登记私募基金管理公司40家，备案私募基金7支，资金规模15.16亿元。鼓励上市公司并购重组和再融资。发挥上市公司在服务地方经济建设中的抓手作用，鼓励符合条件的上市公司实施并购重组和再融资。当年辖区上市公司再融资持续活跃，募集资金108.02亿元，是上年再融资总额的3.08倍。其中，6家公司非公开发行股份，募集资金98.02亿元；2家公司发行公司债，募集资金10亿元。另外，6家公司发行法案获得证监会核准，2家公司非公开发行公司债获交易所无异议函，1家公司非公开发行方案报证监会，4家公司公告发行预案。有效提升证券期货机构创新发展水平。辖区证券期货机构在合规经营和风险可控的基础上，进一步夯实传统业务，依法合规开展产品创新、业务创新和服务创新，探索差异化、专业化、特色化发展路径，全面提升专业服务能力和水平，在培育市场、投资者教育保护等方面发挥积极作用。辖区有1家证券公司，11家证券分公司，86家证券营业部；1家期货公司，8家期货营业部，境外期货持证企业1家，IB证券营业部56家。华龙证券在新三板挂牌转让获批复，华龙期货在新三板挂牌。

【促进市场主体规范发展】做好做实现场监管，以信息披露为中心，提升上市公司现场监管实效。全年对3家公司进行年报现场检查，对2家公司进行专项检查，对2家公司进行回访检查，并延伸检查相关保荐机构持续督导履职情况。转变工作思路，有针对性开展证券期货机构现场检查。开展“两加强、两遏制”专项检查；对证券公司固定收益业务、资产管理业务、互联网金融业务和债券业务分别进行专项检查；对证券期货公司信息系统安全进行专项检查；完成境外持证企业、期货营业部及IB业务现场检查工作；结合信访投诉事项，开展针对相关机构的现场检查，督促提升合规管理水平和客户服务能力。深化风险监管，做好基金机构现场检查。对1家私募基金公司开展“两加强、两遏制”专项检查，对4家商业银行省级分行和12家网点进行基金销售业务现场检查。践行监管转型，做深做细非现场监管。对上市公司年报审计项目进行监管风险分类；与瑞华会计师事务所甘肃分所召开座谈会，了解15家上市公司年报审计业务安排及重点审计领域，对日常监管中关注的重点问题予以风险提示；列席年报审计沟通会15家（次）、开展年报审计现场督导6家（次），同步约谈4家公司签字会计师，提示存在的审计风险，督促审计机构落实审计责任；加强上市公司年报审核分析，确定11家年报重点审核公司，选取8家公司填写审核意见表；加强与交易所的沟通协作，信息共享。强化法人证券期货机构年报监管。及时与审计机构进行沟通；跟进审计进程，了解审计开展情况与发现的风险点；进行年报分析，梳理监管重点，督促整改问题。做实证券期货机构日常监管。加强与法人机构沟通联系，掌握市场大幅波动等异常事项对公司形成的影响和应对准备，指导公司采取有效措施提早予以防范和化解；分析监管报表，核实异常情况，督促辖区机构严格按照法律法规开展业务。深化基金机构日常监管。督促私募基金管理人做好登记备案工作，监测已设立私募基金运行情况，实时关注公募基金销售整体情况，规范从业人员执业行为。抓牢抓实稽查执法，优化市场环境。当年办理案件8件。完成行政处罚权下放后甘肃证监局首例自立、自查、自审案件的行政处罚工作；协助上海专员办对辖区1家上市公司涉嫌操纵市场行为进行调查；对“二六三”1起异常交易案开展初步调查，已结案；强化稽查执法协作，配合香港证监会、广东证监局、新疆证监局做好案件查办工作；协助向1起内幕交易案的6位当事人送达行政处罚事先告知书。

【维护辖区市场稳定运行】推进辖区上市公司化解风险。就1家公司被深交所实施“退市风险警示”事项，及时向公司、实际控制人及当地政府提示退市风险；对1家公司第一大股东因向沙漠排污受罚的媒体报道事项，迅速反应并持续关注，要求公司及时披露；关于1家公司严重亏损事项，与交易所互通信息并先后两次实地了解情况，明确监管要求并督促公司充分进行信息披露；定期开展辖区上市公司退市风险排查预警，协助兄弟派出机构做好辖区2家*ST公司退市风险提示；A股市场出现剧烈波动期间，督促辖区上市公司积极采取措施维护股价稳定，各公司均制定稳定股价方案，其中20家公司有明确增持方案，3家公司拟采取员工持股计划或股权激励计划。促进辖区证券期货机构提升风控管理水平。调整监管重点和工作方向，跟进了解法人证券期货机构新业务开展规划，督促细化内部管理，加强业务隔离和提高风控能力；持续关注辖区法人证券期货机构风险监管指标达标情况，督促公司适时根据风控指标变动情况调整业务规模，提高风险承受能力；股市出现剧烈波动期间，安排专人逐日盯市，了解辖区机构运行情况，要求机构加强内部管理和规范业务操作，防范群体性事件发生。配合做好辖区金融风险排查防范。借助地方政府力量，对辖区互联网股权融资平台进行摸底排查，确定检查对象并进行现场检查；配合地方政府对辖区内各类私募投资基金非法集资风险进行摸底排查；部署开展非法集资宣传月活动；做好非法期货认定相关工作。推进基层调研和专业人才培养。深入辖区证券期货经营机构开展调研，实地了解创新业务开展情况及风险管理状况。走访调研辖区证券期货经营机构

20家，征集到意见建议100余条。联合上海期货交易所举办"期货大讲堂"，推动"甘肃期货市场人才基地"建设。

【构建投资者保护综合体系】强化市场保护，推动市场主体承担首要责任。推动上市公司做好承诺履行。关注1家公司实际控制人解决同业竞争承诺履行情况；督促1家公司股东及时履行承诺，补偿重大资产重组时承诺的利润差额8281.90万元；推动1家公司大股东按期付清资产转让款项；要求1家公司就无法履行承诺事项尽快提出解决方案；更新上市公司及其相关主体承诺履行诚信档案。督促上市公司严格执行现金分红政策。持续关注2014年度现金分红情况，13家公司实施现金分红，分红金额26.59亿元，同比增长58.46%，不存在应分红未分红公司。引导上市公司抓好投资者关系管理。督促健全中小投资者网络投票机制，鼓励建设投资者互动平台，举办辖区上市公司投资者网上集体接待日活动。督促辖区证券期货机构严格执行投资者适当性管理。督导树立"卖者有责"正确理念，将风险提示、投资者适当性要求嵌入机构经营和客户交易各个环节，确保机构销售的产品和提供的服务与投资者风险承受能力相适应；推动辖区机构完善投诉处理机制，切实承担投诉处理首要责任。贯彻落实反洗钱工作相关规定，督促反洗钱工作有效开展。健全监管保护，推动市场主体提升合规意识。研究建立投资者诉求统一受理平台及多渠道协同处理机制，优化内部流程，畅通维权渠道，确保依法、依规、高效处理投资者诉求。通过信访、投诉、"12386"热线渠道办结各类投诉事项32件。开展投资者保护现场检查，查处损害投资者合法权益的违法违规行为，在对上市公司、证券期货机构的现场检查中，重点对投资者保护相关内容予以关注。完善行业保护，推动自律组织发挥积极作用。指导行业协会成立"甘肃辖区证券期货纠纷调解中心"，依法开展投诉事项调解，受理投诉事项43件，成功调解40件。推动行业协会加强与地方法院、仲裁机构的沟通协作，建立完善诉调、调仲对接机制。开展"公平在身边"投资者保护专项宣传活动。借助"期货大讲堂"等载体，通过走进高校、开展专题培训等多种形式，普及资本市场知识，宣传"12386"热线功能，提高投资者维权意识。张贴海报2000余份，发放宣传折页5万余册。加强投资者教育日常宣传。督促证券期货经营机构发挥一线优势，开展好投资者教育宣传相关工作。加强与新闻媒体的沟通合作，在甘肃卫视播放投资者教育宣传片600余次；引导辖区法人机构做好投资者教育基地建设工作，形式多样开展投资者教育。制定年度"六五"普法工作计划，有针对性组织开展专项普法活动。

【机关干部队伍建设】按照突出重点、紧贴形势、创新形式、丰富内容等要求，严格落实党委中心组学习制度；抓好思想政治工作，落实支部学习制度，丰富学习形式，提高干部党性观念、宗旨意识和责任意识；组织开展"三严三实"专题教育，组织个人自学、做好专题调研、开展党委书记讲党课、举办专题学习研讨等。不断推进党风廉政建设，落实党委主体责任，履行纪委监督责任，健全完善廉政目标管理，把党风廉政建设责任制落到实处；贯彻党内法规，主动接受外部监督，强化廉政制度执行，加强党风廉政监督，实行廉政谈话制度，完善内部监督检查；开展"每月一课"、组织观看弘扬先进典型影视作品和定期开展廉政警示教育活动，从思想上筑牢腐化蜕变防线；深化"三个转变"，强化监督执纪问责，加强纪检监察力量，加大执纪监督职责。组织开展送温暖、共建"职工之家"、开展大病帮扶、未婚青年干部联谊、慰问老干部等活动，做好关心干部生活、传递组织温暖各项工作；开展"三八节"活动、举办迎新春联欢趣味运动会、组织徒步比赛、参加马拉松健身跑等，活跃机关气氛和激发机关活力；以团委成立为契机，开展"五四"青年节系列活动。

中国证券监督管理委员会甘肃监管局领导班子成员名录

局　长　管兴业

副局长　韩小玉（女）　付惟龙

副巡视员　杨敬文

（供稿：姚觐轲）

政府金融工作

【贷款业务】截至2015年底，全省贷款余额达13729亿元，同比增长24.5%，增速居全国第二。2015年新增贷款2651亿元，较上年多增420亿元。全省中长期贷款余额8015亿元，同比增长24.2%；涉农贷款余额5275亿元，同比增长27.37%，高出全省各项贷款增速3.44个百分点；非公经济贷款余额2945亿元，同比增长66.43%；战略性新兴产业贷款余额达到692元，同比增长42.6%。

【金融支持精准扶贫】2015年，制定出台《金融支持扶贫开发工作的实施意见》。截至2015年底，农业银行甘肃省分行、省农信社、甘肃银行、兰州银行作为承担"精准扶贫专项贷款"的银行，为46万建档立卡贫困户发放精准扶贫专项贷款228亿元。全省贫困地区的贷款余额达到3312亿元，增长28.1%，高于全省各项贷款增速4.17个百分点，占全省各项贷款余额的24%。

【金融支持"双创"】2015年，15家金融机构与省国税局签署协议，积极推动"银税互动"业务，先后推出"税易贷"、"银税通"、"税贷通"、"小企业简式快速贷款"等16个产品以及其他增值金融服务，为纳税信用良好的小微企业提供优惠便捷的信贷服务，其中"税易贷"得到国务院督导组的充分肯定。甘肃银行、交通银行甘肃省分行设立科技支行，推出"知识产权质押贷款"试点。交通银行甘肃省分行联合甘肃股权交易中心创新推出"挂牌贷"业务，为高成长性中小企业提供融资支持。

【金融风险防控】2015年，甘肃省打击和处置非法集资领导小组出台全国省级层面第一个《投资类企业管理暂行办法》以及《甘肃省交易场所监督管理办法（试行）》、《甘肃省小额贷款公司管理办法》，制定下发《甘肃省防范和处置非法集资工作方案》和《甘肃省处置非法集资突发事件应急预案》。组织开展了全省防范和打击非法集资宣传月等活动，按照国家统一安排部署，开展“泛亚”、“e租宝”等案件的协同查处、信访接待、舆情管控和维护稳定等工作，全年没有发生重大群体性事件和个人极端事件。

省政府金融办领导班子成员名录

主　任　汤　澜（女，5月任）

副主任　李相毅

（供稿：谢小强）

部分金融单位

中国农业银行股份有限公司甘肃省分行

【业务发展】截至2015年底，各项存款余额达到2152.43亿元，净增137.9亿元。日均存款余额2105.73亿元，平均余额净增158.35亿元。累放贷款1094.57亿元，同比多投29.96亿元；余额达到1240.81亿元，净增199.78亿元，同比多增4.82亿元。存贷比57.65%，比年初提高5.97个百分点；实现中间业务收入10.09亿元，同比多增6704万元。实现拨备后利润25.8亿元。

【“三农”服务】将“四融”平台作为服务“三农”头号任务，3月“四融”手机版APP成功上线，5月双联惠农贷款线下审批线上放款，10月平台2.0版升级上线。截至年底，共布放四融平台终端10161台，注册平台客户15.44万户，交易金额达到227.2亿元。全年累放三农和县域贷款377.93亿元，同比多投19.27亿元，新增72.37亿元，增长14.27%，高于全国农行5.81个百分点。承担甘南、陇南建档立卡贫困人口金融扶贫工作，共发放贷款21亿元，惠及4.34万户，提前完成当年投放任务；双联惠农贷款，累投32万户、221.58亿元，目前无不良；支持新型农业经营，投放贷款74.54亿元。产业金融上，新增“千百工程”十类达标客户135个；支持全省“6363”水利行动，投放项目贷款10.23亿元；支持国家粮食安全重点项目，累放贷款3.32亿元。建成四星级以上精品点2803个、星级服务点8414个，对56个低效服务点退出和改造升级，有效服务点占比达82.14%。新农保独家代理县13家、新增2家，新农合一卡通累计发卡527万张，水、电、通讯等代理项目由74个增至151个。科技支撑方面，在智付通机具上线“定活通”业务，实施智付通转账电话、“四融”平台终端等机具助农取款、代理缴费等业务的联网通用。确定13家强县弱行、13家弱县弱行，出台专项政策和措施。截至年底，全省县域支行存款净增71.92亿元，增长6.58%；贷款净增72.37亿元，增长14.27%。

【城市业务】截至2015年底，对公存款净增78.3亿元，贡献度56.8%；对公贷款净增156.3亿元，贡献度78.2%；对公中间业务收入同比多增0.81亿元。个人新兴业务收入占比提高1.51个百分点。完成优质目标客户渗透，个人产品交叉销售率提高10个百分点。

【主体业务】开展“百千万客户大回访”，新增对公负债类客户5157户，新开立人民币对公结算账户1413个。营销大额存单16.38亿元。在县域空白乡镇新建自助网点281家。落实国家和总行支持实体经济要求，与定西、陇南等地方政府签订战略合作框架协议，与省公航旅、省供销联社等单位签订合作协议。总投资2.15万亿元的“六个一批”项目，主动对接、优先受理、快速审贷。扶持小微企业，达到“三个不低于”监管要求。个人住房、个人消费等领域贷款投放，个人贷款净增21.06亿元，增长17.08%。支付结算、代理保险等基础中间业务方面，实现结算、信用卡业务收入持续增长，代理保险实现收入同比多增。

【风险管控】按季对辖内法人客户开展摸底排查，对风险客户逐户开展现场评估。各级行对前10大风险客户实行行领导包片管户。控制中小企业、城市个贷、信用卡透支风险，对不良贷款率超5%的县域行进行专项治理。实施“内控管理上台阶”工程，开展风险排查、“打假”、“两违”检查等治理活动，制定营业机构“五不留”、“五必须”、“十严禁”的“5510”工作措施。强化员工行为管理，排查面100%。BoEing四期上线推广工作，实现系统切换平稳过渡。实施安保“44411”行动部署和“633”重点治理工程，全行“三化三达标”优秀率提高6.6个百分点，未发生刑事案件和责任性事故。建立案件查处“三个联动”机制，前中后台部门、上下级行协调联动，开展直查直处。

中国农业银行股份有限公司甘肃省分行领导班子成员名录

行　长　韩国强

副行长　何独业　杨玉杰（女）

　　　　魏孔山　徐杨春

纪委书记、副行长　关学斌

（供稿：常鸣强）

中国农业发展银行甘肃省分行

【业务发展】2015年，累放贷款351.79亿元，同比多放141.54亿元，增长67.3%。年末贷款余额644.58亿元，同比增加143.94亿元，增长28.8%，比全国农发行系统及全省平均贷款增速分别高7.2和4.8个百分点。累放粮棉油收储贷款10.4亿元，支持收储粮油（籽）24.07亿斤，新增省级储备6.43亿斤，地方增储计划完成率100%；累放市场化收购贷款18.45亿元，支持收购粮油33.5亿斤、棉花3959吨；累放其它专项储备贷款5.79亿元，支持储备化肥、地膜、肉等19.49万吨；累放自营性贷款30.37亿元，支持特色农业企业119户，支持的省级以上龙头企业占全省的40%。支持全省易地扶贫搬迁重大任务，累放贷款89.4亿元，支持11个市（州）38个县（区）实施易地扶贫搬迁，受益贫困人口45.23万人，其中建档立卡贫困户搬迁人口占全部拟搬迁人口的53.4%。支持重大水利工程建设，以列入国家172项重大水利工程项目为重点，投放贷款10.15亿元，余额较年初增加10.56亿元，增幅63.7%。支持增加蓄水能力678万立方米，改善灌溉面积16.8万亩。支持基础设施建设，投放贷款133.8亿元，支持项目55个，同比多放42.3亿元，增长53%。向甘肃省机场集团投放的5亿元贷款，成为全国农发行系统支持机场建设的首笔贷款。持易地扶贫搬迁、棚户区改造、现代物流、养老服务区建设、园区循环化改造、"宽带乡村"等项目为重点，共申报基金项目1400个、900亿元。国家发改委下达基金项目173个、49.5亿元，实际投放项目149个、40.9亿元，拉动全省固定资产投资近600亿元。

【运营管理】2015年，累计追加贷款计划154.29亿元。累计拨付各项财补资金43.7亿元，拨补到位率99.5%，从中收回利息5.48亿元，省财政承担的1.4亿元粮食政策性财务挂账贷款利息全部收回。推进中间业务和国际业务发展，实现中间业务收入595万元，国际业务收入172.4万元。结合重大项目营销，省分行与14家金融机构建立资金融通联系机制，累计吸收同业存款81.91亿元，节约资金成本994万元。年末存款余额204亿元。日均存款余额123亿元，同比增加56亿元，增长84.22%，增幅居全国农发行第二，资金自给率由上年的14.2%提高到24.63%。制定县级支行会计内控管理、等级行管理等制度办法。实施会计坐班主任异地交流和财会岗位对接突击检查。清产核资解决历史遗留问题，开展涉税发票核查，大力整顿财务开支"任性"行为。贷款综合收息率91.43%，实现账面利润5.9亿元，完成总行下达计划130%。发挥科技支撑作用，完成省分行电子验印服务器更换及系统导入切换、人行二代支付系统上线切换、计算机辅助审计系统（CAA）数据接收导入验证工作。深入开展信息科技"规范管理年"专项活动。

【粮油信贷与管理】 2015年，累放政策性收购贷款38.8亿元，支持企业储备、轮换粮油6.68亿斤，地方增储计划完成率100%完成16个县（区）2009年地方储备尾欠任务。累放市场化收购贷款18.25亿元，支持企业收购粮油33.5亿斤。通过定期跟踪、按月通报、重点督导，督促企业销售商品粮油9.76亿斤，累计收回贷款18.1亿元，收贷率达到98%。逾期贷款监测，全年下发贷款催收提示12期，督促收回逾期贷款2.54亿元、不良贷款0.4亿元。协调收回5个县（区）历史欠息318万元。坚持定期查库，累计安排110人（次），检查企业239户、贷款110.41亿元。开展检查，累计检查粮油企业15户，核查库存4950万斤。探索推行远程库存监管，重点选取4户储备贷款企业先行试点。审核认定粮食收购贷款资格企业118户，同比减少13户；审查退回7户评级虚高企业；实施优质客户战略，累计退出粮油贷款企业30户。在调查环节，调查项目37个、金额8.76亿元。在备案环节，安全年审查贷款备案151笔、金额22.1亿元，提出风险防范措施500余条。在排查环节，对155户企业排定支持序列，确保重点优质客户"零流失"。

【棉花、生资及特色产业信贷与管理】开展棉花收购和储备信贷工作，累计收回棉花贷款6.1亿元，13户企业顺利实现"双结零"，棉花贷款购销比和收贷率分别为100%和96.54%。按照以销定贷的原则支持企业开展棉花收购，确保风险可控。全年发放贷款0.2亿元，收购籽棉0.4万吨，加工皮棉0.16万吨。

全年累放农资贷款5.53亿元，支持企业购入农资19.1万吨；春耕用肥旺季，督促贷款企业向市场投放化肥37.8万吨，收回贷款7.7亿元。全年累计投放各级储备肉0.96亿元，支持承储企业及时入储肉0.39万吨。配合国家向市场投放储备肉0.59万吨，收回贷款1.4亿元。

择优支持特色产业和农村流通体系发展。重点支持甘肃兰药、陇南祥宇、静宁恒达等一批省级以上产业化龙头企业。全年累计向78户企业发放自营性贷款22.4亿元，其中：累计向61户企业发放中药材、果蔬贷款17.52亿元。支持企业实现收入15.6亿元，增加就业机会3.2余万个，带动辐射农户15.1余万户，户均增收1.2万元。重点支持张掖绿洲、临夏瑞发等省级物流项目。全年累放农村流通体系建设贷款5.94亿元，年末农村流通体系建设贷款余额11.12亿元，较年初增加0.9亿元。农村流通体系建设贷款资金辐射全省11个州19个县（区）。

【农业农村基础设施建设信贷与管理】2015年，累放农业农村基础设施建设贷款142.62亿元，同比多放57.27亿元。年末贷款余额357.60亿元，占全行贷款总额的55.48%比年初增加84.16亿元，增幅58.41%。其中：投放水利和公路贷款110.09亿元。支持除险加固病险水库水闸3座、增加蓄水678万立方米、增加或改善灌溉面积16.85万亩、修缮疏浚河道沟渠236公里、改善水面污染面积1平方公里；支持新建、改建农村道路1404公里。支持机场建设项目在全国农发行系统首开先河。累计上报中国农发重点建设基金4批、项目1400个、额度900亿元；争取国家发改委项目173个、金额49.45亿元，当年落实投放31.96亿元。培育优质客户群，A-级以上客户占比达到92.12%；省市级政府投融资客户贷款占比达到74.49%。重点支持第一还款来源充足、第二还款来源可靠、地方党政关注的涉农重大项目。截止年底，全行省、市级客户贷款余额占比分别为65.31%和9.18%，较年初同比提高10.69及下降了5.27个百分点。

[区域发展战略项目信贷与管理]支持重点领域信贷。全年投放农村路网贷款95.16亿元、农村基础设施建设贷款28.5亿元、水利贷款10.15亿元。支持重点区域信贷。全年营销共对接项目94个，贷款金额706.8亿元。支持重点项目信贷。依托省内精准扶贫、"八大市场"及高标准农田建设等行动，培育项目42个，意向贷款金额63.33亿元。向总行报送新准入客户9户，金额25.4亿元；审核贷款客户评级授信150笔，核定授信总额42.7亿元；调查评估项目162笔，金额56.49亿元。对152户企业、62.38亿元贷款进行风险排查，对排查发现风险的企业实行名单制管理，逐步减

贷直至退出，全年共同退出企业14户。

【信贷基础管理】提高办贷效率。全年受理审查信贷业务478个、金额387.72亿元。组织召开贷审会48次，审议项目344个、金额348.2亿元，同比多审议项目261个，增长314.5%，多审议金额243.13亿元，增长231.4%。审批信贷项目471个、金额380.68亿元，同比多审批项目200个，增长73.8%，多审批金额234亿元，增长159.7%。省分行审批贷款投放123笔、金额167.72亿元，其中发放易地扶贫搬迁贷款30笔、金额89.4元；基金投资149笔，金额40.9亿元。提高办贷质量。出台《关于加强信贷审查审议作业监督管理工作的通知》。对478项受理业务提示风险1638条，揭示风险问题1000余个、提出防范措施1400余条，对90笔报备项目提出风险和管理要求245条，办理作业监督140笔，发现各类问题300余个，下发《关于作业监督环节中审核项目资本金到位情况有关要求的通知》，防止资本金虚假到账而被抽逃风险。下发《关于自营性贷款客户授信用信有关问题的通知》，切实防控风险。对706户企业进行信用评级，审批最高授信额度客户616户，授信额度916亿元。建立银监会客户风险统计系统考核约谈制度，开展贷款风险排查、客户分类排队和信贷制度落实自查。政策性和自营性客户、政策性和自营性贷款占比分别由年初的67：33和89：11调整到83：17和94：6，客户结构和贷款结构完善。加强CM2006系统数据质量管理、考核和征信信息的管理和应用。举办信贷培训40期次，培训人员1000多人（次），信贷人员学习参考《信贷管理业务知识问答》读本，下发1000本。

【风险管控与资产质量】2015年，正常贷款637.92亿元，比年初增加142.05亿元，占比98.97%。不良贷款6.66亿元，比年初增加1.89亿元，不良率1.03%。清收处置不良贷款11850万元，其中现金清收9560万元。将风险贷款作为监测重点，建立以综合报表平台和CM2006信贷管理系统为基础的在线监测预警平台，多维度跟踪监测和化解信贷风险。全年累计监测逾期欠息贷款49笔、9.2亿元，化解29笔、4.77亿元，化解率51.92%；下发风险提示书17份，涉及风险贷款23户、65830万元，化解10户、33827万元。规范全行贷款风险分类，整改各类分类偏差贷款185笔、共计39.5亿元。 择优选取11家资信状况较好的指定合作机构，对省分行审批的3000万元以上贷款对应押品进行外部评估，规避评估机构道德风险。落实“双审一核”机制，截至年底，全行担保贷款493.02亿元，比年初增加113.9亿元，贷款担保覆盖率达217.65%。

中国农业发展银行甘肃省分行

领导班子名录

行　长　刘峰林

副行长　管立新　王达祖　张世祖

　　　　张　岩

（供稿：雷建国）

中国银行甘肃省分行

【业务发展】截至2015年底，甘肃省分行资产、负债总额分别达到1019亿元和1006亿元，较2014年分别增加6.19%和6.57%。全行本外币总行贷存比口径存款余额为1014.56亿元，较上年底底新增122.95亿元。其中，人民币核心存款时点余额940.34亿元，新增77.65亿元；本外币贷存比口径贷款余额为663.78亿元，较上年底新增112.15亿元。其中，人民币贷款时点余额636.85亿元，新增96.26亿元。全年共实现拨备前利润16.12亿元，净利润9.85亿元。净利润四大行排名第4位，负增长2.6亿元，增速排名第3位（仅工行利润比上年增加）；不良资产余额为3.7亿元，不良率0.57%，资产质量在系统内及同业中保持较好水平；新增对公账户1149户，新增现金管理集团客户30户，新增考核口径个人基础客户2.22万户，新增私人银行客户38户。银行卡新增6.99万张，其中白金卡新增1.6万张。

【财务管理】2015年，统筹全行财务资源配置情况，制定绩效考核指标体系，完善月度会计非现场监控模板并强化监督管理，实现会计信息质量非现场监控要点的全覆盖。明确各机构、各部门数据信息质量管理职责，建立数据质量管理长效机制。制订《甘肃分行管理信息报表手册》，提高管理信息服务平台使用率。监督落实采购制度，执行国家招标投标制度，制定项目实施进程表并跟进，严格合同审核，规范集中采购管理。加强财务人员培训与管理，提高财务条线人员经营分析和业务能力。

【风险管控】截至12月底，甘肃省分行表内信贷资产余额本外币汇总折合人民币664亿元，较上年增长20.5%。修订完善授信发起操作手册，辅导与帮助对一线授信发起的“保姆式一对一”，发挥预先指导、预评审、无纸化在线审批流程等畅通高效机制作用，减少发起环节盲目性与低效性。开展与公司部联动协作，定期召开联席会议，解决实际问题。简化批复流转流程，实现授信有效投放。逐月进行资产质量预测和重点客户、行业监控，把握总体风险和主要风险；建立部门内部“名单式”滚动管理和“评级、尽责、监控”风险管理全流程专人对接管理机制、建立固定资产还款计划台帐、建立全辖授信风险预警信息库，共享内外部预警信息，实现贷前调查、贷中审查和贷后监控结合的主动风险管理模式。成立资产质量管控与不良资产化解专项工作组，负责全辖不良或潜在不良资产化解工作。开展年限额年审工作，限制集团内劣势行业、劣势企业的授信限额；客户审批方面，对部分高风险客户实施总分行集中审批模式，目前已将5家集团客户纳入分行集中审批名单；客户管控方面，以“七因素分析法”为基础开展集团客户风险定级，压缩集团授信规模，调整集团内部客户授信结构，化解集团授信风险。制定实施审批中风险调整后资本回报深入应用的落实方案和提升资本回报的实施方案，试行地区经济资本配置方案、编写资本节约方法及案例，指导分支行通过积极争取合格有效的押品、追加优质保证担保、加强系统数据录入管理等措施来改善经济资本占用。

【公司业务】公司存款：截至2015年12月底，全辖人民币公司存款时点余额638.54亿元，较上年末增56.89亿元，平均余额621.8亿元，较上年增59.3亿元，余额市场份额7.95%，较上年下降0.39个百分点。

公司贷款：截至2015年12月底，全行人民币公司贷款余额为490.23亿元，较上年增83.17亿元。余额市场份额5.22%，较上年下降0.05个百分点。外币公司贷款余额4.22亿美元,较年初新增2.4亿美元。余额市场份额6.17%，较上年提升3.53个百分点。

公司中间业务收入：2015年累计实现公司条线中间业务收入20021万元，公司中间业务利润贡献度不断提升。

截至2015年12月底，中国银行兰州地区人民币公司存款余额为446.07亿元，占全行公司存款余额的69.86%，较上年末新增63.99亿元，占全行新增额的112.48%，全金融机构口径市场份额9.14%，发展势头较好。

截至2015年12月底，中国银行兰州地区人民币公司贷款余额242.43亿元，较上年末增加67.16亿元。

兰州地区外汇公司存款较年初增加848万美元，公司贷款下降7772万美元。

公司条线中间业务收入中，兰州地区实现1.14亿元，占全行 57%，主要收入来自于结构化投融资顾问费收入、委托贷款收入、银行承兑汇票敞口承诺费等。

【个人金融】2015年，全辖人民币个人存款余额316.80亿元，实现个人中间业务收入1.94亿元，个人有效客户169万户。截至12月底，甘肃省分行个人贷款余额130.53亿元，较年初增加14.4亿元，新增额在总行考核组内排名第7位，实现业务净收入27329万元，关注类贷款平均占比0.82%，不良率0.36%，资产质量考核总行考核组内排名第2位，全国排名第4位。

【银行卡业务】2015年，甘肃省分行信用卡累计有效卡量40万张，新增有效卡6.99万张，同比增长25%，其中白金卡新增1.6万张，增幅17%；非利息收入12048万元，占个金条线非利息收入的62.29%，占全行非利息收入的21.97%。7月，甘肃省分行与甘肃省高速公路管理局合作ETC（电子不停车系统）业务，有72个网点可办理ETC一站式业务。卡户分期营销系统上线，全辖实现分期总交易量7.27亿元，其中：大额专向分期交易量1.2亿元；卡户分期5.37亿元，同比增长8%；福农分期1539万元，实现了零突破。以活动促消费，采取营销活动，甘肃省分行信用卡动户率达51.7%，较2014年提升9.8个百分点。全年消费金融业务及收单业务共开展了4次自查；针对信用卡风险问题，检查共16次，共处理644笔否认交易。全年信用卡不良共核销978万元，信用卡不良率5.31%，不良率由2014年的总行第一降至第三。

【贸易金融业务】2015年，全年办理国际贸易结算51.11亿美元，市场份额42.79%，同比下降6.31%，低于总行下达任务2.21个百分点,其中进口结算32.87亿美元，出口结算18.23亿美元；办理跨境人民币结算370.14亿元，市场份额38.51%，同比下降3.26个百分点，高于总行下达任务3.51个百分点。保函业务余额49.03亿元，较上年新增12.44亿元；保函业务发生额19.57亿元，同比下降7.46%。开办单位结算卡5240张，新增4261张，同比增长445.25%，卡户占比16.94%，高于总行下达任务8.96个百分点。

全行贸易金融条线共实现中间业务收入6810万元，同比下降25.98%。其中，国际结算业务收入4819万元，同比下降34.23%；国内结算业务收入1991万元，同比增长6.34%。贸易金融条线累计实现利息收入21034.5万元，同比增长20.67%。其中，贸易融资利息收入14699.28万元，同比增长14.44%，票据贴现、转贴现利息收入6335.22万元，同比增长54.86%。

【渠道管理】截至2015年底，全辖新设立1家县域机构 — 陇南成县支行，新建14家离行式自助银行；全辖累计企业网银交易客户数14971户，其中新激活交易户4102户，企业网银存量客户达到21758户；全辖累计手机银行交易客户158498户，其中新激活交易户126 674户，手机银行存量客户达到684752户；全辖累计个人电子银行交易客户数240 415户，其中新激活交易户165121户，个人网银存量客户达到959469户；全渠道交易客户数达到1410976户，其中电子渠道交易客户数1081895户，自助渠道交易客户数1177857户，电子渠道金融交易迁移率为71.74%；实现全辖手机银行双边交易金额341.44亿元，较上年增长73.40%；全辖企业网银交易量5867.28亿元，较上年减少14.39%。

【授信管理】2015年，累计化解不良授信资产折合人民币16886万元，其中：表内化解16263万元，表外化解622万元。通过化解不良资产增加利润5008万元。建立提前介入机制，根据不同授信产品特点制定《授信发放审核资料清单》，便于业务机构准备资料时有章可循，实现工作重心前移；履行“一个工作日”审核时效承诺，对于重大特殊的项目实施优先处理；组织全辖完成总行CCMS系统放款支付自动化投产工作，系统投产后所有低风险业务（含中小新模式低风险）发放审核均在CCMS系统中完成。执行押品贷前、贷后核查制度，共对26个授信项目对应的92宗押品实施了贷前押品现场核查。累计向业务机构发送贷前落实抵押担保条件的工作提示28份，发送各类风险提示20份。先后对12家二级分行及1家县级支行的33个授信项目下67宗存量押品开展押品贷后核查工作，押品价值109.6亿元，对应授信金额45.73亿元，根据核查情况及时进行风险提示并提出化解建议。

【信息科技】2015年，全辖核心银行系统及各外围系统运行整体稳定，未发生三级以上重大信息安全事件，共发生由于安全管理不到位导致的低等级生产系统中断事件17起，其中区域性中断4起，其余为单个网点生产中断，网点中断时间累计13.5小时，中断次数及中断累计时间较去年同期均有大幅下降。

开展对二级分行的安全生产检查，全辖信息系统稳定运行。开展信息系统安全工作，完成网络入侵检测系统（IPS）建设、完成办公终端扫描漏洞修复、完成CSP客户服务平台等多个重要应用系统的主备机应急切换演练、完成重要生产系统堡垒机托管、完成全辖网络灾备演练、完成冠字号码管理系统等系统主备机安全加固、部署“两会”期间全辖信息系统安全保障工作。

创新性开发中小企业影像平台、网点排队系统二期项目、代理保险业务电子台帐系统等40余个应用系统；完成230余项特色报表的开发；在数据需求方面，累计完成历史数据查询、提取及分析800余笔；完成全辖IP电话系统建设、网点WIFI项目建设、高清视频会议系统改造等重点设施与改造项目；合理规划电子化设备投资，全年累计完成IT固定资产投资约2090万元。

浦发银行兰州分行

【综述】2015年，在省委、省政府和浦发银行总行的正确领导下，在省金融办、人民银行、银监局的指导帮助下，浦发银行兰州分行坚持“五个不动摇”的工作思路，围绕“深化客户经营、加快创新转型、筑牢风险防线、强化内部管理”的工作主线，凝心聚力、攻坚克难，实现了各项业务的稳步发展，圆满完成了“十二五”规划目标。

截至2015末，资产总额达到720.82亿元。各项存款余额达到438.14亿元：其中，人民币一般性存款余额351.47亿元，本年新增70.43亿元，增幅25.06%；人民币一般性存款日均余额达到297.44亿元，本年新增42.14亿元，增幅1651%。各项贷款余额达到27731亿元，本年新增38.61亿元，增幅16.18%，满完成甘肃省政府指导性计划。经营效益进一步提升，实现账面利润9.77亿元。

与此同时，全行同步实现了“十二五”规划的圆满收官。分行“十二五”规划确定的4大类、15项指标中，除两项结构性指标略有差距外，其他指标全面实现规划目标。“十二五”期间，分行综合竞争力持续提升，市场占比和系统内排名进一步提高，较好地实现了规模、效益和质量的均衡发展，初步实现了在“十二五”规划提出的：建设成为“发展速度最快、创新能力最强、服务效率最好、人均效益最高、资产质量最佳、内部管理最优”的当地一流现代股份制商业银行的规划目标。

2015年，面对经济下行的市场环境，分行大力引导全行员工全力以赴奔向市场，夯实客户基础，加强业务储备。以创新业务“11226工程”、授信工作“五个一批”、存量授信续作、零售业务“116计划”为重点，深入推进“客户营销拓展工程”，配套制定了考核办法，坚持每周通报，每月考核。切实加强中场企划，建立重点项目库，定期梳理，递进补充，确保充足的营销储备和新增客户来源。公司业务，根据甘肃省“3341”项目工程、“6873”交通突破行动、“6363”水利保障行动、“PPP”项目库，确定了73个分行级重点项目和170个支行级重点项目，持续跟踪营销；零售业务，梳理了56个批量开发目标，18个重点营销楼盘，65个信用卡分期项目。积极推进重点客户直营和小微客户专营工作，成立了分行大客户部，对20户重点客户进行直营，进一步提升重点客户营销层级；重组小企业金融服务中心营销团队，设立市场、园区、供应链直营团队，深化小微专营工作。在“客户营销拓展工程”的强力推动下，全行业务发展基础进一步夯实。截至年末，对公目标客户达3666户，当年新增558户；个人优质及以上客户4.2万户，当年新增1.2万户，增幅41.66%。

【公司业务】以“股债贷”一体化营销为方向，持续推动对公业务创新转型。

一是投行业务继续保持市场优势。加快推进股权、基金和并购业务，积极培育投行业务新客户。完成债券承销54.5亿元，债券承销业务发行数列当地同业第一位。

二是贸易金融业务持续突破。在稳步发展保理、银承等传统业务的基础上，融资租赁保理业务实现突破，累计办理4.75亿元。加大年金和基金托管业务营销力度，成功中标甘肃银行企业年金账管资格和甘肃广电、甘肃路桥建设集团企业年金托管资格，获得甘肃省新能源产业创业投资基金、养老服务产业基金、新兴战略产业基金托管资格，托管规模17亿元。

三是金融市场业务创新突破。在扩大同业合作渠道的同时，大力发展理财投资资产、自营直投、黄金租赁业务、同业理财业务。实现了地方政府债务平滑工具92.43亿元授信，项目资本金15亿元授信，兰州城投农商行股权融资6亿元授信。

四是票据业务快速增长。大力发展“定向资管”业务，

全年累计办理300.98亿元，较上年增长263.55亿元，增幅704.11%，资管业务规模全行排名第11位。继续巩固再贴现业务，再贴现余额在省内同业排名第1位，全行排名第4位。

【零售业务】以建设“零售业务2.0体系”为指引，着力打造新的利润增长点。

一是财富业务持续增长。重点打造“现金管理特色”和“资产配置特色”，通过P2P模式建立了分行理财产品滚动发行机制。全年财富类产品累计销售407.63亿元，比上年增长162.19亿元，增幅66.12%。

二是小微业务快速发展。以“三宝两通”产品为载体，加大园区和市场的批量开发力度，批量渠道新增21个，全行排名第7位。截至年末，分行小微贷款（含个人经营性贷款）余额63.65亿元，当年新增9.34亿元，增幅17.20%，余额占比22.73%，新增占比20.55%。2015年，分行小微专营业务综合排名全国第1位；分行小企业金融服务中心被银监会评选为“全国银行业金融机构小微企业金融服务优秀团队”称号；张宏斌同志荣获“全国银行业金融机构小微企业金融服务先进个人”称号，分行成为甘肃省内和全国浦发唯一荣获集体和

个人两项荣誉的金融机构。

三是住房和消费信贷业务加速发力。主动适应经济下行形势，加大住房按揭、商用房按揭、汽车消费贷款等产品的推广力度，大力推广个人股票质押式回购业务。全行住房和消费贷款余额达到30.06亿元，当年新增11.62亿元，增幅63.02%，新增全行排名第17位，较上年提升7个位次。2015年末，分行个人贷款余额跃居同类股份制银行排名第1位，个人贷款在全省市场占比为1.89%，较上年提升0.24个百分点。

四是信用卡业务实现翻番增长。全行信用卡活跃账户达到6.4万户，本年新增2万户，增幅47%，动卡率达到69%，较上年提升5个百分点，排名全行第8位。大力推进信用卡分期业务，租金专项分期规模达到3亿元，占全行总量的一半。在总行考评中，分行信用卡业务由四类行上升为三类行。

五是支付结算取得突破。与国芳百货合作，实现了分行首单大型商场MPOS系统上线。与中国银联合针对物流企业实现分行首个跨行资金归集专属服务平台上线运行。加大收单业务拓展力度，当年新拓展收单位商户1604户，增幅93.53%；实现商户收单交易额150亿元，同比增长93%。

六是社区银行取得较快发展。全行18家社区银行（不含店长）优质以上客户达到3355户，当年新增2473户，增幅280%；存款余额达到4.01亿元，当年新增2.91亿元，增幅264.54%；金融资产余额达到7.68亿元，当年新增5.27亿元，增幅218.67%。社区银行总体实现盈利。

【风险管理】全行进一步深化收贷收息“零报告”制度，夯实风险管理基础，积极促进新资本协议落地实施，资产质量保持稳定。

一是进一步深化收贷收息“零报告”制度，提高制度执行效果。全行不断深化收贷收息“零报告”制度，将个人经营性贷款、住房和消费信贷、类信贷、票据业务均纳入“零报告”范围，实现全覆盖。在日常工作中，各级领导干部带头盯重点、盯难点、盯落实，坚持每天、每周、每月监测分析，定期考核通报，将到帐率、漏报率、错报率纳入平衡记分卡考核，提高了此项制度的执行效果。在此基础上，充分运用“零报告”成果，将收贷收息到账率与业务转授权相结合，对各经营机构实行差异化授权，对到账率低的经营机构和客户进行重点监控，进一步提高了风险管理的针对性。

二是进一步建立健全风险防控体系，加强全方位、全流程风险管控。进一步完善风险偏好。从客户、区域、押品、存量增量、额度、大中和小微等六个维度，明确了分行的信贷风险偏好，为全行防范风险、提升营销工作的针对性和有效性指明了方向。明确了“盯贷前调查，防违规准入和虚假诈骗”、“盯贷时审查，防过度授信和关联交易”、“盯放款审核，防条件不落实和资金被挪用”、“盯贷后检查，防违规操作和案件风险”的“四盯四防”授信工作要求。建立了贷后直查制度，对贷款本息不能提前到位的客户，实施贷后直查，全年共开展贷后直查102户。加强重点环节、重点领域、重点产品的风险防控，顺利完成102组25.13亿元的“联贷联保”业务“拆转贷”工作，压退结算贷21笔4600万——钢贸客户敞口业务余额较年初减少1.98亿元，三色预警客户现金压退6.27亿元。进一步加强风险管理队伍建设，年内补充风险管理人员8人。设立资产保全部、小微零售贷后管理团队，实现专业化的资产保全。设立信用运营核保团队，对重点客户和重点业务实施专业核保。

三是积极推进新资本协议的实施和运用，提升风险管理的精细化水平。认真落实客户评级、债项评级、风险分类、押品管理等各项工作要求。对照总行资本管理高级方法检查反馈意见，对所有授信业务进行全面梳理，督促各经营单位限时整改，整改率达到100%。先后四次举办了资本管理高级方法专题培训，制定了资本管理高级方法测算模板，对各类业务逐笔测算，有效提升了风险管理的精细化水平。

四是切实强化“三个责任”，提高风险管控成效。明确支行“一把手”、分行大客户部和小微中心负责人和审查审批人的“三个责任”。明确100万元以上的贷款必须由支行“一把手”亲自实地调查、审核把关。分行大客户部、小微中心负责人要切实加强对所辖营销团队、客户经理的管理，充分发挥直营和专营的效果，强化风险管控。审查审批人要切实履行职责，从“八大系统”全面核实授信客户信息，防止多头授信、过度授信、企业涉诉、征信不良等预警事项。

【基础管理】一是进一步加强制度建设。建立了全行规章制度台帐，定期对各项规章、制度、规定等进行全面梳理，督促各部门根据业务发展需要及总行要求及时制定完善规章制度，全年共建立、修订规章制度118部。

二是进一步完善考核约束机制。对全行所有部门、所有岗位的平衡计分卡逐个、逐项修订完善，强化岗位责任，突出工作重点，并明确了具体考核口径和考核方法，制定了考核细则。修订了中层干部奖金浮动管理办法，建立了员工奖金薪点浮动标准，完善了员工职级晋升标准。

三是进一步强化人力资源建设。强化员工日常管理，修订了《员工请休假管理办法》，认真落实关键重要岗位轮岗和强制休假制度，全年关键岗位轮岗60人次，计划执行率167%；强制休假97人次，计划执行率133%。加强培训工作，组织员工培训118期，培训9900多人次。强化员工持证上岗管理，当年新取得各类岗位资格971人次。

【运营科技】进一步提升运营科技服务支撑能力。全年运营人均业务量全行排名第8位；坐销总量较上年增长26.65%，人均坐销量全行排名第6位；银企对帐率达到99.73%，比上年提升1.44个百分点，全行排名第4位。厅堂建设初显成效，3家支行通过总行星级网点验收，分行营业部保持“全国千家营业网点服务示范单位”。进一步加强信用运营工作，电子合同使用率达到95%以上。严守科技安全底线，各类系统全年可用率达到99.95%以上，实现了全年安全生产无重大事故的目标。

【合规安保】进一步加强合规案防管理。制定了《兰州分行合规案防工作考核实施细则》，将合规案防工作纳入平衡计分卡考核。认真开展常规及专项业务排查，排查员工1100余人次，涉及业务7万余笔，金额累计900多亿元，员工排查率达到100%。切实加强合规案防教育，先后开展了警示教育、新员工合规文化教育、“强意识、守规章、促廉洁”专题教育、防范和打击非法集资宣传月、“四盯四防”专题讲座等培训教育活动。认真开展总行常规审计“回头看”活动，认真组织“两个遏制”专项检查的整改工作，发现问题得到了100%整改。修订了《兰州分行员工违规行为处理实施细则》。加强安全保卫管理，进一步提升“人防、物防、技防、制度防”为核心的安保工作体系，被兰州市公安局评为“安全防范优秀单位”荣誉称号。

【党建及企业文化】一是切实加强思想政治建设，进一步坚定发展的信心。在全行干部员工中深入开展以“饮水思源、居安思危、发展思进、创新思变”为主题的作风整顿专题教育活动，教育和引导全行员工时刻保持高度的危机感和紧迫感，牢固树立发展理念，为圆满完成全年各项任务目标提供了精神支持。认真组织开展“三严三实”教育活动，开展专题党课24场，全行各级党组织谈心600余人次。

二是切实加强基层组织建设，发挥基层组织的战斗堡垒作用。根据工作需要将机关各党支部整合为8个。加强基层党组织负责人队伍建设，调整各级党组织负责人7人次，调整各级党组织委员18人次。建立健全基层党建工作制度，设立了党建工作专干，切实加强对基层党建工作的督促、指导。先后三次对《基层党组织考核办法》进行修订完善，按季考核，纳入基层党组织负责人平衡计分卡管理。

三是切实加强干部队伍建设，发挥党员的先锋模范作用。对任职3年以上的支行负责人轮岗交流，提拔、调整干部23人；新发展党员4人，发展入党积极分子26人。

四是切实加强党风廉政建设，认真落实党委主体责任和“一岗双责”。认真落实党风廉政建设中的主体责任，根据《2015年度党风廉政建设责任目标》和《项目分解表》，加大廉洁从业教育力度，完善干部廉政档案，认真落实《员工收受礼品管理办法》，落实领导干部任前廉政谈话制度、信贷风险隐患责任人廉政谈话制度，全年共廉政谈话50余人次。

五是切实加强企业文化建设，提高员工满意度。继续加强“1556”企业文化体系建设，把企业文化渗透到经营管理的各个环节。加强工会和共青团建设，召开了分行第二届一次职工（会员）代表大会，对分行团委书记、副书记进行了调整，强化工会、共青团的桥梁纽带作用、参谋助手作用，定期举办各类丰富多彩的职工活动。继续深入开展“双联”工作，荣获全省2015年度联村联户及精准扶贫优秀单位。2015年，分行融系统企业文化建设先进单位”荣誉称号。

浦发银行兰州分行领导班子成员名录

行　长　张宜临

副行长　景红卫　庄稼臻

行长助理　梁敏

（供稿：张泽霖）

中国华融资产管理股份有限公司甘肃省分公司

【业务经营】2015年，管理资产规模达百亿元，较上年增长46.47%，实现商业化收入12.2亿元，实现利润5.4亿元；实现股权资产收益396.95万元，超额完成全年股权利润计划。

【风险合规管理】2015年，在风险管理工作上树立风险防范高于利润的观念，正确处理风险防控与利润增长的关系。加强流程管控，前中后台各司其职，严把“准入关”、“审查关”、“后期管理关”，审查、审批的项目“放得出、管得住、收得回”。健全风险问责机制，加大培训力度和合规文化建设，提高员工职业道德操守。全年各项经营活动依法、合规、平稳运行。

【“三严三实”专题教育活动】2015年重点开展十八届四中、五中全会精神和习近平总书记系列重要讲话精神的学习，组织全体党员学习《中国共产党章程》、新修订的《廉洁自律准则》和《中国共产党纪律处分条例》。在分公司范围召开“践行三严三实精神，促进分公司发展”研讨会。

【“双联”行动】2015年，员工自发捐款32600元，用于购置核桃树苗，修建两个蓄水池，改善当地饮水条件。多次赴联系村进村入户开展实地调研，了解帮扶群众亟需解决困难和问题，春节期间送生活物资到帮扶村开展送温暖活动，通过政策宣讲和解决村民实际困难相结合，将“双联”行动落到了实处。

中国华融资产管理股份有限公司甘肃省分公司领导班子成员名录

党委书记、总经理　张焕涛

党委副书记　周志宏

副总经理　杨　威　卫国栋　曹龙年　裴瑞清

纪委书记　杨　威

总经理助理　吕云洲

（供稿：魏艳辉）

中国平安人寿保险公司甘肃分公司

【综述】2015年，中国平安人寿保险股份有限公司甘肃分公司围绕“抓服务、严监管、防风险、促发展”的总体要求，践行“守信用、担风险、重服务、合规范”的保险行业核心价值理念，圆满完成全年任务。截至2015年底，分公司共有66家分支机构，包括1个分公司，12个中心支公司，43个支公司和10个营销服务部，保险业务已覆盖全省13个地市。保费收入方面：分公司原保费收入27.7亿元，同比增长11.8%，。其中个人营销渠道加强队伍管理，夯实基础，代理人数量达到12422人，较年初成长24.1%，实现保费收入25.3亿元，占总保费收入的91.2%，同比增长15.8%。其中新单保费收入约9.3亿元，同比增长36.2%；续期保费收入约16亿元，同比增长6.6%。；银邮代理渠道实现保费收入8340万元，占分公司总保费收入的3%。业务支出方面：累计支付各项赔款和给付4.2亿元，同比增长19.0%。其中赔款支出2034万，同比下降5.5%；死伤医疗给付21579万元，同比增长34.5%；满期给付17176万元，同比增长7.4%；年金给付1683万，同比增长13.8%，各项赔付支出稳定，无重大风险。

个险业务以销售分红险"尊御人生"、"尊宏人生"产品及费改后普通型"平安福"终身寿险和线上产品"百万任我行"为主。分公司2015年7月上市"智悦人生"和"智能星"万能产品，扩大重疾种类，满足客户更高保障的需求。银邮代理渠道创新推出"价格低、易购买、高保障"的恶性肿瘤保险产品，尝试在银行代理渠道推动保障型产品的销售，重点推动"爱无忧"、"福无忧"等保障型产品的销售，深化转型，优化业务结构。

分公司推出了一系列如网付宝、自助缴费项目等，持续、创新的服务举措；启动"重疾先赔、特案预赔"项目，认真践行"标准案件，资料齐全，两天赔付"、"信守合约，为您寻找理赔的理由"的理赔服务承诺；推广平安人寿APP应用，持续开展健步走、家庭医生等APP应用推动活动，引入健康管理理念；推动平安人寿APP注册人数和注册客户活跃度，以提升业务队伍跟客户的互动，更好的为客户服务。

投身社会公益事业，践行企业社会公民责任，自1999年援建希望小学，至今已建成7座，分布在兰州、白银、武威、天水、平凉、庆阳；自2007年开始，连续9年组织献血活动，累计组织献血86万毫升；自2007年启动平安希望小学支教行动，连续组织9次，累计参与人数超过240人，并在2013年捐款25万元建设"万亩平安林"500亩，2014—2015年连续开展双联等活动。

【企业文化建设】2015年，平安人寿甘肃分公司秉承总公司"执善心 筑大业"的慈善理念，在发展业务的同时，非常注重企业文化的建设，大力推动公益慈善事业 。贯彻"平步青春 安享健康"理念，全年共开展员工关爱日俱乐部活动9次、主题活动7次、新生活跑团活动2次、员工运动会2次；推广"新生活运动"，积极组织员工活动，倡导广大员工借助平安人寿APP，学习健康资讯、参与健康运动、养成健康习惯。为普及保险知识，加强对业务队伍的管理，提高客户及市民对保险的认识，继续进行"文化行销"的行销方略，定期组织业务人员向客户递送《平安·读者》《平安客户服务报》。作为社会公益慈善事业的积极倡导者和参与者，平安人寿甘肃分公司一直认真履行企业公民责任，在环境保护、公益救助、支教助学、红十字公益等方面作了大量的工作，得到媒体和社会大众的认可，提升了中国平安在甘肃的品牌形象与影响力，全年共举办公益宣传活动7次，累计义务献血量超86万毫升，为临洮地震灾民合计捐款、捐物10000余元。同时，还开展平安希望小学支教活动、下乡服务扶贫活动。为贯彻落实甘肃省委省政府"双联"行动，甘肃保监局牵头组织平安人寿甘肃分公司赴甘南迭部县班藏村、亚日村开展为期3天的双联扶贫工作。通过走访贫困农牧民家庭，充分了解帮扶对象的实际困难及需求，为贫困家庭及学生共计73人发放款项总计16200元。

【业务管理】2015年，平安人寿甘肃分公司业务管理部持续以销售支持为核心，推动寿险系列服务活动，提升最佳客户体验，注重业务品质发展，强化风险管理，推动各项业务健康持续发展。一是提供全面的后援服务支持，全力助推一线业务开展。紧跟整体业务节奏，提前安排部署各项后援服务支持举措，提升一线队伍和客户良好服务感受度；定期收集一线队伍和三级机构关注的重点工作事项，每季度整理印制成通俗易懂的"后援温馨提示"，便于业务队伍查询，提高时效，制作2015年度理赔十大案例及理赔数据报告，在一线营业单位进行宣导，提升业务员展业信心；联合后援各部门，每月组织召开两核联席会议，对两核系列指标达成情况进行检视，对近期重点工作进行沟通，确保两核系列工作顺利开展；在全省开展"触动人心好服务"，收集并面向公众发布发生在我们身边的好人、好事和公司的服务举措，树立积极正面的公司形象，为开展业务提供便利。二是强化后援风险管理，防范风险发生。每月根据总公司下发的审计清单定期完成审计工作，并将审计结果上报总部；每半年开展一次两核风险监控检查，加强对两核内部业务监控工作的管理和指导，发挥内部监控工作的监督控制职能，促进并更好的服务两核作业；完成总公司下发的理赔医疗险专项审计，牵头组织分公司后援各部门或职能室排查风险案件，强化理赔品质管理；开展理赔案件排查复勘工作，每月根据多维度筛选结果，对重点疑似案件进行现场复勘工作，对涉及到的客户或业务员进行必要的管控，为公司挽回损失的同时，打击了保险欺诈；每季度发布全省各营业部短期健康险赔付率分析报表，对赔付率超过80%以上营业部进行预警，避免医疗险停售，对连续3个月以上赔付率没有改善的营业部，发出停售预警，并进行全省通报；为加强寿险核保核赔人员的管理与培养，并对核保核赔人员的专业资质进行认定，落实核保核赔专业序列职涯规划，按照总公司安排，组织开展核保核赔专业资格认证考试。三是细化业务流程，为客户提供简单、便捷、友善、安心的后援服务。举办全省定点医院合作沟通交流会议，加强与定点医院的合作，为客户提供更加细致的服务；推动寿险服务升级传播，收集和整理公司最新服务咨询，并通过各类媒体进行发布；开展健康大讲堂活动，为一线队伍提供专业的医学知识，提升队伍的专业技能；按照总公司统一规划部署，推动移动调查平台的使用，提升调查案件时效并简化了调查资料的收集过程，客户良好服务感受度大有提升。四是打造优质高效业管团队。开展"读书分享"活动，提倡大家每月读一本书，利用部门月度例会时间进行分享，提升员工综合素质；对岗位知识和技能进行学习和指导，并对日常工作进行梳理、规划，打造高效团队；定期组织全省医务、调查、文档系列人员开展视频技能培训，强化作业人员综合服务技能；从细节入手，持续为体检客户提供专业、贴心的服务，2015年荣获总部"年度星级医务室"称号；通过总部新闻平台、甘肃社会媒体（报刊、网络等）和分公司后援微信和天下通渠道，对分公司优质服务、创新举措、理赔案件等内容的宣传，极大的提升了分公司品牌影响力，荣获2015年总部后援服务传播竞赛"虎啸奖"。

【人事管理】一是资源配置方面，完善架构岗位及编制配置，优化投入产出，主要结合三级机构分类成长体系、人力成本费用率，以强化人力发展为主线，寻求新的人力增长点为目标完善三级机构资源配置；支持二元发展策略，结合二元网点业务规划和成长模式，制定二元网点人力配置标准和奖励方案，满足未来3至5年二元网点业务发展需求；推动两率政策的实施，达到"提高效率、降低成本、投产优化"的目标。二是继续秉承以"人才培养"为核心的总体思路，注重人才培养。推广分层级培养模式，推动各层级潜才的选拔和培养，完善内勤员工培训蓝图，优化培训资源配置，结合业务需求，建立针对性的在岗员工培训和梯队培养计划，提升干部及骨干员工的整体素质；为实现培训整体目标，逐步形成了具有甘肃特色的各层级制式培训项目，对于建立人才培养与发展机制起到了一定的作用；通过一系列培训举措的实施，2015年分公司内勤培训形式多样、内容丰富，在全系统进行推广；人力资源部在2015年新增专项人才培养方案——鸿雁计划，该项目旨在培养"前线潜力管理人才"，搭建前线干部梯队，支持寿险业务持续、快速成长，培训覆盖率提升较大，其中干部、潜才及新员工培训覆盖率均达到100%；除常规培训外，分公司充分利用总公司各项培训资源，在各层级员工中大力推广移动端课程的学习、定期举办学习沙龙、派送优秀干部赴其他机构进行经验交流。三是搭建HR经营规划体系，夯实HR经营管理平台。按照总公司HR经营规划体系的要求，建立以年度预算为牵引的HR工作规划体系，通过年度成本预算编制，统筹规划下一年度的架构配置规划、招聘规划、培训规划、潜才培养规划、经营指标问责规划和HR基础管理规划。四是加强HR队伍建设，提升服务时效。定期检视管理流程，杜绝了不规范用工及违背制度而引起的用工风险，树立了良好的服务意识、注重服务品质、承诺服务时效；加强HR队伍自身的建设，进行各种法律法规及公司规章制度的学习，更好的为员工服务。五是员工关怀方面，落实员工EAP计划，将"快乐工作，健康生活"的理念传递到每位员工。

【运营督导】制定全年续期经营目标，采取多种措施相结合，推动并监控各项续期业务指标健康发展。通过月度目标分解、制定各类激励方案、弱体重点追踪、定期检视总结，保证各项续期指标持续健康发展，有效推动客户持续交费习惯；推动月度工作规划制，分公司运营督导部延续月度工作规划制，月初召开全省运营督导专员月度例会，对上月工作进行检视，并对下月工作进行提前规划，自2010年运营督导部持续推动"月度工作规划制"以来，运营督导队伍在工作计划制定及执行力方面提升效果明显；通过"续期精英俱乐部"、"百分俱乐部"以及"绩效检视会"，消除需改善人员，提高运营督导队伍的专业水平及职业素养；根据续收指标达成情况过程的追踪，评估出弱体单位，对人员进行一对一专项辅导，同时推出配套激励方案并强化追踪，激励效果明显；月初进行指标预警，并进行高频次报表追踪，推动各层级营业单位的追踪力度；加强运营督导队伍进度指标管理，并按照续收量及险种分布等因素进行科学任务分解及追踪；关注重点险种，对业务队伍进行重点险种的续收培训。搭建服务平台，夯实基础管理，为客户和业务员提供P-STAR五星续期服务，不但完善续期交费渠道，转账率维持在较高水平（94%），有效降低收费成本；完善会议管理制度及指标预警追踪体系，搭建咨询分享平台，续期指标预估采用运营督导工作平台进行高效率的日常检视和推动；推动未收件管理制度、二元网点续期管理平台；防范风险、强化续收风险及信息安全的防范工作，搭建长效管控平台及追踪机制；推动中台工作，提升督导、业务队伍技能；加强运营督导队伍培训管理；完善运营督导考核、薪资追踪体系，加强品质管理，提高队伍绩效，搭建人员管理平台；在"有竞争力但不激进"的核保策略下，通过检视优化机构现状，差异化分级管理，品质好从优、品质差从严；高额件推动工作以及端到端时效追踪；不定期举办核保人员专业技能培训班，提升核保人员专业技能；参加总部/部门核保人员专业技能考试，提高技能，解决核保疑难问题。

【客户服务】2015年，秉承"简单便捷，友善安心"的服务理念，完善夯实基础管理、提升客户服务体验、加强风险管理、优化业务流程、加强团队建设等方面，强化基础管理和提升客户服务体验两个方面，改善服务细节，注重客户体验，提高客户满意度，打造体验经济时代的寿险服务。

制定全省业务质效考核评价办法及客服人员考核办法，每月进行分析和通报，帮助各单位全方位了解指标达成、重点工作追踪、业务审计状况；开展指标管理、会议体系管理、柜员业务培训、服务环节检视、业务风险管理、健康加值活动管理等基础工作。寿险VIP服务重点以提升客户体验为目标，围绕增值服务积分化、推广绿行家会员活动健康生态圈，搭载平安人寿APP为核心服务平台，打造高互动、体验佳的VIP服务体系，通过VIP服务礼遇、安全系列知识、链接健康管理模块等多项VIP活动，线上发布线上全年共计20项，共计参与39101人次；以平安人寿APP为主要渠道，围绕健康管理的核心服务品牌，以身心健康、家庭健康为核心，以客服节20周年为旋律，举办全年不间断的线上活动及开幕式、欢乐家庭秀、专家巡讲、平安志愿者行动、新生活运动、闭幕式等系列活动，与客户保持高频互动、扩大活动覆盖、增强信息传递、提升客户体验。2015年客服节活动期间，甘肃地区共报名参与377201人次。通过各地报刊、电视台、集团网站、分公司网站、外部网络、优酷、腾讯等渠道发布的新闻报道逾过千篇。平安人寿附加值服务成为平安客户服务的金字招牌；推广健康管理服务，健康模块功能高频使用，满足客户深层医疗需求。2015年甘肃地区累计使用健康服务174053人；开展保单E服务推广活动，2015年平安人寿以"简单便捷、友善安心"为原则，为客户提供方便快捷的服务体验，实现与寿险客户保单服务三位一体的客户体验；推出柜面客户预约服务，客户可以通过"一帐通、微信、平安人寿APP及95511"渠道提前预约临柜业务办理、、享受"免等待"服务体验；加强业务风险管控，为维护客户合法利益，并杜绝潜在风险，为客户提供简单便捷的APP自助回访服务，12月开展全省"APP自助回访"渠道全面推进新契约回访流程，严格把控回访过程，真实有效记录客户反馈的问题，完成新契约回访零风险；定期牵头各部门开展贬损客户回访及录音听取工作，根据客户反馈相关问题，安排服务人员安抚客户并沟通解决；应监管服务评价体系及消费者权益保护工作的要求，设立专项工作组，负责在"3.15消费者权益日"及重大、特殊节日期间，指挥各机构开展客户服务工作及应对重大、群体性突发事件；成立专项小组，由专人负责协调、处理、跟踪突发的客户纠纷及投诉事件。理赔室贯彻新保险法，合理优化工作环节，从切实保护投保人及被保险人合法权益的高度，把被保险人利益落实到制度中、流程里、行动上。加强与一线队伍的交流，制作《理赔服务指南》，给业务人员提供最专业最有效的理赔知识和技能；理赔端到端时效管理，下发《关于加强理赔报案和申请时效要求工作的通知》，时效较2014年下降5天；"重疾先赔、特案预赔"的推广，在理赔结案时效上有取得了长足的进步。

【银行保险业务】2015年，全年完成总规模保费220.8万元，期交1501万，NBEV445.8万，并在管理方面取得了优异的成绩。持续以建设银行、农业银行、中国银行为主力渠道，拓展中信银行、交通银行、工商银行渠道，各渠道的建设为分公司银保业务发展起到至关重要的作用；建立新人培养体系，加大培训力度，举办新人培训班、进行新人衔接训练，提升新人销售能力；制定的开门红、四五连动、第三季度及"勇气行动"一系列方案对于各阶段业务达成起到关键作用；打造晋升文化，提倡队伍向高职级晋升，规范经营是贯穿银保部全年的重点，也是一个健康的销售队伍精神品质，除业务指标达成，也在关注对客户经理销售品质的管理。

【综合开拓】2015年，有综合金融更多产品线的业务，提前规划、学习，全方位了解除传统业务之外的证券、陆金所、好房、普惠、优惠多等业务，规划向不同系列的客户群进行交叉销售和服务的举措。未来将充分发挥平安综合金融集团优势，让队伍成功转型迈向客户经理，成为客户最专业的理财顾问。

商贸流通

商业贸易

【经济运行】2015年，实现社会消费品零售总额2907.2亿元，比上年增长9.0%。按销售单位所在地统计，城镇实现社会消费品零售总额2316.8亿元，增长8.1%，其中城区实现1709.1亿元，增长7.7%；乡村实现社会消费品零售总额590.4亿元，增长12.3%。按消费形态分，商品零售额2447.2亿元，增长8.6%；餐饮收入460.0亿元，增长10.9%。全年批发业实现商品销售额4778.6亿元，比上年增长3.1%；零售业实现商品销售额2789.1亿元，增长10.0%;住宿业实现营业额94.0亿元，增长14.4%；餐饮业实现营业额542.6亿元，增长17.2%。全年限额以上企业实现商品零售额1128.5亿元，比上年增长5.0%。其中，石油及制品类零售额335.9亿元，下降16.9%；汽车类零售额271.6亿元，增长4.6%。

市场物价商品零售价格指数为100.5（以上年价格为100）；居民消费价格指数为100.4（以上年价格为100），其中城市100.6，农村100.3。全年外贸进出口总值为497.7亿元，比上年下降5.4%。其中，出口总值为362.1亿元，增长11.2%；进口总值为135.6亿元，下降32.3%。一般贸易出口336.9亿元，增长11.2%，一般贸易进口69.2亿元，下降42.1%；加工贸易出口17.6亿元，下降16.0%，加工贸易进口60.5亿元，下降12.8%。出口商品销往185个国家（地区）；进口商品来自79个国家（地区）。

【市场秩序建设】打击侵权假冒和伪劣商品不法行为，推动行政执法与刑事司法衔接，开展整治活动，保护消费者合法权益。加快肉菜、中药材、酒类等重要商品流通追溯体系建设，兰州市肉菜追溯体系建设项目已正常运行，天水市肉菜追溯体系建设完成项目招投标。据统计，全省各级行政执法部门共出动执法人员133225人（次），检查企业、各类市场（含门店）89354个（次），检查生产经营主体28754个，受理和查处侵权假冒案件3452件，涉案金额1331.79万元，移送案件184件。公安机关共破获各类涉假犯罪案件147起。检察机关批捕70件、起诉119件，审判机关审结83件。组织完成国家"双打办"对甘肃省的现场考核工作；组织协调召开全省打击侵权假冒工作领导小组第三次、第四次全体会议。行政执法案件信息公开取得新进展，通过进一步落实月报制度，建立季度通报制度等，全省行政执法机关依法处罚案件6970件，依法公开6095件，占办结案件的87.44%。转发《商务部关于印发〈药品流通统计报表制度（2015-2016）〉的通知》，对新药品流通统计报表制度和会议精神向市州商务主管部门作传达，要求各市州商务局、各直报企业按照新统计报表制度要求，准确上报行业发展和企业经营情况。制定印发《2015年甘肃省药品流通企业服务体系建设项目实施方案》，目前根据实施方案，对德生堂等8家企业兑现扶持资金，引导调动药品流通企业发展基层配送。积极参与甘肃省创建国家中医药产业发展综合实验区工作，及时与商务部相关司局进行沟通对接，汇报甘肃省创建国家中医药产业发展综合实验区工作进展情况与实际需求。按照国务院《社会信用体系建设规划纲要（2014-2020年）》，《商务部关于加快推进商务诚信建设工作的实施意见》和《甘肃省推进诚信建设制度化的实施意见》等推进诚信建设的指导性政策、意见，省商务厅制定《关于做好商务领域信用建设工作的意见》，探索通过开展商务综合执法，对成品油、拍卖、典当、预付卡、酒类流通等企业开展守法守纪守规信用信息登记，对不守信用、违法违纪企业进行披露。明确相关处室、市县商务主管部门在信用信息采集、惩戒公示等方面的工作职责。各市州和相关处室已经开始上报相关信息。继续组织开展“诚信兴商宣传月”活动，积极引导商贸流通企业参与行业商协会开展的行业信用评价，宣传推广行业信用评价结果。按照商务部“商务诚信建设重点推进行动计划”试点省份的经验，探索开展全省商贸流通企业行政管理信息平台搭建等工作。

【市场体系建设】省政府确定的8个大型商品交易市场总体建设进度达到41.13%，带动社会资金38.62亿元。列入省委省政府为民办实事任务的100个县乡便民市场于9月份全部建成，共拨付4000万元奖补资金，带动社会资金16亿元。开展公益性大型农产品批发市场建设。修改完善《甘肃省公益性大型农产品批发市场建设实施方案（试行）》，经省政府同意后，上报商务部、财政部审核备案。完成2个国家级试点市场和3个省级试点市场的审计和资产评估工作。起草印发《甘肃省公益性大型农产品批发市场财政资金投资管理办法》。会同省财政厅与甘肃省战略性新兴产业投资基金管理有限公司签订协议，委托该公司持有公益性市场政府投资股权。组织召开公益性农产品市场国有股权投资政策说明会。在第三方审计评估及甘肃省战略性新兴产业投资基金管理公司投资尽职调查的基础上，提出国家级和省级试点市场的专项资金投资方案，专项资金2.3亿元（中央资金2亿元，商务发展配套资金3000万元）已通过省级投资平台全部划拨实施企业。开展全省县乡便民市场建设情况及需求的摸底调查，修改完善项目实施方案并报省政府印发，完成全省100个县乡便民市场建设项目的确定及备案工作，并将4000万元奖补资金预拨至项目所在地市县财政部门。100个县乡便民市场已全部完成建设任务。组织全省19家报废汽车回收拆解企业和26家典型二手车交易市场填报有关行业统计报表，并分析形成全省报废汽车回收拆解行业和二手车交易市场发展报告。按照汽车市场发展实际，及时印制和发放6800份《报废汽车回收证明》和16家《二手车鉴定评估机构核准证书》。

【“尼江”地区商贸流通建设】按照省委省政府部署，成立省商务厅推进“尼江”地区商贸流通工作领导小组，与甘南州商务局和卓尼县商务局进行工作对接，编制完成《省商务厅支持甘南州卓尼县“尼江”地区商贸流通建设三年规划》，明确提出支持“尼江”地区商贸流通发展的具体内容和实施步骤，全力助推“尼江”地区经济社会发展。截至2015年底，尼巴村超市项目基础建设已开工，江车村超市项目正在落实建设用地，60个农家店改造方案已制定完成并投入建设，商贸中心建设正在办理土地手续，活畜交易市场主体已完成，两个收购点选址基本完成。

【商贸服务管理】制定下发《2015年甘肃省早餐工程（主食加工配送中心）项目实施方案》（服贸发〔2015〕221号），采取切实有力措施，引导支持市州、县区开展早餐工程（主食加工配送中心）建设工作，引导特色餐饮面向大众，转型升级。2015年共对兰州市、酒泉市的7个早餐工程和牛肉面走出去项目给予总计200万元资金支持。组织兰州市商务局和兰州牛肉拉面行业协会赴北京等地开展兰州牛肉拉面走出去发展实地调研，及兰州市牛肉拉面骨干企业召开座谈会，起草《关于兰州牛肉拉面发展现状及走出去有关情况的汇报》。餐饮住宿企业的转型发展和促消费活动的开展有效拉动全省餐饮住宿指标的完成，住宿业实现营业额94.0亿元，增长14.4%；餐饮业实现营业额542.6亿元，增长17.2%。

根据省政府和商务部的要求以及开展养老服务产业试点工作的需要，省商务厅委托商务部国际贸易经济合作研究院编写《甘肃省养老服务产业发展专项规划（2015-2020）》。规划初稿完成后，在征求省财政厅、民政厅、发改委等22个省直部门意见的基础上，形成规划评审稿。邀请省内外专家教授及相关部门负责人，对规划进行评审。甘肃省养老服务产业发展专项规划（2015-2020）》通过评审。引导和支持各行业协会开展商业促销、技能大赛等活动。省烹饪协会完成换届选举，省美发美容协会开展新《消法》及美发美容企业等级评定培训，举办“520送美丽健康进农村”美容保健和捐助等活动；支持甘肃敦煌饮食文化研究院举办“龙大杯”第一届宴席厨艺大赛。

【市场运行调节】组织全省40家企业360多个品种参加“陇货精品进京展销活动”，推出生鲜产品、乳制品，饮料、食品、酒类、工艺品等6大类360多个农副特产，在北京三环联想桥金五星广场物美大卖场、海淀区圣熙路8号物美大卖场、海淀区花园路物美大卖场用10天时间进行展销活动，5个农产品（兰州百合、白银枸杞、大枣、河西洋葱、定西土豆、靖远羊羔肉）被北京物美公司确定为北京物美超市长期销售产品。今年4月全省按照商务部安排开展的“消费促进月”活动，有5000余企业家参加活动，开展的促消活动销售额达到51个亿。白银市商务局实施“农产品出省入京工程”，1-8月先后与北京物美等10家超市、无锡朝阳集团签订农产品购销框架协议，与天津市商委达成销售10万吨农产品意向，与北京丰台区商委签订1万吨冬季蔬菜储备协议，与上海高校采购联合会达成意向，供冷冻肉品5000吨。全年各市州共开展重大促销活动120场次。

【市场监测】按照商务部“形成多业态、全地域、广覆盖的监测系统”、“建成集数据采集、加工处理、信息发布、预测预警为一体的监测系统”的要求，按照《甘肃省市场运行监测工作考核办法》，对监测工作从样本数量及质量、数据报送、信息泵、市场运行分析、商务预报、应急商品数据报送六个方面进行进一步规范。完善样本企业结构。对生活必需品市场监测系统、重要生产资料市场监测系统、重点流通企业监测系统样本企业的调整作出安排，优化结构。加强数据督报，督促企业及时报送信息，准确填报各类数据，总体报送率和及时报送率都在80%以上，应急商品数据报送率达到90%，二季度全省市场运行监测全国排名由原来的28位上升到23位。积极开通商务预报，开通率为99%，商务预报主站采纳量同比增长17.65%。

【市场调控】2015年元旦、春节期间，针对肉类蔬菜价格持续上涨的实际，先后启动蔬菜肉类储备投放工作。从1月20日开始，各市州先后启动储备蔬菜投放工作，截至4月底，全省42个冬春蔬菜储备企业共投放蔬菜13个品种、6万多吨。其中兰州市于1月25日开始在城区以每种菜低于市场0.5-1元的价格进行投放，设立43个投放点、164个销售专柜，投放7000吨，日均投放量200多吨。除兰州外，天水、武威、白银等10个市州进行蔬菜储备投放。4月底西藏樟木地区发生地震后，按照商务部要求，组织肉类企业支援抗震救灾，肉类承储企业先后向西藏运送猪肉100吨。10月初，又启动2015年肉类、冬春蔬菜储备。

【成品油市场管理】对全省1281家（批发企业68家；零售企业1213家）成品油经营企业进行年检。全省成品油销售量累计达到364.3万吨，其中:中石油系统销量达到325万吨；中石化系统销量达到39.3万吨。依据《成品油市场管理办法》，全省由商务部门牵头，联合公安、发改、环保、国税、地税、工商、质监、安监等9部门在全省开展专项整治工作，围绕无证无照经营站、私设乱建加油站、销售油品质量未达标、超范围经营和不按规定随意销售散装成品油等五个方面进行整治。全省共出动执法人员1281人次，车辆436台次，检查车次415辆，检查经营网点149个，查获非配置油品91.18吨，查获土炼油160.3吨，拆除油罐20个，关闭无证经营网点98个，并对非法加油站点全部进行取缔处理。

【茧丝绸协调管理】指导市县商务部门和桑蚕技术服务中心，帮助蚕农和蚕桑生产企业积极引进和选育新蚕品种，示范省力化养蚕技术，推广桑园间作、套种（养）和蚕桑资源综合利用，开展蚕桑产业技术培训。2015年上半年，全省保有桑园面积约53600亩，同比下降-19%；全省发放蚕种4940张，同比下降8%；生产蚕茧192吨，同比下降13%；收购鲜茧171吨，同比下降3%；全省鲜茧收购秩序较好，综合均价约1928元/50公斤，同比基本持平。加强鲜茧收购企业管理，严格鲜茧收购经营者资格的审核、认定工作。

【对外贸易】建立重点企业台账制度，做好全省进出口前30强企业服务工作。联合省上有关单位和各地商务主管部门，对重点企业开展一企一策帮扶活动，安排专门联系人跟踪企业进出口动向。开展多种经贸活动，促进对外贸易发展。组织甘肃国合技术经贸进出口有限公司等3家企业参加2015年德国汉诺威工业博览会。帮助全省企业进一步了解国际市场的产品信息和技术创新情况，开拓欧洲市场，扩大全省机电产品出口。按照第二十一届兰洽会的总体安排，设立国际展区，国际展区签约项目共有17个，涉及13个国家，包括进出口贸易项目10个，投资类项目4个，工程承包类项目3个。签约总额超过22亿美元。省商务厅在9月份省领导访问印度期间，在印度孟买和新德里举办甘肃省推介和经贸对接会，双方达成贸易协议7800万美元。省商务厅和省贸促会与俄罗斯中国总商会、莫斯科格林伍德国际贸易中心在莫斯科签署长期合作协议。向商务部申请2015年加工贸易项下的白银出口配额，甘草招标配额。审核办理铜、铁矿石、燃料油、羊毛和毛条进口许可证121份，办理镍、钴、柠檬酸出口许可证733份。办理加工贸易新批合同114笔，其中进料加工103笔、来料加工61笔；变更合同62笔，其中进料加工11笔，来料加工1笔。主要商品是集成电路、芯片、多相流量计、甘草酸粉等。今年有10家企业申请国际货代资质，办理备案手续。相继开通“天马号”“兰州号”“嘉峪关号”中亚、中欧班列，截至2015年底，共开行国际班列50列，运输货物6.8万吨，进出口货值1.4亿美元。

【跨境电商工作发展】根据《国务院办公厅关于促进跨境电子商务健康快速发展的指导意见》(国办发[2015]46号)。拟定全省《促进跨境电子商务健康发展》6条意见以及泉省跨境电商重点工作任务分解，并组织国检局、省国税局、兰州海关相关人员前往浙江金华参加由商务部外贸发展事务局主办的“2015全球跨境电子商务大会”，考察学习当地跨境电商发展的先进经验。4月，甘肃省商务厅邀请广州市商委领导和广东跨境电商企业赴兰州新区考察。协助推进兰州昊远跨境电商产业园项目。

【外资利用】2015年1-11月，全省新批准设立外商投资企业18家，其中合资企业6家、合作企业1家、独资企业11家，合同外资额5914万美元，同比减少39.39%；实际利用外资10535万美元，同比增长9.75%；预计全年实际利用外资达到1.1亿美元，同比增长10%。

其中，电力燃气供应业实际利用外资8731万美元，占82.88%；采矿业实际利用外资950万美元，占9.01%；农林牧渔业实际利用外资799万美元，占7.58%；批发零售业和商务服务业实际利用外资50万美元，占0.47%。风电和光伏发电行业和采矿行业投资比重达91.89%。

【国家级经开区产业转移】按照国务院办公厅印发《关于促进国家级经济技术开发区转型升级创新发展的若干意见》，在征求意见和建议的基础上，针对甘肃省国家级经开区建设发展实际情况和需求，结合全国国家级经开区工作会议精神，完成《甘肃省人民政府办公厅关于促进国家级经济技术开发区转型升级创新发展的实施意见》的起草工作，并经省政府第68次常务会议审议通过，于2015年1月27日印发执行。组织国家级经开区赴东部考察学习。建立甘肃省国家级经济技术开发区与东部省市国家级经开区交流合作关系，承接东部产业转移。在二十一届兰洽会期间举办开发区产业对接会，邀请东中部企业与甘肃省35个国家级和省级开发区进行产业对接、项目洽谈和项目签约。精心编制并会同省发改委、省科技厅共同下发《第二十一届兰洽会开发区产业对接会方案》。邀请江苏省甘肃商会企业家代表团、浙江柯桥经济技术开发区代表团及80多家省内外企业，参会人员达到170多人。经过各开发区积极对接洽谈，共撮合28个项目签约，项目涉及新能源、电子电器、石油化工、特色农产品加工、商贸物流等领域。推广上海自贸试验区可复制改革试点经验，组织赴上海自贸试验区考察学习。通过听取上海市商委和上海自贸试验区管委会的介绍和对企业设立“单一窗口”的实地考察，了解上海自贸试验区的做法和经验。企业进入经开区的相关手续全部由经开区统一办理。推行企业设立工商注册、税务登记、组织机构代码“三证合一”模式。天水、张掖经开区已率先实行工商注册、税务登记、组织机构代码“三证合一”模式。兰州、酒泉、金昌经开区建立“一站式”服务机制，对落地项目提供“一站式”服务。全省经开区分别制定《兰州经济技术开发区转型升级创新发展实施方案》《天水经济技术开发区转型升级创新发展的实施方案》《金昌市关于进一步加快开发区发展的意见》《张掖市关于加快建设产值千亿级工业园区的实施意见》。

【厦门国际投资贸易洽谈会参展参会】制定甘肃省代表团工作方案，明确代表团参加的重大活动、展览展示、项目对接、论坛研讨等系列活动。厦洽会期间，甘肃省代表团参加组委会主办的国际投资论坛、丝路国家投资机遇、中国自贸区建设与海外华商、自贸区与金融创新论坛、互联网+跨境电商生态峰会等专题论坛活动，举办系列项目推介和企业考察活动。

【参加2015东盟（曼谷）中国进出口商品博览会】积极组织全省18家生产研发型企业和专业贸易公司38人的甘肃省代表团赴泰国参加2015东盟（曼谷）中国进出口商品博览会，并赴斯里兰卡进行商务考察和市场开拓。邀请泰国商业部组团参加第22届兰洽会。甘肃省代表团共布置8个展位，集中展示中药材、中成药、保健养生产品、新鲜百合及系列制品、高级商务平板电脑、“读者阅尚DZS2”智能双屏手机、文化旅游产品、磷铜电镀阳极材料等名优特产品。甘肃省代表团在泰国、斯里兰卡共达成意向合作协议1500万美元，签订进出口合同500万美元。金川镍都实业有限公司与泰方企业签署50吨铜出口合同，金额200万美元。兰州亚成生物科技有限公司与德国采购商签订肠衣出口合同，金额100万美元。甘肃美迩康进出口有限公司与泰国老客户签订25万美元的中成药进出口合同，并与新客户签订50万美元的订单。读者数码科技有限公司在博览会上展示的“读者阅尚DZS2”智能双屏手机与泰国领先的移动通信运营商AIS达成合作意向，初步合作金额达300万美元。甘肃圣甲商业贸易有限责任公司与斯里兰卡客户签订文化体育用品出口合同，并达成向斯里兰卡出口50万美元的体育用品的合作协议。读者甘肃数码科技有限公司与斯里兰卡国际商会成员之一的BCS公司初步确定在学校电子书包业务方面开展合作。

【对外经济合作】2015年全省在境外设立及追加投资的境外企业（机构）34家，中方协议投资额67579万美元；全年对外直接投资实际投资净额12843万美元，比上年的22568万美元下降43%。投资领域涉及采矿业、房地产业、制造业、农林牧渔服务业、批发零售、文化体育、仓储、油气开发、住宿餐饮等行业。投资的主要国别（地区）是：美国、加拿大、澳大利亚、德国、秘鲁、白俄罗斯、哈萨克斯坦、波黑、沙特、马来西亚、阿联酋。投资方式以新设和并购为主。截至2015年底，全省累计对外实际投资净额为333245万美元。全省对外实际投资的主要项目（按企业分类，当年中方实际投资额1000万美元以上项目）：天水华天科技股份有限公司通过其香港的子公司全资并购美国倒转芯片国际有限责任公司，主要从事计算机半导体集成电路先进封装的研发、生产和销售业务，当年实际投资额3941万美元。甘肃天添房地产开发有限公司在澳大利亚设立龙腾国际有限责任公司，从事房地产开发和项目管理业务，当年实际投资额1818万美元。2015年对外承包工程新签合同额84846万美元，比上年的29040万美元增长192.2%；完成营业额29182万美元，比上年的33939万美元下降14%；签订并执行的对外承包工程主要项目（新签合同额1000万美元以上项目）是：中国甘肃国际经济技术合作总公司承建的埃塞俄比亚OMO-Kuraz2日榨12000t甘蔗糖厂项目土建施工项目、加纳贝宁共和国博希康及乔鲁内陆港建设项目、加纳Enchi-Dadieso道路改造工程(30-50KM)、加纳Enchi-Dadieso道路改造工程(7-33KM)、深能安所固电力（加纳）有限公司二期工程2×9E燃气联合循环机组土建B标段工程、沙特ACC10000T/D一期粉磨站项目。共派出各类劳务4095人，其中对外承包工程项下1371人，对外劳务合作项下2547人，比上年同期3324人增加771人，增长23.2 %。截至2015年底，在外各类劳务4833人，其中对外承包工程项下2028人，对外劳务合作项下 2805人，比去年同期3700人增加1133人，增长30.6%。劳务人员实际收入总额6542万美元。

【对外经济技术援助】2015年甘肃省科学院自然能源研究所/国际太阳能中心、甘肃省治沙所共承接商务部等有关部委的援外人力资源培训项目9项，为来自30多个国家和地区的224名技术人员和官员进行培训。2015年共执行多双边无偿援助项目9项，完成执行额31.9万美元。主要项目有：联合国儿童基金会援助的有条件现金转移支付项目，新西兰援助的广河县庄禾集镇蓝水河农贸市场建设项目，伊斯兰国际救援组织援助的永靖县水窖项目、永靖县新寺乡水窖建设项目、永靖县杨塔乡水窖建设项目、永靖西山和平凉西阳供水项目、安定香泉乡雨水集流项目、开斋节食品发放项目和宰牲节肉食发放项目。

【经贸合作】推进甘肃全圣实业集团收购白俄罗斯格罗德诺州8个集体农庄，发展现代农业项目进展，时编制《推进白俄罗斯农业开发合作项目工作计划及任务分解》，协调成立“推进我省与白俄罗斯格罗德诺州农业合作项目工作领导小组”；帮助企业联系兰州大学城市规划设计研究院，编制白俄农业合作开发项目可行性研究报告；组织企业赴黑龙江考察学习农业“走出去”的经验做法；确定专人负责项目进展情况的汇总记录，搜集整理相关农业境外投资及金融机构融资政策，为企业融资提供基础信息。组织金川镍都实业有限公司、武威全圣集团公司、玉门聚馨麦芽有限公司等企业赴白俄罗斯就PVC管材生产、中白贸易中心和30万吨啤酒麦芽生产加工等具体项目进行实地调研和对接。5月，在国家主席习近平出访白俄罗斯期间，甘肃省应邀参加在明斯克举办的中国—白俄罗斯地方经贸合作论坛，并签署地方间合作意向。省商务厅协调组织甘肃省8家企业随李荣灿副省长参加论坛，有5个重点合作协议和投资项目在两国元首见证下签约。7月，白俄罗斯共和国副总理加里宁率白建设部、工业部等部门负责人及格罗德诺州代表团一行67人访问甘肃，并作为主宾国参加第21届兰洽会。期间，组织省内外经贸企业、商协会约109人参加“白俄罗斯投资贸易推介会暨合作项目签约仪式”，与白俄罗斯23家企业进行深入对接交流，初步达成合作意向15项，进出口贸易协议合同总额1680.9万美元。

【开发区投资与建设】兰州国家级经开区，2015年开发区实现生产总值225.98亿元,同比增长11.38%,占全市的10.8%；实现工业总产值465.6亿元,同比增长1.7%，实现工业增加值97.17亿元,同比增长12.31%,其中工业增加值占全市工业增加值的18.2%。实现工业企业产品销售收入279.31亿元,较上年增长14.4%,工业企业产销率为93.5%,实现主导产业产值406.1亿元,增长1.9%。高新技术企业实现工业增加值10.32亿元。完成固定资产投资296亿元（其中兰州新区机场北园区31亿元，安宁园区197.4亿元，西固园区50.4亿元，红古园区11.8亿元），占年计划255亿元的116.1%，其中，完成工业固定资产投资74.6亿元（其中兰州新区机场北园区25.5亿元，安宁园区35.4亿元，西固园区6.3亿元，红古园区7.4亿元，皋兰园区5.4亿元）。招商引资到位资金53.75亿元，占计划55亿元的97.7%。其中，省外到位资金47.7亿元，占年计划35亿元的136.3%，引进工业项目资金占引资总额的100%。累计开工项目25个、总投资额342.3亿元，其中，新开工2个、已建成1个、续建22个。

天水国家级经济开发区，2015年天水经济技术开发区实现生产总值91.35亿元,同比增长10.7%,占全市的16.5%；实现工业总产值182亿元,同比增长9.5%；实现工业增加值78.22亿元,同比增长10.29%,其中工业增加值占全市工业增加值的70.4%。实现工业企业产品销售收入160亿元,较上年增长11.62%,工业企业产销率为88%,实现主导产业产值149.2亿元,增长11.4%。高新技术企业实现工业增加值15.4亿元。完成固定资产投资31亿元，其中完成工业固定资产投资22.4亿元。2015年签约项目12个，总投资55亿元，协议引资55亿元，占全市签约资金总额的10.43%；招商引资到位引资56.03亿元，占全市到位资金额的13.32%。累计开工项目62个、总投资额76.5亿元。

金昌国家级经济开发区，2015年开发区实现生产总值106.93亿元,同比增长4.8,占全市的47.63%；实现工业总产值698.94亿元,同比增长4.64%,实现工业增加值81.16亿元,同比增长2.7%,其中工业增加值占全市工业增加值的82.24%。实现工业企业产品销售收入817.76亿元,较上年增长5%,工业企业产销率为97.1%,实现主导产业产值684.96亿元,增长4.64%。高新技术企业实现工业增加值2.4亿元。完成固定资产投资55.27亿元，占全市22.23%。招商引资到位资金126.62亿元，同比增长6.5%。其中省外到位资金49.89亿元，占年计划45亿元的110.87%,引进工业项目资金占引资总额的85.07%，比全年45%目标任务高出40.07个百分点。共实施项目133项，其中，续建28项，新建21项，前期84项，建成21项,新入区75项。

张掖国家级经济开发区，2015年开发区实现生产总值90.2亿元,同比增长10.2%,占全市地区生产总值的24%；实现工业总产值91.5亿元,同比增长10.3%，实现工业增加值15.3亿元,同比下降18.4%。实现工业企业产品销售收入84亿元,较上年增长13%,工业企业产销率为73%,实现主导产业产值71.3亿元,增长3%。高新技术企业实现工业增加值11.2亿元。完成固定资产投资15.9亿元，同比增长10.8%，占全市固定资产投资的51%。招商引资2015年，全年落实招商项目44个，签约总投资138亿元，当年计划投资126.6亿元，续建项目18个，总投资59.57亿元，已建成投产的3个；新建项目9个，计划投资4.5亿元，完成投资2.92亿元。

酒泉国家级经济开发区，2015年开发区实现生产总值26.97亿元,同比下降61.84%,占全市的4.8%；实现工业总产值101.29亿元,同比下降67.05%，实现工业增加值20.25亿元,同比下降68.33%。实现工业企业产品销售收入91.05亿元,较上年下降41.36%,工业企业产销率为89%,实现主导产业产值54.13亿元,下降80.34%。高新技术企业实现工业增加值10.01亿元。完成固定资产投资302亿元，占年计划30亿元的100.67%，其中：完成工业固定资产投资17.6亿元。招商引资到位资金28.6亿元，同比增长27.4%。其中，省外到位资金12.83亿元，引进工业项目资金占引资总额的66.7%。累计开工项目44个、总投资额33.8亿元，其中新开工26个、已建成19个。

【招商引资】2015年全省共执行省外、境外招商引资项目5710个，累计到位资金7093.28亿元，同比增长21.56%。省内地区间投资情况：全年共执行新建、续建省内区外项目776个（比上年增加73个），到位资金622.11亿元（比上年增加144.93亿元，同比增长30.37%）。其中，新建项目472个，到位资金354亿元；续建项目304个，到位资金268.11亿元。共实施国外境外投资项目55个，到位资金85.43亿元，占全部到位资金1.2%。国内项目5655个，到位资金7007.85亿元，占98.8%。国外境外投资项目中，来自香港的企业投资占比最大，共34个项目，占境外投资项目的62%，到位资金54.75亿元，占境外到位资金的64%。国内投资中，来自北京市的占比最大。民营企业到位资金5674.2亿元，占全部到位资金的80%。中央企业、地方国企在甘投资项目到位资金分别为735.57亿元、255.55亿元，分别占全部到位资金的10.4%、3.6%。共引进建设非公有制经济体投资项目5397个，占94.5%，到位资金5924.38亿元，占83.5%。首次实现由“二三一”向“三二一”的转变。全年到位资金中，第一产业到位资金529.88亿元，占7.47%；第二产业到位资金2923.65亿元，占41.22%；第三产业到位资金3639.75亿，占51.31%，比第二产业高出10个百分点。招商引资项目产业结构首次实现由“二三一”向“三二一”的转变，对甘肃省经济发展转方式调结构起到极大推动作用。招商引资到位资金主要投向前5位的行业是制造业，房地产业，电力、热力、燃气及水的生产和供应业，租赁和商务服务业，采矿业，占比分别为15.35%、15.14%、11.99%、8.97%、7.9%。投资额在1亿元到10亿元之间的中等规模项目，共2908个，占全部项目的20.9%，到位资金3544.14亿元，占全部到位资金的49.96%；投资额10亿至100亿元的大项目597个，占10.45%，到位资金2531.27亿元，占35.69%；总投资额100亿元以上的特大项目9个，到位资金为115.79亿元，占1.63%；投资额5千万至1亿的，共1230个项目，占全部项目21.5%，到位资金582.76亿元，占全部到位资金的8.22%；投资额5千万以下的项目数量共966个，占全部项目的16.9%，到位资金共319.32亿元，占4.5%。全年新引进项目3714个，占总项目数的65%，同比增长43.5%；新引进项目到位资金3755.55亿元，占全年到位资金的52.9%，同比增长49.32%，增速比全部到位资金高28个百分点。全年续建项目1996个，占所有在建项目的35%，续建项目到位资金3337.73，占全部到位资金的47.1%。全年共引进战略新兴产业项目246个，到位资金530.78亿元，占全部到位资金的比重达到7.5%。

【中国·兰州投资贸易洽谈会】第二十一届中国兰州投资贸易洽谈会于7月6日至于19日在兰州国际会展中心成功举行。签约项目1292个，签约项目合同金额6973.18亿元，比上届增长461.65亿元。会期，进馆观众累计38万人（次），主展馆商品展销总成交额9.57亿元，其中订货6.52亿元，现货零售3.05亿元；甘肃地方特色馆6天实现线上销售2000余万元，现场销售200余万元。本届兰洽会邀请白俄罗斯共和国作为主宾国，这是兰洽会历史上首次设置主宾国。白俄罗斯组织50多家知名企业负责人组成企业代表团参会。21位省部级领导参会。国内共有42个代表团，其中中央国家部委15个，兄弟省市区、重点城市代表团27个。100多位侨领侨商代表和来自26个国家、地区的境外知名陇商及中国100多位港澳台代表参加本届兰洽会。参会宾客3万多人，有46个国家参会，其中18个国家参展，白俄罗斯副总理、国外11名部长级官员和18位驻华大使与参赞、联合国工业发展组织执行干事等500多名境外宾客参加本届兰洽会。本届兰洽会成功签约项目1292个，签约项目合同金额6973.18亿元，比上届增长461.65亿元。

省商务厅领导班子成员名录

厅　长　杨志武

副厅长　马相忠（回族）　张世恩

　　　　肖立群　马　琨（女）

　　　　任福康　王颖玲（女）

纪检组长　丁红星

省贸促会会长　王军需

省经济合作局局长　李书敏

（供稿：于　清）

供销合作

【主要经济指标】全系统完成销售总额460.7亿元，实现利润1.85亿元，增长18.5%；供应各类化肥337万吨，农药1万吨，农膜2.8万吨；完成农产品收购173.2亿元，增长32.7%；消费品零售额188.7亿元，增长33%；实现再生资源回收额32.1亿元，增长35.3%。

【基层服务组织体系】全系统基层供销合作社总数达到867个，基层供销合作社乡镇覆盖率为70.6%；领办创办农民专业合作社总数达到2556个；创办村级综合服务社总数达到6999个，村级综合服务社行政村覆盖率为43.4%。组建各类合作金融服务机构7户，有3个市7个县将发展农村合作经济组织的管理职能交予供销合作社，已组建20个农民专业合作社联合社（会）。

【项目建设】全系统申报和实施各类项目252个，实际投资31亿元；组织实施农业综合开发供销合作总社项目76个，争取中央、地方财政资金9702万元，带动企业投资3.3亿元，在建成的61个项目中，年新增总产值14.2亿元；组织实施农业标准化示范区项目14个，累计示范面积已达27.29万亩，带动农户11.59万户。

【经营服务】重要农资商品连锁经营网络基本覆盖全省，重点培育甘肃农资、酒泉巨龙、岷县金宇等一批统一采购、跨地区配送的省级或区域性农资企业集团。2015年，全系统供应各类化肥337万吨，增长2.6%。化肥市场占有率继续保持在80%以上。开展测土配方施肥试验田面积达1万亩；发展庄稼医院800个，农资配送中心发展到249个。充分发挥了农资供应、服务的主渠道作用。农产品、日用品、再生资源经营网络建设呈区域发展态势。截至12月，全省供销社建设农产品批发市场共112个，占地面积8460亩，建筑面积近60000平方米，年交易额26亿元。新建和改建恒温库2.75万平方米，新建多功能冷库1.98万平方米，总库容近20万吨。建设改造一批日用消费品县级配送中心、乡镇超市和村级便利店，积极完善经营设施，提高乡村配送率，对主要经营品种基本全部实行连锁配送，提升了服务水平、优化了农村消费环境、保障了农村消费安全。再生资源经营方面，截至2015年底，全系统累计建成村级、乡镇（社区）回收站（点）2901个；新建分拣中心和集散市场69个，全系统完成再生资源回收量达146万吨，其中：废旧农膜6.9万吨，同比增长1.6万吨，与上年同比上涨23%。

【精准扶贫】机关干部职工深入广河县官坊乡沙地沟村、山庄村宣传省委精准扶贫政策，选派3名干部分别担任沙地沟村、山庄村和岷县吊沟村工作队队长。为官坊乡沙地沟村和山庄村420户农民群众捐赠了54.5吨价值10万元的农资化肥；协调省体育局为沙地沟村捐赠了体育器材；协调为两个村落实整村推进项目资金400万元，新修道路6.1公里，桥梁一座；协调落实双联、精准扶贫贷款855万元，危房改造36户73万元；为新增岷县蒲麻镇吊沟村筹措资金5万元，修建了三座便民桥；帮助联系村成立“岷县吊沟村中药材种植农民专业合作社”，注册资金180万元，为发展中药材产业发展奠定良好的基础。

省供销合作社领导班子成员名录

主　任　张正谦（8月止）
　　　　李秀娟（女，9月任）
副主任　秦云山　周志平（回族）
　　　　张　彬　王福明
　　　　寇明尚　陈富文

（供稿：姚建平）

粮食流通

【粮油购销】全年全省收购粮食78亿斤、同比增加12.1%，销售粮食75亿斤、同比减少2.5%；收购食用油14671万斤、同比增加25.4%，销售食用油32990万斤、同比增加44.2%。截至2015年12月底，全省粮食综合库存同比增加14.2%，食用油综合库存同比增加20.4%。全年甘肃省国有粮食企业实现盈利2749万元、同比增加17.5%，其中省直企业实现盈利1343万元、12个市州实现盈利。

【安全责任】国务院《关于建立健全粮食安全省长责任制的若干意见》下发，省政府出台《关于贯彻国务院建立健全粮食安全省长责任制若干意见的实施意见》，粮食安全纳入市州政府目标管理考核。初步形成政府负总责、部门抓落实、生产保底线、储备保应急、流通保平衡的粮食安全层级责任体系。

【储备粮建设】2015年，为确保完成6.5亿斤省级储备粮增储和1.5亿斤市县级储备粮尾欠任务，各级粮食部门积极协调，扎实落实储备任务。截至2015年底，实际入库39.54亿斤，超额1.4%。建成1.07亿斤地方应急成品粮储备，达到国家规定的标准。

【“粮安工程”】省财政、发改、粮食三部门出台落实国家“粮安工程”规划（2015—2020年）推进甘肃省“粮安工程”建设的实施方案。总投资5.9亿元“14+2”亿斤粮食仓储设施建设项目启动，总投资4.39亿元的40亿斤“危仓老库”维修改造项目铺开，总投资8000多万元的14个岷漳地震灾后恢复重建项目建成。

【国有粮食企业管理】完善企业扭亏增盈信息通报和重点企业经营分析制度。落实粮食企业国家税收等优惠政策。全年全省国有粮食企业实现盈利

2015年3月4日，副省长王玺玉（中）在甘肃农资中部物流中心调研

2749万元、同比增加17.5%，其中，省直企业实现盈利1343万元、12个市州实现盈利。

【依法管粮治粮】全省粮食监督检查机构达到11个、粮食行政执法队77个、行政执法人员712人。粮食库存大检查出动检查人员6759人次，检查企业7484个次，查处违法违规案件194例。建立粮食质检机构15个，其中13个纳入国家粮食质量检验监测体系。

【惠民助民行动】全省建成1568个放心粮店。截至2015年底，累计为农户配置科学储粮仓22万套，每年可节约粮食2500多万斤，增收3000多万元。

【"双联"行动】联村联户行动开展以来，共筹资1100多万元。2015年协调精准扶贫专项贷款1500多万元，5个联系村其中2个实现脱贫。

【政风行风】落实中央全面从严治党战略部署，扎实开展"三严三实"专题教育、效能风暴行动、先锋引领行动、"两好两促"活动。狠抓党风廉政，全面落实党风廉政建设主体责任。开展世界粮食日、爱粮节粮宣传周、粮食科技宣传周、食品安全宣传周等活动，全社会节约粮食、反对浪费的新风尚正在形成。坚持"安全第一、预防为主"的方针，认真履行粮食行政主管部门安全生产的监管责任和企业安全生产的主体责任。

甘肃省粮食局领导班子成员名录

局　长　韩卫江（5月止）
　　　　张智军（5月任）
副局长　王学东
纪检组长　罗凤存（女，藏族）

（供稿：贾　峰）

经济合作

【招商引资项目】2015年，全省共实施省外、境外招商引资项目5710个，年内累计到位资金7093.28亿元，同比增长21.56%。第20届兰洽会签约项目开工1045个，建成430个，到位资金2496.09亿元，开工率、建成率、资金到位率分别为80.45%、33.10%、38.3%。

2015年，第二十一届兰洽会开幕式暨高峰论坛在兰州举行

先后三次与省冶金有色协会、兰州市、武威市、金川集团、白银公司等有关部门、市州、企业，围绕延伸有色金属产业链条，开展"点对点"的招商引资活动。利用"西洽会"、"中阿博览会"、"西博会"、"高交会"、"津洽会"等省外展会平台，先后举办了"首届丝绸之路秦陇文化交流会"、"兰州新区暨新区综保区推介会"、"甘肃省天水市投资环境说明暨重点招商项目推介会"、"甘肃省战略新兴产业推介会"、"甘肃·白银（环渤海地区）投资项目推介会"等招商推介活动，侧重市州进行重点推介，签订合作协议。在"甘肃·白银（环渤海地区）投资项目推介会"上，签约14个项目，签约金额共计110.82亿元。徽商陇上行系列活动，先后有三批徽商分赴白银、武威、定西、天水、金昌、张掖、兰州新区等地，签订投资总额8.7亿元的项目合作协议。与省台办联合，组织"台商陇上行"活动，针对现代农业、有色金属等特色产业项目，与有关单位和市州进行了深入洽谈交流。协助酒泉市政府举办"商会酒泉行"活动，北京、上海等18个省市甘肃商会、18家在甘异地商会、69家企业的140多人参加。

【省外展会】牵头组织参加省外展会共17个，累计参会代表2800人，布展面积2000平方米，展位客流量达80万人次，累计发放宣传资料近10万份；组织甘肃省500多家企业先后携带500多种产品参会参展，商品销售总成交额近5000多万元；共有15个招商引资项目签约，签约金额达到114.62亿元。

【第二十一届兰洽会】参会宾客3万多人，国外有46个国家、11名部长级官员和18位驻华大使和参赞、联合国工业发展组织执行干事等500多名宾客参会。国内27个省市区政府代表团，15个国家部委代表团组，21位省部级领导参会，100多位侨领侨商代表和来自26个国家、地区的境外知名陇商，国内各省区市陇商、商会代表，以及100多位港澳台代表参加本届兰洽会。邀请白俄罗斯共和国作为主宾国，白俄罗斯共和国与甘肃省签署合作备忘录。经贸洽谈和项目签约成果显著，签约引进省外投资项目1292个，签约项目合同金额6973.18亿元，比上届增长461.65亿元，签订外贸出口、境外工程承包及投资合同17个，合同金额22.35亿美元。展览展销功能突出，共有18个国家和港澳台地区，18个兄弟省区市和省内800多家境内外企业参展。进馆观众累计38万人（次），主展馆商品展销总成交额9.57亿元。2015年邀请安排中外运长航集团、富士康集团、宝钢集团、中信环境投资集团、SK集团等国内外企业代表610多人次来甘考察洽谈。中外运长航集团、富士康集团已与甘肃省政府签订了框架合作协议，上海国能物流兰州新区综保区有色金属交割库项目、上海胜华电缆集团武威电线电缆产业园项目等一批项目正式签约，宝钢集团、宝银集团参与甘肃有色冶金产业链延链、补链项目已洽谈。

【世界陇商大会活动】第21届兰洽会期间首次举办了世界陇商大会活动。来自20多个国家和地区的30多位境外陇商代表，以及国内陇商代表、全国各地甘肃商会代表约500多人参加大会。

【“双联”行动】为白银市靖远县石门乡茨滩村、安韦村筹措资金15万元安装路灯、维修受暴雨灾害水毁道路。邀请连云港市农委领导和客商到茨滩村考察，积极茨滩村村委会干部参加“兰洽会”、“西博会”和“中蒙博览会”，现场推销石门大枣，取得良好成效。建立成都、西安、呼和浩特等多家代销点，拓展了农产品销售渠道。根据省委双联办给出新增双联村的工作要求，深入定西市巉口镇胜利村了解实情，多方筹措资金22.5万元，为定西市巉口镇胜利村修建砂路3.5公里，搭建电商平台，购买农业技术图书，维修村委会办公室。积极联系甘肃省安徽商会和中国人权基金会等社会组织，就双联村农产品大宗收购和提供双联资金事宜达成初步意向。

省经济合作局领导班子成员名录

局　长　李书敏
副局长　赵　涛　何　静（女）
　　　　赵滨冬　吴正勇

（供稿：张文耀）

储备物资管理

【项目建设】国家成品油储备能力建设二五七处工程已启动项目征地工作。储备仓库专用道路更新改造项目于11月份通过管理局组织的竣工验收。年度维修改造和设备更新项目完成投资271万元。

【经营创收】全年共完成经营创收4529万元，任务完成率101%，同比增长9.3%。管理局引进了邮储银行、中盐等大客户；基层单位引进兰州卷烟厂、国药嘉远等长期优质客户，全局经营创收逆势企稳。

【安全管理】以安全检查和隐患排查治理为切入点，全年实现安全“四无”目标。6月份、11月份，分别对全局实装物资库进行两次检查，排查隐患，确保物资存储安全。以《国家物资储备管理规定》为重点，对岗位人员进行培训，组织310人次参加新细则宣讲活动，组织165人次参加物管业务知识考核。全年共开展全局性安全大检查5次。于9月底和10月初分别对六三八处和五三四处开展年度安全审计，符合率分别达到90.2%和90.6%。开展行政许可不达标项整改工作，综合仓库和油库行政许可定期审核项目达标率为100%，火炸药仓库达标率均在96%以上。全年各单位联合地方政府及有关部门认真组织开展应急演练14次，三个火工库按照国家局要求配备了反恐设施设备。

甘肃储备物资管理局领导班子成员名录

局　长　凤平志
副局长　张旭东
巡视员　方建功
纪检组长　王　军

（供稿：赵静霞）

交通运输和旅游业

公路运输

【基础设施建设】截至2015年底，14个市州政府驻地全部以高速公路贯通、86个县区政府驻地以二级和二级以上公路贯通、100%的乡镇以沥青路或水泥路贯通。全省新增高速公路1607公里，总里程达到3600公里，县通高速比例达到62%，连霍、青兰、十天等国家高速公路在甘肃境内全线贯通。新建、改建二级公路4580公里，新增农村公路1.94万公里。全省公路网总里程达到14万公里。新建成国家级公路枢纽项目7个、省级公路枢纽5个、区域级公路运输枢纽项目36个、乡镇汽车站436个、建制村停靠站点6479个。实施黄河白银四龙至龙湾航运建设二期工程等水运建设项目，全省航道通航里程达到913.8公里，新增码头泊位98个。金昌、张掖、夏河3个机场相继建成通航，中川机场二期工程和庆阳机场改扩建工程顺利完工，全省民航机场达到8个，县级城市单元覆盖率达到55%。邮政普遍服务网点达1656处，村邮站3000个，三农服务站3796处，便民服务站6000处

【交通运输改革】修订《甘肃省农村公路条例》等4部地方性交通法规和《甘肃省公路沿线非公路标志牌管理办法》等2部省政府规章，建立健全行政执法监督检查办法等一系列规章制度，初步构建具有甘肃特色的交通运输地方性法规制度体系。加大行政审批改革，精简下放公路重点项目、农村公路通畅工程、公路运输站场前期审批权限；加强行业监管，确保交通运输部下放行政审批事项承接到位、落实到位。制定《关于深化公路建设管理体制改革的实施方案》，推进建立省、市、县三级公路建设管理体制，推广公路建设项目设计施工总承包等建设模式。设立交通投资基金，推行交通项目建设PPP模式，鼓励引导地方政府建立交通投融资实体，在建立新型交通投融资体制方面进行积极探索。高速公路、普通干线公路和农村公路养护机制改革深入推进。组建省公路航空旅游投资集团和省民航机场集团，并被列为省属国有企业改革试点。整合厅属施工、设计、监理等企业组建省交通建设集团。推进交通建设项目市场交易监管改革，将省级交通基建项目招投标全部移交省公共资源交易平台。

【交通运输服务】建成乡镇通畅工程1936公里、建制村通畅工程4.2万公里，解决51个乡镇、7083个建制村不通沥青（水泥）路的问题，乡镇和建制村通班车率分别达到99.8%和88.9%。创建国省干线“畅安舒美”养护示范路段、标准化养护路段、平安公路示范

路段1.1万公里，实施养护维修工程1万公里，全省高速公路优良路率达到99.5%，普通国省道优良路率达到74%。开展经营权服务质量招投标，发展省际高速客运，加快推进多式联运、甩挂运输试点工作。“12328”交通运输服务监督电话上线运行。完成高速公路路网智能监控、ETC电子不停车缴费、隧道安保、管理设施、应急保障、服务区“六大系统”升级改造和35个收费站改扩建工程项目，形成具有甘肃特色、全国先行的路警联合、路政养护、清障救援、消防救援、医疗救援、气象服务“六位一体”高速公路交通调度指挥体系，ETC实现全国联网，全省高速迈入“一卡畅行全国”时代。严格落实鲜活农产品“绿色通道”和重大节假日小客车免费通行等惠民政策，共减免车辆通行费45.6亿元。在全行业组织开展“执法形象推进年”活动和“三基三化”建设推广工作。加强公路路政巡查，构建多部门协作治超工作机制。

【综合运输体系建设】开通黄河兰州段水上公交和依水旅游景点水上客运路线，积极开展航道养护，实现航道安全畅通。构建对外空中通道，新开通兰州至迪拜、圣彼得堡、香港等国际（地区）航线，国际（地区）航线达到16条；新增一批兰州至国内大中城市航线，国内航线达到112条。快递企业品牌总数达到30个1000家，分支机构1500家，营业网点达到3600个。

【交通运输安全管理】加强工程质量督查，完善公路水运工程建设质量监督制度，加大对原材料和实体质量的抽查力度。加强信用体系建设，建立参建企业信用评价体系和公路工程质量责任数据库。推广实施《甘肃省高速公路建设标准化管理指南》《甘肃省公路工程质量安全检查办法》等质量安全制度。深入开展“平安交通”创建活动，全面落实企业安全生产主体责任，加强行业安全监管，开展安全隐患集中整治行动。建立完善安全生产约谈、重要事项报备等制度，初步形成约谈、挂牌督办、责任追究等惩戒约束机制。圆满完成全国首次交通战备综合应急保障演练、公路交通警地联合应急演练和舟曲泥石流、岷县漳县地震灾害等抢险救灾和灾后重建工作。实施“六打六治”和危险品运输安全生产专项整治行动，狠抓安全隐患排查治理、安全生产大检查。省政府办公厅印发《甘肃省公路安全生命防护工程实施方案》。

【重点项目建设】全年完成交通运输固定资产投资661亿元，较上年增长10%。省委、省政府实施“6873”交通突破行动，推进交通基础设施建设。十堰至天水甘肃段、兰州（新城）至永靖、金昌至阿拉善右旗（甘蒙界）300公里高速（一级）公路通车运营，西峰至合水等906公里二级公路建成通车。加强与陕西、四川、宁夏等周边省区衔接，签订相关建设协议。中川国际机场T2航站楼于年初正式投运，综合交通枢纽工程9月底投入运营。陇南成州机场进展顺利，庆阳机场扩建工程完工，敦煌机场改扩建等项目启动实施。完成铁路项目建设投资277.5亿元，新增铁路通车里程434公里。省交通厅与中交基金公司设立400亿元的甘肃交通投资基金（系列基金）；省政府与中国建筑合作设立总规模达1000亿元的甘肃丝绸之路交通发展基金，设立方案已经省政府常务会议审议通过；省厅与邮储银行合作设立的200亿元公路建设基金也将签署落地。

【综合服务】集中开展以加强全面养护、消除道路安全隐患、提升公路服务品质为主题的“创建平安公路大干150天”等竞赛活动。加强高速公路收费管理、缓堵保畅、ETC全国联网、应急救援等重点工作，完成通行费收入74.69亿元，减免车辆通行费12.71亿元。加大服务设施改造和管理，武威、安门两个服务区跻身全国“百佳”示范服务区。圆满完成节假日和重要时段的旅客运输任务，保障重点物资和生活物资的运输。兰州中川机场旅客吞吐量突破800万人次。全省公路运输累计完成客运量3.8亿人、旅客周转量238.3亿人公里，同比增长4%、4.1%；货运量5.7亿吨、货物周转量1096.8亿吨公里，同比增长11.3%、10.5%；总周转量1120.6亿吨公里，同比增长10.4%。成立省民航机场管理局，完成甘肃机场集团和海口美兰机场股权置换。构建和完善机场服务管理、评价和投诉体系，积极创建“甘肃民航”服务品牌。民航业务量保持快速增长势头。2015年，民航旅客吞吐量达到917.44万人次、货邮吞吐量5.25万吨、飞机起降8.15万架次，同比增长22.2%、7.8%和18.9%。2015年邮政业务总量累计完成16亿元，同比增长18.1%；快递业务量完成3500万件，同比增长31.8%。14个市州、79个县区邮

2015年12月30日，天平铁路开通运营仪式现场

政企业完成改制。建立科研与生产紧密结合、成果有效转化的推广应用体系，研发湿陷性黄土筑路技术、旧油皮全再生利用等一批关键性技术。清洁能源公交、CNG出租汽车应用、公路隧道绿色照明等得到推广。

【改革创新】制定印发《关于全面深化交通运输改革的实施意见》，积极推广PPP、EPC等交通基础设施投资和建设模式。兰州中通道、武都至九寨沟等9个公路项目纳入国家发改委PPP项目库，编制完成彭阳至大桥村等8条高速公路PPP项目实施方案，徽县至两当公路项目被列为财政部第二批PPP示范项目，北山至仙米寺高速公路PPP合作项目全线开工。与中国交建、中国建筑等有实力的央企就重点公路项目以PPP模式投资建设达成合作意向。分级负责的公路建设事权体系初步形成，变行业办交通为政府办交通、社会办交通。加快“三张清单一张网”建设，建成权力清单、责任清单、省级财政专项资金管理清单，启动政务服务网建设。强化非公路标志牌管理，加大公益广告宣传力度。规范收费公路聘用人员劳动用工管理，完成厅机关及厅属事业单位24800余人养老保险改革前期工作，并将6439名事业合同制职工养老保险纳入事业养老保险。

【信息化建设】实施“互联网+交通”行动，推进互联网与交通运输业的深度融合。开展交通运输信息化建设，完成资金监管、计划统计、应急处置和北斗物流云等重大信息化项目；推进全省道路客运联网售票工作，覆盖全省14个市州中心城区、58个县（区）和75家三级以上汽车站。

【党风廉政建设】学习贯彻习近平总书记系列重要讲话精神和省第十二次党代会精神。严格遵守中央“八项规定”和省委“双十条规定”，开展党的群众路线教育实践活动，推进“三严三实”专题教育。开展整风肃纪等专项整治活动。实施“人才强交”战略，加强对优秀人才和紧缺人才的培养。认真开展审计监督，建设项目竣工决算审计和领导干部经济责任审计实现全覆盖。扎实开展“学树创建”活动，加强新闻宣传工作。

【精准扶贫】省委省政府在礼县召开全省交通扶贫攻坚农村公路建设现场会，启动农村公路“三年大会战”。省委省政府印发《甘肃省精准扶贫交通支持计划实施方案》，出台《关于加快推进革命老区交通基础设施建设的实施意见》，制定《甘肃省“千村美丽”示范村村组道路硬化实施方案》。完成建制村通畅工程1.1万公里，全省建制村通沥青（水泥）路比例达到82%，其中58个特困县达到80%，两市一县革命老区达到92%。选派56名科级以上干部到一线开展“双联”和精准扶贫工作。9月，交通运输部在庆阳召开全国农村公路现场会。12月，在兰州召开全国交通扶贫工作会议和六盘山片区扶贫攻坚部省协调推进会。

省交通运输局领导班子成员名录

厅　长　康　军

省民航机场管理局局长　阮文易

纪检组长　艾玉德（土族）

副厅长　王繁己　赵彦龙（藏族）

张玉虎　盖宇仙　刘建勋

（供稿：张志泰）

铁路运输

【概况】兰州铁路局地处西部铁路网的枢纽，跨越甘肃、宁夏两省（区），处于亚欧大陆桥在我国境内重要区段。目前，全局营业里程4501.3公里，职工总人数79565人。现有职能管理机构65个、基层单位62个。管辖车站（线路所）282个，配属机车1289台、客车车辆1915辆、动车组21组。担当图定客车90对，其中管内53对、跨局37对。管内有兰新高铁、陇海、兰新、兰青、包兰、宝中、干武7条干线和其它5条支线，以及受委托管理的太中（银）线、中川、天平和敦煌合资铁路，连接着甘、宁、青、新、蒙、陕6省（区），是西北交通运输和经济建设的大动脉。

管辖范围：兰州铁路局在陇海线于社棠车站、天水车站间K1392+530公里处与西安铁路局分界，在兰新线于柳沟车站、安北车站间K985+500公里处与乌鲁木齐铁路局分界，在兰青线于水车湾车站、海石湾车站间K60+000公里处与青藏铁路公司分界，在包兰线于乌海西车站、惠农车站间K423+000公里处与呼和浩特铁路局分界，在宝中线于安口窑车站、崇信车站间K136+100公里处与西安铁路局分界，在太中线于安边镇车站、定边车站间K1461+280公里处与西安铁路局分界，在西平线于长武车站、长庆桥车站间K172+740公里处与西安铁路局分界，在兰新高铁于陈家湾西车站、民和南车站间K1726+500公里处，在浩门车站、军马场车站间K1944+926公里处与青藏铁路公司分界，在柳沟南车站、石板墩南车站间K2580+236公里处与乌鲁木齐铁路局分界，在天华线于青林车站、华亭车站间K114+694公里处与西安铁路局分界。

【基础设施】兰州铁路局管辖线路延长总计9023.79公里，其中正线延长6937.87公里、站特线延长2085.92公里。电气化铁路营业里程4090.4公里，约占总营业里程的90.9%，接触网运营里程4074.12公里（10202.12条公里）；电力线路1.22万公里；道岔总计6664组，其中正线道岔2618组、站特线道岔4046组；驼峰自动集中编组场6场。受委托管理的太中银铁路太中线、定银线，兰渝铁路兰州北环线，敦煌线，西平线，中川线，天华线等普速合资铁路延长1559.66公里，其中正线110621公里、站特岔线453.45公里；道岔总计1214组，其中正线335组、站特线879组。受委托管理的徐兰高速（兰州西车站）、兰新高铁线路延长1512.14公里，其中正线1443.62公里、站特岔线68.52公里；道岔总计223组，其中正线125组、站特线98组。全局运营铁路桥梁1788座10.58万米，隧道171座15.34万米，涵渠6961座15.58万横延米，桥隧涵合计27.74万换算米；路基设备长度总计5606.71公里，其中正线长度4066.78公里、站线长度1539.93公里。合资铁路桥梁总数为762座36.73万米，隧道78座19.08万米，涵渠2144座4.36万横延米，桥隧涵合计6.57万换算米；路基本体长度1852.72公里，其中正线长度1433.79公里、站线长度418.93公里。专用线专用铁路249条户，其中专用线223条、专用铁路26条户。

【运输安全】推进“三化”（安全管理规范化、现场作业标准化、检查整治常态化）建设和“四预”（预判、预报、预警、预控）管理，构建并推动安全管理、过程控制、责任落实“三大体系”运转，不断完善安全警示教育、安全问题现场分析、施工安全评价、安全承诺保证、安全专家团队诊断、干部联系现场等“六大创新机制”，全方位、多角度把安全风险管理引向深入。推进安全管理规范化，夯实安全基础，修订安全管理职责6497个、工作标准5854项、工作流程5099个、管理岗位工作指导书5104份。完善《兰州铁路局安全检查整治常态化实施办法》，分专业编制101份《安全检查整治手册》，明确检查项目、内容、方式等。组建12个安全专家团队，强化专业管理、专业包保、专业检查和专业帮促。落实触碰高铁和客车安全红线岗位退出机制，围绕高铁和客车安全，深入开展“大走访、大调研、大诊断”、安全生产大检查、围歼客车和高铁安全隐患专项诊断整治、“五查”、六项安全专项整治和施工、防洪、调车等15项安全专项检查整治行动，集中解决影响安全生产的问题和隐患。下发《督察通知》9期，挂牌督办重大安全隐患29件。严肃安全责任追究，累计问责处理领导干部35人次。开展季度安全考评，调动全员共保安全的积极性。消灭了责任职工死亡事故和行车一般B类及以上事故。

【运输主要指标】全年除旅客发送量同比增长外，货物发送量、换算周转量等主要经营指标均有明显下降。旅客发送量全年完成3720万人，为年计划3550万人的104.8%，比上年同期增加489万人，增长15.1%；货物发送量全年完成7547万吨，为年计划8800万吨的85.8%，比上年同期减少1118万吨，下降12.9%；换算周转量全年完成1702.83亿吨公里，为年计划2000亿吨公里的85.1%，比上年同期减少247.45亿吨公里，下降12.7%；旅客周转量全年完成371.71亿人公里，为年计划379亿人公里的98.1%，比上年同期增加3.67亿人公里，增长1.0%；货物周转量全年完成1330.11亿吨公里，为年计划1620亿吨公里的82.1%，比上年同期减少250.98亿吨公里，下降15.9%。

【列车运行图及编组计划调整】3月20日，乌鲁木齐—上海Z42/1次、济南—乌鲁木齐Z106/5次、广州—乌鲁木齐南Z138/5 Z136/7次、重庆北—乌鲁木齐南K542/3 K544/1次、成都—乌鲁木齐南K2058/9 K2060/57次、连云港东—乌鲁木齐南K1352/3 K1354/1次以及兰州西—嘉峪关南6对普速客车在兰新高铁运行。5月20日，兰新高铁新增动车5.5对，兰州西—乌鲁木齐南增加动车D2705/6次1对；兰州西（兰州2/3对）—嘉峪关南增加动车4.5对（兰州局增加4对D2753/4次、D2747/8次、2749/50次、2751/2次，青藏铁路公司增加0.5对D2757次0）。北京局担当天津—银川K888/5 K886/7次延长至西宁。新增客车2对，南昌局担当厦门—兰州Z126/7 Z128/5次1对、郑州局担当商丘(郑州)—银川客车K2502/3 K2504/1次1对。管内长征—兰州快速K9667/4 K9662/3次纳入运行图。7月1日，新增旅客列车3对，兰州局担当银川—杭州K1808/5 K1806/7次1对、西安局担当西安—平凉K1681/2次1对、管内嘉峪关—武威间T6606/5次特快1对。调整运行径路3对，兰州局担当银川—上海K359/62 K360/1次客车，平凉—西安间由宝中线调整为西平线；西宁—郑州K890/89次延长至合肥，同时调整为特快，车次调整为T390/87 T388/9次；兰新高铁兰州西—西宁D2724/5次延长至兰州。提高等级2对，兰州局担当兰州—上海K1608/5 K1606/7次改为直达Z218/5 Z216/7次；乌鲁木齐局担当乌鲁木齐—北京西T178/7次改为直达Z180/79次。西平线平凉—长庆桥间增加客车2对，银川—上海K359/62 K360/1次、西安—平凉K1681/2次。9月30日，兰州至中川机场铁路开通。兰州（兰州西）—中川机场间使用3组车体安排16对动车。12月，兰州局调整列车运行图。兰新高铁新增动车组列车5对，兰州局担当兰州西—乌鲁木齐南2对D2709/14 D2705/02次；兰州西—嘉峪关南1对D2755/6次；乌鲁木齐局担当乌鲁木齐南—兰州西2对D2701/08 D2713/10次。新增直通客车3对，兰州—合肥K305/6次、乌鲁木齐南—南宁T284/1 T282/3次、郑州—西宁K177/8次。减少呼和浩特东—成都1对1718/9次。银川—西宁K9679/80次（原K915/6次）运行区段调整为银川—兰州西。新增兰州西—天水K9659/60次，车体与银川—兰州西K9679/80次套用。银川—长庆桥7511/4 7512/3次、兰州—平凉K9664/3次运行区段延长至长庆桥。兰州—敦煌Y663/4次、兰州—金昌T9215/6次、银川—平凉K9651/2次纳入运行图。取消兰州—张掖Z6205/6次。邯郸—包头K220/19次延长至银川，西宁—西安K1009/10次延长至东莞东。

【基本建设】2015年，铁路总公司下达兰州铁路局11个在建基本建设项目及3个运输急需项目，投资计划324.86亿元。11个在建项目下达投资计划分别为兰州—重庆铁路95亿元、兰新铁路第二双线3026亿元、天水—平凉铁路75亿元、宝鸡—兰州客运专线121亿元、敦煌—格尔木铁路10亿元、兰州—中川机场铁路22亿元、兰州—合作铁路7亿元、银川—西安铁路1亿元、吴忠—中卫铁路3000万元、兰州铁路综合货场13亿元、干塘—武威南增建二线16亿元；3个运输急需项目下达投资计划分别为银川南货场改造8000万元、兰州铁路局通信基础网设施改造6362万元、兰州铁路公安局反恐应急处置物资储备库3700万元。

【兰州至中川机场铁路开通】9月30日，新建兰州至中川机场铁路开通运营。兰州至中川机场铁路由中川本线和货车联络线两部分组成。兰州西至中川机场线全长60.5公里，兰州北编组站至兰新铁路的联络线全长22公里，营业里程49公里，设计时速160公里/小时。该项目于2013年开工建设，计划投资100.95亿元，开工累计完成投资82亿元，完成设计的81.2%。新建隧道17座、大中桥18座。全线设陈官营、福利区、西固、兰州新区、中川机场5个车站。兰州新区车站站房面积3995平方米，中川机场车站站房面积4699平方米。

【天平铁路开通】12月30日，天水至平凉铁路开通。天平铁路于2009年开工建设，是甘肃省“十一五”重点建设项目，为国家一级单线电气化铁路，工程总投资50.5亿元，由铁路总公司、甘肃省、华能甘肃能源开发有限公司共同筹资建设，设计年运送力为客车2对/日、货物1600万吨/年，远景年运输能力为客车5对/日、货物2500万吨/年。线路西起天水市麦积区，经清水县、张家川县至平凉华亭县，沿线共设杨家碾、周家村、清水县、新城乡、天河、张家川、麻庵河、青林、华亭9个车站，正线全长约113.11公里，其中桥隧长78公里。设计时速120公里/小时。开通运营初期，以开行货运列车为主。

【银西高速铁路开工建设】新建银川至西安高速铁路甘肃段和宁夏段分别于12月23日和12月26日开工建设。银川至西安高速铁路位于陕、甘、宁三省（区）境内，线路自宁夏回族自治区银川车站引出，经灵武、吴忠、太阳山，甘肃省甜水堡、洪德、环县、曲子、庆城、庆阳、宁县、正宁县，陕西省彬县、礼泉，引入西安枢纽西安北车站，全长618公里。建设标准为高速铁路，全部开行动车组列车，设计行车速度250公里/小时，基础设施预留提速条件。全线设车站20处。项目建设工期5年，投资总额823亿元。

【现代物流转型】贯彻全路资产经营开发会精神，推动现代物流和资产经营工作全面开展。围绕物流规划、转型发展、基础设施、品牌创建、人才队伍“五大板块”，从接取送达服务体系、零散货物快运、物流总包、货物装卸、集装箱与集装化运输、集装箱国际物流、货运服务质量、物流设施、物流信息化、财务政策等方面制定细化推进方案，同时制定了现代物流发展规划，形成指导路局现代物流转型的10+1整体规划。成立路局现代物流转型及经营开发指挥部和兰州、银川、嘉峪关3个区域指挥部，选派21名副处级干部驻17个地州市工信委挂职，建成108个县级及以上无轨站，构建了“1+3+17+108”的营销网。加快推进物流中心建设，建立价格监测点79个，95306网站注册企业1.11万家。集中开行钢铁专列、煤化工专列、铝产品专列等“七大系列货运品牌列车”，开行中欧、中亚货运班列41列，特需列车126列，打开了西部对外开放的国际市场。全局货运发送量增幅在全路排名由2014年的第15名上升到2015年的第9名。

【机车交路】发挥和谐型大功率机车的效能，优化调整机车交路，构建客运机车交路以兰州为支点到北京、上海、武昌、乌鲁木齐、西宁、呼和浩特，以银川为支点到呼和浩特、西安、太原、兰州；货运机车交路以兰州北为支点到乌鲁木齐西、郑州北、包头西、西宁货，以迎水桥为支点到包头西、榆次、千河、彬县西、武威南、兰州北运用格局。主要客运机车交路实现HXD1D、HXD3D型160公里/小时客运机车牵引，主要货运交路牵引定数实现5000吨贯通。

【天兰精品线建设】主动融入“丝绸之路经济带”建设战略，成立7个推进小组和指挥部，开展安全管理和安全基础普查，围绕安全生产、设备质量、站区建设、物流园区、队伍素质“五大创优”，掀起“天兰精品线”创建热潮。安排资金1.6亿元，开展工务、电务、供电等系统设备病害整治，先后更换侧磨轨32公里、道岔更换轨件83组、整治下沉路基1.58公里、防洪处所60处15.9公里、线路防护栅栏封闭111.6公里、混凝土路肩封闭113.15公里、轨道电路1527个区段、接触网240.8条公里。打造了一批优质示范站区、品牌车间班组、精品设备设施，天兰线线路病害下降率达到60%、供电设备障碍信息同比下降44%、电务设备故障同比下降40.5%。

【客运品牌创建】践行路局“敢于引领、争创一流、全面发展”总体工作思路，按照“高铁站车抓引领、品牌站车抓深入、其他站车抓规范”的品牌创建思路，全方位推进铁路客运品牌创建，确立“时代列车·丝路情怀”品牌主题，统筹考虑区域旅游产业发展现状，深入开展市场调研，以“敦煌号”品牌旅游列车为引领，分别于1月26日、4月30日、7月8日开行银川—北京Z275/6次“丝路驿站—宁夏号”、“七大时代品牌列车”(即兰州—嘉峪关南D2755/6次“方特号”、银川—中卫Y661/2次“沙坡头号”、兰州—张掖Z6207/8次“金张掖号”、兰州—武威Z6201/2 Z6203/4次“天马号”、兰州—长征K9672/1次“白银号”、陇西—天水7503/4次“城乡文化列车号”、兰州—天水T6604/3次“麦积山号”)和“丝路驿站”一站两车品牌站车(即“丝路驿站—塞上江南”银川站和银川—杭州K1805/6次“丝路驿站—银川号”、银川—成都K1615/8/5 K1616/7/6次“丝路驿站—沙湖号”列车)；9月30日，开行兰州—上海Z218/7次“兰州旅游号”，构建了高铁动车组列车、快速列车和普通列车“高密度开行、全方位覆盖、多层次互补”的全新格局，在西部地区形成品牌绽放的集群效应。

【临客及旅游列车开行】全年组织开行临客95列（含旅游专列15列）。春运期间，开行临客30列（天水—乌鲁木齐南21列、兰州—乌鲁木齐南9列），发送旅客7.3万人。暑运期间，开行临客41列（兰州—乌鲁木齐20列、天水—乌鲁木齐7列、兰州—苏州14列），发送旅客5.4万人。返程棉农运输组织开行临客9列。旅游专列运送旅客1.2万人。

【站车竞赛评比】年内，在全路进京、进沪、进穗直通旅客列车和较大车站评比中，兰州、银川车站分别获得全路“文明车站”称号；兰州局担当的Z55/6次、Z75/6次、Z275/6次、T117/8

次、K1295/6次、K227/8次、K1177/8次、K359/60次、K629/30次、K1331/2次列车分别获得全路“红旗列车”称号。路局“红旗列车”评比，兰州客运段汉口车队K862/1次五组、银川客运段西宁车队K915/6（K9676/80）次一组、兰州客运段深圳车队K132/1次四组分别获得第一名；路局“文明车站”评比，天水、平凉、金昌车站分别获得第一名。

【人才强局战略】2015年，联合清华大学、北京交通大学、兰州交通大学等知名院校，举办领导人员高级研修班、优秀科职干部培养班127期，培训干部1.09万人次。评选优秀技能人才100人，创建技能工作室59个，新增技师、高级技师342人，运输站段高技能人才比例达到40.7%。投资5600余万元，补强和完善5个培训基地、10个实训练功场。

【机构调整】根据兰州铁路局《关于成立兰州铁路局设备建造管理机构及派出机构的通知》（兰铁劳卫函〔2015〕28号）文件精神，成立兰州铁路局设备监造处及兰州监造项目部。根据兰州铁路局《关于调整非运输企业管理关系及相关机构编制的通知》（兰铁劳卫〔2015〕167号）文件精神，撤销甘肃金轮投资管理集团有限公司、兰州铁路多元经济开发中心，将其对一级非运输企业的出资调整为由铁路局直接出资。撤销兰州铁路局多元经营开发处，成立兰州铁路局经营开发处。按照“多元化经营、一体化管理”的要求以及直接管理的方式，行使对非运输企业管理职能。

兰州铁路局领导班子成员名录

局　长　王　峰
党委书记　管亚林
党委副书记　李光泽　苏　军
工会主席　刘　岩
副局长　高世勤　高金阳　邢　涛
　　李鹏里　朱生宪
　　李育宏　张开辉
党工委书记兼副局长　李全海
总工程师　朱生宪
总会计师　马炳德

（供稿：杨雍梅）

民航运输与监管

民航监管

【安全运行】2015年，全年民航甘肃辖区未发生事故征候不安全事件。民航甘肃辖区共保障航班8.40万架次，旅客吞吐量938万人次，货邮吞吐量5.3万吨，同比分别增长19.81%、24.17%和8.1%。其中，兰州机场旅客吞吐量突破800万人次，实现了一年内旅客吞吐量两次百万级大跨越，增幅居全国省会机场之首。

【安全监管】加强航空公司及航空器运行监管，开展换季安全检查、机组资质能力、心理健康、客舱安全、应急处置督查。强化机务维修质量监管，督导完成甘肃省民航机场集团与海航机务维修交接取证工作。加强机场运行安全监管，开展机坪运行秩序专项整治、航班备降工作规则落实情况专项督查。加强空管运行安全监管，推进“广兰大通道”方案实施及风切变探测科研项目建设，推进兰州区域高空管制移交，督促各支线机场建立航行情报服务机构，及时协调处理无线电干扰民航专用频率事件，督促指导兰州机场容量评估和机坪运行管理移交工作，顺利完成敦煌、嘉峪关机场空管SMS审核。积极推进地方立法，《甘肃省民用机场净空和民用航空电磁环境保护规定》于2015年3月1日起正式生效。加强空防安全监管，以平安民航建设为载体，以安保人员资质建设、航空货运安保及安保设施专项整治、安检工作督查为重点，规范机上执勤执法，完善空地联动一体化协作机制，处置6起非法干扰民航运行事件。

【行政执法】全年民航甘肃监管局开展行政执法检查1396次，发现问题415个，下发整改通知书275份，整改建议书58份，发现问题汇总单12份，审查发现问题通知单12份，整改完成率92%。检查频次较去年同期增加16.7%，下发的整改法律文书数量同比增加49%。

【体系建设】全年辖区各机场共开展综合应急演练46次，单项演练157次。督促航空公司完善空中颠簸应对措施，加强应急处置训练，与地方政府应急联动机制初步形成。

民航甘肃监管局领导班子成员名录

局　长　胡红斌
副局长　欧　正　王　孝　姚　斌
纪委书记、工会主席　季怀正

（供稿：刘风学）

甘肃省民航机场集团有限公司

【运输生产】2015年1月30日，原甘肃机场集团回归政府管理，成立甘肃省民航机场集团。机场集团全年实现总收入9.66亿元，同比增长18.53%；完成旅客吞吐量917万人次、货邮吞吐量5.25万吨、飞机起降8.15万架次，同比分别增长22.21%、7.8%和18.9%。其中兰州中川国际机场旅客吞吐量首破800万人次，增幅为21.4%。

【运行安全】全面落实安全主体责任，积极推进安全基础设施和安全管理体系（SMS）建设。经民航西北管理局审核批准，组建成立新的甘肃民航飞机维修公司，全面开展飞机维修业务。建立健全安全生产责任体系，制定、出台安全生产“党政同责、一岗双责、齐抓共管、失职追责”实施办法及落实安全生产主体责任有关制度，明确集团党委及公司主要领导在安全工作方面承担的责任。健全各支线机场安全服务管理机构。修订完善各机场SMS建设体系手册内容330余项，完成行业主管部门定期组织实施的安全审计、安保审计及复审等重要工作，并顺利通过局方审核。在不停航施工管理方面，没有发生不安全事件。

【安全保障】全年开展各类应急演练70余次，参演人员4600多人次。完成空管设施设备升级改造、飞行程序更新转换、新技术应用推广、应急救援设备配备等项目20余项；自筹资金近8000万元，完成飞行区快滑改造及设施设备更新等项目；制定下发《危险品运输管理办法》等规定办法57个；梳理确定集团核心风险源10个；制定通航管理、导航设备管理等方面的风险缓解措施50余条，确保运行风险可控。开展“平安民航建设”、航空货运安保专项整治、机场安保设施整治、安全大检查等系列安全活动，整改问题22项，发现并消除安全隐患176项。开展空防安全、社会综治、反恐维稳等安保工作，全年处理诈骗案件31起，危害民航秩序违法案件145起；圆满完成兰州机场T2航站楼搬迁及春运、两会、9.3安保、朝觐包机等重大保障任务；积极开展机场6.26禁毒宣传活动，努力做好禁毒工作；开展机场地面交通秩序专项整治活动。2015年，集团辖区各单位顺利实现安全运营，完成安全指标。

【服务工作】优化服务流程，增加客运、安检、货运等服务岗位人员配备，提升服务标准。制定下发服务差错标准、机场满意度评测标准、投诉管理制度、服务考核标准等工作制度10余个，建立服务与品牌交流平台。开展优质服务竞赛活动，整改服务方面问题86项，创新服务产品40余项，开展技术比武90余次，组织各类培训150余次。完成兰州机场T2行李自动分拣系统改造，规范各类标示标牌200余处，增加自助值机等服务设施设备10余台；各机场积极与地方政府联系，搭建服务平台，全年获得各类荣誉40余项。全年执行运输车次5万余次，运送旅客200万余人，运送职工10万多人次。

【市场开发】研究确定“一门户、一枢纽、两快线、多基地”的航空发展战略，即以兰州机场为核心，构建兰州机场与国内主要航点、国际重要节点的门户机场，打造兰州机场与半径600公里范围的支线中转枢纽中心，开辟兰州机场与国内主要干线机场、旅游城市机场的空中快线。成功申请承办全国2015/16年冬春季航班时刻协调集中办公，对航路作出重大调整，航路航线网络不断完善。借助国家“一带一路”和向西开放战略，汇集京兰、沪兰、广兰等主要国内航路，向西延伸到欧亚航路，新开辟兰州至圣彼得堡、法兰克福等“一带”上的国际航线；开通兰州至日本、台北、香港、曼谷、新加坡、首尔等“一路”上的国际航线，使国际地区航点增至16个。集团全年完成国际地区旅客吞吐量近20万人次，同比增长近90%。加密兰州机场直达国内所有省会城市、重要旅游商贸城市、国内前50位机场的航线航班；开通省内机场热线航班以及西北所有支线机场航班，全年新开辟航线42条，通航80座城市，执行航线128条，基本实现了通航全国排名前50位机场的目标；成功引进第三架“绚丽甘肃”号飞机，运营航空公司达到29家。

【项目建设】全年实际完成机场建设项目投资15.96亿元。其中兰州机场综合交通枢纽工程当年建成投运，实现民航、铁路、公路三位一体零换乘的目标；兰州机场二期扩建工程取得阶段性进展，T2航站楼转场投运，飞行区不停航施工第一阶段建设任务全面完成，第二阶段施工组织管理方案完成编制；兰州机场职工公寓楼项目开工建设；庆阳机场改扩建工程全面建成投运，陇南成州机场项目累计完成工程总投资的61.5%；敦煌机场扩建工程开工建设；平凉机场新建、天水机场迁建工作全面启动；武威、临洮、临夏、夏官营、白银、鼎新、定西等机场项目前期工作稳步开展。

【改革发展】认真落实省属5户国有企业改革试点要求，坚持问题导向原则，研究制定改革总体方案，理清改革思路，确定“四点两线一面”改革系统工程。不断完善法人治理结构，有序建立“三会一层”决策议事及相关工作规则，研究出台党建工作制度7项、人事管理制度16项、纪检监察制度4项、财务管理制度16项、审计工作制度1项、安全管理制度13项，逐步形成重大事项党委会决定、董事会决策、监事会监督、经理层执行的工作机制。与读者集团、凤凰网、天津滨海国际机场、蚂蚁金服集团、省广电网络公司、甘肃交通职业技术学院等企事业单位就甘肃民航发展项目投资建设达成合作意向、签订战略合作协议。

【党建工作】积极探索建立党的领导与建立法人治理结构相结合的体制机制，充分保障党组织在法人治理结构中的法定地位。坚持按照党委会决定、董事会决议的原则研究和处理重大问题，认真落实“三会一课”、民主生活会、民主评议党员制度。加强基层组织建设，优化基层党委机构设置，相继批复集团二级单位党委18个。合理设置党委工作部门，保障党建工作有序开展。全面推进党风廉政建设，认真抓好党委主体责任和纪委监督责任的落实。扎实开展“三严三实”专题教育、“为官不为”专项整治行动。

【“双联”行动】结合实际，制定精准扶贫工作方案，成立协调推进领导小组及其办公室，抽调专人具体负责双联和精准扶贫工作任务落实。全年投入扶贫项目资金201万元，建成拉尕山村村间道路工程，实施26户贫困户危旧房改造任务，继续推进拉尕山村人饮工程水源地保护项目建设。选派干部到拉尕山村扶贫一线挂职，并设立常驻联系点，全年组织进村11次，入户干部达到115人次，累计天数达到278天。积极组织医疗队赴扶贫点开展义诊，成功举办拉尕山村“农家乐”餐饮服务培训活动。

甘肃省民航机场集团有限公司
领导班子成员名录

董事长、党委书记　阮文易
董事、总裁　杨如彪
监事会主席　赵金云（女）
党委副书记、纪委书记　姜　毅
党委副书记　王　宁
董事、副总裁　王　军
副总裁　钱　兵

（供稿：尚裕虎）

中国东方航空股份有限公司甘肃分公司

【战略合作】2015年，分公司积极促成双方达成《进一步深化战略合作，推进甘肃航空运输市场快速发展的协议》，成功构建以“增量飞机，定额补贴，全方位合作”为核心内容的甘肃民航发展新模式——“甘肃模式”。9月30日，甘肃省政府与东航集团战略合作第三架“绚丽甘肃”号飞机顺利启航。

【兰州中川机场二期扩建工程】2015年1月26日，兰州中川机场T2新航站楼通过民航西北地区管理局行业验收。分公司积极配合省上转场工作的整体部署，成立转场专项工作组，周密部署，多方协调，在经过审慎分析和充分准备的基础上，东航系进出兰州机场航班于春运首日零时首批转场，整体投入T2新航站楼运行。制定《兰州机场T2候机楼转场地面服务保障预案及应急预案》《兰州机场T2候机楼转场信息系统转场实施方案及应急预案》等方案。

东航甘肃分公司客机“绚丽甘肃”号

【安全生产】全年执管运力共安全飞行28960小时，13549架次，同比分别增长15.9%、14.36%；飞机日利用率9.56小时；共保障东上联航班19131架次，同比增长16.53%；未发生运输航空事故征候，未发生航空器地面事故征候，运输航空事故征候万时率为0，航空地面事故征候万架次率为0。发生1起A类严重差错（“8.11”未收起落架事件），2起人为不安全事件（“6.11”飞机偏离进场航路事件；机务定检B-6592飞机误放灭火瓶事件），发生1起违规酒驾地面不安全事件。推进安全绩效考核，明确安全主体责任、领导干部管理责任、职能部门监督责任、运行人员岗位责任。

【风险管理】建立安全运行手册管理体系，并根据变化及时进行修订；开展风险管理34次，发布安全风险信息通告3期，安全风险通告31期，切实加强风险控制，建立人员疲劳风险管理制度，强化管控；收集各类安全信息454条，开展安全状态系统评价，发布《系统评价报告》；定期开展风险管理专家的续聘，修订风险管理程序作业流程，并定期组织全员复训。

【安全监管执法】推进安全监察，加大对重要节点和关键环节的监控力度，组织开展安全检查14次，完成整改128项；开展安全管理自查自纠专项工作，制定实施22项整治措施，完成10项专项整治工作；强化突发事件应急处置演练，开展货邮安检、危险品存储运输等专项整治活动。

【安全文化建设】建立业务技能培训、日常安全教育培训、作风纪律和思想道德建设三位一体的多元化安全教育培训体系；组织人员参加安运网二期试运行和系统培训、安全审计员培训、风险管理专家培训、新《安全生产法》培训以及电子飞行包（EFB）系统和操作培训；全年分公司日常安全教育培训参与人数2000余人次，完成课时约300小时，完成率达100%；组织空勤单位开展作风纪律专项安全教育；周密制定年度飞行训练计划，合理安排各类训练，建立机制加强训练监控，制定针对性的训练计划和措施。

【春运保障】东航甘肃分公司根据2015年春运期间甘肃市场需求，组织加班35班（兰州至北京12班，兰州至郑州-温州21班，兰州至上海2班）。分公司结合实际，及时做好各项预案。各基层单位也根据要求第一时间组织召开春运生产动员会，明确各自职责，并在春运前结合生产需求开展各类业务研讨与培训。同时，分公司成立春运领导小组，制定下发《关于认真做好东航甘肃分公司2015年春运工作的通知》，明确了机构职责，设置24小时值班的春运办公室。各业务保障单位也根据要求，分别成立部门春运领导小组，制定详细的春运保障方案。

【运输指标】2015年东上联航班共完成旅客运输量243.27万人，同比增长19.97%；市场占有率30.37%，与上年同期持平；客座率79.55%，同比上升3.1个百分点。分公司全年完成货邮运输量33007吨，同比增长17.96%。分公司全年价值贡献净值预计完成945万元，较预算减亏增盈1682万元，完成T3指标。

【内引外联】积极引进东航兄弟单位运力，开辟新航线，做足区域航线的增量；认真做好加班包机组织，春运、暑运期间共组织兰州至北京、昆明、上海、郑州、温州、广州、南京加班往返562班次；组织兰州至曼谷、甲米、普吉国际包机往返174班次，增收3336.4万元。

【创新研发】2015年，兰州至中川城际铁路开通，分公司积极协调股份公司与甘肃铁路部门，研讨开发“空铁通”产品；举办分公司首届“航空旅游集市”；对“经昆飞”产品线上线下进行销售维护。加强对日本、韩国和欧美澳线的推广，组织日本线中转客源3570余人，近143个团队。

【创新服务】2015年，分公司地面服务投诉率为0.12，完成T3指标；空中服务方面，除8月份为0.07外，其余11

个月均为零，完成T3指标；空中旅客满意度达T3指标，地面旅客满意度达T2指标；所属航站首发航班关舱门正常率97.05%，达到T3指标；所属航站非首发航班关舱门正常率96.66%，达到T2指标。围绕客户体验、值机服务、行李运输、头等舱服务以及T2转场后出现的旅客满意度下滑等问题，将现场调研与交流研讨相结合，查找短板，实行层级监控，奖优罚劣。

【基础管理】全年共完成可控费用3998.47万元，完成预算95.36%，其中，差旅费同比下降5.84%，招待费同比下降67.77%，会议费同比下降50.1%。制定八大能力提升工作方案，以项目化管理方式积极推进现场运行品质、行政规范化管理、基础管理短板、党支部书记及三长能力提升等工作；开展"依法治企"主要领导上法律课，举办5期管理沙龙，组织财税合同基建、公文写作培训等。

【人才队伍建设】建立人力资源盘活三个机制（机关支援一线及挂职支援交流，大学生旺季实习支援一线，超编人员按比例转岗分流），对20名转岗人员完成业务培训并充实到地服部工作；创新绩效考核机制，建立倾向一线关键岗位的绩效考核制度。各单位、部门制定本部门绩效考核办法，施行线下全员考核；已将分公司副职及各部门正职绩效合约导入E-HR系统，并开始按月评分；建立非管理人员岗位绩效考核表，并按总部要求完成前期试点考评打分工作。

【流程审计】组织分公司流程审计，对44个流程进行修订；正式发布"流程体系平台"并投入使用，全年共发布流程316个；制定《甘肃分公司管理改进（管理点）项目管理办法》，开展"管理项目改进"征集活动，共征集项目近20个，立项12个，已推荐5个优秀项目参加总部评审；编制《甘肃分公司管理手册》。

【项目建设】全年共实施6个基建项目，包括航食综合楼项目、T2航站楼东航贵宾室装修、新建货运库院内地坪、机库附房工程、货运仓库工程、机供品库房工程，完成9项房屋大修及30项日常维修，累计实施大、小基建工程共计44项。组织实施现场运行品质提升项目，制定《分公司2015年航班正常性考核细则》《分公司运行事件问责管理制度》《分公司各单位值班领导职责》等。分公司已完成机舱清洁、搬运装卸、宾馆洗衣房、职工通勤车业务的外包工作。

【信息化建设】2015年，分公司利用自媒体平台制作产品宣传信息1003条，阅读总量达到101.2万次，每月考核均达到T3值。推广自助值机服务，机场自助服务设备使用率达到53.02%，同比提升77.62%。

【党建工作】制定下发实施细则，开展"双责任"约谈，落实党委主体责任和纪委监督责任；编制下发"一线工作法"手册。开展"三严三实"专题教育。在认真做好两级中心组三个专题学习研讨、两级书记上专题党课、召开组织生活会规定动作的基础上，开展"大党课评比"、"旺季谁最美""三长"践行"三严三实"系列报道等特色活动，积极筹备民主生活会。认真落实巡视整改。开展巡视前自查整改，梳理查找出四大类25个问题；坚持过程督导，开展巡视后对照整改，确保立行立改。制定方案，加强"四好"领导班子创建工作；开展"三长"队伍建设及空勤人员违法违纪违规问题专项整治；加强"两项法规"学习和廉洁警示教育；开展逾重行李费等专项效能监察；对违规问题积极调查核实，并对涉事人员和相关领导进行严肃处理。加大品牌维护力度，做好品牌推广，同时，加强舆情监控力度。推进"幸福东航、合理化建议、员工关爱"三大工程，举办旺季减压、幸福课堂、最美东航甘肃人评选等活动；开展爱在东航、"东航校园行"活动。

【"双联"行动】定点帮扶临夏县漫路乡漫路村、甘肃省秦安县王铺乡王铺村，按时参加省"双联"小组组织的各类会议，并提交分公司2015年"双联"工作方案，为两个"双联"村选派扶贫驻村干部，申请资金帮扶两村解决急需问题。4月，分公司在临夏县漫路乡中心小学开展"爱在东航"主题活动，为"双联"村的孩子们送去捐助的近1000书本、文具、体育用品及"绚丽甘肃号"飞机模型。主动参与社会公益事业，连续17年探望兰州市福利院、"走进社区"慰问困难家庭、团员青年拣拾白色垃圾等公益活动。

中国东方航空股份有限公司甘肃分公司领导班子成员名录

党委书记　李友文

党委副书记　邱晓镇（兼）

　　　　　　叶玉泉（兼）

总经理　邱晓镇

副总经理　李友文（兼）　段新军

　　　　　孙　涛　张忠兴

纪委书记　叶玉泉（兼）

工会主席　叶玉泉（兼）

总经理助理　冯　辉

（供稿：李群芬）

旅游业

【行业规模】2015年全省接待游客1.56亿人次，实现旅游收入975亿元，分别较上年增长24%和25%。截至12月底，全省共有旅行社523家，其中出境游组团社52家，赴台游组团社4家；旅游星级饭店382家，其中五星级3家，四星级72家；全省共有住宿单位8175家，拥有床位44.5万张；全省A级旅游景区达到231家，其中5A级4家，4A级81家；全省开设旅游专业的院校达到32所；取得资格证导游人员12458人；全省旅游从业人数达到50万人。

【"十二五"规划执行】"十二五"期间，召开高规格全省旅游发展大会，出台促进旅游业改革发展及旅游投资和消费等重大举措。设立省级旅游产业投资基金。全省旅游接待人数52046.5万人次，比"十一五"增长266.4%，年均增长29.5%；实现旅游综合收入3180.5亿元，比"十一五"增长316.6%，年均增长32.7%。争取到国家各类旅游专项资金78.38亿元，安排省级财政旅游发展资金5亿元。实施旅游项目1252个，总投资

2966.5亿元，实际完成投资1159.23亿元，较“十一五”增加1.96倍。

【旅游扶贫】制订《关于扎实推进旅游精准扶贫工作的实施意见》、《关于支持革命老区加快旅游业发展的意见》，与省扶贫办联合下发《关于开展旅游扶贫试点工作的指导意见》。组织省内旅游扶贫试点村参加全国、全省旅游规划扶贫公益行动，全省37个旅游扶贫试点村有17个村确认帮扶单位，其中国家级帮扶单位9个、省级帮扶单位8个。省旅游产业发展资金2015年安排150万元加强旅游扶贫试点村标识标牌和旅游基础设施建设。

【国内旅游】2015年,全省共接待国内游客15633万人次，实现国内旅游收入974.5亿元，分别比上年增长24.07%和25.00%。

【入境旅游】2015年，全省接待入境旅游者累计达54508人次，比上年同期增长11.8%；实现旅游外汇收入约1418.1万美元，比上年同期增长39.42%。

【红色旅游】2015年9月，全省集中开展“铭记历史·圆梦中华”红色旅游主题活动；开展百家抗战主题红色旅游景区、千名优秀讲解员、举行万场红色旅游宣讲活动为主要内容的红色旅游“百千万”活动和“千万游客红色旅游景区行”活动；组织红色旅游优秀导游员讲解员、党史专家、有关学者，走进景区、社区、校园。

【乡村旅游】开展乡村旅游“千千万万品牌”推介行动，全省建成旅游专业村67个，累计达到514个；新建农家乐1633户，累计达到10748户；带动农民直接就业12.3万人，乡村旅游消费收入达58.13亿元，乡村旅游对全省农村居民人均纯收入直接贡献达到450元左右，占全省农村居民人均纯收入的7%。

【敦煌行·丝绸之路国际旅游节】2015年，在嘉峪关市举办第五届敦煌行国际旅游节开幕式。丝路沿线30个国家和地区1000多名国际代表参加了节会。期间，全省举办旅游、文化、体育、商贸等各类活动340多项，展览展销会35场，参展商3800多家，签约旅游项目267个，签约金额1356.2亿元，共吸引国内外游客1871.7万人次，实现旅游收入113亿元，同比分别增长24.9%和25.4%。

【旅游厕所建设】召开推进全省“旅游厕所革命”现场会，推进全省“旅游厕所革命”。组织起草《甘肃省旅游厕所建设管理实施方案（2015—2017年）》，组织省内外旅游厕所生产企业先后参加了第七届中国国际旅游商品博览会旅游厕所展及第五届敦煌行·丝绸之路国际旅游节旅游厕所展，第一届全国旅游厕所设计大赛上，甘肃省推荐藏式厕所设计获得二等奖。截至2015年底，全省完成旅游厕所新建、改建691座，实际完成投资1.96亿元，超额完成683座的建设任务。酒泉、张掖、天水三市荣获全国2015年“旅游厕所革命”先进市，金昌市评为2015中国旅游厕所革命先锋。

【旅游市场监督】专项整治覆盖全省旅游经营单位，对发布不合理低价的17家旅行社进行了约谈并公布信息，行政警告违规经营旅行社51家，行政处罚1家；执业行为不规范24名导游人员、10名领队暂扣导游证；服务质量下降20家星级饭店暂缓通过年度复核，限期整改；取消19家服务质量不达标、有严重安全隐患的星级饭店。举办全省“第三届全省导游大赛”、“第二届旅游星级饭店服务技能大赛”。向市州旅游局下放旅行社设立审批、质量保证金管理、变更事项备案管理，简化导游证、领队证审核颁发程序。

【旅游商品管理】在丝绸之路旅游产品展览会和2015年甘肃旅游商品大赛评选出银奖3名、铜奖5名、设计创新奖5名。敦煌藻井壁画丝巾获得“十强”中国旅游商品称号，肃南裕固族风情挂件、陇南白马昼系列、敦煌九色鹿系列3个旅游商品获得“百佳”中国旅游商品称号。在2015年中国国际旅游交易会“中国特色旅游商品”评选活动中，甘肃省3个系列商品荣获金奖，5个系列商品荣获银奖。

【旅游安全与应急管理】制定实施《甘肃省旅游公共突发事件应急预案》，将《预案》依法纳入省政府应急管理体系，省政府总体预案、36项专项预案都将旅游应急救援纳入保障体系。全省重点旅游景区核定公布最大承载量，采取门票预约等方式控制游客流量。经营高空、高速、水上、探险等高风险旅游项目的经营者依法取得经营许可并投保责任险。会同相关部门开展“旅游安全隐患大排查大整治百日攻坚”、“旅游行业安全领域六打六治”等10项专项整治行动，整改旅游安全隐患。

【旅游规划】印发实施《甘肃丝绸之路经济带大景区建设总体规划纲要》。启动《甘肃省“十三五”旅游业发展专项规划》及《甘肃省户外旅游规划纲要》、《甘肃省自驾车旅游总体规划》及《甘肃省自驾车旅游营地建设标准》、《甘肃沿黄四市（州）旅游发展规划》、《甘肃陇东南华夏根脉旅游圈总体规划》等4个专项规划（标准）编制工作。评审甘南、天水、庆阳等市州区域综合性专项规划，省、市（州）旅游业发展规划、区域旅游总体规划、推进大景区以及精品特色景区修建性详细规划等规划体系。

【旅游项目建设】2015年，全省在建设旅游项目899个，总投资3105.47亿元，同比增长35.3%，实际完成投资409.41亿元，同比增长23.3%。储备“十三五”规划重大旅游建设项目798个，总投资2862.1亿元；新征集大景区建设项目95个，投资237亿元；储备国家丝绸之路基金支持投资过亿元的旅游大项目434个，总投资2666.2亿元。嘉峪关华强、夏河拉卜楞寺、张掖市七彩镇等6个大景区开发项目纳入2015年省政府重大项目。

【旅游景区建设】2015年，敦煌鸣沙山—月牙泉成功创建为国家5A级旅游景区；嘉峪关市方特欢乐世界景区等15家景区创建为国家4A级旅游景区。全省A级旅游景区达到231家，其中5A级4家，4A级81家。启动创建敦煌莫高窟、黄河三峡、敦煌阳关—玉门关、张掖丹霞四个大景区国家5A级景区工作。

酒泉敦煌市列入“中国国际丝路艺术旅游目的地创建名单”，同时被列入“中国研学旅游目的地”，酒泉卫星发射中心被列入“全国研学旅游示范基地名单”。张掖肃南县、甘南州被国家局列入全国全域旅游目的地创建名单。全省35家旅游景区创建成为首批“全国旅游价格信得过景区”。

【文明旅游建设】制定实施《关于加强文明旅游工作的实施意见》，文明旅游业务培训700名出境领队；组织开展5.19中国旅游日文明旅游主题宣传活动和文明旅游百日宣传活动，1000名旅游志愿者、300名文明旅游监督员开展“行万里路，做文明人”万人签字活动，开展文明旅游“随手拍”、“提个醒儿”、“双倡双劝”等系列活动；联合省文明办、省广播电视总台制作播放“文明有礼的甘肃人”、“文明旅游大家谈”和文明旅游游动字幕提示等公益活动。

省旅游局领导班子成员名录

局　长　何　伟（女）

副局长　杨宇宏（藏族）　火玉龙

王富民　何效祖

纪检组长　刘　萍（女）

（供稿：张　萌）

通信　邮政

通　信

【业务经营】2015年，全省通信业完成电信业务收入173.75亿元，按可比口径增长8.6%；完成电信业务总量347.29亿元，按可比口径增长31.54%；完成固定资产投资78.13亿元；全省电话用户总数2434.09万户；固定互联网宽带用户245.34万户，移动互联网用户1598.81万户；光缆总长度46.82万千米；移动通信基站8.7万个。

【“宽带中国”战略】牵头起草并经省政府第88次常务会议审议通过了《甘肃省人民政府办公厅关于加快高速宽带网络建设推进网络提速降费的实施意见》。

【通信基础设施共建共享】与省建设厅、省工信委开展光纤到户国标贯彻实施情况大检查，开展甘政办发[2015]111号文件落实情况专项检查；推动信息基础设施共建共享，电信、移动、联通三家基础电信企业共建共享率达到100%；推动集约化建设、专业化运营，协调铁塔公司与基础电信企业做好需求对接、过渡期存量共享改造和铁塔基站资产交接工作，三家企业提交塔类需求11178个，铁塔公司交付8414个，新建站址共享率达72.99%，节约建设资金约11.5亿元。

【农村通信建设】推进贫困地区信息网络建设和农村宽带建设发展。协调指导和监督企业全面完成武威凉州区、庆阳宁县农村宽带应用示范工程，两县区新建和改造624个行政村网络覆盖。建设“甘肃宽带地图”及网速监测平台项目，全省行政村固定和移动宽带覆盖率达到80%以上。

【电信市场监管】协调成立省市两级规范“校园迎新”电信业务促销活动应急处置小组；约谈涉嫌违规企业，跟进落实整改要求；调整对接国家取消下放的行政审批事项，坚持“宽进严管”，降低准入门槛；全年发放增值电信业务经营许可40家，核配备案各类码号745个；全省有10家企业开展组织实施移动通信转售业务及监管工作；联合公安、工商发布公告强化政策宣传引导，开展电话“黑卡”治理专项行动，累计关停“黑卡”号码106个，全省电话用户实名登记率达到90%以上；开展防范打击通讯信息诈骗专项行动。

【服务质量监管】规范用户申诉受理流程，完成12300申诉受理系统建设并实现与工信部系统功能对接，妥善受理处理用户申诉咨询1701件。

【互联网行业管理】全省累计备案IP地址184.7万个，备案主体8964个，省内接入网站3365个，清理空壳网站信息3164个，备案主体信息准确率达到88.9%，网站备案率基本保持在100%。规范域名注册服务市场，完成全省域名注册服务市场摸底调查和域名注册服务机构专项检查，配合开展打击网上银行卡买卖和打击互联网侵权假冒等专项整治工作。

【网络信息安全管理】处置政府网站和重要信息系统网络安全事件546起；处置木马僵尸网络IP地址4.7万余个、飞客蠕虫事件6992件；处置恶意程序样本591个。组织开展全省网络安全防护检查、符合性评测和风险评估，协调8家省内外网络安全服务厂商提供应急支撑及网络安全信息报送服务。

【应急通信保障】开展应急通信保

2015年12月15日，工信部检查调研组在甘肃省开展落实网络提速降费工作专项检查

障工作自查和专项检查，理顺各相关单位应急指挥协调的工作关系，配合完成“十二五”应急通信专项总结评估及“十三五”专项规划需求对接工作。完善内部应急工作机制和流程，建立应急通信指挥平台和装备物资的维保应用工作制度并定期通过实训检查等手段强化运行维护管理。组织开展多种方式的应急通信保障演练、远程拉练以及信息抽测考核，圆满完成了重要节庆及“兰州马拉松”等重大赛事活动的应急通信保障工作。

【通信建设市场管理】坚持每季度开展通信工程质量监督及安全生产专项检查；开展城市地下通信管线信息普查和专项监督检查、通信管线安全隐患清理整顿及“打非治违”专项整治等工作，督促相关企业抓好问题整改。

甘肃省通信管理局领导班子成员名录

局　长　赵卫东

副局长　王再兴　刘志华（女）

纪检组长　王再兴

专用通信局局长　强一兰（女）

（供稿：田卫国）

中国电信股份有限公司甘肃分公司

【业务发展】实施“123456”工作思路，取得了历年最好的经营业绩。经营收入超收6500万元.移动过网用户累计份额居集团第2名，宽带份额居集团第3名。

【企业党建和党风廉政建设】配合完成中央巡视，制定修订规章制度35项，27项整改任务和85条整改措施全部整改到位。出台9项党建工作制度，全省增配108人。实施纪检监察体制改革，公司纪检组长专职，设立纪检监察部，各单位健全了纪检监察机构。“两个责任”落实取得了实效，领导干部和广大党员的党建意识、党员意识、纪律意识、担当意识普遍增强。

【集约运营】以会战集约推进4G和光网建设，城市住宅FTTH覆盖率达到60%，初步具备100M和4K电视承载能力,网络集约运营持续深化。以互联网化统一全省IT数据支撑体系，有效支撑流量不清零、大数据等重点工作。完善采购制度流程,50万以上土建、装修、广告全省集中管理，办公用品实现全省集采，采购总支出集中采购率达到96.68%。服务“四个集中”持续深化，投申诉率始终好于管控指标，欢go客户端达到170万户，服务互联网化实现“双60”目标。

【客户服务】落实“政策、资源、责任”三个到位，严格执行虚开用户佣金和机补离网用户成本追溯制度;开展终端经营、业务经营、网龄经营和价值经营，提升客户价值;深化VIP客户维系承包;开展“以旧换新”等客户关怀活动;落实“五心”“五优”服务，推动信用管理体系建设，优化关键场景消费提醒查询等提升客户感知。

【风险管理】风险事件发现率较上年下降52.41%。依法治企、互联互通、信息安全、新闻宣传、安全保卫、保密信访、工会离退、双联扶贫工作有力保障了企业的稳定与发展。

中国电信甘肃公司领导班子成员名录

总经理　秦学寿

副总经理　唐小文　孙　岩（女）
　　　　　徐　洪

纪检组长　蒋保灿

邮　政

【业务发展】2015年，全省邮政行业业务总量完成16.3亿元，同比增长20.8%；业务收入完成20亿元，同比增长22.2%。其中，快递业务量3500万件，同比增长334%，快递业务收入73亿元，同比增长41.7%，最高日处理快件量首次突破百万件大关。

【发展环境】与省商务厅、工信委联合出台《甘肃省电子商务与快递协同发展试点实施方案》，推动兰州市政府出台《关于加强和改进城市快递运输车辆管理工作的意见》。启用“甘肃快递”标识。推动全省79个县（区）邮政企业全部完成更名挂牌工作。各地对邮政业重视程度提高，出台支持邮政业发展意见20多个，与相关部门联合执法40余次。

【行政执法】全年备案新增邮政营业场所214处，批复撤销普服场所24处、停限办普服业务11处，恢复营业9处，名称变更120处；发放快递许可证32家，办理许可变更307家。全省共举办各类执法培训26期。开展执法检查10527人次，下发普遍服务质量通报82份，责令整改通知书92份，实施行政处罚24起；开展快递市场检查和协调服务9200人次，检查单位4600个，纠正和查处违法违规行为1715起，下发整改通知书769份，实施行政处罚76起。承办全国执法信息系统培训班2次，提出合理化建议47条。全省在执法系统中共录入检查信息5900条，录入行政执法案件153条，系统试用覆盖率、用户登录率均达到100%，居全国前列。

【普遍服务】完成空白乡镇邮政局所补建任务，全省532处补建局所已全部运营。西部农网改造工程完成177处，新建村邮站1386个。兰州市政府投入75万元建成了50个村邮站示范点。组织开展邮件投递场所调查、建制村通邮情况调查、邮政普遍服务达标检查、党报党刊投递“回头看”和邮政机要通信监督检查，组织实施无着邮件处置、纪特邮票销售、邮政专用车辆，邮件时限监测、邮政业“扫黄打非”等工作，普遍服务质量有效提升。

【快递服务】推进快递“下乡”。完善快递末端投递网络。印发《甘肃省快递服务末端投递网点备案实施意见》，规范快递服务末端投递网点备案工作，全省已备案快递末端网点260家。2015年，快递营业网点达到3618个、营业场所面积达25万平方米，末端投递网点2150个，重点快递公司全部覆盖到县级城市，乡镇快递企业网点覆盖率达到31%。全省已有500多家快递网点按照标准化建设要求进行设置和改造。推动快递功能园区步入密集规划阶段。开展快递企业形象和服务质量专项整治，受理消费者申诉4566件，结案1176件，为消费者挽回经济损失22万元，全省年度快递服务满意度为75.1分。

【安全监管】制定《加强行业安全监管工作实施方案》，与各企业签订安全生产责任书，靠实企业安全主体责任。全省共开展联合检查27次，配合公安机关开展检查18次。推动落实"三个100%"责任。组织开展收寄验视、实名寄递和过机安检专项检查，检查企业120多家，发现和纠正违规行为13起。争取地方财政资金，推动解决X光机安检机配置难题。顺利完成抗战胜利70周年纪念活动、西藏自治区成立50周年庆祝活动、丝绸之路(敦煌)国际文化博览会等重要活动、节会及元旦、春节、"两会"、"双十一" 服务旺季寄递渠道安全保障工作，全年未发生安全事故和服务热点事件。

【自身建设】举办全省领导干部"三严三实" 培训班，组织进行集体轮训；全面落实党风廉政建设主体责任和监督责任，认真履行"一岗双责"；完成人事档案的清理审查工作；加强财务预算管理，财务管理更加规范；加强新闻宣传和网站建设；组织快递人员素质培训和职业资格认证，培训及鉴定快递业务人员1240人；落实"联村联户"、"精准扶贫"工作任务。

甘肃省邮政管理局领导班子成员名录

局　长　张玉虎

副局长、纪检组长　王胜礼（11月止）

赵自敏（11月任）

（供稿：徐　洁）

经济管理

发展与改革

【规划编制实施】根据中央安排和省委、省政府部署，不断深化省情认识，在做好“十三五”重大问题前期研究工作的基础上，坚持开门编规划，广泛征求社会各界意见建议，依据中央和省委“十三五”建议精神，编制完成“十三五”规划纲要，经省十二届人民代表大会第四次会议审议通过，省政府印发实施。积极谋划全省“十三五”重大工程、重大项目、重大政策，建立了“十三五”规划重大建设（动态）项目库。加强与国家“十三五”规划的衔接，经过积极争取，兰州重要节点城市铁路国际班列物流平台、华夏文明传承创新区、兰州-西宁城市群、甘肃生态安全屏障综合示范区等一批重大项目纳入了国家“十三五”规划纲要。

【农业生态建设】省政府《甘肃省生态保护与建设规划（2014-2020年）》印发实施。加快重大项目建设，引洮供水一期工程建成通水，靖远双永供水、古浪黄花滩生态移民暨扶贫开发供水、引洮入潭、积石山引水等工程主体基本建成，引洮供水二期、黄河甘肃段防洪、天水城区引洮供水、引黄济临、兰州市水源地和国家玉米制种基地（甘肃）建设项目等正式开工。争取国家安排新一轮退耕还林还草建设任务130万亩，完成营造林面积474.89万亩，治理水土流失面积2057.3平方千米，新修梯田100.84万亩。

【交通项目建设】全面实施“6873”交通突破行动，银川至西安铁路、兰州市轨道交通2号线一期工程、白疙瘩至明水高速公路、陇南成州机场开工建设，兰州至中川机场铁路、天水至平凉铁路、额济纳至哈密铁路、敦格铁路敦煌至肃北段和徽县至天水高速公路、金昌至阿拉善右旗公路、兰州至永靖沿黄快速通道建成通车，兰州中川机场二号航站楼建成投运，庆阳机场改扩建工程全部建成，新增铁路和高速公路通车里程分别达到434千米、300千米，全省建制村通沥青（水泥）路比例达到82%。

【能源项目建设】酒泉至湖南特高压电力外送工程开工建设，配套外送新能源项目建设方案获批。酒泉风电基地二期一批300万千瓦、民勤风电基地100万千瓦项目建成投运，全省风电并网装机达到1252万千瓦，居全国第3位。规划建设的敦煌、民勤等7个百万千瓦级光电基地建设接续推进，全省光电并网装机达到610万千瓦，居全国首位。积极推进金川公司、兰铝自备电厂与新能源发电权置换和酒嘉新能源就地消纳试点。核桃峪煤矿建设进展顺利，灵台矿区总体规划、宁正矿区总体规划（修编）获国家批复，唐家河煤矿获准开展前期工作。

【资金争取和投资管理】争取中央预算内投资179.1亿元，前四批专项建设基金项目获得国家支持215.3亿元，1007个项目纳入国家7大类重大工程包，白银市列入国家地下管廊试点城市。出台创新重点领域投融资机制鼓励社会投资的实施意见，召开两次PPP项目推介会，现场签约项目70个。积极争取国外贷款项目，全省实际利用外资4.7亿美元。加强重大项目协调服务，组织开展全省项目观摩活动，省列82个重大项目完成投资1086.47亿元。加大项目稽察力度，派出10个工作组稽察项目1171个，实现了全省中央预算内投资项目、专项建设基金项目、未开工民生项目稽察的全覆盖。

【产业结构调整】一是培育壮大战略性新兴产业。出台大力推进大众创业万众创新的实施方案和深入推进“互联网+”行动的实施方案，加快兰白科技创新改革试验区建设，深入实施战略性新兴产业发展总体攻坚战，省级战略性新兴产业引导基金参股子基金、4只国家参股的新兴产业创业投资基金运营良好，38户战略性新兴产业骨干企业加快发展，5个创新创业示范园研发平台和孵化配套设施基本完善，积极争取国家批复组建杂交玉米繁育等3个国家地方联合工程实验室和2个国家认定企业技术中心，战略性新兴产业增加值占生产总值的比重达到12.1%。二是改造升级传统产业。落实《中国制造2025甘肃行动纲要》，设立省产业引导股权投资基金，推动有色、石化等传统支柱产业智能化改造。推进独立工矿区改造搬迁和采煤沉陷区综合治理，促进白银市、玉门市、红古区等资源型城市加快转型。兰州七里河区、天水秦州区等老工业区调整改造稳步推进。酒钢1000万吨煤炭分质利用一期工程等重大产业项目加快建设。国家中医药产业发展综合试验区总体方案上报国家待批。三是加快发展服务业。出台进一步促进全省物流业发展的实施方案，35个重大物流项目纳入国家现代物流重大工程包。电子商务等新兴服务业快速发展，陇南、兰州新区获批国家电子商务示范基地。酒泉国家服务业综合改革试点任务圆满完成。第三产业产值占生产总值的比重达到48.8%，较上年提高4.8个百分点。

【价格调控监管】坚持CPI月监测通报制度，充分发挥价格调节基金作用，全省价格总水平保持基本稳定，居民消费价格累计上涨1.6%，完成年初制定的总体调控目标。报请省人大修订了《甘肃省价格管理条例》，修订颁布了《甘肃省定价目录》，政府定价事项由41项减少为12项，减幅达70%；具体定价事项由现行74项减少为45项，减幅达39.1%；放开32项具体定价事项，下放14项具体定价事项。实行收费项目目录清单制度，省级管理的经营服务收费项目由76项减少到17项，减少了77.63%；省级管理的行政事业性收费项目由55项减少到48项，减少了12.73%；取消了省政府定价审批前置服务收费。加大价格监管和反垄断工作力度，扎实开展了教育、银行、涉企收费及药品、旅游、电信等价费专项检查，积极做好成本调查和价格认定工作。

【重点领域改革】一是着力推进公车制度改革。基本完成省级党政机关及参公事业单位公车改革，全面推进各市（州）公车改革。二是大力推进投资审批制度改革。全部下放企业投资项目省级备案权，交由市州实行属地化管理；将使用中央和省级基建资金1亿元以下的市县项目审批权限下放给市州；除政策规定项目外，将核准权限全部下放市州或省直行业部门；政府投资项目初步设计交由省直行业主管部门审批。精简项目核准前置条件，实行“1+3+27”一窗受理、一项一码、一表流转、并联审批。全省投资项目在线审批监管平台建成运行。三是积极推进能源、资源和环境价格改革。制定了《甘肃省电力体制改革实施方案》，组织工业企业与新能源发电企业开展直购电交易，直购电交易电量230多亿千瓦时，规模位于全国前列，大工业电价明显降低；实行煤电联动机制，降低了省内燃煤发电机组上网电价和省内一般工商业用电价格；进一步建立健全居民用水、用气、用电阶梯价格制度，完成非居民天然气价格存量气、增量气价格并轨工作；落实工商业用气同价政策；完成农业综合水价改革试点任务。四是扎实推进生态文明体制改革。推动排污、碳排放交易等试点，落实林业生态红线，庆阳市国有林场改革试点通过国家初步验收。五是统筹推进其他领域改革。开展行业协会商会与行政机关脱钩工作，启动中小城市综合改革试点。

【扩大对外开放】加强与国家“一带一路”建设战略规划的对接，进一步完善“丝绸之路经济带”甘肃段建设“13685”战略，丝绸之路（敦煌）国际文化博览会列入国家“一带一路”战略规划，兰州列入新亚欧大陆桥经济走廊主要节点城市。兰州中川机场、敦煌机场获批成为国际航空口岸，“天马号”、“兰州号”国际货运班列常态化运行。武威保税物流中心运营良好，兰州新区综合保税区封关运营。省政府与国家发改委签署了关于建立推进国际产能和装备制造合作委省协同机制的框架协议，中白工业园甘肃聚馨麦芽生产基地开工建设，白银公司与哈矿集团合作建设30万吨铜冶炼等项目列入国家国际产能和装备制造合作重点国别规划。

【保障改善民生】着力推进精准扶贫精准脱贫，研究制定了《精准扶贫易地搬迁支持计划实施方案》和《贫困村动力电覆盖支持计划的实施方案》，完成易地扶贫搬迁3.5万户17.1万人，解决了547个贫困村动力用电问题以及180.6万农村居民和26.1万学校师生的饮水问题，启动全省光伏扶贫试点工作。岷县、漳县地震灾后重建任务基本完成，2277个重建项目已完工2221项，完工率97.5%；完成投资164.6亿元，投资完成率96%；省内异地安置区住房及公共服务、配套基础设施已经建成，1690户受灾群众搬迁入住。加快棚户区改造和保障性安居工程建设，加大货币化安置力度，实施棚户区改造和保障性住房15.8万套。

【循环经济和节能减排】争取中央预算内投资6.688亿元、专项建设基金6.66亿元，支持循环经济和资源节约项目建设。七大循环经济基地、16条循环经济产业链、园区循环化改造等重点任务加快推进，国家循环经济示范区建设目标基本完成。白银市、临夏市和泾川县入选国家循环经济示范城市（县）建设地区，兰州市、酒泉市入选国家第二批生态文明先行示范建设地区。加快地方节能立法，积极实施省节能环保产业园等重大工程。强化节能降碳管理，积极推进省碳排放权交易中心建设，扎实开展碳排放权交易市场建设前期工作，超额完成国家下达的“十二五”节能及碳强度下降目标。

省发展和改革委员会领导班子成员名单

主　任　赵　春（3月止）
　　　　周　强（5月任）
副主任、省西部地区开发领导小组办公室主任　刘　剑
副主任　陈　波　贠振荣　王　砚
　　　　曹天民
纪检组长　冯　旭
省能源局局长　孟　开
省以工代赈易地搬迁办公室主任
　　　　贾永安

（供稿：王海青）

国有资产监督与管理

【省属国有企业监管】2015年，省政府国资委与所监管企业主要负责人签

订了年度经营目标责任书，各企业主要负责人与副职及分（子）公司负责人签订了经营目标责任书，明确年度经营业绩考核指标，层层落实国有资产经营责任。推动企业降本增效。省政府国资委先后下发3个指导性文件，开展两轮专题调研督导，组织召开现场会指导省属企业深入开展增源节流、增效节支专项活动。通过清理“两金”占用、严控费用开支、实施管理提升等一系列措施，引导企业加强全价值链精益管理。2015年省属企业全年成本费用比预算降低10个百分点，其中管理费用、销售费用分别同比下降6.37%、4.6%。加强企业风险防范，省政府国资委制定下发《省属企业风险投资业务指引》，指导资产负债率高于70%的14户省属企业制定了债务风险防控方案，指导负有外币债务的省属企业积极调整本外币融资规模，指导省国投集团通过担保、过桥等方式为其他实体企业提供融资支持，有效防控债务风险、汇率风险和资本市场风险。

【国有企业经济运行】2015年，受经济下行压力加大、大宗商品价格大幅下跌等因素影响，省属39户监管企业完成营业收入4,971.11亿元，同比增长0.90%；实现利润总额-146.76亿元，同比由盈转亏，减利229.09亿元；上缴税金105.43亿元，同比下降24.90%；完成工业总产值1,376.12亿元，同比下降44.22%；资产总额达8,592.95亿元，同比增长7.4%；所有者权益2,851.96亿元，同比增长1.8%。从总体运行看，多数企业效益稳定，省属39户企业中有24户企业实现盈利，特别是处于全行业亏损的白银公司、靖煤集团、甘肃稀土、华煤集团实现盈利；从行业运行情况看，冶金、煤炭、电力、商贸四个行业整体亏损，亏损额持续扩大；机械、建筑、农业三个行业收入保持平稳增长，效益水平低于上年；金融企业收入效益继续保持双快增长，华龙证券利润同比增长126%。

【深化国有企业改革】重大改革方案制定取得重要进展。省委、省政府先后出台《关于深化国有企业改革的实施意见》《省属国有企业规范董事会建设实施方案》《省属国有企业负责人薪酬制度改革实施方案》《省属企业负责人履职待遇、业务支出管理办法》《关于在深化省属国有企业改革中进一步加强党的建设的若干意见》等配套改革方案，还有部分配套文件已经形成初稿，“1+N”文件体系主体任务基本完成。省属5户企业改革试点及其他企业“一企一策”改革积极推进。省国投集团在创新国有资本投资运营模式、酒钢集团在深化母子公司经营管理体制机制、省公航旅集团在理顺投融平台管理体制强化产融结合、省机场集团在提升公益类企业服务管理水平、八冶集团在规范国有企业发展混合所有制经济等方面积极探索实践，初步形成了一些可复制、可推广的经验做法。其他省属企业有序推进“一企一策”改革，制定改革总方案及146项子方案，组织实施了426项改革任务。重点改革任务深入推进。全面推进公司制股份制改革，省物产集团、省水电工程局完成集团层面公司制改革，13户企业完成股份制改造，26户企业纳入上市后备库，华龙证券、华龙期货在新三板挂牌。加快推进规范董事会建设，初步建立了外部董事人才库，8户企业实现了外部董事占多数。积极稳妥发展混合所有制经济，向社会公布省属企业第二批引进非公资本项目50个；靖远煤电、兰石重装通过定向增发引进非公机构投资40亿元；省国投集团等企业通过发起设立各类基金引进非公资本近50亿元；金川集团引进荷兰托克公司9亿元入股广西金川。深入推进“三项制度”改革，完成了省属企业负责人薪酬制度改革，落实了副职负责人经营责任，授权20户商业类省属企业董事会行使工资总额管理权。各企业结合实际深化劳动用工制度改革，酒钢精减外协劳务人员5000人，开展内部管理人员公开竞聘，2名普通员工成功晋升子公司主要负责人，解聘23名中层管理人员；金川集团精减两级内设机构60多个，转岗分流人员1000多人，清退外协劳务人员500多人；省建投集团严格新录用员工试用期制度，试用期淘汰率达到20%以上，清理规范在编不在岗人员2000多人。

【结构调整转型升级】加快传统产业升级步伐。省列19个重点项目中有5个建成投产，全年完成投资171.61亿元。8户省属企业被列为全省战略性新兴产业发展总体攻坚骨干企业。靖煤集团热电联产项目并网发电，省建投集团“黄河1号”盾构机、52米臂架泵车填补了西北生产企业的空白，八冶集团数控钢筋加工、三毛集团精纺生产线投产。长城电工加快产业链内所属企业的资源整合和产品升级，天水电工电器产业园一期8个项目全部建成投产。农垦集团加快产品深度开发和转化增值，所属药物碱厂通过GMP认证由医药原料生产企业转型为药品生产企业，所属亚盛集团完成引河滴灌成套技术攻关，解决了高泥黄河水不能用于滴灌的世界难题。酒钢通过科技攻关实现碳钢新产品及差异化产品比例首次接近30%，不锈钢差异化产品比例达到32%。加大重组整合力度。整合原省保障房公司、棚改公司资产股权组建了省城乡发展投资集团。完成了省国投集团对三毛集团和兰州电机的重组，将二十一冶公司国有股权委托八冶集团管理。省国投引进北大众志“中国芯”合作发展集成电路产业，酒钢集团引进中建集团合作建设钢结构生产基地，省电投引进韩国LG商事合作建设武威热电联产项目。积极推动酒钢集团与中核集团，长城电工、兰州电机与中船集团、中车集团的对接合作，推动装备制造业向中高端迈进。各企业加大内部资源重组整合，加快清理低效无效资产，有效提高了资源使用效率。积极参与国际产能合作。出台《加快省属企业“走出去”推进国际产能合作实施方案》，明确“1553”跨国经营主体培育目标，举办“2015甘肃‘一带一路’国际产能合作洽谈会”，签订一批国际产能合作项目，白银集团与哈矿集团30万吨铜冶炼项目在两国总理见证下签约。初步建立企业主导、政府推动、优势互补、打捆投资的省属企业走出去新机制。大力发展现代服务业。省电投在厦门自贸区注册成立融资租赁公司，积极引进国内外低成本资金。甘肃股权交易中心全年新增挂牌企业1068户，新增托管企业1049户，实现各类融资141亿元，发展成为西北地区最大的区域性股权交易市场。省物产集团甘肃省物流网8项协同服务功能全部建成开通，已发展会员8000多个，荣获“2015年跨境电商物流模式创新奖”。省科投公司兰州科技大市场网络平台已注册企业、团队2000余家，为科研成果落地转化提供高效服务。省公航旅集团积极筹建地方法人保险公司，省国投集团积极筹备设立融资租赁公司和资产管理公司。

【公司制股份制改革】加速资产资本化、资本证券化，实现国有资本的合理流动和高效配置。制定《关于进一步深化省属企业公司制股份制改革的意见》和省属企业上市工作规划、省属企业新三板挂牌工作推进计划。截止2015年底，甘肃省国资委监管的企业集团层面全面完成了公司制改革，并有序推进股份制改造。白银集团、陇神戎发2户首发上市企业补充完善材料并报送发审委审核；2015年1月13日华龙期货在新三板正式挂牌上市，成为甘肃省首家新三板挂牌的省属企业，也是全国第四家登陆新三板的期货公司;华龙证券2015年10月正式申报新三板挂牌并完成初审;金川科技、西部重工、省融资担保集团3户企业完成变更设立股份公司并启动新三板挂牌；甘肃省产交所、永新管业、天传所有限公司3户企业启动了股份制改制并新三板挂牌工作；白银集团下属南非第一黄金公司启动香港上市工作。

【法人治理结构建设】以建设规范、高效、协同的战略型决策型董事会为重点，推动企业健全完善法人治理结构，制定《甘肃省属国有企业规范董事会建设实施方案》及“三会一层”议事规则指引等26项配套制度，在省属监管企业全面启动了规范董事会建设工作。积极推行外部董事制度，加强外部董事队伍建设，初步建立了外部董事人才库，入库110人，省水利水电工程局、西北永新集团2户省属国有独资企业和金川集团、白银集团、窑煤集团、华龙证券、长风科技、兰州电机6户省属国有控股企业实现了外部董事占多数。稳步推行职业经理人制度，在华龙证券、兰州电机、三毛股份3户企业开展董事会选聘经理层副职改革试点，打通现有经理层副职与职业经理人的转换通道，酒钢集团、兰石集团等企业选择部分二级企业开展职业经理人试点，探索实行市场化选聘和任期制契约化管理机制。

【经营业绩考核】坚持立足当前、着眼长远，强化生产经营指标考核，增加结构调整转型和全面深化改革两项重点工作考核，全面推进副职负责人业绩考核，健全完成年度目标任务的倒逼、约束和激励机制。探索建立与省属国有企业负责人选任方式相匹配、与企业功能性质相适应的差异化薪酬制度，深化企业薪酬分配制度改革，合理确定薪酬水平，规范福利性待遇，健全薪酬监管体制，合理确定并严格规范企业负责人履职待遇、业务支出。出台《甘肃省深化省属国有企业负责人薪酬制度改革实施方案》和《省属监管企业负责人经营业绩考核办法》、《省属国有企业负责人薪酬管理办法》、《省属国有企业负责人履职待遇、业务支出管理办法》等配套制度，授权20户商业类省属国有企业董事会行使工资总额管理权，建立健全企业工资决定和正常增长机制，形成职工收入能增能减的市场化分配机制。

【国有资产监督管理】转变国资监管职能。省政府国资委初步建立了国资监管权力清单和责任清单，梳理86项责任事项和44项权力事项，精简下放审批事项14项。规范出资人审批事项工作流程，加强事中监管、事后评价。各市州国资监管机构也围绕建立权责清单、转变监管职能进行了有益探索。优化国资监管方式。针对不同企业功能定位，在战略规划制定、资本运营模式、经营业绩考核等方面，实施更加精准有效的分类监管。通过“一企一策”修订公司章程、严格选派股东代表和董事监事，将出资人意志有效体现在公司治理结构中。强化出资人财务监督，修订了省属企业财务总监管理办法，向7户省属企业派出了财务总监。强化监事会监督，完成外派监事会的换届入驻，健全协同机制，形成监督合力。推进经营性国有资产集中统一监管。省财政厅、省科技厅、省公共资源交易管理局3个部门完成了所管理企业的改制脱钩，7户资产规模较大的企业纳入集中统一监管。

【国有企业党的建设】“三严三实”专题教育成效显著。按照省委的统一部署，突出问题导向，贯彻从严要求，坚持专题教育与中心工作相结合，认真落实重点环节工作，广大党员干部遵规守纪、廉洁自律意识不断增强，工作作风和精神面貌有了新的转变。严格落实从严管党治党责任，认真履行“一岗双责”，对省属企业党组织发挥政治核心作用情况进行检查评估，开展企业党组织书记抓党建工作述职评议考核工作，加强基层党组织书记示范培训，党建工作责任进一步落实。进一步推动群团工作，加强企业民主管理，积极化解矛盾纠纷，有力维护企业与社会和谐稳定。注重把加强党的领导和完善公司治理统一起来，维护党组织的政治核心地位，细化党组织参与重大决策的规则程序。认真落实“两个责任”，严明政治纪律和政治规矩，持之以恒贯彻落实中央八项规定和省委“双十条”规定，扎实开展“九个严禁、九个严查”、住房清理、违规办理和持有因私出国（境）证件等专项治理。积极配合省委巡视组对省管企业的巡视工作，国资委对所管班子企业开展巡察工作。加强廉洁文化建设，企业领导人纪律意识、廉洁意识进一步增强，反腐倡廉的体制机制进一步完善。

省政府国资委领导班子成员名录

主　任　李沛兴

党委副书记　颜富强

党委副书记、纪委书记　李　晔

副主任　车　洪　谢天德　蒲培文　刘永升

（供稿：闫志恒）

财政预算与管理

【财政预算执行】2015年，全省一般公共预算收入743.9亿元，完成调整预算的100.6%，增长10.6%。其中：省级一般公共预算收入221.7亿元，完成调整预算的100.4%，增长12.8%。全省收入主要项目情况为：税收收入529.8亿元，完成调整预算的96.7%，增长8.1%；非税收入214.1亿元，完成调整预算的112%，增长17.4%。全省一般公共预算支出2958.3亿元，完成调整预算的96.2%，增长16.4%。其中：省级一般公共预算支出695.4亿元，完成调整预算的92.1%，增长17.8%。

全省政府性基金预算收入353亿元，支出352.1亿元。其中省级政府性基金预算收入122.4亿元，完成调整预算的105.6%，增长3.4%；支出88.8亿元，完成预算的86%，增长17.1%。全省国有资本经营预算收入10.1亿元，支出3.4亿元。其中省级国有资本经营预算收入9.5亿元；支出2.8亿元。全省社会保险基金收入582.6亿元，支出532亿元。其中省级社会保险基金收入178.4亿元；支出164.5亿元。

【财税体制改革】按照中央和省委部署，深入推进财税体制改革，先后出台60多项制度办法。一是改进预算管理制度。政府预算体系不断完善，政府性基金预算、国有资本经营预算调入一般公共预算比例明显提高。建立跨年度预算平衡机制，积极推进中期财政规划管理。规范政府举债行为，实行债务限额管理。建立专项资金管理清单，省级财政支持经济社会发展的专项由227项压减到103项。盘活财政存量资金，省级清理收回26亿元，统筹用于扶贫、科技、教育等重点方面。省、市、县全面公开政府预决算、部门预决算及“三公”经费预决算；全省“三公”经费支出比上年下降23.6%。政府综合财务报告试编试点范围扩大到14个市州本级、40个县区。省级18个部门购买政府公共服务项目32项。强化财政监督检查和绩效评价，进一步加大重点政策、重点项目和民生资金落实情况的监督检查力度。二是完善税收制度。严格落实结构性减税和普遍性降费政策，减轻企业税费负担140亿元以上。三是建立事权与支出责任相适应的制度。明确省、市、县三级政府的保障责任，强化市级财政对省直管县财政的业务指导和监管职能。四是深化行政审批制度改革。积极推行简政放权，取消审批事项1项、下放1项、保留4项；梳理确定行政执法职权5项，确定权责事项37项，列入权力责任清单并向社会公开。审批期限由原来的20–30工作日缩短至5–14个工作日。

【保障改善民生】2015年，全省农业、教育、文化、社会保障、医疗卫生、交通运输、住房保障等10类民生支出2366亿元，比上年增长22.6%，占总支出的80%。省级下达资金419亿元，支持完成“十大惠民工程”27件为民办实事事项。教育方面，投入47.25亿元，实施全面改薄工程，义务教育基本办学条件得到根本改善；省财政投入12.96亿元，在58个集中连片特困县区和“两市一县”行政村建设幼儿园2011所；完善学前教育经费投入机制，生均公用经费标准为城市1400元/生/年，农村1200元/生/年；省财政投入13.73亿元，为184万农村中小学生提供了免费营养餐；安排4.13亿元，支持18所高职和中职学校基础能力建设。积极支持科技文化事业发展，设立20亿元的兰白科技创新改革试验区技术创新驱动基金；补助各级博物馆、纪念馆、三馆一站、大型体育场馆免费开放资金3.09亿元；省级安排文化产业专项资金2亿元。各类社会保障标准普遍提高，城市、农村低保标准分别提高10%、11%，城乡居民养老保险月人均补助标准提高20元，城乡居民医疗保险财政补助由年人均320元提高到380元，企业退休人员养老金标准提高10%。机关事业单位在职和离退休人员调资政策落实到位。

【支持精准脱贫】全力支持脱贫攻坚“一号工程”。加大投入力度，整合涉农资金，以“六大突破”为平台，统筹整合20个部门管理的项目资金440亿元，切块下达到县，集中用于贫困地区精准脱贫，增强了县级政府统筹使用资金的主导权。实施精准扶贫专项贷款工程。与银行联手为全省建档立卡贫困人口量身定做“精准扶贫专项贷款”，财政和银行按照7:3的比例出资设立10亿元风险补偿基金，撬动银行贷款。截止2015年底，已发放到户213亿元，惠及47万户、200万贫困人口，户均4.5万元。持续推进“双联”行动。坚持把“双联”作为践行宗旨意识密切联系群众的重要纽带和桥梁，常抓不懈。2015年，省财政厅345名干部先后分期分批进村入户176批次、8940天，蹲点开展工作，制定帮扶计划，培育增收项目，提供致富技能，解决实际困难。特别是协调实施了一批村社道路硬化、人畜饮水工程、村级活动场所等民生项目，联系村面貌发生了重大变化，人均纯收入增幅超过20%，15个村中有7个村实现整体脱贫。

【争取中央支持】2015年中央对甘肃各类补助达到1957亿元，比上年增加149亿元。争取地方政府债券482.7亿元，比上年增加369.7亿元。中央财政在易地扶贫搬迁、城市地下综合管廊建设、小微企业创业创新和国外贷赠款项目等方面给予了大力支持。

【集中财力办大事】充分发挥财政资金杠杆作用，撬动社会资金，有力支持经济社会发展。支持重点项目建设。累计拨付资金362亿元，支持铁路、公路、水利等基础设施建设；拨付兰州新区职教园区启动和建设资金4.9亿元，保障职教园区建设顺利推进。支持创新驱动战略，设立20亿元兰白试验区技术创新驱动基金，通过风险补偿、参股投资、股权激励等方式，撬动社会资本投入兰白试验区建设；筹资3亿元，设立战略性新兴产业创业投资引导基金，预计带动社会投资12亿元。推广运用政府和社会资本合作（PPP）模式。先后两次向社会推介重大项目220个，总投资4510亿元，拟吸引社会投资2142亿元。兰州轨道交通二号线一期工程等4个项目入选财政部第二批示范项目名单，通过率达到44%，西北第一，全国第九。

【财政监督】完善嵌入业务流程的监督机制，优化监督职能，拓展监督范围，提升监督成效。一是推进预算同步监督机制，实施预算编制全覆盖、全流程监督。制定了《2016年部门预算编制审核要点》，按照部门预算“二上二下”程序实施全流程、部门全覆盖审核监督，对新增项目未评审、测算不严格、依据不充分，项目名称不规范、编制内容不细等问题提出意见建议，确保预算编制更加规范合理。二是强化预算执行全过程控制。严格落实资金分配和项目安排厅长办公会议研究制度，督促业务处室做好资金分配前的评审工作，全程监督相关处室项目评审，保证评审结果公开、公平、公正。对2015年省级部门申报的所有项目支出绩效目标，进行了全覆盖审核监督。

省财政厅领导班子成员名录

厅　长　张勤和

省属国有金融机构监事会专职主席

范冬菊（女）

副厅长　赵喜泉　陈牧原　杨之春

石培文　祁建邦　田国林

纪检组长　焦　石

财政监督检查局局长　谢　德

（供稿：魏　巍）

国家税务

【税收收入】2015年，全省国税部门组织税收收入676.31亿元，增长14.48%，增收85.53亿元，收入增幅位居全国国税系统第5位，位居西部12省、丝绸之路经济带9省、西北5省第1位，首次突破600亿元关口。全年税收收入运行有六大特点：一是税收快于经济增长，收入呈现季度均衡。一、二、三、四季度分别累计完成全年计划的26.81%、56.21%、80.38%、103.25%。二是全省增速快于全国，部分税种增速靠前。全省国税收入增速高于全国平均税收增长速度（5%）9.48个百分点。增值税、消费税、企业所得税和车辆购置税增速分别位居全国第21、11、2、11位。三是各级收入全部增长，地方级增速位居西北之首。完成中央级收入554.68亿元，增长15.73%；完成地方级收入121.63亿元，增长9.1%，地方级收入增速位居西北5省第1位。四是三产增速快于二产，三产增速居全国前3。第二产业完成国税收入490.72亿元，增长13.17%；第三产业完成国税收入185.3亿元，增长18.18%，第三产业增速快于第二产业501个百分点。五是主体行业四增两减，新兴产业增长快于传统产业。石化、卷烟、商业、电力、冶金和煤炭等6大传统产业分别完成税收260.24亿元、99.65亿元、83.9亿元、31.95亿元、36.81亿元和13.02亿元，分别增长38.7%、1.43%、13.69%、1.52%、-19.23%、-31.22%。但金融、汽车制造、医药制造、商务服务、信息传输和技术服务、电器机械等新兴产业税收分别增长85.58%、59.44%、18.01%、17.88%、12.5%、8.77%。六是中心带动作用明显，兰州新区税收跨越增长。兰州完成国税收入353.22亿元，占全省的52.23%，首次占据全省的半壁江山，兰州新区完成国税收入2.46亿元，同比增长59.95%，税收跨越增长的态势明显。

【税收法治】落实行政审批改革，取消71项非行政许可事项，保留法律规定的7项行政许可事项并将其中4项许可事项下放基层审批。从6月1日起在全省推进“三证合一”，实现了税务登记无纸化，从10月1日起与全国同步，对新设立企业全面实行了“一照一码”登记制度，工商部门共向国税部门传递“一照一码”登记企业5349户。

【税收政策落实】2015年全省国税系统共办理各类减免（退）税98.53亿元。其中，减免增值税28.46亿元，消费税39.70亿元，所得税20.78亿元，车购税3.39亿元，出口货物退（免）税6.20亿元。全年共为小微企业及个体工商户免征增值税7.83亿元，为小微企业减免企业所得税2357.82万元。做好营改增扩围，全省试点纳税人达到39301户，年内共新增试点纳税人15680户，累计实现改征增值税48亿元，整体减税9.2亿元，总体减税面达到97%。落实国家3次提高成品油、1次提高卷烟消费税税率和开征电池、涂料消费税政策，共增加税收58.82亿元。扩大农产品试点核定范围，全省增值税进项税额核定扣除行业达到14个；主动将全省白酒消费税最低计税价格降低5%。

【纳税服务】全面推行税务行政审批事项“统一受理、内部流转、窗口出件、限时办结”审批流程，在50个办税服务厅国地税互设窗口、互派工作人员。开通网上办税服务厅和手机APP报税等功能，协调邮政部门在13个市（州）、57个县（市、区）、159个网点开展税款委托代征和代开发票业务。纳税人满意度与2014年得分相比增加9.09分，在全国排名比2014进步16位。推出“税银通”等服务品牌，先后与15家商业银行联合签订了税银合作框架协议，各银行推出13个金融产品，为全省8381户企业发放贷款285.47亿元（其中信用贷款16.62亿元，基于信用的其他贷款268.85亿元）。深化国地税合作，全省国地税联合办理税务登记57802户，定期交换数据2亿余条，代征地税收入1.66亿元。。

【税收征管】开展专项检查和专项整治，入库税收收入10.94亿元，调减增值税留抵税金242万元，调减企业申报亏损额8964万元。省国税局成立风控中心，使用25个指标对21个税收风险项目进行分析，识别出160358户次风险纳税人。全系统累计推送实施风险应对的纳税人31072户，已采取应对措施31010户；通过风险应对查补入库各类税款8.62亿元，调减增值税留抵金额7738万元，弥补企业所得税亏损7.30亿元。各项征管措施累计增税31.78亿元，堵漏增收工作得到了税务总局肯定。

【大企业税收服务与管理】加强大企业管理，开展税务审计和风险管理补税1.38亿元；自主研发上线大企业税收管理服务平台。组织实施4户国家税务总局定点联系企业和2户省国税局列名大企业的全流程税收风险管理，补征税款4500万元，形成了银行、电力等6个行业和关联交易、股权转让等4个事项的风险管理指引。组织召开全省大企业税企高层恳谈会，现场解决72条企业涉税诉求。

【国际税收管理】落实"一带一路"税收协定，对8户非居民企业办理了10次非居民享受税收协定待遇相关手续，减免税额402.89万元。

【税务稽查】开展专项检查和专项整治，入库税收收入10.94亿元，调减增值税留抵税金242万元，调减企业申报亏损额8964万元，向公安机关移送涉嫌犯罪案件42起。严厉打击发票违法犯罪活动，查处发票违法案件640起，查处违法发票12万份，捣毁假发票窝点2个。落实"黑名单"制度，与省内20个成员单位联合开展"黑名单"惩诫，公布曝光涉税违法案件93起（次）。

【人事管理】制定了《关于加强全省国税系统领导班子建设的意见》，推进领导干部交流轮岗，全年共交流调整处级领导干部64人次，交流调整县（区）局长28个，交流调整县（区）局纪检组长38个。安排5名缺乏基层工作经历和2名副处级领导干部到市挂职锻炼；安排9名副处级领导干部到市（州）局和省局机关处室主持工作；选调2名县（区）局领导到省局挂职专项负责联村联户、精准扶贫工作。选拔确定了38名正处级后备干部、133名副处级后备干部。

【教育培训】2015年共举办各类培训班1722期，培训干部65488人（次）、164118人（天），其中省国税局举办培训班51期，培训干部3635人次、31843人天；依托税务总局网络学院开展岗位大练兵活动，以师带徒、以老带新等多种形式持续开展岗位培训。

【执法督察和巡视工作】全年共开展了4次对下实地督查，将全省国税确定的10个方面、68项具体工作挂单管理、全程督导。2015年共下发督查督办通知104件，涉及170个事项。对定西、陇南、平凉、庆阳开展巡视，发现各类问题324个。对发现的54个普遍性问题在全省范围下发通报，要求整改落实。

【纪检监察】制定国税局党组落实党风廉政建设主体责任和纪检监察部门落实监督责任两个实施细则，分解任务清单24类共59项。成立税收执法和廉政风险防控中心，对涉及税收执法和违反中央八项规定、财经纪律、工作纪律的38起案件进行了立案查处，给予党纪政纪处分72人，组织处理96人次，移送司法机关11人。对6名市国税局班子成员、20名县国税局班子成员、28名分局长分别给予了党纪政纪处分。对24名纪检监察干部因监督不力进行了责任追究。开展明察暗访正风肃纪，对69个县区开展明察暗访26次，发现中央八项规定精神落实、工作纪律、纳税服务等方面的问题191个，涉及责任人260人，分别给予通报批评153人次，经济惩戒51人次、绩效扣分56人次。

【税收宣传】《甘肃探索"税银合作"为小微企业融资开新路》刊登在新华社《内参选编》第1期，甘肃国税支持小微企业发展的做法和推动国地税合作的做法被新华社《国内动态清样》综合稿件采用。有23篇新闻稿被新华社、人民日报社、《经济日报》和《中央电视台》报道。

省国家税务局领导班子成员名录

局　长　韩月朝

副局长　张　敬　刘　虎

　　　　赵应堂　向　宇

纪检组长　任强华

总审计师　张佩峰

总经济师　徐善忠

总会计师　陈　波

地方税务

【税收收入】2015年全省地税系统共组织地方税收508.16亿元，完成年度目标任务的100.1%，增长10.1%（若剔除2014年"营改增"因素形成的2.5亿元收入基数，同口径增长10.7%）；比全国税收5.0%的平均增幅高5.1个百分点，比全国地税6.9%的平均增幅高3.2个百分点，增幅分别位居全国地税和西部省份地税系统第9位、第2位。

2015年地方税收第二、三产业分别入库246.59亿元、261.57亿元，增长6.5%、13.7%，对地方税收增收贡献率为32.4%、67.6%；产业结构比由2014年的50.2:49.8调整为48.5：51.2。公有制和非公有制经济税收普遍增长，分别入库239.18亿元、268.98亿元，分别增长8.8%、11.3%，对地方税收增收贡献率为41.6%、58.4%。中央级和省级税收高速增长。中央级和地方级税收分别入库67.24亿元、440.92亿元，分别增长19.9%、8.8%。地方级税收中，省级税收入库135.74亿元，增长18.6%；市级税收入库114.57亿元，下降5.8%；县级税收入库190.61亿元，增长12.5%。主体税种较快增长，拉动力依然强劲。营业税、企业所得税、个人所得税、城市维护建设税和教育费附加五项地税主体税种入库395.46亿元，占地方税收总量的77.8%，增长11.8%，对地方税收的增收贡献率为89.3%；资源税、房产税等小税种入库112.71亿元，增长4.6%。税收优惠政策发挥积极作用，减负效果明显。2015年全省地税系统共为纳税人减免地方税收32.88亿元，相当于全省地方税收总量的6.5%，其中减免小微企业和个体工商户税收4.52亿元。

【费金收入】2015年全省地税系统共组织社会保险费收入292.13亿元，增长5.9%;甘肃教育附加等其它收入19.66亿元。

【税收政策落实】落实小微企业税收优惠政策，2015年全省享受小型微利企业优惠政策企业4595户，实际受惠面100%。全年累计减免小微企业所得税1962.48万元，户均减免0.42万元；与2014年同期相比减免税额增加505.56万元，上升34.7%；户均减免税提高0.01万元。

【税种管理】规范营业税管理，加强委托代征，夯实城建税征管基础。强化企业所得税、个人所得税、财产行为税管理，做好煤炭、原油资源税改革。加强土地增值税清算，土地增值税预征入库1.51亿元，清算入库1.19亿元。全面开展以地控税、以税节地工作，加强存量房交易、契税、城镇土地使用税、耕地占用税日常管理。完善应用房地产评估技术，做好车船税管理子系统上线工作。

【税收征管】落实国地税协作工作，顺利完成金税三期工程（优化版）上线，扎实做好“三证合一、一照一码”登记制度改革，2015年全省地税系统纳入金税三期工程系统新增“一照一码”户数3938户，占总户数33.79%。扎实开展漏征漏管户清查工作，全面做好财税库银横向联网（优化版）上线和《全国税收征管规范》落实推广工作。

【大企业税收服务与管理】推进分集团税收风险管理，组织开展6户国家税务总局定点联系企业和2户省属企业税收风险管理专项工作，共查补税款1884.77万元。夯实大企业税收管理，深入开展税务风险内控调查测试，推进运用大数据加强大企业税收服务与监管试点，完成大企业税收快报报送分析。

【政务管理】编报信息108期、3484条，被省委、省政府和国家税务总局采用29条、被国务院办公厅采用4条，1条得到国务院领导批示。规范信访工作，收到信访信件7起，办结7起；受理群众来访1起，妥善处置涉税舆情6起。提升办文办会质量，强化档案信息化建设，加强保密、网站、机关制度建设和应急值守工作。

【人事管理】甘肃省地税局下设16个市(州、兰州经济技术开发区、兰州新区)局、92个县（市、区）局。省局机关内设职能处室和直属单位21个。全系统在职干部职工6921人，平均年龄42.5岁。不断深化干部人事制度改革，进一步加强干部调配管理，积极推进机构编制实名制。

【教育培训】2015年省局共举办各类培训班20期，培训人员1000多人（次）。重点举办了第二期全省地税系统业务骨干培训班、省局机关综合业务考试及全系统稽查能手选拔考试工作。

【纪检监察】强化纪检监察队伍建设及干部作风建设、预防职务犯罪工作。坚决落实主体责任和监督责任，2015年共受理举报案件85起。省局纪检组直接办理8起，办结7起，函询5件，查处2起，约谈1起。

省地方税务局领导班子成员名录

局　长　吴仰东

副局长　白继成　郭晓霭（女）

　　　　邢　军　董建平　师学礼

　　　　王　路（女）

纪检组长　万凌云（女）

（供稿：徐明霞）

工商管理

【市场主体稳步发展】2015年度，全省新增市场主体23.78万户，注册资金3273.22亿元，同比分别增长16.3%、21.5%。全省市场主体总量达到128.03万户，注册资金达到1.82万亿元。私营企业和个体工商户累计从业人员达370.35万人。

【商事制度改革】全面推进“三证合一”改革。在甘南试点的基础上，6月份在全省全面推行“三证合一”改革，10月份与全国同步实行“一照一码”改革。全年累计发放“三证合一”营业执照10.31万份。积极推进“先照后证”改革。严格按照国务院要求，将134项前置审批项目改为后置，对所有后置审批事项主动履行“双告知”职责，确保工商登记和审批监管有序衔接。全面清理行政许可及行政备案管理事项，取消和下放行政审批及备案事项6项，保留17项。深入推进工商登记注册便利化改革。在全面实行注册资本认缴制、简化住所登记手续、实施电子化登记管理、取消各类收费项目等便利化措施的同时，将绝大部分登记事权调整下放到市县工商机关，下放冠以“甘肃”字样的企业名称核准权，推行企业名称预先核准和变更通知书就近属地领取制度，得到工商总局的肯定和推广。牵头开展“丝绸之路经济带商事制度国际合作企业投资注册便利化”课题研究。

【梳理公开“权责清单”】按照“三张清单一张网”要求，完成了部门权力清单和责任清单的梳理汇总工作，共整合清理行政权力301项，公共服务事项11项，责任事项2103项，追责情形2636项，已全部向社会公示。清理出行政职权运行流程图清单334项，行政处罚自由裁量基准清单234项，“双随机”抽查事项清单214项，信访投诉途径清单66项，经省审改办审核通过后已在“甘肃政务服务网站”发布。

【反垄断反不正当竞争执法工作】以电信服务、公共交通运输、水电气供应等为重点，着力查处公用企业限制竞争行为。抓住市场竞争中多发易发的热点问题，积极拓宽执法领域，加大对传统领域和互联网等领域各类不正当竞争行为的查处力度。认真做好消除地区封锁、打破行业垄断，依法制止滥用行政权力排除、限制竞争行为。加大商业秘密保护力度，集中整治侵权仿冒、商业贿赂等不正当竞争行为。组织开展打击传销集中行动，联合省综治办、省公安厅制定了《甘肃省创建无传销城市考评认定办法》及《实施细则》，与在甘直销企业签订了《规范经营责任书》，天水“五级联动”创建无传销城市取得明显成效。

【清查整治投资类公司非法集资】报请省政府出台了《甘肃省投资类企业管理暂行办法》，制定《处置非法集资突发事件应急预案》，切实加强对投资类企业的规范和监管，全省投资类公司的户数由3612户减少为2760户，减少852户。其中，变更604户，注（吊）销245户，查无下落904户，立案调查82户，收缴罚没款104万元，移送公安机关涉嫌非法集资案件33起，这一领域案件频发事态得到有效控制。按照“分级登记、属地监管”的原则，明确了省市县所四级监管责任，实行属地监管，落实责任包干制，与投资类公司逐户签订《诚信经营承诺书》，逐户印发《投资类公司规范经营告知书》《工商局警示提示》，实行“三牌”（工商部门的警示提示牌、企业的经营项目牌和收费标准牌）上墙公示制度，进行风险提示。同时，加大清查整治力度，对不适合开展投资业务的公司，变更其经营范围及名称；对查无下落、拒不配合检查或已实施了处罚的企业，通过媒体进行公告，并按照《企业信息公示暂行条例》规定列入经营异常名录或“黑名单”进行公示；对经营异常的，分类进行处罚，直至吊销营业执照；对构成犯罪的，移交公安部门立案查处，有效防止了监管空白。

【成品油质量监管】8月份，对全省14个市州的部分加油站开展了成品油抽检，抽检率20%，监测品种涉及0#车用柴油、93#车用汽油、97#车用汽油，抽检成品油经销企业（加油站）104户，抽检成品油（汽柴油）248个批次，不合格15个批次，合格率93.5%。根据抽检结果，对“中石油甘肃分公司”进行了约谈，督促其加强油品质量监管，并指导各市州对销售不合格油品的行为进行依法查处。

【《甘肃省消费者权益保护条例》颁布实施】积极推动并参与地方立法，颁布实施《甘肃省消费者权益保护条例》，成为全国第二个配套新《消法》修订完成地方条例的省份，并在全国工商系统做了交流发言。《甘肃省消费者权益保护条例》于2015年7月31日经省人大常委会审议通过，并于9月1日正式施行，该《条例》为促进消费发展、构建和谐消费环境、提振消费信心提供了有力的制度保障。

【消费教育引导】以“携手共治、畅享消费”为主题，开展了3·15“国际消费者权益日”系列宣传活动。编印2014年《消费维权蓝皮书》，发布2014年流通领域商品质量抽检报告和典型案例等；召开新闻发布会，向社会宣传工商部门消保维权工作成就；开展3·15大型宣传咨询活动，向市民宣传新《消法》；召开新《消法》实施一周年座谈会，邀请政府相关执法部门、行业协会、消费者、经营者代表参加座谈，促进消费维权工作水平提升；积极组织市州做好新《消法》配套规章和规范性文件宣传培训。

【重点领域消费维权】针对重点领域存在的突出问题，开展专项整治行动，严厉查处和打击各类违规违法行为。针对消费者对汽车销售服务领域的投诉不断攀升的突出问题，3月下旬至6月底开展汽车销售服务领域专项整治，重点检查对汽车销售服务领域存在的强制搭售、违规加价、不按合同履约等侵害消费者合法权益的违法违规行为；以儿童服装、童鞋、儿童玩具、童车、儿童安全座椅等为重点品种，集中力量对儿童用品经营者开展全面执法检查；针对媒体反映的兰州市部分酒店在承接婚礼喜宴中存在收取消费者婚庆入场费的现象，部署兰州市工商局对涉嫌侵犯消费者自主选择权和公平交易权的违法行为依法进行监督检查。2015年度，全省共查处侵犯消费者权益案件634起。

【合同监管】开展利用合同格式条款侵害消费者权益违法行为专项整治行动，重点对旅游、银行、电信等行业中经营者利用合同格式条款免除自身责任、加重消费者责任、排除消费者权利等违法违规行为进行集中整治。全省工商系统共检查银行业、电信业等各类企业2280多户次，检查银行业、电信业合同文本17个种类合同16410份，经营门店10240多户次，约谈企业800余次，下发《行政建议书》95份，《责令整改通知书》47份，查处各类经营门店利用格式合同排除消费者权利案件20件，罚款16.23万元。加强动产抵押、拍卖等监管工作，强化服务意识，优化动产抵押登记办理流程，全面推行一审一核、当场办结、工商所办理抵押登记等措施，解决中小企业融资难题。全年共办理拍卖会备案44起，现场监督18次，成交金额30.9亿元。

【商品质量监管】强化流通领域重点商品质量监管，对16个品种1025个批次的商品实施抽检，及时公布抽检信息并对问题商品开展市场清查。发挥消协组织社会监督作用，关注供暖供气、物业服务、汽车售后等民生热点问题，通过函询建议、新闻曝光等方式，推动政府部门依法加强监管、经营者主动履行法定义务，构建了消费维权的社会共治新机制。全年共受理消费投诉举报16.71万起，挽回经济损失2997多万元。12315指挥中心被中央文明委授予“全国文明单位”称号。

【查处各类经济违法案件】2015年度全省工商系统共查处各类经济违法案件12570件，案值11391万元，其中，竞争执法案件2947起，农资案件483起，侵犯消费者权益案件634起，商标广告案件848起，捣毁传销窝点35个。

【“红盾护农”行动】在全省开展了“红盾护农百日农资打假保春耕”专项行动，与农资经营户签订《不销售假冒伪劣商品责任书》，下发《行政指导意见书》53份，取缔无照经营6户。在全省开展了流通领域农资商品质量定向监测工作，把农资打假与创建“百户农资放心店”相结合，抽检农资商品172个批次，合格100个批次，不合格32个批次，

2015年2月4日，全省非公经济十大杰出企业家评选揭晓

合格率75.8%，不合格率24.2%。

【网络商品交易监管】省工商局成立专门机构，加强网络交易监管力量，制定网络商品交易监管平台和电子数据证据取证实验室设计方案，加大线上线下监管力度。开展网络市场经营主体备案，备案网络市场经营主体861户，并核发了“工商网监”电子图标。开展“利用互联网擅自销售彩票”、“互联网危险物品信息发布”、“平台网站专项检查”等专项整治工作。在全省范围内开展“2015红盾网剑”行动，严厉打击通过互联网销售假冒伪劣商品和侵犯商标专用权行为，净化了网络购物环境。

【“诚信市场”创建】组织开展2015年度诚信市场创建活动先进单位和诚信示范市场工作，有28个诚信市场创建活动先进单位受到表彰，向国家工商总局推荐2014—2015年度诚信市场创建活动先进单位5个、诚信市场3个。积极开展推荐省级2013—2014年度“守合同重信用”企业公示活动，有465户企业被确定为2013—2014年度“守合同重信用”。深化平安创建活动，制定了《甘肃省关于开展平安市场创建活动的实施意见》《甘肃省平安市场考核细则》，组织开展平安市场创建活动，促进社会管理综合治理。

【企业信用信息公示】按照国家工商总局发布的行业和技术标准，积极推动“全国一张网”建设，建成运行了“甘肃企业信用信息公示系统”，把市场主体登记备案信息、年报信息及部分行政许可信息、经营异常名录信息、行政处罚信息等归集到一个系统和具体企业名下，与全国企业信用信息公示系统联网运行。截至年底公示市场主体信息653万条，日均访问查询量7.1万人次，总访问量达到4413万人次。

【落实“双公示”制度】加强政策宣传解读，指导并督促企业履行信息公示义务，2013年度年报公示率达到93.98%，2014年度达到80.16%。组织开展对公示年报信息的抽查检查，对被列入经营异常名录的4.66万户企业、被标记为经营异常状态的31.49万户个体工商户向社会公示，首次发布了《甘肃省企业年报分析报告》。认真开展行政处罚一般性案件信息公示，通过制定《行政处罚信息公示内部流程规范》、建立督导通报机制等措施，推动行政处罚公示工作走向常态化，已公示案件信息2009件，公示率达到88.42%。

【市场主体抽查】制定实施《市场主体抽查监督管理办法（试行）》，将市场主体公示信息抽查和市场主体经营行为抽查有机结合，探索建立以定向抽查和不定向抽查为核心、以投诉举报为补充的新型市场监管方式，甘肃成为全国首个全面实行抽查制的省份。年内全省共开展不定向抽查269次、定向抽查4次，抽查检查经营户6.5万户。

2015年9月30日，省委常委、副省长李荣灿（左一）向商户颁发甘肃省首张“一照一码”营业执照

【建立协同监管和联合惩戒机制】报请省政府办公厅印发了《关于做好企业信用信息公示与共享工作的通知》，与省发改委等38家部门联合签署了《失信企业协同监管和联合惩戒合作备忘录》，与17家部门实现了企业信用信息的交换共享或互联互通，共交换共享信息251.5万条。建立部门信息互查机制，在政府采购、工程招投标、国有土地出让、银行贷款、授予荣誉等方面，对被列入经营异常名录企业予以限制和禁入，“一处违法、处处受限”的监管格局正在形成。

【非公经济】省政府出台《关于进一步促进非公有制经济发展的意见》，进一步加强政策引导，加大资金投入，搭建服务平台，营造宽松环境。省工商局会同省财政厅和甘肃银行联合出台《甘肃省小微企业互助贷款风险补偿担保基金管理暂行办法》，采取政府提供“风险补偿金”，企业提供“互助担保金”，银行发放贷款的方式，组建小微企业互助贷款风险补偿担保“基金池”，撬动银行放大贷款，有效解决了非公企业反映最多、最大的融资难、融资贵等问题。省财政厅已注入资金1.6亿元，可放大贷款100亿元以上。全省非公经济发展取得了重大突破，非公经济已经成为促进全省经济增长的主力军、税收的主来源、新增就业的主渠道，已经成为稳增长、调结构、惠民生的重要引擎和新的经济增长点。

2015年，全省非公经济市场主体达到124.66万户，同比增长16.24%，占市场主体总数的97.36%。1—12月份，全省新增私营企业50974户，同比增长13.75%，新增注册资金2303.84亿元，同比增长22.26%；新增个体工商户17.07万户，同比增长14.41%；全省完成“个转企”4945户，占全年任务的164.83%。2015年全省非公经济实现地方税收收入249.85亿元，同比增长3.37%，占全省地方税收收入总额的49.17%；税收入库168.67亿元，其中增值税82.55亿元，消费税15.95亿元，企业所得税36.48亿元，车购税及储蓄利息个人所得税33.69亿元。全省非公企业进出口总额374.2亿元，占全省进出口总额的75.3%，其中出口336.2亿元，占全省出口总值的93.1%。

【非公党建工作】全省各级工商部门和非公企业党工委坚持“围绕发展抓党建，抓好党建促发展”的总体要求，充分发挥“两个作用”，大力推进“先锋引领行动”，广泛开展“建设小康先锋岗（号）”、“三亮”和“三岗联创”活动，不断扩大“两个覆盖”，深入打造非公党建“升级版”，党组织和党的工作覆盖面不断扩大，党组织和党员作用发挥不断增强，实现了党建工作与企业发展互促共进，“甘肃经验”在全国工商系统介绍推广。2015年度，全省非公有制经济组织共有党员90822名，有党组织21225个，提合理化建议6623条，间接或直接创造价值2.66亿元，党组织覆盖率达到29.1%，比上年同期提高9个百分点，实现了规模以上非公企业、有3名以上正式党员或职工人数50人以上的企业100%建立党组织。

【规范广告市场秩序】联合省委宣传部、省金融办等部门联合制定发布《甘肃省金融属性类广告发布监管办法》，完善《甘肃省整治虚假广告联席会议工作制度》，印发《广告监督管理工作要点》《进一步规范广告监测大数据中心平台使用的通知》《开展整治虚假违法广告专项行动实施方案的通知》，依托信息化科技手段，建成运行广告监测执法“一系统三平台”，实现了对省内媒体的全天候监测，推动全省的虚假广告整治工作。完善广告联席会议工作机制，强化部门间联动响应，非法集资、医药、食品等重点领域的广告违法行为有所下降。组织主要媒体召开5次座谈会、约谈会，强化社会责任感，切实维护公平竞争、诚信有序的广告市场环境。

【推进“商标兴省”战略】制定《甘肃省工商行政管理局深入实施国家知识产权战略行动计划（2014—2020年）》，推动商标“五个支撑体系”建设，深入开展“双打”行动，重点查办跨区域、倾向性、社会公众反映强烈的商标侵权案件。坚持“培育一批、扶持一批、申请核准一批、规划储备一批”的商标培育发展思路，增加注册商标数量、提高商标品牌质量，全年新增注册商标6724件，中国驰名商标8件；新认定和续展甘肃省著名商标229件；深化“商标富农”机制在双联工作中的运用，新增地理标志证明商标2件。进一步建立完善省、市（州）、县（区）、所四级分别以驰名、著名、知名、注册商标培育保护为主的分层分类监管服务工作机制。针对甘肃农业大省的特点，组织十多家企业参加第十九届中国东西部合作与投资贸易洽谈会，举办全省地理标志商标培训班，支持帮助甘肃特色商标注册、创牌和保护工作，努力提升甘肃特色商标品牌档次，服务地方经济社会发展。

【信息化建设】推进工商业务与信息技术的深度融合，扩充完善一体化的综合业务应用平台、公共服务平台和内部管理平台。建设运行企业信息公示系统，实现经营异常名录管理、动产抵押等27项公示功能；开发运行“三证合一”并联审批系统、企业信息公示交换平台、随机抽查监管系统，为商事制度改革和部门间信息互通共享、业务协同提供了强大技术支撑。建成工商“云平台”，推进市场主体大数据及“网上工商”建设，完成137万项数据核查及校验工作，并实现统计报表相关数据从业务数据库直接生成。努力加快12315投诉举报、行政执法、网络监管、广告监测、效能监察、政务服务等系统的开发建设或升级改造，形成“网上统一受理、后台联动办理”的一体化应用体系，推动“网上行权”。加强与第三方合作，开展技术交流，通过多元化采集和主题化汇聚，探讨建立工商大数据资源体系和分析系统，延长工商数据价值链，不断提升信息化软硬件支撑能力。

【基层基础和干部队伍建设】制定《关于加强新形势下基层建设的实施意见》，联合省发改委修订完善《基层工商所建设项目管理办法》，建立了多元化筹资、多形式建设、规范化管理的工商所项目建设新模式。2015年安排工商所新建及维修项目共61个，总投资3029万元。扎实开展“三严三实”专题教育，重点整改“不严不实”的问题，持续加强机关作风效能建设，促进了全省系统政风行风不断转变，“四风”整治取得明显效果。深化与国家工商总局行政学院、省委党校等省内外高校的合作，高层次开展干部教育培训，共举办各类培训班33期，培训5499人次，培训面达到50%以上。

省工商局领导班子成员名录

局　长　郭承录

省非公企业工委书记　万泽刚

副局长　万泽刚　苏文辉　邓晓龙

陈其寿　秦　玮　宋金圣

侯中甲　任丽梅（女）

纪检组长　尹正德

（供稿：白春鸣）

统计工作

【统计服务】强化经济运行监测分析，及时预警经济运行中出现的新情况、新问题。坚持与调查总队联合召开月度经济形势分析会，坚持与工信委联合召开重点企业座谈会，适时与发改委联合召开投资分析会，研判经济运行走势；每月向省政府常务会汇报经济运行情况，为省委、省政府把握经济走势、部署指导工作提供参考依据。强化专题调查和课题研究。围绕省委、省政府中心工作和重大决策部署，针对经济和社会生活中的重大热点难点问题，采取省领导圈题方式确定并完成15篇重点课题，其中12篇得到省领导的批示。进行非公经济核算测算。根据第三次经济普查数据，测算了全省2013年非公经济增加值，为省委省政府考核评价非公经济提供了数据支撑。主动开展“大调研”、“大分析”活动，多次组织调研组深入市县、农村、企业进行实地调研，详细掌握主体经济、区域经济发展态势，以微观调研支撑宏观分析，提供专题调研报告，服务科学决策。拓展社会公众服务，开通微信公众服务平台，及时发布统计数据，充分展示经济发展和统计工作成果；按季召开全省经济形势新闻发布会，积极解疑释惑；积极开展“中国统计开放日”宣传活动，改进政府信息公开，有效增强统计透明度。

【统计改革】全面实施投资改革试点，学习借鉴全国投资改革试点经验，在白银试点的基础上扩大到全省。加强培训、组织试填试报，抽查检查数据质量，核查比对确认投资项目，及时发现和解决试点中存在的问题，做好联网直报准备工作。稳步推进服务业统计改革，通过联网直报即报即审即验，科学运用内外部统计数据严格评估服务业调查数据，采取核查和调研相结合的方式开展检查，把好服务业数据质量关。有序开展规模以上服务业月报工作，电子商务统计取得阶段性成果。在全省2200多家限额以上批发和零售、住宿和餐饮企业全面开展网上零售额统计，完成全省第三方电子商务交易平台摸底清查工作，116家企业实现按月报送网上零售额统计数据，实现了每月出数，第三方平台按季反馈。能源统计改革取得实质性进展，完成能源消费总量数据调整衔接的改革工作任务。试填试报新兴业态统计，选取兰州市3家大型购物中心，从2015年7月份开始进行商业综合体试填试报。

【统计监测】战略性新兴产业统计监测取得新进展，核实认定第一、二批共38户战略性新兴产业骨干企业，并开展重点骨干企业月度数据的收集、核对及汇总，正在核实认定第三批重点企业。进一步完善战略性新兴产业统计体系，与国家产业目录作了对接；按季向省政府提供全省战略性新兴产业核算数据。加强全面小康监测基础工作，全面开展市县检测，严管监测数据。统筹扶贫与小康，提供统计服务，开展六盘山片区贫困县全面小康监测工作，分析研究甘南藏区全面小康现状与差距，对全省两个方案进程进行测算分析，编印《甘肃全面小康2014监测报告》，为省委、省政府提供全面小康数据和政策建议。会同有关部门，建立循环经济统计监测季度统计快报，强化对指标进展的统计监测；在全国先行建立资源消费统计调查制度，研究核算省市两级资源产出率，进一步完善循环经济统计指标体系。如期完成现代农业统计监测，审核验收《2014年甘肃省现代农业监测》报表，并计算评估2014年省、市、县三级农业现代化进程水平。

【大型普查及专项调查】如期完成1%人口抽样调查主要工作，开展并完成调查摸底与入户登记、事后质量抽查和数据核查。完成了第三次经济普查数据的汇总、普查公报发布、年度GDP核算、地理信息开发和研究课题招标及研究工作。第三次农业普查前期准备工作进展顺利。省政府下发了《关于做好第三次农业普查工作的通知》，组建了省级领导小组及办公室。作为全国六个试点省份之一，顺利完成了第三次农业普查国家级方案试点，实地开展入户普查登记和调查表测试，为国家制定方案摸索提供经验。积极争取省级农业普查工作经费、PDA设备购置经费和“两员”劳动报酬，已基本得到落实。完成了公民科学素质抽样调查、社会心态调查、全面放开二孩政策国民意愿调查等13项调查工作。认真做好企业创新调查，坚持报审结合，对市州的企业创新调查进行事后质量抽查，确保统计数据质量。此外，还完成了旅游业及其相关产业增加值核算系数专项调查、境外来甘肃工作专家统计调查、资源枯竭城市转型监测统计调查、商品房供应情况专项统计调查等统计调查任务。

【统计法治建设】全省统计系统通过巡查、专项检查和内部执法检查共检查3602个单位，查出统计违法行为185件，立案查处72件，结案56件。开展了对2015名县级领导干部依法行政、局机关干部统计法律法规知识测试和统计行政执法人员资格考试。开展全省三期统计执法人员统计法律法规、执法流程培训，对部门、基层及联网直报企业开展统计法律法规规章培训。进一步制定和完善了法律法规，发布《甘肃省统计上严重失信企业信息公示实施细则》，完善《甘肃省统计行政处罚自由裁量权执行标准》和《甘肃省统计行政处罚自由裁量权施行办法》，建立数据质量总体及分专业评估办法。公开权责清单，规范统计行政权力运行。根据省政府统一要求，及时梳理了9部统计法律、法规和规章中涉及统计部门的21项权责清单，制定统计调查项目审批、统计从业资格认定、涉外调查活动审批、统计执法、统计监督检查等流程图，进一步落实责任主体、完善监管制度、规范权力运行。认真开展案卷评查工作。全年分两次对全省统计违法案卷进行评查，并对评查结果进行了通报。

【部门统计】推进基本单位名录库部门共享，召开部门协调会，就资料交换及共享事宜进行商讨，省编制、民政、工商、税务、质监等部门及时提供有关基本单位的行政记录。加强对部门统计管理，全年共审批省委宣传部、省供销社、省粮食局、省环保厅、省人社厅申报的部门调查项目5个，同时帮助部门建立统计台账，做好基础性工作。部门统计协作配合进一步加强，各部门紧紧围绕全省经济社会发展和本部门管理需要，开展了大量卓有成效的统计工作。省委宣传部与统计局联合完成全省文化产业季度统计，省环保厅配合统计局开展循环经济有关指标季度调查，省食药监管局制定全省食品药品统计报表基础台账，并在全系统深入开展统计法律法规培训；兰州铁路局、省交通厅、省商务厅、省文化厅积极配合做好服务业统计工作；省财政厅、人行兰州中心支行为全省GDP核算提供了大量数据。

【统计信息化】开展统计信息网络安全管理检查，修改完善统计信息系统网络与信息安全应急预案演练方案，实施信息系统等级保护建设整改二期工程。完成国家级和省级一套表平台的技术支持，保障各项统计调查顺利运行。完成甘肃省统计地理信息系统原型框架设计，有序推进系统建设进度。完成虚拟化及存储系统建设，搭建全省网络运维管理系统平台，做好网络管理运维常规性工作。高效完成各项普查数据处理，按期完成全省第三次全国经济普查数据处理和资料开发等相关工作，搭建省、市两级数据处理环境，完成甘肃省1%人口抽样调查数据处理工作。

省统计局领导班子成员名录

局　长　樊怀玉

副局长　包东红　刘光华

纪检组长　李冰玉

省城乡抽样调查队队长　杨言勇

（供稿：邱建安）

经济监督

审计监督

【审计成果】2015年，全省共审计和审计调查项目7754个，查出违规资金84.27亿元，损失浪费资金39.38亿元。通过审计处理，已上缴财政资金25.93亿元，促进增收节支66.87亿元；向各级党委、政府和上级审计机关提交综合报告、专题审计报告、调研、信息3527篇（次），被采用和批示2344篇（次）；向被审计单位提出审计建议10839条，被采用8904条，向司法、纪检监察及有关部门移送案件线索196件，移送人员29名。

【跟踪审计】按照审计署的要求和省委、省政府的中心工作，组织全省审计机关对13个市州及20个县区持续开展了8轮次的跟踪审计。通过审计，查出各类违规违纪问题1432个，促进到位和规范管理资金42.59亿元，加快审批和促进实施进度项目323个，促进下放行政审批等事项51项，促进行政落实178项，建立健全制度56项，问责处理128人。

【财政审计】组织预算执行、财政存量资金、政府性债务、转移支付、税收征管等多项审计，全省共对1236个部门和单位的预算执行情况进行了审计，重点关注财政资金统筹使用和专项资金管理使用绩效情况、“三公”经费及会议费等管理使用情况，促进最大限度减少财政资金沉淀，盘活存量资金，厉行节约，推动财政资金优化结构、合理配置、高效使用。省政府向省人大常委会提交了《2015年度省级预算执行和其他财政收支情况的审计结果报告》及审计整改情况的报告,并对社会进行了公告。审计报告和公告引起了被审计单位的高度重视和社会各界的广泛关注。

【民生项目审计】坚持把关系民生的专项资金管理使用情况作为审计的重点内容，加大对土地、社保、教育、医疗、住房等民生项目的审计和审计调查，从政策要求、预算安排、资金拨付追踪到项目、追踪到个人，推动各项惠民富民强民政策落到实处，维护了人民群众的合法权益。

【经济责任审计】加强对权力运行的监督制约，促进领导干部守法、守纪、守规、尽责，共对1871个党政部门、事业单位和国有企业的1960名领导干部进行了经济责任审计，查出违规资金37.33亿元。在认真总结2012年以来对7个市州、43个县市区党政一把手“双审”工作经验的基础上，对兰州市政府的主要领导和4区1县党政主要领导履行经济责任情况进行了审计。

【投资审计】加大对交通、能源、资源、环保、灾后重建等重大项目的审计力度，全省共对3139个重点建设项目进行了审计，项目投资额370.86亿元，核减投资额14.93亿元。通过审计，规范了项目管理，促进了投资效益的提升。

【其他审计】加强企业、金融等审计，维护区域经济安全。重点对甘肃银行和甘肃电投资产负债损益、金川集团公司2009年至2015年上半年经营情况、亚行贷款甘肃白银城市发展项目竣工决算进行了审计；对白银公司经营绩效情况进行了审计调研；对甘肃省2014年以前运用政府外债情况和甘肃牧业发展绩效情况进行了调查。根据审计署授权，对18个国外贷援款项目进行审计，并将审计结果及整改情况在甘肃省审计厅门户网站进行公告。认真履行统领社会审计职能，依法对2家社会审计机构出具的5份审计报告进行了核查。

【交办事项审计】按照审计署安排部署，省、市、县联动，派出106个审计组、928名审计人员，对全省2014年城镇保障性安居工程（包括廉租房、公共租赁住房、经济适用住房、限价商品住房和各类棚户区改造）的投资、建设、分配、运营等情况进行了审计；完成省直部门及所属单位经营性房产管理和经营收支情况审计调查等20个项目的审计，审计结果得到了审计署和省委、省政府及有关部门的充分肯定。

【审计法制建设】制定下发《2015年全省审计机关普法工作要点》，坚持“干什么学什么”、“学用结合”、“学以致用”，分层次、分对象、精细化地开展学

2015年12月8日，省审计厅召开双联行动成员单位联席会议

法用法工作，切实提高审计干部运用法治思维、法治方式开展工作、解决问题的能力。充分利用门户网站、《甘肃审计》等媒体和宣传展板、宣传册等载体，广泛宣传审计及财经法律法规，营造依法审计的良好氛围。规范审计行为，提高依法审计水平，确保审计质量经得起历史和法律的检验。2015年，共审理审计项目103个，提出审理补正意见618余条，审核、修改审计业务文书329份。制定印发了《审计组若干重要事项操作指引（试行）》《审计移送处理事项管理办法》《优秀审计项目评选办法调整方案（试行）》。认真落实省政府《关于进一步加强审计整改工作的意见》，按照谁审计、谁负责跟踪督促和整改落实的原则，健全完善审计整改报告、督查、联动、公告、问责等制度，力求使审计查出的问题整改到位。加强审计成果运用，加大审计结果公告力度。推动将经济责任审计结果和整改情况纳入所在单位领导班子民主生活会、党风廉政建设责任制检查考核的内容。完善审计结果公告制度，扩大审计结果公告的内容和范围，除涉及国家秘密、商业秘密和其他不适宜向外界公布的以外，规范公告的形式、内容和程序。

【双联行动】持续加大帮扶力度，全面推进基础设施建设。争取资金776万元，对600多户群众危房进行改造；争取资金255万元，为新增联系村硬化道路5.1千米；争取资金260万元，硬化改造姚河村通社路5千米；争取资金40万元，新修梯田1000亩；争取资金150万元，实施吉林村整村推进项目。落实精准扶贫要求，全面推进增收产业发展。争取资金750万元，推广早酥梨大苗种植6600亩；自筹资金26万元，补贴推广种植双垄沟播玉米7800亩；自筹资金16.95万元，补贴推广种植中草药169.5亩；争取资金20万元，实施良种场建设和新技术引进项目；培育扶持产业致富带头人成立12个种植、养殖和农产品销售合作社，8个联系村全部搭建起了农村电子商务平台。围绕群众所思所盼，积极兴办实事好事。争取资金142万元，改造2个新增联系村学校校舍；争取资金83万元，新修和改造3个联系村和2个新增联系村村部及文化广场；2次邀请医疗专家到联系村开展大型义诊；争取体育健身器材6套，协调“农家书屋”增配价值3万元图书；争取资金30万元，为联系村安装太阳能路灯60盏；争取太阳能热水器66套；争取资金30万元，维修原安乡养老院。精选帮扶工作队长，深入开展精准扶贫。按照省委要求，选派8名优秀处级后备干部担任8个联系村驻村帮扶工作队队长开展工作。

省审计厅领导班子成员名录

厅　长　武　毅

副厅长　边　恺　成荣生　张　冰　周继军　魏　炜

纪检组长　王建设

总审计师　李洁丽

经济责任审计工作办公室主任　苏　琦（回族）

（供稿：梁馨予）

审计署驻兰州特派员办事处

【审计成果】2015年完成审计项目13个，查出问题金额3101.66亿元，其中违规金额33.52亿元、损失浪费金额0.34亿元、管理不规范金额3067.8亿元、损益（收支）不实金额108.09亿元；审计处理处罚金额6.59亿元，其中应上缴财政0.36亿元、应归还原渠道资金4.5亿元、应缴纳其他资金1.03亿元、应调账处理金额0.7亿元。审计发现非金额计量问题3974个；审计促进整改落实有关问题资金1.22亿元，其中增收节支1.03亿元、已调账处理金额0.19亿元；审计促进拨付资金到位40.84亿元；审计后挽回（避免）损失2.04亿元。移送司法机关、纪检监察机关和有关部门处理事项45件。向审计署报送审计报告和专项审计调查报告27篇，报送的审计信息被审计署采用60篇，被中办、国办采用及国家领导人批示115篇次。提出审计建议212条，提交审计信息102篇，被批示、采用60篇。参与实施的3个审计项目被评为审计署优秀审计项目。

【跟踪审计】组织实施西部两省区稳增长等政策措施落实情况跟踪审计，整合110余名审计人员，将精准扶贫工程、生态移民工程等作为审计重点，持续追踪问效，有效促进了各项政策措施落地生根。审计共反映两省区各类问题173个，19个典型事例被审计署公告采用，审计促进推动下放行政审批事项2项，加快推进135个项目的审批、建设进度，促进下达财政资金28.77亿元，有43名不作为、慢作为等方面的责任人受到问责。

【财政收支审计】在某省区财政收支审计中，通过多种渠道全面收集、整

2015年8月28日，中央经济责任审计工作联席会议办公室在甘肃召开调研会议

理、分析该自治区的政治、经济、社会等方面的基本情况，摸清其财政收支的特点，将财政收入的真实完整性、财政支出的规范性、国库资金管理的合规性作为3项审计重点内容，最终查出该省区未经批准自定政策征收政府性基金、财政部门人为调节预算收入进度、虚列支出事项或串用支出科目造成财政信息失真、违规对外出借财政资金、向高耗能企业发放电价补贴、企业骗取财政资金等问题。在省区国家税务局2014年度预算执行和其他财政收支情况以及决算（草案）情况审计中，积极开展计算机审计，利用大数据进行多维度比对分析，发现人为调增和调减决算报表、决算不实的问题。

【经济责任审计】在某地领导人经济责任审计项目中，围绕领导干部职责分类梳理，紧扣其履职尽责情况，梳理问题线索并认真核实。同时，围绕地区特色，锁定重点，关注和揭示影响当地全局、领导干部承担直接责任、具有重大损失、存在体制障碍等方面的重大问题，增强责任界定的精准性和与领导干部经济责任的“关联度”。共发现7方面的54个问题。

【金融审计】实施了中国人民银行某中心支行财务收支、某省区证监局预算执行、中国农业银行某分行和中国光大银行某分行资产负债损益等审计项目，注重研究资本市场、期货市场等金融审计新领域有关热点，积极反映和揭示出现的新情况、新问题和新风险，不断提升审计成果的深度和层次。反映的问题被审计署《审计要情》采用4篇、《重要信息要目》采用17篇，其中6篇信息兰州办发挥主要作用。

【农业与资源环保审计】在实施某省区2014年农林水专项事务资金审计和2013年至2014年某省区矿产资源开发利用保护及相关资金征管情况审计项目过程中，系统分析、找准关键，深化资源环境和重大投资项目审计。全面总结归纳相关领域内问题多发易发环节和事项，反映的矿产资源领域、工程建设领域中相关突出问题的多篇汇总信息被审计署《重要信息要目》采用，并揭露了违规操作转让探矿权导致巨额国有权益流失等重大违法违规问题。

【固定资产投资审计】在实施某地高速公路审计过程中，紧抓关键环节和重点事项，除重点关注高速公路的建设管理问题和工程造价核减外，还积极组织人力对车辆通行费收支、交通运输厅下属企事业单位经营管理等情况进行审计，查出违规减免车辆通行费、挪用车辆通行费及收费公路权益收入、挪用公路债券资金等问题，相关工程建设管理方面的问题被审计署重要信息要目采用。

【民生项目审计】实施了2014年某省区城镇保障性安居工程跟踪审计和2015年某省保障性安居工程跟踪审计（跨年度项目）。将全面分析与重点突破相结合、实施方案与审计指南相结合，明确思路，紧盯线索，共移送案件线索6起，其中发现村民在征地拆迁中骗取土地征收补偿款、某开发区工作人员涉嫌渎职的案件线索，已由某市纪委和公安局立案调查。

【信息化建设】协调审计管辖地区建立专人负责、多部门联动的数据采集工作机制，结合审计项目加大数据采集力度，按照数据保密分类机制以及审计署数据规划的要求进行全面梳理，分类管理。创新模式，大力推广应用兰州办审计数据综合管理平台，探索“横向到边、纵向到底”的数据分析模式，围绕审计事项的业务流和数据流，加大业务数据与财务数据、单位数据与行业数据以及跨行业、跨领域数据的综合比对和分析力度。注重将其他领域先进的专业技术方法运用到审计实践，破解审计难题，为一些案件和问题的查处提供了强有力的技术支撑。

【审计质量控制】探索审计业务管理创新，将审计任务清单、审计问题清单、审计权力清单作为审计质量控制的重要手段，梳理各环节质量控制责任和措施，实施审计全过程质量控制。完善审理审核工作组织方式，建立统计工作管理台账，开展重大审计事项集中审理。大力推广应用审计“云平台”，自主开发软件，搭建人力资源动态管理系统平台，实现各项目人力资源情况、全办干部工作情况及各项目进展情况的动态查询和实时管理。

审计署驻兰州特派员办事处
领导班子成员名录

特派员　胡大华（7月止）
　　　　马晓方（7月任）
纪检组长　宋　民
副特派员　景东华　钱夫中　赵旭东
副司级审计员　张新勇　赵祥顺

（供稿：刘文娟　吴建卓）

质量技术监督

【行政审批制度改革】2015年，全面完成权责清单编制，梳理确定315项行政权力，并在甘肃政府服务网上公布；完成对315项行政权力法律依据中50多项构成要素的分解和细化工作，分别编制运行流程图，建立受理、审查、审核、批准、办结运行模式；累计精简调整行政许可事项4个主项2个子项。

【法制工作】2015年，加强法治质监建设工作，制定出台《甘肃省质量技术监督局法律顾问工作规定》《甘肃省质量技术监督系统法制员管理规定》；聘请才宝甲等3名法律专家为法律顾问委员；遴选全省质监系统30名首席法制员、193名法制员；针对《特种设备安全法》规定的定期检验查处依据和事故处理报告法律适用问题，依法请示得到《关于特种设备安全法有关法律适用问题的答复意见》和《关于特种设备安全事故调查有关事项适用法律问题的复函》，为全国质监系统特种设备定期检验查处依据和事故处理提供了法律依据；对行政处罚自由裁量权执行标准重新进行了修订。

【地理标志产品保护】2015年，甘加藏羊、靖远黑瓜籽2个产品获得地理标志产品保护，全省地理标志保护产品数量达到41个；完成民勤羊肉地理标志保护产品标准的修订工作；兰州百合、武都花椒、红川酒、两当狼牙蜜、文县绿茶等5个产品9家企业经质检总局核准使用地理标志产品专用标志；甘肃省质量技术监督局参与撰稿编写的《中国地理标志产品大典甘肃卷》正式出版发行；在陇南市召开全省地理标志保护推进精准扶贫现场会。

【质量管理】2015年，将6大类128种产品质量纳入省级监督抽查计划，开展监督抽查7512批次，抽查产品质量总体合格率为90%，对其中571家不合格生产（经销）企业，向所在市州下发53份《后处理委托通知书》，约谈8家不合格生产企业，公开曝光3家列入质量诚信黑名单企业。开展风险监测335批次产品，并发布风险监测结果、风险预警和消费提示。封停存在严重隐患的电梯85台，全年共出动执法人员15000余人次，检查各类生产企业1456家，办理案件163起，涉案金额621万元。

积极推荐2户企业参加第二届中国质量奖评选，有3户企业荣获2015年度省政府质量奖，152户企业的173个产品获得甘肃名牌产品称号，甘肃名牌产品总数达到498个。深入开展全省企业质量信用等级评价工作，认定全省质量信用等级A级以上企业187户；积极开展企业帮扶活动，对全省所有工业企业进行全覆盖精准帮扶，全年共走访服务企业4396户，征求意见建议4245条，积极协调和制定解决措施2187条。支持庆阳市、兰州市等城市开展“全国质量强市示范城市”创建工作，天水市、金昌市成为创建“全国质量强市示范城市”；指导筹建国家和省级知名品牌示范区园区创建工作，酒钢钢铁产品高新技术产业基地等2个园区被命名为“甘肃省知名品牌示范区”；组织天水电工电器、榆中县高原夏菜等4个产业示范区参加“全国知名品牌创建示范区”区域品牌价值评价。会同省人社厅、省财政厅、省发改委等相关部门共同研究制定了《甘肃省质量激励政策措施》。

【标准化】2015年，对全省28项强制性地方标准和4项强制性地方标准制修订计划开展了清理评估，已完成了初步的清理评估工作。严格执行标准制修订工作要求，下达地方标准制修订计划5批166项，审批发布地方标准91项，废止地方标准1项。组织开展“百家企业标准化提升服务工程”活动，48户企业获得“标准化良好行为企业”，13户企业56个产品获得采用国际标准的认可。组织相关人员对第八批国家和省级农业综合标准化示范区项目进行抽查，对金川饭店和兰山公园建设管委会承担的国家级服务业标准化试点工作进行了检查。督促兰州市再生资源回收公司开展国家级循环经济标准化试点项目启动及项目年度建设工作。为充分发挥各领域专家在标准化工作中的作用，面向全省公开征集标准化专家852名，并根据专家所在领域整理分类为工业、农业和综合三大类，其中工业领域细分为18类，共计592名专家；农业领域细分为9小类，共计201名专家；综合领域细分为4小类，共计59名专家。组织省内6个国家级农业标准化示范区项目参加全国农业标准化示范区建设20周年成果展，推荐兰州百合、静宁苹果、瓜州枸杞、甘谷辣椒、秦安花椒等16个标准化农产品参展。初步建立跨省区的区域标准化合作机制，与陕西、青海、宁夏、新疆、内蒙及新疆建设兵团等7家西部省级质量技术监督局共同发起组建了“新丝路标准化战略联盟”，共享标准技术资源和标准创新成果等。

【计量监督管理】2015年共培育具有全行业示范作用的诚信计量自我承诺示范单位648家，为523家中小学校和社区乡镇提供免费计量服务（含免费检定集贸市场家数）。开展商品定量包装和过度包装计量监督抽查，部署武威市质监局抽查10种定量包装商品生产企业19家50批次；部署兰州市质监局进行商品包装计量抽查6类16家企业99批次产（商）品。开展计量监督执法检查，全年共出动执法检查人员1248人（次），检查集贸市场968家，医院、眼镜经销店1108家，衡器生产企业6家，累计检查各类小型商用衡器32522台件，查处各类违法案件280余起。完成能源计量审查工作，对甘肃省年耗能5000吨标准煤以上的267家企业进行能源计量审查，有104家企业停产，有10家企业未完成审查，有153家企业通过审查。开展“百家企业计量管理提升服务工程”，共调研指导帮助企业505户，其中118户企业通过了计量合格确认。开展计量行政审批工作，核发计量器具制造、修理许可证19份，计量器具型式批准证书6份，计量标准考核证书433份，社会公用计量标准20份，法定、专项计量技术机构授权证书26套，定量包装商品生产企业计量保证能力合格证书11份。开展证后监督管理工作，对8家取得计量授权证书的法定计量检定机构和

2015年9月30日甘肃省首张三证合一营业执照发出

专业授权站开展证后监督检查。开展计量检定人员资格核准工作，核发8名通过2014考核的二级注册计量师证书；核发（复查）计量检定员证书531本。举办计量技术人员培训班2期，对全省63家法定计量检定机构的169人次进行专业培训。开展"5·20世界计量日"宣传工作，发放宣传材料12000余份，张贴宣传标语600余条，免费检测衡器、血压计等计量器具3100余台件，免费维修各类计量器具400余台件，免费开展眼镜测试、清洗等服务3000余人次。

【特种设备安全监管】2015年，全省在册特种设备数量121132台（不含压力管道、气瓶），比上年增长13.34%。其中锅炉11234台，比上年减少4.06%；压力容器40656台，比上年增长16.75%；电梯39328台，比上年增长34.19%；起重机械23338台，比上年减少5.14%；厂内专用机动车辆6220辆，比上年增加2.03%；大型游乐设施349台，比上年增长6.08%；客运索道7条与上年持平。另有气瓶493682只，比上年减少3.76%；压力管道7348千米，比上年增长3.57%。全年共发生特种设备较大事故1起，死亡3人，受伤2人，万台设备死亡率0.25，低于国务院安委会下达的控制指标。

2015年，开展特种设备专项检查整治活动，组织电梯使用、维保单位检查电梯32450台次，发现存在隐患电梯3257台，整改3046台。各级监管部门组织检查组134个，出动检查人员5864人次，检查电梯使用单位1835家，检查电梯26487台，发现隐患电梯3128台，完成整改2895台，依法封停103台。排查15年以上老旧电梯861台，对其中的100台进行了安全评估；排查油气输送管线10002千米。燃煤工业锅炉使用单位3062家，在用燃煤锅炉4228台，淘汰落后锅炉160台，推广高效锅炉137台；全年开展了以特种设备打非治违、隐患排查治理和安全大检查为主要内容的特种设备"三项行动"等专项安全检查，全年共检查重点特种设备生产使用单位7370家，检查特种设备57261台，发现隐患6740个，落实整改6605个，整改率98%。

【产品质量监督】2015年，对农资产品、日用消费品、建筑装饰装修材料、机电产品、食品相关产品等6大类113种工业产品进行监督抽查，共检查5661家生产（经销）企业的7512批次工业产（商）品，总体产品质量合格率为90.0%。对机动车发动机冷却液、中小学生课本等8种产品开展风险监测340批次，总体监测项目符合率为51.3%。对建筑用防水卷材、危险化学品包装物、水泥、钢铁、食品相关产品生产企业进行专项检查，对年度获证企业进行年度自查及审查，对发证检验机构也进行年度自查及审查工作。

【执法打假】2015年，深入开展各类专项执法打假。全年出动执法人员15326人（次），检查各类生产企业1456余家，办理各类案件163起，涉案金额621.28万元。其中大案要案8起，移送司法机关2起，公开行政处罚案件信息29条；组织选派一线执法人员参加总局举办的各类培训8期156人次，举办2期全省质量技术监督执法打假业务培训班，有121人参加培训；对12365举报处置指挥中心进行了升级改造，指导全省系统启用12365综合信息化平台。开展12365质监热线"局长接线日"活动，在重要时期进行联动应急值班。共计接听消费者咨询、投诉、举报1987件，办理局长信箱、部门移送投诉举报9起；协调处理质量争议12起，为消费者挽回经济损失356万余元；挂牌督查督办各类投诉举报案件共29起；协调处理5起汽车产品质量争议，开展湖北大力客车、一汽大众汽车新速腾、甲壳虫汽车缺陷召回管理工作。建立全省企业质量信用档案数据库，录入、审核79家企业质量违法信息；由省"双打办"研发的"两法衔接"信息共享平台在全省质监系统开始使用。

【认证监管】2015年，根据国家认监委统一部署，开展全省检验检测机构统计工作，编制《甘肃省检验检测机构统计报告（2014年度）》。截至2014年底，全省共有各类取得资质认定的检验检测机构592家，从业人员14685人，拥有各类仪器设备70766台套，资产原值384497.90万元，共有工作总面积2603165.9平方米；实现营业收入总额18.76亿元，开展检验检测收入15.79亿元，向社会出具检验检测报告3090492份。召开全省整合检验检测认证机构工作领导小组第一次会议，印发《甘肃省检验检测认证机构整合指导意见》。开展了全省资质认定工作检查和检验检测机构自查，截止8月1日，全省所有授权质检站全部退出检验检测市场。对兰州市内流通领域的CCC认证家用电器进行专项监督抽查，组织9个专家检查组首次对国家认监委在甘肃省抽取的50家样本企业开展质量管理体系认证活动监督检查。对11家机动车安检机构进行专项监督检查，并联合集体约谈。

【技术机构建设】2015年，甘肃省质量技术监督局系统装备总投入1670万元。4月，国家风电设备质量监督检验中心（酒泉实验室）通过了实验室资质认定和实验室及检查机构认可，获得认可资质；国家节能换热设备质量监督检验中心（甘肃）通过了国家质检总局专家组的现场验收；国家塑料建材产品质量监督检验中心（甘肃）项目建设进展顺利；国家计量器具型式评价中心完成施工单位招标手续。批准筹建省陶瓷产品、塑料包装产品、纤维产品3家省级质检中心。科技计划项目立项共17项，《在用电梯安全评价方法的研究》等3项获得国家质检总局科技计划项目立项；《汽车环保排气污染物检测用底盘测功机技术性能综合测试系统研究与开发》获得甘肃省科技计划项目立项；《数字多用表自动检定校准系统的研究与开发》等13项获得省局科技计划项目立项。完成了3项甘肃省科技计划项目、4项国家质检总局科技计划项目和9项省局科技计划项目的验收。

【"双联"行动和精准扶贫】2015年，自筹资金100万元、协调争取资金560万元，协调硬化通村道路10.9千米，加固和拓宽通社道路3千米，制作配发家庭小型粮仓300个，安装健身器材2

套、太阳能路灯10盏，硬化农户院落152处、村级活动室院落1处，为8户收入较低的贫困群众配备了家具、取暖设施等基本生活物资，帮扶115户贫困户发展绿色种植和畜禽养殖；帮助贫困片带、贫困县和贫困村生产加工企业解决各类问题1686项。编印下发1200册《精准扶贫标准宣传服务手册》，选派11名优秀年轻干部担任驻村扶贫工作队队长，安排直属机关干部1346人次进村入户，组织各基层党组织与联系贫困村党组织开展结对共建活动。向基层单位捐赠办公桌椅30套、沙发6组、电脑20台、打印机3台；协调引进上海企业投资500万元，在两当县注册成立农业科技公司。

省质量技术监督局领导班子成员名录

局　长　马　平

副局长　王忠习　周　莹

　　　　张　矛　孙乔玉

纪检组长　魏建宝（6月止）

　　　　　祁葆中（10月任）

（供稿　王泽济）

海 关

【业务运行】2015年，甘肃省对外贸易总值497.7亿元人民币，同比下降5.4%；兰州关区共接受进出口报关单申报8656份，增长1.7%；监管进出口货物157.8万吨，增长3.7%；监管货物总值141.4亿元，增长10.4%；监管进出境航班3087架次，增长2倍；进出境人员17.3万人次，增长60%；办理备案加工贸易手册59本，备案金额14.1亿美元。

【监管场所建设与清理】组织开展监管场所、危险品运输企业、海关监管设施核查。“8·12”天津爆炸事故发生后，重点清查关区1家石油保税仓库，对存在问题提出整改要求并检查督促落实。对快件监管库等新建海关监管场所建设标准提出明确要求并全程跟进。针对地方外向型经济发展滞后，进出口货物监管场所建设欠账较多的现实问题，主动向省领导汇报，积极协

兰州关区2015年业务量统计表

项　目		单位	2015年	比去年同期±%
进出口报关单		份	8656	1.7
监管进出口货运量		万吨	157.8	3.7
其中	进口货运总量	万吨	153.1	1.3
	出口货运总量	万吨	4.7	351.1
监管进出口货运值		亿元	141.4	10.4
其中	进口货运总值	亿元	124.9	−0.7
	出口货运总值	亿元	16.5	580.9
税收入库		亿元	11.8	−18.90
其中	关税	亿元	0.1	16.34
	进口环节税	亿元	11.7	−19.20
上缴罚没收入		万元	240.69	−9.46
内销征税		亿元	3.608	31.8
审批减免税		亿元	1.05	−31
备案加工贸易合同		份	59	−19.2
合同备案金额		亿美元	14.1	−36.8
监管进出境航班		架次	3087	209.3
出入境人员		万人次	17.4	60.6
稽查补税		万元	2165	440
刑事案件立案		起	1	0
刑事案件案值		万元	1018.83	150
行政违规案件立案		起	29	480
行政违规案件案值		万元	1469.07	−69

2015年8月21日，中欧国际货运往返班列在兰州首发

调地方政府，加强对主要进出口企业的政策宣传，地方建设进出口货物监管场所的意识和建设力度有所增强，金昌、白银、天水等地海关监管场所建设正在有序推进之中。

【综合监管效能提升】认真落实优化查验要求，对进出境旅客行李物品实施100%过机检查，全年查获违禁物品68件，征收行邮税22.99万元。推进主动披露、差别化稽查、机动稽查等重点改革项目，稽核查补税稽核查作业83起，稽查追补税2165万元，同比增长4.4倍，创历史新高；内销征税3.6亿元，同比增长31%。加强虚假贸易管控，对涉嫌异常出口的企业进行筛选核查和参数布控。

【打击走私】发挥“三网联动”工作优势，积极开展情报分析，网上缉私取得突破，侦破首起自侦查获涉税走私案件，案值1018万元，涉嫌偷逃税款184万元。行政案件共立案29起，同比增长4.8倍，案值1469万元，涉税6.6万元，罚没款入库237万元，补缴税款及滞纳金共52.29万元。协查案件22起，调取证据材料百余份，继续保持了打私高压态势。

【税收征管】实行税收质量层级负责制，定期通报完成进度。全年税收入库11.75亿元，完成自测补报税收11.2亿元计划。加强减免税审批管理，鼓励企业用足用好政策，全年共审批减免税款1.05亿元。

【开放型平台建设】全力支持兰州新区综合保税区封关运营，8月综保区通过国家验收，12月正式封关运营。武威保税物流中心全年监管货物2.3万吨，出口货值5290万美元。兰州航空口岸共开通国际航线17条，全年进出境航班和人员大幅增长，创历史新高；机场快件监管场所已进入信息化建设施工阶段。敦煌航空口岸3月经国务院批复对外开放后，克服无机构、无人员、无办公场地的困难，调动酒泉海关人员往返800千米，支持口岸开通国际包机，全年监管进出境航班18架次、旅客2474人次。推进海关机构筹建，10月金昌海关开关；天水办事处、敦煌机场海关办公业务技术用房正在解决之中。

2015年8月5日，省委常委、副省长李荣灿（左三）在兰州新区综保区调研

【国际班列常态化运行】全力支持“兰州号”国际货运班列的发运，在前期没有监管场所的情况下，采取特事特办，一事一议的方式，先后在兰州铁路北站货场和西固的甘肃鑫港物流园铁路货场实施班列监管，抽调人力，加班加点，确保班列顺利发运。指导兰州市政府建设海关监管场所并于11月建成启用，搭建了监管规范、安全快捷的平台，“兰州号”、“天马号”班列实现常态化运营，“嘉峪关号”国际货运班列顺利发运，全年共发运进出口班列65列。

【贸易便利化】启动丝绸之路经济带区域通关一体化改革，5月份后90.8%的报关单直接由系统放行或转现场，通关效率进一步提高。全年报关单总量的99.75%实施无纸化申报，排名居全国海关前列。选择3家国有大型企业推广集中汇总征税制度。与甘肃出入境检验检疫局签署深化关检合作补充协议，共同推进“三个一”改革，12月起报关单全部通过统一版“一次申报”系统申报，企业通关更加便利。

【行政审批改革】落实“管、减、简、便”要求，在各业务现场设立窗口，集中受理所有审批事项；推行受理单制度，承诺办理时限。推进执法环节内部核批改革，优化行政执法领域内部核批事项。取消7项行政性收费和3项经营服务性收费，目前进出口环节行政收费只有1项，经营服务性收费5项。开展海关协调员服务，指导高资信企业充分享受AEO互认、关企战略合作等政策带来的红利，增强了国际竞争力。

【精准扶贫工作】组建4支双联行动、扶贫攻坚和基层党建“三位一体”驻村帮扶工作队，深入4个贫困村与404户精准扶贫户走访调研、建档立卡808份，完善基础数据库。协助联系村培育村级党组织示范点，打造带动能力强、服务功能完善、经济发展好的“明星村”党组织。筹措并用好扶贫资金，把25万元自有资金重点用在赠送春耕农资、小型基础设施建设等项目上；联系协调青岛红十字微尘基金为联系村小学捐赠现金25万元；协调省州县统筹落实水、电、路、房、网等39个项目220万元。指导对口扶贫村依村情优势建立林果、·育苗、中药材、养殖等农民合作组织，开展劳务输出、生态旅游等特色产业。

兰州海关领导班子成员名录

关　长　张银喜（5月止）
　　　　程宏飞（5月任）
副关长　柳　伟　张春中
纪检组长　唐永飞
缉私局长　张冀平（2月止）
　　　　方永岌（2月任）

（供稿：李　琳）

出入境检验检疫

【检验检疫概况】2015年，甘肃出入境检验检疫局共检验检疫出入境货物6817批、货值12.3亿美元，同比减少2.01%和20.46%。查出不合格货物62批。其中出境不合格41批，不合格率0.71%；入境不合格21批，不合格率1.99%。

全年检疫查验出入境人员17.35万人次，同比增长57.47%。出入境人员健康检查9740人次，艾滋病监测9573人次，实施预防接种18405人次。发现传染病8例，其中HIV阳性2例。检疫查验出入境飞机2648架次，同比增长187.75%。入境航空器检疫处理和卫生处理457架次，同比增长53.35%。开展口岸传染病监测265人次，是上年度的2.9倍。开展疑似病例医学排查和流行病学调查20例，经实验室检测确诊传染病9例，是上年度的1.8倍。

2015年共检疫查验出入境人员行李148643件、抽查4976件，截获入境人员携带的动植物产品960批次，是上年同期的4.1倍，实验室检出病虫害174批次，是上年同期的2.3倍。仅在进境种子中，检出检疫性有害生物4种5批次，非检疫性有害生物42种101批次。

2015年，共签发各类原产地证书4008份，签证金额3.01亿美元，与去年同比减少12.60%和30.08%。其中签发优惠原产地证书2749份，签证金额2.02亿美元，为企业减免关税约1007.75万美元。

【质量共治】注重加强与地方政府和质监、海关、商务、农牧等部门的沟通配合，构建起通力合作、齐抓共管的质量共治机制。全面推进检验检疫信用管理工作，加大对失信信息的采集力度，在企业备案中全面采信企业自我检查声明和HACCP体系认证等第三方认证结果，采信比例高达94.7%。结合“食品安全周”“质量月”等活动，深入企业宣传质量安全相关法律法规和政策要求，组织开展实验室开放日活动，先后接待参观人员1800余人，着力营造人人重视质量的氛围。有2家企业成为出口质量示范企业。

【国家级出口质量安全示范区建设】与兰州市农委、榆中县等有关部门进行沟通协调，加强宣传，调动地方政府创建国家级出口蔬菜质量安全示范区的积极性。成立了示范区建设领导小组，形成了政府主导、部门监管、生产者尽责、社会共治的长效工作机制。指导帮助地方政府建立健全相关规章制度、完善质量管理体系。7月初对榆中县政府上报的示范区申报材料进行了审核修订。7月底与省农牧厅、商务厅共同完成了示范区省级验收，9月通过国家食品农产品质量安全示范区考核组考核收。截至2015年底，共建成国家食品农产品质量安全示范区6个，名列西部第二位。

【重点商品监管】积极探索进口消费品检验监管的有效性，建立进口汽车事中、事后监管新模式，启用进口机动车智能监管平台。对进口路虎汽车质量安全问题开展调查，督促涉及变速箱故障的223台进口路虎揽胜极光汽车及时召回。认真开展目录外进出口商品监督抽查工作，共抽查目录外商品43批次，检出不合格商品18批次。加强进口资源类商品监管，严格控制五种有害元素。积极主动做好进出口危险化学品、出口危险货物包装等敏感商品的检验监管工作。积极参加西北五省区认证联合执法检查工作，对酒泉、张掖、平凉、庆阳4个行政区域的获证企业进行了专项检查，发现问题29项。

【动植物检疫】严格执行进出境产品的检疫许可程序，加大过程监管的力度，努力做好疫情防护工作，强化对出口饲料生产加工存放企业注册场的监督管理。检验出境不合格动植物产品20批次，检出率为0.79%；检出入境不合格产品6批次，检出率为1.32%。加强对进境种子、种苗的后续监管。在风险可控的情况下，通过入境后在温室隔离种植并对育苗期病害发生情况进行跟踪调查的方式，确保所有进境种子安全生产。先后2次对辖区6.9万亩外繁制种基地处于育苗阶段的种子生长情况开展病虫害的田间检查和跟踪调查，查出病害59种，涉及对外繁种企业70多家。加强进口粮食检疫监管，对辖区进口粮定点加工厂、储备库进行检查，杜绝企业存在的不规范、不配合等违规情况，进一步推动了进口粮食疫情防控和后续监管工作。加强食用农产品和食品原料农兽药残留监控，强化监控数据分析，提升监管效能。加强外来有害生物监测工作。对水果、蔬菜种植基地、进口种子种植基地、进口粮定点加工厂和储备库周边及运输沿线的实蝇、苹果蠹蛾、向日葵黑胫病和外来杂草进行监测。加强对备案基地的监督管理。抽取25个

甘肃检验检疫局兰州机场办事处工作人员认真验放穆斯林朝觐出境人员

蔬菜样品和5个中药材样品进行有毒有害物质监测。

【"绿蕾"专项行动】在甘肃检区暂无国际邮件互换业务的情况下，与地方相关部门相互配合，组织专业人员在相关邮政部门邮件派送过程中截获了来自法国、意大利的非法邮寄入境种子共5批17件，品种包括番茄种子、辣椒种子、茄子种子和西葫芦种子等，共计250克，并进行了实验室检测，从中检出了链格孢、毛霉、毛壳菌、镰刀菌属等有害生物。与兰州海关、省农牧厅、省邮政管理局等部门联合下发了《关于加强进境及邮寄农作物种子管理的通知》，从明确职责分工、强化协作配合、加大宣传力度、严查违法行为四个方面，对携带和邮寄进境种子的监督管理进行了规范，形成进境及邮寄农作物种子监管长效机制，有效降低了国外种子非法进境所带来的生物安全风险隐患。

【进出口食品安全监管】对出口食品企业开展日常监督检查36家次，发现一般不符合项180多条，对3家出口食品存在质量安全隐患的生产企业进行了质量约谈。加强风险防控，承担总局风险监控样品155个，监控样品合格率98.07%，完成甘肃自主监控样品59个。加强进口婴幼儿配方乳粉检验监管工作，先后2次对辖区销售的进口婴幼儿奶粉实施抽样检测，范围涉及甘肃省5个地州市，8家境外生产企业，11个品牌及13份样品，抽查及检测结果显示所检项目全部达到国家标准规定的要求。创新检验监管模式，实施以风险评估为基础，分类管理为依据，电子监管为依托，诚信管理为支撑的即报即放、"三集中一核销"、合格假定等差异化检验监管放行模式。出口食品检验出证周期由原来7天缩短为1天，实现了出口食品"管得住、放得快"。2015年共检出不合格进出境食品9批，货值32.7万美元。出境不合格食品检出率为1.13%，入境不合格检出率为50%。全年出口食品无被国外通报、进口食品无被消费者投诉事件发生。

【MERS防控及穆斯林朝觐检疫查验】加强对出入境人员疫情防控知识宣传，加强韩国旅游包机查验工作，做好红外体温监测，保证每名入境旅客通过通道时体温处于有效监测之下。加强口岸办、机场、卫生、宗教、旅游及口岸联检单位的联防联控机制建设，加强信息沟通，确保可疑病例能够及时转诊。通过宣传栏、LED显示屏、触摸屏、宣传折页等多种形式加大宣传力度，在口岸设立检验检疫咨询申报柜台，接受相关人员的申报和咨询，提高出入境人员的疫病防控意识。加强登机检疫、体温初筛、医学巡查、医学排查、流行病学调查、卫生处理等检疫措施，确保防控机制有效运行。针对中东呼吸综合征疫情特点开展针对性应急处置演练，进一步完善疫情处置流程，增强一线检疫查验人员对口岸疫情的发现能力、研判能力、处置能力。针对疫情情况制定朝觐保障工作预案，严格朝觐包机出入境检疫查验工作，并针对穆斯林群众入境时可能出现的突发状况提出应对方案，强化防范措施，确保朝觐人员健康安全。2015年9月29日至10月10日共检疫查验出入境朝觐包机36架次、朝觐人员5436人、机组人员304人，共发现有发热、咳嗽等有症状病人及口岸密切接触者254名，对体温复测超过37.3℃的人员全部进行了流行病学调查，向地方卫生部门转诊9例疑似病例，确诊H1N1病例1例和H3N2病例4例。

【服务特殊监管区建设】兰州新区综合保税区位于兰州新区机场东部物流产业组团，总规划面积3.39平方公里，于2014年7月15日获得国务院批准设立，是甘肃局辖区内唯一一个特殊监管区域。为保障检验检疫基础和监管设施建设符合规范要求，确保综合保税区顺利通过验收，局党组多次召开会议安排部署综合保税区相关工作，并赴省委省政府和质检总局就指定口岸建设向总局有关司局进行汇报和沟通协调。在综合保税区建设过程中，与兰州新区管委会、综合保税区筹委会加强沟通、密切合作，在检验检疫基础和监管设施建设方面做到"早知道、早介入、早准备、早服务"。2015年8月18日，兰州新区综合保税区顺利通过国家10部委联合验收。2015年10月8日，甘肃省委常委、副省长李荣灿带领甘肃检验检疫局和省商务厅主要负责同志拜会了质检总局梅克保副局长和张沁荣副局长，就质检总局支持甘肃省建设指定口岸和查验场进行了衔接。2015年12月24日，兰州新区综合保税区正式封关运营。截至2015年底，共查验境外进区货物13批、3782万美元，离境出口9批、2618万美元。

【推进对外贸易便利化】认真贯彻《国务院关于改进口岸工作支持外贸发展的若干意见》，及时出台支持甘肃外贸发展的18条措施。继续免征出口商品检验检疫费，全年共减免进出口检验检疫费828万元。加强关检合作，先后与兰州海关召开关检合作2014年度领导小组联席会议和2015年度关检合作暨"三个一"工作推进会会议，共同制定了《2015年继续全面推进关检合作"三个一"工作实施方案》，签署了关检合作补充协议。推进"单一窗口"及"三互"建设，派员赴深圳参加跨境电子商务考察，对跨境电子商务检验检疫监管服务工作进行前期调研和学习研究。支持兰州新区综合保税区跨境电商业务发展，对电子商务集货、备货进口商品，实施"分类管理、便利进出"，"一次申报、分批核销"的检验检疫监管便利措施；对电子商务出口产品，探索建立基于风险分析的质量安全监督抽查机制。根据各地州市外向型经济建设的不同需求，在武威、庆阳、金昌组织了对相关部门和进出口企业的培训。

【通关一体化业务改革】积极推动检验检疫通关一体化业务改革，2015年7月1日启动区域内"出口直放"工作，9月3日启动区域内"进口直通"工作，10月8日试行丝绸之路经济带区域外主要口岸的"出口直放"和"进口直通"业务，11月19日全面实施全国检验检疫通关一体化。截至2015年12月31日，共办理进口直通业务17批次，货值368万美元；向天津、山东、北京、上海等口岸实施出口直放业务共计1210批次，货值

8095.5万美元。出口货物平均每批节省通关放行时间0.5天以上，节约成本约100元；进口货物平均每批节省通关放行时间1天以上，节约成本约300元。

【科技质检建设】2015年清真食品、有色金属矿产品2个国家检测重点实验室一次性通过总局现场验收。兰州新区公共检测平台建设列入省政府计划项目，划拨土地60亩。清真食品国家检测重点实验室首次参与我国与马来西亚清真食品国际联合实验室合作平台共建工作。外繁种子国家检疫重点实验室积极开展国际种子检验协会（ISTA）认可实验室建设工作，力争在2018年前通过ISTA认可。综合技术中心被质检总局正式认定为“国家质检科技成果转化推广基地”，被兰州市工信委正式认定为“兰州市中小企业公共服务示范平台”。综合技术中心实验室管理平台项目正式通过验收，全面投入使用。目前，综合技术中心获CNAS认定认可及食品检验机构资质认定认可的检测能力达39个大类1078项，2个项目获得了甘肃省科技计划项目支持，1个项目获得总局“科技兴检”三等奖，新增发明专利5项。

【依法行政】对2014年公布的现行有效的和当年发布的规范性文件进行了全面评估和清理。对行政许可事项进行了清理，取消了“涉及人身财产安全健康的重要出口商品注册登记”、“卫生注册评审员”等2项行政许可项目，建立行政许可事项目录清单，编制行政审批事项服务指南。加强执法监督，制定《甘肃检验检疫局进出口企业质量安全约谈管理规定（试行）》。全年对假冒植物检验检疫证书和未经检验擅自使用法检进口商品等2起违法案件进行立案、调查，并依法进行行政处罚。举办2期“依法治检培训班”，通过“质量月”、“3·15”“12·4”等活动，广泛开展法治宣传工作，营造良好法治氛围。

【和谐质检建设】省出入境检验检疫局机关顺利通过复审，继续保持“全国文明单位”荣誉称号，局机关工会被全国总工会授予“全国模范职工之家”荣誉称号。平凉局荣获甘肃省第12批文明单位，同时，被平凉市人民政府授予“2014年度服务地方经济发展先进单位”称号。局男子乒乓球队再次在省直机关运动会上获得男子团体、双打和单打冠军，连续4年包揽三项冠军。1名同志被中组部表彰为全国质检系统先进工作者，兰州机场办事处和1名同志被质检总局表彰为先进集体和先进工作者。组织开展丰富多彩的文体活动，举办了“青春飞扬——读书·事业·人生”演讲比赛，成立了书法、摄影、篮球兴趣小组。加强工青妇等群团组织建设，组织“甘检精英”青年职工系列活动，凝聚人心，鼓舞士气，努力营造团结和谐的良好氛围。

【信息宣传】加大政务信息报送力度，全年向国家总局报送政务信息108条，其中信息动态采用45条，质检专报采用3条，质检简报采用1条。向省政府报送信息专报2期，均获得省委常委、副省长李荣灿的批示。全年在《人民日报》等中央主流媒体发稿29篇，在《中国国门时报》发表稿件95篇。在甘肃省电视台播发新闻3条，专题片3期。在《甘肃日报》、《甘肃经济日报》等地方主流媒体刊发稿件86篇，在甘肃局网站刊发稿件349篇，在“甘检平台”发表微文24篇，在《中国国门时报》微信平台发表微文8篇，召开新闻发布会5次。记者站连续三年被评为《中国国门时报》优秀记者站。

【基层建设】省出入境检验检疫局机关办公大楼维修改造工程和平凉局综合办公实验楼基建工程顺利通过国家出入境检验检疫总局验收。金昌局办公实验楼基建工程如期完工，10月23日正式挂牌开验报检。敦煌机场局于3月6日经国务院批准临时开放，4月1日正式批准成立，目前正在加紧筹建。积极争取在兰州新区综合保税区设立检验检疫机构。

省出入境检验检疫局领导班子成员名录

局　长　居　峰（4月止）

　　　　王松青（4月任）

副局长　徐肖坚　高晓明

　　　　王润武　黄新民

纪检组长　王润武

（供稿：席艳燕）

安全生产监督

【安全事故】2015年，全省共发生各类生产安全事故4760起，死亡1520人，受伤3583人，直接经济损失8670.5万元，与2014年相比，分别下降6.6%、1.5%、0.6%和0.3%，没有发生重大以上事故，保持了安全生产形势的持续稳定好转，为全省经济社会健康发展提供了坚强的安全保障。

【安全责任】省市县乡四级全部出台了安全生产“党政同责、一岗双责”实施办法，省政府明确了村级组织安全监管职责，基本实现安全生产责任“五级五覆盖”。加大安全生产考核权重，省政府在强化对市州考核的基础上，首次与35个省安委会成员单位签订体现部门和行业特点的安全生产目标责任书。规模以上企业按照“五落实五到位”的要求，层层建立安全生产责任制，全省上下层层传导压力，形成了一级抓一级、一级对一级负责的安全生产责任体系。

【专项整治】确立“以查促改、以打促防，治标稳面、强基治本”的安全生产工作总体思路，始终将安全生产大检查、打非治违专项行动作为消弭安全隐患，确保安全生产形势持续稳定好转的重要抓手，经常性开展煤矿、非煤矿山、道路交通、烟花爆竹、危险化学品、建筑施工、粉尘防爆、涉氨制冷、输油气管道、有限空间、民爆物品等重点行业领域的专项整治，大张旗鼓，重拳出击，有效打击了非法违法生产经营建设行为。专项整治中，省安委办派出10批次48个督查组，排查隐患5.6万条，及时向地方政府和有关部门交办转办督办落实，督促整改5.39万条，整改率96.2%。对整改不力的376个责任单位和495名责任人进行问责，责令29个存在重大隐患的生产建设项目停产停建整顿，收到了“查隐患、压事故、保平安”的良好成效，遏制了事故多发势头。

【安全法治】扎实推进新《安全生产法》宣传贯彻工作和相关配套法规制度建设，起草完成《甘肃省安全生产条例》修订草案，并被列为2016年省人大立法出台项目。省政府办公厅印发《关于加强安全生产监管执法的实施意见》。省安监局制定出台《安全生产行政处罚案件审理委员会工作规则》《安全生产行政许可、行政处罚和生产安全事故调查案卷制作办法》《安全生产行政执法文书制作使用规范及范例》《甘肃省隧道施工安全风险管理十项规定》《甘肃省涉氨制冷企业安全保障十五条制度》等规范性文件，编印发放《甘肃省安全生产执法工作指导手册》和《甘肃省安全生产行政处罚自由裁量工作指南》4万余册。各级各部门加大安全生产执法力度，全年关闭煤矿33处、非煤矿山48处，吊销证照156个，给予296名事故责任人党纪政纪处分，移交司法机关20人。

【安全培训】将2015年确定为安全培训年，拿出专项经费1200余万元开展安全生产大培训。一是依托院校集中培训安监干部。采取全脱产、全封闭、半军事化方式，依托高校举办省、市、县、乡镇（街道）安监人员培训班20期，培训3928人，1124名乡镇专职安监员取得《行政执法资格证》。先后两次邀请国务院参事室特约研究员黄毅以视频讲座方式，对省、市、县3000余名党政领导干部进行《安全生产法》专题辅导。二是送教上门培训企业安管人员。邀请全国全省安全生产专家，采取分片分专业、现场授课、集中培训等方式，培训危化品、煤矿、涉氨制冷、粉尘防爆领域从业人员9400人次，提高了安监队伍和企业安全管理人员的监管能力和业务技能。

【安全宣传】围绕“加强安全法治、保障安全生产”主题，组织开展“安全生产咨询日”、道路运输安全应急演练、营运客车驾驶员“五不两确保”安全承诺等“安全生产月”系列活动。联合新闻媒体深入基层、生产一线开展“安全陇原行”宣传报道活动。在全省范围组织开展安全生产知识电视大赛，推广靖远煤业公司职工家庭开放式安全教育模式。强化警示和安全常识宣传，先后向市县和企业制作发放事故案例警示和宣传教育光盘9200张，向各类企业和施工工地编制印发《企业职工培训手册》38万册，《工程施工企业劳务工作业安全常识》40万册；印发《中小学幼儿园安全管理手册》20万册，以学生安全教育促进全社会安全意识提升。与省电视台联合开设《问安陇原》栏目，每周一期，重播两期，每期15分钟；与甘肃日报社每日甘肃网联合开设《安全生产》网络专栏，开通“甘肃安监”微博、微信和手机终端，大力宣传有关法律法规，普及安全常识。全年发布安全生产宣传信息60余万条，营造了良好的社会舆论氛围。

【机构建设】省安委会、省编办、省安委办连续发文，从人员编制、监管装备、办公场所、经费保障等方面对乡村两级安全监管机构建设做出明确规定，并确定村两委的安全监管职责。至2015年底，全省1370个乡镇（街道）均成立了安监站，配备5137名安监人员，16782个村（社区）配备20668名安监员，全省绝大多数县区解决乡镇安监站的人员、经费、办公设施等基本保障问题，全省安全监管机构和责任体系实现“五级五覆盖”。

省安全生产监督管理局领导班子成员名录

局　长　郭鹤立

副局长　周仲平　苟小弟

　　　　尚科峰　王贵玉

执法监察总队总队长　乃成龙

纪检组长　赵　磊

（供稿：高国生）

食品药品监督管理

【概况】截至2015年底，全省有食品药品监管机构1686个，其中食品药品监管机构101个，乡镇街道食品药品监督管理所1343个，食品药品稽查局129个，食品药品检验检测机构113个。全系统人员编制10536名。全省共有监管服务单位有21万多家，其中，药械生产企业225家，经营使用单位8983家；食品生产企业2026家，经营企业13万家，持证餐饮服务单位5万余家；保健食品生产企业32家，经营企业11390家；化妆品生产企业13家，经营企业12466家。

【体制监管与机构改革】推进基层监管所规范化建设，制定基层监管机构规范化建设方案和考核办法，落实专项资金2000万元。围绕基层监管机构建设、落实监管责任、强化日常监管、推进作风建设等开展专题调研，研究制定具体改进措施。7月，在天水市召开全省食品药品监督管理所规范化建设座谈会；11月，在兰州市永登县召开全省食品药品监管系统基层工作现场推进会，分析形势，总结经验，全面推进基层监管工作。全省建成规范化监管所418个，占总数的31%，基层监管人员到位率达到85%以上。推动建立与省直各相关部门配合协作机制，与农牧部门制定加强食用农产品质量安全监管工作意见并签署备忘录，加强食用农产品和食品产出、准入源头管控；与公检法机关建立行刑衔接机制，形成违法犯罪打击合力；与卫生计生部门建立风险会商机制，完善食品安全地方标准，加强特殊药品监管，强化药械不良反应监测；加强与工商、质监等部门沟通协作和联合执法，集中力量维护市场秩序，覆盖食品药品全过程、全链条的监管机制有效运行，形成行政管理、监管执法、技术支撑、基层监管“四位一体”的监管体系。

【制度建设】认真学习贯彻新《食品安全法》，全面落实甘肃省政府食品安全“三项制度”，坚持问题导向，紧紧围绕食用农产品、食品小作坊小摊贩、农村集体聚餐、学校食品安全、食品仓储配送、中药饮片管理等监管重点、难点问题，加快建立覆盖全过程的最严格的监管制度。提请省食安委制定印发食品生产经营违法违规行为记分管理办法、食品生产加工小作坊和食品摊贩监督管理办法、农村集体聚餐食品安全管理办法，联合省教育厅制定印发学校食品安全管理办法和高校标准化学校食堂评估验收办法，联合省农牧厅制定印发加强食用农产品质量安全监管工作的意见，以规范性文件制定印发食品仓储管理规范、食品配送管理规范等制度，制定出台甘肃省中药饮片监督管理办法。

【食品安全监管】实施食品销售和餐饮服务许可“二证合一”，制定实施《甘肃省食品经营许可管理办法》和《甘肃省食品经营许可审查实施细则》，培训食品经营许可审查与许可系统操作人员5000余人次。以落实主体责任、规范经营行为、靠实监管责任为目的，实施记分管理，对1417户食品生产经营单位的信用等级进行调整。全省食品生产经营单位食品安全状况外置化公示率达85%以上，“负面清单”实施率60%以上，“透明车间”和“阳光仓储”覆盖率达30%以上，“明厨亮灶”覆盖率达88.39%。实施食品安全放心工程，为全省城区商场超市配置1000台食品安全溯源机，食品安全追溯平台加入率和应用率。组织开展10类高风险食品、保健食品、食品添加剂生产企业专项检查，食品批发市场和农贸市场清理整顿、农村食品市场、冷冻肉品市场“四打三建”、春秋季学校食堂、“两超一非”、餐饮具洗消保洁、火锅底料和调味料等专项整治，取缔无照经营户 19户,吊销许可证4户，立案查处 3495件,移交司法机关案件 19件,罚没金额10318万元。创建省级食品安全示范街16条、示范学校食堂50所、示范兰州市店186家，会同省教育厅、省卫生计生委创建省级“健康校园”15所、高校示范性标准化学生食堂8家。研发“甘肃省食品安全抽检监测信息管理系统”，将全省抽检监测数据全部纳入系统管理，成为全国第一家实施抽检检验工作全业务、全过程信息化管理的省份。2015年，全省共抽检样品28140批次，抽检任务均按计划全面完成。制定食品安全责任保险试点工作方案和实施细则，全省共投保724家食品企业，投保133万元，总保额26亿元。在全省农贸市场和商场超市建设300个食用农产品快速检测室。全年派出3个督查组重点对全省农贸市场进行飞行检查，组成14个督查组深入各地对食品安全工作情况进行交叉检查。

【药品安全监管】全面实施药品质量安全风险管控制度，打造信息集成-风险研判-监督整改为主线的质量风险管控链条。召开药品质量安全风险评估会议4次，发出风险警示函40余份，发布全省中药饮片重点监管品种名单4期，筛选确定重点监管品种102种。全面推进药品生产企业质量控制实验室规范化建设，建立中药正品标本室，督导落实原辅料和成品抽样、留样制度。建立并深化药品检验机构与企业检验技术培训机制，加强中药材中药饮片重点监管品种检验，落实共检机制。全省有41家药品制剂生产企业建立规范化质量控制实验室，36家中药制剂生产企业建立正品标本室；生产企业成品留样率100%，原辅料留样率由50%提升至90%以上；制剂生产企业成品全检出厂放行率100%。全面推进新修订药品GMP及中药饮片附录的贯彻落实，实施中药饮片生产质量管理提升计划。开展真伪生熟、掺杂使假、染色增重、霉变虫蛀、污染变质等专项整治。全年收集上报不良反应监测报告17462份，同比增长54.6%，预警药品风险品种11种，处置国家预警信息59起。完成国家计划药品646批次，完成省级药品监督抽验6584批次。对药品生产环节和医疗机构制剂专项监督抽验1320个品种批次，检出不合格品种21批次。省食品药品监督管理局药化生产监管处被评为全国禁毒工作先进集体。2015年，全省212家生产企业中通过新修订GMP认证185家，通过换证127家，503家药品批发企业中通过新修订GSP认证及许可证换证395家，注销52家，7202家零售企业中通过新修订GSP认证及许可证换证3133家，注销1244家。检查生产企业570多户次，收回《药品GMP证书》12张，收回《药品GSP证书》8张。停止销售和监督召回胞磷胆碱钠注射液、银杏叶等问题药品29万多盒。查处假劣药品案件2400多起，罚没款1052万元，向公安机关移送193起。发布违法广告公告4期，涉及违法广告产品90个品种，监测各类违法广告共788频次，全部移送工商行政部门。

【医疗器械监管】先后组织开展医疗器械“五整治”专项行动“回头看”、体外诊断试剂质量评估和综合治理、装饰性彩色平光隐形眼镜专项监督检查、橡胶避孕套质量安全、打击代孕和防控采血鉴定胎儿、打击非法生产销售使用注射用透明质酸钠等专项整治工作。全省共出动执法人员73368人次，监督检查单位45693家次，立案查处单位350家，没收违法产品4909（个、套、支），罚没款170.82万元，责令整改1460家，停业整顿25家，取缔非法经营企业64家。实行分类分级管理，推进质量管理规范顺利实施。分别对白银、天水、兰州、酒泉、武威、庆阳等6市40家重点监管企业（四级、三级监管）质量管理体系运行情况进行监督检查，对存在问题的2家企业作出停产整顿决定，对存在不同问题的36家企业要求相关市州局监督限期整改。强化风险防控，持续完善医疗器械风险防控体系。查处违法违规单位191家（立案查处118家），罚没款金额82.2万元，查处违法违规产品4909（套、个、支、件），警告16家。全省共收到医疗器械不良事件报告4816份，其中严重报告286份，一般报告4530份，严重报告占比5.9%。分区域举办四期市县监管人员法规培训班和一期生产企业法规培训班，培训人员近600人。

【检验检测工作】编制全省食品药品检验检测体系建设工作方案，印发《甘肃省市州级食品安全检验检测实验室建设指导意见》、《甘肃省县（区）级食品药品检验检测机构实验室建设指导意见》。制定《甘肃省“整市推进”县级食品安全检验检测资源整合和机构建设规划》，部分市县启动食品检验检测职能全部整合到食品药品检验检测中心的工作。组织省内检验检测机构参加中检院2015年度食品药品检验检测能力验证工作，并将能力验证结果列入食品药品安全目标责任考核。开展全省药检机构和药品生产企业实验室比对。全年共完成抽样食品3.3万批次、药品6656批次、中药材中药饮片3.8万批次、医疗器械1723批次。省局投入1980万元用于检验检测仪器设备购置，投入食品、药品、化妆品、医疗器械检验验经费6241万元。确定8个县区级食品药品检验检测中心为综合性检验机构，22个县区级食品药品检验检测中心为一般性检验机构。在全省14个市州举办11期乡镇（街道）监管所快检设备操作培训班。对全省市县级检验机构负责人进行实验室管理、检验检测机构资质认定申报程序培训。修订完善甘肃省道地药材质量标准，对现行地方药材标准《甘肃省中药材标准》（2009年版）、《甘肃省中药材炮制规范》（2009年版）进行清理，对收载4个品种进行更名修订，24个品种药材地方标准停止执行，执行国家标准。

【应急管理】开展各类应急演练30场次，其中省级1次，市级12次，县级17次。省食品药品监督管理局会同酒泉市政府在酒泉市成功举办国家示范性药品安全突发事件应急演练，来自天津、重庆、山东等19个省市区及甘肃省14个市州监管人员、部分食品药品企业负责共300余人观摩演练活动。组建甘肃省食品安全专家委员会。县级以上食品药品监管部门均已修订食品、药品安全应急预案。提请省食品安全专家委员会制定出台《甘肃省食品安全风险会商制度》，制定下发《甘肃省食品药品安全舆情监测与处置管理办法（试行）》、《甘肃省药品质量安全风险评估制度（试行）》。成功处置古浪县大靖镇天然居大酒店食物中毒等突发事件，责成兰州、武威、平凉3市地对14名相关监管责任人员进行严肃处理。

【社会服务】健全完善12331投诉举报体系，受理并答复投诉举报2393起。强化政策宣传和舆论引导，及时发布监督检查、抽样检验和食品药品消费警示。公布食品安全消费警示16期，涉及水、肉及肉制品、糖、酒等各类食品共180余批次，引导公众科学安全消费。持续开展“3·31”投诉举报、食品安全宣传周、安全用药月等主题宣传活动，在省级媒体建立“食品药品话安全”“食品安全第一播报”等全媒体宣传阵地。在全省食品生产经营企业组织开展食品安全法知识竞赛活动，举办竞赛290余场次，1559户规模以上企业和近10万名食品从业人员参与学法普法。开展食品安全示范城市创建活动，命名省级食品安全示范县10个、示范街20条、示范学校食堂50所和示范店181家。

【党风廉政建设】全面落实党风廉政建设主体责任，与分管领导，分管领导和分管部门分别签订责任书。在省药品检验研究院配备纪委书记，在省食品检验研究院、医疗器械所、稽查局3家直属事业单位分别指定1名领导班子成员负责纪律检查工作。以机关处室为单位成立党支部，处室主要负责人担任支部书记，确定1名副处级干部为纪律检查委员。组织学习廉洁自律准则、纪律处分条例，安排翻印《中央纪委通报曝光违反中央八项规定精神典型问题汇编》300余册。调研制定《巡察工作办法》，成立巡察工作领导小组。制定出台《机关处室和直属单位主要负责人向党组述纪述廉述作风实施方案》，已“三述”11人，占总数的45%。开展专项清查，先后2次开展党风廉政建设和反腐败工作落实情况督查调研，制定《食品药品监督管理所规范化建设实施意见》《行政处罚自由裁量规则》《行政过错责任追究办法》，规范基层执法行为。研究制定《廉政风险点排查活动实施方案》，全面开展廉政风险防控先行先试。

省食品药品监督管理局领导班子成员名录

局　长　高建邦

副局长　丁永辉　姚念文　宋保才　王庆邦

纪检组长　罗卫东

省食品药品稽查局局长　柴吉民

省食安办专职副主任　王　胜

（供稿：郭廷成）

能源监管

【电力安全监管】宣传贯彻落实新《安全生产法》《电力安全生产监督管理办法》等法律法规，发挥省安委会成员单位作用，确保电力系统安全稳定运行。督促电力企业落实安全生产主体责任，加大隐患排查治理力度，围绕电力建设工程质量安全监督、电网安全风险管控、发电厂氢站氨站和贮灰场安全监管、水电站大坝管理监督、高危重要用户安全监督等重点，采取有效措施，不断强化安全培训，监督指导电力企业开展薄弱环节整治，建立健全电力应急体系。全面督查甘肃省电力质量监督中心站及在建的火电、输变电、风电、光伏发电项目，做到检查无死角、类型全覆盖。针对燃煤发电厂贮灰场安全监督管理薄弱环节，会同省安委会成员单位以及地方政府部门，多次现场挂牌督办，解决了影响人民群众生命财产安全的重大安全隐患，全省 18家发电企业全部完成了贮灰场安全评估和备案工作，3家无专用贮灰场的自备电厂也已将相关管理证明报备，从根本上预防了贮灰场安全事故的发生。

【电力市场监管】主导和参与甘肃省大用户直接交易试点工作，会同省发改委、省工信委制定2014—2016年《甘肃省电力用户与发电企业直接交易细则（暂行）》；针对2015年甘肃省大用户直接交易试点签订的274.21亿千瓦时电量，加强调度交易执行等过程监管，确保公开公平公正。通过风（光）火电量置换、新能源替代自备电厂发电等市场化模式，探索新能源消纳新机制，先后开展了张掖发电公司与汇能新能源公司、甘肃龙源风力发电有限公司与玉门油田分公司水电厂、85家新能源企业替代中国铝业兰州分公司自备电厂及17家光伏企业替代金川公司自备电厂电量置换等一系列工作，置换电量16.68亿千瓦时。进一步推进省内发电集团内部合同电量优化，提高环保高效大机组的利用小时数，批复执行大唐甘肃公司甘谷、连城电厂部分电量由景泰电厂代发，完成计划合同电量4.84亿千瓦时。

【行业监管】核查河西地区违规建设光伏发电项目引起了省政府的高度重视，由能源监管机构监督后续整改落实情况，确保能源监管与能源管理无缝对接。甘肃省境内已建成西气东输、涩宁兰、兰成渝等18条油气输送管道干线近9000千米，是西气东输、西油东送、北油南运、北气南下管网的枢纽。开展天然气重点调研，掌握全省天然气管网设施基本情况和供需情况，了解天然气管网企业实施规划计划、管道年度输送量、管网设施输送能力和剩余能力、利用效率等情况；推进省内天然气管网分输支线监管，掌握上下游用户接入情况、合同签订执行情况、产品供应情况及存在问题；结合油气企业信息报送情况，分析甘肃油气企业成本构成；在冬季天然气用气紧张时期，认真做好日常天然气供应预测预警和信息统计日报制度，确保民生用气长供久安。

【资质许可监管】严格落实国务院关于取消和调整一批行政审批项目等事项的决定，取消发电机组进入及退出商业运营审核、发电机组并网安全性评价等事项；规范电力业务许可行政审批行为，减少繁文缛节。以创建省级精神文明单位为契机，以“依法办证、文明办证、追求卓越、服务发展”为主题，树立优质服务文明办证大厅的窗口形象，创建3F（五项制度、五个坚持、五个上墙）服务体系。推进资质管理信息系统建设，完善许可申请、审批、监督、查询等环节的信息化管理。2015年，共颁发电力业务许可证（发电类）48家；变更电力业务许可证（发电类）登记事项65家，许可事项8家；发放承装（修、试）电力设施许可证12家；变更承装（修、试）电力设施许可证登记事项24家，许可事项21家；新发电工进网许可证7554人（其中：高压6787人，低压5人，高压试验276人，继电保护266人，电线电缆220人），续期注册9287人。

【电力稽查】依法开展供电服务“两率”监管和配电网供电能力调研，采取电压检测表现场“贴封”和暗访等手段，加大对供电薄弱地区、农牧地区配电网投资建设力度，督促解决全省2.4万户、11.6万无电人口的用电问题。结合《甘肃省精准扶贫贫困村动力电覆盖支持计划实施方案》，协调解决省委省政府关心的卓尼县尼江地区牧民增收光伏工程，以及康乐县虎关乡贾家沟村、八松乡纳沟村动力电全覆盖工程。开展用户受电工程市场秩序监管，规范市场主体业扩报装、工程建设、设备招投标等行为，防止“三指定”现象反弹。进一步发挥12398能源监管热线民生通道作用，注重发掘线索并依法查处投诉举报典型案件。

【精准扶贫】坚持“一手抓监管、一手抓扶贫”，统筹国家能源局定点扶贫、省委“1+17”精准扶贫以及“联村联户、为民富民”行动，支持通渭县、清水县火电、风电、光电、绿色能源示范县等重点能源建设项目。组织“甘肃省光伏扶贫项目专项监管”，从项目实施、开发建设、接入电网等方面实施全程闭环监管。通渭县在全省率先实现“光伏扶贫”零的突破，探索了“政府搭台、监管护航、企业援助、百姓受益”的精准扶贫新模式；清水县提前一年完成全县所有自然村动力电全覆盖，进一步解决了网架结构不合理，供电能力不足的问题。继续衔接好优秀贫困生北京游学、华北电力大学暑期支教、基层党组织结对共建、安全用电宣传、电子商务培训、组织劳务输出、协助惠农贷款、筹建农业资金互助协会、开展文化下乡等一系列活动，变简单“输血”为有效“造血”。

国家能源局甘肃监管办公室
领导班子成员名录

专员助理　顾平安（主持工作）
党组成员　谢　康

（供稿：陈孝健）

国土管理

土地资源

【土地利用现状】根据甘肃省第二次全国土地调查、2014年度土地变更调查，截止2014年12月31日，全省土地总面积4258.89万公顷（63883.34万亩），其中含宁夏自治区飞地5322.53公顷。主要地类面积及地类构成情况为：耕地537.8 0万公顷（8066.80万亩）占1263%；园地2577万公顷（38680万亩）占0.61%；林地610.03万公顷（9150.69万亩）占14.32%；草地1419.98万公顷（21299.40万亩）占33.34%；城镇村及工矿用地76.47万公顷（1147.08万亩）占1.80%；交通运输用地25.83万公顷（387.40万亩）占0.61%；水域及水利设施用地74.76万公顷（1121.44万亩）占1.75%；其它土地1488.25万公顷（22323.73万亩）占34.94%。

【耕地及基本农田保护】2015年，严格落实国家对耕地占补平衡工作提出的“以补定占，先补后占，占优补优，占水田补水田”的新要求，对建设项目耕地占补平衡进行严格审查把关，并通过耕地占补平衡动态监管系统进行了挂钩与核减，连续16年实现耕地占补平衡。截止2014年底，全省耕地保有量面积537.8 0万公顷（8066.8万亩），实际划定基本农田保护面积387.93万公顷（5819.0万亩）。

【土地整理复垦开发】2015年，全省共安排土地整理开发资金共计14.71亿元，其中，中央新增建设用地有偿使用费2.17亿元，安排项目33个；东部百万亩土地整治重大项目省级配套资金1.06亿元（中央资金未下达），安排项目4个；省留新增建设用地有偿使用费1.52亿元，安排项目29个；省留开垦费1.48亿元，安排项目23个；切块市州新增建设用地有偿使用费5.38亿元、耕地开垦费3.11亿元。

全年共验收2015年以前实施的各类土地整理开发项目303个，完成总投资24.50亿元，建设总规模138.90万亩，新增耕地16.04万亩。完成梯田建设50万亩。

【建设项目用地预审】2015年共完成170个建设项目用地预审（其中初审后报部预审项目14个，省级预审项目156个），总投资3244.06亿元，拟用地总面积17226.97公顷，其中，农用地8283.61公顷（含耕地5450.75公顷），建设用地2143.63公顷，未利用地6799.73公顷。同时，将156个省级、101个市级和442个县级共699个预审项目通过建设项目用地预审备案系统全部上报国土资源部备案。

【建设用地审批】2015年，省政府审查审批用地866件，总面积11242.51公顷，其中农用地5924.82公顷（含耕地4297.62公顷）；未利用地3642.72公顷；建设用地1674.97公顷。

【土地供应与市场】2015年，全省供应建设用地2592宗，总面积15648.15公顷，其中，以招标拍卖挂牌方式出让4357.61公顷；以协议方式出让351.15公顷；以划拨方式供地10939.39公顷。按照供应用途，商服用地1167.69公顷、工矿仓储用地2414.52公顷、住宅用地1579.78公顷、公共管理与公共服务用地3803.38公顷、交通运输用地5994.23公顷、其他用地（特殊用地、水域及水利设施用地、其他土地）688.55公顷。全省土地出让价款226.24亿元，其中，以招标拍卖挂牌方式出让土地成交价款190.65亿元，以协议方式出让土地成交价款35.59亿元。

矿产资源

【矿产资源现状】2014年底，全省已发现各类矿产119种（含亚矿种为180种），其中，查明资源储量的77种（含亚矿种为114种），占全省发现矿种的65%，未查明资源储量的42种（含亚矿种为66种），占全省发现矿种的35%；在查明矿产资源中，能源矿产7种、金属矿产31种（含亚矿种为36种）、非金属矿产37种（含亚矿种为69种）、水气矿产2种。

2014年底，列入《甘肃省矿产资源储量表》的固体矿产98种、矿产地1370处（含共伴生矿产），其中固体燃料矿产地216处，黑色金属矿产地157处，有色金属矿产地302处，贵重金属矿产地368处，稀有稀土分散元素矿产地39处，化工原料非金属矿产地84处，冶金辅助原料非金属矿产地48处，建材及其它非金属矿产地156处。其中大型规模矿床117个、中型213个、小型1040个；勘查程度勘探阶段267个、详查阶段307个、普查阶段796个。

据《2014年全国占比排名》统计，在已查明的矿产中，甘肃省资源储量名列全国第1位的矿产有10种，分别为镍矿、钴矿、铂矿、钯矿、锇矿、铱矿、铑矿、硒矿、铸型用粘土、凹凸棒石粘土，居前5位的有38种，居前10位的有71种。

【矿产资源勘查】全年开展基础调查项目48个，投资13543.57万元，其中中央财政出资7913.57万元，地方财政出资5630万元。开展矿产勘查项目269个，投入勘查资金105667.50万元，其中中央财政出资3744.59万元，地方财政出资42054.18万元，社会资金投入59868.73万元。全年完成钻探50.21万米，槽探27.70万立方米，坑探3.68万米。

开展1:5万区域地质调查项目5个，投入资金1330万元；区域地球物理调查项目2个，投入资金1770万元；区域地球化学调查项目3个，投入资金260万元；开展1:5万矿产远景调查项目38个，投入资金8980万元，其中中央财政投入3350万元、地方财政投入5630万元。

2015年，安排省级地质勘查基金项目53个，共计下达资金3.99亿元，其中甘肃煤田地质局煤炭项目8个，下达资金1.10亿元，省地质矿产局项目26个，下达资金1.89亿元，省有色地勘局项目13个，下达资金8707万元；省核工业地质局项目3个，下达资金900万元；甘肃建材总队项目3个，下达资金400万元。

全年新增查明矿产资源储量的矿种主要有金、铁。其中新增金资源量45.62吨，铁矿石资源量1.50亿吨。2015年度完成阶段性勘查的矿产地共8个，其中大型1个，中型4个，小型3个；新发现矿产地5个，其中大型1个，中型2个，小型2个。白银四方合作勘查项目地质找矿成果显著，估算可提交铜铅锌资源量53.19万吨，郝泉沟项目估算可提交金金属量10.23吨。肃南卡瓦矿集区勘查项目获得332+333+（334?）类铁矿石资源量3.20亿吨。

【矿产开发利用】截至2014年底，全省共有各类非油气持证（采矿许可证）矿山3535个。其中大型矿山65个、中型83个、小型1207个、小矿（生产规模低于小型矿山规模上限的十分之一）2180个。全年开采矿石总量（原矿量）1.29亿吨，实现工业总产值315.68亿元，从业人数15.80万人。

截至2014年底，全省共有各类非油气矿山（采矿权）3535个。其中，国土资源部发证21个，省国土资源厅发证426个，市州国土资源局发证595个，县级国土资源管理部门发证2493个。

截至2015年11月底，全省共设置非油气探矿权1330宗，其中省级发证1050宗，部级发证280宗。

【矿业权价款及补偿费】2015年，探矿权、采矿权价款及使用费入库91470.89万元。其中两权价款91014.24万元（探矿权价款2400.35万元，采矿权价款88613.89万元），使用费456.65万元（探矿权使用费347.05万元，采矿权使用费109.60万元）。

全年矿产资源补偿费征收25658.04万元。其中省国土厅直接征收矿产资源补偿费16528.71万元，14个市州征收9129.33万元。

地质环境

【地质灾害防治】2015年，全省共发生地质灾害45 起，(其中达标统计44起)，共造成4人受伤，经济损失14003.10万元。全年发布预警信息48次，其中二级12次、三级36次。

全省地质灾害综合防治体系建设资金8.87亿元，其中，中央财政7.20亿元，省级财政预算配套资金1.67亿元，共安排工程治理项目51个，安排搬迁避让9602户42625人。

全年共安排岷县漳县地震灾后恢复重建地质灾害综合治理项目78个，总投资4.80亿元。截止2015年底，所有地质灾害综合治理项目全部完工。

【矿山地质环境保护】全省3187家矿山企业建立了矿山地质环境恢复治理保证金，专户存储保证金26532.37万元，返还矿山企业的保证金2451万元。政府部门使用保证金开展矿山环境恢复治理项目4个，使用保证金数额8627万元。

【地质遗迹保护】截止2015年底，全省已有地质公园39个，其中世界级地质公园1个，国家级地质公园9个，省级地质公园29个（含待批省级地质公园6个）。2015年争取国家地质公园建设资金2400万元，用于平凉崆峒山地质公园建设。

省国土资源厅领导班子成员名录

厅　长　蒲志强

副厅长　郭玉虎　陈　汉

阎　安（11月止）　包自吉

陈牧原（3月止）

省国土资源执法监察局局长　钟　义

纪检组长　房和平

（供稿：刘志广）

有色金属地质勘查

【经济发展】截至2015年12月，省有色地勘局总资产达到17.08亿元，净资产10.90亿元。2015年实现总收入8.01亿元，其中预算内收入实现3.61亿元，市场经营收入实现4.40亿元，实现节余及利润总额1.06亿元。

【地质找矿】2015年实施地质项目66个，总费用3.24亿元。通过工作，落实大型一特大型矿产地4处，中型矿产地2处，小型矿产地5处，找矿靶区10处，勘查基地17处。2015年取得5项重要突破：一是成县厂坝铅锌矿接替资源勘查项目，新增铅锌资源量99.78万吨；二是白银矿田深部及外围铜多金属矿勘查项目，预计矿床总资源量可达70万吨，在四方山矿床新发现了以块状矿石为主的2号矿体，在拉牌沟深部发现了两层厚大的铜矿体，穿矿厚度分别为6.9米和5.1米。矿床规模进一步扩大，资源可靠程度进一步提高；三是白银市郝泉沟金多金属矿普查项目，金矿规模进一步扩大，新发现2处找矿靶区；四是肃北县豹子沟南金矿普查项目，圈定了具有进一步工作价值的铜矿体和金矿体；五是玉门市东狮沟及外围铜金多金属矿普查项目，在深部发现了具有进一步工作的铜钴矿体和磁铁矿体。

【矿业开发】2015年，独资和合作矿山企业实现矿业总收入近7.4亿元，实现利润总额近2.5亿元；按股权折算省有色地勘局实现矿业总收入近1.3亿元，投资收益4800多万元。矿业战略合作调整进一步深化，与酒钢、白银、建新、亚特、紫金等集团公司的合作不断完善和深化，与金川公司的合作正在积极推进；当年合作公司直接勘查投资5000多万元，实施勘查项目12个。其中，陇南紫金组织开展了地质勘查大会战，取得了突破性进展，新增黄金资源量超过21吨；新洲公司新增钨资源量3万吨；天洲公司提交了金塔县穿山驯白云岩矿详查报告，估算白云岩资源量达到中型矿床规模；三友公司小独山矿区提交钨备案资源量达到特大型钨矿规模；同时，也存在矿山经营状况优劣悬殊的情况，张掖矿勘院新金厂金矿停产，新洲公司、中盛公司出现亏损。

【工勘产业】2015年共签约473个项目，总收入1.51亿元，利润1812.48万元。其中工勘院实现经营收入1.35亿元，利润1400万元。一是业务拓展加强。特别是在地质灾害综合防治建设、城市地质、农业地质（农用地确权、土地治理、“美丽乡村”建设）、地质环境评价等领域取得重要进展，“民生地质”、“大地质”工作在探索中表现了新的作为。二是能力建设加强。重点加强了资质建设，工勘院在“地理信息系统”乙级资质的基础上又新增了“不动产测绘”乙级资质，局属各矿勘院水工环资质建设取得不同程度进展；同时，技术装备不断更新，工勘院购置测绘无人机，为进一步提升测量工作能力奠定了基础。三是提质增效加强。相关各院重视技术、效率、效益和质量管理，使水工环产业整体质量效益进一步提高。钻探工程已由施工型转向技术管理与经营管理型并重的管理模式，成效显著。全局钻探队伍从事深孔钻进能力在不断提高，2015年岩芯钻探共实施项目55个，累计完成进尺18万米，其中1000米以上钻孔达21个。

【多种经营】酒店经营相对稳定。2015年，主要采取“保稳、求增、提效”经营方针，着重在强化管理、降低成本、提高效益上下功夫，保持了酒店经营收入及效益的相对稳定。锦江阳光酒店完成经营收入4297.71万元，完成目标的90.48%，天水山水苑酒店完成总收入1431.49万元，完成目标的106.04%。延伸产业快速成长。天水矿勘院化验测试、兰州矿勘院中心实验室经营收入双双突破1000万元，创造历史记录。特别是中心实验室积极拓展实验测试业务，与省农科院合作完成了甘肃省农产品产地重金属污染调查科研项目，为农业部门提供了准确的重金属污染数据。基地开发有新亮点。张掖矿勘院积极打造物流仓储基地，培育新的经济增长点；天水矿勘院开发区基地新建商铺并完成了招租工作。

【地勘能力建设】在资质建设方面，2015年全局新增6个乙级资质，其中工勘院新增不动产测绘乙级资质，兰州矿勘院获得地质灾害危险性评估等5个乙级资质；局属各院近20项水工环资质申请升级工作正在推进中，为全局产业发展提供了新的动力。技术进步方面，局中心实验室完成了由中国地质科学院成都矿产综合利用研究所主持的3个铝土矿和3个铌钽铷矿共6个国家标准物质的定值项目，成为国家级标准物质定值单位之一。装备更新方面，2015年共完成设备采购1108万元，购置了X射线荧光光谱仪、快速矿石分析仪等专用和通用设备554台套。人才储备方面，年内共招聘专业技术人才46名，进一步改善了专业技术队伍结构。业务范围进一步拓展，白银矿勘院、张掖矿勘院分别在西藏、青海、新疆成立了分院，将竞争的范围延伸到省外，成为拓展业务的窗口和新基地。

【科研工作】2015年科研工作取得了一定成果，编制了《甘肃省页岩气选区与综合研究》《金川硫化铜镍矿区主要新断裂构造与控矿作用研究》和《金川矿区深部及外围找矿工作实施方案》，为进一步拓宽地质勘查领域奠定了基础。

【和谐地勘建设】创先争优效果突出。兰州矿勘院被中华全国总工会授予“全国模范职工之家”荣誉称号；天水矿勘院刘菊琴被中共甘肃省委授予“甘肃省先进工作者”荣誉称号；张掖矿勘院孙仓平通过主持开展的《甘肃北山钨矿成矿预测研究》获得“陇原青年创新人才扶持计划”科技工作者；张掖矿勘院吕彩平项目组承担的重要地质钻孔数据库建设项目在2015年度重要地质钻孔数据库建设成果验收会上被评为优秀。帮扶力度持续加大。2015年春节期间，局院两级共慰问困难职工93户，发放慰问金22.1万元；组织全局239名女职工参加健康状况调查。安居工程有效推进。天水矿勘院职工经济适用房建设已竣工；全年局筹集安排资金700万元，用于各院基地维修改造，为职工提供了安居乐业的良好环境。

【精准扶贫】2015年，省有色地勘局制定了《2015-2020年开展精准扶贫专项教育培训计划》，将双联行动与精准扶贫深度融合。强化“造血”功能，筹资70余万元为联系村打造旅游产业项目、培育农家客栈示范基地、建设党员活动室、发展电商、食用菌种植技术等8个项目，得到联系村群众认可和上级充分肯定。同时，省委组织部选派3名优秀年轻干部，分别派驻1名双联挂职副县长和2名村第一党支部书记，全职助力精准扶贫；基层党组织开展了“结对共建”活动，进一步在文化事业上进行扶贫。

省有色金属地质勘查局
领导班子成员名录

局　长　范本彦

副局长　高兆奎　丁守和　王兰生

（供稿：尚易良）

测绘与地理信息

【地理国情普查】2015年按照国务院普查办统一部署，完成了兰州、武威、金昌、张掖、酒泉、嘉峪关、陇南、庆阳等8市31.5万平方千米的内业数据采集、外业调查与核查等普查任务，并按要求完成了普查标准时点核准工作。普查成果于2015年9月底全部通过了省级验收和国家级质量复核，合格率100%，优良率达到了80%以上，符合普查成果质量要求。按照时间节点要求，于2015年10月14日向国务院普查办汇交了全省最终普查成果数据，普查进入数据库建设及统计分析阶段。

【地理国情监测】按照"边普查、边监测、边应用"原则，围绕生态文明建设、生态环境保护、城镇化发展等现实需求，积极开展兰州新区综合统计分析及监测试点项目，并向兰州新区管委会移交阶段性监测成果。启动实施的"河西走廊绿洲沙漠化动态监测"等六个地理国情监测项目，其中两个项目已经完成。国家测绘地理信息局支持的"冰川与常年积雪变化监测""兰州新区建设变化监测"等两项国家重要地理国情监测项目，已完成技术设计并通过国务院普查办组织的评审。

【数字城市建设】完成建设的白银、甘南、陇南、嘉峪关、庆阳、天水、兰州等七市均实现了与天地图的互联互通，整体运行良好。金昌、张掖两市完成建设任务，通过省级验收；酒泉市基本完成建设任务，已申请省级验收；武威、平凉两市已完成项目设计书编制；定西市被国家测绘地理信息局列为2015年度数字城市地理空间框架推广城市，开始编写实施方案。同时，积极推动数字城市向智慧城市升级，兰州、天水两市智慧城市时空信息云平台项目被国家测绘地理信息局列为2015年度智慧城市试点项目，开始编写项目设计书。两当、陇西、秦安三县地理空间信息平台建设成果数据不断更新完善，应用领域进一步拓展。

【积极推进"天地图·甘肃"建设】推进天地图节点间数据融合，更新了张掖、武威、白银、平凉、陇南、嘉峪关、甘南等七个市州主城区以及天水全市域矢量地图、影像地图，更新数据量达114GB。依托"天地图·甘肃"公众版和政务版，为应急、综治、水利、卫生、林业等行业提供在线或前置地理信息服务。新增兰州市街景、兰州新区重点区域360度全景等特色服务，开发安卓版移动终端"在哪"软件，搭建银行营业网点分布、兰州市单双行道、兰州国际马拉松赛等在线应用专题，有效提升了"天地图·甘肃"应用能力。

【行政审批改革】积极推进"三张清单一张网"工作，梳理行政许可8项、行政处罚36项、行政征收2项、行政奖励3项及其他行政权力10项，并在甘肃政务服务网公布，为行政权力清单和责任清单的落实奠定了基础。省级测绘行政许可事项全面实行"一个窗口服务、一站式审批"全流程网上办理，全年受理行政审批项目1500多件，办结率为100%，测绘地信服务窗口被省政府评为"优秀服务窗口"。按照省政府推进简政放权、放管结合、优化服务的要求，拟定了随机抽查事项清单，做好随机抽取检查对象、随机选派执法检查人员的"双随机"抽查制准备工作，推动事中事后监管制度化、规范化。

【行政执法】组织开展专项执法检查，加大对违法案件的查处力度。全年依法查处违法编制地图、非法测绘等案件27起，其中市州测绘地理信息行政主管部门制止各类违法案件12起，全省测绘地理信息市场秩序得到了进一步规范。酒泉、定西、陇南、甘南等市（州）将测绘执法检查纳入国土资源执法范围，与土地、矿产执法巡查统一部署、统一检查、统一考核。

【测绘资质监管】全省审批测绘资质127家，其中：省局审批87家、市州审批40家。截至2015年底，全省共有测绘资质单位373家，较上年增加43家，增长率达13%。第一次开展了全省测绘资质巡查工作，共巡查测绘资质单位96家，促进了资质单位的健康有序发展。加强测绘地理信息信用管理平台建设。积极开展了测绘资质单位信用信息征集工作，并将测绘资质单位的信用信息向社会公示，供社会公众查阅监督。通过开展过程质量控制和成果质量检验，基础测绘成果整体质量明显提高，地理国情普查成果质量合格率100%，优良率超过80%，全省农村土地确权等重大项目测绘成果质量准确、可靠。

【法制宣传】全省测绘地理信息系统积极开展8·29测绘法宣传日活动，全省共设置宣传点100余个，散发宣传资料50余万份，制作宣传展板300余块，悬挂宣传条幅1000余条，发送公益

2015年9月22日，国家测绘地理信息局党组书记、局长库热西（前排左三）在省委常委、副省长李荣灿（前排左二）陪同下调研测绘地理信息工作

短信200余万条。通过全行业的宣传，进一步提高了公众对测绘地理信息事业的认知度，有效提升了测绘地理信息的影响力。

【基础测绘】按照《甘肃省“十二五”基础测绘规划》和省委、省政府“工作落实年”的要求，扎实推进省级基础测绘的实施，完成了民勤、酒泉等测区1:1万地形图测绘与更新约9万平方千米。甘南州藏区基础测绘专项有序推进，完成总任务的70%。按照省委书记王三运重要批示精神，组织开展了卓尼县“尼江”地区大比例尺地形图测绘，为尼巴、江车2村建设提供了强有力的服务保障。庆阳、白银、临夏等市（州）按照年度基础测绘计划，进一步夯实了基础数据资源。

【编制“十三五”基础测绘规划】省“十三五”基础测绘规划被省政府纳入全省“十三五”省级重点专项规划序列，《甘肃省“十三五”基础测绘规划》完成文本编制、专家评审等工作，待报省政府审批。完成《甘肃省藏区“十三五”基础测绘规划》编制，积极衔接国家发改委，争取国家支持藏区基础测绘。各市（州）也基本完成“十三五”基础测绘规划文本编制工作。

【现代测绘基准体系建设】继续优化完善全省卫星定位连续运行基准站网，推进似大地水准面精化项目工程，完成240个点的精度测试和外业数据采集任务，开展了基准站巡查工作，完成水准观测6300千米。全省卫星定位连续运行基准站网建设项目通过国家验收并发布成果，标志着全省唯一、权威、高精度、高时空分辨率、高覆盖率的现代空间定位基准站网全面建成并运行，这对全省现代测绘基准体系建设具有重要里程碑意义。基准站已为220余家单位1200多个用户提供实时定位基准和精准位置服务，涵盖全省基础测绘、农村集体土地确权登记发证、农村土地承包经营权确权登记颁证、地理国情普查、地质找矿行动、土地整理及勘测定界、城乡基础设施建设、新农村建设等重大工程项目建设。

【地图审核管理】省测绘地理信息局全年受理、审核地图28个批件，核发审图号25个，主要包括便民图、岷县漳县地震灾后恢复重建项目示意图集、互联网地图。全年受理审批利用涉密测绘成果900件。

【地图市场监管】开展了地图市场专项整治活动，对2015年兰州国际马拉松赛、第21届兰洽会等赛会用图进行了前期检查和全面规范，确保重大节会无“问题地图”，维护国家版图尊严。开展互联网地图日常监管，利用互联网地图监管系统配合进行全国联动监管，筛查网上地图7326条，排除涉密交易信息9条，有效的净化了互联网地图市场。各市州对本地区地图市场进行全面检查，重点对本地区文化市场（主要是新华书店等各类书店）中涉及地图的中小学教辅材料进行全面清查整顿。

【地图公共服务】严查各地重要节会展示的问题地图，积极为第21届兰洽会、兰州国际马拉松赛、庆阳香包节、天水公祭伏羲大典、伏羲文化旅游节、迭部国际大力士赛事等提供地图服务，保证了在公开场合使用合法地图，维护国家主权和利益。

【甘肃省测绘地理信息应用成果和地图网上展馆】按照国家测绘地理信息局统一部署，省测绘地理信息局积极建设地理信息应用成果和地图网上展馆，经过7个多月的建设，“甘肃省测绘地理信息应用成果和地图网上展馆”建成并开通上线，向社会公众提供“一站式”展示服务。建成的甘肃展馆由门户网站、展馆外景、主展厅、测绘成果应用和地图主题厅几大部分组成，是国家测绘地理信息局主导建成基于互联网建设的网上展馆集群的重要节点之一，荣获优秀设计奖。

【涉密成果管理】省测绘地理信息局联合省国家保密局对兰州铁道设计院、省水利水电勘测设计研究院、省基础地理信息中心等开展了专项保密检查。经检查，发现了新形势下测绘成果使用环节的问题。对检查中发现的问题，现场提出整改意见，责令限期整改，并将整改情况报局备案，同时对相关人员现场进行了保密安全意识教育。

【成果推广应用】先后为中央领导来甘调研提供工作用图6批次100余幅；为省委、省政府提供各种政务地图25批次300余幅（册）；向省军区提供了地理国情普查成果资料，保证了军方测绘工作的顺利开展；为全省国土、规划、城建、农林、水利、交通、铁路、气象、地震、科研等20多个行业400余家单位累计提供各种控制成果3200点，提供各种比例尺地形图17000幅。市州测绘部门也积极为当地经济社会发展和重大工程项目建设提供测绘地理信息服务，兰州市服务于兰州新区建设、轨道交通建设，庆阳市服务于南梁红色旅游大景区建设，嘉峪关市服务于兰新二线、西气东输、西油东送等国家重大项目建设等。

【科技创新成果】投入自主科研经费60万元，开展了11个科研项目，有3个项目获得了国家与省部级科技奖励。“信息化测绘生产基地构建技术研究与应用示范”和“测绘地理信息档案信息化技术研究与应用示范”2个科技项目被国家测绘地理信息局列为国家测绘公益专项，项目进展顺利。依托甘肃省测绘学会，开展学术交流及科学技术奖颁奖活动，从全省110个科技项目中评出科技进步奖和优秀工程奖共43项。

【部门合作】积极推进国土与测绘联合执法，加强测绘地理信息成果开发应用，完善国土与测绘协作工作机制，深化国土与测绘业务协作。市县建立国土“一张图”系统，将测绘与土地、矿产工作同部署、同落实、同考核，并在农村集体土地确权登记发证、地质找矿、国土资源管理、地质灾害防治等领域开展了深度合作和资源共享。测绘部门与公安、发改、气象、地震、农林、水利、交通、电信、移动等部门的合作不断加强，成果应用领域不断扩大。省测绘地理信息局与兰州大学、长安大学等五所高校建立了长期合作关系，进一步深化了测绘地理信息的研学应用。与总参第三测绘导航基地、兰州军区测绘信息中心等开展了测绘地理信息共享和项目合作，使军地测绘合作不断深入。

【精神文明建设】积极开展精神文明建设，组织"三八"妇女节知识讲座、"五四"青年节爱国教育、"七一"建党纪念日评优、机关党员进社区等活动，深入推进社会主义核心价值观教育。成功举办"微视测绘"微视频大赛、书画摄影比赛、成就测绘梦想主题征文等活动，广大测绘地理信息干部职工踊跃参加，精神文明建设和测绘文化建设多次获得有关部门表彰奖励，干部职工的凝聚力和向心力进一步增强。

【扶贫工作】全省各级测绘地理信息行政主管部门因地制宜，积极开展精准扶贫和双联行动。硬化村级道路，修建基础设施，建设村委阵地，开展秋季建园等，曲坪村农民人均纯收入达到4500元，已摘掉贫困村的帽子；丁窑村脱贫41户181人，脱贫困率为52%。庆阳市测绘地理信息局先后3次派出12人驻村开展双联行动，扶贫工作取得了良好效果。

【教育培训】着力加强优秀人才和管理干部教育培训，全省开展测绘类各专业各层次培训20次，培训测绘地理信息系统3500多人（次），开展了全省测绘地理信息行业职业技能鉴定指导工作，鉴定测绘专业人才2700多人。成功举办了全省"工程测量员"省级一类决赛、地理国情普查劳动竞赛，全行业职业技能水平进一步提升。

【测绘宣传工作】2015年各媒体共登载测绘信息727条，其中：甘肃省测绘地理信息局门户网站326条，国家测绘地理信息局门户网站133条，中国测绘报35条，甘肃地矿报116条，甘肃国土资源32条，甘肃日报登载测绘新闻17篇。市（州）测绘宣传工作多点开花，亮点纷呈，庆阳、天水、金昌、嘉峪关等市（州）主流媒体多次宣传报道测绘地理信息工作。

【社团活动】甘肃省测绘学会召开常务理事会2次、学术报告会2次、学会科学技术奖集中评审会、答辩会，奖励委员会会议各1次。组团参加了中国测绘地理信息学会2015年学术年会、西北地区第十七届测绘信息技术交流大会和第三届测绘地理信息科技成果全国推介会。省测绘学会组织开展2014年度科学技术奖和优秀工程奖评选工作，来自测绘、国土、建设、能源等近20个领域110个项目申报，经评审，评选出获奖项目43项，其中测绘科学技术进步一等奖4项、二等奖6项、三等奖8项；优秀工程金奖6项，银奖8项，铜奖11项。

省测绘地理信息局领导班子成员名录

局　长　缪树德

副局长　苗天宝　牟应录

纪委书记　郭生亮

（供稿：伏黎明）

住房和城乡建设

住房保障

【保障性安居工程建设】2015年，中央下达甘肃省棚户区改造和保障性住房建设计划任务为新开工棚户区改造住房和保障性住房157796套（户），基本建成60968套，新增租赁补贴发放19156户。截至12月底，全省实施棚户区改造和开工建设保障性住房157796套（户）、开工率为100%，基本建成棚改安置住房和保障性住房8.88万套，基本建成任务完成率为145.6%，发放住房租赁补贴7.87万户、21.59万人、资金1.395亿元（其中新增发放住房租赁补贴19849万户，占年度计划的103.6%户）。完成投资328.26亿元，占年度计划总投资的100.2%。全省争取落实2015年棚户区改造和保障房建设中央及省级补助资金70.71亿元，其中中央补助资金60.12亿元，省级补助资金10.59亿元。

【保障性安居工程】2015年，省政府继续把保障房建设和棚户区改造纳入为民办实事项目进行督办考核，制定出台了《甘肃省人民政府关于加快城镇棚户区改造及配套基础设施建设的实施意见》，提出把国家对棚改（城乡危房改造）基础配套设施建设政策与全省历史文化名城、名镇、名村保护传承相结合，与新型城镇化建设相结合，与国家正在实施的城市综合管廊改造建设、海绵城市建设政策相结合，与住房公积金贷款支持保障房建设项目试点城市政策相结合。省住房和城乡建设保护厅印发了《棚户区改造货币化安置实施意见》（甘建保〔2015〕279号），加大棚改货币化安置。全年全省货币化安置4.87万户，货币化安置率为41.88%。出台了《关于进一步做好中央在甘企业、省属国有企业棚户区改造的指导意见》（甘建保〔2015〕373号）。足额落实国开行甘肃省分行对省级平台棚改贷款350亿元的授信额度，为全省加快推进棚改提供有力支持。针对全省各地在项目建设中存在的困难，协调国开行甘肃省分行进一步放宽贷款申报条件，准予以"四函"（立项意见函、环评预审函、土地预审函、规划复函）代替"四证"（国有土地使用证、建设用地规划许可证、建设工程规划许可证、建设工程施工许可证）的方式申请项目贷款；调整棚改项目贷款资金使用的灵活性，提高了资金的使用效率。省政府印发《关于加强全省城镇保障性安居工程建设风险防控的通知》，及时防范和避免重大风险发生。配合住房和城乡建设部派驻甘肃督查组先后10次对各地项目建设进行督查，对各地2012年以来中央和省级补助资金使用、监管和结余情况进行专项督查，建立了全省保障性安居工程信息系统和住房保障电子档案库。

【住房公积金管理】2015年，省政府与14个市州政府分别签订了住房保障目标责任书，将住房公积金缴存、贷款、使用水平和安全风险等主要指标作为考核内容列入住房保障目标考核管理。截至12月底，全省住房公积金年度个贷发放额、个贷率任务均超额提前完成全年计划目标，有25个区县提高了缴存比例，缴存比例在10%以上的县市区达到82个。5月，省政府出台了《甘肃省人民政府关于促进房地产业持续稳定健康发展的意见》（甘政发〔2015〕50号），要求充分发挥住房公积金的作用。各市州及时出台住房公积金“新政”，提高贷款额度，延长贷款年限；进一步降低首付比例；取消贷款中间费用；全面推进异地贷款；放宽租房提取条件；探索住房公积金统筹调剂使用。为切实加强住房公积金廉政风险防范工作，开展了全省公积金廉政风险防控检查工作，将住房公积金列入全省审计计划安排。截至12月底，全省住房公积金个人住房贷款逾期额574.4万元，逾期率为0.14‰，低于国家规定的风险控制线1.5‰。按照全国实行住房公积金基础数据统一标准以及开通银行结算系统接入工作的总体要求，在天水、陇南等4个公积金管理中心开展了试点工作。截至12月底，全省利用住房公积金贷款支持保障性住房建设试点项目申请贷款额度17.75亿元，已发放贷款14.28亿元，已回收贷款8.79亿元，项目贷款余额5.49亿元，发挥了住房公积金制度在住房保障中的重要作用。开通12329住房公积金服务热线，覆盖全省14个市州和9个行业分中心。为落实《关于健全住房公积金信息披露制度的通知》（建金[2015]26号）要求，14个市州通过政府网站、住房公积金中心网站、新闻媒体、报刊等渠道按期向社会披露住房公积金年度报告，发布全省住房公积金“新政”运行效果。在不断转变服务方式，提高服务质量的同时，通过强化住房公积金目标落实的主体责任，实行住房公积金贷款日报、周报、按月分析通报制度，组织督查等措施，丰富管理手段，加大监管力度。截至2015年底，全省住房公积金缴存余额705.95亿元，同比增长10.75%；个人贷款余额407.33亿元，同比增长44.69%；个贷率为57.70%，同比提高13.53个百分点；住房公积金使用率为75.83%，同比提高10.19个百分点。全省当年新增缴存额193.71亿元，同比增长11.17%；发放个人住房贷款183.34亿元、6.67万笔，同比分别增长67.87%、32.86%；累计提取廉租（公租）住房建设补充资金25亿元。

房地产业

【房地产开发】2015年,全省房地产开发投资768亿元，同比增长6.46%，高于全国增速5.46个百分点；房地产开发施工面积8586.18万平方米,同比增长12.09%，高于全国增速10.79个百分点；新开工面积2312.65万平方米,同比增长12.79%，高于全国增速26.79个百分点；竣工面积962.24万平方米，同比增长18.32%，高于全国增速25.22个百分点；商品房销售面积1434.96万平方米,同比增长826%，高于全国增速176个百分点。

【市场监管】5月24日，省政府出台了《甘肃省人民政府关于促进房地产业持续稳定健康发展的意见》（甘政发〔2015〕50号）。11月，各市州按照《甘肃省住房和城乡建设厅关于对全省房地产市场督查调研的通知》（甘建房〔2015〕407号）要求，从加大全省房地产领域重点开发项目建设、加强棚户区改造和保障房项目及配套设施投资拉动房地产业发展、引导住房消费和促进经济增长作用几个方面组织进行了自查。建立房地产交易日报制度，实现了每日按时报送新建商品房、二手房当日成交数据。按要求完成上报了《房屋登记情况》、《房屋概况》、《国有土地上房屋征收情况》、《住宅专项维修资金情况》4张年报表。每月月初和月末，分别汇总完成行业内上报的和统计部门提供的房地产统计数据并形成分析报告。建立了重点房地产开发项目半月报制度，为进一步做好重点房地产开发项目服务监测，全面、及时、准确掌握房地产市场动态及变化趋势奠定了基础。印发了《关于开展防范打击非法集资专项行动工作的通知》（甘建房[2015]40号），在全省开展了非法集资风险的排查活动。

【国有土地上房屋征收与补偿】起草了《甘肃省国有土地上房屋征收与补偿条例》（草案征求意见稿）。根据《住房和城乡建设部关于推进国有土地上房屋征收与补偿信息系统建设的指导意见》，研究制定了《甘肃省国有土地上房屋征收与补偿信息系统建设实施方案》（甘建房[2015]160号），并于2015年5月7日印发全省施行。

【物业管理】截至2015年底，全省物业服务企业1979家，物业管理从业人员64967人，服务项目5567个，管理面积19211.19万平方米。其中，住宅服务项目3747个，管理面积17572.48万平方米（5万平方米以上的住宅小区1247个，管理面积6423.78万平方米）；办公楼项目1176个，管理面积993.38万平方米；商品营业用房项目320个，管理面积847.27万平方米；工业仓储用房项目47个，管理面积241.42万平方米；其它项目167个，管理面积412.73万平方米。

城市规划

【规划编制】7月10日，《甘肃省城镇体系规划（2013–2020）》成果通过了省政府第86次常务会议审查。印发了《甘肃省新型城镇化试点“多规合一”课题研究和规划标准体系编制》（试行）。17个“多规合一”试点县市中敦煌、玉门、高台、永昌、华亭、静宁、康县等7个先行先试“多规合一”试点县市规划成果已编制完成。兰州市第四版城市总体规划经国务院批复实施。敦煌、平凉市总体规划经省人民政府批复实施。武威、白银市城市总体规划纲要已通过省上审查。定西、天水、玉门、临夏市正在开展新一版总体规划纲要编制工作。庆阳市启动了新一轮总体规划修编的前期工作。《敦煌历史文化名城保护规划（2013–2030年）》经省政府批准实施。天水、武威市历史文化名城保护规划报住房和城乡建设部审查。完成了酒泉市、灵台县、灵台县朝那镇、静宁县界石铺镇继红村保护规划审查。公布了张掖市甘州区文庙巷等4个街区为第一批甘肃省历史文化街区。向住房和城乡建设部报送了3个国家级历史文化名城、3个中国历史文化名镇的项目申报材料。开展了历史文化名城保护规划实施行动计划制定和保护性建筑的普查、信息填报工作。对《敦煌市城市总体规划（2013–2030）》进行了局部调整优化并与《敦煌市"多规合一"总体规划（2015-2030）》衔接，调整后的《敦煌市城市总体规划（2013-2030）》已经省政府批准实施。《敦煌市"多规合一"总体规划（2015-2030）》成果已报送住房和城乡建设部。做好"敦煌大剧院"项目选址及"文博会"有关项目用地布局优化等工作。开展了《甘肃省省域城镇风貌体系研究》，组织编制了《甘肃省城镇风貌指南》和《甘肃省城镇风貌规划编制导则》并印发实施。

【规划管理】2015年完成了25个县城的总体规划和57项城市控制性详细规划的备案工作。对2012年印发的《甘肃省建设项目选址规划管理办法》进行了修订并重新印发。全年共核发建设项目选址意见书59项，完成金昌市、高台县等20个开发区（工业集中区）发展规划与城乡规划符合性审查并出具审查意见。

【城乡规划督察】根据省政府《关于对全省城乡规划工作进行督查的通知》（甘政督字〔2015〕14号）要求，4月至9月，对天水、平凉、白银、敦煌城乡规划的制定、实施、修改和监督检查工作的开展情况，以及2014年规划督察问题的整改情况进行了巡视督察。查阅了城市总体规划4项，控制性详细规划43项、、专项规划48项，近期建设规划1项，市域县城总体规划10项，乡镇总体规划4项。检查规划实施项目101项，规划建设行政执法案卷58件，实地巡察了城市总体规划确定的中心城区建设用地范围、城市中心城区"三区"城市"四线"的落实情况和历史文化街区4处，文物保护单位8处，受理投诉举报8项。通过卫星遥感影像监测数据比对对城乡规划实施情况进行监控，提取变化图斑887个，差异图斑324个。

【新型城镇化试点工作】2015年1月22日，召开全省推进新型城镇化试点工作会议，对试点工作进行安排部署。组织对2014年度新型城镇化试点工作情况进行考核评价。建立2015年试点县镇重点工作和重点项目库。8月20日，召开全省新型城镇化试点工作座谈会。11月27日，召开全省推进新型城镇化试点工作领导小组扩大会议。加强试点工作宣传力度，编辑两期《试点工作动态》，通过甘肃日报对试点工作进行宣传报道。加大在试点县镇实施棚户区改造等保障性住房建设、城乡危房改造及配套基础设施建设、海绵城市建设、城市综合管廊建设、交通体系建设及公共基础设施建设力度。截至2015年底，全省新型城镇化试点县、镇共申报项目4107个，涉及总投资7102.6亿元。

建筑业

【建筑市场服务与管理】5月7日，印发《关于转发住房和城乡建设部〈建筑业企业资质管理规定〉及〈建筑业企业资质管理规定和资质标准实施意见〉的通知》（甘建建（2015）156号）。为做好全省建筑业企业资质换证工作，组织对《建筑业企业资质管理规定》和《建筑业企业资质管理规定和资质标准实施意见》进行了宣贯和培训，截止到12月31日，共换发新版资质证书349家。为实现全国建筑市场监管互联互通，采用住房和城乡建设部数据标准，按照"四库一平台"的建设模式，推进企业、注册人员、工程项目三大基础数据库和企业诚信信息的关联整合，督促各市州完善项目数据库。7月2日通过了省级建筑市场监管与诚信一体化工作平台验收，实现了部、省建筑市场监管与诚信信息实时互联互通。起草了全省建筑市场诚信体系评价办法。

【建筑企业管理】贯彻落实住房和城乡建设部关于加强省外企业管理的要求，进一步加强对在市、州注册的建筑业企业资质动态监管。根据住房和城乡建设部《关于加强建设工程企业资质申报业绩核查工作的通知》（建办市（2012）36号）要求及协查通知，共核查外省企业在甘肃省施工的工程业绩8项。2015年，甘肃路桥建设集团有限公司升为公路工程总承包特级资质，至此甘肃省特级资质施工企业共有3家。

【建筑业发展】截至年底，全省共有建筑业企业3129家，其中施工总承包企业1162家、专业承包企业1632家、劳务分包企业335家，从业人员90万人。全年建筑业总产值完成4550亿元，建筑业增加值完成703.88亿元，占全省GDP的10.3%，建筑业在全省国民经济中的支柱产业作用更加突出。

工程建设

【工程建设管理】2015年，共办结施工许可申请15项，办理竣工验收备案4项；受理监理企业升级、增项45家，受理工程监理企业申报甲级资质9家；完成135家监理企业信息审核，22家次监理企业信息变更申请，123家次省外监理企业进甘备案；核准检测机构资质28家，预拌混凝土专项试验资质83家，建筑施工企业安全生产许可证321家，安全生产考核合格证书11022人；核准工程质量检测机构资质延期48家，预拌混凝土公司专项试验室资质延期87家，建筑安全生产许可证延期361家，安全生产考核合格证书延期8108人；核准监理企业资质延期19家；审核变更建筑施工企业安全生产考核合格证187家，安全生产考核合格证书2935人；对参加2014年全省建设工程质量安全监督人员上岗培训考核合格的465人发放了监督员岗位合格证书，对全省99家监督机构进行了考核、通报；对全省建设工程质量检测从业人员进行了上岗考核和延期复核；对甘肃建投装备制造有限公司特种作业人员进行了试点考核，下发《甘肃省建设工程安全质量监督管理局关于公布2015年第一批建筑施工特种作业人员培训机构名单的通知》。2014至2015年度，甘肃省共获鲁班奖3项，分别为甘肃会展中心建筑群项目五星级酒店工程、5000t/a镍及镍合金板带材-冷轧热轧车间、红色南梁革命纪念园。完成2015年飞天奖项目的评审工作，对41项飞天奖工程和6项飞天金奖工程予以公布并颁奖。

【工程建设拆迁】省住房和城乡建设厅参与协调解决了宝兰客专、中川铁路、干武二线、天平铁路、兰合铁路、敦格铁路涉及的拆迁问题，参与完成了兰新第二双线涉及的酒钢大草滩水源地迁建方案和费用的审核，协调解决了兰渝铁路桃树坪隧道上方住户过渡及桃树坪小学过渡安置问题和宝兰客专涉及的集中安置点“三通一平”工作，参加了省政府组织的全省重大项目督查工作和“6873”重大项目推进工作。

【工程安全质量监督】2015年，全省共监督房屋建筑及市政基础设施工程11781项，总建筑面积11626.9万平方米，市政工程长度1204千米，工程总造价2987.2亿元，竣工工程2584项（一次性竣工验收合格率为100%）。全年全省共开展各类专项及综合监督执法检查2527次、17215项工程，下发整改通知书3057份，局部停工通知书1060份，实施行政处罚83起，曝光违法违规案例100余起；开展飞行检查303次、3684项。严格执行书面承诺制、永久性标牌制、质量信息档案制三项制度。全省新办理质量监督手续工程4173项，其中签署授权书、承诺书的工程3674项；补签授权书、承诺书的工程2015项；新办理竣工验收备案的工程1694项（其中设立永久性标牌的工程1353项，建立质量信息档案的工程1086项）。对147家检测机构的钢筋（含焊件与机械连接）力学性能检验、混凝土试块抗压强度检测进行数据上传监控，上传检测报告916063份。全年全省未发生重大及以上建筑施工安全事故，建筑施工安全事故死亡人数14人，比2014年下降7%。

制定住房城乡建设领域全面排查安全隐患实施方案、住房城乡建设系统开展落实危险性较大分部分项工程安全管理措施专项行动实施方案、全省房屋建筑和市政基础设施工程施工安全质量大检查和“六打六治”专项行动方案并对市州落实情况进行了抽查。对重大工程建设、轨道交通建设、保障性住房建设、农村危旧房改造、应急事故处置方面的安全质量工作进行了安排部署。1月9日召开全省住房和城乡建设系统质量安全工作电视电话会议，在全省范围内开展全省建筑施工冬季安全生产大检查活动。1月21日印发《住房城乡建设领域全面排查安全隐患实施方案》（甘建工〔2015〕18号），开展住房城乡建设领域安全隐患全面排查。3月13日召开全省建设工程质量安全监管工作会议，对开展工程质量治理两年行动进行了再部署、再动员，与各市州签订了安全目标责任书。4月至12月，开展住房城乡建设系统落实危险性较大的分部分项工程安全管理措施专项行动，各级质量监督机构对5517项工程危险性较大分部分项工程进行了检查。4月8日至4月22日，对全省工程质量治理两年行动开展实施情况及建筑工程施工安全进行了督查，共抽查工程项目70个，发出整改通知书37份、执法建议书24份。7月1日至7月3日，配合住房和城乡建设部轨道交通工程质量安全检查组对兰州市轨道交通1号线一期工程3个工区进行了检查。7月16日和12月29日，分别组织召开了全省建筑工程质量安全监管信息系统研讨会，对基本建成的监管信息系统从计划实现的目标、系统编制设计的依据、系统的主要功能、系统的建设模式以及系统现场应用5个方面进行了讨论交流，对各市州质量安全监督机构建设本地平台时间以及与省级监管平台互联互通的时间提出了具体要求。9月下旬至10月中旬，组织各市州互查，共检查在建工程101项、总建筑面积188.67万平方米、造价32.1亿元。11月17日至12月7日，对全省工程质量检测机构及预拌混凝土企业进行了专项检查。12月17日至12月24日对岷县漳县6.6级地震灾后重建公共建筑及市政设施工程进行了抽查。12月29日召开了全省建筑工程施工安全质量异地大检查总结会。推进建筑面积超过2万平米或投资超过3000万元的房屋建筑工地、轨道交通建设、城市桥梁、隧道等重点工地、重大工程视频监控系统的建设工作。制定印发了《甘肃省建筑施工安全生产标准化考评实施细则（暂行）》《甘肃省住房和城乡建设厅关于进一步加强建筑施工附着式升降脚手架安全管理的通知》《甘肃省住房和城乡建设厅关于加强建筑项目施工中扬尘污染防治工作的通知》《关于启用甘肃省建筑工程质量试验检测常用表格的通知》《甘肃省发展和改革委员会关于建设工程质量试验检测标准的批复》等84份与质量安全相关的规范性文件和通知；起草了《甘肃省建设工程质量和安全生产管理条例》《甘肃省工程建设工法管理办法》《甘肃省建筑工程施工资料管理规程》《甘肃省房屋建筑和市政基础设施工程质量安全管理“十三五”规划》。

【工程建设标准管理】围绕城乡规划与市政基础设施建设、地下空间综合利用、绿色生态低碳、建筑产业化、建筑结构安全、工程质量保障、新型城镇化建设等重点工作，对近50项申请立项项目进行了审查，安排《建筑基础隔震技术规范》《轻型钢结构设计规范》、《双向螺旋挤土灌注桩技术规程》《建筑工程绿色施工评价标准》《公共建筑能耗监测系统技术规程》等30项编制计划，启动《建筑基础隔震技术规范》、《轻型钢结构设计规范》、《双向螺旋挤土灌注桩技术规程》等20个项目编制工作，完成《非储压式超细干粉灭火装置系统技术规程》《路面废旧料冷再生应用技术规程》《预应力混凝土管桩技术规程》《机械缠绕整体型玻璃钢常压容器》等14项标准和标准设计的审查、报批、备案。组织专家完成了住房和城乡建设部安排的《行业取水定额及计算方法》《残疾人就业服务机构建设标准》《农村综合服务社建设标准》《妇幼保健机构建设标准》《综合社会福利院建设标准》《博物馆建设标准》《预拌混凝土绿色生产评价标示管理办法（试行）》《粮食仓库建设标准》《城市社区应急避难场所建设标准》《农村敬老院建设标准》等10本法规、建设标准和标准设计的意见征询工作。编制《农村房屋结构抗震技术指南》。加强村镇无障碍环境建设，推进已建设施无障碍改造和老年人无障碍设施建设，制定《甘肃省创建无障碍环境市县检查验收工作实施方案》。在各地自查的基础上，对兰州市、金昌市、平凉市进行了审核，金昌市创建无障碍环境示范城市通过国家验收。编制了《家庭无障碍标准设计》。根据《关于开展2015年光纤到户国家标准贯彻实施情况大检查工作的通知》（工信厅联通函〔2015〕422号）要求，对兰州市、武威市、平凉市、定西市和永登县、古浪县、静宁县、陇西县19项商品住宅和保障性住宅项目进行了检查。与西安建筑科技大学合作，开展了以低层冷弯薄壁型钢房屋为主体，结合建筑太阳能利用一体化与屋面雨水收集回用等技术综合应用的农村新型房屋体系研究。

【工程招标投标管理】2015年由省招标办监管进入省公共资源交易平台的招标工程258标段次，工程中标总价72.5亿元。其中依法公开招标工程240标段次，工程总造价69亿元；依法邀请招标工程18标段次，工程总造价3.5亿元。印发了《甘肃省住房和城乡建设厅关于进一步明确非国有资金投资工程建设项目发包方式的通知》（甘建建〔2015〕89号）。组织完成了《建设工程计算机辅助评标系统--资格审查评审系统》的研发，从2015年5月1日起施行。组织完成了《甘肃省房屋建筑和市政基础设施工程标准勘察招标文件》《甘肃省房屋建筑和市政基础设施工程标准设计招标文件》《甘肃省房屋建筑和市政基础设施工程标准监理招标文件》《甘肃省房屋建筑和市政基础设施工程标准电梯采购与安装招标文件》的软件开发，从2015年6月1日起全部施行电子化申报。组织研发了资格预审、勘察、设计、电梯、监理项目的电子招标投标系统，从2015年8月1日起正式施行，自此甘肃省房屋建筑和市政基础设施工程的招标投标全部实现无纸化电子化招标投标。修订印发了《甘肃省房屋建筑和市政基础设施工程招标投标资格审查管理办法》（甘建建〔2015〕436号），从2015年12月1日起施行。审核办理79家招标代理机构资格申报、核查、审定、发证工作，其中申报初始暂定级20家、暂定级升乙级7家、乙级资格延续38家、乙级升甲级8家（住房和城乡建设部已核准6家）、代理机构资格证书变更14家。截至年底，全省招标代理机构共150家，其中甲级13家、乙级75家、暂定级62家。征集房屋建筑和市政基础设施工程评标专家1300人，其中新申报专家718人，复审专家582人。

【工程造价监管】编制完成《甘肃省建筑安装工程概算定额》《甘肃省建筑安装工程概算费用定额》及配套的地区基价测算、报批、发布工作。完成《甘肃省农村建筑工程预算定额》编制方案。根据住房和城乡建设部2015年重点稽查执法工作方案要求，对2013年定额和2013国家工程量清单规范执行情况开展了督查调研。按照住房和城乡建设部统一计划，编制完成《房屋建筑与装饰工程消耗量定额》木结构工程和保温、隔热、防腐工程两章。完成造价人员初始登记、继续教育登记、变更共5420人次。完成甘肃省建筑职业技术学院2015应届毕业生造价员考试共534人。完成2015年度甘肃省造价工程师、全国造价员资格考试共5736人。完成2015年度甘肃省136家工程造价咨询企业执业诚信评价活动，评出优秀企业28家、良好企业61家、合格企业44家。举办甘肃省工程造价咨询企业《中价协信用评价办法及信息化管理系统应用》研讨会，推进省甲级工程造价咨询企业与中价协信用评价体系平台顺利对接。完成2014年度工程造价咨询企业统计报表审核报送工作共130家；完成核查、组织评审、初次申请、资质延续、升级造价咨询企业18家；完成外省造价咨询企业分支机构备案及单项业务备案共7家。完成甘肃省工程造价执业印章审批共4批108家。完成咨询企业名称、注册资本金及股东变更8家。开通了甘肃省2015年度工程造价执业人员网上继续教育课程。完成甘肃省建筑业企业规费标准核定，颁发《甘肃省建设工程费用标准证书》1385家、颁发外省入甘建筑业企业参加投标的《甘肃省建设工程费用标准证书（临时）》1018家、核定外省入甘建筑业企业承揽工程项目规费标准并颁发相应《甘肃省建设工程费用标准证书（外省入甘）》108项。根据《建设工程工程量清单计价规范》和《甘肃省建设工程工程量清单招标控制价管理办法》规定进行招标控制价备查40项。完成2015年度人、材、机市场价格信息采集发布工作。完成2015年度人工成本信息、住宅成本信息采集上报工作。完成2015年度全省各市州建设工程指标指数生成发布工作。完成了《甘肃工程造价管理》、《甘肃工程造价信息》出版发行。

【省级政府投资项目代建】2015年，组织实施和延续施工的在建项目共8项，总投资11.03亿元，当年累计完成投资4.4亿元。先后制定出台省级政府投资代建项目《合同示范文本》《合同管理办法》《工程款审批支付程序》《审计配合办法》、《工程移交管理办法》《后期保修管理办法》。组织召开全省第一次"政府投资项目代建管理座谈暨项目管理知识培训会"。

城市建设

【基础设施建设】2015年，全省完成市政公用设施建设固定资产投资350亿元。全省16个设市城市人均道路面积15.3平方米，较2014年增加1.28平方米；用水普及率为94.95%，较2014年增长0.95%；污水处理率达到85%，较2014年增长5%；城市生活垃圾无害化处理率达到62.6%（兰州达到90%以上），较2014年增长16%；城市燃气普及率为83.48%，较2014年增长3.26%；人均公园绿地面积12.79平方米，较2014年增加1.03平方米。全省65个县城人均道路面积12.67平方米，较2014年增加0.28平方米；用水普及率为89.83%，较2014年增长0.74%；污水处理率为61.39%，较2014年增长20.75%；生活垃圾无害化处理率为60.87%，较2014年增长3.87%；燃气普及率为52.99%，较2014年增长4.19%；人均公园绿地面积6.92平方米，与2014年持平。全省设市城市（县城）共建设污水处理厂92座，其中已建成运行88座、已建成试运行2座、在建2座；共建设城市（县城）生活垃圾无害化处理厂90座，其中已建成运行84座、在建

6座。运营与在建的污水处理厂和垃圾处理厂已全部覆盖16个设市城市和65个县城。全省共有国家园林城市4个、国家园林县城5个、国家城市湿地公园2个；甘肃园林城市10个、甘肃园林县城16个、甘肃园林城区1个；国家级风景名胜区3处（麦积山、崆峒山、鸣沙山-月牙泉）、省级风景名胜区21处。2015年，嘉峪关市、玉门市、高台县荣获国家园林城市、园林县城荣誉称号。

【城市管理】以城镇供水、水质监测、燃气管理、道路桥梁为重点，加强城镇市政公用设施安全运行监管。加强城市供水日常监督检查，组织开展全省城镇供水规范化管理考核实施情况检查；下发《甘肃省住房和城乡建设厅关于转发住房城乡建设部<燃气经营许可管理办法>和<燃气经营企业从业人员专业培训考核管理办法>的通知》，在全省开展了燃气经营企业从业人员培训考核；制定《关于加快全省污水处理设施建设工作实施方案》，进一步加快推进全省污水处理设施建设工作；印发《关于印发<甘肃省城市生活垃圾处理管理办法>等三个文件的通知》，组织专家对全省6个生活垃圾无害化填埋场进行省级无害化等级评定，经过评审，麦积区、红古区海石湾镇、康县、皋兰县、永登县生活垃圾处理无害化处理场达到无害化标准。为贯彻落实《国务院办公厅关于推进城市地下综合管廊建设的指导意见》，出台了《甘肃省人民政府办公厅关于加快推进全省城市地下综合管廊建设的实施意见》，白银市进入全国首批10个地下综合管廊试点城市行列。2月，制定了《甘肃省城市地下管线普查工作实施细则》，全面普查城市范围内的供水、排水、燃气、热力、电力、通信、广播电视、工业等管线及其附属设施以及各类综合管廊，为全面推进全省城市地下管线建设管理工作提供了基础保障。为贯彻落实《国务院办公厅关于推进海绵型城市建设的指导意见》，甘肃省人民政府办公厅印发《关于加快推进海绵城市建设的实施意见》。6月，开展了全省建设领域循环经济暨城市基础设施建设重点工作执法督查。7月3日，在平凉市召开了全省城市基础设施建设推进暨现场观摩交流会。9月，转发了《城市黑臭水体整治工作指南》，组织全省地级城市开展黑臭水体排查、整治。经过排查，全省共有黑臭水体17条（兰州市7条、平凉市4条、张掖市4条、天水市2条），兰州市、平凉市、天水市、张掖市已将排查出的黑臭水体名单上报至《全国城市黑臭水体整治监管平台》，并制定了相关的整治计划。组织专家对兰州市、天水市的轨道交通项目进行了技术审查。

村镇建设

【村镇规划编制】制定印发了《关于做好2015年村镇规划编制工作的通知》，要求各地启动建制镇控制性详细规划编制，启动村庄规划编制，核查县域村庄布局规划的编制情况。在2015年村镇规划建设专项经费中安排补助资金2100余万元，用于部分县（市、区）建制镇控制性详细规划、村庄布局规划和美丽示范村村庄建设规划的编制工作。截至年底，全省镇乡总体规划实现全覆盖，村庄规划覆盖率达到85%；142个国家重点镇中有87个完成控制性详细规划编制，55个正在编制；384个建制镇中（不含城关镇）有191个完成控制性详细规划编制，193个正在编制；82个县（市、区）已经完成县域村庄布局规划编制，4个正在编制。2015年的150个美丽示范村规划全部编制完成。按照全省新型城镇化试点工作的总体安排，以32个新型城镇化试点镇的控制性详细规划、风貌改造规划和“多规合一”规划编制作为重点，每个试点镇安排编制经费50万元。

【村镇建设管理】2015年，共推荐10镇1村申报第三批全国特色景观旅游名镇名村，列入住房和城乡建设部审查的有9镇1村。有9个传统村落共争取中央补助资金2700万元，对各地遴选上报的83个行政村、76个非物质文化遗产的档案资料进行了审查，并上报住房和城乡建设部申报第四批中国传统村落。组织申报了第二批全国美丽宜居小镇6个、美丽宜居村庄10个。启动《甘肃省传统民居分类谱系》《甘肃省传统村落概览》《中国传统建筑解析与传承—甘肃篇》的编纂工作。

【农村危房改造】2015年，全省共完成农村危房改造21.8万户，超额完成省政府确定的14万户的目标任务；争取中央补助资金19.25亿元，较2014年增加6.8亿元，省级财政补助资金6.54亿元。截至年底全部竣工，完成投资170.04亿元。

2015年先后组织召开了全省农村危房改造工作会议、农房抗震设防现场会、革命老区和民族地区两个片区工作推进会、城乡危房改造及配套基础设施建设工作推进会。按照精准扶贫工作要求，在危改计划安排上重点支持贫困地区，优先解决革命老区，兼顾民族地区。共安排58个贫困县18.7万户，占年度计划的85.8%；安排17个插花县2.72万户，占年度计划的12.5%；安排庆阳、平凉和会宁县革命老区7.4万户，占全省21.8万户的33.9%，占革命老区精准扶贫建档立卡14.9万贫困危房户的49.7%；安排民族地区4.56万户，占全省21.8万户的20.9%，占全省民族地区精准扶贫建档立卡12.3万贫困危房户的37%。组织开展了农村危房核查核实，并与精准扶贫大数据平台衔接，确保精准锁定危改对象。研究制订危房改造分市州、分年度实施计划。下发《甘肃省农村危房改造实施精准扶贫的意见》，按照精准扶贫“1+17”实施方案要求，将自筹资金有困难的贫困危改户纳入精准扶贫小额贷款范围。组织开展全省精准扶贫农村危房改造工作督查，对各地政策宣传、方案制定、建档立卡、责任落实以及工作进展情况进行了全面督查。印发《甘肃省农村危房改造工程质量管理规定》《农村危房改造最低建设要求》《农村危房改造抗震安全基本要求》。严格执行“一申二评三核四批”的危改对象认定程序，实行三级审批，三榜公示。对补助资金实行专账管理、专款专用，以“一折通”方式由县级财政直接发放给补助对象，确保危改资金安全。

建筑节能与科技

【绿色建筑】2015年1月，省住房和

城乡建设厅印发了《关于2014年全省绿色建筑任务完成情况的通报和2015年绿色建筑工作的安排》，5月对全省绿色建筑工作情况进行通报，对没有绿色建筑项目的5个市州予以通报批评。7月，印发了《甘肃省发展和改革委员会 甘肃省住房和城乡建设厅关于开展全省绿色建筑摸底统计工作的通知》，对全省应执行绿色建筑标准的新建建筑进行了摸底统计。8月，组织开展了全省绿色建筑工作专项检查，印发了《关于全省绿色建筑工作情况专项检查的通报》。全年完成绿色建筑面积550万平方米，较2014年增长2.5倍。截至年底，已发布适宜本省气候条件、建筑特点的《绿色居住建筑设计标准》《绿色公共建筑设计标准》《绿色建筑施工与验收规范》等8本地方标准，绿色建筑地方技术标准支撑体系已初步建立。组织开展绿色建筑评价标识工作，全年有36个项目获得绿色建筑评价标识，其中甘肃省科学院自然能源研究所的"联合国工发组织国际太阳能中心科研教学综合楼"项目获得绿色建筑二星级运行标识。

【建筑节能】2015年，新建建筑设计阶段执行建筑节能强制性标准比例达到100%、施工阶段执行建筑节能强制性标准比例达到98.41%。1月，接受了财政部、住房和城乡建设部对甘肃省省级公共建筑能耗监测平台和高校节能监管平台的核查。3月，向兰州、酒泉、嘉峪关、张掖、金昌、平凉6市分解下达了国家下达甘肃省的2015年既有居住建筑供热计量及节能改造任务320万平方米，拨付国家奖励资金12320万元、省级配套资金4500万元，11月采暖期前已全部完成相应任务。组织开展了2014年既有居住建筑供热计量及节能改造项目验收工作，验收合格面积364万平方米。4月，召开了全省可再生能源建筑应用示范市县工作会议，督促各示范市县加快进度，做好整体验收准备。6月至8月，先后对天水市、永靖县、宕昌县示范项目进行了现场督查。6月中旬，开展了"节能宣传周"活动，召开甘肃省高校节能监管平台示范工作会议。7月，印发了《关于加快省级建筑能耗动态监测平台工作进度的通知》（甘建科[2015]267号），督促省级建筑能耗动态监测平台加快建设进度，当年设在甘肃土木工程科学研究院的省级平台数据中心已建成运行。8月，印发了《关于印发<甘肃省"十二五"建设领域节能量计算方法>及开展"十二五"建设领域节能量计算工作的通知》。9月召开全省"十二五"建设领域节能量计算工作专题会议，督促各市州做好"十二五"建设领域节能量计算和报送工作。完成2014年度民用建筑能耗和节能信息统计及网上报送，共统计建筑物5629栋楼，总建筑面积3037.58万平方米。11月，接受住房和城乡建设部对兰州市、张掖市及榆中县建筑节能和绿色建筑工作的实地检查。

【建设科技】根据《住房和城乡建设部科学技术计划项目管理办法》，完成验收（鉴定）建设科技项目或示范工程40项。有3项建设科技成果获得2015年甘肃省科技进步奖，有1项建设科技成果获得2015年甘肃省专利奖。

【教育培训】2015年，完成造价工程师网络教育472人次、全省注册规划师继续教育126人次、岩土工程师继续教育196人次、结构师继续教育650人次；完成各类执业资格考试报名54504人次，其中一级建造师考试报名资格审查通过人数19712人、二级建造师考试报名资格审查通过人数28209人，实际审核上传资料人数超过7万人次；完成执业资格人员注册申报12466人次，核发各类证书和印章共计24467人次。为确保《建筑业企业资质管理规定》和《资质标准实施意见》政策顺利实施，印发了《关于落实<建筑业企业资质管理规定>过渡期内建筑业企业现场专业管理人员教育培训有关问题的通知》。为逐步完善建设行业教育培训管理政策，制定《甘肃省住房和城乡建设厅系统教育培训考核管理办法（试行）》和《甘肃省住房城乡建设领域现场专业人员职业标准实施办法（暂行）》。

【智慧城市】兰州市、陇南市、敦煌市的智慧城市试点创建工作案例分两批入选住房和城乡建设部编印的《智慧地推进新型城镇化发展 — 智慧城市创建案例》。4月，天水市、张掖市获批国家智慧城市试点。8月，在陇南市召开了2015年甘肃省智慧城市试点创建工作交流会议。

勘察设计

【建筑抗震设计】2015年，组织完成了兰州盛达金城广场（206米超高层建筑群）等17个项目的超限高层抗震设防专项审查工作。全年全省隔震设计项目达到70多项。编制适合甘肃省农宅特点的《农村房屋结构抗震技术指南》并开展技术培训。

【勘察设计质量管理】2015年，组织对全省勘察设计质量进行专项检查，检查项目31个，其中公共建筑项目12个，住宅项目16个（含保障性住房项目5个），市政基础设施项目3个。对违反工程建设强制性标准的勘察单位、设计单位和施工图审查机构及相关从业人员进行了全省通报批评和行政处罚。在兰州召开重大建设项目设计工作推进会，要求各单位为省市重大项目建设做好技术服务工作。对勘察设计质量管理中存在问题的16家勘察设计单位的企业负责人（其中外省进甘勘察设计单位11家）进行约谈。印发《甘肃省住房和城乡建设厅关于政府投资项目初步设计等审批工作有关事项的通知》，承接政府投资项目初步设计审查职能。组织编制印发《甘肃省建筑工程施工图设计文件审查要点》，并于10月开始施行。开展年度优秀勘察设计奖的评选，对全省申报的105项评优项目进行评审，评选出一等奖3项，二等奖15项，三等奖23项。

【勘察设计单位资质及经营收入】截至2015年底，全省有勘察设计单位236家，其中甲级44家，乙级79家，丙级113家；专项设计单位74家,其中甲级16家，乙级53家，丙级5家。全省共有勘察设计从业人员18729人。2015年，全省勘察设计行业营业收入93.28亿元，人均营业收入49.81万元；共完成施工图审查项目6036个，总投资额2767亿元，其中建筑工程5360个，总建筑面积6503万平方米，投资额2386亿元；市政基础项目676个，投资额381亿元。

法制建设

【立法审查及规章】对《住房城乡建设行政复议办法（征求意见稿）》、《甘肃省非物质文化遗产条例》、《敦煌历史文化名城保护条例》等73件立法草案进行了审查、修改。修订发布了《甘肃省住房和城乡建设厅行政处罚自由裁量权标准》《甘肃省城市生活垃圾处理管理办法》《甘肃省城市餐厨废弃物处理管理办法》《甘肃省城市建筑垃圾处理管理办法》。清理拟废止的地方性法规1件（《甘肃省城市房屋拆迁管理办法》），拟修改的地方性法规2件（《甘肃省建筑市场管理条例》《甘肃省建设工程质量监督管理规定》），继续有效的地方性法规5件（《甘肃省风景名胜区条例》《甘肃省建设工程勘察设计管理条例》等），继续有效的政府规章6件（《甘肃省城市市容和环境卫生管理办法》《甘肃省建设项目规划许可办法》等）。

【建设执法】全年应诉、行政诉讼3件，受理行政复议案8件，审结6件；调解、劝退复议案件19件。组织进行了第四轮行政执法人员换证培训考核工作。提供有关建设法律法规咨询服务事项70多人次。在住房和城乡建设部举办的“全国建设系统宪法法律知识竞赛”中，省住房和城乡建设厅组织全省建设系统5500余人参赛，获得了全国建设系统优秀组织奖。对行政审批事项进行了清理，经省政府常务会议审议确定，省住房和城乡建设厅共有181项权责清单，其中行政许可14项，行政处罚106项，行政确认9项，行政奖励2项，行政监督1项，其他行政权力49项。并对181项权责清单和11项公共服务事项在“甘肃政务服务网”阳光政务栏目正式公布。

【建设稽查执法】2015年，省住房和城乡建设厅共受理案件79件（办结40件），对6家单位和2名个人实施了行政处罚，收缴罚没金177.7万元。全省各地共受理案件1096件（办结1087件），对425家企业和295名个人实施了行政处罚，罚没金额7635.22万元。拆除违法建筑物、构筑物20.05万平方米。6月对全省房地产市场进行了督察执法。7月对全省市政基础设施运营和污水管网进行了专项执法检查，对全省保障房建设情况进行了督察。

省住房和城乡建设厅领导班子成员名录

厅　长　杨咏中

副厅长　刘永堂　马育功　郭明卿

　　　　梁文钊　蔡林峥

纪检组长　单广宁（回族）

（供稿：彭　强）

环境保护

环境概况

【空气质量】2015年，全省14个市州所在城市可吸入颗粒物年均浓度值为95微克/立方米，与2014年同期相比下降3.1%，达到省政府确定的预期特别控制目标值；全省各市州空气质量优良天数率在69%～85.5%之间，平均优良率80%，高于全国74个重点城市平均水平。

【河流及水库检测】全省监测的49个河流断面中，按功能区达标的43个，占断面总数的87.8%。全省监测的17座水库，按功能均达标。

【行政审批】持续优化行政审批，制定实施甘肃省环境保护厅《审批环境影响评价文件的建设项目目录》《环境影响评价文件审批规则》和《甘肃省建设项目“三同时”监督检查和竣工环保验收管理规程》，继续下放和取消行政审批事项，累计下放84%的建设项目环评审批权限；加快环评办理进度，报告书项目由国家法定的审批时限压缩一半，需编制环境影响登记表的项目由审批制改为备案制，当日受理3日办结；与省发改委、工信委、交通厅、水利厅等部门实行重大项目环评审批对接与协调推进机制，在重大项目前期选址、规划环评、环境准入等方面提前服务；严把环境准入关，对不符合审批条件的建设项目报告书暂缓审批或退回处理；加大行政审批监管力度，在下放审批权限的同时，放管结合，规范许可事项受理，强化事中监管，防范重审批、轻监管和以审批代替监管等问题的出现，确保下放的行政审批事项规范运行。

环境管理

【宣传贯彻新《环境保护法》】全面贯彻落实新《环境保护法》，持续加大宣传力度，组织“以案说法”专题讲座，印发环保执法手册，将环保法新要求一对一送达当地政府和企事业单位主要负责人。

【环保执法】认真开展环境保护大检查，组织开展黄金采选冶、环评“三同时”制度落实、自然保护区管理、核与辐射环境安全等方面的专项检查和5次省级专项督查，深入排查和解决排污单位的污染物排放、各类资源开发利用活动对生态环境的影响、违规建设项目、阻碍环境监管执法的“土政策”等问题。及时印发《关于环境保护大检查历次督查存在问题整改落实情况的通报》，督促各地建立台账，制定整改计划，建立落实销号制度，跟踪督导问题整改。2015年，全省出动执法人员26679人次，检查企业10296家，关停取缔170家，移送环境违法案件49件。

【核与辐射执法监管】加强核与辐射安全立法，省第十二届人大常委会第十二次会议审议通过，2015年1月1日起正式施行了《甘肃省辐射污染防治条例》；不断优化辐射安全行政许可，下放部分核与辐射行政审批权限，推动实施移动通信基站环保标志系统化、规范化、精细化管理，联合省公安厅、省卫计委开展全省放射源安全管理专项检查行动。切实提升核与辐射环境监测水平，制定实施《甘肃省辐射环境自动监测站运行与管理办法》，省核与辐射安全中心在全国辐射环境监测质量考核中取得全国第二名、团体一等奖的优异成绩。修订完善省级辐射事故应急预案和演练工作方案，开展首次省级辐射事故应急演练，核与辐射应急能力得到加强。

【突发环境事件应对处置】省政府印发《甘肃省突发环境事件应急预案》和《甘肃省重污染天气应急预案》，省环保厅制定相应实施细则，督促指导各市州编制相应预案，开展不同规模层次的环境应急演练。积极推进环境应急联动机制建设，加强部门协同，充分发挥与安监、交通运输、公安消防、气象等部门的联动工作机制，积极应对并妥善处置了12起突发环境事件。特别是陇星锑业有限公司尾砂泄漏事件发生后，省环保厅第一时间启动应急响应，开展环境应急监测工作，及时向省委、省政府和环保部报送突发环境事件信息报告，指导陇南市开展断污截源、河道清理及水体投药降解等应急处置工作。

污染减排与防治

【污染减排】省政府办公厅印发《2015年全省主要污染物总量减排计划》，省环保厅安排1.22亿元省级环保专项资金，组织召开全省总量减排工作会议、排污许可工作推进会议，举办全省水泥行业污染减排工作培训班，开展污染减排工作专项督查。根据环境保护部办公厅《关于通报2015年主要污染物排放量数据结果的函》，2015年全省化学需氧量排放量36.57万吨，比2010年下降9.13%；氨氮排放量3.72万吨，比2010年下降14.11%；二氧化硫排放量57.06万吨，比2010年下降8.31%；氮氧化物排放量38.72万吨，比2010年下降7.9%。四项主要污染物减排超均额完成“十二五”目标任务。同时，省政府印发《全省开展排污权有偿使用和交易前期工作及试点工作的指导意见》和《全省排污权有偿使用和交易试点工作方案》，在兰州市和平凉工业园区率先开展排污权交易试点工作；

【大气污染防治】针对全省2014年和2015年一季度、上半年可吸入颗粒物不降反升的不利局面，省委、省政府主要领导及时作出重要批示，省政府主要领导和分管领导4次约谈可吸入颗粒物不降反升的相关市州政府负责人。制定实施《甘肃省2015年度大气污染防治工作方案》等指导文件，先后4次召开大气污染防治相关工作会议，定期通报全省大气环境质量，及时下发《抄告通知》，督促各市州完成年度目标任务。制定《甘肃省大气污染防治目标任务调度预警通报工作方案》，采取每月书面报告、现场督查检查、召开调度会等方式开展调度预警通报工作，先后6次对各市州大气污染防治重点任务进展及机制措施落实情况开展专项督查。加强燃煤控制，会同省工信委印发《关于加强煤炭质量综合管理减少大气污染物排放的紧急通知》，明确了各级各部门在煤炭生产、流通和使用各环节煤质管控的监管责任，严格限制销售和使用劣质散煤。全面淘汰2005年底前注册营运黄标车11180辆，占国家年度淘汰任务的102%，机动车环保标志管理、环检联网和机动车尾气检测升级逐步实现全覆盖。

【水污染防治】认真贯彻落实国务院出台的《水污染防治行动计划》，省政府常务会议审议并印发实施《甘肃省水污染防治行动计划工作方案》，分流域、分年度、分行业提出了巩固和改善全省水环境质量的具体工作措施，明确各级各部门工作责任。加强跨省跨流域水污染联防联控力度，省政府与宁夏自治区政府签署《甘宁两省区跨界河流水污染联防联控框架协议》，兰州市与青海省海东市签订《湟水河流域水污染联防联控协议》，定西、天水两市签订《渭河定西—天水段水污染联防联控合作协议》。不断加强饮用水水源地环境保护，组织开展2014年度城市和典型农村集中式饮用水源地环境状况评估工作，对8市11个县区城区集中式饮用水水源保护区进行调整划分，安排省级环保专项资金1250万元用于水源地保护项目。

【重金属和固体废物污染防治】制定《甘肃省重金属污染综合防治2015年度实施方案》，分解落实规划年度目标任务，督促各地加大重金属污染防治工作力度。继续推进陇南铅锌采选行业废水治理，累计完成35个废水综合治理项目，关停或资源整合10家企业。制定实施《甘肃省废弃电器电子产品回收处理管理办法》，加强危险废物产生和经营单位监督管理，严格危险废物转移和经营许可审批，全面完成《全国主要行业持久性有机物污染防治“十二五”规划》目标任务。

生态保护

【自然生态保护】制定实施《甘肃省重点生态功能区转移支付绩效评估考核管理办法》，会同省财政厅完成年度重点生态功能区转移支付绩效评估考核工作，各县用于生态环境的资金平均已达到50%以上，生态效益逐步显现。经省政府同意，调整了岷县双燕、阿夏和金塔沙枣园子三个自然保护区功能区，裕河和多儿晋升国家级自然保护区顺利通过国家评审。

【精准扶贫与生态创建】制定实施《甘肃省环境保护厅“15433”精准扶贫计划方案》，安排2070万元专项资金，对36个贫困县的138个规模化畜禽养殖场及养殖小区污染减排项目和13个插花扶贫县的69个规模化畜禽养殖场及养殖小区污染减排项目予以支持；安排1220万元专项资金，对13个市州36个精准脱贫村环境整治项目予以支持。指导各地开展生态乡镇、生态村创建工作，目前共有61个乡镇被环保部命名为国家级生态乡镇，388个乡镇被命名为省级生态乡镇，462个村被命名为省级生态村。

省环境保护厅领导班子成员名录

厅　长　王建中

副厅长　孙玉龙　肖　铮　白志红　徐延文

纪检组长　周继尧

（供稿：陈静荣　闫进锋）

教育

体制改革与发展

【教育发展】2015年，全省共有幼儿园3971所（其中民办幼儿园1676所），在园（班）幼儿70.11万人，较2014年增加8.1万人，学前三年毛入园率达到75%，较2014年增长5个百分点。全省共有小学8052所，在校生180.24万人。初中1491所,在校生90.93万人。九年义务教育巩固率93%，较2014年提高6个百分点。全省共有普通高中386所、中等职业学校228所，在校生分别为62.94万人、22.93万人，高中阶段毛入学率92%，较2014年提高2个百分点。全省共有普通高校45所（本科22所含独立学院5所、高职专科23所）；成人高等学校6所；培养研究生单位14所（普通高校10所、科研机构4所）。普通高校在校生45.05万人，成人高校在校生8.84万人，研究生2.96万人；高等教育毛入学率32%，较2014年提高4个百分点。小学、普通初中、普通高中、中等职业学校生均校舍建筑面积分别为7.62平方米、11.48平方米、14.4平方米、18.28平方米，分别比2014年增加0.14平方米、1.38平方米、1.42平方米、2.07平方米；普通高校教育教学行政办公用房面积610.99万平方米，图书3516.05万册，比2014年增加115.04万册。

【教育精准扶贫】全面启动实施省教育厅精准扶贫学前教育、义务教育、职业教育、乡村教师队伍、民族教育、学生资助、高校招生等7个专项支持计划和支持革命老区教育跨越发展行动计划，教育经费、优惠政策、建设项目优先向贫困地区倾斜，通过系列组合措施全力推进教育精准扶贫。建成教育精准扶贫大数据平台。扩大农村学前教育资源，改善农村义务教育办学条件，提升职业教育服务水平，促进优质职教资源向贫困地区、贫困家庭倾斜，面向贫困县招收“两后生”6万余人。广泛开展职业技能培训，在贫困地区开办涉农专业教学点49个，培训农民4.5万人次。加强乡村教师队伍建设，教师招录、教师培训优先向贫困地区倾斜。加快民族地区教育发展，优先重点支持民族地区。健全学生资助保障体系，把各项免费和资助政策精准到人。落实各项招生扶贫政策，对贫困家庭考生单设批次、单列计划、单独录取，新增精准扶贫专项计划、革命老区专项计划，各类专项共录取贫困地区学生2.23万人。促进老区教育跨越发展，制定下发革命老区“两市一县”精准扶贫行政村幼儿园建设工程实施方案，提前下达革命老区“两市一县”农村幼儿园建设项目1072个。保障留守儿童健康成长，将留守儿童关爱和教育作为教育扶贫的重要内容。提升精准扶贫决策服务能力，建立“西北师范大学精准扶贫与区域发展研究中心”等5个高校精准扶贫智库。教育扶贫成绩显著，甘肃教育精准扶贫工作获中国教育报、中国教育新闻网主办的第四届全国教育改革创新特别奖。

【教育综合改革】积极推进考试招生制度改革，省政府制定《甘肃省深化教育考试招生制度改革实施方案》。推进普通高中学业水平考试和综合素质评价改革试点。减少和规范高考加分项目，压缩调整地方性高考加分项目及分值。改进投档录取模式，首次实行平行志愿录取。扩大中职学校对口升学考试招生规模和省内单独测试招生规模，实施应届高中毕业生和中职毕业生推免录取试点。高职（专科）通过分类考试招生2.93万人，占高职（专科）录取人数的56.46%，达到国家要求的2015年高职院校通过分类考试录取考生占高职招生总数50%左右的目标。推进县（区）域内义务教育学校校长教师交流轮岗，兰州市西固区取消中小学校长行政级别，率先在全省实行校长聘任制和教师“区管校用”，促进城乡师资均衡配置。试行义务教育学区制，推行以实现优质教育资源共享为内容的学区制模式。鼓励各地组建教育集团、学校联盟，实行名校办分校、强校托管弱校。

【职业教育改革】启动实施中高职五年一贯制、中职“3+4”升本科、高职“3+2”升本科等一体化人才培养模式。17所职业院校开展现代学徒制试点，其中3所被列为国家首批现代学徒制试点单位。深化产教融合、校企合作，完成组建"甘肃电子商务职教集团"等11个省级行业型职教集团。职业教育助推城镇化国家级改革试验区获教育部批准，积极争取立项创建中德职业教育合作示范区。

教育管理

【主题教育活动】加强中小学德育，全面实施未成年人思想道德建设"金种子"工程，组织开展"青少年科技创新大赛"等30多项主题教育活动。加强学校体育，省教育厅等6部门印发《甘肃省关于加快发展青少年校园足球的实施意见》，教育部命名甘肃211所学校为全国青少年校园足球特色学校。成功举办全省第三届大学生运动会和2015年甘肃省青少年校园足球联赛。全面加强和改进学校美育工作，省政府制订《甘肃省全面加强和改进学校美育工作的实施方案》。持续推进"三个千所示范校"创建活动，创建省级中小学德育示范校、快乐校园示范校各200所，语言文字规范化示范校123所。加强语言文字工作，省教育厅、省语委承办第18届全国推广普通话宣传周。推动高等教育合作育人和优质课程资源共享，5所高校实现思政课跨校选课。

【教育保障】2015年，甘肃公共财政教育支出497.19亿元，占全省GDP的7.32%。省财政厅、省教育厅制定出台学前教育、中职学校、高职院校、特殊教育生均公用经费拨款标准。高职生均拨款不低于1万元；中职全免学费，由同级财政按每生每年7000—8000元标准落实；学前教育生均公用经费城市达到每生每年1400元，农村达到每生每年1200元；义务教育阶段特教学生公用经费标准由每生每年800元提高到6000元，特教津贴标准由基本工资的15%提高到30%，残疾人就业保障金用于特殊教育的比例由5%提高到8%。教育投入向对百人以下小规模学校倾斜支持，按百人标准补助公用经费，补助标准由每校1.9万元提高到2.29万元，增拨补助资金1.85亿元，7920所小规模学校受益。提高农村义务教育学校冬季取暖费费标准，甘南藏区自治州等12个高寒阴湿地区按其他地区2倍标准拨付。落实义务教育家庭经济困难寄宿生生活补助政策，下达资金7.68亿元，受益学生66.88万名。甘南州实现农村义务教育寄宿生生活补助政策全覆盖，补助标准由生均每年1950元提高到2168元（玛曲、碌曲县达到2200元），补助标准是其他地区的近两倍。全面实施农村义务教育学生营养改善计划，每生每天补助4元，共下达补助资金14.84亿元，184.1万名学生受益。

【"三严三实"专题教育】制定省教育厅"3344"（三学习、三结合、四突出、四提升）"三严三实"专题教育方案，组织全省教育系统深入学习习近平总书记系列重要讲话精神，深入开展《中国共产党廉洁自律准则》《中国共产党纪律处分条例》主题宣讲和教育活动。省教育厅党组开展三个专题集中学习研讨5次，组织专题辅导报告10余场。厅班子成员带头讲党课，主动列席指导高校专题民主生活会。

【党风廉政建设】贯彻落实中央全面从严治党要求，扎实推进落实省委党风廉政建设"3783"主体责任体系，省教育厅出台进一步加强党的纪律建设推进党风廉政建设工作的"八项措施"，修订完善廉政谈话等制度，实现厅直属单位和内设机构"三述"全覆盖。分层次对厅系统157名干部和43所高校党政主要负责人进行集体谈话。启动专项巡查，先期在3个单位开展巡查试点。突出发挥审计监督功能，完成审计项目15项。开展"九个严禁、九个严查"专项整治。开展教育乱收费专项治理和涉农资金专项整治。

【信息化建设】在贫困地区中小学和教学点建设"班班通"教室1.62万个，中小学宽带网络"校校通"比例达到84.1%，信息化优质资源"班班通"覆盖率达到73.3%。在教育部"一师一优课、一课一名师"活动中，甘肃中小学教师参与率全国第一、晒课数量全国第三。

【对外合作交流】承办丝绸之路（敦煌）国际文化博览会准备工作会文化传承创新高端学术研讨会，47所中外高校首批加盟成立"一带一路"高校战略联盟，发布"敦煌共识"。在兰州财经大学挂牌设立中亚商学院，面向中西亚招收留学生，积极为共建丝绸之路经济带培养经济类专业人才。公派出国留学有序实施，71高校教师、47名在校大学生赴国外留学。服务中西亚文化普及，编纂完成丝绸之路沿线22个国家国别通识手册。西北师范大学第三所孔子学院在波黑萨拉热窝大学揭牌成立。在西北师范大学开设东干族本科班，共有149名（其中，2015年批准招生50名）东干族学生就读。省政府与西安交通大学签署战略合作协议，与北京大学、北京师范大学、中国人民大学、同济大学初步达成省校战略合作意向。

【教育扶贫】从2015年秋季起，按每生每学年1000元标准，免除贫困县建档立卡贫困家庭幼儿在当地接受学前教育的保教费。全面落实中职免学费和助学金政策，分别按照生均每年2000元标准，免除中职教育学费、对家庭经济困难中职生发放助学金。对普通高中家庭经济困难学生按照生均每年2000元标准发放助学金。对进入省内高职院校的贫困家庭学生免除学费和书本费。建立国家助学贷款还款救助机制，生源地信用助学贷款本专科学生由每生每年最高6000元提高到8000元，研究生从8000元提高到1.2万元。2015年，全省共落实各类学生资助经费17.47亿元，99.35万名贫困生受益；发放助学贷款12.22亿元，21.06万名贫困生受益，贷款规模较2014年增长5%，贷款金额增长10%。

【科研创新】全省命名"2011协同创新中心"10个，新增国家级实验教学中心3个，新建电子商务重点实验室13个、甘肃省高校重点实验室和人文社科重点研究基地5个。争取国家自然科学基金项目419项，项目经费2.1亿元；社科基金项目90项，项目经费1974万元。全省高校到账科研经费8.13亿元，较2014年增加8658万元。获国家级科研奖励1项，省部级202项。高校面向社会开放科研平台266个，获得专利621项，签订技术合同1731项，合同金额近3亿元。

【乡村教师队伍建设】加强师德师风建设，健全完善“三纳入两渗透一否决”师德师风长效机制，严格执行教育部减负规定，严禁教师违规补课和违规收受学生及家长礼品礼金。省委、省政府召开甘肃省庆祝第31个教师节暨优秀教师代表座谈会，表彰在乡村从教30年的优秀教师代表和9家长期支持甘肃乡村教育发展的基金会。省政府出台《甘肃省<乡村教师支持计划（2015—2020年）>实施办法》，贫困县乡村中小学、幼儿园教师每月享受不低于500元的生活补助。实施乡村教师生活补助工作，全省共投入资金2.8亿元，16.95万名乡村教师受益。改革乡村教师职称（职务）评聘制度，加大对乡村中小学和幼儿园教师职称评审的倾斜支持力度，不再作外语、发表论文的刚性要求。精准补充师资，坚持“按需设岗、按岗招聘、精准补充”的原则，通过国家“特岗计划”、省政府民生实事等项目精准招录教师7781人（中小学教师2600名、幼儿园教师4861名、免费师范生320名），乡村教师占96%。积极推进英体美教师走教，专门为农村中小学补充音体美教师558人。创新乡村教师培训模式，以乡村教师为重点，推进教师培训“三计划两工程”（陇原名师助力贫困县优秀青年教师成长计划、百千万乡村教师素质提升计划、万名乡村校长能力提升计划和教师人文素养提升工程、中小学教师信息技术应用能力提升工程）和“精准扶贫乡村教师培训三行动”（网络与校本研修“薪火网研行动”、乡村微规模学校教师访名校“微访行动”、乡村学前教育教师素质提升“千千树行动”），全年培训教师13.93万人次，乡村教师占85%。

2015年全省各级各类学校校数、教职工、专任教师情况

教育层次与类别	学校数	教职工数（人）	专任教师（人）
一、高等教育		39811	26909
（一）研究生培养机构（不计校数）	14	---	---
1、普通高校	10	---	---
2、科研机构	4	---	---
（二）普通高等学校	45	38641	26132
1、本科院校	22	29262	18926
其中：独立学院	5	3625	2704
2、专科院校	23	9379	7206
其中：职业技术学院	21	8318	6372
（三）成人高等学校	6	601	444
（四）民办非学历高等教育机构	39	569	333
二、高中阶段教育	614	19157	60342
（一）高中	386		44764
1、普通高中	386	教职工计入普通初中	44764
（二）中等职业教育	228	19157	15578
1、普通中专	88	9099	6938
2、成人中专	22	623	461
3、职业高中	118	9330	8099
4、其他机构（教学点）（不计校数）	(6)	105	80
三、初中阶段	1491	150014	83857
（一）普通初中	1491	150014	83857
四、初等教育	10387	136173	141918
（一）普通小学	8052	132165	140320
（二）成人小学	2335	4008	1598
其中：扫盲班	1651	3578	1436
五、特殊教育	37	820	729
六、学前教育	3971	42305	30342

2015年全省各级各类学历教育学生情况

教育层次与类别	招生数	毕业生数	在校生数
一、高等教育	186539	462988	666758
（一）研究生	10089	9195	29637
博士	825	644	3516
硕士	9264	8551	26121
（二）普通本专科	126242	124003	450463
本科	72148	67158	290834
专科	54098	56845	159629
（三）成人本专科	27442	29189	88410
本科	12074	12510	40096
专科	15368	16679	48314
（四）其他各类高等学历教育	22766	300601	98248
1、在职人员攻读博士、硕士学位	1503		6368
2、网络本专科生	20737	16806	56189
本科	8567	7658	26021
专科	12170	9148	30168
3、其他（留学生、自考助学班）	536	283795	35691
二、高中阶段教育	281242	311966	858713
（一）高中	199426	224408	629365
1、普通高中	199426	224408	629365
（二）中等职业教育	81816	87558	229348
1、普通中专	36027	47033	110820
2、成人中专	7427	6556	17180
3、职业高中	38362	33969	101348
三、初中阶段教育	290795	332350	909255
（一）普通初中	290795	332350	909255
四、初等教育	313028	346848	1802401
（一）普通小学	313028	300080	1802401
五、特殊教育	1769	917	9260
六、学前教育	386550	274243	701132

【人才培养】启动研究生课程建设试点，7所博士培养高校被列为国家试点单位，3所高校开展省级试点，新建甘肃省研究生联合培养示范基地24个。8所院校首批开展向应用型高校转型发展试点。启动高校创新创业教育改革，举办中国“互联网+”大学生创新创业大赛等10项赛事，为创新创业搭建交流平台。

【党建工作】省委组织部、省委宣传部、甘肃省高校工委召开第23次全省高校党建工作会议，甘肃省高校工委召开全省高职高专党建工作座谈会，指导8所高校召开党员代表大会。加强大学生思想政治教育，在高校启动领导干部上讲台开展思想政治教育活动。实施高校思想政治理论课创新计划，启动实施大学生思想政治教育“百千万工程”（百场心理辅导报告，千名干部下班级，万名教师进宿舍）。实施高校培育和践行社会主义核心价值观品牌创新活动。

【工作落实年活动】深入开展“工作落实年”活动，制定年度重点工作落实分工实施方案，梳理年度重点工作69项，省教育厅与各市州签订重点工作目标责任书。建立重点工作“每周例会、逐月报告、季度推进、半年总结”的督查制度，所有重要事项台账管理、图表上墙、动态监控、销号落实，采取周报制、向市县政府主管领导致信通报。全年督办转办通知、领导批示等重要事项700余件，督办人大代表建议、政协委员提案85件。创新督查方式，积极引入第三方机构介入监督。

【依法治教】完善“三张清单一张网”，保留权责事项53项，公共服务事项8项，下放普通高校毕业生就业派遣手续办理、普通高校教学岗位高级专业技术人才延长退休等审批权限。配合全国人大和省人大完成教育法律一揽子修订调研和职业教育法执法检查工作。加快高校章程建设，核准13所高校章程，完成21所高校章程初审工作。制定《省教育厅关于制定和完善高等学校理事会制度的指导意见》和《省教育厅关于健全和完善高等学校学术组织体系的指导意见》。

【校园安全管理】印发《甘肃省校车服务方案》《甘肃省学校食品安全管理办法（试行）》《甘肃省校园安全保护区社会治安综合治理十项规定》。深入开展校园及周边综合治理、安全隐患排查整治、安全隐患大排查“百日攻坚”等专项行动，累计排查学校6万余所，督促整改安全隐患1500余条。推进“安全教育实验区”建设，全省331.6万名学生通过中国教育学会安全教育平台接受安全教育，占中小学幼儿园人数的81.9%。

【教育宣传】教育部办公厅、省委办公厅、省政府办公厅信息简报刊发甘肃教育工作信息17期，1期被国务院办公厅采用。主流媒体对甘肃教育工作进行全方位宣传报道，全年中央和香港媒体发稿280余篇（其中《人民日报》9篇，新华社33篇，中新社（网）72篇，《中国教育报》152篇），《甘肃日报》、甘肃电视台等省级媒体报道超过1000余条。

基础教育

【学前教育】建成集中连片贫困县2000人以上行政村幼儿园939所，建设藏区双语幼儿园113所（含2014年下达计划102所），实施农村学前教育推进工程项目46个。通过项目实施，实现58个集中连片贫困县2000人以上有需求的行政村幼儿园全覆盖，贫困县学前三年毛入园率达到73%。全省幼儿园达到3971所，在园幼儿达到70.11万人，较2014年净增8.1万人。出台《甘肃省农村幼儿园基本办园标准（试行）》《甘肃省公办幼儿园编制标准（试行）》和《甘肃省幼儿园等级评估认定办法（试行）》。

【义务教育】省政府教育督导团办公室对32个县进行义务教育均衡发展和政府教育工作督导评估，在全省建成3个省级中小学校责任督学挂牌督导创新县。组织开展中小学寒假违规补课、基础教育五项督导检查等12项专项督导，追回欠拨教育经费9.9亿元。启动国家义务教育质量监测，10个县（区）被列为国家监测样本县。将进城务工人员随迁子女义务教育纳入教育发展规划和财政保障范畴，保障随迁子女平等接受义务教育。18个县（市、区）通过国家义务教育均衡发展督导评估认定，全省实现县域义务教育基本均衡发展的县（市、区）达到29个。加强义务教育规范化、法制化、科学化管理，省教育厅印发《甘肃省<义务教育学校管理标准>实施意见》，出台义务教育语文等16个学科教学指导意见和教学评价指导意见。推进实施全面改善贫困地区义务教育薄弱学校基本办学条件项目，落实资金103.17亿元（其中2015年47.50亿元），占五年规划总投入的48.21%。实施土建类项目10016个，完工项目8328个；完成设施设备类项目2970个。已实施项目惠及7574所义务教育薄弱学校、188万名学生，分别占全省义务教育阶段中小学校数的79.37%和在校生数的69.33%，基本消除D级危房。

【普通高中教育】加快普通高中扩容改造，投入中央资金2.7亿元，安排连片特困县普通高中改善办学条件项目学校44所，全省创建特色实验校24所，命名省级示范性普通高中2所。落实外来务工人员子女参加高考政策，不再限制考生户籍，全省888名外来务工人员随迁子女参加高考。

【高等教育】调整高等教育布局和专业结构，设立2所高职学院，3所高校更名挂牌，增设应用型本科专业32个。实施高等教育质量工程，评选省级特色专业30个、省级实验教学示范中心10个、省级精品资源共享课60门、省级教学团队10个、省级教学成果50项。

【特殊教育】推进实施甘肃省特殊教育三年提升计划，落实2015年特教专项补助经费1300万元，在平凉等5个市州建立特殊教育指导中心，在兰州市城关区等38个县区建立残疾儿童随班就读资源中心。关爱留守儿童成长，建立留守儿童帮扶中心13个。

【职业教育】建立职业教育工作部门联席会议制度，全省14个市州召开职业教育工作会议。省政府转发《关于整合办学资源优化中等职业教育布局结构的指导意见》，全省撤并、重组56所中职学校。优化专业结构，下放中职专业设置权，撤销中职就业萎缩专业93个，新设养老服务、新能源、煤化工等与经济社会发展紧密对接专业147个。省工信委、省卫计委所属的10所职业院校正式移交省教育厅管理。启动实施中职学校教师素质提升"双千计划"（千名教师进企业，千名技术人员进学校）、中职学校校长能力提升计划和职业院校学生素质提升计划，将公共艺术课列入中职学校教学计划，开展"三个一百"（古诗百首赏析、名曲百首赏析、名画百幅赏析）进课堂。组织省级中职学生技能大赛，产生各类奖项1499个。全省中职学校招生8.18万人，面向社会输送技术技能人才8.76万人，就业率95.78%。

【民族教育】研究制订甘肃省加快发展民族教育专项规划、支持藏区教育事业发展实施方案和藏区教育发展攻坚计划。"全面改薄"项目资金按在校生数的120%向民族地区倾斜支持，安排资金16.47亿元，惠及民族地区学校1142所。实施国家发改委民族地区教育基础薄弱县普通高中项目15个，计划完成投资2.59亿元，支持民族地区改扩建普通高中教学和学生生活类校舍。实施国家藏区9+3免费中职教育，招收321名藏区初中毕业生在兰州中职学校就学。推进实施国家"三区"人才支持计划教师专项计划和顶岗支教活动，选派1400名教师赴"三区"支教，选派301名大学生赴甘南藏区幼儿园顶岗支教。实施内地高中民族班扩招工程，招收300余名民族地区学生在兰州等地接受优质高中教育。加强双语教师培训，全年培训720人次。

【民办教育】全省各级各类民办学校（含非学历培训机构）累计达到2558所，在校生3945万人，教职工343万人。2015年全省新建民办幼儿园125所、非学历培训机构186所，批复筹建西北工商职业学院。支持普惠性民办幼儿园发展，首次开展全省普惠性民办幼儿园奖补，落实资金3185.32万元，奖补民办幼儿园179所，4.6万名幼儿受益。加强民办幼儿园师资培训，培训民办幼儿园教师、园长7750名。

省教育厅领导班子成员名录

厅　长　王嘉毅

副厅长　王智平　陈保平

　　　　旦智塔（藏族）　赵　凯

总督学　李　晶

纪检组长　张　晶（女）

党组成员　贾　宁

（供稿：张　金　何昰锡）

部分高校

兰州大学

【人才培养】完善学科大类招生，实施"本科教学质量提升工程"，推进卓越人才教育培养计划。深化研究生教育综合改革，制定接收优秀学术学位推荐免试硕士研究生奖励办法，制订一级学科学位授予标准，完成33个专业学位领域研究生培养方案修订。成立创新创业教育中心，强化学生创新和实践能力培养，加强创业基地管理与服务，促进高质量就业创业。新增"国家级实验教学示范中心"1个，教育部"精品视频公开课"3门，省级教学团队1个、教学名师1位、特色专业2个、教学成果奖4项。11门研究生课程建设获教育部立项资助。立项国家级大学生创新创业训练计划项目172项、校级项目832项，比去年同比增长11.8%。获全国"互联网+"大学生创新创业大赛甘肃省特等奖1项、一等奖1项，获甘肃省"挑战杯"团体总分第一名。

【人才队伍建设】学校在职教职工4,123人，专任教师2,025人，其中教授等正高职468人、副教授等副高职986人，研究生导师1,327人，两院院士10人，千人计划8人，教育部"长江学者"特聘教授12人，国家杰出青年基金获得者23人，国家百千万人才工程入选者12人，国家级教学名师4人，国务院学位委员会学科评议组成员10人，青年拔尖人才计划1人，国家级有突出贡献的中青年专家10人，国家优秀青年科学基金获得者11人，教育部新世纪(跨世纪)人才129人，甘肃省教学名师20人，甘肃省领军人才82人，国家基金委创新研究群体4个，教育部"长江学者"创新团队8个，高等学校学科创新引智基地6个，国家级教学团队5个。实施"萃英人才建设计划"，依托国家重大人才工程，高层次人才队伍建设工作取得新进展，师资队伍结构进一步改善。新增中国科学院院士1人，"千人计划"特聘教授1人、"青年千人计划"教授2人，"万人计划"青年拔尖人才3人，国家杰出青年科学基金获得者1人、优秀青年科学基金获得者5人。引进教授3人、副教授11人，聘任萃英讲席教授8人，聘请兼职教授32人，选聘优秀博士生47人。完善培养、培训机制，支持21名教师在职攻读博士学位或从事博士后研究，39人公派出国留学，有一年以上出国经历的人数占比由31.1%提升到38.2%。规范专业技术职务聘任工作，聘任167人高级职务，聘任331人到相应岗位等级。扩大人才遴选渠道，制订《师资博士后管理暂行办法》《外籍教师聘用管理暂行办法》《外聘高级专业技术人员暂行办法》。

【科学研究】获得国家科技进步二等奖1项（参与），教育部科研奖励一等奖1项、二等奖1项。1个项目入选2015年"中国高等学校十大科技进展"。获批国家自然科学基金委创新研究群体1个，2个教育部创新团队获得滚动支持。新增"111"引智基地、国家地方联合工程实验室、省重点实验室培育基地、省工程研究中心、省级"2011协同创新中心"各1个。1篇论文入选2014年中国百篇最具影响国际学术论文。8名教师入选爱思维尔中国高被引学者榜单。12个学科进入ESI全球总影响力前1%，并列全国高校第10名。全球自然指数排名位列全国高校第8位。获批国家国际科技合作专项项目2项，国家自然科学基金项目164项、国家社会科学基金项目26项。科研经费总计3.57亿元，较2014年增长11.6%。深化产学研合作，与中卫市、中核四〇四公司等签署合作协议。学校先后获得国家、部委和省级科技成果奖600余项，编辑出版各种专著、教材、译著1,000余部，2014年收录SCI论文1490

篇，据SCI统计，兰州大学是中国在国际学术刊物上引用率较高的大学之一。12月全球自然指数发布中国科研机构自然指数排名，兰州大学排名第7位。

【交流合作】学校积极发展国际及对港澳台交流与合作，与世界39个国家和地区的144所高校及科研机构建立交流合作关系。联合46所国内外高校共同成立"'一带一路'高校战略联盟"，中亚所被聘为"一带一路"智库合作联盟理事单位。成立南通研究院，举办金城峰会、西部传媒与社会发展高层论坛等活动，搭建与政府、企业、学界多方交流合作平台。与国外境外高校、研究机构签署合作协议25份，教工出国出境交流访学、科研合作733人次，学生出国出境交流学习681人，主办国际会议8项，接待巴布亚新几内亚总督等多国政要和外籍专家781人次，1名外籍专家获得国家国际科学技术合作奖。对港对台交流项目数量和经费持续增长，接待港澳台来访790人次。规范留学生教学过程管理，确保留学生教育质量。扩大3所孔子学院办学规模，注册学员2041人，较上年增长37.3%。

【项目建设】调配教职工公寓1413套，开工建设医学校区教学实验楼、榆中校区教职工周转公寓、一分部15–22号、二分部17号教职工公寓。完成医学校区综合管网改造工程，医学校区8号学生公寓主体结构完成封顶。完成节约型校园节能监管平台建设项目和120余项各类维修改造项目。完善网络服务，扩大校园网出口带宽，加强信息资源建设。全面深化校产改制工作，完善经营性资产监管机制，理顺管理关系，解决部分历史遗留问题。图书馆完成机构知识库一期、二期建设并投入使用，获批成为中国高校人文社会科学文献中心西北区域中心，获"全国古籍保护工作先进单位"称号。

【基础建设】健全学校发展规划实施机制，加强对各学院工作任务完成情况的考核。成立招标办公室、校办产业管理办公室等机构。制订校内重大项目管理办法，完善招标采购和资产管理制度，建立预算执行长效工作机制，推进财务信息公开。加强关键领域和重点环节审计，完成经济责任、预算管理、工程专项等审计项目137项，审计金额46.98亿元。成功召开七届二次教代会，加强对二级教代会工会工作的调研指导，充分发挥教代会执委会作用，检查监督提案落实情况。校工会被评为2015年度全省"工会工作优秀单位"。

【"双联"行动】开展精准扶贫，推进"双联"行动，"社区发展与反贫困研究中心"入选首批省高校"精准扶贫智库"。按照省委的统一部署，学校积极开展"双联"工作。兰州大学承担临夏州临夏市枹罕镇2个村和平凉市崆峒区12个村的"双联"任务。学校先后组织约500人次赴"双联"村开展入村入户扶贫工作，并组织义诊、普法、入户慰问等活动，选派3名干部驻村助力精准扶贫、精准脱贫。2015年，学校通过各种途径筹集资金约100万元，联系社会资金500余万元，落实水、电、路等民生工程，协助改善社会事业、公共服务和村容村貌整治。其中，50万元用于设立奖教金、助学金等，资助贫困生、奖励优秀教师和改善教学条件。

兰州大学领导班子成员名录

党委书记　王寒松

校　长　王　乘

党委副书记　李正元　钟福国　郭　琦　曹爱辉

纪委书记　李正元

副校长　安黎哲　陈发虎　徐生诚　潘保田　高新才　李玉民　曹　红

校长助理　贺德衍　范宝军　王　锐

（供稿：程亚娟）

西北师范大学

【教学工作】完成《西北师范大学章程》的核准和发布工作。成立教师发展中心。全力推进教育信息化建设工作。教师发展中心和教育信息化中心获批省财政940.28万元专项支持。承担"语数外卓越中学教师培养改革"和"西部幼教精英培养计划"两个国家卓越教师培养计划改革项目。承办西北教师教育联盟第二届暨甘肃高校教师教育联盟首届师范生教学技能大赛。制定《西北师范大学博士研究生申请审核制招生办法》。承办甘肃高校教师教育联盟和安宁五所高校战略联盟合作育人推进会、全省高等学校教务处长联席会暨创新创业教育改革研讨会。举办第三届青年教师技能大赛。组织开展"教学观摩月"活动。上报2015年全国高校教学基本状态数据库数据。举办2016届毕业师范生教学技能大赛、2015年"职'为'你开"大学生从师技能大赛。开展第十四批、第十五批赴新疆阿克苏地区为期一学期实习支教工作，共有来自11个学院的348名同学参加实习支教工作。

【学科建设与科研工作】"风沙危害区生态修复与沙产业协同创新中心"获批甘肃省第二批省级2011协同创新中心。教育部创新团队"黏土基生态功能高分子材料研究"获教育部"创新团队发展计划"滚动支持。"精准扶贫与区域发展研究中心"入选省级"甘肃省高校精准扶贫智库"。获批发改委省级工程实验室1个，省教育厅研究中心1个。举办"中国少数民族教育高层论坛""文化名人进校园""2015甘肃省学术年会"等学术会议20余场，各类学术报告、体艺展演200余场。2015年，学校共争取科研经费4556.69万元，获批国家自然科学基金项目50项，比2014年增长6项；国家社科基金10项；获得甘肃省科学技术奖3项，第七届教育部高等学校科学研究优秀成果三等奖2项；甘肃省第十四次哲学社会科学优秀成果奖57项。2014年，学校被SCIE收录论文388篇，较上年增长24.8%，排名全国高校第113位；被EI收录期刊论文237篇；CSSCI论文296篇。

【人才队伍建设】2015年，学校新引进博士25人、硕士22人、本科1人；新晋升正高级职务职称17人、副高级职务职称50人；选派出国访学研修17人；选派国内进修攻读博士14人、从事博士后研究工作6人。组织召开2015年度甘肃省领军人才、飞天学者特聘计划、第一届"青年教师教学科研之星资助计划"的考核工作。上报"全国教师管理信息系统"数据，启动在职、退休职工参加甘肃省事业单位养老保险信息采集及首次参保工作，解除29位长期不在岗人员的人事关系。组织2015年"国家百千万人才工程"、2015年"千人计划"、甘肃省青年教师成才奖、第八批甘肃省优秀专家等各类人才奖项的推荐申报工作。王鉴教授荣获"全国先进工作者"；卢小泉教授入选国家"百千万人才工程"并获得"有突出贡献中青年专家"称号；莫尊理教授荣获"党和人民满意的好老师"；新增2人享受国务院政府特殊津贴；3人获得甘肃省普通高校青年教师成才奖。

【学生工作】2015年，学校录取本科生4619人，硕士研究生1980名，博士研究生87人。举办大型就业洽谈会4场，常态化小型专场招聘会351场（次），提供就业岗位15000余个。截至2015年11月30日，本科生就业率为81.64%，研究生就业率为81.19%。全校共有9521人次荣获校院两级奖学金，奖励金额超过1000万元，共有6458名同学获得各类资助金，资助金总额1922.05万元，受助学生比例达到家庭经济困难学生总数的82.9%。实施《西北师范大学大学生思想政治教育百千万工程》。承办甘肃省第十届"挑战杯"大学生课外学术科技作品竞赛、首届"丝路杯"大学生文学艺术作品竞赛，学校获得全省"挑战杯"大赛第二名，"丝路杯"大赛第一名。深入开展"爱尚微公益"实践项目。学校连续3年获全国大学生志愿服务西部计划优秀项目办，连续20年获得全国大学生社会实践先进集体，被确定为"研究生支教团示范高校"和"全国大学生服务西部计划优秀高校"，"创建首个中国公益拍卖网"获首届中国青年公益创业大赛银奖。

【合作交流】学校同萨拉热窝大学共建3所孔子学院。喀土穆大学孔子学院获"全球先进孔子学院"荣誉称号，学校获孔子学院"先进中方合作机构"荣誉称号。同俄罗斯卡尔梅克大学签署两校合作交流框架协议和共建西北师范大学俄语中心协议。组织赴美国中田纳西州立大学、台湾7所高校以及西南大学共103名交流学习学生的选派工作。开展2015"看中国·外国青年影像计划(兰州行)"活动。组织第十二、十三批赴北京师范大学对口支援进修、锻炼教师和干部工作。承担校地校企合作项目55项，项目金额826.91万元。与中科院驻兰相关机构、甘南藏族自治州人民政府等签署合作协议。承担教育部2015校园足球师资培训任务，共培训611人。承办甘肃省高校骨干辅导员职业能力大赛培训班。

【基建与后勤服务保障】2015年，学校申报获得中央财政支持地方高校项目资金4000万元，国家发改委文科实训大楼4000万元，省高校重大项目资金7000万元。省发改委专项资金3050万元，薄弱校区改造专项100万元。博士点建设及重点学科经费666万元，中小学幼儿园能力建设经费500万元。配合兰州市、安宁区政府部门，完成安宁大学城校园空中廊桥方案设计的协调对接工作。完成全校教职工住房清理工作。投资1082.42万元（其中政府补贴785.19万元），对校本部7-27号职工住宅楼93476平方米进行外墙保温节能改造。民政部门投资800万元，开工建设体育场应急避难场所项目。开展"2015-2016年度校园管理综合治理目标责任书"的落实、检查及督查工作。持续开展公共卫生间专项治理工作。动员并组织420个班集体、800名文明引导志愿者投入校园公共卫生间的专项整治工作，投入专项经费共完成207间卫生间的维修改造工作。

【党建与思想政治】召开学校第七次党代会。开展"三严三实"专题教育。召开"三严三实"专题民主生活会。承办全省高校"三严三实"专题教育工作座谈会。组织领导干部个人有关事项报告工作。完成"六五"普法工作的总结验收，开展国家宪法日宣传教育活动。开展省委统战工作会议精神宣讲暨年度工作督查活动。全面推进党风廉政建设，组织各级党组织、全校党员干部重点学习《中国共产党廉洁自律准则》和《中国共产党纪律处分条例》。强化基建工程、大宗物资采购、科研经费管理、招生及教育收费等重点部位和关键环节的监管。

【"双联"行动】学校自筹建设经费50万元、申请各类政府补贴近500万元，对联系村道路、文化广场、人民戏台等基础设施进行维修改造，开展帮扶项目规划，空巢老人、留守儿童登记建卡等工作。组织附中骨干教师为当地2000余名师生开展高考考前辅导。

西北师范大学领导班子成员名录

党委书记　陈克恭

校　长　刘仲奎

党委副书记　万明钢　刘玉泉

副校长　万明钢　刘玉泉　丁虎生　田　澍　董晨钟　刘复兴　张生勇　李朝东　李建民　李万红

纪委书记　姚志宏

（供稿：牛成春）

兰州理工大学

【教育教学】学校召开2015年本科教学工作会议，印发《创新本科人才培养机制实施方案》等系列文件。建立健全教学质量评价体系，强化课堂教学和实践教学各环节的督促检查。2015年6月大学英语四级通过率达到21.6%，考研上线率达到13.1%。机械设计及其自动化、过程装备与控制工程两个专业通过工程教育认证，化学工程与工艺工程教育专业认证申报获得受理，推动人才培养模式、教学内容及教学方法改革。新增汉语言文学本科专业。完善促进学生创新创业教育工作机制。2015年教育事业费总收入7.62亿元，完成预算的121%。推行审计整改落实报告制度。在新版人才培养计划中强化体育、美育、写作、大学语文等通识课程。承办首届全国"互联网+”大学生创新创业大赛甘肃选拔赛决赛、甘肃省首届“创新杯”工业设计大赛等重大活动。2015年学生各类竞赛获得国家级奖励44项、省级奖励300余项，在全国“互联网+”决赛中获得铜奖；在全国大学生数学建模竞赛中获得赛区特等奖7项，一等奖10项。获得省第三届大运会甲组团体总分第三名。完善校院两级实验室安全责任体系，“电气控制工程实验教学中心”获批成为国家级实验教学示范中心，建成罗克韦尔联合实验室、20个标准化实验室，大型仪器设备使用率达到97%，全年完成开放实验22.6万人时数。继续教育工作向培训方向拓展，建设并正式开通现代远程教育学习平台。

【学科建设和研究生教育】学校实施学位授权学科负责人制度。工商管理硕士（MBA）、会计硕士（MPAcc）专业学位接受国务院学位委员会组织的学位授权点专项评估，其中会计硕士专业学位接受专家现场考察。ESI论文总被引频次进入全球前1%接近比工程学达到93%，材料学达到85%。全年共授予博士学位35人、硕士学位1164人、普通本科学士5334人、成人教育学士22人。

学校制定《深化研究生教育改革的实施意见(试行)》，推进研究生教育改革，加强研究生培养管理制度体系建设，健全监管评价机制。研究生课程体系建设改革获得教育部立项，在建重点学位课程28门、结题35门、正式出版教材8部。在人社部全国博士后管理委员会2015年度博士后综合评估中，材料科学与工程、土木工程、机械工程三个博士后科研流动站评估结果全部为良好。博士研究生论文在教育部抽检中合格率为100%，获得省优秀博士论文3篇、优秀硕士论文9篇，首次获得全国研究生数学建模竞赛一等奖1项。

【师资队伍建设】学校积极推进人事管理制度改革，印发《关于人才引进工作的实施意见》等制度，采用事业编制与非事业编制并行的举措引进人才。加大高层次人才的引进培养力度，推荐“长江学者奖励计划”候选人12名，柔性引进二层次专家4人，博士研究生33人。评审通过正高级20人、副高级45人，聘请25位国内外知名专家学者为兼职和客座教授，杜永峰教授获得2015年“全国先进工作者”“全国师德标兵”荣誉称号。

【科学研究】学校成立兰州理工大学白银新材料研究院、兰州理工大学兰石研究院，与企业科技合作及项目引进取得初步成果。依托学校建设的“甘肃省生物质能与太阳能互补供能系统重点实验室培育基地”获准立项建设，“西北低碳城镇支撑技术协同创新中心”获批成为省级协同创新中心，学校“工业设计中心”获批成为首批省级工业设计中心。“省部共建有色金属先进加工与再利用国家重点实验室”建设有序推进，对运行管理制度进行完善，平台建设进展顺利。与中科院金属所、清华大学、瑞典冶金研究院等的交流合作取得实质性进展。完成科技进款1.1亿元；获得国家自然科学基金61项，位省属高校第一；科学引文索引扩展版（SCIE）收录学校论文277篇，工程索引核心部分（EI）收录学校论文419篇，全国高校排名分别位列140位、75位，专利授权105项。获得教育部社科成果奖三等奖1项，获得省科技进步二等奖4项、三等奖3项。军工保密资格顺利通过重新审查认证，1项军工纵向项目获得立项资助。制定《关于深化科技产业改革发展的实施意见（试行）》，对资产经营公司治理结构进行完善。大学科技园、兰理工温州科技园建设工作稳步有序推进，获得甘肃省2个首批“众创空间”及“兰州市科技企业孵化器”的认定。

【学生教育管理】全面实施辅导员工作课程化模式，荣获教育部“易班全国共建工作示范单位”荣誉称号。组织“中国梦·劳动美”劳模精神宣讲、“红柳骄子”年度人物评选、纪念抗战胜利70周年等活动。严格学生教育管理，狠抓学风建设关键点，落实半小时预警、宿舍管理等制度。召开第十三次团员代表大会、第十四次学生代表大会，校团委被评为“全国大学生志愿者暑期‘三下乡’社会实践活动先进单位”。

【招生就业】2015年学校招收博士研究生58人、统招硕士研究生1158人、普通本科生5653人、普通专科生219人、留学生82人。完善就业保障体系，向社会公开发布就业质量报告，本专科毕业生就业率达到97.2%。

【国内外交流与合作】2015年，学校成为省政府和国防科工局共建高校。成功加入“一带一路”高校战略联盟，围绕“一带一路”需求开展与中亚国家的一系列合作交流，与莫斯科动力工程大学达成建立俄语中心的意向性协议，与南俄国立技术大学申报孔子学院的进程取得实质性进展。首次组织实施国家留学基金委赴独联体公派留学项目，10名学生获得公派资格。实施管理干部赴台培训、骨干教师赴台交流和优秀学生赴台研修等项目。与上海外国语大学签署全面合作协议。成功举办能动学院成立50周年暨水机专业创办60周年庆典活动，主办“2015年全国焊接年会”，承办“国家自然科学基金委机械工程学科2015年度青年/地区科学基金项目交流研讨会”。

【基础建设】西校区图书馆项目完成主体施工，省部共建国家重点实验室科研楼开工建设，石化仓库综合利用改造、校园智能停车管理系统升级改造、节能监管平台等项目顺利完成。数字化校园建设稳步推进，完成校内应用系统接入及数据整合，学生工作管理系统、学生宿舍管理系统、手机APP投入运行。为教职工和离退休人员兑现新工资标准，实现教职工收入的合理增长。投入1000万元启动两校区基础设施改造工程，附中新建教学楼项目开工建设，保障房2、3标段项目顺利竣工。完成西校区学生食堂、自来水系统改造升级、增设民族餐厅等一批民生保障项目。

【内部管理】《兰州理工大学章程》经教育厅核准并正式发布。制定《关于制定学校事业发展第十三个五年规划的建议》，稳步有序推进“十三五”规划编制工作。修订完善学校党政班子议事规则。积极推进学术委员会的改革和学术委员会章程修订。成立“综合改革办公室”“依法治校办公室”，印发《关于兰州理工大学管理重心下移改革的实施意见（试行）》《全面推进依法治校的实施意见》，积极推进综合改革、依法治校工作。

【党建和思想政治工作】加强思想政治建设，落实干部及教职工理论学习制度。建立较为完善的干部选任管理及分析研判制度体系。建立二级党组织书记例会制度，开展二级党组织书记抓党建工作述职评议，切实将党建工作责任和任务落到实处。进一步深化先锋引领行动，对优秀基层党组织、个人进行表彰。投入20万元开展党建研究课题与党支部活动创新项目立项工作。召开宣传思想工作会议，修订完善宣传思想工作制度体系，把握宣传思想工作领导权、主动权。深入开展培育和践行社会主义核心价值观“1616行动”。评选表彰学校“师德标兵”。组织开展《中国共产党廉洁自律准则》《中国共产党纪律处分条例》的学习宣传教育，26名二级单位党政主要负责人向学校党委进行述纪述廉述作风，加强对重点领域和关键环节的监督监察，开展“七个关口”督促检查、“九个严禁、九个严查”等专项行动。校工会被省教科文卫工会评为“优秀工会组织”称号。图书馆荣获省妇联授予的“甘肃省三八红旗集体”荣誉称号。

【“三严三实”专题教育】学校开展“三严三实”专题教育。组织各级党员领导干部紧紧围绕严以修身、严以律己、严以用权开展六次专题研讨，召开校院两级领导班子专题民主生活会和专题组织生活会。

【精准扶贫和“双联”工作】学校“甘肃生态建设与环境保护研究中心”入选省高校精准扶贫智库，成立中国国际电子商务培训学院——甘肃省分院。举办“全省农村电子商务师资培训班”，加强双联点基础设施改造和生态环境建设，加大教育扶贫力度，学校被省扶贫办、东乡县推荐为全省双联行动“民心奖”候选单位。

兰州理工大学领导班子成员名录

党委书记　李贵富

校　长　王晓明（9月止）

　　　　夏天东（9月任）

副校长　芮执元　俞树荣　韦尧兵

　　　　李仁年　王全进

　　　　曹　洁（女）　曾华辉

党委副书记　丁虎生

纪委书记　李香枫（女）

（供稿：仝　辉）

兰州交通大学

【党建与思想政治工作】学习贯彻十八届五中全会、习近平总书记系列讲话精神，组织党委中心组集体学习活动，开展全校400余名干部参加的“学习习近平总书记系列重要讲话精神”干部教育培训活动。学校召开第十一次党代会。《兰州交通大学章程》于2015年3月25日经甘肃省教育厅核准生效。成立《高等学校学术委员会规程》（教育部第35号令）颁布后的第一届学术委员会，确立学术委员会校内最高学术机构的地位。召开校级领导班子民主生活会，开展“三严三实”专题教育，深刻查摆“不严不实”方面存在的突出问题。启动“大学生思想政治教育百千万工程”。落实党风廉政建设责任制，加强学校内部控制制度建设，加大对选人用人、基建工程等重点环节的监督力度。完成191名处级干部、256名科级干部换届和选拔任用工作。

【教育教学】学校新增“阿拉伯语”和“机械电子工程”2个本科专业。交通运输专业通过教育部工程教育专业认证复评，计算机科学与技术、水利水电工程两个专业获准申请2016年工程教育专业认证。新增6门“甘肃省高等学校精品资源共享课程”，2个“甘肃省高等学校教学团队”和2个“甘肃省高等学校特色专业”。成功申报轨道交通信息与控制国家级虚拟仿真实验教学示范中心，新增1个国家级实验教学示范中心和1个省级实验教学示范中心，学校国家级实验教学示范中心和省级实验教学示范中心数目分别达到5个和10个。组织学生参加国家级学科竞赛25项，获国家级奖82项（一等奖20项，二等奖31项，三等奖31项）。

【学风建设年活动】启动学风建设年活动。完成《兰州交通大学2014年度本科教学质量报告》《兰州交通大学2015年度艺术教育发展报告》和教学基本状态数据采集工作。对142门次课程开展课程教学质量评价，制定并开展常态化的教学秩序检查及网上通报制度。建立健全包括青年教师教学竞赛、课程教学质量评价、本科教学工作评优、本科教学运行管理、思想政治理论课跨校选课、考试管理等在内的各项教学管理制度。

【科技创新】学校召开2015年科技工作会议。“西北干旱地区材料与结构耐久性研究”创新团队以优异成绩通过验收，获教育部滚动支持。兰州交通大学与兰州经济技术开发区共同成立的“兰州经济技术开发区交大科技创业园”入选首批“省级众创空间”，荣获第二批“全国青年创业示范园区”，成为全省高校唯一获此殊荣的单位。2015年发表各类论文1109篇，其中SCIE、EI以及ISTP检索461篇，申请各项专利112项，授权各项专利突破100件。2015年，承担各类科研项目535项，总经费达1.094亿元。科技成果获省部级奖励22项，厅局级奖励28项。其中由沈彤教授主持的创新型植物源生物农药5%香芹酚水剂的产业化项目获得甘肃省科技进步一等奖；由范多旺教授主持的控制、监督、监测一体化的铁路信号基础设备电子控制装置项目获得甘肃省专利一等奖。

【学科建设和研究生教育】学校先后制定《兰州交通大学2015—2019年学位点评估方案》《兰州交通大学研究生课程建设试点工作方案》《兰州交通大学学分建设年研究生教育活动实施方案》等一系列改革办法。“管理科学与工程”“工商管理”“工程管理”3个学位点完成教育部专项评估。建立并完善奖助体系与激励保障机制，2015年度共有8名博士研究生，77名硕士研究生获得国家奖学金，获得省级“三好学生”、省级“优秀研究生干部”和“中天科技奖学金”等其它奖励共计221人次，295名硕士研究生参加“三助”工作，发放津贴44万元。1名博士后获得2015年度甘肃省博士后科研项目择优资助。博士后年度进站2人，出站1人，截至2015年底，在站博士后总数为14人。

【师资队伍建设】闫浩文教授成为兰州交通大学首位国家中青年科技创新领军人才入选者。1名教师获第十二届詹天佑铁道科技奖；1名教师入选“青年人才托举工程”托举人才名单；2名教师获2015年茅以升铁道科技奖；2名教师获2015年陇原青年创新人才扶持计划个人资助；2名教师入选2015年“西部之光”访问学者；1名教师入选2014年享受国务院政府特贴人员名单；2名教师入选甘肃省留学回国人员择优资助省级项目；1名教师获得2015年宝钢教育奖。学校40名领军人才通过甘肃省考核并获续聘，其中6人获得“优秀”等次。2015年度共引进博士11人，硕士40人；共晋升教授22人，副教授61人，高级工程师6人，中学高级教师1人，讲师及其他中级职称82人。

【招生就业】新增3省共计17个本科一批录取专业，第一志愿录取率为98.5%。2015年实际录取本科生5525人，硕士研究生1200人，博士研究生40人。理工类最低录取分数超出当地二本线50分以上的省份达到16个；甘肃省理工一本录取最低分高出一本线13分，理工二本录取最低分高出二本线42分。学校每年设立20万元专项资金加强就业指导教师队伍建设，2015年共培训就业指导教师65人次。共举办就业指导报告23场，各类招聘会602场，为2015届毕业生提供1200多个单位30000余个招聘岗位信息，全年共帮扶225名特殊群体大学生就业。截至2015年底，研究生就业率为96.63%，本科毕业生就业率为95.39%，高职毕业生就业率为96.23%。

【学生工作】2015年，50人获得国家奖学金、1128人获得国家励志奖学金、5507人获得三好学生、优秀学生干部、普通奖学金等各级各类奖学金，学生获奖学金比例达到28.90%；全年为44155人次本科生发放奖、助学金共计6542.56万元，为41人次博士、2300余人次硕士发放各类奖助学金共计2100万元，学校被评为2015年“甘肃省学生资助工作先进集体”。2人获茅以升铁道希望之星奖学金；5人获詹天佑奖学金。设立创新创业基金，专项支持大学生创新创业，获批项目28项。23名创业导师入选“甘肃省首批创新创业导师”。

【对外交流与合作】获得“中欧学分生奖学金项目”和“中美人文交流学分生奖学金项目”招生资格，共招收来自四大洲25个国家79名留学生新生。积极响应国家“一带一路”高校战略联盟，参加第二届中俄交通大学校长论坛，签署《中俄交通大学校长联盟章程》和《中俄交通大学校长联盟北京宣言》。校友会和基金会全年奖励和资助师生320余人次，发放9项奖助学金。

【基建与后勤服务保障】北校区征地工作完成。1-4号保障房、西教学实验楼、中小学实验楼完成验收工作并投入使用，实验教学中心（六）开工建设。成立后勤管理委员会，构建后勤集团、后勤管理处和后勤管理委员会三位一体管理模式。积极推进“全国绿化模范单位”创建步伐。2015年兰州交通大学被评为省级“绿色学校”。建成校园云计算服务平台，实现数据中心中央管理控制，采用数字化校园的统一门户系统和统一身份认证结合登录的方式，实现全网实名认证。

【“双联”行动及精准扶贫】充分发挥高校智力资源优势，积极推进联系村小康建设进程。精准施策，实施扶贫工程：实施精准培训工程、教育帮扶工程、民生建设工程。2015年免除25名学生共计12.5万元学费，累计免除联系村学生学费22万元。学校投资100万元在鸣鹿乡建立“农村实用技能培训基地”，并购置先进的焊工模拟培训设备两套，目前已开展培训3期，培训群众60人，参加职业鉴定考试30人。

兰州交通大学领导班子成员名录

党委书记　王　萍（女）
校　长　杨子江
党委副书记　杨子江　李引珍
　　　　　买寿清（回族）
常务副校长　李引珍
纪委书记　买寿清（回族）
副校长　陈兴冲　马军党
　　　刘振奎（满族）　高云庆
　　　党建武　张国珍

（供稿：韩　虎）

西北民族大学

【师资队伍建设】学校有专任教师1356人，正高级职务267人，副高级职务514人。“国家百千万人才工程”国家级人选1人；全国优秀教师2人；全国教育系统先进工作者1人；国家民委突出贡献专家7人；享受国务院政府特殊津贴的专家24人；“甘肃省跨世纪学科带头人”14人，“甘肃省高等学校教学名师奖”5人，“甘肃省高等学校青年教师成才奖”获得者55人；教育部“新世纪优秀人才支持计划”6人，有博士生导师27人，硕士生导师323人。

【教学工作】2015年，学校召开以转变教育教学观念和全面深化教学改革为主题的教学工作会议，积极落实中央民族工作会议、全国民族教育工作会议精神和创新创业教育改革精神。结合制定“十三五”规划，在全校范围内开展学院发展目标定位和专业培养目标定位的大讨论；深化实践教学改革，不断加强实验教学和实践教学基地建设，在实验室建设和开放、工程实训课程建设、双语实践教学模式改革和语言文字实践教学平台建设等工作中取得实际成效；贯彻创新创业教育改革精神，制定贯彻意见和实施方案，明确工作任务和措施。2015年，学校申报的“甘肃省大众创业万众创新示范基地建设项目”获准立项，获支持经费100万元。积极推进教育教学改革项目研究，完成国家民委、甘肃省和学校各类教改项目和教育教学成果的评审结项工作；同时教育部民族教育发展中心少数民族教育重点研究基地在学校成立。

【研究生教育】学校开展人才培养定位和培养目标再凝练工作，全面落实研究生教育改革方案，修订培养方案，开展学位点专项评估和预评估工作，健全教学评估监控体系。学校启动课程建设试点工作，实施品牌课程建设计划，资助建设一批"示范性学位课程建设项目"。获批3个研究生联合培养省级示范基地。加强研究生"三助一辅"工作，制定《西北民族大学研究生"三助一辅"工作管理办法》。

【学科建设】2015年，学校获甘肃省特色专业2个，甘肃省实验教学示范中心1个，甘肃省高等学校教学团队1个，甘肃省精品资源共享课2门，甘肃省形势与政策精彩一课优秀奖1项。2015年，学校获国家民委教改项目立项7项，获甘肃省教改项目立项2项。获甘肃省教学成果奖二等奖2项。

【科学研究】2015年，学校共获批各类科研项目357 项，其中科技类185项，社科类172项。项目合同总经费达到3354.75万元，到账总经费2659.77万元。学校申报的"新丝路经济带民族特色农产品多语言网络交易展示平台关键技术集成与应用"国家支撑计划项目获准立项，成为学校承担的第二个国家科技支撑计划项目；"MDCK 细胞生物反应器悬浮培养技术平台的建立及四价流感病毒裂解疫苗的临床前研究"获得重大新药创制国家科技重大专项。"民族院校对民族地区经济社会发展的贡献率研究"获批全国民族教育研究合作课题。2015年学校教师发表论文1300篇。其中SCI、EI和ISTP收录论文86篇，CSCD（核心版）论文44篇，CSSCI（核心版）论文137篇。出版著作150部，其中A类出版社51部，B类出版社48部，C类出版社51部；申请专利50项，获得专利授权20项，其中发明专利7项，实用新型13项。2015年学校获得各类科研奖励为53项。其中获得社科类获奖34项（教育部高等学校科学研究优秀成果人文社科奖1项、省部级奖励8项，地厅级奖励25项），获得科技类奖励19项，（甘肃省科学技术进步奖2项，地厅级奖励10项，其它奖7项）。《青海蒙古族蒙藏佛教口述史：阿旺却太尔口述》获得教育部荣获第七届高等学校科学研究优秀成果人文社科类二等奖著作奖二等奖，实现学校人文社会科学获奖新的突破；"轮状病毒细胞培养方法、QPCR检测试剂盒与基因疫苗研制与示范应用"荣获甘肃省科学技术进步二等奖；"保墒缓释肥料在苜蓿高产蛋白细胞生长及生产中的应用研究"荣获甘肃省科学技术进步三等奖。

2015 年 4 月 8 日，省长刘伟平（前排左二）在西北民族大学调研

【科研平台建设】2015年，新建4 个省部级科研平台。"西北民族教育重点研究基地"获批教育部民族教育发展中心重点研究基地；"民族地区经济社会发展研究中心"获批为甘肃省哲学社会科学重大研究基地，使学校省部级人文社科重点研究基地的数量达到8 个。"甘肃省民族语言智能处理重点实验室（培育基地）"顺利通过验收，正式升格为甘肃省重点实验室。学校申报的"甘肃省口腔疾病研究重点实验室"获批建设，被列为甘肃省重点实验室培育基地计划，使学校省部级重点实验室、工程中心数量达到9 个。学校积极申报中国—马来西亚清真食品国家联合实验室中方项目，并与马来西亚方面项目承担单位签署合作备忘录。

【对外交流与合作】2015年，学校获批外专引智项目59项，聘请139名国境外专家来校授课、讲学和开展科研合作活动，选派102名学校师生员工出国境进行学习、培训和访问；学校选派72名学生出国境留学深造，承办中亚地区东干人青年学生夏令营活动。

【学生工作】开展公寓文化节，加强学生心理测评、咨询、干预和指导工作。学生管理工作考核委员会采取与班委座谈、查阅资料、现打分、问卷调查、征求意见等方法，对全校25个学院落实学生目标管理责任制的情况进行认证考核，共评选出21个一级达标单位，4个二级达标单位。评选出213名国家奖学金、694名国家励志奖学金、7817名国家助学金、181名少数民族预科助学金、933名新疆助学金、5575名校内奖学金、勤工助学生2419名，共有18297名学生获得各类奖助学金，金额达到8060万元。

【就业服务指导】制定《西北民族大学关于做好2015届毕业生就业工作的意见》，进一步完善就业指导服务体系，制定《"职业生涯规划"和"就业指导"课程大纲》。利用多种渠道加大对毕业生宣传推介力度，充分利用网络新媒体平台，为毕业生发布有关就业指导，就业政策，求聘技能、用人单位招聘等方面的信息。截至2015年底，本科生就业率为86.1%。

【后勤保障】制定、修改国有资产管理、采购、处置等多个制度。同时开展办公用房清理整改和资产清查工作。严格财务管理，提升财务服务水平。完善和推进公务卡制度建设，切实加强资金监管，规范内部控制，确保资金安全和规范使用；推进银校互联网上支付，实现网上报账、个人收入申报等工作；完善查询系统和网络平台，依法有序公开预决算、收费项目等财务信息，增强信息公开透明度。

【基础设施建设】学校完成西北新村校区礼堂加固维修工程、八角亭和蝴蝶厅迁址还建工程、西北新村校区基础设施改造、舞蹈学院教学楼配套工程等项目。先后获“全国教育后勤系统信息宣传工作先进单位”“兰州市道路交通安全管理先进单位”等荣誉称号。

【党风廉政建设】学校召开党风廉政建设工作会议，与74家二级单位签订年度党风廉政建设责任书。颁布实施《中共西北民族大学委员会关于落实党风廉政建设党委主体责任和纪委监督责任的实施办法（试行）》，进一步细化“两个责任”内容。按照要求，采取集体约谈、分管领导约谈、书记校长重点谈等方式约谈二级单位负责人，处以上干部全部提交廉政报告。

【“三严三实”专题教育】党委召开中心组（扩大）会议、举办专题党课、讲座8次，各基层党组织开展书记讲党课26次。学校领导班子成员深入分管单位及联系点召开“三严三实”座谈会和专题学习会，在自身查找“不严不实”问题的同时，征求到意见或建议243条。各单位按照党委统一部署召开“三严三实”专题民主生活会，认真撰写对照检查材料，开展批评与自我批评，将作风建设落到实处。学校党委认真贯彻中央八项规定精神及委党组要求，坚决清理办公用房，严控“三公经费”，严肃工作纪律，规范工作程序。

西北民族大学领导班子成员名录

党委书记　金雅声（蒙古族，9月止）
　　　　　邓光玉（苗族，9月任）
校　长　赵德安
常务副校长　马景泉
党委副书记　赵德安　王扎西（藏族）
副校长　郭郁烈　玉苏甫江（维吾尔族）
　　　　李正元　何　烨
纪委书记　王扎西（藏族）
总会计师　李　辉（藏族）

（供稿：徐士超）

甘肃农业大学

【党建和思想政治工作】学校党委和各基层党组织通过专题党课、学习研讨、“三会一课”、中心组学习等，深入推进“三严三实”专题教育活动。邀请相关专家学者来校，为党员干部作专题学习辅导报告。先后召开5次学习研讨会，围绕学校综合改革和“十三五”规划编制等，进行集中专题学习研讨。校内148名处级干部，撰写提交660余篇学习研讨发言和心得体会文章。组织6次党委中心组集体学习。组织开展纪念中国人民抗日战争暨世界反法西斯战争胜利70周年系列活动。召开党建与思想政治工作会议，制定《关于进一步加强和改进新形势下党建与思想政治工作的若干意见》。开展“12·4”法制宣传日和甘肃省青年普法志愿者法治文化基层行系列活动作。举办“伏羲堂论坛”10期。组织开展全校保密法律法规知识竞赛活动。组织党员干部认真学习《中国共产党廉洁自律准则》和《中国共产党纪律处分条例》。印发建立健全惩治和预防腐败体系实施方案、党风廉政建设责任制考核办法、领导干部“三述”、谈话和函询实施细则等5个规章制度。积极推进党风廉政建设主体责任和“一岗双责”。

【教学工作】全面完成人才培养方案的修订工作，制定《甘肃农业大学深化创新创业教育改革工作实施方案》。强化专业建设，开展专业评估整改工作。新增车辆工程、风景园林2个本科专业。全面推行本科生导师制，实行全员育人模式。积极探索校企合作实践基地建设，与上海杰普软件科技有限公司等单位建立实践实习基地。形成以“1+1+2”模式、个性化分类培养为特色的拔尖创新型卓越农林人才教育培养计划项目和以“四结合”培养模式、“双师型”“三师型”教学团队为主要特征的复合应用型卓越农林人才教育培养计划项目。植物保护专业教学团队，农业资源与环境、植物保护专业，普通化学、植物生理学，园艺学实验教学示范中心分别被评为省级教学团队、特色专业、精品课程、实验教学示范中心。教学成果获省教育厅奖10项。4名教师分别在全国微课大赛、教学设计竞赛等大赛中获一等奖2项、三等奖和优秀奖各1项。举办第三届教师讲课大赛，10名教师获得“十佳优胜奖”。实施“慕课（MOOCs）”课程培训，培训教师8人，198名学生获得慕课认证证书。设立科研训练项目（SRTP）601项，参加学生2462人。2015年，甘肃农业大学在全国大学生数学建模、英语竞赛等活动中获得国家奖15项、省级奖135项。

【科学研究】2015年，有177项科研项目获得资助，到账科研经费7300多万元，比上年增长9.9%。发表学术论文1166篇，其中SCI论文90篇；授权专利149项。科研成果获中华农业科技三等奖2项、省科技进步二等奖5项、三等奖4项。获批建设甘肃省药用植物栽培育种工程研究中心、甘肃省特色农业产业扶贫开发研究中心。学校分别与高台县、省水利厅签署校地战略合作协议和技术合作协议；与嘉峪关市、定西市、临洮农校就推进联合办学达成合作意向。

【学科建设与研究生工作】2015年，招收研究生542人，其中：博士研究生83人，硕士研究生459人。修订《甘肃农业大学研究生发表学术论文规定》等制度。组织申报16个“十三五”规划学科建设重大项目。完成全日制研究生培养方案修订工作，形成6个一级学科和2个二级学科博士研究生、5个一级学科和29个二级学科学术硕士研究生、5种学位授权类别和17个学位授权领域专业硕士研究生培养方案。作物学、畜牧学、园艺学3个研究生联合培养基地通过省级示范基地评审。学校永昌肉羊产业基地被遴选为“全国农业专业学位研究生实践教育示范基地”。实施优秀博士学位论文培育及奖励机制和青年导师扶持计划。3名教授当选第七届国务院学位委员会学科评议组成员。

【人才队伍建设】修订《甘肃农业大学专业技术职务评审办法》，晋升教授8人，副教授25人，新进人员23人。撰写人力资源报告，客观评估学校人力资源总体情况。举办首届博士后学术交流论坛。对29名甘肃省领军人才进行考核，5人评为优秀。开展“伏羲杰出人才培育计划”及“伏羲青年英才培养计划”的中期考核工作。完成2000余名在职、离退休人员首次参加养老保险基础信息的采集工作。印发《〈甘肃农业大学校内岗位津贴分配方案（暂行）〉补充规定》。

【学生工作】创新选拔聘用机制，制定《甘肃农业大学选聘“推免”辅导员工作实施办法》，从优秀本科毕业生中选聘15人从事辅导员工作。全年为9061名学生发放各类奖助学金及补助共2400多万元。组织94支实践团队开展暑期大学生社会实践活动。新建学术科技型学生社团5个，举办各类学术科技活动306次。加强“益润陇原”公益创业平台建设，实施公益项目20多次。学校荣获全国“挑战杯”二等奖1项。加大招生宣传力度，共招收本科生4435人。新建靖远一中优秀生源基地。完善《职业生涯与发展规划》《就业指导与创业教育》课程教学。2015年，举办各类专场招聘会，提供岗位11092个。截至2015年底本科毕业生就业率为88.06%。

【对外交流与合作】积极参与“一带一路”战略，学校与沿线8国46所高校成立“一带一路”高校战略联盟，达成敦煌共识。制定《甘肃农业大学国家公派访问学者出国留学管理暂行办法》等制度。获批引智项目10项，资助经费107万元。招收攻读博士学位留学生2人。5名教师获国家留学基金委西部项目资助，1名外籍专家荣获中国政府“友谊奖”，成为甘肃省当年唯一受此殊荣的外国专家。完成第二届校友会的选举换届工作。

【社会服务】制定《甘肃农业大学服务甘肃省精准扶贫工作行动计划》。新建白银市有机类肥料研发与应用技术专家院。开展“1414”对口支援计划、“三区”科技人才等专项计划。依托4个省部级培训基地，举办“现代青年农场主”等各类专题培训班40期，培训涉农干部、农村实用人才2600多人。

【基础设施建设】新建752套教师公寓投入使用。印发《甘肃农业大学教师公寓租住分配办法》和《甘肃农业大学周转房管理办法》，对新建教师公寓剩余房屋及腾退旧房进行二次分配。电力增容改造顺利通过验收，实现学校“双回路”供电。实验教学中心A栋楼竣工验收，修建应急避难场所。对教师公寓楼南北两侧道路、家属区、学生区部分道路，进行维修改造。2015年，争取各类财政专项经费2.6亿元，比上年增长13.7%。以BOT模式投资建设“甘肃农村人才教学中心”和“甘肃农业大学综合服务中心”。印发国内公务接待、差旅费、招标采购等管理办法。全年新增固定资产2924.89万元，报废处置固定资产207台/件（原值219.52万元）。完成28项基建和维修工程的审计，审计金额872万元，审减金额33万元。

【队伍建设】新提任处级干部4名，选派4名干部到校外挂职锻炼。5名干部分别参加中央党校和省委党校培训班。组织全校处级干部参加以“四个全面”为主题的网络培训。举办6期基层党组织书记集中培训班。印发《关于进一步完善党支部建设和加强党员教育管理服务工作的意见》《甘肃农业大学组织部门干部监督工作实施办法》。建立党员教育微信平台。

【“双联”行动】学校制定《甘肃农业大学驻村帮扶工作队队伍建设和管理实施办法》，选派9名干部分别担任广河县、静宁县9个贫困村驻村帮扶工作队队长，开展入村帮扶工作。统筹落实“六大任务”和“三大工程”，安排专项资金120万元，开展“发展玉米种植和牛羊养殖、苹果产业，积极试验引进中药材、花椒等经济作物，开展农民文化素质与技能培训”等重点工作。帮助双联点完善发展规划，帮扶修建基础设施。

2015年7月6日，副省长夏红民（右一）陪同白俄罗斯副总理加里宁·阿纳托利·尼克拉耶维奇参观考察甘肃农业大学实验教学中心工程

甘肃农业大学领导班子成员名录

党委书记　王　蒂（4月止）
　　　　　张俊宗（4月任）
党委副书记、校长　吴建民
副校长　吴建平　赵兴绪
　　　　潘　峰　郁继华
　　　　余四九　毕　阳
纪委书记　李炳毅

（供稿：王卫红　包正育）

兰州财经大学

【教育教学】积极推进慕课和网络课程平台建设。继续实施本科教学"质量工程"，获评"甘肃省高等学校精品资源共享课"两门，"甘肃省高等学校特色专业"两个，"甘肃省高等学校实验教学示范中心"1个，全国高校外语教学大赛特等奖1项。全面推进"双创"工作，成立大学生创新创业教学中心，推进"卓越人才培养计划"和人才培养模式创新实验班建设。"超级Home—互联网智能家装"实践类项目荣获首届中国"互联网+"大学生创新创业大赛全国总决赛银奖，"商道众创空间"成功获评为甘肃省首批"省级众创空间"。

【教育培训】继续发展网络教育、远程教育，承担省委组织部"新常态下的金融改革创新专题研讨班"省一级干部教育培训项目，承办"全国高等财经教育研究会成人教育工作专业委员会第八次全体会议"，与省地税局等单位合作开展各类在职培训共计282人次。先后与建行甘肃省分行、农行甘肃省分行签署战略合作协议，积极与中国人民大学协商校际合作事宜。

【交流与合作】率先加入"一带一路"高校战略联盟，分别与俄罗斯乌拉尔国立经济大学、苏丹非洲国际大学、乌兹别克斯坦塔什干经济大学等建立校际合作关系，组建第6期"1+2+1"项目中美大学实验班，被教育部中教国际交流中心授予"《中美人才培养计划》创新人才培养实验基地"。

【科学研究】科学整合校内优秀科研团队和社会优势资源，率先建成"丝绸之路经济研究院"。进一步加强电子商务综合实验室等重点科研机构建设。获准国家社科项目5项、国家自然基金项目1项、教育部人文社科项目3项，获得省社科规划项目14项、省科技计划项目16项。横向课题合同经费大幅增加，较2014年增长70%。兰州财经大学与省委宣传部等五部门联合主办2015第二届中国西北金融高峰论坛，先后承办2015亚洲可持续发展论坛、中国商科教育高层论坛第五次会议、中国商业经济学会第七届六次理事会暨2015学术年会、首届西北地区高校工商管理学科建设高级研讨会以及全省高校科研工作会议、全省高校档案工作会议，组织博士论坛、教授讲坛、陇上名家等70余场高层次学术活动，开展兰白科技创新改革试验区技术创新驱动基金"三进"宣讲活动，获准科研服务地方研究项目21项，获评省教育厅科研优秀成果奖10项。

【学科建设与研究生教育】加强学科内涵建设，与人行兰州中心支行、张掖中心支行成功联合申报"金融硕士研究生联合培养省级示范基地"。完成省级重点学科建设阶段绩效检查和省级博士点培育学科建设项目论证申报工作。正式启动2015—2019年硕士学位授权点合格评估，完成"会计硕士"等6个专业学位授权点和"管理科学与工程"一级学科硕士点自评工作。新增"体育经济与管理"本科专业，报备"汉语国际教育""会展经济与管理"两个本科专业，"土地资源管理"、"绘画"两个本科专业获得学士学位授予权。

【师资队伍建设】全年共有15人晋升教授职称、50人晋升副教授职称。有9名委培博士学成返校工作，9名青年教师委培攻读博士学位，公开招考博硕士研究生42名来校工作，与法律、新闻等实务部门互派人员交流挂职。积极做好甘肃高校"飞天学者"的管理服务工作，增选甘肃省领军人才第一层次人选1名，推荐甘肃省领军人才补选人选2名，向政府部门和行业组织推荐其他各类专家人选28人次。

【学生工作】深入开展社会主义核心价值观和爱国主义主题教育活动，继续实施"大学生思想政治教育百千万工程"，做好学生评优评奖和违纪处理工作，改进和完善学生服务工作，有1424名家庭困难新生通过"绿色通道"顺利入学。广泛开展志愿服务活动和校园学术科技创新活动，先后获得第十届"挑战杯"甘肃省大学生课外学术科技作品竞赛及甘肃省首届"丝路杯"大学生文学艺术作品竞赛优秀组织单位奖。

【党建和思想政治工作】认真开展"三严三实"专题教育，做好党课辅导、学习研讨、整改落实、立规执纪以及"为官不为"专项整治。坚持理论中心组学习制度，组织全校各级党组织和全体党员领导干部认真学习宣传贯彻十八届五中全会和习近平总书记系列重要讲话精神以及新颁布的《关于进一步加强和改进新形势下高校宣传思想工作的意见》《中国共产党廉洁从政准则》《中国共产党纪律处分条例》等重要制度性文件。学校党委认真落实党风廉政建设主体责任，学校纪委积极履行监督执纪问责职能，及时受理和查处信访举报案件。认真贯彻落实中央八项规定和省委"双十条"规定，以加强监管、反对"四风"为切入点，大幅缩减"三公"经费支出，按时完成教职工住房清查等专项工作。调整成立机关党委等23个基层党组织，组织开展全校基层党组织书记轮训和基层党务工作者培训。加强和改进党校工作，共培训学员3584名，结业学员3227名，发展党员2200名，转正党员2201名。严格依照规定程序完成处级领导干部调整交流、考察任用等工作。认真执行干部个人事项申报制度，严格加强干部人事档案管理和因私出国（境）证件专项治理。认真落实校党委常委联系党外人士人员名单，支持各民主党派及无党派人士积极参政议政、建言献策。民盟委员会被民盟甘肃省委授予"先进基层组织"荣誉称号，3人获得"参政议政先进个人"荣誉称号。

【更名工作】1月30日，经全国高等学校设置评议委员会六届四次会议专家评议，兰州商学院更名为"兰州财经大学"的申请顺利获得通过；4月28日，教育部正式复函甘肃省人民政府，同意学校正式更名为兰州财经大学；6月11日，省委省政府隆重举行兰州财经大学揭牌仪式。

【综合保障】推进基础设施建设，和平校区运动场及看台、校史馆、商业文化博物馆、文化广场等一批重点项目如期建成并正式交付使用，学生公寓、专家公寓、体育馆等新建项目加快推进。资产招标采购及管理工作进一步规范，图书资源建设加快由传统服务型向研究智库型转型，以"三大平台""六大子系统"为核心的校园信息化基础平台成功搭建。

【精准扶贫与"双联"行动】兰州财经大学向渭源县清源镇、新寨镇和甘谷县金山镇共计9个"双联"村分别选派驻村干部、挂职干部和精准扶贫工作队成员，先后协调落实财政专项资金和投入自筹经费共计260余万元，积极开展农村道路维修改造、村"两委"办公场所和文化阵地建设、电脑打印机等办公设备捐赠、电子商务知识技能培训等多项帮扶活动。

兰州财经大学领导班子成员名录

党委书记　梁亚民

党委副书记、校长　傅德印

党委副书记　王亦达

副校长　巴建坤（女，回族）

蔡文浩　王必达

王学军　丁汝俊（回族）

胡　凯　王伟利

纪委书记　殷国手

（供稿：张　璞　牟　凯）

甘肃中医药大学

【教育教学】2015年经教育部批准、甘肃省政府同意，甘肃中医学院更名为甘肃中医药大学。探索建立中医学（中医卓越班）、中医学（岐黄英才班）等人才培养模式，对19个专业共27个人才培养方案进行修（制）订。积极推进学分制管理和以问题为中心的PBL教学方法改革试点。获批教育部卓越医生（中医）教育培养计划，承担五年制本科人才培养模式改革试点项目和面向基层的中医全科医学人才培养模式改革试点项目等两个项目的改革试点工作。参与国家中医药管理局"高等中医药教育质量评估体系建设"项目。全面实施教考分离，校、院、教研室"一统、二级、三步、四体、五环"的教学质量监控体系。制订中医学、临床医学、中西医临床医学专业全科医学人才培养方案。新增2所非直属附属医院、3所教学医院，5个实践教学基地。

【研究生教育】制定《甘肃中医药大学中医硕士专业学位研究生培养方案（试行）》等42个研究生教育相关制度。召开"推进研究生教育综合改革，创新人才培养模式"协调论证会，继续深化研究生培养模式改革，实施"双导师"制。积极推进医教协同中医（临床医学）专业学位研究生教育改革，对专业学位研究生开展规培，实现专业基础课与规培学科课程相统一。

【留学生教育与继续教育】完成乌克兰岐黄中医学院首届中医班、吉尔吉斯坦岐黄中医学院第二期针灸培训班及吉尔吉斯斯坦留学生国际班招生工作。积极发展成人继续教育，安装"教学一体化网络管理系统"。承办3个省级中管局培训班，举办3个省级继续教育项目，完成1223名专业技术人员公修课培训计划。招录成人学历教育新生2819人，注册2428人，成人学历毕业生3506人。

【学科建设】新增设麻醉学等3个本科专业，老年服务与管理等3个专科专业。进一步加快重点学科建设，规范管理工作，确定中医临床基础等12个省级申报重点学科，中医基础理论等9个校级重点建设学科，申报针灸学、中药学2个省级教学团队。伤寒学等5个国家中医药管理局"十一五"中医药重点学科通过验收，中药化学等8个国家中医药管理局"十二五"中医药重点学科通过中期检查，中药学专业学位及临床医学学术学位授权点通过专项评估。

【科学研究】围绕"3341"项目工程、国家中医药产业综合实验区建设，努力完善平台建设机制，积极谋划多元协同合作。获批首个国家国际科技合作基地——"中医药防治慢性病示范型国际合作基地"；获批省级实验室2个，建成校级"2011协同创新中心"2个；承担第四次全国中药资源普查甘肃省第三批试点工作；建立甘肃省中医药标准化技术委员会秘书处。

【社会服务】进一步落实校地、校企合作协议项目，与镇原县人民政府签订战略合作协议；建成"甘肃省中药材种子种苗检测中心""甘肃省当归产业发展研究院""陇药产学研用创新联盟""附属医院教学联盟"。加强内涵建设，加大经费投入，门诊外科综合大楼建成投入使用。新成立4个科室获批省级中药炮制传承基地，投资引进1.5T超导磁共振，年度总收入2.96亿元。门诊357153人次，同比增长11%，收治住院患者19406人次，同比增长14%。

【制度建设】制定和完善《甘肃中医药大学党委领导下的校长负责制实施细则》等5个纲领性文件。制定和修订《甘肃中医药大学财务管理办法》等5个财务管理相关制度。召开第三届教代会执委会会议，审议通过《甘肃中医药大学章程》，加快上报核准工作。完成《党委常委会重大调研课题资料汇编》，印发《关于加快推进深化改革试点部门方案实施的意见》以及中医临床学院等改革试点部门实施方案的通知。

【人才队伍建设】实施人才兴校战略。召开甘肃中医药大学第一次人才工作会议，通过《关于加强人才工作的意见》，确定重点实施的"领军人才"培育、中青年骨干教师培养、教学科技创新团队建设、管理服务人才培育、人才队伍基础建设六大工程。进一步加强学校领导班子建设和中层干部队伍建设，推荐校长担任党委副书记，省委组织部新任命副校长2人。制定《甘肃中医药大学处、科级干部选拔任用工作办法》，调整任用处级干部26人，调整任用科级干部43人。积极选派1名无党派副处级干部赴选部县挂任副县长；推荐2名副高职专业技术人员作为省委组织部科技副职挂职人选；接收1名同志来校挂职锻炼；推荐9名年轻优秀后备干部人选；推荐2名"西部之光"访问学者外出学习；推荐4位教师为学校青年骨干教师国内外访问学者；接受4名"陇原之光"进修学员来校学习；选拔29位教师进行"培英计划"。全年共引进各类紧缺人才14人，新增"飞天学者"2人，甘肃省教学名师1人，第四批甘肃省名中医18人，特聘教授7人，外派13人次到国外岐黄中医学院、孔子学院讲学。完成了定西师专人事管理并入整合工作。

【交流与合作】学校广泛开展国际交流与合作，与美国、日本、南非等20多个国家和地区的学校和教育机构建立友好合作关系。在俄罗斯人民友谊大学和法国传统中医自由学院挂牌成立甘肃中医药大学"岐黄中医学院"。顺利开展援助摩尔多瓦中医中心第二期合作项目。承办"中医药'国际合作论坛'暨'一带一路'驻华使节中医药行——首站·走进陇西"大型活动。参加"文化传承创新高端学术研讨会"，加入"一带一路"高校战略联盟。派遣6名医护人员分赴摩尔多瓦中医中心和吉尔吉斯坦岐黄中医学院为当地提供中医培训和诊疗服务。

【招生就业】探索完善"招生—培养—就业"联动机制，调整全校招生计划，招生最低分分别比甘肃省二本控制线高出42分、53分。今年招收各类学生2239人，报到率97.6%。坚持就业工作"一把手工程"和"全员抓就业工程"，加强职业生涯教育，开展大学生创新创业大赛。开拓就业市场，成立"甘中医就业中心"微信公众平台、学生校长助理团。坚持和完善"高职联系人"工作制度，协调解决学生的生活学习和就业问题。2015届本科毕业生共1686名，发布《就业调查质量报告》。截至2015年底，就业率为81.91%。

【综合保障】设立定西校区管理委员会，统筹负责定西校区教育教学管理工作。已有13个专业16个班510名本科生在定西校区开展教育教学工作。根据中央和省委关于加强藏区工作、推动精准扶贫精准脱贫、"健康甘肃"建设的总体部署和要求，制定《关于加快藏医学院发展的若干意见》。全力实施新校区建设工程，开工修建1-5号学生宿舍楼、行政楼、2号和3号教学楼、1号学生食堂及师生活动中心等10栋建筑。

【思想政治工作】组织全校广泛深入学习贯彻党的十八大、十八届三中、四中、五中全会和习近平总书记系列重要讲话及省委全委会议精神。积极组建党代会筹备工作机构，对"十三五"发展

2015年6月，甘肃中医药大学揭牌仪式在宁卧庄宾馆隆重举行

做出全面规划和安排部署。开展"三严三实"专题教育，坚持不懈整治"四风"。推进"三严三实"专题教育学习，适时举办3次学校领导班子、全体处科级干部和党支部书记专题辅导讲座，深入开展3个专题5次研讨，组织召开专题民主生活会和专题组织生活会。设立"三严三实"主题教育网页，及时发布学校"三严三实"专题教育工作的开展情况。集中开展整治处级以上领导干部"为官不为"、中层单位、部门"庸懒散软"的专项工作，对查摆出的8个方面的问题进行整改，防止"四风"反弹，在重要节点突出落实中央"八项规定"和省委"双十条"规定，做到不违反、不触碰，进一步压缩"三公"经费开支。

【党风廉政建设】建立廉政风险防控机制，积极开展干部任前谈话、责任传导谈话、日常谈心谈话、廉政谈话、廉政考试及离任审计等工作。积极组织参加省教育厅、省委党校组织的《准则》《条例》宣讲活动。通过到兰州警示教育基地（大沙坪监狱）学习、学校党委主要负责人开展作风建设明察暗访、回复批转电子信箱及手机来信等形式着力落实廉政责任。纪委组织开展"双联"行动、和平校区建设、更名大学工作等重大工作的廉政巡查，及时制定编印《甘肃中医药大学基本建设廉政风险防控手册》《甘肃中医药大学和平校区建设中党风廉政建设工作实施办法》《和平校区建设制度汇编》（暂行），与和平校区规划建设领导小组各部门工作人员签订廉政责任书，成立新校区建设监审部，并主动与兰州市检察院对接，设立和平校区建设工程检察联络室。

【"双联"行动】通过义诊、医疗救助、健康普查、大学生社会实践、关助空巢老人与留守儿童、励志教育、农作物技术指导、医疗知识培训等多种形式支持联系村经济发展，同时协调及捐赠资金共计5万元。组织安排76名联户干部完成进村入户等工作，联户干部及相关工作人员累计进村50多批，300多人次。选派1名地厅级干部赴榆中县挂职副书记；选派2名干部参加省委扶贫攻坚计划挂职锻炼，选派2名干部赴武山县桦林乡两个村任驻村工作队队长。为宕昌县两个行政村捐赠20万元用于中草药种植项目，赴张家川开展"甘肃中医药大学名中医陇上行"医疗教育及义诊活动。

甘肃中医药大学领导班子成员名录

党委书记　王海燕（女）
校　长　李金田
副校长　李应东　郑贵森　贾国江
　　　　史正刚　刘铜华　汪永锋
党委副书记　杨　声
纪委书记　范　康

（供稿：于兴雷）

甘肃政法学院

【教育教学】2015年，学校积极推进本科教学质量工程建设，全面开展专业整改和建设工作。新增一个监狱学本科专业；劳动与社会保障专业获批甘肃省高校特色专业；《民法学》和《犯罪现场勘查》获批2015年省级精品资源共享课；侦查学教学团队获批省级教学团队。进一步完善与实务部门合作培养人才机制，新建陇南市中级人民法院等校级实习实践基地3个。积极参加全国大学生信息安全竞赛、"美亚杯"全国电子数据取证大赛等，获全国二等奖6项，三等奖7项，西北赛区特等奖2项、一等奖3项。在甘肃省网络安全攻防大赛决赛中，学校参赛团队获高校第二名。2015年，学校共录取研究生220名，录取人数比上年增加10%。1篇硕士学位论文获得全国法律专业学位研究生优秀学位论文二等奖，2篇硕士学位论文被评为2015年甘肃省级优秀硕士学位论文。

【科学研究】强化政策引导，积极实施科研项目战略，推进科研成果转化。"司法科学与区域法治发展协同创新中心"获批甘肃省第二批"2011计划"协同创新中心。获批国家自然基金项目4项，国家社科项目4项，国家社科基金后期资助项目1项。申报各级各类科研成果奖55项，获奖15项。省哲学社会科学优秀成果奖(第十四次）10项，一等奖2项。《甘肃政法学院学报》再次入选《中文核心期刊要目总览》(第7版)，并首次入选"中国人文社会科学综合评价体系（AMI）扩展期刊"。推动全国性学术交流的广泛开展，举办第三届陇籍法学家论坛、中国循环经济法治发展高端论坛、侦查理论与实务研讨会等高规格学术会议。承办中国法学会比较法学研究会2015年年会。邀请世界知名法学泰斗王泽鉴教授等开展专题讲座，举(承)办高水平学术讲座114场。

【人才队伍建设】全面推进人事工作制度建设，制定《甘肃政法学院聘任实务部门工作人员兼任教师办法》、《机构编制管理运行方案》等人事工作制度。进一步完善攻读博士学位的相关政策，加强在职培养博士工作，有22名在职教师考取博士研究生。公开招聘硕士学位青年教师10人，教辅人员18名。16名教师获得教授任职资格，26名教师获得副教授任职资格。

【学生工作】举办学科专业知识竞赛、行政公文写作大赛等学科专业类竞赛17项61场次，参赛师生5700余人次。举办"五四"青年诗会、校园歌手大赛、"12·9"大合唱等文艺体育类活动42场次。开展"中国梦·陇原情"学子返乡暑期社会实践活动、"一带一路·红色行"等主题实践活动。校团委荣获团中央等单位授予的"第二届中国青年志愿服务项目大赛金奖"、"2015年'井冈情·中国梦'全国大学生暑期社会实践季专项行动优秀实践团队"；大学生国旗护卫大队获团中央"第二届全国高校国旗手交流展示活动"一等奖。在甘肃省第三届大学生运动会上，学校足球队获得足球乙组（专业组）冠军。全年共奖助19183人次，奖助金额3672.24万元，普通本科生平均每生每年奖助约3394元。2015年，学校被甘肃省教育厅、甘肃省财政厅授予"甘肃省高校资助工作先进单位"称号，学校2名教师荣获"甘肃省资助工作先进个人"荣誉称号。以"为学为公，至正至新"为理念，设立公共管理学院"至正"奖励基金。毕业生就业创业工作推行"123456"工程，推进六大就业项目，全年共举办大型校园双选会4场，2015届毕业生初次就业率达到76.5%。

【建大工作】2015年，经积极争取，学校建设大学已列入全省"十三五"发展规划纲要。校党委面对高等教育发展趋势，适时提出建设大学的战略目标，全面启动建设大学各项工作。学校专题召开建设大学动员大会，党委班子成员、各职能部门管理干部、全体教授、后勤保障骨干代表、学生代表共200余人参加会议。成立建设大学工作领导小组，专门安排一位班子成员具体分管该项工作，抽调5名处科级干部，组建精干高效的领导小组办公室。2015年2月，省发改委以《关于兰州新区职教园区建设项目建议书的批复》正式对学校申报的甘肃省学生军事训练学院（新校区）予以立项批复，学校获批校园建设用地800亩。

【合作交流】学校紧扣国家"一带一路"战略的实施，加强与丝路沿线国家的交流，成立"丝绸之路"沿线国别政治与法治研究院。加入"一带一路"高校战略联盟，与吉尔吉斯斯坦奥什国立大学达成合作办学意向。积极参加"立格联盟"框架下各种交流合作。学校获准作为"立格联盟"正式成员，并积极参加"立格联盟"框架下的各种交流合作。2015年，甘肃政法学院校友会获省民政厅批准并正式成立，并在第一次校友会员代表大会上选举成立由20人组成的校友会第一届理事会。

【后勤保障】全面推进新校区（甘肃省学生军事训练学院）规划设计及校本部前区整体改造项目。建成国有资产数字化管理平台，实现国有资产管理的信息化。加强校园安全保卫和综合治理，启动办公自动化系统升级改造、数字化校园（智慧校园）的第二项工程—CRP数字化校园平台、掌上校园的建设和教学资源云平台建设。进一步完善校内财务预算管理。学校基本经费财政拨款较上年增长11.4%。学生奖助学金及学科、科研等经费达到1906.8万元。获批建设项目11个，争取专项资金9099万元，专项资金总额增长10.22%。学校财务工作荣获"甘肃省财务工作突出贡献奖"。

【党建工作】学校深入学习贯彻党的十八大、十八届三中、四中、五中全会和习近平总书记系列重要讲话精神，并于2015年11月召开第二次党代会，全面总结学校第一次党代会召开十三年以来的主要工作，选举产生新的党委和纪委领导班子。确定"四个坚定不移"的工作思路。按规定组织召开党委会19次、理论中心组学习会12次、"三严三实"专题研讨会4次，校领导和中层以上党组织书记讲专题党课32场次，党员听课率为100%。开展"廉政文化进校园"等活动。

【"双联"行动】学校先后派出工作组56次，分期分批派出干部247人次，分别驻扎在夏河县、静宁县的9个行政村，并为4个贫困村选派帮扶工作队队长，选派1名科级干部参加省委组织部“千名干部挂职精准扶贫行动”，调整26名双联干部对接户，重新印制下发连心卡。先后投入35万元，帮助6个行政村完成科技培训中心、奶牛养殖专业合作社、拉卜楞藏家风情院扩建、图登隆巴奶牛养殖专业合作社、大鹏蔬菜种植专业合作社、苗木种植农民合作社等项目。投入3万余元，对果宁村村委会院舍进行硬化。开展《夏河县电商发展的关键问题》和《夏河县电商平台的模式选择与技术实施》专题讲座2次。全年共为群众办实事60余件。

甘肃政法学院领导班子成员名录

党委书记　宋秉武

党委副书记、校长　李玉基（9月任）

党委副书记、纪委书记　赵　鹏

副校长　肖立民　马　礼（回族）

　　　　焦盛荣　魏克强　梁兆光

（供稿：武文凯　孙学朝）

兰州城市学院

【思想政治工作】深入开展“三严三实”专题教育，严格执行中央八项规定、教育部“十条禁令”和省委“双十条”规定，加强行政监察和审计监督，做好领导干部办公用房等专项检查。召开第二次党代会，确立“建设国内知名有特色高水平应用型大学”的发展定位，进一步明确“三步走”的发展战略和发展目标。学校按照全国、全省第23次高校党建会议和中办、国办印发的《关于进一步加强和改进新形势下高校宣传思想工作的意见》精神，召开纪念建党94周年暨2015年党建工作会议，制定学校《加强和改进党建工作实施意见》和《加强和改进新形势下宣传思想工作实施意见》，安排部署今后一个时期党建和思想政治工作任务。学校成立马克思主义学院，深入开展中国特色社会主义理论体系和社会主义核心价值观的学习研究和宣传教育。开展“美在城院”系列活动，启动“最美城院人”先进集体和先进个人评选活动。

【干部队伍建设】选拔任用46名处级干部和108名科级干部，对55名处科级干部进行轮岗交流。重视在大学生和青年教师中发展党员工作，全年发展党员889名。作为省委组织部确定的全省干部人事档案专项审核唯一试点高校，圆满完成试点任务并在全省范围内交流经验。

【教学工作】学校投入6000多万元用于学科建设、专业建设、实验室建设、科研团队、教学团队建设等。兰州城市学院荣获甘肃省教学成果一等奖1项，甘肃省高等学校教学团队1个，甘肃省高等学校实验教学示范中心1个。全年共获得科研项目63项，甘肃省哲学社会科学成果奖14项、甘肃省高等学校科学研究优秀成果人文社科奖5项。学生共参加省级以上各类学科竞赛、专业比赛等项目11项，累计获奖237项。兰州城市学院被省教育厅列入2015年新增甘肃省研究生联合培养示范基地。先后加入全国应用技术大学（学院）联盟、中国校企协同产学研创新联盟，成为甘肃省首批应用型大学转型试点单位。12月30日，国务院教育督导委员会办公室下发《关于公布2013年和2014年普通高等学校本科教学工作合格评估结果的通知》（国教督办函〔2015〕75号），学校顺利通过普通高等学校本科教学工作合格评估。

【人才工作】学校1人被评为甘肃省优秀专家，1人荣获甘肃省高等学校教学名师称号，2人荣获甘肃省高等学校青年教师成才奖，15人被遴选为校学术带头人，5人获博士学位。选派教师赴华东师范大学等重点大学访学进修70人。全年共有30人获得高级专业技术职务，其中教授5人，副教授25人。学校目前有教授101人，副教授284人，博士79人，硕士597人。

【科学研究】全年共获得科研项目63项，荣获甘肃省哲学社会科学成果奖14项，其中二等奖1项。获甘肃省高等学校科学研究优秀成果人文社科奖5项，其中一等奖2项。荣获甘肃省教学成果一等奖1项，甘肃省高等学校教学团队1个，甘肃省高等学校实验教学示范中心1个。学校通过举办学术大讲堂、学术交流月等活动，先后邀请国内外知名院所的专家学者来校举办学术讲座。《生态城市绿皮书：2015中国生态城市建设发展报告》成功发布，获评2015年优秀皮书二等奖。

【学生工作】积极开展暑期“三下乡”社会实践活动，举行各类主题教育实践活动68场次。举办各类招聘会近百场，为毕业生提供12000多个就业岗位。圆满完成面向全国22个省市自治区的51所高校、10万余名考生参加的艺术专业招生组考工作。在第十届全国民族运动会表演项目比赛中，学校代表甘肃省共获得二等奖1项、三等奖3项。在全省第三届大学生运动会上，共获得7金12银15铜的优异成绩，先后4次打破3项赛会纪录，获得团体总分第4名。学校全年共发放各类奖、助学金1900多万元，荣获“甘肃省生源地信用助学贷款及高校资助工作先进单位”称号。

【基础设施建设与后勤保障】2015年，学校积极向省上争取项目资金2000多万元，为基础设施建设和民生改善提供资金保障。校本部教师公寓顺利封顶，培黎校区教师公寓全面开工，新建教师公寓分配工作顺利完成，争取到十四佳园团购经济适用房指标265套。投资1000多万元，完成校园一卡通系统、办公自动化系统、校园邮件系统等平台建设。申请省高院重新裁决学校与兰州市二建的败诉案件，最终经省高院调解，挽回400多万元的经济损失。实行后勤服务“110”制度，加强校园食堂卫生管理和三校区安全系统管理，实施校园绿化、美化、亮化工程，推动校园基础设施和民生保障工程建设。

【对外合作交流】积极开展对外交流合作，学校先后选派24名学生赴境内外高校开展学习交流，先后接待国内外来访80余人次，与境内外高校、科研院所、企业和地方政府签订合作办学协议38个。与俄罗斯奔萨大学签署联合培养国际经济学硕士研究生协议，10名学生通过硕士研究生入学考试并接受研究生教育。与华东师范大学签订合作办学协议，11名教师被聘为华东师范大学硕士研究生导师，79名干部和教师接受华东师范大学的专题培训，8名处级干部在华东师范大学挂职锻炼。与白银市政府签订校地合作办学协议，白银市政府为学校无偿划拨2000亩办学用地，为白银市合作培养学前教育专业人才300人。与西北师范大学签订联合培养翻译硕士研究生合作协议。学校先后承办全国汉语方言学会、全国师范院校儿童文学研究会、中国辞书学会等大型学术年会，开展广泛的学术交流与合作活动。

兰州城市学院领导班子成员名录

党委书记　阎晓辉

党委副书记、院长　王汝锋（11月止）

陈晓龙（11月任）

副院长　刘举科　张兴福

马振林（回族）　梁廷堂

姜秋霞（女）　莫　超

纪委书记　王　基

党委常委　牟录贵

（供稿：翟　云　郑炜华）

天水师范学院

【教学工作】全年共选派2123名本科生和190名研究生分别至省内外开展各种实习实践活动，新增研究生联合培养基地和研究生工作站7个，3个研究生联合培养基地获批省级示范基地；工艺美术专业成功获批，文物与博物馆学专业获批为甘肃省特色专业，学校被省学位办列为研究生课程建设试点单位；购买尔雅通识课慕课资源系统，推进翻转课堂教学方式改革；获省级教学成果奖3项、省级教学改革项目2项；承办甘肃省高校联盟青年教师教学能力提升项目培训工作，打造“青年教师发展论坛”；制定本科专业质量标准，优化学生评教指标体系，加强对学生学业成绩的过程性评价，实现考试考核方式的多样化；15名教师参加微课教学甘肃赛区大赛并全部获奖，15名教师获得“精彩一课”教学比赛奖励；本科生和研究生在国家级学科竞赛中获得奖项4项，其中二等奖3项。获省级奖项62项，其中特等奖4项、一等奖10项；创新研究生培养模式，实施“2+10+10+2”分段式实践教学，实现研究生培养理论教学与实践教学环节的相互嵌入。

【学科建设与研究生工作】对校院两级科研机构进行初步整合、整改；投入185万元完成第三轮校级重点学科的申报、评审和立项工作，并聘请5位国内知名学者担任重点学科的首席专家；出版专著与教材61部，发表各类学术论文400余篇，获得专利4项；获准立项各级各类项目104项，其中国家级12项，总计到账科研经费620万元；获省级奖励13项，地厅级奖励20项，甘肃省高校社科成果奖和科技进步奖获奖总数名列全省高校第一；组织举办“科·文”讲坛系列学术报告会近60场。举办高级别学术会议和论坛3场次；选派2名教师参加“三区”人才支持计划，完成443名乡镇农技干部的培训工作。

【人才队伍建设】开展首轮聘期考核与新一轮岗位聘任工作，19人被聘为校内一岗教授，62人被聘为校内一岗副教授，29人被破格聘任高一级专业技术岗位；共聘用30名硕士，3名博士为学校工作人员。通过人事代理制度招聘工作人员33名；选派7名中青年教学骨干赴国内外重点大学访学，支持1名教师进入博士后流动站工作，60多名教师参加各类专业实践和技能培训；新晋升高级职称10人、副高级职称23人，申报高级职称评审通过率达到100%。

【学生工作】充分发挥网络新媒体的德育功能，开展“读美德书籍、讲美德故事、传美德箴言、践美德行动”等系列主题活动；组建48支社会实践服务团队赴全省50多个乡村和社区开展社会实践活动。举办心理辅导专题报告会10场，举办学术报告会110余场；制定学校《学风建设方案》；推进“文明宿舍创建”活动；起草并下发《天水师范学院加强大学生创新创业教育工作的实施方案（试行）》，举办首届大学生创新创业项目展示交流会，组织多场创新创业经验交流会，在省级“挑战杯”和“丝路杯”竞赛中获奖75项，学校获“丝路杯”大赛“优胜杯”奖项。31人获国家奖学金，476人获国家励志奖学金，评选推荐省级“三好学生”25名，省级“优秀学生干部”10名。评选出校级三好学生、优秀学生干部和优秀大学生1632名，先进班集体36个；部分校领导和学院继续深入20余县市走访70多名特困学生家庭；共计办理生源地贷款学生6057名，贷款金额达3273.96万元。发放困难学生、孤儿学生求职、交通补助共38.5万元，积极争取社会团体和个人资助金57万元。

【招生与就业】招收学生4025人，其中普通本科生3659人，教育硕士120人。本科师范类专业1565人，非师范类专业2094人。共有3598名普通本科生和44名研究生毕业，有2388人报考民生实事项目，120余名学生赴边疆地区工作，331名学生考取硕士研究生，其中123名学生被“985”“211”高校录取。

【对外合作交流】圆满承办全省高校主要负责人研修班会议；成功入选2015—2020年“教育部—中兴通讯有限责任公司产教融创新基地项目”院校名单；与天水市政府合作成立天水市电子商务学院；与秦安县政府、麦积区政府、天水市质监局等地方政府和多家企事业单位签订合作协议；与西安交通大学建立对口支援办学关系，与兰州大学等省内外重点大学达成本科生交换培养和研究生合作培养协议，与甘肃林业职业技术学院等地方学校建立合作关系；聘用外籍教师6名，邀请4名德国应用技术大学专家分别来校进行为期30天的指导、培训和讲学。

【项目建设】获批财政支持地方高校重大项目9项，支持资金5400万元，获批体育场馆开放补助资金和中央支持地方高校发展专项资金共1480万元；投入1170万元用于纸质图书购置与电子信息资源建设经费；完成学校站群系统建设，初步完成学校OA办公系统、档案管理系统等的建设；初步接手华英学生公寓的管理工作；完成校内6、7、8号学生宿舍楼的主体工程（含浴室建设项目）、研究生公寓主体工程及内外装饰工程及校园管网、体育场馆等的维修改造工程；学校餐厅获批为“甘肃省高等学校标准化学生食堂”和“甘肃省高等学校示范性标准化学生食堂”；完成师院路改造工程校内人行道及围墙工程。

【党建和思想政治工作】深入贯彻党的十八大系列会议和习总书记系列重要讲话精神，结合学校实际制定党委中心组学习计划，共组织9次党委中心组专题学习和扩大学习；制定“三严三实”专题教育活动《实施方案》；围绕党风廉政建设和反腐败中心工作，有序推进“三转”；切实加强基层党组织建设，发展新党员153名，转正228名；建立研究生基层党组织；建立基层组织党建专项经费，共立项21项，资助10万余元；提拔28名正科级干部，交流12名。通过网络培训和专题研讨的形式，先后组织副处级以上干部230余人次接受干部培训；组织148名处级干部和6名省管干部按照要求填写个人有关事项报告表；出台《天水师范学院哲学社会科学报告会、研讨会、讲座、论坛管理办法》，复刊《天水师院报》；在网络和各类主流媒体上发布新闻稿件360余篇，制作各类节目86期，特别是对杰出校友“最美特岗教师”高进儒典型事迹进行广泛宣传报道；举办“兰蕙讲坛”和研究生“知行讲坛”学术讲座30余场，举办第十六届“校园之夏”才艺大赛暨纪念抗日战争胜利70周年文艺汇演等一系列贴近青年的活动。

【“双联”行动】在秦安县王窑乡的魏湾村、彭家村、乔庙村等三个村的“双联”工作中，采取集中讲解等多种形式开展宣传惠民政策、法律法规宣传50余次，受益群众1000多人(次)；选派农业专家进村入户开展农业技术培训；选派1名干部到联系村担任第一书记；出资30万元帮扶建设乔庙村村级综合服务中心工程；春节前夕组织学校书画爱好者到联系点现场书写对联和送出书画作品；继续组织9名农村骨干教师赴成县学习考察，同时选派6名学生在双联点中小学进行顶岗指教实习；为韩湾小学和彭家小学230名在校小学生送去230件棉衣，价值共计40余万元。先后与天水市麦积区签订“双联”生态鸡产业项目合作协议，与天水神州绿鹏农业科技有限公司签订合作办学与共同开展科学研究的协议。承担省委组织部乡（镇）干部农技推广能力提升计划项目，培训陇南、天水两市乡镇农技干部580人。

天水师范学院领导班子成员名录

党委书记　陈晓龙（11月止）
　　　　　马建东（11月任）
校　长　马建东（11月止）
　　　　蔡文浩（11月任）
纪委书记　吉建安
副校长　安　涛　汪聚应　王旭林
党委副书记　师平安

（供稿：吴　原　李鹏旭）

河西学院

【党建工作】制定《河西学院“三严三实”专题教育活动方案》，校领导班子成员带头为全校党员干部作“三严三实”专题辅导、上党课。组织学校中层班子开展“严以修身”“严以律己”和“严以用权”专题研讨，学校各级党组织书记讲“三严三实”专题教育党课39次。学校党委班子成员分头深入全校各个基层党组织参加党员民主生活会，听取党员、群众、职工、学生代表对学校建设发展改革转型的意见建议，组织全校处级以上领导干部以基层党组织为单位开展践行“三严三实”专题民主生活会。学校各级党组织认真贯彻落实中央和省委从严治党、依规治党的要求，坚持“一岗双责”，认真落实党委的主体责任和纪委的监督作用；多次组织党员干部认真学习《中国共产党廉洁自律准则》《中国共产党纪律处分条例》，把廉政建设工作列入党委重要议事日程专题研究部署，及时研究解决重大问题。制定《河西学院党风廉政建设责任制考核办法（试行）》《各学院、处级单位党政主要负责人向校党委述纪述廉述作风实施办法（试行）》《河西学院新任党员领导干部廉政谈话实施办法（试行）》《河西学院中层领导干部廉政法规知识考试工作实施办法（试行）》《河西学院干部廉政档案管理办法》等5项党风廉政建设制度，并对重点领域、关键环节以及“三重一大”等工作加大监督和管理力度，对学校基建工程、招生、组织人事聘任、大宗物资设备采购等开展监督工作100余次。

【学生工作】学校开展社会主义核心价值观教育和创先争优学风建设活动，积极落实大学生思想政治工作“百千万工程”；组织大学生三下乡社会实践活动；积极开展“校内双联”，明确工作任务和考核办法，加强监督检查；广泛开展大学生科技竞赛活动和就业创业活动，在甘肃省第六届大学生创新创业大赛中，河西学院学生参赛的项目《工厂化生产双覆膜组装日光温室系列产品及百县万亩私人订制产业园》获国际赛、省内赛两个特等奖。修订《河西学院2015级人才培养培养方案修（制）订指导意见》。新增俄语、汉语国际教育和电子商务3个本科专业，增加校级特色专业3个，校级教学团队4个；评审确定“电子信息科学与技术”等19个专业为学校首批“五个一工程”建设项目。开展师德师风建设年活动；举办第八届教师教学技能比赛；获得甘肃省教学成果一、二等奖各1项，教育厅教学成果奖9项。

【招生就业】2015年录取新生5746名，全部实现线上录取，其中普通本科生3318人，三校生本科184人，扶贫计划招生140人，专升本考生62人，预科100人，预科转正145人，普通专科900人，专科单招897人。先后举办专场招聘会89场次，大型招聘会4场。2015年共毕业5497名毕业生，其中本科生3211人，占58.41%；专科生2286人，占41.59%；截至2015年底有5114人就业，就业率为93.03%，其中考研248人。

【科学研究】采取积极的扶持政策，大力支持项目申报，通过制订出台《河西学院科学研究项目资助管理办法》《河西学院加强重点实验室、工程中心和人文社科研究基地等科研平台建设的若干办法》。2015年获得国家级、省级、市级科研项目80项，科研经费共计514.7万元；科研成果先后获得甘肃省社会科学优秀成果一等奖1项、三等奖4项，甘肃省科学技术三等奖1项，甘肃省高等学校科学研究优秀成果奖科技进步三等奖1项，甘肃省高等学校科学研究优秀成果奖自然科学二等奖、三等奖各1项，甘肃省高等学校科学研究优秀成果论文二等奖2项，甘肃省高等学校科学研究优秀成果研究报告二等奖1项，甘肃省高等学校科学研究优秀成果著作三等奖1项。“祁连山食用菌产业协同创新中心”被甘肃省教育厅命名为甘肃省第二批省级“2011协同创新中心”，建成甘肃省微藻能源工程实验室。新设“河西民间文艺与非物质文化遗产研究中心”、“河西学”等9个校级学术机构，承办或协办西夏学国际学术研讨会、复旦-河西人文与科学高端学术论坛等省级以上学术会议10场次，外请专家学者来校讲学、作专题学术报告144场次，累计参加师生达到40000多人次。

【师资队伍】2015年，引进各类人才36人，7人晋升教授职称，19人晋升副教授职称。学校现有国务院特殊津贴获得者专家6人，省级优秀专家14人，省级教学名师3人；甘肃省“333”“555”创新人才工程学术带头人9人，甘肃省领军人才2人；13名教授被聘为复旦大学、兰州理工大学、甘肃农业大学等省内外高校兼职硕士生导师；聘请中科院院士李灿、杨玉良，中国工程院院士李玉等78位知名专家为兼职教授。修订岗位津贴分配方案、“祁连人才工程”实施办法，制定实施《河西学院人事代理暂行办法》《河西学院关于返聘退休教师管理暂行办法》《河西学院编外聘用合同制管理人员暂行办法》等人事管理制度。加强教师培养和培训工作，先后安排891人到国内各院校及科研院所进修培训。

【交流合作】河西学院与陕西师范大学联合建立“丝绸之路经济带河西走廊智库”，与敦煌研究院达成合作，携手开展敦煌学与河西历史文化研究，发起并加入“一带一路”高校联盟，广泛开展丝绸之路河西走廊经济社会、文化传承等方面的研究；创新合作机制，进一步细化并落实河西学院与张掖市校地合作协议，合作成立西部创客大学，为政府、企业、学校实现良性互动提供有益探索。与肃南县政府等联合举办“2015年河西学院大学生创新创业教育高峰论坛”，积极推动学生创新创业教育及项目孵化；河西学院大学生创业园等4个子项目列入张掖市国家小微企业创业创新基地示范城市项目，河西学院大学生众创空间被省科技厅、省发改委等8部门认定为甘肃省首批众创空间。

【医学教育】积极推进医学教育管理体制改革，先后出台《河西学院医学教育管理体制机制实施方案》《深化附属医院内部管理运行体制和人事制度改革的实施意见》等文件。及时调整和配备医学院、附属医院领导班子，合理分流和妥善安排原医专教职工。成功报批临床医学等4个医学本科专业，及时制定医学本科专业人才培养方案；复旦大学认真落实《复旦大学上海医学院支援河西学院医学院发展协议》，制定对口支援河西学院医学师资教学能力五年培训提升计划项目，复旦大学12名基础医学院课程负责人对学校医学院承担医学本科课程的教师进行点对点指导、一对一带教的培训。

【对口支援】2015年，复旦大学103名领导、专家、学者来河西学院考察和开展学术交流；45名教师到复旦大学访学、进修，8名中层干部挂职锻炼学习；10名教师受惠于教育部对口支援博士生单独招生计划，考取复旦大学博士研究生、攻读博士学位；有5名博士通过首批博士后面试；49名干部赴复旦大学参加集中培训。通过“人文与科学第三届高端学术论坛”，举办报告会、座谈会等60余场高层次学术交流活动。

【基础设施建设】制订《河西学院章程》并通过省教育厅审核。推进人事制度改革与创新，召开三届六次教代会暨人事工作会议，讨论修订《河西学院岗位津贴分配方案》和《河西学院“祁连人才工程”实施办法》；贯彻落实《国家中长期教育改革和发展规划纲要（2010-2020年）》和教育部《关于地方本科高校转型发展的指导意见》精神，制订《河西学院向应用技术大学转型发展实施方案》。校园“一卡通”投入使用。学校新校园修建性详细规划方案通过评审；河西讲堂竣工并投入使用，教师公寓、美术楼扩建工程等项目按计划完工；学生食堂煤改气等基础设施维修改造项目顺利实施。

【支教援疆】加强政策引导，河西学院分批次派遣800多名师范生到新疆开展实习支教，积极鼓励毕业生进疆就业，以缓解当地师资紧缺的困难。2015年，学校共有1031名学生在新疆实现就业，占当年毕业生的18.7%，顺利实现“千人进疆就业计划”。

【精准扶贫】根据《中共甘肃省委甘肃省人民政府关于扎实推进精准扶贫工作的意见》，制定《河西学院精准扶贫工作实施方案》。学校领导多次赴天祝县朵什镇和华藏寺镇，及时对接2015年朵什镇茶树沟村、寺掌村和华藏寺镇周家窑村的帮扶工作计划，并选派2名干部在茶树沟村和寺掌村分别挂任第一书记，组建驻村帮扶工作队，坚持驻村入户。2015年帮助茶树沟村和寺掌村改造村委会，建设文化广场，硬化通村道路，帮助建设4个标准化养殖小区，积极做好17户移民的易地搬迁工作，争取项目资金，解决村民饮水安全。为两个贫困村新建村委会购置办公设备及办公桌椅，购买冬季取暖设施和物资，资助联系村在河西学院就读家庭经济困难学生9人次，发放奖助学金累计3万余元，与复旦大学联合组织大学生义务支教团在朵什镇茶树沟村、石沟村、寺掌村和南冲村开展为期10多天的中小学生课程培训和农村调查，并组织校内外农业和养殖业方面的专家教授赴朵什镇举办农牧业从业人员培训班。

河西学院领导班子成员名录

党委书记　黎志强
党委副书记、校长　刘仁义
副校长　张汉燚　周均发
　　　　张　勇　张有明
纪委书记　徐德祯

党委副书记　王　兵

（供稿：宋雯霞　王茂华）

陇东学院

【学科专业建设】新增油气储运工程、地理科学、信息与计算科学3个本科专业。申报生物制药、物联网工程、工程造价和金融工程4个本科专业。安全工程、石油工程、过程装备与控制、测控技术与仪器4个专业顺利通过学士学位授予权评估。设立学位管理与学科建设处，明确学位管理、学科平台建设、学术委员会日常事务管理等工作职责。确定4个校级第三批重点建设学科，对1个省级重点学科、1个省级重点培育学科和4个校级重点建设学科进行检查考核。

【人才培养】新增经济学省高校特色专业，文艺学省高校教学团队，电气工程省高校实验教学示范中心，《管理学》和《常微分方程》省高校精品资源共享课。240名学生考取硕士研究生。组织6000多名学生参加国家和省级各类竞赛，获得省级以上奖励179项，其中国家级31项，省级148项。在广州、深圳、东莞、福州、北京开辟17个省外教育实习基地和实践教学基地。完成学校升本以来第五次人才培养方案的全面系统修订工作，制订地方性本科院校学生职业能力培养计划，完成《陇东学院各专业职业能力培养指南》，推进“本科标准+职业能力”人才培养模式落地生根。

【师资队伍建设】聘请“甘肃省飞天学者”、西北大学白永秀教授为学校讲座教授。1名教师获省高校教学名师奖。引进博士、硕士研究生47名；合同聘用技术人员7名；选派6名教师攻读博士学位，10名教师外出访学，27名教师到行业、企业一线锻炼学习。13名教师晋升教授职称，29名教师晋升副教授职称。1名教师晋升自然科学系列研究员职称。45名教师晋升讲师职称。调配21人充实二级学院学工队伍、后勤服务、辅导员工作和教辅工作，新选拔9人从事专职辅导员工作，2人从事实验室教辅工作，聘用7名专业技术人员。

【科学研究】2015年，获准科研项目114项，总经费489万元。其中获国家社科基金项目3项，国家自然科学基金4项；教育部项目1项，国家语委项目1项；省科技计划项目3项，省教育厅高教项目20项，省教育科学规划项目5项，省社科项目5项；庆阳市项目33项。发表学术论文509篇，其中SCI篇、EI 12篇，国内核心187篇，软件著作权登记11项，审定农作物新品种2个，专利授权190件。

【学生工作】2015年，招生3643人，其中本科3361人，2015届本科毕业生3729人。新增山西、福建、云南、黑龙江4个美术类考点。设立学生工作办公室，调配19名研究生从事专职辅导员工作。设立服务学生就业创业专项经费支持，建立考核学生就业创业评价、奖惩机制，分别与福建闽江人才交流中心、深圳大唐明升教育集团、海南高教集团等建立长期合作关系。组织相关人员深入有关高校考察学习，出台《陇东学院大学生创新创业教育实施方案（试行）》，设立大学生创新项目67项。举办大学生文化艺术节、“一院一品”等校园文化活动300多场次，104个先进集体和789名优秀个人受到表彰奖励。积极开展“公益中国梦”文化助教、科普宣传、科技培训等暑期大学生社会实践活动，学校荣获2015年甘肃省“定向扶贫”科普实践优秀组织单位，4名学生被评为2015年甘肃省“定向扶贫”科普实践“科技之星”。

【对外合作交流】加入“一带一路”高校战略联盟，加强与“一带一路”沿线国家和地区高校间的联系。与德国BSK国际教育机构达成和德国相关大学开展合作与交流项目的意向。加入浙江科技学院“中德论坛”，成为第56所成员高校，为学校专家、学者提供了高层对话平台，并组团出访德国亚琛工业大学和意大利佛罗伦萨大学。2015年聘请美国、加拿大等国家4名外教来学校任教，有2名教师申请“西部项目”和中美富布莱特外语助教项目。1名教师赴英国南安普顿大学访学，1名教师赴吉尔吉斯斯坦比什凯克人文大学孔子学院担任国家汉办外派教师。2名学生分别被美国纽约市立大学约克学院和美国北亚利桑那大学录取，赴美学习2年。

【文化传承】陇东历史文化研究中心获得“全国社科普及教育基地”荣誉称号，选送的两个节目在甘肃省第二届国学道德经典诵读大赛决赛中分获一、二等奖。承办2015年甘肃省哲学年会、甘肃省动物学会学术研讨会、甘肃省高等学校教育技术年会等学术会议。邀请国内知名专家作高水平专题讲座25场次。参加2015庆阳农耕文化节陇东民歌演唱会演出。

【基础设施建设】完成500多万元实验室建设，新建医学、经济管理、土木工程、机械工程、电子电工等5大专业实验室。截至2015年底，教学仪器设备总值突破1亿元。第二教学楼和15号学生公寓按期交付使用，逸夫图书馆

2015年，甘肃省第三届大学生运动会闭幕式暨颁奖仪式

完成主体工程，教职工公寓小区5月交付使用。全面维修改造后勤服务设施，美化校园环境。加强校园安全管理，推进平安校园建设。

【社会服务】制定《陇东学院服务区域经济社会基金管理办法》，设立科研成果转化和服务社会基金20万元，对已经完成的11项科技成果进行成果转化。冬小麦新品种在镇原种子公司实现转让，每年可推广150万亩。教授、专家、学者常年深入庆阳、平凉各县区开展适用技术培训、科技指导服务，10多次在庆阳市电视台作经济社会发展专题访谈，2名教授挂职兼任地方科技副县长，9名专业技术人员担任科技特派员，3人获庆阳市优秀科技特派员，2名教师获服务三农“金桥奖”。与北京师范大学、陕西师范大学共同参与庆阳市委市政府与北京师范大学筹建庆阳附属学校项目论证、对接、启动工作，并签署“美丽园丁”教育基金会支持庆阳老区基础教育质量提升协同创新计划项目合作协议。

【业务培训】2015年完成各级各类培训班，培训学员7696人。完成2015年甘肃省“国培计划”项目培训1467人，庆阳市各类干部素质提升培训979人，短期培训1343人；完成“全省农村人才培训工程”培训513人，庆阳市建筑管理人员技能培训230人。2015年与西峰制药厂、庆阳市前进机械厂、庆阳市环保局、甘肃大河稀土新材料有限公司、天水市甘肃电器科学研究院等单位（行业）签订合作协议。承办庆阳市化工学会成立大会暨第一次会员大会。召开庆阳现代苹果产业技术体系工作推进会，在庆阳市建立2处“陇东学院苹果产学研合作基地”，开展科研项目合作研究和科技成果推广转化。

【党建和思想政治工作】认真学习宣传和贯彻落实党的十八大、十八届三中、四中、五中全会精神及习近平总书记系列重要讲话精神，深入开展“三严三实”专题教育活动。加强干部队伍建设，选拔任用处级干部9人，科级67人，岗位交流处级干部9人，科级干部30人，选派9名干部挂职锻炼。发展党员280名，其中学生党员266名。扎实推进“大学生思想政治教育百千万工程”系列活动。全面落实党风廉政建设主体责任和监督责任，严格执行中央八项规定和省委双十条规定，开展党员领导干部“述纪、述廉、述作风”，大力推进党风廉政建设。学校被省委、省政府授予“省级文明单位”荣誉称号。《陇东学院章程》经学校第三届教职工代表大会暨工会会员代表大会第四次会议审议并由省教育厅组织的专家委员会评审通过。顺利召开中国共产党陇东学院第一届代表大会。

【“双联”行动】2015年选派2名处级干部深入合水县、庆城县挂职科技副县长，选派1名副处级干部到村任职，扶持建设孟山、李山、阳洼、河湾4村标准化示范园6000亩，帮扶东关村建设500亩核桃基地，加强南寺原500亩标准化示范果园的建设和管理；编写印发惠农宣传资料和科技书籍1200多册；组织各级干部开展入户帮扶，为联系户送去价值10多万元的助农资金、地膜、化肥、种子、农药等农用物资。

【校际交流】举办甘肃省第三届大学生运动会。省、市领导及45所院校代表团等近万人参加开、闭幕式。8人、8队12次打破3项省大运会记录。成功举办第七届全国革命老区高校联席会。中国老促会、省市领导及来自全国革命老区30多所高校的党委书记、校长和有关代表150多人出席会议。

陇东学院领导班子成员名录

党委书记　闫庆生

党委副书记、院长　郭维俊

党委副书记　田雁青（女）

副院长　孙立峰　孙鸣超

　　　　许尔忠　马悦宁

纪委书记　白生君

土木工程学院院长　刘万锋

（供稿：段春燕）

兰州文理学院

【教学工作】2015年，学校新增财务管理、旅游管理、学前教育、电子信息工程4个本科专业，完成戏剧影视文学、广播电视学、社会体育指导与管理、广播电视工程、舞蹈表演、视觉传达设计6个本科专业的论证及申报工作，出版与发行专业被评为2015年度省级特色专业。开展专题培训，先后有近百名教师参加“微课理论与制作”“慕课理念与实战”“创新创业教育改革”“新增本科专业教学能力提升”“名师西部行”等专题培训。3门课程成为甘肃省高等学校精品资源共享课。环境艺术设计专业基础课程教学团队成为省级教学团队。化学化工实验教学中心成为甘肃省高等学校教学示范中心。立项建设8个实验室项目，完成投资1104.83万元。

【人才队伍建设】2015年，有6名教授晋级为二级教授，7名教授晋级为三级教授；1名教师获得省级教学名师奖；1名教师受聘为全国高等学校教学指导委员会委员；1名教师入选全省教学能手；1名教师被推选为教育部思政课教师年度影响力人物，2名教师获得全省高校思想政治理论课“教学能手”称号；1名教师获得省级青年教师成才奖；2名教师获得省级教学成果二等奖。学校集中聘任30多名具有高级职称的导演、编剧、作曲家、记者、工程师、工艺美术大师。

【科学研究】2015年，获批国家社科基金项目1项、教育部人文社科研究项目4项、厅局级以上科研项目39项。1人获甘肃省科学技术进步奖三等奖，1人获高校社科成果一等奖。共获批“甘肃省动漫工程技术研究中心”“戏曲人才培养与舞台剧目开发协同创新中心”“西北民族文化与旅游发展研究中心”3个省级科研平台，搭建起兰州文理学院影视文化中心、体育健康实践教学中心、乡村旅游发展研究中心、敦煌文献资源中心、中塔文化研究与交流中心等校内科研及社会服务平台。编写《中华诵·经典甘肃》《历代咏甘肃诗词精选》等两部著作，完成《古浪县老城村旅游扶贫项目策划》，拍摄反映甘肃非物质文化遗产的纪录片和专题片12部，录制《畅响甘肃经典诗文歌曲创作曲集》，编写《敦煌拳艺文化传承创新》和《戏曲专业系列教材——秦腔名家名段示范教程》，参演甘肃省舞台精品惠民演出。

【学生工作】全年共帮助2700余名同学获得助学贷款，受贷人数占在校生总数的28.52%，开展精准扶贫建档立卡贫困户调查摸底工作。加强学生安全教育，开展大学生心理健康干预工作，2015年及时申请赔付学生意外受伤26起，完成7579名学生的医疗保险投保工作，协助办理住院手续58人次，报销异地住院学生医疗费15人次。培育学术型、专业型学生社团。完成优秀宿舍评选活动和“雁苑之星、身边榜样”优秀大学生评选活动。开展辅导员职业能力培训，举办兰州文理学院辅导员首届职业能力大赛，1名辅导员在“甘肃省2015年高校骨干辅导员职业能力大赛培训”中获得二等奖。

【对外交流与合作】2015年，兰州文理学院分别与福特海斯州立大学和塔吉克斯坦国立音乐学院签订框架协议，在学生互派、教师互访、学术交流、文化资源共享等方面开展合作。派遣多名本科学生，赴亚美尼亚、哈萨克斯坦等国留学。兰州文理学院与香港《大公报》、甘肃省广播电视总台、甘肃日报社、广州创显光电科技有限公司等10多家传媒单位合作，建成新闻传播产学对接平台；与天津福丰达动漫游戏制作有限公司深度合作，建成数字媒体技术产学对接平台；与省陇剧院、省秦剧院、省歌舞院、西峰市陇剧研究院、镇原县一隆演艺（陇剧团）等主流演出团体合作，建成戏曲表演产学对接平台；与省旅游局、省内各市州旅游局、东方领航、蓝海酒店集团、康辉旅行社、北京前门建国饭店合作，建成旅游产学对接平台；与读者动漫有限公司合作建成动漫工程产学对接平台。学校被省教育厅确立为甘肃省首批转型试点院校。

【招生就业】出台《中共兰州文理学院委员会关于深化创新创业教育改革的意见》和《兰州文理学院创新创业教育改革实施方案》，结合学校实际对创新创业教育改革进行全面部署。根据人才培养定位和创新创业教育目标要求，邀请省人社厅甘肃职业技能培训中心开设“创办你的企业”培训班，以竞赛为载体引导大学生创新创业，学生多个作品在省级比赛中获奖。培育创业团队12家，申报的甘肃省众空间创获得省科技厅认定，成为全省61所众创空间之一。

【党风廉政建设】2015年，学校全面贯彻落实中共中央《关于坚持和完善普通高等学校党委领导下的校长负责制的实施意见》，加强顶层制度建设设计，修订《兰州文理学院关于贯彻落实“三重一大”决策制度的实施意见》《中共兰州文理学院委员会议事决策规则》《兰州文理学院校长办公会议事规则》《兰州文理学院党政领导干部问责暂行办法》，制定出台《兰州文理学院党政联席会议制度》《兰州文理学院书记校长沟通协调制度》《兰州文理学院二级教学单位党政联席会议议事规则》《兰州文理学院党风廉政建设专项巡查工作办法(试行)》《中共兰州文理学院委员会约谈领导干部实施办法》《中共兰州文理学院委员会干部谈话实施办法》等系列规章制度，认真执行《中共兰州文理学院委员会关于落实党风廉政建设主体责任的实施办法》等系列廉政建设方面的规章制度。加强规范监督，对学校的重大项目、经费、津贴、国有资产、用人制度、职称评定等进行严格管理和审计，落实处级以上领导干部报告个人有关事项制度。组织制定《关于进一步加强和改进新形势下高校宣传思想工作的意见》，开展学生思想动态调查，改进思想政治理论课教学方法，1名思政课教师被推选为教育部思政课教师年度影响力人物，2名思政课教师获全省高校思想政治课“教学能手”称号，3门思政课被评为省级“精彩一课”。

【“三严三实”专题教育】2015年，共组织校党委集中学习6次，专题交流5次，开展专题辅导3次。学校党政一把手带头在全校范围内作“三严三实”专题党课报告。结合“三严三实”的本质要求和学校的实际情况，全校组织召开3次专题研讨。针对专项整治调研结果反映的校领导班子和班子成员以及学校各单位各部门在工作能力、办事效率、工作作风、责任意识等9大类41小类问题的情况和学校团委调研的10大突出问题集中进行整治。

【“双联”行动与精准扶贫】学校“双联”干部及驻村工作队积极进村入户，三个联系村的337个“双联”户逐一落实联系干部。投资近3万元在古浪县直滩乡老城村新建健身广场200余平米；协助新城村村民成立麟迪农资合作社，建立电商平台，对外出务工人员实现免费精准培训。协助古浪县直滩乡新城村成立天马养殖合作社，协助秦安县中山乡县湾村成立农村农资产业合作社。举办“百千”师资素

2015年11月28日，兰州文理学院与塔吉克斯坦国立音乐学院举行合作签约仪式

质提升项目第四期培训班，落实教育系统6+1精准扶贫政策。完成老城村旅游开发规划初稿，与康县政府合作建设智慧旅游信息服务平台。援助建设县湾村湾儿小学多功能计算机机房。派遣40名学生赴甘南藏族自治州夏河县、碌曲县16所乡村小学和幼儿园支教。

【基础设施建设】2015年，学校投资500多万元对北校区环境进行集中整治。拆除影响校园整体布局的连廊及存在安全隐患的彩钢房11间、老旧平房64间。维修原青年教师宿舍、西侧平房。铺设新的地下供电、供暖、排污管道，拓宽行车道路，铺设沥青路面，安装车辆出入门禁系统，初步实现人车分流。操场硬化全部完工，开挖弱电管道、布放桥架2000米，新修弱电井14个，完成通信线缆入地工作。

兰州文理学院领导班子成员名录

党委书记　史百战

党委副书记、校长　汪建华

党委副书记　普登学

副校长　郑伟强　张兆勤（女）

　　王克太　张　焱

纪委书记　李先锋

（供稿：顾家诚）

甘肃民族师范学院

【党建工作】全年共安排9次党委理论中心组学习。深入开展"三严三实"专题教育，组织开展全校处级以上领导干部个人自学和集体学习活动，召开6次中层班子专题学习研讨会、"三严三实"专题民主生活会、"三严三实"专题组织生活会。开展民主评议党员工作。安排4次专题学习会，认真落实党风廉政建设责任制等3项制度，研究制定《党风廉政建设责任报告制度》等5项制度；有效落实任职前廉政谈话教育、戒勉谈话和约谈等廉政制度，在处级干部中首次建立廉政档案、开展廉政建设责任报告、进行廉政公开承诺、组织开展述纪述廉述作风"三述"工作。

【基层组织建设】优化干部队伍结构，加强年轻干部培养锻炼，全年共提拔干部19名，调整干部21名；选派各级干部参加专题学习、外出考察及远程网络专题培训共100余人次；加强出国境管理报批报备工作，规范处级以上干部个人有关事项报告工作。共举办6期入党积极分子培训班，培训入党积极分子720名，纳新党员195名，转正党员274名；狠抓基层党组织书记党建工作责任，在全校基层党组织中开展党总支书记抓党建述职考核工作。

【统一战线工作】单独设立统战机构；组织教师开展统战政策理论研究，申报民委项目1项；会同州委州政府组织全州第十二个民族团结进步宣传月活动；开展"中华民族共同体"教育进校园活动。2015年1月，再次被省委、省政府授予"全省民族团结进步模范集体"荣誉称号。

【思想政治教育】研究制定《持续实施"人知人晓、人信人守工程"推动社会主义核心价值观培育践行工作落细落小落实实施方案》《"大学生思想政治教育百千万工程"实施方案》，强化干部责任和工作落实；开展教师节系列表彰、考研录取学生表彰奖励、评选感动校园人物、十八大精神及纪念抗战胜利暨世界反法西斯战争胜利70周年系列宣教、组织学生参与省内外竞赛等活动；组织师生参加全国思政理论研究征文、德育创新研讨、全省高校思想政治教育研究项目申报，1项课题获准省高校思想政治教育研究项目立项。

【校园安全与稳定】建立维稳工作常态机制，在"两会"和"敏感期"，围绕学生主体，形成校、机关、系三级维稳值班联防工作机制；加强安保制度建设和队伍建设，新出台《消防安全管理规定》等6项制度，开展安保人员思想教育和业务知识培训，组建大学生治安联防队，配合地方治安力量对校园及校园周边安全隐患开展多次排查；加强师生安全观教育，广泛开展消防、防震减灾等安全防范知识宣传教育。

【教学工作】适应创新及应用型人才培养要求，修订完善并认真落实2014版各专业人才培养方案，修订教学制度33项，新出台制度12项；完善教学质量监控与评价机制，首次开展教师课堂教学网络评价，首次建立学生学习满意度和毕业生满意度在线调查系统；全年共申报国家民委项目10项、推荐省级教学团队2个、省级教学成果奖3项、省级实验示范中心2个、共享课程资源2门；学校立项精品课程5门，优秀课程10门，教学团队1项，培育教学成果4项，自编教材2部，实验教学示范中心1个。

【继续教育】积极组织举办培训班，完成基层年轻干部"藏汉"双语能力进修班、藏传佛教教职人员培训班、乡镇农技推广干部培训班、人民警察入警训练班、国培计划等项目培训，培训共计1395人次。

【科学研究】全年组织召开学术委员会会议15次，加强重点学科、重点实验室和科研机构评估检查和建设工作；表彰奖励2014年优秀科研成果149项，共计金额55.5万元；科研成果有所突破，纵向项目获准立项31项，共获得资助经费76.4万元，其中：国家社科基金项目3项，获得经费60万元，教育部人文社科青年项目1项、国家民委高等教育教学改革研究项目7项；完成校长科研基金项目以及优秀学术著作资助项目的立项工作，获准立项30项成果，下拨经费22万元；西北少数民族教育研究中心成功举办中国少数民族教育高层论坛。

【师资队伍建设】推进人事制度改革，研究制定并修订完善《人事代理暂行办法》等10多项制度；积极探索职称改革，实现以系为单位限额申报高级职称，争取副高和中级职称名额27名，全年共有27人晋升副高和高级职称；争取编制30多个，公开招聘博士3人，硕士30人，本科3人。通过人事代理方式引进管理服务岗及特殊专业岗位人员43人，夏学期共外聘教师186人；组织新引进教师岗前培训34人次，参加西北联盟研修班培训4人，攻读博士、硕士研究生14人，选派50多名教师参加国内外考察学习、学术研讨和短期进修培训；完成全国教师管理信息系统教职工信息采集和机关事业单位养老保险数据采集工作；完成夏学期外聘教师档案建设工作。

【学生工作】精心筛选安排迎新教育活动及文明离校活动；深入开展科学生活观教育、社会主义核心价值观教育、道德素质教育、法制教育和民族团结教育；初步建立起院、系、班三级心理健康教育体系，坚持实施学生心理问题月筛查制度，组织开展第八届大学生心理健康文化节系列活动；完善书院制管理机制，引导学生加强自我教育、自我管理、自我服务和自我提高；关注困难学生群体，严格落实国家奖助贷勤政策。开展招生宣传工作，报考学校的第一志愿率较上年提高8.9个百分点；积极开展毕业生就业服务指导工作，开展毕业生就业培训，及时向毕业生发布省内外招聘信息，并搭建毕业生就业创业平台鼓励学生自主创业；配合麦可思数据有限公司完成《2014年毕业生就业质量报告》，实现第三方评价。

【基础设施建设和后勤保障】全年完成重大建设项目8项，公开招标重大项目8项，项目验收11项，结算项目25项，在建10号学生公寓项目1项，基本完成学校"十二五"期间相关的建设任务。完成教职工住房清理、单身公寓清查整顿及家属区居住情况清查摸底等工作。完成行政部门资产清查工作。完善图书资料建设和服务体系。建成总面积200平方米学习中心；加强文献建设，新增图书4万多册，超额完成图书采购任务；推进图书资源信息建设和数字化图书馆建设。加强校园绿化美化亮化工作，全年绿化面积达4000多平方米。隆宝缘医院分院在学校正式挂牌营业。

【信息化建设】完成校园网办公账户实名制登记。通过实施校园网网格化运维管理办法、安装多媒体教室云终端、建设学校网站集群等措施，提升校园网服务质量。申报甘肃省高等学校重点项目1项，获批资金700万元。

【对外交流与合作办学】举办中国少数民族教育高层论坛。先后在玛曲县、迭部县、冶力关、郎木寺建立四个艺术实践教学基地。与西南大学、合肥工业大学、甘肃省法官学院甘南分院建立合作关系，并签署有关协议。主动与天津师范大学开展合作办学和人才培养工作。组织召开学校与甘南州委、州政府第四次共建会议，协调解决学校发展中的一些难题。完成临潭县冶力关镇文化教育、旅游、公共事业发展咨询报告。

【"双联"行动与精准扶贫】组建3支精准扶贫工作队，选拔7名干部到县、乡、村挂职，开展帮扶工作。全年为磨坪村安装太阳能路灯20盏，捐赠洗衣机98台，制定武坪村中草药种植富民项目规划、生态文明示范及旅游规划方案，合计投入资金41.3万元；完成知合玛村乡村舞台建设，招聘知合玛村农民工23名，合计投入资金27万元。

甘肃民族师范学院领导班子成员名录

党委书记　李维平（藏族）

党委副书记、院长　张俊宗（5月止）

陈富荣（5月任）

副院长　道　周（藏族）

杨世宏（藏族）

穆文龙（回族）　牟吉信

陈正武　高君智

党委副书记　杨士钰（藏族）

纪委书记　杨晓林

（供稿：王可峰　高士兴）

兰州石化职业技术学院

【教学工作】校企合作完成2015级招生专业人才培养方案和课程标准的制（修）订；实施重点专业的教学资源库建设，"油品分析"专业被评为省级特色专业；建成5门省级精品资源共享课程、16门院级精品课程；主编参编教材34部，正式出版"十二五"职业教育国家规划教材8部。争取省级财政支持的各类专项资金5000多万元，对已有实训基地进行升级改造，新规划大学生创新创业教育实践基地等13个实验实训基地。组织职业技能鉴定取证等考试16833人次。继续推进专业拔尖学生培养工作，学生参加技能竞赛获得省级以上奖项近100项，其中，全国一等奖8项，二等奖18项，三等奖6项，1名学生荣获李政道奖学金。尤其在全国化工生产技术、化工设备维修赛项中勇夺团体一等奖，在第十届"挑战杯"甘肃省大学生课外学术科技作品竞赛终审决赛中总成绩位列全省高职高专院校第一名。

【学生工作】新增8个优质生源基地，单独招生2536名；报到新生4544人，报到率达94.16%，比上年提高3.47个百分点。积极开展毕业生就业推荐及"双选"工作，组织校园专场招聘会400余场次，提供就业岗位7000多个，学院2015届毕业生一次性就业率为97.27%。截至2015年底，2016届毕业生就业率已达到91.38%，毕业生在规模以上企业就业人数超过总就业人数的70%。实施大学生思想政治教育百千万工程，举办"社会主义核心价值观、诚信、感恩、铁人精神"等主题教育活动40余项，开展学院领导和中层干部联系班级、宿舍的"双联"活动，完善"班级心理委员 — 辅导员、班主任 — 学生处 — 心理咨询教师"的快速反应心理预警系统。积极探索"三自一主"学生教育管理模式；加强班主任、辅导员队伍建设，坚持并完善班主任巡回检查值班、周通报、月考核制度，完善学生工作量化考核制度，开展"一学五查五促进"主题纪律整顿行动和"三项整治"活动。开展以支农支教、留守儿童帮扶等为主题的暑期"三下乡"社会实践活动，参与学生达5300余名，撰写社会实践报告4500余份。

【校企合作】加强对各系的校企合作指导，新增50多个校企合作单位。每个招生专业都有3家紧密合作企业作为支撑；提炼并教学化处理校企合作内容66项，新开发实训项目32项。暑期组织10个调研组赴170多家企业进行走访调研，开展校企技术交流40次，全年实现各类培训17700多人次。校企共建10个"校中所"形式的校企联合技术研发中心，设立"厂中所"形式的校企联合技术研发中心2家，新引进"校中厂"1家；完成27项校企合作技术服务及研发改造项目，引进德克特互联网、中德诺浩高技能汽车人才培养项目落户学院。牵头

兰州石化职业技术学院实训教学

组建成立甘肃省石油化工职教集团和甘肃省汽车行业职教集团。

【科研教研】加强教科研团队建设和项目管理，各级各类教科研及校企合作课题立项80余项；获得科研成果7项，特别是《西部植物抗逆机制及对生态环境演变的指示作用》荣获2015年度全国高校科研优秀成果奖(科学技术)自然科学二等奖，是此次唯一由高职院校作为主持单位获得的奖励；教职工全年公开发表论文438篇，其中SCI和权威期刊论文115篇，论文总数比上年增长23.7%；《兰州石化职业技术学院学报》被中国科教评价网评为“RCCSE中国高职高专成高院校学报类核心期刊”。

【师资队伍建设】通过公开招聘，新引进教师25名；新增教授6名、副教授13名；聘任专业带头人55名、骨干教师114名、“双师型”教师193名；建成2个省级教学团队；2个教学团队被中国石油和化学工业联合会评为优秀教学团队。组织604名教职工申报1176门网络培训课程，412名教师参加暑期技师培训、“双师”素质培训、教学能力培训、企业实践锻炼和调研活动。推行师德水平一票否决制。举办“讲好一门课”课堂教学竞赛和“全员参与、人人过关”实践教学竞赛；1名教师荣获全国首届汽车诊断师大赛冠军；2名教师被中国石油和化学工业联合会评为优秀教学名师；1名教师获得中国汽车自动变速箱养护师大赛西北赛区冠军；1名教师获得全省高校思政课“教学能手”总决赛一等奖。

【精细化管理工作】开展ISO9001质量管理体系文件第四版的培训学习和考核；制定学院“工作落实年”实施方案，细化目标分解，与各单位（部门）、各岗位工作人员签订年度工作（质量）目标责任书，分类考核。坚持以差错管理法、指标（项目）管理法、激励管理法、台账管理法为核心的精细化管理，完善二级单位月考核制度。开展首次学院内部教育教学、学生管理、教学服务质量满意度调查，完善学院教学质量监控与评价体系。强化质量管理意识，严格PDCA循环过程管理，完成学院ISO9001质量管理体系外部监督审核。继续完善总值班制度，坚持“一人一事一问一议一课”。推进6S管理；推进节约型校园建设，加强水电暖管理，开展低碳体验日等活动，全年共节约水电暖等费用120多万元。

【基础建设】改善师生生活、工作、学习条件，完成西区报告厅、下沉式广场、大学生素质拓展基地、东区操场灯光亮化工程等基建维修改造项目100余项，持续推进无烟化校园建设，全面完成后勤服务的社会化改革，学生餐厅被确定为兰州市年度文明餐桌食品安全示范店。通过“爱心基金”等，对25名困难职工及家属进行资助帮扶；为1000多名教职工办理医疗保险及生育保险；学院贫困学生助学基金达到1170万元，全年为学生发放各类奖、助学金910多万元。

【示范引领】2015年，学院成功承办甘肃省2015年职业教育改革发展论坛、甘肃省教育扶贫全覆盖行动启动仪式和甘肃省2015年高校思政工作研讨会。学院在全国1300多所高职高专院校中，综合排名位列第31名，继续当选全国高职院校长联席会议的22个主席团单位之一。学院顺利进入全国文明单位行列，作为甘肃省唯一高校进入“全国毕业生就业典型经验示范校”前55名，并再次获得“中国石油和化学工业院校文化建设先进单位”“全国化工行业职业技能鉴定先进单位”。

【党建和思想政治工作】学院深入学习贯彻十八大、十八届三中、四中、五中全会精神和习近平总书记系列重要讲话精神以及全国、全省职业教育工作会议精神。开展“三严三实”专题教育，认真查摆问题，其中学院领导班子成员整改44项。严格控制文件、会议、公务接待、出差、办公用品采购等，“三公”经费继续下降；清理干部职工住房21人（户）超面积共计210.97平方米。加强干部队伍和基层党组织建设，严格执行学院领导干部外出审批制度、个人有关事项报告制度、因私出国（境）证件集中保管制度；召开各党总支（直属党支部）专题民主生活会和各基层党支部专题组织生活会，加强流动党员教育管理，在党员中开展“五项争创”活动并进行评优表彰。推进党风廉政建设，认真落实党委的主体责任和纪委的监督责任，签订年度领导干部党风廉政建设责任书和副科以上干部廉政承诺书，认真落实“一岗双责”，做到全覆盖，开展述纪述廉述作风活动。严格执行“三重一大”决策制度，全面推行院务公开。

【精神文明建设】加强平安校园建设，校园监控系统、门禁系统和车辆出入智能识别管理系统有效运行。在全院范围内开设礼仪实训课程，邀请校内外专家学者、优秀校友来校作报告近百场，开展践行雷锋精神学生志愿服务活动和教职工公益劳动，义务维修家电320余件，帮助孤寡老人40余名，义务植树5000余棵，建立网络文明志愿者队伍，传播正能量。

【"双联"行动】派出干部19批次120余人次，为特困户群众发放慰问金和礼品累计达到2万余元；选派3名干部分别担任庄浪县梁山村、张家川县榆树村、张家川县连柯村村党支部第一书记和驻村帮扶工作队队长，开展精准扶贫工作。选派4名学生义务支教一学期；举办养牛技术等培训班5期200余人；开展送文化下乡活动和社会实践活动，为群众义务维修各类家电130余台（件），为3个村幼儿园捐赠价值近4.2万元的学习用品；文化广场、幼儿园、互助老人幸福院等12个基础建设项目积极推进。2015年，新增梁山村"双联"点，学院全年投入各类资金50余万元，兴办各类实事22件（项），榆树村、连柯村、梁山村人均纯收入分别比上年增长16%、16.5%、21%。

兰州石化职业技术学院领导班子成员名录

党委副书记、院长　张方明
副书记　周兴中
副院长　孙松滨　黄义仿
　　　　程小红　宋贤钧
纪委书记　蒲卫晖

（供稿：张建祥）

兰州资源环境职业技术学院

【教学和科研工作】开展教学评价方式改革，在主体专业的核心31门课程教学中，开展"六步骤"教学法改革，采取过程化考核方式。进一步优化专业布局，专业数由61个减少为48个，新设置电子商务、电梯工程技术、金属材料与热处理技术3个专业。按照工作过程系统化要求，加强教学资源建设，新增各类课程教学资源566个。成功申报2015年省级财政支持省属高等职业院校发展13个骨干专业群教学资源库重大建设项目，获专项资金支持500万元。立项科研课题35项，共获批立项经费16万元。教职工论文被SCI收录论文2篇，发表EI会议论文1篇，发表北图中文核心期刊论文6篇。获批职务发明实用新型专利3项。获国家级教学成果二等奖1项，省级教学成果一等奖1项、二等奖1项。

【人才队伍建设】通过公开招考引进教师9人。采取"请进来、派出去"的方式，继续组织"国内专题培训"和"国外考察学习"，全年共培训教师97人。申报2016年赴加拿大气象与能源类教师国际化职业教育能力提升培训项目和2016年高职院校领导海外培训项目。提拔任用7名副处级、8名正科级中层管理干部、10名副科级中层干部和22名副科级三级机构干部。中层干部平均年龄40岁，大专以上学历占93.2%。

【学生工作】面向全国18个省（自治区）招生4302人，其中省内58个集中连片贫困县招生1045人，单独招生1045人，中高职贯通培养"2+2+1"试点专业招生500人，录取定向培养直招士官生310人。2015届毕业生就业率96.18%。不断完善"奖、助、贷、勤、减、免、补"为一体的学生资助工作体系，为2142名学生发放学院奖学金410万元，为7526名学生发放国家助学金917万元，为3163名校内勤工助学岗位发放勤工助学金129万元，资助61名家庭经济困难学生25万元。学院学生在2015年全国大学生英语竞赛、第十一届高职高专英语口语大赛、全国电子大赛中获省级特等奖2个、省级一等奖6个、省级二等奖5个、省级三等奖1个。在全国职业院校技能大赛中获团体一等奖3个、个人全国一等奖13个、二等奖9个、三等奖6个。在"挑战杯"大学生课外学术科技作品竞赛中获得省级特等奖1个、二等奖4个、三等奖19个、全国三等奖1个。

【办学体制机制建设】实施第五轮内部管理改革，增设民族工艺系、应用化工系、财经商贸系3个教学系，一些部门设置三级副科级管理岗位。牵头组建包括行业协会、中高职院校、企事业科研机构等80余家单位在内的甘肃省资源环境职教集团。进一步深化"233"校企合作体制机制，积极探索学徒制、订单培养等多种校企合作人才培养模式，学院被教育部遴选为165家首批现代学徒制试点单位之一。与大禹节水集团股份有限公司、深圳市爱迪尔珠宝股份有限公司等企业签订企业冠名班3个。圆满完成2015年全国职业院校技能大赛高职组"选矿技术"赛项暨第六届全国有色金属行业职业院校技能大赛的承办工作，荣获"2015年全国职业院校技能大赛突出贡献奖"。承办2015年全省中等职业学校学生技能大赛。举办各类培训班35期，培训学员4630余人。被中国科协授予"全国科普教育基地"，气象实训基地被中国气象局评为"全国气象科普教育基地"。完成学院章程的制定工作。

【服务保障】学生7号公寓楼和第三食堂开工建设，仿真矿井二期工程和门前广场工程竣工并交付使用，完成校本部南大门和家属院大门重建工程，西校

2015年4月1日，甘肃省职业教育宣传月启动仪式在兰州资源环境职业技术学院举行

区教师周转公寓建设项目开始基础开挖和部分主体施工建设工作。在金谷苑和玉枝园食堂安装饮用水净化系统和开水供应系统。金谷苑、玉枝园食堂被命名为“甘肃省高等学校标准化学生食堂”，玉枝园食堂同时被评为“甘肃省高等学校示范性标准化学生食堂”。被中央电教馆遴选为职业院校数字校园建设实验校。实现校园内“一卡通”无现金消费。完成省级财政支持的无线数字校园建设项目申报。完成学院基础网络、云数据中心、学院网站群、标准化机房等4个项目的立项工作。

【党建和思想政治工作】召开第一次党代会，大会全面总结学院建院十年的发展成绩和经验，明确学院今后的发展任务，选举产生学院新一届党委领导班子和纪委班子。严格落实党风廉政责任制、责任追究制、领导干部经济责任审计制，结合招生考试、干部人事、基建工程、招标采购等重点工作和领域，分析研判经济活动风险，完善健全内部监督管理，建立健全惩防结合的反腐倡廉长效机制。按照《分阶段主题思想政治教育模式实施方案》积极开展主题团日活动、文体活动、读书活动、志愿服务活动等思想政治教育活动。

【宣传工作】在重要活动和会议期间，邀请甘肃日报社、甘肃省电视台、中国教育报等10余家媒体进行专题报道。制作《资环新闻》《资环行者》《资环音悦台》及《天气预报》节目。在人民网、光明网、中国青年网等网络媒体，《甘肃日报》《中国教育报》《兰州晚报》西部商报等平面媒体相继发布学院的重要新闻动态。

【“三严三实”专题教育】制定《“三严三实”专题教育活动实施方案》，中心组开展“三严三实”专题学习10次。院领导结合各自分管工作作专题党课辅导报告。全体中层干部开展专题学习研讨会。召开专题民主生活会和组织生活会，开展批评与自我批评。各党总支、支部以“三严三实”教育活动为主题，开展批评与自我批评和党课辅导报告。

【“双联”行动】先后6次深入“双联”村专题研讨帮扶工作方案，选派干部组成驻村帮扶工作队。完成下坪村和下河村两个“双联”村的社会发展建设规划。投入26万元对伯阳镇下坪村和马跑泉镇李家坪两个村主巷道进行亮化。聘请林业专家举办3次农村果树种植实用技术培训班，帮助联系村群众提高种植等实用技术和管理经验。对2015年对考入学院的“双联”村籍3名学生实行免费入学、免费住宿。

兰州资源环境职业技术学院
领导班子成员名录

党委书记　芦维忠
党委副书记、院长　时宁国
党委副书记、纪委书记　郑绍忠
副院长　高　峰　宋元文
　　　　高　洁（女）
　　　　张　琳　谢军武

（供稿：高兰德　赵　鹏）

甘肃广播电视大学

【发展战略】2015年6月10日，甘肃干部网络学院在甘肃广播电视大学成立。实施开放教育与高职教育“双轮驱动”发展战略。组织实施“七大工程”，即实施专业建设工程；实施教师能力提升工程；实施办学体系建设推进工程；实施办学空间拓展工程；实施云平台建设工程；实施资源建设工程；实施科研能力提升工程。

【开放大学建设】成立甘肃开放大学筹建工作领导小组，确定建设方案、可行性报告、大学章程、办学组织体系、学科专业、师资队伍、学习资源、远程学习平台、教育质量保障体系、“学分银行”、非学历教育、经费保障等12个专项建设任务，研究制定各专项任务的建设方案，形成《关于在甘肃广播电视大学的基础上成立甘肃开放大学的请示》，已上报教育主管部门。开展国家开放大学（甘肃）试点学院、学习中心验收工作，参与试点的平凉分校等5所分校、岷县工作站等11所工作站通过验收并正式成立国家开放大学（甘肃）学院、学习中心。开展国家开放大学（甘肃）学院、学习中心准入工作，参与申报的白银分校等12所分校、灵台工作站等24所工作站全部通过准入验收。

【教学改革】统筹推进教学模式改革，选择部分课程开展教、学、管、考一体化改革试点。加快网上教学规范化建设，统设课程全部由电大在线三级平台迁移至国家开放大学学习网组织教学工作，省开课大力实施以网络课程建设为核心的一体化教学试点。开展有针对性的学习支持服务，抓好面向全系统的教师业务培训、教学团队组建、网络核心课程建设、新技术在教学中的应用。加大考试改革力度，广泛建设数字化试题库，扩大网络考试、预约考试、随学随考试点范围，省开课程基本实现由终结性考核向形成性考核的转变。

【专业建设】完成与国家开放大学共享的风能与动力技术专业（专科）的全部课程建设任务，积极组织招生宣传，首批新生顺利开课。新建成电子商务（农副产品营销方向）、水利工程（节水灌溉方向）2个共享专业（专科）。科学编制电子商务（农副产品营销方向）、金融学（互联网金融方向）、法学（律师方向）、汉语言文学（文化创意产业方向）、农业水利工程等5个新建本科专业的人才培养方案，全面完成各项筹建工作。

【非学历教育】先后举办学习贯彻“四个全面”网络培训班等5个干部在线教育专题，培训范围覆盖全省80%的市（州），培训人数3.4万人；开展主题为“依法行政，建立法治政府”和“循环经济理论与实践”的行政机关公务员远程网络培训，培训人数7.6万人；承接中小学教师信息能力提升工程项目，培训人数5.5万人，并在教育部组织的匿名评估中取得全国第8名；利用电大信息技术优势搭建扶贫培训项目平台，已启动开展“互联网+”特色的脱贫致富培训项目；广泛推广“开放大学进社区”系列活动及教育部社区教育指导中心的“i实验”活动，依托7所分校、3所工作站开展社区教育试点。

【信息化建设】启动并实施“一平台

2015 年 6 月 10 日，甘肃干部网络学院在甘肃广播电视大学揭牌成立

三中心”建设，完成甘肃开放大学学习平台、数据中心、信息服务中心、资源存储中心的方案设计、框架搭建工作。推进“六网融通”模式探索，继续实施数据中心提升工程、信息化管理工程、教学平台建设工程、多维度安全服务工程、移动校园建设工程，逐步构建智慧大楼、智慧校园。建成省校云教室2间、市（州）分校云教室14间、县级工作站云教室25间，实现云教室覆盖全部分校及规模较大的工作站。利用云教室开展课程集中辅导、远程论文答辩、视频会议直播等。

【资源建设】建成《财会法规与职业道德》等10门甘肃电大网络核心课程，《高原夏菜种植技术》等7门国家开放大学网络课程，其中《纳税基础与实务》课程入选国家开放大学2015年度精品课程，出版与网络核心课程配套的相关教材5部。整合引进、共建共享干部教育、社区教育等非学历培训课程资源200吉字节。加快地域文化特色资源开发与建设，筹建甘肃地域文化特色资源资料室和资源库。在全省电大系统开展“亲近数字图书（九）— 师生悦读，书香校园”读书活动，推广应用移动图书馆。

【系统办学成绩】甘南分校被评为全州教育系统先进集体；嘉峪关分校获嘉峪关市“好班子”称号；金昌分校、平凉分校、嘉峪关分校被批准设立“国家数字化学习资源中心”分中心，民勤工作站获国家开放大学开展“一村一名大学生计划”先进单位，庆阳分校1名教师获“省技术标兵”称号，兰州分校1名教师获市优秀教师称号，临夏分校2名教师获州优秀教师称号，定西分校1名教师获市优秀教师称号，白银分校1名教师获市园丁奖。会宁工作站1名教师在第67届德国纽伦堡国际发明展上荣获国际发明奖金奖一项，世界创造力奖银奖一项。

甘肃广播电视大学领导班子成员名录

党委书记 朱卫国

校　长 卫孺勤

党委副书记 卫孺勤 李彦荣

副校长 纪　平 熊　进（女）

王宏宁

纪委书记 李彦荣

（供稿：李静辉）

科学技术与社会科学

科技技术

【科技成果】2015年，甘肃省7项重大科技成果获国家科学技术奖，登记省级科技成果819项，技术市场合同交易额达到130.3亿元。争取国家科技计划项目688项，资金10.39亿元；组织省级科技计划项目630项，资金2.91亿元。专利申请受理14584件，同比增长21.3%；授权6912件，同比增长35.6%；有效发明专利4093件，同比增长25.9%；PCT国际专利申请19件；万人口发明专利拥有量1.59件。科技对经济增长的贡献率达到50.3%。

【体制机制改革】制定《中共甘肃省委甘肃省人民政府贯彻落实<中共中央国务院关于深化体制机制改革加快实施创新驱动发展战略的若干意见>的实施意见》，明确全省改革创新驱动体制机制的总体思路和目标，推进创新型甘肃建设。制定《关于改进加强省级财政科研项目和资金管理的办法》，围绕创新链配置省财政科技资源，优化整合省级各类科技计划（专项、基金等）设置。2015年省级科技计划项目资助强度平均达到46万元。印发《关于重大科研基础设施和大型科研仪器向社会开放共享的实施意见》，加快推进科研设施与仪器向高校、科研院所、企业、社会研发及各类科技合作组织等社会用户的开放，实现资源共享。向省人大常委会提交《甘肃省促进科技成果转化条例（修订草案）》，规范省级科技成果管理，实现科技成果共享，推动新技术转移和成果快速转化。制定《加快建立甘肃省科技报告制度的实施意见》，印发《甘肃省科技报告制度建设实施方案》《甘肃省科技报告管理办法》。2015年，全省共呈交科技报告450份，通过开放共享达到410份。推进科技项目评审、科技人才评价和科研机构评估机制改革。

【兰白试验区建设】成立兰白试验区工作推进领导小组，省委、省政府主要负责同志担任领导小组组长。设立省创新办，下设政策财经、产业、科技、人才等4个工作小组，完善工作体系。兰白试验区领导小组加强顶层设计并召开会议，原则审议通过《兰白科技创新改革试验区发展规划(2015—2020)》，实施以“三大计划”“五大工程”和“十项创新改革举措”为主要任务的“3510”行动。制定《兰白科技创新改革试验区条例（草案）》并提请省人大常委会审议。出台《关于进一步支持兰白科技创新改革试验区人才发展的办法（试行）》。创新财政资金使用方式，整合财政资金20亿元,设立兰白试验区技术创新驱动基金。成立甘肃兰白试验区创新基金管理有限公司。制定《兰白科技创新改革试验区技术创新驱动基金使用办法》《兰白科技创新改革试验区技术创新驱动基金风险控制委员会管理暂行办法》,同时，省财政厅与省科技厅联合印发4个子基金管理办法。

【科技贷款】科技贷款增信基金已为229家科技型中小企业贷款融资10.09亿元；首批发起设立的科技创新创业引导基金4支子基金总规模16亿元，其中吸引社会资金11.7亿元；对15家申请科技孵化器专项基金的科技企业孵化器进行初审和尽职调查。通过甘肃股权交易中心科技创新板、知识产权价值评估质押等模式，为科技型企业累计融资5.92亿元。甘肃银行、兰州银行、交通银行设立科技支行并挂牌运营。

【企业技术创新】开展与上海张江国家自主创新示范区东西区域合作，互派挂职干部、共建技术转移中心和产业创新园、加强企业合作对接。培育战略性新兴产业项目85项，制定省科技厅支持战略性新兴产业骨干企业发展的8条措施，推荐的两批企业分别进入第二、三批骨干企业名单。战略性新兴产业知识产权工作全面展开，对战略性新兴产业专利进行预警分析，建成战略性新兴产业专利信息服务平台和优势行业专题专利数据库。全省科技奖励中，企业主要参与完成的项目占74.1%。首次评选甘肃省专利奖，发明专利占获奖项目的85%。金川集团股份有限公司“镍钴资源综合利用国家重点实验室”和天水电气传动研究所有限责任公司“大型电气传动系统与装备技术国家重点实验室”获批建设，这是甘肃省首次获批企业国家重点实验室。由企业承担或为企业服务项目达167项，科技重大专项、科技“小巨人”培育计划、科技型中小企业创新基金项目全部由企业承担。

【区域创新】自主研发的我国首台医用重离子加速器成功出束。成功完成我国首颗暗物质粒子探测卫星“悟空”载荷的关键分系统——塑闪阵列探测器的研制工作。首次在国际上成功鉴别215U和216U两个铀最轻的新同位素。获得国家自然科学基金项目643项，支持经费3.078亿元。企业拔尖科技人才首次获得省杰出青年基金。兰州大学副校长陈发虎，新当选中国科学院院士。新建省级重点实验室（培育基地）15个，省级工程技术研究中心4个。对三年建设期满的9个重点实验室（培育基地）进行验收和绩效评估，组织上年度评估结果为“一般”的10个省级重点实验室和28个省级工程技术研究中心进行整改。

【国家奖励】2015年，甘肃省获得国家奖励7项，其中，自然科学奖1项，技术发明奖1项，科技进步奖5项（二等奖）。中科院兰州化学物理研究所周峰等人完成的《工程材料表面的润湿及其调控》项目获得国家自然科学奖二等奖。由兰州空间技术物理研究所李得天等人完成的《高精度微小气体流量测量新技术及应用》项目获得国家技术发明奖二等奖。中国人民解放军兰州军区兰州总医院贾正平等人主持完成的《藏药现代化与独一味新药创制、资源保护及产业化示范》、甘肃大禹节水集团股份有限公司王栋等人完成的《精量滴灌关键技术与产品研发及应用》，均获国家科技进步奖二等奖；甘肃省农业科学院小麦研究所参与完成的《CIMMYT小麦引进、研究与创新利用》、中科院寒区旱区环境与工程研究所参与完成的《青藏电力联网工程》、兰州华冶化工机械技术工程有限公司参与完成的《复杂稀贵金属物料多元素梯级回收关键技术》，均获国家科技进步奖二等奖。

【省级科技奖励】2015年，甘肃省科技奖149项，其中，自然科学奖6项(一等奖2项，二等奖2项，三等奖2项)；技术发明奖8项(一等奖1项，二等奖3项，三等奖4项)；科技进步奖135项(一等奖12项，二等奖55项，三等奖68项)；科技功臣奖因未达到规定票数空缺；天水电气传动研究所有限责任公司获得企业技术创新示范奖；南振岐获得优秀科技创新企业家奖。2015年度省科技奖149项以及省专利奖50项(一等奖5项，二等奖20项，三等奖25项)的获奖项目，发放634万元奖金。

【十大亮点科技】2015年，甘肃省首设专利奖。甘肃省互联网计算应用众创空间在兰启动。甘肃省科技计划体系及业务管理信息系统建成。交通银行科技金融特色支行成立。“兰洽会”举办中国-马来西亚清真食品国家联合实验室展厅。兰州大成科技股份有限公司研发成功“大型太阳能集热发电成套系统”。兰州科技大市场融资路演项目对接。兰州新区产业孵化大厦竣工。天水电气传动研究所有限公司“大型电气传动系统与装备技术”获国家企业重点实验室。重离子治疗肿瘤中心在武威落户。

【双创工作】张掖市获得“国家小微企业创业创新基地城市示范”立项，获得国家支持经费6亿元。获批2家国家级科技企业孵化器,14家众创空间纳入国家级科技企业孵化器管理服务体系。制定《甘肃省发展众创空间推进大众创新创业实施方案》。出台《关于扎实推进众创空间建设工作的意见》《甘肃省众创空间认定管理办法（试行）》。认定61家省级众创空间、242名省级创新创业导师及张掖市作为创新创业示范城市。举办“第四届中国创新创业大赛（甘肃赛区）赛事”“首届丝绸之路国际大学生创新创业大赛暨甘肃省第六届大学生创新创业大赛”“首届工业设计大赛”“甘肃省第十届中小学生科学知识网络竞答活动”“2015年全省科技活动周系列活动”。兰州高新区、白银高新区入选科技部首批25家科技服务业试点区域。制定《甘肃省加快科技服务业发展实施方案》。“科聚网”“兰州科技大市场”正式上线。认定的123家高新技术企业，全部通过国家备案审查。帮助8家企业享受研发费用税前加计扣除政策，对全省3个国家大学科技园、3个国家级科技企业孵化器进行免税资格审核。成立“甘青宁生产力促进服务联盟”“甘肃省大数据产业技术创新联盟”，新备案2家生产力促进中心。兰州新区获准创建国家可持续发展实验区。

【知识产权】出台《深入实施甘肃省知识产权战略行动计划（2015—2020年）》和《2015年甘肃省知识产权战略实施推进计划》。制定《甘肃省专利奖励试行办法》和《实施细则》。建立甘肃省中小微企业专利权质押融资信息库，举办专利权质押融资银企对接会。2015年，全省专利权质押融资额达到8.9亿元。积极推动设立专利权质押融资风险补偿基金。首次将万人口发明专利拥有量指标纳入全省经济社会发展主要指标并圆满完成目标任务。开展第三批知识产权优势企业培育，总数达到101家。获批2家知识产权分析评议服务示范创建机构。甘肃省国家级知识产权试点县达到6个。2015年，全省出动执法人员960余人次，检查商业场所150多个，检查商品8万余件，共受理各类专利案件340件。

【交流与合作】中国—马来西亚清真食品国家联合实验室落户甘肃。中国—巴基斯坦农业生物质能源技术研发与示范联合中心获科技部立项支持。省内高校与以色列开展技术研发合作。引导全省科技力量与“一带一路”沿线国家开展国际科技合作，30个科技创新合作项目入选科技部项目库。谋划开展与俄罗斯、德国、克罗地亚等国家政府间科技合作项目。首次实施日本樱花科技计划项目，新获批2家国际科技合作基地。国家技术转移东部中心分中心、北京大学技术转移甘肃中心、中国科学技术大学技术转移甘肃中心落户兰白科技创新改革试验区。

【党风廉政建设】深入学习习近平总书记系列重要讲话精神。切实抓好“工作落实年”活动，扎实深入开展“三严三实”专题教育。严格落实党内法规制度和“一岗双责”要求。落实党风廉政建设主体责任和监督责任，严格遵守中央八项规定和省委“双十条”规定，坚决纠正和反对“四风”。开展省科技厅强化重点领域及关键环节的监督检查，加大巡视检查和案件查办力度。全力推动“两好两促”专项行动。在甘肃政务服务网正式公布省科技厅权力清单、责任清单和便民服务事项，梳理确定31项行政权力事项和88项便民服务事项。严格执行领导干部报告个人有关事项的规定，对领导干部在社会团体兼职问题进行全面清理。成立省科技厅人才工作领导小组。

【科技精准扶贫】省科技厅全面落实“六个精准”要求，联合省农牧厅、省扶贫办出台《关于开展科技精准扶贫工作的实施方案》，选派科技特派员覆盖全省建档立卡的2110个贫困村。实施“三区”人才支持计划科技人员专项，在全省60个县区选派科技人员1080人，培训本土科技人才138人。选派16名干部到贫困县、“双联”点、贫困村挂职。在三个“双联”县分别实施民生科技项目，带动当地优势产业发展。

省科学技术厅领导班子成员名录

厅　长　李文卿

副厅长　郑华平　毛曼君（女）

　　　　巨有谦　朱晓力　王　彬

纪检组长　杨关义

（供稿：李建兰）

中国科学院兰州分院

【院地合作】坚持与甘肃、青海两省的长效会商机制和联席会议制度，服务区域创新体系建设和创新驱动发展。从院属11个单位挑选19位科技副职到位挂职，接纳6位地方干部到分院系统挂职工作，促进双向交流合作。

【“生态文明”建设】组织寒旱所专家对祁连山东大河上游水源涵养地生态环境污染状况进行实地考察并形成调研报告。习近平总书记在新华社《动态清样》上就此作出重要批示，全国人大常委会办公厅专题督办《关于尽快制止在祁连山自然保护区采矿、探矿活动，遏制生态环境恶化》的代表闭会建议。

【科技支撑】为“一带一路”“甘肃黄金段”建设发挥科技支撑作用。组织专家积极参与甘肃省“十三五”规划的建议和咨询活动。作为科技支撑和副组长单位参与科技部和甘肃省《兰白科技创新改革试验区建设总体方案》的编制工作，为探索西部欠发达地区创新驱动发展战略的新机制、新途径、新模式发挥智库作用。

【科技惠民工程】全力打造“科技惠民工程”。被甘肃省列为战略性新兴产业重大项目之一的“科技惠民工程”重离子治疗肿瘤专用示范装置（HIMM）产业化项目武威、兰州两个示范基地建设并行推进，合同总金额11亿元。全国首台具有自主知识产权的医用重离子加速器在武威建成出束，预计2016年下半年投入使用；兰州基地正在进行设备安装。近代物理所加紧项目建设并办理建成使用和产业化所需资质与标准。

【“三严三实”专题教育】开展“三严三实”专题教育。党组成员带头分别讲专题党课；开展“问计于民”，突出问题导向；注重联系实际，务实专题研讨；严格“五个环节”，开好民主生活会。把严实教育与落实“两个责任”有机结合，与基层组织书记集中轮训有机衔接，通过“三查比”推动全系统持续深入务实贯彻严实要求，以分院履职尽责工作成效检验严实教育实效。

【科技精准扶贫】推进“科技精准扶贫”项目。近代物理所采用重离子诱变技术选育甜高粱，已引种和推广种植超过10万亩，甘、青、新、宁、陕五省区均开始种植，开发生物产品10余种。项目形成精准扶贫与现代农业发展相结合的新模式；对于保障粮食安全、能源安全、生态安全、带动区域经济发展、提高农民收入、改善生态环境发挥重要作用。以甘肃武威为例，甜高粱产业链新模式极大地推动当地种植业、养殖业、深加工的发展。

【人才队伍建设】协助完成4个研究所班子届中考核和兰州文献情报中心班子换届。8月22日，任吴建刚为兰州分院副院长，分党组成员。坚持开展“三谈两述”。督导研究所中层干部培养选拔聘用和管理。通过听取意见、谈心谈话、提醒规劝、专题培训等多种形式开展干部监督、管理，努力为研究所领导人员履职尽责助力解难。推选9位专家入选甘肃省领军人才第一、第二层次人选。完成"西部之光"2011年度22个项目终期评估，2013年度24个项目检查，2015年度甘青蒙53位学者入选，获得资助经费1350万元。推荐肖国青、段毅获"甘肃省先进工作者"荣誉；推荐赖远明院士作为劳模代表参加纪念抗战胜利70周年北京阅兵观礼活动等。

【党风廉政建设】开展"责任落实年"主题活动。制定《党风廉政建设责任制实施细则》、签订《责任书》、审计"双覆盖"年度计划数量与质量"双落实"、廉洁从业风险防控、重点领域监督、作风建设监督检查、机构与队伍建设等"规定动作"及时规范优质。8个单位党政"一把手"联袂讲廉政党课、开展入职入学廉洁从业第一课品牌活动、规范纪监审档案管理与探索实行纪监审干部工作移交清单制度、开展加强支部纪检委员队伍和作用建设试点、规范任前廉政谈话形式与内容等"自选动作"特色务实。分院牵头制定公务接待制度，提出兰州分院干部"五从"、"十不准"要求。实现"四违"问题与顶风违纪行为"两个零"目标。

【院士服务工作】通过分院建议甘肃省委实行省委常委分别"一对一"联系服务院士专家制度等措施。支撑调研并建议的"青海三江源国家生态保护综合试验区"获国家批准建设；积极为华夏文明传承创新区和兰州新区建设把脉支招；承担地方科技、产业等战略发展规划任务，为区域创新驱动发展提供决策咨询和参考；支持甘肃省决策咨询专家库建设，推荐3个省级重点智库；举办"科学与中国"科学道德和学风建设宣讲教育活动。

【公共事务管理】"3H工程"重点项目进展顺利。兰州分院组织研究所参与，实施棚户区改造一期工程（约6.6万M2、350套住房）主体工程局部封顶，房源已分配到各研究所。有50余年历史的兰州分院中、小学校于2015年7月31日稳妥地移交兰州市政府，在确保院属单位职工儿孙辈子女入学前提下，解决办学体制不顺和经费困难等问题。协调畅通与医保管理部门和重点医院的关系；同时提高分院所属卫生所服务质量。改进基地型分院科研园区后勤公共基础设施运维，加强水暖电及物业支撑保障，优化幼儿园管理服务。

【科学传播】建立开通政务信息公开专栏；多渠道开展科普宣传，开通微信、微博；认真做好政府网站普查，确保门户网站平稳运行，英文网站在2015年11个分院评估中获得第一名；编纂《媒体眼中的中国科学院兰州分院（1980—2015）》、《西部之光——辉耀甘青蒙》系列图书资料；承办"女科学家进校园"暨女科学家西部行科学传播活动。

中国科学院兰州分院领导班子成员名录

院　长　王　涛

党组书记　谢　铭

副院长　杨青春　吴建刚

纪检组长　宋文辉

（供稿：宋华龙　王　晶）

甘肃省科学院

【科研项目申报与立项】2015年，全院共组织申报各类科研课题（项目）60项，立项46项（其中，国家自然科学基金项目2项；省科技计划项目11项；市科技计划项目3项；院列科技计划项目31项）。2015年，省科学院共组织申报国家自然科学基金地区基金14项，获准立项2项。其中，生物研究所申报的《西部人工固沙区土壤线虫群落模型与环境变化预测》项目获48万元资助；《西北草原紫花针茅（Stipapurpurea）内生真菌的菌群结构及生态功能研究》项目获45.8万元资助。除此之外，申报的14项国家自然科学基金地区基金，通过形式审查13项；省科技计划项目《主动式太阳能采暖供热技术应用研究》《濒危子遗荒漠植物沙冬青组织再生扩繁及遗传转化研究》等11项获准立项，金额为174万元；组织申报兰州市科技计划项目5项。其中，《公众参与视角下兰州市大气污染防治对策研究》《高精度图像数字采集技术》《牦牛瘤胃厌氧真菌及甲烷菌共培养物降解秸秆功效研究及其粗酶的应用研究》等3项获准立项，金额为50万元。组织完成院列项目申报、答辩、评审和立项工作，2015年省科学院共征集受理各类院列科技计划项目41项。经专家组严格评审后，对其中的31项予以立项。全院2015年计划结转项目35项，计划投资总额为1118万元，已拨经费为1103万元，资金到位率为98.7%。

【科研成果及管理】组织推荐3项科研成果参与2015年度甘肃省科技进步奖评选。其中，《甘肃省突发性地质灾害防灾减灾技术集成与推广》项目荣获甘肃省科技进步三等奖；全年共发表各类论文65篇。其中，SCI论文8篇；EI论文6篇；《帚囊吾乙醇提取物对棉铃虫的生物活性》等中文核心、CPCI论文24篇；授权专利12项，受理专利8项，取得软件登记1项。其中，"食用菌液体菌种储存接种一体机"等8项获得发明专利；"晶间腐蚀自动实验系统温度采集装置"等4项获得实用新型专利；"金属和合金的腐蚀、不锈钢晶间腐蚀实验智能控制系统控制软件V1.0"获得计算机软件著作权登记；根据《甘肃省科学院论文、专著、专利、成果匹配奖励办法》，对1篇SCI论文；1篇EI论文；1篇CPCI论文；《基于还原态氧化石墨烯/纳米金/壳聚糖复合膜固定化酶的有机磷生物传感器》等17篇中文核心期刊论文；《基于石墨烯纳米复合材料的有机磷生物传感器》等11篇甘肃省科学学报论文；《一种用于处理DMF废水的固定床光催化反应器》等3项专利；《稀土纳米氧化铈复合材料修饰电极及其生物传感特性的研究》1项获奖成果；《冻融与干湿循环对无机材料固化硫酸盐渍土的固化反应及强度影响》等6项国家自然科学基金项目给予表彰奖励，匹配总金额达8.95万元；召开全院科研工作会议；围绕省科学院在"一带一路"、华夏文明传承创新区、"兰白"科技创新改革试验区、8大领域战略性新兴产业等战略指导，组成调研小组，深入院属各研究所，对科学谋划新常态下的科研发展布局、院列科技计划项目等，进行为期一周的调研工作；

完成2012–2014年度院列项目中期检查工作，形成《2012–2015年度院列项目检查报告》；组织推荐11名专家参与省政府决策咨询专家评选。组织推荐3名相关领域专家参与国家2015中青年科技创新领军人才选拔。完成省科学院国家科技专家库专家的信息完善补充工作。汇总全院2014年以来全民科学素质行动工作开展情况，并编写《甘肃省科学院全民科学素质行动工作自查报告》；组织参加由甘肃省知识产权局、中科院兰州分院组织的《关于开展知识产权（专利）实务运用培训班》《专利复审和无效宣告培训班》等3期培训班；参加《甘肃省科学院科研项目网络信息系统使用培训班》2期；派出人员参加科技部培训班2期，参加科技厅《兰白创新园高级人才培训班》1期。

【战略合作】与中科院兰州分院召开“全国科学院联盟”工作联席会，全面回顾总结2014年两院科研、科技合作工作的整体情况，并对2015年工作提出若干建议；根据双方安排，中科院兰州分院副院长杨青春一行9人来省科学院调研参观；参加由中科院兰州分院牵头，各市州科技局等相关部门负责人组成的交流访问团，先后赴中科院山东综合技术转化中心、中科院丹东产业技术创新与育成中心、中科院哈尔滨产业技术创新与育成中心等地访问交流；重点对《河西走廊经济带山洪地质灾害风险评价研究》《功能化香菇规模生产技术研究》《智慧博物馆相关技术研发与应用》等5个合作项目拨付资金。截至2015年底，省科学院自2012年立项的首批4个合作项目全部通过中科院组织的验收。

【特色领域产业化项目】组织申报2015年度院科技产业化项目，在经过单位推荐、专家评审论证等一系列程序后，最终对《新能源技术与产品创新平台建设》《泾川县太平乡甜高粱微生物青贮饲料技术推广》《灵台县城地质灾害治理技术推广示范》《高性能纳米氧化硅生物磁珠的产业化》《基于物联网模式的设施农业推广与示范》《磁力传动暖风器疏水泵的应用推广》《太平乡产业增收》等13项产业化项目予以立项；根据评审专家组对省科学院产业化项目工作中提出的一些合理意见建议。2015年，全院产业项目总经费达到1.48亿元（其中，完成横向项目为4794.34万元，签订合同额为9993万元）。自然能源研究所签订项目15项，已落实合同额197万元，工程和咨询项目11项，完成合同额41.9万元；地质自然灾害防治研究所承接横向项目158项，经费共计3600万元。其中，评估类项目71项，勘查设计等其他类项目共计87项；生物研究所完成对外合作项目1项，经费260万元；传感技术研究所完成4项产业项目，产值83.44万元；磁性器件研究所完成产值896万元，实现销售收入809万元。该所已与中核能源科技有限公司、华能山东石岛湾核电有限公司签订三方合同，将为山东石岛湾高温气冷堆核电站提供关键设备及部件580余台/套/件，合同经费8900万元。自动化研究所承接横向项目4项，经费共计104万元。

【院地院企合作】召开兰白科技创新改革试验区专题研讨会，邀请甘肃科技发展投资有限责任公司董事长冯治库博士来院做关于兰白科技创新改革试验区政策解读及兰白试验区技术创新驱动基金的构成情况和使用方法，并进行深入探讨；世界首座球床模块式高温气冷堆核电站示范工程燃料装卸与贮存系统运输转换设备项目在省科学院磁性器件研究所宝鸡分所隆重启动。与张掖市高台县、临泽县，甘州区、白银市白银区人民政府签订科技合作协议；自动化研究所申报的《文物数字采集系统》的项目，上报国家工信部文化产业项目。

【科研能力平台建设】根据国家和甘肃省科技创新驱动发展的总体思路，建设兰白科技创新试验区规划以及省科学院自身发展实际，先后赴无锡传感网创新园、苏州纳米城和广东省科学院等地进行实地调研，于10月初向省政府提交建设“甘肃省科学院高技术产业园”的报告。省科学院组织申报，编写完成“甘肃省科学院申报省十三五规划资料”—《关于建设甘肃省科学院高技术产业园的报告》，并于11月10日正式提交省发改委；成立“甘肃省科学院纳米应用技术研究室”，研究室采用全员聘用制，聘用相关专业人才，从事纳米涂层粉体研究及应用工作；生物研究所成立“微生物资源与生物能源院士工作站”，聘请中国微生物学会理事长邓子新院士及华中农业大学、上海交通大学、武汉大学、中国农科院等知名高校、科研院所的相关专业教授组成专家团队；省科学院与深圳前海兆和资产管理有限公司顺利签署“纳米粉体材料生产基地建设”项目。开展“甘肃省科学院新材料研究所”筹建工作。

【外事交流】参加在云南昆明举行的全国科学院第31次院长、书记联席会议、全国科学院联盟理事会第四次全体会议暨贵州科学院建院80周年高峰论坛，并作题为《提升省院合作层次，强化院地院企合作，共推地方经济发展》的交流报告；组织接待省政府参事马琦明一行来院调研并提交《省属科研院所创新体制改革基本情况调查》报告；赴陇南调研特色经济林产业，学习考察当地核桃产业发展；组织参加科技成果交易盛会。受省科学院邀请，相继有江西省科学院、沈阳科学技术总院等兄弟单位来院调研考察；自然能源研究所首次承办部长级国际培训班“2015年发展中国家太阳能开发利用部长研讨班”，并邀请到11个国家的22名官员学习培训；圆满完成国家商务部组织的7期国际援外培训，为41个国家培训专业技术和管理人才180名，项目总经费1700万元，累计培训260天；受邀参加“南南合作年会”“全球能源互联网中美技术装备研讨会”“国际能源互联网学术会议”“维也纳世界能源大会”“一带一路国际合作与发展高层论坛”等大型国际论坛并做报告和演讲20余次；中心主任喜文华获得由联合国颁发的“南南合作杰出贡献奖”和中国颁发的“南南合作成就奖”；地质自然灾害防治研究所共派出专业人员学习交流5批24人次，内容涉及矿山地质环境保护与治理恢复、地质灾害治理工程勘查与设计、施工与监理及地质灾害高管研修等方面；生物研究所分别邀请到著名微生物学家邓子新院士及其团队、中科院生态环境研究中心傅伯杰院士、陈立顶研究员一行来院访问交流；自动化研究所加入由中科院自动化所牵头成立的图像视频大数据产业技术创新战略联盟；应邀参加“2015国际文物保护装备博览会”“首届全国文博技术产品发展论坛”等会议10余次；传感技术研究所共开展各类学术讨论会30余次，选派科研人员参加国内外大型学术交流培训活动20余次。

【思想政治教育】组织全院副处级以上领导干部召开党委理论中心组学习会议10次，重点学习《党章》、中央有关文件和习近平总书记系列重要讲话、深入学习党的十八大和十八届三中、四中、五中全会及省委十二届八次全委（扩大）会议、十四次全委会议等精神；根据省委组织部干部教育培训项目计划安排，省科学院选派10名处级干部，参加“学习贯彻‘四个全面’网络培训班”。

【“三严三实”专题教育】按照中央和省委的部署要求，于5月22日启动“三严三实”专题教育。院、所领导班子及全院副处以上领导，围绕“三严三实”的各项要求，联系思想、作风及工作实际，查摆自身存在的“不严不实”等问题。按照省委组织部部署和省科学院《三严三实专题教育实施方案》要求，制定党委理论中心组学习计划，并结合3个专题召开6次研讨；向院内院外发出征求意见表500余份，广泛征求各方面意见建议，并梳理归纳出在班子及个人存在问题；认真撰写班子及个人对照检查材料，查找梳理存在的问题，并提出今后努力方向和改进措施。

【基层组织建设】按照《甘肃省科学院处级领导干部考核办法》并制定下发《关于领导干部2015年度考核事项的通知》，对院属各单位领导班子及成员、机关处室领导干部进行综合性的考核；批准转正3名党员，另外发展5名新党员。经个人申请、单位推荐、院党委上报、省委组织部批准，选派省科学院生物研究所和地质自然灾害防治研究所2名专家赴张掖市甘州区、甘南州迭部县挂职任副区长、副县长；根据省委组织部《关于做好选配“千名干部挂职助推精准扶贫行动”到村任职到岗工作的通知》要求，推荐选派自然能源研究所、生物所、传感所3名同志赴安定区高峰乡马营村、泾川县太平乡荒场村、焦村任村党组织第一书记；根据省委组织部要求，安排业务骨干参加全省领导干部个人有关事项报告抽查核实业务培训班并组织全院23名处级领导干部填报《领导干部个人有关事项报告表》，并将配偶子女移居国（境）外、从业、收入、房产、投资等14个事项逐一录入系统。

【党风廉政建设】按照《中共甘肃省纪律检查委员会关于在中秋国庆期间开展“九个严禁、九个严查”专项行动的通知》文件精神，组织召开全院副处级以上领导干部会议，传达学习省纪委文件精神，并提出具体要求；严格执行《中国共产党党员领导干部廉洁从政若干准则》《关于领导干部报告个人有关事项的规定》等有关规定，健全党内监督，规范领导干部的从政行为。

【人才队伍建设】推荐入选省领军人才一层次1人，推荐补选省领军人才2人，及时发放全院10名领军人才全年津贴；推荐“国家百千万人才”1人，并通过省上初评；推荐“甘肃省优秀专家”1人，并通过评审；推荐2人申报“陇原创新人才计划”，均已通过评审并下拨项目经费；推荐4人申报“西部之光访问学者”，1人通过评审并派往成都学习；完成全院15名高层次人才的资料入库工作，上报省委关于省科学院十三五人才建设方面的报告1份；评审及定职中级15人，副高1人，推荐外评副高5人；面向社会完成公开招聘，通过初审110余人，50人参加考试，录取3人；制定2016年全院事业人员招录计划，已上报人社厅待批；进一步加强三区人才选派，本年度共选派9人，分别赴白银区、泾川县、迭部县等地区，为当地提供农业信息化、防灾减灾、农林生物技术等科技服务。起草《甘肃省科学院创新团队建设实施办法（试行）》，并对“太阳能光催化技术研发创新团队”建设项目进行试运行；制定并出台《甘肃省科学院职工攻读在职研究生学费资助标准试行办法》；经院党政联席会议研究通过，成立甘肃省科学院创客空间；举行省科学院博士后科研工作站首位博士后出站颁证仪式；参加由全国博士后管理委员会、中国博士后科学基金会联合主办的博士后管理人员业务能力培训1人次；顺利完成博士后科研工作的首次评估，等次为合格；完成2015年博士后年报工作；举办在职人员继续教育培训班，对全院260名专业技术人员和管理人员，进行以整体素质提升培养为主题的培训。

【“双联”行动】根据省委要求和全省双联行动考核工作部署，先后配合省委宣传部组成省委考核组开展“双联”半年督查、“双联”行动和贫困村驻村帮扶工作队全年考核工作，对“双联”行动中助推精准扶贫、落实“六大任务”、打造“三大工程”、强化组织领导等情况进行考核评价及分类评估；从3个联系村的实际出发，制定“产业富村、村民增收”的总体规划，把发展优质核桃产业作为惠民增收的新的经济增长点，一次规划，分年实施。截至2015年底，已实现两村核桃种植适宜区全覆盖战略要求，种植核桃近2000亩；投入种苗补助资金7万元，启动实施优质核桃产业，积极探索发展模式，从苗木引进、技术服务、园林管理等方面进行服务，同时对参差不齐、长势弱的园区进行苗木移植；聘请陇南市核桃研究所技术专家赴3个联系村开展核桃苗接穗与培训，并提供2000株接穗、7万元的核桃苗木费及2000斤玉米种子；省科学院生物研究所技术专家在3个联系村开展文冠果、核桃树种植管理技术培训；提供经费32万元，立项实施《太平乡焦村山洪及地质灾害调查规划》、《泾川县太平乡甜高粱微生物青贮饲料技术推广》及《太平乡盘口村信息管理系统及电子商务平台建设》等项目；协助荒场村建成油用牡丹基地977.8亩，砂化公路6公里，硬化村组道路1.1公里，搭建钢架大棚20座，落实山地杂果标准化管理600亩；协助焦村实施文化广场、乡村舞台、卫生所等建设，村组道路拓宽硬化，39座钢架大棚维修改造，危房改造、易地搬迁项目选址及主体落实工作；地质自然灾害防治研究所技术专家赴3个联系村开展地质灾害评估工作；院挂职干部在焦村实施打井项目，解决该村蔬菜大棚浇水难题；实施“亮化工程”并为3个村安装太阳能路灯46盏；指导盘口村编制美丽乡村建设规划，流转二期项目用地；协助组织3个村的群众参加全膜玉米种植、科技养牛、蔬菜种植、妇女家政等培训10余次；在盘口村建立文冠果示范与推广基地5亩，为新建村部提供全套办公家具和10台办公电脑；为焦村提供2台办公电脑。

甘肃省科学院领导班子成员名录

院　长　高世铭

党委副书记　刘国虹

副院长　闫鹏勋　刘国汉　张　健

（供稿：李小波）

甘肃省农业科学院

【科研创新及重点领域研究】2015年，省农科院共执行项目280余项，投入科研经费6500多万元，开展各类试验示范1900余项，收集整理各类实验材料15.3万份，试验示范面积超过6000亩。研发出电动地膜玉米精量穴播机。筛选出2种适宜大田应用的全生物降解地膜。研制出2种1-MCP处理专用配套设施。设计出一种新型低成本连栋塑料大棚，制定双孢菇培养料隧道发酵优化工艺流程。提出速冻苹果原料预处理抽真空新工艺，解决速冻苹果褐变及质地软化问题。成功从红蓼种子中分离获得酰胺类化合物。研发出成本与普通小麦面条相当的马铃薯主食化面条产品。研发出PI-1型农产品贮藏强制通风智能控制仪和马铃薯抑芽气雾剂。提出SDF（水溶性膳食纤维）和IDF（水不溶性膳食纤维）提取工艺参数和流程，研制出苜蓿膳食纤维产品2个。

选育并示范推广一批农作物新品种，创制一批种质资源。选育出小麦、谷子、糜子、豌豆等粮食作物新品种16个，番瓜、茄子、青笋、辣椒等蔬菜新品种9个，杏、桃、梨、葡萄、西甜瓜等瓜果新品种11个；选育出玉米、胡麻、谷子新品系各2个，油葵、油菜新品系（组合）各1个、抗条锈病和白粉病的小麦新品种2个、稳定遗传抗虫基因的棉花株系2个。筛选出陆地棉抗旱种质7份、紫苏种质资源39份；繁殖更新小麦、高粱等作物资源3500余份；向省内外11家单位提供作物种质2200余份；利用SSR分子标记，筛选出携带优质麦谷亚基的材料47份；利用花药和小孢子培养技术，构建小麦抗旱和抗锈DH群体各1个；完成脱毒马铃薯材料41份。采集各类昆虫标本2845件，发现省内昆虫新纪录种23种。

完善形成旱地地膜玉米全程机械化增产技术及玉米化肥减量技术，机收损失率小于3%；研究提出果园垄膜覆盖微集雨保墒技术，降水利用率达到80%以上。在中低产田改良方面，针对盐碱土、风沙土、旱薄农田和水土流失型农田提出绿洲水盐调控淡盐化根区创建与培肥技术、抗风蚀土壤培肥改良技术、干旱瘠薄农田土壤培肥技术、水土流失型中低产田改良技术等系列土壤改良技术。其中提出的“保水剂+缓释肥+有机肥”的风沙土培肥技术，可减少10%的化肥施用量；提出马铃薯间作轮作绿肥技术，有效解决马铃薯连作障碍。在林果管理和循环农业方面，提出阳光树型轻简化修剪技术和轻简化花果管理技术，制定苹果无袋栽培果园病虫害防控周年管理历，建立“果-沼-畜”循环果园生态模式。提出大宗水果采后生理病害防控技术，系统建立果蔬1-MCP（1-甲基环丙烯）生产应用的采收、防控技术体系。提出当归、党参和黄芪干燥隧道式微波杀菌技术，可取代传统的硫磺熏蒸处理杀虫灭霉技术。研究提出以玉米秸秆粉处理为基础的马铃薯渣水一体化与分期处理低成本饲料化利用技术。

【基础研究】首次分析DREB1A转基因马铃薯生物信息。查明当归根际与非根际土壤中线虫动态变化规律。建立基于SSR分子标记的党参和黄芪DNA遗传图谱。构建马铃薯抑制性消减杂交（SSH）文库，筛选出45个差异表达基因片段。明确天水、兰州葡萄霜霉病发生与环境的关系及流行规律，建立流行预警体系。探明甘肃主要小麦条锈菌生理小种，发现小麦条锈菌群体组成已发生较大变动，提出持续控制条锈病发生流行的相关建议。

【获奖及鉴定验收成果】2015年，省农科院通过鉴定或结题验收的项目共计87项。完成省级科技成果登记30项。共审（认、鉴）定作物新品种27个，其中国家审（认、鉴）定2个，省级审（认、鉴）定25个。获授权发明专利11项、实用新型专利11项，植物新品种保护权2项，获计算机软件著作权1项；颁布实施技术标准21项。发表论文251篇，出版专著4部，其中参编1部。获得各类科技成果奖励27项，其中省科技进步一等奖1项、二等奖4项、三等奖6项；国家科技进步二等奖1项（参加），农业部中华农业科技奖二等奖1项、三等奖2项；其他奖12项。

【示范推广】依托农业部现代农业产业技术体系首席专家、岗位专家和试验站站长项目及各类成果转化项目，充分利用试验场、18个专业试验站及分布在各个生态区域的60个试验示范点，开展成果展示和科技服务。全年示范推广马铃薯、玉米、谷子、糜子、油菜、棉花、蔬菜、林果、中药材等新品种及各类配套技术700余万亩。其中年示范推广马铃薯新品种陇薯7号100万亩以上，新增产值2.51亿元；推广陇椒系列辣椒新品种30余万亩，新增产值1.35亿元；冬小麦新品种陇鉴108推广60万亩以上，提供提供优质种子60万公斤；春小麦新品种陇春33号30多万亩，新增产值3000多万元。

【人才培训】开展乡镇干部农技推广能力提升培训，举办“现代农业实用技术”“中药材品种改良及栽培加工技术”“畜禽健康养殖及饲草种植加工技术”“农畜产品贮藏保鲜及加工技术”4期专题培训班，培训省内8市州乡镇干部和农技人员500多名。按照省委人才办“陇原之光”人才培养计划，接收6名来自贫困地区的农业科研人员进行为期一年的培养学习。在省人社厅的支持下，开展2015年农业科技专家服务基层活动。

【对外交流与科技合作】2015年，省农科院争取国家及省级引智项目11项，争取国家国际合作基地1个、省列引智示范推广基地1个。邀请4名外国专家来院讲学。接待匈牙利、吉尔吉斯斯坦等国代表团来院访问。派出13名科技骨干参加国际会议、留学及合作研究。争取到国家外专局出国培训项目5项，资助经费58万元，出国研修培训人数49人。先后与国际半干旱热带作物研究所、俄罗斯人民友谊大学农业技术学院等8家外国科研教学机构签署合作协议。分别与中国农科院特产研究所、嘉峪关市等单位签订科技合作协议。派员参加国内学术交流600余人次，举办博士论坛等学术交流活动50余场次。承办中国农业科技管理研究会科技发展战略研究工作委员会2015年学术年会及全国农业科学院办公室主任协作组第七次会议。

【科研平台建设】2015年，省农科院投入科研基础条件和科技创新平台基地建设费用4500余万元，新增仪器设备167台（套），新增专用玻璃温室3580平方米。争取到农业部野外科学观测试验站5个、品种改良分中心1个、育种创新基地1个、甘肃省工程研究中心2个、甘肃省行业技术中心1个。农业资源环境重点实验室通过资质认证。建成甘肃农业科技数字图书馆。与此同时，有10个研究所与省大型仪器协作共享办公室签订入网合作协议，25台（套）20万元以上的仪器设备可对社会开放共享。

【人才队伍建设】2015年，省农科院以公开招聘为主要方式引进省内外各类人才19人，其中博士5人、硕士11人。1人享受国务院政府特殊津贴；1人补选为省领军人才；1人及其团队入选农业部第二批农业科研杰出人才及创新团队；1人入选国家“百千万人才工程”，同时被授予“有突出贡献中青年专家”荣誉称号；1人入选第八批甘肃省优秀专家；推荐7人次为全国中青年创新领军人才等候选人；1人作为“西部之光”访问学者赴中国农科院学习；3人被列入“陇原青年创新人才扶持计划”。争取到陇原青年创新人才扶持计划、人才专项等资助经费278万元。组织实施“西部之光”访问学者导师回访活动。2015年，9人在职攻读博士学位、8人攻读硕士学位，新晋升副高级专业技术职务21人、中级10人、初级4人；聘任10名技师、8名高级工技术职务。完成工勤技能人才培训考核。

【项目争取】2015年，省农科院共争取各类项目160余项，新上项目合同经费1.3亿元（其中国家级项目经费占70%，达到9000万元）。年度项目合同经费和到位经费首次突破亿元大关。

【基础设施建设】2015年，省农科院第二批公租房建设稳步推进，农村试验站建设有序推进。2幢11层、1幢34层完成主体封顶，1幢34层完成30层主体施工。下拨专项经费159万元对18个综合试验站的基础条件和生活设施进行改建。3个试验场分别与有关研究所合作开展果树栽培及果品保鲜技术、苜蓿品种选育、瓜菜育苗、作物制种、苗木繁育技术等研究，并承担相关课题组科研试验10余项，同时，积极向省、市、区（县）相关部门大力争取节水灌溉、果园改造、苗木繁育、棚户区改造等项目，累计达到2000余万元。

【“双联”行动】开展春季推进活动、“全国扶贫日”入户关怀活动、示范现场观摩会、党组织共建以及派驻的驻村工作队和30多批次的干部进村入户等活动。以培育林果种植、肉牛养殖、旱作农业三大产业为目标，设立苹果高效栽培、饲用甜高粱栽培、核桃高效栽培、苹果采后贮藏管理、麦后复种马铃薯、黑小麦产业化、全膜双垄沟播玉米大豆栽培、陇东沟坡地经济林果、肉羊高效养殖等9个专项的技术示范。同时，采取“科研单位+公司+贫困户”的模式，搭建企业与农户互惠互利平台。以省农科院228名联村干部为主体，积极开展扶贫政策宣讲和农业生产技能培训，先后组织培训20多场次，发放技术资料5000余份，培训农民2300余人次，向双联村免费发放玉米、大豆、甜高粱等良种83吨，化肥17吨。2015年，受托委派专家20批次近80人次赴省直“双联”点开展科技咨询、科技服务。

【“三百”行动】对全院“三百”增产增收科技行动作出年度工作安排，筹措资金75万元，在12个“双联”贫困村开展精准扶贫和成果转化。在已建立的111个示范点，引进推广各类新品种107个，建立示范区2.48万亩；示范推广旱地节水栽培技术等新技术68项，建立示范区8500亩；示范应用新型农药新产品13个，立示范区380亩。各研究所结合项目，全年开展精准培训和技术咨询指导200场次，发放技术资料2.75万份，累计发放良种43.2吨、种苗2.2万株等。充分发挥“三区”人才计划项目作用，利用入选的134名科技人员，对口服务49个贫困县区、61个农业科技部门、52个村（专业合作社）及21户企业，开展科技培训和技术服务1300余场次，培训农民3万多人次，推广转化新技术、新品种201项，累计示范面积达26.8万亩。接受22名县区科技人员在省农科院试验站参加培训。

【“1414对口支援计划”】根据对口支援的合作市农牧业发展中的问题和需求，开展以技术培训、科技项目、技术咨询等为主的科技帮扶。实施的“合作市退化草场一年生苜蓿补播治理修复技术试验示范”和“玉米秸秆饲料化高效利用技术研究与应用”项目，已建立试验示范基地。引进推广藜麦和紫花苜蓿新品种220多亩。同时，对合作市一些重点企业、养殖专业合作社、养殖大户进行技术援助。

省农业科学院领导班子成员名录

院　长　吴建平

党委书记　魏胜文

副院长　陈　明　郭奇志　马忠明
　　　　李敏权　贺春贵

（供稿：方　蕊）

社会科学

甘肃省社会科学院

【智库建设】2015年9月，省社科院组织召开“促进沿边开放发展，推动一带一路建设”，中国沿边九省区新型智库战略联盟高层论坛研讨会，通过沿边九省区智库论坛，加快与各省区社科院及相关研究机构开展合作研究。2015年，承担省委、省政府委托第三方评估课题5项，发挥省社科院的智库作用。5月，启动陇原特色新型智库专题数据库建设。按照“服务智库，整体布局，分步实施，项目管理，责任明确”的基本思路，启动建设甘肃文化大省建设与华夏文明传承创新区、甘肃全面深化改革、甘肃扶贫开发与全面建成小康社会、甘肃对外开放与丝绸之路经济带建设、甘肃国家级生态安全屏障综合实验区、甘肃哲学社会科学创新发展、甘肃省社会科学院专家与科研成果等七个专题数据库。同时，启动九个院陇原特色新型智库子智库建设，以研究所为基本载体，全院9个研究所各承担一个创新型子智库的建设任务。确定的院子智库建设基本方向为宏观经济运行、资源与生态环境、三农问题、文化建设、丝路历史、社会建设与管理、地方法治、地方党建、公共治理。

【文化资源普查】全省文化资源普查数据录入工作已经完成。截至2015年底，省级以上文化资源的申报、登记、汇总工作已全面完成，顺利结束数据在线录入阶段工作，录入的文化资源已达40余万项。编纂《甘肃省文化资源名录初编》《甘肃省文化资源名录初编总汇索引》，主要汇总15类、18445项省级以上文化资源。同时，合作研发并完善甘肃省文化资源普查录入统计平台软件，制定编写出《全省文化资源普查表册》和《甘肃省文化资源普查工作手册》《甘肃省文化资源普查——分类分级条目说明及填表说明汇总》。

【学术交流合作】2月，中欧改革论坛启动研讨会在比利时布鲁塞尔召开。3月，在酒泉召开中国社科院与甘肃省双向挂职干部座谈会；5月，与省委党校联合主办主题为“深刻领会、准确把握、大力推进的‘四个全面’战略布局”专家论坛。应省社科院和省委党校的联合邀请，中国社会科学院亚太与全球战略研究院副院长李文研究员，为两单位教学科研人员作题为“当前世界形势与中国‘一带一路’建设”的学术报告。青海省社科院、广西社科院、黑龙江省社科院等先后来甘肃院进行相关专题交流座谈。6月，中国社会科学院在甘挂职干部座谈会在敦煌市召开。9月，西北历史与丝绸之路研究所研究人员一行6人，赴新疆与吐鲁番学研究院领导及专家交流座谈。10月，省社科院出席由中国（海南）改革发展研究院、联合国开发计划署、中国国际经济技术交流中心、德国国际合作机构联合主办，中国（海南）改革发展研究院承办的2015新兴经济体智库年会暨第80次中国改革国际论坛，并发表主题演讲。11月，省社科院和省委党校、马其顿信息科技大学分别签署战略合作框架协议。12月，在河南省社科院进行访问调研，就大数据时代的社科应用研究、智库数据化建设、项目团队建设、蓝皮书建设、两院基础设施建设等问题深入交流，并参观考察位于郑州郑东新区的河南社科院新建院址建设情况。

【科研成果】全年完成各类科研成果426项，其中：论文192篇，著作28部，院《要报》系列49期，科研项目157项。被省委省政府采纳应用研究成果12项，复印转载2项，获得各类优秀成果奖19项。其他委托项目及内刊文章近100项。组织申报并获得国家社科基金项目3项，申报并获准立项省软科学项目1项、省社科规划一般项目4项。组织各级各类课题结项工作，共结项国家社科基金课题3项、省社科规划项目3项。院年度项目立项、结项157项。第四辑出版发行暨传承陇上学人文血脉研讨会顺利召开。《陇上学人文丛》第四辑10卷出版。《甘肃社会科学》继续入选“2014-2015版CSSCI来源期刊”“全国中文核心期刊”“中国人文社会科学核心期刊”“RCSSE中国核心期刊”等；《开发研究》继续入选“中国人文社会科学核心期刊”“全国中文核心期刊”“RCSSE中国核心期刊”等。2015年3月，由中共甘肃省委宣传部主管，由省社科院与甘肃龙文化研究院共同主办的《龙》杂志在2014年度全国优秀内刊评选评比中荣获“好杂志”特等奖、“好专栏”特等奖。

【创新推广】《要论与对策》《甘肃省社会科学院要报》《专供信息》《思想理论研究动态》按期编发，全年共编发49期，被省委省政府采纳应用11期。部分著作类研究成果应广大读者的需求，再次修订出版。范鹏、朱智文研究员编著的《甘肃省情》修订再版，对部分内容和表述进行修改和完善。张谦元研究员编著的《甘肃省惩治和预防腐败体系建设研究》修订再版，系统分析甘肃省惩治和预防腐败的现状、存在的问题，并提出相应的对策。冯亚光研究员的专著《西路军》三部曲第五次印刷。

【党建与思想政治工作】2015年，以院党委、中心组、处级干部会、全院职工大会等多种形式组织学习党的十八大和三中、四中、五中全会精神、“四个全面”战略思想，特别是十八届五中全会《关于制定国民经济和社会发展第十三个五年规划的建议》，认真学习《习近平谈治国理政》、习近平总书记《关于党风廉政建设和反腐败斗争论述摘编》。组织撰写相关理论研究和宣传文章40余篇。积极参加省委组织的宣讲工作。认真落实党风廉政建设“3783”主体责任。多次召开党委会议、中心组(扩大)会议，专题研究和落实省社科院党风廉政建设工作。根据《省直宣传文化系统落实党风廉政建设主体责任实施细则》和院《落实党风廉政建设主体责任的实施办法》，新制定院《落实党风廉政建设主体责任约谈工作细则》；修订《差旅费管理办法》《会议费管理办法》《培训费管理办法》和《院车辆使用管理办法》，转发《甘肃省财政厅关于公务机票购买管理改革有关事项的通知》。在贯彻省委关于《领导干部报告个人有关事项》《甘肃省省级党政机关地（厅）级及以下干部职工住房清理实施办法》等文件时对全院领导干部开展集体约谈。

【"三严三实"专题教育】制定下发《关于在党员领导干部中开展"三严三实"专题教育方案》《开展"为官不为"、"庸懒散软"专项整治工作实施方案》等文件。组织开展2015年读书会，结合提升基础理论水平展开学习。开展以"理想信念和道德品行"为主题的研讨活动，选出5篇政治特色鲜明、内容丰富的文章，由作者在庆"七一"大会上进行演讲。组织撰写"三严三实"有关理论文章，在省内外主要报刊发表，加强舆论宣传。突出问题导向，建立问题清单，做好立行立改工作。

【党风廉政建设】坚持遵守"八项规定"和"双十条"规定。按照省委要求，开展"学好法、用好权，促公正、促清廉"集中教育活动。院纪委围绕党风廉政建设、党章、中央八项规定和省委双十条、违规经商等内容编制"为民务实清廉"廉政法规知识试题，先辅导后实行闭卷考试。加大对领导干部执行中央八项规定、财经纪律执行、"三公"经费使用、公车使用、职工红白喜事操办等的督查力度。院纪委下发《关于在中秋国庆期间严格执行八项规定开展"九个严禁""九个严查"专项行动工作的通知》。

【队伍建设】在七一前评选表彰6个先进党支部、11个优秀党员、5个优秀党务工作者。组织全院纪念建党94周年暨抗战胜利70周年文艺演出活动；举办"加强理想信念和道德品行教育"主题演讲；举办党支部书记、党支部委员"践行三严三实，做好基层党建"主题培训班。截至2015年底，院党员共149名，占全院在职和离退休职工总数74.5%。严格落实"三会一课"制度，按时召开组织生活会、党员大会、专题组织民主生活会和党课，18个党支部着力抓好本支部党建工作。

【"双联"行动与精准扶贫】省社科院于2015年初又增加松树乡时家村为联系村。专门制定院《2015年精准扶贫工作安排意见》，修订完善《院双联干部精准扶贫分批下乡帮扶计划表》；根据精准扶贫、"双联"工作需要，对工作人员进行充实补充，由原3名干部增加为4名。深入"双联"村开展"走进贫困户、助困解忧愁"精准帮扶主题实践活动。赴"双联"点开展以"精准扶贫、携手攻坚，共建美好家园"为主题的慰问演出。自筹资金11万元为三个"双联"村安装24盏太阳能路灯；完成对3个"双联"村精准扶贫建档立卡和留守儿童、空巢老人的统计工作，修订完善院《双联帮扶花名册》《精准扶贫工作联系电话表》；自筹经费2500元，为新增联系村松树乡时家村0-3岁儿童购置25份营养包；对扶贫村留守儿童和孤寡老人筹资进行慰问。按照省委省政府"1+17"精准扶贫方案要求，围绕民族地区贫困人口生存现状测评及贫困测度等问题，7月，省社科院调研月期间，农村发展研究所科研人员赴临夏州东乡族自治县进行扶贫专项实地调研。院专家赴天水等六地作"精准扶贫"多场专题宣讲报告。

省社科院领导班子成员名录

党委副书记、院长　王福生

纪委书记　陈双梅（女）

副院长　朱智文　安文华

　　　　刘进军

（供稿：赵　敏）

文化　卫生　人口与计划生育　体育

文　化

【文艺创作演出】启动实施全省地方戏曲剧种普查工作，实施戏曲剧本孵化计划，建立选题指导制度，扶持戏曲剧本和"名家传戏"。实施"甘肃戏剧剧本工程"，面向全国征集舞台剧本，建立舞台剧本库；面向全省征集艺术创作选题，建立创作选题目录。重视陇剧、花儿等地方特有剧种的保护和创作，加强对艺术创作的指导，组织专家指导修排秦腔《大河儿女》、舞剧《丝路彩虹》，论证话剧剧本《秦时明月》、秦腔剧本《柴生芳》、《陇上铁汉》、陇剧剧本《山花》等优秀剧本。打磨提升话剧《天下第一桥》、歌剧《貂蝉》、秦剧《大河情》、陇剧《庆阳八年王维舟》等多部剧目。继续打造敦煌画派、"西风烈·绚丽甘肃"原创歌曲创作工程。2015年，省直文艺院团及各市州新创《王维舟在庆阳》、《大秦文公》等剧目27个；省歌剧院歌剧《貂蝉》剧组荣获"第25届上海白玉兰戏剧表演艺术奖集体奖"，省话剧院有限责任公司朱衡、省陇剧院窦凤霞荣获第27届中国戏剧梅花奖。遴选22部近五年来全省戏剧艺术创作精品剧目，举办"推进戏剧大省建设剧目展演"。举办"纪念中国人民抗日战争暨世界反法西斯战争胜利70周年"演出季、"2015舞台精品惠百姓"、全省百姓文化广场惠民演出等活动。完成2015伏羲公祭大典祭祀乐舞、党政军春节团拜会等演出活动。举办甘肃省原生态民歌歌手大赛、"古塞奇珍——甘肃古代简牍及汉简书法展"系列巡展、中国岩画展甘肃巡展等活动。全年全省各级国有文艺院团深入基层演出1.5万余场，观众人数1600万人次。

【公共文化服务体系建设】开展国家公共文化服务体系建设示范区（项目）创建活动，白银市、平凉市泾川县"文化社团"和陇南市康县"乡村舞台"获批成为第三批国家公共文化服务体系示范区（项目）。省委办公厅、省政府办公厅印发《关于加快构建现代公共文化服务体系的实施意见》和《实施标准》，推动实施全省公共文化服务标准化、均等化建设。实施市州两馆新建及改扩建、县级"两馆"修缮改造、乡镇综合文化站建设与内部设备配套、社区文化中心服务条件改善等重点项目建设。全年为29个贫困县配送流动图书车，实现58个贫困县流动图书车配送全覆盖。为20个边疆乡镇基层服务点、80个边疆数字文化服务点和518个乡镇综合文化站公共电子阅览室配备设施设备，实现全省乡镇综合文化站公共电子阅览室全覆盖。

【文化交流与展览】全省各级文化馆（站）举办展览2800展次，组织文艺活动7500场次，举办各类群众文艺培训班3800场次，组织各类理论研讨和讲座300场次，指导基层群众性文艺团体、文化中心户1.5万多个。省博物馆组织展览赴内蒙古、四川、山东等10余个省市区进行交流展出。省文化信息资源共享工程中心向基层传输资源量达到70TB，各县区支中心和服务站点下载使用资源量为20TB，实现文化建设成果共建共享。开展第四次全国文化馆评估定级工作，向文化部推荐上报75个文化馆为等级文化馆。

【文化遗产保护】启动实施“历史再现”工程，发展形式多样的“乡村记忆”博物馆。“历史再现”工程被省委宣传部评为2015年度全省宣传思想文化工作创新奖。2015年，全省博物馆新增165个，总数已达385个。大量行业和民间收藏的社会文物纳入规范化管理。嘉峪关文化遗产保护工程接近尾声，关城本体保护维修项目全部竣工，全省7处世界遗产地监测预警体系建设基本完成，并向国家文物局上报年度监测报告和丝绸之路甘肃段保护状况报告。实施拉卜楞寺文物保护和维修工程项目、青城古民居保护修缮、南石窟寺1号窟抢险加固、武威海藏寺保护维修等21项全国重点文物保护单位保护工程。实施兰州白塔山白塔加固纠偏、岷县前川寺保护修缮等5项省级文物保护单位保护工程。水帘洞石窟群壁画、彩塑及浮雕保护修复工程入选年度全国十佳文物保护工程。推进大地湾国家考古遗址公园F901遗址保护大厅新建工程建设。56件甘肃大堡子山遗址被盗掘流失珍贵文物及流失美国的22件文物回归。

【非物质文化遗产保护】协调文化部对部分国家级非遗代表性项目保护单位进行变更；对第四批国家级非遗代表性项目的保护单位进行核定、调整。向中央财政申请国家级非遗保护专项资金2196万元；争取到2015年省级非遗保护专项资金1200万元。参与国家级代表性传承人抢救性记录工程，为全省年满70岁以上的10名国家级传承人争取工作经费400万元，组织5名工作人员和专家参加文化部举办的业务培训班。实施第四批省级非遗代表性传承人推荐评审工作，公布167名传承人为甘肃省第四批省级非物质文化遗产代表性传承人。组织裕固族服饰、裕固族民歌、河西宝卷等国家级非遗保护项目，赴香港举办“根与魂——甘肃省非物质文化遗产展演”。组织非物质文化遗产展演参加“第五届成都国际非遗节”等5次展示展览。与中国文化传媒集团、“我的手艺网”协同举办2015“我的手艺”第二届全国青年设计大赛。

【文物普查】完成可移动文物普查工作，组织专家组对全省文物系统2002年以来新增的29344件（套）文物藏品进行鉴定定级，全省新增珍贵文物5978件（套）、重点保护古生物化石1023件。

【文化市场管理】年初及时向14个市州传达文化部会议精神，转发全年执法工作要点。每季度及时制定下发《文化市场综合执法要点》。以“扫黄打非”工作“清源”“秋风”“净网”“固边”四大专项行动为依托，依法查处网吧接纳未成年人等违规经营行为，重点对校园及周边的网吧、娱乐场所、非法出版物、盗版教辅书等检查，严厉打击和取缔各种反动、淫秽、色情、暴力、封建迷信的文化经营活动。全年共出动执法人员175141人次，检查经营单位85303家次，责令整改2395家，警告827家次，责令停业整顿140家，吊销许可证1家；受理各类举报309件，立案调查253件，办结案件207件，移交案件50件。

【文化市场综合执法改革】推进全省文化市场综合执法改革，研究提出省级文化执法机构改革的意见。对网吧行业准入标准进行调整，取消网吧总量和布局规划限制，全面开放单体网吧审批。同时，根据中央和省委、省政府简政放权的要求，省文化厅从2015年起不再制定《全省游艺娱乐场所的总量布局规划》，改为由各地文化行政部门按照放宽市场准入的精神，结合各地实际情况，制订实施办法，开放游艺娱乐场所的审批。积极推进互联网上网服务转型升级。

【服务行业转型升级】在全省组织开展互联网上网服务行业转型升级工作。全省14个市州有选择性地确定转型升级试点企业249家，占全省互联网上网服务行业企业总数的14%。引入“互联网+”思维和经营模式，主动与休闲、娱乐、电商、社区服务、远程教育等融合发展，出现“网咖”等互联网上网服务的新型业态，从根本上改变了“网吧”的经营状况和执法环境，完成转型升级的上网服务场所达到120多家。

【综合执法】全省14个市州与山东省13个市和省文化市场稽查队结对协作，实现文化市场综合执法对口协作交流全覆盖。举办两省文化市场综合执法案卷评查交流活动，组织开展执法案卷评查、交互式检查、以案施训、法律普及等活动。连续五年无行政复议案件。在两年一度的重大执法案件评选活动中，白银市报送的执法案卷被文化部评为“十佳案件”。积极开展文化市场平安创建活动，按照“管行业必须管安全”的要求，把文化市场领域内的安全生产摆在突出位置。全省各地积极行动，认真开展安全隐患排查工作，共计查出文化市场经营场所安全隐患560多处，下达整改通知410多份。

【文化产业发展】制定关于进一步支持全省小微文化企业发展的办法和措施。实施创新驱动发展战略，引导文化企业向园区集中，推动园区向集约化、规模化、专业化、品牌化发展，兰州创意文化产业园、敦煌文化产业园、甘肃万博金城珠宝古玩城、庆阳香包集群、张掖祁连玉文化产业园等园区和基地，进入全省文化产业前30强。全力配合大景区建设、敦煌国际文化旅游名城建设等工作，打造长城丝路文化旅游圈、河西五市精品丝路旅游建设。全省各地举办文化旅游节等文化节会活动，促进文化旅游名城名镇名村建设，形成华池“红色南梁”、两当“播撒火种”、腊子口“攻龙天险”、会宁“胜利会师”等红色文化旅游品牌。2015年，全省文化系统文化产业与上年同期相比增长24.45%。定西市实施重大项目带动战略，培育壮大市场主体，推动文化与旅游等深度融合发展，增速达到38%。嘉峪关积极推进文化与旅游深入融合，总投资22亿元的嘉峪关方特欢乐世界顺利建成开园，仅十一小长假期间，累计接待游客36万人次，全年旅游收入2.4亿元。全省11个重点项目进入国家扶持文化产业发展重点项目库，其中1个项目获得中央财政文化产业专项资金支持，总计金额4410万元。

【丝绸之路（敦煌）国际文化博览会】充分发挥"敦煌"这一知名文化品牌的国际影响力和甘肃作为丝绸之路黄金段的独特区位优势，成功申请获批举办丝绸之路（敦煌）国际文化博览会。在文化部的支持和省委、省政府的领导下，按照博览会"2+X"的架构，制定章程、总体方案和高峰论坛、文化年展分方案，成功召开博览会准备工作大会、工作协调会议和组委会第一次会议，完成顶层设计，动员大会、筹备工作领导小组第一次会议，首届丝绸之路（敦煌）国际文化博览会筹备工作顺利启动。

【对外及港澳文化交流】全年对外和对港澳台文化交流项目82起，678人次。积极开展与丝绸之路沿线国家人文交流与合作,组织甘肃艺术团赴尼泊尔、孟加拉、斯里兰卡三国执行文化部最大的海外品牌"欢乐春节"演出任务；组织舞剧《丝路花雨》赴韩国首尔参加"2015中国旅游年"开幕式演出；赴蒙古参加乌兰巴托中国文化中心庆国庆活动；组派甘肃杂技团赴新加坡参加第22届"春城洋溢华夏情""欢乐春节"和"妆艺大游行"演出活动；在希腊举办"影像丝绸之路——甘肃风情图片展"；组织甘肃省艺术团赴印度孟买和新德里进行演出，同时推进甘肃与印度在壁画、石窟数字化研究等方面的合作。

【文化场所建设】2015年，召开4次精准扶贫精准脱贫文化场所建设暨"乡村舞台"建设推进会。全年投入资金9.51亿元，完成2884个贫困村文化场所建设任务，占年度任务的144.2%；完成268个乡镇综合文化站达标建设任务，占年度任务的134%。落实"乡村舞台"建设省级专项经费5161.5万元，累计建成"乡村舞台"11559个，占全省行政村的72%。文化部在甘肃省康县召开"乡村舞台"建设现场会，向中西部11个省市区介绍"乡村舞台"建设经验做法。

【制度建设】加强制度建设，积极配合省人大开展《甘肃省非物质文化遗产条例》立法调研、论证等各项立法筹备工作。该条例已于2015年3月27日经省人大常委会审议通过，并于6月1日起正式施行。对文化部办公厅印发的《支持甘肃华夏文明传承创新区建设重点任务分工方案》，从9个方面对全省文化工作提出38条具体支持政策。代省政府草拟《关于加快构建现代公共文化服务体系的实施意见》《关于做好政府向社会力量购买公共文化服务工作的实施意见》《甘肃省党政机关境内展会活动管理实施细则》《关于进一步加强对外和对港澳台文化工作的实施意见》等一批文化政策，并得到印发实施。组织起草《关于支持戏曲传承发展加快戏剧大省建设的实施意见》、《关于推进基层综合性文化服务中心建设的实施意见》，将通过省政府审定后印发实施。积极推动《关于推进文化创意和设计服务与相关产业融合发展的实施意见》和《关于加快发展对外文化贸易的实施意见》等政策落地。

【项目审批】在全面承接文化部下放审批项目的基础上，对省文化厅的行政审批项目减少审批环节，优化审批流程，审批时限由法定的20个工作日，压缩至目前的7个工作日，全年共受理行政审批75件。按照"一个窗口受理、一站式审批、一条龙服务"的管理要求，将省文化厅的行政审批事项全部入驻省政府政务大厅进行受理，明确窗口首席代表、分管领导、联系处室，健全窗口轮换制度，杜绝不经窗口受理直接由各相关业务处室进行受理的现象。同时，将行政许可权力运行图与政务服务中心行政许可事项进行衔接核对,进一步完善政务服务中心行政审批流程，做到外网与政务内网行政许可的协调统一。

【"三张清单一张网"清理梳理工作】推进简政放权和转变职能工作，开展"三张清单一张网"清理梳理工作，共梳理出的69项权力和责任清单（其中行政许可12项、行政处罚39项、行政确认1项、行政奖励2项、其他行政权力15项），梳理便民服务事项25项，并完成行政执法权流程图编制工作，经省政府审议通过后，在甘肃政务服务网予以公布。制定印发《省文化厅推进简政放权放管结合转变职能工作方案》，下放行政处罚权38项，并报省政府法制办审核。

【政务公开】制定《省文化厅政务信息公开规定》和《甘肃省文化厅网站管理暂行办法》等制度，明确省文化厅需要向社会、系统内部和机关内部三个层次公开的29项信息内容。不断完善省文化厅门户网站建设，按照《中华人民共和国政府信息公开条例》的要求，主动公开文化方面的政策法规、文化信息等，对厅长办公会议、重大人事任免、月度重要工作等内容，在不涉及党和国家机密的前提下不定期进行公告。全年通过门户网站公开信息115条；通过政务微博公开信息25条；编发《甘肃文化》杂志6期、《甘肃省文化厅工作简报》30期，组织召开新闻发布会2次，《甘肃日报》刊发专刊3版。

【党风廉政建设】开展党风廉政建设考核、巡察、"三述"、谈话、专项治理等工作，强化干部教育管理监督，履行从严管治党治党职责。组织党员干部认真学习党章和《中国共产党廉洁自律准则》《中国共产党纪律处分条例》。开展"三严三实"专题教育。认真落实中央八项规定和省委"双十条"规定，强化作风建设，防止"四风"反弹。强化执纪问责，依法依规查处违规违纪违法问题。组织开展"陇原清风"廉政文化巡演活动，在兰州、定西、白银、临夏等4个市州、20余县区进行巡回公益演出40场。

【"双联"行动】全省文化系统认真开展联村联户为民富民行动。筹集资金完善"双联"村文化、体育、照明灯设施，完成联系村自来水入户、危房改造、便民桥修建、路面硬化、垃圾池及农田灌溉渠等建设项目。筹集资金帮助"双联”村实施桃林、蔬菜大棚、樱桃、冬枣、藏柴胡、苹果等特色种植，发展鸡、牛、羊等养殖。组织文艺院团深入基层和双联村开展“文化帮扶、惠民演出”、专题和综艺晚会演出，开展送书、送春联活动。积极引进外力，帮助改善“双联”村办学条件，资助困难学生上学。

省文化厅领导班子成员名录

厅　长　孙　伟

甘肃演艺集团董事长　朱玉兰（女）

副厅长　俄　军　周奉真　才　智
　　　　杨建仁　梁朝阳　马玉萍
　　　　郭向东

纪检组长　李东文

（供稿：刘　聪）

图书馆工作

【省图书馆扩建项目】2015年省图书馆扩建项目取得省建设厅《建设工程施工许可证》，完成所有行政审批及审查手续，进入主体施工阶段，全年完成投资额5800万元。完成临时水、电、暖、燃气等管线及消防通道的改造和施工，临时消防水池、泵房、锅炉房安装调试完备并投入使用；主楼地下两层主体完成工程总量60%，附楼完成地上二层主体施工，基坑回填达到70%。

【国家级古籍修复技艺传习中心甘肃传习所揭牌】6月18日，国家级古籍修复技艺传习中心甘肃传习所在甘肃省图书馆揭牌。国家级古籍修复技艺传习中心共在全国设立13家传习所，聘任业界资深修复专家开展师带徒授课，传承古老技艺，延续人才根脉。甘肃传习所是首批设立的5家传习所之一，也是西北地区唯一一家。

【文献采选】全年入藏印刷型图书49318种、153621册，其中地方出版物4151种、6337册。订购印刷型报刊4317种、5554份，视听资料1381种。收到社会各界赠送图书2402种、3780册，征集入藏《河西宝卷》72种、88卷。启动俄文、日文过刊的回溯建库工作，完成5061种、11219册中外文过刊的分编工作。始于2010年的未分编古籍整理普查工作全部完成，累计整理未分编古籍15037部、106540册，经版本鉴定，新认定古籍善本2584部、28721册。

【数字资源】全年订购电子图书38070册。续订中国知网（CNKI）全文数据库、万方知识资源库、读秀知识库、全国报刊索引、国研网等18个数据库、44个子库。西北地方文献资源数据库、四库全书研究资源数据库、甘肃地方文献联合目录以及馆藏书目数据库等20多个自建数据库进行了数据更新工作。配合全国图书馆文献缩微复制中心，全年拍摄民国图书缩微胶片2.1万拍。甘肃省知识文化服务平台继续为基层图书馆共享馆藏数字资源提供服务，年下载量近3万篇。

【读者服务】全年接待读者145万人次，更换新证36800个，办理新证9240个，外借图书90万册次。在全省建立分馆、流通站数达69个，配送图书65万册次。图书流动车外出100余次，24小时自助图书馆运行良好。全年举办系列文化活动、读者活动、联谊活动200余场，参与人数近20万人次，其中举办周末名家讲坛53场，书画专题讲座11场，国学讲座12场。举办公益展览25场，外教英语沙龙16期，亲子阅读活动56场，举办包括文化学者于丹《读书与读心》专题报告在内的其他阅读推广活动50余场。

【信息咨询】全年为党政机关、科研院所、企事业单位及社会大众提供专题咨询服务160多项。依托馆藏资源，编辑《决策参考》等专题资料，定期向省委、省政府等领导机关寄送；编辑《西北研究通讯》《四库全书研究论著提要目录》等二、三次文献，为相关领域的研究者提供服务。为全国图书馆参考咨询联盟文献咨询与传递服务工作传递原文73篇，继续开展中国政府公开信息整合服务平台甘肃分站建设工作，采集著录省级政府各机构及市级主要政府机构网站公开信息2.4万条，排查筛选政府公开信息3万余条。

【文化共享工程】文化共享工程省分中心完成《红色记忆哈达铺》《西河乞巧文化》等9个2012、2013年度地方特色资源建设任务；《甘肃名城》等4个2014年度地方特色资源建设进入实施阶段；成功申报《甘肃非物质文化遗产（省级）》等4个2015年度地方特色资源项目。组织全省基层工作人员参加全国公共文化发展中心安排的各种网络培训活动和各类现场培训，举办“全省文化共享工程暨数字图书馆技术人员培训班”等4次集中培训，培训学员近400多人次。圆满完成甘肃省边疆万里数字文化长廊建设任务，在全省建成100个基层服务点，并与文化共享工程内蒙古分中心、新疆分中心和新疆建设兵团分中心开展“文化共享志愿者边疆万里数字文化长廊行活动”。

【数字图书馆推广工程】积极争取到张掖市图书馆、武威市图书馆和嘉峪关市少儿图书馆数字图书馆推广工程的建设经费，初步实现覆盖全省省、市两级公共图书馆的数字图书馆服务体系。配合国家图书馆完成甘肃省图书馆、兰州市图书馆、白银市图书馆、天水市图书馆、平凉市图书馆必配软件系统现场部署，并对条件成熟的其它馆开展远程部署。举办3次专题培训班，各馆均按照《国家图书馆资源联合建设任务书》完成2014年建设任务，并启动2015年资源建设工作。

【公共电子阅览室建设计划】以文化共享工程和公共电子阅览室覆盖全省的五级服务网络设施设备为基础的“甘肃省公共文化数字支撑平台”，完成必配硬件、基础软件和特色应用三大核心建设内容和招标工作。采用软件推送平台建设与资源访问终端相结合的方式继续推进公共电子阅览室社会化合作工作。通过合作共建、场所认定等方式与社会机构、企事业单位等开展深入合作，共建公共电子阅览室服务平台。

【中华古籍保护计划】开展全省古籍普查登记扫尾工作，全省46家古籍收藏单位在线提交古籍普查数据5万余条，涵盖古籍约55万册，全省29家收藏单位初步完成普查登记工作。协调全省

甘肃省图书馆扩建项目效果图

古籍收藏单位参与全国古籍保护开发和研究出版等项目工作。组织召开年度全省古籍保护工作会议，申报评选的第五批国家级《珍贵古籍名录》通过专家审核，即将发布，第三批省级《珍贵古籍名录》和古籍重点保护单位申报工作继续推进。加强全省古籍保护人才队伍建设，做好国家古籍保护人才培训基地和国家级古籍修复技艺传习中心甘肃传习所建设工作。承办“第六期全国古籍修复技术培训提高班”，完成《名家公开课 师有宽古籍修复技术》教学片拍摄工作。全年修复古籍218册，约15458叶。邀请业界修复专家研讨完善馆藏地方人士稿本手迹的修复方案，开展师带徒技艺传承工作。

【学术交流】在兰州举办2015甘肃省图书馆学会年会，邀请北京大学王子舟教授作专题学术报告。组织会员参加中国图书馆学会第九次全国会员代表大会及2015中国图书馆年会，推荐10项成果参加省第十四次哲学社会科学优秀成果评奖并有6项成果获奖。协调召开“西北五省（区）图书馆第三次峰会”，与陕西省图书馆学会联合举办“上等级图书馆学习交流培训活动”。联合举办“甘肃省第三届图书馆出版社文化论坛及新书现采会”，组织全省各级图书馆开展2015年“全民阅读活动”和“图书馆服务宣传周活动”。依托地方文献专业委员会，通过专业培训、实地调研、工作倡议等途径积极推动全省基层图书馆地方文献建设工作；依托少儿图书馆委员会举办“全省少儿图书馆工作暨馆长座谈会”。先后对金昌、定西等7个市州的28个图书馆进行巡回辅导，全年举办各类培训班、报告会等13期，培训学员1258人次。省中心图书馆委员会组织召开“甘肃图书情报界讲座展览联盟2015年工作会议”，《甘肃地方文献联合目录》累计录入数据1.5万余条。

【科研成果】首次设立馆内科研项目，制定申报和资助办法，并有4项成果获准立项资助。由甘肃省图书馆承担的国家社科基金项目《西部少数民族文献资源建设研究》已完成全部研究任务；甘肃省科技支撑计划项目《〈四库全书〉书前提要比对系统的研究与开发》完成结项；甘肃省社科规划项目《甘肃省数字文化服务体系构建研究》和《基于互联网的〈金毓黻手定本文溯阁四库全书提要〉数据平台的研究》完成中期研究任务。全年出版专著2部，在省级以上学术期刊发表论文31篇，多篇论文获得中图图书馆学会年会和甘肃省图书馆学会年会征文奖。《图书与情报》全年出版6期，刊文144篇，成功入选《中文核心期刊要目总览》2014版（第七版），被武汉大学中国科学评价研究中心评为“RCCSE中国核心学术期刊（A）”，连续三次被评为人大报刊复印资料“重要转载来源期刊”。

【“双联”行动】选派干部成立驻村工作队，制定干部轮流驻村制度，组织联户干部分批赴大族村和新增的塔地山村详细了解贫困户困难和需求，建卡立档，宣讲政策。积极沟通衔接省发改委批复两村道路硬化项目款115万元。筹措资金10万元，在大族村建立百亩柴胡产业园，聘请省农科院专家深入田间地头指导种植。为大族村56户联系户送去1万元的化肥，帮助开展春耕。为塔地山村108户联系户发放面粉和大米，动员社会力量捐赠衣物；协调宕昌县民政局解决10户特困户的2万元临时救助款。切实做好对留守儿童、空巢老人等特殊困难群体的关爱救助工作。为宕昌县图书馆援赠价值10万元的图书馆自动化管理软件、电子书借阅机和优秀数据库资源；在宕昌县建立2个图书流通站，成立1个分馆，配送万册图书，并开展读书活动。经积极协调争取，中国社会福利基金会暖流计划公益项目在宕昌县启动实施，向受益学校捐赠体育包2套、学习包239套、急救包140套，价值5万多元。

省图书馆领导班子成员名录

馆　长　郭向东

党委书记　魏孔俊

副馆长　许新龙　李芬林（女）

　　　　陈　军

（供稿：祁自顺）

文物工作

【全省文物局长会议】1月29日，省文物局在兰州召开全省文物局长会议。省委宣传部、省发改委、省财政厅等18个省文物管理委员会成员单位相关负责同志应邀出席会议，各市州文物（文化）局负责人、省直各文博单位领导班子成员及局机关全体干部共110余人参加会议。省文物局分别与各市州文物行政部门签订2015年文物安全目标责任书。

【文物保护】完成21处全国重点文物保护单位文物保护规划编制，报请省政府公布11处全国重点文物保护单位保护规划，完成全省一至四批全国重点文物保护单位记录档案备案工作，组织开展省级文物保护单位记录档案编制工作，督促指导各地完善市县级文物保护单位“四有”工作；完成全省古建筑类全国重点文物保护单位重大险情排查，基本建成全省不可移动文物管理信息系统。文物保护工程持续推进，拉卜楞寺文物保护工程中的夏卜丹殿、喜金刚学院等6项维修工程竣工，10项维修工程开工实施，16项维修设计方案获得国家文物局批准；组织实施榆中青城古民居保护修缮、泾川南石窟寺1号窟抢险加固、武威海藏寺保护维修等21项全国重点文物保护单位保护工程和兰州白塔山白塔加固纠偏、岷县前川寺保护修缮等5项省级文物保护单位保护工程，水帘洞石窟群壁画、彩塑及浮雕保护修复工程入选2014年度全国十佳文物保护工程。考古遗址公园建设持续实施。组织完成《大地湾国家考古遗址公园规划》，F901遗址保护大厅新建工程开工建设；大堡子山遗址及墓群文物本体保护方案和展示利用方案由国家文物局批复同意，完成形式设计的各项准备工作。

【考古研究】作为“6873”交通突破行动领导小组成员单位，省文物局指导和协调省文物考古研究所提前介入、全力配合兰州至合作铁路、宝鸡至兰州客运专线等71项重点项目开展考古调查及文物保护工作。同时，结合重大学术研究组织开展12项主动性考古调查与发掘工作，对礼县大堡子山秦公陵园进行再度发掘，为深入开展早期秦文化研究提供更多资料；肃北马鬃山玉矿遗址调查研究取得新成果，新发现旱峡玉矿遗址；继续开展泾川佛教窖藏遗址考古发掘，完成出土石造像三维扫描工作；中国社会科学院与省文物考古研究所合作开展的临洮马家窑遗址考古发掘项目。

【大堡子山流失文物回归】7月20日，由国家文物局和甘肃省人民政府联合举办的大堡子山流失文物移交仪式暨“秦韵——大堡子山流失文物回归特展”开幕式在甘肃省博物馆举行。32件大堡子山遗址流失金饰片在时隔20多年重归故土，并由省博物馆永久收藏。9月22日，法国收藏家克里斯蒂安·戴迪安先生第二次返还24件出土于甘肃省礼县大堡子山秦公墓金饰片的仪式在省博物馆举行。

【全省文物安全工作电视电话会议】4月8日，省政府在兰州召开全省文物安全工作电视电话会议，通报全省文物安全形势，安排部署进一步加强文物安全工作的主要措施，并启动开展全省文物安全排查整治活动。省文物管理委员会成员单位和在兰省直文博单位负责人等70余人在主会场参加会议。各市州、县市区政府和兰州新区管委会分别在市州、县区分会场参加会议。

【全省长城保护工作座谈会】9月28日，省政府召开全省长城保护工作座谈会。全省有长城的11个市州和38个县市区政府分管领导及文物行政部门负责同志，省文物管理委员会成员单位、省直文博单位负责同志及省文物局处以上干部140余人参加会议。

【文化遗产“历史再现”工程】文化遗产“历史再现”工程是省政府确定的2015年度重大文化工程之一，在省委省政府主管领导的直接指导下，省文物局组织制定《甘肃省实施文化遗产“历史再现”工程意见》，经省政府常务会议研究审议后由省政府办公厅印发实施。成立以连辑部长、夏红民副省长为组长，省直15个相关部门负责人为成员的省文化遗产“历史再现”工程领导小组，制订工作制度、工作规则和各成员单位工作职责。制订甘肃博物馆分类及设立标准，印发省领导小组工作制度及年度工作安排意见，在全国开创性地建立博物馆特别是非国有博物馆建设管理标准体系；发布“历史再现”工程博物馆logo标识，颁授制式标牌，初步建起“历史再现”工程CI形象识别系统。省领导小组在张掖市和临夏州两次召开现场推进会议，委托省博物馆协会分两批公布“历史再现”工程博物馆名录并在《甘肃日报》刊载。截至2015年底，全省博物馆数量增至385个，“历史再现”工程被省委宣传部评为2015年度全省宣传思想文化工作创新奖。

【华夏文明传承创新区建设】基本完成全省7处世界遗产地监测预警体系建设，向国家文物局上报年度监测报告和丝绸之路甘肃段保护状况报告；嘉峪关文化遗产保护工程接近尾声，关城本体保护维修项目全部竣工。基本完成全省长城保护范围和建设控制地带划定意见审核工作，实施涉及9个县（市、区）的长城保护工程，在38个长城沿线县（市、区）树立长城保护标志碑和界桩。

【第一次可移动文物普查】截至2015年底，有普查任务的315个国有单位共申报文物藏品419672件（套），共采集登录文物数据370340条，向国家普查平台提交28万余条，并通过质量抽查。同时组织省文物鉴定委员会专家，历时半年对全省文物系统104个国有文物收藏单位2002年以来新增的29093件（套）文物藏品进行鉴定定级，全省新增珍贵文物5849件（套），新增重点保护古生物化石1023件。

【博物馆与社会文物管理】组织完成2014年度全省博物馆年检，178个博物馆合格，合格率为97%；举办全省非国有博物馆馆长培训班，协调国有博物馆结对帮扶非国有博物馆，并组织开展首次非国有博物馆运行评估；推进博物馆体制机制改革，确定省博物馆、嘉峪关长城博物馆、玉门市博物馆、庄浪县博物馆为甘肃省首批博物馆理事会建设试点单位并组织完成试点工作方案；协调省文物考古研究所向有关地方博物馆移交考古发掘的出土文物6166件（套）。组织专家审核论证定西市博物馆、康县博物馆等24个博物馆的陈列展览大纲和形式设计方案；省博物馆《华夏文明在甘肃》、省文物考古研究所《秦与戎——早期秦文化考古十年展》和八路军兰州办事处纪念馆基本陈列得到国家文物局数字化展示项目支持。文物、财政部门继续联合实施博物馆免费开放绩效考评，在原有112个博物馆的基础上，将11个博物馆纪念馆纳入2014年度绩效考评范围，根据考评结果安排补助经费。配合司法部门鉴定涉案文物880余件（套），征集社会流散文物1100余件（套）。

【文物事业与相关领域融合发展】莫高窟被新华网和国家旅游局联合评为

"2015年度中国互联网+旅游先行者"；省博物馆作为全国首批智慧博物馆试点单位，完成魏晋墓5号壁画墓和《甘肃丝绸之路文明展》《甘肃彩陶展》180件（套）文物及14件古生物化石三维数据采集工作；敦煌研究院、省文物考古研究所等文博单位承担的《中唐敦煌密教研究》《高台地埂坡墓葬研究》等多项国家级重点科研课题进入结项阶段。加强文博单位基础设施建设，科学测定重要文物景区游客承载量并向社会公布，鼓励文博单位积极参与旅游产品推介，配合大景区建设。敦煌研究院、省文物商店与省文化产业发展集团共同发起成立甘肃丝绸之路文化创意工场股份有限公司，敦煌研究院制作以莫高窟经典壁画内容为主题的高清数字动画电影，开发十多种文创产品；省博物馆以国宝级馆藏文物"元代莲花玻璃托盏"为原型开发"蓝莲"系列文创产品。

【文物安全与法制建设】2015年，庆阳市环县全国重点文物保护单位兴隆山古建筑群祖师殿发生火灾事故；白银市景泰县明长城索桥段遭人为破坏；全国重点文物保护单位榆林窟第6窟大佛面部发生垮塌，零星盗掘古遗址古墓葬案件、在文物保护单位保护范围和建设控制地带内违法建设等事件时有发生。省文物局会同公安、住建、宗教、旅游等职能部门在全省集中开展为期两个月的文物安全排查整治活动，检查各级文物保护单位120处，博物馆纪念馆26个，以及一批文物保护（考古）工地、历史文化名城名镇名村及文物保护单位集中分布的传统村落，下达安全隐患整改通知书29份。修订印发《甘肃省文物局文物安全目标责任考核办法》并与各市州文物部门分别签定《文物安全目标责任书》，年终结合全省文物安全大检查进行全面考核；对全省长城保护状况进行专项执法检查，排查整治长城安全隐患及相关违法行为；编印《文物安全监管行政执法督察工作手册》。加强文博单位"三防"（消防、安防、防雷）工程建设，组织实施重点"三防"工程11项，配合公安、监察等部门依法依纪追究文物安全案件刑事和行政责任，督促地方政府及文物部门加大对文物的日常巡查看护力度，协调配合公安部门侦破文物案件。

【文物宣传】成功策划举办2015年文化遗产日主场宣传活动，组织开展文物保护成果和非遗展演，与兰州文理学院联合主办文化遗产公益讲座，在《甘肃日报》刊发夏红民副省长署名文章和文物保护成果专版。配合大堡子山流失文物追索返还，组织中央及地方媒体赴礼县实地考察采访。开通省文物局官方微信平台。

【业务培训】委托省博物馆协会举办全省非国有博物馆馆长培训班，对18个非国有博物馆负责人及业务骨干进行全面系统的业务培训；举办第三届文物保护工程从业人员培训班，省内300余名从业人员接受继续教育，完成全省首次文物保护工程从业人员个人资格考核工作；举办全国文物安全管理人员培训班（甘肃片区），培训文物安全管理人员130余名。

【对外交流与合作】省文物局与印度考古调查局签署友好合作意向书；法国国家图书馆与敦煌研究院签署合作协议并赠送该馆馆藏敦煌遗书高清数字化副本；包括甘肃省22件（套）精品文物在内的《汉风——中国汉代文物展》在法国展出；参加在香港举办的《汉武盛世：帝国的巩固和对外交流展》；敦煌研究院在香港成功举办《敦煌——说不完的故事》展览等。

【"三严三实"专题教育】2015年4月，省委批准设立省文物局党组并任命党组成员，局党组紧密结合"三严三实"专题教育，贯彻落实中央及省委、省纪委关于党风廉政建设和反腐败工作的部署要求，制订省直文博系统党风廉政建设和反腐败工作要点，开展局机关及省直文博单位党风廉政建设和责任传导类谈话14次18人。紧盯项目招标、工程建设、政府采购、资金管理、项目申报、人员招聘等重点工作，组织开展省直文博系统财务管理专项检查，配合驻省文化厅纪检组查处个别单位、人员违纪问题并给予相应的党纪政纪处分。

【"双联"行动】制定"双联"工作年度计划和方案，召开省直文博单位"双联"工作会议，调整联户帮扶干部，选派2名干部担任驻村干部；全年进村入户干部120多人次，入户天数360多天，帮扶罗湾村发展果树种植富民产业，罗湾村三、四组道路硬化工程竣工通车，协调浙江省慈善总会对口帮扶贫困学生48名。

省文物局领导班子成员名录

局　长　马玉萍（女）

副局长　肖学智（回族）　白　坚（女）

（供稿：刘木子）

博物馆工作

【文物安全】坚持馆领导、保卫处负责同志和安保人员二十四小时轮流值班制度，严格值班纪律和交接班制度。坚持日查、周查、月查和每季度的文物安全及重大节假日、重要活动前的安全检查，对发现的安全隐患和事故苗头及时予以消除和整改。圆满完成2015年馆藏文物安全保卫任务、外联展览文物安全押运和各种临时性展览及大型活动、重要接待期间的安全保卫工作。对展厅、文物库房及馆区周界的监控软件和末端安防监控设施进行维修、更换和升级。全年两次对一线部门工作人员进行消防安全和反恐防暴知识讲座，并进行防暴及突发事件应急演练。对消防系统的水带、报警感烟探测器、报警后消防声光报警，风机、手动报警设备、水泵、气体灭火装置、灭火罐进行检查。

【基础工作】全国第一次可移动文物普查工作完成馆藏55000件（组）历史类文物的普查登陆，自然类藏品的录入工作也于2015年开始，录入动物类、植物类、古生物化石类、矿石类等自然类藏品16749件；根据馆藏特色有计划地进行藏品信息的搜集、整理，全年共征集社会流散文物76件组，并先后两次接收法国吉美博物馆及戴迪安先生捐赠的礼县秦韵大堡子山遗址被盗后流失海外的56件春秋时期金饰片，其中6件一级品，50件二级品；进一步完善藏品档案，其中自然类藏品完成2378件矿石文物的建档工作，历史类文物完成新增132件藏品的编目和建档工作；组织三次社会流散文物征集专家讨论评审会，对近千余件流散文物进行筛选、甄别与鉴定；坚持每周一的库房例行检查，定期对动、植物标本库房进行清洁、整理、熏蒸、补药。

【数字化建设】对新版网站各模块及时进行内容更新，举办网上专题展览6个；及时监控二维码网络及后台运行情况，保证系统正常运行。对展厅观众进行二位码手机语音导览的指导、培训，方便观众参观，为观众提供更为便捷的公众服务；正常开放期刊室、图书室，定期检查书库，对全馆147种约2000余册期刊、11种报纸进行正常接收、归类，并对图书借阅系统进行科学管理。整理、上架报纸589份，入库期刊3300册，登记图书1293册，接受捐赠图书10本。继续进行甘肃省博物馆“数字图书室资料扫描工作”，完成1036页图书的扫描任务，影像资料数字化备份方面对5110张120反转片及708张135反转片进行数字化转换，将其按文物质地分类存储。

【陈列展览】全年共举办并参与展览38个，遴选文物参与外展17个；举办原创类展览1个暨“秦韵——大堡子山流失文物回归特展”；引进“朔方翔鹰——草原丝绸之路文物精华展”“秦韵——秦文化与西戎文化十年考古成果展”“亘古天书中国岩画展——甘肃巡展”3个精品文物展；引进“龙山情——县瑄先生书画作品遗作展”“西北汉简与陈杰简书展”“大漠颂歌——杨志印画展”3个书画展览；引进“2015中韩友好国际摄影作品展”“2015佳能影像发现丝绸之美文化活动摄影作品展”2个摄影展；举办迎春主题展“久久阳春——乙未新春羊文物图片联展”、博物馆日主题展“碧海遗珍——华光礁Ⅰ号沉船特展”、配合少儿活动举办“少儿绘画大赛参赛作品展”、纪念抗战胜利主题展“纪念中国人民抗日战争暨世界反法西斯战争胜利70周年大型图片展”、友好省市主题展“中国甘肃省·新西兰克莱斯特彻奇市结好30周年友好图片展”5个主题类临时展览；举办“2015新春特展——甘博藏魏晋壁画砖”、“神奇的恐龙时代——甘肃的侏罗纪公园”等专题网络展览6个。

【科技保护】文保人员编制完成文物保护修复方案8个，其中两项已获国家文物局正式立项。4个文物保护修复项目顺利开展，《甘肃省博物馆馆藏青铜器保护修复项目》修复青铜器文物61件；《甘南州博物馆馆藏彩陶文物保护修复项目》修复彩陶文物22件；《会宁丁沟康湾出土画像砖保护修复项目》修复画像砖15件；《炳灵寺保护所铜器保护修复项目》修复铜器造像文物2件。此外，全年修复馆藏青铜器、丝织品、甘南州博物馆铁器等文物21件，装裱字画74件。完成嘉峪关5号魏晋壁画墓受损画像地砖模具的翻制工作。省博物馆被确立为首批智慧博物馆建设试点单位之一。《甘肃丝绸之路文明展文物数字化保护方案》于2015年获得国家文物局正式立项；目前已完成对嘉峪关5号壁画墓整体结构及每块彩绘砖的三维数据采集，完成对“甘肃丝绸之路文明展”“甘肃彩陶展”的180件（组）珍贵文物及“甘肃古生物化石展”的14件古生物化石进行三维数据收集、整理；运用“智慧博物馆”建设新成果配合“甘肃丝绸之路文明展”改陈，重新设计展览展示界面、采购展览设施，并对相关设备进行调试。

【宣传接待】2015年，省博物馆接待国家领导共11次53人，同时还接待了巴布亚新几内亚总督、白俄罗斯副总理、哈萨克斯坦国防部长等外宾7次305人。全年观众人数共计184.6万余人次，展厅接待观众84万余人次，发放免费参观卷34万张。经统计，有零散观众60.7万、大学生7.7万、中学生4.8万、小学生及学龄前儿童8.4万、国内团体1.3万、外国游客0.4万人次。共完成讲解3057场。流动博物馆工作33天，观众12.6万人次。输出展览参观观众88万人次，主要集中在北京、天津、香港、四川、广州等地。

【公共文化服务】组织流动博物馆携“红色甘肃——走向1949”“纪念抗日战争暨世界反法西斯战争胜利70周年”图片展进社区、进革命老区及大中专院校，展出共计33天，行程4650公里，讲解1200余场，观众12.6万人次。省博物馆社会教育部成立“少儿艺术中心”，开展异彩纷呈的“亲子活动”。举办“迎春纳福”毛笔字书写、“羊年塑羊”艺术彩塑、“献给妈妈的爱”母亲节专题、“外面的世界”关爱留守儿童、“中秋佳节说团圆”中秋节专题、“唱今朝，迎国庆”等活动，全年共开展活动67场。

【基地及社团建设】继续同甘肃陆军预备役高射炮兵师联合共建“国防教

2015年9月，法国收藏家戴迪安先生将24件礼县大堡子山秦公墓地出土金饰片返还中国，并在甘肃省博物馆举行入藏移交仪式

育基地”，与兰州军区空军联合成立“兰州军区空军爱国主义教育基地”。继续与兰州大学等省内高校建立长期协作关系，联合写作、发放与博物馆文物相关的宣传资料；与西北师范大学历史文化学院共同建立“文物与博物馆学专业研究生培养基地”。

【“丝绸之路”沿线博物馆】甘肃省博物馆联合丝绸之路沿线多家博物馆成立的“丝绸之路”沿线博物馆专业委员会，已有常务会员单位70余家，涵盖全国25个省、自治区、直辖市。2015年，丝路专委会在昆明召开丝路专委会2015年年会；由丝路专委会牵头，联合多家博物馆举办“茶马古道——西部八省区文物联展”并在云南省博物馆首展。此外，丝路专委会组织成员单位参与和协助多个“丝绸之路”研究领域的展览。

【学术科研】全年组织学术讲座6次。在承担课题及科研项目上，召开2015年甘肃省博物馆学术委员会科研课题推进会，及时掌握与督促省博物馆馆承担的29项课题的进展情况。承担的两项国家社科基金特别委托项目《西夏文物·甘肃编》已结项、《中国元代北方金石碑刻遗存资料的抢救发掘及整理研究》甘宁片区子项目已完成基本数据资料的采集录入并提交总项目组；省级课题中，《甘肃临夏盆地晚中新世鸟类系统分类学及古环境研究》已结项，剩余课题大部分已完成，等待结项。馆内专业技术人员参加国内各相关博物馆及学术研究机构举办的培训69人次；出版各类专著四部，《西夏文物·甘肃编》（六本）《敦煌与丝绸之路学术论集》《文物摄影》《一任风雨写天真——纪念当代国画大家王天一先生文集》；在《文物天地》2015年4期刊发馆藏精品专辑；全年专业技术人员在省级以上刊物发表文章62篇；参加论坛及学术交流29场40人次。对刊物《陇右文博》进行全面改版，从每年两期改为每年四期，增大刊物幅面，更加注重专业学术文章的收录和刊发，并制定《甘肃省博物馆〈陇右文博〉编辑规程》和《〈陇右文博〉编辑部工作人员守则》。

【“三严三实”专题教育】多次召开专题会议，集中传达学习中央、省委和文化厅党组关于“三严三实”专题教育精神，并制定下发《中共甘肃省博物馆委员会关于在县处级以上领导干部中开展“三严三实”专题教育的实施方案》、日程安排、三个专题六次的学习研讨计划以及“三严三实”专题教育专项整治行动实施方案、“不严不实”问题整改方案等，同时报省委组织部和文化厅备案；准确把握“三严三实教育专题”主题和总体要求，严格落实专题教育的方法措施，统一部署省博物馆馆内“三严三实”专题教育以及政治理论学习启动工作，期间共完成四次专题教育辅导党课的宣讲，制作宣传版面20幅。此外，馆领导、中层干部及各支部书记认真开展专题教育专题一、二、三的学习研讨，积极做好专题教育上情下达、下情上报工作，上报工作动态等相关文件资料21份，下发文件7份，做好资料的收集、整理、归档工作，同时组织召开专题教育民主生活会。

【精准扶贫及“双联”行动】在原有“双联”帮扶联系点文县尖山乡草垭村的基础上，2015年省博物馆又增加一个扶贫点山根村，全年共9批次43人次赴文县开展帮扶工作。向草垭村捐赠各类农业种植图书120余册、音响设备1台，扩充村图书室和活动中心设施设备；筹措资金35万元，为草垭村97户居民购置安装太阳能热水器；驻草垭村干部蔡江波通过法律程序，为来兰打工村民讨回拖欠工资4万余元、工程款10万元。对山根村74户群众进行入户摸底调查；选派2名干部组成驻山根村帮扶工作队，开展精准扶贫工作和基层党组织建设；进行山根村精准扶贫贷款调查摸底和低保评议会；为村委会及党员活动室架设安装电力基础设施；筹措资金4万元，为山根村修建便民桥一座。

省博物馆领导班子成员名录

馆　长　俄　军

党委书记　王裕昌

副馆长　贾建威　史　册（女）

（供稿：黎　李）

甘肃画院

【“朝圣敦煌”】2015年2月，“朝圣·敦煌——甘肃画院美术创作工程2014多彩民族观摩汇报展”在甘肃美术馆成功举办，并出版画集、宣传报纸。5月，甘肃画院向中国美术馆提交“朝圣·敦煌——甘肃画院美术创作工程美术作品展览”申请。7月经中国美术馆展览资格评审委员会研究通过。12月，“朝圣·敦煌——甘肃画院美术创作工程观摩展”在临洮举办，展览总结汇报2015年甘肃画院朝圣敦煌美术创作工程创作成果。

【美术展览】全年共策划举办各类展览49场次，展出作品6000余幅，展期超过300天；其中“朝圣敦煌2014多彩民族观摩汇报展”“吉祥甘南美术作品展”“2015甘肃省写生作品展”“西部心像——陈天铀山水精品展”等重要展览顺利举办。

【美术惠民】11月，由省文化厅、张掖市政府主办，甘肃画院、甘肃美术院等单位承办的“陇山·陇水·陇人——甘肃省第六届专业画院作品展暨张掖市美术馆揭牌仪式”在张掖市美术馆举行。为全省基层书画爱好者提供学习、借鉴、交流的艺术平台。

【合作交流】5月，由中国国家画院、甘肃省文化厅主办，甘肃画院承办的“新中国美术家系列——甘肃省国画作品展”在国家画院美术馆成功举办，并出版展览作品集。7月“山之骨·黔之韵——贵州画院交流展”，11月“沽风墨韵——天津画院美术作品展”分别在甘肃美术馆成功举办。9月，甘肃画院应俄罗斯圣彼得堡美术家协会邀请，赴俄举办“朝圣敦煌——甘肃画院美术作品展览”及文化交流活动。展览展出甘肃画院围绕打造“敦煌画派”以敦煌艺术为元素并具有鲜明地域特色、民族特性与时代特征的美术作品。与圣彼得

2015年9月，“朝圣敦煌——甘肃画院美术作品展览”在俄罗斯圣彼得堡举办

堡美术家协会、列宾美术学院、苏里科夫美术学院建立友好关系。12月，由中国国家画院、山东省文化厅主办，山东画院、江苏省国画院、天津画院、甘肃画院、山东美术馆联合承办的《第二届“中国梦·翰墨情”——全国五画院优秀作品展览》在山东美术馆举办。

【学术成果】2015年2月，由文化部艺术司主办的“全国美术馆年会”在广州东莞举办，甘肃美术馆申报的“陇山·陇水·陇人——第五届甘肃省专业画院作品展”荣获“2013—2014年度全国美术馆优秀项目”受到文化部表彰。

【精准扶贫与“双联”行动】年初甘肃画院组织双联干部和院聘书法家，由院领导带队前往“双联”点王磨镇开展“送春联·送万福”下基层活动。为成县扶贫点老百姓现场书赠春联、福字300余幅，书法作品20余幅，同时向帮扶户送去大米和清油。5月由院领导带队，前往甘肃画院新增“双联”点文县中寨镇峡沟村对接。先后与文县县委双联办、中寨镇党委、政府和峡沟村干部进行座谈，集体研究具体帮扶措施。6月，画院为“双联”点购买10套价值3680元的科普惠农实用技术图书。10月由院长带队赴“双联”点文县中寨镇峡沟村对接，向中寨镇赠送20幅画院书画家创作并装裱的书画作品。截至2015年底，画院联系的36户贫困户已落实“双联”精准抚贫专项贷款约140余万元。

甘肃画院领导班子成员名录

院　长　李　伟

副院长　毛志成　潘义奎

（供稿：王　丹）

卫　生

【卫生改革】2015年，卫生计生改革稳步推进，14个市州和71个县（市、区）完成机构改革任务。65个县市区和1058个乡镇计划生育服务机构加挂健康教育所牌匾。公立医院改革加快推进，“315”改革模式进一步巩固，医疗服务收费加政府补助的公立医院补偿机制初步建立。城市公立医院改革试点扩大到2个，县级公立医院改革全面推开。新农合政府财政补助标准提高到380元，城乡居民大病保险覆盖全省2228万参保（合）城乡居民，疾病应急救助818人次。全面实施新一轮公立医院药品集中采购工作，推行药品集中采购分级负责工作机制，网上集中采购药品配送率达96.73%。分级诊疗制度取得显著成效，近9000名医师固定、有序下沉，新农合住院患者实际补偿比提高至62.67%，上升5.97个百分点，县外就诊率同比下降3.34个百分点，县外基金支出同比下降14.89个百分点。甘肃省中医特色经验被中央深改办《改革情况交流》专题刊发向全国介绍。甘肃省被国家中医药管理局确定为全国唯一的中医药发展综合改革试点示范省。成功创建陇东南国家中医养生保健旅游创新区。

【计划生育】2015年，单独两孩政策有序实施，修订《甘肃省人口与计划生育条例》等全面两孩生育政策实施前期准备工作正式启动。流动人口婚育证明电子化改革全面推行。基本建成全国人口和计划生育利益导向政策体系示范区，独生子女伤残死亡家庭补助标准分别提高到300元和500元，近千万人次计生群众共得到50亿元奖励扶助和关怀救助。流动人口卫生计生基本公共服务均等化试点工作进展良好。

【公共卫生】2015年，国家免疫规划疫苗报告接种率均达到95%以上，艾滋病疫情继续保持低流行状态，大骨节病、克山病、布病等地方病防治成效显著。重大突发事件卫生应急工作成效显著，科学、依法做好鼠疫、中东呼吸综合征等防控工作，圆满完成“两会”等重大节会的保障任务。完成420项企业标准备案工作，食品安全风险监测覆盖80%以上县级行政区域。出生缺陷防治工作有序开展，完成15.2万名免费孕前优生健康检查任务。

【居民健康】2015年，省政府办公厅印发《关于健康促进模式改革的指导意见》，定西、陇南、嘉峪关、金昌、平凉、天水、兰州等7市印发将健康融入所有政策文件。健康促进模式改革试点县由6个扩展到34个，90多万人享受免费健康体检和健康指导，初步实现改革目标。城乡居民健康素养提升工程深入开展，村级三件事顺利推进，累计发放健康保健工具包520万个，培训49万多人。对近两年调查的骨质疏松等10种大病，研究制定干预措施，发动群众积极预防。启动新一轮大病调查工作。成功创建国家卫生城市3个、国家卫生县城1个，省级卫生城市、村镇和单位648个。

【医疗服务管理】2015年，强化医疗质量控制管理，累计建成省级医疗质控中心38个。省财政补助5000万元，支持建成40个重点专科。完成766名住院医师规范化培训招录、450名免费医学生的录取和800名全科医生转岗培训工作。选拔336名大学生到乡镇卫生院工作，选派445名医护人员到国（境）外、6623名医护人员到省内外进修学习。加强医疗监管，推行医疗机构和人员不良积分记录制度，深入推进“平安医院”建设，落实患者维权、医疗机构整改和不良业绩记录四联单制度，患者到省级上访量减少40%以上。

【医疗制度建设】建立和落实“4321”公共卫生制度体系，即食品安全、药品质量、药品配送、医疗广告等4个黑名单制度，计划免疫、院内感染、食品药品安全3个责任追究制度，机关内外卫生计生重点工作完成情况月通报2个制度和重点工作市县排名制度。甘肃省连续3次率先发现并报告奶粉食品安全问题，受到原卫生部和国家卫生计生委、省政府的通报表扬。推行“四八排队”等医疗机构监管22项核心制度，在全国率先开展医疗服务收费检查。

【基层卫生建设】2015年，省政府出台《关于进一步加强乡村医生队伍建设的实施方案》，村医养老、准入、退出机制取得突破性进展，村医问题得到解决。在全国率先建立村医职称评定制度，113名村医获评高级职称。44个乡镇卫生院被国家卫计委认定为群众满意乡镇卫生院，乡村医师和社区医生签约服务试点工作有序开展。

【中医药工作】2015年，全面推进中医药综合改革试点示范省建设，建成全国基层中医药工作先进单位4个，全省中医药工作先进和示范县（市、区）11个。中医药“名科”战略有效实施，累计建成国家级专科35个，省级重点专科146个。中医药健康服务在养生、旅游等方面的潜力持续释放，中医药产业发展先行先试工作稳步推进，国家中医药产业发展综合试验区创建工作取得积极进展，国家卫生计生委已正式报送国务院。

【对外交流合作】2015年，加强与“一带一路”沿线国家在医药卫生领域的交流合作，在吉尔吉斯、法国、摩尔多瓦和马达加斯加等4国建立中医中心并投入试运营，在7个国家建立岐黄中医学院，省内178个中医药产品在境外注册。俄罗斯、乌克兰、法国等多批患者来甘肃接受中医治疗，亲自体验中医药生态养生旅游。10名吉尔吉斯学生来甘接受中医学历教育，33名乌克兰学员到甘肃学习中医药基础知识。举办2期俄语培训班，培训47名中医人员。研发智慧中医手机软件,除6万国内村医使用外，已翻译成俄语版，正在吉尔吉斯、匈牙利等国中医人员中推广。

【卫生计生保障】2015年，充分利用中央补助资金10.68亿元，建设2657个卫生计生项目，较2014年增加44.4%。完成“十二五”卫生和人口事业发展规划的终期评估，“十三五”卫生和人口重点规划和专项规划编制工作进展顺利。全省四级医疗机构黑氏系统与新农合平台实现联通，居民健康卡项目顺利启动。甘肃省《精神卫生条例》和《鼠疫防治条例》立法进程有序推进。开展对口援藏、精准扶贫和“双联”工作，近3年累计选派700多名医疗卫生人员到藏区开展技术支援，会同组织部启动医疗人才“组团式”援藏。完成新农合省级平台与精准扶贫大数据平台的数据对接，对417万贫困人口中因病致贫的31万贫困人口进行健康干预和救治帮扶。投入“双联”资金9533多万元，帮办实事74件。启动“长寿村”建设工作。

【党风廉政建设】2015年，全面落实省委“3783”主体责任，严肃查处违纪违法行为，完成委属单位第一轮巡视工作，深入开展“三严三实”专题教育，查摆突出问题，强化督促检查。

省卫生和计划生育委员会
领导班子成员成录

主　任　刘维忠
副主任　李存文　郭玉芬（女）
　　　　尚裕良　杨陇军　王晓明
　　　　蒋新贵　金中杰
纪检组长　段　巍
党组成员　李玉堂　陈　明　甘培尚
　　　　王新华　李元春　魏　阳

（供稿：郭汉彪）

疾病预防控制

【传染病防控】2015年，全省16家实验室完成流感样病例标本流感病毒核酸检测11468份；共报告手足口病例9087例；加强霍乱、炭疽、菌痢、出血热、病毒性腹泻的常规监测工作。成功处置陇南康县腺病毒疫情、酒泉瓜州县脑膜脑炎疫情，防止疫情扩散。积极应对国内外新发突发传染病威胁，加强埃博拉出血热疫情应对工作，对疫区归国来甘20人，开展流行病学调查和健康监测。做好归国朝觐人员中东呼吸综合征的应对工作，加强机场值班和疫情监测，经过应急处置，排除1例沙特务工人员的疑似感染。做好H7N9疫情监测，完成1880份标本的检测工作。

【鼠疫防控】制定2015年鼠疫防制策略，坚持以保护性灭獭灭蚤为主，多种措施并举的方针，选派11名鼠防人员分别驻守在阿克塞、肃北、玉门、肃南等鼠疫自然疫源地，坚持野外工作达500余天。累计灭獭灭蚤面积达416709公顷，堵塞旱獭洞372096个，大幅度的降低自然疫源地旱獭密度。同时，在肃北召开甘肃省鼠疫风险国家评估研讨会。与会专家对甘肃省鼠疫疫情防控提出相应的措施及建议。

【卫生应急】2015年，省疾病预防控制中心参加在甘南州举行的全省卫生应急演练，获得团体一等奖，12名队员获卫生应急演练先进个人表彰。积极响应国际卫生救援号召，筹备赴尼泊尔卫生应急工作。组织参加2015年全国突发急性传染病防控和突发中毒事件应急处置技能竞赛，突发急性传染病防控应急处置组获得优胜奖，突发中毒事件应急处置组获得三等奖。

【性病艾滋病防控】全年共发现报告艾滋病病毒感染者/艾滋病病人825例（其中艾滋病病毒感染者647例，艾滋病病人178例），与上年同期（619例）相比增加33.3%；共计干预暗娼

97034人次，月均干预8594人；全省28个门诊累计治疗滥用阿片类物质成瘾者18912人。全年中医药累计治疗252例艾滋病感染者及艾滋病患者。通过开展哨点监测、自愿咨询检测、监管场所HIV抗体筛查工作，高危人群行为干预工作，继续加强全省美沙酮社区药物维持治疗门诊综合管理工作，规范各类医疗机构艾滋病抗病毒治疗工作，动员社区组织参与艾滋病防治工作，落实艾滋病感染者和病人的关怀救助政策，广泛开展宣传教育工作，推进示范区建设，加强艾滋病实验室网络化建设。

【结核病防治】2015年，全省各级结防机构和结核病定点医院共接诊报告肺结核可疑症状者61271人，初诊就诊率平均为237.71/10万，较上年同期下降8.9%。运用中药外敷疗法对50例肺结核患者实施治疗。组织召开全省结核病防治服务新体系建设工作天水现场会，推进结核病服务体系建设进程。顺利完成全省结核病防治"十二五"规划终期评估工作，以及科技重大专项-结核分枝杆菌感染的流行病学调查和队列研究2015年随访阶段甘肃现场工作。

【食品安全】食源性疾病监测哨点医院扩大到105所，覆盖全省100%以上的县级行政区；食源性疾病暴发事件监测已覆盖全省各市县；率先在全国设立乡镇、社区卫生服务中心监测点；成功开展兰州新区、成县蘑菇及清水等疑似中毒的调查和处置工作。

【慢性非传染性疾病防控】积极开展疾病监测、伤害监测、疾病谱、脑血管病监测、慢性病及危险因素调查和慢阻肺监测工作。全省有60.50%的县（区）启动全民健康行为方式行动。对国家级慢病示范区进行动态管理，动员有条件的县区积极申报省级和国家级慢病示范区。在全省14个市州开展精神卫生工作轮训。完成合水县国家克山病防治研究联系点4次现场工作，完成病区病例复核100余例，以及非病区基线调查、样品采集等工作。全年累计监测学校1809所学校，学生235952名。全面完成2015年度碘盐监测工作，继续保持碘盐监测工作县级无盲区；完成碘缺乏病"十二五"规划终期考核评估省级现场复核工作。完成《甘肃省麻风病防治史略》编撰工作并出版。全面完成甘肃省包虫病行动计划（2010–2015年）终期评估。全年组织人群包虫病普查36万人，免费药物治疗病例1717人，外科手术救助172人。针对输入性疟疾急剧上升的状况，全面开展综合措施，做到二代病例和死亡病例零发生。

【公共卫生】建立覆盖全省的饮用水卫生监测网络，全年监测城市饮水水样数1688份，监测农村饮用水水样数5706份，涵盖42项常规指标。儿童口腔疾病综合干预项目由最初的3个区扩展至30个县（市、区），全省每年受益儿童7万余人。

【社会服务】12320卫生热线继续成为全省社会公众与卫生计生部门沟通的连心线、民心线，承担预约挂号、咨询服务、投诉举报的多项职能，全年累计接听来电10万余次。完成从业人员体检9863人/次，预防性健康体检300余人/次。完成职业性体检4329人/次，实现创收224万元。理化检验全年完成食品、水质、土壤、职业危害因素、雾霾监测等多个大类的检测任务，检测1万多项目指标，实现创收68万元。挂牌成立"甘肃省食药新物质研究中心"，党参、黄芪等中药的药食同源的检测和认证工作稳步推进。

【科研管理】组织申报2015度国家自然科学基金项目5项，组织申报科技厅项目6项，组织完成申报2015年度甘肃省卫生计生行业计划项目19项。

【交流与合作】先后与解放军军事医学科学院、第四军医大学军事预防医学院开展多领域合作。加强与世界卫生组织-国际癌症研究机构、瑞典皇家卡罗琳斯卡医学院项目合作。接待乍得共和国卫生考察团来省疾病预防控制中心开展公共卫生工作交流。

【"双联"行动与精准扶贫】先后选派6批次32名中层干部到渭源县选道村、元明村驻村蹲点，选派3名中层干部到渭源县元明村、菜子坡村，景泰寺梁村挂职驻村帮扶。全年累计投资200余万元为元明村、选道村、菜子坡村修缮公共基础设施，为选道村兴建完成老年活动中心；硬化完成菜子坡村至古迹坪村约4.5公里路面，完成天黑公路元明村段铺油工作。投资7000余万的中药材交易城主体施工已完工。利用当地地产药材优势，联系兰州商户为元明村1农户无息借款10万元，建设6.26药膳养生农家乐。省疾病预防控制中心为渭源县捐赠甲肝疫苗3万人份，价值60余万元，并组织人员为选道村、元明村、菜子坡村40岁以下未发病、未接种过甲肝疫苗的群众免费注射甲肝疫苗1157人份。为元明村和选道村捐赠米面油，为困难户捐赠每户500元的爱心善款；为"双联"困难户支付先心病患儿手术费2万余元。中心团委组织全体职工开展"衣旧情深，爱暖寒冬"捐赠活动，累计为菜子坡村群众捐赠衣裤800余件。联系合肥赛为智慧医疗有限公司，就深入推进菜子坡村扶贫攻坚开展调研，并制定详细的工作计划。

【精神文明建设】省疾病控制预防中心被中央文明委授予全国文明单位荣誉称号，成为这次表彰中甘肃省卫生计生系统中唯一获此殊荣的单位。中心还先后被授予全国疾病预防控制工作先进集体，全省卫生计生行业文明单位标兵。中心团委荣获省直机关"五四红旗团组织"荣誉称号；工会被中国教科文卫评为先进工会组织；12320卫生热线、理化室获省级"巾帼文明岗"表彰。

省疾病预防控制中心领导班子成员名录

主　任　王新华（蒙古族）

副主任　王延林　格鹏飞（藏族）

李　慧（女）何　健　孙建云

纪检书记　王延林

（供稿：邓　煦）

保健工作

【保健工作】充分发挥保健工作平台中的特殊资源优势，及时、准确的向保健对象通报医疗卫生改革进展和保健工作重要举措落实情况。主动走进省政协、省委老干局等老同志相对集中的部门和单位，征求保健对象的意见建议。先后三次深入甘南藏区等高海拔艰苦边远地区，了解基层干部保健服务需求，研究解决突出问题的对策措施。为省委、省政府干部队伍建设和民生领域改革等重大决策部署提供科学依据。

【组织机构建设】巩固和完善以提升服务质量为核心的制度体系。首次将干部健康状况纳入各级党政领导班子考核体系。建立保健组织领导制度、保健对象健康状况报告制度和保健机构及从业人员的监管制度，实行备案登记、动态监管、末位淘汰等制度。建立适应新形势的保健服务体系。督促协调14个市州全部成立专门机构负责干部保健工作，部分县区也成立了机构。在各地确定一批医疗机构作为干部保健定点服务机构。在省直部门试点推广保健联络员制度，指定专人负责。初步建立纵横交错、上下联动、管理和服务功能兼备的工作网络。

【服务保障】全年协调保健对象赴外就医、会诊100余人次，承担省内外医疗保障任务46项。其中，圆满保障中央首长和重要领导来甘27次，大型会议和省委交办的重点人员保障19项。注重加强中医进保健的工作广度和深度，增加中医保健基地医院，成立中医保健人才库，编写中医保健食谱，对有需要的保健对象安排中医调理。全面落实军队转地方安置干部的医疗服务保障，为其发放保健证，享受干部保健就医“绿色通道”等便捷服务。及时为纪念抗战胜利70周年提高医疗待遇人员颁发保健证。

【干部体检】全年共安排干部年度体检5992人，服务对象已从少数领导干部逐步扩大至全体干部。重点保健对象健康体检，省保健局和保健基地医院分管领导坚持到场指导协调。2015年，将干部健康体检经费标准上调至1100元，新增胃肠镜等检查项目。加强统计分析，通过体检发现一些带有普遍性、倾向性、影响多数人健康的问题，提出干预措施。

【健康宣教】深入贯彻省保健委员会“大保健”“大健康”的理念，通过健康知识讲座、制作发布公益广告、发放宣传教育手册、组织医务人员学习教育等形式，引导保健服务逐步从少数领导干部扩大至全体干部队伍。从政策及经费保障上，通过落实《关于进一步加强干部保健工作的意见》（甘发[2012]11号）文件精神，实现部分正厅级干部住院费二次报销制度。

【人才队伍建设】采取跟师带教等办法，督促中青年人员主动承担保健医疗会诊任务。强化纪律观念，加强从业人员政治理论学习。重视和加强保健对象心里健康服务需求，组织开展心理卫生咨询等服务。对保健工作成绩突出的机构和人员适时进行表彰奖励。

省保健局领导班子成员名录

局　长　魏　阳（锡伯族）

党支部书记　张宏刚

副局长　张宏刚　甘晓洲　夏　飞

（供稿：夏　飞）

红十字事业

【应急救援】会同省卫计委组织2015年甘肃省卫生应急救援演练，省红十字会赈济救援队和医疗救援队参加演练，检验应急预案的实用性与可操作性，提高应急处置能力。争取加拿大红十字会援助资金60万元，用于省红十字会赈济救援队能力建设。开展防灾减灾宣传周活动，举办应急逃生演练和自救互救知识竞赛。采购并储备价值70万元的救灾帐篷。省红十字会备灾救灾中心具备开工条件，完成价值133万元的仓储、转运设备招标采购。开展针对临洮地震、西藏地震以及平凉、庆阳冰雹灾区的救灾行动。向总会争取到价值72万元的大米，对部分县（区）受灾群众进行救助。

【人道救助及民生项目】在总会调拨价值50万元2500箱慰问物资的基础上，省红十字会配套安排价值38.22万元的2000个救助箱，在兰州等7个市（州）开展“红十字博爱送万家”活动，其他市（州）自筹物资对贫困人群进行慰问。申报小天使基金、天使阳光基金155人，中国红十字基金会拨付资金130.5万元，救助14岁以下白血病、先天性心脏病患儿43人。国际联合会综合性社区韧性与发展项目进展顺利，项目经费267.05万元，临潭县、康乐县7个项目村完成4所村卫生室、1个文化广场以及太阳能路灯等硬件建设。国际联合会在康乐县召开社区韧性与发展项目省际交流会，甘肃省项目工作得到国际联合会、总会及参会代表的高度评价。台湾红十字组织援助“小餐盒”、寒梅计划项目持续推进，“小餐盒”项目经费313万元，为两当、康县等6个县（区）的19所农村学校在校学生提供免费午餐。第11期、12期寒梅计划资助74.508万元，向西和县、文县、宕昌县25所农村学校的1154名贫困学生提供助学金。台湾红十字组织王清峰会长来甘肃参加舟曲县曲告纳乡藏族中学多功能楼竣工仪式。红十字生命健康安全教育项目深入开展，争取总会项目资金165万元，兰州、白银、定西、金昌、庆阳、临夏、陇南7个市（州）红十字会，通过社区与学校结对子的方式，开展救护培训、应急演练、亲子讲座等活动。兰州市建成红十字生命健康安全教育体验教室1间。加拿大红十字会援建两当县兴化乡改水项目完工。岷漳地震灾后重建项目投入使用。完成总会、香港红十字会、日本红十字会等援建灾后重建项目的尾款拨付工作。上海华晨汽车有限公司援建定西、庆阳的4所村卫生室，上海市红十字会援建武威、定西的2所小学建成投入使用。省红十字会投入20万元在嘉峪关市、平凉市免费开展白内障复明手术362例，兰州德信慧明工贸有限公司捐赠手术材料在武威市和临夏州开展白内障复明手术107例。在武威市举办青年同伴教育培训班25期，在赴疆采棉列车上开展艾滋病宣传活动2次，关爱救助农村贫困艾滋病患者20人。兰医86级助学金、甘肃工业大学工民建90级助学金12万元，资助甘肃省高校及小学贫困学生50人。

【红十字应急救护培训】推进红十

字普及性应急救护培训工作，2015年省红十字会安排专项资金40万元，支持兰州、定西、陇南、金昌4个市开展救护知识“进社区、进农村、进学校、进企业、进机关”工作，开展普及性救护培训4万人。在彩票公益金项目支持下，为县级以上红十字会统一配发新版培训教材和器材，培训工作逐步达到“四统一”，走向标准化。各级红十字会积极开展救护员培训，全年培训救护师资239人、培训救护员15466人。组队参加2015年全国红十字应急救护大赛，甘肃省取得全国第13名、西部省(区)第一名的好成绩。

【造血干细胞、遗体、器官捐献与无偿献血】召开全省造血干细胞业务培训工作会议，明确并规范任务目标、工作程序、工作质量。完成3000人份干细胞捐献志愿者入库任务，2015年初筛配型170人，再动员30人，高分辨检测6人，实现1例干细胞捐献，协助湖南、四川分库完成2例干细胞捐献。遗体和器官捐献咨询增长趋势明显，全年省红十字会接待遗体捐献咨询70人，办理登记30人，实现捐献7人，累计登记682人，实现捐献27人；接待人体器官捐献咨询270人次，办理登记88人，实现捐献3人，累计登记203人，捐献12人。为做好遗体、器官捐献者缅怀纪念工作，联合甘肃海荣实业公司共同建设甘肃省红十字遗体器官捐献者纪念园，占地846平方米。白银市也积极建设遗体器官捐献者缅怀纪念园。

【博爱家园项目】博爱家园项目顺利推进，结合精准扶贫，新争取到中国红十字会总会7个、中国红十字基金会4个博爱家园项目，共385万元，分别在武威、金昌、庆阳、白银、临夏、平凉、定西7个市（州）实施，部分项目完成硬件建设。

【宣传传播】在全省开展“5·8”世界红十字日、“5·12”防灾减灾周、世界急救日等宣传活动。各主流媒体报道省红十字会主要工作69条（次），组织媒体对核心业务专题报道2次。中新社甘肃分社“甘肃省红十字会栏目”播发全省红十字工作动态130篇，稿件多次被主流媒体转载。编印《甘肃红十字通讯》，省红十字会网站更新全省红十字会工作动态信息322条。对各市（州）全年宣传工作进行量化考核和表彰通报。

【志愿服务】实施第四期甘肃省红十字志愿服务项目培育计划，对6个市、县和5支高校志愿服务队的11个优秀项目进行扶持。甘肃省3个项目获得总会扶持。省直志愿服务队实行每月例会制度，加强工作交流和指导。在“3·5”学雷锋日、“12·5”志愿者日等，各市（州）红十字会、红十字志愿服务队、红十字青少年发挥自身所长，开展一系列富有特色的志愿服务活动。兰州大学药学院红十字志愿服务队的“益报相伴——纸飞机计划项目”获得第二届中国志愿服务项目大赛银奖，兰州财经大学长青学院红十字志愿服务队“蜗牛公益平台”获得第四届公益慈善大赛大学生公益创客银奖；在中宣部、中组部等13部门评选的志愿服务“四个一百”先进典型活动中，兰州大学药学院红十字志愿服务队的“家庭小药箱”项目为全国红十字会系统唯一入选最佳志愿服务项目。

【“双联”行动】省红十字会及配合单位从公用经费中挤出45万元，深入开展“双联”行动。组织义诊活动9次，举办农村趣味运动会及文艺演出活动2次，开展“好公婆、好媳妇、好妯娌”评选表彰活动，元旦、春节期间向贫困户发放送温暖慰问金6万元，向卫生系统部分“双联”村和精准扶贫村发放爱心企业捐赠价值54万元药品。向徽县、镇原县的3个联系村派出驻村蹲点干部9批次，副处级及以下干部均驻村30天，选派1名干部担任精准扶贫工作队副队长。

【自身建设】省红十字会把党风廉政建设和反腐倡廉与业务工作同安排、同部署，全面落实两个责任。深入开展“四个全面”和“三严三实”专题教育活动，查摆突出问题，强化督促检查，统筹推进落实，强化对捐赠人和受益人群的服务意识，形成从严从实的良好氛围；完善各项规章制度，坚持民主集中制，落实公开透明，狠抓机关精细化管理，形成制度约束的良好机制；坚持每周五支部学习制度，加强对干部职工的培训和教育，形成干事创业的良好环境。白银市政府连续多年推动红十字应急救护培训工作，将红十字应急救护培训列为政府九件惠民实事项目之一，投入项目经费80万元；庆阳市委、市政府印发《关于开展红十字应急救护培训工作的通知》，市政府印发《关于进一步加强红十字会团体会员登记管理工作的通知》，新增团体会员54个；定西市市长唐晓明于世界红十字日在《定西日报》发表《弘扬正能量，引领新风尚》的署名文章。各级财政、民政、教育、卫生等部门在财政预算、纪念园建设、红十字应急救护培训、人道救助等各个领域给予大力支持。庆阳市开展“源爱关爱青少年安全（法律）知识进校园”活动，筹集捐款52万元；陇南市开展“爱在身边”公益救助活动，筹集捐款91

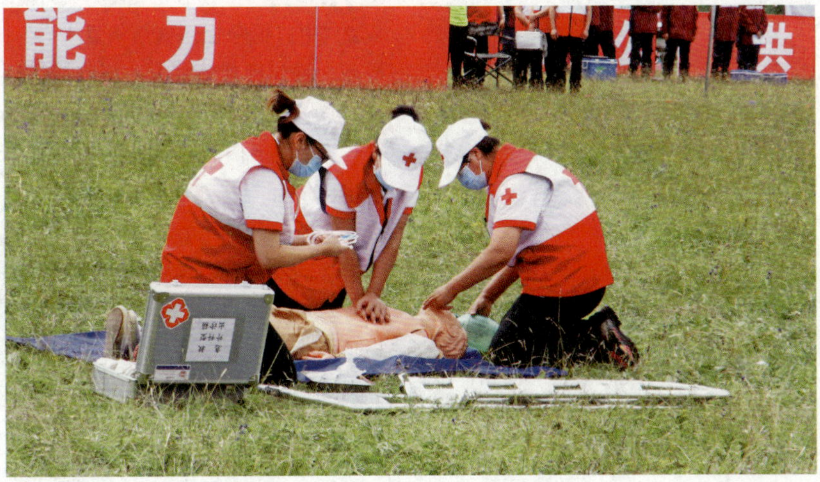

2015年8月23日，省十字会会同省卫计委组织全省卫生应急救援演练活动

万元；定西市"美天美心"公益活动，长期救助农村留守儿童；武威市在全市范围开展专项募捐活动，为城市困难家庭提供帮扶救助；白银、庆阳、陇南等市红十字会自筹资金开展活动，康县、文县、卓尼县、西峰区、镇原县、静宁县、康乐县、临夏县等红十字会，开展募捐、演练和救助活动，取得良好的社会效益。

【公信力建设】在省红十字会已建成运行的捐赠信息查询平台基础上，再次进行系统优化升级，切实做到捐款全透明、全公开。及时通过《甘肃日报》《兰州晨报》公示临洮4.5级地震、尼泊尔8.1级地震、西藏地震的募捐信息。落实中国红十字会总会在甘肃的信息化试点工作，项目投入67.076万元，在省红十字会、平凉市各县（区)红十字会先行试点，完成省级红十字会财务、志愿服务、灾害管理系统人员培训工作，志愿服务及组织建设数据开始上传。建立重大项目和资金接收使用公示常态机制，邀请和配合政府监督部门、媒体和社会公众对红十字会的各项工作进行事前、事中和事后监督，续聘省红十字会社会监督员，在省红十字会捐赠款物的管理、使用全过程中发挥监督作用。

省红十字会领导班子成员名录

名誉会长　陆　浩
名誉副会长　崔玉琴（女）　栗震亚
会　长　咸　辉（女，回族）
副会长　张正锋　王泉清
　　旦智塔（藏族）
　　徐亚荣（女）　张智军
　　王晓明　陈卫中
专职副会长　李玉堂　陈　明
秘书长　袁　博

（供稿：刘雪峰）

部分医疗机构

省人民医院

【医疗管理】制定《甘肃省人民医院医疗风险管理方案》，对医疗管理模式进行相应调整，强化医疗监控，加强特殊病例定期分析评议工作。分阶段、有重点做好医疗核心制度督查。优化医疗核心制度督查实施方案，加强医务、护理、质控、院感等职能部门管理力度，积极组织开展医疗督查；围绕危重患者抢救、交接班、会诊和围手术期等医疗核心制度的落实，开展行政查房155次；按照医疗质量PDCA循环管理模式，对督查整改情况进行跟踪回访和评价。

【门诊工作】引进省内最先进的自助挂号设备；建立省内首家无边界医疗服务管理平台，开通掌上医院APP，方便患者就诊。细化门诊专业，新增专病门诊13个。提高门诊诊疗质量，补充和调整门诊干部；定期组织开展门诊处方点评和门诊病历抽查；定期对各科室的门诊量、预约挂号量、医师出诊率、门诊大处方、门诊患者满意度结果和随访结果等进行分析评价，并向科室反馈。

【学科建设】探索建立学科诊疗服务能力评估体系。积极开展新技术新业务，共有24个科室开展新技术新业务33项；新成立甘肃省睡眠医学中心、心电远程诊断中心、疝和腹壁外科和日间病房；甘青宁新四省（区）唯一一台达芬奇机器人手术系统落户甘肃省人民医院并成功开展手术。

【交流与合作】选派专业技术人员赴美国麻省总医院、梅奥诊所、哈佛大学等国际顶尖医疗机构深造；与爱尔兰国际护理硕士研修项目合作，选派4名护理人员赴爱尔兰攻读护理硕士；与以色列西勒雅法医学中心合作成立"中以国际合作创面修复中心"；与新加坡保健集团就人才培养达成协议；加强与台湾医疗机构的交流互访；进一步推进与国内一流医院——上海华山医院在学科建设、人才培养、科研等方面的合作。

【科研教学和人才培养】2015年，甘肃省人民医院共获国家自然科学基金13项，获资助资金475万元，项目数较上年增涨225%；获甘肃省自然科学基金和地厅级科研项目43项，较上年增涨48%。科研获奖6项，其中甘肃科技进步奖2项，甘肃医学科技奖3项，甘肃省药学发展奖1项。省人民医院挂牌"兰州大学人民临床医学院"；成为"甘肃中医药大学研究生联合培养基地"。23人获硕士研究生导师资格，3人获博士研究生导师资格，有硕士研究生导师73人，博士研究生导师5人。2015年新招收硕士研究生65名。加强博士后创业基地管理，2015年招收博士后2名，共有6名博士后进站。选派专业技术人员和管理人员赴国外、境外培训26人，国内深造85人；对18名领军人才进行年度考核，22人晋升高级职称。2015年，院专家在国家级学术团体任职23人，其中常委19人；23人在省医学会各专业委员会任主委，13人任候任主委；8人任医师协会主委，4人任候任主委。

【院区工作】西院区工作全面恢复，开放床位201张，设6个病区14个科室，开设25个专科门诊；HIS、心电远程、LIS、PACS系统与院本部对接，实现影像图片、检验、检查结果与院本部之间的实时传送；医院对西院区企业身份职工完成培训、定岗定编。对所有企业身份职工实行工资套改，医院事业编制职工、企业编制职工和（编外）人事代理职工一律实行同工同酬。红古分院除开展常规手术外，在本部专家指导下开展一批高难度手术；在与本部建立远程会诊、远程PACS、远程心电等系统对接的基础上实现影像图片、检验结果的实时传送；成为海东市六个县的医保定点单位，在国内率先实现医保跨省网络直接结算，收治患者同比增长169.12%，辐射范围扩大到周边省份。新区分院一期工程已开工建设。2015年8月25日，省人民医院住院部二期7号楼和8号楼工程建设开工。依托省人民医院组建甘肃省野外流动医院。

【精准扶贫】省人民医院为会宁县全县285家村卫生室建立远程会诊网络并进行操作系统培训，投资帮助会宁县人民医院成立ICU、新生儿重症监护、肾内科、血液净化透析中心等；帮助革命老区、少数民族地区筹建新科室、开展新技术、免费进行人员培训；同时通过远程医疗网络和现场培训形式提高藏区医院重症救治能力。对基层医务人员进行免费培训。开展远程心电诊断工作，实现全省心电诊断均质化。按照省委组织部和省卫计委援藏工作要求，选派5名援藏医疗队员，其中省领军人才2名，赴甘南州临潭县人民医院开展援藏工作。

【党风廉政建设】认真落实党风廉政建设责任制，明确“两个责任”，加强班子建设，按照“一岗双责”的要求，有计划、按步骤推进党风廉政建设工作。积极推行院务、党务公开，严格规范权力运行。医院人员招聘、职称晋升、干部任免、政府采购、工程建设、财务收支、三公经费、资产管理等坚持项目、程序、结果公开，公示率达100%，严格执行医疗费用清单制和费用明细查询制。医院将2015年定为“党风廉政建设宣传教育活动年”，开展“守纪律、讲规矩、树形象”演讲比赛等系列活动，并将党风廉政建设作为行政查房的重要内容之一，严格执行工作约谈、提醒约谈和诫勉约谈“三项谈话制度”。严格执行中央“八项规定”、省委“双十条”要求和国家卫计委医疗行风建设“九不准”规定，开展“九个严禁 九个严查”专项行动。

【“三严三实”专题教育】开展“三严三实”专题教育，制定《关于在中层以上领导干部及正高职称人员中开展“三严三实”专题教育的实施方案》和《甘肃省人民医院“三严三实”专题学习研讨工作方案》。认真开展“三严三实”专题教育和“为官不为”问题专项整治活动，认真查摆“不严不实”问题，逐一落实整改。

省人民医院领导班子成员名录

院　长　郭天康

党委书记　钱耀文

副院长　卢启明　徐香玖　郑　宁　董信春　裴　中

纪委书记　张新梅（女）

（供稿：安　妮）

2015年9月25日，甘肃省人民医院西院区正式开业运行

甘肃省中医院

【诊疗工作】2015年门诊挂号538474人次，同比增长20.5%。门诊诊疗762117人次，同比增长15.5%。全年收治患者入院38202人次，同比下降0.7%。床位使用率92.8%，同比下降11.4%，床位周转率27.3，同比下降3.6%，平均住院日12.4天，同比下降0.3天。开展手术8753台，同比增长9.4%。门诊检验80320人次，同比增长1.3%。临检187620人次，同比增长5.3%。病理检查9508人次，同比增长5.8%。超声检查66404人次，同比增长13.1%。放射检查190284人次，同比增长24.9%。CT检查20731人次，同比下降6.5%。核磁检查18412人次，同比增长12.3%。

【学科建设】2015年，甘肃省脑病临床医学中心落户省中医院。风湿骨病获批成为第七批省级中医药重点专科建设项目。组织申报第八批省级中医药重点专科建设项目9个。顺利通过国家中医药管理局7个（骨伤科、脑病科、脾胃病科、中医护理、老年病科、内分泌科、临床药学）重点专科中期评估工作；顺利通过国家中医药管理局5个（中医骨伤科学、中医痹病学、中医文化学、中医血液病学、临床中药学）重点学科验收和中期评估工作。参与国家中医药管理局中医药标准化评价系列专著撰写工作。顺利完成2012、2013年度公共卫生专项中医临床诊疗指南应用评价项目。

【中医药特色】成立甘肃省中医传统疗法治疗中心和外治法培训中心。深化中医“治未病”的推广应用，先后举办第二届“中医膏方养生文化节”、全省中医食疗药膳培训班、首届“真气运行法”学习班等。组织专家研制新增16个院内制剂处方。完成名老中医药专家传承工作室及陇中正骨学术流派传承工作室建设项目的各级检查和评估。积极开展新制剂研发，开展院内制剂工艺提升。成功申报第五批全省调配使用院内中药制剂12个，医院全省调配院内制剂使用中药制剂达到43个。

【护理服务】举办“特色护理免费体验展示会”，施展特色护理技能，扩大中医特色宣传和推广；改革晨交班模式，突出辩证施护。制定实施中医护理重点专科管理办法及其五年发展规划。制定实施护理人员轮转（三年）办法。大力培养专科护士。积极参加护理技能、服务创新等岗位比武，全面提升护理队伍服务技能和服务水平。进一步规范药品管理模式，完善优化全院质控体系。完成全省中医护理培训基地承担的三期“西学中”护理技能的培训任务。顺利通过国家中管局重点专科中期评估。

【临床教学和培训工作】完成医院承担的高校学生临床实习，省内外医护人员的进修培训、继续教育项目培训和住院医师规范化培训等教学任务。完成7所院校818名学生的临床实践教学任务。医院新增成为武威职业技术学院的教学医院。完成“分段式”教学60名学生的带教任务。免费接收省内基层医院进修人员161人。开展全省各类培训项目8项。完成国家级、省级继续教育项目28项。完成国家中医住院医师规范化培训基地2015年度招生、培训工作。争取到甘肃中医药大学临床实践教学基地重点建设项目50万元。选派带教老师参加甘肃中医药大学举办的兼职教师培训；举办教学查房比赛，在甘肃中医药大学附属医院联盟第四届联盟论坛教学观摩查房比赛。

【科研项目】全年立项科研项目41项，国家拨付总经费853.8万元。其中国家自然基金项目3项；国家中医药管理局中医药行业专项1项。全年科研获奖17项，取得专利21项，发明专利2项。发表论文329篇，其中SCI3篇、CSCD26篇、北大中文核心期刊23篇、人事厅国家级论文208篇、省级论文69篇；出版论著64部。

【对外交流合作】2015年，接待丹麦等30多个国家来访和学术交流9次，共99人次，来访人数同比增加3倍。签约加入北京中医药大学东直门医院中医战略联盟，与三亚市中医院建立友好医院关系；与丹麦哥本哈根大学哈维德夫医院正式签约，在骨外科快速康复技术交流和针灸治疗慢性呼吸系统疾病、老年病开展合作研究。哈维德夫医院分批接收医院外科快速康复技术研修人员，第一批6人组成团队已于10月完成赴丹麦的15天研修学习。

【医疗救援】完成第十九批援助马达加斯加医疗工作和第二十批援马医疗队员的调整工作。选拔1人赴吉尔吉斯斯坦岐黄诊疗中心开展中医援外项目。选派20名队员赴通渭县等七个县乡医疗机构进行为期半年的对口支援工作。各支农队共开展新业务、新技术48余项，帮扶省（市）级重点专科4个，开展手术133余台，开展专业知识讲座及科普知识讲座115台次，教学查房220次，完成义诊23次，诊治患者2000余人次。医院为甘南州医护人员举办医疗护理技能提升和科研开发等方面的讲座培训3场，举办陇中正骨手法规范化培训班。选派以领军人才为领队的6名专家组成首批医疗人才"组团式"援藏工作队，赴甘南州卓尼县人民医院，开展为期1年的医疗帮扶工作。全面开展门诊、手术、会诊、查房等工作，并参与危重病人抢救，指导中药治疗，帮助受援医院完善诊疗规范，开展科室业务讲课培训。

【医疗保障服务】落实医改分级诊疗和多点执业政策，全年完成副高以上多点执业注册142人次，共向28家地县医院派出多点执业专家55批，共计169人次。建立专用医疗应急库房，参加2015年甘肃省卫生应急综合演练。参与天水应急救援，诊治患者200余人次。为兰洽会、兰州国际马拉松赛事提供医疗保障服务。落实民政大病救助项目，2015年救助患者54人，救助金额395800余元。完成社区儿童计划免疫接种1340人次。举办"中医大讲堂"科普知识讲座24期，开展"研究生志愿者下社区""中医药服务进社区"等活动，全年共举办各类义诊宣教活动一百余场次，诊治患者万余人，免费发放药品12余万元。选派人员参加甘肃省12320卫生热线工作。落实"进一步改善医疗服务计划"，将便民惠民措施增至42项。

2015年10月30日，副省长夏红民（右一）在省中医院中医外治中心调研

【人才队伍建设】2015年，医院新进人员15人。34人晋升高级专业职称，120多人完成国内外进修学习任务。积极选派青年医生组队参加康复医学、腔镜技能等专业的全省技能大赛。重视师承教育对人才成长的作用。王自立、刘国安、廖志峰三位指导老师的6名继承人均顺利通过第五批国家级中医药师承教育的结业考核。

【"三严三实"专题教育】开展"三严三实"专题教育，开展集中学习11次，举办专题党课6次，开展专题研讨会6次。按照卫计委党组的部署和要求，开展"两好两促"专项行动和"四抓一保证"活动。纪委、党办、院办、人事、宣传等部门结合工作落实年活动，组织多次院内督查行动。召开专题民主生活会，认真开展批评与自我批评。

【党风廉政建设】开展"九个严禁、九个严查"专项行动，对违规接待、违规使用公车、违规办婚丧喜庆事宜等进行整顿，新增科级建制的纪委办公室，配备专职负责人。建立和完善院党委会议制度、院党政联席会议制度、纪委"三转"制度、干部三述制度、重大事项报告制度、干部出国考察学习管理制度；制定和出台医院《关于医药购销领域商业贿赂不良记录规定》。召开党委会，专门听取院办、党办、人事、外事、财务、基建、设备、科研、招标采购等人、财、物集中的重点岗位和部门"一岗双责"落实情况，对两名违纪中层干部进行组织处理。建立医务人员医德医风档案。

【干部队伍建设】2015年，提拔中层干部67名。在全院范围内公开选拔后备干部，建立后备干部库。按照支部建在处（科）室的要求，对全院基层党支部做重新划分和调整，55名处（科）室行政领导同时兼任基层党组织书记。

【基础建设】门诊医技楼获得“甘肃省建设科技示范工程奖”。康复保健楼完成内部水、电、空调、电梯等设备安装，完成内部精装修设计方案并进行施工图设计。地上立体车库完成竣工验收及设备安装调试并投入使用。污水处理中心竣工验收交付使用。完成住宅楼二期分房和入住工作。获取市政府同意将医院西区约24亩土地划拨并变更为医疗用地。完成申报“十三五”期间医疗卫生领域三个建设项目的储备工作。完成科研制剂中心基本建设和前期启动运行工作。

【“双联”行动】调整为医院护士长以上干部共185人参加双联和精准扶贫工作。全年组织义诊巡诊、健康体检活动19次，为3750多人次提供诊疗服务，为群众免费配发价值19万余元的院内自制药品及常用药品，先后接待门诊就诊群众58余人次，协调安排住院群众9人次。出资21万8千元，为陇西县购买激光治疗仪等8件医疗设备。在陇西“双联”点塄岸村开展中草药种植技术培训；出资7万元栽培5500棵核桃树苗；为2015年考入本科院校的9名学生资助学费27000元。在通渭县组织扶贫日主题活动，由省政府办公厅协调省内10余名中国书法家协会会员、中国美术家协会会员现场义写书画作品500余幅；由医院协调一线专家配备3万余元常用药品，现场开展义诊活动；由兰石集团组织技术人员提供优质牡丹种植技术培训和农机具修理，出资15万元援建村级活动场所；向通渭县中医院捐赠价值29万元的高压配电设备；为通渭双联点鹿山村争取到46万元道路维修资金。

【甘肃省中医药研究院】《西部中医药》连续6年入选中国科技核心期刊。完成《张仲景研究集成》修订版、《敦煌医药文献真迹释录》的出版工作；完成《敦煌医药文献研究集成》的编校工作。完善国家重点学科“中医文化学”和省级重点学科“中医药信息学”的建设工作。“中医文化学”通过国家中医药管理局中期检查。率先使用中医传承辅助平台软件，开展名老中医经验传承和中药新药研发工作。2015年全院共申报科研项目6项，专利5项，出版专著5部，发表国家级论文29篇，其中CSCD论文1篇。科研获奖4项。

【白银分院】2015年，白银分院在脑病科、脾胃病科、风湿骨病科和肛肠（痔瘘）科试行大主任制。新设内分泌科、老年病科和肾病科（血液透析中心）。开展新技术、新业务20余项。开展“三基”考核、病历质量评比、急诊急救技能大赛和护理技能大赛等活动。选择25个病种实行临床路径管理，确定21个专科专病门诊，开设中医特色专家夜间门诊。分院通过国家“爱婴医院”复评；被省卫计委确定为甘肃省中医药治疗艾滋病项目临床基地；被确定为市、区两级结核病防治定点医院。完成基建工程项目，实现与总院信息的全面对接。全年购置万元以上设备73台（套）。引进专业技术人员25人。选派33人外出学习进修。完成113人的实习带教和进修培训任务。新立项科研项目2项，发表各级论文39篇，出版专著5部。门急诊97214人次，同比增长11%。入院病人7280人次，同比下降5%。

省中医院领导班子成员名录

院　长　李盛华

党委书记　谢文生

副院长　马忠祥（回族）　舒　劲（女）

　　　　赵继荣　邱连利

纪委书记　卫晓雯（女）

（供稿：裴学军）

兰州大学第一医院

【医疗工作】2015年，接待门急诊患者1037185人次，比上年增长3.72%；住院患者64091人次，增长3.19%。开展手术15721台次，增长2.91%，其他各类手术操作42494例。床位使用率95.60%，较上年下降10.93%。病床周转次数为41.1，降低1026%。平均住院日为8.4天，与上年持平。设立中医综合治疗室，开展中医特色专科治疗。成立国家级名老中医许自诚传承工作室。生殖医学专科医院中西医结合专科成功申报为甘肃省中医重点专科建设单位。

【医疗服务】加强临床科室医疗质量的现场检查力度，院领导带队深入临床一线了解和检查医疗核心制度落实、医疗质量持续改进的情况，督促整改问题。开展超长住院患者专项检查，降低平均住院天数，杜绝医疗安全隐患发生。对运行病历书写时限进行监控，通报违规病历书写，全院甲级病案率99.75%。继续开展以病人为中心的“优质护理服务”活动。定期检查基础护理质量落实情况。坚持每月通报抗菌药使用指标，为科室用药管理提供数据支持。全院有39个科室开展临床路径工作，开展病种94个，病例8181例。修订完善医院感染管理各项规章制度。完成医院感染病例监测工作和感染现患率的调查。及时进行院内环境卫生学和消毒效果检测，合格达率96.78%。

【医疗培训】举办医院感染知识、麻疹防控、抗菌药物等专项培训和埃博拉出血热防控等全员培训，提高医务人员的素质。组织参加全省应急救助演练。坚持每周的行政查房、每月的护理疑难病历讨论制度。使基础护理、特级护理、一级护理合格率始终保持在90%以上。将护理不良事件的上报制度的落到实处，实行无惩罚制度。实行临床带教竞聘上岗制度，实施临床总带教及临床带教的模式。根据不同层级的护理人员情况，分别制定培训计划。推行东岗、西站院区一体化的管理。

【教学工作】研究生培养方面，招收博士研究生14人，硕士研究生144人；新增硕导7人。在读全日制研究生455人，博士后流动站进站2人，研究生课程进修班307人；研究生毕业165名。完成理论课教学4607学时、见习（实验）课2550学时、实习带教13739学时。临床技能中心举行临床技能示教比赛、青年教师讲课比赛和教学能力测试。推行主管院领导和教学管理人员每学期听课制度。获批6项“2016年国家级大学生创新创业项目”。

【继续医学教育】完成国家级继续医学教育项目25项、省级28项,申报2016年国家级、省级继续医学教育项目75项。接受各类进修人员共396人。

【科研工作】获批各类计划内科研项目83项,其中国家自然基金2项,科研经费达800余万元。科研成果结题验收20项,科研成果获奖4项,获得专利39项。全院职工发表各类科研论文452篇,出版专著共42部。邀请院内外专家进行科研培训与交流24场次。

【医疗保健】承担省、厅级干部医疗保健工作,全年接待门诊患者863人次,住院患者109人次。完成2015年度正厅、正高级专家的体检和特级、一级随队保障任务。参加甘肃省两会及兰洽会等大型会议保健6次。

【基础建设与后勤保障】门急诊综合楼开工建设;内科楼通过验收;启动外科楼装修工程。完成新建核磁机房工程、污水处理站和室外亮化工程等工程。完成基建维修工程23项。顺利通过ISO9001质量管理体系认证。开展全院房屋使用情况清查登记工作。重新组织营养楼二楼美食城的经营户和原材料购入招标,严格落实食品安全监管工作。各维修班组完成正常维修工作3.1万人次,抢修水电、蒸汽、负氧等管道56次。幼儿园通过兰州市二类幼儿园的复评工作。全年通过政府采购公开招标、院内招标采购医疗设备共计143项。坚决执行维修及维修配件议价谈判工作流程。新增监控点位400个,形成全方位、无死角全天候的动态监控系统。优化停车管理,加大对院内车辆的疏导指挥。以“11.9”消防宣传日为契机,举办消防宣传周活动;组织消防安全培训、消防演练。

【医疗服务】4月,医院与甘肃广电网络阿里飞天云平台合作打造“未来医院支付宝服务窗”,方便门诊患者就医。与省卫生计生委12320预约服务平台加强协作,加大预约挂号的宣传力度,全年预约挂号76000人次,全年通过网络、电话及服务台为患者预约挂号数量达52717人次。通过重新规划门诊大厅服务区域、预约挂号前移、中心服务台增加就诊卡办理等措施,优化就诊流程,缩短门诊患者的等候时间。开展健康宣教日义诊活动20次,发放健康宣教资料,开展健康宣教问卷调查。做好“向日葵”“医二代”志愿活动,为患者提供血压测量、健康教育咨询、陪送患者和自助设备使用指导等服务。全年发放调查问卷7500余份,全面了解患者对医院各项工作的满意程度。以电话、信件回访方式征询出院患者意见与建议,通过院周会进行反馈、督促落实。组织开展医疗纠纷案例警示录的教育。

【人才建设】全年共录用新职工247人。完成18位甘肃省领军人才和7位外聘翠英讲习教授、兼职教授的年度考核。1人获国家卫生计生委有突出贡献的中青年专家称号。新聘高级职称60人,中级职称66人。选派195人赴国内外进修学习。

【医疗援助】选派20名骨干医师分别赴夏河、通渭、泾川、敦煌四个受援点开展万名医师支援农村卫生工程。选拔5位同志赴甘南州开展为期一年的“组团式”援藏工作。院领导分7批带队赴舟曲县人民医院开展对口帮扶。组织分级诊疗医疗队赴庆阳、平凉和白银的18个县医院进行查房、带教、手术和讲座。多次组织医疗队赴边疆为战士服务,进干休所为抗战老兵义诊,赴乡镇、社区进行健康教育。

【“三严三实”专题教育】2015年,根据中央部署和学校党委要求,医院开展“三严三实”专题教育活动,先后召开“严以修身”“严以律己”“严以用权”学习研讨。通过召开座谈会、发放征求意见表、谈心谈话等形式广泛征求职工群众意见建议,深入查找在修身做人、用权律己、干事创业等方面的问题。

【党风廉政建设】认真落实领导干部党风廉政建设“一岗双责”制度。开展以“积极践行‘三严三实’,共建清廉医院”为主题的专项活动。在医院周会上开展警示教育,通报中央纪委和省纪委查处的党政领导干部违法违纪案件的过程及处理结果,组织观看典型案例警示教育片。加大对重点部门、重点岗位、关键环节的监督力度,强化督促检查,统筹推进落实。

【制度建设】先后制定出台《接受社会捐赠资助管理办法》《党委会议事规则》《党政联席会议议事规则》《院长办公会议事规则》《职工出国(境)管理办法》《中层干部离任交接工作暂行规定》等规章制度。启动“十三五”发展规划的编制工作。根据医院中长期发展规划纲要,经医院会议多次讨论,制定“十三五”发展规划草案。落实好安全生产“一岗双责”制度。医院领导多次主持召开医院安全生产管理委员会议,研究部署医院安全生产工作,带队检查医院安全生产工作,现场协调整改发现的安全生产隐患和问题。出台安全生产

2015年6月9日,兰州大学第一医院举行门急诊综合楼奠基开工仪式

网格化管理制度。

【“双联”行动】调整“双联”工作组，选派一名科级干部担任驻村帮扶工作队队长。实施单位联村、干部联户动态调整机制，自筹资金帮助联系村建设基础设施、解决养殖合作社的销售问题；在三个“联系”村先后组织大型义诊，接诊950余人次，为磨儿村60岁以上老人进行体检。开展建档立卡、精准扶贫工作。

兰州大学第一医院领导班子成员名录

院　长　余　勤

党委书记　郭　琦（女，3月止）

赵社文（3月任）

党委副书记、纪委书记　张毓人

副院长　刘晓菊（女）　周永宁

杨永秀（女）　李　汛

郭顺林　张　钲

张学红（女）

总会计师　刘立善

（供稿：田青锋）

兰州大学第二医院

【诊疗工作】2015年，接待门诊量123.86万人次，比上年同期相比增长4.84%；急诊量6.93万人次，比上年同期相比减少1.42%；住院患者8.06万人次，比上年同期相比增长1.0%；手术4.47万台次，比上年同期相比增长14.32%；平均住院日9.8天，较上年下降0.72天，床位使用率97%，比上年同期相比增长1%。托管的康泰分院年门诊量2.2万人次，比上年同期相比下降4.39%；住院患者6087人次，比上年同期相比增长1.26%；手术2201台次，比上年同期相比增长4.21%；平均住院日9.76天，较上年增加0.07天，床位使用率64.43%，比上年同期相比增长1.31%。托管的定西医院年门诊量58.43万人次，比上年同期相比增长7.30%；住院患者2.4万人次，比上年同期相比下降5.19%；手术5929台次，比上年同期相比增长11.83%；平均住院日11.37天，较上年下降0.29天；床位使用率76.10%，比上年同期相比下降26.51%。托管的西固医院2015年门诊量23.41万人次，比上年同期相比增长8.4%；急诊量1.88万人次，比上年同期相比增长23.4%；住院患者1.39万人次，比上年同期相比增长2.7%；手术0.15万台次，比上年同期相比增长19.23%；平均住院日6.69天，较上年下降1.43天，床位使用率101.89%，比上年同期增长7.95%。

【学科建设】医院拥有5个卫生部国家临床重点专科；2个甘肃省临床医学中心；4个省级重点实验室；11个省级医疗卫生重点学科；1个甘肃高校省级重点学科；1个甘肃省院士专家工作站；15个国家级培训基地；10个省级质量控制中心。启动以疾病为中心的院内专科建设工作，按照兰州大学综合改革方案，共建成12个专科医院和13个医学中心。2015年，医院设立疼痛科、生殖医学科、疼痛科、生殖医学科、放疗科、生物医学诊疗科、女性健康管理科、美容科、烧伤矫形科、高端齿科、肿瘤外科、心智障碍研究室以及医学教育服务科等新学科；新建无痛胃镜、肠镜、宫腔镜、支气管镜、无痛人流等门诊。完成高压氧舱、PET-CT、直线加速器等学科筹建工作，放疗科、高压氧科已投入使用。推动整合医学，严格规范各专科MDT讨论制度。全年共开展新技术新业务89项，其中外科31项，内科30项，医技28项。

【人才队伍建设】医院主任医师169人，副主任医师224人，硕士743人、博士121人，教授56人，副教授104人；享受国务院特殊津贴14人；卫生部突出贡献专家3人；兰州大学学报（医学版）主编1人；省级优秀专家7人；甘肃省领军人才27人（一层次13人）；省“555科技人才工程”人选17人（一层次5人、二层次12人）；省“333科技人才工程”人选9人；陇原青年创新人才9人；省教育厅学术带头人2人；厅级领军人才21人；省卫生厅学术带头人43人；中华医学会、中华药学会、中国中西医结合学会、中华预防医学会、中国医师协会等学会常委、委员以上85人；SCI国际期刊编委100余人；甘肃省医学会各专业委员会任主任委员、副主任委员68人；引进高层次人才30多人。

【人才培养】全年选留毕业生275人，引进人才2人，选留博士4人，增加享受国务院特殊津贴专家1人，陇青人才2人。落实新的三个“百人计划”，全年出国研修4人，其中百人计划1人，卫生厅项目3人；强化四个“人才方阵”建设，确定亚专业学科带头人129人、后备人才94人、青年人才40人、护理优秀人才49人。全年聘任专业技术职称及转正定职人员461人。新晋主任医师28人，副主任医师35人；聘任兰州大学教授9人、副教授9人，萃英讲席教授1人。2015年新聘护理人员152名，全院护士总数达到1979人；加强护理人员培训和考核，全年外出进修学习达112人次，参加学术会议118人次。开展专业学位住院医师规范化培训与研究生学位教育相结合项目，招收规培学员263人，完成每月200余名轮转住院医师考核。接收进修人员741人，赴外进修人员144人次；“走进西部”县级医院医师培训2期，培训学员70名。推荐教育部科学技术委员会科普委员会委员候选人1人，国家国际科技合作专项评审专家2人；组织申报并推荐国家科技专家库新增专家30名；甘肃省科技厅专家库评审专家189人审核通过。

【教学工作】新开设博士课程13门，硕士课程32门；增补博士导师5人，硕士导师12人。英语四级通过率为80.7%、六级通过率为28.9%。本科生学位授予率98.24%，就业率91.23%；研究生就业率100%。10人获国家奖学金，326人获学业奖学金，7人获润慈奖学金、尚峰校友奖助学金、刘冰奖学金、好医生奖学金；1人获兰州大学出彩毕业生称号，5人获优秀毕业研究生称号。在第四届全国高等医学院校大学生临床技能竞赛西南西北分赛区荣获一等奖，全国总决赛荣获三等奖。医院申请获批兰州大学主干基础课程教学团队2项，教学研究项目立项23项，荣获甘肃省教学成果奖1项。在原有6门精品课程的基础上，新增2门甘肃省精品课程。医院代表兰州大学参加全国高等医学院校临床技能竞赛在2012和2013年荣获西南西北分区赛三等奖，2015年荣获西南西北分区赛一等奖、全国临床技能竞赛总决赛三等奖；7人获兰州大学隆基教育教学奖，2人获青年教师讲课比赛三等奖，学院获得优秀组织奖。

【科学研究】首次获12项国家自然科学基金。获科技国际合作项目一项。全年共申报各类项目301项，获准立项96项，争取经费911.75万元，到账经费594.7225万元（其中纵向 573.4725 万元、横向 21.25万元，）。设立院内专项基金资助420万元，其中引进人才专项260万元，首批博士基金160万元，第二批博士科研基金100万元。全年共申报各类奖项23项，获奖 15项，其中省部级5项，厅局级10项（其中，医学科技奖获一等奖2项，二等5项，三等1项；甘肃省皇甫谧中医药科技进步奖获一等奖1项；兰州市科学技术进步奖，获二等奖1项；甘肃省科技进步获一等奖1项，二等2项，三等1项）。连续五年获省科技进步一等奖。全年发表论文411篇，其中SCI 70 篇、CSCD 105篇，统计源122篇，其它114篇；申请专利16项，出版专著50部，期刊任职43人。推荐教育部科学技术委员会科普委员会委员候选人1人，国家国际科技合作专项评审专家2人；组织申报并推荐国家科技专家库新增专家30名；甘肃省科技厅专家库评审专家189人审核通过。甘肃省重点实验室4个（其中甘肃省血液病重点实验室为培育基地）。4个省级重点实验室全年共获省科技进步一等奖1项，省科技进步二等奖2项，科研立项17项，获科研经费749万元，发表论文117篇，其中SCI 37篇，CSCD 15篇。专著7部，专利4个。

【社会服务】完成14名省委组织部2015年“陇原之光”人才培养计划人员在兰州大学第二医院的进修事宜；选拔27名医务人员人参与“万名医师支农项目”；选派2批40人次开展“双联”帮扶。抽调7批共计40名专家赴舟曲开展援藏工作，为近1000余名当地群众进行服务；选派5人参与甘肃省医疗人才“组团式”援藏工作队。开展医疗应急救援工作。全年共派出突发事件紧急医疗救援20人次，救治患者15位。组织开展多项惠民公益行动，共救治病人1000余人。

【对外交流合作】2015年，兰州大学第二医院院获批聘请外国专家资质资格。续聘请美国德克萨斯州立大学医学院Dr. Thomas Worthington医生在医院工作，聘请8名国内外知名学者担任医院客座教授。全年共选派出国留学医护人员4批4人，其中医院百人项目：1人，卫生厅项目：3人。派遣医护人员71位，分别前往美国、欧洲等19个国家进行学术交流与学习。全年共申办各种学术会议30次，其中国内8次，省内22次。邀请国内外专家讲学292次，其中国外专家14次，国内专家278次。兰州大学第二医院专家外出会诊60人次。

【基础设施建设】5月20日，托管西固区人民医院（兰大二院西固医院）。完成医院总体建设规划并通过政府审批。被省政府列为“2012年省列重大建设项目”的2号医疗综合楼安装部分工程完成约80%，完成2号医疗综合楼学科布局和功能调配。完成萃英2期住宅楼建设各项前期筹备工作，于2015年12月22日奠基开工。完成至公堂、观成堂项目的主体维修。完成直线加速器、PET-CT机房、儿童医院输液中心、生殖医学中心改建工程项目。

兰州大学第二医院领导班子成员名录

院　长　李玉民

党委书记　陈卫东

副院长　岳中瑾　张有成　王　琛

　　　　王俭勤

党委副书记　童明辉

总会计师　戈延俐（女）

工会主席　白　锋

（供稿：贺　婧）

甘肃省第二人民医院

【医疗工作】2015年，医院共收治住院病人1.69万人次，比2014年增长0.32%，门诊病人21.9万人次，比2014年增长4.36%，体检人员3.43万人次，比2014年下降2.23%，全年业务收入2.0602亿元，比2014年增长4.5%，职工工资加绩效收入比2014年增长33%。2015年成功调处医患纠纷12件，比2014年下降15%，接待投诉52起，比2014年下降9%，出院病人平均满意率增加0.82%。医疗纠纷赔付费少于交付的医疗质量保险费。

【技术创新】临床学科如呼吸科在西北地区首家开展快速现场评价（ROSE）系统的启动。同时，在西北地区首家开展支气管哮喘热成型术；心血管内科独立完成医院首例高难度植入型心脏复律除颤器，同时，起搏器、冠脉造影、冠脉介入手术量比上年增加41%。骨科开展颈椎前后路手术、脊柱翻修、上胸椎结核、各类骨盆髋臼骨折、复杂手指再造等高难度手术。肝病科开展双重腹水超滤浓缩回输技术。神经外科开展药物难治性癫痫外科治疗。心胸外科开展二尖瓣、主动脉瓣置换术及同时置换术，全外科胸腔镜下肺叶切除等新技术；泌尿外科应用经皮肾镜、输尿管镜和膀胱镜微创治疗泌尿系多种疾病；麻醉科应用可视化技术解决困难气道患者气管插管的难题；腔镜中心单孔腔镜手术占到80%以上，同时开展经脐单孔腹股沟疝修补术；风湿骨病科、中医科在冬病夏治基础上开展冬病冬治、三九贴敷；中医康复、风湿骨病开展火疗、砭石疗法；中医科开展颊针、腹针和梅花针疗法；针灸科开展创新中药联合头体针治疗缺血性视神经病变的临床研究等新技术，全年针灸治疗量比2014年增长22%。妇产科开展无创DNA产前检查技术、习惯性流产的宫腔镜检查术；介入医学科已形成血管介入治疗（以泡沫硬化治疗为代表），非血管介入治疗（以PVP代表），肿瘤微创综合治疗等三个亚专业。口腔科积极应用改造后的口腔科拍片室，规范临床操作，促进机扩根管治疗新技术的开展；儿科门诊积极开展中医适宜技术治疗：腹痛或腹泻患儿的脐部贴敷治疗、肺炎患儿的穴位贴敷加神灯治疗。整形美容中心开展眼部整形美容手术（先天性眼睑下垂矫正、韩式重睑术、开内外眼角、上眼睑松弛提升、下眼袋祛除提升等），面部整形（面部脂肪移植、面部微提升），面部创伤整形美容手术和疤痕的联合治疗，激光美容和注射美容，在毛发移植的基础上开展眉毛移植，在吸脂的基础上开展腋臭的微创治疗，开展负压装置辅助下植皮、皮瓣转移、任意皮瓣修复，穴位埋线瘦身。血液科在对双表型双克隆的恶性血液病的诊治中观察到生物抑制现象，并在全省学术会议上进行报告；肛肠科在省内率先开展多环痔疮套扎术。皮肤科开展激光治疗瘢痕疙瘩，液氮冷冻治疗斑秃，红蓝光治疗重度痤疮和皮肤感染等项目；医技各科、药剂科通过开展新项目、合理安排检查秩序、减少患者等候时间等。

2015年2月14日，国家卫计委副主任、国家中医药管理局局长王国强（前排左二），甘肃省委常委、副省长、省医改领导小组组长咸辉（前排右二）在甘肃省第二人民医院调研

【医疗护理】2015年，护理系统持续推行“六心”护理模式；护理质量管理抓住三级质控（院护理部、大科护士长、病区护士长）、三个重点（重点时间、重点病人、重点护士）；坚持每月定期召开护士长例会和护理安全分析会，部署季度工作计划、月重点工作并组织实施；在全院实施优质护理示范工程；提供规范化服务，做到“送药到手，看服入口，服后再走”工作方法，全院护理无重大差错事故的发生。普外科医生参加全省腹腔镜技能大赛，获团体三等奖及个人二等奖、三等奖、优秀奖。骨科医生参加全省康复大赛，获集体二等奖、个人一等奖。精神卫生中心医护人员参加2015年甘肃省卫生应急演练荣获三奖。

【临床医学】2015年，第二临床医学院组织召开各种培训、交流汇报会30余场，对全国本科教育中的3个一级指标、35个二级指标逐一进行解读分工，责任到人。教学人员撰写、整理、装订十余种数万字的教学资料，收集、整理、归档453名学生实习档案，多次组织学生认证座谈会，听取意见和建议，并及时组织整改，同时，对333诊疗模式在教学中的应用、开展CBL教学、实施形成性评价、构建以岗位胜任力为核心的临床实践能力培养体系等核心教学改革进行了学习实践，顺利通过教育部临床医学专业认证委员会对医院临床医学专业教育工作的认证。2015年，省第二人民医院成为西北民族大学临床专业硕士研究生培育基地并招收首批硕士研究生，并以医院教师为主制定并完成研究生数门课程的教授。

【基础建设】2015年7月，新住院大楼正式启用。顺利完成2015年的继续教育项目。完善省市局医保数据接口、项目对照、诊疗项目价格调整、发票格式调整、院级安全防护系统的改进，省卫计委信息专网，实现医院数据实时传输。采用华为融合一体机对数据库进行升级迁移改造，包括体检系统、驾驶员体检系统、院网站维护、培训中心考试系统、合理用药查询系统、HIS系统、LIS系统、PACS系统、财务用友、工资管理系统、360企业版管理系统、互联网安全监控系统等数据库的建立更新和升级。实施结构化电子病历（二代电子病历）系统，通过培训、分步启动顺利完成升级改造。优化住院病人彩超预约检查流程，减少病人等待时间。开通B超、内镜中心、心电图、影像中心、放射科、检验科电子申请单功能，停止纸质申请。开设门诊检验报告自助打印和门诊自助挂号收费系统。检验系统完善样本管理系统、血库管理系统、质控图、试剂管理等。全院25个临床科室二级库管理已全部启用。

【业务培训】2015年，培训中心圆满完成省卫生厅下达的培训任务共26期，累计培训达1136人次，比上年增长28%。院内开展临床医生业务培训大会、护士大会、消防安全培训、抗菌药物专项培训等共47场次，累计培训7200人次。

【严重精神障碍复合诊断工作】在临夏市、庆阳市、嘉峪关市、金昌市举办“严重精神障碍诊疗培训班”，培训628人次。协助省疾控中心共同到全省多个地区做“严重精神障碍管理督查”工作。承担全省严重精神障碍的复合诊断工作，深入全省5个地区，399个乡镇、筛查8763人次、复合诊断6070人。

【自身建设】2015年，医院开展“三严三实”专题教育，持续整治“四风”突出问题，“三公”经费下降17%。严格落实党风廉政主体责任，约谈提醒、行政问责常态化。开展“工作落实年”活动。

省第二人民医院领导班子成员名录

院　长　米登海

党委书记　夏彦广（10月止）

　　　　　尹卫国（11月任）

纪委书记　张军玉

副院长　张　灏　张锦华　金永新（女）

　　　　何蕊芳（女）　邱　皓

甘肃省第三人民医院

【医疗工作】2015年门诊共接诊各类患者50495人次，同比2014年增长4.5%。入院5087人次，同比14年增长

15.5%。床位使用率69.2%，同比14年增长4.7%，平均住院日10.9天，同比14年缩短0.6天。药占比28.7%同比14年下降3.4%。手术室全年手术共计358台次（14年256台次），同期增加102台次，同比增长39%。

【医疗管理】严格按医院制定的管理规范、工作制度开展管理工作，严格执行医疗防范措施和医疗事故处理预案，实行医疗缺陷责任追究制，严格按医疗操作规程标准开展医疗活动。把医疗质量管理工作的重点从医疗终末质量评价扩展到医疗全过程中。及时通报和处罚质量缺陷事件，全年共出医疗质量控制报告19期，检查门（急）诊处方6278张，合格率为80.8%；审阅归档病历4734份，甲级率为90%。并组织全院病历评比，评比病历66份，评比结果98分以上的病历14份，占评比病历的21%。将病历中存在的问题归纳总结，并在医师大会上做出点评。各科室对疑难危重的病例医务科组织相关学科专家来进行综合会诊，并提出会诊意见和诊治方案，确保疑难危重病人得到一个规范的诊断和治疗。2015年全年召开医师大会2次，现场点评诊疗过程中存在的问题。另外，组织全院临床教学查房讲座及现场观摩1次，组织多学科会诊12次。

【援藏工作】为积极响应省委、省卫生计生委下发的医疗人员“组团式”援藏工作文件精神，甘肃省第三人民医院对口援助天祝县医院，抽调3名医生作为首批援藏队员，2015年12月3日，由院领导带队一行12人，赴天祝参加医疗人才“组团式”援藏工作启动会。并为当地患者开展义诊活动。

【护理服务】制订和完善护理制度、护理质控方案、技术规范和护理质量评价标准。采取目标管理和指标考核方式，有计划地组织检查、评估、总结、反馈、整改。护理部每月重点抽查基础护理及护理文件书写质量，组织护理质控检查，规范毒麻、抢救药品、抢救设备的管理。全年全院无重大护理差错和纠纷，护理技术操作合格率98%，护理健康教育覆盖率达100%，护理文件书写合格率达99%。全年共组织护士长例会22次。护理学术活动15次。按计划对各级护理人员进行三基训练和专科技能培训。每月进行护士礼仪和文明用语考核，组织礼仪培训5次，护理礼仪培训的覆盖率100%。制定各种温馨提示，定期电话随访，全年发放护理服务满意度调查表1250份，满意率达99%。

【应急演练】组建应急演练队伍，成立应急演练领导小组，参与设计应急演练方案和脚本，并根据演练科目从相关科室抽调业务骨干及后勤保障人员共计18人组成应急医疗救援演练队伍，参加由卫计委举办的应急演练比赛获优胜奖。

【内部管理】改革绩效分配方案，对运行的绩效方案进行适当的调整并增加考核的力度，细化考核方案。全年绩效工资发放共计665.96万元，于上年同期449.78万元相比，增加216.18万元，增幅48%。业务科室平均绩效工资为1390元，较上年1028元增加362元，增幅35%。

【培训工作】重点对中层及全院职工进行培训，同时还邀请北京积水潭医院张友乐教授讲授《关于肌腱修复的几个问题、手部虎口挛缩的皮瓣修复》；北医三院职业病中心主任赵金恒教授讲授《肺的生理解剖和尘肺的治疗思路》。北京朝阳医院职业病科主任朱钧教授讲授《石棉肺的诊断治疗》等。对全院职工进行员工素质拓展训练6次及英语培训40次。

【项目建设】全年通过政府公开招标2次，引进设备共计25台，通过院内招标9次，引进设备共计25台。通过整合审计项目，开展自审项目，工程量复核、现场跟踪为第三方审计提供有力证据等方法为医院节约资金近350万元，2015年全院业务结余1150.5万元，于上年同期754.1万元相比，增加396.4万元，增幅52.6%。

【学科建设与科研工作】2015年新增骨二科、职业病科、儿科、神经外科、康复科、肾病科、ICU共7个新专科；2015年全院共发表论文三十九篇（国家级论15篇，省级论文24篇）；课题立项的2项（中医药管理局科研立项1项，兰州市科技局立项1项）；科研鉴定、验收共4项；编写发行专著7部。

【人才队伍建设】全年共调入20人，其中专技人员15人，管理人员1人，公招人员6人。分别选派骨干人才赴外省进修、参观学习44人次。外出进修、学习、培训人员汇报会6场次，汇报35人。其中外请专家讲座10场次。组织全院学术活动46场次。

【专家工作】天津医科大总医院、天津市第五中心医院、天津妇产中心医院、天津海河医院、天津武清区人民医院、北京同仁医院内、积水潭医院、南方医科大广州珠江医院、重庆医科大附属二院、北京304医院等、甘肃省人民医院、兰州大学第一医院等省内外大型医院专家进驻甘肃省第三人民医院。专家进驻医院后，除安排专家门诊外，还进行规范的三级查房带教、病例讨论、业务讲座、手术示教等。全年来院省内外专家67人次。

【基础建设】门诊医技综合楼项目主体工程已在12月4日提前顺利封顶。装修改造病员餐厅和学术报告厅。组织健康进社区活动，采取全院总动员，科室分头进社区义诊宣传的方式，截至2015年底，已经对14个社区进行义诊宣传活动。

省第三人民医院领导班子成员名录

院　长　李兴勇

党委书记　王　倩

副院长　周雪峰　刘保强　蒲志宏

（供稿：宋　良）

甘肃省妇幼保健院

【妇幼卫生】2015年，省妇幼保健院组织实施妇幼卫生综合项目等27个重大公共卫生项目，使全省广大群众特别是妇女儿童无偿受益，贫困孕产妇得到救助，卫生技术人员得到免费培训，医疗设备得到更新。全年开展远程会诊151例，远程培训38期，培训3751人次。通过一站式转诊平台转诊患者121例，完善基层转诊绿色通道。利用“爱耳日”“三八”妇女

2011-2015 年部分医疗指标增长情况

年度	门诊量		出院患者量		平均住院日		平均床位使用率
	人次	增长率	人次	增长率	天数	缩短天数	
2011	448061	5.2%	19756	2.13%	7.5	-0.3	128.5%
2012	522539	16.6%	27456	38.97%	7.0	0.5	133.7 %
2013	598784	14.6%	41735	52.01%	6.7	0.3	105.8%
2014	719151	20.1%	54838	31.4%	6.1	0.6	87.64%
2015	854886	18.87%	54385	-0.8%	6.3	0.2	100.2%

2011-2015 年部分经济指标增长情况

	业务收入		医疗收入		总收入		固定资产投资		总资产	
	年份	业务收入	医疗收入	总收入	固定资产投资	总资产	万元	增长率	万元	增长率
	万元	增长率	万元	增长率	万元	增长率	万元	增长率	万元	增长率
2011	19871.9	20.48	14624.9	21.54	25264.8	12.36	26139.7	86.74	46332.0	33.82
2012	26002.55	30.85	20244.05	38.42	35691.75	41.27	51838.9	98.32	75149.14	62.20
2013	39844.44	53.23	31421.31	55.21	49779.24	39.46	59231.6	14.26	95677.09	27.31
2014	51836.9	30.09	40492.9	28.87	61101.2	22.74	70998.9	19.87	119078.3	24.46
2015	65929.02	27.19	51723.96	27.74	87479.19	39.37	71366.7	0.52	152114.0	27.74

2011 年 -2015 年甘肃省妇幼年报主要指标数据

年份	孕产妇死亡率（1/10 万）			5 岁以下儿童死亡率（‰）			新生儿死亡率（‰）		
	城市	农村	全省	城市	农村	全省	城市	农村	全省
2011	25.09	33.11	30.71	7.97	10.20	9.53	5:17	6.78	6.3
2012	17.03	27.52	24.35	7.49	9.09	8.61	4.75	5.65	5.38
2013	17.67	25.17	22.96	7.06	8.01	7.73	4.21	4.89	4.69
2014	19.37	19.52	19.47	6.52	6.99	6.85	3.81	4.13	4.03
2015	19.34	13.27	15.07	5.71	6.70	6.40	3.24	3.96	3.74

节“六一”儿童节“5.12”国际护士节等宣传日开展妇幼保健科普知识宣传、义诊、咨询等主题系列活动。举办“陇原月嫂”培训班6期，培训758人次；累计举办44期，培训6155人次，在全省14个市（州）培训分基地举办培训班30期，培训3000余人次；累计举办97期，培训9742余人次。援建甘南州首个新生儿重症救护中心，开设床位8张，捐赠设备等总计45余万元，培养重症监护专业技术人员5名。先后派出10余名援藏骨干赴甘南州妇幼保健开展组团援藏工作。

【诊疗工作】2015年，医院开展各系统医疗质量安全督查，加强门急诊管理，急诊科独立建科，多次开展院前急救培训及演练工作，组织开展各系统主题示范教学查房，规范医疗行为，确保医疗质量安全。在搬入门急诊保健楼之后，调整门急诊流程，实施全预约系统，充分体现“以病人为中心”的服务理念，缓解“三长一短”的现象，完善医疗流程，方便患者就诊。同时，医院积极落实省卫生计生委关于“四个排队”“八个排队”、检查结果互认及22项制度，开展合理诊疗，门诊平均医药费用209.58元，出院患者平均医药费用为8188.2元，药品收入仅占业务收入的21.55%。通过医、护、患沟通会、联谊会及满意度调查等多种方式，不断了解病员的各种需求，发放出院患者满意度调查表20679份，总体满意度95.67%。2015年门诊患者整体满意度93.53%，较2014年上升5.03%；出院患者满意度95.67%，较去年上升0.37%；

【医疗项目建设】2015年，医院继续引入多项新技术新项目，开展多学科联合卵巢恶性肿瘤满意的肿瘤细胞减灭术、腹腔镜技术在妇科恶性肿瘤手术中的广泛应用、盆底功能障碍性疾病的综合诊治技术、产科无痛分娩技术、杂交手术室技术的应用、产前干血斑孕中期唐氏筛查、无创胎儿染色体非整倍体产前检测等产前诊断相关技术、产后盆底康复技术、心外技术、心内介入、CCU技术、儿童消化内镜下食管支架植入技术临床应用、儿童食物不耐受IgG检测及肠镜技术、软式支气管镜联合硬性气管镜的临床应用、纤支镜引导下激光-电凝治疗技术的临床应用、新生儿胸腔镜技术、新生儿腹腔镜技术等新手术新项目。2015年度诊断符合率99.0%，治愈率99.3%，抢救成功率95.2%。同期，实施29项中医药适宜技术。

【护理工作】医院坚持护理质量零缺陷管理，制定护理质量管理评价指标体系，培养现代护理管理理念和技巧。通过开展护士长与护理骨干团队综合能力提升系列培训、护理带教竞聘等工作，加强护理人员能力建设。积极探索创新护理服务模式，举办“智慧妇幼”护理模式创新论坛，建立儿科系统“家庭化护理”模式，同时，对“优质护理服务”活动进行阶段性评价与整改深化，继续开展“品管圈”活动，并进行评估与表彰。

【队伍建设】开展“三严三实”专题教育，集体学习讨论“三严三实“主要内容。开展党员领导干部带头上党课、“爱心教育”活动、“模范教育”活动、党员“奉献日”活动、重温入党誓词等活动。同时，举办2015年新员工入职仪式，为105名新入职员工授予胸牌，举办以“居安思危，忠诚担当”为主题的第十二届青年医师论坛等活动。

【战略发展】2015年，医院积极开展战略发展专题研究，认真研读国家卫生计生委及省卫生计生委的相关文件和政策，加强科学循证，通过对外部政策环境与医院内部实际情况的分析，针对妇幼保健发展、分级诊疗、医师多点执业、健康服务业发展等方面难点或热点问题，进行文献检索及论证，为医院管理者的决策提供辅助信息。积极筹建儿童心血管中心，举行“甘肃省妇幼保健院心血管中心”暨“复旦大学附属儿科医院心血管中心甘肃基地”挂牌仪式。同时还获批为甘肃省小儿呼吸内镜医疗质量控制中心、甘肃省儿科临床医学中心及甘肃省出生缺陷防控研究重点实验室培育基地。为围产医学中心、儿童保健科、儿童重症救护中心（PICU）授牌第二批院级临床重点专科。

【科研立项】2015年，省妇幼保健院组织第七届“桂云杯”科技擂台赛，选拔优秀的科研技术骨干。立项课题25项，其中横向课题3项，省部级立项6项，厅市级立项16项。2015年，获甘肃省医学科技二等奖课题6项，获甘肃省医学科技三等奖课题6项，获兰州市科技进步二等奖2项。

【对外交流合作】2015年，医院继续加大对外交流与合作，外派31人赴美国、法国等国家进修学习与参加学术论坛，先后有13批国外专家来院进行学术交流。2015年，省内外各大医院及相关机构近40批、约500余人次来院参观。

【规划管理】2015年，医院制定《甘肃省妇幼保健院战略发展五年规划》，针对公共卫生工作、基层网络建设、护理工作、科技教育工作、计划财务工作、医学工程学科体系、信息系统建设、后勤保障及安保工作、文化建设工作、保健工作、医务工作、感染控制工作、人力资源建设、医保工作、药学工作、客户服务工作、基建工作、思想组织建设等工作分别制定五年发展规划；先后组织18次行政督查。联合督查组每月对职能科室重点工作完成情况开展督导检查。

【基础建设】保健医疗综合楼一期工程顺利竣工；8月28日，甘肃省儿童医学中心业务楼建设项目正式开工，获批9000万元中央建设资金，获批床位500张，并列入2015年省政府投资计划。在住院部、门诊设置自助售货机13台，支持微信、支付宝等支付方式。开展旧门诊楼等五栋建筑拆除工作，建立并推行食品卫生安全管理体系，建立“多重式立体安保管理”体系，开展消防安全培训及演练3次。

省妇幼保健院领导班子成员

院　长　仇　杰

党委书记、名誉院长　穆荣肖

副院长　刘东海　刘　青

　　　　杨　兰　孟照琰

纪委书记　焦万德

院长助理　易　彬　潘玮华

（供稿：郭汉彪）

甘肃中医药大学附属医院

【医疗工作】2015年，门急诊量357153人次，增长11%；出院19406人次，增长14%；手术2073台次，增长6%；平均住院日13.58天，增加0.53天。北院门诊20092人次。医院严格执行院长查房制度、医疗督查和周晨会制度，发现问题及时反馈。针对中医院医护人员急救技能低的问题，医院组织力量全力推行全院急救技能培训及考核，心肺复苏培训基本覆盖全部临床医护人员。医院代表队在甘肃省卫生应急演练比赛中荣获三等奖。在建成CT室、核磁共振室（MRI）后，医院邀请外院专家进行全院培训。2015年医院代表队获得“甘肃省腹腔镜技能大赛”团体二等奖，甘肃省康复治疗专业技能大赛团体三等奖。

【学科建设】调整临床科室、组建新型学科，2015年度医院新成立神经内科、肿瘤科、高血压睡眠障碍科、呼吸睡眠检测室和椎间盘治疗中心；并将原老年病肺病科分化为肺病科、老年病科，将原妇产科分化为妇科、妇产科，将原宋氏正骨科分化为正骨科、宋氏正骨科。椎间盘治疗中心在医院首次实现“全程式诊疗服务”及“无陪护”护理服务。

【战略合作】2015年，甘肃中医药大学附属医院与海南三亚市中医院、文昌市中医院、深圳宝安区中医院、格尔木市医疗集团签订战略合作协议。在落实多点执业过程中，医院先后与19家县级中医院及人民医院签订合作协议，拟定合作计划，推动互惠帮扶。医院有13个科室聘请兰大一院、二院、省人民医院、陆军总院的专家教授及学科带头人14人，指导医院临床工作。

【中医护理】2015年开展每月管理经验分享活动，开展“读书会”活动，深化优质护理服务，举办“健康中国行-中医养生保健促进活动”。选派35名护理骨干外出培训学习，推进落实52个中医护理方案的实施。

【教育培训】2015年度医院接收首届中医规培生46名，研究生66名，医院成立领导小组并制定规培管理办法，与兰州大学签订非直属中西医结合临床教学基地协议。医院顺利完成各层次、各专业的实习见习及全科医师培训任务，其中实习见习学生835人，全科医师43人。在甘肃中医药大学第四届教学查房比赛中获得二等奖，完成国家级继教项目5项，省级继教项目6项。

【项目建设】2015年医院申报并获批省级中药炮制传承基地，获得建设经费239万元。省卫计委正式批复成立甘肃省中西医结合心血管临床医学中心，并获专项经费400万元，省中医药管理局批准医院妇产科为甘肃省中医药管理局重点中医药专科。2015年医院被甘肃省保健委确定为省级干部、正高级专业技术人员和地厅级领导干部保健基地，卫计委为医院增加床位补贴。嘉峪关路社区服务中心重新装修整改。

【科研立项】2015年度3位专家获2015年度国家自然科学基金资助。申报甘肃省科技厅科技支撑计划项目1项；甘肃省中医药管理局项目7项；甘肃省自然科学基金项目（B计划）5项；甘肃省卫生行业科研管理项目6项；甘肃中医药大学中青年科研项目7项。获甘肃省皇甫谧中医药科技奖4项，其中二等奖1项；三等奖3项。公开发表论文112篇，其中SCI 3篇，国家级15篇，省级94篇，出版著作36部。医院承办甘肃省中医药学会学术年会、甘肃省中西医结合学会学术年会等大型学术会议、举办医院第11届学术年会。

【对外交流合作】医院承担建设吉尔吉斯斯坦岐黄中医中心，5名医护人员常驻当地提供免费的中医培训和诊疗服务。医院积极响应国家“一带一路”和中医药“走出去”战略，积极开展对外合作交流和对外宣传，接收韩国釜山大学、乌克兰医务人员学习。另外，医院还积极开展对外诊疗项目，俄罗斯前来就诊的外宾共计5人。

【中医推广】医院倡导“看中医、吃中药”“能口服的不肌注，能肌注的不静滴，能保守的不手术”等理念，开展“健康中国行”“中医适宜技术推广”等活动。医院开发生产“针穴外敷药袋”“美白玉

2015年12月9日，甘肃中医药大学附属医院开展中医养生保健演示活动

颜面膜”“参茸补益酒”等系列产品。有5个院内新制剂获批准文号。

【党建工作】2015年医院建设西院、北院两个党支部；组织开展“纪念反法西斯战争胜利70周年暨第二届青年职工演讲比赛”等活动。医院深入贯彻落实中央八项规定、卫生行业“九不准”规定，积极开展党风廉政建设。组织义诊，深入“双联”村、敬老院、孤儿院、社区为群众送温暖，组织医院职工义务献血。2015年，甘肃中医药大学附属医院荣获中华全国总工会“全国五一巾帼标兵岗”称号，医院被省委省政府授予“甘肃省文明单位”。

甘肃中医药大学附属医院
领导班子成员名录

院　长　李应东
党委副书记、纪委书记　汪龙德
副院长　于　博　张晓刚
　　　　刘保健　张志明
院长助理　靳子明　易　华

（供稿：杨文强）

体　育

【体育产业】积极培育兰州国际马拉松赛、环青海湖国际公路自行车赛、张掖汽车拉力赛、白银场地汽车越野赛、山地户外挑战赛、航空滑翔锦标赛等体育竞赛表演品牌，多项赛事央视全程直播。创新一大队、二大队综合馆、兰州体育馆场馆运营模式和管理手段。积极落实体育场馆免费低收费政策，2015年，甘肃省体育局向国家体育总局申请大型体育场馆免费、低收费开放补助资金4537万元，全省12536个公共体育场馆开放率达100%。配合国家体育总局在兰州组织召开西部8省区体育产业发展研讨会，支持张掖市创建全省体育文化旅游融合发展示范区，并签订扶持框架协议。组织参加“2015中国体育文化·体育旅游博览会”，获精品景区5个，精品线路3个，精品赛事6个。嘉峪关悬壁长城冰雪文化体育产业园、张掖丹霞徒步线路、张掖祁连山国际超百千米户外挑战赛分别获得精品景区、线路、赛事十佳称号。各地以户外运动为抓手，促进体育与文化、旅游、健康等相关产业融合发展，全省在建和已建成户外运动基地20余个，滑雪场17个。积极贯彻落实国务院、省政府关于加快发展体育产业促进体育消费的若干意见和实施意见，会同省财政厅开展体育产业发展专项资金工作调研，制定下发《甘肃省体育产业发展资金项目库使用管理暂行办法》和2015年度项目库申报通知，全省有51个项目进入项目库，2015年从中筛选25个项目重点扶持，带动社会各界投

资30.95亿元。兰州、嘉峪关、张掖等市已制定发展体育产业的实施方案，设立体育产业发展专项资金。

【群众体育】圆满完成100个乡镇及社区、1000个行政村体育惠民工程，省级超额和各市州配套建设1301个行政村农民体育健身工程。体育惠民工程投资7000多万元，带动全省各级投入1亿多元，新增体育场地面积30多万平方米，直接受益群众达到300万人以上。全省新建475条全民健身路径、55个笼式足球场。截至2015年底，全省共实施346个较高标准乡镇农民体育健身工程，500个乡镇及社区体育惠民工程；11012个行政村建设“一村一场”，占全省行政村的69%。举办张掖户外运动节、瓜州“玄奘之路”戈壁挑战赛、金昌国际青少年生存训练营、丝绸之路中国越野拉力赛、平凉崆峒山健身名山登山赛、民乐全国登山健身大会、酒泉动力悬挂滑翔锦标赛等40余项国际、国内群众体育赛事活动。

【体育场馆建设】甘肃省体育馆项目于6月23日奠基，6月30日正式开工。临洮体育训练基地完成基地围墙、运动员公寓楼装修、综合训练馆主体工程，启动基地内部道路和绿化工程。七里河体育场翻建工程正在申请立项，完成可研、环评、稳评报告的编制。省体工二大队滑冰场改造工程开工建设，自行车中心完成自行车场地维修工程。甘南州体育中心、临夏奥体中心完成主体工程，泾川县体育场、崇信县体育馆、临洮县游泳馆、宁县、渭源“雪炭工程”正在建设之中，阿克塞县“雪炭工程”已建成投入使用。截至2015年底，全省12个市（州）建成全民健身活动中心；11个市州建成公共体育场；49个县（市、区）在建或建成全民健身中心，占全省总数的57%；58个县（市、区）在建或建成公共体育场，占全省总数的67%。全省累计实施“雪炭工程”、民康工程46个，全民健身户外营地12个，健身广场或体育公园116个，全民健身路径5475套。

【竞技体育】2015年，全省优秀运动队参加国内外各级各类比赛175次，获得里约奥运会入场券1张（山地自行车项目王祯），洲际冠军2个（罗晓玲获得亚洲场地自行车锦标赛全能赛第一名，鄂奈严获得亚洲拳击锦标赛女子48公斤级第一名）。成年组全国各类比赛第一名27个、第二名20个，第三名27个；青少年比赛第一名10个，第二名4个，第三名16个。参加第一届全国青年运动会，甘肃省共有12个大项51个小项的116名运动员进入决赛，共取得3金1银3铜、四至八名18个的优异成绩，兰州体育代表团获“体育道德风尚奖”，自行车队获“体育道德风尚集体”称号。组队参加第十届全国少数民族传统体育运动会，甘肃省代表团取得2个一等奖、8个二等奖、8个三等奖的好成绩，甘肃代表团、摔跤队、武术队分别获得集体“体育道德风尚奖”，斯日古楞等15人获得个人“体育道德风尚奖”。在全国第九届残疾人运动会暨第六届特殊奥林匹克运动会上，甘肃代表团共收获7枚金牌、11枚银牌、17枚铜牌，并4次打破男子F55级铅球全国纪录。组织召开5次训练工作会议，研究分析队伍调整、备战形势、训练部署、成绩指标等，初步确定参加里约奥运会、天津全运会“3113”的目标任务。

【赛事举办】举办兰州国际马拉松赛、第十四届环青海湖国际公路自行车赛、全国沙滩排球锦标赛、全国沙滩手球锦标赛、全国山地自行车越野锦标赛暨青运会预选赛、全国曲棍球冠军杯赛等6项高水平赛事。

【青少年体育】举办2015年甘肃省高原人才开发计划青少年选拔赛，选拔出103名运动员、教练员参加高原九省区青少年田径对抗赛。举办跆拳道、柔道、曲棍球、足球等12个项目的全省青少年锦标赛，全省科技体育比赛、中国·金昌国际青少年生存训练营，组队参加全国青少年8项10次比赛，获得各类奖项101个。制定下发《甘肃省青少年体育俱乐部管理办法》，创建1个国家级青少年户外体育活动营地，13个国家级青少年体育俱乐部；2个省级青少年户外体育活动营地，15个省级青少年体育俱乐部。省体校加挂甘肃省体育中学牌子，成为新周期国家奥林匹克体育后备人才基地田径中长跑、竞走单项基地。

【培训工作】积极探索完善竞技体育发展机制，调整组建甘肃省田径曲棍球运动管理中心。完成申报审批国际级运动健将2名、运动健将13名，审批国家一级运动员144名。举办全省摔跤、柔道、武术、自行车、跆拳道、足球等14个项目的教练员、裁判员培训班，共培训教练员520名，裁判员266名。组织参加全国教练员培训21人次，国家级裁判员培训25人次。省、市、县社会体育指导员协会实现全覆盖，全年培训社会体育指导员12014名（其中国家级86名、一级348名、二级5507名、三级6073名），注册录入2614名。全省累计培训各级社会体育指导员57601名，每万人达到22名。新增健身气功站点10个，全省达608个，习练人数达4.5万人以上。举办全省校园足球特色学校指导员培训班和五人制足球裁判员培训班，会同省教育厅举办全省校园足球联赛暨“谁是球王”选拔赛。甘肃麦斯力足球俱乐部参加中国足协五人制甲级联赛获得第八名。完成15个项目668名运动员的注册工作。积极推进运动员职业转型工作，培训安置80名退役运动员到基层中小学任教。

省体育局领导班子成员名录

局　长　杨　卫

副局长　刘新平　丁惠茹　王克平

纪检组长　钱万杰

（供稿：徐　斌）

新闻出版　广播影视

新闻出版

【舆论导向】精心策划做好“四个全面”战略布局、升华中国梦主题、弘扬社会主义核心价值观等重大主题宣传工作。深入系统宣传“一带一路”战略、“3341”项目工程、“1236”扶贫攻坚行动、华夏文明传承创新区建设、精准扶贫和“双联”行动。圆满完成兰州国际马拉松赛、敦煌行·丝绸之路国际旅游节、天水伏羲公祭大典、纪念抗日战争暨世界反法西斯战争胜利70周年等重大节会和纪念活动的宣传报道任务。及时应对和做好对外宣传、涉藏维稳宣传、突发公共事件新闻报道等宣传工作。

【深化改革】制定印发《甘肃省新闻出版广电局全面深化改革实施方案（2014—2020年）》和《重点任务分解表》，共梳理、归纳、确定8大类78项改革任务。加快推进行政审批改革，取消、调整、减少行政审批事项2项。省新闻出版局驻省政务大厅窗口受理行政审批事项4607件，办结率达到100%。完成权力清单、责任清单编制工作，并录入省政务服务网进行公开发布。完成全省4951家印刷复制发行企业、60家报纸、131种期刊、311种连续性内部资料的年度核验和中央新闻单位驻甘机构清理整顿。开展“扫黄打非”五大专项行动、非法境外电视网络接收设备专项整治行动和卫星电视地面接收设施集中清理行动。基本完成全省党群系统软件正版化工作，积极推进企业软件正版化进程支持读者集团上市工作取得实质性进展，积极准备首发上市后续工作。认真做好飞天出版传媒集团改制脱钩工作，建立现代企业制度、完善法人治理结构、实施增资扩股等各项工作正在有序进行。积极稳妥推进局属事业单位分类改革。

【专项整治】完成全省4951家印刷复制发行企业、60家报纸、131种期刊、311种连续性内部资料的年度核验工作。推进中央新闻单位驻甘机构清理整顿工作，对58家驻甘新闻机构换发新版登记证。开展“扫黄打非”工作，安排部署“净网”“固边”“清源”“秋风”“护苗”五大专项行动，查缴各类非法和违禁出版物36.6万件，取缔非法经营摊点1326个、非法网站2个，删除、屏蔽网络有害信息2854条，查处各类案件150起，12人被刑事处理。认真做好广播电视节目和广告监管工作，及时核查处理群众投诉问题，对健康养生类节目和医药类、酒类广告进行专项整治，下达违规广告整改通知书48份，整治违法违规广告300余条。组织开展全省开展综合治理、严厉打击非法境外电视网络接收设备专项整治行动。推进全省党群机关软件正版化工作，19家单位进入招标安装阶段，启动实施企业软件正版化工作。

【公共服务】认真贯彻中央和省委、省政府关于加快构建现代公共文化服务体系的部署要求，加快推进新闻出版广播影视公共服务建设。全省建成县级城市数字影院49家，全部投入运营。完成对全省93个台站的实地勘查调研摸底工作，制定并下发全省总体建设方案。完成全省4000个农家书屋出版物补充更新目录和129个非藏区藏传佛教寺庙书屋出版物配置目录的编制工作，组织开展88个数字农家书屋的试点建设工作。完成广播电视村村通户户通运维交接工作，在14个市（州）建立户户通运维管理中心，建立79个县级运维管理工作站和484个服务网点，初步形成省、市、县、乡、村5级运维服务网络。启动“书香陇原”—甘肃省第二届“飞天出版传媒杯”全民阅读活动，组织开展“书香校园·绿色书签”青少年阅读活动、“百社千校书香童年”中小学生阅读活动、“书香农村·文化农民”全省农民阅读活动，向国家新闻出版广电总局推荐甘肃省27个家庭参与全国“书香之家”评选。新建农村电影固定放映点52个，累计建设数量达96个，放映农村公益电影196638场次，观众达到1700.89万人次。新建文化集市固定经营点42个，生产基地60个，带动4.8万户农户参与文化集市相关产业。

【出版事业】组织出版《华夏文明之源·历史文化丛书》等图书，文溯阁《四库全书》四种校释研究、《四库全书》西北文献研究、《伏羲文化大典》等重点项目将于年底前完成出版。完成《甘肃抗战实录》《陇原抗战烽火—甘肃抗战史料选编》《永恒的荣光—甘肃抗战老兵口述实录》等纪念抗战胜利70周年重点图书的出版工作。《读者》（校园版）、《故事作文》再次入选2015年全国优秀少儿报刊，《读者》《敦煌研究》《冰川冻土》《草业学报》被评为“2015百强报刊”；《读者欣赏》入选“中国最美期刊”。

【影视创作】推进纪录片大省建设，全年生产制作纪录片22部、40集，其中4部由国家新闻出版广电总局向全国推荐选购播映，获得国家级、行业级的奖项18个。纪录片《河西走廊》在央视成功播出。数字电影《耳蜗》获得电影“百合奖”最佳故事片一等奖。大力实施西部类型影视剧本工程，开展2015年度西部影视剧本征集和2014年度影视剧创作生产先进单位表彰活动。审查电影剧本58部、报备32部，审查电影成片8部、电视剧5部、引进剧2部，完成44集电视剧《皇甫神医》的拍摄制作。组织省内61家城市影院开展甘肃优秀电影公益展映活动，对《锁麟囊》等12部小成本、励志类影视精品进行集中展映。

【产业发展】2015年1至10月，省级新闻出版广电产业实现营业收入32.58亿元，较上年同期增长4.79%。城市电影票房累计达到3.2亿元，同比增长65.1%。成功举办第四届中国·嘉峪关国际短片电影展。加快推进文化产业园区二期工程—高新绿色印刷园建设，截至2015年底已投资8000万元，完成工程主体建设工作。飞天热丽科技研发中心完成部分土地平整及相关手续办理工作。文化集市销售额达到1.1亿元，利润3217万元；文化集市生产基地产值达到2.03亿元，利润5097万元。

【党风廉政建设】认真贯彻落实党风廉政建设主体责任，修订完善《2013—2017年惩治和预防腐败体系建设实施方案》，层层签订《2015年度党风廉政建设目标责任书》。研究制定落实党风廉政建设“8+4”规定，建立完善约谈机制、谈心谈话机制、廉政风险防控机制、党员干部教育管理机制、“一岗双责”和“一案双查”等机制，组织开展廉政风险排查工作。开展“九个严查、九个严禁”专项行动，坚决整治公款吃喝、公车私用、超标接待、人情消费等违规违纪行为。开展“不作为、慢作为、乱作为”专项治理行动。组织对全省基层台站和新华书店市级分公司党风廉政建设情况进行巡察，对问题比较突出的单位领导班子进行约谈。认真部署开展“三严三实”专题教育，抓好规定篇目学习研讨，深入查找“不严不实”问题。

【精准扶贫】制定《全局贯彻落实精准扶贫精准脱贫工作实施方案》，组织召开联系武都区省直单位和全局精准扶贫精准脱贫工作会议。实行局领导和处室包干责任制，选派5名年轻干部担任精准扶贫工作队队长，1名副厅级干部挂职陇南市武都区委副书记。投入资金370万元，其中自筹资金109.6万元，落实帮扶项目10多个。分批安排66组（批）517余人次进村开展调查摸底、建档立卡工作，完成精准扶贫大数据库的信息采集录入工作。

省新闻出版局领导班子成员名录

局　长　管钰年

副局长　赵敏学　拜真忠（回族）

余长江　范延军

乌恩奇（蒙古族）

纪检组长　吕玉兰（女）

（供稿：王发存）

甘肃省广播电影电视总台（集团）

【创新新闻宣传】重点围绕“把牢‘一条红线’、扭住‘四个全面’、抓好‘五个最大’”的部署要求和经济、文化、生态三大国家级战略平台建设、精准扶贫、丝绸之路经济带甘肃黄金段建设等重大主题。广播消息《“数字敦煌”工程让敦煌文化遗产得以永续留存》荣获第25届中国新闻奖一等奖；广播评论《对办事群众不妨多说一句话》同时获第25届中国新闻奖二等奖。依托总台网站、移动客户端和官方微博、微信等新媒体传播平台，加强新闻的全媒体策划、采编、制作和网上首发。总台电视《甘肃新闻》在人民网和泽传媒联合发布的2015年省级电视台新闻联播微信传播排行榜上位列第五。

【外宣上推】全年上推央视《新闻联播》播出203条；上推央广播出130余条，荣获2015年度中央电视台全国最佳优秀通联集体殊荣，并有5篇稿件获奖。先后成功举办“走丝绸之路 话绿色发展”全媒体行动、“一带一路”甘肃行大型采访活动、“千名记者走基层”大型活动等一系列跨媒体、跨地域的大型主题采访活动。

【品牌卫视】甘肃卫视频道着力构建“国际、国粹、财富、体育”四大强势内容板块，《大国文化》、以《投资论道》为代表的财经栏目群、全景足球等品牌栏目。2015年新推出健康服务类栏目《聚健康》、影评类栏目《新10放》，与长城影视在卫视《飞天剧场》合作推出独播剧。2015年，白天收视率比上年增长23%，收视排名比上年上升1位，排名第27位。先后获得“2015传媒中国年度十大创新力卫视”“2015中国电视欣赏指数西部最具价值频道”等殊荣，落地覆盖人口比上年增加4200万，达到7.51亿。

【市场份额】2015年，总台广播收听率达到1.68%，市场份额44.09%，较上年上升2.1%，特别是车载收听市场份额达56.92%；智能手机终端市场份额达54.11%；各地面电视频道收视率较上年也有不同程度增长，其中电视公共频道全天收视较上年增长48%，晚间收视增幅达70%，电视经济频道全天收视增幅达67%。

【媒体融合发展】启动制播存储、新媒体、社交媒体、公共信息服务四大平台建设，提升全媒体制播能力。加快新媒体平台打造。完成甘肃网络广播电视台“丝路明珠网”改版升级，推出移动客户端“牛肉面”，同时拓展建立手机WAP网站及官方微博微信，实现移动互联网业务的全面拓展，网站浏览点击量日均保持在30万次左右，客户端下载量超过15万次，成为省内互联网新闻宣传的新阵地和对外宣传推介甘肃的新窗口。启动实施高清综合制作系统、8楼全媒体高清演播室、精品节目后期编辑系统、十讯道高清转播车系统等一批制播存储平台建设项目。指导推动所属频率频道充分借助其影响力，利用各自官方微博、微信等新媒体平台凝聚用户，其中，交通广播微信公众平台粉丝达30余万；电视文化影视频道上线微信摇一摇互动系统，成为省内独家微信摇电视平台，频道微信公众号在人民网和泽传媒发布的2015年省级地面频道微信榜中跻身前二十位。

【特色影视创作生产】启动实施电视剧《俺娘田小草》《糊涂县令郑板桥》《大西北剿匪记》、电影《柴生芳》、广播剧《守望敦煌》、纪录片《祁连山》等一批广播影视精品创作生产项目，其中三集广播剧《守望敦煌》获得第十五届中国广播剧研究会全国广播剧专家评析金奖等五项大奖，甘肃本土检察题材电影《正月》及电影《柴生芳》已先后首映。

【重要活动】2015年1月1日，“2015甘肃新年交响音乐会”在甘肃大剧院精彩上演，音乐会由省广电总台主办、中国国家交响乐团倾情演奏，甘肃卫视、甘肃电视经济频道进行全程直播。1月24日，由省广电总台发起并联合全省六大部门共同主办的“甘肃骄傲——2014年度甘肃十大经济人物”评选活动颁奖盛典在兰州举行。2月10日，“工行杯”感动甘肃—2014十大陇人骄子颁奖典礼在兰州举行，甘肃卫视进行现场直播。3月3日–3月16日，第十二届全国人民代表大会第四次会议和政协第十二届全国委员会第四次会议在北京开幕，甘肃广电总台通过媒体融合，引入大数据分析、新媒体平台，实现“两会”报道形式创新，报道实现受众多层次覆盖，三大传播平台合力报道全国两会。4月，省广电总台完成电视新闻中心应急采访车、便携式应急卫星车及多讯道高清卫星车的升级改造工作，实现总台应急突发事件高清直播及传输功能，提高大型新闻报道现场制作水平及节目质量。6月22日，甘肃卫视圆满完成《2015（乙未）年甘肃省公祭中华人文始祖伏羲大典》现场直播。8月23日，全国新闻广播协作年会暨“一带一路”甘肃行大型采访活动在兰州启动。来自全国四十多家主干广播频率组成的新闻采访团从兰州出发，重走丝绸之路甘肃段。9月7日，第十五届中国甘肃·日本秋田电视友好交流活动在兰州举行，日本秋田电视台专务董事堀江浩之一行7

2015年2月10日，"工行杯"感动甘肃—2014十大陇人骄子颁奖典礼在兰州举行

人来省广电总台进行友好访问。10月18日，省广电总台携手长城影视股份有限公司在兰州新区丝绸之路文化遗产博览城举行甘肃长城西部电影集团有限责任公司成立仪式，由集团公司筹拍的首部电视剧《大西北剿匪记》同时开机。10月18日，电视都市频道获得英超联赛2014—2015赛季独家直播权，成为省内首家直播国际顶级足球赛事的电视媒体。11月8日，由省广电总台发起，省、市(州)、县(区)三级广播电视新闻机构及央视记者站全程参与的"千名记者走基层"大型活动在兰州正式启动。活动启动仪式上，由省广电总台编著、省人民出版社出版的《甘肃电视新闻》系列丛书《电视新闻中心工作手册》《我们一起走过》《我们在基层2014》三部图书同时首发。11月，省广电总台八楼全媒体虚实结合高清演播室项目完成改造升级，正式投入使用。改造后的演播室可满足全数字高清节目录制，实现网络视频、在线节目包装、图文显示、3G/4G直播等技术的全面融入，具有虚实结合的动态场景转场录制功能。12月16日，由省广电总台与兰州市人民检察院等联合摄制的数字电影《正月》在兰州首映。

甘肃省广播电影电视总台（集团）领导班子成员名录

党委书记、台长　康　坚
总会计师　刘向成
副台长　王晓岚（女）　久喜佳（藏族）
　　　　王　昂　王小枢
纪委书记　景耀奇

（供稿：贺　莉）

甘肃日报社

【机构设置】 2010年9月，经省委和省政府批准，成立甘肃日报报业集团有限责任公司，并进行工商行政登记，领取营业执照。内部实行分公司体制，由兰州晨报、西部商报、甘肃农民报、甘肃经济日报、甘肃法制报、每日甘肃网、少年文摘报、信息时空报、读友报、鑫报、文化快报11家非时政类报刊、网站和广告、发行、印务、物业4家分公司组成。2015年5月20日甘肃省委组织部批准成立中共甘肃日报社委员会。现报社内设总编办公室、子报管理办公室、出版部、时政部、评论部、经济部、文教部、记者部（下属17个记者站，设立在全省14个市州和靖远煤矿、长庆油田、敦煌市）、农村部、机动新闻部、文艺部、国内国际部、摄影部13个采编部门；社委会办公室、人事处、财务处、机关纪委、行政处、机关党委、研究室、经营管理办公室、技术处、审计处、保卫处、工会、团委13个行政管理部门。

【重大主题宣传】 2015年，甘肃日报与省纪委等部门密切配合，继续办好"作风建设曝光台""作风建设永远在路上"等专栏，持续曝光各地各部门违反中央八项规定和省委"双十条"的问题，对改进工作作风的先进典型进行及时宣传报道。做好"三严三实"专题教育、巩固拓展党的群众路线教育实践活动成果宣传报道工作。在十八届五中全会、全国"两会"、省"两会"、精准扶贫现场会、兰洽会、"十二五"成就宣传、敦煌文博会准备工作会议、纪念中国人民抗日战争暨世界反法西斯战争胜利70周年等重大主题宣传中，甘肃日报社组成报道小组，根据活动需要，推出特刊、专栏，集中宣传资源。从全省各地各部门"三严三实"专题教育开展较好的单位和个人中选取具有代表性的先进典型，在"践行三严三实"专栏中，进行集中报道。8月，通讯报道《车巴沟里来了"好亲戚"》——甘南藏族自治州走群众路线化解"尼江问题"侧记，获得第二十五届中国新闻奖三等奖。

【版面栏目创新】 甘肃日报社围绕主题宣传和相关版面定位，开展"德润陇原""基层传真""一把手谈整改""全面深化改革进行时""深化改革 力促发展"等主题宣传栏目。开展"陇上评论""兰山论语""陇上学人""赋咏甘肃""文学陇军""文海观潮""名家导读"等专版专刊栏目。在《甘肃日报》"纵横谈""陇上评论""兰山论语""黄河时评"等新闻评论专栏，不间断地刊发关于"三严三实"的相关评论；"理论"版上相继刊登市州一把手的理论文章。同时，紧跟"三严三实"专题教育进展，在重要节点适时配发本报评论员文章。

【发行印刷】 5月11日，在全国报纸自办发行协会2015年会上，甘肃日报社被评为全国报纸自办发行先进集体。7月，在第22届全国省级党报发行协作会上，甘肃日报社被评为全国省级党报发行工作先进集体。10月，甘肃日报社连续五年获得全国报纸印刷质量"精品级报纸"奖。

【转型升级与媒体融合】 7月17日至20日，举办由省委宣传部等单位主办，甘肃日报报业集团公司承办的2015中国西部（兰州）休闲博览会。期间，举办全国党报媒体报业经营跨界转型发展研讨会等活动。甘肃日报社重点发展以每日甘肃网为主干的新兴媒体，打造包括网站PC端、WAP端、手机报、微博、微信、APP客户端等产品。2015年底，推出“神舟”新闻客户端。

【基础设施建设】8月，甘肃日报报业大厦办公楼正式启用，报业大厦总建筑面积为4.2万平方米，其中办公业务用房3.3万平方米。甘肃日报社各部门、单位、分（子）公司2000余人搬入新办公楼。报业大厦项目获得第三批全国建筑业绿色施工示范工程和省级文明工地称号，甘肃日报经适房工程相继获得兰州市建筑“白塔奖”、甘肃省建筑“飞天奖”。9月，完成报业大厦采编信息化工程升级改造项目。

【人才队伍建设】甘肃日报社现有各类在职人员2711人，其中新闻采编人员735人。其中正高级专业技术职称37人（已聘16人，1人为高级美术师），副高级专业技术职称111人（已聘83人），中级专业技术职称106人，享受国家津贴2人，新闻领军人才4人，全国“四个一批”人才1人，拔尖创新人才5人，新中国60年百名优秀出版人物，百名有突出贡献的新闻出版专业技术人员1人，“333”人才1人，“555”人才3人，省优秀专家3人，省“四个一批”人才14人。

【“双联”行动】甘肃日报社共联系安定区花沟、营坊、河畔、百页、郭川和东乡县上科妥、舀水7个村，其中2015年新增的百页村、郭川村为省上确定的建档立卡贫困村。甘肃日报社共有237名干部联系336户贫困户，其中144名干部联系安定区202户贫困户、93名干部联系东乡县134户贫困户。共有5名干部到省上确定的5个村任职第一书记，其中2人同时担任双联村所在镇的镇党委副书记，专门负责报社的“双联”工作；2人任报社联系的郭川、百页2个建档立卡贫困村的驻村帮扶工作队队长；2人到非报社联系的省上确定的建档立卡贫困村挂职第一书记兼驻村帮扶工作队队长。2015年，报社为7个联系村合计投入资金525.403万元，其中自投72.403万元、协调项目资金380万元、协调精准扶贫贷款15户73万元。

甘肃日报社领导班子成员名录

党委书记　张瑞民
党委副书记、社长、总编辑　马克利（回族）
副社长、报业集团公司总经理　孙加震
副总编辑　王　刚　张建伟　巩　炜　蹇勇德　昝　琦　邱暄美
报业集团公司副总经理　崔锦霞（女）
纪委书记　王向阳

（供稿：李国林）

气象　地震

气　象

【气温】2015年，全省年平均气温为8.9℃，较常年偏高0.8℃；年平均气温最低中心在乌鞘岭，为1.3℃，最高中心在文县，为16.2℃；各地平均气温与常年相比，酒泉市西北部、张掖市东北部、金昌市、武威市、白银市、兰州市、定西市中部、甘南州东南部、天水市西部、陇南市西部和庆阳市西北部偏高1.0～1.6℃，省内其余大部地方偏高0.5～1.0℃。各月平均气温与常年同期相比，除6～9月气温正常以外，其余各月平均气温偏高0.5～2.4℃，其中1月和11月平均气温分别偏高2.0℃和2.4℃，为近3年和近4年最高，12月平均气温为近8年最高。4、9和10月平均气温分别为近5年、3年和3年最低，6月平均气温为近11年最低。

【降水】全省年降水量为364mm，较常年偏少9%，为近6年最少；年降水量最少中心在敦煌，为29.8mm，最多中心在康县，为795.6mm；各地降水量与常年相比，酒泉市北部、张掖市南部偏多2～4成，酒泉市南部偏多5～8成，临夏州、定西市北部和天水市南部部分地方偏少2～5成，省内其余大部地方接近常年同期。各月降水量，2、7、8和10月降水量较常年同期偏少2～4成，其中7月和8月降水量偏少近4成，为2003年以来最少，4、11和12月降水量较常年同期偏多3成以上，其中11月和12月降水量偏多1.2倍左右，分别为近4年和近24年最多，其余各月降水量接近常年。

【日照】各地年日照时数，酒泉市为3225～3494小时，张掖和武威两市为2711～3259小时，白银、兰州、临夏、庆阳和甘南五市州为2182～2853小时，定西、天水和平凉三市为1920～2457小时，陇南市为1570～2012小时。与常年相比，酒泉市中东部、嘉峪关市、张掖市中西部、武威市南部、金昌市南部、白银市中部、甘南州中北部、天水市中东部和陇南市大部偏多30～264小时，酒泉市西北部、武威市北部、白银市北部、临夏州南部和甘南州东部偏少325～633小时，省内其余地方偏少30～300小时。

【主要气象事件及其影响】干旱　初春（3～4月）全省大部分地方气温显著偏高，部分地方异常偏高，白银和临夏州等地冬小麦和冬油菜受到初春干旱影响。夏季干旱时空分布不均，定西市和庆阳市受伏旱（7～8月）影响较大。7月下旬全省气温普遍偏高，降水普遍偏少5～9成，全省有39站出现35℃以上高温，白银市、庆阳市、平凉市东部、天水市渭北地区等地旱情发展、程度加重，对马铃薯块茎膨大、玉米开花授粉及苹果果实生长有一定影响；8月上旬河东大部出现持续降水，旱情得到一定缓解，马铃薯和玉米等秋粮长势良好，中旬以来全省气温偏高，大部地区降水特少，河东大部有轻到中旱，其中广河、榆中、安定、渭源、庆城、麦积等地有重旱，对秋粮生长危害较重。8月中旬～下旬，河东大部降水偏少，旱情快速发展。9～10月河东大部降水偏少，气温偏高，导致河东部分地区土壤墒情变差，局部出现旱灾，白银市、定西市、庆阳市和天水市部分地区受干旱影响较大。

大风沙尘　全省共有66站出现大风天气，累计出现659站日，较常年同期偏多98站日，主要出现在酒泉、张掖、武威、兰州、定西、平凉六市、临夏州和甘南州等地。全省共有9站累计出现沙尘暴13站日，较常年偏少91站日，为近3年最少，其中马鬃山出现3日，瓜州和肃北各2日，其它地方为1日。春季共有7站出现沙尘暴天气，累计出现20站日，较常年同期偏少51站日，为近3年最少。主要出现在酒泉和张掖两市部分地方，各站出现日数为1～2天，其中马鬃山、瓜州和肃北各2天，其余三站各1日。春季（3月31日，6站）共出现1次区域性沙尘暴天气，最小能见度为100～702米，最大风速为10.6～17.7m/s。

连阴雨　全省65站累计出现243站日连阴雨过程，较常年偏少80站日，为2009年以来最少，出现时段为4～10月，分布在张掖市、武威市、兰州市、定西市、临夏州、甘南州、天水市、庆阳市、平凉市和陇南市等地。其中定西市和甘南州均出现2～9次，陇南市出现3～10次，其余地方出现1～7次。全年共有10次区域性连阴雨，接近常年同期，主要出现在4～10月，其中，5月28日　～6月3日（42站）和6月12日～7月3日（60站）均为大范围连阴雨，过程雨量分别为16.2～78.8mm和15.3～97.9mm。

暴雨　全省共有11站出现暴雨，各站各1次，较常年偏少9站日，为2002年以来历史同期次少（2014年最少，8站日）。出现时段集中在5、7和8月，其中5月中下旬康县、庄浪和华亭各出现1次暴雨，7月上下旬肃北、通渭和徽县各出现1次暴雨，8月上中旬西峰、正宁、宁县、崇信和灵台各出现1次暴雨。夏季暴雨次数少，强度大，部分地方损失严重，出现大范围的强降水和局地暴雨天气过程。暴雨导致洪涝、滑坡和泥石流等次生灾害频发，其中酒泉市、张掖市、白银市、临夏州、定西市、庆阳市和甘南州的部分地区受局地暴雨洪涝影响严重。

冰雹　全省共有31站累计出现冰雹64站日，较常年偏少25站日，为2008年以来最多年。主要出现在酒泉市、武威市、兰州市、定西市、甘南州、天水市、平凉市、庆阳市和陇南市等地。年内（4月20日，6站）出现1次区域性冰雹。年内冰雹日数虽偏少，但局地冰雹灾害频繁，武威、兰州、白银、临夏、定西、天水、庆阳、平凉、甘南和陇南十市（州）部分乡（镇）不同程度受灾，其中临夏州、定西市、庆阳市、平凉市和天水市受灾严重。

霜冻　全省各地出现霜冻日数为2006年以来最少，其中晚霜冻累计出现1595站日，较常年同期偏少1659站日，初霜冻累计出现2461站日，较常年同期偏少781站日。酒泉市初霜冻的影响较轻，省内各地农作物主要受晚霜冻影响，临夏、定西、庆阳和平凉四市（州）部分地方的农作物不同程度受灾，其中临夏州部分地方受灾较重。

寒潮　全省累计出现寒潮7站日，较常年偏少51站日，为1990年以来最少。年内累计出现强降温59站日，较常年偏少93站日，为1990年以来最少。

高温　全省共有66站累计出现日最高气温≥32℃高温日数994站日，比常年偏多221站日，为近4年最多。出现时段为4～9月，集中出现在夏季（959站日，占全年总日数96.5%），主要出现在酒泉、张掖、武威、兰州、白银、定西、临夏、天水、庆阳、平凉、陇南11市（州），其中敦煌全年累计出现日数最多（63天），其次为瓜州（48天），其余大部分地方为5～28天。全省共有39站累计出现日最高气温≥35℃高温日数211站日，比常年偏多88站日，为近4年最多。主要出现时段为6月下旬～8月上旬，主要出现在酒泉、张掖、武威、兰州、白银、临夏、天水、庆阳、平凉和陇南十市（州），其中敦煌全年累计出现日数最多（20天），其次为瓜州（13天），其余大部分地方为5～13天。年内肃州、玉门、西和、礼县、成县、文县、靖远和舟曲8站达到极端高温事件标准，其中西和、礼县站超过历史极值。

干热风　年内（夏季）全省共有70站累计出现干热风1032站日，较常年偏多366站日，为1998年以来年最多。主要出现酒泉、张掖、武威、兰州、白银、定西、临夏、平凉、庆阳、天水和陇南11市（州），其中酒泉市7～68站日，张掖市和武威市为1～48站日，其余地方为1～39站日，敦煌和瓜州最多，分别为68站日和64站日。

【公众气象服务】统一全省移动长短信业务内容，将移动短信升级为长短信。全年向全省手机短信客户发布预警信息共计866条，全省累计接收预警短信5304万人，向政府及各部门决策人员约1.5万人发送预警短信（其中红色预警4条，橙色预警99条，黄色预警556条，蓝色预警199条，地质灾害预警8条）。同时，全省通过12379国家突发事件预警信息发布系统发布预警信息9480条；通过12379短信平台发布短信数量共计8.5824万条。12121语音信箱累计拨打419841万次。完成甘肃卫视、甘肃公共、甘肃文化三套不同类型节目的改版和发布，每天制作发布14套日播节目。参加全国气象影视节目竞赛。通过甘肃气象新浪和腾讯官方微博向社会公众发布各类天气资讯信息4400条。11月18日开通新浪微博：甘肃预警；11月24日开通腾讯微博：甘肃预警发布。11月18日开通微信订阅号：甘肃预警发布。

【气象体制改革】制定并印发气象短信、12121声讯电话及新能源3项气象服务业务集约化发展实施方案及气象影视服务业务集约化发展指导意见，明确集约化发展目标及主要任务，以及省、市、县三级业务分工。将气象防灾减灾和公共气象服务相关工作列入各级政府绩效考核体系。参与中国气象局气象信息服务市场管理标准和规范编制工作，完成《气象信息服务质量投诉处理规范》及《甘肃气象服务白皮书》初稿。

【气象信息专报】向省委、省政府及相关部门报送重大气象信息专报6期，气象信息专报79期。省政府网站发布气象信息通告51次，省级领导批示6人次。市（州）级发布决策服务材料2002期、预警信号1794期，领导批示68人次。

【专业气象服务】开展麦积山旅游景区气象监测资料传输业务，5月1日起发布景区景观预报产品。与民航甘肃空管分局签署签订《甘肃省气象局 民航甘肃空管分局战略合作协议》。完成

2015年甘肃省交通气象灾害风险普查任务。开展甘肃省流域水文气象服务能力项目建设。建成西北电网公司、兰州铁路局、高速公路管理局等重要客户的气象服务系统。为西北电网公司、兰州铁路局、甘肃省高速公路管理局等6家专业用户提供服务效益评估报告。全年向专业用户共计发布预警信号25条、重要天气过程专报238份、全省雨情统计材料660多份。针对重大天气过程，制作专业用户专题服务短信60余条，发布3000多人次。

【新能源气象服务】2015年新增服务电厂9家（6个风电，3个光伏）。截至2015年底，共服务风光电厂29家（风电15家、光伏14家）。顺利完成华电公司16个电场（8家风电场和8个光伏电站）的功率预测预报系统搬迁工作。编写《风电功率预测预报系统维护手册》《光伏功率预测预报系统维护手册》《华电业务监控岗操作手册》《华电多电场双风功率预测预报系统并行方案及问题》《甘肃省新能源气象服务工作简介》等；积极开展针对风光电的本地数值模式的开发和检验。

【气象服务保障】通过组织会商、制作服务专题、下发通知等方式组织做好春节、五一、国庆、高考等气象保障服务工作。制定春运气象服务方案，制作省级《春运气象专题服务》7期，市级94期。制定《第十四届环青海湖国际公路自行车赛（甘肃赛段）气象保障服务工作方案》和赛前风险分析报告，召开西北三省（区）气象保障服务协调会和全省气象保障服务协调会，圆满完成“环湖赛”等社会重大活动气象保障服务。

【人工天气作业】修改完善《西北区域人工影响天气能力建设项目可研报告》，落实项目批复前置材料。健全人影安全责任制，与市州政府签订《甘肃省人工影响天气工作责任书》。完善地面作业单位管理，对全省符合作业条件的单位进行人工影响天气地面作业资质认定。规范省市县级人影业务，制定《甘肃省人工影响天气业务现代化建设三年行动计划实施方案》。积极组织作业，全年利用火箭和高炮实施地面人工防雹、增雨（雪）作业2701点次，耗弹量78036发（枚）。实施飞机增雨作业30架次，增水量约15.42亿立方米。

【应急保障】省气象灾害防御指挥部办公室向省级成员单位发送预警信号4期。省局启动Ⅳ级应急响应6次，每次解除应急响应后，及时向省委、省政府应急办报送重大天气预报服务总结。

【农业气象】组织开展春耕春播、夏收夏种、秋收秋种气象服务，发布“关键农时季节气象服务”，加强重大农业气象灾害实时监测和定量评估，针对全省旱情发展、冬麦区条锈病监控防治等组织开展专题会商，及时制作专题服务材料8期。组织各级气象台站与重点农业生产经营主体建立“直通式”服务，共有“直通式”气象服务对象15059个。与农牧厅联合印发《农业气象服务联合会商和产品制作发布合作方案》。与省人保财险公司开展政策性农业保险气象合作，签订《甘肃省气象局 中国人民财产保险股份有限公司甘肃省分公司关于联合防灾减损战略合作协议》。开展全省农业气象资料信息化工作，完善农业气象资料数据库。组织完成2015年“三农”服务专项的建设。1个区、6个乡（镇）被确定为第三批标准化气象为农服务县（区）、乡（镇）。9月在天水召开全省“三农”服务专项现场会，汇报项目建设进展、交流建设经验。

【气象防灾减灾】气象灾害防御指挥部通报2014年市州政府气象灾害防御绩效考核结果，下达“2015年市、州政府气象灾害防御绩效考核任务”。气象灾害防御指挥部办公室印发《2015年全省气象灾害防御工作安排意见》，下发《关于开展2015年度气象灾害防御绩效考核的函》，并于12月中下旬对市、州政府绩效任务进行考核。经省政府同意，将“甘肃省人工影响天气领导小组”加挂到“甘肃省气象灾害防御指挥部”，并在指挥部成员单位增加省科技厅、兰州军区空军、省民航机场集团有限公司、民航西北空中交通管理局甘肃分局、中国航油甘肃分公司等5个单位，甘肃省气象灾害防御指挥部成员单位增至31个。

【气象灾害预警】召开省级气象灾害预警服务联络员暨气象服务需求研讨会，部门联动共商气象防灾减灾工作；联合发改委印发《甘肃省气象灾害防御规划（2015-2020年）》；与甘肃省地质灾害应急中心签署《关于联合开展融冻期地质灾害预报预警工作的框架协议》。全面总结2014年全省气象灾害发生情况，收集印刷《2014年甘肃灾害防御》图册。

【气象业务】根据中国气象局开展国突系统业务化运行的要求，5月1日完成甘肃省国突系统业务运行，正式通过12379短号码向省级决策用户发送预警信号。由省政府办公厅印发《甘肃省突发事件预警信息发布管理办法（试行）》（甘政办发〔2015〕149号）。联合省政府应急办举办“甘肃省突发事件预警信息发布系统培训会”，实现与省教育、公安等19个部门成功对接。

【综合观测系统建设】完成30个台站国家级新型自动站建设。完成兰州新区观测系统、嘉峪关市新型自动站建设。完成6个地市级移动计量系统建设。完成酒泉制氢设备及配套环境设施改造更新。完成区域气象观测站骨干站第一阶段遴选工作。完成陇南新一代天气雷达建设工作。完成C波段移动雷达（CCJ）出厂验收工作。完成民勤、平凉L波段雷达大修工作。完成地面气象观测业务标准化建设整改工作。实现甘肃省实时—历史地面气象资料一体化业务（MDOS）正式运行。完成甘肃省气象探测环境保护四项强制性国家标准在当地城建、规划部门的备案。制定下发《甘肃省气象局地面高空观测业务综合质量考核办法(试行)》。制定下发《甘肃省气象局地面气象观测业务技术规定汇集》。完成金昌C波段天气雷达电磁环境测试、选址论证、设备出厂及塔楼设计。完成庆阳新一代天气雷达搬迁站址电磁环境测试、选址论证、搬迁征地、搬迁方案编制。完成酒泉（嘉峪关）新一代天气雷达业务验收工作。完成甘南新一代天气雷达现场验收工作。完成张掖民乐、庆阳华池、陇南礼县、白银国家一般气象站和平凉崆峒国家基本气象站搬迁新址建设审核把关工作。甘南卓尼、定西通渭、金昌永昌启用新站址开展观测。

【信息网络通信系统建设】升级全省广域网络，确定全省市-县两级网络改造设备选型参数标准。初步完成省级服务器资源整合，建立服务器虚拟化资源和应用虚拟化资源池。全面推进省-市-县三级高清视频会商系统建设。继续推进数据一体化加工，完成全部温度自记和部分湿度自记资料数字化。依托CIMISS系统，基本实现本省所有观测资料、省际共享资料、CMACAST广播资料及服务产品的规范化、标准化管理。完成区域统一中心站软件工作，完成天气雷达、风廓线雷达、大气成分等观测业务流程改造。启动全省预报业务一体化平台及农业气象服务系统的整合。综合气象观测系统气象装备运行监控业务（ASOM2.0）正式运行。

【气候变化监测】制定《甘肃省气象局2015年气候变化重点工作计划》。组织召开2015年西北区域气候变化技术交流会议。组织筛选并发布具有影响力的2015年甘肃省八大天气气候事件。密切关注地方气候变化热点问题，积极配合甘肃省政府有关生态文明建设工作，开展《西北区气候变化评估报告》成果应用工作，发布《甘肃省气候变化监测公报（2014）》。积极服务甘肃建设国家生态安全屏障综合试验区，组织编写2015年全国政协第4949号提案——“建设甘肃省国家生态安全屏障综合试验区应重视气象防灾减灾和应对气候变化工作”。积极开展风能、太阳能等气候资源开发利用和气候可行性论证工作，向省政府上报《甘肃省风能太阳能开发利用工作的意见》。积极开展气候应用服务工作。举办全省暴雨公式编制技术培训班，与住建部门联合开展暴雨强度公式编制。兰州市、张掖市甘州区、临夏州临夏市、陇南市武都区、天水市秦州区、武威市凉州区、甘南州合作市、酒泉市肃州区、庆阳市西峰区、平凉市崆峒区、定西市岷县、白银市靖远县12个地市（县）已完成公式制（修）订工作。

【气象科技创新】制定实施《甘肃省气象局2015年度科技工作实施计划及科技创新重点项目》。制定实施《中国气象局兰州干旱气象研究所优化学科布局方案》。行业专项“我国北方干旱致灾过程及机理”立项并顺利实施。成功申报国家自然基金项目4项、甘肃省科技计划项目3项、中国气象局科技项目7项，全年到位项目资金2600余万元。获省部级奖6项。发表论文261篇，其中SCI(E)21篇，EI8篇，核心期刊156篇。

【人才队伍建设】修订、制定《甘肃省气象局气象中级专业技术职务任职资格评审管理办法（试行）》等8项制度。下达人才培养专项35项。引进海外特聘专家1人，入选中国气象局科技领军人才1人，续聘国家级首席预报员3人，新增博士学位3人。多渠道选派5名业务科技骨干赴美国、澳大利亚、以色列开展为期6个月到2年的中长期业务培训与科技合作。

【气象法规与社会管理】《甘肃省气象灾害风险评估管理办法》经省政府常务会议审议通过，于2015年5月1日开始实施。结合省发改委地方行政审批事项的清理工作，对现有气象行政审批事项进行清理，取消“人工影响天气作业人员资格”行政许可项目，取消“防雷产品使用备案核准”等4项非行政许可审批项目，承接“防雷工程专业资质评审”等2项行政许可项目，下放“施放氢气球活动审批”等2项行政许可项目，取消“雷电灾害风险评估”等4项中介服务，取消“防雷工程专业资质年检”等3项由中央指定地方开展的行政审批事项。将气候可行性论证、防雷装置设计审核和竣工验收纳入省发改委投资项目并联审批流程。与省发改委协调，确定发布全省防雷装置检测、雷击灾害风险评估项目收费标准，并将有关收费项目纳入涉企收费清单。组织对国家气象法律、法规、规章和地方法规、规章的内容进行全面梳理，制定《甘肃省气象局权责清单》，并报中国气象局审查通过，由省政府审核确认，向全省公布执行。编制《甘肃省气象部门随机抽查事项清单》，涵盖防雷减灾、施放气球、探测环境、气象灾害防御等9个行政管理领域。对“六五”普法工作进行全面总结，并顺利通过验收。组织开展“3.23世界气象日”和“12.4国家宪法日暨法制宣传日”法制宣传活动。向全省发放《2014年气象法律法规汇编》、《气象行政执法案卷制作》等各类法规书籍3000余份。印发《关于开展防雷安全专项检查工作的通知》，各地联合安监等相关部门开展防雷安全检查。与公安厅联合印发《关于开展全省防雷消防安全检查工作的通知》，组织在全省开展防雷消防安全检查。组织人员完成《甘肃省防雷工作手册（2015版）》的编印工作。印发《甘肃省气象局进一步加强气象标准化工作的通知》，制定《甘肃省气象局贯彻实施〈甘肃省标准化发展战略纲要实施方案〉工作细则》。2014年立项的《黑膜全覆盖双垄侧播马铃薯农业气象人工观测方法》《河东地区春玉米干旱灾害等级》气象地方标准已通过省质监局公告发布。《光伏发电站防雷装置检测技术规范》被省质监局列为地方循环经济标准。完成《输油和输气管道系统防雷装置检测技术规范》循环经济地标项目的标准编制工作。印发《关于强化标准实施制定执行标准清单的通知》，全省气象部门各业务服务单位完成《气象标准执行清单》的制定工作，并公布执行。

【区域气象中心工作】牵头组织西北五省（区）和新疆区、兵团气象局完成《西北区域人工影响天气能力建设项目可研报告》。组织区域天气预报、气候预测和气候变化技术交流与会商。组织召开西北区域气象中心环湖赛气象保障服务区域协调会，协调比赛期间与中央台天气会商。组织区域内省科技力量共同参与重大项目研发和关键技术开发。

省气象局领导班子成员名录

局　长　鲍文中

副局长　张　强　陶健红

　　　　杨兴国　周广胜（12月任）

纪检组长　乔小妹（女）

（供稿：徐志龙）

地　震

【地震震性】2015年甘肃省共发生MS≥2.0地震65次。其中，2.0~2.9级地震56次，3.0~3.9级地震7次，4.0~4.9级地震2次，最大地震为4月15日发生的临洮4.5级地震。2.0级以上地震活动比较均匀，其中4月、7月和11月地震活动频次相对较高，7~10次；2月份地震活动水平最低，仅2次；其余月份3~6次。3.0级地震4月和7月均为3次，且有4.0级地震发生；5月、8月、12月3.0级地震1次，其余月份无3.0级地震发生。2.0级以上地震活动分布延续以前的格局，主要集中分布于祁连山地震带及甘东南地区；3.0级以上地震则主要分布在甘东南地区和祁连山地震带西段。

【监测预报】强化地震重点危险区震情跟踪与分析研判，组织常规震情会商55次。加强与中国地震局和周边省区信息共享，及时通报重大震情和短临预报意见，组织跨区视频联合会商12次。严格执行宏微观异常零报告制度，组织有关专家开展显著异常现场落实30次，强力捕捉地震前兆信息。落实震情会商制度改革实施方案，细化岗位职责、量化考评指标、规范考核流程，对省内发生的7次有感地震作出较准确的震后趋势判定意见，为政府应急决策提供依据。

【运行管理】完善全省地震台网运行管理机制，维修改造地震监测仪器设备60台，排除各类仪器设备故障100多起，保证台网正常运行，速报省内及边邻地区33个地震，满足应急工作实际需求。2015年，测震、前兆、强震动台网及信息网络行率分别达到96.8%、99.4%、90.1%、99.1%以上，在全国地震观测资料质量评比中获前三名38项。加强兰州地震预警示范系统试运行管理，开展系统预警试验，全年共记录93个地震，其中64个产出预警触发信息，21个产出烈度速报结果，尤其是天水3.8级、临洮4.5级、景泰3.9级地震，产出预警信息及相关烈度速报结果，整个软件系统全面正常工作。

【灾害预防】依托省发展与改革委员会并联审批平台建设，积极争取将抗震设防要求审批纳入省市县三级并联审批平台之中。在新一代地震区划图国家标准发布以后，全省各级地震部门积极开展宣贯培训工作。2015年，全省审批确认重大建设工程抗震设防要求138项，确认一般建设工程抗震设防要求1516项，确保各类建筑达到抗震标准。调整地震安全性评价组织方式，终止面向社会的中介服务，重新规范安评范围。

【安全普查】积极开展既有建筑物抗震安全普查工作。14个市州完成城市既有建筑物抗震安全普查工作，并建立专门的数据库。实施农村民居地震安全工程建设，全省新建抗震安全农居26万户，已建成的抗震安全农居达到357.4万户，占全省农居总数的72%。

【应急救援】加强地震应急预案制定修订及动态管理，指导修订各级各类地震应急预案3200件、全省97%的市县完成重特大地震灾害应急处置操作手册编制工作。制定地震应急准备工作方案，明确机构、人员和应急准备工作措施，同时制定年度地震重点危险区省级抗震救灾总指挥部应对工作方案。加强地震应急准备，购买全省14个市州、86个县区市最新地图3套300幅，收集全省人口、地质灾害基本数据及通信联络信息；储备100套地震现场工作服、4套便携式救援专用工具，代储90套羽绒服；组织开展甘青交界中东部地震重点危险区无人机航拍，获得断层分布和居民点分布第一手资料；升级改造地震短信息发布系统，更新应急人员联系信息；与省通信管理局建立通信网络数据共享机制、与民航甘肃监管局建立救援远程机动运输保障机制。

【救援培训】2015年，各市县新组建救援队18支、并配备各类救援器材4100件（套）、组建愿者队伍23支；选派50名骨干分别赴国家救援基地、昆明警犬基地、山东蓝翔技校学习培训；组织省级、市州级武警消防救援队骨干开展为期一周的救援培训。兰州搜救基地对全国13个省市区培训应急队员400人次，培训省内外应急骨干1600人次；庆阳、陇南、白银、张掖、临夏、甘南等市州地震部门对灾情诉报员进行重新登记、补充，落实相关经费补贴，特别是庆阳市地震局重新登记确认1394名，市财政落实每人每年补助6000元。

【科技创新】省地震局申请获批国家、省部级各类科研项目29项，其中国家自然科学基金5项、总经费309万元；省科技支撑项目"甘肃地震重点危险区地震灾害应急分析评估和应急对策研

2015年甘肃省地震震中分布图

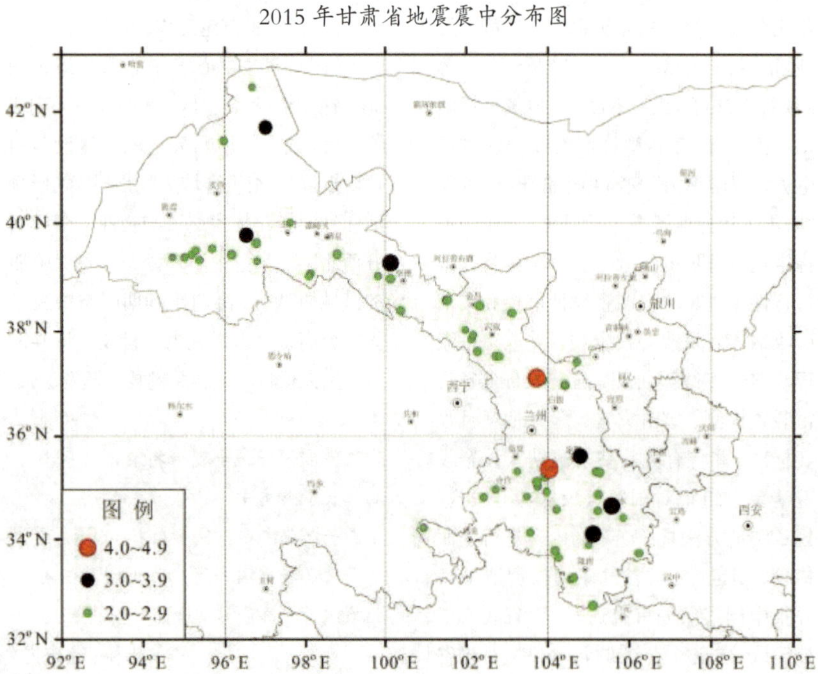

2014年甘肃省地震目录（MS≥3.0级地震）

序号	发震时间			发震时刻			震中位置		震级（MS）	深度（km）	参考地名
	年	月	日	时	分	秒	纬度（°）	经度（°）			
1	2015	4	10	03	37	02	34.65	105.57	3.8	17	甘肃天水
2	2015	4	12	15	32	17	39.78	96.53	3.1	6	甘肃玉门
3	2015	4	15	15	08	36	35.37	104.03	4.5	13	甘肃临洮
4	2015	5	17	09	20	16	39.27	100.15	3.2	23	甘肃临泽
5	2015	7	7	16	06	14	41.72	97.02	3.0	14	甘肃肃北
6	2015	7	15	18	26	14	37.12	103.72	4.0	12	甘肃景泰
7	2015	7	19	21	52	38	35.62	104.80	3.3	12	甘肃定西
8	2015	8	2	19	09	25	39.27	100.13	3.7	24	甘肃临泽
9	2015	12	18	16	01	55	34.10	105.12	3.7	20	甘肃礼县

究”获得资助。实施在研项目，其成果应用于地震预报、灾后重建、应急救援等领域，全年共发表各类论文123篇，其中其中SCI 6篇，EI10篇，获省部级科技成果8项。

【合作与交流】依托西部地球科学与防灾工程论坛，深化与美国、法国、日本、韩国等国家地震科研机构，以及台湾、香港地区院校等开展合作与交流，邀请15位国内外专家并作学术报告，对电磁学、地球力学、黄土岩土学前沿科技成果应用进行推广。《地震工程学报》进入中国科学引文数据库(CSCD)核心库（C库）和北大中文核心，学报影响因子和收录迈入新阶段。

【法制建设】经甘肃省第十二届人民代表大会常务委员会第十五次会议审议通过并发布施行《甘肃省人民代表大会常务委员会关于加强地震重点监视防御区防震减灾工作的决定》。并将《甘肃省地震预警管理办法》作为省政府法制办立法预备项目，草案完成征求意见、专家论证、立法调研等工作。全省地震部门会同有关部门开展地震环境保护联合执法40次。强化执法监督，省政府法制办与省地震局联合开展基层防震减灾执法检查。完成地震系统“六五”普法规划各项任务。

【科普知识宣传】省委宣传部与省地震局联合印发《甘肃省2015年防震减灾宣传教育工作方案》；省地震局还与省科协联合制作16集的防震减灾科普公益宣传片。2015年，全省共组织大型科普宣传180场次、发送手机短信170万条、电影专场50场次、刊发稿件900篇、电视消息500条、专题新闻70条，受众达200余万人次。省地震局与省教育厅、省科协共同完成第5批20所省级防震减灾科普示范学校的评审认定工作。命名11个省级地震安全示范社区和10个国家级地震安全示范社区。

【地震科普馆建设】与省科协共同协商建设甘肃省科技馆地震科普分馆。白银市投资156万元，依托白银市火焰山国家地质公园建成占地1100余平方米，集地震科普展馆、4D影院、报告厅于一体的防震减灾科普教育基地。庆阳市投资建设并开通“庆阳数字地震科普馆”，采用360度全景技术和视频、音频、动画和图文等方式,建立虚拟仿真地震科普馆。

【学习培训】2015年，省地震局共举办各类培训班18期，培训市县地震工作人员421人次，培训局（所）工作人员2000人次，陆地搜寻与与救护基地管理中心以培代训培训应急救援人员450人。共计14人参加出国交流访问学习、研讨，1名局级干部参加中央行政学院干部选学培训，1名局级干部参加中国地震局局管干部培训，2名处级干部参加中国地震局中青年干部培训。

【专项工作任务落实】甘肃省抗震救灾指挥部办公室印发5件通知，要求各市州开展抗震救灾应急准备工作自查，各市州成立领导小组，对辖区内地震应急准备工作进行现场检查。4月12日至16日期间，配合国务院抗震救灾指挥部工作组赴定西市、陇南市、兰州国家陆地搜寻与救护基地检查全省地震应急准备工作。8月份省抗震救灾指挥部办公室联合省民政厅、建设、国土资源等部门对部分市州的应急准备工作情况进行实地抽查。民政部门在全省各地共建成79个救灾物资储备库，粮食主管部门在全省确定1300多个应急供应网点、120个配送中心、130个加工企业、120个储运企业。交通运输部门对299座桥梁、隧道进行隐患排查。民航监管部门对8个机场的应急准备工作和设施的隐患进行排查整改。组织省抗震救灾指挥部成员单位中的省民政厅、省通信管理局、武警甘肃总队和省消防总队，以及电信、移动、联通等企业在防震减灾周期间开展地震应急通信保障专项演练，检验多部门通信保障系统的有效性，查找出现场应急通信保障工作中存在的问题，进行整改落实。

【重点项目建设】中国地震局与甘肃省政府共同推进兰州城市圈防震减灾体系建设实施方案,实施国家地震烈度速报与预警工程甘肃分项、地震电磁监测试验卫星工程甘肃分项、白银市示范城市建设、兰州新区地震小区划等项目。完成中国地震背景场探测工程甘肃分项、国家地震社会服务工程甘肃分项、中国地震科学台阵探测项目甘肃分项、兰州国家陆地搜寻与救护基地配套服务项目、兰州烈度速报与预警示范工程、岷县漳县地震灾后恢复重建等重点项目建设，并完成部分项目验收。

省地震局领导班子成员名录

局　长　王兰民

副局长　周志宇　杨立明

石玉成　袁道阳

档案　文史　地方志

档案工作

【档案督查】2015年由省委督查室牵头、档案部门配合，在全省开展督查，共督查148个单位，推动各地各部门强化政策落实。集中精力对3元管护费督查落实，有14个市州的80多个市县落实每卷每年3元档案管护费。依据《意见》制定《甘肃省档案工作年度考核办法》，对全省14个市州、108个省直部门、71个企事业单位进行考核，并将考核成绩纳入全省科学发展观业绩考核范围。

【档案馆建设】陇南市新馆投入使用，嘉峪关、武威、天水、白银、甘南5市州档案馆建设列入当地建设规划。中西部县级档案馆建设和灾后重建的36个建馆项目，有32个建成或在建，有5个县市区自筹资金新建档案馆。全省综合档案馆面积新增6.2万平方米，各级档案馆的条件得到改善。全省各级国家综合档案馆接收各类档案、资料200余万卷，馆藏达1000万卷（件、册、盘）。共征集进馆远古和政羊、汉代青铜器等实物历史档案200多件，党和国家领导人在甘档案200多件，西路军流落人员调查档案150件，征集到汉简85支，并将《甘肃秦汉简牍》列入第四批《中国档案文献遗产名录》之首。健全人防、物防、技防"三位一体"的档案安全防范体系，建立电子档案信息数据多重备份、异地备份、数字转换和灾难恢复机制，对永久珍贵档案全部进行备份。省档案馆备份库职能不断完善，与四川省档案馆的异地异质备份工作有序进行。

【档案规范化管理】省档案局在全国范围内开展"档案与档案法制知识有奖竞赛"，参加人数超过7.5万人。在"6.9国际档案日"开展档案法律"七进""档案一与你相伴"等活动，档案普法教育广泛开展。联合省人大教科文卫委、省法制办对14个市州和300多个单位开展档案执法检查。省市县制定《档案馆收集档案范围实施细则》，省档案局制定各类档案规范性文件近10部。全省档案工作规范化认证率达到30%以上；创建全国新农村档案工作示范县3个，国家二级档案馆14个，农村、社区建档率分别达到100%、80%，有119个乡镇、1036个行政村被列为农村档案工作示范点，林改档案规范化验收合格率达到100%。

【档案数字化建设】建成甘肃档案信息网站、甘肃省电子档案接收利用系统，启动以省局为主导、省馆为龙头、市州档案馆为支点的甘肃省档案信息中心项目建设，全省共完成全文扫描8000万画幅、著录目录1600万条，省馆数字化达到馆藏的58%，市州档案馆平均达到32%。

【档案服务工作】坚持服务发展，对"3341"项目工程、"1236"扶贫攻坚行动、"双联"行动、华夏文明传承创新区建设、丝绸之路经济带甘肃段建设等省委省政府的重大决策部署的档案提前介入收集整理，对1652个建设项目档案进行专项验收，做到项目建设与建档同步。积极开展寺庙建档工作，档案在解决"尼江事件"中发挥独特作用，临夏州《少数民族宗教档案》被列入国家档案局科技专项。坚持服务群众，出台《农村土地承包经营权确权登记颁证档案实施办法》，指导全省116个水利机构建立水利普查档案1.5万卷，配合林业部门建立林改档案78.14万卷(件)，配合水利部门完成首次全国水利普查建档工作。指导145个社保机构建立业务档案21.2万卷，加大社会保险、承包地确权、婚姻、伤残抚恤等领域档案资源建设和开发利用力度，初步建立覆盖基层人民群众的档案信息资源体系。接待查档10万人次，查阅档案20万件次。

【队伍建设】按照《甘肃省档案干部培训工作规划（2014-2016）》，省档案局共举办各类培训班10期，培训千人次，各市州、县区累计开展档案业务培训80期，培训近万人次。2015年，共提拔使用干部19名，岗位调整16人。

【廉政档案建设】配合抗战胜利70周年，省档案局编辑出版《甘肃抗战实录》，全面反映甘肃抗战历史。配合"一带一路"建设，拍摄纪录片《丝绸之路黄金段上》。全省各级档案部门编研出版各类史料100余种。

【精准扶贫与"双联"行动】按照省委"1+17"文件的要求，开展精准扶贫，深入陇南市武都区汉王镇朱能、甘家沟和马半山3个村、9个社持续开展扶贫帮困。2015年，根据省双联办安排，针对乱安子村的基本情况、致贫原因和需要解决的问题，逐步制定中长期帮扶计划：发展扶持中药材成为支柱产业；解决行路难的问题；植树造林改善生态环境；处级干部对特贫困户进行重点帮扶；帮助兴建村民文化广场。省档案局先后落实项目资金1100多万元，建成三个村通村道路、村内道路硬化、田间道路及人畜饮水工程，极大改善基础设施条件，方便人民群众生产生活。省档案局投入资金100多万元，为村级两委班子建设活动场所，配备必要的会议桌椅、电脑电视、部分农业科技图书资料，先后发放油橄榄苗10万株，推进油橄榄特色产业发展，全力推进3个村小康进程。建立完善《联村联户为民富民行动联系卡》《民情连心卡》《干部联村联户为民富民行动联系手册》，制定《省档案局联村联户为民富民行动手册》《干部进村入户主要工作任务》《局机关干部双联行动绩效考核办法》等规章制度。选派3名优秀年轻干部到联系村担任村党支部第一书记。全年安排5批次40多人（每批次驻村14天）进行开展帮扶工作。

【"三严三实"专题教育】开展"三严三实"专题教育。审定通过《省档案局开展“三严三实”专题教育实施方案》，制定专题教育工作安排表，明确局机关开展“三严三实”专题教育工作的重要意义、总体要求、方法措施、组织保障和时间安排，采取党组书记和党组成员上党课，深刻认识“三严三实”专题教育的重大意义、深刻理解“三严三实”的本质内涵、始终按照“三严三实”聚焦存在问题、不折不扣把“三严三实”贯穿工作实践。党组中心组组织学习研讨5次，13个党支部组织学习研讨3次以上。聚焦问题召开“三严三实”专题民主生活会。采取谈心、函询、自找等方法，共梳理出六大类22个问题。

【党风廉政建设】学习贯彻《中国共产党廉洁自律准则》《中国共产党纪律处分条例》，落实党委负主体责任，纪委负监督责任，制定实施切实可行的责任追究制度。坚持权责统一原则，局党组自觉担负起全面领导党风廉政建设和反腐败工作的主体责任。班子主要负责人认真履行好第一责任人的职责，班子其他成员根据工作分工，对职责范围内的党风廉政建设负主要领导责任，切实做到“一岗双责”。认真遵守中央八项规定和省委“双十条”规定。坚持反对“四风”不放松，严格执行中央八项规定和省委“双十条”规定，全年因公出国（境）费无支出，公务接待费用比去年同期下降28.57%，公务用车运行经费下降31.33%，培训费下降68.22%。

省档案局领导班子成员名录

局（馆）长　赵国强

副局（馆）长　王少华　孙小林

白　静（女）

纪检组长　孙小林

（供稿：梁　鹰）

文史研究

【“一带一路”文史座谈会】2015年8月，省文史研究馆组织馆员、研究员到临夏自治州永靖县举办“一带一路”文史座谈会。在座谈会期间，对20多位馆员研究员的研究成果进行交流。

【咨政建言】增强咨政建言的针对性，认真组织馆员、研究员围绕“一带一路”建设、华夏文明传承创新区建设和文化大省建设，开展考察调研活动。先后组织馆员、研究员赴兰州、白银、临夏、平凉、庆阳等市、州进行文史考察调研，结合当地的文化产业发展、加快文化与旅游融合、带动经济发展积极建言献策，为地方政府提出的建议50多条，受到当地政府的重视和采纳。

【艺术创作与交流】5月26日至29日，“丝绸之路文化行——西北五省区一市文史研究馆书画联展甘肃展”活动在甘肃画院隆重开幕。陕西、甘肃、宁夏、青海、新疆和西安市文史馆参加。省文史研究馆先后组织馆员、研究员参加中央文史馆和各省区、市组织的文化交流活动10多次，书画作品参展20余次。积极支持和帮助馆员、研究员举办个人书画展和出版个人书画作品集。2015年，有5名馆员研究员分别举办个人画展，参观人数超过3000人次。有10多位馆员研究员分别出版书画或篆刻集。馆员、研究员创作书画作品200余幅。组织馆员、研究员赴台进行文化交流。11月初，省文史研究馆应台湾有关方面的邀请，组织部分馆员研究员赴台进行文化交流活动，实地参访台湾中国文化大学、台湾故宫博物院等，与台湾文化艺术界进行文化交流和书画艺术切磋。

【文化交流与文史考察】8月中旬，组织馆员研究员及机关工作人员一行28人，前往革命老区庆阳、革命圣地延安开展文史考察活动；8月下旬，组织部分馆员研究员赴东北三省部分地区开展文史调研和书画交流活动，并与吉林、黑龙江、沈阳文史馆主要领导及部分馆员、研究员进行座谈，与当地馆员、研究员进行书画采风和创作交流活动；9月下旬，组织馆员研究员到广西进行文史考察和书画交流。

【学术论文】馆员、研究员围绕华夏文明传承创新区建设和丝绸之路经济带甘肃黄金段历史文化进行研究，在甘肃日报等国内外报刊、网络发表学术论文20余篇。

【编辑出版】全年出版发行《甘肃文史》杂志4期，共刊发文史和艺术类文章近60余万字。编发《馆讯》20期，馆务动态和馆员、研究员的成果第一时间进行报道宣传。《甘肃文史》已成为馆员、研究员发表研究成果、开展学术交流、了解馆内外动态的重要平台。解决馆员、研究员“出书难”的问题，有7位馆员研究员出版了专著。

【“三严三实”专题教育】根据省委的统一部署，深入开展“三严三实”专题教育，认真把握专题教育和各项活动的主题主旨、目标原则和方法措施，做到规定动作扎实推进，自选动作紧扣文史馆特色，确保专题教育和各项活动见实效。

【统战联谊】在春节和重阳节两个传统节日前夕，组织馆员、研究员进行统战联谊活动，及时传达党和国家重大政策、重要会议精神以及省委、省政府的重要工作部署，征询馆员、研究员的意见建议。馆领导分别带队走访慰问了馆员、研究员。

【“双联”行动与精准扶贫】截至2015年底，省文史研究馆已积极协调有关部门累计投入资金300多万元，实施梁原乡中心幼儿园、东门村水过面桥、河道治理、乡村道路、美丽乡村建设、村级阵地及文化广场、蔬菜大棚和核桃基地等帮扶项目，改善基础设施条件，推动富民产业的发展，省文史研究馆“双联”工作连续3年被评为优秀等次。

省文史研究馆领导班子成员名录

党组书记　张正锋

馆　长　李学春

副馆长　李汝根　李佩芬（女）

（供稿：朱黎明）

地方志工作

【省志编纂工作】2015年，省史志办针对省志编纂一些单位进度缓慢的问题，在省政府分管领导夏红民副省长分别致信省直34个部门单位主要负责人督促的情况下，又以省志编委会名义印发《甘肃省志第二轮编纂工作倒排工期表》，确定各承编单位完成任务的时限要求，并定期对编纂工作进展情况进行了解、整理和通报，督促承编单位切实提高思想认识，采取有效措施，按期完成编纂工作。2015年出版省志分卷《大事记》《附录》《广播电影电视志》《检察志》《税务志》（国税部分）5卷。终审《公安志》《工商行政管理志》《科学技术志》《共青团志》4卷。截至2015年底，列入二轮修志规划的省志分卷72卷，已出版《社会科学志》《林业志》《监察志》《人事志》《水利志》《税务志》（分地税、国税）《体育志》《大事记》《检察志》《广电志》《附录》10卷，终审《气象志》《教育志》《公安志》《工商行政管理志》《科学技术志》《共青团志》6卷。

【市县志指导工作】省史志办把编纂工作的关口前移，提前介入，高度重视县（市、区）志的评议工作，有2部县志被退回建议重编，2015年参与评议县（市、区）志4部。列入二轮修志规划的14部市（州）志，已出版《酒泉市志》《白银市志》《平凉地区志》《庆阳市志》《定西地区志》5部，终审《嘉峪关市志》《金昌市志》《武威地区志》3部，完成初稿2部。列入二轮修志规划的85部县（市、区）志，已出版发行38部，终审8部，通过评议8部，完成初稿12部。

【年鉴工作】省史志办把地方综合年鉴编辑工作作为地方志工作的第二大任务，为提高年鉴的时效和质量，为市县年鉴编辑提供范本，省史志办从体制机制入手，对资料收集和编写等每个环节，实行分块包干、定量限时、责任到人的工作制度，并不断丰富拓宽编辑内容。为尽快扩大市县年鉴工作覆盖面，完成目标任务，多次召开会议，专题进行分析研究，由分管领导带队，召开年鉴编辑工作调研会、推进会，进行检查督促。截至2015年底，全省已有13个市（州）、52个县（市、区）在编辑地方综合年鉴，其中酒泉、嘉峪关、天水、武威、张掖、白银、庆阳7个市已经实现年鉴工作全覆盖。针对市县编辑年鉴出现的体例、质量等问题，省史志办加大指导力度，通过举办培训班、调研指导、重点抽查等方式，努力提高年鉴的编辑质量。

【《舟曲特大山洪泥石流灾害抢险救灾和恢复重建志》编纂工作】《舟曲特大山洪泥石流抢险救灾和恢复重建志》编纂工作在完成初稿的基础上，2015年，多次组织召开各篇编纂牵头单位和参编单位有关人员参加的评议会，多方听取意见建议，认真进行修改打磨，组织相关人员进行评议。

【贯彻国务院办公厅《全国地方志事业发展规划纲要（2015—2020年）》工作】《规划纲要》下发后，省政府主要领导和分管领导都对学习贯彻落实《规划纲要》作出批示，提出具体要求。省史志办在组织全办干部职工认真学习贯彻落实《规划纲要》的同时，下发《关于学习贯彻国务院办公厅〈全国地方志事业发展规划纲要（2015-2020年）〉的通知》，要求各级修志部门认真做好学习宣传和贯彻落实工作。召开主任办公会议传达学习中指组学习贯彻《规划纲要》部署会议精神，提出甘肃省贯彻落实的具体意见。会议研究全省地方志事业"十三五"发展规划的制定事宜，下发摸底调查表，进一步摸清甘肃省地方史志工作的底数和现状，开展发展规划的制定工作。

【"三严三实"专题教育】根据中央和省委的安排部署，从5月份开始，省史志办集中开展"三严三实"专题教育，制订办党组《"三严三实"专题教育的实施方案》，并按要求开展好三个专题的研讨。"三严三实"专题教育"严以修身""严以律己"和"严以用权"研讨会如期召开。在研讨会上，班子成员和处以上干部结合自身实际，针对"为官不为"和"庸懒散软"等问题，积极发言，认真剖析，加紧进行整改。办党组对查摆出"不严不实"的6个问题，正按规定时限进行整改。专题民主生活会方案已经过审核。

【"双联"行动、精准扶贫精准脱贫工作】按照省委要求，认真落实"双联"行动及精准扶贫精准脱贫工作的各项任务。2015年7月，省史志办下派一名同志挂职任"双联"村党组织第一书记兼扶贫工作队队长，一名同志任扶贫村扶贫工作队队长。全年投资近2万多元，为"双联"村修建桥涵一座，给驻村干部修建灶房一间。10月，机关党委和"双联"扶贫村杨家坡村、付家河村党支部开展结对共建活动，邀请两个村的党支部书记、村主任、致富带头人和先进党员召开座谈会，会上学习了《党章》有关内容，三个基层党组织互相介绍和交流党建工作情况，邀请省委农工办有关同志关于党建、"双联"行动、精准扶贫精准脱贫和新农村建设方面的政策宣讲和辅导。并组织参观"双联"行动先进村天水市武山县北顺村。邀请省上知名书画家去"双联"村送文化下乡，为"双联"扶贫村群众写字作画，慰问贫困群众20户。

【其他工作】召开全省地方史志工作会议。5月中旬，召开全省地方史志工作会议。总结两年来的工作，安排部署了今后一个时期的工作。，增强甘肃地方史志网站的可读性，省史志办及时更新网站内容，加紧进行志书、年鉴及相关地情资料的数字化转换上网。2015年，全省已有8个市（州）、30个县（市、区）建成地方史志网站。全年全省修志部门编写出版地情资料60—70本。按时完成《甘肃史志》刊物的编辑工作。举办二轮修志业务人员培训班。11月上旬举办二轮修志业务人员培训班，全省各级修志机构150多人参加培训，邀请省内外知名专家、学者授课。

省地方史志办公室领导班子成员名录

主　任　李　虎

副主任　车安宁　钱　旭

　　　　李振宇　孙奇明

（供稿：梁兴明）

民　政

民政事务

【民政专项资金】2015年，全省民政事业专项资金122.43亿元，比2014年净增11.82亿元，增幅10.69%。其中,争取中央财政安排资金93.64亿元，比2014年净增8.85亿元，增幅10.44%。

【救灾与防灾减灾】2015年全省小灾不断，叠加损失较重，造成13个市（州）、78个县（市、区）660.1万人次受灾，3人遇难，773间民房倒塌。全省民政部门有效应对灾害，省上下拨救灾资金34490万元，市（县）安排2982万元，先后向灾区调运救灾物资5710件，有效保障受灾困难群众基本生活。针对防灾减灾设施“半拉子”工程，出台《甘肃省省级福利彩票公益金资助救灾物资储备库建设管理办法》，对省级福彩公益金资助救灾库建设进行了明确，从2015年起每年安排省级福彩公益金支持市（县）救灾库建设。2015年安排省级福彩公益金1930万元，资助20个救灾物资储备库项目完成扫尾。指导省救灾物资储备中心做好手续报批、招投标等工作，启动九州应急救灾库建设。指导省减灾中心做好项目收尾验收、制度建设、设备采购安装等工作，确保省减灾中心全面开展业务工作。通过争取中央代储、自主招标采购、协调兄弟省份捐赠等途径，储备价值3067多万元的救灾物资。争取民政部专项资金1710万元，为57个多灾易灾县配备救灾车辆。为市、县、乡配发北斗报灾终端设备4100部。加强灾害信息员队伍建设，灾害信息员达到2.53万名，对其中1.87万名进行业务培训，形成覆盖省、市、县、乡、村五级灾害信息员网络。指导各地创建全国综合防灾减灾示范社区30个，普遍建立救灾物资储备库和应急避难场所。

【社会救助】完成“提高城乡低保标准和补助水平，提高农村五保供养省级补助标准”3件为民办实事任务。城市低保指导标准提高10%、达到380元，月人均补助水平提高10%、达到328元；农村低保指导标准提高11%、达到2434元，月人均补助水平提高11%、达到129元。农村五保供养省级补助标准提高40%、达到3514元。制定《甘肃省精准扶贫社会救助支持计划实施方案》，再次报请省委、省政府提高农村低保一、二类对象补助水平，一类对象由246元提高到275元，二类对象由192元提高到234元，促使其实现收入上的“政策性脱贫”。报请省人大常委会颁布《甘肃省社会救助条例》，将“最低生活保障、特困人员供养、受灾人员救助、医疗救助、教育救助、住房救助、就业救助、临时救助”以及“社会力量参与”等整合到一部地方性法规之中，形成“8+1”相对完善的社会救助制度体系。报请省政府出台《关于进一步完善医疗救助制度的意见》，将重特大疾病救助病种由原来的26种扩大到50种，提高救助标准；对城乡低保对象和农村五保对象基本医疗保险个人缴费部分给予补贴；全省86个县（市、区）全部实现“一站式”即时结算；全年实施医疗救助434.7万人次（含资助参合参保），支出资金9.67亿元。根据《关于确定全国“救急难”综合试点单位的通知》，争取国家将4个县（区）确定为全国“救急难”试点，省上也确定4个省级“救急难”试点，为全面开展“救急难”探索路子。全年支出临时救助资金2.76亿元，累计救助城乡困难群众57.7万户次。联合省发改委等21个部门修订《甘肃省居民家庭经济状况核对办法》，与省公安、卫生、人社等14个部门签订核对信息共享协议，提高精准救助水平。

【社会福利事业】报请省人大常委会颁布《甘肃省老年人权益保障条例》，先后制定养老服务机构收费管理、责任保险、服务评估、一次性建设补贴资金管理、建立协作与对口支援机制、支持民间资本参与等20多项配套政策，形成较为完善的发展养老服务业政策体系。全年下拨福彩公益金4.2亿元，争取中央专项彩票公益金4亿元，资助县（区）社会福利项目263个，建成城乡社区日间照料中心1419个，社区养老服务设施覆盖55%的城市社区和25.6%的行政村，福利服务设施条件不断改善。全省养老床位增幅明显，达到11.68万张，同比净增3.19万张；每千名老年人拥有养老床位30.4张，比上年增加2.5张。居家养老服务积极推进，16个县（区）建立信息服务平台，覆盖所有市（州），安排省级福彩公益金1300万元，通过购买服务支持养老组织和机构提供居家养老服务。加强养老护理队伍建设，年内培训养老护理员600人，提升养老服务的专业化、职业化水平。加强儿童福利机构建设，年度发放孤儿基本生活保障金1.28亿元。提请省政府出台《关于促进慈善事业健康发展的实施意见》，为加强和改进慈善工作提供制度保证。建成甘肃慈善信息平台，安排省级福彩公益金310万元资助建设27个慈善超市。全省慈善协会（基金会）74个，慈善超市145家，为慈善事业持续健康发展奠定基础。积极实施"福康工程"，全年配备康复辅具1298件。争取中央专项彩票公益金3000万元资助张掖市精神病福利院建设。在完成2443名农村贫困家庭重度残疾儿童集中救助抚养计划的基础上，继续对有入住意愿的重残儿童进行救助抚养。扎实开展残疾孤儿手术康复明天计划、"神华——爱心行动"等医疗救助项目，完成各类康复手术302例。强化福利彩票发行管理，出台一系列福彩公益金管理制度，全省年销售福利彩票45.3亿元，筹集公益金12.61亿元。

【双拥优抚安置】持续推进军地援建"双十工程"，先后投入2.68多亿元，援建部队营区设施、训练场地等项目41个。对四年来双拥模范城（县）创建工作进行检查验收，协调召开命名表彰大会，评定新一轮省级双拥模范城（县）62个、先进单位100个、先进个人140名。提高部分优抚对象抚恤和生活补助标准，核拨抚恤和生活补助经费4.912亿元。将优抚对象全部纳入城乡医疗保障体系，对符合条件的优抚对象优先予以大病医疗救助，下拨医疗补助资金3649万元，有效缓解优抚对象就医压力。会同兰州市举行烈士纪念日省级公祭活动。投资2400万元，对25个烈士陵园和优抚事业单位维修改造项目进行补助。落实省政府《关于扶持退役士兵就业创业优惠政策的意见》，开展退役士兵职业教育和技能培训，年度培训5959人。报请省政府印发《甘肃省人民政府关于认真做好2014年冬季退役士兵接收安置工作的通知》，接收2014年冬季退役士兵9673人，安置符合条件的退役士兵1023名，安置率97%。完善自主就业退役士兵兵役优待补助金管理办法，将服役满12年以上并选择自主就业的退役士兵纳入发放范围，发放兵役优待补助金3.9亿元。按时完成军队退休干部、士官、职工移交安置工作。

2015年7月27日，省委书记王三运、省长刘伟平、兰州军区政治部副主任张福基等接见全省双拥模范城（县）代表和先进单位、先进个人代表

【社会组织管理】坚持培育发展与监督管理并重，除政治类、宗教类及涉外社会组织外，其他各类社会组织实行直接登记，重点培育和优先发展行业协会商会类、科技类、公益慈善类、城乡社区服务类社会组织。全年登记成立省属社会组织63家，其中直接登记42家；市、县两级社会组织4743家，直接登记668家。积极推进简政放权，下放非公募基金会和异地商会审批管理权限到县（区）一级；取消社会团体分支机构、代表机构的登记审批；取消法律规定自批准之日起即具有法人资格的社会团体及其设立分支机构、代表机构备案；取消全省性社会团体筹备审批和会费标准备案。简化登记审批程序，缩短登记审批办理时限，把条例规定的社会组织成立登记60天缩短为30天，把备案时限从20天缩短为7天。全年市、县两级评估社会组织377家，全省累计评估1970家。对625家省属社会组织进行年检，及时在《甘肃日报》进行公告（合格407家，基本合格157家，不合格61家）；对两年以上未参加年检的71家省属社会组织予以撤销，对3家违规社会组织进行行政处罚。加大政府向社会组织购买服务力度，争取中央财政支持社会组织与社会服务项目18个557万元；出台《省级福利彩票公益金支持社会组织参与社会服务项目实施方案》，省财政列支省级福利彩票公益金525万元，重点资助省、市、县21家社会组织开展社区服务、养老服务、救助服务、助残服务等领域的社会服务项目。成立社会组织党建工作处。14个市（州）、77个县（市、区）依托民政部门设立社会组织党工委。

【基层民主政治与社区建设】报请省委、省政府"两办"出台《关于推进城市社区治理的指导意见》《关于深入推进农村社区建设试点工作的实施意见》《关于加强城乡社区协商的实施意见》《关于深入推进村务监督委员会建设工作的指导意见》，进一步完善基层社区治理机制。完成社区服务体系项目建设14个，资金1440万元，社区综合服务设施覆盖率94.7%，以政府公共服务、社区自助互助服务和市场化服务相结合的新型社区服务体系初步建立。组织开展全省第二批和谐社区示范单位评比验收工作，对2个示范城区、10个示范街道、33个示范社区进行命名表彰。与省委组织部联合印发《治理农村和社区基层组织“三多”问题实施方案》，开展基层组织“三多”问题专项治理。会同省委组织部、省财政厅提高村（社区）办公经费省级补助标准和村组干部报酬，城乡社区建设不断加强。

【区划地名与边界管理】围绕城镇化建设加大行政区划调整力度，2015年完成102个乡的撤乡改镇任务。深入调研论证，加快推进县改市（改区）和县政府驻地镇改设街道办事处工作。下拨地名普查补助经费3621万元，召开全省地名普查工作现场推进会，第二次全国地名普查工作有序推进。继续推进全省地名文化建设工作。开展平安和谐示范边界创建活动。召开甘青界线第三轮联检第二次联席会议，与青海省民政厅联合下发《青甘两省行政区域界线第三轮联合检查实施方案》。完成全省40条、3017公里县级界线联检工作。筹备召开甘青平安和谐边界创建活动第五届经验交流会，表彰命名15个平安和谐边界示范县（区），示范县达到28个。牵头召开蒙甘线金额边界未定地段管理工作第二次会议。

【婚姻、收养与殡葬服务管理】开展清明祭扫服务和安全保障工作，全省接待祭扫群众约260万人次。抓好年度公墓执法检查工作，在各市（州）全面检查的基础上，对兰州、定西、陇南、天水等市6座经营性公墓进行执法检查。开展殡葬管理服务专项整治活动，起草《甘肃省殡葬服务收费管理办法（讨论稿）》。出台《甘肃省省级福利彩票公益金资助殡葬设施建设项目管理办法》，明确项目建设的范围、标准、申报程序和监管要求。下拨资金2525万元（中央福彩公益金525万元，省福彩公益金2000万元），资助44个殡葬设施建设项目。安排省级福彩公益金1000万元，资助新建、改（扩）建救助管理机构31个。开展“流浪孩子回校园”和“酷暑送清凉、寒冬送温暖”等救助活动，全省累计救助流浪乞讨人员3.7万人次。登记国内外婚姻22.2万对，依法办理涉外收养登记39件。推进婚姻登记机关标准化创建，6个县（区）民政局被民政部授予国家3A级婚姻登记机关。

【联村联户行动】将“双联”行动与“1236”扶贫攻坚行动深度融合，严格落实“六个精准”要求，发展致富产业，加大劳务输出力度，促进群众持续增收，改善村容村貌。累计投入1741.11万元，为联系村建成村级活动场所8个、互助老人幸福院5个、硬化道路14.7公里、修建产业路29.2公里。指导联系村加快发展特色富民产业，投资179.78万元，新建苹果园6900亩、蔬菜大棚30亩、洋芋苗100亩、核桃园1700亩、大黄苗木600亩、中药材基地1100多亩。帮助贷款融资341万元，培训农民3341人次，联系劳务输出3188人。发放民政惠民政策宣传单3807余份。投入4万元，为联系村58名残疾人免费装配助残康复辅助器73件（具）。组织巡回义诊18场2466人次，免费发放4.5万元常用药物。

省民政厅领导班子成员名录

厅　长　肖庆平（4月止）
　　　　李志勋（4月任）
副厅长　徐亚荣（女）　阿　布（藏族）
　　　　卢琼华（女，藏族）　郭华峰
　　　　崔进泰　王福德
省减灾委专职副主任　蔡仲爱
纪检组长　袁秀智

（供稿：胡健勇）

老龄工作

【老龄法规政策创制】省老龄办与省人大内司委沟通协调，出台《甘肃省老年人权益保障条例》，并联合召开新闻发布会，老年人权益得到进一步保障；提请省委同意，联合31个成员单位下发《甘肃省关于进一步完善老年人优待工作的意见》，从政务服务、卫生保健、交通出行、商业服务、文体休闲和维权服务6个方面为老年人提供多种形式的经济补贴、优先优惠和便利服务，全面提升老年人生活质量；围绕基层养老社会组织建设，与省民政厅联合印发《关于加快城乡社区老年协会建设的通知》，出台《甘肃省关于进一步加强基层老年协会规范化建设的实施意见》，规范老年协会建设；出台《甘肃省示范农村社区老年人日间照料中心标准（试行）》《农村社区老年人日间照料中心管理规范》等文件，对农村互助老人幸福院提出明确要求，推动农村幸福院建设工作；制定《2015年市州目标责任考核通知》《全省各市州工作目标任务及考核标准》等文件，转发国务委员王勇在全国老龄委第十七次全委会议上的讲话精神和民政部部长李立国在全国老龄办主任会议上的讲话精神，为老龄工作提供政策保障和支持。

【老龄工作组织领导】省委、省政府多次调整充实省老龄委领导机构，健全老龄工作体制机制，省委下文增加省科学技术厅、省工业和信息化委员会、省国土资源厅、省交通运输厅、省商务厅和省保监会6家单位为成员单位，成员单位达到31个，涵盖党委、政府主要涉老部门，为发展老龄事业提供组织保障；多次召开省老龄委成员单位会议及成员单位联络员联席会议，总结成员单位老龄事业“十二五”规划完成情况，听取对全省老龄事业发展“十三五”规划编制的意见建议，把老龄工作与全省经济社会发展大局同谋划同部署，做好老龄事业发展顶层设计，编制全省老龄事业发展“十三五”规划；全面加强老龄系统党风廉政建设，认真开展“三严三实”专题教育，贯彻落实中央“八项规定”和省委“双十条”要求，组织开展“转作风、守纪律、提绩效”活动，增强廉洁从政意识和依法行政能力，转变工作作风，改进工作方法，提高老龄干部的政治素养、组织协调能力、调查研究能力和服务群众能力，提升老龄工作队伍综合素质和能力水平。

【养老服务体系】2015年协调筹资3808万元建成农村互助幸福院1269个，累计达到4098个，占行政村总数的25.6%，省老龄办组织联合检查工作组，按照幸福院规范建设的标准要求对全省农村互助老人幸福院建设情况进行全面检查验收；出台《示范农村互助老人幸福院标准》，从建筑面积、功能设置、设施配备、活动开展、规范管理等方面提出明确要求，金昌市印发《关于落实县级领导包抓新型农村互助老人幸福院和城市社区日间照料中心项目建设的通知》，全面加强对幸福院建设工作的领导；在张掖市甘州区和天水市甘谷县召开协会与幸福院协同发展现场推进会，探索推广"院会合一、一院两会、一体两制、医养融合"等发展模式，解决幸福院管理主体缺位问题，成为省民政厅"金点子"项目在全省及全国推广。

【老年协会建设】加强基层老年协会建设，健全基层老年协会组织，全省95%的城市社区和90%的农村行政村建立老年协会组织，在全省基本形成规模，联成网络。省老龄办、省民政厅联合出台《关于进一步加强城乡社区基础老年协会建设的通知》，指导各地加强老年协会的规范化建设，降低基层老年协会和涉老组织登记门槛，为涉老民间组织融入社会、参与社会发展提供便利条件；各级政府坚持政府主导与社会动员相结合，各级基层老年协会组织制定章程，建立完善"七有四薄三册一档案"制度，创造条件鼓励和扶持老年人参与老年协会管理；省老龄办每年拿出100万元支持基层老年协会建设，各级政府协调财政安排基层老年协会建设专项经费，并通过以奖代补、转移职能、购买服务等形式，在完善设施建设、开展活动等方面给予支持；各地积极发展和壮大老年志愿者队伍，建立以社区干部、公益性岗位服务人员、义工和健康老年人为主体的养老服务志愿者队伍，为高龄、失能、空巢老人开展家政、照料、探视、救助、联络等爱心服务，全省老年志愿者队伍人数占比达到14.26%。

【老龄事业调查研究】实施第四次中国城乡老年人口状况抽样调查工作，与兰州大学签署合作委托协议，举办抽样调查骨干培训班，对督导员和调查员进行专业培训，配合全国老龄办督查组对入户调查进行全程督导，全面完成兰州、庆阳、天水、定西、陇南5市18个县（区）、32个乡（镇）、128个乡村的抽样调查工作，样本量达到3840个。全面完成《甘肃省老龄事业发展"十二五"规划》的总结汇报工作和《甘肃省老龄事业发展"十二五"规划评估量化指标表》的收集、整理、统计工作，在《中国老龄事业发展"十二五"规划》实施情况检查评估量化指标表41项指标的基础上，甘肃省增加13项自选项目，全面检查评估全省老龄委各成员单位、14个市（州）所有县（区）老龄部门完成《甘肃省老龄事业发展"十二五"规划》的目标任务情况，为科学设定"十三五"时期老龄事业发展的战略目标、主要指标、重点领域、重大任务和重要项目，编制"十三五"规划工作提供重要资料。省老龄办委托省人口委西北人口信息中心，深入各地调查，运用由中国人口与发展研究中心、神州数码公司共同研发的最新一款人口预测软件PADIS-INT，对全省及14个市（州）人口发展做预测研究，基础数据源于历年人口普查数据和甘肃省全员人口信息系统汇总的历年人口发展统计数据，部分重要参数的估计，采用专家意见法征求相关专家的意见建议，形成全省老龄事业发展"十三五"规划基础研究课题报告—《甘肃省60岁及以上老年人口状况预测研究》，为全省实现"健康老龄化""积极老龄化"，提高老年群体生活质量和全省老龄事业发展"十三五"规划的制定提出建设性建议。省老龄办重视全省老龄人口基础数据统计工作，积极参加全国老龄办组织的部分省（市）老龄基础数据统计工作座谈会，了解老龄基础数据统计存在的问题，收集整理14个市（州）及各县（区)60岁以上老龄人口数据，汇总全省老龄人口数据和各年龄段老龄人口与老龄总人口的占比，向省民政厅、省统计局通报。开展大调研活动，着重对老龄工作的重点、热点、难点和前瞻性问题开展调研，征集各市(州)专题政策调研文章50篇，向全国老龄办上报调研论文8篇；召开老龄工作理论研讨会，探讨养老服务、老年协会建设及发展等问题。

【老年优待政策】建立80周岁以上老人高龄补贴制度，全省80—89岁、90—99岁、百岁及以上老年人每人每年享受300元、720元、1200元高龄补贴。甘南、金昌、庆阳、嘉峪关等市(州)将享受高龄补贴的年龄延伸到75岁以上，标准最高的嘉峪关市百岁老人可享受每年1万元补贴；逐步建立70周岁以上老人免费乘坐城市公交车制度，嘉峪关、金昌等市将免费乘车范围扩大至60岁以上，其他各地普遍对60—64岁老年人实行半价乘车；县级以上医院门诊设立老年优待窗口，开展医疗"一免一半三优先"（普通挂号免费，专家挂号半价，优先挂号，优先就诊，优先取药）活动；全省除敦煌莫高窟外，全部实现对60岁以上老年人实行博物馆和旅游景点免费的优待政策；建立困难残疾人生活补贴和重度残疾人护理补贴制度，标准分别为每人每月100元，覆盖全部符合条件的老年人。

【社会氛围营造】突出《老年权益保障法》和《甘肃省老年人权益保障条例》法律法规宣传，制定下发《关于做好〈甘肃省老年人权益保障条例〉宣传贯彻工作的通知》，指导各市（州）做好《条例》宣传工作。以"敬老文明号"创建活动和"敬老月"活动为契机，开展专题活动，在《甘肃日报》和省广播电视台《早高峰》栏目宣传"敬老文明号""老有所为""好儿女""好儿媳"先进集体和典型人物，用榜样的力量带动全社会形成尊老、敬老、爱老、助老的良好风气。

与省电视台合作，在甘肃卫视频道播出"第四次抽样调查图标和宣传广告"。投入30多万元在甘肃卫视播放公益广告，让"关爱今天的老人就是关爱明天的自己"口号被广大群众熟知认可；录制《大爱夕阳，情暖陇原》和《退而不休》专题片，在甘肃电视台公共频道《今日聚焦》栏目中播出；投资40万元，在甘肃都市频道开设老龄事业宣传专题栏目，宣传老龄事业发展动态、老有所为典型人物等，营造尊老敬老的良好社会氛围。改版《甘肃老龄》杂志，增设聚焦热点、老年生活、伟人轶事等栏目，杂志发行量从900本增加到2000本。兰州市开办的《相约银龄》栏目、定西市主办的"孝亲敬老杯"征文摄影比赛活动、陇南市举办的"培育敬老家风，建设和谐家庭"重阳节文艺晚会、酒泉市举办的老年人书画展，创新尊老、敬老、爱老、助老的文化内涵，弘扬中华民族的传统美德。

【主题教育创建】开展第二届"敬老文明号"创建活动，城建、司法、交通、教育、卫生、电信、新闻出版、旅游、体育等10个服务行业，100多个省直单位和企事业单位参与；在"敬老月"，省、市、县老龄办深入养老福利机构、民办养老服务机构、老年公寓、农村互助老人幸福院和老党员、老劳模、百岁老人家中开展慰问活动，走访看望老干部、老党员、老劳模、百岁老人、老知识分子和困难老人，为养老服务机构和农村互助老人幸福院赠送慰问品；搭建参与助老爱老志愿服务活动平台，开展对特困和高龄老年人的"定点定时定人"探视救助活动，开展助老爱老志愿活动，鼓励志愿者深入社区、农村、企业、养老机构开展法律援助、文艺表演、医疗义诊、日常护理活动，引导全社会互帮互助；倡导老年人自我管理、自我教育、自我服务，组织开展"甘肃省第二届老有所为先进个人"评选表彰活动，号召老年人积极参与社会经济建设，当好党委政府参谋助手、教育关心下一代健康成长、促进社会和谐发展。

【"双联"行动】省老龄办深入通渭县什川乡八里村，商定发展项目和帮扶措施，为八里村筹措帮扶资金，扶持联系户发展养羊业，安装路灯50盏改善村民居住环境，实施以奖代补，奖励种养殖大户，鼓励其扩大规模，带动村民共同致富，修建文化广场，硬化川来社活动场地；开展义诊活动，组织八里湾村村组干部及种殖户、养殖户20余人前往陇西县云田镇、首阳镇和漳县武阳镇参观学习借鉴致富经验。帮扶礼县上坪乡黄咀村成立"双联"工作领导小组，召开座谈会进行工作对接，制定计划，完成入户调查摸底等工作；筹措资金64万元，建设黄咀村老年活动中心；协调有关单位解决大黄苗木600亩、蚕豆种子700斤，邀请甘肃农业大学教授进行培训；协助乡村落实低保、五保、医疗救助政策，协助解决贫困户申请精准扶贫专项贷款17户49万元，争取资金22600元，对32名贫困、残疾、空巢、孤寡老人和22名70岁以上老年人进行慰问；争取省老年基金会和乡上资金6万元维修护庄排水沟60米、田间道路130米，重修农作物晒场大小各一个（1089平方米）。落实干部轮流驻村蹲点制度，选派干部到礼县黄咀村担任驻村工作队队长，协调解决突出问题，宣传党的惠农富农政策及民政、老龄工作政策；与省民政厅配合，修改完善联扶村年度脱贫致富计划、五年帮扶工作规划，理清发展思路，科学合理地引导调整种植、养殖结构，培育壮大支柱产业，协助改善村容村貌，帮助农户调整种养结构，帮助争取各类资源、创造各种条件，找到脱贫致富新路子。

【老年产业发展】省民政厅、省发改委、省商务厅等部门出台《关于切实做好养老服务业发展有关工作的通知》等系列文件。全省老年产业涵盖老年旅游、老年中医药、老年健康服务、老年生活用品等多方面。其中老年中医药和老年旅游的发展走在全国前列，省老年之家夕阳红旅游公司组织4个专列3200多人，16架次旅游包机800多名海内外老年人赴各地旅游。探索老年产业发展的新路子，大力开发老年用品和服务市场，协调指导兰州市老龄办举办第三届中国西部（兰州）老年产业暨健康养生博览会，吸引十几个省（市）100多家养老服务企业参展，商品种类涉及老年用品、老年旅游、理财、保险等4000多个种类，涵盖老年人生活的各个方面。召开老年产业发展研讨会，来自高等院校、养老机构、社会组织的专家学者和企业负责人，从养老服务和消费需求、养老服务模式、智慧养老、老年产业发展方向等进行探讨，推进老年产业的发展。

省老龄工作委员会办公室
领导班子成员名录

主　任　徐亚荣（女）
副主任　文新农

（供稿：徐力钧）

慈善工作

【地震援建】2015年，省慈善总会根据省政府关于岷县、漳县地震灾后恢复重建总体规划要求，与受援县、乡紧密合作，靠实工作责任，落实目标任务，加大推进力度，确保慈善援建任务保质保量按时完成。由省慈善总会捐资839万元用于地震重灾区岷县梅川镇永星村272户、寺沟乡八步川村40户，宕昌县八力乡3个民族村104户房屋倒塌恢复重建全部完成，灾民搬入新居。捐资400万元的岷县梅川镇中心敬老院主体工程完工，进入内部装修阶段。捐资500万元新建的漳县老年养护院援建项目全部完工。捐资150万元新建的漳县武阳镇中心敬老院完成主体工程。对慈善地震灾后援建项目，省慈善总会按照高起点规划、高质量施工、高标准建设的要求，指定专人负责，明确目标任务和时限要求，强化对援建项目资金的管理使用，受援地区民政部门加强领导，靠实责任，抓质量促进度，形成上下衔接、各负其责、共同推进的工作机制。同时，省慈善总会投资315万元，对过去援建的3所社会福利院、8所城乡敬老院、2所慈善学校的附属设施、配套设备进行补充完善，使福利院、敬老院、慈善学校条件大为改善。

【慈善扶贫】广泛动员社会力量开展慈善募捐，精准实施慈善扶贫项目。截至年底，省慈善总会（本级）募捐款物14438.5万元，其中资金14363.79万元，物资（价值）74.71万元。利用募集到的慈善款物，在多灾贫困地区、干旱缺水山区和少数民族地区以扶贫济困为重点，积极开展慈善扶贫和社会救助，实现慈善救助项目效益的最大化和最优化。

慈善水窖项目。募集资金114万元，在干旱缺水的定西市安定区、静宁县等县（区）修建水窖604眼；投资113万元，修建慈善蓄水塘坝6座；投资15万元，为山区学校修建供水站（点）14个。当年解决1087户、4305人、5100多头（只）牲畜的饮水困难。

助学助医项目。全年筹募兴学助教资金266万元，救助家境困难的贫困大中学生535人。向东乡县马脊梁小学、靖远县移民小学各捐款15万元，用于两所小学基础设施维修和体育场地修建。利用海内外慈善组织定向捐赠的资金226.36万元，在边远山区、贫困乡村开展慈善义诊和常见病的诊断治疗，为贫困患者实施手术229台，受益2217人次。

慈善情暖万家活动。元旦、春节期间，省慈善总会动员社会力量，整合社会资源，积极募集款物，与全省14个市（州）慈善会联手，开展慈善情暖万家活动。爱心企业家捐款75万元，捐赠价值39.71万元的毛毯2250条、棉毛衫140件、棉衣920件；"点滴是生命"捐赠27.5万元的儿童自行车500辆；台湾慈济会捐赠"爱心包"395个及米、面、油等价值86.6万元的生活物资；甘肃国芳工贸集团通过省慈善总会分别向定西市安定区杏园乡贫困群众发放价值120万元的衣物1275件、向环县老区贫困群众发放价值180万元的衣物5462件；省慈善总会自筹资金65万元，与爱心企业捐赠的75万元共140万元及各类捐赠物资全部分配到14个市（州）慈善会，用于"两节"期间开展的慈善情暖万家活动，为孤寡老人、残疾人、重灾民及社会急需得到救助的人送去慈善组织的爱心和温暖。

【合作交流】以慈善品牌项目为引荐，加强内行外联，创新募捐方式，主动作为，与兄弟省（市）慈善会、海内外慈善组织交流合作，争取援助项目和资金。省慈善总会与山东省慈善总会、山东山水集团三方达成合作协议，从2015年起，山东省慈善总会、山水集团每年向甘肃省慈善总会捐款50万元，连续五年捐款250万元，所捐资金全部专项用于甘肃省革命老区、干旱缺水山区修建慈善水窖项目。省慈善总会与山东省慈善总会、山东得象集团达成为期5年的捐赠合作协议，由山东得象集团每年捐赠价值10万元的电热板产品，所捐产品用于甘肃省贫困山区、高原地区敬老院、乡村学校及困难群众使用。深圳弘发永泰集团捐款20万元，用于成县贫困乡村小学建设。省慈善总会不断加强与中华慈善总会、海内外慈善组织的合作，全年引进援助项目资金12399.09万元。其中，台湾慈济会在前两年投资1517万元的基础上，又投资800万元援建的靖远县五合乡白塔村二期移民搬迁工程全部建成，部分村民搬入新居。"香港点滴是生命"慈善组织捐赠205.91万元，在干旱山区修建水窖406眼、修建集雨塘坝6座，向山区寄宿制学校发放毛毯1005条、煤炭228吨。英国国际咨询与资源企业投资281.59万元，在会宁县、定西市安定区、漳县开展大型慈善义诊、医疗救治和孤儿救助活动，在会宁县实施马铃薯培育及推广。美国视博恩公司投资15万元，在干旱缺水山区学校修建供水站（点）14个，并开展慈善义诊等救助活动。世界宣明会援助资金763万元，在武山县、通渭县、定西市安定区、陇西县等贫困县（区）开展以儿童为本的区域发展项目及残疾儿童助养和可持续幸福家园扶持项目。省慈善总会积极主动做好捐助药品项目。截至年底，全省"格列卫"项目救治白血病患者2438人次，捐药价值5300万元；"多吉美"项目，救治肾癌、肝癌患者1230人次，捐药价值3098万元；"特罗凯"项目救治肺癌患者310人次，捐药价值161万元；"易瑞沙"项目救治肺癌患者870人次，捐药价值1435万元；"微笑列车"项目捐资279万元，医治唇腭裂患者715人次。

省慈善总会领导班子成员名录

会　长　杜颖（女）

副会长　张瑞堂　吴锡达　李　越

　　　　汪同建　吴国英（女，回族）

　　　　张忠健

秘书长　贺占明（裕固族）

（供稿：房　超）

人力资源管理与社会保障

人力资源管理

【就业情况】2015年，全省城镇新增就业43.7万人，同比增长0.4%，完成年度目标的109.3%。其中失业人员再就业16.8万人，就业困难人员实现就业4.8万人；城镇登记失业率2.14%，低于年控制计划1.86个百分点。截至12月底，全省失业动态监测企业用工总数428929个，流失率0.42 %。

【高校毕业生就业】把高校毕业生就业放在就业工作的首要位置，实施促进高校毕业生就业创业"五大计划"，省内应届高校毕业生实现就业119979人，就业率90.6 %，同比提高1.1个百分点。实施校园招聘计划，邀请用人单位，开展校园专场招聘活动，各高校举办各类招聘会188场次，提供就业岗位29.6万个。实施高校毕业生基层服务计划，会同有关部门统筹实施扶持1万名高校毕业生就业民生实事工程和五个基层服务项目，选拔17172名高校毕业生到基层事业单位和企业就业，其中选拔4900名毕业生到基层事业岗位工作，引导5100名毕业生到企业服务工作，"三支一扶"等五大基层服务项目选拔高校毕业生7172名。实施大学生创业引领计划，创新"就业创业证"管理发放办法，积极落实资金扶持等优惠政策，鼓励支持大学生创业，累计为5100名高校毕业生发放创业担保贷款3.55亿元。实施高校毕业生就业促进计划，将高校毕业生求职补贴调整为求职创业补贴，对象范围扩展到已获得国家助学贷款的毕业年度高校毕业生，为43所高校的9828名毕业生每人一次性发放1000元求职补贴。其中，低保家庭毕业生9607人；残疾毕业生221人。实施机关事业单位聘录用计划。利用自然减员指标，招考、聘用高校毕业生到机关事业单位就业，全省考录公务员招录1723人，公开招聘应届高校毕业生3913人。

【创业带动就业】围绕大众创业、万众创新，深入推进全民创业行动。全省新发放创业担保贷款46.79亿元，完成全年任务的117%，吸纳带动就业19.18万人，其中下岗失业人员8030人。新审批认定省级创业孵化示范基地（园区）25个。全省收集创业项目2575个，入库专家462人。新增市场主体23.78万户。其中，私营企业新增5.1万户；个体工商户新增17.07万户；私营企业和个体工商户新增从业人员69.33万人。加大创业宣传力度，在甘肃电视台经济频道开办52期"创业之路"栏目，开设甘肃就业创业微信公众平台，累积发布292条。组织113个创业项目参加"中国创翼"青年创业创新大赛，取得良好成绩。

【职业技能培训】把加强职业培训作为促进就业、增加收入的基础性和先导性工程，大力开展各类技能培训。组织各类培训112.9万人。其中，职业技能培训44.3万人，完成全年目标任务的147.6%；劳务技能培训68.6万人，完成年计划的105.5%。开展职业技能鉴定38.67万人，获证32.9万人，获证率92.5%。推进精准扶贫劳动力培训工作，联合省教育厅、省财政厅、省农牧厅、省扶贫办等部门研究制定《关于精准扶贫劳动力培训支持计划的实施方案》《2015年甘肃省精准扶贫劳动力培训实施计划》，开展精准扶贫劳动力培训36.4万人，全面完成年度目标计划。全面完成城乡居民职业技能培训民生实事任务，完成22万人"两后生"职业技能学历教育培训、4万名农民工短期技能培训和10万名城乡贫困妇女开展"陇原巧手"手工编织技能培训任务。组织就业创业技能省级示范性培训，省人社厅自筹资金1000万元，继续在75个贫困县和卓尼县"尼江"地区组织开展省级示范性培训，引领带动市、县跟进开展培训5期。全省开展培训453期，培训农村创业和技能致富带头人4.55万人。开展职业技能培训鉴定维权上门服务，省、市人社部门继续组建专门工作组赴省内外重点企业、行业和产业园区，开展职业技能培训鉴定和维权上门服务，全年开展上门培训鉴定23.38万人，获证21.27万人，获证率91%。

【就业援助】优化资金使用结构，发挥就业资金促进就业的作用。全省支出就业专项资金16.3亿元。其中，7.73万人享受社会保险补贴2.73亿元，占资金支出总量的16.7%；8.15万人享受岗位补贴10.22亿元，占62.7%；45.84万人享受职业培训补贴1.76亿元，占10.8%；2.78万人享受职业介绍补贴553.8万元，占0.3%；17.56万人享受职业技能鉴定补贴3460万元，占2.1%；1736人享受见习补贴674.3万元，占0.4%；求职补贴、扶持公共就业服务等其他就业补助支出1.12亿元，占7%。

【富余劳动力输转就业】推进城乡富余劳动力转移就业，全省输转城乡富余劳动力528.6万人，完成目标任务的105.7%。其中就近转移就业325.7万人，完成目标任务的125.3%；创劳务收入889.7亿元，完成年计划860亿元的103.5%，同比增长10%。累计与16个省（市、区）签订劳务合作协议，建成1232个乡（镇）劳务工作站，在甘肃籍务工人员集中的15个省（市、区）和哈萨克斯坦设立16个驻外劳务管理机构。

【劳动关系管理】报请省委、省政府出台《关于构建和谐劳动关系的实施意见》，构建和谐劳动关系工作全面加强。建立完善农民工工资保证金、应急周转金、企业用工实名管理、总承包企业清偿负责、建设单位和企业失信警示处罚、行政执法和司法衔接等六项制度，治理农民工欠薪制度体系不断完善。劳动保障执法监察力度加大，各级劳动监察机构检查用人单位3.82万家，涉及劳动者112万人，查结投诉举报案件9031件，结案率98%，补签劳动合同7.82万人，追发工资等待遇9.53亿元，涉及劳动者9.08万人，其中追缴拖欠农民工工资7.14亿元，涉及农民工7.3万人。调整提高全省最低工资标准，一至四类地区分别达到每月1450元、1420元、1370元、1320元，平均上调9.4%。调整发布全省在岗职工工资增长调控目标，2015年度企业在岗职工工资增长上线16%、基准线11%、下线5%。推进劳动人事仲裁实体化建设，市（州）劳动人事争议仲裁院组建率91.6%，县（区）组建率97.1%。劳动人事争议案件结案2498件，结案率97.3%。

【专业技术人才工作】创新人才培养、引进、选拔、激励机制，围绕全省区域发展战略和重点产业，会同有关部门研究出台《兰白科技创新改革试验区人才发展支持办法》《关于对战略新兴产业发展总体攻坚战骨干企业突出贡献人才奖励的决定》等政策措施。完成864名领军人才任期考核，启动2015年甘肃省领军人才补充选拔工作，从全省特色优势产业、重大项目和重点学科中，补充选拔100名优秀人才进入领军人才队伍，领军人才规模达到924人。其中，4人入选国家"新世纪百千万人才工程"，39人批准享受国务院"政府特殊津贴"。完成急需紧缺和骨干专业技术人员培训及专业技术人员素质提升培训14.3万人。其中循环经济领域人才培训9303人，非公经济管理人员培训1134人，支持藏区基层医疗人员培训300人。引进博士以上留学回国人员15名，6人入选国家"千人计划"青年人才资格。争取实施国家留学人员及博士后资助项目60项，资助金额430

万元。完成人社部"西部现代农业示范区发展海外赤子科技智力行项目"组织实施工作。举办专业技术人才高级研修班3期。新增中国兰州留学人员创业园孵化企业8家。新设博士后科研工作站3个。

【公务员管理】加强公务员职位规范化管理，会同省委组织部出台《关于进一步规范公务员登记和非领导职务管理工作的通知》，对办理公务员登记、非领导职务管理工作中一些具体条件、程序、办法等问题进一步明确规范。首次集中组织开展省直机关及群团组织公开遴选公务员工作，25家遴选单位遴选公务员84人。组织完成全省公务员招录工作，拟招录1723人。继续加大艰苦边远地区基层单位公务员招考，为全省基层政法机关定向招录45人。实施"甘肃省行政机关公务员信息管理系统数据信息库"更新工作，实现全省公务员"进、管、出"各环节的信息化管理。开展以"依法行政，建立法治政府"和"循环经济理论与实践"为主题的公务员远程网络培训，培训期5个月，培训7万多人。

【人事制度改革】事业单位人事制度改革加快推进，研究出台《关于进一步完善事业单位人事管理服务工作的意见》《甘肃省事业单位公开招聘人员面试工作规则（试行）》《关于进一步规范事业单位公开招聘工作的通知》和《关于机关事业单位工作人员离岗创业有关问题的通知》等政策性文件。人事管理工作不断规范，全省实施岗位管理和人员聘用制度的单位占95.2%，聘用合同签订率96.9%。实施事业单位公开招聘，发布省直事业单位招聘公告12期，计划招聘2555人，其中考核招聘博士研究生312名、紧缺专业人才599名，考试招聘1644名。

【职称制度改革】中小学教师职称制度改革全面推开，在兰州、酒泉两市开展中小学教师职称制度改革试点的基础上，将试点范围扩大至庆阳市、甘南州和省属有关单位，38854名中小学教师通过审核过渡。制定职业技术学院"双师型"教师和乡村医生职称评审实施办法，80名职业院校教师成为"双师型"教师，9名乡村医生获得主任乡村医生（正高级）资格、113名获得副主任乡村医生（副高级）资格。研究提出解决县（区）基层一线农技（含畜牧、兽医、农机、水产）人员职称评审问题的6项倾斜照顾政策。完成正高级工程师评审工作，151名专家获评正高级工程师。

【工资制度改革】调整提高机关事业单位基本工资标准，同步开展机关事业单位工作人员工资正常晋升。全面完成乡（镇）工作补贴发放工作。基本完成建立县以下公务员职务职级并行工作，符合职级晋升条件的3万名公务员工资待遇基本落实兑现到位。推进司法体制改革试点工作，制定出台《司法体制改革试点工作方案》。完成全省机关事业单位工作人员正常晋升工资和工人技术等级考核工作。

【军转安置工作】2015年中央下达甘肃省安置计划570名，实际接收安置567人，其中计划分配247人，自主择业320人。计划安置中，省直和中央在甘单位接收安置116名，占计划安置总数的47%。调整提高企业军转干部生活困难补助标准，平均每人每月增加370元。

【国外智力引进】执行引进外国专家项目121项，引进外国高层次、急需紧缺专家256人次，在省内长期工作的外国专家398人，引进短期外国专家2200人次。执行因公出国（境）培训项目31项，派出培训452人。4位在甘工作外国专家获得省政府"敦煌奖"，1位专家获中国政府"友谊奖"荣誉称号。

社会保障

【社会保险参保扩面】城镇五项社会保险参保1432.4万人次，综合参保率96.39%。其中，城镇职工基本养老保险参保304.88万人，参保率99.96%；城镇基本医疗保险参保633.88万人，参保率98.43%；失业保险参保162.76万人，参保率90.27%；工伤保险参保178.33万人，参保率99.96%；生育保险参保152.56万人，参保率85.82%。城乡居民基本养老保险参保1236.74万人，参保率97%。社会保险基金累计结余651.59亿元。

【社会保障待遇调整】省政府将5项社会保险提待工作列入为民办实事，分别调整提高待遇水平。其中企业退休人员基本养老金、失业保险金、工伤职工伤残标准再提高10%，月人均分别达到2168元、976元和2251元，城乡居民基础养老金最低标准达到每人每月85元，城镇居民基本医疗保险政府补助标准提高到380元。

【社会保障制度完善】制定出台《甘肃省关于贯彻落实〈国务院关于机关事业单位工作人员养老保险制度改革的决定〉的实施办法》，拟订机关事业单位养老保险经办规程。适当降低社会保险费率，失业保险费率由3%降至2%，工伤保险平均费率由1%降至0.75%，生育保险费率从不超过1%降至0.5%。全面推进全民参保登记工作，在兰州、张掖、定西市为国家试点单位的基础上，进一步扩大试点范围，确定天水、金昌市和省直为省级试点单位，并将庆阳市和10个新型城镇化试点县、市及两当县纳入先行试点范围，试点面达到63%，通过全民参保登记入库1067.05万人，各试点地区和单位完成登记任务的80%。深化医保付费方式改革，积极推进省直、兰州市、张掖市深化付费方式改革试点工作，同步推进按病种、按人头等多种付费方式改革，13个统筹地区城镇基本医疗保险住院医疗费实现直接结算，80%以上统筹地区门诊大病、个人账户门（急）诊等医疗费用实现直接结算。着力推进城乡居民大病保险，大病保险覆盖所有城乡居民基本医保参保人群，报销比例50%至65%，报销额度上不封顶。积极推进异地就医结算管理，全面推进省内异地就医直接结算，统一完善省内异地就医结算政策，严格规范异地就医结算经办业务，各市（州）实现异地安置在海南省参保人员住院医疗费用直接结算。

【社会保险经办服务】全省"五险合一"社会保险信息系统金昌市试点上线

启动，在平凉市、甘南州实施全省集中式“五险合一”社会保险管理信息系统建设。修改完善省直医疗保险信息管理系统征缴模块，省直医疗保险信息管理系统建设不断加快。完善城乡居民基本养老保险管理信息系统功能，全省86个县（区）系统参数调整到位。推进社保保障卡发放工作，社保卡持卡人数1401.2万人，超额完成人社部下达1357万人的任务。

省人力资源和社会保障厅领导班子成员名录

厅　长　贾廷权

副厅长　刘　诚　王丽萍（女）

　　　　李　杰

纪检组长　朱学文

党组成员　缑维藩

（供稿：李兴华）

民族　宗教

民族事务

【民族团结创建活动】以“坚持民族团结正确导向，促进各民族交往交流交融”为主题，开展全省第12个民族团结进步宣传月活动。召开全省第12个民族团结进步宣传月视频动员大会，制定《全省第12个民族团结进步宣传月活动实施方案》。在甘肃电视台开办“守望相助进行时”栏目，以“党的民族政策照耀陇原大地”“民族团结之花绽放陇原”为主题，邀请省委统战部负责人和专家学者开展专题访谈。深入兰州、临夏、甘南、天水、平凉、定西、陇南、白银等市(州)对开展宣传月活动进行分类指导。指导临夏州开展民族团结创建试点工作。省委宣传部、省委统战部、省民委联合印发《甘肃省民族团结进步创建活动规划纲要（2015——2020年）》，提出“十百千万”目标，即每年创建示范县（市）5个、乡（镇、街道）110个、村（社区）1700个、机关600个、学校1300所、企业240家、寺庙680个、家庭院落10000个，实施“六大工程”（“全覆盖”工程、“精准滴灌”工程、“文化引领”工程、“金种子”工程、“精神家园”工程、“权益保障”工程），推动全省民族团结进步宣传教育和示范创建活动的人文化、大众化、实体化。

【城市民族工作】以落实省委、省政府《关于进一步加强城市民族工作的意见》精神为切入点，指导定西、平凉、天水等地出台实施意见，为做好城市民族工作提供保障。加强城市流动少数民族管理与服务，与四川、西藏、青海、宁夏、陕西、辽宁、山东、江苏、浙江和新疆生产建设兵团共同签署以少数民族流动人口服务管理为主的涉及民族因素矛盾纠纷跨区域联动协作协议，推动城市少数民族和少数民族聚居社区全面发展。对全省城市民族工作及流动人口服务管理工作进行全面调研，掌握城市少数民族人口数量、受教育程度、就业状况等基本情况，起草关于全省城市民族工作调研报告上报国家民委。指导兰州、临夏、甘南、天水、武威、平凉等市（州）与全国十多个地级城市签订少数民族流动人口输出地输入地工作协作机制。

【兴边富民行动】省财政厅、省民委全力支持肃北蒙古族自治县实施《甘肃兴边富民行动“十二五”规划》，2015年为肃北县下达兴边富民行动专项资金1070万元，实施项目5个。肃北县经济结构不断优化，人民生活持续改善，全面小康建设水平稳步提高，全年实现生产总值202310万元，按可比价格计算，较上年增长2.72%。其中，第一产业增加值5041万元，增长5.50%；第二产业增加值128307万元，增长2.23%；第三产业增加值68961万元，增长5.05%。三次产业的结构由上年的1.3:79.5:19.2调整为2.5:63.4:34.1。按常住人口计算，全县人均生产总值133163元。城镇居民人均可支配收入、农牧民人均纯收入、人均生产总值、人均财政收入等指标位居全省前列，在全国136个边境县中，肃北县人均指标也位居前列。

【人口较少民族扶持】甘肃省保安族、撒拉族、裕固族、土族被国家确定为人口较少民族，269个行政村被确定为“人口较少民族聚居村”。截至年末，甘肃省“十二五”期间争取扶持人口较少民族发展资金70883万元，其中省发展改革委争取资金27590万元，省民委争取资金43293万元，支持人口较少民族地区深入实施以农田水利、交通、社会事业、农业发展、产业开发等项目761个，人口较少民族聚居村大部分实现“五通十有”目标，为2020年与全国、全省同步建成小康社会奠定基础。

【法制建设】省委、省政府出台《关于进一步做好新形势下民族工作的意见》，对促进各民族交往交流交融、建立各民族共有精神家园、支持民族地区加快发展、探索城市民族工作等问题进行部署。省民委、省新闻出版广电局制定《甘肃省涉及民族事务公开出版物相关内容审核办法》，对涉及民族事务公开出版物相关内容的审核工作进行规范。《甘肃省肃北蒙古族自治县草原条例(修订)》《甘肃省东乡族自治县林木管护条例》经省第十二届人大常委会第十六次会议决定批准，分别由肃北县、东乡县人大常委会公布实施。甘南藏族自治州人大常委会公布施行《甘肃省甘南藏族自治州非物质文化遗产保护条例》，对非物质文件遗产保护方面的重点问题进行明确表述和规定。省民委、省公安厅制定《甘肃省公民民族成份登记管理实施细则》，进一步规范和完善全省公民民族成份登记管理的工作机制和审核程序。省民委出台《甘肃省民族事务委员会委员单位履职尽责考评办法》，对有关问题进行规范。

【经济发展】2015年，甘肃省下达国家民委和省委、省政府各项少数民族发展资金2.34亿元，提前下达2016年少数民族发展资金1.31亿元。2015年人均财政支出12251.1元，高于全省市、县平均水平3546元，均衡性转移支付系数高于其他地区平均水平3个百分点。民族地区生产总值471.42亿元，年均增长11.7%；城镇居民人均可支配收入17854元，年均增长13.3%；农村居民人均可支配收入5566元，年均增长14.8%，增长幅度均高于全省平均水平。推动民贸民品企业“千家培育百家壮大”工程，下发《关于进一步规范民族特需商品定点生产企业优惠政策落实工作的通知》，加强对民贸民品企业优惠政策落实工作的规范和管理。落实民贸民品企业网点技术改造和贷款贴息优惠政策和资金1100万元，对51家民贸民品企业提供支持。紧抓国家“一带一路”战略和省委、省政府丝绸之路经济带黄金段建设机遇，将发展清真食品产业作为主要突破口，研究起草《关于加快清真产业发展的实施意见》和《关于促进甘肃民族地区农产品和清真食品出口的实施意见》，会同有关部门组织相关企业参加2015中东迪拜秋季食品展、2015中国（宁夏）国际清真食品穆斯林用品交易会、第五届中国—阿拉伯国家博览会和莫斯科国际食品展览会等。在2015中东迪拜秋季食品展上，省民委与阿联酋巴勒克资本控股有限公司签署《关于协助甘肃清真企业产品向伊斯兰国家销售贸易的合作框架协议》，与海湾国家清真认证中心签署《关于促进中国甘肃清真企业开拓海湾视察合作框架协议》，推动甘肃省清真食品企业与国外企业签订意向合同9项，金额2860万美元，签订供货合同2项，金额4965万美元。协调省委、省政府制定出台“1+17”精准扶贫政策措施，将包括民族地区18个县（市）在内的58个片区县作为主战场和重点，实施“1236”扶贫攻坚行动和“精准扶贫，精准脱贫”行动，聚焦对象、目标、内容、方式、考评、保障“六个精准”，进一步明确民族地区精准扶贫任务书、作战图和时间表，民族地区贫困群众全覆盖。贯彻落实国家发改委、国家民委《关于支持四川省凉山彝族自治州云南省怒江傈僳族自治州甘肃省临夏回族自治州加快建设小康社会进程若干意见》，理清发展思路，找准发展定位，研究制定实施方案。推进实施少数民族特色技能人才培训“出彩工程”，研究制定《2015年度甘肃省少数民族劳务技能特色培训“出彩工程”任务分解方案》，完成培训2.4万人次。围绕“打特色牌，走特色路”工作思路，省民委在临夏州召开全省少数民族特色村镇保护与发展经验交流会，总结全省“十二五”期间少数民族特色村寨保护与发展情况，安排部署特色村寨建设重点任务，为推进全省特色村镇建设提供借鉴。夏河机场成都—甘南—银川航线正式通航，每周三班。天平铁路货运列车正式开通运营，结束张家川回族自治县不通铁路历史。

2015年1月24日，全省民族工作会议暨第七次全省民族团结进步表彰大会在兰州召开

【文化事业】公共文化设施项目和经费向民族地区倾斜，加大对民族地区文化基础设施建设的投入力度。2个自治州、7个自治县建有公共图书馆和文化馆，258个乡（镇）实现标准化乡（镇）综合文化站全覆盖，部分村设立村级文化室或文化活动中心，形成州、县（市）、乡三级公共文化设施网络；在21个民族县（市）建成文化共享工程县级支中心，为民族地区2000多个行政村建共享工程村级服务点；组织实施少数民族和民族地区非物质文化遗产保护、古籍保护等重大文化工程。截至年底，甘南州建成“乡村舞台”452个，临夏州建成“乡村舞台”776个，并为每个“乡村舞台”下拨5000元补助资金。通过实施广播电视村村通工程、农村中央广播电视无线覆盖工程、西新工程、农村电影放映工程和广播电视直播卫星户户通工程，扩大民族地区广播影视覆盖面。按照“一村一月一场公益电影”的目标，开展甘南、临夏、积石山等州县行政村、农林马场及藏传佛教寺院的农村电影放映工程公益放映工作。编制完成《甘肃省少数民族语言文字工作“十三五”规划》，指导临夏州完成东乡、保安族文化资源普查工作。开展《中国少数民族古籍总目提要（甘肃卷）》编辑校订工作，向国家民委全国古籍整理研究室上报提交铭刻类、讲唱类、文书类总目提要。完成国家一级文物《东乡族千年手抄本〈古兰经〉仿真版》、肃北蒙古族《格萨尔王传》和永登《鲁土司族谱》等古籍整理工作。联合省高级人民法院在北京举办甘肃政法系统藏汉“双语”法律培训系列教材出版座谈会。制定《关于开展创建“双语和谐乡村（社区）”试点工作的通知》，在夏河县拉卜楞镇九甲行政村、合作市卡加曼乡香拉村、天祝县抓喜秀龙乡代乾村开展“双语和谐乡村（社区）”试点建设。组织甘肃省代表团参加全国第十届少数民族传统体育

运动会，取得2个一等奖、8个二等奖、8个三等奖，并获"体育道德风尚奖"。至年底，全省有"南木特藏戏""莲花山花儿会""天祝藏族民歌""裕固族民歌与服饰"等23个少数民族非物质文化遗产项目入选国家级保护名录；89个非物质文化遗产项目列入省级名录；18名民族地区非物质文化遗产项目传承人入选国家级传承人名录；104名民族地区非物质文化遗产项目传承人入选省级传承人名录。由甘南州藏族歌舞剧院创排的大型南木特藏戏《唐东杰布》在北京参加第四届中国少数民族戏剧会演。

【教育发展】截至年底，全省民族地区各级各类学校（幼儿园）2163所，在校（园）学生（儿童）57.7万人，教职工4.6万人（其中专任教师4.2万人），中小学生均建筑面积超过全省平均水平（民族地区小学、初中、高中分别为7.94平方米、12.14平方米和15.96平方米，全省分别为7.62平方米、11.48平方米和14.4平方米），生均图书、生均教学仪器设备值、专任教师学历合格率等指标总体达到或接近全省平均水平。全省藏区双语类中小学、幼儿园308所，占藏区中小学、幼儿园总数的41%，双语学生4.72万人，占在校生总数的30.82%，双语教师2991名，占专任教师总数的21.3%，建立体系较为完备的覆盖学前教育到高中教育的双语教育模式。临夏回族自治州现代职业学院揭牌，临夏州结束没有大专院校的历史。

【社会事业】民族地区新农合覆盖面不断扩大，保障能力逐步提高。民族地区参合率95%以上，政府补助标准提高到人均320元，实现新农合统筹区域内费用即时结算和门诊统筹全覆盖。民族地区基层医疗卫生机构全部实施国家基本药物制度，药品价格合理下降。新农合和"120"指挥信息平台、预约挂号和健康档案等信息管理系统持续完善，远程会诊连接到乡级医疗机构，医疗卫生服务体系进一步健全。人均公卫补助经费提高到35元，农村孕产妇住院分娩补助、农村妇女服用叶酸、宫颈癌检查、乳腺癌检查4个项目任务完成率超过100%。实施农村无害化卫生户厕建设任务，完成15岁以下儿童乙肝疫苗补种，公卫服务均等化等项目进一步扩展。民族地区21个县（市）医院、265个乡（镇）卫生院配备救护车和车载设备，12个县（市）配备农村巡回医疗车，实现民族地区州、县、乡医疗急救体系全覆盖。截至年底，民族地区各级卫生机构2921个，其中州一级医院5个、疾病预防控制中心2个，县级医院35个、疾病预防控制中心21个，乡（镇）卫生院290个、村卫生室2531个，社区卫生服务中心37个，有床位11350张；卫生人员14572名（其中少数民族6238名），专业卫生技术人员11094名。藏医药机构40所，其中藏医药研究院1所，藏药生产企业5家，藏医院及藏区诊所32家；藏医药技术人员527人，藏医病床288张。整理藏医药珍本、整理出版藏医药名著20余部，19项科研成果获得不同层次的科技进步奖；藏药常用成方380余种，其中305个取得制剂批准文号。实施《社会保险法》，扩大社会保险覆盖面，各项社会保险待遇按时按规定支付和发放。推动城乡居民养老保险制度全覆盖。完善城乡居民养老保险省级统筹，做好民族地区城乡居民、农民工、中小企业从业人员、灵活就业人员参保工作。在国家新型农村社会养老保险试点工作中，优先争取将民族地区县纳入试点范围。完善民族地区被征地农民社会保障政策，加强征地社会保障审核，推动建立预存款制度。落实被征地农民和村干部养老保险制度，实现与城乡居民基本养老保险制度的衔接和并轨。完善城镇基本医疗保险政策。巩固民族地区医保市级统筹，稳步提高城镇职工医保、城镇居民医保最高支付限额和住院费用政策范围内报销比例，城镇居民基本医疗保险政府补助标准达到380元。完善失业保险制度，探索建立保障生活、预防失业、促进就业"三位一体"失业保险工作机制，推动解决失业人员参加职工医保问题，全省失业保险金发放标准调整为一类区1081元/月、二类区1009元/月、三类区936元/月、四类区879元/月。加强工伤保险制度建设，推进工伤保险省级统筹，以事业单位和服务业农民工参保为重点，推进各类用人单位参加工伤保险。加强工伤认定和劳动能力鉴定工作，推进工伤预防和工伤康复工作，工伤人员伤残津贴月人均2251元。提高社会保险经办管理服务水平，理顺社会保险经办体制，推进经办管理服务信息化、专业化、规范化建设。持续推动养老保险、医疗保险关系跨地区转移接续工作。将落实就业创业政策与民族地区产业扶持政策紧密结合，持续实施就业困难人员就业援助工作。

【干部培养】向省委组织部推荐正处级优秀少数民族干部50余人。汇总分析2个民族自治州、7个民族自治县副处级以上少数民族干部基本情况，形成专题调研报告，报送省委组织部。参与举办各类培训班18期，培训干部400余人次，推动民族干部人才队伍建设。

【内外交流】5月15—18日，组织25家企业赴西宁，参加"2015中国(青海)国际清真食品用品展览会暨'一带一路'绿色食品用品展览会"，与土耳其、马来西亚、伊朗、土库曼斯坦等39个国家和中国29个省（区、市）的1126家企业一起参展。5月26日，省委副书记欧阳坚在兰州会见由伊朗确定国家利益委员会主管三权事务副秘书赛义德·萨迪克·侯赛尼·齐亚率领的考察团，省民委向考察团介绍甘肃少数民族和民族地区经济社会发展情况。6月21日至7月4日，选派省民委干部参加国家民委组织的"多元文化背景下少数民族人才管理工作者培训班"，赴俄罗斯培训14天。7月9—12日，"中国少数民族教育高层论坛"在西北师范大学和甘肃民族师范学院举行，来自中国大陆及台湾地区的80余位专家学者，围绕新时期中国民族教育政策新动向、民族团结教育理论与实践、双语教育面临的问题等议题展开深入研讨。8月1日，"齐家文化与华夏文明国际研讨会”在广河县举行，来自瑞典、日本、德国、美国和国内的100多名专家学者共同研讨齐家文化挖掘、保护、传承和利用工作，中国社会科学院古代研究所命名广河县为中国社会科学院古代研究所齐家文化研究基地。8月7—14日，“台湾少数民族基层人士参访团”在甘肃省开展为期8天的考察交流和参观访问。8月22日，中国多民族作家临夏行活动启动。全国各地汉、回、满、维吾尔、土家、藏、东乡、鄂温克、保安、土等十个民族的三十余位作家参加活动。8月25—26日，马来西亚驻华大使馆公使衔参赞诺祖迪带领的马来西亚清真产业发展考察团来平凉市，对清真产业贸易发展情况及HALAL(清真)国际认证中心项目进行考察。9月21日，“中国·兰州‘一带一路’战略与国际清真科技产业发展论坛”在兰州举行。10月26日至11月3日，省民委主任沙拜次力率团赴阿联酋参加“2015迪拜国际食品展览会”，并赴土耳其开展经贸活动。12月9—10日，省委书记王三运率代表团赴马来西亚，专题就加快推进临夏回族自治州清真食品认证、推动双方清真食品产业共同发展，与马来西亚方面进行磋商。

省民族事务委员会领导班子成员名录

主　任　沙拜次力（藏族）

副主任　柴生祥　郭奇若（回族）

　　　　马学智（回族）

　　　　秦　耀（藏族）

（供稿：闫国栋）

宗教工作

【行政审批制度改革】对7项行政许可审批项目开展清理规范，修改细化行政处罚自由裁量标准16项。按照省政府办公厅“三张清单一张网”工作方案要求，开展权力清单和责任清单核实清理录入，并在甘肃政务服务网对外公开发布。进一步规范行政执法行为，建立行政许可审批案卷，开展行政执法案卷评查，完成规范性文件审查报备。

【宗教事务管理】强化信息化管教职人员、制度化管宗教活动、民主化管宗教活动场所管理机制。加强新设立宗教活动场所和改扩建场所的实地检查和审核审批工作，落实《大型宗教活动管理办法》，加大跨地区宗教活动审批管理力度，依法规范宗教活动秩序。制定《甘肃省宗教事务局关于开展宗教活动场所和宗教教职人员年度考核工作的意见》，开展宗教活动场所和宗教教职人员年度考核工作，把考核结果同宗教教职人员证、生活补助费发放、政治安排、宗教活动场所评比表彰等挂钩，全省宗教活动场所考核较好率占89.5%，教职人员考核结果合格以上占76.7%。继续督促推进宗教活动场所“七证一户”办理工作，全省5630处宗教活动场所完成办理工作，办证率80%以上。

【宗教信息化建设】会同相关部门转发国家5部委《关于加强网络宗教事务管理的意见》，提出加强全省网络宗教管理意见，部署加强全省网络宗教事务管理工作。加大网络舆情研判，引导正确网络舆论导向，防范极端思想散布和蔓延。开展主要教职人员任职备案工作，制定《主要教职人员任职备案和教职人员认定备案工作方案》，做好核查录入工作，确保人员、备案、数据三统一，上报宗教活动场所7015处，教职人员15387名。推进宗教信息网络建设，完成14个市（州）、29个县（区）、24个乡（镇）的宗教网络联接工作。朝觐报名网站受理报名人数约1.4万人。在省宗教事务局政务门户网站公开有关宗教事务方面依法审核、审批、备案等办事流程，修订完善信息工作制度，提高信息质量数量，全年编发信息简报283期。

【宗教重难点问题解决】佛教、道教工作方面，指导甘南州做好藏传佛教寺庙寺管会换届工作，民主管理功能进一步增强。办理藏传佛教教职人员证与活佛证，“两证”办理累计达9891人，其中活佛112人，办理率97.27%。完成碌曲县和天祝县经师评聘试点工作。做好甘南州申请转世4位活佛相关审批工作及加洋加措时轮灌顶法会活动，满足信教群众需求，维护藏区稳定。围绕省委藏区工作会议的筹备，深入藏区就甘南州经济社会发展情况、藏传佛教管理情况和藏传佛教寺院定编定员情况进行调研，起草专题调研报告，为领导科学决策提供依据。根据国家6部委文件精神，开展违法违规设置功德箱等借教敛财问题整治工作。指导各市(州)做好佛道教活动场所信息公开、网上查询和挂牌工作，维护佛道教界合法权益。举办第四届汉传佛教讲经交流活动，为在全省佛教界推动形成研习经典、守持戒律、正信正行、服务信众的良好风尚起到积极作用。伊斯兰教工作方面，坚持伊斯兰教中国化的根本方向，加强“解经”和宣讲新“卧尔兹”工作，指导举办“卧尔兹”演讲比赛。承办八省（区）伊斯兰教工作协调联席会议，签订协作协议。贯彻落实全国第三次朝觐工作会议精神，应对沙特朝觐新政，规范名额分配管理和审批工作，做到公开、公平、公正、透明。加强整体工作谋划，加大行前培训力度，提升管理层次和服务水平，果断及时处置突发事件，实现“平安朝觐、有序朝觐、文明朝觐”目标。天主教、基督教工作方面，公开公平选举产生新一届省基督教两会领导班子。指导省两会优化人员配置，将驻会的5名神学生选派到兰州、武威、金昌、张掖等教会，有效缓解了驻会人员多、负担重，而基层缺乏教职人员的问题。与省基督教两会负责人及兰州大学专家教授分析研究，撰写《全省天主教情况分析报告》《全省基督教情况汇报》送阅件。针对甘肃省天主教、基督教教职人员宗教学识水平较低、思想保守的实际情况，有计划、有重点地选送教职人员到北京神哲学院、燕京神学院学习，并补助学杂费。

【宗教院校建设】坚持正确办学方向，加强学员思想政治教育和日常管理，开展宗教院校教师资格认定和职称评审聘任工作，加强师资队伍建设和教学管理水平。省佛学院新校区建设工程进入施工收尾阶段。兰州伊斯兰教经学院按照《甘肃省伊斯兰教教职人员培养办法（试行）》召开论证会，制定培养计划，确定课程教材，落实师资队伍，加强防范和抵御校园传教渗透活动和安全管理工作。

【宗教团体建设】指导召开省佛协第九次代表会议、省道协第七次代表会议、省伊协第九次代表会议和省基督教第八次代表会议，选举产生新一届领导班子，结合团体换届工作，加强团体组织建设、制度建设、人才队伍建设。3名宗教团体干部和1名局机关干部实现双向转岗交流，实现人力资源合理调配。规范工作程序，加强境外宗教团体及个人友好访问和外事交流活动。

【“三支队伍”培养培训】与省委统战部研究制定《甘肃省伊斯兰教教职人员培养办法（试行）》。制定《甘肃省宗教事务局2015年“三支队伍”培训计划》，加大“三支队伍”培训力度，建立“三支队伍”培训工作台账和基础数据库，建立完善专家库。举办“三支队伍”培训班20期，培训宗教工作干部、宗教界人士1700余人。各级宗教工作部门举办各类培训班500余期，培训各级党政领导、宗教工作干部、教职人员3.6万余人次。资助62名中青年教职人员到省级以上宗教院校和大专院校学习深造。

【宗教工作督查调研】组织6个调研组，深入14个市（州）、45个县（市、区）、5个乡（镇）宗教工作办公室和149处宗教活动场所，围绕宗教活动场所“七证一户”办理、创建“和谐寺观教堂”、宗教活动场所和宗教教职人员考核、财务监督管理等重点工作进行督查调研，形成专题调研报告，对进一步做好全省宗教工作提出意见建议。邀请《中国宗教》杂志社来甘肃开展专题采访调研，在《中国宗教》刊登《务实求新，宗教工作的甘肃驱动力》等4篇文章。配合全国政协、中央政策研究室开展《宗教事务条例》贯彻实施十周年情况及丝绸之路经济带建设所涉及的宗教问题调研。

【宗教政策法规宣传】开展宗教政策法规“六进”、以“国法与教规的关系”为主题的宗教政策法规学习月和以“教风”为主题的和谐寺观教堂创建活动，制定《关于2015年开展以“国法与教规的关系”为主题的宗教政策法规学习月活动的通知》和《关于2015年继续以“教风”为主题开展和谐寺观教堂创建活动的通知》等文件。以“六进”为载体，深入基层宗教工作任务重点地区宣讲宗教政策法规。组织开展机关干部学法和法律知识答题活动。提高《甘肃宗教》办刊质量，赠阅范围扩大至全省7000多处宗教活动场所及乡（镇）寺庙办（宗教办）等，印制数量增加至1.2万多份。开展“六五”普法总结和检查验收工作，被省委全面推进依法治省工作领导小组考评为“六五”普法工作优秀等次。推进非藏区129处藏传佛教寺庙书屋建设，236处藏传佛教寺庙实现书屋建设全覆盖，建成“寺观教堂书屋”421处。

2015年3月28日，省委书记、省人大常委会主任王三运（前排中）在甘南州和临夏州，看望慰问宗教界代表人士

【思想文化建设】支持佛教界开展讲经交流活动。继续推进道教文化建设。进一步推进伊斯兰教界开展讲新“卧尔兹”活动。指导天主教界开展民主办教研讨活动。指导基督教界深入推进以“和谐·奉献”为主题的神学思想建设。以宗教爱国主义教育基地为平台，在宗教界积极开展爱国主义教育。

【宗教慈善周活动】组织召开由省各宗教团体、宗教慈善基金会负责人参加的宗教慈善工作座谈会，全面了解掌握慈善基金会运行情况和省各宗教团体开展公益慈善活动情况，分析研讨新形势下做好公益慈善活动的措施办法。“宗教慈善周”期间，各地张贴宣传标语3000余条，开设宣传专栏400余期，讲经布道宣传活动30余场次，发放《宗教界从事公益慈善活动相关政策法规汇编》4000多册，宣传资料5万多份。全省宗教界供募集善款约800万元。在国家宗教局召开的“全国宗教界参与扶贫济困情况座谈会”上作交流发言。

【“三严三实”专题教育】制定《关于在县处级以上干部中开展“三严三实”专题教育的安排意见》，紧密联系个人思想、工作、生活和作风实际，结合个人成长进步经历，谈认识、谈体会。在专题民主生活会上，局班子成员深刻检视自身在“三严三实”方面存在的差距和不足，认真开展党性分析、明确整改方向，达到查摆不足、整改提高的目的。

【“双联”行动】选派2名干部为武山县高楼乡驻村帮扶工作队队长，1名干部挂职东乡县“双联”村第一书记。继续加大扶持力度，落实各类帮扶资金300余万元，开展通村公路、道路亮化、绿化育林、家庭养殖、危房改造、教职人员培训、北庄小学教学楼建设等扶贫工作，先后组织32批次150余人次赴"双联"点开展工作。中国佛教协会捐赠修建的北庄小学教学楼竣工投入使用。

【机关党风廉政建设】学习贯彻《中国共产党章程》《中国共产党廉洁自律准则》和《中国共产党纪律处分条例》，落实党风廉政建设主体责任，履行"一岗双责"岗位职责。修订完善《党风廉政建设责任制考核办法》，制定《全省宗教系统2015年纪检监察工作要点》，与机关处（室）、院校团体和市（州）宗教工作部门层层签订党风廉政建设目标责任书。全面落实重要情况报告、重大事项报告等制度，继续聘请10名宗教界代表人士作为加强局机关党风政风建设的监督员。加强对全省寺观教堂维修补助费后续监管，加强对朝觐工作跟踪监督。严格执行各项廉政规定，加强自我约束，确保中央"八项规定"和省委"双十条规定"的常态化落实。对宗教院校、宗教团体实施专项考核。继续开展机关政风行风评议活动，深化效能风暴行动，强化工作作风，开展"两好两促""四抓一保证"和"双优一文明"评比表彰活动。

省宗教事务局领导班子成员名录

局　长　丁军年

副局长　肖玉春（回族）　张耀宇

　　　　李志坚（回族）　吴国生

（供稿：马天彤）

甘肃省公安厅

GANSUSHENGGONGANTING

2014年2月19日除夕，省委书记、省人大常委会主任王三运（中）在兰州看望慰问消防官兵

2015年12月31日，省长刘伟平（中）检查元旦维稳安保工作慰问一线值班执勤民警

2015年12月31日，省委常委、政法委书记泽巴足（前排左二）检查春节安保工作慰问基层公安民警

2013年11月21日，省公安厅厅长马世忠（中）在甘南州指导维稳安保工作

省公安厅隆重表彰赴疆轮训执勤兰州特警

甘肃省高级人民法院

GANSUSHENGGAOJIRENMINFAYUAN

2015 年 10 月 13 日，省高级人民法院党组书记、院长梁明远（右一）在永靖县开展精准扶贫精准脱贫工作督查调研

2015 年，省法院共受理案件 277478 件，审（执）结 246037 件，同比分别上升 28.86%和 21.1%，收、结案数创历年新高，法定审限内结案率为 99.22%；省法院受理案件 3751 件，审（执）结 3595 件，同比分别上升 12.71%和 20.44%，法定审限内结案率为 99.31%。

整合刑事、信访、执行救助工作，成立国家司法救助项目工作组，制定《司法救助实施办法》，发放救助资金 325.7 万元，依法减、缓、免诉讼费 992.28 万元。大力实施"互联网＋"行动计划，努力打造网络法院、智能法院、阳光法院，省法院与 17 个中级法院建成网络诉讼服务平台和 12368 诉讼服务热线，开通电话、网络在线、短信等多项服务。建成 97 个集诉调对接、立案登记、诉讼服务、信访接待为一体的标准化诉讼服务中心。全省法院上网公开裁判文书 122668 份，推行庭审互联网直播，新闻发布月度例会、"公众开放日"等制度。

聚焦影响和制约司法公正的突出问题，重点推进 7 个方面的改革。一是聚焦破解立案难，全面推行立案登记制度；二是聚焦解决行政案件审理难，开展行政案件跨行政区划集中管辖试点；三是聚焦落实司法责任制，在人民法庭推行法官办案责任制；四是聚焦少数民族群众民族语言权利保障，深化双语法官培养培训改革；五是聚焦依法独立公正行使审判权，建立干预司法记录追责制度；六是聚焦扩大司法民主，深化人民陪审员制度改革；七是聚焦推进司法体制改革，积极做好试点前期工作。

全力落实省委精准扶贫政策，选派 9 名干部担任驻村帮扶工作队队长，先后组织 410 名干警驻村帮扶 6150 天；协调争取项目 11 个、资金 1986 万元，完成道路硬化 127 公里，自来水入户 1686 户，维修新建村级办公场所 5 个、村民活动广场 8400 平方米，改造危房 300 户，组织技能培训 5400 人次，输转劳务 1.04 万人、实现劳务收入 9635 万元，捐赠款物价值 128 万元，省法院联系的贫困户减贫 64%，3 个村实现整体脱贫。

全国人大、最高人民法院组织、邀请 19 名全国人大代表集中视察甘肃法院，代表们对甘肃法院司法便民、司法公开、诉前调解、人民陪审员、双语法官培训、信息化和法院文化建设等工作印象深刻，给予高度评价。

2015 年 7 月 14 日，全国人大代表参观甘肃高院 12368 诉讼服务中心，最高人民法院原副院长黄尔梅（右三）、省人大常委会副主任孙效东（右二）、省高级人民法院院长梁明远（右四）陪同参观

2015 年 10 月 30 日，全省法院“12368 诉讼服务热线”正式开通，省高级人民法院党组书记、院长梁明远（左二）、党组副书记、副院长李琪林（左一）、党组副书记、副院长张萍（右二）、党组成员、副院长马驰（右一）出席开通仪式

2015 年 6 月 28 日，省委常委、省委政法委书记泽巴足（左四）、副省长、省公安厅厅长马世忠（右五）、省法院院长梁明远（左三）、省检察院检察长路志强（右四）等领导出席全省政法干警培训基地揭牌仪式

武警甘肃省总队

WUJINGGANSUSHENGZONGUDI

武警甘肃总队司令员魏凤桐少将（左二）深入基层部队检查调研

武警甘肃总队政委邹建雄（左一）深入基层部队检查调研

武警官兵为金昌市第七届运动会举行升旗仪式

甘南州举办“心中有党”——纪念长征胜利79周年全国红色旅游电视大赛暨“红色火炬、绿色长征”火炬传递活动，武警甘肃总队官兵担负现场安保任务

武警甘肃总队官兵执行“甘肃省公祭中华人文始祖伏羲大典”现场安保勤务

武警官兵聆听老红军讲述战斗历程，接受革命传统教育

武警官兵深入少数民族地区开展医疗巡诊服务

武警官兵开展捐资助学活动

武警甘肃总队临夏州支队官兵在驻地抢险救灾

甘肃省发展和改革委员会

GANSUSHENGFAZHANHEGAIGEWEIYUANHUI

省委书记、省人大常委会主任王三运（前中）在项目观摩活动中听取兰州新区教育集群项目建设情况介绍

省发改委主任周强在全省精准扶贫动力电覆盖工程启动仪式上讲话

甘肃省发展和改革委员会（甘肃省物价局、甘肃省能源局），是综合研究拟订全省经济和社会发展政策，进行总量平衡、结构调整，指导经济体制改革的区域经济调控部门。全委有 30 个内设机构，有甘肃省西部地区开发领导小组办公室等 11 家直属单位，有甘肃省经济研究院（甘肃省信息中心）、甘肃省工程咨询中心 2 家委属单位。

2015 年，省发展改革委主动适应经济发展新常态，积极作为、真抓实干，各项工作取得新突破。

一、充分发挥参谋作用

研究制定并报请省委、省政府印发“一带一路”、“双创”、“互联网 +”、“三个一亿人”城镇化、生态文明建设等一系列实施意见和配套方案，确保国家大政方针落到实处。组织开展全省 19 项“十三五”规划前期研究和 47 项省级重点专项规划起草工作，向省人大提交全省“十三五”规划纲要（草案）。争取国家出台《支持临夏州加快建设小康社会进程的若干意见》，报请省政府印发支持陕甘宁革命老区振兴规划和临夏州加快建设小康社会进程的具体实施方案。经过积极争取，省政府与国家发展改革委签署协议，建立推进国际产能和装备制造合作委省协同机制。

二、有力推动经济增长

多次赴国家发展改革委汇报衔接，酒泉至湖南特高压直流输电工程及配套外送新能源建设、引洮供水二期、银西铁路、渭武高速等重大项目和灵台矿区总体规划、宁正矿区总体规划等获批实施。加快重点项目建设，兰州至中川机场铁路、天水至平凉铁路和徽县至天水高速公路、兰州至永靖沿黄河快速通道建成通车，兰州中川机场二号航站楼建成投运。2015 年，全省光电、风电装机达到 610 万和 1252 万千瓦，分别居全国第 1 和第 2 位。建立省级 PPP 项目库，有 116 个项目列入国家项目库，两次召开 PPP 项目推介会。推进审批制度改革，甘肃省投资项目在线审批监管平台建成运行。

三、着力推进转型升级

出台支持战略新兴产业发展的措施和意见，设立

新建银西铁路（甘肃段）开工仪式

2015 年 12 月 18 日，国家发展改革委主任徐绍史与甘肃省省长刘伟平在北京签署协议，建立推进国际产能和装备制造合作委省协同机制

省级战略新兴产业引导基金，确定骨干企业 38 户，战略新兴产业占 GDP 比重达 12.1%。出台《中国制造 2025 甘肃行动纲要》，设立省产业引导股权投资基金，推进有色、石化等传统支柱产业改造。大力发展服务业，出台进一步促进全省物流业发展的实施方案，35 个重大物流项目纳入国家现代物流重大工程包；编制上报《积极发挥新消费引领作用加快培育形成新供给新动力的实施意见》；酒泉国家服务业综合改革试点任务全面完成。加快循环经济发展，7 大循环经济基地、16 条循环经济产业链、园区循环化改造等重点任务加快推进，基本完成国家循环经济示范区建设目标。报请省政府印发高标准农田建设规划、生态保护与建设规划，石羊河流域重点治理规划，争取国家安排新一轮退耕还林还草建设任务 130 万亩。

四、有效促进社会发展

认真落实全省精准扶贫精准脱贫推进会精神，解决了 512 个贫困村动力电覆盖问题，易地扶贫搬迁 3.5 万户、17.1 万人。加快以工代赈项目建设，新建、改建乡村公路 909 公里，新增、改善有效灌溉面积 3.4 万亩。解决了 180.6 万农村居民和 26.1 万名学校师生饮水问题。岷县、漳县地震灾后重建有序推进，住房、教育、卫生等民生重建项目全面完成。深入推进价格改革，修订颁布《甘肃省定价目录》。着力推动社会信用体系、公共资源交易体系建设，重点推进兰州、平凉排污权交易试点和天水节能量交易试点。

五、积极营造良好环境

扎实开展“三严三实”专题教育，制定出台落实省委“3783”主体责任的相关意见和制度办法，组织学习党纪党规，认真开展“五述”活动。实施党风廉政建设“十个一”工程，建立落实“全省建设项目稽察”和“党风廉政建设巡察”双察制度。全面开展“五型”机关创建活动，持续建设法治机关，深入开展效能风暴，2015 年度机关作风行风政风评议测评满意度为 98.3%。

省发改委召开“三严三实”专题教育第二次学习研讨会

甘肃省司法厅

GANSUSHENGSIFATING

司法部部长吴爱英（右一）调研甘肃司法行政工作

2015 年 9 月 24 日至 25 日，省委书记、省人大常委会主任王三运（前排左二）、省委常委、省委秘书长李建华（前排左三）等在省司法厅厅长杨景海陪同下检查法治宣传工作

甘肃省司法厅 1979 年恢复重建。经过 30 多年改革发展，职能不断强化、队伍不断壮大。目前，主要承担监狱管理、强制隔离戒毒工作管理、法治宣传教育、律师工作管理、公证工作管理、基层法律服务工作管理、司法鉴定工作管理、法律援助工作管理、社区矫正工作管理、刑满释放人员安置帮教、人民调解、国家司法考试等职能。目前，省司法厅直属监狱管理局、戒毒管理局，15 个监狱、5 个戒毒所。厅机关内设 20 个处室、单位（不含驻厅纪检组）。厅领导班子有厅长 1 名、副厅长 5 名、纪检组长 1 名、政治部主任 1 名，另有巡视员 1 名、副巡视员 5 名。

近年来，全省各级司法行政机关在司法部和省委、省政府以及各级党委、政府的正确领导下，认真贯彻落实党的十八大和十八届三中、四中、五中全会精神，深入贯彻落实习近平总书记对司法行政工作的重要指示精神，坚持“统一领导、统筹谋划、合力奋进、一体发展”的管理体制机制，全面实施“两化支撑、四轮驱动、跨越发展”的总体思路和“1366”改革发展计划，改革创新、锐意进取、狠抓落实，全省司法行政工作取得新的进步和发展，为维护全省社会稳定、服务经济持续健康发展、保障和改善民生、促进社会公平正义做出积极贡献。

2015年8月5日，副省长马世忠（中）视察调研司法行政工作

2015年5月14日至15日，省司法厅厅长杨景海在徽县调研指导工作

省司法厅厅长杨景海在成县鸡峰镇开展“双联”活动

2015年8月25日，全省双联行动法律服务直通车活动现场会在白银召开

2015年2月10日，全省司法行工作会议在兰州召开

甘肃省林业厅

GANSUSHENGLINYETING

甘肃省地处黄土、内蒙古、青藏三大高原交汇处，是黄河、长江的重要水源涵养区，地理位置特殊，生态区位十分重要，但自然条件严酷，森林植被稀疏，生态环境脆弱。据2011年第七次森林资源连续清查结果，全省林地面积1042.65万公顷（1.56亿亩），占全省土地总面积的23.18%。其中有林地面积271.91万公顷（4078.65万亩），占林地总面积的26.08%。活立木总蓄积2.4亿立方米。森林覆盖率11.28%，居全国第27位。

全省有野生动物种源繁育基地16处，野生植物种源培育基地19个，动物园5个，野生动植物保护管理站37个，野生动物疫源疫病监测站64个，野生动植物科研及监测机构9个。国家重点保护野生动物116种，其中一级保护动物33种，二级保护动物83种。还有93种被列入《濒危野生动植物种国际贸易公约》，特别是白水江林区的大熊猫、金丝猴和祁连山林区的雪豹、白唇鹿等为闻名世界的珍稀动物。全省分布的国家重点保护野生植物34种，其中一级保护的8种，二级保护的26种。

全省共有307个国有林场、站和109个国有苗圃，91处森林公园（其中国家级22处、省级69处）。林业系统建立各类自然保护区49处（其中国家级16处、省级32处、县级1处），总面积1.21亿亩，占全省国土总面积的20.08%，居全国前列。有各类湿地资源2540.8万亩（其中国际重要湿地1处、国家重要湿地4处），建立湿地公园8个（其中国家级7个，省级1个）。

金塔县胡杨林

冶力关夏韵王河山

全省省、市、县、乡四级均设有专门的林业管理和服务机构，截至2015年底，全省林业系统共有1494个单位，其中企业单位9个，事业单位1275个，机关单位210个。2015年末全省林业系统职工总数达39976人。

近年来，甘肃省把生态保护与建设摆在突出位置，坚持绿色发展取向，全力推进国家生态安全屏障综合试验区建设，积极规划、争取和实施了一批重大生态保护与建设项目。全省以天然林保护、退耕还林、三北防护林和野生动植物保护及自然保护区建设等四大林业重点生态工程为主干，大力开展造林绿化，稳步推进林业改革，不断加强资源保护，生态条件得到明显改善，林业建设的速度和效益明显提升，为保障生态安全、促进全省经济社会又好又快发展作出重要贡献。

莲花山国家级自然保护区

兴隆山自然保护区

祁连山保护区内七·一冰川

甘肃省肃北县野生动植物管理站保护动物岩羊

甘肃省文化厅

GANSUSHENGWENHUATING

省文化厅为省政府主管全省文化艺术工作的组成部门，现有办公室（政策法规处）、计划财务处、人事处（省文化艺术人才管理办公室）、艺术处、文化市场处（文化产业处）、公共文化处、对外文化联络处等7个内设处室，机关党委按规定设置。厅机关编制为87名（行政编制81名，机关后勤事业编制6名），其中厅长1名，副厅长5名（1名副厅长兼任省博物馆馆长），副巡视员1名。省纪委派驻省文化厅纪检组负责综合监督省文化厅、省文物局、省文博局、敦煌研究院、省博物馆、省图书馆、甘肃画院等7家单位。厅机关现有干部职工78人。归口管理省文物局、省文化博览局，对甘肃演艺集团有限责任公司进行行业管理。

省文化厅现有直属文化单位21个。其中敦煌研究院、省文化博览局为正地级事业单位，省博物馆、省图书馆、甘肃画院（加挂甘肃美术馆、甘肃书法院牌子两个牌子）为副地级事业单位。另外还有省文化馆、省歌剧院、省陇剧院、省文化艺术研究所、省文化市场稽查队、省文化艺术档案馆、省文化干部培训中心、兰州飞天剧院、省文物考古研究所、甘肃简牍博物馆、省文物保护维修研究所、甘肃天水麦积山石窟艺术研究所、甘肃炳灵寺文物保护研究所、甘肃北石窟寺文物保护研究所、甘肃大地湾文物保护研究所、省文物商店等16个单位。

省文化厅的职能是：研究拟定全省文化艺术工作的方针、政策和法规，并组织、监督实施；研究拟定全省文化事业发展战略和规划；指导文化事业管理体制改革；管理全省文学、艺术事业；指导艺术创作与生产，扶植代表性、示范性、实验性文化艺术品种，推动省内各门类艺术的发展；归口管理全省性重大文化活动；拟定全省文化产业发展规划

2015年11月29日，丝绸之路（敦煌）国际文化博览会组织委员会第一次会议在北京人民大会堂召开

2015年8月28日，甘肃省召开《甘肃省关于加快构建现代公共文化服务体系的实施意见》新闻发布会

2015年5月7日，省文化厅举办流动图书车发放仪式

和政策、法规，指导、协调文化产业发展；规划、指导省重点文化设施建设；研究拟定全省音像市场、网络文化市场、演出市场、文化娱乐市场、艺术品市场、艺术培训市场管理的政策、法规，并监督实施；指导全省文化市场稽查工作；管理全省社会文化事业，拟定社会文化事业发展规划并组织实施；指导全省各类社会文化事业的建设与发展；管理全省公共图书馆事业，指导图书文献资源的建设、开发和利用；组织推动公共图书馆标准化、现代化建设；归口管理全省对外和对港澳台的文化交流工作；归口管理省文物局、省文博局，对甘肃演艺集团进行行业管理；承办省委、省政府和文化部交办的其他事项。

甘肃秦腔艺术剧院演出秦腔《大河儿女》

甘肃省陇剧院演出陇剧《西狭长歌》

话剧《兰州好家》

第七届兰州社区艺术节

舞剧《丝路花雨》

西秦腔传奇歌舞剧《轩辕大帝》

甘肃省举办纪念中国人民抗日战争暨世界反法西斯战争胜利70周年惠民演出活动

甘肃省人民防空办公室

GANSUSHENGRENMINFANGKONGBANGONGSHI

人防工程与城市地下空间开发利用——兰州轨道交通建设

2015年，全省人防工作在省委、省政府、省军区的坚强领导下，以新时期军事斗争人防应急准备为牵引，以“三严三实”专题教育和“工作落实年”活动为抓手，紧紧围绕“六个更加注重”和“人防建设十个方面”，统筹谋划，突出重点，强化措施，狠抓落实，圆满完成了“十二五”人防规划目标任务和年度重点工作任务。

人防组织指挥建设不断推进。加快地面应急指挥中心建设和机动指挥所建设，为人防信息化建设搭建可靠平台。抓好人防各类训练演练，进一步提高了人防部门组织指挥能力。

人防通信警报建设不断完善。河西片人防重点城市初步实现了人防信息化省、市、县三级互联互通，河东片初步实现人防信息化省、市两级互联互通。全省防空防灾预警报警能力明显增强。

人防工程项目建设快速发展。全面落实省委“3341”项目工程建设要求，全省共审批人防自建工程项目、招商引资工程项目18项。部分市、县人防办完成了人防专项规划编制任务。

人防结建政策落实再创新高。严格落实省人防办下发的《关于进一步加强人防工程建设与管理的规定》，建立健全结建审批前置机制，全省审批防空地下室面积和结建费收取再创历史新高。

人防平战结合效益快速提升。各级人防部门不断加大平战结合工作力度，切实提高人防战备效益、社会效益和经济效益，人防平战结合工程利用率达到35%，向社会提供就业岗位8000多个。

人防法规宣传工作扎实有效。健全完善法规政策、加强执法培训、加大执法力度，有力地推动了人防依法建设和管理。成功举办了全省人防系统庆祝新中国人民防空成立65周年书画摄影展。

人防机关建设水平大幅提高。坚持把党风廉政建设和机关“准军事化”建设紧密结合，严格执行中央八项规定和省委“双十条”规定，落实党风廉政主体责任和“一岗双责”，机关作风不断转变。

精准扶贫精准脱贫成效显著。认真贯彻省委精准扶贫精准脱贫工作部署，严格履行组长单位职责，加大项目帮扶工作力度。截止年底，共协调帮扶项目资金1300万元，落实到位资金1100多万元。

省人防办被国家人防办表彰为人防工程定额管理先进单位、人防通讯报道先进单位，被省委双联行动协调推进领导小组表彰为双联行动“先进组长单位组织奖”、“全省先进驻村帮扶工作队”，被省国动委表彰为国防动员建设先进单位。

省人防办“三严三实”专题教育党课

省人防办为联系村群众开展双联义诊

全省人防系统庆祝新中国人民防空创立65周年书画摄影展

甘陕两省联合拉练

甘肃省地震局

GANSUSHENGDIZHENJU

2015 年 4 月 12 日至 15 日国务院抗震救灾指挥部督查组督查甘肃抗震救灾应急准备工作

兰州测震台选址

处级以上干部贯彻十八大会议精神轮训

中国地震局兰州地震研究所的前身是 1959 年成立的中国科学院地球物理研究所兰州分所，1962 年定名为中国科学院兰州地球物理研究所。1970 年成立西北地震大队，由中央地震领导小组直接管理。1978 年组建成立中国地震局兰州地震研究所和甘肃省地震局，两块牌子一套机构。甘肃省地震局实行中国地震局和甘肃省人民政府双重领导，以中国地震局为主的管理体制，承担本行政区域内防震减灾工作政府行政管理职能。

近年来，甘肃省防震减灾各项工作取得了长足进步，具备了有效监测省内及周边地区大于 2.5 级地震的能力，8 分钟内准确测定地震三要素；对省内 10 多起破坏性地震作出了较好的中短期预测和震后趋势判定；全省重大建设工程抗震设防率达到了 80%、一般建设工程达到 90% 以上，防震减灾知识普及率达到 70% 左右；全省建成地震安全农居 375 万户，占全省农居总数的 77% 左右；地震应急预案体系不断完善，每年开展地震应急演练 5300 场次，建成了 4 支省级救援队、16 支市州级救援队、190 支志愿者队伍、380 多处应急避难场所；兰州国家陆地搜寻与救护基地每年培训省内外应急救援人员 1000 多人次；颁布实施了《甘肃省防震减灾条例》、《甘肃省地震安全性评价管理条例》、《甘肃省加强地震重点监视防御区防震减灾工作决定》和《甘肃省地震监测设施和地震观测环境保护规定》。

中国地震局兰州地震研究所不断加强基础理论研究和成果应用，近年来共获得国家、省部级科技进步奖 100 多项，其中黄土地震灾害预测预防技术研究获2002年度国家科技进步二等奖，发表论文1000多篇、SCI、EI每年17—20篇，出版专著15部，取得了一大批在国内外具有开创性的研究成果，并被广泛应用于防震减灾各领域；与美国、法国、俄罗斯、希腊、日本等国家科研机构开展了地震科技合作，邀请了90位国内外专家作了90多场学术报告，选派40多名科研人员出国交流访问，创新能力日益提高。兰州地震研究所首批获得国务院学位委员会硕士研究生培养和学位授予单位，近年来为为全国地震系统、高校、科研院所和生产企业培养了大量科技骨干和学术带头人100多名。

2016年2月15日，甘肃省抗震救灾指挥部工作会议在兰州召开

天水中心台试点改革

甘肃省东部地震灾害紧急救援队参加拉动演练

甘肃省商务厅

GANSUSHENGSHANGWUTING

2015年9月，省委常委、副省长李荣灿（左三），省政府副秘书长姜云兵（左二）等调研庄浪县赵墩乡梨湾村电子商务服务点

省商务厅作为政府综合部门，职能涵盖了内贸流通、外经外贸、招商引资、市场监管4大类。2015年，面对复杂多变的国内外形势和艰巨繁重的改革发展任务，在省委省政府的领导和商务部的指导下，全省商务系统主动适应经济发展新常态，全力以赴抓落实，商务运行总体良好，各项工作稳步推进，为“十二五”圆满收官做出积极努力，也为“十三五”商务发展打下坚实基础。全年实现社会消费品零售总额2907.2亿元，同比增长9.0%，实现外贸进出口497.7亿元，同比下降5.4%。其中出口总值为362.1亿元，增长11.2%；进口总值为135.6亿元，下降32.3%。全省与丝绸之路沿线主要25个国家贸易额41.13亿元人民币，同比增长32.5%（其中出口40.68亿元，增长32.24%）；省外境外招商引资到位资金7093.3亿元，同比增长21.6%；民营企业走出去步伐逐步加快，全年共有30家民营企业开展对外投资业务，占境外投资企业总数的90%，实际投资额7831万美元，占全省对外直接投资总额的61%。向“一带一路”沿线国家派出劳务1736人，同比增加19%。

加快推进“一带一路”建设，以扩大向西开放为重点的对外开放呈现新亮点。敦煌机场国际航空口岸获批对外开放，兰州新区综合保税区封关运营，“天马号”“兰州号”“嘉峪关号”国际货运班列相继开通，已顺利发行58列，货值逾1.7亿美元。经贸合作取得积极成果。已在白俄罗斯、伊朗、吉尔吉斯斯坦、哈萨克斯坦、印度尼西亚、土耳其、印度、新疆霍尔果斯口岸设立8个境外商务代表处，加强对外经贸活动沟通交流。在哈萨克斯坦建立的甘肃特色农产品阿拉木图集散中心运营良好，在霍尔果斯口岸设立的甘肃特色商品展示展销馆正式开馆。在中白工业园投资建设的PVC管材生产线和啤酒麦芽加工项目，2015年5月习近平主席访问白俄罗斯时正式签约，9月啤酒麦芽项目奠基动工。招商引资力度不断加大。第21届兰洽会签约项目1292个，合同金额6973.18亿元，比第20届增长461.65亿元。累计到位资金1546.52亿元，到位率22.18%，开工率72.52%，是历届兰洽会签约项目执行情况最好的一届。兰州新区综合保税区已签约入驻企业22家，累计完成投资14.4亿元。

加快推进内贸流通现代化，市场体系建设和消费促进获得新进展。公益性市场建设走在全国前列。省政府确定的8个大型商品交易市场总体建设进度达到41.13%，带动社会资金38.62亿元。电商扶贫工作取得新突破。《甘肃省精准扶贫电商支持计划实施方案》纳入全省扶贫开发“1+17”计划，在全国首创“电商扶贫”新模式，投入资金2700万元，创建16个省级电子商务示范县，在75个贫困县选择75个乡镇、225个村开展电商扶贫试点，加速建设县乡村三级电商扶贫服务体系。已建成71个县级电子商务服务中心，897个乡级电子商务服务站，3385个村级电子商务服务点。全省网络店铺中近80%从事农产品销售，农产品电子商务交易额已占全省电子商务总交易额的65%。积极建设电商平台，实施电商示范工程，培训电商人员超过10万人（次）。2015年全省电子商务交易额1600亿元，增长突破30%，其中网络零售额310亿元，增长超过40%。

甘肃省扶贫办

GANSUSHENGFUPINBAN

陇西县自来水入户工程

合水县瓦岗川贫困片带邢坪村水泥路

王台镇永乐村易地搬迁安置点

果业公司的员工正在精选准备外销的苹果

“整村推进”扶贫项目使礼县上坪乡青林村面貌一新

礼县上坪乡青林村文化活动室

甘肃省总工会

GANSUSHENGZONGGONGHUI

2015年4月30日，甘肃省庆祝五一国际劳动节暨表彰劳动模范和先进工作大会在兰州召开，省委书记、省人大常委会主任王三运（前右一）等领导接见参会代表

2015年4月30日，甘肃省庆祝五一国际劳动节暨表彰劳动模范和先进工作大会在兰州召开，省委副书记欧阳坚（右二）会见参会代表

2015年7月30日，省人大常委会副主任、省总工会主席李慧（中）在兰州西客站施工现场开展“夏送清凉”活动

2015年2月13日，省总工会在兰州召开十一届八次全委（扩大）会议，省人大常委会副主任、省总工会主席李慧就做好2015年工会工作发表讲话

2015年2月2日，省人大常委会副主任、省总工会主席李慧（左一）慰问离退休老干部

2015年7月2日，省总工会党组书记、常务副主席刘为民（中）作为双联组长单位检查陇西县扶贫情况

甘肃省地质矿产勘查开发局

GANSUSHENGDIZHIKUANGCHANKANCHAKAIFAJU

甘肃省地矿局成立于1956年，现为国土资源厅管理的正厅级事业单位（局机关参照公务员法管理），具有区域地质调查、固体矿产勘查、水工环地质勘察、地质灾害防治等专业的56个甲级资质，专业门类齐全，技术装备先进，人员素质较高，是一支在全国有重要影响的地勘队伍，也是甘肃省目前唯一的综合性地勘队伍。

一、队伍结构。该局现下属10个专业勘查院、6个辅助事业单位，分布在兰州、天水、酒泉、张掖等地。截至2015年底，职工总数12940人，其中在职5758人，离退休7182人（离休80人）。在职职工中专业技术人员2793人，占在职职工总数的48.5%，其中院士1人，省级科技领军人才5人，正高级职称45人，高级职称504人。

二、工作业绩。建局60年来，先后发现并探明资源储量世界排名第三的金川铜镍矿和白银铜矿、肃南镜铁山铁矿、玛曲大水金矿、敦煌钒矿、肃北塔尔沟钨矿、合作早子沟金矿、西和大桥金矿、肃南卡瓦铁矿等为代表的大中型矿床180余处，发现各类矿产地2800余处，从而确立资源性产业在全省工业结构中的主导地位。在基础地质和水工环地质工作中取得值得引以自豪的丰硕成果，为甘肃省找矿找水、防灾减灾、工程建设、城乡规划、产业发展等提供有力的技术支持和信息服务。

三、光荣传统。半个多世纪以来，该局广大地质工作者薪火传承、人才辈出，中科院院士宋叔和、肖序常、刘宝珺、陈梦熊和著名地质学家陈鑫等都曾在甘肃地矿局工作过，涌现出以中国工程院院士汤中立为代表的一大批优秀地质专家和出色的管理干部。

省地矿局局长、党委书记梁育才（右二）一行在野外一线调研地质工作

省地矿局局长、党委书记梁育才（前排右二）、副局长吉芸（前排右一）一行在甘肃招金贵金属冶炼有限公司调研指导工作

矿山合作企业（合作市早子沟金矿）

甘肃省关心下一代工作委员会

GANSUSHENGGUANXINXIAYIDAIGONGZUOWEIYUANHUI

2016 年 5 月 9 日，省关工委主任李虎林（左一）出席天水森林体验中心“甘肃关心下一代教育基地”挂牌仪式

2016 年 6 月 14 日，省委老干局副局长、省关工委主任吴萍（左一）出席临夏市青少年活动中心“甘肃关心下一代教育基地”挂牌仪式

甘肃省关心下一代工作委员会（简称省关工委）是在省委、省政府领导下，以“五老”为主体，以教育培养下一代为目标的群众性工作组织，是党委、政府培养教育青少年的参谋助手，联系青少年的桥梁纽带。关工委的工作方针是：急党政所急、想青少年所需、尽关工委所能；关工委的工作定位是：围绕中心、服务大局、积极配合、主动作为；关工委的工作重点是：教育、引导、关爱、帮教青少年。省关工委成立于 1990 年 8 月。2005 年 8 月，省委调整了省关工委领导班子，由省委原副书记李虎林任委员会主任，省政府原副省长陈绮玲、省政协原副主席杜大仕任副主任。省委老干部局副局长、省关工委副主任吴萍主持委员会日常工作。省委、省政府分别由省委常委、组织部部长吴德刚，副省长夏红民分管联系省关工委常设办事机构为省关工委办公室，处级建制，对外为省关心下一代工作委员会办公室，对内为省委老干部局关心下一代工作办公室。

2016 年“六一”前夕，省委老干局省关工委“六一”慰问捐赠活动

2016 年 6 月 20 日，中国下一代教育基金会“书香行动”捐赠暨“关爱启蒙者——流动课堂”走进甘肃活动在临夏州举行

近年来，省关工委突出教育引导、关心爱护青少年这个根本，突出组织动员广大“五老”这个关键，突出抓基层、打基础这个重点，涌现出一大批受全国、全省表彰的先进个人和先进集体，全省关心下一代工作呈现出良好的发展态势。一是强化“四个保障”。不断强化领导、编制、经费和制度保障，理顺职责关系，凝聚工作力量。各级组织基本实现有机构办事、有人干事、有条件办事，工作经费列入同级财政预算，建立健全各项制度，工作逐步实现科学化、规范化、制度化，县级以上关工委普遍建立“三结合”的领导班子。二是主抓“四轮驱动”。在社区，开展“两校一活动”，推广“敦煌做法”；在学校，开展“双学双争”活动，形成“白银亮点”；在农村，开展“讲学创奔”活动，总结“清水经验”；在企业，实施“育青工程”，探索“庆阳模式”。在这些典型示范下，工作呈现出“四轮驱动、四位一体”的良好局面，基层建设得到稳步发展和整体推进。目前，全省建立关工委组织近 4 万个，“五老”队伍达 17 万多人，建立报告团、关爱团等 1. 89 万个，“十大员”近 2.6 万名。三是做好“四个联动”。做好组织联教，以社会主义核心价值观教育为统领，一年确定一个主题，开展“我的中国梦”“爱学习、爱劳动、爱祖国”和以学党史国史、知国情省情为主要内容的“两史两情”等教育活动，增强广大青少年的道路自信、理论自信和制度自信；做好活动联育，围绕道德培育，协调多部门参与，引导广大青少年树立起崇高理想和远大抱负；做好资源联用，建成 2 个国家级、20 个省级“甘肃省关心下一代教育基地”，联合创建挂牌 320 多处活动阵地；做好帮扶联促，筹措和带动社会资金 1.37 亿元开展留守儿童等困境青少年关爱帮扶，仅建成的 481 个“春苗营养厨房”、123 所“朝阳计划”卫生室等，受益青少年达 40 余万人。四是拓宽“四个范围”。拓宽关爱范围，结合社会治理创新，持续开展“零犯罪学校”“社区”创建和网吧义务监督，收效良好。拓宽宣传范围，坚持面向领导、面向青少年、面向社会各界宣传，创建运转各级宣传网络平台，提升社会影响力。拓宽研究范围，通过深入调研，全省累计形成 380 多篇理论调研文章，为服务各级党委政府加强青少年工作提供了参考依据。拓宽服务范围，倡导广大“五老”与关工委干部投身精准扶贫和“双联”行动，为群众做好事解难事，为青少年送温暖谋福祉，当好党委政府关爱农村青少年的“连心桥”。省关工委机关先后筹措资金 409.4 万元，修建 1 所希望小学、捐建 6 个“爱心书屋”、1 个塑胶操场；帮助 11 名家庭特困学生完成小学至高中学业；牵线搭桥，捐赠价值 200 万元图书，已在 5 个贫困县建成 50 个“书香行动”示范学校。省关心下一代基金会投入 150 余万元，为贫困地区青少年办了不少实事。五年来，争取投入关爱帮扶和项目建设资金累计达到 4694.4 万元，受益师生 140 多万人次。

2016 年 7 月 16 日—21 日，省委老干局副局长、省关工委主任吴萍在陇南调研关工委项目建设工作

2016 年“五一”前夕，新华网发表记者陈斌反映由省关工委牵线搭桥、安利甘肃分公司资助的中连川小学“春苗”足球队情况的文章《山里娃的足球梦》

甘肃盛达集团股份有限公司

GANSUSHENGSHENGDAJITUANGUFENYOUXIANGONGSI

在建设中的省市重大项目——兰州盛达金城广场。投资25亿元，是51层的“五星级”宾馆及39层5A甲级写字楼，位于兰州市城关区天水中路3号

北京盛世南宫文化影视城。占地355亩，集佛教文化、影视文化、文化艺术为一体，位于北京市大兴区瀛海镇

甘肃盛达集团股份有限公司是由1992年成立的天水金都实业公司发起，于1998年注册成立的大型股份制实业集团，注册资本10亿元人民币，总部位于兰州市城关区农民巷8号之1号盛达金融大厦。

盛达集团公司产业分布在全国多个省市区，根据企业经营领域不断扩展和发展的需要，成立北京盛达集团、天水管理集团分别管理着各区域的业务。目前，房地产企业6家、投入运营和在建的综合性商业体项目5个、大型影视文化旅游实体3个、一级资质建设集团企业1家、矿业生产类企业6家、矿业类上市公司1家、贵金属创意生产企业1家。

盛达集团在金融领域有较大投资。作为股东发起成立中国民生投资股份有限公司，是兰州银行大股东，参股甘肃产权交易中心；作为主发起人筹建的甘肃首家民营银行西部银行正在国家相关部委审批之中，其它金融资本产业发展具备规模。

盛达集团矿业板块于2011年在深交所主板上市，股票简称：盛达矿业；证券代码：000603；持续赢利能力在深沪两市近3000家上市公司中名列前位。

盛达集团从2005年进入“中国民营500强企业”，2015年位居156位。至今连续位居“甘肃省

民营100强企业”第一位。

近年来，盛达集团与央视国际总公司、中国长城资产管理公司、香港戴德梁行等单位签署战略合作协议，将在多领域全方位的合作中发展，实现共赢。盛达集团愿与国际国内企业和单位在技术、资源、生产要素、经营管理等方面加强合作，共创辉煌。

甘肃盛达集团股份有限公司董事长赵满堂，现担任十二届全国人大代表、甘肃省政协常委、甘肃省中小企业联合会会长；曾当选第十、十一届全国政协委员。主要荣誉有：“中国十大杰出青年”、“全国五一劳动奖章”获得者、“全国光彩事业奖章”获得者、“全国劳动模范”、全国“优秀的中国特色社会主义事业建设者”。

已建成投入使用的盛达金融大厦。建筑高度150米，是地标性“5A”甲级写字楼，位于兰州市城关区农民巷8号之1号

正在建设中的省市重大项目——兰州（安宁）盛达广场。投资35亿元，总建筑面积42万平方米，是地标性“丝绸之路”文化主题的城市综合体项目，位于兰州市安宁区北滨河路银滩大桥西侧

中国民营500强企业荣誉牌

中国石油兰州石化公司

ZHONGGUOSHIYOULANZHOUSHIHUAGONGSI

兰州石化五届三次职工代表大会

“共和国长子”兰州石化新貌

中国石油兰州石化公司是集炼油、化工、装备制造、工程建设、检维修及矿区服务为一体的大型综合炼化企业，是中国西部重要的炼化生产基地，能源战略地位非常突出。公司地处甘肃省兰州市，现有土地总面积 30 平方千米，各类用工 4.5 万人，员工家属 15 万人，总资产 300 亿元，年营业收入 500-800 亿元。

公司的前身——兰州炼油化工总厂、兰州化学工业公司（简称兰炼、兰化“两兰”）均是国家“一五”期间 156 项重点工程项目，是新中国第一个现代化炼化生产企业，历来以出产品、出技术、出人才、出经验著称。自 1958 年建成投产以来，“两兰”以振兴民族工业为己任，自力更生，艰苦创业，为国民经济发展和国防建设做出了重要贡献，

兰州石化大乙烯装置

兰州石化 300 万吨 / 年重催装置

生活区“石化城”新貌

被誉为新中国石化工业的“摇篮”，素有“共和国长子”之称。通过新建、改扩建一批装置，公司原油一次加工能力达到 1050 万吨 / 年，乙烯产能 70 万吨 / 年、化肥产能 52 万吨 / 年、合成树脂产能 122 万吨 / 年、合成橡胶产能 22 万吨 / 年、炼油催化剂产能 5 万吨 / 年。现有主要炼化生产装置 90 余套，加工 7 种原油，能生产汽煤柴油、润滑油基础油、化肥、合成树脂、合成橡胶、炼油催化剂、精细化工、有机助剂等多品种、多牌号、多系列石化产品。拥有汽油加氢、丁二烯抽提、丁苯橡胶、丁腈橡胶、碳五加氢石油树脂成套技术，炼化主要工艺技术和炼油催化裂化催化剂领域达到国内领先水平。拥有石油化工工程施工总承包一级资质、大型炼油化工施工能力，以及完备的矿区配套系统和综合服务业务。

兰州石化第五届职工运动会

作为中国石油驻地方企业，在甘肃省委省政府、中国石油的正确领导和大力支持下，公司持续深入推进依法治企，积极主动落实国有企业经济、社会和政治责任，生产经营成效显著，结构调整取得突破，技经指标明显提升，安全环保形势持续向好，科技创新创效能力不断增强，员工生产生活条件持续改善，为保护地方环境、带动和促进地方经济社会发展做出了积极贡献。截至 2015 年底，累计加工原油 2.43 亿吨、生产乙烯 939 万吨，累计上缴税费 973 亿元，2009 年以来连续成为甘肃省纳税超百亿元企业；2015 年实现营业收入 526 亿元，纳税 172 亿元位居甘肃省第一。常年深入推进“双联”精准扶贫行动，长期开展“扶贫助困 · 共享阳光”助学助教活动，大力参与周边重大自然灾害的抢险救援和捐款捐助，积极支持市政基础设施建设，累计投入 6000 余万元，切实帮助地方群众解决实际困难。

兰州兰石集团有限公司
LANZHOU LS GROUP CO., LTD.

2016年6月16日，省委副书记、省长林铎(左三)率领全省重大项目观摩团观摩兰石豪布斯卡项目

国家发改委副主任连维良（前中）来兰石集团考察

兰石集团参加了由人民日报社主办的2016“一带一路”媒体合作论坛。兰石集团董事长杨建忠(右一)向省长林铎（左二）等领导介绍兰石集团产品研发制造情况

兰石集团与清华大学天津高端装备研究院共同组建“能源装备与技术联合实验室”

2016年9月2日，由兰石集团自主研制的国内首台300MN多缸薄板液压机组通过省级鉴定

兰石集团煤化工装备制造现场

1.2万米、1.5万米超深井钻机及海洋钻井工程装备领域取得新突破

兰石集团投资260亿元打造的智慧城市建设项目——豪布斯卡项目开盘

全球3D设计、3D数字样机和产品全生命周期管理（PLM）解决方案和3D体验解决方案的领导者达索系统与兰石集团达成智能制造战略合作

兰石集团重装公司厂房

金川集团股份有限公司

JINCHUANJITUANGUFENYOUXIANGONGSI

金川集团公司2015年职工技术创新成果展

金川集团股份有限公司是甘肃省人民政府控股的、以有色金属生产为核心的垂直一体化、相关多元化的大型企业集团，是中国镍钴生产基地、铂族金属提炼中心和北方地区最大的铜生产企业，主要生产镍、铜、钴、铂族贵金属、有色金属压延加工产品、化工产品、有色金属化学品等，被誉为中国的“镍都”。

经过57年的建设与发展，公司已成为全球同行业中最具影响力的企业之一、中国有色行业骨干企业和甘肃省工业强省排头兵。已形成镍产品20万吨、铜产品100万吨、钴产品1万吨、化工产品440万吨的生产能力。目前，镍钴产量均居世界第三位，铜产量居国内第三位，铂族金属产量居亚洲第一位，是国内最大的镍铜钴高纯金属、白铜管、镍盐等产品生产企业。拥有世界第五座、亚洲第一座镍闪速熔炼炉，世界上处理镍精矿能力最大的富氧顶吹熔炼炉，世界上首次用于铜冶炼的合成式悬浮熔炼炉，世界上连续回采面积最大的机械化下向充填采矿法等国际领先的装备和技术。

公司现有21家股东单位。在全球30多个国家或地区开展有色金属矿产资源开发与合作。员工35000余人，各类管理和专业技术人员6700余人，技师及以上高技能人才1780余人，其中高级工程师和教授级高级工程师1200余人。先后荣获国家科技进步特等奖，中国工业大奖，全国“五一”劳动奖状，全国质量奖，全国模范劳动关系和谐企业，全国文明单位等国家级荣誉。被列为全国三大矿产资源综合利用基地之一、国家循环经济示范企业、国家首批创新型企业。

2015年，是公司新世纪以来经营形势最为严峻而复杂的一年。面对有色金属市场疲软、主要产品价格持续下跌等艰巨挑战，公司科学谋划、抢抓机遇、攻坚克难，始终坚持先算后干、效率效益优先，始终坚持问题导向、结果导向，始终坚持转型升级，提质增效，全力以赴打好“止滑减亏增赢”攻坚战，确保年度任务目标完成，实现“十二五”圆满收官，为全面谋划“十三五”发展奠定坚实基础。

“十二五”期间，公司营业收入由突破千亿大关到跨越两千亿元，累计实现利税150多亿元，生产有色金属产品500多万吨。中国企业500强排名由2010年的第89位上升到79位，中国制造业500强排名由2010年的第35位上升到第27位。其中2015年，公司实现营业收入2204亿元，税金20.62亿元；生产有色金属及深加工产品124.6万吨。

2015年9月22日至23日，以“创新驱动发展、改革激发活力、科技攻克难关”为主题的第二十一次金川科技攻关大会现场

金川集团公司自动化包装线

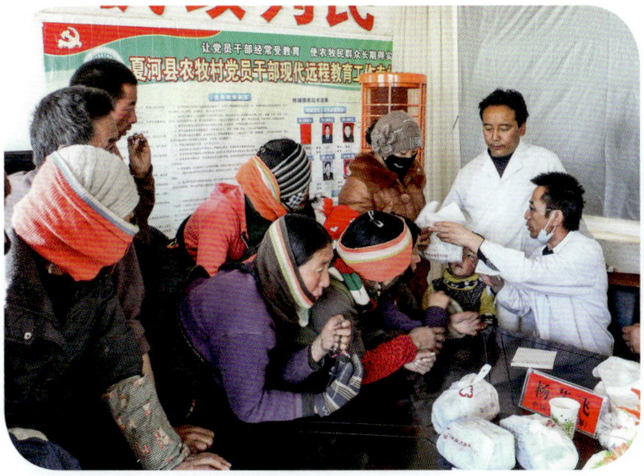

金川集团公司“双联行动”—送医送药送关怀

金川集团公司电解车间一角

甘肃省广播电视网络股份有限公司
GANSUSHENGGUANGBODIANSHIWANGLUOGUFENYOUXIANGONGSI

甘肃省广播电视网络股份有限公司是经中共甘肃省委、甘肃省人民政府批准，由全省广播电视有线网络资产整合重组和股份制改造后成立的省属国有大型文化企业。公司注册资金15亿元，省公司为一级法人，对各级分公司实行垂直管理。现有15个市级分公司、69个县级分公司、10个全资子公司，从业人员4200多人，拥有有线电视用户305万户，村村通、户户通用户460万户，网络光缆干线3.5万千米，已传输184套电视节目。

公司成立以来，抢抓中央文化改革的机遇，高举文化产业发展的大旗，坚持“4631”发展战略及“跳出广电看世界，围绕信息做产业，以业养业，多业并举，主业做精，产业做大，创新驱动，转型跨越”的思路，倡导“创新 敬业 包容 共享”的企业文化，着力构建

2015年5月27日，董事长王永生（右一）向省委书记王三运（左二）汇报丝绸之路文化博览园项目情况

2015年6月29日，省委副书记、省长刘伟平（前排中）调研甘肃广电网络公司

2015年11月18日，省广播电视网络股份有限公司董事长、总经理王永生（前排左一）和富士康科技集团副总裁陈振国（前排左二）在签约仪式上

2015年6月17日，甘肃广电网络、深圳华强集团、嘉峪关市政府签署三方合作协议

一大主业、九大产业发展板块，业已形成广播电视及数据宽带为主业，互联网产业园，云计算大数据、信息化，城市数字电影院线，广告影视传媒，电视购物，婚庆产业，网络工程建设，广电网络+泛金融，客服营销等多业务多产业多元化融合发展的良好格局。

经过几年的发展，公司已成为一个集公共传播、信息服务、新媒体融合、技术研发于一体的信息高速公路和全业务多媒体视讯平台，是甘肃省文化企业发展的排头兵和信息化建设的主力军。

2015月9月24日，甘肃广电网络公司和思科公司举办聚力同甘·思酬之路高峰论坛

2015月4月29日，省委常委、宣传部长连辑（右三），副省长夏红民（右二），甘肃广电网络董事长、总经理王永生（左一）等共同启动阿里飞天云上线仪式

2015月1月9日，甘肃省广播电视网络文化产业园一期澳广公司产品生产启动仪式

2015年8月20日，甘肃广电网络承办总局广科院NGB实验室理事会一届五次会议

中核四〇四有限公司

ZHONGHESILINGSIYOUXIANGONGSI

2015 年 7 月 3 日，全国人大环资委副主任委员张云川（左二）到中核四〇四有限公司调研

2015 年 8 月 5 日，工业和信息化部副部长、国防科工局局长许达哲（中）到中核四〇四有限公司调研

中核四〇四有限公司（以下简称“四〇四”）是隶属于中核集团公司重要的核军工及核燃料科研生产成员单位，于 1958 年经中央批准建设最早、规模最大、体系最完整的核工业综合性科研生产基地。现拥有军用核材料科研生产、铀转化、乏燃料后处理、核设施退役与放射性废物治理四大核心主业。具有独立完整的核军工军事警戒控制区域，总警戒面积 1225 平方千米。

2015 年，四〇四各项工作取得长足进步，科技创新成果显著，管理提升积极推进，万吨级铀转化基地全面建成，经营业绩稳步增长，矿区社会实现和谐发展，圆满完成国家下达的核军工科研生产任务，实现“十二五”圆满收官。公司科研生产与经营管理均创佳绩，先后荣获得国防科技进步奖 3 项、中核集团科技进步奖 5 项，“中核集团新闻宣传工作先进单位”，

2015 年 7 月 2 日，中核甘肃核技术产业园建设启动仪式

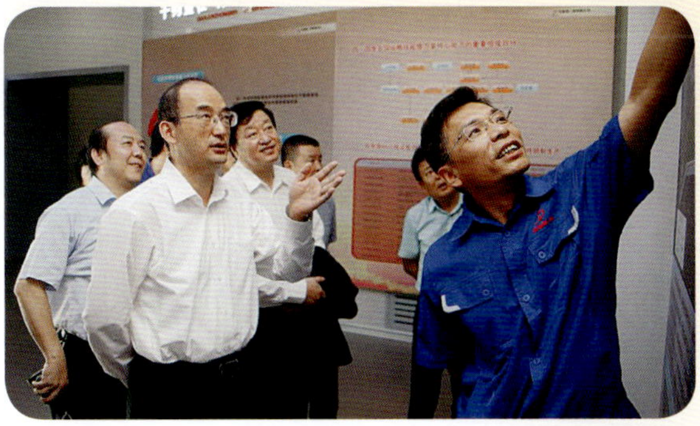

2015年9月3日，甘肃省副省长黄强（前排左一）到中核四〇四有限公司调研

"甘肃省质量管理小组优秀企业"、"全省拥军优属先进单位"等荣誉称号。

四〇四始终秉持"兴核强国、服务社会"的宗旨，积极融入甘肃省经济建设发展，扎实推进中核甘肃核技术产业园建设，深入推进"精准扶贫"行动，巩固社会综合治理成果，全面开展精神文明建设，举办"核"你在一起四〇四核科普宣传专场文艺演出、"核城大舞台"夏日文化广场，为丰富繁荣群众文化生活做出积极贡献。

四〇四的建设发展成绩，得到党和国家、甘肃省委、省政府的高度肯定和热情关注。2015年，全国人大环资委副主任委员张云川，工业和信息化部副部长、国防科工局局长许达哲，甘肃省人大常委会副主任王多明，甘肃省政府副省长黄强等先后莅临公司视察指导，并对四〇四的建设发展作了重要指示。

新的发展时期，国家、集团公司赋予四〇四新的历史使命和国家重任，四〇四将按照绘制的"十三五"规划发展蓝图，继续坚持以履行国家重任、增强竞争实力、提高经济效益为发展核心，加快推进市场化进程，做强做优主业，积极参与、支持地方国有经济的发展，为建设军民融合深度发展的多元化核工业经济带提供强有力支撑。

铀转化二期生产线

我国第一座离堆水池

放射性废物接收及暂存

中国华电集团公司甘肃分公司

ZHONGGUOHUADIANJITUANGONGSIGANSUFENGONGSI

中国华电集团公司甘肃分公司是中国五大国有独资发电集团之一中国华电集团公司在甘肃省的派出机构，公司成立于2012年5月22日，负责华电集团在甘肃、青海区域能源项目投资、建设、生产运营。“十二五”以来，公司积极响应国家大力发展清洁能源产业政策，在甘肃省委、省政府的关怀指导下，在各级地方政府和主管部门的大力帮助下，公司坚持“建并结合、风光同步”发展思路，以风电和太阳能发电为主体，煤电、气电协同发展，实施产业结构优化调整，全力推进能源项目发展建设，实现了华电在甘肃区域科学跨越式发展。

截至2015年末，公司在甘肃和青海共注册成立12家项目公司，管理运营15个风光电场站，33个项目，总装机容量210万千瓦，占全省新能源电力装机的10.8%。公司资产总额超过150亿元，总用工人数395人。经过五年多的快速发展，项目分布甘肃省内7个地市以及青海格尔木，东西跨度超过2000公里，成为全省新能源装机规模最大的发电企业。

白银景泰风电场

嘉峪关光伏发电站

公司全体干部员工秉承发扬忘我奉献、艰苦创业的“铁人精神”，连续多年荣获中国华电集团公司“星级发电企业”、“先进企业”、“安全生产先进单位”、“工人先锋号”等荣誉称号，2015年，公司副总经理董小泊荣获“全国劳动模范”光荣称号。几年来，华电甘肃分公司一直把履行社会责任作为提升竞争力、推进可持续发展的重要手段，深入贯彻落实中央精准扶贫决策部署和甘肃省委“联村联户、为民富民”行动，大力支援舟曲、民勤灾后重建，出资建设会宁县甘沟镇中心小学主教学楼和操场，爱心资助靖远县五合乡、环县毛井乡三所学校“七彩小屋”建设，用实际行动充分展现了作为央企应承担的社会责任。

在总经理、党组书记那仁满都拉的带领下，华电甘肃分公司全体干部职工齐心协力，将以更加饱满的热情投入到华电事业的建设中，努力打造“六个华电”，积极履行社会责任，为推动甘肃省经济社会发展和实现华电集团“三化一流”目标做出更大的贡献。

白银景泰风电场

兰州飞行控制有限责任公司

LANZHOUFEIXINGKONGZHIYOUXIANZERENGONGSI

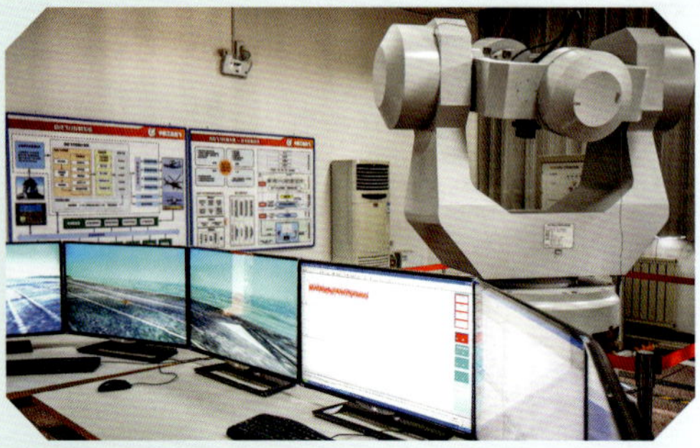

飞控系统模拟试验室

数控加工中心

国内先进的电子装配半自动生产线

兰州飞行控制有限责任公司，简称中航工业兰飞，始建于1956年8月，1958年10月正式投产，是中国“一五”期间156个重点建设项目之一。现隶属中国航空工业集团公司，是专业研制生产飞行自动控制系统、电动舵机、陀螺等航空仪器仪表的全国重点保军企业，兰飞是共和国第一座自动驾驶仪研制和生产企业，也是新中国第一套轰炸机、运输机自动驾驶仪诞生地。公司先后为各类国产飞机配套生产200余种不同型号的自动飞行控制系统及其他航空仪表，多项产品获得国家、部级科技成果奖。

公司具有六十年的装备研发历史、丰富的制造经验和先进的生产能力，目前拥有先进的数控机床和各种加工设备270余台（套），配备了各种检测设备550余台（件）。公司现占地面积10.7万平方米，建筑面积3.73万平方米，注册资本2.6亿元，资产总额10.3亿余元，现有在册员工1130人，其中专业技术人员331人，管理人员191人，生产技术人员600人；高级职称78人，中级职称156人；博士生1人，硕士研究生49人，公司设有博士后科研工作站并拥有20多名国家各类专家。

六十年来，兰飞秉承“航空报国，强军富民”的宗旨，自强不息，创新超越，为中国航空工业发展、国防武器装备现代化及地方经济繁荣做出了重要贡献。公司以运输机、直升机、民用飞机、特种飞机、无人机、导弹配套的自动飞行系统、控制增稳系统、伺服作动系统等的设计、集成、仿

真、试验、制造生产技术为核心，逐步建成先进飞控系统研发平台，形成一定的数字化设计、控制律设计与仿真、半物理仿真试验验证、环境试验能力。公司着力打造精益、高效、敏捷生产管理系统，实施体系化的精益管理转型，具备了精密机械加工、专用电子装配、伺服作动系统装调先进技术。取得部分民机适航认证，承担蛟龙 600 自动飞行控制系统研制任务、MA600 自动飞行控制系统研制、MA700 驾驶舱操纵系统研制；与法国、俄罗斯等开展技术合作攻关项目；承担大型直升机 AC311A、312 研制项目，开展民用直升机先进飞行控制系统研制。0 不断探索寓军于民、军民结合、军民一体化发展的新格局。

公司坚持以飞行控制系统集成为龙头、以飞控计算机、电动、电静液作动系统、传感器的研发为支撑，以精益化、数字化制造技术为基础，通过核心及外围技术构成完整的伺服控制产业链，逐步向航天、船舶、兵器、特种车辆等领域发展。同时，加强产学研相结合的技术创新体系，最终实现在飞控及相关领域完全自主创新的目标。实现“成为飞行控制领域国内领先、国际有一定的影响力的企业；成为伺服电机与控制领域系统和核心部件优秀供应商”的发展愿景。按照“技术领先、军民结合、精益管理、创新发展”的战略方针，以产品有竞争力、科技有创新力、资产有增值力、内部有凝聚力、外部有影响力为文化定位，实现“创新型、和谐型、军民结合型”的现代化企业目标。竭诚欢迎海内外宾客洽谈合作，共创“中国制造”新纪元。

公司科研大楼

国内先进的表面处理厂房

丰富多彩的文化生活

甘肃省交通建设集团有限公司

GANSUSHENGJIAOTONGJIANSHEJITUANYOUXIANGONGSI

省检察院检察长路志强（左三）、省交通运输厅厅长康军督查两当至徽县高速公路前期工作

集团组织项目建设观摩会

甘肃省交通建设集团有限公司（以下简称“省交建集团”）是贯彻落实党的十八届三中全会精神，进一步深化交通运输企业改革，由省交通运输厅履行出资人职责并负责管理的大型国有独资企业。公司注册成立于2014年4月18日，4月24日正式挂牌成立。

省交建集团经营范围和主要职责为：受省交通运输厅委托，履行全省高速公路、国省干线公路项目建设管理法人职责；履行交通建设项目特许经营权，负责对特许经营项目开展融资、建设、运营和管理；履行对省交通运输厅授权管理的甘肃路桥集团、省交通设计院、省交通科研院、省交通监理公司、省交通服务公司、省交通物资公司、省公路运输服务中心等一级子公司的出资人职责，经营、管理交通运输相关国有资产；从事交通建设、建筑安装、市政工程、现代物流、文化信息、科技研发、生态建设、节能环保等业务及其相关项目的开发和咨询服务。

省交建集团拥有工程施工总承包特级、工程勘察甲级、工程设计甲级、工程咨询甲级、工程监理甲级、工程试验检测甲级和房地产开发、道路运输等领域专业资质130余项，形成了集项目投资、工程勘察设计、工程施工、工程监理、科研检测、建筑安装及商贸物流为一体的完整产业链，部分业务已居省内一流，并在国内占有一席之地。集团共有各类从业人员近6000人，其中中高级职称以上人员1294人，各类注册执业资格人员750人以上。拥有甘肃省桥梁隧道健康监测与安全评估技术、道路材料工程等2个重点实验室和道面工程技术研究中心、公路养护研发中心等6个省级科研创新平台，承担着交通设计、施工、养护、检

测等关键领域的技术创新工作，是推动交通科技创新的重要支撑。

截至 2015 年底，甘肃交建集团总资产 108.75 亿元，负债 66.97 亿元，净资产 41.78 亿元，收入 48.62 亿元，利润总额 3.03 亿元，是目前全省交通基础设施建设的排头兵，也是西北最大的交通建设专业承包商和甘肃省第二大综合建筑开发商。

根据省交通运输厅的安排，目前，集团共承担两徽、彭大、敦当 3 条高速公路及 21 条国省干线项目建设任务，其中高速公路共 347 千米、国省干线共 2032 千米，项目总投资 910.4 亿元 。按照交通投融资体制改革的相关意见，省交建集团在两徽高速公路首次采用政府和社会资本合作（PPP）建设模式。该项目为全省交通领域首条 PPP 项目，也是财政部第二批政府和社会资本合作（PPP）示范项目。

省交建集团将坚持“依托交通、服务交通”的发展理念，坚持以资本为纽带、市场为导向、重大项目为带动，以投资建设交通基础设施、服务交通运输事业发展为己任，重点强化资本运作，以市场化方式开展交通运输行业基础设施建设投融资及特许经营业务，重点围绕全省“6873”交通突破行动，结合交通投融资改革和公路建设管理体制改革，充分发挥集团行业优势明显、比较优势突出、本土优势鲜明的特点，全力推进工程项目建设，全面推动交通产业规模化、集约化、专业化、品牌化发展，努力打造甘肃交通运输企业“航母”，全面提升甘肃交建在全国的影响力，为加快我省五个交通建设、服务富民兴陇大业、建设幸福美好新甘肃做出新的更大的贡献。

集团党委书记裴古安检查集团在建项目

集团旗下企业研究项目设计方案

集团旗下运输物流企业积极开展检查安全工作

集团旗下企业开展沥青路面施工过程监测

中国工商银行甘肃省分行

ZHONGGUOGONGSHANGYINHANGGANSUSHENGFENHANG

省委书记、省人大常委会主任王三运（前排左一）在省工行营业网点调研

2016 年，中国工商银行甘肃省分行认真贯彻落实国家宏观调控政策，按照省委、省政府总体战略部署，紧紧围绕全省经济社会发展重点，以支持地方经济建设、服务社会各界客户、支持社会公益事业为主要内容，认真制定规划，积极履行社会责任，为全省社会经济发展做出了应有的贡献。

在 2015 年度国有商业银行支持非公经济发展考核中排名第一；2011 年 -2015 年连续 5 年荣获甘肃省“省长金融奖”，在丝绸之路经济带甘肃黄金段 100 张名片中，荣获最具影响力企业。

积极参与社会公益事业。全力投入双联精准扶贫行动。自 2012 年双联精准扶贫行动开展以来，先后投入资金 2160 余万元，帮助 91 个双联村实施帮扶项目 1082 个，目前已有 18 个双联村实现整体脱贫，计划未来 3 年每年投入 1000 万元，确保剩余 73 家双联村 2018 年前全部实现整体脱贫。省分行“双联”精准扶贫工作得到省委省政府肯定，工作经验省长批示全省推广，扶贫互助基金获全省金融精准扶贫经典案例，荣获省委省政府颁发的“2015 年度全省联村联户为民富民行动民心奖”，双联精准扶贫工作得到中央省市各类主流媒体 100 余次全方位宣传报道；积极支持社会公益事业，先后向见义勇为、公安英烈、留守儿童等社会公益事业捐赠 390 万元，向舟曲、岷县等重大自然灾害地区捐赠 90 万元；全力弘扬社会正能量，连续

甘肃省分行 12 家网点及个人荣获 2015 年度甘肃省银行业协会星级网点及明星大堂经理

张海琳行长了解企业经营情况

为双联村小学赠送文体用品

8 年独家冠名“感动甘肃 · 陇人骄子”评选活动；深入推进文明单位创建，省分行本部和所有二级分行获得省级文明单位称号，所有县支行获得县级以上文明单位称号，成为全省荣获文明单位称号最多、且唯一一家实现“双覆盖”的金融机构。

全力提升优质服务水平。全面加强智能银行建设。自 2015 年开始，在全部网点实现了智能化设备全覆盖，成为工行系统内第二家全覆盖的一级分行，在甘肃金融同业引领网点智能化的变革，引起社会各界的关注和好评。网点智能化的全覆盖，有效拓展客户办理业务的渠道，提升柜面服务效率，改善客户体验，服务水平得到进一步提升。在 2015 年度甘肃省银行业规范服务网点建设评选活动中，共有 9 家网点被评为星级网点，有 3 名大堂经理被评为全省银行业“明星大堂经理”，获奖网点数量居同业首位。在全省行风政风民主评议活动中，位列五大国有银行第一。

开展青年志愿者环保活动

荣获全国文明单位

工行“铁牛”进农家

浙商银行股份有限公司
ZHESHANGYINHANGGUFENYOUXIANGONGSI

兰州分行
LANZHOUFENHANG

浙商银行兰州分行行长申健赴白银调研

浙商银行兰州分行举办涌金票据池签约仪式

浙商银行兰州分行轨道交通建设方洽谈业务合作

“浙商银行杯”校园歌手大赛

浙商银行天水分行开业仪式

浙商银行兰州分行召开2016年度工作会议

甘肃银监局刘爱萍副局长在浙商银行兰州分行调研

浙商银行副行长吴建伟在兰州分行调研

浙商银行兰州分行在会宁县葛家滩小学开展“温暖小脚丫”爱心捐赠

浙商银行兰州分行5周年庆典

华龙证券股份有限公司

HUALONGZHENGQUANGUFENYOUXIANGONGSI

2015 年 2 月 26 日，公司荣获 2014 年度省长金融奖

2015 年 3 月 10 日，公司召开 2015 年度工作会议

华龙证券股份有限公司前身为华龙证券有限责任公司，成立于 2001 年 5 月 18 日，是由甘肃省人民政府组织筹建，经中国证监会批准的综合类全牌照证券经营机构。2014 年，公司完成股份制改制，注册资本增至 22 亿元，并更名为华龙证券股份有限公司。2016 年，成功在新三板挂牌。目前，公司股东主要有甘肃省人民政府国有资产监督管理委员会、广西远辰投资集团有限公司、酒泉钢铁（集团）有限责任公司、甘肃省电力投资集团有限责任公司、晶龙实业集团有限公司、江苏阳光集团有限公司等。公司主要业务范围包括证券经纪、证券投资咨询、证券承销与保荐、财务顾问、证券自营、证券资产管理、融资融券、代销金融产品、直接投资等。

经过多年发展，公司已拥有广泛的客户资源、良好的社会形象和品牌影响力，在全国主要省市设有 10 个专业分公司，在北京、上海、深圳、重庆、杭州、无锡、乌鲁木齐、青岛、合肥、西安和兰州等主要城市设有 60 余家经营网点。同时，公司积极构建金融控股集团，发起设立华商基金管理公司，控股华龙期货公司，主发起设立甘肃股权交易中心，全资控股金城资本管理公司。公司项目遍布全国，成功保荐读者传媒、浙江莎普爱思、

2015 年 12 月 10 日，由公司保荐的读者传媒发行上市

2015 年 12 月，华龙证券管理菁英综合能力提升班在复旦大学举办

兰石重装、一汽集团启明信息、北大荒、浙江龙盛、祁连山等一大批企业上市与股权融资；成功完成甘肃公航旅、新疆伊犁财通、贵州六盘水、河南汝州鑫源等省内外一大批公司企业债的承销与债务融资。公司大学本科以上人员占85%，硕士以上人员占26%，拥有一批高学历、高素质、经验丰富、业务精湛的保荐代表人、财富管理专家、金融产品设计专家和债务融资专家，经国家科技部、教育部批准，公司设有博士后流动工作站。

公司坚持“开拓西部，放眼全国”的发展战略，凭借专业化的优质服务，诚信、务实、高效、敬业的团队精神，在竞争激烈的中国证券服务业中稳步提升份额。2009年成功保荐首批创业板上市企业发行上市，成为首批保荐企业在创业板上市的全国17家证券公司之一，2012年新三板扩容后，成为推荐首批企业在新三板挂牌的证券公司。公司自2008年起七次荣获“省长金融奖”。

2015年3月8日，公司开展《创新与企业家精神》专题培训

2015年6月27日，公司赴舟曲县果耶乡中心小学开展帮扶活动

2015年6月28日，公司在宕昌县红军长征哈达铺纪念馆开展建党94周年纪念活动

太平洋寿险甘肃分公司

TAIPINGYANGSHOUXIANGANSUFENGONGSI

太平洋寿险甘肃分公司总经理孔强（左一）陪同总公司董事长徐敬惠（左二）参观营运大厅

截至2015年末，太平洋寿险甘肃分公司在全省机构搭建10家中心支公司、32家支公司和1家营销服务部，营销人力突破6000人，内勤员工500余人。在2013年、2014年连续两年快速增长的基础上，2015年公司实现大踏步跨越式增长，规模保费达成15.7亿元，同比增长28.7%，其中新保达成5.60亿元，同比增长70.9%，增速排名全国第三，核心期缴达成4.48亿元，同比增长78.3%，增速排名全国第六，个险业务持续高速发展再创新高，法渠取得重大突破，非健险业务规模翻番，达成同比全国第一。财务状况得到持续改善，超支额度逐年优化，单位费用产出标保逐年提升，人力成本得到有效控制，员工收入三年货币工资绝对值累计增长56%，外勤收入大幅提升，干部队伍得到充实、职级提升显著。营运新技术应用全国领先，50指标持续提升。市场份额连续三年逐年提升，新保增速行业领先，人均新保、人均产能市场排名第一，连续获得全省保险机构分类监管A类评价，公司在持续健康发展的轨道上稳步前行。

财务部紧紧围绕公司整体发展战略及经营目标，贯彻落实“透明化、标准化、差异化”的资源配置体系，着力提升资源配置能力和成本管控能力，强化财务风险管控，助力公司取得较好的经营效益，推动公司价值的可持续增长。

人力资源部以“围绕三建三新，打造五大体系，形成双轮驱动，实现双百过千，保持两个领先”的发展规划为指引，持续优化人力资源配置效率，为公司转型发展提供可靠的人力资源支持和保障。

合规与风险管理部以“一守三全”为工作目标，秉承“合规工作和基础管理”两个不放松的指导思想，关注监管重点，加强内部防控，有效提升合规内控管理水平。

个险业务条线通过机构优化项目、城区突破、推动机构续航能力的提升，产品结构持续优化，客户经营体系更加丰富。

法人渠道业务中心围绕利润中心定位，业务快速健康发展，核心业务短意险市场份额稳步提升，新拓渠道业务取得初步突破，

营运条线积极助推公司业务快速发展，服务评价指标总体向好，年内获得甘肃省保监局组织的寿险公司服务评价活动第一名，践行互联互通，实现云运维，全天候核保，提升服务时效，新技术应用覆盖率持续扩展，“微贷款”、“微理赔”、“微领取”陆续上线，实现了移动应用从内部用户向外部用户的突破。

太平洋寿险甘肃分公司定期开展“总经理接待日”，总经理孔强认真听取客户意见

太平洋寿险甘肃分公司召开2016年开门红动员会

太平洋寿险甘肃分公司法人渠道召开2016年开门红启动大会

位于兰州市城关区静宁路308号的太平洋寿险甘肃分公司办公楼

太平洋寿险甘肃分公司举办职工乒乓球、羽毛球比赛

西北民族大学

2015 年 4 月 8 日，中共甘肃省委副书记、省长刘伟平（前左二）在西北民族大学调研

2015 年 6 月 7 日，西北民族大学与马来西亚 TPMB 生物技术公司签署合作备忘录

西北民族大学成立于 1950 年 8 月，是国家民族事务委员会直属的综合性普通高等学校。建校 60 多年来，为国家培养了各级各类人才 16 万余人。现有 56 个民族全日制在校生 26000 余人。

学校形成以本科教育为主体，研究生教育、预科教育、继续教育、职业教育和国际教育等协调发展的办学格局。拥有学士、硕士、博士三级学位授予权、推荐优秀应届本科毕业生免试攻读硕士研究生学位权和招收“少数民族高层次骨干人才计划”硕士、博士研究生权。2007 年以“优秀”成绩通过教育部本科教学工作水平评估。2016 年学校临床医学专业通过教育部专业认证，有效期 5 年。

截至 2015 年末，学校现教职工 1900 余人，其中专任教师 1200 余人，正高级职称人员 277 人，副高级职称人员 516 人，博士生导师 24 人，硕士生导师 330 余人。“国家百千万人才工程”国家级人选 1 人；全国优秀教师 2 人；全国教育系统先进工作者 1 人；国家民委突出贡献专家 7 人；享受国务院政府特殊津贴的专家 24 人；“甘肃省跨世纪学科带头人”14 人，“甘肃省高等学校教学名师奖”获得者 5 人，“甘肃省高等学校青年教师成才奖”获得者 58 人；教育部“新世纪优秀人才支持计划”6 人。

学校学科涵盖哲学、经济学、法学、教育学、文学、历史学、理学、工学、农学、医学、管理学、艺术学等 12 个学科门类。现有 71 个本科专业；拥有中国少数民族语言文学博士学位授权点；中国语言文学博士后科研流动站；13 个一级学科硕士学位授权点；41 个二级学科硕士学位授权点；6 个硕士专业学位门类。

学校研发的《藏汉双语信息处理系统》获 1999 年国家科技进步二等奖，《藏文视窗平台、字处理软件和藏文网站》获 2001 年国家科技进步二等奖，受到了江泽民、胡锦涛等党和国家领导人的高度评价。

博士生导师于洪志教授及其课题组

2016年3月25日，副省长郝远（左二）在西北民族大学西北新村校区，调研了解学校科技成果转化与推广情况

学校先后同美、英、加、韩、德、俄、蒙古等国家的二十余所大学、科研机构建立交流和合作关系。学校定期选派优秀学生到国外访问、交流、学习，选派教师出国讲学、进修和从事科学研究，聘请外国专家来校执教和开展合作，扩大了学校在国际上的学术影响。截至目前，聘请了200多位长期外籍专家和近600多位短期外籍专家，接收培养了500多名留学生。

榆中校园一景

郝苏民教授（左二）和同学亲切交谈

西北民族大学校门

西北民族大学校园

西北民族大学西北新村校区

2015 年 10 月 30 日，省人大副主任李慧（右一）与临夏州人大主任韩季安（左一）为学院康乐校区揭牌

甘肃建筑职业技术学院始建于 1958 年，是经甘肃省人民政府批准、国家教育部备案、甘肃省内唯一一所建筑类公办高等职业院校。以全日制高等职业教育为主，兼有成人高等教育、岗位培训、职业技能培训等办学形式，全日制高职在校生 6500 多人。

2013 年底顺利通过教育部第二轮人才培养工作评估和省级示范校建设项目验收，现为“甘肃省示范性高职院校”。

学院设有建筑工程系、交通工程系、环境与市政工程系、建筑系、建筑经济管理系、测绘地理信息系、基础课部、思政部 8 个教学系部；以土木建筑专业为优势，

2015年11月10日，学院新校区扩建一期工程开工奠基

学院校本部教学楼

学院气势恢弘 设施齐全 功能完备的现化体育馆

以建筑工程、工程造价、道路桥梁、供热通风与空调、工程测量专业为特色，形成了土建、交通运输、测绘、制造、环保安全、财经、电子信息等7大类30个专业协调发展的专业格局。建有2个中央财政支持提升专业服务产业发展能力项目重点建设专业、5个省级特色专业、5个省级示范院校重点建设专业、2个院级特色专业，形成了传统专业稳定发展，特色专业优势明显，重点专业建设突出的专业建设格局。

2015年末，学院现教职工403人，教师305人，“双师型”教师157人，教授、副教授、高级工程师等具有高级专业技术职务的教师65人，占专任教师的21%。学院另聘有200多名具有丰富实践经验的高、中级工程技术人员担任我院兼职教师和校外实习实训指导教师。

学院现占地面积312.3亩，建筑面积14.05万平方米；图书馆藏书33.61万余册，电子图书1705GB；现在建成和在建的中央财政支持实训基地3个、省级财政支持实训基地11个，建有校内实验室和仿真模拟实训室34个，其中校企合作大型实验室2个；建立了80个长期稳定的校外实习实训基地和200多个实习点。目前新校区建设正在加快建设中。

建校58年来，为祖国建设事业培育输送了近5万名高素质、受欢迎的建筑人才，毕业生遍及全国，在甘肃省内形成了“哪里有建筑工地，哪里就有建院毕业生”的局面。学院毕业生连续多年就业率达85%以上，招生分数线和毕业生就业率均居省内高职院校前列。

2015年12月24日，甘肃省建筑职教集团成立揭牌仪式

2015年9月18日，学院与甘肃豪斯建筑装饰有限公司合作办学成立“豪斯班”

教育部高教司张大良司长（中）在甘肃政法学院调研

省教育厅厅长王嘉毅在甘肃政法学院调研

甘肃政法学院举办陇籍法学家论坛

甘肃政法学院举办的首届“循环经济法制理论与实务”高端研讨会

甘肃政法学院承办的“丝绸之路沿线国家法制合作高端论坛”

省司法厅与甘肃政法学院共建监狱学专业座谈会

甘肃政法学院繁忙的图书馆自习室

甘肃政法学院第 25 届田径运动会

甘肃政法学院教职工文体活动丰富多彩

甘肃政法学院校园学习一角

2015 年，河西学院设有 17 个二级学院、39 个党政群团管理部门、25 个研究院（所、中心）；有 53 个本科专业和 10 个专科专业，涉及文、理、农、医、管理、教育、艺术等 12 个学科门类；已建成国家级特色专业建设点 1 个（种子科学与工程），博士后科研流动站 1 个（微藻工程），省级特色专业建设点 5 个（小学教育、旅游管理、数学与应用数学、化学、学前教育），省级重点学科 3 个（历史文献学、农业资源与环境、发展与教育心理学）。学校面向全国 16 个省（市、自治区）招生，有全日制在校本专科学生 19808 人。

2015 年 12 月 21 日，甘肃省副省长郝远（右一）一行赴复旦大学考察交流省校、校校合作情况

2015 年末，学校有教职工 2016 人，其中专任教师 904 人，教授（含研究员、主任医师）116 人，副教授（含副研究员、副主任医师）392 人；具有硕士学位 527 人，具有博士学位 40 人。

学校占地面积 4000 多亩，校舍建筑面积 48.4 万平方米，固定资产总值 13 亿元，各类仪器设备总值 1.69 亿元，馆藏纸质图书 118 万册，电子图书 110 万册；附属医院床位 1439 张，年接诊人数达 80 万人次。《河西学院学报》面向全国公开发行。

2015 年 5 月 19 日，“陕西师范大学、河西学院共建‘丝绸之路经济带河西走廊智库’”启动仪式在学院举行

科学合理制定招生计划，圆满完成本年度招生录取工作，2015 年录取新生 5746 名，全部实现线上录取，其中普通本科生 3318 人，三校生本科 184 人，扶贫计划招生 140 人，专升本考生 62 人，预科 100 人，预科转正 145 人，普通专科 900 人，专科单招 897 人。

通过国家政策引导，省地项目带动，就业服务拉动，校内校外联动，积极开展就业指导与服务工作，先后举办专场招聘会 89 场次，大型招聘会 4 场，努力开拓就业市场，2015 年共毕业 5497 名毕业生，其中本科生 3211 人，占 58.41%；专科生 2286 人，占 41.59%；截止 12 月底有 5114 人就业，就业率为 93.03%，其中考研 248 人。根据艾瑞深中国校友网最新公布的《2015 年中国大学教学质量评价报告》，学校 2015 年毕业生质量位居全国第

253名，甘肃省第5名。

不断加大高层次人才引进力度。2015年引进各类人才36人，7人晋升教授职称，19人晋升副教授职称。学校现有国务院特殊津贴获得者专家6人，省级优秀专家14人，省级教学名师3人；甘肃省“333”、“555”创新人才工程学术带头人9人，甘肃省领军人才2人；13名教授被聘为复旦大学、兰州理工大学、甘肃农业大学等省内外高校兼职硕士生导师；聘请中科院院士李灿、杨玉良，中国工程院院士李玉等78位知名专家为兼职教授。

制订《河西学院章程》并通过省教育厅审核，使学校办学方向、管理体制和治理框架等得到明确；大力推进人事制度改革与创新，召开三届六次教代会暨人事工作会议，讨论修订《河西学院岗位津贴分配方案》和《河西学院“祁连人才工程”实施办法》，进一步完善稳定人才、吸引人才、激励人才的校内岗位津贴分配制度；认真贯彻落实《国家中长期教育改革和发展规划纲要（2010-2020年）》和教育部《关于地方本科高校转型发展的指导意见》精神，制订《河西学院向应用技术大学转型发展实施方案》，积极探索学校转型发展之路。不断加强校园文化建设，坚持以经典文化打“底气”，以品牌活动养“文气”，以核心价值立“正气”，校园文化品位和师生生活质量得到提升；校园“一卡通”投入使用，信息化建设迈上新台阶。学校新校园修建性详细规划方案通过评审；河西讲堂竣工并投入使用，教师公寓、美术楼扩建工程等项目按计划完工，各项基础设施维修改造项目正常进行；学生食堂煤改气等基础设施维修改造项目顺利实施，学校办学条件得到进一步改善，和谐校园、美丽校园、数字校园、平安校园建设工作顺利推进，为“十三五”发展奠定坚实的基础。

2015年12月19日，河西学院与敦煌研究院合作框架协议签字仪式在学院举行

2015年10月24日，省高校工委书记、教育厅副厅长王智平（左一）在兰州会见复旦大学前任副校长、教师教学发展中心主任陆昉教授（中）

2015年12月22日，西部创客大学揭牌暨首期培训班开班仪式在学院举行

2016 GANSUWEISHENG ZHIYEXUEYUAN 甘肃卫生职业学院

教育部原副部长鲁昕（左一）由甘肃省教育厅厅长王嘉毅（右二）陪同视察学院

赴德国护士学习＋工作项目合作协议签订仪式

甘肃卫生职业学院是经甘肃省人民政府批准设置、教育部备案的公办全日制普通高等学校。学院隶属甘肃省教育厅，其前身是创建于 1956 年的甘肃省卫生学校。学院是首批全国护理专业技能型紧缺人才示范性培训基地、首批国家中等职业教育改革发展示范校，是全国卫生职业教育教学指导委员会委员及护理分委会主任委员单位、中华医学会全国卫生职业教育研究会常务副主任和秘书长单位、中国职教学会教学工作委员会常务理事单位、甘肃省卫 S 生职业教育集团秘书长单位。半个多世纪以来，学院培养毕业生近 4 万人，被誉为陇原医药卫生服务人才的“摇篮”。

学院现有占地面积 1205 亩，分三个校区（校本部

副省长郝远(左)与省卫计委主任刘维忠(右)为甘肃省卫生职业教育集团揭牌

学校全景

50 亩，位居兰州市城关区东岗西路 60 号；东校区 105 亩，位居兰州市城关区段家滩路 809 号；新校区 1050 亩，在建，位居兰州新区职教园区）。学院教学、生活、体育等配套设施齐全，有满足各专业教学的先进设备、远程教学系统和多媒体教学系统，教学仪器设备总值 5500 余万元，图书馆藏书 20 万册（含 6 万册电子书刊）。

2015 年末，学院有教职工 220 人，其中专任教师 140 人；副教授 51 人，讲师 62 人；有硕士 61 人，博士 2 人。

学院现有全日制在校生 6000 余人，开设有临床医学、口腔医学、护理、助产、口腔医学技术、医学检验技术、医学影像技术、药学等专业，形成了门类较为齐全的医药卫生高职教育专业群。其中护理、涉外护理、助产、医学影像技术、口腔医学技术等专业曾被评为省级示范专业，医学检验技术、药学专业曾被评为省级骨干专业。学院与北京大学、兰州大学、甘肃中医药大学合作办学，开设有护理、医学影像、医学检验、口腔医学等专业本科层次成人教育，形成大专与本科并存、普通教育与成人教育并存的多元化办学模式。

学院为甘肃省基层医疗卫生机构卫生技术人员提供继续教育和远程医学教育服务，是全省重要的医疗卫生技术人才培养基地、医学科学研究基地、医学信息交流基地和卫生技术人员继续医学教育基地。学院遵循“医德为先，技能为本，服务师生成长，服务人民健康”的办学指导思想，以人才培养为中心，以学科建设为龙头，以岗位需求为导向，努力创新办学机制，着力深化教育教学改革，不断提高教学质量，大力培养医药卫生行业一线需要的高素质技能型人才。

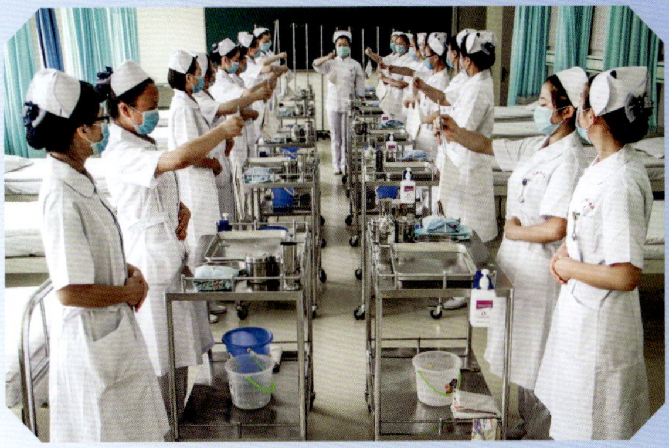
护理专业实训

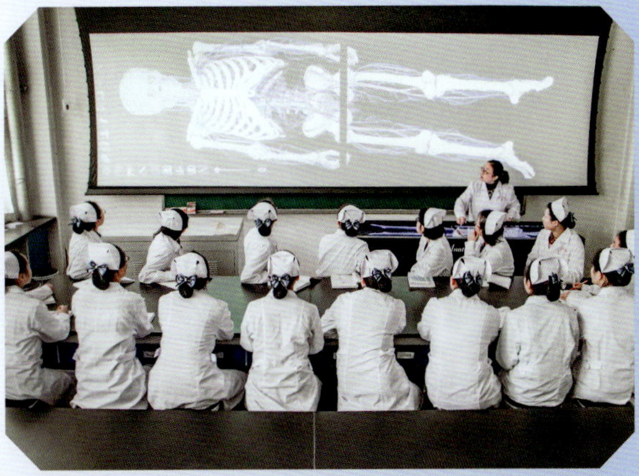
3D 虚拟解剖实训室

口腔仿头模实验室

甘肃省听力语言康复中心

GANSUSHENGTINGLIYUYANKANGFUZHONGZIN

甘肃省听力语言康复中心成立于1989年，是省残联直属正县级事业单位。为全国首家具有医疗和教育双资质的听力语言康复机构、全国听力语言康复重点学科单位、全国听力语言康复区域中心、省级一类听力语言康复中心、省级听障儿童示范性幼儿园。业务辐射西北五省及河南、重庆、四川、安徽、西藏等9个省份，在区域建设、学科发展等方面发挥着引领示范作用。是集康复、医疗、教学、科研、培训于一体的区域性、示范性、公益性、服务性的中心。被全国妇联评为“全国巾帼文明岗”；获得国家“残疾人之家”的光荣称号；在“首届全国听力语言康复教师职业技能大赛全国总决赛”荣获团体三等奖等荣誉；为北京联合大学、西北师范大学、兰州城市学院等省内外高校特殊教育人才实习基地；为“甘肃电视青少儿艺术团艺术人才选拔培养基地”。

现工作场地为兰州新区总部、兰石现址、鱼池口二门诊，共计14000平方米。2015年末，中心有工作人员110名，内设康复医学科、儿童保健科、门诊部、听力语言康复科、社区指导部、办公室和幼儿园共15个内设机构。主要职责是承担全省残疾儿童语言康复训练和矫治工作，全面开展康复教学、国家项目的实施、康复专业技术人员培训、社区康复的培训与指导、聋儿家长培训等。中心始终坚持全心全意为听障残疾人士服务的宗旨，为全年龄段听障患者开展专业服务，广泛开展以耳聋预防、听力语言康复为主的宣传教育活动，大力推广“不仅要学会说话，还要健康成才”的身心同步康复的理念。

多年来在中国听力语言康复研究中心的精心指导下，在省残联的有力领导下，经过中心全体职工的不懈努力，中心已经发展成为模式先进、功能完善、服务齐全、西北一流的听力语言康复技术资源中心。截至目前，已训练听障儿童4110名，培训听障儿童家长41604人次，接受国家人工耳蜗救助项目的听障儿童460名，接受国家助听器项目的听障儿童1184名，

接受贫困成年听力残疾（助听器）项目 2000 名，777 名听障儿童分别进入小学、中学和大学就读，康复率达 85% 以上。中心培养区域内康复技术人才 3926 人，教职员工累计在国家和省级刊物上发表论文 90 余篇，参与完成国家级、省级科研课题 5 项。

省听力语言康复中心医疗小分队下基层服务

省听力语言康复中心专业化听力检测

举办省残疾人康复服务‘百千万’工程第三期心理康复师资培训班

中残联工作组察看省听力中心基层指导工作记录

甘肃省科学院传感技术研究所

GANSUSHENGKEXUEYUANCHUANGANSUOYANJIUSUO

甘肃省科学院传感技术研究所成立于 1985 年 10 月，是甘肃省省属社会公益类科学研究机构，专门从事传感器及其应用技术的研究、开发、技术咨询与技术服务。拥有一个省级工程中心“甘肃省传感技术工程研究中心”、一个省级行业中心“甘肃省传感器及应用行业技术中心”和一个省级司法鉴定所“甘肃省科学院传感技术研究所司法鉴定所”，2014 年被确定为甘肃省传感器与传感技术重点实验室培育基地。现为中国科学院科技创新“合作与交叉团队”成员、中国仪器仪表学会仪表功能材料学会常务理事、中国仪器仪表行业协会传感器分会理事单位、全国科学院联盟光学仪器分会理事单位、全国科学院联盟软件分会理事单位。

传感所重点研究方向为“纳米功能材料研究”、“MEMS 传感器研究”、“生物传感技术研究”和“传感技术应用研究”。目前在磁性纳米材料、高端 MEMS 传感器、生物传感技术等研究方面具有较强实力，承担了多项国家和省部级重点课题。 拥有一支结构合理、创新能力突出的科研队伍，其中包括从美国硅谷引进的“MEMS 传感器专家团队”。

研究所下设 4 个研究室、2 个中心、1 个综合办公室和 1 个公司，分别是敏感材料研究室、MEMS 传感器研究室、生物传感技术研究室、传感技术应用研究室、测试与分析中心、室内环境质量检测中心、综合办公室和兰州创力测控技术有限公司。

传感所拥有设备先进、功能完备的实验室和一条国际先进的 MEMS 传感器研发线。配备的高端仪器设备包括射频磁控溅射镀膜系统、高真空磁热退火炉、磁性能综合测试平台、电化学工作站、色谱分析仪、透射电镜、紫外及可见光分光光度计、气敏特性静态测试仪、气敏特性动态测试仪、数控车床、数控铣床等设备共 120 台套。

IBE

光刻机

显影机

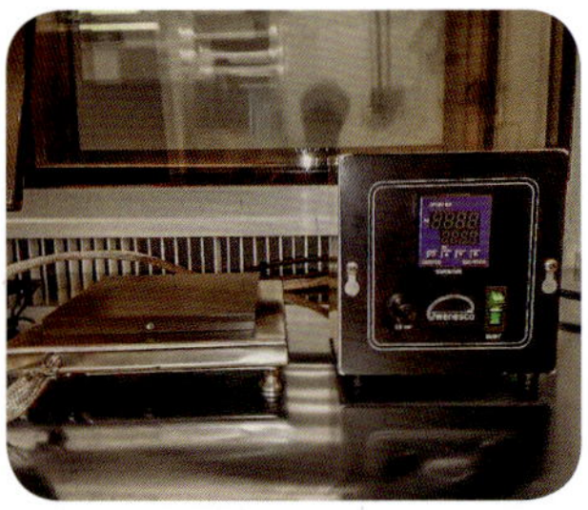
匀胶机

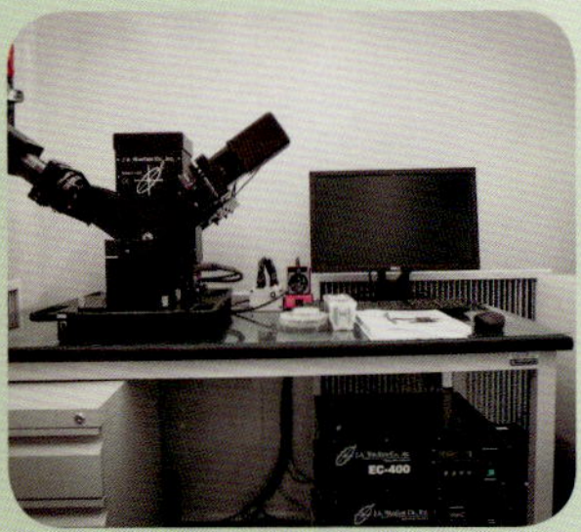
椭偏仪

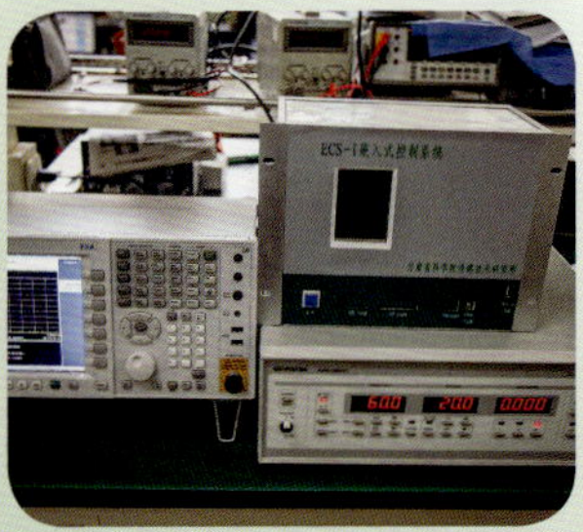
测试系统

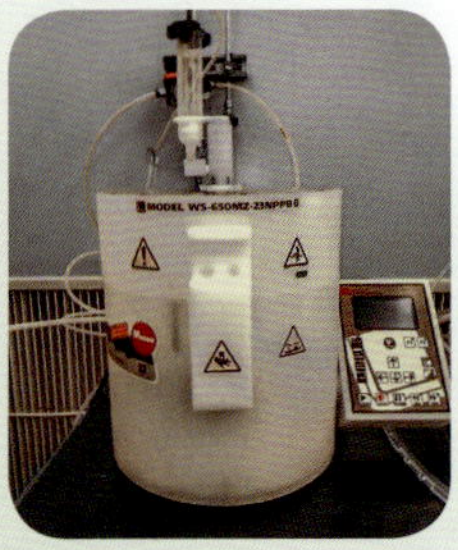
匀胶机

磁控溅射

传感所引进的美国硅谷“MEMS传感器专家团队”由三位拥有海外工作经历的博士组成。团队成员不仅都具有美国一类大学（杜克大学、波士顿大学等）的相关博士学位，并且都有在美国高科技公司十年以上的研发经验。该团队在低维电子体系、微机电和生物芯片领域具有深厚的理论、实践和管理经验，涵盖项目研发理论、产品设计、制备工艺、材料、制备流程、产品性能评估和产业化等各个方面。

张彪博士为MEMS团队成员讲课

传感所与天水华天电子集团建立了合作关系，双方在合作研发新型传感器、共同承担国家重大项目、科研基础平台共建、联合培养传感技术领域的高层次人才、促进科技成果转化等方面达成了合作意向。

同时，与北京大学、兰州大学等国内的知名高校、中国科学院固体物理研究所、中国科学院长春光学精密机械与物理研究所、中国科学院化学物理研究所等科研单位保持着长期友好的合作关系。通过科研项目合作、互聘专家教授、共同培养研究生及学术交流等方式，实现了与高校、科研院所间的合作交流和资源共享。

中科院固体所张立德教授来传感所讲学

传感所与中科院长春光机所签订合作协议

美国劳伦斯伯克利国家实验室任罡博士来传感所学术交流

美国布朗大学肖钢教授来传感所讲学

2015 年 6 月 13 日，副省长郝远（中）在陇东学院调研指导工作

2015 年 5 月 8-10 日，中国共产党陇东学院第一次代表大会胜利召开

2015 年 10 月 18 日至 21 日，第七届全国革命老区高校联席会在学院隆重召开

2015 年 8 月 2 日，省教育厅总督学、甘肃省第三届大学生运动会组委会秘书长李晶在大学生活动中心主持甘肃省第三届大学生运动会闭幕式

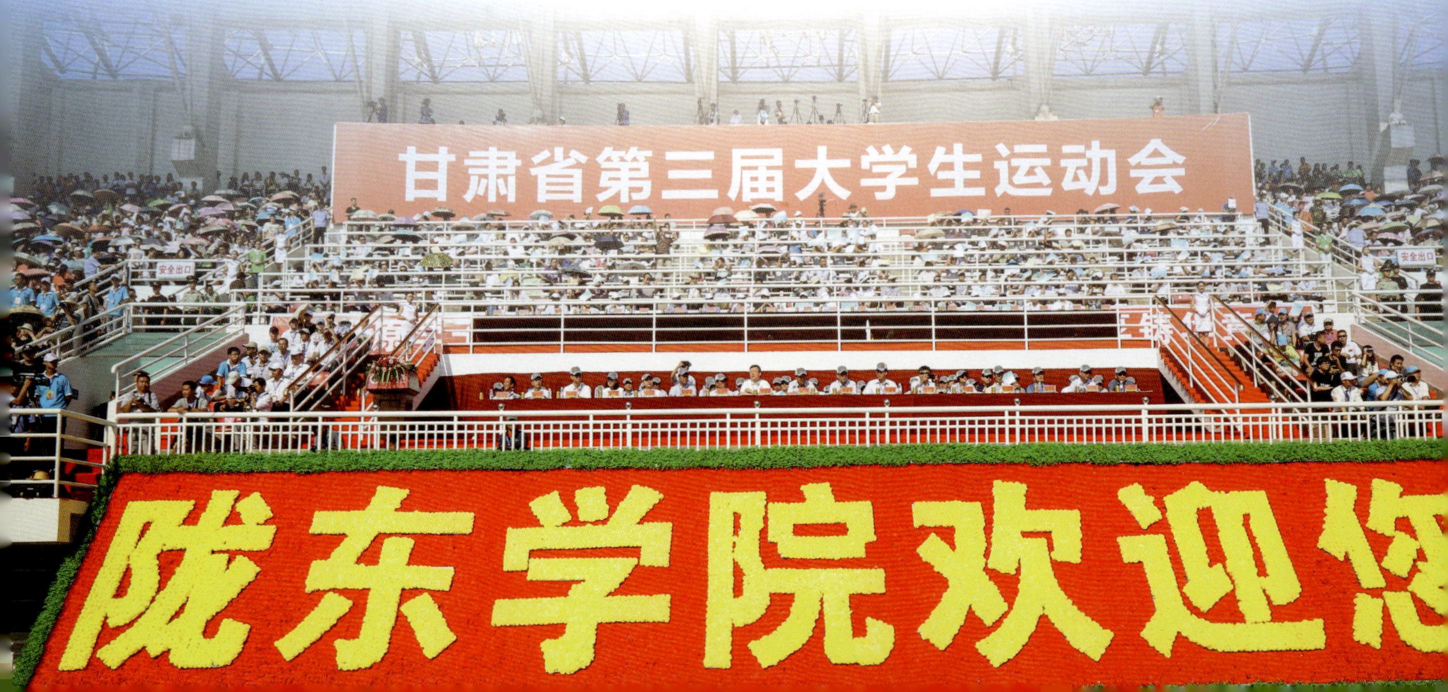

市（州）县（市、区）概况

CITES AND COUNTIES SUMMARIES

兰州市

【综述】兰州市地处陇西黄土高原的西部，介于北纬35° 34′ 20″－37° 07′ 07″，东经102° 35′ 58″－104° 34′ 29″之间。北部和东北部毗邻白银市的白银区和景泰县、靖远县；东部和南部与白银市的会宁县和定西市的安定区、临洮县及临夏回族自治州的永靖县相邻；西南部和西部与青海省民和县相连；西北部与武威市的天祝藏族自治县接壤，全市总面积13085.6平方千米。2015年末，全市辖5个区3个县，以及国家级兰州新区、高新区、经济区，市域总面积1.31万平方千米，市区面积1631.6平方千米，全市常住人口369.31万人。2015年，兰州市城区空气质量优良天数达到252天，比上年增加5天，在巴黎世界气候大会上荣获“今日变革进步奖”，同时被中央电视台“中国经济生活大调查”评为2015年度“中国十大幸福城市”第五名。

2015年，全市生产总值增长9.1%，总量达到2095.99亿元。其中第一产业增加值56.22亿元，增长5.9%；第二产业增加值782.65亿元，增长6.8%；第三产业增加值1257.11亿元，增长11.2%。三次产业结构从“十一五”末的3.07：48.09：48.84调整为2.68：37.34：59.98。完成固定资产投资1803.75亿元，增长11.99%。社会消费品零售总额达到1152.15亿元，增长9%。战略性新兴产业增加值达到175亿元，占生产总值的比重为8.35%。

【农业农村经济】2015年，全市粮食总产量45.9万吨，比上年下降2.81%。其中夏粮产量17.05万吨，下降5.24%；秋粮产量28.85万吨，下降0.13%。全年粮食作物种植面积184.19万亩，比上年减少7.32万亩；蔬菜种植面积100.42万亩，增加6.65万亩，其中设施蔬菜种植面积11.69万亩，增加0.62万亩；中药材种植面积19.46万亩，增加2.99万亩。年末，全市大牲畜存栏8.73万头（只），比上年末下降3.74%；牛存栏5.03万头，增长0.3%；羊存栏67.33万只，增长0.04%；猪存栏35.59万头，下降4.34%。牛、羊、猪出栏分别为0.85万头、31.44万只和34.53万头，牛、羊出栏分别比上年增长33%、962%，猪出栏下降456%。主要经济作物中，蔬菜产量29034万吨，增长7.02%，其中设施蔬菜产量47.41万吨，增长7.47%；中药材产量3.31万吨，增长14.65%；园林水果产量16.06万吨，增长4.64%。

【工业与建筑业】2015年，全市完成全部工业增加值535.04亿元，比上年增长6.1%。规模以上工业企业完成工业增加值515亿元，比上年增长5.5%。其中轻工业完成增加值168.8亿元，增长6.8%；重工业完成增加值346.2亿元，下降0.4%。战略新兴产业增加值175亿元，比上年增长9.0%，占全市规模以上工业增加值的34%。全年发电量178.47亿千瓦时，下降3.72%；原油加工量967.2万吨，增长5.59%；粗钢产量212.7万吨，下降44.5%；钢材246.8万吨，下降42.9%；水泥1154.2万吨，增长7.5%。

2015年，全市建筑业完成增加值251.52亿元，比上年增长8.6%。全市具有建筑业资质等级的总承包和专业承包建筑业企业完成总产值917.8亿元，增长8.58%。

2015年兰州市主要农产品产量

产品名称	产　量（万吨）	比上年增长（%）
粮食	45.9	−2.81
油料	2.03	−0.82
#油菜籽	0.46	−7.41
中药材	3.31	14.65
园林水果	16.06	4.64
蔬菜	290.34	7.02
#设施蔬菜	47.41	7.47

2015年，兰州市城区环境空气质量达标天数为252天，比上年增加5天，PM10年均浓度120微克/立方米、同比下降4.8%，PM2.5你年均浓度52微克/立方米，同比下降13.3%，打造了国内外瞩目的“兰州蓝”

2015年兰州市主要运输方式完成货物和旅客运输量

指 标	单 位	总 量
货运量	亿吨	1.18
铁路	亿吨	0.08
公路	亿吨	1.1
航空	亿吨	0.0005
货物周转量	亿吨千米	127.11
铁路	亿吨千米	--
公路	亿吨千米	127.11
航空	亿吨千米	--
客运量	亿人次	0.62
铁路	亿人次	0.13
公路	亿人次	0.41
航空	亿人次	0.08
旅客周转量	亿人千米	62.61
铁路	亿人千米	--
公路	亿人千米	62.61
航空	亿人千米	--

【固定资产投资】2015年，全市完成固定资产投资1803.75亿元，比上年增长11.99%。其中项目投资1464.74亿元，增长14.96%。按三次产业分第一产业投资39.59亿元，增长105.74%；第二产业投资379.4亿元，下降7.33%，其中工业投资364.58亿元，下降10.05%；第三产业投资1384.76亿元，增长17.15%。

【房地产开发】2015年，全市完成房地产开发投资339.01亿元，比上年增长0.74%，其中住宅投资221.30亿元，下降1.19%。房屋施工面积4187.36万平方米，比上年增长14.94%；房屋竣工面积231.16万平方米，增长46.06%。商品房销售面积676.55万平方米，增长32.58%；商品房销售额427.26亿元，增长34.14%，其中期房销售额351.73亿元，增长23.0%。

【交通邮电】2015年，全市交通运输、仓储和邮政业实现增加值122.18亿元，比上年增长4%。全年公路运输完成货运周转量127.11亿吨千米，旅客周转量62.61亿人千米。年末，全市民用汽车保有量80.46万辆，比上年末增长30.87%。其中轿车31.70万辆，增长19.16%；本年新注册汽车11.41万辆，增长16.98%。

2015年，全市完成邮电业务总量92.39亿元，比上年增长28.37%。其中电信业务总量86.44亿元；邮政业务总量5.95亿元。年末固定电话用户67.43万户。 其中城市62.76万户；农村4.67万户。本年减少固定电话用户9.29万户。年末移动电话用户610.25万户，本年新增141.52万户。其中3G移动电话用户135.11万户。年末固定互联网宽带接入用户数达117.02万户，互联网宽带接入端口74.03万个。

【旅游】2015年，全市接待国内旅游人数3700.18万人次， 比上年增长22.10%；入境旅游人数3.57万人次，比上年增长31.73%。国内旅游收入290.44亿元，比上年增长25.13%。

【商贸流通】2015年，全市完成社会消费品零售总额1152.15亿元，比上年增长9.0%。其中城镇完成社会消费品零售总额972.18亿元，增长8.86%，其中城区完成社会消费品零售总额788.88亿元，增长11.63%；乡村完成社会消费品零售总额179.97亿元，增长9.88%。

全年限额以上批发和零售企业实现商品零售额436.10亿元，比上年下降3.3%。其中石油及制品类零售额114.33亿元，下降22.3%；汽车类零售额158.95亿元，增长4.2%；粮油、食品类零售额22.29亿元，增长2.3%；服装鞋帽、针纺织品类零售额44.59亿元，增长2%；中西药类零售额17.81亿元，增长9%；家用电器和音像器材类零售额15.82亿元，增长10.1%；金银珠宝类零售额13.23亿元，增长13.6%。

【贸易】2015年，全市外贸进出口

2015年兰州市各类教育招生和在校生情况

指 标	招生数（万人）	比上年增长（%）	在校生数（万人）	比上年增长（%）	毕业生数（万人）	比上年增长（%）
研究生教育	0.99	1.95	2.93	1.73	0.91	5.85
普通高等教育	8.48	−4.23	31.50	−0.12	8.29	0.4
中等职业教育	1.67	−19.43	5.98	−14.10	2.48	−8.98
普通高中	2.31	0.03	7.00	−3.88	2.55	−0.84
初中学校	3.12	−9.84	10.00	−5.05	3.56	5.38
普通小学	3.59	1.48	20.80	2.22	3.14	−9.89

2011-2015年城镇居民人均可支配收入与增长速度

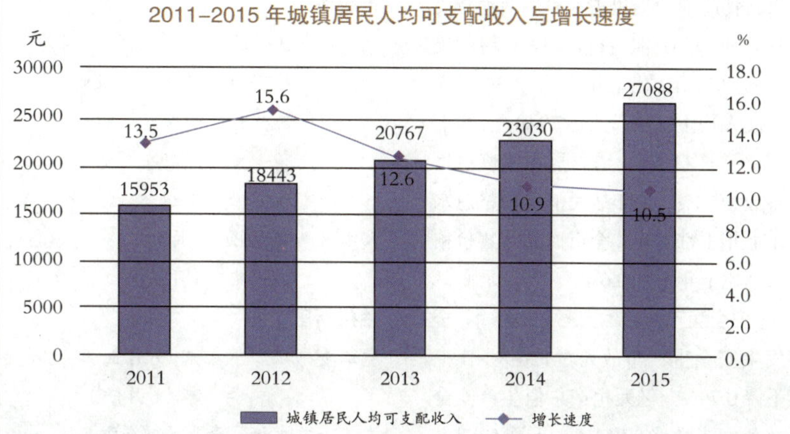

2015年8月21日，首列兰州至汉堡中欧国际货运班列开行

总值为315.07亿元人民币，比上年增长6%。其中，出口总值为277.71亿元人民币，增长7.4%；进口总值为37.36亿元人民币，下降4.61%。

全年新签对外承包工程合同73份，新签合同金额8.46亿美元，比上年增长191.35%，完成营业额2.89亿美元，下降8.66%。

【财政金融证券保险】2015年，全市地区性财政收入为593.42亿元，比上年同口径增长26.94%。一般公共预算收入为185.19亿元，增长21.57%。一般公共预算支出为344亿元，增长22.85%。全市年末金融机构本外币各项存款余额7945.82亿元，增长19.19%。金融机构人民币各项存款余额7803.12亿元，增长17.44%。年末全市金融机构本外币各项贷款余额7227.96亿元，增长21.80%。金融机构人民币各项贷款余额6892.02亿元，增长22.75%。

年末，全市有境内股票上市公司16家。年末股票市价总值为2062.35亿元，增长9%。发行、配售股票筹集资金811.26亿元，增长1095.16%。全年原保费收入87.05亿元，增长16.05%。其中财产险收入31.62亿元，增长9.92%；寿险收入39.63亿元，增长2.45%；意外险保费收入2.54亿元，增长22.1%。健康险保费收入13.27亿元，增长141.7%。

【科技与教育】2015年，全市科技成果538项，比上年增加206项。全年获得奖励170项，比上年减少5项。专利申请受理5703件，比上年增长33%；授权专利2914件，增长36.2%；授予发明专利权848件，增长44%。全年共签订技术合同3917项，增加50.36%；技术合同成交金额40.23亿元，增长6%。2015年，全市研究生教育招生0.993万人，比上年增长1.95%，在校研究生2.9293万人，增长1.73%；普通高等教育招生8.4783万人，下降4.23%，在校学生31.5032万人，下降0.12%；中等职业教育招生1.67万人，下降19.43%；普通高中招生2.31万人，增长0.03%；初中学校招生3.12万人，下降9.84%；普通小学招生3.59万人，增长1.48%；特殊教育招生0.0159万人，增长4.61%；幼儿园在园幼儿7.6374万人，增长4.12%。

【文化与体育】2015年末，全市有文化馆9个(不含省级)，公共图书馆8个(不含省级)，博物馆(含纪念馆)24个(不含省级)，国有艺术表演团体1个(不含省级)。广播和电视综合人口覆盖率分别为9965%和9971%,分别比上年提高001和0.01个百分点。有线电视用户59万户，增长7.2%；有线数字电视用户54万户，增长9.3%。全年参加各类赛事，共获得各类奖牌149枚。

【医疗卫生】2015年末，全市有卫生机构2391个,其中医院、卫生院164个，妇幼保健院（所、站）10个，专科疾病防治院（所、站）2个，社区卫生服务中心（站）232个。医院、卫生院拥有床位2.9万张，比上年增长16.54%。卫生技术人员3.1万人，增长0.34%。其中执业医师和执业助理医师1.24万人，增长0.83%；注册护士1.31万人，增长1.08%。

【人民生活与社会保障】2015年，全市城镇居民人均可支配收入27088元，与上年同比增长10.5%；城镇居民人均消费性支出20156元，与上年同比增长6.9%；城镇居民家庭恩格尔系数(即居民家庭食品消费支出占家庭生活消费支出的比重)为31%。农村居民人均可支配收入9621元，比上年增长12.3%；农村居民人均生活消费支出7940元，与上年同比增长11.4%；农村居民家庭恩格尔系数为34%。全年居民消费价格总水平比上年上涨1.3%，全市商品零售价格总水平比上年上涨0.6%。

【安全生产与自然灾害】2015年，全市发生安全生产事故死亡126人，比上年下降0.79%。亿元生产总值生产安全事故死亡人数为0.063人，下降5.97%。煤矿百万吨死亡人数为0.42人，下降2759%。全年发生道路交通事故714起，造成224人死亡（其中：生产经营性道路事故死亡92人）、805人受伤，直接经济损失0.015亿元；道路交通万车死亡人数为3.11人，下降1.89%。

市区全年平均气温11.6℃，平均降水量266.7毫米。全年农作物累计受灾面积34.09万亩，比上年减少10.93万亩。其中累计成灾面积19.02万亩，比上年减少10.03万亩。

兰州市领导班子成员名录

市　委

书　记　虞海燕

副书记　袁占亭　李森洣

常　委　虞海燕　袁占亭　李森洣
李　睿　金祥明　段英茹
张悌先　张建平　李　军
俞敬东　何向东　周万山
郭智强　胥　波　赵　爱

秘书长　高春远

市人大常委会

主　任　牟少军

副主任　魏志乐　蒙自福　毛　仁
张淑菊　席飞跃

秘书长　朱宗礼

市政府

市　长　袁占亭

副市长　俞敬东　何向东　周万山
曹丕玉　戈银生　牛向东
胥　波　咸大明　严志坚

秘书长　高兴贵（12月止）
唐　琦（12月任）

市政协

主　席　王　冰

副主席　滕兴科　孙晓刚　张荫林
苏广林　陈亲恭　魏职勤
范　文　陈卫东　陈　静
王　璇　丁祖全

秘书长　田国强（8月止）
敬国华（8月任）

兰州新区

党工委书记　李森洣（6月止）
李　睿（6月任）

党工委副书记　李　睿（6月止）
徐大武　郭智强

主　任　李　睿

副主任　牛向东　张永平　万　里
李西新　孙庆红　王　慧
杨　忠　何　静

纪工委书记　徐大武（10月止）
李勇红（12月任）

秘书长　刘怀君

（供稿：徐　鹏）

城关区

【基本情况】城关区位于兰州河谷盆地东部，是甘肃省会兰州市的中心区，是全省的政治、经济、科技、教育、文化、交通中心，是全国唯一的省、市、区三级党政军机关集于一地的县区，全区总面积220平方千米。2015年末，全区辖24个街道151个社区（村社区）18个行政村，常住人口约130万人，流动人口约50万人。有回族、满族等46个少数民族。

黄河自西向东穿城而过，流经本区18千米。境内平均海拔1520米。属北温带半干旱大陆性气候特征，市区年均气温11.2℃，年均降水量327.8毫米，蒸发量1437.7毫米，全年日照时数平均为2446小时，无霜期180天以上，年平均相对湿度56%。有五泉山公园、水车博览园、黄河铁桥等自然人文景区。全区大中型商场拥有量占全市的80%以上，兰州东部批发市场等5个大型市场跻身“全国同类市场100强”。区内有兰州大学、中科院兰州分院、中国航天科技集团公司510研究所、中国农科院兰州兽研所等著名科研院所124家。城关区文化底蕴深厚，有《读者》《丝路花雨》《大梦敦煌》及兰州太平鼓等一大批文化艺术成果。

2015年，全区实现地区生产总值775.19亿元，增长9.59%。其中一、二、三产分别增加1.74、115.06和658.39亿元，增长3.71%、6.95%和10.16%；完成社会消费品零售总额628.45亿元，增长8.9%；完成城镇固定资产投资374.16亿元，增长12.55%；完成公共财政预算收入29.26亿元，增长16.85%。

【农业农村经济】2015年，全区实现农业增加值1.8亿元，增长2%。全年种植蔬菜2.52万亩次，蔬菜产量9.01万吨。全年畜禽饲养量达5.7万头（只），蛋奶总产量0.46万吨。草原植被覆盖率达到50%。累计投入资金1000余万元，建立标准化检测室38家，配备2辆流动检测车和60名专职检测员，率先在全省范围内建成农产品质量安全监督管理指挥中心，基本实现农产品质量安全监管“零盲点、全覆盖”。投资1240.77万元，完成皋兰山灌区续建配套与节水改造工程、皋兰山供水维修工程项目和大砂沟洪道治理工程建设项目。制定出台《全区农村集体资金资产资源管理实施意见》，在7个街道34个村建成“三资”管理平台。

【工业经济】2015年，全区完成工业总产值186.4亿元，增长4%。规模以上工业完成工业总产值175.4亿元，增长3.1%。其中轻工业实现产值50.3亿元，增长5.7%；重工业实现产值125.1亿元，增长2.1%。地区完成工业增加值51.7亿元，增长5.83%，其中规模以上工业完成工业增加值48.2亿元，增长4.8%。辖区企业利用工业固废4.18万吨，综合利用率达75%；全区单位生产总值能耗降低4.12%，规模以上单位工业增加值能耗同比下降3.2%，单位生产总值能耗下降到4.12标准煤。

【非公经济】制定出台《城关区加快非公经济发展的实施意见》《城关区现代服务业扶持办法》等7个意见办法，设立规模达1.3亿元的4个发展基金。为42户中小企业共计担保贷款1.52亿元。2015年，全区非公经济实现增加值448亿元，增长14.92%，占GDP的比重达到57.58%。截至2015年底，全区亿元以上销售收入非公企业达到100户。

【招商引资】2015年，全区新签招商引资项目433项，项目总投资535.98亿元，到位资金248.19亿元。兰州新区引进项目5个，到位资金6.9亿元。引进麦当劳、长城宽带等"四个500强"企业20家。

【商贸流通】2015年，全区实现社会消费品零售总额628.45亿元，增长8.9%。其中批发业150.24亿元，增长87.86%；零售业411.95亿元，下降6.19%；住宿业6.87亿元，增长10.17%；餐饮业59.39亿元，增长14.58%。建成全省首个跨境电商体验店，建立丝路汇等4个本土电商交易平台、100个电商便民服务网点，实现交易额287亿元。盛达金融大厦等3个总部经济项目建成投用。举办各类展会活动52次，实现交易额78亿元。

【旅游业】实施大兰山生态旅游风景区、兰山山地生态公园烟雨楼、水车博览园中央舞台等重点项目建设开发建设，投入60余万元启动实施民族村特色旅游示范村改造、头营村农家乐门牌改造等工程，创建旅游示范村1个、星级农家乐60户。2015年，全区共接待旅游人数2306.6万人次，增长20.5%；实现旅游总收入203.8亿元，增长25.8%。全年新增旅游从业人员8249人，增长13%。

【城镇建设】全年完成拆迁40万平方米。实施杨家湾吊桥、伏直公路和盐什公路维修工程，维修小街巷98条，养护农村公路110千米。出台《加快全区棚户区改造的意见》，实施光辉村等14个棚户区（城中村）改造项目，累计改造3888户78万平方米。打造32条城市管理示范街，累计拆除彩钢房16万平方米、户外广告4.5万平方米，粉饰楼体51万平方米，改造"三不管"楼院10个，安装100条小街巷路灯。完成605#路、火车站南路等13条道路绿化提升工程，新建雁滩高新区三角花坛游园和中广游园。建成伏龙坪登山健身步道和30条全民健身路径。新增城市绿地191亩，累积摆放鲜花20余万盆。

【生态建设】组织实施南山面山景观提升改造等八大绿化工程，提升改造林地1517亩。完成14.85万平方米未供暖设施和292万平方米供热计量改造。实施53家餐饮业油烟和4家煤粉锅炉提标治理。新建垃圾中转站5座，购置环卫车辆128台，主干道清扫率达到55%。空气质量优良天数达到252天，比上年增加5天。投入4482万元，基本完成大砂沟洪道治理工程，实施红四村等3个地质灾害治理项目，搬迁避让129户。

【科技与教育】2015年，全区推荐申报国家、省、市各类科技计划项目58项，获准立项数22项，争取项目资金扶持480万元。累计投入1613万元，扶持科技企业20家、科技项目37个。全区万人发明专利拥有量达到12.01件，分别高出省、市平均水平10.6件和4.5件。组织开展城关区第二届科学技术奖励评审工作，举办第六届青少年科技创新大赛。创建科普示范社区11个，科普示范学校6所，科普讲堂5处；年末，全区有区属学校100所，在校学生76902人，在职教职工4636人。完成静宁路小学、宁卧庄小学等4所学校改扩建工程。全年新增办学面积2.5万平方米、增加义务教育学位2400个。投入667.07万元，扶持139所民办托幼机构。3.8万余名流动人口子女全部入学。招聘教师135名，交流教师196名。完成70个校园警务室建设。

【医疗卫生】建成10家社区中医精品馆，打造6个医养融合示范点。完成中医骨伤科医院改造工程。100家社区卫生服务机构与6家省市医院签订协议，社区中医药服务覆盖率达到100%，打造中医特色社区卫生服务示范机构80家。全区居民规范化电子健康档案建档率达到72.91%，健康档案合格率达到86%，健康档案使用率达到71.2%。全区糖尿病、高血压规范化管理人数分别累计达到9914人和25935人，重性精神病患者管理1242人。传染病疫情直报符合率达到100%。通过全省中医药工作示范区创建和省级卫生城市复审验收。

【人民生活与社会保障】2015年，全区城镇居民人均可支配收入30535元，增长10.3%；农村居民人均可支配收入19252元，增长11.2%。建立就业见习基地17处，培训各类劳动力1.8万人，新增就业5.1万人，城镇登记失业率控制在1.78%以内。

率先在全省建成社会保险网上征缴体系，提高退休人员养老金标准，大病保险覆盖所有城乡医保参保人群，生育、工伤保险实现实时结算。建成新型虚拟养老院，启动综合福利老年养护中心建设，新建日间照料中心6家，累计服务老人160余万人次。将城乡低保标准提高10%。发放各类救助金8084万元，救助困难群众17.5万余人次。完成226户残疾人家庭无障碍设施改造，建成社区康复示范站2个，将3100名重度贫困残疾人纳入居家托养服务范围。分配入住保障性住房6406套，发放廉租房补贴730万元。改造农村危房54户。

城关区主要领导名录

区委书记　王　宏

区人大常委会主任　高　星

区　长　张永财

区政协主席　冯广宸

（供稿：潘　潇）

七里河区

【综述】七里河区地处兰州市中南部，介于东经103° 37'–103° 54'，北纬35° 50'–35° 06'之间。东至雷坛河，与城关区相壤，南与定西市临洮县为邻，东南至银山、铁冶、兰山，与榆中县相邻，西南至七道梁、摩云关、湖滩，与临洮县、临夏州永靖县交界，西至彭家坪、崔家大滩、深沟桥，与西固区毗邻，北濒黄河，与安宁区和城关区靖远路街道徐家湾隔河相望。境域东西最大距离21千米，南北最大距离33千米，全区总面积397.25平方千米，其中拥有林地12.6万亩，林木覆盖率21.13%；草地面积15.19万亩，覆盖率25.48%。2015年末，全区共有常住人口65万人，人口自然增长率1.85‰，人口密度每平方千米1636人。有回族、东乡族等44个少数民族。

境内资源有煤炭、石英石及地热等7种。阿干镇煤矿只剩下0.0348亿吨。另有石灰石储量0.04亿吨，砂子2亿立方米，天然卵石约1亿立方米，路标石有0.5亿立方米，坩泥0.2亿吨，石英矿储藏量1亿吨。探明瓜州路有地热，井深2300米，水温63.5度，富含偏硅酸、氟、铁、偏硼酸等多种微量元素。西部欢乐园地下2500米处，水温60度左右。

2015年，全区实现地区生产总值403.6亿元，增长8.38%。其中第一产业增加值4.98亿元，增长5.94%；第二产业增加值179.97亿元，增长6.21%；第三产业增加值218.64亿元，增长10.54%；全年农民人均可支配收入达到10824.68元，增长11.2%；城镇居民人均可支配收入达到25737.45元，增长10.7%；完成社会公共财政预算收入14.37亿元，增长37.99%；完成全社会固定资产投资238.28亿元，增长15.77%；完成社会消费品零售总额195.74亿元，增长9%。

【农业农村经济】2015年，全区农业增加值完成5.3亿元，增速5.9%。全年农民人均可支配收入14365.44元，增长11.2%。完成农作物播种面积16.41万亩，其中，蔬菜种植面积13.41万亩。全年完成粮食播种面积2.78万亩，中药材1375亩。全区猪、牛、羊、禽的饲养量达到46.71万头只。肉、蛋、奶产量完成3.32万吨。投资1.86亿元，新建百合组培扩繁中心、兰州百合文化博览园，完成高原夏菜保鲜速冻项目、5000吨蔬菜保鲜库改扩建项目主体工程，建成1个省级新特菜种植示范基地和3个省级蔬菜标准园。百合荣获“2015意大利米兰世博会优质特产奖”和农业部2015年度全国名特优新农产品。全区共投入地膜225吨，新增设施农业600亩。其中新增日光温室200亩，塑料大棚400亩。全区规模养殖户达到501户，其中奶牛户106户，养羊户240户，养猪户69户，养鸡户35户。全区农产品加工量达到18.9万吨，产值达到4.1亿元。

完成阿干、魏岭、黄峪约13万余亩登记颁证等前期工作。农村土地流转面积新增2187亩。新发展农民专业合作社23家。全年培训农村劳动力10200人次，培育新型职业农民50人。推广新品种新技术共引进试验示范新品种150个，推广20个。共引进喷灌机械设备77台、植物施肥条播机26台。全区农村沼气使用户291户，三沼利用291户，利用率占使用户的100%。全年争取到位农机购置补贴资金50万元，农机购置补贴已办理补贴农户421户，置各类农机具610台（套），全区农业机械总动力达到18.37万千瓦。共引进喷灌机械设备77台、植物施肥条播机26台。

【工业与非公经济】2015年，全区实现规模以上工业增加值138.7亿元，增长5.3%。单位生产总值能耗将下降4.75%以上。单位工业增加值用水量下降6.16%；完成小微企业审核600家，拨付补助资金1200万元，为60家中小微企业贷款2635万元。新登记注册非公企业2170户，扶持小微企业600户。全年实现非公经济增加值240亿元，比上年增长25.5%。

【招商引资】2015年，全区执行招商引资项目197项，引进到位资金339.5亿元，其中第21届兰洽会签约项目43个，总投资270.9亿元。全年向上争取各类项目资金5.3亿元。

【项目建设】2015年，全区共实施各类项目224个，完成投资238.28亿元；30个区列重点项目已开工25个，完成投资60.8亿元。

【商贸流通与贸易】2015年，全区社会消费品零售总额完成195.74亿元，同比增速达到9%。投资100.06亿元，建成10个农村电子商务服务站和兰州百合电商配送中心。辖区8个重点商贸项目，总投资额达到了162.4亿元；全年外贸进出口总额完成2.28亿美元，同比增速达到6%。

【文化产业与旅游业】投资13.88亿元，建成兰州极地海洋世界并投入运营。实施石佛沟景区道路等基础设施建设，大敦煌文化产业园等4个项目有序推进。2015年，全区文化产业增加值完成4.99亿元，增长26.34%；全年旅游总收入达到44.54亿元，和上年相比增长27%。

【城乡建设】投资1.77亿元，改造小街巷10条，完成既有建筑节能改造18.06万平方米、未供暖楼院供热改造428万平方米、“三不管”楼院改造15处；拆除新生违法建设26.8万平方米。投资2630万元，新建农村公路80.4千米，养护村级道路266.5千米。投资5609万元实施完成人畜饮水等6项民生水利工程。王官营移民搬迁安置房建设征地410余亩，一期住宅楼8栋、1048套、11.3万平方米已完成主体建设，二期工程11栋楼已开工建设。八里镇4个安置小区36栋住宅楼32栋主体已封顶，阿干镇4个小区已全部入住，西果园“百合小镇”已完成一期13栋主体建设，九池泉新农村46户农户已入住新居。

【环境保护】2015年，全区空气质量优良天数达到275天（新标准）（目标值全年250天以上），达标率达到75%。工业用水重复利用率达到90%以上，工业废水、废气排放达标率达到95%，垃圾无害化处理率达到90%。改造燃煤锅炉12台，拆除燃煤茶浴炉111台。查处施工噪声415起、商业噪声109起，餐饮污染112起，二次扬尘481起，清退马路市场2条。投资2亿元，实施马滩湿地公园。新增农村造林面积1885亩，全区森林覆盖率达到27.95%。

【扶贫开发】推进“联村联户”行动，实施项目进村工程，共协调对接项目资金2800万元，实施道路、水利、文化、农业等方面项目48个，已完工19个。截至2015年底，全区21个市级重点贫困村中的10个村全部实现整村脱贫，脱贫村农民人均纯收入达到7000元以上。全区贫困人口减少7133人，贫困面下降到47.08%。

【社会事业】2015年，全区投资1150万元，建成全国科普惠农兴村示范基地2个、省级科技创新基地2个；投资1800万元，完成14所薄弱学校改造项目；全区投资424万元，完成1个乡镇卫生院和8个村级卫生室改造；投资774万元，建成20个乡村舞台、23条全民健身路径。

【人民生活与社会保障】2015年，全区农民人均可支配收入达到10824.68元，增长11.2%；城镇居民人均可支配收入达到25737.45元，增长10.7%；全年发放小额贷款1.14亿元，带动就业5118人，城镇新增就业2.39万人，城镇登记失业率控制在1.98%以内。

2009年5月以前失地农民养老保险参保工作提前一年完成市定目标。全年发放城乡低保、农村"五保"、大病救助等社保救助资金1.39亿元。建成4家城市社区老年人日间照料中心及1家农村老人互助幸福院。投资55亿元，新建棚改房6344套，建成保障房3480套。全面完成政府为民兴办实事。

七里河主要领导名录

区委书记　石镜如

区人大常委会主任　郑元平

区　长　魏晋文

区政协主席　巴怀亮

（供稿：于　珊）

西固区

【综述】西固区位于甘肃中部陇西黄土高原西部，地处兰州市西南部，介于北纬35° 58′-36° 13′，东经103° 19′-103° 41′之间。东与七里河区接壤，南连永靖县，西邻红古区，北与永登县、皋兰县、安宁区毗邻。辖区东西最大距离30.2千米，南北最大距离19千米，全区总面积358.31平方千米。其中水域面积9.17平方千米。2015年末，全区辖3镇3乡，总人口36.369万人。

黄河由西向东横穿全境，地势西南高、东北低，南北两山向河谷川区倾斜，海拔在1500米至2000米之间。属温带半干旱大陆性气候，降水偏少，日照充足，蒸发量大，气候干燥。春季干旱多风；夏季酷暑，降水集中；秋季凉爽；冬季寒冷少雪。多年平均气温10.3℃。年平均降水量297.1毫米，年平均降雨日数为68.3 天。境内最大河流为黄河。一级河有湟水河、庄浪河2条。辖区内已探明的矿产资源主要为建筑用辉绿岩矿。水利资源丰富，有八盘峡、柴家峡、河口峡三座水电站。境内有省级森林公园关山、石头坪2个；省级文物保护单位1处（下川古水车）。

2015年，全区实现地区生产总值297.81亿元，增长5.55%，其中第一产业增加值4.26亿元，增长5.8%；第二产业增加值166.36亿元，增长3.03%，第三产业增加值127.196亿元，增长10.1%。全社会固定资产投资总额实现231亿元，增长15%；全年完成固定资产投资221.6亿元，增长10.03%。财政公共预算收入实现11.65亿元，增长37.7%。

【农业农村经济】2015年，全区落实各项农业补贴1213万元。全年粮食种植面积达到1.1万亩，总产量达到4400吨；引进农业新品种55个，建立漫坡头籽瓜等特色农业试验示范点5个，发展精细蔬菜1000亩，新增特色种植2000亩，蔬菜种植面积达到7.3万亩，总产量达到28.4万吨；推广玉米双垄全膜覆盖沟播面积4000亩。改扩建规模化养殖小区6个，全区畜禽饲养量达到114.1万头(只)，存栏量达到46.5万头(只)，肉蛋奶鱼总产量达到12500吨。全年完成土地流转2040亩。开展双联帮扶和精准扶贫行动，整合资金7960万元，实施帮扶项目299项，130户贫困人口实现脱贫目标。

【工业与建筑业】2015年，全区新培育入库企业5家，全区工业增加值完成133.29亿元，增长2.12%，其中规模以上工业增加值129.29亿元，增长2%。单位生产总值能耗降低4.42%；年末，全区建筑业增加值33.07亿元，增长8.3%。

【项目建设】2015年，全区谋划和凝炼储备各类项目224项，总投资额1061亿元，其中建成120项、建成率54%，开工建设64项、开工率82%，开展前期工作40项。组织实施市列重大项目7项，总投资171亿元，其中6项有序推进。

【现代服务业】2015年，全区实施亿元以上三产项目99项，投资比重达73%，占GDP的比重达39%。兰州国际港务区在全速建设中升格为全省"十三五"标志性工程和全市"一号工程"，聚焦港务区建设，集中完成兰州铁路综合货场、东川铁路货运中心共3000亩、4300户的征地拆迁工作，东川铁路物流中心基本建成，集装箱作业区正式通车运营；引进丝绸之路电子商务产业园、软通动力跨境电商公共服务平台2个亿元以上电商项目落户西固；新增各类电商企业(含网店)1000余家、大城小橱餐饮微商城等14家本地电商自建平台投入运营。

【文化产业与旅游业】2015年，全区完成文化产业增加值3.52亿元，增长76.3%。金城公园(二期)完成林地征收及前台土地平整绿化；河口古镇市政设施配套工程和古民居修缮保护工程基本完成，"十里黄河金岸"、西固城市绿色生态公园等5项正在编制规划方案；培育旅游示范村1个、星级农家乐70个、生态观光体验区2个。

【城乡建设】启动实施T058#路、古浪路跨线大桥等一批城区路网建设项目，完成体育场路、庄浪路等道路提升改造工程；兰西铁苑和东川两大棚户区改造全面开工。实施公园路、福利路路灯更换和电缆入地工程；维修整治城区道路39条、更换人行道砖4.2万平方米，新增城市绿地14公顷，生活垃圾收集率达96%，城区清扫保洁合格率达95%。拆除违法建设6.8万平方米、户外广告1.9万平方米，查处非法运营车辆830辆，关停无证照企业101家，清运城乡积存垃圾10.2万方。完成12个村的美丽乡村建设，累计植绿2.2万株、改造村道11.8万平方米、增设路灯462座。

【环境保护】对7家违法企业实行了

上限处罚，实现全区300余家企业的动态监管全覆盖，空气质量优良天数再创历史最佳；加强关山原始森林、南山林场、元峁山、石头坪生态园等景区植被保护，一级水源地保护工程顺利推进。

【科技与教育】重点实施42项科技项目，扶持培育中小微特色科技企业20家，社会研究与试验发展经费占GDP比重2.4%。

在全国首创成立“母亲教育中心”，全年培训1.3万人次。启动实施福利区东西两大片区名校附属初中建设；新建、改扩建幼儿园10所；完成25项校安工程和薄弱学校改造项目，中小学D、C级危房实现“全清零”；义务教育均衡发展通过国家评估认定；学前毛入园率达81.4%，小学和初中辍学率为零，高中阶段毛入学率和高考上线率分别达到99%、96%。

【医疗卫生】区人民医院以托管形式加入兰大二院医疗集团，区医院门诊医技大楼主体封顶，区中医院、区妇幼计生中心开工建设，东川卫生院、临洮街社区卫生服务中心建成投用；基本药物网上统一采购、配送、结算制度全面落实；全区电子健康档案建档率达80%以上，重点人群签约率提高到84%，人口自增率控制在0.61‰。

【文化体育】组织“文化五进”活动40余场，“乡村舞台”实现全覆盖，举办“信合杯”西固区第三届运动会；建成一批标准化篮球场、健身广场、健身路径，建立流动图书站17个；加强文化遗产传承工作，成功申报非遗项目26个；实施下川水车、古长城、柴家台堡改造保护工程。

【人民生活与社会保障】2015年，全区城镇居民人均可支配收入达到29677元，增长10.3%；农民人均纯收入达到14290元，增长11.1%。居民消费价格指数涨幅在调控目标3%内运行。开展就业援助活动，办理中小企业及创业贷款1.65亿元，带动新增就业1.5万人，城镇登记失业率控制在1.71%以内。

发挥重大疾病救助、贫困大学生助学和残疾人保险“三大基金”作用，扩大“千人救助工程”受助范围，向1811名困难群众发放慈善、救助资金1090万元。启动实施西固区殡仪服务中心和庙洼山生态园林公墓项目。建成老年人日间照料中心4个。完成保障房建设1412套，改造农村危旧房100户，完成“三不管”楼院整治4万平方米、供热分户计量改造250万平方米。缓解群众出行难问题，组建成立城乡巴士公司，开通运营西部市场 — 达川公交线路；公共自行车租赁系统项目开工建设。深入开展双联帮扶和精准扶贫行动，整合资金7960万元，实施帮扶项目299项，130户贫困人口实现脱贫目标。

西固区主要领导名录

区委书记　张国一

区人大常委会主任　王刁军

区　长　钱承文

区政协主席　周建湖

（供稿：王晓蓉）

安宁区

【综述】安宁区地处兰州市黄河北岸，介于东经103° 34′-103° 47′，北纬36° 5′-36° 10′之间。东起九州台马槽沟一线与城关区相接，西至虎头崖与西固区毗邻，南临黄河与七里河区、西固区隔河相望，北依群山与皋兰县接壤。东西长19.6千米，南北宽2.7-7千米，全区总面积82.33平方千米。2015年末，全区共辖8个街道办事处59个社区，总人口35万人，人口出生率为3.08‰。有回族、蒙古族等28个少数民族。

境内地势由西北向东南倾斜。南依黄河，北靠青山，系冲积、洪积、坡积而成。海拔1517.3米-2067.2米，相对高差550米。属中温带气候区，内陆性气候特征明显，年降水量349.9毫米，年蒸发量1664毫米，年平均气温8.9摄氏度，年日照2476.4小时，无霜期171天，主要自然灾害有霜冻、冰雹和风灾。区内有西北师范大学等17所大中专院校，有省农科院等2所科研机构，有各类科技人才3万余人。盛产蜜桃，是闻名全国的四大蜜桃生产基地。有天斧沙宫等人文自然景观。

2015年，全区生产总值实现155.15亿元，增长7.88%。第二、第三产业增加值分别完成75.48亿元、79.37亿元，分别增长5.39%、11%；完成全社会固定资产投资额197.39亿元，增长9.92%；完成社会消费品零售总额92.12亿元，增长9.7%；公共财政预算收入11.56亿元，增长12.07%；城镇居民可支配收入27232元，增长10.6%。

【农业农村经济】2015年，全区完成农业增加值0.32亿元，下降3.09%。农业经济占全区经济总量的0.21%。完成蔬菜播种面积4304亩，蔬菜产量1.08万吨，肉蛋奶产量0.14万吨，畜禽饲养量16964头（只），分别占全年计划100%。各类畜禽存栏共16964头（只）。其中猪存栏2273头，羊存栏2231只，牛存栏560头，鸡存栏12000只。建成连栋温室4座，打造标准桃示范基地10亩，栽植桃树12000余株，种植高原夏菜40亩。重建安置小区10.2万平方米，分配入住1500套，3750人。 完成农家乐星级评定70户。新建与扩建农家乐厕所10座。建成孔家崖、刘家堡两街道集体商铺11100平方米；亿嘉通现代仓储物流配送中心等5个集体经济产业项目进展顺利。

【工业建筑业】2015年，全区完成工业总产值259.4亿元。完成规模以上工业增加值53.2亿元，增长4.5%；规模以下实现工业增加值123亿元，增长85%。高新技术产业园和沙井驿工业园共完成工业产值137.6亿元，占全区规模以上工业产值53.05%；2015年，全区完成建筑业增加值21.38亿元，增长8.55%。

【非公经济】2015年，全区落实非公经济发展政策，完成非公经济增加值84.5亿元，同比增长25.5%。

【招商引资】2015年，全区共执行新建、续建招商引资项目114个，投资总额638.66亿元。引进到位资金261.61亿元，完成年计划引进到位资金208亿元的125.77%。其中省外引进到位资金208.04亿元，完成全年计划165亿元的133.12%。全区新签合同项目96个，总投资307.81亿元。引进到位资金208.99亿元。其中第二十一届兰洽会和第三十二届兰州桃花旅游节期间，共新签约项目13个，总投资151.6亿元。

【项目建设】中车集团兰州高端轨道集交通装备制造基地项目顺利推进，实施技改项目29个。启动立祥纸业等9家辖区工业企业出城入园。西部机场兰州总部基地等10个项目征迁工作基本完成。计划投资25亿元，完成25.36亿元，承担7个省、市列重大项目进展顺利，省科技馆主体封顶；仁寿山生态文化旅游景区桃花源文化广场、名人书画院等子项目和商业东街地下停车场基本建成。全年区列重点项目43个，开工29个。

【商贸流通与贸易】2015年，全区限额以上商贸企业69家，从业人员6390人，限额以下商贸企业8244家，从业人员24118人，个体经营总户7035户，商贸经济总量1408.4亿元。其中商贸批、零、住、餐四大行业实现增加值14.6亿元，同比增长5.42%；全年实现外贸进出口总额26.59亿元（人民币），年均增长4.32倍。

【文化产业与旅游业】2015年，全区文化产业增加值完成4.97亿元，增速26%，占GDP比重的3.4%。全区文化产业机构数304家，从业人数3956人，资产总额35.99亿元。

编制完成仁寿山生态文化旅游景区和天斧沙宫地质公园概念性总体规划，基本建成仁寿山景区游客接待中心等7个子项目。举办第32届兰州桃花旅游节各类文化节和特色品牌的宣传活动12项。获得第21届亚洲旅游业金旅奖“首批十大休闲旅游目的地”称号。2015年，全区共接待游客344万人次，实现旅游综合收入25.8亿元。

【城镇建设】总投资3亿元，新建S573-1#（512-1#）路西段、S513#（S583#）路西段、B534#（531#）路、行知路道路4条，总长度5.2千米里；【续建524#道路南段工程1条，长度500米。投资2107.3万元，改造整治584#、585#路、572#道路3条。投资682.27万元，综合整治背街小巷道路10条，总长度2.3千米。投资1386.77万元，提升改造城区老旧住宅小区10个。完成新建停车泊位121个，工程投资239万元。投资2150万元，建成黄河风情线健身步道5.12千米。

【环境保护】投资420余万元，提升北山绿化景观1000亩，新栽各类树苗13万株。完成义务植树64万株；实施二期森林管护、病虫鼠兔害防治面积各为29310亩、700亩；活立木总蓄积量达到14032立方米。全区绿化覆盖率38.83%，人均公共绿地面积13.12平方米，森林覆盖率为43.44%。整治完成黄河沿岸及洪道排水口23处。实施安宁大青沟、李黄沟洪道治理与排洪工程2处，总投资分别为1645.97万元、1608.55万元，长度各为1074.1米、1049米。规范洗车点1193个，查处六乱33497处；餐饮油烟污染150起；商业噪音167起。严格管理全区158个工地，取缔经营性茶浴炉93家。建立二级煤炭销售网点17个，取缔网点外经营户30户，改造居民环保节能炉具2500户。全年优良天数达到252天。

【科技与教育】2015年，全区共推荐申报国家、省、市科技项目45余项。地区性研究与实验发展经费支出4.11145亿元。完成万人口发明专利拥有量20.31件。推荐上报“无人机民用光电雷达监测系统”“大型板壳式换热器”等科技成果30项，申请专利1004件；全区共有辖区中小学校60所，在校学生32422人，在职教职员工2765名，全年教育累计支出18022万元。建成北京实验二小、华中师范大学安宁附属学校2所，完成7所学校办公附属用房场地建设和2所小学电暖气改造任务。九年义务教育阶段入学率、完成率、巩固率均达到100%。筹建社区教育学院1所，建设街道社区学校8所，成立社区教育工作站16个，创建“兰州市学习型社区”5个。

【医疗卫生】2015年，全区共有各类医疗机构169家，卫生技术人员1768人。全年累计支出9257.72万元。其中公共卫生支出1233.97万元，医疗保障支出2412万元，基层医疗卫生机构支出378.8万元。补助基本公共卫生服务资金由人均35元提升到40元。制定药品网上集中采购，统一配送制度，采购药品总金额约2261.49万元。建成区域卫生信息管理平台和公共卫生服务网，城镇居民电子健康档案建档人数17.9262万人，健康档案使用率60%、合格率达90%。建成标准化社区卫生服务中心5家。2家社区卫生服务中心、服务站被评定为省级中医特色社区卫生服务机构。

【文化事业】组织开展“和谐之春”“超越310·共圆蓝天梦”“夏韵畅想”、黄河风情文化周等系列文化活动；举办各类演出4次、各类大赛2次、各类陈展7余项。区文化馆达到国家二级馆标准；编纂完成《安宁综合年鉴（2011--2013）》和《中国共产党兰州市安宁区大事记要（2014）》。二轮续修《安宁区志（1991-2010）》《安宁年鉴（2015）》《安宁史话》等编纂工作进展顺利。启动《中国共产党兰州市安宁区组织史资料（1987.10-2015.12）》编纂工作。

【人民生活与社会保障】2015年，全区城镇居民可支配收入27232元，增长10.6%。全年新增就业人员12979人，城镇登记失业率控制在1.70%。安置困难群众就业1255人，完成培训各类劳动力4888人。发放小额担保贷款294笔2736万元，安置人数832人。支出再就业资金2415.5万元。

被征地农民养老保险参保25915人，占被征地农民总数的88.6%，月平均养老金由558元提高到1160元，人均月增长602元。纳入城市低保对象1792户、3525人，新增低保对象536人，低保标准由人均468元提高到515元。发放保障金1355.64万元，累计50244人次；拨付临时救济资金58.6万，救济181人。建成社区老年人日间照料中心2个。建成便民服务网社区频道站点59个。共建设各类保障房2442套，基本建成1250套，分配入住777套，新增棚户区改造1493套。确认符合公租房租赁补贴发放条件家庭816户，共发放租赁补贴264.374万元。

安宁区主要领导名录

区委书记　席飞跃（8月止）

　　　　　王　方（11月任）

区人大常委会主任　王永生

区　长　雒泽民

区政协主席　黄晓玲（女）

（供稿：陈天军　邹向东）

红古区

【综述】红古区位于甘肃省中部，东接兰州市西固区，西临大通河，南濒湟水与青海省民和回族土族自治县和甘肃省永靖县相望，北部黄土山岭与永登县毗邻。介于东经102° 50′ –102° 54′，北纬36° 19′ 40″ –36° 21′ 之间。区境东西长53.7千米，南北宽不过24千米，最狭窄处仅3.3千米，总面积567.6平方千米。2015末，全区辖4个镇4个街道39，总人口14.3万人。有回族、满族等17个少数民族。

境内北部为黄土山梁、台地区，南部和西部为河谷川地区。地势西北高、东南低，海拔在1580米–2462米之间。为温带大陆季风气候。主要河流有湟水、大通河。矿产资源丰富，已查明的矿藏有煤、石油等11种，矿床、矿点18处。已勘查过远景储量及工业储量的矿种7种。红古区是甘肃省重要的煤炭和电解铝生产基地、全国主要的炭素生产基地、全国第一家清真明胶生产基地。

2015年，全区实现地区生产总值108.27亿元，增长10.9%；其中：第一产业增加值9.17亿元，增长4.5%；第二产业增加值68.19亿元，增长11.6%；第三生产增加值30.91亿元，增长10%；全年全社会固定资产投资69.3亿元，增长10%；社会消费品零售总额23.48亿元，增长12%；一般公共收入22960万元；城镇和农村居民人均可支配收入分别达到20629元、14406元，均增长11%。

【农业农村经济】2015年，全区农业转型持续增效，累计投资1.5亿元，新建扩建万亩育苗、千亩玫瑰、500亩钢架大棚、亨华万头生猪等20个种养示范基地。全年新增高效节水灌溉2万亩，整理开发土地1700亩，改造干渠险段1.5千米。截至2015年末，全区四条长达95千米的自流灌渠已浇灌7.8万亩耕地，建成国家级工厂化育苗中心、陇海园艺、甘肃奶牛中心、伊利乳业生物科技园等一批特色基地，形成以精细蔬菜、优质果品、高效养殖、林木种苗、牧草花卉、农副产品储运加为主的农业产业体系，红古区是兰州市重要的无公害蔬菜生产基地、甘肃省5万亩高效农业科技示范基地和西北重要的高原夏菜生产基地。

【工业经济】全区工业转型加速推进，借助转型政策贴息、“城市矿产”项目补贴等近1亿元资金，扶持企业13家、项目17个。蓝天太阳能光热新材料产业园等13个项目建成投产。连海开发区红古园区完成花庄自来水厂扩容工程，新增规模以上企业4家。

【项目建设】截至2015年末，全区已累计实施各类产业项目42个，总投资124.8亿元，其中开工建设39个，建成投产35个，完成投资62亿元；新引进各类项目67个，总投资85.62亿元，到位资金82.74亿元。

红古区龙腾园

【城乡建设】2015年，全区投资1.8亿元，完成北环路建设、弱电线缆入地等工程。投资1.1亿元，实施窑街旧城改造，建成团结二路桥梁和荣鑫大道人行道，启动民门二路北延工程，改造大什字集贸市场，整理沉陷区土地150亩。建立“数字城管”视频监管平台，新建垃圾转运站1个、公厕6个，拆除违法建设近1万平方米。开展村貌整治及美化亮化工程，新建农村公路45.5千米，安装路灯1273盏，修建花坛9200平方米。

【商贸物流】建成总投资4亿元的金辉国际建材家居城、北区农贸物流市场等5个大型综合商业体，都汇百货、汉唐美食城等3.4万平方米商业面积投入运营。全年新发展限上商贸企业13家、农产品电商企业4家，创建甘肃省著名商标2个。截至2015年末，全区已形成以煤炭、电解铝、炭素、农产品等为重点的商贸物流中心，成为甘青线上重要的货物集散和中转基地。

【文化产业】截至2015年末，全区已申报纳入市级非遗项目7个，文化资源普查录入1188条，涵盖文物、非物质文化遗产、建筑文化、文化艺术机构、团体、文化产业、社科人才、地名文化、宗教文化等8个大项。全区文化旅游资源划分为5个主类，包括遗址遗迹类15处、建筑与设施类25处、水域文化风光类7处、特色文化旅游工艺品8种、人文活动类10种。

【环境保护】实施4个千亩造林工程，完成海石湾北山绿化和北山公园改造项目前期工作。湟水河生态治理项目获得省上批复。与民和县建立了环境污染联防联控机制，空气质量优良天数全年达到252天。

【教育与医疗卫生】全年投资6500万元，实施二十六中、海石湾幼儿园综合教学楼及职教中心实训楼建设工程，全区35所义务教育中小学全部达到省级标准化学校建设标准。投资4000多万元，启动区妇幼疾控业务综合楼项目，建成平安、花庄卫生院主体工程，改扩建标准化村卫生所10所，新农合“一卡通”工程稳步实施。

【文化与体育】天韵七彩文化城投入运营，卧龙潭河畔风清园项目进展顺利，新建材综合文化服务中心3个，“乡村舞台”8个、体育惠民工程1个、农民体育健身工程13个、全民健身场地19个。

【人民生活与社会保障】2015年，全区发放“万企计划”等创业扶持资金5249万元，支持和发展个体户、小微企业445家，输转富余劳动力12488人次，城镇新增就业7139人。城镇和农村居民人均可支配收入分别达到20629元、14406元，均增长11%。

投资590万元，新建社区日间照料中心、农村互助幸福院8个，建成自然灾害应急避难场所1个，完成省、市、区为民兴办实事40件。全民参保登记工作和农村小额人身保险试点工作稳步推进。筹资9244万元，落实公务员职级并行、事业人员工资改革、乡镇岗位津贴等政策，兑现行政职业单位科学发展观奖和综合治理奖。

红古区主要领导名录

区委书记　韩显明

区人大常委会主任　常学明

区　长　武和谦

区政协主席　张玉莲（女）

（供稿：尚　俊）

榆中县

【综述】榆中县地处甘肃省中部，介于东经103° 50′ 至104° 34′ 北纬35° 34′ 至36° 26′ 之间。西靠七里河区、城关区，东邻定西县，西南与临洮县交界，北隔黄河与皋兰县、白银市平川区相望，东北和靖远县、会宁县接壤。南北长92千米，东西宽54千米，全县总面积3301.64平方千米，其中耕地面积103.1万亩，森林面积75.83万亩。截至2015年底，全县有8镇15乡，总人口446703人，人口自然增长率6.08‰。有回族、东乡族等13个少数民族。

境内地势由西南、东南、东北三面向西北倾斜，南和北部为山区，两山之间为中部川区地带。海拔1400-3700米之间。黄河流经榆中县北部，主要支流有兴隆大河、龛谷河、黑池沟等。气候属温带半干旱性气候，年平均气温6.7℃。境内地形复杂，海拔高差大，降水量少。全年降水量410.4毫米，较上年增加17.1毫米；年平均气温7.5℃，较上年升高0.4℃。境内有明肃王墓、青城古民居两处国家级文物保护地。有青城镇、金崖镇两处国家级历史文化名镇。境内省级文物保护地七处，县级文物保护单位128处。

2015年，全县实现生产总值88.16亿元，增长4.79%；其中第一产业生产总值15.18亿元，增长6.43%；第二产业生产总值27.28亿元，增长-1.86%；第三产业生产总值45.7亿元，增长13.24%；全县人均国内生产总值1.99万元，增长15.72%。固定资产投资总额117.12亿元，增长22%；地区性财政收入8.88亿元，增长8.21%；完成财政总支出29.82亿元，比上年增支3.17亿元，增长11.88%；全县地区性财政收入完成88843万元，比上年增收6736万元，增长8.21%；全县财政完成总支出298211万元，增长11.88%；金融保险生产总值3.56亿元，增长17.7%；房地产业生产总值4.35亿元，增长6.85%。

【农业农村经济】2015年，全县粮食总产量18.51万吨，蔬菜产量86万吨，肉蛋奶总产量3.82万吨，其中肉产量2.04万吨，蛋产量0.538万吨，鲜奶1.242万吨。新建祁家河等千亩冷凉型蔬菜标准园3个，发展北山中药材育苗基地1500亩，新增中药材508万亩、百合105万亩。推广双垄沟播玉米25万亩、脱毒马铃薯26万亩。外销蔬菜86万吨，实现销售收入19.2亿元。新建标准化规模养殖场30个，扩建标准化万头猪场1个，肉羊养殖突破55万只。截至年底，全县畜禽饲养量达到260万头（只）。新培育村级互助社82户，农业专业合作社达到1255户，新增土地流转3.5万亩。完成通达通畅工程970千米。实施农村饮水安全工程，解决和平、新营等19个乡镇9.08万人安全饮水问题。新修高标准基本农田8000亩，综合治理小流域11平方千米、水土流失18平方千米，建成生态林3.53万亩，完成退耕还林1.1万亩、生态村46个。

【工业建筑业】2015年，全县完成工业生产总值18.4亿元，增长-3.67%。规模以上工业生产总值15.1亿元，增长-5%；规模以下工业生产总值3.3亿元，增长9.5%。完成工业固定资产投资15.86亿元，增长18.7%。

2015年，全县建筑业生产总值8.92亿元，增长8.95%。

【非公经济】2015年，全县新培育小微企业344户，落实扶持资金1204万元。培育入库规模以上企业1家，实现规模以上工业增加值11.5亿元。全年非公有制经济增加值845.58亿元，增长35.11%。

【项目建设】2015年，全县凝炼储备项目108项，开工建设108项，完成投资136.2亿元。引洮一期榆中配套工程等5项市列重大项目进展顺利。三电大型泵站更新改造等40项县列重点项目，开工建设38项。新引进项目40项，总投资117.73亿元，到位资金110.2亿元。全年向上争取资金3.06亿元，实施政策性项目32项。

【商贸流通】改造提升农资店11家，建成园子岔、龙泉乡农贸市场，瑞鑫冷链物流园建成运营，高原夏菜副食品采购中心、物产集团兰州物流园等项目加快建设。建成县级电商运营中心和乡级服务站5个，新开通网店82家。全年新设立个体工商户2224户，注册资金29422.9万元；新设立电子商务企业52户，注册资金19697万元。

2015年，全县实现社会消费品零售总额33.4亿元，增长11.2%。其中批发和零售业生产总值7.47亿元，增长17.9%；住宿和餐饮业生产总值2.63亿元，增长11.05%；其他服务业生产总值2.3亿元，增长13.78%。

【旅游业】加快编制黄河风情线青城段规划和兴隆山大景区规划。加大青城古镇保护修复力度，古民居四合院保护修缮工程顺利推进，青城镇历史文化名镇保护和传统村落保护项目全面完成，改造仿古商铺635间。编制徐家峡等9个乡村旅游专业村规划，规范发展农家乐80家。2015年，全县共接待游客280万人（次），实现旅游综合收入18亿元。

【城乡建设】编制完成《榆中县城市总体规划（2014—2030年）》《榆中县域村庄布局规划》和城关镇分豁岔村、三角城乡高墩营村2个省级美丽乡村规划。编制完成《榆中县"多规合一"城乡统筹总体规划（2015-2030）》《榆中县新型城镇化规划》《和平工业园卧龙川园区总体规划（2014—2030）》《和平工业园徐家营片区控制性详细规划》《和平工业园卧龙川园区控制性规划》。完成广场等6个换热站的改造工作，实施供热管道更换改造工作1160米。对县城各路段等实施绿化整治，共栽植各类绿化树木521余株、栽植绿化带绿篱约10700株、摆放盆花13650盆。完成12万平方米既有居住建筑节能改造。建成安置房168套，完成农村危旧房改造1400户。投资3960万元，新建环城西路陇翔苑、太白东路县中医院、和平新元绿洲3个小游园，新增城市绿地10公顷。启动隆鑫大酒店南侧和京华家园等商业地产项目及天然气进县城等工程。

【环境保护】检查企业109家（次），对金崖镇辖区内的9家采石场、碎石场进行停产整治。编写《和平、来紫堡地区环境风险调查报告》和《兴隆山水源保护区环境风险调查报告》。下发《关于对兴隆山自然保护区和水源保护区进行环保专项执法检查的通知》。投资130万元对兴隆山东山污水管网进行改造。制定《榆中县2015—2016年度冬季大气污染治理实施方案》，投入资金100万元购置洒水车、清扫车、清运车。整顿煤炭市场，杜绝煤炭管控区内销售和使用有烟煤、劣质煤行为。2015年，全县森林面积21797.4亩，森林覆盖率11.41%，比上年提高0.66个百分点。完成生态村和脱贫村绿化38个，义务植树105万株，经济林建设4086亩，实施生态公益林管护面积30.15万亩。

【交通运输】2015年，全县共有普通道路运输业户294家，维修企业217家、物流企业46家、货运站场3家、驾培学校29家。开通客运线路40条，拥有车辆184辆；出租车公司5家，拥有车辆311辆。营业性货车拥有量16559辆65074.12吨。全年完成客运量1973万人，客运周转量13.79亿人千米；社会货运量1473万吨，货运周转量12.35亿吨千米，实现公路运输周转量比上年增长40%。2015年，全县交通运输和仓储邮电业生产总值4.14亿元，增长7.07%；

【水利建设】建成农村饮水安全集中供水工程19项、集雨水窖工程1项，解决19乡（镇）95村9.1万农村人口的饮水不安全问题。完成引洮一期榆中受水区配套工程掘进及支护7.5千米，三电大型泵站总干二泵站及西干二泵站更新改造任务，发展高效节水灌溉面积5.262万亩。完成小流域治理面积11平方千米，其中重点小流域1.5平方千米。完成水土流失治理面积18平方千米，并在高崖、清水驿等乡镇建成梯田0.8万亩。

【文化与体育】全年建成64个村级文化活动室，完成85个村综合文化服务中心示范点，新建2个村"文化舞台"，为79个村配套了健身器材，补充更新35个行政村的图书。承办第三届中国（兰州）国际鼓文化艺术周暨第四届兰州国际民间艺术周的文艺演出；举办"陇鑫餐饮杯"第七届兴隆山金秋红叶旅游节登山等各种比赛活动。组织参加甘肃省传统武术锦标赛、第六届华夏武状元国际争霸赛。建成48个健身路径场地。

【教育与卫生】2015年，全县有各级各类学校275所，共有在校学生52363人，教职工4164人，专任教师4083人。新建、改扩建校舍2.4万平方米，建成和平沈家河等9个村级中心幼儿园和69所标准化学校。投资1921.91万元，配备教学设备。普通高中招生3293人，入学率63.18%。高考一本上线400人，上线率7.71%；二本以上上线1401人，上线率27%；

全县医疗卫生机构367个，从业人员2217名，县、乡两级医疗机构实际开放床位1513张，平均每千人拥有床位3.45张。县疾控中心业务楼投入使用，建成清水驿、园子岔乡卫生院业务用房，新建维修贫困村卫生室36所。全县参合农民363825人，参合率97.29%。普通门诊补偿12万人（次）、323.37万元，门诊特殊病种补偿3.08万人（次）、980.16万元，住院补偿4.52万人（次）、11357.01万元。人口自然增长率控制在6.08‰以内，全省卫生县城创建通过复审验收。

【史志工作】编辑出版《榆中县新民主主义革命时期党史资料汇编中卷-组织斗争》，完成张一悟纪念馆陈展大纲资料的收集，举办系列纪念抗战胜利70周年纪念活动。全县各乡镇部门配发《中国共产党榆中县组织史资料续编》《榆中县乡镇村概览》《榆中年鉴》等史志书籍3000多册。完成可移动文物普查和文化资源的普查，指导编辑出版《北关村史》。完成《金县志集校》工作。完成《榆中年鉴（2012-2014）卷》的出版发行，启动《榆中年鉴（2015卷）》的资料征集，指导完成《三堡拾遗》的编辑。举办《榆中的抗日活动》和《抗日名将杜堃》专题展览，组织人员创作秦腔剧本《彭德怀在大柳树》。

【人民生活与社会保障】2015年，全县新增城镇就业3520人，其中困难人员实现就业286人；新增小额担保贷款基金500万元，审核发放小额担保贷款968笔6500万元；开展职业技能培训1.25万人（次），劳务输转10.8万人（次），创收20.48亿元。

征缴城镇职工养老保险基金34236万元，城镇职工基本医疗保险基金5072万元，城镇居民基本医疗保险基金358万元，失业保险基金379万元，工伤保险基金237万元，生育保险基金234万元。落实农民工工资保证金和被征地农民养老保险政策，财政统筹1.92亿元，为5107名完全失地农民办理养老保险。完成2009年5月以前征地项目完全失地农民参保3963人。全县共有城市低保对象1530户3436人，农村低保对象14365户43264人，全年共发放城乡低保金8074.8129万元。发放城乡低收入居民取暖补贴

695.792万元。发放五保供养金752.587万元，发放取暖补贴20.76万元。发放孤儿保障金57.807万元。全年共救助城乡困难群众3164户，救助金额1156.0445万元。新建农村互助老人幸福院55个。

【扶贫攻坚】全年发放精准扶贫专项贷款1.65亿元、妇女小额贷款6195万元、双联惠农贷款6284万元，投入各类扶贫资金2.84亿元，其中县财政配套4400万元，比上年增加3070万元。开展"支部+协会"村级发展互助资金试点工作，新增试点村82个，发放互助资金3900万元。完成建档立卡和大数据平台信息采集录入工作，共纳入贫困人口1.6万户5.91万人。对照省市方案，制定出台榆中县"1+21"精准扶贫配套方案。全年减贫5.1万人，贫困发生率降至2.09%。

榆中县主要领导名录

县委书记　甘培岳（8月止）
　　　　　王晓宁（10月任）
县人大常委会主任　黄宗利（1月止）
　　　　　　　　　谢志明（1月任）
县　长　王　林
县政协主席　谢志明（1月止）
　　　　　　韩悌勇（1月任）

（供稿：周学海）

皋兰县

【综述】皋兰县地处甘肃省中部，兰州市东北部，介于东经103° 32′-104° 14′，北纬36° 05′-36° 50′之间，全县国土面积2191平方千米，现有耕地面积29.3万亩，其中水地面积15.2万亩，人均1.34亩。2015年末，全县辖6个镇57个行政村3个社区，总人口14.31万人，有藏族、回族等5个少数民族。

境内属陇西黄土高原，地势西北高、东南低。最高海拔2445米，最低海拔1411米，县城海拔1650米。年均气温7.4℃，年均降水量246毫米，年均蒸发量1675毫米，年日照2768小时，无霜期144天。

2015年，全县地区生产总值达到45.2亿元，增长13.74%；固定资产投资达到42.65亿元，增长22.03%；地区性财政收入达到6.55亿元，增长9%；公共财政预算收入达到3.46亿元，增长20%；社会消费品零售总额达到18.19亿元，增长11%；城镇居民人均可支配收入达到14099元，增长9.9%；农村居民人均可支配收入达到8375元，增长12.3%；金融机构各项存款余额达到98.5亿元。

【农业农村经济】2015年，全县推进高原夏菜、兰州白兰瓜、旱砂西瓜、红砂洋芋、优质林果等5个万亩标准化生产基地和黑石、九合、忠和、水阜、石洞、什川、西电园区等7个千亩设施农业示范园区建设，全年新建标准化生产基地6000亩、高架大棚2369亩，建立核心示范区 4个，示范面积达到8万亩。新建标准化规模养殖场12个，畜禽饲养量达到83.8万头（只）。创建国家和省市级示范农民专业合作社16家。新增土地流转规模经营面积5090亩。投资1.63亿元，完成西电大型泵站更新改造、蔡家河—文山段堤防工程等农业基础设施建设项目13项。

【工业经济】实施120万吨优质铸造生铁等新、扩、续、改重点工业项目46项，开工建设36项，建成24项，完成工业固定资产投资14.99亿元。扶持初创微型企业217家，培育天地印务等5家企业上规入库。

编制完成《九合新型工业现代物流园总体规划》《九合新型工业现代物流园控制性详细规划》《水阜物流园总体规划》等各类园区规划7个。筹措整合资金2.3亿元，组织实施西通道等园区基础设施建设重点项目14项，建成9项。"一区五园"共组织实施重点产业项目27项，完成生产总值36.3亿元。

【招商引资】2015年，全县共签约引进合同项目30个，合同引资达到87.18亿元，其中引进亿元以上项目13个。，组织实施500万元以上政策性项目、亿元以上招商引资项目80项。

【项目建设】争取实施政策性项目100个，开工96个，建成70个，到位资金4.81亿元，完成投资3.54亿元。德龙建筑垃圾资源一体化等28个项目全面建成，兰州生态文化创意园等12个项目完成一期建设。推进甘肃警察职业学院迁建等总投资86.85亿元、年度投资29亿元的6个市列重大项目，完成投资29.5亿元。

【商贸流通】推进北龙口国际商贸物流城、久和汽配城等10个重点现代商贸物流项目，北龙口板材市场已投入运营，糖酒、汽配、石材及玻璃制品等4个市场完成主体建设。新建专业店、品牌店及特色餐饮店15家。建成电子商务企业和网店32家、快递公司7家，实现网上交易额5300万元。

【文化产业旅游业】举办第十三届"中国·花漾什川"梨花节，推进兰州龙山冰雪大世界、金州颐和园、九源红色文化博览园等重点文化旅游项目。发展乡村旅游，扶持发展旅游示范村1个，创建星级农家乐70户。2015年，全县共接待游客201万人次，增长25.86%。全年实现旅游收入12.46亿元，增长26%。

【城乡建设】投资1.3亿元，实施梨花路维修改造等城建重点工程项目8项，投资4500万元启动实施山字墩水库至县城输水管网工程。推进旧城改造，加快尚锦城一期、亿家品尚二期等房地产开发。推进忠和商贸物流型、什川生态旅游型、九合新型工业物流型等5个特色小城镇建设。整治县城规划区、城乡结合部等重点区域市容环境和违法建设，对道路扬尘、施工扬尘、低空面源进行全面整治。建成6个林业生态村，完成县城西通道等通道绿化35.5千米，新增造林绿化面积7040亩，全县森林覆盖率达到14.48%。

【教育与医疗卫生】投资4055万元完成皋兰三中室外运动场等教育建设项目10项。学前三年毛入园率达到73.8%，九年义务教育巩固率达到99.94%；投资450万元建成县疾控中心综合楼、县医院信息工程和重点科室，投资1200万元启动建设县医院外科综合楼。新型农村合作医疗参合率达到98.6%，贫困村标准化卫生室覆盖率达到100%。

【人民生活与社会保障】落实就业创业政策，新增城镇就业1930人。2015年，全县城镇居民人均可支配收入达到

14099元，增长9.9%。农村居民人均可支配收入达到8375元，增长12.3%。落实城乡居民养老保险等政策，征缴养老、失业、医疗、工伤、生育保险金6327万元。筹集补助资金1.15亿元，实现全县被征地农民养老保险参保全覆盖。实施农村危房和棚户区改造工程，完成棚户区改造111套，改造农村危旧房550户。

【扶贫开发】2015年，全县贫困人口人均可支配收入达到5000元以上，增长16%。脱贫5151户17909人，比计划目标11000人超额完成6909人，贫困发生率下降到0.84%。全县行政村通沥青（水泥）路比率达到100%，饮水安全贫困户比率达到100%，自然村动力电覆盖率达到100%，贫困村农民专业合作组织覆盖率达到100%，贫困村互助资金协会（社）覆盖率达到100%。贫困村综合性文化中心覆盖率达到100%，城乡居民基本养老保险参保率达到96%，有培训需求的劳动力参加培训率达到100%，全面建成小康指数提高到72.4%。

皋兰县主要领导名录

县委书记　宗满德（8月止）

　　　　　尤占海　（11月任）

县人大常委会主任　辛秀先

县　长　杜宁让

县政协主席　魏泽邦

（供稿：颜国鲁）

永登县

【综述】永登县地处甘肃省中部，东南与皋兰县、西固区、红古区相邻，西北与天祝藏族自治县、景泰县接壤，全县总面积6090平方千米。2015年末，全县辖12镇（不含中川、秦川二镇）4乡，200个村委会，10个社区居委会，总人口440280人（不含中川、秦川二镇），其中农业人口367990万人，非农业人口72290人。有汉、回、满、土、壮、藏等多个少数民族。

境内地形由北向南倾斜，海拔在1500-3000米之间。属温带半干旱气候。年降水量在405.8毫米，年均降雨量319.1毫米，年均气温5.5℃，年日照时数2381.8小时，年均无霜期173天，绝对无霜期147天。全年多为西北风，风力一般为2级-4级，四季分明，阳光充足，冬无严寒，夏无酷暑，气候温和宜人。

有吐鲁沟、连城显教寺、妙因寺、鲁土寺衙门等人文自然景观。天然林覆盖面积达46万多亩，苦水玫瑰是全国产量最大的地区之一。境内已探明的矿产23种，有色金属矿主要有铁、锰、金、铜等，非金属矿产有石灰石、石英石、大理石、白云石等。

2015年，全县地区生产总值完成97亿元，增长8.4%；固定资产投资完成70.72亿元，增长13.85%；社会消费品零售总额实现22.9亿元，增长9%；城镇居民人均可支配收入达到16462元，增长11%；农村居民人均可支配收入达到7212元，增长13%。

【农业农村经济】2015年，全县立足现代农业发展方向，全面落实各项强农惠农政策，培育壮大战略性主导产业，积极扶持区域性优势产业，有效发展地方性特色产业，全县粮经饲三元结构比例达到63：30：7，农业结构调整成效明显，农业产业发展势头良好。

全县精准扶贫精准脱贫工作取得显著成效。贫困人口由2011年底的12.02万人减少到2015年底的6293人，五年减少贫困人口11.39万人，贫困发生率由2011年的26.3%下降到2015年的1.38%，贫困农民人均可支配收入由2011年的4053元增加到2015年的7212元。

【工业经济】投资1.2亿元的河桥益德废弃物质循环利用项目全面完工并进入试生产，投资5亿元的上海航天光伏并网发电项目全面完工且开始并网发电。

【电子商务】制定下发《永登县关于加快推进电子商务产业发展的意见》，成立全县电子商务推进工作领导小组，组建电商协会，建立县电商服务中心及16个乡镇电商服务站，实现村级电商服务点全覆盖。截至2015年末，全县已有280余户商家在淘宝、京东、天猫、秒赚、微信等平台注册网店并开展电商业务，累计实现销售额4000多万元，全县电子商务工作起步良好。

【项目建设】2015年，全县计划实施投资1000万元以上的重点建设项目80个(其中亿元以上项目38项)，总投资154.6亿元，当年计划投资53.3亿元。年内开工建设的重点项目60项，开工率85.7%，完成投资53.3亿元，占年度计划投资的100%。全县重点推进的4个市列重大项目当年计划投资9.7亿元，实际完成投资9.4亿元，占当年计划投资的97%。

【招商引资】2015年，全县招商引资工作稳步推进，依托资源优势、区位优势和产业优势，组织招商小组驻点招商，借力兰洽会等招商平台，引进各类新签约项目85项，落实到位资金46.71亿元。在第二十一届兰洽会上，共签约各类项目13项，签约资金52.3亿元。

【财政金融】2015年，全县完成大口径财政收入78242万元，同比下降1.1%。公共财政预算收入完成40395万元，增长16.3%。全县一般预算支出完成201838万元，增长12.4%。其中一般公共服务预计支出29544万元，增长0.2%。年末，全县金融机构各项存款余额147.7亿元，增长13.3%。其中城乡居民储蓄存款84.2亿元，增长4.79%；金融机构各项贷款余额111.68亿元，增长37.57%。

【教育】2015年，全县共实施各类教育建设项目158个，总建设面积达138293平方米，累计投入资金18571万元。标准化学校建设步伐加快，年内建成标准化学校64所。教育信息化建设有力推进，建成967个“班班通”教室，基本实现义务教育学校宽带网络全覆盖。全县九年义务教育巩固率为99.28%，高中阶段毛入学率97%。高考成绩再创新高，在报考人数逐年递减的情况下，一本上线人数比2014年增加33人，二本上线人数达1236人，比2014年增加81人。

【医疗卫生】2015年，全县县级公立医院改革顺利推进，县医院、县中医院全部取消药品加成，实行零差率销售(除中药饮片)。国家县级公立医院综合改革北部片区现场会议在永登县召开。调整医疗服务价格项目993项。分级诊疗和医师多点执业工作顺利开展，从县医院和县中医院确定48名主治医师到16家乡镇卫生院开展每季度6天的多点执业工作。县妇幼保健所业务用房项目顺利建设，已完成基下工程施工任务。完成中堡镇卫生院业务用房和职工周转宿舍建设项目及民乐乡下川村等29个村卫生室建设项目。全县建立居民健康档案37.4万份，建档率85.3%。

【人民生活与社会保障】2015年，全县城镇居民人均可支配收入达到16462元，增长11%；农村居民人均可支配收入达到7212元，增长13%。全县新增就3250人，城镇登记失业率控制在1.64%，安置困难人员就业608人，下岗失业人员2517人，高校毕业生就业率达到85%。职业技能培训1034人，创业能力培训314人，岗位技能提升培训195人，职业技能鉴定1226人，职业技能培训合格率80%以上，培训后的再就业率80%以上。全年输转城乡富余劳动力11万人，创劳务收入20.174亿元。年末，全县城乡居民社会养老保险参保率达到98%。新农合人均筹资水平达到480元，全县基金总量达到1.64亿元，参合群众341458人，参合率达到98.05%。落实"大众创业、万众创新"政策，发放小额担保贷款5645万元，发放"万企计划"贷款961万元，带动失业人员、高校毕业生、农村妇女1021人实现创业、就业。

永登县主要领导名录

县委书记　魏旭昶

县人大常委会主任　保元德

县　长　杨平（女）

县政协主席　魏周菊

（供稿：柳生昆）

嘉峪关市

【综述】嘉峪关市地处甘肃省西北部，河西走廊中部偏西，介于北纬39° 37′–39° 50′，东经97° 49′–98° 31′之间。东接酒泉市，西连玉门市，南与肃南裕固族自治县为界，北与金塔县接壤，全市行政区域土地面积2 935平方千米，其中耕地面积6806.37公顷，林地面积1089.85公顷，草地面积7937.16公顷。2015年末，全市辖3区3镇47个社区，全市常住人口为24.39万人，自然增长率为5.74‰，城镇化率为93.42%。

境内辖域分布于酒泉盆地西沿的祁连山北、合黎山南、讨赖河中游，海拔1500米–1800米，属大陆荒漠型气候。讨赖河横穿境内，年均径流量6.58亿立方米，全市共有12座水库，水库总库存容达量7321.66万立方米。境内已探明矿产资源有21个矿种，产地40多处，其中铁、锰、铜等为嘉峪关市优势矿产。境内有（明）万里长城、嘉峪关关城、魏晋墓地下画廊、七一冰川等人文自然景观，旅游产品有夜光杯、祁连玉雕、嘉峪石砚等。

2015年，全市实现生产总值（GDP）190亿元，增长9%。其中第一产业增加值4.17亿元，增长5%；第二产业增加值108.56亿元，增长5.4%；第三产业增加值77.3亿元，增长19.1%；三次产业结构由上年的1.7：70.5：27.8调整为2.2：57.1：40.7。2015年，全市大口径财政收入39.8亿元，下降21.74%；全市公共财政预算收入15.13亿元，下降12.9%。金融保险业增加值8.21亿元，增长3.8%；房地产业增加值5.67亿元，增长3%。

【农业农村经济】2015年，全市粮食总产量12600吨，比上年增产0.8%。其中夏粮产量2400吨，减产4%。粮食作物种植面积1.92万亩，增加0.02万亩；油料种植面积0.05万亩，增加0.01万亩；薯类种植面积0.14万亩，增加0.01万亩；蔬菜种植面积3.02万亩，增加0.11万亩。年末，全市大牲畜存栏0.61万头（只），下降2.07%；其中牛存栏0.55万头，下降0.34%；羊存栏5.23万只，增长2.09%；猪存栏2.51万头，下降0.17%。全年牛出栏0.12万头，羊出栏3.13万只，猪出栏3.22万头，分别比上年增长18.92%、2.2%和下降0.9%。

全年全市肉类总产量2900.32吨，下降3.1%。全年全市水产品产量170吨，下降8.11%。全年全市油料产量101.59吨，增长16.1%；水果产量4726.11吨，减产1.31%；蔬菜产量20.2万吨，增产446%。新建和改造现代日光温室70座，建成标准化规模养殖小区5个，全年新增农民专业合作社14个。

【工业与建筑业】2015年，全市完成工业增加值98.97亿元，增长5.2%。规模以上工业企业完成工业增加值97.66亿元，增长5.1%。轻工业完成增加值1.45亿元，下降16.6%；重工业完成增加值96.21亿元，增长5.2%。全市规模以上工业企业利润总额亏损89.1亿元，比上年增加亏损94.7亿元。

年末，全市建筑业实现增加值9.59亿元，增长8.6%。

【项目建设】1000万吨煤炭分质利用项目一期进展顺利，4×350兆瓦供电系统改造工程进入设备调试阶段，嘉酒风电节能技改项目二期建成投产，索通34万吨预焙阳极项目建成试车，嘉西光伏产业园建成和在建发电装机规模达到1407兆瓦；双泉应急备用水库建设工程全面完工，高铁南站等改建工程全面完成，汽车南站、断山口至树窝井战备公路改建工程进展顺利。

【固定资产投资】2015年，全市完成固定资产投资144.16亿元，增长15.11%。其中第一产业完成投资1.15亿元，下降45.19%；第二产业完成投资73.7亿元，增长1.77%，第二产业中工业投资73.29亿元，增长8.33%；第三产业完成投资69.31亿元，增长36.67%。

【房地产业】2015年，全市房地产开发投资25.98亿元，增长14.71%。房屋施工面积331.57万平方米，增长42.26%；房屋竣工面积30.2万平方米，下降22.88%；商品房销售面积55万平方米，下降1.99%。

【城乡建设】新建城市道路9.4千米，新建和改造供热、供水、污水管网14千米，建成和改造换热站6座，新增供热面积280万平方米，污水处理厂污泥干化工程建成运行。长城本体维修工程基本完成，方特欢乐世界、中华孔雀苑开园运营，西北汽配城建成投用，雄关大厦改扩建、西部春光农产品市场、丝绸之

2015年10月16日，第四届中国·嘉峪关国际短片电影展在嘉峪关大剧院隆重开幕

路文化博览园、观礼古镇项目进展顺利；大草滩铁路物流中心、国际港务区等项目前期工作加快推进。

【交通邮电】2015年，全市交通运输、仓储和邮政业实现增加值8.26亿元，比上年增长0.2%。全市公路运输业实现客运量6950.66万人次，增长18.02%；旅客周转量105483.24万人千米，增长23.11%；货运量7764万吨，增长21.69%；货物周转量147375万吨千米，增长24.31%。其中铁路客运量214.84万人次，增长14%，货运量738.42万吨，下降18%。民用航空完成旅客吞吐量35.49万人次，增长12.83%，货邮吞吐量1673.1吨，增长40.13%。年末，全市个人汽车拥有量54012辆，增长30.48%；新注册汽车14806辆，增长98.66%。

年末，全市邮政行业业务总量3895.35万元，比上年增长6.57%。邮政行业业务收入5313.41万元，增长18.25%。电信业务总量75447.29万元，比上年增长32.22%。全市固定电话用户10.52万户，移动电话用户42.67万户，全市互联网宽带接入用户达8.37万户。

【旅游业】方特欢乐世界投入运营，举办第五届敦煌行·丝绸之路国际旅游节。2015年，全市实现旅游收入35.98亿元，比上年增长29.81%。全年旅游人数571.44万人次，增长27.58%。

【商贸流通与贸易】2015年，全市实现社会消费品零售总额54.95亿元，比上年增长8.8%。全年限额以上零售业实现零售额24.07亿元，下降0.6%。批发和零售贸易业增加值14.17亿元，下降13.4%；住宿和餐饮业增加值2.69亿元，增长10.7%；

2015年，全市外贸进出口总值为117363万元，比上年下降45.78%。其中出口总值为30784万元，下降15.9%；进口总值为86579万元，下降51.86%。

【财税金融保险】2015年，全市大口径财政收入39.8亿元，比上年下降21.74%。全市公共财政预算收入15.13亿元，下降12.9%。公共财政预算支出25.1亿元，增长13.8%。年末，全市金融机构本外币各项存款余额321.95亿元，比年初下降3.84%；金融机构本外币各项贷款余额425.45亿元，比年初增长9.50%。全市保险机构完成保费收入56174万元，比上年增长9.35%。全市财险赔款与给付支出10590万元，比上年下降17.65%。

【科技】2015年全市研究与试验发展经费支出900万元，国有企事业单位有各类专业技术人员559人。全年应用技术成果33项，比上年增长27.3%。获得奖励4项，比上年增长20%。专利申请303件，比上年下降17.2%。授权专利273件，比上年增长6.6%。授予发明专利权31项，项目技术合同30项，技术合同成交金额43080万元，比上年增长10%。

【教育】2015年,全市普通高等教育招生1139人，比上年增长31.5%，在校生2828人，比上年下降1.3%；中等职业教育招生831人，比上年下降32.4%；普通高中招生2100人，比上年增长1.25%；初中学校招生2478人，比上年下降12.65%；普通小学招生2694人，比上年增长5.69%；特殊教育招生9人，在校35人；幼儿园在园幼儿8358人，比上年增长9.03%。全市义务教育巩固率、高中阶段毛入学率、学前教育入园率分别达到99.6%、95.1%和97.5%。

【文化事业】2015年末，全市有文化馆1个，公共图书馆2个，艺术表演团体7个，剧场、影院2个，调频转播台1座，广播电视台1座，电视转播台1座。广播综合人口覆盖率99.6%，比上年增长0.1%。电视综合人口覆盖率99.55%，比上年增长0.1%。

【医疗卫生】2015年末，全市有医疗卫生机构132个，比上年增长3.1%。其中医院7个，卫生院3个，社区卫生服务中心8个，社区卫生服务站17个，妇幼保健院（所、站）1个，专科疾病防治院（所、站）1个，疾病预防控制中心（防疫站）1个，卫生监督检验机构1个。医院、卫生院拥有床位1692张，有卫生技术人员2403人，其中执业医师和执业助理医师999人，注册护士1135人。三镇卫生院拥有床位65张，乡镇卫生院有卫生技术人员87人。

【体育】2015年，全市举办体育竞赛活动10次，比上年增长25%，参加比赛人数3580人，参加省级比赛3次，获得各类奖牌18枚，其中金牌11枚，银牌5枚，铜牌2枚。成功举办甘肃省民间足球争霸赛西部赛区嘉峪关站比赛。

【人民生活与社会保障】2015年，全市用于民生支出15.8亿元，占公共财政预算支出的71.6%。全市城镇居民人均可支配收入30714元，比上年增长10.1%；城镇居民消费性支出21443.07元，增长10.61%；城镇居民家庭食品消费支出占消费性支出的比重为33.44%。

农村居民人均可支配收入15371元，增长11%；农村居民人均消费支出11879.01元，增长9.26%；农村居民家庭食品消费支出占消费性支出的比重为31.76%。2015年全市居民消费价格总水平比上年下降0.3%，商品零售价格总水平比上年下降1.3%。全年城镇新增就业人数8105人，城镇登记失业率2.7%。

年末，全市参加城镇职工基本养老保险7.15万人，比上年增长4.02%；参加城乡居民基本养老保险1.85万人，增长5.66%；参加企业职工基本医疗保险8.74万人，增长2.33%；参加失业保险5.55万人，增长3.26%；参加工伤保险7.28万人，增长6.18%；参加生育保险7.37万人，增长3.2%；参加新型农村合作医疗农民人数2万人，参合率达98.8%；全年新型合作医疗基金累计支出988.32万元。城镇居民得到政府最低生活保障41608人，比上年下降15%；农村居民得到政府最低生活保障7312人，比上年下降7%。

【环境保护】实施工业循环经济项目56个，淘汰钢铁、水泥、电石、炭黑等行业落后产能62.4万吨，单位工业增加值用水量累计下降26.3%，单位生产总值综合能耗下降0.35%。二氧化硫、化学需氧量等四项污染物排放指标控制在甘肃省下达的目标之内，环境质量持续改善，全年空气优良天数达到302天，地表水水质、饮用水水质达标率均为100%。实施城区园林景观绿化提升改造、森林植被恢复和退耕还林等工程，新增和改造绿地面积53.2公顷，建成区绿化覆盖率达到39%，人均公共绿地面积和水域面积分别达到36.3平方米和27平方米，荣获"国家园林城市"称号。全市完成农村人工造林面积96公顷，开展全民义务植树68万株，比上年增长3.8%。

【安全生产】2015年，全市生产安全事故死亡3人，道路交通事故37起，死亡16人，受伤33人，比上年下降19.51%；直接经济损失4.88万元，比上年下降54.73%。

【自然灾害】2015年，全市各类自然灾害造成直接经济损失26.8万元，农作物受灾面积18.9公顷，成灾面积18.9公顷。

嘉峪关市领导班子成员名录

市　委

书　记　郑亚军

副书记　柳　鹏　王　锋

魏后凯（挂职，12月止）

杜志雄（挂职，12月任）

常　委　郑亚军　柳　鹏　王　锋

魏后凯　杜志雄　陈春明

杨　伟　梁洪涛（女）

边玉广　张静昌　王　毅

燕胜三　何良平

秘书长　王　毅

市人大常委会

主　任　祁永安

副主任　冯　彪　张　英（女）

李　勇　王克勤

秘书长　刘德胜

市政府

市　长　柳　鹏

副市长　杨　伟　王进平　常守远

葛建团　王万平

陶东平　欧余军

秘书长　李亦军

市政协

主　席　焦玉兰（女）

副主席　曾俊礼　韩淑华（女）　吴英华

魏万林　韩天玉　武永鸣

秘书长　韩天玉（1月止）

朱兴有（1月任）

（供稿：杨生宝）

金昌市

【综述】金昌市地处甘肃省西北部，河西走廊东段，祁连山脉北麓，阿拉善台地南。介于东经101°04′35″-102°43′40″，北纬37°47′10″-39°00′30″之间。北东与民勤县相连，东南与武威市相靠，南与肃南裕固族自治县相接，西南与青海省门源回族自治县搭界，西与民乐、山丹县接壤，西北与内蒙古自治区阿拉善右旗毗邻。全境东西长145千米，南北宽135千米，全市总面积8927.6765平方千米，其中耕地面积106.3万亩。2015年末，全市辖1县1区，常住人口47.05万人，城镇化率达到67.96%。有蒙古族、回族等31个少数民族。

境内有色金属矿藏储量丰富，特别是以镍为主的铂族贵金属矿藏得天独厚，总储量仅次于加拿大萨特伯里镍矿，居世界同类矿床第二位；铜的储量仅次于江西德兴，钴的储量仅次于四川的攀枝花；与镍铜伴生的铂、钯、锇、铱、钌、铑等稀贵金属储量居全国之首。农业在全省占有重要位置，是甘肃省重要的商品粮油基地之一。金昌是国家级经济技术开发区、中国最大的镍钴生产基地和铂族金属提炼中心、全国资源综合利用三大基地之一、国家循环化改造示范试点园区、全国工业固废综合利用示范基地、国家高技术产业基地（新材料产业）、国家新型工业化产业示范基地、北方最大的铜生产基地、国家啤酒原料生产基地。

2015年，全市共实现地区生产总值224.52亿元，按可比价计算，比上年增长3.2%。其中第一产业增加值17.98亿元，增长5.2%；第二产业增加值130.7亿元，增长2%；第三产业增加值75.84亿元，增长8.5%。一、二、三产业结构比为8：58.2：33.8。人均GDP达到47739元（折合7666美元），比上年增长3%。全年全市实现大口径财政收入44.1亿元，下降9.02%；财政一般公共预算收入18.47亿元，增长2.68%。全市财政一般公共预算支出52.17亿元，增长3.68%。

【农业农村经济】2015年末，全市农作物播种面积达到117.85万亩，较上年增加6.32万亩，增长5.67%，其中粮食作物播种面积78.7万亩，较上年增加8.75万亩，增长12.51%。薯类播种面积4.03万亩，增加0.36万亩；油料播种面积9.02万亩，减少2.57万亩；药材播种面积2.06万亩，减少0.08万亩；蔬菜播种面积19.33万亩，减少1.02万亩；其他作物播种面积5.56万亩，增加0.04万亩。全年全市新建标准化养殖小区（场）20个，总数累计达到203个。全市畜禽总饲养量为255.15万头（只），增长

沸腾的草原

1.74%，其中羊饲养量为128.12万只，增长2.15%。畜禽总出栏96.89万头（只），增长6.38%，其中猪出栏7.45万头，减少2.81%；牛出栏0.94万头，增长6.12%；羊出栏40.74万只，增长9.64%；家禽出栏47.73万只，增长5.41%。

全年全市人工造林面积1.75万亩，新封山（沙）育林面积3.1万亩，森林抚育面积1.6万亩。完成义务植树144万株，育苗面积4395亩。全年全市拥有农业机械总动力101万千瓦，比上年增长3.06%；农用拖拉机4.88万台。年机耕面积98.02万亩，机播面积91.2万亩，机收面积64.56万亩。农机化综合作业水平达到80.5%。

【工业与建筑业】2015年，全市实现工业增加值101.2亿元，增长1.3%。其中规模以上工业企业实现增加值98.68亿元，增长1.1%。规模以上工业中地方企业实现增加值18.77亿元，下降3%。全市规模以上工业企业实现主营业务收入2427.28亿元，增长7.46%；应收账款66.76亿元，增长2.2%；产成品资金占用208.1亿元，同比增长43.02%；产销率97.1%，比上年下降0.4个百分点；企业营业利润亏损62.43亿元。90户规模以上工业企业中有28户企业亏损，亏损面达到31.1%。

全年建筑业完成总产值102.21亿元，下降3.92%。全部建筑企业签订合同金额122.03亿元，下降11.21%。

【固定资产投资】2015年，全市完成固定资产投资248.59亿元，比上年增长0.58%。共实施投资项目483项，其中续建项目181项，新开工项目302项；本年投产项目292项。

【招商引资】2015年，全市共实施招商项目338项，其中新建项目125项，续建项目87项，已建成项目126项，引进到位资金246.89亿元，增长22.66%。

【房地产业】2015年，全市房屋建筑施工面积481.29万平方米，比上年减少83.91万平方米，下降14.85%；房屋竣工面积211.36万平方米，较上年减少29.1万平方米，下降12.07%。全年完成房地产开发投资19.07亿元，增长95.22%。商品房销售面积36.93万平方米，增长72.01%，其中住宅34.36万平方米，增长1.36倍。商品房销售额13.2亿元，增长983%，其中住宅1132亿元，增长1.75倍。

【商贸流通与贸易】2015年，全市实现社会消费品零售总额76.01亿元，比上年增长8.6%，其中城市消费品零售额64.8亿元，增长8.8%；乡村消费品零售额11.21亿元，增长7.43%。批发业实现销售额67.66亿元，增长15.89%；零售业销售额75.09亿元，增长9.09%；住宿业实现营业额1.93亿元，增长11.74%；餐饮业营业额19.71亿元，增长16.91%。

2015年，全市累计实现进出口贸易总额700384万元，下降39%，占全省进出口总额的14%。其中出口额39480万元，下降79%；进口额660904万元，下降31%。

【非公经济】2015年，全市个体工商户户数累计22134户，增长15.1%；从业人员41667人，增长16.2%；注册资金16.93亿元，增长33.6%。私营企业户数4291户，增长31.6%；从业人员51227人，增长17.3%；注册资金235.86亿元，增长78.6%。农民合作社1207户，增长12.5%；成员总数8623个，增长10.1%；出资总额42亿元，增长16.8%。2015年，全市非公有制经济实现纳税额298亿元，增长12.52%；全年实现非公经济增加值54.56亿元，按可比价计算增长9.9%。

【文化产业与旅游业】2015年，全市实现文化产业增加值2.62亿元，增长16.95%。全年共接待旅游人数278.82万人次，比上年增长22.63%。其中一日游游客197.61万人次，过夜旅客81.21万人次。全年实现旅游接待收入14.49亿元，增长25.07%。

【交通邮电】2015年末，全市交通基础设施建设完成投资6.72亿元。全市注册机动车总量97538辆，其中汽车58033辆，本年新增注册8758辆。全市公路通车总里程2907.94千米。全年新建农村（林场）公路3条，共109千米，完成一般公路建设项目2条9.739千米。全年公路运输累计完成客运量815万人、旅客周转量36247.08万人千米，增长6.2%、7.4%;货运量2901.26万吨、货物周转量382446.16万吨千米,增长25.38%、26.17%。公路运输总周转量增长26.53%。

2015年，全市邮政业务总量累计完成3163.22万元,增长13.97%;快递业务量完成42.62万件,增长7.95%。全年订阅报纸555.71万份，减少32.55%；杂志40.28万份，减少17.69%。全市完成电信业务总量6.12亿元，比上年增长15.91%。年末，全市固定电话用户6.7万户；有移动电话用户50.82万户，全市宽带互联网用户9.24万户。

【财政金融证券保险】2015年末，全市金融机构本外币各项存款余额325.72亿元，比年初增加25.41亿元，与上年同期相比增长8.46%；金融机构本外币各项贷款余额397.07亿元，比年初增加160.63亿元，增长67.94%。全市证券市场各类证券成交额621.83亿元，较上年增长184.52%；托管市值总额为14.67亿元，增长45.31%；实现营业收入0.96亿元，增长193.21%。2015年新增在册账户数16671户。

全年全市保险业实现保费收入10.54亿元，增长24.08%，其中财产保险保费收入3.53亿元，增长13.24%；寿险保费收入7.01亿元，增长30.38%。保险公司赔款支出总计2.69亿元，增长2.82%；保险平均赔付率达到25.54%。

【科技与教育】2015年末，全市组织实施科技计划项目76项，安排市拨科技三项费260万元。共申报国家（省）级科技项目36项，批准立项6项。受理专利申请644件，已授权343件。年末，全市有各级各类学校（园）107所，在校学生（幼儿）71098人，教职工5754人（公办4978人，民办、企业幼儿园教职工776人）。基础教育校舍建筑总面积596122.57平方米。九年义务教育巩固率99.88%，高中阶段毛入学率99.75%，学前三年毛入园率98.2%，"三类"残疾儿童少年入学率100%，全市高中阶段毕业生性别差异系数97.87%，居民平均受教育年限10.34年。2015年全市参加高考（含中职生）5994人，二本以上上线2592人，上线率51.91%。

【文化事业】2015年末，全市共有各种艺术表演团体1个，艺术表演场馆1个，文化馆3个，公共图书馆4个。公共图书馆藏书总量63.09万多册；全年艺术团体表演260场次。已建成乡镇综合文化站12个，"农家书屋"174个，村文化室138个。全年图书馆共借阅图书近64.63万余册，接待读者75.86万余人次。全市共有中短波发射台1座，调频发射台12座，电视转播发射台12座；全市有线电视用户7.6万户，已转换数字电视用户7.6万户，数字电视转换率达到100%。广播和电视综合人口覆盖率分别达到98.62%和98.82%。全年城乡共组织放映公益电影1736场。

【医疗卫生】2015年，全市共有各级各类医疗卫生机构551个，其中医院13所，社区卫生服务机构30个，乡镇卫生院12个。卫生机构拥有床位数2537张，每千人拥有床位5.46张。卫生专业技术人员3571人，其中执业（助理）医师1301人，每千人拥有执业（助理）医师2.76人；注册护士1443人，每千人拥有执业护士3.06人。城市社区卫生服务机构覆盖率达到100%。孕产妇、婴儿和5岁以下儿童死亡率分别为0/10万、8.03‰和9.94‰；孕产妇住院分娩率100%；国家免疫规划疫苗接种率平均达到98%；婚前医学检查率35.33%。

【人民生活与社会保障】2015年，全市城镇居民人均可支配收入达到29670元，增长10.4%；城镇居民人均生活消费支出19210元，恩格尔系数为27%。农村居民人均可支配收入11459元，增长11.2%；农村居民人均生活消费支出8813元，恩格尔系数为30.7%。全市城镇新增就业人数26559人，共接收应届高校毕业生1940人。城镇登记失业人员5134人，城镇登记失业率3.1%。全年创劳务收入14.88亿元，劳务输转人数8.4万人。居民消费价格总指数为101.2%,同比上涨1.2个百分点，其中食品价格指数上涨2.2%。

年末，全市参加城镇基本养老保险的职工63681人；参加城镇失业保险人数75916人；参加城镇职工基本医疗保险人数120507人，参加工伤保险人数74389人；参加城镇职工生育保险人数39428人；城乡居民社会养老保险参保人数158740人。城乡居民基本医疗保险参保率分别达到97%和96%，城乡居民基本医疗保险实现并轨运行。全市城市低保对象19309人，发放低保资金6509.6万元；农村低保对象12578人，发放低保金4669.1万元。城市低保标准由每月458元提高到527元（比省上标准高147元），月人均补差由312元提高到343元（比省上标准高15元）；农村低保标准达到每年2522元（与省上标准相同），农村低保月人均补助水平由116元提高到129元（与省上标准相同）。

【环境与安全生产】2015年，全市工业废气排放量935.7073亿标立方米，较上年减少186.56亿立方米，下降16.62%；二氧化硫排放量10.1975万吨，较上年减少0.6216万吨，下降5.75%；氮氧化物排放量1.5266万吨，较上年减少0.9617万吨，下降38.65%。工业固体废物产生量1229.2265万吨，较上年减少30.09万吨，下降2.39%；化学需氧量排放总量0.3752万吨，下降10.54%；氨氮排放总量0.3935万吨，下降15.08%；市区环境空气质量达标天数达到301天。城市污水处理厂集中处理率95.86%；城市生活垃圾无害化处理率100%；建成区绿地率32.11%；建成区绿化覆盖率36.29%；城市人均公园绿地面积21.01平方米；人均城市道路面积24.67平方米。

2015年，全市共发生各类事故473起，同比事故起数增加63起，死亡50人，同比增加12人，造成直接经济损失1825.76万元。发生各类生产安全事故53起，死亡29人。

金昌市领导班子成员名录

市　委

书　记　吴明明（女）

副书记　张应华　荣志远

常　委　李　银（女）　杨志强　苏克俭　王春江　周文魁　李万福　王同奇　常家有　王凡力

秘书长　荣志远

市人大常委会

主　任　方银天

副主任　赵永瑞（女）　汪振祥　彭　仪　苏天福　李兴吉　岳　超

秘书长　李兴吉

市政府

市　长　张应华

副市长　王春江　王同奇　魏其奎　王　旭（女）　马得明　孟有柱　盛云峰　赵　阳

市长助理　顾建成

秘书长　刘　宏

市政协

主　席　李生伟

副主席　石振才　赵明智　亢万柏

谢剑魁　王广位　任斌相

董开津　高天禄　王　云

秘书长　王　云

（供稿：郑天水）

金川区

【综述】金川区地处甘肃省河西走廊东段，龙首山支脉东大山北麓，阿拉善台地、巴丹吉林沙漠南缘，腾格里沙漠西北部，介于东经101° 34′ 41″ -102° 34′ 26″，北纬38° 21′ 30″ -39° 00′ 30″ 之间。境域东北与武威市民勤县接壤，南与永昌县毗邻，西北与内蒙古自治区阿拉善右旗相连，西与张掖市山丹县搭界。全区东西最长93千米，南北最宽76千米，区域总面积3060.26平方千米。2015年，全区辖2个镇6个城区街道办事处，常住人口23.36万人。有回族、藏族、满族、等27个少数民族。

境域地势西高东低，由西南向东北渐趋倾斜，地形以山地、平原为主，山地、山前平原、绿洲、古湖盆、戈壁、荒漠相间排列。最高峰成山掌顶海拔3052.4米，最低处张家坑海拔1327米。西南部为山地，中部为低山丘陵、山间盆地、绿洲平原，东北部为戈壁、荒漠、半荒漠草原。龙首山北坡前的宁双绿洲平原由洪积、湖积、风积形成，海拔在1400米-1600米之间，地势平坦，日照充足，土层深厚，土质良好，适宜作物生长，是境内主要农作物种植区。境内属温带大陆性极干旱气候，南面局部属山地气候，北面具有明显蒙新沙漠气候特征。常年干燥，年均降水量119.5毫米，年均蒸发量2722毫米。冬冷夏热，昼夜和四季温差大，冬夏季长，春秋季短，春季升温快，秋季降温迅速。年均气温9.4℃，1月最低，平均-7.0℃；7月最高，平均24.2℃。年均日照数2991.7小时，无霜期170天。雨量少，光照强，风沙多，地表水资源匮乏。地表水主要由自然降水和金川峡、西大河、皇城水库供给。地下水重点分布在双湾和宁远堡的部分地区，年综合补给量0.55亿立方米，年允许开采量0.49亿立方米。

2015年，全区实现生产总值158.93亿元，比上年增长4%；社会消费品零售总额52.2亿元，增长8.9%；一般公共预算收入4.07亿元，增长0.09%；完成固定资产投资17.03亿元，同比增长33.65%；城镇居民人均可支配收入33205元，增长8.6%；农村居民人均可支配收入14282元，增长11.9%。

【农业农村经济】2015年，全区实现农业增加值3.5亿元，增长5.2%。全年新增农业产业化龙头企业1家、规模养殖小区5个、农民专业合作社70家，注册申报家庭农场75个。设施农业、草食畜牧两大主导产业规模持续壮大，白芍、琉璃苣、黑枸杞等食药赏特色经济作物试种成功，神农众和恒温冷库、天牧乳业奶牛养殖基地续建等项目加快推进。“东湾绿萝卜”通过地理标志国家评审。农业开发土地治理、农田水利设施建设等工程深入实施。建成高效节水灌溉面积2.01万亩。截至2015年末，全区累计流转土地面积9.45万亩，流转率达到47.99%。

【工业经济】完善中小企业承载区基础设施，审定入园企业34家，进驻13家，投产5家。2015年，全区实现工业增加值86.26亿元，增长3.5%。

【招商引资与项目建设】2015年，组团参加兰洽会、文博会等重要节会，签约引进项目74项，落实到位资金21.76亿元。全年实施中小企业承载区二期基础设施配套工程，推动东昊玻璃等企业落地建设，建成旷野牧歌等入园项目，引进农产品精深加工项目和高科技含量清洁生产项目。2015年，全区确定各类项目134项，开工建设100项，完成固定资产投资17.03亿元，同比增长33.65%。

【旅游业】北部绿色长廊景观带初具规模，花文化博览馆即将对外开放，金水湖和紫金花城景区晋升为国家4A级景区，承办金昌市首届香草美食文化旅游节，举办“浪漫金昌·薰衣草之约”集体婚礼。2015年，全区接待游客141.38万人次，增长26%；全年实现旅游收入8.02亿元，增长26.03%。

【非公经济】2015年，全区登记注册中小微企业550家。全年实现非公经济增加值46.26亿元，增长18%。

【城乡建设】28区城中村改造项目建成入住，西坡二期住宅楼竣工分配，白家嘴棚改项目启动实施。中牌、天生炕、营盘等美丽乡村示范村完成年度建设任务。双湾镇国家建制镇和省级新型城镇化试点方案通过审批，污水处理厂等重点项目进入前期工作。新建和改造高标准公厕5座、简易式垃圾中转站3座，完成金昌海关、金水新区、龙首新区带状绿地建设和金川河道治理等绿化项目。基本完成北京路、新华路街景风貌改造和“数字城管”一期工程，建成北京路两侧、龙首新区、北部绿色长廊和龙泉景观带等绿化景观工程。截至

2015年5月，省委书记、省人大常委会主任王三运（左起二）视察新华3331模式发展

2015年末，全区建成省、市级美丽乡村示范村6个，新建标准化村级组织活动场所4个、文体广场8个、标准化村卫生室25个。全国文明城市创建成功，荣获国家卫生城市荣誉称号。

【教育卫生体育】落实教育惠民政策，双湾镇中心幼儿园、天生炕分场幼儿园建成开园，区一小、双湾镇中心小学等校园提升工程全面完工；推进农村家庭医生式服务，落实计划生育特殊困难家庭救助政策。区中医院迁建项目完成选址工作，双湾镇中心卫生院职工周转房建成使用。实施农村低保户、五保户家庭两镇卫生院免费就医政策，开展城乡居民大病保险；组团参加市第七届运动会暨第八届中小学生运动会，获得15块奖牌。高崖子新村、龙云里社区体育健身中心建成。

【人民生活与社会保障】2015年，全区城镇居民人均可支配收入33205元，增长8.6%；农村居民人均可支配收入14282元，增长11.9%。协调各类创业贷款5000万元，全年新增城镇就业1.2万人，城镇登记失业率控制在2.85%。全年输转城乡富余劳动力1.8万人（次），实现劳务收入3.4亿元。

机关事业单位工作人员养老保险制度改革和"五险合一"工作全面启动。新建农村"互助老人幸福院"7个、城市社区日间照料中心4个。城乡居民医疗保险补助标准提高12.5%，住院实际报销比例达到65%。城乡居民基本养老保险基础养老金由每月75元提高到100元。完善保障性住房建设、分配、使用和退出机制，续建新建公租房2042套，分配入住公租房1690套。

【精准扶贫】制定出台全区精准扶贫工作实施方案，将706户、2100名建档立卡贫困人口全部纳入帮扶范围，明确任务书、作战图和时间表。集中整合涉农部门项目资金9122万元，向重点村组聚焦发力，实施27个扶贫项目。组建驻村帮扶工作队，深入开展精准扶贫大数据采集，加强精准扶贫监测管理，全面掌握帮扶情况和成效，及时对贫困户进行调整。

金川区主要领导名录

区委书记　常家有（5止）
区人大常委会主任　李发祯
区　长　义战鹰（女）
区政协主席　徐　峰

（供稿：张淑霞）

永昌县

【综述】永昌县地处甘肃省中部、河西走廊东段、祁连山北麓、阿拉善台地南缘，介于东经101° 04′-102° 43′，北纬37° 47′-38° 39′ 之间。东邻武威，北接金川，西迎山丹，南与肃南接壤。东西最长距离约144千米，南北最宽距离约114.8千米，全县总面积为7439.27平方千米。2015年末，全县辖6镇4乡，常住人口23.69万人，有回族、俄罗斯族、锡伯族等15个少数民族。

境内地势以山地居多，并有川地、平原。最低海拔1452米，最高海拔4442米。气候属温带大陆性气候，冬无严寒，夏无酷暑，年平均气温4.8℃，平均降水量185.1毫米，无霜期134天。年蒸发量2000.6毫米。全县已经探明的矿产资源约60余种，矿产地90多处。金属矿藏有镍、铁等，非金属矿产有花岗石、大理石等。

2015年，全县完成生产总值63.81亿元，增长0.76%，其中第一产业14.14亿元，增长5.45%；第二产业19.22亿元，增长5.66%；第三产业30.45亿元，增长8.23%；完成大口径财政收入5.77亿元，减少8.1%；公共财政预算收入3.24亿元，与上年持平。

【农业农村经济】2015年，全县农作物播种面积为94.1万亩，其中优质特色作物面积为73.8万亩，占作物总播种面积的77.1%。全县粮食总产量336751吨。推广高效农田节水技术面积45.2万亩，新改建日光温室830座、食用菌棚180座，塑料拱棚530座。建成养殖小区9个、养殖暖棚1161座，新增规模养殖户245户，牛、羊饲养量分别达到7万头、160万只。发展各类农民专业合作社79个、家庭农场124家，建成冷链贮藏设施13处、交易市场3个，"永昌肉羊"获得国家农产品地理标志认证。完成土地流转38万亩，占家庭承包经营面积的68%。完成人工造林0.69万亩、封山育林1.6万亩、森林抚育0.3万亩、义务植树45万株、县乡道路绿化25.4千米。完成职业技能培训4271人（次），输转6.51万人（次），实现劳务收入12.3亿元。完成精准扶贫大数据平台建设，识别贫困对象1420户4645人，发放精准扶贫贴息贷款5350万元，争取专项扶贫资金1180万元，实施整村推进项目9个，实现脱贫4100人。

【工业经济】2015年，全县新增规模以上工业企业13家。全年完成工业增加值14.94亿元，下降7.33%。关闭淘汰落后产能企业3户，完成矿山环境综合整治15家，万元GDP能耗降低8.23%。

【投资引资与项目建设】2015年，全县完成固定资产投资71.5亿元，增长22%。争取上级专项补助资金108亿元，同比增长12.5%。落实招商引资项目91项，到位资金24.6亿元。全县组织实施各类重点项目57项，其中新建39项、续建18项。

【城乡建设】2015年，全县编制完成《永昌县城乡统筹总体规划》。完成县城南北大街为主的道路新改扩建6条7千米、通村道路24条87.61千米。完成公共租赁房1787套，棚户区改造5527套，新改建集中居住点26个、改造危旧房2900套。改造升级农村电网43.6千米。城镇化率达到46.22%。

【商贸流通】2015年，全县共登记注册各类市场主体11426户，注册资金122.37亿元。注册电商企业18家、个人网店200多家、自主研发网络平台2个，网上销售总额达1800多万元。全年完成社会消费品零售总额238亿元，增长8%。

【非公经济】2015年，全县新增非公有制经济市场主体2024户，非公有制经济实现增加值22.6亿元，同比增长18.2%。

【文化产业与旅游业】2015年，全县文化产业增加值达到0.56亿元，增长19.15%。全年接待游客153.47万人（次），增长26.83%，实现旅游综合收入7.31亿元，增长27.35%。完成骊靬古城景区游客接待中心、停车场、红西路军永昌战役纪念馆陈列展示项目。完成圣容寺景区改扩建、北武当山景区大觉寺改造及云庄寺景区3千米道路硬化工程。新申报星级酒店5家，命名授牌旅游定点接待酒店10家、星级农家乐20家，培育旅游商品开发企业5家。

【教育与文体】永昌一小、河西堡二小综合楼，朱王堡明德小学宿舍楼和永昌三中、永昌五中体育场建成投用。国家级义务教育基本均衡县通过评估验收。建成县级城市数字影院1个、农村电影固定放映点2个，乡村舞台36个。举办县十二届运动会。

【人民生活与社会保障】2015年，全县城镇居民人均可支配收入达到22646，增长10.5%；农村居民人均可支配收入达到10679元，增长11%。城镇新增就业11118人，城镇登记失业率为3.22%。完成城乡低保并轨工作，扩面3701人，发放五保供养费184.5万元、最低生活保障金6434万元。城乡居民基本医疗保险和养老保险参保率分别达到98.81%、98%。建成城市社区日间照料中心2个、农村互助老人幸福院27个。

永昌县主要领导名录

县委书记　马国兴

县人大常委会主任　李福学

县长　张政能

县政协主席　邓仕章

（供稿：焦玉珍）

白银市

【综述】白银市地处甘肃省中部，介于东径103° 33'–105° 34'与北纬35° 33'–37° 38'之间。东部与宁夏回族自治区中卫、海原、西吉县接壤，东南部与平凉市静宁县相连，南部及西南部与定西市通渭县、安定区为界，西部与兰州市榆中、皋兰、永登县毗邻，西北部与武威市天祝、古浪县相接，北部及东北部与内蒙古自治区阿拉左旗及宁夏回族自治区中卫县连接。东西宽147.75

2015年5月14日，由甘肃省商务厅、省扶贫办、省工商联、白银市政府主办的甘肃.白银（环渤海地区）投资项目推介会在天津举行，共签约项目14个，签约金额110.82亿元

千米，南北长249.25千米，全市总面积21158.7平方千米。2015年末，全市辖3县2区，常住总人口170.99万人，人口自然增长率为5.73‰。

境内地处陇西黄土高原西北边缘及祁连山东延余脉向腾格里沙漠过渡地带。境内绝大部是山区，山地与宽谷平原并存。植被在水平分布上自南向北逐渐向草原荒漠过渡，带间过渡不甚明显。为中温带半干旱区向干旱区的过渡地带，年平均气温6–9℃，年降雨量110–352毫米，年蒸发量高达2101毫米，降雨稀少，且多集中在7、8、9三个月。灾害性天气频繁，春季降水少，大风沙暴天居多，夏季多冰雹，春秋季多霜冻。境内日照时数介于2500－2700小时之间。境内矿产资源丰富。已发现矿产45种，金属矿藏有铜、铅、锌、金、银等30多种。煤炭储量16亿吨，凹凸棒资源探明储量50亿吨，居世界第一。

2015年，白银市完成生产总值434.27亿元，增长6.8%；规模以上工业增加值136.95亿元，增长4.8%；固定资产投资474.46亿元，增长10.74%；社会消费品零售总额177.65亿元，增长8.7%；居民消费价格总水平上涨0.3%；城镇居民人均可支配收入23438元，增长9.4%；农村居民人均可支配收入7065元，增长12%。三次产业比例由12.1：55：32.9调整到13.6：44.7：41.7。

【农业农村经济】2015年，全市推广全膜双垄沟播139.4万亩、高效节水灌溉115.8万亩，农作物良种覆盖率达到95.1%。全年粮食产量达到85.4万吨，增长2.6%。发展特色农业，新改扩建日光温室1万亩，种植瓜菜96万亩，新增特色经济林15.7万亩，生猪、肉牛、羊饲养量分别达到174.8万头、16.2万头、486.6万只，肉蛋奶产量达到17.9万吨。加快农业产业化，新增农业龙头企业22家、专业合作社1017家，流转土地20万亩，发展规模经营73.4万亩，新认证无公害农产品产地17个、产品19个。实施农产品“出省入京”工程，实现销售收入26亿元。创建现代农业示范园（区）20个、标准化规模种植基地30个、养殖场（小区）300个，全年新增农业产业化龙头企业50家，农产品加工转化率提高到60%。开发整治土地10万亩。

【工业经济】煤炭、有色、电力、化工四大支柱行业拉动规模以上工业增长7%。实施循环经济项目142项，完成投资115亿元。高新技术企业总数达到26家。2015年，全市规模以上工业战略性新兴产业增加值完成27.8亿元，增长8.1%。

【扶贫开发】实施整村推进项目53个。整合资金24.7亿元，集中用于贫困村基础设施和公共服务。发放涉农贷款252.7亿元，增长37.5%。白银市行政村实现农民资金互助合作社机构全覆盖，贫困村农民资金互助合作社和引导资金双覆盖，政府投入引导资金9200万元。完成农村公路通畅工程757千米，解决129个贫困自然村三相动力用电问题，建设易地搬迁安置点9处。

【文化产业与旅游业】2015年，全市文化企业由410家增加到832家，文化产业增加值年均增长30.5%。黄河石林被列为全省重点建设的20个大景区之一，黄河假日城入选全国优选旅游项目名录，白银国家矿山公园建成。全年实现旅游综合收入42.5亿元，旅游综合收入年均增长25%。

【电子商务】建成市级特色产品展销馆暨电子商务运营中心、县区电子商务中心5个、乡镇服务站60个、村级服务点168个，会宁列入国家电子商务进农村综合示范县。

【城乡建设】中心城区新改建道路56.4千米，建成区由84.6平方千米扩大到99平方千米，生活污水处理率达到83.3%，生活垃圾无害化处理率达到92.7%，人均绿地达到8.1平方米。新增农村公路（硬化）3196千米，建制村公路通畅率达到83%。营双高速公路景泰段建成通车。新增高标准基本农田56.4万亩。建成双永供水和121处农村饮水安全工程，解决68.9万人饮水不安全问题。市区空气质量持续好转，2015年优良天数按新标准达到280天。

【社会事业】新改扩建校舍129.6万平方米，乡镇中心幼儿园实现全覆盖并向行政村延伸，义务教育通过国家“两基”验收，巩固率达到99.4%，基本普及高中阶段教育，公民平均受教育年限达到10.5年。成立白银矿冶职业技术学院，填补白银市普通高校的空白。省中医院托管共建市中西医结合医院，市残疾人康复中心挂牌成立，贫困村标准化卫生室实现全覆盖。实施广播电视“村村通”“户户通”工程，覆盖农户22.8万户。建成“乡村舞台”395个，“农家书屋”实现行政村全覆盖。举办全国男子自由式摔跤锦标赛、全省第十三届运动会等体育赛事，新建“一村一场”430个、乡镇及社区体育健身中心30个，人均体育场地由0.9平方米增加到1.2平方米。

2015年7月6日，第二十一届兰州投资贸易洽谈会白银市项目签约仪式，签约项目212个，签约金额941.76亿元

【人民生活与社会保障】2015年，全市城镇居民人均可支配收入23438元，增长9.4%；全市农村居民人均可支配收入7065元，增长12%。居民消费价格总水平上涨0.3%。

年末，全市城市和农村低保人均月补助分别提高213元、70元，农村五保供养标准提高2514元，新农合、城市居民医保人均筹资标准分别提高320元、220元，建成农村互助老人幸福院、社区日间照料中心404所。建成保障性安居工程4.35万套，改造农村危旧房6.8万户。

白银市领导班子成员名录

市　委

书　记　张智全

副书记　汪海洲　张旭晨　宋奋吉

常　委　梁蓉兰（女）　齐永刚
　　　　贾承世　高　鹰　吕林邦
　　　　郝英杰　李永春　赵鹏程
　　　　甘孝礼

秘书长　吕林邦

市人大常委会

主　任　宁金辉（女，7月止）
　　　　贾承世（7月任）

副主任　薛香玲（女）　康星刚
　　　　冯彦明　李巨忠

秘书长　刘志刚

市政府

市　长　汪海洲（6月止）
　　　　张旭晨（7月任）

副市长　齐永刚　郝英杰　卜发生
　　　　李嘉岩　陈其银　吴　震
　　　　贾汝昌　王与君　杨青春

市长助理　李　明

秘书长　宿俊乾（6月止）
　　　　温旭东（6月任）

市政协

主　席　袁崇俊

副主席　白文科　张得珍　薛秋诗
　　　　张富强　于　萍（女）
　　　　李智明　马俊明

秘书长　陈金发

（供稿：朱广文）

白银区

【综述】白银区地处甘肃中部，介于北纬36° 14′ 38″-36° 47′ 29″、东经103° 54′ 24″-104° 24′ 55″之间。西与兰州市皋兰县接壤，南临黄河，与榆中县青城乡及靖远县平堡乡隔河相望，东与靖远县刘川乡毗邻，北与景泰县中泉乡为界。辖区东西长约47千米，南北宽约60千米，总面积1372平方千米。2015年末，全区辖2乡3镇，总人口27.87万人，人口自增长率3.24‰。

境内地形总趋势西北高，东南低，平均海拔1946.5米。属中温带大陆性干旱、半荒漠气候区，四季分明，光照充足，干旱多风，降雨稀少。多年平均气温8.07°C，日极端最高气温37.3°C，最低气温-26.00°C,年均降水量198毫米，年均蒸发量1997.1毫米。

2015年，白银区实现地区生产总值191.79亿元，比上年增长7.1%。其中第一产业增加值5.62亿元，增长4.7%；第二产业增加值98.07亿元，增长6.6%；第三产业增加值88.1亿元，增长8.3%。三次产业比重为2.93：51.13：45.94，与上年相比第一产业和第三产业分别上升023、504个百分点,第二产业下降527个百分点。按常住人口计算，人均生产总值63974元，比上年增长6.92%。

【农业农村经济】2015年，全区粮食总产量2.37万吨，蔬菜产量23.8万吨。全年农作物播种面积12.15万亩，比上年增长5.29%。其中粮食播种面积7.97万亩，增长6.13%；蔬菜播种面积3.35万亩，增长8.77%；林果面积1.43万亩，增长8.33%。累计引进试验示范推广新品种500个以上，新技术100项以上，推广新品种新技术面积1万亩以上，省级标准化示范基地1处，设施蔬菜基地无害化生产2万亩。

【工业经济】2015年，全区企业实现工业增加值85.13亿元，按可比价计算，增长5.8%。中药制剂、晋江福源生产线等一批项目顺利实施，全年实施项目21个，竣工项目12个，完成投资14.87亿元，实现利税2亿元，吸纳就业人数3800人。上市挂牌企业总数累积91户，新增85户。

【项目建设】2015年，全区实施各类项目274个，完成投资175.5亿元，增长18.5%，安排实施56个重点项目，开工53个，开工率94.64%，完成投资39.2亿元。全区“3341”项目库中项目348个，估算总投资283亿元。甘肃邦农物流中心项目获国家1500万专项债券资金支持。

【招商引资】2015年，全区在第二十一届“兰洽会”新签约合同项目41个，签约资金100亿元以上，项目履约率95%以上，招商引资项目到位资金91亿元。

【园区建设】2015年，白银区三大园区完成基础设施和各类投资28亿元，累计60亿元。新开工项目13个，续建项目8个，园区企业完成产值23.5亿元，实现利税2亿元。

【旅游业】黄河假日城项目入选2015全国优选旅游项目名录，湿地公园创建3A级旅游景区，通过上级部门初次评审。举办白银·水川黄河大峡休闲观光文化旅游节、第二届白银水川北武当民俗文化旅游节等节庆活动。2015年，全区接待游客190.23万人次，总收入10.83亿元，增长30%。

【电子商贸】2015年，全区建成白银区电商服务中心1处，建成乡级电商服务站1个，村级电商服务点3个，农产品电商交易额1000万元。

【城乡建设】2015年，全区完成大环境绿化5000亩、公路绿化50千米，城区新增绿地面积43万平方米，提质改造道路绿化面积2.9万平方米，城区绿化覆盖率33.96%。新建四龙永兴、水川顾家善2个省级和水川大川渡、四龙梁庄等11个市级“美丽乡村”示范村。对辖区内128户单位企业的85台燃煤采暖锅炉进行集中治理。投资980万元采购各类环卫车辆16台，城区道路机械化清扫率提高到55%。

【教育文化体育】2015年，白银区推进教育资源整合项目顺利，当年完成投资3128万元，市十中综合实践楼、区八小综合楼、稀土中学教师周转宿舍等项目完工。四龙路街道大型社区体育健身中心建成使用，白银区全民健身活动中心（场）项目顺利实施。完成15个乡村舞台建设任务。

【医疗卫生】推进新农合分级诊疗制度，医疗保障基本实现全覆盖，全年新农合参合率9835%，补偿金额227529万元。白银市第二人民医院儿童专科病区、白银区妇幼保健站综合楼基本完成年度任务。人口自增长率3.24%。

【人民生活与社会保障】2015年，全区加强就业和保障工作，开展技能培训4815人，发放创业贷款6138万元，发放妇小贷4095万元；2015年高校毕业生基层就业招考工作录用72人。开展创业培训、职业技能培训300余人次。

区就业和社会保障服务中心综合楼主体完工。当年，城乡居民社会养老保险参保率96%；新建城市社区老年人日间照料中心2个；发放城乡低保资金1.32亿元。城乡居民社会养老保险参保率96%；养老金发放率100%。全年建成各类保障房3014套，完成银馨家园、锦华苑小区1103套房屋预售工作；大井子小区、黄茂井第二安居小区、王岘小区等6个棚户区续建项目按计划有序推进，改造农村危旧房400余户。投资900万元建成技防网络体系，实现城区技防监控全覆盖。

白银区主要领导名录

区委书记　李兰宏

区人大常委会主任　王青山

区　长　王琳玺

区政协主席　关玉卿

（供稿：王树吉）

平川区

【综述】平川区地处甘肃中部、黄河上游，介于东径104° 18′-105° 26′，北纬36° 10′-37° 00′之间。南北大部分与靖远县接壤，东北与宁夏回族自治区海原县毗邻，东南与会宁县为界，西北与景泰县相连。区域东西长91.5千米，南北宽75千米，全区总面积2126平方千米。2015年末，全区辖4乡3镇4个街道办事处，总人口20.7万人，人口自然增长率为5.24‰，城镇化率为68.38%。

地形由东南向西北倾斜，呈一狭长阶梯状多台阶地形。平均海拔1504米。境内最高点为屈吴山南沟大顶，海拔2858米。属温带大陆性季风气候，年平均气温8.2℃。四季分明，气候温和，光热资源丰富，气温日差较大，降水少，干旱多风。平川区是甘肃省重要的能源新能源基地，是西北最大的陶瓷建材生产基地，陶土储量40亿吨以上。

2015年，全区实现全区生产总值72.29亿元，增长5.3%，其中，第一产业增加值2.83亿元，增长5.56%；第二产业增加值52.52亿元，增长5.2%；第三产业增加值16.94亿元，增长6%。第一、二、三产业的比重为3.9∶72.7∶23.4。完成大口经财政收入102187万元，下降30.9%；全区金融机构各项贷款余额74.99亿元，增长19.6%；各项存款余额105.8亿元，增长7.9%；完成固定资产投资762212万元，增长20.08%；社会消费品零售总额19.94亿元，比上年增长9.02%。

【农业农村经济】2015年，全区完成农作物播种面积26.06万亩，全年粮食产量达到3.61万吨。建成万亩旱作玉米种植基地2个，万亩脱毒马铃薯、千亩中药材、千亩菊芋种植和畜禽养殖技术推广、机械化耕作示范基地各1个，完成5个农业示范园建设规划。新增规模养殖企业35家，累计发展到110家。新增规模养殖户50个，累计发展到2608个。新增“农”字号龙头企业22家，达到144家。新增农民专业合作社54个，达到600个，其中创建市级以上示范社15家。农业设施确权发证470家。完成流转土地3万亩，累计达到6.66万亩。

【工业与建筑业】2015年，全区原煤产量1105万吨，增长1.3%；发电量69亿千瓦时，下降20.9%；墙地砖产量755万平方米，下降26.5%。对接签约项目68个，融资总额10.68亿元，已发放贷款8.98亿元。争取到中小企业奖励资金269.9万元。28项重点工业项目完成投资11.2亿元。主要污染物排放控制在指标之内，万元GDP能耗下降0.12%，万元工业增加值用水量下降4.47%；2015年，全区完成建筑业总产值21.17亿元，下降20.1%。

【招商引资】2015年，全区招商引资项目215个，签约资金452.6亿元。开工项目186个，竣工163个，到位资金169.9亿元。第21届兰洽会签约项目37个，签约资金102.83亿元。举办第三届中国西部（白银·平川）陶瓷峰会暨平川陶瓷文化节，签约项目12个，签约资金12.68亿元。

【项目建设】2015年，全区在建招商引资项目78个，到位资金62.35亿元，增幅25.2%，开工率91.3%。4项市列重点项目累计完成投资6.7亿元。141项区级重点项目开工在建34项，建成102项，完成投资38.4亿元。

【工业园区建设】截至2015年末，开发区入驻工业企业和个体工商户615家，全年生产总值7.35亿元。南区累计完成基础设施建设投资7.5亿元，新乐雅、欧利亚等企业相继建成投产。水泉工业集中区累计完成投资1.9亿元，入驻企业6家。

【商贸流通】开设个人网店100户，发展忠恒义乌、熙瑞等电商企业5家，销售农特产品20余种。建成区级电子商务服务中心、4个乡镇电子商务服务站和8个贫困村电子商务服务点。农产品出省入京完成6097吨，销售额3815万元。2015年，全区社会消费品零售总额19.94亿元，比上年增长9.02%。

【文化产业与旅游业】2015年，全区文化产业增加值达1.96亿元，增幅26.5%；屈吴山森林公园项目完成投资8480万元。北武当真武文化风景旅游区综合开发完成投资4540万元。2015年，全区接待游客52.84万人（次），实现收入3.05亿元，增长30%。

【城乡建设】投资3640万元，完成双拥路、环湖西路、育才西巷、文化巷、建设路西延、磁窑路等一批道路改建或维修工程。开工建设亚行道路工程、城区东入口工程、复兴路改造、环城北路、宝水快速通道等一批道路工程，实现所有乡镇通油路、建制村通水泥（沥青）路的目标。投资2.6亿元分三期实施矿山地质环境恢复治理工程。实施沁川湖、大水头沙河治理、平川公园、恒山公园、尚文坊文化一条街、区博物馆和城市生活垃圾、污水处理等一批基础设施项目。完成植树造林3.1万亩，新增城区绿地7.71公顷，绿地率32.23%，绿化覆盖率37.05%，人均公共绿地面积10.73平方米。投资1198万元，完成建制村通畅工程25.8千米。建成各级美丽乡村示范村5个，完成农村危旧房改造500户。

【教育文化卫生】区幼儿园创建为省级示范性幼儿园。义务教育均衡发展初步通过国家评估认定。投资1.1亿元，实施全面改薄项目，建设校舍42778平方米。高考二本上线1512人，上线率39.3%。编辑出版《图说平川》《话说平川三十年》等专辑。广电网络宽带项目完成投资6500万元，“乡村通”光缆铺设工程完成投资3050万元。安装药品便民电子查询机和食品安全溯源机70台，建成2个食用农产品快速检测室。

【人民生活与社会保障】2015年，全区争取就业再就业资金3007.1万元。实现城镇新增就业1.5万人，下岗失业人员再就业2215人，城镇登记失业率2.3%。全年输转劳务2.52万人，创收4.2亿元。区级十件惠民实事完成投资1.81亿元。

城乡居民社会养老保险参保率达到99%。新农合参合率达到98.06%。累计发放城乡低保金7510.6万元，各类救助金619.9万元、抚恤金135.2万元。城乡居民基础养老金每人每月提高到85元。发放粮食直补等各类惠农补贴

平川区尚文坊仿古一条街

白银新乐雅陶瓷生产线

3742万元。1000亩城乡大环境绿化工程、176套公租住房、5个"一村一场"体育健身工程、19个乡村舞台、10座公共厕所、2个整村推进、38个"一事一议"财政奖补项目全面建成，棚户区改造、区中医院、高效节水灌溉工程等惠民实事有序推进。

平川区主要领导名录

区委书记　高云翔

区人大常委会主任　张　福

区　长　胡建伟

区政协主席　郝进义（10月止）

史文中（10月任）

（供稿：王梓璇）

会宁县

【综述】会宁县地处祁连褶皱系秦祁中间隆起带的东南端，西北黄土高原与青藏高原交接地带，介于北纬35° 24′ –35° 26′ 、东经104° 29′ –105° 34′ 之间。全县总面积6439平方千米，其中耕地面积有226.06万亩。2015年末，全县共辖16个镇、12个乡，总人口57.59万人，其中乡村人口48.68万人，城镇人口8.91万人。

属陇中黄土高原丘陵沟壑区，地貌以祖厉河为基干，分布树枝状沟壑，遍布"V"形峡谷。地势南高北低，由东南向西北倾斜，南部、中部为山地，北部是川塬地，海拔1400–2200米。属温带季风气候带的西北边缘部，气候温凉干燥、南北差异大，降水少且分布不均匀，年际变率较大，年内四季分明，日照时数较长，蒸发强烈，无霜期较短，干旱、霜冻、冰雹等自然灾害频繁。年平均气温7.9℃，年平均降水量370毫米，年平均蒸发量1800毫米。矿产资源贫乏，水资源稀少。

2015年，全县实现生产总值57.07亿元，增长7.5%；社会消费品零售总额24.75亿元，增长9.8%；大口径财政收入3.66亿元，增长12.1%；公共财政预算收入2.41亿元，增长12.5%。

【农业农村经济】2015年，全县完成全膜种植121万亩，全年粮食总产量达到8.85亿公斤。完成草畜产业"156536"巩固工程，全县集中培育核桃示范基地29个、千亩中药材示范基地3个。全年新发展特色种植4.34万亩，新发展规模养殖户2436户，新建扶贫资金互助协会112个。完成整村推进项目25个，埋设农村饮水管道1876千米，解决11.3万农村人口饮水不安全问题。全年新修梯田13.2万亩，硬化村组道路552千米，改造危房8000户，实施易地搬迁465户，升级改造农网1.7万户。发展光伏试点项目200户，发电容量600千瓦。落实精准扶贫贷款5.15亿元，覆盖贫困村59个、覆盖率46%。完成各类培训3.6万人，发放培训资料3万册。完成13.3万贫困人口信息采集和大数据管理平台建设。全年脱贫19个村35059人。

【工业经济】2015年，全县新增工业企业10家，规模以上企业5家，核心企业1家。2015年，全县实现工业增加值6.02亿元，增长5.6%。其中规模以上工业增加值4.3亿元，增长2.2%。

【项目建设】实施马铃薯淀粉生产污水治理等一批技术改造项目，申报长征药业紫花苜蓿茶技术提升等一批省级技术创新项目。2015年，全县完工项目128个，完成投资92.5亿元，增长26%。实施陆岔沟综合治理等防灾减灾工程，落实水利建设投资7.1亿元。华润电力西沟塬600兆瓦风电、硝沟坪100兆瓦光伏电项目全面开工，落实电力建设投资3.7亿元。

【房地产业】全年回购安置住房2562套26.3万平方米，落实棚改资金4.6亿元。新建廉租房272套1.36万平方米，公租房110套1万平方米，完成投资4850万元。

【旅游业】启动郭城驿蒙古风情生态恢复保护区等项目，完成红堡子村多元文化产业发展中心等项目，加快培育侯川齐靳田园风光及农家乐示范基地，建设八百户村、道口村等6个"美丽乡村旅游扶贫重点村"，新发展农家乐经营户20户，大型休闲山庄7家。

【电子商务】全县建成县级电子商务服务运营中心和28个乡级服务站、71个村级服务点。全县已注册电子商务企业36家，个体网商600户。

【城乡建设】新建改扩建长征北路延伸段、寨子桥及支路等工程4千米，完成滨河路污水管网工程。新建滨河东路、会师南北路等排污管道15千米，启动实施兴业路祖厉河大桥及引线工程、祖厉河城区段综合治理二期工程。汉唐二十四节气文化休闲商业街建成运营、成为省级创业孵化基地，民俗演艺广场投入使用。

【生态建设】绿化飞扬路等区域129亩，完成西岩山范坡段、寨子段削山绿化1493亩，退耕还林、补植补造5万亩，荒山造林5.3万亩。加快水土保持生态建设，实施水土流失综合治理、土地整治和梯田建设，严格控制土地退化和沙化。实施翟所、新添、郭城等小流域综合治理152平方千米。

【社会事业与民生保障】2015年，全县创建省市级示范性幼儿园4所、标准化幼儿园12所，完成34所学校标准化建设，资助贫困学生2.95万人次1.2亿元。《会师旧址保护规划》编制完成，大型历史题材剧《三军大会师》正式开拍。

2015年，全县民生支出20.3亿元，增长29.1%，占公共财政支出的63.3%。全县城镇居民人均可支配收入14323元、增长11.6%。农村居民人均可支配收入5834元，增长14%。落实省市县惠民实事44件。新增城镇就业7220人。建成城市社区老年人日间照料中心和农村互助老人幸福院20所。城乡居民社会养老保险参保率92%，发放率100%。新农合参合47.3万人，参合率98.5%。报销诊疗患者165万人次2亿元，发放城乡医疗救助3.6万人次1311万元，发放残疾人各类补贴728万元。

会宁县四大班子主要领导名录

县委书记　甘孝礼（11月止）

县人大常委会主任　刘汉宝

县　长　王科健

县政协主席　宋维平

（供稿：邢　春）

靖远县

【综述】靖远县地处甘肃省中部，位居黄河上游，介于东经104°18′-105°15′、北纬36°15′-37°15′之间，是以灌溉农业为主的县份。县境东与宁夏中卫市沙坡头区、海原县交界，南与会宁县毗邻，西与榆中县、白银市白银区接壤，北与景泰县相连，白银市平川区从中析置，县行政区域分南北两个独立部分。辖域东西间隔120千米，南北相距135千米，全县土地总面积5809.4平方千米，其中耕地总面积117万亩，有效灌溉面积59万亩。2015年末，全县辖5个镇13个乡，总人口498339人，常住人口为45.42万人，城镇化率达到32.25%，人口自然增长率为6.01‰。

属陇西黄土高原北部边缘地区，近邻腾格里沙漠，为荒漠化草原过渡带。域内山陵起伏，川塬交错，沟壑遍布，呈黄土高原丘陵沟壑区和干旱草原区地貌，属于温带大陆型半干旱气候。地势东高西低，由南向北逐渐倾斜，分为川区、山塬区和黄河谷地三类地形，平均海拔1398米。2015年，全县年降水量193.4毫米，年相对湿度55%，年平均气温10.7℃年最高气温38.6℃，最低气温零下14.7℃，年平均地面温度13.7℃。年无霜期170天，年平均降雨量202毫米，蒸发量1767毫米以上，年日照时间2876.2小时。境内已探明矿藏资源种类较多，金属矿藏以金、银、铜、铁、锰为主，非金属矿藏以煤、坡缕石、石灰石、重晶石、高岭土、石膏、石英石、沸石为主。其中，县境内高湾乡已发现大型坡缕石矿，探明蕴藏量超过亿吨。自然能源有水力、风能、太阳能，可开发水电资源300余万千瓦，已建成运行的有黄河乌金峡水电站，规划论证的有靖南峡水电站、黑山峡梯级水电站。县境北部北滩、东升一带风力资源可开发面积80-100平方千米，可规划建设装机容量50-100万千瓦以上的大型风力发电场。

2015年，全县实现全县生产总值63.38亿元，增长7.7%。固定资产投资完成92.46亿元。大口径财政收入5.6亿元。县级财政收入完成3.02亿元。社会消费品零售总额完成23.42亿元。完成第三产业增加值19.37亿元，增长7.1%。

【农业农村经济】2015年，全县新改建塑料大棚、日光温室9860亩，新建标准化规模养殖场20个，新发展枸杞、大枣、文冠果等林果及中药材4.71万亩。“靖远枸杞”被选登2015中国品牌价值榜，区域品牌价值可达13.8亿元。实施退耕还林、三北防护林、城乡大环境绿化等生态建设工程，新增造林绿化面积8.02万，完成退耕还林补植补造面积12.07万亩、城乡大环境绿化工程5000亩、县乡绿色通道工程2000亩，实施村庄绿化工程30个村850户9000亩。完成整村推进项目19个。建成通村公路274.1千米。实施农村安全饮水工程，全县3.87万人的饮水不安全问题得到解决。开发整理土地6747亩，石门安韦等14个贫困村低电压问题得到解决。开发平整土地6747亩。实现452个自然村动力电全覆盖。2015年，全县15个贫困村实现整体脱贫，减少贫困人口1.8万人。全年改造农村危房2500户，对186户无能力建房户实行每户4万元的差异化补助。全年技能培训9021人，输转劳动力7.6万人，创劳务收入8.2亿元。建成贫困村网店87家。

【工业经济】2015年，全县完成工业增加值1.69亿元，增长4.1%。全年为企业融资1.3亿元。恒大陶瓷年产2045平方米陶瓷一期生产线项目建成投产，全县瓷砖产能达到226.56万平方米。华电五合一期、二期20千瓦风电场建成并网发电，京能东升三丰塬5万千瓦风力发电场、亿维天昱北滩50兆瓦光伏风电场开工建设。

【招商引资与项目建设】2015年，全县新签约招商引资项目26项，签约资金1.29亿元。当年开工建设重点项目124项，共完成投资38.48亿元，实施招商引资项目103项，到位资金85.46亿元。开工新建续建市列重点项目5项，完成投资3.65亿元。国家、省市发改委批准下达全县政府类投资项目52项，下达中央预算和省级配套资金2.7亿元。

【文化产业与旅游业】实施白银山地体育产业园、南华山生态文化产业园等项目，举办“甘肃银行杯”中国汽车越野赛、白银市首届法泉寺民俗文化旅游节。南华山文化生态产业园三座大殿主体工程及书画院油彩工程完工。鱼龙山红色旅游景区铺设道路4千米，绿化植树20亩。法泉寺风景旅游区紫霄阁主体建设、彩绘和围栏工程完工。2015年，全县实现旅游综合收入3.96亿元。

【商贸物流】浙江商贸城、钟鼓楼文化商业城等项目完成主体工程，西北果蔬冷链物流中心、清真牛羊肉市场项目建设顺利推进。阿里巴巴“千县万村”电商计划付诸实施，京东帮服务店和苏宁易购县级运营中心投入运营。靖远县浙江商贸城电子商务产业园启动建设，建成淘宝零售店铺439家，开设企业网上店铺124家。2015年，全县社会消费品零售总额完成23.42亿元。

【城乡建设】启动“多规合一”规划、城区重点街区控制性详细规划、城区道路及市政管网综合专项规划，编制完成50个村庄建设规划和7个美丽乡村规划。东关桥头改造和兴隆街、隍庙巷、中天化工小区排水管网及路面整修工程完成。三台九塬北环路、隍庙巷排水管网及路面整修工程建成投入使用，人防地面应急指挥中心建成入驻，城区雨污水分流改造、东二环路、金三角环路、南滨河路宋家滩段等市政工程建设进展顺利。建成美丽乡村示范村、环境整洁村41个，整合资金3361万元，推进东湾镇大坝村等5个美丽乡村建设。

【社会事业】建成“班班通”教室493个，发放乡村教师生活补贴628万元，高考二本上线人数达到2141人。开工薄弱学校改造项目25所，建成附设幼儿园32所，全县农村中小学实现食堂供餐全覆盖。县医院重症医学科和新生儿重症监护病房两个重点专科全面建成，北湾镇中心卫生院交由白银市第一人民医院托管。完成薄弱学校改造24所，标准化村卫生室58个，基层文化大院61个。

【人民生活与社会保障】2015年，全县城镇居民人均可支配收入19912元，城镇居民人均消费支出13285元。农村居民人均可支配收入7498元。全年发放创业小额贷款297户，2230万元，安置高校毕业生313名，新增城镇就业人员6498人，失业人员再就业1067人，城镇失业率控制在4%以内。

新型农村合作医疗和城镇居民基本医疗保险政府补助标准由人均320元提高到380元，城乡居民基本养老保险基础养老金政府补助标准提高到85元，企业退休人员基本养老金、工伤人员伤残津贴、失业保险金标准均提高10%。新建城乡社区老年人日间照料中心29个。刘川镇敬老院投入使用。靖远县殡仪服务中心启动使用。开工建设棚户区改造安置房332套，发放廉租住房补贴367.5万元。为9063名重度残疾人家庭发放各类补贴806.7万元。城乡低保、五保供养保障标准分别提高22.6%、11%、40%，发放城乡低保、五保供养资金共1.52亿元。发放自然灾害救助资金1028万元。开工建设公共租赁房928套、棚户区改造房332套。

靖远县主要领导名录

县委书记　郑　钰（女）

县人大常委会主任　陈其宝

县　长　刘力江

县政协主席　雒联奎

（供稿：杜树泽）

景泰县

【综述】景泰县地处甘肃中部，甘宁蒙三省（区）交界处，介于东径103°33′—104°43′，北纬36°43′—37°38′之间，全县总面积5483平方千米，其中耕地面积68.6万亩，天然草场522.8万亩。2015年末，全县辖6镇5乡，总人口237204人。

境内海拔1374–3321米。属温带大陆干旱气候，年均气温为9.1℃，无霜期在141天左右。年均日照2713小时，年降水量为185.6毫米，年蒸发量为1722.8毫米。是黄河上游重要的灌溉农业区，列为甘肃省新增50亿斤粮食生产能力建设项目县，国家商品粮基地县和全国A级绿色食品生产基地。矿产资源丰富，主要有石膏、石灰石、煤、石英石、金等，其中石膏储量达3.85亿吨，居全国第二。有国家地质公园黄河石林、五佛沿寺石窟、景电高扬程提灌工程等自然人文景观。

2015年，全县实现生产总值48.15亿元，增长5%；全社会固定资产投资47.6亿元，下降38.8%；规模以上工业增加值8.5亿元，增长0.4%；社会消费品零售总额11.5亿元，增长8%；大口径财政收入4.11亿元，下降10.47%；地方公共财政预算收入1.99亿元，下降12.73%；金融机构存、贷款余额分别为64.74亿元和59.65亿元，增长7.35%和10.2%，存贷比达92.14%。

【农业农村经济】2015年，全县实现农业增加值11.65亿元。全年完成农作物播种面积63.75万亩，粮食总产量达18万吨。全年新增特色经济林1.5万亩。新建标准化规模养殖场25个，肉蛋奶总产量达5.98万吨，全年畜牧业总产值达6.2亿元。全县农村土地流转面积达16万亩。引进新品种36个，推广新技术5项，农业科技贡献率达到50%。举办全市现代林果产业建设现场会。景泰县被认定为省级现代农业示范区，红砂岘农业园区被认定为省级现代农业示范园，条山牌梨、玉杰枸杞获得第十六届中国绿色食品博览会金奖。

【工业经济】2015年，全县实施长城冶炼矿热炉优化改造等工业项目37个，完成投资14.3亿元。全年新增入规企业6家。实施重点工业项目138个，新上工业企业86家，规模以上工业企业达到38家。新增电力装机容量52万千瓦。研制开发新产品28项，菁茂甘草切片、新石建材纸面石膏板等产品获得“甘肃名牌”称号。工业园入驻企业达到13家。

【非公经济】2015年，全县新发展非公经济主体2384户，累计达到1.29万户，增长13.4%。

【项目建设】2015年，全县实施中凯寺滩49.5兆瓦风电场、高效农田节水技术推广等重点项目112个，其中亿元以上30个，年内完成77项，完成投资54.5亿元。寺滩黄崖坝综合开发等5个市列重点项目完成年度投资计划。筛选上报专项建设债券项目82个，投资总规模183.2亿元，其中申请专项债券资金19.2亿元，已落实4900万元。

【招商引资】2015年，全县参加各类重大节会和项目推介活动，与广东省蓬江区缔结为友好县区。在第21届兰洽会精心举办“景特荟”特色产品展销、景泰专场推介暨重大项目发布签约、邀请客商实地考察等三项活动。全年签约项目38个，签约资金128.2亿元，资金到位率和开工率分别达到43%和85.2%。

景泰县大敦煌影视城

【商业贸易】2015年，全县社会消费品零售总额11.5亿元，增长8%。年末，全县完成外贸出口总额517万美元。

【旅游业】新开业运营景区景点5处，建设文化旅游重点项目16个，完成投资3.6亿元。举办第七届和第八届黄河风情文化旅游节，《屠门镇》、《爸爸去哪儿》等40余部影视作品在景泰县取景拍摄。龙湾村入选2013年度"中国十大最美乡村"，条山农庄梨花景观被认定为全国10项梨花景观之一。2015年，全县累计接待游客523万人次，实现综合收入28.06亿元，分别为"十一五"期间的2.65倍和4.27倍。

【城乡建设】新增公共绿地4700平方米，更换节能路灯707盏，购置环卫车、洒水车30辆，安放可卸式垃圾箱220个，增加环卫工人52名。改造红水路、大安路等车行道1.69千米，完成人行道透水铺装8.5万平方米，新建污水管网8.9千米、水冲式公厕6座，安装隔离防护栏4.8千米、树穴玻璃格栅960个。红水镇基础设施建设、喜泉镇生活垃圾填埋等工程全面建成。景泰至中川高速公路试验段建设加快推进，省道217线白银至景泰试验段开工建设，国道338线景泰段线路调整优化，试验段开工在即。中泉大型泵站更新改造、黄河干流景泰段防洪治理等工程加快建设。完成封育造林3.2万亩。创建省级生态乡镇2个，市级生态乡镇4个、村（社区）7个。

【科技教育】2015年，全县申请专利52件，签订产学研合作项目23个，完成科技成果转化25项，建成众创空间3个，其中省级1个。改扩建农村幼儿园17所，乡镇中心幼儿园实现全覆盖。补齐2012-2014年欠拨经费6590万元，义务教育均衡发展通过国家督导组评估验收。发放教育补助及助学贷款3650万元，落实教师津补贴354.8万元,投入450万元化解高中债务，高考二本上线率达23.44%。

【医疗卫生】推进医药卫生体制改革,新农合政府补助标准由320元提高到380元,参合率达97.18%，创建群众满意乡镇卫生院2个,新建标准化村卫生室10所。

【文化事业】加大文物保护力度，完善公共文化服务体系，建成乡镇文化广场2个、"乡村舞台"73个、"一村一场"26个。

【人民生活与社会保障】2015年，全县城镇居民人均可支配收入18224元，增长10.3%；农村居民人均可支配收入7626元，增长13%。全年用于民生事业的支出达12.58亿元，占公共财政预算支出的79.02%，增长5%。城镇新增就业6413人，下岗失业人员再就业932人，城镇登记失业率为3.54%。年末，全县居民基本养老保险基础养老金政府补助标准每月提标20元。建设保障性住房745套。提高城乡低保标准和补助水平及农村五保供养标准，发放各类救助资金7998万元，发放残疾人生活、护理等补贴616万元。

景泰县主要领导名录

县委书记　任文贵（5月止）
　　　　　李作璧（6月任）
县人大常委会主任　郭永泰
县　长　张文玲（4月任）
县政协主席　郭延健

（供稿：罗文檀　魏登娟）

天水市

【综述】天水市地处甘肃省东南部，介于东经104°43′-106°34′，北纬34°05′-35°10′之间。东以陇山为界与陕西省毗邻，南跨西秦岭与陇南市相接，西到桦林山、天爷梁与定西市相连，北越葫芦河中游与平凉市接壤。东西长197千米，南北宽122千米，全市总面积1.43万平方千米。2015年末，全市辖5县2区，常住人口331.17万人,人口自然增长率6.93‰。

境内大部分区域属黄土山梁沟壑区，南部、东北部有部分石质山地。地势西高东低，海拔一般在1000-2100米之间。属暖温半湿润、半干旱气候的过度地带，气候温和，四季分明，冬无严寒，夏无酷暑。年平均气温10℃左右，无霜期180天。年降水量450-650毫米。地跨长江、黄河两大流域。境内保存有全国规模最大的明代建筑群-伏羲庙和伏羲画八卦的遗址卦台山。秦安境内的大地湾原始部落遗址出土各类文物8000余件，大地湾遗址荣列中国20世纪百项考古大发现12名。麦积山石窟被誉为"东方雕塑馆"，已被列入联合国科教文组织世界遗产中心文化和自然遗产预备清单。境内另有胡氏民居、李广墓等景点。

2015年，全市实现生产总值553.8亿元，按可比价格计算，比上年增长9.2%。其中第一产业增加值97.5亿元，增长6.1%；第二产业增加值185.6亿元，增长10%；第三产业增加值270.7亿元，增长9.6%。第一产业增加值占生产总值的比重为17.6%，第二产业增加值比重为33.5%，第三产业增加值比重为48.9%。全年完成大口径财政收入110.22亿元,比上年增长10.02%。其中一般公共预算收入36.69亿元,增长15.3%。实现国家税收50.51亿元,比上年增长2.92%;地方税收29.13亿元,增长15.48%。财政支出246.92亿元,比上年增长22.72%。

【农业农村经济】2015年，全市实现农林牧渔业增加值97.7亿元,增长6.14%。其中种植业增加值84.89亿元,增长7.16%;林业增加值1.28亿元,下降0.55%;牧业增加值11.2亿元,下降0.42%;渔业增加值0.12亿元,增长3.08%。10个现代农业示范园区和100个科学发展示范点完成投资30.3亿元,新发展规模养殖场100个。

全年农作物播种面积691.17万亩,比上年增长0.62%。全年粮食产量126.97万吨,比上年增长2.55%。其中夏粮总产38.19万吨,增长5.29%;秋粮总产88.78万吨,增长1.41%。油料种植面积74.87万亩,比上年下降0.33%，总产量8.47万吨,增长3.15%。蔬菜种植面积106.55万亩,比上年增长4.98%，总产量259.08万吨,增长9.2%。药材种植面积19.36万亩,比上年增长7.81%，总产量4.08万吨,增长12.29%。水果总产量124.91万吨,比上年增长8.43%。

年末，全市大牲畜存栏55.97万头,比上年下降0.98%;牛存栏32.11万头,下降1.08%;猪存栏78.23万头,下降3.81%;羊存栏32.24万只,增长0.19%。牛出栏10.62万头,比上年增长3.71%;猪出栏86.45万头,下降3.29%;羊出栏13.88万只,增长9.14%。家禽存栏474.47万只,比上年下降0.53%;出栏354.52万只,增长5.06%。全年肉类总产量8.01万吨,比上年下降1.47%。其中猪肉产量6.05万吨,下降3.32%。禽蛋总产量1.42万吨,比上年下降0.7%。全年森林覆盖率35.9%,果园面积125.74万亩。

2015年天水市主要工业产品产量及其增长速度

产品名称	产量	比上年增长 ±%
高压开关板	11147 面	14.5
卷烟	33.77 万箱	1.99
塑料制品	2.44 万吨	0.45
中成药	839.6 吨	14.2
金属切削机床	1318 台	−43.5
锻压设备	245 台	−41.8
轴承	5850 万套	10
半导体集成电路	149.75 亿块	29.4
电力电缆	260 公里	−42.7
毛线	894.13 吨	38.6
发电量	16.66 亿千瓦时	−26.4
水泥	493.64 万吨	−1.5

【工业经济】2015年，全市规模以上工业企业完成工业增加值111.04亿元,比上年增长10%。其中重工业增加值46.09亿元,增长8.2%;轻工业增加值64.94亿元,增长12.5%。股份制企业增加值48.73亿元,增长4.3%;国有企业增加值59.93亿元,增长6.6%。全年规模以上工业企业实现利润总额7.57亿元,比上年下降0.2%;主营业务收入175.54亿元,下降5.6%;利税总额13.98亿元,下降2.2%;销售产值309.2亿元,增长2.3%。规模以上工业企业产品产销率93.2%。规模以上工业亏损企业亏损额5.48亿元。

【固定资产投资】2015年，天水市完成固定资产投资602.79亿元,比上年增长12.09%。其中项目投资566.8亿元,增长12.74%。按三次产业分,第一产业投资53.18亿元,增长44.86%;第二产业投资151.8亿元,下降11.07%。其中工业投资129.54亿元,下降14.85%;第三产业投资397.81亿元,增长20.42%。

【房地产业】2015年，全市完成房地产开发投资35.99亿元,比上年增长2.83%。其中住宅投资25.78亿元,下降4.8%。房屋施工面积487.77万平方米,比上年增长13.65%;竣工面积59.63万平方米,下降16.53%。商品房销售面积84.46万平方米,比上年下降21.72%。

【招商引资】2015年，全市新签约项目243项,到位资金420.7亿元,比上年增长34.5%。

【交通通信】 2015年，全市公路通车总里程1.05万千米。全社会公路客运量2840.05万人,比上年增长26%;客运周转量18.97亿人千米,增长26%。货运量2896.39万吨,比上年增长26%;货运周转量50.53亿吨千米,增长26%。

全年完成邮电业务总量31.28亿元,比上年增长63.1%。年末本地固定电话用户33.6万户,比上年增长10.4%;移动电话(包含移动、联通、电信部门)用户261.3万户,增长1.2%。

【商贸流通与贸易】 2015年，全市实现社会消费品零售总额262.42亿元,比上年增长9.2%。其中城镇零售额186.94亿元,增长8.9%;乡村零售额75.48亿元,增长9.9%。全年批发零售业商品销售额547.12亿元,比上年增长16.62%。其中批发业销售额282.54亿元,增长19.02%;零售业销售额264.58亿元,增长14.16%。住宿业营业额12.17亿元,比上年增长17.05%;餐饮业营业额60.07亿元,增长19.7%。

年末，全市完成进出口总额23.85亿元,比上年增长0.26%。其中出口总额13.91亿元,下降9.68%;进口总额9.94亿元,增长18.52%。

【旅游业】天水文化旅游投资发展公司组建成立，麦积山温泉度假酒店、麦积区和秦州区两个滑雪场等项目建成运营，麦积山石窟艺术研究所项目、孙集文化小镇、峡门风情小镇等文化旅游项目加快建设。2015年，全市接待海内外游客2216.5万人次，比上年增长33%；全年实现旅游综合收入125.7亿元，增长32.3%。天水市被评为“中国最具魅力文化旅游城市”。

【财政金融保险】2015年，全市年末金融机构人民币各项存款余额1032.4亿元，比上年增长15.1%。其中境内存款1032.36亿元，增长15.1%。金融机构人民币各项贷款余额642.34亿元，比上年增长35.6%。其中住户贷款236.59亿元，增长44.1%；非金融企业及机关团体贷款405.75亿元，增长31.1%。全年实现保费收入18.1亿元，比上年增长41.74%。其中财险收入5.11亿元，增长21.1%；寿险收入12.99亿元，增长46.03%。

【非公经济】2015年，全市共有个体工商户9.13万户，从业人员19.38万人，注册资金40.35亿元；私营企业1.29万户，从业人员13.78万人，注册资金412.55亿元。

【科技与教育】2015年，全市共组织实施市级以上科技项目392项，取得科技创新成果104项，其中87项达到国内先进以上水平。有省级工程技术研究中心17家；重点实验室8家。年末，全市共有普通高校5所(包括电大、工学院)，在校学生4.3万人；中等职业学校15所(不含技工学校、教师进修学校)，在校学生3.25万人；普通中小学校1604所(不包括731个小学教学点)，在校学生4781万人。小学学龄儿童入学率99.97%，初中学龄儿童入学率99.59%。

【文化卫生体育】2015年末，全市共有文化艺术表演团体7个，文化馆8个，乡镇综合文化站113个，农家书屋2540家，公共图书馆8个，各类藏书80.8万册，广播、电视人口覆盖率分别达99.35%和99.06%，有线数字电视用户11万户。建设乡村舞台821个、县级城市数字影院6座，完成农村电影放映3万多场次。《幸福快车》《苦乐村官》等影视剧拍摄完成。年末，全市共有卫生机构502个，其中医院36个、卫生院132个，妇幼保健院、所、站8个，社区卫生服务中心(站)44个。各类卫生技术人员1.56万人(含村卫生室卫生员)，其中执业医师3262人(含卫生院执业医师)，床位1.29万张。年内国家免疫规划疫苗接种率稳定在95%以上。全市共有全民健身点406个，经常参加体育锻炼的约139万人，在省级以上各类比赛中共获得金牌86枚、银牌92枚、铜牌35枚。

【城市建设】实施城建重大项目52项，总投资162亿元，完成投资36亿元。藉河南路西延段等项目相继建成，藉河双桥大桥等项目加快建设，秦州大道等项目启动实施，城区供热管网改造等项目前期工作有序推进。成纪新城输配水管网建成运行。年末，全市人均城市道路面积8.75平方米，道路照明灯12526盏，用水普及率95.01%，生活垃圾处理率100%，燃气普及率72.37%，建成区绿化覆盖率38.1%，人均公园绿地面积9.5平方米。全年环境空气质量总体水平为良，城区空气质量综合指数5.12，渭河水质达标率72.9%。天水市获“中国十大最美城镇”称号。

【人民生活与社会保障】2015年，全市城镇居民人均可支配收入20809元，比上年增长10%；农村居民人均可支配收入6006元，增长12.5%。城镇居民人均消费性支出12371元，农村居民人均消费性支出7074元。城市人均自有现住房面积31.64平方米，农村人均自有现住房面积24.56平方米。居民消费价格总水平比上年上涨2%。全年城镇新增就业10.3万人，下岗失业人员再就业1.53万人，新增小额担保贷款3.4亿元。城镇登记失业率为3.1%。全年组织劳务输转69.17万人，创劳务收入111.54亿元。

年末，全市参加基本养老、失业、城镇职工基本医疗、工伤、生育五项社会保险人数分别达11.91万人、14.2万人、2767万人、1246万人和1331万人。离退休人员8.61万人，养老保险基金支出22.64亿元，发放率100%。参加城镇职工基本医疗保险的农民工0.77万人，参加工伤保险的农民工4.02万人。各类企业劳动合同签订率94.2%。共有城市最低生活保障对象3.42万户、8.48万人，累计发放低保补助资金2.56亿元；农村最低生活保障对象12.86万户、40.32万人，累计发放低保补助资金6.01亿元。农村临时救济1.69万户。开工建设保障性住房1.4万套104.34万平方米，主体竣工7341套，完成农村危旧房改造1.99万户。发放廉租住房补贴1.37万户2678.6万元、社会救助资金11.9亿元。建成省级救灾仓库、儿童福利院、

2015年8月28日上午，由中阿交流协会、甘肃省政府外事办、天水市政府、迪拜丝路联合国际发展公司主办的中阿共建丝绸之路经济带天水合作项目签约在天水隆重举行

流浪未成年人救助保护中心等项目。

【精准扶贫】发放精准扶贫贷款44亿元,争取财政专项扶贫资金5.6亿元,整合项目资金48亿元,投入各类精准扶贫资金114亿元。建成贫困村通畅工程244个、794.3千米,标准化村卫生室634个,实现所有贫困村通沥青(水泥)路、标准化村卫生室全覆盖的目标。2015年,全市实现脱贫20万人,贫困人口减少到47.78万人。

【安全生产】2015年，全市发生生产安全事故死亡94人,比上年增长3.29%。亿元生产总值生产安全事故死亡人数0.17人,下降7.1%。发生道路交通事故96起,造成87人死亡、94人受伤,直接经济损失31.37万元。

天水市领导班子成员名录

市　委

书　记　王　锐

副书记　杨维俊　宋尚有

常　委　李美华　王光庆　张明泰
　　　　蒋晓强　赵卫东　蒲　军
　　　　雷　鸣　王正茂　李建中
　　　　宋德雄

秘书长　蒋晓强

市人大常委会

主　任　柴金祥

副主任　萧　菡　安　永　赵建强
　　　　黄孝荣　王子生　张仲康
　　　　刘来生

秘书长　宋建平

市政府

市　长　杨维俊

副市长　张明泰　温利平（女）
　　　　霍卫平　王　钧
　　　　张建杰　许　强

秘书长　逯克宗

市政协

主　席　宋尚有

副主席　宋博华　安志宏　杨发元
　　　　何道华（女）　白晓玲（女）
　　　　张克强　马百龄（回族）
　　　　马武生　王振宇

秘书长　刘永年

(供稿:吴宏波)

秦州区

【秦州区】秦州区地处内陆腹地、陕、甘、川要冲之地，介于北纬34°05′–34°40′与东经105°13′–106°01′之间。东接麦积区通应关中，西接甘谷，是通往河西之要道，南连陇南通往川蜀，有“扶陕控蜀，管钥凉雍”之称，全县总面积2442平方千米，其中耕地面积91.38万亩。2015年末，全区总人口68.62万人，人口自然增长率为5.71‰。有回族等30个少数民族。有宗教场所162处，经政府批准开放的宗教场所84处，未批准开放场所78处，共有教职人员323人，信教群众86538人。

境内地势西南高，东部低。西部为秦岭山地，南部与西部地情相似为秦岭山地。中部平为黄土高原地貌。秦州区是秦人的发祥地,有“羲皇故里”之称。西秦岭横贯全区，是长江、黄河两大流域分水岭。气候温和湿润，四季分明，是大樱桃、苹果等温带水果的最佳生长地。

2015年，全区实现地区生产总值166.37亿元，按可比价格计算，增长9.9%。其中第一产业实现增加值12.60亿元，增长6.5%；第二产业实现增加值60.72亿元，增长11.3%；第三产业实现增加值93.05亿元，增长9.3%。全区完成大口径财政收入19.83亿元，增长21.94%。财政支出完成39.11亿元，增长26.36%。财政收支比为1:1.97。国家税收完成5.05亿元，增长23.15%，地方税收完成8.35亿元，增长13.54%。年末，全县各项存款余额达到430.55亿元，增长14.86%。金融机构贷款余额284.16亿元, 增长28.01%。

【农村农业经济】2015年末，全区实现现价农业总产值20.96亿元，增长6.7%，其中农业产值18.94亿元，增长6.9%；林业产值0.14亿元；牧业产值1.82亿元，增长5.2%，渔业产值0.023亿元，农林牧渔服务业产值0.04亿元。农、林、牧、渔及服务业产值结构比为90.4：0.6：8.7：0.1：0.2。

全年农作物播种面积110.09万亩，其中粮食播种面积74.13万亩。全年粮食总产量21.37万吨，增长3.03%，其中夏粮总产量6.88万吨，增长5.8%，秋粮总产量14.49万吨，增长1.9%。全年油料作物播种面积18.65万亩，总产量2.19万吨，增长1.67%。全年蔬菜播种面积10.89万亩，增长0.61%，总产量达到24.35万吨，增长4.87%。年末全区果园实有面积17.61万亩，全年水果总产量20万吨，增长10.26%。当年造林面积2万亩，年末封山育林面积达到4.5万亩。

年末大家畜存栏7.17万头，下降0.57%；猪存栏8.55万头，下降1.19%，当年出栏肉猪头数8.43万头，下降1.81%；年末鸡（鸭、鹅）存栏58.29万只，出栏51.14万只。全年肉产量7629.84吨，下降1%，其中猪肉5897.78吨，下降1.81%，鲜蛋产量1748.7吨，增长0.99%，牛羊奶产量305.42吨，下降5.6%。水产品养殖面积375亩，水产品产量262吨。

【工业与建筑业】2015年，全区全部工业企业实现增加值37.30亿元，增长13.0%。29家规模以上工业企业实现增加值31.06亿元，增长14.6%。全年规模以上工业企业实现主营业务收入77.17亿元，增长4.1%，实现利润总额7.07亿元，增长27.7%。

年末，全区共有资质以上建筑企业46家，其中总承包和专业承包单位44家。全年完成建筑业总产值62.67亿元,其中建筑工程产值57.87亿元，安装工程产值4.6亿元。全年完成竣工产值36.73亿元，全部单位年平均从业人员22337人。

【固定资产投资和房地产业】2015年，全区固定资产投资完成162.04亿元，增长14.74%。实施新建续建投资项目279个。其中第一产业完成投资9.63亿元，占投资额的5.94%，增长281.74%；第二产业完成投资45.62亿元，占投资额的28.15%，下降10.84%；第三产业完成投资106.79亿元，占投资额的65.90%，增长21.99%。

全区58家房地产开发企业完成投资13.83亿元，下降23.82%，其中住宅完成投资9.19亿元,下降34.48%。全年商品房销售面积50.80万平方米，下降29.61％，实现商品房销售额19.36亿元，下降33.87％。

【商贸流通】2015年，全区实现社会消费品零售总额8633亿元，增长921%。其中城市实现社会消费品零售额74.45亿元，占总额的86.24%，增长9.9%；乡村实现消费品零售额11.87亿元，占总额的13.76%，增长5.1%。分行业看，批发和零售业实现消费品零售额63.90亿元，占总额的74.02%，增长9.6%。住宿和餐饮业实现消费品零售总额22.43亿元，占总额的25.98%，增长7.97%。

【旅游业】2015年，全区共接待境内外游客1103.1万人次，增长28.6%。全年实现旅游综合收入69.6亿元，增长29.3%。

【科技教育医疗卫生】2015年，全区实施各级各类科技项目共70项。组织14项科技成果项目参加天水市2015年度科技进步奖的评审，有8项获奖。全年完成专利申请量141件，其中发明专利108件，外观设计专利2件，实用新型专利31件。全年共举办各类科技培训班80多期，培训农民23200多人次，印发科技资料2万多份。全区现有区属公办幼儿园、中小学校共163所，共有专任教师5676人，在校学生数75970人。2015年高考上线人数1454人，上线率34.9％。2015年末，全区共有区属医疗机构60家，医疗卫生机构现有床位数659张。专业技术人员715人，具有副高级职称的39人，中级职称的212人，初级职称的369人。

【人民生活与社会保障】2015年，全区居民消费价格总水平比上年上涨2%，其中食品类上涨1.9%。全年城镇居民人均可支配收入完成22480.4元，增长10.3%。农村居民人均纯收入完成6963.2元，增长12%。城镇新增就业19865人，城镇登记失业率为3.15%。全年劳务输转11.2万人，其中组织输转人数6.73万人，技能培训1.537万人，累计实现劳务总收入18.3亿元，增长12.39%。

年末，全区纳入城乡居民养老保险参保人数26.02万人，参保率达97.54%，续保率达98.63%；为全区5.47万名符合待遇享受条件的60周岁以上参保人员发放养老金6511.37万元。为符合条件的400名村干部发放养老保险待遇118.16万元。全区参加企业职工养老保险统筹20629人；失业保险参保9844人。城镇职工基本医疗保险参保2.72万人，城镇居民基本医疗保险参保8.53万人，工伤保险参保1.10万人，生育保险参保1.65万人。全区最低生活保障对象有23420户、69514人。城镇职工基本养老保险基金征缴收入7776.68万元，失业保险基金征缴收入258.35万元，城镇职工基本医疗保险基金征缴收入4250万元，城镇居民基本医疗保险基金征缴收入138万元，工伤保险基金征缴收入202万元，生育保险基金征缴收入162万元，城乡居民社会养老保险参保率97.54%，续保率98.63%。

主要农产品产量

产品名称	单位	产量	增长％
粮食	万吨	21.37	3.03
#小麦	万吨	34.51	0.05
油料	万吨	2.19	1.67
#油菜籽	万吨	1.52	1.2
水果	万吨	20	10.26
#苹果	万吨	16.89	11.76
蔬菜	万吨	24.35	4.87

2015年主要工业产品产量

产品名称	单位	数量
滚动轴承	万套	5850
高压开关板	面	227
低压开关板	面	7566
电力电缆	千米	260
集成电路	万块	1497496
试验机	台	377
毛线	吨	894.13
中成药	吨	747.62
塑料制品	吨	10286
水泥	万吨	201.75
通信及电子网缆用电缆	对千米	385

秦州区主要领导名录

区委书记　雷鸣（1月任）

区人大常委会主任　文月平

区　长　何　东

区政协主席　宋丕林

（供稿：关　蓉）

麦积区

【综述】麦积区地处陕、甘、川之要冲，介于东经105° 25′-106° 43′，北纬34° 06′-34° 48′ 之间。区域东接陕西省宝鸡市，南邻秦州区、两当县、徽县，西靠甘谷县，北连清水县、秦安县。东西长123千米，南北最宽处50千米，全区总面积3480平方千米。2015年末，全区辖15镇2乡3个街道办事处，总人口635900人，有34个少数民族。

境域横跨黄河、长江两大流域。东南部绵亘百余里秦岭山峦叠翠，西北部黄土高原川梁沟峁纵横交错。境内森林覆盖率达68%。属大陆半湿润季风气候，日照充足，降水适中，全年平均气温12.2℃，平均降水量817.3毫米，从南向北依次减少。年均日照2090小时，每天平均5.7小时，日照百分率47%，日照地域间差别大，北部山区较多，东南部林区较少。有麦积山石窟、卦台山、仙人崖、石门等人文自然景观。

2015，全区实现生产总值162.1亿元，增长9.5%。其中第一产业增加值12.6亿元，增长6.2%；第二产业增加值77.1亿元，增长10%；第三产业增加值72.4亿元，增长 9.8%。三次产业比为7.8：47.5：44.7。固定资产投资98.8亿元，增长14.11%。大口径财政收入14.33亿元，增长4.72%。全年全区大口径财政收入为14.3亿元，公共财政预算收入为4.9亿元，增长11.2%，公共财政预算支出为35.2亿元，增长14.3%。年末，全区金融机构各项存款余额208.3亿元，比上年末增长9.0%，全区金融机构各项贷款余额137.6亿元，增长37.9%。

【农业农村经济】2015年，全区粮食总产量17.8万吨，比上年增产3.7%。其中夏粮产量5.6万吨，增产9.1%；秋粮产量12.2万吨，增产1.4%。粮食作物种植面积63.0万亩，比上年减少0.2万亩；油料种植面积7.7万亩，与去年持平；蔬菜种植面积8.8万亩，增加0.146万亩；中药材种植面积1.2万亩，增加200亩。年末，全区大牲畜存栏4.7万头，比上年末增长2.0%；牛存栏3.6万头，增长1.8%；羊存栏2.7万只，增长1.2%；猪存栏10.1万头，减少5.5%。牛、羊、猪出栏分别为0.9万头、1.2万只和10.8万头，分别比上年增长5.6%、9.7%和下降4.6%。全年肉类总产量9301.5吨，减少2.8%，其中猪肉、牛肉、羊肉分别下降4.6%、增长5.6%和9.7%。全年水产品产量278吨，增长4.5%。

2015年麦积区主要农产品产量情况

单位：吨、%

产品名称	产量	比上年增长
粮食	178463.9	3.8
油料	9846.7	5.6
#油菜籽	7546.7	6.3
中草药材	3308	8.7
园林水果	250360.5	8.5
蔬菜	201215	9.9
肉类	9301.5	-2.8
#猪肉	7588.4	-4.6
牛肉	853.1	5.6
羊肉	186.7	9.7
禽肉	673.3	5.8
水产品	278	4.5

【工业与建筑业】2015年，全区规模以上工业企业完成工业增加值55.8亿元，比上年增长9.0%。规模以上工业企业产品销售率93.9%，增长1.5个百分点。轻工业完成增加值51.0亿元，增长10.7%；重工业完成增加值4.8亿元，下降12.8%。全年规模以上工业企业实现利润总额796.5万元，下降92.5%。规模以上工业亏损企业亏损额9076.6万元，增长235.5%。

2015年麦积区主要工业产品产量情况

产品名称	单位	产量	比上年增长（%）
卷烟	万支	1688448	2.0
金属切削机床	台	1228	-41.2
锻压机床	台	245	-41.8
果汁饮料	万吨	2.2	-3.2
商品混凝土	立方米	94.3	-32.4
啤酒	千升	34307.0	-17.1
水泥	万吨	119.7	33.1
饲料	万吨	1.4	-34.1
乳制品	万吨	1.2	5.0
纱	吨	1703	-6.3

2015年，全区建筑业实现增加值11.5亿元，比上年增长10.3%。全年房地产业增加值4.6亿元，增长5%。

【商贸流通】2015年，全区实现社会消费品零售总额84.4亿元，比上年增长9.2%。按销售单位所在地统计，城镇实现社会消费品零售总额77.8亿元，增长9.8%；乡村实现社会消费品零售总额6.6亿元，增长2.9%。全年实现批发业销售额89.1亿元，增长18.0%；实现零售业销售额63.5亿元，增长3.5%；实现住宿业营业额1.4亿元，增长24.9%；实现餐饮业营业额10.4亿元，增长18.0%。

【文化产业与旅游业】2015年，全区完成文化旅游投资2.575亿元，实现文化产业发展增加值4.38亿元（任务4.36亿元），增速39%，资产总额9.2亿元（任务9亿元），占GDP比重2.24%。

全年共接待各类游客892.65万人次，增长29.49%。全年创旅游综合收入42.85亿元，增长29.5%。农家乐接待游客350.71万人次，增长29.6%，农家乐创收1.75亿元，增长29.6%。

【项目建设】2015年，全区实施城乡重点建设项目41项，总投资529.49亿元。其中城市重点建设项目14项，总投资113.11亿元，小城镇建设项目2项，总投资2.39亿元。全年实施的14项城市重点项目中，已完工4项，（包含56个子项目），总投资113.11亿元，当年完成投资40.59亿元。实施保障性住房建设项目12个，总投资7.92亿元。其中续建项目5个、总投资46.68亿元；新建项目9个、总投资66.43亿元。

【招商引资】2015年，全区完成招商引资实际到位资金76.93亿元，较上年同期增长32.09 %。完成招商引资到位省外资金74 亿元，增长42.42 %。完成重点产业到位资金62.49亿元，增长34.19 %。2015年新引进亿元以上项目15个，其中3亿元以上项目6个。

【交通通信】2015年，全区交通运输、仓储和邮政业实现增加值8亿元，与上年持平。全区公路里程达到1845.6千米，增加106.6千米，增长6.1%。全区17个乡镇实现通乡油路，379个行政村中272个行政村通沥青（水泥）路，通畅率达到72%。

全年完成邮电业务总量1.2亿元，比上年增长10.6%。其中电信业务总量0.8亿元，增长2.6%；邮政业务总量0.4亿元，增长29.2%。互联网上网用户8.4万户，增长116%。

【环境保护】2015年，全区空气质量可吸入颗粒物(PM10)平均浓度为83微克/立方米，二氧化硫（SO2）平均浓度为19微克/立方米，二氧化氮（NO2）平均浓度35微克/立方米，空气质量优良天数为275天，占全年总天数的72.6%，渭河出境断面水质达标率83.3%，达到国家重点流域规划提出的80%达标要求；功能区噪声环境质量达到国家规定。

【科技与教育】2015年，全区组织实施科学研究、科技试验示范及推广项目92项，其中国列项目4项，省、市列项目8项，区列项目80项，全区共争取科技项目到位资金400.8万元。通过鉴定验收项目65项，取得科技成果21项。专利申请量305件。2015年，全区有各级各类学校417所，在校学生92159人，在岗教职工7444人。学校占地总面积198万平方米，校舍建筑面积70万平方米。区境内有省内重点大专院校两所。

【文化与体育】2015年末，全区共有文化馆1个，公共图书馆1个，博物馆1个。广播和电视综合人口覆盖率分别为99.7%和99.2%。全年体育事业经费362万元。区、乡（镇）、村体育场地665个，实施体育惠民工程5个。

【医疗卫生】2015年，全区共有卫生机构626个，其中医院（公办、民办）18个，卫生院23个，妇幼保健院1个，专科疾病防治所1个，社区卫生服务中心（站）22个。医院、卫生院拥有床位2770张。卫生机构职工数2278人，其中城区卫生机构职工1636人，乡镇卫生院职工642人。

【人民生活与社会保障】2015年，全区城镇居民人均可支配收入21145.2元，比上年增长10%；农村居民人均可支配收入5994.2元，增长12.6%。全年居民消费价格总水平比上年上涨1.6%，全区商品零售价格总水平比上年上涨1%。全年有城乡就业人员12.1万人。年末城镇登记失业率为3.1%，与上年末持平。技能培训4.42万人。全区共输转劳务11.15万人，创劳务收入17.82亿元。

年末，全区参加城镇职工基本养老保险人数30.26万人；参加城镇居民医疗保险人数8.9万人；参加失业保险人数1.2万人；参加工伤保险人数0.8万人；参加生育保险人数1.1万人。征缴城镇职工基本养老保险7513.7万元，基金支出14380.5万元，占年控制线14717万元的97.71%；征缴城镇职工基本医疗保险4636万元，基金支出4354万元，占年控制线4333万元的100.48%；征缴城镇居民基本医疗保险404万元，基金支出2451万元，占年控制线2555万元的95.93%；征缴失业保险451.20万元，基金支出27.84万元，占年控制线54万元的51.56%；征缴工伤保险304万元，基金支出222万元，占年控制线142万元的156.34%；征缴生育保险161万元，基

麦积区利桥镇红崖河漂流

麦积区党川乡散养鸡合作社

金支出137万元，占年控制线158万元的86.71%；城乡居民养老保险参保率98.05%，续保率98.71%。城乡居民养老保险养老金发放率100%。

全区城市低保标准由原来月人均收入352元提高到387元；农村低保标准由原来年人均纯收入2193元提高到2434元；农村五保供养标准由3504元提高到4512元。全区有城乡低保对象22021户61768人，累计发放城乡保障补助资金12911.2万元；农村五保供养对象1721人，发放五保供养金776.52万元。孤儿基本生活费发放及时到位，全区共有孤儿72人，发放孤儿保障金40.42万元。对因突发事件、意外事件导致基本生活出现问题的低收入家庭及时给予临时生活救助，全年救助2473户9892人，发放救助金923.58万元。开展流浪乞讨人员救助工作和"送流浪孩子回校园"行动，全年救助流浪乞讨人员300人次。

2015年，全区大病医疗救助66410人、发放救助金1073.91万元。其中资助住院人数1187人、发放救助金815万元；资助参合人数65223人、拨付资助资金258.91万元。

全区共输转劳务11.15万人，完成年任务11.14万人的100.09%，其中有组织输转6.73万人，境外输转0.07万人。创劳务收入17.82亿元，完成年任务17.60亿元的101.25%。技能培训4.42万人，其中引导性培训2.96万人，技能型培训1.46万人。

麦积区主要领导名录

区委书记　张智明

区人大常委会主任　贾应珍

区　长　成少平

区政协主席　杨续祥

（供稿：吴　霞　赵明霞）

清水县

【综述】清水县地处甘肃省东南部，天水市东北，陇山西南麓，渭河上游北部支流牛头河流域，介于北纬34°32′-34°58′，东经105°45′-106°30′之间。东邻陕西省陇县、宝鸡市，南接麦积区，西靠秦安县，北与张家川回族自治县毗邻。东西长66千米，南北宽47千米，全县总面积1982.8平方千米。2015年末，全县辖9镇9乡，总人口32.87万人。

属陇山山地向陇西黄土高原过渡地带。全境地势由东北向西南倾斜，略呈长方形。海拔1112-2201米之间。属温带大陆性季风气候，冬季不寒冷而漫长，夏季温和而短促，几乎无夏，春秋相连，雨热同期。年平均气温9.0℃，年降水量564.5毫米，日照时数2166.5小时，无霜期173天。森林覆盖率30.9%。有清水温泉、花石崖、赵充国陵园等自然人文景观。

2015年，全县实现生产总值38.77亿元，较上年增长5.61%。其中第一产业11.36亿元，增长9.23%；第二产业5.1亿元，减少7.73%；第三产业22.32亿元，增长7.31%。农业总产值18.84亿元，增长7.66%，农业增加值11.38亿元，增长9.21%。规模以上工业增加值1.16亿元，减少32.16%；社会消费品零售总额7.33亿元，增长9.24%；固定资产投资59.29亿元，增长13.02%；大口径财政收入3.52亿元，增长27.54%；财政总支出20.09亿元，增长15.99%；城镇居民人均可支配收入19731.8元，增长17.26%；农民人均纯收入5486.6元，增长14.98%。

【农业农村经济】2015年，全县粮食总产量18.73万吨，比上年增长1.9%。其中夏粮总产量4.84万吨，增长3.42%；秋粮总产量13.89万吨，增长1.39%。全县农业（种植业）总产值14.81亿元，比上年下降15.37%；农业增加值9.04亿元，下降13.24%。年末，全县大家畜存栏12.03万头，比上年末增长1.52%；猪存栏9.16万头，减少4.68%；鸡存栏93.04万只，减少1.82%；出栏生猪14万头，下降2.98%；羊2.05万只，鸡51.95万只，分别增长904%和694%。主要经济作物中，油料作物产量1.94万吨，增长6.59%；中药材产量9791.39吨，增长13.42%；蔬菜产量16.05万吨，增长18.63%；水果产量10.51万吨，增长9.59%，其中苹果产量10.12万吨，增长9.29%。整合项目资金7.8亿元，县财政安排扶贫资金4286.75万元，发放精准扶贫专项贷款10243户5.12亿元，实施易地扶贫整村和插花搬迁3172户，农村危房改造2200户，建贫困村果园1.09万亩。启动实施精准扶贫蒲魏梁流域集中攻坚大会战，完成整推进项目2镇14村。扶贫对象人均可支配收入达3340元，较上年增长21%，实现稳定脱贫2.91万人。

【工业建筑业】2015年，全县完成工业增加值2.57亿元，较上年增长1.98%。规模以上工业企业完成总产值8.72亿元，比上年减少7.23%；工业增加值1.16

亿元，比上年下降32.16%。工业企业万元GDP能耗和用水量分别比上年下降3.2%和2.02%，工业固废物综合利用率、工业用水重复利用率分别为93.9%和85.2%，工业废水排放量11.48万立方米。2015年，全县全社会建筑业实现增加值3.27亿元，比上年增长9.73%。

【固定资产投资】2015年，全县完成全社会固定资产投资59.29亿元，比上年增长13.02%。其中第一产业投资7.03亿元，比上年增长1.03%；第二产业投资9.1亿元，下降19.13%，其中工业投资9.1亿元，下降19.13%；第三产业投资43.16亿元，增长26.01%。房地产开发投资1.37亿元，比上年下降39.91%，房屋施工面积18.65万平方米。房屋竣工面积8.43万平方米。二手房交易面积7728.26平方米，交易额1820.71万元。

【城乡建设】实施城市重点建设项目18个，总投资2.92亿元。全县城区重点基础设施项目开工14个，已竣工9个，累计投资1.9亿元。轩辕祠于6月底竣工向市民开放，建成物流园三角广场，牛头河北岸护栏安装、火车站广场环路等工程全部竣工；东城区集中供热工程已于12月底竣工正常供暖，西干河桥建成通车。丰盛路西延段、充国广场北侧绿化等工程已开工建设；泰山路街景改造、一号路西延段等项目已完成前期工作。小城镇建设重点开展白驼、红堡、秦亭3个市级示范镇规划建设，全年安装镇区路灯185盏，栽植各类行道树5000株，建成商住楼2.5万平方米，硬化道路130条，设置垃圾点88处，铺设人行道1.6万平方米。全县城镇化率达到27.5%，增长2.8%；县城建成区面积达到7.8平方千米，规划控制面积达30平方千米。城市生活垃圾无害化处理率达到96.5%，城市生活污水处理工率达到96%，分别比2014年增加1.5%和1%。

【交通邮电】2015年，全县公路通车总里程1614.20千米。全年客运量290.79万人（次），比上年增长31.58%；客运周转量18901.84万人千米，增长42.55%。年末，全县汽车保有量8058辆，比上年末增长16.58%。货运量118.35万吨，比上年下降10.33%；货运周转量14201.45万吨千米，比上年增长26.59%。

年末，全县邮政业务总收入1275.36万元，比上年下降10.25%。中国电信清水分公司完成电信业务总量2053万元，下降2.24%。中国电信清水分公司年末局用交换机总容量7024线，年末电话用户达4.80万户，其中固定电话14639户（城市用户5279户，农村用户5938户），增长30.51%；移动电话33390部，减少27.29%，宽带用户9613户，增长29.10%。中国移动清水分公司全年完成业务收入7600万元，全县移动用户13万户，互联网用户1.40万户。中国联通清水公司全年完成业务收入651.5万元，比上年增长7.15%；年末用户总数1.76万户，增长11.39%。其中移动电话用户1.7万户，比上年增长11.84%；固定电话40户，减少42.85%；互联网宽带用户600户，增长25%。

【商业贸易】2015年，全县实现社会消费品零售总额7.33亿元，比上年增长9.24%。其中城镇零售额4.54亿元，增长20.11%；乡村零售额2.78亿元，下降4.79%。批发贸易业6457.7万元，增长3.82%；零售业5.21亿元，增长10.62%；住宿业9323.3万元，增长19.41%；餐饮业14713.1万元，增长16.98%。

【旅游业】2015年，全县旅游人数86.8万人（次），比上年增长33.95%；旅游综合收入2.51亿元，增长14.09%。

【科技与教育】2015年，全县争取省市科技项目5项71万元，立项实施《清水县半夏连坐障碍试验示范》等县列科技项目7项60.6万元。县农业局、县医院等单位实施科研项目5项，经鉴定分别达到省内同类研究领先水平。至年末，全县有全日制各级各类学校314所，中小学在校学生4.18万人，比上年下降3.24%。全县小学入学率、15周岁人口初等教育完成率、毕业率、年巩固率、辍学率分别为100%、99.95%、99.8%、99.15%、0%；初中入学率、小学毕业生升学率、17周岁人口初级中等教育完成率和年巩固率、辍学率分别为98.0%、99.26%、95.5%和92.61%、3.11%。九年义务教育巩固率86.08%。三残儿童、少年入学率97.03%。

【文化与体育】2015年末，全县有文化馆（站）19个，公共图书馆、博物馆、县剧团、档案馆各1个，电视差转台1座，县、乡广播站19个，乡放映队18个。电视覆盖率99%。电影放映1.60万场（次），观众人数16万人（次）。县剧团在农村演出80场（次），观众人数10万人（次）。年末，全县有业余体校1所，在校学生50人。年内举办各类体育竞赛活动27次，参赛人数3500人（次）。

【医疗卫生】2015年末，全县有医疗卫生机构4.9所，有卫生人员930人。病床870张。孕产妇系统化管理率98.3%，3岁以下儿童系统化管理率98.2%，7岁以下儿童系统化管理率96.2%；高危孕产妇管理率100%。婚前医学检查率82.9%。乙肝疫苗首针及时接种、卡介苗、脊髓灰质炎、百白破、麻疹类、乙脑、甲肝疫苗接种率分别为97.31%、97.39%、99.69%、99.54%、99.14%、97.21%和98.52%。

【人民生活与社会保障】2015年，全县城镇居民人均可支配收入19731.8元，比上年增长10.2%；农民人均纯收入5486.61元，增长12.21%。城乡居民消费支出22.27亿元，比上年增长6.1%；其中农村居民支出15.91亿元，城镇居民支出6.36亿元，分别增长6.92%和3.92%。城乡居民人均消费水平8192元，比上年增长5.89%。其中农村居民人均消费水平6447元，增长6.79%；城镇居民人均消费水平25349元，增长3.58%。

年末，全县参加城镇职工基本养老保险人数5021人，比上年增长1.33%；失业保险人数6674人，减少0.55%；工伤保险5365人，比上年增长20.16%，其中农民工参加工伤保险3680人；生育保险人数7501人，比上年增长59.94%；城镇职工基本医疗保险人数11880人，与上年持平；城镇居民基本医疗保险人数9679人，比上年下降7.82%，参保率98%。城乡居民社会养老保险参保居民14.82万人，参保率98.3%，续保率98.16%。全县城镇低保对象1939户4489人，占非农业人口的17.9%；农村低保对象13364户48480人，占农业总人口的16.2%，发放低保资金8478.37万元。全县有60岁以上老人3.65万人，占全县总人口的11.17%，其中90～99岁126人，百岁老人3人。保障五保对象1226人，发放五保供养资金171.5万元。发放城乡医疗救助资金505.4万元。全县新型农村合作医疗参合率97.97%，全年为57.72万（人）次补偿医药费用1.09亿元，平均住院报销比例62.67%，住院率8.14%。

清水县主要领导名录

县委书记　刘天波

县人大常委会主任　赵云清

县　长　马越垠

县政协主席　王新强

（供稿：县志办）

秦安县

【综述】秦安地处黄土高原内陆，位于秦岭之北，甘肃省东南部，介于东经105° 20′ -106° 02′，北纬34° 44′ -35° 11′ 之间。县域东西长约65千米，南北宽约50千米。东接清水与张家川回族自治县，南邻麦积区，西连甘谷和通渭县，北靠庄浪与静宁县，全县总面积1601.6平方千米，其中耕地面积104.81万亩。2015年末，全县共有12个镇5个乡，总人口606888人，常住人口52.39万人。

属陇中黄土高原西部梁峁沟壑区，海拔1120–2230米。地貌特征为黄土梁沟壑与河谷地形相互穿插分布。地势西北高，东南低。最大河流为葫芦河，其四大支流为清水河、南小河、显亲河和西小河。　植被以农作物植被为主，约占总面积的59.3%。属陇中南部温和半湿润季风气候区。2015年，秦安县年平均气温11.8℃，最热月（7月）平均气温为22.8℃，最冷月（1月）平均气温为–0.6℃，年极端最高气温为36.4℃，极端最低气温–10.3℃。无霜期年平均180天。年平均降水量416.2毫米。常有干旱、冰雹、暴雨、霜冻等自然灾害发生。粮食作物以冬小麦、玉米、洋芋为主，经济作物有胡麻、油菜籽、向日葵、西瓜、白脆瓜、蔬菜等。家畜有马、驴、骡、牛、羊、猪、兔等。家禽有鸡、鸭、鹅等。野生药物有甘草、冬花、半夏、地骨皮、柴胡、陈皮、黄芩、土沙参、五加皮等。矿藏资源有铁、铜、锰、铝等金属类矿藏。

2015年，全县实现地区生产总值526009万元，按可比价格计算，较上年增长8.2%。其中第一产业完成增加值169265万元，增长5.7%；第二产业完成增加值114103万元，增长9.4%；第三产业完成增加值242641万元，增长9.2%。全县人均地区生产总值10052元，较上年净增加907元。 全县大口径财政收入完成47668万元，增长8.72%。全县财政支出完成290678万元，增长21.91%。

【农业农村经济】2015年，全县实现农林牧渔业总产值280594.36万元，增长4.64%；实现农林牧渔业增加值169265万元，增长5.74%。全年农作物播种面积115.16万亩，其中粮食作物播种面积83.95万亩，经济作物播种面积12.06万亩，粮经比为6.96：1。全年粮食总产量达221600吨，增长2.29%，其中夏粮产量59300吨，增产5.89%；秋粮产量162300吨，增产1.03%。全县实现畜牧业总产值32554.89万元，增长0.5%；畜牧业增加值完成19005.12万元，下降3.02%。年末，全县大牲畜存栏5.48万头，猪存栏15.71万头，羊存栏3.85万只，鸡存栏89.62万只。全县实现林业总产值1382.37万元，下降25.2%；实现林业增加值完成376.75万元，增长217.4%。林产品产量达2391吨，其中花椒产量1101吨。

年末，全县农业机械总动力302527千瓦，增长7.24%。全年新修梯田3.25万亩，全县水平梯田达到95.23万亩。有效灌溉面积9.65万亩，保灌面积7.67万亩，水窖73708眼，农村用电量7501万千瓦时，化肥施用实物量71582吨，农用塑料薄膜使用量1494.5吨。全县农作物受灾面积31.13万亩，成灾面积20.57万亩，粮食作物减产面积13.24万亩，经济作物减产面积5.47万亩。

【工业与建筑业】2015年，全县实现工业增加值52600万元，较上年增长8.1%。其中规模以上工业企业15家，实现规模以上工业总产值119794.2万元，增长8.0%。轻工业完成产值88562.8万元，增长5.6%。重工业完成产值31231.4万元，增长15.5%。实现规模以上工业销售产值115508.3万元，增长5.6%。实现规模以上工业增加值32600.14万元，增长6.7%。

年末，全县共有4家资质以上建筑企业，从业人数达1404人。全年实现建筑业总产值37674万元，实现建筑业增加值65949万元，增长10.8%。

【固定资产投资】2015年，全县完成固定资产投资448654万元，增长12.7%。其中第一产业完成投资24024万元，增长24.07%。第二产业完成投资200351万元，增长13.44%。第三次产业完成投资224279万元，增长10.96%。

【商贸流通】2015年，全县共有市场47处，年成交额达81857万元。全县有批发和零售业510户、住宿餐饮业20户。全年实现社会消费品零售总额275081万元，增长9.2%。其中城镇实现社会消费品零售额167488.7万元，增长10.7%。乡村实现消费品零售额107592.3万元，增长6.9%。全年批发业实现商品销售额662058.6万元，增长21.3%。零售业实现商品销售额537658.3万元，增长19.9%。住宿业实现营业额6086.1万元，增长15.4%。餐饮业实现营业额36216.4万元，增长18.9%。

【交通邮电】2015年，全县428个行政村基本实现通畅，全县公路通车总里程达到1467.031千米。共有运输企业26家（其中客运企业2家，货运企业24家），出租车公司2家。全县共有各种车辆47236辆，增长29.28%。大小型汽车4084辆，较上年下降65.50%。

全年邮政业务收入1549.22万元,增长23.23%。电信业务收入4000万元，增长14.88%。移动业务收入1.30亿元，增长4.0%。联通业务收入3305万元，增长76.45%。

【旅游业】县内主要有大地湾、何湾

桃花景观、兴国寺、女娲祠、文庙等9处旅游景点。2015年，全县共接待各类游客193.15万人（次）。全年实现旅游综合收入63739.5万元。

【税收金融保险】2015年，全县国税收入完成8070万元，增长88.9%。地税收入完成19550万元，增长31.98%。全县金融机构各项存款余额1105530万元；各项贷款余额689731万元。据中国人民财产保险股份有限公司秦安支公司提供数据显示，全县人民财产保费收入1959万元，增长17.3%，全年保险赔付额1274万元,增长61.4%。据中国人寿秦安县支公司提供数据显示，全年保费收入3491万元，增长18.3%，全年保险赔付支出1368万元，增长15.7倍。

【科技与教育】2015年，全县共组织实施科技项目38项，争取科技经费63.5万元。鉴定科技成果13项，达国内领先水平2项，国内先进水平5项，省内领先水平4项，省内先进2项，获得市级奖励7项。年末，全县有各级各类学校328所，共有中小学生77039人，共有公办教职工6113人，有校舍建筑面积59.5万平方米，危房面积6.6万平方米。初等教育的入学率100%，巩固率99.67%，毕业率98.17%，升学率99.35%，普及初级中等教育的入学率99.08%，巩固率99.10%，毕业率98.81%，升学率73.75%。

【文化事业】2015年，全县共有文化艺术表演团体3个，其中国有演出团体1个，图书馆1所，各类藏书5.135万册，文化馆1所，博物馆1所，农家书屋433个，乡村广播电视站17个，广播覆盖率99.7%，电视地面接收站131306座，电视覆盖率达到99.8%，有线电视用户9302户，光电宽带1057户，转播节目184套。

【医疗卫生】2015年，全县共有各类卫生机构31家，其中各类医院、卫生院、卫生分院24家，疾病预防机构1家，妇幼保健机构1家，卫生监督机构1家，新农合机构1家。有在岗职工人数945人，卫生技术人员769人，其中执业医师334人，助理医师84人，注册护士213人，药剂人员72人，检验员65人，其它1人；有标准床位1165张。年末参加新型农村合作医疗人数562359人，参合率为98.47%。

2015年8月，省委书记、省人大常委会主任王三运（前中）在秦安县督查调研精准扶贫工作

【人民生活与社会保障】2015年，全县农民人均纯收入达6068.37元，比上年增加679.05元，增长12.6%，人均生活消费支出5566.23元；2015年城镇居民可支配收入20565.22元，比上年增加1801.34元，增长9.6%，人均生活消费支出13155元。全年居民消费价格总水平较上年上涨2%，其中食品类上涨1.9%。开展职业技能培训5458人，创业能力培训984人。全年新增就业7244人，城镇登记失业率为2.96%。全年共输转城乡劳动力11.25万人，创劳务收入178683万元。

年末，全县共有129个单位参加养老和失业保险，养老保险参保人数8141人，征缴养老保险费4352.27万元，为5203名离退休人员发放基本养老金10199.65万元，失业保险参保人数8477人，征缴失业保险费279.81万元，为52名失业人员发放失业保险金52.84万元。年末参加城乡居民养老保险人数318174人，收缴参保资金2894.42万元，已享受城乡居民养老保险待遇人数83562人，发放养老资金9340.80万元；年末城镇职工参加医疗保险21301人，保费收入3848万元,共报销医药费1315万元；城镇居民共参加医疗保险17957人，保费收入792.58万元,共报销医药费551.07万元；参加工伤保险12479人，保费收入351万元,共报销医药费34万元；参加生育保险12765人，保费收入163万元,共报销医药费88万元；参加大额医疗保险18533人，保费收入201万元,共报销医药费163万元。共为全县796名高龄老人发放生活补助费43.55万元。共为488名孤儿发放基本生活费258.87万元。全年共发放最低生活保障金2779.82万元。共为2160名重度残疾人发放护理补贴259.2万元，为1700名特困残疾人发放生活补贴204万元。

秦安县主要领导名录

县委书记　王东红

县人大常委会主任　郭海军

县　长　程江芬（女）

县政协主席　高霆钧（2月止）

杨仁义（2月任）

（供稿：王广林　焦录生）

甘谷县

【综述】甘谷县地处甘肃省东南部，天水市西北，渭河上游，介于东经104°58′-105°31′，北纬34°31′-35°03′之间。县境东接秦安县和麦积区，南邻秦州区和礼县，西靠武山县，北接通渭县。全县南北长60千米，东西宽49千米，总面积1572.6平方千米，其中耕地面积2.035亩。境内陇海铁路、连霍高速公路、310国道横贯东西，为秦陇关隘，甘陕通衢。截至2015年底，全县辖10镇5乡，总人口63.41万人，有回族、满族等10个少数民族。

境内南部山区处于秦岭褶皱带西延部分，北部山区处于祁连山地槽中央地背斜之东端。地表形态分为山地、丘陵及河谷三大类型。中部为断陷河谷，渭河自西向东横贯全境，南部为石质山区，海拔较高，北部黄土梁峁沟壑区，山势较低。主要河流为渭河、散渡河、西小河及藉河四条主流，分支较多。地处大陆腹地，属东亚季风区，为大陆性季风气候，其特征为四季分明。全年气温偏高，降水正常。年平均气温为12.1℃，年总降水量377.7毫米，年日照总时数为2088.8小时。主要粮食作物有冬小麦、洋芋、高粱、玉米等，经济作物有胡麻、油菜、药材、花椒、辣椒等。县域内土壤类型复杂，计有九类二十九种。其中绵土类最多，占总面积的63%。

2015年，全县实现生产总值58.83亿元，较"十一五"末净增27.25亿元，年均增长13.25%。完成大口径财政收入6.6亿元，年均增长21.2%；财政支出28.5亿元，年均增长17%。全县金融机构存款余额98.12亿元，增加13.48亿元，增长15.93%；各项贷款余额47.47亿元，增加15.05亿元，增长46.42%。

【农业农村经济】2015年，全县全年粮食总产量20.03万吨，较上年增长2.49%。全县播种农作物107.78万亩，其中粮食作物72.77万亩，经济作物16.33万亩。蔬菜种植17.62万亩，中药材种植5.86万亩。新建优质果品基地20万亩。建成标准化规模养殖场78个。蔬菜、果品、养殖三大产业总产值达到28.77亿元。甘谷现代农业示范园区晋升为省级农业科技示范园区。新增有效灌溉面积2.54万亩，新修高标准梯田24.35万亩，综合治理小流域218平方千米，完成各类造林2.11万亩，新建农村户用沼气3500口。建成东北部、新兴崖湾、十里铺等人饮工程，解决32.7万人的饮水安全问题。投入40.5亿元，推进4大片带16个流域连片扶贫开发，减少贫困人口17.8万人，贫困发生率降至11.5%。

【工业与建筑业】2015年，全县规模以上工业企业完成总产值22.6亿元，增长5.2%；完成工业增加值5.47亿元，增长2.4%，培育规模以上工业企业17家。截至12月底完成工业固定资产投资19.67亿元，增长-11.09%。全县实现建筑业总产值13.46亿元，其中资质内建筑企业17家。

【固定资产投资】2015年，全县完成固定资产投资841114万元，增长12.48%。其中麦甘公路+310国道（甘谷段）完成33585万元，增长90.82%，房地产完成41017万元，增长27.43%，城镇项目投资完成766512万元，增长9.81%。

【商贸流通与贸易】2015年，全县社会消费品零售总额完成289618.8万元，增长9.24%。限额以上批发业商品销售额完成119730.5万元，增长15.5%；零售商品销售额完成361540.6万元，增长14%；住宿业实现营业额完成41332.5万元，增长14.8%；餐饮业营业额完成682555万元，增长118%。投资123亿元，规划建设占地1518亩的甘肃东部甘谷物流园，实施浙江商贸城、农产品冷链物流中心、陇东南汽配城、县客运中心等一批商贸流通服务项目。实施"万村千乡"市场工程，改造新建乡镇综合市场7个，建成农家店280个，建成县级电子商务中心和15个乡镇电子商务服务站，新发展电商企业22家、快递公司15家。全年外贸进出口总额766万元，增长2%。

【旅游业】实施大像山山体亮化和古建维修工程，配套建设游客服务中心、文化舞台、停车场，大像山创建为国家4A级旅游景区。2015年，全县旅游接待人数170万人次，实现旅游综合收入226万元。

【交通通信】2015年，全县公路客运量3376.41万人，旅客周转量172430.52万人千米，货运量3251.81万吨，货运周转量660532.43万吨千米。全年完成邮政业务收入1721.5万元。电信完成业务收入4500万元，年末使用固定电话35687部，宽带电话23049户，农村电话12700户，C网100000户。完成移动业务收入13600万元，移动电话期末达到213174户。完成联通业务收入1586.58万元，网上用户31599户。

【环境保护】依据前三季度环境质量监测报告，空气质量为良好，全县可吸入颗粒物、二氧化硫、二氧化氮年日平均值分别为0.14毫克每立方米、0.023毫克每立方米、0.032毫克每立方米，均在目标值以下，空气质量良好。渭河甘谷段水质达到国家规定的Ⅲ类水标准，达标率100%。饮用水源地水质达标率95.7%，主要是受地质条件影响，硬度和硫酸盐超标，未达到100%的目标值。区域环境噪声、交通噪声平均值50.4分贝、61.6分贝，控制在目标值以内。

【科技教育文化】2015年，全县取得国家和省市级科技成果48项，荣获国内先进成果9项、省级先进成果3项，连续8年荣膺"全国科技进步先进县"称号。年末，全县有中小学校374所，在校学生101524人（含高中和特殊教育学校），有幼儿园112所，在园、在班幼儿15326人。有教职员工7243人，专职教研员65人。2015年全县高考文理二本上线1980人。毛家坪遗址发掘取得重大成果，红军长征纪念馆建成开放，全县所有村实现广播电视全覆盖，建成体育健身中心6个、农村文化大院10个、"乡村舞台"281个。

【医疗卫生】2015年末，全县有各类医疗卫生机构631所，公立医疗卫生机构有从业人员1204人。卫生技术人员中，正高级职称5人，副高职称45人，中级197人，初级575人，未获得职称者231人。全县医疗机构中有执业医师377人，执业助理医师137人，注册护士328人，药师（士）41人，检验师（士）22人，影像技师（士）12人，其他卫生技术人员261人。乡村医生590名。各类医疗机构开设病床1581张。全县参加新型农村合作医疗人数538542人，参合率98.03%，筹集资金2.4773亿元。

【人民生活和社会保障】2015年，全县城镇居民人均可支配收入20537元，年均增长9.5%。农村居民人均可支配收入5963.5元，年均增长12.5%。落实小额担保贷款基金240万元，发放小额担保贷款3205万元，争取到省财政拨付甘谷县就业资金804万元，使用支出就业资金9823万元。全年完成创业培训703人，完成职业技能培训4726人，岗位技能提升培训400人，省级示范性培训100人。

全县城镇职工基本养老、失业、医疗、工伤、生育保险参保人数分别达到7500人、7504人、22988人、12268人、13958人、征缴保险费分别到达4071.4万元、611.37万元、3965万元、192万元、93万元；城镇居民医疗保险参保人数18466人，完成基金征缴780万元；机关事单位城镇职工大额医疗保险参保人数15100人，完成基金征缴151万元；城乡居民社会养老保险参保率达96.49%，征缴保险费3265.50万元，续保率达96.24%。全年累计发放养老保险费10282.32万元；城镇职工医药费支出3300万元；城镇居民医药费支出675万元；生育保险费支出95万元。发放农村低保资金12469.4万元，城市低保资金2863.1万元，落实县级配套城市低保资金288万元。发放五保供养资金1371.1万元，发放城乡医疗救助金1745.15万元，救助困难群众93849人。收到上级自然灾害生活救助资金1296万元，全部发放到户，共救助19344户89987人。由县城乡居民社会养老保险中心按标准发放高龄老人补贴300.8万元。

甘谷县主要领导名录

县委书记　贾忠慧

县人大常委会主任　令建民

县　长　申君明

县政协主席　马　骥（2月任）

王玺卿（2月止）

（供稿：王赟博　王绒绒）

武山县

【综述】武山县地处甘肃省东南部、天水市西北部，县境东西长51.5千米，南北宽59.5千米，全县总面积2011平方千米，其中耕地面积63.52万亩，全县森林覆盖率27%。2015年末，全县辖11镇4乡，总人口48.6万人，其中农业人口39万人，人口自然增长率为7‰。

县域海拔在1340-3120米之间。属温带大陆性季风气候，年平均气温103℃，年均日照2331小时，年降水量500毫米左右，夏无酷暑，冬无严寒。河流有渭河及其5条支流。境内已探明蛇纹岩（鸳鸯玉）、石灰石、大理石、花岗岩等非金属矿产十余种，其中鸳鸯玉储藏量达3.2亿立方米，石灰岩储量达15亿吨。金属矿主要有钼、铁、铜、铬、金等，其中钼矿已探明储量100万吨以上。境内旅游资源丰富，有仰韶、马家窑和齐家文化遗址达36处，有水帘洞、木梯寺、狼叫𡶶等国家级文物保护单位3处，省级文物保护单位7处，有4A级景区水帘洞拉梢寺。水帘洞拉梢寺摩崖浮雕大佛高42.3米，为世界最大的佛教摩崖浮雕。

2015年，全县完成生产总值51.21亿元，增长8%；固定资产投资77.2亿元，增长12.8%；社会消费品零售总额20.8亿元，增长9.2%;大口径财政收入4.25亿元，增长50.3%；财政支出23.02亿元,增长14.2%。

【农业产业经济】2015年，全县新建改造设施蔬菜钢架大棚5000亩9645座，蔬菜总产值突破23亿元，居全省第一。推广西梁“菜—粮—油”两年三熟高效种植模式，种植全膜玉米13.1万亩、优质马铃薯23.4万亩、豆类和中药材6.5万亩。全年粮食总产量达14.37万吨，实现“十二连丰”。新建规模养殖场15个，发展养殖户76户，全年畜牧业总产值达2.45亿元。洛门牟坪现代农业苹果矮化密植示范园区一期工程全面建成，新建温泉冯河核桃等千亩果品基地9个，发展优质果园2.23万亩。全年输转劳务10.7万人次，创收16.8亿元。

【工业经济】祁连山集团武山水泥生产线技改迁建项目矿山平井、“三通一平”等前期基础工程基本完成，即将开工建设。源丰实业等4家企业跻身“规上”行列，全县规模以上工业企业达到14家。鹏飞果蔬保鲜盒等4个入园项目建成投产，中药饮片、5000吨新型节水材料及设备生产线等10个项目主体完工，中盐集团天宝塑业、兰通机械制造等入园项目前期工作进展顺利。

【招商引资与项目建设】2015年，全县签约招商引资项目25项，到位资金23.2亿元。全年组织实施各类项目406项，总投资132亿元。争取国家和省级项目182项，总投资15亿元。

【商贸流通】国家级洛门蔬菜批发市场、金鑫万吨冷链物流、世纪商贸城等一批重点商贸项目建成运营，沿安、榆盘、杨河等乡镇农贸市场全面建成。武山县被确定为全省电子商务建设示范县，淘宝网“魅力武山特色馆”开通上线，建成县电子商务创业园、电商服务中心、15个乡镇电商服务站和31个村电商服务点，全县电商交易额达到8500万元。

【旅游业】水帘洞地质公园广场、木梯寺游客接待中心、老君山森林公园基础设施等7个重点旅游项目加快实施，新建改建农家乐100家，旅游接待人数和综合收入分别增长31%和32%。

【环境保护】2015年，完成龙台乡省级生态乡镇创建，杨河乡市级生态乡镇和西岔村等5个市级生态村的创建，完成城关三小、西关社区绿色单位创建。3家企业完成环保标准化建设。在山丹镇车岸村、温泉乡温泉村投资120万元开展农村环境综合整治项目。投入资金120万元，对洛门镇、杨河乡、高楼乡等3个乡镇水源地进行保护，开展水源地保护区检查23次，查处杨河乡水源地违法建设项目1处，违法行为3起。查处环境违法企业10家，行政处罚10件，约谈12家企业。

【精准扶贫】2015年，全县成立精准扶贫工作指挥部和15个乡镇扶贫工作站，制定落实“1+20”精准扶贫精准脱贫方案，完成2.71万户12.2万贫困人口的建档立卡和精准扶贫大数据平台建设。县财政自筹4000万元，砂化自然村道路411.2千米。解决49个自然村5960人的饮水安全问题。投入县级扶贫互助基金1260万元，实现贫困村互助协会全覆盖。实施易地扶贫搬迁项目11个，改造农村危房2500户。建成通行政村道路44条180千米、贫困村综合服务中

武山县蔬菜产业科技示范园

心84个、"全面改薄"项目91个、行政村幼儿园31所、标准化村卫生室77个，造林4.48万亩。落实精准扶贫专项贷款5.57亿元，扶持贫困群众发展富民产业。

【安全生产】全县共有非煤矿山企业29家，危险化学品经营单位9家，烟花爆竹批发经营单位1家，商贸企业124家，县境内兰成渝成品油管线、兰成原油管线、中贵输气管线共计197千米。全年共组织各类执法行动300多次，开展安全生产专项检查督查行动20多次，发出《安全生产督查通报》11份，检查单位574家，排查隐患560多处，下发《责令限期整改指令书》270多份，责令停产整顿15家（处），取缔非法违法生产经营单位2家。全县未发生较大以上生产安全事故。

【教育与医疗卫生】发放义保经费、助学金等各类补助1.25亿元，2014、2015两年度"全面改薄"项目顺利实施，新建校舍5.7万平方米，消除D级危房5.9万平方米，实现全县乡镇所在地中心幼儿园全覆盖，31个行政村幼儿园建设项目全面完成。2015年已招生的公民办幼儿园达到了63所，学前教育一年毛入园率为100%，二年毛入园率为100%，三年毛入园率为75.68%。县妇幼保健院迁建项目有序推进，建成村级卫生计生综合示范点24个。

【人民生活与社会保障】2015年，全县城镇居民人均可支配收入达到19742元，增长10.1%。农村居民人均可支配收入达到6223元，增长12.3%。全年共培训各类人员7505人。全年输转劳务10.6578万人，收入16.3045亿元。城镇新增就业5996人，城镇登记失业率为3.15%。

年末，全县新建保障性住房337套，互助老人幸福院21个。发放各类救助资金1.4亿元。全县共新增小额担保贷款3548万元，新增小额担保贷款基金200万元，共征缴城镇职工养老保险费4095.11万元，失业保险费262.06万元。城镇职工基本医疗保险费3290万元，城镇居民基本医疗保险征缴85万元。生育保险费125万元，工伤保险费237万元。城乡居民社会养老保险参保率为97.61%，续保率为98.72%。城乡居民养老保险发放率为100%。全县城市低保对象达到2539户5960人，发放全年城市低保资金2010万元；全县农村低保对象达到15609户54280人，发放全年农村低保资金8655.95万元；全县农村五保供养对象达到2079人，涉及家庭2000户，发放全年五保供养资金共927.97万元。

武山县主要领导名录

县委书记　索鸿宾

县人大常委会主任　王永宏

县　长　马勤学

县政协主席　颉卫星（2月止）

李晓东（2月任）

（供稿：丁维忠　于海忠）

张家川回族自治县

【综述】张家川回族自治县介于东经105° 54′ 至106° 35′，北纬34° 44′ 至35° 11′ 之间。东接陕西省陇县，南邻清水县，西连秦安县，北毗华亭、庄浪县。东西长62千米，南北宽48千米，全县总面积1311.8平方千米，其中耕地面积56.34万亩。2015年末，全县辖6镇9乡，总人口337121人，常住人口为29.23万人，人口自然增长率7.68‰。有回族、藏族等13个少数民族。

全境地势由东北向西南倾斜，略呈斜三角形。地势以山地为主，海拔在1486米–2659.4米之间。全县地貌大体上由梁峁、沟壑、川台、河谷四部分形成。属温带大陆性季风气候。地形复杂多样，形成明显的地域型立体小气候环境，中西部为温和半干旱区、温凉半干旱区和温寒半干旱区，气候温和，光照充足，无霜期较长，但雨量较少；东北部为温寒半湿润区和温寒湿润区，气候偏冷，光照较差，无霜期较短，雨量充沛。全县气候差异较大，年平均气温7.5℃，无霜期163天左右，全年日照时数2044小时，年平均降水量600毫米。有5条较大的时令河，年均径流量1.68亿立方米。森林覆盖率达20.8%，林地面积达59.14万亩。出产药材、生漆、山货等上百种林副产品，有金钱豹、毛冠鹿等57种野生动物。矿产资源丰富，金属矿主要有铜等6种，非金属矿有花岗岩等7种。

2015年，全县全年实现生产总值（GDP）24.98亿元，按可比价格计算较上年增长9.4%。其中第一产业增加值6.42亿元，增长5.5%；第二产业增加值2.62亿元，增长10%；第三产业增加值15.94亿元，增长10.6%。全年实现社会消费品零售总额7.07亿元，增长9.3%。全年完成大口径财政收入23216万元，增长12%。全年财政支出203108万元，增长21%。全县金融机构各项存款余额达到535262万元，较年初增长26.1%。各项贷款余额241995万元，较年初增长91.1%。

【农业农村经济】2015年，全县农业总产值达到82292万元，较上年增长

5%，农业增加值64415万元。全年粮食总产量124642吨，增长0.6%。粮食作物种植面积47.04万亩，小麦种植面积188500亩，其中夏粮产量36841吨，小麦产量32615吨。秋粮产量87800吨，其中玉米种植面积128730亩，玉米产量56300吨；洋芋种植面积113312亩，洋芋产量29800吨。主要经济作物中，油料种植面积69672亩，其中胡麻种植面积17872亩，油料产量5183吨；蔬菜种植面积6.73万亩，蔬菜产量11.98万吨；中药材种植面积3919亩，中药材产量1180.08吨。

年末，全县大牲畜存栏13.43万头（匹），比上年末下降1.5%；其中牛存栏11.99万头；羊存栏12.81万只；猪存栏1.36万头。牛出栏4.57万头；羊出栏4.6万只；猪出栏1.58万头。年末，全县家禽存栏36.02万只，家禽出栏32.08万只。全年肉类总产量6669吨，增长5.7%。

【工业经济】2015年，全县工业总产值89684万元，较上年增加0.6%。实现工业增加值24085万元，增长9.1%，其中规模以上工业完成总产值65588万元，增长1.1%。实现增加值13285万元，增长8.2%。

【固定资产投资】2015年，全县完成固定资产投资457298万元，增长7.67%。其中项目投资445498元，较上年增长4.9%。房地产投资11800万元。

【项目建设】编制完成23项行业专项规划及全县"十三五"规划纲要。2015年，全县谋划重大项目116项，总投资101.8亿元。争取到各类项目142项，到位国家和省市投资7亿元。实施各类重点项目79项，累计完成投资18.2亿元。

【商贸流通】2015年，全县实现社会消费品零售总额7.07亿元，比上年增长9.3%，其中城镇实现社会消费品零售额4.77亿元，占总额的67.5%，增长12.2%；乡村实现消费品零售额2.3亿元，占总额的32.5%，增长3.6%。从行业来看，限额以上批发业完成销售额1601万元，增长23.6%；限额以上零售业完成销售额3022万元，增长23.8%；限上住宿业完成营业额2791万元，增长16.5%；限上餐饮业完成营业额9929万元，增长22.7%。建成县电子商务服务中心、15个乡镇电子商务服务站和30个村电子商务服务点。争创甘肃省著名商标1件，天水市知名商标2件。

【城乡建设】西城区开发完成控制性详细规划，编制完成北山城市森林公园总体规划。阿阳大道东延伸段全面完工，迎宾大道完成路基施工，迎宾大桥、新城大桥完成前期工作，城区污水处理厂、县城净水厂二期工程投入使用。和畅嘉园144套公租房和康宏药业公司等390套城市棚户区改造项目启动建设。马鹿、马关、梁山三乡撤乡改镇，恭门、龙山等小城镇基础设施建设项目完成年度建设任务。完成易地搬迁主体工程700户，改造农村危房1800户。推进美丽乡村建设，建成省级示范村2个、市级示范村3个、环境整洁村35个。

【交通通信】2015年，全县公路总里程达到2186千米（包括省市县乡村级公路）。全年旅运周转量9781万人千米，货运周转量10558万吨千米。邮政电信业务收入9929万元，比上年增长6.4%，其中电信业务收入7854万元，较上年增长3.1%；邮政业务收入2075万元，增长20.9%。

【科技、教育与医疗卫生】举办各类农业科技实用技术培训96期，参训贫困农民 9240人次，培育科技示范户345户；投入科技项目资金34万元，实施各类科技项目5项，获得天水市科技进步奖二等奖2项，三等奖2项；推广新技术 12项，引进新品种25个，建成各类示范点17个，挂牌认定科技特派员创业农业科技示范基地3个；申请专利42件，授权1件；全县投入科技研究与试验发展经费5741.9万元。91所行政村幼儿园完成主体工程。中小学校改薄项目完成年度建设任务。落实乡村教师优惠政策，共为2728名乡村教师发放生活补贴496万元。全县高考各类本科上线663人。改善医疗卫生基础条件，推进公立医院综合改革，县一院住院楼、门诊楼全面竣工，全县建成66所标准化村卫生室。

【人民生活与社会保障】2015年，全县农村居民人均纯收入达5400元，比上年同期增长12.4%；城镇居民可支配收入19150元，增长10%。城乡居民人均住房面积分别达到26平方米和18平方米。全年城镇新增就业3470人。发放小额担保贷款2260万元，新增小额担保贷款基金100万元。就业技能培训2530人，创业能力培训545人。实现大学生域外就业400人，大学生就地就业224人。全县共输转富余劳动力6.85万人，创劳务收入10.82亿元。

全县养老保险参统企业81户，职工3526人；失业保险参统企业234户，职工6603人；共征缴养老保险费2021.5万元。为退休人员发放基本养老金3465.1万元。征缴失业保险费157万元，为失业人员发放失业保险金6.9万元；城镇居民参保10100人，征缴居民医疗保险费134.37万元。城镇职工参保14132人，征缴职工医疗保险费2440万元。工伤保险参保5765人，征缴工伤保险费133.5万元。生育保险参保8980人，征缴生育保险费106.4万。参加城乡居民养老保险人数121788人；城乡居民社会养老保险待遇享受人数36134人；城乡居民养老保险费收缴1000万元；对60岁以上享受待遇人员发放养老金2648万元。

【精准扶贫】制定出台"1+18"精准扶贫方案，推进村级扶贫互助协会建设，全县255个行政村村级产业发展扶贫互助协会全覆盖。依托互助协会向12021户贫困户发放扶贫贷款5.72亿元。争取投资扶贫专项资金5642万元，在连五梁和东部4乡镇2个贫困片带，实施26个整村推进项目。落实帮扶资金1054.53万元，帮扶贫困人口2.77万人。2015年，全县减少贫困人口2.49万人，32个贫困村整村脱贫。

张家川回族自治县主要领导名录

县委书记　刘长江

县人大常委会主任　李肖锋（回族）

县　长　马中奇（回族）

县政协主席　关春生（回族）

（供稿：县志办）

武威市

【综述】武威市地处甘肃省西部，河西走廊东端，是丝绸之路自东而西进入河西走廊和新疆的东大门。介于北纬36° 29′ -39° 27′，东经101° 49′ -104° 16′ 之间。东靠白银市、兰州市，南部与青海省为邻，西与张掖市、金昌市接壤北与内蒙古自治区相连。辖区南北最大距离326千米，东西最大距离204千米，全市总面积33238平方千米。2015年末，全市辖1区3县，常住人口为181.64万人，比上年增加0.28万人，人口自然增长率为5.5‰。

境内地势西高东低，相对高差3.85千米，局部地形复杂。地形分为三带。南部祁连山区，约9千多平方千米，海拔在2100米-4800米之间，山脉大致呈西北-东南走向，气候冷凉，降水丰富，有利于林业和畜牧业的发展。以乌鞘岭为分水岭，形成黄河流域和石羊河流域两个水系。境内主要利用的是石羊河流域的西营河、南营河、杂木河、黄羊河、大靖河、古浪河的水资源，这六条河年径流量总计为10.4亿立方米，是武威绿洲赖以生存的重要保障。中部平原绿洲区，近9千平方千米，海拔1450米-2100米之间，地势平坦，土地肥沃，是全省和全国重要的粮、油、瓜果、蔬菜生产基地。北部荒漠区，约1.5万平方千米，海拔1300米左右，干旱少雨，日照充足，是沙生植物、名贵药材的主要产地。境内最高峰天祝冷龙岭主峰卡洼掌，位于县境西北，海拔4872米，最低点民勤白亭海，位于民勤县北部，现已干涸，海拔1020米。

2015年，全市实现生产总值416.19亿元，按可比价计算，比上年增长8.7%。其中第一产业增加值99.79亿元，增长6%；第二产业增加值152.54亿元，增长6.7%；第三产业增加值163.86亿元，增长11.3%。按常住人口计算，人均生产总值达到22931元。三次产业结构由2014年的22.9 ：41.7：35.4调整为24：36.6：39.4，第三产业比重上升4个百分点。

【农业农村经济】2015年，全市完成农作物播种面积377.78万亩，比上年增加6.81万亩。其中粮食作物播种面积206.01万亩，增长2.3%，经济作物播种面积171.77万亩，增长1.25%，粮经比由上年的54.3：45.7调整为54.5 ：45.5。粮食作物中，夏粮播种面积55.5万亩，增长39.25%，秋粮播种面积150.5万亩，下降6.79%，夏秋比由上年的19.8：80.2调整为26.9：73.1。全年粮食产量达到107.09万吨，增长1.5%。其中夏粮产量22.82万吨，增长60.3%；秋粮产量84.27万吨，下降7.7%。新建设施农牧业6.37万亩。新植特色林果34.54万亩。新建规模养殖场（小区）280个，累计达到3145个；新发展规模养殖户0.55万户，累计达到14.21万户。申报创建部级畜禽养殖标准化示范场1个、省级9个。全年实现畜牧业增加值33.96亿元，比上年增长3%。年末，全市机械总动力410.47万千瓦，比上年增长2.7%。大中型、小型拖拉机15.32万台，下降2.5%；农用运输车12.39万台，增长0.5%。

武威市城东工业园区

【工业与建筑业】2015年，全市完成工业增加值97.41亿元，按可比价计算，比上年增长5.8%。其中规模以上工业增加值80.5亿元，增长4.1%。规模以上工业增加值中，国有及国有控股企业增长5.8%，集体企业下降32.8%，股份制企业增长6.5%，外商及港澳台商投资企业下降52.3%，其他经济类型企业增长13.5%。轻工业完成增加值32.84亿元，下降8.9%；重工业完成增加值47.66亿元，增长15.4%。煤炭开采和洗选业增长47.1%；农副食品加工业下降0.6%；酒、饮料和精制茶制造业下降27.4%；非金属矿物制品业下降20.8%；食品制造业下降26.9%；化学原料和化学制品制造业下降37%；纺织业下降20.9%；医药制造业增长46.1%。规模以上工业经济效益综合指数为200.28%，比上年下降6.57个百分点；实现利润总额4.28亿元，下降10.87%；实现销售产值377.67亿元，下降0.9%；产品销售率为92.75%。全年完成建筑业增加值57.14亿元，增长9.1%。

【项目建设】2015年，全市实施500万元及以上在建项目1129项，比上年增加181项，计划总投资1504亿元，增加91亿元。其中亿元以上项目232项，减少74项。

【固定资产投资】2015年，全市完成固定资产投资620.1亿元，增长12.8%。500万元及以上项目投资591.78亿元，增长12.58%。500万元及以上项目中，第一产业在建项目105项，完成投资35.69亿元，下降11.38%；第二产业在建项目347项，完成投资239.62亿元，下降21.23%；第三产业在建项目677项，完成投资316.47亿元，增长74.66%。全年工业在建项目315项，完成工业固定资产投资228.71亿元，下降16.16%。其中采矿业完成投资13.77亿元，下降21.27%；制造业完成投资120.65亿元，下降3.03%；电力、燃气及水的生产和供应业完成投资

94.29亿元，下降27.95%。

【房地产开发】2015年，全市完成房地产开发投资28.33亿元，增长17.56%，其中住宅投资18.41亿元，增长17.71%。房屋施工面积205.45万平方米，增长12.66%；房屋竣工面积13.85万平方米，下降46.89%。商品房销售面积15.79万平方米，下降24.8%。

【招商引资】2015年，全市共签约招商引资项目470项，实施招商引资项目363项，落实到位资金938亿元，比上年增长15.75%。

【扶贫开发】2015年，全市实施扶贫项目8大类194项，落实扶贫专项资金2.33亿元，增加1.06亿元，增长84%。完成“下山入川”移民1.96万人，近五年累计达843万人。当年预计减贫123万人。

【交通邮电】2015年，全市交通运输、仓储、邮政业实现增加值20.22亿元，比上年增长3%。全年完成公路运输周转量122.8亿吨千米，比上年增长20.81%。其中客运量4892万人，增长0.01%，客运周转量343341万人千米，与上年持平；货运量4680.3万吨，增长19.55%，货运周转量1193620万吨千米，增长21.54%。全年邮电业务总量13.47亿元，比上年增长9.16%。其中邮政业务总量0.7亿元，增长2.94%；电信业务总量12.77亿元，增长9.48%。年末固定电话用户15.46万户，比上年减少2.51万户；年末移动电话用户136.95万户，新增11万户；年末互联网宽带接入用户达到18.31万户，增加3.52万户。

【文化产业与旅游业】2015年，全市文化产业实现增加值5.89亿元，比上年增长17.79%。全年接待国内外游客786.47万人次，上年增长24.57%。全年实现旅游总收入39.89亿元，增长25.47%。

【商贸流通与贸易】2015年，全市实现社会消费品零售总额162.58亿元，比上年增长9%。其中城镇实现零售额109.74亿元，增长10%；乡村实现零售额52.84亿元，增长7%。批发和零售业实现商品销售额255.8亿元，比上年增长16.89%。其中批发业销售额110亿元，增长13%；零售业销售额145.8亿元，增长20%。住宿和餐饮业实现营业额40.4亿元，增长17.17%。其中住宿业营业额5.06亿元，增长16%，餐饮业营业额35.34亿元，增长17.34%。在限额以上企业商品销售额中，粮油、食品、饮料、烟酒类销售额比上年增长31.66%，服装、鞋帽、针纺织品类增长3.3%，化妆品类下降24%，金银珠宝类下降39.73%，日用品类增长31.95%，家用电器和音像器材类增长20.29%，中西药品类增长7.2%，文化办公用品类增长31.56%，石油及制品类下降13.1%，汽车类增长15.69%。

2015年，全市实现外贸进出口总额63520万元，比上年增长162.02%。其中进口551万元，下降88.06%，出口62969万元，增长266.67%。

【财政金融证券保险】2015年，全市完成大口径财政收入43.45亿元，比上年增长18.44%。一般公共预算收入26.84亿元，增长21.02%。国税部门完成2.16亿元，增长5.21%；地税部门完成13.3亿元，增长14.44%；财政部门完成11.38亿元，增长33.83%。一般公共预算收入中，税收收入14.93亿元，增长13.07%；非税收入11.91亿元，增长32.7%。一般公共预算支出171.86亿元，增长14%。全年金融机构本外币存款余额816.09亿元,比上年增长15.83%；本外币贷款余额696.2亿元，增长31.87%。全年股票交易额达到461.37亿元，比上年增长188.61%。全市保险系统实现保费收入17.59亿元，比上年增长33.42%。其中财产险公司保费收入4.97亿元，增长14.52%；人身险公司保费收入12.63亿元，增长42.69%。累计赔付支出及满期年金给付4.23亿元，增长32.38%。其中财产险公司支付赔款2.62亿元，增长66.38%；人身险公司死伤医疗给付0.4亿元，增长9.08%；人身险公司满期年金给付1.2亿元，下降3.64%。

【科技与教育】2015年，全市组织实施科技项目81项，其中国家级12项，省级19项，市级50项；组织鉴定各类科技成果98项；获得省部级奖励1项。年末，全市共有各类学校和幼儿园981所，比上年减少68所，在校（园）学生（幼儿）200678人，减少13161人。其中高职院校4所，在校学生17130人，减少826人；中等职业学校14所，在校学生12576人，减少3669人；教师进修学校1所；普通高中22所，在校学生48719人，减少4588人；初级中学117所，增加1所，在校学生61063人，减少4884人；小学578所（教学点182

武威市洪水河防沙治沙百里长廊工程

个，特殊教育学校2所），减少85所，在校学生104241人，减少2019人；幼儿园245所，增加21所，在园幼儿45721人，增加1738人。小学学龄儿童入学率、巩固率、毕业率均达100%；初中入学率100%、巩固率99.99%、毕业率99.97%；初中毕业生升入高中阶段的比率为92.5%（其中升入普通高中比率59.97%，升入中等职业学校和中等专业学校比率32.5%）。九年义务教育巩固率达99.39%。

【文化与体育】2015年，全市有艺术表演机构2个，文物保护机构16个，乡镇文化站93个，图书馆4个。有广播电视台4个，广播人口覆盖率为99.63%，电视人口覆盖率为99.72%。全年在省级以上体育比赛中，荣获奖牌9枚。其中，金牌6枚，银牌2枚，铜牌1枚。

【医疗卫生】2015年末，全市有乡镇以上医疗卫生计生机构1743个，床位8698张，其中县及县以上医院床位6254张，有各类卫生技术人员8361人，其中临床执业（助理）医师3120人，每千人拥有医师1.72人，每千人拥有床位4.79张。全年乙、丙类法定报告传染病发病人数6914例，报告死亡5人，报告传染病发病率377.71/10万，死亡率0.27/10万。

【人民生活与社会保障】2015年，全市城镇居民人均可支配收入21702元，增长9.2%；农村居民人均可支配收入9101元，增长11.6%。全年城镇新增就业人员2.36万人，下岗失业人员实现再就业0.93万人，城镇登记失业率3.05%。全年居民消费价格总水平比上年上涨1.5%；商品零售价格总水平比上年上涨0.7%。全年新建续建新型农村社区示范点56个、1.96万户，建成新农宅3万户，其中农村危房改造1.47万户；新开工建设城镇保障性住房1.7万套，基本建成3.2万套，实施棚户区改造1.3万户。

2015年末，全市城镇职工医疗保险参保人数为13.16万人；城镇居民基本医疗保险参保人数为17.51万人；企业职工基本养老保险参保人数为12.2万人，城乡居民社会养老保险参保人数为87.4万人；参加失业保险统筹人员7.12万人，收缴失业保险费4881万元，领取失业金人数1553人，累计失业保险金支出1059万元。年末新型农村合作医疗保险参保人数141.06万人，参保率达98.84%，比上年提高0.14个百分点。城镇居民得到最低生活保障救济的人数4.79万人。农村最低生活保障救济的人数达20.14万人，农村五保供养1.04万人。年末全市有福利院4所，在院人数384人，民办养老机构3所，拥有床位375张。农村老年福利机构16个，全市各类养老机构拥有床位数4051张，在院人数2673人。全年新建续建新型农村社区示范点56个、1.96万户，建成新农宅3万户，其中农村危房改造1.47万户；开工建设城镇保障性住房1.7万套，基本建成3.2万套，实施棚户区改造1.3万户。

【资源环境与安全生产】全年水资源总量14.93亿立方米，年末7座重点水库蓄水总量0.9085亿立方米，比上年末下降0.3%。全年用水总量15.81亿立方米，比上年下降0.06%。其中生活用水0.82亿立方米，与上年持平；工业用水1.34亿立方米，下降2.2%；农业用水11.33亿立方米，下降0.35%；生态用水2.32亿立方米，增长2.65%。万元生产总值用水量380立方米，下降2.56%。万元工业增加值用水量105.19立方米，下降8.06%。人均用水量870立方米，下降0.2%。全年完成造林面积56.99万亩。其中林业重点工程完成造林面积4.75万亩。森林覆盖率（含保护区）达到19.72%。年末全市达到地表水III类功能区标准断面的比例为100%。全市有环境监测站5个，环境监察机构5个，环境监测人员51人，环境监察人员70人。全市城市空气质量优良天数达到291天。年末城市污水处理厂日平均处理量3.5万立方米，城市污水处理率96.06%。城区集中供热面积810万平方米，增长5.3%。城市生活垃圾无害化处理率达100%。城市建成区绿地率达到22.86%，提高0.62个百分点。

2015年，全市发生各类生产安全事故共死亡78人。亿元生产总值生产安全事故死亡率为0.19，煤矿百万吨死亡率为1.33。2015年境内共发生ML3.0级以上地震3次。

武威市领导班子成员名录

市　委

书　记　火荣贵

副书记　李志勋　李明生

常　委　曹永建（藏族）　李学民
　　　　周晓红（女）　杨得中
　　　　周　伟　张柯兵　周小平

市人大常委会

主　任　刘存禄

副主任　万国仁　孟世祖
　　　　许　萍（女）　张承潜

秘书长　蔡多学

市政府

市　长　李志勋

副市长　周晓红（女）　张柯兵
　　　　杨德智　李效龙　胡细如
　　　　卢小亨　张安疆　陈崇贵
　　　　陈晓波　张小奇

秘书长　安虎山（土族）

市政协

主　席　王扎东（藏族）

副主席　贾永英　张祥生
　　　　张延保（藏族）　施春年
　　　　马国荣（藏族）　范景林

秘书长　李益民

（供稿：程对山）

凉州区

【综述】凉州区地处甘肃省西北部，河西走廊东端，祁连山北麓，武威市中部；介于东经101°59′-103°23′与北纬37°23′38°12′之间。东面与内蒙古自治区接壤，西邻肃南裕固自治县，南连天祝藏族自治县和古浪县，北与永昌县和民勤县相接，全区总面积5081平方千米，其中森林总面积78.06万亩，森林覆盖率10.13%。2015年末，全区辖25镇12乡2个生态建设指挥部7个城区街道办事处，常住人口101.15万人。有回族、藏族、满族等24个少数民族。

全区地势呈西南高东北低，分祁连

山山地、走廊平原绿洲和腾格里沙漠三种地貌类型，海拔1440–3263米，属温带大陆性干旱气候，具有干旱少雨、日照充足、昼夜温差和年温差大的特点。全年日照时数约为2967.8小时，日照百分比约为67%，太阳辐射量约为138.45千卡/平方厘米；年平均降水量160毫米，年平均蒸发量2020毫米。粮食作物17种，经济作物50多种；乔灌类植物170多种，用材树50多种；野生植物200多种。矿产资源品种主要有煤、陶土、石英砂、萤石、硅石、花岗石、地热水等。

2015年，全区实现生产总值261.16亿元，比上年增长8.5%。其中第一产业增加值57.18亿元，增长6%；第二产业增加值98.28亿元，增长6.9%；第三产业增加值105.7亿元，增长11.2%。全区大口径财政收入25.45亿元，比上年增长18.95%。一般公共预算支出61.66亿元，增长12.7%。年末，全区金融机构人民币各项存款余额509.05亿元，增长10.18%，比年初增加47.02亿元。全区金融机构人民币各项贷款421.34亿元，增长25.42%。

【农业农村经济】2015年，全区实现农业增加值57.18亿元，比上年增长6%。全年完成农作物播种面积167.20万亩，比上年下降0.4%。其中夏粮播种面积29.19万亩，增长127.9%，秋粮播种面积79.45万亩，下降14.9%。其中粮食作物总播种面积108.63万亩，增长2.4%，经济作物播种面积5857万亩，下降507%。全年粮食总产量67.97万吨，比上年下降0.3%。其中夏粮产量13.54万吨，增加155.2%；秋粮产量54.43万吨，下降13.44%。2015年新建设施农牧业2.97万亩，累计达40.48万亩；发展特色林果业20.6万亩，累计达75.7万亩，其中皇冠梨16.7万亩，核桃3.2万亩，酿酒葡萄0.6万亩，红枣0.2万亩。农产品产量情况：

【工业与建筑业】2015年，全区完成全部工业增加值55.8亿元，比上年增长4.8%；规模以上工业企业完成工业增加值50.76亿元，比上年增长3.2%；规模以上工业企业产品销售率94.14%，比上年提高2.14个百分点。其中轻工业完成增加值25.97亿元，下降5.96%；重工业完成增加值24.78亿元，增长12.8%。小型企业完成工业增加值35.79亿元，比上年增长6.97%，占全区规模以上工业增加值的70.5%。

2015年，全区建筑业实现增加值43.53亿元，比上年增长12.4%。全区具有建筑业资质等级的总承包和专业承包建筑业企业实现利润总额2.43亿元，下降26.81%。

【项目建设】2015年，全区实施500万元及以上在建项目625项，比2014年增加103项，计划总投资680.06亿元，比上年同期减少38.77亿元。其中亿元以上项目112项，比2014年减少64项。

【固定资产投资】2015年，全区完成全社会固定资产投资422.63亿元，比上年增长14.93%。完成规模以上固定资产投资317.18亿元，增长13.08%。其中第一产业完成投资17.11亿元，增长7.69%；第二产业完成投资105.39亿元，下降2801%；第三产业完成投资19469亿元，增长64.68%。500万元及以上项目完成投资291.72亿元，增长12.52%。工业固定资产投资96.67亿元，下降22.95%。

【招商引资】2015年，全区共签约招商引资项目298项，落实招商引资到位资金375.8亿元，比上年净增82.06亿元，增长27.94%。

【交通邮电】2015年，全区交通运输、仓储、邮政业实现增加值15.36亿元，比上年增长3.8%。全年完成公路客运量3211.6万人，比上年增长1.1%，客运周转量233961.6万人千米，比上年增长8.3%；货运量2761.4万吨，比上年增长3.8%，货运周转量769182.4万吨千米，比上年增长11.5%；邮电业务总量达到8.45亿元，比上年增长10.2%。年末固定电话用户12万户，比上年减少2.37万户；年末移动电话用户90.85万户，比上年增加1.55万户；年末互联网宽带接入用户达到11.62万户，比上年增加2.11万户。

【商贸流通与贸易】2015年，全区实现社会消费品零售总额95.84亿元，比上年增长8.75%。城镇实现社会消费品零售总额71.18亿元，增长9.38%；乡村实现社会消费品零售总额24.67亿元，增长6.97%。批发和零售业实现商品销售额125.62亿元，增长14.77%，其中批发业销售额50.53亿元，增长6.49%；零售业销售额75.09亿元，增长21.1%。住宿和餐饮业实现营业额26.58亿元，增长1837%，其中住宿业营业额363亿元，增长20.66%；餐饮业营业额22.95亿元，增长18.02%。

2015年，全区完成外贸进出口总额为20623万元，比上年增长8%。其中出口为20420万元；进口为203万元。

【文化产业与旅游业】2015年，全区文化产业实现增加值3.88亿元，比上年增长17.55%，占生产总值的1.5%。全年接待国内游客640.67万人次，比上年增长24.59%；旅游综合收入31.93亿元，增长25.46%，其中接待入境游客579人次，旅游外汇收入10.48万美元。

【科技与教育】2015年，全区区级以上科技成果53项，比上年增加2项。专利申请受理345件，比上年增长38%；授权专利224件，比上年增长74%；授权发明专利8件，比上年增长60%。全年共签订技术合同33项；技术合同成交金额11025.94万元，比上年降低1.3%。

2015年末，全区共有各类学校和幼儿园403所，比上年减少140所；在校（园）学生（幼儿）154587人，比上年减少5043人。小学学龄儿童入学率、巩固率、毕业率均达100%；初中入学率100%、巩固率99.99%、毕业率99.98%；初中毕业生升入高中阶段的比率为93.15%（其中，升入普通高中比率59.06%，升入中等职业学校和中等专业学校比率34.08%）。九年义务教育巩固率达99.97%。

【文化与体育】2015年末，全区共有文化馆1个，公共图书馆1个，乡镇文化站37个。数字有线电视入户率和广播电视无线覆盖率分别达到57%和100%。年末，全区有运动场996个，室外全民健身路径212条，新建成农民体育健身工程行政村70个；全年经常性体育锻炼人数达到35万人次。

【医疗卫生】2015年末，全区共有卫

生机构662个,其中医院、卫生院48个。社区卫生服务中心(站) 14个。全区拥有床位2961 张,卫生技术人员5820人。全年甲、乙类法定报告传染病发病人数4606例,报告死亡4人;报告传染病发病率 452.03/10万,死亡率4.03/10万。

【人民生活与社会保障】2015年末,全区城镇居民人均可支配收入22885元,比上年增长9.1%,净增3081元;农村居民人均可支配收入11178元,比上年增长11.4%。城镇非私营单位在岗职工年平均工资达到50867元,比上年增长27.07%。

年末,全区城镇职工基本医疗保险参保人数为50895人;城镇居民基本医疗保险参保人数为115849人,参保率达97.51%;年末新型农村合作医疗保险参保人数达740074人,参保率达99.86%。全区城镇职工基本养老保险参保人数达38716人;城乡居民社会养老保险参保人数为431945人;参加失业保险人员27643人,参加工伤保险参保人数为52255人。城镇居民享受最低生活保障救济的人数达26888人,农村居民享受最低生活保障56554人,全年共发放各类城乡低保资金20693万元。农村五保供养4767人,老年福利机构5所,在院人数381人。全区有敬老院9所,集中供养对象684人。全年开工建设新型农村社区28个9173户。完成农村危旧房改造3050户,新开工公租房12000套,基本建成公租房22664套。

【环境保护与安全生产】2015末,全区有环境监测站1个,环境监察机构1个,环境监测和监察人员分别有10人和23人。全年完成环境污染治理项目16个,工业污染企业废水达标率达到95%。城市空气质量优良天数291天, PM10平均浓度值102微克/m3。2015全区共发生各类事故95起,死亡36人,受伤56人。其中道路交通事故66起,死亡35人,受伤56人;火灾事故28起,无人员伤亡;建筑企业事故1起,死亡1人。

凉州区主要领导名录

区委书记　洪元涛

区人大常委会主任　唐　祜

区　长　朱星海

区政协主席　王秀丽(女)

(供稿:许建国)

古浪县

【综述】古浪县地处河西走廊东端,居甘肃省中部,介于北纬37° 09′ 至37° 54′ ,东经102° 38′ 至103° 54′ 之间。境域东接景泰县,南依天祝藏族自治县,西北与凉州区毗邻,东北与内蒙古自治区阿拉善左旗接壤。东西长约102千米,南北宽约88千米,全县总面积5103平方千米,其中耕地面积110万亩。2015年,全县辖9镇10乡,总人口39.32万人,人口自然增长率为5.6‰。有回族、藏族、毛南族、瑶族等9个少数民族。

境内地跨祁连山区、河西走廊、腾格里沙漠三大地貌单元,地势南高北低,南靠祁连山东段余脉,北临腾格里沙漠南缘,地貌类型复杂多样,属青藏高原、黄土高原和内蒙古高原交汇地带。地势南高北低,山、川、沙约各占三分之一,平均海拔2500米。属祁连山高寒亚干旱区和河西冷温带干旱区气候,光照丰富,辐射强,热量不富,温差大,降水稀少不均匀,干旱连年,风沙多,不同灾害年年有。年平均气温5.7℃年平均日照时数2634.8小时。降雨集中在每年7月至9月,8月最多。年降水量300毫米左右,蒸发量2500毫米以上,无霜期142天左右。主要河流有大靖河、古浪河、柳条河、花庄河和新堡子沙河5条,总长292千米。境内石灰石探明储量为4.5亿吨以上。煤炭、铁、铜、沙金等矿藏富有开采价值。有优质小麦、麻黄草、亚麻、沙漠土鸡等农副产品。

2015年,全县实现生产总值40.85亿元,增长8%。全社会固定资产投资105.48亿元,增长14.48%。大口径财政收入3.89亿元,增长23.17%;公共财政预算收入2.24亿元,增长22.08%。社会消费品零售总额1883亿元,增长922%。

【农业农村经济】2015年,全县实现农业增加值12.6亿元,增长5.9%。全年新建设施农牧业1.43万亩,累计达到17.71万亩,户均达到2.3亩;发展特色林果7.31万亩,累计达到32.56万亩,人均达到1亩。种植甜高粱7.13万亩,推广旱作农业25.13万亩。建成出口农产品生产基地15.66万亩。新增农民专业合作组织339个。

制定实施全县"1+17+2"精准扶贫方案,完成124个贫困村、2.97万户11.61万扶贫对象的精准识别。共投入扶贫资金10.7亿元。贫困户发展设施农牧业1.05万亩、特色林果1.47万亩,1000户贫困户光伏扶贫试点项目启动实施。解决1.18万人的安全饮水问题。新建农村公路300千米,建成乡镇客运站4个、乡村停靠点51个。改造贫困户危房4753户。培训贫困劳动力16万人。建成电商扶贫网店37个、金融便民服务点67个。开工建设5个移民点,新建成3个,搬迁山区贫困群众2283户1.03万人。经省市验收全年脱贫37个贫困村、1.45万户5.66万人。

【工业经济】实施重点工业项目37项,完成工业固定资产投资29.84亿元,增长21.1%。新增规模以上工业企业5户。2015年,全县全部工业增加值7.38亿元,增长5.9%。规模以上工业增加值4.13亿元,增长1.1%。

【项目建设】2015年,全县实施500万元以上项目112项,其中亿元以上35项,完成规模以上固定资产投资75.12亿元,增长12.38%;争取国家和省市投资14.33亿元,增长20.63%。金古公路等63个项目全面完工。干武铁路增建二线等49个项目完成年度建设任务。达华50万亩节水灌溉设备等15个项目建成投产。路斯6000吨宠物食品等18个项目加快推进。

【招商引资】2015年,全县实施招商引资项目117项,到位资金139.13亿元,增长27.44%,广东绿润超大口径PE管、深圳鑫美丰服饰加工等88个项目落地实施。

【商贸流通】2015年,全县建设县乡农贸市场和畜产品交易市场4个,建成运营3个。县级电商服务中心建成投运，建成乡镇电商服务站3家。第三产业实现增加值16.73亿元，增长11.6%，增速较上年提高3.4个百分点。

【城乡建设】甘肃国际陆港、金色大道沿线新农村建设村庄整治等重点区域和村庄规划完成编制。新建公共租赁住房2000套，改造棚户区980户，基本建成保障性住房3800套。甘肃国际陆港征用储备土地5800亩，完成通道绿化和相关规划设计。创建“千村美丽”示范村2个，“万村整洁”示范村36个。西靖、黄花滩、永丰滩撤乡建镇，新建续建新型农村社区6个。全县城镇化率达到23.23%，较上年提高1.6个百分点。

【生态环境治理】石羊河流域重点治理建设工程通过省级竣工验收。设置用水总量控制、用水效率控制和水功能区限制纳污“三条红线”，全县用水总量控制在3.15亿立方米以内，地下水开采量控制在0.8亿立方米以内。新增高效节水灌溉面积10.25万亩，治理水土流失面积2.86平方千米。林业生态保护建设方面，完成人工造林13.64万亩，封沙育林12.5万亩，通道绿化370千米，义务植树231万株。进行集体林权制度配套改革，流转集体林地2.23万亩。

【教育、文化与卫生】新改建校舍5.5万平方米，40所村级幼儿园和80所学校全面改薄项目全部完工，中小学D级危房全部消除。建成古浪战役纪念馆，建成县城首家数字影院1个，农村文化广场7个、贫困村文化服务中心34个。改扩建卫生院2所，新建贫困村标准化卫生室50所。

【人民生活与社会保障】2015年，全县财政民生支出占财政总支出的83.92%，增长34.44%。省列26件、市列10件、县列10件实事全部完成。全年城镇新增就业3794人，城镇登记失业率3.61%。启动城乡居民大病医疗保险工作，城乡低保标准提高22%，农村五保供养补助标准提高40%。

古浪县主要领导名录

县委书记　李万岳

县人大常委会主任　薛　华

古浪县下山入川移民新区立民新村

县　长　杨　东

县政协主席　李健斌

（供稿：李发玉）

民勤县

【综述】民勤县地处河西走廊东北部，石羊河流域下游，介于北纬38°04′07″–39°27′38″、东经101°49′38″–104°11′55″之间。县域南临凉州区，西南与金昌市连接，东西北三面被巴丹吉林和腾格里两大沙漠包围。东西长206千米，南北宽156千米，全县总面积1.6016万平方千米。2015年末，全县辖18个乡镇1个街道办事处，户籍人口27.36万人，常住人口24.12万人，增长0.02%，人口自然增长率为3.75‰。有回族、藏族等14个少数民族。

境内最低海拔1298米，最高海拔1936米，由沙漠、低山丘陵和平原三种基本地貌组成，其中各类荒漠化土地面积2254万亩，占总面积的94.51%。平均海拔1400米。年均降雨量113毫米，蒸发量2644毫米；年均日照时数3300小时，年均气温8.3℃，昼夜温差15.2℃；年均8级以上大风27.8天、沙尘暴37.3天，是全国最干旱、荒漠化危害最严重的地区之一。粮食作物主要以小麦、玉米和啤酒大麦为主，经济作物主要有黄白蜜瓜、红瓜子、茴香、葵花、葡萄、红枣、枸杞等，有甘草、锁阳、苁蓉、发菜、沙米等名贵野生资源，畜产品主要有猪、牛、羊肉。矿产资源主要有煤、盐、石膏等。其中煤炭总储量为5.8亿吨。风光资源丰富，年风资源储量在400万千瓦以上，太阳能可利用总量在600万千瓦以上。

2015年，全县实现生产总值69.56亿元，比2014年增长9%（可比价，下同）。其中第一产业增加值23.71亿元，增长6.1%；第二产业增加值21.95亿元，增长7.7%；第三产业增加值23.91亿元，增长11.3%。三次产业结构由2014年的34.4：32.9：32.7调整为34.0：31.6：34.4，第一、二产业分别下降0.4个、1.3个百分点，第三产业上升1.7个百分点，第三产业所占比重首次超过第一产业。按常住人口计算，人均生产总值28840元，比2014年增长8%。全年完成大口径财政收入4.98亿元，增长20.13%。完成一般公共财政预算收入3.37亿元，增长22.56%。其中税收收入1.69亿元，增长29.44%，提高3.04个百分点；非税收入1.68亿元，增长16.34%，下降2.2个百分点。全年完成一般公共财政预算支出26亿元，增长1.35%。

【农业农村经济】2015年，全县实现农林牧渔服务业总产值42.95亿元，比2014年增长6.1%，全年完成农林牧渔服务业增加值24.24亿元，增长6.1%。粮食作物种植面积23.56万亩，比2014年增加083万亩；棉花种植面积75万亩，减少383万亩；油料种植面积17.27万亩，增加1.28万亩；蔬菜种植面积9.56万亩，增加0.5万亩；瓜类种植面积3.7万亩，增加0.23万亩；中药材种植面积11.08万亩，增加1.56万亩。粮经比例由2014年的29.5：70.5调整为28.1：71.9。全年粮食总产量13.96万吨，比2014年增产4.2%。其中小麦3.44万吨，增产5.11%；玉米10.17万吨，增产3.95%。棉花产量0.9万吨,减产26.52%；油料产量6.48万吨,增产1.72%；蔬菜产量37.72万吨,增产14.54%；瓜类产量16.11万吨,增产6.24%；水果产量5.9万吨,增产9.48%；药材产量2.05万吨,增产13.12%。

年末，全县畜禽饲养量398万头（只），比2014年增长1.1%。其中牛、羊、猪存栏分别为4.13万头、107.13万只、6.08万头，分别下降2.36%、2.54%、5.3%；牛、羊、猪出栏分别为1.85万头、65.77万只、7.15万头，分别增长4.79%、9.47%、下降5.53%。全年肉类总产量1.9万吨，增长4.29%；禽蛋产量0.3万吨，下降2.01%；牛奶产量0.07万吨，增长5.08%。新建设施农牧业0.64万亩，设施农牧业面积累计13.33万亩；新建特色林果业6.59万亩，特色林果业面积累计47.12万亩。

【工业与建筑业】2015年，全县完成全部工业增加值15.39亿元，比2014年增长7.1%。规模以上工业企业完成增加值9.77亿元，增长5.8%。发电装机容量234.05万千瓦，其中风电129.75万千瓦、光电104.3万千瓦。并网风电装机容量99.8万千瓦，并网太阳能发电装机容量43.7万千瓦。实现发电量110407.23万千瓦时，其中风电72540.6万千万时、光电37866.63万千瓦时。2015年，全县建筑业实现增加值6.88亿元，比2014年增长12%。

【固定资产投资】2015年，全县完成全社会固定资产投资184.73亿元，比2014年增长15.51%。其中第一产业投资9.77亿元，增长33.99%；第二产业投资77.71亿元，下降15.99%；第三产业投资51.82亿元，增长1.11倍。完成房地产开发投资1.22亿元，增长182.41%。

【招商引资】2015年，全县签约招商引资项目68项，实施招商引资项目198项，落实到位资金222.5亿元，比2014年增长20.92%。

【交通邮电】2015年，全县完成交通运输、仓储和邮政业增加值2.01亿元，比2014年增长14.2%。公路通车里程2920.056千米，县道8条568.281千米，乡道36条41　2.45千米，村道1839.325千米。全年货物运输总量586.99万吨，增长23.68%；货物运输周转量106890.9万吨千米，增长20.3%。公路旅客运输总量667万人，增长40.5%；公路旅客周转量42437.5万人千米，增长41.37%。

全年完成邮电业务总量11375.58万元，比2014年增长9.5%。其中电信业务总量10324.2万元，增长10%；邮政业务总量1051.38万元，增长5.2%。邮政业完成邮政函件业务21764件，包裹业务16247件。固定电话用户30300户，比2014年增加21825户；移动电话用户199768户，减少9701户，其中3G、4G移动电话用户101181户，移动电话普及率每百人83部。固定互联网接入用户20749户，比2014年末增加5223户。

【文化产业与旅游业】2015年，全县文化产业实现增加值8390万元，比2014年增长18.59%，占生产总值的比重为1.21%。2015年，全县接待各类游客26.17万人（次），比2014年增长25.1%。全年实现旅游总收入1.35亿元，增长27.36%。

【商贸流通与贸易】2015年，全县实现社会消费品零售总额23.49亿元，比2014年增长9.9%，其中限额以上企业实现零售额1.4亿元，增长13.5%。按经营地分，城镇实现零售额14.07亿元，增长12.5%；农村实现零售额9.42亿元，增长6.1%。按消费形态分，批发零售业实现零售额19.59亿元，增长12.12%；住宿餐饮业实现零售额3.9亿元，下降0.2%。批发零售业实现商品销售额51.36亿元，增长17.97%；住宿餐饮业实现营业额5.01亿元，增长14.77%。有限额以上商业单位23户，其中批发企业7户，零售企业11户，餐饮企业3户、大个体户2户。

年末，全县实现外贸进出口总额4613万元，比2014年增长63.06%，其中进口59万元，出口4554万元。

【金融保险】2015年，全县金融机构本外币各项存款余额138.76亿元，比年初增加25.47亿元，增长22.48%。金融机构本外币各项贷款余额140.38亿元，比年初增加40.05亿元，增长39.91%。其中短期贷款71.32亿元，增长41.4%；中长期贷款69.06亿元，增长38.42%。县内保险公司实现保费收入1.18亿元，比2014年增长5.43%。各类赔款支出0.18亿元，下降42.21%。

【教育与科技】2015年末，全县有各级各类学校55所，其中普通中学17所、中等职业中专1所、小学17所、幼儿园19所、特殊教育学校1所，有教职工3582人。学前三年毛入园率为78.1%；残疾儿童少年入学率90.13%；九年义务教育巩固率99.972%；高中阶段毛入学

民勤县蔡旗乡沙滩新农村社区

率96.36%，比2014年提高0.66个百分点。普通高考中，有2048名考生被本科院校录取，录取率46.19%。全年实施科技项目36项，其中国家级13项、省级8项、市县级15项。完成各项专利191项，其中发明专利57项。开办各类科技培训班240场（次），举办各类专题讲座144期。

【文化体育卫生】2015年末，全县有文化馆1个、乡镇综合文化站18个、村级农家书屋299个、影院1个、文艺团体5个，有图书馆1个，图书总藏量达6.06万册，比2014年增长9%。广播综合覆盖率99.28%，电视覆盖率99.94%。有线电视用户16504户，其中城区用户9325户、农村用户5701户，高清互动电视用户1478户。全县建成健身站点11个，累计建成健身站点86个；建成村级体育场249个。举办各类体育竞赛15次，参加比赛人数5000人。参加省市比赛7次，获得奖牌31枚，其中金牌10枚、银牌11枚、铜牌10枚。全县有医疗卫生机构40个，其中县级医院2个、乡镇卫生院30个、妇幼保健计划生育服务中心1个、疾病预防控制中心1个。医疗卫生机构拥有床位数1438张，其中医院、卫生院拥有床位1068张。卫生技术人员1066人，其中执业医师和执业助理医师414人，注册护士452人。

【人民生活与社会保障】2015年，全县城镇居民人均可支配收入18661元，比2014年增长9.5%；城镇居民人均消费支出14901元，增长13.67%。农村居民人均可支配收入10519元，增长12.5%；农村居民人均消费支出9506元，增长16.16%。全年城镇新增就业人员3625人，下岗失业人员实现再就业850人，就业困难人员实现再就业200人。年末，全县城镇登记失业率为3.38%。

年末，全县养老保险参保人数14.94万人，比2014年末增长1.54%，参保率98.85%。参加基本医疗保险人数3.31万人，增长0.54%。参加失业保险人数0.8835万人，增长1.9%；参加工伤保险人数1.7118万人，增长0.3%；参加生育保险人数1.165万人，增长0.2%。年末，参加新型农村合作医疗农民人数20.63万人，参合率98.63%，新农合筹资标准提高到每人470元，筹资总额9696.52万元。城镇居民享受最低生活保障人数7805人，下降0.42%，月保障标准380元，城镇低保资金支出3079.42万元；农村居民享受最低生活保障人数27792人，下降0.58%，年保障标准2434元，农村低保资金支出4538.38万元。农村五保供养1364人。农村医疗救助2135人次。各类社会福利性机构82个，床位1983张，收养和救助各类人员837人。

民勤红枣

【环境保护】完成人工造林7.77万亩，封沙育林（草）6万亩，通道绿化336公里，义务植树236万株，工程压沙6.12万亩。森林覆盖率17.7%。降水量122.0毫米，比2014年下降5.8%。发生大风次数18次，沙尘暴次数1次。民勤被确定为首批国家生态保护与建设示范区和高效节水灌溉示范县。完成环境污染治理项目22个（类），环境污染治理总投资15603.98万元。城区生活废水收集率92.14%、处理达标率92.14%。化学需氧量排放量471466吨，氨氮排放量203.07吨，二氧化硫排放量2480.23吨，氮氧化物排放量300.27吨。规模以上工业企业能源消费总量比2014年下降10.11%，单位工业增加值能耗降低率15.04%。

【安全生产】2015年，全县发生各类生产安全事故20起，死亡12人，受伤16人，直接经济损失3.15万元。与2014年相比，事故起数减少7起，下降25.93%；死亡人数持平；受伤人数减少1人，下降5.88%；直接经济损失减少9.02万元，下降74.12%。

民勤县主要领导名录

县委书记　费生云

县人大常委会主任　潘从学

县　长　黄　霓

县政协主席　张尚忠（5月止）

　　　　　　杨志金（5月任）

（供稿：何　亮）

天祝藏族自治县

【综述】天祝，藏语称“华锐”，意为英雄部落。天祝藏族自治县是中华人民共和国成立后第一个实行民族区域自治的地区，是建国后由周恩来总理命名的第一个少数民族自治县，是全国仅有的两个藏族自治县之一，属甘肃省武威市。地处甘肃省中部、武威市南部、祁连山东端，素有河西走廊“门户”之称。介于北纬36°31′–37°55′，东经102°07′–103°46′之间。东有景泰县，西邻青海省门源、互助、乐都3县，南接永登县，北靠凉州区、古浪县，西北与肃南县交界。县域东西宽142.6千米，南北长158.4千米，全县总面积7149.8平方千米，

天祝县白牦牛

其中耕地面积31.97万亩，天然草原面积621.19万亩，森林面积454.2万亩。2015年末，全县辖10镇9乡，总人口23万人，其中少数民族占总人口的37.1%，藏族占少数民族人口的97.14%。有藏族、土族等27个少数民族。

境内地势西北高，东南低，处于青藏高原、黄土高原和内蒙古高原交汇地带，海拔在2040米-4874米之间。地形以山地为主，山脉起伏，沟谷交错，草地广布，河流纵横。是石羊河流域6条内陆河（金塔河、杂木河、黄羊河、古浪河、大靖河、西营河）和黄河流域2条外流河（大通河、金强河）的重要水源涵养区和水源补给区。以乌鞘岭为界，岭南属大陆性高原季风气候，岭北属温带大陆性半干旱气候，年均气温-8℃~4℃，气候带垂直分布十分明显。境内天祝三峡、天堂寺、石门沟、马牙雪山为代表的生态自然景观和以藏土民俗风情和藏传佛教文化为代表的人文景观。

2015年，全县完成地区生产总值44.66亿元，比上年增长13.37%；完成全社会固定资产投资114.8亿元，增长34.36%；实现工业增加值18.84亿元，增长19.88%；大口径财政收入达到6.02亿元，增长19.1%；完成公共财政预算收入3.95亿元，增长30.8%；全县金融机构各类存款余额76.63亿元，比年初增长32.8%，各类贷款余额69.38亿元，比年初增长57.72%。

【工业经济】2015年，全县实施工业项目46项，完成工业固定资产投资31.09亿元。全年新增规模以上企业8户，总数达到45户。全年实现工业增加值18.83亿元。万元工业增加值能耗降低到2.88吨标准煤，下降6.66%。

【项目建设】2015年，全县争取国家各类资金18.85亿元，增长12.6%，其中落实藏区项目43项，落实资金5.59亿元。实施各类项目195项，总投资181亿元，完成规模以上固定资产投资87.29亿元，增长12.49%。南阳山片生态移民小康供水工程等165个重大项目建成投运；天祝至景泰二级公路等38个项目顺利实施。

【招商引资】2015年，全县赴外招商15次，对接洽谈项目72项。全年实施各类招商引资项目186项，总投资398.45亿元，落实到位资金184.65亿元，增长25.43%。

【农牧业农牧村经济】2015年，全县建设人工饲草地28万亩，建成设施农牧业1.32万亩、规模养殖场60个，升级改造日光温室5000座，牛羊规模化养殖程度达到70%。改良绵羊26万只、黄牛1万头，良种化程度达到80%以上，重大动物疫病免疫密度达到98%。全县种植高原有机绿色蔬菜10万亩，发展中藏药材1.22万亩，种植食用菌337.5亩。推广高效农田节水技术10.35万亩，发展高效节水灌溉2.5万亩，粮经饲比例更趋优化。组建白牦牛核心群6群、岔口驿马保种场4个。引调德州黑毛驴144头。全县农机用户达到2.09万户，农业机械化水平达到42.6%。

【工业经济】2015年，全县实施工业项目46项，完成工业固定资产投资31.09亿元。全年新增规模以上企业8户，总数达到45户。全年实现工业增加值18.83亿元。万元工业增加值能耗降低到2.88吨标准煤，下降6.66%。

【项目建设】2015年，全县争取国家

天祝县冰沟河风光

各类资金18.85亿元，增长12.6%，其中落实藏区项目43项，落实资金5.59亿元。实施各类项目195项，总投资181亿元，完成规模以上固定资产投资87.29亿元，增长12.49%。南阳山片生态移民小康供水工程等165个重大项目建成投运；天祝至景泰二级公路等38个项目顺利实施。

【招商引资】2015年，全县赴外招商15次，对接洽谈项目72项。全年实施各类招商引资项目186项，总投资398.45亿元，落实到位资金184.65亿元，增长25.43%。

【精准扶贫】精准识别贫困人口4.66万人并全部建档立卡。筹资1.39亿元，争取上级财政扶贫资金3.13亿元，整合涉农资金1237亿元，集中实施产业扶持、基础配套和整村推进等扶贫项目。投资2000万元，完成土地整治0.82万亩。发放精准扶贫贷款11034户5.5亿元，落实市列补助资金2.12万人2120万元。贫困户建成设施农牧业3295亩，棚均收入达到2万元以上。培育发展农业产业化龙头企业23家、农民专业合作社798家。带动3300户6109名贫困群众稳定增收。建成网店192家，实现交易额1790万元，“特色中国·天祝馆”通过淘宝认证并投入运营。完成贫困劳动力技能培训1.06万人，输转贫困劳动力8662人次，创劳务收入4619万元。解决2.67万名贫困人口饮水安全问题，实现8个自然村动力电覆盖，建成94.2公里贫困村村组道路和49个贫困村乡村汽车停靠点，完成3187户贫困户危旧房改造和4018人的易地搬迁工程。新建贫困村幼儿园1所、标准化卫生室14所、金融服务网点27个、新型农村社区6个、综合性村民活动场所35个，改扩建贫困村中小学9所。实施“下山入川”移民搬迁工程，完成移民2474户10766人，占计划任务的107.7%。2015年，全县稳定脱贫2.12万人。

【生态建设】2015年，全县完成人工造林3.54万亩、封山育林6.26万亩、通道绿化106千米、义务植树102万株。落实草原生态保护补助奖励政策，兑现年度补奖资金6243.5万元。新建“千村美丽”示范村1个、“万村整洁”示范村54个。对全县44家涉污企业、单位开展“依法建设、规范运行、健康发展”专项检查，查出的58个问题已全部整改。宽沟工业园区污水处理厂建成投运，炭山岭镇污水处理厂等16个减排项目完成年度建设任务。出台实施县城全面禁止燃放烟花爆竹的规定。开展大气污染防治工作和生态创建活动，完成1个国家级、1个省级、6个市级生态乡镇（村）创建工作

【城乡建设】2015年，全县完成《县城第三版总体规划纲要》《武装部南片控制性详细规划》《县城农贸市场片修建性详细规划》及南阳山片“下山入川”生态移民村庄规划编制工作。完成保障性住房等263个城乡建设项目规划审批。投资1.3亿元，实施县城基础设施建设工程11项，城区集中供热、供水改扩建和城北区市政道路工程建成投用。团结路延伸段立交桥等工程完成年度建设任务。完成炭山岭煤矿采空塌陷区556户群众的搬迁安置工作。炭山岭镇等15个小城镇基础设施建设项目相继开工。实施县城绿化、亮化、硬化、美化工程，城镇化率达到37.75%。

【文化产业与旅游业】2015年，全县实现文化产业增加值5150万元，增速达18.8%。完成中国藏研中心重点课题《青藏高原环境与山水文化》（华锐卷）的编纂与拍摄工作，搜集整理《华锐地名文化探源》。投资2亿元，实施冰沟河、诺布林卡两大生态文化旅游景区及金沙峡景区基础设施建设、天祝县民俗文化旅游综合开发等项目。全年接待游客86.5万人次，实现旅游综合收入4.77亿元，增长25.54%。

【教育】投资1.18亿元实施“全面改薄”项目105项，提高义务教育学生营养改善计划专项补助标准，落实义务教育学生“两免一补”和普通高中“三免一补”资金4592万元，发放助学贷款1686.74万元。义务教育巩固率达99.75%，高中阶段毛入学率达91.21%，高考录取率达85.1%。

【医疗卫生】投资8588万元，实施医疗机构基础建设项目12项，建成120指挥调度系统。新农合支付方式改革不断深化，参合率达98.64%，政府补助标准人均提高至380元。中藏医药事业持续发展，被命名为全省中医药工作示范县，藏医院被确定为全国县级民族医院综合服务能力建设项目医院。全年审批符合政策申请单独二孩夫妇46对，发放各类计生奖励补助资金653万元。

【人民生活与社会保障】2015年，全县民生财政支出28.33亿元，占总支出的82.04%。全县城镇居民人均可支配收入达到19132元，增长12.44%。农牧民人均纯收入达到5050元，增长16.54%。全年居民消费价格涨幅控制在2%以内。全年新增城镇就业3785人，城镇登记失业率3.18%。输转城乡富余劳动力5万人次，创劳务收入9.3亿元。

完成社会救助提标工作，发放城乡低保等各类救灾救助资金1.74亿元。城镇居民基本医疗保险参保率达99.5%，城乡居民基本养老保险参保率达96.08%，发放率100%，城镇职工基本医疗保险、生育保险、养老保险和工伤保险基本实现全覆盖。帮助1002名农民工解决欠薪1046.7万元。兑现长期拖欠的2013至2014年设施农牧业补助资金4911万元，落实机关事业单位在职和离退休人员地方津补贴、藏区津贴等各项增资1.81亿元。

天祝藏族自治县主要领导名录

县委书记　张发基

县人大常委会主任　王元林（藏族）

县　长　王英东（藏族）

县政协主席　郭兴荣（藏族）

（供稿：县志办）

张掖市

【综述】张掖市地处甘肃省西北部，河西走廊中段，介于东经97°12′–102°20′，北纬37°28′–39°57′之间。东屏大黄山（古称焉支山）与金昌市、武威市为邻，西沿走廊与酒泉市、嘉峪关市相望，南依祁连山与青海省的

2015年全市主要畜产品产量和牲畜存栏

产品名称	单位	产量	比上年增长（%）
肉类总产量	万吨	11.70	0.1
其中：猪肉产量	万吨	5.45	-4.3
牛肉产量	万吨	2.51	3.6
羊肉产量	万吨	2.74	5.5
禽蛋产量	万吨	1.50	-0.7
奶产量	万吨	7.44	-4.1
猪饲养量	万头	150.45	-3.7
其中：存栏	万头	70.70	-3.0
出栏	万头	79.75	-4.3
牛饲养量	万头	89.70	0.6
其中：存栏	万头	65.56	-0.5
出栏	万头	24.14	3.7
羊饲养量	万只	467.48	1.8
其中：存栏	万只	285.90	-1.1
出栏	万只	181.58	6.8
禽饲养量	万只	1106.27	2.8
其中：存栏	万只	447.06	-0.7
出栏	万只	659.21	5.4

海北藏族自治州门源县和祁连县接壤，北靠合黎山、龙首山与内蒙古自治区的额济纳旗和阿拉善右旗毗连。辖域东西长210-465千米，南北宽30-148千米，全市总面积4.21万平方千米。2015年末，全市辖5县1区，全市常住人口为121.33万人，常住人口121.98万人，比上年末增加0.65万人。人口自然增长率为5.33‰，上升0.07个千分点。有37个少数民族。

地处全国地形的第二阶梯中心，在青藏高原与内蒙古高原的过渡地带。境区自南向北分为南部祁连山山地、中部走廊平川、北部合黎山、龙首山山地三大地形区。境内河流有26条，皆为内陆河，属黑河水系。共有冰川988条，面积423.84平方千米，冰储量14.36立方千米。属大陆性温带气候，祁连山地属高寒半干旱气候，具有光能丰富、温差大，夏季短而酷热，冬季长而严寒，干旱少雨，且降水分布不均等特点。植被大体分为荒漠植被、半荒漠草原植被类型、草甸草原三个类型。全市植物达数百种，野生动物志载200多属、1200多种，其中属于国家一级保护的有雪豹、藏野驴等13种。境内已发现的矿种有30种，其中金属矿产有铁、锰等13种；非金属矿产有萤石、芒硝等16种；境内能源矿产为煤。矿产地265处。有丹霞地貌、山丹马场、湿地公园等旅游景点。

2015年，全市实现生产总值373.53亿元，比上年增长7.5%。其中第一产业增加值95.02亿元，增长5.7%；第二产业增加值109.84亿元，增长6.1%；第三产业增加值168.67亿元，增长9.5%。三次产业结构调整为25.4：29.4：45.2，与上年相比，第一产业比重上升0.8个百分点，第二产业比重下降3.6个百分点，第三产业比重上升2.8个百分点。

【农业农村经济】2015年，全市粮食种植面积282.36万亩，比上年增加6.87万亩；油料种植面积38.12万亩，减少0.11万亩；蔬菜种植面积43.23万亩，增加0.24万亩；棉花种植面积0.87万亩，减少1.99万亩；中药材种植面积22.5万亩，减少0.12万亩。全年粮食产量135.5万吨，比上年增加2.88万吨，增长2.2%。其中夏粮产量42万吨，下降4.8%；秋粮产量93.5万吨，增长5.6%。年末，全市大牲畜存栏79.66万头（只），比上年末下降1.4%。生猪存栏70.7万头，下降3%；生猪出栏79.75万头，下降4.3%。牛存栏65.56万头，下降0.5%；牛出栏24.14万头，增长3.7%。羊存栏285.9万只，下降1.1%；羊出栏181.58万头，增长6.8%。全年肉类总产量11.7万吨，比上年增长0.1%。其中，猪肉产量5.45万吨，下降4.3%；牛肉产量2.51万吨，增长3.6%；羊肉产量2.74万吨，增长5.5%。禽蛋产量1.5万吨，下降0.7%。牛奶产量7.44万吨，下降4.1%。全年完成造林面积10万亩，封育面积4.07万亩，全民义务植树551.3万株，森林覆盖率17.26%，城区绿化覆盖率39.35%，绿地率34.82%。

建成产业化基地面积322万亩。当年新开工投资上千万元的农产品加工重点龙头企业16户，完成投资4.6亿元；年销售收入5000万元以上农产品龙头企业达到56户，农产品加工龙头企业年加工消耗农产品272万吨，农产品加工转化率为60%。年末拥有农业机械总动力251.15万千瓦，比上年增长3%。拥有各类农用运输车4.1万辆，大中型拖拉机3.17万台，小型拖拉机7.4万台。全年化肥使用量（折纯）10.57万吨，农村用电量4.92亿千瓦时。

【工业与建筑业】2015年，全市完成工业增加值72.7亿元，比上年增长5.2%。规模以上工业增加值62.67亿元，增长4%。在规模以上工业中，国有企业增长7.2%，集体企业下降45.4%，股份制企业增长3.7%，外商及港澳台商投资企业增长5%。采矿业增加值14.45亿元，下降6.3%；制造业增加值36.82亿元，增长10.5%；电力、热力、燃气及水生产和供应业增加值11.4亿元，增长

1.2%。在规模以上工业中，非公有制企业完成工业增加值43.59亿元，比上年增长9.6%，占全市规模以上工业增加值的69.6%。全年发电量61.76亿千瓦时，比上年下降5.6%；水泥189.32万吨，下降21.9%；原煤72.23万吨，下降5.8%；铁合金17.11万吨，增长19.9%；饮料酒13620千升，增长7.6%。全年规模以上工业企业实现利润总额1.83亿元，比上年下降60.2%。规模以上工业亏损企业亏损额5.81亿元，增长95.5%。

2015年，全市完成建筑业增加值38.82亿元，比上年增长8.6%。

【固定资产投资】2015年，全市完成固定资产投资312.81亿元，比上年增长13.5%。其中项目投资259.27亿元，增长13.2%。第一产业投资33.66亿元，增长28.8%；第二产业投资128.83亿元，增长13.5%；第三产业投资150.31亿元，增长10.5%。项目投资中，采矿业投资26.34亿元，比上年增长26.9%；制造业投资38.76亿元，下降12.1%；电力、热力、燃气及水的生产和供应业投资46.54亿元，增长36.3%；建筑业投资17.19亿元，增长18.4%；批发和零售业投资17.08亿元，增长21.7%；交通运输、仓储和邮政业投资16.79亿元，增长64.6%；水利、环境和公共设施管理业投资14.88亿元，增长52.6%。

【招商引资】2015年，全市签约招商项目299项，总投资705.56亿元。落实到位资金429.33亿元。其中省外资金422.85亿元，比上年增长28.9%。

【房地产开发】2015年，全市完成房地产开发投资53.53亿元，比上年增长14.95%。其中住宅投资40.63亿元，增长19.5%；商业营业用房投资9.29亿元，下降7.9%。全年房屋施工面积566.28万平方米，增长11.6%；房屋竣工面积114.16万平方米，增长5.5%；商品房销售面积98.04万平方米，下降16.2%。

【交通通信】2015年，全市完成交通运输、仓储和邮政业实现增加值22.44亿元，比上年增长3.6%。全年完成公路客运量1700万人，公路旅客周转量76500万人千米，路货运量2666万吨，公路货物周转量235525万吨千米。年末客运班线383条，公交线路54条，公交车辆266辆，出租车辆1956辆，货车28682辆。年末机动车保有量24.44万辆，其中客运车10.04万辆，货运车3.21万辆，农用车0.19万辆，摩托车10.93万辆。

2015年，全市完成邮电业务收入84716万元，增长11.1%。其中邮政业务收入8713万元，增长12.7%；电信业务收入76003万元，增长10.9%。年末电话用户总数152.61万户，其中固定电话用户2732万户，移动电话用户12529万户。固定电话普及率22.4部/百人，移动电话普及率102.9部/百人。固定互联网宽带接入用户20.97万户，比上年增长29.3%。

【文化产业与旅游业】2015年，全市完成文化产业实现增加值8.39亿元，比上年增长19.42%，占GDP的比重为2.25%。全年接待游客1505.75万人次，比上年增长36.88%。全年实现旅游综

2015年分行业固定资产投资及其增长速度

行业	投资额（亿元）	比上年增长（%）
总计	312.81	13.5
农林牧渔业	33.66	28.8
采矿业	26.34	26.9
制造业	38.76	−12.1
电力、热力、燃气及水生产和供应业	46.54	36.3
建筑业	17.19	18.4
批发和零售业	17.08	21.7
交通运输、仓储和邮政业	16.79	64.6
住宿和餐饮业	2.95	−32.3
信息传输、软件和信息技术服务业	1.12	−37.3
房地产业	67.94	13.2
租赁和商务服务业	5.25	−33.5
科学研究和技术服务业	1.64	50.9
水利、环境和公共设施管理业	14.88	52.6
居民服务、修理和其他服务业	3.07	186.8
教育	2.90	315.0
卫生和社会工作	1.61	165.4
文化、体育和娱乐业	7.99	−49.3
公共管理和社会组织	7.09	−19.0

2015年全市各类教育招生和在校生情况

指标	招生数（人）		在校生数（人）		毕业生数（人）	
	绝对数	增长(%)	绝对数	增长(%)	绝对数	增长（%）
普通高等教育	5746	−1.7	19808	−1.6	5497	0.5
中等职业教育	3468	32.6	8373	−7.1	2782	8.8
普通高中	8559	−14.7	28676	−5.0	10162	−5.4
初中学校	11708	−11.2	39804	−9.4	15698	2.6
普通小学	13082	11.8	75263	1.9	11538	−12.1

合收入76亿元，增长47.69%，旅游综合收入占GDP的比重达到20.3%。

【商贸流通与贸易】2015年，全市社会消费品零售总额147.6亿元，比上年增长8.9%。其中城镇消费品零售额111.2亿元，增长8.6%；乡村消费品零售额36.4亿元，增长9.8%。商品零售额123.2亿元，增长8.8%；餐饮收入额24.4亿元，增长9.2%。在限额以上企业商品零售额中，粮油、食品、饮料、烟酒类零售额比上年增长31.3%，服装、鞋帽、针纺织品类增长12.7%，化妆品类增长1.2%，金银珠宝类增长2.8%，家用电器和音像器材类下降20.4%，中西药品类增长32.4%，汽车类增长26.8%，石油及制品类下降15.8%。

2015年，全市完成自营进出口总额15631万元，比上年增长11.5%。其中出口总额15484万元，增长11.0%；进口总额148万元，增长108.4%。

【财政金融保险】2015年，全市大口径财政收入52.96亿元，比上年增长10.16%。财政支出为143.61亿元，增长18.25%。其中一般公共预算支出127.4亿元，增长18.09%。年末金融机构各项贷款余额485.53亿元，比上年末增长24.3%。各项存款余额563.94亿元，增长12.7%。其中储蓄存款余额332.34亿元，增长12.9%。全年保费收入20.46亿元，比上年增长34.9%。其中财产险收入5.98亿元，增长20.1%；寿险收入14.47亿元，增长42.1%。全年赔付额5.12亿元，比上年增长14.9%。其中财产险赔款2.99亿元，增长67.6%；人身险给付2.13亿元，增长26.3%。

【科技与教育】2015年末，全市共有科研机构5个，共有各类专业技术人员2.18万人。其中工程技术人员0.14万人，农业技术人员0.18万人，教学技术人员1.42万人。全年财政科学技术支出6082万元，比上年下降17.61%。全年共取得市省级以上科技成果60项，获得奖励项目65项，高技术产业化示范工程项目9项。受理专利申请1129件，授权专利422件，授予发明专利权43件。全年共签订技术合同66项，技术合同成交金额13.2亿元，比上年增长19.24%。

2015年，全市普通高等教育招生5746人，在校生19808人，毕业生5497人。中等职业教育招生3468人，在校生8373人，毕业生2782人。普通高中招生8559人，在校生28676人，毕业生10162人。初中学校招生11708人，在校生39804人，毕业生15698人。普通小学招生13082人，在校生75263人，毕业生11538人。特殊教育招生28人，在校生173人。幼儿园在园幼儿35228人。2015年，向全国各类高、中等专业院校输送新生14196人，高考录取率为93.12%。

【文化与体育】2015年末，全市共有群众文化馆7个，公共图书馆7个，博物馆9个，档案馆7个，乡镇文化站60个，艺术表演团体2个。广播综合人口覆盖率98.6%，比上年提高0.02个百分点。电视综合人口覆盖率98.67%，比上年提高0.02个百分点。《张掖日报》全年共发行296期，累计发行652.7万份。全年各类体育比赛中获得奖牌12枚，其中金牌3枚，银牌4枚，铜牌5枚。

【医疗卫生】2015年末，全市共有卫生机构1562个，其中医院41个，乡镇卫生院84个，社区卫生服务中心（站）31个，村卫生室868个，疾病预防控制中心（防疫站）7个，妇幼保健院（所、站）7个，专科疾病防治院（所、站）3个，卫生监督所（中心）6个。卫生技术人员8720人，其中执业医师和执业助理医师2941人，注册护士3018人。医疗卫生机构拥有床位数7852张，其中医院、卫生院床位数7254张。

【人民生活与社会保障】2015年，全市城镇居民人均可支配收入19673元，比上年增长10%；城镇居民人均消费性支出17163元，增长10.1%；城镇居民家庭恩格尔系数（即居民家庭食品消费支出占家庭消费支出的比重）为30.83%，比上年降低0.27个百分点。农村居民人均可支配收入10823元，比上年增长11.5%；农村居民人均生活消费支出9527元，增长12.7%；农村居民家庭恩格尔系数为35.33%，比上年降低1.24个百分点。年末全市共有城乡从业人员73.97万人，比上年末增加0.28万人。其中城镇从业人员30.79万人，乡村从业人员43.18万人。全年城镇新增就业427万人，城镇登记失业率2.57%。全年居民消费价格比上年上涨1.4%。其中食品价格上涨1.6%。全年商品零售价格比上年上涨0.8%。

年末，全市参加城镇基本养老保险人数14.99万人，参加农村居民社会养老保险人数65.32万人，参加城镇职工基本医疗保险人数11.85万人，参加城镇居民基本医疗保险人数17.02万人，参加失业保险人数7.34万人，参加生育保险人数7.54万人，参加工伤保险人数9.02万人，其中参加工伤保险的农民工3.02万人。年末各项社会保险基金总收入16.89亿元，比上年末增长

2015年，张掖市山丹县境内的汉、明长城蜿蜒并行，保存较为完整，国内绝无仅有，被国内外长城专家誉为“露天长城博物馆”

16.1%；各项社会保险基金总支出16.26亿元，增长24.7%。年末参加新型农村合作医疗农民人数94.6万人，参合率99.66%。新型农村合作医疗基金累计支出总额40333万元，累计受益257.36万人次。年末城镇居民得到政府最低生活保障人数4.83万人，城镇低保资金支出17651.3万元；农村居民得到政府最低生活保障人数8.34万人，农村低保资金支出14012.9万元。

【资源环境与安全生产】2015年，全市可利用水资源总量26.5亿立方米，其中可利用地表水资源量24.75亿立方米，与地表水不重复的净地下水资源量1.75亿立方米。全年总用水量23.68亿立方米。其中，生活用水0.61亿立方米，工业用水0.42亿立方米，农业用水21.21亿立方米，生态用水1.44亿立方米。万元生产总值用水量580立方米，万元工业增加值用水量57.9立方米（按当年价核算）。单位生产总值能耗1.1058吨标准煤/万元，比上年下降3.97%。

全年空气可吸入颗粒物年日均值为0.097mg/ m3，二氧化硫年日均值 0.045mg/ m3，二氧化氮年日均值0.023mg/ m3，空气质量优良（Ⅰ—Ⅱ级）率为 78.1%，区域环境噪声平均值53.5dB，交通干线噪声平均值68.1dB，地表黑河干流水质达标率100%，城镇集中式饮用水源水质达标率100%。

全年全市共发生各类生产安全事故162起，死亡76人，受伤112人，直接经济损失306.22万元。与去年同期相比，事故起数、死亡人数、受伤人数分别下降67.6%、27.62%、29.56%，直接经济损失上升65.73%。

张掖市领导班子成员名录

市　委

书　记　毛生武(藏族)

副书记　黄泽元　万泽刚

　　　　梁蓉兰(女，11月任)

　　　　陈星灿（挂职，12月任）

常　委　陈　义　张　健　韩正明

　　　　康　清　苟海龙　关　尧

　　　　马立新　唐培宏　姜列友

　　　　余　锋

秘书长　张稔农（1月止）

　　　　王荣才（9月任）

市人大常委会

主　任　王开堂

副主任　周双喜　钱英文　陈　华

　　　　赵惠琴（女）

　　　　安国锋（裕固族）

秘书长　罗继洲（5月止）

　　　　丁荣善（5月任）

市政府

市　长　黄泽元

副市长　陈　义　姜列友　王向机

　　　　关　尧　余　锋　成广平

　　　　王方太　王海峰

　　　　赵学忠（5月任）　刘海启

市长助理　王全根

秘书长　阎　仲

市政协

主　席　徐永成（1月止）

　　　　陈　义（1月任）

副主席　安永红（裕固族）

　　　　邵志忠　田　伟（女）

　　　　王　刚　安想忠　柳延福

　　　　袁斌才　张稔农

秘书长　杨登义

（供稿：胡元肇）

甘州区

【综述】甘州区地处甘肃省河西走廊中部，介于东经100° 6′-100° 52′，北纬38° 32′-39° 24′之间。南依祁连山，北邻内蒙古阿拉善右旗接壤。东连镍都金昌，西接古郡酒泉。东西长65千米，南北宽98千米，全区总面积4240平方千米。2015年末，全区常住人口51.36万人，人口自然增长率为5.29‰比上年增长0.1个千分点；城镇化率达到47.57%，比上年提高1.8个百分点。

境内地势平坦，土壤肥沃，水源充足，黑河、山丹河、酥油口河、大野口河等河流贯穿而过。平均海拔1474米，属温带大陆气候。年平均降水量113-120毫米，蒸发量2047毫米，日照时数3085小时，无霜期138-179天，具有日照时间长、发行量发行昼夜温差大的特点。

2015年，全县实现生产总值156.75亿元，比上年增长7.8%。其中第一产业增加值35.59亿元，增长5.7%；第二产业增加值37.93亿元，增长6.8%；第三产业增加值83.23亿元，增长9.2%。按常住人口计算，全区人均生产总值30538元，增长5.6%。三次产业结构由上年的22.8 ：25.7 ：51.5调整为22.7 ：24.2：53.1。全年完成大口径财政收入22.31亿元，增长17.1%。公共财政预算收入7.64亿元，增长17.6%。财政预算总支出38.47亿元，增长16.43%；公共财政预算支出31.89亿元，增长12.3%。

【农业农村经济】2015年，全区实现农林牧渔业增加值39.64亿元，增长5.7%。全年粮食作物面积75.45万亩，比上年增加3.3万亩；制种玉米种植面积55.34万亩，增加16.52万亩；油料种植面积1.03万亩，减少0.45万亩；蔬菜种植面积15.71万亩，减少1.07万亩。全年粮食总产量423668吨，增长0.1%。其中夏粮产量30698吨，下降42.5%；秋粮产量392970吨，增长6.3%。年末，全区大牲畜存栏33.57万头，猪、牛、羊、家禽饲养量分别为59.58万头、40.82万头、111.64万只和720.72万只。猪、牛、羊、家禽出栏分别为33.72万头、11.63万头、39.85万只和445.75万只。全年肉产量49276吨，禽蛋产量9624吨，牛奶产量13997吨。

年内建成农业产业化基地面积87万亩。全区土地流转面积达到22.12万亩。全年新增有效灌溉面积6.06万亩。全年完成造林面积1.1万亩，其中：人工造林0.3万亩，封山育林0.8万亩；城区绿化覆盖率达到46.8%；全区森林覆盖率达到18.13%。年末，全区农业机械总动力达到75.72万千瓦，比上年增长3%。全年化肥使用量（折纯）42869吨，农村用电量20719万千瓦小时。全年输出输转农村劳动力8.416万人，实现劳务收入13.14亿元。

【工业与建筑业】2015年，全区完成工业总产值112.05亿元，实现工业增加值21.69亿元，增长5.7%。规模以上工业企业完成总产值103.24亿元，实现增加值18.47亿元，增长4.5%。轻工业完成增加值9.28 亿元，增长21.6%；重工业完成增加值9.19亿元，下降8.8%。规模以上工业企业实现主营业务收入50.81亿元，增长4.3%。产品销售率为94.4%，增长1.04个百分点。全年规模以上工业企业盈亏相抵后，实现利润总额800万元。

2015年，全区建筑业实现增加值17.73亿元，比上年增长 8.9%。

【非公经济】2015年，全区范围内新增私营企业1694户，累计达到6364户；新增注册资金73.51亿元，累计注册资本达到224.53亿元。新增个体工商户6570户，累计达到25434户；新增注册资金8.46亿元，累计注册资金达到18.69亿元。

【固定资产投资】2015年，全区完成固定资产投资109.96亿元，比上年增长13.33%。其中项目投资92.96亿元，增长21.48%；资质内房地产企业投资17亿元，下降17.1%。第一产业投资17.92亿元，比上年增长96.05%；第二产业投资35.78亿元，增长12.28%；第三产业投资56.26亿元，增长0.43%。

全年完成房地产投资17亿元，比上年下降17.1%，其中住宅投资12.01亿元，下降24.3%。

【招商引资】2015年，全区招商引资新签约项目56项，总投资325亿元，新建和续建项目共落实到位资金76.19亿元，增长27%。

【项目建设】2015年，全区开工建设各类项目218个，其中续建、新建计划投资上亿元的项目66项，完成投资66.5亿元；新开工建设17项，完成投资22.32亿元。

【交通邮电】2015年末，全区有客运线路81条，公交线路30条，公交车辆193辆，共有出租车辆1225辆。营运机动车保有量12015辆，其中客运车辆392辆，货运车辆11623辆。全年交通运输、仓储和邮政业实现增加值11.46亿元，比上年增长2.5%。全年完成客运量488.2万人（次），客运周转量21764.3万人千米；货运量1246万吨，货运周转量76752.63万吨千米。

甘州区2015年主要农产品产量情况

产品名称	单位	产量	增长（%）
粮食总产量	吨	423668	0.1
#小麦	吨	28939	-42.7
玉米	吨	374105	9.7
#玉米制种	吨	317635	41.9
油　料	吨	3400	-30.2
甜　菜	吨	17411	-57.6
蔬　菜	吨	701595	2.6
水　果	吨	165673	7.0
药　材	吨	8043	-14.3

甘州区2015年规模以上工业主要产品产量情况

产品名称	单位	产量	增长（%）
饲料	万吨	14.3	115
饮料酒	万千升	0.32	-31.9
水泥	万吨	81.8	-31.1
化肥	万吨	0.38	-72.9
铁合金	万吨	4.35	32.6
发电量	亿度	21.74	-24.8
#火力发电量	亿度	15.31	-31.1
#水力发电量	亿度	4.45	-1.1
#太阳能发电	亿度	1.16	-8.7
#风力能发电	亿度	0.82	-11.8

全年完成邮电业务收入69433万元，增长84.5%，其中邮政业务收入6093万元，增长5%；电信业务收入63340万元，增长78.6%。年末，全区固定电话用户达到14.62万户，移动电话用户达到77.58万户，计算机互联网用户达到14.15万户，比上年增加6.13万户。

【文化产业与旅游业】2015年，全区实现文化产业增加值3.77亿元，增长19.6%。全年全区接待境内外游客458万人次，增长30%。全年实现旅游综合收入26.8亿元，增长37.4%。旅游综合收入占GDP的比重达到17.1%。

【商贸流通与贸易】2015年，全区实现社会消费品零售总额80.4亿元，比上年增长8.9%。按经营地统计，城镇实现社会消费品零售总额67亿元，增长4.3%;乡村实现社会消费品零售总额13.4亿元，增长40%。按消费类型统计，商品零售70.1亿元，增长8.7%；住宿餐饮收入10.3亿元，增长10.8%。

2015年，全区外贸进出口总值为682.3万美元，比上年下降15%。其中出口总值为666.8万美元，下降10.6%；进口总值为15.15万美元，增长36.8%。

【金融保险】2015年末，全区金融机构人民币各项存款余额314.02亿元，增长12%。其中城乡居民储蓄存款余额172.26亿元，增长6.5%。全区金融机构人民币各项贷款余额255.63亿元，增长16.2%。全年保费收入20.46亿元，比上年增长34.9%。其中财产险收入5.98亿元，增长20.1%；寿险收入14.47亿元，增长42.1%。全年赔付额5.12亿元，比上年增长14.9%。其中财产险赔付2.99亿元，增长67.6%；寿险赔付2.13亿元，增长26.3%。

【科技】2015年末，全区拥有科研机构5个，全年科学技术支出7261万元，比上年增加6097万元。全年共取得市、省级以上科技成果24项。全年获得奖励项目58项（省级5项，市级33项，区级20项）。受理专利申请293件，比上年增加172件，授权专利120件，比上年增加52件；授予发明专利权26件，比上年增加11件。全年共签订技术合同39项，比上年增加13项，技术合同成交金额3.79亿元，增长20.3%。

【教育】2015年末，全区普通高等教育在校学生19808人；全日制职业教育在校生2341人；普通高中在校生12235人；初中学校在校生16391人；普通小学在校生30846人；特殊教育在校生287人；幼儿园在园幼儿15302人。学龄儿童入学率达到96.1%，初中入学率达到100%。2015年向全国各类高、中等专业院校输送新生4894人，高考录取率达到90.4%。

【文化事业】2015年末，全区共有艺术表演团体4个、文化馆1个，公共图书馆1个，博物馆1个，档案馆1个，乡镇文化站18个。广播电视台1座，广播调频发射机1部。有线数字电视用户10.39万户。广播节目综合人口覆盖率95%，电视节目综合人口覆盖率87%。

【医疗卫生】2015年末，全区共有各类医疗卫生机构515个，其中综合医院8家，中医医院2家、专科医院7家，疾病预防控制中心（防疫站）2个，妇幼保健院（所、站）2个、乡镇卫生院22个，社区卫生服务中心（站）23个，村级卫生室240家，个体诊所192家，其他医疗卫生机构17家。卫生技术人员4420人，其中注册执业医师1215人和执业助理医师424人，注册护士1444人。卫生机构拥有床位2869张，其中医院和卫生院拥有床位2627张。

【体育事业】2015年末，全区共有各类体育场地1080个，其中室内体育设施场地74个，室外体育设施场地1006个。全民健身体育场1个，城市社区居民体育健身场所106个，乡镇体育健身场所98个，村级农民体育健身场所606个，其他体育健身场所279个。全年全区在各类体育比赛中获得奖牌24枚，其中金牌10枚、银牌7枚、铜牌7枚。

【人民生活与社会保障】2015年，全区城镇居民人均可支配收入20237元，比上年增加1789元，增长9.7%；城镇居民人均消费支出18528元，增长9.8%；城镇居民家庭恩格尔系数为29.5%，下降1.03个百分点。农村居民人均可支配收入11320元，增加1173元，增长11.6%；农村居民人均生活消费支出10060元，增长12.7%；农村居民家庭恩格尔系数为36.1%，下降1.06个百分点。年末，全区城镇登记失业率为3.01%。城镇从业人员92088人，全年城镇新增就业14792人，安置下岗失业人员再就业11711人，困难人员就业1270人。全年居民消费价格总水平比上年上涨2.0%，其中食品价格同比上涨2.5%。

年末，全区城镇基本养老保险参保87017人，其中城镇职工基本养老保险参保66965人，城镇居民基本养老保险参保20052人；城镇居民基本医疗保险参保95305人；城镇职工基本医疗保险参保58556人；失业保险参保37258人；工伤保险参保46125人；生育保险参保36753人。全年各项社会保险基金总收入达到9.32亿元，各项社会保险基金总支出8.43亿元。年末参加新型农村合作医疗农民人数为34.67万人，参合率达到100%。全年新型农村合作医疗统筹基金支出15115.79万元，累积受益110.54万人次。全年城市医疗救助776人次，农村医疗救助2827人次，民政部门资助农村合作医疗48953人。全区享受城镇最低生活保障的居民23690人，发放城市居民最低生活保障资金8088万元。全区纳入农村最低生活保障的居民21883人；发放农村居民最低生活保障资金3918万元。

【环境保护】2015年，全区有自然保护区2个，总面积15677公顷。全区可吸入颗粒物年日均值0.097mg/m³，二氧化硫年日均值0.045mg/m³，二氧化氮年日均值0.023mg/m³，区域环境噪声平均值53.5dB，交通干线噪声平均值68.1dB，地面水质达标率100%，饮用水源水质达标率100%。

【安全生产】2015年，全区共发生各类生产安全事故64起，死亡39人，受伤38人，直接经济损失133.65万元，与上年同期相比，事故起数减少293起，下降818%；死亡人数减少3人，下降71%；受伤人数减少24人，下降39%；直接经济损失增加41.97万元，上升45.8%。

甘州区主要领导名录

区委书记　张　健

张掖市甘州区滨河新区

区人大常委会主任　朱乔正
区　长　张玉林
区政协主席　王洪德

（供稿：张　兰）

山丹县

【综述】山丹县地处甘肃省西部河西走廊中段，介于东经100° 41′–101° 42′，北纬37° 50′–39° 03′之间，是张掖市的东大门，素有"走廊蜂腰"、"甘凉咽喉"之称，是古代"丝绸之路"通往西域的必经之地。东靠永昌县，西邻民乐县，西北与张掖市甘州区接壤，东南与肃南裕固族自治县皇城区相连，南以祁连山冷龙岭与青海省为界，北过龙首山与内蒙古自治区阿拉善右旗相望。东西宽89千米，南北长136千米，全县总面积5402.43平方千米。2015年末，全县辖2乡6镇，总人口为20.85万人，人口自然增长率为1.06‰。

属大陆性高寒半干旱气候，季节分布不均，太阳辐射强，日照时数长，气温低，昼夜温差大，降水量少而集中，蒸发量大，湿度小，无霜期短。年平均气温6.5℃，年平均降水量199.4毫米，日照时数2964.7小时，蒸发量2351.2毫米，无霜期165天。主要旅游景点有焉支山森林公园、山丹马场大草原、保存完整的汉明长城、艾黎捐赠文物陈列馆、山丹培黎图书馆、艾黎与何克陵园及大佛寺等。

2015年，全县实现生产总值430009万元，增长7.0%。其中第一产业增加值96602万元，增长5.8%；第二产业增加值113895万元，增长3.8%；第三产业增加值219512万元，增长10.8%。人均生产总值25703元，增长0.3%。三次产业结构由上年的20.7：32.1：47.2调整为22.5：26.5：51.0。

【农业农村经济】2015年，全县实现农业增加值97051万元（含马场），增长5.8%。全县完成总播种面积66.12万亩(含复种面积6.67万亩)，增长3.41%。其中粮食种植面积44.3万亩，增长3.44%；油料种植面积8.72万亩，增长1.79%；蔬菜和园艺种植面积2.1万亩，增长46.5%；中药材种植面积1.46万亩，增长42.3%；其他作物种植面积2.87万亩，下降12.2%。全年粮食总产量201990吨，增长5.2%。油料总产量18014吨，增长6.85%。全年猪饲养量达6.02万头，下降4.14%，出栏3.34万头，下降5.1%；羊饲养量达102.85万只，增长2.59%，出栏39.23万只，增长9.21%；牛饲养量达2.32万头，增长0.87%，出栏0.42万头，增长6.19%。全年肉类总产量达9336吨，增长5.53%；牛奶产量2051吨，下降2.0%；绵羊毛产量950吨，下降0.9%；禽蛋产量779吨，下降1.27%。

全年共完成造林面积0.87万亩。本年实有封山育林面积14.88万亩。截至2015年底（不包括山丹马场），全县林地面积有231.39万亩，全县林木蓄积量87万立方米，森林覆盖率（包括天保区）32.02%。全年输转劳动力6.33万人，增长1.28%。劳务收入103400万元，增长8.91%。

【工业与建筑业】2015年，全县实现工业增加值50478万元，增长2.1%。规模以上工业增加值42204万元，增长0.2%。其中轻工业完成增加值10629万元，增长24.4%；重工业完成增加值31575万元，下降5.6%。

全县建筑业实现增加值63929万元，增长8.3%。全年具有建筑业资质等级的总承包和专业承包建筑业企业实现总产值115204.4万元，增长13.3%。

【固定资产投资】2015年，全县完成固定资产投资419096万元，增长15.5%。其中第一产业完成投资36269万元，下降23.0%；第二产业完成投资180347万元，增长9.48%；第三产业完成投资202480万元，增长34.1%。

【交通通信】2015年，全县交通运输、仓储和邮政业实现增加值38420万元，增长1.8%。全年完成道路运输总周转量80117.3万吨千米，其中公路客运量476万人，公路旅客周转量21945万人千米；公路货运量1221万吨，公路货物周转量79496万吨千米。年末，全县营运客车保有辆272辆，营运货车保有辆6388辆。

年末，全县邮政业务总量739.75万元，电信业务收入8991万元。固定电话用户34474户，移动电话用户212797户，互联网宽带接入用户达到34822户。

【商贸流通】2015年，全县实现社会消费品零售总额165669.8万元，增长9.6%。其中城镇零售额达到134394万元，增长10.4%；农村零售额达到31275.8万元，增长6.7%。批发零售贸易业实现零售额135694.8万元，增长9.1%；住宿和餐饮业实现零售额29975万元，增长12.2%。

【文化产业与旅游业】2015年，全县实现文化产业增加值10390万元，比上年增长18.9%，占GDP比重2.4%。全县共接待境内外游客209.6万人次，增长29.6%。全年实现旅游综合收入10.58亿元，增长10%。

【财政金融保险】2015年，全县大口径财政收入完成70080万元，增长29.3%。财政支出完成187380万元,增长13.42%。全县金融机构各项存款余额655551.3万元，增长12.6%。全县金融机构各项贷款余额571843.2万元，增长40.9%。全年保费收入9281.15万元，增长12.4%。全年赔付支出1887.39万元，增长20.4%。其中财产险1259.39万元，增长12.2%；寿险628万元，增长41.1%。

【教育、文化与医疗卫生】2015年，全县拥有中等专业学校1所，高级中学1所，普通中学5所，小学21所。小学学龄儿童入学率达100%；初中入学率达100%。2015年，全县向全国各类高等专业院校输送新生1655名，高考录取率达99.4%；向中等专业学校输送新生955名。在校学生体育达标率达100%。幼儿园在园幼儿4799人；全县共有艺术表演团体2个，文化馆1个，公共图书馆1个，博物馆1个，广播电台1座，电视台1座。广播和电视综合人口覆盖率分别为97%和96%。《西部山丹》全年发行49期，累计发行603期；全县共有各级各类医疗卫生机构231个，卫生技术人员1520人，医疗卫生机构床位1150张，其中乡镇卫生院246张。

【人民生活与社会保障】2015年，

全县城镇居民人均可支配收入19445.1元，增长10.1%；城镇居民人均消费支出15640.7元，增长12.9%；城镇居民家庭恩格尔系数为35%。农村居民人均可支配收入10526.6元，增长11.4%；农民人均消费支出8166.9元，增长9.8%；农村居民家庭恩格尔系数为38.4%。全县新增城镇就业6678人，安置下岗再就业人员3185名，登记失业率控制在2.06%。

年末，全县共有6430人参加失业保险，4346人参加城镇基本养老保险，20735人参加职工医疗保险，27542人参加居民医疗保险，102755人参加城乡居民社会养老保险。全年各项社会保险基金总收入15447万元；各项社会保险基金总支出21013万元。

参加新型农村合作医疗农民人数为14.0万人，参合率为99.6%。全年新型农村合作医疗基金支出总额为5615.5万元，下降14.6%；累计受益36.3万人次，减少7.3%。全县抚恤、补助各类优抚对象752人，金额达734万元；全县城镇居民得到政府最低生活保障的人数为9823人，下降2.9%，发放城镇最低生活保障金3866万元，增长0.24%；农村居民得到政府最低生活保障的人数为17455人，人数与上年持平，发放最低生活保障金3032万元，增长17.2%。年末，全县拥有敬老院9所，床位数367张，收养人数310人。

【环境保护与安全生产】2015年，全县四项主要污染物削减量为化学需氧量3651.65吨，氨氮257.46吨，二氧化硫6221.02吨，氮氧化物1845.92吨。全年规模以上工业企业能源消费总量为85.14万吨标准煤，下降0.1%。其中，煤炭消费量21.93万吨，下降23.22%；电力消费量60267万千瓦小时，增长2.82%。万元规模以上工业增加值能源消耗6.1吨标准煤，下降0.3%。万元GDP能源消耗1.77吨标准煤，下降4.69%；万元生产总值电耗1602.9千瓦时，下降13.06%。

全年共发生各类事故29起，死亡7人，受伤26人，直接经济损失73.79万元，同比事故起数上升3.8%，死亡人数下降12.5%，受伤人数下降10.4%，经济损失上升0.69%。全年共发生道路交通事故16起，死亡6人，受伤26人；火灾事故12起，无人员伤亡；煤矿事故1起，死亡1人；农机和危险化学品等领域均未发生事故，未发生重大森林草原火灾。亿元地区生产总值死亡率为0.16人。

山丹县主要领导名录

县委书记　赵学忠（4月止）
　　　　　刘晓云（4月任）
县人大常委会主任　李仲文
县　长　刘晓云（4月止）
　　　　陆思东（5月任）
县政协主席　马得胜

（供稿：王晓敏）

民乐县

【综述】民乐县地处甘肃河西走廊中段，全县总面积3687.32平方千米，其中耕地面积92.8万亩，林地110万亩，森林覆盖率14%。2015年末，全县辖10个乡镇、1个社区管理委员会，全县常住人口22.31万人。县域地势南高北低，地形分山地和倾斜高平原两大类，海拔1589–5027米。属温带大陆性荒漠草原气候，年平均气温4.7℃左右，年平均降水量408.8毫米左右，无霜期140天左右。境内资源丰富，有煤、铬、铁、石灰石、石膏、金、铜等，其中原煤储量约2.6亿吨。有大小河流14条，年地表水径流量4.2亿立方米，地下水总量2.5亿立方米。有中小型水库7座，总库容7025.8万立方米，年有效灌水面积65.56万亩。

2015年，全县实现生产总值45.80亿元，比上年增长7.3%。其中第一产业增加值14.74亿元，增长6.2%；第二产业增加值14.15亿元，增长6%；第三产业增加值16.91亿元，增长9.8%。全县人均生产总值20584元，比上年增长6.92%。全县第一、二、三产业增加值占生产总值的比重由2014年的30.4：34.9：34.7调整为32.2：30.9：36.9，与上年相比，第一产业所占比上升1.8个百分点，第二产业所占比重下降4个百分点，第三产业所占比重提高2.2个百分点。

【农业农村经济】2015年，全县农作物播种面积96.99万亩，比上年增加9607.5亩。其中粮食种植面积为64.47万亩，全年粮食总产量达到28.7万吨。全年玉米播种面积4.97万亩，马铃薯播种面积24.26万亩；节水灌溉面积42.82万亩，比上年增加12.2万亩，其中垄膜沟灌面积39.8万亩，比上年增加15.3万亩。2015年全县共有设施数量11096座，比上年增加620座，设施实际使用面积达9025亩，比上年增加1942亩。设施种植面积14428.1亩，比上年增加3247.6亩。其中蔬菜种植面积9570.1亩，比上年增加2661.3亩，蔬菜产量10518.6吨，比上年增加2431.5吨；瓜果类种植面积1373.8亩，比上年增加235.8亩，瓜果类产量15028吨，比上年增加5234吨；食用菌种植面积2210亩，比上年增加348.5亩，食用菌产量3961吨，比上年增加1361吨。

年末，全县大牲畜合计有66296头匹，其中役畜23660头匹，仔畜9517头匹。其中猪存栏15.75万头，羊存栏28.78万只，鸡(鸭.鹅)存栏58.08万只。全年猪、牛、羊出栏分别为16.5万头、0.62万头、15.71万只。全年肉类总产量15492吨，牛奶产量10895吨，绵羊毛产量515吨。猪暖棚面积25.4万平方米，牛暖棚面积11.2万平方米，羊暖棚面积32.27万平方米，标准化鸡舍面积2.46万平方米。全年共完成荒山荒（沙）地造林面积37800亩。截至2015年末，全县实有封山（沙）育林面积187000亩,四旁植树65万株，育苗面积6060亩,其中本年新育面积1620亩。

【工业经济】2015年，全县完成工业产值59.59亿元，增长5.6%，工业增加值11.03亿元，增长5.6%，对全市工业增加值的贡献率为11.3%，拉动全市工业增加值增长增长0.58个百分点。其中规模以上工业企业实现工业增加值9.52亿元，比上年增长4.2%。规模以上工业企业产品销售率85.5%；在规模以上工业中，大中型企业完成工业增加值31815万元，增长3.5%。其中轻工业完成增加值70432万元，增长8.2%，重工业完成增加值24777万元，增长23.3%；全县29户规模以上工业企业全年营业收入达33.9亿元，利润总额达0.4亿元，实现利税总额达1.7亿元，总资产贡献率为5.26%，资产负债率63.16%，成本费用利润率1.21%，从业人员年平均人数4281人。

【固定资产投资】2015年，全县累计完成500万元以上固定资产投资412077万元，与上年相比，投资总量增加54750万元，增长15.32%。其中房地产业投资完成131939万元，增长31.64%。分产业看，第一产业投资完成27023万元，下降38.05%；第二产业投资完成175641万元，增长29.13%；第三产业投资完成209413万元，增长17.85%。

【交通邮电】2015年末，全县共有客运车辆442辆，比上年增长13%；班线客车133辆，比上年增长0.76%；出租车256辆，比上年增长14.4%；公交客车53辆，比上年增长41.5%。全年公路旅客周转量18441万人千米，比上年增长3.9%；公路货物周转量27410万吨千米，比上年增长8.88%。道路运输从业人员5925人，比上年增长0.4%，从业人员从业资格培训87人。

全县电信业务总量完成9170万元，增长14.8%。年末，全社会电话用户达226500部，比上年增长3.6%；计算机互联网用户22840户，比上年增加4560户，增长24.9%。邮政业务总量597.2万元，比上年增长3.4%。全年订阅报纸219.6万份，杂志8.1万份。

【文化产业与旅游业】2015年，全县共有文化产业法人单位158个，从业人员1549人。全年全县完成文化产业增加值8573万元，增长18.97%，文化产业增加值占GDP的比重达1.87%。

2015年，全县共接待国内外游客185.43万人次，实现旅游综合收入8.18亿元，分别增长41%和49%；新增旅游直接就业人数712人，增长21.2%；全年累计完成旅游专项财政支出2848.98万元；累计完成旅游建设项目13项，总投资6.38亿元；招商引资3项重大项目，共计资金58亿元，实际到位资金162亿元。

【商贸流通】2015年，全县个体工商户达6950户，增长12.56%，从业人员13192人，增长16.9%。全县实现社会消费品零售总额174031万元，比上年增长9.5%。按销售单位所在地分组，城镇零售额104500万元，比上年增长10%；乡村零售额69531万元，增长8%。按消费形态分，餐饮业收入55562万元，比上年增长8.6%；商品零售额118469万元，比上年增长9.9%。

【财政金融与保险】2015年末，全县大口径财政收入完成44918万元，同口径增长21.8%。金融机构各项存款余额503404万元，增长14.97%。各项贷款余额537883万元，增长25.54%。全年保费收入7656万元，比上年下降1.5%，其中财险保费收入1751万元，比上年下降33.8%，人寿保费收入5906万元，比上年增长15%。

【教育与医疗卫生】2015年末，全县共有高（职）中2所，在校学生7999人。初级中学3所，在校学生8991人。完全小学169所，在校学生17173人。学前及在园幼儿6676人。小学阶段学生入学率、巩固率、毕业率均达100%，15周岁人口初等义务教育完成率100%。初中阶段学生入学率达100%，巩固率99.52%，毕业率99.6%，17周岁人口初级中等义务教育完成率95%。建成四中宿舍楼、职教中心餐厅、2所寄宿制小学教学楼，新建、改扩建14所农村小学校舍；年末，全县共有卫生机构21个，其中县级医院2个、乡镇卫生院14个，其它卫生机构5个；卫生技术人员589人，其中执业医师192人，执业助理医师46人，注册护士190人；卫生机构床位1471张。

【文化与体育】2015年末，全县有文化馆1个，歌曲文艺演出100场次，公共图书馆1个，藏书量92350册，书刊借阅册数46025册，文化站10个，村文化室203个，图书量365200册。博物馆1个，文物藏品8951件。电影放映机构12个，电影放映4431场次。广播电视台1个，乡广播站6个，村通播率94%；年末，全县共有篮球场168个，排球场14个，足球场132个，全年共举办运动会41次，其中县级23次，乡镇级18次。

【人民生活与社会保障】2015年，全县农村居民人均可支配收入达9285元，同口径比增加958元，增长11.5%。农村居民人均生活消费支出9006元，同口径比增加1126元，增长14.3%。食品消费占生活消费的比重（恩格尔系数）为33.57%；城镇居民人均可支配收入达18074元，同口径比增加1658元，增长10.1%。城镇居民人均生活消费支出14953元，同口径比增长10.55%。食品消费占生活消费的比重（恩格尔系数）为34.27%；年末，城镇在岗职工人数13706人，在岗职工工资总额63290万元，在岗职工年平均工资52435元。城镇化水平达到33.57%。2015年，全县居民消费价格总水平比上年上涨1.4%。八大类消费中，交通和通讯下降2%，其他各类价格均呈现上涨态势，其中衣着类和烟酒及用品类涨幅较高，分别上涨5.2%、3.8%。全县商品零售价格总水平比上年上涨1.7%。

年末，全县机关企事业单位参加基本养老保险人数达6473人，城镇职工医疗保险参保人数达到11612人；城镇享受低保户数为2730户，人数为6995人，发放保障金2745万元；农村享受低保户数为9875户，人数为22435人，发放保障金790万元；参加农村合作医疗的人数达193899人，参合率达99.59%；参加城镇社会养老保险的人数达4277人，比上年增加110人，参保率达96.5%，领取待遇人数553人，领取金额67.91万元；参加农村社会养老保险的人数达134679人，参保率达98.21%，领取待遇人数28003人，领取金额3161.89万元。

【环境保护与安全生产】2015年，全县污染物排放总量都控制在指标范围之内，其中废水排放量878万吨，化学需氧量6680吨，二氧化硫排放量7437.8吨，氮氧货物排放量583吨，烟（粉）尘排放量2692吨。

全县发生各类生产安全事故6起，死亡8人，受伤2人，直接经济损失10.5万元；同期相比事故起数下降53.85%，死亡人数下降33.33%，受伤人数下降

66.67%，直接经济损失上升240.91%，四项指标三降一升。

民乐县主要领导名录

县委书记　杨　君

县人大常委会主任　马多静

县　长　张学勇

县政协主席　韩延琪

（供稿：王希瑞）

临泽县

【综述】临泽县地处河西走廊中部，介于东经99° 51′-100° 30′，北纬38° 57′-39° 42′之间。县域东连张掖市，西接高台县，南与肃南裕固族自治县为邻，北毗内蒙古自治区阿拉善右旗。县境东西长50千米，南北宽77千米，全县总面积2727.96平方千米。2015年末，全县辖7个镇，总人口149332人，比上年增加339人。其中农村人口96898人，城镇人口52434人。

境内地势平坦，海拔在1380-2278米之间，土地肥沃，光热充足，农业生产条件得天独厚，是历史悠久的灌耕农业区。主要河流是黑河、梨园河，地表水资源总量12.95亿立方米。已发现的矿产资源主要有凹凸棒、石膏、石英岩、铁、锰、铜、金等。县境内动植物资源丰富，有野生植物77种，药用植物21种，野生鸟类有47种。林果品种多、产量高，被誉为"中国枣乡"。

2015年，全县实现生产总值46.71亿元，比上年增长7.5%。其中第一产业增加值13.49亿元，年均增长6.1%；第二产业增加值13.44亿元，年均增长15.6%；第三产业增加值19.78亿元，年均增长16.9%。三次产业比重由"十一五"末的33：36.1：30.9调整为28.9：28.8：42.3。全县大口径财政收入完成4.83亿元，比上年增长20.68%。公共财政预算收入完成2.46亿元，比上年增长23.01%。财政支出1.70亿元，比上年增加40014万元，增长30.68%。金融机构存款贷款余额分别达59.8亿元、50.7亿元，年均增长18.1%和31.9%。完成全社会固定资产投资149亿元。

【农业农村经济】截至2015年底，全县已建成25万亩精品玉米制种、28万头奶肉牛、9万亩蔬菜、13万亩红枣和2万亩葡萄基地，培育农民专业合作社451家、家庭农场158个。整合资金9000万元，协调发放草畜、蔬菜、林业贴息贷款和基准利率贷款6.12亿元，贴息2559万元。落实玉米制种26.5万亩，发展各类蔬菜8.8万亩。当年新建6个标准化肉牛养殖小区，7个肉羊育肥场。栽植葡萄3000亩，种植矮化密植枣园5000亩。玉米种子质量监督检验中心通过农业部种子检验检测能力认证，获省农牧厅颁发的农作物种子质量检验机构合格证书。在东南沿海开拓稳定的蔬菜销售市场，销售量达2.3万吨。与兰州瑞达进出口贸易公司签订冷链物流项目意向性协议，在哈萨克斯坦设立蔬菜销售平台。全年完成人工造林3万亩，更新改造绿色通道239千米，栽植各类苗木300多万株。

【工业经济】"十二五"期间，全县完成工业固定资产投资45.6亿元，年均增长27.5%，形成99兆瓦光伏发电、8万吨棉浆粕、36万吨锰铁选矿、30万吨农产品加工生产能力。截至2015年末，全县规模以上企业实现工业增加值7.74亿元，是"十一五"末的1.4倍，年均增长16.5%。组织实施重点工业项目16项，完成投资11.3亿元。新入规企业5户，规上企业工业增加值增长4.2%。

【招商已资与项目建设】2015年，全县落实招商项目54项，到位资金79.6亿元。争取各类专项资金6.8亿元，比上年增加8000万元。年初确定的87项重点项目全部开工建设。红山湾水库工程建设获省重点水利工程奖励资金1000万元。投资1.9亿元实施重点城市基础设施项目8项。

【城乡建设】截至2015年末，全县丹霞快速通道、红山湾水库等110项重点项目相继实施。大沙河流域综合治理工程荣获"中国人居环境范例奖"，县城建成区面积扩大近3倍。建成种子生产技术服务中心等重大市政项目。城镇化率由"十一五"末的32.5%提高到40.5%，被命名为国家园林县城。6个镇被命名为国家级生态镇，建成省级美丽乡村示范村11个，市级"四化"示范村15个，改造农村危旧房1.36万户。完成灌区节水改造等一批重点项目。实施黑河湿地保护和湖泊治理等生态工程25项，完成人工造林11.1万亩、封育4.6万亩、沙化土地封禁保护33.2万亩。全县森林覆盖率由"十一五"末的12.6%提高到165%，城区绿化覆盖率由"十一五"末的39.7%提高到45%。

【交通邮电】2015年，全县交通运输、仓储和邮政业实现增加值3.49亿元，比上年增长4.4%。年末，全县农村公路总里程达1226.522千米。当年新建、改建镇、村道路38.9千米，实施安保工程27.796千米、养护维修工程5.6千米、农村公路生命安全防护工程40千米。年末，全县车辆保有量22532辆，其中新增小型汽车1670辆。全年完成公路客运量201.81万人，旅客周转量7192.45万人千米；公路货运量203.82万吨，货运周转量9670.68万吨千米；实现道路运输产值13477.69万元。

全年邮电业务总量7457万元，比上年增长8%。年末，全县固定电话用户3.56万户，与上年持平。全县移动电话用户20.16万户，比上年增长10%。互联网络用户2.2万户，比上年增长12%。

【商贸流通】2015年，全县实现社会消费品零售总额135212万元，增长9.6%。其中城市消费品零售额80101万元，增长9.17%，农村消费品零售额55111万元，增长10.35%。分行业看，批发零售业122536万元，比上年增长9.36%；住宿餐饮业12676万元，比上年增长12.52%。

全县新发展个体工商户500户，累计达5746户，新发展私营企业314家，累计达1004家。亿元以上商品交易市场1个，年成交额1.5亿元。年内新成立各类农民专业合作社122个，累计达451个。有各类新社会组织115个，会员达4.2万人。

【旅游业】丹霞大景区晋等升级，丹霞景区基础设施提升改造及丹霞地质博物馆项目投入使用，丹霞景区游客服务中心、七彩镇、丹霞民俗文化旅游村、流沙河丝路文化商贸街等项目进展顺利,全县旅游建设项目累计完成投资12.54亿元。南台村被国家旅游局评选为“中国乡村旅游模范村”。举办第六届“中国枣乡·魅力临泽”旅游文化艺术节，开通“张掖丹霞号”动车组。2015年，全县接待国内外游客277.36万人次，实现旅游综合收入14.55亿元，与上年相比分别增长61.62%和55.2%。其中丹霞景区接待游客109.15万人次，增长55.96%。

【科技与教育】2015年，全县引进应用科技成果和技术20项。重点引进20项新技术和100个农、林、牧新品种，建立各类科技示范点15个；全县现有普通高中1所，在校学生2872人。职业中学1所，在校学生1500人。初级中学3所，在校学生3844人。普通小学86所（含教学点75个），在校学生7298人。幼儿园81所，在园幼儿4095人。全县3—6岁幼儿入园率99.8%。全县小学适龄儿童入学率、巩固率均达100%。全县初中适龄少年净入学率达99.7%，巩固率达99.5%。2015年，全县高考录取率96.7%，其中重点本科录取率为11.6%，二本及以上录取率为42.5%。

【文化、体育与医疗卫生】截至2015年末，全县有文化馆、图书馆、档案馆、博物馆各1个，社区文化大院累计达42个。组织第六届“中国枣乡魅力临泽”旅游文化艺术节，文化惠民、书画展等形式多样的文化活动80场（次）。有广播电视台1座，广播电视覆盖率100%。全县有线数字电视用户30227户，入户率88%。全年放影电影876场（次）。全县新建乡村舞台29个，累计达到57个；省体育惠民工程项目蓼泉镇、板桥镇体育健身中心建成。县第四中学、板桥镇中心小学被命名为全国青少年校园足球特色学校。举办中国男子篮球CBA四强对抗赛、2015年美丽中国生态马拉松系列赛张掖.临泽站比赛暨枣乡临泽露营大会。免费为524名干部群众开展国民体质监测；全县共有各级各类医疗卫生机构138家，计生服务机构8家，现有在职职工618人，其中卫生专业技术人员532人，床位935张。参加新农合120602人，参合率99.6%。年内为参合患者补偿5198.59万元。

【人民生活与社会保障】2015年，全县城镇居民人均可支配收入19135元，农村居民人均可支配收入11517元，年均分别增长13.7%和14.4%。城镇累计新增就业21099人，高校毕业生就业2121名，城镇登记失业率控制在2.3%以内。建成保障性住房4522套，城镇居民人均居住面积38.9平方米。

截至2015年末，全县先后5次提高城乡居民最低生活保障标准、5次提高企业退休人员养老金标准、4次提高职工住房公积金财政缴存比例。累计为参合农民补助医药费2.1亿元，住院患者政策内报销比例由72.3%提高到76%。城乡医疗救助、临时救助等政策全面落实。新建农村老人互助幸福院15个、城区老年人日间照料中心1个。城市棚户区改造开工1208套、完工994套，新建公共租赁住房232套、完工72套。

临泽县主要领导名录

县委书记　陈　晰

县人大常委会主任　李长喜

县　长　冯　军

县政协主席　李多瑛

（供稿：牛学伟　刘彩花　赵海忠）

高台县

【综述】高台县地处甘肃河西走廊中部，黑河中游下段，隶属张掖市，全县土地总面积4346.61平方千米，其中耕地面积58万亩。2015年，全县辖7镇2乡，总人口15.77万人，人口自然增长率控制在2.19‰。

境内地势南北高，中间低，形若马鞍。南部为祁连山北麓，北部为合黎山地，中为绿洲平原，黑河纵贯县境。海拔介于1260—3140米。属冷温带大陆性干旱气候，干燥，昼夜温差大，光照丰富，降水稀少。年平均气温8.1℃，温差15—20℃，日照3088小时，年均降水量112.3毫米，蒸发量1996.2毫米，全年无霜期150天左右。境内主要有黑河等6条河流，地下水允许开采量1.32亿立方米。,矿产资源有芒硝、原盐、萤石等14种非金属矿产和铁、锰等8种金属矿产，其中芒硝储量约3000万吨，原盐储量210万吨。

2015年，全县生产总值完成52.41亿元，其中：第一产业增加值达到16.81亿元；第二产业增加值达到16.15亿元；第三产业增加值达到19.45亿元%。三次产业比重由39.9：34.9：25.2调整到32.1：30.8：37.1。全年大口径年财政收入达到5.63亿元；公共财政预算收入达到2.41亿元；财政年支出达到17.07亿元；固定资产投资40.09亿元；社会消费品零售总额达到15.42亿元。

【农业农村经济】2015年，全县蔬菜、制种、番茄、葡萄等特色产业面积达35万亩。全年粮食总产达19.2万吨，蔬菜产量达60万吨。绿色蔬菜产业园建成日光温室和钢架大棚3233座，成为省级农业科技园区、省级现代农业示范区。新建各类规模养殖场区25个，新增各类养殖大户1669户，全县畜禽饲养总量达392.17万头（只），其中牛、羊饲养量分别达到16.81万头、55.26万只。全面完成8个“四化”示范村、2个“千村美丽”示范村建设。

【工业经济】加快发展以高崖子滩百万千瓦级光伏产业园为重点的新能源产业，建成并网320兆瓦，累计发电6.7亿度。《工业园区发展规划（2015—2020）》获省政府批复，规划面积扩容至39平方千米，入园企业达68户。2015年，全县工业企业达到147户，其中：规模以上工业企业达到37户，增加值完成8.3亿元；全县工业企业完成增加值11.3亿元，增长8%。

【招商引资与固定资产投资】2015年，全县加大项目争取和招商引资力度，争取政府投资45.6亿元，落实招商引资到位资金242.3亿元，其中固定资产投资116.3亿元。全年开工建设各类项目81项，完成固定资产投资40.1亿元，增长13.4%。

【项目建设】2015年，全县开工建设光伏发电、盐藻胡萝卜素加工等工业能源项目26个，建成投产14个。全县新上煤炭气化、牛羊屠宰、食品加工、光伏发电、矿产化工等工业项目87项。

【文化产业与旅游业】完善大湖湾文化旅游风景区配套设施，崇文楼、湖心岛等景点建成投入使用。红西路军纪念馆、月牙湖景区晋升为国家4A级景区。举办全国成人游泳邀请赛、全国农民跳绳大赛、大湖湾旅游文化艺术节等文化体育赛事。开展龙舟竞渡、沙漠越野、休闲垂钓、骑行徒步等活动。2015年，全县文化产业增加值完成1.3亿元，占GDP的比重达2.22%。2015年，全县接待县内外游客142万人（次），实现旅游综合收入8.6亿元。

【商贸流通】时代购物中心、汉唐文化商业街及4个农贸市场、4个城市便民市场、60家农家店建成投入使用。发展各类货运配送企业22户，县电子商务产业园建成投入使用。发展电子商务，注册高台汇、六六福等电子商务公司19家，依托第三方平台开办网店220家，建成镇村电子商务服务站51家，网上销售额达1300万元。开办微店180家。2015年，全县社会消费品零售总额达到15.42亿元。

【城乡建设】截至2015年底，全县新改建人民东西路、县府街、滨河路等城区道路24条14.2千米，铺设供排水管网18千米，自来水管道总长度达70千米，供热总面积达298万平方米。新建景隆南苑等住宅小区23个，建成商品住宅8769套、保障性安居住房7409套。投资5.5亿元，河道治理、饮水安全、山洪灾害防治、小型农田水利重点县建设等项目顺利实施，完成10座病险水库除险加固，改建衬砌干支斗渠151千米。投资5.6亿元，新改建骆明路、新水路、元红路等农村公路837千米，建制村道路通畅率达99.3%。投资2.4亿元，新改建变电站10座、电网线路332千米。完成各类造林封育7.8万亩，全县森林面积达88.2万亩，义务植树57万株，新增城市绿化面积15.3万平方米。森林覆盖率达12.9%。建成“千村美丽”示范村4个、新农村“四化”示范村30个、农民集中住宅小区19个4434户，改造农村危旧房8713户。

高台县农业机械化作业

【科技与教育】增强科技创新能力，转化应用新技术、新成果217项，科技贡献率达51%。投资2.1亿元，二中、西街小学等项目建成投入使用。通过国务院、省政府县域义务教育发展基本均衡县评估认定。高考二本以上及三校生录取率分别达48.5%和30.3%，分别比2014年提高3.7%和18.3%。

【医疗卫生与文化体育】投资1.5亿元，县医院门诊综合大楼、中医院整体迁建和4个镇卫生院、72个村卫生室建成投入使用，形成覆盖城乡的医疗卫生服务体系。实施文化体育惠民工程，《血战河西》《高台情歌》等文艺作品出版发行，图书馆、文化馆晋升为国家一级馆，博物馆、数字影院建成投入使用。建成体育惠民工程119个、乡村舞台80个。汉明长城保护及骆驼城、许三湾城遗址维修加固等文物安防工程全面完工。

【人民生活与社会保障】截至2015年地，全县城镇居民人均可支配收入达到19051元；农村居民人均可支配收入达到10890元。城镇新增就业人员1.3万人，城镇失业登记率控制在4%以内。2015年，办理省、市、县为民承诺的39件实事，培训农村劳动力1.1万人（次）。

新农合参合率、城镇居民医疗保险参保率、养老保险参保率分别达99%、99%、97.8%。发放小额担保贷款2.1亿元。发放城乡低保资金1.2亿元、养老金7127万元、廉租住房租赁补贴788万元，报销新农合资金1.9亿元、城镇居民医疗金619万元。华大养老中心完成主体工程，27个农村老年幸福院、2个村级养老服务中心和4个社区日间照料中心建成投入使用。

【扶贫开发】2015年，全县发放扶贫贷款6900万元，整合扶贫资金8124万元，16个贫困村实施基础设施建设项目69项。全年脱贫1756户、5251人，贫困发生率下降到1.43%以下。

高台县主要领导名录

县委书记　鞠　毅

县人大常委会主任　杨建平

县　长　杨成林

县政协主席　赵　春

（供稿：常登成　万吉刚）

肃南裕固族自治县

【综述】肃南裕固族自治县地处河西走廊中部，东邻天祝藏族自治县，西接肃北蒙古族自治县，南与青海省相邻，北与武威、永昌、山丹、民乐、张掖、临泽、高台、酒泉、嘉峪关、玉门等14个县（市）接壤。境域东西长650千米，南北宽120–200千米，全县总面积2.4万平方千米，其中草原面积2677.55万亩。2015年末，全县辖6乡2镇9个国有林牧场，常住人口3.45万人，比上年末增加0.01万人，人口自然增长率为6.21‰。有裕固族、藏族等共14个少数民族。

境内草原广袤、森林茂密，除明花乡属沙漠外，其余均系山地，平均海拔3200米。有100多种中药材和19种主要珍贵野生动物。全年平均气温4.9℃，较累年平均值高0.7℃，属气温偏高年份。全年日照总时数为2864.3小时，较历年同期多77.1小时。全年总降水量350.2毫米，较累年平均值多31.1%。境内共有大小河流33条，占河西走廊河流数的58.9%，年径流量为43亿立方米，是河西绿洲灌溉的主要水源。全县有草原面积2677.55万亩，是甘肃省牛羊产业大县和甘肃省优质高山细毛羊基地。已探明的金属矿和非金属矿有31种，金属矿产主要有钨、钼、铜、铁、铅锌等，非金属矿有煤炭、萤石等。境内旅游资源富集，已建成4A级旅游景区两个，是全省4个生态旅游示范县之一。

2015年,全县实现生产总值28.75亿元，比上年增长5.5%。其中第一产业增加值4.73亿元，增长6%；第二产业增加值16.81亿元，增长4.3%；第三产业增加值7.21亿元，增长9%。按常住人口计算，人均生产总值83460元，比上年增长5%。三次产业结构由上年的14.94：63.39：21.68调整为16.46：58.46：25.08，与上年相比，第一产业所占比重上升1.52个百分点，第二产业所占比重下降4.93个百分点、第三产业所占比重上升3.4个百分点。

【农牧业农牧村经济】2015年，全县农作物播种面积13.3万亩，比上年增加1.33万亩，增长11.1%，其中粮食作物种植面积6.88万亩，比上年减少0.3万亩；油料种植面积0.26万亩；蔬菜种植面积0.62万亩，比上年减少0.31万亩；中药材种植面积0.45万亩，比上年减少0.08万亩；耕地种草面积5.07万亩，比上年增加2.01万亩。全年粮食总产量25332.72吨，比上年增加570吨。其中夏粮产量14918.44吨，较上年下降2.61%；秋粮产量10414.28吨，较上年增长10.4%。主要粮食品种中，小麦产量9330.02吨；玉米产量9630.31吨。主要经济作物中，油料产量655.38吨；蔬菜产量41572.6吨，中药材产量2288.21吨。

六月末，全县牲畜饲养量达123.15万头（只），比上年增加5.11万头（只），其中羊的饲养量达到116.3万只。年末大牲畜存栏4.32万头，比上年末下降29%。年末存栏牛372万头，下降123%；年末存栏羊69.48万只,下降0.02%。年内出栏各类牲畜57.79万头只。家禽饲养量0.87万只，下降9.38%，当年禽出栏2.53万只，增长8.58%。全年肉类总产量10080吨，增长1.5%；绒毛社会产量2233吨，下降1.33%，牛奶产量2356.9吨，下降2.57%。

年末，全县拥有农业机械总动力7.98万千瓦，比上年增长2.97%。拥有各类农用运输车761辆，大中型拖拉机1328台，小型拖拉机800台。全年化肥使用量（折纯）2276.95吨，农村用电量2546.91万千瓦小时。

【工业经济】2015年，全县实现工业总产值51.02亿元，年内新增规上工业企业1户，全县规模以上工业企业达26户。全年完成工业增加值15.15亿元，增长3.8%，规模以上工业企业实现增加值14.39亿元，增长3%。全年规模以上工业企业主营业务收入32亿元，比上年下降8.5%。产销率100%，比上年提高4.3个百分点。规模以上工业企业实现利润总额23.6亿元，比上年下降16.48%。

2015年末，全县有资质以内建筑业企业5户。全年建筑业实现增加值1.68亿元，比上年增长10.9%。

【固定资产投资】2015年，全县完成固定资产投资39.86亿元，比上年增长10.1%。其中第一产业投资1.77亿元，增长269%；第二产业投资31.63亿元，增长48.34%；第三产业投资6.46亿元，下降52.65%。

【财政金融保险】2015年，全县公共财政预算收入20529万元，比上年下降24.9%。全县大口径财政收入41645万元，下降23.9%。全年财政支出115460万元，下降8.4%。年末，全县金融机构各项贷款余额13.11亿元，比上年增加22897万元，增长21.2%。各项存款余额18.61亿元，比上年减少18811万元，下降9.2%。年末，全县保费收入2873万元，比上年增长8.4%。其中财产险收入1494.53万元，下降4.73%；寿险收入1378.5万元，增长18%。全年赔付支出1023万元，比上年增长23.5%。其中财产险赔付支出834.12万元，增长1.4倍；寿险赔付支出188.87万元，下降32.1%。

【商贸流通】2015年，全县实现社会消费品零售总额43015万元，比上年增长9.5%。按销售单位所在地统计，城镇实现社会消费品零售总额20373万元，增长10.46%；乡村实现社会消费品零售总额22642万元，增长8.74%。

【交通邮电】2015年，全县交通运输、仓储和邮政业实现增加值4215万元，增长5.2%。全年完成客运量18.7万人，货运量29.3万吨。公路旅客周转量2180万人千米，公路货物周转量4245万吨千米。年末，全县客运线路25条，客运车辆19辆，出租车辆88辆，货车802辆。

全年完成邮政业务收入216万元，增长0.7%。年末全县固定电话用户5020户，其中城市电话3220户，农村电话1800户。移动电话用户达到32470户，其中4G移动电话用户12482户。年末互联网宽带用户达到4900户。

【文化产业与旅游业】2015年，全县文化产业实现增加值8470万元，比上年增长19.77%，占生产总值的2.95%。2015年末，全县接待国内外游客290.31万人次，比上年增长51%；实现旅游综合收入10.12亿元，比上年增长37%。旅游综合收入占全县地区生产总值的比重达35.2%，比上年提高9.5个百分点，新增就业人数480人，增长15.68%，直接就业人数达3541人。

【科技与教育】2015年，全县事业单位拥有各类专业技术人员达到1111人，其中中高级专业技术人员496名，占专业技术人员的45%。全年财政科学技术支出771万元，比上年增长4.6%。全年共取得市、省级以上科技成果2项，科技发明三等奖1项。全年受理专利申请60件；授权专利23件，其中实用新型技术5件，外观设计17件。

全县共有各级各类学校22 所，有教职工554人，在校学生（含幼儿园）3712人，学龄儿童入学率达到100%，初中入学率为100%，初中毕业生升学率为99.24%。2015年，全国各类高、中等专业院校共招生357人，比上年增长1.8%。高考录取率达到97.7%，比上年提高1.8个百分点。

【文化与体育】2015年末，全县有艺术表演团体1个，文化馆1个，图书馆1个，博物馆1个，档案馆1个。建成8个乡镇综合文化站、8个公共电子阅览室、112个农家书屋、109个文化信息资源共享工程基层服务点、60个乡村舞台、8个非物质文化遗产传承培训点，组建农牧村数字电影放映队6个，广播电视村村通户户通用户7394户。举办2015国际商学院丝绸之路（张掖）挑战赛、中国·张掖国际超百公里山地户外运动挑战赛等多项体育赛事。举办元旦春节环城赛、百万农民健身大拜年系列活动、“快乐老乡”主题活动、全县第二十五届干部职工运动会，完成500人的国民体质监测工作。开展青少年阳光体育健身活动。

【医疗卫生】2015年末，全县共有医疗卫生机构130个，其中医院2个，乡镇中心卫生院6个，分院12个，一般卫生院1个，村卫生室65个，疾病预防控制中心（防疫站）1个，妇幼保健站1个，卫生监督所（中心）1个。年末全县卫生人员157人，其中执业医师97人，护士60人。医疗卫生机构床位404张，其中医院209张、卫生院195张。

【人民生活与社会保障】2015年，全县城镇居民人均可支配收入20857.92元，比上年增加1982元，增长10.5%；城镇居民人均消费性支出19896.4元，增长13.63%；城镇居民家庭食品消费支出占消费总支出的比重（城镇居民家庭恩格尔系数）为36.3%，比上年下降2.7个百分点。农村居民人均可支配收入13431.8元，比上年增加1336.3元，增长11.1%；农村居民人均生活消费支出13330元，增长13.6%；农村居民家庭食品消费支出占消费总支出的比重（农村居民家庭恩格尔系数）为34%，比上年下降个2.2个百分点。年末，全县共有城乡从业人员22030人，比上年末减少82人。城镇登记失业率为1.93%，比上年末下降0.15个百分点。年内新增就业人员1698人，下岗职工再就业1408人。

年末，全县征缴城镇职工养老保险1673万元、城镇职工医疗保险1631万元、城镇居民医疗保险42万元、失业保险323万元、工伤保险118万元、生育保险基金83万元;支出城镇职工养老保险2244万元、城镇职工医疗保险1295万元、城镇居民医疗保险241万元、失业保险28万元、工伤保险30万元、生育保险基金69万元。年底城乡居民参加养老保险18166人，参保率、续保率均达98%。60周岁以上符合待遇领取条件的城乡居民养老金发放标准达到每人每月200元，城乡居民社会养老保险社会化发放率达100%。城镇居民基本医疗保险政府补助标准由人均380元提高到410元，企业退休人员养老金社会化直发率达到100%。年末，全县参加新型农牧村合作医疗农牧民人数24432人，参合率为99.02%。新型农牧村合作医疗基金支出总额为1008.42万元，累计受益26540人次。全年对城乡居民患有重大疾病的277人给予了医疗救助，发放救助资金50.8万元。年末，全县城镇居民最低生活保障人数553户1173人，城市低保资金支出476.8万元，农牧村居民最低生活保障人数2403户4247人，农村低保资金支出913.2万元。

【环境保护与安全生产】2015年，全县完成人工造林面积5500亩，封山育林2.97万亩。城区绿化覆盖率达到65.5%，天保工程区森林覆盖率达到22.6%,实现自治县成立61年来无森林火灾。全面落实草原生态保护补助奖励政策，为8323户牧户落实草原生态补奖资金1.72亿元。强化草原综合治理工作，防治草原鼠害30万亩，灭蝗86.6万亩，全县天然草原植被平均总盖度67%，草群平均高度达23厘米。

全县现有自然保护站6个，总面积182万公顷，占国土面积的85%。空气可吸入颗粒物年日均值0.082mg/m3，二氧化硫年日均值0.001mg/m3，二氧化氮年日均值0.004mg/m3，空气质量优良（Ⅰ—Ⅱ级）率为100%，区域环境噪声平均值昼间44dB、夜间为39dB，地面水质达标率100%，饮用水源水质达标率100%。

2015年，全县发生生产安全事故3起、死亡2人，受伤9人，经济损失21.43万元。与2014年同期相比，事故起数、直接经济损失分别下降72%、28.7%，死亡人数、受伤人数与去年同期持平。其中煤矿事故1起，死亡1人；道路交通事故2起，死亡1人，受伤9人，其它行业未发生事故，全县安全生产形势总体平稳。

肃南裕固族自治县主要领导名录

县委书记　李宏伟

县　长　高林俊（裕固族）

县人大常委会主任　秦学仁（藏族）

县政协主席　安玉冰（裕固族）

（供稿：张晓娟）

酒泉市

【综述】酒泉市位于甘肃省西北部，东接张掖市和内蒙古自治区，南接青海省，西接新疆维吾尔自治区，北接蒙古国。市境东西长约680千米，南北宽约550千米，全市总面积19.2万平方千米，其中耕地面积226万亩，森林81万亩，草原6040万亩。2015年末，全市辖1区2市4县，常住人口111.54万人，比上年末增加0.35万人，人口自然增长率4.42‰。有蒙古族、哈萨克族等39个少数民族。

属典型的温带大陆性气候。光热条件优越。有黑河、疏勒河、哈尔腾河3大水系，16条河流。粮、棉、油品种多达500个，林果、蔬菜品种300多种，家禽、家畜50多种，鱼类20多种。矿产资源丰富，共有矿产地453处，矿种48种，位于肃北县的塔尔沟钨矿储量居全国第二，大道尔吉铬矿储量居全国第三。境内的玉门油田，是中国最早开发的石油工业基地。境内有莫高窟、榆林窟等古代石窟寺7个，锁阳城、阳关、玉门关等古代城关遗址27个，保存完好的汉长城13段，烽燧100余座，已查明的文物景点达1153个，其中国家级文物景点14处。

2015年，全市实现地区生产总值544.8亿元，比上年增长5.3%。其中第一产业增加值78.6亿元，增长5.5%；第二产业增加值202亿元，增长4.3%；第三产业增加值264.2亿元，增长6.3%。三次产业结构由上年的11.7：47.8：40.5调整为14.4：37.1：48.5。公共财政预算收入34.6亿元，比上年增长7.2%。全市财政支出124.8亿元，比上年增长5.9%。

【农业农村经济】2015年，全市实现农林牧渔及其服务业增加值89.7亿元，比上年增长5.5%。全市农作物播种面积262.9万亩，比上年增加3.7万亩，增长1.4%。其中粮食种植面积63.9万亩，增加4.5万亩，增长7.5%；棉花种植面积19.5万亩，减少16万亩，下降45%；油料种植面积8.7万亩，增加3.2万亩，增长59.2%；蔬菜、瓜类、制种、药材、孜然等高效特色产业面积达到170.5万亩，增加12万亩，增长7.6%。全年粮食产量35.6万吨，比上年增加2.1万吨，增产6.1%；棉花产量2.1万吨，减产48.6%；油料产量2.1万吨，增产57.5%；蔬菜产量199.7万吨，增产12%；瓜类45万吨，增产0.7%；水果产量26.4万吨，增产9.2%；药材产量12.2万吨，增产18.3%。

年末，全市牛饲养量25.6万头，比上年增长2%，其中存栏14.9万头，下降0.1%；出栏10.8万头，增长5%。羊饲养量669.2万只，比上年增长3%，其中存栏384.3万只，下降1.1%；出栏284.9万只，增长8.9%。生猪饲养量47.7万头，比上年下降1.7%，其中存栏22.2万头，下降1.6%；出栏25.6万头，下降1.7%。全市肉类总产量8万吨，比上年增长5.6%；牛奶产量3.4万吨，下降7.7%；禽蛋产量1.1万吨，下降0.8%。全市水产品养殖面积6.1万亩，比上年下降0.1%，水产品总产量2275.4吨，比上年增长0.8%。

全年完成人工造林面积11.3万亩，比上年增长7.9%。年末森林面积1179.3万亩，森林覆盖率5.5%。年末农业机械总动力249.3万千瓦，比上年增长3.8%。农用拖拉机11.1万台，增长0.7%。全年化肥施用量8.2万吨，下降5.1%。农村用电量4亿千瓦时，增长2.3%。保灌面积239.2万亩，增加0.02万亩。新增高效节水面积27万亩，比上年增加15万亩。

【工业与建筑业】2015年，全市工业增加值134.2亿元，比上年增长3.3%，占GDP的比重为24.6%。地方工业增加值96.3亿元，比上年下降8.5%。规模以上工业增加值114.6亿元，2.3%。其中国有控股企业54.1亿元，下降24.7%；集体企业0.27亿元，下降58.7%；股份制企业92.8亿元，下降9.1%；外商及港澳台商投资企业3.6亿元，增长13.6%；私营企业10.1亿元，下降27.2%。

全市首位产业实现工业增加值32.1亿元，比上年增长2.8%，其中新能源产业实现工业增加值289亿元，增长5.1%。新能源产业中风光电发电企业完成工业增加值15.2亿元，下降4.8%，发电量95亿千瓦时，占全市发电量的65.6%；风光电装备制造企业完成工业增加值13.7亿元，增长18.9%。

在全市规模以上工业中，装备制造、电力、石化、冶金、有色、建材、食品等支柱产业共完成工业增加值108.4亿元，占全市规模以上工业增加值的94.6%。其中装备制造业完成工业增加值15.8亿元，增长15.6%；电力工业完成增加值22.1亿元，下降5.1%；石化工业完成增加值26.3亿元，下降5%；冶金工业完成增加值9.7亿元，下降23.1%；有色工业完成增加值5.6亿元，下降52.4%；建材工业完成增加值25.9亿元，增长73%；食品工业完成增加值3亿元，下降8.7%。全市原油加工量200万吨，与上年持平；天然花岗石建筑板材1508万平方米，增长10.4%；水泥285.3万吨，下降16.8%；黄金2050千克，下降62.3%；塑料制品5.6万吨，增长26.7%；家具3.8万件，下降56.7%。全年规模以上工业企业主营业务收入364.1亿元，比上年下降17.9%；实现利税29.9亿元，比上年下降39.4%。

全年全社会建筑业增加值68亿元，比上年增长9.4%。全市具有资质等级的总承包和专业承包建筑业企业实现营业收入88.3亿元，比上年下降17.4%，其中国有及国有控股企业11.5亿元，下降3.4%；上缴税金5.6亿元，下降13.8%，其中国有及国有控股企业1.3亿元，增长51.2%；实现利润5.3亿元，下降23.2%。

【固定资产投资】2015年，全市固定资产投资1104.7亿元，比上年增长10.1%。其中第一产业投资117.1亿元，增长42.2%；第二产业投资549.9亿元，下降10.5%，其中工业投资441.4亿元，下降23%，占全市投资额的40%；第三产业投资437.7亿元，增长42.5%。交通运输业投资79.4亿元，增长90.1%；水利、环境和公共设施管理业投资98.1亿元，增长25.2%；科学研究和技术服务业投资18.5亿元，下降20.2%；信息传输、软件和信息技术服务业投资11亿元，增长64.6%；教育投资12.2亿元，增长67.7%。

【项目建设】2015年，全市开工建设项目2594个，比上年增加516个。其中亿元以上项目189个，完成投资315.6亿元，下降39.2%；5000万元以上项目848个，完成投资736.6亿元，下降5.4%；500至5000万元项目1746个，完成投资368.1亿元，增长63.4%。

【招商引资】2015年，全市新签约招商引资项目756个，比上年增加301个。建成投产项目492个，比上年增加45个。协议引进资金3308.4亿元，比上年增长2.9%，其中实际到位资金1098.3亿元，增长20.6%。

【房地产业】2015年末，全市资质以上房地产开发企业有89家，完成房地产开发投资42.1亿元，比上年增长9.8%，其中商品住宅投资34.8亿元，增长23.7%。商品房施工面积465万平方米，增长20.6%，其中住宅施工面积353.8万平方米，增长12.2%。商品房竣工面积131.7万平方米，增长37.3%，其中住宅竣工面积113.5万平方米，增长42.8%。

商品房销售额44.6亿元，下降8.5%，其中现房销售额30.3亿元，增长22.3%；期房销售额14.4亿元，下降40.3%。

【商贸流通】2015年，全市社会消费品零售总额达到176.6亿元，比上年增长8.5%，扣除价格因素，实际增长6.9%。其中城镇消费品零售额137.3亿元，增长8.5%；乡村消费品零售额39.2亿元，增长8.6%。商品零售额154.5亿元，增长5.2%；餐饮收入额22.1亿元，增长39.6%。限额以上企业商品零售额中，汽车类零售额增长1.7%，粮油、食品类增长12.4%，服装类增长6.8%，日用品类下降0.2%，文化办公用品类增长20.7%，通讯器材类增长27.9%，金银珠宝类下降3.8%，中西药品类增长16.4%，家用电器和音像制品类增长7.2%，家具类增长7%，建筑及装潢材料类增长11.9%，石油及制品类下降23.2%。全年限额以上单位网上零售额3395万元，增长38.7%。

【贸易】2015年，全市外贸进出口企业159个，实现进出口总额7566.7万美元，比上年下降0.7%。其中进口274.1万美元，下降58.2%；出口7292.6万美元，增长4.7%。

【交通邮电】2015年，全市交通运输、仓储和邮政业完成增加值44.4亿元，比上年增长2.3%。年末全市公路总里程达16779.5千米。高速公路里程501.8千米，等级公路里程15396.3千米。年末民用汽车保有量142373辆，比上年增长15.4%，其中本年新注册汽车20104辆，增长9.3%；轿车56395辆，增长16%。年末私人汽车保有量125528辆，增长16.3%，其中本年新注册汽车17577辆，增长26.3%。年末私人轿车保有量51792辆，增长15.8%，其中本年新注册轿车7071辆，增长10.7%。全年公路运输货运量3204万吨，比上年增长3.7%，货物周转量128.7亿吨千米，比上年增长19.6%；公路客运量8096万人，比上年增长13%，旅客周转量612亿人千米，比上年增长19.5%。

全年邮电业务总量12.8亿元，比上年增长23.1%。其中邮政业务总量0.8亿元，增长11.7%；电信业务总量12亿元，增长24.1%。邮政业全年完成快递业务量190.1万件，增长29.6%；快递业务收入5258.9万元，增长49.4%。年末电话交换机总容量284万门。年末全市电话用户总数达到139.4万户，其中固定电话用户20.6万户，移动电话用户118.8万户。互联网用户达18.1万户，普及率为48.9%。

【文化产业与旅游业】2015年，全市实现文化产业增加值17.3亿元，比上年增长17.2%。2015年，全市旅游接待人数1730.6万人次，比上年增长25%，其中接待海外游客2.7万人次，增长14.2%。全年旅游收入151.9亿元，比上年增长26.1%；旅游创汇收入674.3万美元，比上年增长26.9%，其中旅游商品创汇收入161.8万美元，增长26.5%。

【财政金融保险】2015年末，全市金融机构本外币各项存款余额938.3亿元，比上年末增长11.6%。金融机构本外币各项贷款余额659.7亿元，增长12.6%。全年保险公司保费收入23.3亿元，比上年增长21%。其中财产险收入5.4亿元，增长11.8%；寿险收入17.9亿元，增长24%。支付各类赔款及给付5.7亿元，比上年下降13.5%。其中财产险赔付金额3.1亿元，增长53.7%；寿险赔付金额2.5亿元，下降43.7%。

【科技与教育】2015年末，全市共有各类专业技术人员27913人，比上年增长0.4%。其中具有中级及中级以上职称人员8059人，比上年增长0.4%。全市研究与实验发展（R&D）经费支出6亿元，比上年增长11.5%，占GDP的比重为1.1%。财政投入科技经费9487万元，比上年下降18.8%。全年引进新技术成果227项，申请专利1319项，授权专利621项，其中发明32项。全年签订技术合同64项，技术合同成交额19.4亿元，比上年下降3.6%。

年末，全市共有普通高校1所，普通中等专业学校9所。普通中学59所，其中完全中学4所、高级中学10所、初级中学44所，普通小学146所，成人文化技术培训学校140所。高中阶段教育毛入学率95.5%。初中教育入学率99.9%，初中毕业生升学率95.5%。普通高校考生本科上线率34.9%，普通高校录取学生7942人，总录取率达83.7%。学龄儿童入学率100%，巩固率99.4%。小学毕业生升学率99.9%。初中学生辍学率0.9%，小学学生辍学率0.2%。青壮年文盲率为0.2%。

【文化与体育】2015年末，全市共有艺术表演团体3个，剧场、影剧院14个，文化馆8个，博物馆8个，公共图书馆7个。公共图书馆图书总藏量56.88万册。全年出版报纸907万份，出版杂志1.4万册，发行图书900万册，比上年增长40.6%。年末全市共有档案馆8个，馆藏档案47.19万卷，全年开放各类档案3.63万卷。全市有广播调频转播发射台20座，全年广播节目播出时间20212小时，广播人口覆盖率99.07%。电视转播发射台13座，广播电视台8个，全年电视节目播出时间39947小时，电视人口覆盖率98.94%。全市有线电视网络总长15581公里。有线电视终端用户33.54万户，入户率达到97.6%。数字电视用户24.23万户，入户率达到92.3%。

全年向各类大专院校输送体育人才116名。在省级以上比赛中，全市共获得奖牌57枚，其中金牌22枚，银牌21枚，铜牌14枚。全市举办运动赛会260次，参加人数达40万人。全市共有10.02万名适龄学生达到《国家体育锻炼标准》。

【医疗卫生】2015年末，全市共有医疗卫生机构989个，其中医院29个、卫生院75个。卫生技术人员6936人，其中医生执业医师2171人、助理医师524人、注册护士2857人。卫生机构床位6041张，其中医院4454张、卫生院1498张。全市共有卫生防疫防治机构8个，卫生技术人员205人。妇幼卫生机构8个，卫生技术人员113人。

【人民生活与社会保障】2015年，全市城镇居民人均可支配收入27793元，比上年增长9.8%，扣除价格因素，实际增长8.2%；城镇居民人均生活消费支出21655元，比上年增长8.4%，扣除价格因素，实际增长6.8%。城镇居民恩格尔系数27.4%。全年农村居民人均可支配收入13603元，比上年增长11.1%，扣除价格因素，实际增长9.5%；农村居民人均生活消费支出10407元，比上年增长8.4%，扣除价格因素，实际增长6.8%。农村居民恩格尔系数30.6%。年末，全市有从业人员60.59万人，全年新增就业岗位37032个，比上年增加2645个；城镇新增就业3.7万人，比上年增长7.7%；下岗失业人员再就业9045人，比上年增长22.5%。年末城镇登记失业率为2.53%。全年居民消费价格比上年上涨1.5%，其中食品价格上涨1.2%。

全年社会保障和就业支出10.7亿元，比上年下降12.6%。年末，全市城镇基本养老保险参保人数12万人，比上年增加0.4万人；城镇基本医疗保险参保人数28.4万人，增加0.7万人；失业保险参保人数6.7万人，增加0.2万人；工伤保险参保人数9.7万人，增加0.8万人，其中农民工参保人数2.7万人，减少0.1万人；生育保险参保人数6.7万人，增加0.5万人。城乡居民社会养老保险参保率达98.7%。城镇居民医保参保率达到98%。新农合参合率达到99.1%。全年发放企业离退休人员基本养老金7.3亿元，为城镇参保人员支付医疗保险费4.2亿元，发放失业人员失业保险金1740万元，发放工伤保险金3889万元。全市有社会福利院7个，福利院床位445张。年末有13.8万城乡居民得到政府最低生活保障救济，发放保障金2.9亿元，比上年增长7.3%。其中3.1万城市居民得到政府最低生活保障，发放保障金1.2亿元；10.8万农村居民得到政府最低生活保障，发放保障金1.7亿元。

【环境与安全生产】2015年，全市能源消费总量399.9万吨标准煤，比上年增长1%。万元生产总值能耗比上年下降4.04%。主要污染物化学需氧量排放量2.8万吨，下降2.9%；氨氮1276.8吨，增长19%；二氧化硫35万吨，下降04%；氮氧化物2.2万吨，下降8.8%。

全市建成烟尘控制区9个，总面积96.3平方千米，覆盖率100%。建成环境噪声达标小区9个，环境噪声达标区面积77.7平方千米，覆盖率100%。全年地表水质达标率100%，饮用水质达标率100%。区域环境噪声平均值53.5dB(A)，交通干线噪声平均值65.5dB(A)。酒泉城区空气质量优良天数289天，占全年天数的79.2%。年末城市污水日处理能力11万立方米，比上年增长3.8%；城市污水处理率87.1%，比上年提高3.3个百分点；生活垃圾无害化处理率100%。集中供热面积2111.3万平方米。燃气普及率100%。城市建成区绿地率37.6%。人均公共绿地面积13.5平方米，比上年增长2%。

全年发生生产安全事故5起，死亡5人，直接经济损失227万元。亿元GDP生产安全事故死亡人数0.009人。全年发生道路交通事故121起，死亡73人，受伤110人，直接经济损失24.2万元。全年无4级以上地震发生，无死亡人数。

酒泉市领导班子成员名录

市　委

书　记　马光明

副书记　都　伟　朱　涛　张伯江

常　委　马光明　都　伟　朱　涛　张伯江　塞力克　石建明　杨小丽（女）　周学海　詹顺舟　王洁岚　燕胜三　杨焕林　施　洵　胡晓东　李永军

秘书长　李永军

市人大常委会

主　任　王喜成

副主任　张普选　浩　升　郎吉忠　黄从光

秘书长　李生亮

市政府

市　长　都　伟

副市长　周学海　施　洵　胡晓东　柴绍豪　王　敏　潘卫东　李永军　李　丽（女）　狄生奎　林国兰（女）

秘书长　贾　洁

市政协

主　席　闫沛禄

副主席　李如檀　王见余　卢学国　宋丽文（女）　秀　荣（女）　成茂和　杨浩然

秘书长　赵　锋

（供稿：张志明）

肃州区

【综述】肃州区地处河西走廊西端，介于东经98° 15′-99° 30′，北纬39°-40° 之间。区域东西长约104千米，南北宽约84千米，全区总面积3386平方千米，其中耕地面积62.64万亩。2015年，全区辖10个镇5个乡（西峰乡、泉湖乡、果园乡三个乡撤乡建镇后，行政区划界限和政府驻地不变，肃州区15个乡镇由原来的8乡7镇变为5乡10镇），总人口40.98万人(公安户籍人口，不含流动暂住人口)，人口出生率9.59‰自然增长率4.74‰。

境内地势西南高，东北低，海拔1340-2200米，地下水位在10-105米之间。有北大河、洪水河、讨赖河等大小河流17条。盛产小麦、玉米、洋葱、蔬菜、瓜果、啤酒花等200多种农产品和奶牛、肉牛、肉羊、肉鸡、猪等大宗畜禽产品，是全国重要的对外制种基地、洋葱生产集散中心和畜禽养殖中心。光热资源充足，风能资源总储量达2亿千瓦，可开发利用8000万千瓦以上。主要矿产资源有石油、祁连玉、粘土、石膏等。境内已经发现文物古迹266处，有4A级旅游名胜西汉酒泉胜迹、祁连雪峰等人文自然景观。

2015年，全区生产总值（GDP）160.99亿元，比上年增长6.06%。其中第一产业增加值25.18亿元，增长5.79%；第二产业增加值44.58亿元，增长5.29%；第三产业增加值91.23亿元，增长7.02%。三次产业结构由2014年的11.8：44.9：43.3调整为15.6：27.7：56.7。按平均常住人口计算，人均生产总值36789元，比上年增长5.7%；完成固定资产投资264.8亿元，比上年增长9.02%；全区社会消费品零售总额74.7亿元，比上年增长8.6%；全区财政总收入13.2亿元，比上年下降0.61%；财政总支出22.66亿元，同比增长15.57%；年末，全区金融机构人民币各项存款余额416.14亿元，比年初增加57.63亿元，增长16.08%；金融机构人民币各项贷款余额为307.57亿元，比年初增加38.39亿元，增长14.26%。

【农业农村经济】2015年，全区实现农业总产值62.12亿元,比上年增长6.46%。其中种植业31.08亿元，增长8.25%；林业0.72亿元,增长14.28%；牧业1082亿元，增长383%；渔业01亿元，增长1.8%；农业服务业19.41亿元，增长5.03%。全区农作物总播种面积达到71.18万亩（包括复种）,同比增长0.95%。其中粮食作物播种面积27.92万亩，下降0.05%；全年粮食总产量达到16.09万吨，下降1.12%。其中夏粮5.29万亩，产量2.51万吨，下降8.37%；秋粮22.63万亩，增长2.58%，增加0.05万吨，增长0.36%。经济作物中油料1.18万亩，比上年下降8.56%，增长2.2%；蔬菜面积2039万亩，增长054%，产量7024万吨，增长6.39%；瓜类面积0.56万亩，下降26.86%，产量2.55万吨，下降24.87%；全年人工造林面积13451.1亩，比上年减少104.7亩。果园面积49966亩，增加1446亩，增长2.98%。

2015年，全区各种畜禽饲养总量达到887.46万头只，比上年增加26.29万头只，增长3.05%；主要畜禽存栏达到347.36万头只，比上年减少3.2万头只，下降0.91%；主要畜禽出栏达到540.1万头只，比上年增加29.49万头只，增长5.78%；主要畜产品中肉产量33364.78吨，比上年增加2054.17吨，增长6.56%；蛋产量7746.9吨，增加402.9吨，增长5.48%；奶产量24544.57吨，减少2280.03吨，下降8.5%；水产养殖面积达到8385亩,比上年增加224.7亩，增长2.75%；鲜鱼产量1189吨，增加51.5吨，增长4.53%。

全区农业机械总动力85.11万千瓦,增长4%；农村用电量达到10259.62万千瓦时，增长4.04%；农用化肥施用量7.04万吨，下降0.64%，折纯量2.43万吨，下降4.38%；塑料薄膜使用量6140.2吨，下降1.74%，覆盖面积达到42.32万亩；机井1997眼，增长0.55%。

【工业建筑业】2015年，全区工业总产值120.29亿元，比上年增长5.11%，实现工业增加值26.13亿元，增长4.5%。其中规模以上工业企业完成总产值97.28亿元，增长3.8%,实现工业增加值18.63亿元，增长2.32%；全年建筑业增加值18.49亿元，比上年增长10.1%。

【固定资产投资】2015年，全区完成固定资产投资264.8亿元，比上年增长9.02%。其中第一产业完成投资27.3亿元，增长2.57%，第二产业完成投资85.5亿元，增长26.18%，其中工业投资68.12亿元，下降27.96%，第三产业完成投资152.0亿元，增长26.18%。

【房地产业】2015年，全区完成房地产开发投资28.13亿元，比上年增长25.31%。房屋施工面积291.08万平方米，增长34.99%，其中住宅施工面积235.23万平方米，增长27.33%。房地产开发竣工面积89.84万平方米，增长114.13%，其中住宅竣工面积78.55万平方米，增长113.79%；商品房销售面积67.48万平方米，下降8.68%，其中住宅销售面积64.65万平方米，下降4.75%。

【城市建设】建成区绿化覆盖面积1879公颂，公共绿地面积1610公颂，其中公园绿地面积401公颂。城市供水综合生产能力12.4万立方米/天，城市污水日处理能力4万立方米,城市生活垃圾无害化处理率达到到100%。城市集中供热面积1306万平方米，年内改造供热管网15千米。年末天然气用户5.97万户。城镇化率达到66.18%，比上年提高1.53个百分点。

【商贸流通与贸易】2015年，全区社会消费品零售总额74.7亿元，比上年增长8.6%。其中批发和零售业实现零售额63.4亿元,增长3.4%。住宿和餐饮业实现零售额11.3亿元，增长51.1%。全区有进出口经营权企业达到71户，全年外贸进出口总额达到6071万美元，增长2.6%。

【文化产业与旅游业】组织开展广场文化艺术节等活动162场次。举办戈壁徒步挑战赛、乡村文化旅游艺术节等节会活动20场次。2015年，全区文化产业实现增加值4.36亿元，增长17.52%，占生产总值的比重为2.71%。2015年，全区现有星级宾馆（饭店）12家。全年共接待海内外游客475.88万人次，比上年增长30.20%，其中接待外宾0.39万人次，下降21.36%，内宾475.49万人次，增长30.27%。全年实现旅游收入36.25亿元，增长25.85%。

【交通邮电】2015年，全区有客运营运车辆1329辆，货运营运车辆4535辆。年末公路线路里程1881千米。全年公路客运量5887万人次，比上年增长6.24%；客运周转量189356万人千米里，增长7.32%。公路货运量2924万吨，增长8.46%；货运周转量402735万吨千米，增长5.38%。

全年实现邮电业务总量47469万元，比上年增长15.9%，其中邮政业务总

肃州区光伏输送通道－酒泉750KV变电站

肃州区银达非耕地农业产业园区

量3593万元，增长16.85%；电信业务总量43876万元，增长15.82%。年末本地固定电话用户9.98万户，增长3.31%；移动电话用户57.13万户，增长3.1%；固定互联网宽带接入用户数达7.51万户，增长12.93%。

【科技与教育】2015年，全区申报国家、省、市科技项目36项，争取到位资金1038万元。荣获市级科技进步奖13项，新授理发明专利17件。建成10个市区级农业科技示范园区和肃州省级农业科技示范园区，引进试验新品种300个，示范推广新技术50多项，新建成市级技术研发示范中心5个；全区在校学生8029人，教职工513人。中专（中职）学校4所，中学20所，小学43所，特殊教育学校1所，幼儿园94所。初中毕业升学率达到95.2%，高中升学率达到80.59%。年内改扩建学校8所，新建教学楼、宿舍楼11栋，新增校舍面积2.8万平方米。

【医疗卫生与文化体育】截至2015年末，全区共有卫生机构286个，卫生技术人员2543人，住院床位2645张。卫生服务覆盖率达到100%；全年广播电视台采播各类广播电视新闻6700条。广播电视综合覆盖率达到100%；组织开展广场文化艺术节等活动162场次，成功举办戈壁徒步挑战赛、乡村文化旅游艺术节等节会活动20场次；年内8所学校文化体育场所免费向市民开放，全年在市级及以上体育比赛中，获得奖牌42枚，其中金牌22枚，银牌16枚，铜牌4枚。

【人民生活与社会保障】2015年，全区在岗职工年平均工资50297元，增长13.47%。城镇居民人均可支配收入29337元，增长9.7%，城镇居民人均生活消费支出22789元，增长7.28%。农村居民人均可支配收入13259元，增长11.59 %，农村居民人均生活消费支出10363元，增长6.87%。

全区参加城镇职工基本养老保险人数为3.32万人。参加城乡居民基本养老保险人数为15.15万人。参加城镇职工基本医疗保险人数为2.38万人，参加失业保险人数为1.37万人，参加工伤保险人数为2.78万人，参加生育保险人数为1.45万人。年末城镇居民医疗保险参保6.95万人，新型农村合作医疗农民参合率为98.9%，全年新型农村合作医疗基金支出总额为9885万元。城镇居民最低生活保障人数为13121人，农村居民最低生活保障人数为21060人，农村五保救济人数1179人；城市低保标准提高到387元/月，农村低保标准提高到2434元/年，五保供养标准提高5014元/年。

【安全生产】2015年，全区亿元GDP生产安全事故死亡率0.130人/亿元，比上年上升16.1%；工矿商贸从业人员10万人死亡率为0；机动车事故万车死亡率1.85人/万车，比上年下降12.3%。

肃州区主要领导名录

区委书记　杨金泉（5月任）

区人大常委会主任　王世万

区　长　杨金泉（5月止）

　　　　张　鸿（5月任）

区政协主席　连德礼

（供稿：李　慧）

玉门市

【综述】玉门市地处河西走廊西端，介于东经96° 15'–98° 30'、北纬39° 40'–41° 00'之间。东临嘉峪关、酒泉，西通敦煌，南接肃北蒙古族自治县，北达中蒙边境马鬃山口岸。东西长114千米，南北宽112.5千米，全市总面积1.35万平方千米。2015年末，全市辖6镇6乡，总人口18.2万人。有东乡族、回族、蒙古族等31个少数民族。

境内主要河流有疏勒河、石油河、白杨河和小昌马河四条河流。属大陆性中温带干旱气候，年均气温7.50℃，年均无霜期为135 天，年均降水量为66.7毫米。特色农产品有啤酒花、孜然等。石油资源丰富，已被大量。矿产有煤、铁、铬、锰、铜等30多种。风能、光能资源丰富，风能资源理论蕴藏量3000万千瓦以上，理论可开发利用量2000万千瓦。全年日照时数3300多小时，是全省太阳能总辐射量最高的区域之一。境内有省级文物保护单位7处，地级文物保护单位42处。

2015年，全市实现地方生产总值109.6亿元，增长2.7%；完成固定资产投资261.2亿元，增长8.8%；实现社会消费品零售总额26.6亿元，增长8.3%；辖区内税收和非税收入达到40亿元，增长24.4%，完成市级财政总收入10亿元，增长8%，公共财政收入4.82亿元，增长8%。

【农业农村经济】2015年，全市农作物播种面积56.79万亩（含复种5.7万亩），增长0.6%。其中粮食播种面积8.92万亩，比去年减少1.36万亩。全年粮食总产量4.87万吨，下降11.2%。油料播种面积0.88万亩，增长7.1%；总产量0.18万吨，增长14.34%。全市蔬菜播种面积14.13万亩，增长11.87%。中药材面积8.61万亩，增长2.7%。制种面积3.32万亩，增长17.54%。日光温室12247个，增长5.72%。温室面积达到1.75万亩，增长6.56%。瓜类面积达2.46万亩，下降6.9%。

年末，全市牛饲养量达到105万头，其中存栏0.9万头、出栏0.16万头。羊饲养量达到123.51万只，增加2.07万只，增长1.7%，其中存栏80.51万只、出栏43万只。猪饲养量达到6.12万头，减少0.14万头，下降2.2%，其中存栏3.12万头、出栏3万头。鸡饲养量达到52.67万只，增加1.12万只，增长2.2%，其中存栏27.59万只、出栏25.08万只。全市存栏牛5头以上、羊20只以上、猪20头以上、鸡500只以上的适度规模养殖户达到8960户，存栏牛50头以上、羊200只以上、猪100头以上、鸡5000只以上的规模养殖场达到1012户。全年新增流转土地2万亩，累计达到10.6万亩。

【工业经济】2015年，全市实现工业增加值44.2亿元，增长2.5%。投资4亿元的宇丰公司风机叶片一期项目建成投产，成为玉门装备制造业第一个销售收入突破2亿元的企业。全年开采原油47万吨、炼油200万吨。浩海公司焦化项目一号焦炉点火试产、二号焦炉建成，松迪公司50万吨焦化项目顺利推进，华事达公司100万吨活性氧化钙项目开工建设。西部水泥公司等15户企业完成环保设施改造恢复生产。

【项目建设】2015年，全市共实施重点项目451个，较去年增加213个，其中10亿元以上项目17个。至年底有310个项目全面完工或完成年度建设任务。

【招商引资】2015年，先后组团赴京津冀、长三角、珠三角等地开展招商活动26次，签约项目235个，落实到位资金183.2亿元，增长20.4%。全年争取中央、省市项目补助资金10.9亿元，完成财政支出17.5亿元。

【新能源基地建设】宽滩山、青石梁、红柳泉风电场规划通过评审，争取光伏发电指标134兆瓦，华能公司5万千瓦风电项目并网发电，科陆公司风光储输、大唐八〇三电厂2×33万千瓦火电、中科恒源公司光伏发电等项目顺利推进，120万千瓦抽水蓄能电站项目完成预可研编制，麻黄滩80万千瓦风电项目启动实施，龙源公司20万千瓦5兆瓦级大功率风机示范项目获得核准。玉门镇至黄草营330千伏输电线路、酒泉至湖南特高压输电工程玉门段开工建设，玉门东镇330千伏变电站、花海110千伏变电站项目获批，全市各类电力装机达到303万千瓦，发电量达到51.6亿度。

【城市建设】启动城市绿地、供水、排污、供热、燃气等8个专项规划编制和城市地下管网普查。投资8.2亿元实施城建重点项目38个，连霍高速玉门互通立交工程开工建设，玉泽湖公园改造、玉泉湖景观带、新天地大厦、石油中专实训楼等“十大城建工程”完成年度建设任务。投资2500万元完成铁人大道、石油大道等重点区域绿化工程，栽植各类乔灌木60余万株，新市区建成区绿化覆盖率达到37%，玉门市被住建部命名为国家园林城市。新市区天然气主管网实现全覆盖，新增用户1900户，入户率达到76%。

【第三产业】2015年，全市实现第三产业增加值44.3亿元，占GDP比重达到40%。新增非公经济市场主体1437户，各类市场主体累计达到9361户。实施三产项目71个，引进电子商务企业12家，在4个移民乡建成电子商务服务站、10个行政村设立服务点。

【教育】实施教育基础设施项目74个，维修、新建校舍10万平方米。义务教育均衡发展高标准通过国家验收。高考二本录取率达到40.3%，石油中专高考升学率达到26.7%。为1.5万名困难家庭学生发放“两免一补”资金1548万元，为1570名中职生和高中生发放助学金239万元、免除学费156万元。

【医疗卫生】实施乡镇卫生基础项目5个，推进公立医院改革，落实基本药物制度，为患者减负950万元。完成3个鼠防检疫卡和鼠防实验室维修改造。通过第八次省级卫生城市复审。

【人民生活与社会保障】2015年，全市城镇居民人均可支配收入达到25608元，增加1633元，增长9.9%；农民人均可支配收入达到13421元，增加1454元，增长10.7%；移民人均可支配收入达到7151元，增长26.4%。全年新增城镇就业6645人，安置高校毕业生230名。发放小额担保贷款6508万元。全年输转劳务3万人，创收4.7亿元。年末，全市为困难群众发放各类救助资金8498万元，筹资2070万元解决3家医院378名职工和机关事业单位231名合同制工人的养老金欠缴、断缴等遗留问题。建设、回购公租房448套，投资6700万元完成老市区2780户棚户区改造。

【精准扶贫】2015年，全市精准扶贫贷款共发放1900万元495户，贴息15.83万元。精准识别贫困户2891户9521人。投入扶贫专项资金1000万元，落实部门帮扶资金580万元，发放精准扶贫专项贷款1900万元。筹资367万元，在9个贫困村建立互助资金协会，协调落实各类项目80多个，实施完成村组道路73.5千米、衬砌渠道25千米、改良盐碱地12万亩。共新改建暖棚圈舍763座，调引良种羊1.3万只，扶持日光温室、钢架拱棚285座，输转贫困群众3500人。按照人均可支配收入2855元以上的脱贫标准，全市贫困人口已基本脱贫，贫困发生率控制在3%以下。

玉门市主要领导名录

市委书记　雒兴明

市　长　何正军

市人大常委会主任　张　勇

市政协主席　顾正年

（供稿：市志办）

敦煌市

【综述】敦煌市地处甘肃河西走廊最西端，是甘肃、青海、新疆三省（区）交汇地。介于东经92°13′至95°30′、北纬39°40′至41°40′之间，全市总面积3.12万平方千米。2015年末，全市辖9镇8个城市社区居民委员会，常住人口18.8万人。

境内地势南北高、中间低。东有三危山，南有鸣沙山，西面是沙漠，与塔克拉玛干相连，北面是戈壁，与天山余脉相接，绿洲面积约1400平方千米。发源于祁连山的党河是敦煌重要的水利命脉，全长390千米，流域面积1.68万平方公里，年径流量3.02亿立方米。敦煌地处内陆，属典型的暖温带干旱性气候。全年降水量46.3毫米，蒸发量2064毫米，年均气温10.9℃，无霜期184天。光能、矿产等自然资源丰富。全年日照时数3454小时，年太阳辐射量6456.47兆焦耳/平方米。矿产资源已探明有金、银、钒、铁、磷、硫、石棉、芒硝等26个品种。其中，已探明钒资源储量153.86万吨，位居全国第四。旅游资源得天独厚，境内现存各类文物景点306处，有3处世界文化遗产，分别是莫高窟、玉门关遗址、悬泉置遗址；全国重点文物保护单位4处；省级文物保护单位9处；市级文物保护单位1处。县级文物保护单位33处。5A级景点1处（鸣沙山·月牙泉），4A级景点2处（阳关和雅丹地貌国家地质公园），3A级景点7处，2A级景点1处，1A级景点1处。另有国家级水利风景区1处(敦煌党河风情线)。

2015年，全市实现地区生产总值102.17亿元，增长6.32%。其中第一产业增加值13.6亿元，增长5.69%；第二产业增加值28.92亿元，增长6.45%；第三产业增加值59.65亿元，增长6.25%。产业结构由上年的13.18 ：31.37：55.46调整为13.31：28.31：58.38。其中第一、三产业比重上升0.13和2.92个百分点，第二产业比重下降3.06个百分点。人均生产总值达71651元，比上年增加1165元，增长1.65%。年末，全市社会消费品零售总额达到39.15亿元，增长8.69%。完成固定资产投资171.4亿元，增长13.26%。

【农业农村经济】2015年，全市实现农林牧渔及其服务业总产值30.23亿元（现价），增长1.84%，农林牧渔及服务业增加值16.32亿元，增长5.69%。国家现代农业示范区正式获批。七里镇休闲观光农业示范园、莫高现代“农业公园”、郭家堡现代养殖产业园及15个标准化生产示范点以点带面，引导压减棉花等低效传统产业5.4万亩，新增温室瓜菜、特色林果等高效作物3万亩，建成设施智能温室30座、智能养殖圈舍16座。年末，全市畜禽饲养总量达210万头（只）。赴12个省市开展农产品推介20多场次，举办第六届中国·敦煌（国际）葡萄文化旅游节。“敦煌葡萄”跻身“2015中国果品区域公用品牌50强”，“敦垦御枣”荣膺“2015中国果品百强品牌”称号。设立农民自产果蔬直销点4个。培育农产品电商营销示范点2个，全市农产品销售网店达67家。建成省级示范性家庭农场20家。

【工业经济】2015年，全市完成全部工业增加值17.99亿元，增长4.38%；其中：54户规模以上工业企业完成工业增加值15.63亿元，增长3.70%；实现主营业务收入16.71亿元，下降7.30%。全市产值超千万、税收过百万的工业企业分别达到55家和26家，实现工业增加值25亿元，增长15%。

【固定资产投资】2015年，全市固定资产施工项目343个，完成固定资产投资171.4亿元，增长13.26%。其中第一产业完成投资,7.71亿元，增长27.49%，占全市固定资产投资总额的4.5%；第二产业完成投资60.29亿元，下降20.28%，占全市固定资产投资总额的35.18%（其中工业完成投资59.23亿元，下降18.02%，占全市固定资产投资总额的34.56%）；第三产业完成投资103.39亿元，增长48.44%，占全市固定资产投资总额的60.32%。

【招商引资】2015年，全市实施招商项目203个，引进市外资金193亿元，实现项目直接融资13亿元。

【文化产业与旅游业】2015年，全市共有文化产业法人单位380家，增长16.92%；从业人员5429人，增长16.83%；资产总计20.68亿元，增长20.05%；全年全市文化产业增加值9.43亿元，增长17.88%。

2015年末，全市拥有宾馆饭店191家，其中星级宾馆29家（五星级1家，四星级10家，三星级14家，二星级4家）。拥有旅行社和驻敦旅行社分支机构82家，农家园100家，农家客栈共有107家，旅游汽车公司7家，客车共488辆，取得资格的导游1155人，翻译语种有日、英、德、法、朝鲜、意大利、韩等7种。全市接待国内外游客660.39万人次，增长30.31%。全年旅游总收入63.76亿元，增长32.69%。

【交通运输】2015年，全市旺季执飞的航班达到19条，通航城市20个，周运送游客达1.5万人次，每周最大起降架次达到97架次。旺季每日执飞敦煌=兰州往返航班达到5个班次，执飞敦煌至西安、乌鲁木齐等游客主要集散地、中转地航班达到2-3班次。2015年3月，国务院批复同意甘肃敦煌机场对外开放，敦煌机场成为全省第二个国际航空口岸。6月开通敦煌至香港的旅游包机，6至9月份共执行9个班次18架次，累计进出港人数2500余人。2015年敦煌火车站旅客吞吐量134.8万人次，开通兰州、西安、酒泉三个城市四对列车。全市拥有客运车辆1632辆（其中，出租车981辆，旅游车501辆，农村班线车105辆，柳园班线车15辆，城市公交车30辆）。公路客运总量达到689.84万人次，增长5.9%；公路客运周转总量51157.1万人千米，增长22.5%。

【城乡建设】新建城市公共自行车服务网点17个、旅游厕所10座。城市地下管网综合信息平台启动建设。实施既有居住建筑节能改造65万平方米，西城区集中供热一期工程投入使用，新增集中供热面积78万平方米。新建城区停车场4个。飞天大道、寿昌中路等主干路网建设全面推进。人居环境明显改善。改造城市背街巷道10条、老旧楼房14栋，启动建设保障性住房561套，整合规范物业小区2个。飞天公园开工建设，新增城市绿化面积25万平方米。改造农村危旧房500套，新改建农村公路101千米。建成全国特色景观旅游名镇1个、省级生态乡镇2个、省市千村美丽乡村示范村10个、楼居式社区化管理中心村3个。完成绿化造林7177亩，义务植树53万株。

【财政金融保险】2015年，全市完

成财政总收入12.01亿元，增长24.78%。财政支出18.46亿元，增长14.96%。全市金融机构本外币各项存款余额205.76亿元，比上年增加15.7亿元，增长8.36%。全市金融机构本外币贷款余额122.28亿元，比上年增加22.86亿元，增长22.99%。

全市证券业金融机构3家，营业网点3个。至年末，全市交易总额达到322.13亿元，增加230.08亿元，增长249.95%。上缴税收608.16万元，增加416.5万元，增长217.31%。

全市拥有保险公司19家，其中财险公司11家、寿险公司8家。全年累计实现保费收入3.37亿元，增长6.31%。其中，财产险保费收入0.84亿元，增长6.40%；人寿险保费收入2.53亿元，增长6.20%。

【科技与教育】2015年，全市组织实施18项有关敦煌特色产业健康快速发展的市列科技计划项目，争取到省级科技计划项目3项、酒泉市级科技计划项目2项；全市申报专利270项，其中发明专利129项、实用新型134项、外观设计7项，授权专利38项；评出敦煌市科技进步奖一等奖5项；获酒泉市科技进步一等奖1项、二等奖2项、三等奖2项；获甘肃省科技进步二等奖1项。组织相关企业及技术部门完成科技成果鉴定5项；新培育科技发展创新型企业1个、酒泉市示范研发中心1个、酒泉市科技特派员创新创业示范基地2个。

年末，全市共有普通中等专业学校1所，九年一贯制学校8所，初级中学3所，普通小学26所，成人文化技术培训学校学校9所。高中阶段教育毛入学率95.5%，初中教育入学率100%，初中毕业生升学率95.5%，学龄儿童入学率100%，学前三年教育普及率达到99.03%；义务教育阶段“四率”高水平保持在部颁标准以上，适龄残疾儿童、少年入学率达100%，进城务工人员和流动人口子女入学率为100%；高考上线率、二本以上上线率、重点上线率分别达到97.2%、18.3%和13.5%，有4名考生进入全省前100名，有2名考生被清华大学、北京大学录取。

中等职业教育招生652人，在校1041人，毕业306人；普通高中招生1216人，在校3429人，毕业1048人；初中学校招生2003人，在校6209人，毕业2291人；普通小学招生1490人，在校10060人，毕业2030人；特殊教育在校53人；幼儿园在园幼儿4031人。西北师范大学敦煌学院增设旅游管理专业，在校学生达到238人。

【医疗卫生】截至2015年末，全市共有各级各类医疗卫生机构142个，共有病床800张。工作人员1097人，其中专业技术人员960人，高级职称42人，中级职称162人，初级职称591人。新型农村合作医疗参合97860人，参合率98.8%。推行新农合“一卡通”和单病种定额付费，人均筹资标准提高到470元，比上年提高20.3%。

【人民生活与社会保障】2015年，全市用于社会民生领域支出达10.5亿元，增长19%。全年城镇居民人均可支配收入27158元，增加2433元，增长9.84%。农村居民人均可支配收入14310元，增加1407元，增长10.9%。城镇居民食品消费支出占消费总支出的27.96%；农村居民食品消费支出占消费总支出的29.20%。全市814户、2808名贫困人口全面脱贫。开发公益性岗位65个，扶持高校毕业生就业234人，输转农村富余劳动力3万人，完成职业技能培训5000人，新增城镇就业8800人，城镇登记失业率控制在3%以内，为1345名务工人员追讨工资2880万元。

年末，全市城乡居民社会养老保险参保缴费人数73188人，参加城镇职工基本养老保险人数为14142人，比上年末增长1.6%，其中在职人员10919人，增长0.93%，离退休人员3267人，增长8.0%。参加城镇职工基本医疗保险人数为15479人，增长0.05%，其中在职人员11654人，增长0.03%，离退休人员3825人，增长0.1%。参加失业保险人数为9100人，增长0.11%。参加工伤保险人数为11473人，增长2.02%。参加生育保险人数为7858人，增长5.07%。全年各项社会保险基金总收入17515.99万元，各项社会保险基金总支出16655.57万元。

年末，全市参加新型农村合作医疗农民人数为97860人，参合率为98.8%。全年新型农村合作医疗基金支出总额为4375.23万元，累计受益12.21万人次。

全市有社会福利院1所，农村敬老院1个，农村五保家园2个，流浪救助站1所。敦煌市养老院启动运营，建成1个城市社区老年人日间照料中心和3个农村互助老人幸福院。落实60-79岁困难老人、残疾老人特殊生活补贴政策，落实复员军人优抚政策。全市救助各类困难群众3.5万人次。发放各类救助资金3554.09万元。

敦煌市主要领导名录

市委书记　詹顺舟

市人大常委会主任　翟福林

市　长　贾泰斌

市政协主席　曹　理

（供稿：夏春亮）

金塔县

【综述】金塔县地处河西走廊中段北部边缘，介于东经97°58′-100°20′、北纬39°47′-40°59′之间。东与高台县毗邻，西与玉门市接壤，南临肃州区和嘉峪关市，北靠内蒙古额济纳旗。东西长约250千米，南北宽约400千米，全县总面积1.88万平方千米。2015年，全县辖5乡5镇和1个城市社区管委会，总人口147298人。有满族、回族、藏族、白族等15个少数民族。

境内东南北三面皆山，中间低平，地形略呈斜方。境内东部和东南部属巴丹吉林沙漠边缘和合黎山地带，西部为戈壁荒漠，南部为夹山褶皱带，北部属马鬃山地台东南部的低山地带，中部地势低平，形成金塔盆地，地势南高北低，西南高向东北渐次低下。平均海拔1275米，相对高度500米-1000米。境内最高处四道红山主峰，海拔1924米；最低处金塔盆地北部，海拔921米。属温带干旱大陆性气候，冬季寒冷，夏季炎热，温差大，日照充足。2015年，年日照时数达34082小时，年平均气温96℃，年均降水量43.5毫米，年均蒸发量2538毫米。境内有鸳鸯池、解放村、大墩门、红沙墩等大小水库14座，总库容量达1.88亿立方米。

2015年，全县实现生产总值69.6亿元，按可比价格计算，比上年增长5.4%。其中，第一产业增加值18.3亿元，增长5.9%；第二产业增加值17.6亿元，增长4.9%；第三产业增加值33.7亿元，增长5.2%。按常住人口计算，全县人均生产总值达到4.7万元。全年完成固定资产投资95.6亿元，比上年增长10.1%。全年财政总收入达到4亿元，比上年增长17.7%。其中，地方财政收入完成2.8亿元，增长29%；一般公共财政收入2亿元，同比增长12.1%。全县金融机构各项存款余额56亿元，增长17.3%；全县金融机构各项贷款余额44亿元，比上年增长2.1%。

【农业农村经济】2015年，全县实现农业总产值37.92亿元。其中种植业总产值22.71亿元，林业总产值1.57亿元，畜牧业总产值5.09亿元，渔业总产值0.05亿元，农林牧渔服务业总产值85亿元。全年实现农业增加值2048亿元，按可比价计算，比上年增长5.88%。全县粮食总产量7.8万吨，增长0.8%；棉花总产量（皮棉）606吨，下降95.1%；油料总产量0.2万吨，下降35.5%；蔬菜总产量65.2万吨，增长24.2%；瓜类产量8.9万吨，增长29.9%；肉类总产量16979吨，增长5%；禽蛋产量1452吨，下降0.3%；水产品产量586吨，增长7.3%。全年完成造林面积2.6万亩，年末育苗面积0.5万亩，当年零星义务植树87.8万株。年末全县拥有农业机械总动力48.6万千瓦，增加1.7万千瓦，增长3.6%。

【精准扶贫】2015年，金塔县市县乡975名干部结对帮扶1610户贫困户，全县各级共争取落实帮扶资金735万元，92%的贫困户实现年内脱贫。投放良种羊6497只，帮建“五配套”圈舍31座，投放农机具215台（套），落实日光温室、特色林果等高效田1600亩，人均来自种养殖业的收入达到2773元。投入财政专项扶贫资金370余万元，铺筑砂石道路25.7千米、改造贫困户危房30户、衬砌渠道17千米、铺设供水管网7.1千米。建成全省首户光伏扶贫示范项目。为571户贫困户发放贷款2048万元。完成贫困家庭劳动力就业技能培训851人，输转贫困家庭劳动力2808人，实现劳务收入3350万元。1442名贫困群众实现低保扩面提标，落实各类惠民救助帮扶资金300余万元。

【工业建筑业】2015年，全县完成工业总产值40.2亿元，同比下降19.7%（现价增速）。全县实现工业增加值10.9亿元，可比价增速3.5%。规模以上企业工业产品主营收入达到12.4亿元，同比下降18%。实现利润总额0.1亿元，下降77%。规模以下工业完成增加值3.1亿元，增长9.1 %。

2015年，全社会建筑业实现增加值6.7亿元，比上年增长7.9%。全县具有建筑业资质等级的总承包和专业承包建筑企业实现工程结算收入1.5亿元，比上年下降69.3%。上缴税金0.1亿元，下降65.3%。

【固定资产投资】2015年，全县完成固定资产投资95.6亿元，比上年增长10.1%。第一产业完成投资额14亿元，上涨80.2%；第二产业完成投资额59.8亿元，下降15.7%；第三产业完成投资额21.8亿元，增长1.7倍。

【商贸流通与贸易】2015年，全县社会消费品零售总额12.1亿元，比上年增长8.2%。全年出口总额6400万元，比上年下降22.6%。

【旅游业】2015年，全县接待海内外游客253万人次，增长25.7%。全年实现旅游收入21.2亿元,增长27.1%。旅游收入占GDP的比重由上年的23.9%提高到30.5%。

【交通邮电】2015年，全县交通运输、仓储和邮政业实现增加值3.8亿元，比上年增长10%。全年完成旅客运输量574万人，旅客周转量44450万人千米。货物运输量506万吨，货物周转量31506万吨千米。全年客货运输换算总周转量35951万吨千米，比上年增长5.6%。

全年完成邮电业务总量0.93亿元。年末全县固定电话用户1.77万户,移动电话用户11.05万户，国际互联网用户17852户。

【科技与教育】2015年，全县组织实施各类科技项目24项，取得科技成果4项。全年引进各类农林牧渔新品种27个，新建农业科技示范园区12个。年内开展科技培训95场次，科技成果转化率为55%。全县普通高中在校生2931人，职业中专在校生1090人，普通初中在校生5477人，普通小学在校生8481人，在幼儿园（班）幼儿3027人。普通高考二本以上上线率达到39.6%。

金塔县金秋胡杨

【文化体育卫生】2015年末，全县有文化馆1个，公共图书馆1个，博物馆1个，档案馆1个。广播电视台1座，千瓦以上电视发射及转播台1座，25平方米室外全彩电子显示屏2台，广播和电视综合人口覆盖率分别达到100%和99%，数字电视入户率达到95%。馆藏图书5万册，馆藏文物1470件。年内举办体育运动会10场次，全县在校学生体质合格率98.5%。年末，全县有卫生机构152个，卫生技术人员905人。

【人民生活与社会保障】2015年，全县城镇居民人均可支配收入26444元，比上年增加2294元，增长9.5%；人均消费支出19858元，增加1698元，增长9.4%。农村居民人均可支配收入13604元，比上年增加1346元，增长11%；人均生活消费支出10275元，增长9.9%。年内城镇登记下岗失业人员2308人，较上年增长0.01%。全年失业人员再就业1759人，年末城镇登记失业人员549人，登记失业率为3.4 %。全年累计输转劳动力32452人，创劳务收入52896万元。

2015年，全县参加城镇基本养老保险的人数为16931人，失业保险的人数为2988人，城镇基本医疗保险的人数为25747人，工伤保险的人数为7289人。全年社会保障部门共筹措基本养老保险金7419万元，失业保险金203万元，城镇职工基本医疗保险金3199万元，工伤保险金342万元。年末，全县新型农村合作医疗参合人数达到114386人，参合率为99.8%。全年各级共筹集新型农村合作医疗基金5376万元，报销医疗费达5438万元。新型农村养老保险参保人数74615人，参保率达到98.4%。全年为保障对象2633人发放保障金812万元，为被确定的低保对象7735人发放低保金1334万元，为529人发放五保供养经费262.5万元。为城乡医疗救助对象18485人发放救助金554万元，为22223人发放冬令、春荒救济金284万元。全年新开工建设城镇保障性安居工程住房156套。

【环境保护】2015年，全县有省级自然保护区1个，总面积16.34万公顷。全县环保投资5100万元，城乡饮用水达标率分别为100%和72%，工业废气排放达标率95%，废水排放达标率96%。城区生活垃圾集中处理(填埋)率达到100%；集中供热面积160万平方米；建成区绿化覆盖率达到38.8%，同比提高0.4个百分点；城市人均公共绿化面积11.4平方米。全年能源消耗37.77万吨标准煤，万元GDP能耗0.57吨标准煤，比上年下降3%。

【安全生产】2015年，全县发生生产安全事故5起，死亡1人，直接经济损失160万元。全县亿元GDP生产安全事故死亡人数为0.01人。其中发生道路交通事故14起，死亡13人，直接经济损失25万元。

金塔县主要领导名录

县委书记　方学贵

县人大常委会主任　王振宇

县　长　任晓敏（女，5月止）

杨国文（5月任）

县政协主席　李学年

（供稿：裴永生）

瓜州县

【综述】瓜州县地处甘肃省河西走廊最西端，南望祁连，北枕大漠，南北与肃北蒙古族自治县相接，东连石油城玉门市，西接敦煌市，西北与新疆哈密市相接。县境东西长185千米，南北宽220千米，面积2.41万平方千米。2015年末，全县辖5镇10乡，常住人口14.89万，有回族、东乡族、藏族等20个少数民族。

境内地势南北高、中间低，平均海拔1500米。全年日照总时数3360小时，年均气温8.8℃，年均降水量45.7毫米，年蒸发量3140.6毫米，无霜期138-146天。境内主要河流有疏勒河、榆林河。风能储量超过4000万千瓦，是全国风能储量最大的地区之一。境内文物有国家级文物保护单位4个，省级文物保护单位16个，有唐代名城锁阳城、东千佛洞、榆林窟等旅游景点。

2015年，全县完成生产总值68亿元，增长4.8%；工业增加值14.2亿元，下降9.8%；实现社会消费品零售总额20.2亿元，增长8.4%；全年完成固定资产投资191.2亿元，增长9.4%；财政收入9.8亿元，与上年持平；城镇居民人均可支配收入25050元，增长9.3%，老乡镇农村居民人均可支配收入13281元，增长10.8%，移民乡镇农村居民人均可支配收入6752元，增长25.5%。

【农业农村经济】2015年，全县完成农业增加值10亿元，增长5.5%。全县农作物总播种面积60.06万亩。全年粮食播种面积8.1万亩，粮食总产量3.3万吨。经济作物播种面积33.3万亩，其中棉花10.3万亩，瓜类10.7万亩，蔬菜3.5万亩。全县建成蜜瓜、枸杞、设施蔬菜等高标准市级示范园区3个，县级示范园区13个和新农村综合示范园区2个。培育蜜瓜、甘草、枸杞、肉羊养殖等为主的标准化生产基地12个。

【精准扶贫】投资2.4亿元，改造危房380户，改良土地3万亩。发放扶贫贷款1.8亿元，投放带胎母羊1.6万只。新发展设施农业4000亩，新建标准化养殖场10个。衬砌渠道224千米。2015年，全县贫困人口人均可支配收入由2014年的3114元增加到4082元。经省市考核验收，2015年，瓜州县实现6个贫困村整体脱贫，全县5526户21749名贫困人口实现脱贫，贫困发生率由2014年的24.8%下降到2015年的4.3%。

【工业经济】2015年，全县完成工业增加值14.2亿元，下降9.8%。全年新增规模以上企业13户。万元工业增加值能耗下降12.7%，单位工业增加值用水量下降11.2%。

【项目建设】2015年，全县开工建设各类项目434项。314线瓜州至敦煌高速公路改建工程等406个项目全面完工。酒泉-湖南±800千伏特高压直流输电工程换流站等项目建设进展顺利。柳沟煤化工产业园纳入全省发展规划，汽车客运中心等50个重点项目顺利推进。

【招商引资】2015年，全县参加兰洽会等省市节会6次，组织县域招商35次，签约项目47项，全年落实到位资金

208.1亿元。

【风光发电】截至2015年底，全县风电二期一批全面建成。全县建成风光电场37个，装机645万千瓦，累计发电325亿千瓦时，实现销售收入166亿元。光伏发电装机达到150兆瓦。

【旅游业】举办锁阳城遗址丝绸之路学术研讨会和第十届“玄奘之路”戈壁挑战赛。锁阳城遗址、草圣故里文化产业园成功创建为国家4A级旅游景区。东千佛洞壁画临摹及数字化采集全面完成，锁阳城镇获评全国特色景观旅游名镇。2015年，全县接待游客310万人次，全年实现旅游收入26.5亿元。

【城镇建设】投资15亿元，实施城建项目59项，新增城区道路10.8千米，征收房屋495户，建设安置房588套，改造老旧小区8个，惠及966户。新建小游园、小广场3个，停车场4处。新增公共绿地27.8万平方米，城区绿化覆盖率达到41%。两个省级“美丽乡村”、15个“万村整洁”试点村项目全面完成，柳园镇、渊泉镇和三道沟镇被确定为小城镇建设重点镇。

【教育与医疗卫生】2015年，全县投资1亿元，全面消除中小学D级危房，学校餐宿楼、运动场等8类“改薄”工程全面建成，56所中小学建成市级标准化学校，义务教育巩固率达到99%以上，高考录取率高于全省平均水平。2015年，全县新建乡镇卫生院3个、标准化村卫生室10个，人口自然增长率控制在3.6‰以内。

【人民生活与社会保障】2015年，全县城镇居民人均可支配收入25050元，增长9.3%。老乡镇农村居民人均可支配收入13281元，增长10.8%。移民乡镇农村居民人均可支配收入6752元，增长25.5%。全年发放小额担保贷款5700万元，带动就业5500人。城乡居民养老保险、新农合实现全覆盖，发放各类救助资金9000万元。农用三轮车、摩托车牌证免费办理。

瓜州县主要领导名录

县委书记　宋诚

县人大常委会主任　董生录

县长　张立东

县政协主席　王旭东

（供稿：县志办）

肃北蒙古族自治县

【综述】肃北蒙古族自治县地处河西走廊西段，是甘肃省唯一的以蒙古族为主体的少数民族自治县，也是甘肃省唯一的边防县。自治县周边与1个国家(蒙古国)、3个省区（新疆、青海、内蒙古)、10个县市接壤。全县总面积66748平方千米，约占甘肃省总面积的六分之一，是甘肃省面积最大的县。2015年末，全县辖3个乡镇，常住人口为1.52万人，人口自然增长率为6.66‰。

境内矿藏资源丰富，已探明的矿种有39个，矿点235处，优势矿种有黄金、铁、铜、铬、钨、镍、菱镁、铅锌、煤、重晶石等，其中已探明铁矿石远景储量7.5亿吨，原煤储量达9亿吨，塔尔沟钨矿储量居全国第二位，大道尔吉铬矿是全国第三大铬矿。风电、水能资源丰富，风能总储量达2000万千瓦，可开发量1000成千瓦以上。境内党河、榆林河、石油河、疏勒河等四大河流年径流量达14.27亿立方米，其水电蕴藏量达200万千瓦左右，可开发利用130万千瓦左右。境内有冰川957条。

2015年，全县生产总值为202310万元，按可比价格计算，比上年增长2.72%。其中第一产业增加值5041万元，增长5.50%；第二产业增加值128307万元，增长2.23%；第三产业增加值68961万元，增长5.05%；三次产业的结构由上年的1.3：79.5：19.2调整为2.5：63.4：34.1。按常住人口计算，全县人均生产总值133163元。

【农牧业和农牧村经济】2015年，全县农林牧渔服务业实现总产值9908.3万元，实现增加值5140万元，按可比价计算，比上年增长5.01%。其中，种植业实现增加值1115万元，增长4.10%；林业实现增加值3.91万元，增长161.07%；牧业实现增加值3921万元，增长5.21%；农林牧渔服务业实现增加值98.8万元，增长5.44%。

全年肉类总产量2280吨。年末，全县生猪存栏1442头，当年生猪出栏1564头；年末羊存栏357030只，当年羊出栏103817只；家禽存笼1.59万羽，家禽出笼1.59万羽，禽蛋产量47.7吨。

全年农作物播种面积13368亩，粮食作物播种面积9118亩，粮食作物总产量54858吨。其中谷物播种面积6064亩，产量3391吨；豆类播种面积354亩，产量150.8吨；薯类播种面积2700亩，产量1944吨；油料播种面积2000亩，产量370吨；蔬菜播种面积450亩，产量782吨。

【工业与建筑业】2015年，全县工业实现增加值119730万元，比上年增长2.1%，其中规模以上工业实现增加值101487万元，增长1.0%，规模以下工业实现增加值18243万元，增长9.3%。

全年建筑业实现增加值10650万元，增长7.2%。全县具有资质等级的总承包和专业承包建筑业企业3家。

【固定资产投资】2015年，全县实现500万元以上固定资产投资836000万元，增长11.7%。其中第一产业投资30500元，增长5%；第二产业投资441927元，下降24.8%；第三产业投资363573元，增长146.89 %。全年工业投资309201元，占投资总量的36.9%。

【招商引资】2015年，全县招商引资共引进实际到位资金80.9亿元，完成年度任务的101%，增长22.64%；其中引进省外到位资金70亿元。全年累计外出招商48批（次），190人次，签约项目18个，签约金额110.8亿元；共对接联系拟签约项目45个，对接客商300余人次，签定框架协议2个，签约金额达204亿元。

【商贸流通】2015年，全县社会消费品零售总额18916万元，增长8.1%。其中城镇消费品零售额17526万元，乡村消费品零售额1390万元。批发业商品销售额3438万元，增长12%；零售业商品销售额11440.7万元，下降7.39%，住宿业营业额521.8万元，增长11.02%，餐饮业营业额1161.6万元，增长16.74%。实现批发业增加值1399万元，增长0.4%；

零售业增加值6817万元，下降4.2%；住宿业增加值703万元，增长7.2%；餐饮业增加值1343万元，增长7.0%。

【交通通信】2015年末，全县境内公路总里程达到2645.3千米（已建成油路638.5千米）。全县共完成公路客运量26万人次、客运周转量13000万人千米；货运量350万吨、货运周转量87500万吨千米。现有客运公司2家，客运班线8条（跨县4条，县内4条），城市公交公司1家，公交线路2条，公交车辆3辆，客运出租汽车39辆。普通货运车辆共158辆，吨位1001吨。三类机动车驾驶员培训机构1家。机动车维修企业61家。道路运输从业人员共465人（其中：客运62人，货运310人，维修65人，驾培16人）。现有三级客运站1个（肃北县汽车站），在建二级客运中 心1个（肃北县客运中心），现已建成的农村客运站有马鬃山镇汽车站、石包城乡汽车站、盐池湾乡汽车站、鱼儿红汽车站、鱼儿红牧场汽车站、党城湾镇东山村汽车站，已建成县城26个公交站和行政村5个客运停靠站。

年末，全县固定电话用户有2861户，下降24.33%；移动电话用户17824户，增长1.49%；互联网宽带用户3227户，增长33.52%。

【财政金融】2015年，全县财政总收入完成46783万元，下降17.48%。一般预算收入23438　　万元，下降18.64%；公共财政预算支出79422万元，下降0.11%。

年末，全县金融机构人民币存款余额143581万元，比年初增加5705万元。其中住户储蓄存款54496万元，非金融企业存款28073万元，政府存款61012万元。金融机构人民币贷款余额59263万元，比年初增加14009万元。其中短期贷款14825万元，中长期贷款18634万元，非金融企业及机关团体贷款25804万元。

【城市建设】城区四条大街、各广场、县城北区、人民公园等区域补植补种和园林绿化改造，已全部完工，共栽植乔木240棵、常青树230棵，花灌木18900株，栽种各类花草164500余株，种植草坪1600余平方米，新增城市公共绿地面积5830平方米，建成区覆盖率达到38.2%，绿地率为35.3%，公共绿地面积为38.6万平方米，人均占有绿化面积38.4平方米。城小区108套廉租房建设项目已完成主体工程，回购144套公租房，已完成主体工程验收。城区污水处理厂项目完成投资1000万元，已全面完工并通过阶段性环保验收，现已正式投入运行。城区集中供热工程完成投资3500万元，实施锅炉房、提升机房、业务用房、6座换热站及所有设备安装调试，达到正常供热。水上公园建设项目完成投资1640万元，实施水上公园入口广场、环湖路铺装、照明电器等工程，人工湖已注水投入使用；城区内既有建筑节能改造工程完成投资820万元，完成12栋住宅楼的外墙保温、供水和供热计量改造及部分老旧供热管网的节能改造，城区内既有住宅节能改造全覆盖。马鬃山苦咸水淡化项目完成投资120万元，已全面完工。物流园区门前硬化工程投资800万元，已全面完工。

【文化产业与旅游业】2015年，全县文化产业实现增加值3700万元，增长12.12%，占GDP比重达1.83%，比上年提高0.86个百分点。全县拥有文化馆1个，基层文化站4个，组织文艺活动30余场次，文化艺术表演团体1个，年演出120余场次。拥有国家级文物保护单位2处（五个庙石窟、大黑沟岩画），省级文物保护单位7处，市级文物保护单位11处。成功申报国家级非物质遗产项目1项、省级3项、市级14项，征集流散馆藏品79件（套）。公共图书馆1个，公共藏书量达1.553万册，共有26个农家书屋，2个社区文化室，拥有藏书80108册。

2015年，全县共接待游客17.52万人，同比增长28.2%；旅游综合收入14017万元，同比增长26.9%。

【医疗卫生】2015年末，全县共有医疗卫生机构39个。卫生机构共有床位168张（实际开放床位），每千人口拥有病床数11.052张。床位平均使用率76%。全县共有卫生从业人员263人（含临聘人员和村卫生室人员）。2015年全县农民新型农村合作医疗参合率为99.83%。

【科技与教育】2015年，全县专利申请量达30项，其中实用新型4项，外观设计15项，发明专利11项。万人发明专利拥有量1.33项，完成2项发明专利授权。

年末，全县小学入学率100%；毕业率100%；辍学率0；小学六年巩固率100%。初中升学率100%；应届生毕业率100%；辍学率0；初中三年保留率100%。义务教育九年巩固率100%，高中毛入学率98.79%。2015年高考考生119人，录取107人，总录取率达到89.9%。中考考生133人，高中录取112人，中专录取21人。顺利通过国家义务教育均衡发展评估认定。

【人民生活与社会保障】2015年末，全县城镇居民人均可支配收入29311元，增长9.02%；其中工资性收入22359元，经营净收入3164元，财产净收入1091元，转移净收入2697元。农村居民人均可支配收入20088元，增长10.62%；其中工资性收入1352元，经营净收入6991元，财产净收入191元，转移净收入11554元。全年城镇新增就业224人，城镇登记失业率控制在3.32%以内，新增小额担保贷款基金50万元，发放小额担保贷款516万元，实现输转劳动力2096人次，创劳务收入3013万元。年末，全县城镇职工基本养老参保人数3932人，城乡居民基本养老保险参保人数4311人，城镇职工基本医疗保险参保人数3176人，城镇居民基本医疗保险参保人数2390人，参加新农合人数5919人，参合率达99.83%。

【环境保护与安全生产】全年规模以上工业综合能源消费量53623万吨标准煤，产值能耗0.5825吨标准煤/万元。全社会用电23807.76万千瓦，其中工业用电量22382.87万千瓦，居民生活用电量533.51万千瓦。2015年万元GDP能耗下降5.5%。肃北县集中式饮用水源达到二级保护区标准，地表水、集中式饮用水水质达标率达到100%。主要污染物排放控制在标准范围内。城市生活垃圾无害化处理率达95%以上。

全年工矿商贸领域发生安全生产事故4起，同比下降16.7%，死亡2人，受伤2人，直接经济损失141万元。道路交通发生一般道路交通事故16起，比去年同期增加1起，死亡0人，受伤22人，财产损失8800元。人员密集场所等重点区域消防安全共受理火警10起，开展重点区域联合检查14次，排查消防安全隐患483处，年内无重特大恶性火灾事故发生。

肃北蒙古族自治县主要领导名录

县委书记　席忠平

县人大常委会主任　巴图巴依尔（蒙古族）

县　长　胡晓华（蒙古族）

县政协主席　马宗国

（供稿：金　平）

阿克塞哈萨克族自治县

【综述】阿克塞哈萨克族自治县位于甘肃、青海、新疆三省（区）交界处，东接肃北蒙古族自治县，南通青海省，西与新疆维吾尔自治区隔戈壁相望，北邻敦煌市。境内地形狭长，地势东南高，西北低，全县总面积3.1万平方千米。2015年末，全县辖2乡1镇，总人口达到9020人，人口自然增长率控制在7.97‰。有哈萨克族、回族等6个少数民族。

2015年，全县完成国内生产总值148538万元，增长5.76%。其中第一产业增加值5478万元，增长5.51%，第二产业增加值96255万元，增长6.18%，第三产业增加值46805万元，增长4.83%。一、二、三产业增加值占国内生产总值的比重分别为3.7：64.8：31.5。全县财政收入完成25002万元，增长17.02%。财政支出实现51242万元，增长9.3%。

【农牧业农牧村经济】2015年，全县实现农林牧业及其服务业总产值9101万元，增长7.77%。农作物播种面积达到0.8万亩，增长6.66%，其中粮食种植面积0.15万亩，增长50%；清饲料种植面积0.59万亩，增长22.92%；瓜类种植面积0.1万亩，与上年同期持平，蔬菜种植面积112亩，下降30.8%。粮、经、草比例为18.75：7.5：73.75。全年粮食产量914.12吨，增长30.86%，其中夏粮产量69.5吨，增长83.67%；秋粮产量844.62吨，增长25.31%。蔬菜产量599.6吨，下降9.15%。

年末，全县牛饲养量1139头，增长3.1%。羊饲养量28.91万只，增长5.74%。其中牛存栏680头，下降15.52%，出栏310头，增长3.33%；羊存栏16.76万只，下降2.22%，出栏11.37万只，增长7.26%。全年肉类总产量1891.61吨，增长7.46%。全年完成造林面积1.03万亩，比上年大幅增长。全年化肥施用折纯量177.4吨，增长44.93%。农村用电量296万千瓦时，增长21.3%。有效灌溉面积0.44万亩，与上年同期持平。

【工业与建筑业】2015年，全县工业总产值完成32.28亿元；工业增加值完成8.91亿元，可比价速度为6.1%。其中规模以上工业企业完成工业总产值29.42亿元，工业增加值7.98亿元，可比价增速为5.6%。规模以上工业累计实现销售产值238533.8万元，增长5.1%，产销率达到81.1%，实现营业收入163506.4万元，下降8.3%；实现利润总额10769.1万元，下降2.1%。

2015年，全县建筑业总产值达14777.8万元，增长11%；建筑业增加值完成7130万元，增长7.5%；房屋建筑施工面积达3.8万平方米，下降1%。年末，全县建筑企业从业人员达到505人，下降3.8%。全县建筑企业资产总计1.56亿元，增长0.4%。

【固定资产投资】2015年，全县固定资产投资完成37.4亿元，增长15.11%。500万元以上固定资产完成投资36.9亿元，增长14.2%。其中工业投资完成25.6亿元，占总投资的69.4%。新能源项目累计投资达14亿元。

【交通邮电】2015年，全县公路货物运输量8.52万吨，比上年下降6.06个百分点。公路货物周转量814.4万吨千米，下降29.4%。公路客运量6.74万人，比上年增长9.59个百分点，客运周转量827.2万人千米，下降21.1个百分点。全年完成邮电业务总收入1268.6万元，增长9.3%。邮政业务收入96.6万元，增长18.5%电信业务总量完成1172万元，增长8.63%。

【商贸流通】2015年，全县实现社会消费品零售总额18540.8万元，增长8%。其中批发和零售业共实现零售额15207.7万元，占全县社会消费品零售总额的比重为82%。城市市场实现消费品零售额14069万元，占全县社会消费品零售总额的比重高达75.9%。

【旅游业】投资90多万元对多坝沟胡杨峡景区进行开发并通过验收。投资30多万元对水上乐园儿童游乐池进行全面改造。2015年，全县共接待游客27.24万人次，实现旅游总收入2.09亿元，分别增长27.3%和30.6%。

【金融保险】2015年末，全县金融机构各项存款余额达到95484万元，增长18.4%。其中城乡居民储蓄存款51471万元，增长27.3%。金融机构各项贷款余额69208万元，增长19.6%。全年保险公司保费收入973.3万元，增长16.7%。其中财产险收入473.7万元，增长17.3%；寿险收入500万元，增长16.3%。

【科技与教育】2015年，全县共上报省、市列科技项目6项。争取省级科普行动计划项目2项，经费10万元；争取市列科技项目1项，经费8万元。组织实施科技富民强县项目《阿克塞哈萨克族自治县肉羊生产关键技术集成示范与推广》1项，拨付红柳湾镇科技富民强县专项行动计划专项资金40万元，共引进良种肉用公羊200只。举办各类农牧业实用技术培训。累计培训农牧民2600人次，发放各种宣传资料3000余份；年末，全县有完全中、小学各1所，幼儿园1所，在校学生1736人，教职工181人，专任教师166人。中小学适龄儿童入学率均达到100%，残疾儿童入学率达到87.5%。建立“绿色通道”，保障农民工子女及时就学。实行学前教育全免费，城乡幼儿入园率达到98%以上。完善普通高中异地办学招生和常规管理，稳定普通高中招生规模。高考录取率达92.1%，

一、二本上线18人，上线率20.5%，比2014年提高6.4个百分点。

【文化事业】2015年，全县共组织文化活动和文艺演出77场次，参与国家、省、市声乐、民歌大赛，有3个节目获全国性奖项，15个节目荣获省市级奖项。集中整理哈萨克民族非遗保护项目15项，公布县级非遗保护项目12项，申报国家级传承人1人，省级传承3人。新建非遗展厅，征集展品80余件，开办哈萨克刺绣培训班2期。制作播出《绿色阿尔金》《深化双联谋发展 整体脱贫奔小康》《阿帕合唱团》等专题片38部。完成非遗申报专题片10部。全县总藏书5.9万册;

【医疗卫生】2015年，全县有各级各类医疗卫生机构12个，建立居民健康档案7143份，建档率达85%。定期对65岁以上老年人进行健康检查和随访及健康指导服务，健康管理率达70%以上。开展重点人群健康体检265人。建立门诊35岁以上居民首诊测血压制度并及时建档。高血压系统管理率达96%，糖尿病系统管理率达92%。疾控中心对出生儿童建卡、建证率达到100%，乙肝疫苗第一针及时接种率100%。全县12岁以下儿童共采集血样600份，包虫病血清阳性率为0.33%。孕产妇系统管理率95.31%，住院分娩率100%，产后访视率95.31%。农村孕产妇住院分娩补助26人，补助金额1.3万元。全年妇女病筛查率为11%，患病率为45%。建立0-36个月岁儿童系统保健手册400多本。

【人民生活与社会保障】2015年末，全县城镇居民人均可支配收入31177元，增长9.13%。城镇居民人均消费性支出23704元，增长6.71%。城市居民人均居住面积35.3平方米。农村居民人均可支配收入达到21462元，增长10.52%。农村居民人均消费性支出17262元，增长4.93%。农村居民人均居住面积41.4平方米。全县全社会职工人数2466人，增长3.31%。城镇累计新增就业人员236人，城镇登记失业率控制在3%以内。注入小额担保贷款基金50万元，为100名符合条件的人员发放小额担保贷款500万元，带动就业400人。全年劳务输出1305人次，实现劳务收入2305.76万元。

全县城乡居民社会养老保险参保率为98%，养老金发放率100%。新型农村合作医疗保险参保率为99.5%。城乡低保标准由月人均352元提高到了387元，全额保障最高达480元，月人均补助水平达到346元。农村五保集中供养标准由年人均5210元提高至每人每年6714元，分散供养标准由年人均4010元提高至每人每年5514元。拓宽城乡居民重特大疾病医疗救助范围，新增救助病种21种。

【环境保护】完成污水处理中水回用管网和污水厂厂区绿化任务。污水处理率达到95%以上，污水回用率达到60%以上。建立净化水水质监测常态机制，每季度在媒体公示水质检测结果。县城绿化覆盖率达49.6%，人均公共绿地面积达41.8平方米。化学需氧量、氨氮、二氧化硫、氮氧化物等4项污染物排放总量分别为315.613吨、13.357吨、222.28吨、283.33吨，全部控制在市上下达的指标控制目标范围内。空气环境质量达到《国家环境空气质量标准》二级标准；地表水水质、饮用水水质达到《地表水环境质量标准》（GB3838-2002）II类标准。

阿克塞哈萨克族自治县主要领导名录

县委书记　黄从光

县人大常委会主任　何正军

县　长　银　雁（哈萨克族）

县政协主席　塞麦提（哈萨克族）

（供稿：杨　晓　周建忠）

平凉市

【综述】平凉市位于甘肃东部，西（安）、兰（州）、银（川）三大省会城市的几何中心，自古为关中之门户，素有陇东旱码头之称，全市总面积1.1万平方千米。平凉是中华民族的重要发祥地之一，是全国13个大型煤炭基地之一，先后获得“全国双拥模范城市”、“中国优秀旅游城市”、“甘肃省文明市”、“甘肃园林城市”、“浙商（省外）投资最佳城市”等荣誉称号。2015年末，全市辖6县1区，全市常住人口209.8万人，比上年末增加0.57万人，人口自然增长率6.08‰。有回族、蒙古族、满族等33个少数民族。

2015年，全市实现生产总值347.7亿元，增长7.6%。其中第一产业增加值94.21亿元，增长5.8%；第二产业增加值96.95亿元，增长5.7%；第三产业增加值156.54亿元，增长11.3%。按常住人口计算，全市人均生产总值16595元，增长7.3%。三次产业结构由上年的24.2∶35.9∶39.9调整为27.1∶27.9∶45.0。

【农业农村经济】2015年，全市粮食作物种植面积523.79万亩，比上年增加4.1万亩；油料种植面积57.66万亩，减少2.63万亩；蔬菜种植面积93.2万亩，增加4.14万亩；果园面积152.36万亩，减少0.12万亩。中药材种埴面积13.83万亩，增加0.79万亩。全年粮食总产量113.21万吨，减产1.15%。其中夏粮产量38.63万吨，减产4.02%；小麦产量38.45万吨，减产4.02%；秋粮产量74.58万吨，增产0.42%；玉米产量50.26万吨，增产1.78%。全年谷物产量92.58万吨，减产0.01%。主要经济作物中，油料产量6.79万吨，增产0.59%；园林水果产量119.64万吨，增产8.16%；蔬菜产量145.2万吨，增产7.85%；中药材产量4.7万吨，增产14.63%。

年末，全市大牲畜存栏87万头(只)，下降1.43%。牛存栏75.23万头，下降0.75%；出栏44.08万头，增长3.45%。羊存栏22.3万只，下降1.15%；出栏15.32万头，增长5.22%。猪存栏44.13万头，下降3.56%；出栏51.2万头，下降4.33%。全年肉类总产量8.55万吨，增长0.12%。其中猪肉下降4.53%，牛肉增长3.52%，羊肉增长455%。牛奶产量168万吨，下降118%。绵羊毛产量167.23吨，下降2.44%。全年水产品产量2319.08吨，增长14.79%。

全年完成造林面积23.89万亩，育苗面积3.98万亩；新增梯条田21.27万亩，新增有效灌溉面积2.04万亩。全年农业机械总动力154.81万千瓦,增长6.51%。农村用电量3.25亿千瓦小时,增长5.52%。农用化肥施用量(折纯)10.13万吨,增长2.32%。

【工业与建筑业】2015年,全市全部工业完成增加值57.01亿元,增长4.8%。规模以上工业增加值52.21亿元,增长4.1%。规模以上工业企业产品销售率94.9%,比上年回落1.1个百分点。重工业增加值45.4亿元,增长4.5%;轻工业增加值6.81亿元,下降9.1%。全年规模以上工业企业实现主营业务收入152.06亿元,下降30%;实现利税9.19亿元,下降62%;实现利润-3.61亿元,增亏11.15亿元。2015年,全市全社会建筑业增加值39.95亿元,增长9.4%。

【固定资产投资与项目建设】2015年,全市固定资产投资完成602.95亿元,增长12.17%。其中第一产业完成投资60.38亿元,增长34.82%;第二产业完成投资224.85亿元,下降20.71%;第三产业完成投资317.73亿元,增长51.88%。

全年实施500万元以上各类建设项目1485项,完成投资536.36亿元,增长7.45%;5000万元以上投资项目457项,完成投资337.89亿元,下降9.75%;亿元以上投资项目32项,完成投资49.75亿元,下降71.38%;10亿元以上投资项目6个,完成投资11.76亿元,下降76.01%。

【房地产业】2015年,全市房地产开发完成投资66.59亿元,增长73.4%。其中住宅投资43.39亿元,增长61.54%;商业营业用房投资16.83亿元,增长88.68%。全年房屋施工面积480.91万平方米,比上年增长47.84%;房屋竣工面积50.42万平方米,增长1.89倍。

【商贸流通与贸易】2015年,全市全年社会消费品零售总额完成177.50亿元,增长9%。其中城镇消费品零售额122亿元,增长6.7%;乡村消费品零售额55.5亿元,增长14.3%。批发业实现销售额78.44亿元,下降1.16%;零售业实现销售额198.89亿元,增长17.15%;住宿业实现营业额7.29亿元,增长8.43%;餐饮业实现营业额35.41亿元,增长19.51%。2015年,全市进出口总额2.39亿元,增长37.6%。

【文化产业与旅游业】2015年,全市文化产业增加值7.37亿元,增长18.17%,占生产总值的2.12%,比上年提高0.34个百分点。全年接待国内外游客1332.27万人次,增长22.2%。国内游客1332.2万人次,增长22.2%;境外游客702人,增长12%。旅游综合收入70.53亿元,增长25.5%。国内收入70.52亿元,增长25.5%;境外收入78.84万元,增长23.4%。

【交通邮电】2015年末,全市民用汽车保有量19.23万辆,增长49.43%。轿车7.36万辆,增长23.43%。本年新注册汽车6.52万辆,增长2.02倍。私人汽车保有量16.67万辆,增长61.37%。私人轿车保有量6.93万辆,增长24.34%。全年全市交通运输、仓储和邮政业实现增加值10.68亿元,增长5.3%。全年完成公路客运量3592.8万人次,增长5.46%;客运周转量20.56亿人千米,增长14.43%;货运量4445.85万吨,增长14.39%;货运周转量110.29亿吨千米,增长22.97%。

年末,全市邮电业务总量21.63亿元,增长30.93%。电信业务总量21.0亿元,增长31.50%;邮政业务总量6313万元,增长13.81%。固定互联网宽带接入用户16.95万户;移动宽带用户11.92万户。互联网宽带接入端口31.55万个。互联网上网人数109.07万人,手机上网人数94.36万人。

【财政金融保险】2015年,全市大口径财政收入48.11亿元,增长3.9%。全年财政支出161.39亿元,增长17.1%。年末,全市金融机构本外币各项存款余额702.19亿元,增长12.54%。金融机构本外币各项贷款余额470.38亿元,增长18.08%。全年保费收入13.09亿元,增长34.12%。全年赔付额4.61亿元,其中财险赔款2.81亿元,寿险赔款1.8亿元。

【科技与教育】2015年,全市争取国家和省上科技项目15项,资金684万元。共评出科技进步奖100项,一等奖13项,二等奖67项,三等奖20项。年末,全市有各级各类学校1423所,各类学校在校学生达到37.56万人。本年度全市参加高考考生24246人,上线人数达23759人,上线率98%。一本上线2700人,上线率11.1%;二本上线6472人,上线率26.7%。

【文化与体育】2015年末,全市有各种艺术表演团体8个,公共图书馆8个,博物馆8个。全年发行《平凉日报》301期,872.9万份。全市有广播电台8座,有线广播电视传输干线网络总长2857千米,广播电视卫星收转站47.36万座。广播综合覆盖率99.13%,比上年提高0.01个百分点。电视综合覆盖率97.42%,比上年提高0.01个百分点,有线电视用户9.81万户。全市运动员参加省级及以上各类赛事获得奖牌53枚,金牌17枚、银牌12枚、铜牌14枚。

【医疗卫生】2015年末,全市有卫生机构(包括村卫生室、诊所)2746个。医院、卫生院145个,社区卫生服务中心(站)41个,诊所(卫生所、医务室)873个,村卫生室1536个,妇幼保健医院(所、站)8个,疾病预防控制中心(防疫站)8个,卫生监督机构7个。卫生技术人员10531人,执业医师和执业助理医师3896人,医院和卫生院有执业医师和执业助理医师2346人,注册护士3621人;医院、卫生院拥有床位11888张,医疗机构病床使用率70.72%。

【人民生活与社会保障】2015年,全年城镇居民人均可支配收入达21490元,增长10.2%;城镇居民人均消费性支出14096.68元,增长9.53%。农村居民人均可支配收入6501元,增长12.2%;农村居民人均生活消费支出6832.6元,增长16.81%。全年居民消费价格比上年上涨1.1%,其中食品上涨1.5%。新增城镇就业3.63万人,下岗失业人员再就业1.34万人,城镇登记失业率3.63%。

年末,全市参加城镇职工基本养老保险10.33万人,比上年末增加3390人;参加城镇职工基本医疗保险11.95万人,增加7512人;参加城镇居民医疗保险17.47万人,增加4091人;参加失业保险8.68万人,同比减少71人;参加工伤保险8.88万人,同比增加1012人;参加生育保险7.36万人,增加9596人；城乡居民社会养老保险参保续保119.59万人。末参加新型农村合作医疗农民174.09万人,参合率为98.6%。全年新型农村合作医疗基金支出总额为7.55亿元,累计受益428.4万人次。全年农村医疗救助221.53万人次。民政部门资助农村合作医疗的人数达21.67万人。全年5.25万城镇居民和21.73万农村居民享受政府最低生活保障。年末,全市有社会福利院5个,床位620张,在院供养122人；建立城镇社区服务中心14个。

【环境保护】2015年,全市环保投资2.26亿元,污染源治理1.92亿元,生态环境建设和农村环保0.22亿元,环保能力建设0.12亿元。全市6项主要污染物均控制在目标值之内,总控率达到100%。大气环境可吸入颗粒物年日均值0.095毫克/立方米,二氧化硫年日均值0.022毫克/立方米,二氧化氮年日均值0.045毫克/立方米。泾河地表水水质达标率83.3%,饮用水源水质达标率100%。区域环境噪声和交通干线噪声平均值分别为54.9分贝和67.6分贝。

【安全生产】2015年,全市发生各类生产安全事故153起,比上年增加21起；死亡110人,增加2人。亿元生产总值生产安全事故死亡人数0.44人,工矿商贸企业10万从业人员生产安全事故死亡人数为0.19人,煤矿百万吨死亡人数为0.187人。全年发生道路交通事故103起,死亡105人、受伤60人,直接经济损失27万元,道路交通万车死亡人数为3.09人。

平凉市领导班子成员名录

市　委

书　记　陈　伟（女）
副书记　臧秋华　王奋彦
常　委　高淑美（女）　马晓峰（回族）
　　　　李雪峰　毛文平　丁巨胜
　　　　王大睿　何积明　曹复兴
秘书长　李雪峰

市人大常委会

主　任　赵景山
副主任　张乔英（女）　朱同印
　　　　张立新　樊文浩
秘书长　冯宁平

市政府

市　长　臧秋华
副市长　王大睿　曹复兴　杨　军
　　　　李生发　张　正　吴镇图
　　　　李富君　王学书
秘书长　王　锦

市政协

主　席　赵成城
副主席　朱建国　席君忠　宋全科
　　　　李应学　陈黎萍　冶彦忠
　　　　杨秉璋　朱九林
秘书长　车兴安

（供稿：安军民）

崆峒区

【综述】崆峒区地处甘肃东部,六盘山东麓,介于东经106° 25′-107° 21′、北纬35° 12′-35° 45′ 之间。东邻泾川、镇原,南依华亭、崇信,西与宁夏回族自治区的泾源、原州区接壤,北与彭阳、镇原县毗邻,全区总土地面积1808.84平方千米。2015年,全区辖11个乡5个镇3个街道办事处和1个示范区,有226个村、15个城市社区(居委会),全区常住人口47.43万人,人口密度262人／平方千米,人口自然增长率6.74‰。

区域属陇东黄土高原丘陵沟壑区,境内西北高峻多山,东南丘陵起伏,中部河谷密布,平均海拔1540米。气候属半干旱、半湿润季风型大陆性气候。全年最高气温33.9℃,最低气温-12.4℃,平均气温10.3℃,年降雨量493.7毫米,日照2287.3小时,无霜期178天。地下矿藏有煤、铁、铜、磷、石灰岩、水泥灰岩、白云岩、陶土、粘土、耐火粘土、石膏等13种12大矿点,其中水泥石灰岩和化工石灰岩品位较高,储量达5亿多立方米。地表水可利用量1.1亿立方米,地下水储量12亿立方米。植物资源1300多种,动物资源50多种。境内先后发掘出仰韶、齐家和商周文化遗址150多处,重点文物保护单位40余处,珍藏文物1300多件。有国家5A级风景名胜区、国家级地质公园、道源圣地崆峒山等旅游景点。

2015年,全区生产总值达到104.84亿元,比上年增长9.2%。其中第一产业增加值15.92亿元,增长6.1%；第二产业增加值21.33亿元,增长6.2%；第三产业增加值67.59亿元,增长10.8%。三次产业结构比为15.2∶20.3∶64.5,人均地区生产总值为23066元,比上年增长8.2%。固定资产投资完成125.46亿元,增长13.33%。实施重点建设项目210项,总投资469.21亿元,完成投资109.36亿元。

【农业农村经济】2015年,全区实现农业增加值15.92亿元,较上年增长6.1%。全区肉牛饲养量达到4132万头,果品、蔬菜总产量分别达到1.6万吨和40.2万吨,畜牧业、果蔬产业总产值较"十一五"末分别增长66%和121%。建成新农村示范点16个,环境整洁示范村32个,崆峒镇寨子街村和西沟村创建成为省列美丽乡村。办理扶贫专项贷款1.59亿元,发放退耕还林等惠农资金1.26亿元。土地承包经营权确权登记颁证基本完成,勘界确权土地101万亩,规范流转土地13.5万亩,培育发展农民专业合作社175个,认定家庭农场110个。推进集体林权制度综合配套改革,办理林权抵押贷款5660万元,发展林下种植3万亩。实施各类涉农项目391项,完成投资16.5亿元,3.08万贫困人口实现稳定脱贫,全区贫困发生率由10.3%下降到5.7%,顺利通过2015年省市考核验收。

【工业与建筑业】2015年,全区工业增加值完成8.41亿元,增长4.9%。规模以上工业增加值完成7.5亿元,增长4%。其中规模以上工业企业产品销售率为96.82%。建材行业完成工业增加值2.61亿元,下降19.9%,占规模以上工业增加值的34.8 %。建筑业完成增加值12.92亿元,比上年增长12.5%。

【商贸流通】2015年,全区社会消费品零售总额64.85亿元,比上年增长8.9%。其中城镇消费品零售额为50.4亿元,增长8.7%；农村消费品零售额

14.45亿元，增长9.5%。批发零售贸易业零售额53.65亿元，增长8.8%；住宿和餐饮业零售额11.2亿元，增长10.6%。

【财政金融】2015年，全区大口径财政收入完成6.62亿元，比上年增长14.5%；公共财政预算收入完成4.33亿元，比上年增长19.2%。全年一般预算支出达到26.91亿元，比上年增长24%。全区金融机构存款余额为282.62亿元，比上年增长15.99%。城乡居民储蓄存款达159.1亿元，比上年增长12.7%。年末，全区金融机构各项贷款余额202.86亿元，比上年增长15.99%。

【旅游业】共实施旅游基础设施、旅游配套设施、景区绿化亮化美化、景区扩量增容"四大工程"34个项目，概算总投资71亿元，当年计划完成投资12亿元。崆峒生态旅游度假山庄等13个项目全面建成。实施重点旅游建设项目13项，计划投资83554万元,完成投资65305万元，其中崆峒生态旅游度假山庄一期等4个项目全面建成。2015年，全区接待国内外游客602.67万人（次），旅游综合收入31.8亿元，分别增长20.3%和25.5%。

【环境保护】全年环境污染治理完成总投资7673万元。二氧化硫排放总量3400吨，化学需氧量排放总量9500吨，氨氮排放总量700吨，氮氧化物排放总量5500吨。大气环境质量指标：城市空气可吸入颗粒物年均浓度较上年下降20.0%，二氧化硫年平均值≤0.06mg/m3，二氧化氮年平均值≤0.04mg/m3，城市空气质量优良天317天。地表水质达标率达到75%（Ⅲ）以上，城市饮用水源水质达标率100%，区域环境噪声平均值55分贝以内，交通干线噪声平均值70分贝以内。

【科技教育文化】2015年，全区共争取国家和省上科技项目5项,资金69万元；共有11项科技成果获得市级科技进步奖，其中一等奖1项，二等奖8项，三等奖2项；本年度共评出区级科技进步奖10项，其中一等奖6项，二等奖4项。年末，全区有各级各类学校237所，在校学生72116人。九年义务教育巩固率达到93.5%，高中阶段毛入学率88.1%，高考人数3803人，上线 3698人，其中重点本科上线497人，上线率13.1%；一般本科上线1198人，上线率31.5%；三本上线555人，上线率14.6%。有艺术表演团体1个，公共图书馆1 个，博物馆1个，数字影院2个，乡镇综合文化站16个，农家书屋226个，有广播电台1座，广播和电视信号实现全覆盖。

【医疗卫生】2015年末，全区有各级各类医疗卫生机构497个，其中医院19个，社区卫生服务中心（站）23个，乡镇卫生院（分院）18个，专业公共卫生机构26个，门诊部3个，村卫生室231个，诊所（医务室）177个。实有床位3826张，其中医院床位3385张，基层医疗卫生机构床位323张，专业公共卫生机构床位118张。卫生技术人员3691人，其中执业医师和执业助理医师1404人，注册护士1553人，药剂、医技及其它卫生技术人员734人。医疗机构病床使用率为68.96%。

【人民生活与社会保障】2015年，全区城镇居民人均可支配收入21128.9元，比上年增长10.44%；农村居民人均纯收入8204.71元，比上年增长12.42%；城镇居民人均消费性支出为17338.3元，农村居民人均消费性支出为11179.12元。

年末，全区参加城镇基本养老保险人数达到23498人，失业保险人数11997人，职工医疗保险人数16173人，居民医疗保险人数73881人，工伤保险人数9107人，生育保险人数7613人。城乡居民基本医疗保险参保人数达到22.91万人。共有10247户23875名城镇居民、8349户22203名农村居民得到政府最低生活保障。全区农村"五保"1295 人1105户，农村敬老院集中供养150人。

崆峒区主要领导名录

区委书记　陈　铎

区人大常委会主任　周永盛

区　长　赵小林

区政协主席　张新平

（供稿：区志办）

泾川县

【综述】泾川县地处甘肃东部、陕甘交界处，介于东经107° 15′-107° 45′，北纬35° 11′-35° 31′ 之间。东西长57千米，南北宽36千米，全县总面积1409.3平方千米，其中耕地面积67.8万亩，林地面积316平方千米，草地面积65.2平方千米。2015年末，全县辖14个乡镇1个经济开发区，总人口35.8万人。

境内属典型的黄土丘陵沟壑区，地势自西北向东南倾斜，海拔930-1460米。境内占总面积63.4%的丘陵沟壑区梁峁起伏，沟壑纵横。气候四季分明，冷暖起伏不大，降雨多集中于夏季。年均日照2058.8小时，无霜期163天。年降水总量582.4毫米，日照2274小时，相对湿度69%，常年多东北风，年蒸发量1339.6毫米。自然灾害有干旱、洪涝、冰雹、风雷、病虫害等。探明煤炭储量21.7亿吨，初步测算煤炭地质资源量273.6亿吨，可采储量为118.9亿吨。探明石油储量8000万吨以上，远景资源量达到1.8亿吨以上。有王母宫-大云寺、田家沟生态风景区等人文、自然景观。

2015年，全县生产总值完成55.8亿元；固定资产投资完成71.7亿元；规模以上工业增加值完成3.53亿元；地方财政收入完成1.85亿元。三次产业结构比例由35.3：28.6：36.1调整到34.6：25.8：39.6。

【农业农村经济】2015年，全县完成旱作农业技术推广13.1万亩，全年粮食总产量达到17.56万吨。全县新建果园4.9万亩，建成果品冷藏保鲜库3个，全年果品总产量达到40万吨，实现果品收入15亿元。扶持建办标准化养殖小区16个，建成日光温室200座、大中拱棚1006座。建成党原城刘、玉都下坳2个省列"千村美丽"示范村，高平寨子、党原完颜洼2个县列美丽乡村示范村及30个"万村整洁"示范村。以4个特困片带91个贫困村为重点，种植油用牡丹4530亩，建成杂果基地5861亩。实施易地搬迁、整村推进、通村油路等扶贫项目117个，发放精准扶贫专项贷款1.7亿元。建成黑梁河片区“两纵两横”道路40.5千米，新建、改造供电线路147千米，完成荒山造林3.3万亩、新一轮退耕还林9008亩，新修梯田2.3万亩。

【工业经济】2015年，全县签约引进工业项目55项，落实到位资金67.2亿元。40万吨活性石灰生产线建成投产，天纤棉业二期20万锭棉纱生产线、110千伏变电站加快实施，商品交易和农产品批发市场、农业光伏并网发电项目开工建设，万吨气调库及冻干食品生产线项目前期工作进展顺利。年内新布设、改造油井58口，生产原油6.3万吨。全年新增非公企业159户、个体工商户1540户。

【项目建设】2015年，全县论证储备重点项目164项，投资180亿元，落实国省投资6.25亿元，争取财政专项资金10.98亿元、国家专项债券资金1.94亿元、地方置换债券资金3.6亿元，新增专项债券5000万元；年内实施500万元以上项目71项，完成投资73.5亿元。

【城镇建设】完成第四轮县城总体规划修编，编制完成县城棚户区改造、文旅综合体等3个修建性详规和37个精准脱贫村、15个中心村建设规划。新城西路、安定街改造工程全面建成，世纪花园B区、星鼎花园住宅小区建设进展顺利。实施循环经济产业园、城西公租房项目，推进棚户区改造。

【旅游业】编制完成大云寺·王母宫大景区总体规划。加快景区建设，大云寺大雄宝殿、藏经楼等工程建成主体，创意农业花卉观光园建成运营。1964年出土的佛祖舍利回归故土安奉。举办第三届华夏母亲节暨海峡两岸西王母民俗文化交流活动。

【社会事业与民生保障】新建、改造各类校舍3.9万平方米，罗汉洞、红河等乡镇中心幼儿园建成投用。加快实施泾川二中实验楼建设、合道中学改扩建等项目。3个卫生院业务用房及职工周转宿舍全面建成。推进县级公立医院综合改革，落实分级诊疗、基本药物等制度。开展各类文体活动，建成“乡村舞台”56个。完成棚户区改造400户，开建公租房220套，改造农村危房2807户。落实被征地农民、机关事业单位职工养老保险等政策，提高职工住房公积金缴存比例，完成城乡低保、特困供养人员补助两次提标。妥善安置高校毕业生，新增城镇就业3820人。

泾川县主要领导名录

县委书记　李全中

县人大常委会主任　贾仁全

县　长　王廷佐

县政协主席　程永忠

（供稿：丁贵龙）

灵台县

【综述】灵台县地处陇东黄土高原南缘，介于东经107° 00′-107° 57′，北纬34° 54′-35° 14′之间。县域东南与陕西长武、彬县、麟游、千阳、陇县接壤，西北与本省崇信、泾川县毗邻。全境东西长78千米，南北宽40千米，全县总流域面积2038平方千米，其中耕地面积76.69万亩，林地面积181万亩，森林覆盖率35.22%。2015年末，全县辖7镇6乡1个街道办事处，总人口233027人，有回族、藏族、满等6个少数民族。

属黄土高原沟壑区，境内有一塬（什字塬）一山（南部山区）两道川（达溪河、黑河川区），地势西北高、东南低，海拔在890-1520米之间。年平均气温10.2℃，最高气温35.9℃，最低气温-15.7℃；年降水量610.7毫米；年日照总时数2005.6小时，全年无霜期151天。境内矿产资源储量丰富，已探明和预测煤炭资源地质储量约41.96亿吨。南部有丰富的油气资源。境内有原始先民居住遗址、古墓葬430多处，古城址6处，古生物化石点18处，博物馆文物藏量7629件，其中国家一级品44件，二级品441件，三级文物1166件，一般文物5618件，珍贵文物藏品数量之多之精居甘肃省基层博物馆之首。主要人文旅游景点有古灵台、皇甫谧陵园、牛僧孺墓、圪瘩庙、密须古城遗址、文王画卦山等。

2015年，全县实现地区生产总值（GDP）291379万元，比上年增长8.2%。其中第一产业增加值124288万元，增长5.7%；第二产业增加值54555万元，增长7.5%；第三产业增加值112536万元，增长11.7%。人均生产总值达到15901元，增长8%。三次产业结构比例调整为42.7：18.7 ：38.6。全县完成固定资产投资424765万元，增长14.39%。实现社会消费品零售总额126097.6万元，增长9.8%。全县大口径财政收入完成14783万元，增长2.7%。公共财政收入完成9364万元，下降7.5%。年末，全县金融机构各项存款余额548710万元，增长12.53%，各项贷款余额326006万元，比上年增长31.55%。

【农业农村经济】2015年，全县种植全膜双垄沟播玉米20.08万亩，建办冬小麦、玉米高产创建万亩示范片3个，示范面积4.65万亩。冬小麦、玉米高产田平均亩产达413.1公斤和676.8公斤。全年农作物播种面积达到107.1万亩，其中粮食作物播种面积74.56万亩。全年粮食总产量达到18.59万吨。完成无公害生产面积13.5万亩，发展订单农业14.7万亩，分别增长36.8%和13.07%。新注册农民专业合作社76个。截至2015年末，全县累计建成万头牛乡13个，千头牛村44个，百头牛社225个，十头以上养牛大户3276户，完成肉牛冻配改良4.21万头，牛饲养量达到18.2万头，出栏商品肉牛6.58万头，实现总产值25474.66万元。新植苹果园3.1万亩，当年挂果面积达到10.38万亩，总产量达到6.58万吨，实现总产值24031.22万元。建设施蔬菜百亩示范点4个，高原夏菜千亩示范区3个，示范种植蔬菜6400亩。引进名优蔬菜品种15类65个，完成工厂化育苗260万株，推广温室微喷等新技术8项。新建日光温室120亩，搭建钢架塑料大、中拱棚2220亩，累计达到487座和6053座，设施蔬菜生产面积达到6540亩，带动全县种植蔬菜14.5万亩。全年蔬菜总产达到20万吨，实现总产值48764.65万元。新建养殖场一处，种植蔬菜398.5亩，定植核桃700亩，推广全膜玉米覆膜4402亩。全年修建梯田1500亩。全县肉牛、苹果、蔬菜三大产业实现总产值达到98270.63

万元，占全县农业总产值的56.2%。

完成梁原温家庄等生态造林工程26处2.75万亩，建成千亩以上造林工程3处，完成历年工程补造0.9万亩。全县抓建新农村示范点7处（其中市列示范点3处），市列城乡一体化试点乡镇1处，千村美丽示范村3个，万村整洁村30个，累计完成投资6080.81万元。修建文明生态家园337户，实施三清五改526户，硬化村道11.6千米，修建村部4处、村级卫生所4处，体育活动场所5处，开展村庄环境整治活动8次。全年输转劳务1564人（次），开展技术培训3582人，发展专业合作经济组织4个。

【项目建设】2015年，全县实施500万元以上项目60项，完成投资22.7亿元，其中开工建设列入全市“十大工程”重点调度的项目16项，完成投资12.54亿元。3个项目获批立项，争取国省投资5.3亿元，增长26.8%。

【招商引资】2015年，全县落实招商引资项目48项，项目总投资255.33亿元，到位资金54.23亿元，增加11.21亿元，增长26.06%。

截至2015年末，全县累计建成万头牛乡13个，千头牛村44个，百头牛社225个，十头以上养牛大户3276户，完成肉牛冻配改良4.21万头，牛饲养量达到18.2万头，出栏商品肉牛6.58万头，实现总产值25474.66万元；新植苹果园3.1万亩，当年挂果面积达到10.38万亩，总产量达到6.58万吨，实现总产值24031.22万元；以“两河”川区和什字塬区为重点，集中建设“两河”川区设施蔬菜、什字塬区高原夏菜、麦后复种蔬菜三大基地，抓建设施蔬菜百亩示范点4个，高原夏菜千亩示范区3个，示范种植蔬菜6400亩。引进名优蔬菜品种15类65个，完成工厂化育苗260万株，推广温室微喷等新技术8项。新建日光温室120亩，搭建钢架塑料大、中拱棚2220亩，累计达到487座和6053座，设施蔬菜生产面积达到6540亩，带动全县种植蔬菜14.5万亩。蔬菜总产达到20万吨，实现总产值48764.65万元。全县肉牛、苹果、蔬菜三大产业实现总产值达到98270.63万元，占全县农业总产值的56.2%。

【旅游业】2015年，全县旅游业接待人数达到120.2万人（次），增长25.3%。全年旅游综合收入60412.7万元，增长25.3%。

【扶贫开发】全县共精准识别出贫困农户数13120户，贫困人口45500人，贫困发生率21.36%，完成建档立卡和大数据平台建设。实施贫困村主导产业等项目6类19项，完成投资3.35亿元，发放首批精准扶贫专项贷款1亿元，申报第二批贷款规模3.5亿元。实施“五改三建”285户，危房改造5户，新建小型水利工程3处，硬（砂）化道路10条12.3千米，整修生产路或产业路4条5.9千米，机修梯田2176亩，开工修建水过面桥1座。购买基础母牛245头，建成养殖温棚97座，种植核桃等其他经济林2260亩，发放扶贫贴息贷款1712.4万元，开展农业实用技术培训1100人（次），完成“两后生”培训980人，实施河堤治理及安全饮水工程12处。2015年，全县实现减贫15961人。

灵台县中台镇设施蔬菜生产小区

【环境保护】争取项目资金180万元，实施惠民热力公司1号锅炉烟气脱硫项目等5个减排项目。争取投资420万元，在朝那镇三里村等4乡镇7个村实施农村环境综合整治项目，配备吸粪车2辆，压缩式垃圾车4辆，手推式保洁车81个，各类垃圾箱1103台（件），拉建水源地防护围栏1400米。投入320万元，在13个乡镇实施以“六乱”为重点的农村环境综合整治，新增绿化面积74387平方米，清运垃圾2591吨，修建排污渠36665米，新建文明生态家园551户。县城区空气质量达标率为100%；区域环境、交通干线噪声平均值为53.7[dB(A)]和65.6[dB(A)]，低于控制指标55[dB(A)]和70[dB(A)]；达溪河灵台段水质符合地表水Ⅲ类水质标准，县城区饮用水水源水质达标率为100%。

【教育】实施城南幼儿园、西屯中学学生宿舍楼等项目，续建、新建校舍22864.62平方米，新建、维修校舍15161平方米。通过国家义务教育均衡发展评估认定。全县适龄儿童入学率为100%，小学升学率为100%，初中毕业率为100%，九年义务教育完成率为98.62%。中考整体合格率达到87.59%。高考一本上线282人，上线率12.7%；二本以上上线928人，上线率41.8%。

【医疗卫生】全县所有医疗机构实现药品网上采购和零差率销售。新农合“一卡通”全面普及，人均筹资额达到460元，政策覆盖面100%，参合率达到98%以上。在县皇甫谧中医院设立中医治未病中心，开展国医养生馆建设。在县医院设立中医药管理科、中医门诊、中药房，建成中医馆。全县12个乡镇卫生院全部设置中医药综合服务区。

【人民生活与社会保障】2015年，全县城镇居民人均可支配收入达到17510.44元，比上年增长10.25%，人均

灵台县陇塬明都住宅小区

消费支出达到11419.4元，增长4.46%，恩格尔系数为21.25%，下降1.65个百分点；农村居民人均可支配收入达到6506.1元，增长12.14%，人均生活消费支出达到5971.26元，增长20.49%，恩格尔系数为21.66%，下降10.37个百分点。全县城镇单位从业人员年工资总额43090.2万元，增长11.2%，人均年工资为48001元，月工资为4000元，增长8.6%。城乡居民储蓄存款余额为410088万元，增长14.41%，人均储蓄存款达到17598元，增长14.61%。全县城镇新增就业人数2816人，城镇登记失业率为3.02%。

年末，全县城乡居民社会养老保险参保131890人，参保率95.3%，累计发放养老金3450万元，发放率100%。为254名城镇失业人员办理小额担保贷款1270万元，开发公益性岗位安置就业困难人员120人，为577名灵活就业人员发放社保补贴223.8万元，为农村低保人员发放低保资金4677万元，为城市低保人员发放低保资金1035万元，为农村五保供养人员发放供养资金350.55万元，为461名困难患病群众发放医疗救助金211.94万元，为841名城乡困难群众发放临时救助79.78万元，为11398户43473人（次）困难群众发放冬春生活困难救助及冰雹、连阴雨灾害困难群众生活补助资金892万元。全县新建公租房82套，限价商品房72套，棚户区改造安置房221套，完成农村危房改造2200户。在中台镇许家沟等10个乡（镇）20个村（其中贫困村12个）建成农村社区老年人日间照料中心，建筑面积2472平方米。

灵台县主要领导名录

县委书记　王学书（5月止）
　　　　　刘　凯（6月任）
县人大常委会主任　魏惠琴（女）
县　长　刘　凯（5月止）
　　　　崔仁杰（6月任）
县政协主席　边安玉

（供稿：卫　芸）

崇信县

【综述】崇信县地处平凉市东部，介于北纬35° 1′-35° 25′，东经106° 50′-107° 10′之间。境域东靠泾川、灵台两县，西与华亭县接壤，北连崆峒区，南与陕西省陇县毗邻。东西宽35千米，南北长41.5千米，全县总土地面积850平方千米。2015年，全县辖3镇3乡2个工业园区，1个街道办事处，总人口10.2万人。

境内属暖温带半干旱大陆性气候，四季分明，年平均气温10.6℃，年降水量546.4毫米，年日照时数1969.5小时，无霜期190天左右。主要河流有汭河、黑河，自西向东贯穿全境，年径流量近2亿立方米，建有铜城水库1处，总库容380万立方米。是国家15个重点矿区和100个重点产煤县之一，境内已探明含煤面积140.5平方千米，地质储量18.3亿吨。有国家级文物保护单位武康王庙、国家4A级旅游景区龙泉寺、省级风景名胜区五龙山、省级森林公园唐帽山等旅游景点，有被誉为华夏第一槐的关河古槐王、奇特罕见的三异柏等古树名木，有“公刘故里”和仰韶、齐家文化等遗址。全境有国家级文物保护单位1处，省级文物保护单位8处，馆藏文物1886件，文献古籍2513册。

2015年，全县地区生产总值完成28.4亿元，同比增长3.8%，三次产业分别完成6.6亿元、15.8亿元和6亿元，增长6.6%、2%和11.8%；社会消费品零售总额达到7亿元，增长12.7%；公共财政收入完成2.5亿元，下降5.1%；全县固定资产投资达到57.3亿元，增长10.6%；城镇居民人均可支配收入和农民人均纯收入分别达到24150元和6216元，增长11.4%和13.6%。

【农业农村经济】2015年，全县持续壮大牛、果、菜主导产业，新建改建肉牛养殖小区8个，新植果园1万亩，1600亩矮化密植示范园启动建设，果品产量突破2万吨。建成日光温室130亩、蔬菜大棚2030亩，在黄花、锦屏、铜城栽植油用牡丹9200亩，育苗2800亩。建成西北最大的油用牡丹基地，示范种植香菇、铁皮石斛、灵芝等高附加值农产品。正丰公司领翔饲料荣获甘肃著名商标。全县农业产业收入占到农民人均纯收入的一半左右。

完成精准扶贫建档立卡和大数据平台建设，发放精准扶贫专项贷款7359万元，整合各类资金7.9亿元，实施产业培育、基础改善、电子商务和公共服务等精准扶贫项目82个，赤城移民社区开工建设。发展富民产业，全年脱贫4个村，减贫4000人。

【工业经济】加快工业经济结构调整，《崇信工业集中区发展规划》获得省上批复，五举、赤城煤矿主副风井开拓到底，新安煤矿洗煤厂开工建设，鑫盛新型建材非煤工业实现突破，非煤工业增加值占比提高到38%。2015年，全县生产原煤664.5万吨，发电49.74亿度。全年规模以上工业增加值完成9.55亿元。

【固定资产投资与项目建设】2015年，全县固定资产投资达到57.3亿元，增长10.6%。全年共实施新建续建项目157项。20个市列"十大工程"项目超额完成投资计划，煜原职业培训学校等7个专项债券项目进展顺利。崇信电厂二期、30万吨二甲醚项目前期工作取得进展。

【招商引资】与山东东岳、四川华信、陕西海升等集团公司建立战略合作关系。组建成立芮鞠惠民投资发展公司和信源信用担保公司。2015年，全县实施招商引资项目74项，到位资金67亿元，增长21%。

【文化产业与旅游业】编制完成龙泉寺文化旅游养生园修建性详规，保至善烈士纪念馆建成开馆。加快推进农耕文化生态苑、武康王庙保护开发和华夏古槐王景区保护性建设。2015年，全县旅游综合收入和文化产业增加值分别增长25%和40.4%。

【商贸流通】完善市场体系。基本建成金融大厦、商会大厦、永康药品配送中心、电商服务中心、新世纪商厦。2015年，全县固定资产投资达到59亿元，增长14.5%。非公经济占到生产总值的50%。

【城乡建设】县城新区基本建成，棚户区改造6个片区全面启动，新建公租房160套。新窑、木林等小城镇建设进展良好，全县城镇化率提高到43%。实施新农村和旧村改造示范点9个，铺油改造崇大路50千米。关河水库开工建设，梯田化程度达到85%。宽带和4G网络覆盖率达到75%，实现村村通动力电。

【环境保护】完成省道304沿线10个村庄环境综合整治，建成省列美丽乡村示范村2个。面山绿化、打柴沟流域治理等大地增绿工程完成年度任务，森林覆盖率达到34.6%。完成崇信电厂1号机组除尘改造、矿区工业废水深度处理和新窑生活垃圾填埋场建设，县城生活污水处理厂正式投入运行。全年各项约束性指标控制在目标值以内。

【人民生活与社会保障】2015年，全县城镇居民人均可支配收入和农民人均纯收入分别达到24150元和6216元，增长11.4%和13.6%。筹资7.7亿元措办实事，省市县确定的26件42项实事全部按期兑现。城区二小、县医院住院楼、农村危房改造等民生项目全面建成，科技创新教育暨教育信息化工作走在全市前列，城乡低保、医疗救助、基础养老金、失业保障金等十项提标政策落实到位，就业再就业率分别达到84%和92.5%。

【机制体制改革】完成柏树撤乡改镇和卫生计生、公安交警体制改革，取消调整行政审批事项110项。组建县政府法律专家咨询委员会。建立"三张清单一张网"，公共资源交易平台建成运行，集中受理交易项目110项，政府投资项目和采购资金节约率分别达到63%和15%。推进"三证合一"、不动产登记等商制度改革。推行政策性农业保险，农村土地承包经营权实现确权到户到地，累计流转土地6.6万亩。

崇信县城西区

崇信县主要领导成员名录

县委书记　吕鹏举

县人大常委会主任　章进录

县　长　崔仁杰（8月止）

　　　　张拴会（12月任）

县政协主　刘志仓

（供稿：陈汝泽）

华亭县

【综述】华亭县地处西安、兰州、银川三大城市的几何中心地带，北至平凉55千米，西往兰州395千米，南到咸阳国际机场290千米，距西安308千米、银川490千米。宝中铁路、省道304线、203线贯穿境内。全县总面积1183平方千米，其中耕地41.53万亩。2015年末，全县辖6镇4乡1个街道办事处1个省级工业园区，常住人口19.60万人。有回族、满族、蒙古族等12个少数民族。

境内属黄土高原丘陵沟壑区，山川兼有，海拔1226米-2748米。属温带湿润性气候，年平均气温8.7℃，降雨量631.8毫米。境内有汭河、汗河、黑河等河流，年均总径流量1.65亿立方米，地下水总量0.82亿立方米。粮食作物以小麦、玉米为主，盛产核桃、大黄、独活。为全省养牛、药材种植和蔬菜种植大县。主要矿藏有煤碳、陶土、坩泥、石灰石、石英砂等，其中煤炭储量33.74亿吨，占全省已探明煤炭储量的40%，是全国13个重点产煤基地、西北3大产煤矿区之一，也是甘肃省煤电化运一体化综合产业开发的核心区。境内现存古人类遗址64处、古墓葬群10处、石窟石雕19处，馆藏珍贵文物986件。有国家4A级旅游景区莲花台、

3A级景区双凤山公园和米家沟生态园；有海龙洞、药王洞、仙姑山、五台山、建沟石佛群、石拱寺、莲花湖公园等景点（区）。

2015年，全县地方生产总值40.29亿元，比上年增长4.3%；大口径财政收入11.92亿元；地方公共财政收入5.03亿元，下降10.7%；固定资产投资139.76亿元，增长7.8%；非公经济增加值23.5亿元，增长16.8%；社会消费品零售总额19.77亿元，增长9.3%；文化产业增加值0.88亿元，增长17.9%。

【农业农村经济】2015年，全县农业增加值7.83亿元，增长5.6%。全县粮食播种面积35.06万亩,增长1.6%。全年粮食产量9.61万吨，增长1.9%。种植蔬菜10万亩，产量12.47万吨，增长8.4%。种植油料1.37万亩，产量1986吨，下降34.2%。种植药材7.11万亩，产量2.4万吨，增长9.0%。全年大牲畜存栏11.71万头。其中牛存栏11.36万头，出栏6.94万头,增长7.2%；猪存栏4.24万头，出栏6.72万头；羊存栏2.66万只，出栏3.30万只。全年肉类总产量1.24亿吨，奶产量1988.26吨，绵羊毛产量10.29吨，鲜蛋产量625.50吨。年末，全县拥有农业机械总动力97951.14千瓦，有大中型拖拉机594台，配套农机（具）2955台（部）。

整合资金7.3亿元，实施美丽乡村、整村推进、基础设施建设等配套项目27个，建成美丽乡村示范村8个，改造消除土坯房6800户3.5万间，新建农宅5400户，全县小康住宅达86%。新建村内道路11条100千米。建成年供水量160万立方米的小川水厂，解决东南贫困片区1.5万户群众饮水困难。推进"双联"行动，落实帮扶资金8500万元，帮办实事16类1080项。培育新型农业经营主体，累计流转土地5.5万亩，发展专业合作社137个、产业大户4056户，培育伦源肉牛、润源药材、中兴堂芍药等农业龙头企业19户，种植油用芍药5000亩、牡丹1000亩。全年输转城乡劳动力3.12万人（次），创收4.93亿元。全年稳定脱贫5000人，贫困人口收入增幅高于全县农民人均纯收入3个百分点。2015年，全县农业增加值783亿元，增长5.6%。

华亭县米家沟生态园景区

【工业与建筑业】落实银企对接资金4.87亿元，新增中小企业13户。2015年，全县工业增加值15.58亿元，其中规模以上工业增加值15.43亿元，增长2.6%。全县年生产原煤1428.23万吨、甲醇43.00万吨，发电量15.37亿千瓦时，辖区内规模以上工业企业实现利税6.43亿元。全县具有建筑业资质等级的总承包和专业承包建筑企业5户，实现总产值6.70亿元，增加值2.40亿元，上缴税金638万元，施工房屋面积16.72万平方米，竣工房屋面积9.30万平方米。

【招商引资】2015年，全县争取资金11.75亿元，签约招商引资项目134个，签约资金157.9亿元，招商引资到位资金88.07亿元，分别增长21.7%和35.1%。

【项目建设】2015年，全县实施50万元以上重点项目383个，投资136.25亿元，增长7.0%；在建过亿元项目50个，投资84.30亿元。

【固定资产投资】2015年，全县固定资产投资139.76亿元，增长7.8%。其中第一产业投资12.63亿元，下降17.6%；第二产业投资7.30亿元，下降11.4%；第三产业投资49.81亿元，增长78.4%。

【城乡建设】制定县城地理空间信息平台和应用总体方案，完成城区风貌特色、县域村庄布局等4个规划。投资7.9亿元，实施各类城乡建设项目133个。实施汭南大道、皇甫路延伸、平华一级公路华亭城区段等12条街路工程21千米；拓建九龙路等街路12.36千米，新敷设地下管网6.45千米；投资2.8亿元，建成天平铁路华亭火车站站房主体及配套工程；东华、西华、西大街等6个棚户区改造项目加快建设，世纪花园、居礼华庭、金华庭园和纪家庄移民搬迁等12个商住开发项目顺利推进；投资6.6亿元，实施重点小城镇建设项目56个。

【环境保护】生态造林4.2万亩，面山绿化6000亩，建成绿色通道28条170千米。四项主要污染物总量控制目标全面完成市上下达指标，二氧化硫排放量10894吨，氮氧化物排放量6043吨，化学需氧量排放量2660吨，氨氮排放量控制在230吨。工业废渣排放总量3万吨，综合利用量36.48万吨，工业"三废"综合利用产值610万元。经监测，出境段地面水化学耗氧量为12.9毫克/升，地面水水质达标率90.9%，污水集中处理率77%，城镇饮用水源水质达标率为100.0%。环境噪声平均值控制在52.2分贝，交通干线噪声平均值控制在68.5分贝，全年城区空气质量优良以上天数达到330天。

【商贸流通】发展电子商务，新增物流快递公司12家，华亭核桃、砂器等特色产品搭上电商快车，实现销售额34万元。2015年，全县社会消费品零售总额19.77亿元，增长9.3%。其中批发业销售额1.22亿元，增长10.0%；零售业销售额15.50亿元，增长15.1%；住宿业营业额7860万元，下降17.5%；餐饮业营业额2.30亿元，下降11.6%。第三产业增加值14.53亿元，增长10.7%。

【交通邮电】2015年，全县拥有道路运输企业30户，有各类营运车辆2709辆，全年客运量327.02万人（次），增长6.2%，旅客周转量20001.3万人千米，增长13.1%。货运量667.45万吨，增长18.9%，货物周转量194193.8万吨千米，增长16.0%。全年邮政电信通讯业务总量1.52亿元，增长15.9%。其中电信业务总量3671万元，增长3.5%；邮政业务总量434万元，增长12.1%；移动业务总量9500万元，增长26.2%；联通业务总量1560万元，下降3.9%。有固定电话用户1.73万户，移动电话用户19.32万户，计算机互联网用户2.26万户。

【财政金融保险】 2015年，全县大口径财政收入11.92亿元，下降16.5%。全年公共财政支出14.60亿元，增长16.2%。全县金融机构本外币存款余额99.38亿元，增长3.9%；各项贷款余额65.28亿元，增长2.1%。全年保费收入1.15亿元，增长2.8%；全年赔付额3748万元，其中寿险赔付额112万元，财险赔付额3636万元。

【文化产业与旅游业】2015年，全县有从事文化产业的企事业单位87个。全年文化产业增加值8815万元，增长17.9%，占地区生产总值的2.2%。全年投资1.5亿元，实施旅游开发项目7个，完成投资1.1亿元，建成生态旅游示范村4个，发展户外旅行社团5家。2015年，全县共接待各类游客130.2万人（次），增长26.7%。全年实现旅游综合收入7.05亿元，增长26.1%。

【科技教育文化】2015年，全县共申报专利63件，其中发明专利11件，有15项专利被国家知识产权局授权。实施职教中心迁建续建等建设项目22个，覆盖面达到50%。年末，全县有各级各类学校143所，在校学生22376人，有教职工3250人。全县参加普通高考考生1397人，高考一、二本上线1394人（二本及以上上线708人），上线率99.8%，居全市第一。学龄儿童入学率100.0%，17周岁人口义务教育完成率98.0%。新建农村文化广场11个、乡村舞台53个，建成县城文化中心、数字影院和砚峡文史馆，创建幸福家庭4500户，完成“百部微电影创作工程”。开展广场文化月暨乡村舞台文艺展演等文体活动100余场（次）。有艺术团体、文化馆、图书馆、博物馆、档案馆各1个；有广播电视台1座，广播调频转播发射机5部，电视发射机4部。县图书馆藏书总量25.01万册，博物馆有藏品1023件，其中国家珍贵文物藏品一级16件、二级24件。有线电视用户17660户，广播综合人口覆盖率99.5%，电视综合人口覆盖率99.2%。

【医疗卫生】提升改造安口、西华、砚峡乡镇卫生院3个，村标准化卫生室25个。2015年末，全县有各类卫生机构244个，开设病床1315张。卫生系统共有从业人员1292人。其中执业医师和执业助理医师519人，注册护士508人。

【人民生活与社会保障】2015年，全县城镇居民人均可支配收入为25448.06元，增长10.2%；农民人均现金收入7105.15元，增长12.2%。全县新增城镇就业4223人，城镇登记失业率控制在40%以内。安置普通高校毕业生295人。

新建公租房300套，建设老年人日间照料中心12个。县社会福利院入住老人3人，收养孤儿20人。全县新型合作医疗参保10.53万人，参合率99.1%；城镇职工基本养老保险参保4874人，征缴基金3113万元，支付养老金2013人5262万元；工伤保险参保10103人，征缴基金416万元，支付伤残补助金92人373.06万元；失业保险参保6601人，征缴基金815.94万元，支付符合享受失业保险待遇10人失业金6.68万元；城镇职工基本医疗保险参保12411人，征缴基金3007.8万元，支付医疗费3138.7万元，其中核报医疗费3240人1445.1万元；城镇居民医保参保34567人，征缴基金

华亭县米家沟生态园景区

248.6万元。为2.3万名农村低保、城市低保、五保供养、重点优抚对象发放补助资金6244万元，城市低保、农村低保保障面分别为8.3%和14.3%。城乡居民社会养老保险参保率和发放率分别为98%和100%。

华亭县主要领导名录

县委书记　孟小金

县人大常委会主任　闫学明

县　长　王宏林

县政协主席　冯天祥

（供稿：县志办）

庄浪县

【综述】庄浪地处甘肃东部，六盘山西麓，介于北纬35°03′723″-35°28′726″，东径105°46′715″-106°23′745″之间。东邻华亭县，南与张家川回族自治县、秦安县毗连，西接静宁县，北和宁夏回族自治区隆德县、泾源县错壤。东西长56.37千米，南北宽46.6千米，全县总面积1553.14平方千米。属黄土高原丘陵沟壑区。2015年末，全县设8镇10乡，户籍总人口449203人。人口密度为每平方千米289人。

2015年，全县生产总值36.09亿元，按可比价格计算，比上年增长8.0%。其中第一产业增加值14.25亿元，增长6.2%；第二产业增加值5.82亿元，增长6.1%；第三产业增加值16.02亿元，增长11.0%。按常住人口计算的人均生产总值9406元，按可比价格计算，比上年增长7.8%。三次产业比重由上年的34.11：26.55：39.34调整为39.79：16.24：44.72，与上年相比，第一、三产业所占比重分别上升5.68%、5.38%，第二产业比重下降10.31%。

【农业农村经济】2015年，全县农作物播种面积126.5万亩，较上年增长0.08%；其中粮食作物种植面积105.05万亩，较上年增长0.86%；油料作物种植面积7.1万亩，下降11.25%。油料产量6817吨，下降7.03%；蔬菜产量27.41万吨，增长8.42%。粮食总产量19.46万吨，较上年增产2.15%；粮食平均亩产185.2公斤，较上年增加2.3公斤，增长1.25%；农业人均产粮468公斤，较上年增加9公斤，增长1.96%。当年全县水果总产量16.21万吨，较上年增长4.71%。全年新植果园10.2万亩，挂果园面积达到25万亩，果园面积累计达到65万亩。建成欧盟标准示范园3750亩、国家标准示范园1万亩、市级标准示范园11万亩。推广旱作农业70.14万亩，种植马铃薯46万亩，其中脱毒种薯基地13.6万亩。新建蔬菜日光温室、塑料大棚2090亩，示范带动种植蔬菜12万亩；种植中药材2万亩，栽植油用牡丹2000亩。

建成标准化养殖小区18处，全县牛猪鸡饲养量分别达到12.5万头、35万头、175万只。年末，全县大家畜存栏13万头，较上年下降4.48%。年末，全县农业机械总动力30.19万千瓦，比上年增长5.63%；全年化肥施用实物量7.03万吨；农村用电量6591.68万千瓦时；年末，全县有效灌溉面积5.54万亩，保灌面积4.43万亩；年末水平梯田88.2万亩。

【工业经济】引进各类招商项目96个，实际到位资金20.9亿元，开建全市第一家35兆瓦万泉光伏发电项目，新增民营企业133户。2015年，全县全部工业总产值6.17亿元，增加值1.26亿元，按可比价计算，增长4.0%。规模以上工业现价总产值5.23亿元，较上年下降57.9%；增加值0.79亿元，按可比价计算，增长28%。规模以上工业增加值中，重工业增加值1939.9万元，占24.5%；轻工业增加值5989.1万元，占75.5%。规模以上工业实现产品销售收入4.48亿元，较上年下降56.7%；实现利税总额1840万元，较上年下降85.9%；实现利润总额1272万元，较上年下降82.7%；税金568万元，较上年下降90.1%。规模以下工业总产值14723.03万元，增加值4704.01万元，按可比价计算，较上年增长6.4%。

【固定资产投资与项目建设】2015年，全县全社会固定资产投资完成48.35亿元，较上年增长14.1%，其中项目建设投资44.96亿元，实施500万元以上项目158个，其中当年新开工116个，本年投产项目117个。房地产开发投资3.39亿元，较上年增长120%，商品房销售额18亿元，其中住宅1.8亿元。

【商贸流通】2015年，全县社会消费品零售总额达到17.79亿元，较上年增长9.6%。全年商品销售总额30.07亿元，较上年增长15.4%。

【财政金融保险】2015年，全县大口径财政收入26306万元，较上年增长11.7%，其中地方财政收入17136万元，较上年增长3.3%。金融机构各项存款余额69.21亿元，较上年增长13.9%，其中居民储蓄存款余额54.57亿元，较上年增长17.3%；各项贷款余额40.01亿元，较上年增长29.5%。保险业全年保费收入5898万元，全年给付额1311.31万元。

【文化产业与旅游业】2015年，全县文化产业实现增加值7000万元，较上年增长18.64%。全年全县接待游客21.2万人次。

【城乡建设】2015年，全县共实施重点项目130个，完成投资55.2亿元。建成通村硬化路270千米，梯田产业路1000千米，完成庄隆公路、水洛至通化公路改扩建62.3千米，南河桥加宽改造工程竣工通车。成立庄浪县水投公司，花崖河水库全面开工，建成节水灌溉工程5处，新增灌溉面积3285亩。新修梯田3.12万亩，整理土地3.2万亩，治理水土流失60平方千米。新建、改造供电线路116千米。编修城镇修建性详规7个、控制性详规编制18个，持续推进老城区改造与南城区建设，建成南城区步行桥2座，改造铺油城区道路2.1千米，北洛河污水管网跨河工程全面竣工，开建水洛镇何马村公租楼和李庄村棚户区改造工程，福居花苑、丰源居小区等商品住房建设。实施北滨河公园绿化改造，县城服务功能和品位显著提升。南湖镇省列新型城镇化建设试点扎实推进。年内建成新农村示范村19个，改造农村危房5260户。实施农村改厕2000户，在通化建成全省第一家农村能源综合建设示范村。集中连片整流域生态造林3.86万亩，绿化乡村道路511千米，创建国家级生态乡镇3个、省级生态乡镇3个。

【环境保护】2015年，全县环保投资达到2038.04万元，其中污染源治理1584.9万元，生态环境建设和农村环保438.14万元，环保能力建设15万元。全县6项主要污染物均控制在目标值之内，总控率达到100%。大气环境可吸入颗粒物年日均值为0.032毫克/立方米，二氧化硫年日均值为0.018毫克/立方米，二氧化氮年日均值为0.019毫克/立方米。水洛河地表水水质达标率为75%,饮用水源水质达标率为100%。区域环境噪声和交通干线噪声平均值分别为55分贝和65.5分贝。

【教育】2015年，全县各项社会事业投资3亿元。新建、改扩建中小学校舍9.5万平方米，建成县一中图书大楼主体工程，41所乡村幼儿园；年末全县有各级给类学校217所，专任教师5711人，在校学生77360人，学龄儿童入学率100%；中小学教职工与学生比为1:11.7，中小学专任教师与学生比为1：12.13；普通高中录取率达到55%；全县高考二本以上上线达到2017人，上线率34.4%；本专科总上线5573人，上线率98.7%，较上年增加2.3%。

【医疗卫生】推行新农合分级诊疗和城乡居民大病医疗保险，建成县妇幼保健站业务楼，创建李可中医药学术流派国家传承基地庄浪工作站。2015年末，全县共有各级各类卫生机构458个，病床位1750张，卫生技术人员1474人。

【科技文化体育】有14项科技成果获得市级科技进步奖。建成县内第一家数字影院。新建“乡村舞台”76个、村级体育健身工程17个，县文化馆、图书馆入驻新馆并免费开放；紫图书馆馆藏总量9.76万册，流通2.3万人次；博物馆6806件文物藏品中达级藏品905件；荆文化公司年内演出243场次，观众15万人次；全县广播、电视人口覆盖率均达到98.1%，有线广播电视用户达到9000户。编纂出版《华夏文明传承创新吴家军丛书》《庄浪年鉴》《人文庄浪丛书》著述及文学类等出版物12部。全年举办各级各类运动会93次，参加人数9300人次，训练各类体育干部260名。

【人民生活与社会保障】2015年，全县城镇居民人均可支配收入达到21390元，较上年增长10.0%；农民人均纯收入达到5312元，较上年增长14.6%。考录安置高校毕业生574名，政策性安置复退军人42名，新增城镇就业人员3942人。

全县城乡居民社会养老保险实现全覆盖，全年发放政策性惠农补贴资金3.2亿元，参合农民报销医药费用1.65亿元。建成37所农村老人日间照料中心，发放低保、五保对象保障金1.4亿元，大病医疗救助资金920万元，各类残疾人补贴588万元，困难群众生产生活得到有效保障。年末全县参加失业保险人数9232人，参加基本养老保险人数9626人，参加基本医疗保险的人数30505人。享受城镇居民最低生活保障4373人，全年发放最低生活保障金1512万元，较上年增长10.9%;农村低保已保59298人，全年发放保障金10527万元，较上年增长28.1%。新型农村合作医疗参保39.23万人，参合率98.6%;医疗基金累计支出17356万元，较上年增长12.3%。城乡居民社会养老保险参保24.8万人，参保率97.79%。为符合待遇享受条件的老人发放养老金6982.27万元，较上年增长55.6%，发放率100%。

庄浪县主要领导名录

县委书记　陈　铎（6月止）
　　　　　徐　毅（6月任）
县人大常委会主任　陈　亮
县　长　宋树红（女，回族）
县政协主席　王　兴

（供稿：杨贵州）

静宁县

【综述】静宁县地处甘肃省东部、平凉市西部、六盘山以西、华家岭以东。介于东经105°20′-106°05′，北纬35°01′-35°45′。县境南北长81千米，东西宽68.8千米，全县总面积2193平方千米，其中耕地面积147万亩，森林覆盖率为25.9%。2015年末，全县辖8个镇16个乡，户籍总人口48.78万人。

境内属黄土高原丘陵沟壑区，地势由西北向东南倾斜，海拔1340米-2245米。属暖温带半湿润半干旱气候区，四季分明，降雨偏少，光照充裕，气候温和。森林覆盖率为25.9%。

2015年，全县实现生产总值45.15亿元，增长8.2%；全社会固定资产投资达到72.36亿元，增长13.8%；房地产开发投资完成5.69亿元，比上年下降13.57%；全年新开工建设保障性住房2517套。社会消费品零售总额达到24.88亿元，增长9.4%；地方财政收入达到2.14亿元，增长26.9%；年末，全县金融机构各项存款余额81.24亿元，增长17.72%；贷款余额达到61.15亿元，增长38.07%。全年实现大口径财政收入3.55亿元，增长37.41%。

【农业农村经济】2015年，全县农林牧渔业实现总产值32.78亿元，比上年增长696%，其中农业产值2934亿元，林业产值0.30亿元，牧业产值2.67亿元，渔业产值0.46亿元。全县农作物种植面积144.48万亩，比上年减少1.67万亩，下降1.14%；其中粮食作物种植面积120.48万亩，下降0.03%；油料作物种植面积10.17万亩，下降9.03%。全年粮食总产量达到2132万吨，增长151%；油料产量1.21万吨，下降7.87%；蔬菜产量12.07万吨，增长4.08%。全年完成造林面积8.97万亩，下降22.47%。年末，全县果园面积52.46万亩，其中苹果园面积51.39万亩。全年水果产量达到53.07万吨，比上年增产4.1万吨，增长8.37%；年末，全县大牲畜存栏15.99万头，增长0.76%。牛存栏10.18万头，下降0.49%，出栏1.34万头，增长5.01%；猪存栏11.09万头，下降2.55%；出栏12.67万头，下降2.01%；羊存栏0.34万只，出栏0.16万只，分别比上年增长3.03%和2.91%；鸡存栏75.24万只，下降0.97%；出栏46.99万只，增长5.01%。全年肉类总产1.12万吨。

【工业经济】2015年，全县完成工业增加值4.4亿元，比上年增长5.6%，其中规模以上工业完成增加值3.01亿元，增长4.4%。实现销售收入20亿元，增长8%；实现利税总额1.3亿元，增长6%；实现利润总额1亿元，增长6%。规模以上万元工业增加值用水量同比下降4.59%，万元工业增加值能耗同比下降5.69%。

【项目建设】2015年，全县实施各类重点项目120项，总投资253亿元，当年完成投资77.9亿元。其中实施省列重大项目2项，完成投资3.8亿元；市列重大项目20项，完成投资24.1亿元。

【商贸流通与贸易】2015年，全县完成社会消费品零售总额24.88亿元，比上年增长9.4%。其中批发零售业商品销售总额51.21亿元，增长10.88%。住宿餐饮业营业额3.49亿元，增长14.15%。

2015年，全县完成进出口总额2528万美元，比上年增长26%。

【招商引资】2015年，全县共实施招商引资项目36项，签约资金123.02亿元，实际到位资金47.02亿元，比上年增长20%。

【旅游业】发展旅游商品企业2家，开发成纪玉砚、掐丝画、成纪剪纸等旅游商品3类12种。制作《大美静宁》宣传折页5万册。2015年,全县共接待各类游客102.7万人次。全年旅游综合收入5.22亿元，比上年增长25.4%。

【交通邮电】2015年，静宁县共实施建制村通畅工程154项911.6千米，新建项目85条480千米。完成通畅工程460千米，占任务的98%。危桥改造项目3项，完成汽车南站1座，乡镇汽车站4个。全年货物运输总量285.26万吨，比上年增长15.29%；完成货物运输周转量69975万吨千米，比上年增长21.08%。旅客运输总量559.82万人，比上年增长6%；旅客运输周转量31991万人千米，增长13%。

全年完成电信业务总量17485.3万元，增长6.43%；邮政业务总量728万元，增长23.32%。年末，全县固定电话用户3.62万户，本年增加固定电话用户1.5万户，比上年增长70.8%。年末，移动电话用户28万户，比上年减少4.6万户，下降14.1%。互联网宽带接入用户达到1.77万户，比上年末增长2.31%。建成通讯基站245个，行政村4G网络覆盖率达到80%。

【异地搬迁】实施易地扶贫搬迁工程4个，搬迁困难群众59户237人，完成易地扶贫搬迁工程“十三五”规划及建档立卡贫困户信息摸底采集工作。实施以工代赈项目11个，完成投资614万元，建成桥梁一座46.54延米，新建、改建乡村道路10条47.82千米。完成巩固退耕还林成果专项规划建设任务，完成投资3110.78万元，建设基本口粮田18371亩。

【城乡建设】2015年，全县常住人口城镇化率提高2.6个百分点，达到24.1%，绿化覆盖率达到37%，绿地率达到28.5%。完成公租房建设任务260套、棚户区改造860户、旧住宅区改造1397户的主体建设。完成农村危房改造12400户，累计完成投资7.5亿元。新建南环西路西延等3条道路1.9千米，改造东环路等3条道路1.8千米，累计完成投资3500万元。建成公共停车场6处，敷设供水管道3.3千米，完成垃圾填埋场二期防渗膜敷设工程，实施天然气利用（门站）工程，敷设城区中压管网6千米。

【环境保护】2015年，全县完成重点污染减排项目5个，完成总投资3149.482万元，申请省级环保专项资金450万元。全县实际减排化学需氧量1628.6吨、氨氮87.8吨、二氧化硫318.9吨、氮氧化物20.7吨。核发机动车环保检验合格标志12267个，清理2005年以前注册登计的营运黄标车64辆,注销64辆，报废老旧车31辆。建设完成干清粪硬化堆积场等环保设施3户，投资54万元。年内对4户企业进行环保标准化建设，达到B级良好级别。完成农村环境综合整治项目6乡镇7村，总投资420万元。创建省级生态乡镇8个、生态村22个；市级生态乡镇13个，生态村6个。环保部命名3个国家级生态示范乡镇，申报国家级生态乡镇4个，省级生态乡镇9个，市级生态乡镇3个。

【教育】2015年，全县共有各级各类学校371所，比上年增长11.75%；在校学生78687人，减少2.18%；专任教师6364人，增长2.15%；适龄儿童入学率100%；有4人进入全省高考理科前百名，有6人被清华、北大录取。全县二批本科上线人数达2688人，上线率为35.5%。投资5478万元，完成二中等3所学校的教育园续建工程；投资6647万元，实施中小学校舍建设项目203个，新建校舍总面积2.8万平方米。

【文化体育与医疗卫生】投资940万元，新建行政村幼儿园18个共3348平方米。全县图书馆总藏书量7.5万册，比上年增长13.64%；博物馆文物藏量2392件，比上年增长2.88%；文化馆举

2015年2月12日，省委书记王三运（左二）在静宁县慰问老党员

静宁县治平河流域20万亩优质红富士苹果种植基地

办文艺活动6次；县剧团演出场次365场，下降3.95%。全县广播综合人口覆盖率为99.2%,电视综合人口覆盖率为97%,有线电视传输干线网络总长856公里,有线电视用户18000户。全县运动员参加市级及以上各类赛事，共获奖牌17个。全县共有各种卫生机构562个，实有病床位2069张，比上年增长42.32%；医疗卫生专业技术人员2053人，增长15.53%。

【人民生活与社会保障】2015年，全县城镇居民人均可支配收入达到19667.1元，比上年增长10.1%。农村居民人均可支配收入达到5973.2元，增长14.3%。全县城镇登记失业率3.18%。城镇新增就业人数4516人，比上年减少5.05%。

参加城镇职工基本养老保险11881人，较上年增长2.7%；参加城镇职工失业保险11833人，减少0.86%；参加职工基本医疗保险19054人，减少2.5%。参加新型农村合作医疗38.87万人，下降3%，新型农村合作医疗以县参合率为98.69%。2015年发放农村低保18980户64891人，占农业人口的14.5%。保障标准由每年的2193元提高到2434元；城市低保2678户6826人，占城镇人口的11.35%，保障标准由每月的282元提高到310元，提高10%。供养五保对象1828户2056人，发放供养资金697.6万元。发放临时救助资金275.46万元，救助困难居民12856人（次）。下拨自然灾害救助资金1491万元，救济灾民1.16户（次）5.45万人（次）。为3101名优抚对象发放各类生活补助费701.64万元，医疗补助费2.87万元。

【双联工作】2015年，建成万亩旱作农业示范点19处、千亩以上集中示范片35处，完成旱作农业秋覆膜60.7万亩。调运优质苹果苗木320万株，新植果园8万亩，补植5万亩，建成5000亩以上新植果园示范带5个，千亩以上示范点3个。完成果树施肥100万亩，灌溉10万亩，改形修剪50万亩，覆膜30万亩，拉枝20万亩。完成海棠授粉行道树栽植100千米。开展果园管理技术培训260场次，培训果农2.65万余人（次）。饲养肉牛16.3万头，出栏5.3万头，建成养殖企业（小区）25个。完成蔬菜种植10万亩，瓜2万亩，全膜大蒜4万亩，瓜菜总产量11.5万吨。硬化通村道路900千米，维修养护县乡道路12条320千米，通村道路1600千米。建成通水工程8处，解决1.48万农村人口饮水，建成2处水库抗旱应急水源工程，建成3处高效节水灌溉工程。采购2400万株绿化苗木，完成规模造林8万亩，栽植行道树700公里。新修梯田2.8万亩，整理土地1.5万亩，完成流域综合治理41平方千米。安装太阳能热水器822台，太阳能光伏路灯299盏，推广节柴炉315台。完成农村沼气试点项目1500户，建成3个乡（镇）沼气服务站。28个整村推进项目村共新植果树经济林2.2万亩，机修梯田1140亩，新修、拓宽砂化村社道路143.4千米，硬化村组道路12千米，新建塘坝6座，实施危房改造345户，完成生态建设2880亩。投资7.3亿元，建成2个美丽乡村示范村，30个整洁示范村，3个市列新农村试点村，各类重点示范村70个。完成土地流转21.83万亩。完成12乡(镇) 165村1122社41615户土地确权登记工作。完成双联贷款1亿元，苹果保险10.38万亩，发放各类惠农资金2.39亿元。

静宁县主要领导名录

县委书记　王晓军

县人大常委会主任　张自杰

县　长　徐　毅（6月止）

　　　　张兴荣（8月任）

县政协主席　王智国

（供稿：程海霞）

庆阳市

【综述】庆阳市地处甘肃东部、陕甘宁三省（区）交汇处，介于东经106°20′-108°45′与北纬35°15′-37°10′之间。东接陕西省的宜君、皇陵、富县、甘泉、志丹等县，北邻陕西省吴起、定边及宁夏回族自治区的盐池县、、固原县接壤，南与本省的泾川县及陕西的长武、彬县、旬邑县相连。南北长207千米，市境东西跨208千米，全市总面积27119平方千米。2015年末，全市辖7县1区，常住人口223.05万人，比上年末增加0.7万人，人口自然增长率为7.16‰。有30个少数民族。

境内地形北高南低，海拔在885-2082米之间。有世界上面积最大、土层最厚、保存最完整的黄土塬面-董志塬，面积为136.47万亩。有马莲河等5条河流，境内较大的支流有27条。为大陆型气候，四季分明，降雨量南多北少。年平均降水量600.9-783.9毫米，降雨多集中于7、8、9三个月。年平均气温9.3℃至11.1℃。

境内能源资源丰富，是甘肃石油天然气化工基地、长庆油田主产区。已探明油气总资源量40亿吨。已探明煤炭资源215亿吨。盛产小麦、玉米、油料及荞麦、小米、燕麦、黄豆等特色小杂粮。是农业部确定的西北黄土高原苹果优生带。是甘肃优质农畜产品生产基地，有早胜牛、环县滩羊、陇东黑山羊、羊毛绒等大宗优质农牧产品。有甘草、黄芪、麻黄、穿地龙、柴胡等300多种中草药。有香包、刺绣、民间剪纸、皮影等独具特色。有南梁政府旧址、抗日军政大学七分校校部旧址等红色旅游景点。

2015年，全市完成生产总值609.43亿元，比上年增长9.0%；规模以上工业增加值287.76亿元；地方固定资产投资总额1216.07亿元；社会消费品零售总额203.96亿元；财政大口径收入147.83亿元；公共预算收入55.40亿元；城镇居民人均可支配收入23426亿元；农民人均可支配收入6945元。

【农业农村经济】2015年，全市粮食作物播种面积698.19万亩，比上年减少60.08万亩，下降0.9%。全年粮食总产量163.13万吨，减少1.1万吨，下降0.7%。全年新栽苹果15.13万亩，苹果产量59.73万吨，增长9.9%。全年种植蔬菜126.2万亩，增长1.7%；全年蔬菜产量92.1万吨，增长5.5%。瓜类产量85.13万亩，增长12.5%；药材产量10.24万吨，增长1.8%。当年造林面积109.66万亩，增长29.4%。年末，全市大牲畜存栏64.68万头，增长1.3%；牛存栏38.35万头，下降0.5%；猪存栏41.28万口，下降3.0%；羊存栏185.28万只，下降1.0%；牛出栏17.18万头，增长3.8%；猪出栏39.66万头，下降2.4%；羊出栏80.08万只，比上年增长8.5%。全年肉类总产量7.15万吨，增长1.7%；全市水产品产量1314.49吨，比上年增长13.4%。

全年有效灌溉面积达到77.56万亩，增长3.3%，占年末耕地面积的11.4%；保证灌溉面积达到52.98万亩，比上年增长2.4%。农业机械总动力194.98万千瓦，比上年增长8.9 %。

全市实施整村推进项目423个、整乡推进项目21个。建成农村供水工程3.3万处，解决87万群众和学校师生安全饮水问题。完成农网改造4793千米，改造低电压村（组）896个。改造农村危房（窑）9.72万户，实施易地扶贫搬迁4.5万人。全市2507个机关单位、3.29万干部，对口帮联537个贫困村、14.58万贫困户，累计落实帮扶物资30.45亿元，帮办实事15万件。全市贫困人口减少到28.5万人，贫困面由40.55%下降到12.4%，贫困户人均可支配收入由1212元增加到3300元。

【工业与建筑业】2015年，全市完成全部工业增加值292.31亿元，比上年增长9.8 %。其中规模以上工业增加值完成 287.76 亿元，增长9.7 %。规模以上工业中地方工业完成增加值33.68亿元，增长 3.4%。规模以上工业完成销售产值478.07亿元，产品销售率为97.5%。全市规模以上工业企业实现利税总额130.65亿元，比上年下降54.7%，其中利润总额51.38亿元，下降66.9 %。地方规模以上工业实现利润2.32亿元，下降77.7 %。

年末，全市资质以上建筑企业有81户比上年增加2户；全年建筑企业实现增加值39.15亿元，按现价计算，比上年增长 7.2%。

【固定资产投资】2015年，全市固定资产投资总额突破千亿大关，完成1216.07亿元，增长8.3%。其中：第一产业投资额42.34亿元，增长41.2 %；第二产业投资额762.58亿元（含长庆油田公司134.73 亿元），下降 4.9%；第三产业投资额 411.15亿元，增长41.5 %。在投资总额中，地方完成固定资产投资总额1081.34亿元，比上年增长11.7%。

【项目建设】2015年，全市投资500万元以上的施工项目有2783个，比上年增长14.2%。其中当年新开项目1921个，本年投产项目1957个，新增固定资产968.96亿元。

【房地产业】2015年，全市房地产投资完成41.83亿元，比上年增长5.6%。房屋施工面积446.56万平方米，增长3.0%；房屋竣工面积 64.99万平方米，增长25.0%；商品房销售面积59.05万平方米，增长3.0%。建成公租房36套、0.18万平方米。

【商贸流通与贸易】2015年，全市完成社会消费品零售总额203.96亿元，比上年增长9.0 %。其中城镇消费品零售额152.15亿元，增长8.9%；农村消费品零售额 51.81亿元，增长9.2%。分行业看，批发业38.89亿元，增长0.3%；零售业140.24亿元，增长11.3%；住宿业 1.08亿元，增长 7.4%；餐饮业 23.75亿元，增长 11.2%。2015年，全市外贸出口创汇48478万元，比上年增长9.0%。

【财政金融保险】2015年，全市大口径财政收入完成147.83亿元，比上年下降 10 %；一般预算收入完成5540亿元，下降10.0%。各项税收完成128.02亿元，下降4.8%，占财政收入的86.6%。其中国税收入完成86.51亿元，下降5.3 %；地税收入完成41.52 亿元，下降12.4%。全年财政支出207.57亿元，比上年增长 11.8 %。公共服务、教育、卫生、社会保障和就业、农林水事务、住房保障支出分别增长12.3%、24.3%、25.7%、15.3%、21.9%、2.6%，科学技术、城乡社区事务分别下降19.4%和0.94%。

2015年，全市金融机构各项存款余额814.67亿元，比上年净增145.32亿元，增长21.7%。其中住户存款余额551.91亿元，比上年净增99.83亿元，增长22.1 %。各项贷款余额585.04亿元，比上年净增137.50亿元，增长30.7%。存贷比为1：0.72。年末，全市保费总收入195784万元，比上年增长82.3%。其中寿险保费收入131652万元，比上年增长1.6倍；财险保费收入64132万元，比上年增长12.1%。支付各类赔款及给付97073万元，比上年增长1.5倍。其中，寿险支付66632万元，比上年增长4.6倍；财险支付30441万元，比上年增长11.8%。

【交通邮电】2015年末，全市116个乡镇全部通油路；1261个行政村中的860个通沥青（水泥）路，通畅比达68.2%，通畅里程3275千米，县、乡、村道累计1499条，1.16万千米，占公路总里程的89.6%，共完成投资45亿元，其中市县落实配套资金23亿元。全市汽车保有量达到2366239辆（包括三轮汽车和低速货车27245辆），其中营运车辆21586辆，非营运车辆2344653辆。2015年庆阳机场完成旅客吞吐量22.9万人次，增长51.83%。全市货物运输量3220万吨，比上年下降3.8%，货物周转量606360.84万吨千米，与上年度持平；旅客运输量2955.12万人，增长5.4%，旅客周转量175198.61万人千米，与上年度持平。

年末，全市完成邮政通信业务总量18.93亿元，比上年增长14.5%。其中邮政业务总量0.26亿元，增长10.9%；电信业务总量18.68亿元，增长16.6%。固定电话用户累计达到21.32万户，增长0.8%；移动电话累计达到217.24万户，下降6.1%；互联网用户达到20.34万户，比上年增长26.7%。全市各类电话普及率达到112.8部/百人，每百人比上年增加2.5部。

【旅游业】2015年，全市接待国内外旅游人数650万人次,比上年增长44.6%；全年实现旅游收入29.86亿元，增长44.2%。

【科技与教育】2015年，全市事业单位各类专业技术人员43750人，其中高级技术人员2095人。组织实施农业、工业、医疗卫生和社会公益事业等各类国家、省、市科技计划项目145项，其中国列2项，省列13项，共投入科技经费1827万元。评出市级科技进步奖105项，其中一等奖10项，二等奖79项，三等奖16项。年末，全市普通高等学校招生4629人，在校学生16656人，毕业3729人；普通中等专业学校招生5220人，在校学生16163人，毕业8493人；普通高中招生18656人，在校学生57284人，毕业20821人。九年义务教育巩固率达到94.2%。全市大专以上高考录取人数19381人，比上年减少2729人，下降123%；录取率80.7%，比上年下降252%。

【文化与体育】2015年末，全市共有专业国有文化艺术表演团体9个，全年演出1600场（次），观众160万人次；有公共图书馆9个，藏书52万册；有博物馆、纪念馆19个，文物藏量34832件，综合性档案馆9个，馆藏各类档案54.27万卷、27.52万件，资料8.88万册，照片2.35万张；有文化站119个。全市有线电视用户增加到71024户，电视人口覆盖率达到100%。广播人口覆盖率达到100%。《陇东报》出版413期，发行1445.5万份。举办县以上运动会19次，参加运动员29768人次。在市级以上运动会上我市体育健儿共夺得13枚金牌,10枚银牌,11枚铜牌。

【医疗卫生】2015年末，全市有医院28个，乡镇卫生院124个，社区卫生服务中心（站）26个，有妇幼保健院（站）9个，疾病预防控制中心9个，卫生监督所（中心）8个。实有医疗床位8964张，比上年净增711张，增长8.6%。共有卫生技术人员9174人，比上年净增401人，增长4.6%。

【人民生活与社会保障】2015年,全市城镇居民人均可支配收入23426元，比上年增加2188元，增长10.3%；农村居民人均可支配收入6945元，比上年增加756元，增长12.2%。居民家庭恩格尔系数城镇为32.0%，比上年下降0.4%；农村为36.6 %，下降2.14 %。

年末，全市参加城镇企业基本养老保险人数7.57万人，比上年末增加0.1万人。其中参保职工4.85万人，参保离退休人员2.71万人。参加城镇基本医疗保险人数28.25万人，增加0.01万人。其中参加城镇职工基本医疗保险人数14.10万人，参加城镇居民基本医疗保险人数14.15万人。参加失业保险人数8.26万人，减少28人。参加工伤保险人数6.53万人，增加0.5万人。参加生育保险人数8.95万人，增加0.07万人。新型农村合作医疗参合率98.1%。新型农村合作医疗基金支出总额10.3亿元。全市城市低保20500户、48884人，比上年末减少762户，减少1764人；农村低保107466户、345379人，增加2982户。

【环境与安全生产】2015年末，全市共有环境监测机构1个，自动监测设备3台，环境监测人员69人。全市废水中主要污染物化学需氧量排放量14682.47吨，比上年下降2.1%；氨氮排放量1781吨，比上年增长0.2%；大气中主要污染物二氧化硫排放量16229吨，比上年增长3.0%；氮氧化物排放量15941吨，比上年增长0.7 %。全市用于环境保护的资金5.74亿元。

2015年，全市共发生各类安全生产事故370起，比上年下降13.75%，死亡114人，下降0.87 %；受伤370人，下降7.27%；造成直接经济损失427万元,增长18.9 %。亿元生产总值生产安全事故死亡率0.19人，增加0.03%；道路交通万车死亡率0.45人，下降3.65%。

庆阳市领导班子成员名录

市　委

书　记　栾克军
副书记　贠建民　董建镇
常　委　李学宏（女）　黄正军
　　　　章志兼　闫晓峰
　　　　周普生　黄书伴
秘书长　闫晓峰

市人大常委会

主　任　付振伟
副主任　刘至祥　雷沫里（女）
　　　　刘秉宁　郭文奎
　　　　吴秉儒　王　尧　郭光能
秘书长　蔡森贵（2月止）
　　　　卢化栋（2月任）

市政府

市　长　贠建民
副市长　李　银　黄继宗　秦　华
　　　　白振海　朱国庆　赵昌军
　　　　王　谦　钱建华　辛刚国
　　　　田雁青（女）　周继军
市长助理　沈结苟
秘书长　贺建宏（3月止）
　　　　左自刚（7月任）

市政协

主　席　张文礼（10月止）
　　　　李　银（10月任）
副主席　黄占俊　郭晓霞（女）
　　　　黄国锋　刘晓利
　　　　李　伟　窦宏邦
　　　　贺建宏　王小庆
秘书长　杨静仁（2月止）
　　　　高仲林（2月任）

（供稿：市志办）

西峰区

【综述】西峰区地处甘肃省东部，泾河上游，介于北纬35° 25′ 55″ 至35° 5′ 11″ 和东经107° 27′ 42″ 至107° 52′ 48″ 之间，是庆阳市政治、经济、文化、交通和商贸流通中心。区域北靠庆城县，南接宁县，西和镇原县毗邻，东与合水县相望。南北长约47.7千米，东西宽约34.8千米，全区总面积996平方千米，其中耕地面积58.24万亩。2015年末，全区共辖5镇2乡3个街道办事处，总人口为38.16万人，比上年末增加0.21万人，人口自然增长率7.5‰。其中城镇人口21.27万人，农村人口17.05万人，城镇化率达到55.51%。

西峰属黄土高原沟壑区，地形呈扇形。地势由东北向西南倾斜，海拔1421米。气候温和宜人，四季分明，年日照2400 –2600 小时，年降水400–600 毫米，年均气温9.9℃，无霜期175 天，空气质量优良。

2015年，全区实现地区生产总值154.8亿元，按可比价格计算，比上年增长3.8%。全年大口径财政收入完成13.04亿元，增长14.6%，各项税收收入完成59.32亿元（含庆化厂上缴税金45.11亿元），增长9.4%。全年财政支出26.17亿元，比上年增长6.5%。金融机构人民币各项存款余额304.39亿元，增长16.0%。各项贷款余额286.70亿元，增长28.5%。全年保费收入19188.5万元，比上年增长4.5%。支付各类赔款及给付9717.5万元，比上年增长17.6%。

【农业农村经济】2015年，全区农作物播种面积84.20万亩，比上年下降0.6%。其中粮食播种面积为48.80万亩,比上年下降1.4%；经济作物播种面积为31.35万亩,比上年增长1.4%；青饲料播种面积为4.08万亩,比上年下降4.8%。粮、经、饲比例由去年的58.4：36.5：5.0调整为57.9：37.3：4.8。全年粮食总产量完成12.81万吨，比上年下降0.2%。其中夏粮总产6.04万吨，比上年增产0.24万吨，增长4.1%；秋粮总产6.77万吨，比上年减产0.27万吨，下降3.8%。油料产量完成1.61万吨，比上年增长5.9%；蔬菜产量15.98万吨，比上年增长5.5%；瓜类产量2.72万吨，比上年增长1.1%。全年共完成造林面积5.18万亩，森林覆盖率达到35.9%，较上年提高3.5个百分点。当年出售树苗1650万株，比上年下降12.5%。果品总产量11.98万吨，比上年增长5.2%，其中苹果产量11.35万吨，比上年增长5.7%。

年末，全区大牲畜存栏2.05万头，比上年下降1.4%。其中牛存栏1.95万头，比上年下降1.5%，出栏0.71万头，比上年增长4.4%；猪存栏5.92万头，比上年下降1.6%，出栏6.17万头，比上年下降0.5%；羊存栏11.61万只，比上年增长1.6%，出栏4.43万只，比上年增长3.0%。全年肉类总产量达到6413.14吨，比上年增长0.9%。奶类产量1156.38吨，比上年下降0.7%。禽蛋产量629.4吨，比上年下降0.3%。全年水产品产量155.47吨，比上年增长3.6%。

【工业建筑业】2015年，全区规模以上工业完成总产值162.4亿元，比上年下降36.6%，实现增加值36.7亿元，比上年下降18.8%（可比价）。其中轻工业实现增加值1.5亿元，比上年下降9.5%; 重工业实现增加值35.2亿元，比上年增长42%。规模以下工业完成总产值2.09亿元，比上年增长6.2%，实现增加值0.68亿元，比上年增长6.2%。

全年50户资质以内企业完成建筑业总产值46.3亿元，比上年下降8.1%；实现增加值172亿元，比上年增长64%。资质以内建筑企业实现营业利润2.0亿元，比上年下降20.0%；利润总额达到2.1亿元，比上年增长4.0%。

【固定资产投资】2015年，全区固定资产投资累计完成266.4亿元，比上年增长11.2%。其中亿元以上项目26个，完成投资83.58亿元，比上年下降21.5%。其中第一产业完成投资6.5亿元，比上年增长8.9%；第二产业完成投资143.5亿元，比上年增长11.3%；第三产业完成投资116.4亿元，比上年增长11.3%。

【房地产开发】2015年，全区72户房地产企业共计完成房地产开发投资32亿元，增长3.6%。全年商品房施工面积共计356万平方米，增长0.5%。全年全区商品房新开工面积59.5万平方米，占全部施工面积的16.7%，下降56.7%。商品房销售面积33.54万平方米，下降19.3%。全年销售额16.9亿元，上涨0.7%。

【交通邮电】2015年末，全区拥有营运载客汽车1673辆，载货汽车9630辆。全年客运量达到3511.9万人（次），旅客周转量达到259649万人千米。货运量达到712.5万吨，货物周转量达到105845.6万吨千米。

年末，全区有邮政局（所）15个，电信局（所）15个。全年邮政业务总量完成3998.4万元，比上年增长17.9%，邮

西峰区东湖公园

西峰区雨洪集蓄保塬生态项目

政业务总收入3090.68万元，比上年增长4.3%。农村投递线路695单程千米，邮路总长度421.5单程千米。电信业务总量完成36693.3万元，比上年增长27.0%,电信业务总收入16389.9万元,比上年增长2.9%。年末移动电话用户达到19.05万户，固定电话用户7.80万户，国际互联网用户为66057户。

【商贸流通与贸易】2015年，全区完成社会消费品零售总额63.5亿元，比上年增长8.0%。其中城市完成54.2亿元，增长7.0%。农村完成9.2亿元，增长14.1%。批发业完成16.4亿元，下降9.5%。零售业完成39.1亿元，增长15.3%。住宿业完成0.4亿元，增长11.9%。餐饮业完成7.6亿元，增长18.2%。2015年，全区外贸出口创汇14708万元，比上年增长18.0%。

【文化产业旅游业】2015年，全区有文化产业法人单位348个，当年新增34个。全年共组织各乡镇（街办）香包、刺绣、剪纸、皮影类展棚410个，参展公司35个、参展农户256个，共销售香包、刺绣、剪纸、皮影类民俗文化产品133.5万件。打造2个香包民俗文化产业培训基地，举办民俗文化产业培训班90多期，培训从业人员达到7000多人（次）。全年全区实现文化产业增加值3.4亿元，增长20.4%。

年末，辖区共有国家级重点文物保护单位3处，旅游景点16处，涉外定点星级接待单位4个，旅行社（分公司）31个。全年全区累计接待游客225.8万人次，旅游综合收入达到10.56亿元。

【新农村建设】2015年，全区在20个行政村开展环境整洁示范村建设工程，新建公厕8座；新建农民文体广场2处，完成广场绿化、硬化3085平方米，清理“三堆”3880方。安装节能路灯198盏，亮化率达到96%；安装太阳能路灯200多盏；绿化道路30千米，绿化覆盖率达到38%以上。10个示范村的道路硬化率、小康住宅率、绿化率分别达到98%、79%和35%以上。

【科技教育】截至2015年末，全区共有各级各类学（协）会34个。全年完成专利申请208件，授权发明专利18件。全年争取省列科技项目1项10万元，共选派55名科技特派员进驻企业、基地、专业合作社等，培育经济利益共同体7个，组建果产业、瓜菜产业2个服务团队。辖区内共有各类学校215所，其中大专院校1所，中等职业学校10所，中学26所，普通小学107所，特殊教育学校1所，幼儿园71所。各类学校共有教职工7966人，其中专任教师7427人。在校学生92048人。九年义务教育巩固率97.24%。

【文化体育与医疗卫生】2015年末，辖区现有专业剧团2个，文化（艺术）馆2个，图书馆2个，博物馆2个，画院1个，文化站8个，农村文化室100个，农家书屋104个，露天剧场35个。首次在阿联酋迪拜、白俄罗斯设立香包民俗文化产品销售窗口，组织外出参展12次；辖区共有体育场地数411个，举办县级以上运动会5次，参加县级以上运动会运动员人数16991人。年末等级运动员37人，等级教练员29人，等级裁判员452人。全年体育事业经费支出9543万元；辖区拥有卫生机构309个，实有医疗病床3447张，卫生技术人员3411人。全年参合人数238532人,参合率98.1%。居民健康档案规范化建档率达到98%。全区孕产妇总数4189人，早孕建卡率98.3%，住院分娩率99.6%。

【环境保护与安全生产】2015年，全区城市环境质量7项指标全部在市上下达的控制指标之内。PM10（可吸入颗粒物）年均浓度80（微克/标立方米），二氧化氮年均浓度22(微克/标立方米），二氧化硫年均浓度38（微克/标立方米），集中式饮用水源地水质达标率100.0%，地面水水质达标率100.0%，交通干线噪声平均值≤57.1分贝，PM2.5年均浓度7（微克/标立方米）。

2015年，全区共发生各类生产安全事故99起，死亡22人，受伤83人，直接经济损失19.65万元。其中道路交通事故78起，死亡18人，受伤81人，直接经济损失10.17万元；火灾事故19起，无人员伤亡，直接经济损失9.48万元；工矿商贸事故2起，死亡4人。亿元生产总值生产安全事故死亡率0.14人；道路交通万车死亡率1.49人。

【人民生活与社会保障】2015年，全区城镇居民人均可支配收入23847.20元，比上年增加2306.6元，增长10.7%，人均消费性支出14121.56元，比上年增加1124.21元，增长8.7%。城镇居民家庭恩格尔系数为32.4%。农村居民人均可支配收入7878.20元，比上年增加818.88元，增长11.6%，人均消费性支出10325.93元，比上年增加952.98元，增长10.2%。农村居民家庭恩格尔系数为37.9%，比上年下降2个百分点。

全区参加基本养老保险的职工人数

为19746人，其中离退休人员16736人；参加失业保险40299人；参加工伤保险65252人；参加职工基本医疗保险47529人；参加城镇居民基本医疗保险55059人。城市低保参保人数达到5465户、13731人，发放保障金4680万元，比上年减少367万元，城市低保月人均补差285元。农村低保参保人数达到3979户、12861人，发放保障金2328万元，比上年增加466万元，农村低保月人均补差152元。

西峰区主要领导名录

区委书记　章志兼

区人大常委会主任　赵海东

区　长　解　平(8月止)

　　　　王　驰(9月任)

区政协主席　罗亚林

（供稿：刘小智）

正宁县

【综述】正宁县位于庆阳市东南部，东、西、南三面与陕西黄陵、长武、彬县、旬邑相连，北接本省宁县，县域总面积1319平方千米，其中林区375平方千米、农区944平方千米。2015年末，全县辖7镇3乡，户籍总人口24.45万人，常住人口18.21万人，城镇化率31.58%，人口自然增长率7.16‰。

境内地形东高西低、东宽西窄，略呈三角形，平均海拔1318米。东部为子午岭山丘林区，中西部为平原沟谷宜农区。主要河流有支党河、嘉峪河、四郎河。年均气温8.7℃，降水量616.7毫米，蒸发量1500毫米，无霜期158天左右。果、烟、菜等特色产业格局明显。煤炭是县域优势矿产资源之一，探明储量19亿多吨。粘土分布广泛，砂石分布于四郎河流域及周家乡车家沟等川区。

2015年，全县实现地区生产总值25.89亿元，按可比价格计算，增长9%。其中第一产业增加值9.14亿元，增长5.3%；第二产业1.8亿元，增长3.2%；第三产业14.95亿元，增长12.7%。按常住人口计算，人均生产总值14220元，按年末汇率折算为2331美元。三次产业增加值比例由上年的35.5∶11.8∶52.7调整为35.3∶7∶57.7。年末，全县大、小口径财政收入分别完成22217万元和17967万元，增长15.27%和22.14%。一般公共财政预算支出完成158510万元，增长18.34%。

【农业农村经济】2015年，全县年农林牧渔业总产值15.76亿元，增长4.84%。其中农业总产值13.57亿元，增长5.60%；林业总产值0.28亿元，下降33.10%；畜牧业总产值0.86亿元，增长1.52%；渔业总产值0.02亿元，增长13.37%；农林牧渔服务业总产值1.03亿元，增长14.33%。全年粮食作物种植面积27.12万亩，油料面积9.93万亩，蔬菜面积7.45万亩。全年粮食产量90282吨、油料产量16398吨、蔬菜产量14.16万吨。全年牛、羊、家禽出栏分别为0.76万头、1.03万头7.56万只，增长411%、652%和708%;猪出栏251万头，下降2.52%。全年肉类产量3223吨，增长0.47%;水产品产量195吨，增长13.37%。

年末，全县新增农业机械总动力0.9万千瓦，农田有效灌溉面积5万亩，农用机械总动力累计达到18.1万千瓦，增长6.2%；农村用电量3982万千瓦时，增长10.49%。全县完成造林面积6.42万亩，新育苗木0.42万亩，四旁植树71万株。退耕地还林0.3万亩，荒山荒地造林0.1万亩；种苗补助费90万元，兑付农户补助资金150万元。退耕还林政策补助1157万元，兑付农户补助资金1157万元。新修梯田20860亩，流域治理35.4平方千米。全县森林覆盖率提高到50.41%。全年新栽苹果2.7万亩。其中春季1.2万亩，秋季1.5万亩。开展农民培训83期，培训果业技术骨干500人（次），普通果农9000人（次）。

【工业与建筑业】2015年，全县工业总产值38100万元，增长3.6%，增加值8673万元，增长3.9%。规模以上工业总产值20956万元，增长5.7%；增加值3086万元，增长8.5%。规模以下工业总产值17144万元，增加值5587万元,下降0.44%。全年规模以上工业实现主营业务收入18445万元，下降0.09%；利润总额1179万元，下降21.8%；应交增值税188万元，下降25.1%。

年末，全县资质以内建筑企业有2家，完成总产值15741.9万元，下降18.8%。房屋建筑施工面积12.45万平方米，下降34.0%。房屋建筑竣工面积7.17万平方米，下降32.0%。

【固定资产投资】2015年，全县完成固定资产投资108.72亿元，增长10.53%。固定资产投资中，第一产业10.78亿元，增长24.37%；第二产业59.67亿元，下降1.54%，其中工业投资15.73亿元，下降14.79%；第三产业37.07亿元，增长31.97%。

【招商引资与项目建设】2015年，全县共实施各类招商引资项目26个，签约资金64.5亿元，到位资金23.4亿元，增长17%。全年全县共论证储备各类项目293个，资金规模41.9亿元；争取到项目156个，落实资金9.83亿元，增长40.4%。

【商贸流通与贸易】2015年，全县实现社会消费品零售总额14.89亿元，增长8.9%。分地域看，城镇市场消费品零售额10.31亿元，增长8.85%；乡村市场消费品零售额4.58亿元，增长8.93%。分行业看，批发业22589万元，增长7.11%；零售业107053.1万元，增长10.17%；住宿业381.2万元，下降10.26%；餐饮业18938.3万元，增长4.48%。分规模看，限额以上零售额2581.1万元，增长1.01%；限额以下零售额146380.5万元，增长9.03%。2015年，全县实现出口创汇2.5628亿元，增长7%。

【文化产业与旅游业】2015年，全县文化产业新增法人企业4家，法人单位机构数达到59家，从业人员达到3900人。全年文化产业增加值完成0.92亿元。举办第十三届中国·庆阳（正宁）端午香包民俗文化节，组织参加2015年庆阳市农耕节等香包展销活动。

实施《正宁县旅游业发展规划》。全年共接待游客30.06万人（次），增长27%。全年旅游综合收入1.3亿元，增长35%。创建永和镇罗川村为旅游专业村。全县旅游业直接从业人员达到500人以上，间接从业人员1000人以上，旅

正宁县美丽乡村建设

游专业人才达到30多人。

【交通邮电】2015年，全县完成道路客运量169.31万人，客运周转量3921.87万人千米，货运量121.33万吨，货运周转量11243.36万吨千米。年末，全县公路总里程为1116千米。全县共有道路运输经营业户3户，驾校1所，三级汽车客运站1家，道路运输从业人员1357人。全县营运车辆550辆。

全年通信业务总量10404万元。电话用户16.43万户，其中固定电话用户0.4万户、移动电话用户16.03万户。互联网用户数14708户。电话普及率67部/百人。

【金融保险】2015年，全县金融机构各项存款余额56.83亿元，比年初增加7.64亿元，增长15.53%。金融机构各项贷款余额22.68亿元，比年初增加0.71亿元，增长3.23%。全年实现保费收入7569.74万元，增长55.41%。支付各类赔款及满期给付总额2073.72万元，增长22.16%。全县农业保险保费收入达到1460.13万元，增长8.93%，实现理赔1164.32万元，增长117.95%。

【城市建设】全年共开工建设各类工程51处。组织实施县城集中供热等重点建设项目，完成投资1.29亿元。完成农村危旧房改造1700户，总投资2.73亿元。2015年建成保障性住房240套，基本建成公共租赁房48套、棚户区改造安置房204套。

【科技与教育】2015年，全县共论证储备科技项目22个，争取项目资金104万元。实施关键技术项目7项，引进省级以上新品种5个，推广高新技术及实用新技术12项，实施科技合作项目2个。全年专利申报55件，授权5件。年末，全县共有各级各类学校164所，在校学生30282人，共有教职工3038人。全县高考二本以上进线419人，进线率为23%，较2014年提高2.45个百分点。全县校舍总建筑面积36.32万平方米，生均建筑面积分别为小学8.73平方米，初中23.84平方米，高中22.16平方米，中等职业学校30.1平方米。

【体育】举办2015年迎新春职工羽毛球比赛、健身气功暨健美操展演、县直机关职工羽毛球比赛等活动。组队参加庆阳市职工羽毛球交流大赛、庆阳市首届体育舞蹈锦标赛、庆阳市首届“岐黄杯”登山比赛、庆阳市篮球裁判员培训暨裁判员篮球比赛、庆阳市机关工委年终羽毛球比赛、代表庆阳市参加“甘肃省篮球争霸赛”。

【医疗卫生】2015年，全县拥有医疗卫生机构27个，床位657张，卫生技术人员474人。新农合参合率达到99.34%，全年普通门诊和慢性病补偿1426.97万元，住院补偿5295.17万元，较上年分别上升了13.2%、27.3%。新农合政府补助提高到380元，人均筹资达到470元；免费婚前医学检查2266对，婚检率95%；发放计划生育独生子女死亡、伤残家庭扶助金29户14.04万元；对符合市级计划生育奖励扶助政策的298人，按每人720元的标准，发放扶助资金21.456万元。

【史志工作】2015年，全县史志工作编辑出版《正宁年鉴·2014》；辑注出版《陈伯钧庆阳日记》（1936—1945）；完成《中国共产党正宁历史（1921—1949）》（第一卷）审稿工作；完成《解放日报》（1941至1947年）刊载陇东分区和关中分区史料的筛选、整理工作；完成民国慕寿祺纂《甘宁青史略》的标点、校勘，全书共5册230万字。提交《陕甘根据地成为红军长征落脚点的原因》《红军落脚陕甘边的历史原因》《范仲淹思想对赵邦清的影响》《宁县金代名人张中彦、张中孚》《浅论廉吏赵邦清为官之道的现实启示》等论文7篇，并在《甘肃史志》《庆阳党史研究》等刊物发表《中国共产党正宁历史“十个之最”》《西北局召开奖励大会，毛泽东亲笔题词》等论文及文史稿件10余篇。为市、县相关单位提供图书3种、6套，230册；完善正宁县地方史志网站。扩建“正宁县地方史志资料馆”，馆藏地情资料图书达4000余册，为社会各界人士提供查阅服务20余次。2015年12月被中国地方志指导小组及人力资源和社会保障部评为全国地方志系统先进集体。

【人民生活与社会保障】2015年，全县城镇居民人均可支配收入22475.2元，增长9.6%。人均消费支出15694.7元，增长11.46%。人均住房建筑面积37.37平方米；农村居民人均可支配收入7633.8元，增长11.6%。人均消费支出5148.46元，增长6.07。人均现住房面积26.32平方米。全年城镇登记失业率为2.18%，城镇新增就业8436人。全年劳务输转5294万人，创劳务收入10.9亿元。

新农合政府补助提高到380元，人均筹资达到470元。建成保障性住房240套，基本建成公共租赁房48套、棚户区改造安置房204套。安居小区B区室外工程竣工后，交付使用保障性住房11幢456套、林总场危旧改造住房10幢354套。争取中央、省、市保障性安居工程专项资金1276万元。全年为950户城镇最低收入家庭发放住房租赁补贴190.5万元，增长24.43%；摇号分配第四批保障房270套；全年收缴住房维修基金34.97万元、支付19.07万元。

【环境保护与安全生产】2015年，全县城市空气质量达到国家二级标准，水质达到国家Ⅲ类标准，城区饮用水水源地水质达标率100%。全县10个乡镇、94个行政村均已通过省级、市级生态乡镇、生态村命名；西坡、湫头、五顷塬、永和、三嘉5个乡镇已通过省级评估，待国家级审核命名；共创建国家级先进组织单位1个、国家级绿色学校1所、省级绿色学校3所、省级环境教育基地先进单位1个、省级绿色学校创建活动优秀教师2名、省级绿色社区1个，市级绿色学校30所、市级绿色单位5个、市级绿色企业2个。

全年全县共发生道路交通事故25起（非营运），死亡6人，受伤29人，直接经济损失9.1万元。与2014年同期相比，事故起数、死亡人数、受伤人数、直接经济损失分别下降10.71%、14.29%、21.62%、6.7%。

【史志工作】2015年，编辑出版《正宁年鉴·2014》；辑注出版《陈伯钧庆阳日记》（1936—1945）；完成《中国共产党正宁历史（1921—1949）》（第一卷）审稿工作；完成《解放日报》（1941至1947年）刊载陇东分区和关中分区史料的筛选、整理工作；完成民国慕寿祺纂《甘宁青史略》的标点、校勘，全书共5册（卷首3卷、正编32卷、副编5卷共计40卷）、230万字。参加“红军长征落脚陕甘革命根据地研讨会征文”及“狄仁杰、范仲淹思想与陇东优秀历史文化传承研讨会”等活动，提交《陕甘根据地成为红军长征落脚点的原因》《红军落脚陕甘边的历史原因》《范仲淹思想对赵邦清的影响》《宁县金代名人张中彦、张中孚》《浅论廉吏赵邦清为官之道的现实启示》等论文7篇，并在《甘肃史志》《庆阳党史研究》等刊物发表《中国共产党正宁历史“十个之最”》《西北局召开奖励大会，毛泽东亲笔题词》等论文及文史稿件10余篇。为市、县相关单位提供图书3种、6套，230册；完善正宁县地方史志网站。参加《镇原县志》初审会、《正宁县教育志》终审会，均提交3万字修改意见，并得到采纳。扩建“正宁县地方史志资料馆”，馆藏地情资料图书达4000余册，为社会各界人士提供查阅服务20余次。2015年12月被中国地方志指导小组及人力资源和社会保障部评为全国地方志系统先进集体。

正宁县主要领导名录

县委书记　吴丽华（女）
县人大常委会主任　袁喜言（9月止）
　　　　　　　　　梁宏伟（9月任）
县　长　张龙杰
县政协主席　梁环平

（供稿：关润鸿）

华池县

【综述】华池县地处甘肃省东部，庆阳市北部，介于东经107° 29′ –108° 33′ 、北纬36° 07′–36° 51′ 之间。东北与陕西省志丹县接壤，东南与本市合水、庆城县相连，西与环县毗邻，北与陕西定边、吴起县接界。县境东西宽27–84千米，南北长37–110千米，全县总土地面积3791平方千米，其中可耕地面积103.36万亩。2015年末，全县总人口12.39万人，人口自增率7.23‰。有蒙古族、回族、藏族等12个少数民族。

华池是是陕甘边最早的革命根据地之一，1934年11月，刘志丹、习仲勋等老一辈无产阶级革命家就在华池南梁创建了西北地区第一个红色革命政权 — 陕甘边苏维埃政府。以南梁为中心的陕甘边革命根据地，是第二次国内革命战争后期“硕果仅存”的根据地，为长征中的党中央和中央红军提供了落脚点，是八路军三大主力开赴抗日前线的出发点。

境东的子午岭林区原始次森林面积达150多万亩，木材蓄积量达到247万立方米。石油资源探明地下储油面达2200多平方千米，储量8.6亿吨，是长庆油田在陇东的主产区。煤炭资源初步探明煤矿面积约2364平方千米，储量达80亿吨。白瓜籽、黄花菜、黑木耳、小杂粮等土特产驰名陇上，被称为“白瓜籽”之乡、“小杂粮”之乡。沙棘原浆口服液、白瓜子等走出国内，销往美国、东南亚等地。

2015年，全县实现生产总值（含油田）83.33亿元，增长8.2%。其中第一产业增加值5.45亿元，增长5.9%；第二产业增加值66.49亿元，增长8.1%；第三产业增加值11.39亿元，增长11.0%。三次产业结构比由2014年的5.2：84.6：10.2调整为6.5：79.8：13.7。按常住人

2015年1月5日，国家统计局资料中心主任曹志刚（前排右二）在华池调研

2015年11月11日，国家旅游局局长李金早（前排左一）在华池调研南梁红色旅游景区的开发建设情况

口计算，人均生产总值67259元。年内非公有制经济增加值13.47亿元，增长12.0%，占生产总值比重为16.2%。

【农业农村经济】2015年，全县农业总产值8.96亿元，增长3.8%，实现农业增加值5.47亿元，增长5.9%，其中农、林、牧、渔和服务业增加值分别为4.03亿元、0.28亿元、1.14亿元、0.008亿元和0.01亿元，分别增长8.6%、下降4.7%、增长2.7%、下降4.9%和增长11.8%。农业经济中农、林、牧、渔、服务业结构由2014年的73.1：5.5：21.0：0.2：0.2调整为2015年的73.7：5.1：20.8：0.1：0.3。

全年农作物种植面积86.73万亩，减少0.21万亩，下降0.2%。全年粮食总产量14.32万吨，增产0.96万吨，增长7.2%，其中夏粮播种面积10.14万亩，增长30.9%，产量1.83万吨，增长38.2%；秋粮种植面积76.59万亩，下降3.3%，产量12.49万吨，增长3.8%；油料种植面积5.67万亩，减少1.8万亩，产量0.55万吨，减少0.22万吨；蔬菜种植面积8.35万亩，增加0.11万亩，产量4.88万吨，增长8.5%；中药材种植面积2.04万亩，产量0.58万吨，减产0.04万吨。2015年，全县大家畜饲养量7.74万头，净增0.22万头，增长4.2%。牛饲养量3.74万头，减少0.01万头，下降0.5%，羊饲养量27.13万只，净增0.21万只，增长0.8%。猪饲养量7.15万头，减少0.31万头，下降4.2%。全年肉类总产量0.58万吨，增长7.4%。全年水产品产量113.3吨，增长13.3%。

2015年，全县荒山荒地造林21.92万亩，净增2.93万亩，增长15.5%。果园面积5.93万亩，与2014年持平。水果产量2.03万吨，增长10.1%。林木蓄积量322.5立方米，森林覆盖率27.86%。全县水平梯田面积55.3万亩（当年新增4.8万亩），增长9.5%。年末农业机械总动力17.6万千瓦，增长8.6%，拖拉机2078台。综合治理水土流失面积50.0平方千米。全县通电村111个，村通电率100%，通电农户28243户，户通电率99.9%。

【工业与建筑业】2015年，全县有县属工业企业132户，当年新增19户，其中规模以上工业企业7户（当年新增1户）。全县完成全部工业增加值62.66亿元，增长8.3%，其中规模以上工业增加值62.28亿元，增长8.2%（地方规模以上工业增加值1825万元，增长12.1%）。规模以下工业增加值0.37亿元，增长21.1%。规模以上工业单位增加值能耗0.5353吨标准煤/万元。工业用水量175.56万立方米，增长2.0%。

年内5户资质以内建筑企业产值10.3亿元，下降10.5%，实现增加值3.86亿元，增长1.6%。从业人员3537人，增长0.5%，劳动生产率28.8万元/人，利润0.97亿元。建筑业用电量291.8万千瓦时，增长2.3%。

【固定资产投资】2015年，全县实施500万元以上固定资产投资项目598个（当年新开工项目408个），完成固定资产投资额87.15亿元，增长11.6%，增幅较2014年下降10.0个百分点。工业固定资产投资完成12.57亿元。

【房地产业】2015年，全县房屋施工面积25.55万平方米，下降5.99%。房屋竣工面积21.57万平方米，增长3.8%，商品房销售面积5.99万平方米，年平均从业人员3586人，增长12.3%，年劳动报酬3.5万元，增长5.8%。

【商贸流通】2015年，全县社会消费品零售总额11.11亿元，净增0.99亿元，增长9.07%，其中限额以上零售总额0.42亿元，增长2.88%；限额以下零售总额10.69亿元，增长9.33%。按城乡分，城镇社会消费品零售总额6.6亿元，增长9.54%；农村社会消费品零售总额4.51亿元，增长8.4%。分行业看，批发业1.29亿元，增长8.17%；零售业8.31亿元，增长9.27%；住宿业0.09亿元，增长9.2%；餐饮业1.46亿元，增长13.1%。

【招商引资】2015年，全县实施各类招商引资项目31个，增长24.0%，到位资金31.88亿元，增长51.2%。

【交通邮电】2015年全县公路总里程1404.5千米，当年新增140.3千米，增长11.1%。汽车保有量1378辆，本年新注册轿车2700辆。邮政业务总量429.98万元，函件3.14万件，报刊204.66万件，集邮邮票3.85万枚，国内快递0.56万件，邮政代理快递业务总量0.34万件。年末手机用户10.97万户，人均手机使用量0.81部。固定电话用户1.05万户，每百人拥有固定电话数12.3部，实现营业额1876万元，互联网用户7576户。

【文化产业与旅游业】2015年，全县有专业文化艺术表演团体22个，乡镇文化站15个，年内文化产业调查单位95户，当年新增企业5户。全年实现文化产业增加值1.4亿元，增长16.7%。

2015年，全县共有名胜风景区8个，重点文物保护单位72处，其中国家级7处、省级6处、市级14处、县级45

处。全年接待游客139.6万人（次），增长132.6%。全年旅游收入3.94亿元，增长56.8%。

【财政金融保险】2015年，全县大口径财政收入7.14亿元，增长55.9%。财政总支出19.19亿元，增长22.5%。全县各类金融机构存款余额41.51亿元，增长21.1%。各项贷款余额20.27亿元，增长12.4%。全县保费收入9623.3万元，增长11.6%。支付保险业务赔付金3985.18万元，增长21.8%。

【科技与教育】2015年，全县组织实施国家省列科技计划项目2项，共投入科技资金325万元。全社会研究与试验发展经费总额1.39亿元，比2014年增加1.02亿元，占GDP（不含油田）比重6.5%，较2014年提高4.8个百分点，发明专利拥有量2件。全县有各类学校144所，教职员工2020人，在校学生21419人，增长1.6%。学龄儿童入学率100%。高中阶段毛入学率87.3%；7-12岁儿童入学率100%；小学生巩固率100%；学前三年毛入学率80.29%。当年高考录取1131人，录取率89.62%。新建、改建校舍10.17万平方米。全年教育经费支出2.98亿元。

【体育】2015年，全县共有体育馆1个，乡村体育活动场地75个，全年共举办县级以上运动会10次，学校、乡镇、企业举办各类体育活动15次，参加市县体育比赛约3000人（次），获奖300人（次）。

【文化事业】2015年，全县有广播电视机构1个，调频转播台1座，卫星地面接收站1座，全县有线数字电视用户3752户。村村通12000户，户户通25912户，电视综合人口覆盖率100%。全县图书藏量3.2万册，文物1699件，馆藏档案55545卷件，其中影像档案456盒，照片4000张，实物档案120件。

【医疗卫生】2015年末，全县共有医疗卫生机构28个，有卫生技术人员566人，增长10.9%，编制医疗床位693张。拥有CT、全自动生化分析仪、彩超、500mAX光机等大型医疗设备223台，拥有救护车20辆，母婴巡回保健车1辆，卫生监督车1辆，疫情处理工作车2辆。5岁以下儿童死亡率4.67‰。全年新型农村合作医疗支出总额4726.83万元，增长23.2%。

【人民生活与社会保障】2015年，全县城镇居民人均可支配收入23576.4元，净增1635.6元，增长10.5%，人均生活消费支出14916.4元，增长11.4%，人均拥有住房面积29.72平方米，城镇居民恩格尔系数为31.0%。农村居民人均可支配收入6700.4元，增长12.2%，人均生活消费支出5067.4元，增长6.1%，人均拥有住房（窑）面积20.7平方米，农村居民恩格尔系数37.7%。县城镇新增就业6032人，登记失业率为2.11%，较2014年上升0.17个百分点。全年全县劳务输转3.91万人，实现劳务收入7.3亿元。

年末，全县参加养老保险人数达77418人，净增609人。全县在职职工参加养老保险2418人、离退休人员615人，缴费金额2080万元。参加城镇职工医疗保险人数9347人，与上年持平，缴费金额2768万元；城镇居民基本医疗保险10403人，与上年持平，参保率98%，征缴保费25万元，农村居民合作医疗参合107686人，参合率98.3%，参合缴费5000.1万元；参加失业保险4709人，与上持平；参加工伤保险2347人；参加生育保险5797人，与上持平。全县城镇低保户1638户3565人，与2014年同期持平，发放低保金1163.6万元；农村低保户5525户18976人，发放低保金3252.3万元。享受五保人数554人，发放五保金240.83万元，残疾人保障金331.75万元，救助75周岁以上困难老人1000人，发放救助金20万元。建成保障性住房276套（公租房），建筑面积1.66万平方米，投资额3560万元。全年共实施保障家庭460户，其中分配入住廉租房52户，兑现租赁补贴408户。

【环境保护】2015年，全县有环境保护机构2个，系统各类工作人员43人，环境监测站1个，全年化学需氧量排放量584.85吨，比2010年(852.92吨)削减268.07吨，削减比例31%；氨氮排放量54.87吨，比2010年（118.57吨)削减63.7吨，削减比例45%；二氧化硫排放量399.97吨，比2010年(408.4吨)削减8.17吨，下降2%；氮氧化物排放量7532吨，比2010年(7686吨)削减154吨，下降2%。

【安全生产】2015年，全县共发生各类生产安全事故22起，死亡8人，受伤20人，直接经济损失10.18万元，四项控制指标同比“三降一升”，经济损失上升49.7%，事故起数、死亡人数、受伤人数分别下降8.33%、20.0%、25.93%。

【自然灾害】2015年，全县农作物受灾面积96.35万亩，其中旱灾84.58万亩，风雹灾害1.85万亩，霜冻9.92万亩。成

2015年10月18日，“薪火相传·再创辉煌”长征精神红色旅游火炬传递活动华池传递仪式在南梁革命纪念碑前举行

灾面积48.81万亩，其中旱灾40.4万亩，风雹灾害1.34万亩，霜冻7.07万亩。农作物减产面积39.09万亩，其中8成以上绝收13.12万亩。减产粮食4.12万吨，油料0.24万吨，成灾人口2.04万人，得到国家救济2.04万人（次）。

华池县主要领导名录

县委书记　赵昌军（5月止）
　　　　　张万福（5月任）
县人大常委会主任　王长清
县　长　张万福（5月止）
　　　　辛少波（女，6月任）
县政协主席　张刚宁

（供稿：盖彩凤　李永秉）

合水县农村公路建设

合水县

【综述】合水县地处甘肃省东部，踞陕、甘两省交界。县域东邻陕西省富县，西连庆城县，南接宁县，北靠华池县及陕西省志丹县，总土地面积2941.79平方千米，其中耕地面积35.54万亩，林地面积346.35万亩，森林覆盖率69.94%。2015年末，全县辖7乡5镇，5个社区居委会，总人口17.81万人，其中农业人口15.27万人。

属黄土高原沟壑区，川塬交错，沟壑纵横。地势由东北向西北方向倾斜，最高峰子午岭涧水坡岭海拔1682米，最低处何家畔乡马莲河桥下海拔979米，平均海拔1298.7米。全年降水量558.8毫米，平均气温10.2℃，无霜期196天。

2015年，全县完成生产总值53.37亿元，增长10.9%；固定资产投资84.78亿元，增长11.2%；大口径财政收入3.42亿元，增长12.49%；小口径财政收入2.28亿元，增长18.74%；社会消费品零售总额10.93亿元，增长9.1%。

【农业农村经济】2015年，全县农业增加值7.72亿元，增长5.5%。粮食生产实现“五连丰”，总产量达到10.04万吨。新栽苹果1.06万亩，实现产值6亿元；种植蔬菜11.87万亩，其中设施蔬菜1.88万亩，实现产值1.97亿元；建成标准化养殖场34处，其中为14个脱贫村新建养殖场17处，新增规模养殖户520户，实现产值1.6亿元；完成苗林结合培育5.48万亩，流转林地5000亩，实现产值1700万元。规范提高农民专业合作社18个，培训农民1万人，发放农机购置补贴276.4万元，投放各类农机具953台（件）。

【工业经济】2015年，全县规模以上工业增加值8090万元，增长10.3%。全年新打油水井318口，原油产量达到120万吨，实现石油税收6988万元，争取油田支地资金6000万元。完成投资3.75亿元，布设煤炭探井33口，累计进尺3.89万米。工业集中区建设完成投资1100万元，延伸道路1.3公里，陇原果品、蓓蕾金菜整体搬迁项目基本建成。

【非公经济】2015年，全县新办工业企业12户、小微企业21户；新注册各类企业132户，新增各类市场主体1020户。

【项目建设】2015年，全县论证储备各类项目424个，完成前期41个；争取国家、省市各类项目和补助资金373项7.28亿元，开工实施500万元以上项目177个，投资总额达到153.05亿元。

【招商引资】2015年，全县签约招商引资及启动民资项目48个，签约资金75.48亿元，到位资金29.35亿元。

【文化产业与旅游业】2015年，全县新增文化企业6户，生产民俗文化产品31万件，建成“乡村舞台”35个，文化产业园、数字影院、陕甘红军纪念园等文化旅游项目扎实推进，完成文化产业增加值9800万元。

【城乡建设】全县完成投资10.2亿元，实施文化大厦等重点项目56项，5个片区棚户区改造完成拆迁任务的80%。小城镇建设完成投资2.58亿元，太白特色风貌建设成效明显，肖咀、段家集两个小城镇提质改造基本完成，12个小城镇全部实现有广场、有市场、有超市、有公厕、有宣传栏的“五有”目标。建成美丽乡村示范村5个、环境整洁村和整治村40个、新农村示范村12个，小康农宅248户。

【教育与医疗卫生】投入资金2.13亿元，完成了省市县确定的46件民生实事。实施全面改薄、教师周转宿舍及幼儿园建设项目5大类94处，落实各项教育惠民资金2044.9万元。推进公立医院改革，投资4600万元的民营乐蟠医院投入运营，合水县被省政府命名为“甘肃省中医药工作先进县”。

【人民生活与社会保障】2015年，全县城镇居民人均可支配收入22744元，增长9.6%。全面落实就业再就业政策，新增城镇就业6200人，开发公益性岗位48个，安置高校毕业生111人。发放城乡低保等各类保障资金6149.9万元、各类社会保险4397万元，城乡居民基本养老保险参保率达到98.09%。建成各类保障性住房284套，完成农村危旧房改造1600户、残疾人危旧房改造100户，发放廉租住房租赁补贴516户107.28万元。实施“金凤凰”培育扶持工程，发放扶持资金164.42万元。省市县确定的46件民生实事全面落实。

合水县主要领导名录

县委书记　柴　春（5月止）
　　　　　解　平（5月任）
县人大常委会主任　谢守成（8月止）
　　　　　　　　　朱克勤（8月任）
县　长　沈文祥
县政协主席　朱克勤（8月止）
　　　　　　余金太（8月任）

（供稿：李娟娟）

宁　县

【综述】宁县地处于甘肃省东部、庆阳市南部，介于北纬35° 15′ 至35° 52′，东经107° 41′ 至108° 34′ 之间。东依子午岭和陕西省黄陵县，西涉泾河、蒲河，南接正宁县和陕西省长武县，北靠合水县、西峰区。县域东西长80千米，南北宽65千米，面积2653.72平方千米，其中耕地面积96.28万亩。2015年，全县辖10镇8乡，总人口56.06万人。

地属黄土高原沟壑区，川塬交错，沟壑纵横。地势东北高西南低。海拔860至1760米。属暖温带大陆性季风湿润半湿润气候。年日照2192.2小时，比常年平均偏少7%。2015年，年降水总量510.0毫米，比上年减少90毫米；平均气温10.3摄氏度，比上年增加1.6摄氏度；无霜期151天，比上年减少19天。境内有马莲河、九龙河和城北河等9条河流，总径流量17.36亿立方米。土壤以黑垆土、黄绵土为主。境内历史文化遗址众多，香包、刺绣、剪纸、石雕等民俗文化产品享誉陇上。盛产小麦、玉米、油料、黄豆、小米等，特色小杂粮久负盛名。有早胜曹杏、九龙金枣、黄甘桃、羊肚菌、黑木耳、薄皮绵核桃、早胜牛等土特产。境内盛产各种中药材，69种入选《中华人民共和国药典》。县境西北部有油，东南部有煤，属西峰油田和陕北煤矿的一部分。

2015年，全县地区生产总值63.48亿元，比上年增长10.8%。其中第一产业、第二产业、第三产业增加值分别是15.11亿元、22.53亿元、25.84亿元，三者分别增长5.6%、15.7%和7.9%，三次产业结构比为23.8∶35.5∶40.7。固定资产投资208.72亿元，增长12.4%。规模以上工业增加值4.82亿元，增长12.5%。财政大口径收入2.42亿元，小口径收入1.67亿元，分别下降15.5%、167%。社会消费品零售总额3028亿元，增长9.5%。

【农业农村经济】2015年，全县农村社会消费品零售额9.07万元，农业增加值12.55亿元，比上年增长5.2%。农林牧渔业总产值26.09亿元，增加值15.32亿元，增长5.7%。全年农作物播种面积154.55万亩，粮食播种面积100.68万亩。全年粮食总产量26.20万吨，增长1.4%。蔬菜播种面积和产量分别是16.32万亩、16.07万吨，分别增长1.4%和6.7%，瓜类播种面积8.77万亩，下降2.5%，产量36.0万吨，增长0.1%。种植设施瓜菜1.8万亩，建钢架大棚24座，建成早胜镇南北村蔬菜试验示范点500亩，建成高原夏菜千亩示范点4个，带动种植高原夏菜11.2万亩。富士苹果、核桃等经济果园面积25.84万亩，水果产量4.74万吨，增长13.4%，其中苹果产量2.84万吨，增长14.5%。种植中药材760亩。建肉羊规模养殖场(小区)15个，发展规模养殖户2630户，增加肉羊19万只。引进良种基础母牛596头、良种羊4779只，建养畜暖棚30座。年末，牛存栏、猪存栏、猪出栏分别是932万头、955万头和894万只，分别下降0.5%、4.0%和3.1%；牛出栏、羊存栏和羊出栏分别是5.13万头、10.51万只和3.96万只，分别增长45%、66%和65%。全年肉类总产量138万吨，增长0.8%。

荒山荒地造林17.43万亩，封山育林6.18万亩，分别增长17.6%和54.5%。发展育苗林16.6万亩。全年出售树苗2.6亿株，苗木产量3.64亿株。退耕造林3000亩。投资5.3亿元，修通村水泥路96条711千米。全县实施整村推进项目17个，建成集中供水工程3处，小电井3504眼；建成10千伏和0.4千伏线路409千米，改造户表9165个。危房改造2753户，建成廉租房132套。全县15个贫困村、2.43万人稳定脱贫。争取各级农机购置补贴资金364万元，全县农机总动力29.01万千瓦，拖拉机7400台，比上年增加146台；拖拉机配套农具9805台(部)，比上年增长3.8%。

【工业经济】2015年，全县工业总产值和增加值分别是22.47亿元和12.03亿元，比上年分别增长18.8%和9.7%。其中12个规模以上工业企业工业总产值和增加值分别是20.3亿元、4.82亿元，增长32.5%和12.5%。全县规模以上工业企业万元工业增加值能耗和耗水量分

2015年12月19日，副省长夏红民（前右二）在双联点宁县湘乐镇樊村调研

2015年4月20日，长庆桥火车站客运列车正式开通

别是0.72吨标煤、69.8立方米，分别比上年下降3.5%和6.1%。

【电子商务】建成县级电子商务服务中心和线下体验馆，建乡级电商服务站17个、村级电商服务点160个，注册物流快递企业15个，从业500人，线上交易额4120万元，宁县进入国家级电子商务进农村综合示范县行列。

【非公经济】创建小微企业232家。2015年，全县非公有制经济增加值40.2亿元，增长25.5%。增加1个规模以上工业企业-宁县恒瑞康药业有限公司。

【项目建设】2015年，全县储备各类项目380个，实施500万元以上项目304个，投资208.72亿元，比上年增长12.4%。

【文化产业与旅游业】2015年末，全县建有乡镇文化站5个、乡村舞台74个、文化集市1处、村文化广场32个、村文化大院8个、3D数字影院1座，成立民间文艺演出团体161个，注册文化企业117个，生产民俗文化产品100多万件，产值2.2亿元。全年文化产业增加值2.1亿元

年末，全县接待游客45万人次，旅游收入2.22亿元，分别比上年增长26.9%和28.6%。旅游直接就业人数820人，比上年增长20.2%。

【城乡建设】投资1.9亿元，实施马坪新区二期供水等21个基础配套项目，志心路等11条道路硬化亮化工程竣工，打通国道211与东滨河路延伸段的连接，建成步云大道、和谐广场等工程。投资4.2亿元，硬化乡镇街区道路18万平方米、人行道12万平方米，修建供排水、排污管网55千米，安装路灯1623盏，栽植绿化树2.6万棵，建商品房、门店及住房22.5万平方米。创建焦村等4个美丽乡镇，创建焦村任村等27个美丽示范村。

【环境治理】投资76万元，购置垃圾收集转运箱23个、垃圾清运车3辆，建成容积3万立方米的垃圾填埋场和垃圾焚烧处理站各1个，村庄生活垃圾有效处置率80%。争取资金85万元，为米桥乡等14个乡镇20个精准扶贫村购置分类式垃圾箱260个、垃圾收集转运箱63个、人力垃圾保洁车80辆、垃圾清运车10辆。2015年，县城环境空气质量达到国家二级标准，新宁镇新宁村断面地表水水质达标率98%，城北河饮用水水源地水质达标率100%，县城区域环境和交通干线噪声均达到声环境质量标准控制要求，全年未发生重大环境污染事故及核与辐射安全事件。全年削减化学需氧量171.60吨、氨氮27.42吨。

【科技与教育】2015年，全县申报省、市科技计划项目15个，立项8个，争取项目资金119万元。全县实施科技项目38个，科技成果推广与转化项目5个。培育"海升栽植模式"苹果生产推广示范点8个。组织科技培训6.3万人次，8项科技成果获得鉴定，申报专利116项。全县技术市场交易额2362万元。实施全面改善贫困地区义务教育薄弱学校办学条件及教师周转宿舍项目120个，修建村幼儿园73个，幼儿入园100%；282所小学配备饮水设备，81所中小学购置班班通设备，购置课桌椅2.5万套；高考二本进线率比上年增长6%。

【体育】42个村建成标准体育场地，宁县全民健身中心立项建设。2015年，向全国高等院校输送体育人才15人，培训国家级社会体育指导员1人，一级、二级和三级社会指导员4人、14人和140人。全年体彩销售1950万元。

【医疗卫生】宁县人民医院建起重症医学科及新生儿重症监护病房，宁县第二人民医院建成血液透析室，14个医疗机构配备DR等大型先进医疗设备。实施焦村、政平卫生院"温暖工程"及22个贫困村卫生室建设项目。新农合医药费补偿19420.77万元。发放计生奖励资金1032万元。

【人民生活与社会保障】2015年，全县城镇居民人均可支配收入23167.80元，人均生活消费支出13801元，比上年分别增长10.3%和8.2%。农民人均纯收入6323.80元，人均生活消费支出6660元，比上年分别增长11.9%和11.0%。安置退役军人92人，扶持160名高校毕业生到非公有制经济组织就业。全年输转富余劳动力15.09万人，创劳务收入29.82亿元。帮助1761名回归高校毕业生就业，就业率91.8%。全年接待、受理欠薪案件211起，涉及企业89个农民工2125人，追讨工资2823.7万元。

年末，全县城镇职工养老保险参保6986人，征缴养老保险费2725万元，1963名企业离退休人员领取养老金4950万元；全县失业保险参保职工8221名，征缴失业保险费411万元，9名失业人员领取失业金6.2万元；全县城镇职工医疗保险参保18166人，征缴医疗保险费2857万元，2005名住院病人报销医疗

费用1104万元；城镇居民医疗保险参保12614人，个人缴费58万元，1273名住院病人报销医疗费用502万元；工伤保险参保企业职工2898人，征缴工伤保险费89万元；生育保险参保10609人，征缴生育保险费66万元，261人获得生育保险待遇41万元。全县发放城乡低保等资金1.9亿元，补偿参合农民医药费2.1亿元。发放小额担保贷款、复退军人创业扶助贷款4760万元；全县城乡居民基本养老保险应参保339020人，实参保334077人，收缴参保费2538.69万元；发放养老金71585人7983.39万元；发放高龄补贴、一次性丧葬补助金8260人173.54万元；村干部养老保险参保1028人，收缴保费37.01万元；失地农民养老保险参保108人，发放82人2.64万元。

宁县主要领导名录

县委书记　马　斌（12月止）

　　　　　侯昌明（12月任）

县人大常委会主任　李百选

县　长　侯昌明（12月止）

　　　　李鹏飞（12月任）

县政协主席　刘　政

（供稿：左瑞英）

庆城县

【综述】庆城县地处甘肃省东部，陇东黄土高原中部地带，介于东经107° 16′ 32″-108° 5′ 49″，北纬35° 42′ 29″-36° 17′ 22″之间。县域东邻合水，西濒蒲河与镇原县相望，南和西峰区毗邻，北与环县、华池接壤。全境东西长约70千米，南北宽约56千米，全县总土地面积2692.6平方千米，其中耕地保有量106.69万亩，基本农田保护面积91.54万亩。2015年末，全县辖5个镇10个乡2个办事处，常住人口26.45万人，人口自然增长率7.09‰。

全县处陇东黄土高原中部地带，境内呈残塬沟壑与丘陵沟壑地貌类型，海拔1011-1623米。全年平均气温10.3℃，年降水量393.2毫米，无霜期150天。森林覆盖率23.52%。

2015年，全县生产总值88.24亿元。其中第一产业增加值9.4亿元，增长5.1%；第二产业增加值58.64亿元，增长7.4%；第三产业增加值20.2亿元，增长11.4%；三次产业结构比10.6：66.5：22.9。按常住人口推算，全年人均GDP 33363元。大口径财政收入7.73亿元，增长17.5%；小口径财政收入5.06亿元，增长36.6%；财政支出21.5亿元，增长24.5%；全县金融机构各项存款余额95.5亿元，增长25.72%；各项贷款余额65.36亿元，增长42.95%。

【农业农村经济】2015年，全县农林牧渔业总产值16. 92亿元，增长4.62%；实现农业增加值9.62亿元，按可比价格计算，增长5.27%。全年粮食作物播种面积84.09万亩，总产量15.15万吨。其中夏粮播种面积30.41万亩，总产量6.84万吨；秋粮播种面积53.68万亩，总产量8.31万吨；油料播种面积13.73万亩，总油料产量1.69万吨；蔬菜播种面积29.82万亩，总产量12.91万吨；果园面积30.91万亩，水果总产量15.21万吨；大牲畜存栏6.61万头，肉类总产量0.62万吨，水产品产量78.3吨。全县农业机械总动力24.51万千瓦，增长6.47%；农用拖拉机0.59万台，增长1.72%。全县实施土地整理项目10个，总投资6783.77万元，建设规模50617.05亩，新增耕地6058.95亩。全年化肥施用量(折纯)1.48万吨，增长2.07%。有效灌溉面积6.54万亩，增长3.97%。农村用电量8083万千瓦时，增长5.31%。有效灌溉面积6.54万亩，增长3.97%。

【工业建筑业】2015年，全县工业实现增加值57.85亿元，增长8.2%。规模以上工业企业26家，新增2家，总产值30.76亿元，增长4.55%；增加值8.77亿元，增长8%；销售产值29.32亿元，增长5.14%，产品产销率95%。

2015年，全县12户资质内建筑企业有从业人员8917人。全年建筑业总产值15.6亿元，增加值5.83亿元，下降3.9%。

【固定资产投资】2015年，全县500万元以上元以上建设项目423个，固定资产投资92.37亿元，增长11.7%。第一产业完成2.1亿元；第二产业完成76.7亿元，其中工业完成投资20.2亿元；第三产业完成13.6亿元。

【招商引资】2015年，全县实施招商引资项目79个，完成投资49.01亿元。县本级实施项目54个，到位资金31.43亿元。

【商贸流通与贸易】2015年，全县实现社会消费品零售总额31.05亿元，增长9.39%。其中城镇消费品零售额20.24亿元，增长10.07%；乡村市场消费品零售额10.81亿元，增长8.14%。全年完成外贸出口创汇4390万元。

【文化产业与旅游业】2015年末，全县有文化产业法人单位154家，增长9.22%；从业人员7350人，增长5.59%；资产总额4.90亿元，增长5.38%；增加值1.92亿元，增长17.79。全年全县完成文化产业增加值2.27亿元。

2015年，全县接待游客90.42万人次，增长25.3 %。全年旅游收入3.76亿元，增长28.3 %。

【交通邮电】2015年，全县通车公路总里程(含村道) 944.53千米，其中县道120.18千米，乡道43.66千米，村道780.69千米。全县道路客运量583.1万人次，增长2.7%，客运周转量2389.3万人千米，增长2.8%；道路货运量1132.9万吨，下降9%，货物周转量5013.24万吨千米，下降11%。

全年完成邮电业务总量4038.76万元。其中邮政业务总量907.76万元，增长124.13%；电信业务总量3131万元，增长5.05%；固定电话用户2.03万户。

【城乡建设】北区供热站扩容改造工程，总投资1.2亿元；西街兴隆市场，占地面积1425.9平方米，总建筑面积772.71平方米；中街停车场建设工程，占地面积7.18亩，总投资285万元；建材北路段提质改造工程，全长1450米，总投资2110万元；维修城区道路铺油罩面2145平方米，埋设排水管2154米，维修改造检查井121座，收水井80座。征地58亩、安置棚改户600户；投资1亿元，完成驿马等17乡镇小城镇建设和小康示范村建设；投资24096万元，完成3012户危房（窑）改造；投资1.1亿元，开发建设华都园等工程，新增建筑面积5.6万平方米。

【科技与教育】2015年，全县申报国家、省、市各类科技计划项目25个，获得国家、省市科技计划项目17个，到位资金246.5万元。实施国家、省、市列科技计划项目20项，县列科技项目38项。申报国家各类专利127件，其中发明专利1件。实施各级各类培训7149人次；年末，全县有各级各类学校233所，在职教职工3026人，在校学生38400人。高考二本以上进线606人，二本以上进线率44.33%，位居庆阳市第一名。实施国家教育资助项目资金1467.89万元。

【文化体育】截至2015年底，全县有文化馆1个、公共图书馆1个，图书馆藏书量15.6698万册，年总流通书籍46167册次、35484人次，年开馆时间290天以上。博物馆(含纪念馆) 1 个，年接待参观 112723人次。艺术表演团体1个，年演出258场次，演出毛收入67 万元。广播和电视综合人口覆盖率均达98 %，有线电视用户6283户，增长 24 %。全年广播播出节目时间2190小时。电视播出节目时间4015小时；全年落实健身活动场地19个，新建篮球活动场25个、羽毛球活动场6个、乒乓球活动场地30个，安装室外健身活动器材150件（套）。举办体育比赛和全民健身活动300（场）次，参与群众超过8万人（次）。

【医疗卫生】2015年末，全县有卫生计生单位50个，卫计专业技术人员1163人，取得专业技术资格618人。病床712张，每千人拥有病床2.23张。全年参合农民人均筹资额提高到470元，参合率98%，落实新农合资金10953.27万元，累计补偿41.02万人次，报销资金11859.81万元。年发放《出生医学证明》2943本，辖区内医疗机构出生新生儿2520个。

【人民生活与社会保障】2015年，全县城镇居民人均可支配收入23280.6元，增长9.8%；人均消费支出14693.8元，增长3.7%。农民人均可支配收入6730.5元，增长11.9%；人均生活消费支出8269.9元，增长8.6%。至年底，辖区内有职工9642人，工资总额49401万元，人均年工资51235元。新增城镇就业人员9054人。年末，全县城镇居民人均住房面积28.71平方米，农村居民人均住房面积41.41平方米。

年末，全县城镇职工基本养老保险参保4474人，征缴基金2820万元，全年发放养老保险金1070人3188万元；失业保险参保5357人，征缴基金299万元；城镇职工基本医疗保险参保 13716人，征缴基金2587万元，全年报销医疗费用1151万元；生育保险参保9805人，征缴基金50.63万元，全年报销生育保险费用66.5万元；参保11917人，征缴基金457万元；城镇居民医疗保险参保19788人，征缴基金65万元。全县城市居民最低生活保障5285人，农村最低生活保障34741人，全年投入低保资金7466.12万元。农村“五保”供养人数763人，其中集中供养138人。社会福利机构1个，床位192张。

【环境保护与安全生产】2015年，全县创建国家级生态乡镇1个、省级生态乡镇13个、市级生态乡镇17个、市级生态村115个。全年净削减化学需氧量124吨，氨氮16吨，二氧化硫、氮氧化物各项指标均在总量控制范围内。城区环境空气中PM10年均值每立方米为0.108毫克，二氧化硫年均值每立方米为0.013毫克，二氧化氮年均值每立方米为0.037毫克，达到《环境空气质量二级标准》；区域环境噪声平均值为46分贝，交通干线噪声平均值为66分贝，分别达到《声环境质量一类和四类标准》；马莲河庆城段水质达到四类标准；马岭东沟水源达到三类标准，水质达标率100%。城区污水处理厂日处理污水4100立方米，减排化学需氧量470吨，减排氨氮56.4吨；富盛养殖农民专业合作社建成100立方米沼气池1座，12平方米干清粪场1座，金顺、丽蓉2家养殖农民专业合作社沼气池等畜禽粪便治理工程运行正常。年完成机动车环保检测8200辆，发放机动车环保检验合格标志8340份（绿标8047份，黄标293份）。

全年发生安全生产事故69起（其中：道路交通事故67起，火灾事故2起），下降5.48%，死亡19人，与上年持平；受伤96人，下降4.95 %；造成直接经济损失21.18万元，下降23.9%。

【精准扶贫】2015年初，全县建档立卡贫困村48个、贫困人口9869户4.031万人，贫困人口人均纯收入2434元，贫困发生率16.83%。全年新栽苹果树3.6万亩，老果园间伐改造4542亩；恢复旧棚8428亩，新建钢架大棚1038亩，新增设施瓜菜1200多亩；苗林结合培育15.59万亩。建成规模养殖场（小区）35个，新增养殖大户3120户。新修通村

庆城县千亩中药材种植基地

公路29条153千米、通组道路42条203千米，行政村通畅率100%；新打机井9眼、小电井844处、水窖343处、集中供水工程3处，铺设管道60多千米；改造动力电村组25个、农电线路589千米；易地扶贫搬迁项目7个、搬迁群众364户1623人，农村危旧房改造3012户；小流域综合治理39.67平方千米，新修梯田4.26万亩。建成行政村幼儿园10所，标准化村卫生室13个，农民文化广场4处、村级文化服务中心（乡村舞台）42个，老年人日间照料中心25处，乡镇电商服务站17个，村级电商服务点43个，电商示范店30个，"两后生"培训1826人，劳动技能等培训4.1万人次；注册成立农村产业发展资金合作社153个，发放精准扶贫贷款17838万元，涉及5754户。金融机构发放扶贫支农贷款13.14亿元。截至2015年底，全县剩余贫困村30个，贫困人口4326户17867人，贫困发生率下降到7.44%。

庆城县主要领导名录

县委书记　葛　宏

县人大常委会主任　刘建民

县　长　辛少波（女，5月止）

梁世刚（7月任）

县政协主席　王　超（女，10月止）

何骁玲（女，11月任）

（供稿：魏惠萍）

镇原县

【综述】镇原县地处甘肃省庆阳市西南部，介于北纬35° 27′ 至36° 16′，东经106° 44′ 至107° 36′ 之间。东临庆城县、西峰区，西接宁夏回族自治区彭阳县，南界平凉市泾川县、崆峒区，北靠环县。南北长91.24千米，东西宽78.3千米，全县土地总面积3500平方千米，其中耕地面积169万亩。2015年末，全县总人口52.11万人，有7个少数民族。

境内为陇东黄土高原的主要组成部分，境内山川塬兼有，以山地居多。境内平均海拔1500米。属北温带大陆性气候。年平均气温10.3℃，日照率为56%，年降雨量450～570毫米，无霜期150天左右。

2015年，全县实现生产总值63.57亿元，比上年增长9.8%。其中第一产业增加值16.24亿元，增长5.7%；第二产业增加值25.14亿元，增长15.4%；第三产业增加值22.18亿元，增长7.1%。一、二、三产业增加值占生产总值（GDP）的比重分别为25.6：39.6：34.9。全县财政大口径收入完成4.39亿元，比上年下降4.34%。全县固定资产投资总额完成1143631万元，比上年增长12.63%。

【农业和农村经济】2015年，全县粮食作物播种面积149.64万亩，比上年下降3.23%，粮食总产量达到38.41万吨，下降2.00%。其中夏粮播种面积40.46万亩，下降0.79%，总产量9.96万吨，增长5.75%；秋粮播种面积109.18万亩，下降4.10%，总产量28.45万吨，下降4.46%。油料播种面积19.84万亩，增长14.32%，总产量3.48万吨，增长15.87%；蔬菜面积20.17万亩，增长4.97%，产量9.72万吨，增长5.96%；果园面积34.04万亩，其中当年新栽4.42万亩。水果总产量10.85万吨，增长7.75%。全年完成农业增加值16.83亿元，按可比价格计算，同比增长5.83%。

2015年，全县大牲畜存栏22.04万头，比上年增长3.23%。其中牛存栏11.08万头，下降0.57%；牛出栏4.76万头，增长3.01%。猪存栏5.19万头，下降2.13%；猪出栏5.35万头，下降2.37%。羊存栏24.24万只，下降1.16%；羊出栏9.59万只，增长6.28%。全年肉类总产量1.57万吨，增长3.97%。全县共落实专项项目扶贫资金9911万元，比上年增长2693万元，增加37.31%。

【工业与建筑业】2015年，全县完成全部工业增加值25.14亿元，比上年增长16.7%。其中规模以上工业增加值完成6.02亿元，增长1.1%，规模以上工业中地方工业完成增加值1.40亿元，增长1.5%。规模以上工业完成销售产值12.7亿元，产品销售率为98.23%。

年末，全县资质以上建筑企业2户。全年全县建筑企业实现增加值2607万元，比上年增长23.4%。

【固定资产投资与项目建设】2015年，全县固定资产投资总额完成1143631万元，比上年增长12.63%。其中第一产业投资额176549万元，增长2.36倍；第二产业投资额607392万元（含华北油田公司161450万元），下降29.78%；第三产业投资额359690万元，增长1.27倍。全年房地产投资完成7386万元，比上年下降75.01%。

全县投资500万元以上的施工项目225个，比上年增长88.89%。其中当年新开工项目212个，本年投产项目217个，新增固定资产1133803万元。

【商贸流通与贸易】2015年，全县完成社会消费品零售总额258246.1万元，比上年增长9.91%。其中城镇消费品零售额191298.4万元，增长10.50%；农村消费品零售额66947.7万元，增长8.23%。分行业看，批发业67604.4万元，增长7.99%；零售业142672万元，增长11.06%；住宿业1784万元，增长6.74%；餐饮业46185.7万元，增长9.36%。2015年，全县外贸出口创汇278万。

【金融保险】2015年，全县金融机构各项存款余额876057万元，比上年净增155331万元，增长21.55%。各项贷款余额525456万元，比上年净增86703万元，增长19.76%。

2015年，全县保险公司共8户。全年保费总收入10156.83万元，比上年增长5.66%。其中寿险保费收入5670万元，比上年下降1.45%；财险保费收入4486.83万元，比上年增长16.27%。支付各类赔款及给付4300.66万元，比上年增长34.05%。其中寿险支付1993.88万元，比上年增长55.26%；财险支付2306.78万元，比上年增长19.89%。

【科技与教育】2015年，全县事业单位各类专业技术人员7112人。全年共组织实施农业、工业等国家、省、市科技计划项目6项，其中国家级1项，省列1项，市列4项，共投入科技经费105万元。年末，全县各类在校学生75936人。适龄儿童入学率71.21%，13—15岁儿童初等教育普及率达到100%，九年义务教育巩固率达到92.44%。2015年，全县大专以上高考录取人数4916人，比上年减少71人，降低1.42%；录取率83.58%，比上年降低了0.59个百分点。

【文化与体育】2015年，全县共有专业文化艺术表演团体3个，全年演出480场（次），观众31万人（次）；年末，全县共有公共图书馆1个，藏书8万册；博物馆1个、纪念馆2个，文物藏量3912件；乡镇文化站19个，建成农家书屋215个，文化信息资源共享工程村级服务点215个。全县有线电视用户增加到5300户，电视人口覆盖率达到100%。广播人口覆盖率达到100%。全年《镇原时讯》出版36期，发行12.6万份。 全县参加市级以上运动会2次，参加运动员122人次。在市级以上运动会上镇原县体育健儿共夺得5枚金牌,16枚银牌, 24枚铜牌。

【医疗卫生】2015年，全县医疗卫生机构总数27个，其中医院2个，乡镇卫生院18个，社区卫生服务中心（站）1个，妇幼保健计划生育服务中心1个，疾病预防控制中心1个，综合监督执法局1个,新农合局1个,爱卫办1个,其他卫生机构1个。年末，全县实有医疗床位1243张，比上年净增127张，增长11.38%。其中医院550张，和上年持平；乡镇卫生院563张，比上年净增137张，增长32.16%；其他卫生机构130张，和上年持平。全县共有卫生技术人员1014人，比上年减少2人，下降0.2%。

【人民生活与社会保障】2015年，全县城镇居民人均可支配收入22740.8元，比上年增加1954.2元，增长9.4%；农村居民人均可支配收入6628.9元，比上年增加730元，增长12.4%。居民家庭恩格尔系数城镇为31.3%，比上年增长0.2个百分点；农村为34.4%，比上年下降3个百分点。按照年人均纯收入2300元（2010年不变价）的农村扶贫标准计算，2015年农村贫困人口为9.94万人，比上年减少3.99万人。

年末，全县参加城镇企业基本养老保险人数6620人，比上年末减少33人。其中参保职工4793人，参保离退休人员1827人。参加城镇基本医疗保险人数30210人，增加2人。其中参加城镇职工基本医疗保险人数17447人，参加城镇居民基本医疗保险人数12763人。参加失业保险人数7776人，减少107人。参加工伤保险人数2952人，参加生育保险人数9493人，减少450人。新型农村合作医疗参合率98.11%。新型农村合作医疗基金支出总额19862万元，累计受益113.95万人次。全县城市低保2675户、5866人，比上年末减少19户，减少117人；农村低保23215户、68014人，增加343户。

【环境保护与安全生产】2015年，全县有环境监测机构1个，监测设备5台，环境监测人员4人。全县废水中主要污染物化学需氧量排放量2565.5吨，比上年增长18.3%；氨氮排放量344.7吨，比上年增长10%；大气中主要污染物二氧化硫排放量1856.8吨，比上年增长6.5%；氮氧化物排放量444.2吨，比上年增加6.4%。全县用于环境保护项目的资金为295万元。

2015年，全县共发生各类安全生产事故113起，比上年上升4.6%，死亡8人，下降11.11%；受伤27人，上升3.6%；造成直接经济损失139.6万元,下降53.5%。亿元生产总值生产安全事故死亡率12.5%；道路交通万车死亡率3.7%。

镇原县主要领导名录

县委书记　李崇暄

县人大常委会主任　薛　渊

县　长　侯志强（2月任）

县政协主席　慕　瑶

（供稿：卢宇伟）

环　县

【综述】环县地处于甘肃省东端，陕、甘、宁三省（区）交界处，介于北纬36° 01′ 06″-37° 09′ 10″、东经106° 21′ 40″-107° 44′ 40″之间。东临陕西省定边县和甘肃省华池县，南接庆城县、镇原县，西连宁夏回族自治区固原市彭阳县、原州区和海原县,同心县，北靠宁夏回族自治区盐池县。县境南北长127千米，东西宽124千米，全县总面积9236平方千米。2015年末，全县辖有5个镇15乡，总人口35.23万人。

境内属黄土高原丘陵沟壑区，地势西北高、东南低，海拔1136-2089米。属温带大陆性半干旱季风气候，2015年，年平均气温10.2℃，日照2567.8小时，无霜期177天，降水量357.6毫米，蒸发量1271.0毫米。境内主要河流为环江，水质苦咸，不宜饮用和灌溉。全境水资源缺乏，旱灾频仍，是国家扶贫开发工作重点县。全县可耕地23.6万公顷，盛产荞麦、糜谷、马铃薯等小杂粮，胡麻、葵花等经济作物，甘草等中药材。小杂粮产量居全省之首。可利用天然草场57.2万公顷，是驰名的滩羊产区之一，羊只饲养量居全省第二。石油地质储量5亿多吨，是长庆油田主产区之一。优质石灰岩储量达2000多万吨，正在开发利用；白云岩储量达18亿吨，属特优品位；全县煤炭预测储量684亿吨，其中千米以浅整装煤田预测储量51亿吨，探明储量22亿吨，煤层气预测储量3480亿立方米。环县道情皮影被列入首批国家级非物质文化遗产代表性项目名录，作为中国皮影戏的组成部分列入联合国教科文组织人类非物质文化遗产名录。

2015年，全县实现生产总值77.08亿元。固定资产投资完成118.91亿元，增长12.25%。第一产业实现增加值9亿元,增长5.4%。第三产业实现增加值24.36亿元,增长11.3%。全年全社会消费品零售总额14.4亿元，增长10.1%。大口径财政收入60656万元，增长11.1%。地方财政收入完成41500万元，增长10.1%。财政支出331534万元,增长32.5%。年末金融机构各项存款余额691682万元，增长22.65%。各项贷款余额495319万元，增长29.38%。金融机构实现盈利16737万元。

【农业农村经济】2015年，全县农作物播种面积206.79万亩，下降0.05%。全年粮食作物种植面积183.89万亩，下降0.48%。全年粮食总产量37.2万吨，下降2.35%。其中夏粮种植面积22.05

万亩，产量2.7万吨，增长35.4%；谷物播种面积156.54万亩，增长3.69%，产量34.4万吨，增长0.7%；豆类种植面积9.34万亩，下降8.9%，产量0.55万吨，下降40.22%。全年薯类种植面积18万亩，下降23.59%，产量2.17万吨，下降26%。油料播种面积14.05万亩，下降0.07%，产量1.28万吨，增长2.23%。全年蔬菜种植面积6.34万亩，增长1.78%。

年末，全县大牲畜存栏13.82万头，下降0.19%。全年肉类总产量15350.15吨，增长0.7%。全年牛出栏1.74万头，猪出栏6.93万头，下降1.06%；羊出栏36.31万只，增长9%。全年农村用电量1.9648亿千瓦时，增长9.3%。

【工业与建筑业】2015年，全县开工实施工业项目7个，完成投资19.71亿元。全年石油产量突破202.68万吨，增长11.2%。水泥22.3万吨，下降3.5%。工业用电量1.8亿千瓦时，上升11.2%。供水量12万方。

年内，全县拥有资质以内建筑业企业2户，全年平均从业人数2183人。全年完成建筑业总产值19143万元，下降31.3%，实现增加值7157万元，下降21.8%。

【项目建设】2015年，全县共实施500万元以上项目244个，完成投资117亿元，增长12.16%。其中亿元以上项目32个，完成投资52.2亿元，占总投资的44.6%。新建项目6个，续建项目3个，前期项目5个，总投资539.6亿元。

【商贸流通与贸易】截至2015年底，全县已建成环县电子商务孵化中心、乡镇电子商务运营中心19个，村级电子商务示范店58个，电子商务平台3个。发展网上销售企业115家，个体网店经营户682家，入驻企业35户。2015年，全县完成全社会消费品零售总额14.4亿元，增长10.1%。全年出口供货总值5200万元，增长10.2%。

【旅游业】2015年，全县共接待游客52.01万人次，旅游总收入2亿元。

【交通邮电】2015年，全县旅客运输量266万人，增长5%，旅客周转量157678万人千米，增长5%；货物运输量322万吨，增长10%，货物周转量606316万吨千米，增长10%。邮政业全年完成业务总量869.82万元，电信业业务总量2.19亿元。固定电话年末用户19476户，移动电话年末用户数293132户，互联网络用户14472户。

【城乡建设】开工实施城镇建设项目48个，完成投资23.8 亿元。2015年棚户区改造项目，桃儿沟、财贸台、老党校、原北关饲养场四个片区现已签订征收补偿协议860户，拆除住房703套，开工建设安置房244套，完成投资3.6亿元。实施社会事业项目20个，完成投资4.6亿元。中国印象·皮影城项目正在对规划用地内建筑和民房进行拆迁，累计完成投资1.1亿元。实施商贸流通项目7个，完成投资1.9亿元。实施农林水利项目57个，完成投资24.7亿元。其中环县毛井乡大户掌土地整理项目，建设规模1000.12公顷，现已全部完成。2015年易地扶贫搬迁工程，新建安置点42个，建成住宅1521套。2015年1435千米农村公路建设任务已全面完成，全县农村公路总里程达到2569千米，通畅建制村225个，通畅率达到90%。

【教育、文化与医疗卫生】2015年末，全县有各级各类学校304所，有教职工4448人，在校学生57013人，学前教育毛入学率为80.57%，九年义务教育巩固率94.62%。全县二本以上院校高考录取人数1153人。环县思源实验学校主体工程全部竣工，中学教学楼已投入使用，附属工程正在施工。南关小学教学楼主体即将封顶，完成投资600万元。中国印象·皮影城项目正在对规划用地内建筑和民房进行拆迁，累计完成投资1.1亿元。广播电视覆盖率为100%，有线电视网络总长277千米。有公共图书馆1所，藏书总量3.5万册。全县全年专利受理122件，授权4件。年末，全县拥有医疗卫生单位29个，卫生技术人员802人，病床920张。

【人民生活与社会保障】2015年，全县城镇居民人均可支配收入23256.1元，增长10%。农民人均可支配收入6536.9元，增长12.8%。全年输转城乡富余劳动力6.1446万人，创收11.48亿元。

年末，全县保障城市低保对象1505户3158人，发放城市低保金991.24万元；保障农村低保对象86077人，发放农村低保金15152.56万元；供养农村五保对象1364人，发放供养金568.02万元；救助城乡大病患者92789人（次），发放救助金1589.51万元；资助1442名农村五保对象参加新型农村合作医疗，代缴参合金12.98万元，资助2951名城市低保对象参加城市医疗保险，代缴参保金5.9万元，资助86077名农村低保对象参加新型农村合作医疗，代缴参合金163.3万元。全县城乡居民基本养老保险应参保210875人，已参保204296人，参保率96.88%，个人缴费135514人、1426.48万元。共为45373名60周岁以上待遇享受人员累计足额发放养老金5024.04万元，发放率100%。共为3882名80周岁以上高龄老人发放补助131.24万元。城镇职工参加社会养老保险人数4230人，累计征收金额3835万元，已享受社会养老保险人数1867人，发放4711万元；享受城镇居民最低生活保障2984人，1502户；享受农村居民最低生活保障86077人，23564户；全年参加新型农村合作医疗保人数290976人，参合率98%，参加城镇居民基本医疗保险人数25307人，参保率100%。

环县主要领导名录

县委书记　柴　春

县人大常委会主任　杨万香

县　长　何英禅

县政协主席　朱芳明

（供稿：胡相奕）

定西市

【综述】定西市位于甘肃省中部，古称“陇中”，距省城兰州98千米，是古丝绸之路上的重镇，新欧亚大陆桥的必经之地。全市总面积1.96万平方千米，其中耕地面积770.21万亩。2015年末，全

2015年主要农业产品产量

产品名称	产量(kg)	比上年增长(%)
粮食总产量	460598660	5.83
玉米	341654700	5.61
洋芋	47343000	-1.15
油料	15015910	4.47
胡麻	4468830	4.4
药材中：党参	5291270	8.81
蔬菜	22377580	7.48
水果	13513830	4.5

定西市30000亩甘草规范化基地

市辖6县1区，户籍人口300.87万，常住人口277.83万人。境内西秦岭余脉和黄土高原结合部的高原丘陵地带。年平均气温5.7℃－7.7℃，年降水量400毫米-600毫米。

2015年，全市实现地区生产总值304.92亿元，比2014年增长8.7%。规模以上工业增加值27.86亿元，增长9.5%。人均生产总值10987元，比增长8.5%。大口径财政收入和一般公共预算收入分别达到42.94亿元和24.35亿元，分别增长12.04%和13.02%。完成固定资产投资550亿元。城乡居民人均可支配收入分别达到19167元、5823元。年末，全市金融机构存贷款余额分别为697.63亿元和556.57亿元。

【农业农村经济】2015年，全市国家中医药产业发展综合试验区先行先试工作起步良好，中药材配方颗粒生产前期工作加快推进，道地中药材认定及标准审颁工作进展顺利。马铃薯主食化战略先行试验示范区建设快速推进，成立定西市马铃薯主食产业开发联盟，率先制定马铃薯主食产业开发实施方案，投入财政资金7000多万元支持产业开发，4家马铃薯加工企业被确定为全国主食化试点企业，开发主食化产品10余种。成立定西市草牧产业科技创新战略联盟，培育规模以上草产业龙头企业8家。推进牛羊扩群和规模养殖，全年畜禽饲养总量达2595万头（只）。加强产业深度开发科研支撑，聘请20名高级专家开展咨询服务。

【工业经济】2015年，全市实施千万元以上工业项目214个，利用高新技术改造提升传统产业项目156个。完成工业固定资产投资130亿元。

【精准扶贫】整合加强市县扶贫机构，设立乡镇扶贫工作站，驻村帮扶工作队进驻所有贫困村。全市财政投入扶贫资金151亿元，占当年财政总支出的70.8%。争取并发放精准扶贫专项贷款33.26亿元，扶持7.62万户贫困户发展脱贫产业。解决16.3万农村人口饮水安全问题，建成农村公路4430千米。2015年，全市脱贫17.72万人。

【项目建设】2015年，全市实施500万元以上项目1882个，其中亿元以上项目161个。争取国家和省上各类项目资金61亿元。17个省列重大项目和150个市列重点项目完成年度建设计划。

【固定资产投资】2015年，全市完成固定资产投资550亿元。其中完成固定资产投资550亿元。

【招商引资】2015年，全市实施招商引资项目369个，到位资金450亿元，增长16.6%。确定鼓励社会资本参与建设项目64个，总投资477亿元。陇西华盛欢乐世界等项目建成运营。渭河源大景区创建为国家4A级旅游景区，被纳入全省20个核心大景区建设范围。

【城乡建设】市区建设完成投资53亿元，新城大道三期及桥梁等18个项目全面建成，南川滨河西路等49个项目加快建设，正龙路顺利打通，东关什字和交通路过街人行天桥建成使用。各县城实施城建项目195个，完成投资65亿元。临渭高速路基全线贯通，马云二级公路建成通车，通榜二级公路开工建设，国道212线、316线改造和兰州至定西天然气输气管道等项目加快推进。

【教育与医疗卫生】2015年，全市新建行政村幼儿园148个，改造校舍16万平方米，定西职业技术学院筹建工作通过省级评估验收。市县两级卫生计生机构完成整合，率先在全省推行“13885”

健康促进模式改革。定西市及临洮、岷县分别被命名为全省人口计生利益导向政策体系建设示范市、县。

【民生保障】省、市年初承诺的实事全面办结。2015年，全市城、乡居民人均可支配收入分别达到19167元、5823元。城镇新增就业3.1万人。城乡低保人均补助水平分别提高10%和21%，农村五保人均供养标准提高29%。

定西市领导班子成员名录

市　委

书　记　张令平
副书记　唐晓明　马虎成（东乡族）
　　　　郑红伟
常　委　陈尊峰　位志荣　王美萍（女）
　　　　黄爱菊（女）　寇明春　王　正
　　　　袁利华　王国先　陈国栋
秘书长　郑红伟（9月止）
　　　　陈国栋（9月任）

市人大常委会

主　任　牛兴民（1月止）
　　　　马虎成（东乡族，1月任）
副主任　张敏政　韩中林　张兆祥
　　　　孙　铭　马玉莲（女）
秘书长　王成文（1月任）

市政府

市　长　唐晓明
副市长　位志荣　袁利华　李　斌
　　　　刘富春（回族）　李永平
　　　　张懿笃　陈金亮
　　　　苗树群（女，满族）　郭维团
秘书长　金　钟

市政协

主　席　成柏恒
副主席　赵新文　吴丙申　梁笑玉
　　　　郭宽宇　杨发升　王　锁
　　　　彭双彦（女）　李宝环
秘书长　段习文（8月止）

（供稿：王建中　罗红伟）

安定区

【综述】安定区位于甘肃省中部，全境地处黄土高原丘陵沟壑区，总流域面积3638平方千米，其中耕地面积179万亩，人均4.6亩。海拔1750-2580米，年平均降水量380毫米左右，蒸发量高达1526毫米，属典型的干旱半干旱地区。2015年末，全区辖12镇7乡和2个街道办事处，总人口47.02万人，其中农业人口37.1万人。

2015年，全区生产总值达到70.2亿元，增长9.1%，其中一、二、三产增加值分别完成13.1亿元、19.7亿元和37.4亿元，分别增长5.9%、9.9%和9.6%。全区固定资产投资突破120亿元大关、达到121.4亿元，增长11%。其中一、二、三产投资分别完成5.7亿元、28亿元和87.7亿元。全区大口径财政收入达到8.7亿元，公共预算收入完成3.8亿元，分别增长12%；公共财政预算支出达到30.8亿元，增长28%。固定资产投资完成124亿元，增长13%。全区全社会消费品零售总额达到35.3亿元，增长14%。

【农业农村经济】2015年，全区生产微型薯4.75亿粒，建立原种扩繁基地2万亩、一级种扩繁基地15万亩，马铃薯种植实现脱毒种薯全覆盖。召开首届全国马铃薯主食加工产业联盟成立大会。全年牧草种植达到64.4万亩，青贮氨化饲草68.7万吨。召开全国首届青贮及牧草保存学术交流暨产业发展研讨会。全年新建养殖专业村45个、规模养殖场50个，培育养殖大户3200户。全年全区基础母羊存栏达到44.3万只，常住农户户均达到7只。当年新建日光温室62座、塑料大棚3240亩，完成蔬菜种植12.8万亩。全年实现蔬菜销售收入9.5亿元。推广旱作高效农业127.7万亩。

【项目建设】2015年，全区开工建设500万元以上项目143个，完成投资130.2亿元。争取国家政策性项目234个，到位资金15.1亿元。实施旱涝保收标准化农田示范等项目31个，完成投资11.3亿元。29个重点工业项目和9个商贸物流项目分别完成投资6.7亿元、12.1亿元。争取规模化节水灌溉等水利工程项目7个，完成投资7000万元。争取农网升级改造资金1.19亿元、农村公路通畅工程资金1.6亿元。实施新一轮退耕还林等生态治理项目16个，完成投资1.3亿元。实施科技等公共事业项目25个，完成投资9.9亿元。申报棚户区改造等专项扶持基金项目67个，到位资金2.2亿元。

【招商引资】2015年，全区41个招商引资项目落地建设，当年到位资金42亿元。

【城乡建设】实施城建重点项目70个，完成投资45.5亿元。恒正华府国际等17个棚户区改造项目和润泽园等12个房地产开发项目顺利建设，1883套棚户区改造安置房完成主体工程的

定西市中药材交易市场

70%。交通路南段等5条城市道路和2座人行天桥建成通行，盘龙路桥、福门桥建设进展良好。总投资1.5亿元的定西市首个PPP项目-恒源D区环保节能改造顺利并网，610万平方米实现集中供热。财政筹资608万元，完成17个老旧小区供热管网改造。财政筹资2000万元，推进巉口新型城镇化试点建设。李家堡镇区道路改造完成基础工程，内官昌林商业综合体完成投资8000万元。实施农村供水入户工程1.5万户、农网改造1124千米、通畅工程321.4千米、危房改造3345户，易地搬迁安置群众696户3368人。

【环境保护】财政筹资420万元购置降尘抑尘和监测设备，严控燃煤、扬尘和尾气污染，市区空气质量持续好转。博瑞、宏煊、陇峰3家精淀粉企业废水废渣实现集中治理，蓝天、薯峰、薯香园、圣大方舟等马铃薯重点加工企业全部实施污染治理。推进城乡环境卫生综合整治，通过省级卫生城市第二次复审验收。

【教育】思源实验学校和福台初中实现秋季招生。成功入围第二批国家级农村职业教育和成人教育示范县（区）。2015年，全区高考本科上线2890人，上线率达32.9%。

【医疗卫生】乡镇卫生院和区妇幼保健站业务楼等6个重点项目顺利建设。市二院搬迁改造有序启动，资产清理和移交工作全面完成。"全国中医药先进县（区）"通过评审。

【人民生活与社会保障】2015年，全区城镇和农村居民人均可支配收入分别净增2060元和1416元，达到19890元和6037元。安置252名高校毕业生到基层就业，发放就业小额担保贴息贷款5610万元，城镇新增就业4656人。

年末，全区城乡低保补助标准提高10%，惠及2.56万户7.7万人。五保集中供养和分散供养标准分别提高30%、29%，惠及1854户2150人。为3867名大病患者落实救助资金1274.5万元。为5.7万受灾农户赔付资金6100万元。盘活财政存量资金2.35亿元，全部用于精准扶贫和民生领域。筹资1550万元，提高离退休人员工资待遇。筹资1.4亿元，用于道路建设、住房保障等基础工程。筹资3.16亿元，用于医药卫生保障、办学条件改善等公共服务事业。筹资1682万元，用于精准扶贫等各类贷款担保贴息和风险补偿。

【精准扶贫】出台"1+16+6"一揽子政策措施，2.03万户8.15万贫困人口实现精准识别和平台管理。当年脱贫村自来水、动力电、水泥路、互联网全部到村，当年脱贫户实现住无危房。新建和改扩建贫困村幼儿园25所、标准化村卫生室66个、综合文化服务中心70个。落实农村小额信贷、"双联"惠农贷款和"中和农信"基金贷款5.66亿元，向1万余户贫困户发放精准扶贫专项贷款4亿元。争取专项扶贫资金6063万元，实施扶贫整村推进项目19个。区财政筹资8312万元，实施36个村级供水管网覆盖、1.1万农户供水入户和716千米砂化道路改造工程。当年脱贫村建成养殖专业村37个、种植专业村60个。全市首个贫困技能人才培训基地在理工中专挂牌成立，培训劳动力12.6万人。19个乡镇全部成立扶贫工作站。贫困人口人均可支配收入预计达到3700元以上，精准脱贫到村到户指标基本完成，60个贫困村和4.53万贫困人口有望实现整体脱贫，预计贫困发生率下降到10%左右。

安定区主要领导名录

区委书记　郭维团（4月止）
　　　　　赵众炜（5月任）
区人大常委会主任　郭景虎
区　长　赵众炜（6月止）
　　　　祁永和（6月任）
区政协主席　贾记贤

（供稿：区志办）

通渭县

【综述】通渭县地处甘肃省东南部，定西市东部，介于北纬34°55′-35°29′，东经104°47′-105°38′之间。东南、南分别与秦安、甘谷县接壤，西南、西分别与武山、陇西县相邻，西北、北、东北分别与安定区、会宁和静宁县毗连。东西长约78千米，南北宽约64千米，全县总面积2908.5平方千米，其中耕地面积122186.67公顷。2015年末，全县辖6镇12乡，常住人口40.35万人。

境内为黄土丘陵沟壑区，地势西北高，东南低，海拔高度为2521-1410米。属温带半湿润向半干旱过渡区，年平均风速1.5米/秒，年平均气温8℃，年总降水量377.7毫米，年无霜期141天，年总日照时间2034.6小时。县内主要河流有牛谷河、金牛河、安逸河、清溪河、苦水河。矿藏资源主要有花岗岩、硅石矿、汉白玉、高岭土、硫铁矿、地热温泉和煤等。花岗岩仅露地储量在29.4亿立方米以上，高岭土开采贮量309.6万吨，硅铁矿总储量300万立方米，地热资源3处。主要旅游景点有温泉、鹿鹿山、尖岗山、清凉山、榜罗红军长征纪念馆、义岗红军烈士陵园、红军长征文娱晚会旧址等。

2015年，全县实现生产总值（GDP）368308万元，按可比价格计算，比上年增长9.2%。其中第一产业增加值109662万元，增长5.5%；第二产业增加值43985万元，增长8.2%；第三产业增加值214661万元，增长11.2%。全县人均地区生产总值9138元。一、二、三产业比为29.8∶11.9∶58.3。

【农业农村经济】2015年，全县农作物播种面积126366.67公顷，比上年增长0.02%，其中粮食作物播种面积109073.33公顷，比上年增长0.11%。全年粮食总产量达到460598660千克，增长5.83%。其中夏粮61067840千克，增长15.77%;秋粮399530820千克，增长4.46%。全年粮食单产281.5千克，增长5.7%；油料种植面积7300公顷，增长1.12%，油料产量15015910千克，增长4.47%。主要农产品产量如表。

全年肉类总产量10403040千克，比上年增长1.79%。大牲畜存栏13.02万头，下降0.24%；牛存栏为4.62万头，下降0.97%，出栏1.1万头，增长5.73%；猪存栏10.89万头，下降2.97%，出栏

11.74万头，下降3.55%；羊存栏4.19万只，下降1.02%，出栏2.15万只，增长9.09%；鸡存栏为57.53万只，下降0.5%，出栏50.87万只，增长5.85%。

年末，全县拥有农业机械总动力37.66万千瓦，比上年增长7.91%；农业生产用电量2035.7万千瓦小时；化肥施用量（折纯）19490120千克，增长6.01%；农田有效灌溉面积3733.33公顷。全年共完成造林面积6320公顷，增长8.72%。全年新修水平梯田460公顷，累计112826.67公顷。

【工业与建筑业】2015年，全县规模以上工业企业实现增加值10009.5万元，比上年增长1.3%。其中轻工业实现增加值5610.6万元，重工业实现增加值4398.9万元。

年末，全县具有建筑业资质等级的企业7家，实现建筑业增加值27135万元，比上年增长9.7%；实现建筑业总产值141340.3万元，完成房屋建筑施工面积79.93万平方米，下降10.8%；房屋建筑竣工面积46.31万平方米，下降9.8%；实现利润总额8266.4万元，下降23.97%。

【固定资产投资】2015年，全县完成500万元以上固定资产投资463040万元，比上年增长11.3%。本年度内施工项目个数114个，其中新开工项目70个，全年新增固定资产投资393670万元。

【交通邮电】2015年，全县完成货运周转量99126.5万吨千米，客运周转量12942.41万人千米。年末全县公路总长度2285.55千米。全年邮电业务总量21554.44万元（含邮政、电信、移动、联通），年末本地交换机容量320000门，本地电话计次制用30400户，下降10.6%。互联网络用户13105户（含电信、移动、联通），比上年增长20.5%。

【商贸流通】2015年，全县实现社会消费品零售总额78883.9万元，比上年增长9.1%。其中城镇零售额65445万元，增长9.7%；乡村零售额13438.9万元，增长6%。批发业17775.8万元，增长12.5%；零售业51581.3万元，增长5.6%；住宿业1926.1万元，增长27.6%；餐饮业7600.7万元，增长23.2%。

【财政金融】2015年，全县大口径财政收入为30916万元，增长31.11%；财政支出达到245368万元，增长17.08%。兑现各类专项补贴65533万元。年末，全县金融机构各项存款余额579706万元，比上年增长44.8%，其中城乡居民储蓄存款393039万元，增长40%；各项贷款余额561142万元，比上年增长67.3%。

【科技与教育】2015年，全县实施各类科技项目2项，承担实施国家科技项目1项，有1项列入全省科技发展计划。取得科技成果3项，科技成果转化5项，通过市级鉴定3项，获市级科技进步奖2项，评定县科技进步奖6项。年末，全县共有独立高中4所，完全中学4所，独立初中19所，九年一贯制学校25所，在校学生普通高中生14305人，职业生1121人，初中生16494人；小学242所，在校学生18658人（特教35人），幼儿园21所，在园幼儿5221人。小学适龄儿童入学率达到100%，小学毕业升学率100%。向大专及以上院校输送新生5312人。

【文化与体育】2015年末，全县共有文化相关产业机构68个。共有艺术表演团体35个，文化馆1个，公共图书馆1个（被文化部命名为“国家三级图书馆”），博物馆1个，影剧院1个，档案馆1个，美术馆1个，馆藏档案46709卷。电视覆盖率94.5%。2015年，全县实现文化产业增加值9960万元，增长18.23。全年共举办县以上体育竞赛活动14场次，参加运动员2918人（次），全县中小学学生体育达标率96%。

【医疗卫生】2015年，全县共有卫生医疗机构（含诊所）414个，其中医院4所，病床1460张，卫生机构人员数1551人，卫生技术人员1310人。有疾控中心、妇幼保健各1个，食品药品监督机构20个，卫生社区服务中心2个，乡镇卫生院18所，床位数480张。

【人民生活与社会保障】2015年，全县城镇居民人均可支配收入18078.2元，比上年增加1464.17元，增长8.8%；城镇居民人均住房面积34.57平方米；城镇居民恩格尔系数为33.1。农村居民人均纯收入5289.4元，比上年增加569.18元，增长12.1%；农村居民恩格尔系数为43.4。年末，全县单位从业人员20834人，全年从业人员工资总额97159.1万元。在岗职工年平均工资49652元，比上年增加7771元，增长18.55%。

年末，全县新型合作医疗参合农民达353514人，参合率达98.02%，为569238人报销医疗费14864.39万元，全县农村低保人数69017人，发放人口保障资金12015万元；农村五保户人数2620人，发放保障资金1097.24万元；累计发放城镇低保资金3300.86万元，保障对象达到10549人。参加城镇基本

第五届敦煌行·丝绸之路国际旅游节通渭县书画艺术节暨全国农民书画作品展

渭源县2015年主要农业产品产量

产品名称	产量(kg)	比上年增长(%)
粮食总产量	460598660	5.83
玉米	341654700	5.61
洋芋	47343000	-1.15
油料	15015910	4.47
胡麻	4468830	4.4
药材中：党参	5291270	8.81
蔬菜	22377580	7.48
水果	13513830	4.5

医疗保险的人数39390人，其中，参加城镇职工基本医疗保险人数17769人，参加城镇居民基本医疗保险人数21621人。发放企业离退休人员基本养老金6247万元，失业保险金8.6万元。城镇新增就业人数4517人，城镇登记失业率控制在2.74%以内。

【环境与安全生产】2015年，全县农作物受灾面积20373.33公顷，其中绝收180公顷。2015年，全县共发生生产安全事故38起，死亡9人，受伤48人，直接经济损失19.47万元，与2014年相比，事故起数上升8.57%，死亡人数与去年持平，受伤人数上升6.67%，直接经济损失下降5.02%；工矿商贸企业年亿元GDP生产安全事故死亡率为0。

通渭县主要领导名录

县委书记　令续鹏

县人大常委会主任　吕裕民

县　长　邵志刚

县政协主席　陈维山

（供稿：王旭明）

陇西县

【综述】陇西县地处甘肃省东南部，渭河上游，介于北纬34度50分至35度23分，东经104度18分至104度54分之间。东接通渭县，南连武山、漳县，西邻渭源县，北靠安定区。县域东西宽52千米，南北长46千米，全县总面积2408平方千米，其中耕地面积165.95万亩。2015年末，全县辖9镇8乡，总人口51.92万人。

境内属黄土高原地区，海拔1612-2762米。属温带大陆性季风气候，年均气温8.1℃，日照时数2210小时，降雨量415毫米，无霜期160天。

2015年，全县实现国内生产总值57.44亿元。其中第一产业增加值14亿元；第二产业增加值10.46亿元；第三产业增加值32.98亿元。社会消费品零售总额24.98亿元；财政收入9.02亿元；固定资产投资120.59亿元；城镇居民人均可支配收入18840元；农民人均纯收入6388元；金融机构存、贷款余额分别达到121.1亿元和135.5亿元。

【农业农村经济】2015年，全县完成全膜玉米种植65.7万亩。全年粮食总产量达到22.2万吨。引进企业参与流转土地2912亩，成立金龙蔬菜种植、祥瑞食用菌种植和裕新马铃薯种薯扩繁3个专业合作社，建成蔬菜温室大棚480座、马铃薯种薯扩繁网棚150座、组培室2400平方米、气调库3000平方米。示范带动全县设施蔬菜种植面积达到2.24万亩，食用菌大棚达到200座，马铃薯原原种扩繁能力达到2000万粒。全县中药材种植面积稳定在35万亩，建立种子种苗基地4万亩，标准化种植达到19万亩，全国中药材（黄芪、党参）种植产业知名品牌示范区创建通过省级中期验收，"陇西白条党参"和"陇西黄芪"被评为甘肃省著名商标。

全县建成标准化养殖场63个、专业村19个，适度规模养殖户达到3257户，发展百头牛、千头羊（猪）、万只鸡养殖大户16户，实现总产值24.1亿元，增加值2.26亿元，占农业增加值比重达到16%。新建核桃、软儿梨等优质林果基地2万亩、总面积达到10.5万亩。新培育发展农民专业合作社366个、家庭农场7个，新增土地流转面积6760亩、建立千亩以上示范点5个，农民组织化程度和土地流转率分别达到32%和17.5%；落实农机购置补贴1129万元，补贴农机具4599台，主要农作物耕种收综合机械化水平达到38.4%。

【工业经济】2015年，全县实施投资额500万元以上工业项目55项，完成投资27.05亿元。其中中医药精深加工27项，完成投资18.6亿元。全县中药材仓储能力达到53.8万吨、年加工能力达到13.8万吨，加工环节实现产值43.1亿元，增长22%。全县实现工业增加值6.35亿元，增长3.4%。

【非公经济】2015年，全县新增私营企业701户、个体工商户2398户。年末，全县非公经济增加值达到39亿元。

【招商引资】2015年，全县新引进广东一方中药配方颗粒制剂生产线等项目18个，总投资82.9亿元，到位资金30.4亿元；第二十一届兰洽会签约项目13个103.9亿元，签约资金连续三年超百亿元、居全市首位。

【固定资产投资与项目建设】2015年，全县投入前期经费800万元，谋划储备投资额500万元以上的各类项目645个，总投资1573亿元。争取到位政府性投资项目282个，财政性建设资金10.9亿元，增长10%。实施500万元以上项目105个，总投资418亿元，完成投资130亿元，同比增长19.5%。总投资104.2亿元的20个重大项目开工14个，完成投资24.1亿元。总投资260亿元的72个重点项目开工53个，完成投资74.4亿元，义务教育薄弱学校建设等9个项目建成投用。总投资5.5亿元的6大类74个灾后恢复重建项目全部下达投资计划，完成投资5.3亿元。

【城乡建设】投入资金29.1亿元实

陇西县新建住宅小区

施城建项目66项，建成北环路东段等主次干道4条1.5千米，完成南河西路等路基施工3条3.6千米，全长16.7千米的药都大道全线贯通工程全面启动，渭州路人行天桥竣工通行。投入资金750万元，维修改造长安路等城区破损道路8条4.5万平方米，硬化城区背街小巷道17.8千米。改造二、三级老旧供热管网34公里。总投资5.32亿元的31个小城镇建设项目进展顺利，首阳永宁路建成投用，菜子镇特色风貌改造、云田和通安驿新镇区建设等项目完成年度计划。巩昌镇河那坡村环境连片综合治理项目建成运行。全县常住人口和户籍人口城镇化率分别达到46.1%和16.6%。

【商贸流通】首个“一站式”家居建材购物综合市场桥南家居建材城运营良好，入驻品牌家居建材经营户500多家，带动就业1200多人。康美西部中药城现代仓储物流及交易中心完成物流商铺和仓储库主体。宇臻丝路商贸城完成商业区建设，引进红星美凯龙进驻建设西北首家县级旗舰店。2015年，全县实现社会消费品零售总额24.98亿元。

【文化产业与旅游业】总投资15亿元的华夏文明传承创新区·陇西古莱坞文化旅游创意园完成投资7亿元，“渭水风情街”完成民俗街区主体工程，建成水体公园面积16万平方米，西北首个丝路文化主题公园“华盛欢乐世界”8月16日开园运营，累计接待游客9.6万人次，实现营业收入1280万元。纪录片《我的家乡我的家·陇西篇》和连续剧《西北剿匪记之擒狼》完成拍摄进入后期制作。大渭河文化风情园完成投资3.76亿元。新培育发展文化旅游企业13家、总数达到89家。2015年，全县实现文化产业增加值9600万元，增长42%。全年接待游客62万人（次），创旅游综合收入2.97亿元。

【科技教育文化与医疗卫生】2015年，全县申报国家和省级科技项目7个，申请专利108件，科技对经济社会发展的贡献率达到44.3%；截至年末，总投资2.68亿元的教育项目112个，完成投资2.36亿元。配套落实“三增两比”教育投入6.9亿元。高考二本以上上线3141人，上线率40.38%；新建乡镇综合文化站1个、“乡村舞台”108个，无线地面数字广播电视农村覆盖网工程建成投用；全县实施妇幼保健院整体搬迁等总投资3.64亿元的卫生项目7个，完成投资3.34亿元，县一院重症医学科、新生儿重症监护室建成投用。

【人民生活与社会保障】2015年，全县安排各类民生保障资金14.5亿元，占财政总支出的51.2%。全年城镇居民人均可支配收入18840元，农民人均纯收入6388元。

发放粮食直补等资金2.55亿元。落实城乡养老、医保政策，发放城乡居民养老保险金8869万元、报销医疗费用1.97亿元。重新核定保障对象7.3万人，调整变更8000人，发放各类保障金1.26亿元。提高低收入人员财政补助报酬，对590名县聘人员和1861名公益性岗位人员财政补贴标准每人每月提高120元，均达到或高出全省最低工资标准。

陇西县主要领导名录

县委书记　鲁　泽

县人大常委会主任　包志宏

县　长　陈彦吉

县政协主席　张小平

（供稿：任登云）

漳　县

【综述】漳县位于甘肃省中南部、定西市南部，地处西秦岭和黄土高原过渡地带。县域东连天水市武山县，西邻甘南藏族自治区卓尼县，南靠定西市岷县，北与定西市陇西县、渭源县接壤，全县总面积2164.4平方千米，其中耕地面积为46.7万亩，林地面积83万亩、森林面积39万亩，有天然草场131万亩。2015年末，全县现辖4镇9乡，总人口20.9 441万人，其中乡村人口16.5023万人，属国家扶贫开发工作重点县。

境内海拔1640–3941米。境内有漳河、龙川河、榜沙河三条主要河流。年平均气温7.4℃，无霜期161天，平均日照时数2309小时，平均降雨量500毫米。全县可供工业开采矿种25种，其中岩盐是漳县优势最大的矿产资源，已探明储量达3.5亿吨。红柱石属亚洲第五、国内第二的大型矿床，远景储量约1亿吨。大理石储量约15亿立方米，菱铁矿储量为21.9万吨，萤石矿储量30万吨。境内有贵清山、遮阳山、国家级文物保护单位汪氏元墓群等自然人文景点。中药材共约440个品种，主要有当归、党参、冬虫夏草、黄(红)芪、柴胡、板兰根等。

2015年，全县完成生产总值20.08亿元，增长12.2%；全县完成社会固定资

漳县大草滩火车站小城镇

产投资41.55亿元，增长11.5%；规模以上工业增加值2.18亿元，增长5.1%；大口径财政收入2.8亿元，增长24.6%；财政支出15.16亿元，社会消费品零售总额3.54亿元，增长9.1%；全县金融机构人民币存款余额41.1亿元、增长9.77%，贷款余额19.76亿元、增长25.11%。

【农业农村经济】2015年，全县实际完成以中药材、蚕豆、马铃薯、蔬菜为主的特色产业面积40.6万亩，其中订单农业达21万亩，农产品总产量达36160万公斤，农产品初加工率达到51%。全年粮食播种面积为24.13万亩，总产量55946.21吨，新增农业产业化组织55个，总数达到280个。建立各类农业示范点26个，推广测土配方施肥示范37万亩、马铃薯脱毒种薯10万亩，中药材、蚕豆种植面积分别达到16万亩、6万亩。新建日光温室50座（亩）、塑料大棚440座，建立高原夏菜基地1万亩。

年末，全县大牲畜存栏54141头，猪、牛、羊、家禽存栏分别为71417头、23202头、73944只、16.78万只。培育养殖专业村13个，新建规模养殖场42个，新增规模养殖户1006户、“1252”养羊示范户1804户，畜禽饲养总量157万头（只）。种植优质核桃1万亩，建成苗木基地4500亩，建立油用牡丹育苗基地500亩，退耕还林种植乌龙头1200亩，开办电子商务网店61家，妇女手工编织实现创收200多万元。

【工业经济】2015年，全年完成工业增加值2.68亿元、增长6.8%。其中规模以上工业增加值2.18亿元，增长5.1%；全县发电量650万千瓦时，比上年增长30%，生产水泥22827万吨，增长122%，生产盐15.98万吨，增长2.1%。

【项目建设】2015年，全县实施500万元以上项目136个，总投资129.3亿元。开工建设129个，开工率95%。完成投资45.7亿元，增长13.9%，占全年目标任务的91%。全年争取各类项目188个，到位国家投资6.1亿元。

【招商引资】开展“百亿元大招商”活动，实施招商引资项目32个，引进资金59亿元，到位资金48.54亿元，增长28.6%。其中第二十一届兰洽会签约资金48亿元，10个签约项目全部落地建设。

【非公经济】2015年，全县新增非公企业94家、新增个体工商户1356户，注册资金9117万元；个体户转型升级52户。2015年，全县非公有制经济完成增加值2.21亿元。

【旅游业】遮阳山东溪游客服务中心建成投入使用，新建农家乐48户、提升改造57户。2015年，全县接待游客126.3万人次，比上年增长25.7%。全年实现综合收入2.86亿元，增长25.2%。

【交通邮电】2015年，全县交通运输、仓储和邮政业实现增加值3851万元，比上年增加5.3%。全年公路客运量267.2万人，公路货运量1050.01万吨。公路客运周转量10754.95万人千米，公路货运周转量89292.86万吨千米。年末，全县有客运路线31条，公交线路5条，有出租车72辆。全年邮电业务收入完成11480.09万元，比上年增长35.9%。邮政业务收入572.49万元，增长4.85%。电信业务总量3492万元，增长46.7%。移动电话用户155063户，上升6.3%。

【灾后重建】总投资31.4亿元的383个重建项目累计完工382个、完工率99.7%，累计完成投资31.2亿元，占总投资的99.4%。180户779名靖远异地安置群众完成搬迁入住，各项手续全部完成移交。5个重灾村、11个集中安置点、3个小城镇配套基础设施完成建设任务。综合服务中心等11个项目进展顺利，累计完成投资1.02亿元、占总投资的84.6%。武阳中学等32个教育项目、三岔卫生院等18个卫生项目投入使用。33个水利项目全面建成，解决7.17万农村人口饮水不安全问题。141个灾后重建交通项目全部完工，硬化乡村道路534千米。开展项目竣工验收，完成项目竣工验收66项、审计81项。

【精准扶贫】紧盯68个贫困村、11484户5.14万贫困人口精准脱贫目标，完成贫困村户脱贫验收，并通过市县抽查。2015年，全县15个贫困村和1.912万贫困人口实现脱贫，贫困面下降到18%

【城乡建设】2015年，全县共实施城镇建设项目23个，完成投资16.23亿元，城镇化率达到26.73%，增幅1.6%。县城规划区面积11平方千米，建成区面积4.5平方千米。武阳路、东三路管网改造、路面铺油和标线工程全面完成，西二路全面开工。150套棚户区保障性住房建设完成年度目标任务。改造农村危房2000户，建成“千村美丽”省级示范村2个、市级示范村2个、县级示范村65个。完成城区面山提升改造2000亩、村镇面山绿化5000亩、天保工程封山育林5000亩、新一轮退耕还林工程2万亩。建成漳武路、文殖路县城西段等绿色长廊37千米，绿化乡村道路39千米。

【科技与教育】2015年，全县补充申报省级科技计划项目3项。推荐申报国家及省级科技项目8项。组织申报专利21件。组织推荐市级科技发明奖参评项目1项。新选派科技特派员70名。完成《漳县科学技术"十三五"规划》。2015年，全县有各级各类学校152所，学生34099人，教职工2550。全县高考二本以上上线人数370人，上线率25.1%，增长8个百分点。

【医疗卫生】2015年，全县共有医疗机构197个，卫生技术人员434人，医疗卫生机构床位428张。制定《漳县2015年新农合部分住院病种分级诊疗工作实施方案》《漳县2015年新型农村合作医疗补偿方案》，确定县级医疗机构100个分级诊疗病种和乡镇卫生院50个分级诊疗病种。对全县参合贫困人口住院报销取消起付线，报销比例再提高5%，省市县乡报销比例分别达到60%、70%、85%、95%。在2014年实施的27种农村重大疾病保障的基础上，将病种扩大到50种。全县参合农民167962人，参合率为98.09%。新农合共补偿农民174642人次6086.11万元。

【人民生活与社会保障】2015年，全县财政用于民生方面的支出达3.46亿元，省市县44件实事基本办理完毕。全县城镇居民可支配收入为18519元，比上年增加1607.5元，增长9.6%，农村居民可支配收入为5507元，比上年增加1077元，增长11.9%。全县城镇新增就业3371人，全县城镇登记失业率3.52%。全年培训城乡劳动力21004人，全县输转劳动力5.5万人，新建劳务基地10个，实现劳务收入9亿元。

2015年，全县参加城乡居民养老保险人数为11.47万人，增长4%；全县各项社会保险基金总收入达到1.88亿元，增长5.3%；各项社会保险基金总支出0.78亿元，增长6.84%。全县参加城镇职工基本养老保险人数3349人，基金收入2878万元；参加城镇职工基本医疗保险参保人数8809人，基金收入1950万元；参加城镇居民基本医疗保险人数9426人，基金收入40万元；参加失业保险人数4649人，基金收入244万元；参加工伤保险人数6597人，基金收入107万元；参加生育保险人数6597人，基金收入74万元。全年共为2.3万名60岁以上城乡老人发放基础养老金2540万元，发放率达100%，发放死亡人员丧葬补助323人33万元。符合条件参加被征地农民养老保险（完全失地）应参保人数为532人，实际参保缴费人数为330人，参保率为62.03%，享受养老保险待遇人数为262人，每月发放养老金18万元。累计发放养老金270万元。城市低保保障标准由2014年的282元提高到310元，平均保障标准提高10%，月人均补差249元，享受城市低保的居民4120人，共发放城市低保1226.8万元。农村低保两次提标后，保障标准从2193元提高到2434元，月人均补差152元，享受农村低保的人数51930人，共发放农村低保金9341.55万元。全县农村五保供养人数1059人，发放农村五保供养金437.5万元。发放医疗救助资金643.2万元；发放临时救助资金256.8万元，救助5759人（次）。累计发放各类优抚安置补助资金514.4万元。为126名孤儿发放全年基本生活费66.06万元。

漳县县城全貌

漳县主要领导名录

县委书记　党建中

县人大常委会主任　贾占渊

县　长　刘　静（女）

县政协主席　包早福

（供稿：马永强）

渭源县

【综述】渭源县北靠定西市、临洮县，东接陇西县，南连漳县，西与卓尼县、临潭县、康乐县毗邻。县域东西长60千米，南北宽56千米，全县总面积2065.51平方千米，其中耕地面积80.07万亩，草场面积81.4万亩，森林面积52.36万亩，森林覆盖率17%。农村人均耕地面积2.45亩。2015年末，全县共辖16个乡镇，常住人口32.74万人，户籍总人口34.7万人，人口自然增长率5.73‰。

全县最高海拔3941米，最低海拔1930米，平均海拔2910米。根据地形、气候、降雨量等不同特点，全县分为南部高寒阴湿区、中部浅山河谷川(塬)区、北部黄土梁峁沟壑干旱区三种类型。年总降雨量580毫米，平均气温5.8℃，无霜期147天。境内盛产当归、党参、红芪、黄芪等中药材，有首阳山、鸟鼠山、灞陵桥、秦长城遗址等自然人文景观。

2015年，全县实现生产总值27.62亿元，较上年增长8.7%。其中第一产业增加值9.53亿元，增长5.4%；第二产业增加值3.47亿元，增长9.4%；第三产业增加值14.62亿元，增长10.7%。三次产业结构比由上年39.26：14.63：46.1调整为34.51：12.55：52.94。年末，全县完成城镇固定资产投资543779万元，增长11.8%；实现社会消费品零售总额63548.2万元，增长9%；完成大口径财政收入3.09亿元，增长9.44%；公共财政预算支出22.12亿元，增长14.86%。年末，全县金融机构各项存款余额557572万元，增长12.8%；全县金融机构各项贷款余额436209万元，增长42.92%。全县保费收入6261.78万元，全年理赔案件1507起（不含财产保险），赔付金额1495.81万元，人身险赔付629件，赔付321.06万元。全年全县能源消费总量17.83万吨标准煤，增长2.59%，万元GDP能耗0.6454吨标准煤，下降5.63%。全年全社会用电量12693.24万千瓦时，下降15.71%。

【农业农村经济】2015年，全县经济作物种植面积303210亩，比上年增加300亩，增长0.1%。农作物种植面积810555亩，其中粮食作物面积482365亩，下降0.57%。夏粮面积28615亩，下降11.5%；秋粮面积451000亩，增长0.22%。全年全县粮食总产量144285.14吨，比上年减少6011吨，下降4%。其中夏粮4960.64吨，下降9.54%；秋粮139324.5吨，下降3.78%。推广种植全膜双垄沟播玉米10.58万亩。种植蔬菜27730亩，全年蔬菜产量22468吨，增长10.57%。中药材种植面积300197亩，比上年增长0.06%；产量60032.5吨，增长10.23%。

年末，全县大牲畜存栏5.85万头，比上年增加0.78%。其中牛存栏4.17万头，比上年减少0.92%。羊存栏7.85万只，下降2.09%；猪存栏11.36万头，下降2.09%；家禽存栏34.51万只。全年肉类总产量9081.53吨，禽蛋产量1035.3吨，羊毛产量42.21吨。发展苗木繁育1500亩、经济林2000亩。新增自来水入户3776户，自来水入户率达到96.99%。全年新修梯田267万亩。当年造林面积605万亩。硬化农村道路402千米，砂化道路416千米，通村道路硬化率达到94%。改造农村电网261个社650千米、动力电103个社362千米。新建村级幼儿园22所，新建村卫生室17个。

【工业与建筑业】2015年，全县新增小微企业63家，达到458家，新增工业企业15家，达到148家，工业实现税收达到1360万元。年末，全县实现工业增加值1.42亿元，增长9.1%。其中规模以上工业企业增加值0.79亿元，增长10.5%。

年末，全县全社会建筑业实现增加值2.04亿元，增长9.7%。全县具有建筑业资质等级的总承包和专业承包建筑企业3户，3家企业共计完成建筑业总产值49026万元。

【招商引资与项目建设】开展"百亿元大招商"活动，赴陕西、浙江、江西等地对接洽谈项目，引进兰州佛慈集团、浙江富阳康华制药机械公司等企业到渭源投资兴业，引进各类项目30项，签约资金105.6亿元，到位资金33.2亿元。

2015年，全县实施项目220项，总投资145亿元，完成投资49.8亿元，争取国家投资7.15亿元。118项"7. 22"灾后重建项目已竣工113项，完工率95.7%，4个集中安置点和学校、卫生院等项目基本建成。实施市列重大项目14项，完成投资5.53亿元。

【固定资产投资】2015年，全县完成城镇固定资产投资543779万元，增长11.8%。其中第一产业完成投资54901万元，下降23.22%；第二产业完成投资294520万元，增长31.01%；第三产业完成投资194358万元，增长2.32%。

【商贸流通】2015年，全县实现社会消费品零售总额63548.2万元，增长9%。其中城镇实现零售额44182.2万元，增长9.9%；乡村实现零售额19366万元，增长6.9%。批发业实现销售额89485万元，增长28%；零售业实现销售额116401万元，增长28.1%；住宿业实现营业额3150.5万元，增长20%；餐饮业实现营业额10137万元，增长23%。

【旅游业】编制完成渭河源大景区修建性详规，投资6496万元继续推进渭河源、首阳山景观节点等基础设施建设。制定出台渭源县农家乐及农家客栈《管理办法》等扶持发展政策，新发展农家乐经营户16家。2015年，全县接待境内外游客58.7万人（次），增长37.1%。全县实现旅游综合收入2.24亿元，增长29.5%。全年新增旅游就业人数709人，增长22%。

【交通邮电】2015年，全社会投入营运的汽车4250辆，其中客运240辆，货运4041辆。全年完成客运量164.03万人，客运周转量10662.27万人千米；完成公路货运量953.53万吨，货运周转量81050.11万吨千米，完成公路运输总周转量82116.34万吨千米，下降16.65%。

2015年，邮电业务总量77.26万元。年末，全县固定电话用户6802户，比上年增加784部。全县移动电话用户213000户，年内减少31335户。互联网宽带用户12754户，比上年增加5862户。全县电话普及率65.06部/百人，每百人拥有电话比上年减少9.73部。

【扶贫开发】2015年，全县完成7.54万贫困人口建档立卡基础台账和大数据平台建设工作。年内有42个贫困村整体脱贫，年底贫困人口人均可支配收入达3110元。组织34名县级干部对109个扶贫重点村进行全覆盖联系，在109个重点贫困村和108个非重点贫困村组建驻村帮扶工作队进行蹲点驻村帮扶，确定9205名干部精准联系帮扶2.35万贫困户，从农林水牧和卫生计生系统抽调1039名专业技术人员，对缺乏技术和因病致贫的贫困户进行精准联系帮扶，动员188家企业（协会）结对帮扶94个贫困村，为各贫困村派驻科技特派员服务团队。2015年，县财政支出70%以上用于扶贫，共整合各类扶贫资金14.98亿元，其中县财政自筹资金1.15亿元。新建易地扶贫搬迁安置点35个1959户，改造危房3700户，改造面达到64%。争取到全省精准扶贫专项贷款规模7.48亿元，已分两批投放精准扶贫专项贷款4.65亿元，投放个人类贷款6808户3.4亿元。在213个行政村建立村级扶贫互助协会，发放贷款

1518万元。对贫困户共完成培训3.6万多人。

【城乡建设】实施总投资68.8亿元的35个县城重点建设项目，累计完成投资12.6亿元。推进渭河文化景观带建设，完成二号桥至大平桥南岸建设任务，老君阁完成主体工程建设。实施渭河南路东段、北环路西段等8条道路改扩建项目，开工建设城区生活垃圾收运项目，启动实施城区集中供热改扩建工程，改造城区供水管网3千米，完成污水管网埋设11.2千米。争取国开行棚户区改造贷款0.67亿元，推进北环路东段等六个片区棚户区改造，完成棚户区改造430户，新增住房1145套，棚户区改造和保障性住房建设主体工程全部竣工，完成投资4910万元。实施总投资8.8亿元的小城镇建设项目25个，完成投资3.95亿元。全县城镇化率达到21.67%。编制村庄建设规划36个，打造渭河源村、峡口村等美丽乡村示范村。

【科技与教育】2015年，全县组织申报专利35件，其中发明专利7项，实用新型专利3件，外观设计25件。获得授权发明专利3件。《南山放养鸡生产繁育技术示范》取得省市级科技成果鉴定，并获得省科学技术情报学会三等奖，《中药材组装式氮气养护贮藏系统》取得市级科技成果鉴定。2015年底，全县有科技特派员119人；年末，全县共有学校268所，在校学生49642人。投资1.1亿元实施教育项目129个，新建改造校舍2.8万平方米，引进紧缺专业教师27名，落实引进教师补助、乡村教师生活补助和奖励资金623万元。学龄儿童入学率100%，初中毕业生升学率69.6%，年内本科上线人数819人，本科录取率24.2%，本科上线率23.14%。

【文化广播影视】2015年末，全县有艺术团体1个，博物馆1个，公用图书馆1个，藏书8万册。全县地面数字广播电视农村无线覆盖工程，目前已完成前端机房及主站、15个辅站建设，信号覆盖全县16个乡镇的108个行政村20多万人口，覆盖率达到57%。全县有卫星地面转播站61座，有线数字电视用户6420户，广播和电视综合人口覆盖率分别为98.5%和98.1%。

【医疗卫生】2015年末，全县共有医疗卫生机构28个（不含个体诊所），村卫生室217个。医疗卫生机构床位1386张，卫生技术人员778人。年内门诊就诊人数589423人(次)，住院人数40286人(次)。孕产妇住院分娩率98.97%，婴儿死亡率控制在十万分之4.87。创建国家级计划生育优质服务先进县。投资1930万元实施县妇幼保健站、乡镇卫生院业务用房和17个村卫生室等医疗卫生基础设施建设项目，村卫生室覆盖面达到89.9%。

【体育】2015年末，全县共有体育场地362个，场地面积27.04万平方米，人均0.77.1平方米。各级各类学校体育锻炼标准的施标率、达标率分别达到100%和94%。组织参加省、市群体比赛15次，市上青少年竞技体育竞赛6次。向省体工队输送5人，定西市体校输送6人，省体校1人。

【人民生活与社会保障】2015年，全县城镇居民人均可支配收入18538元，比上年净增1544.6元，增长8.7%；农村居民人均可支配收入5771元，比上年净增1235.7元，增长13.2%。全年城镇新增就业人员4037人。全县共输出各类劳务人员7.04万人，实现劳务收入12.084亿元，完成农村劳动力培训2万人，技能培训完成0.96万人。

年末，全县参加养老保险的城镇职工2745人,年内征收基金3118万元。城镇职工医疗保险参保人数12558人，年内完成基本医疗保险金征缴3325万元；住院病人1913人，基金报销住院费用987万元。全年12558名职工参加意外伤害保险，基金支出参保费 322 万元。全年全县参加城镇居民基本医疗保险 9842人，收缴保险费54万元，住院病人1098人，基金报销医药费359万元，报销比例达到65%。全县参加工伤保险的事业单位和社会组织288户，职工9806人，年内征缴工伤保险费230万元。领取工伤待遇的人员7人，领取工伤待遇18万元。全县参加失业保险统筹的事业单位241户，有参保职工9131人，年内征收失业保险费409万元。全县城乡居民养老保险缴费141285人，特殊人群22459人，年内收缴养老保险费用1370.5万元，城乡居民基本养老保险参保率96.69%，续保率97.7%，为48086人累计发放养老金5688.9万元，发放率100%。

【安全生产】2015年，全县共发生生产安全事故23起，死亡12人，受伤25人，直接经济损失3.78万元。与去年同期相比，事故起数上升91.67%；死亡人数持平；受伤人数上升212.5%；直接经济损失下降35.38%。全年未发生生产经营性火灾事故。

渭源县主要领导名录

县委书记　吉　秀

县人大常委会主任　张亚农

县　长　蔺红军

县政协主席　杨　谦

（供稿：王枝正）

岷　县

【综述】岷县地处甘肃南部，介于东经103° 41′ -104° 59′ 、北纬34° 07′ -34° 45′ 之间。东西长约120千米，南北宽约69千米，全县总面积3578平方千米，其中耕地面积62.7万亩，林地面积71.678万亩，草地290.179万亩。东靠武山县，北依漳县，南接宕昌县，东南与礼县接壤，西南与迭部县相邻，西北、西南与卓尼、临潭县接壤。2015年末，全县辖9个镇9个乡，常住人口45.51万人。有回族、藏族等6个少数民族。

全境由东南向西北倾斜。全县地形地貌可划分为浅切割中高山区、中东部高原区、西北中部侵蚀中山区和河谷川台区四种类型。土壤划分为高山草甸土、亚高山草甸土等13个土类。气候属高原性大陆气候，年平均日照时数2214.9小时，年平均气温4.9℃-7.0℃，年平均降水量596.5毫米，年平均无霜期90-120天。境内大小河流22条，年平均径流量42.09亿立方米。已探明矿产有金、铅锌、锑、煤、汞、铁、水泥用灰岩、饰面用石材、建筑用石料、砖瓦粘土等14种，矿床、矿点60处。野生珍贵动物中属国家保护的有蓝马鸡、穿山甲等10余种。一般野生动物有熊、狼等100多种。木本植物有乔、灌木27科、44属、97种。草本植物有87科、324属、646种，有国家重点保护植物8种。有当归、党参等中草药100余种。有“岷州会议”会址、二郎山森林公园等人文自然景点。

2015年，全县完成生产总值33.11亿元，增长8.7%，其中第一产业完成增加值9.41亿元，增长6.1%；第二产业完成增加值7.76亿元，增长10.1%；第三产业完成增加值15.94亿元，增长9.4%。三产比为28.4∶23.4∶48.2。完成全社会固定资产投资68.16亿元，增长10.3%；完成工业增加值4.16亿元，增长10.6%。其中规模以上工业企业增加值3.05亿元，增长10.5%。完成社会消费品零售总额10.8亿元，增长9%；完成大口径财政收入40769万元，增长13.71%，公共财政预算收入2.38亿元，增长9.3%；公共财政预算支出29.83亿元，下降8.73%；人民币各项存款余额80.54亿元，增长12.24%，贷款余额53.46亿元，增长28.29%。

【农业农村经济】2015年，全县第一产业完成增加值9.41亿元，增长6.1%。全年农作物播种面积达到644945亩，其中药材种植面积356094亩。“岷县当归”被国家工商总局认定为“中国驰名商标”。全年种植优质牧草16万亩。年末，全县大牲畜存栏103586头。完成农村新建、维修户9.9万户，占全县农村总户数的95%以上，群众住房条件得到彻底改善。18个乡镇道路通油率达到100%，359个行政村沥青（水泥）路通畅率达到95%，村内沥青（水泥）路通畅率达到71%。解决18个乡镇9.2万户41.18万人安全饮水问题。64个脱贫村和27个集中安置点全面完成宽带入村。全县共建成卫生厕所8000多座。发展畜草产业，累计培育建成15家规模养殖企业和143个畜草农民专业合作社。全年培训贫困劳动力2.1万人次，输转劳动力9.82万人，实现劳务收入13.74亿元。累计发放精准扶贫贷款6.26亿元。

【第二产业】甘肃九州天润中药产业有限公司中药材深加工综合产业园建设项目等正在建设。岷县中医药循环经济产业园完成产业园控规及详规工作，环评报告通过评审，入驻园区企业6家。2015年，全县第二产业完成增加值7.76亿元，增长10.1%。

【第三产业】建成1个县级电子商务公共服务中心和87个乡村级电商服务站，发展电商200多家，年销售额4000多万元。建成金融便民服务点46个。2015年，全县第三产业完成增加值15.94亿元，增速9.4%。其中旅游收入2.83亿元，增长29.8%。

【项目建设】10项市列重点项目全部开（复）工建设，当年完成投资10.8亿元。开（复）工投资500万元以上县列重点项目357项，当年完成投资75.2亿元。

【招商引资】开展“百亿元大招商”活动，实施招商引资项目57项，实际到位资金54.6亿元，增长16.3%。与世界500强企业华润集团华润新能源控股有限公司签约总投资70亿元的华润岷县新能源项目，与甘肃西京投资集团有限公司签约总投资4.6亿元的岷县电子商务产业园建设项目。

【城乡建设】实施重点城建项目21个，完成投资7.9亿元。迭藏河东岸道路及管网等工程建成投入使用；丽璟园等项目正在有序建设。硬化城区背街小巷29条。麻子川乡吴纳村等4个村被评为全省“美丽乡村”50强。

【灾后重建】总投资4.73亿元439项1171千米的县乡村道路项目全部完成。总投资5.34亿元的4大类27项水利灾后重建项目，完工23项，占项目总数的85%，完成投资5.18亿元，占总投资的97%。完成梅川、茶埠、寺沟3个小城镇道路管网、绿化等基础设施项目。争取追加的梅川、茶埠小城镇共1亿元的12个重建项目正在实施。梅茶新区一期17栋安置楼正在进行细部扫尾。27个集中安置点和10个重灾村所有基础设施配套项目全部完成。完成城区新建学校的操场等附属设施建设。完成5个乡镇21个行政村1510户6932人的搬迁安置工作。

【生态建设】完成新一轮退耕还林4万亩，绿化城乡面山2.2万亩，围栏封育草场30万亩。治理水土流失面积30平方公里，治理地质灾害隐患50处，实施土地开发整改项目13个、新增耕地507.35亩。加强对违规采石场、洮河、迭藏河及其支流河道占河圈地、违规采砂等行为进行集中清理整治。岷山种畜场移交县上管理，东部山区草场、湿地等生态环境执法监管和保护得到加强。

【社会事业】2015年，全县高考应届二本上线405人，上线率为20.3%，较上年提高8.2个百分点。启动公立医院综合改革，开展建立居民健康档案等12项基本公共卫生服务项目。全县新农合参合率达到98.37%。107个村级文化活动室全部竣工并完成审计。推广应用长丝碳纤维地暖技术等4项新技术，示范应用复合微生物杀菌剂等3项新产品，2家众创空间、2名创新创业导师获省级首批认定。全县建成科技特派员试验示范基地15个，新选派科技特派员172名。100多名师生在国家和省市县青少年科技创新大赛中获奖。

【人民生活与社会保障】2015年，全县城镇居民人均可支配收入18781元，增长9.4%；农民人均纯收入5503元，增长13.7%。城镇新增就业5233人，高校毕业生就业602人。落实各项惠农资金355亿元。全县参合率98.37%，城乡居民社会养老保险参保率97.91%。为2095名城乡困难群众发放医疗救助金804.4万元，为10.9万名城乡低保、农村五保和城乡孤儿等对象按不同标准资助参保参合金417.9万元。为所有享受待遇人员发放城乡居民社会养老保险基础养老金5132万元。落实乡镇工作人员乡镇津贴、农村教师生活补助政策，聘用代课教师、环卫、社区工作人员及公益性岗位协警等低收入人群月增资100-280元，人均月工资达到1480元。干部职工取暖补贴标准由1200元提高到1750元、住房公积金财政缴存比例由8%提高到10%。安泰家园保障房、长虹家园保障性安居工程全部竣工，分配入住801套，发放廉租住房租赁补贴196户53.43万元。

岷县领导名录

县委书记　郭世杰

县人大常委会主任　杨水涛

县　长　梁德铭

县政协主席　梅彦忠

（供稿：龚树红）

临洮县

【综述】临洮，因境内有洮河而得名，古称狄道，地处黄土高原与青藏高原的交汇地带，位于甘肃中部、定西西部，全县总面积2851平方千米，其中耕地面积108万亩，人均耕地2.23亩。2015年末，全县有18个乡镇，总人口54.72万人，有回族、东乡族等18个少数民族。

境内海拔1730-3670米。气候湿润，洮河谷地光热水条件得天独厚，年平均气温7℃，年降水量317-760毫米，无霜期80—190天。黄河上游最大的支流-洮河，流经县内9个乡镇115千米，年过境水量46亿立方米，水能资源可开发蕴藏量达32万千瓦。建成水电站16座，总装机容量19.57万千瓦,年发电量10.45亿千瓦时。境内分布高岭土、方解石、萤石等矿产资源。临洮花卉先后在各类花卉博览会上获得70多个奖项。

2015年，全县实现生产总值589067万元，按可比价计算，增长8.9%。其中第一产业增加值141991万元，增长5.0%；第二产业增加值166958万元，增长10.9%；第三产业增加值280118万元，增长9.5%。一、二、三产业比重调整为24.10：28.35：47.55。人均GDP为11488元，比上年增加330元，增长2.96%。全年大口径财政收入66883万元，比上年增收4326万元，增长6.92%。公共财政预算支出273396万元，比上年增支25291万元，增长10.19%。全年金融机构各项存款余额1260002万元，比上年增加175669万元，增长16.2%。各项贷款余额885667万元，比上年同期增加216049万元，增长32.26%。

【农业农村经济】2015年，全县农作物播种面积127.97万亩，比上年增加0.39万亩，其中粮食作物播种面积88.05万亩，经济作物播种面积39.17万亩，粮经比为69:31。全年粮食总产量达到23.51万吨，增长0.72%，其中夏粮4.33万吨，增长1.07%。全年粮食单产267公斤，比上年亩增产3公斤。

年末，全县大牲畜存栏6.44万头，减少1.1%；猪存栏18.5万头，减少3.95%，牛存栏5.04万头，减少0.59%，其中奶牛0.9万头，减少6.25%；羊存栏26.57万只，减少0.86%；鸡存栏100.32万只，减少1.03%。全年畜牧业增加值39304.62万元，占农业增加值的27.06%。

年末，全县拥有农业机械总动力60.35万千瓦，比上年增长4.2%。机耕地面积为52.24万亩，占总耕地面积的49.12%。全年新修水平梯田4.27万亩。化肥消耗总量7.97万吨，增长1.48%，化肥施用量（折纯）2.21万吨。农村用电量8800万千瓦小时，增长3.55%；地膜覆盖面积38.19万亩，增长0.65%。

【工业与建筑业】2015年，全县28家规模以上工业企业完成工业总产值288859.8万元，下降9.76%；完成工业销售产值278870.1万元，下降4.8%，产销率96.5%；实现工业增加值64142.7万元，按可比价格计算增长13.2%。完成产品销售收入258063.5万元，增长10.9%，上交税金2788.1万元，比上年同期减少1400.2万元。

年末，全县13家资质以上建筑企业共完成建筑业总产值109517万元，下降60.16%，建筑业完成增加值90915万元，按可比价格计算增长9.2%；房屋建筑施工面积136.4万平方米，房屋建筑竣工面积36.15万平方米；实现营业利润7919万元；从业人员年平均人数达8524人。

【固定资产投资】2015年，全县完成固定资产投资1030006万元，增长10.51%。其中500万元以上投资1016907万元，增长12.98%。房地产投资13099万元，下降59.02%。

【商贸流通】2015年，全县社会消费品零售总额实现185339万元，增长9.0%。分行业来看，批发零售贸易业完成零售额154853万元，增长8.2%；其中限额以上批零企业和个体户实现零售额32762万元，增长7.9%，限额以下批零企业和个体户实现零售额122091万元，增长8.3%。住宿餐饮业实现零售额30486万元，增长13%，其中限额以上住

主要农产品产量表

产品名称	2015年（吨）	2014年（吨）	比上年+-%
小麦	41210	40910	0.73
玉米	78348	74235	5.54
洋芋	113178	115900	-2.35
油料	3755	4352	-13.72
药材	28820	24849	15.98
蔬菜	315581	298063	5.88
水果	13025	12261	6.23

主要畜产品产量表

产品名称	2015年（吨）	2014年（吨）	比上年+-%
肉类总产量	20676.19	21349	-3.15
奶产量	4299.99	9371	-54.11
鲜蛋产量	3009.6	6082	-50.51

餐企业和个体户实现零售额7349万元，增长15.2%，限额以下住餐企业和个体户实现零售额23137万元，增长12.3%。

【旅游业】2015年，全县旅游人数达62.5万人（次），增长34.2%。全年旅游收入3.25亿元，增长28.3%。

【招商引资】2015年，全县签订招商引资合同、协议项目37项，签约总金额974610万元，比上年减少51390万元，下降5%；到位资金178380万元，比上年增加52048万元，增长41.2%；续建项目20项，到位资金215920万元。新签约和续建项目累计到位资金394300万元，比上年增加48466万元，增长14%。

【交通邮电】2015年，全县有各级公路275条1990.92千米，共有营运车辆3463辆，其中客运车786辆（客车294辆，出租车492辆），货运车2677辆。全社会公路客运量275.14万人次，客运周转量15132.89万人千米；公路货运量1765.09万吨，货运周转量114731.97万吨千米。

年末，全县邮政业务收入1073万元，电信业务收入3980万元。全县基站总数651个，固定电话机拥有量2.1万门，无线市话用户总数达到44.3万门，上网用户92807户。

【财政金融保险】全年大口径财政收入66883万元，比上年增收4326万元，增长6.92%。公共财政预算支出273396万元，比上年增支25291万元，增长10.19%。全年金融机构各项存款余额1260002万元，比上年增加175669万元，增长16.2%。各项贷款余额885667万元，比上年同期增加216049万元，增长32.26%。全年保费收入27893万元，比上年增加4509万元，增长19.3%。

【安全生产】2015年，全县发生各类生产安全事故75起，死亡24人，受伤70人，直接经济损失8.95万元。与去年同期相比，事故起数增加13起，上升21%；死亡人数持平；受伤人数增加19人，上升37.2%；直接经济损失减少1.786万元，下降16.6%。

【环境保护】全年完成退耕还林补植面积0.76万亩，巩固退耕还林成果建设项目补植补造0.5933万亩，薪炭林0.225万亩，后续产业完成0.3226万亩；完成三北五期工程造林0.5万亩，封山育林0.3万亩。实施减排项目11个，其中工程减排项目7个、管理减排项目2个、机动车减排项目1个，阶段性减排项目1个。全年减排化学需氧量253.33吨、氮氧化物214.22吨，氨氮、二氧化硫的排放量在2014年的基础上分别增加20.35吨和258.94吨。单位GDP能耗年度降低率为9.52%；规模以上工业单位增加值能耗降低率为22.3%。

【科技教育】2015年，全县申报各类科技项目15项，下达项目资金411万元。申报专利41项，授权38项。选派科技特派员214名。临洮宏丰机械制造公司、临洮恒德源农业发展公司等13家企业申报为市级工程技术研究中心。年末，全县有各级各类学校267所，教职工6030人，中小学在校学生78255人。全县小学、初中阶段适龄儿童入学率分别达到100%、100%。高考二本以上上线人数2411人，上线率为33.22%。

【文化事业】2015年末，全县有文化馆、图书馆、博物馆、画院（美术馆）各1所，文联组织1个，县级艺术表演团体1个，广播电视台1个、甘肃省广播电视网络有限责任公司临洮分公司1个，群众文化团体68个。电视覆盖率达到97.16%，广播覆盖率达到97.33%，全县拥有有线数字电视用户1.56万户，转播标清节目90套，转播高清节目190套。

【医疗卫生】2015年末，有卫生机构32个，实有床位2000张，各类卫生技术人员2277人。参加农村新型合作医疗的人数达44.27万人，参合率达到97.96%，全年为57457位参合农民报销住院医药费14203.96万元，人均报销2472元。

【体育】2015年末，全县有各级社会体育指导员达到417人，各类健身活动点38个。甘肃临洮体育训练基地当年累计完成投资2.2亿元，建成标准曲棍球场2处、标准田径场2处、小轮车场1处；建成临洮县游泳健身中心新建游泳馆1座；实施"一村一场"农民体育健身工程52个。举办各级各类规模较大的体育活动28次，参与人数达到11957人。举办"体彩杯2015年全国男子曲棍球冠军杯赛"等各种大型赛事9次。组队参加甘肃省传统武术锦标赛及全国武术运动大会，获得1等奖20个，2等奖30个，3等奖25个；团体总分在全省排名第四。

【人民生活与社会保障】2015年，全县城镇居民人均可支配收入19203元，增长9.2%；农村居民人均可支配收入6107元，增长11.3%。城镇新增就业人数4588人，城镇登记失业率3.01%。全年输出城乡剩余劳动力10.5万人次，其中组织输出6.14万人次，自谋输出4.31

临洮县新添镇花椰菜生产基地

万人次，境外输转0.05万人次。全年实现劳务收入17.99亿元，增长11.1%。

年末，全县养老、失业、城镇职工、城镇居民基本医疗、工伤、生育等6项保险参保人数分别为9100人、15315人、23645人、25103人、16588人、16051人，除养老参保人数与去年持平外，其余比上年分别增加1188人、799人、300人、866人、504人，同比增长8.4%、3.5%、1.2%、5.5%、3.2%。享受城镇最低生活保障的居民为1856户4070人，发放保障金1265万元；享受农村最低生活保障的居民21917户73382人，发放保障金11886万元；享受五保待遇的居民2128户2245人，发放保障金776.8万元。全县参加城乡居民社会养老保险的人数309598人，其中农村居民参保303937人，城镇居民参保5661人，参保率96.77%，基金总收入13039万元。

【精准扶贫】全县确定建档立卡贫困户2.27万户、贫困人口9万人，贫困面18.23%。完善5大类108项精准扶贫精准脱贫软件资料，做到大数据平台建设8个准、村级作战5张图、户户落实3本账。整合各类项目资金7.1亿元，压缩年初计划实施的城市建设和其他政府投资项目5个4760万元，全部用于精准扶贫。在易地搬迁点建成8所敬老院，完成棚户区改造2165户、易地扶贫搬迁1519户、危房改造3000户。完成自来水入户2.55万户，农村自来水入户率80.2%。建成通村硬化道路745.5千米，农村公路通畅率100%。县财政筹资4300多万元，采取以奖代补的方式，完成村社道路砂化140.17千米。整合各类产业扶持资金6500万元，提升产业示范村111个、培育潜力村126个，发展现代农庄1个、家庭农场18家，新成立农民专业合作社528家、累计1206家，培育规模养殖示范户3225户，新建日光温室116座、塑料大棚6510亩，新增花木种植7000亩。开展"两后生"菜单式职业技术培训2580人，培训具有专业技能的务工人员3244人次、农村劳动力1909人，带动培训农民2.06万人，输转农村劳动力10.5万人。组建322个村级精准扶贫富民产业合作社，入社贫困户2.23万户，为1.29万户贫困户发放精准扶贫专项贷款6.03亿元。县财政安排专项资金1240万元，新建互助资金协会62个，实现144个贫困村互助资金协会全覆盖，互助资金总量达到4483万元、会员4.16万户，累计发放借款3896户、2812万元。争取实施"全面薄改"、校舍改造、幼儿园建设、智慧教育等项目164个，完成投资1.3亿元，新建城乡幼儿园32所，农村学校D级危房面积减少到1.7万平方米，电子白板农村学校普及率70%以上。新建标准化卫生室45个，村级综合文化服务中心59个，新农合参合率97.96%，九年义务教育巩固率96.27%，养老保险参保率96.76%。

2015年末，全县有32个贫困村、1.1万户4.48万人实现预脱贫，返贫53户234人、新识别288户1148人，贫困发生率下降到9.52%。农村居民人均可支配收入6107元，增长11.3%。2015年3月28日，国务院副总理汪洋深入太石镇三益村指导检查精准扶贫工作。

临洮县四大班子领导名录

县委书记　石　琳

县人大常委会主任　王耀洲

县　长　许树德（3月任）

县政协主席　陈永寿（12月止）

　　　　　　蒋景林（12月任）

（供稿：任　静）

临洮县兴望紫斑牡丹繁育基地

陇南市

【综述】陇南市地处甘肃省东南部，介于东经104° 1′-106° 35′，北纬32° 38′-34° 31′ 之间。东与陕西相连，南与四川对接，西北与甘南藏族自治州和定西、天水市为邻，东西最长处约221千米，南北最宽处约220千米，全市国土面积折合4187万亩，其中森林面积16 6 8万亩。2015年末，全市辖8县1区，总人口283.23万，常住人口258.71万。有回族、藏族、满族、壮族等29个少数民族。

境内属秦巴山地、岷山山脉和黄土高原的交汇地带。海拔最高4200米，最低550米。境内高山峻岭与峡谷盆地相互交错，复杂多变，地域差异明显，气候垂直分布，属亚热带向暖温带过渡区。年平均气温13.2℃，最高温度37.2℃，最低温度－8℃，全年降雨总量627.5毫米，日照1724.2小时，无霜期211天。生物资源丰富，树种有1300多种，被列入国家重点保护的植物有54种。有国家一级保护动物大熊猫、金丝猴、羚牛、云豹等10种。境内有铅、锌、锑、硅、重晶石等金属、非金属矿34种，矿产地445处。河流均系嘉陵江水系，一级支流有白龙江、西汉水等48条。全市水力理论蕴藏量425.76万千瓦，可开发量

260.42万千瓦，可开发量占理论蕴藏量的61.2%。有宕昌哈达铺红军长征纪念馆、成县《西狭颂》摩崖石刻、礼县三国遗址代表景点祁山武侯祠等人文自然景观旅游。

2015年，全市实现生产总值262.5亿元。其中第一产业实现增加值66.23亿元，第二产业实现增加值69.38亿元，第三产业实现增加值126.92亿元。第一、二、三产业对生产总值的贡献率分别为15.4%、38.7%和45.8%。

【农业农村经济】2015年，全市年粮食种植面积为468.8万亩，油料种植面积34.2万亩，蔬菜种植面积55.7万亩，全年粮食总产量达到111.5万吨，其中夏粮38.9万吨，秋粮72.6万吨。全年肉类总产量达9万吨，药材产量达到12.9万吨，水产品产量0.23万吨。全年新增有效灌溉面积1.5万亩，水平梯田总面积328.6万亩，农业机械总动力达到186.7万千瓦。

【工业经济】2015年，全市实现工业增加值43.91亿元，规模以上工业实现增加值40.1亿元。其中国有企业完成增加值7.6亿元，集体企业完成0.9亿元，股份制企业完成31.0亿元。轻工业完成增加值8.0亿元，重工业完成增加值32.1亿元。

【固定资产投资与招商引资】2015年，全市完成固定资产投资532.9亿元，其中国有投资329.2亿元；非国有投资完成203.7亿元；第一产业完成投资11.6亿元，第二产业完成投资316.1亿元，第三产业完成投资205.2亿元。全年招商引资签约资金461亿元，到位资金307亿元。

【交通邮电】2015年，全市共完成客运量为2929.1万人次，完成旅客周转量为185181.5万人千米；全市完成公路货运量为1454.4万吨，完成货运周转量284298.8万吨千米。全年完成邮电业务总量178141.3万元。其中电信业务总量40974.5万元、移动业务总量117180.1万元、联通业务总量10581万元、邮政业务总量9405.1万元。

【旅游】2015年，全市旅游总人数达846.5万人次。全年旅游综合收入41.3亿元。

【商贸流通】2015年，全市实现社会消费品零售总额72.27亿元。其中城镇实现消费品零售额55.45亿元，乡村实现消费品零售额16.82亿元。批发业实现7.44亿元，零售业实现52.29亿元，住宿业实现355亿元，餐饮业实现899亿元。

【贸易】2015年，全市进出口总额为2171万美元，其中直接出口总额为2027万美元，进口总额144万美元。

【财政金融保险】2015年，全市实现大口径财政收入49.28亿元，公共财政预算收入为23.89亿元。财政支出164.45亿元。全年金融机构本外币各项存款余额625.81亿元，其中外汇存款448万美元，折合人民币0.27亿元。人民币单位存款余额227.46亿元；人民币个人存款余额388.28亿元，年末全市金融机构本外币各项贷款余额376.52亿元。

全年保费收入6.77亿元。其中财产险收入3.01亿元，寿险收入3.77亿元。全年赔款1.42亿元，其中财产险1.2亿元，寿险0.22亿元。

【教育】2015年末，学校总数2159所，教职工30140人。其中专任教师28705人。在校学生数445704人,其中小学在校生194139人，初中生101409人，高中生51013人，中等职业学校20638人，幼儿园67857人，大专院校9930人。学龄儿童入学率99.43%，适龄初中入学率86.91%。小学、初中、高中专任教师合格率分别为99.53%、9893%、9120%。全市普通高中招生172万人，初中招生5.15万人，小学招生2.94万人。各类普通高校在陇南招生16058人，各类普通中专在陇南招生3243人。

【文化】2015，全市共有艺术表演团体9个，全年演出617场，观众达32.5万人次；文化馆9个；公共图书馆9个，藏书达91.2万余册；博物馆10个；文化古迹52处，其中,国家级8处、省级17处、市级27处；文物藏量9886件，其中一级文物139件。广播和电视综合覆盖率分别为92.86%和95.68%，数字有线电视用户49483户。

【卫生】2015年末，全市有公立医疗卫生机构1071个，其中县级以上综合医院10个、中医院8个、疾病防控中心9个，社区服务中心（站）10个，妇幼保健院（站）9个，卫生监督所8个，乡镇卫生院215个。拥有病床位7767张。共有卫生技术人员6993人，其中执业医师和执业助理医师2529人，注册护士1710人，药师（士）340人，技师（士）337人，其他2077人。

【人民生活与社会保障】2015年，全市城镇居民人均可支配收入17001.3元，农民人均纯收入4023.7元。年末全市从业人员156.96万人。全市登记失业人数9226人。

年末，全市城镇职工医疗保险132005人，城镇居民医疗保险163668人；城镇养老保险52535人，工伤保险63304人。城镇居民最低生活保障对象6.29万人，发放低保金1.93亿元；农村低保对象46.82万人，发放低保金6.61亿元。

【环境保护与安全生产】全市现有环境监测站10个，全市二氧化硫排放量13000吨，化学需氧量36911吨，区域内环境噪声平均值为54.97分贝，交通干线噪声平均值63.41分贝。

全年共发生各类生产安全事故157起，各类事故共计死亡71人，受伤122人，造成直接经济损失259.3万元。其中道路交通事故103起，死亡66人，与去年持平；受伤122人，造成直接经济损失8.7万元。火灾事故50起，无人员伤亡，直接经济损失85.2万元。工矿商贸事故4起，死亡5人，造成直接经济损失131.5万元。

陇南市领导班子成员名录

市　委

书　记　孙雪涛

副书记　陈　青　张旭晨

常　委　崔景瑜　张　昉　李旺泽　田广慈　李东新　岳金林　杨秋红（女）　吴雪林　韩太平

秘书长　岳金林

市人大常委会

主　任　杨金社（2月任）

副主任　何兴林　杨海平　辛海生

刘高潮　董　毅　张汉平

市政府

市　长　陈　青

副市长　李旺泽　吴雪林　曹成章

王月成　谢治国　尚　桢

张庆宏　郭建博　梅亚星

李兴华　佘东鹏　王效彤

市政协

主　席　杨全社（2月止）

任跃章（2月任）

副主席　刘应昌　竖义国　张全新

古元章（回族）马效功

张俊兰　周　洪

秘书长　刘光福

（供稿：马　琳）

武都区

【综述】武都区位于甘肃省东南部，长江流域嘉陵江中游，秦巴山系结合部，介于北纬32° 47’-33° 42’、东径104° 34’-105° 38’之间。东与康县相接，南连陕西省宁强县、四川省青川县和本市文县，西接文县、舟曲县、宕昌县，北邻宕昌县、礼县、西和县，东北与成县隔水相望，全县总面积为4683万平方千米。2015年末，全区辖36个乡镇，有回族、藏族等9个少数民族，总人口58万人。

秦岭和岷山两大山系的支脉东西向横贯全境，境内高山、河谷、溶洞、丘陵、盆地交错。海拔667—3600米。有白龙江、广坪河、西汉水三大水系，年径流量53.7亿立方米。属亚热带向暖温带过渡区，气候属北亚热带半湿润气候，年平均气温14.5℃，降水量400—900毫米，无霜期120天至284天，城区无霜期300天以上。矿产资源富足，发现和探明的矿产17种，矿产地（包括矿化点）79处。有白水江国家级自然保护区（红铜河流域）、裕河金丝猴自然保护区和武都裕河大熊猫自然保护区3个国家级、省级自然保护区。有各类动植物1300多种，各类中药材1200多种。

2015年，全区生产总值达到93.55亿元，比“十一五”末增长91.43%，年均增长11.4%；完成大口径财政收入9.85亿元，比“十一五”末增长147%，年均增长19.83%；完成固定资产投资102.61亿元，比“十一五”末增长57.55%，年均增长8.5%；完成社会消费品零售总额35.84亿元，比“十一五”末增长157%，年均增长16.5%；城镇居民人均可支配收入达到19768元，比“十一五”末增长86.1%，年均增长13.2%；农村居民人均可支配收入达到5656元，比“十一五”末增长95.4%，年均增长14.3%。全区三次产业结构由“十一五”末的18.56：19.01：62.43，调整为2015年的17.45：14.33：68.22。

【农业农村经济】2015年，全区粮食总产量达到18.38万吨，年均增长3.33%；特色产业面积达到225.9万亩，产值达到41.28亿元，较“十一五”末分别增长29.1%和173.7%，其中新增油橄榄面积20多万亩，达到36.2万亩。

【工业经济】截至2015年末，全区建成橙子沟电站、田园油橄榄叶有效成分提取生产线等12个重点工业项目，汉坪工业集中区纳入全市工业集中区发展规划。2015年，全区实现工业增加值3.73亿元，比“十一五”末增长13.03%，年均增长2.48%。全年新增规上工业企业4家。

【旅游业】完善万象洞、姚寨沟、裕河等重点景区基础设施建设，建成乡村旅游示范村14个。截至2015年末，全区五年累计接待游客705.14万人次，实现旅游综合收入33.36亿元，比“十一五”期间分别增长2.43倍和6.85倍。

【商贸流通】角弓、马街等13个农贸市场建成运营，电子商务实现从无到有，武都区被列为“全国电商扶贫试点县区”，建成五级电商营销体系，电商成为支撑经济社会发展的新兴业态。2015年，全区完成社会消费品零售总额35.84亿元。

【项目建设】截至2015年末，全区五年累计实施区列重点项目669项，完成投资196.2亿元，分别比“十一五”时期增长17.6%和136%；累计签约招商引资项目98个，签约资金226.2亿元，到位资金112.7亿元，分别比“十一五”时期增长3.84倍和2.77倍。

【城乡建设】编制完成陇南市区城市总体规划、五大片区控制性详规、36个乡镇总规和545个美丽乡村建设规划。钟楼公园、东江水和盘旋路口大桥等项目建成投用，吉石坝新区已具雏形，钟楼滩、江南新区功能不断完善，莲湖广场改造顺利完成，实施棚户区改造1331户，建成廉租房1157套、限价商品房1677套。城市建成区面积由“十一五”末的8.2平方千米扩展到15.6平方千米，城镇总人口由14.7万人增加到19.42万人，城镇化率由27%提升到34.54%。建成美丽乡村217个。

【扶贫攻坚】截至2015年末，全区五年累计实施扶贫整村推进项目123个，异地扶贫搬迁34个社2057户9047人；新建马营至池坝、汉王至龙凤等通乡公路，实现“乡乡通油路目标”；硬化通村公路388条1661.75千米，通畅率由“十一五”末的22.5%提高到86.8%；实施城区南山渭子沟引水、油橄榄高效节水灌溉、白龙江和北峪河堤防等一大批水利工程，新增灌溉面积8.11万亩，解决21.62万人的安全饮水问题；实施农村供电工程256项，供电通村率达到100%。各级“双联”单位累计投入帮扶资金4.86亿元，兴办实事9361件。共减少贫困人口13.79万人，贫困发生率由“十一五”末的45.83%下降到16.72%。

【生态保护】实施退耕还林还草、天然林保护等工程，“十二五”期间，营造生态林13.8万亩、经济林40.1万亩，落实天然林管护面积136.91万亩、重点公益林管护61.43万亩。2015年，全区森林覆盖率达到29.82%，比“十一五”末增加了0.63个百分点。完成重点地质灾害隐患点综合治理133处，治理水土流失面积128.5平方千米。城镇污水集中处理率达到97%，城市生活垃圾无害化处理率达到95%，主要污染物总量减排指标均控制在计划指标内，万元生产总值综合能耗累计下降15.9%。

【社会事业】截至2015年末，全区五年来累计投入教育专项资金6.9亿元，比“十一五”时期增长18.97%；自筹资金1.5亿元，新建城区学校6所、武都区2015年主要农产品产量统计一览表：

一、粮食总产量	吨	171826.4	2.3
小麦	吨	57316.4	3.5
稻谷	吨	805.28	-10
玉米	吨	76893.03	1.8
二、药材	吨	16642.8	7.5
三、烤烟	吨	787.3	2.1
四、蔬菜	吨	165150.6	6.3
五、水果	吨	14569	1.3
其中：西瓜	吨	32228	-10.6

武都区2015年畜牧业生产情况统计一览表：

指标名称	单位	2015年	比2014年增减（%）	
指标名称	单位	2015年	比2014年增减（%）	
1.牛存栏	万头	60440	0.5	
牛出栏	万头		19644	2.5
2.猪存栏	万头	136493	-6.6	
猪出栏	万头	153103	3.3	
3.羊存栏	万头	20378	0.8	
羊出栏	万头	11766	1.98	
4.家禽存栏	万头	57.98	-6.5	
家禽出栏	万头	61	0.49	

乡镇幼儿园39所；实施校安工程31项，改造农村义务教育薄弱学校52所；通过招商引资建成投资近3亿元的绵阳中学陇南育才学校；“两基”工作顺利通过国家验收，“两免一补”、乡村教师生活补助等教育惠民政策全面落实。2015年高考本科上线率比“十一五”末增加17.4个百分点。建成“农家书屋”695个，“武都高山戏”、“三仓灯戏”等分别成功申报为国家和省级非物质文化遗产。五年来累计获得发明专利130件，2015年科技对经济增长的贡献率达到55%，比“十一五”末增加8个百分点。

【人民生活与社会保障】截至2015年末，全区城镇居民人均可支配收入达到19768元，比“十一五”末增长86.1%，年均增长13.2%；农村居民人均可支配收入达到5656元，比“十一五”末增长95.4%，年均增长14.3%。加大民生支出，财政支出用于民生的比例达到58%。累计实现城镇就业再就业17719人，城镇登记失业率均控制在4%以内。

城乡低保标准比“十一五”末分别提高50%和55%。新型农村合作医疗参合率逐年提高，大病保险制度运行良好。建成城乡老年人日间照料中心225个，城乡居民养老保险制度全面实施，企业退休职工养老金实现“十一连增”。落实各项物价调控措施，居民消费价格指数年均控制在3%以内。

武都区主要领导名录

区委书记　田广慈

区人大常委会主任　景学书

区　长　肖庆康

区政协主席　曹永先

（供稿：徐　渊）

成　县

【综述】成县位于甘肃东南部，东北与徽县接壤，西与西和县相邻，南以西汉水为界与康县相望，东南与陕西省略阳县毗邻，全县土地总面积1676.54平方千米，其中耕地40.65万亩，林地118.65万亩，天然草场15.5万亩。2015年末，全县辖14镇3乡，总人口27.03万人，常住人口24.35万人，其中城镇人口10.16万人，城镇化率41.72%，人口自然增长率6.08‰。有13个少数民族。

属西秦岭余脉，地势呈西北高，东南低，海拔在750—2377米之间，境内多高山峡谷，地貌南北为山地，中部为丘陵。境内有犀牛江、东河、南河、洛河等“一江三河”。属暖温带半湿润气候，年均气温12.9℃，四季分明，冷暖适度。无霜期201天，年日照时数1660.7小时。年均降雨量519.6毫米，相对湿度69%。县内已知植物种类1958种，动物种类54种。粮食作物主要为冬小麦、玉米、大豆、荞麦、薯类等。珍稀野生动物主要为梅花鹿、豹、熊、画眉、红腹锦鸡等十余种。特色产业有核桃、畜牧、蔬菜、蚕桑、烤烟以及中药材等。矿产资源富集。境内初步探明的金属矿藏有铅、锌、黄金、白银、铁、锰等17种。

2015年，全县实现生产总值51.13亿元，增长9.5%。其中第一产业实现增加值9.28亿元，增长5.7%；第二产业实现增加值17.61亿元，增长8.9%；第三产业实现增加值24.24亿元，增长11.7%。第一、二、三产业对生产总值的贡献率分别为7.8%、37%和55.2%，第三产业成为拉动经济增长主要动力。第一、二、三产业增加值占生产总值的比重分别为18.2：34.4：47.4。实现大口径财政收入10.66亿元，增长21.2%。其中县级公共财政预算收入4.3亿元，增长13.5%。完成财政支出17.54亿元，增长19.5%。完成固定资产投资80.85亿元，增长24.12%。完成社会消费品零售总额9.03亿元，增长9.3%。金融机构各项存款余额98.76亿元，增长11.2%；城乡居民存款余额64.32亿元，增长36.2%；

金融机构各项贷款余额53.59亿元，增长37.1%。

【农业农村经济】2015年，全县粮食播种面积49.42万亩，总产量15.25万吨，增长2.32%；油料种植面积6.43万亩，比上年增长2.21%。完成核桃树嫁接换优206万株，良种化率达74%，全年核桃产值达到3.96亿元。举办第三届中国陇南（成县）核桃产销对接商贸洽谈会。蔬菜种植面积5.54万亩，总产量达到10.24万吨；中药材种植面积3.21万亩，产量1.86万吨；全年肉类总产量达到了0.98万吨，下降0.03%。整合各类项目资金4.2亿元，实施农村扶贫项目280个，建立扶贫互助协会75个，建成新农村和美丽乡村29个。全年减贫1.27万人，减贫率29.95%，贫困人口可支配收入比2014年净增498元，达到了3815元。

【工业经济】2015年，全县完成工业增加值11.46亿元，比上年增长7.37%，其中规模以上企业完成工业增加值10.88亿元，增长7.1%。全县规模以上工业企业盈亏相抵后，实现利润总额-6771.5万元，下降128%；实现利税总额2.47亿元，下降65.25%。

【招商引资】2015年，全县签约招商引资项目34个，到位资金48.2亿元。实施人防地下商城、万德商业步行街、武装部旧址开发、顺通物流园、水木鑫城等一批招商引资项目。

【交通建设】2015年，全县实施总投资250.7亿元的“3341”项目120项，累计完成项目总投资80.7亿元。成武高速、十天高速顺利建成通车；建成农村公路70条410千米，在陇南市率先实现村村通水泥路目标。

【城乡建设】实施城市建设项目43项，累计完成投资22亿元，投资4000万元，实施城区小巷道硬化工程；实施城关农贸市场、河东区市场升级改造、成县客运中心、公交枢纽总站、成州大桥等项目，华昌大桥建成通车；城市天然气利用项目建成通气。成棚户区改造8879户，兑付货币补偿款2亿元。全年完成征地1200亩、拆迁120户。

【交通邮电】2015年，全县交通运输、邮电通信完成增加值1.43亿元，比上年增长4.35%。各种运输完成周转量3.47亿吨千米，比上年增长35.5%；客运周转量8536.33万人千米，比上年增长7.47%。完成邮电业务总量1.77亿元，增长8.48%，其中电信业务（包括移动和联通）总量1.73亿元，邮政业务总量389万元。

【旅游】成县被亚洲旅游文化联合会评为“亚洲金旅奖·首批最富文化魅力、最美生态旅游目的地”称号。第三届中国旅游业融合与创新论坛上获“最美中国·绿色生态、民俗旅游目的地城市”称号。2015年，全县旅游总人数达130万人次，比上年增长20.6%。全年旅游综合收入6.4亿元，比上年增长22.5%。

【电子商务】2015年，全县落实电子商务扶持奖励资金1400万元，建成运营淘宝特色中国陇南馆、电商孵化园、顺通物流园一期项目，阿里巴巴农村淘宝县级服务中心和41个村级服务站，京东商城、苏宁易购县级直营站，发展电商关联企业60户、自建电商平台7个。创新“网店带贫、就业带贫、平台带贫、工程带贫、信息带贫”电商扶贫模式。全县贫困户开办网店85个，265个网店与3862个贫困户建立了结对关系。

【教育文化体育卫生】2015年末，全县有学校总数190所，教职工0.27万人，在校学生3.39万人。其中小学1.96万人，普通中学1.34万人，有职业中学0.09万人。适龄儿童入学率99.9%。年末有艺术表演团体2个，文化馆1个，博物馆1个，公共图书馆1个，文化广场18个。其中农村文化广场16个。电视人口覆盖率99%，城区有线电视入户率91%。现有体育综合训练馆1座，室内体育馆1座，全民健身路3条，健身广场1个。全县共有医疗卫生机构408个，其中医院、卫生院26个。

【人民生活与社会保障】2015年，全县城镇居民人均可支配收入18948.4元，比上年增长9.2%；全县农民人均可支配收入6494元，增长12.6%。年末，全县参加失业保险6810人，参加城镇医疗保险34533人，参加养老保险10932人，参加农村新型养老保险144939人；农民参加新型合作医疗211590人，参合率97%。

【环境保护】截至2015年末，全县有自然保护区1个，保护面积52440公顷，森林覆盖率43.5%。环境治理项目8个，污水处理厂2个，城区污水集中处理率32%。垃圾处理场2个，垃圾处理站2个。

成县主要领导名录

县委书记　李　祥

县人大常委会主任　段志俊

县　长　李鹏军

县政协主席　张启仁

（供稿：任卫平）

两当县

【综述】两当县地处甘肃省东南部，东邻陕西，北靠天水，南通巴蜀，全县总面积1374平方千米，其中耕地面积12.03万亩，森林覆盖率达74.1%，林木绿化率达82.5%。2015年末，全县辖3镇9乡，总人口4.9万人，常住人口4.9万人，人口自然增长率-0.78‰。有10个少数民族。

境内地势南北高，中部低，呈马鞍型，平均海拔1400米。属暖温带湿润性气候，气候温和湿润，四季分明。年平均气温11.4℃，平均降水量约700毫米，日照时数1969.2小时，无霜期196天。已开发利用的矿产有煤、铁、陶土、金、大理石等。森林覆盖率达79.9%，常见乔木树种有侧柏油松、华山松等，有银杏、红豆杉等珍稀树种，有国家Ⅰ、Ⅱ级保护动物扭角羚、白唇鹿等十余种。有猪苓、天麻等中药材。境内有嘉陵江、两当河、红崖河等“一江七河”。有张果老登真洞、《王羲之家谱》、“两当兵变”遗址、灵官峡等人文自然景观。

2015年，全县实现生产总值66060万元，增长6.5%。其中第一产业完成增加值22151万元，增长5.3%；第二产业完成增加值7083万元，增长-1.3%；第三产业完成增加值36826万元，增长9.5%，全县一、二、三产比重33.53：10.72：55.75，三产比重已超过50%。固定资产投资达到10.2亿，增长-47.26%；大口径财政收入达到8988万元，增长-5.58%；全年实现社会消费品零售总额20209.1万元，增长9%。农村居民人均可支配收入4973元，增长12.4%。城镇居民人均可支配收入19443元，增长9.1%。年末，全县金融机构本外币各项存款余额220869万元，比年初增加13981万元。全县金融机构外本币各项贷款余额147106万元，比年初增加32596万元。

【农业农村经济】2015年，全县粮食总产量达到39744吨，比上年增加4.2%。其中夏粮12876吨，增长7.57%；秋粮26598吨，增长2.11%。水平梯田总面积10.92万亩；农业机械总动力达到7.60万千瓦，增长4.4%。对全县48个贫困村、2880户1.09万贫困人口进行建档立卡。整合各类资金2.299亿元投入扶贫领域。5个村的整村推进项目全面完成，450户危旧房改造和站儿巷易地搬迁工程加快推进。建成21个电商扶贫试点村，启动实施48个村的电商扶贫改造，全县电子商务销售额达到5443万元。输转富余劳动力1.12万人，劳务收入1.92亿元。发放精准扶贫专项贷款2729户1.211亿元。组建各类小康互助组480个，实现了带动贫困户全覆盖。截至年末，全县贫困人口从1.09万人减少到3492人，贫困发生率下降到9.5%。

【工业经济】新建扩建7户农产品加工企业。金陇玉碳酸钙粉厂及招金公司尾矿库开工建设，金润玉石业进入规模以上工业企业行列。2015年，全县实现工业增加值0.55亿元，增长-3.5%；规模以上工业值完成2430万元。

【招商引资与项目建设】2015年，全县新签约招商引资项目5个，签约资金27亿元。争取到位项目105项，到位资金2.42亿元。

【城乡建设】完成县城城市设计，全县村庄布局规划及交通、排水、燃气等12个专项规划编制。与省税务投资公司签订城市供水建设运营协议，老南街提升改造等9项重点市政工程建成投用，120户棚户区改造项目开工建设。站儿巷小城镇综合改革试点工作有序开展，任河便民桥、站儿巷镇便民市场等一批重点项目竣工投用。实施8个美丽乡村和12个环境整洁示范村建设。26项193千米农村公路通畅工程全面完成，两当战备路竣工通告，两徽高速公路开工建设，宝成铁路两当火车站完成升级改造。完成电网升级改造20千米，新建4G基站8处。完成55处农村安全饮水工程和“一事一议”财政将被等项目建设。新修梯田8815亩，治理水土流失0.58万亩。完成金洞乡新潮等3个村的农村环境综合整治项目。

【商贸流通】2015年，全县实现社会消费品零售总额20209.1万元，比上年增长9%。其中城镇实现消费品零售额13535.4万元，增长7.7%；乡村实现消费品零售额6673.7万元，增长11.7%；批发业实现6123.4万元，增长9.2%；零售业实现11459.2万元，增长7.9%；住宿业实现1032.8万元，增长17.9%；餐饮业实现3135.3万元，增长20.9%。

【旅游业】完善提升两当兵变暨红色革命文化园区、云屏山地旅游度假区、张果老登真洞景区的旅游配套设施，打造百里绿色旅游生态长廊。两当兵变红色旅游景区、云屏三峡旅游景区成功创建为国家4A级景区，两当连续两年跻身“中国百佳深呼吸小城榜”，被列为全国森林乐活十佳县和全省休闲农村示范县。启动“山水麦积·红色两当·七彩凤县”旅游环线。2015年，全县实现旅游收入3.34亿元，同比增长45%。

【文化与体育】2015年末，全县共有艺术表演团体1个，全年演出60场，观众达5万人次；文化馆1个；公共图书馆1个，藏书55562册，博物馆1个；文物古迹57处，其中省级1处、市级2处、县级54处。新建“乡村舞台”59个、文化广场3个。举办两当县第二届全民运动会。

提高城乡低保急五保供养标准。城乡居民社会养老保险覆盖面达到97%，全县新农合参合率稳定在99%以上。新增林权、土地承包经营权、居民住房财产权抵押贷款1.52亿元，各项贷款余额增速达到28.46%。

【交通】2015年末，全县过境铁路1条，营业里程26千米，境内公路123条，其中国道1条、县道2条、乡道4条、村道114条、专道2条，通车总里程达1183.9千米。

【教育】2015年末，全县有学校43所，其中普通中学6所，中等职业教育学校1所，小学36所，教职工440人。其中普通中学专任教师202人，在校学生数2058人，小学专任教师263人，在校生2169人，学龄儿童入学率100%，初中升学率99.3%，高中升学率88.03%。

【医疗卫生】2015年末，全县有公立医疗卫生机构17个，其中县级综合医院1个，乡镇卫生院13个，疾病防控中心1个。医院、卫生院床位数216床，医院、卫生院技术人员186人，其中执业（助理）医师81人，卫生防疫人员49人。

【民生与保障】2015年末，全县城镇居民人均可支配收入19443元，比上年增长9.1%；农村居民人均可支配收入4973元，比上年增长12.4%。城镇居民最低生活保障对象1407人、农村低保对象6255人。提高城乡低保急五保供养标准。城乡居民社会养老保险覆盖面达到97%，全县新农合参合率稳定在99%以上。新增林权、土地承包经营权、居民住房财产权抵押贷款1.52亿元，各项贷款余额增速达到28.46%。

两当县主要领导名录

县委书记　梁　英

县人大常委会主任　唐启荣

县　长　孙根林（2月止）

郭省军（3月任）

县政协主席　丁考顺（2月止）

胡洪涛（3月任）

（供稿：汪江华）

徽　县

【综述】徽县地处甘肃省东南部、秦岭南麓、嘉陵江上游徽成盆地，介于东经105° 34′-106° 10′、北纬33° 32′-34° 01′之间。县域东邻两当县，西连成县，西北与西和县接壤，北接天水市麦积区和秦州区，南接陕西省略阳县，全县总面积2722.9平方千米，其中耕地总面积38.98万亩，森林12.6万公顷，森林覆盖率46%。2015年末，全县辖7镇8乡，总人口22.35万人，人口自然增长率3.82‰。

境内海拔700–2000米之间，南北为山地，中部为浅山丘陵。属暖温带向亚热带过渡性季风气候，平均气温12.1℃，无霜期192天，年降雨量586.7毫米，年均日照时数1772小时。境内有大小河流600多条，属长江流域嘉陵江水系，年径流量19.86亿立方米，水能蕴藏量14.76万千瓦，可开发量8.46万千瓦。有各类野生树种250多种，有杜仲、柴胡、天麻等野生药材200多种。有羚牛、白唇鹿、红腹锦鸡、梅花鹿、大鲵等10多种国家重点保护的珍稀动物。已探明矿产有铅、锌等4大类22种。盛产核桃、银杏、板栗、柿子、生漆、狼牙蜜、金银花等林副产品。主产小麦、玉米、水稻、大豆、油菜、西瓜、三蒜（蒜苗、蒜薹、大蒜）。

2015年，全县完成生产总值42.06亿元，增长8.5%。其中第一产业实现增加值11.35亿元，增长5.6%；第二产业实现增加值11.86亿元，增长7.3%；第三产业实现增加值18.85亿元，增长11.6%；三次产业结构比为27∶28.2∶44.8。全年完成全社会固定资产投资58.6亿元，增长24.06%，其中城镇固定资产投资58.45亿元，增长24%，房地产开发投资1497万元，增长59.7%。全县大口径财政收入完成9.22亿元，增长14.87%。财政支出15.02亿元，增长19.07%。金融机构各项存款金额67.9亿元，增长8.1%，各项贷款余额56.1亿元，增长23.7%。

【农业农村经济】2015年，全县农作物播种面积79.92万亩，比上年减少1.3%。粮食作物播种面积54.67万亩，比上年减少0.3%。其中小麦面积17.29万亩，减少0.97%；玉米面积16.11万亩，增长0.9%；豆类面积16.15万亩，减少1.7%；薯类面积4.84万亩，增长4.1%；全年禽蛋产量1381.3吨，增长8.1%；牛奶产量1.2吨，增长20%。全年劳务输转4.82万人，实现劳务收入8.28亿元。

【工业经济】2015年，全县完成工业增加值6.43亿元，比上年增长5.9%。全县15户规模以上企业完成增加值6.11亿元，增长6.4%。

【交通通信】2015年，全县拥有营运汽车1257辆，其中货运车850辆，客运车407辆。全年货运周转量100470万吨千米，客运周转量33816万人千米。全年建成农村公路通畅工程357.4千米。全县邮政业务总量1024.16万元；城乡固定电话达到1.7万部，移动电话用户达到16.8万户。

【商贸流通】2015年，全县完成社会消费品零售总额61161万元，增长9.1%。其中批零贸易业零售额51375万元，增长8.6%，住宿业营业额10876.4万元，增长20%，餐饮业营业额12256万元，增长18.3%。批零贸易业商品销售总额228547.5万元，增长14.8%。全县开办网店863家，培育网销特色产品5大类120多个，实现电子商务销售总额3.33亿元，线上交易额8673万元。

【文化产业与旅游业】2015年，全县有文化机构63个，固定资产投资5.02万元，从业人口1056人。全年完成文化产业项目投资7.35亿元，完成文化产业增加值0.79亿元（含个体户）。三滩景区功能区划调整顺利通过国家环保部审批。2015年，全县接待游客125.9万人次，比上年增长43.7%。全年实现旅游收入5.8亿元，比上年增长42.6%。

【项目建设】金徽酒优质酒酿造技改、金徽矿业郭家沟铅锌矿采选两个重大项目建成试产；三滩景区旅游基础设施建设、金徽家园等一批项目已完工；澳德资源有限公司搬迁技改等项目正在加紧实施。

【城乡建设】县城西桥即将建成通车，金源广场和十字街人行天桥完成安装；徽县东河治理项目和胡家河水源维修改造工程全面完工，建新路停车场建成投用。建成24个环境整洁示范村和1个县列美丽乡村。江洛小城镇综合试点建设进展顺利，14栋商住楼主体已完工，建成中心广场、道路、供排水和垃圾处理场等配套设施。

【科技教育】2015年，全县推出科研成果16项，获得市级成果4项，申请国家专利37项。义务教育均衡发展工作顺利通过省级和国家评估验收。国家三类城市语言文字工作顺利通过省级评估验收。高考二本以上上线率25.4%，初中毕业会考六科合格率位居陇南市第一。

【医疗卫生与文化体育】标准化村级卫生室建设全面完成，分级诊疗和医师多点执业工作全面启动，基本公共卫生服务均等化、卫生三级网络建设扎实开展。建成“乡村舞台”44个。县体育场及全民健身中心项目完成合同工程任务。

【人民生活与社会保障】开展“百家单位企业联百村、千名干部帮千户”活动，为88个贫困村每村投入20万元财政奖补资金。2015年全县参加基本养老保险137603人，其中城镇职工基本养老保险参保8098人，失业保险参保4005人，城镇职工基本医疗保险参保14197人，工伤保险参保4410人，生育保险参保3750人，城镇居民基本医疗保险参保13814人，城乡居民社会养老保险参保129505人，参加新型农村合作医疗181266人，参合率99.47%。享受城市低保4663人，累计发放保障金1763.98万元；农村低保25068人，累计发放保障金4276.8万元；特困群众大病医疗救助金332.26万元；抚恤事业费388.61万元；社会临时救济费200.06万元，五保供养资金316万元；开工建设廉租住房72套，完成农村危旧房改造2100户。

徽县主要领导成员

县委书记　王　强

县人大常委会主任　王瀚东（3月止）
辛晓尧（3月任）

县　长　王俊强

县政协主席　辛晓尧（3月止）
张承荣（3月任）

（供稿：吴　晶）

西和县

【综述】西和县地处甘肃省东南部陇南市北端，属西秦岭南侧长江流域嘉陵江水系西汉水上中游，介于东经105°03′-105°39′，北纬34°14′-34°38′之间。东邻徽县、成县，南连康县、武都，西部和北部与礼县接壤，东北与天水市秦州区连接。东西宽56千米，南北长68千米，全县总面积1861平方千米，其中耕地面积60.5万亩，森林覆盖率38.08%。2015年，全县辖9镇11乡，总人口42.8万人，人口密度230人/平方千米。

境内地势西高东低，山地丘陵交错，大部分地方海拔在1500-1800米之间。主要河流有西汉水干流及其较大支流漾水河、大柳河、洛峪河、朱刘河。属温暖带半湿润气候，四季较为分明，年均气温9.6℃，无霜期180多天，年均降水量533毫米。矿产源有黄金、铅锌、锑等，中药材资源丰富，是“中国半夏之乡”。境内有仰韶文化、马家窑文化、齐家文化和寺洼文化遗址，有省级文物保护单位4处，市级文物保护单位2处，县级文物保护单位23处。西和乞巧被国务院民俗列入国家级非物质文化遗产保护名录，西和县被中国民间文艺家协会命名为“中国乞巧文化之乡”。

2015年，全县生产总值为30.43亿元，增长9.1%。其中第一产业总值6.5亿元，增长6.2%；第二产业总值6.96亿元，增长6.8%；第三产业总值16.9亿元，增长11.4%；全社会固定资产投资67.82亿元，增长23%；大口径财政收入3.6亿元，年增长42.62%；财政支出21.43亿元，增长21.4%；全县银行金融机构贷款余额44.49亿元，增长49.31%，其中涉农贷款余额35.19亿元，增长49.53%；社会消费品零售总额6.36亿元，增长9.8%。

【农业农村经济】2015年，全县新修梯田3.31万亩，粮食总产量18.74万吨。完成核桃高接换优18.6万株，建成苹果矮砧密植示范园860亩，发展优质苹果2300亩，建成2处万吨果品气调储藏库群，新增林果产业基地面积2.13万亩，推广高原夏菜面积2.21万亩，新成立农民专业合作社30个，全县农业特色产业值达14.35亿元，农业特色产业人均增收1328元，占农民人均可支配收入的26.7%。打造“巧嫂”“巧妹”“巧汉子”劳务品牌，完成品牌化劳务职业技能培训1.53万人，输转劳务11.5万人，创收22.1亿元。

【工业经济】开工中宝矿业公司小东沟黄金采选等重点工业项目9个，完成投资5.06亿元。完成工业固定资产投资13.29亿元，培育中小企业33户。万元工业增加值能耗同比下降10.4%、用水量降低10%。2015年，全县规模以上工业增加值4.9亿元，增长5.9%。

【城乡建设】2015年，开工建设“3341”工程项目115个，完成投资75.7亿元；十天高速公路全面建成通车。完成城南道路改造、滨河东路、鼓楼街桥建设和亮化工程，加快推进白冯街和滨河西路商业步行街改造、市政广场、城北“三路两桥”和城北商业综合体建设。启动乞巧文化苑建设、皇城路拓宽改造、城区五个公园建设和晚霞湖景区整体提升等工程，拓宽改造老城区部分街道。开展乱修乱建和环境卫生专项整治，长道小城镇建设进度加快，完成镇区三条主街道及部分临街建筑改造。

【文化产业与旅游业】举办第七届“中国（陇南）乞巧女儿节”，在北京举办乞巧文化保护传承论坛、国际女性书法作品展，演出大型乞巧歌舞情景剧《乞巧情韵》。发展“乞巧坊”刺绣协会42家、“乞巧坊”网店80余家。2015年，全县文化产业增加值达到5530万元，增长19.87%；实施国家4A级景区晚霞湖整体提升工程，发展特色农家乐、农家客栈，积极宣传推介西和生态游、民俗游和自驾游。2015年，全县接待游客80万人次，实现旅游综合收入3亿元，增长28.2%。

【商贸流通与贸易】实施马元镇便民市场改造升级工程。批零餐住限额以上企业达到6户。启动实施电商发展“千人计划”和51个电商扶贫试点村建设，在20个乡镇、43个行政村建成电子商务便民服务中心。全县网店总数达到1180家，实现线上线下交易额2.05亿元。物流快递配送企业达到28家、物流运输企业13家。2015年，全县社会消费品零售总额6.36亿元，增长9.8%；全年完成出口创汇13万美元。

【环境保护】开展矿产资源和安全生产专项整治活动。陇星锑业公司“11·23”尾矿库尾砂泄漏次生突发环境事件得到妥善处置。聘请专业机构制定方案，启动综合治理工作。加强林业生态建设，完成新一轮退耕还林2.1万亩、生态造林1.35万亩、绿色通道建设60千米。

【精准扶贫】成立20个乡镇双联扶贫工作站，177个贫困村实现驻村帮扶工作队、第一书记和大学生村官“三个全覆盖”。争取全国妇联帮扶物资600万元。发放精准扶贫专项贷款7.9亿元。整合各类资金7.09亿元，实施整村推进

十天高速西和南路段

项目27个、人工饮水64处、农网改造40.6千米，道路硬化35个村，宽带网络工程58个村，新建乡村舞台90个，村级卫生室104个，村民服务中心14个，异地搬迁586户，危房改造2500户。2015年，全县净脱贫人口达到3.16万人。

【社会事业与民生保障】实施农村薄弱学校改造35所、农村幼儿园建设5所，中小学和学前教育办学条件不断改善。县级公立医院改革全面启动，免费为4.55万名55岁以上农村老人进行健康体检。

2015年，全县城镇居民人均可支配收入18129元，增长9%；农民人均纯收入达到4974元，增长12.3%。新增城镇就业4303人。办理省市县列民生实事37件。落实住房租赁补贴262户，分配廉租住房134户。发放残疾人补助资金2540户，发放城乡居民养老保险金5827万元。提高城乡低保补助和五保供养标准，农村一、二类低保补助标准达到国家贫困线以上。

西和县主要领导名录

县委书记　曹　勇

县人大常委会主任　宋小平

县　长　郝爱龙

县政协主席　年高龄

（供稿：袁智慧）

礼　县

【综述】礼县地处甘肃省东南部、陇南市西北部、长江流域嘉陵江水系西汉水上游，东邻天水、西和，西接宕昌、岷县，南连武都，北与武山、甘谷接壤，全县总面积4263.58平方千米，其中有耕地面积103.23万亩。2015年，全县辖10镇19乡，总人口53.48万人，有回族、藏族等6个少数民族。境内海拔最高3312米，最低1080米，平均海拔1825米。全年日照1768.1小时，无霜期208天，年均气温11.2℃。年降水量454.8毫米，水资源总量10.8亿立方米。2015年，全县第一产业完成94613万元，比上年增长6.3%；第二产业完成62374万元，增长13.7%；第三产业完成152553万元，增长10.3%。

【农业农村经济】2015年，全县推进"365"现代农业发展行动计划，开展"特色产业体质增效年"活动，全县高效推广旱作农业10.25万亩，全年全县粮食总产达16.09万吨。兑现土地流转奖补政策，全年流转土地5.1万亩，累计达20.5万亩，新发展500亩以上流转大户12个，累计达到50个。新发展苹果2.4万亩，核桃7.7万亩，花椒0.5万亩，累计分别达到58.74万亩、41.6万亩、12.6万亩。提升标准果园11个6945亩，累计达到44个。中药材、蔬菜面积分别达到10万亩、8万亩。新发展养殖小区1个、养殖场16个、养殖大户74户，全年全县畜牧业总产值4.15亿元，较上年增长10.1%。新发展农民专业合作社207个，累计达到653个，人员累计达到17236人，带动农户27014户。培训农民工5.2万人。其中技能培训1.57万人；输转劳务工13.17万人，其中有组织输转7.9万人，实现劳务收入23.25亿元。

【工业经济】发展新能源、生物医药等新产业，实施工业重点建设项目7项，鑫晟源生物科技大黄精深加工产业化项目进展顺利，切片生产车间已建成投用试生产；德丰建材混凝土搅拌站一期工程、青峰石材150万平方米生产线扩建项目进展顺利；礼县工业园区规划已通过省发改委批复。

【非公经济】2015年，全县新发展"四上企业"7户，完成"个转企"90户，新发展私营企业266户，非公经济增加值完成14.69亿元，增长24.6%,非公经济增加值占生产总值的比重达到47%。

【项目建设】2015年，全县实施重点管理项目198项，累计完成676105万元。其中续建项目47项，完成投资243010万元；新建项目168项，完成投资433095万元。全年争取到各类项目资金30.5亿元，其中县第二人民医院等计划外项目26项，总投资4.02亿元。

【招商引资】2015年，全县开展"民企陇上行"专项行动，全年签约招商引资项目22项，签约资金58.17亿元，到位资金35.13亿元；新储备招商引资项目32项59.05亿元。全县共财政支出达到28.18亿元。

【精准扶贫】2015年，全县完成全县12.2万贫困人口的建档立卡和大数据平台信息采集录入工作，编制完成崖城、白河、大滩、洮坪四片区精准扶贫项目整合方案，整合资金9.87亿元，在4个特困片区实施基础设施、产业增收、易地搬迁、公共服务、金融支持、能力素质提升等项目6大类128项。实施完成整村推进27个，投入财政扶贫资金4805万元。推进电商扶贫，规划编制电商扶贫试点项目，规划建设7个分项目18个子项目，总投资15870.5万元，选择电商扶贫示范村66个、示范网点16个，选择培育6家网点作为市级扶贫示范网点，3个村被列为省级扶贫示范网店乡村。全年共发放精准扶贫专项贷款4622户21661.5万元，完成省上两批贷款任务21600万元的100.28%。县财政设立精准扶贫暨特色产业发展基金2522万元，免除建档立卡贫困户在普通高中就读学生的学费。制定出台《礼县鼓励扶持特困片区产业扶贫办法》。采取整合产业扶贫项目资金、单列预算和切块20%的城区土地出让金等形式筹集扶持奖励资金，扶持特困片区及全县建档立眩贫困村户加快产业开发。截至年末，全县减贫3.46万人。

【城乡建设】完成北城区、西城区控制性详规和盐官镇重点区域修建性详规、盐官镇综合改革试点专项规划、永兴镇小城镇建设及沿街风貌改造规划。实施南城区滨河路等城建项目50项，总投资514亿元。开工建设商住小区12个，总投资达19.6亿元，完成投资12亿元。规划盐官镇新型城镇化建设项目31项，总投资达10.17亿元，经十一路等项目已建成投用，路网建设等项目进展顺利。建设生态文明新农村67个，打造省级美丽乡村示范点1个。洛礼公路、十天高速建成通车，10座便民桥、8座危桥加固改造项目和111项570千米通畅工程全面完成建设任务，通畅率达到86.3%。礼武公路进展顺利，已完成县城至王坝段铺油工程。实施农村安全人饮工程110处，解决5.35万农村人口和264所学校的饮水安全问题。新建西汉水和中小河流堤防工程23处97.4千米，恢复灌溉面积4.5万亩，完成苗河水库除险加固和坝后电站增效扩容改造工程。5000户农村危旧房改造进展顺利。完成各类造林13.2万亩，退耕还林11.3万亩，建设绿色通道52千米，完成小流域综合治理35平方千米，新修梯田4.1万亩，开发整理土地504.3公顷，新增耕地99.08公顷。建设"一池三改"1050户，安装太阳灶3667台、太阳能热水器850台，实施节柴改灶3215户。扶持企业回收废旧农膜2040吨、加工提纯1160吨。新建改造农电线路73千米，建设4G基站114座，农村宽带覆盖率达到49%，无线网络实现全覆盖。

【商贸流通与贸易】2015年，全县建成永坪、上坪等乡镇综合农贸市场，盐官果蔬综合市场已完成征地拆迁、初步设计等前期工作，总投资4.5亿元的商业综合体一期工程即将完成主体。全县成立电子商务协会30个，发展电商应用企业63家，建立直销代销网店1226家，启动建设29个乡镇电商扶贫服务站，引进物流企业27家，累计发展乡镇快递站点94个，组建电商团队30个。2015年，全县实现网上交易38741.6万元。组织电商扶贫培训6650人次，带动就业5670人。举办"2015中国甘肃陇南（礼县）苹果产销电商对接洽谈会"和"2015甘肃礼县苹果北京推介会"，签约金额达12.9亿元。2015年，全县实现外贸出口5739万元。

【文化产业与旅游业】2015年，全县完成文化产业增加值7292万元，比上年增长46%。编制完成《礼县旅游业发展规划》，启动编制《全县乡村旅游发展规划》。甘肃秦文化博物馆数字化博物馆、秦西垂陵园景区旅游接待服务设施建设等项目进展顺利，三国文化园区开发建设项目和"西汉水上游二期早期秦文化考古发掘工作"全面启动。2015年，全县接待游客110.75万人次，增长37.6%。全年实现旅游综合收入5.046亿元，增长37%。

【社会事业与民生保障】2015年，全县建设的19所村级幼儿园已全部完工。建成礼县一中、宽川初中等13所学校"班班通"教室669套。全县普通高考本科上线960人，上线率达25.6%；中职生高考本科上线50人，占全市56人的89.3%。县中医院业务综合楼等项目进展顺利，建成8所乡镇卫生院和137所村级卫生室。大病保险工作有序开展，新农合参合率达98.38%。推进"文化三馆"建设、乡镇综合文化站免费开放和图书馆延伸服务工作，成立乞巧非物质文化遗产专项保护小组。建设乡村放映点2个、乡村舞台134个。完成科技培训10.万人次。办理省市县确定的民生实事，落实各类惠民政策，城镇职工养老、失业、工伤等社会保险新扩面1311人。发放额担保贷款8824万元，带动创业促进就业，新增城镇就业4441人。加快保障性住房建设和棚户区改造，发放廉租住房补贴33.465万元。新建的60套公共租赁住房已完成主体，900户棚户区改造全面开工建设。

礼县主要领导名录

县委书记　方新生

县　长　孙根林

县人大常委会主任　李　明

县政协主席　王作斌

（供稿：县志办）

康　县

【综述】康县地处甘肃东南部，陕甘川三省交界地带，介于北纬32° 53′，东经105° 18′-105° 58′之间，是甘陕川金三角的交汇地带。县域东邻陕西，西接武都，东北与成县接壤，全县总面积2958平方千米，其中耕地面积31.26万亩，森林面积263万亩。2015年末，全县辖8镇13乡350个行政村，总人口20.32万人，以汉族为主，少数民族有回族、壮族、藏族等。

属亚热带向暖温带过渡区域，境内山高林密，植被丰富，温和湿润，雨量充沛。年平均气温在11.5℃，平均降水865毫米，无霜期208天。最高海拔2483米，最低海拔560米。有各类树种1000多种，林木真菌100多种，名贵中药材570多种，农特产品300多种。农作物以小麦、玉米、黄豆、洋芋为主，经济作物以茶叶、天麻、花椒、核桃、黑木耳为主。已探明矿种有金、铜、铁等20余种。有白云山森林公园、龙神沟、托河溶洞等旅游景点。

【农业农村经济】2015年，全县农业增加值达到4.61亿元，增长6.6%。完成148个贫困村和4.81万贫困人口建档立卡，大数据信息系统及第二批1.56亿元精准扶贫贷款发放。全年脱贫12001人。建设完成3个省级2农村人居环境千村美丽示范村和12个县级美丽乡村示范村，45个环境整治村。实施99.96万亩经济林综合管理和59.9万株核桃树交接换优。完成3.91万亩土地流转和15.93万亩林地流转。扶持建成83个农民专业合作社。

【招商引资与项目建设】2015年，全县签约招商引资合同项目52个，签约资金53.85亿元，到位资金48.23亿元。全年实施各类项目151项，累计完成投资75.83亿元。

【工业经济】2015年，全县完成工业增加值5.13亿元，比上年增长9.4%。

【旅游业】完成长坝镇花桥市级乡村旅游年度建设任务。新建乡村旅游示范村8个，农家客栈97户。2015年，全县接待游客150.2万人次，增长35.4%。全年实现旅游综合收入7.51亿元。

【电子商务】2015年，全县新发展网店168家。全年电商实现销售额1.63亿元。

【社会事业与民生保障】2015年，全县高校二本以上上线年达到23.76%，超全市平均水平1.1个百分点。文化站和省委、省政府先后在康县召开"乡村舞台"建设现场会。顺利通过全省卫生县城创建验收。全年完成劳务输转6.41万人次，创劳务收入13.35亿元。全县城乡居民社会养老保险，新农合参合率分别达到95%和98%。

康县主要领导名录

县委书记　李廷俊

县人大常委会主任　杜登芳（女）

县　长　文元旦

县政协主席　黄义成

（供稿：杨康玲）

文　县

【综述】文县地处秦巴山地，属陇南南部中深切割中高山地貌。西南与四川交界，西北与甘南相邻，东北与武都相接，全县总面积4994平方千米，其中森林面积249万亩。2015年末，全县辖20个乡镇，总人口24.53万人，人口自然增长率4.50‰。有7个少数民族。

属亚热带向暖温带过渡气候，年平均气温16.0℃，全年日照1736.9小时，全年总雨量586.0mm，无霜期299天，城区海拔高度946米。林木绿化率达61.5%，主要农林特产有纹党、茶叶、油桐、杜仲、核桃、花椒等，特色产业有核桃、草畜、蔬菜、中药材等。境内有“两江八河”共360多条溪（河）流，水能蕴藏量303.16万千瓦。已探明境内储量大、品位高、富有开采价值的金属和非金属矿达20多种，其中黄金储量160多吨、铜5万吨、重晶石矿3200吨、硅矿1亿多吨，阳山金矿是全国最大的金矿。有洋汤天池、白马藏族民俗村、阴平古道、白水江自然保护区等旅游景点。

2015年，全县生产总值达到235775万元，按可比价计算，增长10.3%，其中第一产业增加值53015万元，增长6.5%；第二产业增加值63411万元，增长13.7%；第三产业增加值119349万元，增长10.3%。三次产业之间的结构由上年的23.14∶26.81∶50.05，调整到今年的22.49∶26.89∶0.62；全县人均生产总值达到9611元，比上年增加808元，增长9.2%；全县完成大口径财政收入40134万元，增长8.5%；完成地方财政收入21184万元，增长5%；财政支出171908万元，比上年增加26909万元，增长18.6%。金融机构各项存款余额为581194万元，增长13.3%；居民储蓄存款达到345558万元，增长16.2%；贷款余额为486100万元，增长19.5%。全县文化产业增加值达到7380万元，比上年增长20%，占GDP的比重为3.1%。

主要农产品产量情况表

产品名称	单位	2015年	比上年增长±%
粮食	吨	76838	3.8
油料	吨	3415	3.8
药材	吨	5171	9
党参	吨	5142	32.5
茶叶	吨	530	10.4
水果	吨	5165	10
蔬菜	吨	82469	9.3

工业主要产品产量情况表

产品名称	单位	2015年	比上年增长±%
发电量	万度	340746	23.5
其中：规模以上	万度	306321	24.5
黄金	千克	750	-13.8
水泥	吨	804093	2.3
铁合金	吨	55936	11
重晶石	吨	146667	-42.4
重晶石粉	吨	134899	-38

【农业农村经济】2015年，全县农作物播种面积达53.85万亩，比上年增长2.4%，其中粮食种植38.74万亩，增长0.9%；油料种植面积3万亩，增长3%；药材种植面积5.9万亩，增长7.3%；蔬菜种植面积达到6万亩，增长7.1%。粮经比例由上年的72.98∶27.02调整到今年的71.94∶28.06。全年粮食总产量达到76838吨，增长3.8%，其中夏粮产量达到18686吨，增长3.4%；秋粮产量达到58152吨，增长3.9%。药材产量达到5636吨，增长9%；蔬菜产量达到82469吨，增长9.3%；油料产量达到3415吨，增长3.8%。全年大牲畜存栏5.48万头，猪存栏10.28万头，羊存栏4.98万只，家禽存栏40.21万只。全年肉类总产量达7845吨，鲜蛋产量达到987吨。全年水产品产量达到1380吨，比上年增长23.9%。

全年完成造林面积4.7万亩，其中防护林1.34万亩，经济林3.16万亩，薪炭林0.06万亩。全年兴修水平梯田0.21万亩，累计达到23.75万亩；新增有效灌溉面积0.16万亩，全县有效灌溉面积累计达到9.3万亩；人饮解困工程得到较好实施，累计解决295个村5.5万户20.15万人的饮水困难问题。

【工业经济】2015年，全县累计完成现价工业总产值214044万元，比上年增长8%，其中规模以上工业总产值199627万元，增长6.9%。累计完成全部工业增加值51872万元，可比价增长14.3%，其中规模以上工业增加值47169万元，可比价增长14.2%。全县规上水电企业发电量、产值均大幅增长，分别比去年同期增长24.5%和48.1%。

【固定资产投资】2015年，全县实施500万元以上项目115个（续建12项、新建103项），完成固定资产投资747088万元，增长13.5%。基础建设项目和工业项目分别完成投资363404万元和188253万元，分别占到全县投资完成总量的48.3%和25.1%。

【商贸流通】2015年，全县社会消费品零售总额累计达到63015万元，增长9.6%。按地域分，城镇的零售额达到35713.6万元，增长6%，乡村零售额达到27301.4万元，增长14.7%；按行业分，批发业达到5884万元，增长5.2%，零售业达到48308.5万元，增长9.9%，住宿业达到2313.5万元，增长6.3%，餐饮业达到6509万元，增长12.6%。

【交通邮电】2015年，全县公路总里程达到2623千米，其中油路及水泥路1655.6千米。全县拥有客车72辆，货车996辆。全年客运周转量达到7733.6千米，比上年增长2.6%；货运周转量达到12035.8万吨千米，比上年增长1.8%。全年完成邮电业务总量10475万元，其中电信业务总量2120万元、移动业务总量7137万元、联通业务总量520万元、邮政业务总量698万元。

全县完成大口径财政收入40134万元，增长8.5%；完成地方财政收入21184万元，增长5%；财政支出171908万元，比上年增加26909万元，增长18.6%。金融机构各项存款余额为581194万元，增长13.3%；居民储蓄存款达到345558万元，增长16.2%；贷款余额为486100万元，增长19.5%。

【教育】2015年末，全县有幼儿园32个，小学204所，中学24所，其中高中4所。全县适龄儿童入学率达97.1%，小学巩固率为97.8%，小学毕业率为100%，小学普及率为98.6%；全县中学入学率达97.7%，中学巩固率为96.1%，中学毕业率为96.4%，中学普及率为94.4%。

【医疗卫生】2015年末，全县有医院6所，疾控中心一个，妇幼保健站一个，卫生监督所一个，卫生院26所，病床数752张，医生197人，卫生护理员180人。

【广播电视】2015年末，全县有广播电视室259个，广播覆盖人口19.45万人，广播覆盖率79.3%；有电视发射台1台，通电视的行政村305个，其中通有线电视的村数96个，城区及碧口镇区有电视节目192（套），农村有电视节目50（套），全县电视覆盖人口24.24万人，电视覆盖率达98.8%。

【人民生活与社会保障】2015年，全县在岗职工年平均工资达到45738元，增长12%；全县城镇居民人均可支配收入达到18195.1元，增长9.4%;农民人均可支配收入达到4962.5元，增长12.7%。

年末，全县参加城镇基本养老保险的人数为9572人，参加城镇基本医疗保险的人数为27222人，参加失业保险的人数为3180人，城镇居民最低生活保障人数8626人，农村居民最低生活保障人数46627人，五保户供养人数1486人，参加农村合作医疗的人数186241人，参加农村社会养老保险的人数104323人。

【安全生产】2015年，全县全年共发生各类安全生产事故28起，死亡3人，受伤16人，直接经济损失12.36万元，与去年相比，事故起数下降12.5%，死亡人数下降9.6%、受伤人数下降18.8%、直接经济损失下降12.7%。

文县碧口镇水蒿坪茶园新村

文县主要领导名录

县委书记　苏彦君

县人大常委会主任　韩平松

县政协主席　张立新

（供稿：县志办）

宕昌县

【综述】宕昌县地处甘肃省南部，陇南市西北部，宕昌当地羌人在南北朝时期曾建立“宕昌国”。介于东经104°01′至104°48′，北纬33°46′至34°23′之间。县域东与礼县接壤，西与甘南州舟曲县、迭部县相邻，南与武都区毗邻，北与定西市岷县相连。南北长90千米，东西宽74千米，全县总面积3331平方千米。2015年末，全县辖6镇18乡1个民族乡，总人口31.19万人。有7个少数民族。

境内属青藏高原边缘和西秦岭、岷山两大山系支脉的交错地带，山峦起伏，沟壑纵横。地势由西北向东南倾斜，地形由山地、丘陵、河谷三大单元构成，南部多深山峡谷，北部多黄土梁峁。海拔1138米至4154米之间。属温带大陆性季风气候，年平均气温9.3℃，年平均降水量583.9毫米。境内中药材丰富，种类达690多种。境内有哈达铺、国家AAAA级自然风景区官鹅沟、宕昌古国遗址等旅游景点。

2015年，全县完成生产总值21.16亿元，增速8.9%。其中一产、二产、三产增速分别达到6%、11.9%、9%。三次产业结构由2014年的25∶28.4∶46.6调整为24.8∶20∶55.2。全社会完成固定资产投资61.05亿元，增长17.2%。金融机构各项存款余额49.33亿元，增长18.06%；各项贷款余额28.03亿元，增长41.96%。完成大口径财政收入2.27亿元，公共财政预算收入1.5亿元；全年财政支出21.27亿元，增长2.97%。

【农业农村经济】2015年，全县中药材、马铃薯、蔬菜种植面积分别达到40万亩、30.6万亩、5.5万亩。完成核桃高接换优2.83万亩，建成以核桃、花椒、油橄榄为主的经济林果基地2.8万亩。建成标准化养殖场4个，农业特色产业提质增效示范点50个。建成拉路梁、木耳梁2个万亩中药材规范化种植基地。全年新修人饮工程20项，解决25个行政村1.64万人的饮水困难。完成造林8.9万亩（其中退耕还林5.25万亩），坡改梯1550亩，治理水土流失面积18平方千米。完成212线生态文明长廊和县乡绿色通道建设120千米。全县新增农民专业合作社95个，扶持培育国家级示范社1个、省级示范社5个、市级示范社15个，农民专业合作社总数达到435个。全年完成劳动力技能培训6.61万人，输转劳务工10万人，实现劳务创收17.3亿元。

【工业与建筑业】沙湾水电站5.1万千瓦机组全部投产运营，九台春酒业公司生产线改造扩建及安全检测能力提升工程、福江源药业公司3000吨中药材饮片生产线建设工程建成完工，沙湾油橄榄加工项目正在进行厂区建设。2015年，全县规模以上工业企业达到6户，完成规模以上工业增加值2.18亿元，增长13.3%；全年建筑业增加值达到2.48亿元，比上年增长11.7个百分点。

【招商引资与项目建设】2015年，签约招商引资项目30项，签约资金53.2亿元，到位资金40亿元。全年实施各类项目155项，累计完成投资52.8亿元，争取专项建设债券项目5项，落实专项建设债券资金0.85亿元。

【商贸流通】2015年，全县完成社会消费品零售总额6.73亿元，增速9.5%。建成县级电商扶贫服务中心1家、县级网货供应中心3家、区域网货供应中心5家、乡级电商扶贫服务点12家、村级电商扶贫示范网店50家，建立覆盖城乡的快递网点49个，开发中药材等网货产品53大类264种，全县新增网店296家，累计开办网店957家，实现线上销售总额0.99亿元。

宕昌县白马火圈舞

【旅游业】编制完成《宕昌县旅游产业发展总体规划》《官鹅沟大景区详细性修建规划》及哈达铺红军山和红军一条街的规划设计。整合各类项目资金2.7亿元，完成鹿仁羌藏风情园等水景观工程，完成鹅嫚沟藏金洞等景点建设。2015年，全县共接待游客153.2万人次，实现旅游综合收入9.8亿元，分别增长35.8%、34.6%。

【城乡建设】2015年，全县城镇化率达到2285%，比上年增长227个百分点。岷江流域城区段河道治理工程和县电信公司至小电厂人行步道改造1000米工程全面建成投入使用，新增城区绿地9.3公顷。完成城区污水管网工程，城区污水处理率达到65.3%。城区天然气入户项目基本完成小区入户管网铺装工程，新建、维修路灯80盏。完成镇区延安大道、哈达铺大道建设工程，红军长征一条街修缮保护和红军大道临街房屋风貌改造工程全面完成。整合资金3.5亿元，新建和巩固提升30个生态文明新农村，打造3个省级美丽乡村示范村，创建33个环境整洁示范村。

【扶贫攻坚】完成150个建档立卡村和2.15万户9.34万贫困人口的建档立卡核查完善和大数据管理平台建设工作。累计投入资金8.68亿元，推进新寨、南阳、理川、车拉、和新城子藏族聚居区等5个特困片区开发，实施整村推进项目23个、易地扶贫搬迁项目10个。累计发放精准扶贫专项贷款3.7亿元。截至2015年末，全县有24个重点贫困村实现了整体脱贫，减贫人口2.8万人。

【交通建设】交通续建项目16项，完成临礼路县乡道升等改造1项，通畅工程11项47.5千米；实施灾后重建项目3项61.5千米。完成建制村通达项目4项22.7千米，贾河至理川蔡家地、狮子四条至武都池坝等4条联网路和白临公路已建成通车。2015年，全县拥有经营型客车459台，比去年同期增长10%。

【邮电】2015年，全县完成邮政业务总量960万元，完成业务收入1252万元，占年计划的96%。全年投递报刊367.95万份，信函40.2万份，普通包裹7.6万件，特快邮件14.8万件，机要邮件851份。

【文化、教育与医疗卫生】新建乡村舞台78个，村文化广场22个，建成理川镇健身体育活动中心和新城子乡路岗头村、阿坞乡西固村2个村级文化室；乡镇中心幼儿园、薄弱学校改造等30项续建项目全部建成，新增校舍2.5万平方米；南河等3乡镇卫生院周转宿舍和好梯等4乡镇卫生院附属工程全部完工，34项卫生灾后重建项目，除哈达铺中心卫生院、县中医院正在进行附属工程施工外，其余32项重建项目全部建成并投入使用。县中医院医技裙楼、门诊综合楼及其二期工程已完成主体，县妇幼保健院建设项目已完成主体二层。

【人民生活与社会保障】2015年，全县城镇居民人均可支配收入18016元，增速8.8%。农村居民人均可支配收入达到4830元，增速12.7%。新增城镇就业人员2985人。居民消费价格指数控制在1.8%以内。

年末，全县城镇职工医疗保险参保率达到100%。县就业社会服务保障中心和老年养护院、南阳镇中心敬老院建设项目已竣工，县老年护理院完成主体工程，养老、失业、工伤、生育、医疗保险、最低生活保障等政策全面落实。全年共发放农村五保补助资金19026万元、农村低保补助资金11062万元。完成农村危房改造2500户。

宕昌县主要领导名录

县委书记　李平生

县人大常委会主任　陈社忠

县　长　李建功

县政协主席　孙书诚

（供稿：赵作忠）

临夏回族自治州

【综述】临夏回族自治州地处甘肃中部西南，北邻兰州市，南靠甘南藏族自治州，东连定西市，西接青海省,全州土地面积8169平方千米。2015年末，全州辖7县1市（县级市），总人口为219.23万人，净增人口0.85万人。人口自然增长率为7.79‰。全州人口城镇化率为31.21%。其中回族等少数民族人口130.8万人，占全州总人口的59.66%。保安族、东乡族是临夏独有的少数民族。

境内有黄河、洮河、湟水及大夏河、牛津河、广通河、三岔河、冶木河等大小河流30多条，水能资源理论蕴藏量370万千瓦，可开发量278万千瓦，建有大小水电站66座，装机容量208万千瓦，年均发电量100亿度左右，占全省水电发电量的一半以上；著名的刘家峡、盐锅峡、八盘峡三大电站库区均建在州境内，其中刘家峡水库水面面积130多平方千米，是西北最大的人工湖。全州共有各类旅游景区、景点107处，其中国家级5处，较为知名的有炳灵寺、“黄河三峡”、松鸣岩、莲花山等，其中“黄河三峡”、松鸣岩森林公园为国家4A级旅游景点。

2015年，全州实现生产总值211.41亿元，比上年增长9.0%。其中第一产业增加值36.14亿元，第二产业增加值44.83亿元，第三产业增加值130.44亿元，第一、二、三产业增加值占生产总值的比重由2014年的17.36%、24.46%、58.18%变化为2015年的17.09%、21.21%、61.7%。全年完成大口径财政收入28.66亿元，比上年增长12.74%。全年财政支出195.67亿元，比上年增长14.65%。

【农业农村经济】2015年，全州完成农林牧渔业总产值59.09亿元，比上年增长6.1%。其中农业产值39.56亿元，增长7.1%；林业产值1.40亿元，增长4.0%；牧业产值15.32亿元，增长2.7%；渔业产值0.34亿元，增长10.7%；农林牧渔服务业产值2.47亿元，增长11.2%。全年粮食播种面积198.74万亩，比上年增长0.6%。其中夏粮播种面积47.53万亩，下降4.3%；秋粮播种面积151.21万亩，增长2.2%。油料种植面积22.70万亩，下降7.6%；全年蔬菜种植面积20.19万亩，增长5.8%。农田有效灌溉面积83.29万亩，增长0.1%。

年末，全州大牲畜存栏38.61万头，比上年下降0.1%；羊存栏149.44万只，比上年下降1.1%。全年肉类总产量5.79万吨，比上年增长2.9%。全年完成造林面积39.28万亩，增长1.3%。新栽植花椒217万亩，啤特果6486万亩，核桃653万亩，育苗3.73万亩。

【工业与建筑业】2015年，全州全部工业企业实现增加值25.56亿元，比上年增长12.4%。其中规模以上工业企业实现增加值18.95亿元，增长10.4%。全年规模以上工业企业实现主营业务收入66亿元，比上年下降4.8%。全年建筑业实现增加值19.27亿元，比上年增长8.6%。

【固定资产投资】2015年，全州完成固定资产投资298.71亿元，比上年增长13.26%。全年在建亿元以上重大项目74个，当年完成投资83.58亿元，占固定资产投资的27.98%。完成房地产开发投资41.08亿元，比上年下降13.26%。

【商贸流通与贸易】2015年，全州实现社会消费品零售总额76.07亿元，比上年增长9.2%。其中城镇实现社会消费品零售额63.59亿元，比上年增长9.5%；乡村实现社会消费品零售额12.48亿元，增长7.5%。按行业分，批发零售业实现零售额61.84亿元，增长8.2%；住宿餐饮业实现零售额14.23亿元，增长136%。全年外贸进出口总额达14亿元，比上年增长37.53%。

【科技与教育】2015年，全州共组织实施各类科技计划项目108项，其中国家级、省级30项，州级78项；全年共取得科技成果30项，其中15项达到国内领先水平，8项达到国内先进水平；全年申请专利271件。

年末，全州共有中学104所，小学1131所，九年一贯制学校16所，中专及职业技术学校11所，幼儿园329所。普通中学在校学生数97293人，比上年减少5645人，其中高中增加106人，初中减少5751人。小学在校学生数181730人，比上年增加744人。中专及职校在校学生数5647人。全州中专及职校专任教师555人，中学专任教师8694人，小学专任教师10941人。学龄儿童入学率99.38%，下降0.87个百分点。

【文化体育卫生】2015年末，全州拥有州级文化单位民族歌舞团、博物馆、文化馆、图书馆、美术馆、影剧院、民族文化艺术研究所、文化市场综合执法支队各1个；县（市）文化馆8个,公共图书馆8个,博物馆（纪念馆）26个,文物管理所6个，有乡镇综合文化站123个，农家书屋1149个；全年建成文化信息资源共享工程县级支中心8个。全州广播电视转播台12座，千瓦以上广播电视转播台11座，广播人口覆盖率97.19%，电视人口覆盖率97.81%。

年末，全州共有医疗单位172个，其中县级及以上医院14个，乡（镇）卫生院129个，病床7956张，专业卫生技术人员4812人。

2015年全州共举办各类群体活动600余场（次），参加人数达96万人（次）；在甘肃省青少年武术、田径、篮球、足球、跆拳道、柔道、曲棍球、射击锦标赛中，获得9枚银牌、9枚铜牌；代表甘肃省参加了第十届全国少数民族传统体育运动会射弩比赛，1名队员获得三等奖。建成省政府体育惠民工程6个，行政村体育健身场所112个。

【文化产业与旅游业】2015年末，全州共有文化产业单位348个，比上年增加54个，完成文化产业增加值4.76亿元，增长18.37%。文化产业从业人员达到9989人，比上年增加751人。全年文化产业完成投资10.36亿元。全年旅游接待总人数895.41万人次，比上年增长23.58%,其中海外游客100人次；旅游总收入38.55亿元，比上年增长25.53%，其中国际旅游外汇收入14.4万元。

【交通通信】2015年，全州完成客运量3122万人次，旅客周转量172108万人千米，分别比上年增长9%和20%；完成货运量1532万吨，货物周转量181596万吨千米，分别比上年增长15%和20%。全州公路里程6743千米。全年完成邮电业务总量14.83亿元，比上年增长17.33%。年末本地电话用户12.4万户，其中城市电话用户8.2万户，农村电话用户4.2万户。年末移动电话用户160万户。全年各类报刊累计发行量873.26万份。

【金融保险】2015年末，全州金融机构人民币各项存款余额479.85亿元，比上年增长19.85%；金融机构人民币各项贷款余额386.29亿元，比上年增长24.39%。全年保费收入68054.42万元，比上年增长19.38%。全年赔付额31926.18万元，比上年增长77.25%。

【人民生活与社会保障】2015年，全州城镇居民人均可支配收入16508元，比上年增加1446元，增长9.6%；农村居民人均可支配收入5245元，比上年增加587元，增长12.6%。城镇居民人均消费支出12879元，增长16.5%；农村居民人均消费支出4769元，增长7.2%。

年末，全州参加失业保险的职工人数40715人，领取失业保险金的人数327人；参加基本养老保险的人数40173人；参加基本医疗保险的人数318613人，其中城镇职工108853人；新型农村合作医疗参合人数1567353人，参合率达98.8%；全社会低保户数177158户，其中农村125924户，城镇51234户；低保人数591346人，其中农村461068人，城镇130278人。

【环境保护】2015年末，全州共有环境监测站9个，环境监测人员83人，境内自然保护区4处，面积达到1177.33平方公里。建成烟尘控制区1个，控制面积23平方公里。全年完成工业污染治理项目10个，工业污染治理总投资3508万元。

【自然灾害】2015年，其中农作物受灾面积231万亩，其中成灾面积161.2万亩。受灾人口191.1万人次，农村发放救灾款5770万元。

【安全生产】全年全州共发生各类生产安全事故105起，死亡70人，受伤68人，直接经济损失71.76万元。其中，共发生道路交通安全事故78起，发生火灾事故27起，工矿商贸、农机和水上交通领域未发生事故。

临夏回族自治州领导班子成员名录

州　委

书　记　周　强（5月止）
　　　　杨元忠（5月任）
副书记　马学礼（回族）
　　　　戴　超（5月止）
　　　　苟天宏（11月任）
常　委　王正君　曹正民（回族）
　　　　蔚　俊　马天民（回族）
　　　　赵维国（东乡族）
　　　　者永明（回族）　李宏亚
　　　　黄其翰　马正坤　王国志
　　　　刘富祯（回族）
　　　　马顺军（回族）　魏建宝
秘书长　蔚　俊

州人大常委会

主　任　韩季安（撒拉族）
副主任　陈有霞（女）　何莲香（女）
　　　　马成功（回族）　杨　龙
　　　　马远志（回族）
　　　　苗逢辉（东乡族）
秘书长　慈延禎（2月止）
　　　　王文红（2月任）

州政府

州　长　马学礼（回族）
副州长　王正君　马正坤（回族）
　　　　刘富祯　马顺军（回族）
　　　　王建华　马明杰（回族）
　　　　魏贺生　马旭林（东乡族）
　　　　苟永平　贵进孝　杨胜跃
　　　　连坤明
秘书长　马有信

州政协

主　席　吴家白
副主席　沈国伟　马忠祥（东乡族）
　　　　马　俊（回族）
　　　　马志雄（回族）　崔建国
　　　　李云飞　郝献国
　　　　马丽云（女,保安族）
　　　　杨杰芳（东乡族）　慈延禎
秘书长　张顺成（土族，2月止）
　　　　肖永华（2月任）

（供稿：陈光旭　张睿丽）

临夏市

【综述】临夏市地处甘肃省西南部，介于北纬35° 31′-35° 39′ 与东经103° 0′-103° 16′ 之间。东与州内东乡县接壤，南西北与州内临夏县毗邻，区域面积88.6平方千米。2015年末，全市辖4个镇7个街道33个社区，总人口38万人，人口自然增长率为4.73‰。有回族、东乡族、土族等17个少数民族，少数民族占总人口的55.3%。

境内四面环山，地势自西向东倾斜，平均海拔1917米。属温带大陆性气候，年平均气温8.1摄氏度，年日照时数2520小时，全年无霜期163天以上，年平均降水量484毫米，蒸发量1343毫米。主要河流有大夏河、牛津河、红水河。土壤以垆土、红土为主，间有黄土。矿产资源稀缺。有东公馆、榆巴巴拱北、红园等人文景观。

2015年，全市完成生产总值61.43亿元，增长11.1%。固定资产投资60.87亿元，增长16.7%。社会消费品零售总额39.07亿元，增长9.42%。大口径财政收入9.31亿元，增长18.6%。

【农业农村经济】2015年，全市完成农业总产值4.63亿元，增长5%。农业增加值完成3.54亿元，增长6.5%。全年粮食总产量完成2.38万吨，与上年持平。全市完成农作物播种面积4.93万亩，其中玉米播种面积2.66万亩，小麦播种面积3800亩，薯类播种面积2600亩，蔬菜种植面积1.5万亩，中药材播种面积220亩，油菜播种面积300亩，其他作物780亩。年末，全市以牛为主的大牲畜存栏达到1.24万头，猪存栏2.2万头，羊存栏2.9万只，禽存栏6.17万只。全年肉产量5644.4吨，蛋产量436吨，奶类产量14750吨，水产品产量197吨，年均推广农作物青贮饲料4万吨以上。全市畜牧业增加值达到10400万元，农民人均牧业纯收入达到1071元。有养殖场（小区）157个，畜产品加工企业26家。

全年完成特色优质经济林果2500亩，人工生态林4970亩，造林苗木合格率均达到95%以上。完成造林7470亩，栽植苗木62.9万株。其中完成荒山造林4970亩，栽植云杉、速生柳、山杏等苗木55.2万株；经济林2500亩，栽植优质核桃等苗木7.7万株。全市农业机械总动力达69323千瓦，完成农机经营总收入4800万元,经营纯收入1605万元，机播1.8万亩,机耕3万亩,机收1.8万亩，深耕2.5万亩。

【工业经济】2015年，全市完成工业增加值5.44亿元，增长18.1%；规模以上工业完成增加值4.26亿元，增长17.9%。完成工业固定资产投资3.38亿元，增长19.76%。全市万元工业增加值水耗57立方米/万元，万元工业增加值水耗降低率为4.2%，超目标任务2.2个百分点。年末，全市有工业企业219户，从业人员10321人，其中规模以上工业企业6户。

【项目建设】2015年，全市共实施500万元以上各类项目116个，总投资273亿元，其中续建76个、总投资238亿元，新开工40个、总投资35亿元；政府投资53个、总投资52亿元，社会投资63个、总投资221亿元；上亿元项目43个。物流商贸大道等42个重点项目竣工投入使用，八坊十三巷民俗民居保护等74个在建项目进展顺利。

【招商引资】2015年，全市共签约招商引资项目7个，总投资69.5亿元，其中落地建设6个，到位资金11.8亿元。

【交通运输】2015年，全市公路里程96.845千米，其中国省道44.145千米、县乡道52.7千米。2015年客运量（包括公交车、出租车）789.74万人，客运周转量85275.56万人/千米，货运量725.29万吨，货运周转量111472.98万吨/千米。年末，全市有公交车155辆，开通公交线路11条，运营里程1515万千米，公交车客运量1902万人次。出租车767辆，载客车次总数13274532，客运量1698.88万人次，营运里程8778.95万千米，载客里程6122.3千米。开通村村通市乡客运线路8条，营运车辆180辆。

【文化产业与旅游业】2015年，全市文化产业从业人员达到2810人，文化产业投资额达到3.4亿元。全年完成文化产业增加值1.51亿元，增长19.36%。举办第二季“河州好声音”大奖赛等大型活动，开展送文化下乡活动80多场次。实施八坊十三巷民俗民居保护改造工程、临夏民族民俗文化产业园等项目。成功申报东郊公园、东公馆为国家3A级景区。举办环青海湖自行车赛临夏赛段等大型节会赛事。2015年，全市旅游接待人数达174.4万人次，全年旅游综合收入7.79亿元。

【城乡建设】初步编制完成教育、供热、消防、城市天然气等专项规划，全年依法审查审批项目36个，查处违规建设409起，依法强制拆除违法违规用地及建筑321宗194亩。东区以商贸业为主的百益国际贸易中心等项目顺利推进。大夏河南岸片区以完善城市功能为主的城市养老院等项目建成投入使用。西区以展示城市特色为主的民族民俗文化产业园等项目正在加快建设。河州大道等路桥项目相继建成。完成折桥镇慈王和南龙镇王闵家两个村美丽乡村建设规划，建成慈王、马家庄文化广场，成立农民专业合作社78个，流转土地1.04亩。加快肖家木场棚户区改造、东区公共租赁房、城市养老院等重大民生项目的建设。投资3900万元实施水厂水源输水管道更换改造工程和1万吨清水池新建工程等供水改造项目。投入1400

新建的临夏市第三中学

万元完成21条小街巷硬化改造，投入1455万元完成1200户农村危房改造任务，投入850万元实施10万平方米住宅分户计量改造，西北片区集中供热项目和东区集中供热扩容项目建成运营，城区集中供热面积达到215万平方米。

【教育】投资2.3亿元相继建成第三中学、青少年校外综合实践基地、街子、慈王幼儿园、南川小学、西关小学教学楼，并投入使用。职教中心实训楼、枹罕镇、城郊镇幼儿园等在建项目进展顺利。购置配备890万元的电子白板、音美体等一批教育教学设备。为乡村教师落实生活补贴政策。

【医疗卫生】基本药物全部实行网上采购且实行零差率销售，将民营医院中和堂医院纳入基本药物制度实施试点范围。启动实施大病定额补助、市镇两级分级诊疗和医师多点执业制度。实施镇、街道卫生院、社区卫生服务中心维修改造工程，争取到市医院门诊楼等3个项目资金。稳妥实施单独二孩政策，符合政策生育率达到92.91%，人口自增率6.45‰。

【食品药品安全】推进食品药品放心工程和食品安全管理工作，全市37家食品生产企业建立了食品风险防控体系，135户食品流通经营单位建立食品检验检测追溯查询平台。实施“明厨亮灶”工程，全市已有801家大中小型餐饮企业完成以视频技术手段为主的后厨“亮化”，完成率达90.6%以上。

【人民生活与社会保障】2015年，全市城镇居民人均可支配收入16757元，增长9.7%。农民人均纯收入10388元，增长12.8%。居民消费价格指数为101.5%。全年共培训各种劳务人员0.937万人，输转劳务人员3.5万人，输转大中专毕业生和两后生1500人，实现劳务收入5亿元。

投入2.9亿元完成城乡居民低保、农村五保、医保等各类政策性提标工作，投入1.03亿元落实全市干部职工的增资、津贴、住房公积金等提标政策，核销不符合条件低保五保对象365户1565人，新增城乡低保及农村五保户供养对象283户1338人。新分配廉租房189套，发放廉租补贴6780户21284人2023万元。

年末，全市纳入城乡低保79257人，城乡居民养老保险72560人，城镇居民医疗保险115062人，新农合68286万人，投入5000万元配套失地农民养老保险，落实医疗救助2742人（次）630万元。新建红园街道大西关社区等4所城市社区老年人日间照料中心，城市养老院项目正在收尾。

【环境保护】完成6条新建道路的绿化工程，新增园林绿化面积9万平方米。新购置配备喷雾车等各类城管车辆32辆。实施供热燃煤锅炉拆并及清洁能源改造等工作，拆除淘汰燃煤锅炉111台。拆除、转产砖瓦窑场67家，全面实现清零目标。全年优良天气数达到289天，超目标24天。

临夏市主要领导名录

市委书记　曹正民（回族）

市人大常委会主任　马　锋（回族）

市　长　吴国峻（5月止）

　　　　郭维安（5月任）

市政协主席　边旭东

（供稿：冯丽霞）

临夏县

【综述】临夏县地处甘肃省中部，黄河南岸，介于北纬35° 15′-35° 48′，东经102° 42′-103° 18′之间。县域东与临夏市、政县和东乡族自治县为邻，南靠甘南藏族自治州夏河县，西北与积石山保安族东乡族撒拉族自治县接壤，北隔刘家峡水库与永靖县相望。县境东西宽53.1千米，南北长59.85千米，全县总面积1212.4平方千米，其中耕地面积37.23万亩。2015年末，全县辖19个乡6个镇，总人口39.55万人，其中少数民族16.67万人，人口自然增长率7.38‰。

属青藏高原和黄土高原过渡地带，地貌多山沟，兼有塬、川。地势东北低、西南高，海拔1735—4636米之间。气候因素随地势高度变化十分明显，具有大陆性、季风性山地气候特点，属温带半湿润气候。年日照时数为2327.7小时，日照率为52%，全年太阳总辐射量128.4千米/平方厘米，年平均气温7.6℃，无霜期183天左右，年降水量472.3毫米。

2015年，全县实现生产总值326288万元，比上年增长7.2%。其中第一产业72551万元，增长6.8%；第二产业49645万元，增长14.4%；第三产业204092万元，增长5.3%。固定资产投资30.08亿元，增长16.11%。一般性公共预算收入1.48亿元，增长17.83%。财政支出26.79亿元，增长8%。社会消费品零售额6.98亿元，增长9.3%。

【农业农村经济】2015年，全县完成农业增加值73620.06万元，比上年增长6.8%。其中林业增加值1665.46万元，下降1.65%；牧业增加值21569.60万元，增长6.91%；渔业增加值83.19万元，增长9.18%；服务增加值1068.80万元，增长12.65%。全年粮食总产量达到177207.35吨，比上年增长2.14%。人均占有粮523.8公斤。全年完成造林面积79989。其中经济林42115亩。全年肉类总产量达到9279.25吨，增长1.73%，牛奶产量19141.32吨，增长9.09%，禽蛋产量2376吨，减少1.3%。年末，全县大牲畜存栏6.08万头，减少0.77%。全县农民工各类培训3.9万人，其中技能培训1万人，岗前等其他培训2.9万人，共输转劳动力10万人，其中有组织输出4.33万人，自谋输转5.67万人，创劳务收入14.473亿元。

【扶贫开发】投资17.15亿元，实施6105户危房改造等项目。到年底，全县危房改造率达到51%，建制村通畅率达到100%，自来水管网覆盖率、入户率分别达到100%、95.2%，文化广场覆盖率达79%，卫生室覆盖率达73%，为民服务中心覆盖率达58%，日间照料中心覆盖率达34%，乡镇中心幼儿园实现全覆盖。在10个乡镇19个村，投资2237.5万元，实施危旧房改造1046户；投资1662.5万元，硬化贫困村社道路50.03千米。投资3216.1万元在7个乡镇的9个村实施民生改善项目，其中投资1266.5万元，实施危旧房改造489户；投资30万元，建设畜牧养殖场1处；投资54万元，实施暖棚圈舍改造54座；投资1593.2万元，实施硬化村社道路40.84千米；投资198.4万元，实施渠道衬砌11.5千米；投资5万元，种植当归50亩；投资65万元，建设布鞋加工厂1个，扶持布鞋加工户175户；投资4万元，实施科技培训200人次。全县第一批贷款农户共发放贷款4791户、1.46亿元，第二批省上下达额度为4.55亿元，预计发放15071户。截至2015年底，全县减少贫困村33个、贫困人口3.22万人，贫困面下降到14.5%。

【金融保险】2015年，全县大口径财政收入完成22242万元，增长7.26%。其全县财政总支出完成267890万元，增长8%。金融机构各项存款达到426776.39万元。人寿保险完成总保费收入2823.84万元，比去年同期的1959.01万元净增864.83万元，增幅为44.14%。财产保险完成签单保费1756.8万元，商业险单保费1434.4万元，完成年保费任务1500万元的96.3%，实现利润181.19万元。

【项目建设】完成14个课题调研工作和26个专项规划编制任务。拟定"十三五"期间实施重点项目372项、总投资759.18 亿元。县上计划实施重点项目121个，总投资110.88亿元。截至2015年底，121个项目全部顺利实施，完成投资35.6亿元。

【城乡建设】2015年，全县投资9.8亿元，实施公租房、县城南滨河路、土桥镇道路及给排水工程等10个新建项目，及纬三路、新集镇高级中学、滨河景苑、政达商厦等12个续建项目，总投资5.4亿元。投资4.7亿元，在土桥镇实施2014年公租房建设项目，投资6.08亿元实施棚户区改造项目。改造危房4570户，下达资金5505.5万元，当年竣工4390户。

【招商引资】2015年，全县签约项目任务完成29个，超完成1个；签约资金完成55.4亿元，超额完成0.4亿元；到位资金完成45.05亿元，超额完成0.85亿元，超额完成州上下达任务的2.4%。

【商业贸易】实施临夏县榆林乡综合农贸市场建设等3个项目，总投资7800万元。2015年,全县完成社会品零售总额48732万元。全年出口创汇5011万元。

【旅游业】将新集镇兄弟休闲农家园、尹集镇聚福缘农家乐评定为二星级农家乐。申报大河金沙滩、祥云生态园为三星级农家乐，瑞祥商务宾馆为三星级宾馆。举办旅游培训班2期，受训人员达150人次。开发旅游线路4条，修建国家3A级旅游厕所3座，改建完成万顷塬文化广场旅游厕所1座，投资2.02亿元实施土桥镇七大生态园项目，投资1亿元实施"回乡园"项目。2015年，全县共计接待游客34.4061万人次，增长35.2%。全年旅游收入1.44万元，增长39.4%。

【交通建设】2015年，全县农村公路通车总里程925.96全年。全县乡镇公路通畅率为100%，219个行政村全部通沥青（水泥）路，建制村通畅率达100%。全县1208个自然村（社）通水泥路的有313个，占自然村的25.9%。省上下达的建制村通畅工程总计37条108千米总投资5397万元，已全部完工，建制村通畅率达100%。

【邮电】2015年，全县邮政完成业务总收入450.91万元，增长5.89%。电信业务收入841万元，发展移动用户3100户，发展宽带用户413户。移动公司全年新增手机卖场3家，新增指定专营店5家，末梢渠道升级为互联网平台15家，净增4G客户25476户，4G客户到达30182 户，集镇分纤点累计发展光网宽带客户207户，新增政信通20家，企信通49家，完成4G网络三期工程35个和4G四期一阶段17个共址设备拉运、安装及开通，完成4G四期二阶段53个基站现场勘查，辖区135个基站向铁塔移交。联通公司建成基站160座，其中3G基站52座、2G/3G/4G共享基站108座、网络覆盖全县各乡镇、行政村，信号基本覆盖，业务收入1400余万元,在网用户22000户。

【环境保护】对全县68家砂场、82家砖瓦厂、66户煤炭经营企业和经营户及燃煤锅炉进行集中整治，淘汰临夏县土桥镇政府等5家燃煤锅炉，清理关闭非法经营场所2处。配置洒水车2台、湿法吸尘车4辆，年度城市道路机扫率提高10%，达到96%。县城新区旧区、城镇化试点乡镇全面落实8个100%的抑尘措施。淘汰运营黄标车和老旧车190辆，占任务的126.7%。加强集中式饮用水源地保护工作,全县饮用水达标率100%。全县回收废旧农膜

临夏县县城新区全貌

1000多吨，农村塑料废弃物460吨，利用率达70%以上。在蔬菜生产基地完成尾菜处理面积2.3万亩，尾菜处理利用量达到1.75万吨以上，实现尾菜处理利用率达到36%。全县辐射安全许可证持证率达到了100%。年内共办理项目环评审批116件（登记表），审核批准6个项目试生产和1个项目竣工环保验收，完成3家禽养殖场的废弃物综合利用项目验收。

【教育】实施教育建设项目62个，总投资2.38亿元，实施初、高中教育和职业教育的联合办学。享受营养改善计划学生34936人。普通高考上线187人，上线率8.98%。

【医疗卫生】总投资2519万元的20所村卫生室、4所乡镇卫生院以及县疾控中心修建完工，总投资1145万元的3所乡镇卫生院和61所村卫生室新建项目动工建设。新农合参合317877人，参合率98.95％，发生医疗费用15657.09万元，补偿9547.03万元，补偿率61％。实行65岁以上老年人健康管理37590人，管理率93％，适龄儿童免疫规划接种率达95%以上。

【文化事业】建成固定放映点1个，标准化3D数字影院1座，户户通延伸工程基本实现信号全覆盖，州县电视台信号覆盖率达96％。争取“农家书屋”书籍补充更新专项资金10.95万元，实施文化广场项目4个，完成5个乡镇综合文化站达标任务，配备乡镇文化资源共享工程设备175台、电脑桌凳150套，建成马集镇多木寺村乡镇健身中心1处、乡村舞台57个、乡村舞台57个，组建自办文化社团29个，成功举办迎新春农民篮球赛、老年人才艺大赛和“团结颂”主题书画展等各项活动。拍摄制作《临夏砖雕》大型纪录片和省级非遗项目《北塬金氏接骨术》专题片。

【人民生活与社会保障】2015年，全县农村居民人均可支配收入5474元，增长13％。城镇居民人均可支配收入16452元，增长9.4％。职工人均年工资收入45666元，增长9.44％。

年末，全县共有有优抚对象1157人，发放全年优抚定补金434.98万元，医药费48.92万元。救助患者2927人，发放救助资金1060万元。资助五保、城乡低保对象、孤儿对象缴纳参合金313.95万元。发放临时救助资金315.5万元。下拨冬令春荒等救灾资金870万元。城市低保对象8667户24971人，农村低保对象26642户85878人，发放城市低保资金5258.62万元，农村低保资金1亿3713万元，五保供养金1642.7万元，孤儿生活补助资金326.568万元。办理救助175户次，发放资金85.8万元。投资248.78万元建设县救灾物资储备库及救助站。临夏县综合福利服务中心投入使用。改造农村危旧房4570户。企事业单位养老保险、失业保险参保人数达到7804人，城乡居民养老保险人数达到219893人。参加农村新型合作医疗人数317877人，参加城镇基本医疗保险人数达到38953人，全县城乡居民应续保17192人，实际续保161571人，续保率为94％，城乡居民参保率为97％。

临夏县县市快速通道（河州大道）

临夏县主要领导名录

县委书记　安华山
县人大常委会主任　高建平
县　长　马正业（回族，5月止）
　　　　马志祥（回族，5月任）
县政协主席　王英山（东乡族）

（供稿：马雪梅　罗崇虎　刘雪梅）

康乐县

【综述】康乐县地处甘肃省中南部，临夏回族自治州东南端，介于东径103°24′-103°49′，北纬34°54′-35°27′之间。东临临洮县、南接渭源县和卓尼县、西连和政县、北靠广河县，全县国土总面积1083平方千米。2015年末，全县辖5镇10乡，152个行政村，总人口27.34万人，人口自然增长率6.96‰。其中农业人口占95.8%。有回族、东乡族等8个少数民族，其中少数民族占56.4%。

境内属黄土高原向青藏高原过渡的农牧交汇地带，海拔1898-3908米，森林覆盖率达23.6%。属低温带半湿润地区，年均气温7.5℃，年降雨量625毫米，无霜期154天。有耕地32.31万亩，草场36.76万亩，林地55.53万亩。有野生中药材300多种。全县已种养业为主。

2015年，全县完成生产总值18.75亿元，增长7.3%；固定资产投资21.3亿元，增长13.78%；农业增加值4.83亿元，增长6.3%；规模以上工业增加值3774万元，增长7.5%。文化产业增加值3448万元，增长18.37%。城镇居民人均可支配收入达16409元，增长9.2%。社会消费品零售总额5.62亿元，增长8.5%。农民人均可支配收入5425元，增长12.4%。

【农业农村经济】2015年，全县完成

农作物播种面积50.47万亩，其中粮食作物39.04万亩，经济作物11.43万亩。推广旱作农业20万亩，农业增加值达5.22亿元。全年粮食总产量11.78万吨，年均增长6.74%。兴修梯田8912亩，完成工程造林4万亩。建成户用沼气池800座，万元GDP能耗降低率3.33%。全县新增和改善灌溉面积4.43万亩，建成梯田3.69万亩。建成中药材示范基地4个，种植中药材6.28万亩，产值达1.8亿元。

全县新建规模化肉牛养殖场8个，引进澳大利亚纯种安格斯青年母牛1020头，康美、华昱专卖店和康乐牛肉营销店年销售牛羊肉3万多吨。金牛担保公司为290家规模养殖企业（场、户）担保贷款1.54亿元。全县肉牛饲养量达20万头，出栏8万头。全年销售各类苗木400多万株，综合收入达1.2亿元。

【工业经济】2015年，全县工业和产业开发项目3项，投资0.36亿元。全县规模以上工业增加值3774万元，增长75%。

【项目建设】2015年，全县共组织实施500万元以上重点项目75项，总投资92.24亿元。其中续建项目23项，总投资43.61亿元；计划新开工项目52项，总投资48.63亿元。全县组织实施500万元以上重点建设项目66项，总投资60.54亿元。截至年底，38个项目已完工，28个项目正在抓紧建设，完成投资22.03亿元。

【招商引资】在第二十一届“兰洽会”上签约项目13项，签约资金30.3亿元，到位资金7.68亿元，资金到位率25.1%，履约率100%。

【城乡建设】编制完成《县城东南片区控制性详细规划》《县城中心城区控制性详细规划》《县城水系综合治理规划》《莲麓镇控制性详细规划》和10个村庄建设规划及莲麓镇下乍村美丽乡村规划，打通县城北出口、北滨河路、惠民路、东滨河路、环城北路、市场路。建成城东新区，康乐中学、县医院投入使用，县城建成区面积增加到6.6平方千米。实施棚户区改造，涉及拆迁总户数1036户，已签订安置协议867户，完成拆迁565户。实施县城四个出口美化亮化、背街小巷硬化改造、滨河庭院B区等项目39项，总投资达38.64亿元。投资3365 万元对八松、苏集、景古、鸣鹿、八丹五个乡（镇）的基础设施进行提升改造。开展专项整治，查处违法占地143宗107.65亩，拆除违章建筑5877.8平方米，关停非法采砂场36家。

【商业贸易】全省县级最大的商业单体建筑-良恒城市商业广场投入运营，招商引资到位资金增加到29.9亿元。建成县级电商服务中心1个，乡、村服务站（点）13个，电商企业及群众网店53家，营业额达1012万元，实现利润202.4万元。2015年，全县实现社会消费品零售总额5.62亿元，增长8.5%。

康乐县肉牛规模养殖

【文化产业与旅游业】2015年，全县文化产业增加值3448万元，增长18.37%。举办第六届莲花山生态旅游花儿艺术节，实施莲花山木栈道修复工程，修（改）建旅游厕所5座。2015年10月，莲花山国家森林公园获得首批“中国森林氧吧”。建成莲花山花儿传习所，被兰州城市学院民族音乐研究中心确定为“艺术实践基地”。竹子沟建成康美国际观光牧场。2015年，全县共接待游客73.5万人（次），旅游综合收入达2.96亿元。

【扶贫开发】编制完成《康乐县2015年财政扶贫资金项目计划》，争取项目资金4636万元，实施附城镇松树沟村、景古镇王家沟村等15个整村推进项目。整合项目资金4亿多元，30个重点村基础条件得到极大改善。全县30户企业自愿投资1200多万元对288户无自建能力的贫困户住房进行帮助修建，全部建成入住。建成农村饮水安全工程水质检测中心，投资7425万元，完成中部、莲麓等村庄供水入户工程。完成通畅路建设21条100.32千米，硬化村内道路211千米，县汽车站完成主体施工。

【教育与医疗卫生】投资1.54亿元实施改薄、危改、幼儿园建设等各类教育项目113项，建成幼儿园47所，标准化学校51所。甘肃建院康乐校区建成投入使用，共招生1822名。2015年全县普通高考重点本科上线56人，二本以上上线240人。县财政拿出170万元，重奖教育先进单位、先进个人和优秀大学生；县中医院开工建设，白王卫生院综合楼及附属工程和9所精准扶贫村标准化村卫生室全部建成。完成县医院两个重点专科建设任务，被省上确定为实施基层中医药服务能力提升工程重点县。2015年全县共出生4133人。

【文化事业】建成“乡村舞台”40个，全民健身活动中心4个，景古红色政权纪念馆完成展厅改造和布展工作。莲花山花儿传习所成为兰州城市学院民族音乐研究中心艺术实践基地。康乐县数字影院投入运营，全县行政村通宽带率达98.03%。国家三类城市语言文字达标工作通过省、州验收。《康乐年鉴（2014）》出版发行,并获得甘肃省第十届地方史志成果一等奖，被国家图书馆收藏，《康乐县志（1986—2005）》完成评议稿。

【人民生活与社会保障】2015年，全县城镇居民人均可支配收入达16409元，增长9.2%。农民人均可支配收入5425元，增长12.4%。2015年，全县转移就业人员1222人，其中高校毕业生转移就业人员111人。劳务培训1.76万人，其中技能培训7600人。就业技能培训1189人。劳务输转6.31万人（组织输转3.16万人），全县劳务收入9.1亿元。完成农村危旧房改造3800户，204套公租房进入主体施工。县城天燃气管网工程完成了管道埋设，农网升级改造10千伏及以下工程完成年度总工程量的60%。通过“一折统”落实36项惠农政策资金2.47亿元。城乡居民社会养老保险参保率98.54%，发放率100%。

康乐县主要领导名录

县委书记　吴国峻

县人大常委会主任　马学义（回族）

县　长　雍桂英（女，回族）

县政协主席　郭亚林（3月止）

石恒平（3月任）

（供稿：马晓春）

广河县

【综述】广河县地处陇西黄土高原丘陵沟壑地带，位于甘肃省中部西南方，临夏回族自治州东南部。介于东经103°23′-103°51′，北纬35°25′-35°38′之间。东邻临洮县，西接和政县，南连康乐县，北靠东乡县。东西长45千米，南北宽13千米，全县总面积538平方千米。2015年末，全县辖6镇3乡，总人口25.54万人，其中回族、东乡族等少数民族人口占总人口的97.84%，是一个少数民族高度聚居的县。

地势自西南向东北倾斜，平均海拔1953米。属温带半干旱气候，2015年，年平均气温7.8℃，最高极端气温35.1℃，最低极端气温-16.5℃，年降雨量305.1毫米，无霜期148天，平均日照2358.8小时。

2015年，全县国内生产总值达17.87亿元，增长9.4%，其中第一产业完成国内生产总值3.12亿元，增长5.8%，第二产业完成国内生产总值3.26亿元，增长17.1%，第三产业完成国内生产总值11.49亿元，增长7.3%。全社会固定资产投资完成35.73亿元，增长14.67%。大口径财政收入1.91亿元。社会消费品零售总额达6.98亿元，增长8.9%。年末，全县金融机构存款余额32.7亿元，增长26.5%，贷款余额33.9亿元，增长20.6%，存贷比103.7%。

【农业农村经济】2015年，全县实现农业总产值5.36亿元，其中种植业产值4.16亿元，林业产值0.12亿元，牧业产值0.89亿元，农林牧渔服务业产值0.19亿元，完成农业增加值3.17亿元。粮食播种面积达19.27万亩，全年粮食总产量11.03万吨，其中夏收作物总产量为0.11万吨，秋收作物产量为10.92万吨。建设梯田1.62万亩，水平梯田面积达19.15万亩，有效灌溉面积达10.7万亩，保灌面积达10.07万亩。建立25个高产创建万亩示范片，示范面积达到38.8万亩，其中玉米高产创建面积32.6万亩，高产创建万亩示范片22个；马铃薯高产创建面积6.2万亩，高产创建万亩示范片3个。新建联户养殖小区（场）16个，累计达到222处，其中牛、羊、鸡养殖场分别为：46个、170个、6个；新增规模养殖户150户，累计达到8107户，其中牛、羊养殖户分别为2576户、5531户；牛、羊、禽养殖数量分别达9.25万头、103.75万只、55.5万只。

投资3552万元，实施人工造林3.43万亩，栽植各类苗木240万株；当年造林面积4.03万亩，零星植树6.27万株，年末实有育苗面积1.36万亩，当年新育0.58万亩；投资150万元，回收废旧地膜1700吨，回收率达到77.3%，比去年提高两个百分点。

【项目建设】2015年，全县实施重点项目85项，总投资69.57亿元，其中续建项目32项，总投资49.89亿元；新开工项目53项，总投资19.68亿元。

【招商引资】2015年，全县引进招商引资项目18个，总投资67.82亿元，到位资金31.98亿元，增长35%。

【特色产业】组织参加兰洽会、青洽会等节会，加强与中亚、西亚等国家的交流，推介皮革加工、清真食品和民族用品等特色产业。加快三甲集皮毛中心一期建设进度，交易棚厅已完成主体。投资1100万元建成电子商务服务中心，入驻电商企业38家，电商销售额近5000万元，带动周边400多户群众参与家庭皮革加工。

【交通水利】2015年，全县共实施交通工程建设项目66项267.7千米里，总投资4.43亿元。投资2287万元，实施县城、三甲集、齐家镇抗旱应急水源配套工程和各乡镇自来水管网改造工程。投资1500万元，实施中央财政农田水利项目，保障农田适时灌溉。

【城镇建设】投资9.65亿元，实施道路、给排水管网等基础设施重点项目17项。投资3亿多元，推进三甲集整体开发。投资7060万元，改造危旧房3800户。启动实施三甲集康家易地搬迁二期工程。严格垃圾处理和污水排放管理，新安装污处设施2家，累计治理洗毛企业14家。

【教育】2015年，全县有各类学校达177所，教职工总数2759人，有中小学在校生34818人。全县现有适龄儿童21883人,已入学21554人，小学入学率为98.5%；现有适龄少年11907人,初中阶段在校生11323人，入学率为95.1%；高中阶段毛入学率为47.8%，学前教育毛入学率为65.9%；九年义务教育巩固率78%。投入1.84亿元，实施薄改项目25所、排危改造18所、建成幼儿园40所；实现从幼儿园到高中阶段全免费，免费金额3326万元。

【医疗卫生】投资1281万元，实施县疾控中心和官坊、水泉、齐家3所卫生院业务用房。规范村卫生室运行管理，缓解群众“看病难”问题。全年人口出生率16.06‰，自增率9.21‰，计划内出生率为97.19‰。

【文化体育】成立甘肃省齐家文化研究会，举办齐家文化与华夏文明国际研讨会，出版50万字的《齐家文化与华夏文明》研究文集。投资815万元，实施齐家坪遗址基础设施抢救性保护项目。总投资3800万元的广河县齐家文化博物馆主体工程已全部完工。《广河县史话》正式出版发行。全县现有体育总会1个，业余体校1个，体育后备人才培养训练基地1个，体育协会8个；标准化体育场1个，农民体育健身场地9个，篮球场地77个，乒乓球场地14个，晨练点9个；体育工作者71人；国家级社会体育指导员1人，一级2人，二级22人，三级252人。全年共举办篮球、越野摩托车等各种体育活动40余次。

【人民生活与社会保障】2015年，全县农民人均纯收入5756元，增长12.3%。城镇居民人均可支配收入达15738元，增长14.19%。

年末，全县城市低保月保障标准提高10%，农村低保年保障标准提高11%。农村五保供养省级补助标准提高40%，年增加1004元，由2510元提高到3514元，农村五保年供养标准达到4114元。2015年共计发放城市低保金1554.6万元，农村低保金8478.5万元，五保供养金812.9万元，为城乡低保户、农村五保户发放电价补贴140.7万元；为64298名城乡低保对象资助发放参保参合金260.8万元，为2026名五保对象及福利院孤儿代缴参合金24.3万元，给2056名城乡困难群众发放医疗救助金889.4万元；为全县1343户次困难对象发放临时救助金231.4万元。

【精准扶贫】全县共落实各类政策资金5.21亿元，受惠贫困群众9331户43236人。从县级财力筹措资金2780万元，在暖棚补助、危旧房改造等方面加大帮扶，受益群众5341户。各级人大代表、非在职政协委员，捐赠基础母羊600多只，捐资400多万，帮扶贫困户410多户，发展特色养殖、硬化村社道路；县内22名企业家捐助510万元，帮助贫困户修建住房140户；民营企业家尔萨投资1470万元在广通河修建大桥一座；县政协委员、民营企业家马良捐资320万元修建县第三幼儿园；全县民营企业家捐款捐物达3000多万元。组织召开3500多人参加的转移就业推进会，完成有组织输转12批2073人。目前，长三角、珠三角地区有广河籍劳务人员9700多人。截至2015年底，全县贫困人口减少13908人，贫困面下降到13.85%。

广河县主要领导名录

县委书记　赵廷林（东乡族）

县人大常委会主任　马绍先（回族，3月止）

　　马进辉（东乡族，3月任）

县　长　马东升（回族）

县政协主席　马学成（东乡族，2月止）

　　马尚忠（东乡族，2月任）

（供稿：罗明生　马明海　马彦俊）

永靖县

【综述】永靖县位于甘肃省中部，临夏回族自治州北部，县域总面积1863.6平方千米。2015年末，全县辖10镇7乡，总人口为208400人，人口自然增长率5.69‰。

黄河自西南向东北呈“S”形穿越全境，境内流程100余千米，形成黄河三峡“炳灵峡、刘家峡、盐锅峡”国家4A级风景名胜区。属大陆性、温带半干旱气候，年平均气温10.8℃，极端最高气温37.4℃，出现在7月28日；极端最低气温为-11.9℃，出现在1月21日。全年日照时数为2404.2小时，年降水量214.2毫米，蒸发量1665.7毫米。

水利资源丰富，建有炳灵峡、刘家峡、盐锅峡、八盘峡4座大中型水电站和白川、福川、英东3座小型水电站，总装机225万千瓦，年发电103亿度，占全省水力发电量的近30%。永靖是中华民族黄河古文化早期的发祥地和传播地之一，有仰韶文化、马家窑文化、辛甸文化、齐家文化等古文化遗迹，被列为“中国傩文化保护基地”、“联合国教科文组织民歌考察采录基地”，“花儿”被列入首批国家非物质文化遗产名录，被誉为恐龙之乡、彩陶之乡、傩文化之乡。

2015年，全县实现生产总值356181万元，比上年增长6.7%。其中第一产业增加值59429万元，增长58%；第二产业增加值168385万元，增长4.9%；第三产业增加值128367万元，增长10%。全县第一、二、三产业增加值占生产总值的比重由上年的15.45：52.55：32变化为2015年的16.68：47.28：36.04。全年完成大口径财政收入70773万元，增长15.56%。全年财政支出212526万元，增长13.69%。全县完成一般预算支出21.25亿元，增长13.69%。年末金融机构人民币各项存款余额6888264万元，增长10.85%。年末金融机构人民币各项贷款余额572338万元，增长5.48%。全年保费收入11859万元，增长15.32 %。

【农业农村经济】2015年，全县完成农林牧渔业总产值101696.72万元，比上年增长4.91%。其中种植业产值73563.02万元，增长6.20%；牧业产值19693.69万元，下降0.04%；林业产值2402.20万元，下降1.74%；渔业产值2658.81万元，增长12.63%；农林牧渔业服务业产值3379万元，增长6.41%。

全年农作物播种面积37.59万亩，增长0.55%。全年粮食种植面积27.75万亩，下降2.37%。全年粮食产量129503.74吨，下降1.31%。粮食作物平均亩产466.70公斤，比上年增长1.10%。农民人均占有粮800.20公斤，比上年下降1.55%。全县无公害蔬菜面积达6万亩，东部山区百合种植面积达到4.4万亩。全年肉类总产量9598.83吨，下降1.97%。全年共完成植树造林6.30万亩，增长4.13%。育苗面积0.54万亩，增长28.57%。当年新修水平梯田0.88万亩。年末，拥有农业机械总动力19.72万千瓦，增长3.35%。

【扶贫开发】2015年，全县整合各类项目资金3亿多元、协调发放各类助农贷款6亿多元，按照户均1万元的标准落实到户扶持资金3640万元，完成2015年度1.13万人脱贫任务。投资

6675万元实施农村公路通畅工程42条、133千米，投资4870万元改造硬化村社巷道113千米。筹资1200多万元，对全县人饮工程进行维修改造。投资2000万元完成农村危房改造2400户，投资760万元一次性对151户五保户危房进行统一改造。建成西河、三马台等蔬菜生产基地8个，新建高效节能日光温室1200亩、钢架大棚1860亩，发展高原夏菜3万亩、经济林1.1万亩。东西山区推广旱作农业全膜玉米28万亩、脱毒马铃薯16.7万亩，种植中药材1万亩，新增百合3000亩。加快发展草食畜牧业，建成规模养殖场15个，新修和改造暖棚3000座。组建农业合作组织41家，兴办农产品贮藏加工企业4家，完成土地流转11.63万亩。

【固定资产投资】2015年，全县完成固定资产投资625536万元，比上年增长6.61%。其中房地产完成投资63773万元，下降7.45%，住宅投资34423万元，下降20.11%。

【招商引资与项目建设】2015年，全县引进签约招商项目13个，总投资40.7亿元，完成投资12.26亿元。全县共组织实施500万元以上项目108个，总投资200.39亿元，完成投资64.08亿元。

【城乡建设】建设城市重点项目13个，总投资20多亿元。新区太极南路、县城东出口改造工程建成投入使用，川中路铺油改造、中环路地下蔬菜市场全面完工，福门城市广场全面建成，时代国际商贸中心投入使用，滨河南路景观带动工建设，鸿瑞名都城市综合体开发全面启动。投资2100万元实施太极中路行道树换栽、滨河南路行道树栽植和城区绿化美化工程。

【商贸流通与贸易】2015年，全县实现社会消费品零售总额67051万元，增长8.70%。全年全县外贸进出口总额353万美元，比上年增长203%。

【文化产业与旅游业】2015年，全县完成文化产业增加值9283元，比上年增长17.21%。占生产总值的比重为261%。文化产业从业人员达到1391人，比上年增长8.50%。文化产业完成投资额18155万元。

2015年，全县国内旅游人数323.71万人次，比上年增长22.61%。全年旅游综合收入达142300万元，增长24.07%。旅游业收入占生产总值的比重达39.98%。

【交通邮电】2015年，全县交通运输、仓储和邮政业实现增加值4329万元，比上年增长8%。公路运输完成客运量542.40万人次，比上年增长25%；货运量277.92万吨，比上年增长20%。客运周转量29700万人千米，比上年增长36.90%；货运周转量31230万吨千米，比上年增长22%。全年水路运输总周转量2199.59万人千米，比上年增长25.63%。全年完成邮政业务总量372万元，下降6.06%。

【环境保护】实施天保工程、生态公益林、“三北”防护林等生态治理项目，完成植树造林6.3万亩，新修梯田8800亩。集中整治黄河沿岸排污口，保证黄河水源安全。拆除非法采（洗）砂点59处，淘汰落后产能企业1家、生产线3条，关停违法违规企业7家。境内自然保护区面积达到19500公顷。城市污水集中处理率86.19%，城市生活垃圾无害化处理率90.46%。全年完成工业污染治理项目10个。

【教育】2015年末，全县共有各级各类学校172所，在校学生人数22026人。全县适龄儿童入学率100%。投资3.86亿元的永靖中学建成投入使用，投资5800万元新建或改扩建中小学58所，新建6所学校教师周转房。筹集资金3500万元，成立永靖县教育发展促进会。2015年，全县上省定二本线393人，上线率为17.86%。

【医疗卫生】2015年末，全县共有医院、卫生院23所，病床数961张，专业卫生技术人员1028人。儿童建卡率100%，单苗单针次接种率98%以上。动工实施县妇保站业务楼、四局医院门诊楼、太极镇等3所卫生院改扩建项目，建成标准化村卫生室20所。

【人民生活与社会保障】2015年，全县城镇居民人均可支配收入16242元，比上年增长9.60%。农民人均可支配收入5212元，增长12.50%。全县贫困人口减少1.13万人，减少到2.59万人，减幅达30.34%。全年培训劳动力2.35万人，输转劳务4.9万人，实现劳务收入7.1亿元。

年末，全县参加城镇职工基本养老保险人数3614人，参加城镇职工基本医疗保险人数为15085人，参加城镇居民基本医疗保险人数为20666人，参加失业保险人数为6910人，参加工伤保险人数为7107人。全县参加城乡居民养老保险人数为9.84万人，参保率为96.50%。参加新型合作医疗农民人数14.07万人，参合率为99.60%。全县城乡医疗救助1455人，资助参保参合48297人。全县城镇居民得到政府最低生活保障的人数为9372人，农村居民得到政府最低生活保障的人数38160人。全县敬老院11个，五保家园3个，敬老院拥有床位148张，供养人员20人。

永靖县主要领导名录

县委书记　尹宝山

县人大常委会主任　赵贤章

县　长　张自贤

县政协主席　孔祥友

（供稿：党占国）

和政县

【综述】和政县地处于甘肃省临夏回族自治州南部，介于东经103°5′–103°30′、北纬35°7′–35°32′之间。东与广河、康乐县接壤，南同甘南藏族自治州卓尼县、合作市隔太子山相邻，西与临夏县毗连，北与临夏市、东乡族自治县交界。东西宽37.5千米，南北长46千米，全县总面积960平方千米。2015年末，全县辖6镇7乡，总人口21.14万人。

境内处于黄土高原与青藏高原交汇地带，地势南高北低，形成4个河谷地带和2个沟谷地带，山丘起伏、沟壑纵横、山多川少，平均海拔2200米。属北温带大陆性气候，无霜期133天，年平均气温为6.4℃，比历年平均值偏高0.6℃，年降水总量为496.6mm，与历年同期相比，偏少96.1mm。2015年5月10–11日和政县出现霜冻灾害。农产品资源主要有小麦、玉米、油菜、中药材等，林产品主要有啤特果、大榛子等。矿产资源主要有金、铜、石灰岩、硅灰石等20余种。是“中国花儿传承基地”，有松鸣岩等旅游景点10处，

2015年，全县实现生产总值149876万元，增长11%，其中第一产业增加值39274万元，比上年增长5.5%；第二产业增加值32220万元，比上年增长26.1%；第三产业增加值78382万元，比上年增长5.8%；固定资产投资379935万元，比上年增长15.38%；社会消费品零售总额33707万元，比上年增长9.2%；全县大口径收入累计完成1.98亿元，增长9.67%；地方财政收入累计完成1.35亿元，增长14.58%；累计完成支出15亿元，增长7.23%。

【农业农村经济】2015年，全县农业增加值达到39274万元，比上年增长5.5%。新建啤特果基地1.2万亩，新建规模养殖场（小区）15个，发展规模养殖户135户，在松鸣镇和新营乡建成2个千亩中药材示范基地。整合各类项目资金1.87亿元，实施56个贫困村基础设施、产业扶持等项目，对当年整体脱贫的4个贫困村，投资4210万元在道路硬化、危旧房改造、安全饮水、卫生室建设等方面进行重点倾斜扶持。硬化道路113条212千米，完成投资2157万元的新庄乡奋斗、松鸣镇新集等12个整村推进项目。实施投资4782万元的“五小水利”工程等9项水利水电项目，建成农村危旧房改造工程2800户、棚户区改造500户、易地扶贫搬迁项目386户。

【工业经济】2015年，全县完成工业增加值13726万元，增长42.3%；规模以上工业企业实现增加值12201.2万元，比上年增长49.7%。

【项目建设】2015年，全县实施项目建设140项、总投资204.7亿元。其中新开工项目67项、投资98.4亿元；续建项目29项、投资69.7亿元；开展前期项目44项、投资36.6亿元。29个续建项目中，滨河路水车园艺博览生态园等21个项目已建成，鸿瑞佳苑二期等8个项目完成年度建设任务。67个新建项目中，临夏海螺公司余热发电等33个项目已建成，三合镇石虎家至松鸣镇狼土泉战备公路等项目完成年度建设任务。投资2.7亿元的吊漫路已批复可研，城区排水防洪等18个项目可研已上报省州相关部门。

【精准扶贫】全县122个村组建双联、扶贫、党建“三位一体”帮扶工作队。省州县联村单位共协调落实项目28个、投资3270万元，干部捐资捐物430万元，开展各类培训211期、受训人数达1.8万人次。发放精准扶贫专项贷款1.81亿元。2015年，全县完成4个村整村脱贫和10710人的脱贫任务。

【商贸流通】2015年，全县社会消费品零售总额达33707万元，比上年增长9.2%。建成7个乡镇电子商务服务站，和政县被省上列入电子商务扶贫先行先试试点县。

【城镇建设】编制完成规划区面积为3.5平方千米的《和政县县城西区控制性详细规划》、4.96平方千米的《和政县松鸣镇总体规划》、买家集镇尕后庄村等12个村庄建设规划。实施投资1.5亿元的天然气输配工程，完成临夏至和政输配总管道36千米，城区燃气主管道30千米。实施植绿补绿工程，投资4192万元完成造林4.58万亩，行道树绿化60千米，栽植各类苗木502.6万株。实施投资1000万元的美丽乡村建设项目，创建省级美丽乡村示范村2个、省级旅游扶贫示范村1个、环境整洁示范村26个。

【旅游业】编制完成《和政县松鸣岩–古生物化石地质公园大景区核心区修建性详细规划》，出台《关于促进全县旅游业改革发展的意见》。实施松鸣岩户外健身训练基地等项目。举办第四届全国地层委员会第二次常委扩大会暨中国·和政古动物化石保护与利用学术研讨会，承办第十四届环青海湖国际公路自行车赛和政赛段赛事、全省第一季度文化产业发展调度会以及甘肃省2015冬春季旅游活动暨松鸣岩户外滑雪活动启动仪式。2015年，全县接待游客226万人（次），增长24%；全年旅游综合收入达到9.4亿元，增长27.9%。

【社会事业与民生】实施投资8992.8万元的松树村等25所村级幼儿园建设、西关小学综合楼等34所薄改、罗家集等3所学校教师周转宿舍及和政中学综合楼等项目，通过省政府教育督导评估验收，实现国家三类城市语言文字创建达标。筹措资金1600多万元，为县医院购置核磁共振、重症监护、心电监护仪等医疗设备，实施投资240万元的罗家集、梁家寺乡计生服务所和新营乡山城等14所标准化村卫生室建设。组织开展“中国梦、庆七一、铸党魂”干部职工文艺大奖赛、书画笔会等文化体育活动，建成和政县城数字影院、三合镇虎家村体育惠民工程和12个村一村一场项目，新建乡村舞台32个。

2015年，全县城镇居民人均可支配收入达16261元，比上年增长9.1%；农村居民人均可支配收入5000元，比上年增长12.7%。人均生产总值7848元，增长12.4%。

和政县主要领导名录

县委书记　李国辉

县人大常委会主任　马祥辉（东乡族）

县　长　蒋建民（回族）

县政协主席　蔡映山

（供稿：张廷华）

东乡族自治县

【综述】东乡族自治县地处甘肃省中部西南面,临夏回族自治州东面,介于东经103° 10'–44',北纬35° 30'–56'之间。东隔洮河与定西地区临洮毗邻,南与广河、和政两县相连,西倚大夏河与临夏市、临夏县为界,北濒黄河与永靖县相望。东西长51千米,南北宽47千米,全县总面积1510平方千米,其中水域面积48千米。2015年末，全县辖5个镇19个乡，总人口301338人，人口自然增长率9.83‰。其中东乡族人口262427人，占87.09%。有东乡族、回族、撒拉族等9

个少数民族。

县境呈方圆形,四面环水,中间高突,约呈“凸”字状。最高海拔2664米,最低海拔1736米,平均海拔2610米。属典型的黄土高原干旱山区，气候干燥,冬长夏短,春秋相连,无明显夏季,无霜期年均138天,年日照数2500小时以上,年降雨量200-500毫米,年蒸发量1387毫米,山区年均温度为4.9℃,川区年均温度为8℃。境内植被稀少,主要动植物资源有羊、洋芋、杏、椒树等。土特产品有地耳、大接杏、花椒等。主要旅游景点有东大坡森林公园、唐汪川风光、河滩旅游区、黄土高原第一山城 — 锁南坝等。境内古生物化石存量丰富，其中出土的猴头骨化石是国内唯一现存的甘肃副长吻猴头骨化石。现珍藏于韩则岭拱北历经千年的牛皮封面《古兰经》手抄本，被省文物鉴定委员会定为国家一级文物。境内出土的一件铜刀，是我国迄今为止发现最早的铸铜器物。

2015年，全县实现生产总值16.28亿元,按可比价格计算,比上年增长9.6%。其中第一产业增加值43198万元,增长5.62%,第二产业增加值31028万元,增长1280%,第三产业增加值89323万元,增长10.80%。一、二、三产业的比重为26.54：19.06：54.88。实现财政总收入12875万元,增长4.9%,其中地方财政收入6878万元,增长24.65%。金融机构各项存款余额26.76亿元;增长16.23%,年末金融机构各项贷款余额22亿元,比上年增长14.1%；全社会完成固定资产投资26.13亿元,增长14.14%。

【农业农村经济】2015年，全县实现农业总产值725亿元,比上年增长-124%;农业增加值4.3亿元,增长5.62%。全年粮食作物播种面积为37.46万亩,其中全膜双垄沟播33.63万亩,粮食总产量达到7.7万吨,增长-12.65%。全年油料总产477.6吨，水果总产11428.4吨。全年肉类总产1.51万吨,增长7.74%。水产品总产211吨。投资3616.5万元修建暖棚圈舍226座，新建规模养殖场29个，新发展养殖大户840户，全县羊饲养量达到11158万只。种植多年生牧草5万亩，培育脱毒苗40万株，新建马铃薯贮藏窖577座，通过推广青贮氨化、揉丝打包等技术，玉米秸秆利用率达到71%。

完成造林5.68万亩，完成秋季整地6100亩，完成机修梯田2.4万亩，配套建设上水工程20处。投资1.15亿元实施水利项目7项，改善灌溉面积4.84万亩。在唐汪杏花园栽植杏树1500亩、5.25万株，建设杏花长廊4千米，建成杏子采摘园200家。全年造林面积5.72万亩，机修梯田2.4万亩。投资4500万元，建设绿色通道125千米。全县农业机械总动力18万千瓦,增长9.3%。完成土地确权登记18万亩，土地流转面积达6.9万亩以上。全年完成劳务技能培训8555人，输转劳务6.8万人次，实现劳务收入9.65亿元。

【工业经济】2015年，全县实现工业总产值8.6亿元,比上年增长1.56%。全年工业增加值1.4亿元,比上年增长16.10%。规模以上工业总产值6.4亿元,增长8.43%。

【招商引资与项目建设】2015年，全县引进招商引资项目17项,当年到位资金12.5亿元。其中，当年新签约的11个项目已开工建设10个,到位资金9.12亿元；当年全县共列500万元以上建设项目141项,总投资174.07亿元。其中，新建县城新区开发等51个项目已开工建设，巴谢河堤防工程等15个续建项目已建成。

【交通邮电】2015年末，全县共有公路182条，总里程1209千米。全年完成公路客运量294万人千米,比上年增长22%；公路货运量237万吨,比上年增长23%。公路客运周转量1.32万人/千米,比上年增长21%；公路货运周转量1.22吨/千米,比上年增长21%。

年内，移动公司新建基站45个,联通公司新建基站3个，电信公司新建基站38个。年末，全县联通电话用户8913户，电信用户4.3万户，每百人拥有移动电话和固定电话51部,行政村通电话率达100%。2015年，全县完成邮政业务总量223.8万元,增长17.93%。

【商贸流通】2015年，全县商品销售总额为2.76亿元,增长12%。其中批发业销售额0.29亿元,社会消费品零售额2.45亿元,增长12.7%。

【旅游业】2015年，全县主要旅游景点有东大坡森林公园、唐汪川风光、河滩旅游区、韩则岭珍藏馆、黄土高原第一山城-锁南坝等。年内，全县接待国内外游客11.05万人次,增长28.59%；全年实现旅游总收入4450万元,增长34.85%。

【教育文化与医疗卫生】2015年，全县投资8375万元，新建、改扩建各类学校41所（其中幼儿园15所）。落实高中、幼儿免费教育资金1034万元，落实义务教育“两免一补”、营养餐补助、寄宿生生活补助资金共计6730万元。分

2015年7月6日，东乡县参加兰洽会现场

2015年8月27日，东乡县中国石油扶贫助困共享阳光奖学金发放仪式

配充实特岗教师79名，培训教师5899人次。本科上线196名。年内，全县有各级各类学校256所,在校学生47369人；年末，全县共有公共图书馆、文化馆、档案馆各1处。全县有乡镇文化站24所,农家书屋229个。《东乡族自治县志（1986—2005）》已通过终审，出版发行《东乡县史话》《东乡纪事》《东乡放歌》。摄制完成《东乡旅游》宣传片。建成村级文化广场7处，建成乡村舞台60处。安装开通户户通4.4万户,全县广播和电视覆盖率分别达到95.48%和96.22%；投资1370万元,改扩建乡镇卫生院2所，选派51名卫生技术人员参加省州医疗机构培训，新型农村合作医疗参合率达到98.6%，住院报销比例达到61%。年末，全县共有各类卫生医疗机构35个,医务人员492人,病床510张。

【人民生活与社会保障】2015年，全县各级各类单位从业人员12471人，年末从业人员劳动报酬达到52307.6万元;新开发公益性岗位176个，新增城镇就业人员4980人，城镇登记失业率为3.12%。全年农民可支配收入4152元,增长12.10%；城镇居民可支配收入15850元,增长9%。

完成危旧房改造5461户，其中按3万元标准实施1124户，按4万元标准，实施易地扶贫搬迁641户。发放廉租房补贴2100户、536万元。共发放城乡低保金1.68亿元、大病患者救助金1020万元、困难群众生活救助金941万元。共落实各类惠民资金50项、5.36亿元。

【精准扶贫】实施大树乡黄家村等8个示范村和21个贫困村精准扶贫开发，完成投资9621万元；省州县联村单位和联户干部共实施帮扶项目52项，投资2118万元，捐助物资796万元。完成征地1506.8亩，拆迁房屋2户、坟墓217座，硬化道路39千米。全年共发放精准扶贫贷款10078户，4.7亿元，累计发放双联惠农贷款39户、2240万元，妇女小额担保贷款431户、2080万元，全县村级产业发展互助社，发放借款5676万元。投资1.57亿元,实施整村推进项目21个、易地搬迁项目16个、农业综合开发项目3个。

东乡族自治县主要领导名录

县委书记　马生荣（回族）
县人大常委会主任　马福荣（东乡族）
县　长　张忠学（东乡族）
县政协主席　刘玉源

（供稿：包福良）

积石山保安族东乡族撒拉族自治县

【综述】积石山保安族东乡族撒拉族自治县地处甘肃省西南部，介于东经120°41′至103°05′、北纬35°34′至35°52′之间。东南与临夏县接壤，西与青海省循化撒拉族自治县毗邻，北与青海省民和县隔河相望，东北部与永靖县以黄河为界。南北宽约33千米，东西长约37千米，全县总面积909.97平方公里。2015年末，全县辖13个乡4个镇，总人口264551人。有保安族、东乡族、撒拉族等10个少数民族，是全国唯一的保安族聚居地，保安族人口占保安族总人数的95%以上。

境内地势西南高、东北低，西南部为高寒阴湿山区，东北部为高寒干旱山区。海拔1787-4308米。属典型的大陆性季风气候，冬春干燥、夏秋湿润，年均降水量为552.1毫米，平均年蒸发量约1179.1毫米。全年日照时数20823小时，无霜期113至177天之间。

2015年，全县实现生产总值133132万元，比上年增长4.2%。其中第一产业增加值35155万元，比上年增长6%；第二产业增加值7082万元，比上年增长15.2%；第三产业增加值90895万元，比上年增长1.5%。全县人均生产总值5495.6元。全县金融机构各项存款余额256229万元，比上年增长11.2%；金融机构各项贷款余额236362万元，比上年增长33.57%。

【农业农村经济】2015年，全县粮食作物播种面积285401亩，全年粮食总产量103804吨；油料播种面积60000亩，油料产量15902吨；药材播种面积5653亩，药材产量5653吨。当年造林合格面积77639亩，全年栽植花椒25.66万亩，花椒产量达到2286.16吨，核桃产量达到447吨。全年肉类总产量4162.8吨，比上年增长2.72%；其中牛肉产量1601.28吨，猪肉产量1644.37吨，羊肉产量845吨，禽肉产量47.08吨，大牲畜存栏7.02万头（只）。农用化肥施用实物量12536.8吨，比上年增长0.84%，农村用电量达到1594.97万度，比上年增长1.26%，保证灌溉面积6.72万亩，与上年持平，有效灌溉面积9.41万亩，与上年持平，水平梯田27.37万亩，比上年增长0.04%。全年完成劳务输转6.81万人（次），下降1.59%，实现劳务收入9.69亿元，增长13.6%。

【工业经济】2015年，全县完成工业

增加值7082万元，比上年增长15.2%。

【项目建设】2015年，全县共实施500万元以上的重点建设项目107项，总投资50.78亿元，其中新开工项目90项、续建13项，累计完成项目投资24.05亿元。全年完成固定资产投资240465万元，比上年增长12.86%。

【商贸流通】2015年，全县完成社会消费品零售总额48839万元，比上年增长9.1%。其中城镇零售额28766万元，比上年增长17.9%，乡村零售额20073万元，比上年下降1.52%。批发贸易业7327万元，零售贸易业33675.6万元，住宿餐饮业7836.4万元，分别比上年增长48.71%、-0.04%、27.47%。

【文化产业与旅游业】2015年，全县文化产业完成投资额10463万元，比上年下降26.72%。全年实现文化产业增加值2880万元，比上年增长17.58%。年末，全县有文化产业从业人员904人，比上年下降0.98%。2015年，全县接待国内外游客45.08万人次，增长28.71%。全年实现旅游综合收入1.91亿元，增长34.45%。

【交通通信】2015年，全县完成客运周转量9367.77万人/千米，比上年增长0.11%，完成货物周转量78169.9万吨/千米，比上年增长0.01%。全年完成邮电业务总量4952.2件，比上年增长51.29%。年末移动电话用户14.5万户，比上年增长20.83%。

【教育】2015年末，全县适龄儿童入学率达到98.8%。全县共有学校210所。其中独立高中2所，初级中学8所，小学170所，幼儿园28所，职教中心1个。有教职工3851人，有学生44723人，其中中学学生人数11115人，小学学生人数25448人，幼儿人数8160人。

【医疗卫生】2015年末，全县共有各级各类医疗卫生机构361个，其中县级机构5个，乡级机构16个，其他机构340个；县、乡两级共有在编在岗医疗卫生人员362名，拥有病床数1017张。

【人民生活与社会保障】2015年，全县全县农民人均可支配收入4434元，增长12.6%。其中工资性收入1308元；家庭经营性收入1562元；财产性收入仅为53元，转移性收入1511元。年末，全县参加新型农村合作医疗182047人，参合资金8556.2万元，参合率达到99.37%。确定城市低保户数1876户，6454人，发放金额11272万元。农村低保户数19491户，72816人，发放金额2540万元。

积石山保安族东乡族撒拉族自治县主要领导名录

县委书记　马国兴（回族，5月止）
　　　　　马正业（回族，(5月任）
县人大常委会主任　喇正彪（回族）
县　长　马邦才（保安族）
县政协主席　李耀林

（供稿：乔　斌）

甘南藏族自治州

【综合】甘南藏族自治州地处长江、黄河上游，介于东经100° 45′ 45′ -104° 45′ 30′ 、 北 纬33° 06′ 30′ -35° 34′ 00′ 之间。东与定西、陇南地区毗邻，南与四川阿坝藏族羌族自治州接壤，西与青海省果洛、黄南州相连，北靠临夏回族自治州。东西长360.7千米，南北宽270.9千米，全州土地总面积4.5万平方千米，其中耕地总面积6.73万公顷，牧草地总面积257.9万公顷，林业用地面积94.03万公顷。 2015年末，全州自治州7县1市，总人口为70.18万人，比上年末增加0.40万人，人口自然增长率为7.88‰，比上年上升0.15个千分点。

境内南部为重峦迭嶂的迭岷山地，东部为连绵起伏的丘陵山区，西部为广袤无垠的平坦草原，版块地势西北高，东南低，由西北向东南呈倾斜状。最高海拔4,920米，最低海拔1,172米。属大陆性季节气候，光照充裕，利用率低；热量不足，垂直差异大；降水较多，地理分布差异显著。年平均气温在1.6-13.6℃之间，地域差异很大。全州的日照时数分布趋势由东南向西北逐渐递增，变化范围在1,800-2,600小时之间。境内河流众多，主要河流有黄河、洮河、大夏河和白龙江。水能资源蕴藏丰富，全州各河流（段）的理论蕴藏量为458.76万千瓦，可供开发的装机容量为302.26万千瓦。土壤垂直分布比较明显，共分为13个土类，27个亚类，40个土属。林木树种繁多，仅木本植物在400种以上，主要有杉、松、柏、桦、杨等。药用植物有643种，主要有冬虫夏草、野党参、岷贝、半夏、大黄、丹参等。农作物以小麦、青稞、土豆为主。蔬菜以白菜、萝卜、葱为主，瓜果有苹果、梨、林檎、楸子、樱桃等。境内鸟纲动物有15目33科154种，哺乳纲动物有6目20科77种。主要有藏原羚、黄羊、盘羊、马鹿、雪豹、雕类等。境内探明储量的矿种有22种，优势矿种有铀、泥炭、砷、铅锌、铁、金、镁以及水泥灰岩、白云岩等9种，潜在优势矿种有石膏、锡石、锑、汞。

2015年，全州实现生产总值126.54亿元，比上年增长7.5%。其中第一产业增加值27.01亿元，增长5.4%；第二产业增加值20.70亿元，增长2.2%；第三产业增加值78.84亿元，增长10.4%。全州完成大口径财政收入15.73亿元，比上年下降6.7%。完成公共财政预算收入9.17亿元，下降11.3%。全年完成公共财政预算支出143.81亿元，增长23.2%。全州金融机构人民币各项存款余额为296.12亿元，比上年增长20.0%。各项贷款余额为205.36亿元，增长21.1%。

【农牧业农牧村经济】2015年，全州完成农林牧渔业及农林牧渔服务业增加值27.13亿元，比上年增长5.4%。全年全州完成农作物种植面积108.63万亩，比上年增加0.83万亩，增长0.8%。粮食作物53.62万亩，增加0.05万亩，增长0.1%。经济作物42.05万亩，增加0.90万亩，增长2.2%，其中油料17.57万亩，增加0.04万亩，增长0.2%；中药材22.67万亩，增加0.90万亩，增长4.1%；蔬菜1.60万亩，减少0.04万亩，下降26%。青饲料1296万亩，减少0.11万亩，下降0.8%。全年全州粮食总产量9.06万吨，增长2.2%；油料总产量2.05万吨，增长3.1%；药材产量4.32万吨，增长7.9%；蔬菜产量2万吨，增长1.3%。

年末，全州各类牲畜总增数127.59万头（只），比上年减少5.15万头（只），总增率33.5%，下降1.4个百分点；出栏各类牲畜180.05万头（只），增加7.95万头（只），出栏率47.2%，提高2个百分点；商品畜156.26万头（只），增加7.74万头（只），商品率41.0%，提高2个百分点。年末各类牲畜存栏373.91万头（只），比上年末减少7.48万头（只）。其中大牲畜存栏133.39万头，减少1.57万头；绵山羊存栏217.28万只，减少5.11万只；猪存栏2324万头，减少080万头。全年肉类总产量7.22万吨，比上年增加0.34万吨，增长4.9%；牛奶产量8.20万吨，减少0.50万吨，下降5.7%；绵羊毛产量0.21万吨，与上年持平。全州农业机械总动力51.16万千瓦，比上年增加3.99万千瓦，增长8.5%。

【工业经济】2015年，全州完成全部工业增加值17.27亿元，比上年增长1.4%。其中规模以上工业企业完成增加值10.73亿元，下降7.5%。规模以下工业完成增加值6.54亿元，增长9.0%。规模以上工业企业产品销售率93.1%，比上年降低1.1个百分点。

【固定资产投资】2015年，全州完成固定资产投资186.24亿元，比上年增长4.5%。其中项目投资185.60亿元，增长4.9%。其中第一产业投资21.97亿元，增长1.8倍；第二产业投资77.86亿元，下降3.7%；第三产业投资86.42亿元，下降3.3%。

【项目建设】2015年，全州共组织施工项目882个，同比增加234个，其中新开工项目732个，增加354个。投产项目646个，增加137个。

【商业流通与贸易】2015年，全州社会消费品零售总额41.58亿元，比上年增长8.3%。其中城镇实现零售额35.44亿元，增长8.4%乡村实现零售额6.14亿元，增长7.8%。批发零售贸易业34.15亿元，增长6.1%；住宿餐饮业7.43亿元，增长10.1%。

2015年，全州实现外贸进出口总额889万元（人民币）。其中进口总额589万元（人民币），出口总额300万元（人民币）。

【交通通信】2015年末，全州汽车保有量68199辆，比上年末增加18905辆。其中营运车辆7086辆，增加114辆；非营运车辆61113辆，增加18791辆。全年完成货运量1468万吨，比上年增长9.4%，货物周转量160012万吨千米，增长9.3%；客运量2403万人，增长4.3%，客运周转量106848万人千米，增长5.4%。

全年完成邮电业务总量6.82亿元，比上年增长24.1%。年末固话用户5.15万户，减少0.91万户，下降15.0%。移动电话用户56.97万户，增加616户，增长0.1%。互联网用户4.84万户，增加0.81万户，增长20.0%。

【文化产业与旅游业】2015年，全州完成文化产业增加值1.98亿元，占全州生产总值的1.6%。年末，全州有文化产业法人单位224个，增加38个，从业人员3933人，增加750人。年末，全州共有国家A级景区26个；星级以上饭店35家；全年修建道路观景台25处，旅游厕所47座；新增农（牧、藏、林）家乐151户。全年共举办各类旅游从业人员培训班26期，培训3200人次。临潭县冶力关镇池沟村和迭部县益哇乡扎尕那村被国家旅游局评定为“中国乡村旅游模范村”。“九色甘南”与甘南旅游官方微信平台和微官网已正式开通。2015年，全州共接待国内外游客770.02万人次，比上年增长54.2%，其中国内游客763.74万人次，增长56.1%，入境游客6.29万人次，下降38.7%。全年实现旅游综合收入34.03亿元，增长51.3%，其中国内旅游收入33.41亿元，增长55.7%；旅游外汇收入0.62亿元，下降40.1%。

【城乡建设】2015年，夏河机场开通成都-夏河-银川航线。临合高速公路建成通车，兰合铁路开工建设，新增公路通车总里程1083千米，实现县县通二级公路。引洮入潭、引洮济合工程进展顺利。实施城区供水、供热、污水处理等市政基础设施项目和城区特色化风貌改造。新增变电总容量53.9万千伏安、供电线路2628千米。甘南天然气长输管道正式通气。架设通信光缆1.8万千米，全州行政村网络覆盖率达到98.6%。舟曲“8·8”特大山洪泥石流、岷县漳县“7·22”地震临卓灾区灾后恢复重建全面完成。全州粮食仓储设施全面改善。

【精准扶贫】完成284个贫困村、299万户、12.58万贫困人口的建档立卡工作。新建村道744千米，改造贫困户危房8688户，解决1.74万贫困人口的饮水安全问题。实施易地扶贫搬迁1293户7794人。州、县市两级按照地方财政收入增量的10%和20%增列了扶贫专

2015甘南藏地传奇自行车赛

项预算，各类援助资金全部用于扶贫开发，发放精准扶贫贷款7.4亿元，贫困村互助社资金总规模达到1.48亿元。当年减贫4.2万人。车巴河流域扶贫发展规划全面实施，开工项目54个，完成投资1.32亿元。阿木去乎片区扶贫发展规划编制完成。

【科技与教育】2015年，全州共推荐省列科技计划项目35项，落实5项，落实资金118万元；全年专利申请108件，其中发明专利4件，实用新型10件，外观设计94件；全年发明专利24件，万人发明专利拥有量达到0.31件。年末，全州共有各级各类学校506所，在校学生11.25万人。幼儿园185所，在园幼儿1.67万人。全州各级各类学校及幼儿园教职工1.28万人。全州实行藏汉双语教学的中小学132所，占中小学数的26.6%；实行藏汉双语教学的中小学生4.83万人，占中小学生数的43.9%。九年义务教育巩固率85.0%，高中阶段毛入学率79.0%。学前教育一年、二年、三年毛入园率分别为98.2%、72.0%、57.9%。

【文化体育与医疗卫生】2015年末，全州有艺术表演团体8个，演出633场，观众约28万人次，全州群艺(文化)馆9个，博物馆（纪念馆）13个，公共图书馆9个。广播电视农村直播卫星用户15.29万户。有线电视用户3.64万户，比上年增加0.24万户。《甘南州年鉴（2015）》出版发行。全年出版发行藏汉两文《甘南日报》363.24万份。其中藏文报纸38.76万份；汉文报纸324.48万份。举办“中国．九色甘南香巴拉·玛曲第九届格萨尔赛马大会”；“中国·碌曲锅庄舞大赛”；“甘南藏地传奇自行车赛暨全国业余自行车联赛甘南站”等活动。全年全州运动员在省内外各项群体赛事中共荣获金牌30枚、银牌32枚、铜牌24枚。年末，全州有各级各类医疗卫生和计划生育服务机构1566所，各类医疗卫生专业技术人员3698名，计划生育技术服务人员579名。

【人民生活与社会保障】2015年，全州城镇居民人均可支配收入19656元，比上年增长9.2%。城镇居民家庭恩格尔系数为38.9%，下降0.2个百分点。全年劳务输转12.65万人，实现劳务创收18.80亿元。

甘南州当周山旅游区

年末，全州城乡各项社会保险参保人数61.15万人。其中城镇各项社保参保人数25.29万人，平均缴费率92%以上。各项社保基金征缴4.65亿元，净增6200万元，支付各项待遇3.95亿元。城乡居民基本养老保险参保人数35.86万人，参保率98.12%，续保率98.89%，养老金发放率100%。7.82万60周岁以上人员按时足额享受基础养老金补助，养老金发放率100%。为400多人报销近两年大病住院费用226万元。全州共有895人享受社会保险补贴151万元，6280人享受岗位补贴2318万元，7141人享受职业培训补贴212万元，3731人享受鉴定补贴130万元。全年共接待劳动关系问题来访投诉举报145起，涉及拖欠工资农民工2085人，清理拖欠农民工工资1902万元，现场处置发放工资200多万元，涉及农民工200多人，结案率达97%以上。启动建筑业农民工参加工伤保险专项扩面行动，参保3481人，缴费154万元。全州新农合参合农牧民52.87万人，参合率99.1%，人均筹资470元，共筹集新农合资金2.48亿元。新农合政府补助标准从人均320元增加到人均380元。开展农牧村50种重大疾病按病种限额付费制度，为644名肝癌、儿童白血病等重大疾病患者补偿965万元。

甘南藏族自治州领导班子成员名录

州　委

书　记　俞成辉
副书记　赵凌云（藏族）　徐　强
常　委　扎西草（女，藏族）
　　　　席必泽　宋占文（藏族）
　　　　范武德　宋　健
　　　　王　勇（回族）温　辉
　　　　傅　强　杨　武（藏族）
　　　　杨　雄（藏族）
　　　　薛勤秀　杨卓玛（女，藏族）
　　　　高响鸣
秘书长　杨　武（藏族）

州人大常委会

主　任　李　钰（3月止）
　　　　安锦龙（藏族，3月任）
副主任　郎木赛赤·洛藏南杰·龙仁桑盖（藏族）
　　　　周党生　安志英（藏族）
　　　　恒　考（藏族）
　　　　才让当智（藏族）
　　　　李瑞平（女）　杨建国
秘书长　杜根存

州政府

州　长　赵凌云（藏族）
副州长　温　辉　傅　强
　　　　杨卓玛（女，藏族）
　　　　南木卡桑结（藏族）
　　　　石占良（藏族）　刘永革
　　　　杨　武（藏族）　赵四辈
州长助理　袁新河

秘书长　安旭林

州政协

主　席　安锦龙（藏族，3月止）

　　　　杨继军（9月任）

副主席　车建军

　　　　赛仓·洛桑华丹（藏族）

　　　　丁目迪（回族）

　　　　王春华（藏族）

　　　　王亚男（女）　赵宏才

　　　　丁科仓（藏族）

　　　　才　尕（藏族）

　　　　杨晓南（藏族）

秘书长　董振国（藏族）

（供稿：孟海霞）

合作市

【综述】合作市地处甘南藏族自治州北部，介于东经100°44′45″－104°45′30″，北纬33°06′30″－35°32′35″之间。东连卓尼县，南靠碌曲县，西接夏河县，北倚临夏回族自治州和政、临夏两县，全市总面积2670平方千米，其中草场面积16.45万公顷，耕地面积1.02万公顷，林地面积1.33万公顷。2015年末，全市辖6个乡4个街道办事处，总人口9.34万人，人口自然增长率控制在7.3‰以内。有藏族、回族、撒拉族等10个少数民族。

地势由北向南倾斜，平均海拔3000-4000米。气候高寒湿润，冷季长，暖季短，年均气温零下0.5℃到3.5℃，年均降水量545毫米，无霜期48天，主要自然灾害为霜冻、冰雹和阴雨。主要河流有洮河、大夏河等。有辽阔的草原、丰富的水源、茂密的灌木林和森林。矿产主要有金、铜、锑、铅、钨、硫等，旅游景点有米拉日巴九层佛阁等。

【农牧业农牧村经济】2015年，全市实现农牧业增加值1.9亿元，增长4%。实施“128”现代农牧业发展行动计划，畜种畜群结构加快调整。截至年末，全市存栏各类牲畜28.2万头（匹、只、口）。那吾乡兴盛奶牛养殖专业合作社被评为省级科普示范基地。加快发展特色种植业，引进玛咖、羊肚菌等种植新品种。兑现青稞、牦牛、藏羊保险理赔资金1395.9万元。农牧村土地承包经营权确权颁证全面完成。农牧民劳务技能和实用技术培训1459人次，劳务输转5000人次，创收8300万元。

【工业经济】加快生态产业园区建设，登记入园企业达到26户，其中10户企业入场建设，2户企业进入试生产阶段，园区被省科技厅批准为省级农业科技园区。2015年，全市实现工业增加值4亿元，增长12.6%。

【项目建设】重点实施景区、园区基础设施和临合高速北出口连接线、央德公路等建设项目。2015年，全县实施各类建设项目138个，其中投资亿元以上项目4个、5000万元以上21个。

【招商引资】2015年，全县签约招商引资项目17个，合同引资14亿元。新签约项目当年到位资金0.7亿元；当年续建项目26个，累计到位资金3.9亿元。

【城乡建设】启动《城市总体规划(2010-2030)》等规划修编工作。建成卓玛西路、桑曲东路东延等6条道路。东城区环线纵向主干道、曼陀罗广场前期工作完成，东西两山群众休闲健身活动场所完成观景台建设。实施城区污水管网升级改造、生活垃圾填埋场改扩建等工程。组建城市管理综合执法局，市三维数字化社会管理服务中心项目开工建设。建成一批农牧村安全饮水、公路通达通畅、易地扶贫搬迁等工程。启动勒秀、佐盖多玛等4乡供水供热工程。荣获“全省双拥模范县（市）”和“省级卫生城市”称号。

【扶贫攻坚】完成39个行政村1416户贫困户7700贫困人口的建档立卡及精准扶贫大数据录入工作。筹资1000万元对2014年脱贫人口和2015年预脱贫人口中未享受入户扶持项目的460户贫困户进行精准扶持。投资1727万元实施整村推进项目10个，硬化村道13.7千米、建设沙路10.2千米、护村护田河堤2480米、养畜暖棚88座、投放良种牛935头。发展扶贫资金互助协会39家，受益贫困户670户。发放精准扶贫专项贷款4550万元，占建档立卡贫困户的50%。年内减贫997户5600人。

【生态建设与环境保护】实施城区生态修复与保护工程，完成面山造林1500亩、退耕还林配套荒山造林3000亩、补植补造1074亩、封山育林6000亩、森林抚育8000亩，累计完成投资2198万元。3万亩的新一轮退耕还林实施方案通过省级评审并纳入国家计划。兑现草原生态奖补资金3071万元。开展城区燃煤锅炉改造治理和建筑工地扬尘、垃圾焚烧、烟花燃放专项整治，拆除改造燃煤锅炉42台。PM10、PM2.5等颗粒物污染均控制在目标范围以内。

【文化产业与旅游业】开展“旅游发展年”活动，设立旅游发展专项资金，成立文化旅游发展委员会。录豆昂、卡布嘉梁观景台建成投用。举办“香浪节”“第六届民族运动会”“红色火炬绿色长征”火炬传递、“2015洲际国际职业拳王争霸赛”等系列节会和赛事活动。组织开展“中国梦·幸福羚城”“争创文明城市　共建幸福合作”等群众性文化和主题实践活动。拍摄《遇见羚城》首部微电影。自驾游等旅游新业态快速兴起。赴天津等地开展文化旅游宣传推介活动，当周神山藏文化国际生态旅游体验区、勒秀藏家水乡、岗岔溶洞等景区相继签订开发协议。2015年，全市实现文化产业增加值5330万元，增长39%。全县接待游客人数在2014年首次突破百万人次的基础上，达到125.5万人次，实现旅游综合收入6.3亿元，分别增长23%和26%。

【商贸流通与非公经济】成立合作市电子商务协会和电商人才孵化基地，被省商务厅纳入全省电子商务示范县（市），培育网店540余家，农特产品、酒店网上销售额达到6550万元。2015年，全市非公经济主体达到5325户，实现增加值12.6亿元。

【文化、教育与医疗卫生】建成乡村舞台7个、文化广场4个。新建改建“双语”幼儿园17所。九年义务教育巩固率达到79.1%，高中阶段毛入学率达到77.1%。投资3105万元建设校舍6128平方米、运动场地2.3万平方米。落实寄宿生生活补助、营养改善计划、高中免费教育等专项资金2984万元。教育督导评估顺利通过省政府验收。市中藏医院项目开工建设，新建维修村级卫生室11个，新农合参合率达到98.3%。

【人民生活与社会保障】省、州确定的31项民生实事全部落实。安置大中专毕业生、下岗失业人员、零就业家庭人员705人。企业职工基本养老保险标准提高10.9%，城镇居民基本医疗保险政府补助标准由人均380元提高到410元。失业保险金发放标准由每人每月1008元提高到1100元。工伤职工伤残津贴月人均水平达到2251元，城乡居民基本养老保险达到每人每月95元。完成低保提标任务，发放城乡低保金5780万元。为困难群众、特困残疾人等发放救助资金782万元。建成老年人日间照料中心7个。开工建设城市棚户区改造项目6个1536户、公租房330套，发放廉租房租赁补贴152万元。

合作市主要领导名录

市委书记　杨　雄（藏族，1月止）

　　　　　刘永革（1月任）

市人大常委会主任　党　智（藏族）

市　长　周　梅（女，藏族）

市政协主席　周恒亮

（供稿：齐　芳　杨瑞芳）

舟曲县

【综述】舟曲（藏语意为白龙江）县地位甘肃省南部、甘南藏族自治州东南部，介于东经103° 51′-104° 45′，北纬33° 13′-34° 1′ 之间。东邻陇南市武都区，北接宕昌县，西、南与迭部县、文县和四川省九寨沟县接壤。全县东西长99.4千米，南北宽88.8千米，全县总面积3009.98平方千米，其中耕地12148.59公顷。2015年末，全县辖3个镇16个乡，总人口136495人，人口自然增长率6.86‰。全县藏族人口48992人，人口自然增长率率为4.34‰。全县藏族占总人口的35.89%。

属南秦岭山地，境内山峦重叠，沟壑纵横，岷县山系呈东南 — 西北走向贯穿全境。海拔在1173米-4504米之间。冬无严寒，夏无酷暑。年平均气温为14.2℃，与历年平均相比偏高0.8℃。年总降水量为404.9mm，与历年平均相比多4%。年总日照时数为1826.0小时。

2015年，全县实现地区生产总值142611万元，增长8.0%，其中第一产业实现增加值36641万元，增长5.6%；第二产业实现增加值22519万元，增长8.1%；第三产业实现增加值83451万元，增长9.0%。地区生产总值一、二、三产业比由上年的25.5：20.2：54.3调整为25.7：15.8：58.5。全县完成大口径财政收入14048万元，下降19.81%；一般公共预算收入完成8937万元，下降26.08%。本年财政支出合计172820万元，增长22.42%。年末，全县金融机构存款余额533463万元，增长11.7%；年末，全县金融机构贷款余额301578万元，增长25.79%。

【农业农村经济】2015年，全县农林牧渔业完成增加值36905万元，增长5.6%。其中农业完成增加值19368万元，增长8.8%；林业完成增加值9056万元，增长1.5%；畜牧业完成增加值8217万元，增长2.8%。全县农作物种植面积27.56万亩，增长1.62%。其中粮食作物19.7万亩，增长0.74%；经济作物7.4万亩，增长6.13%；青饲料作物0.46万亩，下降22.5%。全县粮食产量34933吨，增长3.28%；油料产量4602吨，增长867%；中药材产量5286吨，增长858%；蔬菜产量9074吨，增长2.22%。苹果产量5343吨，增长7.36%；花椒产量684吨，增长3.7%；核桃产量813吨，增长1.8%。

2015年末，全县各类牲畜存栏94250头（只），下降9.51%；总增率、出栏率、商品率分别达到27.5%、75.49%、37.02%，比上年分别提高0.63、0.93、1.82个百分点。全县肉类产量6255吨，增长7.3%。全县牛奶产量197吨，增长21.74%；绵羊毛产量9.77吨，下降3.26%。

【特色优势产业】实施“159”现代农业发展行动计划，壮大提升优质经济林果、中藏药材、特色养殖、设施种植、劳务经济五大特色优势产业。全县经济林果总面积达到15.54万亩，其中核桃10.74万亩；种植中藏药材10.01万亩；2015年，全县养殖土鸡82万只、土猪12万头、土蜂1.5万箱；建成塑料大棚2300座，日光温室135座，羊肚菌人工试种成功，在16个乡镇的525座大棚全面推广。

【工业与建筑业】2015年，全县工业企业完成增加值18528万元,增长7.0%。其中，规模以上工业企业完成增加值6028万元，下降8.2%。全县规模以上工业企业实现主营业务收入17135万元，下降8.8%。全县5户规模以上工业企业全部亏损，亏损额达到4275万元，比上年增加2461万元。全年实现税金2091万元，下降9%。规模以下工业企业完成增加值12500万元，增长8.9%。单位工业增加值用水量下降率1%；全县建筑企业完成增加值3991万元，增长13.9%。

已建成宏源E客电子商务交易平台，建立舟曲县宏源超市、舟曲县绿脉科技有限公司2户电商示范企业。

【项目建设】2015年，列入全县固定资产投资计划的178个项目中，94个续建项目已完工55个，38个在建设；84个新建项目已完工17个，57个在建设。15个前期项目中，已完工2个，9个正在建设，3个正在开展前期，1个计划未下达。13个重点争取项目中，3个正在建设，5个待批复，2个正在招投标，3个正在开展前期。43个藏区专项中，35个正在建设，5个尚未开工，3个由州直单位负责实施暂未开工。25个岷县漳县6.6级地震灾后恢复重建项目全面完工。

【招商引资】2015年，全县新签约招商引资项目6个、签约资金5.528亿元（省外项目4个、签约资金3.347亿元），4个项目已开工建设，到位资金6836万元，签约资金和到位资金分别完成目标任务的100.5%、100.5%；21个续建招商引资项目完成投资3.4亿元，完成年计划的128%。

【城乡建设】总投资1.075亿元的215千米建制村通畅工程完成整体进度

舟曲民俗之“姑娘出嫁”

的90%；总投资4000万元的安全饮水提升改造项目和总投资1005万元的曲瓦、大川、曲告纳等10个乡镇的16处灌溉工程已全面完成,全县人饮到户率达90.6%,集中供水率 9.4%,稳定解决安全饮水率达100%；总投资2959万元的拱坝河中小河流治理项目完工待验；总投资1380万元的1200户贫困户危房改造项目已完成1094户；总投资为2170万元,涉及2个乡2个村144户673人的易地扶贫搬迁项目已完成搬迁97户。

【文化产业与旅游业】投资280万元建成博峪达玛文化广场。举办第十六届中国九色甘南香巴拉旅游艺术节暨第二届舟曲民俗风情楹联文化节。积极申报非物质文化遗产,对苯教文化遗产进行抢救和保护,发现苯教经文180多函2500多卷21500多页,禳灾图符80余幅,各种法器30多种。举办全国楹联大赛、具有民俗特色的“五节一会”及书法、绘画、摄影、剪纸、刺绣和民间民俗文化作品展览。出版发行《楹联通俗写作读本》《藏乡江南 — 全国楹联大赛作品集》《舟曲年鉴（2015）》等一大批舟曲本土文化作品。

实施拉尕山、翠峰山等基础设施建设和博峪民俗风情园、民俗风情街等文化旅游项目。拉尕山被评为国家4A级旅游景区和全省“最佳生态旅游景区”,全县A级以上旅游景区达到5个。扶持发展农（林、藏）家乐107个、旅游专业村2个。2015年,全县接待游客27.24万人次、创收1.18亿元,分别是“十一五”末的3.2倍、3.7倍。

【退耕还林】从2015年3月19日开始实施到4月6日,圆满完成2014年省上下达的4万亩退耕还林工程建设任务,共涉及19个乡镇、119个村、18199户、81895人；栽植优质嫁接核桃451214株,实生核桃653779株,花椒27261株,云杉206145株,落叶松等其它树种1859972株;栽植经济林果面积达28049亩,其中栽植核桃27816亩。秋季实施补栽补植面积7694亩,补栽各类苗木68.26万株,工程造林面积成活率达到85%以上。在省上下达2015年新一轮退耕还林工程6.8万亩建设任务后,抽调林业专业技术人员组成四个组,从9月14日至11月10日,全县各乡镇开展外业调查和作业设计工作,6.8万亩面积已经全部落实地块。

【环境保护】全年投入生态建设资金3188.2万元,开展造林绿化、水土流失、地质灾害治理等工作。巩固退耕还林成果林产品基地3.0713万亩、补植补栽3862亩,新建优质核桃示范基地1500亩,完成造林补贴项目、荒山造林、乡村造林1.41万亩。投资30余万元提升三眼峪林果基地,总投资500万元的博峪乡柯达坡治理工程已开工,总投资600万元的锁儿头东侧不稳定边坡治理工程即将开工建设。完成东山乡湾里村水源地保护、舟曲县第一产业有限公司有机肥建设项目主体工程,投资117万元完善新老城区污水处理厂收集管网和监测设施。办理发放新购车辆环检标志383枚,淘汰黄标车和老旧机动车152辆、摩托车53辆。全县主要污染物排放量均控制在目标值内,县城污水处理率达65%以上,土壤、水、空气指标稳定达标。

【农田水利】总投资1250万元的坡耕地水土流失综合治理试点工程已完工,共新修梯田238公顷,配套生产道路25千米、道路排水渠25千米。总投资1005万元的“五小水利”工程完成形象进度的95%,对10个乡镇的8处电力提灌和8处灌溉水渠进行改造建设。

【教育与医疗卫生】投资1720万元新建乡镇中心幼儿园11所,投资3388万元新建农村“双语”幼儿园18所,投资4244.5万元改造薄弱学校5所、为86所学校购置了教学设备仪器,整合1797万元实施校舍维修改造及附属工程项目17个。为舟曲一中招录23名高学历紧缺学科教师,通过事业单位招考充实138名中小学及幼儿教师。为1725名学生办理生源地助学贷款986.275万元,为1088名乡村教师、730名班主任落实乡村教师生活补助和班主任岗位津贴。全县九年义务教育巩固率86.04%,高考录取率90.66%,其中本科录取率16.7%,增长3.6%。新农合人均筹资标准由360元提标到470元,参合率达到99.4%,为96716人次补偿资金4322.12万元,住院实际补偿比63.49%,政策性补偿比72.7%。完成孕前优生健康检查1191对、蓝氧治疗8065例,已婚育龄妇女生殖健康检查10635人次,“三病”普查12802人。全县标准化乡镇卫生院和村级卫生室基本实现全覆盖,重症监护室（ICU）、血液透析室、舟曲储血点、“120”急救调度指挥体系建成投用。

【人民生活与社会保障】2015年,全县完成各类培训1.46万人次,职业技能鉴定3393人，贫困家庭“两后生”培训640人。实现有意愿参训建档立卡贫困家庭“两后生”培训率100%的目标。全年劳务输转4.38万人次，创收6.26亿元。县财政累计投入1.4712亿元，实施民生实事。城镇登记失业率控制在4%以内。

共发放双联惠农贷款5356万元、产业贴息贷款7134万元、小额信用贷款2.69亿元，累计发放各类惠农贷款5.39亿元，惠及贫困农户4000余户。新建城乡养老机构33所。城乡居民最低生活保障实现应保尽保，贫困户和贫困人口享受低保的比例分别达到94.82%、90.34%，城市低保人均月补助标准提高到328元，农村低保月补助标准一类提高到275元、二类提高到234元，农村五保对象年补助金提高到4114元。3347名贫困残疾人纳入低保，累计为残疾人落实各类救济救助资金1462.86万元。县财政五年落实配套资金2460万元，实施总投资6662万元“一事一议”财政奖补项目408个。

【扶贫开发】完成全县贫困人口建档立卡工作，精准识别贫困人口5971户2.17万人，建立了精准扶贫大数据平台。向贫困村选派第一书记87名，抽调1344名机关干部组建208个工作队助推扶贫工作。为2015年预脱贫户按照人均1000元的标准落实富民增收产业项目。208个行政村互助资金实现全覆盖。发放各类扶贫惠农贷款5.37亿元，其中精准扶贫专项贷款1.44亿元。各级双联单位为贫困户帮扶生产生活物资386.5万元，发放慰问金325.7万元，帮办实事489件，实施总投资1434.9万元的各类项目129个。全县贫困人口脱贫8263人，贫困发生率下降到10.75%。完成财政扶贫支出7685万元，其中落实县级财政扶贫专项补助1588万元。争取实施119个一事一议财政奖补项目（省级奖补1162万元，县级配套700万元）；实施96个农村公共服务运行维护机制建设试点项目（省级奖补250万元，县级配套50万元）；实施30个新型农业社会化服务体系建设试点项目（省级奖补240万元，县级配套60万元），争取省级财政专项扶贫资金649万元，为39个重点贫困村实施基础设施建设项目。根据舟曲县建档立卡贫困户实际情况，省上下达2015年精准扶贫专项贷款额度为13900万元，县级财政上缴贷款风险补偿基金181万元。全年发放贷款2890户14444万元。

【安全生产】不断完善县、乡、村三级安全监管机构，严格落实党政领导的安全生产监管职责。不断加大质量、计量、特种设备安全监管力度，有效预防质量安全事故。全年发生各类生产安全事故17起，受伤24人，直接经济损失5948万元，未发生重特大安全生产事故。

舟曲县主要领导名录

县委书记　石华雄

县人大常委会主任　杨永海（藏族）

县　长　郭子文（藏族）

县政协主席　梁吉效（藏族）

（供稿：冯爱芳）

卓尼县

【综述】卓尼县地处甘肃南部、甘南藏族自治州东南部，介于东经102°46′-104°02，北纬34°10′-35°10′之间。东与定西地区所属岷县、漳县为邻，南与迭部县相接，西南与四川省若尔盖县睦邻，西与碌曲县、合作市毗连，北与临夏回族自治州所属和政、康乐及定西地区所属渭源县接壤，中部与临潭县环接，全县总面积5419.68平方千米。2015年末，全县设3镇12乡，总人口104126人，人口自然增长率9.8‰。有藏族、回族、土族等10多个少数民族。

县域地势西南高，东北低，山川交错，地形复杂，海拔2000-4920米。属高原性大陆气候，寒冷湿润。年平均气温5.9℃极端最高气温35.5℃（2000年7月25日），极端最低气温-23.3℃（1994年1月8日），年日照时数2265.8小时，年降水量563.1毫米，无霜期年平均112天。

2015年，全县完成地区生产总值15.7亿元，年均增长9.55%。大口径财政收入1.76亿元，年均增长12.2%。全社会消费品零售总额3.55亿元，年均增长12.9%。完成固定资产投资27.44亿元，年均增长25.8%。金融机构存款余额26亿元，贷款余额19亿元。

【农牧业农牧村经济】2015年，全县实现农牧业增加值4亿元，增长5.3%。全县各类牲畜存栏达48.6万头（匹、只），总增率、出栏率、商品率分别达33.6%、45%、38.5%。全年肉产量达9800吨，奶产量达7100吨。牛、羊适龄母畜比分别达58%、68%，牛、羊繁成率分别达50.65%、53.48%。建成试点村43个，专业养殖1863户、合作社670个，牲畜暖棚4482座。

全年农作物播种面积15.88万亩，粮经饲三元比例从2014年的31.8：55.8：12.4调整为30.04：57.64：12.32。全年粮食产量0.788万吨，油料产量0.23万吨，药材产量2.01万吨，蔬菜产量0.35万吨。洮砚、藏巴哇两乡继续扶持发展水产养殖合作社38家，网箱养鱼规模达65亩，年出栏水产品25吨。九甸峡库区养鱼规模成为全省第二大淡水鱼养殖基地。

【扶贫开发】整合涉农资金2.29亿元，用于中部五乡扶贫攻坚。兰州市对口援建资金2600万元，用于贫困村基础设施和生态文明示范村建设。投入财政专项资金5157万元，用于11个贫困村建设，县级财政10%和部门单位的10%用于扶贫攻坚。重视贫困人口工作，超额完成8400人的年度减贫目标任务。已发放精准扶贫专项贷款1890户9450万元。

【项目建设】2015年，全县组织实施项目237项，其中续建项目72项，竣工61项；新建165项，竣工32项。

【固定资产投资】2015年，全县完成固定资产投资27.44亿元，年均增长25.8%。

【文化产业与旅游业】2015年，全县文化产业投资9387万元。全年文化产业增加值2827万元。制定《卓尼县关于促进旅游业改革发展的实施意见》。将旅游发展资金纳入财政预算，拨800万元资金用于旅游产业发展。总投资2705万元的大峪沟旗布林卡景区内基础设施建设和总投资2950万元的旗布林卡至月亮门景区旅游环线基础设施，总投资3900万元的九甸峡库区景区建设和车巴沟旅游景区发展规划已通过评审。举办“发现卓尼·重走洛克路”第二届卓尼国际自驾狂欢节活动，开展1个月的卓尼国际自驾狂欢节主题周活动。完成纪念长征胜利79周年暨“红色火炬 绿色长征”卓尼站火炬传递活动。2015年，全县旅游接待人数达50.03万人次，增长31%。全年旅游综合收入达2.14亿元，增长39.98%。

【教育】“两免一补”政策得到全面落实。2015全，全县共发放教育补助资金2529万元。实施农牧村义务教育阶段和学前幼儿营养改善计划，发放营养改善补助资金996.7万元，受益学生14065人。为903名学生生源地助学贷款484.8万元。

【医疗卫生】全年共建立居民健康档案93040人，建档率达92%。新农合参合人数84231人，参合率达99.3%，收缴医疗基金3842.3万元，报销各类住院和门诊医疗费用2296.9万元。农牧村符合政策生育率达到98.62%，出生人口性别比趋于正常。

【文化事业】举办第四届和谐杯和佳美杯篮球运动会，开展文化下乡78场次。五彩藏族风情演艺公司被中宣部、文化部、国家新闻出版广电总局授予第六届全国服务农民服务基层文化建设先进集体荣誉称号。安装“舍舍通”996套，农牧村放映电影1310场次，观众达15.3万人次。

【人民生活与社会保障】2015年，全县城镇居民人均可支配收入达17394元，农牧民人均纯收入5802元。2015年涉及民生实事共32件，其中省列23件、州列9件。涉及项目类民生实事13件，总投资1700万元的护村护田河堤建设、总投资3880万元的农村饮水安全工程、乡村便民市场、食品安全放心工程、社区体育健身中心和农民体育健身工程等项目已竣工投入使用。扶持高校毕业生就业工程招聘企业服务人员90人，“三支一扶、进村社区”服务人员86人。发放城市最低生活保障金1232.08万元、农牧村最低生活保障金4483.3万元、五保供养金205万元。新农合参合人数84231人，参合率达99.3%。

卓尼县主要领导名录

县委书记　杨武（藏族）

县人大常委会主任　王忠（藏族）

县长　韩明生

县政协主席　朱凤翔（藏族）

（供稿：闹尕东主）

临潭县

【综述】临潭县，古称“洮州”，地处甘肃省南部，甘南藏族自治州东部，介于东经103°10′-103°52′，北纬34°30′-35°05′之间。东邻岷县，北接康乐、渭源两县，与卓尼县插花接壤。东西最大距离60千米，南北最大距离83千米，全县总面积1557.68平方千米。2015年末，全县辖3镇13乡，总人口15.73万人，其中少数民族人口5.82万人，占总人口的37.02%。

境内地形西高东低，大多地区属高山丘陵地带。白石山、莲花山、大岭山为主要山峰。海拔在2209—3926米之间，平均海拔2825米。气候属高寒干旱区，干旱、冰雹、霜冻、洪涝等灾害频繁。主要林木有云杉、冷杉等16种，药材有麝香、虫草、贝母等16种，食用类植物有蕨菜、地耳等。野生动物有苏门羚、黑鹳、娃娃鱼等。主要河流有洮河及其支流冶木河、羊沙河、石门河。全县多年平均地表水资源量2.912亿立方米，多年平均条件下浅层地下水资源总量1.33亿立方米，地下水可开采量0.119亿立方米。主要矿藏有铜、铁、金等10种33处。有磨沟仰韶文化遗址、伊斯兰教清真寺、藏传佛教寺院、冶力关AAAA级风景旅游区、莲花山等人文自然景观。

2015年，全县全年实现地区生产总值169235万元，按可比价计算，增长9.1%。其中第一产业3.27亿元，增长8%；第二产业1.9亿元，下降0.6%；第三产业12.42亿元，增长11.8%；完成大口径财政收入13166万元，下降2.8%，完成地方财政收入9416万元，增长3.54%；完成500万元以上全社会固定资产投资290050万元，增长15.8%；完成社会消费品零售总额实现38387万元，增长8.8%。

【农牧业农牧村经济】2015年，全县农作物播种总面积为17680公顷，全年收获粮食13853吨，比上年下降0.3%。全县种植藏中药材8000公顷、油菜种植4000公顷、玛咖20公顷、羊肚菌2.7公顷、育苗当归4.7公顷、青稞高产示范田1000公顷。推广订单设施农业，店子、洮滨等乡镇620余户农民种植西兰花、娃娃菜等高原夏菜181.2公顷，年收入达800万元左右，户均增收3000元左右。年末，全县各类牲畜存栏23.73万头（匹、只）。在卓洛、古战、城关等14个乡镇建成牛羊舍饲暖棚414座3.3万平方米，新建养殖小区（合作社）16个，全县牛羊育肥户达7600多户，牛羊育肥专业合作社达396个，集中连片种植优质牧草1333公顷。推进农产品“三品一标”认证，认定无公害畜产品1个，申报绿色食品1个。引导龙头企业、农民专业合作社、种养业大户参与土地流转，流转土地2533公顷。全年输转劳动力4.6万人次，创劳务收入6.4亿元。

【工业经济】2015年，全县全部工业企业实现增加值14616万元，按可比价计算，比上年下降4.6%。

【非公经济】落实非公经济小微企业税收优惠政策，减免各种税费326万元。发展注册商标19件，发放支持非公经济发展专项资金292万元。2015年，全县非公经济市场主体总数达4787户，非公经济增加值达8.9亿元。

【文化产业与旅游业】发展铜器铸造、洮州刺绣、洮砚雕刻、根雕艺术等文化特色产业，全县有各类文化企业48家，文化产业从业人员816人。2015年，全县完成文化产业增加值2950万元；启动冶力关国家5A级景区创建工作，制定《冶力关创建国家5A级旅游景区实施方案及任务进度分解表》，启动新城、城关东明山3A级旅游景区的创建申报工作。举办“红色火炬·绿色长征”、全国著名作家临潭行、第八届洮州民俗文化节、全州篮球运动会等文化旅游活动。2015年，全县接待游客136.99万人，创旅游综合收入6.3亿元，分别增长22.4%、28.6%。

【生态保护】截至2015年末，全县16200公顷森林纳入森林保险,林权流转70公顷，退耕还林667公顷，义务植树367公顷，封山育林333公顷，幼林抚育200公顷，巩固禁牧24667公顷，草畜平衡26200公顷，补播改良4667公顷，通过“一折统”发放2015年度草原补奖资金948万元，草原植被覆盖率达89%以上。投资2.6亿元，建成生态文明示范村17个。改善城乡环境面貌，投入4460多万元全面开展城乡环境卫生综合整治工作，处理各类垃圾17万吨。

【项目建设】全县重点建设项目共143项，总投资70.6亿元，其中，流顺乡丁家堡至宋家庄公路改建等106个项目已开工建设，累计完成投资28.7亿元，同比增长14.6%。2015年，全县新签约项目4个，总投资10亿元，到位1.3亿元；续建项目14个，到位资金3.7亿元。

【城乡建设】编制《临潭县村庄布局规划》《临潭县环卫专项规划》。总投资2.85亿元的城区供水改扩建工程、冶力关镇南大路和滨河路道路及排水工程、王旗乡供水工程等12项重点市政项目工程，争取到位资金1.76亿元，累计完成投资1.1亿元。完成棚户区改造1400户、危房改造3130户。全县城镇化水平达到20.4%，增长1.5%。

【交通建设】岷县漳县6.6级地震灾后2015年下达恢复重建项目2项16.8千米，总投资1008万元。其中，丁家堡至宋家庄公路7.8千米建设项目，总投资468万元，截至11月初已全部完工；古战至术布公路9千米建设项目，总投资540万元，截至年底已完成工程量的26%。2015年下达临潭县农村公路通畅工程2项31.4千米，总投资1400万元。其中，塔那村至羊永村村道建设工程16.4千米，投资1000万元截至年底已完成工程量的40%；王旗乡陈旗口至立新村村道建设工程8千米，投资400万元，已全部完工。

【水利水电】2015年规划外农村饮水安全工程经州发改投资（2015）126号文件批复，总投资1154万元，工程涉及集中供水29处，解决12200人的饮水问题。临潭县藏区规划外人饮工程州发改投资（2015）231号文件批复。总投资329万元，工程涉及集中供水6处，解决2338人的饮水问题。目前，工程已全部竣工进入试运行阶段。2015年1至11月份，引洮入潭项目工程完成投资3798万元。编制完成《临潭县引洮入潭工程水厂西侧滑坡地质灾害治理工程初步设计报告》《临潭县引洮入潭工程配水管道延伸工程初步设计报告》。羊沙河下河段治理工程2015年完成投资510万元。羊沙乡新庄村、下河村灌溉水渠修复工程于2015年8月中旬开工建设，维修拦水坝4座，自流渠5条4.5km。工程于2015年10月底竣工投入使用。县级水质检测中心项目水质检测房屋已建成，购置水质检测车一辆，仪器设备已全部安装，共完成投资168.95万元。

【教育文化体育与医疗卫生】九年义务教育巩固率79%以上，小学适龄儿童入学率100%，初中阶段入学率99%，高考录取率91.7%。引进高中紧缺学科教师15名。新建的4所幼儿园、2幢教师周转房、48所全面改薄项目学校全部竣工验收。省教育厅配发的学生课桌椅、学生用床、“班班通”多媒体设备、小学科科学实验仪器、小学音体美器材全部投入使用；县四馆（图书馆、文化馆、博物馆、档案馆）综合楼已竣工验收。举办第八届洮州民俗文化节和第十七届“洮州”花儿大奖赛，开展“千台大戏送农村”演出活动、百万农民体育健身活动；报销参合农牧民医药费5182万元，基本药物、常用药品销售额占全部药品总销售额的80%以上。建立居民健康档案12.7万份，建档率为83%，全县人口出生率为9.96‰，自增率为5‰。

【民生保障】2015年，全县城镇居民人均可支配收入19295元，增长9.4%；农村居民人均可支配收入5608元，增长11%；城镇登记失业率控制在4%以内，居民消费价格指数控制在103.5以内。民生工作纳入部门年度目标管理责任书。全年民生方面支出13.8亿元，占财政总支出的81%，城乡居民职业技能培训工程、食品安全放心工程等29件省州民生实事基本完成。将供暖期从以前的5个半月延长到6个半月。

【精准扶贫】完成64个贫困村9138户3.69万人的建档立卡工作，完成2014年脱贫人口的“销号”管理。投入2375万元实施整村推进项目15个，改造危房2800户，解决33个行政村53个自然村1.45万人的饮水不安全问题。实施“一事一议”财政奖补项目52个，修建村组

临潭县春节社火

临潭县第十七届花儿大奖赛颁奖仪式

道路34千米、村文化广场19个，安装路灯650盏。把天津市、兰州市援助资金全部用于扶贫开发，发放精准扶贫专项贷款6229户3.02亿元，年度计划完成率居全省、全州第一。全年减贫1.33万人，贫困面下降至17.54%。

临潭县主要领导名录

县委书记　宋　健

县人大常委会主任　何子彪（藏族）

县　长　李生文

县政协主席　牛汝霖

（供稿：牛玉安）

迭部县

【综述】迭部县地处甘肃省甘南藏族自治州南部、青藏高原东部边缘，介于东经102° 54′ 54"-104° 04′ 33"和北纬33° 39′ 23"-34° 30′ 02"之间。东邻舟曲，北接卓尼，东北与岷县、宕昌县毗邻，西南同四川若尔盖、九寨沟两县接壤。东西长110千米，南北宽75千米，全县总国土面积5108.3平方千米，其中耕地面积0.91万公顷，草场面积15.69万公顷，林地面积30.07万公顷，森林覆盖率为54.4%。2015年末，全县共辖11个乡（镇），总人口5.22万人，人口自然增长率为4.99‰。全县有8个少数民族，其中藏族占全县总人口的85%以上。

境内地势西北高，东南低，呈东西长、南北窄的地貌特征，大部分地区海拔在1500米至2000米之间。气候温和湿润，四季分明，属高山内陆性气候。年平均气温6.7℃，平均降水量500-730毫米，全年日照数为2242.2小时，无霜期126-210天。主要河流为白龙江，可利用水量约4900万立方米，水量理论蕴藏量为80.74万千瓦。木本植物种类有60科123属314种。已初步探明的矿藏有铁、铜、黄金等17种。野生经济植物和菌类资源丰富，已载入《甘南中药材资源名录》的有702种，全国重点普查的363种主要中药材中全县境内有127种。被列为国家保护的野生动物主要有大熊猫、羚羊、雪豹等27种。有俄界会议遗址、藏传佛教寺院、措美峰等人文自然景观。

2015年，全县完成地区生产总值（GDP）10.47亿元，增长5.0%，其中第一产业实现增加值2.47亿元，增长6.2%；第二产业实现增加值2.19亿元，下降2.9%；第三产业实现增加值5.8亿元，增长8.7%。规模以上工业完成增加值7136万元，下降7.7%；完成县级公共财政收入9055万元；城镇居民人均可支配收入达到19358元，增长9.45%；农牧民可支配收入达到5636.02元，增长7.81%；城镇化率为37.5%，增长1.5%；全县社会消费品零售总额预计完成2.95亿元，增长8.9%；全年单位生产总值能耗同比下降0.1%。

【农牧业农牧村经济】2015年，全县共种植藏中药材1.36万亩，推广杂交油菜0.51万亩、经济林0.86万亩，试种羊肚菌35.5亩。建成犏雌牛养殖示范点5个、牛羊育肥示范点8个，存栏奶牛298头，育肥出栏牛羊1069头（只）。修建牲畜暖棚5690平方米，实施草原禁牧55万亩，种植牧草1023亩，草畜平衡149.74万亩。完善204.74万亩基本草原分布图，设立基本草原标识牌。落实牛羊保险费86.94万元。免疫各类牲畜35.4万头（只、口），免疫密度达100%。对12个乡镇（站）耕地进行区域实测和航测工作，完成土地权属调查5.62万亩，流转土地3690亩。

【固定资产投资】2015年，全县共争取国家投资项目84个，总投资16.5亿元，其中中央预算内投资和国家专项投资3.4亿元。年内完成固定资产投资27.24亿元，同比增长14%。

【项目建设】投资1.36亿元，实施12个乡镇（站）干部职工周转房等建设项目。推进投资3374万元的桑坝路道路改造和尼傲大桥建设项目。投资2.5亿元的勾洁寺水电站并网发电；投资4788万元，完成城区供水和农村饮水安全项目；投资344.5万元，实施水泊沟村和亚日村高标准农田建设项目；投资6588万元，实施13项建制村通畅项目，总里程达131.76千米。投资1508万元的“一事一议”财政奖补项目覆盖11个乡镇29个自然村，投资5500万元的中心广场地下商贸城投入使用，投资498万元的县城主街道204套LED路灯全面更换升级。

【招商引资】组团参加各类经贸洽谈活动，强化项目筛选、包装和推介，2015年，全县共签约招商引资项目3个、签约金额11.32亿元，签约协议项目2个、签订金额7000万元。

【精准扶贫】整合各类涉农资金3.01亿元，其中行业扶贫资金2.54亿元、社会扶贫资金2387万元、财政专项扶贫资金2327万元，实施10个贫困村参与式整村推进、种养殖产业、技能培训、贫困户贷款贴息等扶贫项目。全县52个行政村扶贫互助协会实现全覆盖。开展电商扶贫试点工作，发展电子商务。发放“双联”惠农贷款1876万元、精准扶贫专项贷款6237万元。完善建档立卡和大数据管理平台录入工作。完成涉及6大类47项估算投资30.47亿元的《迭部县片区规划与扶贫攻坚“十三五”精准扶贫规划》编制工作。

【环境保护】2015年，全县有效管护天然林159.53万亩、公益林41.42万亩，完成封山育林、中幼林抚育、新一轮退耕还林、荒山造林4.18万亩，义务植树55万株。加强森林防火工作，开展非法占用林地、偷伐盗运林木专项整治行动，严厉打击乱捕滥猎、乱采乱挖珍稀野生动植物违法行为。完成第二次全国重点保护野生植物资源调查和林地“一张图”落界工作。多儿自然保护区成功晋升为国家级自然保护区。实施电尕恰告、洛大达尕坪小流域综合治理工程，完成投资200万元。推进11个生态文明示范村建设，完成投资2471万元。全年投入环境整治资金600余万元。

【文化产业与旅游业】举办2015迭部国际大力士中国公开赛暨首届安多地区腊子口杯“则巴”邀请赛、第五届迭部腊子口红色旅游艺术节和纪念俄界会议80周年研讨会“三大节会”，全国109家网络、电视媒体和220名记者全程参与报道。参加省内外文化旅游暨招商项目推介会，邀请中央电视台拍摄《徒步扎尕那》《筑梦路上》《文明密码》《红星耀甘肃之更喜岷山千里雪》等专题片。举办“绿色骑行·美丽家园”、红色文化主题展、千人锅庄表演、民歌大赛等系列活动，出版《光影迭部》画册。编制完成《扎尕那旅游景区总体规划及修建性详细规划》。落实旅游发展资金520.7万元。2015年，全县接待旅游人数49万人次，旅游综合收入2.22亿元。

【教育与医疗卫生】学生宿舍楼、教师周转房、“全面改薄”项目校舍建设、乡村幼儿园等项目进展顺利。落实各项教育保障经费、教育民生实事资金3030.67万元；新农合参合率达到99.83%，“三病”普查任务全面完成。县医院成为全国首家与乌镇互联网医院对接的县级医院，迭部县一名白血病患儿接受三方“网络会诊”，开创县级医院利用互联网与大城市三甲医院专家会诊的先河。

【人民生活与社会保障】2015年，全县城镇居民人均可支配收入达到19358元，增长9.45%；农牧民可支配收入达到5636.02元，增长7.81%；全年公益性岗位安置271人，就业技能培训500人，职业技能鉴定500人，城镇新增就业723人。全年劳务输转5021人次，创收8033.6万元。全年落实省政府25件和州政府9件民生实事。

迭部县上、中、下迭藏族少女服饰

提高乡级卫生防疫专干、村级卫生防疫员、乡镇司机和村级动物防疫员工资标准。投资1600万元修建了城东及城西社区日间照料中心、洛大乡及电尕镇敬老院、县老年人综合福利中心、阿夏乡老年人活动中心、桑坝赛当寺及多儿白古寺特困僧供养点。发放救助款405万元。完成城乡低保、五保补助提标任务，发放保障金3253.93万元。加强扶残助残力度，发放补助金141.75万元。

迭部县主要领导名录

县委书记　仁青东珠（藏族）
县人大常委会主任　段庆发
县　长　焦维忠
县政协主席　宝　珠（藏族）

（供稿：阿　娜）

夏河县

【综述】夏河县地处甘肃省西南部、甘南藏族自治州西北部，介于东经101°54′-103°25′、北纬34°32′-35°34′之间。东南面分别与州属合作市、碌曲县相邻，北依临夏回族自治州临夏县及青海省循化县、同仁县，全县总面积为6274平方千米，其中草场面积502580公顷。2015年末，全县共辖10个乡3个镇，总人口8.8万人，其中藏族人口约占总人口的79.2%，农牧业人口占80.6%。人口自然增长率为7.3‰。有藏族、回族、撒拉族等6个少数民族，其中藏族人口约占总人口的79.2%。

境内大部分地区海拔高度在3000-4200米之间，总体地势由西北向东南部倾斜，最高点为甘加达里加山主峰，海拔4636米。境内河流纵横，溪泉遍布，北、西部为大夏河水系，南东部为洮河水系，众多河流汇入黄河，是黄河上游流域的重要支流。气候寒冷湿润，年平均气温2.6度，极端最低气温零下26.7度，极端最高气温度28.4度，昼夜温差大。冬春多风，夏秋多雨，年均降水量516毫米，平均无霜期56天，全年日照时间2296小时。天然草场类型以灌丛草甸、亚高山草甸、草原化草甸为主体，林木植物为乔木为主，柳、桦、灌次之，已查明的野生植物有73科709种。县境内有五大景区三十六处景点，以“世界藏学府·中国拉卜楞”旅游品牌享誉国内外。

2015年，全县实现地区生产总值15.2亿元，年均递增11.1%。五年累计完成固定资产投资130亿元，年均递增21.2%。规模以上工业增加值达到1.35亿元，年均递增0.6%。社会消费品零售总额达到5.36亿元，年均递增13.3%。大口径财政收入达到2.32亿元，年均递增36%。财政支出达15.1亿元，年均递增11.2%。

【农牧业农牧村经济】2015年，全县农牧业增加值从2.1亿元增加到3.7亿元，年均增长7.3%。全县肉类、奶类总产量分别达到6.2万吨和6.4万吨，比2010年增长25%和9.6%。牲畜总增率、出栏率、商品率分别比“十一五”末增长9.7、11.2和13.6个百分点。完成犏牛繁育带、藏羊繁育带、犏雌牛养殖带建设任务。全县养殖专业合作社总数达到364个。建成新农村试点村15个。投入资金3.1亿元，完成干旱草场节水灌溉项目、大夏河流域治理以及人饮工程。完成农牧民技术培训1.4万人（次），劳务输转3.8万人（次），实现劳务收入4.3亿元。争取财政资金9590万元，开展政策性农牧业保险工作，承保牲畜262万头（只）、青稞13.7万亩。投资2177万元，为受灾乡村调运饲草料13390吨。建成游牧民定居工程1923户，完成26个牛羊育肥小区、4926座养殖暖棚、30个奶牛养殖小区建设任务。

【招商引资】2015年，全县共签约31个招商引资项目，签约资金 36.8亿元，累计到位资金 20.7亿元，已建成项目16个。

【项目建设】2015年，全县组织实施各类项目87个，完成投资23.5亿元。夏同公路、拉卜楞寺文物保护工程完成投资1.4亿元，省佛学院搬迁项目建成主体，完成投资6408万元；投资5036万元，建成农村公路、河堤治理、农村人饮、保障性住房等一批项目；投资2584万元，实施寺庙基础设施建设项目，投资1740万元的夏河县社会综合福利中心完成主体。

【城乡建设】投资4.7亿元的夏同二级公路、3.1亿元的拉卜楞寺文物保护工程、1亿元的省佛学院搬迁项目进展顺利；投资2.1亿元，实施天然气覆盖利用工程，建成城区主管网；城区供水改扩建工程、洒乙昂大桥、县城集中供热扩建工程、“五化工程”、特色化改造等市政重点工程竣工，11900户危旧房得到改造，3368套保障性住房建成使用；体育中心、文化产业园一期工程等文化旅游基础项目建成投用。投资4700万元，实施寺庙基础设施建设项目。

【交通建设】投资7.1亿元的夏河飞机场建成通航，投资57亿元的临合高速公路夏河段、投资4.3亿元的县城至机场二级公路建成通车，国道213线改造工程全面完成；投资2.1亿元，建成农牧村通达工程9条124千米、农牧村通畅工程38条348千米。2015年末，全县公路总里程达到1108千米，通乡公路硬化率达100%，

【水利水电】2015年度计划内农村饮水安全项目批复总投资3432万元，新建饮水工程79处，解决22882人饮水不安全问题。规划外新增农村饮水安全项目批复总投资4080万元，新建饮水工程50处、维修改造10处，解决24362人的饮水不安全问题。夏河县吉仓、曲奥两乡供水项目批复总投资924.73万元，吉仓乡供水工程已全面完工并交付使用，曲奥乡供水工程已完成进度98%。

【文化产业与旅游业】2015年，全县文化产业机构达到35家。全年文化产业增加值达2580万元，增速28%。

2015年，全县新增宾馆酒店42家，新增床位2214张；新增农牧家乐82家，新增床位3264张，全县旅游床位达到8040张，新增旅游从业人员1230人。五年累计接待游客456.6万人（次），综合收入达19.7亿元。

【环境保护】治理退化草场286万亩，兑付草原生态保护补奖资金2.6亿元。实施天保工程，退耕还林、荒山造林、义务植树135.3万亩。城区地质灾害治理工程等3个项目全部完工，完成投资4278万元；达麦乡、博拉乡水毁耕地复垦等5个重点土地开发项目完成投资1491万元；县城污水处理厂建成投用，城区水污染防治项目完成建设任务，完成投资3325.5万元。实施县城集中供热、祁连山安多水泥公司综合节能减排和脱硝等项目。

【教育】“两基”工作顺利通过国检，国家三类城市语言文字工作和教育督政工作顺利通过省政府验收；小学适龄儿童入学率、初中阶段入学率和高中阶段毛入学率分别达到100%、98%和79%；实施31个农牧村幼儿园建设项目，学前三年入园率达59%；投入资金2.2亿元，实施寄宿制学校建设、校安工程、全面改薄项目，新建校舍9.6万平方米；义务教育阶段营养餐改善计划全面落实。

【医疗卫生】投入资金2148万元，实施县医院住院大楼、传染病区、乡镇卫生院业务用房、村级卫生室等一批卫生基础设施项目，新增业务用房1万平方米；投资1600多万元，配置医疗卫生设备800多台件；免费开展农牧民和中小学生“三病”普查；新农合参合率达到98.2%，人均筹资标准达到470元，报销补偿率达到70%；人口计生工作全面加强，国家级计划生育优质服务县创建工作通过验收。

【文化事业】2015年，全县建成“乡村舞台”28个、农村文体广场8个，完成1.2万户广播电视“村村通”、“户户通”工程。

【扶贫开发】开展“双联”行动，实施“1236”扶贫攻坚行动和“1+17+1”精准扶贫精准脱贫方案，2.1万贫困人口稳定脱贫，减贫率达31.2%；投入财政扶贫资金7768万元，实施整村推进项目49个；累计投入扶贫资金3.3亿元，解决人民群众关心的饮水、出行、住房等问题。

【人民生活与社会保障】2015年，全县城镇居民人均可支配收入达到16885元，年均递增11.6%。农村居民人均可支配收入达到5147元，年均递增13.2%。安置大中专毕业生1617人，比

“十一五”期间增加424人。

年末，全县新增小额担保贷款4080万元，注入担保贷款基金620万元；共发放城乡低保金2亿元、城市医疗救助金1418.9万元；社会保险覆盖率达90%，城乡居民基本养老保险参保率达96%，29%的僧尼纳入低保，100%的僧尼纳入养老保险，90%的宗教教职人员享受生活补贴。

夏河县主要领导名录

县委书记　杨　雄(藏族)

县人大常委会主任　仁青东智（藏族）

县　长　张志红（藏族）

县政协主席　才高（藏族）

（供稿：尕藏加）

碌曲县

【综述】碌曲县地处甘南藏族自治州西南部，介于北纬33° 58′ 22″–33° 48′ 48″，东经110° 35′ 36″–102° 58′ 15″之间。北接夏河县，东临卓尼县，西南与玛曲县接壤，西接青海省河南县，南与四川省若尔盖县毗邻。东西长126千米，南北宽93千米，全县面积5298.6平方千米，其中草场总面积39.4万公顷，林地面积有1.78万公顷。2015年末，全县辖5乡2镇3个社区和双岔林场、李恰如种畜场，总人口36517人，其中藏族占总人口的88.46%。有8个少数民族。

地势西高东低，海拔3000–4000米之间。年均气温在2.3℃，年降水量在633–782毫米之间。高寒湿润，光照充足，雨量充沛，长冬无夏，雨热同季，春秋短暂，全年有霜，温差大，灾害多。主要河流有洮河、白龙江、黑河。矿产资源有金、铁、汞等。正在开采的矿产有金、煤、锑矿等。野生动植物资源丰富，有国家一类保护动物雪豹、苏门羚，有大黄、党参、冬虫夏草等药材。主要风景区有则岔石林、尕海湖等。

2015年，全县完成大口径财政收入7865万元，下降1.81%。县级财政收入完成5379万元，下降0.44%。全县财政总支出120283万元，增长44.46%。实现地区生产总值91138万元，增长8.2%。其中第一产业完成增加值26416万元，增长5.2%；第二产业完成增加值24700万元，增长2.2%；第三产业完成增加值40022万元，增长16.5%。社会消费品零售总额28170万元，比上年增长10.86%。全县完成固定资产投资122500万元，增长16.4%。

【农牧业农牧村经济】2015年，全县农林牧渔业增加值26416万元，增长52%；各类牲畜年末存栏581186头(只)，其中牛193999头、羊377967只、大牲畜197765匹、猪5454口，较上年减少31079头只，下降5.08%；总增率、出栏率、商品率分别达到35.41%、45.66%、43.58%，比上年分别提高3.23、4.44、4.31个百分点。全年肉总产量8793吨，增加1379吨。其中牛肉产量4543吨，增加942吨，较上年增长26.12%；羊肉产量3962吨，增加226吨，较上年同期增长6.05%；猪肉产量288吨，增加211吨，增长274.03%。牛奶产量14635吨，较上年增加693吨。绵羊毛产量377吨，减少29吨，下降7.14%。新建、维修牲畜暖棚及舍饲棚圈1264座，建成人工饲草地3万亩，黑土滩退化草地综合治理8.1万亩，补播改良草地10万亩，种植饲草料2640亩。

【工业经济】2015年，全县实现工业增加值20698万元，增长1.8%。其中规模以上工业企业实现增加值15498万元，同比增长11.3%；规模以下工业企业实现增加值5200万元，同比下降11.0%；2015年，全县生产黄金1075公斤；完成发电量13046万千瓦时，生产鲜冻畜肉4852吨；粘土砖瓦制造企业生产砖21万块，比上年同期减少230万块。

【招商引资】2015年，全县新签约各类招商引资项目4个，签约总投资额3.78亿元，超额完成年度目标的14%。其中省外项目2个，签约总额3.15亿元；省内项目2个，签约总额6300万元。新签约项目当年开工2个，当年完成固定资产投资1700万元。6个招商续建项目完成投资1.57亿元。

【固定资产投资与项目建设】2015年，全县完成固定资产投资122500万元，增长16.4%。共完成43个项目的前期工作，合格率达100%。共争取83个项目、国家投资3.52亿元，开工并纳入统计的项目共70个，其中续建项目19个，新建项目51个。争取藏区专项项目55个，比2014年增加19个，下达专项资金2.55亿元，较上年增加1.46亿元。

【城乡建设】2015年，全县新争取保障性住房1000套，棚户区改造709户。总投资8371万元，新建和改造舟高路、城区主街道、勒尔多南路、滨河南北路等城区道路11千米，安装190盏佛手玉兰路灯和158盏中华灯。投资1050万元建成双岔乡集中供热和垃圾填埋工程，投资1349万元建成巴吾至博拉段防洪治理工程。财政“一事一议”项目，投资725万元，实施牧道建设、村道硬化等群众急盼、急需的23个项目。投资1931万元实施完成农村饮水安全工程10处，解决2576户12878人的饮水安全问题。争取藏区规划外投资167万元，解决8座寺院、818名僧人的饮水安全问题。

【生态环保】2015年，全县主要污染物总量四项指标均控制在省州下达的范围内，万元GDP能耗同比下降0.1%，单位工业增加值用水量下降5.45%。二氧化硫排放量控制在144.72吨，化学需氧量控制在177.31吨，氮氧化物排放量控制在21.68吨，氨氮排放量控制在18.45吨，达到污染减排控制指标。

全年关闭砂石料场11个。征收排污费59万元和植被恢复保证金71万元。加强水电站流量监控，首次对生态流量不足的企业给予行政处罚。植被恢复项目造林460亩，完成义务植树9.6万株。发放天保、公益林生态效益补偿金280万元，兑现草原补奖资金6366万元。实施草原生态项目，共投资2566万元。投资180万元完成泰霖公司污水处理站及尕海乡秀哇村、贡巴村齐木齐沟和西仓乡桑德沟水源地保护等环保项目。

【文化产业与旅游业】2015年，全县文化产业实现增加值1653万元，同比增长17.23%。当年全县文化从业人

碌曲县被中国舞协授予“锅庄舞传习与创研基地”

员有369人；落实旅游发展资金705万元。赴“兰洽会”和河南省郑州开展旅游资源宣传活动。编制锅庄舞专题片、“多彩碌曲”画册、旅游邮票纪念册等各类旅游宣传品。举办参赛范围最广、影响力最大的中国·碌曲第四届锅庄舞大赛。2015年，全县共接待国内外游客70.8万人(次)，增长29%。全年实现旅游综合收入3.31亿元，比上年同期增长29.29%。当年新增旅游从业人员75名，增长7.14%。

【交通建设】G213线赛尔龙（甘青界）至碌曲段公路改建工程完成投资1.84亿元，完成总投资的46%。尕秀、唐科村村道硬化工程已全面竣工，完成投资620万元。配套落实养护资金184万元，完成贡去乎至博拉安保工程和X424线桥头至则岔段的养护任务。

【水利水电】2015年，全县总投资1931万元，解决12878人的饮水安全问题。水电企业年发电13046万千瓦时，减少5273万千瓦时，下降2878%。其中：阿拉山水电站年发电2377万千瓦时，下降810万千瓦时，下降25.42%；华能碌曲水电开发公司年发电8230万千瓦时，下降3661万千瓦时，下降30.79%；西仓电站年发电2439万千瓦时，减少783万千瓦时，下降24.30%。售电企业年售电量4020万千瓦时，减少1645万千瓦时，下降40.95%。

【教育与医疗卫生】拨付教育专项资金9671万元，落实各项教育惠民政策，落实各学校公用经费484万元，寄宿生活费1003万元，取暖费172万元，营养改善计划提高标准并覆盖学前教育，落实资金453万元，共发放助学贷款223万元，发放各类助学金75万元。建成12所双语幼儿园。语言文字工作通过省级评估验收；2015年，全县有3所县级医院、6所乡镇卫生院和1所社区服务中心实行药品网络采购制度。儿童基础免疫“五苗”合格接种率达98.18%，建卡率为99.59%。

【文化体育】现有各类文化经营点28家，建成5个“乡村舞台”、6个文化体育健身广场；在郎木寺镇仁贡玛村、西仓乡唐龙多村各修建一处固定电影放映室。碌曲县被中国舞协授予“锅庄舞传习与创研基地”称号。召开首届“锅庄舞文化研讨会”，承办及参与“甘肃省原声民歌大赛”等各类文体活动60余场次。

【人民生活与社会保障】2015年，全县城镇居民人均可支配收入20342元，人均增收1685元；全县农村居民人均纯收入7032元，人均增收763元。事业单位招录人员179名，安排公益性岗位135人。城镇新增就业人员592人，下岗失业人员再就业13人，困难人员再就业157人，城镇登记失业率为3.05%。全年落实各类民生资金2.36亿元，完成省州确定的32项民生实事。

2015年，全县城镇职工基本医疗保险参保人数达3914人，实际征缴医疗保险基金1450万元。全县城镇居民基本医疗保险参保人数达3119人，征缴居民医疗保险基金145万元。农牧村新农合参合人数27743人，参合率为99.05%。城市低保保障标准提高10%达到383元/月·人，月人均补助水平提高10%达到328元，保障对象310户909人，发放城市低保资金351.93万元。提高农牧村低保年保障标准和月补助水平，一类275元/月，二类254元/月，保障对象2741户7607人。共发放农牧村低保资金及农牧区特困群众生活补助资金1490.72万元。全年共发放城乡医疗救助金98.29万元，救助人数406人次，为880名城市低保户及孤儿代缴城镇居民基本医疗保险金5.32万元；为7863名农牧村低保户、五保、孤儿代缴新型农村合作医疗参合金70.77万元。保障农牧村五保供养对象129户175人，全县农村五保供养标准每年每人达到4114元。安排救灾物资采购资金40万元，共计救助198户521人，发放救助金27.35万元。全县工伤保险参保职工人数2056人，实际征缴工伤保险基金50.5万元，全县1632名城镇职工纳入到生育保险范围，征缴生育保险基金72.3万元，全县城乡居民养老保险参保人数16617人，参保率达到99.66%以上，为3650名待遇享受人员累计发放养老金471.33万元，城乡居民养老保险待遇发放率达100%。

【扶贫开发】共争取扶贫专项资金达2167万元，比上年增加21%。建立健全扶贫大数据平台，严格识别贫困户1295户5400人。落实互助社风险担保资金按标准差价部分，互助社行政村覆盖率达100%，资金规模达827万元，累计发放互助贷款602万元。发放双联惠农贷款308户1489万元。开展精准扶贫专项贷款工作，共发放贷款1140户5700万元。年内整合各类涉农资金1.34亿元。全县78个帮扶单位共落实资金371万元；11个省、州帮扶单位共落实资金138万元；白银市帮扶1000万元。投资1214万元实施10个整村推进项目，精准扶持681户3418人，引进良种牛1723头。投资160万元修建华格村、玛日村牧道11千米里。投资650万元实施农牧村危房改造500户。完成尕秀、唐科、玛艾、波海安置点405户易地扶贫搬迁工程建设任务。拉仁关乡玛日等5个村实施易地扶贫搬迁工程204户，完成投资1800万元。推进乡村旅游扶贫试点建设，扶持贫困户发展牧家乐111户。从西藏、青海引进新品青稞种子进行示范种植，亩产达235公斤。油菜基地示范种植良种油菜0.7万亩，藏中药材基地示范种植各类药材1038亩。扶持燕麦、玛咖、草原菇等特色种植。2015年，全县完成减贫任务4593人，贫困发生率控制在4%以内，返贫人口控制在5%以内。

碌曲县主要领导名录

县委书记　梁明光（藏族）

县人大常委会主任　寇晓宏

县　长　杨永华（藏）

县政协主席　尕藏南杰（藏族）

（供稿：王青玉）

玛曲县

【综述】玛曲县地处青藏高原东端、甘南州西南部、甘青川三省交界处，介于东经100° 45′ 45″-102° 29′ 00″，北纬33° 06′ 30″-34° 30′ 15″ 之间。东与甘肃省碌曲县，四川若尔盖、阿坝县相邻，西与青海久治县、甘德县、玛沁县相连，北与青海河南蒙古自治县相接。东西长距离160千米，南北约158千米。全县总面积10190.80平方千米。2015年末，全县辖7乡1镇1场，总人口为5.68万，人口自增率为9.82‰。有藏族、回族等7个少数民族，其中藏族人口4.54人，占总人口的75.6%，是一个以藏民族为主体的纯牧业县。

境内草原、高原、河谷相间分布，平均海拔3600米。年平均温度为10℃，候寒冷阴湿，无绝对无霜期。年降水量600毫米。是黄河上游重要的水源补给区和调蓄区，黄河在境内流程达433千米，水能资源丰富，理论蕴藏量达151.7万千瓦。全县有151种野生药用植物，其中药用价值及经济价值高的有冬虫夏草、水母雪莲、川贝、大黄等20余种。自然风光雄奇壮丽，人文景观神秘独特，有天下黄河第一弯、格萨尔文化发祥地、亚洲第一天然草场、中国赛马之乡、藏民歌弹唱故里等旅游自然人文风光。

2015年，全县实现地区生产总值134564万元，比上年实际增长7%。其中第一产业实现增加值46826万元，增长5%；第二产业实现增加值23610万元，下降0.4%；第三产业实现增加值64128万元，增长13.5%。全年完成全社会固定资产投资139740万元，比上年增长14.8%。全年完成大口径财政收入12646万元，下降41.1%。全年财政支出124359万元，比上年超支24406万元，增长24.4%。全县完成社会消费品零售总额31827万元，增长6.2%。年末，全县金融机构各项存款余额为164572万元，增长15.1%。金融机构各项贷款余额为102203万元，增长13.6%。

【农牧业农牧村经济】2015年，全县投资2586万元，新建暖棚1457座、储草棚22座，投放良种畜2600余头（只）。发放草原生态奖补资金8040万元，落实牦牛藏羊保险7752万元，创建国家级示范专业合作社3家、省级6家、州级7家，完成昌翔公司2500吨牦牛肉制品生产线、雪原公司熟肉制品生产线等技改项目。

全年总增各类牲畜31.05万头（只），总增率30.32%，较上年下降0.1个百分点；出栏各类牲畜36.75万头（只），出栏率35.89%，提高2.37个百分点；商品出栏各类牲畜34.7万头（只），商品率33.89%，提高2.28个百分点。完成成畜保活率97.14%，较上年提高0.18个百分点；年末，全县存栏各类牲畜100.1万头（只），下降2.46%。全年肉类总产量17831吨，比上年增长4.84%。其中牛肉产量13737吨，增长4.32%；羊肉产量4094吨，增长6.64%。年末，全县牛存栏484488头，下降2.49%；羊存栏493459头，下降2.66%。羊毛产量494吨，下降3.02%。牛奶产量38045吨，下降1.3%。

【工业与建筑业】2015年，全县全部工业企业实现增加值23198万元，比上年下降0.6%。规模以上工业企业实现增加值19098万元，增长3.6%。规模以下工业企业实现增加值4100万元，下降13%。全年黄金生产企业生产黄金1810公斤，与上年同期少产90公斤，下降4.7%。规模以上畜产品加工企业生产鲜冻畜肉6201吨，增长31.4%。

2015年，全县全社会建筑业完成增加值412万元，比上年增长16.1%。

【项目建设】2015年，全县共组织施工项目53个，其中新开工项目38个，续建项目15个。全年完成全社会固定资产投资139740万元，比上年增长14.8%。

【招商引资】2015年，全县完成招商引资企业注册登记2个。共引进招商项目2个。新签约项目目标任务3个，全年完成2个，完成任务的67%；新签约项目当年开工目标任务1个，全年完成开工1个，完成任务的100%；新签约项目当年到位资金目标任务0.26亿元，全年实际到位资金0.26亿元，完成任务的率100%。

【生态保护】2015年，全县治理流动沙丘3951亩、沙化草地9281亩，黑土滩草地人工改良7.14万亩；种植燕麦草3.8万亩，建立半人工刈割草场93万亩；种植树木7万余株；兑现林业管护补助资金196万元；增殖放流土著鱼类鱼苗38.5万尾；投资4900万元，实施8个生态文明示范村创建工程；开展城乡环境卫生大整治行动，投资535万元购置各类垃圾车220辆。

【文化产业与旅游业】2015年，全年全县完成文化产业增加值1888万元，占GDP的1.4%，较上年同期增长16.5%。年末，全县有文化产业法人机构20个，从业人员330人。落实旅游发展资金1000万元，建设阿万仓贡赛尔喀木道景区等基础设施，新建5处观景台。举办“第九届格萨尔赛马节”和“红色火炬传递”等大型活动。2015年，全县接待游客32万人次，旅游综合收入达到1.53亿元。

【交通与水利建设】2015年，全县实施通乡油路、建制村通畅和玛曲至青海玛沁公路等上年结转和新建工程13项，

玛曲县第九届格萨尔赛马节场景

总投资50585.537万元，总长度482.44千米，年内完成投资27272.1万元，投资完成率53.91%。实施农牧村饮水安全工程项目，总投资4320万元。全年新建饮水安全工程55处，维修改造14处，工程当年完工，解决3240户、16197人的饮水及安全问题。总投资4.5亿元，治理河段92.14千米，新建护岸93.406千米的黄河干流甘肃段（甘南州玛曲县）防洪治理工程2015年10月开工，年内共完成投资4144.44万元。

【城乡建设】编制《玛曲县村庄布局规划》。城区污水处理率达到65%，生活垃圾无害化处理率达到87%。投资5000万元，实施城区集中供热二期工程，供热面积达到61万平方米。改建县城商业步行街道路，完善阿万仓、曼日玛、齐哈玛等乡基础设施。改造牧村危旧房1470套，新建公租房60套。

【安全生产】全年共组织各类联合检查组19个，组织检查人员119人次，受检企业45家次，提出整改要求、责令改正、限期整改、停止违法行为为250多起，查处一般事故隐患150多处，关停非法企业1家。

【扶贫开发】2015年，全县实施4个整村推进项目，完成易地扶贫搬迁332户，改造危旧房1100户。整合涉牧资金1.49亿元，争取专项资金1625万元，实施各类扶贫项目13个。培训牧民群众1435人，发展村级扶贫互助社35个，发放精准扶贫专项贷款2865万元，实现900人以上脱贫目标。全年累计发放“双联惠农贷款”5275万元，其中小额贷款2855万元，大额贷款2420万元。

【教育】2015年，全县适龄儿童入学率达100%，初中阶段入学率达100%，高中阶段毛入学率达到79.20%。被高等院校录取315名，录取率达76.3%，比上年提高13.1个百分点。投资2374万元继续实施“全面改薄”（薄弱学校改造）项目，引进紧缺教师35名。年末，全县有普通中学3所，小学9所；普通中学专任教师276人，小学专任教师439人；普通中学在校学生2623人，其中女生1543人；小学在校学生5605人，其中女生2829人。

【医疗卫生】2015年，全县基层医疗机构基本药物使用率达95%以上。新型农（牧）村合作医疗参合率达到99.5%，为1.8万名患者报销医疗费用900多万元。开展肝炎、包虫病、结核病普查7292例，为4.55万人建立电子健康档案。藏药方剂年产量达到2500多公斤，实现产值50万元。落实计划生育政策性补助资金213万元、受益群众3184人。年末，全县有医院、卫生院16所，床位228张，医疗机构卫生技术人员364人。5岁以下儿童死亡率17.24‰，婴儿死亡率18.3‰，产妇住院分娩率91.07%。

【人民生活与社会保障】2015年，全县农村居民家庭人均纯收入7139元，比上年同期增756元，增长11.84%；城镇居民家庭人均可支配收入20738元，比上年同期增收1716元，增长9.02%。全年城镇新增就业592人，城镇登记失业率为3.78%。全年实现劳务输转1904人，实现劳务收入4001万元；为59人清欠工资150.6万元。

全县城乡各项社会保险参保人数35224人。其中城镇五项保险参保人数14133人。全年城镇五项社会保险基金征缴3496万元，社会保险基金支出2577万元。全县城乡居民社会养老保险参保人数21091人，参保率96%。全年征缴个人养老保险费181.2万元，为3991名60周岁以上人员发放养老金518.5万元。全县新型农村合作医疗保险参保人数达到39688人，增长0.2%，参合率99.5%。全年新型农村合作医疗筹集基金总额1922.8万元，增长22.1%，人均筹资标准提高到486元。新农合基金支出1160.9万元，增长8.1%。全县城市低保对象1393人，发放低保资金504万元。农村低保对象10500人，发放低保资金1609万元。农村五保供养对象410人，发放供养资金166万元。医疗救助201人，发放救助资金97万元。临时救助215人，发放救助资金51万元。

玛曲县主要领导名录

县委书记　张正雄（6月止）
　　　　　王　力（藏族，10月任）
县人大常委会主任　卢雪梅（女，藏族）
县　长　王　力（藏族，10月止）
　　　　严和平（10月任）
县政协主席　王永祯（藏族）

（供稿：李晓鹏　蒲彦斌）

国民经济和社会发展总量与速度指标

指 标	总 量 指 标						速度指标（%）							
							指 数（2015年为以下各年%）					年平均增长速度		
	1995	2000	2005	2010	2014	2015	1995	2000	2005	2010	2014	"十五"时期 2001-2005	"十一五"时期 2006-2010	"十二五"时期 2011-2015
人口与就业														
人口														
年末总人口（万人）	2437.95	2515.31	2545.10	2559.98	2590.78	2599.55	106.63	103.35	102.14	101.55	100.34	0.24	0.12	0.31
城镇人口	562.06	603.93	764.04	924.66	1079.84	1122.75	199.76	185.91	146.95	121.42	103.97	4.82	3.89	3.96
乡村人口	1875.89	1911.38	1781.06	1635.32	1510.94	1476.80	78.73	77.26	82.92	90.31	97.74	-1.40	-1.69	-2.02
就业														
就业人员数（万人）	1483.32	1476.45	1391.36	1499.56	1519.86	1535.69	103.53	104.01	110.37	102.41	101.04	-1.18	1.51	0.48
#在岗职工人数		201.20	188.49	187.96	231.88	228.97		113.80	121.48	121.82	98.75	-1.30	-0.06	4.03
城镇登记失业人数（万人）	9.13	7.35	9.26	10.72	9.70	9.48	103.83	128.98	102.38	88.43	97.73	4.73	2.97	-2.43
国民经济核算														
生产总值（亿元）	557.76	1052.88	1933.98	4135.86	6836.82	6790.32	749.30	467.53	280.74	165.09	108.08	10.74	11.20	10.55
第一产业	110.65	194.10	308.06	599.28	900.76	954.09	266.09	232.46	172.72	132.73	105.39	6.12	5.41	5.83
第二产业	256.83	421.65	838.56	1937.39	2926.45	2494.77	847.41	536.79	313.36	172.29	107.38	11.37	12.71	11.50
#工业	226.29	327.60	685.80	1551.59	2263.20	1778.10	806.55	572.66	316.64	172.47	106.99	12.58	12.92	11.52
第三产业	190.28	437.13	787.36	1599.20	3009.61	3341.46	983.88	513.19	291.26	168.17	109.73	12.00	11.61	10.95
支出法生产总值（亿元）	557.76	1052.88	1933.98	4135.86	6836.82	6790.32	749.30	467.53	280.74	165.09	108.08	10.74	11.20	10.55
#最终消费	385.35	635.71	1217.63	2462.03	4035.59	4374.19	686.76	471.94	273.72	163.20	108.50	11.51	10.90	10.29
居民消费	291.08	496.35	893.15	1594.37	2761.81	3079.86	585.51	411.23	255.22	171.54	109.90	10.01	8.27	11.40
政府消费	94.27	139.37	324.48	867.66	1273.78	1294.33	1054.77	684.40	322.09	146.97	105.40	16.27	16.99	8.01
资本形成总额	221.20	453.44	916.96	2343.52	4150.35	4448.84	1195.45	682.87	369.82	180.75	108.30	13.05	15.39	12.57
固定资本形成	146.35	373.90	874.52	2177.89	4116.72	4412.26	1677.04	817.20	384.25	192.75	108.20	16.29	14.79	14.03
存货变动	74.84	79.54	42.44	165.63	33.63	36.58	42.81	41.95	78.73	25.01	119.10	-11.83	25.78	-24.21
固定资产投资														
固定资产投资总额（亿元）	194.67	441.35	874.53	3378.10	7759.62	8626.60	4431.40	1954.59	986.43	289.24	111.17	14.66	31.03	23.67
第一产业				137.99	409.09	534.89				475.12	130.75			36.57

续表1

指标	总量指标						速度指标（%）							
							指数（2015年为以下各年%）					年平均增长速度		
	1995	2000	2005	2010	2014	2015	1995	2000	2005	2010	2014	"十五"时期 2001-2005	"十一五"时期 2006-2010	"十二五"时期 2011-2015
第二产业				1597.61	3531.53	3434.90				225.75	97.26			17.69
第三产业				1642.50	3819.00	4656.81				345.36	121.94			28.13
财政（亿元）														
财政收入	68.41	108.38	254.57	745.25	1234.24	1386.28	2026.31	1279.15	544.57	186.02	112.32	18.62	23.97	13.22
一般公共预算收入	33.92	61.28	123.50	353.58	672.67	743.86	2192.91	1213.77	602.30	210.38	110.58	15.04	23.41	16.04
一般公共预算支出	81.39	188.23	429.35	1468.58	2541.49	2958.31	3634.74	1571.65	689.02	201.44	116.40	17.93	27.88	15.03
物价总指数（上年=100）														
商品零售价格指数	116.5	99.1	99.9	104.6	101.7	101.0								
居民消费价格指数	119.8	99.5	101.7	104.1	102.1	101.6								
工业生产者出厂价格指数	115.0	107.2	109.6	115.0	96.7	87.0								
工业生产者购进价格指数	113.7	111.8	109.9	114.4	97.6	87.0								
农业生产资料价格指数	129.6	103.9	109.0	101.7	99.0	98.6								
能源生产与消费（万吨标煤）														
能源生产总量	2276.89	1914.59	3605.12	4631.59	5926.50	5816.78	255.47	303.81	161.35	125.59	98.15	13.49	5.14	4.66
能源消费总量	2737.59	3011.62	4300.88	5829.85	7521.45	7522.85	274.80	249.79	174.91	129.04	100.02	7.72	6.27	5.23
产　业														
农业														
耕地面积（千公顷）	3482.49	3433.20	3421.05	3493.81	3546.80	3553.34	102.03	103.50	103.87	101.70	100.18	−0.07	0.42	0.34
农林牧渔业从业人员（万人）	667.45	697.53	761.37	724.82	674.52	668.07	100.09	95.78	87.75	92.17	99.04	1.77	−0.98	−1.62
农林牧渔业总产值（亿元）	269.45	320.12	549.71	1057.02	1618.80	1722.09	321.47	237.31	171.47	130.92	105.70	6.72	5.54	5.52
主要农产品产量（万吨）														
粮食	626.78	713.48	836.89	958.30	1158.65	1171.13	186.85	164.14	139.94	122.21	101.08	3.24	2.75	4.09
棉花	2.29	5.75	11.05	7.56	6.47	4.25	185.80	74.00	38.51	56.29	65.76	13.96	−7.31	−10.88
油料	31.69	41.68	50.31	64.05	72.42	71.57	225.83	171.70	142.25	111.73	98.82	3.84	4.95	2.25
甜菜	107.01	37.90	14.54	22.02	27.42	16.05	15.00	42.34	110.37	72.90	58.53	−17.44	8.65	−6.12
园林水果	80.36	121.59	172.45	299.46	425.23	461.80	574.67	379.80	267.79	154.21	108.60	7.24	11.67	9.05
肉类	47.33	57.33	69.81	86.78	99.73	100.55	212.44	175.38	144.03	115.86	100.82	4.02	4.45	2.99
猪牛羊肉	44.02	52.77	64.09	80.77	93.39	94.05	213.64	178.22	146.74	116.43	100.70	3.96	4.74	3.09
工业														
规模以上工业增加值（亿元）		263.42	601.80	1376.34	2070.00	1662.00		637.23	333.39	171.90	106.80	13.83	14.17	11.44
规模以上工业主要产品产量														
原煤（万吨）	2466.13	1632.71	3619.84	4547.20	4691.73	4390.27	178.02	268.89	121.28	96.55	93.57	17.26	4.67	−0.70
天然原油（万吨）	267.83	250.15	304.55	382.14	771.97	820.09	306.20	327.84	269.28	214.60	106.23	4.01	4.64	16.50
发电量（亿千瓦小时）	237.75	280.27	506.17	791.53	1129.93	1139.45	479.26	406.55	225.11	143.96	100.84	12.55	9.35	7.56
粗钢（万吨）	131.95	229.94	458.44	662.25	1073.98	852.10	645.77	370.57	185.87	128.67	79.34	14.80	7.63	5.17
水泥（万吨）	561.48	732.10	1553.29	2414.11	4925.52	4764.30	848.53	650.77	306.72	197.35	96.73	16.23	9.22	14.56

续表2

指　标	总　量　指　标						速度指标（%）							
							指　数（2015年为以下各年%）					年平均增长速度		
	1995	2000	2005	2010	2014	2015	1995	2000	2005	2010	2014	“十五”时期 2001-2005	“十一五”时期 2006-2010	“十二五”时期 2011-2015
乙烯（万吨）	7.28	16.72	24.57	69.48	62.99	64.20	881.80	383.94	261.27	92.39	101.92	8.00	23.11	-1.57
卷烟（万箱）	28.75	28.99	71.00	80.00	100.00	103.00	358.26	355.29	145.07	128.75	103.00	19.62	2.42	5.18
建筑业														
建筑业从业人员（万人）		33.17	42.77	45.76	58.89	55.10		166.11	128.83	120.40	93.56	5.22	1.36	3.78
建筑业增加值（亿元）	30.54	94.04	152.76	385.80	681.34	730.88	1146.74	414.07	299.98	171.76	109.13	6.65	11.80	11.42
施工房屋面积（万平方米）	958.98	1914.12	3008.48	5032.63	1153110	1075708	1121.72	561.99	357.56	213.75	93.29	9.47	10.84	16.41
竣工房屋面积（万平方米）	408.68	1066.18	1455.17	2013.88	4172.00	4082.94	999.06	382.95	280.58	202.74	97.87	6.42	6.71	15.18
交通运输														
货运量（万吨）	2027500	2272209	2584307	2900883	5724675	5825800	287.34	256.39	225.43	200.83	101.77	2.61	2.34	14.96
#铁路	2555.00	2885.00	3274.00	4926.00	6450.30	5936.00	232.33	205.75	181.31	120.50	92.03	2.56	8.51	3.80
公路	1771900	1980000	2252000	2405000	5078000	5228100	295.06	264.05	232.15	217.38	102.96	2.61	1.32	16.80
空运	1.00	1.09	1.08	1.13	5.96	6.55	655.00	600.92	606.48	579.65	109.90	-0.18	0.91	42.11
客运量（万人）	10547	12907	17803	53776	39852	41516	393.63	321.65	233.20	77.20	104.18	6.64	24.74	-5.04
铁路	942	1039	1230	2178	2672	3123	331.53	300.58	253.90	143.39	116.86	3.43	12.11	7.47
公路	9563	11600	16247	51404	36224	37242	389.44	321.05	229.22	72.45	102.81	6.97	25.91	-6.24
民航	42	76	85	100	866	1061	2526.19	1396.05	1248.24	1058.78	122.46	2.26	3.35	60.31
邮电通信业														
邮电业务总量（亿元）	7	42	136	453	278	364	5135.73	863.68	267.52	80.22	131.02	26.42	27.24	-4.31
函件（万件）	9104	9919	5071	3806	2664	1582	17.38	15.95	31.21	41.58	59.40	-12.56	-5.58	-16.10
报刊期发数（万份）	496	679	175	210	210	124	25.00	18.25	70.86	59.02	59.05	-23.76	3.72	-10.01
移动电话年末用户（万户）	2	65	408	1390	2059	2108	113945.95	3243.08	516.11	151.65	102.38	44.43	27.76	8.69
固定电话年末用户（万户）	43	180	548	412	341	326	752.52	180.93	59.48	79.14	95.51	24.92	-5.55	-4.57
局用交换机容量（万门）			712	439	361	278			39.06	63.35	77.04		-9.22	-8.73
国内商业														
社会消费品零售总额（亿元）	240.65	379.61	638.08	1435.53	2668.33	2907.22	1208.07	765.84	455.62	202.52	108.95	10.95	17.61	15.16
对外经济贸易														
进出口总额（万美元）	30494	56953	263136	736975	864894	795253	2607.90	1396.33	302.22	107.91	91.95	35.81	22.87	1.53
进口额	8542	15458	154038	573178	331817	214075	2506.15	1384.88	138.98	37.35	64.52	58.38	30.06	-17.88
出口额	21951	41495	109098	163797	533077	581178	2647.62	1400.60	532.71	354.82	109.02	21.33	8.47	28.83
利用外资额														
签订利用外资协议额（万美元）	44199	32250	53996	44015		78603	177.84	243.73	145.57	178.58		10.86	-4.01	12.30
实际利用外资额（万美元）	35854	20122	25639	51921	45542	46036	128.40	228.78	179.55	88.67	101.08	4.97	15.16	-2.38
金融业														
金融机构人民币各项存款（亿元）	628.28	1402.93	2895.86	7115.37	1392136	1614119	2569.11	1150.53	557.39	226.85	115.95	15.60	19.70	17.80

续表3

指　标	总　量　指　标						速度指标（%）							
							指　数（2015年为以下各年%）					年平均增长速度		
	1995	2000	2005	2010	2014	2015	1995	2000	2005	2010	2014	"十五"时期 2001-2005	"十一五"时期 2006-2010	"十二五"时期 2011-2015
金融机构人民币各项贷款（亿元）	681.08	1171.14	1923.46	4433.05	1068163	1329218	1951.63	1134.98	691.06	299.84	124.44	10.43	18.17	24.56
保险公司保费收入（亿元）	6.42	19.05	48.24	146.34	208.44	256.89	4001.37	1348.49	532.52	175.55	123.24	20.42	24.85	11.91
保险公司赔付支出（亿元）	3.90	6.49	11.83	31.18	84.42	92.75	2378.21	1429.12	784.02	297.44	109.87	12.76	21.39	24.36
教育														
专任教师数（人）														
#普通高等学校	6284	7208	14816	20761	25283	26132	415.85	362.54	176.38	125.87	103.36	15.50	6.98	4.71
普通中学	62669	74082	99150	120689	128599	128621	205.24	173.62	129.72	106.57	100.02	6.00	4.01	1.28
普通小学	130032	125172	130841	140381	140476	140320	107.91	112.10	107.24	99.96	99.89	0.89	1.42	-0.01
在校学生数（万人）														
#普通高等学校	4.55	8.17	22.95	38.15	45.23	45.05	990.03	551.36	196.28	118.07	99.59	22.95	10.70	3.38
普通中学	91.53	131.47	194.38	203.10	162.53	153.86	168.10	117.03	79.16	75.76	94.66	8.13	0.88	-5.40
普通小学	273.71	316.46	303.58	237.04	180.24	180.24	65.85	56.96	59.37	76.04	100.00	-0.83	-4.83	-5.33
地方财政用于教育的支出（亿元）	14.68	31.15	75.22	228.23	401.26	498.33	3395.09	1599.82	662.53	218.34	124.19	19.28	24.86	16.90
科技														
R&D经费内部支出（亿元）			19.49	41.59	76.87	82.72			424.38	198.90	107.61		16.37	14.74
文化														
图书（万册）	6180	7218	5895	6737	5312	6650	107.61	92.12	112.81	98.71	125.18	-3.97	2.71	-0.26
杂志（万册）	6214	8064	14766	11082	10871	9672	155.64	119.94	65.50	87.28	88.97	12.86	-5.58	-2.69
报纸（万份）	22556	25661	37900	40714	50982	50828	225.34	198.08	134.11	124.84	99.70	8.11	1.44	4.54
家庭														
家庭总户数（万户）	554.3	615.3	682.8	777.2	828.6	834.49	150.56	135.63	122.22	107.37	100.71	2.10	0.21	1.43
城镇居民平均每户家庭人口（人）	3.3	3.1	2.9	2.8	3.5	3.2	97.26	103.90	110.73	115.94	91.43	-1.27	-0.92	3.00
农村居民平均每户家庭人口（人）	5.1	4.7	4.7	4.6	4.0	4.5	87.55	95.14	96.77	97.83	113.92	-0.34	-0.22	-0.44
婚姻														
结婚登记总数（对）	155553	127799	114554	142294	201813	220327	141.64	172.40	192.33	154.84	109.17	-2.16	4.43	9.14
离婚数（对）			22260	27926	42231	46185			207.48	165.38	109.36		4.64	10.59
居住														
城镇居民人均居住面积（平方米）	10.74	15.21	24.16	27.89	30.60	34.00	316.57	223.54	140.73	121.91	111.11	9.70	2.91	4.04
农村居民人均居住面积（平方米）	15.64	18.00	18.71	20.96	28.60	29.30	187.34	162.78	156.60	139.79	102.45	0.78	2.30	6.93
生活														
城镇居民人均可支配收入（元）	3153	4916	8087	13189	20804	23767	753.91	483.44	293.90	171.96	109.00	10.47	10.28	11.50
农村居民人均可支配收入（元）	880	1429	1980	3425	5736	6936	787.90	485.49	350.31	202.53	120.92	6.74	11.58	13.10
城乡居民人民币储蓄存款余额（亿元）	380	819	1587	3598	6675	7580	1993.93	925.83	477.75	210.67	113.57	14.15	17.79	16.07
工资														
在岗职工工资总额（亿元）	136.70	179.98	290.22	560.63	1247.26	1259.57	921.41	699.84	434.00	224.67	100.99	10.03	14.07	17.57

续表4

指　标	总　量　指　标						速度指标（%）							
							指　数（2015年为以下各年%）					年平均增长速度		
	1995	2000	2005	2010	2014	2015	1995	2000	2005	2010	2014	“十五”时期 2001-2005	“十一五”时期 2006-2010	“十二五”时期 2011-2015
在岗职工平均工资（元）			14939	29588	48470	54454			364.51	184.04	112.35			12.98
卫生														
卫生机构数（个）	4131	7191	11849	10267	27902	27606	668.26	383.90	232.98	268.88	98.94	10.50	−2.83	21.87
#医院、卫生院	1843	1867	1741	1728	1805	1793	97.29	96.04	102.99	103.76	99.34	−1.39	−0.15	0.74
卫生机构床位数（张）	56378	59441	63638	94883	122375	127011	225.28	213.68	199.58	133.86	103.79	1.37	8.32	6.01
#医院、卫生院	52788	56557	59856	82422	114313	118609	224.69	209.72	198.16	143.90	103.76	1.14	6.61	7.55
卫生技术人员（人）			66926	97387	126294	129523			193.53	133.00	102.56		7.79	5.87
#执业（助理）医师			29701	38249	47791	49663			167.21	129.84	103.92		5.19	5.36

注：1.2010年度以前（含2010年）固定资产投资数据为全社会口径，全社会口径中包含农户投资和跨区域项目投资，与2011年以后数据不可比。

2.从2011年起，固定资产投资的起点标准从计划总投资50万元提高到500万元，500万元以下项目不再纳入固定资产投资统计范围。

3.2000年及以后年末总人口按常住人口口径统计。

4.从2011年开始，规模以上工业统计范围的工业企业起点标准从年主营业务收入在500万元提高到2000万元。

5.邮电业务总量2010年按2000年可比价格计算，2011年按2010年可比价格计算。

6.从2011年起卫生机构包括村卫生室。

7.家庭总户数为公安厅户籍统计人口数。

8.从2013年起，国家统计局开展了城乡一体化的住户收支和生活状况调查，甘肃省自2015年起发布城乡一体化住户收支与生活状况调查数据，表中涉及2015年的居民收支数据均来源于此调查，2014年及以前的数据来源于城镇住户调查及农村住户调查，2015年数据与历年数据不可比。

9.2014年以前农村居民收入指标为农民人均纯收入。

国民经济和社会发展结构指标

单位：%

指　标	2000	2005	2010	2011	2012	2013	2014	2015
人口								
城乡结构								
城镇	24.01	30.02	36.12	37.15	38.75	40.13	41.68	43.19
乡村	75.99	69.98	63.88	62.85	61.25	59.87	58.32	56.81
性别结构								
男	51.83	51.44	51.08	51.05	51.09	51.07	51.06	51.04
女	48.17	48.56	48.92	48.95	48.91	48.93	48.94	48.96
就业								
产业结构								
第一产业	59.64	63.67	61.61	61.26	60.45	59.26	58.02	57.06
第二产业	18.95	14.66	15.36	15.43	15.64	16.05	16.10	16.11
第三产业	21.41	21.67	23.03	23.31	23.91	24.69	25.88	26.83
国民经济核算								
生产总值产业结构								
第一产业	18.44	15.93	14.49	13.57	13.75	13.34	13.18	14.05
第二产业	40.05	43.36	46.84	46.07	44.91	43.37	42.80	36.74
第三产业	41.52	40.71	38.67	40.36	41.34	43.29	44.02	49.21
投资								
固定资产投资结构								
产业结构								
第一产业			4.08	4.58	3.37	3.63	5.27	6.20
第二产业			47.29	48.63	53.67	50.65	45.51	39.82
第三产业			48.62	46.79	42.96	45.72	49.22	53.98
资金来源结构								
国家预算内资金	12.33	9.62	16.41	17.99	14.68	12.78	11.33	13.04
国内贷款	26.37	19.90	18.36	12.02	12.78	12.35	12.72	11.72
利用外资	1.74	1.65	0.53	0.43	0.30	0.42	0.46	0.25
自筹资金	44.67	55.31	52.54	59.30	62.08	63.39	65.15	64.95
其他投资	14.89	13.52	12.16	10.25	10.16	11.06	10.34	10.04
农业								
农林牧渔业产值结构								
农业	69.60	66.01	71.67	71.43	72.47	72.77	72.58	72.73
林业	3.48	2.89	1.75	1.45	1.48	1.48	1.58	1.66
牧业	21.50	20.80	17.20	17.73	17.06	16.70	16.58	16.23
渔业	0.37	0.19	0.11	0.13	0.13	0.13	0.13	0.13
农林牧渔服务业		10.11	9.27	9.25	8.86	8.92	9.13	9.25
工业								
规模以上工业总产值结构								
轻工业	24.03	18.77	14.09	12.57	14.43	16.35	15.85	19.24
重工业	75.97	81.23	85.91	87.43	85.57	83.65	84.15	80.76
建筑业								
建筑业总产值结构								
国有经济	42.13	37.22	17.33	24.44	23.48	15.68	15.53	14.77
城镇集体经济	27.43	11.97	7.72	8.04	7.92	7.22	7.33	6.74
其他	30.44	50.81	74.95	67.52	68.61	77.10	77.14	78.49
运输业								
货运量结构								

续表 1

指 标	2000	2005	2010	2011	2012	2013	2014	2015
#铁路	12.70	12.67	16.98	15.67	13.77	12.42	11.27	10.19
公路	87.14	87.14	82.91	84.23	86.18	87.55	88.70	89.74
国内商业								
社会消费品零售总额构成								
城镇			80.55	80.28	80.25	80.34	80.30	79.69
#城区			59.82	60.20	62.49	59.02	59.45	58.79
乡村			19.45	19.72	19.75	19.66	19.70	20.31
对外经济贸易								
进出口总值构成								
进口	27.14	58.54	77.77	75.03	59.84	54.49	38.37	26.92
出口	72.86	41.46	22.23	24.97	40.16	45.51	61.63	73.08
教育、科技								
教育								
普通学校在校学生结构								
大学	1.79	4.40	7.98	8.91	9.93	11.04	11.66	11.88
中学	28.82	37.32	42.46	42.71	42.52	42.43	41.89	40.58
小学	69.38	58.28	49.56	48.38	47.55	46.53	46.45	47.54
普通学校专任教师结构								
大学	3.49	6.05	7.37	7.70	8.06	8.35	8.59	8.86
中学	35.88	40.50	42.82	42.96	43.30	43.49	43.69	43.59
小学	60.63	53.45	49.81	49.34	48.64	48.16	47.72	47.55
科技								
R&D经费内部支出结构								
基础研究			13.58	14.10	13.72	13.41	14.51	15.45
应用研究			21.05	18.93	19.80	14.95	15.10	15.59
试验发展			65.37	66.97	66.48	71.64	70.39	68.95
生活								
农村居民消费结构								
食品烟酒	48.45	47.20	44.71	42.24	39.76	37.09	37.56	32.86
衣着	5.58	5.07	6.26	6.73	7.31	7.27	7.33	6.83
居住	15.79	13.23	18.75	16.28	16.46	16.37	16.75	17.88
生活用品及服务	3.90	4.07	4.99	5.40	6.04	6.24	6.14	6.52
交通通讯	4.04	8.52	8.73	10.00	10.52	12.34	11.89	11.88
教育文化娱乐	13.27	14.17	8.09	7.99	7.89	7.56	7.87	12.50
医疗保健	6.51	6.26	6.90	9.26	9.60	10.58	10.05	9.81
其他商品和服务	2.46	1.48	1.57	2.10	2.42	2.55	2.41	1.73
城镇居民消费结构								
食品烟酒	37.63	36.04	37.41	37.38	35.82	36.82	36.83	30.63
衣着	12.53	12.35	12.69	13.14	12.70	12.46	12.41	10.08
居住	7.33	10.43	9.20	10.19	10.03	11.38	11.48	20.28
生活用品及服务	9.74	5.61	6.04	5.90	6.49	6.70	7.24	6.45
医疗保健	6.60	7.54	8.37	7.81	8.17	7.97	7.67	7.97
交通通讯	6.43	9.78	10.88	11.53	12.26	10.72	10.64	10.60
教育文化娱乐	13.65	14.44	11.49	10.35	10.81	11.04	10.84	11.72
其他商品及服务	6.09	3.82	3.92	3.69	3.73	2.90	2.90	2.27
卫生								
卫生机构人员结构								
#执业医师		28.65	27.14	22.82	23.10	22.43	21.61	22.04

续表 2

指　标	2000	2005	2010	2011	2012	2013	2014	2015
执业助理医师		7.99	6.02	5.29	5.34	4.78	5.10	5.20
注册护士		27.64	25.70	23.05	24.43	25.47	25.26	26.24
药师（士）		6.20	4.38	3.63	3.67	3.64	3.38	3.36
检验技师（士）		4.27	4.79	3.97	3.81	3.78	3.59	3.68
医院床位结构								
#医院	73.20	73.97	64.25	66.57	68.14	72.80	73.95	74.48
卫生院	21.95	20.09	22.62	22.03	20.26	20.20	19.46	18.91

注：2014年以前城乡居民食品烟酒支出为食品支出。

国民经济和社会发展比例及效益指标

单位：%

指　标	2000	2005	2010	2011	2012	2013	2014	2015
人口与就业								
出生率（‰）	14.38	12.59	12.05	12.08	12.11	12.16	12.21	12.36
死亡率（‰）	6.41	6.57	6.02	6.03	6.05	6.08	6.11	6.15
自然增长率（‰）	7.97	6.02	6.03	6.05	6.06	6.08	6.10	6.21
城镇登记失业率（%）	2.70	3.26	3.21	3.11	2.68	2.35	2.19	2.14
国民经济核算								
全社会劳动生产率（元/人）	7101	13284	27681	33351	37938	42253	45205	44446
第一产业	2207	3468	6489	7366	8573	9419	10157	10853
第二产业	14601	34326	84696	99808	109678	115635	120366	101393
第三产业	13903	24346	46779	58095	66424	75272	78700	82987
人均生产总值（元）	4129	7477	16172	19525	22075	24539	26433	26165
固定资产投资								
全社会房屋建筑面积竣工率（%）	61.00	45.82	25.59	23.65	21.16	17.22	16.93	18.23
财政								
财政收入相当于生产总值比例（%）	10.29	13.16	18.02	18.66	19.03	18.08	18.05	20.42
一般公共预算支出相当于生产总值 比例（%）	17.88	22.20	35.51	35.81	36.29	36.48	37.17	43.57
农业								
人均耕地面积（公顷）	0.14	0.13	0.14	0.14	0.14	0.14	0.14	0.14
每公顷耕地用电量（千瓦小时）	605	687	789	828	862	896	884	936
每公顷耕地化肥施用量（千克）	188	222	244	249	261	268	275	276
每公顷耕地生产的农业产值（元）	9324	16068	30254	33907	38465	42899	45641	48464
农业从业者人均农产品产量（千克）								
粮食	1022.9	1099.2	1322.1	1418.2	1590.6	1677.6	1717.7	1753.0
棉花	8.2	14.5	10.4	10.6	11.6	10.4	9.6	6.4
油料	59.8	66.1	88.4	88.8	96.0	102.7	107.4	107.1
猪牛羊肉	75.7	84.2	111.4	115.3	123.5	131.3	138.5	140.8
每公顷播种面积农产品产量（千克）								

续表1

指　标	2000	2005	2010	2011	2012	2013	2014	2015
粮食	2550	3235	3423	3581	3908	3984	4076	4110
棉花	1657	1728	1578	1585	1682	1732	1699	1656
工业								
总资产贡献率（%）	5.10	8.37	11.01	10.61	10.03	8.93	8.75	5.65
资产负债率（%）	65.05	58.70	62.32	64.04	62.34	64.16	63.49	65.37
流动资产周转次数（次/年）	1.08	1.96	2.05	2.19	2.21	2.19	2.22	2.08
成本费用利润率（%）	1.35	3.49	4.73	4.38	3.89	3.64	2.73	−1.08
产品销售率（%）			95.15	95.48	93.14	93.30	93.93	94.78
建筑业								
产值利税率（%）	5.52	3.80	8.10	7.40	8.07	7.49	7.68	7.48
全员劳动生产率（元/人）	38234	73456	164323	183754	261487	295330	296865	303474
（按总产值计算）								
对外经济贸易								
进出口总额相当于生产总值比例（%）	4.48	11.16	12.06	11.30	9.90	10.06	7.69	7.28
金融								
金融机构人民币存款相当于生产总值比例（%）	133.25	149.74	172.04	167.80	176.79	190.02	203.62	237.71
金融机构人民币贷款相当于生产总值比例（%）	111.23	99.46	107.19	109.32	120.34	133.16	156.24	195.75
教育								
学龄儿童净入学率（%）	98.83	98.87	99.46	99.56	99.68	99.78	99.80	99.83
小学升学率（%）	90.98	96.67	95.67	95.41	94.29	90.20	97.06	96.90
初中升学率（%）	33.48	48.58	48.31	48.35	51.08	52.00	59.18	60.00
学校教师负担系数（%）								
普通高等学校	12	15	18	19	19	18	18	18
普通中等学校	12	20	23	21	21	15	17	17
普通中学	18	20	17	16	15	13	13	12
普通小学	25	23	17	15	15	13	13	13
科技								
R&D经费内部支出相当于		1.01	1.01	0.97	1.07	1.06	1.12	1.22
生产总值比例　(%)								
卫生								
每万人执业(助理)医师（人）	14.7	13.6	15.0	16.1	16.8	17.4	18.5	19.1
每万人医院、卫生院床位数（张）	23.2	24.5	32.2	35.1	38.4	46.3	44.1	45.6
婚姻								
离婚率（‰）	0.43	1.72	2.18	2.38	2.55	2.98	3.27	3.56

甘肃国民经济主要指标占全国比重（2015）

指　标	全　国	甘　肃	甘肃省占全国%
年末总人口（万人）	137462	2600	1.89
就业人员（万人）	77451	1536	1.98
国内生产总值（亿元）	676707.8	6790.3	1.00
第一产业	60863.0	954.1	1.57
第二产业	274277.8	2494.8	0.91
第三产业	341566.9	3341.5	0.98
固定资产投资（亿元）	561999.8	8626.6	1.53
一般公共预算收入（亿元）	152216.7	743.9	0.49
一般公共预算支出（亿元）	175767.8	2958.3	1.68
在岗职工平均工资（元）		54454	
城镇居民人均可支配收入（元）	31195	23767	-7427.75元
农村居民人均可支配收入（元）	11422	6936	-4485.51元
主要农产品产量（万吨）			
粮　食	62143.9	1171.1	1.88
棉　花	560.3	4.3	0.76
油　料	3537.0	71.6	2.02
肉　类	8625.0	100.5	1.17
主要工业产品产量			
农用化肥（万吨）	7432.0	46.7	0.63
原　煤（亿吨）	37.5	0.4	1.17
天然原油（万吨）	21455.6	820.1	3.82
发电量（亿千瓦小时）	58105.8	1139.5	1.96
粗　钢（万吨）	80382.5	852.1	1.06
水　泥（万吨）	235939.6	4764.3	2.02
邮电业务总量（亿元）	28220.4	363.6	1.29
社会消费品零售总额（亿元）	300930.8	2907.2	0.97
进出口总额（亿美元）	39569.0	79.5	0.20
#出口额	22749.5	58.1	0.26
普通高等学校在校学生数（万人）	2625.3	45.0	1.72
医疗卫生机构数（万个）	98.4	2.8	2.81
医疗卫生机构床位数（万张）	701.5	12.7	1.81
执业（助理）医师（万人）	303.9	5.0	1.63

注：国家数据来源于《中国统计摘要-2016》。

各地区生产总值（2015）

单位：万元

地 区	地区生产总值	第一产业	第二产业	工 业	建筑业	第三产业	#交通运输、仓储和邮政业	#信息传输、软件和信息技术服务业	#批发和零售业
兰州市	20959920	562233	7826545	5350400	2515247	12571142	1221829	463278	2022728
嘉峪关市	1900442	41754	1083579	989700	95906	775109	82581	50535	141679
金昌市	2245161	179786	1306969	1012000	300672	758406	42748	44692	107057
白银市	4342749	590257	1942477	1444300	501984	1810015	185796	76605	355273
天水市	5537728	974899	1855475	1264800	659340	2707354	272570	190991	580167
武威市	4161873	997860	1525442	974100	571376	1638571	202164	64202	244366
张掖市	3735251	950192	1098379	727000	388218	1686680	224430	59880	245069
平凉市	3476994	942088	969541	570300	399470	1565365	106783	57596	166077
酒泉市	5447962	785892	2018936	1342299	680260	2643134	444197	43402	460727
庆阳市	6094314	822519	3212595	2923100	391494	2059200	87175	118414	321599
定西市	3049178	769718	664883	362700	302183	1614577	84414	86774	233335
陇南市	3151353	703091	729324	453600	275724	1718938	90276	84070	221996
临夏州	2114087	361386	448267	255600	192667	1304434	30523	58792	168561
甘南州	1265416	270060	207004	172700	34304	788352	21897	26915	62810

续表1

单位：万元

地 区	#住宿和餐饮业	#金融业	#房地产业	#科学研究、技术服务和地质勘查业	#水利、环境和公共设施管理业	#教育	#卫生、社会保障和社会福利业	人均生产总值（元）
兰州市	556244	1681819	895237	632317	97334	885696	333756	56972
嘉峪关市	26890	82145	56746	9383	13536	31978	29012	78336
金昌市	35428	121183	40406	9011	5559	47849	33177	47739
白银市	100994	198188	99896	22511	31918	183495	112057	25410
天水市	135367	200952	213988	41513	17299	276159	95190	16743
武威市	61844	167478	126736	33059	32923	185098	86944	22931
张掖市	110055	168994	113995	17940	45102	139500	62810	30704
平凉市	94922	259473	184094	27681	11573	145920	64907	16595
酒泉市	155956	257827	257933	56831	80475	144934	160080	48918
庆阳市	175325	222104	130536	21313	16565	277195	61973	27366
定西市	90402	183681	161693	50226	7287	229904	78617	10987
陇南市	118403	225768	271279	17193	15764	191033	75515	12172
临夏州	101854	143168	102361	9756	9721	128427	38963	10527
甘南州	76076	97139	31543	7900	5027	105713	39786	17990

固定资产投资

单位：亿元

指　标	2011	2012	2013	2014	2015	2015年比上年增长（%）
固定资产投资（亿元）	4180.24	5040.53	6407.20	7759.62	8626.60	11.17
项目投资	3817.36	4479.51	5682.55	7038.15	7858.53	11.66
房地产开发	362.88	561.02	724.65	721.47	768.06	6.46
按隶属关系分						
中央项目	280.95	289.93	329.51	360.92	233.02	-35.44
地方项目	3899.29	4750.60	6077.69	7398.70	8393.58	13.45
按构成分						
建筑安装工程	3077.78	3694.21	4935.80	6266.45	7164.73	14.33
设备工具器具购置	716.34	900.37	935.26	1027.50	962.24	-6.35
其他费用	386.12	445.95	536.14	465.67	499.63	7.29
按产业分						
第一产业	191.45	169.94	232.64	409.09	534.89	30.75
第二产业	2032.99	2705.18	3245.02	3531.53	3434.90	-2.74
第三产业	1955.80	2165.41	2929.54	3819.00	4656.81	21.94
本年实际到位资金	4064.71	5318.99	7272.24	7474.91	8469.94	13.31
国家预算资金	731.12	780.90	928.50	844.49	1101.91	30.48
国内贷款	488.68	679.61	897.31	948.56	990.33	4.40
债券	0.56	0.41	6.45	20.40	17.63	-13.56
利用外资	17.63	15.80	30.32	34.48	21.39	-37.98
自筹资金	2410.08	3301.78	4605.80	4856.44	5489.68	13.04
其他资金	416.64	540.49	803.86	770.54	849.00	10.18
按登记注册类型分						
内　资	4127.66	4976.58	6384.51	7706.92	8565.44	11.14
国　有	2186.61	2323.71	3009.49	3219.82	3635.01	12.89
集　体	128.88	144.05	199.35	301.68	333.96	10.70
股份合作	11.12	26.00	38.37	62.19	18.07	-70.94
联营企业	9.13	29.12	30.05	54.63	40.38	-26.09
国有联营	0.50	3.98	8.13	34.70	14.62	-57.88
集体联营	3.25	0.92	6.14	10.74	5.06	-52.90
国有与集体联营		5.47	2.38	1.95	3.39	74.49
其他联营	5.39	18.76	13.40	7.25	17.31	138.64
有限责任公司	861.87	1063.12	1277.60	1680.05	1683.76	0.22
国有独资公司	48.57	57.15	115.72	293.68	333.82	13.67
其他有限责任公司	813.30	1005.97	1161.87	1386.37	1349.95	-2.63
股份有限公司	295.40	287.59	329.45	265.43	258.58	-2.58
私　营	498.96	752.98	1120.17		1898.07	17.43
其　他	135.67	350.01	380.03	506.73	697.61	37.67
港澳台商投资	19.28	9.11	7.27	17.05	20.36	19.38
外商投资经济	19.52	26.69	10.44	16.37	16.50	0.76
个体经营	13.79	28.15	4.98	19.28	24.31	26.11
房屋建筑面积（万平方米）						
施工面积	9980.70	11527.59	14188.96	14988.35	15683.12	4.64
#住　宅	6686.04	6810.18	7436.90	7826.99	7459.52	-4.69
竣工面积	2360.92	2438.95	2443.43	2537.50	2858.46	12.65
#住　宅	1496.24	1403.04	1260.17	1322.98	1233.42	-6.77

注：2011年起，固定资产投资的起点标准从计划总投资50万元提高到500万元，500万元以下项目不再纳入固定资产投资统计范围。

人民物质文化生活情况

项　目	2010	2011	2012	2013	2014	2015
就业						
每一城镇就业者负担人数（人）	2.01	2.07	2.04	2.07	1.84	1.46
每一农村劳动力负担人数（人）	1.56	1.54	1.54	1.59	1.60	1.60
城镇登记失业率（%）	3.21	3.11	2.68	2.35	2.19	2.14
收入						
城镇居民人均可支配收入（元）	13189	14989	17157	18965	20804	23767
农村居民人均可支配收入（元）	3425	3909	4507	5108	5736	6936
在岗职工平均工资（元）	29588	32906	38440	44109	48470	54454
支出						
城镇居民人均消费支出（元）	9895	11189	12847	14021	15507	17451
# 食品烟酒	3702	4182	4602	5163	5712	5346
农村居民人均消费支出(元)	2942	3665	4146	4850	5272	6830
# 食品烟酒	1315	1548	1649	1799	1980	2244
消费水平（元）						
全体居民	6234	7493	8542	9616	10678	11868
城镇居民	11881	13574	15048	16327	17925	19480
农村居民	3126	3977	4563	5245	5661	6255
储蓄						
城乡居民年底储蓄存款余额（亿元）	3598	4231	5050	5878	6675	7580
人均储蓄存款余额（元）	14070	16515	19643	22786	25806	29209
住房面积（平方米）						
城镇居民人均居住面积	27.89	28.04	28.45	29.82	30.60	34.00
农村居民人均居住面积	20.96	23.70	24.10	24.66	28.60	29.30
文化						
城镇每百户有彩色电视机（台）	110.0	106.7	108.2	100.6	102.2	104.6
农村每百户有彩色电视机（台）	104.0	104.4	106.3	105.9	109.8	109.0
广播人口覆盖率（%）	93.47	93.70	96.89	97.69	97.89	98.01
电视人口覆盖率（%）	93.72	94.05	97.56	98.04	98.35	98.47
教育						
学龄儿童入学率（%）	99.46	99.56	99.68	99.78	99.80	99.83
每万人口中在校大学生数（人）	149	158	168	172	175	173
卫生						
每万人口医院、卫生院床位数（张）	32	35	38	46	44	46
每万人口-执业(助理)医师数（人）	15	16	17	17	18	19

注：1.从2013年起，国家统计局开展了城乡一体化的住户收支和生活状况调查，甘肃省自2015年起发布城乡一体化住户收支与生活状况调查数据，表中涉及2015年的数据均来源于此调查，2014年及以前的数据来源于城镇住户调查及农村住户调查。

规模以上工业企业工业增加值

单位：万元

项　目	2010	2011	2012	2013	2014	2015	2015年比2014年增长（%）
工业增加值	1376.3	1782.8	1931.4	2045.2	2070.0	1662.0	6.8
#国有及国有控股	1098.6	1450.5	1488.4	1502.2	1544.6	1216.1	7.8
按登记注册类型分							
国有企业	319.1	472.7	450.2	486.5	621.6	472.6	31.6
集体企业	27.3	32.4	43.7	29.0	22.7	13.1	−13.9
股份合作企业	7.0	7.3	5.2	9.6	9.4	0.8	−0.2
股份制企业	968.4	1213.8	1355.8	1433.2	1335.1	1142.5	−3.1
外商及港澳台商	29.1	30.6	29.4	30.6	32.2	28.4	−8.6
投资企业							
其他企业	25.4	26.1	47.1	56.3	49.0	4.5	−5.3
按企业规模分							
大型企业	805.2	1090.4	1298.1	1292.2	1335.4	1090.3	11.0
中型企业	251.1	328.4	249.9	269.5	241.8	183.6	−6.8
小型企业	320.0	364.0	377.9	470.8	482.6	371.6	0.3
微型企业			5.6	12.7	10.2	16.6	7.2
按轻重工业分							
轻工业	194.0	224.1	278.8	334.4	328.1	319.8	6.2
重工业	1182.3	1558.7	1652.6	1710.8	1741.9	1342.2	7.0
工业增加值指数	116.6	116.2	114.6	111.5	108.4	106.8	
（可比价）							
（上年=100）							

注：1.工业增加值中含长庆油田甘肃部分。
2.从2011年起，规模以上工业统计范围的工业企业起点标准从年主营业务收入500万元提高到2000万元。
3.工业增加值增长速度按可比价计算。

社会消费品零售总额

项　目	2010	2011	2012	2013	2014	2015
社会消费品零售总额（亿元）	1435.53	1772.94	2064.43	2368.83	2668.33	2907.22
按城乡分						
城镇	1156.31	1423.29	1656.76	1903.16	2142.65	2316.80
#城区	858.70	1067.30	1290.00	1398.04	1586.40	1709.07
乡村	279.22	349.65	407.67	465.67	525.68	590.42
按消费形态分						
#商品零售	1219.62	1528.33	1736.91	1993.15	2253.47	2447.19
餐费收入	215.91	244.61	327.52	375.68	414.86	460.03
构成（%）(总额=100）						
按城乡分						
城镇	80.55	80.28	80.25	80.34	80.30	79.69
#城区	59.82	60.20	62.49	59.02	59.45	58.79
乡村	19.45	19.72	19.75	19.66	19.70	20.31
按消费形态分						
#商品零售	84.96	86.20	84.14	84.14	84.45	84.18
餐费收入	15.04	13.80	15.86	15.86	15.55	15.82

注：表中数据依据第三次经济普查数据进行了调整。

（供稿：省统计局）

年度人物

新任副省级以上党政领导干部简介

马世忠

马世忠，男，汉族，1962年4月生，山东潍坊人。1985年6月加入中国共产党，1981年7月参加工作，中国海洋大学环境科学与工程学院环境科学专业毕业，在职研究生学历，工学博士。

1981年7月，山东省安丘县教师；1984年11月山东省潍坊日报社记者、编辑；1985年10月中共山东省委组织部干事、副科级巡视员、正科级巡视员、副处级巡视员；1994年1月，中共山东省委组织部副处长；1996年2月，中共山东省委组织部副处长、正处级巡视员；1999年3月，中共山东省委组织部处长；1999年4月，中共山东省青岛市市北区委副书记；2001年4月，山东省青岛市市北区委副书记、副区长、代区长；2002年1月，山东省青岛市市北区委副书记、区长；2003年6月，中共山东省青岛市市北区委书记；2004年11月，中共山东省青岛市市北区委书记(正厅级)；2007年1月，山东省青岛市副市长；2008年10月，中共甘肃省平凉市委书记；2008年12月，中共甘肃省平凉市委书记、市人大常委会主任；2011年7月，中共天水市委书记；2013年9月，甘肃省政府党组成员、省长助理、省公安厅党委书记、省公安厅厅长、省政法委员会委员。

2015年1月，甘肃省副省长、省公安厅党委书记、省公安厅厅长、省政法委员会委员。

杨子兴

杨子兴，男，汉族，1959年10月出生，甘肃古浪人。1984年8月加入中国共产党，1976年3月参加工作。西北师范大学中文系汉语言文学专业毕业，文学学士。北京大学公共管理硕士，经济师。

1976年3月，武威中坝公社插队知青；1978年9月，西北师范学院中文系汉语言文学专业学习；1982年7月甘肃省林业厅、省委农工部、省农委干事；1989年12月，甘肃省两西指挥部、省扶贫办办公室副主任；1993年3月，甘肃省扶贫办(两西指挥部)办公室主任；1996年11月，甘肃省扶贫办(两西指挥部)副主任(副指挥)、党组成员（期间：1997年9月至1999年7月兰州大学国际经济法专业研究生课程进修班学习）；2000年5月，甘肃省陇南地委委员；2000年9月，甘肃省陇南地委委员、行署副专员；2004年4月，甘肃省陇南市委常委、地区行署副专员，市政府筹备工作领导小组副组长；2004年12月，甘肃省陇南市委副书记；2005年3月，甘肃省定西市委副书记；2005年4月，甘肃省定西市委副书记、代市长；2005年7月，甘肃省定西市委副书记、市长；2008年2月，甘肃省定西市委书记；2008年5月，甘肃省定西市委书记、市人大常委会主任（2007年2月至2008年7月北京大学公共管理专业学习，获公共管理硕士学位）；2010年3月，甘肃省定西市委书记；2013年11月中共甘肃省委组织部常务副部长（正厅长级）；2015年6月，省政府副省长、省委组织部常务副部长。

受表彰的先进人物

中共中央、国务院表彰

全国劳动模范

蔡少东	兰州长征机械集团董事长、总经理
阙卫平	兰石集团重装公司青岛公司制造部工人

蔡优芝　兰州铁路局兰西机务段客运车间副主任
汪艳侠　（女）中石油兰州石化分公司合成橡胶厂丁腈车间工人
姬懿芳　（女）甘肃省邮政公司兰州市分公司工人
田　成　甘肃烟草工业有限责任公司党组书记、总经理，工程师
刘武团　白银有色集团股份有限公司技术中心矿山工程研究所党支部书记、副所长
赵秋燕　（女）中国石油庆阳石化公司技术部主任、高级工程师
陈生寿　武威市蔡旗乡沙滩村党支部书记，民勤勤丰铸管厂厂长
靳志强　秦安县绿康林果科技示范中心主任
李常有　靖远县乌兰镇东关村党支部书记
刘文庆　张掖市奥林贝尔生物科技有限公司副总经理、技术总监、工程师
潘小林　陇南市武都区桔柑乡贺家坪村党支部书记
杨　军　宁县焦村镇民生专业农民合作社理事长
何小平　甘南合作市热力有限责任公司司炉班班长
包供同　岷县梅川镇永星村党支部书记
韩　英　成县红川镇韩庄村原党支部书记
雷托胜　静宁县治平乡雷沟村村主任
马月成　陇西县给排水公司污水管网维护班班长
马天龙　（东乡族）广河县庄禾集镇西坪村党支部书记
万玛才让　（藏族）碌曲县阿拉乡吉扎村党支部书记
李　平　甘肃电器科学研究院院长、高级工程师
史苍松　二十一冶建设有限公司第六建设有限公司钢筋班班长
彭　明　金川集团股份有限公司铜冶炼厂铜电解一车间机组工
丁爱英　（女）八冶建设集团公司科技中心副主任
王云平　（女）酒钢集团宏兴钢铁股份有限公司碳钢薄板厂技术质量科主任工程师、高级工程师
于文德　甘肃大禹节水集团股份公司工程设计院副院长、工程师
董小泊　华电福新能源股份有限公司甘肃分公司总工程师、工程师
唐少波　甘肃达利食品有限公司财务主管
马正军　甘肃虹光电子有限责任公司重点产品设计师、高级工程师
周志龙　甘肃宝徽实业集团锌冶公司冶炼分厂厂长
沈占伟　神韵砖雕公司技术总监
宋振峰　甘肃报业集团农村部副主任、主任记者
张成明　甘肃省水利水电工程局总工程师、高级工程师
王欢祥　甘肃省建设投资(控股)集团总公司董事长、高级工程师
周奋明　靖远煤业集团甘肃靖远煤电股份有限公司红会四矿综放队队长
康　仁　甘肃第七建设集团股份有限公司劳务队队长
王多明　中核四〇四有限公司第一分公司三车间副主任
洪　鎏　国家电网甘肃省电力公司兰州供电公司变电检修室副主管
王全龙　中国电信股份有限公司兰州分公司新区分局市场营销、助理工程师
周阿妮　（女）长庆油田分公司第七采油厂白豹采油作业区六井区党支部书记
宋先帮　中国石油天然气股份有限公司玉门油田分公司青西油田作业区生产运行科科长，工程师

全国先进工作者

杨　宏　兰州市公安局交警支队城关大队三中队中队长
谢成俊　兰州市农业科技研究推广中心站长、研究员
高存花　（女）兰州市城关区环卫局工人
宋建荣　天水市农业科学研究所副所长、研究员
王立言　（女）白银市人民检察院公诉处副处长
旦正草　（女，藏族）夏河县桑科乡达久滩卫生室医生
何亚兰　（女）武山县温泉乡盘坡小学校长
祁世军　金昌市公安局金川分局刑侦大队大队长
张艳萍　（女）甘肃省水产研究所所长、研究员
张永茂　甘肃省农业科学院农产品贮藏加工研究所所长、研究员
杜永峰　兰州理工大学土木学院防震减灾研究所所长、教授
王　鉴　西北师范大学西北少数民族教育发展研究中心主任、教授
米登海　甘肃省第二人民医院院长、主任医师
曹　方　甘肃省科学技术情报研究所所长、研究员，甘肃省科学技术发展战略研究院院长

（中委〔2015〕246号）

（供稿：秦利军）

人社部表彰

全国水利系统先进工作者

赵正鑫　平凉市水务局规划计划科科长
马　彬　（回族）天水市张家川县水务局局长
张　福　张掖市临泽县水务局副局长、总工程师
马国华　（东乡族）临夏回族自治州水务水电局规划计划科科长
张秀山　甘肃省疏勒河流域水资源管理局财务处处长

全国水利系统劳动模范

张　东　甘肃省水利水电勘测设计研究院副总工程师

中国人民银行先进工作者

赵从辉　中国人民银行甘南藏族自治州中心支行货币信贷与统计科

（人社部发〔2015〕10号）

全国铁路系统劳动模范

徐　实　兰州铁路局总工办主任
陈兴福　武威工务段副主任
王建梅　（女）固原车务段客运值班员
满利民　嘉峪关供电段轨道车司机长
田伟明　兰州车辆段电工
郑洪涛　武威房建段工长
郝金平　兰西机务段机车司机

（人社部发〔2015〕36号）

在特高压专项工程建设中做出突出贡献先进个人

中央企业劳动模范

黄迎珠　国网甘肃省电力公司经济技术研究院建设管理中心副总工程师兼项目管理室主任

（人社部发〔2015〕37号）

全国交通运输系统先进工作者和劳动模范

先进工作者

周建平　甘肃省道路运输管理局城客运管理处处长
郭耀军　甘肃省酒泉公路管理局玉门公路管理段玉门镇养管站站长
赵开银　甘肃省张掖公路管理局高台公路管理段技师
戴许海　甘肃省甘南公路管理局迭部公路管理段段长
张忆贤　（藏族）甘肃省甘南路政执法管理局玛曲路政执法管理所路政员

劳动模范

武维宏　甘肃省交通规划勘察设计院有限责任公司总工办副主任
胡学奎　甘肃省交通规划勘察设计院有限责任公司经营开发部主任
裴生菊　（女）甘肃省交通工程建设监理公司第三分公司副经理
李　鑫　甘肃紫光智能交通与控制技术有限公司工程师

（人社部发〔2015〕38号）

全国保险系统先进工作者和劳动模范

先进工作者

李　瑄　（女）中国保险监督管理委员会甘肃监管局办公室财务科科长

劳动模范

仲志强　中国大地财产保险股份有限公司天水中心支公司总经理
张树明　中国太平洋人寿保险股份有限公司甘肃分公司总经理

（人社部发〔2015〕55号）

全国质量监督检验检疫系统先进工作者

周小平　甘肃出入境检验检疫局检验检疫综合技术中心主任（高级工程师）
韩　飞　甘肃省质量技术监督局计划财务处主任科员

（人社部发〔2015〕60号）

全国商贸流通服务业劳动模范

劳动模范

张　柱　甘肃会展中心有限公司总经理
扎西顿珠　（藏族）甘肃三阳自然能源科技有限公司董事长
颉凯琴　（女）甘肃阳光大酒店有限公司前厅部见习经理

（人社部发〔2015〕83号）

全国财政系统先进工作者

李有庆　天祝藏族自治县财政局局长
刘亚宗　徽县财政局局长

（人社部发〔2015〕104号）

全国档案系统先进工作者

黄　静　（女）甘肃省档案局（馆）收集整理处主任科员

（人社部发〔2015〕105号）

第三届全国民委系统先进工作者

王江卫　天水市民族宗教事务委员会社会事业科科长

（人社部发〔2015〕107号）

全国国土资源管理系统先进工作者

水生涛　岷县国土资源局局长
丁　煦　武威市国土资源局局长

（人社部发〔2015〕109号）

（供稿：刘　源）

省委省政府表彰

全省民族团结进步模范个人

马俊源　（东乡族）兰州市民族宗教事务委员会副主任
马元曦　（回族）中共兰州市委统战部副调研员
张梦才　（回族）兰州市政协民族宗教和港澳台侨委员会副主任（兼）
侯　莉　（女）兰州市城关区嘉峪关路街道办事处排洪沟社区党支部书记
于丽红　（女，回族）兰州市七里河区民族幼儿园园长
龚大锁　兰州市城关区临夏路街道办事处干部
马生华　（回族）兰州市裕华木制品有限责任公司董事长
张　全　（回族）甘肃省清真食品行业协会会长
韩国军　（撒拉族）兰州市马大胡子餐饮服务有限公司董事长
张国军　（回族）甘肃伊真建设集团有限公司董事长
张　虎　兰州市惠仁堂药业连锁有限责任公司董事长
普　正　兰州报恩寺慈善基金会理事长
刘拉琴　嘉峪关市民族宗教事务委员会主任
列金花　（女，蒙古族）酒钢集团公司党委宣传部宣传和统战工作办公室高级主管
马惠玲　（女，回族）嘉峪关市新大新商贸有限公司经理
毕志良　（回族）金昌市伊斯兰教协会会长
马金山　（东乡族）金昌市公安局禁毒支队政委
魏志梅　（女）金昌市第一人民医院主

管护师
郭发学　金昌市人民政府办公室秘书科副科长
杨建国　酒泉市财政局副局长
王建平　酒泉市民族事务委员会副主任
陈大斌　中共酒泉市委组织部干部二科科长
霍孜克　（哈萨克族）酒泉市第二人民医院神经外科主任
周永儒　玉门市民族宗教事务局局长
省　毅　（藏族）酒泉市瓜州县广至藏族乡乡长
庞艳荣　（女）敦煌市沙州镇南街社区党支部书记
王刚连　（蒙古族）肃北蒙古族自治县马鬃山边防大队明水派出所干事
马有良　（回族）酒泉市肃州区北关清真寺阿訇
宋安学　金塔县羊井子湾乡双古塔村农民
马乃必有　（回族）瓜州县沙河回族乡羊村专业合作社社长
娜仁图雅　（女，蒙古族）肃北蒙古族自治县银泉山庄经理
阿勒腾古丽　（女，哈萨克族）酒泉市阿克塞哈萨克族自治县阿勒腾乡阿克塔木村牧民
安玉冰　（裕固族）政协肃南裕固族自治县委员会主席
强万生　（藏族）中共张掖市肃南裕固族自治县祁丰藏族乡委员会书记
韩雪琴　（女）张掖市肃南裕固族自治县马蹄藏族乡大泉村牧民
马金海　（回族）张掖市山丹县伊斯兰教协会主任
安弘梧　（裕固族）张掖市甘州区民族宗教事务局局长
胡秀芳　（女，回族）张掖市甘州区南街街道办事处南关社区党总支书记
魏玉梅　（女）张掖市财政局副局长
刘兴福　张掖市民乐县丰乐乡武城村党支部书记
安翠香　（女，裕固族）张掖市临泽县沃土农林开发公司总经理
田莲翠　（女）张掖市高台县骆驼城镇新民村党支部书记
师正荣　中共张掖市委统战部民族宗教科副科长
杨成国　（藏族）中共武威市天祝藏族自治县委统战部部长
马周加　（藏族）武威市天祝藏族自治县藏医院风湿科主任
徐润全　中共武威市天祝藏族自治县天堂镇委员会书记
李玉春　（女）武威市天祝藏族自治县妇女联合会主任
马金花　（女，土族）武威市天祝藏族自治县祁连中心小学教师
阿成文　（藏族）武威市天祝藏族自治县松山镇达隆村党支部书记
马吉贤　（东乡族）武威市吉贤商贸有限公司总经理
王　森　武威市凉州区下双乡沙河村农民
梁万仓　武威市古浪县裴家营镇小岭滩村党支部书记
扎　桑　（女，藏族）武威市民勤县蔡旗乡沙滩村农民
嘉义·洛桑公却三排　（土族）武威市天祝藏族自治县天堂寺活佛
甘孝礼　中共白银市会宁县委员会书记
马金虎　（回族）白银市会宁县新添堡回族乡道口村党支部书记
田家驹　（回族）中共白银市靖远县委统战部科员
王国安　白银市景泰县校园饮食服务业协会会长
郑　杰　中共白银市委统战部政策研究室主任
王凤琪　（女）白银市民族宗教事务委员会政策法规科科长
丁良俊　（回族）白银市平川区打拉池清真寺管委会主任
李承荣　白银市财政局行政政法科科长
洪三姓　中共天水市张家川回族自治县大阳乡委员会书记
马家诵　（回族）天水市张家川回族自治县宣化冈拱北管委会主任
马小琴　（女，回族）天水市张家川回族自治县龙山镇韩川村党支部书记
马　刚　（回族）天水市扶贫开发办公室副主任
陈永清　天水市第一中学教师
陈进奎　天水市麦积区元龙镇上崖村委会主任
马友明　（回族）天水市清水县新城乡蒲魏村党支部书记
马永志　（回族）天水市秦州区太京镇窝驼村党支部书记
赵宏晖　（女）天水市财政局行政政法科科长
李占强　天水市发展和改革委员会西部开发科科长
穆岗浪　甘肃磐业农用化工有限公司董事长
冯　晓　平凉市民族事务委员会副主任
丁俊孝　（回族）平凉市人民医院皮肤科主任
黄卫东　武警8674部队政委
张　荣　（女）中共平凉市崇信县委统战部部长
马广慧　（回族）平凉市庄浪县韩店镇岔沟村委会主任
马金贵　（回族）平凉市静宁县站院清真寺管委会主任
马建西　（回族）平凉市崆峒区清真北大寺教长
马文科　（回族）平凉市灵台县民族宗教事务局局长
李金洲　（回族）平凉市泾川县鑫牛牧业有限公司经理
郭光能　庆阳市财政局局长
贾翠艳　（女）中共庆阳市环县县委统战部部长
马金芳　（女，回族）庆阳市正宁县五顷塬回族乡副乡长
马平线　（回族）庆阳市正宁县三嘉乡琅琊洼村党支部副书记
余斌杰　庆阳市镇原县工商联副主席
马志俊　（回族）庆阳市西峰清真寺阿訇

闫正秉　庆阳市庆城县驿马镇东滩村党支部书记

王　辉　定西市民族宗教事务局民族宗教科科长

马呈明　（回族）定西市陇西县巩昌镇团结村党支部书记

孔晓萍　（女，回族）定西市岷县水泥制品公司总经理

马立功　（回族）定西市渭源县路园镇三河口村党支部书记

张兴平　定西市漳县民族宗教事务局局长

马　丽　（女，回族）中共定西市通渭县委统战部部长

裴正江　定西市临洮县巍雅斯名表眼镜有限公司董事长

马占江　（回族）定西市安定区香泉镇人大常委会主席

古荣芳　陇南市两当县显龙乡显龙村党支部书记

撒建成　（回族）陇南市西和县伊斯兰教协会副会长

曹小宁　（女，藏族）陇南市文县铁楼藏族乡寨科桥村农民

苏二虎　（回族）陇南市礼县民族宗教事务局局长

杨旭东　（藏族）陇南市宕昌县新城子藏族乡乡长

马成德　（回族）陇南市徽县城关镇东关村党支部书记

李　红　（女）陇南市康县工商行政管理局副局长

杨主儿　（藏族）陇南市武都区佛教协会副会长

刘智勇　甘南藏族自治州信访局副局长

拉目道吉　（藏族）甘南藏族自治州民族事务委员会主任

刘生琳　国家电网甘南供电公司副总经理

才让旺杰　（藏族）甘南藏族自治州夏河县人民法院民事审判庭审判员

鲁毛才让　（女，藏族）甘南藏族自治州特殊教育学校校长

王海英　（女，藏族）甘南藏族自治州妇幼保健院医生

敏文海　（回族）甘南藏族自治州恒力汽车修配有限责任公司董事长

贡保杰　（藏族）甘南拉卜楞仿古建筑工程有限责任公司董事长

更卡仓　（藏族）政协夏河县委员会委员（活佛）

贡保草　（女，藏族）甘南藏族自治州夏河县曲奥乡晒经滩生猪养殖专业合作社经理

扎西加木措　（藏族）甘南藏族自治州碌曲县西仓寺医院医生

扎西东知　（藏族）甘南藏族自治州碌曲县双岔乡二地村党支部书记

久尖木　（藏族）甘南藏族自治州玛曲县欧拉乡安茂村党支部书记

三木旦　（藏族）甘南藏族自治州玛曲县宁赞建筑安装工程有限责任公司经理

敏义龙　（回族）甘南藏族自治州临潭县伊斯兰教协会副会长

才让扎西　（藏族）甘南藏族自治州临潭县庄稼汉农民合作社经理

敏生智　（回族）中共甘南藏族自治州临潭县卓洛回族乡委员会书记

丹正加　（藏族）中共甘南藏族自治州卓尼县委员会副书记

姜耀忠　（土族）甘南藏族自治州卓尼县杓哇土族乡大庄村党支部书记

格桑嘉措　（藏族）甘南藏族自治州卓尼县禅定寺寺管会主任

仁青东珠　（藏族）中共甘南藏族自治州迭部县委员会书记

次日扎西　（藏族）甘南藏族自治州迭部县益哇乡扎尕那村委会主任

石华雄　中共甘南藏族自治州舟曲县委员会书记

薛代花　（女，藏族）甘南藏族自治州舟曲县博峪乡阿路沟村党支部书记

韩宏彬　甘南藏族自治州舟曲县宏源超市经理

张　琪　中共临夏回族自治州委员会副秘书长

王荣武　临夏回族自治州人大常委会副秘书长

马云龙　（回族）政协临夏回族自治州委员会办公室副主任

雷　勇　临夏回族自治州政府办公室机关事务管理中心主任

金永忠　中共临夏回族自治州委组织部办公室主任

崔学军　中共临夏回族自治州委宣传部副部长

吴丽娟　（女）中共临夏回族自治州政法委干部教育管理科科长

高永平　临夏回族自治州财政局局长

郭　瑜　临夏回族自治州教育局语言文字委员会办公室主任

金有录　（回族）临夏回族自治州民族事务委员会主任

喇永祥　（回族）中共临夏回族自治州纪律检查委员会宣传教育室副主任

王娅莉　（女，蒙古族）临夏回族自治州国家税务局监察室主任

薛宇峰　甘肃省军区临夏军分区政治部干事

赵志勇　中共临夏回族自治州临夏市南龙镇委员会书记

曹鸿烈　（回族）临夏回族自治州临夏市魁星阁清真寺教长

马恒光　（东乡族）中共临夏回族自治州东乡族自治县委统战部部长

马志龙　（回族）甘肃兰亚铝业有限公司董事长

娄仲莉　（女）临夏回族自治州临夏县教育局项目办公室工程师

张维俊　（回族）临夏回族自治州临夏县井沟东乡族乡张家沟村党支部书记

韩　岳　（撒拉族）临夏回族自治州积石山保安族东乡族撒拉族自治县民族事务委员会主任

马鹏飞　（保安族）临夏回族自治州积石山保安族东乡族撒拉族自治县大河家镇镇长

马占海 （回族）中共临夏回族自治州和政县梁家寺东乡族乡委员会书记
马哈牙 （回族）临夏回族自治州广河县城关镇南街清真寺教长
马进忠 （东乡族）临夏回族自治州广河县官坊乡石磊村党支部书记
罗正芳 （女）中共临夏回族自治州康乐县委机构编制委员会办公室主任
张辉贤 （东乡族）临夏回族自治州康乐县上湾道堂教长
司发荣 临夏回族自治州永靖县西河镇吉祥寺主持
彭成加 兰州新区秦川镇人民政府科员
王国强 中共甘肃省委宣传部宣传处处长
杜健泽 中共甘肃省委政策研究室政治研究处处长
王俊民 中共甘肃省委农村工作办公室秘书处处长
李卫华 （女）中共甘肃省直属机关工作委员会机关党委专职副书记
李景铭 中共甘肃省委党校哲学教研部主任
汪尚学 甘肃省人民政府办公厅秘书二处处长
郭清毅 （女）甘肃省科技厅农村科技处主任科员
杨启明 （藏族）甘肃省民族事务委员会人事处处长
王盛兴 甘肃省公安厅三十处科长
许志成 （藏族）甘肃省合作监狱三监区教导员
杨志权 甘肃省财政厅行政政法处干部
苏金铎 甘肃省商务厅驻临夏县扶贫点专干
孟庆波 甘肃省京剧团艺术委员会主任
周德英 甘肃省卫生和计划生育委员会规划与信息处主任科员
王海萍 （女，土族）甘肃省审计厅经济责任审计二处副处长
赵　旭 甘肃省人民政府国有资产管理委员会群众工作处处长
邱聚林 张掖市肃南裕固族自治县地方税务局局长
何能贤 甘肃省工商行政管理局企业处副处长
喇延真 （回族）甘肃省食品药品监督管理局食品生产监管处处长
董　平 （女）甘肃省统计局综合处副处长
秦斌峰 甘肃省旅游局培训考试中心主任
王小正 甘肃省人民政府法制办公室行政法规处处长
杜树旗 甘肃省人民政府研究室社会发展研究处副处长
谢志娟 （女）甘肃日报社时政部副主任
年玉英 （女，回族）甘肃省广播电影电视总台机关党委专职副书记
苏丽蓉 （女，回族）西北师范大学西北少数民族师资培训中心办公室副主任
马富春 （回族）甘肃省伊斯兰教协会副会长
郭莽仓 （藏族）甘肃省佛学院活佛
安忠礼 （藏族）甘肃省农村信用社夏河县农村信用合作联社理事长
刘　敏 甘肃农业大学文科实训中心主任
何　锦 （满族）甘肃省人民医院医务科副科长
李秀丽 （女）兰州大学第二医院诊断学教研室副主任

部队、武警

许瑞源 （土族）甘肃省军区政治部党史军史工作办公室主任
闫国梁 甘肃省军区玛曲县人民武装部政工科科长
王征祥 甘肃陆军预备役高射炮兵师第二团二营营长
杜才中 武警甘肃总队武威市支队四中队指导员
张鸿斌 武警甘肃总队酒泉市支队政治处副主任
苏　虎 武警甘肃总队张掖市支队肃南县中队中队长
陈贵生 民航甘肃机场公安局局长
白兆瑞 甘肃省国家税务局所得税处处长
刘志杰 中国农业科学院兰州兽医研究所副处长
杜　娟 （女）国家开发银行甘肃省分行副处长

（甘委〔2015〕4号）

甘肃省劳动模范和先进工作者

甘肃省劳动模范

蒋浩伟 兰州石化公司石油化工厂中间产品车间黄河北灌区化工二班班长
于源海 甘肃中石油昆仑燃气有限公司兰州输配公司抢修服务大队二班班长
陈　荣 中国铝业连城分公司电解二厂二区工区长
张　龙 西北永新集团永新涂料制漆厂包装工
傅志宏 兰州电机股份有限公司大中型电机事业部定子下线班班长
胡玉梅 （女）兰州公交集团第五客运公司驾驶员
杨小栋 兰州真空设备有限责任公司容器车间调度员
鱼小燕 （女）兰州三毛纺织（集团）有限责任公司织布厂、挡车工
李万金 甘肃祁连山水泥集团股份有限公司红古公司水泥中控操作员
赵贵英 （女）兰州民百（集团）股份有限公司收银员
周荣东 兰州美嘉美彩色印刷有限公司印刷车间班长
周建国 兰州吉利汽车工业有限公司总装厂装配工
郑学义 兰州城关物业管理有限公司东方红广场清洗班班长
张　静 （女）兰州生物制品研究所有限责任公司质量保证部经理
瞿继虎 中石化第五建设有限公司项目管理公司副处长
杨艾杰 （回族）兰州国资投资（控股）建设集团有限公司项目经理

陆元明 兰州客运中心有限责任公司客运中心站站长

张平香 （女）方大炭素新材料科技股份有限公司压型厂三车间检修班电气技术员

何德强 天华化工机械及自动化研究设计院有限公司研究部部长

李肖霞 （女）甘肃天庆房地产集团有限公司副总经理

刘爱军 兰州市再生资源回收公司兴盛源循环经济加工产业园项目经理

潘　临 兰州科庆仪器仪表有限责任公司研发部主任

牟德龙 兰州水泵总厂销售员

李学锋 兰州雪顿乳业有限公司副总经理

李　春 （女）兰州银行兰西支行客户经理

王安祥 兰州兰石集团有限公司副总经理

席建红 中国铝业股份有限公司兰州分公司电解一厂作业区作业长

魏常明 兰州市榆中县贡井乡吕家岘村宏鑫药材专业合作社社长

韩有天 兰州市七里河区西果园镇湖滩村党支部书记

康连胜 兰州市永登县武胜驿镇武胜驿村党支部书记

薛守诚 兰州市红古区花庄镇河嘴村村民

王锡刚 兰州市皋兰县水阜镇长川村党支部书记

天水市

廖永刚 中航天水飞机工业有限责任公司机械制造公司数铣操作工

张自飞 天水华天电子集团七四九公司电源分厂主任

赵存权 天水风动机械股份有限公司副总经理兼技术中心主任

朱奇先 天水电气传动研究所有限责任公司副总经理

杨敬华 天水长城开关厂有限公司技术中心副总工程师

彭朝旭 兰州长城电工股份有限公司天水二一三电器有限公司工装分厂设计组组长

刘民祥 天水锻压机床（集团）有限公司技术中心副主任

刘　文 （女）天水祁连山水泥有限公司矿山部部长

黄明生 甘肃天嘉交通运输集团有限公司董事长、党委书记

马俊麟 天水市甘谷县冀城出租车有限公司驾驶员

杨富建 天水永生建筑工程有限责任公司钢筋班班长

裴仲林 天水仲林果品有限公司总经理

张建军 天水市麦积区马跑泉镇大沟村党支部书记

郑增茂 天水市秦安县兴国镇郑川村党支部书记

丁进义 天水市甘谷县新兴镇雒家村党支部书记

刘天绪 天水市武山县马力镇北顺村党委书记

郭子孝 天水市清水县山门镇旺兴村党支部书记

马继东 （回族）天水市张家川县木河乡庄河村党支部书记

白银市

李少坤 白银有色集团股份有限公司西北铅锌冶炼厂电解车间维修工

刘素花 （女）白银有色集团股份有限公司铜业公司电解车间种板作业区副区长

雒庆权 白银市平川区旱坪川电力提灌工程管理局灌排公司泵站站长

王志辉 甘肃西北大磨坊食品工业有限公司总工程师

王延莉 （女）甘肃稀土集团有限责任公司销售事业部副部长

史光勇 甘肃华鹭铝业有限公司电解厂电解四车间主任

李　毅 甘肃省腐蚀与防护学会理事长

唐顺初 甘肃康视达科技集团有限公司董事长

常振华 白银市会宁县桃花山建筑有限公司钢筋工

李仲铎 白银市靖远县东湾镇大坝村党委书记

苏风积 白银市白银区四龙镇永丰村村委会主任

段永甫 白银市靖远县大芦乡庄口村党支部书记

王生铎 白银市景泰县芦阳镇寺梁村党支部书记

李守茂 白银市平川区水泉镇野麻村党支部书记

金昌市

程生鹏 金昌水泥（集团）公司干法厂机电车间主任

周维亮 金川集团公司二矿区操作工

李忠元 八冶兰州分公司项目经理

喻生洁 （女）金川集团公司检测中心技术员

刘元科 金昌铁业（集团）有限责任公司董事长

董立民 八冶第二建设公司第二分公司电焊工

张　祯 金昌市永昌县朱王堡镇流泉村养殖专业合作社社长

杨述萍 （女）金昌市金川区双湾镇天生炕村农民

谢生瑞 甘肃酒钢集团宏兴钢铁股份有限公司镜铁山矿桦树沟作业区铲运机六班班长

王建军 嘉峪关大友企业公司建筑动力安装公司烧结作业区技术协理

唐晓玲 （女）甘肃酒钢宏兴钢铁股份有限公司选烧厂总工程师

王小康 甘肃东兴铝业有限公司嘉峪关分公司电解、四作业区副作业长

杜建强 甘肃广银铝业有限公司技术员

杨成彪 嘉峪关市新城镇野麻湾村党支部书记

权玉州 甘肃省酒泉汽车运输总公司

玉门客运公司驾驶员

刘锦帆 （女）中材科技（酒泉）风电叶片有限公司安环质量部主管

王建国 酒泉市热力有限责任公司换热站站长

齐银先 酒钢集团甘肃兴安民爆器材有限责任公司、阿克塞分公司经理

亢玉芬 （女）敦煌太阳大酒店有限公司行政部经理

万桂兰 （女）酒泉阳关律师事务所律师

李生虎 玉门市紫龙珠葡萄专业合作社理事长

王彩霞 （女）酒泉市瓜州县圆梦缘种养殖专业合作社理事长

徐永生 酒泉市金塔县航天镇东岔村党总支书记

白　平 甘肃昆仑生化有限责任公司生产部经理

刘建玲 （女）临泽县益民食品有限责任公司福荣大酒店、大堂经理

王炯文 甘肃山丹腾达西铁冶金有限责任公司综合管理办公室主任

郑雄国 甘肃锦世化工有限责任公司电气管理部部长

谢　卿 甘肃博峰肥牛开发有限公司董事长

孙秀英 （女）张掖市民乐县民联乡杨庄子村一组农民

蒋吉福 张掖市甘州区党寨镇下寨村党支部书记、下寨村奶牛养殖专业合作社理事长

武　明 张掖市临泽县倪家营镇南台村党支部书记、临泽县丹霞观光农业专业合作社监事长

魏彦海 张掖市高台县骆驼城镇西滩村党支部书记

顾自福 （裕固族）张掖市肃南裕固族自治县大河乡红湾村党支部书记

苏武文 武威铁骑力士饲料有限公司生产车间一班班长

王全治 武威市民勤县给排水公司管道维修班班长

曹铭庆 （女，藏族）天祝玉通石门河碳化硅有限公司工艺车间冶炼工

常成喜 青岛啤酒武威有限责任公司安全环保部副部长

陈海忠 天祝三洋盛生物有限公司经理

闫吉超 古浪鑫森精细化工（集团）有限公司副总经理

魏桂花 （女）甘肃敬业农业科技有限公司质检部质检员

刘福花 （女）武威市宁海商贸有限公司振威家具厂油漆车间三班班长

马元武 威市凉州区蜻蜓蔬菜产销专业合作社社长

胡中山 武威市古浪县黄花滩生态移民后续产业专业合作社党委书记

何建花 （女）武威市古浪县丰达凯菜生态养殖专业合作社行政总监

张孝智 武威市民勤县成功农业开发有限责任公司职工

刚德义 （藏族）武威市天祝县天堂镇天堂村村委会主任

吴云涛 中铝西北铝加工厂挤压厂熔铸班班长

文生平 定西市漳县祁连山水泥有限公司维修班班长

陈孝民 定西高强度紧固件股份有限公司技术员

马明义 甘肃洮河拖拉机制造有限公司技术研发中心主任

王桂芳 （女）定西市通渭县环境卫生管理站清洁工

安尚成 甘肃正立建筑安装集团有限公司钢筋班班长

韩智雄 定西市陇西县建筑安装总公司第七工程分公司钢筋工

党春香 （女）定西市安定区符川春香农资农副专业合作社社长

杨迟同 定西市漳县永盛生态农民专业合作社社长

贾根柱 定西市陇西县菜子镇二十铺村党总支书记

龚志荣 定西市临洮县太石镇三益村村委会主任

孙爱红 定西市通渭县襄南乡东坪村农民

乔济民 定西市渭源县莲峰镇元明村党支部书记

邓金梅 （女）庆阳鸿福保洁有限公司保洁员

许粉丽 （女）庆阳市环县新艺地毯工贸有限责任公司配线工

巩怀华 中国石油天然气股份有限公司庆阳石化分公司一联合运行部班长

刘自君 甘肃北地红调味食品集团有限公司生产车间主任

张　敏 （女）庆阳市澳恺食品有限公司生产车间主任

黄文华 甘肃绿环生物科技开发有限公司生产车间主任

范君霞 （女）甘肃陇运三力运输集团宁县客运有限公司调度员

赵树森 庆阳长荣机械设备制造有限公司总经理

高志义 庆阳华晨建筑安装工程有限公司项目经理

白占泽 庆阳市陇大生态养殖专业合作社理事长

胡元宁 庆阳市宁县盘克镇盘农种植农民专业合作社理事长

赵兴山 庆阳市华池县柔远镇孙家川村党支部书记

李喜怀 庆阳市正宁县永正镇上官庄村党支部书记

刘　刚 庆阳市环县环城镇北郭塬村党支部书记

张海龙 庆阳市合水县西华池镇黎家庄子村农民

王小霞 （女）平凉市崆峒区环境卫生管理处保洁公司清洁工

白　燕 （女，回族）甘肃省平凉新世纪工贸开发集团有限责任公司新世纪超市新民店售货员

杨春燕 （女）泾川天纤棉业有限责任公司一分厂细纱车间挡车工

薛秋科 平凉市灵台县自来水公司维修安装队队长

梁艳花 （女）平凉新安煤业有限责任公司机电工区主井绞车司机

吕建柏 平凉亨达机械制造有限责任公司副总经理、总工程师

刘金海 甘肃红峰机械有限责任公司董事长、党委副书记

柳　军 北京梦圆聚劳动服务有限责任公司职工

裴晓江 平凉市静宁县工业品纸箱制造厂总经理

安兴文 平凉市崆峒区草峰镇安家村党支部书记、平凉市兴都工贸集团董事长

李向军 平凉市华亭县砚峡乡煤矿矿长

康广生 平凉市泾川县玉都镇康家村党总支书记

曹玉宝 映山红商贸有限责任公司董事长

王学忠 陇南市成县祁连山水泥有限公司副总经理

张科毅 陇南市文县祁连山水泥有限公司钳工组组长

张　芹 （女）陇南市西和县乞巧文化产业发展有限公司刺绣工

张鹏举 陇南市礼县春天药业有限责任公司质管部主任

唐　云 金徽酒股份有限公司生产部经理

王昉东 陇南市华龙建筑工程有限公司总经理

高新全 陇南市宕昌县哈达铺镇召藏村兴旺中药材合作社社长

唐卫红 （女）陇南市礼县宽川镇宽川村农民

郭大权 陇南市西和县何坝镇民旺马铃薯专业合作社理事长

任根全 陇南市成县店村镇新村党支部书记

田济明 陇南市文县尚德镇田家坝村党支部书记

郑文山 陇南市康县城关镇赵坝村大庄社村委会委员

李　锋 陇南市徽县大河店乡柳树村党支部书记

黄　波 陇南市两当县左家乡蚂蚱河村农民

朱海山 甘肃古河州酒业有限责任公司质量部主任

赵宗璧 （回族）临夏联谊集团有限公司市政园林绿化有限公司技术负责人

曾需要 国网甘肃省电力公司刘家峡水电厂生产技术部主任

范多静 （女）临夏州夏能水利水电开发有限责任公司技术总监

瞿成学 甘肃古典建设集团有限公司总经理

韩永奇 临夏州和政县奇胜源生态畜牧养殖科技有限公司技术员

鲁鸿宙 百益集团董事长、土桥生态园经理

马志龙 （回族）甘肃兰亚铝业有限公司董事长、隆丰养殖厂厂长

韩玉英 （女，撒拉族）临夏州积石山县石塬乡沈家坪村党支部书记

闫麻乃 （回族）临夏州康乐县流川乡团结村十二社农民

吴晓强 甘南州卓尼县给排水公司管道组组长

敏文祥 （回族）甘肃华羚实业集团有限公司董事长

李继录 甘南州迭部县林业总场北山管护站护林员

吾尔白 （女，藏族）甘南州玛曲县市政大队清洁工

谢村选 甘南州舟曲县东山乡谢家村村委会主任、东盛养殖农民专业合作社理事长

王户神宝 甘南州临潭县户保中药材种植农民专业合作社理事长

周克加 （藏族）甘南州夏河县曲奥乡香告村村委会主任、甘南迎宾青稞酒业有限责任公司经理

周　勇 （女）兰州三毛纺织（集团）有限责任公司毛条厂挡车工

王海峰 西北永新集团有限公司甘肃陇神戎发药业股份有限公司提取车间主任

蔡　山 八冶建设集团有限公司安装建设公司白银装备制造公司综合班班长

颉定文 甘肃电器科学研究院大容量试验室试验员

王小刚 华龙证券股份有限公司副总经理

史勤顺 甘肃省长城建设集团总公司福州分公司项目总工程师

崔　清 甘肃第一建设集团有限责任公司副总工程师

郑建军 甘肃土木工程科学研究院副总工程师

王　璐 （女）甘肃省建筑设计研究院设计三所所长

王春好 甘肃省城乡规划设计研究院总建筑师

康旺儒 中国市政工程西北设计研究院有限公司董事长、党委书记

谢昌盛 甘肃第六建设集团股份有限公司同立建筑劳务公司粉刷工

李海林 甘肃第七建设集团股份有限公司劳务公司抹灰班班长

传新军 甘肃路桥第二公路工程有限公司起重安装班班长

省工信委

张晓霞 （女）兰州飞行控制有限责任公司装配工

王鸿山 中核兰州铀浓缩有限公司第五车间高压运行工段副段长

常有才 甘肃银光化学工业集团有限公司聚银化工有限公司TDI厂技术科副科长

白生龙 甘肃长风电子科技有限责任公司制导技术研究所整机室主任

李志力 兰州万里航空机电有限责任公司技术中心机构室主任

陆生玉 甘肃省广播电视网络股份有限公司敦煌市分公司经理

王光辉 读者集团甘肃教育出版社总经理

秦贵信 甘肃省定西起重机厂有限责任公司锅炉班班长

李　冬 甘肃省监狱企业集团兰州阀门有限责任公司水电班班长

邓永平 甘肃省白银风机厂有限责任公司机加车间质量质检员

李　莉　（女，满族）甘肃省歌舞剧院有限责任公司舞蹈演员
张　斌　甘肃成兴信息科技有限公司总工程师
朱小松　（女）中国工商银行股份有限公司张掖分行综合柜员
马培荣　甘肃临洮农村商业银行股份有限公司中铺支行客户经理
汪国平　国家开发银行股份有限公司甘肃省分行办公室主任
杨延平　中国人寿财产保险股份有限公司武威市中心支公司业管客服部经理
杨宝宏　中国长城资产管理公司兰州办事处总经理助理
王效沛　甘肃银行股份有限公司酒泉分行党委书记、行长

省邮政公司

窦双荣　甘肃省邮政公司天水市分公司麦积区邮政局元龙邮政所主任
张立军　甘肃省邮政公司兰州市分公司邮件处理中心主任

电信甘肃省分公司

王芙蓉　（女）中国电信股份有限公司甘肃分公司网络监控维护中心基础设施维护部副主任
杜海树　中国电信股份有限公司甘肃分公司政企客户事业部综合支撑中心技术经理
王金鹏　（藏族）中国移动通信集团甘肃有限公司甘南分公司业务员
何玉婷　（女）中国移动通信集团甘肃有限公司酒泉分公司、玉门市公司花海片区经理
许基友　中国联合网络通信有限公司酒泉市分公司运行维护部技术员
宗成胜　兰州铁路局陇西车务段陇西车站调车丁班调车长
姜春雨　兰州铁路局兰州货运中心营销策划部客户经理
安红志　兰州铁路局定西工务段天水线路车间线路工区线路工长
孟春艳　（女）兰州铁路局兰州客运段高铁车队队长
赵清泊　兰渝铁路有限责任公司指挥长助理
肖颂新　兰新铁路甘青有限公司副总经理、总工程师
王　峰　兰州铁路局局长
王飞行　国网甘肃省电力公司白银供电公司安全总监
郑　伟　国网甘肃省电力公司电力科学研究院副总工程师
李晨曦　（女）国网甘肃省电力公司信息通信公司技术发展部主任
何建功　国网甘肃省电力公司庆阳供电公司华池县、供电公司运维检修部主任
陈文俊　国网甘肃省电力公司财务资产部主任
贺建国　中国能源建设集团甘肃省电力设计院有限公司送电部主任
栾志刚　国电兰州范坪热电有限公司燃料储运部检修主管
曾继华　甘肃烟草工业有限责任公司兰州卷烟厂电气维修工
钟向峰　甘肃省烟草公司兰州市公司副经理
金　星　铁一院兰州铁道设计院有限公司计划经营部部长

中铁二十一局集团有限公司

党振峰　中铁二十一局集团有限公司第四工程有限公司乐都碧水园项目部常务副经理
马建会　中铁二十一局集团有限公司工程管理处技术科科员
张江文　北车兰州机车有限公司电器车间机车电工
徐国栋　大唐碧口水力发电厂发电部副主任
朱学成　中石油西北销售公司调度运输处处长
马俊杰　中石油西北销售长沙分公司筹备组油库主任

省电力投资集团

刘　锋　甘肃电投大容电力有限责任公司白龙江发电分公司经理
陈文雄　（藏族）中国石油天然气销售有限公司甘肃甘南销售分公司玛曲黄河加油站经理
黄胜文　中国石油天然气销售有限公司甘肃甘南销售分公司信息管理处科长
吴晓明　长庆油田分公司第七采油厂地质研究所所长
黄　璐　（女）长庆油田分公司第十一采油厂太白梁作业区镇五注水站站长
赵春花　（女）长庆油田分公司西安长庆化工集团有限公司一车间副主任
吴春生　长庆油田分公司第十采油厂采油工艺研究所注水室主任
仓义强　长庆油田分公司第十二采油厂固城采油作业区党支部书记
文　盛　中国石油天然气股份有限公司玉门油田分公司、炼油化工总厂焦化车间班长
申莉君　（女）中国石油天然气股份有限公司玉门油田分公司、老君庙油田作业区采油四工区采油工
陈敬德　中国石油天然气股份有限公司玉门油田分公司油田作业公司修井四队X12868队修井工
王永胜　中国石油天然气股份有限公司玉门油田医院外科主任
李海红　中国石油集团川庆钻探工程有限公司长庆钻井总公司30658钻井队随钻测量工
陆沁昆　中国民用航空西北地区空中交通管理局甘肃分局航管楼技保部通信室副主任
郑　江　甘肃省民航机场集团嘉峪关机场公司气象台台长
杨世杰　华亭煤业集团有限责任公司总经理助理
朱同印　华亭煤业集团有限责任公司董事长、党委书记

巩少华 华亭煤业集团有限责任公司砚北煤矿掘进、二队生产二班班长

郑鹏图 靖远煤业集团有限责任公司甘肃刘化（集团）、有限责任公司合成氨车间副主任

赵生界 靖远煤业集团有限责任公司甘肃靖远煤电股份有限公司大水头煤矿调度室主任

张小红 靖远煤业集团有限责任公司甘肃靖远煤电股份有限公司红会第一煤矿综放二队副队长

张国财 窑街煤电集团有限公司三矿机电二队班长

赫海全 窑街煤电集团有限公司金河煤矿副总工程师

杨国礼 窑街煤电集团天祝煤业有限责任公司综采一队队长

刘英杰 中核四〇四有限公司第二分公司检修车间班长

魏　刚 中核四〇四有限公司第一分公司总工程师

省公航旅投资集团有限公司

张军平 甘肃省公路航空旅游投资集团有限公司财务部副主任

李润权 甘肃省药物碱厂生产车间主任

张杰武 甘肃瑞盛·亚美特高科技农业有限公司董事长、总工程师

甘肃省先进工作者

赵建华 （女）兰州市中级人民法院审判员沟林兰州市纪律检查委员会干部

南　锋 甘肃省兰州市公安局便衣侦查支队反盗车大队大队长

武卫红 兰州市环境保护局大气污染防治处处长

张卫平 兰州市口腔医院院长、口腔医学工程技术研究中心主任

张　文 （女）兰州市城关区酒泉路小学教师

周春萱 （女）天水市第一中学年级部主任

袁丫丫 （女）天水市西秦腔研究院（秦剧团）副院长

吕芳梅 （女）天水市农村经济管理站站长

李　群 （女）天水市第一人民医院妇产科副主任

苟三铭 白银市景泰县第一中学教师

杨世梅 （女）白银市会宁县总工会常务副主席

张乾珍 （女）白银市第二人民医院产科主任

周　勇 金昌市畜牧技术推广服务中心副主任

易　岩 （女）金昌市第一人民医院妇产科主任

周国庆 嘉峪关市建设社区卫生服务中心主任

李嘉亮 （女）嘉峪关市胜利路小学教师

许春林 酒泉市瓜州县总工会主席

赵成庆 酒泉市肃北县人民医院内科医生

刘新强 酒泉市财政局投资评审中心主任

王文才 张掖市甘州区乌江镇人民政府司法所所长

张学龙 甘肃省祁连山水源涵养林研究院干部

程海英 （女）张掖市实验中学教师

万廷信 武威市人民医院肾内科主任

施天卿 武威市公安局交通警察支队车管所教导员

张世才 武威市水利水电勘测设计院副院长

王菊梅 （女）定西公路管理局临洮公路管理段洮阳养管站站长

漆文选 定西市渭源县农业技术推广中心植保站站长

歹书科 定西市岷县第一中学教师

童守义 定西市人民医院副院长

王万清 定西市陇西县总工会常务副主席

杨汉卿 庆阳市农机化技术推广站站长

郭改粉 （女）庆阳市合水县西华池小学教师

侯世文 庆阳市中医医院骨二科主任

董文雅 庆阳市委副秘书长

王育峰 平凉市华亭县农业技术推广中心主任

邓学英 （女）平凉市庄浪县第三幼儿园园长

李文彬 平凉市牛产业开发办公室业务科副科长

古效武 （回族）陇南市武都区园林局局长

王晓娟 （女）陇南市宕昌县两河口乡九年制学校教师

闫晓光 陇南市第一人民医院院长

马哈查 （女，回族）临夏州临夏县城市管理局环卫大队清洁工

赵　军 临夏回民中学教师

周文炳 （回族）临夏州动物卫生监督所所长

杨生录 （东乡族）临夏州水土保持试验站站长

杨晓琴 （女，藏族）甘南州合作第一小学教师

唐忠民 （藏族）甘南州草原工作站技术员

李雪娟 （女）甘肃省高速公路管理局崆峒高速公路收费管理所收费员

秦　龙 平凉公路管理局华亭公路管理段沥青拌合料场装载机操作手

郑兴文 甘肃省张掖公路管理局高等级公路养护管理中心路面养护队队长

赵　成 甘肃省地质环境监测院总工程师

马永辉 甘肃煤田地质局一四六队总工程师

刘菊琴 （女）甘肃省有色金属地质勘查局天水矿产勘查院测试中心技术负责人

刘先义 甘肃省白龙江林业管理局迭部林业局洛大林场场长

赵自民 甘肃省小陇山林业实验局滩歌林场护林员

何丽霞 （女）甘肃省林业科学技术推广总站副调研员

张本立 甘肃省渔业技术推广总站刘

家峡水库网箱养殖场副场长
刘祎鸿　甘肃省农业技术推广总站办公室主任
李国庆　甘肃省景泰川电力提灌管理局检修队技术组组长
熊　伟　甘肃省水利水电勘测设计研究院规划处处长
罗映红　（女）兰州交通大学自动化与电气工程学院教师
张继东　甘肃林业职业技术学院科研处办公室主任
王建平　甘肃省兰州第一中学教师
詹玉慧　（女）甘肃省兰州实验小学教师
孙玉梅　（女）甘肃省保育院院长
黄　莹　（女，回族）甘肃省经济学校教务处主任
乔令先　（女，藏族）甘肃民族师范学院外语系主任
郭向东　甘肃省图书馆馆长
王旭东　敦煌研究院院长
李兴文　甘肃省肿瘤医院胃肠外科主任
郭天康　甘肃省人民医院院长
何晓春　（女）甘肃省妇幼保健院产二科主任
田旭东　甘肃省中医院脾胃病科主任
冯治库　甘肃省高科技创业服务中心主任
张天平　兰州空间技术物理研究所空间电推进技术研究室主任
刘永广　甘肃省国家安全厅处长
王启勇　庆阳市合水县司法局板桥司法所所长
朱　鸿　（女）甘肃省女子监狱反邪教科科长
刘　庆　兰州市公安局城关分局刑事侦查直属大队大队长
刘作琪　武威市民勤县公安局刑警大队大队长
罗　强　陇南市两当县公安局西坡派出所所长
康　丽　（女）酒泉市公安局肃州分局东城关派出所科员
索南扎西　（藏族）甘南州夏河县公安局阿木去乎分局局长
王国建　甘肃省公安厅刑事技术检验鉴定处处长
党莉萍　（女）定西市安定区人民检察院控申科科长
刘俊杰　天水市秦安县人民检察院副检察长
张海蓉　（女）陇南市人民检察院反贪局侦查科科长
宁兰红　（女）张掖市甘州区人民法院副院长
张福才　武威市天祝县人民法院打柴沟人民法庭庭长
张　岩　（女）甘肃省高级人民法院民事审判第一庭助理审判员
蔡静海　（女）张掖市甘州区地方税务局发票管理分局机关工勤
剡红红　（女）天水市秦州区地方税务局征收服务分局局长
王　祯　甘肃省自行车训练管理中心运动员
张瑞云　甘肃省粮食局办公室车辆管理科科长
柳世昆　甘肃省测绘工程院航测遥感部主任
段文娟　（女）甘肃省女子强制隔离戒毒所一大队大队长
冯海霞　（女）甘肃省康复中心医院神经康复科主任
陈雪霞　（女）甘肃省统计局综合统计处主任科员
冯振超　审计署驻兰州特派员办事处外资运用审计处主任科员
郎永春　（藏族）甘肃省民族歌舞团党支部书记、团长
朱经国　甘肃省计量研究院热工室主任
王兰兰　（女）甘肃省农业科学院研究员
张国宏　甘肃省农业科学院旱地农业研究所研究员
李晓红　甘肃省环境监测中心站生态室主任
黄志恒　兰州海关驻中川机场办事处综合科科长
哈哈尔曼　（哈萨克族）甘肃省阿克塞哈萨克族自治县国家税务局党组成员、副局长
赵庆云　（女）兰州中心气象台首席预报员
肖国青　中国科学院近代物理研究所所长
段　毅　中国科学院地质与地球物理研究所兰州油气资源研究中心学术委员会主任

（甘委〔2015〕25号）

第十二批全省精神文明建设先进工作者

曹　刚　省直机关文明办主任
李素平　省编办副巡视员
林毅省　审计厅机关党委副书记兼工会主席
杨　征　甘肃路桥建设集团有限公司党委书记
郑百战　省水利厅直属机关党委专职副书记、纪委书记
李晓红　省财政厅人事处副处长
张明斌　省商务厅政策研究室主任
王锦红　省农牧厅机关党委副调研员
郭峰省　环保厅机关党委专职副书记
董枫省　公共资源交易局副局长
逄秘书　省军区临夏军分区东乡族自治县人武部部长
黄晓斌　省军区兰州警备区政治部正营职干事
梁万国　兰州市文明办创建处处长
毛征宇　兰州市城市管理综合行政执法局综合处副处长
马兰仙　兰州市食品药品监督管理局机关党委专职副书记
金俊河　兰州市爱卫办主任
沙金涛　兰州市城关区委外宣办副主任
张　鹏　兰州市城关区酒泉路街道党工委书记
陈亚玲　兰州市七里河区文明办干部
穆世礼　兰州市西固区委宣传部副部长、区文明办主任
刘有栋　兰州市安宁区西路街道费家营社区干部
康逢春　永登县文明办干部
陈永花　嘉峪关市五一路小学校长
张兰芝　嘉峪关市镜铁区紫轩社区党委书记、服务中心主任

李丹丹　嘉峪关市长城区大众社区服务中心党务专干
于　斐　嘉峪关市委党校经济管理教研室主任
徐永红　酒钢集团公司德力源分公司党群工作部主管
何志兵　嘉峪关市文明办协调督导科副科长
段志军　酒泉市肃州区委宣传部副部长、文明办主任
高明俊　金塔县旅游局局长
柴新爱　玉门市委常委、宣传部长
沈　忠　敦煌市转渠口镇雷家墩村书记
汤玉刚　肃北中学副校长
张丽萍　酒泉市文明办综合科科长
赵兴鸿　张掖市工商局监察室主任、局机关党总支副书记
崔德斌　张掖市文明办副主任
陈　强　张掖市中医院党委书记、院长
杨　君　民乐县委书记
张成琦　张掖市甘州区委常委、宣传部长
姜明桂　临泽县委常委、宣传部长
张宇锋　金昌市委宣传部副部长、市文明办主任、市创建全国文明城市工作办公室主任
蒋仲武　永昌县委宣传部副部长、县文明办主任
马永平　金昌市金川区委宣传部副部长、区文明办主任
刘发钰　金昌市城市管理综合执法局第一分局局长
董晓康　金昌市政工程管理处党支部书记、副主任
郭　锋　金川集团公司检修分公司电气工程师
王　吉　武威市凉州区清源镇党委书记
严俊义　民勤县文明办主任
郑经奎　古浪县第一中学校长
王玉成　天祝玉通石门河碳化硅有限公司经理
王淑桂　民勤县北街小学教师
朱玉萍　武威市政府政务服务中心窗口市公安局首席代表
张文瑞　白银供电公司纪委书记
武晓梅　白银市文明办创建科科长
魏滋邦　白银市白银区委宣传部常务副部长、区文明办主任
吴宏星　白银市平川区文明办副主任
关艳萍　靖远县文明办副主任
杨　扬　景泰县委宣传部科员
郭维团　定西市副市长
玄　鹏　陇西县第二中学教师
石　琳　临洮县委书记、文明委主任
尚志江　渭源县委常委、宣传部部长
汪桂芝　漳县武阳东街小学德育辅导员
郭世杰　岷县县委书记、文明委主任
王凌云　平凉市崆峒区委宣传部常务副部长、文明办主任
刘志江　崇信县人民医院副院长
李思静　庄浪县通化乡党委书记
何　轲　静宁县第三中学校长
口玉明　平凉市文化馆馆长
白兴平　平凉市文明办综合协调科科长
王　谦　庆阳市副市长
李元庆　正宁县委常委、宣传部长
李正锋　庆阳市文明办创建科科长
徐　源　庆阳市住建局城市建设科科长
张　宏　庆阳市西峰区文明办副主任
王旺宏　天水市秦州区文明办主任
邵双全　张家川县文明办副主任
王增梅　天水市实验小学校长
袁乘风　清水县地方税务局党组书记、局长
郭雅萍　天水市文明办副主任科员
丁志杰　天水市第三人民医院党委副书记、院长
赵　丰　陇南市武都区中医院院长
刘　辉　宕昌县文联主席
史佐宏　康县城关镇凤凰谷村党支部书记
王雅雯　成县人民医院院长
杨菊花　两当县兴化乡柳树村支部书记
桑文华　省邮政公司陇南市分公司党委书记、总经理
赵国庆　临夏回民中学教务处副主任
马耀宗　临夏市八坊街道党工委书记
戴　林　临夏市地方税务局副局长
马小龙　康乐县国家税务局副局长
马成兰　临夏州食品药品监管局食品稽查局局长
周秀兰　临夏州文明办未成年人建设科科长
李晓怡　国家电网甘南供电公司总经理
舒召矿　甘南州国家税务局办公室副主任
梁明光　碌曲县委书记、文明委主任
王丽英　舟曲县委常委、宣传部长
仁青东珠　迭部县委书记、文明委主任
旦正才让　甘南州教育局副局长

（甘委〔2015〕45号）

甘肃省双拥模范和先进个人

一、双拥模范名单

（一）爱国拥军模范

李青富　兰州神龙航空科技有限公司董事长
王亚平　兰州交通大学人武部副部长、学生工作处副处长
郭军旗　嘉峪关市民政局副局长
宋　平　金昌市民政局党组书记、局长
张跃峰　酒泉市肃州区委常委、政法委书记
梁春晖　酒泉春晖有限公司董事长、总经理
陈　晰　临泽县委书记
张国忠　武威市凉州区荣华街道党工委书记
刘力江　靖远县委副书记、县长
房　忠　甘肃忠恒集团董事长
毛达飞　天水市麦积区马跑泉镇政府科员
冯永新　武山县民政局科员
秦晓钰　平凉市公交公司总经理
史启明　庄浪县人社局局长
高　扬　庆阳市双拥办副主任
潘燕平　定西市安定区永定路街道党工委副书记
陈　荣　陇南市民政局局长
赵金福　舟曲县双拥办副主任
祁国强　临夏市民政局局长
尹国旗　甘肃矿区民政局优抚安置科副科长

（二）拥政爱民模范

杜志斌　中国人民解放军68313部队政

治处干事
荆　洲　中国人民解放军95994部队场务连连长
张贵泉　中国人民解放军68231部队政治委员
王信林　中国人民解放军96363部队30分队连长
郑　轶　中国人民武装警察8674部队政治处主任
曹文峰　兰州军区总医院心血管外科副主任医师
石剑峰　中国人民解放军第七医院政治委员
黄晓斌　甘肃省军区兰州警备区政治部正营职干事
樊敬信　甘肃省军区瓜州县人民武装部部长
师卫东　甘肃省军区白银军分区政治部副团职干事
段卫国　甘肃省军区正宁县人民武装部政治委员
俞春元　甘肃省军区甘南军分区政治部副主任
申宗寿　武警兰州市支队保卫科科长
张麦宝　武警嘉峪关市支队政治处副营职干事
梁培锋　武警武威市支队四中队四级警士长
曹　京　武警秦安县中队中队长
王　珑　武警陇南支队后勤处副处长
贾茂新　武警甘肃省总队第二支队政治委员
孙柏彦　张掖市甘州区消防大队副政治指导员
崔　楠　天水公安消防支队特勤中队中队长

二、双拥工作先进个人名单

（一）拥军优属先进个人

王　勃　兰州市全民健身指导中心主任
王　宏　兰州市城关区委书记
辛火方　大炭素新材料科技股份有限公司党委书记
豆义峰　榆中县清水驿乡党委书记
王　宏　皋兰县双拥办主任
武鸿帅　嘉峪关市民政局双拥综合科副科长
张　炳　金昌市金川区宁远堡镇副镇长
张希平　永昌县东寨镇退伍军人
李金花　酒泉市民政局副局长、双拥办主任
杨国文　金塔县委副书记
杨国玉　酒泉市肃州区尚武街社区党总支副书记
雒兴明　玉门市委书记
张　芳　瓜州县民政局副局长
任生录　敦煌市月牙泉镇合水村党支部书记
王　林　肃北县广播电影电视局局长
赵明亮　张掖市双拥办专职副主任
王东军　张掖市甘州区小满镇党委书记
张　宏　张掖电信分公司政企部经理
朱惠兰　山丹县南关学校校长
郝　雯　肃南县祁丰乡科员
刘万宏　武威市凉州区政府办主任
马维斌　民勤县西渠镇党委书记
李永红　古浪县双拥办主任
王成岩　天祝县民政局副局长
何玉林　武威市教育局基础教育科科员
蔺守强　会宁县郭城驿镇副镇长、红堡子村党委书记
李树江　景泰县红军西路军研究会会长
韩俊国　甘肃稀土集团有限责任公司人力资源部副部长
程　晨　天水市民政局副主任科员
张　兰　天水市财政局社保科副科长
任玉璞　天水市人社局军转办主任
张惠君　天水市秦州区西关街道办事处科员
蔡会香　清水县永清镇西关社区科员
杨惠君　平凉市崆峒区双拥办副主任
何会军　泾川县城关镇镇长
韩长琴　灵台县双拥办科员
马斌静　宁县界石铺镇党委书记
秦克喜　平凉二中党总支书记
李红伟　崇信县木林乡党委书记
刘　军　庆阳市西峰区彭原镇党委书记
赵贤良　庆城县马岭镇政府科员
左建荣　宁县平子镇党委书记
王晓明　正宁县宫河镇民政办主任
武霖煜　环县曲子镇民政助理员
慕鸿全　镇原县鸿全养殖专业合作社理事长
石　琳　临洮县委书记
王永德　陇西县民政局局长
何勤军　岷县岷阳镇人大主席
韩喜乾　定西市安定区内官营镇党委副书记
党小明　陇南驾校校长
李向群　陇南市人社局军转办主任
赵永峰　礼县城关镇民政助理员
杜小斌　文县城关镇党委书记
付明生　宕昌县民政局副局长
赵　鹏　甘南州民政局副局长
杨建国　甘南州财政局局长
何　冰　临潭县双拥办科员
雍桂英　康乐县委副书记、县长
兰　成　临夏市社会组织党工委专职副书记
马文吉　积石山县委办主任、第五永清中核四〇四有限公司第三分公司经理
杨成新　省政府办公厅秘书二处调研员
侯洪雷　省教育厅人事处副处长
朱中龙　省双拥办主任科员
苏书祯　省交通运输厅交通战备办主任
王国强　省委宣传部宣传处处长、省国防教育委员会办公室主任
田泽君　兰州铁路局人武部高级政工师

（二）拥政爱民先进个人

袁金荣　中国人民解放军68017部队政治委员
费星云　中国人民解放军93856部队副政治委员
冯　辉　中国人民解放军68046部队政治处宣传股长
何宝红　中国人民解放军96363部队12分队副连职干事
姚立伟　中国人民解放军93897部队61分队政治指导员
李彦武　中国人民解放军68509部队办公室主任
胡力全　中国人民解放军68115部队管理处处长
陈凡清　中国人民解放军63600部队政治部秘书群工处正营职干事

杨永涛 中国人民解放军93807部队政治教导员

申　达 甘肃陆军预备役高炮师三团政治委员

姬世强 甘肃省军区金昌军分区政治部正营职干事

钟东荣 甘肃省军区酒泉军分区政治部正营职干事

付志强 甘肃省军区张掖军分区政治部副团职干事

魏遵华 甘肃省军区天祝县人民武装部副部长

董进德 甘肃省军区白银陆军预备役防化团政治处主任

魏晓斌 甘肃省军区天水预备役旅政治部干部科科长

陈　平 甘肃省军区甘谷县人民武装部政工科科长

谢　飞 甘肃省军区定西军分区政治部正营职干事

靳晓峰 甘肃省军区政治部秘书群联处副营职干事

刘景双 兰州军区空军政治部双拥工作领导小组办公室主任

赵国泰 武警白银市支队教导队教导员

刘国基 武警平凉支队政治处副主任

王宗军 武警庆阳支队镇原中队政治指导员

俞河源 武警甘南州支队政治部主任

郑　毅 武警永靖县中队中队长

杨来宝 武警永靖县大坝中队中队长

海　宏 武警甘肃森林总队陇南支队合作大队副大队长

李渊慧 兰州市安宁区公安消防大队政治教导员

王文彬 平凉市崆峒区公安消防大队政治教导员

李宏平 定西市公安消防支队政治处正连职干事

苏海兵 成县公安消防大队大队长

张立强 甘南州公安消防支队政治委员

吕志峰 临夏市公安消防大队政治教导员

（甘委〔2015〕49号）

中共甘肃省委追授张树俭同志“全省优秀共产党员”称号

张树俭 （1964.12–2015.5），男，汉族，山西五台人，生前任甘肃省白银监狱狱政管理科副科长（主任科员），一级警督警衔。2015年5月16日（星期六），张树俭同志在值班期间因脑干出血，经抢救无效，牺牲在工作岗位上，年仅51岁。

（甘委〔2015〕64号）

（供稿：王风虎）

先进单位

人社部表彰

全国水利系统先进集体

甘肃省平凉市庄浪县水务局

甘肃省抗旱防汛指挥部办公室

（人社部发〔2015〕2号）

全国红十字会系统先进集体

甘肃省庆阳市红十字会

（人社部发〔2015〕8号）

中国人民银行先进集体

中国人民银行兰州中心支行人事处（党委组织部）

（人社部发〔2015〕10号）

全国铁路系统先进集体

兰州客运段高铁车队

兰州枢纽工程建设指挥部工程管理部

（人社部发〔2015〕36号）

在特高压专项工程建设中做出突出贡献的先进集体和个人

国网甘肃省电力公司经济技术研究院

（人社部发〔2015〕37号）

全国交通运输系统先进集体、先进工作者和劳动模范

甘肃省交通科学研究院有限公司岩土工程技术研究院

甘肃省高速公路交通调度指挥总中心

甘肃路桥第三公路工程有限责任公司

甘肃华运园林绿化工程有限公司

（人社部发〔2015〕38号）

全国保险系统先进集体、先进工作者和劳动模范

平安养老保险股份有限公司甘肃分公司运营服务室

（人社部发〔2015〕55号）

全国商贸流通服务业先进集体

兰州众成义利物业服务有限公司

陇南市东润国际大酒店有限公司

甘肃陇萃堂营养保健食品有限公司

（人社部发〔2015〕83号）

全国财政系统先进集体和先进工作者的决定

甘肃省岷县财政局

甘肃省敦煌市财政局

（人社部发〔2015〕104号）

全国档案系统先进集体和先进工作者的决定

甘肃省兰州市档案局（馆）

（人社部发〔2015〕105号）

第三届全国民委系统先进集体

甘肃省甘南藏族自治州临潭县民族宗教事务局

（人社部发〔2015〕107号）

全国地方志系统先进集体

正宁县地方史志办公室

（人社部发〔2015〕108号）

全国国土资源管理系统先进集体和先进工作者

甘肃省地质灾害应急中心

甘肃省陇南市国土资源局

甘肃省永昌县国土资源局河西堡分局

甘肃省庆城县国土资源局

甘肃省古浪县国土资源局

（人社部发〔2015〕109号）

（供稿：刘　源）

省委、省政府表彰

全省民族团结进步模范集体

兰州市红古区人民政府

兰州市财政局

兰州市食品药品监督管理局

兰州市民族中学

兰州市榆中县民族宗教事务局

兰州市红古区海石湾镇虎头崖村委会

甘肃奇正藏药有限责任公司

中共嘉峪关市委统战部

嘉峪关市教育局

中共金昌市委员会

金昌市金川区民族宗教侨务办公室

金川集团有限公司职工医院

酒泉市瓜州县人民政府

中共酒泉市肃州区委统战部

酒泉市玉门市小金湾东乡族乡民族学校

中共酒泉市肃北蒙古族自治县党城湾镇委员会

张掖市肃南裕固族自治县人民政府

中共张掖市肃南裕固族自治县皇城镇委员会

张掖市甘州区平山湖蒙古族乡人民政府

张掖市民族宗教事务委员会

武威市天祝藏族自治县人民政府

武威市天祝藏族自治县打柴沟镇人民政府

武威市凉州区伊斯兰教协会

中共武威市古浪县委统战部

中共白银市委员会

中共白银市会宁县新添堡回族乡委员会

白银有色集团股份有限公司

中共天水市委统战部

天水市张家川回族自治县教育体育局

天水市张家川回族自治县张棉驿乡人民政府

天水市交通运输局

天水市秦州区中城街道办事处

中共平凉市委统战部

平凉医学高等专科学校

平凉市崆峒区大寨回族乡人民政府

平凉市华亭县神峪回族乡人民政府

庆阳市民族宗教事务局

中共庆阳市宁县县委统战部

庆阳市西峰区民族宗教事务局

定西市发展和改革委员会

中共定西市陇西县委统战部

定西市岷县民族宗教事务局

定西市安定区扶贫开发办公室

中共陇南市武都区委员会

中共陇南市成县委员会
陇南市公安局
陇南市民族宗教事务委员会
甘南藏族自治州合作市第四小学
甘南藏族自治州夏河县拉卜楞寺寺管会
甘南藏族自治州碌曲县城关小学
中共甘南藏族自治州临潭县委统战部
甘南藏族自治州卓尼县藏族中学
中共甘南藏族自治州迭部县阿夏乡委员会
甘南藏族自治州舟曲县立节乡拉尕村委会
甘肃华羚酪蛋白股份有限公司
临夏回族自治州临夏市公安局交警大队
临夏回族自治州临夏县交通运输局
临夏回族自治州积石山保安族东乡族撒拉族自治县希望小学
中共临夏回族自治州东乡族自治县委员会
临夏回族自治州和政县梁家寺东乡族乡人民政府
临夏回族自治州永靖县人民政府
中共临夏回族自治州康乐县委统战部
临夏回族自治州广河县西川清真寺
临夏回族自治州宗教事务局
兰州新区秦川镇人民政府
中共甘肃省纪律检查委员会办公厅
中共甘肃省委机要局
甘肃省维护稳定工作领导小组办公室
中共甘肃省委组织部干部一处
中共甘肃省委统战部藏传佛教管理处
甘肃省人大常委会民族侨务办公室
甘肃省发展和改革委员会固定资产投资处
甘肃省民政厅
甘肃省社会保险事业管理局
甘肃省国土资源厅财务资产管理处
甘肃省水利厅
甘肃省农牧厅
甘肃省新闻出版广电局无线传输中心
甘肃省新闻出版广电局《甘南情歌》摄制组
甘肃省体育局
甘肃省宗教事务局
甘肃省政协民族和宗教委员会
甘肃省高级人民法院
甘肃省人民检察院公诉二处
甘南藏族自治州总工会
共青团甘肃省委员会青少年发展基金会
甘肃省妇女联合会
全国贫困地区干部培训中心兰州分院
甘肃省甘南公路管理局
甘肃民族师范学院
西北师范大学附属中学
甘肃机电职业技术学院
甘肃省军区边防营
甘肃省军区甘南独立骑兵连
武警甘肃总队甘南藏族自治州支队
武警甘肃总队临夏回族自治州支队
兰州铁路局
中国石油兰州石化公司
兰州大学
西北民族大学

（甘委〔2015〕4号）

"2014年度全省综治（平安建设）工作优秀地区"称号并颁发奖牌

兰州市
酒泉市
张掖市
嘉峪关市
平凉市
金昌市
陇南市

2014年度全省综治（平安建设）工作先进成员单位

省妇联
省安全厅
省发展改革委
省检察院
省财政厅
省总工会
省法院
省新闻出版广电局
省政府国资委
省人社厅
省信访局
省公安厅
省司法厅
省民政厅
省教育厅
省委外宣办

（甘委〔2015〕5号）

第十二批省级精神文明建设先进集体

一、文明县（区）榆中县
肃北蒙古族自治县
民乐县
定西市安定区
临洮县
镇原县
文县
和政县
迭部县
卓尼县

二、文明单位
省委老干局机关
省环保厅机关
省总工会机关
省商务厅机关
省农牧厅机关
省博物馆
省第二人民医院
武山矿泉疗养院
兰州商学院陇桥学院
中国邮政储蓄银行甘肃省分行
省环境科学设计研究院
小陇山林业实验局
省生态环境监测监督管理局
省军区平凉军分区泾川县人民武装部
省军区甘南独立骑兵连
解放军第一医院临夏医疗所
中国人民解放军68303部队
中国人民解放军68217部队
武警甘肃省总队酒泉市支队
中华人民共和国兰州边防检查站
兰州银行股份有限公司
兰州市质量技术监督局
水利部黄河水利委员会黑河流域管理局
甘肃中医药大学附属医院
兰州市公安局交警支队东岗大队
甘肃长兴交通物资有限公司
兰州高速公路管理处柳树高速公路收费管理所
省林业工作站管理局
中国航天科技集团公司五院五一〇所
甘肃路桥公路投资有限公司
兰州市城关区一只船小学
兰州市公安消防支队七里河区大队龚家

湾中队
兰州公交集团第一客运公司
兰州公交集团职工培训中心
兰州银行股份有限公司七里河支行
兰州市三十一中
兰州石化公司物业服务公司
兰州市西固区人民检察院
中国工商银行股份有限公司兰州西固支行
兰州市西固区食品药品监管局
兰州市西固区人民医院
兰州银行股份有限公司安宁支行
甘肃政法学院
甘肃恒达路桥工程集团有限公司
兰州市安宁区十里店小学
兰州市红古区人民法院
中国移动通信集团甘肃有限公司红古区公司
永登县气象局
兰海高速公路收费管理所
榆中县财政局
榆中县第九中学
中国农业银行股份有限公司皋兰县支行
嘉峪关市委老干部局
嘉峪关市建设局
甘肃钢铁职业技术学院
酒钢（集团）宏兴股份公司动力厂
酒钢（集团）中天置业有限公司
嘉峪关公路管理局镜铁公路管理段
嘉峪关市国家税务局第一税务分局
嘉峪关市地税局征收分局
嘉峪关市工商行政管理局镜铁分局
中国农业银行股份有限公司嘉峪关分行
嘉峪关市实验中学
嘉峪关市酒钢三中
嘉峪关市实验小学
酒泉市审计局
中国工商银行股份有限公司酒泉分行
酒泉育才学校
中国建设银行股份有限公司酒泉分行
酒泉市肃州区财政局
酒泉市肃州公路管理段
中国农业发展银行肃州支行
金塔县委组织部
金塔县中学
玉门市供电公司
疏勒河流域水资源管理局花海灌区管理处赤金峡水库管理所
瓜州县农村信用合作联社
瓜州县渊泉小学
敦煌市鸣沙山月牙泉风景管理处
阿克塞哈萨克族自治县地方税务局
阿克塞哈萨克族自治县人民检察院
肃北蒙古族自治县县委宣传部
肃北蒙古族自治县环境保护局
张掖市公安局
张掖市审计局
张掖公路管理局高等级公路养护管理中心
张掖黑河湿地国家级自然保护区管理局
张掖市政协办公室
张掖市甘州区供电公司
张掖市甘州区人民检察院
张掖市第二中学
临泽县地方税务局
临泽农村合作银行
高台县供电公司
高台农村合作银行
山丹县地方税务局
中国工商银行股份有限公司山丹县支行
中国移动通信集团甘肃有限公司民乐县公司
民乐县国家税务局
张掖公路管理局肃南公路管理段
肃南裕固族自治县教育体育局
金昌市财政局
金昌监狱
金昌市食品药品监管局
中国人民银行金昌市中心支行
中国联合通信有限公司金昌市分公司
金川集团公司总校第二中学
金昌市供水管理处
中国工商银行股份有限公司永昌县支行
永昌县公安局
金昌市金川区园林绿化管理局
武威市中级人民法院
武威市中心血站
中国人民银行武威市中心支行
中国银行业监督管理委员会武威监管分局
武威市凉州区地方税务局
武威市公安局凉州分局
武威市凉州区清源水利管理所
民勤县人民医院
甘肃民勤连古城国家级自然保护区管理局
古浪县第三中学
中国工商银行股份有限公司天祝支行
中国移动通信集团甘肃有限公司天祝县公司
天祝藏族自治县气象局
天祝藏族自治县第一中学
会宁县地方税务局
会宁县公安消防大队
靖远县第六中学
中国移动通信集团甘肃有限公司靖远县公司
景泰县第三中学
白银监狱
白银市白银区四龙路街道办事处
白银市白银区第二小学
白银市公安消防支队平川区大队平川中队
白银市平川区兴平路街道办事处
白银市平川区长征街道办事处
甘肃靖远煤电股份有限公司王家山煤矿
甘肃煤炭第一工程有限责任公司
定西市公安消防支队
定西市公安局交警支队
定西市中级人民法院
定西市安定区教育体育局
通渭县人民法院
通渭县地方税务局
陇西县巩昌中学
陇西县公安交警大队
临洮县公路管理段
临洮农村商业银行股份有限公司
渭源县人民检察院
渭源县国家税务局
漳县人民检察院
漳县气象局
岷县人民检察院
中国移动通信集团甘肃有限公司岷县公司
中国地震局兰州地震研究所平凉中心地震台
平凉出入境检验检疫局
甘肃红峰机械有限责任公司
平凉市委党校
平凉市第二中学
平凉市崆峒区财政局
泾川县地方税务局
泾川县财政局
灵台县东关小学

崇信县财政局
崇信县人民检察院
平凉供电公司华亭县分公司
中国工商银行股份有限公司平凉分行
庄浪县农牧局
中国移动通信集团甘肃有限公司静宁县公司
庆阳银监分局
中国工商银行股份有限公司庆阳分行
正宁县第一中学
镇原县平泉中学
庆阳市疾控中心
陇东学院
中国联合通信有限公司庆阳分公司
中国移动通信集团甘肃有限公司宁县公司
宁县国家税务局
镇原县财政局
环县地方税务局
环县农村信用合作联社
中国移动通信集团甘肃有限公司华池县公司
合水县国家税务局
庆城县人民医院
天水市水务局
天水市实验小学
天水市青少年活动中心
天水市第二幼儿园
天水昊峰集团控股有限公司
天水市麦积区实验小学
天水市第四人民医院
秦安县地方税务局
秦安县人民法院
甘谷县教育体育局
武山县山丹建筑公司
清水县地方税务局
张家川回族自治县工商行政管理局
中国工商银行股份有限公司秦安县支行
天水市秦州区天水郡街道办事处
陇南市武都区第一人民医院
陇南市武都区公安交警大队
宕昌县林业局
文县国家税务局
文县水务局
康县广播电影电视局
成县第一中学
徽县实验小学
徽县地方税务局
西和县农村合作银行
西和县第一中学
礼县职业中等专业学校
礼县第一人民医院
两当县教育局
陇南师范高等专科学校
中国联合通信有限公司陇南市分公司
临夏州人民检察院
临夏州公安消防支队
国家电网临夏供电公司
临夏中学
中国工商银行股份有限公司临夏分行
临夏市人民检察院
临夏市第一中学
临夏县国家税务局
永靖县畜牧局
永靖县妇女联合会
永靖县刘家峡川北小学
和政县委办公室
康乐县地方税务局
广河县地方税务局
东乡族自治县教育局
积石山保安族东乡族撒拉族自治县财政局
积石山保安族东乡族撒拉族自治县民政局
甘南州公安消防支队
中国联合通信有限公司甘南州分公司
中国移动通信集团甘肃有限公司舟曲县公司
中国移动通信集团甘肃有限公司卓尼县公司
卓尼县国家税务局
碌曲县工商行政管理局
迭部县地方税务局
迭部县电力公司
舟曲县公安局
舟曲县国家税务局
临潭县地方税务局
玛曲县工商行政管理局
夏河县财政局
合作市公安交警大队
临潭县公安交警大队
合作市当周街道办事处

三、文明乡镇

兰州市红古区花庄镇
永登县柳树乡
永登县通远乡
永登县连城镇
永登县坪城乡
榆中县夏官营镇
皋兰县水阜乡
酒泉市肃州区西峰乡
金塔县羊井子湾乡
瓜州县渊泉镇
玉门市下西号乡
敦煌市阳关镇
张掖市甘州区大满镇
张掖市甘州区沙井镇
临泽县蓼泉镇
高台县巷道镇
山丹县霍城镇
民乐县洪水镇
肃南裕固族自治县大河乡
永昌县河西堡镇
武威市凉州区清源镇
民勤县泉山镇
天祝藏族自治县华藏寺镇
天祝藏族自治县祁连乡
会宁县新添堡回族乡
靖远县大芦乡
景泰县漫水滩乡
景泰县正路乡
定西市安定区鲁家沟镇
通渭县常河镇
临洮县八里铺镇
渭源县莲峰镇
岷县维新乡
平凉市崆峒区白庙回族乡
灵台县独店镇
崇信县黄花乡
庄浪县水洛镇
静宁县界石铺镇
庆阳市西峰区什社乡
宁县中村镇
合水县太莪乡
镇原县新集乡
天水市秦州区中梁乡
天水市麦积区东岔镇
秦安县郭嘉镇
甘谷县安远镇
武山县洛门镇
清水县白驼镇

张家川回族自治县马鹿乡
康县大堡镇
成县抛沙镇
西和县何坝镇
两当县站儿巷镇
东乡族自治县东塬乡
积石山保安族东乡族撒拉族自治县大河家镇
舟曲县城关镇
卓尼县阿子滩乡
临潭县长川乡

四、文明村

兰州市红古区红古乡水车湾村
永登县大同镇王家坪村
永登县龙泉寺镇瑞芝村
榆中县来紫堡乡黄家庄村
榆中县三角城乡大兴营村
皋兰县黑石川乡新地村
嘉峪关市长城区新城镇中沟村
嘉峪关市雄关区峪泉镇断山口村
嘉峪关市镜铁区文殊镇文殊村
酒泉市肃州区东洞乡东洞村
金塔县西坝乡西红村
瓜州县西湖乡中沟村
玉门市清泉乡跃进村
阿克塞哈萨克族自治县红柳湾镇加尔乌宗村
敦煌市黄渠乡芭子场村
肃北蒙古族自治县石包城乡鹰咀山村
张掖市甘州区小满镇店子闸村
张掖市甘州区三闸镇新建村
张掖市甘州区乌江镇天乐村
张掖市甘州区龙渠乡木龙坝村
临泽县新华镇向前村
临泽县板桥镇板桥村
临泽县平川镇平川村
高台县南华镇墩仁村
高台县骆驼城镇果树村
山丹县位奇镇廿里堡村
山丹县大马营乡花寨村
民乐县新天镇下姚村
民乐县南古镇毛城村
肃南裕固族自治县明花乡双海子村
永昌县朱王堡镇流泉村
金昌市金川区宁远堡镇中牌村
武威市凉州区发放镇贾家墩村
民勤县西渠镇号顺村
古浪县土门镇新胜村
天祝藏族自治县打柴沟镇大庄村
天祝藏族自治县华藏寺镇周家窑村
会宁县太平店镇大山川村
会宁县河畔镇河畔村
靖远县北湾镇中堡村
靖远县乌兰镇红嘴村
景泰县一条山镇水源村
白银市白银区水川镇桦皮川村
白银市白银区水川镇金锋村
白银市平川区王家山镇万庙村
定西市安定区内官营镇锦屏村
通渭县义岗镇文化村
临洮县洮阳镇南街村
渭源县会川镇西关村
岷县十里镇齐家村
灵台县西屯乡店子村
灵台县独店镇庙背村
庄浪县水洛镇何马村
合水县固城乡董家寺村
华池县南梁镇荔园堡村
庆阳市西峰区什社乡李岭村
环县木钵镇高寨村
宁县湘乐镇樊湾村
天水市秦州区玉泉镇七里墩村
天水市秦州区太京镇李家台子村
天水市麦积区新阳镇胡家大庄村
天水市麦积区社棠镇下曲村
秦安县安伏乡杨寺村
秦安县莲花镇槐龙村
甘谷县磐安镇西街村
甘谷县六峰镇中洲村
武山县马力镇北顺村
武山县山丹乡周庄村
清水县永清镇张扬村
清水县红堡镇西城村
张家川回族自治县马鹿乡龙口村
张家川回族自治县龙山镇韩川村
陇南市武都区佛崖乡叶坝村
宕昌县哈达铺镇牛家村
康县王坝乡大水沟村
徽县嘉陵镇田河村
礼县永兴乡文家村
文县临江乡东风村
宕昌县城关镇马鞍山村
康县岸门口镇青岗坝村
临夏县刁祁乡尕沟村
康乐县附城镇刘家庙村
碌曲县阿拉乡吉扎村
临潭县王旗乡中寨村
夏河县王格尔塘镇洒索玛行政村
迭部县电尕镇拉路村

五、文明社区

兰州市城关区拱星墩街道段家滩西社区
兰州市城关区草场街街道草场街社区
兰州市城关区白银路街道正宁路社区
兰州市七里河区西湖街道安西路社区
兰州市西固区福利路街道山丹街社区
兰州市西固区先锋路街道公园路东社区
兰州市安宁区西路街道兰飞社区
兰州市安宁区西路街道枣林路社区
兰州市红古区下窑街道二坪台社区
嘉峪关市长城区新华社区
嘉峪关市雄关区胜利社区
嘉峪关市镜铁区明珠社区
酒泉市肃州区东北街道汉唐街北社区
金塔县城市街道西南街社区
玉门市玉门镇友谊路社区
瓜州县渊泉镇邮电巷社区
敦煌市沙州镇南街社区
肃北蒙古族自治县党城湾镇紫亭社区
张掖市甘州区南街街道南关社区
民乐县城关镇团结巷社区
金昌市金川区金川路街道金阳里社区
金昌市金川区街道昌文里社区
民勤县城关镇东街社区
天祝藏族自治县华藏寺镇中街社区
白银市白银区公园路街道建银社区
白银市白银区四龙路街道建设路社区
白银市平川区长征街道华尖子社区
靖远县乌兰镇东街社区
定西市安定区中华路街道汽车站社区
渭源县清源镇清源社区
漳县城关镇城西社区
泾川县街道东街社区
庆城县庆城镇凤城园社区
华池县悦乐镇悦乐社区
天水市秦州区天水郡街道王家磨社区
天水市麦积区桥南街道天河社区
清水县永清镇西关社区
徽县城关镇桥西社区

临夏市东关街道水泉社区
永靖县刘家峡镇黄河路社区
迭部县电尕镇城西社区
舟曲县城关镇东城社区
夏河县拉卜愣镇上人民街社区
卓尼县柳林镇城南社区
（甘委〔2015〕45号）

第四届全国文明城市荣誉称号
金昌市
（甘委〔2015〕46号）

甘肃省双拥模范城（县）
一、双拥模范城（县）名单
（一）双拥模范城
兰州市
嘉峪关市
金昌市
酒泉市
张掖市
武威市
白银市
天水市
平凉市
庆阳市
城关区
西固区
七里河区
安宁区
红古区
敦煌市
玉门市
麦积区
秦州区
安定区
临夏市
合作市
（二）双拥模范县
永登县
榆中县
永昌县
金塔县
肃北蒙古族自治县
阿克塞哈萨克族自治县
山丹县
临泽县
肃南裕固族自治县
天祝藏族自治县
古浪县
民勤县
靖远县
会宁县
武山县
清水县
秦安县
甘谷县
静宁县
崇信县
泾川县
灵台县
华池县
环县
镇原县
陇西县
临洮县
漳县
岷县
渭源县
康县
两当县
成县
徽县
礼县
迭部县
玛曲县
永靖县
康乐县
积石山保安族东乡族撒拉族自治县

二、双拥工作先进单位
（一）拥军优属先进单位
兰州市委宣传部
兰州市人社局
兰州市教育局
兰州市七里河区西湖街道办事处
兰州市西固区福利路街道办事处
兰州市安宁区民政局
嘉峪关市规划局
金昌市金川区昌文里社区
金川集团公司职工培训中心
酒泉市林业局
金塔县航天镇人民政府
酒泉市肃州区民政局
玉门市民政局
瓜州县财政局
阿克塞县阿克旗乡人民政府
张掖市委宣传部　张掖市民政局
高台县人社局
张掖青少年军校
民乐县文化广播新闻出版局
武威市凉州区人社局
古浪县旅游局
民勤县民政局
天祝县民政局
武威第十八中学
白银市财政局
白银市白银区强湾乡川口村村委会
天水市教育局
天水市秦州区玉泉镇人民政府
天水市麦积区桥南街道办事处
甘谷县大像山镇人民政府
秦安县国家税务局
崇信县锦屏镇人民政府
华亭县砚峡乡人民政府
平凉市特殊教育学校
平凉市公共交通公司
庆阳市西峰区民政局
庆阳第四中学
庆城县陇东中学
正宁县青年志愿者协会
华池县中医医院
镇原县屯字镇人民政府
定西市民政局
漳县盐井乡人民政府
通渭县华家岭乡人民政府
渭源县中心实验小学
陇南市委宣传部
陇南市公安局
金徽酒业股份有限公司
陇南市武都区民政局
合作市人民政府
卓尼县教育局
夏河县民政局
迭部县国土资源局
甘南州发展改革委
临夏州中心血站
临夏市枹罕镇人民政府
临夏市职业技术教育中心

永靖县岘塬镇人民政府
积石山县中学
中核四〇四有限公司
省科技厅直属机关党委
省工信委军民结合推进处
省转业军官服务中心
省新闻出版广电局办公室
（二）拥政爱民先进单位
兰州军区政治部群众工作联络处
中国人民解放军68305部队
中国人民解放军68207部队
中国人民解放军68008部队
中国人民解放军62216部队
中国人民解放军95876部队
中国人民解放军68307部队
中国人民解放军68138部队
中国人民解放军68221部队
中国人民解放军68073部队
中国人民解放军68202部队
中国人民解放军68077部队
中国人民解放军68222部队71分队
中国人民解放军96422部队70分队
中国人民解放军63623部队
中国人民武装警察8670部队
甘肃省军区白银军分区政治部
甘肃省军区定西军分区政治部
甘肃省军区安定区人民武装部
甘肃省军区西和县人民武装部
甘肃省军区玛曲县人民武装部
甘肃省军区康乐县人民武装部
武警定西市支队
武警临夏州支队
武警清水县中队
武警灵台县中队
武警陇南市森林支队
武警平凉市森林支队
兰州边防检查站
肃北县马鬃山公安边防大队
白银市公安消防支队
平凉市公安消防支队
庆阳市公安消防支队
榆中县公安消防大队
环县公安消防大队

（甘委〔2015〕49号）

（供稿：王风虎）

重要文件辑存

地方立法

甘肃省非物质文化遗产条例

2015 年 3 月 27 日省第十二届人大常委会第十五次会议通过

第一章 总 则

第一条 为继承和弘扬中华民族优秀传统文化，加强非物质文化遗产保护、保存工作，推动华夏文明传承创新，根据《中华人民共和国非物质文化遗产法》等有关法律、行政 法规，结合本省实际，制定本条例。

第二条 本省行政区域内非物质文化遗产的保护、保存活动，适用本条例。

第三条 本条例所称非物质文化遗产，是指各族人民世代相传并视为其文化遗产组成部分的各种传统文化表现形式，以及与传统文化表现形式相关的实物和场所。包括：

（一）传统口头文学以及作为其载体的语言；

（二）传统美术、书法、音乐、舞蹈、戏剧、曲艺和杂技；

（三）传统技艺、医药和历法；

（四）传统礼仪、节庆等民俗；

（五）传统体育和游艺；

（六）其他非物质文化遗产。

非物质文化遗产组成部分中属于文物的实物和场所，适用文物保护法律法规的有关规定。

第四条 非物质文化遗产保护应当尊重传统，维护民族团结，注重真实性、完整性、传承性和公益性；遵循政府主导、社会参与、保护为主、抢救第一、合理利用、传承发展的原则。

第五条 县级以上人民政府应当加强对非物质文化遗产保护、保存工作的领导，将非物质文化遗产保护、保存工作纳入本级国民经济和社会发展规划，并将保护经费列入本级财政预算。

县级以上人民政府应当设立非物质文化遗产保护专项资金，主要用于非物质文化遗产的调查、抢救、研究、宣传、教育、展演展示和资料实物的征集收购等。

省人民政府对少数民族地区、革命老区、贫困地区非物质文化遗产保护、保存工作应在项目、资金、基础设施建设、人才培养等方面给予扶持。

第六条 县级以上人民政府文化行政部门负责本行政区域内的非物质文化遗产保护、保存工作。

发展和改革、财政、人力资源和社会保障、住房和城乡建设、教育、民族、宗教、旅游、卫生、体育、新闻出版广电、文物、档案等有关部门，在各自职责范围内做好非物质文化遗产保护、保存工作。

乡镇人民政府、街道办事处应当会同县级人民政府文化行政部门做好非物质文化遗产保护、保存工作。

居民委员会、村民委员会应当协助当地人民政府做好非物质文化遗产保护、保存工作。

第七条 县级以上人民政府文化行政部门和其他有关部门应当加强对非物质文化遗产保护工作的宣传，普及非物质文化遗产知识，提高全社会非物质文化遗产保护意识。

鼓励、支持公民、法人和其他组织建立非物质文化遗产保护志愿者队伍，引导公众参与非物质文化遗产的保护和宣传。

鼓励、支持公民、法人和其他组织以捐赠、资助、奖励、提供商业保险、设立基金等形式，参与非物质文化遗产的保护，开展非物质文化遗产保护的合作和交流。

第八条　县级以上人民政府应当对非物质文化遗产保护、保存工作中做出显著成绩的单位和个人予以表彰奖励。

第二章　调查与名录

第九条　县级以上人民政府根据非物质文化遗产保护、保存工作需要，组织非物质文化遗产调查，具体实施由文化行政部门负责。县级以上人民政府其他有关部门可以对其工作领域内的非物质文化遗产进行调查。

县级以上人民政府文化行政部门和其他有关部门进行非物质文化遗产调查，应当对非物质文化遗产予以认定、记录，建立档案，健全调查信息共享机制。

公民、法人和其他组织可以依法进行非物质文化遗产调查。

第十条　开展非物质文化遗产调查应当征得被调查对象的同意，尊重其民族风俗、信仰和习惯，不得损害调查对象的合法权益，不得歪曲和滥用调查成果，不得非法占有或者损毁实物和资料。

第十一条　非物质文化遗产调查中建立的档案及相关数据库，除依法应当保密的外，应向社会公开，便于公众查阅。

第十二条　县级以上人民政府应当建立本级非物质文化遗产代表性项目名录。列入非物质文化遗产代表性项目名录的项目应当符合下列条件：

（一）具有历史、文学、艺术、科学价值；

（二）具有优秀传统文化的典型性、代表性；

（三）具有在一定群体或者地域范围内世代传承传播的特点；

（四）具有地域或者民族特色，在本行政区域内有较大影响。

相同的非物质文化遗产项目，其形式和内涵在本行政区域内两个以上地区均保持完整的，可以同时列入同级非物质文化遗产代表性项目名录。

第十三条　公民、法人和其他组织认为某项非物质文化遗产具有历史、文学、艺术、科学价值，可以向文化行政部门提出列入非物质文化遗产代表性项目名录的建议。

鼓励公民、法人和其他组织向县级以上人民政府文化行政部门提供非物质文化遗产线索。

第十四条　县级以上人民政府可从本级非物质文化遗产代表性项目名录中，向上一级文化行政部门推荐列入上一级非物质文化遗产代表性项目名录的项目。

上级人民政府文化行政部门经同级人民政府批准，可以将下级非物质文化遗产代表性项目名录中的项目列入本级项目名录。

第十五条　建议或者推荐列入非物质文化遗产代表性项目名录，应当向文化行政部门提交以下材料：

（一）项目介绍，包括项目的名称、历史、现状和价值；

（二）传承情况介绍，包括传承范围、传承谱系、传承人的技艺水平、传承活动的社会影响；

（三）保护要求，包括保护应当达到的目标和应当采取的措施、步骤、管理制度；

（四）有助于说明项目的视听资料等材料。

第十六条　县级以上人民政府文化行政部门应当实行非物质文化遗产代表性项目专家评审制度，对拟列入非物质文化遗产代表性项目名录的项目进行评审。

非物质文化遗产代表性项目名录的评审、认定应当遵循公开、公平、公正原则。

第十七条　县级以上人民政府文化行政部门应当将拟列入本级非物质文化遗产代表性项目名录的项目予以公示，征求公众意见，公示时间不少于二十个工作日。

县级以上人民政府文化行政部门对公众以书面方式提出的异议应当进行调查，认为异议不成立的，在二十个工作日内书面告知异议人并说明理由；认为异议成立的，重新组织专家按照规定的程序进行评审。

第十八条　县级以上人民政府文化行政部门根据专家评审的意见和公示结果，拟定本级非物质文化遗产代表性项目名录，报本级人民政府批准公布，并报上一级人民政府文化行政部门备案。

第十九条　列入非物质文化遗产代表性项目名录的项目，文化行政部门应当确定相应的保护责任单位。保护责任单位应当履行下列职责：

（一）制定并实施项目保护与传承计划；

（二）收集该项目的实物、资料，并登记、整理、建档；

（三）保护该项目相关的实物、资料和场所；

（四）开展该项目的展示展演活动；

（五）为该项目传承及相关活动提供必要条件；

（六）定期报告项目保护实施情况，并接受监督。

第二十条　县级以上人民政府文化行政部门应当每两年对本级非物质文化遗产代表性项目名录的保护情况进行评估。评估不合格的，责令限期整改，整改后仍不合格的，变更非物质文化遗产代表性项目保护责任单位。

第三章　传承与传播

第二十一条　县级以上人民政府文化行政部门对本级人民政府批准公布的非物质文化遗产代表性项目，可以认定代表性传承人。

代表性传承人应当符合下列条件：

（一）熟练掌握某项非物质文化遗产的表现形态或者技艺；

（二）在特定领域内具有代表性，并在一定区域内具有较大影响；

（三）积极开展传承活动，培养传承人。

第二十二条　公民、法人和其他组织可以向县级以上人民政府文化行政部门推荐非物质文化遗产代表性项目的代表性传承人人选；推荐时，应当征得被推荐人的书面同意。

公民也可以自荐申请认定为非物质文化遗产代表性项目的代表性传承人。

第二十三条　公民、法人和其他组

织推荐或者公民自荐申请认定为非物质文化遗产代表性项目的代表性传承人的，应当提交下列材料：

（一）被推荐人或者申请人的基本情况；

（二）该项目传承谱系及被推荐人或者申请人的学艺与传承经历；

（三）被推荐人或者申请人的技艺特点、成就及相关的证明材料；

（四）被推荐人或者申请人持有该项目的相关实物资料；

（五）其他说明被推荐人或者申请人代表性的材料。

第二十四条 非物质文化遗产代表性项目的代表性传承人，应当按照本条例有关非物质文化遗产代表性项目评审程序的规定进行认定。代表性传承人名单经县级以上人民政府文化行政部门批准后予以公布。

第二十五条 非物质文化遗产代表性项目的代表性传承人享有下列权利：

（一）传授、展示技艺和开展学术研究；

（二）享受传承人补助费；

（三）开展传承活动有困难的，向县级以上人民政府文化行政部门申请扶持；

（四）对非物质文化遗产保护工作提出意见、建议；

（五）按照师承形式或者其他方式选择、培养传承人。

第二十六条 非物质文化遗产代表性项目的代表性传承人应当履行下列义务：

(一)开展传承活动，培养后继人才；

(二)妥善保存相关实物、资料；

(三)配合文化行政部门和其他有关部门进行非物质文化遗产调查；

(四)参与非物质文化遗产公益性宣传。

非物质文化遗产代表性项目的代表性传承人无正当理由不履行前款规定义务的，文化行政部门可以取消其代表性传承人资格，重新认定该项目的代表性传承人；丧失传承能力的，文化行政部门可以重新认定该项目的代表性传承人。

第二十七条 县级以上人民政府及其文化行政部门根据需要，采取下列措施，支持非物质文化遗产代表性项目的代表性传承人开展传承、传播活动：

（一）提供必要的传承场所；

（二）提供必要的经费资助开展授徒、传艺、交流等活动；

（三）支持参与社会公益性活动；

（四）资助有关技艺资料的整理、出版；

（五）资助非物质文化遗产传承基地建设；

（六）支持开展传承、传播活动的其他措施。

第二十八条 县级以上人民政府文化行政部门应当每两年对非物质文化遗产代表性项目的代表性传承人进行一次考评。考评不合格的，责令限期整改，整改后仍不合格的，由原认定机关取消其资格。

第二十九条 县级以上人民政府应当建立非物质文化遗产展示基地和传习所，结合节庆、文化活动、当地民间习俗等组织开展非物质文化遗产代表性项目的展示、表演等活动。

博物馆、图书馆、文化馆（站）、美术馆、科技馆等公共文化机构设立非物质文化遗产专门展示室、陈列厅、传习所，传播非物质文化遗产代表性项目，并向社会开放。

鼓励和支持有条件的公民、法人和其他组织依法成立研究机构，设立专题博物馆、专门展室，展示非物质文化遗产项目。

第三十条 各级人民政府应当采取有效措施，对与非物质文化遗产相关的、具有较高价值的民居、建（构）筑物、场所等加以维护、修缮，具备条件的向公众开放。

第三十一条 鼓励公民、法人和其他组织将其所有的非物质文化遗产资料和实物捐赠给公共文化机构收藏，或者委托公共文化机构保管、展出。接受捐赠的公共文化机构应当登记造册，妥善保管。

第三十二条 文化、教育行政部门应当因地制宜地开展非物质文化遗产教育活动，传播、弘扬优秀非物质文化遗产。

保护责任单位、代表性传承人可以采取走进学校、社区等方式，传播非物质文化遗产知识。

第三十三条 县级以上人民政府文化行政部门和其他有关部门应当组织各类文化机构、科研机构、高等院校等单位，开展非物质文化遗产原始文献、典籍、资料等的整理、翻译、出版和研究工作，提高非物质文化遗产保护和合理利用的水平。

鼓励、支持以弘扬非物质文化遗产为目的的文学艺术创作。支持与境外的组织和个人依法开展非物质文化遗产科学研究的合作与交流。

第四章 保护与利用

第三十四条 县级以上人民政府文化行政部门会同有关部门编制本行政区域非物质文化遗产保护规划，报同级人民政府批准后组织实施。

第三十五条 县级以上人民政府应当对存续状态受到威胁、濒临消失的非物质文化遗产代表性项目，制定专项保护规划，实施抢救性保护。

文化行政部门应当会同有关部门对濒临消失的非物质文化遗产代表性项目制定抢救保护方案，优先安排专项资金，记录、整理、保存项目资料和实物，修缮建（构）筑物和场所，改善或者提供相应的传承条件，对列入濒临消失的非物质文化遗产代表性项目名录的项目学艺者予以扶持。

第三十六条 县级以上人民政府应当对丧失传承人、客观存续条件已经消失或者基本消失的非物质文化遗产项目，实施记忆性保护。

文化行政部门应当组织有关单位和个人对记忆性保护的非物质文化遗产项目及时开展调查，收集相关资料和实物，形成系统完整的文字、图片、音像等资料，建立数据库、档案库。

第三十七条 非物质文化遗产保存完整、特色鲜明、历史文化积淀丰厚、存续状态良好，具有重要价值和广泛群众基础的特定区域，可以申请设立文化生态保护区，实行区域性整体保护。

申请设立文化生态保护区的，由县级以上人民政府报省人民政府批准。跨两个以上行政区域的，可以联合申报。

文化生态保护区的设立，应当尊重当地居民的意愿。因设立文化生态保护区影响当地居民生产、生活的，由文化生态保护区所在地人民政府给予补偿。

第三十八条　县级以上人民政府文化行政部门应当会同城乡规划行政部门编制非物质文化遗产区域性整体保护专项规划，明确保护范围，设立保护标识，保持文化生态保护区的历史风貌和传统文化生态，不得改变与其相互依存的自然景观和人居环境。

第三十九条　县级以上人民政府应当对存续状态较好，具有市场潜力和发展优势的非物质文化遗产项目，在有效传承其核心技艺和文化内涵的前提下，通过市场开发，创新产品和服务等形式，实施生产性保护。

第四十条　鼓励、支持非物质文化遗产代表性项目的代表性传承人、保护责任单位将符合条件的传统技艺和艺术表现方法等，申请专利、注册商标、申报地理标志、登记版权等。

单位和个人拥有的非物质文化遗产代表性项目的实物、资料、建（构）筑物、场所等，其所有权或者使用权受法律保护。

第四十一条　县级以上人民政府文化行政部门应当运用现代信息技术保护非物质文化遗产，采取数字化存储手段系统记录相关资料，做好非物质文化遗产保护技术研究和成果转化。

第四十二条　县级以上人民政府编制和实施城乡规划时，应当对与非物质文化遗产代表性项目相关联的建（构）筑物、场所、遗迹、附属物及其环境采取保护措施。

工程建设涉及前款规定的建（构）筑物、场所、遗迹、附属物及其环境的，施工单位应当采取相应的保护措施。

第四十三条　鼓励公民、法人和其他组织在有效保护的基础上，合理利用非物质文化遗产资源，挖掘非物质文化遗产蕴含的文化价值和经济价值，开发具有地方特色的传统文化产品、服务和旅游项目。

第四十四条　利用非物质文化遗产项目应当注明项目名称及所在地、所属民族等相关信息，不得进行虚假或者误导性宣传。

第四十五条　利用非物质文化遗产资源，应当尊重其原真性和文化内涵，保持原有文化生态和文化风貌。

禁止以歪曲、贬损等方式利用非物质文化遗产。

第四十六条　携带本省珍贵非物质文化遗产资料、实物出境的，按照有关法律法规执行。

第四十七条　未取得非物质文化遗产代表性项目保护责任单位、代表性传承人资格的，不得以保护责任单位、代表性传承人的名义开展传承、传播活动。

非物质文化遗产代表性项目保护责任单位、代表性传承人不得实施与其资格不相符的传承、传播活动。

第四十八条　县级以上人民政府应当加强非物质文化遗产保护人才队伍建设，培养和引进非物质文化遗产研究、传承、保护、管理等专门人才。

县级以上人民政府文化行政部门根据需要配备非物质文化遗产管理保护专门人员，明确职责，保证非物质文化遗产保护工作的正常开展。

第五章　法律责任

第四十九条　违反本条例规定，在申报非物质文化遗产代表性项目和保护责任单位、代表性传承人的过程中弄虚作假的，由县级以上人民政府文化行政部门给予警告；已认定为非物质文化遗产代表性项目和保护责任单位或者代表性传承人的，予以撤销，责令返还保护经费和传承补贴，并处以二千元以上一万元以下罚款，有违法所得的，没收违法所得。

第五十条　违反本条例规定，有下列行为之一的，依法承担民事责任；构成犯罪的，依法追究刑事责任：

（一）损毁或者侵占公共文化机构征集、收购、受赠、展示的非物质文化遗产文献、实物等资料的；

（二）损毁或者侵占公民、法人和其他组织拥有的非物质文化遗产资料、实物、建（构）筑物、场所的。

第五十一条　违反本条例规定，有下列行为之一的，由县级以上人民政府文化行政部门责令停业整顿，恢复原状，对责任单位处以一万元以上十万元以下罚款，对个人处以一千元以上一万元以下罚款；构成犯罪的，依法追究刑事责任：

（一）以歪曲、贬损等方式利用非物质文化遗产的；

（二）对非物质文化遗产未进行有效保护的。

第五十二条　违反本条例规定，有下列行为之一的，由县级以上人民政府文化行政部门责令限期改正，逾期不改的，处以二千元以上一万元以下罚款：

（一）利用非物质文化遗产项目进行虚假或者误导性宣传的；

（二）未取得非物质文化遗产代表性项目保护责任单位、代表性传承人资格，以保护责任单位、代表性传承人的名义开展传承、传播活动的。

第五十三条　县级以上人民政府、有关部门和非物质文化遗产保护工作机构及其工作人员，有下列行为之一的，按照管理权限，对直接负责的主管人员和其他直接责任人员依法给予行政处分；构成犯罪的，依法追究刑事责任：

（一）不履行保护管理职责，造成严重后果的；

（二）不采取有效保护措施，造成列入非物质文化遗产代表性项目名录的项目失传的；

（三）截留、挤占、挪用、贪污非物质文化遗产保护、保存经费的；

（四）进行非物质文化遗产调查时侵犯调查对象风俗习惯，造成严重后果的；

（五）其他玩忽职守、滥用职权、徇私舞弊的行为。

第五十四条　违反本条例规定的其他行为，法律、法规已有处罚规定的，从其规定。

第六章　附则

第五十五条　本条例自2015年6月1日起施行。

甘肃省社会救助条例

2015年7月31日省十二届人大常委会第十八次会议通过

第一章 总 则

第一条 为了加强社会救助，保障公民的基本生活，促进社会公平，维护社会和谐稳定，根据国务院《社会救助暂行办法》和有关法律法规，结合本省实际，制定本条例。

第二条 本省行政区域内的最低生活保障、特困人员供养、受灾人员救助、医疗救助、教育救助、住房救助、就业救助、临时救助以及社会力量参与救助等工作，适用本条例。

第三条 社会救助工作实行各级人民政府负责制。

社会救助制度坚持托底线、救急难、可持续，与其他社会保障制度相衔接，社会救助水平与经济社会发展水平相适应。

社会救助工作遵循公开、公平、公正、及时的原则。

第四条 县级以上人民政府应当将社会救助纳入国民经济和社会发展规划，建立健全社会救助工作协调机制，建立社会救助管理信息系统，完善社会救助资金、物资保障机制，将社会救助资金和社会救助工作经费纳入财政预算。

社会救助资金实行专项管理、分账核算、专款专用，任何单位和个人不得挤占、挪用。

第五条 县级以上人民政府民政部门统筹本行政区域内的社会救助体系建设。县级以上人民政府民政、卫生计生、教育、住房和城乡建设、人力资源和社会保障等部门，按照各自职责负责相应的社会救助管理工作。

前款所列行政部门统称社会救助管理部门。

第六条 乡镇人民政府、街道办事处负责有关社会救助的申请受理、调查审核，具体工作由社会救助经办机构或者经办人员承担。

村民委员会、居民委员会协助做好有关社会救助工作。

第七条 鼓励、支持社会力量参与社会救助。

工会、共青团、妇女联合会、残疾人联合会、红十字会等组织根据职责或者章程参与社会救助，开展社会帮扶活动。

第八条 县级以上人民政府应当建立健全社会救助综合考核机制，科学评价社会救助工作绩效。

对在社会救助工作中作出显著成绩的单位、个人，按照有关规定给予表彰奖励。

第二章 最低生活保障

第九条 县级以上人民政府对共同生活的家庭成员人均收入低于当地最低生活保障标准，且符合当地最低生活保障家庭财产状况规定的家庭，给予最低生活保障。

第十条 最低生活保障标准由省人民政府按照本行政区域内居民基本生活必需的费用确定指导性标准，并根据经济社会发展水平和物价变动情况适时调整。

市)州)人民政府根据维持当地居民基本生活所必需的费用，参照省人民政府指导标准确定本行政区域内居民最低生活保障标准，并报省人民政府备案后公布执行。

最低生活保障家庭收入、财产状况的认定办法，由省人民政府按照国家有关规定制定。

第十一条 申请最低生活保障以家庭为单位，按照下列程序办理：

)一)共同生活的家庭成员向户籍所在地的乡镇人民政府、街道办事处提出书面申请，并如实提交家庭成员基本情况、家庭收入情况和家庭财产状况等书面材料；家庭成员申请有困难的，可以委托村民委员会、居民委员会代为提出申请。

)二)乡镇人民政府、街道办事处在收到申请后，应当自接到申请之日起二十个工作日内，通过入户调查、邻里访问、信函索证、群众评议、信息核查等方式，对申请人的家庭收入状况、财产状况进行调查核实，提出初审意见，并在申请人所在村、社区公示七日后报县级人民政府民政部门审批。

)三)县级人民政府民政部门应当自收到初审意见之日起十五个工作日内予以审批。对符合条件的申请予以批准，并在申请人所在村、社区公布；对不符合条件的申请不予批准，并书面说明理由。

第十二条 对批准获得最低生活保障的家庭，县级人民政府民政部门按照共同生活的家庭成员人均收入低于当地最低生活保障标准的差额，按月发给最低生活保障金。

对获得最低生活保障后生活仍有困难的老年人、未成年人、重度残疾人和重病患者，县级以上人民政府应当采取多种措施保障其基本生活。

第十三条 最低生活保障家庭的人口状况、收入状况、财产状况发生变化的，该家庭应当及时报告乡镇人民政府、街道办事处。

县级人民政府民政部门以及乡镇人民政府、街道办事处应当对获得最低生活保障家庭的人口状况、收入状况、财产状况定期核查。对发生变化的，县级人民政府民政部门应当及时决定增发、减发或者停发最低生活保障金；决定停发、减发最低生活保障金的，应当书面说明理由。

第三章　特困人员供养

第十四条　县级以上人民政府对无劳动能力、无生活来源且无法定赡养、抚养、扶养义务人，或者其法定赡养、抚养、扶养义务人无赡养、抚养、扶养能力的老年人、残疾人以及未满十六周岁的未成年人，给予特困人员供养。

第十五条　特困人员供养具体包括以下内容：

）一）提供基本生活条件；

）二）对生活不能自理的给予照料；

）三）提供疾病治疗；

）四）办理丧葬事宜。

特困人员供养应当与城乡居民基本养老保险、基本医疗保障、最低生活保障、孤儿基本生活保障等制度相衔接。

第十六条　特困人员供养标准，由市）州）人民政府根据当地居民上年度人均消费支出、疾病治疗、丧葬等所需要的费用制定，报省人民政府备案后公布。

第十七条　申请特困人员供养，由本人向户籍所在地的乡镇人民政府、街道办事处提出书面申请；本人申请有困难的，可以委托村民委员会、居民委员会代为提出申请。

特困人员供养的审批程序适用本条例第十一条规定。

乡镇人民政府、街道办事处发现符合特困供养条件的人员，应当主动为其依法办理供养。对不再符合供养条件的，村民委员会、居民委员会或者供养服务机构应当报告乡镇人民政府、街道办事处，由乡镇人民政府、街道办事处审核并报县级人民政府民政部门核准后，终止供养并予以公示。

第十八条　特困供养人员可以在当地的供养服务机构集中供养，也可以居家分散供养。特困供养人员可以自行选择供养形式。

集中供养的，由当地财政部门直接将供养资金拨付至其所在的供养服务机构；居家分散供养的，按月实行社会化发放。

第四章　受灾人员救助

第十九条　县级以上人民政府对基本生活受到自然灾害严重影响的人员，给予受灾人员救助。

受灾人员救助实行属地管理，分级负责。

第二十条　市）州）以上人民政府和自然灾害多发、易发地区的县级人民政府应当根据自然灾害特点、居民人口数量和分布等情况，设立自然灾害救助物资储备库，保障自然灾害发生后救助物资的紧急供应。

第二十一条　自然灾害发生后，县级以上人民政府或者人民政府的受灾人员救助应急综合协调机构应当根据受灾人员救助应急预案和自然灾害发生情况紧急疏散、转移、安置受灾人员，及时为受灾人员提供必要的食品、饮用水、衣被、取暖、临时住所、医疗防疫等应急救助，保障受灾人员基本生活。

第二十二条　受灾地区人民政府应当在确保安全的前提下，采取就地安置与异地安置、政府安置与自行安置相结合的方式，对住房损毁严重的受灾人员进行过渡性安置。

第二十三条　自然灾害危险消除后，受灾地区县级以上人民政府应当统筹研究制订居民住房恢复重建规划和优惠政策，组织重建或者修缮因灾损毁的居民住房。民政等部门应当及时核实本行政区域内居民住房恢复重建补助对象，并给予资金、物资等救助。住房和城乡建设等部门应当为重建或者维修因灾损毁的居民住房提供必要的技术支持。

第二十四条　自然灾害发生后，受灾地区县级以上人民政府应当为当年冬寒或者次年春荒遇到生活困难的受灾人员提供基本生活救助。

第五章　医疗救助

第二十五条　县级以上人民政府对最低生活保障家庭成员、特困供养人员、低收入家庭中的老年人、未成年人、重度残疾人、重病患者以及其他特殊困难人员给予医疗救助。

第二十六条　医疗救助采取下列方式：

）一）对最低生活保障家庭成员、特困供养人员参加城镇居民基本医疗保险或者新型农村合作医疗的个人缴费部分，给予补贴。

）二）医疗救助对象患病住院的，其医疗费用经基本医疗保险、大病保险和其他补充医疗保险支付后，个人及家庭难以承担的符合政策规定的医疗费用，给予补助；因特殊情况未能参加基本医疗保险、个人及其家庭难以承担的符合政策规定的医疗费用，也应当予以补助。

）三）医疗救助对象患有重大疾病、慢性病需要长期门诊治疗的，经基本医保报销后，个人及其家庭难以承担的符合政策规定的门诊医疗费用，给予补助。

第二十七条　医疗救助标准，由县级以上人民政府按照经济社会发展水平和医疗救助资金情况确定、公布，并根据当地社会经济发展水平适时调整。

第二十八条　申请医疗救助的，应当向住所地的乡镇人民政府、街道办事处提出，经审核、公示后，由县级人民政府民政部门审批；最低生活保障家庭成员、特困供养人员的医疗救助，由县级人民政府民政部门直接办理。对不符合救助条件的，应当书面通知申请人并说明理由。

第二十九条　县级以上人民政府应当建立健全医疗救助与基本医疗保险、大病保险相衔接的医疗费用结算机制，为医疗救助对象提供便捷服务。

第三十条　省人民政府应当制定重特大疾病医疗救助办法，明确救助对象、救助标准，逐步扩大病种范围，提高重特大疾病医疗救助水平。

第三十一条　县级以上人民政府应当按照国家有关规定建立疾病应急救

助制度，设立疾病应急救助基金，对需要急救但身份不明或者无力支付急救费用的急重危伤病患者给予疾病应急救助。符合规定的急救费用由疾病应急救助基金支付。

第六章　教育救助

第三十二条　县级以上人民政府对接受学前教育、义务教育、高中教育）含中等职业教育）、普通高等教育的最低生活保障家庭成员、特困供养人员，以及不能入学接受义务教育的残疾儿童，给予教育救助。

第三十三条　对教育救助对象，根据不同教育阶段，分别给予下列救助：

）一）对接受学前教育的救助对象予以资助。

）二）对义务教育阶段的救助对象免收杂费，免费提供教科书；对农村义务教育阶段的家庭经济困难寄宿生提供生活费补助，免收住宿费。

）三）对普通高中教育）含中等职业教育）阶段的救助对象发放国家助学金；对中等职业教育在校生免收学费。

）四）对普通高等教育阶段的救助对象根据实际情况，分别给予减免学费、发放国家助学金、提供临时困难补助、提供国家助学贷款、安排勤工助学岗位等救助。

县级以上人民政府可以根据经济社会发展情况和本地实际，增加教育救助的具体措施。

第三十四条　教育救助标准，由省人民政府根据经济社会发展水平和教育救助对象的基本学习、生活需求确定、公布。

第三十五条　申请教育救助，应当向就读学校提出。学前教育、义务教育、高中教育）含中等职业教育）阶段的教育救助，由学校报经教育行政部门审核、确认；普通高等教育阶段的教育救助，由学校按国家和本省有关规定审核、确认。

第七章　住房救助

第三十六条　县级以上人民政府对符合规定标准的住房困难的最低生活保障家庭、分散供养的特困人员，给予住房救助。

第三十七条　城镇住房救助通过优先配租公共租赁住房或者发放低收入住房困难家庭租赁补贴等方式实施。

农村住房救助通过易地扶贫搬迁、农村危房改造、移民和生态建设、提供建房技术服务等方式实施。

鼓励村集体经济组织出资新建住房、收购改建空置住房，提供给农村住房救助对象居住。

第三十八条　住房困难标准和救助标准，由县级以上人民政府根据当地经济社会发展、住房价格水平等因素确定、公布。

建立住房困难标准及住房救助标准动态调整机制。

第三十九条　城镇家庭申请住房救助的，应当经由乡镇人民政府、街道办事处或者直接向县级人民政府住房保障部门提出，经县级人民政府民政部门审核家庭收入、财产状况和县级人民政府住房保障部门审核家庭住房状况并公示后，对符合条件的申请人，由县级人民政府住房保障部门优先给予保障。

农村家庭申请住房救助的，按照县级以上人民政府有关规定执行。

第四十条　对住房救助对象中的残疾人，应当根据其身体状况给予房源、楼层等方面的优先选择权。

住房救助对象的住房因公共利益需要被征收或者征用时，应当按照有关规定优先给予住房保障。

第四十一条　各级人民政府按照国家规定通过财政投入、用地供应等措施为实施住房救助提供保障。

第八章　就业救助

第四十二条　县级以上人民政府对最低生活保障家庭中法定劳动年龄内有劳动能力并处于失业状态的成员，通过贷款贴息、社会保险补贴、岗位补贴、培训补贴、费用减免、公益性岗位安置、职业技能鉴定补贴等办法，给予就业救助。

第四十三条　最低生活保障家庭中法定劳动年龄内有劳动能力的成员均处于失业状态的，县级以上人民政府应当采取有针对性的措施，确保该家庭至少有一人就业。

第四十四条　申请就业救助，应当向住所地乡镇人民政府、街道办事处或者社区的公共就业服务机构提出，公共就业服务机构核实后予以登记，并免费提供就业岗位信息、职业介绍、职业指导等就业服务。

第四十五条　最低生活保障家庭中法定劳动年龄内有劳动能力但未就业的成员，应当接受人力资源和社会保障等有关部门介绍的工作；无正当理由，连续三次拒绝接受介绍的与其健康状况、劳动能力等相适应的工作的，县级人民政府人力资源和社会保障等有关部门应当告知同级民政部门，由民政部门决定减发或者停发其最低生活保障金。

第四十六条　吸纳就业救助对象的用人单位，按照国家有关规定享受社会保险补贴、税收优惠、创业担保贷款等就业扶持政策。

第九章　临时救助

第四十七条　县级以上人民政府对遭遇突发事件、意外伤害、突发重大疾病或者其他特殊原因导致基本生活陷入困境，其他社会救助制度暂时无法覆盖或者救助之后基本生活暂时仍有严重困难的家庭或者个人，给予临时救助。

第四十八条　有下列情形之一的，可以申请临时救助：

）一）因火灾、交通事故等意外事件，导致基本生活暂时出现严重困难的家庭。

）二）因家庭成员遭受意外伤害、突发重大疾病等原因，导致基本生活暂时出现严重困难的家庭。

）三）因生活必需支出突然增加超出家庭承受能力，导致基本生活暂时出现严重困难的最低生活保障家庭。

）四）因遭遇意外事件、突发重大疾病，暂时无法得到家庭支持，导致基本生活陷入困境的个人。

）五）县级以上人民政府规定的其他遭遇特殊困难的家庭和个人。

第四十九条 省人民政府统筹制定相对统一的区域临时救助标准。县级人民政府按照区域临时救助标准，根据当地经济社会发展水平和救助对象困难类型、困难程度，以及其他社会救助制度保障水平，确定和公布本行政区域内的临时救助标准，并适时调整。

第五十条 申请临时救助，按照下列程序办理：

）一）由本人向所在地的乡镇人民政府、街道办事处提出书面申请；受申请人委托，村民委员会、居民委员会或者其他单位、个人可以代为提出申请。

）二）乡镇人民政府、街道办事处通过对临时救助申请人的家庭经济状况、人口状况、遭遇困难类型等逐一调查，提出审核意见，并在申请人所居住的村、社区公示后，报县级人民政府民政部门审批。

）三）县级人民政府民政部门根据乡镇人民政府、街道办事处提交的审核意见作出审批决定。符合条件的，应及时予以批准；不符合条件的不予批准，并书面说明理由。

第五十一条 对于情况紧急、需立即采取措施以免造成无法挽回的损失或者无法改变的严重后果的，乡镇人民政府、街道办事处、县级人民政府民政部门应先行救助。紧急情况解除后，应按规定补齐审核审批手续。

第五十二条 对符合条件的救助对象，可采取发放临时救助金、发放实物、提供转介服务等方式实施救助。

第五十三条 救助管理机构按照国家和本省的有关规定，对生活无着的流浪、乞讨人员提供临时食宿、急病救治、协助返回等救助。

第十章 社会力量参与

第五十四条 鼓励公民、法人和其他组织通过捐赠、设立帮扶项目、创办服务机构、提供志愿服务等方式，参与社会救助。

鼓励报刊、广播、电视、互联网等媒体开展公益性宣传，参与社会救助。

第五十五条 社会力量参与社会救助，按照国家和本省有关规定享受财政补贴、税收优惠、费用减免等政策。

第五十六条 县级以上人民政府可以将社会救助中的具体服务事项通过委托、承包、采购、聘用人员等方式，向社会力量购买服务。

县级以上人民政府应当制定并公布社会救助政府购买服务目录，建立社会救助项目社会化运作的评估、考核、退出机制。

第五十七条 县级以上人民政府应当建立激励机制，鼓励、支持社会工作服务机构、社会工作者和志愿服务组织等发挥专业优势和特长，为社会救助对象提供生活帮扶、精神慰藉、社会融入、能力提升、心理疏导等服务。

第五十八条 社会救助管理部门应当建立社会力量参与社会救助的机制和渠道，主动提供社会救助项目、发布需求信息，为社会力量参与社会救助创造条件、提供便利。有关单位和个人应当及时将参与社会救助的情况反馈社会救助管理部门。

第十一章 监督管理

第五十九条 县级以上人民政府应当加强对社会救助工作的监督检查，规范审核审批流程，建立健全责任追究等相关监督管理制度。

县级以上人民政府财政、审计、监察等部门依法对社会救助资金和物资的筹集、分配、管理和使用实施监督。

第六十条 申请或者已获得社会救助的家庭，应当按照规定如实申报家庭收入状况、财产状况。

县级以上人民政府民政部门可以通过户籍管理、税务、社会保险、不动产登记、工商登记、住房公积金管理、车船管理等单位和银行、保险、证券等金融机构，对申请或者已获得社会救助家庭的收入状况、财产状况进行核查；有关单位和金融机构应当及时提供相关信息。

县级以上人民政府民政部门应当建立社会救助家庭经济状况信息核对平台，为审核认定社会救助对象提供依据。

第六十一条 县级以上人民政府社会救助管理部门、乡镇人民政府、街道办事处在履行社会救助职责过程中，可以查阅、记录、复制与社会救助事项有关的资料，询问与社会救助事项有关的单位、个人，要求其对相关状况作出说明，提供相关证明材料。有关单位和个人应当如实、及时提供。

第六十二条 申请社会救助，申请人无法确定社会救助管理部门的，可以向乡镇人民政府、街道办事处设置的社会救助综合服务窗口、社会救助经办机构或者县级人民政府民政部门求助。受理窗口、经办机构、民政部门在接到求助后，应当及时办理或者转交其他社会救助管理部门办理。

第六十三条 乡镇人民政府、街道办事处、村民委员会、居民委员会应当设立社会救助长期公示栏，及时公开社会救助对象有关信息。

社会救助管理部门及其工作人员、社会救助经办机构以及经办人员对在社会救助工作中知悉的公民个人信息，除了按照规定应当公示的信息外，应当予以保密。

第六十四条 社会救助管理部门及其工作人员、社会救助经办机构以及经办人员履行职责，应当接受社会监督。

县级人民政府民政部门、乡镇人民政府、街道办事处对社会救助工作人员和村民委员会、居民委员会干部的近亲属申请社会救助的，要严格审核、备案。

第六十五条 社会救助管理部门应当建立举报投诉制度，公开举报投诉电话、电子邮箱、网络平台等联系方式，受理有关社会救助工作的举报和投诉。

任何单位、个人有权对社会救助中的违法行为进行举报、投诉。受理举报、投诉的机关应当自收到举报、投诉之日起十五日内予以核实、处理。

第六十六条 县级以上人民政府社会救助管理部门，应当加强对社会救助经办机构和工作人员的业务指导、政策培训、监督检查，并统一工作内容，统一业务标准，统一工作流程。

第六十七条 县级人民政府及其

社会救助管理部门应当通过政府门户网站、信息公告栏、公共查阅室、资料索取点等便于公众知晓的途径，及时公开社会救助资金、物资的管理和使用等情况，接受社会监督。

第六十八条 申请或者已获得社会救助的家庭或者人员，对社会救助管理部门作出的具体行政行为不服的，可以依法申请行政复议或者提起行政诉讼。

第十二章 法律责任

第六十九条 违反本条例规定，社会救助管理部门及其工作人员、社会救助经办机构以及经办人员有下列情形之一的，由上级行政机关或者监察机关责令改正；对直接负责的主管人员和其他直接责任人员依法给予处分：

（一）对符合申请条件的救助申请不予受理的；

（二）对符合救助条件的救助申请不予批准的；

（三）对不符合救助条件的救助申请予以批准的；

（四）泄露在工作中知悉的公民个人信息，造成后果的；

（五）丢失、篡改接受社会救助款物、服务记录等数据的；

（六）不按照规定发放社会救助资金、物资或者提供相关服务的；

（七）未按照规定核实处理有关举报、投诉的；

（八）有其他滥用职权、玩忽职守、徇私舞弊行为的。

第七十条 违反本条例规定，截留、挤占、挪用、私分社会救助资金、物资的，由有关部门责令追回；有违法所得的，没收违法所得；对直接负责的主管人员和其他直接责任人员依法给予处分。

第七十一条 采取虚报、隐瞒、伪造等手段，骗取社会救助资金、物资或者服务的，由有关部门决定停止社会救助，责令退回非法获取的救助资金、物资，可以处非法获取的救助款额或者物资价值一倍以上三倍以下的罚款。

第七十二条 违反本条例规定的行为，构成犯罪的，依法追究刑事责任。

第十三章 附则

第七十三条 本条例自2015年10月1日起施行。

甘肃省消费者权益保护条例

2015年7月31日省十二届人大常委会第十八次会议修订通过

第一章 总 则

第一条 为了保护消费者的合法权益，维护社会经济秩序，根据《中华人民共和国消费者权益保护法》和有关法律、行政法规的规定，结合本省实际，制定本条例。

第二条 消费者在本省行政区域内为生活消费需要购买、使用商品或者接受服务，包括经营者向消费者提供的奖品、赠品或者免费服务项目，其合法权益受本条例保护。

经营者为消费者提供商品或者服务，应当遵守本条例。

第三条 经营者与消费者进行交易，应当遵循自愿、平等、公平、诚实信用的原则。

第四条 各级人民政府应当加强对消费者权益保护工作的领导，规范经营秩序，组织、协调、督促有关行政管理部门和工作机构做好保护消费者合法权益工作。

各级工商行政管理部门以及其他有关行政管理部门应当依法加强对经营者的监督，及时查处损害消费者合法权益的行为。

第五条 任何单位和个人有权对损害消费者合法权益的行为进行社会监督。

消费者组织应当依法对商品和服务进行社会监督，支持消费者依法行使权利，维护合法权益。

行业组织应当制定行业规则，督促和引导经营者依法经营，保护消费者合法权益。

大众传播媒介应当做好维护消费者合法权益的宣传，对损害消费者合法权益的行为进行舆论监督。

第二章 消费者的权利

第六条 消费者在购买、使用商品和接受服务时享有人身、财产安全不受损害的权利。

消费者有权要求经营者提供的商品和服务符合有关国家标准、行业标准、地方标准；未制定标准的，必须符合保障人体健康和人身、财产安全的要求。

第七条 消费者在购买、使用商品或者接受服务时，根据法律规定、行业规则和行业惯例，享有下列知情权：

(一)要求商品的经营者提供价格、产地、生产者、用途、性能、规格、等级、主要成份、净含量、生产日期、有效期限、检验合格证明、使用方法说明、使用技能、风险提示、售后服务等情况；

(二)要求提供服务的经营者提供服务的内容、规格、费用、标准、检验检测报告或者维修服务记录等情况。

第八条 消费者有自主选择提供商品或者服务的经营者，自主选择商品品种或者服务方式的权利。

消费者在自主选择商品或者服务

时，有权进行比较、鉴别和挑选。

第九条 消费者享有公平交易的权利。

消费者在购买商品或者接受服务时，有权获得质量保障、价格合理、计量正确等公平交易条件，有权拒绝经营者的强制交易行为。

第十条 消费者因购买、使用商品或者接受服务受到人身、财产损害的，享有依法获得赔偿的权利。其中财产受到损害时赔偿范围及标准法律、法规未作规定的，消费者有权要求经营者按照行业规则予以赔偿。

第十一条 消费者享有依法成立维护自身合法权益的社会组织的权利。

第十二条 消费者享有获得有关消费者的权利、经营者的义务以及消费争议处理方式等消费者权益保护方面知识的权利。

第十三条 消费者在购买、使用商品和接受服务时，依法享有人格尊严、民族风俗习惯得到尊重的权利，享有个人信息依法得到保护的权利。

前款所称的个人信息，包括消费者的姓名、性别、身份证号码、职业、学历、家庭住址、联系方式、婚姻状况、收入和财产状况、指纹、健康状况、消费情况等能够单独或者与其他信息结合识别消费者的信息。

第十四条 消费者享有对商品和服务以及保护消费者权益工作进行监督的权利。

消费者有权检举、控告侵害消费者权益的行为和国家机关及其工作人员在保护消费者权益工作中的违法失职行为，有权对保护消费者权益工作提出批评、建议。

第十五条 消费者有权对经营者提供的商品和服务的质量、价格、计量等提出意见、建议，有权对经营者损害消费者合法权益的行为向有关行政管理部门、消费者组织举报和投诉，或者向大众传播媒介反映。

消费者有权对实施政府定价和政府指导价格的公用事业、公益服务、自然垄断经营商品的价格调整，依法定程序提出意见和建议。

消费者有权对行业规则和经营者联合约定中不利于消费者权益保护的内容，向有关行政管理部门反映并提出修改建议。

第三章 经营者的义务

第十六条 经营者向消费者提供商品或者服务，应当依照法律、法规的规定或者双方的约定履行义务。

经营者以商业广告、产品说明、实物样品或者通知、声明、店堂告示等公示方式，对商品或者服务的质量、价格、售后责任等向消费者作出许诺的，其提供的商品或者服务的质量、价格、售后责任等应当与许诺相一致。消费者受上述许诺引导而购买商品或者接受服务的，消费者可以要求经营者将该许诺作为约定的内容。

第十七条 经营者应当向消费者真实介绍和说明提供的商品或者服务，并就消费者的询问作出真实的答复。

经营者提供商品或者服务时，应当根据法律规定、行业规则和行业惯例，主动向消费者告知下列情况或者出示书面文件：

(一)有关商品的价格、产地、生产者、用途、性能、规格、等级、主要成份、净含量、生产日期、有效期限、检验合格证明、使用方法、使用技能、风险提示和售后服务说明等；

(二)有关服务的内容、规格、费用、标准、检验检测报告或者维修服务记录等。

第十八条 采用网络、电视、电话、邮购等方式提供商品或者服务，以及提供营利性教育培训服务和证券、保险、银行等金融服务的经营者，应当向消费者提供经营地址、联系方式、商品或者服务的数量和质量、价款或者费用、履行期限和方式、安全注意事项和风险警示、售后服务、民事责任等信息。其中，涉及由其他经营者实际提供商品或者服务的，还应当向消费者提供该经营者的名称、经营地址、联系方式等信息。

经营者应当保证商品或者服务的质量、性能等与广告宣传相一致，并按照承诺的时限提供商品或者服务。

第十九条 经营者对可能危及人身、财产安全的商品、服务、设施和场所，应当向消费者作出真实的说明和明确的警示，并说明和标明正确使用商品、设施、场所或者接受服务的方法以及防止危害发生的方法。消费者在经营场所内人身、财产遇到危险时，经营者有救助义务。

从事惊险的娱乐行业和高危险体育项目的经营者，应当具备保障消费者人身安全的技术条件、服务设备和必要的救护设施，并制定应急预案。

第二十条 经营者不得要求消费者提供与消费无关的个人信息，不得违反法律、法规的规定和双方的约定收集、使用信息。

经营者应当建立健全信息保密和管理制度，确保信息安全，防止消费者个人信息泄露、丢失，并制定信息安全事件应急预案。在发生或者可能发生信息泄露、丢失的情况时，应当立即采取补救措施，及时通知消费者，避免造成损失或者损失的扩大。

经营者因过失或者故意泄露消费者个人信息的，应当承担法律责任；给消费者造成损害的，消费者有权要求赔偿。

第二十一条 经营者未经消费者同意或者主动请求，不得向其发送商业性信息。

经营者向消费者发送商业性信息的，未经消费者同意不得增加消费者的费用。

第二十二条 经营者在提供商品或者服务时，不得有下列行为：

(一)侮辱或者诽谤消费者；

(二)搜查消费者的身体或者其携带的物品；

(三)侵犯消费者人身自由；

(四)使消费者特定纪念物品永久性灭失或者毁损；

(五)其他造成消费者人身、精神损害的行为。

第二十三条 经营者提供少数民族使用的特殊商品或者服务，应当符合有关规定，尊重少数民族的风俗习惯。

禁止经营者使用带有侮辱、歧视或者伤害少数民族感情的牌匾、字号。

凡经营清真食品的场所，一律悬挂清真标志牌，标志牌不得转让、借用或者伪造。任何单位和个人不得生产、销售假冒的清真食品。

第二十四条 经营者提供商品或者服务的标识，应当符合法律、法规和国家有关规定。

提供服务的经营者，应当在经营场所的显著位置设立服务标识。服务标识包括以下内容：

(一)服务的内容、质量标准以及收费标准；

(二)服务中的有关注意事项、限制条件和必要提示；

(三)其他应当标识的与服务有关的内容。

经营者提供的商品达不到规定的标准等级，但仍有使用价值的，应当在醒目位置标明，并在给消费者的购货凭证上予以注明。

代理经销进口商品的，应当在商品上标明代理商的名称、地址和商品的中文标识。

第二十五条 经营者应当在经营场所、网站首页或者从事经营活动的主页面的显著位置，标明其真实名称和标记。标明经营者名称的位置、字体、颜色等，应当便于识别和查询。

租用他人柜台、场地从事经营活动的经营者，应当标明出租人和承租人的真实名称和标记。

通过加盟等形式从事商业特许经营的经营者，应当标明特许人和被特许人的真实名称和标记。

网络交易平台提供者应当对进入平台销售商品或者提供服务的法人、其他经济组织、个体工商户或者自然人进行身份信息审查和登记，并在法人、其他经济组织、个体工商户或者自然人从事经营活动的主页面显著位置标明下列信息：

(一)法人、其他经济组织、个体工商户的营业执照和相关许可证信息，或者营业执照的电子链接标识；

(二)自然人身份信息经审查真实、合法的标识。

第二十六条 经营者提供商品或者服务时，不得用以假充真、以次充好、掺杂掺假、虚假标价等欺诈手段，损害消费者合法权益。

第二十七条 经营者不得强迫消费者购买商品或者接受服务，不得违背消费者的意愿搭售商品、服务或者附加其他不合理的条件；提供可选择性服务应当事先征得消费者同意。

第二十八条 经营者提供商品或者服务，应当按照规定明码标价。明码标价应当做到价签价目齐全，标价内容真实明确，标识醒目。价格变动时，应当及时调整。

经营者不得在标价之外加价出售商品或者提供服务，不得收取任何未标明的费用。

第二十九条 经营者经营商品或者提供服务以量值作为结算依据的，应当标明法定计量单位，并配备和使用符合国家规定、与其经营或者服务项目相应的计量器具。

经营者提供的商品量或者提供的服务量的结算值应当与实际量相一致，不得将包装物的量值作为商品的量值计算，不得拒绝消费者对计量的复核要求。

第三十条 经营者提供商品或者服务，应当按照国家有关规定或者商业惯例，向消费者出具发票等购货凭证、服务单据；征得消费者同意，可以以电子化形式出具。消费者索要发票等购货凭证或者服务单据的，经营者应当出具。

消费者要求提供购货凭证、服务单据以外的收费清单的，经营者应当提供。

第三十一条 从事公用事业的经营者因消费者未支付费用等原因停止提供商品或者服务的，应当事先告知消费者，并给予消费者必要的准备时间。

第三十二条 经营者提供的商品或者服务有下列情形之一，消费者提出重作、退款要求的，经营者应当给予重作、退款：

(一)经鉴定机构鉴定为不合格商品或者服务的；

(二)经营者采取欺诈手段提供商品或者服务的；

(三)商品在国家规定、合同约定或者经营者承诺的保修期内发生质量问题，经营者拒绝修理或者不具备修理能力又不委托他人修理的；

(四)合同约定或者经营者承诺退货、退款的。

第三十三条 经营者发现商品或者服务存在缺陷，有危及人身、财产安全危险的，应当立即停止销售，同时向有关行政管理部门报告和告知消费者，并采取警示、召回、无害化处理、销毁、停止生产或者服务等措施。采取召回措施的，经营者应当承担消费者因商品被召回支出的必要费用。

经营者应当采取前款规定措施而未采取的，有关行政管理部门应当依法责令经营者立即停止销售、警示、召回、无害化处理、销毁、停止生产或者服务。已出售的商品应当由经营者负责召回。

第三十四条 经营者应当在国家规定或者经营者承诺的期限内，及时履行修理、更换、重作、退货、退款的义务，不得故意拖延。

国家未规定或者经营者未向消费者承诺修理、更换、重作、退货、退款义务期限的，经营者自接到消费者向其提出履行义务要求之日起十五日内应当作出答复，或者自接到处理消费争议的行政管理部门、消费者协会要求其履行义务的通知之日起十五日内应当作出答复。经营者十五日内不作出答复的，视为故意拖延或者无理拒绝。

经营者以消费者购买商品为条件，用奖励、赠与等促销形式向消费者提供商品的，不免除经营者对该奖品、赠品应当承担的修理、更换、重作、补足商品数量、退货、赔偿损失以及其他责任。

第三十五条 经营者采用网络、电视、电话、邮购等方式销售商品，消费者有权自收到商品之日起七日内退货，且无需说明理由，但下列商品除外：

(一)消费者定作的；

（二）鲜活易腐的；

（三）在线下载或者消费者拆封的音像制品、计算机软件等数字化商品；

（四）交付的报纸、期刊。

除前款所列商品外，其他根据商品性质并经消费者在购买时确认不宜退货的商品，不适用无理由退货。经营者应当设置提示程序，并采取措施和技术手段，供消费者进行确认。

消费者退货的商品应当不污不损且不影响再次销售，该次消费获得的赠品等应当同时返还。经营者应当自收到退回商品之日起七日内返还消费者支付的商品价款。退回商品的运费由消费者承担；经营者和消费者另有约定的，从其约定。

第三十六条　经营者以预收款方式提供商品或者服务，应当与消费者签订合同，明确商品或者服务的数量和质量、价款或者费用、履行期限和方式、安全注意事项和风险警示、售后服务、民事责任等内容。

经营者对消费者提出的合理退款要求，明确表示不予退款，或者超过合同约定退款日期；无合同约定在消费者提出退款要求后超过十五日仍不予退款的，视为故意拖延或者无理拒绝。

以磁条卡、芯片卡、纸券等所附条款作为合同内容的，经营者应当征得消费者同意。

经营者应当保存合同及履行的相关资料，方便消费者查询、复制；相关资料应当至少保存至合同履行完毕后两年。

第三十七条　经营者拟订的格式合同、通知、声明、店堂告示中、不得含有下列对消费者不公平、不合理的内容：

(一)让消费者承担应当由经营者承担的义务；

(二)加重消费者的责任；

(三)减轻或者免除经营者的责任；

(四)排除、限制消费者依法变更、解除合同的权利；

(五)排除、限制消费者依法要求赔偿、支付违约金、提起诉讼等法定权利；

(六)对损害消费者合法权益的行为以单方设立的最终解释权拒绝承担责任。

第三十八条　商业特许经营的特许人应当在与被特许人订立的合同中，明确商品或者服务的质量要求和保证措施、消费者权益保护和赔偿责任的承担等内容，并对被特许人的经营活动加强指导、监督。

被特许人应当向消费者公示商业特许经营合同中明确的消费者权益保护和赔偿责任的承担等内容。

第三十九条　经营者应当建立商品进货索证索票制度。进货时应当索取和查验供货单位、生产单位的资质证明和主体资格，并按商品批次向供货人索取进货质量合格证明，建立进、销货登记制度。

第四十条　餐饮业的经营者，应免费为消费者提供符合卫生条件的餐具，不得设定最低消费，不得设定开瓶费，不得收取或者变相收取不符合规定的费用。

餐饮业的经营者承办婚宴等活动时，不得限定消费者接受指定的婚庆公司或者其他服务公司的服务。

第四十一条　从事住宅装饰装修的经营者，应当与消费者以书面形式约定装饰装修的项目、数量、标准、价格、材料、施工时限等内容，并按照约定的内容，保证建筑装饰装修的工程质量和环保要求，按时完工，不得偷工减料，价外加价。装饰装修工程的质保期限自装饰装修工程竣工验收合格之日起不低于两年，保修期限内因维修产生的费用由经营者承担。

违反约定条件，必须返工或者更换材料的，应当按照与消费者重新约定的时限完成返工或者更换材料，其费用由经营者承担。

第四十二条　机动车经营者应当与消费者约定维护、修理、更换、退货以及损失赔偿等事项，建立与其销售规模相适应并具备相应资质的维修服务组织。机动车售出后主要部件出现安全性能故障的，经营者应当立即向有关行政管理部门报告和告知消费者，并采取停止销售、警示、召回、无害化处理、销毁、停止生产或者服务等措施。

第四十三条　美容美发业经营者应当使用符合国家质量、卫生标准的材料和器具，并事先向消费者明示服务效果及注意事项；因经营者的责任达不到约定服务效果的，应当按照消费者的要求免费重作或者退还已收取的费用；给消费者造成人身伤害或者其他不良后果的，应当依法承担赔偿责任。

第四十四条　摄影、冲印、刻录业经营者应当将拍摄、冲印、刻录的全部影像资料交付消费者，不得自行保留，不得在约定之外收取其他费用；影像资料不符合质量要求的，应当根据消费者的要求退还费用或者免费重拍、重印；未经消费者同意，经营者不得使用或者提供给他人使用消费者的影像资料；给消费者造成损害的，应当依法承担赔偿责任。

冲印具有特殊价值的影像资料，消费者可以与经营者事先约定保价额。经营者提供的服务不符合约定要求的，应当按照约定的保价额赔偿消费者损失。

第四十五条　洗染业经营者应当与消费者共同确认洗染前的衣物状况，并在服务单据中注明。造成衣物变形、损坏、串色、染色、遗失的，应当退还收取的费用，并依法承担赔偿责任。

第四十六条　职业介绍、婚姻介绍、房屋租售、出境出国等中介服务机构，应当向消费者提供真实信息，明示服务项目和收费标准，不得采取强迫、欺诈、误导手段进行服务。

中介服务机构不履行合同或者以虚假信息误导消费者的，应当退还消费者所付的全部费用，并依法承担赔偿责任。

第四十七条　营利性教育培训服务机构应当如实告知受教育者培养目标、教育项目、课程设置、师资状况、办学与教学地址、学习时限、收费项目和标准等情况。

有下列行为之一的，经营者依法承担赔偿责任：

(一)以虚假招生简章或者广告欺诈受教育者；

(二)擅自提高收费标准或者增加收

费项目；

(三)擅自降低教学标准，使用不合格的教学人员从事教学活动，或者不提供相应的教学设备和设施；

(四)以不正当理由使受教育者提前终止或者延迟学业；

(五)法律、行政法规规定的其他侵害受教育者合法权益的行为。

第四十八条 法律、法规对金融服务、物业管理、房地产经营、旅游服务、医疗服务等行业的消费者权益保护另有规定的，按照有关规定执行。

第四章 消费者权益保护

第四十九条 本省国家机关制定有关消费者合法权益保护的法规、规章和政策时，应当听取消费者和消费者协会的意见、要求。

第五十条 各级人民政府工商行政管理部门和其他有关行政管理部门应当在各自的职责范围内加强市场监管，受理消费者的投诉，听取消费者的意见，保护消费者的合法权益。

工商行政管理部门会同有关行政管理部门在社区、学校、企业、商场、市场、旅游景区等生活消费集中区域建立消费维权联络点(站)，开展消费宣传和引导，接受消费者咨询、投诉，推动经营者诚信自律。

第五十一条 县级以上工商行政管理部门和有关行政管理部门在保护消费者权益时，依法行使下列职权：

(一)对当事人涉嫌侵害消费者合法权益的违法销售活动的场所实施现场检查；

(二)向当事人的法定代表人、主要负责人和其他有关人员调查、了解与涉嫌侵害消费者合法权益的违法销售和服务活动有关的情况；

(三)查阅、复制当事人有关的合同、发票、账簿以及其他有关资料；

(四)对危害消费者人身、财产安全的商品、设备及设施予以查封或者扣押；

(五)对侵害消费者合法权益的违法行为进行查处。

第五十二条 工商行政管理部门和有关行政管理部门在各自的职责范围内，应当定期或者不定期对经营者提供的商品和服务进行抽查检验，并通过本部门政务信息网站等途径及时向社会公布抽查检验结果。

大众传播媒介使用抽查检验结果应当准确、全面、客观，并注明出处。

第五章 消费者组织

第五十三条 消费者协会依法履行下列公益性职责：

(一)宣传保护消费者合法权益的法律、法规，开展消费知识教育，向消费者提供消费信息和法律服务，引导文明、健康、节约资源和保护环境的消费方式；

(二)参与制定有关消费者权益的地方性法规、政府规章和强制性标准；

(三)参与有关行政管理部门对商品和服务的监督、检查，对商品和服务的质量、价格、售后服务以及消费者的意见进行调查、比较和分析；

(四)向有关行政管理部门、经营者、行业协会反映、查询，提出建议；

(五)按照地域管辖、就近便民的原则受理消费者的投诉，对投诉事项进行调查、调解，或者提出意见转送有关部门和单位处理；

(六)投诉事项涉及商品和服务质量问题的，可以委托具备资格的鉴定人鉴定，鉴定人应当告知鉴定意见；

(七)对损害消费者合法权益的行为，支持消费者申请仲裁、提起诉讼，或者通过大众传播媒介予以揭露、批评、劝谕；

(八)参与关系消费者切身利益的公用事业、公益性服务、自然垄断经营的商品价格听证会；

(九)推动跨境消费争议解决、信息互通共享。

第五十四条 消费者协会就有关消费者合法权益保护问题向有关行政管理部门、经营者、行业协会、商会反映、查询并提出监督建议。被查询、建议单位应当自接到查询、建议之日起十个工作日内作出答复。逾期不予答复的，消费者协会应当向人民政府和行业监管部门反映，并提出意见和建议。

消费者协会为消费者提供服务不收取费用，其公用经费和业务经费纳入同级政府财政预算。

第五十五条 消费者协会发布消费警示、提示，披露消费者投诉情况和公布典型案例，应当合法、客观、公正。

第五十六条 对侵害众多消费者合法权益的行为，省消费者协会可以向侵害消费者权益的组织收集证据，查阅记录、档案，约谈当事人，并向人民法院提起诉讼。

第六章 争议的解决

第五十七条 消费者和经营者发生消费者权益争议的，消费者可以依法通过下列途径解决：

(一)与经营者协商和解；

(二)请求消费者协会或者依法成立的其他调解组织调解；

(三)向工商行政管理部门或者有关行政管理部门投诉；

(四)根据与经营者达成的仲裁协议提请仲裁机构仲裁；

(五)向人民法院提起诉讼。

第五十八条 消费者协会对消费者的投诉，应当在七个工作日内作出是否受理的决定，并告知投诉者。

消费者协会决定受理的，应当在三十日内进行调查、调解；投诉事项紧急的，应当立即进行调查、调解；不予受理或者受理后调解不成的，应当说明理由，并告知消费者可以选择的其他解决争议的途径。

第五十九条 工商行政管理部门或者有关行政管理部门对消费者或者消费者协会提请处理的投诉，应当在接到投诉后七个工作日内，作出是否受理的决定，并告知投诉者或者消费者协会。

工商行政管理部门或者有关行政管理部门对消费者或者消费者协会提请处理的投诉，应当在收到消费者投诉之日起六十日内终结；调解不成的应当终止调解。

第六十条 消费者与经营者因商品或者服务质量发生争议，直观难以确认的，可以提请检测、鉴定。检测、鉴定机构应当出具书面的检测、鉴定结论，检测、鉴定费用由当事人按责任承担；对于难以检测、鉴定的，经营者应当提供无过错的证据，不能提供无过错证据的，由经营者承担责任。

第六十一条　按照国家规定或者经营者与消费者约定包修、包换、包退的商品，消费者经两次以上交涉，经营者仍无理拒绝的，应当承担消费者的误工费、交通费、住宿费等实际发生的费用；商品修理时间超过三十日，经营者应当按商品价款的1%以上10%以下向消费者赔偿因延误使用该商品遭受的损失，同时包修期限应当相应顺延。

第六十二条　消费者购买的商品有下列情形之一的，经营者不承担包修、包换、包退责任：

（一）无购货凭证、商品与购货凭证上注明的商品名称、规格、型号等不符的；

（二）因使用、维护、保管不当造成商品损坏的；

（三）自行拆卸或者修理的；

（四）已明示瑕疵商品字样的；

（五）因不可抗力造成损坏的。

第六十三条　经营者与消费者发生争议时，经营者就有关商品、服务质量的行业规则、规约和与消费者达成的协议、合同、信件、电子数据、承诺，以及营业人员对所提供商品或者服务的介绍、接受消费者咨询和投诉的答复，应当作为和解、调解、仲裁、诉讼的依据。

第七章　法律责任

第六十四条　经营者提供商品或者服务，因质量问题或者消费环境不安全造成消费者或者其他受害者人身伤害、残疾、死亡的，应当按照法律、法规的规定，承担以下费用：

（一）造成人身伤害的，应当赔偿医疗费、误工费、护理费、交通费、住宿费、住院伙食补助费等；

（二）因伤致残的，应当赔偿残疾赔偿金、残疾辅助具费、被扶养人生活费等；

（三）造成死亡的，除应当根据抢救治疗情况赔偿第一项规定的相关费用外，还应当赔偿丧葬费、被扶养人生活费、死亡赔偿金等。

第六十五条　经营者明知商品或者服务存在缺陷，仍然向消费者提供，造成消费者或者其他受害人死亡或者健康严重损害的，受害人有权要求经营者依照《中华人民共和国消费者权益保护法》第四十九条、第五十一条等法律规定赔偿损失，并有权要求所受损失二倍以下的惩罚性赔偿。

第六十六条　经营者违反本条例规定，提供商品或者服务有下列行为之一的，应当按照消费者的要求增加赔偿损失。增加赔偿的金额为消费者购买商品价款或者接受服务费用的三倍；增加赔偿的金额不足五百元的，按五百元赔偿；构成犯罪的，依法追究刑事责任：

（一）雇用他人进行欺骗性诱导销售或者作虚假的现场演示和说明的；

（二）销售国家明令禁止销售的商品的；在商品中掺杂掺假、以假充真、以次充好或者销售明知是过期、失效、变质、受污染的商品的；

（三）采取短斤少两等手段，变相提高商品价格或者采取虚假的清仓价、甩卖价、最低价、优惠价等欺骗性价格标示的；

（四）对修理的商品，故意损坏或者更换不需要更换的零配件的；

（五）假冒他人注册商标的商品或者以虚假的商品说明、商品标准、商品标识、实物样品等方式销售商品或者提供服务的；

（六）不以真实名称和标记从事经营活动或者谎称特约经销的；

（七）擅自更改食品、药品、保健品、化妆品和其他有时限商品生产日期和保质期的；

（八）谎称有奖、还本销售牟取利益的；

（九）发布虚假广告或者其他信息欺骗误导消费者的；

（十）骗取预付款的；

（十一）有其他欺诈行为的。

第六十七条　经营者违反本条例规定，侵害消费者合法权益的行为，法律、法规对处罚机关和处罚方式有规定的，从其规定；法律、法规未规定的，由工商行政管理部门按照《中华人民共和国消费者权益保护法》的规定，责令改正，可以根据情节单处或者并处警告、没收违法所得、处违法所得一倍以上十倍以下罚款；没有违法所得的，处五十万元以下罚款；情节严重的，责令停业整顿、吊销营业执照。

经营者有前款规定情形的，除依照法律、法规规定予以处罚外，处罚机关应当记入信用档案，向社会公布。

第六十八条　经营者违反本条例规定，有下列情形之一，法律、法规对处罚机关和处罚方式有规定的，从其规定；法律、法规未规定的，由工商行政管理部门责令改正，并根据情节单处或者并处警告、五万元以下罚款；情节严重的，责令停业整顿：

（一）未按照规定设置服务标识的；

（二）未按照规定标明真实名称和标记的；

（三）发送商业性信息，未经消费者同意增加消费者费用的；

（四）未按照规定提供购货凭证或者服务单据的；

（五）设定最低消费、开瓶费，收取或者变相收取不符合规定的费用的；

（六）拒不配合有关行政管理部门履行职责的。

第六十九条　经营者违反本条例规定，有下列情形之一，法律、法规对处罚机关和处罚方式有规定的，从其规定；法律、法规未规定的，由工商行政管理部门责令改正，并可以根据情节单处或者并处警告、没收违法所得、处违法所得三倍以上五倍以下的罚款；没有违法所得或者违法所得无法计算的，处十万元以下罚款；情节严重的，责令停业整顿：

（一）强迫消费者购买商品或者接受服务的；

（二）未与消费者订立书面合同、约定相关事项，或者以磁条卡、芯片卡、纸券等所附条款作为合同内容未征得消费者同意的。

第七十条　国家机关、消费者协会工作人员在行使职权时，违反本条例规定，有下列情形之一的，由其所在单位或者上级主管部门依法对主管人员和其他直接责任人员责令改正，并给予行政处分；构成犯罪的，依法追究刑事责任：

（一）不依法履行法定职责的；

（二）包庇经营者侵害消费者合法权益的；

（三）没有法定的行政处罚、收费依据或者违反法定标准进行处罚、收费的；

（四）索取、收受他人财物，或者谋取其他不正当利益的；

（五）有其他滥用职权、玩忽职守、徇私舞弊行为的。

第八章 附 则

第七十一条 农民购买、使用直接用于农业生产的生产资料参照本条例执行。

第七十二条 本条例自2015年9月1日起施行。2004年6月4日甘肃省第十届人民代表大会常务委员会第十次会议通过的《甘肃省消费者权益保护条例》同时废止。

甘肃省农村饮用水供水管理条例

2015年9月25日省十二届人大常委会第十九次会议通过

第一章 总 则

第一条 为了加强农村饮用水供水管理，保障农村饮用水安全，维护供水用水双方的合法权益，根据《中华人民共和国水法》等法律、行政法规的规定，结合本省实际，制定本条例。

第二条 本省行政区域内从事农村饮用水供水工程规划、建设运行、水源保护、水质监测及供水用水等相关活动，适用本条例。

第三条 本条例所称农村饮用水供水工程，是指为解决农村居民饮用水而兴建的各类集中供水工程和分散供水工程。集中供水工程包括水源工程、取水设施、水厂、输配水管网、信息化监控系统、入户设施及其相关附属设施；分散供水工程包括水窖、小电井等设施。

第四条 县级以上人民政府应当将农村饮用水供水事业纳入本行政区域国民经济和社会发展规划，加大对农村饮用水供水工程建设和管理的资金投入，保障农村饮用水供水安全。

鼓励单位和个人投资、捐资建设和经营农村饮用水供水工程。

鼓励有条件的地区通过城镇公共供水管网延伸，解决农村饮水，实现城乡供水一体化。

第五条 县级以上人民政府水行政主管部门负责本行政区域内农村饮用水供水的监督管理。

县级以上人民政府发展和改革、财政、卫生计生、环境保护、国土资源、住房和城乡建设等部门应当按照各自职责，做好农村饮用水供水的相关工作。

第六条 县级人民政府是农村饮用水安全责任主体。

县级人民政府水行政主管部门负责农村饮用水集中供水工程的规划、建设和管理等工作。

乡（镇）人民政府应当做好农村饮用水集中供水工程建设、运营、管护中的协调等相关工作。

第二章 规划与建设

第七条 农村饮用水供水工程规划由县级以上人民政府水行政主管部门会同发展和改革、卫生计生、住房和城乡建设、环境保护等部门编制，报同级人民政府批准后实施。

编制农村饮用水供水工程规划，应当统筹城乡经济社会发展，优先发展城乡一体化和规模化集中供水工程。

第八条 农村饮用水供水的水资源配置应当优先利用地表水，合理开采地下水。

第九条 县级以上人民政府应当优先保障农村饮用水集中供水工程建设用地。

第十条 农村饮用水供水工程选址与建设，严格执行国家和本省有关技术标准、规范；工程使用的材料和设施，应当符合有关质量标准和涉水产品卫生学评价要求。

从事农村饮用水集中供水工程建设的设计、施工、监理单位，应当具备相应的资质。

第十一条 新建、改建、扩建农村饮用水集中供水工程应当符合农村饮用水供水发展规划，经县级以上人民政府水行政主管部门审查，并按照有关规定办理相关手续后，方可建设。

第十二条 农村饮用水集中供水工程穿越跨行政区域和铁路、公路、电力、通信等设施及林草地的，相关地区和部门应当给予支持。

新建、改建、扩建铁路、公路、电力、通信等设施，对农村饮用水水源或者供水设施造成损害的，应当采取补救措施并予以补偿。

第十三条 农村饮用水集中供水工程自来水入户部分，由建设单位或者供水单位组织建设，也可以由村民委员会或者用水户按照规定的标准自行建设，建设费用由用水户承担。

第十四条 农村饮用水集中供水工程竣工后，应当按照相关规定进行验收；验收合格后，方可投入使用。

第三章　水源与水质

第十五条　县级人民政府应当划定本行政区域内农村饮用水供水工程水源保护区，采取保护措施，设立地理界标和警示标志。

第十六条　县级人民政府环境保护主管部门承担农村饮用水水源地保护和污染防治工作，县级人民政府水行政主管部门配合做好水源地保护相关工作。

第十七条　县级以上人民政府卫生计生行政主管部门应当对本行政区域农村饮用水供水卫生情况定期进行监督检测，保障农村饮用水供水水质安全。

第十八条　农村饮用水供水水质应当符合国家生活饮用水卫生标准。农村饮用水供水水质监测机构应当加强日常监管，对县域内农村饮用水供水工程的原水、出厂水、管网末梢水等定期进行水质检测。水质检测所需费用由本级财政承担。

第四章　管理与运行

第十九条　农村饮用水集中供水工程建成后，其所有权按照下列规定确定：

（一）政府投资建设的，归国家所有；

（二）农村集体经济组织筹资、政府给予补助的，归农村集体经济组织所有；

（三）单位或者个人投资，政府给予补助的，归投资者所有；

（四）政府、农村集体经济组织、单位或者个人共同投资的，按照合同约定确定；

（五）政府补助、用水户筹资投劳建设，由一个行政村或者村民小组使用的，归集体所有。

第二十条　国家投资兴建的日供水规模达到一千吨以上或者供水人口达到一万人以上的农村饮用水供水设施，按照所有权和经营权分离的原则，实行专业化管理，企业化运作。

以一个行政村或者村民小组为单位建设的农村饮用水供水设施，可以依法通过承包、租赁或者委托管理等方式，由乡（镇）水利管理机构、农村合作组织或者个人负责经营管理和维护。

政府可以通过购买公共服务等方式实施农村饮用水供水具体管理工作。

第二十一条　供水单位应当与受益村、用水户签订供水设施管理协议，明确管理范围及责任。进村设施由受益村负责管理，入户设施由用水户自行管理。

第二十二条　县级人民政府应当划定农村饮用水供水设施安全保护控制范围。控制范围内不得从事以下活动：

（一）修建建筑物、构筑物；

（二）挖坑、挖沟、取土、堆渣、爆破、打桩等；

（三）修建畜禽饲养场、厕所、渗水坑、污水沟道，堆放垃圾、粪便等污染物；

（四）排放有毒有害物质；

（五）其他危害农村饮用水供水工程及设施安全的活动。

第二十三条　供水单位应当在农村饮用水供水设施保护范围内设置界桩、安全护拦网等安全设施，确保供水设施安全。

第二十四条　任何单位和个人不得擅自改装、迁移或者拆除公共饮用水供水设施。确需改装、迁移或者拆除的，建设单位应当征得县级人民政府水行政主管部门同意，所需费用由建设单位承担。

任何单位和个人不得拆卸、启封、围压、堆占、损坏结算水表或者干扰水表正常计量。用水户的结算水表不能正常使用或者达到使用年限的，用水户应当及时告知供水单位维修或者更换，所需费用由用水户承担。

第五章　供水与用水

第二十五条　供水单位应当与用水户签订供水用水合同，明确双方的权利和义务。

第二十六条　供水单位应当履行下列义务：

（一）供水水量、水质和水压符合规定标准，并保证安全稳定供水；

（二）依照核定的价格计量收费；

（三）定期检查、维护供水设施；

（四）设立供水事故抢修电话，并向社会公布；

（五）建立规范的供水档案管理制度；

（六）接受水利、卫生计生、环境保护等行政部门和用水户的监督。

第二十七条　用水户应当节约用水，遵守下列规定：

（一）按时交纳水费，不得拖欠或者拒付；

（二）不得擅自改变用水性质；

（三）不得盗用或者擅自向其他单位和个人转供用水；

（四）不得在饮用水供水管道上安装其他取水设施；

（五）变更、暂停或者终止用水，应当到供水单位办理相关手续；

（六）保证计量设施的正常使用，管理好入户设施，做好防止漏水爆管等工作。

第二十八条　用水户或者供水单位对水表准确度有异议的，可以申请具有相应资质的计量鉴定机构检测。计量误差超过规定标准的，产权人应当更换水表，并承担检测费用；计量误差符合规定标准的，由申请人承担检测费用。

第二十九条　县级人民政府应当组织相关单位制定农村饮用水供水应急预案，建立应急救援组织，配备救援器材设备，定期组织演练，预防突发事故，减少因事故造成的损害。

第三十条　供水单位因施工或者检修等原因，确需临时停止供水的，应当在临时停止供水二十四小时前通知用水户。

因发生自然灾害或者紧急事故，无法提前通知的，应当在抢修的同时通知用水户，并报告当地人民政府和水行政主管部门。任何单位和个人不得阻挠和干扰供水设施的抢修。

连续超过四十八小时不能恢复正常供水的，供水单位应当采取必要的应急供水措施，保证用水户基本生活用水的需要。

第三十一条　农村饮用水供水实行有偿使用、计量收费制度。

生活用水和生产用水实行分类计价。生活用水价格按保本微利、补偿成本、公平负担的原则确定，不超过基本水量的，按标准水价计收；超过基本水量部分，可以实行阶梯水价。生产用水价格按市场调节机制计收。

第三十二条 国家投资为主建设的农村饮用水供水设施，供水价格由县级人民政府核定，跨县（市、区）的工程供水价格，由市（州）人民政府核定。

利用其他方式投资建设的农村饮用水供水设施，供水价格由项目投资经营主体与用水户协商确定后，投资方申请，县（市、区）人民政府核定。农村村民自建的农村饮用水供水设施供水价格由供需双方协商确定。

第三十三条 农村饮用水供水设施供水价格达不到供水成本，造成经营困难的，县级人民政府应当对农村饮用水供水单位给予补贴。

第三十四条 县级人民政府应当通过财政补贴、水费提留等方式建立维修养护基金。维修养护基金实行专户存储，统一用于县域内农村饮用水供水设施的日常管护和维修。

第三十五条 农村饮用水集中供水设施用电量纳入全省农业排灌电价控制基数，按地表水、地下水扬程分别执行相应类别的农业排灌优惠电价。

第六章 法律责任

第三十六条 违反本条例规定，法律法规已有处罚规定的，从其规定。

第三十七条 供水单位违反本条例规定，有下列情形之一的，由县级人民政府水行政主管部门责令改正，逾期未改正的，可以处一万元以上三万元以下罚款：

（一）供水水质不符合规定要求的；

（二）擅自停止供水或者未履行停水通知义务的；

（三）未按照规定时限检修供水设施或者在供水设施发生故障后未及时组织抢修的；

（四）发生供水水污染事故未及时上报的。

第三十八条 违反本条例规定，有下列情形之一的，由县级以上人民政府水行政主管部门按照下列规定予以处罚，构成犯罪的依法追究刑事责任：

（一）阻挠或者干扰供水设施抢修的，责令改正，并可以处五百元以上二千元以下罚款；

（二）擅自转供用水或者改变用水性质的，责令改正，并可以处一千元以上一万元以下罚款；

（三）盗用供水的，责令改正，补交水费，对单位可以处五千元以上三万元以下罚款，对个人可以处五百元以上五千元以下罚款；

（四）擅自拆卸、启封、围压结算水表的，责令改正，并可以处一百元以上五百元以下罚款；

（五）损坏工程建（构）筑物、供水管道等供水设施的，可以处一千元以上一万元以下罚款；

（六）擅自在供水管道上修建房屋等违章建筑物的，责令改正，恢复原状，并可以处二千元以上二万元以下罚款；

（七）生产或者使用有毒、有害物质的单位将其生产、使用的用水管网与农村饮用水供水管网直接连接的，责令立即拆除，并处一万元以上十万元以下罚款。

第三十九条 水行政主管部门及其他有关部门工作人员玩忽职守、滥用职权、徇私舞弊的，由其所在单位或者监察机关给予行政处分；构成犯罪的，依法追究刑事责任。

第七章 附 则

第四十条 本条例自2016年1月1日起施行。

甘肃省预算审批监督条例

2002 年 2 月 1 日省九届人民代表大会第五次会议通过
2007 年 3 月 30 日省十届人大常委会第二十八次会议修正
2015 年 11 月 27 日省十二届人大常委会第二十次会议修订

第一章 总则

第一条 为了加强预算决算审批监督，规范预算行为，强化预算约束，根据《中华人民共和国预算法》等有关法律、法规，结合本省实际，制定本条例。

第二条 本条例适用于本省县级以上各级人民代表大会及其常务委员会对预算、预算调整、决算的审批监督。

第三条 政府的全部收入和支出都应当纳入预算。

预算包括一般公共预算、政府性基金预算、国有资本经营预算、社会保险基金预算。

第四条 县级以上各级人民代表大会审查本级总预算草案及本级总预算执行情况的报告；批准本级预算和本级预算执行情况的报告；改变或者撤销本级人民代表大会常务委员会关于预算、决算的不适当的决议；撤销本级政府关于预算、决算的不适当的决定和命令。

县级以上各级人民代表大会常务

委员会（以下简称县级以上各级人大常委会）监督本级总预算的执行；审查和批准本级预算的调整方案；审查和批准本级决算；撤销本级政府和下一级人民代表大会及其常务委员会关于预算、决算的不适当的决定、命令和决议。

第五条　县级以上各级人民代表大会财政经济委员会（以下简称县级以上各级人大财政经济委员会）对本级预算草案初步方案及上一年预算执行情况、本级预算调整初步方案和本级决算草案进行初步审查，提出初步审查意见。

县级以上各级人大常委会有关工作机构负责审查预算草案、预算调整方案、决算草案和监督预算执行等方面的具体工作。

第六条　各级人民代表大会批准的预算，非经法定程序，不得调整。各级政府、各部门、各单位的支出必须以批准的预算为依据，未列入预算的不得支出。

第二章　审查和批准

第七条　县级以上各级政府应当根据预算法、预算法实施条例等法律、法规的规定编制预算草案。

预算草案应当根据本行政区域年度经济社会发展目标、国家宏观调控总体要求和跨年度预算平衡的需要，坚持与经济社会发展相适应和量入为出、收支平衡的原则，参考上一年预算执行情况、有关支出绩效评价结果和本年度收支预测，并征求各方面意见后进行编制。

预算草案应当在财政年度开始前全部编制完毕。

第八条　县级以上各级政府提请本级人民代表大会审查批准的预算草案应当按照一般公共预算、政府性基金预算、国有资本经营预算、社会保险基金预算分别编制。

政府性基金预算、国有资本经营预算、社会保险基金预算应当与一般公共预算相衔接。

政府性基金已安排支出的项目，一般公共预算不再安排或者减少安排。政府性基金和一般公共预算均安排支出的，应当将政府性基金调入一般公共预算统筹使用。政府性基金项目中结转较多的资金，应当调入一般公共预算统筹安排。

对能够纳入一般公共预算的国有资本经营预算应当编入一般公共预算。

第九条　县级以上各级政府应当将政府性债务纳入预算，报本级人民代表大会或者其常委会审查批准。

一般债务收支应当纳入一般公共预算；专项债务收支应当纳入政府性基金预算；政府与社会资本合作项目中的财政补贴等支出应当按性质纳入相应政府预算。各部门、各单位应当将债务收支纳入部门和单位预算。

县级以上各级政府举借的债务，只能用于公益性资本支出和适度归还存量债务，不得用于经常性支出。各级政府对其举借的债务负偿还责任，市县政府举借的债务，省级政府实行不救助原则。

第十条　政府债务规模实行限额管理，县级以上各级政府举债不得突破批准的限额。省本级和分市县的一般债务和专项债务可举借额度由省政府财政部门在国务院批准的限额内，根据债务风险、财力状况和融资需求等因素测算并报省政府批准。各级政府在批准的限额内，合理确定当年债务举债额度。

除预算法规定外，县级以上各级政府及其所属部门不得以任何方式举借债务。除法律另有规定外，各级政府及其所属部门不得为任何单位和个人的债务以任何方式提供担保。

第十一条　部门预算应当包括本部门及其所属各单位预算。本级财政安排给本部门及其所属各单位的预算拨款、本部门及其所属各单位合法取得的其他收入和相应的支出应当全部纳入部门预算，报本级人民代表大会审查。

第十二条　县级以上各级人大财政经济委员会应当广泛听取人大代表和社会各界对编制预算的意见建议，并及时通报本级政府财政部门。

第十三条　县级以上各级政府财政部门应当及时向本级人大财政经济委员会报告预算草案的编制情况。

第十四条　县级以上各级政府财政部门应当在本级人民代表大会举行会议的三十日前，将本级预算草案的初步方案提交本级人大财政经济委员会进行初步审查。

提交预算草案的初步方案时，应当同时提供下列材料：

（一）预算编制的依据及有关说明；

（二）涉及预算收支的重要财政政策措施；

（三）财力来源及构成情况；

（四）上级财政提前下达的转移支付预计数和对下级财政提前下达的转移支付预计数；

（五）重点支出和重大投资项目情况；

（六）政府债务的预算安排使用和偿还情况；

（七）初步审查所需要的其他材料以及有关说明。

第十五条　对预算草案的初步方案进行审查的主要内容是：

(一)预算安排是否符合预算法、预算法实施条例等法律、法规的规定和国家财政经济政策，是否符合本行政区域经济和社会发展的实际；

(二)预算的编制是否真实、完整；

(三)重点支出和重大投资项目的预算是否适当；

(四)财政政策和工作措施是否可行；

(五)其他与预算有关的重要事项。

第十六条　县级以上各级人大财政经济委员会对预算草案的初步方案进行初步审查时，应当邀请部分本级人民代表大会代表、常委会组成人员、人大有关专门委员会或者常委会有关工作机构、有关专家以及利益相关方代表参加。政府财政部门主要负责人及其他有关部门负责人应当到会说明情况，回答询问。

第十七条　县级以上各级人大财政经济委员会对预算草案初步方案初步审查后，向同级政府财政部门提出初步审查意见。

县级以上各级政府财政部门接到初步审查意见，应当将处理情况反馈同级人大财政经济委员会。

县级以上各级人大财政经济委员会的初步审查意见以及本级政府财政部门反馈的处理情况报告，应当印发本级人民代表大会代表。

第十八条 县级以上各级政府在本级人民代表大会举行会议时，向大会作关于总预算草案和总预算执行情况的报告，并提交本级总预算执行情况和本级总预算草案、本级部门预算草案以及本级分地区、分项目转移支付预算和其他相关材料。

第十九条 报送县级以上各级人民代表大会审查和批准的预算草案应当细化。本级一般公共预算支出，按其功能分类应当编列到项；按其经济性质分类，基本支出应当编列到款。本级政府性基金预算、国有资本经营预算、社会保险基金预算支出，按其功能分类应当编列到项。

第二十条 县级以上各级人民代表大会对预算草案及其报告、预算执行情况报告重点审查下列内容：

（一）上一年预算执行情况是否符合本级人民代表大会预算决议的要求；

（二）预算安排是否符合预算法、预算法实施条例等法律、法规的规定；

（三）预算安排是否贯彻国民经济和社会发展的方针政策，收支政策是否切实可行；

（四）重点支出和重大投资项目的预算安排是否适当；

（五）预算的编制是否完整，是否符合本条例第十九条的规定；

（六）对下级政府的转移性支出预算是否规范、适当；

（七）预算安排举借的债务是否合法、合理，是否有偿还计划和稳定的偿还资金来源；

（八）与预算有关重要事项的说明是否清晰。

第二十一条 县级以上各级人民代表大会会议期间，本级人大财政经济委员会应当根据代表的意见对预算草案进行审查，向本级人民代表大会主席团提出关于总预算草案及上一年总预算执行情况的审查结果报告。

审查结果报告应当包括下列内容：

（一）上一年预算执行的基本情况；

（二）上一年预算执行中存在的主要问题；

（三）对上一年预算执行和落实本级人民代表大会预算决议情况的评价；

（四）本年度预算草案的基本情况；

（五）对本年度预算草案的合法性和可行性的评价；

（六）对本级人民代表大会批准预算草案和预算报告提出建议；

（七）对执行年度预算、改进预算管理、提高预算绩效、加强预算监督等提出意见和建议。

审查结果报告经本级人民代表大会主席团审议通过后，印发全体代表，并在本地主要媒体上公布。

第二十二条 县级以上各级政府应当在本级人民代表大会会议期间对代表提出的审查意见及时进行处理，并向大会提交修改后的预算草案和报告。

第二十三条 预算经县级以上各级人民代表大会批准后，本级政府财政部门应当在二十日内向本级各部门批复预算。各部门应当在接到本级政府财政部门批复的本部门预算后十五日内向所属各单位批复预算。

省政府接到中央一般性转移支付和专项转移支付后，应当在三十日内正式下达到本省县级以上各级政府。

县级以上各级预算安排对下级政府的一般性转移支付和专项转移支付，应当分别在本级人民代表大会批准预算后的三十日和六十日内正式下达。

县级以上各级政府财政部门应当将批复本级各部门的预算和批复下级政府的转移支付预算，抄送本级人大财政经济委员会。

第二十四条 县级以上各级政府对下一级政府报送备案的预算，认为有同法律、行政法规相抵触或者有其他不适当之处，需要撤销批准预算的决议的，应当提请本级人大常委会审议决定。

第二十五条 县级以上各级一般公共预算年度执行中有超收收入的，只能用于冲减赤字或者补充预算稳定调节基金。

县级以上各级一般公共预算的结余资金，应当补充预算稳定调节基金。

第二十六条 经省人民代表大会批准的省级一般公共预算在年度执行中出现短收，通过调入预算稳定调节基金、减少支出等方式仍不能实现收支平衡的，省政府可以提请省人大常委会批准增列赤字，报国务院财政部门备案，并应当在下一年度预算中予以弥补。

经市（州）、县（市、区）人民代表大会批准的本级一般公共预算在年度执行中出现短收，通过调入预算稳定调节基金、减少支出等方式仍不能实现收支平衡的，市（州）、县（市、区）政府可以提请本级人大常委会批准后，向上级政府申请临时救助，并在下一年度预算中安排归还。临时救助额度不得超过因短收引起的国家规定基本支出的不足部分。

第三章 预算调整的审查和批准

第二十七条 经县级以上各级人民代表大会批准的本级预算，在执行中依照预算法的规定必须调整的，县级以上各级政府应当编制预算调整方案。

预算调整方案应当说明预算调整的理由、项目和数额。

第二十八条 县级以上各级预算的调整方案应当由本级政府提请本级人大常委会审查和批准，并在本级人大常委会举行会议时作关于预算调整的报告。未经批准，不得调整预算。

第二十九条 县级以上各级政府财政部门应当在本级人大常委会举行会议审查和批准预算调整方案的三十日前，将预算调整初步方案提交本级人大财政经济委员会进行初步审查。

第三十条 县级以上各级人大财政经济委员会对预算调整初步方案初步审查后，向本级人大常委会提出关于预算调整的审查报告。

审查报告应当包括下列内容：

（一）调整方案是否符合预算法、预算法实施条例等法律、法规的规定；

（二）调整的理由是否充分；

（三）调整的项目和资金安排是否合理；

（四）对本级人大常委会批准预算调整方案提出建议；

（五）对本级政府执行预算调整方案提出意见建议。

第三十一条 县级以上各级人大常委会对预算调整方案审查的主要内容是：

(一)调整的理由和依据；

(二)调整的范围和内容；

(三)收支平衡的情况。

第三十二条 县级以上各级政府未经法定程序作出的预算调整决定，本级人大常委会或者上级政府应当责令其改变或者撤销。

第三十三条 各部门、各单位的预算支出应当按照预算科目执行。严格控制不同预算科目、预算级次或者项目间的预算资金调剂。

第四章 决算的审查和批准

第三十四条 县级以上各级政府财政部门编制本级决算草案，经本级政府审计部门审计后，报本级政府审定，由本级政府提请本级人大常委会审查和批准，并在本级人大常委会举行会议时作关于本级决算的报告。

第三十五条 编制决算草案，必须符合预算法等法律、法规，做到收支真实、数额准确、内容完整、报送及时。

决算草案应当与预算相对应，按预算数、调整预算数、决算数分别列出。一般公共预算支出应当按其功能分类编列到项，按其经济性质分类编列到款。政府性基金预算、国有资本经营预算、社会保险基金预算支出，按其功能分类应当编列到项。

第三十六条 县级以上各级政府财政部门应当在本级人大常委会举行会议审查和批准本级决算草案的三十日前，将上一年度本级决算草案提交本级人大财政经济委员会进行初步审查。

第三十七条 对决算草案初步审查的主要内容是：

（一）决算的编制是否符合预算法、预算法实施条例等法律、法规的规定；

（二）决算的内容是否真实、准确、完整；

（三）预算执行总体情况；

（四）重点支出完成情况；

（五）重大财政政策落实情况；

（六）其他与决算有关的重要情况。

第三十八条 县级以上各级人大财政经济委员会在对决算草案初步审查时，应当同时听取本级政府审计部门关于上一年度预算执行和其他财政收支的审计工作情况汇报。

第三十九条 县级以上各级人大财政经济委员会对决算草案初步审查后，应当向本级人大常委会提出关于决算草案的审查结果报告。报告经常委会会议审议后，在本地主要媒体上公布。

审查结果报告应当包括下列内容：

（一）本级决算收入和支出的基本情况；

（二）对本级决算的总体评价；

（三）对本级人大常委会批准决算提出建议；

（四）本级决算中存在的主要问题；

（五）针对本级决算中存在的问题提出改进意见建议。

第四十条 县级以上各级人大常委会对本级决算草案，重点审查下列内容：

（一）预算收入情况；

（二）支出政策实施情况和重点支出、重大投资项目资金的使用及绩效情况；

（三）上年度结转资金使用情况和本年度资金结转情况；

（四）资金结余情况；

（五）本级预算调整及执行情况；

（六）上级财政转移支付的安排使用情况以及向下级财政转移支付情况；

（七）经批准举借债务的规模、结构、使用、偿还等情况；

（八）本级预算周转金规模和使用情况；

（九）本级预备费使用情况；

（十）超收收入安排情况，预算稳定调节基金的规模和使用情况；

（十一）本级人民代表大会批准的预算决议落实情况；

（十二）其他与决算有关的重要情况。

第四十一条 县级以上各级人大常委会每年审查和批准决算的同时，听取和审议同级政府关于上一年度本级财政预算执行和其他财政收支情况的审计工作报告，并结合审计工作报告，对本级决算草案进行审查。

对预算执行和其他财政收支的审计工作报告应当向社会公开。

第四十二条 决算经县级以上各级人大常委会批准后，本级政府财政部门应当在二十日内向本级各部门批复决算。各部门应当在接到本级政府财政部门批复的本部门决算后十五日内向所属单位批复决算。

县级以上各级政府财政部门应当将批复本级各部门的决算，抄送本级人大财政经济委员会。

第四十三条 县级以上各级政府对下一级政府报送备案的决算，认为有同法律、行政法规相抵触或者有其他不适当之处，需要撤销批准决算的决议的，应当提请本级人大常委会审议决定。

第五章 预算决算的监督

第四十四条 县级以上各级人民代表大会及其常委会对本级和下级预算、决算进行监督。

第四十五条 县级以上各级人民代表大会及其常委会对预算、决算监督的重点是：

（一）执行人民代表大会关于预算决算决议情况；

（二）预算决算批复情况；

（三）政府性基金预算、国有资本经营预算、社会保险基金预算与一般公共预算的衔接情况；

（四）组织预算收入和安排预算支出情况；

（五）部门预算的执行情况；

（六）预算收支平衡情况；

（七）重点支出的安排和资金到位情况；

（八）专项资金的绩效管理情况；

（九）超收收入安排使用情况；

（十）结转结余资金的统筹使用情况；

（十一）预算稳定调节基金设置情况；

（十二）上级财政转移支付的安排和使用情况；

（十三）向下级财政转移支付情况；

（十四）地方政府举借债务情况；

（十五）预备费的使用情况；

（十六）政府采购项目预算的执行情况；

（十七）审计决定落实情况；

（十八）预算执行中的其他重大事项。

第四十六条 县级以上各级政府应当将下列事项及时报同级人大常委会备案：

（一）有关预算方面的规章、决定和命令；

（二）有关预算管理体制和管理办法的规范性文件；

（三）下一级政府报送备案的汇总预算；

（四）下一级政府报送备案的汇总决算；

（五）按年度编制的政府综合财务报告；

（六）应当报备案的其他事项。

第四十七条 县级以上各级人民代表大会及其常委会有权就预算、决算中的重大事项或者特定问题组织调查，有关的政府、部门、单位和个人应当如实反映情况和提供必要的材料。

第四十八条 县级以上各级人民代表大会及其常委会举行会议时，人大代表、常委会组成人员依照法定程序，对预算、预算执行、预算调整和决算中的有关问题提出询问或者质询时，受询问或者受质询的有关的政府或者财政部门必须及时给予答复。

第四十九条 县级以上各级政府每年第三季度应当向同级人大常委会报告上半年预算执行情况。

县级以上各级政府财政部门每季度应当向同级人大财政经济委员会报告预算执行情况。对预算执行中的重大问题，应当及时报告。

第五十条 县级以上各级人大财政经济委员会应当针对预算执行中的重大问题或者选择资金量大、影响面广、社会关注度高的专项资金开展专题调研，并向本级人大常委会提交调研报告。

第五十一条 县级以上各级政府对本级人民代表大会代表、人大常委会组成人员以及人大有关专门委员会就预算执行、预算管理、决算提出的建议、批评和意见，应当认真办理，并及时答复办理结果。

第五十二条 在预算执行中，对上级政府增加的不属于预算调整范围的专项转移支付，县级以上各级政府应当向本级人大常委会报告有关情况。

第五十三条 县级以上各级政府审计部门依法对预算执行、决算实行审计监督。

县级以上各级政府审计部门对日常审计中发现的有关预算执行中的重要情况和重大问题，应当及时向本级人大财政经济委员会通报。

第五十四条 县级以上各级政府应当根据本级人大常委会在审议审计工作报告时提出的意见、建议和作出的相关决议，制定整改措施，对违法违纪问题，应当依法纠正或者作出处理，并向本级人大常委会报告纠正情况和对违法违纪问题的处理结果。

县级以上各级人大常委会可以要求审计查出问题较多的部门主要负责人到会听取意见，并接受人大常委会组成人员的询问。必要时，可以要求审计查出问题较多的部门单独作整改情况报告。

第五十五条 县级以上各级人大常委会认为必要时，可以要求同级政府责成审计部门进行专项审计或者审计调查，并向人大常委会报告审计结果。

第五十六条 经本级人民代表大会或者本级人大常委会批准的预算、预算调整、决算、预算执行情况的报告及报表和经本级政府财政部门批复的部门预算、决算及报表以及政府采购情况，应当按照预算法规定向社会公开，接受社会监督。

第五十七条 对违反预算法、预算法实施条例和本条例的行为，公民、法人或者其他组织可以依法向有关国家机关进行检举、控告。

接受检举、控告的国家机关应当依法进行处理，并为检举人、控告人保密。任何单位或者个人不得压制和打击报复检举人、控告人。

第六章 法律责任

第五十八条 县级以上各级政府及有关部门违反预算法、预算法实施条例和本条例规定编制、报送预算草案、预算调整方案、决算草案和部门预算、决算以及进行预算调整的，责令改正，对负有直接责任的主管人员和其他直接责任人员依法追究行政责任。

第五十九条 违反本条例规定，对检举、控告者进行压制和打击报复的，由上级主管部门或者所在单位给予行政处分；构成犯罪的，依法追究刑事责任。

第七章 附 则

第六十条 乡（镇）人民代表大会对预算、预算调整、决算的审批监督参照本条例执行。

第六十一条 本条例自2016年1月1日起施行。

甘肃省会计管理条例

2015 年 11 月 27 日省十二届人大常委会第二十次会议通过

第一章　总　则

第一条　为加强会计管理，规范会计行为，提高会计信息质量，维护经济秩序，根据《中华人民共和国会计法》等有关法律、行政法规，结合本省实际，制定本条例。

第二条　本省行政区域内国家机关、社会团体、企业事业单位和其他组织（以下统称单位）办理会计事务，实施会计管理等相关活动，适用本条例。

第三条　单位应当根据会计法律法规和国家统一会计准则制度，建立和实施本单位会计核算办法、会计监督制度和内部控制制度，加强会计信息化和管理会计工作。

第四条　单位负责人对本单位的会计工作和会计信息的真实性、完整性负责。

单位负责人应当保证会计机构、会计人员依法履行职责，不得授意、指使、强令会计机构、会计人员违法违规办理会计事项。

第五条　会计机构、会计人员应当依照会计法律法规和国家统一会计准则制度，办理会计事务，进行会计核算，实施会计监督。

会计人员依法履行职责受法律保护，任何单位和个人不得打击报复。

第六条　省人民政府财政部门是全省会计工作的行政主管部门，市（州）、县（市、区）人民政府财政部门是本行政区域内会计工作的行政主管部门。

县级以上人民政府财政部门在会计管理工作中依法履行下列职责：

（一）组织实施会计法律法规和国家统一会计准则制度；

（二）组织实施会计从业资格考试，核发会计从业资格证书，管理会计人员继续教育；

（三）组织会计专业技术资格考试及评审工作；

（四）受理和调查处理会计人员的申诉、举报，维护会计人员的合法权益；

（五）审查批准除会计师事务所以外的从事会计代理记账业务的中介机构，对会计中介机构实施监督管理；

（六）对单位会计工作进行业务指导和监督管理；

（七）组织实施会计信息化工作，指导推进单位内部控制和管理会计工作；

（八）依法查处会计违法行为；

（九）法律、法规和规章规定的其他职责。

第二章　会计机构和会计人员

第七条　单位应当根据会计业务的需要设置会计机构，配备会计机构负责人、会计人员；未设置会计机构的，应当在有关机构中配备会计主管人员、会计人员；不具备条件的，应当委托具有会计代理记账资格的中介机构代理记账，并签订书面委托合同。

单位根据需要，可以向其下属单位委派会计人员或者代理其下属单位进行会计核算。

第八条　代理记账业务的中介机构，应当符合下列条件，并经所在地县级以上人民政府财政部门审核批准，取得相应的代理记账资格，方可从事代理记账业务：

（一）3名以上持有会计从业资格证书的专职从业人员；

（二）主管代理记账业务的负责人具有会计师以上专业技术职务资格；

（三）有固定的办公场所；

（四）有健全的代理记账业务规范和财务会计管理制度。

第九条　单位会计工作岗位的设置，应当符合内部控制规范的要求，严格实行不相容岗位相互分离。会计人员的工作岗位应当有计划地进行轮换。会计机构负责人（会计主管人员）工作变动，应当经单位领导集体研究决定。

第十条　大中型国有独资、国有控股企业应当设置总会计师或者财务总监。事业单位和业务主管部门根据需要，经批准可以按照有关规定设置总会计师或者财务总监。

凡设置总会计师或者财务总监的单位，在单位领导成员中不设与总会计师或者财务总监职权重叠的副职。

第十一条　总会计师或者财务总监负责组织本单位的财务管理、成本管理、预算管理、会计核算、会计监督及会计信息化等方面的工作，参与重要经济业务事项的分析和决策。

单位负责人应当支持和保障总会计师或者财务总监依法行使职权。

第十二条　总会计师或者财务总监应当具备会计师以上专业技术资格，主管单位或者单位内一个重要方面的财务会计工作时间不少于三年，其具体管理办法由省人民政府另行制定。

担任单位会计机构负责人（会计主管人员）的，应当具备会计师以上专业技术资格或者从事会计工作三年以上经历。

从事会计工作的人员，应当依法取得会计从业资格。不具备会计从业资格的人员，不得从事会计工作，不得参加会计专业技术资格考试、评审及会计专业技术职务的聘任。

第十三条 会计人员应当按照国家规定参加继续教育。单位应当保障会计人员参加继续教育培训的时间和必要的费用。会计人员接受继续教育的情况作为会计从业资格检查登记、职称评审、聘任和奖励的依据之一。

第十四条 国家机关、社会团体、国有企业事业单位任用（聘用）会计人员应当实行回避制度。与单位负责人有配偶、近姻亲、直系血亲和三代以内旁系血亲关系的，不得担任本单位主管会计工作的负责人、会计机构负责人（会计主管人员）和出纳；与主管会计工作的负责人、会计机构负责人（会计主管人员）有上述关系的，不得担任本单位出纳。

第十五条 会计人员调动或者离职，应当将所管理的会计工作全部移交，并按照规定办理交接手续；未办清交接手续的，不得调动或者离职。

会计人员非正常离职、丧失民事行为能力或者失踪、死亡无法办理移交手续的，由单位主管会计工作的负责人、会计机构负责人（会计主管人员）组织清理有关会计工作事项，编制会计移交工作清册，办理会计工作移交手续。

第三章 会计核算

第十六条 单位应当根据会计法律法规和国家统一会计准则制度要求设置会计账簿，进行会计核算。

单位应当根据实际发生的经济业务事项，填制会计凭证，登记会计账簿，编制财务会计报告，及时形成真实、完整的会计资料。

第十七条 单位进行会计核算，不得有下列行为：

（一）使用未经审核的原始凭证；

（二）伪造、变造会计凭证、会计账簿及其他会计资料，编制虚假财务会计报告；

（三）隐匿或者故意销毁应当依法保存的会计凭证、会计账簿、财务会计报告及其他会计资料；

（四）确认、计量、记录、报告会计事项不符合国家统一会计准则制度；

（五）设置账外账或者保留账外资金、资产；

（六）会计法律法规禁止的其他行为。

第十八条 企业应当加强成本核算工作，保证产品成本信息真实、完整。

企业产品成本核算采用的会计政策和会计估计，一经确定，不得随意变更。

第十九条 利用计算机、网络通信等信息技术手段进行会计核算的单位，所使用的会计核算软件及生成的会计凭证、会计账簿、财务会计报告和其他会计资料，应当符合会计法律法规、国家统一会计准则制度有关规定。

第二十条 单位应当遵循内部控制规范的要求，建立和完善会计信息系统，加强会计核算信息化，逐步实现财务管理信息化及决策支持信息化。

第二十一条 单位应当利用会计核算信息，运用管理会计方法，加强经济活动的规划、决策、控制和评价等工作。

第二十二条 单位应当依法建立会计档案的立卷、归档、保管、查阅和销毁等制度。

会计档案包括记录会计业务事项的纸质资料，采用硬盘、光盘、微缩胶片等介质存储的数据、会计软件资料以及其他会计资料。

第四章 会计监督

第二十三条 会计机构和会计人员依法对本单位的经济业务事项进行会计监督，对违反会计法律法规和国家统一会计准则制度规定的会计事项有权制止、拒绝办理或者按照职权予以纠正。

会计机构和会计人员对违法违规的会计事项制止无效时，应当向本单位负责人书面报告；单位负责人应当自收到书面报告之日起七个工作日内作出处理或者提出书面处理意见。

第二十四条 单位委托有相应资质的会计师事务所进行审计的，应当如实提供会计资料和有关情况，不得以任何方式要求或者示意注册会计师及其所在会计师事务所出具不实或者不当的审计报告。

县级以上人民政府财政部门依照法定权限和职责对会计师事务所出具审计报告的程序和内容进行监督。

第二十五条 县级以上人民政府财政部门应当建立健全会计监督制度，依法对单位以下事项进行监督检查：

（一）是否依法设置会计机构、配备会计人员或者依法委托代理记账；

（二）代理记账机构是否具备相应执业资格并规范执业；

（三）单位是否建立健全内部控制制度并有效实施；

（四）从事会计工作的人员是否具备会计从业资格；

（五）是否依法设置总会计师或者财务总监；

（六）会计人员任用（聘用）是否符合任职条件及遵循回避制度；

（七）是否依法设置会计账簿；

（八）会计凭证、会计账簿、财务会计报告和其他会计资料是否真实、完整、合法；

（九）会计核算和会计信息化工作是否符合会计法律法规和国家统一会计准则制度规定；

（十）法律法规和国家统一会计准则制度规定的其他应当监督检查的事项。

第二十六条 县级以上人民政府审计、税务、金融监管等部门应当依照法律法规的规定，对有关单位的会计资料进行监督检查。

第二十七条 县级以上人民政府财政、审计、税务、金融监管等部门依法对单位会计资料实施监督检查后，应当出具检查结论。检查结论能够满足其他监督检查部门履行本部门职责需要的，其他监督检查部门应当加以利用，避免重复检查。

依法对单位会计资料实施监督检查的有关部门及其工作人员，不得泄露在监督检查中知悉的国家秘密和商业秘密。

第二十八条 单位应当接受有关部门依法实施的监督检查，如实提供会计资料，反映有关情况，不得拒绝、隐匿、谎报。

第二十九条　任何单位和个人有权向县级以上人民政府财政、审计、监察等部门检举会计违法行为。收到检举的部门应当依法及时处理或者移送有关部门处理，不得泄露检举人的姓名等信息和检举材料的内容。

第五章　法律责任

第三十条　违反本条例规定，有下列行为之一的，由县级以上人民政府财政部门责令限期改正，可以对单位处一万元以上五万元以下罚款，对直接负责的主管人员和其他直接责任人员，可以处五千元以上二万元以下罚款。属于国家工作人员的，依法给予行政处分。构成犯罪的，依法追究刑事责任。

(一)设置会计岗位、任用（聘用）会计人员不符合规定的；

(二)随意变更会计事项的确认、计量、记录方法的；

(三)随意变更财务会计报告的编制基础、编制原则和编制方法，向不同使用人提供编制依据不一致的财务会计报告的；

(四)在规定账册以外设账或者保留账外资金、资产的；

(五)会计信息化工作不符合规定的；

(六)未按照规定办理会计移交手续的；

会计人员有前款(二)、(三)、(四)、(五)、(六)项所列行为之一，情节严重的，由县级以上人民政府财政部门吊销会计从业资格证书，五年内不得再次申领。

第三十一条　未经批准擅自从事代理记账业务的机构，由县级以上人民政府财政部门责令其停止代理记账业务，没收违法所得，可并处五千元以上一万元以下罚款；个人非法从事代理记账业务的，由县级以上人民政府财政部门责令改正，没收违法所得，可处三千元以上五千元以下罚款，可吊销其会计从业资格证书。

单位委托非法代理记账机构或者个人进行代理记账的，由县级以上人民政府财政部门责令改正，可并处五千元以上一万元以下罚款。

第三十二条　县级以上人民政府财政、审计、税务、金融监管等部门的工作人员，在会计监督管理工作中滥用职权、玩忽职守、徇私舞弊或者泄露国家机密、商业秘密和检举人秘密的，依法给予行政处分；构成犯罪的，依法追究刑事责任。

第三十三条　违反本条例规定的其他行为，法律法规已有处罚规定的，从其规定。

第六章　附　则

第三十四条　本条例自2016年1月1日起施行。

甘肃省组织实施宪法宣誓制度办法

2015年11月27日省十二届人大常委会第二十次会议通过

第一条　为彰显宪法权威，激励和教育国家工作人员忠于宪法、遵守宪法、维护宪法，加强宪法实施，根据《全国人民代表大会常务委员会关于实行宪法宣誓制度的决定》，制定本办法。

第二条　本省各级人民代表大会及县级以上各级人民代表大会常务委员会选举或者决定任命的国家工作人员，以及各级人民政府、人民法院、人民检察院任命的国家工作人员，在就职时应当公开进行宪法宣誓。

第三条　宣誓誓词如下：

我宣誓：忠于中华人民共和国宪法，维护宪法权威，履行法定职责，忠于祖国、忠于人民，恪尽职守、廉洁奉公，接受人民监督，为建设富强、民主、文明、和谐的社会主义国家努力奋斗！

第四条　省人民代表大会选举的省人民代表大会常务委员会主任、副主任、秘书长、委员，省人民政府省长、副省长，省高级人民法院院长，以及省人民代表大会专门委员会主任委员、副主任委员、委员等，在依照法定程序产生后，进行宪法宣誓。宣誓仪式由省人民代表大会会议主席团组织。

市（州）、县（市、区）人民代表大会选举的本级人民代表大会常务委员会主任、副主任、秘书长、委员，市（州）长、副市（州）长，县（市、区）长、副县（市、区）长，本级人民法院院长，以及本级人民代表大会专门委员会主任委员、副主任委员、委员等，在依照法定程序产生后，进行宪法宣誓。宣誓仪式由本级人民代表大会会议主席团组织。

县级以上人民代表大会选举的本级人民检察院检察长，经上一级人民代表大会常务委员会批准后，进行宪法宣誓。宣誓仪式由选举该人民检察院检察长的人民代表大会常务委员会主任会议组织。

乡（镇）人民代表大会选举的乡（镇）人民代表大会主席、副主席，乡（镇）长、副乡（镇）长，以及乡（镇）人民代表大会代表资格审查委员会主任委员、副主任委员、委员等，在依照法定程序产生后，进行宪法宣誓。宣誓仪式由乡（镇）人民代表大会会议主席团组织。

第五条　在省人民代表大会闭会期间，省人民代表大会常务委员会决定任命或者任命的省人民政府个别副省长、省人民代表大会专门委员会个别副主任委员、部分委员，在依照法定程序产生后，进行宪法宣誓。宣誓仪式由省人民代表大会常务委员会主任会议组织。

市（州）、县（市、区）人民代表大会闭会期间，市（州）、县（市、区）人民代表大会常务委员会决定任命或者任命的个别副市（州）长、副县（市、区）长，本级人民代表大会专门委员会个别副主任委员、部分委员，在依照法定程序产生后，进行宪法宣誓。宣誓仪式由本级人民代表大会常务委员会主任会议组织。

第六条 省人民代表大会常务委员会任命或者决定任命的省人民代表大会常务委员会工作委员会主任、副主任，省人民代表大会常务委员会副秘书长，办公厅主任、副主任，研究室主任、副主任，省人民代表大会常务委员会代表资格审查委员会主任委员、副主任委员、委员，省人民政府秘书长、厅长、委员会（办公室）主任，省高级人民法院副院长，省人民检察院副检察长等，在依照法定程序产生后，进行宪法宣誓。宣誓仪式由省人民代表大会常务委员会主任会议组织。

市（州）、县（市、区）人民代表大会常务委员会任命或者决定任命的本级人民代表大会常务委员会工作委员会主任、副主任，本级人民代表大会常务委员会副秘书长、办公厅（室）主任、副主任，研究（信访）室主任、副主任，本级人民代表大会常务委员会代表资格审查委员会主任委员、副主任委员、委员，本级人民政府秘书长、局长、委员会（办公室）主任，本级人民法院副院长，本级人民检察院副检察长等，在依照法定程序产生后，进行宪法宣誓。宣誓仪式由本级人民代表大会常务委员会主任会议组织。

第七条 省人民代表大会常务委员会任命的省高级人民法院审判委员会委员、庭长、副庭长、审判员，省人民检察院检察委员会委员、检察员，专门人民法院院长、副院长、审判委员会委员、庭长、副庭长、审判员，派出人民检察院检察长、副检察长、检察委员会委员、检察员，在依照法定程序产生后，进行宪法宣誓。宣誓仪式由省高级人民法院、省人民检察院分别组织。

市（州）人民代表大会常务委员会任命的人民法院审判委员会委员、庭长、副庭长、审判员，人民检察院检察委员会委员、检察员，专门人民法院院长、副院长、审判委员会委员、庭长、副庭长、审判员，派出人民检察院检察长、副检察长、检察委员会委员、检察员，在依照法定程序产生后，进行宪法宣誓。宣誓仪式由本级人民法院、人民检察院分别组织。

县（市、区）人民代表大会常务委员会任命的人民法院审判委员会委员、庭长、副庭长、审判员，人民检察院检察委员会委员、检察员，在依照法定程序产生后，进行宪法宣誓。宣誓仪式由县（市、区）人民法院、人民检察院分别组织。

第八条 各级人民政府及其各部门、人民法院、人民检察院任命的国家工作人员，在就职时进行宪法宣誓。宣誓仪式由任命机关组织。

第九条 宣誓仪式根据情况，可以采取单独宣誓或者集体宣誓形式。单独宣誓时，宣誓人应当左手抚按《中华人民共和国宪法》，右手举拳，诵读誓词。集体宣誓时，在宣誓人中指定一人领誓，领誓人左手抚按《中华人民共和国宪法》，右手举拳，领诵誓词；其他宣誓人整齐排列，右手举拳，跟诵誓词。

宣誓场所应当庄重、严肃，悬挂中华人民共和国国旗或者国徽。

第十条 本办法自2016年1月1日起施行。

（供稿：赵源波）

省政府令

甘肃省专利奖励试行办法

（第111号）

《甘肃省专利奖励试行办法》已经2015年1月9日省人民政府第67次常务会议讨论通过，现予公布。自2015年3月1日起施行。

省　长　刘伟平

2015年1月14日

第一章　总　　则

第一条　为了鼓励发明创造，促进专利实施与运用，表彰对经济社会发展作出突出贡献、产生显著效益的专利权人，根据《中华人民共和国专利法》和《甘肃省专利条例》等相关规定，结合本省实际，制定本办法。

第二条　省人民政府设立甘肃省专利奖（以下简称省专利奖），省专利奖的推荐、评审和授予等活动适用本办法。

第三条　省专利奖贯彻尊重人才、激励创造、崇尚创新、促进转化的方针；实行科学、民主的评审制度；遵循公开、公平、公正原则。

第四条　省人民政府设立省专利奖励委员会，省专利奖励委员会日常工作由省管理专利工作的部门负责。省专利奖励委员会的组成人员人选由省管理专利工作的部门提出报省人民政府批准。

省专利奖励委员会聘请专家、学者组成省专利评审委员会依照本办法的规定负责省专利奖的评审工作。

第二章　奖励范围

第五条　省专利奖授予在本省行政区域内得到实施并产生显著经济效益或者社会效益的专利。

前款所称专利，包括专利法规定的发明专利、实用新型专利和外观设计专利。

前款所称的发明、实用新型和外观设计三种专利应当具备下列条件：

（一）专利已经国家知识产权局授权；

（二）专利权有效，权属明确；

（三）在本省实施应用两年以上，创造显著经济效益或者社会效益。

第六条　发明和实用新型专利在评审时应当以专利的技术先进性、运用及保护措施和产生的经济效益、社会效益等因素为重点。

外观设计专利在评审时应当以专利的设计要点及理念的表达、运用及保护措施和产生的经济效益、社会效益等因素为重点。

第七条　专利有下列情形之一的，不得推荐：

（一）保密专利和涉及国防、国家安全的；

（二）存在权属争议的；

（三）已获得中国专利奖的；

（四）专利权处于无效宣告程序中的。

第三章　推荐、评审和授予

第八条　省专利奖每年评选一次。省专利奖设一等奖、二等奖和三等奖，授奖比例为1∶4∶5，授奖项目总数不超过50项，外观设计只能授予二、三等奖。

第九条　省专利奖候选专利由下列单位和个人推荐：

（一）市、州人民政府；

（二）省政府组成部门和直属机构；

（三）中央在甘单位；

（四）中国科学院院士、中国工程院院士、甘肃省科技功臣；

（五）其他具有推荐资格的单位。

第十条　申报省专利奖的，应当填写《甘肃省专利奖申报书》，并提交以下材料：

（一）申报人为单位的，提供组织机构代码证复印件并加盖公章；申报人为个人的，提供身份有效证件复印件并签名；

（二）专利权有效证明材料，实用新型和外观设计专利还需提供独立的专利权评价报告；

（三）专利项目实施所产生的经济效益、社会效益的证明材料；

（四）针对该专利采取的保护措施说明；

（五）外观设计专利产品的样品或者实物照片；

（六）其他有关材料。

第十一条 省管理专利工作的部门收到被推荐的专利材料后，提交省专利评审委员会。

省专利评审委员会按照奖励范围和评审条件进行评审，提出评审意见。

第十二条 省专利奖励委员会根据省专利评审委员会的评审意见，提出拟奖专利名单并向社会公示，公示期30日。在公示期内，任何单位或者个人对公示事项有异议的，以书面形式实名向省管理专利工作的部门提出。省管理专利工作的部门会同有关部门对异议及时处理。

省专利奖励委员会对公示后确认的授奖名单报省人民政府批准并向社会公布。

第十三条 省人民政府向获得省专利奖的专利权人颁发证书和奖金。

第十四条 省专利奖一、二、三等奖奖金分别为5万元、3万元、1万元。

奖励经费纳入省财政年度预算安排。奖金免征个人所得税。

根据本省经济社会发展状况，省管理专利工作的部门会同省财政等有关部门可以提出调整省专利奖奖励标准的建议，报省人民政府批准后实施。

第四章 法律责任

第十五条 剽窃、冒充、侵占他人的专利技术成果，或者以其它不正当手段骗取省专利奖的，由省管理专利工作的部门报省人民政府批准后，撤销其奖励，追回奖励证书和奖金并公告。有过错的专利权人五年内不得申报省专利奖。

第十六条 推荐单位及推荐人协助他人骗取省专利奖的，由省管理专利工作的部门给予通报批评，暂停其推荐资格，并由有关主管部门对直接责任人依法给予行政处分。

第十七条 省专利奖励委员会和省专利评审委员会的委员及工作人员在评审活动中弄虚作假、徇私舞弊、玩忽职守的，取消其评审资格，由省管理专利工作的部门通报批评，建议其所在单位或者主管部门依法给予行政处分。

第五章 附 则

第十八条 本办法自2015年3月1日起施行。

甘肃省农村集体财务管理办法

（第114号）

《甘肃省农村集体财务管理办法》已经2015年2月27日省政府第71次常务会议讨论通过，现予公布。自2015年5月1日起施行。

省 长 刘伟平

2015年3月5日

第一章 总 则

第一条 为了规范农村集体财务管理，维护农村集体经济组织和农民的利益，促进农村集体经济发展，根据有关法律法规的规定，结合本省实际，制定本办法。

第二条 本办法适用于本省行政区域内农村集体经济组织的各项财务管理活动。

农村集体经济组织包括按村或村民小组设置的村集体经济组织、代行村集体经济组织职能的村民委员会、撤村后代行原村集体经济组织职能的居民委员会、村集体经济组织产权制度改革后成立的股份合作经济组织。

第三条 农村集体经济组织是农村集体财务管理的主体，应当建立健全财务管理制度，实行财务公开、民主管理，保护集体资产的安全与完整。

第四条 农村集体经济组织负责人是农村集体财务行为的主要责任人，对本组织的财务管理工作和财务资料的合法性、真实性、完整性负责。

第五条 县级以上人民政府农业行政主管部门和乡（镇）人民政府负责指导和监督农村集体财务管理工作，各级农村经营管理机构负责具体工作。

第六条 农村集体经济组织应当委托乡（镇）农村经营管理机构或者具有财务管理资质的代理服务机构代理农村集体财务管理业务。

农村集体财务代理服务机构应当坚持农村集体资产所有权、资金使用权、收益分配权、财务审批权不变的原则，开展代理工作。代理工作接受乡（镇）人民政府和上级农村经营管理机构指导。

第二章 预决算管理

第七条 农村集体经济组织财务收支实行预决算管理制度。财务收支预算编制要与本村的经济发展水平、收入状况和农民的实际承受能力相适应，坚持量入为出、收支平衡、统筹兼顾的原则。

第八条 财务收入预算的内容主要包括：集体生产、投资、参股分红等经营性收入；集体资产拍卖、租赁、发包及上交收入；政府拨款、补助收入；“一事一议”筹资及以资代劳款项；征占土地补偿、公益林补助、救济扶贫款项；按规定清收的历年往来款项；社会捐赠等其他收入。

财务支出预算的内容，主要包括集体经营支出、管理费用、集体公益福利支出、固定资产购建支出、征占土地补偿支出、救济扶贫专项支出、社会捐赠支出和其他支出。

第九条　农村集体经济组织年初应当编制财务收支预算，提交村民会议或村民代表会议讨论通过后组织实施，并报乡（镇）人民政府备案。

第十条　农村集体经济组织在财务收支预算执行过程中，若遇不可抗力或重大变化等特殊情况，可经村民会议或村民代表会议讨论通过后，对预算进行调整。

第十一条　农村集体经济组织年终应当及时进行决算，并将预算执行情况和决算结果提交村民会议或村民代表会议审定。

第三章　收支管理

第十二条　农村集体经济组织的所有收入和支出都应当纳入账内统一核算。

第十三条　农村集体经济组织应当根据本村经济发展和收入水平，由村民会议或村民代表会议确定财务审批权限，并报乡（镇）人民政府备案。

第十四条　农村集体经济组织应当严格财务开支审批程序。原始凭证由经办人签字或者盖章，村务监督委员会或民主理财小组审核签章，农村集体经济组织负责人审批签字后，方可报销入账。

第十五条　农村集体经济组织各项收支应当取得合法的原始凭证。对外财务结算应当使用国家税务、财政部门监制的合法票据，内部财务往来结算应当使用省级财政部门监制的往来结算票据。

第十六条　农村集体经济组织收益分配方案、对外投资项目、大中型固定资产的购建和处置、预算外的财务开支项目和借（贷）款、重要集体资产资源经营方式变动、集体工程招投标等重大财务事项或大额开支，应当经村民会议或村民代表会议讨论通过后方可实施。

第十七条　农村集体经济组织应当建立健全内控机制，强化办公费、差旅费、报刊费等非生产性开支管理。

县级人民政府根据本地实际，制定非生产性开支的具体项目和标准。

第四章　资金管理

第十八条　农村集体经济组织只能开设一个银行基本存款账户。因特殊业务需要，可按规定开设专用结算账户，用于专项资金的管理。

农村集体财务代理服务机构应当为其代理的农村集体经济组织开设银行账户，并在开户银行预留农村集体经济组织财务专用章、农村集体经济组织负责人和代理会计印鉴。

第十九条　农村集体经济组织财务管理执行收支两条线制度。现金收入应当及时缴存银行账户，不得坐收坐支、白条抵库、公款私存和私设小金库。

第二十条　农村集体经济组织日常开支执行周转性备用金制度，领取周转性备用金应当经代理会计和农村集体经济组织负责人签字。

第二十一条　财政转移支付资金、“一事一议”筹集资金、项目资金、土地征收补偿费等有专项用途的集体资金，以及有特定用途的捐赠、资助和补贴资金，应当严格按照规定的用途，专款专用。

土地征收补偿费实行专户管理制度，专户存储，专账管理。

第二十二条　农村集体经济组织应当加强债权债务的核算与管理。建立债权债务登记簿，定期核对，积极催收应收款项，防止呆账、坏账发生。对确实无法收回的款项，经村民会议或村民代表会议讨论通过，报乡（镇）农村经营管理机构审查后核销。

严禁农村集体经济组织举债用于兴办集体公益事业、发放村组干部报酬补贴。

第五章　资产管理

第二十三条　农村集体经济组织要建立健全集体资产管理制度，维护资产安全完整，提高资产使用效益。

第二十四条　农村集体经济组织应当建立农村集体资产、资源管理台账，及时准确记载资产、资源的名称、位置、数量、金额、经营情况等重要内容及其变化情况。

第二十五条　农村集体经济组织可以利用集体资金、资产和资源，进行参股、联营、股份合作等投资经营活动，促进集体经济发展。

第二十六条　农村集体经济组织以集体资产、资源对外投资、合作经营的，投资价值要经依法批准设立的资产评估机构或农村经营管理机构评估确定，不得擅自作价。

第二十七条　由农村集体经济组织统一经营管理的集体资产、集体资源发生承包、租赁、处置情形时，可以采取招标、拍卖、公开协商等方式进行。同等条件下，本集体经济组织成员享有优先权。

招标文件、拍卖方案、公告、相关合同及资料应报乡（镇）人民政府备案。

第六章　会计报表及档案管理

第二十八条　农村集体财务代理服务机构应当按照村集体经济组织会计制度的规定，设置会计账簿，使用会计科目，编制会计报表。

第二十九条　财务会计报表分月份报表、季度报表和年度报表。月份报表、季度报表包括科目余额表和收支明细表，年度报表包括资产负债表和收益及收益分配表。

第三十条　农村集体经济组织应当及时向乡（镇）人民政府报送财务会计报表。月份报表或季度报表在每月或每季度结束后10日内报送；年度报表在次年1月15日前报送。

第三十一条　农村集体经济组织应当加强财务会计档案管理，确定专人，建立专柜，妥善保管。

第三十二条　农村集体经济组织应当加强各种经济合同管理，确保合同资料内容规范、手续完备、要件齐全。相关合同资料应报乡（镇）人民政府备案。

第七章　会计人员

第三十三条　农村集体财务代理服务机构应当配备会计员和出纳员，农村集体经济组织配备报账员。会计人员应当保持相对稳定。

会计人员应当按照会计制度的规定，对原始凭证的合法性、有效性进行审核，履行会计监督职责。

第三十四条　会计人员应当实行回避制度。农村集体经济组织主要负责人及其直系亲属不得担任本集体经济组织会计人员。

第三十五条　农村集体财务代理服务机构的会计人员，应当取得会计从业资格证书，实行持证上岗。各级财政和农业部门要加强对农村会计人员的培训和管理工作。

第八章　财务监督

第三十六条　农村集体财务监督的主要形式是财务公开、民主理财和审计监督。

第三十七条　农村集体经济组织应当按照规定的时间、形式、程序和内容，公开财务活动情况及有关账目，接受全体成员监督。

农村集体财务代理服务机构应当及时提供财务公开资料，并指导、帮助、督促农村集体经济组织进行财务公开。

第三十八条　农村集体经济组织成员享有下列监督权：

（一）有权对公开的内容提出质疑；

（二）有权委托村务监督委员会或民主理财小组查阅审核有关财务账目；

（三）有权要求农村集体经济组织负责人对财务问题进行解释或解答；

（四）有权逐级反映财务公开中存在的问题，提出意见和建议。

第三十九条　村务监督委员会或民主理财小组依法对财务管理活动进行民主监督。

第四十条　农村集体经济组织应当依照《中华人民共和国审计法》、《甘肃省农村集体经济审计办法》的有关规定，接受审计机构的审计监督。

第四十一条　违反本办法规定的行为，按照有关法律法规处理。

第九章　附　则

第四十二条　本办法自2015年5月1日起施行。

《甘肃省人民政府重大行政决策程序暂行规定》

（第115号）

《甘肃省人民政府重大行政决策程序暂行规定》已经2015年4月3日省政府第74次常务会议讨论通过，现予公布。自2015年6月1日起施行。

省　长　刘伟平

2015年4月5日

第一章　总　则

第一条　为了深入贯彻落实全面依法治国战略，健全依法决策机制，确保决策制度科学、程序正当、过程公开、责任明确，根据《中华人民共和国地方各级人民代表大会和地方各级人民政府组织法》、《中共中央关于全面推进依法治国若干重大问题的决定》、《甘肃省人民政府工作规则》等有关规定，结合实际，制定本规定。

第二条　本规定所指省政府重大行政决策包括以下事项：

（一）提出地方性法规草案、制定政府规章；

（二）编制国民经济和社会发展规划、年度计划；

（三）财政预算编制中重大财政资金安排；

（四）编制或调整各类总体规划、重要的区域规划和专项规划；

（五）重大突发公共事件应急预案的制定与调整；

（六）政府重大投资和建设项目、国有资产处置方面的重大事项；

（七）重要的公用事业价格、公益性服务价格、自然垄断经营的商品和服务价格的制定或调整；

（八）制定涉及全省经济发展、改革开放和社会稳定等方面的重大措施；

（九）与公共安全直接相关的重大行政措施的制定与调整；

（十）其他需由政府决策的关系基础性、战略性、全局性重大事项。

第三条　政府重大行政决策应当把公众参与、专家论证、风险评估、合法性审查、集体讨论决定作为法定程序，并坚持以下原则：

（一）科学决策原则。坚持从实际出发，运用科学方法，尊重客观规律，保证决策符合经济社会发展的客观实际和需要。

（二）民主决策原则。坚持民主集中制与行政首长负责制相结合，贯彻群众路线，保障人民群众通过多种途径参与决策，保证决策符合最大多数人的利益。

（三）依法决策原则。坚持各项决策严格遵守宪法和法律规定，保证决策权限合法、程序合法、实体合法。

第二章　公众参与

第四条　政府重大行政决策除涉及国家秘密、商业秘密外，均应当以适当方式引导公众参与，接受社会监督。

第五条　重大行政决策事项承办单位应根据该决策对公众影响的范围和程度，采取公示、调查、座谈、论证、听证等形式，充分听取公众提出的合理化意见和建议。

征求公众意见，应当综合考虑地域、民族、职业、专业、受影响程度等因素，合理选择被征求意见的公民、法人或者其他组织。

第六条　重大行政决策事项可以通过报纸、广播、电视、政府门户网站等媒体进行公示。公示内容应包括：决策事项名称及主要内容、基本情况说明、决策依据和理由、反馈意见方式和时间以及应当公示的其他内容。公示的期限一般不少于7个工作日。

第七条　在公众参与的过程中，重大行政决策事项承办单位应当全面、客观地听取各方面的意见，特别是对重大行政决策事项的反对意见和修改意见，严禁只听取赞成的意见，严禁漏报、瞒报反对意见和修改意见。

第八条　重大行政决策事项承办单位应将公众参与的情况进行归纳整理，形成书面报告，连同决策事项一并提交省政府审议。报告应当提出明确的结论性建议意见。

公众参与的结果作为省政府行政决策的重要依据之一，对公众提出的合理意见应予采纳。

第九条　重大行政决策事项承办单位对条件不成熟或其他原因未能吸纳的公众意见，视情况以适当方式说明理由或作出解释。

第三章　专家论证

第十条　省政府建立重大行政决策咨询专家库，入库专家的职责主要是对省政府重大行政决策事项进行咨询论证。专家实行动态管理和相关利益回避制度。

第十一条　遴选参与重大行政决策论证的专家应具备以下基本条件：

（一）政治素质高，有坚定的理想信念和较高的政策理论水平；

（二）学术造诣深，在相关专业领域具有较大的影响力和知名度；

（三）具有较丰富的实践经验，熟悉有关法律法规、技术规范和标准；

（四）责任心强，在时间和精力上能够保证参加委托的论证工作；

（五）具有较高的社会公认度，公正诚信，能够客观、独立、公正、负责地提出论证意见。

第十二条　重大行政决策应当从以下方面进行论证：

（一）必要性研究；

（二）科学性研究；

（三）可行性研究；

（四）经济社会效益研究；

（五）执行条件研究；

（六）对环境保护、居民健康及生产安全、社会稳定等方面的影响研究；

（七）负面影响可控性研究；

（八）其他必要的相关因素研究。

第十三条　重大行政决策专家论证工作按照以下程序进行：

（一）决策事项承办单位从省重大行政决策咨询专家库中选择咨询论证专家，提出专家组长建议人选报省政府确定；

（二）决策事项承办单位根据重大行政决策事项的性质、内容、复杂程度、时间要求等实际情况，给予专家组比较充分的研究时间，一般不少于7个工作日，并提供论证所需的资料；

（三）参加决策论证的专家在充分了解政策背景、决策目标等信息的基础上，在指定时间内对重大行政决策事项进行相关研究，出具书面论证意见；

（四）决策事项承办单位将专家组书面意见连同决策事项一并提交省政府审议。

第十四条　参加重大行政决策论证的专家，具有查阅相关档案资料、列席相关会议、参加相关调研活动等权利，对提出的论证意见署名负责，并服从监督管理，承担应尽的保密等义务。

第十五条　参加决策论证的专家一般不少于5人。涉及面较广、争议较大或内容特别复杂、敏感的重大行政决策，参加决策论证的专家一般不少于9人。

第四章　风险评估

第十六条　凡是直接关系人民群众切身利益且涉及面广、容易引发社会稳定问题的重大决策事项，包括涉及征地拆迁、农民负担、国有企业改制、环境生态、社会保障、公益事业等方面的重大工程项目建设、重大政策制定以及其他对社会稳定有较大影响的重大决策事项，作出决策前应进行风险评估。

第十七条　重大行政决策风险评估按照以下程序进行：

（一）除省政府指定的评估主体外，重大行政决策事项承办单位为评估主体。

（二）重大行政决策事项承办单位根据工作需要，可以组织由省直有关部门，有关社会组织、专业机构、专家学者，以及决策所涉及群众代表等参加的评估小组进行评估。

（三）重大行政决策事项承办单位制定评估工作方案，明确评估目的、评估对象与内容、评估标准、调查对象、评估步骤与方法等，并提供评估所需的基本保障。

（四）评估小组根据实际情况，可以采取公示、问卷调查、实地走访和召开座谈会、听证会等多种方式，就决策事项听取各方面意见。对受决策影响较大的企事业单位、群体、有特殊困难的家庭和个人要重点走访，当面听取意见，并讲清决策的法律和政策依据、决策方案、决策可能产生的影响，以便群众了解真实情况、表达真实意见。

（五）评估小组分门别类梳理各方意见和情况，对决策方案的合理性、可行性和风险可控性进行全面深入研究，查找社会稳定风险点，参考相同或者类似决策引发的社会稳定风险情况，预测研判风险发生概率，可能引发矛盾纠纷的激烈程度和持续时间、涉及人员数量，可能产生的各种负面影响，以及相关风险的可控程度。

（六）评估小组根据分析论证情况，按照高风险、中风险、低风险三个类别，确定决策实施后可能造成的风险等级，作出评估报告。

（七）重大行政决策事项承办单位将评估报告，连同决策事项一并提交省政府审议。

第十八条 风险评估报告应当包括以下内容：

（一）评估事项和评估过程；

（二）各方意见及其采纳情况；

（三）决策可能引发的社会稳定风险；

（四）风险评估结论和对策建议；

（五）风险防范和化解措施以及应急处置预案。

第十九条 对评估报告认为重大行政决策事项存在高风险的，应当区别情况作出不实施的决策，或者调整决策方案、降低风险等级后再行决策；对存在中风险的，待采取有效的防范、化解风险措施后，再作出实施的决策；对存在低风险的，可以作出实施的决策，并做好解释说服工作，妥善处理相关群众的合理诉求。

第五章　合法性审查

第二十条 省政府法制机构负责省政府重大行政决策的合法性审查工作，重大行政决策事项承办单位等相关单位配合做好合法性审查工作。

第二十一条 重大行政决策事项承办单位向省政府法制机构报送重大行政决策方案，应当一并提供下列材料：

（一）决策方案说明；

（二）与该决策有关的法律政策依据；

（三）与该决策有关的统计数据、调查分析、可行性研究和风险评估报告等；

（四）与该决策有关征求意见的报告；

（五）进行合法性审查时需要的其他材料。

重大行政决策事项承办单位对上述材料的真实性、可靠性负责。

第二十二条 省政府法制机构收到重大行政决策事项承办单位提交的决策方案和相关材料后，应当组织有关人员和省政府相关法律专家咨询委员进行合法性审查。

第二十三条 合法性审查的主要内容：

（一）决策事项是否于法有据；

（二）决策程序是否依法履行；

（三）决策内容是否依法合规。

第二十四条 重大行政决策合法性审查，可以根据实际需要进行调查研究或通过召开座谈会、听证会、论证会等形式进行。

第二十五条 重大行政决策合法性审查时限为10个工作日；情况复杂的可适当延长，原则上不超过20个工作日；有特殊要求的按照相关规定办理。

第二十六条 省政府法制机构重大行政决策合法性审查结束后，按照以下类别出具书面审查意见：

（一）不属于省政府法定职权范围的，建议决策提请单位依法向有审批权限的机关报批；

（二）未履行法定程序或者履行程序不符合规定的，建议补正或者重新履行相关程序；

（三）决策方案或风险防范化解处置措施等不符合有关法律、法规、规章及国家政策规定的，建议进行修改。

未经合法性审查或者经审查不合法的，不得提交会议讨论。

第二十七条 重大行政决策合法性审查意见，只供内部使用，有关单位或者个人应当严格遵守保密纪律，不得向外泄露。

第六章　集体讨论决定

第二十八条 省政府重大行政决策由省政府全体会议或常务会议讨论决定。

第二十九条 列入省政府全体会议或常务会议讨论决定的重大行政决策事项，应当提供以下材料：

（一）决策方案及说明、决策所依据的法律规章；

（二）征求公众意见及吸纳情况；

（三）专家论证意见；

（四）风险评估意见；

（五）合法性审查意见；

（六）其他有关材料。

第三十条 重大行政决策集体讨论决定，按以下程序进行：

（一）省政府全体会议或常务会议审议的重大行政决策方案及相关材料，省政府办公厅至少于会前1天送达与会人员。与会人员要认真熟悉材料，酝酿意见，做好发言准备；

（二）重大行政决策事项承办单位主要领导在省政府全体会议或常务会议上，汇报决策方案及其法律法规政策依据、履行决策法定程序的有关情况、各方面提出的不同意见及研究处理情况等；

（三）会议组成人员充分发表意见；

（四）会议主持人根据会议讨论情况，对讨论的重大行政决策事项作出同意、不同意、修改及再次讨论的决定；

（五）省政府办公厅如实记录会议主持人和其他会议组成人员的意见、会议讨论情况和决定，形成会议纪要，由会议主持人签发。

第三十一条 会议主持人作出通过决定的，由主持人或其授权的省政府班子成员签发。作出修改决定的，属一般性修改的，修改后由会议主持人或其授权的省政府班子成员签发；属重大原则或实质内容修改的，应按程序重新审议。作出再次审议决定的，应按程序重新审议。

第三十二条 省政府通过的重大行政决策事项，需经国务院、省委批准或省人民代表大会及其常务委员会审议决定的，按程序报请审议决定。

第七章　决策执行与监督

第三十三条 省政府各部门按照各自职责，全面、及时、正确地贯彻执行重大行政决策，不得拒不执行、不完全执行、变相执行、推诿执行、拖延执行。

第三十四条 省政府部门在执行过程中，发现重大行政决策所依赖的客观条件发生变化或因不可抗力原因导致决策目标全部或部分不能实现的，要及时向省政府提出停止执行、暂缓执行或修正决策的建议。

公民、法人和其他组织认为省政府有关决策应当停止执行或者修改的，可以通过信函或政府门户网站留言等形式向省政府提出建议。

第三十五条　省政府根据其相关部门或公民、法人和其他组织提出的建议，授权有关单位对该重大行政决策进行研究评估，作出继续执行、停止执行、暂缓执行或修正决策方案的决定。

第三十六条　省政府作出停止执行、暂缓执行或修正决策方案决定的，省政府相关部门应当采取有效措施，避免或减少损失。

第三十七条　建立重大行政决策终身责任追究制度及责任倒查机制，对违反本规定，导致决策严重失误或者依法应该及时作出决策但久拖不决造成重大损失、恶劣影响，以及决策不能全面、及时、正确实施的，按照有关法律、法规，严格追究负有责任的领导人员和其他直接责任人员的责任。

第八章　附　则

第三十八条　省政府直属特设机构、直属机构、部门管理机构、直属事业单位适用本规定。

第三十九条　各市州、县（市、区）人民政府可参照本规定，制定本级政府的重大行政决策法定程序规定。

第四十条　本规定自2015年6月1日起施行。

甘肃省投资类企业管理暂行办法

（第116号）

《甘肃省投资类企业管理暂行办法》已经2015年4月20日省人民政府第75次常务会议讨论通过，现予公布。自2015年6月1日起施行。

省　长　刘伟平

2015年4月21日

第一条　为促进投资类企业规范、有序、健康发展，加强投资类企业风险防范和监督管理，依据国家法律、法规和有关规定，结合本省实际，制定本办法。

第二条　本省行政区域内投资类企业的登记和管理活动，适用本办法。

本办法所称投资类企业，是指经工商行政管理部门核定的名称、经营范围中含有投资、投资管理、投资咨询、投资信息服务等字样的，且不具备开展金融、类金融业务资质的企业。

第三条　县级以上人民政府依法履行本行政区域内投资类企业监督管理职责，组织工商、发展改革、工信、商务、公安等有关部门和金融监管机构，建立打击和处置非法集资联系工作机制，加强对投资类企业监督管理、风险预警和违法行为的处置工作。

第四条　工商行政管理部门负责投资类企业的登记和监督管理工作。

发展改革、工信、商务等部门和金融监管机构按照各自职责作好相关监督管理工作。

第五条　投资类企业应当是独立承担民事责任的企业法人。

第六条　投资类企业不得从事或者变相从事吸收存款、委托或者代理理财、办理结算、票据贴现、资金拆借、信托投资、金融租赁、融资担保、外汇买卖、小额信贷、股权投资、创业投资、典当等金融、类金融业务活动。

第七条　投资类企业名称应当与其经营范围相对应。以投资及咨询、信息服务为主要业务的，在名称中必须标明投资或投资咨询、投资信息服务字样；不以投资及咨询、信息服务为主要业务的，名称中不得使用投资或投资咨询、投资信息服务字样。

第八条　投资类企业经营范围按照其所从事的具体行业投资或项目投资核准，并标注“依法需取得许可和备案的项目除外”。

凡含有金融咨询、金融投资、金融中介、理财及其他涉及金融、银行等特许项目内容的或者融资等容易引起公众误解的经营范围，一律不予核准。

第九条　投资类企业应当建立健全企业法人治理结构、从业人员守则、项目投资流程、风险评估防范、财务管理、诚信经营等各项管理制度，并在企业店堂醒目位置公示。

第十条　县级以上人民政府工商、发展改革、工信、商务等有关部门和金融监管机构，应当按照企业信息公示相关规定，建立投资类企业监督管理信息公示和共享机制。

工商行政管理部门应当将登记、查处投资类企业的相关信息，自信息产生之日起20个工作日内，通过企业信用信息公示系统向社会公示。

第十一条　工商行政管理部门定期对投资类企业开展检查，排查风险隐患。通过日常监管、专项检查、舆情监测等多种渠道收集信息，分析评估风险状况，对发现的风险隐患和涉嫌违法线索，及时向相关部门通报，并报告同级人民政府。

工商行政管理部门实施检查，可以

采取书面检查、实地核查、网络监测等方式。检查中可以委托会计师事务所、税务师事务所、律师事务所等专业机构开展审计、验资、咨询等相关工作，依法采用其他政府部门作出的检查、核查结果或者专业机构作出的专业结论。

第十二条 投资类企业应当按照工商行政管理部门的要求，定期报送业务情况、财务会计报告等资料，报告企业合并分立、股权变更等重大事项，并对内容的真实性、准确性、完整性负责。

第十三条 工商行政管理部门查处投资类企业违法行为时，依法行使下列职权：

（一）责令停止违法经营活动；

（二）要求当事人就涉嫌违法行为作出说明并提供有关材料；

（三）查阅、复制当事人与涉嫌违法行为有关的财务会计、财产权登记等文件、资料；

（四）对可能被转移、隐匿、毁损或者伪造的文件、资料，依照法定程序实施先行登记保存；

（五）法律法规规定的其他职权。

第十四条 发展改革、工信、商务等有关部门和金融监管机构，应当积极配合工商行政管理部门加强对投资类企业的监督管理。对工商行政管理部门发现的涉嫌非法集资、开展金融业务的行为进行认定。

认定非法集资的，由工商行政管理部门和金融监管机构，按照国务院《无照经营查处取缔办法》予以处理。认定非法从事银行业、金融机构的业务活动的，由银行业、金融监管机构依法予以取缔。涉嫌犯罪的，依法追究刑事责任。

第十五条 违反本办法规定，有下列行为之一的，由工商行政管理部门和金融监管机构依照相关法律法规的规定予以处罚。涉嫌犯罪的，应当及时移送司法机关依法追究刑事责任，同时报告同级人民政府。

（一）利用广告作虚假宣传的；

（二）超出经营范围，开展经营活动的；

（三）非法从事金融业务的。

第十六条 投资类企业成立后无正当理由超过6个月未开业的，或者开业后自行停业连续6个月以上的，以及不符合本办法规定条件，经整改仍达不到要求的，可以由登记机关吊销营业执照。

第十七条 国家行政机关及其工作人员有下列行为之一的，对直接负责的主管人员和直接责任人员依法给予行政处分；构成犯罪的，应当及时移送司法机关依法追究刑事责任。

（一）不按照规定权限和程序办理投资类企业登记、备案手续的；

（二）没有履行监管职责的；

（三）在实施监督管理中有违法行为的；

（四）泄露投资类企业商业秘密的；

（五）利用职务便利参与融资的；

（六）其他滥用职权、玩忽职守、徇私舞弊的行为。

第十八条 本办法自2015年6月1日起施行。

甘肃省废弃电器电子产品回收处理管理办法

（第117号）

《甘肃省废弃电器电子产品回收处理管理办法》已经2015年6月5日省政府第82次常务会议讨论通过，现予公布。自2015年8月1日起施行。

省　长　刘伟平

2015年6月11日

第一条 为规范废弃电器电子产品回收、利用和处置，节约资源，促进资源循环利用和循环经济发展，保护环境，保障公众健康，依据《中华人民共和国固体废物污染环境防治法》、《中华人民共和国循环经济促进法》、国务院《废弃电器电子产品回收处理管理条例》等法律法规，结合本省实际，制定本办法。

第二条 本省行政区域内从事生产、加工电器电子产品和从事废弃电器电子产品回收、分类、拆解、循环利用、安全处置等活动的单位和个人，应当遵守本办法。

第三条 废弃电器电子产品实行多渠道回收和集中处理制度，回收处理废弃电器电子产品应当符合国家有关资源综合利用、环境保护、劳动安全和保障公众健康的要求。

第四条 各级人民政府应当将废弃电器电子产品回收处理基础设施建设纳入城乡建设规划，在回收网点设置和储存体系建设等方面予以引导和扶持，加强领导和宣传教育，提高公民废弃电器电子产品集中回收处理和环境污染防治意识。

鼓励基层自治组织、社会组织设立临时回收点，为回收提供便利。

鼓励基层自治组织、社会组织、个人使用者将废弃电器电子产品交由经营者回收。

第五条 县级以上人民政府应当统筹规划优化产业布局和产业园区，引导废弃电器电子产品回收处理企业向园区聚集，鼓励已建企业向园区搬迁；禁止采用淘汰落后工艺、技术、设备及高耗能、高耗水、高污染的废弃电器电子产品处理工艺。

第六条 商务主管部门负责对废弃电器电子产品回收情况实施监督管理。

环境保护主管部门负责对废弃电器电子产品的处理实施监督管理。

发展改革、工信、科技、财政、建设、工商、质监、税务、海关等部门在各自职责范围内做好相关管理工作。

第七条 省发展改革部门根据国家发布的鼓励性技术、工艺、设备名录及相关规定，鼓励民营资本投资建设废弃电器电子产品回收处理项目。

第八条 省财政、环保部门会同省发展改革、工信、海关、税务等相关部门，执行国家废弃电器电子产品处理基金征收政策和废弃电器电子产品回收处理补贴政策。

第九条 省科技部门会同省发展改革、工信、商务、环保等部门积极推动科技创新，鼓励废弃电器电子产品回收处理技术、工艺和设备的开发研究，支持废弃电器电子产品处理技术的引进、消化和再创新。

第十条 社会团体、企事业单位的电器电子产品报废后应当交由回收经营者或处理企业妥善处理，凭其开具的回收凭证按照国家有关规定办理资产核销手续；涉及国家秘密的废弃电器电子产品，按照国家保密规定处理。

任何单位和个人不得随意丢弃废弃电器电子产品。

第十一条 从事生产、加工电器电子产品和从事废弃电器电子产品回收、分类、拆解、循环利用、安全处置等活动的单位，应当按照国家电子废物处理污染防治的技术规范、安全生产和职业卫生相关规定，加强岗位培训，制定环境保护、安全生产、职业卫生管理制度，采取有效措施，防止环境污染、安全事故和职业危害发生。

第十二条 电器电子产品生产企业应当符合国家有关电器电子产品污染控制的规定，应当选择无毒无害、可回收再利用的设计及生产方案，生产的电器电子产品应当符合国家清洁生产有关规定，并在其产品上或者产品说明书中提供有关有毒有害物质的种类及含量、回收处理提示性说明等信息。

鼓励生产企业对其产品的废旧品进行回收。

第十三条 电器电子产品生产企业及其产品销售商、维修机构、售后服务机构应当在其生产、经营场所显著位置标注废弃电器电子产品回收处理提示性信息，应当将回收的废弃电器电子产品、维修电器废弃物等交由有相应资质的企业处理。

第十四条 废弃电器电子产品的回收应当符合本省再生资源回收综合利用相关规定的要求。废弃电器电子产品回收企业应当利用现有再生资源回收网络体系，采取上门回收、流动回收、固定回收等方式，开展便民、快捷服务。

第十五条 从事废弃电器电子产品处理企业应当取得废弃电器电子产品处理资格，符合国家规定条件和本省废弃电器电子产品处理发展规划。

申请废弃电器电子产品处理资格的企业应当向市州人民政府环境保护主管部门提出。市州人民政府环境保护主管部门应当自受理申请之日起60日内，对企业提交的材料进行审查，并组织现场核查和公示。对准予许可的颁发废弃电器电子产品处理资格证书的企业予以公告；不准予许可的应当书面通知申请企业并说明理由。

第十六条 从事废弃电器电子产品处理的企业应当按照资格证书核准范围开展业务，不得处理核准范围以外的废弃电器电子产品。

第十七条 废弃电器电子产品及其拆解物应当分类分区存放，各分区应当在显著位置设置标识，标明贮存物的类别、编号、名称、规格、注意事项等。

拆解物中的危险废物必须贮存于危险废物专用贮存场地，不得与废弃电器电子产品、一般拆解物混用贮存区域。危险废物必须交由持有危险废物经营许可证并具有相应经营范围的企业进行处置。

第十八条 从事废弃电器电子产品处理的企业应当建立废弃电器电子产品的数据信息管理系统，并按相关要求定期向环境保护主管部门报送处理废弃电器电子产品的种类、数量及废弃物去向相关信息，未及时报送或者报送信息不完整的，环境保护主管部门不予受理该时间段内拆解处理数量和种类的审核。

第十九条 从事废弃电器电子产品处理的企业应当根据环境管理与监控计划要求，委托有资质的环境监测机构对废弃电器电子产品处理污染物排放情况进行监测，出具环境监测报告，并向所在地县级以上环境保护主管部门报送监测监控结果。

第二十条 废弃电器电子产品回收处理企业依据国家有关规定享受税收优惠。

第二十一条 违反本办法规定的行为，法律法规已有处罚规定的，从其规定。

第二十二条 国家机关工作人员在废弃电器电子产品回收处理监督管理工作中，有下列行为之一的，由其所在单位依法给予行政处分，对构成犯罪的，依法追究刑事责任：

（一）滥用职权、徇私舞弊、玩忽职守的；

（二）弄虚作假，帮助企业套取国家补贴资金的；

（三）索取、收受他人财物或者谋取其他利益的。

第二十三条 本办法自2015年8月1日起施行。

关于修改〈甘肃省价格监督检查试行办法〉的决定

（第118号）

《关于修改〈甘肃省价格监督检查试行办法〉的决定》已经2015年7月3日省政府第85次常务会议讨论通过，现予公布。

省　长　刘伟平

2015年7月7日

为了推动简政放权，创新收费监管方式，贯彻落实全国统一取消收费许可证制度，对2009年8月20日省政府第58号令公布的《甘肃省价格监督检查试行办法》作如下修改：

一、将名称："甘肃省价格监督检查试行办法"修改为："甘肃省价格监督检查办法"。

二、删除第十四条。

三、删除第十八条中"并可暂扣或吊销收费许可证"字样。

四、删除第二十条。

文字和条文顺序，依本决定做相应修改和调整后，重新公布。

甘肃省价格监督检查办法

第一条　为了加强价格监督检查工作，规范价格和收费行为，保护公民、法人和其他组织的合法权益，依据《中华人民共和国价格法》、《价格违法行为行政处罚规定》、《甘肃省价格管理条例》等有关法律、法规，结合本省实际，制定本办法。

第二条　本办法适用于本省行政区域内商品价格、经营性收费、行政事业性收费活动的监督检查。

第三条　县级以上价格主管部门负责本行政区域内的价格监督检查工作，依法对价格违法行为实施行政处罚。具体权限和分工由省价格主管部门确定。

第四条　价格主管部门进行价格监督检查时，不得少于两人，并应当出示行政执法证件。

第五条　价格主管部门应当按照法定程序和职权对当事人进行调查、询问，并有权检查、复制有关的会计凭证、账簿、报表、计算机存储数据、文件以及其他资料。任何单位和个人不得拒绝、阻碍、干扰价格主管部门依法实施价格监督检查。

在有关证据可能灭失或事后难以取得的情况下，价格主管部门可以依法采取先行登记保存措施。

价格主管部门不得将依法取得的证据或者了解的情况用于价格监督检查以外的目的，不得泄露当事人的商业秘密。

第六条　价格主管部门可以邀请人大代表、政协委员和群众团体代表参加价格监督检查活动。

价格主管部门可以聘请社会有关人士担任价格执法监督员，对价格监督检查活动进行监督。

第七条　消费者组织、职工价格监督组织、居民委员会、村民委员会等组织以及消费者，有权对价格行为进行社会监督。价格主管部门应当充分发挥群众的价格监督作用。

第八条　价格主管部门应当建立价格违法行为举报制度，公布举报电话、通信地址或者电子邮件信箱。价格主管部门接到价格违法行为的举报后予以登记，对属于职责内的举报事项，应当受理并依法调查处理，并在办结后5日内将处理结果告知举报人；对不属于职责范围的，应当及时移送有管辖权的部门调查处理，并告知举报人。

价格主管部门应当为举报人保密。举报人不便直接向被举报人领取多收价款或收费的，由价格主管部门代举报人办理。

价格主管部门应当对举报价格违法行为有功的人员，给予表彰或者奖励。

第九条　县级以上人民政府的业务主管部门、行业协会、企事业单位应当遵守价格法律、法规，加强价格自律，并对查处价格违法行为给予配合。

第十条　经营者的定价行为、收费行为应当符合法律、法规、规章的规定。

实行经营者定价的商品和服务，经营者应当遵守国家和省制定的作价办法、价格行为规则和价格规范。

餐饮服务项目经营者的调料费、空调费、茶位费、座位费、餐具消毒费、开瓶费、餐具使用费等计入成本，不得以此名目收取价外费用或以其他形式价外加价。国家另有规定的除外。

第十一条　经营者销售商品和提供有偿服务，不得有下列行为：

(一)利用对交易对方不利的条件、环境等，威胁交易对方接受高价商品或者服务的；

(二)以指定种类、数量、范围等限定方式，强迫交易对方接受高价商品或者服务的；

(三)以搭售或者附加条件等限定方式，强迫交易对方接受高价商品或者服务的；

(四)以视同交易对方默认接受等方式，变相强迫交易对方接受高价商品或者服务的；

(五)借助行政性权力，强迫交易对方接受高价商品或者服务的；

(六)强迫交易对方接受高价商品或者服务的其他行为。

高价是指经营者提供商品或者服务的价格高于同期同类商品或者服务市场平均价格的30%以上。

市场平均价格由市、州以上价格主管部门测定，并予以公布。

第十二条　行政事业性收费单位在收费活动中，不得有下列行为：

（一）高于或者低于国家规定标准收费的；

（二）提前或者推迟执行国家规定的收费标准的；

（三）自立收费项目、自定标准收费的；

（四）对已明令取消或停止执行的收费，不停止执行或者变更名称继续收费的；

（五）不执行收费减免优惠政策收费的；

（六）采取扩大收费范围、增加收费频次、分解收费项目、重复收费、改变收费环节、延长收费期限等方式收费的；

（七）违反规定以保证金、抵押金、滞纳金、储蓄金、集资、赞助以及其他形式变相收费的；

（八）未履行管理职责、不提供服务或者降低服务标准收费的；

（九）无合法依据，强制要求管理对象参加培训、学术研讨、技术考核、检查排序评比、公告等活动，或强制要求管理对象加入学会、协会等社团组织，并收取费用的；

(十)无合法依据，利用职权为他人代收费用的；

（十一）法律法规规章禁止的其他乱收费行为。

第十三条　行政事业性收费单位不得擅自改变收费主体，将自己实施的收费项目委托其他单位实施；不得将职责范围内的工作委托下属单位、中介机构、社会团体、群众组织进行盈利性服务收费。

第十四条　经营者、行政事业性收费单位应当明码标价、公示收费项目和标准。

第十五条　经营者违反本办法第十条第三款规定的，由价格主管部门责令改正；逾期不改的，处3万元以下罚款。

第十六条　经营者违反本办法第十一条规定的，责令改正，没收违法所得，可并处违法所得5倍以下罚款；情节严重，责令停业整顿，或者由工商行政管理机关吊销营业执照。

第十七条　行政事业性收费单位违反本办法第十二条规定的，责令改正，没收违法所得，可并处违法所得3倍以下罚款；情节严重的，可并处违法所得5倍以下罚款；无法计算违法所得或者没有违法所得的，可处3万元以下罚款。对直接负责的主管人员和直接责任人员，可提请有关部门依法给予行政处分。

第十八条　行政事业性收费单位违反本办法第十三条规定的，责令限期改正，并通报批评；对直接负责的主管人员和直接责任人员，可提请有关部门依法给予行政处分。

受委托单位应当将所收费用退还缴款人；无法退还或在规定期限没有退还的，收缴国库。

第十九条　经营者、行政事业性收费单位违反本办法第十四条规定的，责令改正，没收违法所得，可并处5000元以下罚款。

第二十条　法律、法规对经营者、行政事业性收费单位的价格违法行为有明确处罚规定的，依据法律、法规的规定处罚。

第二十一条　经营者、行政事业性收费单位因价格违法行为致使消费者或服务对象多付价款的，责令限期退还，退还期限最长不超过15日。难以查找多付价款的消费者或服务对象的，责令公告查找，公告查找的期限最长不超过30日。

经营者、行政事业性收费单位拒不按照前款规定退还消费者或服务对象多付价款的，以及期限届满没有退还的，由价格主管部门予以没收，消费者或服务对象要求退还时，由经营者、行政事业性收费单位依法承担民事责任。

第二十二条　上级价格主管部门应当对下级价格主管部门的监督检查活动进行监督。下级价格主管部门做出的处罚决定违法或者处罚不当的，责令其限期改正。

第二十三条　县级以上人民政府及其有关部门超越管理权限定价、调价、制定收费项目和标准，由上级人民政府或价格主管部门责令限期改正，并可通报批评；对直接负责的主管人员和直接责任人员，可提请有关部门依法给予行政处分。

经营者、行政事业性收费单位依据越权文件制定价格，增加收费项目和调整收费标准的，责令改正，退还多收价款；无法退还的，收缴国库。

第二十四条　价格主管部门在价格监督检查活动中有下列行为的，由同级人民政府或上级政府价格主管部门责令限期改正，并可通报批评。对直接负责的主管人员和直接责任人员，提请有关部门依法给予行政处分：

(一)违反法定程序收集证据，致使公民、法人或者其他组织的合法权益受到损害的；

(二)滥用职权，徇私舞弊，对价格违法行为不依法处理的；

(三)玩忽职守，对承办的价格举报事项拖延、推诿或者不依法办理的；

(四)泄露国家秘密和当事人的商业秘密，将依法取得的价格检查资料用于价格监督检查以外的其他目的；

(五)在价格监督检查工作中索取、收受财物的；

(六)违反监督检查职责的其他行为。

第二十五条　本办法自2009年10月1日起施行。

省委意见、通知

中共甘肃省委 甘肃省人民政府贯彻落实《中共中央、国务院关于深化体制机制改革加快实施创新驱动发展战略若干意见》的实施意见

甘发〔2015〕11号　2015年8月28日

为全面贯彻落实《中共中央、国务院关于深化体制机制改革加快实施创新驱动发展战略的若干意见》(中发〔2015〕8号)精神，进一步深化体制机制改革，加快实施创新驱动发展战略，全力推进创新型甘肃建设，结合实际提出如下实施意见。

一、总体思路和主要目标

深入贯彻落实党的十八大和十八届三中、四中全会精神以及习近平总书记系列重要讲话精神，抢抓国家实施创新驱动发展战略和"一带一路"战略的政策机遇，围绕深入推进"3341"项目工程、"1236"扶贫攻坚行动和精准扶贫精准脱贫，抓好战略性新兴产业发展总体攻坚战，实现努力与全国一道全面建成小康社会目标，破除一切制约创新的思想障碍和制度藩篱，使市场在资源配置中起决定性作用和更好发挥政府作用，进一步激发全社会创新活力和创造潜能，提升劳动、信息、知识、技术、管理、资本的效率和效益，强化科技同经济对接、科技创新同金融对接、创新成果同产业对接、创新项目同现实生产力对接、研发人员创新劳动同其利益收入对接，着力解决科技与经济结合不紧密、创新主体不活跃、创新机制不健全、创新人才不适应、创新载体不够多等突出问题，增强科技进步对经济发展的贡献度，营造大众创业、万众创新的政策环境和制度环境。

——坚持需求导向，培育新增长点。紧扣全省经济社会发展重大需求，着力打通科技成果向现实生产力转化的通道，着力破除科学家、科技人员、企业家、创业者创新的障碍，着力解决要素驱动、投资驱动向创新驱动转变的制约，让创新真正落实到创造新的增长点上，把创新成果变成实实在在的产业活动。

——坚持人才为先，激发创新活力。把人才作为创新的第一资源，更加注重培养、用好、吸引各类人才，促进人才合理流动、优化配置，创新人才培养模式；更加注重强化激励机制，给予科技人员更多的利益回报和精神鼓励；更加注重发挥企业家和技术技能人才队伍创新作用，充分激发全社会的创新活力。

——坚持遵循规律，营造创新氛围。遵循科学研究规律，为科研人员潜心研究、发明创造、技术突破创造良好条件和宽松环境；遵循技术创新的市场规律，让市场成为优化配置创新资源的主要手段，让企业成为技术创新的主体力量，让知识产权制度成为激励创新的基本保障；大力营造勇于探索、鼓励创新、宽容失败的文化和社会氛围。

——坚持全面创新，实现协同发展。把科技创新摆在全省发展全局的核心位置，统筹推进科技体制改革和经济社会领域改革，统筹推进科技、管理、品牌、组织、商业模式创新，统筹推进军民融合创新，统筹推进引进来与走出去合作创新，实现科技创新、制度创新、开放创新的有机统一和协同发展。

到2020年，基本形成适应我省创新驱动发展要求的制度环境和政策法规体系，全社会研发经费占国内生产总值比重力争达到2%，战略性新兴产业增加值占国内生产总值比重达到20%以上，每万人口发明专利拥有量超过3件。人才、资本、技术、知识自由流动，企业、科研院所、高等学校协同创新，创新活力竞相迸发，创新成果得到充分保护，创新价值得到更大体现，创新资源配置效率大幅提高，创新人才合理分享创新收益，使创新驱动发展战略真正落地，初步建成创新型甘肃，进而打造促进经济增长和就业创业的新引擎，为全面建成小康社会提供重要支撑，推动形成可持续发展的新格局。

二、加快建设兰白科技创新改革试验区

发挥兰白科技创新改革试验区资源集中、区位特殊、国家支持的基础和优势，统一思想认识、强化顶层设计、

完善组织领导和管理体制，加强与上海市创新驱动战略合作，深化体制机制改革，促进科技金融结合，把兰白科技创新改革试验区建成我省向西开放的重要战略平台，打造创新驱动新引擎。

(一)加快实施兰白科技创新改革试验区建设“3510”行动

牢固树立创新发展、开放发展、转型发展和一体化发展的理念，制定完善试验区发展规划和实施方案，明确建设目标、产业布局、重点项目和时限要求，落实“三大计划”、“五大工程”、“十大改革举措”。

进一步优化创新资源配置，合理布局产业链和创新链，在更大空间布局内集聚和释放创新能量和活力，通过改造提升传统产业，培育壮大新兴产业，形成有利于向西开放的大产业、大服务、大基地，把兰白科技创新改革试验区建设成为创新要素聚集、创新效率优化、可持续发展和辐射带动能力持续增强，在国家层面有创新成果、服务“一带一路”战略的试验区。

(二)加强兰白科技创新改革试验区对外合作交流

积极协调科技部、上海市与我省共同推进兰白科技创新改革试验区建设，加强兰白科技创新改革试验区与上海张江国家自主创新示范区等区域的开放合作，依托上海市在创新要素集聚、自主创新示范等方面的引领作用和我省地缘区位、能源资源、发展潜力等优势，引进先进管理理念和创新团队，共建科技企业孵化器、技术转移中心和产业创新园，引导科研机构和重点产业在公共创新平台上进行对接。

以兰白科技创新改革试验区为载体，加强我省与“丝绸之路”沿线国家的合作交流，建立国家级国际联合研发基地或创新平台，鼓励引导国内外园区、企业和研究机构以独资或合资、合作方式在试验区内建立研发机构或产业技术战略联盟。加强兰白科技创新改革试验区与省内各地方的合作发展。

(三)深化兰白科技创新改革试验区体制机制改革

系统运用国家自主创新示范区和自主创新综合试验区在科技创新改革方面的政策措施，统筹制定兰白科技创新改革试验区内统一的政策框架体系。加快推进兰白科技创新改革试验区地方立法，确保试验区建设依法有序高效推进。

建立完善兰白科技创新改革试验区组织领导机制，强化对试验区的统筹领导。兰州市、白银市及兰州新区、兰州高新技术产业开发区、白银高新技术开发区要充分发挥兰白科技创新改革试验区建设的主体作用，全面推进试验区改革和发展。

(四)推进兰白科技创新改革试验区科技金融融合发展

设立兰白科技创新改革试验区技术创新驱动基金，统筹基金管理和使用，并根据发展需要，增加基金总量。创新财政资金使用方式，充分发挥财政资金的引导放大作用，吸引试验区内外金融资金、创投资金、社会资金和国内外一流投资机构、管理团队参与兰白科技创新改革试验区建设。

运用市场化运作、专业化管理、开放运行的机制，发挥市场配置资源的决定性作用，建立科技型中小企业贷款风险补偿、创业风险投资、孵化器建设和运营投融资体系，吸引各类企业和人才进入试验区开展创新创业活动。

三、营造激励创新的公平竞争环境

发挥市场竞争激励创新的根本性作用，营造公平、开放、透明的市场环境，强化竞争政策和产业政策对创新的引导，促进优胜劣汰，增强市场主体创新动力。

(五)依法实行严格的知识产权保护制度

完善知识产权保护相关法规和配套措施，加强知识产权行政执法。建立健全省、市、县知识产权三级行政执法体系，充实基层行政执法力量，改善执法条件，提升执法能力。进一步加大知识产权举报投诉和维权援助力度，畅通知识产权行政保护的救济渠道。加大重点领域知识产权执法力度，健全电商领域和展会专利执法维权机制。

推进知识产权执法活动信息公开。加强知识产权行政执法与刑事司法衔接协作，建立完善行政执法与刑事司法信息共享平台。建立与知识产权保护有关的信用标准，将恶意侵权违法行为纳入社会信用评价体系。

完善商业秘密保护政策法规，研究商业模式等新形态创新成果的知识产权保护办法，鼓励企业、事业单位建立健全商业秘密保护制度。

(六)打破制约创新的行业垄断和市场分割

加快推进重点行业改革，放开自然垄断行业竞争性业务，建立鼓励创新的统一透明、有序规范的市场环境。以政企分开、政资分开、特许经营、政府监管为主要内容，根据不同行业特点实行网运分开、放开竞争性业务，推进公共资源配置市场化。

切实加强反垄断执法，及时发现和制止垄断协议和滥用市场支配地位等垄断行为。强化市场竞争监管，分行业、分领域整治不正当竞争行为，严厉查处垄断案件和不正当竞争案件，依法保障各类市场主体公平竞争，为中小企业创新发展拓宽空间。

打破地方保护，清理和废除不符合法律法规及不适应现代市场体系要求的规章、规范性文件，纠正各类带有垄断、地方保护色彩的优惠政策行为或利用行政权力限制、排除竞争的行为，探索实施公平竞争审查制度。

(七)改进新技术新产品新商业模式的准入管理

建立公平开放透明的市场规则，完善统一市场准入制度，推进工商注册制度便利化。落实重点产业准入负面清单制度，研究提出负面清单，鼓励各类市场主体依法平等进入未纳入负面清单管理的行业、领域和业务。

破除限制新技术新产品新商业模式发展的不合理准入障碍，对涉及生命健康安全的创新产品建立便捷高效的监管模式。建立健全防范和化解产能过剩长效机制。鼓励支持我省战略性新兴产业优势企业技术创新。

加强和改进互联网、金融、环保、医疗卫生、文化、教育等领域的监管，支持和鼓励新业态、新商业模式发展。降低创新创业门槛，加强财政资金支持引导，优化创业服务，依托各类园区、创业孵化基地等，支持构建众创空间，营造大众创业、万众创新环境。

(八)健全产业技术政策和管理制度

落实和完善产业监管制度，将前置审批为主转变为依法加强事中事后监管为主，形成有利于转型升级、鼓励创新的产业政策导向。支持和鼓励采用先进技术、工艺和装备。

强化产业技术政策的引导和监督作用，明确并逐步提高生产环节和市场准入的环境、节能、节地、节水、节材、质量和安全指标及相关标准，形成统一权威、公开透明的市场准入标准体系。积极参与强制性标准的制定，强化强制性标准的实施，全面落实国家技术标准体系。

建立健全与产业技术发展相适应的质量、标准和安全监管体系，加强产业技术政策、标准执行的过程监管，强化环保、质监、工商、安全监管等部门的行政执法联动机制。

(九)形成要素价格倒逼创新机制

运用主要由市场决定要素价格的机制，促使企业从依靠过度消耗资源能源、低性能低成本竞争，向依靠创新、实施差别化竞争转变。修改颁布甘肃省政府定价目录，缩小政府定价范围，完善主要由市场决定价格的机制。

落实国家资源税改革政策，逐步将资源税扩展到占用各种自然生态空间。完善市场化的工业用地价格形成机制，研究制定符合我省工业发展特点的工业用地出让最低价标准调整政策，争取差别化管理政策。健全企业职工工资正常增长机制，实现劳动力成本变化与经济提质增效相适应，构建和谐劳动关系。

四、建立技术创新市场导向机制

发挥市场对技术研发方向、路线选择和各类创新资源配置的导向作用，调整创新决策和组织模式，强化普惠性政策支持，促进企业真正成为技术创新决策、研发投入、科研组织和成果转化的主体。

(十)进一步扩大企业在创新决策中的话语权

建立多层次、常态化的企业技术创新对话机制和咨询制度，充分发挥企业和企业家在创新决策中的作用，吸收更多企业参与研究制定全省科技发展战略、技术创新规划、计划、政策、标准和指南，相关专家咨询组中产业专家和企业家所占比例不少于50%。

全省科技规划要聚焦产业发展需求，重点部署和支持市场不能有效配置资源的关键领域，建立健全产业发展关键共性技术遴选机制，围绕产业链部署创新链，围绕创新链部署资金链和人才链。竞争类产业技术创新的研发方向、技术路线和要素配置模式由企业依据市场需求自主决策。

(十一)完善企业为主体的产业技术创新机制

市场导向明确的科技项目由政府引导、企业牵头并联合高等学校和科研院所实施，以提升企业核心竞争力。鼓励企业与高等学校、科研院所及其他组织联合建立研究开发平台、技术转移机构，鼓励构建以企业为主导、产学研合作的产业技术创新战略联盟，共同开展研究开发、成果推广、标准制定等活动。鼓励支持有条件的企业建立研发机构和中试基地。新建工程(技术)研究中心、工程实验室重点在企业布局。

改革财政投入机制，更多运用财政后补助、间接投入等方式，支持企业自主决策、先行投入，开展重大产业关键共性技术、装备和标准的研发攻关。开展龙头企业创新转型试点，探索政府支持企业技术创新、管理创新、商业模式创新的新机制。继续实施企业技术创新培育工程，培育发展科技型中小企业。推进非公有制企业科技创新。

优化重点实验室、工程实验室、工程(技术)研究中心布局，按功能定位分类整合，构建开放共享互动的创新网络，建立向企业特别是中小企业有效开放的机制。探索在战略性领域采取企业主导、院校协作、多元投资、军民融合、成果分享的新模式，整合形成若干产业创新中心。加大重大科研基础设施、大型科研仪器、专利基础信息资源等向社会开放力度。

(十二)落实普惠性财税支持政策

按照国家结构性减税方向，逐步将财政对企业技术创新的投入方式转变为以落实普惠性财税政策为主。鼓励企业将享受优惠政策所得用于技术创新支出。落实企业所得税加计扣除政策。积极培育发展高新技术企业，鼓励企业加大研发力度。

(十三)健全优先使用创新产品的采购措施

落实国家支持采购创新产品和服务的政策，完善政府采购促进中小企业创新发展的相关措施，加大创新产品和服务的采购力度，对重大科技成果产业化创新产品和服务项目优先列入政府采购目录，实行政府订购制度，促进创新产品的研发和规模化应用。

落实和完善使用首台(套)重大技术装备鼓励政策，健全研制、使用单位在产品创新、增值服务和示范应用等环节的激励和约束机制。鼓励保险机构建立首台(套)重大技术装备保险风险补偿机制，支持企业研发和推广应用重大创新产品。鼓励采用首购、订购等非招标采购方式，以及政府购买服务等方式支持产品创新。

指导科研单位和民口企业完善相关资质，积极参与军品科研生产和维修采购。

(十四)加快发展科技服务业

以满足科技创新需求和提升产业创新能力为导向，培育形成一批覆盖科技创新全链条的科技服务产业集群，推进科技服务专业化、市场化、网络化。创新体制机制，探索实行科技创新券制度，催生新业态新商业模式发展。

加快推进研究开发、技术转移、第三方检验检测认证、创业孵化、知识产权服务、科技咨询、科技金融、科学技术普及等科技服务专业化、市场化改革和发展，壮大技术交易市场。着力发展第三方检验检测机构，在条件成熟的领域推进部门行业内部整合、跨部门跨行业整合、跨地区跨层级整合，稳妥有序推进检验检测认证机构整合改革，逐步推动实现整体上市，不断提升整体实力和服务水平。

实施科技服务业发展示范工程，运用“互联网+”统筹推进各类实验室、工程中心、研发机构的科学仪器设备设施和各类信息文献资源向社会开放共享。利用现有超级计算设施设备开展云服务。把握公众科普需求，创新科普公共服务机制和方式，实现科学普及数字化、网络化、智能化。

五、强化金融创新的功能

发挥金融创新对技术创新的助推作用，培育壮大创业投资和资本市场，提高信贷支持创新的灵活性和便利性，形成各类金融工具协同支持创新发展的良好局面。

(十五)壮大创业投资规模

鼓励支持设立天使投资基金。按照国家税制改革的方向与要求，对包括天使投资在内的投向我省种子期、初创期等创新活动的投资，统筹落实相关支持政策。

落实国家扩大促进创业投资企业发展的税收优惠政策，支持鼓励创业投资企业投资高新技术企业，逐步将享受投资抵扣政策的创业投资企业范围扩大到有限合伙制创业投资企业法人合伙人。

完善国有创投机构激励约束机制，进一步放大国有资本对创新驱动的引导和支撑作用。设立甘肃省战略性新兴产业创业投资引导基金和兰白科技创新改革试验区技术创新驱动基金，按照政府引导、市场化运作、专业化管理、开放运行的原则，带动社会资本投入，支持战略性新兴产业和高技术产业早中期、初创期创新型企业发展。鼓励支持境外资本投向我省重点创新领域。吸引保险资金投资创业投资基金。

(十六)强化资本市场对技术创新的支持

适应创业板市场改革的方向和要求，探索建立适合创新型、成长型企业发展的制度安排，扩大服务实体经济覆盖面。充分利用全国中小企业股份转让系统融资、并购、交易等功能，加快培育扶持我省创新型、成长性科技企业上市或挂牌。支持发展服务小微企业的区域性股权市场。

发挥股权融资机制作用，支持符合条件的创新创业企业发行公司债券或项目收益债，募集资金用于加大创新投入。鼓励支持股权交易中心等服务平台与金融、企业的合作，充分发挥债权融资、转让交易、融资产品创新、企业培育等功能，为创新创业企业提供股权托管、挂牌、转板、融资等服务。鼓励科技型企业进入多层次资本市场融资。

发展多层次资本市场，引导风险投资机构和基金管理机构投资高新技术企业。吸引社会资金和外资参与担保市场，建立政策性信用担保机构风险准备金制度，完善担保代偿评估体系和企业贷款担保制度。探索和规范发展服务创新的互联网金融，开展股权、知识产权众筹融资试点和知识产权证券化业务。

(十七)拓宽技术创新的间接融资渠道

支持商业性银行加快企业需求的金融产品和服务方式创新，探索试点为企业创新活动提供股权和债权相结合的融资服务方式，与创业投资、股权投资机构实现投贷联动。

鼓励政策性银行加快金融产品和服务方式创新，加大对企业创新活动的信贷支持力度。支持民营银行开发面向中小企业创新需求的金融产品，加大对科技创新的信贷支持。

建立科技型中小企业贷款风险补偿机制，设立科技型中小企业贷款增信基金，鼓励和引导金融资本、创投基金和民间资本进入科技创新领域。

建立完善知识产权质押融资市场化风险补偿机制，完善和优化知识产权质押融资流程。加快发展科技保险，推进专利保险试点。

六、完善成果转化激励政策

修订《甘肃省促进科技成果转化条例》。强化尊重知识、尊重创新，充分体现智力劳动价值的分配导向，让科技人员在创新活动中得到合理回报，通过成果应用体现创新价值，通过成果转化创造财富。

(十八)加快下放科技成果使用、处置和收益权

结合事业单位分类改革要求，将财政资金支持形成的，不涉及国防、国家安全、国家利益、重大社会公共利益的科技成果的使用权、处置权和收益权，全部下放给符合条件的项目承担单位。单位主管部门和财政部门对科技成果在境内的使用、处置不再审批或备案，科技成果转移转化所得收入全部留归单位，纳入单位预算，实行统一管理，处置收入不上缴国库。

(十九)提高科研人员成果转化收益比例

完善科技成果、知识产权归属和利益分享机制，提高骨干团队、主要发明人受益比例。完善奖励报酬制度，探索建立事业单位职务发明成果股权收益分配机制。

修订相关法规和政策规定，在利用财政资金设立的高等学校、科研院所和科技服务机构中，将职务发明成果转让收益在重要贡献人员、所属单位之间合理分配，对用于奖励科研负责人、骨干技术人员等重要贡献人员和团队的收益比例不低于50%。

国有企业事业单位对职务发明完成人、科技成果转化重要贡献人员和团队的奖励，计入当年单位工资总额，不作为工资总额基数。

(二十)加大科研人员股权激励力度

建立股权激励机制，鼓励各类企业通过股权、期权、分红等激励方式，调动科研人员创新积极性。科技成果入股比例不设上限。

对高等学校和科研院所等事业单位以科技成果作价入股的企业，放宽股权奖励、股权出售对企业设立年限和盈利水平的限制。

建立完善促进企业自主创新的股权激励政策，健全有利于科技成果商品化产业化的交易机制。建立促进国有企业创新的激励制度，对在创新中做出突出贡献的技术人员实施股权和分红权激励。落实国有企业股权奖励及科技成果作价奖励制度。高新技术企业和科技型

中小企业科研人员通过科技成果转化取得股权奖励收入时，在5年内分期缴纳个人所得税。

七、构建更加高效的科研体系

发挥科学技术研究对创新驱动的引领和支撑作用，遵循规律、强化激励、合理分工、分类改革，增强高等学校、科研院所原始创新能力和转制科研院所的共性技术研发能力。

(二十一)优化对基础研究的支持方式

加大对基础研究的财政投入，建立完善稳定支持和竞争性支持相协调的机制，加大稳定支持力度，支持研究机构自主布局科研项目，扩大高等学校、科研院所学术自主权和个人科研选题选择权。

结合国家战略需求和我省发展需要，聚焦关键领域和科学技术前沿，合理布局和组织科研机构开展基础研究，推动科研基地、平台建设和人才培养。鼓励企业围绕产业发展开展基础研究。

改革基础研究管理方式，尊重科学规律，建立包容和支持“非共识”创新项目的制度。

(二十二)加大对科研工作的绩效激励力度

完善事业单位绩效工资制度，健全鼓励创新创造的分配激励机制。完善科研项目间接费用管理制度，强化绩效激励，合理补偿项目承担单位间接成本和绩效支出。项目承担单位应结合一线科研人员实际贡献，公开公正安排绩效支出，充分体现科研人员的创新价值。

改革高等学校和科研院所聘用制度，优化工资结构，保证科研人员合理工资待遇水平。完善内部分配机制，重点向关键岗位、业务骨干和作出突出成绩的人员倾斜。

(二十三)改革高等学校和科研院所科研评价制度

强化对高等学校和科研院所研究活动的分类考核，对基础和前沿技术研究实行同行评价，突出中长期目标导向，评价重点从研究成果数量转向研究质量、原创价值和实际贡献。

对公益性研究强化政府目标和社会责任评价，建立完善科学的评价体系，对公益性研究机构组织开展第三方绩效评价，评价结果作为财政支持的重要依据，引导建立公益性研究机构依托创新资源服务行业创新机制。技术开发类研究活动以成果转化效益和创新效率为评价标准。

(二十四)深化科研院所改革、优化结构布局

结合全省经济社会发展需求和产业行业布局需要，破除体制性障碍和政策性约束，优化调整科研院所结构布局，构建产业对口明晰、集成度高、精干高效的科研机构，明确各类科研院所功能定位，改善科研院所内部结构。建立科研院所稳定持续支持机制，提升科研院所持续创新能力。

优化现有公益性科研院所结构，建立与创新驱动发展相适应的重点公益性研究机构、专业化科技服务机构和新型智库。优化科研院所内部管理机制，建立事企权责明晰的治理体制，加快建立现代院所制度。

坚持技术开发类科研机构企业化转制方向，提高科研院所和科技人员的市场意识、竞争意识、服务意识和成果转化意识。对承担较多行业共性科研任务的转制科研院所，按产业需求分类组建产业技术研发集团(研究院)。对行业共性技术研究和市场经营活动进行分类管理、分类考核。推动以生产经营活动为主的转制科研院所深化市场化改革，通过引入社会资本或推动整体上市，积极发展混合所有制，推进产业技术联盟建设。

对于部分转制科研院所中基础研究能力较强的团队，在明确定位和标准的基础上，引导其回归公益，参与国家和省级重点实验室、工程实验室、工程(技术)研究中心建设，支持其继续承担公共性研发任务。

(二十五)建立高等学校和科研院所技术转移机制

高等学校和科研院所所属企业，要按照有利于创新创业、责权清晰、投资与经营分开的原则规范管理和运行，促进成果转移扩散。高等学校、科研院所不再新办非科技类企业，强化科技成果以许可方式对外扩散。鼓励企业与高等学校、科研院所合建研究机构。

加强高等学校和科研院所的知识产权管理，明确所属技术转移机构的功能定位，强化其知识产权申请、运营权责。

建立完善高等学校、科研院所的科技成果转移转化的统计和报告制度。财政资金支持形成的科技成果，除涉及国防、国家安全、国家利益、重大社会公共利益外，在合理期限内未能转化的，可由政府依法强制许可实施。

八、创新培养、用好和吸引人才机制

围绕建设一支规模宏大、富有创新精神、敢于承担风险的创新型人才队伍，按照创新规律培养和吸引人才，按照市场规律让人才自由流动，实现人尽其才、才尽其用、用有所成。

(二十六)构建创新型人才培养模式

建立人才培养结构与经济社会发展需求相适应的动态调控机制。加强人才形势分析和需求预测，构建人才交流信息平台，定期发布需求信息，引导人才培养方向。

探索启发式、探究式、研究式教学方法改革，弘扬科学精神，营造鼓励创新、宽容失败的创新文化。优化基础教育培养模式，尊重个性发展，强化兴趣爱好和创造性思维培养。

以人才培养为中心，着力提高本科教育质量。结合全省产业发展布局调整优化高等教育专业和学科设置，推进部分普通本科高等学校向应用技术型高等学校转型。大力发展职业教育，围绕产业发展对应用型人才的需求，开展校企联合招生、联合培养试点，深化产教融合、校企合作，建立职业教育与企业对接的新模式，拓展校企合作育人的途径与方式。加强教育实训基地建设，大力培养适应经济社会发展需要的技术技能人才和实用人才。加快推进兰州新区职教园建设。

支持高等学校以科研项目和重大工程为依托，开展研究生培养模式改革。探索科教结合的学术学位研究生培养新模式，扩大专业学位研究生招生和培养，推进教学与实践的融合。加强与部属高

等学校合作，联合培养急需紧缺人才。支持鼓励省内高等学校扩大国际交流合作，稳步推进高等学校国际化进程。

深化职称制度改革，调整职称评定导向和标准，建立以能力和业绩为导向的人才评价机制，推进人才分类评价机制改革。中小微企业的核心研发人员，在职称评定、成果申报等方面与科研院所科技人员享受同等待遇。

(二十七)建立健全科研人才双向流动机制

改革和完善科研人员薪酬和岗位管理制度，破除人才流动的体制机制障碍，促进科研人员在事业单位和企业间合理流动。

符合条件的科研院所的科研人员经所在单位批准，可带着科研项目和成果、保留基本待遇到企业开展创新工作或创办企业。允许科技人员通过科技创新从企业获得股权、期权和分红。建立完善科技特派员创新创业的政策措施，发展科技特派员创业基地，拓展科技特派员服务领域和服务模式，允许科技特派员取得技术服务报酬、创办企业或从企业获得股权、期权和分红。

允许高等学校和科研院所设立一定比例流动岗位，吸引有创新实践经验的企业管理和科技人才到高等学校、科研院所兼职。试点将企业任职经历作为高等学校新聘工程类教师的必要条件。建立企业与事业单位之间的社保体系有效衔接政策，促进人才双向自由流动。

加大不同层次创新团队培养力度。鼓励支持各类科研机构在产业园区、企业设立科研工作站，与院士工作站、博士后科研流动站(工作站)、留学生创业园建设相结合，吸引省内外高层次人才进站开展技术研发和技术服务，促进特色优势产业发展和智力扶贫。

(二十八)实行更具竞争力的人才吸引制度

围绕我省重点领域、重点产业、重大项目、重点学科发展需求，制定更加优惠、灵活的激励政策，广泛吸纳海内外高层次人才到我省工作，柔性引进人才和智力。建立科技创新人才津贴制度，鼓励地方和企业建立人才引进发展资金，完善院士工作站、博士后工作站运行机制。落实技术移民制度和访问学者制度，广泛吸引海外高层次人才来甘从事创新研究。

稳步推进人力资源市场对外开放，鼓励有条件的人力资源服务机构走出去与国外人力资源服务机构开展合作，在境外设立分支机构，积极参与国际人才竞争与合作。

九、推动形成深度融合的开放创新局面

落实“一带一路”发展战略，坚持引进来与走出去相结合，加强国内外科技合作与区域协同，以更加主动的姿态融入全球创新网络，以更加开阔的胸怀吸纳全球创新资源，以更加积极的策略推动技术和标准输出，在更高层次上构建开放创新机制。

(二十九)鼓励创新要素跨境流动

对开展国际研发合作项目所需付汇，落实研发单位事先承诺，商务、科技、税务部门事后并联监管的办法。

对科研人员因公出国进行分类管理，放宽因公临时出国批次限量管理政策。承担对外科技合作任务和参与国际组织活动的科研人员，不受因公临时出国批次限量管理。

改革检验管理，对研发所需设备、样本及样品进行分类管理，在保证安全前提下，采用重点审核、抽检、免检等方式，提高审核效率。

(三十)探索建立境外创新投资管理制度

建立综合协调机制，协调解决重大问题，合力支持技术、产品、标准、品牌走出去，开拓国际市场。强化技术贸易措施评价和风险预警机制。

探索金融机构通过债权、股权等外汇储备参与设立海外创新投资基金，更多更好利用全球创新资源。

鼓励上市公司海外投资创新类项目，改革投资信息披露制度，在相关部门确认不影响国家安全和经济安全前提下，按照中外企业商务谈判进展，适时披露有关信息。

(三十一)扩大科技开放合作

开展全方位、多层次、有实效的对外科技合作。围绕我省优势学科和重点产业，支持高等学校、科研院所、科技服务机构、企业与国内外科研机构合作创新。加大先进适用技术转移扩散力度，促进走出去引进来战略的实施。推动建立国际科技合作基地，促进民间国际科技合作交流。鼓励有条件的单位参股、收购国外研发机构，搭建“一带一路”科技合作平台。

继续深化省际科技合作及部省工作会商，联合建立研发中心、技术转移中心。

探索建立科技计划对外开放的体制机制，按照对等开放、保障安全的原则，围绕省内重大需求，积极鼓励和吸引境内外研发力量参与承担我省科技攻关，共同建设研发基地。

围绕国家科研发展需求和战略目标，积极参与国际大科学计划和工程、国际大型科技合作计划，吸引国际知名科研机构来我省联合组建国际科技中心。

十、加强创新政策统筹协调

更好发挥各级政府推进创新的作用。改革科技管理体制，加强创新政策评估督查与绩效评价，形成职责明晰、积极作为、协调有力、长效管用的创新治理体系。

(三十二)加强创新政策的统筹

加强科技、经济、社会等方面的政策、规划和改革举措的统筹协调和有效衔接，强化军民融合创新。建立完善科技界和智库对创新决策的支撑机制。

建立创新政策协调审查机制，组织开展创新政策清理，及时废止有违创新规律、阻碍新兴产业和新兴业态发展的政策条款，建立促进创新的政策审查机制。

建立科技报告、创新政策调查和评价制度，广泛听取企业和社会公众意见，定期对政策落实情况进行跟踪分析，并及时调整完善。

(三十三)完善创新驱动导向评价体系

按照国家新的国内生产总值核算方法，体现创新的经济价值，建立科技创新、知识产权与产业发展相结合的创新驱动发展评价指标，并纳入国民经济和社会发展规划。

健全国有企业技术创新经营业绩考核制度，加大技术创新在国有企业经营业绩考核中的比重。对国有企业研发投入和产出进行分类考核，形成鼓励创新、宽容失败的考核机制。

把创新驱动发展成效纳入对地方领导干部的考核范围，形成逐级传导的有效机制。建立完善中央在甘企业、事业单位的创新驱动考核评价机制并将评价结果函告其主管部门。

(三十四)推进省级财政科研项目和资金管理改革

转变政府科技管理职能，构建统筹协调、职责清晰、规范高效、公开透明、监管有力的科研项目和资金管理机制。统一整合省政府部门管理的各类科技计划经费，形成新的省级科技计划体系，实现科技计划安排和预算资金相配置。

优化整合省级科技计划(专项、基金等)，形成“4+2”的新型省级科技计划体系，即科技重大专项、重点研发与转化计划、技术创新引导专项(基金)、基地和人才专项4项主体计划，战略性新兴产业科技专项、兰白科技创新改革试验区科技专项2项专项。不再保留省政府部门管理的各类科技计划经费渠道。

建立健全科技项目决策、执行、评价监督的运行机制。完善科技项目组织管理流程，建立科学合理的项目形成机制和储备制度。建立健全科技项目公平竞争和信息公开公示制度。完善科技项目管理的法人责任制，加强实施督导、过程管理和项目验收，建立健全对科技项目和科研基础设施建设的第三方评估机制。

建立依托专业机构管理科研项目的机制，政府部门不再直接管理具体项目，主要负责科技发展战略、规划、政策、布局、评估和监管。完善科研项目管理流程，强化科研资金管理。

参照国家科技管理平台，建立统一规范的省级科技计划管理平台。建立省级部门科技工作联席会议制度，健全统筹协调的科技宏观决策机制，加强部门功能性分工，统筹衔接基础研究、应用研究、成果转化与产业发展等各环节工作。

进一步明晰省级和市州科技管理事权和职能定位，建立责权统一的协同联动机制，完善上下贯通的科技管理体系，提高行政效能。

(三十五)强化对全面创新的组织领导

充分发挥各类园区集聚产业、集约发展、集成创新和示范引领作用，积极参与国家全面创新改革试验示范，开展知识产权、科研院所、高等教育、人才流动、国际合作、金融创新、激励机制、市场准入等改革试验。充分发挥创新型城市、创新型企业、创新园区、高校院所等的创新和引领功能，依托兰白科技创新改革试验区辐射带动天水装备制造、陇东能源化工、金武新材料、酒嘉新能源等创新集群发展，在重要领域和关键环节取得创新突破。

各级党委和政府要完善“一把手”抓创新驱动的新机制，把深化体制机制改革、加快实施创新驱动发展战略，作为落实党的十八大和十八届三中、四中全会精神的重大任务和政治责任，对实施创新驱动投入更多人力、物力、财力，强化政策督促落实，努力形成上下互动、协同推进的创新驱动工作合力。各市州要结合区域特色和优势产业打造各自的创新平台。省政府对创新驱动工作推进快、创新要素聚集成效明显的市州给予表彰奖励。各地各有关部门和单位要密切配合，分解改革任务，制定落实措施，明确时间表和路线图，确定具体责任部门和责任人。要加强对创新文化的宣传和舆论引导，宣传改革经验、回应社会关切、引导社会舆论，为创新营造良好的社会环境。

中共甘肃省委　甘肃省人民政府关于印发《甘肃省加快推进生态文明建设实施方案》的通知

甘发〔2015〕12号　2015年9月8日

各市、州党委和人民政府，兰州新区党工委和管委会，省委各部门，省级国家机关及各部门，省军区、武警甘肃省总队，各人民团体，中央在甘各单位：

现将《甘肃省加快推进生态文明建设实施方案》印发给你们，请结合实际认真贯彻落实。

甘肃省加快推进生态文明建设实施方案

为深入贯彻落实《中共中央、国务院关于加快推进生态文明建设的意见》(中发〔2015〕12号，以下简称《意见》)，结合我省实际，制定本实施方案，实施期限为2015—2020年。

一、充分认识加快推进生态文明建设的重大意义

生态文明建设事关“两个一百年”奋斗目标和中华民族伟大复兴中国梦的实现。党的十八大确立了经济建设、政治建设、文化建设、社会建设、生态文明建设“五位一体”中国特色社会主

义的总体布局，把生态文明建设放在突出地位，提出了建设美丽中国的目标。党的十八届三中、四中全会提出加快建立系统完整的生态文明制度体系，用严格的法律制度保护生态环境。《意见》进一步明确了加快推进生态文明建设的时间表和路线图，具有很强的战略性、综合性、系统性和可操作性，是当前和今后一个时期推动生态文明建设的纲领性文件。

我省地处西北干旱区、青藏高原区和东部季风区三大自然区域交汇区，自然类型复杂多样，生态环境脆弱，承担着水源涵养、生物多样性保护等多种生态功能，是西北乃至全国重要的生态安全屏障。推进我省建设国家生态安全屏障综合试验区，加快生态文明建设步伐，对于促进产业结构调整和发展方式转变，进一步缓解资源环境约束压力，推进全省经济社会可持续发展，实现与全国一道全面建成小康社会目标具有重要意义。各地各部门要切实增强责任感和使命感，准确把握蕴含的新理念、新制度、新举措，以高度的政治敏锐性、行动自觉性、措施有效性、工作持续性，加强组织领导，创新体制机制，综合施策，分类指导，毫不动摇、持之以恒地加快推进生态文明建设。

二、指导思想和主要目标

(一)指导思想。以邓小平理论、"三个代表"重要思想、科学发展观为指导，深入贯彻党的十八大、十八届三中、四中全会和习近平总书记系列重要讲话精神，全面落实"四个全面"战略布局，坚持绿水青山就是金山银山的理念，把生态文明建设放在更加突出的位置，融入经济、政治、文化、社会建设各方面和全过程，以深化生态文明制度改革为动力，以加快国家生态安全屏障综合试验区和循环经济示范区建设为平台，把生态建设与扶贫攻坚、精准扶贫精准脱贫相结合，落实主体功能区战略，优化国土空间开发格局，促进资源利用方式转变和产业转型升级，全面建设资源节约型、环境友好型、防灾减灾型、气候适应型社会，推动绿色发展、循环发展、低碳发展，探索走出内陆欠发达地区生态文明建设与转型发展相结合的路子，努力与全国一道全面建成小康社会，建设经济发展、山川秀美、民族团结、社会和谐的幸福美好新甘肃。

深入贯彻落实《意见》，要坚持节约优先、保护优先、自然恢复的基本方针，把绿色发展、循环发展、低碳发展作为基本途径，把深化改革和创新驱动作为基本动力，把培育生态文化作为重要支撑，把重点突破和整体推进作为工作方式。努力做到：

——坚持统筹兼顾。立足当前、着眼长远，统筹生态文明、经济发展、社会建设和民生改善，统筹人口、经济和资源环境，统筹城乡和区域发展，统筹工业化城镇化发展、农产品生产和生态保护，促进经济布局与人口、经济、资源环境相协调。

——坚持以人为本。引导人口与经济在国土空间合理分布，正确处理生态文明建设与社会建设、扶贫攻坚和改善民生的关系，促进基本公共服务均等化，推动发展成果的共享，不断提高人民群众的生活水平，改善生态环境。

——坚持绿色发展。依据资源环境承载力实行有度有序开发，大力发展绿色产业和生态经济，倡导绿色生活方式和消费模式，走人与自然和谐相处的绿色发展道路，给自然留下更多修复空间，给农业留下更多良田，给子孙后代留下天蓝、地绿、水净的美好家园。

——坚持节约保护。以保护自然生态为前提，把资源节约放在优先位置，加强生态环境保护，降低资源消耗，推进资源高效循环利用，减少污染物排放，提高资源产出和空间利用效率，实现在发展中保护，在保护中发展。

——坚持创新探索。突出政府主导，强化市场主体作用，鼓励社会力量参与，加强政策引导和措施协同配合。依据主体功能定位，实施分类指导和分层次推进，先行先试，创新发展，形成加快推进生态文明建设的制度保障和体制机制。

(二)主要目标。到2020年，资源节约型、环境友好型、防灾减灾型、气候适应型社会建设取得新进展，国家生态安全屏障综合试验区基本建成，循环经济发展水平进一步提高，资源利用更加集约高效，生态文明体制机制较为健全，生态文明省建设取得重大进展。

——国土空间开发结构进一步优化。主体功能区布局基本形成，合理控制空间开发强度，城市空间、农村居民点分别控制在1940和4260平方公里以内，耕地保有量、基本农田分别控制在6969万亩和5725万亩以上。

——资源利用更加高效和绿色。资源产出率年均提高1杆74个百分点，单位地区生产总值能耗年均下降1杆74个百分点。单位地区生产总值用水量和单位工业增加值用水量年均分别下降2杆67和1杆74个百分点，农田灌溉水有效利用系数提高到0杆57。非化石能源占一次能源消费比重达到20%以上，可再生能源电力装机占电力总装机比例达到60%。城镇绿色建筑占新建建筑比重达到30%以上。单位地区生产总值二氧化碳排放强度比2005年下降42%。

——生态环境质量总体改善。主要污染物排放总量完成国家下达的目标任务，重要河流水功能区水质达标率大于80%。城市建成区绿地率达到30%，地级以上城市空气质量国家二级标准比例达到55%。森林蓄积量不低于2杆6亿立方米，森林覆盖率达到12杆58%，草原综合植被覆盖度达到53%，湿地面积稳定在2535万亩以上。可治理的沙化土地治理率达到33%，水土流失治理面积达到8杆71万平方公里。

——生态文明制度体系逐步完善。自然资源资产产权和用途管制、生态保护红线、生态保护补偿、生态环境保护管理体制等制度建设取得重大成果，生态文明建设统计监测和执法监督能力得到较大提高，法规标准、政策措施、责任追究等制度体系基本建立。

三、落实主体功能区战略，优化国土空间开发格局

坚持把贯彻落实主体功能区战略

与甘肃实际相结合，遵循自然规律和经济规律，把握不同区域资源禀赋和发展特点，推进形成主体功能定位清晰、城乡和区域协调发展、人与自然和谐相处的发展新格局。

（一）构建合理的国土空间开发格局。按照国家和全省主体功能区规划，突出主体功能区定位和发展方向，加强空间管制，规范开发秩序，构建我省国土空间开发“一横两纵六区”为主体的城市、“一带三区”为主体的农业、“三屏四区”为主体的生态安全三大战略格局。加强各类主体功能区空间管制，实施最严格的源头保护制度。城镇空间，要严格控制开发强度，着力促进存量空间的优化调整，提高土地集约利用水平，提升单位国土面积的投资强度和产出效率；控制工矿建设空间和各类开发区用地比例，促进产城融合和低效建设用地的再开发。农业空间，要强化农地保护，对基本农田按禁止开发区域进行管制，加强对耕地占补平衡的监管；因地制宜、循序渐进，规范有序探索和推进土地流转，发展多种形式适度规模经营，推动土地整理，大力挖掘用地潜力，提高土地使用效率。生态空间，要加强林地、草原、河流、湿地等生态空间的保护和修复，提升生态产品服务功能；树立生态的价值产品理念，探索建立重点生态功能区产业负面清单，实行严格的产业和环境准入制度；加强自然保护区建设与管理，依法对重要生态系统和物种资源实施强制性保护。（省发展改革委、省国土资源厅、省环保厅、省建设厅、省农牧厅、省林业厅等部门负责）

（二）落实市县主体功能定位。加快实施主体功能区规划，按照《国家发展改革委关于“十三五”市县经济社会发展规划改革创新的指导意见》（发改规划〔2014〕2477号），发挥县市区政府主体作用，结合“十三五”规划编制，制定本地区主体功能定位和具体空间落地实施方案，做好专项规划、重大项目布局与全省主体功能区规划的衔接协调。改革创新市县规划体制，统筹经济社会发展、城乡、土地利用、生态环境保护等规划，推进“多规合一”，建立定位清晰、功能互补、统一衔接的空间规划体系。合理划定城镇、农业、生态三类空间比例，坚持“一张蓝图”干到底。城镇空间占比要按照重点开发区域、农产品主产区和重点生态功能区依次递减，农产品主产区市县的农业空间占比要高于50%，重点生态功能区市县的生态空间占比要高于50%。探索建立不同类型主体功能区的产业准入和土地利用等负面清单，完善基础设施建设等配套政策和投入机制。组织实施好张掖市、甘南州国家主体功能区建设示范试点工作，推进敦煌、玉门国家“多规合一”试点，开展嘉峪关市、两当县国土空间规划编制试点。（省发展改革委、省建设厅、省国土资源厅、省环保厅等部门负责）

（三）促进绿色城镇化发展。认真落实全省新型城镇化规划和省域城镇体系规划，坚持差异化定位和协同化发展，以中心城市和城市组团为支撑，促进中小城市和小城镇协调发展，构建“一群两带多组团”城镇化布局。坚持集约高效，绿色发展，把生态文明理念全面融入城镇化进程，科学界定城市规模和城镇开发边界，推动城镇化发展由外延扩张式向内涵提升式转变。突出地域生态特色、历史文化特色、民族人文特色，注重文化传承，发展有历史记忆、文化脉络、地域风貌、民族特点的美丽城镇。完善县城、重点建制镇等单一功能区功能，坚持集中布局、点状开发，按照人口集中、产业集聚、用地集约的要求，加快城镇基础设施和基本公共服务设施建设，促进形成基本公共服务设施、供给规模与吸纳人口规模相适应的布局结构。做好金昌市国家新型城镇化综合试点和金川区双湾镇、嘉峪关市峪泉镇国家建制镇示范试点，榆中、永昌、民勤县城深化基础设施投融资体制改革试点，以及省级17个县(市)30个镇(乡)新型城镇化试点建设，开展肃州区、临洮县中小城市综合改革试点。创新城市发展模式，建设绿色城市、智慧城市、人文城市，加快兰州、金昌、白银、陇南、敦煌国家智慧城市试点建设，推进敦煌、武威、金昌国家新能源示范城市和庄浪、玉门、迭部绿色能源示范县(市)建设。（省发展改革委、省建设厅、省财政厅等部门负责）

四、建设国家生态安全屏障综合试验区，加大自然生态系统和环境保护力度

全面落实《甘肃省加快转型发展建设国家生态安全屏障综合试验区总体方案》和我省的实施意见，实施分区域综合治理，加强自然生态系统保护和修复，加大污染防治力度，协调推进生态建设和经济发展。

（一）加快实施重大生态规划。坚持科学规划，积极争取国家支持，对河西内陆河、中部沿黄、甘南高原、南部秦巴山、陇东陇中黄土高原等五大片区实施分区域综合治理，建立重点区域流域生态综合治理机制，实现由分散治理向集中治理、由单一措施向综合措施的转变。实施《祁连山生态保护与建设综合治理规划》，对冰川、湿地、森林、草原进行抢救性保护。加快实施《敦煌水资源合理利用与生态保护综合规划》，加强河西走廊内陆河区地下水超采治理，维持合理的地下水水位。认真实施《石羊河流域防沙治沙及生态恢复规划》，加大保护力度，巩固石羊河流域治理成果，确保民勤盆地生态安全。全面推进《甘南黄河重要水源补给生态功能区生态保护与建设规划》，加强湿地保护，恢复水源涵养功能。推进《甘肃“两江一水”区域综合治理规划》、《渭河源区生态保护与综合治理规划》、《黄土高原地区综合治理规划》、《董志塬固沟保塬综合治理规划》及《甘南藏族自治州沙化草原综合治理总体规划》实施，加强水土流失治理和生态环境综合治理。（省发展改革委、省林业厅、省水利厅、省农牧厅等部门负责）

（二）推进重点流域及小流域综合治理。坚持重大生态工程与区域、流域生态综合治理相结合，自然措施与人工措施相结合，生物措施与工程措施相结

合，巩固生态建设成果。加快引洮供水二期、兰州水源地工程建设，启动黄河干流甘肃段防洪治理工程建设，积极推进引哈济党、白龙江引水、引大济西、甘肃中部生态移民扶贫开发供水等工程前期工作，争取国家开展南水北调西线前期工作。实施黑河、石羊河流域综合治理，加强水资源统一管理和调度。加快党河、洮河、大夏河、泾河、渭河、湟水河流域治理。实施黄土高原水土流失综合治理。加快制定省内主要江河流域水量分配和调度方案，强化水资源统一调度，保障生态用水基本需求，开展河湖健康评估。严格控制地下水开采，划定限采区和禁采区范围，加强地下水超采区治理。（省发展改革委、省林业厅、省水利厅、省农牧厅等部门负责）

（三）实施重大生态修复工程。加强各类自然保护区建设，完善国家和省级各类保护区相关规定和标准，按照建立国家公园体制的要求，积极争取开展试点，逐步实行分级、统一管理，保护自然生态和自然文化遗产原真性、完整性。协调推进各类生态系统保护与建设，扩大森林、湿地面积，提高沙区、草原植被覆盖率，促进生态系统良性发展，实现有序休养生息。继续实施天然林资源保护工程，稳步推进新一轮退耕还林还草工程，争取将25度以上坡耕地、严重沙化耕地和重要水源地15—25度坡耕地全部纳入退耕还林还草范围，不断巩固退耕还林成果。加强三北防护林体系五期工程建设，实施黄河兰州段、泾河渭河源头、元城河流域生态修复，建设兰州北部百万亩防护林工程。加快推进基本草原划定和保护工作，严格落实禁牧休牧和草畜平衡制度，加大退牧还草力度。切实加强自然湿地的抢救性保护，建立健全湿地监测网络，强化湿地保育与管理能力建设，构建湿地保护管理体系，采取生态补水、河湖水系连通等综合管理措施，开展湿地恢复与综合治理。继续开展沙化土地封禁保护试点。加大重点生态功能区野生动植物、生物多样性等保护力度，实施生物多样性保护重大工程。（省林业厅、省水利厅、省农牧厅、省环保厅、省发展改革委等部门负责）

（四）加大污染防治力度。以改善环境质量为目标，加快解决人民群众反映强烈的大气、水、土壤等突出环境问题。贯彻落实国务院《大气污染防治行动计划》，制定年度大气污染防治方案，加大以兰州市为重点的城市大气污染综合整治力度。贯彻落实国家《水污染防治行动计划》、《重点流域水污染防治专项规划》，积极实施《甘肃省水污染防治总体工作方案》，加强重要水系、重点流域水污染防治，加大涉水工业企业、城镇生活污水处理厂等重点污染源监管力度，推进地下水污染防治，从严划定水域纳污容量，制定限制排污总量意见。加大土壤污染治理，优先保护耕地土壤环境，强化工业污染场地治理，开展工业土壤污染治理与修复试点。加强农业面源污染防治和城乡环境综合整治力度，推进规模化畜禽养殖污染防治，科学施用化肥和农药。进一步强化重点防控区域重金属治理，推进污染产业密集、风险隐患较大的区域实施综合整治。开展全省矿山地质环境调查工作，编制矿山生态环境恢复治理实施方案，推进大宗尾矿渣回收和综合利用。加强工业园区尤其是化工园区环境管理，全面开展危险化学品环境管理登记，加强核设施运行监管。（省环保厅、省发展改革委、省工信委、省水利厅、省国土资源厅、省农牧厅等部门负责）

五、协同推进生态建设与扶贫攻坚，促进贫困地区脱贫致富奔小康

坚持生态建设与扶贫开发相结合，生态移民与发展适宜产业相结合，实施生态扶贫工程，培育生态致富典型，促进集中连片特困地区和重点生态功能区加快发展、脱贫致富，与全国一道全面建成小康社会。

（一）探索生态扶贫致富新模式。把生态建设与扶贫开发、脱贫致富和全面建成小康社会相结合，协同推进区域发展、城乡一体和生态建设，鼓励各地区结合实际探索生态致富新模式，促进集约发展、转型发展。统筹规划重点开发区域、农产品主产区和重点生态功能区的人口发展与产业布局、就业、土地利用、城镇建设、生态环境和基础设施建设，优先将重点生态功能区纳入国家和省生态移民范围，引导超载人口有序转移。进一步探索和完善跨区域生态移民的政策措施，研究制定鼓励生态脆弱地区贫困人口向重点开发区域流动迁移的人口、就业、土地、财政等综合性配套政策。把生态建设与改善贫困地区生产生活条件结合起来，实施112万贫困人口易地搬迁工程。按照建立生态保护长效机制的要求，探索改革现有生态建设和管护体制，吸纳当地贫困农牧民参与生态建设和管护。依托资源禀赋和资源环境承载力，支持生态条件较好地区在继续保护好生态环境的基础上，因地制宜发展文化旅游、生态农业、林下经济、健康养老等富民产业，积极探索生态致富典型模式。支持生态脆弱地区进一步加强生态建设和环境保护，坚持保护与开发并重，在保护中开发，在开发中保护。（省扶贫办、省发展改革委、省林业厅等部门负责）

（二）扎实推进精准扶贫精准脱贫。坚持生态建设和扶贫开发协同推进，"联村联户为民富民"行动和"1236"扶贫攻坚行动融合联动，把精准扶贫精准脱贫作为主攻方向，以58个片区县为主战场，兼顾17个"插花型"贫困县，以增加贫困群众收入为核心，加快实施"1+17"精准扶贫精准脱贫方案，集中力量打好扶贫攻坚战。建立精准扶贫大数据库，推动扶贫政策向特困片带聚集、扶贫资金向贫困村贫困户聚焦、帮扶力量向贫困对象聚合，完善贫困村路、水、电、房等基础设施，壮大特色富民产业，实施生态扶贫工程，大力发展社会事业，改革创新扶贫机制和方式，统筹社会力量参与扶贫开发，提高贫困群众脱贫致富能力，不断提高农民收入水平，确保扶贫对象人均可支配收入增幅高于全省平均水平，2020年稳定实现"两不愁、三保障"，消除绝对贫困，所有贫困县实现脱贫。（省扶贫办、省发展改革委等部门负责）

(三)加快生态文明小康村建设。按照生产发展、生活宽裕、乡风文明、村容整洁、管理民主的要求，坚持统筹协调、突出特色、分类指导、完善功能，尊重农民意愿，在贫困村实现脱贫的基础上，开展生态文明小康村建设。以县为单位统一制定生态文明小康村建设规划，完善生态文明小康村建设标准，整合各项涉农资金，突出重点，分步推进，实施农村基础设施、特色富民产业、社会事业、生态环境、社会保障体系、基层政权六大领域建设，打造道路硬化、村庄绿化、街院净化、用能清洁化、农产品无公害化、用水洁净自来化、社会服务便利化、信息网络入户化、村民言行文明化、村内管理民主化的“十化生态文明小康村”。到2020年建成生态文明小康村占全省行政村的80%以上。(省发展改革委、省扶贫办、省委农办、省环保厅、省农牧厅、省爱卫会等部门和单位负责)

六、深入推进循环经济示范区建设，促进资源节约和循环高效利用

以国务院印发的《循环经济发展战略及近期行动计划》为指导，在2015年按期完成我省循环经济总体规划目标任务、创建国家级循环经济示范区的基础上，深入推进循环经济发展，进一步提升发展水平。

(一)提升循环经济发展水平。把循环经济理念贯穿到生产、流通、消费各个环节，构建新型工业化产业组织模式，实现资源集约高效循环利用。围绕关键环节，选择重点领域，依托大型骨干企业，强化以点带面，构建循环型农业、工业、服务业体系，推进循环经济发展。抓好有色、钢铁、石化等重点行业清洁生产工作，加快煤炭、矿产、工业废渣、余热余压余气等资源综合利用。以实施农村能源建设、农业节水节肥节药示范、农业种植养殖废弃物再利用、废旧农膜回收利用、农村环境整治等5大工程为重点，着力推进种植业、畜牧业和工农业复合型循环体系建设。加快完善再生资源和垃圾分类回收体系，推动再生资源利用产业化，发展再制造产业，推进餐厨废弃物资源化利用。抓好国家“十百千”示范创建，积极推进金昌市、通渭县国家循环经济示范城市(县)，金昌经济技术开发区等8个国家循环化改造示范试点园区，国家资源综合利用“双百工程”酒钢公司等4家骨干企业和白银市示范基地，兰州经济技术开发区红古园区国家“城市矿产”示范基地，兰州、白银国家餐厨废弃物资源化利用和无害化处理试点城市，兰州、武威2个国家级再生资源回收体系建设试点城市和酒泉、敦煌区域性大型再生资源回收利用基地等建设。支持白银建设面向西北的再生资源产业基地。加快省内示范工程、示范市县和示范企业(园区)创建工作，发挥典型示范引领作用，带动全省循环经济发展。(省发展改革委、省工信委、省农牧厅、省商务厅、省环保厅等部门负责)

(二)着力加强节能减排。落实节能减排目标责任考核制度，将其纳入市州政府领导班子和领导干部政绩考核评价范围，严格实行节能减排“一票否决”。推进兰州市节能减排财政政策综合示范、工业绿色转型发展试点和环境审计试点城市建设。严格执行节能评估审查制度，继续抓好工业、建筑、交通领域节能管理，不断加强农业、商务、公共机构领域节能工作，深入开展万家企业节能低碳行动。大力实施燃煤工业锅炉(窑炉)改造、余热余压利用等节能重点工程。加快城镇生活污水处理设施及配套管网建设。全面推进城镇生活垃圾处理设施建设，健全生活垃圾分类、资源化利用、无害化处理相衔接的收转运体系，开展生活垃圾分类试点。到2020年，城市和县城污水处理率分别达到90%、70%以上，生活垃圾无害化处理率分别达到95%、70%以上。(省发展改革委、省环保厅、省工信委、省建设厅、省交通运输厅、省农牧厅、省商务厅、省机关事务管理局等部门负责)

(三)全力推进资源节约。坚持把水资源节约保护和节水型社会建设放在重要位置，全面实行最严格水资源管理制度，严格用水总量控制，组织实施张掖、陇南、敦煌3个全国水生态文明城市建设试点。大力推广农业节水技术，加快河西走廊高效节水灌溉示范区和陇东南特色农业节水示范区建设。加强火力发电、化工、钢铁等重点行业节水技术改造。加强非常规水源开发利用，推进污水再生利用和苦咸水、雨水、矿井水综合利用，加快推进环县国家苦咸水淡化产业发展试点。加强土地利用的规划管控、市场调节、标准控制和考核监管，严格土地用途管制。做好我省低丘缓坡荒滩等未利用地开发利用试点工作，努力破解耕地保护和建设用地矛盾。从严确定项目用地规模，强化建设项目用地的批后监管，依法处置闲置土地，盘活存量低效土地，促进工业用地向工业园区集中，居住区向城镇和人口较多、经济发展较快的中心村集聚。加快推进绿色矿山建设，由点到面推动绿色矿业发展。以能源、金属、非金属矿产资源为重点，加强低品位、难选冶、共伴生矿产的综合利用，促进矿产资源高效利用。围绕白银公司、酒钢公司等大型企业矿山开发，实施资源节约综合利用示范工程。继续推进国家级金川铜镍多金属矿资源综合利用、窑街煤炭资源综合利用示范基地建设。(省发展改革委、省水利厅、省国土资源厅、省农牧厅等部门负责)

七、发展生态友好型产业，坚持走新型工业化路子

以绿色发展、循环发展、低碳发展为方向，加快技术创新和结构调整，推动产业转型升级，建立与资源环境承载力相适应的现代产业体系。

(一)加快科技创新。推进以大众创业、万众创新+科技孵化(依托园区和企业两大平台)+大学生创业园+农村青年创业园+新兴业态为主的“两创示范园区”建设，制定陇原创业创新千亿元产业专项规划。加强资源节约和循环利用、新能源开发、污染治理、生态修复等生态环境重大科技攻关，支持生态文明领域工程技术类研究中心、实验室和实验基地建设，建立以企业为主体的技术创新体系，实施企业技术创新培育工

程和创新平台建设，促进新能源、新材料、中医药、生物技术、信息技术、先进装备制造等关键领域技术突破。加快兰白科技创新改革试验区建设，实施创新生态建设工程，设立兰白科技创新改革试验区技术创新驱动基金，推动兰州新区科技创新城和兰州科技大市场建设。进一步加强生态文明基础研究、试验研发、工程应用和生态产业与服务等创新人才队伍建设。（省科技厅、省发展改革委、省人社厅等部门负责）

（二）促进产业集聚集约发展。按照规模化、集群化、园区化发展模式，制定实施全省重点产业生产力布局和调整指导意见，着力加快区域首位产业和特色优势产业发展，促进要素资源合理配置，推动企业集中、产业集聚、发展集约。进一步完善产业准入制度，研究制定鼓励符合主体功能定位、适宜产业发展的产业政策，引导限制开发区和禁止开发区内不符合主体功能定位的现有产业通过土地置换、共建开发园区和发展“飞地经济”等方式，向重点开发区域转移。充分发挥我省国家级和省级开发区平台作用，实行工业布局向国家级、省级开发区以及工业集中区集中的产业引导政策，加快各类园区循环化改造，支持符合主体功能定位的适宜产业向园区集聚集约发展，加快兰州新区市州“飞地经济”产业园建设。推动兰州新区产城融合发展。（省发展改革委、省工信委等部门负责）

（三）推动产业转型升级和结构调整。着力推进创新驱动，突出比较优势和后发优势，推动产业转型升级和结构优化，加快构建现代产业发展新体系，为科学发展、持续发展、高效益发展提供坚实支撑。坚持工业化信息化融合发展，以改造升级、延伸链条、提高效益为重点，提升石油化工、有色冶金、新型煤化工、先进装备制造、农产品加工“五大传统产业集群”，提高产业配套能力和核心竞争力，推动传统产业从半成品向产成品转化，从产业链中低端向中高端迈进，从短链向全链循环发展。打好战略性新兴产业发展总体攻坚战，围绕产业链核心优势企业和延伸产业链，制定“5551”优势产业链培育专项规划，通过培育引进、完善功能、填补空缺等途径，着力打造新能源、新材料、智能制造、生物医药、信息技术“五大新兴产业集群”，培育发展50户骨干企业，形成50条百亿元产业链。把生产性服务业作为支撑和引领我省产业转型升级的重要抓手，建设“大兰州”现代服务业核心增长极，打造酒嘉、天水、金武、平庆、甘临等服务业集聚区，培育商贸物流、文化旅游、现代金融、信息传输、保健养生“五大服务产业集群”。（省发展改革委、省工信委、省商务厅等部门负责）

（四）大力发展以新能源为主的清洁能源。发挥我省综合能源优势，扩大能源输送、转化、储备能力，加大清洁能源开发利用力度，带动装备制造产业集约化、规模化发展，建设全国重要的新能源基地。加快以酒泉千万千瓦级风电基地和白银、庆阳环县、定西通渭、武威民勤百万千瓦级风电基地为重点的风电项目建设，开展清洁能源供热试点和风光储联合示范工程，推进以敦煌、肃州、金塔、嘉峪关等百万千瓦级光伏发电基地为重点的光电项目建设。适应新能源调峰需要，加快玉门、肃南抽水蓄能电站建设。坚持水能资源开发与生态保护并重，科学布局和合理开发黄河干流水电资源，优化整合白龙江、白水江及河西内陆河等流域中小型水电站开发建设。积极推进生物质能和地热能资源利用，发展生物质发电、生物质能源、沼气、地热、浅层地温能等。加快电力外送通道建设，发展现代高载能和资源深加工产业，增强就地消纳和转化能力，配套发展综合运输和现代物流等相关产业。力争到2020年，水电、风电、光伏发电装机分别达到1000万千瓦、3100万千瓦、1200万千瓦左右，可再生能源装机占电力总装机达到60%，清洁能源发电量相当于减排二氧化碳5500万吨。（省发展改革委负责）

（五）培育发展绿色产业。以生态农业、有机农业、节能环保产业、生态文化旅游等为重点，大力发展具有比较优势的绿色产业。深入推进“365”现代农业发展行动计划，着力实施“十百千万”工程，加快国家玉米制种基地建设，推进马铃薯主粮化，大力发展有机农业、生态农业，壮大草食畜牧业以及特色林果业、中药材等特色产业，积极发展小杂粮、百合、甜高粱等特色农产品，推进畜禽养殖加工一体化，进一步壮大农村合作经济，加快培育农业市场化新型经营主体，推进种养加、产供销、贸工农为一体的农业全产业链发展，促进产业化发展、标准化生产、品牌化经营，建设国家重要的绿色农畜产品生产和加工基地。加快甘肃省节能环保产业园建设，实施节能环保产业重大技术装备产业化工程，把节能环保产业培育成新的增长点。以建设华夏文明传承创新区为重点，加快实施“1313”工程，推进文化旅游与生态文明建设融合发展，发展壮大文化旅游产业。加快敦煌国际文化旅游名城建设，推动河西走廊文化生态保护区、陇东南中医药养生保健旅游创新区、兰州都市现代文化产业区、临夏和甘南国家级民族民俗文化产业园区等建设。（省发展改革委、省农牧厅、省文化厅、省旅游局、省卫生计生委等部门负责）

八、加强防灾减灾体系建设，增强适应气候变化能力

推进重点工程建设，建立健全管理机制，逐步提高防灾减灾和适应气候变化能力，推进防灾减灾型和气候适应型社会建设。

（一）加强防灾减灾体系建设。坚持以人为本、尊重科学，政府主导、全社会共同参与，综合统筹、协调推进，预防为主、综合减灾，提高防灾能力，降低灾害风险，减少灾害损失，增强救灾能力。加强自然灾害监测预警、风险调查、工程防御、宣传教育等预防工作，提高气象、地质、地震灾害防御能力，建立灾害性天气防范快速反应机制，提高区域和城乡基层应对冰雹、暴雨等气候灾害的能力，从短期响应能力为主的减灾模式向长期降低脆弱性的防灾

模式转变。着力推进自然灾害综合风险调查、风险管理信息化、应急救助指挥系统、救灾物资储备、综合减灾示范社区和避难场所等防灾减灾重大工程项目建设。在兰州、陇南、甘南、临夏等灾害多发地区建立健全专业预警预报、群测群防和应急处置指挥体系，增强灾害性天气监测预警预报能力，依靠信息技术提高防灾减灾救灾决策能力和应对水平。完善灾害调查评价、监测预警、综合防治和应急体系，全面实施《甘肃省地质灾害综合防治体系建设方案(2014—2018)》，切实做好滑坡、泥石流等地质灾害防治，力争“十三五”末基本消除威胁城镇的大型、特大型地质灾害隐患。健全防灾减灾救灾机制，落实统一指挥、综合协调、分类管理、分级负责、属地管理为主的自然灾害应急管理体制，完善救灾准备、应急救助、灾后救助、恢复重建相衔接的自然灾害救助制度，建立方便快捷的储备、调运、接受、发放、回收相衔接的救灾物资应急调度体系，健全以抢险、搜救、救护、救助、捐赠为基本内容的救灾应急社会动员机制，完善保险应对自然灾害的风险分散和损失补偿机制，形成有效应对自然灾害的强大合力，保障人民生命财产安全和经济社会可持续发展。（省国土资源厅、省民政厅、省气象局、省政府应急办等部门和单位负责）

(二)积极应对气候变化。坚持当前与长远兼顾、减缓与适应并重，积极开展示范试点工程建设，有效控制温室气体排放，逐步增强适应气候变化能力。制定实施全省工业应对气候变化行动计划，通过技术改进、工艺革新等方式，控制工业领域排放。石油天然气行业推广放空天然气和油田伴生气回收利用、油气密闭集输综合节能等技术。煤炭行业推行高效、绿色开采技术，加快煤层气抽采利用。水泥行业加快推广纯低温余热发电和水泥窑协同处置废弃物技术。大型发电企业供电二氧化碳排放达到国家平均水平。积极推进金昌低碳城市试点，开展兰州国家级区域工业绿色转型试点、嘉峪关国家级低碳工业园区试点，推动可再生能源建筑一体化应用和农村太阳能暖房建设。积极发展城市公共交通，完善城市步行和自行车交通系统，大力推广新能源汽车，加快兰州市新能源汽车试点建设，到2020年兰州、天水城市公交出行分担比率达到35%以上。积极适应气候变化，加大生态资本投资，提高农业、林业及生态脆弱地区适应能力，加快造林步伐，强化重点地区草原退化防治和高寒湿地保护与修复。编制省级温室气体清单报告，落实重点企(事)业单位温室气体排放报告工作制度。（省发展改革委、省工信委、省建设厅、省林业厅、省农牧厅等部门负责）

九、加强生态文明制度建设，建立健全生态环境保护机制

按照国家关于健全生态文明制度体系的要求，推动重点领域、关键环节制度建设和机制创新，提供良好的制度保障。

(一)健全法规标准体系。认真贯彻落实国家生态文明有关法律法规，全面清理现行法规规章中与加快推进生态文明建设的要求不相适应的内容。国家制定出台节能评估审查、节水、应对气候变化、生态补偿、湿地保护、生物多样性保护、土壤环境保护等方面法律法规后，根据实际及时启动制定我省相关法规规章。制定水污染防治、生活垃圾餐厨垃圾回收处理等方面的法规规章，根据需要修订土地管理、大气污染防治、循环经济、矿产资源等地方性法规规章，建立健全固体废物和化学品环境管理政策法规体系。依据国家相关标准，紧密结合我省生态文明建设的要求，制定、修订能耗、水耗、地耗、污染物排放、环境质量等方面的标准，全面完成《甘肃省循环经济地方标准体系建设规划》确定的各项目标任务。（省政府法制办、省发展改革委、省环保厅、省国土资源厅、省水利厅等部门负责）

(二)完善生态保护补偿机制。建立健全生态补偿机制和资源有偿使用制度，探索多种形式的生态环境补偿途径。探索政府购买生态产品及其服务，鼓励生态损益双方自主协商补偿方式。按照谁受益、谁补偿的原则，推进建立地区间横向补偿和市场化补偿机制，引导生态受益地区与保护地区之间、流域上游与下游之间，通过资金补助、产业转移、人才培训、共建园区等方式探索创新补偿机制，推动建立流域生态保护共建共享机制。完善水资源有偿使用制度，统筹安排部分水权收益用于生态建设。争取国家在甘肃开展生态补偿标准体系、生态补偿资源渠道和建立利益双方责权相配套政策框架的试点工作，推进祁连山生态补偿示范区建设。（省发展改革委、省水利厅、省林业厅、省环保厅等部门负责）

(三)建立自然资源资产产权制度和用途管制制度。根据国家部署要求，对水流、森林、山岭、草原、荒地、滩涂等自然生态空间进行统一确权登记，明确国土空间的自然资源资产所有者、监管者及其责任。完善自然资源资产用途管制制度，明确各类国土空间开发、利用、保护边界，实现能源、水资源、矿产资源按质量分级、梯级利用，对耕地、天然草原、林地、河流、湖泊湿地、滩涂等生态空间实行用途管制，严格控制转为建设用地，确保全省生态空间面积不减少。严格水资源论证和取水许可制度。制定取水许可动态管理及用途管制实施意见。坚持并完善最严格的耕地保护和节约用地制度，制定出台集约节约使用城镇建设用地的实施意见。（省水利厅、省林业厅、省农牧厅、省国土资源厅等部门负责）

(四)强化生态环境监管制度建设。认真贯彻国家《环境保护督察方案(试行)》，制定我省落实方案，建立环保督察工作机制，探索建立环境保护“党政同责、一岗双责”制度。以解决损害群众权益的突出环境问题为重点，进一步加强重点地区、重点流域、重点行业环境大检查、大整治力度，防范环境风险。强化生态管制，推进生态系统统一监测和系统管理。建立严格监管所有污染物排放的环境保护管理制度，对工业点源、农业面源、交通移动源等全部污染

源排放的所有污染物，对大气、土壤、地表水和地下水等所有纳污介质，实行独立而统一的环境监管。完善污染物排放许可证制度，禁止无证排污和超标准、超总量排污。对严重污染环境的工艺、设备和产品实行淘汰制度。实行企事业单位污染物排放总量控制制度，完善我省建设项目总量控制指标管理办法，完成符合条件的企事业单位排污许可总量核定和排污许可证核发工作，全面开展企业标准化建设和环境信用评价工作。健全环境影响评价、清洁生产审核、环境信息公开等制度。（省环保厅负责）

（五）严守资源环境生态红线。树立底线思维，设定并严守资源消耗上限、环境质量底线、生态保护红线，将各类开发活动限制在资源环境承载能力之内。强化能源消耗强度控制，进一步落实水资源开发利用控制、用水效率控制、水功能区限制纳污三条红线管理制度，实行基本农田永久保护和耕地占补平衡。严守环境质量底线，将大气、水、土壤等环境质量"只能更好、不能变坏"作为各级政府环保责任红线，开展全省生态功能红线基础调查试点工作，科学划定重点生态功能区、生态环境敏感区、脆弱区等区域和林地、森林、草原、湿地、沙区植被、物种等领域生态红线。探索建立资源环境承载能力监测预警机制。（省环保厅、省发展改革委、省国土资源厅、省林业厅、省农牧厅等部门负责）

（六）推行市场化机制。完善政府生态环境保护责任体系，建立健全政府、市场、社会联动的生态环境治理长效机制。加快推行合同能源管理、节能低碳产品和有机产品认证、能效标识管理等机制。加强节能发电调度，优先调度可再生能源发电资源。

推行碳排放权、节能量交易制度，推进金昌市碳排放权和天水市节能量交易试点前期工作，加快碳排放权交易市场建设。建立总量控制和定额管理制度，鼓励水权流转，实行终端水价、差别水价和超定额用水累进加价制度，加快民乐等5县区农业水价综合改革试点，推进河西内陆河水量初始水权分配制度改革，启动实施疏勒河流域水权试点方案。全面推进矿业权市场建设。继续深化集体林权制度改革，将符合政策的林权抵押贷款纳入林业贷款贴息政策扶持范围，完成庆阳市国有林场改革试点工作，制定并出台我省国有林场改革实施方案，有序推进国有林场和国有林区改革。扩大排污权有偿使用和交易试点范围，加快兰州市排污权试点前期工作，积极推进环境污染第三方治理。（省发展改革委、省财政厅、省水利厅、省林业厅、省环保厅等部门负责）

十、提高生态文明意识，形成良好社会风尚

加强生态文明宣传教育，不断提高全民生态文明意识，倡导绿色消费、绿色生活方式，发挥人民群众的积极性、主动性、创造性，鼓励群众参与，开展群众性生态文明建设活动，推进形成生态文明建设的良好社会风尚。

（一）提高全民生态文明意识。将生态文明作为社会主义核心价值观的重要内容，加强教育培训，开展主题宣传，积极培育生态文化，弘扬生态道德，引导全社会树立生态文明意识，使其成为社会主流价值观。把生态文明教育作为素质教育的重要内容，纳入国民教育体系和干部教育培训体系，创建一批生态文明教育基地。以组织好世界地球日、世界环境日、世界水日和全省节能宣传周等主题宣传活动为重点，充分发挥广播电视、报刊网络等新闻媒体作用，加强资源环境省情宣传，普及生态文明法律法规、科普知识，提高公众节约意识、环保意识、生态意识，形成崇尚生态文明的良好社会氛围。（省委宣传部、省人社厅、省环保厅、省新闻出版广电局等部门负责）

（二）倡导绿色消费绿色生活方式。开展绿色生活行动，推动形成全民勤俭节约、绿色低碳、文明健康的消费和生活方式。积极促进循环、低碳生产生活，倡导理性消费和清洁消费，引导公众自觉开展节能、节水、节粮、节材，坚决抵制和反对奢侈消费、不合理消费。大力推广绿色低碳出行，倡导绿色生活、绿色休闲模式，严格限制发展高耗能、高耗水、高污染服务业，大力发展绿色物流。开展绿色市（县、区）、绿色社区、绿色学校、绿色旅游基地、节约型公共机构、生态村等示范创建。党政机关、国有企业带头厉行勤俭节约，加快推进节约型政府建设。（省委宣传部、省发展改革委、省人社厅、省商务厅、省环保厅、省旅游局、省机关事务管理局部门负责）

（三）鼓励公众参与生态文明建设。开展群众性生态文明建设活动，完善公众参与制度，及时准确披露各类环境信息，扩大公开范围，保障公众知情权，维护公众环境权益。扩展公众参与环境管理决策的途径和方式，健全公示、举报、听证、舆论和公众监督等制度，构建全民参与的社会行动体系。建立环境公益诉讼制度，提高建设项目立项、实施、后评价等环节公众参与度。引导生态文明建设领域各类社会组织健康有序发展，充分发挥民间组织和志愿者的积极作用，组织环保宣传，监督环境执法，参与政策建议，形成公众参与环境保护的良性局面。（省环保厅、省发展改革委等部门负责）

十一、保障措施

加强对生态文明建设的组织领导，加大政策扶持力度，探索创新有效模式，建立综合评价体系，健全考核监督工作机制，为加快推进生态文明建设提供有力保障。

（一）切实加强组织领导。成立省加快推进生态文明建设领导小组，统筹协调推进全省生态文明建设工作。领导小组办公室负责抓好《意见》和本实施方案的协调落实，跟踪掌握进展情况，及时提出工作建议。省直有关部门要按照职责分工，结合实际，尽快编制有关行业和专项规划，在行业规划制定、政策争取、项目建设等方面，对口做好向国家部委汇报衔接和相关落实工作，合力推进全省生态文明建设。市州党委和政府要对本地区生态文明建设负总责，切实加强组织领导，强化统筹协调，认真抓好《意见》和本实施方案的贯彻落实，确保各项政策措施落到实处、见到实效。领导小组办公室要对贯彻落实情况适时组织开展专项监督检查。

(二)做好试点示范工作。积极推进甘南州、定西市国家生态文明先行示范区，张掖市、陇南市、甘南州、临夏州、永靖县、渭源县、天祝县、泾川县、环县、敦煌市国家生态文明示范工程试点，以及临夏州和康县、环县、民勤县国家生态保护与建设示范区建设，开展永昌、永靖、玛曲、徽县和庆城省级生态屏障典型试验区建设，充分发挥试点示范市县政府主体作用，以制度创新为核心任务，积极探索实践，大胆创新突破，形成符合各地实际的经验成果和可复制、可推广的有效模式，加大推广力度。省直各部门要加大指导和支持力度，加强统筹协调，形成工作合力，确保试点示范建设工作各项目标任务顺利完成。加强与发展中国家在太阳能等可再生能源利用方面的国际合作与交流，开展试验示范推广项目建设，推动南南合作。(省发展改革委、省环保厅、省林业厅等部门负责)

(三)加大政策支持力度。完善生态功能区转移支付资金管理办法，加大对列入国家重点生态功能区的县(市、区)转移支付力度，加强资金使用监管，充分发挥资金使用效益。深化自然资源及其产品价格改革，加快资源要素产品价格改革、环境成本内部化改革。建立居民生活用水、用气阶梯价格制度。健全能有效覆盖成本的污水垃圾处理收费运营机制。落实节能环保、资源综合利用、新能源、生态建设的税收优惠政策。设立循环经济产业投资基金和节能环保产业投资基金。支持上下游企业相互参股、持股，推动产权主体多元化。探索排污权抵押等融资模式。(省财政厅、省发展改革委、省国税局、省地税局、省环保厅等部门负责)

(四)建立生态文明综合评价体系。加强生态文明建设统计监测，加快推进对能源、矿产资源、水、大气、森林、草原、湿地和水土流失、沙化土地、土壤环境、地质环境、温室气体等的统计监测核算能力建设，提升信息化水平，提高准确性、及时性，实现信息共享。加快重点用能单位能源消耗在线监测体系建设。建立循环经济统计指标体系、地表资源分布与利用评价指标体系、矿产资源合理开发利用评价指标体系、生态协调性评价指标体系、省市县三级水资源管理监测评价体系。利用卫星遥感、地理信息系统等技术手段，加强对国土空间开发、城市空间及区域发展、重点生态工程建设的定期监测，逐步建立覆盖所有资源环境要素的监测网络体系。提高环境风险防控和突发环境事件应急能力，健全环境与健康调查、监测和风险评估制度。定期开展全省生态状况调查和评估。按照国家《生态环境监测网络建设方案》制定我省方案，加强环境监测能力建设，推进环境监测服务社会化。加大各级政府预算内投资等财政性资金对统计监测等基础能力建设的支持力度。(省发展改革委、省财政厅、省统计局、省国土资源厅、省水利厅、省环保厅、省测绘地理信息局等部门和单位负责)

(五)强化执法监督。加强法律监督、行政监察，对各类环境违法违规行为实行“零容忍”，加大查处力度，严厉惩处违法违规行为。强化对浪费能源资源、违法排污、破坏生态环境等行为的执法监察和专项督察。加强对有关部门和地方政府执行国家环境法律法规和政策的监督，纠正其执行不到位的行为。强化对资源开发和交通建设、旅游开发等活动的生态环境监管。资源环境监管机构独立开展行政执法，禁止领导干部违法违规干预执法活动。健全统一监管、分工负责和地方监管、单位负责的监管体系，有序整合不同领域、不同部门、不同层次的执法监管力量，推进联合执法、跨区域综合执法等执法机制创新。(省环保厅、省水利厅、省国土资源厅、省林业厅、省发展改革委、省工信委等部门负责)

(六)健全政绩考核和责任追究制度。建立体现生态文明要求的目标体系、考核办法、奖惩机制。认真贯彻国家《关于开展领导干部自然资源资产离任审计的试点方案》和《党政领导干部生态环境损害责任追究办法(试行)》，研究制定我省方案办法。把资源消耗、环境损害、生态效益等指标纳入经济社会发展综合评价体系，强化指标约束和责任考核。根据不同类型区域主体功能定位，进一步完善差别化的考核制度。对限制开发区域、禁止开发区域和生态脆弱的国家扶贫开发工作重点县，逐步取消地区生产总值考核；对农产品主产区和重点生态功能区，分别实行农业优先和生态保护优先的绩效评价；对禁止开发的重点生态功能区，重点评价其自然文化资源的原真性、完整性。建立领导干部任期生态文明建设责任制，完善节能减排目标责任考核及问责制度。严格责任追究，对违背科学发展要求、造成资源环境生态严重破坏的要记录在案，实行终身追责，不得转任重要职务或提拔使用，已经调离的也要问责。对推动生态文明建设工作不力的，要及时诫勉谈话；对不顾资源和生态环境盲目决策、造成严重后果的，要严肃追究有关人员的领导责任；对履职不力、监管不严、失职渎职的，要依纪依法追究有关人员的监管责任。(省委组织部、省发展改革委、省环保厅等部门负责)

省政府意见、通知

甘肃省人民政府关于创新重点领域投融资机制鼓励社会投资的实施意见

甘政发〔2015〕23号　2015年2月16日

各市、自治州人民政府，兰州新区管委会，省政府各部门，中央在甘有关单位：

为全面贯彻落实《国务院关于创新重点领域投融资机制鼓励社会投资的指导意见》（国发〔2014〕60号），在公共服务、资源环境、生态建设、基础设施等重点领域创新投融资机制，充分发挥社会资本特别是民间资本的积极作用，进一步加强薄弱环节工作，推进经济结构战略性调整，促进经济持续健康发展，结合我省实际，现提出如下实施意见。

一、总体要求

（一）指导思想。全面贯彻落实党的十八大和十八届三中、四中全会精神，按照党中央、国务院决策部署，使市场在资源配置中起决定性作用和更好发挥政府作用，打破行业垄断和市场壁垒，切实降低准入门槛，建立公平开放透明的市场规则，营造权利平等、机会平等、规则平等的投资环境，进一步鼓励社会投资特别是民间投资，盘活存量、用好增量，调结构、补短板，服务国家和全省生产力布局，促进重点领域建设，增加公共产品有效供给。

（二）基本原则。实行统一市场准入，创造平等投资机会；创新投资运营机制，扩大社会资本投资途径；优化政府投资使用方向和方式，发挥引导带动作用；创新融资方式，拓宽融资渠道；完善价格形成机制，发挥价格杠杆作用。

二、创新生态环保投资运营机制

（三）深化林业管理体制改革。合理界定国有林场性质，积极推进国有林区和国有林场管理体制改革，促进国有林场融入城乡一体化建设。在符合国家产业政策的前提下，鼓励社会投资参与公益林、商品林、林下种植、林下养殖、林木种苗繁育、森林生态旅游、林（副）产品加工、贮藏、销售等林业经营活动。鼓励社会资本参股、控股、联合、兼并、收购国有林业加工、贮藏、销售企业。深化集体林权制度综合配套改革，巩固和稳定集体林权承包关系，引导和推动集体林权通过转包、出租、互换、入股等方式依法规范流转。开展集体林权登记、林业资源评估、林权收储等方面的综合性服务，形成程序简明、高效便捷的林权抵押贷款机制。（省林业厅、省人社厅、省财政厅、省发展改革委等负责）

（四）推进生态建设主体多元化。政府及时发布鼓励社会资本参与生态建设的相关信息，建立产业引导基金，鼓励和引导社会资本参与生态保护与建设，在严格保护森林、湿地和饮用水水源地等生态资源的前提下，支持林业企业、农民专业合作社、家庭农林场、专业大户、个人等经营主体参与生态建设项目。在保障生态效益，符合土地用途管制要求的前提下，对个人等各类经营主体承包荒山荒地开展植树造林的，鼓励发展经济林果、林木良种、林下经济和兴办林（农）家乐等生态产业，符合条件的及时颁发林权证明，依法保护其林权及相关的权益。积极推进商品林产值保险工作，探索开展经济林小额贷款保证保险试点，缓解农户和相关经营主体融资难的问题。（省林业厅、省环保厅、省农牧厅、省财政厅、甘肃银监局、甘肃保监局等负责）

（五）推动环境污染治理市场化。按照国家总体部署，研究提出我省环境污染第三方治理实施意见。在电力、钢铁、有色、化工等重点行业以及部分重点开发区（工业园区）大力推进第三方污染治理工作，扩大环境污染责任保险试点范围，吸引和扩大社会资本投入，建立排污者付费、第三方治理的治污新机制。从2015年起在全省国家级开发区试点并加快推进由环境服务公司进行集中式治理的污染治理模式。政府对第三方治理项目建设审批开辟绿色通道。对符合条件的第三方治理项目申请中央资金支持，省级有关专项资金对第三方治理项目投资和运营给予补贴或奖励，适当提高污水、垃圾处理排污费征收标准。鼓励省国有资产投资集团有限公司等投融资平台和社会资本建立混合所有制企业，参与第三方治理。加强环保执法和考核，培育第三方治理市场和内生力。（省发展改革委、省环保厅、省财政厅等负责）

（六）积极开展排污权、碳排放权交易试点。制定甘肃省推进排污权、碳排放权交易的实施意见。排污权交易价格由交易双方协商确定。在兰州等具备条件的地区开展排污权交易试点。落实国家排污权交易的财税等扶持政策，积极支持排污单位通过淘汰落后和过剩产能、技术升级、污染治理等减少污染物和碳排放，形成"富余排污权"参加市场交易；建立排污权和碳排放权储备制度，回购排污单位"富余排污权"，适时投放市场。在国家对全国碳排放权交易市场统一管理下，2015年6月底前制定出台我省实施细则，在金昌市等有条件的市州开展我省碳排放交易试点。引进和培养碳排放交易的专业人才，培育碳减排专业服务机构。建立碳排放权交易系统、注册登记系统等试点工作。（省环保厅、省发展改革委等负责）

三、鼓励社会资本投资运营农业和水利工程

（七）培育农业、水利工程多元化投资主体。各级水行政主管部门应及时公告管辖范围内各类水利工程的规划范围、投资规模、收益预期等信息。鼓励社会资本以特许经营、参股控股等多种形式参与具有一定收益的节水供水重大水利工程建设运营。支持专业大户、专业合作社、农业企业等各类经营主体以特许经营、独资、合资、合作、捐赠及投工、投劳等方式参与规划内农田水利和水土保持等工程的建设、运营、管理、科学研究与技术咨询、劳务服务。允许财政补助形成的小型农田水利和水土保持工程资产，由农业用水合作组织持有和管护。积极探索研究发行水利建设债券或基金，对重点水利建设的投入实行资本金管理。按照水务一体化要求，通过多元投资、企业化管理，实现重点水利项目建管合一。（省水利厅、省建设厅、省林业厅、省农牧厅、省发展改革委、省财政厅等负责）

（八）保障农业、水利工程投资合理收益。社会资本按规划投资建设或运营管理农田水利、水土保持设施和节水供水重大水利工程的，与国有、集体投资项目享有同等政策待遇，同等享受政府财政支持政策，同等享受政府在用地方面的优惠政策，依法获取供水水费等经营收益。承担公益性任务的工程享受当地政府规定的工程维修养（管）护经费财政补助。按照"谁投资、谁所有"的原则确定工程产权，社会资本投资形成的资产产权归社会资本投资主体所有，财政补助资金形成的资产可以交由社会资本投资主体代为运营管护。社会资本投资建设或运营管理农田水利、重大水利工程等，可依法继承、转让、转租、抵押其相关权益；征收、征用或占用的，需经产权所有人或经营管护权益主体同意，并按照国家有关规定给予补偿或赔偿。（省水利厅、省建设厅、省农牧厅、省林业厅、省发展改革委、省财政厅等负责）

（九）通过水权制度改革吸引社会资本参与水资源开发利用和保护。加快建立水权制度，培育和规范水权交易市场，积极探索多种形式的水权交易流转方式，鼓励社会资本投资项目新增合理用水需求通过水权转让解决，鼓励和支持社会资本通过参与建设高效节水、重大节水供水工程优先获得新增水资源使用权。社会资本出资建设节水、供水工程取得的水资源使用权，在规定使用期限内依法享有继承、转让、转租、抵押和参股经营等权益。水权交易价格应通过公开交易由供用水双方协商确定。（省水利厅、省财政厅、省建设厅等负责）

（十）完善水利工程水价形成机制。社会资本投资的中小型水利设施按照收益适当高于长期国债收益率的原则由供用水双方协商制定水价。由国有资本和社会资本共同投资的水利工程，实行政府定价。价格调整不到位的水利设施，按照管理权限，由同级政府安排财政性资金给予补偿。（省水利厅、省发展改革委、省农牧厅、省财政厅等负责）

四、推进市政基础设施投资运营市场化

（十一）大力引进社会资本投资市政基础设施项目。鼓励和引导社会资本以BOT（建设—运营—移交）、BOO（建设—拥有—运营）等多种模式投资城镇供水、供热、燃气、污水垃圾处理、建筑垃圾资源化利用和处理、城市综合管廊、公园配套服务、公共交通、停车设施等市政基础设施项目。政府通过特许经营等方式依法选择符合要求的经营者，并加强服务和成本监测，理顺价格水平，使投资者获得合理回报。对于主要依靠政府付费回收投资成本的公益性、准公益性项目，可通过政府购买服务或依法依规为投资者配置相关经营资源，稳定投资回报；对于经营收费不足以覆盖投资成本的项目，政府可适当予以补贴。（省建设厅、省发展改革委、省财政厅等负责）

（十二）改革市政基础设施建设运营模式。全面放开市政基础设施建设运营市场，打破垄断，引入竞争，建立规范的市政公用事业特许经营权市场。已建成市政基础设施可通过TOT（转让—经营—移交）等模式，将一定期限的经营权或产权有偿转让给投资者，有效盘活城市基础设施存量资产。加快推动市政基础设施建设运营事业单位向独立核算、自主经营的企业化管理转变，并实行规模化、集约化经营。国有投资适当退出市政基础设施特别是经营性市政基础设施领域，为社会投资提供发展空间。推进市县、乡镇和村级污水收集和处理、垃圾处理项目按行业"打包"投资和运营，鼓励实行城乡供水一体化、厂网一体投资运营。（省建设厅、省发展改革委、省环保厅、省财政厅等负责）

（十三）加强县城基础设施建设。大力吸引社会投资，有效利用中央投资，积极争取发行市政债券，支持县城基础设施建设。在符合规划和用途管制的前提下，有效利用土地资源，带动县城开发建设。积极推进有条件的县城和重

点镇发展为中小城市，增强吸纳农业转移人口的能力。（省发展改革委、省建设厅、省国土资源厅等负责）

（十四）完善市政基础设施价格形成机制。加快改进市政基础设施价格形成、调整和补偿机制，使经营者能够获得合理收益。涉及政府定价的项目，下放定价管理权限，政府定价行为提前介入，为投资者开展经济效益评价提供依据。价格调整不到位时，地方政府可根据实际情况安排财政性资金对企业运营进行合理补偿。规范政府价格管理行为，提高政府定价、调价的科学性和透明度，稳定社会投资信心。（省发展改革委、省财政厅、省建设厅等负责）

五、改革完善交通投融资机制

（十五）加快推进铁路投融资体制改革。鼓励和引导民营企业、社会法人、境外企业、在甘大型企业以多种模式参与省内铁路项目的投资、建设和经营。加快设立甘肃省铁路发展基金，吸引社会资本积极参与，有效扩大基金规模。对于国铁干线铁路，可以引进社会资本承担部分项目资本金及征地拆迁费用。对于纳入省级规划且由省级财政予以补助的地方铁路项目，由省地共同招商引资，实行投资、建设、运营一体化管理模式，与社会资本建立利益共享、风险分担及长期合作机制。按照市场化方向，不断完善铁路运价形成机制。向地方政府和社会资本放开城际铁路、市郊铁路、资源开发性铁路和支线铁路的所有权、经营权。在综合城市规划许可的前提下，吸引社会资本对城市轨道交通站点周边土地进行综合开发，支持城市轨道交通建设。（省发展改革委、省交通运输厅、省财政厅、省政府金融办、兰州铁路局、省投资集团铁路有限公司等负责）

（十六）完善公路投融资模式。建立完善政府主导、分级负责、多元筹资的公路投融资模式。省交通运输厅负责国家高速公路和国道建设投融资，市州政府负责地方高速公路和省道建设投融资。凡符合开放条件的公路、桥梁、隧道、车站、港口、码头、综合运输枢纽、物流园区、运输站场等交通基础设施均鼓励社会资本以独资、合资、控股、参股、BOT、BT、BOOT等融资方式建设运营。（省交通运输厅、省发展改革委、省财政厅、省政府国资委、省商务厅等负责）

（十七）鼓励社会资本参与民航基础设施建设。进一步加大民航领域的开放力度，鼓励和引导社会资本以合资、合作、联营等方式参与民航基础设施的投资、建设和经营。积极吸引社会资本参与干线机场以及航站楼等机场配套服务设施投资建设。鼓励小型支线机场运营者参与当地旅游等资源的开发、经营。支持通用航空机场由社会资本全额投资建设。（省发展改革委、省交通运输厅、省财政厅、省旅游局、省机场管理局、省机场投资集团有限公司等负责）

六、鼓励社会资本加强能源设施投资

（十八）鼓励社会资本参与电力建设。在做好生态环境保护、移民安置和确保工程安全的前提下，通过业主招标等竞争性方式，鼓励社会资本投资常规水电站，吸引社会资本参与抽水蓄能电站建设。鼓励社会资本投资参与风电基地和光电基地建设。支持社会资本进入清洁高效燃煤电项目、火电站、热电站、低热值煤发电、生物质能发电、煤层气发电、燃煤电厂节能减排升级改造领域，鼓励社会资本进入工业园区和产业集聚区天然气发电、备压式发电、余压余热发电等项目建设。积极推进社会资本参与地热资源开发利用，建设一批以地热供暖为主的示范基地、示范小区，参与新能源示范城市、绿色能源示范县和光伏扶贫工程建设，推进新能源高效利用。鼓励社会资本投资建设分布式风电、光电、小水电等电源工程和储能装置，重点推进河西走廊储能技术研发应用。（省发展改革委、省环保厅、省国土资源厅、省财政厅、省扶贫办等负责）

（十九）鼓励社会资本参与电网建设。结合推进电力体制改革，积极吸引社会资本投资建设主干电网和配电网工程。支持企业间建设专用供电线路。通过招标等方式，引导社会资本在兰州、嘉峪关、金昌、白银等地建设电动汽车充换电设施，支持新能源汽车扩大使用范围。（省发展改革委、省电力公司等负责）

（二十）鼓励社会资本参与油气管网、储存设施和煤炭储运建设运营。支持民营企业、地方国有企业等参股建设油气管网主干线、地下储气库、城市配气管网和城市储气设施，鼓励社会资本投资建设跨市州输气干线。支持社会资本进入油气勘查开发领域，与中国石油、中国石化合作开发油气资源。鼓励社会资本以多种形式投资煤层气、页岩油等非常规油气资源勘查开发项目，以及煤层气和煤矿瓦斯抽采利用项目。支持社会资本参与低阶煤分质梯级高效利用煤焦油精细加工项目和兰州、庆阳、玉门等地原油成品油商业储备库以及陇东煤炭矿区专用线建设和煤炭集散中心等建设。（省发展改革委、省政府国资委、省交通运输厅、兰州铁路局等负责）

七、推进信息和民用空间基础设施投资主体多元化

（二十一）鼓励电信业进一步向民间资本开放。加强对行业垄断和不正当竞争行为的监管，鼓励民间资本开展宽带接入网络建设和业务运营，促进公平竞争，推动资源共享，保障企业实现平等接入，用户实现自由选择，推动提高宽带接入性价比，大力发展宽带用户。加强政策引导，为获得移动转售业务试点经营许可的民营企业提供政策咨询和服务，鼓励民营企业尽快在我省开展移动通信转售业务，通过竞争提升服务水平，降低资费标准，促进移动通信服务多元化发展。（省通信管理局、省工信委、省发展改革委等负责）

（二十二）吸引民间资本加大信息基础设施投资力度。放宽准入条件，积极推动和鼓励民间资本进入电信领域，并参与基站机房、通信塔等基础设施的投资、建设和运营维护；引导基础电信企业积极顺应专业化分工经营的趋势，将基站机房、通信塔等基础设施外包第三方民营企业，推进基础设施的共建共享。（省工信委、省通信管理局、省发展改革委等负责）

（二十三）鼓励民间资本参与国家民

用空间基础设施建设。进一步完善政府采购目录，鼓励民间资本开展商用遥感卫星和地面卫星导航领域的研制和应用，积极支持民营企业开展智能交通、智能旅游、智能农业、商贸流通等领域的应用试点。（省工信委、省发展改革委、省国土资源厅、省交通运输厅、省农牧厅、省商务厅、省旅游局等负责）

八、鼓励社会资本加大社会事业投资力度

（二十四）加快社会事业公立机构分类改革。在兰州市积极推进养老服务业综合改革试点，探索民间资本参与的渠道和机制。加快推进体育行业协会与行政机关脱钩，扩大体育社会组织承担公共服务的范围和内容。引入和运用现代企业制度，加快体育场馆管理体制和运营机制创新，为社会资本进入创造条件。鼓励和引导社会资本通过参股、控股、资产收购等形式参与国有经营性文化事业单位、养老机构和旅游企业的转企、改制及重组。积极推进公立医院资源丰富地区符合条件的医疗事业单位改制，支持社会资本以合资、合作、托管等形式参与公立医院改革。鼓励符合条件的国有单位培训疗养机构通过整合、购置、置换、租赁等方式，转变为养老机构。（省卫生计生委、省民政厅、省体育局、省文化厅、省机关事务管理局、省旅游局等负责）

（二十五）鼓励社会资本加大社会事业投资力度。制定出台支持民办教育发展的实施意见。探索举办混合所有制学校，鼓励社会力量办学。合理规划区域医疗资源，为社会资本办医预留一定比重并统一管理；优先扶持社会资本举办非营利性医疗机构，鼓励开办公益性医疗保健服务机构。支持社会力量整合、盘活闲置的医院、学校、厂房、商业设施、农村集体用房及其他可利用的社会资源，兴办养老机构，中央和地方对健康、养老服务项目的优惠政策对各类投资主体同等对待。鼓励和引导社会资本以多种形式投资文化、体育设施建设和产业发展。各地在编制城市总体规划、控制性详细规划以及有关专项规划时，要统筹规划、科学布局各类公共服务设施，保证建设用地。完善政府购买社会服务机制，积极有序开展政府购买教育、医疗、养老、文化、科技、体育等基本公共服务工作，逐步增加政府采购的类别和数量。将符合条件的社会资本举办的医疗机构纳入新型农村合作医疗和医疗救助定点范围，执行与公立医疗机构同等的补偿政策。（省教育厅、省卫生计生委、省民政厅、省发展改革委、省文化厅、省财政厅、省人社厅、省科技厅、省体育局等负责）

（二十六）落实社会事业建设运营税费优惠政策。积极贯彻落实现行非营利性教育、医疗、养老、体育健身、文化机构税收优惠政策。对非营利性医疗、养老机构建设一律免征有关行政事业性收费，对营利性医疗、养老机构建设一律减半征收有关行政事业性收费。民办幼儿园和从事学历教育的民办学校，执行与公办学校同等的税收等优惠政策。经认定为高新技术企业的医药、文化、体育企业，依法享受高新技术企业税收优惠政策。（省国税局、省地税局、省财政厅、省发展改革委、省国土资源厅、省建设厅、省人防办等负责）

（二十七）改进社会事业价格管理政策。民办教育、医疗机构用电、用水、用气、用热，与公办教育、医疗机构执行相同的价格政策。养老机构用电、用水、用气、用热，按居民生活类价格执行，并免收相应的配套费。除公立医疗、养老机构提供的基本服务按照政府规定的价格政策执行外，其他医疗、养老服务价格实行经营者自主定价。营利性或非营利性民办学校对接受学历教育的受教育者收取费用的项目和标准由学校制定，报有关部门批准；对其他受教育者收取费用的项目和标准由学校制定。（省教育厅、省卫生计生委、省民政厅、省发展改革委等负责）

九、建立健全政府和社会资本合作（PPP）机制

（二十八）加快推广运用政府和社会资本合作（PPP）模式。制定关于开展政府和社会资本合作的实施意见。在公共服务、资源环境、生态保护、基础设施等领域，按照政府主导、社会参与、市场运作、平等协商、风险分担、互利共赢的原则，积极推行PPP模式，规范选择项目合作伙伴，引入社会资本，提高公共产品供给效率。各级政府和有关部门要按照国家开展PPP的项目范围和操作模式要求，认真筛选整理PPP项目，建立PPP项目库，并选择条件成熟的项目先行试点。鼓励通过PPP方式盘活存量资源，变现资金要用于重点领域建设。（省发展改革委、省财政厅、省国土资源厅、省环保厅、省交通运输厅、省建设厅、省政府金融办、甘肃银监局、人行兰州中心支行等负责）

（二十九）规范建立平等互惠合作关系。各级政府及有关部门要按照《招标投标法》、《政府采购法》等法律法规，通过公开招标、邀请招标、竞争性谈判等多种方式，公平择优选择具有相应管理经验、专业能力、融资实力以及信用状况良好的社会资本作为合作伙伴。及时发布PPP标准合同范本，对PPP项目的价格管理、回报方式、服务标准、信息披露、违约处罚、政府接管以及评估论证等进行详细规定，规范合作关系。项目实施机构和社会资本要按照平等协商原则明确政府和合作伙伴之间的权利与义务，依法签订项目合同，确保合同内容全面、规范、有效，平衡好社会公众与投资者之间的利益关系，既要保障社会公众利益不受损害，又要保障经营者合法权益，确保项目的商业可持续。（省发展改革委、省财政厅等负责）

（三十）健全风险防范和监督机制。政府和投资者应对PPP项目可能产生的政策风险、财政风险、商业风险、环境风险、法律风险等进行充分论证，完善合同设计，健全纠纷解决和风险防范机制，对双方的风险分担、违约处罚等进行明确约定，项目的建设、运营风险由社会资本承担，法律、政策调整风险由政府承担，自然灾害等不可抗力风险由双方共同承担。建立独立、透明、可问责、专业化的PPP项目监管体系，形成由政府监管部门、投资者、社会公众、

专家、媒体等共同参与的监督机制。（省发展改革委、省财政厅等负责）

（三十一）健全退出机制。依托各类产权、股权交易市场，为社会资本提供多元化、规范化、市场化的退出渠道。如遇不可抗力或违约事件导致政府和社会资本合作项目提前终止时，项目实施机构要及时做好接管，保障项目设施持续运行，保证公共利益不受侵害。政府和社会资本合作期满后，要按照合同约定的移交形式、移交内容和移交标准，及时组织开展项目验收、资产交割等工作，妥善做好项目移交。（省发展改革委、省财政厅等负责）

十、充分发挥政府投资的引导带动作用

（三十二）优化政府投资使用方向。政府投资重点用于市场不能有效配置资源，需要政府支持的薄弱环节以及公益性和基础性建设。对鼓励社会资本参与，且经营收费不足以覆盖投资成本的生态环保、农林水利、交通设施、市政基础设施、社会事业、科技创新、战略新兴产业等重点领域，政府投资可根据实际情况给予支持，充分发挥政府投资“四两拨千斤”的引导带动作用。（省发展改革委、省财政厅、省环保厅、省水利厅、省农牧厅、省建设厅、省科技厅等负责）

（三十三）改进政府投资使用方式。在同等条件下，政府投资优先支持引入社会资本的项目，促进由政府直接投资建设运营公共服务设施逐渐向社会资本投资建设运营、政府购买服务的方式转变。根据不同项目情况，政府投资可通过投资补助、基金注资、担保补贴、贷款贴息、股权投资、资本金注入等方式，支持社会资本参与重点领域建设。（省发展改革委、省财政厅等负责）

十一、创新融资方式拓宽融资渠道

（三十四）引导金融机构加大信贷产品和服务创新力度。充分发挥信贷政策导向作用，鼓励和引导银行业金融机构加大公共服务、资源环境、生态建设、基础设施等重点领域的信贷产品创新，探索开展排污权、收费权、集体林权、特许经营权、购买服务协议预期收益、集体土地承包经营权质押贷款等担保创新类贷款业务。探索利用工程供水、供热、发电、污水垃圾处理等预期收益质押贷款，允许利用相关收益作为还款来源。鼓励金融机构对民间资本举办的社会事业提供融资支持。（省政府金融办、人行兰州中心支行、甘肃银监局等负责）

（三十五）推动农业金融改革和完善农村金融服务。强化涉农金融机构服务农村的职能。支持商业银行机构向县域延伸，健全完善农村金融服务体系，创新信贷管理体制，适当放宽基层机构信贷审批权限，增加涉农信贷品种，加大涉农信贷投放力度。支持商业性融资担保机构为农业生产经营和农村基础设施建设提供融资担保服务。大力发展农业产业投资基金，鼓励建立农业私募股权投资基金和农业科技创业投资基金。研究建立涉农贷款风险补偿机制。探索发展新型农村合作金融。坚持社员制、封闭性、民主管理原则，在不对外吸储放贷、不支付固定回报的前提下发展农村合作金融。扩大农业保险覆盖范围，加深农业保险服务，增加农业抗风险能力。（省政府金融办、省财政厅、人行兰州中心支行、甘肃银监局、甘肃证监局、甘肃保监局、省农牧厅等负责）

（三十六）充分发挥政策性金融机构的积极作用。积极支持国开行甘肃省分行和农发行甘肃省分行等政策性金融机构发挥其政策导向功能，提升金融服务水平，在国家批准的业务范围内，为生态环保、农林水利、公路铁路、农村基础设施、新型城镇化、棚户区改造、扶贫开发提供期限长、成本低的政策性资金支持。（省政府金融办、国开行甘肃省分行、农发行甘肃省分行、人行兰州中心支行、甘肃银监局等负责）

（三十七）鼓励发展支持重点领域建设的投资基金。大力发展股权投资基金和创业投资基金，鼓励民间资本采取私募等方式发起设立主要投资公共服务、生态环保、基础设施、区域开发、战略性新兴产业、特色优势产业、生物医药产业、先进制造业等领域的产业投资基金。政府要加快设立创业投资引导基金，吸引社会资本共同发起设立创业投资基金，重点投向全省符合产业发展方向、具有良好市场前景的中小微企业，扶持其发展壮大。政府可使用包括中央预算内投资在内的财政性资金，通过认购基金份额等方式予以支持。（省发展改革委、省财政厅、省政府金融办、人行兰州中心支行、甘肃证监局、甘肃银监局等负责）

（三十八）鼓励重点领域建设项目开展股权和债权融资。大力发展债权投资计划、股权投资计划、资产支持计划等融资工具，延长投资期限，引导社保资金、保险资金等用于收益稳定、回收期长的基础设施和基础产业项目。深化与中国保监会及保险法人机构战略合作，充分发挥保险资金长期性和稳定性的优势，积极吸引保险资金通过股权、债权、基金、资产支持计划等方式，为我省基础设施、棚户区改造、保障性住房、城镇化建设等重点项目建设提供中长期资金支持。加大债券市场企业债务融资工具宣传、推介力度，支持重点领域建设项目综合运用企业债券、公司债券、超短期融资券、短期融资券、中期票据、中小企业集合票据（债券）、中小企业私募债、债贷组合、可续期债券、项目收益票据（债券）等债务融资工具方式募集建设资金。建立省市县三级政府分担的债券（票据）融资风险补偿（缓释）基金。（甘肃保监局、甘肃银监局、甘肃证监局、省财政厅、省发展改革委、省政府金融办、人行兰州中心支行等负责）

创新重点领域投融资机制对稳增长、促改革、调结构、惠民生具有重要作用。各市州、各有关部门要从大局出发，进一步提高认识，加强组织领导，健全工作机制，协调推动重点领域投融资机制创新。各市州政府要结合本地实际，抓紧制定具体实施细则，确保各项措施落到实处。省政府各有关部门和单位要严格按照重点政策措施文件分工方案（见附件），对口制定相关配套措施或方案，加快生态环保、农业水利、市政、交通、能源、信息、社会事业等重点领域建设，同时要加强宣传解读，让社会资本了解参与方式、运营方式、盈利模式、投资回报等相关政策，进一步稳定市场预期，充分调动社会投资积极性，切实发挥好投资对经济增长的关键作用。省发展改革委要会同有关部门加强对本实施意见落实情况的督促检查，重大问题及时向省政府报告。

附件：重点政策措施文件分工方案

附件：重点政策措施文件分工方案

序号	国家部委政策措施文件	负责单位	出台时间	配合部门
1	大力推行环境污染第三方治理	发展改革委、环境保护部	2014 年底	省发展改革委、省环保厅
2	推进排污权、碳排放权交易试点，鼓励社会资本参与污染减排和排污权、碳排放权交易	财政部、环境保护部、发展改革委、林业局、证监会（其中碳排放权交易由发展改革委牵头）	2015 年 3 月底	省财政厅、省环保厅、省发展改革委、省林业厅、甘肃证监局
3	鼓励和引导社会资本参与节水供水重大水利工程建设运营的实施意见，积极探索多种形式的水权交易流转方式，鼓励社会资本参与节水供水重大水利工程投资建设	水利部、发展改革委、证监会	2015 年 3 月底	省水利厅、省发展改革委、甘肃证监局
4	选择若干县城和重点镇推行试点，加大对市政基础设施建设运营引入市场机制的政策支持力度	住房城乡建设部、发展改革委	2014 年底	省建设厅、省发展改革委
5	通过业主招标等方式，鼓励社会资本投资常规水电站和抽水蓄能电站	能源局	2014 年底	省能源局
6	支持民间资本投资宽带接入网络建设和业务运营	工业和信息化部	2015 年 3 月底	省工信委
7	政府投资支持社会投资项目的管理办法	发展改革委、财政部	2015 年 3 月底	省发展改革委、省财政厅
8	创新融资方式，拓宽融资渠道	人民银行、银监会、证监会、保监会、财政部	2015 年 3 月底	人行兰州中心支行、甘肃银监局、甘肃证监局、甘肃保监局、省财政厅
9	政府使用包括中央预算内投资在内的财政性资金，支持重点领域产业投资基金管理办法	发展改革委	2015 年 3 月底	省发展改革委
10	完善价格形成机制，增强重点领域建设吸引社会投资能力	发展改革委、国务院有关部门	2015 年 3 月底	省发展改革委、省直有关部门

注：有 2 个或以上负责单位的，排在第一位的为牵头单位。

甘肃省人民政府关于
改革和完善省对市县转移支付制度的实施意见

甘政发〔2015〕31号　2015年3月28日

各市、自治州人民政府，兰州新区管委会，省政府各部门：

为深化预算管理制度改革，建立规范透明、责权明晰的财政转移支付制度，推进地区间基本公共服务均等化，根据《国务院关于改革和完善中央对地方转移支付制度的意见》（国发〔2014〕71号，以下简称《意见》）精神，结合我省实际，现就改革和完善省对市县转移支付制度提出如下实施意见。

一、优化转移支付结构

按照中央统一部署，在合理划分省与市县事权和支出责任的基础上，加快推进转移支付制度改革，逐步增加对市县一般性转移支付规模和比例，建立以一般性转移支付为主体、专项转移支付相结合的转移支付制度，实现事权和支出责任相匹配。属于省级事权的，由省级全额承担支出责任，原则上应通过省级支出安排，由省级实施。属于省级与市县共同事权的，由省级和市县共同分担支出责任，省级分担部分通过专项转移支付委托市县实施。属于市县事权的，由市县承担支出责任，省级主要通过一般性转移支付给予支持，少量的引导类、救济类、应急类事务通过专项转移支付予以支持，以实现特定政策目标。

二、完善一般性转移支付制度

（一）健全一般性转移支付体系。根据中央统一部署，逐步建立以均衡性转移支付为主体，以老少边穷地区转移支付为补充并辅以少量体制结算补助的一般性转移支付体系。将属于市县事权、具有地域信息管理优势、数额相对固定的专项转移支付逐步纳入一般性转移支付，增加一般性转移支付规模和比例，逐步将一般性转移支付占比提高到60%以上，建立一般性转移支付增长机制。清理整合一般性转移支付项目，将形成市县财力的结算补助归并到均衡性转移支付。中央和省级出台增支政策形成的市县财力缺口，原则上通过一般性转移支付调节。

（二）加强一般性转移支付管理。一般性转移支付按照规定的基本标准和计算方法分配。研究建立财政转移支付同农业转移人口市民化挂钩机制，逐步按常住人口等因素测算分配医疗、教育、社会保障等一般性转移支付，保障农业转移人口市民化后公平享受基本公共服务。科学制定均衡性转移支付分配办法，充分考虑市县辖区面积、人口密度、贫困人口、海拔、运输距离、艰苦程度、少数民族等支出成本差异因素，优化省内横向、纵向财力分布格局，增强市县政府提供基本公共服务的能力。建立激励约束机制，将县级教育、医疗卫生、社会保障等重点支出保障情况考核结果，作为分配县级基本财力保障机制奖补等资金的重要因素，通过适当兑现奖惩，引导县级政府将转移支付资金投入到民生、生态建设等重点领域。

（三）规范一般性转移支付使用。市县要统筹使用省级下达的一般性转移支付资金，自觉落实好本级政府事权范围内各项支出责任。对教育、医疗卫生、社会保障等指定使用方向的一般性转移支付，要按规定用于相应的领域。对未确定具体用途的一般性转移支付，优先用于保障和改善民生、生态建设等重点支出。

三、严格控制专项转移支付

（一）清理整合专项转移支付。建立健全专项转移支付定期评估和退出机制。对政策到期、政策调整、绩效低下或偏离项目初设目标，不符合经济社会事业发展目标任务的专项转移支付，按程序予以调整或取消。清理整合归并投入方向类同、政策目标接近、管理方式相近的专项转移支付，严格控制同一方向或领域的专项数量。

（二）严格控制新设专项。专项转移支付依法依规设立，严格按程序批准，一律纳入财政专项资金管理清单，并明确项目主管部门、项目名称、预算数额，一般不得与财政收支规模、增幅或生产总值等指标挂钩。从严控制专项转移支付项目数量和资金规模，不得重复设立或增设与现有专项转移支付投入方向、用途相同或相近的项目。新设专项转移支付应有明确的政策依据、政策目标、资金需求、资金用途、执行期限、主管部门和职责分工，期满后自动取消。各地各部门不得在各类文件和工作会议、中长期经济社会发展规划、计划、实施意见中对设立、增加专项转移支付事项作出规定。政府性基金预算安排支出的项目，一般公共预算可不再安排或减少安排。

（三）完善专项资金管理办法。专项转移支付按照“先定办法、再分资金”的原则，制定资金管理办法，做到一个专项一个资金管理办法。政府性基金预算和一般公共预算同时安排的专项转移支付，要作为一个专项管理。资金管理办法要明确绩效目标、使用范围、管理职责、执行期限、分配办法、申报程序、信息公开和责任追究等内容，逐步达到分配主体统一、分配办法一致、申报审批程序唯一等要求。需要发布项目申报指南的，应在资金管理办法中予以明确。补助对象应按照政策目标设定，并按政府机构、事业单位、个人、企业等进行分类，便于监督检查和绩效评价。

（四）规范专项资金分配。专项转移支付预算应当分地区、分项目编制。按照“谁主管、谁负责”的原则，省级主管部门负责统一分配专项转移支付，并对执行结果负全责。社会团体、行业协会、企事业单位等非行政机关不得负责分配资金。专项转移支付应采取因素法或项目法分配，并逐步扩大因素法分配的比例和范围，减少自由裁量权。对用于重大工程、跨地区跨流域的投资项目以及外部性强的重点项目，主要采取项目法分配，实施项目库管理，明确项目申报主体、申报范围和申报条件，规范项目申报流程，发挥专业组织和专家的作用，完善监督制衡机制。对扶贫等具有地域管理信息优势的项目，主要采取因素法分配，选取客观因素，确定合理权重，按照科学规范的分配公式切块下达市县。市县要在省级有关部门的具体指导下制定资金管理办法实施细则，按规定将省级切块下达的专项转移支付资金分解下达到补助对象，并对资金安排使用负责。省级基建投资要调整优化结构，逐步退出竞争性领域投入，减少对市县的小、散投资补助，加大属于省级事权的项目投资，集中用于支持重大工程、跨地区跨流域以及外部性强的重点项目。对市县的专项转移支付资金，由财政部门统一下达，主管部门不得直接拨付。根据中央统一要求，逐步取消城市维护建设税、排污费、探矿权和采矿权价款、矿产资源补偿费等专款专用的规定，统筹安排这些领域的资金。

（五）严格专项资金使用。专项转移支付资金必须严格按规定用途使用，未经批准，不得变更项目内容或调整预算，不得调整用于安排省级支出，不得违规安排工作经费。除中央和省级委托事项外，专项转移支付一律不得用于财政补助单位人员经费和运转经费，以及楼堂馆所等明令禁止的相关项目建设。下级政府可在不改变资金用途的前提下，发挥贴近基层的优势，结合本级安排的相关专项情况，按程序报批后，将支持方向相同、扶持领域相关的专项转移支付整合使用。

（六）取消市县资金配套。除国务院及其授权部门和省委、省政府规定外，主管部门不得自行要求市县政府承担配套资金。由省和市县共同承担的事权，要依据公益性、外部性等因素明确分担标准或比例。在此基础上，根据各地财政状况，同一专项对不同地区可采取有区别的分担比例，但性质相近的不同专项对同一地区的分担比例应逐步统一规范。

（七）清理取消部分竞争性领域专项转移支付。全面排查竞争性领域的专项转移支付，凡属“小、散、乱”以及效用不明显的要坚决取消。对保留的竞争性领域专项，要控制资金规模，突出保障重点，逐步改变直接补助等行政性分配方式，主要采取创业投资引导基金、产业投资基金、贷款贴息、先建后补、以奖代补等运作模式，充分发挥财政资金的杠杆作用，撬动金融资本、社会资本投入。

四、强化转移支付预算管理

（一）提高预算执行效率。省级将中央提前下达的转移支付编入本级预算，进一步提高提前下达市县转移支付的比例，按因素法分配且金额相对固定的转移支付提前下达比例达到90%。市县将省级提前下达的转移支付全部编入本级预算，按规定向同级人大及其常委会报告。加快转移支付预算指标下达进度，除据实结算等特殊项目外，各市州政府接到上级一般性转移支付或专项转移支付后，应在30日内正式下达。各市州政府预算安排对县的一般性转移支付和专项转移支付，分别在本级人民代表大会批准预算后的30日和60日内正式下达。

（二）加强结转结余资金管理。对上级政府安排的专项转移支付，在规定期内未分配且无正当理由的，由下级政府交回上级政府；连续2年未用完的，其资金管理办法有具体规定的按规定执行，未作具体规定的作为结余资金管理，其中一般公共预算的结余资金，应补充预算稳定调节基金。对部门上级专项转移支付结余资金，要督促加快支出进度，结转2年及以上仍未使用完毕的，一律视同结余资金，收回本级财政统筹管理。

（三）推进信息公开。省对市县转移支付预算安排及执行情况按照法定程序批准后20日内向社会公开，并对重要事项作出说明。主管部门按照“谁主管、谁公开”的原则，负责公开除涉密信息外的转移支付安排情况、管理办法、分配结果，逐步扩大公开范围，细化公开内容，接受社会监督。

（四）做好绩效评价。建立完善转移支付绩效目标管理机制和绩效评价体系，加强转移支付资金绩效管理，做到“花钱必问效，低效必问责”。对资金量大、影响面广、社会关注度高的专项资金，要借助专家、第三方机构开展重点评价。绩效评价结果作为安排以后年度预算的重要依据。

五、加强组织领导

改革和完善省对市县转移支付制度，是深化财税体制改革的重要组成部分，涉及面广、政策性强。各地、各部门要加强组织领导，周密安排部署，强化协调督促，形成改革合力，确保改革工作顺利推进。各级审计、财政部门要加强对转移支付资金分配、使用等情况的审计和监督检查，市县政府要根据本实施意见，调整完善管理机制，制定配套措施办法，着力推动本实施意见的贯彻落实。

甘肃省人民政府关于促进房地产业持续稳定健康发展的意见

甘政发〔2015〕50号　2015年5月24日

各市、自治州人民政府，兰州新区管委会，省政府有关部门，中央在甘有关单位：

为充分发挥房地产业对稳增长、调结构、惠民生的带动作用，用足用好国务院支持房地产业发展的政策措施，鼓励和引导住房消费与房地产开发，加快推进以棚户区改造为重点的保障性安居工程建设，促进房地产业持续稳定健康发展，现提出如下意见：

一、用足政策，加快推进棚户区改造项目建设

（一）加快棚户区改造和保障房项目前期手续办理工作。各市州政府要建立行政审批快速通道和"联审联批"制度，简化审批程序，改进服务方式，提高工作效率，实现项目审批、规划许可、土地使用、环境影响评价、施工许可"一站式"服务，确保符合规定的项目随报随批，及时开工建设。

（二）切实用好国家政策性贷款。加强与国家开发银行甘肃省分行合作，协调国家开发银行甘肃省分行进一步加大贷款发放力度，对"红线"外与棚户区改造直接相关的城市基础设施项目，且已纳入城镇棚户区改造规划并同步报批的，给予信贷支持。充分利用农业发展银行甘肃省分行网点多、资金使用灵活、综合成本低的优势，积极支持涉农棚户区改造工作。

（三）大力推行棚户区改造货币化安置。中央预算内投资可用于政府集中购置棚户区改造安置房的配套基础设施投资、中央和省级财政补助资金可统筹用于货币化安置。各市州政府要按2013—2017年棚户区改造规划，用足用好国家棚户区改造政策，研究制定货币化安置优于实物安置的政策，打通棚户区改造安置房与商品房之间的通道。通过货币补偿、组织棚改项目区的居民自主选购商品住房或政府购买存量商品住房异地安置等方式，大力推进货币化安置。要通过组织房交会、团购等方式，实现房地产企业与棚改项目区居民有效对接，便利居民自主选购商品住房。要建立公开、公平、公正的存量商品房回购机制，推动存量商品房转为棚户区改造安置房。

（四）优化棚户区（城中村）改造安置项目建设条件。对人口密度较大城市中心区域的棚户区（城中村）改造安置项目，在城市规划允许的前提下，规划部门可根据实际情况按程序依法适当提高容积率，放开棚户区和城中村改造安置项目的户型和面积限制，充分调动社会力量参与项目建设的积极性。

（五）棚户区改造和保障性住房项目建设用地要应保尽保。各市州政府要加强规划引导，推进"多规合一"。市、县国土资源主管部门要依据城市规划、棚户区改造和保障性住房建设年度计划，合理确定棚户区改造和保障性住房建设用地规模，对落实棚户区改造和保障性住房年度任务所需用地应保尽保。商品房开发用地规模过大的市县，要研究制定未开发房地产用地的用途转换方案，允许通过调整土地用途、规划条件，将未开发房地产用地转为棚户区改造和保障性住房建设用地。对列入当年和下一年度棚户区改造和保障性住房项目计划的建设用地，各市州国土资源主管部门要按照审批权限随报随批。省国土资源主管部门要督促市、县落实棚户区改造和保障性住房建设用地计划，确保项目顺利实施。

（六）切实做好征收补偿工作。各市州政府要按照国家和省上的有关规定，制定具体安置补偿办法，依法实施房屋征收工作，切实维护群众合法权益。对拒不执行房屋征收决定，影响棚户区和城中村改造项目实施进度的，要依据《国有土地上房屋征收与补偿条例》有关规定，依法申请人民法院裁决执行，确保项目顺利实施。各市州政府要建立健全征收机构，理顺管理体制，充实管理人员，确保征收工作顺利进行。

（七）鼓励社会力量参与棚户区改造。各市州政府要用好国家棚户区改造补助资金和政策性贷款，吸引社会资金参与投资和运营棚户区改造项目，在市场准入和扶持政策方面对各类投资主体同等对待。要根据棚户区改造项目的实际情况，扩大融资渠道和融资范围，加大市场化运作力度，重点要采取政府与社会资本合作（PPP）模式，加快推进棚户区改造。各银行业金融机构要合理配置信贷资源，积极支持符合信贷条件的棚户区改造和保障房建设项目。继续支持资质良好、诚信经营的房地产企业的合理融资需求。鼓励各市州符合条件的棚户区改造和保障房建设项目通过发行债券进行融资。

（八）加强棚户区改造和保障性住房项目动态管理。各市州政府要继续落实棚户区改造和保障性住房项目"半月报

告、每月分析”制度，随时掌握情况，加强日常调度，及时解决问题，加快项目建设进度。加大督查力度，省政府实行季度通报制度。各地要千方百计抢抓时间节点，倒排工期，瞄准目标任务，抓投资、促进度。用好中央及省级财政专项资金，以财政专项资金的使用进度促进投资进度和项目建设速度。

二、多措并举，鼓励引导居民住房消费

（九）取消商品住房限购。各市州政府要结合各地房地产业发展实际，制定配套政策，取消对商品房开发项目套型、面积限制，取消居民购买新建商品住房限定购买套数、提供一定年限内纳税或社会保险缴纳证明等限制，鼓励居民合理的住房消费。

取消对境外个人、境外机构的购房限制。鼓励住房需求比较集中的单位团购商品住房、职工公寓、集体宿舍等，满足职工住房需求，改善职工住房条件。对个人将购买不足2年的住房对外销售的，全额征收营业税；个人将购买2年以上（含2年）的非普通住房对外销售的，按照其销售收入减去购买房屋的价款后的差额征收营业税；个人将购买2年以上（含2年）的普通住房对外销售的，免征营业税。个人购买房屋时间，以房屋买卖合同订立时间为准。个人购买、销售住房涉及其他税收的，按国家现行税收政策执行。

（十）改进住房信贷政策。鼓励银行业等金融机构加大对全省房地产业发展的信贷支持，继续发放商业性个人住房贷款与住房公积金贷款的组合贷款，支持居民自住和改善性住房需求。对拥有1套住房且相应购房贷款未结清的居民家庭，为改善居住条件再次申请商业性个人住房贷款购买普通自住房，最低首付款比例调整为不低于40%，利率水平根据借款人的信用状况和还款能力等合理确定。

（十一）充分发挥住房公积金作用。各市州住房公积金管理委员会要根据当地住房价格、人均住房建筑面积和住房公积金业务发展状况，适度提高住房公积金贷款额度。职工连续缴存住房公积金6个月（含）以上，可申请住房公积金贷款。缴存职工家庭使用住房公积金贷款购买首套普通自住房，最低首付款比例为20%；对拥有1套住房并已结清相应购房贷款的缴存职工家庭，为改善居住条件再次申请住房公积金贷款购买普通自住房，最低首付款比例为30%。

放宽住房公积金提取条件。职工连续足额缴存住房公积金满3个月（含），本人及配偶在缴存城市无自有住房且租赁住房的，可凭无房产证明提取住房公积金支付房租。缴存职工购买自住住房的，可凭3年内购房合同或房屋所有权证申请提取住房公积金支付购房款或贷款本息，提取总额不超过购房款总额或贷款余额。

全面落实异地贷款政策。各级住房公积金管理机构要切实做好住房公积金缴存异地互认和转移接续工作，职工在就业地缴存住房公积金，在户籍所在地购买自住住房的，可持就业地缴存证明向户籍所在地住房公积金管理机构申请个人住房贷款。鼓励和支持各地开展商业银行住房贷款转为住房公积金个人住房贷款，减轻缴存职工购房成本。

三、改革创新，激发市场活力

（十二）不断完善政府住房租赁信息服务平台。各市州政府未建立住房租赁信息服务平台的要加快建立；已经建立住房租赁信息服务平台的，要根据市场开发主体、消费者、中介服务组织的需求不断完善，为租赁市场提供高效、准确、便捷的信息服务，出租人可随时发布出租房屋的区位、面积、户型、价格等信息，承租人可发布租赁房屋的需求信息，逐步实现在平台上对接；提供房屋租赁合同示范文本，明确提示双方的权利义务；为房地产中介机构备案提供方便，公布经主管部门备案的房地产中介机构和从业人员信用档案等信息。有条件的城市，要逐步实现房屋租赁合同网上登记备案，方便群众办事。

（十三）积极培育经营住房租赁的中介企业。各市州政府要积极探索建立支持经营住房租赁市场发展的融资渠道，鼓励成立经营住房租赁的中介企业，通过长期租赁或购买社会房源向社会出租；也可以根据市场需求进行装修改造后，向社会出租。要提供专业化的租赁服务，积极引导从事中小户型、中低价位的住房租赁经营服务。

（十四）支持房地产开发企业将其持有房源向社会出租。支持房地产开发企业转变经营方式，从单一的开发销售向租售并举模式转变，在新建商品房项目中长期持有部分房源，用于向市场租赁；也可以与经营住房租赁的企业合作，建立开发与租赁一体化、专业化的运营模式。支持房地产开发企业将其持有的存量房源投放到租赁市场，或者转成租赁型的养老地产、旅游地产等，并享受相应行业的优惠政策。各市州政府要结合地域优势，研究出台支持养老地产、旅游地产加快发展的具体措施。

（十五）支持从租赁市场筹集公共租赁房房源。各市州政府可以通过购买方式，把适合作为公租房或经过改造符合公租房条件的存量商品房，转为公共租赁住房。保障性住房要逐步从实物保障为主转向建设和租赁补贴并重。鼓励和支持符合公共租赁住房保障条件的家庭，通过租赁市场解决住房问题，政府按规定对中低收入住房困难家庭提供货币化租赁补贴。

（十六）引进国内知名房地产开发企业。各市州政府要继续加大招商引资力度，引进实力雄厚、创新能力强、资质水平高的国内知名企业在本地落户，激发市场活力，促进房地产市场主体和产品多元化，拉动房地产投资和消费。要进一步提高房地产业项目的品质品相，以优美的环境、完善的配套设施、优质的服务满足不同群体的住房需求。

（十七）加快推进产业链形成。引导房地产开发企业与建材、建筑、装饰装修、家具家电等上下游企业的合作，延长产业链条，促进经济发展。要引导房地产开发企业与金融企业合作，银行业金融机构要合理配置信贷资源，满足资质良好、诚信经营企业的信贷需求，提升企业的竞争能力与发展后劲。

（十八）支持地方房地产企业优化重组。各市州政府要鼓励有资信实力和品牌优势的房地产企业，通过兼并、收购、重组等方式，开展规模化开发和集团化运作，不断提升市场竞争能力、后续发展能力。对具备转让条件的开发项目，允许企业以投资、入股或转让方式进行合作，支持企业跨区域、多元化和品牌经营。

四、强化服务，全面落实各市州政府的主体责任

（十九）加强房地产市场形势分析研判。各市州政府要组织力量对本地区房地产业发展现状全面调查摸底，认真分析供求关系，合理确定住房建设和用地供应规模，加强房地产市场形势的分析研判。要加强政策研究，紧密结合实际，及时制定出台有利于本地区房地产市场健康发展的政策措施。

（二十）落实稳控房地产市场主体责任。各市州政府要切实履行稳定房地产业和房地产市场、加快保障性安居工程建设的主体责任，发挥房地产市场调控和住房保障工作联席会议制度作用，及时协调解决房地产市场调控和保障性安居工程建设中的重大问题，加快推进以棚户区改造项目为重点的保障性安居工程建设，确保完成年度责任书确定的任务。要采取切实有效措施，加快推进历年结转续建的保障性安居工程及其配套设施项目建设，合理调整住房保障标准，创新保障措施，积极探索用货币化模式解决住房保障问题的新路径，做好新旧政策的衔接，切实提高保障性住房入住率。要进一步完善住房保障制度，结合实际，合理确定保障性住房分配和准入条件，健全退出、监管、后续管理机制，保证政府公共资源得到高效公平使用。

（二十一）加强重点开发项目协调服务。各市州政府要建立建设、金融等行业信息服务平台，重点监测棚户区改造项目和大型房地产开发楼盘、城市综合体等重大项目进度和城市基础设施配套建设情况。凡金融部门贷款支持的项目，政府配套的基础设施要及时跟进。要加强对大型房地产开发企业和规模较大楼盘和城市综合体项目建设的定期监测分析，及时掌握情况，帮助企业解决实际问题，促其发展壮大。

（二十二）健全信息共享和预警预报机制。各市州政府要组织统计、房地产、国土资源等部门建立房地产开发、商品房交易、土地供应信息共享机制，及时提供统计数据，不断提高统计质量。要整合资源、增加投入，在市州城乡建设（房管）主管部门建立统一的信息平台；组织相关部门，通过房地产信息平台，依托房地产管理的业务系统，将分散于房地产开发、交易、租赁登记备案、权属登记等管理环节的市场信息有机整合起来，纳入与房地产市场发展相关的土地、金融等其他信息系统，形成全面客观地反映各市州房地产市场运行状况的分类、分区域、分结构的房地产市场预警预报系统。

（二十三）切实提高审批效率。深化行政审批制度改革，加快项目审批进度。国务院、省政府要求取消涉及房地产行业的行政审批事项要全部取消，建立规范高效的开发项目审批流程。房地产等非国有资金投资项目由招标制改为备案制，规范承担公共服务职能的企业经营行为，严禁向房地产企业强制性指定产品，规范房地产项目竣工验收程序，取消各部门搭车审查行为。对投入开发建设的资金达到项目建设总投资的25%以上，并已确定施工进度和竣工交付日期的，可予办理商品房预售许可证。

（二十四）清理规范各项收费。各市州政府要加强收费公示公开工作，相关部门和单位要将收费项目、标准和依据在其网站和收费场所向社会公布，主动接受社会监督。要厘清房地产开发企业各项收费项目，规范收费标准和收费方式，清理不合理收费，严禁搭车收费。对法律法规未作明确规定的保证金一律不得收取。各级建设和监察部门要共同建立违规收费举报平台，对国家已明令禁止仍继续收费或变相收费的违法违规行为，发改、财政、监察要联合依法严肃查处，切实制止乱收费行为。

（二十五）强化责任考核。省政府对各市州政府《住房保障目标责任书》执行情况进行半年和年终考核。省政府与市州政府签定的责任书考核，要对市州所辖本级、县市区列入责任书的建设项目进行抽查，抽查覆盖率不低于60%，对未完成责任书规定任务的市州政府主要领导进行约谈问责。各市州和县市区政府也要制定考核办法，以责任促落实。

甘肃省人民政府关于进一步做好新形势下就业创业工作的实施意见

甘政发〔2015〕63号 2015年7月16日

各市、自治州人民政府，兰州新区管委会，省政府有关部门，中央在甘有关单位，省属有关企业：

为贯彻落实《国务院关于进一步做好新形势下就业创业工作的意见》(国发〔2015〕23号)，深入实施就业优先战略，大力推进全民创业行动，着力形成大众创业、万众创新的就业创业工作新格局，为转方式调结构、稳增长惠民生提供有力保障，结合我省实际，提出以下实施意见。

一、毫不动摇坚持就业优先战略

(一)实施扩大就业发展战略。主动适应经济发展新常态，把稳定和扩大就业作为经济运行合理区间的下限，将城镇新增就业、调查失业率作为衡量经济社会发展水平的重要指标。各地要将就业工作纳入本地区经济社会发展规划及年度计划，建立经济发展与扩大就业的联动机制，合理确定经济增长速度和产业结构，以稳增长促就业，以鼓励创业就业带动经济增长。加强财税、金融、产业、贸易等经济政策与就业政策的配套衔接，把对就业的影响作为制定、实施、评价经济政策的重要考量因素。实施公共投资和重大项目带动就业评估制度，把对就业和增收的拉动作用、对相关产业的带动作用作为项目建议书和可行性报告的重要内容，将带动吸纳就业列入公共投资和重大项目申报内容，同等条件下对创造就业岗位多、带动收入增长快、催生创业空间大的项目优先安排，将吸纳带动就业能力强的项目优先列入规划。(省发展改革委会同省人社厅、省统计局，各市州政府负责)

(二)推动产业转型升级扩大就业容量。深入实施创新驱动战略，推动有色、石化、冶金、建材、食品等传统支柱产业延伸产业链，实现提质增效、升级壮大，稳定支柱产业就业规模；加强重点区域战略性新兴产业培育，推动新材料、新能源、生物医药、信息技术、先进装备制造、节能环保、新型煤化工、现代服务业等重点战略性新兴产业骨干企业做强做大，深入挖掘就业潜力；充分发挥兰州新区、兰白科技创新改革试验区以及各类开发区的战略平台作用，积极承接具有成本优势的资源加工型、劳动密集型产业和具有市场需求的资本密集型、技术密集型产业到我省落户，为就业创业注入新动能。创新服务业发展模式，支持发展商业特许经营、连锁经营，大力发展金融租赁、节能环保、现代物流等生产性服务业和旅游休闲、健康养生、家庭服务、社会工作、文化体育等生活性服务业，打造新的经济增长点，提高服务业就业比重。认真开展国家市场化方式发展养老服务业试点，推动养老服务与家政、医疗等生活性服务融合发展，进一步增强养老服务产业吸纳就业的能力。加快转变农业发展方式，推动农村一、二、三产业融合发展，培养新型职业农民，鼓励有文化、有技术、有市场经济观念的各类城乡劳动者根据市场需求到农村就业创业。(省工信委、省发展改革委、省商务厅、省农牧厅，各市州政府负责)

(三)充分发挥小微企业吸纳就业的主渠道作用。认真落实《甘肃省人民政府关于进一步优化中小微型企业发展环境的意见》(甘政发〔2014〕111号)，进一步加大简政放权力度，全面实行收费清单制度，拓宽融资渠道，落实减税降费政策，为小微企业发展营造良好环境。创新政府采购支持方式，消除中小企业享受相关优惠政策面临的条件认定、企业资质等不合理限制门槛。加强小微企业知识产权保护，对小微企业亟需获得授权的核心专利申请优先审查，对符合条件的在3个工作日内完成向国家知识产权局申报工作。引入竞争机制，积极申报开展小微企业创业创新基地城市示范，积极探索发挥新型载体聚集发展优势的办法。支持中小微企业应用电子商务、拓展业务领域，把发展电子商务促进就业纳入各地就业发展规划，经工商登记注册的网络商户从业人员，同等享受各项就业创业扶持政策，未进行工商登记注册的网络商户从业人员，可认定为灵活就业人员，享受灵活就业人员扶持政策，其中在网络平台实名注册、稳定经营且信誉良好的网络商户创业者，可按规定享受创业担保贷款及贴息政策。指导企业改善用工管理，对小微企业新招用劳动者，符合相关条件的，按规定给予就业创业支持，不断提高小微企业带动就业能力。(省工信委会同省商务厅、省科技厅、省财政厅、省人社厅，各市州政府负责)

(四)有效控制失业风险。落实调整失业保险费率新政策，减轻企业和个人负担，稳定就业岗位。将失业保险基金支持企业稳岗政策实施范围由兼并重组企业、化解产能过剩企业、淘汰落后产能企业、非公有制企业等四类企业扩大到所有符合条件的企业，简化审核程序，及时兑现稳岗补贴。充分发挥失业保险保生活、防失业、促就业的作用，帮助领取失业保险金人员尽快实现就业或者自主创业，失业人员领取失业保险金期间自主创业的，可一次性申领其剩余期限失业保险金。鼓励生产经营困难企业通过与职工进行集体协商，采取在岗培训、轮班工作、弹性工时、协商薪酬等办法不裁员或少裁员；确需裁员的，应制定人员安置方案，做好劳动关系和社会保险接续工作，及时纳入就业困难人员社会保障和就业援助体系。强化监管职责，确保淘汰落后产能奖励资金、依据兼并重组政策规定支付给企业的土地补偿费优先用于职工安置。对实现就业或自主创业的最低生活保障对象，在核算家庭收入时，可以扣减必要的就业成本。完善失业监测预警机制，各市州及县市区要于年内建立应对失业风险的就业应急预案。进一步健全失业动态监测体系，将失业动态监测范围由现有企业扩大到享受失业保险稳岗补贴的所有企业。（省人社厅会同省政府国资委、省财政厅、省民政厅、省统计局，各市州政府负责）

二、大力推进全民创业行动

（五）深化改革降低创业门槛。认真贯彻《甘肃省人民政府办公厅关于实行“三证合一”登记制度的实施意见（试行）》（甘政办发〔2015〕72号），全面推行工商营业执照、组织机构代码证、税务登记证“三证合一”，按照国家统一社会信用代码方案，实现“一照一码”。根据国家继续优化登记方式、放松经营范围登记管制的要求，制定出台我省放宽新注册企业场所登记条件限制的意见，推动“一址多照”、集群注册等住所登记改革，分行业、分业态释放住所资源。运用大数据加强对市场主体的服务和监管。建立完善企业信用信息公示系统，实现政策集中公示、扶持申请导航、享受扶持信息公示。建立小微企业目录，对小微企业发展状况开展抽样统计。深入推进行政审批制度改革，坚决取消制约经济发展、束缚企业活力的行政许可事项，切实减少投资项目前置审批。对保留的审批事项，规范审批行为，明确标准，简化流程，限时办结，推广“一个窗口”受理、网上并联审批等方式。（省工商局会同省编办、省统计局、国家统计局甘肃调查总队，各市州政府负责）

（六）着力打造创新创业新平台。牢牢把握新技术革命和新业态培育的重要契机，适应全民创业新形势，大力发展技术转移转化、科技金融、认证许可、检验检测等科技服务业，借鉴推广创客空间、创业咖啡、创新工场等新型孵化模式，加快发展市场化、专业化、集成化、网络化的众创空间，实现创新与创业、线上与线下、孵化与投资相结合，为创业者提供低成本、便利化、全要素、开放式的综合服务平台和发展空间。健全完善创建创业型城市申报评估体系，加大创业孵化基地和示范园区建设力度，到2020年，建成100个省级创业示范基地，对符合条件的给予奖励补助。落实科技企业孵化器、大学科技园的税收优惠政策，对符合条件的众创空间等新型孵化机构适用科技企业孵化器税收优惠政策。鼓励各地对众创空间的房租、宽带网络、公共软件等给予适当补贴，或通过盘活商业用房、闲置厂房等资源提供成本较低的场所。鼓励企业创新组织形式，建立创新创业激励机制，形成市场主导、风投参与、企业孵化的创业生态系统。（省工信委、省发展改革委、省科技厅会同省人社厅、省财政厅、省国税局、省地税局，各市州政府负责）

（七）拓宽创业投融资渠道。认真落实《甘肃省人民政府关于加快多层次资本市场发展的指导意见》（甘政发〔2014〕113号），运用市场机制，引导社会资金和金融资本支持创业活动，壮大创业投资规模。运用财税政策，支持风险投资、创业投资、天使投资等发展。按照政府引导、市场化运作、专业化管理的原则，支持各地设立创业投资引导基金，促进初创期科技型中小企业成长，支持新兴产业领域早中期、初创期企业发展。设立省级扶持创业带动就业以奖代补资金，支持引导各市州进一步加大对创业就业工作的扶持力度。各市州及县市区要结合本地实际，采取设立创业带动就业扶持资金、“以奖代补”等方式推动创业就业工作向纵深发展。积极争取开展股权众筹融资试点，推动多渠道股权融资，探索发展互联网金融，鼓励发展新型金融机构和融资服务机构，促进大众创业。（省政府金融办、省发展改革委、省人社厅会同人行兰州中心支行、甘肃银监局、甘肃证监局、省财政厅，各市州政府负责）

（八）稳步扩大创业担保贷款规模。将小额担保贷款调整为创业担保贷款，贷款最高额度由5万元、8万元、10万元等不同标准统一调整为10万元。以有创业要求、具备一定创业条件但缺乏创业资金的就业重点群体和困难人员为发放主体，进一步细化明确支持对象、标准和条件，提高创业者对金融服务的可获得性。鼓励金融机构参照贷款基础利率，结合风险分担情况，合理确定贷款利率水平，对个人发放的创业担保贷款，在贷款基础利率基础上上浮3个百分点以内的，中央财政贴息剩余部分由县市区财政承担。简化程序，细化措施，健全贷款发放考核办法和财政贴息资金规范管理约束机制，提高代偿效率，完善担保基金呆坏账核销办法。（省人社厅、省财政厅、人行兰州中心支行，各市州政府负责）

（九）认真落实税费减免政策。将企业吸纳就业税收优惠的人员范围由失业1年以上人员调整为失业半年以上人员，各类企业在新增加的岗位中，当年新招用持《就业创业登记证》半年以上的失业人员，符合相关条件的，按实际招用人数予以定额依次扣减营业税、城市维护建设税、教育费附加、地方教育附加、价格调节基金和企业所得税，定额标准为每人每年5200元。高校毕业生、登记失业人员等重点群体创办个体工商户、个人独资企业，符合相关条件的，可依法享受税收减免政策，按每户每年9600元为限额依次扣减其当年实际应缴纳的营业税、城市维护建设税、教育费附加、地方教育附加、价格调节基金和个人所得税。各级政府要全面清理涉企行政事业性收费、政府性基金、具有强制垄断性的经营服务收费和行业协会、商会涉企收费，对涉企收费项目清单通过政府网站和公共媒体定期对外公开。（省财政厅、省国税局、省地税局、省人社厅，各市州政府负责）

（十）鼓励科研人员创业。鼓励高校、科研院所等事业单位探索专业技术人员在职创业、离岗创业有关政策。对于离岗创业的，经原单位同意，可在3年内保留人事关系，与原单位其他在岗人员同等享有参加职称评聘、岗位等级晋升和社会保险等方面的权利。原单位应当根据专业技术人员创业的实际情况，与其签订或变更聘用合同，明确权利义务。进一步完善省级事业单位科技成果使用、处置和收益管理改革政策措施。鼓励利用财政性资金设立的科研机构、普通高校、职业院校，通过合作实施、转让、许可和投资等方式，向高校毕业生创设的小微企业优先转移科技成果。完善科技人员创业股权激励政策，进一步形成有利于鼓励科技人员创新的政策导向。（省人社厅、省科技厅、省教育厅、省政府金融办，各市州政府负责）

（十一）大力支持农村劳动力创业。支持农民工返乡创业，发展农民合作社、家庭农场等新型农业经营主体，落实定向减税和普遍性降费政策。依托现有各类园区等存量资源，整合创建一批农民工返乡创业园，强化财政扶持和金融服务。大力发展农产品加工、休闲农业、乡村旅游、农村服务业等劳动密集型产业，在发展县域经济中扩大农民就业创业空间。依托基层就业和社会保障服务设施等公共平台，提供创业指导和服务。鼓励各类企业和社会机构搭建一批农业创业创新示范基地和见习基地，培训一批农民创业创新辅导员。深入推进农村青年创业富民行动，积极组织创新创业农民与企业、小康村、市场和园区对接，大力发展“互联网+”和电子商务，帮助有条件的农民网上创业。鼓励农民工申报职称，放宽学历、论文、外语、计算机应用能力等条件，畅通农民工职称评定渠道，鼓励农民工利用其特有技能创业。（省人社厅、省农牧厅、省商务厅，各市州政府负责）

（十二）营造全民创业良好氛围。分级举办创业训练营、创业创新大赛、创新成果和创业项目展示推介等活动，搭建创业者交流平台，培育创业文化，营造鼓励创业、宽容失败的良好社会氛围，让大众创业、万众创新蔚然成风。推进省级创业型城市创建，对政策落实好、创业环境优、工作成效显著的，按规定予以表彰。认真总结推广创业型城市创建工作经验，充分发挥典型示范和带动作用。（省委宣传部、省人社厅会同有关部门，各市州政府负责）

三、统筹做好高校毕业生等重点群体就业

（十三）多措并举促进高校毕业生就业创业。健全高校毕业生到基层工作的服务保障机制，鼓励毕业生到乡镇特别是困难乡镇机关事业单位工作。坚持把高校毕业生就业作为政府民生实事项目，健全扶持高校毕业生到企业就业的服务保障机制。从2016年起，每年引导1万名贫困家庭、就业困难家庭高校毕业生到市州及县市区各类企业服务，服务期限为3年。服务期间毕业生与用人企业签订劳动合同，由企业支付工资报酬（不低于当地最低工资标准），并按规定为毕业生办理社会保险，省财政给予生活补助；毕业生人事档案由企业所在地县市区人才交流服务机构免费代理，并在办理户籍手续、职称评定、工龄确定、科研项目经费申请、科研成果或荣誉称号申报等方面，享受与国有企事业单位同类工作人员同等待遇；服务期限计算工龄，允许毕业生在服务期间参加公务员、事业单位、基层项目和其他用人单位的招考。服务期满后，鼓励用人企业积极吸纳留用。接收毕业生服务或留用人数达到一定条件的企业，按规定享受相关扶持性优惠政策。服务期满考核合格的毕业生，参加公务员或事业单位招考，享受高校毕业生基层服务项目的相关优惠政策。继续统筹实施“大学生村官”、“三支一扶”、“进村（社区）”、“特岗教师”、“志愿服务西部计划”等基层服务项目，着力提高基层服务项目实施的科学合理性，努力做到人岗相适。完善基层服务项目人员后续管理机制，提高从基层就业服务项目人员中定向招录公务员、招聘事业单位管理岗位工作人员的比例。市县以下事业单位公开招聘工作人员，除招聘紧缺专业和高层次人才外，用于招聘服务期满的基层服务项目和民生实事项目人员比例不得低于80%。全省乡镇基层事业单位自然减员空缺出的编制，除预留20%—30%外，其余全部用于各类基层就业服务项目招录的高校毕业生。认真落实高校毕业生到艰苦边远地区县以下基层单位就业的学费补偿和助学贷款代偿办法。结合政府购买服务工作的推进，在基层特别是街道（乡镇）、社区（村）购买一批公共管理和社会服务岗位，优先用于吸纳高校毕业生就业。对小微企业新招用毕业年度高校毕业生，签订1年以上劳动合同并缴纳社会保险费的，给予1年社会保险补贴。加大高校毕业生就业见习基地建设力度，落实完善就业见习补贴政策，对见习期满留用率达到50%以上的见习单位，适当提高见习补贴标准。将求职补贴调整为求职创业补贴，对省内普通高校应届城乡居民最低生活保障家庭的高校毕业生、残疾高校毕业生、获得国家助学贷款的高校毕业生，发放一次性补贴。深入实施大学生创业引领计划、离校未就业高校毕业生就业促进计划，加强离校未就业毕业生实名登记，完善实名信息数据库，为高校毕业生就业创业提供支持，每年扶持4000名以上高校毕业生创业。积极支持和鼓励高校毕业生投身现代农业建设。对高校毕业生申报从事灵活就业的，按规定纳入各项社会保险，各级公共就业人才服务机构要提供人事劳动保障代理服务。技师学院高级工班、预备技师班和特殊教育院校职业教育类毕业生可参照高校毕业生享受相关就业创业补贴政策。（省人社厅会同省教育厅、省编办、省委组织部、团省委、省财政厅，各市州政府负责）

（十四）加大就业困难人员就业援助力度。将就业困难人员范围由连续失业1年以上调整为连续失业半年以上，建立就业困难人员统计台账，制定有针对性的帮扶计划。坚持市场导向，强化政府责任，鼓励帮助其到企业就业、自主创业或灵活就业。对各类用人单位招用就业困难人员，签订1年以上劳动合同并缴纳社会保险费的，按规定享受社会保险补贴。对就业困难人员灵活就业并缴纳社会保险费的，给予不超过本人实际缴费额2/3的社会保险补贴。对通过市场渠道难以实现就业的，可通过公益性岗位予以托底安置，在一定期限内给予社会保险补贴及岗位补贴。社会保险补贴和岗位补贴期限最长不超过3年，对初次核定享受补贴政策时距退休年龄不足5年的人员，可延长至退休。制定公益性岗位管理办法，规范公益性岗位开发和管理，适度控制岗位规模，合理确定岗位种类，严格按照法律规定的条件和程序安排就业困难人员。建立全省统一规范的公益性岗位实名制管理台账，加强公益性岗位人员动态管理，建立定期核查机制，完善就业困难人员享受扶持政策期满退出办法，做好退出后的政策衔接和就业服务。做好城镇零就业家庭、最低生活保障家庭等困难家庭就业援助工作，确保每个家庭至少有一个有劳动能力的人就业。对就业困难人员较集中的县区，上级政府要强化帮扶责任，加大产业、项目、资金、人才等支持力度。（省人社厅、省财政厅，各市州政府负责）

（十五）推进农村劳动力转移就业。结合新型城镇化建设和户籍制度改革，建立健全城乡劳动者平等就业制度，逐步将农村劳动力纳入城镇公共就业创业服务体系。着力提升劳务输转实名制管理水平，构建培训鉴定、输转维权为一体的转移就业工作机制，加强对转移就业农民工的跟踪服务，有针对性地帮助其解决实际困难，着力稳定输转规模，提高输转质量。深化省际劳务合作，巩固和拓展省外劳务输转基地，加强农民工输出输入地劳务对接，提高转移就业的稳定性。扶持壮大劳务中介机构、劳务经纪人、劳务带头人队伍，劳务输出人数较大的市州及县市区加快成立劳务输转行业协会，提高输转的组织化程度。2016年底前，每个县至少要培育一家每年输转2000人以上的劳务中介机构和一名年输转500人以上的劳务经纪人。坚持把农村劳动力有序外出就业和就地就近转移就业相结合，依托各地特色优势产业，引导农村劳动力就近转移就业。全面构建劳务经济评价监测体系，加强劳务经济动态监测，对监测点开展监测予以适当经费补助。做好被征地农民就业工作，在制定征地补偿安置方案时，要明确促进被征地农民就业的具体措施。（省人社厅会同省农牧厅、省国土资源厅、省建设厅、省财政厅，各市州政府负责）

（十六）促进退役军人就业。加强教育培训和就业指导服务，落实各项优惠政策，扶持自主择业军转干部、自主就业退役士兵就业创业。对符合政府安排工作条件的退役士官、义务兵要确保落实岗位。国有、国有控股和国有资本占主导地位企业按比例预留岗位择优招录。退役士兵报考公务员、应聘事业单位职位的，在军队服现役经历视为基层工作经历，服现役年限计算为工作年限。认真落实《甘肃省军人随军家属就业安置实施办法》（甘政发〔2014〕60号），统筹做好随军家属就业工作。（省人社厅、省民政厅、省财政厅，各市州政府负责）

（十七）依法推进残疾人广泛就业。大力推进残疾人按比例就业，加大对用人单位安置残疾人的补贴和奖励力度，建立用人单位按比例安排残疾人就业公示制度。实施残疾人就业创业工程，积极开发适合残疾人就业的公益性岗位，通过残疾人就业保障金对创业残疾人给予创业扶持。加快完善集中安置残疾人就业单位扶持政策，推进残疾人辅助性就业和灵活就业。对残疾高校毕业生给予更加优惠的创业就业帮扶政策，帮助更多残疾高校毕业生实现就业。（省人社厅、省残联，各市州政府负责）

四、不断强化职业培训和公共就业创业服务

（十八）健全职业培训和创业培训体系。认真贯彻《甘肃省人民政府关于加强职业培训促进就业的实施意见》（甘政发〔2011〕52号）和《甘肃省人民政府关于贯彻落实国务院加快发展现代职业教育决定的实施意见》（甘政发〔2014〕84号），进一步建立健全面向全体劳动者的职业培训制度和现代职业教育制度。优化省属高校专业结构，把创新创业课程纳入国民教育体系。利用各类创业培训资源，开发针对不同创业群体、创业活动不同阶段特点的创业培训项目，进行跟踪服务，提高创业成功率。坚持以市场为导向，根据各类劳动者需求，大力开展就业技能培训、岗位技能提升培训、创业培训和高技能人才培训，培养更多高素质劳动力和技术技能人才。以贫困地区、民族地区和革命老区为重点区域，以“两后生”和青壮年农民工为重点群体，推进精准培训，实现贫困地区劳动力技能培训全覆盖，每个贫困家庭的劳动力至少有1名技能劳动者。坚持与用人单位合作开展培训，发挥企业主体作用，支持企业以新招用青年劳动者和新转岗人员为重点开展新型学徒制培训。（省人社厅、省教育厅、省扶贫办，各市州政府负责）

（十九）推进技工院校创新发展。坚持“高端引领、校企合作、多元办学、内涵发展”的办学理念，以提高质量、促进就业、服务发展为导向，以提高职业技能为核心，深化办学体制机制改革，全面提升技工院校技能人才培养能力。支持一批专业特色鲜明、就业质量高、服务能力强、办学整体实力领先的优质技工院校，率先进行各项技工教育改革试点，提高对区域经济发展的贡献度。在市州建设一批服务主导产业发展的技师学院和高级技工学校；在县市区要继续发挥现有技工院校区域性技能人才培养作用。选择部分一体化课程教学工作扎实、校企深度融合的技师学院，在专家评审论证基础上，通过工学交替、校企双师联合培养等方式，开展学制教育培养技师试点。鼓励技工院校与企业通过共建技能大师工作室、组织技师研修、联合开展科技攻关和技术革新项目等方式，面向企业职工开展技师、高级技师培训。支持技师学院、高级技工学校建立国家级（或省级）高技能人才培训基地。（省人社厅、省教育厅、省发展改革委、省财政厅，各市州政府负责）

（二十）强化职业培训基础能力建设。市县政府要加大培训资源资金整合力度，对辖区内各类培训资源或按照机构进行实体化整合，或按照培训项目、内容进行功能性整合，建立综合型培训平台，集中优势资源，形成培训合力。建立专兼职、高水平的就业创业培训师资队伍，突出职业培训的技能性和操作性。坚持把劳动者意愿和市场主体需求有机结合，引导劳动者自主选择培训项目、培训方式、培训机构，变“政府端菜”为“群众点菜”。探索培训资金、岗位需求与就业有效结合的办法，把优质培训资源、资金向带动就业显著的重点行业和企业集中，形成因岗培训新机制。各级财政要加大投入，调整就业专项资金支出结构，逐步提高职业培训支出比重。将职业培训和创业培训补贴范围由城镇登记失业人员、农村转移劳动力、应届高校毕业生、“两后生”扩大到所有有培训意愿的劳动者，按照技术等级和培训内容适时提高培训补贴标准。（省人社厅会同省扶贫办、省农牧厅、省财政厅，各市州政府负责）

（二十一）推进职业资格管理改革。完善有利于劳动者成长成才的培养、评价和激励机制。畅通技能人才职业上升通道，推动形成劳动、技能等要素按贡献参与分配的机制，使技能劳动者获得与其能力业绩相适应的工资待遇。推动社会化职业技能鉴定、企业技能人才自主评价和院校职业资格认证，推行职业院校学历证书和职业资格证书“双证书”制度。进一步完善省际职业技能培训鉴定合作机制，深入推进培训鉴定上门服务，积极引进省外用人单位参与培训。（省人社厅，各市州政府负责）

（二十二）加强公共就业创业服务。进一步健全公共就业创业服务体系，市州及县市区政府都要成立专门的公共就业创业服务机构，为各类劳动者提供就业创业服务。加强基层就业服务力量，每个街道（乡镇、社区）至少配备2名以上就业创业服务专职工作人员，服务任务重、辖区人口多的可适当增加。充分发挥公共就业服务、中小企业服务、高校毕业生就业指导等机构的作用，为创业者提供项目开发、开业指导、融资服务、跟踪扶持等服务，创新服务内容和方式。统筹推进农村劳动力实用技术培训基地、大学生就业创业实训基地、大学生创业园区等项目建设，努力满足不同群体的就业创业需求。将职业介绍补贴和扶持公共就业服务补助合并调整为就业创业服务补贴，支持各地按照精准发力、绩效管理的原则，加强公共就业创业服务能力建设，向社会力量购买就业政策咨询、职业指导和职业介绍、委托就业失业登记等基本就业创业服务成果。创新就业创业服务供给模式，有序引导社会力量提供就业创业服务，形成多元参与、公平竞争格局，提高服务质量和效率。健全公共就业创业服务经费保障机制，各地要将县级以上公共就业服务机构和街道（乡镇、社区）基层公共就业服务平台经费纳入同级财政预算。（省人社厅、省编办、省发展改革委、省财政厅，各市州政府负责）

（二十三）加强人力资源市场体系建设。建立统一规范灵活的人力资源市场，消除城乡、行业、身份、性别、残疾等影响平等就业的制度障碍和就业限制，用人单位招聘不得设置民族、户籍、性别、宗教信仰等限制性条件，形成有利于公平就业的制度环境。加快推进基层就业和社会保障服务中心项目建设，力争2016年底前实现县区级服务中心全覆盖，2020年乡镇级服务中心全覆盖。健全统一的市场监管体系，推进人力资源市场诚信体系建设和标准化建设。加大劳动监察执法力度，及时纠正招聘过程中的歧视、限制及欺诈行为，着力规范和维护人力资源市场秩序。制定国有企业公开招聘指导意见，推动国有企业及国有控股企业实现招聘信息公开、过程公开和结果公开，并按规定向同级政府就业主管部门备案。加快发展人力资源服务业，支持开展自主品牌建设，规范发展人事代理、人才推荐、人员培训、劳务派遣等人力资源服务，提升服务供给能力和水平。促进党政机关、企事业单位、社会各方面人才有序合理流动。（省发展改革委、省人社厅、省财政厅，各市州政府负责）

（二十四）加快公共就业创业服务信息化建设。按照统一建设、省级集中、业务协同、资源共享的原则，加快推进全省“大就业”信息管理服务系统建设。建立全省集中的就业信息资源库，形成就业管理和就业服务工作全程信息化，为劳动者和用人单位提供全面、及时、便捷的就业服务。推进公共就业信息服务平台建设，实现各类就业信息统一发布，健全全省就业信息监测平台。支持社会服务机构利用政府数据开展专业化就业服务，推动政府、社会协同提升公共就业服务水平。推进公共就业服务和社会保障服务“一卡通”，逐步使各项就业补助通过社会保障卡实名制发放。推进就业信息共享开放，实现省级就业创业数据与相关业务部门共享，推进各级人力资源服务网络的互联互通，并定期发布人力资源供求信息。（省人社厅、省财政厅，各市州政府负责）

（二十五）加强就业失业登记管理服务。建立全省统一的就业失业登记制度，在法定劳动年龄内、有劳动能力和就业要求、处于无业状态的城镇常住人员，可到常住地公共就业人才服务机构进行失业登记。对符合失业登记条件的人员，不得以人户分离、户籍不在本地或没有档案等为由不予受理。各地公共就业人才服务机构要落实普惠性就业政策，为各类登记失业人员提供均等化的政策咨询、职业指导、职业介绍等基本公共就业服务。对城镇常住人员要按规定落实职业培训补贴和职业技能鉴定补贴政策，在此基础上，逐步享受与本地户籍人员同等的就业扶持政策。将《就业失业登记证》调整为《就业创业证》，

免费发放，作为劳动者享受公共就业服务及就业扶持政策的凭证。（省人社厅，各市州政府负责）

五、加强就业创业工作组织领导

（二十六）完善工作机制。强化市州政府促进就业创业的主体责任，市州政府主要负责人对本地就业创业工作负总责；建立健全政府负责人牵头的就业创业工作月调度机制，加强就业形势分析研判，落实完善就业创业政策，协调解决重点难点问题，确保完成省政府下达的年度目标任务，努力保持就业局势稳定。就业主管部门要切实发挥牵头作用，加强统筹协调，督促责任落实。有关部门要增强全局意识，主动配合，履职尽责。进一步发挥各人民团体以及其他社会组织的作用，充分调动社会各方促进就业创业积极性。（省人社厅会同有关部门，各市州政府负责）

（二十七）落实目标责任管理。将细化目标任务、政策落实、就业创业服务、资金投入、群众满意度等指标纳入市州领导班子和领导干部政绩考核范围，层层分解落实。继续将省直部门促进就业创业情况纳入省管领导班子政绩考核。对在就业创业工作中取得显著成绩的单位和个人，各级政府要按国家有关规定予以表彰。对地区和部门不履行促进就业职责、造成恶劣社会影响的，对有关负责人及具体责任人要依纪依规严肃问责。（省委组织部、省人社厅、省监察厅，各市州政府负责）

（二十八）不断加大就业创业资金投入。各级财政部门要根据就业工作需求和就业工作目标任务，在财政预算中安排就业创业专项资金。要按照系统规范、精简效能的原则，明确省市县各级政府促进就业政策的功能定位，严格支出责任划分。制定完善就业资金管理办法，优化资金支出结构，强化资金预算执行和监督，着力提高就业专项资金使用效益。开展就业创业资金使用绩效评价，细化资金投入、工作成效、资金使用绩效、资金安全等指标，通过绩效评估，以“以奖代补”方式合理分配中央和省级就业创业专项资金。（省财政厅、省人社厅，各市州政府负责）

（二十九）建立健全就业创业统计监测体系。进一步健全完善全省劳动力调查制度，加强就业创业统计工作，完善统计指标，创新统计调查方法，提高统计数据质量。建立健全人力资源预测、就业状况调查和统计发布、就业创业情况统计分析等制度，对在建重大项目、重点行业（产业）、电子商务、服务业等带动就业情况，行业主管部门要定期向就业主管部门通报。（省人社厅、省统计局、省发展改革委、省商务厅及有关部门，各市州政府负责）

（三十）加强舆论引导。坚持正面引导，加强政策宣传解读，及时回应社会关切，充分利用广播、电视、报刊等传统媒体和微博、微信、手机报等新媒体，广泛宣传促进就业创业工作的政策措施、经验做法、典型事迹，引导全社会共同关心和支持就业创业工作，积极营造公平公正、宽松和谐的创业就业环境，努力培育劳动光荣、技能宝贵、创造伟大的时代风尚。（省委宣传部、省人社厅会同省政府有关部门，各市州政府负责）

各地各部门要认真落实本意见提出的各项任务，结合实际制定具体方案和配套政策，同时，要切实转变职能、简化办事流程、提高服务效率，确保各项促进就业创业政策落到实处。省政府将适时对各地各部门政策制定和落实情况进行督查。

甘肃省人民政府关于进一步促进非公有制经济发展的意见

甘政发〔2015〕64号　2015年7月17日

各市、自治州人民政府，兰州新区管委会，甘肃矿区办事处，省政府各部门，中央在甘有关单位：

推动非公有制经济（以下简称“非公经济”）跨越发展，事关稳增长、调结构、促改革、惠民生大局，事关我省努力与全国一道全面建成小康社会目标的实现。省第十二次党代会做出推动非公经济跨越发展的战略决策后，全省上下共同努力、全力推进非公经济快速发展，取得了积极成效。2013年全省非公经济增加值达到2879杆48亿元，占全省GDP的比重达到45杆5%。但同时，面对当前经济下行压力，促进非公经济结构调整、转型发展的任务依然十分艰巨，融资难融资贵、人才紧缺、管理落后、创业环境有待进一步优化等问题仍然存在。为促进非公经济持续快速发展，现提出如下意见：

一、加强非公经济产业投资的引导和服务。按照国家产业发展政策，研究制定我省非公经济产业投资发展的指导性意见及政府对地方非公企业的外包采购办法，引导非公经济投资。推进公共资源配置信息公开，建立支持产业发展的政策性项目、资金和资源配置信息公开制度，保障非公资本和国有资本享有平等的投资待遇。认真贯彻落实省政府《关于创新重点领域投融资机制鼓励社会投资的实施意见》(甘政发〔2015〕23号)精神,积极推动政府和社会资本合作,加快推进政府职能转变,有效保障民间资本投资权益,不断提高公共服务质量效率,切实做好已推出鼓励社会资本投资项目的服务工作,促进社会资本愿进来、进得来、留得住、可流动。(省发展改革委、省政府法制办)

二、建立全省小微企业互助贷款风险补偿担保基金。省财政出资1亿元,同有关金融机构合作,建立风险补偿和融资担保基金,重点用于支持涉农非公经济发展。整合已有专项和存量资金2亿元,以财政补助+企业互助担保贷款的方式撬动金融机构加大信贷投放,重点支持工业、商务系统非公经济发展。支持有条件的市州及县区政府设立创业基金,扶持创新创业发展。在确保公平竞争前提下,对众创空间等孵化机构的办公用房、用水、用能、网络等软硬件设施给予适当优惠,减轻创业者负担。(省财政厅、省人社厅、省非公有制经济发展协调推进领导小组办公室)

三、支持中小微企业上市和发行票据融资。大力推进企业上市培育工作,加强我省重点后备企业培育资源库建设,加大企业上市培训力度,以“分地域、分行业、分板块”的方式,在全省特色经济和优势产业中,择优筛选一批有上市意愿和具备上市条件的非公企业,通过购买服务的方式,加强有针对性的辅导培育,鼓励和引导符合条件的中小微企业在“新三板”和区域性股权交易市场挂牌融资,对挂牌成功的企业,给予一定的资金补助。鼓励创业企业通过债券市场筹集资金。规范发展服务于中小微企业的区域性股权市场,推动建立工商登记部门与区域性股权市场的股权登记对接机制,支持股权质押融资。支持符合条件的发行主体发行小微企业增信集合债等企业债券创新品种。(省政府金融办、省财政厅、甘肃证监局、省工商局)

四、积极推出适合特色产业发展的金融产品。鼓励和引导金融机构针对中小微企业特点创新研发金融产品。结合马铃薯、中药材、酿酒原料等我省特色优势产业和科技创新型中小微企业发展特点和实际,积极探索创新针对中小微企业的知识产权、专利,以及仓单、应收账款、大型农机具抵质押贷款业务。(省政府金融办、省知识产权局)

五、改革完善金融及融资体系建设。充分发挥地方金融机构服务中小微企业的优势,推动机构网点向县乡延伸,向批发市场、商贸集市等中小微企业集中地区延伸。拓宽各类资本进入金融服务渠道,支持发展村镇银行等新型金融机构,规范发展小额贷款公司和担保公司。支持发展政府性融资担保机构,充分发挥其面向中小微企业的融资担保作用。鼓励银行业金融机构向创业企业提供结算、融资、理财、咨询等一站式系统化的金融服务。支持互联网金融发展,引导和鼓励众筹融资平台规范发展,开展公开、小额股权众筹融资试点。丰富完善创业担保贷款政策。支持保险资金参与创新创业,发展相互保险等新业务。完善知识产权估值、质押和流转体系,依法合规推动知识产权质押融资、专利许可费收益权证券化、专利保险等服务常态化、规模化发展,支持知识产权金融发展。(省政府金融办、省工信委、省科技厅、人行兰州中心支行、甘肃银监局)

六、不断深化商事制度改革。继续推进注册登记便利化,进一步简政放权,在全面推行“三证合一”的基础上,争取年内实现“一照一码”。深入开展“先照后证”改革,推进全程电子化登记和电子营业执照应用。支持各地结合实际放宽新注册企业场所登记条件限制,推动“一址多照”、集群注册等住所登记改革,为创新创业提供便利的工商登记服务。加快制定市场主体准入负面清单,列出明确禁止和限制投资经营的行业领域,赋予市场主体更大的经营自主权。加强登记窗口一线工作人员业务培训,提升政策水平及业务能力,提高服务效能。(省工商局)

七、抓好非公经济人才队伍建设。制定高校毕业生到非公企业工作享受大学生村官同等待遇政策,支持各市州每年招聘一批具有硕士或中高级职称以上的专业人才到非公企业就业,并保障引进的各类人才及高校毕业生,在家属就业、子女入学、户口迁移、享受经适房、职称评定等方面,享有与国有企业引进人才同等待遇。凡在非公企业进行二次创业的甘肃省领军人才及高端专业技术人员,继续享受相关待遇。加快实施企业家队伍千人培训计划,提升非公企业管理队伍、技术队伍、职工队伍素质。支持科研人员创业,落实高校、科研院所等专业技术人员离岗创业政策,对经同意离岗的可在3年内保留人事关系,建立健全科研人员双向流动机制。深入实施大学生创业引领计划,整合发展高校毕业生就业创业基金,引导和鼓励高校统筹资源,加强校企合作,采用联合办学及3+1等模式,落实大学生创业指导服务机构、人员、场地、经费等,切实营造良好的创新创业环境。(省委人才工作领导小组办公室、省人社厅、省教育厅、省公安厅、省建设厅)

八、加大对非公企业的科技创新服务。充分发挥科技创新服务平台的作用,为非公企业提供一站式、便捷化的信息服务,使其成为推进企业技术创新、加速成果转化的平台和载体。开展面向科技型非公企业的专项服务行动,为其提供设计、信息、试验、检测、新技术推广、技术培训、技术转让等服务。(省科技厅)

九、加强知识产权运用和保护。推进知识产权交易,加快建立知识产权运营公共服务平台。积极推荐为我省经济社会发展做出突出贡献、产生显著效益的非公经济市场主体,参加国家和我省专利奖、技术进步奖评奖。完善知识产权快速维权与维权援助机制,缩短确权审查、侵权处理周期。集中查处一批侵犯知识产权的违法案件,加大对反复侵权、恶意侵权等行为的处罚力度,探索实施惩罚性赔偿制度。加强对非公经济市场主体的知识产权专题培训，在知识产权信息查询、分析、专利申请与保护等方面提供与国企同样的专业化服务。（省科技厅、省知识产权局）

十、发挥科技园区和基地的集聚作用。以高新区、农业科技园及大学科技园、高新技术产业化基地、火炬计划特色产业基地等为载体，促进科技型中小微非公企业集群发展。积极组织非公企业争取国家火炬计划等各类科技计划项目，优先支持科技型非公企业开展科技成果转化和技术创新，吸引科技型中小企业向各类科技园集聚，发挥创新孵化作用。（省科技厅、省教育厅）

十一、加快推进非公经济参与混合所有制改革。着力打破国有经济和非公经济体制机制壁垒，适时发布《省属企业引进非公资本招商引资项目名录》（第二批），积极创造条件，支持和引导非公资本参与国有企业改革，发展混合所有制经济。（省政府国资委、省发展改革委）

十二、搭建支持大众创业万众创新的服务平台。认真贯彻国务院办公厅《关于发展众创空间推进大众创新创业的指导意见》（国办发〔2015〕9号）精神，制定具体实施意见。各级财政要根据创新创业需要，统筹安排各类支持小微企业和创新创业的资金，加大对创新创业支持力度。支持有条件的地方政府设立创业基金，扶持创新创业发展。完善普惠性税收措施，落实扶持小微企业发展的各项税收优惠政策。落实科技企业孵化器、大学科技园、研发费用加计扣除、固定资产加速折旧等税收优惠政策。对符合条件的众创空间等新型孵化机构适用科技企业孵化器税收优惠政策。落实促进高校毕业生、残疾人、退役军人、登记失业人员等创业就业税收政策。大力发展创业孵化服务、第三方专业服务和“互联网+”创业服务，研究探索创业券、创新券等公共服务新模式，构建创业生态。着力建设创新创业公共平台、技术平台和区域平台，增强支撑作用。支持电子商务向基层延伸，引导和鼓励市场化网商创业平台发展，鼓励龙头企业结合乡村特点建立电子商务交易服务平台、商品集散平台和物流中心，推动农村依托互联网创业。（省发展改革委、省人社厅、省科技厅、省教育厅、省商务厅、省国税局、省地税局）

十三、积极促进非公经济市场主体转型升级。加强对非公经济市场主体的分类指导和服务，通过培育扶持、改造升级、引导促进等方式，提升小微企业发展质量和效益。力争2015年非公企业“小升规”、“个转企”分别增长10%、20%以上。（省工信委、省商务厅、省工商局）

十四、提升非公服务业的专业化水平。分离依附于工业企业中的服务业，引导省内大型工业企业剥离其所属购销公司、贸易公司，组建新的销售公司。推动大型批发市场和社会服务单位积极推行集中管理、统一结算的管理模式，建立财务统计制度，提高经营水平。指导各市州整合农贸市场、专业批发市场等经营户，注册成立统一的销售公司，提升专业化服务水平。（省商务厅、省工信委）

十五、加大招商引资工作力度。抢抓国家实施“一带一路”的政策机遇，在不断优化营商环境、加大招商引资力度的同时，保证地方企业和招商引资企业同等享受各类优惠政策。进一步强化政策扶持，鼓励引导非公企业开展国际合作。坚持“引进来、走出去”，组织开展多种形式的招商引资活动，吸引非公企业入甘兴业。严格落实招商引资目标责任，各市州主要领导要每季度带队开展一次招商引资活动。省项目落地办公室要牵头，会同相关部门和单位对重点投资商和项目及时跟进、跟踪服务，积极协调解决项目用地、环评、基础设施配套等方面的问题，全力抓好项目建设和落地工作。（省经合局、省文化厅、省旅游局、省项目落地办公室）

十六、鼓励非公资本参与养老及医疗服务。制定具体可行的扶持政策，鼓励非公资本在城镇社区举办或运营老年人日间照料中心、老年人活动中心等养老服务设施，为空巢、独居等有需求的老年人提供生活照料、康复护理、文化娱乐、精神慰藉、膳食供应等服务；鼓励非公资本参与养老机构建设和管理运营。采取股份制、股份合作制、PPP等模式，重点支持市州和养老需求旺盛的县市区，建设一批以非公资本投入为主体、政府投入为引导的示范性养老机构和民营医院。（省民政厅、省卫生计生委、省商务厅）

十七、建立非公经济投诉举报平台。各级各部门要高效优质服务非公企业发展，及时答复非公企业的合理诉求，切实保护非公企业合法权益，支持非公企业通过各类资产和知识产权抵押、质押、担保等方式融资和合作。省级开通非公市场主体来信、来访、电话等投诉举报渠道，对受理的投诉事项逐项核查，并按照“谁主管，谁负责”的原则，交由省效能风暴行动协调推进领导小组办公室对相关责任单位和责任人依纪依规严肃问责。（省非公经济发展协调推进领导小组办公室、省工商联）

十八、清理和规范涉及非公经济市场主体的收费项目。全面清理各类涉企收费项目，坚持依法依规征收原则，凡未经国务院和省政府及省财政厅、省发展改革委批准，越权设立的收费项目一律取消，违反规定擅自提高收费标准、扩大征收范围的，一律停止执行。清理整合省级设立的征收对象相同、计征方式和资金用途相似、重复设置的收费项目。对保留的收费项目，列出收费目录。（省发展改革委、省财政厅）

十九、落实领导干部联系商会和帮扶非公企业制度。建立省级领导联系商会工作机制，不断强化各级工商联职能，理顺商会管理机制，重视发挥各类商会的积极作用。各级领导干部要深入落实联系帮扶非公企业制度，经常深入非公企业调查研究，帮助企业协调解决发展中的困难和问题。（省非公经济发展协调推进领导小组办公室、省工商联）

二十、切实落实协调推进工作责任。按照省委开展“工作落实年”活动的部署要求，强化目标责任管理机制，严格目标责任考核，加强对各地各有关部门促进非公经济发展重点工作任务完成情况的督促检查，确保各项政策措

施落到实处、见到实效。（省政府督查室、省非公经济发展协调推进领导小组办公室）

各市州政府、省政府各有关部门要结合本地区、本部门工作实际，进一步细化完善相关政策措施，尽快制定具体实施办法，积极支持我省非公经济持续快速发展。

甘肃省人民政府关于支持服务业加快发展的若干意见

甘政发〔2015〕71号　2015年7月29日

各市、自治州人民政府，兰州新区管委会，省政府各部门，中央在甘有关单位：

为深入贯彻落实国务院关于鼓励支持大众创业、万众创新以及促进健康服务业、养老服务业、现代保险服务业等一系列支持服务业发展的政策措施，努力消除瓶颈制约，加快推进我省服务业持续快速发展，现提出如下意见：

一、发挥财政资金引导作用，加大金融服务支持力度

（一）各级政府要加大资金整合和投入力度，建立健全政府、银行、企业风险共担的服务业企业贷款风险补偿机制，充分发挥风险补偿和融资担保功能，引导、撬动金融信贷资金投入，支持服务业企业快速发展。（省财政厅、省政府金融办等相关部门负责）

（二）加快科技服务业发展，在产业集聚区开展科技服务业试点，试行"科技创新券"政策。对产业集聚区内的省级以上科技创新公共服务平台和中小企业服务平台，通过省级财政科技计划经费渠道按其提供服务数量和效果给予后补助。加大服务业引导资金、科技资金、中小企业发展资金等专项资金对科技服务业的支持。（省科技厅、省工信委、省财政厅等相关部门负责）

（三）对我省引进的国内外知名服务业企业总部、地区总部、采购中心、研发中心等自建、购买或租赁办公用房的，银行、保险、证券类金融机构在我省设立总部或地区总部的，以及发展前景良好、从事战略性新兴产业、高新技术产业或围绕大型企业配套服务、产业延伸的服务业企业，由所在地政府给予适当补贴。（省政府金融办、省科技厅、省工信委等相关部门及市县政府负责）

（四）建立健全政府购买公共服务机制，由政府负责保障的服务类公共产品可通过购买服务的方式提供，逐步增加政府采购的类别和数量。创新政府采购支持方式，取消小微企业在市场准入方面的不合理限制，最大限度享受相关优惠政策。对符合条件、提供基本医疗卫生服务的非公立医疗机构，将其专科建设、设备购置、人才队伍建设纳入财政专项资金支持范围。（省卫生计生委、省财政厅、省公共资源交易局等相关部门负责）

（五）省、市、县政府用于社会福利事业的彩票公益金，要确保60%以上用于支持发展养老服务业。对新建、改（扩）建公益性养老服务机构，依据其建设规模、投资总额、土地租期等指标，由各级政府按规定给予一次性建设补贴。将养老服务从业人员技能培训纳入城乡就业培训体系，符合条件的人员可按规定申请享受职业培训补贴。鼓励有条件的地方建立养老护理岗位补贴制度。（省民政厅、省财政厅、省商务厅、省体育局等相关部门负责）

（六）落实社会保险补贴和就业补贴政策，减轻企业和个人负担，稳定就业岗位。将失业保险基金支持企业稳岗政策的实施范围由兼并重组、化解产能过剩、淘汰落后产能等三类企业扩大到所有符合条件的服务业企业。对签订1年以上劳动合同且缴纳社会保险费的小微企业，给予1年的社会保险补贴。将求职补贴调整为求职创业补贴，对象范围扩展到所有已获得国家助学贷款的毕业年度高校毕业生。（省人社厅、省财政厅、省政府金融办、省教育厅等相关部门负责）

（七）对符合条件的中小微服务业企业发生的首笔贷款和信用贷款，由当地政府给予不高于贷款利率2个百分点的贴息支持。将小额担保贷款调整为创业担保贷款，贷款最高额度由针对不同群体的5万元、8万元、10万元统一调整为10万元。鼓励金融机构参照贷款基准利率合理确定贷款利率水平，对个人发放的创业担保贷款，在贷款基准利率基础上上浮3个百分点以内的，由当地财政给予贴息。（省财政厅、省政府金融办等相关部门及市县政府负责）

二、落实降税减负政策，切实减轻企业负担

（八）切实落实国家已出台的扶持现代物流、文化、旅游、科技服务、软件、涉农服务、金融服务、育养服务、医疗服务和小型微利服务等企业的相关税收优惠政策，建立税收优惠政策公开机制并在网络、报纸等媒体随时发布。（省国税局、省地税局等相关部门负责）

（九）实行鼓励类服务业用水（洗

浴、洗车等特种行业除外）、用气、用电价格与工业用水、用气、用电价格同价政策。社会福利场所和养老机构用水、用气、用电、用热实行居民生活类价格。积极配合国家简化电价分类，综合考虑服务业用电特点，进一步完善服务业峰谷分时电价政策。（省发展改革委、省民政厅等相关部门负责）

（十）对服务业企业的行政事业性收费，凡收费标准有上下限幅度规定的，一律按下限收取。各市州可在省定收费标准范围内，根据实际确定服务业企业收费标准，按规定权限对中小服务业企业减免行政事业性收费。对属于服务业范围的文化企业、非营利性医疗和养老机构建设按规定免征有关行政事业性收费。积极探索建立“零收费”制度，切实落实企业各种减负措施。（省财政厅、省文化厅、省民政厅等相关部门及市县政府负责）

三、优化服务业用地供应方式，完善用地保障机制

（十一）鼓励利用存量土地发展生产性服务业，在实施城镇规划和旧城改造中收购储备的存量土地，优先用于发展生产性服务业。在不改变用地主体、不重新开发建设的前提下，鼓励利用工业厂房、仓储用房、传统商业街等存量房产，兴办生产性服务业，其土地用途暂不变更。以划拨方式取得土地的企业或单位利用原有工业厂房、仓储用房兴办生产性服务业（不含房地产开发），土地用途和土地使用权人可暂不变更。支持以划拨方式取得土地的单位利用存量房产、原有土地兴办文化创意和设计服务，在符合城乡规划前提下土地用途和使用权人可暂不变更，连续经营1年以上，符合划拨用地目录的，可按划拨土地办理用地手续；不符合划拨用地目录的，可采取出让方式办理用地手续。（省国土资源厅、省工信委等相关部门负责）

（十二）加强服务业建设用地保障，制定符合服务业发展需求的投资强度和用地标准。各级国土部门在年度用地计划中安排一定比例指标用于生产性服务业，对投资额10亿元人民币以上的鼓励类服务业项目用地，给予重点支持。对服务业重点项目，实行用地审批“绿色通道”制度，在建设用地供应时纳入年度土地供应计划优先供地。对云计算、物联网服务、电子商务、服务外包、工业设计和研发设计、文化创意、节能环保、养老服务、健康服务等新兴服务业企业项目取得国有建设用地使用权，一次性缴付土地出让金有困难的，可首期缴纳50%，其余在1年内分期缴付。（省国土资源厅等相关部门负责）

四、支持创新驱动发展，积极培养引进人才

（十三）加快构建众创空间，总结推广创客空间、创业咖啡、创新工场等新型孵化模式，依托国家自主创新示范区、国家高新技术产业开发区、科技企业孵化器、小企业创业基地、大学科技园和科研院所，充分发挥行业领军企业、创业投资机构、社会组织等社会力量的主力军作用，构建一批成本低、便利化、全要素、开放式的创业服务平台。发挥政策集成和协同效应，实现创新与创业相结合，线上与线下相结合、孵化与投资相结合，为广大创新创业者提供良好的工作空间、网络空间、社交空间和资源共享空间。（省科技厅、省商务厅等相关部门负责）

（十四）加快生产经营性事业单位改制和机关事业单位后勤服务社会化改革步伐，积极推进国家和省级服务业综合改革试点。鼓励生产企业将企业技术中心、重大技术产业平台组建成为专业化的具有科技研发、技术推广、工业设计和节能环保功能的服务型企业。引导生产和其他企业将仓储物流、后勤物业、餐饮和教育培训等内部服务功能剥离，整合组建专门的服务企业。不断创新完善机关事业单位后勤服务供给模式，积极参与政府购买服务项目。（省机关事务管理局、省工信委、省商务厅、省教育厅等相关部门负责）

（十五）支持服务业企业向高端化发展，为开发新技术、新产品、新工艺发生的研究开发费用，未形成无形资产计入当期损益的，在按规定据实扣除的基础上，按照研究开发费用的50%加计扣除；形成无形资产的按无形资产成本150%摊销。加快技术手段创新，鼓励开发服务业共性和关键技术，培育信息增值、创意设计、数字传媒等新兴服务市场。加快业态创新，引导推进总部经济、会展经济、健康养老经济和商业、文化、旅游融合等业态发展，培育专业服务市场。加快商业模式创新，大力发展供应链管理服务业，鼓励发展电子商务、共同配送、直营体验店等新兴模式。加快服务理念创新，培育一批定制服务提供商、技术服务运营商和整体方案解决商。（省商务厅、省科技厅、省工信委等相关部门负责）

（十六）大力发展工业设计，着力提升自主创新能力，选择基础较好的企业，打造一批集成创新能力强、设计成果产业化绩效明显、为国内著名制造企业提供工业设计服务的骨干企业。每年组织实施一批市场前景好、技术含量高、具有自主知识产权的工业设计创新项目。开展省级工业设计中心认定和管理，积极引进国内外知名工业设计机构、著名高校工业设计中心，在省内创办研发设计中心和分支机构，支持和推动有条件的省级工业设计中心申报国家级中心。（省科技厅、省工信委等相关部门负责）

（十七）推动品牌和标准化建设，积极创建自主服务品牌，以研发设计、现代物流、售后服务、金融、信息、检验检测等生产性服务业和文化、旅游、教育、培训、家政、健康、养老等生活性服务业为重点，开展国家级和省级知名品牌示范区创建及商标战略示范企业创建活动，推动传统老字号企业改造提升，培育形成一批具有自主知识产权和较强市场影响力的服务业品牌。加强服务业标准体系、质量管理体系和信用体系建设，加大服务业标准的推广实施力度，积极组织开展国家级和省级服务业标准化试点。鼓励和支持服务业行业协会、龙头企业和科研单位、高等院校参与国家、行业地方标准制订和修订。（省质监局、

省工商局等相关部门负责）

（十八）加大人才中介机构建设投入，建立健全人才资源服务业体系，形成政府推动引导、市场公平竞争、机构自主发展的运行格局。加快各类就业服务机构特别是各级公共就业服务机构发展。扶持农村剩余劳动力转移、城市下岗职工再就业、高校毕业生就业等公共就业服务体系建设。支持建设人力资源服务产业园和专业性（行业性）人才市场、中心人才市场及县级农村人才市场，做大做强综合性人才市场。建立完善人才引进和激励机制，支持服务业领域龙头骨干企业发展和人力资源服务研发平台建设，加快建立服务业人才高地，加大服务业高层次创业创新人才引进力度，壮大高质量服务业人才队伍。（省人社厅、省教育厅等相关部门负责）

（十九）将服务业经营管理和专业人才培养纳入专业技术人才中长期发展规划，切实加大培养力度。加强服务业职业经理人培训，着力提高经营管理者素质。完善服务业人才交流和激励约束机制，引导人才合理流动。支持高等院校、职业技术院校开设服务业相关专业，培养从事服务业的经营管理人才和中高级专业人才。鼓励有条件的服务机构与高等院校、职业技术院校开展校企合作，建立人才培养基地和实训基地。重点开展文化产业、家政服务、养老服务、社区照料服务等业态的管理人才和专业人才的培训。（省教育厅、省人社厅等相关部门负责）

（二十）强化从业人员职业技能培训，把服务业从业人员作为职业技能培训工作的重点，按照“同一地区，同一工种给予同一补贴”的原则，统一培训补贴基本标准，统一培训机构资质规范，统一培训考核标准、考核程序和考核办法。以规模经营企业和职业技术院校为主，充分发挥各类职业培训机构、行业协会以及工青妇组织和残联的作用，根据当地服务市场需求和用工情况，开展订单培训、定向培训和在职培训。依托各类职业技能培训机构和大型服务机构，加强服务业从业人员实训基地建设，对招聘此类从业人员并进行培训的机构，按相关规定给予财政补贴。（省人社厅、省财政厅等相关部门负责）

五、推进服务业转型升级，鼓励企业“走出去”

（二十一）鼓励发展新兴行业和新型业态，深入推进“互联网+”行动，支持发展云计算服务和建设大数据平台，为企业提供公共信息服务支撑，增强企业运营服务能力。落实促进信息消费有关政策措施，以第四代移动通信技术商用推广为契机，鼓励发展互联网业务、信息传输、电信增值等方面服务，加快建设信息基础设施。鼓励各类市场主体积极参与国家电子商务示范城市、示范基地创建工作，支持其进入公共信息服务、支付服务、跨境贸易服务、交易产品追溯服务等电子商务重点应用领域。加强服务资源整合，支持中小零售企业与电子商务平台实现优势互补、促进线上交易与线下交易融合互动。实施“电子商务进农村综合示范”工程，推进工业品下乡和农产品进城，开展“陇货网上行”活动，支持电商企业发展跨境电子商务，拓宽发展空间。鼓励投资发展节能环保、教育培训、服务贸易、人力资源管理等新兴服务，支持文化创意、设计服务与相关产业融合发展。鼓励有条件企业整合利用相关服务资源，创办各种集成服务中心。切实落实促进健康服务业发展的有关政策措施，鼓励各类市场主体大力发展医疗保健、健康管理、健康保险以及相关服务。（省工信委、省商务厅、省卫生计生委等相关部门负责）

（二十二）鼓励运用信息技术、文化元素、先进管理方式等改造传统服务业，促进商业模式创新和服务优化提质。支持商贸服务业向专业化、规模化、网络化、品牌化发展，鼓励发展连锁经营和城市配送。加强农产品流通基础设施建设，支持农产品流通领域信息系统和检验检测系统建设，推进全省重点农产品批发市场升级改造，加大农产品冷链物流基础设施投入。在旅游业、住宿餐饮业等行业广泛推行服务标准和规范，不断提升服务质量和服务水平。（省工信委、省商务厅、省农牧厅、省质监局、省旅游局等相关部门负责）

（二十三）加强产业发展载体建设，加快重大平台、城市新区和服务业集聚区规划建设，推动现代服务业与先进制造业协调发展。支持在兰州、天水等区域中心城市和兰州新区规划建设一批总部经济基地，吸引国内外著名服务业企业来甘设立地区总部、研发中心、采购中心、财务管理中心等功能性机构，集聚现代产业高端要素资源，构建现代服务业发展高地。支持现代服务业集聚区建设，在工业设计、文化创意、金融、信息、商贸会展、现代物流、旅游、健康养老等服务业领域培育建设一批产业集聚程度高、辐射服务作用大、示范带动能力强的现代服务业集聚区，支持创建国家服务业发展示范区。（省工信委、省科技厅、省商务厅、省交通运输厅、省文化厅等相关部门负责）

（二十四）大力推进服务领域对外开放，积极实施“走出去”战略。加强自由贸易区、综合保税区、保税物流中心和示范园区等开放平台建设，吸引国际国内资本投向研发设计、现代物流、金融、商务、旅游等重点领域，努力提高外商在现代服务业领域的投资比例。鼓励企业申请进出口经营权和对外劳务合作经营权，支持具有比较优势的行业企业开拓国际和省外市场，在信息技术外包、对外设计咨询、对外工程和技术承包、软件出口、文化产品、劳务合作、医药研发外包等方面形成较强竞争力。支持我省法人金融机构通过设立代表处、分行、合资银行、参股国内外金融机构等形式对外发展金融网络。（省商务厅、省政府金融办、省发展改革委、省工信委等相关部门负责）

六、坚持放管结合，破除市场监管障碍

（二十五）深入推进简政放权，继续取消和下放政府部门审批事项，公开所有保留审批事项的流程，缩短审批时限。加快推进市县政府部门行政权力清单、责任清单和财政专项资金管理清单上网发布工作，主动接受社会监督，不断提高服务效率和水平。加快在线审批监管平台建设，实现“三证合一”和“一照一码”。开展企业简易注销登记试点，建设企业信用信息公示“全省一张网”。减少职业资格许可认定，建立职业资格目录清单管理制度。（省审改办、省工商局、省质监局、省地税局、省财政厅、省人社厅等相关部门负责）

（二十六）坚持以法治思维和法治方式履行市场监管职能，进一步完善市场退出机制，严格实行宽进严管，不断强化事中事后监管，及时纠正不法经营和扰乱市场秩序的行为，切实维护市场主体权利、机会、规则平等，做到监管标准、程序、结果公开透明。强化协同监管，推行部门联合执法，加强重点服务领域消费维权工作。科学编制并组织实施服务业发展规划。（省工商局、省商务厅等相关部门及市县政府负责）

（二十七）建立健全各类行业协会商会组织，督促行业协会、商会制定完善并严格执行行规行约和各类标准。登记管理机关、行业主管部门要通过定期报告制度和督促检查，加强对行业协会商会的跟踪管理，充分发挥行业协会在信息服务、教育培训、咨询协调、自律约束和维护权益等方面的作用。（省民政厅、省商务厅等相关部门负责）

各市州、各部门要根据本意见，结合本地本部门实际，抓紧研究制定支持服务业加快发展的具体措施办法。省推进服务业发展领导小组办公室要加强统筹协调、强化督促检查，并及时向省政府报告本意见贯彻落实情况。

甘肃省人民政府关于加快城镇棚户区和城乡危房改造及配套基础设施建设的实施意见

甘政发〔2015〕74号　2015年8月19日

各市、自治州人民政府，省政府有关部门，中央在甘有关单位，省属有关企业：

推进城镇棚户区和城乡危房改造是进一步保障和改善民生、促进固定资产投资、加快新型城镇化建设的重要举措。目前，全省列入改造计划的棚户区46.35万户（含城市危房、城中村22.3万户）、农村危房63.35万户，改造建设的任务十分艰巨。为了深入贯彻落实《国务院关于进一步做好城镇棚户区和城乡危房改造及配套基础设施建设有关工作的意见》（国发〔2015〕37号），进一步加快全省城镇棚户区和城乡危房改造及配套设施建设，现提出如下意见。

一、总体要求和工作目标

（一）总体要求。各市州政府、各有关部门要深刻理解国家加快实施城镇棚户区和城乡危房改造及配套基础设施建设“三年计划”的重要意义，坚持以改善群众住房条件为出发点和落脚点，突出稳增长、惠民生，强化主体责任，创新体制机制，抢抓政策机遇，加大棚户区和城乡危房改造力度，加强配套基础设施建设，着力促进全省房地产业平稳健康发展，进一步加快推进新型城镇化建设进程。

（二）目标任务。明确三个“三年计划”。一是城镇棚户区改造“三年计划”。2015—2017年，改造包括城市危房、城中村在内的各类棚户区32.85万户。其中2015年11.63万 户、2016—2017年21.22万户。二是农村危房改造“三年计划”。2015—2017年，改造农村贫困户危房42万户，每年完成改造不低于14万户。其中，庆阳、平凉、会宁革命老区的14.9万农村贫困户危房（窑）全面完成改造。三是城镇棚户区及城乡危房改造配套基础设施建设“三年计划”。2015—2017年，设市城市用水普及率逐年分别达到95%、95.5%、96%；燃气普及率逐年分别达到85%、86%、87%；污水处理率逐年分别达到85%、86%、87%；生活垃圾无害化处理率逐年分别达到90%、92%、95%。同时，要把棚户区改造项目区国家、省级历史文化名城、名镇、名村和传统村落保护及配套基础设施建设统筹纳入城镇棚户区和城乡危房改造及配套基础设施建设三个“三年计划”范围，科学规划，整体衔接，协调配套。

二、用足用好政策，加大改造建设力度

（三）加大城镇棚户区改造力度。各市州政府要抓紧落实2015—2017年棚户区改造计划，按照《甘肃省人民政府关于促进房地产业持续稳定健康发展的意见》（甘政发〔2015〕50号）的要求，加快制定本地区城镇棚户区改造实施方案，切实做好项目储备和前期工作，保证项目建设和投资进度。要把城市危房改造纳入城镇棚户区改造政策范围，享受中央、省级棚户区改造补助和中央基础设施配套资金支持，并在手续办理、资金补助、土地供应、税费减免、融资贷款等方面与城镇棚户区改造项目享受同等优惠政策。要深入推进行政审批制

度改革，进一步优化项目审批流程，提升项目审批效率，明确立项、规划许可、土地使用、施工许可等各类审批手续办理时限，尤其对实施条件成熟的项目必须限期办理审批手续。

（四）大力推行棚户区改造货币化安置。各地有关部门要大力提倡和鼓励棚户区改造货币化安置，通过货币补偿、政府组织棚户区改造项目区的居民自主选购商品住房或购买存量商品住房异地安置等方式，缩短安置周期，节省过渡费用，让群众尽快住上新房，享有更好的居住环境和物业服务，满足群众多样化居住需求。各市州政府要抓紧摸清存量商品住房底数，并于2015年9月底前制定并公布推进棚户区改造货币化安置的具体目标和实施方案，建立公开、公平、公正的存量商品住房回购机制，打通棚户区改造安置房与商品住房之间的通道，推动存量商品住房转为棚户区改造安置房。各市州及县市区政府要加大财政资金投入力度，优先支持货币化安置和改造难度大的棚户区改造项目。同时，中央预算内投资可用于政府集中购置棚户区改造安置住房小区的配套基础设施建设，中央和省级财政补助资金可统筹用于货币化安置。兰州、天水、白银、金昌市作为全国住房公积金贷款支持保障性住房建设试点城市，要全面总结试点经验，进一步完善工作措施，切实用足用好试点政策和贷款资金，积极推进城镇棚户区改造和保障性住房项目建设。

（五）进一步加快完善配套基础设施建设。各市州及县市区政府要把城镇棚户区改造"三年计划"放在城市、城镇发展的大局中统筹考虑，综合运用国家对海绵城市、城市综合管廊建设的投资政策，统筹规划、互相协调、综合配套。城镇棚户区及城乡危房改造配套基础设施建设"三年计划"项目要与城市道路、公共交通、通信、供电、供水、供气、供热、地面地下停车库（场）、污水和垃圾处理等城市基础设施项目紧密结合，同步规划，同步报批，同步建设，同步交付使用。同时，要认真排查2014年以前开工建设的保障性住房和城镇棚户区改造安置住房小区基础设施配套项目，务于2015年9月底前完成排查工作，提出项目建设计划和项目清单，并纳入本地区2015—2017年配套基础设施建设计划。

（六）全力推进农村危房改造。一是突出重点，精准到户。农村危房改造要以全省58个集中连片贫困县和17个插花型贫困县、地震设防8度及以上高烈度地区为重点，坚持整体推进与精准到村到户相结合、各方支持与农户自身奋斗相结合，加快推进农村贫困户的危房改造。二是一户一档，健全档案台账。各地要制定分年度改造计划，依据《农村危险房屋鉴定技术导则》准确鉴定危房等级，确保农村危房改造的公开、公平、公正,切实做到改造一户、核销一户。三是规划先行，确保工程质量。严格执行《农村危房改造最低建设要求》和《农村危房改造抗震安全基本要求》，确保改造后的农房必须达到质量安全标准。要加快制定和完善历史文化名城、名镇、名村和传统村落保护以及村庄建设规划，对农户建房选址、农房风貌进行科学引导。四是各地要进一步加强对危房改造资金的监管，确保危改补助资金由县级财政直接发放到危房改造农户。全面落实农村危房改造银行贴息贷款政策，对自筹资金确有困难的贫困户，给予精准扶贫信贷扶持。

三、创新融资体制机制，稳步推进市场化运作

（七）全力推进政府购买棚户区改造服务的各项工作。各市州要对利用各类贷款开发建设的项目，精心谋划，统筹建设，做到项目资金自求平衡，确保按期还款。要通过政府购买棚户区改造服务的办法，统筹考虑财政承受能力等因素，公开择优选择棚户区改造实施主体，并与实施主体签订购买棚户区改造服务协议；购买服务资金逐年列入财政预算，并按协议向提供服务的实施主体支付。省政府将督促指导各市州及县市区政府将购买棚户区改造服务资金纳入年度预算。对年度预算安排有缺口、确需举借政府债务弥补的市州及县市区，省政府将根据各市州申请，统筹协调代发地方政府债券予以支持，并优先用于棚户区改造项目建设。政府购买棚户区改造服务的范围限定在政府应当承担的棚户区改造征地拆迁服务以及安置住房筹集、公益性基础设施建设等方面，不包括棚户区改造项目中配套建设的商品房以及经营性基础设施。

（八）推广政府与社会资本合作模式。各市州及县市区政府要进一步放开棚户区改造配套基础设施和城市基础设施投资、建设和运营市场，积极引导棚户区改造配套与城市基础设施建设项目打捆发包，鼓励社会资本直接投资建设。大力推广特许经营、建设—拥有—运营（BOO）、委托建设等各种模式，切实加快推进政府与社会资本合作（PPP）。要将具有特许经营权的项目与没有直接受益的项目捆绑进行综合开发，不断拓展城市基础设施建设的有效途径，建立健全城市基础设施建设财政投入与价格补偿统筹协调机制，合理确定服务价格，深化政府与社会资本合作，推动可持续发展；依法完善债券制度，支持棚户区改造项目开展股权和债权融资，解决贷款额不能满足资金需求的问题。

（九）构建多元化棚户区改造实施主体。鼓励多种所有制企业作为实施主体承接棚户区改造服务。支持有实力的国有企业参与棚户区和城乡危房改造及配套基础设施建设。同时，要指导协调中央驻甘企业和省属企业用好用足棚户区改造政策，提升职工的住房质量，改善企业发展的基础条件。鼓励林业、垦区、独立工矿区以及三线企业搞好本系统、本企业的棚户区改造项目建设。原棚户区改造融资平台公司要通过市场化改制，加快建立现代化企业制度，实现市场化运营，在明确公告今后不再承担政府融资职能的前提下，作为实施主体承接棚户区改造服务。原融资平台公司转型改制后举借的债务实行市场化运作，不纳入政府债务。各级政府在出资

范围内依法履行出资人职责，负有限责任，不对原融资平台公司提供担保。鼓励引导社会和民间资本通过直接投资、间接投资、参股、委托代建等多种方式参与城镇棚户区和城乡危房改造，实现投资主体多元化、投资渠道多样化。社会和民间资本参与城镇棚户区和城乡危房改造，可享受市场准入、产业扶持和税费减免等优惠政策。

（十）充分发挥开发性金融和其他金融机构的支持作用。对承接棚户区改造任务及纳入各地配套建设计划的项目实施主体，可依据政府购买棚户区改造服务协议、特许经营协议等政府与社会资本合作合同进行市场化融资，开发银行等金融机构据此对符合条件的实施主体发放贷款。国家开发银行甘肃省分行、农业发展银行甘肃省分行等金融机构要用足用好国家对棚户区改造专项贷款、项目资本金投入等优惠政策，加大对各级政府购买棚户区改造服务及配套基础设施建设的支持力度；农业发展银行甘肃省分行要继续加大对城中村、城边村、农村危房、林区、垦区棚户区改造以及配套基础设施建设的融资贷款支持力度。鼓励商业银行对符合条件的实施主体提供棚户区改造及配套基础设施和城市基础设施建设贷款支持。

四、加强领导，强化措施

（十一）严格落实各级政府主体责任。市州及县市区政府作为推进城镇棚户区和城乡危房改造及配套基础设施建设工作的责任主体，要抢抓政策机遇，围绕提升城市功能、加快推进新型城镇化建设，深入开展调研，摸清城镇棚户区和城乡危房以及独立工矿、煤炭、林业、农垦等企业棚户区的基本情况，尽快充实完善改造计划，确定今后三年改造项目总量，扎实做好项目储备和前期工作。凡是改造条件成熟的棚户区改造项目，全部纳入2016年计划加快推进实施；凡是列入《住房保障目标管理责任书》和《精准扶贫农村危房改造目标责任书》的改造项目、配套基础设施建设项目要严格考核，确保按期完成年度任务。全面落实税费减免政策和项目建设法人对工程质量的终身责任制。

（十二）进一步明确部门职责。省政府有关部门要加强衔接协调，在积极争取中央政策支持的同时，指导各地抢抓政策机遇，加快推进城镇棚户区和城乡危房改造及配套基础设施建设，为进一步保障和改善民生，促进全省经济持续平稳健康发展做出积极贡献。省建设厅要会同省发展改革委、省财政厅、省国土资源厅等部门加强对各市州城镇棚户区和城乡危房改造及配套基础设施建设的政策指导、督促检查和考核。省发展改革委要会同省财政厅、省建设厅积极争取中央预算内投资和中央财政补助资金。省财政厅要根据年度棚户区改造建设任务安排省级补助资金，加大对专项补助资金使用、管理、效益等方面的监管和评估。省城乡发展投资集团有限公司作为国家开发银行政策性贷款的省级统贷统还平台，要认真做好棚户区改造融资、代建工作，充分发挥在促进保障性住房建设方面的主力军作用和在棚户区改造、商品房建设等方面的推动作用。农业发展银行甘肃省分行、甘肃银行要全面落实精准扶贫方案，加大对农村危房改造户的贷款支持。省政府金融办、人民银行兰州中心支行、甘肃银监局要充分发挥职能作用，完善政策措施，支持金融机构加大信贷支持力度。审计、监察等部门要做好项目跟踪审计和检查，对国家已经明令禁止仍继续收费或变相收费等违法违规行为，依法依纪严肃查处。

（十三）强化监督考核。各市州政府要进一步加强对所辖县区实行目标责任管理城镇棚户区和城乡危房改造及配套基础设施建设目标任务的半年和年终考核。省建设厅、省财政厅、省发展改革委、省国土资源厅等部门要研究建立长效督查机制、政府购买棚户区改造服务实施主体资格审查机制、金融贷款资金管理运行考核机制，督促各市州及县市区政府全面落实各项工作任务和政策措施，确保三个“三年计划”落到实处、取得实效。省政府将每季度对各地工作进展情况进行通报，对资金和土地不落实、政策措施不到位、行政审批推诿扯皮、项目建设进度缓慢、质量安全问题突出的市州政府负责人将约谈问责。

甘肃省人民政府关于印发
甘肃省机关事业单位工作人员养老保险制度改革实施办法的通知

甘政发〔2015〕86号　2015年9月30日

各市、自治州人民政府，兰州新区管委会，省政府各部门，中央在甘各单位：

《甘肃省机关事业单位工作人员养老保险制度改革实施办法》已经2015年9月7日省政府第93次常务会议审议通过，现予印发，请认真贯彻落实。

甘肃省机关事业单位工作人员养老保险制度改革实施办法

第一章　总　则

第一条　为统筹城乡社会保障体系建设，建立更加公平、可持续的养老保险制度，根据《国务院关于机关事业单位工作人员养老保险制度改革的决定》（国发〔2015〕2号，以下简称《决定》）、《国务院办公厅关于印发机关事业单位职业年金办法的通知》（国办发〔2015〕18号）和《人力资源社会保障部财政部关于贯彻落实〈国务院关于机关事业单位工作人员养老保险制度改革的决定〉的通知》（人社部发〔2015〕28号）精神，结合我省实际，制定本实施办法。

第二条　改革的目标。

以邓小平理论、“三个代表”重要思想、科学发展观为指导，深入贯彻党的十八大及十八届三中、四中全会精神和党中央、国务院决策部署，坚持全覆盖、保基本、多层次、可持续方针，以增强公平性、适应流动性、保证可持续性为重点，改革现行机关事业单位工作人员退休保障制度，逐步建立起符合我省实际情况，独立于机关事业单位之外、资金来源多渠道、保障方式多层次、管理服务社会化的养老保险体系。

第三条　改革应遵循的基本原则。

公平与效率相结合。既体现国民收入再分配更加注重公平的要求，又体现工作人员之间贡献大小差别，建立待遇与缴费挂钩机制，多缴多得、长缴多得，提高单位和职工参保缴费的积极性。

权利与义务相对应。机关事业单位工作人员要按照国家规定切实履行缴费义务，享受相应的养老保险待遇，形成责任共担、统筹互济的养老保险筹资和分配机制。

保障水平与经济发展水平相适应。立足社会主义初级阶段基本国情，合理确定基本养老保险筹资和待遇水平，切实保障退休人员基本生活，促进基本养老保险制度可持续发展。

改革前与改革后待遇水平相衔接。立足增量改革，实现平稳过渡。对改革前已退休人员，保持现有待遇并参加今后的待遇调整；对改革后参加工作的人员，通过建立新机制，实现待遇的合理衔接；对改革前参加工作、改革后退休的人员，通过实行过渡性措施，保持待遇水平不降低。

解决突出矛盾与保证可持续发展相促进。统筹规划、合理安排、量力而行，准确把握改革的节奏和力度，先行解决目前城镇职工基本养老保险制度不统一的突出矛盾，再结合养老保险顶层设计，坚持精算平衡，逐步完善相关制度和政策。

第四条　改革的范围。

本办法适用于本省行政区域内按照公务员法管理的单位、参照公务员法管理的机关（单位）、事业单位（以下简称“机关事业单位”）及其编制内的工作人员（以下简称“参保人员”）。

对于编制管理不规范的单位，要先按照机关事业单位编制管理有关规定进行清理规范，待明确工作人员身份后再纳入相应的养老保险制度。

第二章　基本养老保险基金筹集

第五条　全省机关事业单位工作人员实行社会统筹与个人账户相结合的基本养老保险制度，基本养老保险费由机关事业单位和参保人员个人共同负担。

第六条　参保人员个人缴纳基本养老保险费。

（一）缴费工资基数。

机关单位（含参公管理的单位）参保人员的个人缴费工资基数包括：本人上年度工资收入中的基本工资、国家统一的津贴补贴（艰苦边远地区津贴、警衔津贴、海关津贴等国家统一规定纳入原退休费计发基数的项目）、规范后的津贴补贴（地区附加津贴）、年终一次性奖金。事业单位参保人员的个人缴费工资基数包括：本人上年度工资收入中的基本工资、国家统一的津贴补贴（艰苦边远地区津贴等国家统一规定纳入原退休费计发基数的项目）、绩效工资。其余项目暂不纳入个人缴费工资基数。

参保人员个人缴费工资基数超过本省上年度在岗职工平均工资300%以上的部分，不计入个人缴费工资基数；低于本省上年度在岗职工平均工资60%的，按60%计算个人缴费工资基数。

（二）缴费比例。自2014年10月1日起，参保人员应按个人缴费工资基数8%的比例缴费，由所在单位代扣代缴。

第七条　机关事业单位缴纳基本养老保险费。机关事业单位缴费基数为本单位参保人员的个人缴费工资基数之和，缴费比例为20%。财政全额供款机关事业单位缴纳基本养老保险费所需资金纳入财政预算。财政差额供款事业单位缴纳基本养老保险费所需资金按财政供款同比例纳入财政预算，其余部分由单位自行筹集。

第三章　基本养老保险个人账户

第八条　从2014年10月1日起，按本人缴费工资基数8%的数额为参保人员建立基本养老保险个人账户，全部由个人缴费形成。

第九条　个人账户储存额只用于参保人员养老，不得提前支取，每年按照国家统一公布的记账利率计算利息，免征利息税。参保人员死亡的，其个人账户余额可以依法继承。

第四章　基本养老金计发办法

第十条　建立养老待遇与缴费挂钩的激励约束机制，改革全省机关事业单位工作人员退休后的退休费计发办法，实行“老人”老办法，“新人”新制度，“中人”逐步过渡。

第十一条　“老人”老办法。2014年10月1日前（以下简称改革前，下同）机关事业单位已经退休的人员，仍按国家和本省规定的原待遇标准发放基本养老金，同时执行基本养老金调整办法。其中，符合国家和本省统一规定的待遇项目，纳入基本养老保险基金支付；其他待遇项目，仍从原渠道列支。

第十二条　“新人”新制度。改革后参加工作、个人缴费年限累计满15年的参保人员，退休后的基本养老金由基础养老金、个人账户养老金和职业年金待遇组成。退休时的基础养老金月标准以本省上年度在岗职工月平均工资和本人指数化月平均缴费工资的平均值为基数，缴费每满1年发给1%。个人账户养老金月标准为本人基本养老保险个人账户累计储存额除以计发月数，计发月数按国家统一规定执行（附件1）。职业年金待遇领取按照《国务院办公厅关于印发机关事业单位职业年金办法的通知》（国办发〔2015〕18号）执行。

第十三条　“中人”逐步过渡。改革前参加工作，改革后退休且缴费年限（含视同缴费年限，下同）累计满15年的参保人员，实行全省统一的过渡办法。

“中人”设立10年过渡期，自2014年10月1日起至2024年9月30日止，过渡期内实行新老待遇计发办法对比，保低限高。即：新办法（含职业年金待遇）计发待遇低于老办法待遇标准的，按老办法待遇标准发放，保持待遇不降低；高于老办法待遇标准的，超出的部分，第一年退休的人员（2014年10月1日至2015年12月31日）发放超出部分的10%，第二年退休的人员（2016年1月1日至2016年12月31日）发放20%，依此类推，到过渡期末年退休的人员（2024年1月1日至2024年9月30日）发放超出部分的100%。过渡期结束后退休的人员执行新办法。

老办法待遇计发标准=$(A\times M+B+C)\times\prod_{n=2015}^{N}(1+G_{n-1})$

A：2014年9月参保人员本人的基本工资标准；

M：本省规定的参保人员退休时工作年限对应的老办法计发比例；

B：2014年9月参保人员本人的职务职级（技术职称）等对应的退休补贴标准；

C：按照国办发〔2015〕3号文件规定相应增加的退休费标准；

G_{n-1}：参考第n-1年在岗职工工资增长等因素确定的工资增长率，$n\in$〔2015，N〕，且$G_{2014}=0$；

N：过渡期内退休人员的退休年度，N∈〔2015，2024〕。2014年10月1日至2014年12月31日期间退休的，其退休年度视同为2015年。

新办法待遇计发标准=基本养老金+职业年金待遇。其中，基本养老金=基础养老金+过渡性养老金+个人账户养老金+特殊人群调节金。具体计算方法如下：

1. 基础养老金=退休时本省上年度在岗职工月平均工资×（1+本人平均缴费工资指数）÷2×缴费年限×1%。

其中：本人平均缴费工资指数=（视同缴费指数×视同缴费年限+实际平均缴费指数×实际缴费年限）÷缴费年限。

视同缴费指数按照新老待遇计发办法待遇平衡原则，依据职务职级（技术职称）工资、在岗职工平均工资、工作年限等因素测算形成，参保人员退休时，根据本人退休时的职务职级（技术职称）和工作年限等确定本人视同缴费指数。具体视同缴费指数表由省人社厅会同省财政厅制定。

视同缴费年限为参保人员建立个人账户前的连续工作年限。

实际平均缴费指数=$(X_n/C_{n-1}+X_{n-1}/C_{n-2}+\cdots\cdots+X_{2016}/C_{2015}+X_{2015}/C_{2014}+X_{2014}/C_{2013})/N$实缴。

X_n、X_{n-1}、…X_{2014}为参保人员退休当年至2014年相应年度本人各月缴费工资基数之和，C_{n-1}、C_{n-2}、…C 2013为参保人员退休上一年至2013年相应年度本省在岗职工年平均工资。

$N_{实缴}$为实际缴费年限，即参保人员实际缴纳养老保险费年限。

缴费年限为参保人员本人累计缴费年限，计算到月（附件2）。

本省上年度在岗职工月平均工资于每年1月1日执行。

2. 过渡性养老金=退休时本省上年度在岗职工月平均工资×本人视同缴费指数×视同缴费年限×1.2%。

3. 个人账户养老金=退休时本人基本养老保险个人账户累计储存额&Pide;计发月数。

4. 特殊人群调节金，体现改革前在艰苦边远地区、高海拔地区和特殊行业岗位的参保人员的差别待遇。

特殊人群调节金=$D\times M_x\times N_s\div N_j\times\prod_{n=2015}^{N_i}(1+R_{n-1})$

D:2014年9月参保人员本人的特殊

津贴补贴月标准；

M_x：2014年9月参保人员领取的特殊津贴补贴对应的老办法计发比例；

N_s:2014年9月前参保人员在艰苦边远地区、高海拔地区和特殊行业岗位工作并领取相应津贴补贴的累计年限；

N_j：参保人员缴费年限；

R_{n-1}：统一公布的第n-1年基本养老保险个人账户记账利率；

N_t：参保人员退休年度，Nt≥2015。2014年10月1日至2014年12月31日期间退休的，其退休年度视同为2015年。

在艰苦边远地区、高海拔地区和特殊行业岗位工作，同时或先后领取不同特殊津贴补贴项目和标准的，分别按不同项目标准和对应累计年限计算后合并计发。

5. 职业年金待遇领取按照《国务院办公厅关于印发机关事业单位职业年金办法的通知》（国办发〔2015〕18号）执行。

第十四　条改革前曾参加企业职工基本养老保险、改革后参加机关事业单位基本养老保险的参保人员，其参加企业职工基本养老保险的实际缴费年限应予确认，不认定为视同缴费年限，并与参加机关事业单位基本养老保险的实际缴费年限合并计算。其他情形视同缴费年限的认定，按照国家有关规定执行。在本人退休时，根据其实际缴费年限、视同缴费年限及对应的视同缴费指数等因素计发基本养老金。

第十五条　改革后达到退休年龄但个人缴费年限累计不满15年的参保人员，其基本养老保险关系处理和基本养老金计发比照《实施〈中华人民共和国社会保险法〉若干规定》（人力资源社会保障部令第13号）执行。

第十六条　全省机关事业单位离休人员继续按照国家统一规定发给离休费，并调整相关待遇。

第五章　基本养老金调整

第十七条　根据职工工资增长和物价变动等情况，统筹安排机关事业单位和企业退休人员的基本养老金调整，逐步建立兼顾各类人员的养老保险待遇正常调整机制，分享经济社会发展成果，保障退休人员基本生活。

第六章　基金管理和监督

第十八条　本省机关事业单位基本养老保险基金实行省级统筹。全省执行统一的机关事业单位基本养老保险制度和政策，统一基本养老保险缴费比例和缴费基数计算口径，统一基本养老金计发办法、统筹项目和标准以及基本养老金调整办法，统一编制和实施基本养老保险基金预算，统一基本养老保险业务经办规程和管理制度，统一建设养老保险信息管理系统，实现省级统一集中管理数据资源。具体办法由省人社厅会同省财政厅制定。

第十九条　机关事业单位基本养老保险基金单独建账，与企业职工基本养老保险基金分别管理使用。基金实行严格的预算管理，纳入社会保障基金财政专户，实行收支两条线管理，专款专用。依法加强基金监管，确保基金安全。

第七章　养老保险关系转移接续

第二十条　参保人员在省内各市州的机关事业单位之间流动，只转移养老保险关系，不转移养老保险基金。参保人员跨省（自治区、直辖市）流动或在机关事业单位与企业之间流动，在转移养老保险关系的同时，基本养老保险个人账户储存额随同转移，并以本人改革后各年度实际缴费工资为基数，按12%的总和转移基金，参保缴费不足1年的，按实际缴费月数计算转移基金。转移后基本养老保险缴费年限（含视同缴费年限）、个人账户储存额累计计算。

第八章　职业年金制度

第二十一条　机关事业单位在参加基本养老保险的基础上，应当为其参保人员建立职业年金。单位和个人缴纳职业年金费用的基数与基本养老保险缴费基数一致，单位缴纳职业年金费用的比例为8%，个人缴费比例为4%。参保人员退休后，按月领取职业年金待遇。职业年金基金的管理办法由省人社厅会同省财政厅另行制定。

第九章　确保养老金发放的筹资机制

第二十二条各级政府应积极调整和优化财政支出结构，加大社会保障资金投入，确保基本养老金按时足额发放，同时为建立职业年金制度提供相应的经费保障，确保机关事业单位养老保险制度改革平稳推进。机关事业单位及其参保人员应按规定及时足额缴纳养老保险费。各级社会保险经办机构要切实加强基金征缴，做到应收尽收。

第十章　社会化管理服务

第二十三条　提高机关事业单位社会保险社会化管理服务水平，普遍发放全国统一的社会保障卡，实行基本养老金社会化发放。加强街道、社区人力资源社会保障工作平台建设，加快老年服务设施和服务网络建设，为退休人员提供方便快捷的服务。

第十一章　基本养老保险经办管理

第二十四条　各级政府要根据机关事业单位工作人员养老保险制度改革的实际需要，加强社会保险经办机构能力建设，适当充实工作力量，提供必要的经费和服务设施。

第二十五条　各级人力资源社会保障行政部门主管机关事业单位养老保险工作。各级财政、审计等部门按照各自职责做好机关事业单位养老保险基金监管。各级社会保险经办机构具体承办机关事业单位养老保险经办业务。

第二十六条　各级社会保险经办机构要按照国家统一制定的机关事业单位工作人员基本养老保险业务经办规程和信息管理系统建设要求，建立健全管理服务制度，实现规范化、信息化和专业化管理。应做好机关事业单位基本养老保险参保登记、申报核定、保险费征收、个人账户管理、关系转移、待遇核定与支付、基金管理等经办管理服务工作，不断提高工作效率和服务质量。省级社会保险经办机构直接经办省属机关事业单位、在甘中央国家机关事业单位养老保险业务。

第十二章　信息系统建设

第二十七条　按照人力资源社会保障信息化建设的总体规划，依托现有信息化建设基础，全面落实机关事业单位工作人员养老保险制度各项改革任务，全面满足机关事业单位工作人员养老保险制度实施在业务经办、公共服务、基金监管、宏观决策等方面的要求，坚持数据集中、服务下延，建设科学规范、互联互通、标准统一、安全高效的机关事业单位工作人员养老保险信息系统，不断提升管理服务效能，推动机关事业单位工作人员养老保险事业全面协调可持续发展。

第十三章　附　则

第二十八条　机关事业单位工作人员养老保险制度改革涉及机关事业单位工作人员切身利益，事关改革发展稳定大局。各级政府要高度重视，切实加强组织领导，全力支持保障，精心组织实施。各有关部门要加强协调，密切配合，落实责任，共同做好全省机关事业单位养老保险制度改革工作。

第二十九条　各级政府及有关部门要深入开展调查研究，加强工作指导和监督检查，及时掌握实施情况，认真分析、研究解决实施过程中遇到的情况和问题，确保各项工作平稳进行。重大情况和问题要及时报告省人民政府。

第三十条本办法自2014年10月1日起实施，已有规定与本办法不一致的，按照本办法执行。

附件：1.个人账户养老金计发月数表

2.参保人员个人缴费月份换算表

附件1

个人账户养老金计发月数表

退休年龄	计发月数	退休年龄	计发月数
40	233	56	164
41	230	57	158
42	226	58	152
43	223	59	145
44	220	60	139
45	216	61	132
46	212	62	125
47	208	63	117
48	204	64	109
49	199	65	101
50	195	66	93
51	190	67	84
52	185	68	75
53	180	69	65
54	175	70	56
55	170		

附件2

参保人员个人缴费月份换算表

缴费月数	计发年限
1	0.08
2	0.17
3	0.25
4	0.33
5	0.42
6	0.50
7	0.58
8	0.66
9	0.75
10	0.83
11	0.91
12	1.00

甘肃省人民政府关于印发《中国制造2025甘肃行动纲要》的通知

甘政发〔2015〕90号 2015年11月2日

各市、自治州人民政府，兰州新区管委会，省政府有关部门，中央在甘有关单位，有关企业：

《中国制造2025甘肃行动纲要》已经2015年10月10日省政府第96次常务会议审议通过，现予印发，请认真贯彻执行。

中国制造2025甘肃行动纲要

制造业是支撑全省工业平稳发展的主要力量，在稳增长、调结构、促发展等方面具有重要基础作用。为深入实施制造强国战略，进一步加快制造业发展步伐，着力推动我省制造业提质增效、转型升级，促进产业向中高端迈进。结合实际，特制定本行动纲要。

一、总体要求

（一）指导思想

全面贯彻党的十八大和十八届三中、四中全会精神，按照省委、省政府总体部署，主动适应经济发展新常态，立足我省产业基础、发展条件和区位优势，抢抓国家深入实施“一带一路”战略、制造强国战略、创新驱动发展战略和“互联网+”行动等一系列政策机遇，坚持以国际国内市场需求为导向，以提质增效升级和质量品牌建设为重点，以信息化与工业化深度融合为抓手，紧扣加快推进新材料、新能源、生物产业、信息技术、先进装备制造、节能环保、新型煤化工、现代服务业等八大战略性新兴产业发展，提升石油化工、有色冶金、新型煤化工、先进装备制造和农产品加工等五大传统产业集群，着力打造新能源、新材料、智能制造、生物医药和信息技术等五大新兴产业集群，努力构建新的产业发展体系，建设面向丝绸之路沿线及周边国家和地区的现代服务型制造业基地，实现工业转型升级和可持续发展。

（二）基本原则

超前谋划，准确定位。围绕提升“五大传统产业集群”和打造“五大新兴产业集群”、加快推进“八大战略性新兴产业”发展，找准制约制造业发展的瓶颈和薄弱环节，加强战略谋划，建立以高新技术产业和高成长性产业为主体的现代产业发展新体系，打造我省制造业升级版，提升产业竞争力。

市场主导，政府引导。充分发挥市场在资源配置中的决定性作用，紧盯国际国内市场对制造业需求，加强战略研究和规划引导。深化国资国企改革，强化企业

甘肃制造业 2020 年和 2025 年预期指标

类别	指标	2014 年	2015 年	2020 年	2025 年
创新能力	规模以上制造业研发经费内部支出占主营业务收入比重 (%)	0.56	0.60	1.00	1.50
	规模以上制造业每亿元主营业务收入有效发明专利数[1]（件）	0.18	0.20	0.40	0.80
质量效益	制造业质量竞争力指数[2]	80	80.3	82.5	85.0
	制造业增加值率提高	–	–	比 2015 年提高 1 个百分点	比 2015 年提高 2 个百分点
	制造业全员劳动生产率年均增速（%）			6 左右（十三五期间年均增速）	5 左右（十四五期间年均增速）
两化融合	固定宽带家庭普及率[3]（%）	26	30	70	82
	数字化研发设计工具普及率[4]（%）	42	45	65	80
	关键工序数控化率[5]（%）	25	30	50	64
绿色发展	规模以上单位工业增加值能耗下降幅度	–	–	比2015年下降5%	比 2015 年下降 10%
	单位工业增加值用水量下降幅度	–	–	比 2015 年下降 23%	2015 年下降 41%
	工业固体废物综合利用率（%）	50.26	70	75	79

主体地位，激发企业活力和创造力。积极转变政府职能，优化资源配置，强化政策支持，为企业发展创造良好环境。

创新驱动，重点突破。推动大众创业、万众创新，完善有利于创新的制度体系，整合优质资源，强化协同创新，突破关键共性技术，促进制造业数字化、网络化、智能化发展。坚持有所为有所不为，实施重大工程，力争在重点领域实现突破。

质量为先，绿色发展。着力提高制造业发展的质量，实施质量品牌战略，提升制造业企业的经济效益。推行绿色低碳生产，构建绿色制造体系，增强企业可持续发展能力，走提质增效和低碳绿色的发展道路。

区域协作，对外开放。立足我省资源禀赋、产业基础和区位优势，打通区域间资源、要素流动渠道，积极承接中东部产业转移。坚持对外开放，推进与中亚西亚等国家产能合作，积极利用全球资源和市场形成新的比较优势，提升制造业开放发展水平。

（三）预期目标

力争到2020年，传统产业提质增效取得积极进展，战略性新兴产业增加值占生产总值比重达到16%，生产性服务业加快发展，“五大传统产业集群”和“五大新兴产业集群”初步形成。制造业创新体系基本完善，掌握一批战略性关键核心技术，产品质量有较大提高。制造业数字化、网络化、智能化加快推进，两化融合水平大幅提升。全球资源配置能力进一步增强，与中亚西亚等国家的国际产能和装备制造合作取得重要成果。重点行业单位工业增加值能耗、物耗及污染物排放明显下降。

力争到2025年，传统产业改造提升成效显著，战略性新兴产业发展水平和层次大幅提升，服务型制造业新业态新模式不断涌现，构建起以“五大传统产业集群”和“五大新兴产业集群”为支撑的现代产业发展新体系，基本建成面向丝绸之路经济带沿线国家和周边地区的现代服务型制造业基地。制造业创新能力显著增强，两化深度融合迈上新台阶，全员劳动生产率明显提高，重点行业单位工业增加值能耗、物耗及污染物排放达到国内先进水平。部分重点制造业整体实力跻身行业前列，形成一批具有较强国际竞争力的跨国公司。

1. 规模以上制造业每亿元主营业务收入有效发明专利数=规模以上制造企业有效发明专利数/规模以上制造企业主营业务收入。

2. 制造业质量竞争力指数是反映制造业质量整体水平的经济技术综合指标，由质量水平和发展能力两个方面共计12项具体指标计算得出。

3. 固定宽带家庭普及率=固定宽带家庭用户数/家庭户数。

4. 数字化研发设计工具普及率=应用数字化研发设计工具的规模以上企业数量/规模以上企业总数量。

5. 关键工序数控化率为规模以上工业企业关键工序数控化率的平均值。

二、发展重点和突破方向

围绕提升“五大传统产业集群”和打造“五大新兴产业集群”，聚焦先进装备制造、新材料、智能制造、生物医药和信息技术等重点领域，明确发展重点和突破方向，引导社会各类资源集聚，推动战略性新兴产业、传统优势产业和潜力产业快速发展。

（一）发展重点

1．石化通用装备。重点发展石油钻采、炼油化工、煤化工、海洋石油工程和高端真空装备，建设西部石化通用装备产业基地。

石油钻采装备。发展高端智能钻采装备和机动性、小型化、数字化采油专用装备，鼓励抽油机、石油钻杆装备做大做强，加快研发针对极地高寒等地域复杂气候和地形的石油钻采装备。

炼油化工装备。加快发展大型高压、高温、低温和耐腐蚀设备，积极参与千万吨级炼油和百万吨级大型乙烯成套设备、天然气和石油长输管线智能制造装备及输送关键设备、大型天然气液化储运成套设备等的研发生产。

煤化工装备。抓住煤炭高效转化、清洁利用的发展趋势，依托酒钢集团煤炭分质利用项目和兰石集团新疆哈密大型煤化工装备制造基地项目，研发生产煤化工关键设备及其配套设备。

海洋石油工程装备。加快深海油气钻采模块研制，利用核技术和非放技术发展海洋工程高端智能化仪表监测设备，推进海洋浮力补偿系统材料产业化。

高端真空装备。重点发展高性能真空获得设备、高端数控真空镀膜设备、大型智能化真空炉设备，以及生物医药、食品卫生、航空航天、核工业材料等真空专用装备，积极创建国内真空装备制造基地。

2．新能源装备。重点发展风电、光伏发电和光热发电装备，形成比较完整的新能源装备制造产业链，建设河西地区新能源成套装备产业化基地。

风电装备。加快发电机组、高速齿轮箱、轴承、控制系统等关键部件的研发和产业化，建立智能化风电整机成套设备研发制造体系，推动分布式风电装备开发应用，进一步完善风机制造产业链。

光伏发电装备。建设晶体硅太阳能电池产业基地，加快形成太阳能电池与组件、光伏支架、控制系统及光伏电站成套设备制造的完整产业链。

光热发电装备。积极研发平板太阳能集热器核心技术、大型槽式太阳能集热系统关键技术和装备产品、真空集热管和反射镜等部件，以及大型储能装置。发展高性能太阳能选择性吸收真空镀膜，建设绿色镀膜成套设备生产基地。

3．电工电器装备。重点发展新一代智能化输配电装备，推动特高压输变电设备、智能型高中低压开关设备、高效节能变压器、中型水电成套设备、智能化第四代低压电器元件、数字电缆光缆，风电、光伏发电、核电专用开关设备、电器元件和自动化控制装置，高铁、城市轨道交通、电动汽车和井下、危化品生产贮存等智能配电用电设备，形成电气系统集成和输配电工程总承包能力，加快建设天水电工电器装备制造基地。

4．高档数控机床。重点发展高档数控金切机床和高档数控锻压机床，加快形成天水数控机床产业聚集区。

高档数控金切机床。重点发展大中型智能数控精密机床，智能、精密、强力、高效的轨道交通加工、新能源专用等数控机床。加快研发高速、高效、高精多轴联动数控机床。鼓励开发推广柔性加工单元、柔性制造系统、数字化工厂。

高档数控锻压机床。重点发展大型智能数控锻压设备、自动剪切生产线等大型、精密、智能、高速的数控锻压机床，开发重型、超重型智能数控锻压机床、复合加工机床及自动生产线。

5．节能环保装备及产品。发展高效锅炉窑炉、高效换热节能、高效电机及变电、余热余压利用、蓄热传热和新型节能建材、节能铝材料、高效照明产品等节能设备和产品，大气污染防治、垃圾无害化处置及资源综合利用、环境监测仪器及自动监控和煤炭储运抑尘剂、石油钻井助剂、缓释保水剂、絮凝剂、粘合剂、生物质环保涂料、固（脱）硫剂、催化剂等环保装备和产品，形成一批产业特色鲜明、集聚效应明显、创新活力勃发的节能环保产业发展基地。

6．农机装备。重点发展高参数、高可靠性大中型农机装备和小型丘陵山地农机装备，培育旱作农业农机装备产业聚集区。

制种及农产品加工机械。加快制种装备智能化改造，提升种子精选机、包衣机械、烘干设备生产水平。加快发展果蔬脱水机械、畜牧机械、畜产品加工机械、中草药加工机械等先进农产品加工设备。

大型农业机械。加快研发大中型耕作机械、播种机械、覆膜机械、收获机械、先进设施农业装备和大中型农用动力机械、运输装备，鼓励发展种子产业、马铃薯产业全程机械化装备。加快研发具有温度检测、自动调速、自动加热、叶面灌溉施肥、自动故障检测等功能的智能多功能果园防霜机。

高效节水灌溉装备。加快研发生产滴灌、管灌、喷灌及生产生活节水产品和设备，进一步提升自动化控制产品技术性能，培育节水灌溉器材生产—节水灌溉工程建设—节水设施运营维护产业链。

7．信息技术产业。重点发展集成电路、电子元器件、电子级晶体硅材料、软件和信息技术服务业，积极发展应用电子设备，完善自主知识产权计算机产业链，加快建设天水国家级集成电路封装基地。

集成电路。实施兰州新区中植北大众志“中国芯”高新技术产业化、集成电路封装测试生产线升级改造、智能移动终端芯片一站式高性能封装等一批重大技术研发及产业化项目，大力发展集成电路专用封测设备模具、物联网射频识别模片、物联网用非接触式射频识别卡芯片、高端引线框架、半导体封装及包装材料等产品，建成集成电路设计中心，加快完善集成电路产业链，为研发自主知识产权计算机奠定基础。

电子元器件。支持半导体电子器件制造及封装测试产业化、智能传感器研发及产业化、模拟及数模混合电路、电真空器件产业升级及扩大规模，打造国内具有影响力的半导体元器件产业基地。大力发展电子器件（IGBT、快恢复二极管）、半导体功率器件（SBD）、保护器件（稳压管、TVS管），重点支持宽禁带半导体器件（SIC器件）、超高频大功率磁控管级真空开关管的研发、应用和产业化。

电子信息材料。重点推动电子级、太阳能级晶体硅材料的研发和产业化，提升蓝宝石晶体材料产业化水平，增加产品附加值和技术含量，形成有一定规模的电子信息材料基地。

软件和信息技术服务业。研发重点行业工业控制系统和重点领域应用软件，大力推广工业软件在产品研发设计、生产控制、生产管理、市场流通、售后服务、回收再制造等环节广泛应用。推进智能海量数据存储与管理系统、非结构化数据处理软件等的开发及产业化。针对中亚西亚等国际市场提供双边及多边跨国跨地区电子商务、旅游文化、信息安全、双语网站、在线翻译、信息检索等信息服务，加快建立集于藏语、维语、阿语、俄语等多语种的网络信息综合服务平台。

应用电子设备。重点支持汽车电子、机床电子、金融电子、医疗电子、能源电子、交通电子等产品的研发和产业化，开发智能家庭终端等三维数字产业上下游硬件设备。

8. 生物医药和高性能医疗器械。重点发展现代中药、生物制品和高性能医疗器械，加快创建国家中医药产业发展综合试验区，建设兰州国家级生物医药产业基地、定西国家中药原料生产供应保障基地、兰州重离子医用加速器应用示范区和武威重离子治疗生物医学应用产业园。

现代中药。加快培育现代中药大品种，研发作用机理明确、临床疗效确切、使用安全的中药品种。推动道地药材精深加工，发展中药配方颗粒和提取物生产，实施当归等道地药材全产业链开发。

生物制品。加快人用及畜用疫苗的升级换代，推动新型疫苗（包括治疗性疫苗）、诊断用生物试剂研发及产业化，支持常见病、多发病生物技术药物的研发。

高性能医疗器械。加快重离子治癌装备研制，推动重离子加速器大科学工程产业化应用。推进植介入材料及制品研发和产业化，加快药械合一产品的推广应用。

9. 新材料。重点发展有色金属、化工和其它新材料，推进金昌有色金属新材料产业基地和白银军民结合化工新材料产业化示范基地建设，培育兰州国家石化新材料产业化示范基地。

有色金属新材料。推进精密铜合金、镍钴铜金属盐类、稀贵金属催化材料、金属粉体材料、羰基系列材料、金属塑料合金、增材制造（3D打印）粉体材料、记忆合金等的产业化。

化工新材料。加快发展特种橡胶、工程塑料、高性能氟材料、功能膜材料、水性聚氨酯树脂及特种涂料等先进高分子材料，推进一批化工核心产业链建设，实现基础原材料与化工新材料一体化发展。加强基础研究及工程化技术攻关，实现中国化工集团蓝星碳纤维公司千吨级装置稳定运转，加快开发下游复合材料制品。

其它新材料。加快研发极地高寒钻采装备、高性能耐腐蚀海洋工程装备、加氢反应器、高速重载轨道交通、超大输量油气管线、新一代复合建筑等领域用钢材料，以及新型功能材料和结构材料、高性能碳/石墨材料，发展耐高温、耐腐蚀工业陶瓷、轻质高强新型墙体材料及绿色装饰材料。

10. 有色金属深加工。加快推进铜、铝、稀土、镍钴和稀贵金属产业链延伸，着力打造附加值高、竞争力强、集约高效、规模优势明显的有色金属产业集群。

铜产业链。发展高精度铜板带、电解铜箔、新型高性能冷凝管、精密铜管、电工专用铜杆、高温超导电缆、特种电缆等产品，提升铜材精深加工能力，提高铜材就地转化率。

新型铝合金材料产业链。开发生产高性能铝板带、铝箔、铝挤压材、铝杆，高性能铸造铝合金、变形铝合金、超高强高韧性铝合金管材，高铁配套铝合金、集装箱铝合金等工业型材，汽车铝合金轮毂、散热器、保险杠，建筑铝型材、铝模板等产品，带动嘉峪关、白银、连海地区铝加工产业基地建设。

稀土功能材料产业链。大力推进稀土永磁材料、发光材料、贮氢材料、动力电池、稀土催化材料等高新技术领域研发及产业化，拓展稀土材料在上下游相关产业的发展空间。

镍钴产业链。以镍钴初级产品为基础，推动镍钴盐类精细化工、镍钴铜合金材料、钴基合金等的深加工，形成镍钴压延产品精深加工产业链。

稀贵金属产业链。积极开发银基功能材料和细银粉、厚膜银浆系列产品，研发用于石油、化学、医药、环保等领域的电镀用钯盐金盐、医药行业催化剂及医药中间体等。

（二）突破方向

1. 新能源汽车。发展新能源乘用车、客车、专用汽车和低速汽车，加快建设吉利汽车兰州新能源汽车生产基地和兰州金川科技园新能源动力电池项目，推动中国中车股份公司在兰州新建新能源公交汽车生产线项目，带动我省铝型材和电池等相关产业发展。

2. 轨道交通装备。发展城轨车辆组装制造及各类车辆运维保养，支持开发适应高海拔、冻土、沙漠地区轨道交通装备，新一代绿色智能轨道交通装备系统，城市轻轨装备、现代智能化有轨电车等，打造中国中车股份公司西北高端轨道交通装备制造服务基地、西北区域总部基地和向西开放开发战略基地。

3. 公共安全应急装备和产品。加快推动矿难逃生仓、无人侦察机、高炮防雹人工影响天气系统、抢修抢护保障方舱、车辆北斗定位监控系统、高分辨率对地观测系统、多普勒雷达监测系统和气象灾害预报预警系统等具有相对技术优势的应急装备和产品产业化，发展自然灾害、事故灾难、公共卫生和社会安全等监测预警类产品，个体和设施设备等预防防护类产品，现场保障、生命救护和抢险救援等处置救援类应急产品，逐步形成监测预警 — 预防防护 — 处置救援的应急装备和产品制造产业链。

4. 通用航空产业。支持通用航空整机制造、航空配套、地勤服务装备和现代航空维修等产业发展，加快培育通用航空高端装备制造产业集群。重点推动兰州神龙航空科技有限公司白银无人机及轻型载人飞机基地建设，支持飞豹公司在我省生产小鹰100飞机，引进发达国家成熟小型航空器生产线，实施武威通用航空整机制造等项目，打造天水飞机维修、改装和解体循环产业链，加大通用机场建设力度，提升中国嘉峪关滑翔基地影响力，带动通用航空产业发展。推动自动飞行控制系统及部件、航空电作动系统、飞机舱门、航空电机和照明系统产业化，支持民用雷达、真空高频电子管、电子测量仪器、微波波导元器件和其他关键元器件升级及批量能力建设。

5. PX（对二甲苯）及相关产业链。争取国家布局建设百万吨级PX（对二甲苯）项目，形成对二甲苯（PX）—对苯二甲酸（PTA）—聚对苯二甲酸乙二醇酯（PET）、对二甲苯（PX）—对苯二甲酸二甲酯（DMT）等产业链，带动化纤、包装、电子电器、医疗卫生产品等行业发展。

6. 核产业。在确保符合环保、安全等条件的前提下，积极推动中核甘肃核技术产业园建设，打造国家核燃料循环基地。加快研制核电压力容器、堆内构件、原材料真空提纯设备、核燃料后处理设备、放射性废物处理和处置技术装备，提高核电装备关键配件和材料的研发制造能力，打造核循环产业链体系。

三、主要任务

（一）提高制造业创新能力（省工信委、省科技厅牵头，省发展改革委配合）

1. 突破和引进吸收关键核心技术。制定发布制造业重点领域技术创新路线图，实施制造业创新中心建设工程，通过省科技计划（专项、基金等）支持关键核心技术研发。针对信息技术、先进装备制造、新材料、生物产业等战略性领域，积极引进吸收国内外先进技术，开展政产学研用协同创新，攻克一批具有全局性、带动性强的关键共性技术。

2. 完善制造业创新服务体系。支持企业建设和完善高水平的研发平台，推进企业成为产业技术进步生力军。支持行业龙头企业联合科研院所和高等院校共建产业技术创新战略联盟（研究院），推进主体间的资源共享和紧密合作。建设一批促进制造业协同创新的公共服务平台，面向企业提供技术研发、检验检测、技术评价、技术转移、质量认证、人才培训等专业化服务。支持创业苗圃、留学人员创业园、孵化器、加速器等创业载体发展，探索建立全要素、开放式的众创空间和创业基地。

3. 推进科技成果转化应用。发挥企业主体作用，完善科技成果转化协同推进机制，鼓励企业与科研院所、高等院校合作促进成果产业化，与社会资本建立从事技术集成、熟化和工程化的中试基地，促进产业链与技术链的融通。建设科技信息咨询服务、技术成果转化交易和创新创业孵化服务等平台，引导企业产（股）权、科技成果、实用技术等进行市场化交易。推进科技成果使用、处置和收益管理的改革试点，允许科研人员持有股权和期权，释放科研人员创新创造活力。

4. 提高工业设计创新能力。定期公布《甘肃省工业设计产业发展重点指南》，明确我省工业设计发展重点领域。推动制造业与工业设计产业融合互动发展，支持工业设计企业为制造企业开展绿色、智能、协同为特征的创新设计。启动全省工业设计中心建设，认定一批品牌优势突出、组织体系完善、设计效益显著的工业设计中心。发展各类创新设计教育，设立省级工业设计奖，激发全社会创新设计的积极性和主动性。

专栏1　制造业创新中心建设工程

面向先进装备制造、新材料、信息技术、生物医药等行业，以企业为主导、以人才为支撑、以园区为载体，采取政府支持、股权合作、成果分享的市场化运作机制，推动行业基础和共性关键技术研发及成果产业化。

到2020年，力争创建10个以上国家或国家地方联合工程（技术）研究中心，10个国家企业技术中心，100个省级企业技术中心，3个省级以上制造业创新中心。到2025年，力争创建5个省级以上制造业创新中心，形成1个国家级制造业创新中心。

（二）推动信息化与工业化深度融合（省工信委牵头，省发展改革委、省科技厅、省财政厅、省交通运输厅、省安监局、省通信管理局配合）

1. 实施“互联网+制造”行动计划。制定互联网与制造业融合发展的路线图，明确发展方向、目标和路径，突出抓好“互联网+制造”和“互联网+小微企业”两个应用，加快移动互联网、云计算、大数据、物联网等新一代信息技术在企业产品全生命周期的综合集成应用。发展基于互联网的个性化定制、众包设计、云制造等新型制造模式，推动形成基于消费需求动态感知的研发、制造和产业组织方式。

2. 推进制造过程智能化。在基础条件好、需求迫切的重点行业和优势企业，分类实施流程制造、离散制造、智能化管理、智能化服务等试点示范，推动关键工序智能化、关键岗位机器人替代、生产过程智能优化控制，支持建设智能工厂（车间）。加快机械、电子、汽车、轻工、纺织、食品等行业生产设备的智能化改造，提高精准制造、敏捷制造能力。

专栏2　智能制造工程

鼓励和引导重点制造企业分类实施流程制造、离散制造、智能化管理、智能化服务等试点示范，在基础条件好、需求迫切的重点行业和优势企业，推广柔性加工单元、柔性制造系统应用，推动关键工序智能化、关键岗位机器人替代、生产过程智能优化控制，支持建设智能工厂（车间）。加快产品全生命周期管理、客户关系管理、供应链管理系统的推广应用，提升制造业信息化和智能化水平，重点建设信息化综合集成、大型装备智能化、业务协同创新、两化融合服务支撑体系，打造国内先进的智能制造基地。

到2020年，制造业重点领域智能化水平稳步提升，试点示范项目运营成本降低30%，产品生产周期缩短30%，不良品率降低30%。到2025年，制造业重点领域基本实现智能化，试点示范项目运营成本降低50%，产品生产周期缩短50%，不良品率降低50%。

3. 大力发展工业互联网。加强西北中小企业云服务平台等工业云服务和工业大数据平台建设，整合第三方数据中心通信、存储、软硬件基础设施等IT资源，支持数据采集、清洗、认证、计算、挖掘、测试、安全等服务企业发展，加快建设兰州新区、金昌大数据中心等重大信息化项目，推进工业大数据应用示范。

4. 加快重点领域信息化建设。开展物联网技术研发和应用示范，推动物联网技术在安防、交通和物流领域率先示范应用，逐步向工业制造、节能环保、城市管理和民生服务等领域拓展，以物联网技术应用带动信息产业发展。围绕实施"6873"交通突破行动，推进"互联网+交通"，用网络化、信息化、智能化引领和改造交通运输产业，带动一批信息产业项目落地。推进油气管道、民用爆炸物品、危险化学品、食品、印染、稀土、农药等重点行业智能检测监管体系建设，提高智能管控水平。

5. 构建下一代信息基础设施。深入实施"宽带中国"战略，利用光纤和新一代移动通信技术、下一代广播电视网技术，加快全光纤网络城市、4G网络、区域性关键节点建设和宽带网络升级改造，优化骨干网络架构，增强网络容量和传输能力，提高宽带网络速率及性能，创建"宽带中国"示范城市，深化"三网融合"。加大光纤到行政村建设力度，提高农村宽带网络接入能力，推进农村信息基础设施建设。

（三）调整优化制造业结构（省工信委、省发展改革委牵头，省科技厅、省财政厅、省国土资源厅、省环保厅、省建设厅、省农牧厅、省商务厅、省政府国资委、省冶金有色协会、省石化协会、省轻工业联合会配合）

1. 推进传统产业提质增效。围绕提升石油化工、有色冶金、新型煤化工、装备制造和农产品加工等五大传统产业集群，坚持以市场需求为导向，以优化存量、延伸加工、循环发展为重点，瞄准关键环节实施技术改造，全面提升设计、制造、工艺、管理和质量水平，促进传统产业向价值链高端发展。围绕两化融合、节能降耗、质量提升、安全生产等传统领域改造，推广应用新技术、新工艺、新装备、新材料，提高企业生产技术水平和效益。稳步化解中低端产能过剩矛盾，加快发展电子级和太阳能级晶体硅、碳及碳纤维复合材料、大数据等先进高载能产业，将我省能源资源优势尽快转化为产业优势。

专栏3　传统优势产业提质增效工程

瞄准区域市场需求，确定传统产业重点产品结构调整方向，精准发力、集中攻坚，带动整个传统产业提质增效。引导省内钢铁企业发展钢结构，积极开拓区域市场，培育新的经济增长点。调整有色工业产品结构，以延伸加工为重点，加快发展电线电缆制造业和铝型材。优化石化产业布局，培育新型煤化工产业，大力发展化工新材料，打造化工区域循环经济发展模式，加快建设集原油加工、石油化工、精细化工、化工新材料和原油及油品储备于一体的西部地区国家级石化产业基地。大力发展新型绿色建材，增强区域市场需求保障能力，提高新型建材在省内市场占有率。依托区域特色产品，加快发展烟草制造业，积极发展酒类饮料，大力发展区域特色农产品深加工。

力争到2020年，传统优势产业实现加工产值6000亿元，重化工业加工制造业产值占重化工业比重由21杆7%提高到46杆3%。力争到2025年，传统优势产业实现加工产值9000亿元，重化工业加工制造业产值占重化工业比重超过50%，形成结构优化、特色鲜明、重点突出的产业发展格局。

2. 加快发展战略性新兴产业。按照重点突破、发挥优势、龙头带动、聚集发展的要求，围绕八大战略性新兴产业领域支持一批技术先进、行业领先、竞争优势明显的战略性新兴产业骨干企业，打造一批掌握关键核心技术、市场需求前景广、带动系数大、综合效益好的产业链，推进战略性新兴产业快速健康发展。到2020年，新材料、新能源和先进装备制造业成为全省支柱产业，生物和信息技术产业成为全省先导产业，节能环保、新型煤化工和现代服务业成为全省经济新的增长点。

3. 优化制造业发展布局。鼓励各地错位竞争、特色发展，科学布局区域生产力。支持兰州新区加快发展先进装备制造、信息技术等高新技术产业，加快推进石油化工产业园基础设施建设，打造西部乃至全国重要的石油化工、高端装备制造和新一代信息技术等产业发展基地，成为向西开放的重要战略平台和承接产业转移示范区；支持兰州、天水、白银、金昌、张掖、酒泉等国家级经济开发区、高新技术产业开发区加快建设，积极发展氯碱、盐硝、硫化工等无机化工产业，争取打造2—3个千亿级产业园区，建设白银、金昌两大无机化工材料基地；支持天水国家级经济开发区先进制造业基地、河西新能源及新能源装备制造业基地、陇东能源化工基地建设，积极实施庆阳石化600万吨改扩建等重点工程，实现装备制造、新能源、能源化工产业区域有序发展；支持各市州依托优势资源，积极培育农产品深加工等具有区域特色的产业集群。

（四）促进中小企业加快发展。（省工信委牵头，省发展改革委、省科技厅、省财政厅配合）

1. 推动大众创业万众创新。支持建立小企业创业基地，建设中小企业国际合作产业园，加快形成政策扶持、创业培训、辅导服务的工作机制。深入实施中小企业成长工程，建立小企业进入规模以上企业育成机制，形成企业梯次发展结构，重点培育主业突出、拥有自主核心技术、具有规模效益、带动力强的"小巨人"企业。

2. 完善中小企业服务体系。全面建成以1个省级服务平台为枢纽，14个市州和7个产业窗口服务平台为节点，重点县（区、市产业集聚区）综合服务平台为触角，100个省级中小企业公共服务示范平台为支撑的甘肃省中小企业公共服务网络平台，为中小企业提供信息、投融资、创业、人才培训、技术创新、管理咨询、市场开拓、法律等方面的公共服务。

3. 坚持走"专精特新"之路。加快培育发展一批主营业务突出、专注于细分市场、竞争力强、成长性好的"专精特新"中小企业。支持专业化发展，提高市场专业化水平，开展专业化分工协作；支持精细化发展，开展精细管理，生产精良产品，提供精致服务，走差异化成长道路；支持特色化发展，大力发展地方特色产业，形成特色产品、特色服务等；支持创新化发展，强化技术、工艺、功能、产品和服务等创新，提高核心竞争力。

（五）积极发展服务型制造和生产性服务业（省工信委、省发展改革委牵头，省科技厅、省商务厅、省交通运输厅、省政府国资委、兰州海关、兰州铁路局配合）

1. 推动发展服务型制造。加快制造与服务的协同发展，鼓励制造企业发展个性化定制服务、网络精准营销、全生命周期管理、在线支持服务、整体解决方案、工程总承包、供应链管理和服务外包等商业模式，推动生产型制造向服务型制造转变。引导和支持制造业企业增加服务环节投入，延伸服务链条，从主要提供产品制造向提供产品和服务并重转变。支持有条件的企业立足品牌和核心技术优势，外包产品加工环节，专注于产品设计、运营维护、零售分销、品牌管理等高附加值业务。引导和支持中东部地区制造业优势企业，依托我省向西开放的区位优势，布局建设加工贸易、检测维修、租赁服务等基地。

2. 加快发展生产性服务业。完善工业园区功能，积极发展研发设计、物流服务、节能环保、检验检测、电子商务、服务外包、品牌建设、创业孵化等生产性服务业，增强企业转型升级的支撑能力。支持陇药、食品加工等领域生产企业依托第三方电子商务平台打通线上交易通道，构建业务协同的全程供应链。到2020年，培育50户生产性服务业示范企业。

3. 推进生产性服务业功能区建设。加快实施《丝绸之路黄金段智能物流骨干网建设规划》，支持有条件的市州建设保税区和保税物流中心，加快推动兰州新区综合保税区、武威保税物流中心和东川国家物流中心、中川机场国际空港新城、金昌现代铁路物流中心等建设，打造面向丝绸之路沿线及周边地区和国家的生产性服务业基地。到2020年，建成10个生产性服务业功能区。

专栏4 丝绸之路黄金段智能物流骨干网建设工程

立足丝绸之路经济带甘肃黄金段区位优势，以物流信息资源开发利用为主线，建设"内向中东部、外向中西亚、连接东欧"的黄金段智能物流骨干网通道，高速、先进的现代信息网络，集中统一的物流信息资源服务体系，以及丝绸之路国际数据中心、丝绸之路电子商务、丝绸之路大宗商品交易中心、智能交通运输及车联网、丝绸之路智能管道网络、物流公共信息平台、信息技术支撑等重点工程。

到2020年，培育8—15家具有竞争力的大型综合物流企业集团和物流服务品牌，区域性物流公共信息服务平台服务覆盖全省80%以上的物流区域、节点城市、交通枢纽和经济区，物流业增加值年均递增9%左右。到2025年，区域性物流公共信息服务平台服务覆盖全省所有物流区域、节点城市、交通枢纽和经济区，全面建成丝绸之路黄金段智能物流骨干网，成为国内重要的智慧物流枢纽。

（六）深入推进军民融合发展（省工信委牵头，省发展改革委、省科技厅配合）

1. 创新军民融合发展机制。研究出台军民融合深度发展实施意见，推进军民产业深度融合发展。鼓励军工企业科技人员以科技成果、知识产权等无形资产入股方式，参与创办科技型中小企业。发展军工混合所有制经济，支持有条件军工企业开展资本运作。

2. 完善军民融合公共服务体系。建设军民结合技术转移转化平台，推动先进军工设备设施对外服务，促进军民融合技术合作开发与成果共享。推动军工与民用科研机构开放共享、双向服务，组织重大科研项目联合攻关，加强重要技术储备，实现科技资源共享。强化核技术、特种化工、航天航空、低温储运、军工电子等领域技术创新，推动军工高新技术成果产业化。

3. 加快军民结合产业示范园区建设。推动省政府与国家国防科工局共建兰州理工大学国防特色学科、专业、实验室和创新团队，加快高分辨对地观测数据应用产业化，建成西北地区高分卫星遥感基础数据库。加快兰州军民结合产业园等7个军民结合产业园区建设，支持风电变桨高技术领域用高性能密封复合组件产品、抗辐射耐腐特种涂料生产和军工特种装备X射线数字成像检测装置等的研发及产业化。

（七）全面推行绿色制造（省工信委、省发展改革委牵头，省科技厅、省环保厅、省商务厅配合）

1. 完善工业循环产业链。加快培育酒泉、嘉峪关、金昌、白银、平凉、庆阳等千亿级循环经济产业链，构建产业互为上下游、原料互为支撑、良性循环耦合的区域产业布局，形成生产力布局优化、产业结构合理、技术装备先进、市场竞争力较强的产业体系。

2. 加快制造业绿色改造升级。加快钢铁、有色、化工、建材、轻工等传统制造业清洁生产步伐，大力降低工业生产过程中的资源能源消耗和污染物产生量。推广应用余热余压回收、水循环利用、有毒有害原料替代、废渣资源化、脱硫脱硝除尘等清洁高效生产工艺，促进生产过程中废物和能源的循环利用，实现少排放甚至“零排放”。

3. 推进资源高效循环利用。全面推行循环生产方式，支持原生、共生稀贵金属矿物的综合提取及高效分离提纯技术攻关和技术集成，推广应用难采选矿、低品位矿选矿和富集技术，提升矿渣、冶金渣、煤矸石、选矿废石等资源回收分选回用和综合利用水平。鼓励钢铁、有色、建材等高耗能行业利用余热、余压、余能生产电力和热力，装备制造行业提高原材料利用效率，电力、食品等高耗水行业实现水资源梯级利用，石化、化工等行业回收余气、尾气及残液中的化工产品。大力发展再制造产业，加快推进高端再制造、智能再制造和在役再制造。

（八）加强质量品牌建设（省质监局牵头，省发展改革委、省工信委、省科技厅、省商务厅、省政府国资委、省工商局配合）

1. 完善质量技术标准体系。建立健全研发设计、生产制造、试验验证、运行维护和产品标准体系，健全质量认证、产品鉴定、检验检测等认证认可体系。鼓励和引导企业采用国际标准或国外先进标准组织生产，主导或参与国际、国家和行业标准的制修订，扩大产业技术标准话语权。

2. 加快提升工业产品质量。实施重点领域重大装备技术和产品质量攻关工程，推动重点行业主导产品质量指标达到国内先进水平。组织推广卓越绩效、六西格玛、精益生产、质量诊断、质量持续改进等先进生产管理模式和方法，开展质量安全培训、诊断和辅导活动，加强中小企业质量管理。

3. 完善质量监管体系。强化企业质量主体责任，健全产品质量管理体系，加强制造业行业准入与市场退出管理。推进制造业企业信用体系建设，健全企业信用动态评价、守信激励和失信惩戒机制，建立质量“黑名单”制度，加大对质量违法和假冒品牌行为的打击和惩处力度。建立质量安全预警制度，防范化解产品质量安全风险。

4. 加强制造业品牌创建与培育。深入推进质量强省战略和工业质量品牌创建行动，组织企业争创制造业品牌培育示范点、甘肃名牌产品、省市县政府质量奖和中国质量奖等，提升甘肃制造的品牌实力与知名度。策划建设产业集群区域知名品牌示范区，争创国家商标战略实施示范城市和申报驰名著名商标、地理标志保护产品。

（九）推进制造业对外开放合作（省发展改革委、省工信委、省商务厅、省政府国资委牵头，省科技厅、兰州海关、省出入境检验检疫局配合）

1. 积极承接产业转移。强化政府协调服务，积极搭建合作渠道，引导企业和园区对接中东部产业转移，实现东中西部产业协同发展。提升与环渤海、长三角、珠三角、闽东南地区产业合作的广度和深度，以高新技术产业和先进制造业为重点，进一步完善我省制造业产业体系。继续办好中国兰州投资贸易洽谈会、丝绸之路（敦煌）国家文化博览会等大型重点节会，有针对性地组织我省优势领域龙头企业参加国际展会，举办甘肃特色产品境外展销会。

2. 推动国际产能合作。立足甘肃优势产业，结合当地市场需求，积极参与和推动国际产业合作，通过“绿地投资”、参股、并购、BOT、PPP等多种方式，积极与丝绸之路经济带沿线国家开展产业合作，建立多元、稳定、可靠的境外资源供应渠道和资源储备基地。重点面向中亚西亚等国家合作建设冶金、有色、化工、建材等项目，开展冶金、有色金属冶炼和深加工，带动成套设备和技术服务出口。积极探索陇药、农产品加工、轻纺、清真食品等产业领域的国际产能合作渠道。

3. 强化引资引技引智。支持属于国家鼓励和允许类制造业企业，通过转让经营权、出让股权、兼并重组等方式，吸引外商投资。支持跨国公司在我省设立地区总部、研发中心、服务贸易、服务外包等机构，与省内企业开展高端制造技术合作，对接转化一批具有产业化前景的高新技术成果，推动国外先进技术在我省转移转化。促进引资与引智相结合，进一步发挥外资作为引进先进技术、管理经验和高素质人才载体的作用，加快新产品新技术新材料的研发、应用和产业化。

专栏5　制造业国际产能合作工程

支持有实力企业“走出去”，加快优势先进产能输出，培育一批具有全球资源整合能力和较强国际竞争力的跨国经营企业，建设一批面向中西亚、非洲及欧洲市场的装备制造、高新机电产品出口基地，在中西亚、非洲、南美洲等国家建立一批海外生产基地，形成政府、企业、民间多层次产能合作推进机制。

到2020年，对外投资额年均增长18%以上，对外承包工程营业额年均增长15%以上，对外劳务合作年均增长20%以上。到2025年，对外投资额、对外承包工程营业额和对外劳务合作继续保持较快增长。

四、保障措施

（一）深化改革创新，优化发展环境。加快推进政府职能转变，进一步深化简政放权，最大限度取消和下放行政审批事项，同步落实事中事后监管措施，实施负面清单管理，消除民间资本进入市场的各种隐性壁垒。加大制造业整合重组力度，运用市场机制引进各类投资主体沿产业链、价值链，采取参股或控股等方式投资制造业领域精深加工产业，发展混合所有制经济，加快催生一批适应市场需求、专精特新的中小微企业。深化电力体制改革，有序放开输配以外的竞争性环节电价，形成公平规范的市场交易平台，将能源优势转化为制造业竞争优势。强化知识产权创造、运用和保护，惩处垄断行为、不正当竞争行为和侵权行为。充分利用现代信息技术，强化制造业发展市场信息服务，及时研判国内外制造业发展趋势和市场需求，收集、整理、分析和发布制造业市场供需信息。（省编办、省发展改革委牵头，省科技厅、省工信委、省商务厅、省政府国资委、省知识产权局配合）

（二）落实财税政策，加大支持力度。全面落实国家和我省支持战略性新兴产业、实体经济发展、企业技术创新等方面的各项税收优惠政策。充分利用现有渠道，加大财政资金对制造业的支持力度，重点投向智能制造、高端装备、产业链延伸、成果转化等关键领域和环节。整合工业和信息化专项资金，在吸纳国有资本和社会资本、积极争取国家支持的基础上，设立甘肃省工业和信息化产业投资引导基金，通过政府引导、市场化运作方式，支持制造业升级和两化融合。落实使用首台（套）重大技术装备等鼓励政策，争取我省一批重大技术装备纳入国家《首台（套）重大技术装备推广应用指导目录》，支持高端装备、重大装备的创新及产业化。落实国家进口贴息政策，鼓励企业扩大先进技术设备、关键零部件进口。加大政府购买服务力度，将属于政府采购范围的制造业新产品列入政府采购目录。按照制造业发展需求，用足用好用活国家支持政策。（省财政厅、省工信委牵头，省发展改革委、省科技厅、省商务厅、省地税局、省国税局、甘肃保监局配合）

（三）完善金融政策，拓宽融资渠道。鼓励金融机构进一步完善适应制造业特点的信贷管理、评审和考核制度，简化贷款审批手续，缩短贷款审批时限，加大对制造业信贷支持。支持金融机构创新金融产品，开展知识产权等质押贷款业务。鼓励符合条件的制造业企业通过发行短期融资券、中期票据、中小企业集合票据（债券）等债务融资工具实现融资，鼓励符合条件的中小微企业借助全国中小企业股份转让系统或省股权交易中心挂牌融资。支持上市公司通过增资扩股、股权转让、定向增发等方式再融资，鼓励拥有自主知识产权、核心竞争力强、发展前景好的制造业企业到境内外上市。（人行兰州中心支行、省政府金融办牵头，省发展改革委、省科技厅、省工信委、省财政厅、省工商局、省知识产权局、甘肃银监局、甘肃证监局配合）

（四）优化国资布局，注重质量效益。紧盯国际国内市场对制造业的需求，支持中央在甘企业围绕推进丝绸之路经济带甘肃段建设加快发展；抓好我省与中央在甘企业已签署合作协议落实，采取参股、控股、并购、重组等多种方式开展产业招商、精准招商、以商招商，争取更多央企落户甘肃；充分发挥省属骨干企业带头作用，鼓励省属制造企业向产业链关键环节和高端布局，增强产业素质和核心竞争力，提高省属国有企业发展质量和效益；深化国资国企改革，加快建立符合社会主义市场经济发展要求的国有资产管理体制、现代企业制度、市场化经营机制，推动国有资本布局更趋合理，形成新的产业体系。（省政府国资委牵头，省发展改革委、省工信委配合）

（五）加强人才建设，提供智力支撑。深入实施人才强省战略，构建支撑制造业发展的人才培养体系，落实各类人才工程，培养造就一批德才兼备、善于经营、充满活力的优秀企业家，培养引进一批外向型、国际化、复合型的急需紧缺实用人才。强化职业教育和技能培训，培养门类齐全、技艺精湛的技术技能人才队伍。支持制造业企业依托产业项目，采取联合攻关、项目顾问、技术咨询等方式引进高层次人才和团队。鼓励企业在人才引进培养、股权激励、成果转化、创业孵化、产业扶持等方面先行先试，探索人才、智力、项目相结合的柔性引进制度和远程工作机制。（省工信委牵头，省委组织部、省发展改革委、省教育厅、省科技厅、省人社厅配合）

（六）健全激励机制，营造良好氛围。加快完善长效激励机制，对在推动全省制造业发展中做出重大贡献、业绩突出、效益显著、社会贡献大的企业或企业主要领导，每5年表彰一次，并根据不同类型企业、有关条件和考核结果，可分别实施任期奖励、专项奖励、股票期权、科技成果入股、专利技术入股、知识产权入股等，也可给予一次性物质奖励。具体奖励条件、标准和程序，由省工信委会同省财政厅、省政府国资委研究提出，报省政府审定。对获得表彰奖励的优秀企业家，在推荐党代会代表、人大代表和政协委员人选时，同等条件下优先考虑。对制造业企业从省外引进的高层次、急需、紧缺人才，在科研平台共享、职称晋升、科研补贴、兼职兼薪、配偶安置、子女入学、出国签证、住房、医疗、社会保险等方面，给予优惠待遇和便利服务。（省工信委、省政府国资委牵头，省委组织部、省教育厅、省科技厅、省人社厅配合）

（七）建立联动机制，全力推进实施。密切与国家有关部委联系，落实好工信部、省政府《加快推进甘肃省工业和信息化发展及兰州新区建设战略合作框架协议》，鼓励和引导企业争取国家各类专项支持。省政府成立《中国制造2025甘肃行动纲要》协调推进领导小组，负责甘肃行动纲要和专项规划、重大工程、重大政策、重要工作的安排，指导地方和部门开展工作。领导小组办公室设在省工信委，承担领导小组日常工作，在甘肃行动纲要框架下，组织制定若干行动计划或专项方案，进一步细化分解目标、任务、责任和时限，确保各项工作取得实效。

领导小组办公室要会同各成员单位研究建立监督考核机制，加大对《中国制造2025甘肃行动纲要》任务落实情况的督查和考核；强化对国有产业骨干企业以质量和效益为主的业绩考核，充分发挥好督查和考核的导向作用。同时要建立第三方评价机制和中期评估机制，根据发展情况适时对目标任务进行必要调整。（省工信委、省政府国资委牵头，《中国制造2025甘肃行动纲要》协调推进领导小组成员单位配合）

各地各部门要充分认识落实制造强国战略的重大意义，加强组织领导，健全工作机制，强化部门协同。各市州和各制造业企业要结合实际，研究制定具体实施方案，细化政策措施，确保落实到位。省政府有关部门结合工作职能和任务分工，制定推进方案，认真组织实施。省工信委要加强跟踪分析和指导，重大事项及时向省政府报告。

甘肃省人民政府关于印发甘肃省深入推进"互联网+"行动实施方案的通知

甘政发〔2015〕97号　2015年12月12日

各市、自治州人民政府，兰州新区管委会，省政府有关部门，中央在甘有关单位：

《甘肃省深入推进"互联网+"行动实施方案》已经省政府同意，现印发你们，请认真贯彻落实。

甘肃省深入推进"互联网+"行动实施方案

为贯彻落实《国务院关于积极推进"互联网+"行动的指导意见》（国发〔2015〕40号），加快推进互联网与各领域深度融合和创新发展，加快形成经济增长新动力，促进大众创业万众创新，推动全省经济转型升级、提质增效，结合实际特制定本实施方案。

一、总体要求

（一）指导思想。

深入贯彻党的十八大和十八届三中、四中、五中全会精神，抢抓国家深入实施"一带一路"战略的政策机遇，借助打造向西开放平台，主动嵌入"互联网+"发展成果，积极顺应"互联网+"发展趋势，坚持改革创新和市场需求导向，突出企业主体作用，推进互联网与经济社会各领域深度融合。强化跨界融合型人才培养，以促进产业转型升级和培育新兴业态为重点，推进互联网由消费领域向生产领域拓展；充分发挥"互联网+"对创业创新的支撑作用，推动各类要素资源集聚、开放和共享，构筑以平台为支撑的新型产业生态体系；大力推进政府服务创新，提升公共服务水平，夯实网络发展基础，营造安全网络环境，推进"互联网+"成为全省经济转型升级、提质增效的新引擎和新动能。

（二）基本原则。

1. 政府引导，企业主体。发挥市场在资源配置中的决定性作用，创新政府服务模式，加强规划引导，完善政策支持，建立促进"互联网+"发展的长效机制，营造开放包容的发展环境，激发各类市场主体的潜力和活力，形成优势互补、多元参与、有序竞争的发展格局。

2. 融合创新，增强动力。树立互联网思维，促进传统产业转型升级，提升产业与互联网的融合度，推进互联网向经济社会各领域加速渗透；积极推动产业融合创新，以创新促生新业态，形成融合性新兴产业，推动融合性新兴产业成为经济发展新动力和新支柱。

3. 整体推进，重点突破。整体推进互联网创新成果在经济社会各领域的融合应用，促进生产方式和发展模式变革；以互联网融合创新为突破口，重点推进我省特色优势产业"互联网+"行动，促进特色优势产业发展壮大。

4. 开放共享，安全有序。打造要素共享的互联网支撑平台，最大限度优化资源要素配置，最大程度汇聚各类市场要素创新力量，构建开放、共享的经济社会发展新模式；改善网络环境，加强网络空间治理，健全和完善维护网络空间秩序和安全的公共政策，保障网络安全，促进市场公平竞争、有序发展。

（三）发展目标。

近期目标（2016—2020年）：利用5年时间，强化基础支撑，营造发展环境、开展应用示范，促进互联网在重点领域的加速渗透，互联网对经济提质增效作用明显，基于互联网的社会服务进一步便捷普惠，网络经济与实体经济协同互动的发展格局基本形成。

——互联网基础设施不断完善。全省宽带信息网络覆盖城乡，固定互联网宽带接入用户突破500万户，城市宽带用户20Mbps宽带接入能力覆盖率达到100%，农村地区普遍具备8Mbps宽带接入能力，4G基站达到4　3万座，全省互联网省际出口带宽总量达到2T以上，成为区域信息汇集中心和输出地。

——互联网与产业发展深度融合。全省信息产业主营业务规模达到1000亿元；两化融合发展水平大幅提升；全省电子商务交易额和网络零售额年均增长35%，网络零售额占全省社会消费品零售总额的比重达到12%以上；规模以上企业应用电子商务比例达到90%以上；全省现代物流业增加值年均增长8%以上，全社会物流增加值超过900亿元。

——电子政务服务便捷高效。建成并广泛应用甘肃政务服务网，推动政府部门行政权力和政府公共服务等政务服务事项在甘肃政务服务网上运行，实现政府部门间主要业务信息协同共享，推进政府数据资源开放利用，应公开的政务信息及时、准确在网上公开。

—— 民生服务能力得到明显提升。全省教育“三通两平台”覆盖率达到90%以上，全面普及居民健康卡，社保一卡通实现城乡居民全覆盖，教育、卫生、文化、旅游、交通、民政等领域互联网服务体系完善，建立精准扶贫大数据库和数据中心，积极为扶贫开发工作提供云计算大数据服务。

—— 发展环境更为优化。信息安全标准体系和认证认可体系进一步完善，信息安全等级保护、风险评估等制度有效实施，信息网络监测、管控能力进一步加强，构建信息安全保密防护体系，强化互联网管理，网络与信息安全得到有效保障；区域性、行业性科技创新服务信息平台基本形成，行业数据中心和公共服务云平台基本建成，有效促进信息资源互联共享。

远期目标（2021—2025年）：利用5年时间，促进互联网在经济社会各领域的深度融合，全面推动网络经济与实体经济协同互动发展，积极构建互联网产业生态体系。到2025年，以互联网为引领的新兴产业体系基本形成，公共服务更加高效便捷，“互联网+”成为我省经济创新发展的重要驱动力。

二、重点任务

按照两步走的总体发展目标，结合我省实际，积极推进12个领域的“互联网+”行动计划，行动计划的重点任务分为3个阶段组织实施。2016年至2017年为夯实基础阶段，重点做好顶层设计，加快互联网基础设施建设，着力完善基础支撑条件，积极开展示范试点应用，在网上政务服务、电子商务、精准扶贫、互联网金融、创业创新、社会管理等重点领域取得突破性进展，奠定行动计划深入实施的基础；2018年至2020年为重点突破阶段，充分发挥互联网在产业转型中的支撑平台作用，加快重点应用推广工程建设，推进互联网在先进制造、现代物流、文化旅游、现代农业等优势行业的广泛应用，加大新兴业态培育力度，为全面发展创造条件；2021年至2025年为全面发展阶段，重点推动互联网与经济社会各领域的深度融合，构建互联网引领的产业生态体系，形成“互联网+”新经济蓬勃发展的良好局面。

（一）强化要素聚集与开放共享，推动“互联网+”创业创新。

围绕众创空间建设、创新型产业孵育、创业创新服务提升、创业创新资源整合、创业创新氛围营造等关键环节，依照市场规律和互联网发展趋势，组织实施“互联网+”创业创新行动计划，引导和推动全社会形成大众创业、万众创新的新格局，打造经济发展的新引擎。（省发展改革委、省科技厅、省教育厅、省工信委、省人社厅、省商务厅、省质监局、省知识产权局、省政府金融办等负责，列第一位者为牵头部门，下同）

专栏1　“互联网+”创业创新行动计划

2016—2017年：积极推进众创、众包、众扶、众筹等创新创业支撑平台建设。在战略性新兴产业、现代服务业、现代农业、文化传媒等领域，构建一批低成本、便利化、全要素、开放式的众创空间。建立工业创新服务信息平台，为中小企业和创客科技创新与成果推广应用服务，为企业完善拓展产业链提供科技支持。开展省级“互联网+”创新创业大赛，推动大学生、创业者及创新型企业开展产品、应用、模式创新。依托小微企业创业示范基地，构建小微企业公共服务平台网络。扩大新兴产业创业投资基金规模，发展互联网与实体相结合的众创金融平台。实施兰州大学、兰州理工大学、兰州交通大学等大学科技园培育发展工程，微电子、二次电池及电池材料、水性材料等双创园区建设工程，加快推进部省共建兰州留学人员创业园、众智创客空间建设，为广大创业者提供创业创新载体。

2018—2020年：实施创业创新支撑平台建设示范工程，加快兰州新区科技创新城建设。依托互联网优势企业和基础电信服务商，通过线上与线下相结合构建“互联网+”创业创新服务网络平台，开放网络、存储、计算和数据资源，降低全社会创业创新门槛和成本。支持大企业建设开放的大数据研发应用平台，汇聚和提供各类创新资源，引领中小企业和创新创业团队。支持互联网创业孵化基地建设，为创客提供工作场地、设计软件、硬件设备和团队运营、资金扶持、产品推广等服务。

2021—2025年：支持大专院校、科研院所以及省级以上科技创新平台，利用互联网手段，加强创新资源共享与合作，促进前沿技术和创新成果转化，构建开放式的创新体系。积极推动互联网开放平台的联动协作，加快有色金属新材料、先进装备制造、生物医药等产业集群协同创新服务平台建设，提升企业协同创新能力。推广用户参与设计、云设计等新型研发组织模式，推动跨区域、跨领域的技术成果转移和协同创新。

（二）加快“两化”深度融合，推动“互联网+”协同制造。

结合全面落实“中国制造2025”甘肃行动纲要，制定并组织实施“互联网+”协同制造行动计划，加快推进信息化与工业化的深度融合，把新型工业化与信息网络化结合起来，推动互联网与制造业融合，提升制造业数字化、网络化、智能化水平。在重点领域推进智能制造、个性化定制、网络化协同制造和服务型制造，打造一批网络化协同制造公共服务平台，加强产业链协作，创新制造模式，利用互联网推动传统工业转型升级，改变传统工业的研发模式、生产模式和营销模式，加快推动产业转型升级和提质增效。（省工信委、省发展改革委、省科技厅等负责）

专栏2　“互联网+”协同制造行动计划

2016—2017年：完善工业互联网、工业云、工业智能终端等工业信息基础设施。鼓励支持高校、科研院所及有条件的大型企业建设“互联网+制造”云公共服务平台，建立互联网产业联盟，推进工业大数据应用示范，开展“互联网+制造”云公共服务平台试点，促进新一代信息技术与制造业、生产性服务业的融合创新。到2017年，培育20家两化深度融合企业，推动实施50项以上制造业服务化示范项目。

2018—2020年：引导和支持制造企业向服务环节延伸产业链条，发展在线监控、全生命周期管理、总集成总承包、融资租赁、供应链金融等新业务。鼓励优势企业依托互联网平台、技术，积极进行产品业务和模式的创新。加快能源装备制造、生物医药、有色新材料等行业互联网融合创新试点项目建设。发展基于互联网的个性化定制、众包设计、网络协同制造、柔性制造等新型制造模式。推动软件技术、产品和服务的一体化协同发展，加快交通、安防、环保等领域信息化进程。到2020年，制造业重点领域智能化水平稳步提升。

2021—2025年：积极利用互联网聚集共享要素资源的优势，鼓励企业加快组织结构、制造模式、运营模式、融资方式的创新，实现全业务全流程向互联互通、协作共享的转型。大力推进制造业智能化改造，开展流程制造、离散制造的智能化管理、智能化服务等试点示范，推广柔性加工单元，柔性制造系统应用，推动关键工序智能化、关键岗位机器人替代，支持智能工厂（车间）示范工程建设，加快发展3D打印。鼓励制造企业围绕产品功能拓展，发展故障诊断、远程咨询、呼叫中心、专业维修、在线商店、位置服务等新型服务形态。到2025年，制造业重点领域基本实现智能化。

（三）提升农业网络化服务水平，推动“互联网+”现代农业。

立足我省农业生产经营特点，制定实施“互联网+”现代农业行动计划，利用互联网技术推进农业生产网络化、智能化、精准化，加快农业生产经营模式创新，逐步建立农副产品、农资质量安全追溯体系，提升农业管理和服务的信息化水平，促进农业现代化水平明显提升。（省农牧厅、省林业厅、省工信委、省商务厅、省质监局、省食品药品监管局等负责）

专栏3　“互联网+”现代农业行动计划

2016—2017年：推进甘肃省农村信息公共服务网络工程建设，构建具有信息服务、生产调度、经营管理、资源利用等功能的农业大数据管理平台。重点推动设施农业的物联网应用工作，积极推进基于物联网的道地中药材质量安全跟踪、高原夏菜物联网物流技术集成应用和玉米种子安全可追溯系统等重大应用示范工程建设。建立跨行业的涉农大数据共享平台建设，鼓励涉农企业开发农业信息资源，实时发布市场价格、供求信息，提供形式多样的信息服务，帮助农民掌握市场行情。积极开展电子商务进农村综合示范，开办“农家网店”，发展特色农产品在线营销。

2018—2020年：加快智能传感器、卫星遥感、地理空间系统等技术在蔬菜、马铃薯、草食畜牧业、中药材、优质林果、制种和酿酒原料等农业特色支柱产业的推广应用，增强对农业生产的精确监测能力和智能化水平。深化大数据技术在农业生产、经营、监管领域的应用，加快推进农作物种子、农药监管追溯系统建设，完善农业监管体系。加快建设网上农产品交易平台建设，加强产销衔接，构建以“企业+农民合作社+基地+农户”为形式的网络化经营体系。推进10000个示范性家庭农场和农民合作社开展物联网试点，推广成熟可复制的物联网应用模式，逐步实现农牧业生产经营管理精准化、智能化。

2021—2025年：提升农业设施、农业装备的智能化水平，实现农业设施、设备的智能控制。建成全省统一的农产品质量安全追溯管理信息平台，建立农产品产地准出、包装标识、索证索票等监管机制，提高农产品监管水平。支持新型农业生产经营主体应用二维码、无线射频识别等信息技术，强化农产品在生产加工和流通销售环节的信息对接。促进基于互联网的农情体系和农产品市场预警体系建设，提高突发农业灾害和滞销卖难应急处置能力。

（四）加快能源系统智能化改造，推动“互联网+”智慧能源。

依托我省新能源资源优势，制定实施“互联网+”智慧能源行动计划，加强分布式能源网络建设，加快发电设施、用电设施和电网智能化改造，提高能源生产、供给智能化水平和电力系统的安全性、稳定性、可靠性，提升新能源消纳和外送能力，提高可再生能源比重，促进能源利用结构优化，推动智能电网与互联网深度融合。（省发展改革委、省工信委等负责）

专栏　：“互联网+”智慧能源行动计划

2016—2017年：鼓励能源生产企业运用大数据、物联网等技术对设备状态、电能负载等数据进行采集、分析挖掘与预测，开展精准调度、故障判断和预测性维护。重点在酒泉千万千瓦级风电基地和百万千瓦级光伏发电基地，开展大规模风电场、光伏电站集群远程监控技术研发和应用，提高风光电集群化远程控制和行业管理水平。支持大型能源企业和研究机构创建省级以上工程（技术）研究中心、工程实验室，开展分布式发电、储能、智能微网、主动配电网等关键技术研发。积极推广风电场、光伏电站集群控制技术，提升新能源运行控制管理水平。

2018—2020年：加快推进“可再生能源发电规模化利用”国家重点实验室建设。建立基于互联网的能源生产监测、管理和调度公共服务网络，推进需求侧管理模式，实现能源储备和能源需求的匹配，提高能源效率。促进电厂之间、电厂与电网信息对接，实现基于互联网的双向通信和智能调控，实现分布式电源柔性接入。依托互联网开展能源生产、消费、技术和机制创新，进行能源结构调整，提升新能源比重，实现绿色、低碳、可持续发展目标。构建不同市场主体共同参与，大量吸纳拥有分布式电源的用户或微网系统、可再生能源参与的能源交易平台，开展能源在线交易、转售等业务。

2021—2025年：积极推广电网友好型新能源发电等关键技术，提高新能源发电技术、接纳能力和智能电网调度运行控制水平。积极促进新能源微电网的运行和技术服务体系建设，通过市场手段实现资金与技术等资源的优化配置。构建整合智能电网、电商平台、智能用电设施、物联网以及碳交易、互联网金融等衍生服务的绿色能源网络平台。

（五）实施信息惠民示范工程，推动“互联网+”益民服务。

充分发挥互联网的高效、便捷优势，加快建设甘肃政务服务网，全面推进行政权力网上公开和政府服务事项网上办理；创新政府服务模式，优化政府网络化管理和服务能力，促进政府职能转变和简政放权，提升政府科学决策能力和管理水平。加快推进基于互联网的医疗、健康、养老、教育、社会保障、食品药品等益民服务，80%以上的市州建成三维数字社会管理服务平台，提高资源利用效率，降低服务消费成本。（省发展改革委、省教育厅、省财政厅、省工信委、省民政厅、省人社厅、省建设厅、省交通运输厅、省卫生计生委、省扶贫办、省商务厅、省质监局、省工商局、省食品药品监管局、省旅游局、省网信办、省审改办、省电子政务办等共同负责）

专栏　：“互联网+”益民服务行动计划

2016—2017年：建成甘肃政务服务网，建设政务信息共享交换平台和监管信息共享平台，打造网上办事的并联审批平台、快捷务实的便民服务平台、信息公开的阳光政务平台，实现全省政府系统行政许可和公共服务事项的“一站式”网上办理。积极推进兰州、白银、敦煌等国家信息惠民试点城市建设，形成示范带动效应。推动全省医疗大数据库、健康服务云平台和医疗服务云平台建设，推广电子处方、电子病历应用，推进医疗资源、医疗数据联网共享。建立省、市（县）二级人口健康信息平台，开展在线健康咨询、健康管理等服务。推进全民社会保障信息化系统建设，构建全省集中的社会保障数据平台，实现精细化管理。实施“校校通”提速扩容工程、“三通两平台”教育信息化工程，加快教育基础信息库建设，制定智慧教育标准体系，规范各类信息系统接口，构建教育信息交换平台。打造名师课堂远程直播平台、职业教育公共服务平台和智慧教育云，整合各类教育资源，促进优质教育资源向社会开放。积极推广“虚拟养老院”模式，加快推进全省居家养老服务平台建设。推广“甘肃爱城市”，提升便民服务能力。

2018—2020年：进一步深化整合甘肃政务服务网的应用功能，构建一体化在线公共服务体系，以甘肃政务服务网数据资源为依托，建设政府大数据平台，促进公共服务创新和服务资源整合。加快完善网上信访，提高工作质量、效率，提升政府公信力。全面推广兰州市“电子政务、电子商务、社会管理事务”三务融合的三维数字社会服务管理模式，推进网格化社区信息管理与服务系统建设。推进网络医院试点建设，构建连接省城三级医院、县（区）级医院、社区卫生服务中心、村卫生室、连锁药店的互联网医疗平台。深化我省与中日友好医院的远程医疗合作，建立远程医疗云健康服务平台，提供远程会诊、远程专科诊断、远程手术指导、远程医疗救援、远程医学教育等医疗服务。扶持和鼓励社会力量兴办教育培训机构，提升“互联网+”技能人才的规模和水平。探索推进依托互联网与城市学校异地同堂上课等网上教学模式。支持学校、社会培训机构建设智慧学习平台，形成教育系统网络全覆盖、资源全覆盖、服务全覆盖的信息化软件环境。

2021—2025年：加快大数据技术在政府管理服务中的应用，开放社会民生重点领域政务数据资源，推进社会化开发利用政务数据资源，探索推行个性化公共服务。探索推进医院、医保系统、药商等信息互联，发展和规范互联网药品交易、药品信息等服务，支持第三方交易平台依法参与互联网药品经营活动，规范互联网医药电商，推动医药分离。推广互联网医疗模式，改善健康管理方式、重构就医方式、改善就医体验、重构医患生态。推广“移动个性化学习终端”、“电子书包”等学习工具，引导学生运用互联网海量信息资源开展自主式学习。鼓励企业建设网络服务平台，面向不同人群提供开放式在线课程，丰富互联网教育产品，提供个性化学习服务。不断深化教育云平台应用，推进教育公平、提高教育质量、推动教学改革。培育一批产业链长、覆盖领域广、经济社会效益显著的养老示范企业。支持有条件的企业开发实时定位、远程监护、健康检测等智慧养老产品，满足健康养老需求。

（六）深化物流信息资源互通共享，推动“互联网+”现代物流。

围绕加快推进“丝绸之路经济带”甘肃段建设，制定实施“互联网+”现代物流行动计划，推进“大兰州”区域商贸物流中心建设，提升酒嘉、金武、天水、平庆区域性物流枢纽地位，建设张掖、陇南、定西、临夏、甘南重要物流节点。加快建设跨行业、跨区域的物流信息服务平台，促进物流信息的互联互通，提高物流运行效率；加强大数据、物联网、云计算等先进信息技术在重大物流工程中的运用，推进现代化仓储和物流基础设施建设，提升物流的信息化、标准化、精细化水平。（省发展改革委、省工信委、省商务厅、省交通运输厅、兰州铁路局、省网信办等负责）

专栏　：“互联网+”现代物流行动计划

2016—2017年：推动大数据、云计

算等先进信息技术在物流领域的运用，加快建设兰州集装箱中心站和东川国际物流园区，推进中国兰州自由贸易区建设，提升大兰州国际陆路航空港和物流集散中心地位。建设公铁联运信息平台、区域物流信息平台、行业物流信息平台，实现物流信息资源的互通共享。建设完善甘肃北斗物流云综合服务平台，提高物流供需信息对接和使用效率。积极推广应用二维码、无线射频识别等技术的仓储设施的应用，实现仓储设施与货物的实时跟踪、网络化管理以及库存信息的高度共享。推进“生产基地+加工企业+第三方物流”冷链物流系统与蔬菜溯源系统的结合，提高以兰州高原夏菜为重点的生鲜农产品保鲜储运效率。

2018—2020年：围绕建设嘉峪关国际航空口岸、武威综合保税区，兰州、嘉峪关、敦煌三大国际空港和兰州、天水、武威三大国际陆港，利用互联网手段实现货运枢纽场站和物流园区的智能化管理。支持传统物流业转型升级，依托大型企业建设大型物流园区、配送中心，推广空地、公铁、甩挂专线等多式联运系统。重点推进城市绿色货运配送和农村物流示范工程建设，建立完善城乡一体化分级物流网络。推广智能化物流仓储装备，提升仓储运管水平和效率。大力发展以自助电子快递箱、智能快递站等为代表的智慧末端物流设施。

2021—2025年：积极培育发展保税物流、国际中转、国际配送等跨国物流，建设面向中亚西亚的西北物流中心。推进企业物流信息、行业物流信息与省级物流公共信息平台的数据共享，实现物流与供应链各环节的对接，推动物流对生产和销售流通的改造。支持物流、电子商务、快递等企业和专业化末端配送企业进行多方合作，通过信息化手段整合末端配送资源，建设完善基于互联网和移动互联网的末端物流配送体系。

（七）扩大电子商务发展空间，推动“互联网+”电子商务。

制定实施“互联网+”电子商务行动计划，积极发展农村电商、行业电商和跨境电商，创新电子商务发展模式，进一步扩大电子商务发展空间，推动电子商务与其他产业融合不断深化，网络化生产、流通、消费更加普及和规范。（省商务厅、省发展改革委、省工信委、省农牧厅、省国税局、省地税局、省质监局、省网信办等负责）

专栏7　“互联网+”电子商务行动计划

2016—2017年：加快推进兰州国家电子商务示范城市建设，抓好国家电子商务进农村综合示范8个示范县的项目实施，创建省级电子商务示范体系。抓好“特色中国—甘肃馆”的运营和推广，扩大我省特色农产品网上销售规模。推进京东集团“千县燎原”和苏宁“农村电商”在我省落地实施，组织实施精准扶贫电商支持计划，加快成县、武都区阿里巴巴集团“千县万村”计划项目实施。积极搭建中药材、装备制造、有色冶金、生物医药等行业电子商务平台，推动相关企业与电子商务企业合作，促进我省特色优势行业深化电子商务应用。引导有条件的专业市场设置电子商务专区，支持中小微企业与电子商务平台优势互补。在餐饮、酒店、商场、旅游等消费服务行业，培育发展线上线下联动的体验式消费、群体共享式消费、个性需求定制服务等互联网新商务。

2018—2020年：加快发展农村电子商务，加强互联网与农业农村融合发展，促进工业品、生产资料下乡和农产品进城，促进农资和农产品高效流通。组织1000家省内特色产品生产经销商入驻知名电子商务平台，打造完善的特色优势产品产销信息网上发布体系。充分发挥兰州新区综合保税区、武威保税物流中心优势，培育和引进一批跨境电子商务企业及报关、退税、国际物流、海外仓储、汇兑服务于一体的跨境电子商务服务企业，为我省跨境网络零售提供支撑服务。引导电子商务企业建设完善网络安全防护体系、数据资源安全管理体系和网络安全应急处置体系。加强电子商务信用体系建设，大力推动身份认证、网站认证和电子签名等网络信用服务。

2021—2025年：组织开展大中型工业企业电子商务集成创新行动，在工业消费品、原材料、电子信息等重点工业领域深化电子商务应用。积极推广面向电子商务的第三方信用服务业。鼓励银行、支付机构依法合规开展跨境电子支付业务。鼓励传统制造和商贸流通企业利用跨境电子商务平台开拓国际市场，支持和鼓励省内有条件的企业通过海外仓、体验店等形式开展跨境电子商务零售出口。完善我省跨境电子商务通关作业流程，建立跨境电子商务进出境货物、物品管理模式，打造跨境电子商务公共服务平台，推进跨境电子商务快速发展。

（八）提高互联网金融服务能力，推动“互联网+”普惠金融。

促进互联网金融健康发展，制定实施“互联网+”普惠金融行动计划，全面提升我省互联网金融服务能力和普惠水平，开展金融云公共服务，鼓励互联网与银行、证券、保险、基金的融合创新，为大众提供丰富、安全、便捷的金融产品和服务，更好满足不同层次实体经济的投融资需求。（人行兰州中心支行、甘肃银监局、甘肃证监局、甘肃保监局、省政府金融办、省网信办、省财政厅等负责）

专栏8　“互联网+”普惠金融行动计划

2016—2017年：鼓励商业银行、证券、保险、基金与互联网融合创新，发展网络银行、网络借贷、网络证券、网络保险、互联网理财产品销售、网络消费信贷等金融新模式。不断提升甘肃股权交易中心“兴陇宝”投融资平台和兰州银行“e融e贷”服务能力，推动甘肃银行互联网金融平台建设，推广金畅互联网金融体验中心，完善我省互联网金融服务平台。推动安翔网上支付支持系统等本地化支付结算平台的应用，积极鼓励省内企业建立基于互联网金融模式的本地结算系统。

2018—2020年：推动我省互联网企业与金融机构开展产品、技术、服务创新，拓展互联网金融服务。加快移动金融与金融IC卡融合发展，实现金融IC卡在我省公交、出租、公共自行车租赁、地铁等公共交通行业的推广应用。支持符合条件的企业和机构取得互联网支付业务牌照。

2021—2025年：支持已取得牌照的地方法人支付机构积极开展互联网支付业务。支持金融企业与云计算技术提供商合作开展金融公共云服务，发展P2P网贷(点对点信贷)、众筹、互联网银行等新型金融服务。逐步建立与互联网金融服务相配套的监管体系，防范金融风险。

(九)强化新技术应用示范，推动"互联网+"便捷交通。

制定实施"互联网+"便捷交通行动计划，强化区域综合交通枢纽建设，进一步完善路网结构，提升承东启西、互联互通的综合交通能力。推进基础设施、运输工具、运行信息等互联网化，推动互联网与公共出行服务、交通运输领域的深度融合，构建安全、畅通、低碳、便捷、高效的智慧交通体系，建设全省交通云数据中心和云服务共享平台，提高交通运输管理的智能化和精细化水平，全面提升交通运输行业服务品质和科学治理能力。(省交通运输厅、省工信委、省公安厅等负责)

专栏9 "互联网+"便捷交通行动计划

2016—2017年：优化各类智能终端在公路、铁路、机场、城市公交线网等交通基础设施网络的布局与应用。整合铁路、公路、民航及城市交通数据资源，利用云计算技术建设综合交通大数据平台。重点开展多式联运、甩挂运输、城市物流配送及仓储、公共交通综合调度等系统的研发。加快公共交通一卡通、金融IC卡和移动支付在交通领域的应用，加快甘肃省"互联网交通安全综合服务平台"试点建设。

2018—2020年：加强移动互联网、北斗卫星导航、GPS定位、无线射频识别、IC卡电子证件等技术应用，实现城市公交、出租车和轨道交通数据互联互通。推进互联网技术在拥堵预防、节能减排、通行能力提升等方面的应用，提升城市交通管理水平。强化大数据技术应用，为交通运输设施规划与建设、安全运行控制、交通运输管理决策提供支撑。

2021—2025年：建立健全公路、水路、民航、铁路及城市交通为一体的信息采集、交换、共享和应用机制，实现跨行业、跨部门海量数据资源的互联互通和集中使用。以物联网交通感知平台、智能交通管理系统、智能停车场建设为重点，建立完善的交通控制系统、监控系统、违法查处系统、交通诱导系统、交通信息服务系统。

(十)加快文化旅游智慧应用系统建设，推动"互联网+"文化旅游。

以加快推进华夏文明传承创新区建设为契机，深入挖掘我省特色文化旅游资源，推进文化旅游与互联网的结合，制定实施"互联网+"文化旅游行动计划，加快发展基于互联网的旅游服务，完善电子景区、智慧旅游企业的建设运营，搭建甘肃特色文化创意产品线上平台，打造互联网运营模式，加速推动文化与旅游的深度融合，推动我省智慧文化旅游发展。(省文化厅、省旅游局、省新闻出版广电局、省工信委等负责)

专栏10 "互联网+"文化旅游行动计划

2016—2017年：建立集旅游资讯查询、电子商务、微营销、电子导览、虚拟旅游于一体的甘肃智慧旅游公共信息平台。全面对接国家智慧旅游公共服务平台，推广甘肃万维等智慧旅游大数据集成及应用平台，运用旅游大数据加强对旅游企业的服务和监管。围绕"精品丝路、绚丽甘肃"主题，紧靠敦煌国际文化旅游名城、甘肃丝绸之路大景区、陇东南五市全国中医药养生保健旅游创新区、河西五市联动等战略平台建设，大力发展互联网+特色旅游。在重点旅游景区开展智慧旅游APP、微信服务平台、景区虚拟旅游、三维实景、位置语音导览、实时视频展播等智慧旅游应用。推进甘肃省图书馆国家公共文化数字支撑平台建设，搭建特色文化创意产品线上平台。支持甘肃省广电网络公司与嘉峪关市、华强集团共同合作建设丝绸之路文化博览园项目。

2018—2020年：积极探索"互联网+"文化旅游的融合发展模式，利用旅游大数据挖掘分析手段，建立传统渠道和移动互联网等新媒体渠道相结合的营销体系。积极培育以数字技术为载体的文化产业，推进传统媒体和新兴媒体融合发展。加快推进数字内容及影视动漫、广告会展、文化创意、体育建设等新业态发展。培育5—10家影视、音乐、动漫、游戏研发制作、发行、渠道、配套支撑等产业环节的龙头企业，打造1—2个移动互联网与数字文化紧密结合的创新型孵化器。开发O2O系列文化产品、文化旅游演艺等项目，带动线上线下文化旅游行业资源的不断整合。

2021—2025年：充分挖掘甘肃省文化底蕴，打造互联网运营模式，加速推动文化与旅游的深度融合，带动书画、旅游、民俗文化产品等多个行业形成基于互联网的新型产业链。创新销售模式、协议合作、联盟或其他方式，打造地区性文化旅游产业链。建立互联网新型媒体平台，带动传统媒体、出版、图书等宣传窗口的转型。

(十一)不断完善环保监控体系，推动"互联网+"智慧环保。

制定实施"互联网+"智慧环保行动计划，建设与环境保护工作发展相适应的环境信息化管理体系，使信息技术与环保业务更加紧密融合，工作效率和效能全面提高，做到环境信息公开透明，生态环境数据互联互通和开放共享，环境信息化保障能力和服务水平不断提升。（省环保厅、省发展改革委等负责）

专栏11 “互联网+”智慧环保行动计划

2016—2017年：依托智能监测设备和移动互联网技术，建设省级环境监管云计算平台、省级信息化网络、数据处理及储存平台，完善污染物排放在线监测系统，对占我省主要污染物工业排放负荷70%的废水、废气重点污染源企业和100%的城市污水处理厂实施自动监控。全面开展污染源在线自动监控设施第三方运营工作，实现对污染源情况在线实时监控。建立甘肃省环境空气质量预报预警平台，实现对全省区域内未来48小时空气质量预报和未来3天潜势预测。

2018—2020年：建设省级环境信息资源共享中心和省级业务应用支撑平台，深化环境地理信息的应用与服务。分步建设实施环境质量管理、污染源监管、生态保护管理、核与辐射安全管理、危险化学品环境管理、环境应急管理、重污染天气预警预报、环保政务管理等管理平台。建立环境信息数据共享机制，建设全省统一的资源环境动态信息查询与服务平台，推进区域污染物排放、空气环境质量、水环境质量等信息公开，通过互联网实现面向公众的在线查询。

2021—2025年：完善各类业务应用系统，实现一体化联防联控环境管理体系。健全甘肃省碳排放管理和交易系统。搭建城市废弃物回收和在线交易平台。利用物联网、大数据技术，开展城市废弃物智能化识别、定位、跟踪、监控和管理，对可回收废弃物资源开展线上交易应用示范，实现回收模式创新和交易模式创新。

（十二）运用互联网创新扶贫模式，推动“互联网+”精准扶贫。

聚焦“六个精准”总体要求，紧盯“1+17”精准扶贫方案落实，建立全省精准扶贫大数据管理平台，实行建档立卡、贫困户、贫困村全过程信息化动态管理，实现信息共享和业务协作功能。利用互联网拓展贫困地区发展视野，拉近与市场的距离，实现贫困地区、贫困村、贫困户与先进生产要素和社会力量的有效对接。加快电子商务扶贫步伐，提升贫困户运用电子商务创业增收的能力，增加就业和增收渠道。探索精准扶贫新路径新模式，构建政府、市场、社会共同参与的精准扶贫格局。（省扶贫办、省农牧厅、省商务厅、省工信委等负责）

专栏12 “互联网+”精准扶贫行动计划

2016—2017年：利用大数据和移动互联技术，建立全省精准扶贫大数据管理平台，构建面向全省扶贫工作的综合信息服务体系，实现底数清、问题清、任务清、对策清、责任清、数据准确、管理规范。完善贫困户、贫困村相关数据采集、传输及共享，建立扶贫数据采集、运算、应用、服务体系，打通政府部门及相关行业的数据接口，实现扶贫信息的共享互用。制定涉及扶贫对象教育、卫生、民政、水利、交通、住房、培训等资源要素数据监测体系，为政府决策和开展精准扶贫提供科学依据，为推进精准扶贫精准脱贫工作创造条件，精准掌握各项政策落实情况。开展电商扶贫试点，推动农村电子商务和农业经营方式创新有效结合。扶持农产品加工企业通过产业化经营，带动贫困户从事网货生产加工，建立完善的供应体系，在全省70%以上的贫困乡实现利用电子商务销售当地特色产品，交易额年均增长20%以上。

2018—2020年：强化扶贫资源要素数据的集聚利用，提升预测预警能力。推进各地区、各行业、各领域扶贫数据资源的共享开放，加强数据资源发掘运用，实现各级相关行业部门针对贫困户、贫困村、贫困县的信息共享和精准扶贫业务协作，为实施“1+17”精准扶贫方案提供事先预警、事中监控、事后评估等监管考核功能，支持扶贫开发全过程信息化动态管理，提升管理高效化、服务便捷化的能力和水平。鼓励电商龙头企业、网络经纪人、能人大户、专业协会开展贫困户网店“一对一”对接，帮助贫困户提高网店运营效益。在全省贫困地区普及电子商务应用，实现县有农村电子商务服务中心、乡有电子商务服务站、村有电子商务服务点，贫困户能通过电子商务销售自产产品、购买生产生活资料，交易额年均增长30%以上。

三、保障措施

（一）组织领导，完善统筹协调机制。建立省推进“互联网+”行动部门联席会议制度，统筹解决重大问题，部署落实重点任务，督促检查各项工作的实施。建立跨领域、跨行业的“互联网+”行动专家咨询委员会，积极引导行业协会、中介组织和各行业企业广泛参与，切实为政府决策提供支撑。各地各部门要结合实际制定具体工作方案，建立健全推进“互联网+”发展协调机制和分工合理、责任明确的工作机制，切实加强统筹规划，着力提升服务和管理能力，务实有序推进“互联网+”行动。（省发展改革委负责）

（二）加快实施“宽带中国”战略，强化应用基础设施建设。深入实施“宽带中国”战略，加快全光纤网络城市和4G网络建设，推动光纤到户进程，统筹提高城乡宽带网络普及水平和接入能力，推动网络提速降费。组织实施“宽带乡村”和中小城市基础网络完善工程，加快光纤宽带和新一代移动通信网络等信息基础设施在农村地区的部署和村村通建设。加快建设基于IPv6的下一代高速宽带网络，推进城域网高速互联。建立“互联网+”业务与应用标准化体系，完善无线传感网、云计算中心及大数据平台等新型网络应用基础设施，提升云计算服务能力，强化“互联网+”行动支撑条件。加强信息网络基础设施安全防护和用户个人信息保护，强化重要领域信息安全保障能力。（省工信委、省发展改革委、省

通信管理局、省网信办等负责）

（三）营造开放包容环境，推进数据资源共享。进一步深化体制机制改革，放宽市场准入条件，减少事前准入限制，加强事中事后监管，破除行业壁垒，推动各行业、各领域在技术、标准、监管等方面充分对接，积极营造互联网公平竞争环境。加快社会征信体系建设，完善信用支撑体系，为经济调节、市场监管、社会管理和公共服务提供有力支撑。按照国家大数据战略要求，大力推进政府数据资源开放共享，建立数据分级制度和开放共享制度，建设政府数据开放平台，推进政府和公共信息资源的统一汇聚和集中开放，促进互联网应用创新。（省发展改革委、省工信委、省工商局、省政府金融办等负责）

（四）完善政策体系，加大政策扶持力度。全面落实加强网络信息保护和信息公开有关规定，加快推动制定网络安全、电子商务、个人信息保护、互联网信息服务管理等地方性法规和规章。采用贴息补助和资金扶持的方式，加大对"互联网+"领域的扶持力度，推进"互联网+"重大工程建设，加快关键技术研发，推动重点产品产业化。加大政府部门采购云计算服务的力度，将"互联网+"相关平台建设和应用纳入政府购买服务目录，探索基于云计算的政务信息化建设运行新机制。积极发挥新兴产业创业投资基金的引导作用，拓宽"互联网+"领域投融资渠道，鼓励风险投资、天使投资等社会资金加大对"互联网+"领域创新型企业的投资。（省发展改革委、省财政厅、省政府金融办、省政府法制办等负责）

（五）强化创新驱动，提升自主创新能力。突出企业技术创新主体地位，积极构建产学研用结合的"互联网+"产业创新网络和技术创新联盟。培育创新载体，支持"互联网+"领域工程（技术）研究中心、工程实验室、重点实验室、企业技术中心、工业设计中心等平台建设。加快推进"互联网+"领域基础、共性、关键技术标准的制定和推广，积极构建在线知识产权服务平台，提升知识产权服务附加值，引导企业制定和实施知识产权战略，加强企业知识产权的创造和运用。大力发展开源社区，鼓励软件成果通过互联网向社会开源，促进软件成果的开发应用。加大网络知识产权和专利执法维权工作力度，严厉打击各种网络侵权假冒行为，增强全社会对网络知识产权的保护意识。（省科技厅、省发展改革委、省工信委、省知识产权局等负责）

（六）完善人才培养机制，着力提升智力支撑能力。鼓励传统企业与互联网企业建立信息咨询、人才交流等合作机制，促进双方合作交流。将互联网复合型人才纳入省市高层次人才引进计划，采取多种方式，引进和培养一批"互联网+"领域高端人才，吸引互联网领域领军人才、特殊人才、紧缺人才在我省创业创新和从事教学科研等活动。鼓励高等院校面向市场需求，积极调整学科和专业设置，培养相关人才。鼓励校企、院企合作办学，结合国家和省专业技术人才知识更新工程，加强各类人员应用能力的培训，加强复合型人才的培养，推进"互联网+"专业技术人才培训。（省教育厅、省科技厅、省人社厅、省工信委、省发展改革委等负责）

附　件：甘肃省推进"互联网+"行动部门联席会议制度

为加强我省深入推进"互联网+"行动的组织领导和统筹协调，强化协同配合，形成工作合力，经省政府同意，建立甘肃省推进"互联网+"行动部门联席会议（以下简称联席会议）制度。

一、主要职能

深入贯彻国务院总体工作部署，统筹推进我省"互联网+"行动方案的实施，研究协调"互联网+"发展中的重大问题，组建跨领域、跨行业的"互联网+"行动专家咨询委员会，加强对有关工作的指导、监督和考核，审议部署年度重点任务，督促检查各项工作的落实情况，及时向省政府报告有关工作情况，完成省政府交办的其他事项。

二、成员单位

联席会议由省发展改革委、省网信办、省编办（省审改办）、省教育厅、省科技厅、省工信委、省公安厅、省安全厅、省民政厅、省财政厅、省人社厅、省环保厅、省交通运输厅、省农牧厅、省林业厅、省商务厅、省文化厅、省卫生计生委、人行兰州中心支行、省政府国资委、兰州海关、省国税局、省地税局、省工商局、省质监局、省新闻出版广电局、省食品药品监管局、省知识产权局、省旅游局、省政府金融办、省扶贫办、甘肃银监局、甘肃证监局、甘肃保监局、省信访局、省电子政务办等36个部门和单位组成。

联席会议由省发展改革委主要负责同志担任召集人，省发展改革委分管负责同志担任副召集人，其他成员单位有关负责同志为联席会议成员（名单附后）。联席会议成员如需要调整，由所在单位提出，联席会议确定。

联席会议办公室设在省发展改革委，承担联席会议日常工作。联席会议设联络员，由各成员单位主管处室负责同志担任。

三、工作规则和相关要求

联席会议原则上每年召开1至2次全体会议，由召集人或副召集人主持，可根据工作需要临时召开。联席会议研究审议具体工作事项时，可视情况召集部分成员单位参加会议，也可邀请其他部门和专家参加会议。联席会议议定的事项以会议纪要形式印发各成员单位，重大事项按程序报省政府。各成员单位要按照职责分工积极落实联席会议研究确定事项和分工任务，主动研究制定促进"互联网+"发展的政策措施，积极提出工作建议。联席会议办公室要加强对联席会议议定事项的跟踪督促落实，及时向成员单位通报进展情况。联席会议各成员单位要加强沟通、密切配合、相互支持、形成合力，切实保障我省推进"互联网+"行动落到实处。

甘肃省推进"互联网+"行动部门联席会议成员名单

召集人：　周　强　省发展改革委主任
副召集人　陈　江　省发展改革委巡视员
成　员：　梁和平　省网信办主任

王　久　武省编办副主任
史虎平　省信访局督查专员
刘　宏　省教育厅副厅长
巨有谦　省科技厅副厅长
王海峰　省工信委副主任
谢治国　省公安厅副厅长
张新宇　省安全厅厅长助理
郭华峰　省民政厅副厅长
陈牧原　省财政厅副厅长
吴雄成　省人社厅副厅长
白志红　省环保厅副厅长
刘建勋　省交通运输厅副厅长
韩临广　省农牧厅副厅长
张肃斌　省林业厅副厅长
王颖玲　省商务厅副厅长
才　智　省文化厅副厅长
李存文　省卫生计生委副主任
车　洪　省政府国资委副主任
师学礼　省地税局副局长
侯中甲　省工商局副局长
孙乔玉　省质监局副局长
佘长江　省新闻出版广电局副局长
姚念文　省食品药品监管局副局长
王富民　省旅游局副局长
李世英　省扶贫办副主任
张建韬　省知识产权局副局长
于海波　省政府金融办副巡视员
沈渭智　省电子政务办主任
张春中　兰州海关副关长
向　宇　省国税局副局长
李文瑞　人行兰州中心支行副行长
刘爱平　甘肃银监局副局长
韩小玉　甘肃证监局副局长
潘　波　甘肃保监局副局长

省政府办公厅意见、通知

甘肃省人民政府办公厅关于深入推进“365”现代农业发展行动计划着力实施“十百千万”工程的意见

甘政办发〔2015〕11号　2015年1月23日

各市、自治州人民政府，兰州新区管委会，省政府各部门，中央在甘有关单位：

为全面深化农村改革，加快转变我省农业发展方式，深入推进“365”现代农业发展行动计划，努力促进农业结构调整取得新突破、农民增收取得新成效，省政府决定实施“十百千万”工程。现提出如下意见。

一、总体思路和目标

（一）总体思路。

围绕“365”现代农业发展行动计划确定的发展方向、工作重点和主要任务，以确保粮食安全、主要农产品有效供给、农民持续增收、农业农村经济可持续发展为主要目标，坚持市场导向、典型引路、分类推进，着力提升现代农业设施装备和科技支撑水平，培育新型农业经营主体，建设稳定的优势特色产业基地，构建布局更趋合理、发展更具活力、特色更加鲜明、效益更加凸显的现代农业产业体系，推动我省现代农业快速发展。

（二）总体目标。

力争经过几年的努力，在全省培育提升10个以上大型上市农业产业化龙头企业，创建100个左右现代农业示范区（园），建设1000个左右优势特色产业基地，扶持10000个左右示范性家庭农场和农民专业合作社，使之成为加快推进农业现代化的重要载体。到2018年，全省特色优势产业基地面积占农作物播种面积的60%左右；畜禽规模化养殖比重达到50%以上；土地适度规模经营比重达到30%以上；主要农作物耕种收综合机械化水平达到55%左右；主要农作物及猪、禽、奶牛良种化率达到95%以上，肉牛、肉羊良种化率达到75%以上，农业科技进步贡献率超过54%。

二、创建内容、目标及标准

（一）上市农业产业化龙头企业培育。

1. 创建内容：按照扶优、扶大、扶强的原则，选择一批产业链条长、产品附加值高、市场竞争力强、品牌影响力大的龙头企业予以重点培育。引导龙头企业采取兼并、重组、参股、收购等方式，组建大型企业集团，支持有条件的龙头企业上市融资，增强发展实力。支持龙头企业跨区域经营，提升产品研发、精深加工技术水平。建立和完善现代企业制度，创新和完善龙头企业和农民的利益联结机制，带动农民增收致富。

2. 创建目标：以六大优势特色产业为依托，按照产加销一体化经营方式，集中培育10个以上行业领军企业，大力提升农业产业化引领现代农业发展水平。

3. 创建标准：除符合国内上市企业条件外，还应符合以下要求：总资产规模1亿元以上，年销售收入10亿元以上，带动农户的数量在1500户以上；从事农产品生产、加工的销售收入占销售总收入的70%以上；获得国家驰名商标或省级著名商标。力争5个在主板上市，5个以上在新三板上市。

（二）现代农业示范区（园）创建。

1.创建内容：依托现有的国家、省级现代农业示范区和发展基础较好的农业科技园区、循环经济园区、生态农业园区、农业机械化示范基地和农产品加工园区等，通过集聚产业要素，完善基础设施，培育新型经营主体，打造优势特色品牌，创建不同产业类型、不同区域特色的现代农业示范区（园）。

2. 创建目标：在全省建成30个左右国家和省级现代农业综合示范区，建成70个左右覆盖不同产业类型、不同区域特色的省级现代农业示范园。逐步形成以区域性示范区为引领，以特色示范园为支撑的全省现代农业发展新格局。

3. 创建标准：示范区（园）应具备“三有、三高”。“三有”是：有明晰的产业定位，有能复制可推广的发展模式，有自己或紧密结合的研发团队；"三高"是：土地产出率、资源利用率和农业劳动生产率较高。示范区（园）农作物耕种收综合机械化水平、标准化规模养殖水平、农业科技进步贡献率、良种化率、农民人均纯收入等高于非示范区（园）。

（三）打造优势特色产业基地。

1．创建内容：按照基地支撑、特色成块、产业成带、集群发展的要求，以生产优势区域为重点，壮大以草食畜牧业为主的循环高效农业和以优质林果、设施蔬菜为主的特色高效农业，提升马铃薯、中药材、现代种业和酿酒原料等特色优势产业，建成规模效应明显、产业优势突出、组织化程度较高、农民增收效果显著的优势特色产业基地。

2．创建目标：在全省建成1000个左右优势特色产业基地。其中，种植类基地600个左右，养殖类基地400个左右。

3．创建标准。

（1）种植类基地建设标准。

——蔬菜生产基地。以河西走廊、沿黄灌区、泾河流域、渭河流域、"两江一水"流域等五大蔬菜生产优势区域为重点，突出发展高原夏菜、冬春淡季设施蔬菜生产。主推工厂化集约育苗、设施改造提升、标准化栽培、水肥一体化灌溉、病虫害绿色生物统防、产后商品化处理、保鲜贮藏、冷链运输与营销及尾菜无害化处理等技术。基地的工厂化集约育苗达到100%，产品无公害率达到100%。

——林果生产基地。以陇东黄土高原、天水陇南山地、中部黄河流域为主，重点发展富士系、元帅系为主的鲜食苹果基地和以鲁加系列为主的加工苹果基地；以天水、河西为主，重点发展优质鲜食葡萄生产基地；以河西和中部为主，重点发展优质梨、枣生产基地；以陇南为主，重点发展核桃、花椒、油橄榄生产基地；以天水和沿黄灌区为主，重点发展鲜桃基地。主推矮砧宽行支架建园技术、雨养区果园保墒集雨水肥高效利用技术、老果园间伐改造技术、果园防雹网和防霜机应用技术、病虫生态防控技术、果园专用机械与轻简栽培、"果沼畜"生态果园和幼树早丰优质高效栽培等技术。着力提升"三品"（品种改良、品质改进、品牌创建），使果园优质果率达85%、商品果率达95%。

——中药材生产基地。重点建设以岷县、宕昌为主的优质当归基地，以渭源北部、陇西西南部为主的优质白条党参基地，以文县中北部、舟曲南部为主的优质纹党基地，以陇西、渭源中部为主的优质黄芪基地，以及瓜州、民勤、榆中等甘草基地，民乐等板蓝根基地，酒泉、武威和白银枸杞基地等。主推道地药材种子、种苗标准化生产，低残留及生物农药病虫草防控、有机无机肥料配施、化肥喷雾施肥及全程绿色生产技术，实现道地中药材标准化生产，达到良种、种苗、技术和管理"四统一"，开展GAP认证，确保道地品质。

——马铃薯生产基地。重点建设三大专用型马铃薯标准化生产基地，在高寒阴湿区建立马铃薯脱毒种薯生产基地，在定西为主的中部地区建设淀粉马铃薯标准化生产基地，在河西建设全粉加工型马铃薯生产基地，在天水、陇南及沿黄灌区建设早熟菜用型马铃薯生产基地。主推专用马铃薯脱毒原种或一级种薯、黑色全膜垄作侧播、膜下滴灌、水肥一体化灌溉、病虫害绿色统防、全程机械化作业等技术。力争脱毒原种或一级种薯利用率达到100%，机械化播、收率达到70%以上。

——现代种业生产基地。在以张掖、酒泉为主的河西及沿黄灌区重点建设国家级标准化、规模化、机械化、集约化的"四化"示范基地。鼓励和引导种子生产优势基地向优势企业集中。推动土地向制种大户、农民合作社和种子企业流转，支持种子企业与制种大户、农民合作社建立长期稳定的合作关系和合理的利益分享机制。主推自主品牌玉米品种制种、垄膜沟灌、水肥一体化技术，以张掖为主的河西及沿黄灌区主要推广膜下滴灌技术。主推"企业+基地"、"企业+专业合作社+基地"发展模式。

——酿酒原料生产基地。以啤酒大麦、啤酒花、酿酒葡萄为主。在河西、引大灌区建设啤酒大麦生产基地。在河西走廊的国有农垦农场建设啤酒花生产基地。在武威、张掖、嘉峪关等地建设酿酒葡萄生产基地。推广自主品牌优质良种，良种普及率达到100%。主推垄作沟灌等高效节水技术，技术普及率达到100%。

——草产业基地。在陇中、陇东旱作农业区重点生产苜蓿、红三叶、猫尾草、饲用甜高粱等优良牧草，在河西灌溉农业区重点生产甘农系列、WL系列、龙威系列等优良苜蓿，在高寒阴湿区和沿黄灌区生产藜麦，主推全膜覆土、精量穴播、根瘤菌接种等综合技术，良种化率达到100%，牧草播种、刈割收获、草捆加工等实行机械化作业。

（2）养殖类示范基地建设标准。

——畜禽养殖示范基地。按照畜禽良种化、养殖设施化、生产规范化、防疫制度化、粪污无害化的要求，畜禽养殖标准化示范场良种率达到100%，畜禽圈舍、饲养和环境控制等生产设施化水平达到80%以上，实施科学规范的畜禽饲养管理规程，配备与饲养规模相适应的畜牧兽医技术人员，近3年内无重大动物疫情和畜产品质量安全事件发生。

年出栏育肥猪1万头以上；产蛋鸡规模达到5万只以上；肉鸡年出栏10万只以上；奶牛存栏1000头以上；肉牛年出栏1000头以上；羊年出栏3000只以上。牧区出栏肉牛、肉羊分别达到500头和1500只以上。

——特色渔业养殖示范基地。园区规模集中连片面积达100亩以上；园区规划建设科学，建立统一的电、水、氧、热供给设施，配套先进适用生产装备及其他服务设施。主导品种属珍稀、特色品种或新兴产业品种，特色明显，经济效益显著，能充分体现现代渔业特色，系当地渔业优势或特色产业,具有较强的示范带动作用和辐射能力。

（四）扶持示范性家庭农场、合作社。

1．创建内容：积极扶持经营规模适度、农机农艺融合、生产标准规范、产出效益明显、管理科学有方、带动能力较强的示范性家庭农场和示范性农民合作社。

2. 创建目标：重点扶持3000个左右示范性家庭农场，土地产出率高出全省平均水平25%以上，家庭成员人均纯收入达到当地农民人均收入的2倍以上；重点扶持7000个左右示范性农民合作社(含1000个农机专业合作社)发展壮大，入社成员收入比当地同类型农户收入高出25%以上。

3. 创建标准。

（1）示范性家庭农场。经营主体合法：家庭农场经营者应具有农村户籍或是农村集体经济组织成员，劳动力以家庭成员为主，家庭收入以农业经营收入为主要来源。基础设施完备：有固定的生产经营场所，有与生产经营相适应的生产基础、配套设施，农业机械化程度较高。经营规模适度：土地流转期限在5年以上，经营规模应达到一定标准并相对稳定。生产标准规范：主要农业投入品建立进出台账，产品生产过程有记录、产品质量可追溯。运行管理科学：有规范的生产管理和财务管理制度，能实行集约化经营，经济效益明显。

（2）示范性农民合作社。运行机制规范：依法在工商行政管理部门注册登记，运行满2年以上；工商注册成员数100人以上（民族地区和特色农林种养业可适当放宽），“三会”制度、财务制度健全，并有效运转。服务成效显著：以本社成员为主要服务对象，农业生产资料（初入社自带固定资产除外）统一购买率、主要农产品的统一销售率超过60%，统一生产、统一技术培训、统一贮藏（加工）等服务超过社员生产量的80%。产品质量安全：统一生产质量安全标准，有严格的生产技术操作规范，建立完善的记录制度，实现产品质量可追溯；有注册商标，农产品通过无公害、绿色、有机认证或获得地理标识。经济实力较强：入社成员原则上均应出资，成员出资总额30万元以上，固定资产20万元以上，少数民族地区可以放宽，年经营收入50万元以上，少数民族地区30万元以上。社会声誉良好：遵纪守法、诚实守信，示范带动作用强，在当地影响大；没有发生生产（质量）安全事故、环境污染、损害成员利益等严重事件，没有行业通报批评等不良社会影响，无不良信用记录；项目扶持资金使用合理。

三、机制创新与保障措施

（一）坚持调结构转方式。立足比较优势，培育竞争优势，使生产要素向优势产区集中，通过产业化发展，标准化生产，品牌化经营，促进经营方式由千家万户分散型经营向市场化组织转变，不断做大做强特色优势产业。加快农机农艺融合步伐，逐年加大农机购置补贴力度，积极推进种植业、养殖业、园艺业、农产品初加工机械化。因地制宜，科学合理选择节水模式，积极发展高效节水农业。

（二）持续提升科技支撑能力。加强以农业科研院所、农业企业为主体的农业科技创新体系建设，加快新品种、新技术、新产品、新模式的研发和推广，在重点产业的关键技术、关键环节上求突破；建立多元化、多渠道的科技投入体系，加快科技创新人才队伍建设；着力提升广大农民和各类经营主体的科技意识和应用转化能力，增强农业科技对“十百千万”工程的支撑能力。

（三）强化农业支持保护体系建设。建立政策支持长效机制，各级财政要多渠道整合和统筹支农项目资金，对工程建设实施主体采取财政贴息、以奖代补、先建后补等多种方式进行扶持。自2015年起，省级要在现有投资基础上，进一步加大整合统筹安排支农资金工作力度，重点用于“十百千万”工程实施中农业基础设施建设、新品种新技术研发推广、重点产业关键环节财政贴息奖补等。加快构建公益性服务与经营性服务相结合的新型农业社会化服务体系。积极探索“三权”抵押贷款的措施办法。

（四）创新农业经营体制机制。适应规模经营，加快推进农村土地承包经营权确权登记颁证，建立农村产权交易平台、仲裁机构和中介组织，建立健全农村土地承包经营权流转机制，发展多种形式的适度规模经营，以土地流转为突破，进一步激活各类生产要素；建设农业产业化示范基地，加快培育龙头企业、农民专业合作社、家庭农场和种养殖大户等新型经营主体，发展一批与农业产业化集群相配套的农产品批发市场，完善农产品冷链体系，发展农社对接、农超对接、直销直供、电子商务等现代新型流通业态。

（五）完善农业投融资机制。健全金融支农机制，大力发展农业产业基金、股权、信托、租赁、保险等新型投融资，运用贴息、担保、投保、风险补偿、费用补贴、增量奖励等方式，引导金融机构扩大农业信贷投放；完善政策性农业保险，防范和化解农业经营风险，激发广大农民和各类经营主体参与工程建设的活力。

（六）依法推进农业建设。依法保护基本农田、保障农业建设用地；加强农业生产投入品安全管理和农产品质量安全监测，完善农产品质量可追溯制度；推进农业诚信体系建设；强化农业生态环境保护，逐年提高废旧农膜回收利用率，坚决防止农业面源污染。探索完善乡村治理机制，提高农业综合执法水平。

（七）加强工作协调指导。及时总结、积极推广各地在具体实践中创造出来的好经验、好做法，探索出来的新机制、新模式，树立推广典型，扩大示范带动效应。省上牵头部门要分别研究制定“十百千万”的创建标准、推荐程序及扶持办法，建立相应的考核评价机制，定期对“十百千万”工程实施情况进行考核评价。各地各部门要按照“标准高、规模大、速度快、效益好”的要求，加强工作研究和指导，坚持因地制宜、分类指导，突出重点、梯次推进工程实施。

甘肃省人民政府办公厅关于动员和鼓励社会各方面力量参与扶贫开发的实施意见

甘政办发〔2015〕76号　2015年5月29日

各市、自治州人民政府，兰州新区管委会，省政府各部门，中央在甘各单位：

为全面贯彻落实国务院办公厅《关于进一步动员社会各方面力量参与扶贫开发的意见》（国办发〔2014〕58号），深化组织动员，强化政策支持，创新体制机制，挖掘并激发社会各方面力量，特别是民营企业（商会）、社会组织和公民个人参与扶贫开发的潜力和活力，聚集更多扶贫资源加快推进我省"1236"扶贫攻坚行动，现提出如下实施意见。

一、总体要求和基本原则

总体要求：坚持以邓小平理论、"三个代表"重要思想、科学发展观为指导，深入贯彻党的十八大和十八届二中、三中、四中全会精神，全面落实党中央、国务院和省委、省政府扶贫开发的决策部署，大力弘扬社会主义核心价值观，大兴友善互助、守望相助的社会风尚，创新完善人人皆愿为、人人皆可为、人人皆能为的社会扶贫参与机制，形成政府、市场、社会协同推进的大扶贫格局。

基本原则：

——坚持政府引导。健全组织动员机制，搭建社会参与平台，完善政策支撑体系，营造良好社会氛围。

——坚持多元主体。充分发挥各类市场主体、社会组织和社会各界作用，多种形式推进，形成强大合力。

——坚持群众参与。充分尊重帮扶双方意愿，促进交流互动，激发贫困群众内生动力，充分调动社会各方面力量参与扶贫的积极性。

——坚持精准扶贫。推动社会扶贫资源动员规范化、配置精准化和使用专业化，努力做到真扶贫、扶真贫，切实惠及贫困群众。

二、广泛动员组织各方面力量参与扶贫开发工作

各级各部门要广泛动员、精心组织，充分挖掘潜力、拓展空间，动员更多社会力量参与扶贫开发工作。

（一）扎实做好中央和国家机关定点扶贫。积极联络协调中央和国家机关各定点扶贫单位，针对定点扶贫县经济社会发展实际和现实需求，制定帮扶工作规划，以建档立卡的贫困村和贫困人口为工作对象，以帮助协调解决定点扶贫县经济社会发展中的突出矛盾和问题为工作重点，以整村推进、产业化扶贫、易地扶贫搬迁、基层干部和劳动力培训、基层组织建设等为抓手，推进定点扶贫县经济、社会、文化、生态建设，提高扶贫对象自我发展能力，实现脱贫致富。

（二）深化拓展东西扶贫协作。争取天津市、厦门市进一步加大对甘肃省贫困地区的财政援助、部门帮扶和人才支持力度，建立协作双方联席会议制度，开展市县层层结对、行业部门结对帮扶。充分挖掘并发挥各自比较优势，扩大区域合作，推动东西部资源、产业、要素的优化配置，实现优势互补、互利共赢。重点引导天津、厦门等发达地区的各类企业遵循市场规律、发挥自身优势，到甘肃贫困地区投资兴业，开拓市场，带动当地经济发展和产业结构调整优化。开展特色农产品及自有品牌产品分销联销，组织协调各自批发市场、连锁超市等销售网络，为对方特色优质农产品进入市场提供便利。把扶贫开发工作作为结对友好城市合作交流的重要内容，推进北京丰台、广东深圳等友好城市与我省贫困地区的合作开发。发挥北京等地在我省挂职干部的优势，加强人才支持，推动东西部党政干部、专业技术人才双向挂职交流，引导人才向我省贫困地区流动。充分发挥东部职教优势，提倡合作办学、订单培训等多种形式，开展劳动力转移培训。认真总结推广与省外发达地区结对帮扶的成功经验，积极争取全国经济百强县与我省贫困县结对帮扶，推进省外发达地区的市县乡村、企事业单位与我省贫困县乡村结对帮扶。组织实施好我省"两个共同"示范建设中"1414"对口支援各项工作。以贫困乡村和贫困人口为工作目标，落实好省内10市和省属国有大型企业对口帮扶支援藏区10县市各项工作。

（三）深入推进"联村联户、为民富民"行动。在统筹推进双联行动"宣传政策、反映民意、促进发展、疏导情绪、强基固本、推广典型"六大任务的同时，进一步强化双联单位的扶贫职责，把双联行动同深入实施"1236"扶贫攻坚行动融合起来，整合双联工作组和驻村帮扶工作队，充分利用双联平台整合资源和力量，把更多的精力和资源向扶贫攻坚聚集，进一步提高工作的针对性、精准性和实效性。要抓住建档立卡、挂图作业这个重点，在对象上力求精准；抓住改善条件、补齐短板这个重点，在内容上力求精准；抓住立足基础、对标基准这个重点，在目标上力求精准；抓住

转变方式、强化造血这个重点，在措施上力求精准；抓住整合资金、汇聚力量这个重点，在投入上力求精准；抓住逢提必下、“摘帽”激励这个重点，在考评上力求精准。要突出领导带头，发挥省（市、县）直部门牵头组长单位的标杆、协调、推动作用。

（四）动员鼓励商会、企业参与扶贫。进一步深化“民企陇上行”活动，鼓励商会、民营企业积极承担社会责任，充分激发市场活力，发挥资金、技术、市场、管理等优势。通过资源开发、产业培育、市场开拓、村企共建等多种形式以及开展“投资贸易洽谈会”、“光彩行”等活动，动员和鼓励省内外、海内外各类企业到贫困地区投资兴业、培训技能、吸纳就业、推广技术、发展贸易、捐资助贫，将贫困地区的资源优势转化为产业优势，激活内生动力、推动扶贫开发。按照“优势互补、平等互利、合作共赢”的原则，充分发挥国家和省上各行业协会、商会的自身优势和影响力，推动行业协会、商会、非公经济代表人士对我省片区县对口帮扶全覆盖，国家各行业协会专业分会、工商联商会与贫困县结对，采取“一县一业”的模式，进一步加大对我省产业升级的支持力度，促进贫困地区经济社会发展。

（五）大力支持社会组织投身扶贫。建立充满活力的社会组织参与机制。支持社会团体、基金会、民办非企业单位等各类社会组织积极参与扶贫开发。各级、各部门要改进服务方式、完善服务手段，对社会组织开展扶贫活动提供信息服务、业务指导和规范管理，鼓励其参与社会扶贫资源动员、配置和使用等环节，加快推进面向社会购买服务，支持参与社会扶贫的各类主体通过公开竞争的方式，积极参加政府面向社会购买服务工作。扶贫项目规划编制、实施、验收、监管、技术推广、信息提供、培训等工作，凡是适合采取市场化方式提供且社会组织有能力承担的，政府部门均可按照方式灵活、程序简便、公开透明、竞争有序的原则确定具体实施机构。继续发挥“光彩事业”、“希望工程”、“母亲水窖”、“幸福工程”、“智力支边”、“爱心手拉手”、“母亲健康快车”、“贫困地区儿童营养改善”、“春蕾计划”、“集善工程”、“爱心包裹”、“扶贫志愿者行动计划”等扶贫公益品牌效应，积极引导社会各方面资源向贫困地区聚集，动员社会各方面力量参与“雨露计划”、扶贫小额信贷和易地扶贫搬迁等扶贫开发重点项目，不断打造针对贫困地区留守妇女、儿童、老人、残疾人等特殊群体的一对一结对、手拉手帮扶等扶贫公益新品牌。加强国际减贫交流合作。

（六）广泛动员其他力量和个人参与扶贫。积极倡导“我为人人、人人为我”的全民公益理念，发挥民主党派、工商联、工会、共青团、妇联、残联、侨联、台联等单位优势，广泛动员社会各阶层和各领域人士，通过爱心捐赠、结对帮扶和公益消费等多种形式参与扶贫。发挥甘肃省社会扶贫爱心捐助基金会的平台作用，建立扶贫志愿者组织，构建贫困地区扶贫志愿者服务网络。建设社会扶贫信息网络服务平台，提供贫困村、贫困户建档立卡基础信息和需求信息，建立精准化的社会扶贫资源配置机制，促进扶贫需求信息与社会各界的扶贫资源、帮扶意愿有效对接，推进扶贫资源供给、需求等信息互联共享。鼓励和支持青年学生、专业技术人才、退休人员和社会各界人士参与扶贫志愿者行动。组织和支持各类志愿者参与扶贫调研、支教支医、文化下乡、科技推广、创业引领、资源开发等扶贫活动。鼓励和支持在贫困乡、村开展电子商务扶贫。

三、进一步强化对社会力量参与扶贫开发的相关政策支持

（一）鼓励省内外、海内外各类社会力量到贫困地区投资兴业。积极吸引劳动密集型、资源开发型企业到贫困地区建设地区总部和分厂及加工配套，积极承接产业转移。

1．鼓励社会力量通过农企合作等多种方式，积极参与扶贫开发实施的“一村一品”、现代农业示范区、规模养殖、设施农业、经济林果等现代特色农业项目和农业综合开发、土地整理等农业基本建设项目。

2．鼓励社会力量参与易地扶贫搬迁、生态移民等项目建设。企业对移民搬迁旧村宅基地进行复垦的，优先列入当地集体建设用地增减挂钩。企业通过土地复垦置换出的土地指标，在满足移民搬迁新村用地后，结余指标可用于企业产业扶贫开发项目用地及政策、法律允许的企业其他投资项目建设用地。

3．鼓励社会力量治理开发“四荒”地，允许发展设施农业、规模养殖、经济林，建设现代农业园区，发展农产品加工业及生态旅游观光业等。“四荒”地营造的林木，属于商品林的，允许企业依法自主经营，划定为生态公益林的，实行森林生态效益补偿制度。征收或征用企业治理开发的“四荒”地，应明确补偿标准，给予合理补偿。

4．社会力量投资或参与兴办的农产品加工和流通企业达到一定规模的，享受农产品加工龙头企业各项优惠政策。从各金融机构取得的贷款，享受特色农产品产业支撑项目贴息政策，对农业高科技项目和产业链攻坚环节项目，适当提高贴息率。符合条件的企业，享受全省支持中小微企业发展的各项政策措施。社会力量在贫困乡建企业的，可享受双联惠农贷款和扶贫贴息贷款等优惠政策。

5．鼓励创办特色加工制造业和商贸流通等服务业。依托贫困地区比较优势和企业自身优势，鼓励企业延伸产业链条，兴办为企业生产经营提供初级产品和相关服务的生产服务型产业；积极承接发达地区产业转移，创办发展具有一定技术含量和吸收带动农村劳动力就业的特色加工制造业；结合产业开发，发展观光旅游、休闲旅游等县域产业支撑项目，为当地群众创造就业机会，增强县域实力；建设农产品批发市场和城镇直销网点，帮助农副产品直接进入大中城市和大型超市。

（二）加大土地政策支持力度。企业在产业扶贫开发项目中需要征收或征用土地的，在土地使用计划指标上给予倾斜，城乡建设用地增减挂钩周转指标使

用不受上限限制，并在办理审批手续上给予支持。在政策、法律允许范围内，企业实施产业扶贫开发中新增耕地面积的60%可用作折抵建设占用耕地补偿指标，企业自行出资开发的新增耕地，优先用于出资企业新增建设用地的占补平衡。新增耕地指标可依法通过市场公开、有偿、规范转让，用于建设占用耕地的占补平衡。

（三）加大财税支持力度。按照国家税收法律及有关规定，全面落实扶贫捐赠税前扣除、税收减免等扶贫公益事业税收优惠政策，以及各类市场主体到贫困地区投资兴业、带动就业增收的相关支持政策。对符合条件的社会组织给予公益性捐赠税前扣除资格。鼓励企业在贫困村营造碳汇林，科学经营森林，增加森林碳汇能力。

（四）加大金融服务支持力度。发挥各类金融机构在农村金融服务中的主力军作用，在授信放贷中对企业在贫困地区兴办的产业扶贫项目给予重点支持。鼓励政策性银行、大型商业银行、农村中小金融机构充分发挥职能作用，加快农村金融发展，创新金融产品，提升服务实效，积极为扶贫开发提供融资服务，推动扶贫产业和农村基础设施、集体企业、农户合作经济全面发展。鼓励符合条件的企业通过参股村镇银行，发起设立小额贷款公司，为农村经营组织和农户实施产业扶贫开发提供金融服务。政府要充分利用财政资金发展担保企业，为扶贫产业、贫困农户增信，吸引金融企业增加投入。创新贷款模式，强化林权评估，积极推进林权抵押贷款工作。鼓励开展大型农机具、土地承包经营权等生产资料抵（质）押贷款业务和入股发展农业产业化经营。鼓励保险公司开发适合企业产业扶贫项目特点的农业保险产品。培育发展产业扶贫融资性担保公司，鼓励符合条件的企业发起设立融资再担保公司。

（五）加大人才政策支持力度。企业到贫困村招收农村劳动力并开展岗前培训的，列入年度扶持就业促进计划，按规定从就业专项资金中给予职业培训补贴。鼓励支持公职人员为贫困地区提供产业扶贫开发所需技术和管理服务。鼓励支持高等院校毕业生到贫困地区从事产业扶贫开发。

四、不断完善社会各方面力量参与扶贫开发的工作机制

（一）强化组织动员。各级党委、政府要把社会扶贫工作作为新阶段扶贫开发的重要内容，强化领导，落实责任，加强管理，扎实推进。省扶贫攻坚行动协调推进领导小组要统筹推进全省社会扶贫工作。省级各部门和有关单位要密切合作，加强对本单位、本系统、本行业的协调动员，按照职能分工落实相关政策，推进各项工作。省扶贫办要加强社会扶贫工作的组织指导、协调服务，扎实做好各项日常工作。发展改革、财政、国土资源、林业、农牧、税务、金融等部门要细化各自业务范围内的支持政策措施。组织人事部门要落实挂职扶贫干部、驻村帮扶干部和专业技术人员相关待遇。民政部门要将扶贫济困作为促进慈善事业发展的重点领域，支持社会组织加强自身能力建设，提高管理和服务水平。宣传部门要统筹推进社会扶贫先进事迹、典型人物宣传报道工作。

（二）创新工作机制。各地各部门要不断创新社会扶贫工作的方式方法、制度机制、组织管理，增强社会扶贫工作生机与活力。同时，参与社会扶贫工作的各个单位要选派干部驻村帮扶，落实社会扶贫工作与单位优秀中青年干部下派锻炼相结合的制度。各社会团体、民主党派、工商联要进一步发挥已有扶贫项目、品牌（如希望工程、光彩事业、母亲水窖、智力支边等）的社会扶贫作用，并在此基础上进行新的开发与拓展。科研院所、高等院校、国有及民营企业重在合作、合资、参股，积极参与贫困地区的资源开发、产品加工，实行互惠互利、共建双赢。充分利用"10·17"扶贫日平台，精心谋划各类社会扶贫系列活动，加强舆论宣传引导，创新社会参与方式，使"友善互助、守望相助"的爱心理念不断深入人心，将"人人皆愿为、人人皆可为、人人皆能为"的社会参与扶贫机制落到实处。

（三）落实工作责任。参与扶贫开发工作的各单位要把扶贫工作纳入本单位重要议事日程，明确分管领导，做到分工明确，责任到人；要制订扶贫工作方案，落实帮扶资金项目；单位主要领导每年至少要到被帮扶单位开展一次调查研究，现场解决相关问题。年终，各单位要对社会扶贫工作进行总结，并于每年6月中旬和12月中旬将本单位参与扶贫工作的情况报送省扶贫攻坚行动协调推进领导小组办公室。各市州及县市区政府要高度重视社会扶贫工作，按照本意见精神，制定符合本地发展要求的社会扶贫工作方案，加强与各参与扶贫工作单位的联系、汇报与沟通，扎实做好本地区的社会扶贫工作。省扶贫攻坚行动协调推进领导小组办公室要加强对社会扶贫工作的指导，积极做好与中直定点扶贫单位和东西扶贫协作省市的联络与服务工作。

（四）建立激励体系。通过对参与社会扶贫的主体进行表彰，让积极参与社会扶贫的各类主体政治上有荣誉、事业上有发展、社会上受尊重。对贡献突出的企业、社会组织和各界人士，在尊重其意愿前提下可给予项目冠名等激励措施。关心下派挂职干部和驻村帮扶干部的工作和生活，对表现优秀的同志在同等条件下优先提拔使用，也可根据挂职地方党委的意见，在征求派出单位和本人意愿的前提下，交流到挂职地方任职。

（五）加强协调服务和监督评估。各级政府及有关部门，要主动适应社会扶贫体制机制改革创新需要，深入调查研究，强化服务意识，搭建社会参与平台，提高社会扶贫工作的组织动员和协调服务能力。参与扶贫工作的单位应将每年的帮扶计划（方案）、年度实施情况和好的经验、做法及时报送省扶贫攻坚行动协调推进领导小组办公室。建立和完善社会扶贫工作信息统计、考核评价和通报制度。建立企业、社会组织、个人扶贫监测评估体系。制定社会扶贫项目管理办法和社会扶贫资金（物资）管理办法。完善社会扶贫项目招标采购、社会组织征信、第三方评估、审计等相关制度，推动参与扶贫的社会组织增强透明度、提升公信力、扩大影响力。加强贫困地区基层组织建设，开发贫困地区人力资源，提高农村致富带头人和贫困群众的创业就业能力。充分尊重贫困群众的主体地位和首创精神，把贫困地区的内生动力和外部帮扶有机结合，不断提高贫困地区和贫困群众的自我发展能力。

（六）强化宣传工作。把扶贫纳入基本省情教育范畴，大力弘扬社会主义核心价值观，开展“践行友善、扶贫济困”系列宣传活动。创新社会扶贫宣传形式，拓宽宣传渠道，加强舆论引导，统筹推进社会扶贫先进事迹宣传报道工作。通过聘请扶贫宣传大使、评选最美扶贫人物、推出扶贫公益广告、开展城乡手拉手结对帮扶等系列活动，进一步激发全社会参与扶贫的热情，汇全省之力、聚各方之财、集全民之智，营造扶贫济困、守望相助的浓厚社会氛围。

甘肃省人民政府办公厅关于进一步促进全省展览业发展的实施意见

甘政办发〔2015〕107号 2015年7月16日

各市、自治州人民政府，兰州新区管委会，省政府有关部门，中央在甘有关单位，省属有关企业：

近年来，在中国兰州投资贸易洽谈会等品牌展会的示范带动下，我省展览业实现了较快发展，展会数量和规模明显提升。但由于我省展览业起步较晚，在配套设施、市场化程度等方面基础相对较弱，展览业发展规模和水平同我省文化、旅游等优势资源还不相适应。为深入贯彻落实《国务院关于进一步促进展览业改革发展的若干意见》（国发〔2015〕15号），推进我省展览业快速发展，带动内外贸易、促进经济转型和产业升级，结合我省实际，现提出如下实施意见：

一、发展目标和布局

（一）发展目标。积极培育壮大市场主体，促进展览业与生产性服务业、生活性服务业融合发展，加快展览业转型升级，争取到2020年，全省专业展馆面积15万平方米以上，年举办各类展会160个左右（规模150个标准展位以上），年度展览面积超过120万平方米，展览业直接收入8亿元以上，带动相关产业收入80亿元以上。加强展馆设施建设，扩大展览面积，实现展览场馆功能更加完善，配套设施更加完备，展览业发展环境日益优化，市场化水平显著提升，对外开放程度不断提高，部门协同配合更加有力，行业管理和服务更加规范有效的发展目标。

（二）发展布局。充分利用“丝绸之路经济带”甘肃段区位优势，围绕把我省建设成为国家向西开放重要门户和次区域合作战略基地的战略定位，发挥我省物流通道、交通运输的枢纽作用，科学规划行业区域布局。推动兰州、敦煌成为具有较强影响力的国际展览城市，推进天水、酒泉、张掖、临夏等市州成为我省展览业发展重点城市，增强集聚效应和对周边区域的辐射带动作用。鼓励陇东南地区发挥电子机械制造、中药材、特色农产品、养生、民间工艺品等领域的优势，推动展览业与相关产业的融合发展。鼓励河西五市依托新能源、旅游、文化、生态农业、葡萄酒等产业优势，积极举办各类专业展览。鼓励临夏州举办少数民族用品、清真食品展览。推动区域特点显著、产业特色鲜明的重点展会品牌化发展。

二、积极培育壮大市场主体

（三）支持大型品牌展会。对我省目前已形成一定规模、具有较大影响力的中国兰州投资贸易洽谈会、丝绸之路（敦煌）国际文化博览会、丝绸之路国际旅游节、天水伏羲文化节、中国（甘肃）国际新能源博览会、中国（临夏）国际清真食品和民族用品博览会等展会，加大支持力度，提升规模和档次，努力将其打造成为国际化水平高、全国知名的品牌展会。（责任单位：省商务厅、省财政厅、省文化厅、省政府外事办、省旅游局）

（四）培育中小型和专业展会。充分利用展馆资源，大力举办文化、旅游、农副土特产品、有色金属、先进装备、电子商务、信息技术、中药材、汽车建材等专业展会。发挥专业市场功能，开展各类商品的常态化展览，拓展商贸产业链。依托各地商圈或大型商场，举办与市民生活贴近的各类商贸展会，便利就近消费。（责任单位：省商务厅、省工信委、省农牧厅、省文化厅、省卫生计生委、省旅游局）

（五）培育展览业龙头企业和组织。在展览企业和相关服务机构中推行ISO9000认证，做大做强展览龙头企业。鼓励社会各方投资组建经营公司和服务公司，对省内展览企业进行资源整合。通过收购兼并、联合、参股、控股等形

式，培育一批服务水平高、经营规模大、具备较强竞争力的展览领军企业。（责任单位：省商务厅、省工商局、省质监局）

（六）带动展览业相关产业发展。鼓励与展览业相关的旅游、物流、餐饮、住宿、广告、设计、印刷、保险、信息等行业发挥各自优势，与展览企业建立战略联盟，延长展览业产业链，重点推动展览业与旅游业的融合发展，带动相关产业链，形成互动共赢的发展格局。（责任单位：省商务厅、省工商局、省旅游局）

（七）推进行业交流合作。加强与国内外展览业组织、跨国公司的交流合作，学习展览业先进国家和地区的经营理念、管理方式，加强在办会办展、场馆设施、人员培训、信息交流等方面的广泛合作。积极开拓丝绸之路沿线国家及中西亚、中东欧国际市场，推动我省品牌展会赴境外办展。引进国内外专业展览企业在我省设立分支机构，策划、承办各类高水平展会。（责任单位：省商务厅、省文化厅、省政府外事办）

（八）加快信息化进程。支持展览业信息化建设，引导企业运用现代信息技术，开展服务创新、管理创新、市场创新和商业模式创新，发展新兴展览业态。促进电子商务在展览业的应用，鼓励举办网络虚拟展览会，形成线上线下有机融合的新模式。推动云计算、大数据、物联网、移动互联等技术与展览业相融合。（责任单位：省工信委、省科技厅、省商务厅）

（九）加强展览业设施建设。充分利用甘肃国际会展中心，进一步完善展馆功能和配套设施，加快推进天水商贸城会展中心、张掖国际展览中心、临夏河州商务会展中心、敦煌丝绸之路国际会展中心等专业展馆建设步伐，多渠道筹措建设资金，形成“政府引导、企业主体、市场决定、社会协同”的多元化投融资格局，吸引国内外资金投入我省会展功能集聚区建设，提升我省承接国际大型展会的实力，适应展览业发展的需求。（责任单位：相关市州政府、省发展改革委、省财政厅、省商务厅）

三、强化政策支持

（十）落实财税政策。发挥财政资金的杠杆作用和撬动效应，加大财政专项资金的引导和扶持，鼓励展览机构和企业在境内外办展、参展。利用好国家中小企业发展专项资金商贸服务项目，支持符合条件的展览机构申请国家补助资金，对办展机构减收或免收中小企业的展位费给予补助。落实国家关于西部大开发、小微企业增值税和营业税优惠政策，对属于《甘肃省人民政府关于推进文化创意和设计服务与相关产业融合发展的实施意见》（甘政发〔2014〕99号）明确的税收政策范围，符合条件的创意和设计费用，执行税前加计扣除政策。（责任单位：省财政厅、省发展改革委、省商务厅、省国税局、省地税局）

（十一）加强金融支持。鼓励多渠道、多层次、多形式地增加对展览业的投入。鼓励金融机构在现有业务范围内，按照风险可控、商业可持续原则，创新适合展览业发展特点的金融产品和信贷模式，推动开展展会知识产权质押等多种方式融资，进一步拓宽办展机构、展览服务企业和参展企业的融资渠道。完善融资性担保体系，加大担保机构对展览企业的融资担保支持力度。加强展览项目的招商引资工作，引导社会资源投向展览业。（责任单位：省政府金融办、省工信委、省商务厅、人行兰州中心支行、省知识产权局）

（十二）提升展会服务效率。商务、发展改革、科技、公安、工商、质监、食品药品监管、知识产权、经济合作、贸促等部门要依据各自职责加强对展览活动的服务管理，切实做好展会期间的行业指导、社会治安、知识产权、消防安全、广告发布、交通疏导、卫生防疫、食品安全、市场价格监管等工作。海关、进出口检验检疫等部门要进一步优化展品出入境监管方式方法，提高展品的出入境通关效率。相关单位要引导、培育展览业重点企业成为海关高信用企业，适用海关通关便利措施。同时，办展部门和企业要依据相关规定及时办理备案审批等手续。（责任单位：省商务厅、省发展改革委、省科技厅、省公安厅、省工商局、省质监局、省食品药品监管局、兰州海关、甘肃出入境检验检疫局、省知识产权局）

（十三）加强信息统计工作。加大展览业统计工作力度，按照应统尽统、不重不漏的统计工作要求，建立统计部门与商务部门定期交换、互为补充名录库的机制。统计部门将相关企业纳入统计联网直报平台，及时、全面、准确地掌握展览业发展动态，加强展览业统计监测分析，共享展览业数据信息。（责任单位：省统计局、省商务厅）

四、优化发展环境

（十四）完善展览业标准体系。落实国家展览业有关标准体系，制订、完善和推广展览管理、经营服务、节能环保、安全运营等标准，逐步形成面向市场、服务产业、主次分明、科学合理的展览业标准化框架体系。（责任单位：省商务厅、省工信委、省公安厅、省工商局、省质监局）

（十五）推进市场化进程。严格规范各级政府办展行为，逐步减少财政直接出资，逐步加大政府向社会购买服务的力度，扶持有实力的专业展览公司运营展会。规范、放宽市场准入条件，着力培育市场主体，加强专业化分工，拓展展览业市场空间。（责任单位：省商务厅、省财政厅、省工商局）

（十六）发挥中介组织作用。充分发挥协会、商会等行业组织的桥梁和纽带作用，把展览业管理中部分服务性、技术性、协调性的事项委托行业协会，进一步完善听证、决策咨询等制度，畅通行业协会与政府部门的沟通渠道，切实保障行业协会履行各项职能。鼓励行业组织做好全省展览业市场调查研究，充分发挥贸促机构等经贸组织的作用，向企业提供经济信息、市场预测、技术指导、法律咨询、人员培训等服务。（责任单位：省商务厅、省民政厅、省人社厅、省工商局）

（十七）完善展览业诚信体系。建立展览机构、参展企业信用档案和违法违规信息披露制度，推动部门间监管信息共享和公开，褒扬诚信，惩戒失信，实现信用分类监管。推广信用服务和产品的应用，提倡诚信办展、服务规范。（责任单位：省工商局、省商务厅、省质监局、省知识产权局）

（十八）加强展览业知识产权保护。支持和鼓励展览企业通过专利申请、商标注册等方式，开发利用展会名称、标志、商誉等无形资产，提升对展会知识产权的创造、运用和保护水平。展会举办方应加强对参展方参展项目、宣传资料等知识产权状况的审查，对于政府主导的大型展会，举办地相关知识产权行政管理部门应派员入驻，加强对知识产权保护的指导、监督和有关案件的处理。（责任单位：省知识产权局、省商务厅、省工商局、省质监局）

（十九）打击侵权和假冒伪劣。把打击侵权和假冒伪劣列入展会总体方案和应急处理预案，推动落实重点参展产品追溯制度、参展企业质量承诺制度，切实履行主体责任。建立举报投诉处理制度，涉及假冒伪劣产品，通过举报投诉，追溯生产源头，对发生违法违规行为的展览公司、参展商、生产企业，交由相关监管部门查处并由新闻媒体曝光。（责任单位：省商务厅、省工商局、省质监局、省知识产权局）

（二十）加强展览业人才培养。努力做好展览业专业人才的培训、交流和引进工作，开展多层次、多渠道的职业教育。支持职业院校、高等院校因地制宜开设会展专业，鼓励行业协会和专业社会培训机构针对市场需求举办专题培训班或讲座。通过高校、社会、企业三者相结合的培养模式，培育一批高素质的展览专业队伍，为我省展览行业发展提供人才支持。（责任单位：省教育厅、省人社厅、省商务厅）

五、加强组织领导

（二十一）建立联席会议机制。建立由省商务厅牵头，发展改革委、教育、科技、工信、人社、农牧、文化、旅游、公安、财政、税务、工商、海关、质监、统计、检验检疫、知识产权、经济合作、贸促等部门和单位共同参与的全省展览业发展联席会议制度，加强统筹规划和政策协商，重视政策衔接，研究制定推进展览业发展的措施，积极推动信息共享，及时协调解决全省展览业发展中的重大问题，努力构建展览业发展的有利环境。

（二十二）落实安全责任。展会活动规模大、涉及面广、参与群众多，要严格按照大型群众性活动安全管理的有关规定，遵循安全第一、预防为主的方针，防止出现群体性事件和安全事故，坚持承办者负责、政府主管部门监管的原则，制定各项应急预案，切实做好展会安全管理工作，为展会活动的顺利举行提供可靠的保障。（责任单位：省公安厅、省商务厅、省工商局、省质监局、省食品药品监管局）

各地要根据本实施意见，结合自身经济社会发展实际研究制订具体实施方案，细化政策措施，确保各项任务落到实处。各有关部门要抓紧研究制订配套政策和具体措施，为展览业发展营造良好环境。省商务厅要会同相关部门做好指导、督查和总结工作，共同抓好落实，重大事项及时向省政府报告。

甘肃省人民政府办公厅关于引导农村产权流转交易市场健康发展的实施意见

甘政办发〔2015〕118号 2015年8月18日

各市、自治州人民政府，兰州新区管委会，省政府有关部门：

为贯彻落实国务院办公厅《关于引导农村产权流转交易市场健康发展的意见》（国办发〔2014〕71号）精神，推进我省农村产权流转交易市场建设，特制定本实施意见。

一、总体要求

（一）指导思想。以邓小平理论、“三个代表”重要思想、科学发展观为指导，深入贯彻党的十八大、十八届三中、四中全会和习近平总书记系列重要讲话精神，全面落实党中央、国务院决策部署，以坚持和完善农村基本经营制度为前提，以保障农民和农村集体经济组织财产权益为根本，以规范流转交易行为和完善服务功能为重点，建立农村产权流转交易市场，规范农村产权流转交易行为，全面提高农村各类资产、资源市场化配置效率，增加农民财产性收入，发展壮大农村集体经济，推动现代农业发展。

（二）基本原则。

——坚持政府主导、公益为主。立足为农服务宗旨，突出公益性，不以盈利为目的，必须坚持政府投资为主、社会广泛参与，行政监督管理为主、行业自律为辅，充分发挥农村产权流转交易市场服务农村改革发展的重要作用。

——坚持公开公正、规范交易。坚持公开透明、自主交易、公平竞争、规范有序，探索建立符合我省农村实际和农村产权流转交易特点的市场形式、交易规则、服务方式和监管办法。

——坚持因地制宜、合理布局。农村产权流转交易市场的设立及设立形式、覆盖范围、建设规模等应当结合各地实际，统筹规划，合理布局，科学决策。

——坚持循序渐进、分步实施。充分利用现有农村产权流转交易市场，稳妥慎重、分步实施、循序渐进、逐步完善，不急于求成，不片面追求速度和规模。

（三）目标任务。2015年每个市州至少选择1个县建立农村产权流转交易市场。到2017年，全省有需求、有条件的县市区都要建立起农村产权流转交易市场，形成功能完备、运行规范、流转顺畅、监管有力的农村产权流转市场交易体系，实现农村产权流转交易公开、公正、规范运行。

二、市场建设

（一）设立交易市场。农村产权流转交易市场是政府主导，为各类农村产权依法流转交易提供服务的平台，流转交易以服务农户、农民合作社、农村集体经济组织为主，流转交易目的以从事农业生产经营为主。农村产权流转交易市场要整合现有农村产权流转交易资源，打破部门和行业界限，统筹规划，合理布局。现阶段，农村产权流转交易市场以县市区为主建设，主要依托现有土地流转服务中心或林业综合管理服务中心机构及场所建立农村产权流转交易市场。交易市场可以独立设立，也可以利用政务服务大厅、公共资源交易中心等场所开展业务。设立农村产权流转交易市场要编制组建方案，经过科学论证，由当地政府审批。农村产权流转交易市场名称统一为农村产权交易中心。农村产权流转交易市场是服务“三农”的非盈利性机构，可以是事业法人，也可以是企业法人。

有需求、有条件的市州，可建立本区域内的流转交易市场，鼓励市、县两级联合共建或区域联建。鼓励各地探索符合农村产权流转交易实际需要的多种市场形式，既要搞好交易所式的市场建设，也要有效利用电子交易网络平台。

（二）明确交易品种。原则上法律没有限制的农村产权均可进入市场流转交易，但不涉及农村集体土地所有权和依法以家庭承包方式承包的集体土地承包权。现阶段的交易品种主要包括：

1. 农户承包土地经营权。是指以家庭承包方式承包的耕地、草地、养殖水面等经营权，可以采取出租、入股等方式流转交易，流转期限由流转双方在法律规定范围内协商确定。

2. 林权。是指集体林地经营权和林木所有权、使用权，可以采取出租、转让、入股、作价出资或合作等方式流转交易，流转期限不能超过法定期限。

3. 农村集体经营性资产。是指由农村集体统一经营管理的经营性资产（不含土地）的所有权或使用权，可以采取承包、租赁、出让、入股、合资、合作等方式流转交易。

4. 农业生产设施设备。是指农户、农民合作组织、农村集体和涉农企业等拥有的农业生产设施设备，可以采取转让、租赁、拍卖等方式流转交易。

5. 小型水利设施使用权。是指农户、农民合作组织、农村集体和涉农企业等拥有的小型水利设施使用权，可以采取承包、租赁、转让、抵押、股份合作等方式流转交易。

6. 农业类知识产权。是指涉农专利、商标、版权、新品种、新技术等，可以采取转让、出租、股份合作等方式流转交易。

7. 其他。农村建设项目招标、产业项目招商和转让等。

（三）完善服务功能。农村产权流转交易中心要提供发布交易信息、受理交易咨询和申请、协助产权查询、组织交易、出具产权流转交易鉴证书，协助办理产权变更登记和资金结算手续等基本服务；可以结合本地实际和需要，探索开展资产评估、法律服务、产权经纪、项目推介、抵押融资等配套服务，还可以引入财会、法律、资产评估等中介服务组织以及银行、保险等金融机构和担保公司，为农村产权流转交易提供专业化服务，既要发挥信息传递、价格发现、交易中介的基本功能，又要发挥为农户、农民合作社、集体经济组织等主体流转交易产权提供便利和制度保障的特殊功能。

（四）建立服务体系。建立县有交易市场、乡有服务站、村有信息员，县乡村联动的农村产权流转交易市场体系。村级信息员主要收集产权流转交易信息；乡镇农村产权交易服务站，主要履行产权流转交易的政策宣传、信息收集、初审排查、经营监督、上传信息等职责；县级交易中心组织开展产权交易，建成县乡村联动的农村综合产权流转交易体系。

三、市场管理

（一）规范交易主体。凡是法律、法规和政策没有限制的法人、自然人，均可进入市场参与流转交易。现阶段市场流转交易主体主要有农户、农民合作社、农村集体经济组织、涉农企业和其他投资者。农户拥有的产权由农户自主决定是否入市流转交易，任何组织和个人不得强迫或妨碍其自主交易。农村集体资产流转必须进入市场公开交易，防止暗箱操作。产权流转交易的出让方必须是产权权利人，或者受产权权利人委托的受托人。除农户宅基地使用权、农民住房财产权、农户持有的集体资产股权之外，流转交易的受让方原则上没有资格限制（外资企业和境外投资者按照有关法律、法规执行）。对工商企业进入市场流转交易，要依据相关法律、法规和政策，加强准入监管和风险防范。

（二）规范交易程序。农村产权流转交易市场的交易活动，原则上应按照以下程序进行：

交易申请。由出让方向乡镇农村产权流转交易服务站提交产权流转申请材料，初审合格后，由乡镇交易服务站向县（市、区）农村产权流转交易中心提交产权流转申请材料。

信息发布。农村产权流转交易中心对提交的材料进行产权查档和权属确认后，利用网络等公共媒体，发布产权流转交易信息，广泛征集受让方。

资格审核。农村产权流转交易中心对受让方主体资质、农业经营能力、生产经营项目、社会诚信度等有关内容进行审核、登记备案。

价格评估。对一定标的额以上的农村产权，由会计、审计、土地、房屋等专业评估中介机构进行评估；一定标的额以下的采取市场竞价或交易双方协商的方式确定，也可以由乡镇农经部门组织乡村干部和村民代表进行综合评估后确定评估价格。对进入市场流转交易的农村集体资产，要充分尊重村民意愿，可以由村集体经济组织委托中介机构进行评估、也可以委托农经部门组织评估，但评估结果必须经村民大会确认。产权流转交易中心也可以探索开展农村产权评估业务。

组织交易。按照国家有关法律法规和政策规定，可选择协商、竞价、招投标等方式，进行交易。

签订合同。出让方与受让方签订产权流转交易合同，农村产权流转交易中心及时公示交易结果。

出具鉴证。农村产权流转交易中心对交易合同等内容审核合格后，出具交易鉴证书。

（三）建立健全管理制度。农村产权流转交易中心要建立健全规范的市场管理制度和交易规则，对市场运行、服务规范、中介行为、纠纷调处、收费标准等作出具体规定。实行统一规范的业务受理、信息发布、交易签约、交易中（终）止、交易（合同）鉴证、档案管理等制度，确保交易无争议，发布信息真实、准确、完整，交易品种和方式符合相应法律、法规和政策，交易过程公开公正，交易服务方便农民群众。

（四）组建监管机构。建立市场的当地政府要成立由分管领导任主任，农牧、发展改革委、财政、国土资源、金融、科技、建设、林业、水利、工商等部门参加的农村产权流转交易监督管理委员会，承担组织协调、政策制定等方面职责，负责对市场运行进行指导和监管。农村产权流转交易监督管理委员会和市场主管部门要强化监督管理，加强定期检查和动态监测，保障交易公平，防范交易风险，确保市场规范运行；要依法及时查处各类违法违规交易行为，杜绝隐瞒信息、暗箱操作、操控交易。耕地、草地、林地、水利设施等产权流转交易完成后，其开发利用不能改变用途，不能破坏农业综合生产力，不能破坏生态功能，有关部门要加强监管。

（五）加强行业自律。鼓励各地建立农村产权流转交易市场行业协会，行业协会由产权交易市场主体和相关服务单位依法自愿组建，推进行业规范、交易制度和服务标准建设，加强经验交流、政策咨询、人员培训等服务，增强行业自律意识，自觉维护行业形象，提升市场公信力。

四、保障措施

（一）加强组织领导。各地高度重视农村产权流转交易市场建设工作，切实把农村产权流转交易市场建设与精准扶贫、增加农民收入及农村小康建设统筹安排部署，坚持问题导向，健全工作机制，落实流转交易市场机构和场所，配备专职人员，做到流转依法有据，交易规范有序，服务方便快捷，权益得到保护。各有关部门要各司其职、各负其责，及时研究解决市场运行中的困难和问题，确保农村产权流转交易市场健康、规范、有序运行。

（二）加大政策扶持。各地要稳步推进农村集体产权制度改革，加快推进农村土地承包经营权、集体建设用地使用权、农户宅基地使用权、林权等确权登记颁证工作，依据农村产权流转交易市场的非盈利性质，落实市场建设和运营财政补贴等优惠政策，同时采取政府购买社会化服务或公益性岗位等措施，保障市场建设和运营经费投入。要统筹国家基本建设投资和财政预算专项资金，支持农村产权流转交易网络信息平台建设，综合、归档、分析、存储有关信息，建立诚信档案，实施动态监管。要积极培育市场中介服务组织，支持和引导评估机构进入农村产权交易市场。

（三）加强宣传培训。各地要在强化基层干部和业务人员培训，不断提高业务工作能力和水平的同时，加强农村产权流转交易市场建设的法律法规和政策知识宣传，让广大农民群众、基层干部了解农村产权流转交易市场建设的目的和意义，并及时总结推广成功经验和做法，通过典型示范引导、推动我省农村产权流转交易市场健康发展。

甘肃省人民政府办公厅关于印发甘肃省农村土地承包经营权确权登记颁证工作方案的通知

甘政办发〔2015〕27号　2015年3月2日

各市、自治州人民政府，兰州新区管委会，省政府有关部门：

《甘肃省农村土地承包经营权确权登记颁证工作方案》已经省政府同意，现予印发，请认真贯彻执行。

甘肃省农村土地承包经营权确权登记颁证工作方案

为切实做好整省推进农村土地承包经营权确权登记颁证（以下简称“土地确权”）工作，结合我省试点工作情况，制定本方案。

一、总体要求

农村土地确权工作要在保持现有农村土地承包关系稳定的前提下，查清农村土地承包关系以及承包地面积、四至和空间位置等情况，依法完善农村土地承包合同和承包经营权证，健全农村土地承包经营权登记制度，建立农村土地承包经营权登记颁证信息管理系统，实现农村土地承包管理信息化，妥善解决承包地块面积不准、四至不清、空间位置不明、登记簿不健全等问题，依法赋予农民更加充分而有保障的土地承包经营权。

全省凡采取农户家庭承包方式经营的耕地，都要进行确权登记颁证。对采取招标、拍卖、公开协商等方式承包的耕地，经当事人申请，按照《农村土地承包经营权证管理办法》等有关规定，予以确权登记颁证。村组集体建设用地、农户宅基地、集体机动地、林地和草原等土地，不纳入此次确权登记颁证范围。农村土地承包经营权确权，结合我省实际，都要确权到户到地。如确需确权确股不确地的，必须报省农村土地确权登记颁证工作领导小组审核同意。

从2015年起，农村土地确权工作在全省各县市区全面推开，用3年时间全面完成。其中，在2014年完成金川区、临夏县、金塔县3个县土地确权的基础上，2015年完成40%的县市区（名单附后）；2016年基本完成；2017年总结验收。

二、基本原则

（一）把握政策、确保稳定。开展农村土地确权登记颁证，是对现有土地承包关系的进一步完善，不能借机调整或收回农户承包地。要以现有农村土地承包合同、证书、台账为依据，确认承包地权益归属。对个别村组群众要求调地的，要按照法律政策规定，慎重把握，妥善处理。在尊重农民意愿的前提下，可采取先互换、再确权的方式，解决农户承包地“细碎化”问题。对延包不完善、权利不落实和管理工作不规范的，依法予以纠正。

（二）依法确权、规范登记。要严格按照《中华人民共和国土地管理法》、《中华人民共和国农村土地承包法》、《中华人民共和国物权法》等法律法规开展农村土地确权登记颁证。有法律法规和政策依据的，依照法律法规和有关政策解决；没有法律法规和政策依据的，采取民主协商、村民议决方式解决；对存在争议和纠纷的，先依法解决争议纠纷，再予以确权登记颁证。要按照规范的程序和标准开展确权登记，加强农村土地确权登记颁证成果的保密管理，保护土地承包权利人的隐私。要实行程序、内容、方法和结果“四公开”，切实保障农民群众的知情权、参与权、决策权和监督权。

（三）县级为主、分级负责。土地确权工作实行属地管理，层层落实责任。省级承担组织领导责任，市州承担组织协调责任，县乡两级承担组织实施责任。

（四）把握进度，注重质量。坚持质量优先，科学把握进度。充分利用现代空间信息技术，选择符合国家标准规范、切合本地实际、农民群众认可的技术方法，明确工作时间表和路线图，提高工作效率。坚持进度服从质量，实行全程质量控制，注重关键环节，把好质量关口。

三、方法步骤

（一）准备工作阶段。

1．制定工作方案。市州要制定本地区的工作方案，县市区要制定具体实施方案，并将工作方案和实施方案于2015年4月15日前报省农村土地确权登记颁证工作领导小组办公室备案。

2．宣传动员部署。各地要及时进行宣传动员、部署安排，广泛宣传农村土地确权登记颁证政策、目的、作用和程序等，使之家喻户晓，充分调动广大干部群众参与的积极性。

3．集中开展培训。要制定业务培训计划，分层、分期开展培训。省级培训市县两级农业部门领导干部和业务骨干，市级培训县级业务部门和乡镇领导干部及工作人员，县级培训乡村干部和工作人员,进一步提高各级干部的政策水平和业务素质，确保工作顺利开展。

4．清理核查土地承包档案。全面收集整理村集体组织土地所有权证、现有农村土地承包合同、承包经营权证、承包经营权登记簿、农户家庭户籍及土地测绘成果等档案资料，以村、组为单位，核实确认承包权属关系信息。

5．开展技术招投标。以县为单位，组织完成农村土地确权登记颁证技术招投标工作，由中标单位负责编制本地区调查专业技术设计书。农村土地确权所需的调查软件、数据库软件和农村土地承包管理信息系统软件由省级统一采购配置，确保系统的兼容性和统一性。

6．建立健全基层工作机构。各村要成立土地确权工作组，组织协调本村范围内各村民小组的土地确权工作。村民小组要推举公道正派、有威望、有经验的老党员、老干部和群众代表等，组成监督小组，负责本组农户承包地权属调查、地块指认和审核公示等环节的监督。

（二）权属调查阶段。

1．调查确认发包方。组织完成农村集体经济组织名称、村组集体所有土地界址、农户家庭承包经营土地界址等农村集体土地所有权权属状况调查确认工作。

2．调查确认承包方。组织完成农户家庭土地承包代表人和共有人等土地承包方身份、权属等信息调查确认工作。对于外出不在家的农户，要采取多种方式及时通知到人，充分保障其知情权、选择权、决策权；确实无法取得联系的，可暂缓登记，但不得收回其承包地。

3．调查核准农户承包地法定权属关系。组织村组发包方代表、承包地农户及毗邻地块承包经营农户，完成农户承包地指界确认工作，核实农户承包地四至界限、空间位置等法定权属关系。

4．测量核定承包地面积。根据本地实际，充分利用现有土地测绘成果，合理选择符合当地特点的测绘技术方式，组织完成耕地测绘工作，测量核准农户承包地面积、四至、空间位置等情况，形成反映农户承包权属关系、信息编码等情况的地籍图件。航测或购买卫星测绘图片，由市州或县市区统一组织；采取实地测量方式的，可充分利用甘肃省卫星定位连续运行基准站网等测绘技术设备，提高效率，降低成本。

5．规范填制权属调查表格。规范填制各类土地承包权属关系调查表，形成合法、规范、完整的农村土地承包权属关系调查核实文件。

（三）审核公示阶段。

1．编制公示表。根据权属调查结果，以发包方为单位，编制《农村土地承包经营权调查信息公示表》。

2．审核公示。《农村土地承包经营权调查信息公示表》经村组工作组和乡镇工作领导小组审核通过后，在村组范围内进行张榜公示，公示期不少于7天。

3．勘误修正。在公示过程中，发包方和承包方对权属调查结果提出异议的，应对相关问题重新进行核实、修正，并对核实、修正后的结果再次进行公示。

4．结果确认。公示无异议的，以村组为单位，根据调查和公示结果，填制公示结果归户表，由发包方签章、法人代表签字和承包方签字、摁手印确认。

（四）完善数据信息管理阶段。

1．建立数据库。以县为单位，建立农村土地承包管理数据库，完成农户承包地地理信息和承包经营权权属数据入库工作。

2．建立管理信息系统。以县级土地确权登记结果和现有资源为基础，建立中央、省、市、县四级联网的农村土地承包管理信息系统,实现农村土地承包经营权调查数据管理、承包合同管理、确权登记颁证管理、土地流转管理、承包纠纷仲裁管理等信息化动态管理功能。

（五）完善承包法律关系阶段。

1．完善土地承包合同。村组集体经济组织依据查实核准后的农户家庭土地承包信息，按照国家统一制定的合同文本，重新签订土地承包合同。原有土地承包合同按照分级管理原则，由农村土地承包管理机构存档，长久保留备案。土地承包合同记载期限应以当地统一组织二轮延包的时点起算，承包期为30年。

2．建立健全登记簿。县级农村土地承包管理部门要按照一户一簿原则建立健全登记簿，明确承包地的块范围、面积及权利归属。登记簿应当记载发包方、承包方的姓名、地址，承包共有人，承包方式，承包地块的面积、坐落、界址、编码、用途、权属、地类及是否属于基本农田，承包合同编号、成立时间、期限，权利的内容及变化等内容。

3．颁发土地承包经营权证书。根据完善后的土地承包合同和土地承包经营权登记簿，在确保信息准确无误、责任权利明确的基础上，由县级人民政府向农户依法颁发农村土地承包经营权证书，原已发的农村土地承包经营权证书收回销毁。承包经营权证书载明的户主或共有人，要体现男女平等的原则，把妇女土地承包权益落到实处。

（六）成果整理阶段。

1．建立健全档案管理制度。以县为单位，建立健全农村土地承包经营权档案管理制度，明确档案管理主体。档案管理工作与确权登记颁证工作同步部署、实施、检查和验收，做到组织有序、种类齐全、责任明确和保管安全。

2．分类整理档案资料。对农村土地确权登记颁证形成的文字、图表、声像、数据等材料进行收集、整理、鉴定、保管、编研，以电子和纸质两种形式存储介质资料。

3．形成标准成果资料。由村组和乡镇将土地确权登记成果资料逐级汇交至县级农村土地承包经营权管理部门，经检查汇总后，形成标准成果资料，分级归档管理，用于农村土地确权登记颁证和农村土地承包日常管理使用。

（七）检查验收阶段

1．开展阶段性检查。建立阶段性检查制度，由各级农村土地确权登记颁证领导小组采取县级自查、市级全面检查、省级抽查等方式开展检查，发现问题及时处理整改，确保工作质量。

2. 开展确权成果验收。土地确权工作全面完成后，由各级农村土地确权登记颁证领导小组按照全国统一标准，采取县市区自检、市州核查和省上验收的方式组织验收。

四、保障措施

（一）加强组织领导。省上成立以分管副省长为组长，省农牧厅、省财政厅、省国土资源厅、省公安厅、省林业厅、省政府法制办、省档案局、省测绘地理信息局、省妇联等部门为成员的省农村土地确权登记颁证工作领导小组，领导小组办公室设在省农牧厅，承担日常指导、管理和协调工作。市州要成立党委、政府分管领导任正副组长的工作领导小组和工作机构。县、乡两级是开展土地承包经营权确权登记颁证工作的关键主体，要成立以党委或政府主要领导任组长的工作机构，选配业务骨干，充实工作队伍，精心组织，切实抓好落实。

（二）加强协调配合。各有关部门要各司其职，各尽其责，形成密切配合、协作高效的工作机制。农业部门负责牵头组织、统筹协调和政策指导；财政部门负责经费保障和资金使用的监督管理；国土资源及测绘地理信息部门免费提供最新的全国土地调查及农村集体土地所有权确权登记成果资料，提供本区域已有测绘地理信息成果，做好测绘工作监督管理及测绘技术指导工作；公安部门配合做好土地承包方身份、户籍等调查工作；档案部门负责农村土地承包档案管理指导工作；政府法制部门负责研究完善有关法律法规及指导依法开展工作；妇联指导做好农村妇女土地承包经营权益保障工作。

（三）落实工作经费。土地确权工作经费按照分级承担的原则，纳入各级政府年度财政预算，不得向农户收取任何费用。在中央财政每亩补助10元的基础上，省级财政每亩补助6元，其中：甘南、临夏、陇南、天水、定西等地形地貌较为复杂的5个市州每亩补助7元，其他地区每亩补助5元，从2015年起分3个年度安排，不足部分由市、县两级按现行财政管理体制予以解决。各地要切实加强资金管理，严格执行预算法律法规及财政资金管理规定，严格支出标准，严禁挤占挪用，确保资金使用安全、高效。

（四）加强工作指导。建立健全土地确权工作定期报告制度。按照确权颁证进展情况及时上报月报、季报和年报报表，掌握工作进程，定期通报各地进展情况。要加强调查研究，及时掌握情况，认真梳理带有普遍性、倾向性的问题，提出政策建议和解决的办法。要注重总结好的做法和经验，通报交流，相互学习借鉴。各地可根据本地实际，对农业设施产权确权登记颁证与这次承包地确权登记颁证一并考虑，统筹安排部署。

附　件：2015年完成确权登记颁证的区域名单

2015年完成确权登记颁证的区域名单

（共35个）

嘉峪关市；金昌市永昌县；酒泉市肃北县、玉门市；张掖市临泽县、山丹县；武威市凉州区、民勤县；白银市景泰县、平川区；临夏州临夏市、和政县；兰州市永登县、榆中县、皋兰县、兰州新区；甘南州合作市、碌曲县、迭部县；定西市渭源县、安定区、临洮县；平凉市崆峒区、泾川县、崇信县、平凉工业园区；庆阳市西峰区、华池县、正宁县；天水市武山县、清水县、秦安县；陇南市西和县、成县、徽县。

甘肃省人民政府办公厅关于印发《甘肃省省道网规划（2013—2030年）》的通知

甘政办发〔2015〕31号　2015年3月24日

各市、自治州人民政府，兰州新区管委会，省政府有关部门，中央在甘有关单位：

《甘肃省省道网规划(2013—2030年)》已经2015年3月16日省政府第72次常务会议审议通过，现印发你们，请认真组织实施。

甘肃省省道网规划（2013—2030年）

（省交通运输厅）

省级公路包括省级高速公路和普通省道，由具有全省政治、经济意义的公路及不属于国家公路的省际间重要公路组成。2013年，国务院批准实施《国家公路网规划（2013年—2030年）》以后，我省境内约33%的省级高速公路升级为国家高速公路、约54%的普通省道升级为普通国道，省道网的布局和规模发生了重大变化，亟需对省道网规划进行调整。为抢抓国家实施新一轮西部大开发战略、扶贫开发战略和“一带一路”战略等一系列重大政策机遇，全面推进小康社会建设，更好地与国家公路网衔接，完善省域干线公路网布局和结构，保障省域公路网持续、健康、协调发展，更好地服务于甘肃省经济、文化、生态三大国家级战略平台建设，根据交通运输部《关于开展省道网规划调整工作的指导意见》(交规划发〔2011〕788号),编制《甘肃省省道网规划(2013—2030年)》(以下简称《规划》)。规划范围为甘肃行政区划界定范围,规划对象为省道网(含省级高速公路和普通省道),规划期限为2013年—2030年。

一、规划基础

(一)发展形势。

省道网由省级高速公路和普通省道组成,是全省公路网和综合运输体系的重要组成部分,在全省经济社会发展中发挥着重要作用。1981年国家干线公路网(简称国道网)试行方案颁发后,甘肃省共划定省道32条、5552公里,其后虽有局部调整和新增,但从功能和布局上基本确定了普通省道网构架,为普通省道建设奠定了坚实基础。2007年省政府批准实施的《甘肃省高速公路网规划》,确定省级高速公路8条、997公里,至此,省道网发展成为由省级高速公路和普通省道共同组成的格局。2009年省政府批准实施的《甘肃省高速公路网规划(2009年调整)》,确定省级高速公路14条、4197公里,调整后省级高速公路覆盖范围明显扩大,路网服务能力大幅提升,基本确定了省级高速公路的布局形态。

经过30年建设,我省基本形成以省会兰州为中心,高速公路为主骨架,普通国省道为一般干线,乡村公路为基础,纵横交织、沟通全省城乡、连接周边省区的公路网络体系。截至2012年,甘肃省公路网总里程达到13.12万公里,公路网密度为28.87公里/百平方公里;普通国省干线公路10709公里(其中普通国道4624公里),二级及以上公路比重为55.92%;全省通车省道43条、总里程6253公里,其中:省级高速公路5条、168公里,普通省道38条、6085公里。公路网的快速发展,有效缓解了交通运输紧张状况。

随着全省经济社会快速发展和人民生活水平不断提高,对公路交通的保障能力和服务水平提出了新的更高要求,公路网尤其是省道网面临一些亟待解决的问题,主要表现在:一是规模总量不足。2012年底全省普通省道网里程仅占公路网总里程的4.64%,密度仅为1.34公里/百平方公里,远低于3.25公里/百平方公里的全国平均水平;二是路网布局不完善。市际、县际和部分省际间联络通道偏少,部分城市过境不畅,普通省道乡(镇)覆盖率较低;三是路网技术水平偏低。省级高速公路通车里程仅占规划里程的4%,普通省道中三级及以下公路占54.37%,简易铺装路面(次高级)和未铺装路面里程分别占45.56%和10.03%;四是路网服务水平亟待提高。安保设施、防护设施和交通工程设施不完善,抗灾能力弱,路网安全性不高;五是网络效率不高。公路网各层次之间、公路运输和其他运输方式之间的衔接协调不够,影响综合运输网络效益和效率的发挥;六是建设养护资金短缺。地方财政困难,随着普通公路融资平台的清理,建设资金筹措更加困难,长期养护资金不足,"以建代养"现象严重,制约着干线公路的可持续发展。

(二)发展要求。

当前,全省交通运输发展正处在大有可为机遇期、负重前行攻坚期和转型发展改革期的关键阶段。全省交通运输发展将加快建设"五个交通"(综合交通、品质交通、平安交通、智能交通、满意交通),不断提升交通运输服务水平,努力为建设幸福美好新甘肃提供有力的交通运输保障。

1. 适应全省经济社会转型升级和全面建成小康社会的要求。随着全省经济社会持续快速发展,经济结构加速调整,工业化、农业现代化、城镇化、信息化继续发展,以及"3341"项目工程、"1236"扶贫攻坚行动深入实施,交通运输总量将保持快速增长,要求进一步优化和完善省域公路网络,提高路网服务能力和水平,为全省经济社会转型升级发展和全面建成小康社会提供交通运输支撑和保障。

2. 支撑丝绸之路经济带建设,加快构建现代综合交通运输体系的要求。公路运输具有机动、灵活、便捷、门到门等自身优势,是当前我省客货运输的主力军。立足推进丝绸之路经济带甘肃段建设的总体要求,围绕"完善交通物流网络,构建合作开放通道"的发展目标,优化完善公路交通网络,加快推进基础设施网络化和现代化建设,深入实施道路互联互通工程,促进各种运输方式的枢纽衔接,积极构建综合交通运输体系,努力打造立体化、开放式的交通走廊,有利于充分发挥公路交通在综合运输体系中的基础性和骨干性作用,促进综合运输体系的形成和交通物流网络的发展。

3. 促进城乡区域协调发展的要求。在区域发展总体战略和主体功能区规划的指导下,未来甘肃将加快推进工业化、城镇化、农业现代化建设,进一步加大生态保护力度,构建以"六大片区"为主体的工业化战略格局、"一群两带多组团"为主体的城镇化战略格局、"一带三区"为主体的农业战略格局和"四屏五区"为主体的生态安全战略格局,加快华夏文明传承创新区、国家生态安全屏障综合试验区建设,加大对革命老区、民族地区、贫困地区的扶持力度,这必然要求进一步优化省域公路网布局与结构,扩大路网覆盖,加强通道建设,发挥省道上接国家公路、下连乡村公路的承上启下功能,统筹城乡协调发展,提升公路交通公共服务水平。

4. 提高应急保障能力的要求。保障国边防安全,提高军事交通机动性和运输保障能力,有效应对重大自然灾害、突发事件,要求在国家层面统筹考虑重要通道及其辅助路线、迂回路线布设的基础上,拓展省道覆盖范围,增设必要的联络线,提高通达深度,提升省域公路网的安全性、可靠性和应急保障能力。

5. 实现公路交通可持续发展的要求。发挥省域公路网络的整体效率和效益,实现公路交通可持续发展,要求明确公路网层次结构和各层次的功能定位,促进各层次间协调发展,统筹非收费公路和收费公路体系建设,并为科学编制公路交通发展规划、制定政策和加强建设、养护管理奠定基础。

二、指导思想、基本原则和规划目标

（一）指导思想。

全面贯彻落实党的十八大、十八届三中、四中全会和习近平总书记系列重要讲话及省第十二次党代会精神，以科学发展观为指导，以服务全面建设小康社会和全省经济社会发展为目标，根据国家和甘肃省主体功能区规划布局，从转变交通运输发展方式出发，加强与其他运输方式的衔接，在“一带一路”战略的引领下，按照“功能明确、结构优化、布局合理、规模适度”的方针，统筹发展非收费公路和收费公路体系，优化省道布局、扩大服务范围、增强服务能力、提高网络效率，完善交通物流网络，构建合作开放通道，加快形成便捷、高效、安全、绿色的省域干线公路网络，为全省经济社会持续健康发展提供交通运输支撑和保障。

（二）基本原则。

1．服务全局。从全省发展总体战略出发，不仅要立足公路交通行业发展，而且要符合经济社会、综合运输、土地资源利用和环境保护等全局性的要求，服务全省经济社会发展大局。

2．布局合理。以经济社会和交通运输中长期发展需求为基础，与人口分布、城镇化格局、城镇体系布局、资源分布和产业布局相适应，统筹考虑革命老区、集中连片特困地区、少数民族地区及资源富集地区发展需要，注重公平、效率，促进国土均衡开发。

3．衔接顺畅。既注重省域公路网自身结构与布局的调整和完善，又突出与国家公路网、乡村公路网以及周边省区路网的协调衔接。同时，注重与其他运输方式的衔接，加强与城市交通的衔接，进一步发挥综合运输效率。

4．继承发展。既注重规划新增路线，又注重对既有路线的优化和调整，结合地形、重要节点分布情况，统筹考虑路网的网络形态及编号体系的延续，处理好继承与发展的关系。

5．规模适度。依据各市州自然条件、经济社会及交通运输发展趋势，因地制宜对省道路线进行优化调整和补充，充分考虑环境、土地、资金等因素，合理确定省道网总体规模。

6．绿色发展。省道新增路线充分利用既有的县道、乡道和村道，节约集约利用土地；避绕环境敏感区和生态脆弱区，加强生态环境保护，防止公路建设引发的水土流失，促进公路建设与资源环境和谐发展。

（三）规划目标。

以国家公路网省内路线布局为基础和依托，以“县县通高速、乡镇连省道、与周边省区顺畅衔接”为总体目标，形成覆盖广泛、布局合理，功能完善、安全可靠的省域干线公路网。实现省会至东、中部市（州）和河西部分市（州）当日往返，至河西个别市（州）当日到达，市（州）至县（市、区）当日往返，路网功能得到充分发挥。

省级高速公路与国家高速公路形成提供高效服务的主骨架网络，具体目标如下：

1．有效对接周边省份，增加出省高速通道，实现省际出口畅通。

2．实现省会至所有市（州）、所有市（州）之间，以及所有县城通高速公路，为经济社会发展提供高效、快捷的运输服务。

3．增加区域性综合交通枢纽城市绕城环线，完善枢纽城市集疏运网络。

4．连接著名旅游景区、重要产业基地、国边防和军事要地。

普通省道与普通国道形成提供普遍服务的一般干线网络，具体目标如下：

1．连接所有市（州）、县（市、区）和乡（镇），形成覆盖乡（镇）及以上行政区的一般干线公路网络，显著增强交通基本公共服务能力。

2．加强县际联系，实现全省县级及以上行政区多路连通，为地区间客流、物流提供便捷的运输通道。

3．连接AAAA级及以上旅游景区，覆盖重要的产业基地、经济开发区、工业园区，促进旅游业发展和产业结构升级。

4．连接周边相邻省份县级及以上城镇节点，实现与周边省份干线公路的有效衔接，为区域合作提供良好的交通运输条件。

5．连接铁路枢纽、机场和重要港口等交通枢纽，加强与铁路、民航、水运、城市道路等运输网络以及其他层次路网的衔接与协调，推进综合运输体系建设。

6．覆盖重要的军事设施及边境城镇，增强国边防安全保障能力。

三、省道网布局方案

甘肃省省道网规划总规模约为20620公里，由省级高速公路网和普通省道网两个层次构成。

（一）省级高速公路网布局。

省级高速公路网由“6环6纵2横18联”32条路线组成，即6条绕城环线、6条北南纵线、2条东西横线、18条联络线，总规模约3365公里。省级高速公路布局调整以新调整的国家高速公路甘肃省境内路线布局为依托，对《甘肃省高速公路网规划（2009年调整）》中升级为国家高速公路的省级高速公路，调入国家高速公路系统，剩余的省级高速公路，直接纳入省道网规划，不再做较大调整，只进行局部优化。同时，增加重要的综合运输枢纽城市绕城高速环线。

1．绕城环线（6条347公里）。S01兰州市外环绕城高速、S02平凉市绕城高速、S03天水市绕城高速、S04武威市绕城高速、S05张掖市绕城高速、S06酒(泉)嘉（峪关）绕城高速。

2．北南纵线（6条1573公里）。S15吴起（陕西）—平凉、S25静宁—天水、S35景泰—礼县、S45碌曲—久治（青海）、S55阿拉善左旗（内蒙）—武威市—西宁（青海）、S65航天城—酒泉。

3．东西横线（2条602公里）。S10凤县（陕西）—合作、S20两河口—郎木寺。

4．联络线（18条843公里）。S11泾源（宁夏）—华亭、S12肃北—阿克塞、S13中川机场联络线、S14陇西—渭源、S16麦积—天水、S17阿拉善右旗（内蒙）—永昌、S18张掖—肃南、S19临夏—东乡、S22白银—兰州新区、S24兰州—永靖、S26正宁—榆林子、S28灵台—

华亭、S32临夏—积石山、S34临夏—循化（青海）、S36临洮—广河、S38夏河—王格尔塘、S42漳县—殪虎桥、S44康县—望关。

甘肃境内国家公路布局规划方案见附表1和附图1。

甘肃省省级高速公路布局规划方案见附表2和附图2。

（二）普通省道网布局。

普通省道网由“6射40纵32横96联”174条路线组成，即6条放射线、40条北南纵线、32条东西横线、96条联络线，总规模约17255公里。在保留原省道剩余路线（含原国道降级路线）的基础上，按照“连通所有乡镇、对接省际出口、扩大覆盖范围、完善网络衔接”的思路补充新增路线，完善普通省道网布局。

1. 放射线（6条724公里）。S101兰州—景泰、S102兰州—永登、S103兰州—黄河石林、S104兰州（沈家坡）—东岗、S105兰州—积石山、S106兰州—临夏。

2. 北南纵线（40条7776公里）。S201延安（陕西）—新堡、S202环县—泾川、S203马峪口—千阳（陕西）、S204碌曲—采日玛、S205江洛—黄坪、S206大岸庙—姚渡、S207定西—天水、S208马营—马街、S209共和—九寨沟（四川）、S210巴仁口—代古寺、S211盐池（宁夏）—洪德、S212雅布赖（蒙甘养管界）—下四分、S213同心（宁夏）—桐川、S214额济纳旗（内蒙）—酒泉、S215黑鹰山（内蒙）—二指哈拉（甘青界）、S216彭阳（宁夏）—上关（甘陕界）、S217景泰—定西、S218隆德（宁夏）—两当、S219麻沿河—略阳（陕西）、S220泾源（宁夏）—秦安、S221泾源（宁夏）—石槽沟（甘陕界）、S222西吉(宁夏)—燕子砭（甘陕界）、S223西和—武都、S224双铺—青江驿、S225三营（宁夏）—锁龙、S226宕昌—文县、S227头寨子—渭源、S228景家店—三岔、S229榆中—陇西、S230红古—岷县、S231迭部—若尔盖（四川）、S232达板—合作、S233武胜驿—海石湾（甘青界）、S234炭山岭—七山、S235民勤—红崾岘（甘青界）、S236东乐—马蹄寺、S237平山湖（蒙甘界）—祁连(青海)、S238玉门—昌马、S239双塔水库—石包城、S240哈密（新疆）—肃北。

3. 东西横线（32条6210公里）。S301九条岭—瓜州、S302玉门东—肃北、S303盐池湾—雅丹、S304安口—甘谷、S305清水—嘉峪关、S306阳关—多坝沟、S307阿拉善左旗（内蒙）—红沙岗、S308杜寨柯—永昌、S309甘草店—积石山、S310民勤—金昌、S311定西—和政、S312王格尔塘—达久滩（甘青界）、S313张掖—肃南、S314瓜州—拉配泉（甘新界）、S315景泰—山丹、S316大靖—丰乐、S317太白（陕甘界）—华池、S318黄陵（陕西）—鄜岘、S319正宁—平泉、S320彬县（陕西）—华亭、S321雷大—什川、S322草滩—临夏县、S323陇县（陕西）—榜罗、S324冶力关—扎油、S325张家—甘谷、S326武山—碌曲、S327江洛—江口、S328略阳（陕西）—苏园、S329略阳（陕西）—宕昌、S330唐克（四川）—欧拉秀玛、S331宁强（陕西）—琵琶、S332阳坝—琵琶。

4. 联络线（96条2545公里）。S501五顷塬—三嘉、S502山庄—紫坊畔、S503合水—固城、S504宁县—湘乐、S505庆城—南庄、S506孙家湾—白马、S507白马铺—铁李川、S508肖金—显胜、S509木钵—八珠、S510代家岔—樊家川、S511新庄湾—天池、S512孟坝—新集、S513洪德—南湫、S514三岔—殷家城、S515张庄—武沟、S516渗水坡—蒲窝、S517泾川—白水、S518鄜岘—香莲、S519西阳—麻武、S520韩店—良邑、S521南坪—盘安、S522阳川—大庄、S523峡口—司桥、S524雷大—双岘、S525三合—四河、S526邢家岔—沙家湾、S527张家川—平安、S528诸葛垒塬—陇东、S529清水—社棠、S530腊家—连五、S531天水—中梁、S532寺嘴—魏店、S533娘娘坝—秦岭、S534东三十铺—古坡、S535西三十里铺—武家河、S536礼辛—谢家湾、S537洛门—嘴头、S538显龙—泰山、S539东王坪—宋坪、S540镡河—迷坝、S541王磨—二郎、S542豆坝—底娅、S543周家坝—豆坪、S544页水河—六巷、S545石峡—西高山、S546赵家庄—固城、S547大桥—太石河、S548铺底下—鱼龙、S549三河—郭河、S550麻崖子—三仓、S551月照—五库、S552罗坝—湫山、S553瑶峪—上坪、S554魏磨—三峪、S555曹家坝—磨坝、S556立亭—舍书、S557寨子—梨坪、S558河口—口头坝、S559赵家坝—天池、S560鸽衣坝—铁楼、S561草滩—土高山、S562韩家集—石碑岘、S563大芦—若笠、S564三岔口—新庄、S565襄南—李家店、S566葛家岔—新集、S567马头川—宏伟、S568红岘—德兴、S569西二十里铺—五竹、S570虎龙口—北顺、S571韩家湾—新寨、S572岷县—秦许、S573河桥—东坪、S574齐家—水泉、S575马家咀—庄禾集、S576坪定—化马、S577果耶—八棱、S578立节—大峪、S579羊沙—临潭、S580新城—西寨、S581木耳—大峪沟、S582博拉—阿拉、S583沙木多—木西合、S584西渠—收成、S585干城—西沟、S586哈溪—毛藏、S587南营水库—旦马、S588高坝—祁连、S589王信堡—红山窑、S590山丹—马场二场、S591民乐—民联、S592高台—火车站、S593元山子—明花、S594酒泉—黄泥堡、S595嘉峪关—新城、S596科克巴斯陶—阿勒腾。

甘肃省普通省道布局规划方案见附表3和附图3。

四、规划实施方案

（一）实施方案。

1. 规划技术标准。

省级高速公路：原则上以四车道及以上高速公路技术标准建设，部分特殊路段可按一级公路技术标准建设。

普通省道：原则上以三级及以上公路技术标准建设，重要经济干线和出口通道按二级或一级公路技术标准建设。

具体建设技术标准在项目前期工作中予以确定。

2．建设需求。

省级高速公路：截止2012年底，规划的3365公里省级高速公路中已建成或在建约231公里，待建约3134公里。

普通省道：截止2012年底，规划的17255公里普通省道中已建成或在建达到三级及以上公路技术标准约7471公里，待建约9784公里（改建8890公里，新建894公里）。

3．实施安排。

以县（市、区）通高速、乡（镇）通普通国省道为重点，大力实施省道网等级提升工程，分阶段、有步骤地推进省道网建设。

（1）近期实施方案。

省级高速公路：加快推进符合区域战略规划，对加强省际、区域和城际联系具有重要意义的省级高速公路建设。到2015年，力争通车里程达到220公里。

普通省道："十二五"期间，加大普通省道改造力度，以提高普通省道三级及以上公路比例为重点，优先支持集中连片特困地区普通省道项目建设，全面实施岷县漳县灾后交通基础设施恢复重建项目，加快建设普通省道中的断头路、出口路、重要城市之间的连接路、重要城市的过境路，提升普通省道技术等级、保障能力和服务水平。到2015年，三级及以上公路里程力争达到8000公里。

（2）中期建设重点。

"十三五"期（2016年—2020年），加快推进县（市、区）通高速公路建设，省级高速公路通车里程达到1000公里以上，省域内高速公路通车里程达到6000公里以上；以点带面，深入实施省道网等级提升工程，普通省道建设实现突破性进展，三级及以上公路里程力争达到1万公里以上。

（3）远期设想。

2021年—2030年，全面优化和完善省域公路网络，基本建成省级高速公路网和普通省道网。

4．资金需求。

按静态投资匡算，未来省道网建设资金需求总量约为5000亿元，其中，省级高速公路建设资金需求量约为3700亿元；普通省道建设资金需求量约为1300亿元。

（二）效果评价。

1．路网通达深度增加，覆盖范围扩大。普通省道规模由6085公里调增至17255公里，里程增加11170公里，连通乡（镇）由330个增至877个，新增547个，与普通国道共同实现所有乡（镇）全覆盖，调整后省道网通达深度和覆盖范围明显提高。

调整后省道网与国道网组成省域干线公路网，实现"2331连通"和"五个全覆盖"，即：与周边6个省区省会城市以国家高速和普通国道双通；省内14个市（州）以高速、普通国道、普通省道3通；86个县（市、区）基本以高速、普通国道、普通省道3通；全省所有具备条件的乡（镇）以普通国省道连通；普通国省道市（州）、县（市、区）、乡（镇）、AAAA级及以上旅游景区、省级以上经济区全覆盖。

2．路网结构更加合理、功能更加完善。

调整后将形成"东部加密、中部成环、西部联网"的省道网布局，与甘肃人口、城镇体系和产业等布局基本一致。

东部加密，围绕国家级装备制造业基地、能源开发基地和新型城镇化建设，形成加密网格状路网，支撑陕甘宁革命老区、陕甘宁蒙"能源金三角"经济区、关天经济区和我省陇东陇南城市带及关天、平庆等都市圈发展。

中部成环，围绕打造国家向西开放的重要门户和次区域合作战略基地，强化我省连接亚欧大陆桥的战略通道和沟通西南、西北的战略枢纽地位，形成以兰白和兰州新区为中心、"圈层结构+放射线"构成的"轮辐状"路网，支撑兰白经济区和中部城市群、兰白都市圈、兰州新区发展，为推进全省"一群两带多组团"新型城镇建设和丝绸之路经济带甘肃段建设提供重要的交通网络支撑。

西部联网，适应西部城市群新材料、新能源利用及循环经济示范区、生态文明示范区建设需要，连线成网，路网由原来的鱼骨状、简单树枝状向简单网格状发展，支撑酒嘉经济区、张掖经济区、金武经济区和河西城市带及酒嘉、张掖、金武等都市圈发展。省域干线公路网将形成既提供基本公共服务的一般干线公路网，又提供高效服务的高速公路网，为协调发展非收费公路和收费公路两大公路体系奠定良好的基础。

3．路网服务能力与水平大幅提升。根据预测，到2030年全省汽车保有量将持续增长，全省公路客货运量将达到2012年的5.1倍和4.7倍，主要公路通道交通量将以8%—15%的速度增长，原路网无法适应未来发展的需求。调整后的干线公路网（含国、省高速和普通国、省道）总规模增加了1.67万公里，密度由2012年的4.11公里/百平方公里增加到2030年的7.79公里/百平方公里，提高了约1.9倍，路网平均技术等级由2012年的2.09提高到2030年的约1.8，即由低于二级路提高到高于二级路的水平。路网规模的显著扩大和技术水平的明显提高，路网的供给能力和服务水平大幅提升，为满足未来公路交通需求，提供可靠的交通基础设施条件。

4．有效支撑全省经济社会转型升级发展。交通运输先导性、基础性、支撑性和服务性功能将得到进一步发挥，有效支撑未来全省经济社会转型升级发展。一是有效支撑扶贫攻坚行动。省道网通乡连镇与乡村公路网紧密衔接，干线路网的辐射功能得以进一步拓展，省道集散功能得以进一步发挥，为实施"1236"扶贫攻坚行动、加快革命老区公路建设、带动农村地区发展、增强贫困地区自我发展能力，实现努力与全国一道全面建成小康社会目标提供坚实的交通运输保障。二是有效支撑旅游文化业发展。省道网连通了红色旅游基地和全省20个旅游大景区，支撑丝绸之路精品旅游线路，促进旅游业发展，助力华夏文明保护传承和创新发展示范区建设。三是有效支撑城镇化建设。省道网布局强化了"一群两带多组团"的城市群内外交通联系，加强了中心城市的辐射带动功能，促进了都市圈交通一体化发展，改善了中小城市的对外交通条件，实现了乡（镇）全覆盖，更好发挥交通网络对新型城镇化发展格局的支撑和引导作用。四是有效支撑经济发展。省道网布局加强了省际、市际、县际间联系，增加了出行的便捷化和多元化选择，有助于降低运输成本，为促进全省经济转型升级发展提供基本公路运输服务。五是有效支撑生态屏障建设。省道网规划和建设始终把建设生态文明、保护生态环境放在突出位置，使公众出行更加便捷畅通，运输发展更加经济高效，为甘肃省国家生态安全屏障综合试验区建设提供交通运输保障。

5. 完善综合交通运输体系。公路交通是综合交通体系中最基础、最普遍、最便捷的运输方式，省道网上接国家公路网，下连乡村公路网，处在公路网中间层次，兼具干线和集疏网络功能。规划调整不仅完善了省道自身布局与结构，实现与国道、乡村公路的紧密衔接，全面优化完善了全省公路网布局，强化了对铁路枢纽、机场和重要港口的连接，有助于形成便捷的集疏运网络，为建设内通外畅、运能充分、布局合理、安全便捷的综合交通运输体系奠定了基础，为推进丝绸之路经济带甘肃段建设、促进道路互联互通创造了条件。

6. 加强国边防建设和安全应急保障能力。国省道布局中，均把边防口岸、边境城镇、军事要地作为重要节点，增加了河西地区迂回路线及沿大江、大河路线，随着路网规模的增加、通达深度的拓展，路网的机动性、迂回性显著提高，应对自然灾害、突发事件和保障国家安全的能力将明显增强，为更好的发挥我省"坐中联六"的区位优势，维护国边防安全，提高应急保障能力提供交通运输支撑。

7. 促进公路交通与资源环境协调发展。普通省道布局方案利用原省道路线近3000公里，新增路线基本以既有公路改造为主，可减少土地占用。路网布局的优化、技术等级的提高，将促进资源集约节约利用。规划实施中将采取各种措施把对生态环境的不利影响降到最低水平，最大限度地保护环境，发展以低碳为特征的公路交通体系，支持"资源节约型、环境友好型"社会建设。

五、保障措施

（一）强化规划指导，实现有序发展。

坚决维护规划的权威性，依据规划目标、布局方案和实施方案有计划、分步骤、科学有序地推进省道网建设与发展。统筹安排项目前期工作，增强项目储备，按照全省建设项目计划管理制度，建立省级建设项目管理系统，依托两年项目滚动申报和管理系统对建设项目计划进行动态管理，确保规划目标和重点建设任务的顺利完成。加强对规划的动态跟踪调整，根据经济社会发展实际，适时修订和完善规划，不断增强规划的指导性和适应性。

（二）深化体制改革，创新管理模式。

立足转变管理职能、提高管理效能，深入推进交通运输管理体制改革，建立健全省、市、县三级公路管理体制，明确事权、分级负责、分工协作，调动和发挥地方政府的积极性。省交通运输厅负责国家高速公路和普通国道建设，市（州）政府负责省级高速公路和普通省道建设，县（市、区）政府负责乡村公路建设，鼓励有条件的市（州）、县（市、区）政府参与国家高速公路和普通国道建设。进一步创新公路建设管理模式，有条件的公路建设项目可实行代建制、设计施工总承包等建设模式，大力推广政府与社会组织合作的（PPP）模式。加快推进收费公路管理改革，建立政府财政保障与鼓励社会资本相结合的收费公路发展模式。根据项目建设需求及地方受益情况，对新开工项目实行"省市联建"模式，由省、市（州）两级政府共同投资，合力推进项目建设。公路建设目标任务纳入各级政府目标责任书，作为各级政府主要负责人和分管负责人任期目标管理责任考核内容。

（三）拓宽投融资渠道，提供资金保障。

加快构建"政府主导、分级负责、多元筹资"的新型交通投融资体制，扩大建设资金总量。一是争取国家提高项目资本金补助比例，为项目建设提供稳定资金来源；二是争取省级财政资金通过中央转移支付、预算安排、发行地方政府债券等，加大对重点项目资本金补助；三是积极推进高速公路、二级以上收费公路按照"发债修路、收费还债"方式建设；四是发挥政府交通融资平台作用，保障公益性较强的公路项目建设资金的需求；五是发挥省公路航空旅游投资集团公司市场融资作用，保障全省重点公路项目建设的资金需求；六是支持市州政府加快推进地方公路交通融资实体建设，保障地方公路项目建设资金需求；七是鼓励和引导社会资本投资公路建设。

（四）落实生态文明，推动绿色发展。

深入贯彻落实节约资源和保护环境的基本国策，加强与国土、环保、水利、农牧、林业等部门的衔接，集约节约利用土地等资源，在公路设计、建设中落实绿色、环保理念，优化设计方案，减少山体开挖，降低公路建设对草原、河流等的污染和破坏，加强新建公路道路绿化建设，项目开工前制定水土保持治理措施，加强水土流失预防和治理，最大限度保护生态资源。按照"东南部保护、中部恢复、西部治理"的思路，推行交通建设生态保护和生态修复工作，尽可能利用既有设施扩能改造，必须新建的尽可能利用既有交通走廊，多方案比选、合理布线，严格按照公路建设项目标准，少占耕地；尽可能避免对具有重要生态功能的生态系统的分割，从严控制穿越禁止开发区域和城市建成区，路线尽可能避绕自然保护区核心区、缓冲区和文物敏感区，减少对生态脆弱区、环境敏感区的影响，促进公路交通的集约节约发展、绿色发展。

（五）倡导科技创新，强化技术支撑。

积极推进公路信息化、智能化建设，提高与铁路、航空、水运等多种运输方式的中转和衔接能力，推进不同运输方式之间的联程联运，逐步实现交通运输一体化，提高运输服务水平，促进现代物流业发展；根据我省的地形、地质特征和交通需求特点，以部颁技术标准和规范为基础，研究制定符合我省交通建设实际的实施细则或办法；加大科技投入力度，支持公路发展关键技术的研发应用；强化公路行业人才队伍建设，加强技能型、管理型人才培养，提高从业人员素质。

（六）严格监督管理，确保质量安全。

坚持质量为本，安全为先。严格落实项目法人责任制、招标投标制、合同管理制、工程监理制等制度规定，加强项目勘察设计质量、施工过程质量控制和交（竣）工验收工作。完善建设工程质量和安全监督机制，建立健全工程质量终身负责制、质量保证体系和安全责任体系。建立健全质量安全监督机构，充分发挥社会监督作用，实现建设项目质量监督全覆盖。全面推行现代化工程管理，建立标准化设计施工管理长效机制，提升省道网的安全性、可靠性和耐久性。

（七）注重统筹兼顾，促进协调发展。

统筹国家公路、省级公路和乡村公路等各层次公路网协调发展，完善路网结构，提升路网整体技术水平和服务保障能力。坚持公路建设、管理、养护、运营并重，增强公路建设品质、养护管理水平和可持续发展能力。根据省内不同片区和城乡发展差异，区别对待，制定差异化发展目标和扶持政策，加大向集中连片特困地区和其他老、少、边、贫地区倾斜支持力度，促进区域、城乡协调发展和一体化发展。

附表：1.甘肃省国家公路布局规划方案表（略）

2.甘肃省省级高速公路布局规划方案表（略）

3.甘肃省普通省道布局规划方案表（略）

甘肃省人民政府办公厅关于印发甘肃省发展众创空间推进大众创新创业实施方案的通知

甘政办发〔2015〕79号　2015年5月29日

各市、自治州人民政府，兰州新区管委会，省政府各部门，中央在甘有关单位，有关高校、科研院所、企业：

《甘肃省发展众创空间推进大众创新创业实施方案》已经省政府同意，现印发你们，请认真组织实施。

甘肃省发展众创空间推进大众创新创业实施方案

为了贯彻落实《国务院办公厅关于发展众创空间推进大众创新创业的指导意见》（国办发〔2015〕9号）精神，加快我省实施创新驱动发展战略，适应和引领经济发展新常态，顺应网络时代大众创业、万众创新的新趋势，加快发展众创空间等新型创业服务平台，营造良好的创新创业生态环境，推动产业优化升级，激发全社会创新创业活力，全面融入国家“一带一路”建设的大战略，倾力打造丝绸之路经济带甘肃段，积极探索西部欠发达地区依靠创新驱动、实现跨越发展的新模式，现结合我省实际，制定本实施方案。

一、总体要求

（一）指导思想。以邓小平理论、“三个代表”重要思想和科学发展观为指导，认真贯彻落实党的十八大和十八届三中、四中全会以及《中共中央国务院关于深化体制机制改革加快实施创新驱动发展战略的若干意见》精神，以深入实施创新驱动发展战略为主题，以打造丝绸之路经济带甘肃黄金段和建设兰白科技创新改革试验区为契机，以营造良好创新创业生态环境为目标，以激发全社会创新创业活力为主线，以提高区域创新能力为核心，以构建众创空间等创业服务平台为载体，充分考虑我省资本、人才等区域特点，因地制宜，有效整合资源，集成落实政策，完善服务模式，优化体制机制，培养创新人才，厚植创新文化，积极培育和践行社会主义核心价值观，加快形成我省大众创业、万众创新的生动局面。

（二）发展目标。到2020年，形成一批有效满足大众创新创业需求、具有较强专业化服务能力的众创空间等新型创业服务平台，全省孵化器数量达到50家以上，探索利用互联网建立虚拟孵化器。孵化培育一批创新型企业，并从中成长出能够引领未来经济发展的骨干企业。培育一批创业投资机构和天使投资人，进一步拓展投融资渠道。健全创新创业政策体系，完善配套服务体系，产生一批具有影响力和甘肃特色的众创空间。

二、重点任务

（一）加快构建众创空间。总结推广创客空间、创业咖啡、创新工场等新型孵化模式，充分利用兰白科技创新改革试验区、国家高新区、国家农业科技园区、国家级经济技术开发区、科技企业孵化器、大学科技园、科技大市场、文化创意园、大学生创业见习基地和高校、科研院所等有利条件，构建一批综合性创业服务平台。充分发挥行业领军企业的主力军作用，鼓励企业建立专业化孵化器和平台，大中型企业带动产业链上的小微企业，实现产业集聚和抱团发展。各地要紧密结合区域资源禀赋、特色支柱产业和园区功能布局，重点在战略性新兴产业、现代服务业、现代农业、文化传媒等领域，建立形成“创业苗圃+孵化器+加速器+产业园”的全产业链孵化链条。鼓励创业投资机构、社会组织等形成多元化的创新服务平台建设模式，构建一批低成本、便利化、全要素、开放式的众创空间。发挥政策集成和协同效应，实现创新与创业相结合、线上与线下相结合、孵化与投资相结合，数量扩张和质量提升并举，为广大创新创业者提供良好的工作空间、网络空间、社交空间和资源共享空间。（责任单位：省科技厅、省发展改革委、省教育厅、省工信委、省人社厅、省文化厅、省商务厅、省新闻出版广电局、省政府国资委、各市州政府、兰州新区管委会）

（二）营造更宽松的创新创业政策环境。充分发挥市场配置资源的决定性作用，制定和规范更为宽松的行业准入政策，改革产业准入制度，制定和实施产业准入负面清单，对未纳入负面清单管理的行业、领域、业务等，各类市场主体皆可依法平等进入。全面落实企业所得税研发费用加计扣除和高新技术企业税收优惠政策，促进企业创新发展。发挥金融创新对技术创新的助推作用，培育壮大创业投资和资本市场，提高信贷支持创新的灵活性和便利性。深化商事制度改革，针对众创空间等新型孵化机构集中办公等特点，简化住所登记手续，采取一站式窗口、网上申报、多证联办等措施为创业企业工商注册提供便利。对众创空间等新型孵化机构的房租、宽带接入费用和用于创业服务的公共软件、开发工具给予适当财政补贴，鼓励众创空间为创业者提供免费高带宽互联网接入服务。贯彻落实国家有关政府采购支持创新产品和服务、促进中小企业创新发展的相关政策措施。整合汇集各部门制定的支持小微企业发展和创新创业的优惠政策，建立健全由科技部门牵头的劳动协调机制，为企业提供系统的政策服务和辅导。（责任单位：省科技厅、省发展改革委、省工信委、省文化厅、省商务厅、省财政厅、省人社厅、省政府金融办、省工商局、省国税局、省地税局、省知识产权局、各市州政府）

（三）鼓励全社会参与创新创业。鼓励社会机构和个人积极投身创新创业，重点调动科技人员和大学生创业积极性。加快下放科技成果使用、处置和收益权，结合事业单位分类改革要求，尽快将财政资金支持形成的，不涉及国防、国家安全、国家利益、重大社会公共利益的科技成果的使用权、处置权和收益权，全部下放给符合条件的项目承担单位。科技成果转移转化所得收入全部留归单位，纳入单位预算，实行统一管理，处置收入不上缴国库。提高科研人员成果转化收益比例，完善职务发明制度，在利用财政资金设立的高等学校和科研院所中，将职务发明成果转让收益在重要贡献人员、所属单位之间合理分配，对用于奖励科研负责人、骨干技术人员等重要贡献人员和团队的收益比例，可以从现行不低于20%提高到不低于50%。加大科研人员股权激励力度，鼓励各类企业通过股权、期权、分红等激励方式，调动科研人员创新积极性，科技成果入股比例不设上线。财政资助的科研创新发展类项目，项目承担单位应结合一线科研人员实际贡献，公开公正安排绩效支出，充分体现科研人员的创新价值。推进实施大学生创业引领计划，鼓励高校开设创新创业类教育课程，逐步普及创业实训，建立大学生创业全程跟踪指导制度，制定创业服务公共财政购买实施办法，建立健全公共财政购买创业服务机制，建立健全大学生创业指导服务专门机构，加强大学生创业培训，为大学生创业提供场所、公共服务和资金支持，以创业带动就业。鼓励有技能和经营能力的农民工返乡创业，创办家庭农场，创办涉农龙头企业及农业社会化服务组织。实施科技特派员创业行动，鼓励科技特派员围绕我省产业发展进行创业服务，研究制定科技特派员创新创业服务财政购买办法。进一步营造尊重劳动、崇尚技能、鼓励创新的良好社会氛围，加大开展全省职工岗位技能提升行动力度，实施全省职工技能素质建设工程，积极创办劳模（技能人才）创新工作室，开展职工优秀技术创新成果评选表彰活动，为包括城镇失业人员和农民工在内的广大职工提供转岗就业培训、自主创业培训和职业技能培训，进一步营造尊重劳动、崇尚技能、鼓励创新的良好社会氛围。（责任单位：省科技厅、省发展改革委、省教育厅、省财政厅、省人社厅、省工信委、省政府国资委、省总工会、各市州政府）

（四）加强财政资金引导和税收优惠。各级财税部门要严格落实税收优惠政策，充分利用各类专项资金支持中小企业发展，创新资金扶持方式，更多运用阶段参股、风险补助和投资保障等方式，引导创业投资机构投资于初创期科技型中小企业。按照政府引导、市场运作的原则，用好甘肃省战略性新兴产业创业投资引导基金和兰白科技创新改革试验区技术创新驱动基金，带动社会资本投入，重点支持战略性新兴产业和兰白科技创新改革试验区内高新技术产业早中期、初创期创新型企业发展。发挥财政资金杠杆作用，探索建立科技创新券制度，通过市场机制引导社会资金和金融资本支持创业活动。建立和增加财政支持科技担保的奖励和补偿资金，支持科技担保业的发展。建立知识产权质押融资市场化风险补偿机制，简化知识产权质押融资流程。发挥好技术创新驱动基金作用，吸引省内外投资机构共同发起成立天使投资、风险投资等，培育发展天使投资群体，设立专项资金，支持职工技术创新活动，推动大众创新。全面落实财政部和国家税务总局支持科技企业孵化器的税收优惠政策，鼓励孵化器创新发展。（责任单位：省财政厅、省发展改革委、省科技厅、省工信委、省人社厅、省国税局、省地税局）

（五）完善创业投融资机制。发挥金融创新对技术创新的助推作用，培育壮大创业投资和资本市场，提高信贷支持创新的灵活性和便利性，形成各类金融工具协同支持创新创业的良好局面。推动省内银行业金融机构与创业投资和股权投资机构实施投贷联动，为企业创新活动提供股权、债权相结合的融资服务。发挥多层次资本市场作用，为创新型企业提供综合金融服务。建立创业投融资平台，开展互联网股权众筹融资试点，增强众筹对大众创新创业的服务能力。规范和发展服务小微企业的区域性股权市场，促进科技初创企业融资，完善创业投资、天使投资退出和流转机制。鼓励银行业金融机构设立服务科技型中小微企业的专业部门或分支机构。结合科技型企业轻资产、高技术含量的特点，积极开展知识产权质押、股权质押和融资担保服务。加快科技保险业的发展，推进专利保险试点。发挥政府投资机构的作用，加强对中小微企业的投资引导，并通过市场机制，撬动社会资本共同参与创业投资。继续加强甘肃省股权交易中心建设，充分发挥区域股权交易中心在股权融资、股份转让和产品创新等方面的功能。（责任单位：省政府金融办、银监会甘肃监管局、省发展改革委、省科技厅、省工信委、省财政厅、省人社厅、保监会甘肃监管局）

（六）积极发展电子商务。放宽电子商务市场主体住所（经营场所）登记条件。按规定将网络从业人员纳入社会保险，给予同等就业创业扶持。建立适应电子商务发展的多元化投融资机制，引导创业投资基金加大对电子商务初创企业的支持，放开外商投资电子商务业务外方持股比例限制。加强网络、快递物流等电子商务基础设施建设，为创业者提供免费的项目展示平台。推动电子商务与贸易流通、工业生产、金融服务等相关领域联动发展，创新和拓展面向“三农”的服务，推进网络购物、网络化制造和经营管理、跨境电子商务等新业态成长，建设促进居民消费的电子商务平台，支持实体店与电商、线上与线下协同发展。营造公平竞争的环境和舞台，提升网上销售产品的质量和品质，完善网上交易投诉和维权机制，打击网络盗窃、诈骗等违法行为，保护知识产权和网络交易安全。引导全省连锁超市等传统企业积极应用电子商务升级发展模式，鼓励商贸企业发展网络零售，开展线上线下一体化创新应用，支持全省专业市场借助电子商务扩展交易渠道、升级交易模式，支持小微网商和个人创业者借助专业市场完整的产业链优势，依托第三方平台开展网络分销与零售业务。加强电子商务创业孵化基地和示范园区建设，在电子商务发展成熟的地区率先建立电子商务创业孵化基地和创业实训基地，依托有条件的高校和职业院校，成立我省电子商务学院。（责任单位：省商务厅、省工信委、省人社厅、省发展改革委、省文化厅、省工商局、省教育厅）

（七）建立完善的创新创业公共服务体系。综合运用政府购买服务、无偿资助、业务奖励等方式，支持中小企业公共服务平台和服务机构建设。充分发挥创业服务中心、生产力促进中心、知识产权服务机构等公益性服务机构的作用，聚集服务资源优势，组建科技服务业联盟，完善中小企业创新服务体系，加快推进创业孵化、知识产权服务、第三方检验检测认证等机构的专业化、市场化改革，壮大技术交易市场。为中小企业提供全方位专业化优质服务，支持服务机构为初创企业提供法律、知识产权、创业导师、财务、咨询、检验检测认证和技术转移等服务，促进科技基础条件平台开放共享。着力发挥传统孵化器在基础设施方面和新型创业服务机构在专业服务方面的互补优势，促进传统孵化器与新型创业服务机构的深层合作，为初创企业提供全流程服务。鼓励孵化器建设公共实验室和研发平台，为入孵企业提供技术研发、产品或工艺设计服务，共享数据、软件、装备、设施等资源。与专业机构合作建立检验检测服务平台，提供检验、检测、认证等方面服务。联合本行业领军企业建立中试车间和厂房，提供技术集成、中试开发、小规模产品试制等方面服务。与省内外高校、科研院所合作建立各领域的成果转化和技术转移机构，提供成果转化、技术交易等方面服务。积极探索O2O服务模式，建立科技创业服务平台，把互联网基因注入科技服务业，实现创业大赛服务、科技创业咨询服务、中小企业信息服务、项目申报服务、技术交易服务、科技金融服务和创业培训服务。加快发展会计、审计、保险等各类专业服务机构。完善专利审查快速通道，对小微企业亟需获得授权的核心专利申请予以优先审查。优化重点实验室、工程（技术）研究中心布局，构建开放共享互动的创新网络，建立向企业特别是中小企业有效开放的机制。（责任单位：省财政厅、省科技厅、省发展改革委、省工信委、省教育厅、省政府国资委、省商务厅、省人社厅、省质监局、省知识产权局）

（八）营造创新创业文化氛围。积极倡导敢为人先、宽容失败的创新文化，树立崇尚创新、创业致富的价值导向，大力培育企业家精神和创客文化，将奇思妙想、创新创意转化为实实在在的创业活动。鼓励孵化器精心营造以“服务创业、服务创意、服务创新”为主题的孵化生态文化环境，积极搭建各类对话交流平台，开展创意设计大赛、创业咖啡训练营、技术项目对接会、创业辅导培训、专题论坛讲座等各类活动。广泛宣传创新创业的先进人物和优秀团队，激发全社会关心支持创新创业的热情，营造人人支持创业、人人参与创新的舆论环境和良好氛围。加强各类媒体对大众创业、万众创新的新闻宣传和舆论引导，报道一批创新创业先进事迹，树立一批创新创业典型人物，让大众创业、万众创新在全社会蔚然成风。创新培养、用好和吸引人才机制。丰富创新创业活动，鼓励社会力量围绕大众创业、万众创新组织开展各类公益活动，组织开展甘肃省大学生创新创业大赛，提升大学生参与创业的积极性，继续办好中国创新创业大赛甘肃赛区活动，积极支持参与国际创新创业大赛，为投资机构与创新创业者提供对接平台。（责任单位：省文化厅、新

闻出版广电局、省人社厅、省科技厅、省工信委、团省委、各市州政府）

（九）加快建立创业孵化人才队伍。全面落实国家和我省各类人才激励扶持政策，大力引进相关技术领域的留学人才、领军人才和其他专业性技术人才在孵化器集聚发展。鼓励和支持孵化器与省内外高等院校、科研院所全方位、多领域广泛开展技术合作和成果转化交流，为入孵企业和创业人才提供专业技术服务和研发平台支持。建立健全创业辅导制度，培养一批创业培训师资，鼓励拥有丰富经验和创业资源的企业家、天使投资人和专家学者担任创业导师或组成辅导团队。将创业实训、创业孵化、创业辅导紧密结合，加强孵化器管理服务人员的业务培训，不断提高孵化器管理水平和创业孵化成功率。围绕全省经济建设重大需求，面向全球引进高层次科技创新人才到甘肃从事创新研究和创业。（责任单位：省人社厅、省科技厅、省工信委、省教育厅、团省委）

（十）以兰白科技创新改革试验区为重点区域，推进大众创业、万众创新。兰白科技创新改革试验区要深入实施创新驱动发展战略，以深化科技体制改革为主线，营造创新环境和政策空间，不断引聚各类创新要素，激发各个创新主体和各类人才的创新创业活力，构建起有特色的区域创新体系和创新生态。鼓励大专院校、科研院所和各类科技人员在实验区内创新创业，科研院所可自主处置科技成果的合作转让、对外投资和实施许可等事项，科技成果转化所获收益可按不少于90%的比例用于对成果完成人员和成果转化突出贡献人员进行奖励。紧紧抓住丝绸之路经济带建设的重要机遇，加强同丝绸之路沿线国家的科技交流与合作，建立国际联合研究中心、国际科技合作基地、技术转移中心，加强人才引进和交流，吸引国内外、省内外企业积极参与兰白科技创新改革试验区发展和建设。加强同国内相关机构的合作交流，建立张江兰白科技创新改革试验区技术转移中心、北京大学等技术转移基地等，在项目实施、资源共享、人才交流等方面建立健全区域科技合作机制，扩大对外开放，强化引资引智，承接产业转移。制定“创业在家乡”计划，着力培养本地创业人才支持开展职工技术创新活动，鼓励职工“创新在岗位”，推动企业技术进步。（责任单位：兰州市政府、白银市政府、兰州新区管委会、省发展改革委、省教育厅、省科技厅、省工信委、省财政厅、省人社厅、省国土资源厅、省政府国资委、省地税局、省国税局、省政府金融办）

三、保障措施

（一）加强组织领导。各地、各有关部门要高度重视推进大众创新创业工作，加强协调推进，积极研究完善推进大众创新创业的政策措施，认真做好大众创新创业政策落实情况调研、发展情况统计等工作，及时报告有关进展情况，切实抓好各项工作的组织落实。

（二）加强示范引导。最大限度地盘活利用兰白科技创新改革试验区、兰州高新技术产业开发区、白银高新技术产业开发区、创新型试点城市、文化创意园、兰州大学国家大学科技园、兰州交通大学国家大学科技园、兰州理工大学国家大学科技园的创新创业资源，激励高校、院所开放科研仪器设备和科技服务，发挥创新创业资源的集聚效应和创新创业活动的规模优势。鼓励各地积极探索推进大众创新创业的新机制、新政策，不断完善创新创业服务体系，为创业者提供创业服务平台，让所有创业者都能“用其智、得其利、创其富”。

（三）加快政府职能转变。各地、各有关部门要加强对大众创新创业的宏观引导、公共服务和市场监管，营造公平合理的市场竞争环境。凡是市场机制有效的领域，政府要顺势而为，充分发挥市场配置创新创业资源的决定性作用，坚持让市场选择大众创新创业的方向和路径，让价格机制和供需关系来调节大众创新创业的规模和形式，避免直接干预创新创业活动。要着力完善创新创业政策体系和制度体系，保障创新创业者合法权益和竞争秩序，不断夯实创新创业基础设施，提高政府公共服务水平。对初创企业的扶持方式要从选拔式、分配式支持向普惠式、引领式转变，发挥财政资金撬动社会资本的杠杆作用，用政府对创新创业的“小投入”吸引来社会资本的“大投入”，形成市场化的创新资源配置格局和公平竞争、优胜劣汰的市场经济秩序。

甘肃省人民政府办公厅关于印发进一步加强乡村医生队伍建设实施方案的通知

甘政办发〔2015〕91号　2015年6月12日

各市、自治州人民政府，兰州新区管委会，省政府有关部门：

《关于进一步加强乡村医生队伍建设的实施方案》已经6月5日省政府第82次常务会议审议通过，现印发你们，请认真贯彻执行。

关于进一步加强乡村医生队伍建设的实施方案

按照国家深化医药卫生体制改革的总体要求，为进一步加强乡村医生队伍建设，切实筑牢农村医疗卫生服务网底，根据国务院办公厅《关于进一步加强乡村医生队伍建设的实施意见》（国办发〔2015〕13号），提出如下实施方案。

一、总体要求和主要目标

（一）总体要求。坚持从“保基本、强基层、建机制”和全省基本医疗卫生制度长远建设出发，改革乡村医生服务模式和激励机制，落实和完善乡村医生补偿、养老和培养培训政策，加强医疗卫生服务监管，稳定和优化乡村医生队伍，全面提升村级医疗卫生服务水平。

（二）主要目标。通过10年左右的努力，力争全省乡村医生总体具备中专及以上学历，逐步具备执业助理医师及以上资格（期间，力争2020年，使全省乡村医生持有执业医师资格和执业助理医师资格的人员达到50%以上），乡村医生合理待遇得到较好保障，基本建成一支业务素质较高、工作能力较强的乡村医生队伍，有效促进基层首诊、分级诊疗制度的实施，更好保障农村居民享受均等化的基本公共卫生服务和安全、有效、方便、价廉的基本医疗服务。

二、明确乡村医生功能任务

（三）明确乡村医生职责。乡村医生（包括在村卫生室执业的执业医师、执业助理医师，下同）主要负责向农村居民提供基本公共卫生和基本医疗服务，并承担卫生计生部门委托的其他医疗卫生服务相关工作。包括宣传卫生计生政策和疾病防治知识，实施预防接种工作，执行传染病报告和防控，参与公共卫生突发事件的处置，承担妇幼保健工作，指导残疾人康复，负责有关疾病控制、卫生监督、妇幼保健等相关数据的收集、统计、填报，做好残疾人、重性精神病、慢性非传染性疾病患者的管理，进行一般常见病初级诊治与转诊工作，积极提供上门巡诊服务。

（四）合理配置乡村医生。随着基本公共卫生服务深入开展和基层首诊、分级诊疗制度的逐步建立，各地要综合考虑辖区服务人口、服务现状和预期需求以及地理条件等因素，合理配置乡村医生，原则上按照每千服务人口不少于1名的标准配备乡村医生，保证每个村卫生室至少要有1名乡村医生执业。

三、加强乡村医生管理

（五）严格乡村医生执业准入。在村卫生室执业的医护人员必须具备相应的资格并按规定进行注册。新进入村卫生室从事预防、保健和医疗服务的人员，应当具备执业医师或执业助理医师资格。条件不具备的地区，由省级卫生计生部门按照《乡村医生从业管理条例》要求，组织具有中等医学专业学历的人员或者经培训达到中等医学专业学历的人员参加全省（或全国）统一考试，合格者由县级卫生计生部门发放乡村医生执业证书，经岗前培训合格后并注册后，进入村卫生室执业。县级卫生计生部门要积极组织辖区内医务人员参加全国执业医师资格考试，对取得执业（助理）医师资格的人员优先安排到村卫生室工作，逐步替换年龄偏大、学历层次低、业务能力差的乡村医生。

（六）规范乡村医生业务管理。县级卫生计生部门要按照《中华人民共和国执业医师法》、《乡村医生从业管理条例》等有关规定，加强乡村医生执业管理和服务质量监管，促进合理用药，提高医疗卫生服务的安全性和有效性。

（七）规范开展乡村医生考核。在县级卫生计生部门的统一组织下，由乡镇卫生院定期对乡村医生开展考核。考核内容包括乡村医生提供的基本医疗和基本公共卫生服务的数量、质量、群众满意度和乡村医生学习培训以及医德医风等情况。考核结果作为乡村医生执业注册和财政补助的主要依据。

1. 国家基本公共卫生服务工作考核。乡镇卫生院根据乡村医生的服务能力，合理核定其工作量，与村卫生室签订服务合同。从2015年起，原则上将48%左右的基本公共卫生服务任务交由村卫生室承担。乡镇卫生院每月对卫生室开展基本公共卫生情况进行检查指导，每季度进行绩效考核（包括村级三件事），考核细则由省卫生计生委另行制定下发。

2. 执行基本药物制度和药品零差率情况考核。村卫生室要严格执行国家基本药物制度，所用药物由乡镇卫生院负责网上统一采购，实行药品零差率销售（中药饮片除外），未完全执行以上政策的，不得发放国家基本药物零差率销售补贴。

3. 基本医疗服务工作考核。严格执行一般诊疗费标准，不得弄虚作假、变相套取新农合资金。坚持合理用药，不得开具大处方和与疾病无关的药品，更不得年底突击取药。不符合条件的村卫生室不得输液。村卫生室应开展6项以上的中医适宜技术服务。

四、强化乡村医生培养培训

（八）加强继续教育。各地要按照《全国乡村医生教育规划（2011—2020年）》要求，切实加强乡村医生教育和培养工作，鼓励符合条件的在岗乡村医生进入中、高等医学（卫生）院校（含中医药院校）接受医学学历教育，提高整体学历层次。对按规定参加学历教育并取得医学相应学历的在岗乡村医生，政府对其学费可予以适当补助。

（九）实施订单定向培养。加强农村订单定向医学生免费培养工作，重点实施面向村卫生室的3年制专科层次免费医学生培养。免费医学生主要招收农村生源。在甘肃医学院等医学类高等学校设置临床医学专业全科医生方向，面向全省定向招录医学生。省级教育部门要制定免费医学生招生计划，每年至少招生500名免费医学生，连续招生10年。免费医学生培养经费由省、市、县财政负担。毕业的免费医学生要与乡镇卫生院签订一定年限的服务协议，并安排到村卫生室工作。县级卫生计生部门要在进修培训、职称培训等方面予以倾斜。

（十）规范开展乡村医生培训。各地要依托医学类院校和县、乡级医疗卫生机构，开展乡村医生岗位培训。

1. 依托医学类院校进修。对全省在岗乡村医生分批进行为期6个月的进修，争取利用5年时间完成全部在岗乡村医生进修。进修内容为公共卫生基础知识、常见病诊疗、中医适宜技术等。进修完毕并考试合格后，按每人每月1000元的标准给予学杂费及生活补助，所需经费在财政未列计划之前，从基本公共卫生服务项目历年结余经费中列支。选派进修人员时，优先安排贫困村乡村医生。乡村医生进修期间，空缺乡村医生岗位由乡镇卫生院选派人员履行职责。

2. 依托县、乡级医疗卫生机构开展乡村医生岗位培训。坚持乡村医生每周到乡镇卫生院工作1天，通过带教、例会等形式对乡村医生进行免费培训。乡村医生每3—5年免费到县级医疗卫生机构或有条件的中心卫生院脱产进修，进修时间原则上不少于1个月。

3. 加强中医适宜技术培训。县级卫生计生部门要加强乡村医生的中医药知识培训，每名乡村医生至少掌握6项中医适宜技术。

五、提高乡村医生岗位吸引力

（十一）拓宽乡村医生发展空间。积极吸引执业医师、执业助理医师和医学院校毕业生到村卫生室工作。年龄在45周岁以下，在村卫生室连续执业10年以上、取得执业医师资格的乡村医生，可由人社和卫生计生等部门在空编内根据岗位需要公开选拔录用到乡镇卫生院执业。

六、转变乡村医生服务模式

（十二）开展契约式服务。各地要按照省卫生计生委、省人社厅、省财政厅联合下发的《关于健康促进模式改革的指导意见》（甘卫发〔2014〕497号），结合实际探索开展乡村医生和农村居民的签约服务。乡村医生或由乡镇卫生院业务骨干（含全科医生）和乡村医生组成团队与农村居民签订一定期限的服务协议，建立相对稳定的契约服务关系，提供约定的基本医疗卫生服务，并按规定收取服务费。服务费由医保基金、基本公共卫生服务经费和签约居民分担，具体标准和保障范围由各地根据当地医疗卫生服务水平、签约人群结构以及医保基金和基本公共卫生服务经费承受能力等因素确定。鼓励乡村医生提供上门中医诊疗服务并按次收费，原则上每次收费不得高于10元，按新农合政策报销。同时，各地可根据服务半径确定村卫生室出诊费收费标准，超过1公里的，每次收费不高于15元，所收费用由服务对象承担。乡村医生提供签约服务，除按规定收取服务费外，不得另行收取其他费用。

（十三）建立乡村全科执业助理医师制度。做好乡村医生队伍建设和全科医生队伍建设的衔接。在现行的执业助理医师资格考试中增设乡村全科执业助理医师资格考试。乡村全科执业助理医师资格考试按照国家医师资格考试相关规定，参加全国统一考试，考试合格的发放乡村全科执业助理医师资格证书，限定在乡镇卫生院或村卫生室执业。取得乡村全科执业助理医师资格的人员可以按规定参加医师资格考试。

七、保障乡村医生合理收入

（十四）切实落实乡村医生多渠道补偿政策。各地要综合考虑乡村医生工作的实际情况、服务能力和服务成本，采取政府购买服务的方式，保障乡村医生合理的收入水平。

对于乡村医生提供的基本公共卫生服务，根据实际完成工作数量、质量和群众满意度，经绩效考核后据实拨付相应的基本公共卫生服务经费。在2014年和2015年将农村地区新增的人均5元基本公共卫生服务补助资金全部用于乡村医生的基础上，未来新增的基本公共卫生服务补助资金继续重点向乡村医生倾斜，用于加强村级基本公共卫生服务工作。

对于乡村医生提供的基本医疗服务，按照省发展改革委、省财政厅、省人社厅、原省卫生厅《关于调整基层医疗机构医疗服务项目和收费标准及医保支付政策的通知》（甘发改收费〔2012〕2149号），收取一般诊疗费。各地要将符合条件的村卫生室和个体诊所等纳入医保定点医疗机构管理。

对于在实施基本药物制度的村卫生室执业的乡村医生，参照我省最低工资标准，综合考虑基本医疗和基本公共卫生服务补偿情况给予定额补助，补助标准每个乡村医生由原来的200元/月增加到300元/月，所需经费由原渠道下拨。新标准自2016年1月1日起执行。

（十五）提高艰苦边远地区和少数民族地区乡村医生待遇。对服务人口在1000人以下的乡村医生以及少数民族地区的乡村医生，在省级定额补助的基础上，每人每月增加100元的补助，所需经费由省级财政列入预算，自2016年1月1日起执行。有条件的地区可提高补助标准。

八、建立健全乡村医生养老和退出政策

（十六）完善乡村医生养老政策。

1. 实行在岗乡村医生参加企业职工基本养老保险制度。乡村医生与乡镇卫生院签订劳动合同、建立劳动关系后，应当依法参加企业职工基本养老保险，由乡镇卫生院和乡村医生个人按规定比例共同缴纳基本养老保险费。乡村医生到达法定退休年龄时累计缴费满15年的，按月领取基本养老金。乡镇卫生院所交乡村医生养老保险费用，由县级财政纳入乡镇卫生院正常支出范围予以核拨。

2. 建立乡村医生退养生活补助制度。对目前在岗乡村医生年满60周岁办理退出手续的或已经退出乡村医生岗位的，且连续服务满5年的乡村医生，实行退养生活补助制度。乡村医生退养生活补助通过基础养老金加发工龄补助的方式解决。具体办法由省卫生计生委会同省财政厅、省人社厅、省监察厅参照代课教师养老补助办法，另行制定下发。

（十七）建立乡村医生退出机制。各地要结合实际，建立乡村医生退出机制。逐步实现乡村医生队伍的年轻化、专业化，调整农村卫生人才队伍结构，促进基层医疗卫生机构服务能力有效提升。

1. 建立在岗乡村医生到龄退出制度。凡乡村医生年满60周岁即办理退出手续，不再从事乡村医生工作。对确有一技之长的乡村医生，办理退出手续后，在双方自愿的前提下可由乡镇卫生院返聘使用，但最长返聘时间不超过5年。

2. 对不符合条件的乡村医生进行清退。从2015年开始，对未取得乡村医生执业资格的人员，由省卫生计生委组织进行乡村医生资格考试，对于考试不合格的乡村医生，由县级卫生计生部门或乡镇人民政府予以清退。

3. 建立违规违纪乡村医生辞退制度。对于因个人原因不能胜任乡村医生工作的、自动脱离乡村医生岗位6个月以上的、连续二年考核不合格的、违规套取各类专项资金的，以及出现医疗、防保责任重大事故的乡村医生，县级卫生计生部门应吊销其《乡村医生执业证书》，取消其上岗资格，且不享受任何补助政策。

因到龄退出以及清退、辞退空缺出的乡村医生岗位，由县级卫生计生部门统一招聘具有执业（助理）医师或持有乡村医生执业证书的人员补充进行。在新的乡村医生到岗之前，由乡镇卫生院选派人员履行乡村医生职责。

九、改善乡村医生工作条件和执业环境

（十八）加强村卫生室建设。各地要依托农村公共服务平台建设等，采取公建民营、政府补助等方式，进一步支持村卫生室房屋建设和设备购置。同时，要运用移动互联网技术，建立以农村居民健康档案和基本诊疗为核心的信息系统并延伸至村卫生室，支持新型农村合作医疗即时结算管理、健康档案和基本诊疗信息联动、绩效考核以及远程培训、远程医疗等，加快信息化建设步伐。目前，暂未连通信息网络的村卫生室，由中国电信甘肃公司制定计划，争取3年内全部完成建设任务，实现全省村卫生室网络全覆盖。

（十九）建立乡村医生执业风险化解机制。探索采取县域内医疗卫生机构整体参加医疗责任保险等方式，积极化解乡村医生的执业风险，建立适合乡村医生特点的医疗风险分担机制，不断改善乡村医生执业环境。

十、加强组织领导

（二十）制定实施方案。各地、各有关部门要将加强乡村医生队伍建设纳入深化医药卫生体制改革工作，统筹考虑、稳步推进。各市州要在2015年6月底前制订出台具体的实施方案，并报省深化医药卫生体制改革领导小组办公室、省卫生计生委、省发展改革委、省财政厅、省人社厅、省教育厅、省扶贫办备案。

（二十一）落实资金投入。省级财政和市州政府要加大对乡村医生队伍建设的支持力度，进一步提高对困难地区的补助标准。县市区政府要将乡村医生队伍建设相关经费纳入财政预算。各级财政要及时足额下拨乡村医生队伍建设相关经费，确保专款专用，不得截留、挪用、挤占。

（二十二）开展督导检查。各地、各有关部门要建立督查和通报机制，加强日常督促检查，确保乡村医生队伍建设各项政策措施落到实处、取得实效。同时，要严肃查处各类违规收费行为，严禁以任何名义向乡村医生收取、摊派国家规定之外的费用，切实维护乡村医生的合法权益。对在农村预防保健、医疗服务和突发事件应急处理工作中作出突出成绩的乡村医生，可按照国家有关规定给予表彰。

甘肃省人民政府办公厅关于印发
甘肃省全面推开县级公立医院综合改革实施方案的通知

甘政办发〔2015〕144号　2015年10月8日

各市、自治州人民政府，兰州新区管委会，省政府各部门，中央在甘各单位：

《甘肃省全面推开县级公立医院综合改革实施方案》已经2015年9月25日省政府第95次常务会议审议通过，现予印发，请认真抓好贯彻落实。

甘肃省全面推开县级公立医院综合改革实施方案

根据国家关于深化医药卫生体制改革的总体部署及《国务院办公厅关于全面推开县级公立医院综合改革的实施意见》（国办发〔2015〕33号）精神，为全面推开县级公立医院综合改革，制定本实施方案。

一、总体要求和主要目标

（一）总体要求。把深化公立医院改革作为保障和改善民生的重要举措，坚持保基本、强基层、建机制的基本原则，将公平可及、群众受益作为出发点和立足点，更加注重改革的系统性、整体性和协同性，统筹推进医疗、医保、医药改革，全面推开县级公立医院综合改革，着力解决群众看病就医问题。省、市、县相关部门加强分类指导，下放相关权限，给予政策支持。鼓励地方因地制宜，探索创新，力争尽快取得实质性突破。

（二）主要目标。坚持公立医院公益性的基本定位。落实政府领导责任、保障责任、管理责任、监督责任，充分发挥市场机制作用，建立起维护公益性、调动积极性、保障可持续的县级公立医院运行新机制。2015年，全省所有县市（不含市辖区，下同）全面启动县级公立医院综合改革，以破除“以药补医”机制为关键环节，以改革补偿机制和落实医院自主经营管理权为切入点，强化管理体制、运行机制、人事薪酬、服务价格调整、药品招标采购、医保支付、绩效考核等综合改革，不断优化我省公立医院改革“315”模式。2017年，初步建立现代医院管理制度，县域医疗卫生服务体系进一步完善，分级诊疗制度逐步建立，县级公立医院看大病、解难症水平明显提升，基本实现大病不出县，确保90%的病人在县域内就诊。

二、主要内容

（一）优化县域医疗资源配置。

1．明确功能定位。县级公立医院是公益二类事业单位，是县域内的医疗卫生服务中心、农村三级医疗卫生服务网络的龙头和城乡医疗卫生服务体系的纽带，主要为县域居民提供基本医疗服务，开展常见病、多发病诊疗和急危重症抢救与疑难病转诊，推广应用适宜医疗技术，为基层医疗卫生机构人员提供培训和技术指导，开展传染病防控等公共卫生服务和自然灾害、突发事件紧急医疗救援等工作。

2．合理配置资源。各县市区要根据《国务院办公厅关于印发全国医疗卫生服务体系规划纲要（2015—2020年）的通知》（国办发〔2015〕14号）精神和省委、省政府有关要求，结合本地区实际情况制定县域医疗卫生服务体系规划，合理确定县域内医疗卫生机构的数量、布局、功能、规模和标准。严禁举债建设和举债购置超越县级公立医院功能定位或疗效不明确、费用高昂的大型医用设备。强化规划的刚性约束力，定期向社会公示规划执行情况，对未按规定要求落实政府办医责任或超规划建设的，依纪依规严肃追究相关人员责任。省级卫生计生行政部门要筛选包括中医中药技术在内的一批适宜医疗技术在县级公立医院推广应用。

每个县市办好1—2所县级公立医院，至少有1所达到二级甲等水平。鼓励采取迁建、整合、转型等多种途径将其他公立医院改造为基层医疗卫生机构、专科医院、老年护理和康复等机构，也可探索公立医院改制重组。建立以县级医院为中心的县域急救服务体系。鼓励资源集约化利用，依托县级公立医院建立检查检验、病理诊断、医学影像、消毒供应等中心，有条件的地方可探索单独设立，降低医疗成本。推进县域内检查检验结果互认。

3．落实支持和引导社会资本办医政策。落实社会办医在土地、投融资、财税、价格、产业政策等方面的鼓励政策，优先支持举办非营利性医疗机构，支持社会资本投向资源稀缺及满足多元需求的服务领域。放宽社会资本办医准入范围，清理取消不合理的规定，加快落实在市场准入、医疗保险定点、重点专科建设、职称评定、学术地位、医院评审、技术准入等方面对非公立医疗机构和公立医疗机构实行同等对待政策。支持社会资本举办的医疗机构提升服务能力。非公立医疗机构医疗服务价格实行市场调节价。支持公立医院资源丰富的县市推进公立医院改制试点，鼓励有条件的地方探索多种方式引进社会资本。

（二）改革管理体制。

1．建立统一高效、权责一致的政府办医体制。各县市区组建由政府主要领导任主任，分管领导任副主任，组织、宣传、编制、发展改革、财政、人社、卫生计生等部门负责人，部分人大代表和政协委员，以及其他利益相关方组成的县级公立医院管理委员会，履行政府办医职能，负责医院发展规划、章程制定、重大项目实施、财政投入、院长选聘、运行监管、绩效考核等。各级行政主管部门要创新管理方式，从直接管理公立医院转为行业管理，强化政策法规、行业规划、标准规范的制定和监督指导职责。

2．落实县级公立医院独立法人地位和经营管理自主权。实行政事分开，合理界定政府作为出资人的举办监督职责和公立医院作为事业单位的自主运营管理权限。县级公立医院执行县级公立医院管理委员会的决策，具有人事管理权、副职推荐权、绩效工资内部分配权、年度预算执行权等经营管理自主权。推进县级公立医院去行政化，逐步取消医院的行政级别，县级卫生计生行政部门负责人不得兼任县级公立医院领导职务。完善县级公立医院院长选拔任用制度，选拔对象要拥护党的路线、方针和政策，具有履行岗位职责所需要的政治理论水平、专业知识、管理经验和组织协调能力。推进院长职业化、专业化建设。

3．建立科学的县级公立医院绩效考核制度。各县市区要以公益性质和运行绩效为核心，将医院的公益性质、运行效率、合理用药、费用控制、群众满意度等作为考核的重要指标；将医务人员提供服务的数量、质量、技术难度和患者满意度等作为医务人员考核的重要指标，制定县级公立医院绩效考核办法。考核结果与医保支付、财政补助、工资水平及院长薪酬、任免、奖惩等挂钩，并向社会公开。引入第三方评估，提升考核的客观公正性。强化县级公立医院管理委员会对院长的激励约束，加强院长年度和任期目标管理，建立问责机制，严禁将院长收入与医院经济收入直接挂钩。

4．健全县级公立医院内部管理制度。探索现代医院管理制度。完善医院内部决策和制约机制，实行重大决策、重要干部任免、重大项目实施、大额资金使用集体讨论并按规定程序执行，发挥党委的政治核心作用和职工代表大会的民主监督作用。加强医院财务会计管理，实行规范化的成本核算和成本管理。加强医疗质量管理与控制，规范临床检查、诊断、治疗、使用药物和植（介）入类医疗器械行为，落实医疗质量安全的核心制度和基本规范，重点管理好病历书写、查房、疑难病例和死亡病例讨论、手术安全管理和急诊抢救等工作。改善医院服务，积极推行预约诊疗服务，开展优质护理服务，加强便民门诊，积极配合做好基本医疗保障费用即时结算，完善收费项目公示和费用查询等制度。县级公立医院要开展患者满意度调查和出院患者回访活动，认真倾听群众意见，及时解决群众反映的突出问题。健全调解机制，鼓励医疗机构和医师个人购买医疗责任保险等医疗执业保险，构建和谐医患关系。

（三）建立县级公立医院运行新机制。

1．落实政府投入责任。县级人民政府是举办县级公立医院的责任主体，各县市区要全面落实政府对县级公立医院符合规划的基本建设及设备购置、重点学科发展、人才培养、符合国家规定的离退休人员费用、政策性亏损、承担公共卫生任务和紧急救治、支边、支农公共服务等政府投入责任。省级财政将给予适当补助。各县市区要调整支出结构，切实加大投入，认真贯彻《甘肃省人民政府关于扶持和促进中医药事业发展的实施意见》（甘政发〔2010〕32号）精神，落实政府对县级公立中医院的投入倾斜政策,增加的政府投入要纳入财政预算。改革财政补助方式，加强预算绩效管理，强化财政补助与医院绩效考核结果挂钩。对位于地广人稀和边远地区的县级公立医院，可探索实行收支两条线管理，政府要给予必要的保障。

2．破除以药补医，完善补偿机制。2015年11月1日起，所有县级公立医院取消药品加成（中药饮片除外）。县级公立医院补偿由医疗服务收费、药品加成收入和政府补助三个渠道改为医疗服务收费和政府补助两个渠道。医院由此减少的合理收入（含药品贮藏、保管、损耗等费用），通过调整医疗技术服务价格和增加政府补助，以及医院加强核算、节约运行成本等多方共担。分担比例和补助方式，严格按照《甘肃省县级公立医院取消药品加成经费补偿办法（试行）》（甘财社〔2014〕207号）执行。

3．理顺医疗服务价格。在保证公立医院良性运行、医保基金可承受、群众就医负担不增加的前提下，将通过推进药品和耗材招标采购、流通、使用等方面改革降低的费用，主要用于调整医疗服务价格，不得直接返还医院。各市、县要根据省发展改革委、省财政厅、省人社厅、省卫生计生委《关于推进县级公立医院医疗服务价格改革试点工作意见（试行）的通知》（甘发改收费〔2013〕1497号），按照“总量控制、结构调整、有升有降、逐步到位”的原则，于2015年年底前出台医疗服务价格调整政策。价格调整政策要与医保支付政策相互衔接，并建立以成本和收入结构变化为基础的价格动态调整机制。省级发展改革、财政、人社、卫生计生等部门要加强指导。

（四）完善药品供应保障制度。

1．降低药品和高值医用耗材费用。全面落实《国务院办公厅关于完善公立医院药品集中采购工作的指导意见》(国办发〔2015〕7号)。县级公立医院使用的所有药品（中药饮片除外），要依托省级药品集中采购平台采购。严格实行省级药品集中采购与医疗机构阳光采购有效衔接的分级分类负责制，省级药品集中采购机构主要负责集中采购过程中企业、产品资格准入、药品质量安全及保障供应考量等经济技术标评审。各市县通过带量竞价或议价形成的合理采购价格及市场机制双向调整后的价格，为参与主体的实际采购价或销售价。允许公立医院改革试点城市所辖县市区与试点城市一道，在省级药品集中采购平台上自行采购。采取多种形式推进医药分开，患者可自主选择在医院门诊药房或凭处方到零售药店购药。制定科学合理的高值医用耗材阳光采购政策，逐步降低高值医用耗材使用价格。

2．加强药品配送管理。各级卫生计生行政部门应加强对所遴选配送企业的监管和动态考核，确保边远、低价、采购量少、不易采购等药品的配送服务。对配送不到位、配送率低于80%以及在配送过程中弄虚作假、擅自提高中标价格等违规行为将按相关规定进行处理。医疗机构应将药品收支纳入预算管理，严格按照合同约定的时间支付货款。

3．加强药品采购全过程监管。加强对医疗机构药品集中采购行为的监管，建立医疗机构诚信档案。医疗机构的诚信记录与其机构评先评优、等级评审、药品零差率销售经费补助等相结合，作为医院及其负责人的重要考核内容。对医疗机构违规网下采购或以非中标品种代替中标品种等违规行为，按照相关规定进行处理，涉及商业贿赂的，依法严肃查处。药品生产经营企业、医疗机构的诚信记录应及时向社会公布。加强对药品价格执行情况的监督检查，规范价格行为，保护患者合法权益。

（五）改革医保支付制度。

1．深化医保支付方式改革。加快统筹开展城乡居民医保支付方式改革工作。在开展医保总额预付的同时，加快推进按病种、按人头、按床日付费等复合型付费方式改革。建立完善医保经办机构和医疗机构协商机制与风险分担机制，科学合理测算和确定定点医疗机构的总额预付标准（包括门诊总额预付、住院总额预付），按照服务协议约定及时足额预拨统筹资金，预付比例应控制在预算金额的60%，按月预付，次月结清，年底决算。在规范中医非药物诊疗技术的基础上，逐步将医疗机构中药制剂、针灸、治疗性推拿等中医非药物诊疗技术纳入医保支付范围，鼓励提供和使用适宜的中医药服务。2015年底前，医保支付方式改革要覆盖县域内所有公立医院，各县市区按病种付费病例（中西医同病同价）覆盖80%以上的县级公立医院出院病例数。到2017年，全面实行以按病种付费为主，按人头付费、按床日付费等复合型付费方式。各县市区根据前三年病种实际费用和临床路径实施情况，兼顾费用增长因素，通过调整服务价格和付费标准，支付多点执业医生的服务报酬，制定实施细则，并报省级主管部门审核备案。

建立医保基金差别化支付改革内在激励约束机制。实行总额包干加适度奖惩，根据分级诊疗、总额预付、单病种定额付费、重大疾病限额付费和门诊按人头付费等制度的推进情况，实行基金差别化支付政策，结余留用，超出部分由医疗机构自行承担。

2．充分发挥医保对医疗服务行为和费用的调控引导与监督制约作用。通过创新体制机制，完善政策措施，利用信息化手段加快推进医保对医务人员医疗服务行为的监管，加强对基本医保目录外药品使用率、药占比、次均费用、参保人员负担水平、住院率、平均住院日、复诊率、人次人头比、转诊转院率、手术和择期手术率等指标的实时监控和考核，并将结果与基金支付等挂钩。定期对定点医疗机构医疗服务质量、均次（病种）费用、参保（合）患者医疗费用实际补偿比等进行公示，提升基本医保基金的使用效率。各县市区根据国家卫生计生委、财政部《关于做好新型农村合作医疗跨省就医费用核查和结报工作的指导意见》(国卫基层发〔2015〕46号）要求，探索建立省级新农合结算平台，统一处理和协调省内与跨省就医费用核查、结报工作，实现省、市、县、乡级“先看病，后付费”和省内、外异地即时结报，有效解决农村居民“看病难、看病贵、看病远”的问题。

3．逐步提高保障绩效。通过深化医保支付方式改革和实施分级诊疗制度，充分发挥基本医保基金的杠杆撬动作用，调动优质医疗资源下沉，实现“医生、基金、患者”三下沉，最大限度提升基本医保基金的使用效率。加强基本医保、城乡居民大病保险、疾病应急救助、医疗救助和商业保险等多种保障制度的衔接，进一步减轻群众医药费用负担，提高实际住院费用支付比例。

（六）建立符合行业特点的人事薪酬制度。

1．完善编制管理办法。各县市区要在现有编制总量内，按照省编办、省发展改革委、省财政厅、省人社厅、省卫生计生委制定的《甘肃省市县级公立医院机构编制标准（试行）》(甘机编办发〔2014〕13号)和当地医疗服务需求，合理核定县级公立医院人员编制总量，创新县级公立医院机构编制管理方式，逐步实行编制备案制，建立动态调整机制。对核定的人员在岗位聘用、收入分配、职称评定、管理使用等方面同等对待。按照国家规定推进养老保险制度改革。

2．改革人事制度。各市州人社部门要按照公立医院改革的总体要求，建立县级公立医院急需紧缺专业人才招聘绿色通道。全面落实县级公立医院用人自主权，具备条件的地方由医院根据有关规定和核定的人员总量、实际需求公开招聘所需人员，招聘结果报相关部门备案。卫生计生、编制、人社、纪检监察等部门要充分发挥监督职能，加强招聘工作的监督指导。全面推行聘用制度、岗位管理制度和公开招聘制度，以核定的人员总量为基础设置岗位，坚持按需设岗、竞聘上岗、按岗聘用、合同管理，变固定用人为合同用人，变身份管理为岗位管理。结合实际妥善安置未聘人员。医务人员职称晋升政策要注重专业人员的岗位业绩和贡献，公立医院按实有医务人员总数动态调整高级职称限额。

3. 建立符合行业特点的薪酬制度。根据医疗行业培养周期长、职业风险高、技术难度大、责任担当重等特点，各县市区可按照国家关于事业单位工资制度改革的相关政策规定，先行探索制定县级公立医院绩效工资总量核定办法，着力体现医务人员技术劳务价值。结合医疗行业特点，完善收入分配激励约束机制，根据绩效考核结果，提高公立医院人员经费支出占业务支出的比例，做到多劳多得、优绩优酬、同工同酬，重点向临床一线、关键岗位、业务骨干和作出突出贡献的人员倾斜，逐步提高医务人员待遇，合理拉开收入差距，并建立动态调整机制。严禁给医务人员设定创收指标，严禁将医务人员收入与医院的药品、检查、治疗等收入挂钩。

4. 完善医务人员评价制度。完善县级卫生人才职称评价标准，突出技能和服务质量考核，淡化论文和外语要求。县级公立医院负责内部考核，重点考核工作绩效，突出岗位职责履行、工作量、服务质量、行为规范、技术能力、成本控制、医德医风和患者满意度等情况，将考核结果与医务人员的岗位聘用、职称晋升、个人薪酬挂钩。加强医德医风建设和思想政治工作，重视医务人员人文素质培养和职业素质教育，大力弘扬救死扶伤的人道主义精神。优化执业环境，尊重医务人员劳动，维护医务人员合法权益。

（七）提升县级公立医院服务能力。

1. 加强县级公立医院能力建设。各县市区要围绕近三年县外转出率靠前的5—10个病种及重大疾病、多发病进行调查，制定临床重点专科规划，以县级医院重点专科建设为主，发挥重点专科在医疗管理、医疗安全等方面的示范作用，加强重症医学科、妇产科、儿科、全科医学等学科建设。省、市、县政府相关部门要采取多种方式加大支持力度，在对口支援、人才引进、骨干医师培养等方面形成政策叠加效应。发挥对口支援、多点执业医师的传、帮、带作用，指导新学科建设、新业务开展和新技术应用，积极帮助县级公立医院提升服务能力。

2. 建立适应行业特点的人才培养制度。全面落实住院医师规范化培训，每个县级医院每年按要求派遣医师参加住院医师规范化培训，力争到2020年新进入县级公立医院的医生必须经过住院医师规范化培训。积极培养或引进县域学科带头人。按规定配备护理人员，落实护士人事代理和同工同酬制度。省上每年选拔县级医院骨干医师到省内外三级医院进修培训。

3. 加强信息化建设。积极推进以医院管理和电子病历为重点的医院信息化系统建设。建成覆盖全省的新农合和健康档案信息化平台，并与医疗机构信息管理系统无缝对接，实现即时结报和健康档案动态管理。取消合作医疗证，实现新农合“一卡通”参合缴费、身份识别、医疗费用审核、医疗行为监管、补偿报销等多项服务功能。2017年底前实现居民电子健康档案、电子病历、公共卫生、新农合等系统的互联互通和信息共享，积极推进区域内医疗卫生信息资源整合和业务协同。进一步完善远程医疗系统建设，提高优质医疗资源可及性。

（八）加强上下联动。

1. 加强医师多点执业管理。健全省、市级医院医生到县级医院、县级医院医生到乡镇卫生院多点执业制度。省、市、县、乡医疗机构要建立“固定（固定人员、固定时间、固定地点）、有序（有计划、有目标、有任务）、紧密（责权对等、利益分享、风险共担）”的医师多点执业医疗服务体系，建立一对一的帮扶关系，帮助基层医疗机构培养专科医师，加强专科建设，健全完善诊疗科目，夯实临床专科基础。各级卫生计生行政管理部门要对多点执业医师开展诊疗活动、业务指导、学科帮扶、人才带教、工作业绩、考勤记录、目标任务完成等情况进行考核，并将考核结果与职称评审、岗位等级认定等工作挂钩，确保医师多点执业制度真正落到实处。

2. 推动建立分级诊疗制度。根据国务院办公厅《关于推进分级诊疗制度建设的指导意见》（国办发〔2015〕70号），构建基层首诊、双向转诊、急慢分治、上下联动的分级诊疗模式。门诊病人在县、乡、村就诊比例分别达到10%、40%、50%左右，各县在省上确定的县级医疗机构100个病种、乡镇卫生院（社区卫生服务中心）50个病种实施分级诊疗的基础上，根据县域常见病、多发病发病情况和诊疗能力适当增加病种，三级医疗机构主要提供急危重症和疑难复杂疾病的诊疗服务。要完善县外转诊和备案制度，县、乡医疗机构对因病情需要确需上转的患者出具转诊证明和患者知情同意书，作为办理上级医院入院手续和医保支付的凭证。

（九）强化服务监管。

1. 严格行业管理。完善机构、人员、技术、设备的准入、退出机制，积极推行医疗质量安全分析评议会制度、处方点评制度、医务人员“四个排队”、医疗机构“八个排队”等22项监管制度，规范诊疗行为，防范过度医疗。各相关部门和医保经办机构要根据各自职能分工和管理授权范围，运用现代科技管理手段，不断提高管理工作精细化、规范化、科学化水平。

2. 严格控制医药费用不合理增长。发挥甘肃省新农合信息平台网上实时动态监督管理作用，对临床路径、合理用药、门诊和住院次均费用、检查检验、自费药品、医用耗材等占医疗收入比例等情况实施网上监控,对重点指标进行实时监测和全程红线预警管理。加强对医药费用增速较快疾病的诊疗行为监管，特别是对高额医疗费用、抗菌药物、贵重药品以及高值医用耗材使用等的回溯检查力度，及时查处为追求经济利益的不合理用药、用材和检查检验等行为。到2016年，实现县级公立医院门诊、住院患者人均费用和总收入增幅下降，医疗服务收入（不含药品、耗材和大型设备检查收入）占业务收入比重提升，病人自付医疗费用占总医疗费用比例下降。到2017年，县级公立医院医药费用不合理增长的趋势得到有效遏制。

3. 发挥社会监督和行业自律作用。推进医院信息公开，定期公开财务状况、绩效考核、质量安全等信息。充分发挥医疗行业协会（学会）在县级公立医院自律管理监督中的作用，推进县级公立医院依法经营、严格自律。建立完善医务人员管理信息系统和考核档案，及时全面记录医务人员各项基本信息、年度考核结果以及违规等情况。改革完善医疗质量、技术、安全和服务评估认证制度。

4. 促进医患关系和谐。强化医务人员人文素质教育和医德医风建设，进一步加强医疗纠纷调处，完善第三方调解机制，切实保障医患双方的合法权益。依法维护正常的医疗秩序，严厉打击伤害医务人员和“医闹”等违法犯罪行为。积极发展医疗责任保险和医疗意外保险，探索建立医疗风险共担机制。

（十）提升中医药服务能力。

加强县级中医院重点中医专科（专病）建设，开展中医药特色服务。遵循中医整体观念、辩证施护的基本原则，把中医护理独具特色的技术方法和服务流程融入基础护理和专科护理服务中，对病人心理、饮食、用药、康复等实施整体护理。做好中医药五级师承教育工作。综合医院要坚持中西医并重，力争中医药参与急危重症患者抢救率达到100%；在西医科设立中医综合治疗室，每个医务人员至少掌握15项中医适宜技术和6项食疗保健技术。鼓励有条件的县级综合医院加挂中西医结合医院，享受中医院同等待遇。

三、强化组织实施

（一）加强组织领导。各级编制、发展改革委、财政、人社、卫生计生等有关部门要按照职责分工密切配合，及时出台相关配套措施，进一步强化政策保障，给予地方一定自主权。市州政府要切实履行职责，统筹推动本行政区域内县级公立医院综合改革。各县市区政府主要负责同志要亲自抓、负总责，分管负责同志要具体抓，及时研究制定县级公立医院综合改革方案，进一步细化分解改革任务，靠实牵头部门责任，明确工作进度安排，确保各项改革任务落到实处。

（二）加强督导考核。省医改办要会同相关部门建立定期督导与随机抽查相结合的考核问责机制，进一步加强对县级公立医院综合改革推进情况的绩效考核，确保综合改革各项举措落到实处。同时，要引入和建立第三方评估制度，全程跟踪评估县级公立医院综合改革成效，总结推广改革经验，对重大情况和问题要及时向省政府报告。县级公立医院综合改革考核结果要与省级补助资金相挂钩。

（三）做好宣传培训。各地各有关部门要加强各级干部和医院管理者的政策培训，制定改革工作手册，细化操作办法，强化政策解读，着力提升各级干部和医院管理者的政策水平和执行力。要深入细致做好医务人员的宣传动员，引导广大医务人员积极支持和主动参与改革，充分发挥改革主力军作用。要广泛宣传改革进展成效和典型经验，及时解答和回应社会各界关注的热点问题，合理引导社会预期。

附件：重点任务分工及进度安排表

（供稿：马元军，摘自中国·甘肃网）

附件：

重点任务分工及进度安排表

工作任务	任务分工	时间进度
一、重点任务部门分工		
1. 制定县级公立医院管理体制改革指导性文件	省卫生计生委、省编办、省人社厅、省财政厅、省中医药局负责	根据国家出台的指导性文件时间，预计2016年3月底前完成
2. 总结推广医保支付方式改革经验	省人社厅、省卫生计生委分别负责	2015年12月底前完成
3. 制定公立医院薪酬制度改革试点方案，并选择部分地区或医院开展试点	省人社厅、省卫生计生委、省财政厅、省中医药局负责	根据国家试点情况2015-2016年持续推进
4. 制度甘肃省进一步完善公立医院药品集中采购工作实施意见	省卫生计生委	2015年10月底前完成
5. 制定甘肃省卫生资源配置标准（2015-2020）	省卫生计生委	2016年6月底前完成
二、重点任务政府分工		
1. 编制县域医疗卫生服务体系规划	省政府、市州人民政府、县级人民政府按照职责分工负责	2015年12月底前完成
2. 组建县级公立医院管理委员会	县级人民政府负责	2015年12月底前完成
3. 落实县级公立医院经营管理自主权	县级人民政府负责	2015年12月底前完成
4. 制定县级公立医院绩效考核办法	县级人民政府负责	2015年12月底前完成
5. 破除以药补医，取消药品加成	省政府、县级人民政府按照职责分工负责	2015年11月1日前取消药品加成
6. 调整医疗服务价格	省政府、市州人民政府、县级人民政府按照职责分工负责	2015年启动，2016年12月底前完成并建立动态调整机制
7. 落实政府投入责任	省政府、市州人民政府、县级人民政府按照职责分工负责	2017年12月底前完成
8. 完善公立医院药品集中采购工作	省政府负责	2015年12月底前完成
9. 实行高值医用耗材阳光采购	省政府、市州人民政府、县级人民政府按照职责分工负责	2015年12月底前完成
10. 深化医保支付方式改革	县级人民政府负责	2015—2017年持续进行
11. 制定县级公立医院人员配备标准，合理确定人员总量	省政府、县级人民政府按照职责分工负责	2015年12月底前完成
12. 落实医院用人自主权	省政府、县级人民政府按照职责分工负责	2015年12月底前完成
13. 合理核定绩效工资总量	省政府、县级人民政府按照职责分工负责	2015—2017年持续实施
14. 确定县级公立医院重点科室建设需求	县级人民政府负责	2015年12月底前完成
15. 公布县级公立医院相关信息	县级人民政府负责	2015年12月底前建立制度，每年公布

续表

工作任务	任务分工	时间进度
三、县级公立医院重点任务		
1. 根据有关规定和核定的人员总量公开招聘	县级公立医院负责	2015 年 12 月底前启动
2. 完善县级公立医院内部决策和制约机制	县级公立医院负责	2015—2017 年持续推进
3. 实施规范化的成本核算和成本管理	县级公立医院负责	2015—2017 年持续推进
4. 加强医疗质量管理与控制	县级公立医院负责	2015—2017 年持续推进
5. 加强医疗服务	县级公立医院负责	2015—2017 年持续推进
6. 完善县级公立医院内部绩效考核制度	县级公立医院负责	2015 年 12 月底前完成
7. 制定重点科室建设计划，明确人才、技术和管理能力提升需求	县级公立医院负责	2015 年 12 月底前完成
8. 加强对乡镇卫生院的支持指导	县级公立医院负责	2015—2017 年持续推进
9. 建立与基层医疗卫生机构之间的便捷转诊通道	县级公立医院负责	2015 年 12 月底前完成
10. 加强对医务人员执业行为的管理	县级公立医院负责	2015—2017 年持续推进

甘肃省人民政府机构设置表

办公厅

组成部门

- 发展和改革委员会
- 教育厅
- 科学技术厅
- 工业和信息化委员会
- 民族事务委员会
- 公安厅
- 国家安全厅
- 监察厅
- 民政厅
- 司法厅
- 财政厅
- 人力资源和社会保障厅
- 国土资源厅
- 环境保护厅
- 住房和城乡建设厅
- 交通运输厅
- 水利厅
- 农牧厅
- 林业厅
- 商务厅
- 文化厅
- 卫生和计划生育委员会
- 审计厅
- 外事办公室

直属特设机构

- 国有资产监督管理委员会

直属机构

- 地方税务局
- 工商行政管理局
- 质量技术监督局
- 新闻出版广电局
- 体育局
- 安全生产监督管理局
- 食品药品监督管理局
- 统计局
- 旅游局
- 宗教事务局
- 粮食局
- 法制办公室
- 研究室
- 人民防空办公室
- 扶贫开发办公室

说明：

甘肃省人民政府设置工作部门40个。其中，办公厅和组成部门24个，直属特设机构1个，直属机构15个；监督察厅和纪律检查委员会机关合署办公，挂预防腐败局牌子，列入省政府工作部门序列，不计入政府机构个数；发展和改革委员会挂物价局、能源局牌子；工业和信息化委员会挂国防科技工业局、中小企业局牌子；人力资源和社会保障厅挂外国专家局牌子，环境保护厅挂核安全局牌子；外事办公室挂侨务办公室、港澳事务办公室牌子；新闻出版广电局挂版权局牌子；食品药品监督管理局挂食品安全委员会办公室牌子；扶贫开发办公室挂两西建设指挥部牌子。

此外，设置部门管理机构6个。其中参事室、金融工作办公室，机关事务管理局由办公厅管理；监狱管理局由司法厅管理；公务员局由人力资源和社会保障厅管理，文物局由文化厅管理。

（供稿：省机构编制委员会办公室）

甘肃省道路运输管理局

GANSUSHENGDAOLUYUNSHUGUANLIJU

甘肃省道路运输应急指挥中心

甘肃省道路运输管理局（省运管局）始建于1984年，为省交通运输厅直属正县级事业单位，现内设14个处（室），下设4个副县级事业单位。根据《中华人民共和国道路运输条例》和《甘肃省道路运输条例》规定，省运管局依法行使全省道路运输行业管理职能，主要负责：全省道路运输政策法规、运政执法、发展规划，全省道路旅客运输、货物运输、运输场站、维修检测、驾驶员培训及相关业务指导，全省道路运输"互联网+"行动计划和信息化建设，行业安全监管和抢险救灾、战备物资运输指令性计划的组织实施以及行业文明创建等工作。全省道路运输管理机构实行"条块结合"管理模式，地方运管机构分别隶属辖区交通运输主管部门，目前，全省共设16市（州）个运管局（处），87个县（区）运管分局（所），其中：兰州另设兰州城运处、新区运管处。

近年来，甘肃道路运输紧抓时代改革发展机遇，以小康民生建设、精准扶贫攻坚和"互联网+"行动计划为重点，依托国家"一带一路"发展战略，紧密结合交通运输部贴近民生实事，借力全省"6873"交通突破行动，不断改进提升运输服务保障水平，增强行业综合治理能力。今年，省运管局启动15项行业试点工作，全面开展了全省道路定制客运改革、驾培市场改革、维修检测联网改造、城乡客运一体化等多项试点引领工程。严格落实安全生产源头监管职责，将全省"两客一危"车辆全部纳入动态监管平台。加快落实农村客运通达工程，新建行政村通客车率稳步上升。鼓励行业创新驱动，"丝路任我行"公共服务平台、运信通、省运管局微信平台全面建成。大力倡导便民运输服务，道路客运联网售票覆盖率超过99%以上，交通一卡通初步覆盖全省主要市区，联程运输试点打造个性化一站式综合服务新模式。落实社会安全防控措施，全省三级以上汽车客运站实现了售票查验实名制，全省四级运政系统实现了部、省、市三级互联互通、信息共享，"12328"交通服务监督热线得到公众充分认可，为G20峰会、首届文博会、全国警地联合演练、丝绸之路国际卡车集结赛、兰洽会等一系列重大活动提供了坚实的运输服务保障。在全面引领推进行业发展的同时，省运管局还不断推进落实行业法治部门建设，加快简政放权进程，加强运政执法标准化建设，积极开展普法宣传教育，定期开展全省道路运输应急保障演练。省运管局先后荣获中央宣传部、司法部、普法办"2011—2015年全国法治宣传教育先进单位"，交通运输部"全国六五普法先进单位"，国家老龄委等七部委"敬老文明号"，中共甘肃省委职务犯罪预防工作领导小组"省直机关预防职务犯罪先进单位"，全国交通运输系统和甘肃省级文明单位称号等多项表彰奖励，涌现出了如"中华总工会工人先锋号"骋达刘家峡出租公司、"全国见义勇为司机"马俊麟等一批行业优秀典型和先进模范。

甘肃省道路运输营运车辆动态监管中心

中国石油青海油田公司

ZHONGGUOSHIYOUQINGHAIYOUTIANGONGSI

青海油田采油一厂油水井普查现场

青海油田采气二厂在南八仙作业区进行设备维护

2015年，中国石油天然气股份有限公司青海油田分公司（以下简称青海油田）经营范围涵盖石油天然气勘探开发、工程技术、工程建设、装备制造、油田化工、生产保障、矿区服务和多种经营等业务。青海油田已建成敦煌教育生活科研基地、格尔木炼油化工基地、花土沟原油生产基地。付锁堂任公司总经理（管理局局长）、党委书记。

青海油田主要勘探开发领域一柴达木盆地，是中国七大内陆含油气盆地之一，地理面积约25万平方千米，沉积岩面积12万平方千米。油气总资源量46.5亿吨，其中石油21.5亿吨、天然气25000亿立方米。工作区域平均海拔2900米以上，是国内自然条件、工作环境最艰苦的油田之一。青海油田也是中国四大天然气区之一，是中国石油资源战略接替区，是青海省财政支柱企业和第一利税大户。

开发的主力油田有尕斯库勒、花土沟、昆北、英东等，主力气田有涩北一号、涩北二号、台南、东坪等。年原油生产能力235万吨、天然气生产能力77亿立方米，原油加工能力150万吨。建成了9条输油气管线，年输油能力300万吨、输气能力107亿立方米，天然气远输到西宁、兰州、银川、北京等地。

截至 2015 年底，青海油田有合同化员工 14749 人（不包括市场化用工），其中：男员工 9936 人，女员工 4813 人。

2015 年，青海油田新增油气三级地质储量 1.67 亿吨，其中：探明石油地质储量 6106 万吨，探明天然气地质储量 42.95 亿立方米；生产油气当量 712.03 万吨，其中生产原油 223 万吨，生产天然气 61.37 亿立方米；年新建石油产能 45 万吨；年新建天然气产能 6 亿立方米；加工原油 151.87 万吨，实现收入 263.45 亿元。

2015 年，青海油田涌现出一批先进集体和个人，其中李国平、史昆获“全国劳动模范”称号，王龙获中央企业“道德模范荣誉”称号；付锁堂获全国第 14 次“李四光地质科学奖野外奖”称号。天然气开发公司、马仙采油厂和诚信服务公司获中华全国总工会与国家安全生产监督管理总局颁发的全国“安康杯”竞赛示范单位称号；勘探开发研究院工会获中华全国总工会颁发的全国“模范职工之家”称号；采油二厂乌南采油作业区获中华全国总工会颁发的全国“五一巾帼奖状”称号。

青海油田劳动服务公司对服装厂（生产油田劳保服）员工进行技能鉴定

2015 年 12 月 31 日，青海油田与敦煌市缔结友好关系 27 周年座谈会在敦煌基地石油大厦召开

青海油田英西地区深层石油勘探获中国石油天然气股份公司重大发现一等奖

青海油田乌南斜坡石油勘探获中国石油天然气股份公司重大发现二等奖

2016 GANSU YEARBOOK

LANZHOUSHI

兰州市

2015 年 7 月 5 日，兰州至阿拉木图中亚国际货运班列开行

兰州古称“金城”，地处中国陆域版图的几何中心，是黄河唯一穿城而过的省会中心城市、丝绸之路经济带核心节点城市、西北地区重要的工业基地和综合交通枢纽。全市现辖城关、七里河、西固、安宁、红古 5 个区和永登、榆中、皋兰 3 个县以及国家级兰州新区、高新区、经济区，市域总面积 1.31 万平方千米，市区面积 1631.6 平方千米，常住人口 369.31 万人。

2015 年，兰州市认真贯彻落实省委、省政府关于做大做强做美兰州的系列部署要求，充分发挥中心带动作用，抓住机遇乘势而上，凝心聚力攻坚克难，全市总体呈现出经济发展加速、产业结构优化、城市功能完善、创新活力增强、开放开发加快的良好局面。全市生产总值增长 9.1%，分别高于全省、全国 1 个和 2.2 个百分点，总量达到 2095.99 亿元，比“十一五”末接近翻一番，占全省的 30.87%。一般公共预算收入增长 21.57%，排全国省会城市第 1 位。第三产业增加值达到 1257.11 亿元，增长 11.2%，占全省的 37.63%，增幅在西部和全国省会城市中分别排第 2 位和第 8 位。完成固定资产投资 1803.75 亿元，增长 11.99%，占全省的 20.9%，增幅在西部和全国省会城市中分别排第 3 位和第 11 位。社会消费品零售总额达到 1152.15 亿元，增长 9%，占全省的 39.63%，增幅在西部和全国省会城市中分别排第 6 位和第 17 位。战略性新兴产业增加值达到 175 亿元，占生产总值的比重为 8.35%。城镇和农村居民人均可支配收入分别增长 10.5% 和 12.3%，达到 27088 元和 9621 元，明显高于经济增速。三次产业结构从“十一五”末的 3.07 ：48.09 ：48.84 调整为 2.68 ：37.34 ：59.98，第三产业比重提高

2015年11月30日至12月12日，世界气候大会在法国巴黎召开，兰州荣获“今日变革进步奖”，市长袁占亭（右）领取奖杯

兰州荣膺2015年度“中国十大幸福城市”第五名，市长袁占亭（左六）领取奖杯

11.14个百分点，成为拉动经济增长的主动力。特别是大气污染治理持续深化，2015年城区空气质量优良天数达到252天，比上年增加5天，在巴黎世界气候大会上荣获“今日变革进步奖”，同时被中央电视台“中国经济生活大调查”评为2015年度“中国十大幸福城市”第五名。

2016年，兰州市将紧紧围绕新常态、五大发展理念和供给侧结构性改革的大逻辑，突出建设山水城市、宜居城市、活力城市的目标，着力培育经济发展新动力，着力打造兰州新区新兴增长极，着力提升城市规划建设管理水平，着力建设绿色低碳新兰州，着力提升农村发展水平，着力增加广大群众获得感，着力打造向西开放新优势，努力为全省发展作表率、出大力、作贡献。

兰州新区

2015年，兰州新区按照省委、省政府“融合、高端、集约”的发展要求，坚持高标准建设、新模式开发、大项目支撑，全面推进开发建设各项工作取得了显著成绩。全年完成生产总值125.52亿元，增长20.04%；固定资产投资476.3亿元，增长9.49%；一般公共预算收入9.18亿元，增长50.4%；招商引资到位资金361亿元。

坚持产业引领，聚集发展效应初显。围绕打造高端装备制造、水性科技、生物医药等6大核心产业链和大数据、现代物流、文化旅游、农产品加工4个支撑产业链，累计引进产业项目281个，总投资3883亿元，其中2015年引进项目34个，总投资532亿元。兰石高端装备、科天化工等44个项目建成投产，绿地智慧金融城、正威电子信息产业园等164个产业项目加快建设。

坚持产城融合，城市功能不断完善。着力引入优质教育医疗资源聚集人气，市体育学院、兰炼一小、兰州十一中新区分校及综合性实践基地建成使用，职教园区省属“三校一区”、兰州一中新区分校、省人民医院新区分院等项目加快建设。着力加快基础设施建设，经二路等19条道路建成通车，兰秦快速路和中川城际铁路全面建成并投入运营。深入推进双联与精准扶贫相结合，建成省级美丽示范乡村1个，市级美丽乡村3个。着力保障和改善民生，贫困面降至0.84%，农民人均纯收入达到9540元。着力打造“产、城、绿”融为一体的特色城市空间，累计完成造林绿化18.5万亩，森林覆盖率达到13.6%。

坚持创新驱动，科技水平逐步提升。抢抓兰白科技创新改革试验区建设机遇，产业孵化中心获批国家级科技企业孵化器，引进北大众志“中国芯”、兰大“除玻璃”等项目94家。着力推进以亚太科技工业总部基地、产业孵化大厦等六大孵化器为平台的创新一条

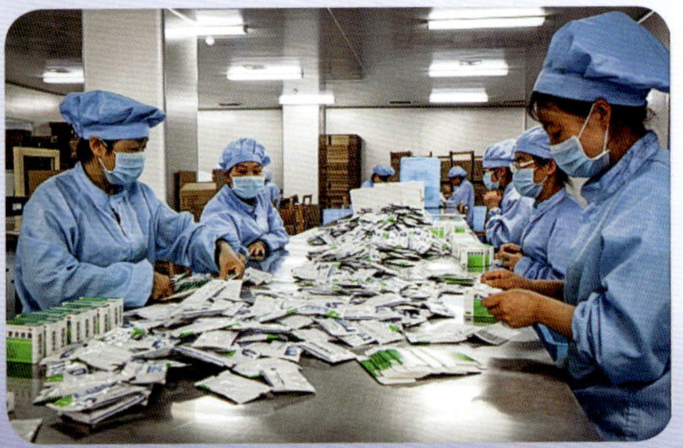

兰州新区和盛堂中成药加工车间

兰州新区长飞光纤光缆生产车间

兰州新区产业孵化大厦

街建设，设立国家、省级技术研究中心 12 家、市级研发中心 26 家。设立兰白试验区兰州新区科技创新投资基金和锦绣健康科技产业基金。

坚持开放带动，开放步伐不断加快。深度融入“一带一路”建设，兰州新区综合保税区顺利通过验收并封关运营，引进百圣牛钟表、卓尔电子等项目 13 个，总投资 22.6 亿元。成功开通兰州新区始发至中亚、中欧的国际货运班列，成功举办丝绸之路经济带（兰州新区）发展高层论坛、中韩产业论坛等系列节会。中韩产业园、中德产业园、马来西亚清真产业园加快建设。

坚持深化改革，发展活力明显增强。深化体制机制创新，推进行政审批制度和综合执法体制改革，成立并运行行政审批局，推进综合行政执法试点。推进金融制度改革，引进各类金融机构 7 家，融集到位资金 168 亿元。推进社会管理制度改革，积极探索管委会—社区两级管理架构。

坚持从严治党，主体责任全面落实。认真落实“3783”主体责任体系，切实加大反腐败惩治力度。扎实开展群众路线教育、“三严三实”专题教育，严格落实中央“八项规定”、省委“双十条”和市委“十四条”规定，切实改进工作作风，营造良好政治生态和干事创业环境。

兰州新区吉利汽车知豆电动汽车

兰州新区平湖国际进口商贸城盛大开业

兰州市安宁区

2015年7月10日，安宁区人民政府与华中师范大学合作办学签约仪式

2015年4月12日，安宁区在仁寿山举行第32届兰州桃花旅游节项目签约仪式

安宁区位于甘肃省会兰州市黄河北岸，区名源自明代军事城堡安宁堡，取“安宁无患、不受侵害”之意，是古丝绸之路的必经地之一，有“金城西北之门户，河西五部之咽喉“之说。东接城关区，西邻永登，北通皋兰，南与七里河、西固隔河相望，具有居中连五的区位优势。2015年末，全区共辖8个街道办事处、59个社区，是甘肃省第一个完全撤销乡镇和村级建制的城区。全区总人口35万人，有汉、回、蒙古、满、藏等29个民族。

区内拥有西北师范大学、兰州交通大学、甘肃农业大学、甘肃政法学院、兰州城市学院、甘肃省委党校、甘肃省农业科学院和甘肃省社会科学院等19所大专院校和科研院所，有大学生12万多人、各类科技人才3万余人。

境内文化内涵、特色鲜明之自然景观、历史人文景观星罗棋布，有仁寿山、天斧沙宫、银滩湿地公园、安宁生态文化园、九洲台、文溯阁《四库全书》藏书馆、兰州国学馆（兰州文庙）、兰州植物园、大青山滑雪场等，蜿蜒24千米的黄河风情线穿境而过。也是闻名全国的四大蜜桃生产基地，享有“十里桃乡”之美誉。已举办的第32届“兰州桃花旅游节”在国内遐迩闻名。并获得第21届亚洲旅游业金旅奖——“首批十大休闲旅游目的地”荣誉称号。区内生态环境良好，全区森林覆盖率达43.44%，绿化覆盖率达38.83%，人均公共绿地面积居全市首位，被评为“甘肃绿化模范县区”。

近年来，安宁大力实施项目立区、产业强区、科教兴区、生态建区、民生安区、依法治区六大战略，加快建设兰州城市副中心，着力打造现代服务业发展示范区、科教文化创新示范区、生态文明建设示范区和幸福城市建设先行区，初步形成了产业特色鲜明、城市功能完善、生态景观宜人、社会文明和谐的安宁

九州文溯阁《四库全书》藏书馆全景

新形象。2015 年，全区生产总值实现 155.15 亿元，同比增长 7.88%。第二、第三产业增加值分别完成 75.48 亿元、79.37 亿元，分别增长 5.39%、11%；完成全社会固定资产投资额 197.39 亿元，增长 9.92%；完成社会消费品零售总额 92.12 亿元，增长 9.7%；公共财政预算收入 11.56 亿元，增长 12.07%；城镇居民可支配收入 27232 元，增长 10.6%。同时完成工业总产值 259.4 亿元。完成规模以上工业增加值 53.2 亿元，增长 4.5%；规模以下实现工业增加值 1.23 亿元，增长 8.5%；完成建筑业增加值 21.38 亿元，增长 8.55%。其中 11 家区属重点骨干企业累计完成工业总产值 84.5 亿元，下降 2%，占全区规模以上工业总产值的 32.58%。市列固定资产完成投资任务 197.39 亿元，增速为 9.92%。高新技术产业园和沙井驿工业园共完成工业产值 137.6 亿元，占全区规模以上工业产值 53.05%。落实非公经济发展政策，完成非公经济增加值 84.5 亿元，增长 25.5%。2015 年，完成农业增加值 0.32 亿元，下降 3.09%。农业经济仅占全区经济总量的 0.21%。

安宁生命之源

2015年6月16日，省委书记、省人大常委会主任王三运（右三）、省长刘伟平（右一）在嘉峪关市调研

2015年1月5日，副省长李荣灿（右四）在嘉峪关市调研文化产业项目建设情况

2015年10月5日，市委书记郑亚军（右二）等到南市区调研全市规划、绿化工作

2015年5月4日，嘉峪关市致青春·致梦想纪念“五四”运动96周年文艺晚会在雄关广场举行

2015年7月23日，副省长夏红民（前排右三），省政协副主席黄选平（前排右四）带领省政府重点项目观摩团到嘉峪关市调研重点项目建设情况

2015年8月25日，嘉峪关·丝绸之路文化博览园奠基开工仪式

2015年6月13日，中央人民广播电台第四届“夏青杯”暨“甘肃汇源”杯甘肃省第二届朗诵艺术节“雄关大厦”杯嘉酒赛区朗诵大赛现场

金塔县

金塔县地处河西走廊中段北侧，举世闻名的酒泉卫星发射中心坐落在县境内，被誉为“汉简之乡”“航天摇篮”“戈壁明珠”。全县总面积 1.88 万平方千米，辖 5 镇 5 乡、1 个城市社区管委会，总人口 15 万人。金塔自然水土条件优越，光热矿产资源丰富，历史文化底蕴深厚，自然风光旖旎如画，先后荣获全国双拥模范县、科技进步先进县、中国最具特色的旅游名县、全国休闲农业与乡村旅游示范县和中国新能源产业百强县等荣誉称号。

近年来，金塔县认真贯彻落实中央、省市各项决策部署，按照“五抓五提升”工作思路，凝心聚力、迎难而上、真抓实干，全县经济社会持续健康发展。2015 年，全县实现生产总值 69.6 亿元，固定资产投资 95.6 亿元，财政总收入 4 亿元，公共财政预算收入 1.97 亿元，社会消费品零售总额 12.1 亿元，城镇居民和农村居民人均可支配收入分别达 26444 元和 13604 元。

“十三五”期间，金塔县将坚持以党的十八大和十八届三中、四中、五中全会及习近平总书记系列重要讲话精神为指导，以“四个全面”战略布局为统领，

金塔县现代农业示范园——金苗农业

制种食葵

枸杞

树莓

晾晒辣椒

温室香蕉

认真践行“五大发展理念”，全面贯彻省市各项决策部署，坚持“五抓五提升”工作思路，以转变发展方式为主线，以重大项目建设为支撑，以产业提质增效为核心，以全面深化改革为动力，以保障改善民生为根本，努力建设富裕金塔、和谐金塔、美丽金塔、活力金塔、幸福金塔。

金塔县城西生态湖

金塔北海子湿地

金塔县鸳鸯池水库

黑河环流

金塔县 330 千伏变电工程

金塔县红柳洼光电产业园

金塔县红柳洼光电产业园

白银市

2015 年 7 月 16 日，市委书记张智全在白银市第八届人民代表大会第五次会议上

2015 年 7 月 17 日，在白银市第八届人民代表大会第五次会议上新当选的市长张旭晨讲话

白银市是全国唯一以贵金属命名的城市。2015 年末，全市辖会宁、靖远、景泰三县白银、平川两区，总面积 2.12 万平方千米，常住总人口 170.99 万人，其中城镇人口 79.56 万人，乡村人口 91.43 万人。分别占常住人口的 46.53% 和 53.47%。人口自然增长率为 5.73‰。

白银作为老工业基地、兰白核心经济区的重点区域，比较优势明显，经过近 60 年的开发建设，奠定良好的发展基础、广阔的发展空间，是西部最具发展潜力的城市之一。区位优越，交通顺畅。作为古丝绸之路主要通道，地处甘、宁、蒙三省之通衢，亚欧大陆桥战略之通道，包兰、干武铁路过境南北，京藏、青兰、定武高速贯穿东西，国道 109 线、312 线、309 线纵横交错，是连接西南、西北的主要交通枢纽。正在规划建设的包兰铁路中卫至兰州客运专线、白银至平凉铁路、庆阳环县经白银至兰州新区铁路，形成进陕入川、连接宁蒙、沟通青新的快捷通道。

白银物华天宝，资源富集。境内发现矿产 45 种，金属矿藏有铜、铅、锌、金、银等 30 多种。煤炭储量 16 亿吨，凹凸棒资源探明储量 50 亿吨，居世界第一。累计堆存各种剥离矿石、废料 4.2 亿吨，含有可回收金属元素 18 种，堆存粉煤灰炉渣及煤矸石 6000 多万吨，“城市矿山”极具开发价值。近三年来，白银矿田深部找矿行动取得重大突破，新增铜铅锌金属量 52 万吨、金资源量 10.23 吨，被列为国家级地质找矿整装勘查区。

2015 年 9 月 23 日，省委书记、省人大常委会主任王三运（前排右二）在会宁调研督查精准扶贫工作

2015 年 8 月 11 日，省长刘伟平（中）在靖远县寺儿坪、五大坪调研岷县、漳县 6.6 级地震灾后恢复重建省内异地安置受灾群众搬迁安置情况

2015 年 2 月 25 日，白银市“联村联户为民富民”行动会议召开

2015 年 5 月 14 日，甘肃·白银（环渤海地区）投资项目推介会在天津举行

白银要素集聚，魅力独具。白银能源结构优良，既有丰富的煤电、水电传统能源，又是国家风电、光伏发电重点区域。白银电网在甘肃乃至西北电网中具有枢纽地位，是甘肃第二大电网。黄河沿岸土地宽阔平坦，被纳入国家低丘缓坡未利用地开发试点，可供开发建设用地 123 万公顷，重点建设的白银工业集中区适宜布局大型工业项目，是西部地区天然“工业港”。

白银人杰地灵，科教生辉。先后与中科院兰州分院、兰州大学、青岛科技大学等 100 多家院所和高校建立长期稳定的合作关系。建成专业科研机构 8 家，各级工程技术研究中心 27 家，企业技术中心 13 家。培育高新技术企业 18 家，科技型企业 75 家，取得科技创新成果 307 项。白银科技企业孵化器是国家级孵化器，一期生物医药产业园、二期装备制造业产业园建成投运，入孵企业 100 家，拥有专利 149 项。2011 年，世界首座超导变电站在白银高新区建成，2014 年白银高新区列入科技部首批科技服务业试点。白银是全国科技进步先进城市、中国最具成长力创新型城市、国家知识产权试点城市、国家智慧城市试点市。

白银机遇眷顾，政策叠加。中央、国务院关于深入实施西部大开发战略若干意见、国务院支持甘肃经济发展的若干意见、支持甘肃发展循环经济十大政策、“兰白核心经济区”区域发展战略、陕甘宁革命老区振兴规划、六盘山片区区域发展与扶贫攻坚规划等，都把白银作为重点区域，给予有力的政策支持。白银被列为国家首批资源型转型市、兰白承接产业转移示范区、兰白科技创新改革试验区、国家老工业基地调整改造规划区、甘肃循环经济发展示范城市、全国首批地下综合管廊试点城市，并配套出台财税、投资、金融、产业、土地等方面的政策措施，这些政策优势正在转化为白银可持续发展的后发优势。

靖远县

靖远县位于黄河上游，甘肃省中东部。全县总面积 5809.4 平方千米，2015 年末，全县辖 18 个乡镇、176 个行政村、10 个社区，总人口 50 万人。被誉为“塞上江南”、“陇上名邑”、“黄河明珠”。

靖远历史悠久，人文荟萃。自西汉武帝建立县制，清雍正八年改为靖远县。境内有古老的永和遗址，新石器时代的庙洼山遗址，隋唐时期的法泉寺、寺儿湾石窟等古老石窟艺术宝库，春秋时代游牧民族的艺术杰作吴家川岩画，永安堡、三角城等多处古城遗址和钟鼓楼、乌兰山等许多古建筑群体，有红军西征强渡黄河的虎豹口等一批革命遗址和近代名人故居墓葬。靖远历来崇文重教，是甘肃教育名县和国家科技进步先进县。

靖远地理位置优越，交通便捷。靖远地处甘、宁、青三省交汇地带，白宝铁路、京藏高速、国道 109 线、省道 207 线穿境而过。黄河流经县境 154 千米，流域面积 100 平方千米。正在开发建设的白银工业集中区刘川工业园规划面积 100 平方公里，与兰州新区形成错位发展，是承接中东部地区产业转移，全省布局工业和建设大型物流枢纽的最佳区域。

靖远特色产业突出，优势明显。蔬菜种植面积 50 万亩，蔬菜年总产量 205 万吨，是全国蔬菜产业发展重点县和甘肃最大的蔬菜生产基地；全县羊只饲养量 132 万只，日上市羊羔肉 6000 多公斤；枸杞、籽瓜种植面积分别达到 19.5 万亩、13 万亩，“小口大枣”、“靖远枸杞”、“靖远黑瓜籽”、“靖远羊羔肉”被评定为国家地理标志保护产品，是甘肃最大的羔羊肉产地、集散中心和优质枸杞、籽瓜生产基地，是全国农村产业融合发展试点示范县。

近年来，靖远县坚持以科学发展为主题，以加快转变发展方式为主线，以项目建设为支撑，主动适应经济发展新常态，抢抓机遇，创新实干，大力发展蔬菜、畜禽、瓜果三大特色产业，产品质效稳步提升；大力推进刘川工业园、银三角中小企业工业园和金三角农业科技创业园三大园区建设，产业集聚效应逐步凸显；把精准脱贫作为一号民生工程，大力改善基础设施条件和保障民生，新型城镇化水平稳步推进，民生福祉不断增强，县域经济保持了健康快速发展的良好势头。2015 年，全县实现生产总值 63.39 亿元，增长 7.7%；工业增加值达到 3.87 亿元，增长 7.3%；公共财政预算收入达到 3.03 亿元，增长 5.51%；固定资产投资达到 92.46 亿元，增长 26.04%；社会消费品零售总额达到 23.42 亿元，增长 10.38%。城镇居民人均可支配收入达到 19912 元，增长 11.5%；农村居民人均可支配收入达到 7498 元，增长 12.1%。

县委书记郑钰（中）调研新农村建设

县委副书记、县长刘力江（中）调研陶瓷产业

2016 GANSU YEARBOOK LINXIASHI

临夏市

省委常委、副省长咸辉（中）在临夏市调研

牡丹文化节

2015年临夏国际清真食品节

新建的县市快速通道（河州大道）

临夏市青少年示范性综合实践基地

新建的临夏市第三中学

天水市

天水市位于甘肃省东南部，是丝绸之路经济带重要节点城市，是关中—天水经济区次核心城市，是陇东南交通枢纽和区域经济文化中心。2015年末，全市辖两区（秦州区、麦积区）五县（秦安县、甘谷县、武山县、清水县、张家川回族自治县），113个乡镇、10个街道办事处，总面积1.43万平方千米，总人口382.9万人。境内海拔在748米—3120米之间，年均气温10℃左右，年均降雨量600毫米左右，气候适宜，景色秀美，有“陇上江南”之美誉。

天水历史文化悠久，是中华民族和华夏文明的重要发祥地，是国家历史文化名城，有8000多年的文明史、3000多年的文字记载史和2700年的建城史，是“三皇之首”伏羲氏的诞生地和伏羲文化的发祥地，以伏羲文化、大地湾文化、秦早期文化、麦积山石窟文化和三国古战场文化为代表的特色区域文化，构成了天水丰富的历史文化资源。全市现有重点文物保护单位450处，其中国家级17处、省级33处。

天水区位优势明显，是兰州、西安两大省会城市居中相向的重要节点城市，陇海铁路横贯全境，天水至定西高速公路、天水至宝鸡高速公路、天水至十堰高速公路和天水至平凉铁路建成通车，天水机场开通天水至重庆、天水至天津至大连航班，天水至西安航班达到每日三班。宝鸡至兰州客运专线即将建成，天水机场迁建前期工作取得实质性进展，天水至平凉高速公路即将开工，天水铁路、公路、民航“三位一体”的立体交通网络将更加完善。

天水工业基础较好，是全国老工业基地和重要的装备制造业基地之一，先后被列为全国老工业基地技术改造试点城市、全国制造业信息化示范试点城市、全国技术创新试点城市，以机械制造、电工电器、电子信息、医药食品、建筑建材、能源化工为主导的六大产业集群逐步形成，特别是数控机床、电子封装测试、中高压开关柜、风动工具、石油钻机电控系统等领域，在全国有较高知名度，具有较强的产业配套能力和竞争优势。国家级天水经济技术开发区和20多个县区级工业园区、物流园区基础设施完善，项目承载能力较强，已成为承接产业转移的重要平台。

天水特色农业发达，是全国北方最佳水果、蔬菜

2015年8月28日，由中阿交流协会、甘肃省政府外事办、天水市政府、迪拜丝路联合国际发展公司主办的“中阿共建丝绸之路经济带”天水合作项目签约仪式

生产基地和中国西部航天育种基地，农林土特产质优品繁，果品、蔬菜、畜牧、劳务产业化程度比较高，花牛苹果、秦安蜜桃、秦州樱桃、清水核桃、下曲葡萄、甘谷辣椒、武山韭菜等农产品在全国具有较高知名度。天水国家农业科技园区已发展成为现代化、生态型、综合性的现代农业高新园区，发展特色农业、循环农业、农产品精深加工和农业高新技术产业前景广阔。

天水生态环境良好，横跨长江、黄河两大水系，夏无酷暑，冬无严寒，气候温和，四季分明，境内山地和河谷盆地交错，地势西高东低，属暖温带半湿润半干旱气候，植被丰茂，小陇山、关山、秦岭三大林区林地面积１０２６万亩，是西北最大的天然林基地，有林木资源２５００多种，森林覆盖率达３５．９%，年均空气质量优良天数达到３３０天以上，是西北最佳宜居环境城市。

近年来，天水经济社会持续快速发展，城乡面貌变化巨大，人民生活日益改善，社会大局和谐稳定，相继荣获中国金融生态城市、国家商标战略实施示范城市、全国质量魅力城市、全国循环农业示范市、全国科教兴市先进城市、全国双拥模范城市，连续三届１２年获“全国社会治安优秀地市”荣誉称号，并获得了“长安杯”全国社会治安综合治理最高奖，先后被评为全省文明城市、全省卫生城市、甘肃省园林城市，

2015 年 11 月 10 日，省委书记、省人大常委会主任王三运（前排左四）、省长刘伟平（前排右一）率团在天水观摩驻村帮扶工作队落实精准扶贫工作。

正在积极创建国家园林城市、国家卫生城市、中国最佳历史文化旅游城市。

随着国家深入实施新一轮西部大开发战略、关中—天水经济区发展规划，加快建设华夏文明传承创新区、生态屏障综合试验区、丝绸之路经济带和丝绸之路甘肃黄金段，强力推进精准扶贫和精准脱贫，为天水发展提供了更加广阔的空间，注入了源源不断的动力。天水将抢抓难得机遇，发挥比较优势，紧紧围绕全面建成小康社会总目标，以转型发展为主题，以改革开放为动力，以“３３４１”项目工程为载体，求真务实，开拓创新，推动全市经济社会持续健康发展，努力建设丝绸之路经济带历史文化名城、区域中心城市和现代化大城市。

2015 年 12 月 10 日，天水高铁南站站前广场、综合交通枢纽和赵崖安置区（高铁佳苑）项目启动仪式举行

2015 年 7 月 12 日，中华人民共和国第一届青年运动会山地自行车资格赛、“中森工贸杯”2015 年全国山地自行车锦标赛暨青年锦标赛在天水市麦积区开赛

天水市麦积区

天水市麦积区位于山清水秀，风景秀丽、素有“陇上小江南”美誉的天水市东部，也是甘肃和天水的东大门。

2015年末，全区辖15个镇、2个乡、三个街道，总人口63万人，总面积3480平方千米，森林覆盖率63.5%。2015年实现生产总值157亿元。

区委书记张智明（右一）、人大主任贾应珍（右二）、区长成少平（右三）、政协主席杨续祥（右四）督查项目建设

麦积区历史文化积淀深厚，伏羲演绎八卦，老子传经授道，秦人屯兵牧马，在境内皆有遗迹。全国四大石窟之一的麦积山石窟就座落在国家五A级风景名胜区麦积山风景区。麦积镇街亭村和新阳镇胡大村入选国家传统村落保护名录，麦积镇后川村、党川乡党川村入选国家休闲农业村。

麦积区是甘肃东部重要的交通枢纽旱码头和物资集散地，铁路、公路、航空四通八达。

区内工业基础雄厚，以天水国家经济技术开发区为支撑，形成装备制造、制药、电子电器、啤酒卷烟、果汁、纺织、化工等产业结构完整的工业集群。

麦积区农业立地条件优越，区内天水国家农业科技园区引领农、果、畜禽等高科技农业向现代化、基地化迈进。花牛苹果和下曲葡萄已获国内国际大奖和“中华名果”、“中国知名特产”“中国驰名商标”等称号，还被国内著名企业家潘石屹代言“潘苹果”品牌。并已经形成了南山流域花牛苹果基地和北山流域鲜食葡萄基地。

近几年，麦积区委、区政府按照省、市委的目标要求和发展构想，以“关一天”经济区为引领，国家级园区为支撑，现代化城市发展为带动，突出打造了陇东南重要交通枢纽（一枢纽）、陇东南现代商贸物流中心（一中心），区域工业集群发展高地，特色优势农产品生产加工高地、文化旅游发展高地和开放开发高地（四高地），全区经济社会各项事业持续、快速、稳定发展。

党川乡散养鸡合作社

麦积区利桥镇红崖河漂流

麦积区花牛苹果基地

麦积区鲜食葡萄基地

2015年全国第一届青年山地自行车锦标赛在麦积区举行

2015年10月11日，省委书记、省人大常委会主任王三运（左二）在洛门牟坪现代农业苹果矮化密植示范园调研

2015年11月16日，天水市委书记王锐（中）在武山县督查调研精准脱贫工作

2015年5月26日，天水市委副书记、市长杨维俊（左一）在武山蔬菜科技示范园区调研指导工作

2015年8月4日，武山县委书记索鸿宾（中）在杨河乡深入贫困户家中，详细了解富民产业发展、基础设施建设和群众脱贫致富需求

2015 年 11 月 16 日，武山县委副书记、县长马勤学（前右一）深入咀头乡贫困村调研精准扶贫“1+20”方案落实情况

武山蔬菜产业科技示范园

2015 中国天水·武山蔬菜博览会

武山北顺冬暖棚一角

西北最佳汤浴康体目的地——武山温泉

洪水河防沙治沙百里长廊工程

武威城东工业园区

中国航天武威新能源装备制造产业园车间

光伏发电基地

古浪县移民新区立民新村

暖棚养殖·凉州区高坝鸡场内景

LIANGZHOUQU 武威市凉州区

威龙酒堡地下酒窖

温棚丰收的西瓜

甘肃·河西优质农产品博览会凉州展馆

凉州区属温带大陆性干旱气候，具有太阳辐身强、干旱少雨、日照充足、蒸发量大、夏季短而较热、冬季长而寒冷、昼夜温差和年温差大的特点。全年日照时数为 2967.8 小时，日照百分比为 67%；太阳辐射量为 138.45 千卡 / 平方厘米；气温以 7 月最高，为 29℃，1 月最低，为零下 14.9℃。多年平均降水量 160 毫米，年蒸发量 2020 毫米。平均海拔 1632 米。

2015 年，全区实现生产总值 258.67 亿元，比上年增长 9.3%。其中第一产业增加值 54.22 亿元，增长 6.1%；第二产业增加值 114.59 亿元，增长 11.5%；第三产业增加值 89.86 亿元，增长 8.3%。文化产业实现增加值 3.3 亿元，比上年增长 25.02%，占生产总值的 1.28%。全年新增城镇就业人数 2.12 万人，城镇登记失业率为 3.87%。全年居民消费价格总水平比上年上涨 1.6%；全区商品零售价格总水平比上年上涨 0.7%。

全年完成农作物播种面积 167.82 万亩，增加 0.95 万亩，增长 0.6%。其中夏粮播种面积 12.81 万亩，下降 11.0%，秋粮播种面积 93.31 万亩，增长 3.3%，夏秋比由上年的 14：86 调整到 12:88 。其中粮食作物总播种面积 106.12 万亩，增长 1.3%，经济作物播种面积 61.7 万亩，下降 0.7%。全年实现农业增加值 54.22 亿元，增长 6.1%。粮食总产量 68.19 万吨，比上年增长 1%。其中夏粮产量 5.31 万吨，减产 5.5%；秋粮产量 62.88 万吨，增产 1.6%。新建设施农牧业 7.63 万亩，累计达 37.52 万亩；发展特色林果业 15.7 万亩，累计达 55.4 万亩，其中皇冠梨 11.6 万亩，核桃 2.7 万亩，酿酒葡萄 0.9 万亩，枸杞 0.2 万亩，红枣 0.2 万亩，其它 0.1 万亩。新建规模养殖场（小区）60 个，累计达到 1111 个。

实现畜牧业增加值19亿元，增长4.8%，占农业增加值的35%。全年肉类总产量达9万吨，增长4.3%。

年末，农业机械总动力157万千瓦，比上年增长1.7%。大中型拖拉机4463台，增长7%，小型拖拉机53659台，增长1.4%，农用水泵12354台，增长1.7%，农村载重汽车7105辆，增长16.2%，农用化肥使用量（实物量）294317吨，增长10.4%。

全年交通运输、仓储和邮政业实现增加值30.51亿元，比上年增长8.6%。全年完成公路客运量3176.7万人，增长3.51%，客运周转量216055.8万人千米，增长11.5%；货运量2660.7万吨，增长43.2%，货运周转量690090万吨千米，增长23.2%。全年邮电业务总量达到7.67亿元，增长11.4%。年末，固定电话用户14.37万户，比上年减少0.65万户；年末，移动电话用户89.4万户，增加2.1万户；年末，互联网宽带接入用户达到9.51万户，增加1.61万户。

全年全区区级以上科技成果21项，比上年增加7项。专利申请受理250件，比上年增长41.2%；授权专利110件，下降8.3%；授予发明专利权2件，下降8.4%。全年共签订技术合同28项；技术合同成交金额3亿元，增长11%。年末，共有各类学校和幼儿园543所，减少13所，在校（园）学生（幼儿）159630人，减少1813人。其中中等职业学校13所，在校学生9369人，减少309人；中学75所，在校学生58620人，减少1370人；特殊教育学校1所；小学320所，减少14所，在校学生62501人，减少734人；幼儿园134所，增加2所，在园幼儿29046人，增加599人。小学学龄儿童入学率、巩固率、毕业率均达100%；初中入学率99.9%、巩固率99.99%、毕业率99.98%；初中毕业生升入高中阶段的比率为92.2%，其中升入普通高中比率67.12%，升入中等职业学校和中等专业学校比率25.08%。九年义务教育巩固率达99.97%。

武威保税物流中心综合楼

2015年1月28日，省委书记、省人大常委会主任王三运（中）在炭山岭镇慰问藏族群众

2015年2月21日，省委常委、省委秘书长李建华（中）在打柴沟镇调研

县委书记张发基（前右二）调研工业经济发展情况

南阳山片“下山入川”生态移民移民点建设

城市项目建设

冰沟河风光

天祝白牦牛核心种群

保障性住房

高原夏菜

舍饲养殖业

GANZHOUQU 张掖市甘州区

2015年6月16日 市委常委、区委书记张健（右）、区委副书记王韶华（左）深入甘州区安阳乡金王庄村调研精准扶贫工作

2015年10月20日 区委副书记、区长张玉林（中）深入花寨乡柏杨树村调研精准扶贫工作

2015年，面对复杂多变的国内外经济形势，全区上下认真贯彻落实中央、省、市稳增长的各项决策部署，着力化解经济下行压力，针对经济运行中的薄弱环节和重点领域，采取一系列有针对性的政策措施实施精准调控，全区经济运行稳中有进，发展质量和效益进一步提高，民生福祉持续改善，各项社会事业全面进步，经济和社会发展取得新进展。

初步核算，全年实现生产总值156.75亿元，比上年增长7.8%。其中第一产业增加值35.59亿元，增长5.7%；第二产业增加值37.93亿元，增长6.8%；第三产业增加值83.23亿元，增长9.2%。

全年完成大口径财政收入22.31亿元，比上年增长17.1%。其中税收收入13.86亿元，增长13.77%；非税收入3.06亿元，增长24.21%；政府性基金收入5.4亿元，增长22.29%。公共财政预算收入7.64亿元，比上年增长17.6%。财政预算总支出38.47亿元，比上年增长16.43%；公共财政预算支出31.89亿元，比上年增长12.3%。

全年实现农林牧渔业增加值39.64亿元，增长5.7%。粮食作物面积75.45万亩，比上年增加3.3万亩；制种玉米种植面积55.34万亩，比上年增加16.52万亩；油料种植面积1.03万亩，比上年减少0.45万亩；

蔬菜种植面积 15.71 万亩，比上年减少 1.07 万亩。全年粮食总产量 423668 吨，比上年增长 0.1%。其中夏粮产量 30698 吨，下降 42.5%；秋粮产量 392970 吨，增长 6.3%。

全年完成工业总产值 112.05 亿元，实现工业增加值 21.69 亿元，增长 5.7%。规模以上工业企业完成总产值 103.24 亿元，实现增加值 18.47 亿元，增长 4.5%。规模以上工业增加值中，国有企业完成工业增加值 4.81 亿元，增长 10%；股份制企业完成工业增加值 13.2 亿元，增长 0.9%；外商及港澳台投资企业完成工业增加值 0.46 亿元，增长 12.5%。大中型企业完成工业增加值 3.45 亿元，下降 12.8%；小型企业完成工业增加值 15.02 亿元，增长 8.76%。轻工业完成增加值 9.28 亿元，增长 21.6%；重工业完成增加值 9.19 亿元，下降 8.8%。

全年城镇居民人均可支配收入 20237 元，比上年增加 1789 元，增长 9.7%；城镇居民人均消费支出 18528 元，增长 9.8%；城镇居民家庭恩格尔系数为 29.5%，比上年下降 1.03 个百分点。农村居民人均可支配收入 11320 元，比上年增加 1173 元，增长 11.6%；农村居民人均生活消费支出 10060 元，增长 12.7%；农村居民家庭恩格尔系数为 36.1%，比上年下降 1.06 个百分点。

汽车拉力赛

水天一色的滨河新区

制种产业

民乐县

2015年12月27日，省委书记、省人大常委会主任王三运（中）调研精准扶贫精准脱贫工作

市委书记毛生武（左二）调研公路建设

民乐县地处祁连山北麓、河西走廊中段，是连接甘青两省的“要冲”，自古就是丝绸之路东段南线之“咽喉”，是祁连山水源涵养区、黑河水资源可持续利用和永续补给的绿色生态屏障。2015年末，全县总面积3687平方千米，有汉、回、藏、裕固等14个民族，总人口24.6万。

民乐县历史悠久。境内东西灰山文化遗址证明早在五千多年前，就有人类在此繁衍生息。汉元狩二年，骠骑将军霍去病收复河西，建郡置县。大业五年，隋炀帝“西巡”出扁都口，召开万国会议。1949年9月，王震将军兵出扁都口解放河西。民国18年（公元1929年），定县名为“民乐”，寓“人民安居乐业”之意。

民乐县文化灿烂。有国家级文物保护单位3处、省级文物保护单位9处，有西汉古城、魏晋名寺、明清水陆画等众多文物古迹。自然风光唯美大气、旅游文化资源丰富，从北到南依次呈现出田园绿洲、高山草原、原始森林、冰川雪峰等特色迥异、雄浑壮美的全景式高原生态景观，谓“中国地貌景观大观园”。有“大斗拔谷”扁都口、“天上之泉”海潮湖、“色彩天堂”油菜花及全国山地户外运动训练基地、扁都口国际自驾游营地、滑

城北新区城市生态园

特色农作物种植

雪场等自然美景和人文景观。

民乐县资源富集。境内有大小河流 13 条，年径流量 4.64 亿立方米，水能资源蕴藏量 6.1 万千瓦。有耕地 116 万亩。属大陆性荒漠草原气候，是培育天然绿色食品的理想之地，先后荣获"全国粮食生产先进县"、"中国板蓝根之乡"、"全省绿化模范县"等称号，被确定为国家农业综合开发现代农业园区试点县、首批国家小微型企业创业创新示范基地和全省新型农业社会化服务体系建设试点县，紫皮大蒜、马铃薯入选 2013 年度全国名特优新农产品目录，是全省中药材、马铃薯、草畜和特色农产品生产大县。矿产资源丰富、农特产品品质优良、环境承载能力强、招商引资政策优惠，是投资置业的热土。

丰富的文化体育活动

食用菌栽培

高台县

2015年4月19日，市委书记毛生武（左二）在高台调研

2015年6月29日，市长黄泽元（右三）在高台调研精准扶贫工作

花卉制种基地

2015年，高台县深入贯彻落实党的十八大、十八届四中、五中全会和习近平总书记系列重要讲话精神，团结带领全县广大党员干部群众扎实推进精准扶贫精准脱贫，全力做好稳增长、促改革、调结构、惠民生等各项工作，全面完成了确定的各项目标任务。全县生产总值完成52.41亿元，增长7.9%；固定资产投资完成40.1亿元，增长13.4%；社会消费品零售总额完成15.42亿元，增长9.8%；大口径财政收入完成5.63亿元，增长12.4%；公共财政预算收入完成2.41亿元，增长3.18%；城镇居民人均可支配收入达到19051元，增长10.3%；农村居民人均可支配收入达到10890元，增长11.6%。

主动适应经济发展新常态，统筹推进经济结构加快调整、优化升级，保持了经济持续健康发展。农业产业逐步壮大。蔬菜、制种、番茄、葡萄等特色产业面积达35万亩。绿色蔬菜产业园建成日光温室和钢架大棚3233座，成为省级农业科技园区、省级现代农业示范区。新建规模养殖场区25个，新增养殖大户1669户，畜禽饲养总量达440.3万头（只），其中牛、羊饲养量分别达到21万头、99.1万只。认定无公害农产品产地7个、“三品一标”农产品33个。工业经济提质增效。围绕农副产品加工、新能源、煤制气、盐硝化工四大产业体系，积极开展定向招商、精准招商、节会招商，晋昌源煤业中温焦油加氢处理、盐化公司二甲

基二硫、奥得赛公司DSD酸H酸等一批重点工业项目相继引进落地，共落实到位工业项目资金24.2亿元。全力以赴扩投资、上项目、促落地，开工建设光伏发电、盐藻胡萝卜素加工等工业能源项目26个，建成投产14个。2015年，全县工业企业实现增加值11.21亿元，增长8.2%；37户规上企业实现增加值8.32亿元，增长6.9%。第三产业加快发展。新型城镇化试点建设扎实推进，“多规合一”规划通过省级专家组评审，城镇化率达到38.4%。全面实施“四大旅游行动计划”，景区景点开发力度不断加大，月牙湖公园创建为4A级旅游景区，大湖湾旅游文化艺术节、全国健身秧歌及手拍鼓大赛等节庆品牌赛事成功举办。全县第三产业实现增加值19.45亿元，同比增长9.4%。项目建设稳步推进。紧紧围绕产业转型升级、节能循环经济、生态建设、基础设施、社会事业等方面，多渠道、宽领域、深层次发掘项目，项目工作水平不断提升。全年开工建设各类项目81项，完成固定资产投资40.1亿元，同比增长13.4%。精准扶贫工作扎实推进。始终把脱贫攻坚作为头等大事和第一民生工程来抓，聚焦“六个精准”，实施“六大整合”，实现了16个贫困村年内全部整体脱贫的目标。2015年全县脱贫1756户、5251人，贫困发生率由2014年的5.47%下降到1.43%；16个贫困村贫困发生率由20.21%下降到1.62%。

坚持以改革创新为动力，抓重点、破难题，发展路径有了新突破。坚持以民生保障为根本，办实事、求实效，社会事业有了新进步。坚持以党的建设为保障，抓基层、打基础，从严治党有了新成效。全面落实党风廉政建设“两个责任”，着力推行“六化”工作法，不断把党风廉政建设和反腐败工作引向深入。

2015年,8月19日，县长杨成林（左三）新民村调研精准扶贫

2015年7月31日。成功举办第三届全国体育舞蹈邀请赛暨张掖市公开赛

大棚育苗

平凉市

"一带一路"和平凉发展研讨会

对平凉中心城区道路扬尘进行喷雾抑尘

华亭矿区远景

柳湖公园

崆峒山

崇信县龙泉广场

平凉新阳光陇东农副产品批发交易市场

静宁县李店河流域优质苹果生产基地

华亭县油用芍药基地

2015年11月4日区委书记陈铎（右三）、区长赵小林（右二）督查精准扶贫脱贫工作

棚户区改造安置楼

新建的居民小区

平凉新区绿地广场

平凉新阳光陇东农副产品批发交易市场

文化旅游暨登山赛开幕式

弹筝湖水上乐园

广成学校

ZHUANGLANGXIAN 庄浪县

2015 年 3 月 30 日，省委书记王三运（中）调研庄浪县职教中心“两后生”职业技能培训基地

2015 年 9 月 8 日，省委常委、副省长李荣灿（左二）调研庄浪县赵墩乡梨湾村精准扶贫精准脱贫工作

庄浪县位于甘肃省东部、六盘山西麓，属黄土高原丘陵沟壑区。2015 年末，全县辖 18 个乡镇、1 个街道办事处、293 个村，总面积 1553 平方千米，总人口 44.92 万人、其中农业人口 40.96 万人；现有耕地面积 92 万亩，农业人均 2.2 亩。县境内海拔在 1405-2857 米之间，近十年平均降雨量 530.3 毫米，年平均气温 8.1℃，无霜期 160 天，属大陆性季风气候。人多地少，干旱多灾，交通不便，是国家扶贫开发六盘山特困片区重点县和甘肃省 58 个特困片区县之一。

近年来，全县各级党政组织全面贯彻落实中央和省、市的一系列决策部署，以建设梯田产业强县和旅游文化名县为统揽，按照“1355”发展思路（紧扣“稳定增长、加快发展”这一主线，实现“精准扶贫、现代农业、旅游文化”三个突破，突出“项目建设、基础设施、教育事业、地方工业、生态建设”五项重点，强化“党风廉政、干部作风、基层组织、安全生产、社会管理”五个保障），全力兴产业、夯基础、惠民生，聚力改作风、正党风、促和谐，全县经济社会发展呈现出规模扩张、总量增长、结构改善、效益提升、活力增强的良好态势。先后获得了中国梯田花模范县、全国文化模范县，全国经济林建设示范县，全国生态建设示范县，全国农村中医工作先进县，全国农田水利基本建设先进县，全国水土保持工作先进集体，全国粮食生产先进县，全国农村劳动力转移就业工作示范县、全国科技进步先进县，全国科普示范县，全国计划生育优质服务先进单位等荣誉称号。2015 年，庄浪县在加快政府职能转变、优化政务环境、激发市场活力等方面，落实中央决策部署成效显著，作为全省唯一县受到国务院、省政府、市政府的通报表扬。

2015年7月21日，副省长郝远（左三）、省政协副主席李沛文（右一）带队观摩庄浪县水洛河流域万亩苹果标准化示范基地

2015年8月29日，副省长夏红民（中）调研庄浪县关山大景区建设

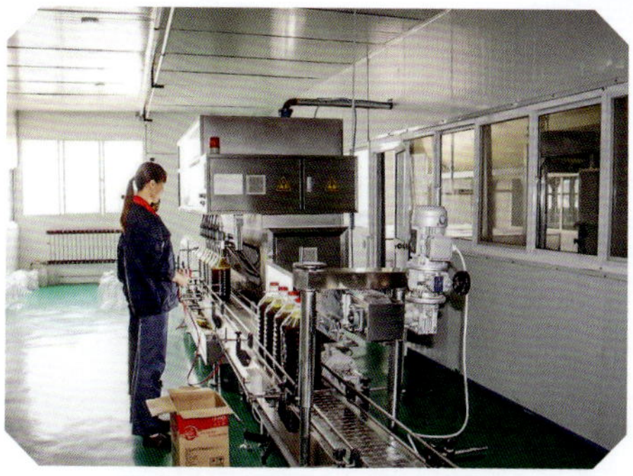

庄浪县年产1万吨精油生产线

庄浪县韩店镇潘河村美丽乡村建设

紧紧围绕精准扶贫精准脱贫目标，建立覆盖县、乡、村、户、人的五级扶贫信息管理系统，对识别出的132个贫困村、2.65万户贫困户、11.11万贫困人口，实行实名制管理。整合各类帮扶资金11.74亿元，集中实施5类33个精准扶贫项目。帮助贫困群众发展产业2.75万亩，培训农民工2.3万人，鉴定发证1.1万人。全县22个贫困村、4419个贫困户、20059人实现了稳定脱贫。

大力实施工业强县战略，坚持立足产业办工业，招商引资办企业，引进各类招商项目96个，实际到位资金20.9亿元，启动了循环经济产业园区建设，开建全市第一家35兆瓦光伏发电项目，建成淀粉加工、果品储藏、果品包装等一批工业商贸项目，新增民营企业133户。规模以上工业增加值完成7929万元，增长2.8%。

持续推进老城区改造与南城区建设，依托项目支撑，大力实施棚户区改造、商品房开发、公共设施配套、绿化美化亮化工程，县城服务功能和品位显著提升。全县共实施重点项目130个，完成投资55.2亿元。建成通村硬化路270千米，梯田产业路1000千米，全县农村道路通畅率达到85%，自来水通村和入户率达到了100%，在全市率先实现了村社三相动力电全覆盖，城乡基础条件进一步改善。因地制宜改旧村、突出重点建新村，建成新农村示范村19个。建成全省第一家农村能源综合建设示范村，新型能源循环利用走在全省前列。

全县用于民计民生方面的支出占财政总支出的70%以上，累计发放政策性惠农补贴资金3.2亿元，为参合农民报销医药费用1.65亿元。考录安置高校毕业生574名，新增城镇就业人员3942人。建成37所农村老人日间照料中心，发放低保、五保对象保障金1.4亿元，大病医疗救助资金920万元，各类残疾人补贴588万元，困难群众生产生活得到有效保障。

崇信县

2015年3月30日，省委书记、省人大常委会主任王三运（左二）调研崇信扶贫攻坚工作

城区二小

保至善纪念馆

崇信县东靠泾川、灵台两县，西与华亭县接壤，北连平凉市崆峒区，南与陕西省陇县毗邻。建县于北宋建隆四年(公元963年)，取“尊崇信任”之意，距今已有1053年的历史。古代曾是先周、先秦发祥地之一，周人的先祖公刘定居芮鞫，发展农耕文化，影响深远。唐贞元四年(788年)，陇右节度使武康郡王李元谅筑城屯兵，泽被民生，崇信之名始见于史册。2015年末，全县辖3镇3乡2个园区，79个行政村，总人口10.2万人，其中农业人口8.2万人。总面积850平方千米，有耕地37万亩，海拔1085.4—1728米(平均海拔1407米)，属暖温带、半干旱大陆性气候，年平均气温10.3℃，无霜期280天，降雨量400—800毫米(年平均降雨量507毫米)。泾河的主要支流汭河、黑河自西向东贯穿全境，年径流量近2亿立方米。煤炭旅游资源相对富集，已探明煤炭储量18.3亿吨，是陇东能源化工基地平凉项目区的重要支撑。境内有国家AAAA级旅游景区龙泉寺，省级风景名胜区五龙山，省级森林公园唐帽山，国家级文物保护单位武康王庙，有仰韶、齐家等文化遗址多处。

国民经济及社会经济发展概况。“十二五”期间，全县地区生产总值年均增长7.9%，固定资产投资年均增长4.9%，大口径财政收入年均增长11%；公共财政收入年均增长11.8%，社会消费品零售总额年均增长16.4%，城镇居民人均可支配收入年均增长12.2%，农民人均可支配收入年均增长13.9%。2015年，全县地区生产总值达到25.4亿元，同比增长5.6%；固定资产投资完成57.3亿元，增长10.6%；大口径财政收入完成5.6亿元；公共财政收入完成2.5亿元；社会消费品零售总额达到7.3亿元，增长9.5%；城镇居民人均可支配收入完成25620元，增长10.2%；农民人均可支配收入完成6231元，增长12.1%；三次产业结构由22：61：17调整到23：56：21。

五龙山游客中心

鑫盛新型建材生产线

蔬菜种植基地

大柳洗煤厂

2015年3月30日，省委书记、省人大常委会主任王三运（左一）在灵台县调研

2015年11月13日，副省长马世忠（中）调研灵台县公安工作

灵台县第三届道德模范颁奖晚会

灵台县中台镇设施蔬菜生产小区

灵台县行政中心

灵台县陇塬明都住宅小区

2015年2月12日，省委书记、省人大常委会主任王三运（左二）在县委书记王晓军（右一）的陪同下慰问老党员

2015年8月25日，著名经济学博士、中央电视台财经频道评论员、静宁苹果形象代言人马光远（右）在第七届甘肃民营经济高峰论坛会上

余湾乡回沟垴至韩马村通畅工程暨果园生态鸟瞰

2015年6月29日，县委书记王晓军（右二）接受人民日报苹果论坛记者采访

2016年10月19日，国务院扶贫办督查巡查静宁县脱贫攻坚工作，县长张兴荣（中）介绍苹果产业助农增收情况

仁大乡扯弓塬村通畅工程暨果园生态

远销欧亚的静宁优质红富士苹果

静宁南部山区优质红富士苹果

静宁西北部旱作农业与生态环境综合治理

治平河流域20万亩优质红富士苹果国家地理标志产品保护认证基地

正宁县

2015 年 6 月 4 日，市委副书记、市长贠建民（前排右四）调研春季农业生产

2015 年 4 月 24 日，县委书记吴丽华（左一）与双联贫困户座谈

正宁地处陕甘交界，东依子午岭，西临泾河水，南通三秦大地，北往塞上江南，县域总面积 1319 平方千米，2015 年末，全县辖 7 镇 3 乡、24 万人，现有耕地 43 万亩。

历史悠久，文化厚重。是轩辕黄帝生息的“摇篮”，也是周先祖公刘教民稼穑的地方，秦直道横贯县境，仰韶文化丰富多彩，香包、剪纸、刺绣被誉为“活的文物”。这里是原陕甘宁革命边区的重要组成部分，革命民歌《绣金匾》即诞生于此，刘志丹、谢子长、习仲勋、邓小平等老一辈无产阶级革命家曾在这里浴血播火，留下宝贵的革命遗迹和精神财富。

资源富集，物产丰饶。气候温和、降水充沛，山川秀美、塬面宽广，森林覆盖率达到 50.4%，苹果扩大到 20 万亩，烤烟稳定在 3 万亩，蔬菜发展到 8 万亩，“陇

永和镇新农村建设

蜜”苹果、“宫河”大葱、“唐台”晒烟享誉陇原，素有“陇东粮仓”之称，是全国旱作农业先进县、科技进步先进县、优质苹果基地重点县、绿化模范县。

潜力巨大，商机无限。是庆阳建设国家级大型煤电基地和能源新都的重要组成部分，已探明煤炭储量25亿多吨，石油、天然气储量也比较丰富。随着宁正煤田核桃峪800万吨矿井、2×66万千瓦电厂、罗川东部煤田以及甜罗高速公路等重大项目的全面建成，必将凸显区位优势，跻身经济强县行列。

2015年，全县上下牢牢把握稳中求进总基调，紧盯整县脱贫总目标，着力打基础、破瓶颈、增后劲，着力促改革、惠民生、保稳定，实现“十二五”圆满收官，经济社会发展跃上新的台阶。全县完成生产总值25.89亿元，规模以上工业增加值3086万元，固定资产投资108.7亿元，社会消费品零售总额14.9亿元，大口径财政收入2.22亿元，一般公共预算收入1.79亿元，城乡居民人均可支配收入分别达到22475.2元、7633.8元。全县贫困人口由2011年底的6.33万人减少到4414人，贫困发生率由29.5%下降到3%以下，19个省定贫困村实现稳定脱贫，率先在全市实现整体脱贫目标。

2015年4月8日，县长张龙杰（左一）调研设施蔬菜育苗工作

中华黄帝文化景区功德厅

瑞嘉电商地方特产展厅一角

农村公路建设

QINGCHENGXIAN 庆城县

2015 年 7 月 21 日，省委副书记欧阳坚（前排右二）调研庆城县道路建设

2015 年 11 月 6 日，国家三北局副局长王作谊（左三）调研庆城县苗林培育工作

庆城县，位于甘肃省东部，马莲河中上游，介于东经 107° 16′ 32″ - 108° 5′ 49″，北纬 35° 42′ 29″ - 36° 17′ 22″之间。东邻合水，西濒蒲河与镇原县相望，南和西峰区毗邻，北与环县、华池接壤。全县处陇东黄土高原中部地带，呈残塬沟壑与丘陵沟壑地貌类型。全境东西长约 70 千米，南北宽约 56 千米，海拔 1011 ~ 1623 米，全年平均气温 10.3℃，年降水量 393.2 毫米，无霜期 150 天。总土地面积 2692.6 平方千米，耕地保有量 106.69 万亩，基本农田保护面积 91.54 万亩，森林覆盖率 23.52%。2015 年，全县辖 5 镇（庆城镇、驿马镇、马岭镇、卅铺镇、玄马镇）、10 乡（赤城乡、桐川乡、白马铺乡、蔡家庙乡、太白梁乡、土桥乡、蔡口集乡、高楼乡、翟家河乡、南庄乡）、2 个办事处（葛崾岘办事处、熊家庙办事处），153 个行政村。常住人口 26.45 万人，其中城市人口约 9.05 万人，人口自然增长率 7.09‰。

2015 年，全县生产总值 88.24 亿元。其中第一产业增加值 9.4 亿元，增长 5.1%；第二产业增加值 58.64 亿元，增长 7.4%；第三产业增加值 20.2 亿元，增长 11.4%；三次产业结构比 10.6 ∶ 66.5 ∶ 22.9。城镇居民人均可支配收入 23280.6 元，增长 9.8%；人均消费支出 14693.8 元，增长 3.7%。农民人均可支配收入 6730.5 元，增长 11.9%；人均生活消费支出 8269.9 元，增长 8.6%。按常住人口推算，全年人均 GDP 33363 元。

2015 年 10 月 20 日，县委书记葛宏检查小城镇建设

2015 年 6 月 8 日，县长梁世刚检查庆阳醋头醋农耕文化科技产业园工作

航天南瓜

核桃产品

庆城县玄马镇新农村建设

2015年2月15日，副省长郝远（右一）检查定西环保工作

2015年5月6日，定西市委书记张令平（右三）在渭源调研精准扶贫工作

2015年2月3日，定西市委常委、常务副市长位志荣到小山村给双联户拜年

2015年5月7日，引洮工程圆梦纪念碑揭牌仪式

临洮县兴望紫斑牡丹繁育基地

2015年12月10日，定西市委理论中心组学习暨"三严三实"专题教育第五次研讨会

灾区群众搬进新家

定西市安定区花岔流域生态建设

ZHANGXIAN 漳县

漳县位于甘肃省东南部、定西市南部，东连武山、西邻卓尼、南靠岷县、北与陇西、渭源接壤，地处黄土高原陇西地台和西秦岭山地交汇过渡地带，海拔 1640-3941 米，年平均气温 7.8℃，无霜期 177 天，平均日照时数 2309 小时，平均降雨量 500 毫米。全县总面积 2164.4 平方千米，总耕地面积 46.7 万亩，农民人均 2.5 亩。2015 年末，全县辖 10 镇 3 乡、5 社区、136 个村，总人口 20.94 万人，其中农业人口 19.11 万人。1988 年被列入国家重点扶持贫困县，1998 年被确定为全国妇联定点帮扶县，2002 年被列入国家扶贫开发工作重点县，2011 年被列入六盘山集中连片特困片区和全省 25 个特别困难县之一。先后于 2002 年 9 月和 2011 年 6 月被中国特产之乡推荐暨宣传活动组织委员会命名为“中国蚕豆之乡”、“中国沙棘之乡”，2008 年 8 月被中华环保联合会命名为“中国绿色名县”。漳县物华天宝，资源较为丰富。全县已发现可供工业开采矿种 25 种，其中岩盐储量 3.5 亿吨、石灰石 80 亿立方米、红柱石远景储量约 1 亿吨。境内有国家 4A 级旅游景区、国家森林公园贵清山、遮阳山等自然景观，有被誉为“海内之最”的国家级文物保护单位汪氏元墓群等历史文化遗址。全县林业用地面积 122.8 万亩，占全县土地面积的 37.8%，其中林地面积 83 万亩、森林面积 39 万亩，森林覆盖率 20.05%，居定西市七县区之首。境内有漳河、龙川河、榜沙河三条主要河流，河道总长 131.5 千米，年径流量 5.6 亿立方米。

漳县年产 300 万吨新型干法水泥生产线二期建设项目

漳县新寺镇日光温室

漳县人民公园

漳县盐川小学

漳县贵清山

漳县大草滩火车站小城镇

漳县贵清山游客接待中心

和政县

和政县位于甘肃省临夏回族自治州南部，东与广河、康乐县接壤，南同甘南藏族自治州卓尼县、合作市隔太子山相邻，西与临夏县毗连，北与临夏市、东乡族自治县交界。东西宽37.5千米，南北长46千米，总面积960平方千米。2015年末，全县辖6镇7乡，122个行政村，1个居委会，1438个村民小组，总人口21.14万人。

和政地处黄土高原与青藏高原交汇地带，地势南高北低，山丘起伏、沟壑纵横、山多川少，平均海拔2200米。属北温带大陆性气候，春迟秋早、冬长夏短。平均气温为6.4℃，比历年平均值偏高0.6℃，年降水总量为496.6mm，与历年同期相比，偏少96.1mm。5月9-10日出现一次强降温天气，24小时日平均气温下降了8.1℃，10-11日和政县出现了霜冻灾害，11日早晨气温最低达-3℃左右，全县出现霜冻，致使地膜玉米、啤特果发生冻害。农产品资源主要有小麦、玉米、油菜、中药材等。主要的旅游景点有古动物化石博物馆、松鸣岩等。

2015年底，全县实现生产总值149876万元，增长11%，第一产业增加值39274万元，增长5.5%；

县委书记李国辉、政府县长蒋建民深入将台村调研精准扶贫

古生物化石123号馆

第二产业增加值 32220 万元，比上年增长 26.1%；第三产业增加值 78382 万元，年增长 5.8%；完成工业增加值 13726 万元，增长 42.3%；规模以上工业企业实现增加值 12201.2 万元，增长 49.7%；固定资产投资 379935 万元，增长 15.38%；社会消费品零售总额 33707 万元，增长 9.2%；城镇居民人均可支配收入 16261 元，增长 9.1%；农村居民人均可支配收入 5000 元，增长 12.7%。人均生产总值 7848 元，增长 12.4%。一年来，和政县被农业部、国家旅游局评为“全国休闲农业与乡村旅游示范县”，被省委、省政府评为“省级精神文明县”，被省综治委评为“甘肃省平安县”，被省财政厅授予“全省村级公益事业一事一议财政奖补优秀奖”，被省卫计委授予“全省人口和计划生育利益导向政策体系建设示范县”，古动物化石博物馆被国家科协命名为“全国科普教育基地”。第四届全国地层委员会第二次常委扩大会议暨中国和政古动物化石保护与利用学术研讨会、2015 年第一季度全省文化产业调度会、全州改善农村人居环境暨美丽乡村建设现场会、2015 甘肃冬春季旅游暨松鸣岩滑雪活动等一系列重大节会在和政县成功举办。

鲁冰花怒放

松鸣岩国际滑雪场

康乐县

2015 年 8 月 24 日，省委常委、副省长咸辉（前右二）在康乐县调研精准扶贫工作

2015 年 11 月 7 日，康乐县牛文化节暨第八届赛牛相牛大会开幕

康乐县位于甘肃省中南部，临夏回族自治州东南端，东径 103° 24′ - 103° 49′，北纬 34° 54′ - 35° 27′，东临临洮县、南接渭源县和卓尼县、西连和政县、北靠广河县。境内海拔 1898-3908 米，年均气温 7.5℃，年降雨量 625 毫米，无霜期 154 天。全县森林覆盖率达 23.6%，曾两次被国务院评为全国“造林绿化先进县”。2015 年末，全县辖 5 镇、10 乡，152 个行政村，国土总面积 1083 平方千米。有回、汉、东乡等 9 个民族，总人口 27.34 万人。

自古是丝绸之路、唐蕃古道要冲，各民族“茶马互市”活跃区，是貂蝉故里，赤兔家园。历史上曾有羌、狄、氐、匈奴、吐谷浑、鲜卑、吐蕃等民族生产生活。在边家林、椿树、塔关、丰台、寺址、地寺坪等地有新石器时代的马家窑、半坡和齐家文化遗址，出土有：石刀、石斧、骨针、陶罐、瓮等古文物，文化底蕴深厚。相传历史上四大美女之一的貂蝉、三国时期关羽的宝马良驹——胭脂赤兔马，出自胭脂川。

境内河谷纵横，群峰叠翠，风光秀丽。白石暑雪、药水灵津、麻山雄关、亥母晨烟、走龙飞瀑、悬崖古道、古木擎天、古殿雄阁、虎狼锁钺等十大自然景观汇萃了高原之粗犷、农区之田园、牧区之草畜、旅游区山水之精华。位于南部的莲花山国家 AAAA 级旅游景区，主峰海拔 3578 米，集险、秀、美、奇、灵于一体，因形似莲花而驰名。传统的“六月六”莲花山花儿会，吸引了八方游客。“莲花山花儿”被列入“国家级非物质文化遗产”，莲花山被中国民间文艺家协会命名为：“中国花儿保护基地”，莲花山国家森林公园被评为“绚丽甘肃 2013‘十佳’旅游景区”。2015 年 10 月，莲花山国家森林公园获得首批“中国森林氧吧”；建成莲花山花儿传习所，被兰州城市学院民族音乐研究中心确定为“艺术实践基地”。

围绕“人文康乐、生态康乐、宜居康乐”规划总要求，

打造“山水康乐、陇上江南”品牌。紧盯“山水、绿色、生态、宜居”规划建设目标，控规编制 9.57 平方千米，占总规修规划面积的 100%，使县城规划面积从 9.57 平方千米扩至 12.21 平方千米。完成《莲麓镇特色小镇控制性详规》和 10 个村庄《建设规划》。编制莲麓镇等 4 个建制镇和八松乡等 9 个乡《总体规划》及附城刘家庙等 89 个村《村庄规划》。强力推进市容市貌、交通秩序、违章建筑整治和物业管理，城乡面貌明显改观。

2015 年，全县突出发展、民生、和谐三大主题，围绕脱贫攻坚抓农业农村，围绕规划管理抓城镇建设，围绕增强后劲抓重点项目，围绕作风转变抓干部管理，围绕基层基础抓党的建设，呈现出经济发展、民生改善、民族团结、社会大局和谐稳定的良好态势。全县共实施 500 万元以上各类项目 75 项、总投资 92.24 亿元。全县完成生产总值 18.75 亿元，增长 7.3%；固定资产投资 21.3 亿元，增长 13.78%；农业增加值 4.83 亿元，增长 6.3%；规模以上工业增加值 3774 万元，增长 7.5%。文化产业增加值 3448 万元，增长 18.37%。大口径财政收入 16714 万元，增长 10.28%；公共财政预算收入 10418 万元，增长 16.42%；财政支出 173008 万元，增长 7.04%。城镇居民人均可支配收入达 16409 元，增长 9.2%。社会消费品零售总额 5.62 亿元，增长 8.5%。农民人均可支配收入 5425 元，增长 12.4%。

药水峡风光

竹子沟风光

苗木外销

中药材种植

甘肃建筑职业技术学院临夏分院康乐校区

广河县

2016年5月18日，省委副书记、省长林铎（中）调研联户养殖小区

2016年1月21日，州委书记杨元忠（左三）调研企业生产

整装待发的广河县转移就业人员

全省精准扶贫易地搬迁工程启动仪式在广河召开

民族特色产品

现代化的皮革加工生产线

农村道路通乡到村

广河县全膜双垄沟播玉米喜获丰收

旱作农业地膜让农村披上银装

东乡族自治县

东乡县城新貌

唐汪川杏花园

盛世度假村风光

东乡族自治县位于甘肃省中部西南面，临夏回族自治州东面，县境呈方圆形，四面环水，中间高突，约呈“凸”字状。境内干旱少雨，植被稀少，资源贫乏，群众生活困难，素有“陇中苦瘠甲天下，东乡苦瘠甲陇中”之说。

2015年末，全县辖4个(镇)、20个乡，230个行政村(居委会)，总人口301338人，总面积1510平方千米。2015年实现生产总值16.27亿元。

境内有丰富的马家窑、齐家、辛店新石器时代彩陶文化遗存，王家古文化遗址考证了15000年前东乡就有人类活动的足迹；林家遗址出土的陶器、骨器等珍品是迄今为止甘肃境内最早的发现，出土炭化的粟、麻等种籽，印证早在5000年前这里的人们已经从事农业生产活动，出土的一件铜刀，是全国迄今为止发现最早的铸铜器物，堪称“中华第一刀”；县内古生物化石存量丰富，出露过剑齿虎、铲齿象、三趾马等古生物化石，整体形状保存完整，其中出土的猴头骨化石是国内唯一现存的甘肃副长吻猴头骨化石。现珍藏于韩则岭拱北历经千年的牛皮封面《古兰经》手抄本，被省文物鉴定委员会定为国家一级文物；唐汪川红塔寺发现的南宋石窟壁画，填补了东乡地区没有石窟壁画的空白，是研究东乡地区宗教历史、文化艺术、民族迁徙的珍贵实物资料。

境内主要动植物资源有羊、洋芋、杏、椒树等。东乡手抓因色香味美，肥而不腻，无膻腥，纤维脂肪含量适中等特点，成为东乡族风味食品中的“金字招牌”，享誉陇原，声名远扬；东乡洋芋因产量高，薯形好、大小适中、皮色鲜亮、口感绵软、淀粉含量高，富含人体所需的多种氨基酸、维生素、微量元素和大量优质纤维等特点，深受省内外消费者喜爱，远销海南、深圳、香港、新疆等地；唐汪大接杏因外形如桃，色泽黄中泛红，个大皮薄，肉厚汁多，含糖量高达 15%左右，富含多种维生素等特点，久负盛名、深受广大消费者的青睐；河滩大红袍花椒因叶青、花黄、子黑、皮红、肉厚、气味香麻、去膻除腥、温中祛寒、除湿止痛、健胃止泻等特点成为四川、重庆、陕西等地客商的抢手货。

境内主要旅游资源有风光旖旎的刘家峡库区、盛世旅游度假村、绿树成荫的东大坡、陇上杏花第一村的唐汪川、黄土高原第一山城——锁南坝等。2015 年接待国内外游客 11.05 万人次，实现旅游总收入 4450 万元。

近几年来，东乡县委县政府深入学习贯彻习近平总书记系列重要讲话精神和视察东乡时的重要指示精神，贯彻创新、协调、绿色、开放、共享的发展理念，围绕“四个全面”战略布局，紧扣州委“六抓”思路举措，围绕“抓扶贫、强基础、优生态、育产业、谋福祉、促和谐”六大战略重点，努力建设好一个新区（县城新区），打好两个攻坚战役（精准脱贫、禁毒整治），抓好三项重点工作（项目工作、产业培育、维护稳定），实现四个创新突破（生态旅游、教育卫生、民生改善、党建工作（全面加强党的建设，扎实推进主体责任落实）），推进五园开发建设（新区民俗风情园、达板工业经济园、唐汪杏花产业园、河滩绿色产业园、林家遗址彩陶园），全力加快建设幸福美好新东乡，力争到2020 年与全州全省全国一道全面建成小康社会。

《古兰经》珍藏馆

东乡梯田

奔池沟风光

2015年8月11日，市委常委、区委书记田广慈（中）深入池坝马营两乡镇调研扶贫开发工作

区长肖庆康（右二）在农户家中慰问

全区开展医疗卫生三下乡活动

马街镇感恩村

兰渝铁路、武灌高速公路两水段

武都区刚刚成熟的“大红袍”花椒

油橄榄果

采茶

枫相乡枫相院村

武都东江水跨白龙江大桥夜景

三河镇竹林村漂亮的村门

2016年9月30日，省委副书记欧阳坚（前中）在宕昌县检查指导精准扶贫工作

县委书记李平生（前中）检查指导科学发展示范点创建工作

中药材产销电商对接洽谈会暨中医药养生旅游文化艺术节开幕式

官鹅天池

哈达铺红军长征纪念馆

官鹅飞瀑

正在建设的兰渝铁路与渭武高速在宕昌县沙湾镇毗邻而过

甘肃宕昌九台春酒业有限责任公司

徽县

2015年7月24日，市长陈青（右三）深入徽县工业集中区调研徽县工业园区建设情况

2015年2月26日，县委书记王强、县长王俊强在大河店乡文池村调研扶贫开发工作

千年古银杏

南阳山片“下山入川”生态移民移民点建设

大河店乡青泥村尽显文化魅力

徽县三滩自然风景区

景色优美的三滩自然风景区

金徽酒关爱员工公寓项目建设进展顺利

丰富多彩的群众性文化活动

泥阳镇幼儿园正在组织学生开展室外活动

西和县

2016年8月16日，省长林铎（右二）在西和县石峡镇高河村调研精准扶贫工作

西和县位于甘肃省东南部、陇南市北端，地处长江流域西汉水上游。2015年末，全县辖9镇11乡、384个行政村、10个社区居委会，总人口43.8万人，其中农业人口39.4万人。总面积1861平方千米，耕地面积60万亩。西和文化底蕴深厚，自然资源富集，是人文始祖伏羲的诞生地、仇池国的故土和中国乞巧文化之乡，也是全省最适宜马铃薯生长的地区之一和久负盛名的“中国半夏之乡”。境内历史文化和自然生态景观交相辉映，主要景区景点有晚霞湖、仇池山、云华山和八峰崖等。

全县上下深入贯彻中央和省市重大决策部署，深度落实市委“433”发展战略，坚持以脱贫攻坚为统揽，抢抓机遇、真抓实干，各项工作在重点突破中再上新台阶，“十三五”实现良好开局。前三季度，完成地区生产总值24.2亿元，增长6.3%；固定资产投资59.3亿元，增长9%；社会消费品零售总额5亿元，增长9%；大口径财政收入2.26亿元，公共预算财政收入1.27亿元；城镇居民人均可支配收入15304.5元，增长8.9%；农村居民人均可支配收入4371.6元，增长10.4%。脱贫攻坚上，严格按照“六个精准”要求，深度落实“1+17”方案，精准落实到村到户帮扶措施，全年预计实现50村整村脱贫，减贫3.06万人。启动市政基础设施项目55个，年度投资计划10亿元，实施了城北“五路两桥”、五个生态公园、乞巧文化苑和隍城至晚霞湖道路改造等重点工程，加快推进城区道路管网、供热供水、绿化亮化和三个片区棚户区改造，县城建设不断扩容提质。设立800万元的发展基金，扎实推进“五个一”工程，推动农业特色产业提质增效。依托“巧嫂”“巧妹”“巧汉子”劳务品牌，完成劳务技能培训1.2万人次，输转10.5万人次，劳务创收18.7亿元。基础设施上，坚持以项目为带动，加快推进道路交通、人饮安全、危房改造、危房改造和宽带网络等基础设施及教育、文化、卫生等公共服务设施建设，全年开工“3341”项目212个，完成投资60.2亿元。成功举办第八届陇南乞巧女儿节，进一步打响了乞巧女儿节文化品牌。全年实现旅游综

合收入 3.49 亿元。深入开展农村土地的承包经营权抵押贷款全国试点工作，“3+1”立体化金融服务体系不断完善，全县银行金融机构贷款余额 49.4 亿元，增长 36.5%，其中涉农贷款余额 38.8 亿元，增长 43.2%。电子商务上，启动了电商发展“千人计划”和电商“双创园”建设，全县网店数量达到 1260 余家，实现线上线下销售额 1.4 亿元。社会民生上，实施中小学校舍建设和改造项目 34 个，建设农村幼儿园 37 所、标准化村卫生室 41 所、综合性文化服务中心 90 个。全面落实各项强农惠农政策，着眼群众关注的热点难点问题，统筹抓好城乡低保、住房保障、医疗卫生、社会就业、救灾救济、优抚安置和残疾人等工作，社会保障不断加强，人民生活持续改善。

西和县乞巧民俗

西和县妇女巧手产品

第八届陇南乞巧女儿节

西和县乞巧文化苑

2015 年 4 月 15 日，省委书记、省人大常委会主任王三运（右一）深入甘南州合作市多河村兴盛奶牛养殖专业合作社调研扶贫工作

2015 年甘南州藏地传奇自行车赛全国业余自行车联赛

甘南藏族自治州地处青藏高原与黄土高原过渡的甘、青、川三省结合部，是全国“六大绿色宝库”、“五大牧区”之一。自治州辖夏河、碌曲、玛曲、迭部、舟曲、临潭、卓尼七县及合作市，共有 99 个乡镇（街道办）、664 个行政村，总面积 4.5 万平方千米，总人口 73.07 万，其中藏族占总人口的 54.2%。全州社会政治稳定，民族团结祥和，经济繁荣发展，人民安居乐业，一派欣欣向荣景象。境内历史文化悠久，民族风情浓郁，自然景观绝美，被誉为“中国的小西藏，甘肃的后花园”。近年来，国内外游客逐年倍增，广受海内外人士的青睐。

2016 GANSU YEARBOOK
LAZIKOUZHANYIJINIANGUAN

腊子口战役纪念馆

腊子口战役纪念馆始建于 2005 年，自 2009 年实行免费开放。2011 年 5 月，在距腊子口战役遗址三公里的朱立沟全面建成建一座占地面积 12000 平方米建筑面积 3657 平方米的新展馆。新馆利用人物组雕、图片、蜡像、文物、电动沙盘、幻影成像、景观模型、图文资料、等形式，重点表现出俄界会议的历史意义，生动再现出激战腊子口的场景和杨土司开仓放粮与藏族人民拥护支援红军的情景。反映了建国以来迭部人民在长征精神的鼓舞下、军民团结共建红色热土、开拓创新所取得的巨大成就。腊子口战役纪念馆已成为全国爱国主义教育基地、延安干部学院现场体验教学点、甘肃省爱国主义教育基地、甘肃省中共党史教育基地等。

胜利的号角

腊子口战役遗址

激战腊子口雕塑

俄界会议蜡像图

舟曲县

省政协副主席马文云宣布第十六届中国九色甘南香巴拉旅游艺术节暨第二届舟曲民俗风情楹联文化节开幕

舟曲县委书记石华雄在第十六届中国九色甘南香巴拉旅游艺术节暨第二届舟曲民俗风情楹联文化节开幕式上致词

通乡公路为支持山区脱贫致富插上腾飞的翅膀

白龙江流域舟曲段水电资源开发利用

2015 年 6 月 18 日，县长郭子文主持第十六届中国九色甘南香巴拉旅游艺术节暨第二届舟曲民俗风情楹联文化节

第十六届中国九色甘南香巴拉旅游艺术节暨第二届舟曲民俗风情楹联文化节开幕

舟曲县藏族服饰

藏传佛教寺院——八楞寺

舟曲县人工育林成效显著

2015年4月16日，省委书记、省人大常委会主任王三运（前中）在玛曲县调研扶贫开发工作

县委书记王力慰问老党员、老干部

玛曲西美朵合塘

首曲日出

县政府县长严和平在草原沙化治理现场指导工作

玛曲县乡村牧道建设施工现场

2015年，甘肃省第二人民医院、甘肃省中西医结合医院“组团式”援藏医疗队在玛曲开展医疗援助工作

玛曲县第九届格萨尔赛马节场景

迭部县

迭部全景

毛主席在迭部雕塑落成典礼

绿色长征启动仪式

第四届腊子口艺术节

温棚养羊

猪场

养鸡基地

云杉移床苗

油菜大田

县长王廷佐督导精准扶贫工作

2015 年 6 月 27 日，丝绸之路经济带建设与文化旅游融合发展论坛在泾川举办

玉都镇下坳现代果品产业示范园区

玉都镇裕康牧业养殖小区